Künstlerlexikon der Antike

Künstlerlexikon der Antike

Über 3800 Künstler aus drei Jahrtausenden

Herausgegeben von
Rainer Vollkommer

Redaktion
Doris Vollkommer-Glökler

NIKOL
VERLAG

Künstlerlexikon der Antike

Genehmigte Lizenzausgabe für
Nikol Verlagsgesellschaft mbH & Co. KG
Hamburg, 2007

Satz: bsix information exchange GmbH, Braunschweig
Covergestaltung: Thomas Jarzina, Köln
Titelabbildung: Bridgeman Art Library, Berlin
Printed in the Czech Republic.

ISBN 13: 978-3-937872-53-7
ISBN 10: 3-937872-53-1

www.nikol-verlag.de

Inhalt

Vorwort

zu Band 1 (A-K) der 2-bändigen Ausgabe

Wir freuen uns, den 1. Band des *Künstlerlexikons der Antike* vorlegen zu dürfen. Ein solches Lexikon war ein fälliges, lange schlummerndes Desiderat der Forschung. Der erste Band des *Künstlerlexikons der Antike* behandelt über 1.900 mit Namen bekannte Künstler, die vom 3. Jahrtausend bis um 700 n. Chr. tätig waren, und die rund um das Mittelmeer und in Gebieten gewirkt haben, die zeitweise von den Griechen und Römern beherrscht wurden, wie z.B. die hellenistischen Königreiche bis zum Indus oder die römischen Provinzen in Nordwesteuropa. Diese beachtenswerte Anzahl an Künstlern spricht für die Bedeutung der antiken Kunst, insbesondere wenn man sich bewußt macht, daß wir nur von einem Bruchteil der Künstler und ihrer Kunstwerke Kenntnis haben. So zeigt das *Künstlerlexikon der Antike* die Vielfalt und den Reichtum des antiken Kunstschaffens, läßt aber auch erahnen, wieviel verlorengegangen ist.

In das *Künstlerlexikon der Antike* wurden nur Personen aufgenommen, die Kunstwerke manuell selbst herstellten oder gedanklich konzipierten (z.B. Architekten), nicht aber die Mitarbeiter von Werkstätten, in denen Gegenstände als Massenware gefertigt wurden, wie etwa Terra Sigillata-Gefäße oder Tonlampen. Alle wichtigen Gattungen antiker Kunstproduktion – Architektur, Malerei, Plastik, Vasen, Mosaiken, Gemmen, Münzen usw. – wurden berücksichtigt. Im *Künstlerlexikon der Antike* wurden außerdem solche Personen aufgeführt, die in wichtigen literarischen Werken der Neuzeit als Künstler bezeichnet wurden, auch wenn sie heute als solche in Frage gestellt oder abgewiesen sind, um den Leser über diese Zweifel oder Korrekturen zu informieren.

Künstler des alten Ägypten sind aufgenommen, sofern sie namentlich bekannt sind und ihr Name in einer der „heidnischen" Schriften (Hieroglyphen, Hieratisch, Demotisch) überliefert ist. Entsprechende Texte reichen von ca. 3000 v. Chr. bis in die Mitte des 5. Jh. n. Chr. Die genannte ägyptische Person muß einen Titel haben, der entweder auf eine kunstschaffende Funktion oder auf eine Aufsichtsfunktion im Zusammenhang mit Kunst- und Architekturschaffen schließen läßt. Allerdings ist die tatsächliche Aufgabe mancher ägyptischer Titelträger nicht bekannt bzw. sie kann je nach Epoche unterschiedlich sein. Aufgenommen wurden z.B.: „Siegelmacher", „Oberster der Nekropolenhandwerker", „Edelsteinarbeiter", „Goldschmied", „Juwelier", „Künstler", „Oberster der Obersten" (= Bildhauer), „Bildhauer" (drei verschiedene ägyptische Titel), „Umrißzeichner" und Zusammensetzungen von Vorgesetztentiteln mit diesen, ferner „Vorsteher der Bauarbeiter", „Oberster der Bauarbeiter", „Aufseher/Unteraufseher der Künstlerschaft". Nicht aufgenommen wurden Titel, die zu unspezifisch sind, wie „Leiter aller Arbeiten" (sofern nicht präzisierende Zusätze z.B. auf die Art der Arbeit oder den Ort u.ä. schließen lassen) oder einfache „Bauleute" und Vergleichbares. Unabhängig vom Titel wurden ägyptische Personen aufgenommen, wenn nachgewiesen ist, daß sie sich künstlerisch betätigt haben. Ein signiertes Kunstwerk oder Werkzeug mit ihrem Namen sind solche Hinweise.

Das *Künstlerlexikon der Antike* ist das erste Lexikon, das sich ausschließlich und ausführlich mit den antiken Künstlern beschäftigt. Trotz zahlreicher monographischer Publikationen und einiger schon Jahrzehnte zurückliegender Lexika, die immerhin viele Künstler aufnahmen (vorbildhaft sind hierfür insbesondere die „Enciclopedia dell'arte antica", das von U. Thieme und F. Becker zwischen 1907 und 1950 herausgegebene „Allgemeine Lexikon der bildenden Künstler von der Antike bis zur Gegenwart" und das „Allgemeine Künstlerlexikon"), sind einige Landschaften, Perioden und Gattungen antiken Kunstschaffens wissenschaftlich sehr oder gänzlich vernachlässigt worden. Das *Künstlerlexikon der Antike* schließt diese Lücken. In diesem Zusammenhang ist besonders hervorzuheben, daß dank des großen Einsatzes einiger Autoren ganze Landschaften enorm bereichert oder sogar erstmalig erschlossen worden sind. Ich denke hier z.B. an die erstmalige ausführlichere Behandlung der ägyptischen Künstler durch eine engagierte Gruppe des Würzburger Ägyptologischen Seminars unter der Leitung von Friedhelm Hoffmann (im „Thieme-Becker" waren beispielsweise nur zwei ägyptische Künstler aufgeführt). Die phrygischen und in deren Nachbarschaft tätigen Künstler wurden von Tomas Lochman zusammengestellt, die nabatäischen Künstler von Daniel Keller und die spätantiken Künstler vor allem durch Martin Dennert.

Das *Künstlerlexikon der Antike* ist ein Teilprojekt des *Allgemeinen Künstlerlexikons* und wendet sich an alle, die Informationen zur Kunst und Kultur der Antike suchen, vor allem an Archäologen,

Altphilologen, Historiker, Kunsthistoriker, Galeristen, Sammler, Antiquare, aber auch an alle Kunstliebhaber.

Viele glückliche Zufälle ermöglichten meinen schon lange gehegten Wunsch, die antiken Künstler und damit auch ihre Kunst so zu würdigen, wie es ihnen gebührt. Nach meiner Arbeit als Redakteur beim „Lexicon Iconographicum Mythologiae Classicae" in Basel kam ich 1994 an die Universität Leipzig, wo ich das Glück hatte, das Antikenmuseum und das Archäologische Institut wieder mit aufbauen zu dürfen. 1996 übernahm ich neben meinen universitären Aufgaben die redaktionelle Betreuung der antiken Künstler für das seit 1991 im K.G. Saur Verlag erscheinende „Allgemeine Künstlerlexikon (AKL)". Während dieser Arbeit und in vielen fruchtbaren Gesprächen in der Redaktion des Lexikons kristallisierte sich immer mehr heraus, daß es sinnvoll wäre, ein Lexikon antiker Künstler zu erarbeiten. Im September 1998 konnte dann das *Künstlerlexikon der Antike* in Angriff genommen werden. Zunächst galt es, die besten Autoren zu gewinnen und in einer immer enger zusammenrückenden Welt eine große Internationalität zu erreichen, die sicherstellt, daß Ansichten verschiedener Nationen und Schulen angemessen vertreten sind. Fast alle von mir angeschriebenen Wissenschaftler sagten spontan zu und akzeptierten die kurz anberaumte Terminierung und die Zeilenvorgaben. Ohne ihren Einsatz hätte ein solches Werk nicht entstehen können und ich möchte mich bei den über 160 Autoren aus 24 Ländern aus allen fünf Kontinenten herzlich für ihr großes Engagement und ihr Vertrauen bedanken.

Übersetzungen aus dem Italienischen wurden von Andrea Schaller und Juliane Weinig angefertigt. Margitta Töpfer und Fotini Ntantalia halfen bei der Eingabe von Artikeln und bibliographischen Abkürzungen. Besonders danken möchte ich meiner Frau Doris Vollkommer-Glökler. Ich hatte in ihr eine überaus kompetente Mitstreiterin, ohne deren großes Engagement das Lexikon heute noch nicht vorliegen könnte.

Rainer Vollkommer
Basel/München, im Juni 2001

Vorwort

zu Band 2 (L-Z) der 2-bändigen Ausgabe

Knapp drei Jahre nach Erscheinen des ersten Bandes des *Künstlerlexikons der Antike* kann nun auch der zweite Band vorgelegt werden. Wissenschaftlern wie Liebhabern antiker Kunst steht damit ein Lexikon zur Verfügung, das die mit Namen bekannten Künstler der Antike behandelt. Jeder Künstler erhielt unter seinem alphabetisch eingeordneten Namen ein eigenes Stichwort mit Kurzinformationen, sofern sie bekannt sind, über seine Verwandtschaftsbeziehungen, seine Herkunft, seine künstlerische Spezialisierung, seine Schaffenszeit und seine Tätigkeitsorte. Danach folgt eine ausführliche Besprechung seiner Kunstwerke sowie die wichtigste und neueste Literatur. Die Stichworte fassen den heutigen Wissensstand zusammen, oft kommen spannende neueste Erkenntnisse hinzu. Eine intensive wissenschaftliche Diskussion kann nun wieder in Gang geraten.

In diesem zweiten Band sind über 1 800 Künstler, im Ergänzungsanhang A–K weitere 157 Namen, insgesamt in beiden Bänden über 3 800 Künstler behandelt. In den zwei wichtigsten Lexika für Klassische Archäologie, Pauly-Wissowas Realencyclopädie der classischen Altertumswissenschaft (Stuttgart 1894-1978) und der Enciclopedia dell'arte antica, classica e orientale (Rom 1958-1997), waren nur etwa die Hälfte der im *Künstlerlexikon der Antike* zusammengetragenen Künstler vorgelegt worden. Die Künstler wirkten zwischen 2650 v. Chr. und 750 n. Chr. im ganzen Mittelmeerraum, aber auch in Nordwest-, Mittel- und Südosteuropa, im Schwarzmeergebiet, im Nahen und Mittleren Osten. Etwa 900 Künstler waren im Alten Ägypten tätig (im Lexikon der Ägyptologie waren nicht einmal 10 namentlich aufgeführt), 1 500 in von Griechen beherrschten Gebieten und 1 200 im Römischen und Byzantinischen Reich. Sie schufen Kunstwerke verschiedenster Art aus einer Vielfalt von Materialien wie Stein, Metall, Holz, Stoff und vielem mehr – das Spektrum reicht von Bronzestatuen mit einer Höhe von bis zu 30 m bis hin zu Miniaturbronzefigürchen, die von einem Insektenflügel bedeckt werden konnten. Viele Kunstwerke und Künstler kennen wir nur noch durch schriftliche Quellen, Inschriften, Papyri und Literatur. Dabei überrascht immer wieder die Fülle an Informationen und die oft kuriosen Zeugnisse. Die ganze Spannbreite künstlerischen Wirkens wird spürbar.

Ohne die sehr gute Zusammenarbeit mit unseren 165 Autoren aus 24 Ländern von allen fünf Kontinenten wäre ein Lexikon in diesem Umfang in so relativ kurzer Zeit nicht möglich gewesen. Allen Autoren fühle ich mich daher tief verpflichtet. Bedauerlicherweise war es zwei Autoren nicht mehr vergönnt, den zweiten Band des *Künstlerlexikons der Antike* in Augenschein nehmen zu können: Diana Buitron-Oliver und Herbert A. Cahn verstarben im April 2002. Nicht nur die Fachwelt wird sie in gutem Gedenken behalten.

Mein aufrichtiger Dank gilt überdies allen weiteren Personen, die das Voranschreiten und Fertigstellen des *Künstlerlexikons der Antike* mit Rat und Tat unterstützt haben: So übernahm Michael Steppes den Redaktionsbereich „ägyptische Künstler“, Eberhard Kasten und Erika Heydick standen uns mit ihren langjährigen Redaktions- und Lektoratserfahrungen zur Seite, Diana Beuster, die mit der Eingabe von Texten betraut war, danken wir ebenso wie Ulrich Huttner für wertvolle Hinweise. Übersetzungen aus dem Italienischen wurden von Bruno Magri und Andrea Schaller, aus dem Spanischen von Tobias Espinosa angefertigt. Ganz besonders möchte ich mich aber bei meiner Frau bedanken. Ohne ihre kontinuierliche Arbeit an der so umfangreichen und aufwendigen Redaktion könnte das *Künstlerlexikon der Antike* in dieser Weise nicht vorliegen.

Rainer Vollkommer
Münchenstein/Basel-Landschaft und Dresden,
im Juli 2004

Autorenverzeichnis

Sonja Ackermann, Bonn
Ḫālid al-Ğādir, Rabat
Bernard Andreae, Rom
Karin Aridas, Berlin
Carmen Arnold-Biucchi, Cambridge, Mass
Maria Aurenhammer, Wien

Annika Backe, Berlin
Anton Bammer, Wien
François Baratte, Paris
Mihai Bărbulescu, Cluj-Napoca
Johannes Bauer, Wien
Ernst Berger, Riehen
Konrad Biedermann, Waldkirch
Thomas Birkmann, Freiburg i. Br.
Michèle Blanchard-Lemée, Paris
Rolf Blatter, Bolligen
José Maria Blázquez, Madrid
John Boardman, Oxford
Anke Bohne, Bonn
Peter Cornelis Bol, Frankfurt am Main
Renate Bol, Mainz
Beate Bollmann, Oldenburg
Dietrich Felix von Bothmer, New York
Dietrich von Bothmer, New York
Vinzenz Brinkmann, München
Günther Bröker (†), Halle/Saale
Hermann Büsing, Bochum
Diana Buitron-Oliver, Chevy Chase, Maryland

Herbert A. Cahn, †, Basel
François de Callataÿ, Paris
Giovannangelo Camporeale, Florenz
Beth Cohen, New York

Ortwin Dally, Berlin
Wiktor A. Daszewski, Warschau
Martin Dennert, Freiburg i. Br.
Martine Denoyelle, Paris
Florence Dupuis, Brüssel

Susanne Ebbinghaus, Toronto, Ontario
Wolfgang Ehrhardt, Freiburg i. Br.

Wolfgang Fischer-Bossert, Glienicke/Nordbahn
Martin Flashar, Freiburg i. Br.
Johan Flemberg, Uppsala
Peter Robert Franke, München
Louis Foucher, Saint-Jean-d'Angély
Norbert Franken, Bonn

Hans G. Frenz, Mainz
Andreas Furtwängler, Halle/Saale

Thomas Ganschow, Freiburg i. Br.
Wilfred Geominy, Bonn
Karin Geppert, Tübingen
Britta Gerring, Freiburg i. Br.
Raymund Gottschalk, Bonn
Ute W. Gottschall, Basel
Richard Green, Sydney
Pierre Gros, Aix-en-Provence
Oliver Gülck, Dresden

Phryni Hadjichristophi, Nicosia
Sabine Hänsch, Würzburg
Majang Hartwig, Leipzig
Pieter Heesen, Amsterdam
Marie-Christine Hellmann, Nanterre
Antoine Hermary, Aix-en-Provence
Angela Herr, München
Konrad Hitzl, Tübingen
Wolfram Hoepfner, Berlin
Friedhelm Hoffmann, Würzburg
Karin Hornig, Freiburg i. Br.
Ulrich Huttner, Dortmund

Cornelia Isler-Kerényi, Zürich

Musa Kadıoğlu, Ankara
Marinos Kalligas, Athen
Dominique Kassab Tezgör, Bilkent-Ankara
Daniel Keller, Basel
Hermann J. Kienast, Athen
Karl Kilinski II, Dallas, Tex.
Heiner Knell, Darmstadt
Peter Knüvener, Berlin
Ulrike Koch-Brinkmann, Dießen-Riederau
Georgia Kokkorou-Alewras, Athen
Manolis Korres, Athen
Lambrini Koutoussaki, Zürich
Detlev Kreikenbom, Mainz
Bettina Kreuzer, Freiburg i. Br.
Antje Krug, Berlin
Norbert Kunisch, Oxford
Max Kunze, Berlin

Eugenio La Rocca, Rom
Janine Lancha, Paris
Britta Lang, Müllheim (Feldberg)
Stella Lavva, Thessaloniki
Lauri Lehmann, Berlin
Stefan Lehmann, Halle/Saale

Christian Leschke, Freiburg i. Br.
Adrienne Lezzi-Hafter, Kilchberg
Roger Ling, Manchester
Johannes Linnemann, Bonn
Sandra Luisa Lippert, Würzburg
Tomas Lochman, Basel

Jean-Jacques Maffre, Paris
Thomas Mannack, Oxford
Susan B. Matheson, New Haven, Connecticut
Wolf-Rüdiger Megow, Freiburg i. Br.
P. G. P. Meyboom, Leiden
Christine Meyer, Hamburg
Demetrios Michaelides, Nikosia
Mette Moltesen, Kopenhagen
Paolo Moreno, Rom
Aliki Moustaka, Athen
Christoph Müller, Freiburg i. Br.
Hans-Peter Müller, Leipzig
Werner Müller, Leipzig

Árpád Miklós Nagy, Budapest
Jenifer Neils, Cleveland, Ohio
Fotini Ntantalia, Nikosia

John H. Oakley, Williamsburg, Virginia
Ricardo Olmos Romera, Madrid
Christian Onasch, Halle/Saale
Yvonne Ott, Würzburg
Ramazan Özgan, Konya

David Parrish, West Lafayette, Indiana
Eberhard Paul, Jena
Christiane Gräfin von Pfeil und Klein-Ellguth (C. von Pfeil), Kairo
Frère Michele Piccirillo, Jerusalem
Herbert Plaeschke, Halle/Saale
Jerome J. Pollitt, New Haven, Connecticut

Elsbeth Raming, Freiburg i. Br.
Karl Reber, Basel
Ante Rendić-Miočević, Zagreb
Detlef Rößler, Berlin

Derya Şahin, Konya
Dieter Salzmann, Münster
Ingeborg Scheibler, Krefeld
Karin Stella Schmidt, Freiburg i. Br.
Patrick Schollmeyer, Mainz
Till Ch. Scholz, Freiburg i. Br.

Tina Schrottenbaum, Ludwigshafen
Martina Seifert, Hamburg
Florian Seiler, Berlin
Takashi Seki, Osaka
Harvey Alan Shapiro, Baltimore, Maryland
Martin Andreas Stadler, Würzburg
Matthias Steinhart, Freiburg i. Br.
Frank Steinmann, Leipzig
Andrew Stewart, Berkeley, California
Florian Stilp, Freiburg i. Br.
Volker Michael Strocka, Freiburg i. Br.

Michalis A. Tiverios, Thessaloniki
Sigrid Trauzeddel, Aachen
Henri Tréziny, Aix-en-Provence
Athéna Tsingarida, Brüssel

Alexandra Villing, London
Rainer Vollkommer (R.V.), Basel/München
Doris Vollkommer-Glökler (D.V.-G.), Münchenstein (Basel/Landschaft)/Dresden
Christiane Vorster, Köln

Claudia Wagner, Oxford
Elena Walter-Karydi, München
Geoffrey Bryan Waywell, London
Martha Weber, Freiburg i. Br.
Cornelia Weber-Lehmann, Bochum
Juliane Weinig, Berlin
Holger Weinstock, München
Zografia Welch, Oakville, Ontario
Ulla Westermark, Stockholm
Dietrich Wildung, Berlin
Eckhard Wirbelauer, Freiburg i. Br.
Michael Wüstefeld, Freiburg i. Br.

Konrad Zimmermann, Rostock
Erika Zwierlein-Diehl, Bonn

Benutzungshinweise

Zeichen und Piktogramme:

* geboren
born
né
nato
nacido

† gestorben
deceased
mort
morto
muerto

→ siehe (bei Verweisungen)
see (in case of cross references)
voir (chez renvois)
vide (per rinvii)
véase (en casa de remisiónes)

⌂ Werke des Künstlers mit Standorten
The artist's works, with their locations
Œuvres de l'artiste avec le lieu
Opere dell'artista con le ubicazioni
Obras del artista y el lugar

✉ Selbstzeugnisse und Schriften des Künstlers
The artist's writings and other forms of personal testimony
Témoignages et écrits de l'artiste
Testimonianze e scritti dell'artista
Documentos autobiográficos y escritos del artista

📖 Bibliographie und Hinweise auf ungedrucktes Quellenmaterial
Bibliography and references to unpublished source material
Bibliographie et renvois à des sources inédites
Bibliografia e indicazioni a fonti non stampate
Bibliografia e indicaciones relativas a fuentes inéditas

I. Ansetzung der Namen

Der als Ordnungswort angesetzte **Name** (in der Regel der Familienname) erscheint im Druck stets **halbfett**. Andere Namensformen sind in Klammern nachgestellt. Die Schreibung des Namens richtet sich in der Regel nach der im Herkunftsland des betreffenden Künstlers üblichen Schreibung. Die *Vornamen* einschließlich ihrer in Klammern nachgesetzten Nebenformen erscheinen *kursiv*.

Nach dem Künstlernamen folgen in Klammern so weit relevant die griechische und mögliche abweichende lateinische oder andere mögliche Schreibweise.

Bei der Wiedergabe der ägyptischen Namen wurde möglichst einheitlich eine historische Transkription zugrundegelegt, die folgendermaßen umgesetzt wurde:

3 → a
a → a
i, j, y → i
^{c} → a
w → u
b → b
p → p
f → f
m → m
n → n
r → r
l → l
h → h
ḥ → h
ḫ → ch
ẖ → ch
z → s
s → s
š → sch
q, ḳ → k
k → k
g → g
t → t
ṯ → tj
d → d
ḏ → dj

Zur Vermeidung von Konsonantenhäufungen wurde zusätzlich, wie es in der Ägyptologie üblich ist, im Bedarfsfall „e" eingefügt. Nebenformen, die sich eingebürgert haben, aber nicht dem hier angewandten System entsprechen, sind als alternative Namensformen angegeben.

II. Alphabetische Ordnung der Namen

Die Anordnung der Namen erfolgt nach den 26 Buchstaben des lateinischen Alphabets. Danach sind i und j getrennt und die Umlaute ä, ö, ü als ae, oe, ue behandelt.

Bei Namensgleichheit von Künstlern folgt in Klammern nach dem Namen eine künstlich eingeführte Numerierung der Künstler mit römischen Zahlen. Die Anordnung der Künstler bei Namensgleichheit erfolgt in der Regel nach der chronologischen Abfolge der Lebenszeiten der Künstler, wobei der am frühesten lebende Künstler die niedrigste Nummer und der am spätesten lebende bzw. der nicht zeitlich einzugrenzende Künstler die höchste Nummer erhält. Gleichlautende Namen werden wie folgt geordnet:

1. Sammelverweisungen auf andere Namensformen;

2. Familien- oder Gruppenartikel (untereinander chronologisch geordnet, innerhalb einer Familie alphabetisch nach den Vornamen);

3. Namen ohne Vornamen (in chronologischer Folge);

4. Namen mit Vornamen (in alphabetischer Folge der Vornamen);

5. Doppelnamen, Namen mit Herkunftsbezeichnungen und andere zusammengesetzte Namen (alphabetisch geordnet nach dem jeweils folgenden Namensteil).

III. Umschrift

Personennamen, Literaturzitate, teilweise auch geographische Eigennamen, Titel und bestimmte Termini aus Sprachen mit nichtlateinischem und nichtgriechischem Alphabet sind in lateinischer Umschrift wiedergegeben.

In allen übrigen Fällen werden für Namensansetzungen und Verweisungen Formen der Umschrift benutzt, die in den jeweiligen Fach- oder Sprachbereichen allgemeine Gültigkeit erlangt haben oder phonetisch relativ eindeutig reproduzierbar sind.

IV. Verweisungen

Der Hinweispfeil (→) wird verwendet bei Hinweis auf einen anderen, im KLA behandelten Künstler.

Mit „v. e." werden Verweisungen auf weitere Namensformen und Sammelverweisungen gekennzeichnet.

Mit „cf." wird auf Künstler verwiesen, die in einem anderen Artikel behandelt sind.

V. Artikelgliederung

Der Haupttext enthält die Biographie sowie die Werk- und Schaffenscharakteristik.

Der Dokumentationsteil kann durch Piktogramme gegliedert werden:

⌂ = Werke des Künstlers mit den STANDORTEN.

✉ = Selbstzeugnisse und Schriften des Künstlers.

📖 = Bibliographie und Hinweise auf ungedrucktes Quellenmaterial.

VI. Bibliographie

Die Bibliographie ist in zwei Gruppen gegliedert:

1. Lexika, Enzyklopädien und ähnliche Nachschlagewerke (am Anfang stehen die Hinweise auf das Künsterlexikon von Thieme-Becker, die anderen sind chronologisch geordnet). Auf eine Zitierung des Allgemeinen Künstlerlexikons (AKL) wurde verzichtet. Bei den Lexika werden in der Regel keine Seiten angegeben, sondern nur das Stichwort mit s.v. in Klammern. Entspricht das Stichwort und die evtl. Numerierung dem Stichwort im Künstlerlexikon der Antike, wird auf zusätzliche Angaben verzichtet.

2. Sämtliche übrige Literatur in chronologischer Ordnung (in Ausnahmefällen wurde eine weitergehende Untergliederung vorgenommen).

Zur Zitierweise:

Bei *Büchern* werden aufgeführt: Name des Verfassers bzw. Herausgebers, Titel des Werkes, Bandzahl (römische Zahl), Erscheinungsort und -jahr (mit hochgestellter Auflagenzahl); gegebenenfalls Serientitel in Klammern, Seiten- bzw. Spaltenzahlen und Abbildungsvermerk.

Bei Artikeln in *Periodika*: Verfassername, Aufsatztitel (aus Gründen der Platzersparnis mußte auf eine durchgängige Zitierung der Aufsatztitel verzichtet werden), Titel der Zeitschrift, Band bzw. Jahrgang (arabische Zahl) und Jahr (nach Doppelpunkt), Heft, Nummer oder Monat (in Klammern), Seiten- bzw. Spaltenzahlen, eventuell Abbildungsvermerk.

VII. Abkürzungen

Im Haupttext sind die allgemeinen Abkürzungen des Allgemeinen Künstlerlexikons (AKL) verwendet worden (siehe Seiten XIII ff.). International bekannte und unmittelbar verständliche Abkürzungen (z. B. für Staatenbezeichnungen, geographische Angaben, akademische Grade) erscheinen nicht im Abkürzungsverzeichnis. Dies gilt auch für viele deutsche Adjektive und Adverbien, die durch den Wegfall der Endung „-ich" bzw. „-isch" gekürzt sind. Ein Teil der Abkürzungen ist nur begrenzt angewendet, besonders bei Literaturangaben, ferner bei Institutionen, Orts-, Zeit- und Werkangaben. Neben den allgemeinen Abkürzungen wurden weiterhin Abkürzungen für die Werke vieler antiker Schriftsteller, für abgekürzt zitierte Literatur und Periodika (siehe Seiten XXI ff., XXXIX ff. und LIII ff.) sowie für häufig vorkommende Verlagsorte (siehe Seite LIX) verwendet.

VIII. Datierung

Die angegebene Datierung bei den Artikeln über Künstler des Alten Ägyptens richtet sich nach *J.v.Beckerath*, Chronologie des pharaonischen Ägypten, Mainz 1997.

Abkürzungsverzeichnis

I. Allgemeine Abkürzungen

A.	Anfang
aarsber.	aarsberetning
ABA	Academia das Belas-Artes, Academia de Bellas Artes, Académie des Beaux-Arts, Accademia delle (di) Belle Arti
Abb.	Abbildung
Abh.	Abhandlung
ABK	Akademie der bildenden Künste, Academie voor Beeldende Kunsten
Abschn.	Abschnitt
Abt.	Abteilung
AC	Art Center, Art Centre
acad.	academy, académie ...; academic, académique ...
accad.	accademia
AFA	Academy of Fine Arts
AG	Art Gallery
AIA	American Institute of Architects
AJG	Alšová Jihočeská galerie
AK	Akademie der Künste
Akad., akad.	Akademie; akademisch
allg.	allgemein
AM	Art Museum
Amer., amer.	American, américain, amerikanisch ...
and.	andere
angew.	angewandt
angloamer.	angloamerikanisch
Anh.	Anhang
Anm.	Anmerkung
Ann., ann.	Annalen, annales
anschl.	anschließend
Anz.	Anzeiger
AP	Alte Pinakothek
ap.	apéndice
App., app.	Appendix, appendice
Aqu.	Aquarell ...
Arch., arch.	Archiv, archief ...
archäol.	archäologisch
ArchAKL	Archiv Allgemeines Künstlerlexikon
archaeol., archéol.	archaeological, archéologique ...
Archit., archit.	Architektur, architecture ...; architektonisch
arqueol.	arqueológico
arquit.	arquitectura
arr.	arrondissement
Art.	Artikel
artist., artíst.	artistical, artístico ...
aserb.	aserbaidschanisch
ASK	Academie voor Schone Kunsten
ASKT	Anotati Scholi Kalon Technon
asoc.	asociación, ...
ASP	Akademia sztuk pięknych
Ass., ass.	Assistent, assistant ...
assoc.	association, associazione ...
Assoz.	Assoziation
AT	Altes Testament
Aufl.	Auflage
Aug.	August
Aukt.	Auktion; Auktions~
Ausb.	Ausbildung
Ausf.	Ausführung
Ausg.	Ausgabe
ausgef.	ausgeführt
ausschl.	ausschließlich
Ausst.	Ausstellung; Ausstellungs~
Austral.	Australian
Ausz.	Auszeichnung
av.	avenue, avenida
Ave.	Avenue
b.	bei
BA	beaux-arts, belle arti, belas artes ...
BD	Baudenkmal
Bd(e)	Band, Bände
Bearb., bearb.	Bearbeiter; Bearbeitung; bearbeitet
bed.	bedeutend
beg.	begonnen
begr.	begraben
Beih.	Beiheft
Beil.	Beilage
Beitr.	Beitrag
bek.	bekannt
Ber.	Bericht
Bes., bes.	Besitz; besonders
Beschr., beschr.	Beschreibung; beschreibend
betr.	betreffend; betrifft
Bez.; bez.	Bezirk; bezeichnet
BG	Billedgalleri
BI	British Institution
Bibl., bibl.	Bibliothek, biblioteca ...; Bibliotheks~
Bibliogr., bibliogr.	Bibliographie, bibliography ...; bibliographisch, bibliographic ...
Bien.	Bienal
Bienn., bienn.	Biennale, biennial
Bijdr.	Bijdragen
bild.	bildend
Biogr., biogr.	Biographie, biography ...; biographisch, biographic ...
Biul.	Biuletyn
BKD	Bau- und Kunstdenkmal, -denkmäler
Bl(l).	Blatt, Blätter
BM	British Museum
BN	Bibliothèque Nationale de France, Biblioteca Nacional
Bol., bol.	Boletín, boletín, boletim ...

boll. bollettino
brasil. brasilianisch, brasileiro ...
Brit., brit. British, britannique ...
BSGS Bayerische Staatsgemäldesammlungen
BTM Budapesti Történeti Múzeum
buddh. buddhistisch, buddhistic ...
bulg. bulgarisch
Bull., bull. Bulletin, bullettino ...
BvB Museum Boymans-van Beuningen
BW Baden-Württemberg
BWA Biuro Wystaw Artystycznych
Byz., byz. Byzantine; byzantinisch ...
bzw. beziehungsweise

c. century
ca. circa
cab. cabinet
cah. cahiers
Canad., canad. Canadian, canadien
cap. capilla
capp. cappella
CARS Centro de Arte Reina Sofia
čas. časopis
cat. catalogue, catálogo ...
cf. confer, vergleiche
chap. chapel, chapelle
Char., char. Charakter, character ...; charakteristisch, characteristic ...
Chin., chin. Chinese; chinesisch, chinois ...
Chron., chron. Chronik, chronicle ...
civ. civico
cl. classe
ČMVU České muzeum výtvarných umění
Cod., cod. Codex, códice ...
col. colección; Kolumne, columna(e)
coll. collection, collezione ...
com. comisión; comunale
comm. commission, commissione ...; communal ...
congr. congress, congrès ...
contemp. contemporary, contemporain ...
crit. critical, critico, crítico ...
CSW Centrum Sztuki Współczesnej
cuad. cuaderno
cult. culture, cultura; cultural, culturale

d. Ä. der Ältere
Darst. Darstellung
Dat., dat. Datierung; datiert
del. delineavit
Denkmpfl. Denkmalpflege
dép., dep. département, departamento; départemental
dept. department
ders. derselbe
descr. description, descrizione ...
Dez. Dezember
dgl. dergleichen, desgleichen
d. Gr. der Große
d. h. das heißt
d. H. der Hedschra
DHM Deutsches Historisches Museum
dic. dicionário
dicc. diccionario
dict. dictionary, dictionnaire
Dipl. Diplom
Dir., dir. Direktor, directeur ...; Direktions~
Diss., diss. Dissertation ...
distr. district, distretto ...
diz. dizionario
d. J. der Jüngere
doc. document; documentary ...
Dok., dok. Dokument ...; dokumentiert; dokumentarisch
Doz. Dozent
dt. deutsch

E. Ende
ead. eadem, dieselbe
EBA Escuela de Bellas Artes, Escola de Belas Artes ...
ebd. ebenda
éc. école
EcBA Ecole des Beaux-Arts
Ed., ed., éd. Editor, éditeur ...; Edition; ediert, edited ...
ehem. ehemalig; ehemals
eig. eigen(en...)
eigtl. eigentlich
Einf. Einführung
Einl. Einleitung
einschl. einschließlich
ENBA Escuela Nacional de Bellas Artes
enc. enciclopedia, encyclopédie ...; encyclopedian, encyclopédique ...
ENSBA Ecole nationale supérieure des Beaux-Arts
Entst. Entstehung
Enz., enz. Enzyklopädie; enzyklopädisch
erb. erbaut
Erg., erg. Ergänzung; Ergänzungs~; ergänzt; ergänzend
ErgH. Ergänzungsheft
erh. erhalten
Ern., ern. Erneuerung; erneuert
ersch. erschienen
Erw., erw. Erwähnung; erwähnt
esc. escola, escuela
escult. escultura
esp. español ...
espos. esposizione
est. estudios, estudos ...
ét. étude
etc. et cetera
ETH Eidgenössische Technische Hochschule
ethnogr., etnogr. ethnographisch, ethnographic, etnográfico ...
Europ., europ. europäisch, European ...
ev. evangelisch
evtl. eventuell
exhib. exhibition
expos., expoz. exposition, exposición, expozitie ...

F. Folge
FA Fine Arts
Fa. Firma
fac. faculty, faculté ...
facs. facsimilie ...
Fak. Fakultät
Faks. Faksimile
Fam., fam. Familie, family ...
fasc. fascicle ...
Fasz. Faszikel
Febr. Februar

fec.	fecit
Festschr.	Festschrift
FG	Kunstforenings Faste Galleri
FHS	Fachhochschule
fl.	florin, Gulden
FNAC	Fonds national d'Art contemporain
fol.	folio
fond.	fondation, fondazione
Forsch.	Forschung; Forschungs~
Forts.	Fortsetzung
Fotogr., fotogr.	Fotografie, fotografia; fotografisch, fotográfico ...
found.	foundation
FRAC	Fonds régional d'Art contemporain
Fragm., fragm.	Fragment ...; fragmentarisch, fragmentaire ...
franç.	français
frz.	französisch
FS	Fachschule
fund.	fundación, fundação
g., gg.	god, gody
GA	Galleria d'Arte
gab.	gabinetto
gac.	gaceta
GAC	Galleria d'Arte Contemporanea ...
Gal., gal.	Galerie, galería ...
gall.	gallery ...
GAM	Galleria d'Arte Moderna; Galerie d'art modern ...
GAMC	Galleria d'Arte Moderna e Contemporanea
gaz.	gazette
gazz.	gazzetta
GDS	Gabinetto Disegni e Stampe
geb.	geboren
gegr.	gegründet
Gem.	Gemälde
gen., gén.	genannt; general, général ...
geogr.	geographisch, geographical, geográfico ...
Ges., ges.	Gesellschaft, gesellschaftlich
Gesch., gesch.	Geschichte, Geschiedenis; Geschichts~; geschichtlich
Gest.	Gestaltung
gest.	gestorben
get.	getauft
gew.	geweiht
gez.	gezeichnet
GG	Gemäldegalerie
GG AM	Gemäldegalerie Alte Meister
GG NM	Gemäldegalerie Neue Meister
Ghan., ghan.	ghanaisch, Ghanaian, ghanaique ...
GHMP	Galerie hlavního města Prahy
GI	Royal Glasgow Institute of the Fine Arts
giorn.	giornale
GMS	Galerija Matice srpske
GNM	Germanisches Nationalmuseum
gos.	gosudarstvennyj
gouv.	gouvernement
govt.	government
graf., gráf.	grafico, gráfico ...
graph.	graphisch, graphical, graphique ...
GrS	Graphische Sammlung
GVU	Galerie výtvarných umění

H., h.	Hälfte, half; Heft
Hab., hab.	Habilitation; Habilitations~ ...
HAUM	Herzog Anton Ulrich-Museum
HAZU	Hrvatska akademija znanosti i umetnosti
Hb., hb.	Handbuch, handbook
HBK	Hochschule für Bildende Künste
HdK	Hochschule der Künste
Hebr., hebr., hébr.	hebräisch, Hebraic, hébraique
HGB	Hochschule für Grafik und Buchkunst
hist.	history, histoire ...; historisch, historic ...
Hl(l)., hl.	Heilige(r), Heiligen; heilig
HM	Historisches Museum
holl.	holländisch, hollandais ...
Hrsg., hrsg.	Herausgeber; herausgegeben
HS	Hochschule
Hs(s).	Handschrift(en)
Hschn.	Holzschnitt
Hst.	Holzstich
Hw.	Hauptwerk
ibid.	ibidem, daselbst
iconogr.	iconography, iconographie ...; iconographic, iconographique ...
id.	idem, derselbe, dasselbe
Ikonogr., ikonogr.	Ikonographie; ikonographisch
il.	ilustración; ilustrado
Ill., ill.	Illustration, illustrazione ...; illustriert, illustrated ...
IMM	Iparművészeti Múzeum
inc.	incidit
Inf., inf.	Information, información ...
Ing., ing.	Ingenieur, ingegnere, ingeniero
Inschr., inschr.	Inschrift; inschriftlich
inscr.	inscription
Inst., inst.	Institut, institute ...
internac.	internacional
internat.	international
internaz.	internazional
introd.	introduction, introduzione ...
Inv., inv.	Inventar, inventaire ...; invenit
iscr.	iscrizione
isk.	iskusstvo
ist.	istituto
istor.	istorico
Ital., ital.	italienisch, Italian ...
IVAM	Instituto Valenciano de Arte Moderno
izv.	izvěstaj, izvestija
J., j.	Journal, journaal, jurnal ...
Jan.	Januar
Jap., jap.	Japanese, japanisch, japonais ...
JAZU	Jugoslavenska akademija znanosti i umjetnosti
Jb(b)., jb(b).	Jahrbuch, Jahrbücher, jaarboek ...
JBer., jber.	Jahresbericht, jaarbericht
Jg	Jahrgang
Jh.	Jahrhundert
JH	Jahresheft
Joh. Bapt.	Johannes Baptista
Joh. Ev.	Johannes Evangelista
JPM	Janus Pannonius Múzeum
JSchr.	Jahresschrift
Jugosl., jugosl.	Jugoslavic, jugoslawisch ...
jun.	junior

K Katalog
KA Kunstakademie
Kab. Kabinett
Kap. Kapelle
Kat. Katalog
kath. katholisch
KD Kunstdenkmale, Kunstdenkmäler
KG Kunst-Galerie, Kunstgalleri
kgl. königlich, kongelig ...
KGM Kunstgewerbemuseum
KGS Kunstgewerbeschule
KH Kunsthalle
KHS Kunsthochschule
KIM Kunstindustriemuseum
k. k. kaiserlich-königlich
Kl. Klasse
KM Kunstmuseum ...
kol. koloriert
Komm. Kommission
Komp. Komposition
Kongr. Kongreß
koninkl. koninklijk
Korr., korr. Korrespondenz; korrespondierend
Kpst. Kupferstich
Kr. Kreis
KS Kunstsammlung(en)
KSch Kunstschule
Kt. Kanton
kult. kulturell
Kunstf. Kunstführer
Kunstgesch., kunstgesch. Kunstgeschichte; kunstgeschichtlich
Kunstgew., kunstgew. Kunstgewerbe, kunstgewerblich
KunstH. Kunstheft
kunsthist. kunsthistorisch
Kunstwiss., kunstwiss. Kunstwissenschaft; kunstwissenschaftlich
KV Kunstverein

LA Landesarchiv
Lat., lat. Latin ..., lateinisch
lateinamer. lateinamerikanisch
latinoamer. latinoamericano
LDM Lietuvos dailės muziejus
lett. letteratura, lettere; lettisch
Lex., lex. Lexikon, lexicon, lexikón ...
Lfg Lieferung
LG Landesgalerie
libr. library, librairie ...
Lit., lit. Literatur, literature ...; Literatur~; literarisch, literary ...
Lith., lith. Lithographie, lithography
lithogr., litogr. lithographisch, lithographic, litográfico ...; lithographiert
litt. littérature; littéraire
livr. livraison
LM Landesmuseum
loc. cit. loco citato, am angeführten Ort
Lsch. Landschaft(en)
lt. laut
Ltg Leitung
Lw. Leinwand

M., m. Mitte, middle
MA Mittelalter, middle ages
ma. mittelalterlich

MAC Musée d'Art contemporain, Museo de Arte Contemporaneo
MAD Musée des Arts décoratifs
Mag., mag. Magazin, magazine, magazzino ...; Magister
MAH Musée d'Art et d'Histoire
MAK Museum für angewandte Kunst
MAM Musée d'Art moderne, Museo d'Arte Moderna ...
MAMC Musée d'Art moderne et contemporain, Museo d'Arte Moderna e Contemporanea ...
MAMVP Musée d'Art moderne de la Ville de Paris
Man. Manufaktur
Mat., mat. Material(ien), materiali ...
MBA Musée des Beaux-Arts, Museo de Bellas Artes ...
MBer. Monatsbericht
MBK Museum der bildenden Künste
MBl(l). Monatsblatt, Monatsblätter
MCA Museum of Contemporary Art
MCiv. Museo Civico
MCom. Museo Comunale
Meckl., meckl. Mecklenburg, mecklenburgisch
Med., med., méd. Medaille, medal, médaille ...
medd. meddellande, meddelelse(r)
meded. medede(e)lingen
Mem., mem., mém. Memoiren, memoirs, mémoire ...
Metrop. Mus. Metropolitan Museum of Art
MFA Museum of Fine Art(s)
MfG Museum für Gestaltung
MH Monatsheft
Min., min. Miniatur, miniature, miniatura ...
Minist., minist. Ministerium, ministére ...
misc. miscellanea, miscelánea ...
Misz. Miszellen
Mitarb. Mitarbeit; Mitarbeiter
Mitbegr. Mitbegründer
Mitgl. Mitglied; Mitgliedschaft
Mitt. Mitteilung
MKG Museum für Kunst und Gewerbe
MLW Muzeum Leona Wyczółkowskiego
MM Mākslas muzejs
MMA Museum of Modern Art
MMK Museum für moderne Kunst ...
MN Muzeum Narodowe; Museo Nacional ...
MNAC Musée National d'Art Contemporain, Museo Nacional de Arte Contemporaneo
MNAM Musée national d'Art moderne
MNBA Museo Nacional de Bellas Artes ...
MO Muzeum Okręgowe
mod. modern, moderne, moderno ...
Mon., mon. Monument, monumento ...; monumental, monumentale ...
Monogr., monogr. Monogramm ...; Monographie, monografía ...; monogrammiert ...
mpal municipal
MRBAB Musées royaux des Beaux-Arts de Belgique
Ms(s)., ms(s). Manuskript(e), manuscript(s), manuscrit(s) ...
Mschr. Maschinenschrift

MSK Museum voor Schone Kunsten
MSPC Muzej Srpske pravoslavne crkve
MSU Muzej savremene umetnosti/suvremene umjetnosti; Muzej na sovremeneta umetnost
MSZ Muzeum Sztuki
MTA Magyar Tudományos Akadémia
mun. municipal
Mus., mus. Museum, musée ...; Museums~
muz., múz. muzeul, muzeum, múzeum ...
MuzTat Muzeum Tatrzańskie
MZ Meisterzeichen

N, n. Norden; Nord-; nördlich ...
nac., nač. nacional, načalo
Nachf. Nachfolge; Nachfolger
nachg. nachgewiesen
Nachr. Nachricht
Nachtr. Nachtrag
nachw. nachweisbar
NAD National Academy of Design
Nat., nat., naz. National~; national, nazionale
NB Nationalbibliothek
n. Chr. nach Christus
Ndb. Niederbayern
necr., nécr. necrology, nécrologe ...
Nekr. Nekrolog
N.F. Neue Folge
NFG Nationale Forschungs- und Gedenkstätten der klassischen deutschen Literatur
NG Nationalgalerie, National Gallery, Národní galerie, Narodna galerija, Nasjonalgalleri, Nemzeti galéria
NGG Nationale Gemäldegalerie
niederl. niederländisch
NM Nationalmuseum, National Museum, Narodni muzej, Národné muzeum, Nemzeti Múzeum
NMMA National Museum of Modern Art
NO, nö. Nordosten; Nordost-; nordöstlich
NÖ Niederösterreich
nordamer. nordamerikanisch
Not., not. Notiz, notice, noticia ...; Notiz~
nouv. nouveau
Nov. November
NP Neue Pinakothek
Nr(n) Nummer(n)
NRW Nordrhein-Westfalen
N.S., n.s. Neue Serie, new series, nouvelle série ...
NT Neues Testament
NW, nw. Nordwesten; Nordwest-; nordwestlich

O, ö. Osten; Ost-; östlich
o.ä. oder ähnliches
Obb. Oberbayern
öff. öffentlich
österr. österreichisch
Okt. Oktober
OÖ Oberösterreich
op. cit. opus citatum, angeführtes Werk
Orig., orig. Original, original, originale ...; original~
Oss. Zakład Narodowy im. Ossolińskich

p. part, partie ...
p(p). Seite(n), page(s), pagina
PAFA Pennsylvania Academy of Fine Arts
paint. painting
Pal., pal. Palast, palace, palais ...
paläst. palästinensisch
pam. památky, pamiatky ...
PCiv. Pinacoteca Civica
PCom. Pinacoteca Comunale
peint. peinture
per., pér. periodical, périodique, periodico ...
Pfarrk. Pfarrkirche
Phil., phil. Philosophie, philosophy ...; philosophisch, philosophique, philosophical ...
photogr. photography, photographie; photographic, photographique ...
pict. pictura
Pin., pin. Pinakothek, pinacoteca
pint. pintura
pinx. pinxit
pitt. pittura
Pl. Platz, Place, plaza, ploščad'
plast. plastique
plást. plástico
PN Pinacoteca Nazionale
pol. polovina
Portr., portr. Porträt, portrait ...
portug. portugiesisch, portugais ...
Präs. Präsident
pref., préf. preface, préface
Priv., priv. Privat~; privat ...
Prof., prof. Professur; Professor, professeur ...
Prov., prov. Provinz, province ...; Provinzial~
Pseud., pseud. Pseudonym ...
pubbl. pubblicazione; pubblico
Publ., publ. Publikation, publication ...; publiziert, published ...

quad. quaderno
Quadrienn., quadrienn. Quadriennale, quadriennal
Quart., quart. Quartal; quarterly
q.v. quod vide, siehe dies

R., r. Reihe; royal, real ...; recto
RA Royal Academy of Arts
RABA Real Academia de Bellas Artes
racc. raccolta
Rad. Radierung
Rapp., rapp. Rapport, rapporto ...
rass. rassegna
rec. recueil
Rech. Recherche ...
reconstr. reconstruction; reconstructed
Red., red. Redakteur; Redaktion; redigiert
Reg. Regierung; Regierungs~; Register
Rekonstr., rekonstr. Rekonstruktion; rekonstruiert
Relig., relig. Religion; religiös, religieux ...
Renaiss. Renaissance
rend. rendiconto
Repert., repert., répert. Repertorium, repertoir, répertoire ...
Repr. Reprint
Reprod., reprod. Reproduktion, reproduction ...; reproduziert, reproduced ...

Rest., rest. Restaurierung, restauration ...; restauriert, restored ...
Retr. Retrospektive
rev. review, revue, revista, ...; revidiert, revised, revisé ...
Rez. Rezension
RIBA Royal Institute of British Architects
riv. rivista
RKD Rijksbureau voor Kunsthistorische documentatie
RM Rijksmuseum
RP Rheinland-Pfalz
RSA Royal Scottish Academy

s(s). sequens, folgende; siècle, siglo
S(S). Santa, Santo, São ...
S, s. Süden, south ...; Süd-; südlich
s. a. sine anno, ohne Jahr
Sa. Santa
SAfr. Salon des Artistes français
SANU Srpska akademija nauka i umetnosti
sb. sbornik, sborník
SB Sitzungsbericht
sc. science, scienza; scientific ...
SchA School of Art
Schr. Schrift
schweiz. schweizerisch
scolt. scoltura
sculps. sculpsit
sculpt. sculpture
scult. scultura
sec., séc. secolo, século
sel. selig
sem. seminario
sen. senior
Sep. Separatum, Sonderdruck
Sept. September
Ser., ser., sér. Serie, series, série ...
SG Staatsgalerie
SGG Staatliche Gemäldegalerie
SGS Staatsgemäldesammlung
SH Schleswig-Holstein
Sign., sign. Signatur; signiert; Signum ...
SKH Staatliche Kunsthalle
SKS Staatliche Kunstsammlung
Skulpt. Skulptur
s. l. sine loco, ohne Ort
s. l. e. a. sine loco et anno, ohne Ort und Jahr
Slg(n) Sammlung(en)
slov. slovník, slovar' ...
SM Stadtmuseum
SMPK Staatliche Museen zu Berlin, Preußischer Kulturbesitz
s. o. siehe oben
SO, sö. Südosten; Südost-; südöstlich
So. Santo
soc. society, société ...; social ...
sog. sogenannt
soz. sozial
sprav. spravočnik
SPSG Stiftung Preußische Schlösser und Gärten
SSG Staatliche Schlösser und Gärten
ST Sachsen-Anhalt
St., St-, Ste- Sankt, Saint-, Sainte-
StA Stadtarchiv
sted. stedelijk
Stellv., stellv. Stellvertreter; stellvertretender
StG Städtische Galerie
Stip. Stipendium
StKH Städtische Kunsthalle
StKS Städtische Kunstsammlung(en)
StM Städtisches Museum
Stmk Steiermark
stor. storico
Str. Straße, street, straat
StsA Staatsarchiv
Stud., stud. Studium, study ...; studiert
s. u. siehe unten
supl. suplemento
Suppl., suppl. Supplement, supplément ...
s. v. sub voce, unter dem Stichwort
Sv. Sveti, Sveta
SW, sw. Südwesten; Südwest-; südwestlich
św. święty ...
sz. század
SzM Szépművészeti Múzeum
Szt. Szent

t. tome, tomo ...
Tab. Tabelle
Taf. Tafel
tav. tavola
Teiln. Teilnahme; Teilnehmer
teilw. teilweise
teol. teologico
Test. Testament
TH Technische Hochschule
theol. theologisch, theologic ...
Thür. Thüringen
tidskr. tidskrift
tijdschr. tijdschrift
tipogr. tipografia; tipografico, tipográfico
Tl(e) Teil(e)
Topogr., topogr. Topographie, topography, topografia ...; topographisch, topographic, topográfico ...
Trad., trad. Tradition; traditionell ...
Trienn., trienn. Triennale, triennal
TU Technische Universität
Typogr., typogr. Typographie, typography ...; typographisch, typographic ...

u. a. und anderes; unter anderem
u. ä. und ähnliches
u. a. m. und anderes mehr
u. d. T. unter dem Titel
UG Um(j)etnička galerija, Umetnostna galerija
ul. ulica, ulice
UNAM Universidad Nacional Autónoma Mexicana
unbek. unbekannt
undat. undatiert ...
Univ., univ. Universität, university, université ...; universal, universel ...
Unters. Untersuchung
unveröff. unveröffentlicht
unvoll. unvollendet
unvollst. unvollständig
unwahrsch. unwahrscheinlich
UPM Uměleckoprůmyslové muzeum
urkdl. urkundlich
urspr. ursprünglich
urug. uruguayisch
u. Z. unserer Zeitrechnung

V., v(v).	Viertel; vek; verso; vide; vom, von
V & A	Victoria and Albert Museum
v. a.	vor allem
Vbg	Vorarlberg
v. Chr.	vor Christus
v. e.	vide etiam, siehe auch
venez.	venezianisch, veneziano
Ver.	Verein
Verb.	Verband
Verf., verf.	Verfasser; verfaßt
Verh., verh.	Verhandlung, verhandeling; verheiratet
Veröff., veröff.	Veröffentlichung; veröffentlicht
versch.	verschieden
Verz.	Verzeichnis
vgl.	vergleiche
viell.	vielleicht
VjBl(l).	Vierteljahresblatt, Vierteljahresblätter
VjH	Vierteljahresheft
VjSchr.	Vierteljahresschrift
vol.	volume ...
Voll., voll.	Vollendung; vollendet
vollst.	vollständig
Vorabdr.	Vorabdruck
Vors.	Vorsitzender
Vorw.	Vorwort
Vrg(n)	Vereinigung(en)
v. u. Z.	vor unserer Zeitrechnung
vyp.	vypusk
W, w.	Westen; West-; westlich ...
WA	Weltausstellung
wahrsch.	wahrscheinlich
Wallfk.	Wallfahrtskirche
Westf.	Westfalen
Wettb.	Wettbewerb
Wiss., wiss.	Wissenschaft; wissenschaftlich
WK	Weltkrieg
Wkst.	Werkstatt
Wkstn	Werkstätten
woj.	województwo; Wojewodschaft
WRM	Wallraf-Richartz-Museum
Württ., württ.	Württemberg; württembergisch
WV	Werkverzeichnis
yb.	yearbook
zahlr.	zahlreich
z. B.	zum Beispiel
Zbl.	Zentralblatt
Zchng(n)	Zeichnung(en)
Zeitgen., zeitgen.	Zeitgenosse; zeitgenössisch
zerst.	zerstört
zit.	zitiert
Zs(s).	Zeitschrift(en)
z. T.	zum Teil
Ztg(n)	Zeitung(en)
zugeschr.	zugeschrieben
zus.	zusammen
Zuschr.	Zuschreibung; Zuschrift
zw.	zwischen
z. Z.	zur Zeit

II. Antike Autoren

Acc., carm.	Accius, Carmina
Acc., praetext.	Accius, Praetextae
Acc., trag.	Accius, Tragoediae
Ach. Tat., intr. Arat.	Achilleus Tatios, Introductio in Aratum
Acro	Acro (Ps.-Acro), Scholien zu → Horaz
Act. Ioh.	Johannesakten
Act. Paul.	Paulusakten
Act. Petr.	Petrusakten
Act. Thom.	Thomasakten
Ael., epist.	Aelianus (Ailianos), Epistulae
Ael., nat. anim.	Aelianus (Ailianos), De natura animalium
Ael., var. hist.	Aelianus (Ailianos), Varia historia
Ael., takt.	Aelianus (Ailianos), Taktika
Aesop.	Aesopus (Aisopos), Fabulae
Aet., plac.	Aetios, Placita philosophorum
Aetna	Aetna (Appendix Vergiliana)
Afran., com.	Afranius, Comoediae
Agenn., grom.	Agennius Urbicus, De controversiis agrorum
Agroec., gramm.	Agroecius, Ars de orthographia
Ain. Takt.	Aineias Taktikos
Aischin., epist.	Aischines, Epistulae
Aischin., orat.	Aischines, Orationes
Aischin., Sokr.	Aischines Sokratikos
Aischyl., Ag.	Aischylos, Agamemnon
Aischyl., Ch.	Aischylos, Choephoroi
Aischyl., Eum.	Aischylos, Eumenides
Aischyl., Hik.	Aischylos, Hiketides
Aischyl., Septem	Aischylos, Septem contra Thebas
Aischyl., Suppl.	Aischylos, Supplices
Aischyl., Pers.	Aischylos, Persai
Aischyl., Prom.	Aischylos, Prometheus vinctus
Akus.	Akusilaos
Alc. Avit., carm.	Alcimus Ecdicius Avitus, Carmina
Alc. Avit., epist.	Alcimus Ecdicius Avitus, Epistulae
Alc. Avit., hom.	Alcimus Ecdicius Avitus, Homiliae
Alex.	Alexis, Comoediae
Alex. Aphr., an.	Alexander Aphrodisiensis, De anima
Alex. Aphr., fat.	Alexander Aphrodisiensis, De fato
Alex. Aphr., mixt.	Alexander Aphrodisiensis, De mixtione
Alex. Aphr., probl.	Alexander Aphrodisiensis, Problemata
Alex. Aphr., quaest.	Alexander Aphrodisiensis, Quaestiones
Alex. Polyh.	Alexander Polyhistor
Alk.	Alkaios, Carmina
Alkid., Od.	Alkidamas, Odysseus
Alkid., Soph.	Alkidamas, De sophistis
Alkiphr.	Alkiphron
Alkm.	Alkman, Carmina
Am.	Amos
Ambr., Abr.	Ambrosius, De Abraham

Ambr., bon. mort.	Ambrosius, De bono mortis
Ambr., epist.	Ambrosius, Epistulae
Ambr., exc. Sat.	Ambrosius, De excessu fratris (Satyri)
Ambr., hex.	Ambrosius, Hexameron
Ambr., hymn.	Ambrosius, Hymni
Ambr., Isaac	Ambrosius, De Isaac vel anima
Ambr., off.	Ambrosius, De officiis ministrorum
Ambr., obit. Theod.	Ambrosius, De obitu Theodosii
Ambr., obit. Valent.	Ambrosius, De obitu Valentiniani (iunioris)
Ambr., paenit.	Ambrosius, De paenitentia
Ambr., sacr.	Ambrosius, De sacramentis
Ameips.	Ameipsias, Comoediae
Amm.	Ammianus Marcellinus, Res gestae
Ammon.	Ammonios
Anakr.	Anakreon, Carmina
Anax.	Anaxagoras
Anaximand.	Anaximandros
Anaximen.	Anaximenes
And.	Andokides, Orationes
Anon., de sublim.	Anonymus, De sublimitate
Anon. Vales.	Anonymus Valesianus
Anth. Gr.	Anthologia Graeca
Anth. Lat.	Anthologia Latina
Anth. Pal.	Anthologia Palatina
Anth. Plan.	Anthologia Planudea
Antig., mir.	Antigonos von Karystos, Mirabilia
Antim., eleg.	Antimachos von Kolophon, Elegiae
Antim., ep.	Antimachos von Kolophon, Epica
Antiph.	Antiphanes, Comoediae
Antiphon	Antiphon, Orationes
Antisth., Ai.	Antisthenes, Aias
Antisth., Od.	Antisthenes, Odysseus
Ant. Lib.	Antoninus Liberalis, Metamorphoseis
Apg.	Apostelgeschichte
Aphth., prog.	Aphthonios, Progymnasmata
Apic.	Apicius, De re coquinaria
Apk.	Apokalypse des Johannes
Apollod., bibl.	Apollodoros, Bibliotheke
Apollod., epit.	Apollodoros, Epitome
Apollon., mirab.	Apollonios, Mirabilia
Apollon. Dysk., adv.	Apollonios Dyskolos, De adverbiis
Apollon. Dysk., coni.	Apollonios Dyskolos, De coniunctionibus
Apollon. Dysk., pron.	Apollonios Dyskolos, De pronominibus
Apollon. Dysk., synt.	Apollonios Dyskolos, De syntaxi
Apollon. Perg., kon.	Apollonios v. Perge, Konika
Apoll. Rhod.	Apollonios Rhodios, Argonautika
Apostol. Const.	Apostolicae constitutiones
App., civ.	Appianus, Bella civilia
App., Gall.	Appianus, Gallika
App., Hann.	Appianus, Hannibalika
App., Hisp.	Appianus, Hispaniensis
App., Ill.	Appianus, Illyrike

App., Ital.	Appianus, Italike
App., Mak.	Appianus, Makedonike
App., Mithr.	Appianus, Mithridateios
App., Num.	Appianus, Numidica
App., Pun.	Appianus, Libyka (Punica)
App., Reg.	Appianus, Basilika (Regia)
App., Sam.	Appianus, Samnitika
App., Sik.	Appianus, Sikelike
App.,Syr.	Appianus, Syriake
Aps., rhet.	Apsines, Ars rhetorica
Apul., apol.	Apuleius, Apologia
Apul., carm.	Apuleius, Carmina
Apul., met.	Apuleius, Metamorphoseis
Apul., mund.	Apuleius, De mundo
Apul., Plat.	Apuleius, De Platone
Apul., Socr.	Apuleius, De deo Socratis
Aquila rhet.	Aquila Romanus, De figuris sententiarum
Ar. Did.	Areios Didymos
Arat.	Aratos, Phainomena
Archil.	Archilochos, Carmina
Archim., aequil.	Archimedes, De planorum aequilibriis
Archim., aren.	Archimedes, Arenarius
Archim., bov.	Archimedes, Bovium problema
Archim., circ.	Archimedes, Dimensio circuli
Archim., con. sphair.	Archimedes, De conoidibus et sphaeroidibus
Archim., Eratosth.	Archimedes, Ad Eratosthenem methodus
Archim., fluit.	Archimedes, De fluitantibus corporibus
Archim., quadr.	Archimedes, De quadratura parabolae
Archim., sphaer. cyl.	Archimedes, De sphaera et cylindro
Archim., spir.	Archimedes, De spiralibus
Archim., stom.	Archimedes, Stomachion
Archyt.	Archytas
Ariphron	Ariphron, Carmina
Aristain.	Aristainetos
Aristarch.	Aristarchos, Schol. zu → Homer
Aristarch. Sam.	Aristarchos v. Samos, De magnitudinibus et distantia solis et lunae
Aristeid., or.	Aristeides, Orationes
Aristeid., rhet.	Aristeides, Ars rhetorica
Aristeid. Quint.	Aristeides Quintilianus, De musica
Aristobul.	Aristobulos
Aristoph., Ach.	Aristophanes, Acharnenses
Aristoph., av.	Aristophanes, Aves
Aristoph., eccl.	Aristophanes, Ecclesiazusae
Aristoph., equ.	Aristophanes, Equites
Aristoph., Lys.	Aristophanes, Lysistrate
Aristoph., nub.	Aristophanes, Nubes
Aristoph., Pax	Aristophanes, Pax
Aristoph., Pl.	Aristophanes, Plutus
Aristoph., ran.	Aristophanes, Ranae
Aristoph., Thesm.	Aristophanes, Thesmophoriazusae
Aristoph., vesp.	Aristophanes, Vespae
Aristot., an. post.	Aristoteles, Analytica posteriora
Aristot., an. pr.	Aristoteles, Analytica priora
Aristot., Ath. pol.	Aristoteles, Athenaion politeia
Aristot., aud.	Aristoteles, De audibilibus
Aristot., cael.	Aristoteles, De caelo
Aristot., cat.	Aristoteles, Categoriae
Aristot., col.	Aristoteles, De coloribus

Aristot., de an.	Aristoteles, De anima
Aristot., div. somn.	Aristoteles, De divinatione per somnia
Aristot., EE	Aristoteles, Eudemia ethica
Aristot., NE	Aristoteles, Nicomachea ethica
Aristot., gen. an.	Aristoteles, De generatione animalium
Aristot., gen. corr.	Aristoteles, De generatione et corruptione
Aristot., hist. an.	Aristoteles, Historia animalium
Aristot., inc. an.	Aristoteles, De incessu animalium
Aristot., insomn.	Aristoteles, De insomniis
Aristot., mot. an.	Aristoteles, De motu animalium
Aristot., MM	Aristoteles, Magna Moralia
Aristot., mech.	Aristoteles, Mechanika
Aristot., metaph.	Aristoteles, Metaphysika
Aristot., meteor.	Aristoteles, Meteorologika
Aristot., mirab.	Aristoteles, Mirabilia
Aristot., mund.	Aristoteles, De mundo
Aristot., oik.	Aristoteles, Oikonomika
Aristot., part. an.	Aristoteles, De partibus animalium
Aristot., phgn.	Aristoteles, Physiognomica
Aristot., phys.	Aristoteles, Physika
Aristot., poet.	Aristoteles, De arte poetica
Aristot., pol.	Aristoteles, Politica
Aristot., probl.	Aristoteles, Problemata
Aristot., resp.	Aristoteles, De respiratione
Aristot., rhet.	Aristoteles, Ars rhetorica
Aristot., rhet. Alex.	Aristoteles, Rhetorica ad Alexandrum
Aristot., SE	Aristoteles, Sophistici elenchi
Aristot., sens.	Aristoteles, De sensu
Aristot., soph. el.	Aristoteles, Sophistici elenchi
Aristot., spir.	Aristoteles, De spiritu
Aristot., top.	Aristoteles, Topica
Aristox., hist.	Aristoxenos, Historia harmonicae
Aristox., harm.	Aristoxenos, Harmonika
Aristox., rhythm.	Aristoxenos, Rhythmika
Arnob., nat.	Arnobius d.Ä., Adversus nationes
Arr., Alan.	Arrianus, Alanike
Arr., anab.	Arrianus, Anabasis
Arr., cyn.	Arrianus, Kynegetikos
Arr., Epict.	Arrianus, Epicteti dissertationes
Arr., Ind.	Arrianus, Indika
Arr., peripl. M. Eux.	Arrianus, Periplus maris Euxini
Arr., takt.	Arrianus, Taktika
Artem.	Artemidoros (Oneirokritikos)
Asc. Jes.	Ascensio Iesaiae
Asclep. Trag.	Asclepiades Tragilensis
Ascon.	Asconius Pedianus
Ass.Mos.	Assumptio Mosis
Astyd.	Astydamas, Tragoediae
Astyd., eleg.	Astydamas, Elegiae
Ath., deipn.	Athenaios, Deipnosophistai
Ath., epit.	Athenaios, Epitome
Ath., Mech.	Athenaios, Mechanikos
Athan., apol. Const.	Athanasios, Apologia ad Constantinum

Athan., apol. sec.	Athanasios, Apologia secunda contra Arianos
Athan., epist. fest.	Athanasios, Epistolae festivae
Athan., fug.	Athanasios, Apologia de fuga sua
Athan., hist. Ar.	Athanasios, Historia Arianorum ad monachos
Athan., Nic. syn.	Athanasios, Epistola de decretis Nicaenae synodi
Athenag., suppl.	Athenagoras, Supplicatio
Aug., c. acad.	Augustinus, Contra academicos
Aug., beat. vit.	Augustinus, De beata vita
Aug., catech. rud.	Augustinus, De catechezandis rudibus
Aug., civ.	Augustinus, De civitate Dei
Aug., conf.	Augustinus, Confessiones
Aug., corrept.	Augustinus, De correptione et gratia
Aug., doctr. christ.	Augustinus, De doctrina christiana
Aug., enchir.	Augustinus, Enchiridion de fide, spe et caritate
Aug., epist.	Augustinus, Epistulae
Aug., fid. et op.	Augustinus, De fide et operibus
Aug., lib. arb.	Augustinus, De libero arbitrio
Aug., mag.	Augustinus, De magistro
Aug., ord.	Augustinus, De ordine
Aug., retract.	Augustinus, Retractationes
Aug., soliloq.	Augustinus, Soliloquia
Aug., spir. et litt.	Augustinus, De spiritu et littera
Aug., trin.	Augustinus, De trinitate
Aug., util. cred.	Augustinus, De utilitate credendi
Aug., vera rel.	Augustinus, De vera religione
Avian., fab.	Avianus, Fabulae
Avien., Arat.	Rufius Festus Avienus, Aratus
Avien., ora	Rufius Festus Avienus, Ora maritima
Avien., orb. terr.	Rufius Festus Avienus, Orbis terrae
Aur. Vict.	Aurelius Victor Afer, Historiae abbreviatae
Aur. Vict., Caes.	Aurelius Victor Afer, De Caesaribus
Aur. Vict., epit.	Aurelius Victor Afer, Libellus de vita et moribus imperatorum (Epitome)
Aur. Vict., orig.	Aurelius Victor Afer, Origio gentis Romanae
Auson., Mos.	Ausonius, Mosella
Auson., Symm. epist.	Ausonius, Epistula ad Symmachum

Babr.	Babrios, Fabulae
Bakchyl.	Bakchylides, Carmina
Bar.	Baruch
Barn.	Barnabasbrief
Bas., adv. Eun.	Basilius, Adversus Eunomium
Bas., ad. iuv.	Basilius, Ad iuvenes (adolescentes) de legendis libris gentilium
Bas., epist.	Basilius, Epistulae
Bas., hex.	Basilius, Homiliae in Hexaëmeron
Bas., hom. in Ps.	Basilius, Homilia in Psalmos
Bas., Spir.	Basilius, De Spiritu sancto
Batr.	Batrachomyomachia
Bell. Afr.	De bello Africo
Bell. Alex.	De bello Alexandrino
Bell. Hisp.	De bello Hispaniensi
Beros.	Beros(s)os, Historiae
Boeth., cons(ol).	Boethius, De consolatione philosophiae, Übers. und Komm. zu → Aristoteles, → Cicero, → Porphyrios

Caecil., com.	Caecilius Statius, Comoediae
Caes., civ.	C. Julius Caesar, De bello civili
Caes., Gall.	C. Julius Caesar, De bello Gallico
Caes. Arel., serm.	Caesarius v. Arelate, Sermones
Calp., ecl.	Calpurnius Siculus, Eclogae
Candid., gen. div.	Candidus, De generatione divina
Candid., epist.	Candidus, Epistula ad Marium Victorinum
Carm. de fig.	Carmen de figuris vel schematibus
Cassian., conl.	Cassianus, Johannes, Conlationes patrum
Cassian., inst.	Cassianus, Johannes, De institutis coenobiorum...
Cassian., c. Nest.	Cassianus, Johannes, Contra Nestorium
Cassiod., art.	Cassiodorus, De artibus ac disciplinis liberalium
Cassiod., gramm.	Cassiodorus, De orthographia et de arte grammatica
Cassiod., hist.	Cassiodorus, Historia tripertita
Cassiod., inst. div.	Cassiodorus, De institutione divinarum litterarum
Cassiod., var.	Cassiodorus, Variae
Cato, agr.	M. Porcius Cato, De agricultura
Cato, dict.	M. Porcius Cato, Dicta
Cato, or.	M. Porcius Cato, Orationes
Cato, orig.	M. Porcius Cato, Origines
Cato, dist.	M. Porcius Cato, Disticha
Catull.	C. Valerius Catullus, Carmina
Cels.	Celsus, De medicina
Cens.	Censorinus, De die natali
Cert. Hom. Hes.	Certamen Homeri et Hesiodi
Chalc., comm.	Chalcidius, Commentarius in Plat. Tim.
Chalc., transl.	Chalcidius, Translatio Plat. Tim.
Charis.	Charisius
Chariton	Chariton
1. Chr.	1. Buch der Chronik
2. Chr.	2. Buch der Chronik
Chrysipp.	Chrysippos
Cic., ac1	M. Tullius Cicero, Academica posteriora
Cic., ac2	M. Tullius Cicero, Lucullus sive Academica priora
Cic., ad fam.	M. Tullius Cicero, Ad familiares
Cic., ad Q. fr.	M. Tullius Cicero, Epistulae ad Quintum fratrem
Cic., Arat.	M. Tullius Cicero, Aratea
Cic., Arch.	M. Tullius Cicero, Pro Archia
Cic., Att.	M. Tullius Cicero, Epistulae ad Atticum
Cic., Balb.	M. Tullius Cicero, Pro L. Balbo
Cic., Brut.	M. Tullius Cicero, Brutus

Cic., ad Brut.	M. Tullius Cicero, Epistulae ad Brutum
Cic., Caecin.	M. Tullius Cicero, Pro A. Caecina
Cic., Cael.	M. Tullius Cicero, Pro M. Caelio
Cic., carm.	M. Tullius Cicero, Carmina (Frg.)
Cic., Catil.	M. Tullius Cicero, In L. Catilinam
Cic., Cato	M. Tullius Cicero, Cato maior de senectute
Cic., Cluent.	M. Tullius Cicero, Pro A. Cluentio
Cic., De orat.	M. Tullius Cicero, De oratore
Cic., Deiot	M. Tullius Cicero, Pro rege Deiotaro
Cic., div.	M. Tullius Cicero, De divinatione
Cic., div. in Caec.	M. Tullius Cicero, Divinatio in Q. Caecilium
Cic., dom.	M. Tullius Cicero, De domo sua ad pontifices
Cic., facet. dict.	M. Tullius Cicero, Facete dicta
Cic., fat.	M. Tullius Cicero, De fato
Cic., fam.	M. Tullius Cicero, Epistulae ad familiares
Cic., fin.	M. Tullius Cicero, De finibus
Cic., Flacc.	M. Tullius Cicero, Pro L. Valerio Flacco
Cic., Font.	M. Tullius Cicero, Pro M. Fonteio
Cic., har. resp.	M. Tullius Cicero, De haruspicum responsis
Cic., imp. Cn. Pomp.	M. Tullius Cicero, Pro lege Manilia de imperio Cn. Pompei
Cic., inv.	M. Tullius Cicero, De inventione
Cic., Lael.	M. Tullius Cicero, Laelius de amicitia
Cic., leg.	M. Tullius Cicero, De legibus
Cic., leg. agr.	M. Tullius Cicero, De lege agraria
Cic., Lig.	M. Tullius Cicero, Pro Q. Ligario
Cic., Marcell.	M. Tullius Cicero, Pro M. Marcello
Cic., Mil.	M. Tullius Cicero, Pro T. Annio Milone
Cic., Mur.	M. Tullius Cicero, Pro L. Murena
Cic., nat. deor.	M. Tullius Cicero, De natura deorum
Cic., off.	M. Tullius Cicero, De officiis
Cic., opt. gen.	M. Tullius Cicero, De optimo genere oratorum
Cic., orat.	M. Tullius Cicero, Orator ad M. Brutum
Cic., parad.	M. Tullius Cicero, Paradoxa Stoicorum
Cic., part.	M. Tullius Cicero, Partitiones oratoriae
Cic., Phil.	M. Tullius Cicero, Philippina in M. Antonium
Cic., Pis.	M. Tullius Cicero, In L. Pisonem
Cic., Planc.	M. Tullius Cicero, Pro Cn. Plancio
Cic., p. red. in sen.	M. Tullius Cicero, Oratio post reditum in senatu
Cic., p. red. ad Quir.	M. Tullius Cicero, Oratio post reditum ad Quirites
Cic., progn.	M. Tullius Cicero, Progonostica (Frg.)
Cic., prov.	M. Tullius Cicero, De provinciis consularibus
Cic., Rab. Post.	M. Tullius Cicero, Pro C. Rabirio Postumo
Cic., rep.	M. Tullius Cicero, De republica
Cic., Q. Rosc.	M. Tullius Cicero, Pro Q. Roscio
Cic., S. Rosc.	M. Tullius Cicero, Pro Sex. Roscio Amerino
Cic., Scaur.	M. Tullius Cicero, Pro M. Aemilio Scauro
Cic., Sest.	M. Tullius Cicero, Pro P. Sestio
Cic., Sull.	M. Tullius Cicero, Pro P. Sulla
Cic., Tim.	M. Tullius Cicero, Timaeus
Cic., top.	M. Tullius Cicero, Topica
Cic., Tull.	M. Tullius Cicero, Pro M. Tullio
Cic., Tusc.	M. Tullius Cicero, Tusculanae disputationes
Cic., Vatin.	M. Tullius Cicero, In P. Vatinium testem
Cic., Verr.	M. Tullius Cicero, In Verrem
Cinna, carm.	C. Hervius Cinna, Carmina (Frg.)
Ciris	Ciris (Appendix Vergiliana)
Claud., carm.	Claudius Claudianus, Carmina (carminum maiorum series)
Claud., carm. min.	Claudius Claudianus, Carmina (carminum minorum series)
Claud., rapt. Pros.	Claudius Claudianus, De raptu Proserpinae
Claud. Don., Aen.	Tib. Claudius Donatus in Verg. Aen.
Claud. Mam., anim.	Claudianus Ecdicius Mamertus, De statu animae
1. Clem.	1. Clemensbrief
2. Clem.	2. Clemensbrief
Clem., hom.	Clemens, Homiliae
Clem., epist.	Clemens, Epistulae
Clem. Alex., exc. ex. Theod.	Clemens Alexandrinus, Excerpta ex Theodoto
Clem. Alex., paid.	Clemens Alexandrinus, Paidagogos
Clem. Alex., protr.	Clemens Alexandrinus, Protreptikos
Clem. Alex., q. d. s.	Clemens Alexandrinus, Quis dives salvatur
Clem. Alex., strom.	Clemens Alexandrinus, Stromateis
Cod. Greg.	Codex Gregorianus
Cod. Herm.	Codex Hermogenianus
Cod. Iust.	Codex Iustinianus
Cod. Theod.	Codex Theodosianus
Colum.	Columella, De re rustica
Colum, arb.	Columella, De arboribus
Comm., apol.	Commodianus, carmen apologeticum
Comm., instr.	Commodianus, instructiones per litteras versuum primas
Const. Apost.	Constitutiones Apostolorum
Corp. Herm.	Corpus Hermeticum
Coripp.	Corippus
Corn., nat.	Cornutus, De natura deorum
Culex	Culex (Appendix Vergiliana)
Curios. urb.	Curiosum urbis Romae, sc. Libelli de regionibus urbis Romae recensio altera
Curt.	Q. Curtius Rufus, Historia Alexandri Magni
Cypr., Demetr.	Cyprianus, Ad Demetrianum
Cypr., epist.	Cyprianus, Epistulae
Cypr., Fort.	Cyprianus, Ad Fortunatum
Cypr., idol.	Cyprianus, Quod idola dii non sint
Cypr., laps.	Cyprianus, De lapsis
Cypr., testim.	Cyprianus, Ad Quirinium testimonia
Cypr., unit. eccl.	Cyprianus, De catholicae ecclesiae unitate

Dam., princ. Damaskios, De principiis
Dam., vita Isid. Damaskios, Vita Isidori
Dan. Daniel
Dares Dares, De excidio Troiae historia
Dein. Deinarchos, Orationes
Demad. Demades, Orationes
Demetr. Demetrios (der Astrologe)
Demetr., eloc. Demetrios v. Phaleron, De elocutione
Democh. Demochares
Demokr. Demokrites
Demoph., sent. Demophilos, Sententiae
Demoph., sim. Demophilos, Similitudines
Demosth. Demosthenes, Orationes
Demosth., epist. Demosthenes, Epistulae
Demosth., prooem. Demosthenes, Prooemia
Did., in Dem. Didymos, Komm. zu → Demosthenes
Did. Didache XII Apostolorum
Didask. Didaskalia CCCXVIII Patrum
Didym. Alex. Didymos v. Alexandria, Komm. zu AT und NT
Dig. Digesta (Corp. Iur. Civ. ed. Th. Mommsen/P. Krüger)
Dikaiarch. Dikaiarchos
Dio Cass. Dio Cassius
Diod. Diodoros, Bibliotheke
Diod. Tars., fat. Diodoros v. Tarsos, De fato, Komm. zu AT und NT
Diom. Diomedes, Ars grammatica
Dionys. Exig., pasch. Dionysius Exiguus, De paschate
Diph. Diphilos, Comoediae
Dirae Dirae (Appendix Vergiliana)
Diog. Laert. Diogenes Laertios, De clarorum philosophorum vitis
Diog. Laert., epigr. Diogenes Laertios, Epigrammata
Diogenian. Diogenianos
Dion Chr. Dion Chrysostomos, Orationes
Dion. Hal., Amm. Dionysios v. Halikarnaß, Epistula ad Ammaeum
Dion. Hal., ant. Dionysios v. Halikarnaß, Antiquitates Romanae
Dion. Hal., comp. Dionysios v. Halikarnaß, De compositione verborum
Dion. Hal., Dein. Dionysios v. Halikarnaß, Deinarchos
Dion. Hal., Dem. Dionysios v. Halikarnaß, Demosthenes
Dion. Hal., Is. Dionysios v. Halikarnaß, Isaios
Dion. Hal., Isokr. Dionysios v. Halikarnaß, Isokrates
Dion. Hal., Lys. Dionysios v. Halikarnaß, Lysias
Dion. Hal., orat. vet. Dionysios v. Halikarnaß, De oratoribus veteribus
Dion. Hal., Pomp. Dionysios v. Halikarnaß, Epistula ad Pompeium
Dion. Hal., rhet. Dionysios v. Halikarnaß, Ars rhetorica
Dion. Hal., Thuk. Dionysios v. Halikarnaß, Thukydides
Dion. Periheg. Dionysios Perihegetes
Dion. Thr. Dionysios Thrax, Ars grammatica
Dioph. Diophantos, Arithmetika
Diosk., alex. Dioskurides, Alexipharmaka
Diosk., eup. Dioskurides, De euporistis
Diosk., mat. med. Dioskurides, Materia medica
Divisio orb. Divisio orbis terrarum
Don. Aelius Donatus, Komm. zu Vergil und Terenz
Don., gramm. Aelius Donatus, Ars grammatica
Don., vita Ter. Aelius Donatus, Vita Terentii
Doroth. Dorotheos (der Astrologe)
Dosiad., epigr. Dosiadas, Epigrammata
Drac., laud. Dracontius, De laudibus Dei
Drac., Rom. Dracontius, Romulea
Dtjes. Deuterojesaja
Dtn. Deuteronomium

Eb. Ev. Ebioniterevangelium
Eccl. Ecclesiasticus → Prediger
Edict. imp. Edicta imperatorum (mit Abkürzung der Kaisernamen)
Emp. Empedokles
Enn., ann. Ennius, Annales
Enn., com. Ennius, Comoediae palliatae
Enn., praetext. Ennius, Praetextae
Enn., sat. Ennius, Saturae
Enn., trag. Ennius, Tragodiae
Ennod. Ennodius
Eph. Epheserbrief
Ephor. Ephoros, Historiae
Epich. Epicharmos, Comoediae
Epigr. Bob. Epigrammata Bobiensia
Epikr. Epikrates, Comoediae
Epikt., ench. Epiktetos, Encheiridion
Epikt., gnom. Epiktetos, Gnomologion
Epikur., epist. Epikuros, Epistulae
Epikur., nat. Epikuros, De rerum natura
Epikur., sent. Epikuros, Sententiae
Epikur., sent. Vat. Epikuros, Sententiae aus dem Gnomologium Vaticanum
Epiphan., panar. Epiphanios, Panarion (Haereses)
Epist. imp. Epistulae imperatorum (mit Abkürzung des Kaisernamens)
Epist. pontif. Epistulae pontificorum Romanorum
Epist. praef. praet. Epistulae praefectorum praetorio
Epist. procos. Epistulae proconsulum
Epist. procur. Epistulae procuratorum
Epit. Alex. Epitome rerum gestarum Alexandri Magni
Eratosth., kat. Eratosthenes, Katasterismoi
Erinn. Erinna
Esr. Esra
Est. Esther
Etym. Gen. Etymologicum Genuinum
Etym. Gud. Etymologicum Gudianum
Etym. M. Etymologicum Magnum
Euagr. Euagrios Pontikos
Eud. Eudoxos
Eugraph. Eugraphius, Komm. zu → Terentius
Eukl., dat. Eukleides, Data
Eukl., elem. Eukleides, Elementa
Eukl., opt. Eukleides, Optika
Eukl., phain. Eukleides, Phainomena

Eukl., sect. can.	Eukleides, Sectio canonis
Eun., hist.	Eunapios, Historiae
Eun., vit. Soph.	Eunapios, Vitae sophistarum
Eup.	Eupolis, Comoediae
Eur., Alk.	Euripides, Alkestis
Eur., Andr.	Euripides, Andromache
Eur., Bakch.	Euripides, Bakchai
Eur., El.	Euripides, Elektra
Eur., Hek.	Euripides, Hekuba
Eur., Hel.	Euripides, Helena
Eur., Herakl.	Euripides, Herakles
Eur., Herakleid.	Euripides, Herakleidai
Eur., Hik.	Euripides, Hiketides
Eur., Hipp.	Euripides, Hippolytos
Eur., Iph. Aul.	Euripides, Iphigeneia in Aulis
Eur., Iph. Taur.	Euripides, Iphigeneia in Tauros
Eur., Ion	Euripides, Ion
Eur., Kykl.	Euripides, Kyklops
Eur., Med.	Euripides, Medeia
Eur., Or.	Eur., Orestes
Eur., Phoin.	Euripides, Phoinissai
Eur., Rhes.	Euripides, Rhesos
Eur., Tr.	Euripides, Troades
Eus., dem. ev.	Eusebios v. Caesarea, Demonstratio evangelica
Eus., Hierocl.	Eusebios v. Caesarea, Contra Hieroclem
Eus., hist. eccl.	Eusebios v. Caesarea, Historia ecclesiae
Eus., Marcell.	Eusebios v. Caesarea, Contra Marcellum
Eus., onomast.	Eusebios v. Caesarea, Onomasticon
Eus., praep. ev.	Eusebios v. Caesarea, Praeparatio evangelica
Eus., vita Const.	Eusebios v. Caesarea, Vita Const.
Eust.	Eustathios, Komm. zu → Homer
Eutr.	Eutropios, Breviarium ab urbe condita
Ex.	Exodus
Ez.	Ezechiel (Hesekiel)
Fast. ann. Iul.	Fasti anni Iuliani
Fast. cos.	Fasti consulares
Fest.	Sex Pompeius Festus, De verborum significatione
Firm, err.	Firmicus Maternus, De errore profanarum religionum
Firm., math.	Firmicus Maternus, mathesis
Flor., epit.	Annius Florus, Epitoma de Tito Livio
Flor., Verg.	Annius Florus, Vergilius orator an poeta
Fortun., rhet.	Fortunatianus, Ars rhetorica
Frg. Mur.	Fragmentum Muratorianum
Frontin., aqu.	Frontinus, De aquis
Frontin., grom.	Frontinus, Liber gromaticus
Frontin., strat.	Frontinus, Strategemata
Fronto	M. Cornelius Fronto, Epistulae
Fulg., aet. mund.	Fulgentius Afer, De aetatibus mundi et hominis
Fulg., myth.	Fulgentius Afer, Mythologiae
Fulg., Theb.	Fulgentius Afer, Super Thebaidem
Fulg. Rusp., c. Arrian.	Fulgentius v. Ruspe, Contra Arrianos
Fulg., Rusp., fid.	Fulgentius v. Ruspe, De fide ad Petrum

Fulg., Rusp., epist.	Fulgentius v. Ruspe, Epistulae
Gaius, dig.	Gaius iurisconsultus, Digesta
Gaius, inst.	Gaius iurisconsultus, Institutiones
Gal.	Galenos, zitiert nach der Ausgabe von C. G. Kühn, 1821-33 bzw. den Ausgaben im Corpus Medicorum Graecorum, 1918ss. Dazu:
Gal., meth. therap.	Galenos, De methodo
Gal., mixt.	Galenos, De mixtione
Gal., opt. doctr.	Galenos, De optima doctrina
Gal., protr.	Galenos, Protreptikos
Gal., san. tuenda	Galenos, De sanitate tuenda
Gal., usu part.	Galenos, De usu partium
Galat.	Galaterbrief
Gell.	Gellius, Noctes Atticae
Gen.	Genesis
Gorg.	Gorgias, Orationes
Gorg., Hel.	Gorgias, Helena
Gorg., Pal.	Gorgias, Palamedes
Gp.	Geoponika
Greg. M., dial.	Gregorius Magnus, Dialogorum de vita et miraculis patrum Italicorum
Greg. M., epist.	Gregorius Magnus, Epistulae
Greg. M., moral.	Gregorius Magnus, Moralia sive expositio in librum Iob
Greg. M., past.	Gregorius Magnus, Regula pastoralis
Greg. Naz., carm.	Gregorius v. Nazianz, Carmina
Greg. Naz., epist.	Gregorius v. Nazianz, Epistulae
Greg. Naz., or.	Gregorius v. Nazianz, Orationes
Greg. Nyss., anim. et res.	Gregorius Nyssa, De anima et resurrectione
Greg. Nyss., c. Eun.	Gregorius Nyssa, Contra Eunomium
Greg. Nyss., epist.	Gregorius Nyssa, Epistulae
Greg. Nyss., inst.	Gregorius Nyssa, De instituto Christiano
Greg. Nyss., hex.	Gregorius Nyssa, In hexaëmeron (apologia)
Greg. Nyss., hom. in cant.	Gregorius Nyssa, Homiliae in Canticum canticorum
Greg. Nyss., hom. opificio	Gregorius Nyssa, De hominis opifio
Greg. Nyss., or. catech.	Gregorius Nyssa, Oratio catechetica (magna)
Greg. Nyss., or. dom.	Gregorius Nyssa, Homiliae in orationem dominicam
Greg. Nyss., virg.	Gregorius Nyssa, De virginitate
Greg. Nyss., vit. Macr.	Gregorius Nyssa, De vita Macrinae
Greg. Tur., Franc.	Georgius Florentius Gregorius Turonensis, Historia Francorum

Greg. Tur., Mart.	Georgius Florentinus Gregorius Turonensis, De virtutibus Martini
Greg. Tur., v. patr.	Georgius Florentinus Gregorius Turonensis, De vita patrum
Hab.	Habakuk
Hag.	Haggai
Harp.	Harpokration
Hdn.	Herodianus (der Grammatiker)
Hdt.	Herodotos, Historiae
Hebr.	Hebräerbrief
Hebr. Ev.	Hebräerevangelium
Hekat.	Hekataios v. Milet
Hekat. Abd.	Hekataios v. Abdera
Hellanik.	Hellanikos
Hell. Oxyth.	Hellenika Oxythynchia
Hen.	Henochbuch
Heph., ench.	Hephaistion (der Metriker), Encheiridion
Heph., poem.	Hephaistion (der Metriker), De poematis
Herakleid. Pont.	Herakleidos Pontikos
Herakleit.	Herakleitos v. Ephesos
Herakleit., all.	Herakleitos, Allegoriae
Herm.	Hermes Trismegistos (vgl. → Corp. Herm.)
Herm., mand.	Hermas, Mandata
Herm., vis.	Hermas, Visiones
Hermog., id.	Hermogenes, De ideis
Hermog., inv.	Hermogenes, De inventione
Hermog., prog.	Hermogenes, Progymnasmata
Hermog., stat.	Hermogenes, De statibus
Herodor.	Herodoros
Heron, aut.	Heron, Automatopoietika
Heron, bel.	Heron, Belopoetika
Heron, def.	Heron, Definitiones
Heron, dioptr.	Heron, Dioptra
Heron, metr.	Heron, Metrika
Heron, pneum.	Heron, Pneumatika
Hes., asp. (scut.)	Hesiodos, Aspis (Scutum Herculis)
Hes., erg. (op.)	Hesiodos, Erga (Opera et dies)
Hes., theog.	Hesiodos, Theogonia
Hesych.	Hesychios
Hhld.	Hoheslied
Hi.	Hiob.
Hier.	Hieronymus v. Kardia
Hier., adv. Iovin.	Hieronymus, Adversus Ioviniaum
Hier., adv. Rufin.	Hieronymus, Apologia adversus libros Rufini
Hier., chron. A. abr.	Hieronymus, Chronicum Eusebii ab Hieronymo retractatum ad annum Abrahae 2395
Hier., c. Vigil.	Hieronymus, Contra Vigilantium
Hier., epist.	Hieronymus, Epistulae
Hier., in Ez.	Hieronymus, Commentarii in Ezechielem prophetam
Hier., Pelag.	Hieronymus, Dialogus adversus Pelagianos
Hier., quaest. hebr.	Hieronymus, Quaestiones hebraice in genesim
Hier., vir. ill.	Hieronymus, De viris illustribus
Hier., virg. Mar.	Hieronymus, Contra Helvidium de perpetua virginitate Mariae, Komm. zu AT und NT
Hil., syn.	Hilarius v. Poitiers, De synodis sive de fide orientalium
Hil., trin.	Hilarius v. Poitiers, De trinitate
Him., ecl.	Himerios, Eclogae
Him., or.	Himerios, Orationes
Hippokr.	Hippokrates (Corpus Hippocraticum) zitiert nach der Ausgabe von E. Littré, 1839-61. Dazu:
Hippokr., aer.	Hippokrates, De aëre, aquis, locis
Hippokr., cord.	Hippokrates, De corde
Hippokr., epid.	Hippokrates, Epidemiae
Hippokr., genit.	Hippokrates, De genitu
Hippokr., morb.	Hippokrates, De morbis
Hippokr., nat. hom.	Hippokrates, De natura hominis
Hippokr., nat. mul.	Hippokrates, De natura mulieris
Hippokr., nat. puer.	Hippokrates, De natura pueri
Hippokr., progn.	Hippokrates, Prognostikon
Hippokr., salubr.	Hippokrates, De victu salubri
Hippokr., vet. med.	Hippokrates, De vetere medicina
Hippokr., vict.	Hippokrates, De victu
Hippol., haer.	Hippolytos v. Rom, Refutatio omnium haeresium
Hippol., Pan.	Hippolytos v. Rom, In Paniclem
Hippol., trad.	Hippolytos v. Rom, Traditio apostolica
Hippon.	Hipponax, Carmina
Hirt., Gall. 8	Hitrius, C. Iuli Caesaris commentarii de bello Gallico lib. 8
Hist. Apoll.	Historia Apollonii regis Tyri
Hld.	Heliodoros, Aithiopika
Hom., Il.	Homeros, Ilias
Hom., Od.	Homeros, Odysseia
Hor., ars	Q. Horatius Flaccus, Ars poetica
Hor., carm.	Q. Horatius Flaccus, Carmina
Hor., carm. saec.	Q. Horatius Flaccus, Carmen saeculare
Hor., epist.	Q. Horatius Flaccus, Epistulae
Hor., epodi	Q. Horatius Flaccus, Epodi
Hor., sat.	Q. Horatius Flaccus, Saturae sive sermones
Hos.	Hosea
Hyg., astr.	Hyginus, Astronomica
Hyg., fab.	Hyginus, Fabulae
Hyg., mun. castr.	Hyginus, De munitionibus castrorum
Hymn. Hom., Ap.	Homerischer Hymnos, Auf Apollon
Hymn. Hom., Ar.	Homerischer Hymnos, Auf Ares
Hymn. Hom., Aphr.	Homerischer Hymnos, Auf Aphrodite
Hymn. Hom., Dem.	Homerischer Hymnos, Auf Demeter
Hymn. Hom., Dion.	Homerischer Hymnos, Auf Dionysos
Hymn. Hom., Herm.	Homerischer Hymnos, Auf Hermes

Hymn. Hom., Pan.	Homerischer Hymnos, Auf Pan
Hyp., Ath.	Hypereides, In Athenogenem
Hyp., Dem.	Hypereides, Contra Demosthenem
Hyp., Epit.	Hypereides, Epitaphios
Hyp., Eux.	Hypereides, Pro Euxenippo
Hyp., Lyk.	Hypereides, Pro Lykophrone
Hyp., or.	Hypereides, Orationes
Hyp., Phil.	Hypereides, Contra Philippum
Jak.	Jakobusbrief
Iambl., comm. math.	Iamblichos, De communi mathematica scientia
Iambl., myst.	Iamblichos, De mysteriis
Iambl., protr.	Iamblichos, Protreptikos
Iambl., theol. arithm.	Iamblichos, Theologumena arithmetica
Iambl., vita Pyth.	Iamblichos, De vita Pythagorae, Komm. zu → Nikomachos, Introductio arithmetica
Ibyk.	Ibykos, Carmina
Jer.	Jeremia
Jes.	Jesaja
Ign., Eph.	Ignatius, Epheserbrief
Ign., Magn.	Ignatius, Magnesierbrief
Ign., Trall.	Ignatius, Trallianerbrief
Ign., Röm.	Ignatius, Römerbrief
Ign., Phld.	Ignatius, Philadelphierbrief
Ign., Sm.	Ignatius, Smyrnäerbrief
Ign., Pol.	Ignatius, Polykarpbrief
Il.	Ilias. Vgl. → Homer
Il. parv.	Ilias parva
Il. pers.	Iliu persis
Inscr.	Inscriptiones
Jo.	Joel
Joh.	Johannesevangelium
1. Joh.	1. Johannesbrief
2. Joh.	2. Johannesbrief
3. Joh.	3. Johannesbrief
Joh. Bicl., chron.	Johannes Biclarensis, Chronica
Joh. Chrys., hom.	Johannes Chrysostomos, Homiliae zu AT und NT
Joh. Chrys., educ. lib.	Johannes Chrysostomos, De educandis liberis
Joh. Chrys., sac.	Johannes Chrysostomos, De sacerdotio
Joh. Dam., dial.	Johannes v. Damaskos, Dialectica
Joh. Dam., haer.	Johannes v. Damaskos, De haeresibus
Joh. Dam., fid. orth.	Johannes v. Damaskos, De fide orthodoxa
Joh. Dam., imag.	Johannes v. Damaskos, Pro sacris imaginibus (orationes)
Joh. Dam., parall.	Johannes v. Damaskos, Sacra parallela
Io. Mal., chron.	Iohannes Malalas, Chronographia
Ion, trag.	Ion, Tragoediae
Jona	Jona
Iord., Get.	Iordanes Geta, De origine actibusque Getarum
Iord., Rom.	Iordanes Geta, De summa temporum vel origine actibusque gentis Romanorum
Ios., ant. Iud.	Iosephus, Antiquitates (auch: AJ)
Ios., bel. Iud.	Iosephus, Bellum Iudaicum (auch: BJ)
Ios., c. Ap.	Iosephus, Contra Apionem
Ios., vit.	Iosephus, De vita sua
Josua	Josua
Iren., adv. haer.	Irenaios, Adv. haereses
Is.	Isaios, Orationes
Isid.	Isidorus, Komm. zu Schriften des AT und NT
Isid., diff.	Isidorus, Differentiae
Isid., eccl. off.	Isidorus, De ecclesiasticis officiis
Isid., fid. cathol.	Isidorus, De fide catholica contra Judaeos
Isid., nat.	Isidorus, De natura rerum
Isid., orig.	Isidorus, Origines sive etymologiae
Isokr., epist.	Isokrates, Epistulae
Isokr., or.	Isokrates, Orationes
Itin. Anton. Aug.	Itinerarium Antonini Augusti
Itin. Anton. Plac.	Itinerarium Antonini Placentini
Itin. Burdig.	Itinerarium Hierosolymitanum (Burdigalense)
Itin. Gad.	Itinerarium Gaditanum
Jub.	Jubiläenbuch
Jud.	Judasbrief
Iul., ad Ath.	Iulianus, Epistulae ad Athenienses
Iul., ad Them.	Iulianus, Epistula ad Themistium
Iul., c. Gal.	Iulianus, Contra Galilaeos
Iul., Caes.	Iulianus, Caesares
Iul., epist.	Iulianus, Epistulae
Iul., mis.	Iulianus, Misopogon
Iul., or.	Iulianus, Orationes
Iul. Vict., rhet.	C. Iulius Victor, Ars rhetorica
Iust.	M. Iunianus Iustinus, Epitoma historiarum Philippicarum Pompei Trogi
Iust. (Mart.), apol.	Iustinus Martyr, Apologiae
Iust. (Mart.), dial.	Iustinus Martyr, Dialogus cum Tryphone
Iuv.	Iuvenalis, Saturae
Kallim., ait.	Kallimachos, Aitia
Kallim., Ap.	Kallimachos, Apollonhymnus
Kallim., Artem.	Kallimachos, Artemishymnus
Kallim., Dem.	Kallimachos, Demeterhymnus
Kallim., epigr.	Kallimachos, Epigramme
Kallim., Hek.	Kallimachos, Hekale
Kallim., iamb.	Kallimachos, Jamben
Kallim., Iov.	Kallimachos, Zeushymnus
Kallim., lav. Pall.	Kallimachos, Lavacrum Palladis
Kallim., Sos.	Kallimachos, Sosibii victoria
Kallisth.	Kallisthenes, Hellenika
Kerk.	Kerkidas
Kleitarch., sent.	Kleitarchos, Sententiae
Klgd.	Klagelieder Jeremiae
1. Kön.	1. Buch der Könige
2. Kön.	2. Buch der Könige
Kol.	Kolosserbrief
Konon, narr.	Konon, Narrationes
1. Kor.	1. Korintherbrief
2. Kor.	2. Korintherbrief

Korinn.	Korinna
Kosm. Ind., top.	Kosmas Indikopleustes, Topographia christiana
Kratin.	Kratinos, Comoediae
Kritias	Kritias
Ktes.	Ktesias, Persika
Kypr.	Kypria
Kyr. Alex., hom. div.	Kyrillos v. Alexandria, Homiliae diversae
Kyr. Alex., Chr. un.	Kyrillos v. Alexandria, Quod unus sit Christus
Kyr. Alex., c. Iulian.	Kyrillos v. Alexandria, Contra Iulianum
Kyr. Alex., c. Nest.	Kyrillos v. Alexandria, Contra Nestorium
Kyr. Hier., catech.	Kyrillos v. Jerusalem, Catecheses
Lact., epit.	Lactantius, Epitome divinarum institutionum
Lact., inst.	Lactantius, Divinae institutiones
Lact., ira	Lactantius, De ira Dei
Lact., opif.	Lactantius, De opifcio Dei
Lact., Phoen.	Lactantius, Carmen de ave Phoenice
Lact., mort. pers.	Lactantius, De mortibus persecutorum
Laus Pis.	Laus Pisonis
Leo M., epist.	Leo Magnus, Epistulae
Leo M., serm.	Leo Magnus, Sermones
Leukipp.	Leukippos (Frg.)
Lev.	Leviticus
Lex XII tab.	Lex duodecim tabularum
Lib., arg. D.	Libanios, argumenta orationum Demosthenicarum
Lib., chr.	Libanios, Chriae
Lib., comp.	Libanios, Comparationes
Lib., conf.	Libanios, Confirmationes
Lib., decl.	Libanios, Declamationes
Lib., def. leg.	Libanios, Defensio legis
Lib., descr.	Libanios, Descriptiones
Lib., enc.	Libanios, Encomia
Lib., epist.	Libanios, Epistulae
Lib., eth.	Libanios, Ethopoeiae
Lib., fab.	Libanios, Fabulae
Lib., loc.	Libanios, Loci communes
Lib., narr.	Libanios, Narrationes
Lib., or.	Libanios, Orationes
Lib., ref.	Libanios, Refutationes
Lib., sent.	Libanios, Sententiae
Lib., thes.	Libanios, Theses
Lib., vit.	Libanios, Vituperationes
Lib. de asse	Liber de asse (Balbus zugeschrieben)
Liv.	T. Livius, Ab urbe condita
Liv., perioch.	T. Livius, Ab urbe condita librorum periochae
Liv. Andr., carm.	Livius Andronicus, Carmina
Liv. Andr., com.	Livius Andronicus, Comoediae palliatae
Liv. Andr., trag.	Livius Andronicus, Tragoediae
Lk.	Lukasevangelium
Long., rhet.	Longinus, Ars rhetorica
Long., sublim.	Longinus, De sublimitate (vgl. → Anonymus)
Long., prol.	Longinus, Prolegomena zu → Hephaistion, Encheiridion
Lucan.	Lucanus, De bello civili
Lucil.	Lucilius, Saturae
Lucr.	Lucretius Carus, De rerum natura
Lukian., abd.	Lukianos, Abdicatus
Lukian., Alex.	Lukianos, Alexandros
Lukian., am.	Lukianos, Amores
Lukian., Anach.	Lukianos, Anacharsis
Lukian., apol.	Lukianos, Apologia
Lukian., asin.	Lukianos, Asinus
Lukian., astr.	Lukianos, De astrologia
Lukian., Bacch.	Lukianos, Bacchus
Lukian., bis acc.	Lukianos, Bis accusatus
Lukian., cal.	Lukianos, Calumniae non temere credendum
Lukian., cat.	Lukianos, Cataplus
Lukian., Charid.	Lukianos, Charidemus
Lukian., cont.	Lukianos, Contemplantes
Lukian., cyn.	Lukianos, Cynicus
Lukian., Dem. enc.	Lukianos, Demosthenis encomium
Lukian., Demon.	Lukianos, Demonax
Lukian., dial. deor.	Lukianos, Dialogi deorum
Lukian., dial. Mar.	Lukianos, Dialogi Marini
Lukian., dial. meretr.	Lukianos, Dialogi meretetrici
Lukian., dial. mort.	Lukianos, Dialogi mortuorum
Lukian., deor. conc.	Lukianos, Deorum concilium
Lukian., dips.	Lukianos, Dipsades
Lukian., dom.	Lukianos, De domo
Lukian., electr.	Lukianos, Electrum
Lukian., epist. Sat.	Lukianos, Epistulae Saturnales
Lukian., eun.	Lukianos, Eunuchus
Lukian., fug.	Lukianos, Fugitivi
Lukian., gall.	Lukianos, Gallus
Lukian., halc.	Lukianos, Halcyon
Lukian., Harm.	Lukianos, Harmonides
Lukian., Herc.	Lukianos, Hercules
Lukian., Herm.	Lukianos, Hermotimos
Lukian., Herod.	Lukianos, Herodotus
Lukian., Hes.	Lukianos, Hesiodus
Lukian., Hipp.	Lukianos, Hippias
Lukian., hist. conscr.	Lukianos, Quomodo historia conscribenda sit
Lukian., Icar.	Lukianos, Icaromenippus
Lukian., im.	Lukianos, Imagines
Lukian., ind.	Lukianos, Adversus indoctum
Lukian., iud. voc.	Lukianos, Iudicium vocalium
Lukian., Iupp. conf.	Lukianos, Iuppiter confutatus
Lukian., Iupp. trag.	Lukianos, Iuppiter tragoedus

Lukian., laps.	Lukianos, Pro lapsu inter salutandum
Lukian., Lex.	Lukianos, Lexiphanes
Lukian., luct.	Lukianos, De luctu
Lukian., macr.	Lukianos, Macrobii
Lukian., merc. cond.	Lukianos, De mercede conductis
Lukian., musc. enc.	Lukianos, Muscae encomium
Lukian., nav.	Lukianos, Navigium
Lukian., nek.	Lukianos, Nekyomantia
Lukian., Nero	Lukianos, Nero
Lukian., Nigr.	Lukianos, Nigrinus
Lukian., Ocyp.	Lukianos, Ocypus
Lukian., par.	Lukianos, De parasito
Lukian., patr. enc.	Lukianos, Patriae encomium
Lukian., Peregr.	Lukianos, De morte Peregrini
Lukian., Phal., 1. 2	Lukianos, Phalaris, 1. 2
Lukian., philopatr.	Lukianos, Philopatris
Lukian., Philops.	Lukianos, Philopseudes
Lukian., pisc.	Lukianos, Piscator
Lukian., pr. im.	Lukianos, Pro imaginibus
Lukian., pro merc. cond.	Lukianos, Pro mercede conductis
Lukian., Prom.	Lukianos, Prometheus
Lukian., Prom. es	Lukianos, Prometheus es in verbis
Lukian., pseudol.	Lukianos, Pseudologista
Lukian., rh. pr.	Lukianos, Rhetorum praeceptor
Lukian., sacr.	Lukianos, De sacrificiis
Lukian., salt.	Lukianos, De saltatione
Lukian., Sat.	Lukianos, Saturnalia
Lukian., Scyth.	Lukianos, Scytha
Lukian., sol.	Lukianos, Soloecista
Lukian., somn.	Lukianos, Somnium sive vita Luciani
Lukian., symp.	Lukianos, Symposion
Lukian., Syr. Dea	Lukianos, De Syria Dea
Lukian., Tim.	Lukianos, Timon
Lukian., Tox.	Lukianos, Toxaris
Lukian., trag.	Lukianos, Tragoedopodagra
Lukian., tyr.	Lukianos, Tyrannicida
Lukian., ver. hist.	Lukianos, Verae historiae
Lukian., vit. auct.	Lukianos, Vitarum auctio
Lukian., Zeux.	Lukianos, Zeuxis
LXX	Septuaginta (Vetus Testamentum Graece iuxta LXX interpretes)
Lyd., mag.	Johannes Lydos, De magistratibus
Lyd., mens.	Johannes Lydos, De mensibus
Lyd., ost.	Johannes Lydos, De ostentis
Lygd.	Lygdamus, Elegiae (Tib. 3,1-6)
Lyk., Alex.	Lykophron, Alexandra
Lyk., trag.	Lykophron, Tragoediae
Lykurg.	Lykurgos, Orationes
Lys.	Lysias, Orationes
M. Aur.	Marcus Aurelius Antoninus Imperator
Macr., exc. gramm.	Macrobius, De differentiis et societatibus graeci latinique verbi excerpta
Macr., Sat.	Macrobius, Convivia primi diei Saturnaliorum (Saturnalia)
Macr., somn.	Macrobius, Commentarii in Ciceronis somnium
Makk.	Makkabäerbuch
Mal.	Maleachi
Man.	Manetho
Manil.	Manilius
Mar. Victorin., ad. Cand.	Marius Victorinus Afer, Epistulae ad Candidum
Mar. Victorin., adv. Arrium	Marius Victorinus Afer, Adversus Arrium
Mar. Victorin., defin.	Marius Victorinus Afer, De definitionibus
Mar. Victorin., expl.	Marius Victorinus Afer, Explananatio in Ciceronis rhetoricam
Mar. Victorin., gen. div. Verb.	Marius Victorinus Afer, De generatione divini verbi
Mar. Victorin., gramm.	Marius Victorinus, Ars grammatica
Mar. Victorin., homous.	Marius Victorinus, De ὁμοουσίῳ recipiendo Übers. zu → Aristoteles und → Porphyrios
Mar. Victorin., verb. script.	Marius Victorinus, De verbis scripturae Komm. zu Eph., Glat., Phil.
Marcell., med.	Marcellus, De medicamentis
Marcellin., vit. Thuk.	Marcellinus, Vita Thukydidis
Mart.	Martialis, Epigrammata
Mart., epigr.	Martialis, Epigrammaton (=spectaculorum) liber
Mart. Brac., corr. rust.	Martinus v. Bracava, De correctione rusticorum
Mart. Cap.	Martianus Cappella, De nuptiis Philologiae et Mercurii
mart. .	Martyrium . (martyrum acta)
Max. Conf., ascet.	Maximus Confessor, Liber asceticus
Max. Conf., carit.	Maximus Confessor, Capita de caritate
Max. Tyr.	Maximus v. Tyros
Mel.	Meleagros, Epigramme
Mela	Pomponius Mela, De chorographia
Melanipp.	Melanippides
Meliss.	Melissos
Men., dysk.	Menander, Dyskolos
Men., epitr.	Menander, Epitrepontes
Men., georg.	Menander, Georgos
Men., her.	Menander, Heros
Men., kol.	Medander, Kolax
Men., mis.	Menander, Misumenos
Men., Per.	Menander, Perinthia
Men., perik.	Menander, Perikeiromene
Men., phasma	Menander, Phasma
Men. Eph.	Menandros v. Ephesos
Mesom., Mus.	Mesomedes, Hymnus in Musam
Mesom., Nem.	Mesomedes, Hymnus in Nemesin
Mesom., Sol.	Mesomedes, Hymnus in Solem
Mi.	Micha
Mimn.	Mimnermos, Elegiae

Min. Fel.	M. Minucius Felix, Octavius
Mk.	Markusevangelium
Mon. Ancyr.	Res gestae divi Augusti (Monumentum Ancyranum)
Moret.	Moretum (Appendix Vergiliana)
Mosch.	Moschos, Carmina
Mt.	Matthäusevangelium
Musaios	Musaios, Carmina
Myth. Vat.	Mythographi Vaticani qui vocantur
Naev., carm.	Naevius, Carmina epica
Naev., com.	Naevius, Comoediae palliatae
Naev., praetext.	Naevius, Praetexte
Naev., trag.	Naevius, Tragoediae
Nah.	Nahum
Neh.	Nehemia
Nemesios, nat. hom.	Nemesios, De natura hominis
Nep., Ages.	Cornelius Nepos, Agesilaus
Nep., Alc.	Cornelius Nepos, Alcibiades
Nep., Att.	Cornelius Nepos, Atticus
Nep., Cato	Cornelius Nepos, Cato
Nep., Chabr.	Cornelius Nepos, Chabrias
Nep., Cim.	Cornelius Nepos, Cimon
Nep., Con.	Cornelius Nepos, Conon
Nep., Dat.	Cornelius Nepos, Datames
Nep., Epam.	Cornelius Nepos, Epaminondas
Nep., Eum.	Cornelius Nepos, Eumenes
Nep., Ham.	Cornelius Nepos, Hamilcar
Nep., Hann.	Cornelius Nepos, Hannibal
Nep., Iph.	Cornelius Nepos, Iphicrates
Nep., Lys.	Cornelius Nepos, Lysander
Nep., Milt.	Cornelius Nepos, Miltiades
Nep., Paus.	Cornelius Nepos, Pausanias
Nep., Pel.	Cornelius Nepos, Pelopidas
Nep., Phoc.	Cornelius Nepos, Phocion
Nep., reg.	Cornelius Nepos, De regibus
Nep., Them.	Cornelius Nepos, Themistocles
Nep., Thimot.	Cornelius Nepos, Thimoteus
Nep., Thras.	Cornelius Nepos, Thrasybulus
Nep., Timol.	Cornelius Nepos, Timoleon
Nik., alex.	Nikandros, Alexipharmaka
Nik., ther.	Nikandros, Theriaka
Nikol., prog.	Nikolaos v. Myra, Progymnasmata
Nikom., ar.	Nikomachos v. Gerasa, Arithmetica introductio
Nikom., harm.	Nikomachos v. Gerasa, Harmonicum enchiridium
Non.	Nonius Marcellus, De compediosa doctrina
Nonn., Dion.	Nonnos, Dionysiaka
Not. dign., occ.	Notitia dignitatum, In partibus occidentis
Not. dign., or.	Notitia dignitatum, In partibus orientis
Novell. Iust., app.	Iustiniani novellae, Appendix constitutionum dispersarum
NT	Novum Testamentum
Num.	Numeri
Nux	Nux elegia
Ob.	Obadja
Octavia	Octavia praetexta
Od.	Odysseia, Vgl. → Homer
Okkel.	Okkelos v. Lukanien, De rerum natura
Olymp., prol.	Olympiodoros, Prolegomena
Olymp., vit. Plat.	Olympiodoros, Vita Platonis, Komm. zu → Platon und → Aristoteles
Onas. (Onos.)	Onasandros (Onosandros)
Opp., hal.	Oppianos v. Korykos, Halieutika
Opp., ix.	Oppianos v. Korykos, Ixeutika
Opp., kyn.	Oppianos v. Korykos, Kynegetika
Optat.	Optatus, Contra Parmenianum Donatistam
Or. Sib.	Oracula Sibylllina
Orat. imp.	Orationes imperatorum (folgt Abkürzung der Kaisernamen)
Oreib., coll. med.	Oreibasios, collatio medicinae
Orig., comm.	Origenes, Kommentare zu AT und NT
Orig., adnot.	Origenes, Adnotationes zu AT und NT
Orig., sel.	Origenes, Selecta zu AT und NT
Orig., c. Cels.	Origenes, Contra Celsum
Orig., de or.	Origenes, De oratione
Orig., exh. mart.	Origenes, Exhortatio ad martyrium
Orig., hom.	Origenes, Homilien
Orig., philok.	Origenes, Philokalia
Orig., princ.	Origenes, De principiis
Oros., apol.	Orosius, Liber apologeticus adversus Pelagianos
Oros., comm.	Orosius, Commonitorium de errore Priscillianistarum
Oros., hist.	Orosius, Historiae adversus paganos
Orph., Arg.	Orphika, Argonautika
Orph., hymn.	Orphika, Hymni
Orph., Lith.	Orphika, Lithika
Ov., am.	Ovidius, Amores
Ov., ars	Ovidius, Ars amatoria
Ov., epist.	Ovidius, Epistulae
Ov., fast.	Ovidius, Fasti
Ov., hal.	Ovidius, Halieuticorum
Ov., her.	Ovidius, Heroides
Ov., Ib.	Ovidius, Ibis
Ov., medic.	Ovidius, Medicamina
Ov., met.	Ovidius, Metamorphoses
Ov., Pont.	Ovidius, Ex Ponto
Ov., rem.	Ovidius, Remedia amoris
Ov., trist.	Ovidius, Tristia
Ov., Med.	Ovidius, Medea tragoedia
Pacian., bapt.	Pacianus, Sermo de baptismo
Pacian., epist.	Pacianus, Epistula ad Symphronianum
Pacian., paraen.	Pacianus, Paraenesis sive exhortatorius libellus ad paenitentiam
Pacuv., praetext.	M. Pacuvius, Praetextae
Pacuv., trag.	M. Pacuvius, Tragoediae
Palaiph.	Palaiphatos
Pall.	Palladas, Epigrammata
Pallad., agric.	Palladius, De agricultura
Pallad. Mon., epist. Laus.	Palladius Monachus, Epistula ad Lausum
Pallad. Mon., hist. Laus.	Palladius Monachus, Historia Lausiaca
Pallad. Mon., hist. mon.	Palladius Monachus, Historia monachorum in Aegypto
Paneg.	XII panegyrici latini
Papp., coll.	Pappos, Collectio
Parm.	Parmenides
Parth.	Parthenios, Erotika parthemata

Paul. Aig. Paulus v. Aigina
Paul., Fest. Paulus Diaconus, Epitoma Festi
Paul. Nol., carm. Paulinus v. Nola, Carmen
Paul. Nol., epist. Paulinus v. Nola, Epistulae
Paul. Sil., ekphr. Paulus Silentiarius, Ekphrasis
Paul. Sil., epigr. Paulus Silentiarius, Epigrammata
Paus. Pausanias, Perihegesis
Pediasim. Pediasimos
Pelag. Pelagius
Peripl. M. Eux. Periplus Maris Euxini
Peripl. M. Magn. Periplus (stadiasmus) Maris Magni
Peripl. M. Rubr. Periplus Maris Rubri
Pers. Persius, Saturae
1. Petr. 1. Petrusbrief
2. Petr. 2. Petrusbrief
Petr. Ev. Petrusevangelium
Petron. Petronius, Satirae
Phaedr. Phaedrus, Fabulae Aesopiae
Phalar., epist. Phalaris, Epistulae
Pherekr. Pherekrates, Comoediae
Pherekyd. Pherekydes v. Athen
Pherekyd. Syr. Pherekydes v. Syros
Phil. Philipperbrief
Philoch. Philochoros
Philod. Philodemos
Philop. Philoponos
Philostr., dial. Philostratos, Dialexeis
Philostr., epist. Philostratos, Epistulae
Philostr., her. Philostratos, Heroicus
Philostr., im. Philostratos, Maioris imagines
Philostr., iun. im. Philostratos, Iunioris imagines
Philostr., v. Ap. Philostratos, Vita Apollonii
Philostr., v. soph. Philostratos, Vitae sophistarum
Phlm. Philemonbrief
Phot., lex. Photios, Lexikon
Phot., bibl. Photios, Bibliotheke
Phryn., trag. Phrynichos, Tragoediae
Pind., dith. Pindar, Dithyrambi
Pind., Isthm. Pindar, Isthmiae
Pind., Nem. Pindar, Nemeae
Pind., Ol. Pindar, Olympiae
Pind., paian. Pindar, Paianes
Pind., parth. Pindar, Partheneia
Pind., Pyth. Pindar, Pythiae
Plat., Alk., 1, 2 Platon, Alkibiades, 1, 2
Plat., apol. Platon, Apologia
Plat., Ax. Platon, Axiochos
Plat., Charm. Platon, Charmides
Plat., def. Platon, Definitiones
Plat., Dem. Platon, Demodokos
Plat., epin. Platon, Epinomis
Plat., epist. Platon, Epistulae
Plat., erast. Platon, Erastai
Plat., Eryx. Platon, Eryxias
Plat., Euthyd. Platon, Euthydemos
Plat., Euthyphr. Platon, Euthyphron
Plat., Gorg. Platon, Gorgias
Plat., Hipparch. Platon, Hipparchos
Plat., Hipp. mai., min. Platon, Hippias maior, minor
Plat., Ion Platon, Ion
Plat., Kleit. Platon, Kleitophon
Plat., Krat. Platon, Kratylos
Plat., Kritias Platon, Kritias
Plat., Krit. Platon, Kriton
Plat., Lach. Platon, Laches
Plat., leg. Platon, Leges
Plat., Lys. Platon, Lysis
Plat., Menex. Platon, Menexenos
Plat., Men. Platon, Menon
Plat., Min. Platon, Minos
Plat., Parm. Platon, Parmenides
Plat., Phaid. Platon, Phaidon
Plat., Phaidr. Platon, Phaidros
Plat., Phil. Platon, Philebos
Plat., polit. Platon, Politikos
Plat., Prot. Platon, Protagoras
Plat., rep. Platon, De re publica (Politeia)
Plat., Sis. Platon, Sisyphos
Plat., soph. Platon, Sophistes
Plat., symp. Platon, Symposion
Plat., Theag. Platon, Theages
Plat., Theait. Platon, Theaitetos
Plat., Tim. Platon, Timaios
Plat. Com. Platon (der Komiker)
Plaut., Amph. Plautius, Amphitruo
Plaut., Asin. Plautius, Asinaria
Plaut., Aul. Plautius, Aulularia
Plaut., Bach. Plautius, Bacchides
Plaut., Capt. Plautius, Captivi
Plaut., Cas. Plautius, Casina
Plaut., Cist. Plautius, Cistellaria
Plaut., Curc. Plautius, Curculio
Plaut., Epid. Plautius, Epidicus
Plaut., Men. Plautius, Menaechmi
Plaut., Merc. Plautius, Mercator
Plaut., Mil. Plautius, Miles
Plaut., Most. Plautius, Mostellaria
Plaut., Persa Plautius, Persa
Plaut., Poen. Plautius, Poennulus
Plaut., Pseud. Plautius, Pseudolus
Plaut., Rud. Plautius, Rudens
Plaut., Stich. Plautius, Stichus
Plaut., Trin. Plautius, Trinummuns
Plaut., Truc. Plautius, Trucelentus
Plaut., Vid. Plautius, Vidularia
Plin., nat. Plinius d. Ä., Naturalis historia
Plin., epist. Plinius d. J., Epistulae
Plin., paneg. Plinius d. J., Panegyricus
Plin., med. Plinius d. Ä., De medicina
Plot., enn. Plotinos, Enneaden
Plut., Aem. Plutarchos, Aemilius Paulus
Plut., Ages. Plutarchos, Agesilaos
Plut., Agis Plutarchos, Agis
Plut., Alk. Plutarchos, Alkibiades
Plut., Alex. Plutarchos, Alexandros
Plut., Ant. Plutarchos, Antonius
Plut., Arat. Plutarchos, Aratos
Plut., Arist. Plutarchos, Aristeides
Plut., Art. Plutarchos, Artoxerxes
Plut., aud. poet. Plutarchos, De audiendis poetis
Plut., Brut. Plutarchos, Brutus
Plut., C. Gracchus Plutarchos, C. Gracchus
Plut., Caes. Plutarchos, Caesar
Plut., Cam. Plutarchos, Camillus
Plut., Cato mai. Plutarchos, Cato maior
Plut., Cato min. Plutarchos, Cato minor

Plut., Cic.	Plutarchos, Cicero
Plut., comp.	Plutarchos, Comparatio (folgen zwei Namen)
Plut., cons. ad Apoll.	[Plutarchos] Consulatio ad Apollonium
Plut., conv. sept. sap.	Plutarchos, Septem sapientium convivium
Plut., Cor.	Plutarchos, Coriolanus
Plut., Crass.	Plutarchos, Crassus
Plut., daed.	Plutarchos, De daedalis Plataeensibus (fragmenta)
Plut., de Alex. fort.	Plutarchos, De Alexandri Magni fortuna aut virtute oratio (libri) I et II
Plut., de def. or.	Plutarchos, De defectu oraculorum
Plut., de exil.	Plutarchos, De exilio
Plut., de fac.	Plutarchos, De facie in orbe lunae
Plut., de fluv.	[Plutarchos] De fluviorum et montium nominibus et de iis quae in illis inveniuntur
Plut., de fort. Rom.	Plutarchos, De fortuna Romanorum
Plut., de frat. amor.	Plutarchos, De fraterno amore
Plut., de garr.	Plutarchos, De garrulitate
Plut., de gen.	Plutarchos, De genio Socratis
Plut., de glor. Ath.	Plutarchos, De gloria Atheniensium (bellone an pace clariores fuerint Athenienses)
Plut., de lat. viv.	Plutarchos, De latenter vivendo (an recte dictum sit latenter esse vivendum)
Plut., de mul. vir.	Plutarchos, De mulierum virtutibus (mulierum virtutes)
Plut., de prof. virt.	Plutarchos, De profectibus in virtute
Plut., de Pyth. or.	Plutarchos, De Pythiae oraculis
Plut., de sera	Plutarchos, De sera numinis vindicta
Plut., de tranq. anim.	Plutarchos, De tranquillitate animi
Plut., Dem.	Plutarchos, Demosthenes
Plut., Demetr.	Plutarchos, Demetrios
Plut., Dio	Plutarchos, Dio
Plut., esu carn.	Plutarchos, De esu carnium
Plut., Eum.	Plutarchos, Eumenes
Plut., Fab.	Plutarchos, Fabius Maximus
Plut., Flam.	Plutarchos, Flamininus
Plut., in Hes.	Plutarchos, Commentarii in Hesiodum (fragmenta)
Plut., Is.	Plutarchos, De Iside et Osiride
Plut., Kim.	Plutarchos, Kimon
Plut., Kleom.	Plutarchos, Kleomedes
Plut., lib.	Plutarchos, De libidine et aegritudine
Plut., Luc.	Plutarchos, Lucullus
Plut., Lyk.	Plutarchos, Lykurgos
Plut., Lys.	Plutarchos, Lysander
Plut., Mar.	Plutarchos, Marius
Plut., Marc.	Plutarchos, Marcellus
Plut., metr.	[Plutarchos] De metris
Plut., mor.	Plutarchos, Moralia (zitiert nach der Ausgabe von G. N. Bernardakis, 1888-96)
Plut., mus.	Plutarchos, De musica
Plut., Nik.	Plutarchos, Nikias
Plut., Num.	Plutarchos, Numa
Plut., Otho	Plutarchos, Otho
Plut., Pel.	Plutarchos, Pelopidas
Plut., Per.	Plutarchos, Perikles
Plut., Phil.	Plutarchos, Philopoimen
Plut., Phok.	Plutarchos, Phokion
Plut., Pomp.	Plutarchos, Pompeius
Plut., prov.	[Plutarchos] Proverbia selecta de iis quae fieri non possunt (= CPG, I, 1839, p. 343 s.)
Plut., Publ.	Plutarchos, Publicola
Plut., Pyrrh.	Plutarchos, Pyrrhos
Plut., quaest. conv.	Plutarchos, Quaestionum convivalium libri IX
Plut., quaest. Graec.	Plutarchos, Quaestiones Graecae (aetia Graeca)
Plut., quaest. Plat.	Plutarchos, Platonicae quaestiones
Plut., quaest. Rom.	Plutarchos, Quaestiones Romanae (aetia Romana)
Plut., quomodo adul.	Plutarchos, Quomodo adulescens poetas audire debeat (de audiendis poetis)
Plut., Rom.	Plutarchos, Romulus
Plut., Sert.	Plutarchos, Sertorius
Plut., Sol.	Plutarchos, Solon
Plut., soll. an.	Plutarchos, De sollertia animalium
Plut., strom.	Plutarchos, Stromateis (fragmenta)
Plut., Sull.	Plutarchos, Sulla
Plut., superst.	Plutarchos, De superstitione
Plut., Tib. Gracch.	Plutarchos, Tib. Gracchus
Plut., Them.	Plutarchos, Themistokles
Plut., Thes.	Plutarchos, Theseus
Plut., Tim.	Plutarchos, Timoleon
Plut., X orat.	[Plutarchos] Vitae X oratorum
Pol. Silv.	Polemius Silvius
Poll.	Pollux, Onomastikon
Polyain., epigr.	Polyainos, Epigrammata
Polyain., strat.	Polyainos, Strategika
Polyb.	Polybios
Polyk.	Brief des Polykarp
Pomp. Trog.	Pompeius Trogus
Pompon., dig.	Sextus Pomponius, Digesta
Porph., vita Hor.	Pomponius Porphyrio, Vita Horatii, Kommentare zu → Horaz
Porphyr., abst.	Porphyrios, De abstinentia
Porphyr., adv. Christ.	Porphyrios, Adversus Christianos
Porphyr., antr.	Porphyrios, De antro nympharum
Porphyr., eisag.	Porphyrios, Eisagoge
Porphyr., Gaur.	Porphyrios, Ad Gaurum
Porphyr., Marc.	Porphyrios, Ad Marcellam
Porphyr., sent.	Porphyrios, Sententiae
Porphyr., vit. Plot.	Porphyrios, Vita Plotini
Porphyr., vit. Pyth.	Porphyrios, Vita Pythagorae, Komm. zu → Homer, → Ptolemaios, → Aristoteles
Poseid.	Poseidonios
Pratin.	Pratinas, Carmina, Tragoediae

Pr.	Prediger Salomo
Priap.	Priapea
Prisc., Anast.	Priscianus, Carmen de laude Anastasii imperatoris
Prisc., fig. num.	Priscianus, De figuris numerorum
Prisc., inst. gramm.	Priscianus, Institutiones grammaticae
Prisc., metr. Ter.	Priscianus, De metris Terentii
Prisc., nom.	Priscianus, De nomine et pronomine et verbo
Prisc., part.	Priscianus, Partitiones XII versuum Aeneidos principalium
Prisc., periheg.	Priscianus, Perihegesis
Prisc., rhet.	Priscianus, Praeexercitamenta rhetorica
Prodik.	Prodikos
Prok., aed.	Prokopios, De aedificiis
Prok., Goth.	Prokopios, De bello Gothico
Prok., hist.	Prokopios, Historia arcana
Prok., Pers.	Prokopios, De bello Persico
Prok., Vand.	Prokopios, De bello Vandalico
Prokl., chr.	Proklos, Chrestomathia
Prokl., hymn.	Proklos, Hymni
Prokl., inst. theol.	Proklos, Institutio theologica
Prokl., inst. phys.	Proklos, Institutio physica
Prokl., par. Ptol.	Proklos, Paraphrasis Ptolemaei tetrabiblu
Prokl., theol. Plat.	Proklos, De Platonis theologia, Komm. zu → Hesiod, → Platon, → Euklid
Prop.	Propertius
Prosp., carm. de ingrat.	Prosper Tiro v. Aquitanien, Carmen de ingratis
Prosp., c. coll.	Prosper Tiro v. Aquitanien, Contra collatorem
Protag.	Protagoras
Prud., apoth.	Prudentius, Apotheosis
Prud., cath.	Prudentius, Cathemerinon
Prud., c. Symm.	Prudentius, Contra Symmachum
Prud., ditt.	Prudentius, Dittochaeon
Prud., epil.	Prudentius, Epilogus
Prud., ham.	Prudentius, Hamartigenia
Prud., perist.	Prudentius, Peristephanon
Prud., praef.	Prudentius, Praefatio
Prud., psych.	Prudentius, Psychomachia
Ps.	Psalmen
Ps. Sal.	Psalmen Salomos
Ps.-Aristot., lin. insec.	Pseudo-Aristoteles, De lineis insecabilibus
Ps.-Aristot., mech.	Pseudo-Aristoteles, Mechanica
Ps.-Aristot., mir.	Pseudo-Aristoteles, Mirabilia
Ps.-Lact. Plac., fab. Ov.	Pseudo-Lactantius Placidus, Narrationes fabularum Ovidianarum
Ps.-Sall., epist.	Pseudo-Sallustius, Epistulae ad Caesarem
Ps.-Sall., in Tull.	Pseudo-Sallustius, In M. Tullium invectiva
Ptol., alm.	Ptolemaios, Almagest
Ptol., geogr.	Ptolemaios, Geographika
Ptol., harm.	Ptolemaios, Harmonika
Ptol., hypoth.	Ptolemaios, Hypotheses
Ptol., tetr.	Ptolemaios, Tetrabiblos
Publil. Syr.	Publilius Syrus, Sententiae
Pythag.	Pythagoras
Q. Cic., pet.	Q. Tullius Cicero, De petitione consulatus
Querol.	Aulularia sive Querolus
1 QH	1. Höhle Qumran: Dankpsalmen
1 QM	1. Höhle Qumran: sog. Kriegsrolle
1 QS	1. Höhle: Qumran: sog. Sektenregel
Quint., decl.	Quintilianus, Declamationes
Quint., inst.	Quintilianus, Institutio oratoria
Quint. Smyrn.	Quintus v. Smyrna
Ravenn.	Ravennatis anonymi, Cosmographia
Rhet. Her.	De ratione dicenti ad C. Herennium
Rhint.	Rhiton, Comoediae
Ri.	Buch der Richter
Rufin., apol. adv. Hier.	Rufinus v. Aquileia, Apologia adversus Hieronymum
Rufin., hist.	Rufinus v. Aquileia, Eusebii historia ecclesiastica translata et continuata, Übersetzungen des → Basilius, → Eusebius, Gregor v. Nazianz, → Origenes u.a.
Ruth.	Das Buch Ruth
Rut. Nam.	Rutilius Claudius Namatianus, Carmen de reditu suo
S.C.	Senatus consultum
Sacerd.	Marius Plotus Sacerdos, Artes grammaticae
Sach.	Sacharja
Sall., Catil.	Sallustius, De coniuratione Catilinae
Sall., hist.	Sallustius, Historia
Sall., Iug.	Sallustius, De bello Iugurthino
Sall., rep.	Sallustius, Ad Caesarem de re publica
Salv., eccl.	Salvianus, Ad ecclesiam
Salv., epist.	Salvianus, Epistulae
Salv., gub.	Salvianus, De gubernatione dei
Sallust.	Sallustios (der Philosoph)
1. Sam.	1. Samuelbuch
2. Sam.	2. Samuelbuch
Sappho	Sappho, Carmina
Scrib. Larg.	Scribonius Largus, Compositiones
Sedul.	Sedulius
Semon.	Semonides, Iambli
Sen., Ag.	Seneca d. J., Agamemnon
Sen., amic.	Seneca d. J., De amicitia
Sen., apocol.	Seneca d. J., Apocolocyntosis
Sen., benef.	Seneca d. J., De beneficiis
Sen., clem.	Seneca d. J., De clementia
Sen., contr.	Seneca d. Ä, Controversiae
Sen., dem.	Seneca d. J., De dementia
Sen., dial.	Seneca d. J., Dialogi
Sen., epist.	Seneca d. J., Epistulae ad Lucilium
Sen., Herc.	Seneca d. J., Hercules furens
Sen., Herc.	Seneca d. J., Hercules Oetaeus
Sen., Med.	Seneca d. J., Medea
Sen., nat.	Seneca d. J., Naturales quaestiones
Sen., Phaedr.	Seneca d. J., Phaedra

Sen., Phoen.	Seneca d. J., Phoenissai
Sen., Oed.	Seneca d. J., Oedipus
Sen., rem. fort.	Seneca d. J., De remediis fortuitorum
Sen., suas.	Seneca d. Ä, Suasoriae
Sen., Thys.	Seneca d. J., Thyestes
Sen., Tro.	Seneca d. J., Troades
Sen., vita patr.	Seneca d. J., Liber de vita patris
Sent.	Sententiae
Serv., in Donat.	Servius, Commentarius in Donati artem
Serv., fin.	Servius, De finalibus ad Aquilinum
Serv., metr.	Servius, De centum metris ad Albinum
Serv., metr. Hor.	Servius, De metris Horatii ad Fortunatianum, Komm. zu → Vergil
Sext. Emp., adv. math.	Sextus Empiricus, Adversus mathematicos
Sext. Emp., adv. phys.	Sextus Empiricus, Adversus physicos
Sext. Emp., Pyrrh. Hyp.	Sextus Empiricus, Pyrrhonei hypotyposeis
SHA, Ael.	Scriptores historiae Augustae, Aelius
SHA, Alb.	Scriptores historiae Augustae, Clodius Albinus
SHA, Alex.	Scriptores historiae Augustae, Alexander Severus
SHA, Aur.	Scriptores historiae Augustae, M. Aurelius Antoninus
SHA, Aurelian.	Scriptores historiae Augustae, Aurelianus
SHA, Avid.	Scriptores historiae Augustae, Avidius Cassius
SHA, Car.	Scriptores historiae Augustae, Carus et Carinus et Numerianus
SHA, Carac.	Scriptores historiae Augustae, Antoninus Caracalla
SHA, Claud.	Scriptores historiae Augustae, Claudius
SHA, Comm.	Scriptores historiae Augustae, Commodus Antoninus
SHA, Diad.	Scriptores historiae Augustae, Diadumenus Antoninus
SHA, Did.	Scriptores historiae Augustae, Didius Iulianus
SHA, Gall.	Scriptores historiae Augustae, Gallieni duo
SHA, Geta	Scriptores historiae Augustae, Antoninus Geta
SHA, Gord.	Scriptores historiae Augustae, Gordiani tres
SHA, Hadr.	Scriptores historiae Augustae, Hadrianus
SHA, Heliog.	Scriptores historiae Augustae, Antoninus Heliogabalus
SHA, Max. Balb.	Scriptores historiae Augustae, Maximus et Balbinus
SHA, Maximin.	Scriptores historiae Augustae, Maximini duo
SHA, Opil.	Scriptores historiae Augustae, Opilius Macrinus
SHA, Pert.	Scriptores historiae Augustae, Helvius Pertinax
SHA, Pesc.	Scriptores historiae Augustae, Pescennius Niger

SHA, Pius	Scriptores historiae Augustae, Antoninus Pius
SHA, quatt. tyr.	Scriptores historiae Augustae, Quattuor tyranni (sc. Firmus, Saturninus, Proculus, Bonosus)
SHA, Sept. Sev.	Scriptores historiae Augustae, Septimius Severus
SHA, Tac.	Scriptores historiae Augustae, Tacitus
SHA, trig. tyr.	Scriptores historiae Augustae, Triginta tyranni
SHA, Valer.	Scriptores historiae Augustae, Valeriani duo
SHA, Ver.	Scriptores historiae Augustae, Verus
Sib.	Sibyllina (→ Oracula)
Sidon, carm.	Sidonius Apollinaris, Carmina
Sidon., epist.	Sidonius Apollinaris, Epistulae
Sil.	Silius Italicus, Punica
Simon.	Simonides, Carmina
Simpl.	Simplikios, Komm. zu → Aristoteles
Sir.	Jesus Sirach
Sis.	Sisenna
Skyl.	Skylax, Periplus
Skymn.	Skymnos, Perihegesis
Sokr., hist.	Sokrates, Historia ecclesiastica
Solin.	Solinus
Solon	Solon, Elegiae
Soph., Ai.	Sophokles, Aias
Soph., Ant.	Sophokles, Antigone
Soph., eleg.	Sophokles, Elegiae
Soph., El.	Sophokles, Elektra
Soph., Ichn.	Sophokles, Ichneutai
Soph., OK	Sophokles, Oidopus Koloneios
Soph., OT	Sophokles, Oidipus Tyrannos
Soph., Phil.	Sophokles, Philoktetes
Soph., Trach.	Sophokles, Trachiniae
Sophr.	Sophron, Comoediae
Soran.	Soranus, Gynaecia
Sot.	Sotades, Comoediae
Soz., hist. eccl.	Sozomenos v. Salamis, Historia ecclesiastica
Speus.	Speusippos
Spr.	Sprüche Salomos
Stat., Ach.	P. Papinius Statius, Achilleis
Stat., bell. Germ.	P. Papinius Statius, De bello Germanico
Stat., silv.	P. Papinius Statius, Silvae
Stat., Theb.	P. Papinius Statius, Thebais
Steph.	Stephanos, Komm. zu → Aristoteles
Steph. Byz.	Stephanos (v. Byzanz), Ethnika
Stesich.	Stesichoros, Carmina
Stob.	Stobaios, Florilegium
Strab.	Strabon, Geographika
Strab., chr.	Strabon, Chrestomathia
Suet., Aug.	C. Suetonius Tranquillus, Divus Augustus
Suet., Cal.	C. Suetonius Tranquillus, Caligula
Suet., Claud.	C. Suetonius Tranquillus, Divus Claudius
Suet., Dom.	C. Suetonius Tranquillus, Domitianus
Suet., Galba	C. Suetonius Tranquillus, Galba
Suet., gramm.	C. Suetonius Tranquillus, De grammaticis
Suet., Iul.	C. Suetonius Tranquillus, Divus Iulius
Suet., Nero	C. Suetonius Tranquillus, Nero
Suet., Otho	C. Suetonius Tranquillus, Otho
Suet., rhet.	C. Suetonius Tranquillus, De rhetoribus

Suet., Tib.	C. Suetonius Tranquillus, Tiberius
Suet., Tit.	C. Suetonius Tranquillus, Divus Titus
Suet., Vesp.	C. Suetonius Tranquillus, Divus Vespasianus
Suet., Vit.	C. Suetonius Tranquillus, Vitellius
Suet., vita Crispi	C. Suetonius Tranquillus, Vita Passieni Crispi
Suet., vita Hor.	C. Suetonius Tranquillus, Vita Horatii
Suet., vita Luc.	C. Suetonius Tranquillus, Vita Lucani
Suet., vita Plin.	C. Suetonius Tranquillus, Vita Plinii maioris
Suet., vita Ter.	C. Suetonius Tranquillus, Vita Terentii
Suet., vita Verg.	C. Suetonius Tranquillus, Vita Vergilii
Suid.	Suidas, Lexikon (so herkömmlich; nach neueren Forschungen allgemein: Suda)
Sulp. Sev.	Sulpicius Severus
Symm., epist.	Q. Aurelius Symmachus, Epistulae
Symm., or.	Q. Aurelius Symmachus, Orationes
Symm., rel.	Q. Aurelius Symmachus, Relationes
Synes., epist.	Synesios v. Kyrene, Epistulae
Tab. Peut.	Tabula Peutingeriana
Tac., Agr.	Cornelius Tacitus, Agricola
Tac., ann.	Cornelius Tacitus, Annales
Tac., dial.	Cornelius Tacitus, Dialogus
Tac., Germ.	Cornelius Tacitus, Germania
Tac., hist.	Cornelius Tacitus, Historiae
Tat., orat.	Tatianos, Orationes contra Graecos
Ter., Ad.	P. Terentius Afer, Adelphoe
Ter., Andr.	P. Terentius Afer, Andria
Ter., Eun.	P. Terentius Afer, Eunuchus
Ter., Haut.	P. Terentius Afer, Hautontimorumenos
Ter., Hec.	P. Terentius Afer, Hecyra
Ter., Phorm.	P. Terentius Afer, Phormio
Tert., adv. Marc.	Tertullianus, Adversus Marcionem
Tert., anim.	Tertullianus, De anima
Tert., apol.	Tertullianus, Apologeticum
Tert., bapt.	Tertullianus, De baptismo
Tert., carn.	Tertullianus, De carne Christi
Tert., castit.	Tertullianus, De exhortatione castitatis
Tert., coron.	Tertullianus, De corona
Tert., cult. fem.	Tertullianus, De cultu feminarum
Tert., idol.	Tertullianus, De idolatria
Tert., ieiun.	Tertullianus, De ieiunio adversus psychicos
Tert., nat.	Tertullianus, Ad nationes
Tert., orat.	Tertullianus, De oratione
Tert., praescr.	Tertullianus, De praescriptione haereticorum
Tert., pudic.	Tertullianus, De pudicitia
Tert., spect.,	Tertullianus, De spectaculis
Tert., virg. vel.	Tertullianus, De virginibus velandis
Test. XII	Testamente der 12 Patriarchen
Thal.	Thales
Theagen.	Theagenes
Them., or.	Themistios, Orationes Komm, zu → Aristoteles
Theod., inc.	Theodorus v. Mopsuestia, De incarnatione
Theodoret., affect.	Theodoretos v. Kyrrha, Graecarum affectionum curatio
Theodoret., epist.	Theodoretos v. Kyrrha, Epistulae
Theodoret., hist.	Theodoretos v. Kyrrha, Historia ecclesiastica
Theogn.	Theognis, Elegiae
Theokr., Beren.	Theokritos, Berenike
Theokr., eid.	Theokritos, Eidyllia
Theokr., epigr.	Theokritos, Epigrammata
Theon, prog.	Theon v. Alexandria, Progymnasmata
Theon Alex., exp. rer. math.	Theon Alexandrinus, Expositio rerum mathematicarum
Theon Smyrn.	Theon v. Smyrna
Theophr., caus. plant.	Theophrastos, De causis plantarum
Theophr., char.	Theophrastos, Characteres
Theophr., hist. plant.	Theophrastos, Historia plantarum
Theophr., ign.	Theophrastos, De igne
Theophr., lap.	Theophrastos, De lapidibus
Theophr., lass.	Theophrastos, De lassitudine
Theophr., metaph.	Theophrastos, Metaphysika
Theophr., od.	Theophrastos, De odoribus
Theophr., sens.	Theophrastos, De sensu
Theophr., sign.	Theophrastos, De signis tempestatum
Theophr., sud.	Theophrastos, De sudore
Theophr., vent.	Theophrastos, De ventis
Theophr., vert.	Theophrastos, De vertigine
Theopomp.	Theopompos
1. Thess.	1. Thessalonikerbrief
2. Thess.	2. Thessalonikerbrief
Thuk.	Thukydides
Tib.	Albius Tibullus, Elegiae
Tim.	Timaios
1. Tim.	1. Timotheusbrief
2. Tim.	2. Timotheusbrief
Timoth.	Timotheus, Carmina
Timoth., Pers.	Timotheus, Persae
Tit.	Titusbrief
Tryph.	Tryphiodoros (Triphiodoros), Iliu halosis
Tyrt.	Tyrtaios, Elegiae
Tzetz., diff. poet.	Joh. Tzetzes, De differentia poetarum
Tzetz., hist. var.	Joh. Tzetzes, Historiarum variarum chiliades
Tzetz., prol.	Joh. Tzetzes, Prolegomena de comoedia Graeca
Tzetz., trag. poes.	Joh. Tzetzes, De tragica poesi
Ulp.	Ulpianus
Val. Fl.	Valerius Flaccus, Argonautica
Val. Max.	Valerius Maximus, Facta et dicta memorabilia absol(uti), amb(usti), damn(ati), ext(erni)
Varro, carm.	M. Terentius Varro, carmina
Varro, frg. Non.	M. Terentius Varro, Fragmente bei Nonius
Varro, ling.	M. Terentius Varro, De lingua Latina
Varro, Men.	M. Terentius Varro, Menippeae
Varro, rust.	M. Terentius Varro, Res rustica
Veg., mil.	Vegetius Renatus, Epitoma rei militaris

Veg., mulom.	Vegetius Renatus, Ars veterinaria sive mulomedicina
Vell.	Velleius Paterculus, Historia Romana
Ven. Fort., carm.	Venantius Fortunatus, Carmina
Verg., Aen.	P. Vergilius Maro, Aeneis
Verg., catal.	P. Vergilius Maro, Catalepton
Verg., cir.	P. Vergilius Maro, Ciris
Verg., cul.	P. Vergilius Maro, Culex
Verg., ecl.	P. Vergilius Maro, Eclogae
Verg., georg.	P. Vergilius Maro, Georgica
Vespa	Vespa, Iudicium coci et pistoris
Vett. Val.	Vettius Valens
Vib. Sequ., geogr.	Vibius Sequester, De fluminibus, fontibus...
Vir. ill.	De viris illustribus
Vitr.	Vitruvius, De architectura
Vulg.	Biblia sacra vulgatae editionis

Xanth.	Xanthos v. Lydien
Xen., Ages.	Xenophon, Agesilaos
Xen., an.	Xenophon, Anabasis
Xen., ap.	Xenophon, Apologia Socratis
Xen., epist.	Xenophon, Epistulae
Xen., equ. mag.	Xenophon, De equitum magistro
Xen., equ. rat.	Xenophon, De equitandi ratione
Xen., Hell.	Xenophon, Hellenika
Xen., Hier.	Xenophon, Hieron
Xen., kyn.	Xenophon, Kynegetikos
Xen., Kyr.	Xenophon, Kyrupaedia
Xen., mem.	Xenophon, Memorabilia
Xen., oik.	Xenophon, Oikonomikos
Xen., rep. Ath.	Xenophon, Respublica Atheniensium
Xen., rep. Lac.	Xenophon, Respublica Lacedaemoniorum
Xen., symp.	Xenophon, Symposion
Xen., vect.	Xenophon, De vectigalibus
Xenag.	Xenagoras
Xenoph.	Xenophanes

Zeno	Zenon v. Elea
Zenob.	Zenobios
Zenod.	Zenodotos
Zeph.	Zephanja
Zonar.	Zonaras
Zon.	Zonas, Epigrammata
Zos., alch.	Zosimos, Alchemistra
Zos., hist.	Zosimos, Historia nova

III. Abgekürzt zitierte Literatur

A	ABV, 1956	J. D. Beazley, Attic black-figure vase-painters, Oxford 1956 (Repr. New York 1978)
	Add^2, 1989	Th. H. Carpenter u.a., Beazley Addenda^2, Oxford 1989
	Adriani, Rep	A. Adriani, Repertorio d'arte dell'Egitto greco-romano, Palermo 1961 ss.
	AGD, I.1, 1968	E. Brandt, Antike Gemmen in deutschen Sammlungen, I, Staatliche Münzsammlung München, Teil 1: Griechische Gemmen von minoischer Zeit bis zum späten Hellenismus, München 1968
	AGD, I.2, 1970	E. Brandt/E. Schmidt, Antike Gemmen in deutschen Sammlungen, I, Staatliche Münzsammlung München, Teil 2: Italische Gemmen, etruskisch bis römisch-republikanisch. Italische Glaspasten, München 1970
	AGD, I.3, 1972	E. Brandt u.a., Antike Gemmen in deutschen Sammlungen, I, Staatliche Münzsammlung München, Teil 3: Gemmen und Glaspasten der römischen Kaiserzeit sowie Nachträge, München 1972
	AGD, II, 1969	E. Zwierlein-Diehl, Antike Gemmen in deutschen Sammlungen, II, Staatliche Museen Preußischer Kulturbesitz, Antikenabteilung, Berlin, München 1969
	AGD, III, 1970	V. Scherf u.a., Antike Gemmen in deutschen Sammlungen, III, Braunschweig, Göttingen, Kassel, Wiesbaden 1970
	AGD, IV, 1975	M. Schlüter u.a., Antike Gemmen in deutschen Sammlungen, IV, Hannover, Kestner-Museum, Hamburg, Museum für Kunst und Gewerbe, Wiesbaden 1975
	AGOe, I, 1973	E. Zwierlein-Diehl, Die antiken Gemmen des Kunsthistorischen Museums Wien, I, Die Gemmen von der minoischen Zeit bis zur frühen römischen Kaiserzeit, München 1973
	AGOe, II, 1979	E. Zwierlein-Diehl, Die antiken Gemmen des Kunsthistorischen Museums Wien, II, Die Glasgemmen. Die Glaskameen. Nachträge zu Band I. Die Gemmen der späteren römischen Kaiserzeit, Teil 1: Götter, München 1979
	Agora	The Athenian Agora, Results of excavations conducted by the American School of Classical Studies in Athens, I ss., Princeton 1953 ss.
	AGRP (Amsterdam), 1984	H. A. G. Brijder (Ed.), Ancient Greek and related pottery. Proceedings of the international vase symposium in Amsterdam 12-15 April 1984, Amsterdam 1984
	AGRP (Copenhagen), 1988	J. Christiansen/M. Torben (Ed.), Proceedings of the 3rd symposion on ancient Greek and related pottery, Copenhagen 1987, København 1988
	AKL	Allgemeines Künstlerlexikon. Die bildenden Künstler aller Zeiten und Völker, I ss., Leipzig 1983 ss.; Nachdr. der Erstausgabe I-III in 4 Bänden und Weiterführung: München/Leipzig 1992 ss.; Reg. zu Bdn I-X in 2 Tln 1995, zu Bdn XI-XX 1998
	Albizzati	C. Albizzati, Vasi antichi dipinti del Vaticano, Roma 1925-1939
	Alfieri/Arias, Spina Guida^2, 1960	N. Alfieri/P. E. Arias, Spina. Guida al Museo Archeologico in Ferrara^2, Firenze 1960
	Alfieri, Spina, 1958	N. Alfieri u.a., Spina, Firenze 1958
	Alfieri, Spina, 1979	N. Alfieri, Spina. Museo archeologico nazionale di Ferrara, I, Bologna 1979
	Amelung, SkulpturenVatMus	W. Amelung, Die Skulpturen des Vatikanischen Museums, Berlin, I 1903, II 1908
	AMuGS	Antike Münzen und geschnittene Steine, Berlin 1969 ss.
	Amyx, CVP, 1988	D. A. Amyx, Corinthian vase-painting of the archaic period, I-III, Berkeley, Los Angeles, London 1988
	ANRW	Aufstieg und Niedergang der römischen Welt, Festschrift Joseph Vogt, ed. W. Haase/H. Temporini, Berlin 1972 ss.
	AntDenk	Antike Denkmäler, I-IV, Berlin 1891-1931
	Anth.Lyr.^{3}	Anthologia Lyrica Graeca, I-III, ed. E. Diehl, Leipzig, ^{3}1949-^{3}1952
	APl	Antike Plastik, Berlin 1962 ss.
	Arias/Hirmer, TJGV, 1960	P. E. Arias/M. Hirmer, Tausend Jahre griechische Vasenkunst, München 1960
	Arias, HGVP, 1962	P. E. Arias u.a., A history of Greek vase painting, London 1962
	Arnold, Polykletnachfolge, 1969	D. Arnold, Die Polykletnachfolge, 25. Ergh. JdI, Berlin 1969
	ARV^2, 1963	J. D. Beazley, Attic red-figure vase-painters, I-III, Oxford ^{2}1963 (Repr. New York 1984)
	Aurigemma, Spina	S. Aurigemma, La necropoli di Spina in Valle Trebba, Roma, I 1960; II 1965
	Austin, CGF, 1973	Comicorum Graecorum Fragmenta in papyris reperta, ed. C. Austin, New York 1973
B	*Babelon*, BiblNatCamées, 1897	E. Babelon, Catalogue des camées antiques et modernes de la Bibliothèque Nationale, Paris 1897
	Babelon, de Luynes	J. Babelon, Catalogue de la collection de Luynes, Paris, I 1924, II 1925, III 1930, IV 1936
	Babelon, Traité	E. Babelon, Traité des monnaies grecques et romaines, Paris, I-III 1901-1933
	Babelon/Blanchet, BiblNatBronzes	E. Babelon/J.-A. Blanchet, Catalogue des bronzes antiques de la Bibliothèque Nationale, Paris 1895
	Bartoccini/de Agostino, Villa Giulia, 1961	A. Bartoccini/A. de Agostino, Museo di Villa Giulia: Antiquarium e collezione dei vasi Castellani, Milano 1961

Beazley, CF, 1933	J. D. Beazley, Campana fragments in Florence, Oxford 1933
Beazley, Dev, 1951	J. D. Beazley, The development of Attic black-figure, Berkeley 1951
Beazley, Dev^2, 1986	J. D. Beazley, The development of Attic black-figure, Berkeley/Los Angeles/London ^{2}1986
Beazley, EVP, 1947	J. D. Beazley, Etruscan vase-painting, Oxford 1947
Beazley, LewesHouse, 1920	J. D. Beazley, The Lewes House collection of ancient gems, Oxford 1920
Beazley, VPol, 1928	J. D. Beazley, Greek vases in Poland, Oxford 1928
Beazley/Magi, RaccGuglielmi	J. D. Beazley/F. Magi, La raccolta Bernedetto Guglielmi nel Museo Gregoriano Etrusco, Roma, I 1939, II 1941
Beck/Bol, Polyklet, 1990	H. Beck/P. C. Bol (Ed.), Polyklet. Der Bildhauer der griechischen Klassik. Ausstellungskatalog Frankfurt am Main, Liebieghaus, Mainz 1990
Benndorf, GSV, 1883	O. Benndorf, Griechische und sizilische Vasenbilder, Berlin 1883
Benson, KorVasen, 1953	J. L. Benson, Die Geschichte der korinthischen Vasen, Basel 1953
Berger, PartheDokMet, 1986	E. Berger, Der Parthenon in Basel. Dokumentation zu den Metopen, Basel 1986
Berger, SlgLudwig, II, 1982	E. Berger u.a., Antike Kunstwerke aus der Sammlung Ludwig, II. Terrakotten und Bronzen, Basel 1982
Berger, SlgLudwig, III, 1990	E. Berger (Ed.), Antike Kunstwerke aus der Sammlung Ludwig, III, Basel 1990
Berger/Gisler-Huwiler, PartheDokFries	E. Berger/M. Gisler-Huwiler, Der Parthenon in Basel. Dokumentation zum Fries, Basel 1996
Berger/Lullies, SlgLudwig, I, 1979	E. Berger u.a., Antike Kunstwerke aus der Sammlung Ludwig, I. Frühe Tonsarkophage und Vasen, Basel 1979
Bernabé, PEG	Poetarum epicorum Graecorum. Testimonia et fragmenta, I, ed. A. Bernabé, Leipzig 1987, Leipzig ^{2}1996
Besques	S. Besques, Musée National du Louvre. Catalogue raisonné des figurines et reliefs en terre-cuite grecs, étrusques et romains, Paris IV.1, 1986, IV.2 1992
BGU	Ägyptische Urkunden aus den Staatlichen Museen zu Berlin. Griechische Urkunden, I ss., Berlin 1919 ss.
Bieber, Copies, 1977	M. Bieber, Ancient copies. Contributions to the history of Greek and Roman art, New York 1977
Bieber, SculptHell^2, 1961	M. Bieber, The sculpture of the Hellenistic Age, New York ^{2}1961
Bieber, SkulptCassel	M. Bieber, Die antiken Skulpturen und Bronzen des königlichen Museum Fridericianum in Cassel, Marburg 1915
Bloesch, Formen, 1940	H. Bloesch, Formen attischer Schalen von Exekias bis zum Ende des Strengen Stils, Bern 1940
Blümel, ArchSkulptBerlin, 1963	C. Blümel, Die archaisch griechischen Skulpturen der Staatlichen Museen zu Berlin, Berlin 1963
Blümel, KatSkulptBerlin, II.1, 1940	C. Blümel, Staatliche Museen zu Berlin. Katalog der Sammlung antiker Skulpturen, II.1. Griechische Skulpturen des sechsten und fünften Jahrhunderts v. Chr., 1. Teil, Berlin 1940
Blümel, KatSkulptBerlin, III, 1928	C. Blümel, Staatliche Museen zu Berlin. Katalog der Sammlung antiker Skulpturen, III. Katalog der griechischen Skulpturen des fünften und vierten Jahrhunderts v. Chr., Berlin 1928
Blümel, KatSkulptBerlin, IV, 1931	C. Blümel, Staatliche Museen zu Berlin. Katalog der Sammlung antiker Skulpturen, IV. Römische Kopien griechischer Skulpturen des fünften Jahrhunderts v. Chr., Berlin 1931
Blümel, KatSkulptBerlin, V, 1938	C. Blümel, Staatliche Museen zu Berlin. Katalog der Sammlung antiker Skulpturen, V. Römische Kopien griechischer Skulpturen des vierten Jahrhunderts v. Chr., Berlin 1938
Blümel, KlassSkulptBerlin, 1966	C. Blümel, Die klassisch griechischen Skulpturen der Staatlichen Museen zu Berlin, Berlin 1966
BMC, Italy, etc.	B. Head u.a., A catalogue of Greek coins in the British Museum, London 1873-1927 (29 Bd.)
Boardman, ABFH, 1974	J. Boardman, Athenian black figure vases. Handbook, London 1974
Boardman, AGGems, 1968	J. Boardman, Archaic Greek gems, London. Schools and artists in the sixth and early fifth centuries B C, London 1968
Boardman, ARFV, I, 1975	J. Boardman, Athenian red figure vases. The Archaic period. Handbook, London 1975
Boardman, ARFV, II, 1989	J. Boardman, Athenian red figure vases. The Classical period. A handbook, London 1989
Boardman, EGVP, 1998	J. Boardman, Early Greek vase painting. 11th-6th centuries B C. A handbook, London 1998
Boardman, GGFR, 1970	J. Boardman, Greek gems and fingerrings, early bronze age to late Classical, London 1970
Boardman, GPAZ, 1981	J. Boardman, Griechische Plastik. Die archaische Zeit, Mainz 1981
Boardman, GPKZ, 1987	J. Boardman, Griechische Plastik. Die klassische Zeit, Mainz 1987
Boardman, GPSZ, 1998	J. Boardman, Griechische Plastik. Die spätklassische Zeit und die Plastik in Kolonien und Sammlungen, Mainz 1998
Boardman, GSAP, 1978	J. Boardman, Greek sculpture. The Archaic period, London 1978
Boardman, GSCP, 1985	J. Boardman, Greek sculpture. The Classical period, London 1985
Boardman, GSLCP, 1995	J. Boardman, Greek sculpture. The late Classical period, London 1995
Boardman, RFVA, I, 1981	J. Boardman, Rotfigurige Vasen aus Athen. Die archaische Zeit, Mainz 1981
Boardman, SFVA, 1977	J. Boardman, Schwarzfigurige Vasen aus Athen, Mainz 1977
Boardman/Vollenweider, CatGemsOxford, I, 1978	J. Boardman/M.-L. Vollenweider, Ashmolean Museum, Oxford. Catalogue of the engraved gems and finger rings, I, Oxford 1978
Boisacq	Dictionnaire étymologique de la langue grecque, E. Boisacq, Heidelberg (1916), ^{4}1950

Von Bothmer, Amasis, 1985 D. von Bothmer, The Amasis painter and his world, Malibu/New York 1985
BrBr H. Brunn/F. Bruckmann, Denkmäler griechischer und römischer Skulptur, München 1888-1947
Brijder, Siana, I, 1983 H. A. G. Brijder, Siana cups I and komast cups, Amsterdam 1983
Brouskari, CatAcr, 1974 M. S. Brouskari, The Acropolis Museum. A descriptive catalogue, Athen 1974
Brunn, GGK, 1889 H. Brunn, Geschichte der griechischen Künstler, I-II, Stuttgart [2]1889
Bruns/Grad.[7] Fontes iuris Romani antiqui[7], ed. C. G. Bruns/O. Gradenwitz, Aalen 1909
Bryan M. Bryan, A biographical and critical dictionary of painters and engravers, I-II, London 1816 und spätere Ausg.
Buchowiecki W. Buchowiecki, Handbuch der Kirchen Roms, Wien I 1967, II 1970, III 1974
Buitron, New England, 1972 D. Buitron, Attic vase painting in New England collections, Cambridge, Mass. 1972
Burford, Künstler, 1985 A. Burford, Künstler und Handwerker in Griechenland und Rom, Mainz 1985
Burn, Meidias, 1987 L. Burn, The Meidias painter, Oxford 1987

C

Calabi Limentani, Studi, 1958 I. Calabi Limentani, Studi sulla società romana. Il lavoro artistico, Milano/Varese 1958
CAF Comicorum Atticorum fragmenta, I-III, ed. Th. Kock, Leipzig 1880-1888
CAG Commentaria in Aristotelem Graeca, I-XVIII, Berlin 1882-1909
Calciati, CNS R. Calciati, Corpus nummorum Siculorum, Milano, I 1983, II 1986, III 1987
Caskey/Beazley L. D. Caskey/J. D. Beazley, Attic vase painting in the Museum of Fine Arts, Boston, Oxford, I 1931, II 1954, III 1963
Cat.Lit.Pap. Catalogue of the Literary Papyri in the British Museum, ed. H. J. M. Milne, Oxford 1927 (Repr. Milano 1977)
CEpigr. Carmina Latina epigraphica, ed. F. Bücheler/E. Lommatzsch, Leipzig, I-II 1895, III 1926
CG Catalogue Général des antiquités égyptiennes du Musée du Caire, Kairo u.a., 1901 ss.
CGF Comicorum Graecorum fragmenta, ed. G. Kaibel, Berlin 1899
CGL Corpus glossariorum Latinorum, I-VII, ed. G. Loewe/G. Goetz, Leipzig 1889-1923
Chabouillet, BiblNatCamées, 1858 A. Chabouillet, Catalogue général et raisonné des camées et pierres gravées de la Bibliothèque Impériale, Paris 1858
Chantraine Dictionnaire étymologique de a langue grecque, I ss., ed. P. Chantraine, Paris 1968 ss.
Charbonneaux, SculptLouvre, 1963 J. Charbonneaux, La sculpture grecque et romaine au Musée du Louvre, Paris 1963
CIA Corpus inscriptionum Atticarum, ed. A. Kirchhoff u.a., Berlin 1873 ss.
CID Corpus des inscriptions de Delphes. I, Lois sacrées et règlements religieux, ed. G. Rougemont; II, Les comptes du quatrième et du troisième siècle, ed. J. Bousquet; III, Les hymnes à Apollon, ed. A. Bélis, Paris 1977 ss.
CIE Corpus inscriptionum Etruscarum, ed. C. Pauli (O. A.Daniellson, G. Herbig), I; II.1, 1-3; II.2, 1, Leipzig 1893-1936, Suppl., ed. G. Herbig, Leipzig 1919/1921
CIG Corpus inscriptionum Graecarum, ed. A. Boeckh/J. Franz/E. Curtius/A. Kirchhoff, Berlin 1825-1877
CIJ Corpus inscriptionum Judaicarum. Recueil des inscriptions juives qui vont du IIIe siècle avant Jésus-Christ au VIIe siècle de notre ère, I-II, ed. J.-B. Frey, Citta del Vaticano 1936-1952
CIL Corpus inscriptionum Latinarum, consilio et auctoritate Academiae Litterarum (Regiae) Borussicae editum, ed. Th. Mommsen u.a., Leipzig/Berlin 1862 ss.
CIRB, 1965 Corpus inscriptionum Regni Bosporani, ed. V. V. Struve u.a., Moskau/Leningrad 1965
CIS Corpus inscriptionum Semiticarum, ab Academia Inscriptionum et Litterarum Humaniorum conditum atque digestum, I-V, Paris 1881-1954
Clairmont, Tombstones C. W. Clairmont, Classical Attic tombstones. Introductory volume, I-VI, plate volume, Kilchberg 1993; supplementary volume, Kilchberg, 1995
Clarac F. comte de Clarac, Musée de sculpture antique et moderne ou description historique et graphique du Louvre et de toutes ses parties, Paris, I-II, 1841; III-IV, 1850; V, 1851 ; VI, 1853
ClavisPG Clavis patrum Graecorum, I-IV, ed. M. Geerard/F. Glorie, Turnhout 1974-1987, Suppl. 1998
ClavisPL Clavis patrum Latinorum, ed. E. Dekkers/A. Gaar, Steenbrugis [3]1995
Clinton, FH H. F. Clinton, Fasti Hellenici, Oxford 1824-1841
Clinton, FR H. F. Clinton, Fasti Romani, Oxford 1845-1850
CMG Corpus medicorum Graecorum, ed. Academiae Berolinensis, Havniensis, Lipsiensis, Leipzig/Berlin 1908 ss.
CML Corpus medicorum Latinorum, editum consilio et auctoritate Institute Puschmanniani Lipsiensis, I-II, IV, V, VIII.1, Leipzig/Berlin 1915-1928; ed. consilio et auctoritate Instituti studiis Graeco-romanae antiquitatis destinati VIII.1 ss., Berlin 1963 ss.
Cohen, Bilingual, 1978 B. Cohen, Attic bilingual vases and their painters, New York 1978
Collignon, HistSculpt M. Collignon, Histoire de la sculpture grecque, Paris, I 1892, II 1897
Collignon/Couve, 1902 M. Collignon/L. Couve, Catalogue des vases peints du Musée National d'Athènes, Paris 1902

	Comstock/Vermeule, BronzesBoston, 1971	M. B. Comstock/C. C. Vermeule, Greek, Etruscan and Roman bronzes in the Museum of Fine Arts, Boston, Boston 1971
	Comstock/Vermeule, SculptBoston, 1976	M. B. Comstock/C. C. Vermeule, Sculpture in stone. The Greek, Roman and Etruscan collections of the Museum of Fine Arts, Boston, Boston 1976
	Comstock/Vermeule, StBrBoston, 1988	M. B. Comstock/C. C. Vermeule, u.a., Sculpture in stone and bronze in the Museum of Fine Arts, Boston. Additions to the collection of Greek, Etruscan and Roman art, 1971-1988, Boston 1988
	Corinth	Corinth. Results of the excavations conducted by the American School of Classical Studies at Athens, I ss., Cambridge, Mass. 1929-1943, Princeton 1948 ss.
	Courtney	E. Courtney, The fragmentary Latin poets, Oxford 1993
	CP, I.1, 1979	G. Bordenache Battaglia, Le ciste prenestine I, Corpus 1, Firenze 1979
	CP, I.2, 1990	G. Bordenache Battaglia/A. Emiliozzi, Le ciste prenestine I, Corpus 2, Firenze 1990
	CP, II.1, 1986	F. Jurgeit, Le ciste prenestine II. Studi e contributi I, "Cistenfüße". Etruskische und praenestiner Bronzewerkstätten, Roma 1986
	CPG	Corpus paroemiographorum Graecorum, ed. E. L. von Leutsch/F. W. Schneidewin, Göttingen, I 1839, II 1851, Suppl. 1961
	CPL	Corpus poetarum Latinorum, ed. J. P. Postgate, London 1894-1905
	CRF	Comicorum Romanorum praeter Plautum et Terentium fragmenta, ed. O. Ribbeck, Leipzig ^{2}1873 (repr. Hildesheim 1962)
	CSCO	Corpus scriptorum Christianorum orientalium, Paris u.a. 1903
	CSE	Corpus speculorum Etruscorum, Roma 1981 ss.
	CSEL	Corpus scriptorum ecclesiasticorum Latinorum, Wien 1866 ss.
	CSHB	Corpus scriptorum historiae Byzantinae, Bonn 1828-1897
	CSIR	Corpus signorum Imperii Romani, 1973 ss.
	CVA	Corpus Vasorum Antiquorum (Union Académique Internationale), 1923 ss.
D	DA	The dictionary of art, ed. J. Turner, I-XXXIV, London/New York 1996
	Davies, EGF, 1988	M. Davies, Epicorum Graecorum fragmenta, Göttingen 1988
	Davies, PMGF, 1991	M. Davies, Poetarum melicorum Graecorum fragmenta, I, Oxford 1991
	DEAU	Dizionario enciclopedico di architettura e urbanistica, I-VI, ed. P. Portoghesi, Roma 1968-1969
	Degr., ILLRP	Inscriptiones Latinae liberae rei publicae, ed. A. Degrassi, Berlin 1965
	Dem., Suppl.com.	Supplemenum comicum, ed. J. Demianczuk, Krakow 1912 (Repr. Hildesheim 1967)
	Dess., ILS	Inscriptiones Latinae selectae, I-III, ed. H. Dessau, Berlin 1892-1916 (Repr. Berlin ^{2}1954-1955)
	Diels, DoxGr., 1879	Doxographi Graeci, ed. H. Diels, Berlin 1879 (Repr. Berlin 1958)
	Diels, Vorsokr.^{7}	H. Diels/W. Kranz, Die Fragmente der Vorsokratiker, Berlin ^{7}1954
	Dig., 1870	Digesta (corpus iuris civilis), ed. Th. Mommsen/P. Krüger, Berlin 1870
	DNP	Der neue Pauly. Enzyklopädie der Antike, ed. H. Cancik u.a., Stuttgart u.a., I 1996 ss.
	Donderer, Architekten, 1996	M. Donderer, Die Architekten der späten römischen Republik und der Kaiserzeit. Epigraphische Zeugnisse, Erlangen 1996
	Donderer, Mosaizisten, 1989	M. Donderer, Die Mosaizisten der Antike und ihre wirtschaftliche und soziale Stellung: eine Quellenstudie, Erlangen 1989
	DS	Dictionnaire des antiquités grecques et romaines, sous la direction de Ch. Daremberg et M. E. Saglio, Paris, 1877-1919
	Dunbabin, MGRW, 1999	K.M.D. Dunbabin, Mosaics of the Greek and Roman world, Cambridge 1999
	Dunbabin, Mosaics, 1978	K.M. Dunbabin, The Mosaics of Roman North Africa. Studies in iconography and patronage, Oxford 1978
	Dura, Final reports	The excavations at Dura-Europos. Final reports, New Haven 1943 ss.
	Dura, Prel. Reports	The excavations at Dura-Europos. Preliminary reports I ss., New Haven 1929 ss.
E	EA	P. Arndt/W. Amelung, Photographische Einzelaufnahmen antiker Skulpturen, München 1893-1940
	EAA	Enciclopedia dell'arte antica classica e orientale, I-VII, Roma 1958-1966
	EAA, Suppl., 1970	Enciclopedia dell'arte antica classica e orientale, Supplemento, 1970, Roma 1973
	EAA, Suppl., I ss.	Enciclopedia dell'arte antica classica e orientale, Secondo supplemento, 1971-1994, I-V, Roma 1994-1997
	EADélos	Exploration archéologique de Délos, I ss., Paris 1909 ss.
	EGF, 1877	Epicorum Graecorum fragmenta, ed. G. Kinkel, Leipzig 1877
	EpGr, 1878	Epigrammata Graeca ex lapidibus conlecta, ed. G. Kaibel, Berlin 1878
	Ephesos	Forschungen in Ephesos, I ss., Wien 1906 ss.
	EpistGr, 1873	Epistolographi Graeci, ed. R. Hercher, P. 1873 (Repr. Amsterdam 1964)
	EPRO	Etudes préliminaires aux religions orientales dans l'Empire romain, ed. M.J. Vermaseren u.a., Leiden 1961 ss.
	Eretria	Eretria. Fouilles et recherches, I-VII, Bern 1968-1985; VIII ss., Lausanne 1993 ss.
	Ern./M., Dict. étym	Dictionnaire étymologique de la langue latine, ed. A. Ernout/A. Meillet, Paris ^{4}1959
	Espérandieu, Germanie, 1931	E. Espérandieu, Recueil général das bas-reliefs, statues et bustes de la Germanie romaine, Paris 1931

	Espérandieu, Inscr.	E. Espérandieu, Inscriptions latines de la Gaule, Paris, I 1929, II 1936
	Espérandieu, Recueil	E. Espérandieu/R. Lantier, Recueil général des bas-reliefs, statues et bustes de la Gaule romaine, Paris 1907-1966
	EUA	Enciclopedia universale dell'arte, ed. M. Pallottini, Ve./R., I-XV 1958-67 (unveränd. Nachdr. 1971-72); Suppl. 1978
	Euphronios (K Paris), 1990	Euphronios (Katalog Paris, Musée du Louvre), ed. M. Denoyelle, Paris 1990
	Euphronios (K Berlin), 1991	Euphronios (Katalog Berlin, Staatliche Antikenslg), ed. L. Giuliani, Berlin 1991
	EWA	Encyclopedia of world art, I-XV, New York/Torino/London 1959-1968; Repr. 1971-1972 (12 Bde.)
	ExpSieglin	Expedition E. von Sieglin. Ausgrabungen in Alexandria. I. Die Nekropole von Kôm-esch-Schukâfa, Leipzig 1908; II.1-3. Die griechisch-ägyptische Sammlung E. von Sieglin, Leipzig 1913-1927
F	FAC	Fragments of Attic comedy, I-III, ed. J.M. Edmonds, Leiden 1957-1961
	FDelphes	Fouilles de Delphes, I ss., Paris 1902 ss.
	Ferri, Plin., 1946	S. Ferri, Plinio il Vecchio, Roma 1946
	FGrH	F. Jacoby, Die Fragmente der griechischen Historiker, Berlin/Leiden, 1923-1958
	FHG	Fragmenta historicorum Graecorum, I-V, ed. C./Th. Muller, Paris 1841-1870
	Floren, GrPl, 1987	W. Fuchs/J. Floren, Die griechische Plastik, I. Die geometrische und archaische Plastik, HbArch, München 1987
	Forcellini, 1771	Totius latinitatis lexicon, ed. Ae. Forcellini, Padua 1771
	Forrer, Weber	L. Forrer, The Weber collection, I-III, London 1922-1929
	Fossing, ThorvGems, 1929	P. Fossing, The Thorvaldsen Museum. Catalogue of the antique engraved gems and cameos, København 1929
	FPR, 1886	Fragmenta poetarum Romanorum, ed. E. Bährens, Leipzig 1886
	FR	A. Furtwängler/K. Reichhold, Griechische Vasenmalerei. Auswahl hervorragender Vasenbilder, I-VI, München 1900-1932
	Franke/Hirmer, GrMünze^{2}, 1972	P.R. Franke/M.Hirmer, Die griechische Münze, München ^{2}1972
	Frisk	Griechisches etymologisches Wörterbuch, ed. H. Frisk, Heidelberg 1954 ss.
	Fuchs, Skulptur^{3}, 1983	W. Fuchs, Die Skulptur der Griechen, München ^{3}1983
	Fuchs, Skulptur^{4}, 1993	W. Fuchs, Die Skulptur der Griechen, München ^{4}1993
	Fun., GrRF, 1907	Grammaticae Romanae fragmenta, ed. H. Funaioli, Leipzig 1907
	Furtwängler, AG, 1900	A. Furtwängler, Die antiken Gemmen. Geschichte der Steinschneidekunst im klassischen Altertum, I-III, Leipzig/Berlin 1900, Nachdr. Amsterdam 1964
	Furtwängler, BerlinVasen, 1885	A. Furtwängler, Königl. Museen zu Berlin. Beschreibung der Vasensammlung im Antiquarium, I-II, Berlin 1885
	Furtwängler, Beschreibung, 1896	A. Furtwängler, Beschreibung der geschnittenen Steine im Antiquarium, Königliche Museen, Berlin 1896
	Furtwängler, Meisterwerke, 1893	A. Furtwängler, Meisterwerke griechischer Plastik, Leipzig/Berlin 1893
	FXanthos	Fouilles de Xanthos, ed. P. Demargne u.a., I ss., Paris 1958 ss.
G	*Gàbrici*, Bronzo, 1927	E. Gàbrici, La monetazione del bronzo nella Sicilia antica, Palermo 1927
	Gentili/Prato	B. Gentili/C. Prato, Poetarum elegiacorum testimonia et fragmenta, Leipzig, I ^{2}1988, II ^{2}2000
	Gerhard, AB	E. Gerhard, Antike Bildwerke, München 1828-1837
	Gerhard, ApVb, 1845	E. Gerhard, Apulische Vasenbilder des Königlichen Museums zu Berlin, Berlin 1845
	Gerhard, AV	E. Gerhard, Auserlesene griechische Vasenbilder, 4 Teile, Berlin 1840-1858
	Gerhard, EtrSp	E. Gerhard/G. Körte, Etruskische Spiegel, I-V, Berlin 1843-1897
	GettyVases	Greek Vases in the J.Paul Getty Museum. Occasional papers on antiquities, I ss., Malibu 1983 ss.
	GGK, FührerBerlin, 1968	U. Gehrig/A. Greifenhagen/N. Kunisch, Führer durch die Antikenabteilung der Staatlichen Museen Preußischer Kulturbesitz, Berlin, Berlin 1968
	GGM	Geographi Graeci minores, ed. C. Müller, Paris, I 1855, II 1861 (Repr. Hildesheim 1965)
	Giglioli, 1935	G.Q. Giglioli, L'Arte Etrusca, Milano 1935
	Giuliano, MusNazRom	A. Giuliano (Ed.), Museo Nazionale Romano. Le sculture I ss., Roma 1979 ss.
	GlaspastenWürzb, I, 1986	E. Zwierlein-Diehl, Glaspasten im Martin-von-Wagner-Museum der Universität Würzburg, I, München 1986
	GLM, 1878	Geographi Latini minores, ed. A. Riese, Frankfurt am Main/Heilbronn 1878 (Repr. Hildesheim 1964)
	Gorbunova, 1983	K.S. Gorbunova, Chernofigurnye atticheskie vasy v Ermitashe, Leningrad 1983
	Graef/Langlotz	B. Graef/E. Langlotz, Die antiken Vasen von der Akropolis zu Athen, Berlin, 1925-1933
	Greifenhagen, AK^{2}, 1965	A. Greifenhagen, Antike Kunstwerke. Ehemals Staatliche Museen Berlin, Antikenabteilung, Berlin ^{2}1965
	Grose, McClean	S.W. Grose, Catalogue of the McClean collection of Greek coins. Fitzwilliam Museum, Cambridge, I 1923, II 1926, III 1929
	Gruben, Tempel^{4}, 1986	G. Gruben, Die Tempel der Griechen, München ^{4}1986

	Guarducci, IC	Inscriptiones Creticae, I-IV, ed. M. Guarducci, Roma 1935-1950
	GuidaRuesch, 1911	A. Ruesch, Guida Illustrata del Museo Nazionale di Napoli, I, Antichità, Napoli ^{2}1911
H	*Hackl*, Nabatäer, 2003	U.Hackl/H.Jenni/C.Schneider, Quellen zur Geschichte der Nabatäer, Freiburg/Göttingen 2003 (Novum testamentum et orbis antiquus, 51)
	Hansen, CEG	P.A. Hansen, Carmina epigraphica Graeca, I, Saeculorum VIII-V a. Chr. n., Berlin 1983; II, Saeculi IV a. Chr. n., Berlin 1989
	Hartwig, Meisterschalen, 1893	P. Hartwig, Griechische Meisterschalen, Stuttgart 1893
	Haspels, ABL, 1936	C.H.E. Haspels, Attic black-figured lekythoi, Paris 1936
	HbArch	Handbuch der Archäologie (im Rahmen des HbAW)
	HbAW	Handbuch der Altertumswissenschaft, begründet und hrsg. von W. Otto, fortgeführt von R. Herbig, neu herausgegeben von U. Hausmann, München
	HBr	P. Herrmann/F. Bruckmann, Denkmäler der Malerei des Altertums, München 1904-1944
	Head, HN^2, 1911	B.V. Head, Historia numorum. A manual of Greek numismatics, Oxford ^{2}1911
	Hebert, Schriftquellen, 1989	B. Hebert, Schriftquellen zur hellenistischen Kunst. Plastik, Malerei und Kunsthandwerk der Griechen vom 4. bis zum 2. Jahrhundert, Grazer Beiträge, Suppl. IV, Horn/Graz 1989
	Helbig^4	W. Helbig, Führer durch die öffentlichen Sammlungen klassischer Altertümer in Rom^4, H. Speier (Ed.), Tübingen, I 1963, II 1966, III 1969, IV 1972
	Henig, Corpus^2, 1978	M. Henig, A corpus of engraved gemstones from British sites, Oxford ^{2}1978
	Henig, LewisColl, 1975	M. Henig, The Lewis collection of engraved gemstones in Corpus Christi College, Cambridge, Oxford 1975
	Heydemann, Neapel, 1872	H. Heydemann, Die Vasensammlungen des Museo Nazionale zu Neapel, Berlin 1872
	Higgins, BMTerracottas	R.A. Higgins, Catalogue of the terracottas in the department of Greek and Roman antiquities, British Museum, I.Greek: 730-330 B.C., Oxford 1954, II. Plastic vases of the seventh and sixth centuries B.C. Plastic lekythoi of the fourth century B.C., London 1959
	Hoppin, BlackFig, 1924	J.C. Hoppin, A handbook of Greek black-figured vases, Paris 1924
	Hoppin, RedFig, 1919	J.C. Hoppin, A handbook of Greek red-figured vases, Cambridge/Mass. 1919
	HRR	Historicorum Romanorum reliquiae, ed. H. Peter, Leipzig 1870-1914 (Repr. Stuttgart 1967)
I	ICI	Inscriptiones Christianae Italiae septimo saeculo antiquiores, I ss., Bari 1985 ss.
	ICUR	Inscriptiones Christianae Urbis Romae septimo saeculo antiquiores, ed. A. Silvagni/A. Ferrua/D. Mazzolini/C. Carletti, I ss., Citta del Vaticano 1900 ss.
	ID	Inscriptions de Délos, ed. A. Plassart/J. Coupry/F. Durrbach/P. Roussel/M. Launey, I ss., Paris 1926 ss.
	IDR	Inscriptiones Daciae et Scythiae Minoris antiquae, Series I, Inscriptiones Daciae Romanae, Bukarest 1975 ss.
	IG	Inscriptiones Graecae, Berlin 1873 ss.
	IGA, 1882	Inscriptiones Graecae antiquissimae praeter Atticas in Atticas repertas, ed. H. Roehl, Berlin 1882
	IGBulg	Inscriptiones Graecae in Bulgaria repertae, ed. G. Mihailov, Sofia 1951-1966, I ^{2}1970
	IGLS	Inscriptions grecques et latines de la Syrie, ed. L. Jalabert/R. Mouterde u.a., I ss., Paris 1929 ss.
	IGRom	Inscriptiones Graecae ad res Romanas pertinentes, ed. R. Cagnat/J. Toutain, u.a., Paris 1906-1927
	IGUR	Inscriptiones Graecae Urbis Romae, I-IV, ed. L. Moretti, Roma 1968-1990
	ILIug	A./J. Šašel, Inscriptiones Latinae, quae in Iugoslaia inter annos MCMXL et MCMLX repertae et editae sunt, Ljubljana 1963; . quae . inter annos MCMLX et MCMLXX repertae et editae sunt, Ljubljana 1978 ; . quae . inter annos MCMII et MCMXL repertae et editae sunt, Ljubljana 1986 (Situla 5 ; 19 ; 25)
	Imhoof-Blumer, GrM, 1890	F. Imhoof-Blumer, Griechische Münzen, AbhMünchen 18:1890, 525-798
	Imhoof-Blumer, KlM	F. Imhoof-Blumer, Kleinasiatische Münzen, Wien, I 1901, II 1902 (Repr. Hildesheim 1974)
	Imhoof-Blumer, MGr, 1883	F. Imhoof-Blumer, Monnaies grecques, Paris/Leipzig/Amsterdam 1883
	Imhoof-Blumer/Gardner, NumCommPaus, 1887	F. Imhoof-Blumer/P. Gardner, Ancient coins illustrating lost masterpieces of Greek art. Numismatic commentary on Pausanias (reprinted from the JHS 6:1885, 50-101; 7:1886, 57-113; 8:1887, 6-63), London 1887, Repr. ed. A.N. Oikonomedes, Chicago 1964
	Immerwahr, AttScr, 1990	H.R. Immerwahr, Attic script: A survey, Oxford 1990
	InscrIt	Inscriptiones Italiae, Academiae Italicae consociatae ediderunt, I ss., Roma 1931 ss.
	InvMos, I	A. Blanchet/S. Lafaye, Inventaire des mosaïques de la Gaule, I, Paris, vol. 1, 1909, vol. 2, 1911-1912, planches 1922
	InvMos, II	P. Gauckler, Inventaire des mosaïques de la Gaule et de l'Afrique, II, Afrique proconsulaire, Paris, 1910, suppl. 1915
	InvMos, III, 1911	F.G. de Pachtère, Inventaire des mosaïques de la Gaule et de l'Afrique, III, Afrique proconsulaire, Numidi, Maurétanie, Paris, 1911
	InvWadd, 1898	E. Babelon, Inventaire sommaire de la Collection Waddington (Département des Médailles et Antiques de la Bibliothèque Nationale), Paris 1898

	IPE	Inscriptiones antiquae orae septentrionalis Ponti Euxini Graecae et Latinae, ed. V. Latysev, I-IV, St. Petersburg 1885-1901, I ²1916
J	*Jacobsthal*, OrnGrV, 1927	P. Jacobsthal, Ornamente griechischer Vasen, Berlin 1927
	Jeffery, LSAG², 1990	L.H. Jeffery, The local scripts of Archaic Greece, Oxford ²1990
K	*Kaschnitz*, ScultMusVat, 1936	G. von Kaschnitz-Weinberg, Sculture del Magazzino del Museo Vaticano, Citta del Vaticano 1936
	KatSchale, 1990	Kunst der Schale. Kultur des Trinkens, Ausstellungskatalog Staatliche Antikensammlungen München, ed. K. Vierneisel/B. Kaeser, München 1990
	Keil, GrL	Grammatici Latini, ed. H. Keil, Leipzig 1857-1923
	Kerameikos	Kerameikos. Ergebnisse der Ausgrabungen, I ss., Berlin 1939 ss.
	Kern, Orph.F.	Orphicorum Fragmenta, ed. O.Kern
	Kilinski, BBV, 1990	K. Kilinski II, Boeotian black figure vase painting of the Archaic period, Mainz 1990
	Klein, GGK	W. Klein, Geschichte der griechischen Kunst, Leipzig, I 1904, II 1905, III 1907
	KlP	Der Kleine Pauly. Lexikon der Antike auf der Grundlage von Pauly's Realencyclopädie, ed. K. Ziegler/W. Sontheimer/H. Gärtner, I-V, Stuttgart 1964-1975
	Koch/Sichtermann, RömSark, 1982	G. Koch/H. Sichtermann, Römische Sarkophage, M. 1982
	Kos, I, 1932	R. Herzog/P. Schazmann, Kos. Ergebnisse der deutschen Ausgrabungen und Forschungen, I, Asklepieion, Berlin 1932
	Kraay, ArClCoins, 1976	C.M. Kraay, Archaic and Classical Greek Coins, London 1976
	Kraay/Hirmer, GrCoins, 1966	C. M. Kraay/M. Hirmer, Greek Coins, New York 1966
	Kraus, PKG, 1967	Th. Kraus, Das römische Weltreich. Propyläen Kunstgeschichte, II, Berlin 1967
	KRI	K.A. Kitchen: Ramesside inscriptions. Historical and biographical, Oxford 1975; dazu: Translations, Oxford 1993 und Notes and comments, Oxford 1993
L	*La Coste-Messelière*, 1936	P. de la Coste-Messelière, Au musée de Delphes, Paris 1936
	Lacroix, Reproductions, 1949	L. Lacroix, Les reproductions de statues sur les monnaies grecques, Liège 1949
	LÄ	W. Helck/E. Otto bzw. W. Helck/W. Westendorf (Ed.), Lexikon der Ägyptologie, I-VI, Wiesbaden 1975-1986
	Langlotz, KatWürzb, 1932	E. Langlotz, Martin von Wagner-Museum der Universität Würzburg. Griechische Vasen, Bilderkatalog, München 1932
	LAW, 1965	Lexikon der Alten Welt, ed. C.Andresen u.a., Zürich/Stuttgart 1965
	LCS, 1967	A.D. Trendall, The red-figured vases of Lucania, Campania and Sicily, Oxford 1967
	LCS, Suppl. 1-3	A.D. Trendall, The red-figured vases of Lucania, Campania and Sicily, London, first supplement, BICS, suppl. 26, 1970; second supplement, BICS, suppl. 31, 1973; third supplement (consolidated), BICS, suppl. 41, 1983
	LD	R. Lepsius, Denkmäler aus Ägypten und Äthiopien, 6. Abt. in 12 Bdn., Berlin 1849-1859
	LdK	Lexikon der Kunst. Architektur, Bildende Kunst, Angewandte Kunst, Industrieformgestaltung, Kunsttheorie, I-V, Leipzig 1968-1978; Neubearb.: I-VIII, Leipzig 1987-1994
	Levi, Antioch, 1947	D. Levi, Antioch mosaic pavements, Princeton 1947 (Repr. Roma 1971)
	Lezzi, Eretria, 1988	A. Lezzi-Hafter, Der Eretria-Maler. Werke und Weggefährten, Mainz 1988
	Lezzi, Schuwalow, 1976	A. Lezzi-Hafter, Der Schuwalow-Maler. Eine Kannenwerkstatt der Parthenonzeit, Mainz 1976
	LfrgE	Lexikon des frühgriechischen Epos, ed. B. Snell, Göttingen 1955 ss.
	LGPN, I, 1987	A lexicon of Greek personal names, I: The Aegean islands, Cyprus, Cyrenaica, ed. P.M. Frazer/E. Matthews, Oxford 1987
	LGPN, II, 1994	A lexicon of Greek personal names, II: Attica, ed. M.J. Osborne/S.G. Byrne, Oxford 1994
	LGPN, IIAnnex, 1996	The foreign residents of Athens. An annex to the lexicon of Greek personal names: Attica, in Studia Hellenistica 33, ed. M.J. Osborne/S.G. Byrne, Lovanii 1996
	LGPN, III.A, 1997	A lexicon of Greek personal names, IIIA: The Peloponnese, Western Greece, Sicily and Magna Graecia, ed. P.M. Frazer/E. Matthews, Oxford 1997
	Liddell/Scott, 1996	A Greek-Englisch lexicon. With a revised supplement, ed. H.G. Liddell/R.Scott u.a., Oxford 1996
	LIMC	Lexicon Iconographicum Mythologiae Classicae, ed. L. Kahil u.a., I-VIII, Zürich/München 1981-97 und Index, Zürich/München 2000
	LindgrenColl, 1985	H.C. Lindgren/F.L. Kovacs, Ancient bronzes of Asia Minor and the Levant from the Lindgren collection, San Mateo 1985
	Lindos	Chr. Blinkenberg/K.F. Kinch, Lindos. Fouilles et recherches 1902-1924, Berlin/København, I 1931, II.1 1941, II.2 1942, III 1960
	Lippold, Gemäldekopien, 1951	G. Lippold, Antike Gemäldekopien, AbhMünchen, Neue Folge, Heft 33, München 1951
	Lippold, Gemmen, 1922	G. Lippold, Gemmen und Kameen des Altertums und der Neuzeit, München s.a. (1922)
	Lippold, GrPl, 1950	G. Lippold, Die griechische Plastik, München 1950 (Handbuch der Altertumswissenschaft, VI.3 = Handbuch der Archäologie, III.1)
	Lippold, Kopien, 1923	G. Lippold, Kopien und Umbildungen griechischer Statuen, München 1923

	Lippold, SkulptVatMus	G. Lippold, Die Skulpturen des Vatikanischen Museums, Berlin, III.1 1936, III.2 1956
	Lobel/Page, PLF, 1955	Poetarum Lesbiorum fragmenta, ed. E. Lobel/D.L. Page, Oxford 1955
	Loewy, IGB, 1885	E. Loewy, Inschriften griechischer Bildhauer, Leipzig 1885 (Repr. Osnabrück 1965)
	Lorber, Inschriften, 1979	F. Lorber, Inschriften auf korinthischen Vasen. Archäologisch-epigraphische Untersuchungen zur korinthischen Vasenmalerei im 7. und 6. Jh. v. Chr., Berlin 1979
	LSAM, 1955	F. Sokolowski, Lois sacrées de l'Asie Mineure, Paris 1955
	LSCG, 1969	F. Sokolowski, Lois sacrées des cités grecques, Paris 1969
	LSCG Suppl., 1962	F. Sokolowski, Lois sacrées des cités grecques. Supplément, Paris 1962
	LTUR	Lexicon topographicum urbis Romae, ed. E.M. Steinby, Roma, I 1993, II 1995, III 1996, IV-V 1999, VI (addenda et corrigenda. Indici) 2000
	Lullies/Hirmer, Plastik[3], 1979	R. Lullies/M. Hirmer, Griechische Plastik, von den Anfängen bis zum Ausgang des Hellenismus, München [1]1956, [2]1960, [3]1979
M	*Maaskant-Kleibrink*, CatGemsTheHague, 1978	M. Maaskant-Kleibrink, Catalogue of the engraved gems in the Royal Coin Cabinet The Hague. The Greek, Etruscan and Roman collections, Den Haag 1978
	MacDonald, Hunter	G. MacDonald, Catalogue of the Greek coins in the Hunterian collection, Glasgow, Glasgow I 1899, II 1901, III 1905
	Macmillan, 1982	Macmillan encyclopedia of architects, I-IV, New York 1982
	MAMA	Monumenta Asiae Minoris Antiqua, Manchester 1928 ss.
	Mansuelli, ScultUff	G.A. Mansuelli, Gallerie degli Uffizi. Le Sculture, Roma, I 1958, II 1961
	Marcadé, MusDélos, 1969	J. Marcadé, Au musée de Délos. Etudes sur la sculpture hellénistique en ronde bosse découverte dans l'île, Paris 1969
	Marcadé, Signatures	J. Marcadé, Recueil des signatures des sculpteurs grecs, Paris, I 1953, II 1957
	Marshall, BMFingerRings, 1907	F.H. Marshall, A catalogue of the finger rings, Greek, Etruscan, and Roman, in the department of antiquities, British Museum, London 1907
	Marshall, BMJewellery, 1911	F.H. Marshall, A catalogue of the jewellery, Greek, Etruscan, and Roman, in the British Museum, London 1911
	Matz/Duhn	F. Matz/F. von Duhn, Antike Bildwerke in Rom mit Ausschluß der größeren Sammlungen, Leipzig, I 1881, II 1881, III 1882 (Repr. Roma 1968)
	Mayo, VasesMagnaGraecia, 1982	M. E. Mayo (Ed.), The art of South Italy. Vases from Magna Graecia, Ausstellungskatalog Virginia Museum of Fine Arts, Richmond 1982
	Megow, Kameen, 1987	W.-R. Megow, Kameen von Augustus bis Alexander Severus, AMuGS, II, Berlin 1987
	Meineke, FCG	Fragmenta comicorum Graecorum, I-V, ed. A. Meineke, Berlin 1839-1857
	Mendel, Sculpt	G. Mendel, Musées impériaux ottomans. Catalogue des sculptures grecques, romaines et byzantines, Konstantinopel, I 1912, II 1914, III 1914
	Merkelbach/West, 1967	Fragmenta Hesiodea, ed. R. Merkelbach/M. L. West, Oxford 1967
	Metzger, Recherches, 1965	H. Metzger, Recherches sur l'imagerie athénienne, Paris 1965
	Metzger, Représentations, 1951	H. Metzger, Les représentations dans la céramique attique du IVe siècle, Paris 1951
	Meyer, KL	J. Meyer (Ed.), Allgemeines Künstler-Lexikon, I-III, Leipzig 1872-1885
	MGAA	Monumenta Germaniae Historica, auctores antiquissimi, Berlin 1870 ss.
	MGH	Monumenta Germaniae Historica, Berlin 1870 ss.
	Michaelis, AncM, 1882	A. Michaelis, Ancient marbles in Great Britain, Cambridge 1882
	MidwesternColls, 1979	W. G. Moon, (Ed.), Greek vase-painting in Midwestern collections, Chicago 1979
	Milet	Milet. Ergebnisse der Ausgrabungen und Untersuchungen, I ss., ed. Th. Wiegand u.a., Berlin 1906 ss.
	Mingazzini, CollCastellani	P. Mingazzini, Catalogo dei Vasi della Collezione (Augusto) Castellani, Roma, I 1930, II 1971
	Mionnet	T. E. Mionnet, Description de médailles antiques grecques et romaines, Paris 1807-1837
	ML	W. H. Roscher, Ausführliches Lexikon der griechischen und römischen Mythologie, I-X, Leipzig 1884-1937, Nachdr. Hildesheim 1965
	Mollard-Besques	S. Mollard-Besques, Musée du Louvre. Catalogue raisonné des figurines et reliefs en terre-cuite grecs, étrusque et romains, Paris, I 1954, II 1963, III 1971-1972
	MonAntIned	Monumenti antichi inediti, ed. G. A. Guattani, Roma 1784-1805
	Moon (Ed.), AGAI, 1983	W. G. Moon (Ed.), Ancient Greek art and iconography, Madison 1983
	Morel, FPL	Fragmenta poetarum Latinorm epicorum et lyricorum praeter Ennium et Lucilium, ed. W. Morel, Leipzig 1927 (repr. Stuttgart 1963); ed. K. Buechner/J. Blansdorf, Stuttgart/Leipzig 1995
	Moreno, Scultura, 1994	P. Moreno, Scultura ellenistica, Roma 1994
	MosEsp	Corpus de Mosaicos de España, Madrid 1978 ss.
	Müller, Architekten, 1989	W. Müller, Architekten in der Welt der Antike, Zürich/München 1989
	Muller-Dufeu, SculptureSource, 2002	M. Muller-Dufeu (Ed.), La sculpture grecque. Sources littéraires et épigraphiques, Paris 2002
	MuM	Münzen und Medaillen AG, Basel, 1945 ss.
	Mustilli, 1939	D. Mustilli, Il Museo Mussolini, Roma 1939
	Myers, EP, 1955	B. S. Myers (Ed.), Encyclopedia of painting. Painters and painting of the world from the prehistoric times to the present day, New York 1955

N	*Nagler*, KL	G. K. Nagler, Neues allgemeines Künstler-Lexicon, I-XXII, München 1835-1852; unveränd. Abdrucke davon: Linz 1904; Leipzig 1924; Wien 1924
	Nash, TopRom	E. Nash, Bildlexikon zur Topographie des antiken Rom, Tübingen, I 1961, II 1962
	Neugebauer, FührerBerlin	K. A. Neugebauer, Staatliche Museen zu Berlin. Führer durch das Antiquarium, Berlin, I, Bronzen, 1924; II, Vasen, 1932
	Nicole, 1911	G. Nicole, Catalogue des vases peints du Musée National d'Athènes, Paris 1911
	NumSt	Numismatic Studies (American Numismatic Society)
O	OGIS	Orientis Graeci inscriptiones selectae, I-II, ed. W. Dittenberger, Leipzig 1903-1905
	OLD	Oxford Latin Dictionary, Oxford 1968-1982
	OlympBer	Bericht über die Ausgrabungen in Olympia, I ss., Berlin 1936 ss.
	OlympForsch	Olympische Forschungen, I ss., Berlin 1944 ss.
	Olympia	Olympia. Die Ergebnisse der von dem Deutschen Reich veranstalteten Ausgrabung, I-V, ed. E. Curtius/ F. Adler, Berlin 1890-1897
	Olynthus	Excavations at Olynthus, Baltimore, I ss., 1929 ss.
	Ostia	Scavi di Ostia, Roma, I ss. 1953 ss.
	Overbeck, GGP^4	J. Overbeck, Geschichte der griechischen Plastik^4, Leipzig, I 1893, II 1894
	Overbeck, KM	J. Overbeck, Griechische Kunstmythologie, Leipzig, I (nie erschienen), II 1871, III 1873-78, IV 1889
	Overbeck, SQ, 1868	J. Overbeck, Die antiken Schriftquellen zur Geschichte der bildenden Künste bei den Griechen, Leipzig 1868, Nachdr. Hildesheim 1959
P	PA	Prosopographia Attica, I-II, ed. J. Kirchner, Berlin 1901-1903
	Page, PMG, 1962	Poetae melici Graeci, ed. D. L. Page, Oxford 1962
	Page, SLG, 1974	Supplementum lyricis Graecis. Poetarum lyricorum Graecorum fragmenta quae recens innotuerunt, ed. D. L. Page, Oxford 1974
	Pagenstecher, Calen, 1909	R. Pagenstecher, Die calenische Reliefkeramik, JdI, 8. Erg.-H., Berlin, 1909
	Pannuti, CatGlitt-Napoli, I, 1983	U. Pannuti, Museo Archeologico Nazionale di Napoli. Catalogo della collezione glittica, I, Roma 1983
	Pape, Kriegsbeute, 1975	M. Pape, Griechische Kunstwerke aus Kriegsbeute und ihre öffentliche Aufstellung in Rom, Hamburg 1975
	Para, 1971	J. D. Beazley, Paralipomena. Additions to Attic black-figure vase-painters and to Attic red-figure vase-painters, Oxford 1971
	Paribeni, MusNaz, 1953	E. Paribeni, Museo Nazionale Romano. Sculture greche del V secolo. Originali e repliche, Roma 1953
	Paribeni, ScultCirene, 1959	E. Paribeni, Catalogo delle sculture di Cirene, Roma 1959
	PartheKonBa, 1984	E. Berger (Ed.), Parthenon-Kongreß Basel. Referate und Berichte, 4. bis 8. April 1982, I-II, Basel 1984
	Payne, NC, 1931	H. Payne, Necrocorinthia, Oxford 1931
	PCG	Poetae comici Graeci, ed. R. Kassel/C. Austin, I ss., Berlin/New York 1983 ss.
	PECS, 1976	R. Stillwell (Ed.), The Princeton Encyclopedia of Classical Sites, Princeton 1976
	Peek, GV, 1955	W. Peek, Griechische Versinschriften, I, Berlin 1955
	Peredolskaja, 1967	A. Peredolskaja, Krasnofigurnye atticeskie vazy v Ermitazhe, Leningrad 1967
	Pergamon	Altertümer von Pergamon, Berlin, I ss. 1885 ss.
	PergForsch	Pergamenische Forschungen, Berlin 1968 ss.
	Perrot/Chipiez	G. Perrot/C. Chipiez, Histoire de l'art dans l'antiquité I-X, Paris 1882-1914
	Pfuhl, MuZ, 1923	E. Pfuhl, Malerei und Zeichnung der Griechen I.II (Text), III (Tafeln), München 1923
	Picard, Manuel	Ch. Picard, Manuel d'archéologie grecque. La sculpture. I: Période archaïque, Paris 1935; II: Période classique, Ve siècle, 1,2, Paris 1939; III: Période classique, IVe siècle (2e partie) 1,2, Paris 1948; IV: Période classique, IVe siècle (2e partie) 1, Paris 1954, 2, Paris 1963; V: Index général des tomes III et IV (IVe siècle), Paris 1966
	PIR	Prosopographia Imperii Romani saec. 1, 2, 3, ed. (1. Aufl.: E. Klebs/H. Dessau/P. v. Roden) E. Groag/A. Stein, I-IV, Berlin (3 Teile, 1897-1898), ^{2}1933-1952 (Repr. I-III, Berlin, 1953-1960 = Ed. Altera)
	Pipili, LacIc, 1987	M. Pipili, Laconian iconography of the sixth century B.C., Oxford 1987
	PittPavPompei	I. Bragantini u.a., Pitture e pavimenti di Pompei, Roma, I, Regioni I, II, III, 1981; II, Regioni V, VI, 1983; III, Regioni VII, VIII, IX, Indici, 1986
	Plantzos, HellGems, 1999	D. Plantzos, Hellenistic engraved gems, Oxford 1999
	Platner/Ashby, 1929	S. B. Platner/Th. Ashby, A topographical dictionary of Ancient Rome, Oxford 1929 (Repr. Roma 1965)
	PLG^4	Poetae lyrici Graeci, ed. Th.Bergk, Leipzig ^{4}1878-1882; I ^{5}1900 (Nachdr. II und III, Leipzig 1914-1915, mit Indices von J. Rubenbauer; I mit Appendix, Leipzig 1923)
	PLRE	A. H. M. Jones u.a., The prosopography of the later Roman Empire I, Cambridge 1971; II, Cambridge 1980; III. A, Cambridge 1992
	PM	B. Porter/R. L. B. Moss, u.a., Topographical bibliography of Ancient Egyptian hieroglyphic texts, reliefs and paintings, Oxford 1927 ss.
	Pollitt, ArtHellAge, 1986	J. J. Pollitt, Art in the Hellenistic age, Cambridge 1986
	Pollitt, GreeceSources^2, 1990	J. J. Pollitt, The art of Ancient Greece: Sources and documents, Cambridge ^{2}1990

Pollitt, RomeSources, 1966	J. J. Pollitt, The art of Rome, 753 B.C.-337 A.D. Sources and documents, Englewood Cliffs/New Jersey, 1966
PompPittMos	Pompei. Pitture e mosaici, Roma, I ss. 1990 ss.
Pottier, VasesLouvre	E. Pottier, Vases antiques du Louvre, Paris, I 1897, II 1901, III 1922
Poulsen, CatNyCarlsbergGlypt, 1951	F. Poulsen, Catalogue of Ancient Sculpture in the Ny Carlsberg Glyptotek, København 1951
PPUAES	Publications of the Princeton University Archaeological Expeditions to Syria in 1904-1905 and 1909
Promis, Architetti, 1873	C. Promis, Gli architetti e l'architettura presso i Romani. In: Memorie della Reale Accademia delle Scienze di Torino, 2. Ser., 27:1873, Scienze morali, storiche e filologiche, p. 1-87
Pryce, BMSculpture	F. N. Pryce, Catalogue of sculpture in the department of Greek and Roman antiquities of the British Museum, London, I.1 1928, I.2 1931

R

RAC	Reallexikon für Antike und Christentum, ed. Th. Klauser, 1950 ss.
Raubitschek, Dedications, 1949	A. E. Raubitschek, Dedications from the Athenian Akropolis. A catalogue of the inscriptions of the sixth and fifth centuries B.C., Cambridge, Mass. 1949
Ravel, Vlasto, 1947	O. E. Ravel, Catalogue of the collection of Tarentine coins formed by M. P. Vlasto, London 1947
RE	Paulys Realencyclopädie der classischen Altertumswissenschaft. Neue Bearbeitung, ed. G. Wissowa u.a. 1. Reihe (A-Q): I-XXIV (47 Halbbde), Stuttgart 1894-1963; 2. Reihe (R-Z): I. A.1-X. A (19 Halbbde), Stuttgart 1914-72; Suppl. I-XV, Stuttgart 1903-1978; Register-Bd, München 1980
RecMosGaule	Recueil général des mosaïques de la Gaule, Xe supplement à Gallia, Paris, I-III, 1957 ss.
Reinach, RecMilliet, 1985	A. Reinach, Textes grecs et latins relatifs à l'histoire de la peinture ancienne. Recueil Milliet, erw. von A. Rouveret, Paris ^{2}1985
Reinach, RépPeint, 1922	S. Reinach, Répertoire des peintures grecques et romaines, Paris 1922
Reinach, RépRel	S. Reinach, Répertoire des reliefs grecs et romains, Paris, I 1909, II-III 1912
Reinach, RépStat	S. Reinach, Répertoire de la statuaire grecque et romaine, Paris, I-II 1897, III 1904, IV 1910, V 1924, VI 1930
Reinach, RépVases	S. Reinach, Répertoire des vases peints grecs et étrusques, Paris, I 1899, II 1900
RES	Répertoire d'épigraphie sémitique I-VIII, Paris 1908-1937
RIB	Roman inscriptions of Britain, ed. R. G. Collingwood/R. P. Wright
Richardson, TopRome, 1992	L. Richardson Jr., A new topographical dictionary of Ancient Rome, Baltimore/London 1992
Richter, CriticalPeriods, 1951	G. M. A. Richter, Three critical periods in Greek sculpture, Oxford 1951
Richter, EngrGemsGE, 1968	G. M. A. Richter, Engraved gems of the Greeks and the Etruscans. A history of Greek art in miniature, New York 1968
Richter, EngrGemsRom, 1971	G. M. A. Richter, Engraved gems of the Romans. A supplement to the history of Roman art, New York 1971
Richter, MetrMusBronzes, 1915	G. M. A. Richter, The Metropolitan Museum of Art, New York. Greek, Etruscan and Roman bronzes, New York 1915
Richter, MetrMusGems, 1956	G. M. A. Richter, Metropolitan Museum of Art, New York. Catalogue of engraved gems, Greek, Etruscan and Roman, Roma 1956
Richter, MetrMusSculpt, 1954	G. M. A. Richter, Metropolitan Museum of Art, New York. Catalogue of Greek sculptures, Cambridge, Mass. 1954
Richter, Portraits, 1965	G. M. A. Richter, The portraits of the Greeks, London 1965
Richter, Sculpt, 1930	G. M. A. Richter, The sculpture and the sculptors of the Greeks, New Haven 1930
Richter/Hall, 1936	G. M. A. Richter/B. F. Hall, Red-figured vases in the Metropolitan Museum of Art, New Haven 1936
de Ridder, BiblNatVases, 1902	A.de Ridder, Catalogue des vases peints de la Bibliothèque Nationale, Paris 1902
de Ridder, BrLouvre	A.de Ridder, Les bronzes antiques du Louvre, Paris, I 1913, II 1915
Ridgway, HellSculpt, I, 1990	B. S. Ridgway, Hellenistic sculpture I. The styles of c. 331-200 B.C., Bristol 1990
Ridgway, HellSculpt, II, 2000	B. S. Ridgway, Hellenistic sculpture II. Bristol 2000
Ridgway, Severe Style, 1970	B. S. Ridgway, The Severe Style in Greek Sculpture, Princeton 1970
Rizzo, MGS, 1946	G. E. Rizzo, Monete greche della Sicilia, I-II, Roma 1946
Rizzo, PE, 1929	G. E. Rizzo, La pittura ellenistico-romana, Milano 1929
Robertson, Hist., 1975	M. Robertson, A history of Greek art, London 1975
Rodenwaldt, KdA^{4}, 1927	G. Rodenwaldt, Die Kunst der Antike, Berlin ^{4}1927
Ruesch, GuidaNapoli, 1911	A. Ruesch, Guida illustrata del Museo Nazionale di Napoli, I. Antichità, Napoli 1911
Ruggiero, Diz.epigr.	Dizionario epigrafico di antichità romane, ed. E. de Ruggiero, Roma u.a. 1895 ss.
Rumpf, KatSkulptBerlin, I, 1928	A. Rumpf, Staatliche Museen zu Berlin. Katalog der Sammlung antiker Skulpturen, I. Katalog der etruskischen Skulpturen, Berlin 1928
Rumpf, MuZ, 1953	A. Rumpf, Malerei und Zeichnung der klassischen Antike, München 1953 (Handbuch der Altertumswissenschaft, VI.4 = Handbuch der Archäologie, IV.1)

RVAp	A. D. Trendall/A. Cambitoglou, The red-figured vases of Apulia, I early and middle Apulian, Oxford 1978; II late Apulian, indexes, Oxford 1982
RVAp, Suppl. 1, 1983	A. D. Trendall/A. Cambitoglou, First supplement to The red-figured vases of Apulia, BICS, suppl. 42, London 1983
RVAp, Suppl. 2/1, 2/2, 2/3	A. D. Trendall/A. Cambitoglou, Second supplement to The red-figured vases of Apulia, BICS, suppl. 60, London, part I 1993, parts II-III 1992
RVP, 1987	A. D. Trendall, The red-figured vases of Paestum, Roma 1987
S *Sambon*, 1903	A. Sambon, Les monnaies antiques de l'Italie. I, Étrurie - Ombrie - Picenum - Samnium - Campanie (Cumes et Naples), Paris 1903
Schefold, KV, 1930	K. Schefold, Kertscher Vasen, Berlin 1930
Schefold, Meisterwerke, 1960	K. Schefold, Meisterwerke griechischer Kunst, Basel 1960
Schefold, PKG, 1967	K. Schefold, Die Griechen und ihre Nachbarn, Propyläen Kunstgeschichte, I, Berlin 1967
Schefold, SB, I^2, 1993	K. Schefold, Götter- und Heldensagen der Griechen in der früh- und hocharchaischen Kunst, München ^{2}1993
Schefold, SB, II, 1978	K. Schefold, Götter- und Heldensagen der Griechen in der spätarchaischen Kunst, München 1978
Schefold, SB, III, 1981	K. Schefold, Die Göttersage in der klassischen und hellenistischen Kunst, München 1981
Schefold, UKV, 1934	K. Schefold, Untersuchungen zu den Kertscher Vasen, Berlin 1934
Schefold, VergP, 1962	K. Schefold, Vergessenes Pompeji, Bern/München 1962
Schefold, WP, 1957	K. Schefold, Die Wände Pompejis, Berlin 1957
Schefold/Jung, SB, IV, 1988	K. Schefold/F. Jung, Die Urkönige, Perseus, Bellerophon, Herakles und Theseus in der klassischen und hellenistischen Kunst, München 1988
Schefold/Jung, SB, V, 1989	K. Schefold/F. Jung, Die Sagen von den Argonauten, von Theben und Troia in der klassischen und hellenistischen Kunst, München 1989
Scheibler, Malerei, 1994	I. Scheibler, Griechische Malerei der Antike, München 1994
Schmidt, Statuenbasen, 1995	I. Schmidt, Hellenistische Statuenbasen, Frankfurt am Main u.a., 1995
SEG	Supplementum epigraphicum Graecum, ed. J. J. E. Hondius/A. G. Woodhead, I-XXV, Leiden 1923-1971; ed. H. W. Pleket/R. S. Stroud, XXVI-XXVII, Alphen 1979-1980, XXVIII ss., Amsterdam 1982 ss.
Seltman, GrCoins, ^{2}1955	C. T. Seltman, Greek coins, London ^{2}1955
Sena Chiesa, GA, 1966	G. Sena Chiesa, Gemme del Museo Nazionale di Aquileia, Padova 1966
Sena Chiesa, GL, 1978	G. Sena Chiesa, Gemme di Luni, Roma 1978
SGDI	Sammlung der griechischen Dialektinschriften, I-IV, ed. H. Collitz/F. Bechtel u.a., Göttingen 1884-1915
Sichtermann, SlgJatta, 1966	H. Sichtermann, Griechische Vasen in Unteritalien aus der Sammlung Jatta in Ruvo, Tübingen 1966
Sichtermann/Koch, RömSark, 1982	H. Sichtermann/G. Koch, Römische Sarkophage, München 1982
Simon, FührerWürzb, 1975	E. Simon u.a., Führer durch die Antikenabteilung des Martin von Wagner Museums der Universität Würzburg, Mainz 1975
Simon/Hirmer, Vasen, ^{2}1981	E. Simon/M. Hirmer, Die griechischen Vasen, München ^{2}1981
SkulptVatKat	Bildkatalog der Skulpturen des Vatikanischen Museums, ed. B. Andreae, I.1-3. Museo Chiaramonti, Berlin/New York 1995, II. Museo Pio Clementino, Cortile Ottagono, Berlin/New York 1998
Smith, BMGems, 1888	A. H. Smith, A catalogue of the engraved gems in the British Museum, London 1888
Smith, BMSculpture	A. H. Smith, A catalogue of Sculpture in the department of Greek and Roman antiquities of the British Museum, London, I 1892, II 1900, III 1904
Smith, BMVases, III, 1896	A. H. Smith, A catalogue of the Greek and Etruscan vases in the British Museum, III, Vases of the finest period, London 1896
Smith, HellSculpt, 1991	R. R. R. Smith, Hellenistic Sculpture: A handbook, London 1991
SNG	Sylloge Nummorum Graecorum, London u.a. 1931 ss.
Solin, GPR, 1982	H. Solin, Die griechischen Personennamen in Rom. Ein Handbuch, I-III, Berlin/New York 1982
SouthernColls, 1981	H. A. Shapiro (Ed.), Art, myth, and culture. Greek vases from Southern collections, New Orleans Museum of Art, New Orleans 1981
Spengel, Rhet.	Rhetores Graeci, ed. L. Spengel, Leipzig 1853-1856 (Repr. Frankfurt am Main 1966)
Spier, GettyGems, 1992	J. Spier, Ancient gems and finger rings. Catalogue of the collections. The J. Paul Getty Museum, Malibu 1992
Spinazzola, Arti, 1928	V. Spinazzola, Le arti decorative in Pompei e nel Museo Nazionale di Napoli, Milano 1928
Spinazzola, Pompei, 1953	V. Spinazzola, Pompei alla luce degli scavi nuovi di Via dell'Abbondanza (anni 1910-1923), Roma, I-II 1953
Squarciapino, Afrodisia, 1943	M. Squarciapino, La scuola di Afrodisia, Roma 1943
Stewart, Sculpture, 1990	A. Stewart, Greek Sculpture. An Exploration, New Haven/London 1990
Stibbe, LakVas, 1972	C. M. Stibbe, Lakonische Vasenmaler des sechsten Jahrhunderts v. Chr., Amsterdam/London 1972

	Strong, Silver Plate, 1966	D. E. Strong, Greek and Roman silver plate, London 1966
	Stuart Jones, SculptMusCap, 1912	H. A. Stuart Jones, A catalogue of the Ancient sculptures preserved in the municipal collections of Rome. The sculptures of the Museo Capitolino, Oxford 1912
	Stuart Jones, SculptPalCons, 1926	H. A. Stuart Jones, A catalogue of the Ancient sculptures preserved in the municipal collections of Rome. The sculptures of the Palazzo dei Conservatori, Oxford 1926
	Suppl. Hell., 1983	H. Lloyd-Jones/P. J. Parsons, Supplementum Hellenisticum, Berlin 1983
	Svenson-Evers, Architekten, 1996	H. Svenson-Evers, Die griechischen Architekten archaischer und klassischer Zeit, Frankfurt am Main 1996
	SVF	Stoicorum veterum fragmenta, ed. J. de Arnim, Leipzig 1903-1924 (Repr. Stuttgart 1968)
	Svoronos	J. N. Svoronos, Das Athener Nationalmuseum, I-III, Athen 1908-1937
	Svoronos, Crète, 1890	J. N. Svoronos, Numismatique de la Crète ancienne, Macon 1890
	Sylloge[3]	Sylloge inscriptionum Graecarum, I-IV, ed. W. Dittenberger, Leipzig [3]1915-1924 (Repr. Hildesheim 1960)
T	TAM	Tituli Asiae Minoris, I ss., Wien 1901 ss.
	Tarsus	Excavations at Gözlü Kule, Tarsus, ed. H. Goldman, I ss., Princeton 1950 ss.
	TF, 1953	A. Klotz, Scaenicorum Romanorum fragmenta, I. Tragicorum fragmenta, Oldenburg 1953
	TGF	Tragicorum Graecorum fragmenta, ed. A. Nauck, Leipzig 1889 (Repr. Leipzig 1964; Hildesheim/Leipzig 1983)
	ThB	Allgemeines Lexikon der bildenden Künstler von der Antike bis zur Gegenwart, begr. von U. Thieme/F. Becker, I-XXXVII, Leipzig 1907-50
	ThesLEtr	Thesaurus Linguae Etruscae, ed. M. Pallottino, Roma 1978-1991
	ThLL	Thesaurus Linguae Latinae, Leipzig 1894 ss.
	Tillyard, Hope, 1923	E. W. H. Tillyard, The Hope vases, Cambridge 1923
	TLE[2]	Testimonia Linguae Etruscae, ed. M. Pallotino, Roma [2]1968
	Tod, GHI	Greek historical inscriptions, I-II, ed. M. N. Tod, Oxford 1933-1948; I [2]1946
	Todisco, Scultura, 1993	L. Todisco, Scultura greca del IV secolo, Milano 1993
	Toynbee, Artists, 1951	J. M. C. Toynbee, Some notes on artists in the Roman world, Bruxelles 1951 (Collection Latomus)
	Travlos, TopAth, 1971	J. Travlos, Bildlexikon zur Topographie des antiken Athen, Tübingen 1971
	Travlos, TopAttika, 1988	J. Travlos, Bildlexikon zur Topographie des antiken Attika, Tübingen 1988
	Trendall, ESIVP, 1974	A. D. Trendall, Early South Italian vase-painting, revised 1973, Mainz 1974
	Trendall, FiV, 1938	A. D. Trendall, Frühitaliotische Vasen, Berlin 1938
	Trendall, PAdd, 1959	A. D. Trendall, Paestan addenda, BSR 27:1959, 1-37
	Trendall, PP, 1936	A. D. Trendall, Paestan Pottery, Roma 1936
	Trendall, PP-s, 1953	A. D. Trendall, Paestan postscript, BSR 21:1953, 160-167
	Trendall, PPSuppl, 1952	A. D. Trendall, Paestan pottery. A revision and a supplement, BSR 20:1952, 1-52
	Trendall, RFSIS, 1989	A. D. Trendall, Red figure vases of South Italy and Sicily, a handbook, London 1989
	Trendall, RVUS, 1990	A. D. Trendall, Rotfigurige Vasen aus Unteritalien und Sizilien, Mainz 1990
	Trendall, SIVP, 1966	A. D. Trendall, South Italian vase painting, British Museum, London 1966
	Trendall, Vat	A. D. Trendall, Vasi antichi dipinti del Vaticano. Vasi italioti ed etruschi a figure rosse, Citta del Vaticano, I 1953, II 1955
	Trendall/Webster, Illustrations,1971	A. D. Trendall/T. B. L. Webster, Illustrations of Greek Drama, London 1971
	TRF[3]	Tragicorum Romanorum fragmenta[3], ed. O. Ribbeck, Leipzig 1898
	TrGF	Tragicorum Graecorum fragmenta, I, ed. B. Snell/R. Kannicht/S. Radt, Göttingen 1971-1978
U	Urk.	Urkunden des aegyptischen Altertums, Leipzig (z.T. auch andere Orte) 1903-1958
V	*Vierneisel-Schlörb*, KatSkulptGlypt, II, 1979	B. Vierneisel-Schlörb, Glyptothek München. Katalog der Skulpturen. 2. Klassische Skulpturen des 5. und 4. Jahrh. v. Chr., München 1979
	Vollenweider, CatGenève, I, 1967	M.-L. Vollenweider, Musée d'Art et d'Histoire de Genève. Catalogue raisonné des sceaux, cylindres, intailles et camées, I, Genf 1967
	Vollenweider, CatGenève, II, 1979	M.-L. Vollenweider, Musée d'Art et d'Histoire de Genève. Catalogue raisonné des sceaux, cylindres, intailles et camées, II: Les portraits, les masques de théatre, les symboles politiques. Une contribution à l'histoire des civilisations hellénistique et romaine, Mainz 1979
	Vollenweider, CatGenève, III, 1983	M.-L. Vollenweider u.a., Musée d'Art et d'Histoire de Genève. Catalogue raisonné des sceaux, cylindres, intailles et camées, III: La collection du révérend Dr. V. E. G. Kenna et d'autres acquisitions et dons récents, Mainz 1983
	Vollenweider, Steinschneidekunst, 1966	M.-L. Vollenweider, Die Steinschneidekunst und ihre Künstler in spätrepublikanischer und augusteischer Zeit, Baden-Baden 1966
W	*Waldhauer*, Skulpt	O. Waldhauer, Die antiken Skulpturen der Ermitage, Berlin/London, I 1928, II 1931, III 1936
	Walter, RelAkr, 1923	O. Walter, Beschreibung der Reliefs im kleinen Akropolismuseum in Athen, Wien 1923

Walters, BMBronzes, 1899	H. B. Walters, A catalogue of the bronzes, Greek, Etruscan and Roman in the department of Greek and Roman antiquities, British Museum, London 1899
Walters, BMGems, 1926	H. B. Walters, A catalogue of the engraved gems and cameos, Greek, Etruscan and Roman in the British Museum, London 1926
Walters, BMSilverPlate, 1921	H. B. Walters, A catalogue of the silver plate (Greek, Etruscan and Roman) in the British Museum, London 1921
Walters, BMTerracottas, 1903	H. B. Walters, A catalogue of the terracottas in the Department of Greek and Roman antiquities, British Museum, London 1903
Walters, BMVases, I.2, 1912	H. B. Walters, A catalogue of the Greek and Etruscan vases in the British Museum, I.2. Cypriote, Italian, and Etruscan pottery, London 1912
Walters, BMVases, II, 1893	H. B. Walters, A catalogue of the Greek and Etruscan vases in the British Museum, II. Black-figured vases, London 1893
Walters, BMVases, IV, 1896	H. B. Walters, A catalogue of the Greek and Etruscan vases in the British Museum, IV. Vases of the latest period, London 1896
Walz, Rhet.	C. Walz, Rhetores Graeci, Stuttgart 1832-1836 (Repr. Osnabrück 1968)
Wasmuth, LdB	Wasmuths Lexikon der Baukunst, I-V, ed. G. Wasmuth/L. Adler, Berlin 1929-1937
Watzinger, KatTübingen, 1924	C. Watzinger, Griechische Vasen in Tübingen, Reutlingen 1924
Weitzmann, Spirituality, 1979	Age of spirituality. Late antique and christian art. Third to seventh century. Catalogue of the exhibition at the Metropolitan Museum of Art, November 19, 1977, through February 12, 1978, ed. V. K. Weitzmann, New York 1979
West, IEG	Iambi et elegi Graeci, I-II, ed. M.-L. West, Oxford 1971-1972
Winter, Typen, 1903	F. Winter, Die Antiken Terrakotten, III.1, 2. Die Typen der figürlichen Terrakotten, Berlin/Stuttgart 1903
WV	Wiener Vorlegeblätter, Wien 1869-1891

Z

Zazoff, AG, 1983	P. Zazoff, Die antiken Gemmen, HbArch, München 1983

IV. Zeitschriftensigel

AA	Archäologischer Anzeiger
AAA	Αρχαιολογικά ανάλεκτα εξ Αθηνών
AAJ	Annual of the Department of Antiquities of Jordan
AAS	Annales archéologiques arabes syriennes
AASOR	The Annual of the American Schools of Oriental Research
ABeitrYem	Archäologische Beiträge aus dem Yemen
AbhBerlin	Abhandlungen der Deutschen Akademie der Wissenschaften zu Berlin
AbhHeidelberg	Abhandlungen der Heidelberger Akademie der Wissenschaften
AbhLeipzig	Abhandlungen der Sächsischen Akademie der Wissenschaften
AbhMainz	Abhandlungen der Geistes- und Sozialwissenschaftlichen Klasse, Akademie der Wissenschaften und der Literatur in Mainz
AbhMünchen	Bayerische Akademie der Wissenschaften, Philosophisch-historische Klasse. Abhandlungen
Acme	Acme. Annali della Facoltà di Filosofia e Lettere dell'Università statale di Milano
ActaAntHung	Acta antiqua Academiae scientiarum hungaricae
ActaArch	Acta archaeologica, København
ActaArchHung	Acta archaeologica Academiae scientiarum hungaricae
ActaNum	Acta numismatica
ActaOrHung	Acta orientalia Academiae scientiarum Hungaricae
ADelt	Αρχαιολογικόν Δελτίον
AE	L'année épigraphique
AegHelv	Aegyptiaca helvetica
Aegyptus	Aegyptus. Rivista italiana di Egittologiae di Papirologia
AEphem	Αρχαιολογική Εφημερίς
AeR	Atene e Roma
AEsp	Archivo español de arqeologia
AfO	Archiv für Orientforschung
Africa	Africa. Institut national d'Archéologie et d'Art, Tunis
AJ	The Archaeological Journal
AJA	American Journal of Archaeology
AJPh	American Journal of Philology
AJSL	The American Journal of Semitic Languages and Literature, Chicago 12:1895/96-58:1941 (vorher unter dem Titel Hebraica)
AKorrBl	Archaeologisches Korrespondenzblatt
Altertum	Das Altertum
AltorF	Altorientalische Forschungen
AM	Mitteilungen des Deutschen Archäologischen Instituts, Athenische Abteilung
Anadolu	Anadolou (Anatolia). Ankara
AnalRom	Analecta romana Instituti Danici
Anatolica	Anatolica. Annuaire international pour les civilisations de l' Asie antérieure
AnatSt	Anatolian Studies
AnnStorAnt	Annali del Seminario di studi del mondo classico, Sezione di archeologia e storia antica, Napoli
AnnBari	Annali della Facoltà di lettere e filosofia, Università di Bari
AnnCagliari	Annali delle Facoltà di lettere, filosofia e magistero dell'Università di Cagliari
AnnEgBibl	Annual Egyptological Bibliography
AnnFaina	Annali della Fondazione per il museo "Claudio Faina"
AnnIstItNum	Annali. Istituto italiano di numismatica
AnnLecce	Annali dell' Università di Lecce. Facoltà di lettere e filosofia e di magistero
AnnMacerata	Annali della Facoltà di lettere e filosofia, Università di Macerata
AnnNap	Annali della Facoltà di lettere e filosofia, Università di Napoli
AnnPerugia	Annali della Facoltà di lettere e filosofia, Università degli studi di Perugia
AnnPisa	Annali della Scuola normale superiore di Pisa
AnnRepCypr	Annual Report of the Director of the Department of Antiquities, Republic of Cyprus
AnnRepFoggArtMus	Annual Report, Fogg Art Museum, Harvard University
AnnWorcArtMus	Annual (Report). Worcester Art Museum
AnnAfr	Antiquités africaines
AntCl	L'antiquité classique
Antiqua	Antiqua. Rivista per la conoscenza, la tutela e la valorizzazione di beni culturali
Antiquity	Antiquity. A quarterly Review of Archaeology
AntJ	Antiquaries Journal
AntK	Antike Kunst
AntNat	Antiquités nationales. St-Germain-en-Laye
AnzAW	Anzeiger für Altertumswissenschaft
AnzWien	Anzeiger. Österreichische Akademie der Wissenschaften
APolona	Archaeologia Polona
APolski	Archeologia Polski
APort	O Arquéologo Polski
Apregl	Archeoloski pregled. Archeolosko drustvo Jugoslavije
Apulum	Apulum. Acta Musei Apulensis
AquilNost	Aquileia nostra
Archaeology	Archaeology. A magazine dealing with the Antiquity of the World
ArchCl	Archeologia classica
ArcheologiaParis	Archeologia. Trésors des âges

Archeologia	WarzawaArcheologia. Rocznik Instytutu historii kultury materialnej Polskiej akademii nauk
ArchEspA	Archivo español de arquelogía
ArchPF	Archiv für Papyrusforschung und verwandte Gebiete
ARepLondon	Archaeological Reports
Arethusa	Arethusa
ArtB	The Art Bulletin
ArtJ	Art Journal
ASAE	Annales du Service des Antiquités de l' Égypte
ASAtene	Annuario della Scuola archeologica di Atene e delle Missioni in Oriente
ASchw	Archäologie der Schweiz. Archéologie suisse. Archeologia svizzera.
ASE	Archaeological survey of Egypt
Atiquot	Atiquot. Journal of the Israel Departement of Antiquities
AttiAcTorino	Atti della Accademia delle scienze di Torino
AttiCAntCl	Atti. Centro ricerche e documentazione sull' antichità classica
AttiCItRom	Atti. Centro studi e documentazione sull' Italia romana
AttiMemBologna	Atti e memorie. Deputazione di storia patria per le province di Romagna
AttiMemFirenze	Atti e memorie dell' Accademia toscana di scienze e lettere "La Colombaria"
AttiMemModena	Atti e memorie. Deputazione di storia patria per le antiche provincie modenesi
AttiMGrecia	Atti e memorie della Società Magna Grecia
AttiMusTrieste	Atti dei civici musei di storia ed arte di Trieste
AttiPalermo	Atti della Accademia di scienze, lettere e arti di Palermo
AttiVenezia	Atti. Istituto veneto di scienze, lettere ed arti
AuA	Antike und Abendland
AW	Antike Welt. Zeitschrift für Archäologie und Kulturgeschichte
AZ	Archäologische Zeitung
BAAlger	Bulletin d' archéologia algérienne
BABesch	Bulletin antieke beschaving. Annual Papers on Classical Archaeology
BACE	The Bulletin of the Australian Centre of Egyptology
BaM	Baghdader Mitteilungen
BAMaroc	Bulletin d'archéologie marocaine
BAmSocP	Bulletin of the American society of papyrologists
BantFr	Bulletin de la Societé nationale des antiquaires de France
BAParis	Bulletin archéologique du Comité des travaux historiques et scientifiques
BASOR	Bulletin of the American Schools of Oriental Research
BAssMosAnt	Bulletin d'information de l'Association internationale pour l'étude de la mosaïque antique
BAssProAventico	Bulletin de l'Association Pro Aventico
BayVgBl	Bayerische Vorgeschichtsblätter
Bd'A	Bollettino d'arte
BdE	Bibliothèque d'Étude, Institut Français d'Archéologie, Kairo
BdI	Bullettino dell'Istituto di corrispondenza archeologica
BEgNewYork	Bulletin of the Egyptological Seminar (New York)
Bellas Artes	Bellas Artes (Madrid)
BerlNumZ	Berliner numismatische Zeitschrift
BerlPhWoch	(Berliner) Philologische Wochenschrift
BerRGK	Bericht der Römisch-Germanischen Kommission
Berytus	Berytus. Archaeological Studies
BES	Bulletin of the Egyptological Seminar, New York
BEspA	Boletín de la Asociación española de amigos de la arqueología
BEspOr	Boletín de la Asociación española de orientalistas
BEtOr	Bulletin d' etudes orientales
BiblA	The Biblical Archaeologist
BIBulg	Izvestija na Archeologičeskaija istitut. Bulletin de l' Institut archéologique bulgare
BICS	Bulletin. Institute of Classical Studies, University of London
BIFAO	Bulletin de l'Institut français d'archéologie orientale
BInstHistBelgRom	Bulletin de l'Institut historique belge de Rome
BiOr	Bibliotheca orientalis
BJb	Bonner Jahrbücher des Rheinischen Landesmuseums in Bonn und des Vereins von Altertumsfreunden im Rheinlande
BLezoux	Bulletin du comité archéologique de Lezoux
BMetrMus	Bulletin. The Metropolitan Museum of Art
BMusArt	Bulletin des Musées royaux d'art et d'histoire, Bruxelles
BMusBeyr	Bulletin du Musée de Beyrouth
BMusFA	Bulletin. Museum of Fine Arts, Boston
BMusHongr	Bulletin du Musée hongrois des beaux-arts
BNumParis	Bulletin de la Sociéte française de numismatique
BNumRoma	Bolletino di numismatica
BollMC	Bolletino dei Musei comunali di Roma
Boreas	Boreas. Münstersche Beiträge zur Archäologie
BSA	The Annual of the British School at Athens
BSFE	Bulletin de la Société française d'Égyptologie
BSR	Papers of the British School at Rome
BullCom	Bulletino della Commissione archeologica comunale di Roma
BullEp	Bulletin épigraphique

BWPr Winckelmannsprogramm der Archäologischen Gesellschaft zu Berlin
Byzantion Byzantion. Revue internationale des Etudes byzantines
ByzF Byzantinische Forschungen. Internationale Zeitschrift für Byzantinistik
ByzZ Byzantinische Zeitschrift

CahAls Cahiers alsaciens d'archéologie, d'art et d'histoire
CahByrsa Cahiers de Byrsa
CahNordEst Cahiers d'archéologie du Nord-Est
CahNum Cahiers numismatiques
CalifStClAnt California Studies in Classical Antiquity
Carch Cahiers archéologiques
CdE Chronique d'Égypte. Bulletin périodique de la Fondation Egyptologique Reine Elisabeth
Chiron Chiron. Mitteilungen der Kommission für alte Geschichte und Epigraphik des Deutschen Archäologischen Instituts
ChrEg Chronique d'Egypte
CinArtB The Cincinnati Art Museum Bulletin
ClAnt Classical Antiquity
Clio Clio. Revista do Centro de história da Universidade de Lisboa
ClJ The Classical Journal
ClPh Classical Philology
ClQu The Classical Quarterly
ClRev The Classical Review
CoinHoards Coin Hoards. The Royal Numismatic Society, London
CommunicAHung Communicationes archaeologicae Hungaricae
CorsiRavenna Corso di Cultura sull'Arte Ravennate e Bizantina. Seminario internazionale di studi
Crd'A Critica d'Arte
CroAStorArt Cronache di archeologia e di storia dell'arte
CronErcol Cronache ercolanesi
CroPomp Cronache pompeiane
CRAI Comptes rendu des séances. Académie des inscriptions et belles-lettres

Dacia Dacia. Revue d'archéologie et d'histoire ancienne
DaM Damaszener Mitteilungen
Darch Dialoghi di archeologia
Dédalo Dédalo. Revista de arte e arqueologia
DeltChrAEtair Δελτίον της Χριστιανικής αρχαιολογικής Εταιρίας
DenkschriftenWien Österreichische Akademie der Wissenschaften, Philosophisch-historische Klasse. Denkschriften
DialHistAnc Dialoques d' histoire ancienne
DOP Dumbarton Oaks Papers
DossAParis Histoire et archéologie. Les dossiers

EchosCl Echos du monde classique. Classical Views
EgVicOr Egitto e Vicino Oriente
Eirene Eirene. Studia Graeca et Latina
Eos Eos. Commentarii Societatis Philologae Polonorum
EpigrAnat Epigraphica Anatolica. Zeitschrift für Epigraphik und historische Geographie Anatoliens
Epigraphica Epigraphica. Rivista italiana di Epigrafia
Eranos Eranos. Acta philologica suecana
EranosJb Eranos Jahrbuch
ErIsr Eretz-Israel
EtCl Les études classiques
EtP Etudes de papyrologie
EtTrav Etudes et travaux. Studia i prace. Travaux du Centre d'archéologie méditerranéenne de l' Académie des sciences polonaise
Euphrosyne Euphrosyne. Revista de filología clássica

FA Fasti Archeologici
FBerBadWürt Forschungen und Berichte zur Vor- und Frühgeschichte in Baden-Württemberg
FoggArtMusAcqu Fogg Art Museum. Acquisitions...
FuB Forschungen und Berichte. Staatliche Museen zu Berlin
FuBerBadWürt Fundberichte aus Baden-Württemberg
FuBerÖ Fundberichte aus Österreich

Gallia Gallia. Fouilles et Monuments archéologiques en France métropolitaine
GaR Greece and Rome
GazArch Gazette archéologique
GBA Gazette des beaux-arts
Genava Genava. Bulletin de Musée de Genève
Germania Germania. Anzeiger der Röm.-Germ. Kommission des Deutschen Archäol. Instituts
GettyMusJ The J. Paul Getty Museum Journal
GGA Göttingische gelehrte Anzeigen
GM Göttinger Miszellen. Beiträge zur ägyptologischen Diskussion
Gnomon Gnomon. Kritische Zeitschrift für die gesamte klassische Altertumswissenschaft
GrazBeitr Grazer Beiträge
GrRomByzSt Greek, Roman und Byzantine Studies
Gymnasium Gymnasium. Zeitschrift für Kultur der Antike und humanistische Bildung

HambBeitrA Hamburger Beiträge zur Archäologie
HambBeitrNum Hamburger Beiträge zur Numismatik
HarvSt Harvard Studies in Classical Philology
HarvTheolR The Harvard Theological Review

HefteABern Hefte des Archäologischen Seminars der Universität Bern
Helikon Helikon. Rivista di tradizione e cultura classica
HelvA Helvetia archaeologica
Hephaistos Hephaistos. Kritische Zeitschrift zur Theorie und Praxis der Archäologie und angrenzender Wissenschaften
Hermes Hermes. Zeitschrift für klassische Philologie
Hesperia Hesperia. Journal of the American School of Classical Studies at Athens
Hispania Hispania. Revista española de historia
HispAnt Hispania antiqua. Revista de historia antiqua
Historia Historia. Zeitschrift für Alte Geschichte
HZ Historische Zeitschrift

IllinClSt Illinois Classical Studies
ILN The Illustrated London News
IndEnArtB Indiana University Art Museum Bulletin
Iran Iran. Journal of the British Institute of Persian Studies
IrAnt Iranica antiqua
Iraq Iraq, published by the British School of Archaeology in Iraq
IsrExplJ Israel Exploration Journal
IsrMusJ The Israel Museum Journal
IsrMusN The Israel Museum News
IsrNumJ Israel Numismatic Journal
IstForsch Istanbuler Forschungen
IstMitt Istanbuler Mitteilungen

JARCE Journal of the American Research Center in Egypt
JbAChr Jahrbuch für Antike und Christentum
JbBerlMus Jahrbuch der Berliner Museen
JbBernHistMus Jahrbuch des Bernischen Historischen Museums
JbGött Jahrbuch der Akademie der Wissenschaften in Göttingen
JbHambKuSamml Jahrbuch der Hamburger Sammlungen
JbKlF Jahrbuch für kleinasiatische Forschung
JbKSWien Jahrbuch der Kunsthistorischen Sammlungen in Wien
JbKuGewHamb Jahrbuch des Museums für Kunst und Gewerbe Hamburg
JbKuSammlBadWürt Jahrbuch der Staatlichen Kunstsammlungen in Baden-Württemberg
JbÖByz Jahrbuch der österreichischen Byzantinistik
JbPrK Jahrbuch Preussischer Kulturbesitz
JbAAss The Journal of the British Archaeological Association
JbSchwGesUrgesch Jahrbuch der Schweizerischen Gesellschaft für Ur- und Frühgeschichte
JbStiftPreussKulBes Jahrbuch der Stiftung preussischer Kulturbesitz
JbMusMainz Jahrbuch des Römisch-Germanischen Zentralmuseums, Mainz
JbI Jahrbuch des Deutschen Archäologischen Instituts
JEA The Journal of Egyptian Archaeology
JEOL Jaarbericht van het Vooraziatisch-egyptisch genootschap "Ex Oriente Lux"
JHS Journal of Hellenic Studies
JIArchNum Journal international d'archéologie numismatique
JNES Journal of Near Eastern Studies
JNG Jahrbuch für Numismatik und Geldgeschichte
JRS The Journal of Roman Studies
JSav Journal des savants
JWaltersArtGal The Journal of the Walters Art Gallery
JWCI Journal of the Warburg and Courtauld Institutes

Kadmos Kadmos. Zeitschrift für vor- und frühgeschichtliche Epigraphik
Kairos Kairos. Zeitschrift für Religionswissenschaft und Theologie
Karthago Karthago. Revue d'archéologie africaine
Klearchos Klearchos. Bolletino dell'Associazione amici del Museo Nazionale di Reggio Calabria
Klio Klio. Beiträge zur alten Geschichte
KölnJbVFrühGesch Kölner Jahrbuch für Vor- und Frühgeschichte
Kokalos Κώκαλος. Studi pubbl. dall'Istituto di storia antica dell' Università di Palermo
Ktema Ktema. Civilisations de l'Orient, de la Grèce et de Rome antiques

Latomus Latomus. Revue d' études latines
Levant Levant. Journal of the British School of Archaeology in Jerusalem
LibyaAnt Libya antiqua
LondA The London Archaeologist

Maia Maia. Rivista di letterature classiche
MainzZ Mainzer Zeitschrift
Makedonika Μακεδονικά
MarbWPr Marburger Winckelmann-Programm
Marsyas Marsyas. Studies in the History of Art
MDAVerb Mitteilungen des Deutschen Archäologen-Verbandes e.V.
MDAIK Mitteilungen des Deutschen Instituts für Ägyptische Altertumskunde in Kairo, später: Mitteilungen des Deutschen Archäologischen Instituts, Abteilung Kairo
MDOG Mitteilungen der Deutschen Orient-Gesellschaft zu Berlin

MeddelelsGlyptKøb	Meddelelser fra Ny Carlsberg Glyptotek
MeddelelsThor	Meddelelser fra Thorvaldsens Museum
MededRom	Mededelingen van het Nederland Historisch Instituut te Rome
MedelhavsMusB	Medelhavsmuseet. Bulletin, Stockholm
MEFRA	Mélanges de l'École française de Rome, Antiquité
MelBeyrouth	Mélanges de l'Université Saint Joseph
MelCasaVelázquez	Mélanges de la Casa de Velázquez
MemAccLinc	Memorie. Atti della Accademia nazionale dei Lincei, Classe di scienze morali, storiche e filologiche
MemAmAc	Memoires of the American Academy in Rome
MemInstNatFr	Mémoires de l'Institut national de France
MemNap	Memorie dell'Accademia di archeologia, lettere e (belle) arti di Napoli
MemPontAcc	Memorie. Atti della Pontificia Accademia romana di archeologia
MemSocAF	Mémoires de la Societé nationale des antiquaires de France
MémSocAMidi	Mémoires de la Societé archéologique du Midi de la France
Mesopotamia	Mesopotamia. Rivista di archeologia
MetrMusJ	Metropolitan Museum Journal
MJO	Mitteilungen des Instituts für Orientforschung
MiscStCristAnt	Miscellanea di studi di letteratura cristiana antica
MM	Madrider Mitteilungen
Mnemosyne	Mnemosyne. Bibliotheca Classica Batava
MÖNumGes	Mitteilungen der Österreichischen numismatischen Gesellschaft
MonAnt	Monumenti antichi
MonPiot	Monuments et mémoires, Fondation E. Piot
MüJb	Münchner Jahrbuch der bildenden Kunst
MusAfr	Museum Africum. West African Journal of Classical and Related Studies
Muse	Muse. Annual of the Museum of Art and Archaeology, University of Missouri/Col.
Muséon	Le Muséon. Revue d'études orientales
MusHelv	Museum helveticum
MusNotAmNumSoc	Museum Notes. The American Numismatic Society
NachAkGött	Nachrichten der Akademie der Wissenschaften in Göttingen
NNM	Numismatic Notes and Monographs, American Numismatic Society
NSc	Notizie degli scavi di antichità
NumAntCl	Numismatica e antichità classiche, Quaderni ticinesi
NumChron	The Numismatic Chronicle
Numen	Numen. International Review for the History of Religions
NumEpigr	Numismatika i epigrafika
NumNachrBl	Numismatisches Nachrichtenblatt
OA	Oriens antiquus
ÖJh	Jahreshefte des Österreichisches archäologischen Institutes in Wien
OpAth	Opuscula atheniensia
OpRom	Opuscula romana
OudhMeded	Ouheidkundige mededelingen uit het Rijksmuseum von oudheben te Leiden
OxfJA	Oxford Journal of Archaeology
PEQ	Palestine Exploration Quarterly
Philologus	Philologus. Zeitschrift für klassische Philologie
PhoenixExOrLux	Phoenix. Bulletin uitgegeven door het Vooraziatisch-egyptisch Genootschap Ex Oriente Lux
PP	La parola del Passato
Prakt	Πρακτικά της εν Αθήναις Αρχαιολογικής Εταιρίας
PraktAkAth	Πρακτικά της Ακαδημίας Αθηνών
ProcCambrPhilSoc	Proceedings of the Cambridge Philological Society
Prometheus	Prometheus. Rivista quadrimestrale di studi classici
Prospettiva	Prospettiva. Rivista d'arte antica e moderna
PSBA	Proceedings of the Society of Biblical Archaeology
QuadALibia	Quaderni di archeologia della Libia
RA	Revue archéologique
RAArtLouvain	Revue des archéologues et historiens d'art de Louvain
RACrist	Rivista di archeologia cristiana
RAE	Revue archéologique de l'Est et du Centre-Est
RBi	Revue biblique
RBNum	Revue belge de numismatique et de sigillographie
RBPhil	Revue belge de philologie et d'histoire
RdA	Rivista di archeologia
RDAC	Report of the Department of Antiquities, Cyprus
RdE	Revue d'Egyptologie
REA	Revue des études anciennes
REByz	Revue des études byzantines
RecTrav	Recueil de Travaux relatifs à la Philologie et à l'Archéologie Egyptiennes et Assyriennes
REG	Revue des études greques
REL	Revue des études latines
RendAccNapoli	Rendiconti della Accademia di archeologia, lettere e belle arti, Napoli

RendBologna	Atti della Accademia delle scienze dell'Istituto di Bologna, Rendiconti
RendLinc	Atti dell'Accademia nazionale dei Lincei. Rendiconti della classe di scienze morali, storiche e filologiche
RendPontAcc	Rendiconti. Atti della Pontificia Accademia romana di archeologia
RepEgExplSoc	Report for the Year..., Egypt Exploration Society
RepSocLibSt	The Society of Libyan Studies. Annual Report
RevNum	Revue numismatique
RevPhil	Revue de philologie, de littérature et d'histoire anciennes
RheinMusBonn	Das Rheinische Landesmuseum Bonn
RhM	Rheinisches Museum für Philologie
RIA	Rivista dell'Istituto nazionale d'archeologia e storia dell'arte
RivItNum	Rivista italiana di numismatica e scienze affini
RivStOr	Rivista degli studi orientali
RLouvre	La revue du Louvre et des musées de France
RM	Mitteilungen des Deutschen Archäologischen Instituts, Römische Abteilung
RömÖ	Römisches Österreich. Jahresschrift der Österreichischen Gesellschaft für Archäologie
RStorAnt	Rivista storica dell'antichità
SBHeidelberg	Sitzungsberichte der Heidelberger Akademie der Wissenschaften, philosophisch-historische Klasse
SBLeipzig	Sitzungsberichte der Sächsischen Akademie der Wissenschaften zu Leipzig
SBMünchen	Bayerische Akademie der Wissenschaften, philosophisch-historische Klasse, Sitzungsberichte
SBWien	Sitzungsberichte. Österreichische Akademie der Wissenschaften
SchildStei	Schild von Steier. Beiträge zur Steirischen Vor- und Frühgeschichte und Münzkunde
SchwMbl	Schweizer Münzblätter
SchwNR	Schweizerische numismatische Rundschau
StädelJb	Städel-Jahrbuch
StAeg	Studia aegyptiaca. Budapest
StAltägKult	Studien zur altägyptischen Kultur
StBiFranc	Studium biblicum franciscanum. Liber annuus
StClOr	Studi classici e orientali
StEtr	Studi etruschi
StPapyr	Studia papyrologica
Syria	Syria. Revue d'art oriental et d'archéologia
Talanta	Τάλαντα. Proceedings of the Dutch Archaeological and Historical Society
Taras	Taras. Rivista di archeologia
TransactAmPhilAss	Transactions and Proceedings of the American Philological Association
TravMem	Travaux et mémoires. Centre de recherche d'histoire et civilisation byzantine. Paris
TrudyErmit	Trudy Gosudarstvennogo Ermitaža
TrWPr	Trierer Winckelmannsprogramme
TürkAD	Türk arkeoloji dergisi
VisRel	Visible Religion
WissZBerl	Wissenschaftliche Zeitschrift der Humboldt-Universität zu Berlin, Gesellschafts- und sprachwissenschaftliche Reihe
WissZHalle	Wissenschaftliche Zeitschrift. Martin-Luther-Universität Halle-Wittenberg
WissZJena	Wissenschaftliche Zeitschrift der Friedrich-Schiller-Universität Jena
WissZRostock	Wissenschaftliche Zeitschrift der Universität Rostock
Wst	Wiener Studien
WürzbJbAltWiss	Würzburger Jahrbücher für die Altertumswissenschaft
WZKM	Wiener Zeitschrift für die Kunde des Morgenlandes
Xenia	Xenia. Semestrale di antichità
YaleClSt	Yale Classical Studies
YaleUnivB	Yale University Art Gallery Bulletin
ZA	Zeitschrift für Assyriologie und vorderasiatische Archäologie
ZÄS	Zeitschrift für ägyptische Sprache und Altertumskunde
ZDMG	Zeitschrift der Deutschen morgenländischen Gesellschaft
ZDPV	Zeitschrift des Deutschen Palästina-Vereins
ZfN	Zeitschrift für Numismatik
ŽivaAnt	Živa antika. Antiquité vivante
ZPE	Zeitschrift für Papyrologie und Epigraphik

V. Abkürzungen häufig vorkommender Verlagsorte

Am.	Amsterdam
Ant.	Antwerpen
At.	Athina, Athinä (Athen)
Au.	Augsburg
B.	Berlin
Ba.	Barcelona
BB.	Baden-Baden
Be.	Bergamo
Bg.	Braunschweig
Bgd.	Beograd (Belgrad)
Bj.	Beijing (Peking)
Bo.	Bologna
Bp.	Budapest
Br.	Bruxelles (Brüssel)
Bra.	Bratislava
Bs.	Brescia
Bs.As.	Buenos Aires
Bu.	Bucureşti (Bukarest)
C.	Cambridge, England
C., Mass.	Cambridge, Massachusetts
D.	Dresden
Da.	Darmstadt
Dd.	Düsseldorf
D. H.	's-Gravenhage (Den Haag)
E.	Erevan
Fa.	Faenza
Ffm.	Frankfurt am Main
Fi.	Firenze (Florenz)
FiB.	Freiburg im Breisgau
Ge.	Genova (Genua)
Ha.	Hamburg
He.	Heidelberg
Hn.	Hannover
Inn.	Innsbruck
Ka.	Karlsruhe
Kph.	København (Kopenhagen)
L.	Leipzig
L. A.	Los Angeles
Le.	Leningrad
Li.	Lisboa (Lissabon)
Lj.	Ljubljana
Lo.	London
M.	München
Ma.	Madrid
Mb.	Melbourne
Md.	Modena
Méx.	México, D. F. (Mexiko-Stadt)
Mh.	Mannheim
Mi.	Milano (Mailand)
Ml.	Montréal
Mo.	Moskva (Moskau)
Mv.	Montevideo
N.	Napoli (Neapel)
Nü.	Nürnberg
N.Y.	New York
Ox.	Oxford
P.	Paris
Pd.	Padova (Padua)
Pe.	Perugia
Pr.	Princeton, N. J.
Qu.	Québec
R.	Roma (Rom)
Rb.	Regensburg
Rio	Rio de Janeiro
S.Ch.	Santiago de Chile
Sg.	Salzburg
S.P.	São Paulo
St.	Stuttgart
Sth.	Stockholm
StP.	Sankt Peter(s)burg
T.	Torino (Turin)
Tb.	Tübingen
To.	Tōkyō (Tokio)
Tor.	Toronto
Ud.	Udine
Vd.	Valladolid
Ve.	Venezia (Venedig)
Vi.	Vicenza
Vr.	Verona
W.	Wien
Wa.	Washington, D. C.
War.	Warszawa (Warschau)
Wb.	Wiesbaden
Wr.	Wrocław
Z.	Zürich

A

(Aa)Aa, ägypt. Architekt und Bauleiter („Vorsteher der Bauarbeiter" oder „großer Vorsteher der Bauarbeiter"), während des Mittleren Reiches (2119–1794/93 v. Chr.) in Ägypten tätig. Neben weiteren Personen ist er auf der aus der n. Nekropole von Abydos stammenden Totenstele eines and. Mannes abgebildet und wird durch Namens- und Titelbeischrift identifiziert. Die Beziehung des Steleninhabers zu A. ist jedoch unbek. (Stele des Sahepu, Kairo, Ägypt. Mus., Inv. Nr CG 20081). Die Lesung von Name und Titel des A. ist problematisch, da nicht definitiv zu klären ist, ob eines der beiden Elemente „Aa" (ägypt. „groß") noch zum Titel gehört oder bereits als Bestandteil des Namens aufgefaßt werden muß (J. Lieblein, Hieroglyph. Namen-Wörterbuch, L. 1871, 609, Nr 1529; PM V, 1937, 269). 🕮 *H. O. Lange/H. Schäfer*, Grab- und Denksteine des Mittleren Reichs (CG), I, B. 1902, 97; IV, B. 1902, Taf. 8, Nr 20081 c; *H. Ranke*, Die ägypt. Personennamen, I, Glückstadt 1935, 57, Nr 3; *W. A. Ward*, Index of Egyptian administrative and relig. titles of the Middle Kingdom, Beirut 1982, 12, Nr 49.

F. Hoffmann/C. von Pfeil

Aaachti, ägypt. Künstler („Vorsteher aller Arbeiten des Königs"), 3. Dynastie (2707–2639 v. Chr.), in Ägypten tätig. Nur bek. durch einen im Louvre in Paris (Inv. Nr B 1) befindl. Türpfosten seines Grabes, der in Saqqara-N gefunden wurde. 🕮 PM II. 2, 1978, 500. – *C. Ziegler*, Cat. des stèles, peint. et reliefs égyptiens de l'ancien empire et de la première pér. intermédiaire, P. 1990, 96, Nr 14; *J. Kahl/N. Kloth/U. Zimmermann*, Die Inschr. der 3. Dynastie, Wb. 1995, 206 s. S. Hänsch

Aacheperkaraseneb (Aacheperka), Sohn des → Nebiaut, ägypt. Bildhauer („Bildhauer des Amun"), in der 18. Dynastie (um 1550–1292 v. Chr.) im theban. Raum/Oberägypten tätig. Nur bek. durch eine Stele, die er für seinen Vater → Nebiaut errichtet hat, wobei offen bleiben muß, ob A. die Stele selbst anfertigte. Da er als „Bildhauer des Amun" bez. wird, war er vermutl. in Theben oder in nächster Umgebung beschäftigt, wo das Hauptkultzentrum des Gottes lag. Neben A., der in der hieroglyph. Inschr. der Stele auch in der abgekürzten Form Aacheperka erscheint, sind in mehreren Reg. die Mitgl. der Fam. dargestellt, u.a. sein Bruder → Ri, der ebenfalls eine künstler. Tätigkeit ausübte. 🕮 *J. Lieblein*, Hieroglyph. Namen-Wörterbuch, L. 1871, 205, Nr 623. – *P. A. A. Boeser*, Die Denkmäler des Neuen Reiches, III, D. H. 1913, 5, Nr 16, Taf. 11; *W. Helck*, Mat. zur Wirtschafts-Gesch. des Neuen Reiches, I, Mainz 1961, 45; *F. Steinmann*, ZÄS 107:1980, 148.

T. Schrottenbaum

Aanechet (Aanacht), ägypt. Künstler („Oberster der Nekropolenarbeiter"), um 1200–1170 v. Chr. in Deir el-Medineh tätig. Namentl. ledigl. in seinen Titel angebenden Not. belegt. Zunächst war er einfacher Arbeiter in der Nekropole, erscheint später aber als „Oberster der Nekropolenarbeiter", also als der leitende Künstler in der kgl. Nekropole von Theben-West. Er folgte in diesem Amt → Paneb nach und war Vorgänger des → Nechetemmut (I), woraus sich die Dat. mittelbar ergibt. 🕮 *J. Černý*, A community of workmen at Thebes in the Ramesside per., Kairo 1973, 123 s., 127, 365. M. A. Stadler

ʿAbdarisch (B'RŠ), Sohn des ʿAbdʿaschtart, numid. Steinmetz, im 2. Jh. v. Chr. in Thugga tätig. Erw. in einer numid.-punischen Bilingue vom Pfeilergrabmal in Thugga (Dougga/Tunesien) neben zwei weiteren Steinmetzen sowie and. Handwerkern (→ Aṭban). C. Leschke

Abdharetat, Sohn des Abd'obodat, nabatäischer Steinmetz, im frühen 1. Jh. n. Chr. in Hegra/Saudi-Arabien tätig. A. ist durch eine Inschr. am sog. Qasr es-Sane, einer Grabfassade in der nabatäischen Stadt Hegra, bekannt. Nach dieser Inschr. hat A. dieses Grab im 17. Reg.-Jahr des nabatäischen Königs Aretas IV., im Jahr 8/9 n. Chr., geschaffen. Er ist neben seinem Bruder → Wahballahi (I) als einer der beiden Vertreter der Vorgängergeneration der Steinmetzschule seines Neffen → Abd'obodat zu betrachten. Die von ihm geschaffene Grabfassade entspricht dem in Hegra geläufigen Typus des Treppengrabes. 🕮 EAA V, 1963 (s.v. Nabatea, Arte, Abdharetat). – CIS, II, 230 s., Nr 201; RES, Nr 2016; *J. Jaussen/R. Savignac*, Mission archéol. en Arabie, I, P. 1909, 189 s., Nr 29; *J.-C. Balty*, in: Archit. et soc., Coll. de l'école française de Rome 66, P./R. 1983, 308–313; *A. Schmidt-Colinet*, Berytus 31:1983, 96–97,

Abb. 2; *id.*, Stud. in the hist. and archaeology of Jordan 3, Amman 1987, 143–144, Abb. 1a-b; *Z. T. Fiema*, JNES 46:1987, 51–53; *J. McKenzie*, The archit. of Petra, Ox. 1990, 14–31; *J. F. Healey*, The Nabataean tomb inscr. of Mada'in Salih, Ox. 1993, 196–199, Nr H 29; *Hackl*, Nabatäer (im Druck), Nr Q. 047. 06. D. Keller

Abdmaliku, nabatäischer Steinmetz oder Bildhauer, im 1. Jh. n. Chr. in Hegra/Saudi-Arabien tätig. A. ist nur in zwei nabatäischen Graffiti in Hegra gen., worin er als Steinmetz oder Bildhauer bezeichnet wird. Es ist anzunehmen, daß er bei der Ausarbeitung von Grabfassaden in Hegra mitgearbeitet hat, auch wenn seine Sign. an keinem Grab überliefert ist. ▭ EAA V, 1963 (s.v. Nabatea, Arte, Abdumalki). – CIS, II, Nr 230; *J. Jaussen/R. Savignac*, Mission archéol. en Arabie, I, P. 1909, Nrn 76, 140; *Z. T. Fiema*, JNES 46:1987, 51. D. Keller

Abd'obodat, Sohn des → Wahballahi (I), nabatäischer Steinmetz, im 2. V. des 1. Jh. n. Chr. in Hegra/Saudi-Arabien tätig. A. wird in den Inschr. von fünf Grabfassaden in der Nabatäerstadt Hegra als Verantwortlicher genannt. Vier davon können aufgrund der darin angegebenen Reg.-Jahre der nabatäischen Könige Aretas IV. und Malichus II. in die Jahre 31/32 n. Chr., 42/43 n. Chr. und 50/51 n. Chr. dat. werden, während die letzte Fassade undat. bleibt, aber zweifellos in denselben Zeitraum zu setzen ist. A. war bei beiden ins Jahr 31/32 n. Chr. dat. Fassaden zus. mit → Ruma tätig; die ins Jahr 50/51 n. Chr. dat. Fassade schuf er gemeinsam mit → Afsa und → Hani'u. Außerdem ist sein Name in zwei Graffiti in Hegra überliefert, einmal zus. mit seinem Sohn → Karibu. A. darf als Hauptvertreter einer der beiden Steinmetzschulen in Hegra angesprochen werden, zu der neben ihm seine oben gen. Mitarbeiter gehörten und die von seinem Vater → Wahballahi (I) und seinem Onkel → Abdharetat zu Beginn des 1. Jh. n. Chr. begründet worden war. Zwei weitere, nicht mit Inschr. versehene Grabfassaden in Hegra können aufgrund ihrer stilist. und techn. Verwandtschaft ebenfalls dieser Schule, und dabei wohl sogar A. selbst zugesprochen werden. Sowohl die sign. als auch die unsign. Fassaden gehören zum Typus des Treppengrabes, welches in Hegra die vorherrschende Variante der Grabfassaden-Gest. bildete. ▭ EAA V, 1963 (s.v. Nabatea, Arte, Abd'obodat). – CIS, II, Nrn 209–210, 219, 221, 229, 288; *J. Jaussen/R. Savignac*, Mission archéol. en Arabie, I, P. 1909, Nrn 3–4, 20, 36, 139, 171; *J.-C. Balty*, in: Archit. et soc., Coll. de l'école française de Rome 66, P./R. 1983, 308–313; *A. Schmidt-Colinet*, Berytus 31:1983, 96–98, Abb. 12–16; *id.*, Stud. in the hist. and archaeology of Jordan 3, Amman 1987, 143–144, Abb. 5; *Z. T. Fiema*, JNES 46:1987, 51–53; *J. McKenzie*, The archit. of Petra, Ox. 1990, 14–31; *J. F. Healey*, The nabataean tomb inscr. of Mada'in Salih, Ox. 1993, 86–100, 171–173, 226–231, Nrn H 3, H 4, H 20, H 36; *Hackl*, Nabatäer (im Druck), Nrn Q. 047. 08, Q. 047. 13. D. Keller

Aberit, ägypt. Goldschmied, in der 2. H. des 3. Jh. n. Chr. in Philae/Oberägypten tätig. Nur bek. durch ein demot. Graffito am Isis-Tempel von Philae, an dem er angestellt war. Der Name A. ist nicht ägypt., sondern meroit.; die Fam. stammte also sehr wahrsch. aus Nubien. A. gibt an, er entstamme einer Dynastie von Goldschmieden. Das von ihm angebrachte Graffito ist in das Jahr 273 n. Chr. datiert. ▭ *F. L. Griffith*, Cat. of the demotic graffiti of the dodecaschoenus, Ox. 1937, 83 s., Ph. 252, Taf. 41. S. L. Lippert

Ablion (Ἀβλίων), Sohn des Altialos oder Altimos, griech. Bildhauer(?), wahrsch. in der 1. H. des 5. Jh. v. Chr. tätig. Bek. durch die Weih-Inschr. Loewy, IGB, 1885, 296 s., Nr 448 auf der Marmorbasis einer Statue oder eines Opferaltars aus Aigina. ▭ EAA I, 1958. – *J. Schmidt*, AM 6:1881, 360, Nr 71. G. Bröker

Abraham (Ἀβράμιος), μαρμαρ(άρ)ιος (Steinmetz), tätig in der 2. H. des 4. Jh.-1. H. des 5. Jh. n. Chr. in Tiberias. A. ist in der christl. Inschr. auf dem Abakus eines als Spolie wiederverwendeten Kapitells als Stifter genannt. Das Kapitell kann einer lokalen Wkst. zugewiesen werden. ▭ *M. L. Fischer*, Mediterranean language review 8:1994, 20–38. M. Dennert

Abu, ägypt. Bildhauer, unter Pharao Pepi II. in der 6. Dynastie (2279/2229–2219/2169 v. Chr.) in Deir el-Gebrawi/Mittelägypten tätig. Belegt im Felsgrab des Gaufürsten Ibi (Deir el-Gebrawi, Nr 8). Die dort angebrachten Wandmalereien zeigen A. im Rahmen der für Gräber üblichen Handwerker- bzw. Künstler-Darst., wie er mit Schlegel und Meißel die Statue eines liegenden Löwen aus Stein bearbeitet. ▭ LÄ I, 1975, Sp. 1027 (s.v. Deir el-Gebrawi); PM IV, 1934, 244 (12)-(13). – *N. de Garis Davies*, The rock tombs of Deir el-Gebrâwi, Lo. 1902, 19, Taf. XIV; *H. G. Fischer*, Varia – Egyptian stud., I, N. Y. 1976, 62, Fn. 16. C. von Pfeil

Achi, ägypt. Bauleiter („Vorsteher aller Arbeiten des Königs"), in der 4. Dynastie (2539/2489–2511/2461 v. Chr.) unter dem Pharao Menkaure (Mykerinos) in Memphis/Unterägypten tätig. Nur bek. durch seine Mastaba G. 4750 im Gräberfeld Giza-West. ⊏⊐ PM III. 1, 1974, 137. – *H. Junker*, Giza, I, W./L. 1929, 234 ss., Taf. 38, Abb. 55. Y. Ott

Achpet, ägypt. Vorzeichner („Umrißzeichner"), unter König Ramses III. in dessen 17. bis 21. Reg.-Jahr (1166/65–1161/60 v. Chr.) in Deir el-Medina/Oberägypten tätig. Bek. aus mehreren Ostraka (Scherben aus Kalkstein). Er gehörte zu den Arbeitern, die am Bau der Königsgräber beteiligt und in dem Arbeiterdorf Deir el-Medina wohnten. ⊏⊐ *J. Černý*, A community of workmen at Thebes in the Ramesside period, Kairo 1973, 200, Nr 14; *E. S. Bogoslovsky*, ZÄS 107:1980, 89 ss. Y. Ott

Achrane, etrusk. Keramikproduzent, vermutl. 2. oder 1. Jh. v. Chr. Bek. durch Stempel auf roten Gefäßen aus etrusk. Nekropolen. ⊏⊐ RE, Suppl. I, 1903. – *G. F. Gamurrini*, NSc 4:1884, 420; *H. Dragendorff*, BJb 96/97:1895, 40, Anm. 4. K. Zimmermann

Achvinus, Metallhandwerker, im 6. Jh. n. Chr. wohl in Burgund tätig. A. nennt sich auf einer Gürtelschnalle, die in La Balme b. La Roche/Savoyen gefunden wurde. Auf der langrechteckigen Buntmetallschnalle sind als Umschrift der Hersteller und die Besitzerin gen.: ACHVINVS FECIT BENE/VIVO IN TE DOMINUS + IUSTINA OTE +. Der Gürtelbeschlag zeigt in der M. zwei Felder mit stark stilisierten menschl. Figuren im Orantengestus, die als die Propheten Daniel und Habakuk (letzterer mit einem Korb über dem Kopf) angesprochen werden. Diese werden von Feldern mit Kreuz- und Stern-Darst. flankiert. – Da die Besitzerin Justina bereits bei der Herstellung der Schnallen-Inschr. bek. war, dürfte es sich um eine Auftragsarbeit gehandelt haben. Eine weitere Schnalle mit ähnl. Muster, die ebenfalls in einem Gräberfeld in La Balme entdeckt wurde, stammt wohl vom gleichen Handwerker. Der Name A. ist aus einem german. Personennamen (wohl AGIVINVS: Agiwin) abgeleitet. ⊏⊐ *J. Werner*, Die Ausgrabungen von St. Ulrich und Afra in Augsburg 1961–1968, Münchener Beitr. z. Vor- und Früh-Gesch. 23:1977, 331 s., Taf. 107,1; *E. Felder*, Zu Leodobodus und den Namen zeitgen. Hersteller von Gürtelschnallen, Köln-JbVFrühGesch 23:1990, 289 ss. R. Gottschalk

Acilius Architectus, *Gaius*, Sohn des Lucius und der Trebonia, röm. Architekt, in augusteischer Zeit in Chiusi tätig. Nur bek. durch die Grab-Inschr. auf seiner Urne aus Chiusi (via Ciminia Ia, 3, dort eingemauert; CIL, XI, 2134; CIE, 1647). ⊏⊐ *Calabi Limentani*, Studi, 1958, 176, Nr 199; *G. M. Della Fina*, Le antichità di Chiusi, R. 1983, 134, Nr 316, Taf. 77; *E. Pack/G. Paolucci*, ZPE 68:1987, 186 s., Nr 13; *Donderer*, Architekten, 1996, 186 s., Nr A 86, Taf. 32, 1. R. V.

Acomena (Akomena), angebl. röm. Mosaizist der Kaiserzeit. Arbeitete in Thysdrus (El Djem/Tunesien) ein Mosaik (Blumen und Fische zw. Medaillons, ein Löwe, fragm. erh.). Ob es sich bei der Künstler-Inschr. über dem Löwen ACOMENA (CIL, VIII, 22873) wie früher angenommen um eine Künstler-Sign. handelt, ist zweifelhaft. Wahrsch. bezog sich die Inschr., wie Donderer (1989) vermutet, in Beziehung zu der Darst. und beinhaltete das griech. Verb für blühen: ἀκμάζειν. Die Darst. wäre auf den Sommer zu beziehen und würde dann unter die vielen Jahreszeiten-Darst. auf nordafrikan. Mosaiken einzuordnen sein. ⊏⊐ EAA I, 1958 (s.v. Akomena) und V, 1963 (s.v. Musivarius); EWA I, 1972, 149; RE, Suppl. XIV, 1974 (s.v. Akomena). – *P. Gauckler*, MonPiot 3:1896, 221 s.; InvMos, II, 1910, Nr 62; *Donderer*, Mosaizisten, 1989, 131, Nr C 10. R. V.

Ad[... (Αδ[...), griech. Architekt, in spätantiker Zeit tätig. Verstümmelter Name eines Architekten nur durch eine Sarkophag-Inschr. aus Diokaisareia (Uzuncaburç/Kilikien) bekannt. ⊏⊐ *Donderer*, Architekten, 1996, 83, Nr A 1. M. Dennert

Adaios (Idaios) (Ἀδαίος, Ἰδαίος), angebl. griech. Maler, am A. des 4. Jh. v. Chr. tätig. Bei Xen. Hell. 4, 1, 39 und Plut., Ages., 13 als im Gefolge des spartan. Königs Agesilaos II. während dessen Feldzugs gegen die Perser in Kleinasien (396–394 v. Chr.) erwähnt. Er soll das Geschirr des Pferdes, das Agesilaos II. dem Sohn des pers. Satrapen Pharnabazos schenkte, mit einer Dekoration bemalt haben. Allerdings bedeutet die Bezeichnung in diesem Zusammenhang eher Schreiber und Schriftsteller als Maler. ⊏⊐ ThB18, 1925 (s. v. Idaios). RE IX. 1, 1914 (s.v. Idaios); EAA I, 1958; KIP I, 1964 (s.v. A. 3); EWA XI, 1972, 176. – *Brunn*, GGK II, 1889, 126. W. Müller

Adamas (Ἀδάμας) aus Athen, Sohn des Adamas, griech. Bildhauer, am E. des 2. Jh. v. Chr. Schuf zus. mit seinen Brüdern *Dionysodoros (II)* und *Moschion* eine Isis(?)-Statue, die 110/109 v. Chr. (nach Homolle, 1894, 113) durch Achelaos aus Marathon in Delos gew. wurde. Erh. ist davon nur die Basis mit Sign. und Weihung (CIG, II, 2298; Loewy, IGB, 1885,179 s., Nr 243; ID, 2125). Wahrsch. auf A. oder ein anderes Mitgl. der Fam. ist eine weitere Inschr. in Delos (ID, 2466) mit gleichem Patronymikon und Ethnikon zu beziehen. ▭ ThB1, 1907. RE I. 1, 1893; Suppl. I, 1903 (s. v. A. 3); EAA I, 1958; *Bénézit* I, 1976. – *Overbeck*, SQ, 1868, Nr 2248; *Brunn*, GGK I, 1889, 554; *T. Homolle*, BCH 18:1894, 327, Anm. 5; *Lippold*, GrPl, 1950, 367; *Toynbee*, Artists, 1951, 19. E. Paul

Addai, Architekt, im 6. Jh. n. Chr. in Edessa (Urfa) tätig. Zus. mit *Asaph* wahrsch. Architekt der zw. 543 und 554 n. Chr. wiederaufgebauten Kathedrale Hagia Sophia in Edessa. Nur bek. durch den syr. Einweihungs-Hymnus für die Kirche. ▭ *H. Goussen*, Le Muséon 38:1925, 117–136, bes. 121, Anm. 3; *K. McVey*, DOP 37:1983, 91–121, bes. 98; *A. Palmer*, Byz. and mod. Greek studies 12:1988, 117–167. M. Dennert

Adī, Bildhauer aus Hatra, 2. Jh. n. Chr., Sohn des Architekten *Ibn Barnīnī*. Ḫ.al-Ğādir

Adiimeri (?) (Mediimeri [?]; Iimeri [?]), ägypt. Umrißzeichner, Mittleres Reich (20./19. Jh. v. Chr.). Bek. von einer Totenstele aus Hierakonpolis (Kairo, Ägypt. Mus., Inv. Nr CG 20318). Die Lesung des Namens ist wegen unklarer Zeichen sehr unsicher. ▭ *G. Daressy*, RecTrav 14:1893, 22 s., Nr XX; *H. O. Lange/H. Schäfer*, Grab- und Denksteine des Mittleren Reichs (CG), I, B. 1902, 331. F. Hoffmann

Admon cf. **Allion**

Admon? → **Akmon**

Adymos (Hadymos), Sohn oder Bruder des → Euandros (II) von Beroia, griech.(?) Bildhauer, 1. Jh. v. Chr. Bek. durch die Inschr. auf der Basis einer weibl. Gewandstatuette. ▭ *B. Josifovska*, Živa antiqua 8:1958, 295–300. G. Bröker

Aeginetas → **Aiginetes**

Aeginetes → **Aiginetes**

Aelius, *P.* → **Hadrianus**

Aelius, *P. Aelius Harpokration* → **Aelius Harpokration,** *Publius*

Aelius Apollonius, M., röm. Elfenbeinschnitzer, in der Kaiserzeit in Rom tätig. Nur bek. durch seine Grab-Inschr. aus Rom (CIL, VI, 33423). ▭ EAA III, 1960 (s.v. Eborarius). R. V.

Aelius Fortunatus, *Publius*, röm. Maler, kaiserl. Freigelassener, im 2. Jh. n. Chr. tätig. Bek. durch eine Grab-Inschr. in Rom. ▭ EAA VI, 1965, 158. G. Bröker

Aelius Funisulanus Tryphon, *Publius* (Αἴλιος Φουνισουλανὸς Τρύφων, Πούπλιος), röm. Architekt, in der mittleren Kaiserzeit in Abonouteichos/Paphlagonien tätig. Nur bek. durch eine Inschr. auf einem Architravblock aus Abonouteichos/Paphlagonien. ▭ *M.-C. Hellmann*, ZPE 104:1994, 155, Nr 12; *Donderer*, Architekten, 84–85, Nr A 2. R. V.

Aelius Harpokration, *Publius*, gen. Proklos (Proclus), (Αἴλιος Ἁρποκρατίων, Π., gen. Πρόκλος), aus Alexandria, griech.-ägypt. Mosaizist, im 2. Jh. (?) n. Chr. tätig und gest. in Perinthus am Marmarameer/Thrakien. Auf ihn beziehen sich 2 Inschr. aus Perinthus (CIG, 2024, 2025), wo er u. a. an der Ausschmückung des Tyche-Tempels beteiligt war. Dort wirkte auch sein gleichnamiger Sohn als Mosaizist. Die Identität von Vater oder Sohn mit dem sich → Proklos (II) nennenden Künstler eines Fußbodenmosaiks der Caserma dei Vigili in Ostia ist noch ungesichert. ▭ ThB1, 1907 (s.v. Aelius, P. Aelius Harpokration). RE XXIII. 1, 1957 (s. v. Proklos 5a); EAA I, 1958 und V, 1963, 299 (s. v. Musivarius). – *Brunn*, GGK II, 1889, 313; *D. Vaglieri*, NSc 1912, 128; *A. Blanchet*, La Mosaïque, P. 1928, 55; *Toynbee*, Artists, 1951, 43 s.; *Donderer*, Mosaizisten, 1989, 73–75, Nrn A 32 s. G. Bröker

Aelius Martialis, *Titus*, röm. Architekt, im 2. Jh. n. Chr. tätig. Nur bek. durch seine Grab-Inschr., nach der er Architekt der kaiserl. Reitertruppe war (CIL, VI, 3182). ▭ *M. P. Speidel*, Die Denkmäler der Kaiserreiter, Bonn 1994, 224 s., Nr 321; *Donderer*, Architekten, 1996, 187 s., Nr A 87. R. V.

Aelius Verinus, röm. Militärarchitekt, E. 2. Jh. oder in der 1. H. 3. Jh. n. Chr. in Mainz tätig. Nur bek. durch eine Inschr. (CIL, XIII, 6680) auf einem Altar aus Mainz (Mainz, Mittelrhein. LM, Inv. Nr S 1004), den er zus. mit dem Waffenmeister Geminius Primus dem Genius der Centurie des Nigidius Censorinus gew. hat. Die Weihung deutet darauf hin, daß er Militärarchitekt war. ▭ *W. Selzer*, Röm. Steindenkmäler. LM Mainz, Mainz 1988, 206, Nr 180, Abb; *Donderer*, Architekten, 188–189, Nr A 88, Taf. 33, 1. R. V.

Aemilios ([...]μίλιος), griech. Steinschneider. Bek. durch das Fragm. eines Kameos aus Cadiz mit Greif und Schlange (Parallele mit der Aufschrift ΜΙΔΙΟΥ in Paris, Cab. Méd.; beide Stücke offenbar Kopien eines nicht mehr vorhandenen Originals). ▭ RE I. 1, 1893 (s.v. A. 11); Suppl., I, 1903, 17; EAA I, 1958. – *A. Cl. Ph. Comte de Caylus*, Rec. d'ant., I, P. 1752, Taf. 53. 4; *Brunn*, GGK II, 1889, 570 (s.v. Midias); *Babelon*, BiblNatCamées, I, 1897, 90, Taf. 18, 182; *Furtwängler*, AG, III, 1900, 358, Taf. 47, 4; *Lippold*, Gemmen, 1922, 80. W. Müller

Aemilius, *Kaeso*, Sohn des Kaeso, angebl. röm. Militär(?)-Architekt. Bek. durch Abschrift der Weih-Inschr. CIL, X, 996* an Hercules Servator (unsicher, ob von dessen Tempel in Ardea/S-Latium): K(aeso) Aemilius K(aesonis) f(ilius) Quirina (tribu) Varrius architectus exercit(ator)... Donderer (1996) wies mit Recht daraufhin, daß die Inschr. wahrsch. modern ist. ▭ ThB1, 1907. EAA I, 1958. – *Promis*, Architetti, 1873, 132 Nr 37; *Donderer*, Architekten, 1996, 294 s., Nr C 8.
W. Müller

Aemilius Crescens, röm. Architekt, Freigelassener, im 1. Jh. n. Chr. in Pompeji tätig. Bek. durch die beiden Wand-Inschr. CIL, IV, 4716 und 4755 in Pompeji (Regio VII, Insula 4, Haus 5). ▭ EAA I, 1958, 576; EWA VII, 1971, 394. – *M. Della Corte*, Case e abitanti di Pompei, R. ²1954, 181 ss. Nr 430 A; *Calabi Limentani*, Studi, 1958, 175, Nr 187; *F. P. Maulucci Vivolo*, Pompei, I, Graffiti figurati, Foggia 1993, 187, Abb.; *Donderer*, Architekten, 1996, 216 s., Nr A 110.
W. Müller

Aepolianus, Künstler-Sign. oder Besitzer-Inschr. auf einer Gemme (bärtiger Kopf: Mark Aurel?) der Slg Devonshire House. Weitere geschnittene Steine mit gleichem Namen gelten als gefälscht. ▭ ThB1, 1907. RE I. 1, 1893; EAA I, 1958. – *Brunn*, GGK II, 1889, 591 s. G. Bröker

Aëtion (I) (Ἀετίων; Eëtion; früher wurde auf Grund verderbter Hss. irrtüml. auch die Namensform Echion verwendet), griech. Maler (und Erzbildner?), wahrsch. von ion. Herkunft, in der 2. H. des 4. Jh. v. Chr. (und noch im 3. Jh. v. Chr.?) tätig. Bei Plin., nat., 35, 78 zus. mit → Therimachos als berühmter Maler erwähnt. Darüber hinaus sind beide Künstler auch unter den Erzbildnern der 107. Olympiade (352–349 v. Chr.) gen. (Plin., nat., 34, 50). In der antiken Überlieferung erscheint A. (I) gleichrangig neben bedeutenden Künstler wie → Apelles (I), → Protogenes, → Melanthios, → Nikomachos (I), → Parrhasios, → Euphranor (I), → Polygnotos (I) und sogar → Polykleitos (I) (Cic., Brut., 18, 70; Cic., parad., 5, 2, 37; Plin., nat., 35, 50; Lukian., merc. cond., 42; Lukian., im., 7). Berühmt wegen seiner vollkommenen Technik, wird A. (I) einmal den Tetrachromisten (Plin., nat., 35, 50), aber auch den sich einer and. Farbenskala bedienenden Malern zugerechnet. Sein bekanntestes Bild war *Die Hochzeit von Roxane und Alexander* (ausführl. Beschr. bei Lukian: Herod., 4–6; im., 7; merc. cond., 42). Hierfür erhielt er bei der Ausst. in Olympia nicht nur höchstes Lob, sondern als Preis die Tochter des Hellanodiken Proxenidas zur Frau. Da das Werk erst nach Alexanders des Großen Vermählung mit der baktrischen Prinzessin, d. h. nach 328/327 v. Chr., entstanden sein kann, ist die bei Plin., nat., 35, 78 für die Zeit des A. angegebene 107. Olympiade bisweilen auf das Geburtsdatum des A. bezogen oder in die 113. Olympiade (328–325 v. Chr.) geändert worden. Mit der Komposition des Bildes ist, wohl nicht zu Unrecht, die Mittelgruppe der sog. Aldobrandinischen Hochzeit (Vatikan, Mus. Sacro) in Verbindung gebracht worden. Bekanntester künstler. Rekonstruktionsversuch im Anschluß an Lukian ist das Fresko des Sodoma in der Villa Farnesina zu Rom (nach 1513). Weitere bek. Bilder von A. waren nach Plin., nat., 35, 78: *Dionysos; Tragödie und Komödie; Semiramis, von der Magd zu königlicher Würde gelangend (Hochzeit der Semiramis und des Ninos); Alte Frau, einem Hochzeitszug Fackeln vorantragend*; eine wegen ihrer Scheu bemerkenswerte *Neuvermählte (nova nupta)*. Unsicher bleibt, ob es sich bei dieser Aufzählung um Einzel- oder Mehrfigurenbilder handelte und ob die *nova nupta* aus einem Gegenstück zur Alexanderhochzeit stammte oder zu dieser gehörte. Ferner hat man die Hypothese aufgestellt, daß die Fackeln tragende Alte und die *nova nupta* zu dem Bild mit der Hochzeit der Semiramis und des Ninos gehörten. Zu der bei Plin., nat., 34, 50 behaupteten Tätigkeit des A. als Erzbildner gibt es keine weiteren Quellenbelege. Es ist wahrscheinlich, daß die Namen Aëtion und → Therimachos hier von Plinius irrtüml. interpoliert worden sind. – Einen Bildhauer Aëtion erw. Kallimachos (Anth. Pal., 9, 336). Nach einem Epigramm des Theokrit (Anth. Gr., 1, 196, 7; Anth. Pal., 6, 337) arbeitete ein Eëtion für dessen Freund, den Arzt und Dichter Nikias aus Milet, ein Bildwerk des Asklepios aus Zedernholz. Wenn A. mit diesem Bildhauer ident. war, müßte er noch im 3. Jh. v. Chr. tätig gewesen sein. Unsicher bleibt auch, ob ein für Syrakus überlieferter Helios auf dem Wagen (Phlegon, Mirabilia, ed. Keller, p. 71) A. zuzuschreiben ist. ▭ ThB1, 1907 (s. v. A. I). RE I. 1, 1893 (s. v. A. 1); EAA I, 1958 (s. v. A. 1); KlP I, 1964; LAW, 1965; DictHazan I, 1967; EWA VII, 1971, 350 ss., 364. XI, 1972, 165 s.; *Bénézit* I, 1976. – *Overbeck*, SQ, 1868, Nrn 1067, 1073, 1728, 1754, 1937–1941, 2055; *Brunn*, GGK, 1889, I, 420, 502; II, 243–247; *Pfuhl*, MuZ, II, 1923, 771–773; *M. H. Swindler*, Ancient paint., New Haven 1929, 273; *A. De Capitani*, La grande pitt. greca, Mi. 1945, 91; *Ferri*, Plin., 1946, 74 und 161, Anm. zu 35, 50 und 78; *L. Curtius*, Zur Aldobrandinischen Hochzeit, Heidelberg 1950, 119 ss.; *Rumpf*, MuZ, 1953, 147 s.; *Robertson*, Hist., 1975, I, 491, 496, 500, 573; II, 711. G. Bröker/W. Müller

Aëtion (II), Künstler-Sign. oder Besitzer-Inschr. auf einem Karneol der Slg Devonshire House (bärtiger Kopf mit phryg. Mütze, 4. Jh. v. Chr.?). Gegen die Annahme einer im 16. Jh. auf dem Karneol angebrachten Beischrift zur Bezeichnung des angebl. Dargestellten (Aëtion = Eëtion = Vater der Andromache) spricht die Genitivform des Namens. Weitere Steine mit gleicher Inschr. gelten als gefälscht. ▭ ThB1, 1907. RE I. 1, 1893 (s.v. A. 2); EAA I, 1958 (s.v. A. 2). – *C. W. King*, Hb. of engraved gems, Lo. 1885, 259; *Brunn*, GGK II, 1889, 450, 460, 537–539; *A. Furtwängler*, JdI 3:1888, Taf. 11, 12; 4:1889, 67 (Kleine Schr. II, 1913, 269 ss., Taf. 28, 1 s.). G. Bröker

Afsa, Sohn des Hutu, nabatäischer Steinmetz, M. 1. Jh. n. Chr. in Hegra/Saudi-Arabien tätig. A. ist als Steinmetz einer Grabfassade in Hegra gemeinsam mit → Abd'obodat und → Hani'u im 11. Reg.-Jahr des nabatäischen Königs Malichus II., also 50 n. Chr., überliefert. Er gehört der Steinmetzschule des → Abd'obodat an. Die von ihm mitgestaltete Grabfassade entspricht dem in Hegra geläufigen Typus des Treppengrabes. ▭ EAA V, 1963 (s.v. Nabatea, Arte, Afsa). – CIS, II, Nr 221; *J. Jaussen/R. Savignac*, Mission archéol. en Arabie, I, P. 1909, Nr 20; *J.-C. Balty*, in: Archit. et soc., Coll. de l'école française de Rome 66, P./R. 1983, 308–313; *A. Schmidt-Colinet*, Berytus 31:1983, 97, Abb. 12; *id.*, Stud. in the hist. and archaeology of Jordan 3, Amman 1987, 143; *Z. T. Fiema*, JNES 46:1987, 51–52; *J. McKenzie*, The archit. of Petra, Ox. 1990, 14–31; *J. F. Healey*, The nabataean tomb inscr. of Mada'in Salih, Ox. 1993, 171–173, Nr H 20. D. Keller

Aftah, Sohn des → Abd'obodat, nabatäischer Steinmetz, im 2. V. des 1. Jh. n. Chr. in Hegra/Saudi-Arabien tätig. A. ist inschriftl. als Steinmetz von neun Grabfassaden in Hegra überliefert. Die dat. Inschr. gehören in die Zeit zw. 26/27 n. Chr. und 39/40 n. Chr. und somit in die spätere Reg.-Zeit des nabatäischen Königs Aretas IV. A. war an einer Fassade zus. mit → Halafallahi und an einer zweiten zus. mit → Wahbu und → Huru (I) tätig. A. darf als Hauptvertreter einer der beiden Steinmetzschulen in Hegra – neben der des → Abd'obodat – gelten, zu der die drei oben gen. Künstler gezählt werden können. Eine weitere Grabfassade darf aufgrund ihrer stilist. und techn. Verwandtschaft ebenfalls dieser Schule und dabei wohl am ehesten A. zugewiesen werden, obwohl sie keine Inschr. aufweist. Alle von A. geschaffenen Grabfassaden gehören zum in Hegra vorherrschenden Typus des Treppengrabes, außer einem Zinnengrab, das dem zweiten Typ von Grabfassaden in Hegra entspricht. ▭ EAA V, 1963 (s.v. Nabatea, Arte, Aftah). – CIS II, Nrn 206–208, 212–214, 217; *J. Jaussen/R. Savignac*, Mission archéol. en Arabie, I, P. 1909, Nrn 7, 9, 15, 19, 24, 28, 31, 32; *J. T. Milik*, in: *F. V. Winnet/W. L. Reed*, (Ed.), Ancient records from North Arabia, To. 1970, Nr 104; *J.-C. Balty*, in: Archit. et soc., Coll. de l'école française de Rome 66, P./R. 1983, 308–313; *A. Schmidt-Colinet*, Berytus 31:1983, 96–98, Abb. 3–11; *id.*, Stud. in the hist. and archaeology of Jordan 3, Amman 1987, 143–144, Abb. 3–4; *Z. T. Fiema*, JNES 46:1987, 51–53; *J. McKenzie*, The archit. of Petra, Ox. 1990, 14–31; *J. F. Healey*, The nabataean tomb inscr. of Mada'in Salih, Ox. 1993, 110–114, 123–127, 152–153, 166–170, 180–184, 193–195, 206–214, Nrn H 7, H 9, H 15, H 19, H 24, H 28, H 31, H 32; *Hackl*, Nabatäer (im Druck), Nrn Q. 047. 04, Q. 047. 07, Q. 047. 11–12. D. Keller

Agakleides (Ἀγακλείδης), griech. Architekt, zu unbestimmter Zeit in einem Vorort von Smyrna tätig. Nur bek. durch ein anonymes Epigramm in der Anthologia Graeca (9, 678), nach dem er Wasseranlagen schuf. R. V.

Agamedes und **Trophonios** (Ἀγαμήδης und Τροφώνιος, auf böot. Inschr. auch Τρεφώνιος), myth. Architekten der griech. Frühzeit. Über ihre Herkunft (Böotien, Arkadien), ihr verwandtschaftl. Verhältnis (Söhne des Königs → Erginos (I) von Orchomenos, nach späten mytholog. Schr. Söhne des Apollon oder des Zeus oder des Dionysos; A. als Sohn des Königs Stymphalos von Arkadien; T. als Stiefsohn des A.) und ihre Werke berichtet eine umfangreiche, z. T. verworrene antike Überlieferung. In ihr werden A. und T. als Urheber folgender Bauwerke bezeichnet: – 1. *Ältester Steintempel des pythischen Apollon in Delphi* (Hymn. Hom., Ap., 116 ss.; Paus., 9, 37, 5; 10, 5, 13): Nach der Sage der vierte Apollon-Tempel in Delphi, erb. kurz vor 600 v. Chr., Baureste nachgewiesen. Apollon selbst soll das Fundament gelegt haben. A. und T. setzten eine „steinerne Schwelle" darauf. Es bleibt offen, ob darunter ein Orthostatensockel, ein Plattenpflaster oder der gesamte Tempel zu verstehen ist. Die Wände bestanden aus geglätteten Steinblöcken oder Lehmziegeln und Holz oder Holz mit Bronzeverkleidung. Nach Pausanias (10, 5, 13) war dieser Bau ident. mit dem 548 v. Chr. abgebrannten Tempel (vgl. die Pausanias-Ausg. von E. Meyer, [2]1967, 688 s., Anm. 6 zu p. 483). – 2. *Ältester Tempel des Poseidon Hippios b. Mantineia/Arkadien* (Paus., 8, 10, 2–3): Einer der ältesten dor. Tempel der Peloponnes, s. der Stadtmauer von Mantineia, an der Straße nach Tegea, aus Eichenholzbalken. Reste des später in Stein ern. Heiligtums bei dem Dorf Kalywia (cf. BCH 1890, 80 ss.). – 3. *Apollon-Tempel in Pagasai/Thessalien.* – 4. *Unterirdisches Heiligtum in der Herkyna-Schlucht b. Lebadeia (Lewadia, Livadia)/Boiotien* (Paus., 9, 39, 3; Lukian., nek., 22): Der hl. Bezirk des T. lag am Fuß des Kastellberges von Livadia. Die von Pausanias erw. topograph. Einzelheiten mit Ausnahme des Tempels des Zeus Basileus nicht mehr zu lokalisieren. – 5. *Sog. Schatzhaus des Königs Hyrieus von Hyria b. Aulis* (Paus., 9, 37, 5). – 6. *Sog. Schatzhaus des Königs Augeias in Elis* (Schol. Aristoph., nub., 508). – 7. *Sog. Thalamos der Alkmene im Palast des Königs Amphitryon in Theben/ Boiotien* (Paus., 9, 11, 1 nach einem Epigramm): Pausanias sah dort die Trümmerreste eines myken. Palastes. – Für die kunstgeschichtl. Einordnung des A. und T. ist bes. die frühe lit. Überlieferung wichtig, die sich auf den Apollon-Tempel in Delphi bezieht. Nach Darlegungen von R. Heidenreich (1954/55) scheint die Annahme mögl., daß A. aus Argos stammte und wie auch and. frühgriech. Architekten zugleich Bildhauer war. Als solchem könnten ihm die *Statuen des Brüderpaares Kleobis und Biton* (sign. [...], um 580 v. Chr., Delphi, Mus., Inv. Nrn 467 und 1524 [Statuen] und 980 und 4672 [Basen]) zugewiesen werden, die bisher als Werk eines argiv. Bildhauers → [Poly]medes galten. Jedoch handelt es sich bei den beiden Statuen wahrsch. um die Dioskuren und nicht um Kleobis und Biton wie früher angenommen (siehe dazu A. Hermary, LIMC III, 1986, 572 s., Nr 56, s.v. Dioskuroi). Damit wäre Heidenreichs (1954/ 55) Hypothese hinfällig. Wo von A. und T. als Architekten uralter Bauwerke Griechenlands gesprochen wird, handelt es sich, mit Ausnahme des Apollon-Tempels in Delphi, um späte Überlieferungen, womit die Berühmtheit beider Architekten zum Ausdruck gebracht werden sollte. Die dabei erw. „Schatzhäuser" sind auf techn. hervorragende Grabbauten (Kuppelgräber) der myken. Zeit zu beziehen. In Böotien nennt die mytholog. Überlieferung A. und T. stets zusammen. T. galt dort als Erd- bzw. Fruchtbarkeitsgott und als Stifter der großen Orakelstätte am Unterweltseingang bei Lebadeia, wo der T.-Kult bis in die röm. Kaiserzeit weiterbestand. Der auf der Peloponnes mytholog. faßbare A. hat nichts mit dem gleichnamigen boiot. Orakelgott zu tun. ▭ ThB1, 1907. ML I, 1884 (s. v. Agamedes) und V (s. v. Trophonios); RE I. 1, 1893 (s. v. Agamedes) und VII. A. 1, 1939 (s. v. Trophonios 1); EAA I, 1958 (s. v. Agamedes) und III, 1960, 36; LAW, 1965 (s. v. Trophonios); DEAU I, 1968 (s. v. Agamedes); EWA II, 1972, 114 s.; KIP V, 1975 (s. v. Trophonios); *C. Jacob*, LIMC I, 1981, 255 s. (s.v. Agamedes). – *Overbeck*, SQ, 1868, Nrn 57–66; *R. Heidenreich*, WissZJena 4:1954/55, 49–57, 11 Abb. – *Apollon-Tempel in Delphi*: FDelphes, II, 1902; *C. Weickert*, Typen der archaischen Archit. in Griechenland und Kleinasien, Augsburg 1929; *G. Gruben*, Die Tempel der Griechen, M. [2]1976, 69. W. Müller

Agasias (I) (Ἀγασίας), Sohn des → Menophilos (I), vermutl. ein älterer Verwandter von → A. (II), aus Ephesos, griech. Bildhauer, zw. 110 und 60 v. Chr. tätig. Arbeitete wie sein Vater → Menophilos (I) in Delos mehrere Ehrenstatuen. Diese waren Bestellungen von Römern, die auf Delos Handel trieben, und wurden auf der dortigen Agora aufgestellt. Von den Porträtstatuen blieben nur die Inschr-Basen erhalten. Bei zweien ist der Besteller namentl. gen.: der Konsul Quintus Pompeius Rufus und der Legat Caius Billienus (CIG, 2285 b; Overbeck, SQ, 1868, Nr 2277; cf. Cic., Brut., 175). Die Statue des letzteren wurde während des Mithridat. Krieges beschädigt und danach von dem Bildhauer → Aristandros (III) aus Paros erneuert. Damit ist ein terminus post quem für A. (I) gegeben. Eine dritte der erw. Inschr.-Basen nennt außer dem Künstler auch die Weihenden, in Alexandria ansässige Italiker. Sie wird mit einem auf der Agora der Italiker gefundenen Torso eines zusammenbrechenden Kriegers (Athen, NM) in Verbindung gebracht. Bei dem Krieger, der seinen nackten Körper mit dem Schild abschirmt, handelt es sich wahrsch. um die Figur eines Galliers der pergamenischen Schule. – Für das Heiligtum des Poseidon und der Amphitrite auf der Insel Tenos schuf A. (I) zwei Bronzegruppen, die den Kampf des Eros mit Anteros in Gegenwart der Nike darstellten (Frühwerk?). Sie waren am großen Altar vor dem Tempel aufgestellt. Die Einsatzspuren an der Basis lassen erkennen, daß sich die beiden Gruppen kompositionell entsprachen. Die Inschr. (IG, XII. 5, 917) nennt neben Künstler und Thema auch Publius Servilius Vatia Isauricus, der 46 v. Chr. Prokonsul von Asien war und Erneuerungen an dem Weihgeschenk vornehmen ließ. – Ein auf Delos gefundener männl. Bronzekopf, der stilist. eng mit dem Kopf des sog. Borghesischen Fechters verwandt ist, wurde mehrfach A. (I) zugeschrieben. – Die Zusammenarbeit des A. (I) mit → Eutychides (III), einem ebenfalls auf Delos arbeitenden Künstlers, ist bezeugt. ▭ ThB1, 1907 (s.v. A. II). RE I. 1, 1893 (s.v. A. 2); Suppl., III, 1918, 37; EAA I, 1958 (s.v. A. 2); LAW, 1965; *Bénézit* I, 1976. – *S. Reinach*, BCH 8:1884, 178 ss.; *G. Fougères*, BCH 11:1887, 269 s.; *Brunn*, GGK II, 1889, 398; *P. Wolters*, AM 15:1890, 180 ss.; *P. Graindor*, Musée Belge 1906, 326, 339 ss.; *F. Leroux*, BCH 34:1910, 478; *C. Picard*, BCH 56:1932, 491 ss. und 73:1949, 573; *Lippold*, GrPl, 1950, 372, Anm. 11–13; *Toynbee*, Artists, 1951, 20; *Marcadé*, Signatures, II, 1957, 4. E. Paul

Agasias (II), Sohn des Dositheos, vermutl. ein jüngerer Verwandter von → A. (I), aus Ephesos, griech. Bildhauer, zw. 110 und 60 v. Chr. tätig. A. (II) gehörte zu einer späthellenist. Bildhauerschule in Ephesos, die hauptsächl. Kopien berühmter griech. Werke herstellte. Sein Name ist durch zwei Sign. bek.: – 1.) CIG, IX. 2, 114 (auf einer Basis aus dem Gebiet von Halos/Thessalien, zugehörige Skulpt. nicht erh.). – 2.) CIG, 6132 (auf der Baumstütze des sog. Borghesischen Fechters, Paris, Louvre, Inv. Nr Ma 527). Beide Sign. haben den gleichen Schriftcharakter. Der sog. Borghesische Fechter (gefunden im frühen 17. Jh. bei Antium und bis 1808 in borghes. Besitz; K. Kalveram, Die Antiken-Slg des Kardinals Scipione Borghese, Röm. Stud. der Bibl. Hertziana 11:1995, 208–210, Nr 94, Abb. 108 s.; nach dem Stil etwa in das 1. V. 1. Jh. v. Chr. zu datieren) war früher eines der berühmtesten Bildwerke der Antike, ist aber heute stark umstritten. Dargestellt ist ein nackter, in Ausfallstellung kämpfender jugendl. Krieger mit Schild und Schwert (Waffen nicht erh.; linker Arm und and. Teile erg., siehe dazu Bourgeois/Pasquier, 1997). Ungeklärt ist, ob mit dem Krieger urspr. auch ein Gegner (Amazone zu Pferd?) dargestellt war, ferner, ob es sich um eine Marmorkopie nach einem Bronzeoriginal handelt. Wahrsch. ist der Borghesische Fechter ein Originalwerk des A. (II) in Anlehnung an ein lysipp. Vorbild. Die übersteigerte und umgebildete Wiedergabe des nackten Körpers und seiner anatom. Details im Sinne einer Muskelfigur entspricht der späthellenist. Kunst Kleinasiens. Extremes, erstarrt wirkendes Bewegungsmotiv. Der fast rechtwinklig zum Oberkörper gedrehte Kopf mit der spätklass. Sichellockenfrisur verstärkt den kühlen, klassizist. Eindruck. ▭ ThB1, 1907 (s.v. A. I, mit älterer Lit.). RE I. 1, 1893 (s.v. A. 3); Suppl. I, 1903, 21; EAA I, 1958 (s.v. A. 1); LAW, 1965 (s.v. A. IV); LdK I, 1968. – *Overbeck*, SQ, 1868, Nr 2278; *Brunn*, GGK I, 1889, 399, 403; *Lippold*, Kopien, I, 1923, 32; *A. W. Lawrence*, Later Greek sculpt., Lo. 1927, 35, 124; *G. Kleiner*, MüJb 1:1950, 9 ss., Abb.; *Lippold*, GrPl, 1950, 382, Anm. 7 s.; *Toynbee*, Artists, 1951, 20; *M. Bieber*, The sculpt. of the hellenistic age, N. Y. 1955, 162 ss., Abb.; *L. Alscher*, Griech. Plastik, IV, B. 1957, 170; *Moreno*, Scultura, II, 1994, 683–685, Abb. 830, 834–836; *B. Bourgeois/A. Pasquier*, Le gladiateur Borghèse et sa restauration, P. 1997; *M. Hamiaux*, Les sculpt. grecques. II. La période hellénistique. Cat. Mus. du Louvre, P. 1998, 50–54. E. Paul

Agasikrates (Ἀγασικράτης), griech. Architekt, in der 1. H. des 3. Jh. v. Chr. tätig. Bildete mit seinem Vater → Agathon (III) und seinem Sohn → Agathokles (I) eine spätklass.-hellenist. Dynastie offizieller Tempelarchitekten in Delphi. Leitete dort Rekonstruktionsarbeiten am Apollon-Tempel VI, der unter seinem Vater → Agathon (III) nach einem Erdbeben oder Brand (373 v. Chr.) neu erb. worden war (vgl. das Dekret der Hieromnemonen von 230/229 v. Chr.: Sylloge[3], II, 248; SGDI, II, 699, 2522). ▭ ThB1, 1907. RE, Suppl. I, 1903; EAA I, 1958; DEAU I, 1968 (s.v. Agathon etc.). W. Müller

Agathangelos (Ἀγαθάγγελος), griech. Gemmenschneider, in der 2. H. des 1. Jh. v. Chr. tätig. Typ. für die Kunst des A. ist das nach hellenist. Trad. idealist. aufgefaßte Gemmenbildnis. Es vereinigt den Realismus der physiognom. Züge mit einer maler. Behandlung der Einzelformen. 🏛 Berlin, SMPK, Antiken-Slg: Karneol mit Portr. eines bärtigen Mannes (Sextus Pompeius oder eine polit. bedeutende Persönlichkeit der frühen Kaiserzeit), einst in der Slg des Landschaftsmalers Philipp Hackert, in mehreren Repliken überliefert, sign., mit zugehörigem Ring, um 40 v. Chr. (aus einem Grab nahe dem Grabmal der Caecilia Metella in Rom; Echtheit der Gemme durch neuere Untersuchungen bestätigt). Priv. Slg: Karneol (Portr. des Octavianus), um 40 v. Chr., in mehreren Kopien überliefert, Zuschr. möglich. ▭ ThB1, 1907. RE I. 1, 1893; EAA I, 1958, mit Abb. 195; LAW, 1965. – *A. Furtwängler*, JdI 3:1888, 206 s., Taf. 3, 9 (Kleine Schr., II, 1913, 167 ss., 239, Taf. 25, 9); *id.*, AG, 1900, I Taf. 47, 40 und 49, 26; II 227, III 355; *A. Greifenhagen*, Berl-Mus 1960, Sonderh. zur Wiedereröffnung der Antikenabt., p. 16; *M.-L.*

Vollenweider, Steinschneidekunst, 1966, 39, 192, Taf. 29; *G. Femmel/G. Heres*, Die Gemmen aus Goethes Slg, L. 1977, 225, Nr 1, p. 228, Nr 1.
W. Müller

Agathanor ('Αγαθάνωρ), griechischer Bildhauer, Wachsbossierer für Bauornamente, im 4. V. des 5. Jh. v. Chr. tätig. Wahrsch. ein Metöke aus dem att. Demos Alopeke. Er arbeitete am Fries des Erechtheions auf der Athener Akropolis mit und stellte wie → Neseus Modelle für die Dekoration der Kassettendecke des Tempels her. Nach den Bauabrechnungen von 408/407 v. Chr. (CIA, I, 324; Loewy, IGB, 1885, p. 526) erhielt A. für die Ausf. von zwei weibl. Figuren und zwei Maultieren als Gespann eines Wagens, der von einem unbek. Handwerker vermutl. in Metall angefertigt war, 240 Drachmen. ▭ ThB1, 1907. RE I. 1, 1893 (s.v. A. 2); EAA I, 1958; *Bénézit* I, 1976. – *L. Stephani*, AdI 15:1843, 295; *Brunn*, GGK I, 1889, 248 ss.; *C. Robert*, Hermes 24:1890, 439 ss.; *O. Jahn/A. Michaelis*, Arx Athenarum a Pausania descripta, Bonn [3]1901, 105; *K. Weissmann*, Beiträge zur Erklärung und Beurteilung griech. Kunstwerke, I, Schweinfurt 1903, 34; *P. de la Coste-Messelière*, BCH 48:1924, 329; *G. Ph. Stevens u. a.*, The Erechtheum, C./Mass. 1927, 338, 394 ss.; *Picard*, Manuel, II, 1939, 527, 758 s.; *H. Lauter*, Zur gesellschaftl. Stellung des bild. Künstlers in der griech. Klassik, Erlangen 1974, 27. E. Paul

Agatharchos (I) ('Αγάθαρχος), Sohn des Eudemos aus Samos, griech. Maler (Skenograph), Autodidakt, * um 480 v. Chr., † um 420 v. Chr., zw. 465 und 420 v. Chr. in Athen tätig. Er malte für die Aufführung einer Tragödie des Aischylos eine Bühnendekoration und verfaßte darüber eine Abh., wodurch die Philosophen Demokritos und Anaxagoras zu ihren Theorien über geometr. Perspektive angeregt wurden (Vitr., 7, praef. 11). Nach 430 v. Chr. hielt ihn Alkibiades zur Ausmalung seines Hauses vier Monate darin fest (And., Alcibiad., 17; Plut., Alk., 16). – Auf A. gehen die ersten Versuche einer perspektiv. Vertiefung der Bühnenmalerei zurück. Plutarch (Per., 13) verglich ihn mit dem griech. Maler → Zeuxis (I). In der griech. Vasenmalerei sowie in der Wandmalerei von Pompeji und Boscoreale glaubt man Hinweise auf den Stil des A. zu finden (cf. DictHazan I, 1967, 28). ▭ ThB1, 1907. RE I. 1, 1893 (s.v. A. 14); EAA I, 1958 (s. v. A. 1); KlP I, 1964 (s. v. A. 2); EWA II, 1972, 105; *H. Bauer*, Die große Enz. der Malerei, I, FiB/Basel/W. 1976; *Bénézit* I, 1976; LdK, IV, 1977 (s. v. Skenographie). – *Overbeck*, SQ, 1868, Nrn 1118–1125; *Brunn*, GGK II, 1889, 51 s.; *Pfuhl*, MuZ, II, 1923, 665 ss.; *H. Bulle*, 94. BWPr, 1934; *id.*, AEphem 1937 (2) 473–482; *A. De Capitani d'Arzago*, La grande pitt. greca, Mi. 1945, 41 s.; *Ferri*, Plin., 1946, 148, Anm. zu 35, 60; *A. Rumpf*, JHS 67:1947, 10–21; *id.*, MuZ, 1953, 121, Anm. 5; *J. White*, Perspective in ancient drawing and paint., Lo. 1956; *M. Robertson*, Griech. Malerei, Genf 1959, 15; *id.*, Hist., 1975, I, 324 et passim; II, 693, Anm. 144, 146, p. 733, Anm. 234; *W. Trimpi*, Traditio 34:1978, 403–413 (zu den Begriffen Skiagraphia und Skenographia).
G. Bröker/W. Müller

Agatharchos (II), Sohn des Peionios, aus Thasos oder Paros, griech. Bildhauer, im 4. Jh. v. Chr. tätig. Seine Sign. steht auf einer Basis (weißer Marmor) der Akropolis von Thasos mit einer Weihung an Pan und Aphrodite (IG, XII. 8, 338). Das zugehörige plast. Werk ist nicht mehr erhalten. Ch. Picard vermutete in A. den Künstler der Felsenreliefs der benachbarten Pan-Grotte. ▭ RE, Suppl. III, 1918 (s. v. A. 14a); EAA I, 1958 (s. v. A. 2); EWA VII, 1971, 52. – *C. Fredrich*, AM 32:1908. 225; *Lippold*, GrPl, 1950, 249, Anm. 6; *J. Pouilloux*, Rech. sur l'hist. et les cultes de Thasos, I, P. 1954; *Picard*, Manuel, IV. 2, 1963, 999, 1176, Anm. 2, und 1153, Anm. 3: Pan-Grotte. E. Paul

Agatharchos (III), Sohn des in Oropos arbeitenden Bildhauers → Dionysios (III) und Bruder des → Ariston (X), griech. Bildhauer, frühes 2. Jh. v. Chr. tätig. A. schuf unter der Priesterherrschaft des Oropodoros ein Bildwerk, von dem man 1884 die sign. Basis im Amphiareion bei Oropos fand (IG, VII, 428 s.; Loewy, IGB, 1885, 194, Nr 275 b). Aus Inschr.-Basen (IG, VII, 27 und 308) ergibt sich für Oropodoros ein Zeitansatz zw. 223 und 192 v. Chr. ▭ ThB1, 1907 (s. v. A. III). RE I. 1, 1893 (s. v. A. 15); EAA I, 1958 (s. v. A. 3).
E. Paul

Agatharchos (IV), Sohn des P(e)ionios (?), aus Samos (?), griech. Erzgießer. Bek. durch schwer lesbare Sign., die an zwei Statuen in Ephesos, allerdings erst bei deren Restaurierung zur Zeit des Tiberius, angebracht wurden. ▭ RE, Suppl. III, 1918 (s. v. A. 14b). – ÖJh 15:1912, Beibl. p. 208.
G. Bröker

Agathemeros (I) ('Αγαθήμερος), griech. Koroplast, im 1. Jh. v. Chr. in Myrina tätig. Nur bek. durch seine Sign. auf Tonstatuetten des Apollon mit Kithara aus Amorgos (heute Athen, NM, Inv. Nr 5992; Kassab, 1988, 23, Nr 1, Taf. 1) und eines Hahns (München, Staatl. Antiken-Slgn, Inv. Nr 6638; Kassab, 1988, 23, Nr 2, Taf. 1). ▭ *D. Kassab*, Statuettes en terre cuite de Myrina. Corpus des sign., lettres et signes, P. 1988, 23, Nrn 1–2, Taf. 1. R. V.

Agathemeros (II), griech. Gemmenschneider, augusteische Zeit. Bek. durch die Sign. auf einem Karneol (Kopf des Sokrates) in der Slg Devonshire House (Kopie in London, BM: Smith, BMGems, 1888, Nr 1510). ▭ ThB1, 1907. RE I. 1, 1893 (s. v. A. 6); EAA I, 1958. – *A. Furtwängler*, JdI 3:1888, Taf. 11, 25 und 4:1889, 73 (Kleine Schr., II, 1913, 276, Taf. 28, 25); *id.*, AG, 1900, II, 240; III, 358 und Taf. 50, 2; *Brunn*, GGK II, 1889, 592. G. Bröker

Agathias Syros, *Aurelios* (Ἀγαθίας Σῦρος, Αὐρήλιος), griech. Bildhauer, im 2./3. Jh. n. Chr. in Rom tätig. Nur bek. durch eine Marmor-Inschr. aus Rom (IGR, I, 258). ▭ EAA IV, 1961 (s.v. Marmorarius). – *Calabi Limentani*, Studi, 1958, 162, Nr 75; *Solin*, GPR, II, 1982, 716. R. V.

Agathinos (I) (Ἀγαθῖνος), Sohn des Menippos, griech. Bildhauer, 1. H. 4. Jh. v. Chr. Mitarb. am Asklepios-Tempel in Epidauros, für dessen plast. Schmuck → Timotheos (I) die Entwürfe lieferte. Nach der nur unvollst. erh. Inschr. mit der Bauabrechnung des Tempels (IG, IV, 1484, 103) ist sein Arbeitsanteil (er erhielt 2836 Drachmen) nicht genau zu ermitteln. Er arbeitete wahrsch. mit anderen Handwerkern an den Giebelskulpturen. ▭ ThB1, 1907. RE, Suppl. I, 1903 (s. v. A. 9); EAA I, 1958 (s. v. A. 1). – *P. Kavvadias*, Fouilles d'Epidaure, At. 1891, 85, 89, 91; *H. Thiersch*, Die Athena Areia des Phidias und der Torso Medici in Paris, Nachrichten von der Ges. der Wiss. zu Göttingen, Göttingen 1938, 163 ss. E. Paul

Agathinos (II), Sohn des Menipp(e)os, griech. Bildhauer aus Athen, wahrsch. in augusteischer Zeit tätig. Bek. durch die Inschr. IG, XIV, 1225 auf der in Form eines Baumstamms gearbeiteten Stütze einer nicht mehr vorh. Statue aus Privernum (Piperno). ▭ RE I. 1, 1893 (s. v. A. 5); Suppl. III, 1918 (s. v. A. 10); EAA I, 1958 (s. v. A. 2). – *P. Hartwig*, RM 16:1901, 368; *P. Graindor*, Athènes sous Auguste, Kairo 1927, 208, 211. G. Bröker

Agathobulos (Ἀγαθόβουλος), griech. Koroplast, im 1. Jh. v. Chr. in Myrina tätig. Nur bek. durch seine Sign. auf einer Tonstatuette der Aphrodite (heute Mora, Mus.). ▭ *A. Andrén*, OpRom 5:1948, 61- 63, Nr 131, Taf. 27; *D. Kassab*, Statuettes en terre cuite de Myrina. Corpus des sign., lettres et signes, P. 1988, 23, Nr 1, Taf. 1. R. V.

Agathokles (I) (Ἀγαθοκλῆς), Sohn des → Agasikrates, griech. Architekt, um die M. des 3. Jh. v. Chr. in Delphi tätig. Wie sein Vater → Agasikrates und sein Großvater → Agathon (III) offizieller Tempelarchitekt in Delphi. Erw. im Dekret der Hieromnemonen von 230/229 v. Chr. (Sylloge[3], II, 248). ▭ ThB1, 1907. RE, Suppl. I, 1903; EAA I, 1958 (s. v. A. 1); DEAU I, 1968 (s. v. Agathon etc.). W. Müller

Agathokles (II), aus Soloi (Pompeiopolis)/Kilikien, ion. Bildhauer, in der 1. H. des 2. Jh. v. Chr. auf Rhodos tätig. Arbeitete auf Rhodos die Ehrenstatue einer Dionysia, Tochter des Agemachos. Davon nur noch die Marmorbasis mit Inschr. vorhanden (Clara Rhodos 2:1932, 203, Nr 35; Lindos II. 1, 1941, 53, Nr 48). ▭ RE, Suppl. VIII, 1956 (s. v. A. 35); EAA I, 1958 (s. v. A. 2); *Bénézit* I, 1976 (s. v. A. I). – *Lippold*, GrPl, 1950, 377, Anm. 17. G. Bröker

Agathokles (III), aus Antiochia, griech. Bildhauer, wahrsch. am E. des 2./in der 1. H. des 1. Jh. v. Chr. in Lindos tätig. Name und Herkunft bek. aus zwei Inschr. von der Akropolis von Lindos: Inschr. auf der zylindr. Basis der Ehrenstatue eines Damokrates, der 104 v. Chr. als Priester der Athena Lindia nachgewiesen ist (Lindos II. 1, 1941, 55, Nr 77, p. 567 Nr 260); ferner Inschr. auf einer ähnl. Basis für die Ehrenstatue eines Timachidas, Sohn des Hagesitimos, der sich in mehreren Seeschlachten des 1. Mithridat. Krieges auszeichnete (Lindos, II. 2, 1942, 605–608, Nr 292). ▭ RE, Suppl. III, 1918 (s. v. A. 34); EAA I, 1958 (s. v. A. 3); *Bénézit* I, 1976 (s. v. A. II). – *Lippold*, GrPl, 1950, 377, Anm. 23. G. Bröker

Agathokles (IV), gallo-röm. Goldschmied (*inaurator*) aus Vienna (Vienne/S-Frankreich), Sklave, im 1. Jh. n. Chr. in Tarraco (Tarragona) tätig. Bek. durch die Grab-Inschr. CIL, II, 6107. ▭ EAA I, 1958, 931 s.; EWA V, 1972, 768. G. Bröker

Agathokles (V), Sohn des Agathokles, aus dem att. Demos Kephisia, griech. Bildhauer, im 1. Jh. n. Chr. tätig. Bek. durch die Inschr. auf der Marmorbasis Eleusis, Mus., Inv. Nr 784 (IG, II/III. 3, 4311). ▭ RE, Suppl. VIII, 1956 (s. v. A. 36); EAA I, 1958 (s. v. A. 4). – *A. Skias*, AEphem 1894, 181. G. Bröker

Agathon (I) (Ἀγάθων), att. Töpfer (und Vasenmaler?) des rotfig. Stils, im 2. V. des 5. Jh. v. Chr. in Athen tätig. Name bek. durch Sign. auf einer att.-rotfig. Pyxis in Berlin (SMPK, Antiken-Slg, Inv. Nr V. I. 3308). Wahrsch. bemalte A. diese von ihm als Töpfer sign. Pyxis selbst. Ihr kann eine Reihe unsign. Skyphoi mit Dekoration in der Art des Lewis-Malers (→ Polygnotos [II]) angeschlossen werden. ▭ EAA I, 1958, mit Abb.; RE, Suppl. XIV, 1974 (s. v. A. 18). – *A. Furtwängler*, in: FR, I, 1904, 290; ARV^2, 1963, 977 s. (mit älterer Lit.). K. Zimmermann

Agathon (II), griech. Bronzebildner (?), am E. des 5. oder in der 1. H. des 4. Jh. v. Chr. in Delphi tätig. Seine Sign. steht auf den Fragm. einer quadrat. Kalksteinbasis in Delphi (Marcadé, Signatures, I, 1953, Nr 1). Der Name Kallisto auf der Vorderseite eines Blockes der Basis und die Einlaßspuren auf der Oberseite eines weiteren lassen auf eine Bronzegruppe von Artemis und Kallisto schließen. ▭ EAA I, 1958 (s. v. A. 3); RE, Suppl. XIV, 1974 (s. v. A. 17). – *M. F. Courby*, FDelphes, II. 1. 1, 1915, 164. G. Bröker

Agathon (III), Sohn des Neoteles, viell. aus Thurioi am Golf von Tarent, griech. Architekt, in der 2. H. des 4. Jh. v. Chr. in Delphi tätig. Er bildete mit seinem Sohn → Agasikrates und seinem Enkel → Agathokles (I) eine spätklass.-hellenist. Dynastie offizieller Tempelarchitekten in Delphi. 334/333 v. Chr. erhielten A. und seine Brüder die Erneuerung der Promanteia für die Stadt Thurioi, was einer Anerkennung der Leistungen A.s als Architekt gleichkommt (vgl. die Inschr. BCH 20:1896, 679; Sylloge^3, I, 93; SGDI, II, 845, Nr 2676). Das Dekret der Hieromnemonen von 230/229 v. Chr. (Sylloge^3, II, 248; SGDI, II, 699 Nr 2522; RE IV. 2, 1901, 2627, Nr 38) erw. in einem and. Zusammenhang noch einmal ausdrückl. A.s Verdienste als „Tempelarchitekt". ⌂ Delphi, Apollon-Tempel VI (Paus., 10, 5, 13): Dor. Peripteros; 60, 32 x 23, 82 m; 6:15 Säulen; Unterbau aus blauem Kalkstein von Haghios Ilias, Oberbau aus korinth. Poros. 342–330 v. Chr. ist A. als leitender Architekt mit seinen namentl. nicht gen. Brüdern für die Endphase dieses Tempelbaues nachgewiesen (Baubeginn um 366 v. Chr. unter dem Architekten → Spintharos aus Korinth, Forts. unter A.s Vorgänger → Xenodoros, E. der Bauzeit nach G. Gruben [1976] um 320 v. Chr.). Aus den Baurechnungen (Sylloge^3, I, p. 322, 370, 405, 414, 419) geht hervor, daß ihm hierbei bis 340 v. Chr. → Kallinos als „Bauführer" unterstellt war. Die spätklass. Bauformen stehen im Gegensatz zu dem vom Apollon-Tempel V der Alkmaioniden fast unverändert übernommenen archaischen Grundriß. In die Periode von A.s Bauleitung fallen: 347 v. Chr. Erdbebenschäden in Vorhalle und SW-Teil, die anschließend ausgebessert wurden; 339 v. Chr. Befestigung der vergoldeten Schilde aus der Perserbeute von Plataiai am Architrav; etwa 335 bis etwa 325 v. Chr. Skulpt. des W-Giebels von dem Bildhauer → Androsthenes aus Athen. – Bei der Erforschung des Apollon-Heiligtums durch frz. Archäologen (seit 1892) wurde die stark verwüstete Ruine des Apollon-Tempels VI freigelegt. Nur noch Fundamente und Stylobat in situ. Einzelne Frontsäulen der S- und O-Seite sowie ein Teil der SO-Ecke sind wieder aufgerichtet. ▭ ThBl, 1907 (mit älterer Lit.). RE, Suppl. I, 1903, 24, Nr 16; und Suppl. V, 1931, 127; EAA I, 1958 (s. v. A. 2); DEAU I, 1968; EWA VII, 1971, 95. – Zum Apollon-Tempel VI umfassend: *F. Courby*, FDelphes, II, 1–3, 1915–27; *W. B. Dinsmoor*, The archit. of ancient Greece, Lo. etc. ^{3}1950, 217; *K. Michałowski*, Delfy, Warszawa 1959, dt. L. 1977; EAA III, 1960, 36–38, mit ausführl. Bibliogr.; *J. Pouilloux/G. Roux*, Énigmes à Delphes, P. 1963; LAW, 1965 (s. v. Delphi); *G. Gruben*, Die Tempel der Griechen, M. ^{2}1976, 78–80, Abb. 63–67. – Luftaufnahmen: DEAU III, 1969, Taf. XXI oben; *R. V. Schoder*, Das antike Griechenland aus der Luft, Bergisch Gladbach 1975, 47–49. Schaubild: Schefold, PKG, 1967, Abb. 310. W. Müller

Agathon (IV), Sohn des [Aga]thokles, aus Kyrene (?), griech. Bildhauer, M. 3. Jh. v. Chr. in Kyrene tätig. Sein Name steht auf einer Basis in Kyrene mit der Weih-Inschr. des Priesters Aristis, Sohn des Theodoros, an den Gott Horus (um 250 v. Chr., gefunden im Areal zw. Apollon- und Isis-Tempel). Da hinter dem Künstlernamen kein Ethnikon folgt, schließt man auf Abstammung aus Kyrene. ▭ RE, Suppl. V, 1931 (s. v. A. 14b); EAA I, 1958 (s. v. A. 4); *Bénézit* I, 1976. – *G. Oliviero*, Africa Italiana 1:1927, 329, Nr 10; *Lippold*, GrPl, 1950, 328. G. Bröker

Agathon (V), aus Ephesos, griech. Bronzegießer, im 2. Drittel des 3. Jh. v. Chr. in Lindos/Rhodos tätig. Nach einer Inschr. von der dortigen Akropolis (Lindos II. 1, 1941, 51, Nr 17, p. 297–299, Nr 84) goß er die Bronzestatue eines Timotheos (um 270 v. Chr. Priester der Athena Lindia, Sohn des Euphanes). Das Modell arbeitete der Bildhauer → Ariston (VI) von Chios. ▭ RE, Suppl. III, 1918 (s. v. A. 14a); EAA I, 1958 (s. v. A. 5); *Bénézit* I, 1976. – *Lippold*, GrPl, 1950, 322, Anm. 10. G. Bröker

Agathon (VI), griech. Bildhauer, in augusteischer Zeit in Athen tätig. Die Sign. Agathon K[...] steht auf zwei reich ornamentierten Statuenbasen (pentel. Marmor) von der Athener Akropolis (IG, II/III. 3, 4308). Man nimmt an, daß beide Statuen von versch. Stiftern in Auftrag gegeben wurden.

▭ EAA I, 1958 (s. v. A. 6). – *P. Graindor*, RA 1917, 4, Nr 4; *id.*, Athènes sous Auguste, Kairo 1927, 208, 211. G. Bröker

Agathon (VII), Künstler oder Stifter des späten 4. Jh. n. Chr. in Ravenna. A. wird im Liber Pontificalis des Agnellus im Zusammenhang mit einem Altar der Hl. Anastasia in der Basilica Ursiana, der Kathedrale von Ravenna (gew. vor 396 n. Chr.), gen. Agnellus entnahm den Namen wahrsch. einer Inschr. Ob es sich dabei um einen Künstler oder eher den Stifter handelt, ist aus dem Wortlaut *quod fecit* nicht zu erschließen (→ Euserius). ▭ *F. W. Deichmann*, Ravenna. Hauptstadt des spätantiken Abendlandes, II. 1, Wb. 1974, 3, 9; *Agnellus von Ravenna*, Liber Pontificalis. Übers. u. eingel. von C. Nauerth, FiB. 1996, 1, 58; 1, 136–137. M. Dennert

Agathon (VIII), Künstler-Sign. oder Besitzer-Inschr. auf einer Gemme (Beryll oder Sardonyx: Dionysos mit Thyrsos und Schale) der Slg Algernon-Percy (C. W. King, Hb. of engraved gems, Lo. 1885, Nr 259). Genaue Datierung bisher nicht möglich. ▭ ThB1, 1907. RE I. 1, 1893 (s. v. A. 15); EAA I, 1958 (s. v. A. 7). – *R. F. Raspe*, Cat. de pierres gravées, Lo. 1791, Nr 4273; *Brunn*, GGK II, 1889, 542. G. Bröker

Agathopus (Marcus Iulius Agathopus), röm. Goldschmied (*aurifex*) und Gemmenschneider, Freigelassener der Kaiserin Livia, in der 1. H. des 1. Jh. n. Chr. in Rom tätig, bestattet im Columbarium der Freigelassenen der Kaiserin (Grab-Inschr.: CIL, VI, 3945–3948). Arbeitete in der kaiserl. Gemmen-Wkst. in Rom für die Kaiserin Livia und wohl auch für ihren Sohn Tiberius und ihren Enkel Claudius. Zusammenarbeit mit dem Gemmenschneider → Epitynchanos (I) stilist. nachgewiesen. ⌂ Florenz, Mus. Archeol.: Gemme (Aquamarin) mit Kopf eines Römers (früher als Cnaeus Pompeius gedeutet; nach Vollenweider [1966] ein Ahnenbildnis des claud. Hauses, viell. des Vaters von Drusus und Tiberius), sign., frühe röm. Kaiserzeit (nach einem Vorbild aus der M. des 1. Jh. v. Chr.). – Priv. Bes. des Duke of Northumberland: Kameo mit Kopf eines Römers (Vater der Kaiserin Livia?), 20er Jahre des 1. Jh. n. Chr. (nach Vorbild aus der 1. H. oder der M. des 1. Jh. v. Chr.), aus stilist. Gründen A. zuzuschreiben. ▭ ThB1, 1907. RE I. 1, 1893 (s. v. A. 2); *Forrer* I, 1904; EAA I, 1958 (mit Abb. der Gemme in Florenz). – *A. F. Gori*, Mus. Florentinum ... Gemmae antiquae ..., Fi. 1731/32, II, Taf. 1, 2; *Brunn*, GGK II, 1889, 470 ss.; *Vollenweider*, Steinschneidekunst, 1966, 77–79 (zur älteren Lit.: p. 77 s., Anm. 70). W. Müller

Agathoxenos, ein mutmaßl. griech. Bildhauer unbek. Herkunft und Zeit. Auf einer um 1881 in der Nekropole von Tarent gefundenen Basis mit Spuren (Tatze, Schwanz) einer Raubtierstatue ist nur der unvollst. Name erh. (nach den Buchstabenformen Dat. in das 4. oder 3. Jh. v. Chr.), der nicht unbedingt eine Künstler-Sign. sein muß. ▭ EAA, Suppl. 1970. – *L. Viola*, NSc 1881, 436; *P. Lenormant*, BullEp 3:1883, 41, Nr 17; *P. Wuilleumier*, Tarente des origines à la conquête romaine, P. 1939, 709. D. Rößler

Age (῞Αγη, ᾿Αγή, ῞Αλη), griech. Münzstempelschneider, im 4. Jh. v. Chr. tätig. Der Name steht auf der Rückseite eines Didrachmons von Terina in Bruttium (sitzende geflügelte Nike, die in der linken Hand einen Kerykeion, in der rechten eine Hydria hält). Er könnte auch eine Quelle bezeichnen. Unsicher bleibt die Zuweisung eines Tetradrachmons von Metapont (335 v. Chr.), auf dessen Rückseite (Kopf des Leukippos) der A. einer Sign. steht, in der man A.s Namen vermuten kann. ▭ EAA I, 1958 (s. v. Aghe). – *J. Millingen*, Ancient coins of Greek cities, Lo. 1831, 23, Anm. 2; *A. v. Sallet*, Die Künstlerinschr. auf griech. Münzen, B. 1871, 10; *Brunn*, GGK II, 1889, 422 s.; *S. P. Noe*, The coinage of Metapontum, I, N. Y. 1927, 30. G. Bröker

Ageiladas → Hageladas (I)

Ageladas → Hageladas (I)

Ageles (᾿Αγέλης), griech. Koroplast, im 1. Jh. v. Chr. in Myrina tätig. Nur bek. durch seine Sign. auf einer Tonstatuette eines Jünglings, der an einen Pfeiler gelehnt ist (ehem. Slg Calvert, heute Çanakkale, Arch. Mus.). ▭ *D. Kassab*, Statuettes en terre cuite de Myrina. Corpus des sign., lettres et signes, P. 1988, 23, Nr 1, Taf. 1. R. V.

Agesandros → Hagesandros

Agesilaos → Agiśala

Agestratos (᾿Αγέστρατος), griech. Koroplast, im 1. V. des 2. Jh. v. Chr. in Myrina tätig. Nur bek. durch seine Sign. auf einer großen Tonbüste der Aphrodite aus Myrina (heute Paris, Louvre, Inv. Nr MYR 35). ▭ RE I. 1, 1893 (s.v. A. 3). – *E. Pottier/S. Reinach*, La nécropole de Myrina, P. 1888, 175, Nr 1; p. 316–318, 518 s., Nr 35, Taf. 9, 2; *Mollard-Besques*, II, 1963, 34, Nr MYR 35; p. 202, Taf. 38 a, 235 a; *D. Kassab*, Statuettes en terre cuite de Myrina. Corpus des sign., lettres et signes, P. 1988, 24, Nr 1, Taf. 1, 5. R. V.

Agias (Ἀγίας), Sohn des → Aristomenes (I) aus Messene, Vater des → Pyrilampos, griech. Bildhauer, am E. des 2. Jh. v. Chr. in Olympia tätig. Bezeugt durch die Inschr. Loewy, IGB, 1885, 192 s., Nr 273 auf der Basis einer in Olympia gefundenen Porträtstatue. ▭ ThB1, 1907. RE, Suppl. III, 1918 (s.v. A. 8). – *W. Dittenberger/K. Purgold*, Inschr. von Olympia, Olympia, V, 1896, Nr 399; *Collignon*, GGP[4], II, 1898, 678; *Lippold*, GrPl, 1950, 380. E. Paul

Agiśala (Agesilaos), ind. Name eines irrtüml. vermuteten griech. Bildhauers oder Architekten. Er galt lange als Schöpfer des Kaniṣka-Reliquiars aus Shāh-jī-kī-Ḍherī bei Peshawar. An seine mutmaßl. Tätigkeit wurden weitreichende Schlußfolgerungen für den Einfluß der griech. Kunst auf die Gandhāra-Schule geknüpft. Die Reinigung des Reliquiars ergab, daß der Name des in der Inschr. erw. Architekten (navakarmika) nicht erh. ist. A. ist kein Personenname, sondern bez. das Refektorium (agniśālā) des Klosters, auf das sich die Inschr. bezieht. ▭ *D. B. Spooner*, Excavations at Shah-ji-ki-Dheri, Annual Rep. of the Archaeol. Survey of India 1907/ 08, 52; *S. Konow*, Kharoshṭhī inscr. with the exception of those of Aśoka, Calcutta 1929, 135 s., Nr 72; *B. N. Mukherjee*, Shāh-jī-kī-Ḍherī cascet inscr., The British Mus. Quart. 28:1964, 39 s. H. Plaeschke

Aglaophon (I) (Ἀγλαοφῶν), aus Thasos, griech. Maler, im 5. Jh. v. Chr. in Athen tätig. Von antiken Schriftstellern häufig als Vater und Lehrer der Maler → Polygnotos (I) und → Aristophon erw., mithin wohl bereits in der 1. H. 5. Jh. v. Chr. tätig. Da Plinius (nat., 35, 60) für die Hauptschaffenszeit die 90. Olympiade (420–417 v. Chr.) angibt, wird mit einer gewissen Wahrscheinlichkeit zw. zwei gleichnamigen Künstlern unterschieden, wobei A. d. J. ein Sohn des Malers → Aristophon (oder des → Polygnotos [I]?) und demzufolge ein Enkel von A. d. Ä. gewesen sein könnte. In der antiken Überlieferung, in der der Name A. zus. und somit gleichrangig mit Hauptmeistern der griech. Tafelmalerei wie → Zeuxis (I), → Parrhasios und → Apelles (I) gen. wird (Cic., de orat., 3, 7, 26; Greg. Naz., or., 34, p. 555 A), lassen sich beide jedoch nicht voneinander sondern. Auf A. d. Ä. ließe sich viell. die Mitt. bei Quint., inst., 12, 10, 3 beziehen, daß A. und → Polygnotos (I) die einfache archaische Farbgebung (*simplex color*), d. h. das Gegeneinandersetzen verschiedenartiger Farbzonen, bevorzugten. Auch war es viell. A. d. Ä., der als erster Maler den Typus der geflügelten Nike dargestellt haben soll (Schol. Aristoph., av., 573, hierzu vgl. C. Isler-Kerényi, Nike, Diss., Z. 1969). Als wichtiges Argument für die Existenz A.s d. J. gilt die Überlieferung bei Ath., deipn., 12, 534, D, wonach A. zwei von Alkibiades gestiftete Tafelbilder gemalt haben soll, die diesen zus. mit Personifikationen sportl. Spiele zeigten: – 1. Olympias und Pythias bekränzen den Sieger Alkibiades; – 2. Alkibiades („von schönerer Erscheinung als ein Frauenantlitz"), auf den Knien der Nymphe Nemea sitzend (aus Paus., 1, 22, 6 geht hervor, daß sich dieses Bild zu dessen Zeit noch in der Pinakothek der Propyläen auf der Athener Akropolis befand und mit dem Wagensieg des Alkibiades bei den Nemeischen Spielen in Verbindung gebracht wurde). Die gleichen Grundzüge der Komposition sind auch auf Vasenbildern des Meidias-Kreises (4. V. 5. Jh. v. Chr.) zu erkennen. Die Urheberschaft an beiden Alkibiadesbildern ist allerdings insofern problemat., als wahrsch. das letztere bei Plut., Alk., 16 dem → Aristophon zugeschrieben wird. Ferner erw. Aelian (nat. anim., epil.) ein von A. gemaltes Pferd. Bei diesem wie bei der für A. d. Ä. in Anspruch genommenen Nike handelt es sich wohl nur um Details aus größeren Gemälden. ▭ ThB1, 1907 (s. v. A. I und II, mit älterer Lit.). RE I. 1, 1893; *Bryan*, Dict. I, 1910; EAA I, 1958 (s. v. A. 1 und 2); KlP I, 1964; EWA VII, 1971, 52. – *Overbeck*, SQ, 1868, Nrn 315, 455, 591, 614, 615, 805, 1042, 1043, 1046–1049, 1050 (p. 192: U), 1130–1135, 1641; *Brunn*, GGK II, 1889, 13 s., 54; *Pfuhl*, MuZ, II, 1923, 639 ss., 595, 762; *G. Bendinelli*, Bd'A 5:1925, 150 ss.; *A. De Capitani*, La grande pitt. greca, Mi. 1945, 40 s.; *Ferri*, Plin., 1946, 147, Anm. zu 35, 60); *Picard*, Manuel, III. 2, 1948, 457, Anm. 1; II. 1, 1939, 183; *Rumpf*, MuZ, 1953, 65, 92; *Robertson*, Hist., 1975, I, 242, 418, 434, 437; II, 658 s., Anm. 149, p. 693, Anm. 148. G. Bröker/W. Müller

Aglaophon (II), griech. Koroplast, im 2. Jh. v. Chr. in Myrina tätig. Der Name des A. ist nur durch sechs Sign. auf Tonstatuetten bek., die aus der Nekropole von Myrina kommen. Die Sign. erscheint auf zwei Niken Phainomerides, die aus dem gleichen Modell stammen. Dieses Thema war im 2. Jh. v. Chr. bes. beliebt. Diese Exemplare gehören damit zu den ältesten von A. sign. Werken und A. zählt somit zu den ersten Koroplasten von Myrina, die ihren Namen verewigt haben. A. sign. ebenfalls eine Aphrodite, die sich auf eine Xoanonfigur lehnt, die je nach Autor ins 2. bzw. 1. Jh. v. Chr. dat. wird und eine klass. Plastik zum Vorbild hatte. Schließl. tragen seine Sign. auch zwei Statuetten der auf einer Gans nach links sitzenden Aphrodite, die beide aus der gleichen Form stammen, und einer Statuette der auf einer Gans nach rechts sitzenden Aphrodite. Dieser sehr bek. Typus wurde auch von and. Koroplasten gebildet, u.a. von → Menophilos (IV) und dat. in die 2. H. des 1. Jh. v. Chr. Wir haben folgl. zw. den frühesten und spätesten Statuetten mit dem Namen des A. eine Zeitspanne, die zu groß für einen einzigen Künstler ist. Daher handelt es sich hier um den Namen eines Meisters, dessen Werkstätte auch später seine Sign. als Fabrikmarke weiterhin verwendet hat. Die Sign. auf den nach links auf einer Gans sitzenden Aphroditen ist in Relief und war folgl. auf dem Modell eingeritzt. Die übrigen Sign. waren hingegen auf den Figuren selbst oder auf dem Prototyp vertieft. 📖 *Mollard-Besques*, II, 1963, 32, Nr Myr 41; p. 70, Nr M 62 und Myrina 701, p. 202, Taf. 37 a, 86 f, 235 b-c; *D. Kassab*, Statuettes en terre cuite de Myrina. Corpus des sign., lettres et signes, P. 1988, 24 s., Nrn 1–2, Taf. 2-3, 6–11.

D. Kassab Tezgör

Agnaptos (Ἀγνάπτος), griech. Architekt, in späthellenist. oder röm. Zeit. in Olympia tätig. Erbauer einer nach ihm benannten, jedoch nicht mehr vorh. Säulenhalle im SO der Altis von Olympia, s. des Stadions (Paus., 5, 15, 6; 6, 20, 10 und 13). Die Halle bildete den Hintergrund der von dem Bildhauer und Techniker → Kleoitas (1. H. 5. Jh. v. Chr.) konstruierten Startanlage im Hippodrom und zugleich dessen monumentale Einfahrtsfront. Unklar ist, ob die Halle die gesamte Breite des Hippodroms einnahm oder nur die halbe Breite bis zur Mittelachse und wie die räuml. Beziehungen zur Startanlage und dem übrigen Teil des Hippodroms waren. 📖 ThB1, 1907. RE I. 1, 1893 (s.v. Agnaptos); VIII, 1913 (s.v. Hippodromos); EAA I, 1958 und II, 1959, 654; EWA I, 1959; DEAU I, 1968; LdK I, 1971 (s. v. Hippodrom). – *E. Q. Visconti*, Mus. Pio Clementino, V, R. 1796, 81, Tav. A; *Brunn*, GGK II, 1889, 227; *M. T. Mitsos*, in: Kongreß-Ber. Pyrgos 1978 (At. 1980), 63 s.

W. Müller

Agneios (Ἀγνείος), aus der Fam. des → Agasias (II) (Agauos; Agnos) aus Ephesos, griech. Bildhauer aus Ephesos, im 1. Jh. n. Chr. in Italien tätig. Sein Name ist auf der Stütze einer als Ares erg. Porträtstatue im Pariser Louvre (Inv. Nr MA 883) neben dem Namen eines Herakleides (→ Herakleides [VII]) unvollst. erh. (Loewy, IGB, 1885, 293; CIG, III, 6152) und läßt versch. Lesarten zu (Arneios, Apreios, Amatios, Harmatios). 📖 ThB16, 1923 (s.v. Herakleides). RE VII. 2, 1912 (s.v. Harmatios); EAA I, 1958. – *Overbeck*, SQ, 1868, Nr 2279; *Overbeck*, GGP⁴, II, 1882, 398; *Brunn*, GGK I, 1889, 571, 584. *V. C. Goodlett*, Collaborations in Greek sculpt.: The literary and epigraphical evidence, Diss. N. Y. 1989, 223, Nr H 114; IGUR, IV, 1990, 1563; *M. Donderer*, ÖJh 65:1996, 102 ss., Abb. 15–17.

E. Paul

Agorakritos (Ἀγοράκριτος), aus Paros, griech. Bildhauer und Erzbildner, in der 2. H. des 5. Jh. v. Chr. tätig. Lieblingsschüler des → Pheidias (I) und Rivale des → Alkamenes (I). Nach der antiken Überlieferung soll → Pheidias (I) einige seiner Statuen A. geschenkt und ihm gestattet haben, sie zu signieren. Dadurch galten bei Pausanias (1, 3, 5; 1, 33, 3; 1, 34, 5) u. a. antiken Autoren die beiden bedeutendsten Marmorwerke des A., das Kultbild der Nemesis und das der Meter (Göttermutter), als Werke des → Pheidias (I), obwohl nach Strabon (9, 396) Antigonos aus Karystos an der Nemesis-Statue ein Bronzetäfelchen mit der Sign. des A. entdeckt hatte. Heute darf als gesichert gelten, daß beide Kultbilder eigenhändige Werke des A. waren und auch nicht in der Wkst. des Lehrers hergestellt worden sind. Um den Intrigen seines Rivalen → Alkamenes (I) aus dem Wege zu gehen, scheint A. den größten Teil der Zeit des Archidamischen Krieges (431–321 v. Chr.) außerhalb Athens verbracht zu haben. Erst E. der 20er Jahre kehrte er vermutl. dorthin zurück; denn nach der Niederlage der Athener in der Schlacht am Delion (im Winter 424/23 v. Chr.) erhielt er offenbar den Staatsauftrag zu einem Grabmal für die gefallenen Athener. – In der auf die Zeit der Parthenon-Skulpturen folgenden Periode der att. Kunst vertrat A. mit seinen Werken eine durch ion. Stilmittel (Synthese der Körper-Darst. mit einer reichen, eigenwilligen, jedoch nicht ornamental erstarrten Gewandbehandlung) geprägte Richtung. Als im vorletzten Jahrzehnt des 5. Jh. v. Chr. Alkibiades die polit. Führung in Athen übernahm, scheint A. die Kunstentwicklung der Stadt maßgebend beeinflußt zu haben. Sein Hauptwerk ist die *Kultstatue der Nemesis im Nemesis-Tempel von Rhamnus* (Overbeck, SQ, 1868, Nrn 834–843), par. Marmor, zw. 435 und 420 oder 4. V. 5. Jh. v. Chr. (die Reliefs der Basis sind eine Weiterentwicklung des Stils der spätesten Parthenon-Skulpt.). Bei Ausgrabungen in Rhamnus (1890) wurden von der Statue gefunden: ein Kopffragm. mit gewellten Haaren und Einsatzspuren einer Metallkrone (London, BM, Inv. Nr 460), Splitter der Figur und über 40 Fragm. der Basis. Vor 1890 gefundene Fragm. sind verschollen (hierzu vgl. F. G. Welcker, Tagebuch einer griech. Reise, I, 143; L. Stephani, RhM 1846, 16; Svoronos, I, 1908, 171 s.). Die Rekonstr. des Werkes ergibt sich aus antiken Beschr. in Verbindung mit der Kultbild-Darst. auf einem kypr. Silberstater des 4. Jh. v. Chr. (hierzu vgl. J. Six, NumChron 2:1882, 89 ss., Taf. 5; P. Gardner, Types of Greek coins, C. 1883, Taf. 10, 25; E. Babelon, Monnaies grecques de la Bibl. nat., II, 1890–93, 143 ss.). Nach den Maßen der erh. Fragm. hatte die stehende Figur etwa doppelte Lebensgröße (die Höhe von 10 Ellen, die Paus., 1, 33, 2 angibt, ist übertrieben). Die Göttin trug eine Krone aus Metall. Diese überragten geflügelte weibl. Gestalten (Niken?), die mit jeder Hand einen anspringenden Hirsch emporhielten. Ebenfalls aus Metall waren die Attribute der Nemesis: in der Rechten eine Phiale mit den goldenen Figuren der Aithiopen auf schwarzem Grund; in der Linken ein Apfelzweig, an dem Antigonos aus Karystos das Täfelchen mit der Sign. des A. gesehen hat. Auf den Basisreliefs war nach Paus., 1, 33, 7 ss. dargestellt, wie Helena in Gegenwart homer. Helden von ihrer Amme Leda der Nemesis, ihrer wirkl. Mutter, zugeführt wird. Den gelehrten Versuchen, Pausanias zu korrigieren und die Darst. als Vermählung der Helena mit Menelaos zu deuten, kann man nur schwer folgen. Nach Plin., nat., 36, 17 schuf A. die Statue im Wettstreit mit → Alkamenes (I), und zwar als eine Aphrodite. Die Legende, A. sei als Ausländer im Wettstreit unterlegen und habe aus Rache an Athen sein Werk, durch Attribute in eine Nemesis verwandelt, nach außerhalb gew., entbehrt jeder Grundlage und diente wohl nur der Erklärung des Namens. Als röm. Kopie der Nemesis wurde früher die Kolossalstatue einer Demeter im Vatikan angesprochen. Sie weist jedoch in Kopfbildung und Armhaltung vom Original ab. Auch die Hera Borghese in Kopenhagen läßt sich nicht wie vorgeschlagen auf A. zurückführen. – Ein weiteres Werk, die *Kultstatue der Meter (Göttermutter) im Metroon von Athen*, ist nur lit. überliefert (Overbeck, SQ, 1868, Nrn 831–833), kolossales Sitzbild aus Marmor, wahrsch. nach 430 v. Chr. (ein terminus post quem ist die Tatsache, daß der Kult der Meter erst kurz nach der Pest des Jahres 430 v. Chr. in Athen eingeführt wurde). Den Thron der Göttin stützten zwei Löwen. In der Rechten hielt sie eine Schale, in der Linken ein Tympanon. Die Rekonstr. des verlorengegangenen Orig. stützt sich auf zahlr. spätere Nachbildungen, v.a. Statuetten hellenist. Zeit und Weihreliefs (vgl. das Relief Berlin, SMPK, Antiken-Slg, Inv. Nr K 110). In jüngster Zeit wurde versucht, ein Fragm. des Orig. nachzuweisen. Die Kybele der Slg Pamphili in Rom, die irrtüml. als Kopie der Meter angesehen wurde, geht – abgesehen vom fehlenden Tympanon – auf ein Werk aus der M. des 5. Jh. v. Chr. zurück. – Ebenso ist das dritte Werk, die *Gruppe der Athena Itonia und des Zeus-Hades für das Heiligtum der Athena Itonia b. Koroneia/Böotien*, Bronze, nur lit. überliefert (Overbeck, SQ, 1868, Nr 830). Auf die Athena Itonia sind die Athena mit dem Wolfshelm der Villa Albani in Rom und eine Athena der Mus. Capit. ebd., auf den Zeus ein bärtiger Kopftypus der Slg Barberini bezogen worden. – Auf Grund stilist. Vergleiche mit dem Kopf-Fragm. und den Basisreliefs der Nemesis-Statue wurde eine Reihe lit. nicht überlieferter Werke A. bzw. seiner Wkst. zugeschr. oder angeschlossen. Mitarb. des A. an der Bauplastik der Athener Akropolis (Skulpt. des Parthenon, des Nike-Tempels einschl. seiner Balustrade und viell. auch des Erechtheions) wird vermutet. ꟷ ThB1, 1907. RE I. 1, 1893; Suppl. I, 1903; *Roscher*, ML III, 1897–1902, 147 ss.; EAA I, 1958; KlP I, 1964; LAW, 1965; DictHazan I, 1967; LdK I, 1968; EWA II, 1972, 104; *Bénézit* I, 1976. – Einen Überblick über die ältere Forsch. bieten: *Brunn*, GGK I, 1889, 239 ss.; *Collignon*, HistSculpt, II, 1897, 112 ss.; *Klein*, GGK, II, 1905, 221 ss.; *H. Schrader*, Phidias, Ffm. 1924, 298; *Picard*, Manuel, II, 1939, 531–543; *E. Buschor*, Phidias der Mensch, M. 1948, 115–120, Taf. 67, 69; *V. Poulsen*, Fidias, Sth. 1949, 63 ss.; *Lippold*, GrPl, 1950, 187 ss.; *Richter*, Sculpt, 1950, 24 ss., Abb. – Zusammenfassende neuere Darst.: *A. W. Byvanck*, De beeldende kunst in den tijd van Plato, Am. 1955 (Meded. de Koninklij Nederl. Akad. van Wetenschappen, Afd. Letterkunde, N. R. 18, 16) 444 s.; *K. Schefold*, A. als Erbe des Phidias, in: R. Boehringer, eine Freundesgabe (Tübingen 1957), 543–572, 32 Abb.; *B. Schlörb*, Unters. zur Bildhauergeneration nach Phidias, Waldsassen/Bayern 1964, 34–44 (wichtig auch für Zuschreibungsfragen); *G. I. Despinis*, Symboli sti meleti tou ergou tou Agorakritou (Beitr. zum Stud. des Werkes des A.), At. 1971, mit 116 Taf.; *Robertson*, Hist., 1975, I, 285, 351 ss.; II, 679, Anm. 145, p. 680, Anm. 156. – Wichtige Einzelliteratur: Zur Nemesis: *H. Posnansky*, Nemesis und Adrasteia, Breslau 1890, 40 ss.; *L. Pallat*, JdI 9:1894, 1 ss.; *E. Kjellberg*, Stud. zu den att. Reliefs des V. Jh. v. Chr., Upsala 1926, 105 ss., Taf. I-IV; *S. Papaspiridi*, Guide du Mus. Nat., Athen 1927, 64 ss.; *P. Zancani Montuoro*, BullCom 61:1933, 25–58 (Kopien); *Ch. Picard*, RA 1958, I, 98 s.; *B. Svoboda/D. Končev*, Neue Denkmäler antiker Toreutik (Mon. Archeol., 4), Prag 1956, 143 ss.; *E. Simon*, AntK 3:1960, 3 ss.; *G. I. Despinis*, 3:1970, 407–413; *B. Pétracos*, BCH 105:1981, 227 ss. – Zur Meter: *A. v. Salis*, JdI 28:1913, 1 ss.; *E. Berger*, Parthenon-Ostgiebel (Diss. München), Bonn 1959, 54 s., Taf. 8. – Zur Gruppe Athena Itonia und Zeus-Hades: *A. Furtwängler*, Meisterwerke griech. Plastik, L./B. 1893, 112; *A. Andrén*, RendPontAcc 35:1962/63, 27–37. – Parthenon-Skulpt.: *B. Schweitzer*, Meister am Parthenon, L. 1936.

E. Paul

Agoralios oder **Agorallos** ([᾿Αγορ]αλ[ι]ος), Sohn(?) des Bildhauers → Sarpedon, griech. Bildhauer, am A. des 2. Jh. v. Chr. auf Delos tätig. Sein Name fragm. erh. auf 3 Basen im Mus. von Delos (Loewy, IGB, 1885, 158, Nrn 206 s.; CRAI 1908, 185; IG, XI. 4, 1089, 1178, 1195, 1211; Marcadé, Signatures, II, 1957, 12–14; id., MusDélos, 1969, 56). ▭ RE II. A. 1, 1921 (s. v. Sarpedon 5); Suppl. III, 1918 (s. v. Agorallos); EAA, Suppl. 1970 (s. v. Agoralios); *Bénézit* I, 1976 (s. v. Agorallos). – *Lippold*, GrPl, 1950, 352, Anm. 3. G. Bröker

Agricola (Agroecula), 532–580 n. Chr. Bischof von Chalon-sur-Saône. Nach Gregor von Tours (Hist. Franc., 5, 45) Bauherr (nicht Architekt) von Gebäuden und einer reich ausgestatteten Kirche in seiner Bischofsstadt. ▭ ThB1, 1907. – PLRE, III A, 1992. M. Dennert

Agrolas (᾿Αγρόλας), myth. Architekt, in myken. Zeit tätig. Erb. nach Pausanias 1, 28, 3 zus. mit *Hyperbios* und dessen Bruder *Euryalos* einen Teil der ältesten Befestigungsmauer der Akropolis von Athen aus „kyklopischem" Mauerwerk (Reste an der SW-Seite erh., 2. H. 13. Jh. v. Chr.). Mauerbauten dieser Konstruktionsart schrieb man in der Antike allg. den Pelasgern oder Giganten zu. Außerdem kommen in der Sagenüberlieferung A., H. und E. als Namen von Giganten vor. Die Hypothese, sie seien aus Sizilien über Akarnanien nach Athen gekommen, ist nicht beweisbar. ▭ ThB1, 1907. RE I. 1, 1893; EAA I, 1958; DEAU I, 1968; EWA II, 1972, 89. – *Brunn*, GGK II, 1889, 217; *Fr. Hauser*, in: Strena Helbigiana, L. 1900, 111 ss. W. Müller

Agrypnus, röm. Bildhauer, in der frühen Kaiserzeit in Rom tätig. Nur bek. durch eine Marmor-Inschr. aus dem Columbarium der Freigelassenen der Livia in Rom (CIL, VI, 4032). ▭ EAA IV, 1961 (s.v. Marmorarius). – *Calabi Limentani*, Studi, 1958, 160, Nr 53. R. V.

Ahanechet (I) (Ahanacht), ägypt. Palastschreiber, erste Zwischenzeit (2170/2120–2025/2020 v. Chr.), in Ägypten tätig. A. hat in Hatnub ein Graffito mit Text und Bildern hinterlassen, die sich nicht mehr an den Proportionskanon des Alten Reiches orientieren. Der Text preist die Taten des Fürsten Neheri I., der im Bild mit einem Harfenspieler und zwei Dienern dargestellt ist. ▭ LÄ III, 1980, Sp. 835 mit Anm. 26 (s.v. Künstler); V, 1984, Sp. 938 mit Anm. 2 (s.v. Sign.). – *R. Anthes*, Die Fels-Inschr. von Hatnub, L. 1928, 56–59, Taf. 26. M. A. Stadler

Ahanechet (II) (Ahanacht), ägypt. „Vorsteher der Künstler", erste Zwischenzeit (2170/2120 und 2025/2020 v. Chr.), in Ägypten tätig. In einem eigenhändigen Graffito in Hatnub belegt, in dem er seine Geschicklichkeit in seinem Fach und die Tätigkeit als Gold- und Silberschmied erwähnt. ▭ *R. Anthes*, Die Fels-Inschr. von Hatnub, L. 1928, 41 s., Taf. 20; *W. A. Ward*, Index of Egyptian administrative and relig. titles of the Middle Kingdom, Beirut 1982, Nr 282. M. A. Stadler

Ahauti, ägypt. Künstler, unter Ramses XI. (1103/1099–1070/69 v. Chr.) in Theben/Oberägypten tätig. A. war an der Grab-Kap. des vergöttlichten → Imenhetep (VI) (Amenophis), Sohn des Hapu, angestellt. Er ist bek. aus einem der sog. Grabräuberprozesse. Ihm wurde vorgeworfen, aus gestohlenen Zedernholzbrettern einen Sarkophag für die Frau Taherer gefertigt zu haben. ▭ KRI, VI, 762; *T. E. Peet*, The great tomb robberies of the twentieth Egyptian dynasty, Ox. 1930, 64, 119; *W. Helck*, Mat. zur Wirtschafts-Gesch. des Neuen Reiches, Mainz 1961, 115. S. L. Lippert

Ahmos(e); Ahmosis → Iahmes

Aiginetes (Aeginetes, auch: Aeginetas; Aigineta), aus Sikyon (?), griech. Bildhauer (?), am E. des 3. Jh. v. Chr. tätig. Nach Plin., nat., 35, 145 Bruder des sikyon. Malers → Pasias, sonst unbekannt. Für die Plinius-Stelle ist wohl die Lesart ... *Aeginaetae fictoris* (statt ... *Aeginaetae pictoris*) vorzuziehen, andernfalls würde es sich bei A. um einen Maler handeln. ▭ RE I. 1, 1893 (s. v. A. 2); II. A. 2, 1923, 2549; EAA I, 1958. – *Brunn*, GGK 1889, I, 502 und II, 292; *Ferri*, Plin., 1946, 205, Anm. zu 35, 145; *Lippold*, GrPl, 1950, 339, Anm. 9. G. Bröker

Aineades (Αἰνεάδες), attischer Vasenmaler des schwarzfigurigen Stils aus der Gruppe der Kleinmeister, etwa im 3. V. des 6. Jh. v. Chr. in Athen tätig. Der Name ist auf einer Bandschale mit Henkelpalmetten (Berlin, SMPK, Antiken-Slg, Inv. Nr F 1780) überliefert. Die Inschr. ist allerdings durch flüchtige Buchstaben und Fehler schwer lesbar. ▭ ThB1, 1907. – *Furtwängler*, BerlinVasen, I, 1885, 297, Nr F 1780; *Brunn*, GGK II, 1889, 446. K. Zimmermann

Ainetidas (Αἰνητίδας), Sohn des Antilas, Lakedaimonier, griech. Bildhauer, E. 2. Jh. v. Chr. in Megalopolis tätig. Nur bek. durch seine Sign. auf der Marmorbasis eines Reiterstandbildes des Xenainetos, Kraugis' Sohn, die in Megalopolis gefunden worden ist und wegen der großen Ähnlichkeit der Buchstaben an der Reiterstatuenbasis des Philopoimen in Delphi am A. des 2. Jh. v. Chr. zu dat. ist. ▭ *U. Kreilinger*, AM 110:1995, 373–378, Abb. 1, Taf. 84, 1. R. V.

Airdasios (?) (Aur. Dasios?), spätantiker Architekt, in der Prov. Osrhoene tätig. Bek. durch eine Fels-Inschr. b. Edessa (Urfa/S-Türkei). Er erb. die Stadtmauern des benachbarten Batnai (Saruq, Serug) und einen großen Khan mit Brunnen an der Straße Edessa-Batnai. ▭ ThB1, 1907. – *H. Pognon*, BCH 20:1896, 395. G. Bröker

Aischines (I) (Αἰσχίνης), att. Töpfer, in der 2. H. des 6. Jh. v. Chr. in Athen tätig. Bek. durch die Sign. auf dem Fragm. eines Kraters (oder einer Terrakottabasis?) von der Athener Akropolis (Athen, NM, Inv. Nr Akr. 2692; cf. Graef/Langlotz, IV, 1925, Taf. 113). Das Fragm. läßt in schwarzfig. Technik auf hellem Grund Reste eines Wagengespanns erkennen. Unbewiesen bleibt, ob A. ident. war mit dem Stifter eines Weihgeschenks von der Athener Akropolis (CIA, IV. 2, 373[202]; cf. AntDenkm 1., 3:1888, Taf. 29, 1 und Raubitschek, Dedications, 1949). ▭ ThB1, 1907. RE I. 1, 1893 (s. v. A. 23); EAA I, 1958 (s. v. A. 1). – *K. D. Mylonas*, AEphem 1883, 37, Nr 9; *E. Pottier*, GazArch 13:1888, 170; *Hoppin*, BlackFig, 1924, 26; ABV, 1956, 351. K. Zimmermann

Aischines (II), griech. Bildhauer unbek. Zeit aus Rhodos. Erw. bei Diog. Laert. 2, 64. Die von Raoul-Rochette (1832) auf A. bezogene fragm. Künstler-Sign. ΑΕΣ[...] aus Gabii in Latium ist jünger. ▭ ThB1, 1907. RE I. 1, 1893 (s. v. A. 22); EAA I, 1958 (s. v. A. 2). – *Désiré Raoul Rochette*, Lettre à M. Schorn, P. 1832, 54 s.; *Overbeck*, SQ, 1868, Nr 2085. D. Rößler

Aison (Αἴσων), att. Vasenmaler des rotfigurigen Stils, im letzten Drittel des 5. Jh. v. Chr. in Athen tätig. Bek. durch Sign. in ion. Alphabet auf einer rotfig. Schale mit Darst. der Theseus-Taten (Madrid, Mus. Arqueol. Nac., Inv. Nr 11265: CVA, Madrid III I D, Taf. 1–5; 15). Zugeschr. Werke: meist kleinformatige Gefäße (Schalen, Hydrien, Oinochoai, bauchige Lekythen, Pyxiden, wenig qualitätvolle Peliken und ein Kopfkantharos) sowie drei Lutrophoren-Fragm. von der Athener Akropolis. – A. war ein typ. Vertreter des „Reichen Stils". Seine Werke sind stilist. verwandt mit denen seiner offenbar wenig jüngeren Zeitgen. → Aristophanes und Meidias-Maler. A.s zeichner. Stil ist charakterisiert durch schlanke, elegante, rhythm. gebogene, mitunter leicht disproportionierte Gestalten in heftigen, raumgreifenden Bewegungen und nuancenreicher Strichführung. Seine Figurenkompositionen sind teils aufgelockert, teils durch Detailreichtum verunklärt. Einige seiner Werke (z. B. die Madrider Theseus-Schale) wirken mit ihrer Bevorzugung von Pathos, Posen und Detailreichtum gegenüber motivisch ähnlichen Werken der Hochklassik (z. B. vom Kodros-Maler) wie Kopien, die im Zeitstil verändert sind. Eigenständiger sind Szenen mit Odysseus und Nausikaa auf einem Pyxis-Deckel (Boston, MFA, Inv. Nr 04. 18) oder die Amazonomachie einer bauchigen Lekythos (Neapel, MN Archeol., Inv. Nr RC 239), deren Raumaufteilung von der Monumentalmalerei entlehnt zu sein scheint. A. gestaltete auch bevorzugte Themen seiner Zeit (Szenen aus dem Frauenleben wie z. B. auf der Lekythos Athen, Akrop. Mus., Inv. Nr 6471, ausziehende oder heimkehrende Krieger und Jünglinge, Athleten, seltener Götter und ihre Begleiter). Zu einer and. Auffassung gelangte U. Knigge (1975) auf Grund einer im Athener Kerameikos gefundenen Kanne (Athen, Kerameikos-Mus., Inv. Nr 4290), deren vier Satyrn sich mit Figuren des Aison, die von ihnen verfolgte Amymone mit solchen des Meidias-Malers verbinden lassen. Dies führte sie zu der Vermutung, daß beide Maler zusammenzuschließen sind und daß der Maler, der die Gefäße des Meidias-Malers bemalte, Aison heißt. Fortbestehende Unterschiede im vereinten Werk beider Maler wird man schwerl. mit einer Entwicklung dieser Künstlerpersönlichkeit allein erklären können. ▭ ThB1, 1907 (mit älterer Lit.). RE I. 1, 1893 (s. v. A. 5); EAA I, 1958 und Suppl. 1970; LAW 1965; *Bénézit* I, 1976. – *W. Riezler*, Der Parthenon und die Vasenmalerei, M. 1902; *Hoppin*, RedFig, I, 1919, 14–17; *Pfuhl*, MuZ, II, 1923, 584 s.; *Ch. Dugas*, A. et la peint. céramique à Athènes à l'époque de Périclès, P. 1930; *F. Hauser* in: FR III, 1932, 50 s.; *C. M. Del Rivero*, Rev. español 13:1936, 59–65, Abb.; *Rumpf*, MuZ, 1953, 113, Anm. 4; *P. E. Arias*, Arte antica e moderna 1:1958, 3–10 (Kelchkrater aus Spina, andere Zuweisung bei ARV[2], 1963, 1680); *G. M. A. Richter*, Attic red-figured vases, New Haven 1958, 146; *Arias*, GVP, 1962, 371; ARV[2], 1963, 1174–1178, 1274 s., 1685; Para, 1971, 460; *U. Knigge*, AM 19:1975, 123–143; *U. Pannuti*, RendLinc 32:1977, 577–584, Taf.; Add[2], 1989, 339 s.

K. Zimmermann

Aisopos (I) (Αἴσωπος), griech. Bildhauer, viell. nur Steinmetz, zw. dem 1. V. des 6. und A. des 5. Jh. v. Chr. tätig. Er arbeitete zus. mit seinen Brüdern die bildlose, einst wahrsch. von einer Palmette bekrönte Grab(?)-stele eines Phanodikos (gefunden am Vorgebirge Sigeion in der Troas, heute in London, BM). Auf der Basis eine Inschr. in att. Schriftcharakter (Loewy, IGB, 1885, 5–7, Nr 4, p. XVII). ▭ ThB1, 1907. RE I. 1, 1893 (s. v. A. 2); EAA I, 1958 (s. v. A. 1); EWA II, 1972, 95; *Bénézit* I, 1976. – *S. Löschcke*, AM 4:1879, 292; *Brunn*, GGK I, 1889, 607; *Picard*, Manuel, I, 1935, 634; *Lippold*, GrPl, 1950, 82, Anm. 1. E. Paul

Aisopos (II), griech. Bildhauer, um 100 v. Chr. auf der Insel Kalymnos tätig. Er schuf mit dem Bildhauer → Olympos (II) zwei Porträtstatuen, von denen die sign. Marmorbasen auf Kalymnos gefunden wurden. Eine der beiden Statuen stellte Aristopolis, Sohn des Hierophon, dar und war von seinen Brüdern Gylippos und Hierophon und seinem Verwandten Dikastophon geweiht. Obwohl von A. weder Vatersname noch Herkunft überliefert sind, wird die Meinung vertreten, daß er und → Olympos (II) aus dem Ort ihrer Tätigkeit gebürtig und Sklaven waren. ▭ RE, Suppl. VIII, 1956 (s. v. Olympos 34); EAA I, 1958 (s. v. Aisopos 2). – *M. Segre*, ASAtene N. S. 6/7:1944/45, 161 ss. Nr 136 s. E. Paul

Aitherios (Αἰθέριος), frühbyz. Architekt, zur Zeit des Kaiser Anastasios I. (491–518 n. Chr.) tätig, b. Kedrenos (1, 563 B) als μηχανικός (Ingenieur, Konstrukteur) bezeichnet. Erneuerte um 500 n. Chr. in Konstantinopel die Chalke, eine lange, schmale, heute nicht mehr vorhandene, monumentale Eingangshalle an der S-Seite des Vorhofes zum Großen Kaiserpalast. Der Urspr. des von byz. Schriftstellern mehrfach erw. Gebäudes reicht bis in die Zeit Konstantins d. Gr. und Zenos zurück. Sein Name („die Eherne“) stammt entweder von der Bedachung mit vergoldeten Kupferplatten oder von seinem Bronzeportal. ▭ ThB1, 1907. DEAU I, 1968. – *F. Reber*, AbhMünchen XIX, 1891, 735 ss. – *Zur Chalke*: RE III. 2, 1899 (s.v. Chalke 4). *C. Diehl*, Justinien et la civilisation byz. au VI siècle, II, P. 1901, 80 ss., 641; vgl. auch die Lit. zum Großen Kaiserpalast (EWA II, 1960, 838 und *B. Brenk*, PKG III, 1968, 388 s.). – *J. P. Richter* (Bearb.), Quellen zur byz. Kunstgesch., W. 1897 (Quellenschr. für Kunstgesch. und Kunsttechnik des MA und der Renaiss. N. F. 8), 260–272; *C. Mango*, The brazen House, Ko. 1959, 26–30; PLRE, II, 1980 (s.v. A. 2). W. Müller

Akesas und **Helikon** (Ἀκεσᾶς, Ἀκεσαῖος, Ἀκεσεύς und Ἑλικών), ostgriech. Textilkünstler (Vater und Sohn), wahrsch. in archaischer Zeit tätig. Nach Ath., deipn, 2, 48, B stammten beide Künstler aus Salamis/Cypern, was am ehesten anzunehmen ist. Nach Zenob. (Proverb., 1, 56) soll A. aus Patara/Lykien und H. aus Karystos/Euboia stammen. Nach der antiken Überlieferung (Overbeck, SQ, 1868, Nrn 385–387) webten beide den ersten panathenäischen Peplos für das Kultbild der Athena Polias auf der Athener Akropolis (E. Pernice, ThB XVI, 1923, s. v. Helikon, hielt hingegen diese Nachr. für eine antike Erfindung). Ein Epigramm (zit. bei Ath., deipn., 2, 48, B) nennt beide als Urheber eines Werkes, das einst in Delphi zu sehen war. Nach Plut. (Alex., 32, 11) war der prunkvolle Mantel, den Alexander d. Gr. von den Rhodiern als Ehrengeschenk erhielt und dann in einer Schlacht getragen haben soll, ein Werk des alten H. – Eine ungefähre Vorstellung von der Webkunst des A. und H. geben die Prachtgewänder mit breiten Figurenstreifen auf griech. Vasenbildern sowie Stoffreste des 5. Jh. v. Chr., die man auf der Krim gefunden hat. Daß die Arbeiten beider Künstler hohe Qualität besaßen, geht aus der Tatsache hervor, daß man die Bezeichnung (Zenob., Proverb., 1, 56) sprichwörtl. für erstrangige Webarbeiten gebrauchte. Nicht überzeugend blieb der Versuch, beide auf Grund der Etymologie ihrer Namen als mythische Künstler zu interpretieren. Dagegen liegt es nahe, A. und H. mit dem Höhepunkt der griech. Textilkunst in archaischer Zeit zu verbinden. ▭ ThB1, 1907 (s. v. Akesas); 16, 1923 (s. v. Helikon). RE I. 1, 1893 (s. v. Akesas); VIII. 1, 1912 (s. v. Helikon 6); EAA I, 1958 (s. v. Akesas); III, 1960 (s. v. Helikon); KlP II, 1967 (s. v. Helikon 3). – *Brunn*, GGK II, 1889, 12 s.; *E. Buschor*, Beitr. zur Gesch. der griech. Textilkunst, M. 1912, 47 ss (mit Lit.). W. Müller

Akestor (Ἀκέστωρ), Sohn des Aischron, aus Argos, griech. Bildhauer, wahrsch. seit E. 4. oder A. 3. Jh. v. Chr. tätig. Pausanias (6, 17, 4) erw. als Werk eines A. die olymp. Siegerstatue des Fünfkämpfers Alexibios aus Heraia in Arkadien. Sie muß in Olympia unter den Weihgeschenken des 4. bis 3. Jh. v. Chr. gestanden haben. Der gleiche Alexibios muß nach IG, V. 2, 550 (Sylloge[3], 314) wahrsch. auch in Lykaia in Arkadien gesiegt haben (313 v. Chr. oder 304/303 v. Chr.). So ergibt sich für diese Statue eine Datierung um 300 v. Chr. Ein weiteres Werk des A. wurde durch die Inschr. auf einer Kalksteinbasis aus Troizen in der Argolis bek. (IG, IV, 772): die Statue einer Demostheneia, von deren Eltern, Apollodoros und Eutychis, dem Asklepios und der Hygieia geweiht. A. schuf das Werk zus. mit → Toron, dem Sohn des Apellion, Dat. aus epigraph. und prosopograph. Gründen in das 3. Jh. v. Chr. – Die ältere Forschung schrieb die Alexibios-Statue einem A. aus Knossos zu, den Pausanias (10, 15, 6; Overbeck, SQ, 1868, Nr 464) als Vater des in der 1. H. 5. Jh. v. Chr. tätigen kret. Erzbildners → Amphion nennt. Jedoch ist für diesen eine eigene künstler. Tätigkeit, etwa als Bronzegießer, nicht sicher nachzuweisen. Nach Neuinterpretation der Überlieferung zu A. durch L. Moretti (1955) stammen beide Werke vom argiv. Bildhauer A. ▭ ThB1, 1907 (überholt). RE I. 1, 1893 (s. v. A. 5); Suppl. I, 1903 (s. v. A. 5); Suppl. III, 1918 (s. v. A. 6); EAA I, 1958 (s. v. A. 1 und 2). – *Overbeck*, SQ, 1868, Nr 464 mit Anm.; *Brunn*, GGK I, 1889, 75; *E. Legrand*, BCH 17:1893, 90, Nr III; *S. Wide*, AM 20:1895, 213 s.; *C. Robert*, Hermes, 1900, 178; *Th. Klee*, Zur Gesch. der gymn. Agone an griech. Festen, L./B. 1918, 66; *Picard*, Manuel, 1939, II. 1, 18 s.; 140; II. 2, 637, Anm. 1, pp. 654, 732, Anm. 2; *G. Gullini*, ArchCl 1:1949, 10 ss.; *J. Marcadé*, BCH 73:1949, 137–141, Nr 4, Taf. 2; *Lippold*, GrPl, 1950, 339, Anm. 21; *L. Moretti*, ArchCl 7:1955, 187–189; Pausanias Reisen in Griechenland, II (ed. *F. Eckstein*), übers. v. *E. Meyer*, Z./M. 1986/87, p. 298, Anm. zu 6, 17, 4. D. Rößler

Akmon (Ἄκμων), Künstler-Sign. oder Besitzer-Inschr. (wohl verlesen aus Admon) auf einem Kameo mit Portr. des Augustus (einst in der Slg De la Turbie, jetzt verschollen, Echtheit bestritten). ▭ ThB1, 1907. EAA I, 1958. – *Brunn*, GGK II, 1889, 535 s. G. Bröker

Akomena → Acomena

Akragas (Acragas), aus Akragas(?), griech. Toreut, lebte nicht vor dem 4. Jh. v. Chr. A. stellte silberne(?) Skyphoi mit getriebenen Reliefdekorationen her: Nach Plin., nat., 33, 155 war er berühmt wegen der Jagdszenen, die in der bei Reliefvasen übl. umlaufenden Komp. das Innere seiner Skyphoi ausschmückten (cf. AdI 1871, Q; H. Dragendorff, BJB 96: 1895, 58). Skyphoi des A. mit Darst. von Kentauren und Bacchantinnen waren noch zu Plinius' Zeit im Dionysos-Tempel der Stadt Rhodos zu sehen. – Plinius zählt A. zus. mit → Mentor, → Boethos (II) und → Mys (II) zu den bedeutendsten Toreuten des Altertums. An seiner Existenz zu zweifeln, wie es Th. Reinach (RA 24:1894, 170) getan hat, besteht kein Anlaß. Zw. den Städten Akragas und Rhodos (gegr. 408 v. Chr.), zwei Hauptzentren antiker Toreutik, bestanden gute Beziehungen. Es erscheint daher nicht ausgeschlossen, daß der Künstler sein Tätigkeitsfeld nach Rhodos verlegte. ▭ ThB1, 1907. RE I, 1894; EAA I, 1958. – *Brunn*, GGK II, 1889, 401; *F. Courby*, Les vases grecs à reliefs, P. 1922, 264 s.; *Ferri*, Plinius, 1946, 44 s. (Anm. zu XXXIII, 155). W. Müller

Akron (Ἄκρων), Sohn des Praton, griech. Bildhauer aus Selinunt (nicht aus Lindos), um 400 v. Chr. tätig. Seine Sign. steht auf einer auf der röm. Agora in Delphi 1896 gefundenen Kalksteinbasis (Inv. Nr 3522, Dat. nach Marcadé, I, 1953, 2 in das 3. Drittel 5. Jh. v. Chr.). Der Name des Stifters (aus dem Geschlecht der Asklepiaden?), eines Arztes aus Selinunt, ist in der Inschr. nur mit Phil [...] überliefert. Eine Identität mit dem berühmten Arzt Philistion (4. Jh. v. Chr.), wie sie Pomtow annahm, ist nicht nachweisbar. Die acht Einlaßlöcher an der Oberseite der Basis lassen an eine Bronzegruppe mit einer sitzenden und einer stehenden Figur denken (Asklepios und Hygieia oder der Stifter selbst mit einem Kranken?). ▭ RE, Suppl. V, 1931, 1 und 828; EAA I, 1958; *Bénézit* I, 1976. – *H. Pomtow*, Klio 15:1918, 303–306, Nr 102; *E. Bourguet*, FDelphes, III. 1, 1929, 330 s., Nr 506; *L. Laurenzi*, Ritratti greci, Fi. 1941, 28, Nr 62; *Picard*, Manuel, III, 1948, 403, 879; *Lippold*, GrPl, 1950, 211. D. Rößler

Akusilos (Ἀκούσιλος), aus Akraiphia, griech. Bildhauer, in der 2. H. des 6. Jh. v. Chr. tätig. Nur bek. durch seine Sign. auf drei Kalksteinbasen für Kuroi, die im Heiligtum von Ptoion b. Theben standen (J. Ducat, Les kouroi du Ptoion. Le sanctuaire d'Apollon Ptoieus à l'époque archaïque, P. 1971, 379–384, Nrn 232, 234 s., Taf. 128 s.). ▭ *Floren*, GrPl, 1987, 315, Anm. 28. R. V.

Akylas (I) (Ἀκύλας), Sohn des Akylas, Bildhauer aus Phrygien, im 2./3. Jh. n. Chr. in Aizanoi tätig. Sein Name ist uns nur durch seine Sign. eines schmucklosen Votivaltars an Asklepios und Hygieia aus Işıklar bei Aizanoi überliefert. ▭ MAMA, IX, 1988, Nr 61. T. Lochman

Akylas (II) (Akylos; Aquila), Künstler-Sign. oder Besitzer-Inschr. auf einem spätröm. Karneol mit Aphrodite beim Bade und Eros (cf. Tassie-Raspe, Cat. of gems, Lo. 1791, Nr 6225) sowie auf einer Gemme mit Pferd (ibid., Nr 13, 219; hiervon nur der Abdruck der Slg Stosch erh.). ▭ ThB1, 1907 (s.v. Akylos). RE I. 1, 1893; EAA I, 1958. – *H. K. E. Koehler*, Gesammelte Schr., III, StP. 1851–53, 73; *Brunn*, GGK, II, 1889, 592 s. G. Bröker

Akylos → **Akylas (II)**

Albius, *A.*, röm. Vasenhersteller, in der Kaiserzeit in Rom tätig. Nur bek. durch seine Grab-Inschr. aus Rom (heute in Rom, Mus. Capitolino; CIL, VI, 9954). ▭ *Calabi Limentani*, Studi, 1958, 171, Nr 153. R. V.

Albius Eros, *Lucius*, Marmorbildhauer und Bronzegießer unbek. Herkunft und Zeit, Freigelassener. Schuf wahrsch. die im Hercules-Heiligtum von Sulmona/Mittelitalien gefundene Marmorstatuette eines ausruhenden Herakles (nach Vorbild des 4. Jh. v. Chr. viell. im 2. Jh. n. Chr. entstanden). Die Weih-Inschr. auf dem Basispfeiler nennt ihn als Stifter mit den Berufsbezeichnungen *scalptor* und *statuarius*. ▭ EAA VII, 1966 (s.v. Sulmona); Suppl. 1970. D. Rößler

Albius Thaemella, *L.*, röm. Gemmenschneider (gemmarius), der im soz. Rang eines Freigelassenen im 1. Jh. n. Chr. in Rom tätig war. Name, Beruf und soz. Stellung sind durch die Grab-Inschr. überliefert (CIL, VI, 245). ▭ EAA III, 1960 (s.v. Gemmarius). B. Gerring

Albu[...], provinzialröm. Maler, tätig in Germanien (CIL, XIII, 5704). ▭ EAA VI, 1965 (s.v. Pictor). R. V.

Alc[...], provinzialröm. Marmorarius in N-Afrika, Freigelassener, nur inschriftlich nachgewiesen (R. Cagnat/A. Merlin/L. Chatelain, Inscr. latines d'Afrique, P. 1923, 428). ▭ EAA IV, 1961 (s. v. Marmorarius). R. V.

Alcimedon → **Alkimedon**

Alcimus, röm. Architekt, in der 2. H. des 2. Jh. n. Chr. in Rom tätig. Nur bek. durch seine Grab-Inschr. aus Rom (heute in Rom, MN Romano, Inv. Nr 115743; CIL, VI, 33763). ▭ EAA I, 1958, 576. - *G. Gatti*, NSc 1891, 316; *id.*, BullCom 20:1892, 76 s.; *Calabi Limentani*, Studi, 1958, 175, Nr 186; *Donderer*, Architekten, 1996, 189 s., Nr A 89, Taf. 32, 2. R. V.

Aleuas (Ἀλεύας), Sohn des Kreon, aus Athen, griech. Bildhauer, wahrsch. auch Erzbildner, um 400 v. Chr. in Lindos tätig. Seine Sign., in att. Schriftduktus der Zeit um 400 v. Chr., steht auf zwei Basen (aus Kalkstein bzw. Marmor) von der Akropolis zu Lindos/Rhodos (Lindos II. 1, 1941, 51, Nr 1, p. 222–224, Nrn 29 s.). Die zugehörigen Votivstatuen waren der Athena Lindia geweiht. Die eine Basis trug evtl. die Statue des Stifters Dardanos, des Sohnes des Isomenes, die andere wohl die Figur der Göttin selbst. Ein bei Plin., nat., 34, 86 (Overbeck, SQ, 1868, Nr 2094; Ferri, Plin., 1946, 107) erw. Aleuas, der Bronzebildnisse von Philosophen arbeitete, ist wahrscheinlich mit ihm identisch. ▭ ThB1, 1907. RE I. 1, 1893 (s. v. A. 5); Suppl. III, 1918 (s. v. A. 5); EAA I, 1958; EWA II, 1972, 103; *Bénézit* I, 1976. - *Brunn*, GGK I, 1889, 526; *Picard*, Manuel, III. 1, 1948, 153, 156; III. 2, 1948, 879; IV. 2, 1963, 1004; *Lippold*, GrPl, 1950, 190, Anm. 7 s. G. Bröker

Alexander → **Licinius Alexander,** *Gaius*

Alexander (Ἀλεξάνδερ), griech. Toreut unbestimmter Zeit. Nur bek. durch eine Inschr. aus Sardis (AE, 1933, 255). ▭ EAA II, 1959 (s.v. Caelator). R. V.

Alexander Severus → **Aurelius Severus Alexander,** *Marcus*

Alexandras (Ἀλεξανδρᾶς), aphrodis. Bildhauer, E. 3. Jh. n. Chr. in Aphrodisias/Karien tätig. Nur bek. durch seine Nennung auf dem Marmor-Fragm. eines Fußes, der in Aphrodisias gefunden worden ist (Aphrodisias, Mus., Inv. Nr 75. 2) und der zu einer leicht überlebensgroßen Statue gehörte. Nach den Buchstabenformen dat. das Fragm. viell. ans E. des 3. Jh. n. Chr. ▭ *K. T. Erim/J. Reynolds*, Sculptors of Aphrodisias in the inscriptions of the city, in: *N. Başgelen/M. Lugal* (Ed.), Festschr. für Jale Inan, Istanbul 1991, 520, Nr 1, Taf. 199, a. R. V.

Alexandros (I) (Ἀλέξανδρος), griech. Maler aus Athen, wahrsch. 2.–1. Jh. v. Chr. Name und Herkunft aus Athen bek. durch Sign. (CIG, 5863) im Schriftduktus des 1. Jh. v. Chr. an einem 1746 in Herculaneum gefundenen, offenbar nach Vorbildern des 5. Jh. v. Chr. gearbeiteten polychromen (?) Gemälde auf Marmor (Neapel, MN, Inv Nr 9562). Das Bild zeigt fünf Frauen beim Knöchelspiel (Leto und Niobe haben sich beim Spiel entzweit und widersetzen sich dem Versöhnungsversuch der Phoibe, während Aglaia und Hileaira noch ins Spiel vertieft sind). Die Darst. wurde auch als Ankleide- oder Schmückungsszene mit knöchelspielenden Mädchen gedeutet. Die Inschr. ist wahrsch. nicht auf einen im 5. Jh. v. Chr. tätigen Künstler, sondern auf den um 100 v. Chr. im neuatt. Stil arbeitenden Maler oder Kopisten zu beziehen. Die gleiche Sign. ist im Bodenstreifen des einen der beiden auf Marmor gemalten Gemälde eingeritzt, deren stark beschädigte Fragm. vor einigen Jahren in der Casa di Nettuno e Anfitrite in Herculaneum gefunden wurden. Das eine Bild zeigt Frauen vor einem von einer hohen Mauer umgebenen hl. Bezirk, auf dessen Stufen ein Ruder liegt. Das andere Bild stellt eine Frau auf einem Thron dar, an den sich seitlich ein Jüngling anlehnt. Die Zuweisung von drei weiteren in Herculaneum gefundenen Gemälden gleicher Technik an A. ist unsicher. An ihnen wie an dem Gemälde mit den Knöchelspielerinnen erkannte bereits G. Semper Farbspuren innerhalb der Konturen. ▭ ThB1, 1907. RE 1. 2, 1894 und Suppl. III, 1918 (s.v. A. 107); EAA I, 1958; KlP I, 1964 (s. v. A. 24); EWA VII, 1971, 357, X, 1972, 513, Taf. 266, XII, 1972, 536 s.; *Bénézit* I, 1976. – *G. Minervini*, in: R. Mus. Borbonico, XV, 1856, zu Taf. 48; *G. Semper*, Der Stil in den techn. und tekton. Künsten ..., I, Ffm. 1860, 470; *K. B. Stark*, Niobe und die Niobiden in ihrer lit., künstler. und mytholog. Bedeutung, L. 1863, 157 ss.; *W. Helbig*, Wandgemälde der vom Vesuv verschütteten Städte Campaniens, L. 1868, Nr 170 b, 1241, 1405, 1464; *H. Heydemann*, 2. HallWPr, 1877, 14; *Brunn*, GGK II, 1889, 308; *L. Savignoni*, BullComm 25:1897, 73 ss.; *C. Robert*, 21. HallWPr, 1897 (ausführl. Darst. der Knöchelspielerinnen); *G. Rodenwaldt*, AA 28:1913, 65 ss. (Kopiencharakter der Knöchelspielerinnen); *S. Reinach*, Rev. Épigr. 2:1913, 117 ss.; *Pfuhl*, MuZ, II, 1923, 663 s., 673 s.; *F. Wirth*, RM 42:1927, 68 ss.; *L. Curtius*, Die Wandmalerei Pompejis, 1929, 267 ss.; *P. Marconi*, La pitt. dei Romani, R. 1929, 17 ss.; *C. Praschniker*, ÖJh 28:1933, 93 ss.; *A. Rumpf*, JdI 49:1934, 19 s.; *id.*, JHS 67:1947, 11; *W. Kraiker*, 106. BWPr, 1950, 21; *Rumpf*, MuZ, 1953, 122 s., Anm. 5; *A. Maiuri*, Ercolaneo, I nuovi scavi, I, N. 1958, 394 s.; *A. de Franciscis*, FA 20:1965, 111; *id.*, Guida del Mus. Archeol. Naz. di Napoli, N. 1968; Reclams Kunstf. Italien 6 (Neapel und Umgebung), St. 1971, 393; *M. Guarducci*, Epigrafia Greca 3:1974, 439 s.; *Robertson*, Hist., 1975, I 425, II 696 (Anm. 172); *H. Mielsch*, RM 86:1979, 233–248 (Deutung und Dat. des Knöchelspielerinnen-Gemäldes). G. Bröker

Alexandros (II), Sohn des Menides aus Antiocheia am Mäander, griech. Bildhauer, wahrsch. um 100 v. Chr. auf der Insel Melos tätig. Auf einer Inschr. wurde die fragm. Sign. des Künstlers allgemein zu [Alex]andros (seltener zu [Hages]andros) ergänzt (IG, XII. 3, 1241; CIG, 2435b; Loewy, IGB, 1885, 209–215, Nr 298; Overbeck, SQ, 1868, Nr 2284). Sie befand sich an einer Basis, die man 1820 im Gymnasion von Melos, angebl. zus. mit der berühmten Marmorstatue der Aphrodite (sog. Venus von Milo, Paris, Louvre, Cat. sommaire Nr 399/400), die eine der Umbildungen der lysipp. Aphrodite von Capua ist, fand. Die Basis gelangte zus. mit der Statue als Geschenk an Ludwig XVIII. in den Louvre, ist aber seit dem 19. Jh. verschollen und nur noch aus Zchngn von Voutier und Debay bekannt. Die Zchng Voutiers (cf. F. Ravaisson, La Vénus de Milo, P. 1871, Taf. 2, 4) zeigt die Basis mit der Inschr. und einem Pfeiler mit dem Kopf des jugendl. Hermes. Wenn die Basis tatsächl. an die Plinthe der Aphrodite-Statue angepaßt hat, wie F. de Clarac (Sur la statue antique de Vénus Victrix, P. 1821, mit Zchng von Debay) behauptete, muß sich Aphrodite auf den Pfeiler gestützt haben. Diesem Argument folgt der die Basis mit einbeziehende Rekonstruktionsversuch von A. Furtwängler (Meisterwerke der griech. Plastik, L./B. 1893, 601 ss.; id., SBMünchen 1897, 416 ss., 1900, 708 ss., 1902, 456 ss.). Er bleibt allerdings wegen des Verlustes der Basis unsicher. Der Schriftduktus der Inschr. soll der Zeit um 100 v. Chr. entsprechen, wofür heute ledigl. die Zchngn der verschollenen Basis herangezogen werden können. Die Erg. der Künstler-Sign. zu Alexandros glaubt man mit einer Inschr. aus Thespiai/Böotien stützen zu können (Lesart von P. Foucart, BCH 9:1885, 409 Nr 21: [...[*xandros*; vgl. auch Sylloge[3], I, 1761). Diese stammt nach ihrem Schriftcharakter aus dem A. 1. Jh. v. Chr. und nennt den Sieger in einem mus. Agon. Außer dem unvollst. Namen enthält sie die gleichen Angaben für Vatersnamen und Herkunft wie die Basis von Melos. Wenn es sich bei beiden Inschr. um die gleiche Person handelt, dann war der aus Ionien stammende Bildhauer auch ein Dichter (vgl. F. Hiller von Gaertringen, Hermes 36:1901, 305 ss.). Wegen der nicht mehr eindeutig nachzuweisenden Verbindung der Aphrodite-Statue mit der verschollenen Basis und wegen der ungelösten epigr. Probleme bleibt unentschieden, ob es sich bei A. wirkl. um den Meister der Aphrodite von Melos handelt. ▭ ThB1, 1907. RE I. 2, 1894 und Suppl. I, 1903 (s. v. A. 105), XV. 1, 1931 (s. v. Melos); EAA I, 1958, mit Abb. 361 (s. v. A. 1); KlP I, 1964 (s. v. A. 25). – *Brunn*, GGK I, 1889, 605; *Lippold*, GrPl, 1950, 370, Anm. 5, p. 375, Anm. 18. Zur Aphrodite von Melos: *L. Alscher*, Griech. Plastik, IV, B. 1957; *J. Charbonneaux*, La Vénus de Milo, Bremen 1958 (Opus nobile, 6); *Schefold*, PGK I, 1967, 202, Nr 143; LdK I, 1968; UdK XVIII, 1971, 324, 333; EWA III, 1972, 483, VII, 1971, Taf. 176; *Robertson*, Hist., I, 1975, 553 s.; *A. Delivorrias*, LIMC II, 1984, 73 s., Nr 643* s.v.

Aphrodite; *A. Pasquier*, La Vénus de Milo et les Aphrodites du Louvre, P. 1985, 40 s., 83 ss. W. Müller

Alexandros (III), jüd. Silberschmied (?), um 56 n. Chr. in Ephesos tätig. Im Neuen Testament (1. Tim. 1,20 und 2. Tim. 4,14) namentl. erw., in der zweiten Stelle mit der Berufsangabe „Schmied". Er war ein Gegner des Apostels Paulus und viell. ident. mit einem in Apostelgesch. 19, 33 s. gen. A., der in Ephesos anläßl. eines von dem Silberschmied Demetrios verursachten Tumultes einzugreifen versuchte. Dieser A. war jüd. Herkunft und möglicherweise bei der Anfertigung silberner Tempelnachbildungen beteiligt. ▭ Lex. für Theologie und Kirche, I, FiB. 1957, 315. – *E. Meyer*, Ursprung und Anfänge des Christentums, III, St. 1923, 122 ss.; *M. Dibelius*, Die Pastoralbriefe, Tübingen [3]1955 (Hb. zum NT, 13), 93; *E. Haenchen*, Die Apostelgesch., 3. Abt., Göttingen [13]1961, 509; *G. Holtz*, Die Pastoralbriefe, B. 1965 (Theol. Handkommentar zum NT, XIII); *B. Reicke*, Theol. Literatur-Ztg 101:1976, 86. G. Bröker

Alexandros (IV), griech. Architekt, im 1./2 Jh. n. Chr. in Palmyra tätig. Überliefert ist nur sein Name auf einem Votivaltar des Baal-Heiligtums in Palmyra (SEG, VII, 115). ▭ EAA I, 1958 (s.v. A. 3). – *J. Cantineau*, Inv. des inscr. de Palmyre, IX, Beirut 1933, 47 s., Nr 36; *J. T. Milik*, Dédicaces faites par des dieux, P. 1972, 158 s.; *M.-C. Hellmann*, ZPE 104:1994, 158, Nr 21; *Donderer*, Architekten, 1996, 85, Nr A 3. W. Müller

Alexandros (V), aus Dokimeion stammender phryg. Bildhauer, wohl in der mittleren Kaiserzeit in Temenothyrai/NW-Phrygien tätig. Nur bek. durch seine Sign. eines Eichtisches aus Uşak/ Temenothyrai. ▭ EAA I, 1958 (s.v. A. 2). – *E. Egger*, MemSocAF 25:1862, 90 ss., Abb. 2; *E. Michon*, REA 1906, 187, Anm. 5; *G. Mendel*, BCH 33:1909, 299. T. Lochman

Alexandros (VI), griech. Steinmetz und πιμεντάριος, gehörte wahrsch. zur Bildhauerschule von Aphrodisias/Karien, im 2./3. Jh. n. Chr. tätig. Seine Sign. steht mit der ἀγαλματογλύφος des → Aurelius Glykon, Marcus auf einem Sarkophag aus Aphrodisias, auf dessen vorderer Längsseite zwei Frauenfiguren, zwei Eroten, die eine Blumengirlande tragen, und zwei Halbfiguren dargestellt sind. ▭ EAA I, 1958 (s. v. A. 4); RE, Suppl. XIV, 1974 (s. v. A. 108). – *Th. Reinach*, REG 19:1906, 265, Nr 159; *Squarciapino*, Afrodisia, 1943, 1, Nr 3; *Toynbee*, Artists, 1951, 27. G. Bröker

Alexandros (VII), Sohn des → Zenon (II), aphrodis. Bildhauer, am E. des 3. Jh. n. Chr. in Aphrodisias/Karien tätig. Bek. durch die Sign. auf dem Sockel der 1964 in der Portikus hinter dem Odeion in Aphrodisias gefundenen Ehrenstatue der Claudia Antonia Tatiana. A. gehörte viell. zu derselben Künstlerfamilie wie ein Alexandros, der als Vater des Bildhauers → Zenon (II) A. 2. Jh. Chr. auf Kreta bezeugt ist. ▭ EAA, Suppl. 1970. – *K. T. Erim*, Archaeology 20:1967, 18 ss.; *L. Robert*, AntCl 35:1966, 377 ss. G. Bröker

Alexandros (VIII), als Maler der Zeit Konstantins I. urkdl. erwähnt. ▭ *Piompinos*, 1979, 22. – *N. D. Kalogeropoulos*, Nea Estia 34:1943 (386) 877–885. K. Aridas

Alexandros (IX), byz. Mosaizist, in der 2. H. des 6. Jh. n. Chr. in Kissufim tätig. Nur bek. durch seine Sign. auf einem Bodenmosaik mit Jagdszenen in der Basilika im Kibbutz Kissufim (in situ). Stolz verzeichnet er dort diese als sein Werk. ▭ *R. Cohen*, The Biblical Archaeology Review 6:1980, 17 ss., Abb.; *A. Ovadiah/S. Mucznik*, in: Mosaique. Festschr. H. Stern (P. 1983), 273 ss., Taf. 183–187; *Donderer*, Mosaizisten, 1989, 53, Nr A 1, Taf. 1. R. V.

Alexandros (X), vermuteter griech. Steinschneider. Der Name erscheint auf drei geschnittenen Steinen: – 1.) Kameo (zwei Bacchantinnen, Eros mit einem Löwen; cf. ThB6, 1912, 314). Der hier vorkommende Name A. ist von Raspe mit Alessandro Cesati (gen. Il Greco oder Grechetto), einem ital. Gemmenschneider und Medailleur des 16. Jh., der antike Münzen und geschnittene Steine nachbildete, identifiziert worden. – 2.) Gemme (Portr. des Ptolemaios Alexandros). Die verkürzte Inschr. (CIG, IV, 7063) gibt hier wahrsch. nicht den Künstlernamen an, sondern bedeutet Ἀλέξανδρος Ἐπιφανὴς βασιλεύς. – 3.) Gemme (Apollon, an eine Säule gelehnt und in der Rechten einen Zweig haltend), Neapel, MN. Ob der hier im Genitiv vorkommende Name A. sich auf den Künstler oder den einstigen Besitzer bezieht, bleibt offen. ▭ EAA I, 1958 (s.v. A. 5). – *G. Minervini*, Bull. del MN di Napoli 4:1846, 22; *Brunn*, GGK II, 1889, 593; *G. Femmel/G. Heres*, Die Gemmen aus Goethes Slg, L. 1977, 200, Nr 9. – Zu Cesati: ThB6, 1912, 313 s.; AKL18, 1998; *Zazoff*, AG, 1983, 394 s., Anm. 45 s. W. Müller

Alexandros Attapinis (Ἀλέξανδρος Ἀττάπινις), Bildhauer aus Phrygien, letztes Drittel 2. Jh. n. Chr., in der NW-phryg. Tembris-Hochebene tätig. A. gehörte zum engeren Wkst.-Kreis um den Bildhauer → Teimeas (Mourmateanos) und seines Sohnes → Zelas, die in der Zeitspanne von ca. 175–225 n. Chr. in der Tembris-Hochebene zahlr. Grab- und Votivstelen im stark stilisierenden und ornamentfreudigen Provinzialstil hergestellt haben. Seine Sign. findet sich auf einer um 170/80 n. Chr. von ihm zus. mit → Zelas gearbeiteten Türstele in Ankara (E. Pfuhl/H. Möbius, Die ostgriech. Grabreliefs, II, Mainz 1977, Nr 2102; M. Waelkens, Die kleinasiat. Türsteine, Mainz 1986, Nr 228). Attapinis ist sehr wahrsch. ein toponymes Adjektiv, das sich auf eine nicht näher bek. antike Siedlung der Tembris-Hochebene bezieht, aus der ein weiterer Bildhauer aus dieser Gegend, → Appas Attapineus, stammt. Die von M. Waelkens dem A. zugeschr. Grabstele in Toronto (The Malcove coll.) zeigt zwei Büsten, deren Figuralstil sich in ident. Weise auf einem Fragm. im Kunsthandel wiederfindet (v. Lochman, im Druck), auf dem sich neben der Figur eines Knaben auch der Rest der Sign. eines Bildhauer mit den Endbuchstaben -as (..]ας λατύπ[ος]), vermutl. → Zelas, erh. hat. Deswegen scheidet die Stele in Toronto als Arbeit des A. aus. ▭ ThB1, 1907. RE I. 2, 1894 (s.v. A. 106); EAA I, 1958. – *Loewy*, IGB, 1885, 272, Nr 389 (Inschr. unvollst.); *M. Waelkens*, in: *S. D. Campbel* (Ed.), The Malcove coll., Toronto 1985, 22–23; *T. Lochman*, Stud. zu kaiserzeitl. Grab- und Votivreliefs aus Phrygien, im Druck. T. Lochman

Alexas (I) (᾿Αλεξᾶς), Grieche, zeitweilige Betätigung als Graffiteur auf Delos, ca. 2. H. des 2. Jh. v. Chr. Der Name A. erscheint, erg. durch die griech. Formel für „hat mich gemacht", als eingeritzte Sign. an einer Wand des *Raumes F* innerhalb des Hauskomplexes *Ilot des bijoux I/II* aus ca. der 2. H. des 2. Jh. v. Chr. im Stadtquartier am „Heiligen See" nahe der Bucht von Skardana auf Delos (M. Trümper, Wohnen in Delos, Rahden 1998, 190–192, Nr 10 s., Abb. 10). Der Schriftzug ist der fragm. erh. Ritz-Zchng eines Schiffsrumpfes beigefügt (Basch, 1987), einem unter den Graffiti an delischen Gebäuden nicht selten vorkommenden Motiv. ▭ *L. Basch*, Le mus. imaginaire de la marine antique, At. 1987, 375, Nr 22, p. 381 mit Anm. 133. K. Hornig

Alexas (II), griech. Steinschneider, 1. Jh. v. Chr., viell. in Rom ansässig. Vater und Lehrer der Steinschneider → Aulos und → Kointos. Wegen der „fast ausschließl. aphrodis.-dionys. Thematik ihres Œuvres" vermutet P. Zazoff (AG, 1983, 286), daß die Familie des A. aus Kampanien stammt. Von den mit dem Namen des A. sign. Steinen kann ein Kameo-Fragm. (Seeungeheuer und großes Ruder), Onyx, London, BM (ehem. in der Slg Pulsky) als echt angesehen werden. Anzuschließen ist nach Vollenweider (1966) ein in der Komposition verwandtes Stück Berlin (SMPK, Antiken-Slg) mit Herakles, der das Seeungeheuer tötet. Gefälscht ist hingegen ein ebenfalls mit A. sign. Karneol in Berlin (SMPK, Antiken-Slg) mit der Darst. eines wütenden Stiers. ▭ ThB1, 1907. RE I. 2, 1894 (s. v. A. 2); EAA I, 1958. – *A. Furtwängler*, JdI 3:1888, 137 s., Taf. 3, 23 (Fälschung) und 4:1889, 51 s. (Kleine Schr., II, 1913, 182, 253 s., Taf. 25, 23); *id.*, Beschreibung, 1896, Nr 11270; *Brunn*, GGK II, 1889, 543 s.; *Babelon*, BiblNatCamées, I, 1897, p. LI; *H. B. Walters*, BMGems, 1926, Nr 3553; *Vollenweider*, Steinschneidekunst, 1966, 40 (mit Anm. 8, 10, 11 und Taf. 30, 3–4), 46, 103; *Richter*, EngrGemsRom, II, 1971, Abb. 633; *Zazoff*, AG, 1983, 286, Anm. 113. W. Müller

Alexis (῎Αλεξις), aus Argos, griech. Bildhauer, gegen E. 5. Jh. v. Chr. tätig. Erw. nur bei Plinius (nat., 34, 50; Overbeck, SQ, 1868, Nr 978) in einer Liste der Schüler des → Polykleitos (I). Der Versuch, A. mit dem gleichnamigen Vater des Bildhauers → Kantharos aus Sikyon (Paus., 6, 3, 6), einem Schüler des → Eutychides (I) und Enkelschüler des → Lysippos (I), zu identifizieren, ist aus chronolog. Gründen nicht haltbar (cf. Ferri, Plin., 1946, 73, Anm. zu 34, 50). ▭ ThB1, 1907. RE I. 2, 1894 (s. v. A. 11); EAA I, 1958; EWA XI, 1972, 146. – *Brunn*, GGK I, 1889, 276; *E. Strong*, The Elder Pliny's chapters of the hist. of art, Lo. 1896, 38; *Picard*, Manuel, III. 1, 1948, 236; *Lippold*, GrPl, 1950, 216; *Arnold*, Polykletnachfolge, 1969, 6 s. E. Paul

Alfenius, *Marcus*, Sohn eines Marcus, röm. Architekt. Nur bek. durch eine Grab-Inschr. aus Rom (L. A. Muratori, Novus thesaurus veterum inscriptionum, Mi. 1739–42, 936,7; CIL, VI. 5, 3057). ▭ ThB1, 1907. – *Donderer*, Architekten, 1996, 279 s., Nr B 1. W. Müller

Alfius Onesimus, *M.*, röm. Mosaizist, um 19 n. Chr. wahrsch. in Rom tätig. Nur bek. durch eine verschollene Weih-Inschr. aus Rom (CIL, VI, 243), die durch die Nennung des Konsuls genau in das Jahr 19 n. Chr. dat. werden kann. A. O. weihte seine Marmor-Taf. dem Genius des Kollegiums der Mosaizisten. ▭ *Donderer*, Mosaizisten, 1989, 82, Nr 45; *Dunbabin*, MGRW, 1999, 275, Anm. 37. R. V.

Alkamenes (I) (Ἀλκαμένης, Alcamenes), griech. Bildhauer, Erzbildner, in der 2. H. des 5. Jh. v. Chr. tätig. Lebenszeit, Herkunft und Werke sind seit langem Gegenstand der Forschung. Als Heimatort ist Athen (Plin., nat., 36, 16), aber auch Lemnos (Suda, s.v. Ἀλκαμένης, dazu paßt Tzetz., hist. var., 8, 340, wo er νησιώτης gen. wird) überliefert. Man hat versucht, beide Angaben zusammenzubringen: A. sei zwar in Lemnos geboren, aber als Angehöriger einer Familie athen. Kleruchen zugleich Bürger von Athen gewesen. A. war Schüler des → Pheidias (I) (Plin., nat., 34, 72 und 36, 16), später Rivale seines Lehrers (Plin., nat., 34, 49; Tzetz., hist. var., 8, 340 ss., Athena-Statue im Wettstreit mit → Pheidias (I): ibid., 353 ss.). und dessen Lieblingsschülers → Agorakritos (Plin., nat., 36, 17: Aphrodite-Statue im Wettstreit mit → Agorakritos). In der lit. Überlieferung erscheinen A. und → Agorakritos als diejenigen Mitarbeiter des → Pheidias (I), die diesem in der Erneuerungsbewegung der perikleischen Zeit am nächsten standen. Wie → Pheidias (I) schuf A. fast ausschließl. Kultstatuen und arbeitete ebenfalls in Goldelfenbein, Bronze und Marmor. Lukian (Iupp. trag., 7) nennt → Pheidias (I) und A. ausdrückl. als Marmorkünstler gegenüber Erzgießern wie → Myron (I) und → Polykleitos (I). Nach Plinius (nat., 34, 49) gehörte bereits die 83. Olympiade (448–445 v. Chr.) zu A.s Schaffenszeit, nach Pausanias (9, 11, 6) war er noch 403 v. Chr. für Theben tätig. Seine Hauptschaffensperiode fällt in die Zeit des Peloponnes. Krieges, als er offizieller Bildhauer Athens war und Aufträge für die großen Kultbilder der meisten damals in der Stadt neu erbauten Tempel erhielt. Mehrere Weihreliefs aus Athen und Umgebung stammen anscheinend aus A.s Wkst. und deuten darauf hin, daß er auch Privataufträge ausführte. Problemat. für seine chronolog. Stellung ist, daß Pausanias ihm sowohl die Skulpt. des vor 456 v. Chr. vollendeten W-Giebels des Zeus-Tempels von Olympia (Paus., 5, 10, 8) als auch die kurz nach 403 v. Chr. anzusetzende kolossale Reliefgruppe mit Athena und Herakles in Theben/Böotien (Paus., 9, 11, 6) zuweist. Da man es als unwahrsch. ansah, daß beide Werke von einem Künstler stammen sollten, der noch als 90jähriger tätig war, vermutete man früher die Existenz zweier Bildhauer gleichen Namens. Der ältere von ihnen sollte für Olympia gearbeitet haben. Nach H. Schrader (1929) u. a. soll A. am W-Giebel des Zeus-Tempels von Olympia nur die drei Eckfiguren für jedes Giebelende geschaffen haben. Da ihr Stil im Vergleich zu den übrigen Figuren jünger sei und sie aus and. Material (pentel. Marmor) bestehen, handele es sich bei ihnen um Ersatzstücke. Es erscheint nicht ausgeschlossen, daß A. als ein weiterer Meister am W-Giebel tätig war, wo er die urspr. (vermutl. durch ein Erdbeben zerstörten?) Eckfiguren neu schuf. Nach and. Ansicht (z. B. R. Bianchi Bandinelli, 1976) erhielt er den Auftrag für die Eckfiguren, weil der Giebelschmuck 456 v. Chr. noch nicht vollendet war. So gesehen entfallen die chronolog. Schwierigkeiten im Zusammenhang mit A.s and. Werken. Aus versch. Gründen kann A. auch als Mitarbeiter des → Pheidias (I) bei der Bauplastik des Parthenon angesehen werden. – Im Urteil der Antike erscheint A. seinem Lehrer fast ebenbürtig. Seinen Werken wurden wie denen des → Pheidias (I) dessen bildhauer. Erbe er zus. mit → Agorakritos seit den späten 30er Jahren des 5. Jh. v. Chr. antrat, Sorgfalt, Schönheit und ideelle Erhabenheit zugesprochen (Quint., inst., 12, 10, 8). Pausanias (5, 10, 8) nennt ihn den Zweiten in der Kunst nach → Pheidias (I). A. nahm eine vermittelnde Stellung zw. der phidiasischen Tradition und der letzten Blütezeit der att. Kunst im 4. Jh. v. Chr. ein. Er versuchte, seinen eigenen Stil mit and. zeitgen. Kunstströmungen in Einklang zu bringen und trug wesentl. zur Herausbildung der klassizist. Richtung der späteren att. Kunst bei. Seine Werke zeichnen sich mehr noch als die des → Pheidias (I) durch wuchtige Erscheinung, strengen Aufbau und ernste, einfache Formen aus. Die archaisierende Darst.-Weise setzte bei ihm schon früh ein, beherrschte aber nicht ausschließl. seinen Stil.

Von den Werken des A. blieb nur die fragm. *Prokne-Gruppe* (Athen, Akropolis-Mus.) als Original erhalten. Seit langem wird versucht, die übrigen, nur lit. überlieferten Werke A.s mit bestimmten Kopien und Ableitungen zu verbinden; manches bleibt dabei fraglich. Als gesicherte Werke sind zu nennen: – 1.) Mitarbeit an den *Skulpturen vom W-Giebel des Zeus-Tempels in Olympia* (Paus., 5, 10, 8), s. o. – 2.) *Hermes Propylaios* (Paus., 1, 22, 8, der das Werk zu Unrecht einem → Sokrates (II), Sohn des Sophroniskos, zuschreibt; vgl. hierzu die Logistenurkunde, IG, I^2, 324, 114), Herme des bärtigen Hermes in archaisierendem Stil, einst am Eingang der Athener Akropolis neben einem Relief der Chariten, Zeit der Parthenon-Metopen (448 bis um 442 v. Chr.); Urheberschaft des A. auf zwei stilist. unterschiedl. röm. Nachbildungen des 2. Jh. epigraph. belegt: Epigramm auf einer Hermes-Herme aus Pergamon (Istanbul, Mus., Inv. Nr. 527, gefunden 1903, Variante in Berlin, SMPK, Antiken-Slg) und Inschr. auf einer weiteren Hermes-Herme aus Ephesos (Izmir, Mus., gefunden 1928, Varianten in St. Petersburg, Ermitage, und München, Glyptothek); die pergamen. Kopie läßt klare Rückschlüsse auf das Original zu. – 3.) *Prokne mit ihrem Sohn Itys* (Athen, Akropolis-Mus., Inv. Nrn 1358, 2789), Marmor-Gruppe der Athener Akropolis (einstiger Standort zw. Parthenon und Erechtheion), mit sicher nicht zugehörigem Kopf erg., um 440 (?) v. Chr.; obwohl bei Pausanias (1, 24, 3) ledigl. als Weihung des A. gen., dennoch als sein Werk anzusehen; von E. Langlotz und and. für eine Kopie gehalten; in der Formensprache dem W-Giebel des Parthenon verwandt; ähnlichste Parallele: pergamen. Statuenkopie in Berlin, SMPK, Antiken-Slg, Inv. Nr VII, 23. – 4.) *Aphrodite „in den Gärten"* (Plin., nat., 36, 16; Paus., 1, 19, 2; Lukian., im., 4 und 6), A.s Hauptwerk, an das → Pheidias (I) selbst die letzte Hand angelegt haben soll, einst Kultbild des Aphrodite-Heiligtums in den Gärten am Ilyssos sw. von Athen, wahrsch. Marmor, das Werk viell. in dem vielfach variierten Typus der unverschleierten, angelehnten Aphrodite enthalten; die Suche nach Kopien (u. a. Venus Genetrix des Louvre; BrBr, 473; Kora Albani; BrBr, 255; Herme aus Leptis Magna in Tripolis, Mus.) ergab bisher nur ein verwirrendes Bild; man hat das Werk auch mit der im Wettstreit mit → Agorakritos geschaffenen Aphrodite identifizieren wollen. – 5.) *Hekate Epipyrgidia* (Paus., 2, 30, 2), erste künstler. Ausgestaltung des dreiseitigen Pfeilers zum dreigestaltigen Bild der Göttin, archaisierender Stil, einst auf dem Nikepyrgos der Athener Akropolis vor dem Tempel der Athena Nike, Aufstellung aus baugeschichtl. Gründen erst nach 432 v. Chr.; Ableitungen davon auf athen. Münzbildern und in untereinander versch. Hekateia (St. Petersburg, Ermitage; Wien, Kunsthist. Mus.; Leiden, Rijskmus. van Ouden; u.a.). – 6.) *Ares* (Paus., 1, 8, 4), einst Kultstatue im Ares-Tempel an der Athener Agora; auf dieses Werk wird u. a. der Ares Borghese im Louvre (BrBr, 63; Lippold, GrPl, 1950, Taf. 68,1) zurückgeführt, ob mit Recht, bleibt fraglich. Vgl. auch Torso einer röm. Kopie des Ares in Leipzig, Antiken-Museum. – 7.) *Hephaistos und Athena* (Hephaistos: Paus., 1, 14, 6; Cic., nat. deor., 1, 30; Val. Max., 8, 11, ext. 3. Abrechnungsurkunden für beide Statuen: IG, I².1, 370/371), Kultbild-Gruppe aus Bronze, einst im Hephaisteion bei der Athener Agora (dort noch zwei Basisblöcke aus eleusin. Marmor gefunden), zw. 421/420 und 416/415 v. Chr.; bei Hephaistos war das Hinken des Gottes angedeutet; Athena mit eingelegten blauen Augen und einer Blume aus Zinn unter dem Schild; an der Stirnseite der Basis war die Geburt des Erichthonios dargestellt; ob die neben Hephaistos stehende Athena „Hephaisteia" auch von A. stammt, ist nicht überliefert, jedoch möglich; an den Kopf des Hephaistos erinnert vielleicht die Büste der Slg Chiaramonti im Vatikan (BrBr, 244); zur Überlieferung der Athena „Hephaisteia" ist nach E. Langlotz der Typ der Athena Hope-„Farnese" heranzuziehen; Zusammenhang besteht auch mit zahlr. Repliken und Varianten ohne Kopf (z. B. in Cherchel, Ostia, Lecce, Arles, wobei die Beziehung zu der bek. Replik in Cherchel umstritten ist), ferner mit Darst. auf einer röm. Münze aus Athen und auf Lampenreliefs aus Athen (z. B. Lampen-Fragm. des 2. Jh. n. Chr., Athen, NM, Slg Empedokles). – 8.) *Dionysos Eleuthereus* (Paus., 1, 20, 3), Goldelfenbein-Sitzstatue archaisierenden Stils (nach E. Langlotz eine stehende Figur, überliefert in einem Torso des Giardino della Pigna im Vatikan und in Varianten des 4. Jh. v. Chr.), einst Kultbild des (jüngeren) Dionysos-Tempels beim Dionysos-Theater am SO-Abhang der Athener Akropolis, auf Grund der noch vorh. Basisfundamente errechnete E. Reisch für die Höhe der Statue etwa 5,50 bis 6,25 m, zw. 420 und 415 v. Chr.; freie Nachbildung auf athen. Münzen; Nachklang vom Kopf des Kultbildes in einer Herme aus dem Piräus. – 9.) *Asklepios* (Paus., 8, 9, 1), einst Kultstatue des Asklepios-Tempels in Mantineia, offenbar vor 418 v. Chr.; Nachklang auf einer Münze von Mantineia. – 10.) *Athena und Herakles* (Paus., 9, 11, 6), kolossale Reliefgruppe, pentel. Marmor, einst im Herakles-Tempel von Theben/Böotien, kurz nach 403 v. Chr., Weihgeschenk des Thrasybulos und seiner Gefährten zum Dank für die Hilfe der Thebaner bei der Befreiung Athens von den 30 Tyrannen. – 11.) *Hera* (Paus., 1, 1, 5; IG², 310, 147), einst Kultstatue eines von den Persern zerst. Hera-Tempels zw. Athen und Phaleron; ähnl. eine fast lebensgroße Relieffigur aus Mantineia (Athen, NM, Inv. Nr 226); der Statuentyp viell. ident. mit der „Demeter" Boboli in Berlin (Blümel, KatSkulptBerlin, IV, 1931, 172, Taf. 61/62; Kopf modern); Wiedergabe auf Urkundenreliefs (cf. Lippold, GrPl, 1950, 198, Taf. 73,4). – 12.) *Siegerstatue eines Pentathlos (sog. Encrinomenos)* (Plin., nat., 34, 72), Bronze, einstiger Standort unbek.; von dem Diskobol im Vatikan (cf. Amelung, SkulpturenVatMus, I, 1903, Nr 324) kann viell. nur der nicht zugehörige Kopf auf dieses Werk bezogen werden. – *Zuschreibungen*: H. Schrader verband die Wkst. des A. mit bedeutenden Skulpt. der Athener Akropolis (Parthenon-Giebel, Teil des Frieses der Nike-Balustrade, Koren und Fries des Erechtheions). Ferner schrieb A. Byvanck (BABesch 1949–51, 11 ss.) A. die Figuren 36–42 vom O-Fries des Parthenon zu. Auf A. bezieht E. Berger (AM 71:1956, 170, Nr 17) das kolossale Kopffragment einer Göttin in London (BM). ▭ ThB1, 1907 (mit älterer Lit.). RE I. 2, 1894 (s. v. A. 5) und Suppl. I, 1903, 61; EAA I, 1958 (s. v. A. 1), 7 Abb.; EWA I, 1959; LAW, 1965; LdK I, 1968. – *Overbeck*, SQ, 1868, Nrn 808–828. *Brunn*, GGK I, 1889, 234 ss.; *Furtwängler*, Meisterwerke, 1893, 117 ss.; *B. Schröder*, A.-Studien, B. 1921 (79. BWPr); *H. Schrader*, Phidias, Ffm. 1924, 103, 184 ss., 263 ss.; *Ch. Walston*, A. and the establishment of the classical type in Greek art, C. 1926; *Picard*, Manuel, I, 1935, 13, 16, Anm. 2, p. 162, 403; II. 1, 1939, 47 et passim; II. 2, 1939, 523, Anm. 2, et passim, bes. 551–586; III. 1, 1948, 116 et passim; III. 2, 1948, 407 et passim; IV. 1, 1954, 312 et passim; IV. 2, 1963, 907, Anm. 1, et passim; *V. H. Poulsen*, Phidias und sein Kreis (Coll. of the Ny Carlsberg Glyptothek, III), Kph. 1942, 72–78; *Ferri*, Plin., 1946, 94, Anm. zu 34, 72, p. 226 s., Anm. zu 36, 16 s.; *Lippold*, GrPl, 1950, 184–187; *Richter*, Sculpt, 1950, 237–240; *E. Langlotz*, A.-Probleme, B. 1952 (108. BWPr); *J. Marcadé*, BCH 77:1953, 504 ss., 551; *G. Becatti*, Problemi Fidiaci, Fi./Mi. 1955; *R. Calza*, MemPontAcc 8:1955, 107–136; *B. Schlörb*, Unters. zur Bildhauergeneration nach Phidias, Waldsassen/Bayern 1964 (Ausschnitt aus Phil. Diss. Ffm. 1960), 27–33; *L. Capuis*, A. Fonti stor. e archeol., Fi. 1968; *Arnold*, Polykletnachfolge, 1969; *J. Charbonneaux*, in: UdK XVI, 1971, 162, 165 s., 181, 184, 186, Abb. 174, 400; *Robertson*, Hist., 1975, I, 284–290 et passim; II, 665, Anm. 228, 231–233, p. 678, Anm. 130, p. 680, Anm. 153, 157; *W.-H. Schuchhardt*, A., B. 1977 (126. BWPr); *Alscher*, Griech. Plastik, II. 2, B. 1982, 199, 201, 204, 213, 367, 411–413, 428 s., 512, 517; *G. Donnay*, in: Rayonnement grec. Hommages à C. Delvoye, Br. 1982, 167–176. – Olympia: *H. Schrader*, ÖJh 25:1929, 82–108; *C. H. Morgan*, Hesperia 21:1952, 295–339. – Hermes Propylaios: *G. Loeschcke*, JdI 19:1904, 22–25; *Mendel*, Sculpt, I, 1912, Nr 5278; *E. Schmidt*, Archaist. Kunst in Griechenland und Rom, M. 1922, 43 ss.; *O. Kern*, AM 55:1930, 207 s.; *C. Praschniker*, ÖJh 29:1934/35, 23–31, Abb.; *N. Nováková*, Zprávý Jednoty klassických filol. 8:1966, 130 s.; *D. Willers*, JdI 82:1967, 37–109, bes. 74 s., Abb. – Prokne und Itys: *S. Casson*, Cat. of the Acropolis Mus., C. 1921, II, Nr 1358, 2789; *T. Dohrn*, Att. Plastik vom Tode des Phidias bis zum Wirken der großen Meister des 4. Jh. v. Chr., Krefeld 1957, 70 s.; *H. Knell*, Die Gruppe von Prokne und Itys, APl XVII, 1978, 9–19, Taf. – Aphrodite „in den Gärten“: *G. Guidi*, Africa Italiana 4:1931, 1 ss.; *G. Gullini*, RendPontAcc 21:1945/46, 151–162, 4 Abb.; *E. Langlotz*, SBHeidelberg 1953/54, Nr 2, vgl. dazu *F. Chamoux* (REG 69:1956, 455 s.) und *M. J. Milne* (AJA 60:1956, 201–205). – Hekate Epipyrgidia: *H. Sitte*, ÖJh 13:1910, 87–94, Taf. 3 s.; *Waldhauer*, Skulpt, I, 1928, Nr 258; *Ch. Picard*, RA 1936, 208 s.; *Lippold*, GrPl, 1950, Taf. 67,1; *W. Fuchs*, Boreas 1:1978, 19–27, Abb. – Ares: *Mustilli*, 1939, 128; *R. Bartoccini*, Dioniso 5:1935, 105 ss.; *R. Pace*, Dioniso 10:1947, 272; *B. Freyer*, JdI 77:1962, 211–226; *P. Bruneau*, in: Rayonnement grec. Hommages à C. Delvoye, Br. 1982. 177–199. – Hephaistos und Athena: *E. Reisch*, ÖJh 1:1898, 55 s.; *Ch. Picard*, RA 1950, 189 s.; *id.*, Fontes ambrosiani 25–27 (Misc. G. Galbiati, I), Mi. 1951, 19–25; *E. Boucher-Colozier*, Libyca 1:1953, 265–267; *S. Papaspyridi-Karousou*, AM 69/70:1954/55, 67–94, 3 Abb., 8 Taf.; *A. N. Oikonomides*, The Voice of the Turtle (Chicago) 5:1966, 83–85; *E. B. Harrison*, AJA 81:1977, 137 bis 178, 265–287, 411–426, Abb. – Dionysos Eleuthereus: *E. Reisch*, Eranos Vindobonensis 1893, 1–23; *B. Ashmole*, BSA 24:1919/21, 85 s., Taf. 4; Delt 6:1920/21, 128, Abb. 25. – Hera: *E. Tamajo*, AttiPalermo 9:1949, 1–40; *G. Gullini*, ArchCl 2:1950, 90–92. – Parallelen auf Münzbildern: *J. N. Svoronos*, Monnaies d'Athènes, M. 1923–26, Taf. 74,8 und 77,17 (Hekate Epipyrgidia); *Imhoof-Blumer/Gardner*, NumCommPaus, 1887, p. XV (Ares; Asklepios in Mantineia), Taf. 200, 1–4.5 (Dionysos Eleuthereus); *Lacroix*, Reproductions, Liège 1949, 291 ss. (Dionysos Eleuthereus). W. Müller

Alkamenes (II), vermuteter griech. Bildhauer, viell. im 5. Jh. v. Chr. in Athen tätig. Seine Existenz kann auf Grund einer Inschr. (Loewy, IGB, 1885, 287, Nr 426) angenommen werden. Sie stammt aus Athen und soll dort angebl. innerhalb des Areals zw. dem Hügel Kynosarges und der Kirche der Panaghia Rhodiaka gefunden worden sein, und zwar in den Trümmern eines Tempels. Diesen identifiziert man allg. mit dem Heiligtum der Aphrodite „in den Gärten“, dessen Kultbild → A. (I) geschaffen hat. Gegen die Vermutung, daß die Inschr. im Hinblick auf → A. (I) gefälscht sei, spricht, daß der Name A. in Attika nicht selten vorkam und sich die Inschr. urspr. an einer and. Stelle Athens befunden haben kann. ▭ EAA I, 1958 (s. v. A. 2). – *Picard*, Manuel, II, 1939, 213. W. Müller

Alkidamas (Ἀλκιδάμας), aus Siphnos, griech. Bildhauer, etwa seit der M. 6. Jh. v. Chr. tätig. Nach einer Inschr. von Keos (IG, XII 611) arbeitete er eine Athena-Statue und eine Nike aus vergoldetem Erz. ▭ EAA I, 1958; EWA VII, 1971, 48. – *Bannier*, Philolog. Wochenschr. 1927, 923–926; *Lippold*, GrPl, 1950, 70, Anm. 3. G. Bröker

Alkidamos ('Αλκίδαμος), aus Korinth, griech. Bildhauer, in der 1. H. des 2. Jh. v. Chr. in Korinth tätig. Nur bek. durch die Inschr. auf einer in der SO-Ecke der Agora von Korinth gefundenen Marmorbasis (Corinth, VIII. 1, 1931, 55, Nr 73). Die Inschr. enthält die Widmung eines Kriton für seinen Sohn Timasion. ▭ EAA I, 1958; RE, Suppl. XIV, 1974. G. Bröker

Alkimachos ('Αλκίμαχος, Alcimachus), viell. aus Athen, griech. Maler, z. Z. Alexanders d. Gr. tätig. Nach Plinius (nat., 35, 139; Overbeck, SQ, 1868, Nr 1962) war er einer der Maler zweiten Ranges (*primis proxŭmi*). A. malte das Bild des athen. Olympiasiegers Dioxippos, der 326 v. Chr. den Makedonen Korragos im Pankration unter den Augen Alexanders besiegte (Ael., var. hist., 10, 22; 12, 58; Diod., 17, 100). ▭ ThB1, 1907. RE I. 2, 1894 (s. v. A. 6); EAA I, 1958; EWA II, 1972, 110; *Bénézit* I, 1976. – *Brunn*, GGK II, 1889, 258 s.; *Reinach*, RecMilliet, 1985, 302 s., Anm. 4, Nr 383; *Pfuhl*, MuZ, II, 1923, 781; *Ferri*, Plin., 1946, 201, Anm. zu 35, 139. G. Bröker

Alkimedon (Alcimedon), griech. Toreut unbestimmter Zeit. Bei Verg. (ecl., 3, 36; Overbeck, SQ, 1868, Nr 2203) vorkommender (erdichteter ?) Name eines antiken Toreuten. Er stellte zwei kunstvoll verzierte Paare von Metallbechern her, deren hölzerne Kopien Vergil als von Hirten gebraucht erwähnt. ▭ ThB1, 1907. RE I. 2, 1894 (s. v. A. 6); EAA I, 1958. – *Brunn*, GGK II, 1889, 402; *Toynbee*, Artists, 1951, 51. G. Bröker

Alkippos ("Αλκιππος), aus Paros, griech. Bildhauer, schuf um 400 v. Chr. auf der Insel Anaphe bei Thera ein Weihgeschenk an Apollon. Von diesem blieb nur die Marmorbasis mit Weihung und Künstler-Sign. erh. (IG, XII. 3, 257; GDI, III. 4, 3447). Für eine Dat. der Inschr. in die Zeit 410–400 v. Chr. spricht ein Vergleich mit IG, XII. 8, 277, 83, wo der Name A. im gleichen ion. Schriftduktus erscheint. ▭ ThB1, 1907. RE, Suppl. I, 1903 und Suppl. IV, 1924; EAA I, 1958, EWA VII, 1971, 47. – *E. L. Hicks*, JHS 9:1888, 80; *Picard*, Manuel, III. 1, 1948, 214, Anm. 3, p. 222 s. E. Paul

Alkon ("Αλκων, Alcon), überlieferter Name vermutl. zweier griech. Künstler: 1. ein griech. Toreut der myth. Zeit (?) aus Hyle/Böotien oder Mylai/Sizilien (Zitat des Komödiendichters Damoxenos bei Ath., deipn., 11, 469 A/Fragm. com., IV, 529 Mein./Culex 67; Ov., met., 13, 683 s.; Overbeck, SQ, 1868, Nrn 2188–2190). Ovid nennt als Werk des A. einen Krater des Aeneas, der mit der Darst. des Opfers der Orion-Töchter verziert war. 2. ein Erzbildner der hellenist. (?) Zeit. Dieser schuf für Rhodos ein Standbild des Herakles aus Eisen (Plin., nat., 34, 141; Overbeck, SQ, 1868, Nr 2043). Da Plinius die bes. mühselige Arbeit hervorhebt, wird vermutet, daß die Statue nicht gegossen, sondern aus einzelnen gehämmerten Stücken zusammengesetzt und dann ziseliert war. Während H. Brunn (1889) und S. Ferri (1946) die Ansicht vertraten, daß sämtl. zu dem Namen A. überlieferten Stellen sich viell. auf eine Person beziehen, lehnen and. diese Gleichsetzung ab. ▭ ThB1, 1907. RE I. 2, 1894 und Suppl. I, 1903 (s. v. A. 8 und 15); EAA I, 1958 (s. v. A. 1 und 2); EWA II, 1972, 115. – *Th. Bergk*, Kleine philolog. Schr., I, Halle 1884, 658 s.; *Brunn*, GGK, 1889, I, 466, II, 400, 402 s.; *R. Ehwald*, Die Metamorphosen des Ovidius Naso, II, [4]1916 (zu Ov., met., 13, 684); *Picard*, Manuel, I, 1935, 172; *Ferri*, Plin., 1946, 115, zu 34, 141. G. Bröker/D. Rößler

Allion ('Αλλίων), angebl. griech. Steinschneider. Der fingierte Name erscheint, meist im Genitiv, nur auf gefälschten Gemmen und entstand im 17. Jh., vermutl. durch ungenaue Lesung des Namens → Dalion auf einem Karneol in Florenz, Mus. Archeol. (Zazoff, AG, 1983, Taf. 95, 1). Allion wurde gelegentl. mit Admon und → Akmon gleichgesetzt. ▭ EAA I, 1958. – *Babelon*, BiblNatCamées, 1897; *O. M. Dalton*, Cat. of the engraved gems of the postclassical periods in the BM, Lo. 1915. W. Müller

Aloisius (Aloiosus), Architekt, im frühen 5. Jh. n. Chr. in Oberitalien tätig. Bek. nur durch einen bei Cassiodor (var., 2, 39) überlieferten Brief von 507/511 n. Chr. an ihn, danach beauftragte ihn der Ostgotenkönig Theoderich mit der Instandsetzung einer Thermenanlage nebst eines in ihrer Nähe liegenden Palastes in Aponum (heute Abano Terme b. Padua). ▭ ThB1, 1907 (s.v. Aloysius). RE I. 2, 1894; EAA I, 1958 (s.v. Alojosus). – PLRE, II, 1980 (s.v. Aloiosus). M. Dennert

Alpheos ('Αλφηός) und **Arethonos** ('Αρέθων), angebl. antike Gemmenschneider. Gemeinsam vorkommende Namen auf zwei antiken Kameen: 1. Kopf des Caligula (ehem. Slg Azincourt); 2. Sardonyx mit Doppelportr. (Germanicus und Agrippina oder Drusus d. Ä. und Antonia d. J. ?), Zeit des Augustus (St. Petersburg, Ermitage, Antikenslg, Inv. Nr Ž 273 bis 1795 als „Verlobungsring der Jungfrau Maria“ im Besitz der Abtei Saint-Germain-des-Prés, später an den russ. General Hydrow verkauft; gelangte danach in die Slg M. E.

Chitrowo und 1804 in die Ermitage). Die Verbindung zweier Namen mit σύν erinnert an Weih-Inschriften. Außerdem erscheint die Herstellung eines geschnittenen Steins durch zwei Künstler ungewöhnlich. Die Inschr. auf dem Kameo in St. Petersburg ist wahrsch. nicht antik, sondern später als fiktive Sign. angebracht worden. Weitere, nur mit dem Namen Alpheos sign. Steine gelten als verdächtig oder gefälscht. ▭ ThB1, 1907 (s. v. Alpheos). RE I. 2, 1894 (s. v. Alpheos); EAA I, 1958 (s. v. Alpheos). – *Brunn*, GGK II, 1889, 597–600; *A. Furtwängler*, JdI 4:1889, 65 (Kleine Schr., II, 1913, 268); Antike Kameen, ed. *O. Newerow*, L. 1981 (Insel-Bücherei, Nr 1045), Taf. 18.

G. Bröker

Alumnius Thamaritensis, provinzialröm. Bildhauer in N-Afrika, in der Wkst. eines *Victorianus* (CIL, VIII, 23242) tätig. Die Inschr. erw. als Arbeit von ihm eine Ädikula. Sein Beiname läßt auf Herkunft aus der Prov. Mauretania Caesariensis (W-Algerien) schließen. ▭ EWA I, 1959, 148.

W. Müller

Alxenor ('Αλξένωρ), aus Naxos, griech. Bildhauer, um 500 v. Chr. tätig. ⌂ Athen, NM, Inv. Nr 39: Grabstele aus Orchomenos/Boiotien, Marmor. Die Grabstele hat die Form einer Pilaster-Ädikula. Das Flachrelief war urspr. polychrom. Es zeigt den Verstorbenen als einen auf einen Knotenstock gestützten bärtigen Mann mit einem Hund, der nach einer Heuschrecke(?) schnappt, die ihm der Mann vorhält. Trotz der teilw. noch archaischen Linienführung sowie der Verzeichnungen und Gewaltsamkeiten sind Bewegung und Ausdruck von erstaunl. Lebendigkeit. Auf der Basis stand die Künstler-Sign. mit dem Zusatz ἀλλ' εσίδεσθε („da seht nur!") (IG, XII. 5, 1426; CIG, VII, 3225; Loewy, IGB, 1885, 10 s., Nr 7). Weitere Grabstelen des gleichen ikonogr. Typus: Neapel, MN (BrBr, 416); Sofia, NM (Stele des Anaxandros aus Apollonia Pontica: AA 1896, 136 s. mit Abb.; A. Brueckner, JdI 17:1902, 40 ss., Taf. 1; S. Welkow, AA 1932, 98–100, Abb. 1); Stele des Agasinos aus Korseia (G. Körte, AM 4:1879, 271, Taf. 14,2). ▭ ThB1, 1907. RE I. 2, 1894 (s.v. A. 2); EAA I, 1958 (mit Abb. 423); EWA I, 1959, 598; II, 1972, 115, Taf. 42; VII, 1971, 45, 47, 669; LAW, 1965;. – BrBr, 41 b; *Furtwängler*, Meisterwerke, 1893, 719, Anm. 1; *S. Papaspyridi-Karouzou*, Guide du MN, At. 1927, Nr 39; *Picard*, Manuel, I, 1935, 266, 311, Anm. 2, p. 440 s., 568, 647, Taf. XIII; II. 1, 1939, 97–99; IV. 2, 1963, 123 s.; *G. M. A. Richter*, Archaic Greek art, N. Y. 1949, Abb. 225; *Lippold*, GrPl, 1950, 114; *K. F. Johansen*, The Attic grave-reliefs of the Classical Period, Kph. 1951, 123, Abb. 59; *G. M. A. Richter*, A hb. of Greek art, Lo. [2]1960, 78, Abb. 103; *ead.*, The archaic gravestones of Attica, Lo./Greenwich 1961, 54; *ead.*, Sculpture, 1970, Abb. 425; *A. W. Lawrence*, Classical sculpt., Lo. [2]1972, Taf. 27b; *Robertson*, Hist. 1975, I, 198; II, 649, Anm. 74.

E. Paul/W. Müller

Alypos ("Αλυπος), aus Sikyon, griech. Bildhauer, am E. des 5. und in der 1. H. des 4. Jh. v. Chr. tätig. Er war nicht, wie Pausanias (6, 1, 3; Overbeck, SQ, 1868, Nr 1002) meinte, ein Bruder von → Polykleitos (I), sondern gehörte der zweiten Generation der Polyklet-Nachfolge an. Schüler des Bildhauers → Naukydes von Argos. A.s Werke sind nur lit. überliefert. Er war mit sieben Feldherrnstatuen an dem Weihgeschenk der Lakedaimonier beteiligt, das Lysander zw. 405 und 403 v. Chr. zu Ehren seines Sieges bei Aigospotamoi (405 v. Chr.) in Delphi errichten ließ (Paus., 10, 9, 7; Overbeck, SQ, 1868, Nr 979). Die Inschr. der dort ausgegrabenen 12 Basisblöcke bezieht sich auf drei der von A. ausgeführten Statuen: die Nauarchen Autonomos von Eretria, Apollodoros von Troizen und Theopompos von Melos. Die Statue des Theopompos hatte mit der des Nauarchen Aiantides von Milet, die Teisandros schuf, eine gemeinsame Basis mit den Sign. beider Künstler (vgl. Arnold, 1969, 38). Aus den Fußspuren der nicht mehr erh. Figuren kann man auf polyklet. Standmotiv schließen. Für Olympia arbeitete A. vier Siegerstatuen (Paus., 6, 1, 3 und 8,5; Overbeck, SQ, 1868, Nrn 1002 s.), die den Ringkämpfer Symmachos von Elis, Sohn des Aischylos, den Faustkämpferknaben Neolaidas von Pheneos, Sohn des Proxenos, den Ringerknaben Archedamos von Elis, Sohn des Xenias, und den Ringkämpfer Euthymenes von Mainalos darstellten. A. oder seinem Kreis sind außerdem zwei bronzene Jünglingsstatuen (Paris, Louvre; Berlin, SMPK, Antikenslg) zuzuschreiben. Ihnen lassen sich wahrsch. weitere Werke aus der Polyklet-Nachfolge anschließen. ▭ ThB1, 1907. RE I. 2, 1894 (s. v. A. 2) und Suppl. IV, 1924, 1209, Nr 5; EAA I, 1958; EWA VII, 1971, 97 und XI, 1972, 160, 164. – *Brunn*, GGK I, 1889, 276, 280; *Th. Homolle*, BCH 21:1897, 284 ss.; *H. Pomtow/H. Bulle*, AM 31:1906, 492 ss.; *Klein*, GGK, II, 1907, 328 ss.; FDelphes, III. 1, 1909, 24 ss.; *Picard*, Manuel, II, 1939, 649, 652, 654; III, 1948, 261, Anm. 3, p. 264 ss.; *Lippold*, GrPl, 1950, 216 s.; Zuschreibungsfragen: *Arnold*, Polykletnachfolge, 1969.

E. Paul/W. Müller

Ama[...] ('Αμα...), A. des Namens eines um 530 v. Chr. tätigen att. Töpfers (Vasenmalers?) auf 2 Fragm. einer sehr frühen rotfig. Schale mit Satyr

(Florenz, Mus. Archeol.; Inv. Nrn B 6 und 1 B 7; CVA, Firenze 1, III. 1, Taf. 1, 8). Der unvollst. Name wurde von J. D. Beazley (JHS 51:1931, 275) versuchsweise zu Amasis erg. und eine Identität mit dem gleichnamigen att. Töpfer angenommen. Die beiden Schalen-Fragm., deren Dekoration nach späteren Feststellungen Beazleys nicht von dem in schwarzfig. Technik arbeitenden Amasis-Maler stammt, werden mit einer weiteren, in beiden Techniken bemalten Florentiner Schale (tanzender Satyr und Dionysos – Maske zw. großen Augen; Florenz, Mus. Archeol., Inv. Nr A B 1; CVA, Firenze 1, III. 1, Taf. A 1) zu der ganz am A. des rotfigurigen Stils stehenden „Ama...-Gruppe" zusammengeschlossen. ▭ EAA I, 1958 (s. v. Ama..., Gruppo di). – *Beazley*, CF, 1933, 7, Taf. 1 B 6 und A, B 1; ABV, 1956, 158 und ARV², 1963, 160; *Donna E. Kurtz*, Athenian white lekythoi, Ox. 1975, 11, mit Anm. 3–5; *Cohen*, Bilinguals, 1978, 272 ss., Taf. 54; Add², 1989, 181.

K. Zimmermann

Amabilis, *Marcus Se*[...], gallo-röm. Bildhauer, Sklave, um die M. des 2. Jh. n. Chr. in Aquitanien tätig. Bek. durch die Inschr. einer Grabstele in Bordeaux, Mus. d'Aquitaine (CIL, XIII, 643). A. war der Bruder des Bildhauers (?) → Amandus (I). ▭ RE, Suppl. VIII, 1956 (s. v. A. 1 a); EAA IV, 1961 (s. v. Marmorarius) und Suppl., 1970; EWA V, 1972, 762, 765. G. Bröker

Amandus (I), gallo-röm. Bildhauer (?), Bruder des Bildhauers → Amabilis, Marcus Se[...], etwa in der 2. H. des 2. Jh. n. Chr. in Aquitanien tätig. Bek. durch eine Grabstele im Mus. d'Aquitaine von Bordeaux. Diese zeigt in einer Ädikula einen Bildhauer bei der Arbeit. Die beschädigte Inschr. (CIL, XIII, 643) läßt offen, um welchen der beiden Brüder es sich bei dem Dargestellten handelt. ▭ RE, Suppl. VIII, 1956 (cf. Amabilis 1 a); EWA V, 1972, 765; EAA, Suppl. 1970. – *Reinach*, RépRel, II, 1912, 217, 7; *Espérandieu*, Recueil, II, Nr 1111; *F. Braemer*, Les stèles funéraires à personnages de Bordeaux, P. 1959; *Ch. Picard*, Sur une famille de sculpteurs d'Aquitaine d'après une stèle funéraire du Mus. de Bordeaux, RA 1961, 96–100, 3 Abb.; *L. Valensi*, Présentation d'œuvres galloromaines, Bordeaux 1965.

G. Bröker/W. Müller

Amandus (II), röm. Militär(?)architekt, am A. des 3. Jh. n. Chr. in Britannien tätig. Bek. durch die Weih-Inschr. auf einem Cippus mit dem Relief der kelt. Göttin Brigantia (Edinburgh, Royal Mus. of Scotland; CIL, VII, 1062), gefunden in Birrens bei Middleby/Schottland. ▭ ThB1, 1907. RE III. 1, 1897 (s. v. Brigantia); EAA I, 1958, 296, 576; EWA V, 1972, 772. – *Promis*, Architetti, 1873, 135 Nr 41; *M. Jolliffe*, ArchJ 98:1941, 42–61; *M. Henig*, LIMC III, 1986, 156, Nr 1* (s.v. Brigantia). W. Müller

Amandus, *Lucius Cornelius*, gallo-röm. Goldschmied in Narbo (Narbonne), im 1. Jh. n. Chr. tätig. Nur bek. durch die Grab-Inschr. CIL, XV, 4464. ▭ EAA I, 1958 (s. v. Aurifex); EWA V, 1972, 768. W. Müller

Amantius, spätröm. Goldschmied, Freigelassener (?), im 6. Jh. n. Chr. in Rom tätig. Nur bek. durch die Grab-Inschr. CIL, VI, 37792. ▭ EAA I, 1958 (s. v. Aurifex). W. Müller

Amanus, röm. Maler, Sklave, z. Z. des Augustus tätig. Nur bek. durch die Weih-Inschr. CIL, VI, 37814. ▭ EAA VI, 1965, 158. W. Müller

Amarant(h)us, Freigelassener, Färber *(colorator)*, Zeit des Kaisers Augustus († 14 n. Chr.), aus Rom. A. ist bek. aus zwei Inschr., die beide zur Grabanlage der Fam. der Statilier in Rom (Via Prenestina) gehören. Beide Male wird A. als *colorator* tituliert. Es gibt kein Indiz dafür, daß dieser Terminus auch einen Kunstmaler kennzeichnen könnte. ▭ *Ruggiero*, Diz. epigr., II. 1, 1900, 464 (s.v. colorator). – CIL, VI, 6217 (Dess., ILS, 7450), 6250; *H. Blümner*, Technologie und Terminologie der Gewerbe und Künste bei Griechen und Römern, L./B. 1912, 228, Anm. 15; *Calabi Limentani*, Studi, 1958, 154, Nrn 6–7; *Solin*, GPR, II, 1982, 1071. U. Huttner

Amasis v.e. **Iahmes**

Amasis (Ἄμασις), Töpfer, dessen Name ägypt. Ursprungs ist, was unterschiedl. Vermutungen über seine möglicherweise ö. Herkunft hervorgerufen hat, zw. 560/550 und 530/520 v. Chr. in Athen tätig. Neben → Exekias und → Nikosthenes (I) war A. der bedeutendste Keramikproduzent reifarchaischer Zeit. Von ihm sind 8 Gefäße mit Töpfersign. erh.: 3 Halsamphoren mit breiter Schulter und kurzem Hals, offenbar eine von A. eingeführte Gefäßform, die um 550 v. Chr. den bisher übl. Amphorentyp mit eiförmigem bis kugeligem Bauch ablöste (Paris, Cab. des Méd., Inv. Nr 222; Boston, MFA, Inv. Nrn 01. 8026, 01. 8027); 4 Kannen (Paris, Louvre, Inv. Nr F 30, Würzburg, Univ., Martin von Wagner-Mus., Inv. Nr 332; London, BM, Inv. Nr B 471; Kanne der ehem. Slg. Canino); 1 Schale (Vatikan, Mus., Inv. Nr 369 a). Hinzu kommt das Fußfragm. eines becherartigen Gefäßes vom N-Abhang der Athener Akropolis (Athen, Agora-Mus., Inv. Nr AP 2247), wo von der Sign. nur der Name selbst erh. blieb. Wegen der Einheitlichkeit des Dekorationsstils dieser Gefäße können sie nur von einer Hand bemalt sein, viell. vom Töpfer selbst. Da sich A. in den Vaseninschr. niemals ausdrückl. als Maler bez., ist für denjenigen, der seine sign. und eine viel größere Zahl stilist. anzuschließender unsign. Gefäße dekoriert hat, der Notname Amasis-Maler eingeführt worden. Folgen alle diese dem att.-schwarzfig. Stil, so erscheint der möglicherweise zur Töpfer-Sign. des A. zu vervollständigende Namensanfang noch auf 2 Fragm. einer frühest-rotfig. Schale (Florenz, Mus. Archeol.), die stilist. in keiner Beziehung zum Werk des Amasis-Malers steht und deshalb der sog. Ama...-Gruppe zugewiesen wird (→ Ama[...]). – Es läßt sich nicht beweisen, ob ein am Fuß einer fragm. Schale (Paris, Cab. des Méd., Inv. Nrn 535, 699 u. a.) als Vater des Töpfers → Kleophrades gen. Töpfer, dessen Name wohl richtig zu Amasis erg. wird, mit dem hier behandelten gleichnamigen Töpfer ident. ist, auch wenn es generationsmäßig mögl. wäre; zumindest entfällt ein Amasis (II) (wie z. B. bei ThB1, 1907). Ebenso hypothet. bleibt ein Amasis (III), den man durch Erg. der Töpfer-Sign. einer streng-rotfig. Amphora zu gewinnen glaubte (cf. ThB1, 1907). ☐ ThB1, 1907 (s. v. A. [I-III], mit älterer Lit.). RE I. 2, 1894 (s. v. A. 5) und Suppl. I, 1903; EAA I, 1958 (s. v. A. 1–3). – *Hoppin*, Black-Fig, 1924, 27–40; *W. Klein*, Die griech. Vasen mit Meistersign., W. ^{2}1887, 43–46, 149, 217 s.; *E. Roebuck*, Hesperia 9:1940, 247, Nr 294; *R. M. Cook*, JHS 68:1948, 148; ABV, 1956, 152 s., 157 s.; *S. Karouzou*, The Amasis Painter, Ox. 1956, 1; *Arias*, HGVP, 1962, 297; *Beazley*, Dev^2, 1986, 57, 59; Add^2, 1989, 42 ss. K. Zimmermann

Amasusas (Ἀμασούσας), Sohn des Egamazes, evtl. gräzisierter pers. Bildhauer, in der röm. Kaiserzeit tätig. Seine Sign. (SEG, VII, 1934, 113) befindet sich auf der Stele des Salinos Amares aus Emesa/Syrien (jetzt in Damaskus, NM), die den Verstorbenen in Frontalansicht und in röm. Tracht zeigt. ☐ EAA I, 1958, mit Abb. 433. – *R. P. Mouterde*, Syria 6:1925, 216–218. G. Bröker

Amatios → Agneios

Ameinias (Ἀμεινίας), griech. Bildhauer unbestimmter Zeit. Nur bek. durch seine unvollst. Sign. (Loewy, IGB, 1885, 286, Nr 424 a) auf einem Basis-Fragm. von der Athener Akropolis. ☐ EAA I, 1958. G. Bröker

Amenemhet v.e. **Imenemhat**

Ameneminet v.e. **Imeneminet**

Amenemone v.e. **Imeneminet**

Amenhotep v.e. **Imenhetep**

Amenmosis (I), altägypt. Zeichner des Neuen Reichs („Umrißzeichner des Goldhauses des Amun"), unter Amenophis II. (1439–1413 v. Chr.) tätig. Er war mit seinem Amtskollegen Djedchons für den Entwurf der Statuen des Snofer und der Senai (Kairo, Ägypt. Mus., Inv. Nr CG 42126) verantwortlich. ☐ *M. É. Mat'e*, Trudy 4:1947, 77 Nr 84. F. Steinmann

Amenmosis (II), altägypt. Bauleiter des Neuen Reichs, nach 1162 v. Chr. tätig. Leitete die Arbeiten am Totentempel Ramses' III. in Theben-W und an der zugehörigen Kultbarke. ☐ *A. Hamada*, ASAE 47:1947, 15. F. Steinmann

Amenophis v.e. **Imenhetep**

Amenothes v.e. **Imenhetep**

Amenwahsu, Sohn des „Ober-Umrißzeichners" Simut und der Wiai, altägypt. Maler und Zeichner des Neuen Reichs, unter Ramses II. (1290–1224 v. Chr.) tätig. Als „Schreiber des Gottesbuches" im Amun-Tempel von Karnak war er u. a. mit dem Entwerfen von Vorlagen für Umrißzeichner und Bildhauer beschäftigt. Von ihm stammt ferner die Dekoration seines eigenen Grabes in Gurna (Theben-W, Grab Nr 111). ☐ *L. Klebs*, Die Reliefs und Malereien des NR, Heidelberg 1934, 92; *M. É. Mat'e*, Trudy 4:1947, 83 Nr 105; *Porter/Moss* I. 12, 1960. F. Steinmann

Amianthus, *architectus Nicanorianus* (vielleicht Sklave eines Nicanor), z. Z. des Augustus in Rom tätig (CIL, I^2, p. 69, Nr XIII, CIL, VI, 10395; InscrIt, XIII. 1, 23). Die Inschr. nennt ihn als Mitgl. eines Sepulkralkollegiums des 1. Jh. n. Chr. ☐ ThB1, 1907. EAA I, 1958, 576. – *Promis*, Architetti, 1873, 113 Nr 27; *Donderer*, Architekten, 1996, 190 s., Nr A 90. W. Müller

Amiantus (I), Architekt (?), im 1. Jh. n. Chr. tätig, kaiserl. Freigelassener griech. Herkunft (Grab-Inschr. in Rom, Mus. Capitolino, Inv. Nr 1302; CIL, VI, 3937). In der Inschr. ist die Berufsbezeichnung mit ARC wiedergegeben, was nicht nur architectus bedeutet. Gegen eine Gleichsetzung mit → Amianthus, einem Architekten der augusteischen Zeit, wie sie H. Thiersch (ThB1, 1907, s. v. Amianthus) vertrat, spricht außer der Schreibung des Namens ohne H, daß A. als *Augustae libertus* bez. wird. ▭ *Promis*, Architetti, 1873, 104 s., Nr 19; *Donderer*, Architekten, 1996, 191 s., Nr A 91, Taf. 34, 1. W. Müller

Amiantus (II), röm. Toreut, im 1. Jh. n. Chr. in Rom tätig. Nur bek. durch eine Grab-Inschr. aus Rom (heute in Rom, Mus. Capitolino; CIL, VI, 4328). ▭ EAA II, 1959 (s.v. Caelator). – *Calabi Limentani*, Studi, 1958, 167, Nr 123. R. V.

Amitaion, griech. (?) Mosaizist, im 4. Jh. n. Chr. tätig. Schuf für einen Saal in Heliopolis (Baalbek) ein Fußbodenmosaik. In seinem Zentrum befindet sich ein großes Medaillon mit Kalliope und der Künstler-Sign. in lat. Buchstaben. Es wird von 8 kleineren Medaillons mit den Figuren des Sokrates, Solon, Thales von Milet, Bias von Priene, Kleobulos von Lindos, Periandros von Korinth, Pittakos von Mytilene und Chilon von Sparta umschlossen; bei jeder Figur steht der Name und ein philosoph. Zitat des Dargestellten. Von A. stammt wahrsch. noch ein zweites Fußbodenmosaik (Geburt Alexanders) in einem angrenzenden Apsidensaal. ▭ EAA I, 1958 (mit Abb.) und V, 1963, 299. – FA 2:1947, 209, Nr 1788, mit Abb.; *Toynbee*, Artists, 1951, 45. W. Müller

Amiteius, *Quintus*, gallo-röm. Architekt (?) und Mosaizist, im 1. Jh. n. Chr. tätig. Seine Sign. als Mosaizist *Q(uintus) Amiteius Architect(us) fecit* ist auf einem polychromen Mosaik aus Lucus Augusti (Luc-en-Diois/Dép. Drôme) enthalten, das sich heute in Valence, MBA et d'Hist. Naturelle befindet. Ob der Beiname *Architectus* auch als Berufsbezeichnung zu deuten ist, kann nicht gesagt werden. ▭ EAA I, 1958; EWA V, 1972, 771. – InvMos, I. 1, 1909, Nr 137; *A. Blanchet*, La mosaïque, P. 1928, 56; *J. Lancha*, Mosaici in Aquileia e nell'Alto Adriatico, in: Antichità Altoadriatiche, VIII, Ud. 1979, 60 ss., Abb. 1 ss.; *ead.*, MEFRA 92:1980, 260, Abb. 15; *Donderer*, Mozaisten, 1989, 82 s., Nr A 46, Taf. 28; *id.*, Architekten, 1996, 280, Nr B 2, Taf. 59, 1. W. Müller

Ammonios (I) (Ἀμμώνιος), griech. Bauingenieur, im 2. oder 1. Jh. v. Chr. tätig. In einem Epigramm (CIG, II, 2257) als Erbauer einer Wasserleitung auf Samos genannt. ▭ ThB1, 1907 (s. v. A. II). EAA I, 1958 (s. v. A. 3). – *Brunn*, GGK II, 1889, 227; *R. Tölle*, Die antike Stadt Samos, Mainz 1969. W. Müller

Ammonios (II), Sohn des Zopyros und Bruder des → Perigenes (II), aus Milet (?), griech. Bildhauer, im 4. V. des 2. Jh. v. Chr. auf Delos tätig. Von seinen Werken sind nur noch vier Inschr. erhalten (ID, Nrn 1648, 1649, 1730, 2496): die zylindr. Marmorbasis einer Statue (125 v. Chr. von den Apolloniasten gew.) und ein Pfeilerfragm. aus weißem Marmor (Rest einer Herme?), beide von A. allein sign.; ferner die Marmorbasen von zwei weiteren Statuen (124/123 v. Chr. von der griech. Bevölkerung und röm. Kaufleuten dem Apollon gew.), beide sign. von A. und → Perigenes (II). – Aus der gleichen Familie stammt wahrsch. ein gleichnamiger Ephebe, Milesier und Sohn eines Zopyros, den eine att. Inschr. von 101 v. Chr. (IG, II, 467 r. 145, c. III) erwähnt. Die für diesen von Loewy (IGB, 1885, 186, Nr 257, p. 374, Nr 546a) vorgeschlagene Identifizierung mit dem Bildhauer A. ist aus chronolog. Gründen abzulehnen. ▭ ThB1, 1907 (s. v. A. IV). RE I. 2, 1894 (s. v. A. 23); EAA I, 1958 (s. v. A. 1). – *S. Reinach*, BCH 8:1884, 175, Anm. 10; *L. Bizard/P. Roussel*, BCH 31:1907, 442, Anm. 33. E. Paul

Ammonios (III), Sohn eines Ammonios, vermeintl. griech. Architekt, zw. 36 und 24 v. Chr. in dem Verz. des Kultpersonals von Olympia (W. Dittenberger/K. Purgold, Inschr. von Olympia, Olympia V, 1896, 143 ss., Nr 62) genannt. Wie Donderer (1996) richtig feststellt, muß die beigefügte Berufsbezeichnung ἀρχιτέκτων nicht auf A., sondern auf den nachfolgenden → Pratakon bezogen werden. A. war in Wirklichkeit Arzt und kein Architekt. ▭ ThB1, 1907 (s. v. A. III). RE, Suppl. I, 1903 (s. v. A. 22a); EAA I, 1958 (s. v. A. 2). – *Donderer*, Architekten, 1996, 166–168, Nr A 69, Taf. 26, 2. W. Müller

Ammonios (IV), Sohn des Pheidias und Bruder des *Pheidias (IV)*, um die M. des 2. Jh. n. Chr. tätig. Zus. mit seinem Bruder *Pheidias (IV)* arbeitete er in ägyptisierendem Stil die Granitfigur eines hockenden Pavians (Sonnenanbeter der Isis-Tempel, lat.: cynocephalus). Die Plastik (Vatikan, Mus. Gregoriano Egizio) wurde auf dem Areal des Isis- und Serapis-Heiligtums (Iseum Campense) in Rom gefunden. Die Figur, von den dortigen Bewohnern „Äffchen" (ital.: macacco oder cacco) gen., gab wahrsch. der Kirche S. Stefano del Cacco, die auf dem Gebiet des Isis-Tempels, sö. von S. Maria sopra Minerva, entstand, ihren Beinamen. Die Inschr. an der Basis der Figur (CIG, III, 6174; Loewy, IGB, 1885, 267 s., Nr 382; CIL, VI, 857; Overbeck, SQ, 1868, Nr 2304) verzeichnet auf einer Seite die Namen der beiden Künstler, auf der and. in lat. Buchstaben die von dem Curator Prisc[illianus] Maximus 159 n. Chr. erteilte Aufstellungsgenehmigung; auf der Vorderseite standen die jetzt nicht mehr vorh. Namen der Stifter. ▭ ThB1, 1907 (s. v. A. V). RE I. 2, 1894 (s. v. A. 24); EAA I, 1958 (s. v. A. 4). – *Brunn*, GGK I, 1889, 610; *G. Botti/P. Romanelli*, Le scult. del Mus. Gregoriano Egizio, Città del Vaticano 1951, 114 s., Nr 851. – Zur Fundstelle: *Buchowiecki*, III, 1974, 931–933; *K. Lembke*, Das Iseum Campense in Rom, Heidelberg 1994. E. Paul/W. Müller

Ammonios (V), Sohn des Apollophanes, griech. Bildhauer, am E. des 2. und im frühen 3. Jh. n. Chr. tätig. Von ihm ist eine weibl. Gewandstatue (Alexandria, Griech.-Röm. Mus.) aus Lykopolis (Assiût/Oberägypten) erh.: rohe handwerkl. Arbeit nach hellenist. Vorbild, Kopf und rechter Arm fehlen; der Schriftcharakter der Künstler-Sign. auf dem rechten Knie dat. das Werk in sever. Zeit. ▭ ThB1, 1907 (s. v. A. VI). RE, Suppl. I, 1903 (s. v. A. 25); EAA I, 1958 (s. v. A. 5). – *P. Graindor*, Bustes et statues-portraits d'Egypte romaine, Kairo s. a., 28, 122, Nr 62; *G. Daressy*, BCH 20:1896, 249; *P. Joguet*, BCH 21:1897, 167. E. Paul

Ammonios (VI) (Ammonius), byz. Architekt, um 500 n. Chr. in Alexandria/Ägypten tätig. Nach dem Epigramm Anth. Pal., 9, 674 besaß A. den Titel eines Patricius und führte am Pharos von Alexandria (vermutl. nur am rampenförmigen Unterbau und den Wellenbrechern) Ausbesserungsarbeiten durch. Hierfür kommt nach Jacobs die Zeit um 500 n. Chr. in Betracht, da Prokopios für die Zeit des Kaisers Anastasios I. (491–518 n. Chr.) Wiederherstellungsarbeiten am Pharos erwähnt. ▭ ThB1, 1907 (s. v. A. I). RE I. 2, 1894 (s. v. A. 22); EAA I, 1958 (s. v. A. 6). – *Brunn*, GGK II, 1889, 227; *Fr. Adler*, Der Pharos von Alexandria, B. 1901, 6; *H. Thiersch*, Der Pharos, L./B. 1909. W. Müller

Ammonis (I) (Ἀμμωνίς), aus Malli, Sohn des Kesonios, griech. Architekt oder Bildhauer, z.Z. Kaiser Trajans (98–117 n. Chr.) in Ägypten tätig. Nur bek. durch die Inschr. (CIG, III, 4713 c; CIL, III, 24; IGRom, I, 1259; SEG, XV, 864) an einem Votivaltar vor dem Eingang zum Sarapistempel von Gebel Fatireh beim Mons Claudianus in der ägypt. O-Wüste nahe des Roten Meeres. ▭ EAA I, 1958 (s.v. Architetto). – *Donderer*, Architekten, 1996, 284–286, Nr C 2. W. Müller

Ammonis (II), spätantiker Mosaizist, in der 2. H. des 6. Jh. n. Chr. in der Kirche des Hl. Sergius in Nitl (Madaba)/Jordanien tätig. Sein Name befindet sich zw. Weinranken eines Mosaikfeldes im Schiff der S-Kirche eines Kirchenkomplexes, der aus zwei parallel angeordneten Kirchen, zwei südlicher gelegenen Kap. und einem Verbindungsnarthex besteht (Die seit 1997 vom Studium Biblicum Franciscanum durchgeführten Grabungen sind noch nicht abgeschlossen). Die Inschr. lautet: „Oh Gott des Hl. Sergius habe Gnade mit Ammonis, und seinen Söhnen, dem Mosaizisten, weil er müde wurde für die heilige Stätte." Die Mosaiken sind ausreichend erhalten. Das Bildfeld ist umgeben von einer großen Zierleiste von Akanthusranken, die mit Tieren, Jagd- und Hirtenszenen belebt sind. Das Bildfeld selbst besteht aus drei Paneelen. Im ö. Paneel schießen vier Weinranken von einer in der Ecke stehende Amphora empor, die mehrere Rankenreihen bilden, die in einem großen Kreis mit einer mittigen Inschr. im W enden und eine Steinplatte umgeben, die etwas außerhalb des Zentrums Richtung S liegt und als Öffnung eines Hypogäums dient. Geflügelte Tiere, Weinlese- und Jagdszenen mit mehreren Inschr. beleben die Ranken. Fr. M. Piccirillo

Amor, röm. Mosaizist, im 3. Jh. n. Chr. in Lillebonne tätig. Er schuf zus. mit seinem Lehrer → Sextius aus Puteoli (Pozzuoli) ein Fußbodenmosaik (Apollon und Daphne, umgeben von Szenen der Hirschjagd) für den Apollon-Diana-Tempel von Iuliobona (Lillebonne), heute im Mus. Départemental des Antiquités de la Seine-Maritime in Rouen. Die Inschr. des Mosaiks (CIL, XIII, 3225) lautet: *T(itus) Set(ius) Felix c(ivis) Puteolanus fec(it) et Amor c(ivitatis) K[...] discipulus*. Die auf den Namen des A. folgenden Buchstaben C und K können zu *civitatis Kaletorum* oder *civis Karthaginiensis* erg. werden. Demnach stammte A. entweder aus Gallien oder aus Karthago. ▭ EAA I, 1958 und V, 1963, 299; EWA V, 1972, 771. – *Abbé Cochet*, RA 21:1870, 337; *H. Lucas*, RM 17:1902, 128; InvMos, I. 2, 1909, 80, Nr 1051; *S. Reinach*, RépPeint, 1922, 26, Anm. 1; *A. Blanchet*, La mosaïque, P. 1928, 56, Taf. 8; *Toynbee*, Artists, 1951, 45 s.; *Rumpf*, MuZ, 1953, 196 s.; *Donderer*, Mosaizisten, 1989, 108–111, Nr A 86, Taf. 50.
G. Bröker/W. Müller

Amosis v.e. **Iahmes**

Ampheion ('Αμφείων), griech. Mosaizist, in der M. oder in der 2. H. des 3. Jh. n. Chr. In Heliopolis/Baalbek-Soueidiye im Libanon tätig. Nur bek. durch seine griech. Sign. auf einem sehr qualitätvollen Mosaik, das die Muse Kalliope zeigt, die von den acht Weisen umgeben ist, die in ein rundes Flechtwerk eingeschrieben sind. Es wurde in einem *triclinium* eines herrschaftl. Baus in Soueidiye auf der Straße von Ras el'Ain nach Baalbek entdeckt. Die links vom Gesicht der Muse gelegene Inschr. bez. Ampheion als Künstler: ε'Αμφείων ἐποίει. Man kann daraus ableiten, daß er der Hersteller des ganzen Paviments und zugleich der „entwerfende Maler" einer Mannschaft von Mosaizisten war oder daß er derjenige war, der die Steinchen der Porträts setzte. Das Studium der Ikonographie, der Verzierung der Umrahmung, der Stil und die Wiedergabe bestimmter Buchstaben erlauben, das Werk in die M. oder in die 2. H. des 3. Jh. n. Chr. zu datieren. Das Mosaik besteht aus geschnittenen Steinchen in *opus tessellatum* mit einer Größe von weniger als 1 cm und aus einem sichtbaren klassizist. Figurenstil mit großen Personen, die kleine Köpfe mit großen traurigen Augen aufweisen und die vor einen strengen weißen Hintergrund gestellt sind, der nur durch die feinen Buchstaben zu beiden Seiten der neun Personen aufgelockert wird. ▭ RE VII. 1, 1910; EAA III, 1960; KlP II, 1967; DNP IV, 1998. – *M. Chehab*, BMusBeyr 14:1958, 29–52, Taf. 11–26; *Donderer*, Mosaizisten, 1989, 53–54, Nr A2, Taf. 2.
F. Dupuis

Amphikrates ('Αμφικράτης, Amphicrates), griechischer Erzbildner, E. 6./A. 5. Jh. v. Chr. in Athen tätig. Er arbeitete für die Athener eine bronzene Löwin, wobei jene ihn anwiesen, dem Tier keine Zunge zu geben (Plin., nat., 34, 72). Die Plastik wurde nach dem Sturz der Peisistratiden in den Propyläen der Athener Akropolis aufgestellt (Paus., 1, 23, 1) und ist nicht mehr erhalten. In der lokalen Überlieferung galt das spätarchaische Werk als eine Ehrung für die Standhaftigkeit der Hetäre Leaina (Löwin!), einer Freundin der Tyrannenmörder Harmodios und Aristogeiton: Sie wurde von Hippias, dem Sohn des Peisistratos, zu Tode gefoltert, weil sie die Verschwörer nicht verriet, und soll sich die Zunge abgeschnitten haben. Plinius (ibid.) berichtet, die Athener hätten sich für die Plastik einer Löwin entschieden, um nicht die Statue einer Hetäre aufstellen zu müssen, jedoch sollte durch das Weglassen der Zunge auf den Anlaß der Ehrung hingewiesen werden. Die Verbindung des Standbildes mit der Geschichte der Leaina (außer bei Plinius, der als einziger den Namen des Künstlers nennt, und Pausanias auch bei Plut., garr., 8 und Polyain., strat., 8, 45 überliefert) kann jedoch ebensogut eine nachträgl. Erfindung sein, um die Zungenlosigkeit zu erklären (cf. Plin., nat., ed. Jex-Blake/Sellers, Chicago 1976, Anm. 4 auf p. 59). Es bleibt unklar, ob die Zunge fehlte, weil es sich bei der Löwin um eine Brunnenplastik handelte, ob der Künstler die Zunge einfach vergessen hatte oder ob diese später abgebrochen ist. ▭ ThB1, 1907. RE I. 2, 1894 (s. v. A. 5); EAA I, 1958; EWA II, 1959, 95. – *Overbeck*, SQ, 1868, Nrn 448–451; *Brunn*, GGK I, 1889, 97; *Picard*, Manuel, I, 1935, 641 s.; *Lippold*, GrPl, 1950, 81. E. Paul/W. Müller

Amphilochos (I) ('Αμφίλοχος), Sohn des Lago, griech. Künstler vom Pontos. Sein Name erscheint zus. mit der Bezeichnung τέχνας in der Inschr. einer Säulenbasis von Rhodos, die viell. zu einem Grabmal gehörte (Welcker, Sylloge, 1828, 191; CIG, 2545; IG, XII, 144). A. wurde daher früher für einen Architekten gehalten. Mit dem Wort τέχνας wird hier ledigl. auf einen Künstler im allg. Sinn hingewiesen, für den die meisterhafte Beherrschung seines Faches kennzeichnend ist. ▭ ThB1, 1907. EAA I, 1958 (s. v. Amphilochos 1). – *Brunn*, GGK II, 1889, 338. E. Paul

Amphilochos (II), griech. Koroplastiker, am E. des 1. Jh. v. Chr. tätig. Seine Sign. tragen zwei weibl. Gewandstatuetten aus glimmerhaltigem, rötl. Ton mit Resten eines weißen Überzugs, gefunden in Kyme in der Aiolis/NW-Kleinasien (eine davon befindet sich in Prag, Karls-Univ., Slg des Archäol. Inst.). ▭ RE I. 2, 1894 (s. v. A. 8); EAA I, 1958 (s. v. A. 2), mit Abb. – *E. Pottier/S. Reinach/A. Veyries*, La nécropole de Myrina, I, P. 1887, 173, Anm. 1, Nr 10; FA 9:1956, Nr 3369, Abb. 86 s.; Epitymbion Haken, Prag 1958, 113–115; *M. Dufková*, in: Kyme I. Anatolian Coll. of Charles Univ., ed. *J. Bouzek*, Prag 1974, Nr T 7, Taf. 26. G. Bröker

Amphion ('Αμφίων, Amphion), Sohn des Akestor aus Knossos, griech. Erzbildner, um die M. des 5. Jh. v. Chr. in Athen tätig. Schulbeziehungen und damit zeitl. Einordnung gehen aus Pausanias (6, 3, 5; Overbeck, SQ, 1868, Nr 463) hervor: A. war Schüler des → Ptolichos (I), Enkelschüler des → Kritios sowie Lehrer des → Pison aus Kalaureia. Pausanias (10, 15, 6; Overbeck, SQ, 1868, Nr 464) beschreibt als Werk des A. ein bronzenes Viergespann, das von Arkesilaos IV., König von Kyrene und Sieger in den Pyth. Spielen von 486 v. Chr., als Weihgeschenk für Delphi in Auftrag gegeben worden war: Battos, der Gründer der Kolonie Kyrene, stand, bekrönt von Libye, auf dem von Kyrene gelenkten Wagen. Alle bisherigen Versuche, das Werk unter bek. griech. Originalen oder röm. Kopien nachzuweisen, sind gescheitert. Mit A. lassen sich weder der Wagenlenker von Delphi noch die Skulpt. des Hephaisteions in Athen in Verbindung bringen. Auch zwei röm. Marmorkopien vom Kopf eines Siegers (London, BM und Schloß Erbach) sind wegen ihres fortgeschritteneren Stils nicht mit dem Battos-Kopf zu identifizieren. ▭ ThB1, 1907 (mit älterer Lit.; z.T. überholt). RE I. 2, 1894 (s. v. A. 9) und Suppl. V, 1931, 100 s. (mit weiterer Lit.); EAA I, 1958, EWA VII, 1971, 35, 96; *Bénézit* I, 1976. – *Brunn*, GGK I, 1889, 105, 300; *Picard*, Manuel, II. 1, 1939, 18 s., 140; II. 2, 1939, 637, Anm. 1, p. 654, 732, Anm. 2; *G. Gullini*, ArchCl 1:1949, 10 ss.; *Lippold*, GrPl, 1950, 176, Anm. 7. E. Paul

Amphistratos (Ἀμφίστρατος, Amphistratus), griech. Bildhauer, Erzbildner, z. Z. Alexanders d. Gr. tätig. Er schuf nach Plinius (nat., 36, 36; Ferri, Plin., 1946, 240 s. mit Anm.) die marmorne Portr.-Statue des Geschichtsschreibers Kallisthenes aus Olynthos (Ol. 113, 3; 326 v. Chr.), eines Neffen und Schülers des Aristoteles. Plinius sah sie in den Servilianischen Gärten in Rom. Nach Tatian (52) stammte von A. noch die Bronzestatue der sonst unbekannten Dichterin Kleito. ▭ ThB1, 1907. RE I. 2, 1894 (s. v. A. 3); EAA I, 1958. – *Overbeck*, SQ, 1868, Nrn 1614 s.; *A. Kalkmann*, RhM 42:1883, 505 (zu Kleito); *Brunn*, GGK I, 1889, 423; *Picard*, Manuel, IV. 2, 1963, 931, 1467, 1470. E. Paul

Amphitimos (?) (Ἀμφιτίμος), griech. Bildhauer (?) aus Athen, Zeit unbek. Sein Name ist unvollst. als A[...]TIM[...] in einer Inschr. aus dem Asklepieion von Epidauros (IG, IV, 1137) überliefert, mit der ein epidaurisches Ehepaar die Statuen seiner Mütter dem Apollon, dem Asklepios und der Hygieia weihte. Die Lesung des Künstlernamens ist daher unsicher. ▭ RE, Suppl. III, 1918. – *Picard*, Manuel, IV. 2, 1963, 952. D. Rößler

Amphoteros (Ἀμφότερος), aus einer Sign. erg. Name auf einer Gemme aus schwarzem Jaspis (Portr. eines jugendl. hellenist. Herrschers) in London, BM, ehem. in Florenz. Er gibt wohl eher den einstigen Besitzer als den Steinschneider an. ▭ ThB1, 1907. RE I. 2, 1894 (s. v. A.s 5); EAA I, 1958. – *A. F. Gori*, Musaeum Florentinum ..., II, Fi. 1731, Taf. 10, 3; *A. J. Letronne*, AdI 17:1845, 260 s.; *Brunn*, GGK II, 1889, 600 s.; *O. Rossbach*, JdI 6:1891, 69; *Walters*, BMGems, 1926, Nr 1962. G. Bröker/W. Müller

Ampliatos (Ἀμπλιάτος; Ampliatus), Bildhauer (?), in der röm. Kaiserzeit tätig. Nach der Inschr. Loewy, IGB, 1885, 303, Nr 463 (aus Heliopolis/Baalbek) arbeitete er zus. mit einem Künstler namens *Hermes (III)* eine Büste. Loewy (ibid.) vermutete in beiden eher die Stifter des Werkes, da das in der Inschr. vorkommende Wort ἐποίησαν im syr. Bereich auch auf die Weihung bezogen werden kann. ▭ ThB1, 1907 (s. v. Ampliatus). RE, Suppl. I, 1903 (s.v. Ampliatus 2); EAA I, 1958. – *Ch. Clermont-Ganneau*, RA 1884, 278. E. Paul

Amun... (ägypt.) v.e. **Imen...** (ägypt.)

Amunnacht v.e. **Imennechet**

Amunweser → **Userimen**

Amyklaios (Ἀμυκλαῖος), aus Korinth, griech. Erzbildner, am E. des 6. und im frühen 5. Jh. v. Chr. tätig. Nach Herodot (8, 27) und Pausanias (10, 13, 7; Overbeck, SQ, 1868, Nr 480) schuf er zus. mit seinen Landsleuten Diyllos (Dyullus) und Chionis (→ Chion) eine nicht mehr erhaltene überlebensgroße Bronzegruppe des Dreifußraubes. Während → Chion die Randfiguren der Szene (Artemis und Athena) allein arbeitete, führten A. und Diyllos die übrigen (Herakles, Apollon und Leto) gemeinsam aus. Die Phoker ließen das Werk zum Gedenken ihres Sieges über die Thessalier (um 485 v. Chr.) als ihr drittes Weihgeschenk in Delphi, wahrsch. s. des Dreifußes von Plataiai, aufstellen. Für die Rekonstruktion wurde eine Trennung der durch → Chion geschaffenen Statuen von den übrigen angenommen, was aber der Beschr. des Pausanias nicht entspricht. Die Komposition der etwa gleichzeitigen Darst. des Dreifußraubes im Giebelfeld des Siphnier-Schatzhauses in Delphi zeigt die Figuren durch Armhaltungen verbunden, während Athena die Streitenden trennt. ▭ ThB1, 1907. RE I. 2, 1894 (s. v. A. 4) und Suppl. IV, 1924, 1403; EAA I, 1958; EWA VII, 1971, 96 und XI, 1972, 157; *Bénézit* I, 1976. – *B. Sauer*, Die Anfänge der statuar. Gruppe, L. 1887, 17, 63; *Brunn*, GGK I, 1889, 112 s.; *Overbeck*, GGP[4], I, 1893, 160; *A. D. Keramopoullos*, AEphem 25:1907, 91 ss.; *Picard*, Manuel, I, 1935, 465, Anm. 1; II. 1, 1939, 150, Anm. 1; *W. Deonna*, Dédale ou la statue de la Grèce archaïque, II, P. 1936, 140, 146, Anm. 3; *Lippold*, GrPl, 1950, 87. E. Paul

Amymon (Ἀμύμων), griech. Bildhauer, in der 1. H. des 4. Jh. v. Chr. tätig. Der Künstlername, von dem der letzte Buchstabe fehlt, steht unter einer von 2 fragm. Weih-Inschr. auf dem marmornen

Basis-Fragm. Athen, NM, Inv. Nr 3854 (1937/38 aus dem Athener Kunsthandel erworben). Nach dem Inhalt dieser Inschr. (SEG, XXIII, 1968, 45 Nr 103) und dem Thema des größtenteils erh., künstler. wenig qualitätvollen Reliefs auf der Vorderseite (3 Waffentänzer, von denen einer im Triumph auf den Schultern eines Kameraden getragen wird) handelte es sich bei der einst zu der Basis gehörenden Statue oder Gruppe um das Weihgeschenk eines Choregen für einen an den Großen Panathenäen und den Großen Dionysien errungenen zweifachen Sieg im Waffentanz. Auf Grund von Stilvergleichen mit Urkundenreliefs und Panathenäischen Preisamphoren wurde von Poursat (1967) eine Dat. auf die Panathenäen von 374/73 oder 370/69 v. Chr. vorgeschlagen; begründen läßt sich jedoch nur eine Fixierung in die 1. H. des 4. Jh. v. Chr. ▭ EAA, Suppl. 1970. – AA, 1938, 542; *L. Robert*, Hellenica, I, Limoges 1940, 151, Anm. 5; *M. N. Tod*, JHS 62:1942, 61; *J.-C. Poursat*, BCH 91:1967, 102–110. D. Rößler

Amynandros oder **Amynomachos** ('Αμυν[...]), Sohn des Poseidippos, griech. Bildhauer (?), wahrsch. im 6. oder 5. Jh. v. Chr. (Dat. von den epigr. Merkmalen der nachstehend gen. Inschr. abgeleitet) tätig. Der Anfang des Künstler(?)namens erscheint in einer Inschr. auf dem marmornen Basis-Fragm. eines Weihgeschenks (gefunden 1886 auf der Akropolis von Pergamon; cf. Pergamon, VIII. 1, 1890, 2, Nr 3). Der fragm. Zustand des Textes gestattet weder eine sichere Erg. des Namens noch eine endgültige Entscheidung darüber, ob es sich bei dem Genannten um den Künstler oder den Stifter des Weihgeschenks handelt. Von der Statue sind nur die Standspuren erhalten. Reste einer zweiten Inschr. und Fußspuren zweier stehender Figuren rühren von einer sekundären Verwendung der Basis her. ▭ EAA I, 1958; EWA VII, 1959, 79. D. Rößler

Amynomachos → Amynandros

Amyntas ('Αμύντας), griech. Koroplast, E. des 1. Jh. v. Chr./A. des 1. Jh. n. Chr. in Myrina tätig. Seine Sign. findet sich auf drei Typen von Tonstatuetten von drapierten Jünglingen (Paris, Louvre, Inv. Nr Myr 436; Mollard-Besques, II, 1963, 202, Nr Myr 436, Taf. 235 e; Kassab, 1988, 26, Nr 1 a; Paris, Louvre, Inv. Nr S 3208; Mollard-Besques, II, 1963, 123, Nr S 3208, p. 202, Taf. 148 a, 235 f; Kassab, 1988, 26, Nr 1 b, Taf. 3, 12 ; verschollen, E. Pottier/S. Reinach, La nécropole de Myrina, P. 1888, 175, Nr 2 ; Kassab, 1988, 26, Nr 2) oder einer Frau (Izmir, Mus.; E. Pottier/S. Reinach, La nécropole de Myrina, P. 1888, 173, Nr 13). ▭ *D. Kassab*, Statuettes en terre cuite de Myrina. Corpus des sign., lettres et signes, P. 1988, 26, Nrn 1–2, Taf. 3, 12. R. V.

Ana (I), etrusk. Töpfer, der im 2. V. des 7. Jh. v. Chr. ein Bucchero-Gefäß gefertigt hat, gefunden in Narce (faliskisches Gebiet) in Grab 38 der Nekropole von Monte Cerreto und heute in Rom, MN di Villa Giulia. Die Sign. des Meisters bildet das Ende einer etrusk. Inschr., die in Form einer rechtsdrehenden Spirale in den Fuß des Gefäßes eingraviert ist: „... ana zinace" (TLE[2], 27). Der gängigen Deutung zufolge ist „ana" ein Eigenname im Nominativ und „zinace" die aktive Vergangenheitsform eines Verbs mit dem Stamm „zina-", für das die Bed. von „machen" angenommen wird. Die Übersetzung lautet demnach: „Ana hat mich gemacht". Die Verwendung eines Verbs, das auf das materielle „Machen" hinweist, ist von Töpfern aus versch. Sprachgebieten des antiken Italien bek., etwa aus Rom („Duenos med feced" – die Deutung als Künstler-Inschr. ist allerdings umstritten) oder aus Falerii („... a med fifiked"). Neben der Angabe des Künstlernamens findet sich auf dem Gefäß aus Narce auch ein Hinweis auf einen mit ihm verbundenen Schenkungsakt und die Komp. und Schreibweise des Textes, die häufig in etrusk. Inschr. auf Vasen u.a. Wertgegenständen des 7. Jh. v. Chr. begegnen. – Das Gefäß hat die Form einer Kalotte mit flachem Außenbesatz und trichterförmigem Fuß und wurde möglicherweise bei Zeremonialhandlungen als Rauchfaß verwendet. Da sowohl die Form als auch das Mat. keine Besonderheiten aufweisen, muß es für die Künstler-Sign. eine außergewöhnl. Motivation gegeben haben: entweder das Bedürfnis nach Komplettierung der Angaben zu dem für Zeremonialhandlungen gedachten Gefäß oder aber, was wahrscheinlicher ist, den Wunsch des Auftraggebers, durch die Sign. des Töpfers seinen eigenen hohen Rang zu unterstreichen. – Ana ist ein Name, der ab dem 7. Jh. v. Chr. vorkommt (Rom, Caere, faliskisches Gebiet, Bologna) und den Stamm für Fam.-Namen bildet, die dann durch ein adjektiv. Suffix erg. werden (Anie, Ane, Anina). Die Angabe nur dieses Eigennamens wirft ein Licht auf den soz. Status seines Trägers: Er stand außerhalb der Fam.-Ordnung und dürfte einem unbedeutenden Nebenzweig angehört haben. Dieser Schluß ist von großem Wert für die Sozialgesch. der antiken Kunst, umso mehr, als sich ähnl. Fälle an and. Inschr. des 7. und des 6. Jh. v. Chr. beobachten lassen. Über die Persönlichkeit und künstler. Qualität des A. läßt sich dennoch wenig sagen, da seine Sign. nur einmal überliefert und sein Gefäß ein wenig spezif. ist. Sehr wahrsch.

war er in Narce tätig. Nicht ident. mit dem etrusk. Töpfer gleichen Namens, der E. 7. Jh. v. Chr. eine Vase in Bologna sign. hat. ▭ *M. Cristofani*, BSR 56:1988, 13 ss., Taf. 2. G. Camporeale

Ana (II), etrusk. Töpfer, der E. 7. Jh. v. Chr. eine Amphore gefertigt hat, gefunden in Bologna in Grab 15–17 der Nekropole Melenzani und heute ebd., MCiv. Die Dat. ergibt sich aus der Form des Gefäßes und den übrigen Funden aus demselben Grab. Der Künstlername bildet das Ende einer Inschr., die in Form einer linksdrehenden Spirale in den Körper der Amphore eingraviert ist: „... ana mini zinake xremiru“. Die Deutung bereitet keine Schwierigkeiten: „ana“ ist ein Eigenname im Nominativ, der in Etrurien seit M. 7. Jh. v. Chr. vorkommt (→ A. [I]); „mini“ ist das Pronomen erster Person Singular im Akkusativ und bezieht sich auf das Gefäß, das direkt „spricht“; „zinake“ ist die aktive Vergangenheitsform eines Verbs mit dem Stamm „zina-“, das soviel bedeutet wie „machen (im materiellen Sinn)“; „xremiru“, ein sonst unbek. Wort, scheint wegen der Endung „-u“ ein Appositiv oder eine Art Zuname zu sein, der sich auf den Künstler bezieht. Die Übersetzung lautet demnach: „Ana xremiru hat mich gemacht“. Die Endung „-ke“ von „zina-ke“ ist typ. für das n. Etrurien im Gegensatz zur im S verbreiteten Endung „-ce“ und bestätigt die Herkunft des Künstlers (oder des Verfassers der Inschr.) aus dem n. Etrurien, wahrsch. aus Bologna. – Das Gefäß weist sowohl techn. als auch vom Material her keine Besonderheiten auf. Es zeichnet sich nur durch seine Inschr. aus, welche die älteste und längste aus Bologna bekannte ist und bisher die einzige aus dem 7./6. Jh. v. Chr. (bek. sind zahlr. Einzelbuchstaben, eindeutig Abkürzungen, auf Keramik- und Bronze-Fragm. dieser Zeit). Der Text enthält neben dem Künstlernamen weitere wichtige Angaben: Besitz, Geschenk (oder Weihe) der explizit bez. Amphore („zavenuza“), Name des Empfängers und der Schenkenden. Die Künstler-Sign. am Ende der Inschr. sollte diese Angaben entweder vervollständigen oder aber, was wahrscheinlicher ist, den Wert des Gefäßes steigern und so den soz. Status des Auftraggebers unterstreichen. – Da A. ein Eigenname ist, „xremiru“ aber kein Fam.-Name, muß der Töpfer einer niedrigen Klasse angehört haben (→ A. [I], mit dem A. sicher nicht ident. ist). ▭ *C. Morigi Govi/G. Colonna*, StEtr 49:1981, 67 ss., Taf. 19–21. G. Camporeale

Anakles (I) (Ἀνακλῆς), einer derjenigen att. Töpfer, in deren Wkst. während des 3. V. des 6. Jh. v. Chr. sog. Kleinmeister-Schalen, sorgfältig gearbeitete, mit miniaturhaften Ornamenten und Figuren in schwarzfig. Technik bemalte oder undekorierte kleinere Trinkgefäße, hergestellt wurden. Sein Name bek. durch meist doppelte Sign. auf vier Kleinmeister-Schalen. Zusammenarbeit mit dem Töpfer → Nikosthenes (I). ⌂ Berlin, SMPK, Antiken-Slg, Inv. Nr F 180: Bandschale (auf beiden Seiten: Herakles im Kampf mit der Hydra, auf der einen Seite mit einer Frauengestalt als Assistenzfigur), auf der einen Seite mit dem Namen des A., auf der and. mit dem des → Nikosthenes (I) sign., aus Orvieto, seit 1945 verschollen. Florenz, Mus. Archeol. Etrusco: Fragm. einer Randschale, sign. Leipzig, Antiken-Mus.: Fragm. einer Randschale, sign., vermutl. Kriegsverlust. Schweizer Priv.-Bes. (früher Paris, Slg Morin-Jean): Randschale (auf beiden Randzonen: Rehkitz), sign. Die Zuweisung einer fünften Kleinmeister-Schale (Berlin, SMPK, Antiken-Slg, Inv. Nr F 1766: Randschale) bleibt wegen der verstümmelten oder sinnlosen Inschr. unsicher. ▭ ThB1, 1907. RE I. 2, 1894; EAA I, 1958, mit Abb. 482. – *W. Klein*, Die griech. Vasen mit Meistersign., W. [2]1887, 75 s.; *Pfuhl*, MuZ, I, 1923, 274–278 et passim, Abb. 250; *Hoppin*, BlackFig, 1924, 46–49, Abb.; *J. D. Beazley*, JHS 52:1932, 169, 183, 190, 199; *Rumpf*, MuZ, 1953, 63; ABV, 1956, 159, 230; Para, 1971, 67; Das Tier in der Antike, K Univ. Zürich 1974, 40 s., Nr 238, Abb., Add[2], 1989, 46. K. Zimmermann

Anakles (II), griech. Steinschneider, etwa 480–460 v. Chr. tätig. A. zählte mit → Epimenes, → Syries, → Onesimos (I) und → Aristoteiches zu den wenigen durch gesicherte Sign. bek. spätarchaischen Steinschneidern, die Werke von hervorragender Qualität hinterließen. Seine zeitl. Einordnung ergibt sich aus Parallelen zu seinem sign. Werk im Metrop. Mus. in New York, die sich in Vasenbildern des Brygos-Malers und in Münzbildern aus Naxos nachweisen lassen. ⌂ New York, Metrop. Mus.: Jaspis-Skarabäoid (Satyr mit Weinschlauch und Kantharos, sign., aus Kreta). – *Zuschr.* (J. Boardman: 'Anakles Group'): Baltimore, Walters AG (Karneol-Skarabäoid: kniender, bogenschießender Satyr). Berlin, SMPK, Antik-Slg (Karneol-Skarabäus: Lyraspieler). Boston, MFA (Skarabäus: Lyraspieler auf Felsen). London, BM (Karneol-Skarabäoid: Satyr mit Weinschlauch). ▭ *Zazoff*, AG, 1983, 103 ss., Anm. 20, Taf. 23, 5–7 und Abb. 32f, i. W. Müller

An'am, Sohn des Asbo, nabatäischer Bildhauer, in der 1. H. des 1. Jh. n. Chr. in Seia/Syrien tätig. A.

ist in einer nabatäischen Inschr. auf einem Statuensockel in Form eines Altars aus Seia im s. Syrien als Künstler überliefert, der ins 33. Reg.-Jahr des Tetrarchen Philipp, also 29/30 n. Chr. dat. ist. Von der Statue, die er geschaffen hat, ist nichts erhalten. In einem griech. Zusatz zu der Inschr. auf diesem Sockel wird → Zaidelos, ein Tempeldiener, als weiterer Bildhauer genannt. ▭ EAA V, 1963 (s.v. Nabatea, Arte, An'am). – RES, Nr 2117; *E. Littmann*, Florilegium M. de Vogüé, P. 1909, 375–390; *id.*, Publications of the Princeton univ. archaeological expeditions to Syria in 1904–1905 and 1909, IV A, Leiden 1914, 78–81; *R. Wenning*, Die Nabatäer – Denkmäler und Gesch., Fribourg/Göttingen 1987, 38; *Hackl*, Nabatäer (im Druck), Nr E. 004. 06. D. Keller

Ananias (Ἀνάνιας), griech. Maler. Soll nach der Legende im Auftrag des Königs Abgar von Edessa gearbeitet haben. Von ihm eine Ikone, die angebl. nach dem im Besitz des Königs befindl. Portr. Christi gemalt worden ist. ⌂ GENUA, S. Bartolomeo degli Armeni: Ikone, angebl. zeitgen. Portr. Christi, Rahmen aus Golddraht und -blech aus dem 10. Jh. ▭ *Piompinos*, 1979. – *F. Kontoglou*, Ekfrasis tis orthodoxou eikonografies, I, At. 1960; Reclams Kstf. Italien I. 2, St. 1982, 202.
K. Aridas/S. Trauzeddel

Anastasius (Ἀναστάσιος), spätantiker Mosaizist, im 7. Jh. n. Chr. in Khirbet al-Samra/Jordanien tätig. Sein Name ist uns durch eine griech. Sign. überliefert. Sie steht in einem einfachen Rahmen in der Nähe der SW-Ecke des Gesamtwerkes zw. zwei Weinranken, die aus Amphoren in den Ecken hervorsprießen, und lautet: „(Arbeit) des Anastasius, (Sohn) des Domintianus, Mosaizist." Die 10,5 m x 6,6 m große Kap. 81 von Khirbet al-Samra wurde von Franzosen ausgegraben (CNRS und Ecole Biblique von Jerusalem), ist mit Bodenmosaiken dekoriert und gehört zum Komplex des Hl. Georg, die in die Zeit des Erzbischofs Theodoros ins Jahr 637 n. Chr. dat., und des Hl. Peter, die mit Mosaiken aus der Zeit desselben Theodoros ausgeschmückt sind. Unsere Kap. steht mitten im ö. Sektor, n. der Kirche des Hl. Peter, und wird gefolgt von der Kirche 82, die eine Inschr. besitzt, in welcher der Name eines *egumenos* übriggeblieben ist. Unser Mosaikboden wurde während des Ikonoklasmus stark zerstört. Die Tier-Darst. in den Ranken haben sehr gelitten. Man kann nur noch ein Schaf in der ersten Reihe in der Nähe des Eingangs, zwei sich gegenüberstehende Hirsche in der zweiten Reihe und je eine laufende Gazelle in der dritten und vierten Reihe erkennen. Offensichtl. waren die ö. Ranken mit geflügelten Tieren geschmückt. Die Weinranken waren umgeben von Kreisen, Quadraten und von zwei Randstreifen mit Kelchen, die abwechselnd auf den Kopf gestellt sind. Die Weih-Inschr. befand sich innerhalb des Rahmens auf der ö. Seite der Randleiste. Wegen der ikonoklast. Zerst. ist es schwierig, die Qualität des Werkes zu charakterisieren. Den allg. Aufbau der Komp. aus dunkelroten, gelben und grauen *tesserae* betrachtend, der sich ebenso auf den Bodenmosaiken der and. Kirchen befindet, ist man zu sagen versucht, daß A. für alle Mosaiken des gesamten Kirchenareals aus der Zeit des Erzbischofs Theodoros verantwortl. war. Die besser erh. Bodenmosaiken der Kirche des Hl. Georg vermitteln eine genauere Vorstellung von der Geschicklichkeit der Mosaizisten, die eine Mannschaft bildeten, von der nur der Name des A. auf uns gekommen ist. Diese Mosaiken zeigen eine Vielfalt an geometr. und naturalist. Motiven, welche das Konzept beherrschen: Blätter, Glasflaschen, Früchte mit Messer, Korb mit Früchten, Traubenbüschel, Knoten, geflügelte Tiere und Porträts der Spender. ▭ *M. Piccirillo*, The mosaics of Jordan, Amman 1993, 308, Abb. 609; *J.-B. Humbert/A. Desreumaux*, Khirbet es-Samra 1, Jordanie, Turnhout 1998, 47–55. Fr. M. Piccirillo

Anaxagoras (I) (Ἀναξαγόρας), aus Aigina, griech. Erzbildner, in der 1. H. des 5. Jh. v. tätig. Schuf für Olympia eine 10 Ellen hohe, nach O gewandte Bronzestatue des Zeus als Weihgeschenk der verbündeten Griechenstädte anläßl. des 479 v. Chr. b. Plataiai über die Perser errungenen Sieges (Paus., 5, 23, 1–3; Hdt., 9, 81; Overbeck, SQ, 1868, Nrn 433 s.). Zu dieser Statue gehörte wahrsch. eine Basis mit Einlaßspuren, die W. Dörpfeld bei den Ausgrabungen in Olympia zw. Zeus-Tempel und Buleuterion fand. Ein weiteres Werk des A. war das Weihgeschenk eines Praxagoras, Sohn des Lykaios. Dazu sind außer einem Epigramm (Anth. Pal., 6, 139; Overbeck, SQ, 1868, Nr 436) keine näheren Angaben überliefert. Antigonos von Karystos würdigte in seinen kunstgeschichtl. Schriften die Bedeutung des A. (Diog. Laert., 2, 15; Overbeck, SQ, 1868, Nr 435). ▭ ThB1, 1907. RE I, 1894 (s. v. A. 6); EAA I, 1958 (s. v. A. 1); EWA XI, 1972, 177, 180; *Bénézit* I, 1976. – *Brunn*, GGK I, 1889, 84; Olympia I, 1890, 86; II, 1892, 78; *Picard*, Manuel, II, 1939, 71, Anm. 220; *Lippold*, GrPl, 1950, 97.
E. Paul

Anaxagoras (II), Sohn des Apellikon, griech. Architekt aus Iasos/Karien, vermutl. während der Regierung Antiochos' III. (König von Syrien 223–187 v. Chr.) tätig. Eine Inschr. in London, BM (cf. I. E. L. Hicks in: The coll. of ancient Greek inscr. in the BM, ed. C. T. Newton, III, Ox. 1890, 62, Nr 443) nennt ihn zus. mit den Mitgl. einer Bau-Komm. für das Buleuterion und das Archeion in Iasos als Stifter eines Weihgeschenks an Homonoia. ▭ ThB1, 1907. RE, Suppl. I, 1903 (s.v. A. 7); EAA I, 1958 (s.v. A. 2). W. Müller

Anaxander → **Anaxandros**

Anaxandra (Ἀναξάνδρα, Anaxandra), Tochter des → Nealkes aus Sikyon (?), griech. Malerin, in der 2. H. des 3. Jh. v. Chr. tätig. Namen und Herkunft überliefert bei Clem. Alex., strom., 4, 124 (Overbeck, SQ, 1868, Nr 2104) auf Grund einer Notiz des Didymos von Alexandria. Wahrsch. Schülerin ihres Vaters, der zu den Initiatoren der alexandrin. Malerei gehörte und dessen Lebenszeit wegen seiner Freundschaft mit Aratos, dem Befreier Sikyons, in die M. des 3. Jh. v. Chr. fällt. Für die von H. Brunn geäußerte Vermutung, der bei Plinius (nat., 35, 146) erw. Malername Anaxander (→ Anaxandros) sei eine verschriebene Form für Anaxandra, gibt es außer dem Anklang der Namen keinen Anhaltspunkt. ▭ ThB1, 1907. RE I. 2, 1894 (s. v. A. 8); EAA I, 1958; EWA VII, 1971, 348. – *W. Klein*, Archaeol.-epigr. Mitt. aus Oesterreich-Ungarn 11:1887, 277; *Brunn*, GGK II, 1889, 291 s., 300; *Pfuhl*, II, MuZ, 1923, 813; *N. Kampen*, ArchCl 27:1975, 10; *Reinach*, RecMilliet, 1985, Nr 524. W. Müller

Anaxandros (Anaxander), griech. Maler unbestimmter Zeit. H. Brunn (1889) vermutete in dem bei Plinius (nat., 35, 146) unter den Malern geringerer Bedeutung gen. Anaxander eine fehlerhafte Überlieferung des Namens → Anaxandra. ▭ ThB1, 1907. RE I. 2, 1894 (s. v. A. 8); EAA I, 1958. – *Brunn*, GGK II, 1889, 300. W. Müller

Anaxenor (Ἀναξήνωρ, Anaxenor), aus Magnesia (nicht überliefert aus welchem Ort dieses Namens), griech. Maler unbek. Zeit. Name erw. in einer bei Eust., 1622, 38 (Overbeck, SQ, 1868, Nr 2116) mitgeteilten Anekdote über ein von A. gemaltes Bild eines Sängers: Wegen der schlechten Raumaufteilung des Bildes mußte A. den letzten Buchstaben eines von ihm darauf geschriebenen Homer-Zitats (Hom., Od., 9, 3–4) weglassen und erweckte dadurch den Spott seiner Zeitgenossen. ▭ ThB1, 1907. RE I. 2, 1894 (s. v. A. 2); EAA I, 1958. – *F. G. Welcker*, RhM 6:1838, 389; *Brunn*, GGK II, 1889, 301. W. Müller

Anaxiles (Ἀναξίλης), griech. Goldschmied oder Besitzer eines goldenen Fingerrings aus einem kypr. Grab, in der 2. H. des 5. Jh. v. Chr. tätig. Der epigr. Charakter der Inschr. scheint auf ein ion. Werk der 2. H. des 5. Jh. v. Chr. hinzuweisen. Auf der Platte des Ringes ist eine sitzende Athena mit Helm, Schild und Eule dargestellt. Früher wurde A. noch ein weiterer goldener Fingerring (Neapel, MN, Inv. Nr 25085) infolge einer falschen Lesung der darauf befindl. Künstler-Sign. des → Herakleidas (IV) zugeschrieben. ▭ ThB1, 1907. EAA I, 1958; EWA IV, 1972, 183. – *J. A. R. Munro*, JHS 12:1892, 321 ss., Taf. 15; *Furtwängler*, AG, 1900, II, 47, Nr 41, III, Taf. IX, 41. W. Müller

Anaximandros (Ἀναξίμανδρος), vermeintlicher Bildhauer der frühen Kaiserzeit. Namens-Inschr. an der Oberkante eines Flachrelief-Fragm. der frühen röm. Kaiserzeit (Rom, MN Romano, Inv. Nr 506, griech. Marmor, gefunden um 1885 an der Via delle Sette Sale auf dem Esquilin in Rom; cf. W. Helbig, Führer durch die öffentl. Slgn klass. Altertümer in Rom, II, L. [3]1913, 175 s., Nr 1408). Da am gleichen Ort zahlr. Reste eines mehrfigurigen, von einer griech. Bildhauer-Familie aus Aphrodisias/Karien (vgl. die Artikel zu → Andronikos (III), Flavius (I); → Chryseros, Flavius; → Zenon (IV), Flavius) geschaffenen Weihgeschenks zutage traten, vermutete man in der Namens-Beischr. (IG, XIV, 1231) die Künstler-Sign. eines Verwandten und Mitarb. dieser Familie und fügte seinem Namen deren Gentilizium „Flavius" an. Höchstwahrscheinlich ist die Inschr. jedoch keine Künstlersign., sondern benennt den auf dem Relief Dargestellten, einen älteren, bärtigen, in der Haltung tiefen Nachdenkens wiedergegebenen Mann. In ihm ist also wohl ein Idealbildnis des ion. Naturphilosophen A. (gest. 546 v. Chr.) zu erkennen. ▭ Zur Künstler-Hypothese: *C. L. Visconti*, BullCom 14:1886, 286, 320, Nr 10; RE III. 2, 1899 (s. v. Chryseros 4) und Suppl. I, 1903; EAA I, 1958 und Suppl., 1970. – Zum Relieffragm. in Rom: *J. J. Bernoulli*, Griech. Ikonogr., I, M. 1901, 73 s.; *A. Hekler*, Die Antiken in Budapest, I, W. 1929, 60; *K. Schefold*, Die Bildnisse der antiken Dichter, Redner und Denker, Basel 1943, 156 s., Nr 2; *G. S. Dontas*, Eikones kathemenon pneumatikon anthropon, Athen 1960, 28; *Richter*, Portraits, I, 1965, 78. D. Rößler

Anaximenes (Ἀναξιμένης), Name eines in der älteren Forsch. angenommenen griech. Bildhauers der mittleren röm. Kaiserzeit. Auf Grund einer während der Renaiss. angefertigten Abschrift einer kaiserzeitl. Inschr. aus Gortyn/Kreta (IG, 2588; Loewy, IGB, 1885, 279 s., Nr 409; Overbeck, SQ,

1868, Nr 2283) wurde ihm die nicht mehr erh. Ehrenstatue des Prokonsuls Quintus Caecilius Rufinus zugewiesen. Spätere Unters. (M. Guarducci, 1929) ergaben jedoch, daß es sich um zwei versch. Inschr. handelt, die in der Abschrift zusammengeworfen worden sind: die eine gehörte urspr. zur Statue des Caecilius Rufinus, die and. zu einem Portr. des ion. Naturphilosophen Anaximenes aus Milet, eines Sohnes des Eurystratos. Die erstere Inschr. enthielt keinen Künstlernamen. Bei der zweiten, auf der Basis oder Herme des Philosophen-Portr., bezieht sich der Name A. auf den Dargestellten, nicht auf den Künstler. ▭ Überholte ältere Lit.: ThB1, 1907. – *Brunn*, GGK I, 1889, 606; RE I. 2, 1894 (s.v. A. 6). – Neuerer Forschungsstand: *M. Guarducci*, RIA 1:1929, 149; *id.*, IC, IV, 1950, 345; EAA I, 1958. W. Müller

Anchef, ägypt. Bildhauer („Oberster der Oberen") z.Z. des Königs Amenemes III. (1853–1806/05 v. Chr.). Nahm im 4. Reg.-Jahr Amenemes' III. an einer Expedition in den Sinai teil, wie sich einem Graffito mit der Liste der Teiln. in Serabit el-Chadim entnehmen läßt. ▭ *J. Černý/A. H. Gardiner/T. E. Peet*, The inscr. of Sinai, Lo. ²1952–55, 94, Nr 85, Taf. 23. F. Hoffmann

Anchefenchensu, ägypt. „Oberster der Graveure vom Haus des Amun", z.Z. der 21. Dynastie (1070/69–946/45 v. Chr.) in Theben. Er trug auch priesterliche Titel. A. wurde in seiner zwei Särge und eine Mumienauflage umfassenden Bestattung in Deir el-Bahari (Theben W) gefunden. ▭ *A. Niwinski*, 21st dynasty coffins from Thebes, Mainz 1988, 124, Nr 106. F. Hoffmann

Anchefenimen, Sohn des Butehaimen, ägypt. Umrißzeichner („Vorzeichner"), in der M. der 21. Dynastie (um 996/95–946/45 v. Chr.) in Deir el-Medineh/Oberägypten tätig. Bek. durch mehrere Ostraka. Er war beim Ausmalen der Königsgräber beteiligt und wohnte in dem Arbeiterdorf Deir el-Medineh. ▭ *M. L. Bierbrier*, The late New Kingdom in Egypt, Warminster 1975, 39 ss.; *J. Černý*, A community of workmen at Thebes in the Ramesside period, Kairo 1973, 206 s.; *E. S. Bogoslovsky*, ZÄS 107:1980, 89 ss. Y. Ott

Anchemaher (gen. Sesi), ägypt. Bauleiter („Aufseher aller Arbeiten des Königs") unter König Teti (ca. 2300 v. Chr.). Bek. durch sein reich dekoriertes und gut erh. Grab in Saqqara in der Nähe der Pyramide des Teti und seinen Sarg. ▭ Urk. I, 201 ss.; *J. Capart*, Une rue de tombeaux à Saqqarah, Br. 1907, 27 ss., Taf. 18 ss.; *C. M. Firth/B. Gunn*, Teti pyramid cemeteries, Kairo 1926, 16 ss., 93 ss., Taf. 6; *H. G. Fischer*, Egyptian titles of the Middle Kingdom, N. Y. 1985, 9, Nr 401bis.; *N. Kanawati/A. Hassan*, The Teti cemetery at Saqqara, II, Warminster 1997. F. Hoffmann

Anchhaf, Sohn des → Inikaf (II), ägypt. „Vorsteher und Aufseher der Künstler", in der 6. Dynastie (2347/2297–2216/2166 v. Chr.) tätig. Nur bek. als Stifter der Scheintür (türförmige Stele) für seinen Vater → Inikaf (II), die in der Nähe des Grabes S 4031/4033 im Gräberfeld von Giza-W gefunden wurde. ▭ PM III. 1, 1974, 108. – *H. Junker*, Giza, IX, W. 1950, 172. Y. Ott

Anchi, ägypt. Architekt („Vorsteher der Bildhauer"), in der 5. Dynastie (2504/2454–2347/2297 v. Chr.) in Saqqara/Unterägypten tätig. Bek. durch seine Mastaba C. 14 in Saqqara; auf der Scheintür (Kairo, Ägypt. Mus., Inv. Nr CG 1729) in seinem Grab ist sein Titel genannt. ▭ PM III. 2, 1978, 451. – *L. Borchardt*, Denkmäler des Alten Reiches im Mus. von Kairo (CG), II, Kairo 1964, 159, Nr 1729; *A. Mariette*, Les mastabas de l'Ancien Empire, Hildesheim/N. Y. 1976, 451. Y. Ott

Anchires, ägypt. Künstler („Vorsteher aller Arbeiten des Königs"), 4. Dynastie (2639–2504 v. Chr.) oder später, in Ägypten tätig. Nur bek. durch seine in Saqqara befindliche Mastaba. ▭ PM II, 1978, 452, Nr 15 (B 16). – *A. Mariette*, Les mastabas de l'Ancien Empire, Hildesheim/N. Y. 1976, 109. S. Hänsch

Anchka, ägypt. Künstler z.Z. des Königs Athotis/Djer (frühes 3. Jahrtausend v. Chr.). Die Existenz eines Künstlers A. wird erschlossen aus dem Vorhandensein von Werkzeugen in seinem Grab (Nr 510) in Abydos, das zus. in einer Gruppe mit and. Gräbern liegt, die sich ebenfalls durch ihre Werkzeugbeigaben auszeichnen. Man nimmt an, daß das in seinem Grab gefundene Beil mit der Namensbeschriftung „A." auch wirklich das des Grabbesitzers war. ▭ *W. Davis*, SAK 10:1983, 130 s. F. Hoffmann

Anchmerira, ägypt. Bauleiter („Vorsteher aller Arbeiten des Königs"), in der 6. Dynastie (um 2504/2454–2347/2297 v. Chr.) in Saqqara/Unterägypten tätig. Nur bek. durch die hieroglyph. Inschr. auf einer Scheintür, die in der Mastaba E 13 in Saqqara gefunden wurde. Wahrsch. war er für die kgl. Bauprojekte verantwortl., also in der Nekropole in Saqqara tät., wo er sich schließl. auch sein eig. Grab errichtete bzw. errichten ließ. ▭ LÄ I, 1975 (s.v. Bauleiter mit Anm. 12). – *L. Borchardt*, Denkmäler des Alten Reiches (CG), I, B. 1937, 147 ss., Nr 1483, Taf. 39. T. Schrottenbaum

Anchmeriremerptah, ägypt. kgl. Bauleiter und Baumeister unter Phiops I. (2268–2228 v. Chr.). A. war „Kgl. Maurermeister" und leitete als „Vorsteher aller Arbeiten des Königs" mehrere Expeditionen zu den Steinbrüchen von Wadi Hammamat. ▭ Urk. I, 1903, 93 s.; *M. Ė. Mat'e*, Trudy 4:1947, 64 Nr 44. F. Steinmann

Anchpachered, ägypt. Baumeister („Oberster der Arbeiten"), in der 3. Zwischenzeit (1070–665 v. Chr.) in Theben/Oberägypten tätig. Nur bek. von einer hölzernen Stele, auf der er als Vater der dort dargestellten Nestjerenmaat gen. wird. A. arbeitete für den Amuntempel. ▭ *M. L. Bierbrier*, Hieroglyphic texts from Egyptian stelae etc., XI, Lo. 1987, 15, Taf. 16–17, Nr 8450. S. L. Lippert

Anchscheschenq, ägypt. „Oberhandwerker", um 760 v. Chr. Er hatte eine hohe priesterl. Funktion im Ptah-Tempel von Memphis inne und leitete die Bildhauer- und Goldschmiedearbeiten in diesem Tempel. ▭ *H. Kees*, Das Priestertum im ägypt. Staat, Leiden/Köln 1953 (Probleme der Ägyptologie, I), 261 s.; *P. Vernus*, BIFAO 76:1976, 3 ss. F. Steinmann

Anchtifi (I), ägypt. Steinbildhauer, Zeit Amenemhets III. (1853–1806/5 v. Chr.), in Ägypten tätig. Als Teiln. einer Sinai-Expedition belegt. ▭ *A. H. Gardiner/T. E. Peet*, The inscr. of the Sinai, II, Lo. 1955, 115, 146. M. A. Stadler

Anchtifi (II), ägypt. Bildhauer, Mittleres Reich (2119–1794/93 v. Chr.), in Ägypten tätig. Auf einer quaderförmigen Stele aus Abydos ist A. mit Name und Titel gen., wie auch der Bildhauer → Seneb (III). Da sein Bezug zu den beiden auf der Stele erw. Fam., für deren Angehörige sie angefertigt wurde, nicht spezifiziert wird, ist vermutet worden, daß A. diese zus. mit → Seneb (III) hergestellt hat. Auf ihrer Vorderseite ist ein Mann vor einem reich beladenen Opfertisch sitzend dargestellt. ▭ *P. Miller*, JEA 23:1937, 1–6. M. A. Stadler

Anchu (I), ägypt. Bildhauer, unter dem König Amenemhet III. (1853–1806/05 v. Chr.) tätig. Bek. durch eine Stele mit über hundert Namen, die in der Nähe des Tempels von Serâbît el-Khâdim/Sinai aufgestellt war und in das 3. Reg.-Jahr des Königs Amenemhet III. dat. ist. ▭ *R. Weill*, Rec., P. 1904, Nr 80; *W. Flinders Petrie*, Researches in Sinai, Lo. 1906, Abb. 118; *J. Černý/A. H. Gardiner/T. E. Peet*, The inscr. of Sinai, Lo. ²1952–55, 85, Nr 27, Taf. 23. Y. Ott

Anchu (II), ägypt. Bildhauer, im Mittleren Reich (2119–1794/93 v. Chr.) in Abydos/Mittelägypten tätig. Nur bek. von einer Stele (Kairo, Ägypt. Mus., Inv. Nr CG 20722 b), die in Abydos in der n. Nekropole aufgestellt war. ▭ *H. O. Lange/H. Schäfer*, Grab- und Denksteine des Mittleren Reiches (CG), II, B. 1908, 349, Nr 20722. Y. Ott

Anchuserkaf → Weserkafanch

Andokides (Ἀνδοκίδης), griech. Töpfer, um 540–510 in Athen tätig. Er weihte gemeinsam mit dem Töpfer → [M]nesiades auf der Athener Akropolis eine Bronzestatue, deren pfeilerförmige Basis mit Inschr. erh. blieb (CIA, IV, 2, 373[215]; IG, 627; Raubitscheck, Dedications, 1949, 213–216, Nr 178). Ob sich der Lieblingsname A. auf einer von dem Athener Töpfer → Timagoras (I) hergestellten und sign. Hydria (Paris, Louvre, Inv. Nr F 38) auf A. bezieht, ist nicht gesichert. Wenn es sich bestätigt, daß die von A. sign. schwarzfig. Amphora (s. u.: Nr 1 des Werk-Verz.) mit Gefäßen der sog. Gruppe E verwandt ist, kann der Beginn seiner Tätigkeit noch im 3. V. des 6. Jh. v. Chr. als gesichert gelten. – Die von A. bevorzugte Form der Bauchamphora (Typ A nach Beazley) zeichnet sich durch verfeinerte Proportionen, Betonen einzelner Teile (abgesetzte kantige Lippe, kantige Henkel, sog. Lötring zw. dem Vasenkörper und dem Fuß) sowie durch techn. Perfektion aus. Ein großer Teil der aus seiner Wkst. stammenden Gefäße ist in der um 530 v. Chr. eingeführten rotfig. Maltechnik verziert. Oft ist die eine Seite schwarzfig., die and. rotfig. dekoriert (sog. Bilingue). Stilist. Unterschiede sprechen dafür, daß in der Wkst. des A. mehrere Vasenmaler gearbeitet haben müssen (s. u.). Von A. sind 9 Gefäße mit seiner Töpfer-Sign. (diese meist am Fuß der Vasen und mit unterschiedl. Schreibweise der zugehörigen Verbform) bek.: – 1.) schwarzfig. Amphora (amer. Priv.-Bes.). – 2.) desgl. (ehem. Northampton, Castle Ashby). – 3.) rotfig. Kelchkrater (Rom, MN di Villa Giulia). – 4.) rotfig. Amphora (Berlin, SMPK, Antiken-Slg, Inv. Nr F 2159 mit Deckel [früher London, BM, Inv. Nr B 201]. – 5.) desgl. (New York, Metrop. Mus., Inv. Nr 63. 11. 6. mit schwarzfig. Dekoration auf der Lippe). – 6.) desgl. (Paris, Louvre, Inv. Nr F 203). – 7.) desgl. (Paris, Louvre, Inv. Nr G 1 mit Deckel Inv. Nr S 1263). – 8.) Amphora, Bilingue (Madrid, Mus. Arqueol. Nac., Inv. Nr 11008). – 9.) Augenschale, Bilingue (Palermo, MN Archeol., Inv. Nr V 650). Nr 3 ist von → Epiktetos bemalt und sign. Die übrigen der oben erw. Gefäße werden folgenden Vasenmalern zugeschr.: Nr 1 einem Maler aus dem Umkreis des → Exekias, Nrn 2 und

8 → Psiax, Nrn 4–7 dem Andokides-Maler, von Nr 9 die schwarzfig. Seite dem Lysippides-Maler, die rotfig. Seite dem Andokides-Maler. ▭ ThB1, 1907. RE I. 2, 1894; EAA I, 1958. – *R. Norton*, AJA 11:1896, 1–41; *P. Hartwig*, JdI 14:1899, 157–159; *id.*, RM 16:1901, 117–122; *E. Langlotz*, Zur Zeitbestimmung der strengrotfigurigen Vasenmalerei und der gleichzeitigen Plastik, L. 1920, 23–27; *Bloesch*, Formen, 1940, 12–15; *id.*, JHS 71:1951, 29–31; ABV, 1956, 254; ARV^2, 1963, 1–6, 1617; Para, 1971, 320 s.; *Robertson*, Hist., 1975, I, 216–219, 22 s., 259; II, 653, Anm. 107, p. 661, Anm. 175; *Boardman*, SFVA, 1977, 114–116; *id.*, RFVA, I, 1981, 20, 64, 96. K. Zimmermann

Andragoras (I) ('Ανδραγόρας), Sohn des Aristeidas, aus Rhodos, und viell. verwandt mit → A. (II), griech. Erzbildner, am E. des 2. und am A. des 1. Jh. v. Chr. tätig. Er schuf in der Stadt Astypalaia (Stampalia) auf der gleichnamigen Insel der s. Sporaden eine von den Einwohnern gestiftete bronzene Portr.-Statue des Stratokles, Sohn des Kairogenes. Davon blieb nur die Inschr. an der Basis (CIG, 2488; Overbeck, SQ, 1868, Nr 2022) erhalten. ▭ ThB1, 1907. RE I. 2, 1894 (s. v. A. 3); EAA I, 1958 (s. v. A. 1). – *Brunn*, GGK I, 1889, 466; *M. Segre*, Clara Rhodos 8:1936, 239; *Lippold*, GrPl, 1950, 383. E. Paul

Andragoras (II), Sohn des Aristomenes, sehr wahrsch. Vater von → A. (III) und viell. verwandt mit → A. (I), griech. Erzbildner aus Rhodos, dort in der 1. H. des 1. Jh. v. Chr. tätig. Seine Sign. steht unter einer langen Inschr. auf dem Mittelblock einer dreiteiligen Basis aus lart. Marmor (gefunden 1934 auf Rhodos, jetzt im dortigen Mus.). Die verlorene (Bronze ?)-Statue stellte den verdienten Schiffsoffizier Alexidamos, Sohn des Alexion, dar und war von der Mannschaft eines rhod. Schiffes „den Göttern" gew. worden. Außer den Namen der Stifter und des Künstlers nennt die Inschr. auch die Flottenkommandanten und die milität. Laufbahn des Geehrten. Nach epigr. und prosopograph. Kriterien hat man die Weihung in die Zeit des 3. Mithridat. Krieges (um 74 v. Chr.) datiert. Ein weiteres, ebenfalls auf Rhodos gefundenes Basis-Fragm. aus Marmor mit der Weihung „an die Götter" durch einige Mitgl. der röm. Kolonie und mit der bruchstückhaft erh. Künstler-Sign. „And ... Ariston ..." stammt viell. gleichfalls von einem Werk des A. ▭ RE, Suppl. VIII, 1956; EAA I, 1958 (s. v. A. 2). – *M. Segre*, Clara Rhodos 8:1936, 225–244; Lindos II. 1, 1941, 661; *Lippold*, GrPl, 1950, 383; *G. Pugliese Carratelli*, PP 5:1950, 77–80. D. Rößler

Andragoras (III), wahrsch. Sohn von → A. (II), griech. Erzbildner aus Rhodos, um die M. des 1. Jh. v. Chr. tätig. Seine Sign. steht zus. mit der Weihung eines Eupolemos „an die Götter" auf einer kleinen Basis aus lart. Marmor (aus Rhodos, jetzt in Priv.-Bes.). Auf der Oberseite des Blockes befinden sich Standspuren einer unterlebensgroßen Bronzestatue. Von einem weiteren Werk des gleichen Künstlers stammt wahrsch. eine mehrteilige, profilierte Marmorbasis (davon zwei Blöcke an versch. Stellen der Akropolis von Lindos gefunden). Auf dieser stehen der Rest des Künstlernamens (... as, Sohn des Andragoras) und die Weih-Inschr. der Bürger von Lindos, welche die verlorene Statue als die eines Eupolemos (wohl des gleichen, der das rhod. Anathem gestiftet hat) nennt und versch. Ehrungen aufführt, die dem Dargestellten durch die Lindier zuteil wurden. Die Schriftformen verweisen beide Basen in die Jahre um 50 v. Chr. ▭ RE, Suppl. VIII, 1956; EAA I, 1958 (s. v. A. 3). – *K.-F. Kinch*, Exploration archéol. de Rhodes (Fondation Carlsberg), IV, Kph. 1907, 25, Nr 66; Lindos II. 1, 1941, 56, Nr 99; II. 2, 1942, 660 s., Nr 333, p. 1001, Nr 706; *Lippold*, GrPl, 1950, 383. D. Rößler

Andreas (I) ('Ανδρέας), aus Argos oder Kaunos/Karien, griech. Erzbildner, in der 1. H. des 2. Jh. v. Chr. tätig. Er schuf mit seinem Bruder *Aristomachos (I)* für Olympia die vom Achäischen Bund gew. *Statue des Quintus Marcius Philippus* (Konsul 176 und 169 v. Chr.), die wahrsch. eine bronzene Reiterstatue war. Von dieser wurde n. des Leonidaion nur die Basis mit der Inschr., die auch die Sign. des Künstlers (Loewy, IGB, 1885, 310 s., Nr 475; W. Dittenberger/K. Purgold, Inschr. von Olympia, Olympia V, 1896, 318, 362; RE XIV. 2, 1930, 1578, Nr 38) enthält, gefunden. Eine weitere Basis mit Inschr. (IG, XIV, 1232 und RE, Suppl. V, 1931, 830, Nr 28, aus Rom) gehörte zu der *Porträtstatue eines Timeas, Sohn des Hagias*, und nennt beide Künstler als Kaunier. Mit zieml. Sicherheit ist A. mit dem Erzbildner A. aus Argos ident., der nach Pausanias (6, 16, 7; Overbeck, SQ, 1868, Nr 1588) für Olympia die *Bronzestatue des Lysippos aus Elis*, eines Siegers im Ringkampf der Knaben, schuf. Fragl. bleibt, ob A. zuerst als gebürtiger Karier arbeitete und sich später der argiv. Schule anschloß oder ob er als gebürtiger Argiver später in Kaunos die Ehrenbürgerschaft erhielt. ▭ ThB1, 1907. RE I. 2 1894 (s. v. A. 12) und XIV, 1930 (s. v. Rhodos, Kaunios); EAA I, 1958; *Bénézit* I, 1976. – *Brunn*, GGK I, 1889, 294; *Lippold*, GrPl, 1950, 351, Anm. 10–13. E. Paul

Andreas (II), spätantiker Steinmetz, im 5. Jh. n. Chr. auf der Peloponnes tätig. Bek. aus einer Anrufungs-Inschr. des 5. Jh. n. Chr. aus der Basilika (in der Pheidias-Wkst.) in Olympia, in der er sich als Lektor und *marmorarios* bezeichnet. ▭ ThB1, 1907. – *L. Robert*, Hellenica 11–12, P. 1960, 28–30; *M. Guarducci*, Epigrafia greca, IV, R. 1978, 333–334. M. Dennert/M. Kalligas

Andreas (III), byz. Architekt(?) oder Ingenieur(?), im 5./6. Jh. n. Chr. in Athen tätig. Der Name nur durch eine Grab-Inschr. bek., die A. als Verantwortlichen für Aquädukte und auf Wasserleitungen spezialisierten Ingenieur-Architekten (ὑδραγογοῦ καὶ ἀρχιτέκτωνος τῶν ὑδάτων) nennt, womit auch ein öffentl. Amt gemeint sein könnte. ▭ *A. Avramea*, Byzantina 13. 2:1985, 1095–1099; *Donderer*, Architekten, 1996, 86–87, Nr A 4; *E. Sironen*, The Late Roman and Early Byzantine inscr. of Athens and Attica, Helsinki 1997, 153–154, Nr 80. M. Dennert

Andreas (IV), Steinmetz, im 6. Jh. n. Chr. in Konstantinopel tätig. Name auf einem Block des Kuppelgesimses der Hagia Sophia in Konstantinopel, möglicherweise noch ein Kapitell von ihm signiert. ▭ *L. E. Butler*, The nave cornices of Hagia Sophia in Istanbul, Diss. Univ. of Pennsylvania 1989, 165. M. Dennert

Androbios (Ἀνδρόβιος, Androbius), griech. Maler, wahrsch. im 5. Jh. v. Chr. tätig. Nach Plinius (nat., 35, 139; Overbeck, SQ, 1868, Nr 2151) malte er ein Bild, auf dem der bek. Taucher *Skyllis* zu sehen war, wie er die Ankertaue der pers. Kriegsflotte zerschnitt. Skyllis (zu den Namensvarianten vgl. Ferri, Plin., 1946, Anm. 200) erhielt zus. mit seiner Tochter, der Taucherin Hydna, in Delphi eine Ehrenstatue. ▭ ThB1, 1907. RE I. 2, 1894; EAA I, 1958; *Bénézit* I, 1976. – *Brunn*, GGK II, 1889, 201; *Reinach*, RecMilliet, 1985, Nr 535; *Pfuhl*, MuZ, I, 1923, 673. G. Bröker

Androbulos (Ἀνδρόβουλος, Androbulus), wahrscheinlich aus Athen, griech. Erzbildner, am E. des 1. Jh. v. Chr. tätig. Eine gesicherte Sign. des Künstlers wurde unlängst durch Anfügung eines Bruchstücks (Athen, Epigr. Mus., Inv. Nr 4959) an eine 1884 auf der Athener Akropolis, in der Nähe der Propyläen, gefundene kleine Rundbasis aus hymett. (?) Marmor (Athen, Epigr. Mus., Inv. Nr 4555) wiedergewonnen (cf. Peppa-Delmouzou, 1980). Vorher hatte man an eine Erg. der fragm. Künstlersign. zu „Eubulos" gedacht (cf. Loewy, IGB, 1885, 172, Nr 235 mit Addendum p. 393; IG, II², 3448). Die Weih-Inschr. mit zugehöriger Sign. rührt von einer sekundären Verwendung der Basis her. An dieser sind außerdem Reste von Bleiverguß zur Befestigung sowie Fußspuren einer stehenden, wahrsch. auf einen Stab gestützten Figur erhalten. Nach der Inschr. war die verlorene Statue vom athen. Demos zu Ehren Spartas gew. und stellte eine Personifikation des lakedaimon. Demos dar. Auf Grund hist. Erwägungen ist das Werk wahrsch. in die Jahre nach der Schlacht bei Actium (31 v. Chr.) zu datieren. – Da der Name A. relativ selten vorkommt, erscheint eine Identifizierung mit einem gleichnamigen Künstler denkbar, der nach Plinius (nat., 34, 86; Overbeck, SQ, 1868, Nr 2094) bronzene Porträtstatuen von „Philosophen" geschaffen hat, worunter ganz allgemein Statuen berühmter Persönlichkeiten zu verstehen sind. Die in der Plinius-Ausg. von Sillig (Hamburg/Gotha 1851 ss.) an dieser Stelle gebrauchte und von H. Brunn (1889) sowie von W. Amelung (in ThB1, 1907) übernommene Namensvariante Antrobulos wird durch die Hss. nicht belegt. Auch aus sprachl. Gründen ist die Annahme der Existenz zweier verschiedener Künstler mit dem Namen A. nicht gerechtfertigt. ▭ ThB1, 1907 und 2, 1908 (s.v. Antrobulos). RE I. 2, 1894 (s. v. A. 2); EAA I, 1958 (s. v. Androboulos). – *Brunn*, GGK I, 1889, 367; *N. Peppa-Delmouzou*, in: Festschr. N. Kontoleon, At. 1980, 434–439, Abb. 1, Taf. 202 ß-204. D. Rößler

Androkydes (I) (Ἀνδροκύδης, Androcydes), aus Argos, griech. Bildhauer, in der 1. H. des 4. Jh. v. Chr. tätig. Nach der Inschr. auf einer später in eine Kirchenmauer beim antiken Hermione in der Argolis verbauten Kalksteinbasis schuf er mit seinem Landsmann → Polykeitos (III) (wohl der bei Plin., nat., 34, 50 gen. Erzbildner, dessen Hauptschaffenszeit in Ol. 102 [372–368 v. Chr.] lag) für Klenagoros von Hermione ein *Weihgeschenk an Demeter* (Marcadé, Signatures, II, 1957, 18, 106). Da einige in der Nähe gefundene und von Verwandten des Klenagoros gew. Basen Einlaßspuren von vierfüßigen Tieren zeigen, hat man in dem verlorenen Anathem ein wahrsch. bronzenes Pferd oder eine Kuh (Opfertier im Kult der Demeter Chthonia) vermutet. ▭ EAA I, 1958 (s.v. A. 2). – *M. Jameson*, Hesperia 22:1953, 150–154, Nr 3. D. Rößler

Androkydes (II), griech. Maler aus Kyzikos am Marmarameer, 371 v. Chr. noch tätig. Nach Plinius (nat., 35, 64) war er ein Zeitg. der Maler → Zeuxis (I), → Timanthes (I), → Parrhasios und → Eupompos und diesen künstler. ebenbürtig. Bei Vitr., 3, praef. 2 zus. mit dem nordgriech. Maler → Aristomenes (II) von Thasos, b. Ath., deipn., 8, 341

A ausdrückl. als Maler erwähnt. Hervorgehoben wird der emotionale Charakter seines Schaffens (Plut., Sympos., 4, 2, 3, 8 und 4, 2, 11). A. erhielt von den Thebanern den Auftrag für ein Bild, das eine Szene aus einer *Reiterschlacht* (mit Pelopidas und Epameinondas als Hauptfiguren) darstellte (Plut., Pelop., 25, 7; Ov., met., 1731). Das Bild wurde erst nach der Befreiung Thebens von den Spartanern (379 v. Chr.) fertiggestellt und 371 v. Chr. von Menekleides als persönl. Weihgabe dargebracht. Ein weiteres Werk des A. war ein Bild des in der Odyssee erw. Seeungeheuers *Skylla mit einem Gefolge von Fischen* (Ath., deipn., 8, 341 A; Ov., met., 1732). Zu der in den Quellen hervorgehobenen naturgetreuen Wiedergabe der Fische finden sich Parallelen in der Vasenmalerei (vgl. die in Kampanien und Attika hergestellten Fischteller). ▭ ThB1, 1907. RE I. 2, 1894 (s. v. A. 3); EAA I, 1958 (s. v. A. 1); EWA II, 1972, 117; *H. Bauer* (Hrsg.), Die große Enz. der Malerei, I, FiB/Basel/ W. 1976; *Bénézit* I, 1976. – *Brunn*, GGK II, 1889, 84 s.; *Pfuhl*, MuZ, II, 1923, 695, 698; *A. De Capitani d'Arzago*, La grande pitt. greca dei sec. V e IV a. C., Mi. 1945, 54; *Ferri*, Plin., Rom 1946, 151; *Rumpf*, MuZ, 1953, 124; *M. Robertson*, Griech. Malerei, Genf 1959, 168. – Quellen: *Overbeck*, SQ, 1868, Nrn 1649, 1731–33; *Reinach*, RecMilliet, 1985, Nr 236, 302–304. W. Müller

Andromachos (Ἀνδρόμαχος), Steinmetz aus Phrygien, im letzten V. des 2. Jh. n. Chr. in der NW-phryg. Tembris-Hochebene tätig. A. ist einer der wichtigsten Bildhauer der Tembris-Hochebene seiner Zeit, hat er doch mindestens 20 Grabstelen (meist in Form von sog. Türsteinen) und offenbar auch kleinere Votivstatuetten hinterlassen. Sein Name ist uns dank seiner Sign. (Ἀ. λατύπος) einer Türstele im Archäol. Mus. von Kütahya (M. Waelkens, Die kleinasiat. Türsteine, Mainz 1986, 101 ss., Nr 240, Taf. 38) überliefert. Dank seines signifikanten Stils mit starker Betonung der Augen, den kompakten Körperteilen sowie dünnen Rankenformen konnte ihm Waelkens (1986) zahlr. weitere Grabstelen und Statuetten zuweisen. Allerdings setzt Waelkens sein Œuvre insgesamt zu spät an (spätseverische Zeit). ▭ ThB1, 1907. RE I. 2, 1894 (s.v. A. 21); EAA I, 1958. – *Loewy*, IGB, 1885, 271, Nr 388; *M. Waelkens*, Die kleinasiat. Türsteine, Mainz 1986, 91, 101 ss.; *id.*, in: MAMA, X, 1993, p. XXX und passim, v. Index p. 197, Nr 12 (s.v. Andromachus); *T. Lochman*, Stud. zu kaiserzeitl. Grab- und Votivreliefs aus Phrygien (im Druck). T. Lochman

Andron (I) (Ἄνδρων), griech. Bildhauer unbek. Zeit. Schuf nach Tatian (orat., 55; Overbeck, SQ, 1868, Nr 1574) eine *Statue der Harmonia*, jedoch ist diese Nachr. gelegentl. angezweifelt worden. Eine Identität mit A., Sohn des Gorgidas, der in einer theban. Inschr. des 4. Jh. v. Chr. (Loewy, IGB, 1885, 378 s., Nr 554; IG, VII, 2430; CIG, 1578; Overbeck, SQ, 1868, Nr 1568) gen. wird, läßt sich nicht exakt beweisen, da die dort aufgezählten 15 Personen nicht unbedingt Künstler sein müssen und da der Name A. vorwiegend in Ionien und Attika gebräuchl. war. ▭ ThB1, 1907. RE I. 2, 1894 (s. v. A. 17); EAA I, 1958. – *A. Kalkmann*, RhM 42:1887, 521; *Brunn*, GKK I, 1889, 205, 207. D. Rößler

Andron (II), griech. Bildhauer aus Theben/ Böotien, in Delphi viell. im frühen 4. Jh. v. Chr. tätig. Von ihm ist nur eine fragm. Sign. auf einer Basis in Delphi (Marcadé, Signatures, I, 1953, Nr 117) bekannt. Die überlieferten Fakten reichen nicht aus, um eine Identität mit → A. (I) nachzuweisen. ▭ EWA VII, 1963, 97. W. Müller

Andronikos (I) (Ἀνδρόνικος), Sohn des Hermias, aus Kyrrhos/Makedonien (nicht Syrien, wie früher angenommen wurde), griech. Astronom, Techniker, Architekt (?) der hellenist. Zeit. Seine Hauptschaffensperiode fällt nach neueren Forsch. in das 3. V. des 2. Jh. v. Chr. Schon zu Lebzeiten als techn. Spezialist anerkannt. ⌂ Athen, vor der O-Seite der röm. Agora: Horologion, auch „Turm der Winde" und in der volkstüml. Überlieferung „Kyrrhestes-Haus" gen., erb. zw. 160/50 und 130/20 v. Chr. (Varro, rust., 3, 5, 17; Vitr., 1, 6, 4). Das oktogonale Gebäude aus pentel. Marmor ist fast vollst. erh. Außenbau in korinth., Inneres in dor. Bauformen. Auf dem flachen Pyramidendach war einst ein bronzener Windrichtungszeiger in Form eines bewegl. Tritons angebracht. Der jeweils wehende Wind wurde dadurch angegeben, daß ein Stab in der Rechten des Tritons auf eine der rings unter der Dachzone angebrachten Reliefplatten zeigte, welche Personifikationen der acht Hauptwinde darstellten. An den Außenseiten des Bauwerks befanden sich Sonnenuhren. Kernstück der Inneneinrichtung war eine große öffentl. Wasseruhr; außerdem müssen sich im Innern noch and. mit Wasserkraft betriebene Vorrichtungen befunden haben. In einem annähernd kreisförmigen Anbau an der S-Seite des Turmes war ein Wasserbehälter untergebracht. Er speicherte das aus einer Quelle vom N-Abhang der Akropolis durch eine Leitung herangeführte Wasser. Unklar bleibt, ob A. den Gesamtentwurf für das Horologion geliefert oder nur die für den Betrieb benötigten Apparaturen hergestellt hat. Vermutet wurde auch, daß er nur der Stifter des Gebäudes war. Eine aus der Zeit des Augustus stammende fragm. Inschr. von der Athener Akropolis (IG, II-III^2, 1035, Zeile 54 s.) erw. ein damals auf Staatskosten errichtetes (oder wiederhergestelltes) „Haus, welches als das des Mannes aus Kyrrhos bek. ist". Hierbei handelt es sich wahrsch. nicht um das Horologion, sondern viell. um eine Beobachtungsstation an and. Stelle der Stadt, etwa auf dem Hymettos. Tenos, Tempel des Poseidon und der Amphitrite, Hof: Sonnenuhr aus weißem Marmor, etwa späteres 2. Jh. v. Chr. Am Rand der halbkugelförmigen Einwölbung steht der Name des A., auf der Rückseite ein Epigramm (IG, XII. 5, 891 und Suppl.), aus dem die Herkunft des A. aus Makedonien eindeutig hervorgeht. ▭ ThB1, 1907 (Dat. hier wie in vielen späteren Nachschlagewerken überholt). – *Brunn*, GGK II, 1889, 228. Horologion Athen: *J. Stuart/N. Revett*, The antiquities of Athens, I, Lo. 1762, Kap. III, 13–25, Taf. I-XIX; RE, Suppl. I, 1903 (mit Hinweisen auf Grabungen); *H. S. Robinson*, AJA 47:1943, 291–305; *E. Kirsten/W. Kraiker*, Griechenlandkunde, Heidelberg ^{4}1962, 131; *J. V. Noble/D. J. de Solla Price*, AJA 72:1968, 345–355, Taf. 111–118 (Wasseruhr); *G. Antonakopoulos/Ch. Frankakis*, 2:1969, 416–422 (mit engl. Zusammenfassung); EWA VII, 1971, 304, Taf. 149 und X, 1972, 529 (Nachbildungen in England); *Travlos*, TopAth, 1971, 281–283, Abb. 39, 49; *A. Stamelman*, AEphem 1974, 221–223, Abb. (Dach); LdK V, L. 1978, 280 s.; *J. von Freeden*, Oikia Kyrrhēstu, Studien zum sog. Turm der Winde in Athen, R. 1983 (Archaeologica, 29); *Müller*, Architekten, 1989, 130 s., Abb. 67–70. – Sonnenuhr Tenos: Mus. Belge 10:1906, 353 ss.; 11:1907, 51; 12:1908, 11 s.; ÖJh 10:1907, Beibl. p. 41. W. Müller

Andronikos (II-IV), Gruppe gleichnamiger griech. Bildhauer der röm. Kaiserzeit aus Aphrodisias/Karien, zur dortigen Bildhauerschule gehörig, 1.–4. Jh. n. Chr.

Andronikos (II), wahrsch. im 1. Jh. n. Chr. tätig. Von ihm stammt die *Statue der Oberpriesterin Iulia Paula*, deren Basis mit Inschr. (REG 19:1906, 136 s., Nr 69) an der Fassade der Thermen von Aphrodisias gefunden wurde. Da in der Inschr. der Gentilname Flavius fehlt und der Schriftcharakter eine unterschiedl. Dat. nahelegt, ist trotz gleicher Herkunft eine Identität mit → A. (III) oder (IV) nicht anzunehmen. ▭ EAA I, 1958 (im Art. Andronikos, Flavius).

Andronikos (III), *Flavius (I)*, wahrsch. in der 2. H. des 2. Jh. n. Chr. tätig. Wie auch and. Künstler der Schule von Aphrodisias in Rom tätig (Loewy, IGB, 1885, 257–262, Nrn 364–373). Zus. mit seinen Verwandten → Chryseros, Flavius und → Zenon (IV), Flavius schuf er eine Gruppe mit lebensgroßen Marmorstatuen (*Zeus, Poseidon, Helios, Herakles, Satyr mit dem Dionysosknaben auf der Schulter*). Diese war, wohl als Weihgeschenk, in einem öffentl. Gebäude Roms aufgestellt. Von ihr wurden 1885/86 zahlr. Fragm. an der Via delle Sette Sale nahe den Trajansthermen auf dem Esquilin wiederentdeckt („Esquilinische Gruppe"). Der größere Teil der Fragm. gelangte 1893 in die Ny Carlsberg Glyptothek, die übrigen blieben in Rom. Die bei der Zusammensetzung der Figuren angebrachten Erg. wurden in den letzten Jahren abgenommen. Die Statuen sind auf Grund stilist. und techn. Merkmale in die antonin. Zeit zu datieren. Die kleinteilig modellierten, von „barockem" Pathos erfüllten Figuren sind mehr von der Technik als von der künstler. Qualität her bemerkenswert. Ihr Stil steht den Kentauren der ebenfalls aus Aphrodisias stammenden Bildhauer → Aristeas (I) und → Papias (Rom, Mus. Capitolino) nahe. Im Typus verraten sie Einflüsse von Werken des späteren 4. Jh. v. Chr. (→ Praxiteles [II], → Lysippos [I]). Der Anteil von A. (III) an diesem Werk ist im einzelnen nicht zu bestimmen. Seine fragm. Sign. (IG, XIV, 1266, 1267) steht auf zwei zu der Gruppe gehörenden Marmorbasen, auf denen ein rechter Fuß sowie Fußspuren erh. sind. Zur Frage der Identifizierung von A. (III) mit → A. (IV) s. u. ▭ ThB1, 1907. RE III. 2, 1899 (im Art. Chryseros 4) und Suppl. III, 1918 (s. v. A. 29); EAA I, 1958 (s. v. Andronikos, Flavius); *Bénézit* I, 1976. – *C. L. Visconti*, BullCom 14:1886, 320, Nr 11 s., Taf. XI s.; EA, 1893, Nrn 166–170, Text p. 19 s; *P. Arndt*, La Glyptothèque Ny Carlsberg, M. 1896 ss., 222; Billedtavler til Kataloget over Antike Kunstvaerker, Ny Carlsberg Glyptothek, Kph. 1907, pl. 39, Nrn 521–527; *Lippold*, Kopien, 1923, 106; *id.*, Antike Skulpt. der Glyptothek Ny Carlsberg, L. 1924, 26; MonAnt 38:1939, 189; *Squarciapino*, Afrodisia, 1943, 11, Nr 2, p. 14, Nrn 14 s., p. 38–41; *F. Poulsen*, Cat. of ancient sculpt. in the Ny Carlsberg Glyptothek, Kph. 1951, 363–366, Nr 521–527; *Richter*, CriticalPeriods, 1951, 56; *Toynbee*, Artists, 1951, 30; *K. T. Erim*, Archaeology 20:1967, 20–22; *id.*, Sculpt. from Aphrodisias, in: The Proc. of the Xth Internat. Congr. of Classical Archaeology (Ankara – Izmir 1973), ed. *E. Akurgal*, Ankara 1978, 1078 s.; *K. T. Erim/C. M. Roueché*, Sculptors from Aphrodisias. Some new inscr., in: BSR 50:1982, 102–115.

Andronikos (IV), *Flavius (II)*, wahrsch. im 2. V. des 4. Jh. n. Chr. tätig. Seinen Namen – zugleich als Künstler wie als Stifter an seine Heimatstadt – nennt die Weih-Inschr. einer 1964 an der

W-Seite des Odeions von Aphrodisias gefundenen, sekundär verwendeten rechteckigen Marmorbasis, auf der sich Reste einer älteren Weih-Inschr. des 2. oder 3. Jh. n. Chr. befinden. Wie der dem Namen von A. beigefügte hohe Titel (lat. *perfectissimus*) erkennen läßt, war A. ein angesehener und wahrsch. wohlhabender Bürger seiner Stadt, viell. Besitzer einer größeren Bildhauer-Wkst. Der Titel bestätigt die auch durch den Schriftcharakter und die Fundumstände nahegelegte Dat. der Inschr. ins 2. V. des 4. Jh. n. Chr. Seine Verleihung an einen Privatmann in der Provinz war vorher kaum denkbar. Kürzl. wurde eine Identifizierung von A. (IV) mit → A. (III) und eine Dat. von A. (IV) ins 4. Jh. n. Chr. vorgeschlagen. Gründe hierfür sind gewisse Übereinstimmungen im Text wie im Schriftbild der zu A. (IV) und den beiden Mitarb. von A. (III) gehörenden Inschr. sowie die Tatsache, daß einer von diesen → Zenon (IV), Flavius, ähnl. hohe Titel führte wie A. (IV). Die chronolog. Diskrepanz zw. der Spätdatierung der Weihung und dem in die 2. H. des 2. Jh. n. Chr. weisenden Stil der „Esquilinischen Gruppe" wird u. a. mit einem im 4. Jh. n. Chr. durch einen Wkst-Besitzer A. und seinen Verwandten erfolgten Export älterer Werke aus Aphrodisias nach Rom erklärt. Hinzu kommt die inschriftl. belegte spätere Überarbeitung älterer Werke und eine eklekt. Nachahmung früherer Stilmerkmale im 4. Jh. n. Chr. Alle diese Vorschläge bleiben jedoch vorerst ebenso hypothet. wie die Identifizierung von → A. (III) und A. (IV) selbst. ▭ EAA Suppl., 1970 (s. v. Andronikos, Flavius). – *K. T. Erim*, Archaeology 20:1967, 25; *K. T. Erim/C. M. Roueché*, Sculptors from Aphrodisias. Some new inscr., BSR 50:1982, 102–115.
D. Rößler

Androsthenes (Ἀνδροσθένης), aus Athen, griechischer Bildhauer, in der 2. H. des 4. Jh. v. Chr. tätig. Schüler des → Eukadmos. Nach Pausanias (6, 6, 1 und 10, 19, 4; Overbeck, SQ, 1868, Nr 857) vollendete A. die von → Praxias (II) beg. Giebelskulpturen des Apollon-Tempels in Delphi (nicht erh.). Während → Praxias (II) etwa nach 360 v. Chr. wahrsch. die Figuren von Apollon, Artemis, Leto und den Musen für den O-Giebel schuf, dürften die des W-Giebels (Dionysos, Thyiaden, Untergang des Helios) etwa zw. 335 und 325 v. Chr. als ein Werk des A. entstanden sein. ▭ ThB1, 1907. RE I. 2, 1894 und Suppl. III, 1918 (s.v. A. 11); EAA I, 1958; EWA II, 1972, 109. – *Brunn*, GGK I, 1889, 173; *E. Reisch*, ÖJh 9:1906, 206 s.; *F. Studniczka*, AbhLeipzig 25:1907, 51; *Picard*, Manuel, II, 1939, 656; *Lippold*, GrPl, 1950, 244.
E. Paul

Angelion (Ἀγγελίων, Angelion) und **Tektaios** (Τεκταῖος, Tectaius), Brüder, griech. Bildhauer, wahrsch. um die M. des 6. Jh. v. Chr. tätig. Nach Pausanias (2, 32, 5; Overbeck, SQ, 1868, Nr 334) waren beide Künstler Schüler der Daidaliden → Dipoinos und → Skyllis sowie später Lehrer des Bildhauers und Erzgießers → Kallon (I) von Aigina. Für den Apollon-Tempel (den sog. älteren Porostempel) auf Delos schufen sie das *kolossale Kultbild des Apollon* (Paus., 9, 35, 3; Overbeck, ibid., Nr 336; Plut., mus., 14; Overbeck, ibid., Nr 335), das bis ins 11. Jh. erh. blieb und auf einer athen. Silber-Tetradrachme (London, BM) abgebildet ist. Der nackt dargestellte Gott hielt in der Linken den Bogen, in der Rechten einen Stab mit einer horizontal darauf befestigten Scheibe, auf der drei bekleidete weibl. Figuren (Chariten oder Musen) standen, von denen jede ein and. Musikinstrument (Lyra, Pansflöte, Doppelflöte) in den Händen hielt. Das vermutl. hölzerne Kultbild war offenbar vergoldet (vgl. die Fragm. des Tempelinventars: IG, XI. 2, 287 B 66/67; Th. Homolle, BCH 6:1882, 128; Collignon, HistSculpt, II, 1897, 236) und wahrsch. mit Einsatzstücken aus Elfenbein versehen. Auf dem Kopf trug Apollon einen Kalathos. 250 v. Chr. stiftete Stratonike, Tochter des Demetrios Poliorketes, einen Goldkranz mit einem Gewicht von 604 Stateren, der seitdem den Kalathos des Apollon umgab, außerdem drei kleinere Goldkränze mit einem Gewicht von je 31 Stateren für die Köpfe der Chariten. Antike Nachbildungen des Kultbildes muß es in Delphi (Schol. Pind., Ol., 14, 13, 16) und, wie aus Münzbildern zu schließen ist, in Athen gegeben haben. Nachbildung auf einer Gemme: Furtwängler, AG, 1900, Taf. 40, 7. Für Delos schufen beide Künstler auch eine *Artemis-Statue* (Athenag., suppl., 17; Overbeck, SQ, 1868, Nr 337). ▭ ThB1, 1907 (s. v. Angelion und Tektaios). RE I. 2, 1894; EAA I, 1958 (s. v. Angelion); EWA VII, 1971, 34, 47; XI, 1972, 177; *Bénézit* I, 1976 (s. v. Angelion). – *A. Furtwängler*, AZ 40:1882, 331; *C. Robert*, Archäol. Märchen, B. 1886, 3 ss.; *Brunn*, GGK I, 1889, 37 s.; *F. Courby*, BCH 45:1921, 207, Anm. 1; *Lippold*, GrPl, 1950, 45; *Picard*, Manuel, IV, 1954, 340; *Robertson*, Hist., 1975, I, 59, II, 623, Anm. 55; *Boardman*, GPAZ, 1981, 95 s., 286 (Lit.), Abb. 126; *Floren*, GrPl, 1987, 179 mit Anm. 3. – Münzbilder: *Overbeck*, KM, 1871 ss., V, 17 ss., Münztaf. 1, 17 s.; *Imhoof-Blumer/Gardner*, NumCommPaus, 1887, Taf. 211–214; BMC, Attica etc., 1888, Taf. 11, 8; 14, 9.
E. Paul/W. Müller

Anhetep, ägypt. „Bildhauer des Amun", 18. Dynastie (ca. 1550–1350 v. Chr.). Bek. durch eine

Stele, die im Tempel des Gottes Seth in Ombos b. Koptos gefunden wurde. Die Stele hat → Nedjem gefertigt. ▭ *W. M. F. Petrie*, Naqada and Ballas, Lo. 1896, Taf. 78; *W. Helck*, Mat. zur Wirtschafts-Gesch. des Neuen Reiches, I, Wb. 1960, 46.
F. Hoffmann

Ani v.e. **Ini**

Ani (I), Sohn des → Ipui (I), ägypt. Bildhauer, in der 19. Dynastie (um 1292–1186/85 v. Chr.) in Theben-W/Oberägypten tätig. Nur bek. aus dem Grab seines Vaters → Ipui (I), das z.Z. Ramses' II. (1279–1213 v. Chr.) in Deir el-Medineh ausgestattet wurde (Theban Tomb 217). A. ist in zwei Szenen dargestellt, sein Name und der Titel sind nur auf der N-Wand des Grabes im zweiten Reg. erhalten. Er war in der kgl. Nekropole in Theben-W tät. und lebte in der Arbeitersiedlung in Deir el-Medineh. ▭ PM I. 1, 1960, 316, Nr 217 (6). – *W. Wreszinski*, Atlas zur Altaegypt. Kultur-Gesch., I, L. 1923, 369; *N. de Garis Davies*, Two Ramesside tombs at Thebes, N. Y. 1927, 43, Taf. 25 s., 71, Taf. 36; *E. Endesfelder*, Die Arbeiter der theban. Nekropole im Neuen Reich, Diss. B. 1962, 43.
T. Schrottenbaum

Ani (II), ägypt. Bildhauer („Oberster der Bildhauer des Herrn der beiden Länder [d.h. des Königs]"), im Neuen Reich (um 1550–1070/69 v. Chr.) in Ägypten tätig. Nur bek. durch ein Graffito im großen Steinbruch auf der N-Seite von Hatnub (Wand d, Inschr. 14). In dem Text sind ausschl. der Beruf und sein Name erwähnt. Er nahm offenbar an einer Expedition in den Steinbruch teil, denn in Ägypten war es übl., Bildhauer dort zu beschäftigen. Sie arbeiteten aus den Steinblöcken schon die groben Formen der Statuen o.ä. heraus, um das Gewicht der Steine zu reduzieren und damit den Transport zu erleichtern. ▭ *R. Anthes*, Die Fels-Inschr. von Hatnub, Hildesheim 1964, 5, 17, Taf. 1 (Skizze 4), 8.
T. Schrottenbaum

Anicetus, röm. Architekt, in der 2. H. des 2. Jh. n. Chr. tätig. Nur bek. durch die in Rom gefundene Grab-Inschr. für Aurelia Fortunata (CIL, VI, 5738; heute in Palermo, Mus. Regionale, Inv. Nr 3607), auf der er als „Aug(ustorum) lib(ertus) verna", d. h. „freigelassener Haussklave der Kaiser", bez. wird. Da die Inschr. in die Zeit um 165 n. Chr. zu datieren ist, muß es sich bei den Kaisern um Marcus Aurelius und seinen Mitregenten Lucius Verus handeln. ▭ ThB1, 1907. EAA I, 1958, 394, 576. – *Promis*, Architetti, 1873, 105 Nr 20; *L. Bivona*, Iscr. latine lapidarie del Mus. di Palermo, Palermo 1970, 111 s., Nr 107, Taf. 58; *Donderer*, Architekten, 1996, 192 s., Nr A 92, Taf. 33, 2.
W. Müller

Aninas und **Marianos** (Ἀνίνας und Μαρίανος), Sohn bzw. Vater, byz. Mosaizisten, im 1. V. des 7. Jh. n. Chr. in Beth Shean und Beth Alpha tätig. Wie Inschr. belegen, hat A. zus. mit seinem Vater Marianos einfache Mosaikböden in den Synagogen von Beth Shean und Beth Alpha (beide noch in situ) gelegt. ▭ EAA IV, 1961 (s.v. Marianos). – *G. Guidoni Guidi*, in: III. Colloquio Internaz. sul mosaico antico, Ravenna 1980, Ravenna 1984, 153 ss., Abb. 6; *R./A. Ovadiah*, Hellenistic, Roman and early Byzantine mosaic pavements in Israel, R. 1987, 34, Nr 30; p. 179 s.; *Donderer*, Mosaizisten, 1989, 69 s., Nrn A 24 s., Taf. 17, 2; 18, 1.
R. V.

Ankan ('NKN), Sohn des Aschai, numid. Zimmermann, im 2. Jh. v. Chr. in Thugga tätig. Erw. in einer numid.-punischen Bilingue vom Pfeilergrabmal in Thugga (Dougga/Tunesien) neben einem weiteren Zimmermann sowie and. Handwerkern (→ Aṭban).
C. Leschke

Annamos (Ἄνναμος), Sohn des Kados, syr. Baumeister, M. 2. Jh. n. Chr. in Bosra/Syrien tätig. A. ist nur in einer griech. Weih-Inschr. aus Bosra überliefert, wo er als Baumeister bez. wird. Diese Inschr. ist in das Jahr 147/148 n. Chr. datiert. Möglicherweise kann A. sogar als Schöpfer der in dieser Inschr. nicht näher spezifizierten Weihung an den nabatäischen Gott Dusares betrachtet werden. ▭ IGRom, III, Nr 1335; *R. Dussaud/ F. Macler*, Mission dans les régions désertiques de la Syrie Moyenne, P. 1903, 227; *Hackl*, Nabatäer (im Druck), Nr F. 007. 05.
D. Keller

Annianos (Ἀννιανος), röm. Soldat und Werkstattleiter, im 2./3. Jh. n. Chr. in Iram/Jordanien tätig. A. ist nur in einer griech. Memorial-Inschr. in Iram/Gebel Ramm überliefert, wo er in seiner militär. Funktion und auch als Leiter der Wkst. gen. wird. Seinem Namen und der in der Inschr. verwendeten Segensformel nach dürfte A. semit. Ursprungs sein. Unklar bleibt, welches Handwerk A. ausübte. ▭ SEG, VIII, 1937, Nr 376; *M. Sartre*, Inscr. de la Jordanie 4. Pétra et la Nabatène méridional du Wadi al-Hasa au Golfe d'Aqaba centrale, P. 1993, 175–176, Nr 139; *Hackl*, Nabatäer (im Druck), Nr O. 019. 05.
D. Keller

Anniponus (oder Annius Pon[i]us), spätantiker Mosaizist, in der 2. H. des 4. Jh. n. Chr. in Augusta Emerita (Mérida/Spanien) tätig. ⌂ MERIDA, Mus. Arqueol.: Mosaik mit Dionysos und Ariadne, grober provinzialröm. Stil der nachkonstan. Zeit, in der linken oberen Ecke Inschr.: EX OFFICINA/ ANNIPONUS („aus der Wkst. des Anniponus"). ⊏⊐ EAA I, 1958 (s.v. Anniponus) und V, 1963, 299. – *Toynbee*, Artists, 1951, 45; *A. García y Bellido*, AEsp 28:1955, 13 s. (mit älterer Lit.), Abb. 13; *A. Blanco Freijeiro*, Mosaicos romanos de Mérida, Ma. 1978, 34, Nr 15, Taf. 26; *Donderer*, Mosaizisten, 1989, 84, Nr A 47, Taf. 27, 2.

W. Müller

Annius Verus, *Marcus* (nach Adoption Marcus Aelius Aurelius Verus, später als Kaiser mit vollem Namen Marcus Aurelius Antoninus Augustus), röm. Kaiser (161–180 n. Chr.), * 121 in Rom, † 180 in Sirmium (Pannonien). Die SHA, Aur., erw., der spätere Kaiser habe sich unter Anleitung des → Diognetos (II) mit Malerei beschäftigt (SHA, Aur., 4, 9; vgl. Overbeck, SQ, 1868, Nr 2311). Daraus folgt aber nicht viel (Friedländer, 1920, 108 scheint die Bedeutung dieser Textstelle zu überschätzen). Denn dies geschah bereits im Knabenalter – Annius Verus zählte damals noch keine zwölf Jahre. Annius Verus dürfte also in keinem Fall mehr als elementare handwerkl. Fertigkeiten erlangt haben. Zudem heißt es in den SHA, Aur., gleich im Anschluß, solche wie auch and. Betätigungen vorrangig körperl. Art (Ballspiele etc.) habe der frühreife Annius Verus schon kurz darauf um seiner phil. Studien willen aufgegeben. Spätere Beschäftigung des Kaisers in dieser Richtung wird nicht erwähnt. Ihm selbst war diese frühe Liebhaberei auch nicht wichtig genug, um sie bei Auflistung und Würdigung seiner Lehrmeister und Vorbilder in den *Selbstbetrachtungen* zu erwähnen – anders als die Bedeutung des → Diognetos (II) für sein erwachendes phil. Interesse (SHA, Aur., 1, 4: freil. könnte diese Auslassung durchaus kontextbedingt sein; v. Arnims Zweifel daran [RE], ob in dem von SHA, Aur., bzw. *Selbstbetrachtungen* erw. Diognet überhaupt ein und dieselbe Person zu sehen sei, sind schwer nachzuvollziehen). Evtl. ist sogar selbst die bescheidene Notiz in den SHA, Aur., eine nachträgl. Erfindung. Roesger (1978) zufolge sind nicht anderweitig belegte Äußerungen der SHA zur Bildung und Erziehung der Kaiser, v.a. derer, die sie wie Annius Verus bes. hoch (oder bes. gering) schätzt, ebenfalls generell zu beargwöhnen. Direkte Einflußnahme des Annius Verus auf das Kunstschaffen seiner Zeit – wie etwa für seinen Vorvorgänger → Hadrianus – anzunehmen, besteht kein Anlaß. Denn als Erwachsener stand er der Kunst als Ausfluß seiner phil. Haltung prinzipiell zumindest desinteressiert gegenüber. ⊏⊐ RE I. 2, 1894 (s.v. Annius 94); V. 1, 1903 (s.v. Diognetos 17); EAA IV, 1961 (s.v. Marco Aurelio); KlP III, 1969 (s.v. Marcus 2); DNP VII, 1999 (s.v. Marcus 2). – *L. Friedländer*, Darst. aus der Sitten-Gesch. Roms in der Zeit von August bis zum Ausgang der Antonine, L. [9]1920, 108; *A. Roesger*, Herrschererziehung in der Historia Augusta, Bonn 1978, 48–57, 59–63, 125–127; *S. Fein*, Die Beziehungen der Kaiser Trajan und Hadrian zu den „litterati", St./L. 1994, 27, Anm. 46.

C. Müller

Antaios (I) (Ἀνταῖος), myth. griech. Künstler. Nur bek. durch ein Erwähnung bei Tzetzes (hist. var., 7, 123 ss.; 12, 835 ss.; Overbeck, SQ, 1868, Nr 52). A. war einer der Telchinen. ⊏⊐ EAA I, 1958 (s.v. A. 1).

R. V.

Antaios (II), griech. Erzbildner, bei Plinius (nat., 34, 52; Overbeck, SQ, 1868, Nr 2206; v. e. Ferri, Plin., 1946, 76 mit Anm.) für Ol. 156 (156–153 v. Chr.) als anerkannter Künstler des damals wiederauflebenden Erzgusses genannt. Der Textzusammenhang bei Plinius läßt vermuten, daß A. einem Kreis viell. in Rom tätiger Künstler angehörte, von dem aus eine klassizist. Strömung in der Kunst des Hellenismus ihren Anfang nahm. ⊏⊐ ThB1, 1907. RE I. 2, 1894 (s. v. A. 5); EAA I, 1958 (s. v. A. 2). – *Brunn*, GGK I, 1889, 374; *Lippold*, GrPl, 1950, 364; *Toynbee*, Artists, 1951, 18.

E. Paul

Antaios (III), Sohn des Aischrion, griech. Mosaizist, E. 2. Jh. v. Chr. auf Delos tätig. Er schuf dort das Mosaik in der 106/105 v. Chr. von Midas, dem Sohn des Zenon, gew. Exedra n. des Heiligtums der syr. Götter. Der Name des Künstlers steht auf kleinen schwarzen Stücken, die in den weißen Mosaikgrund eingelassen sind (ID, Nr 2288). Er kommt auf Delos bes. in Verbindung mit dem genannten Heiligtum häufig vor. ⊏⊐ EAA I, 1958 (s. v. Antaios 3). – *A. Blanchet*, La Mosaïque, P. 1928, 55; *Toynbee*, Artists, 1951, 43, 45; *Donderer*, Mosaizisten, 1989, 55, Nr A 4, Taf. 4.

W. Müller

Antandros (Ἄντανδρος), griech. Bildhauer oder Toreut, wahrsch. aus Aitolien, tätig um M. 3. Jh. v. Chr. A. arbeitete in Delphi an einem von dem Aitoler (Ple)istainos, dem Sohn des Eurydamos, gestifteten Weihgeschenk für Apollon mit. Die Inschr. mit der Sign. des Künstlers (Marcadé, Signatures, I, 1953, 4) steht auf der Vorderseite einer Stylobatplatte aus grauem Elias-Kalkstein, deren beide anpassende Teile 1893 und 1938 an versch. Stellen des Heiligtums von Delphi gefunden und jetzt zusammengesetzt sind (Delphi, Mus., Inschr.-Depot, Inv.-Nrn 683 und 6382). Auf der Oberseite der Stylobatplatte befinden sich Spuren von der Basis einer ion. Säule. Ein weiteres Fragm., das offensichtl. zum gleichen Stylobat gehörte, enthält Reste einer zweiten Inschr. (Weihung der Tochter des Pleistainos?). Der Zustand aller erh. Teile des Stylobats läßt vermuten, daß sie von einem der auch sonst aus Delphi bek. „Brückenmonumente" (zwei ion. Säulen mit Gebälk als Basis für Weihgeschenke) stammen. Nach der Inschr. schuf A. ledigl. den „goldenen" Teil des im übrigen bronzenen (?) Weihgeschenks. Damit kann eine vergoldete Bronzestatue des Apollon oder des Stifters bzw. seines Vaters oder nur ein Gegenstand (Vase, Dreifuß etc.) gemeint sein. Zw. den Säulen standen viell. weitere Teile des Weihgeschenks. Seine Dat. um 250 v. Chr. wird durch die Tatsache gestützt, daß es sich bei Eurydamos, dem Vater des Stifters, offenbar um den bekannten Strategen der Aitoler handelt, der 279 v. Chr. gegen die Gallier kämpfte. Nach Paus., 6, 16, 1 weihten die Thespier die Statue eines Pleistainos in Olympia. ▭ RE, Suppl. VIII, 1956 (s. v. A. 7); EAA I, 1958. – *H. Pomtow*, Klio 7:1907, 443; *R. Flacelière*, BCH 53:1929, 27 s.; *P. Amandry*, BCH 64/65:1940/41, 65–70 Nr 4. D. Rößler

Anteius, röm. Bildhauer, in der Kaiserzeit in Numidien tätig. Nur bek. durch seine Sign. auf einem Sarkophag aus Kacaria, das auf der Straße zw. Constantine und Ain-Beida gelegen ist (CIL, VIII, 4779). ▭ EAA IV, 1961 (s.v. Marmorarius). – *Calabi Limentani*, Studi, 1958, 165, Nr 111. R. V.

Antenor (I) (Ἀντήνωρ), sicher so zu ergänzender Namensbestandteil auf einer Gefäßscherbe von der Athener Akropolis (Athen, NM; cf. Graef/Langlotz, I, 1909, Nr 368 a; CVA Berlin 1, p. 7 Nr 14). Sie gehört mit and. Fragm. zur oberen Zone des kon. Teils eines protoatt. Kesseluntersatzes (Spätwerk des „Malers der Widder-Kanne", 1. H. 7. Jh. v. Chr.). Die Inschr. ist die älteste, nicht auf eine Darst. bezogene auf einer att. Vase. Es bleibt unklar, ob es sich um den Namen des Töpfers, Vasenmalers, Eigentümers oder des Weihenden handelt. ▭ EAA I, 1958 (s. v. Antenor 1). – *J. M. Cook*, BSA 35:1934/35, 194 s., Taf. 54b; *Beazley*, Development, 1964, 8, Anm. 22. K. Zimmermann

Antenor (II), Sohn des Eumares, griech. Bildhauer und Erzbildner aus Athen (?), zw. 530 und 480 v. Chr. tätig. Sein Vater war vermutl. Maler (Plin., nat., 35, 56) und viell. auch Bildhauer (Name auf mehreren Basen der Athener Akropolis, z.B. IG, I², 498). Auf A. lassen sich die von der Athener Akropolis stammenden Sign. IG, I², 485 und 486 beziehen. And. epigr. Zeugnisse deuten auf Verwandtschaftsbeziehungen: [...] andr[os] (Athen, Epigr. Mus., Inv. Nr 6240; Raubitschek, Dedications, 1949, Nr 51) war viell. ein Bruder und Dionysermos (Sign. auf einer Statue im Louvre: G. Daux, BCH 91:1967, 491–493) vermutl. ein Sohn des A. – A. gehörte wahrsch. zu denjenigen Künstlern spätarchaischer Zeit, die für die Alkmaioniden, auch nach deren Vertreibung aus Athen durch Pesistratos, arbeiteten. Sein einziges erh. Werk ist die sog. *Antenor-Kore* (Athen, Akropolis-Mus., Inv. Nr 681), eine überlebensgroße, urspr. auf einem Pfeiler stehende Statue. Sie wurde in Teilen 1882 ö. des Parthenon (Plinthe, beide Unterschenkel, linker Arm) und 1886 nw. des Erechtheion (größerer Teil der Statue, Bruchstücke der sign. Basis) gefunden. Das Werk entspricht dem in ion. Trad. auf Paros entstandenen Typus der Kore mit Schrägmäntelchen, steht aber mit seinen festen plast. Formen ganz in att. Tradition. Der im Gegensatz zu den anmutigen Gesichtern spätarchaischer Koren stehende verhaltene und ernste Gesichtsausdruck ist ein auf die frühklass. Stilentwicklung vorausweisendes individuelles Merkmal. Der Zusammenhang der oben erw. Basis-Bruchstücke mit der Statue ist nicht völlig gesichert, aber doch von hoher Wahrscheinlichkeit. Wenn die Erg. der nach den Schriftformen in die Zeit um 510 v. Chr. zu datierenden Basis-Inschr. (IG, I², 485; CIA, IV, 373, 91) richtig ist, handelt es sich bei dieser Kore um ein E. 6. Jh. v. Chr. auf der Athener Akropolis errichtetes Weihgeschenk des Töpfers → Nearchos (I) an Athena (Raubitschek, ibid., Nr 197). Einige stilist. eng verwandte Werke können A. oder seiner Wkst. bzw. seinem Umkreis zugewiesen werden (s.u.). Hierzu gehören v.a. die Koren des O-Giebels des von den Alkmaioniden geförderten Apollon-Tempels V in Delphi. Sie sind Teil einer Darst. des Einzugs Apollons in Delphi (Rekonstr. des Giebels nach FDelphes in: Schefold, PKG I, 1967, 172, Abb. 9). Hinsichtl. dieser Giebelskulpturen mit ihren wie entleert wirkenden Formen bleibt offen, ob A. nur an den Koren mitwirkte oder ob er als entwerfender Meister des gesamten Giebels anzusehen ist (so schon F. Studniczka, 1906, u.a.), der die Ausführung and. Bildhauern überließ. P. de La Coste-Messelière (1940) und K. Schefold (1949) wiesen A. auch die Poros-Skulpturen der Gigantomachie im W-Giebel desselben Tempels zu. Ein weiteres Werk A.s, das jedoch nur noch lit. faßbar ist, war die sog. *Ältere Tyrannenmörder-Gruppe*, die aus den Bronzestatuen der Tyrannenmörder Harmodios und Aristogeiton bestand (Paus., 1, 8, 5; Plin., nat., 34, 17 [ohne Nennung des Künstlernamens], 70 [hier irrtüml. als Werk des → Praxiteles [II] bez.] und 86 [hier irrtüml. als Werk eines → Antignotos [II] gen.]; Arr., anab., 3, 16, 7 und 7, 19, 2; Val. Max., 2, 10, ext. 1; sämtl. Belege bei: Overbeck, SQ, 1868, Nrn 443–447). A. schuf die Gruppe nach der Vertreibung des Hippias (510 v. Chr.) im Auftrag des Kleisthenes als ein Symbol der Befreiung Athens von den Tyrannen; sie wurde kurz danach (509 oder 506/05 v. Chr.?) auf der Athener Agora aufgestellt (hierzu vgl. auch Raubitschek, ibid., p. 482). 480 v. Chr. verschleppte sie Xerxes nach Persien (Persepolis oder Susa). Wahrsch. durch Alexander d. Gr. oder einen der ersten Diadochen wurde sie an Athen zurückgegeben, wo man 477/76 v. Chr. das geraubte Werk durch die von → Kritios und → Nesiotes ausgeführte sog. Jüngere Tyrannenmörder-Gruppe ersetzt hatte. Über das Aussehen der von A. geschaffenen älteren Gruppe gibt es keine gesicherten Anhaltspunkte. Ihre Statuen entsprachen vermutl. dem Kuros-Schema und waren viell. durch Attribute näher gekennzeichnet. Für eine röm. Kopie des Kopfes des Harmodios der älteren Gruppe wurde ein *Jünglingskopf* (sog. *Kopf Webb*) in London (BM, Inv. Nr 2728) gehalten, der um 500 v. Chr. entstand und daher jünger als die Antenor-Kore ist. Auch der *Aristogeiton-Kopf* in Rom (Pal. dei Conservatori), 1956 von E. Langlotz mit der Älteren Tyrannenmörder-Gruppe in Verbindung gebracht, ergibt keinen endgültigen Hinweis. Problemat. erscheint die Annahme einer Beteiligung A.s an der Theseus-Antiope-Gruppe (Chalkis, Mus.) vom Giebel des Apollon Daphnephoros-Tempels in Eretria. Nicht von A. stammen die ihm durch Chr. Karusos 1961 zugewiesenen sog. Geschwister-Stele (New York, Metrop. Mus., Inv. Nr 11. 185 und Bruchstück, Berlin, SMPK, Antikenslg, Inv. Nr 1531) sowie die Grabstatue eines Kroisos aus Anavyssos (Athen, NM, Inv. Nr 4754, kurz vor 520 v. Chr.). 🏛 ATHEN, Akropolis-Mus., Inv. Nr 681: Sog. Antenor-Kore, Inselmarmor, Augen urspr. aus Bergkristall, zw. 530 und 510/09 (zw. 518 und 514) v. Chr. – Akropolis-Mus., Inv. Nr 669: Kore, Wkst. des A. – NM, Inv. Nr 3938: Statue des Aristodikos, Marmor, um 500 v. Chr., Umkreis des A. – BRAURON, Mus., Inv. Nr 1265: Kopf einer Kore (aus einem Grab in Myrrhinous), Wkst. des A. – DELPHI, Mus.: Koren vom O-Giebel des Apollon-Tempels V (des sog. Alkmaioniden-Tempels), Marmor, zw. 513 und 506 (nach Deyhle, 1969: um 530) v. Chr., Ausf. (oder Entwurf des Giebels?) A. zugeschr. 📖 ThB1, 1907 (mit älterer Lit.). RE I. 2, 1894 (s.v. A. (8); EAA I, 1958 (s.v. A. 2); LAW, 1965; Dict-Hazan I, 1967; *Clapp*, II. 1, 1970; EWA II, 1972, 95, pl. 41; *Bénézit* I, 1976; LdK I, 1987. – *F. Studniczka*, JdI 2:1887, 135–168; *Brunn*, GGK I, 1889, 70; *F. Homolle*, BCH 25:1901, 484 ss.; *H. Léchat*, Sculpt. attique avant Phidias, P. 1904, 245 ss.; *Picard*, Manuel, I, 1935, 175 et passim; II. 1, 1939 11, 19, 111, 192; IV. 2, 1963, 934, 1025; *H. Schrader/E. Langlotz/W.-H. Schuchhardt*, Die archaischen Marmorbildwerke der Akropolis, Ffm. 1939, 80 ss. Nr 38; *P. de La Coste-Messelière*, RA 15:1940, 5–10; *K. Schefold*, Griech. Plastik, I: Die großen Bildhauer des archaischen Athen, Basel 1949, 49–54; *Lippold*, GrPl, 1950, 80, Taf. 24, 1; *H. G. G. Payne/G. M. Young*, Archaic marble sculpt. from the Acropolis, Neuaufl., Lo./N. Y. 1951, 32 s.; *E. Langlotz*, AM 71:1956, 149–152; *G. Becatti*, ArchCl 9:1957, 97–107; *K. D. Schunk*, Das Altertum 5:1959, 142 ss.; *L. Alscher*, Griech. Plastik II. 1, B. 1961, 51–56, 229, Anm. 88, 90, pp. 268 s., Anm. 77; *Chr. Karusos*, Aristodikos, St. 1961, 47 (C 6); Ergon 1961, 38 Abb. 44 und BCH 86:1962, 664, Abb. 28 (Kopf Brauron); *J. Dörig*, in: *J. Boardman/J. Dörig/W. Fuchs*, Die griech. Kunst, M. 1966, 110, 119, Anm. 37; *Schefold*, PKG, I, 1967, 83 s., 171 Nr 44; *W. Deyhle*, AM 84:1969, 39–46, 60; *J. Dörig*, AntK 12:1969, 41–50; *M. Moggi*, AnnPisa 3. 1, 1971, 17–63 (Dat. der Älteren Tyrannenmörder-Gruppe); *J. Kleine*, IstMitt, Beih. 8, 1973, 46–51, 67–78; *Robertson*, Hist., I, 1975, 103 s. et passim; *Lullies/Hirmer*, Plastik^4, 1979, 59 Abb. 52; *W. Fuchs*, Skulptur^3, 1983, 38–40, 582 (Lit.), Abb. 22, 23; *Floren*, GrPl, 1987, 295–297, Taf. 21, 3. W. Müller

Antenorides (Ἀντηνορίδης), griech. Maler, um die M. des 4. Jh. v. Chr. tätig. Von ihm ist nur bek., daß er zus. mit → Euphranor (I) Schüler des Erzbildners und Malers → Aristeides (I) von Theben war (Plin., nat., 35, 111; Overbeck, SQ, 1868, Nr 1785; v.e. Ferri, Plin., 1946, 183 mit Anm.). Die bei Plinius überlieferte Namensform Antorides ist offenbar eine in den Hss. entstandene Entstellung. 📖 ThB1, 1907. RE I. 2, 1894 (s. v. Antorides); EAA I, 1958; *Bénézit* I, 1976. – *E. Kroker*, Gleichnamige griech. Künstler, L. 1883, 31; *Brunn*, GGK II, 1889, 110, 113; *Pfuhl*, MuZ, 1923, 726, 748; *A. De Capitani d'Arzago*, La grande pitt. greca dei sec. V e IV a. C., Mi. 1945, 74; *Reinach*, RecMilliet, 1985, 280 s., Nr 350. G. Bröker

Antenos, röm. Maler, in der frühen Kaiserzeit in Rom tätig. Nur bek. durch seine Grab-Inschr. aus dem Columbarium der Freigelassenen der Livia in Rom (CIL, VI, 3953). 📖 *Calabi Limentani*, Studi, 1958, 153, Nr 1. R. V.

Anteros (I) ('Αντέρως), *marmorarius* im antiken Rom, vermutl. kaiserl. Sklave. Name bek. nur durch die Inschr. CIL, VI, 8893. ▭ EAA IV, 1961 (s.v. Marmorarius). W. Müller

Anteros (II), Steinschneider der frühesten röm. Kaiserzeit, etwa in den 20er Jahren des 1. Jh. v. Chr. tätig. Er gehörte zus. mit einem → Felix (I) u.a. Freigelassenen eines Quintus Plotius zu einer Gruppe von Steinschneidern, die eine in Rom gefundene Inschr. (CIL, VI, 9435) als „gemari de sacra viam" bezeichnet. Ein Werk dieses Künstlers ist der facettierte Aquamarin der Slg Duke of Devonshire mit der von Lichteffekten und starken Kontrasten beherrschten Darst. des *Herakles mit dem kretischen Stier* und der Sign. Anterotos; Repliken davon auf Ringsteinen in Göttingen, Hannover und München (cf. Zazoff, 1983, 287, Anm. 124, Taf. 81, 2–3). Als ein weiteres Werk weist M.-L. Vollenweider (1966) dem A. ein Kameo-Fragm. mit dem *Parisurteil* (BM, ehem. Slg Carlisle) und der Sign. Ant[erotos ?] zu. Auf and. geschnittenen Steinen bez. der Name entweder den einstigen Besitzer oder gehört zu einer Fälschung. ▭ ThB1, 1907. RE I. 2, 1894 (s.v. A. 5); EAA I, 1958. – *W. Fol*, Choix d' intailles et de camées antiques, gemmes et pâtes, Genf 1875–78, II, Taf. 46, 6–7; *A. Furtwängler*, JdI 3:1888, 323 ss., Taf. 10, 15 (Kleine Schr., II, 1913, 245 ss.); *Brunn*, GGK II, 1889, 308, 316, 371 s.; *Furtwängler*, Beschreibung, 1896, Nrn 4189–4192; *id.*, AG I, 1900, II, 236, 13, III, 358, Taf. 49, 13; *Lippold*, Gemmen, 1922, Taf. 35, 4; *Walters*, BMGems, 1926, Nr 3564; *Vollenweider*, Steinschneidekunst, 1966, 43 s., 50, 106, Taf. 38, 1 und 3; 40, 1; *Richter*, EngrGemsRom, 1971, Abb. 637; *Zazoff*, AG, 1983, 287 mit Anm. 123 s., Taf. 81, 1. W. Müller

Anterotos → Anteros (II)

Anthemios ('Ανθέμιος), Sohn des Arztes Stephanos, byz. Architekt und Fachschriftsteller (Mathematik, Geometrie, Mechanik, Physik), * 2. H. 5. Jh. n. Chr. Tralleis (Tralles) in Lydien, † um 534 n. Chr. wahrsch. Konstantinopel. Vermutl. in Alexandria ausgebildet. A. war bereits durch seine Leistungen auf Gebieten der Mathematik und Physik sowie als Architekt bek., als ihn A. 6. Jh. n. Chr. Kaiser Justinian nach Konstantinopel berief. A. errichtete dort und an and. Orten des Byz. Reiches zahlr. Bauten. Biogr. Angaben bei Agathias von Myrina, Περὶ τῆς Ἰουστινιανοῦ βασιλείας, 5, 5–8. A. experimentierte mit einer Dampf- oder Heißluftmaschine sowie mit metallenen Brennspiegeln von langer Brennweite. Er hatte vier Brüder, die ebenfalls sehr begabt waren: Metrodoros (Schriftsteller), Olympos (Jurist), Dioskoros und Alexandros (Mediziner). An der Baukunst interessierte A. bes. die Bewältigung techn. Probleme durch Erfindung mechan. Apparate. Prokopios (aed., 1, 1, 24) erwähnt ihn zus. mit → Isidoros (IV) d.Ä. von Milet als Architekten der Hagia Sophia in Konstantinopel (s.u.) und bez. ihn als den „mit Abstand glänzendsten Ingenieur nicht nur der Gegenwart, sondern auch der Vergangenheit". Nicht eindeutig gesichert sind Zuschr. weiterer Bauten der justinian. Zeit in und um Konstantinopel (die Kirchen Hagioi Sergios und Bakchos, Hagia Eirene, der Neubau der Apostel-Kirche und die große unterird. Philoxenos-Zisterne [türk.: Binbirdirek, d. h. „Zisterne der 1001 Säulen"]). Vermutl. war A., wiederum gemeinsam mit → Isidoros (IV) d. Ä. von Milet, in der Grenzstadt Dara in N-Mesopotamien tätig (Prok., aed., 2, 3, 7–8.). Als Spezialist für Geometrie war A. seinen berühmten Vorgängern aus hellenist. Zeit ebenbürtig. Als Physiker galt er wegen seiner Stud. über Brennspiegel den Arabern als gleichrangig mit Aristoteles. 🏛 ISTANBUL: Hagia Sophia, zus. mit → Isidoros (IV) d.Ä. von Milet erb. 532–537 n. Chr. im Auftrag Justinians als neue Bischofs- und Palastkirche an der Stelle der im Nika-Aufstand (532 n. Chr.) zerst. alten Sophienkirche (Prok., aed., 1, 1, 24–25, 50, 70; Paul. Sil., ekphr., 267 ss., 552; Agathias von Myrina, ibid., 5, 9). Nach Prokopios hatten beide Architekten die Leitung der Arbeiten, und A. fertigte das Modell. Nach Paulos Silentiarios befaßte sich A. vorwiegend mit den Fundamenten. Die Vollendung des Baues erlebte er nicht mehr. ✉ Wiss. Abh. über Kegelschnitte und Brennspiegel; zugeschrieben wird ihm die Schr., wovon einige Fragm. erh. blieben (Rom, Vatikanbibl.: Cod. Vaticano greco 218); entgegen früheren Vermutungen war A. nicht der Autor der aus der Abtei S. Colombano in Bobbio b. Pavia stammenden Palimpsest-Fragm. (heute in Mailand, Bibl. Ambrosiana: L. 99 part. sup.). ▭ ThB1, 1907 (mit älterer Lit.). RE I. 2, 1894 (s.v. A. 4); *Wasmuth*, LdB I, 1929; EAA I, 1958; LAW, 1965; Reallex. zur Byz. Kunst, I, 1966; DictHazan I, 1967; DEAU I, 1968; Dict. of sc. biogr. I, N. Y. 1970; *Macmillan* I, 1982; Lex. der Weltarchit., M. 1987. – *E. Darmstaedter*, Philologus 88:1933, 477–482; *G. Downey*, Byzantion 18:1946–48, 99–118; *F. W. Deichmann*, Stud. zur Archit. Konstantinopels im 5. und 6. Jh. n. Chr., Baden-Baden 1956 (Dt. Beitr. zur Altertumswiss., H. 4), 19 s.; *G. L. Huxley*, A. of Tralles: A study in later Greek geometry, C., Mass. 1959; *L. Sprague de Camp*, Ingenieure der Antike, B./Da. [2]1971, 324, 328; *C. A. Mango*, The art of the Byz. Empire 312–1453, Englewood Cliffs,

N. J. 1972; *R. Krautheimer*, Early Christian and Byz. archit., N. Y./Lo. [4]1987, Kap. 9; *Müller*, Architekten, 1989, 124, 128, 133, 170, Abb. 8, 64–66, 71, 72. – *Zur Hagia Sophia* vgl. u.a.: *Prokop* (Werke, Bd 5: Die Bauten) und *Paulos Silentiarios* (Beschr. der Hagia Sophia), griech.-dt. Ausg. von *O. Veh* mit archäol. Kommentar von *W. Pülhorn*, M. 1977; *W. Müller-Wiener*, Bildlex. zur Topogr. Istanbuls, Tübingen 1977; *S. Eyice*, The history of the building of the Hagia Sofia, Istanbul 1984 (Ayasofya, 1); *A. Effenberger*, Frühchristl. Kunst und Kultur, L. 1986, 295 ss. – *Zu den Schriften A.s: L. Dupuy*, Fragm. d'un ouvrage grec d'A. sur des paradoxes de mécanique, P. 1777, neu hrsg. von *A. Westermann* in: Braunschweig 1839 (Scriptores rerum mirabilium Graeci), 149–158; *K. Krumbacher*, Gesch. der byz. Lit., M. 1897, 621, 624; *G. J. Toomer*, Diocles on burning mirrors, B. 1976, 19 s. W. Müller

Anthermus? → **Athenis**

Anthos (Ἄνθος), aus Knidos, griech. Bildhauer, zw. 150 und 80 v. Chr. (nach Blinkenberg in Lindos II:1, 1941, erst in augusteischer Zeit). Lebte als Metöke auf Rhodos. Seine Sign. (cf. G. Jacopi, Clara Rhodos 6/7:1932/33, 431 s., Nr 50, mit Abb.) steht auf einer rechteckigen Weihgeschenkbasis aus Kamiros (lart. Marmor, doppelt profiliert, Einlaßspur einer Stele), und zwar unter der älteren von zwei Ehren-Inschr., was auf eine spätere Wiederverwendung der Basis hindeutet. Das verlorene Weihgeschenk stellte einen Angehörigen des Demos Plarios dar und war von seinen Eltern, Brüdern und Neffen „den Göttern" geweiht. Ungesichert bleibt die Zuschr. eines Weihgeschenks, das den Prytanen Iatrokles von Kattabos darstellte und von dem nur der in den spätmittelalterl. Befestigungsanlagen von Rhodos verbaute Basisblock erh. blieb (lart. Marmor, gefunden 1927). Die darauf befindl. Ehren-Inschr. (G. Jacopi, Clara Rhodos 2:1932, 198, Nr 30, mit Zchng) bez. das Werk als vom Demos der Rhodier „den Göttern" gew. und gibt einen Metöken aus Knidos als Künstler an, allerdings wird dessen Name nicht erwähnt. ▭ RE, Suppl. VIII, 1956 (s.v. A. 2 a); EAA I, 1958 (s.v. A. 1). – *F. Hiller von Gaertringen*, GGA 196:1934, 200; Lindos II. 1, 1941, 56 Nr 103; *N. Segre/G. Pugliese Caratelli*, ASAtene 27/29:1949/51, 223 Nr 87; *Lippold*, GrPl, 1950, 375, mit Anm. 9. D. Rößler

Anthus (I), röm. Gemmenschneider (*gemmarius*), Sklave, im 1. Jh. n. Chr. in Pompeji tätig. Name, Beruf und soz. Stellung sind durch eine Inschr. (CIL, VI, 245) überliefert. ▭ EAA III, 1960 (s.v. Gemmarius). B. Gerring

Anthus (II), Geschirrwart des röm. Kaiserhauses (zuständig für das *aes Corinthium*; also kein Toreut), 1./2. Jh. n. Chr., in Surrentum (Sorrento/Italien) bestattet. A. ist nur durch seine in Sorrent aufgefundene Grab-Inschr. bek., die er für sich und seine Angehörigen gesetzt hat. In dieser Inschr. bez. sich A. als *Aug. a corinthis* (CIL, X, 692). ▭ *Ruggiero*, Diz. epigr., II. 1., 1910, 1210 (s.v. Corinthiarius); EAA II, 1959 (s.v. Corinthiarius). – *Calabi Limentani*, Studi, 1958, 173, Nr 174. U. Huttner

Anthus (III) (Anthos) und **Seleucus** (Seleukos), Mosaizisten der röm. Kaiserzeit, wahrsch. griech. oder syr. Herkunft. Sie schufen gemeinsam für ein röm. Haus in Augusta Emerita (Mérida/Spanien) ein Fußbodenmosaik und sign. es mit einer umrahmten Inschr.: C[olonia] A[ugusta] E[merita] f[ecerunt] Seleucus et Anthus (CIL, II, 492). Das 1834 in der Calle del Portillo (später Sagasta) entdeckte Mosaik ist heute verschollen. Eine 1835 angefertigte Zchng blieb erhalten. Aus ihr ergibt sich, wenn auch nur indirekt, eine Dat. des Originals ins 2. Jh. n. Chr. ▭ EAA I, 1958 (s.v. Anthos 2) und V, 1963 (s.v. Musivarius). – *H. Lucas*, RM 17:1902, 127; *A. Blanchet*, La Mosaïque, P. 1928, 55; *Toynbee*, Artists, 1951, 45; *A. García y Bellido*, AEsp 28:1955, 11 s. Nr XIV, Abb. 7 (mit älterer Lit.); *A. Blanco Freijeiro*, Mosaicos romanos de Mérida, Ma. 1978, 30 ss., Nr 9, Taf. 12–19; *Donderer*, Mosaizisten, 1989, 105 s., Nr A 83, Taf. 48. W. Müller

Antichianos (Ἀντιχίανος), spätantiker Steinmetz (τεχνίτης) in N-Syrien. Bek. nur durch eine 494 n. Chr. datierte Bau-Inschr. eines Grabbaues in Sugane/Soghane. ▭ *J. Jarry*, Annales Islamologiques 9:1970, 210 s., Nr 57. M. Dennert

Antidoros (Ἀντίδωρος), att. Töpfer, etwa im 3. V. des 6. Jh. v. Chr. in Athen tätig. Seine Sign. steht auf der Unterseite des Fußes von zwei Kleinmeister-Schalen der Droop-Klasse aus Tarent (Taranto, MN, Inv. Nrn I. G. 4434, 4435; CVA, Taranto 3 [Italia 35], Taf. 30 s.). Diese Werke sind durch ihre Darst. (Pygmäen im Kampf gegen Kraniche; Eberjagd; Wagenrennen) und die Art ihrer Ornamentik mit einer unsign. Schale (Würzburg, Univ., Martin-von-Wagner-Mus., Mus., Inv. Nr L 414; Langlotz, KatWürzb, 1932, Taf. 114) verbunden, die demnach A. zuzuweisen ist. ▭ RE, Suppl. III, 1918 (s.v. A. 5); EAA I, 1958, mit Abb. – *J. C. Hoppin*, BlackFig, 1924, 52 s., mit Abb.; ABV, 1956, 159 s.; Para, 1971, 67; Add[2], 1989, 46. K. Zimmermann

Antidotos (I) ('Αντίδοτος; Antidotus), griech. Maler des 4. Jh. v. Chr., * wahrsch. Athen. War dort Schüler des → Euphranor (I) und, was zu seinem Ansehen am meisten beitrug, Lehrer des sein Wirken überschattenden Malers → Nikias (II) von Athen. Als Werke (nicht erh.) werden genannt: ein *Krieger mit Schild* (vielleicht ein Grabgemälde, durch das Darst. auf Grabreliefs beeinflußt wurden), ein *Ringkämpfer* und, bes. gerühmt, ein *Trompeter* (Plin., nat., 35, 130; Overbeck, SQ, 1868, Nrn 1810, 1823; Reinach, RecMilliet, 1985, Nr 358). A. scheint die enkaust. Technik angewandt zu haben. Hinsichtl. seines Schaffens wird er eher sorgfältig als vielseitig (*diligentior quam numerosior*) sowie als streng in der Farbgebung (*severus coloribus*) bez. (Plin., [nach Xenokrates], ibid., cf. Ferri, Plin., 1946, 194, Anm.). ▭ ThB1, 1907. EAA I, 1958; EWA II, 1972, 110. – *E. Kroker*, Gleichnamige griech. Künstler, L. 1883, 31; *Brunn*, GGK, 1889, I, 108, II, 111, 113, 130 s.; *H. L. Urlichs*, in: *E. Sellers*, The Elder Pliny's Chapters on Hist. of Art, Lo. 1896, 47; *A. Kalkmann*, Die Quellen der Kunstgesch. des Plinius, B. 1898, 148; *Pfuhl*, MuZ, II, 1923, 750; *Robertson*, Hist., 1975, I 436, II 698, Anm. 203 s. W. Müller

Antidotos (II), griech. Maler, schuf 282 v. Chr. zwei Pinakes für das Proskenion des Theaters von Delos und erhielt dafür 200 Drachmen (IG, XI. 2, 158 A, 67). ▭ RE III. A. 1, 1927 (s.v. Skene) und Suppl. V, 1931, 1 s.; *Bénézit* I, 1976. – *H. Bulle*, Unters. an griech. Theatern, M. 1928 (AbhMünchen 33), 175, 181. W. Müller

Antigeneis ('Αντιγένεις), Sohn des Nikieos, griech. Bildhauer (?), viell. aus Böotien (Theben?), vermutl. 4. Jh. v. Chr. Der Name Antigeneis steht mit 14 and. in einer Inschr. aus Theben/Böotien (CIG, I, 1578; G. Hirschfeld, Tituli statuariorum sculptorumque Graecorum, B. 1871, 157 s., Nr 5; IG, VII, 2430; Loewy, IGB, 1885, 378 s., Nr 554 mit weiterer Lit., Overbeck, SQ, 1868, Nr 1568), die in der dortigen Kirche des hl. Georgios verbaut ist. Ob es sich hierbei um ein Künstler-Verz. oder um einen der aus Böotien mehrfach überlieferten Kataloge wehrfähiger Mannschaften handelt, ist ungewiß, zumal die Namen, die mit den aus and. Quellen bezeugten böot. Künstlernamen übereinstimmen, in Böotien häufig vorkommen. ▭ EAA I, 1958. – AZ 36:1878, 12 s.; SBMünchen 1880, 471, Anm. 2; *Brunn*, GGK I, 1889, 205 s. D. Rößler

Antignotos (I) ('Αντίγνωτος; Antignotus), griech. Bildhauer oder Erzbildner, gegen E. 4. Jh. v. Chr. in Attika tätig. Sein Name steht auf dem erh. Teil eines urspr. größeren Basisblocks aus hymett. Marmor. 28 Fragm. von der linken Hälfte der Basis (jetzt Athen, Epigr. Mus., Inv.-Nr 13379) fand man 1965 auf dem Hügel Kastru tu Christu w. des Dorfes Koropi innerhalb des mutmaßl. Areals des altatt. Demos Sphettos. Auf Grund des Schrifttyps der ziemlich sicher rekonstruierbaren Inschr. kann eine Dat. ins 4. V. 4. Jh. v. Chr. angenommen werden. Die später mehrfach wiederverwendete Basis trug urspr. eine von den Sphettiern gew. Ehrenstatue, wahrsch. ein bronzenes (?) Reiterstandbild des Staatsmannes und Philosophen Demetrios von Phaleron, der die Stadt Athen 317–307 v. Chr. im Auftrag Kassanders von Makedonien regierte. Dieses Werk gehörte wohl zu den zahlr. Statuen, die Demetrios als Reiter oder Wagenlenker darstellten und innerhalb von 300 Tagen errichtet, aber nach seinem Sturz fast ausnahmslos zerst. wurden (Diog. Laert., 5, 75–77). Kalogeropoulou (1969) hat versucht, A. (I) auch die für einen gleichnamigen Künstler (vgl. → A. [II]) bei Plin. nat, 34, 86 überlieferten Werke zuzuschreiben. ▭ EAA Suppl. 1970. – *A. G. Kalogeropoulou*, BCH 93:1969, 56–71; *M. Ervin*, AJA 74:1970, 264. D. Rößler

Antignotos (II), griech. Erzbildner, während der Zeit des Augustus in Athen tätig. Bezeugt durch 3 dort gefundene Inschr. auf den Basen verlorener Bildwerke (Overbeck, SQ, 1868, Nrn 2094, 2249, 2250; Loewy, IGB, 1885, 224–227, Nrn 314–316): Die beiden Inschr. von der Akropolis gehörten zu Ehrenstatuen der Thrakerkönige Rhaskuporis und Kotys; die dritte (unvollst., aus der Gegend des Asklepieions) zu der Statue eines Römers mit dem Vornamen Marcus. Nicht auszuschließen, wenn auch nicht völlig gesichert, ist die Identität mit einem A., der bei Plin., nat., 34, 86 ohne Zeitangabe erw. ist. Als dessen Werke nennt Plinius: einen Schaber, eine Tyrannenmörder-Gruppe (Kopie?) und (in einigen Hss.) Porträtstatuen von Philosophen und Ringkämpfern. Falls Plinius ihn nicht mit → Antenor (II), dem Meister der Tyrannenmörder-Gruppe des 6. Jh. v. Chr., verwechselt hat, kann es sich bei A. (II) nur um einen Kopisten der neuatt. Schule handeln. ▭ ThB1, 1907. RE I. 2, 1894 und KlP I, 1964 (mit Dat. ins 2. Jh. v. Chr.); EAA I, 1958. – *E. Löwy*, Unters. zur griech. Künstlergesch., W. 1883, 22; *Brunn*, GGK I, 1889, 386 s.; *J. W. Crowfoot*, JHS 17:1897, 321; *W. Klein*, GGK, III, 1907, 197; *G. Becatti*, RIA 7:1940, 86; *Ferri*, Plin. 1946, 107; *Toynbee*, Artists, 1951, 24. E. Paul/W. Müller

Antigonos ('Αντίγονος), griech. Bildhauer, Erzbildner und Kunstschriftsteller, 3. Jh. v. Chr. Er arbeitete zunächst in Athen und war unter Attalos I. (241–197 v. Chr.) in Pergamon tätig. Dort schuf er zus. mit → Isigonos, → Phyromachos (II) und → Stratonikos die *Galliergruppen* als Siegesdenkmäler der pergamen. Könige (Plin., nat., 34, 84; Loewy, IGB, 1885, 113–122, Nr 154), wovon nur Fragm. und Basen mit Inschr. gefunden wurden. A. verfaßte Schriften über Malerei und Toreutik (Plin., nat., 34, praef., 84; 35, 68; Diog. Laert., 7, 188). Seine Identität mit dem Paradoxographen und Philosophen *A. von Karystos* (* zw. 295 und 290 v. Chr.) ist umstritten (cf. Loewy, IGB, 1885, 120 s.). Dieser war Schüler des → Menedemos von Eretria. Er verfaßte um 240 v. Chr. Lebensbeschreibungen von Philosophen (Βίοι φιλοσόφων), eine Slg von Wundergeschichten (ἱστοριῶν παραδόξων συναγωγή) sowie ἱστορικὰ ὑπομνήματα. Athenaios (deipn., 3, 88 a; 7, 297 e, 303 b) nennt A. von Karystos zudem als Verf. einer Schr. Περὶ λέξεως. Als Bildhauer wird A. von Karystos ausdrückl. bei dem Parömiographen Zenobios (5, 82) erwähnt. Bei Strab. 9, 396 wird er als Entdecker der Künstler-Sign. der von → Agorakritos geschaffenen Kultstatue der Nemesis von Rhamnus bez. Gegen den Kunstschriftsteller A. verfaßte der Perieget Polemon von Ilion, Sohn des Milesios, eine Streitschrift (Πρὸς Ἀδαῖον καὶ Ἀντίγονον). Wahrsch. hat A. die Schr. des Xenokrates über Malerei und ihre Vertreter überarbeitet und durch gelehrte Zusätze erweitert. ▭ ThB1, 1907. RE I. 2, 1894 (s.v. A. 19); EAA I, 1958 (s.v. A. di Karystos); LAW, 1965 (s.v. A. 4 und 5); EWA IV, 1972, 121 und VII, 1971, 330 s.; *Bénézit* I, 1976. – *U. v. Wilamowitz-Moellendorf*, A. von Karystos, B. 1881 (Philol. Unters., IV); *L. Urlichs*, Ueber griech. Kunstschriftsteller, Würzburg 1887, 34, 40; *Brunn*, GGK I, 1889, 309; *M. Fränkel*, Die Inschr. von Pergamon, I, Pergamon, VIII. 1, 1890, Nrn 20–28; *R. Nebert*, Jbb. für class. Philologie 151:1895, 363 ss.; 153: 1896, 774 ss.; *A. Kalkmann*, Die Quellen der Kunstgesch. des Plinius, B. 1896, 82, 85; *B. Schweitzer*, AA 1939, 410; *Lippold*, GrPl, 1950, 353; *W. v. Christ/W. Schmid*, Gesch. der griech. Lit., II. 1 (HbAW, VII. 2. 1), M. [6]1959, 236 s.; *E. Pernice/W. H. Groß*, in: *U. Hausmann*, Allg. Grundlagen der Archäologie, M. 1969, 400, 429, 432, 462, 465, 485, 487–491; *Robertson*, Hist., 1975, I 351, 412, 531 s.; II 679, Anm. 145, p. 720, Anm. 75 und 77. C. Onasch

Antigonos von Karystos cf. **Antigonos**

Antikos (Ἀντίκος), griech. Bildschnitzer, in der 1. H. des 3. Jh. v. Chr. auf Delos tätig. Lt. einer marmornen Abrechnungstafel der Hieropoioi (gefunden um 1889 auf Delos außerhalb des Apollon-Heiligtums) schuf er 275 v. Chr. zwei hölzerne Agalmata, von denen das eine Poseidon, das and. viell. Hermes darstellte (IG, XI. 2, 199, Zeile 66). ▭ RE, Suppl. VIII, 1956. – *R. Vallois*, BCH 53:1929, 313 s. D. Rößler

Antilas (Ἀντίλας), Sohn des Ainetidas, Lakedaimonier, griech. Steinmetz oder Bildhauer, 2. oder 1. Jh. v. Chr. tätig. Nur bek. durch eine Inschr. (IG, V. 1, 208) in der Koimesis Theotokou-Kirche von Magoula bei Sparta, die durch die Buchstabenform ins 2.–1. Jh. v. Chr. dat. werden kann. A. wird hier Gly[...] gen., was wohl als Glypheus zu ergänzen ist und sowohl einen Steinmetz als auch einen Bildhauer bezeichnen kann. ▭ *F. Durrbach*, BCH 9:1885, 512–513; *U. Kreilinger*, AM 110:1995, 376. R. V.

Antilochos (Ἀντίλοχος), griechischer Bildhauer, wahrsch. im 3. Jh. v. Chr. tätig. Bek. durch die Sign. an einer marmornen Dreifuß(?)-Basis aus Magnesia am Mäander (gefunden nw. des Theaters). Diese besteht aus einem runden Tisch auf drei Beinen mit Löwentatzen. Auf der Tischplatte Einsatzspuren eines bronzenen Dreifußes(?). Zw. zwei Tischbeinen eine Herme vom Typ des Hermes Tychon, deren kleine rechteckige Basis eine auf die Herme zu beziehende Inschr. trägt (cf. O. Kern, Die Inschr. von Magnesia am Mäander, B. 1900, 203 mit Abb.). Diese enthält den Namen des Bildhauers und den Hinweis, daß die Figur den „bek. Hermes aus Chalkis“ (gemeint ist hier offenbar Chalkis b. Teos/W-Kleinasien) darstellt. Das Werk des A. ist von geringer künstler. Qualität, wohl eine handwerkl. Kopie eines dem Gewandstil nach praxitel. Vorbilds. ▭ ThB1, 1907. RE I. 2, 1894 (s.v. A. 7); EAA I, 1958 (mit Abb.); *Bénézit* I, 1976. – *O. Kern*, AM 19:1894, 54 ss., mit Abb. W. Müller

Antimachides, griech. Architekt der spätarchaischen Zeit. Erb. zus. mit *Antistates*, → Kallaischros und → Porinos (Pormos?) das von den Peisistratiden in Auftrag gegebene *Olympieion (Tempel des Zeus Olympios)* sö. der Athener Akropolis. Von den bei Vitr., 7, praef. 15 überlieferten Namen der vier Architekten kommt in den Hss. Porinos nur einmal (Gudianus 69), die Namensform Pormos hingegen zweimal (Harleianus 2767, Scletstatensis 1153) vor. Von dem spätarchaischen Olympieion kamen 520/15 – 510/500 v. Chr. das Fundament (aus Karastein) sowie der Unterbau und ein Teil der Säulen (alles aus Poros) zur Ausführung (Vitr., 7, praef. 15; Aristot., pol.,

5, 11, 4). Der an der Stelle eines älteren Peripteral(?)tempels beg. neue Bau scheint als ein monumentaler dor. Dipteros mit 8:21 Säulen (an den Schmalseiten 3 Reihen mit je 8 Säulen) geplant gewesen zu sein (Säulenhöhe etwa 10 Meter, unterer Durchmesser der Säulentrommeln 2,42 Meter!). Mit dieser Grundrißgestaltung und seinen kolossalen Dimensionen, die denen der ion. Tempel in Kleinasien und auf Samos (z. B. Hera-Tempel IV) entsprachen, wäre das spätarchaische Olympieion Athens zum größten dor. Tempel überhaupt geworden. Seit dem Ende der Peisistratiden-Herrschaft (510 v. Chr.) blieb der bis zum Stylobat gediehene Bau liegen. Mehrere seiner Säulentrommeln verbaute man später in den Fundamenten des hellenist. Olympieions und beim Propylon des Olympieion-Bezirks. Die Reste des spätarchaischen Olympieions wurden durch die Grabungen von L. Bevier (1882/83), F. Penrose (1883–86) und G. Welter (1921/22) festgestellt. Über Forts. und Vollendung des Olympieions → Cossutius. ▭ ThB1, 1907; 19, 1926 (s.v. Kallaischros); 27, 1933 (s.v. Porinos). RE I. 2, 1894 (s.v. A. 2); XVIII. 1, 1939 (s.v. Olympieion); XXII. 1, 1953 (s.v. Porinos); *Wasmuth*, LdB I, 1929; EAA I, 1958 (s.v. A., Antistates) und IV, 1961 (s.v. Porinos); EWA II, 1972, 60, 95; LAW, 1965 (s.v. Antistates); DEAU I, 1968 (s.v. Antistates); *Macmillan* I, 1982 (s.v. Antistates). – *L. Bevier*, Papers of the Amer. School at Athens 1:1882/83, 183 ss.; *Brunn*, GGK II, 1889, 326, 339; *Th. Reinach*, REG 3:1890, 200; *E. Curtius*, Die Stadtgesch. von Athen, B. 1891, XLII, 74, 95 (Überlieferung); *G. Welter*, AM 47:1922, 61 ss. und 48:1923, 182 ss; *C. Weikkert*, Typen der archaischen Archit. in Griechenland und Kleinasien, Augsburg 1929, 165; *W. Judeich*, Topogr. von Athen, M. ²1931, 382 ss. (mit älterer Lit.); *W. B. Dinsmoor*, The archit. of ancient Greece, Lo. ³1950, 91; *E. Kluwe*, WissZJena 14:1965, 9 ss.; *Travlos*, TopAth, 1971, 402–406 (mit Bibliogr.); *Gruben*, Tempel⁴, 1986; *Müller*, Architekten, 1989, 133.
W. Müller

Antimachos (Ἀντίμαχος; Antimachus), griech. Erzbildner unbek. Zeit. Schuf nach Plinius (nat., 34, 86; Overbeck, SQ, 1868, Nr 2094; Ferri, Plin., 1946, 107) Statuen vornehmer Frauen. ▭ ThB1, 1907. *Nagler*, KL I, 1835; RE I. 2, 1894 (s.v. A. 27); EAA I, 1958. – *Brunn*, GGK I, 1889, 367.
D. Rößler

Antinor (Ἀντίνωρ), Sohn des Euphranor, wohl fiktiver griech. Bildhauer. Die auf ihn bezogene Inschr. aus Athen (CIG, II, 340; Loewy, IGB, 347, Nr 519) ist wahrsch. eine Fälschung, die offensichtl. auf die ältere von → Antenor (II) geschaffene Tyrannenmörder-Gruppe (E. 6. Jh. v. Chr.) abzielte und nur von Welcker (1850) und Keil (1862) für authent. angesehen wurde. ▭ EAA I, 1958. – *F. G. Welcker*, Alte Denkmäler, II, Göttingen 1850, 215; *O. Keil*, RhM 17:1862, 69; *G. Hirschfeld*, Tituli statuariorum sculptorumque Graecorum, B. 1871, 149 Nr 213; *Brunn*, GGK I, 1889, 70; *Picard*, Manuel, I, 1935, 635, Anm. 4. D. Rößler

Antinous Marcellus, angebl. Architekt der Römerzeit. Die Inschr. mit seinem Namen (cf. L. J. F. Janssen, Mus. Lugduno-Batavi inscr. graecae et lat., Leiden 1842, 23) ist allerdings umstritten. ▭ EAA I, 1958. – D. Raoul-Rochette, Lettre à Mr. Schorn, P. 1832, 349; *Brunn*, GGK II, 1889, 369.
W. Müller

Antiochos (I) (Ἀντίοχος), griech. Bildhauer (?) unbek. Zeit. Sein unvollst. und ohne Zusätze überlieferter Name steht auf einer fragm. Basis aus pentel. Marmor, die ö. vom Parthenon auf der Athener Akropolis gefunden wurde (AEphem. 1842, 27, Nr 920; IG, III. 2, 3925; Loewy, IGB, 1885, 287, Nr 427 a). Die Erg. des Namens zu Antiochos oder Metiochos u. ä. und die Bestimmung als Künstlersign. sind nicht gesichert. Die Identität mit einem der Bildhauer namens Antiochos ist bisher nicht bewiesen, jedoch auch nicht auszuschließen. ▭ EAA I, 1958 (s.v. A. 3). D. Rößler

Antiochos (II), griech. Koroplast der frühhellenist. Zeit. Sein Name steht auf einer in Tralleis/Karien gefundenen Tonfigur, die stilist. den Terrakotten von Myrina/Mysien verwandt ist. ▭ RE I. 2, 1894 (s.v. A. 73). – *E. Pottier/S. Reinach*, La nécropole de Myrina, P. 1888, 173, Nr 12.
W. Müller

Antiochos (III), griech. Bildhauer, wahrsch. späthellenist. Zeit. Im Cod. Bambergensis steht Heniochus, in anderen Hss. Entochos, wohl eine verderbte Schreibung, die K. L. Urlichs zu Antiochos verbesserte. Von A. (III) stammten die Marmorstatuen des *Okeanos* und des *Zeus*, die zum Kunstbesitz des röm. Staatsmannes, Schriftstellers und Kunstsammlers Asinius Pollio (76 v. Chr. – 4 n. Chr.) gehörten (Plin., nat., 36, 33; Overbeck, SQ, 1868, Nr 2222; cf. Ferri, Plin., 1946, 238). Beide Werke waren in der ersten öffentl. Bibliothek Roms aufgestellt, die Pollio im Atrium der Libertas hatte einrichten lassen. Eine Identität von A. (III) und → A. (IV) ist nicht bewiesen, jedoch auch nicht auszuschließen. ▭ ThB1, 1907 (s.v. A. II); 16, 1923 (s.v. Heniochos). RE I. 2, 1894 (s.v. A. 69); VIII. 1, 1912 (s.v. Heniochos 3); EAA I, 1958 (s.v. A. 2); III, 1960 (s.v. Heniochos); *Bénézit* I, 1976 (s.v. A. II). – *K. L. Urlichs*, Chrestomathia Pliniana, B. 1857, 385. W. Müller

Antiochos (IV), Sohn des Demetrios aus Antiocheia, griech. Bildhauer, wahrsch. im 1. Jh. v. Chr. tätig. Nur bek. durch eine Inschr. aus Eleusis (IG, III, 417; Overbeck, SQ, 1868, Nr 1592; Loewy, IGB, 1885, 187, Nr 259). Eine wegen der häufigen Verbreitung des Namens mögl. Identität mit → A. (III) läßt sich nicht sicher beweisen. ⊏⊐ ThB1, 1907 (s. v. A. I). RE I. 2, 1894 (s.v. A. 69); EAA I, 1958 (s.v. A. d'Antiochia); *Bénézit* I, 1976 (s.v. A. I). – *Ferri*, Plin., 1946, 238 s. Anm. E. Paul

Antiochos (V) (oder Metiochos?), griech. Bildhauer der neuatt. Kunstrichtung, viell. aus Lindos (oder Athen?), am E. des 1. Jh. v. Chr. tätig. Er schuf die *Athena* der Slg Ludovisi (Rom, MN Romano), eine unterlebensgroße Nachbildung der Athena Parthenos des → Pheidias (I). Die unvollst. erh. Sign. [...]τίοχος mit dem wegen seiner Verstümmelung mehrdeutigen Ethnikon ([Λ]ΙΝΔΙΟΣ oder [ΑΘΕ]ΝΑΙΟΣ findet sich am Gewand der Statue (CIG, III, 6135; Loewy, IGB, 1885, 241, Nr 342; Overbeck, SQ, 1868, Nr 2221). Trotz entstellender mod. Ergänzungen, v. a. der falschen Armhaltung, vermittelt das Werk einen relativ getreuen, wenn auch klassizist. kühlen Eindruck des berühmten Vorbildes. ⊏⊐ ThB1, 1907 (s.v. A. III, mit älterer Lit.). RE I. 2, 1894 (s.v. A. 70); EAA I, 1958 (s.v. A. 1, mit älterer Lit. und Abb. 580); *Bénézit* I, 1976 (s.v. A. III); DNP I, 1996 (s.v. A. 24). – *C. R. Dati*, Vite de'pittori, Fi. 1667, 118; *Th. Schreiber*, AbhLeipzig 8:1883, 556; *Brunn*, GGK I, 1889, 384, 397; *O. Puchstein*, JdI 5:1890, 101; *D. M. Robinson*, AJA 15:1911, 499; *C. Albizatti*, JHS 36:1916, 390; *H. S. Schrader*, Phidias, Ffm. 1924, 35; *F. Noack*, JdI 45:1930, 206 ss.; *Picard*, Manuel, I, 1935, 393; *G. Becatti*, RIA 1940, 84; *Lippold*, GrPl, 1950, 146 Anm. 6, Taf. 51, 4; *Richter*, CriticalPeriods, 1951, 46; *S. Aurigemma*, Le terme di Diocleziano e il Mus. Naz. Romano, R. ^{5}1963, Nr 172, Taf. 21; Helbig^4, III, 1969, 248, Nr 2328; *B. Palma*, in: Giuliano, MusNazRom, I. 5, 1983, 172–175. E. Paul/W. Müller

Antiochos (VI), Sohn des Dryas, Herkunft unbek., um die Zeitenwende in Susa für die Partherkönige tätig. Viell. Einheimischer und Bürger einer griech. Kolonie (Seleukeia am Tigris?) des Arsakidenreiches. Sein Name bek. durch eine gräko-parth. Inschr. an der Zinnenkrone eines gut erh. *Frauenkopfes* aus gelbl. Marmor (Teheran, Mus.), den man 1939 bei den frz. Ausgrabungen in Susa fand. Die Buchstabenformen der Inschr. datieren diese in die Zeit zw. dem späten 1. Jh. v. Chr. und dem frühen 1. Jh. n. Chr. Die für die Anbringung einer Sign. ungewöhnl. Stelle und ein am Hals erh. Stiftloch lassen vermuten, daß A. nicht die gesamte Statue, sondern nur den Kopf gearbeitet hat. Die wegen einiger individueller Züge vorgeschlagene Deutung des Kopfes als ein Bildnis der parth. Königin Musa (38/37 v. Chr. – 3/4 n. Chr.) ist der Annahme, daß er einst zu einer Tyche-Statue gehörte, vorzuziehen. ⊏⊐ RE, Suppl. VIII, 1956 (s.v. A. 70 a); *Bénézit* I, 1976 (s.v. A., fils de Dryas). – *F. Cumont*, Portr. d'une reine parthe trouvé à Suse, CRAI 1939, 330–340; *Lippold*, GrPl, 1950, 385, mit Anm. 10. D. Rößler

Antiochos (VII), Name, der auf einer Gruppe gefälschter Gemmen vorkommt. Zu diesen gehört u.a. ein Karneol mit dem Brustbild der Athena (ehem. Florenz, Slg Andreini), ein Werk des ital. Goldschmieds und Gemmenschneiders Flavio Sirletti, der im 18. Jh. für röm. Händler Fälschungen antiker Gemmen anfertigte. Auf dem Stein ist, viell. in Nachahmung der Sign. an der Athena Ludovisi (vgl. → A. V), der Name Antiochos eingraviert. ⊏⊐ ThB1, 1907 (s.v. A. IV). RE I. 2, 1894 (s.v. A. 72); EAA I, 1958 (s.v. A. 4). – *J. J. Winckelmann*, Description des pierres gravées du feu Baron de Stosch, II, Fi. 1760, 188; *D. A. Bracci*, Mem. degli antichi incisori che scolpirono i loro nomi in Gemme, I, Fi. 1784, 115; *Brunn*, GGK II, 1889, 408 s. – *Zu Sirletti*: ThB 31, 1937, 102. W. Müller

Antiochus (I), röm. Maler, Freigelassener, im 2. Jh. n. Chr. in Rom tätig. Nur bek. durch die Grab-Inschr. CIL, VI, 37815. ⊏⊐ EAA VI, 1965, 158. W. Müller

Antiochus (II), erw. im 4. Jh. n. Chr. bei dem röm. Schriftsteller Quintus Aurelius Symmachus (epist., 8, 41) im Zusammenhang mit einer neuen Methode des Anbringens von Mosaiksteinen oder der Anwendung von Mosaikschmuck. Eine künstler. Tätigkeit, wie sie D. Raoul-Rochette (1832) vorgeschlagen hat, kann hieraus nicht sicher abgeleitet werden. ⊏⊐ ThB1, 1907. EAA I, 1958 und V, 1963 (s.v. Musivarius, wo jedoch der Name fehlerhaft mit Anthiocus angegeben ist). – *D. Raoul-Rochette*, Lettre à Mr Schorn, P. 1832, 209; *Brunn*, GGK II, 1889, 211. W. Müller

Antiochus Gabinius (Antiochus Gabinius), röm. Maler syr. (?) Herkunft, im 1. Jh. v. Chr. tätig. Freigelassener und Amtsdiener (accensus) des Aulus

Gabinius. Viell. Schüler des berühmten Porträtmalers → Sopolis, der noch um 54 v. Chr. in Rom eine Malschule unterhielt (Cic., Att., 4, 16, 12; Overbeck, SQ, 1868, Nr 2382). Nach Ulrichs (1876) ist dieser Künstler nicht unbedingt in die Zeit der Briefe Ciceros zu datieren. ▭ ThB1, 1907. RE I. 2, 1894 (s.v. A. 71 mit Hinweis auf unterschiedl. Lesarten); EAA I, 1958; EWA VII, 1971, 395; *Bénézit* I, 1976. – *K. L. Urlichs*, Die Malerei vor Caesars Diktatur, Würzburg 1876, 22 s.; *Brunn*, GGK II, 1889, 205; *Pfuhl*, MuZ, II, 1923, 839. W. Müller

Antipater → **Antipatros** (II)

Antipatros (I) (Ἀντίπατρος), Sohn des Antipatros, griech. Bildhauer, am E. des 3. Jh. v. Chr. tätig. Bek. durch die Sign. auf einer Marmorbasis im Heiligtum von Delos (Inv.-Nr E 194; 1879 sw. der sog. Stierhalle in situ gefunden; Einlaßspuren einer Bronzestatue). Auf der Basis ist eine Ehren-Inschr. für einen Einwohner von Oaxos/Kreta angebracht (Loewy, IGB, 158 s., Nr 208; IG, XI. 4, 1077; Marcadé, Signatures, II, 1957, 19), die nach ihren Buchstabenformen ins 4. V. 3. Jh. v. Chr. zu datieren ist. Wahrsch. wurde das verlorene Monument nach einem Volksbeschluß von den Deliern gew., obgleich von den Entdeckern auf Grund einer wohl falschen Lesung eine kret. Weihung angenommen worden ist. Der Künstler ist nicht ident. mit dem Toreuten → A. (II). ▭ RE I. 2, 1894 (s.v. A. 36); EAA I, 1958. – BCH 4:1880, 350 s. und 34:1910, 396 s.; *Lippold*, GrPl, 1950, 340, Anm. 18. D. Rößler

Antipatros (II) (Antipater), angebl. ein griech. Toreut der hellenist. Zeit, als dessen Werk eine Schale mit der Darst. eines schlafenden Satyrn im Innern erw. ist (Plin., nat., 33, 156; Overbeck, SQ, 1868, Nr 2167). Die Textstelle bei Plinius gleicht auffallend einem Epigramm des Dichters Antipatros von Sidon (Anth. Plan., 4, 248; Anth. Gr., 1, 106, 16; Overbeck, SQ, 1868, Nr 2187), in dem eine Silberschale des griech. Toreuten → Diodoros (II) gerühmt wird. Daraus schloß O. Benndorf (1862), daß Plinius aus dem Dichter A. einen Toreuten gemacht habe. Die Schale des → Diodoros (II) schließt jedoch nicht unbedingt die Existenz eines ähnl. Werkes eines Toreuten A. aus. ▭ ThB1, 1907, und 9, 1913 (s. v. Diodorus). RE I. 2, 1894 (s.v. A. 37); EAA I, 1958. – *O. Benndorf*, De Anthologiae Graecae epigrammatis quae ad artes spectantes, Bonn 1862, 52 s.; *Brunn*, GGK II, 1889, 273; *Ferri*, Plin., 1946, Anm. p. 46. G. Bröker

Antipatros (III) (Ἀντίπατρος), griech. Koroplast, im 1. Jh. n. Chr. in Myrina tätig. Nur bek. durch seine Sign. auf einer Tonstatuette eines Hahns (Istanbul, Arch. Mus., Inv. Nr M 2946; G. Mendel, Cat. des figurines grecques de terre cuite, Istanbul 1908, 435, Nr 2946). ▭ *D. Kassab*, Statuettes en terre cuite de Myrina. Corpus des sign., lettres et signes, P. 1988, 26, Nr 1, Taf. 3, 15. R. V.

Antiphaneis (Ἀντιφάνεις), Sohn des Chareitidas, griech. Bildhauer (?) aus Böotien (Theben?), wahrsch. im 4. Jh. v. Chr. tätig. Sein Name ist mit 14 and. in einer theban. Inschr. des 4. Jh. v. Chr. überliefert, die man als ein Verz. von Künstlern (oder waffenfähigen Männern?) gedeutet hat (→ Antigeneis). ▭ EAA I, 1958. – *Brunn*, GGK I, 1889, 205. D. Rößler

Antiphanes (I) (Ἀντιφάνης), aus dem att. Demos Kerameis, griech. Bildhauer, am E. des 5. Jh. v. Chr. am Fries des Erechtheions auf der Athener Akropolis beschäftigt. Sein Name steht auf 2 Fragm. der Bauabrechnungen des Erechtheions von 408/07 v. Chr. (CIA, I, 323, 5 und 324 c, 6; Loewy, IGB, 1885, 356–358, Nrn 526 s.; Overbeck, SQ, 1868, Nr 860). Daraus geht hervor, daß er 240 Drachmen für ein Relief erhielt, das einen Wagen, die beiden zusammengeschirrten Deichselpferde und einen dahinter stehenden Jüngling darstellte. ▭ ThB1, 1907. RE I. 2, 1894 (s.v. A. 22); EAA I, 1958. – *R. Schöne*, Griech. Reliefs aus Athenischen Slgn, L. 1872, Taf. 1-4, Nr 11; *Brunn*, GGK I, 1889, 175; *C. Robert*, Hermes 24:1890, 431 ss.; *G. Ph. Stevens* u. a., The Erechtheum, C., Mass. 1927, 389, 406, 415, Nr XVII, col. 1; *Picard*, Manuel, II. 2, 1939, 759; *Robertson*, Hist., 1975, I 364, II 682, Anm. 4. W. Müller

Antiphanes (II), griech. Erzbildner aus Argos, lebte zw. 430/20 und 360/50 v. Chr. Schüler des → Periklytos von Argos, Enkelschüler von → Polykleitos (I), Lehrer des → Kleon (I) von Sikyon (Paus., 5, 17, 4; Overbeck, SQ, 1868, Nr 985; gegen A. [II] als Lehrer des → Kleon [I]: F. P. Johnson, 1927 [s.u.]). A.s für Delphi geschaffene große Weihgeschenke, deren Dat. sich aus den ihnen zugrundeliegenden polit. Ereignissen ableiten lassen, sind nur noch aus lit. Quellen bek.: – 1.) *Trojan. Pferd*, Kolossalplastik aus Bronze, Weihgeschenk der Argiver aus Anlaß ihres Sieges über die Spartaner in der Thyreatis (414 v. Chr.), davon an der S-Seite der Heiligen Straße in Delphi Basis mit Weih-Inschr. gefunden (Paus., 10, 9, 12; Overbeck, ibid., Nr 1006; das Denkmal von Pausanias irrtüml.

auf den Sieg von 546 v. Chr. bezogen). – 2.) Statuen der *Dioskuren* für das aus 38 Figuren bestehende Weihgeschenk der Spartaner aus Anlaß ihres Sieges über die Athener bei Aigospotamoi (Herbst 405 v. Chr.), auch Lysander-Weihgeschenk gen., genauer Standort in Delphi umstritten, vom Aufbau des Denkmals Stücke erh. (Paus., 10, 9, 8; Overbeck, ibid., Nr 979; Pausanias nennt versehentl. nur 37 Figuren). – 3.) Statuen des *Elatos, Apheidas* und *Erasos* für das große Weihgeschenk der Arkader aus Anlaß des Sieges des Epameinondas und der Arkader über die Spartaner (Winter 370/69 v. Chr.), Reste der Basen und größter Teil der zugehörigen Inschr. (cf. FDelphes III. 1, p. 4 ss.; auf 2 Basen steht der Name des A.) an der Heiligen Straße in Delphi, vor der Halle des Lysander gefunden (Paus., 10, 9, 5; Overbeck, ibid., Nr 993; die Angabe des Pausanias, das Denkmal sei von den Tegeaten gestiftet worden, ist falsch). – 4.) Statuen des *Perseus*, der *Danaë* und wahrsch. noch weiterer argiv. Heroen für das 20 Figuren umfassende Weihgeschenk der Argiver aus Anlaß der Befreiung Messeniens von der Herrschaft der Spartaner (369 v. Chr.), Sign. des A. auf den Basisblöcken der Statuen des Perseus und der Danaë (cf. FDelphes, III. 1, p. 41 ss.), Reste des Weihgeschenks in Delphi erh. (Paus., 10, 10, 5). – Die lit. Überlieferung verbindet A. von allen Enkelschülern des → Polykleitos (I) am engsten mit diesem. Das bestätigt sich durch die Benutzung des polyklet. Ponderationsmotivs, das in A.s Werken noch seine urspr. Form zeigt. Mit seinen der Trad. verhafteten Werken trat A. unter den Nachfolgern des → Polykleitos (I) in Delphi immer mehr in den Vordergrund. Mit ihm läßt sich außerdem der gut überlieferte Typus des Apollon aus Centocelle verbinden (hierzu vgl. Liste der Repliken bei Arnold, 1969). 📖 ThB1, 1907 (mit älterer Lit.). RE I. 2, 1894 und Suppl. I, 1903 (s.v. A. 21); EAA I, 1958 (s.v. A. di Argo); LAW, 1965; EWA XI, 1972, 144, 146; *Bénézit* I, 1976. – *Brunn*, GGK I, 1889, 193 s., 198–200, 215; *F. P. Johnson*, Lysippos, Durham 1927, 7 ss., 13 ss.; *G. Daux*, Pausanias à Delphes, P. 1936, 79 ss., 92 ss., 116; *Picard*, Manuel, II, 1939, 645 ss.; III, 1948, 288 ss.; *Lippold*, GrPl, 1950, 216 s., 247, mit Anm. 5 und 6; *Marcadé*, Signatures, I, 1953, 5 s. (Sign. des A.); *H. Philipp*, Tektonon Daidala, B. 1968, 95, Anm. 386; *Arnold*, Polykletnachfolge, 1969, 279 s. W. Müller

Antiphanes (III), Sohn des Thrasonides, griech. Bildhauer aus Paros, dort in der 1. H. des 1. Jh. v. Chr. tätig. 🏛 BERLIN, SMPK, Antiken-Slg: Männl. Statue, Inv.-Nr 200 (K 237), grobe, dekorative Wiederholung eines griech. Originals der 2. H. des 4. Jh. v. Chr., dessen dem Frühstil von → Lysippos (I) nahestehender Typus in der frühen röm. Kaiserzeit häufig kopiert wurde (am bekanntesten der Mercure Richelieu). Die 1827 auf Melos, angebl. auf dem gleichen Areal wie die berühmte Aphrodite des Louvre, gefundene Statue stellte entweder Hermes oder einen Athleten dar oder wurde viell. als idealisierte Porträtstatue eines Verstorbenen geschaffen. Weißer parischer Marmor. Kopf, Hals, beide Arme, größter Teil der linken Brust und der Chlamys fehlen. Auf dem Baumstamm neben dem linken Bein der Statue steht die Künstler-Inschr.: (CIG, 2435; Loewy, IGB, 1885, 250, Nr 354; Overbeck, SQ, 1868, Nr 2295; Abb.: Blümel, 1938, Taf. 63). 📖 ThB1, 1907. RE I. 2, 1894 und Suppl. I, 1903 (s.v. A. 23); EAA I, 1958, mit Abb. 597 (s.v. A. 2); *Bénézit* I, 1976. – *Brunn*, GGK I, 1889, 422; *O. Rubensohn*, JdI 50:1935, 49 ss.; *Lippold*, GrPl, 1950, 382, mit Anm. 2; *Picard*, Manuel, IV. 2, 1963, 1033. – Zur Statue in Berlin: *Blümel*, KatSkulptBerlin, V, 1938, 23 s. (mit Lit.), Taf. 51, 63. W. Müller

Antipharis (Ἀντιφάρις), griech. Bildhauer, in der 2. H. des 6. Jh. v. Chr. tätig. Arbeitete wie → Theokydes (I), → Akusilos von Akraiphia und → Epichares von Theben im Apollon-Heiligtum vom Ptoion (Böotien). 📖 *J. Ducat*, Les Kouroi du Ptoion. Le sanctuaire d'Apollon Ptoieus à l'époque archaïque, P. 1971, 379 s., Nr 233, Taf. 128; *Floren*, GrPl, 1987, 315, Anm. 28. W. Müller

Antiphidas (Ἀντιφίδας), Sohn des Diognetos, von der Sporadeninsel Nisyros, griech. Erzbildner, in der 1. H. des 3. Jh. v. Chr. auf Rhodos tätig. Schuf um 272 v. Chr. die bronzene Ehrenstatue des Pausanias, eines Priesters, der Athena Lindia und des Zeus Polieus in Lindos, davon nur erh. die auf der dortigen Akropolis gefundene rechteckige Basis aus lartischem Marmor. Stifter waren nach der Weihinschrift Agathagetos und Polydoros, die Söhne des Dargestellten. Nach den Einlaßspuren auf der Oberseite der Basis war das linke Bein der Figur zurückgestellt und berührte mit den Fußspitzen den Boden (sog. polykletisches Schema). Die Figur stützte sich auf ein in der rechten Hand gehaltenes Zepter oder eine Lanze. 📖 RE, Suppl. III, 1918; Suppl. VIII, 1956; EAA I, 1958. – *K.-F. Kinch*, Exploration archéol. de Rhodes, IV, Kph. 1907, 23, Nr 6; Lindos, II. 1, 1941, 51, Nr 16, p. 296 s., Nr 83; *Lippold*, GrPl, 1950, 324 mit Anm. 2. D. Rößler

Antiphilos (I) (Ἀντίφιλος; Antiphilus), griech. Architekt(?) der spätarchaisch-frühklass. Zeit. Erb.

nach Paus., 6, 19, 7 zus. mit → Pothaios und *Megakles* auf der Schatzhausterrasse des Heiligtums von Olympia das *Schatzhaus der Syrakusaner*. Von diesem sind nur noch das Fundament aus Porosquadern (Fundament II der Schatzhausterrasse) sowie Reste einzelner an and. Stellen des Heiligtums verbauter Bauglieder erh. geblieben. Wegen der in diesem Schatzhaus aufbewahrten Weihgeschenke des Gelon von Syrakus, 3 Leinenpanzern aus der Karthager-Beute der Schlacht von Himera (480 v. Chr.), erhielt das Gebäude bei Pausanias die irreführende Bezeichnung „Schatzhaus der Karthager". Wie neuere Unters. (A. Mallwitz, 1961 und 1972) ergaben, handelt es sich höchstwahrsch. um ein im 1. V. des 5. Jh. v. Chr. durch Gelon von Syrakus gestiftetes Schatzhaus. Dieses hatte den Grundriß eines schmalen dor. Antentempels mit 2 Frontsäulen, ein sog. sizilisches Dach (keine Skulpt. in den Giebelfeldern), einen den gesamten Bau umziehenden Fries und ein darüber folgendes Geison mit Mutuli auf der Unterseite. Damit ist die von der älteren Forschung (W. Dörpfeld, C. Weickert u.a.) vertretene Dat. in die 2. H. 6. Jh. v. Chr. hinfällig geworden. Bei den als Urhebern des Baues Genannten dürfte es sich, obwohl Pausanias sich dazu nicht äußert, eher um die Architekten als um die Stifter handeln, zumal er das Schatzhaus ausdrückl. als deren τέχνη (künstler. Werk) bezeichnet. Offenbar führten sie – wie die Architekten des Schatzhauses der Epidamnier in Olympia (→ Pyrrhos [I]) – das Projekt vom Entwurf bis zum E. der Bauarbeiten als Teamwork (oder nacheinander?) in eigener Regie aus. ▭ ThB1, 1907; 24, 1930 (s.v. Megakles); 27 (s.v. Pothaios); sämtl. Artikel überholt. RE I. 2, 1894 (s.v. A. 5); XV. 1, 1931 (s.v. Megakles 10); XXII. 1, 1953 (s.v. Pothaios); EAA I, 1958; IV, 1961 (s.v. Megakles 1); VI, 1965 (s.v. Pothaios). – *Brunn*, GGK II, 1889, 328, 339; Pausanias, ed. *J. G. Frazer*, 1898, IV, 60, und ed. *H. Hitzig/H. Blümner*, II, 1904, 631 s.; *A. Mallwitz*, in: OlympForsch, I, 1944, 83 ss.; *id.*, in: *E. Kunze*, OlympBer, VII, 1961, 29–55; *id.*, Olympia und seine Bauten, M. 1972, 169 und Abb. 129 (Rekonstr.-Versuch); *K. Herrmann*, Beobachtungen zur Schatzhaus-Architektur Olympias, in: Neue Forsch. in griech. Heiligtümern, ed. *U. Jantzen*, Tübingen 1976, 321 ss.; *Müller*, Architekten, 1989, 191; *Svenson-Evers*, Architekten, 1996, 363–372 (mit Lit.). W. Müller

Antiphilos (II), griech. Maler, in der 2. H. des 4. Jh. v. Chr. tätig, * angebl. in Ägypten (Alexandria?) und Schüler des → Ktesidemos (Plin., nat., 35, 114/115; Overbeck, SQ, 1868, Nr 1943), lebte seit der 109. Olympiade (344–341 v. Chr.) am Hof in Alexandria. Nach der Legende war A. ein Zeitgen. und Nebenbuhler des → Apelles (I). Die Nachr., A. habe diesen beim König der Verschwörung bezichtigt, sei aber zur Strafe für seine Verleumdung dem Apelles als Sklave übergeben worden (Lukian., cal., 2; Overbeck, ibid., Nr 1839; auch bei Tzetz., hist. var., 8, 394; Overbeck, ibid., Nr 1838), ist schon wegen der zeitl. Verwechslung Ptolemaios' I. Soter (323 bzw. 305–285 v. Chr.) mit Ptolemaios IV. Philopator (221–204 v. Chr.) als eine erfundene Gesch. anzusehen. Von A.s Werken blieb nichts erh. Die lit. Überlieferung berichtet von größeren und kleineren Bildern, die in Tempera wie auch in enkaust. Technik ausgeführt waren. Bei Plin., nat., 35, 114 und 138 (Overbeck, ibid., Nrn 1943 und 1942) werden gen.: – 1.) mytholog. Darst.: *Hesione; Hippolytos, von dem aus dem Meer auftauchenden Stier erschreckt; Dionysos; Kadmos und Europa; Ausspähender Satyr mit Pantherfell*. – 2.) hist. Porträts (z. T. Idealporträts): *Alexander d. Gr. als Knabe, Philipp von Makedonien und Alexander d. Gr. mit Athena, Ptolemaios I. Soter als Jäger*. – 3.) Genrebilder: *Feueranblasender Knabe* (mit wirkungsvollen Lichtreflexen auf dem Gesicht des Knaben und an den Wänden des Raumes), *Frauen bei der Wollverarbeitung*. – 4.) die sog. γρύλλοι kleine humorvollkarikierende Bilder, die häßl., zwergenhafte Menschen mit großen Tierköpfen (meist Schweine) und zu kurzen Gliedmaßen darstellten. Karikaturen dieser Art gab es bereits in der Kunst des alten Ägypten und auch in der spätarchaischen griech. Vasenmalerei. Nach Plinius soll A. diese Malerei erfunden haben, um einen gewissen Gryllos parodist. darzustellen (γρύλλος heißt Schweinchen). Mehrere Werke A.s wurden später nach Rom gebracht (Plin., nat., 34, 114): *Hesione* sowie *Philipp von Makedonien und Alexander d. Gr. mit Athena* kamen in die Porticus der Octavia; *Dionysos, Alexander d. Gr. als Knabe* und *Hippolytos* in die Porticus des Philippus; *Kadmos und Europa* in die Porticus des Pompeius (dieses Bild war so berühmt, daß die Porticus schließl. nach ihm benannt wurde, cf. Mart., epigr., 2, 14, 3). – Als ein vielseitiger und produktiver Künstler, dessen Bilder später in Rom ausgestellt wurden, muß A. über seinen Tod hinaus berühmt gewesen sein. Antike Schriftsteller vergleichen ihn mit bedeutenden Künstlern wie dem Bildhauer → Lysippos (I) (Varro, rust., 3, 3, 2; Overbeck, SQ, 1868, Nr 1512) und den Malern → Apelles (I), → Protogenes (I) (Theon, prog., 1; Overbeck, ibid., Nr 1904) und → Philoxenos (I) von Eretria (Petron., 2, 9). Hingegen wird er bei Plin., nat., 35, 138 nach den Malern ersten Ranges eingereiht. Daß er in Alexandria

eine Malschule gründete, ist anzunehmen, wenn auch nicht nachweisbar. Kennzeichnend für seine Kunst war die bei Quint., inst., 12, 10,6 erw. *facilitas*, d. h. eine leichte, skizzenhafte Malweise. Diese bildete ebenso wie die für die Maler → Nikomachos (I) und → Philoxenos (I) von Eretria überlieferte *celeritas* („Schnelligkeit") und die *breviores compendiariae* (abgekürzte, summar. Malweise) eines der Stilmerkmale der frühhellenist. Malerei (vgl. hierzu auch die Kritik an der ägypt. Malerei bei Petron., 2, 9). Besonders muß A. die Wiedergabe von Lichteffekten beschäftigt haben. Wie and. Maler der hellenist. Zeit (z.B. → Kallikles [IV], → Kalates, → Peiraikos, → Simos [IV]) widmete sich A. der Darst. von Arbeitsszenen und Stilleben in kleinformatigen Bildern, die später bei röm. Kunstsammlern begehrt waren. Spezielle Bedeutung erlangten seine karikierenden Bilder. ▭ ThB1, 1907 (mit älterer Lit.). RE I. 2, 1894 (s.v. A. 6) und Suppl. IX (s.v. Grylloi); *Bryan*, Dict. I, 1910; EAA I, 1958 (s.v. A. 2); LAW, 1965; EWA VII, 1971, 348 s., 350, 355–357; *H. Bauer* (Hrsg.), Die große Enz. der Malerei I, FiB./Basel/W. 1975; *Bénézit* I, 1976; DNP I, 1996 (s.v. A. 4). – *Brunn*, GGK II, 1889, 166–169, 183 s.; *Pfuhl*, MuZ, II, 1923, 769 ss., 843 ss.; *A. De Capitani d'Arzago*, La grande pitt. greca dei sec. V e IV a. C., Mi. 1945, 88–91; *Ferri*, Plin., 1946, 184 s., 200; *Rumpf*, MuZ, 1953, 149 s., 153; *G. Lippold*, RM 60/61:1953/54, 126–132 (mit 4 Taf.); *W. Binsfeld*, Grylloi, Diss. Köln 1956; *W. Lepik-Kopaczyńska*, Die antike Malerei, B. 1963 (Lebendiges Altertum, 8), 81 s.; *Robertson*, Hist., 1975, I, 492, 497 und II, 709, Anm. 121, p. 711, Anm. 135; *Reinach*, RecMilliet, 1985, 320 s., Nr 414, p. 382–387, Nrn 513–514, p. 387, Anm. 1.
W. Müller

Antiphilos (III), griech. Bildhauer, im 2./1. Jh. v. Chr. auf Rhodos tätig. Name bek. durch Sign. auf rechteckiger Basis (gefunden in Lindos, Akropolis, lart. Marmor, auf der Oberseite Einlaßspuren einer Statue). Dat. des verlorenen Standbildes anhand des Schrifttyps auf etwa 100 v. Chr. vorgeschlagen. ▭ EAA I, 1958 (s.v. A. 3). – Lindos II. 1, 1941, 588, Nr 279 (vgl. auch p. 55, Nr 79); *Lippold*, GrPl, 1950, 374 s. D. Rößler

Antiphilos (IV), Name auf einer Gemme der Slg Neufville, Leiden. Er steht, in Genitivform, neben der Darst. eines Bogens mit Köcher und Pfeilen. Die Echtheit des Stückes ist unklar, der Name wohl eher auf den Besitzer als den Künstler zu beziehen. ▭ ThB1, 1907. RE I. 2, 1894 (s.v. A. 7); EAA I, 1958 (s.v. A. 4). – *Brunn*, GGK II, 1889, 409.
W. Müller

Antistates cf. **Antimachides**

Antisthenes (Ἀντισθένης), griech. Bildhauer oder Dichter, tätig während der Regierungszeit von Ptolemaios X. Alexander I. (107–88 v. Chr.). Der Name A. steht auf der Basis der Ehrenstatue eines Simalos aus Salamis, die der Athener Stolos als Dank für genossene Gastfreundschaft in Delos errichten ließ (BCH 11:1887, 253, Nr 4). Da in der Inschr. das Verbum unvollständig erh. ist, bleibt offen, ob A. die Statue gearbeitet hat oder ob er der Dichter des über seinem Namen stehenden Epigramms war. ▭ RE, Suppl. I, 1903 (s.v. A. 9 b).
W. Müller

Antistios (Ἀντίστιος), griech. Koroplast, E. 1. Jh. v./A. 1. Jh. n. Chr. in Myrina tätig. A. sign. fünf versch. Tonstatuettentypen der Aphrodite, des Asklepios, zweier drapierter Frauen und eines Epheben. ▭ *Mollard-Besques*, II, 1963, 28, Nr MYR 631; p. 94 s., Nrn B°72, B°162, Myr 628, p. 119, Nr CA 861, p. 203, 216, Taf. 31 a, 112 e, 143 d, 236 c-d; 261 d, f. *D. Kassab*, Statuettes en terre cuite de Myrina. Corpus des sign., lettres et signes, P. 1988, 27, Nrn 1–5, Taf. 4, 16- 21. R. V.

Antistius Isochrysus, *Gaius* (Gaius „der Goldgleiche"), Architekt, wahrsch. ein Freigelassener oriental. Herkunft, nur bek. durch die Inschr. CIL, IX, 1052 aus dem Samnitergebiet (von Aeclanum oder dem Ager Compsianus). ▭ ThB1, 1907. EAA I, 1958, 440, 576. - *Promis*, Architetti, 1873, 108, Nr 23. W. Müller

Antius, *Lucius*, Sohn eines Lucius, röm. Architekt unbek. Zeit. Nur bek. durch eine Weih-Inschr. an die Nymphen aus Paestum(?): Nymphis numin(is) Serm(ionis) L(ucius) Antius L(uci) f(ilius) Palatina (tribu) architectus d(ono) d(edit) (CIL, X, 100* ; cf. L. A. Muratori, Novus thesaurus veterum inscr. ..., I, Mi. 1739, 86. 1, 87. 11). ▭ ThB1, 1907. EAA I, 1958. – *Promis*, Architetti, 1873, 93; *Donderer*, Architekten, 1996, 295 s., Nr C 9. W. Müller

Antius Amphio, *Publius*, griech. Bildhauer, tätig in N-Afrika, Zeit unbek. Freigelassener eines Römers. Name bek. durch lat. Sign. auf dem unteren Teil eines korinth. Marmorkapitells aus dem Theater von Caesarea (Cherchell/Algerien). ▭ *Bénézit* I, 1976. – *St. Gsell*, Cherchel. Antique Iol-Caesarea, Alger 1952, 107 s. D. Rößler

Antochos (Ἀντόχος), aus Amphissa(?), griech. Architekt, 346 v. Chr. als von Delphi erw. (SGDI, II. 2, 2502, Zeile 79). ▭ RE, Suppl. III, 1918.
W. Müller

Antonianos (Ἀντωνιάνος), aus Aphrodisias, aphrodis. Bildhauer, um 130 n. Chr. Wohl in Rom tätig. Nur bek. durch seine Sign. auf einem Relief aus Torre del Padiglione b. Lanuvium. Das besonders reizvoll gearbeitete Relief mit der Darst. des Antinoos (BrBr, Taf. 635) wird wohl kurz nach dem Tod des Schönlings im Jahre 130 n. Chr. entstanden sein. ▭ EAA IV, 1961 (s.v. Marmorarius). – *G. E. Rizzo*, NSc 1908, 48–52; *id.*, Ausonia 1908, 3–17; *Squarciapino*, Afrodisia, 1941, 16, Nr 28; p. 29–31. R. V.

Antoninos (Ἀντωνίνος), Steinmetz aus Galatien, in spätantiker Zeit tätig. Nur bek. aus einer Kult-Inschr. auf einer oktogonalen Säulenbasis (ca. 5./6. Jh. n. Chr.) aus der Kirche des Hl. Theodotos in Malos (Kalecik) in N-Galatien. ▭ *S. Mitchell*, AnatSt 32:1982, 99 s., Taf. 26. T. Lochman

Antonius, Architekt aus dem röm. Dakien oder aus Untermoesien, 1.–3. Jh. n. Chr. Erw. auf dem Grabmal eines Signifers der Legion V Macedonica, als Erbe oder als Autor (Zeichner) der Grabstele. Das Grabmal stammt entweder aus Sucidava (heute Celei) in Süddakien oder aus Oescus (heute Gigen) aus Untermoesien. A. könnte ein *architectus* in der oben gen. Legion gewesen sein. Die Dat. ist umstritten (1.–3. Jh. n. Chr.). ▭ RE XII. 2, 1925 (s.v. legio). – CIL, III, 14492; Inscriptiones Daciae Romanae, II, Nr 203; *M. Alexandrescu Vianu*, Epigraphica. Travaux dédiés au VIIe Congrès d'épigraphie grecque et latines, Bucureşti 1977, 65–68; *M. Bărbulescu*, Interferenţe spirituale în Dacia romană, Cluj-Napoca, 1984, 37; *Donderer*, Architekten, 1996, 194–196, Nr A 94, Taf. 35,1. M. Bărbulescu

Antonius, *Gaius*, röm. Metallkünstler, im frühen 1. Jh. n. Chr. wahrsch. in Oberitalien tätig. Der Name C. ANTONIVS steht auf einem silbertauschierten Dolch aus Oberammergau, der mit geometr. und vegetabil. Ornamenten verziert ist. Technik und Stil von hervorragender Qualität. ▭ *G. Ulbert*, BayVgBl 36:1971, 44–49, Abb., 2 Taf. G. Bröker

Antonius Eutychus, *Quintus*, röm. Maler, Freigelassener. Nur bek. durch eine Grab-Inschr. aus Rom (CIL, VI, 9786). ▭ EAA VI, 1965, 158. W. Müller

Antonius Marcellus, angebl. Architekt der Römerzeit. Die Inschr. mit seinem Namen (cf. L. J. F. Janssen, Mus. Lugduno-Batavi inscr. graecae et lat., Leiden 1842, 23) ist allerdings umstritten. ▭ EAA I, 1958. – *D. Raoul-Rochette*, Lettre à Mr. Schorn, P. 1832, 349; *Brunn*, GGK II, 1889, 369. W. Müller

Antorides → Antenorides

Antrobulos → Androbulos

Anu-aḫ(a)-ušabši, Baumeister, tätig im Uruk/Südbabylonien der Seleukidenzeit, 2. Jh. v. Chr. A. ist bek. aus einer in akkadischer Sprache verf. Urkunde aus Uruk als Vater des → Šāpik (Text: Harvard Semitic Mus., Inv. Nr 913. 1. 4 [7312], Zeile 4; Wallenfels, 1998; mit Duplikat; Clay, 1912; McEwan, 1981; Funk, 1984). Diese Urkunde dat. ins Jahr 122 „Seleukiden-Ära", d.h. 189 v. Chr. Die Berufsangabe in Zeile 5 dieser Urkunde, „Baumeister" (*itinnu*, zu diesem Beruf vgl. → Lābāši), dürfte sowohl auf → Šāpik als auch auf A. zu beziehen sein. Weder A. noch sein Sohn → Šāpik sind bisher aus and. Urkunden bek. (Wallenfels, 1998, 43). Der Name des A. erscheint in der Schreibung ^{md}*60-ŠEŠ-GAL*$_{2}$*-ši* und hat die Bedeutung „[Der Gott] Anu hat den Bruder ins Leben gerufen". ▭ *A. T. Clay*, Babylonian business transactions of the first millennium B. C., Babylonian records of the library of J. P. Morgan, I, N. Y. 1912, Nr 98; *G. J. P. McEwan*, Priest and temple in hellenistic Babylonia (FAOS 4), Wb. 1981, 49; *B. Funk*, Uruk zur Seleukidenzeit (Schr. zur Gesch. und Kultur des Alten Orients 16), B. 1984, 234–239 (Textbearbeitung); *R. Wallenfels*, Seleucid archival texts from the Harvard Semitic Mus. (Cuneiform monographs 12), Groningen 1998, 39–44 (Textbearbeitung und Kommentar), 170–171 (Kopie der Taf.), 145. K. S. Schmidt

Anu-mār(a)-ittannu (I) und **(II)**, zwei Baumeister bzw. Architekten aus ders. Familie, tätig im Uruk/Südbabylonien der Seleukidenzeit, 2. Jh. v. Chr. Aus seleukidenzeitl. Keilschrifturkunden aus Uruk sind zwei Baumeister des Personennamens A. überliefert, beide stammen aus ders. Baumeister-Fam. (→ Lābāši; zur übl. Benennung des Enkels nach seinem Großvater vgl. Doty, 1977). Überliefert ist der akkadische Name in der Schreibung ^{md}*60-DUMU-MU-nu* (zur Namensform vgl. Stamm, 1986). – **Anu-mār(a)-ittannu (I),** Baumeister, tätig im Uruk, 2. Jh. v. Chr. – A. ist als Vater des → Lābāši (I) und als Großvater von Riḫat-Anu und → A. (II) in der Urkunde Harvard Semitic Mus., Inv. Nr 913. 1. 4 (7312), Zeile 1 und 3 (Wallenfels, 1998) und im Duplikat dieser Tafel (Clay, 1912; McEwan, 1981; Funk, 1984) genannt. Seine Berufsbezeichnung lautet *itinnu*, „Baumeister" (zu diesem Beruf vgl. → Lābāši). Dat. ist diese Urkunde ins Jahr 122 „Seleukiden-Ära", d.h. 189 v. Chr. – **Anu-mār(a)-ittannu (II),** Baumeister, tätig im Uruk, 3. V. des 2. Jh. v. Chr. – Der Baumeister A. ist als Sohn des → Lābāši (II) und Enkel des

→ A. (I) in der die Tempelpfründe (siehe hierzu → Lābāši) betreffenden Urkunde Harvard Semitic Mus., Inv. Nr 913. 1. 4 (7312), Zeile 1, 10 und 15 genannt (Wallenfels, 1998). Dat. ist diese Urk. ins Jahr 122 „Seleukiden-Ära", d.h. 189 v. Chr. A. hat diese Urkunde mit eigenem (Dienst?-)Siegel gesiegelt (Wallenfels, 1998, 102 s., Abb. 56). Im Jahr 124 „Seleukiden-Ära", d.h. 187 v. Chr., erscheint A. – berufl. in seiner Funktion als *arad ekalli* (→ Lābāši) – in der Schenkungsurkunde Harvard Semitic Mus., Inv. Nr 913. 1. 5 (7313), Zeile 1, 12 und 13, als „Schenker" eines Hauses und einer Sklavin an seine beiden Großneffen (→ Nidintu-Anu), die ihm als Gegenleistung eine Summe Geldes überlassen (Wallenfels, 1998, 45–51); er siegelte die Urkunde mit einem weiteren Siegel (Wallenfels, 1998, 66 s., Abb. 3). ▭ *A. T. Clay*, Babylonian business transactions of the first millennium B. C., Babylonian records of the library of J. P. Morgan, I, N. Y. 1912, Nr 98; *L. T. Doty*, Cuneiform archives from hellenistic Uruk, Ann Arbor 1977, 240; *G. J. P. McEwan*, Priest and temple in hellenistic Babylonia (FAOS 4), Wb. 1981, 49; *B. Funk*, Uruk zur Seleukidenzeit (Schr. zur Gesch. und Kultur des Alten Orients 16), B. 1984, 234–239 (Textbearbeitung); *J. J. Stamm*, Die Akkadische Namensgebung, Da. 1986, 38; *R. Wallenfels*, Seleucid archival texts from the Harvard Semitic Mus. (Cuneiform monographs 12), Groningen 1998, 39–43, 66 s. (Siegelabb.), 102 s. (Siegelabb.), 170 s. (Textkopie), p. 45–51, 173–174 (Textkopie). K. S. Schmidt

Apaturios (Ἀπατούριος), aus Alabanda in Karien, griech. Maler, in hellenist. Zeit, wahrsch. 1. Jh. v. Chr. tätig. Schuf nach Vitr. 7, 5, 5–7 (Overbeck, SQ, 1868, Nr 2117; Reinach, RecMilliet, 1985, 36–39 Nr 26) für das Ekklesiasterion von Tralles in Karien eine *Wanddekoration*. Es handelte sich um eine übereinander gestaffelte illusionist. Architekturmalerei von starker perspektiv. Wirkung, einem Vorläufer des 2. Stils der pompejan. Wandmalerei. Statt Säulen waren Statuen und Kentaurenfiguren als Stützen des Gebälks gemalt, außerdem waren Rundbauten mit Kuppeldächern, vorspringende Giebelecken und Wasserspeier in Form von Löwenköpfen dargestellt. Auf die untere Zone folgte eine zweite mit weiteren Gebäuden und phantast., reich mit plast. Ornamenten verzierten Architekturformen (Halbgiebel, Dachschmuck u. a.). Obwohl diese Art der Malerei, so berichtet Vitruv, den Betrachtern gefiel, sei A. durch die Kritik des Mathematikers Licynos (Name in den Vitruv-Hss. unterschiedl. wiedergegeben) veranlaßt worden, sein Werk „entsprechend der Wirklichkeit" zu ändern. A.s illusionist. Art der Wanddekoration wurde von dem an klassizist. Vorbildern orientierten Vitruv als absurd getadelt. Er verglich sie mit ähnl. Beispielen seiner Zeit, womit die Wanddekorationen des 2. pompejan. Stils gemeint sind. ▭ ThB2, 1908. RE I. 2, 1894 (s.v. A. 6); EAA I, 1958; EWA VII, 1971, 349; XII, 1972, 534, 751 s.; *H. Bauer* (Hrsg.), Die große Enz. der Malerei, I, FiB. 1976; *Bénézit* I, 1976. – *A. Mau*, Gesch. der dekorativen Wandmalerei in Pompeji, B. 1882, 247; *Brunn*, GGK II, 1889, 192; *E. Bethe*, JdI 15:1900, 62; Pfuhl, MuZ, II, 1923, 869, 902, 954 s.; *Toynbee*, Artists, 1951, 41 s.; *K. Schefold*, Pompejan. Malerei, Basel 1952, 162; *Rumpf*, MuZ, 1953, 170; *M. Robertson*, Griech. Malerei, Genf 1959, 176. W. Müller

Apellas Koblanos (Ἀπελλᾶς Κωβλανός), aphrodis. Bildhauer, im 1. Jh. n. Chr. in Aphrodisias tätig. Seine Sign. findet sich auf der Marmorbasis für eine Statue aus Aphrodisias, von der nur noch die Füße in Sandalen erh. sind (Aphrodisias, Mus., Inv. Nr 87. 445). Wahrsch. stammt von demselben Künstler eine in Sorrent gefundene Marmorstatue eines Faustkämpfers, die nach ihrem Stil in die flav. Zeit dat. werden kann (Neapel, NM; BrBr, Taf. 614 s.; Squarciapino, 1940). Auf der Basis hat er sich nur als Koblanos aus Aphrodisias verewigt (IG, XIV, add. 697b). ▭ RE XI. 1, 1921 (s.v. Koblanos); EAA IV, 1961 (s.v. Koblanos). – *Squarciapino*, Afrodisia, 1941, 16, Nr 31; p. 24–26, Taf. 1; *K. T. Erim/J. Reynolds*, Sculptors of Aphrodisias in the inscr. of the city, in: *N. Başgelen/M. Lugal* (Ed.), Festschr. für Jale Inan, Istanbul 1991, 522 s., Nr 4, Taf. 200. R. V.

Apelleas (Ἀπελλέας), Sohn des Kallikles aus Megara, Enkel des Theokosmos, griech. Erzbildner, A. 4. Jh. v. Chr. tätig. Lt. Plinius d. Ä. (nat., 34, 86) schuf er Statuen von Philosophen und Frauen. Pausanias überliefert uns, daß Kyniska, die Schwester des Königs Agesilaos von Sparta, zwei Plastiken des A. nach Olympia weihte, die eine zeigte eine Quadriga mit Kaniska und einem Wagenlenker (Paus., 6, 1, 6) und die and. Pferde (Paus., 5, 12, 5). Von beiden Skulpt. fanden sich die Basen, erstere, eine Rundbasis aus schwarzem Kalkstein, aus dem n. Teil des Prytaneion von Olympia (Loewy, 1885, 78–79, Nr 99; Dittenberger/Purgold, 1896, Nr 160), und letztere, eine viereckige Basis aus par. Marmor, vom Pronaos des Zeustempels aus Olympia (Loewy, 1885, 79- 80, Nr 100; Dittenberger/Purgold, 1896, Nr 634). ▭ ThB2, 1908. RE I. 2, 1894; RE, Suppl. I, 1903; EAA I, 1958; KlP I, 1964 (s.v. A. 1); DNP I, 1996 (s.v. A. 1). – *Loewy*, IGB, 1885, 78–80, Nrn

99–100; *W. Dittenberger/K. Purgold*, Inschr. von Olympia, Olympia V, B. 1896, Nrn 160, 634; *G. Hafner*, Viergespanne in Vorderansicht, Diss. Heidelberg 1938, 92- 94. R. V.

Apelles (I) (Ἀπελλῆς), Sohn des Pytheas (Pytheos?), griech. Maler, * zw. 375 und 370 v. Chr. in Kolophon (?), † E. 4. Jh. v. Chr. in Kos (?). Aus seinem Leben werden zahlr. Einzelheiten berichtet, wobei echte Überlieferung sich nicht immer von Anekdot. trennen läßt. Unsicher ist, ob A.s Vater Maler oder Toreut war. Seinen Bruder → Ktesilochos hat A. neben einem gewissen → Perseus später selbst in der Malerei unterrichtet. Seine eigene Ausbildung erhielt er zunächst in Ephesos bei → Ephoros. Danach wurde er gegen ein Honorar von einem Talent Schüler des → Pamphilos (I) von Amphipolis in Sikyon. Hier lernte er auch → Melanthios, den Nachfolger des → Pamphilos (I) in der Leitung der sikyonischen Schule, kennen. Wahrsch. ermöglichte ihm → Pamphilos (I), der aus Makedonien stammte, die Übersiedlung an den dortigen Königshof. So trat A. in nähere Beziehung zu Alexander d. Gr., als dessen „Hofmaler" er bez. werden kann, und kehrte mit diesem in seine Heimat Kleinasien zurück, wo er sich erneut in Ephesos niederließ. Hier dürfte Alexander 334 v. Chr. sein von A. gemaltes Portr. gesehen haben. A. erlebte in Ephesos (lt. Plinius in der 112. Olympiade, d.h. 332–329 v. Chr.) den Höhepunkt seines Schaffens. Die antike Überlieferung erw. noch einen vorübergehenden Aufenthalt am Hofe Ptolemaios' I. in Alexandria und freundschaftl. Beziehungen zu dem Maler → Protogenes (I) in Rhodos, dem A. uneigennützig zu künstler. Ansehen verhalf. Sein letzter Wohnsitz – mindestens bis 306 v. Chr. – dürfte Kos gewesen sein, wo sich mehrere seiner Bilder, u. a. eine unvoll. *Aphrodite*, befanden. – Die Antike sah in A. den bedeutendsten Maler überhaupt, der einen Höhepunkt der Kunst erreicht hatte. Botticelli, Raffael, Tizian, Dürer u. a. wurden durch antike Beschr. seiner Bilder angeregt. – Von den Werken des A. blieb nichts erh., Auskunft gibt nur die lit. Überlieferung. Während seiner Ausbildung in Sikyon malte A. zus. mit → Melanthios ein Bild des Tyrannen *Aristratos auf dem Siegeswagen*. Hohe Bewunderung fand die für das Asklepieion von Kos gemalte *Aphrodite Anadyomene*, die, nackt mit dem Oberkörper aus dem Meer auftauchend, das noch nasse Haar auswringt. Das Bild holte später Augustus gegen Steuernachlaß von 100 Talenten in den Caesar-Tempel nach Rom. Da die untere Bildhälfte im Laufe der Zeit schadhaft geworden war, mußte das Original unter Nero gegen eine von dem Maler → Dorotheos (III) angefertigte Kopie ausgetauscht werden. Erst unter Vespasian wagte sich ein Restaurator gegen hohe Bezahlung an die Rest. des Gemäldes. Unter den Götter-Darst. befanden sich noch: eine zweite, nur in den oberen Partien vollendete *Aphrodite*, ebenfalls in Kos und viell. A.s letztes Werk, von einigen der Aphrodite Anadyomene gleichgesetzt; eine *Artemis im Schwarm der Nymphen* (zu diesem Bild gehörte wahrsch. ein an and. Stelle erw. Hirschkalb); eine vollbekleidete *Charis* (in Smyrna); eine sitzende *Tyche*; ein namenloser nackter *Heros* (wohl ohne Bezug auf das Thema von Hero und Leander); ein *Herakles* mit abgewandtem Gesicht (in Rom); eine *Aphrodite „Monoknemos"*. Zu den zahlr. Bildnissen gehörten mehrere Darst. Alexanders d. Gr.: am bekanntesten ein *Alexander Keraunophoros* (im Artemis-Tempel zu Ephesos), bei dem der Blitz und die Finger der ihn haltenden Hand plast. aus der Bildebene herauszutreten schienen; ferner *Alexander, von der Siegesgöttin gekrönt, mit den Dioskuren* sowie der *Triumph Alexanders* (beide Bilder später in Rom, das letztere mit einer gefesselten Gestalt, die vermutl. vor dem Wagen des Königs im Zuge zu sehen war und viell. als Personifikation der Kriegsgefangenen anzusehen ist); schließl. ein von Alexander nur mit sparsamem Lob bedachtes *Reiterbild* (in Ephesos). A., der schon *Philipp II. von Makedonien* porträtiert hatte, malte auch Personen aus der Umgebung Alexanders: *Kleitos*, den Retter Alexanders in der Schlacht am Granikos; *Archelaos*, einen der Generäle Alexanders, mit Frau und Tochter; *Neoptolemos zu Pferde im Kampf gegen die Perser; Antigonos Monophthalmos*, einmal beritten, ein and. Mal im Panzer mit dem Pferd am Zügel (eines dieser beiden Bilder entstand wahrsch. in Kos). Beim Bild der nackten *Pankaspe* (richtig wohl: Pankaste), der thessal. Geliebten Alexanders, die dieser später dem Maler überließ, verlieh A. der Hautfarbe ein zartes Rosa. Genannt werden außerdem Bildnisse des lyd. Satrapen *Menandros* (in Rhodos), eines *Antaios*, des trag. Schauspielers *Gorgosthenes* (die beiden letzteren in Alexandria), des Malers (?) *Habron* (in Samos) sowie ein *Selbstbildnis*. Plinius berichtet, A. habe auch Sterbende gemalt. Von den figurenreicheren Kompositionen sind bes. zu nennen: die *Prozession des Megabyzos*, des Oberpriesters der Artemis von Ephesos, die drei weibl. Gewitterdämonen *Bronte, Astrape und Keraunobolia* und v. a. die *Verleumdung*. Das letztere Bild bot A. Gelegenheit, eine Anzahl von Personifikationen versch. Tugenden und Untugenden in Zusammenhang einer ins Dramat. gesteigerten Allegorie auftreten zu lassen. Das Gem. soll entstanden sein, nachdem eine durch den Maler → Antiphilos am Hofe Ptolemaios' I. in Alexandria gegen A. mit dem Vorwurf der Beteiligung an einer Verschwörung ins Werk gesetzte Intrige gescheitert war. Doch liegt dem Bericht Lukians offenbar eine Verwechslung mit Vorfällen aus der Zeit Ptolemaios' IV. Philopator (221–205 v. Chr.) zugrunde. Nach Lukians Beschr. schuf in der Renaiss. Sandro Botticelli eine Rekonstr. dieses berühmten Bildthemas (Florenz, Uffizien). – Viele Anekdoten lassen erkennen, daß A. unbestechliches künstler. Selbstbewußtsein mit der maßvollen Bescheidenheit und Liebenswürdigkeit des Ioniers zu vereinen wußte: Mit → Protogenes (I) maß er sich im Wettstreit beim immer feineren Teilen einer Linie. Über die mit überreichl. Schmuck ausgestattete Helena eines Schülers äußerte er, dieser habe sie reich gemalt, da er sie nicht schön malen konnte. Über einen sehr schnell arbeitenden Dilettanten bemerkte er, in derselben Zeit hätte er noch viel mehr zustande bringen können. Selbst Alexander soll er aufgefordert haben zu schweigen, weil die mit der Bereitung von Farben beschäftigten Lehrlinge sich bereits über dessen unverständige Ansichten belustigten. Dem sachverständigen Urteil Fremder war A. zugänglich. So beachtete er z. B. die Hinweise eines Schusters für das Malen des Schuhwerks, wies aber sonst dessen Kritik zurück („Ne supra crepidam, sutor!"). Darüber hinaus bemühte er sich um krit. Beurteilung seiner eigenen Fähigkeiten im Vergleich mit Arbeiten seiner Zeitgenossen. Dabei fühlte er sich → Melanthios in der Komposition, → Asklepiodoros (II) in der Symmetrie unterlegen; bei → Protogenes bemängelte er dessen übermäßige Sorgfalt. Als eigenen Vorzug nannte er die natürl. Anmut seiner Kunst, mit der er sich wohl gegen jede akad. Strenge abzugrenzen bemühte, wie sie ihm von der sikyon. Schule her bek. war. Daß er dennoch Fleiß für notwendig erachtete, beweist sein Grundsatz: „Nulla dies sine linea!" Diese Einstellung dürfte zu der oft gerühmten Schönheit seiner Linienführung beigetragen, ihn aber auch befähigt haben, mit wenigen an die Wand gemalten Kohlestrichen den Hofnarren als Anstifter einer gegen ihn gerichteten Intrige vor Ptolemaios zu entlarven. A.s Bildnisse sollen so genau gemalt gewesen sein, daß ein Metoposkop (Kraniologe) in der Lage war, aus ihnen das Alter der dargestellten Personen zu erschließen. In der Wahl der Farben soll A. sich auf Weiß, Gelb, Rot und Schwarz beschränkt haben. Die grellen Töne dämpfte er durch eine von ihm erfundene und wohl aus gebranntem Elfenbein gewonnene Lasur *(atramentum)*, die das Bild gleichzeitig vor Verschmutzung schützte. – Seinem Schüler → Perseus widmete A., der offenbar nur eine bescheidene Lehrtätigkeit ausgeübt hat, ein Lehrbuch über Malerei. ▭ ThB2, 1908 (s.v. A. I). *Meyer*, KL II, 1878; RE I. 2, 1894 (s. v. A. 13); *Bryan* I, 1910; *Myers*, EP, 1955; EAA I, 1958 (mit Lit.); EWA I, 1959 (mit Lit.); Le Muse I, 1964; LAW, 1965 (mit Lit.); *H. Bauer* (Hrsg.), Die große Enz. der Malerei, I, 1976; *Bénézit* I, 1976; LdK I, 1987. – *Antike Schriftquellen*: *Overbeck*, SQ, 1868, Nrn 1827–1906; *Reinach*, RecMilliet, 1985, Nrn 400–489. – *H. Blümner*, Jbb. für class. Philologie 16:1870, 785 ss.; *K. Dilthey*, Die Artemis des A. und die wilde Jagd, RhM 25:1870, 321 ss.; *G. Wustmann*, A.' Leben und Werke, L. 1870; *R. Helbig*, Unters. über die campan. Wandmalerei, L. 1873, passim; *O. Benndorf*, Die Anadyomene des A., AM 1:1876, 50–66; *H. Blümner*, Noch einmal die „Monoknemos" des A., AZ 42:1884, 133–138; *F. Studniczka*, Vermutungen zur griech. Kunstgesch., W. 1884, 37 ss.; *C. Robert*, Archäol. Märchen, B. 1886, 69 ss.; *Brunn*, GGK II, 1889, 136 ss., 202–233; *R. Meister*, in: Festschr. für Johannes Overbeck, L. 1893, 109 ss.; *A. Kalkmann*, Quellen des Plinius, B. 1898, 219; *G. De Lorenzo*, Una probabile copia pompeiana del ritratto di Alessandro Magno dipinto da A., N. 1900, 27; *E. Petersen*, Zeus oder Alexander mit dem Blitz, RM 15:1900, 160–169; *A. Furtwängler*, Aphrodite Diadumene und Anadyomene, in: Helbings Monatsbeitr. für Kunstwiss. 1:1901, 177–181; *J. Six*, A., JdI 20:1905, 169–179; *H. v. Rohden*, A., in: Baumeister, Denkmäler des class. Altertums, II, L. 1906, 868 ss.; *E. Maas*, A. und Protogenes, ÖJh 11:1908, 29–47; *W. Klein*, ÖJh 13:1910, 124; *A. P. Laurie*, Greek and Roman methods of painting, C. 1910, 33–35, 48; *J. Six*, Apelleisches, JdI 25:1910, 147–159; ibid. 26:1911, 22 ss.; *K. Woermann*, Gesch. der Malerei im Altertum, 1916, 55 ss.; *E. Berger*, Die Wachsmalerei des A. und seiner Zeit, M. 1917; *C. Robert*, Archäol. Hermeneutik, B. 1919, 13–15; *Pfuhl*, MuZ, II, 1923, 735–746; *M. H. Swindler*, Ancient painting, New Haven/Lo. 1929, 269–272; *A. Della Seta*, Il nudo nell'arte, R./Mi. 1930, 410 ss.; *L. Borelli*, Boll. dell'Ist. Centrale del Restauro 2:1950, 56 s.; *A. Rumpf*, JdI 65/66:1950/51, 166–174; *Rumpf*, MuZ, 1953, 132, 146–149; *M. Robertson*, Griech. Malerei, Genf 1959, 14 s., 168 s.; *P. Mingazzini*, Una copia dell' Alexandros Keraunophoros di A., JBerlMus 3:1961, 7–17; *W. Lepik-Kopaczyńska*, A., der berühmteste Maler der Antike, B. 1962 (Lebendiges Altertum, 7); *W. Krenkel*, A. bei Petron und Lucilius, in: Festschr. Gottfried v. Lücken, WissZRostock 17:1968 (7–10) 689–695; *G. Schwarz*, Zur Artemis des A., ÖJh 49:1968/71, 77 s.; *U. Hausmann*, Allg. Grundlagen der Archäologie, M. 1969, 428 s., 437 s., 456, 458, 460, 462, 468; *A.-M. Lecoq*, Rev. de l'Art 26:1974, 46 s.; *Robertson*, Hist., 1975, I, 449 et passim, II, 697 (Anm. 192) et passim; *J. Gage*, JWCI 44:1981, 1–26. G. Bröker

Apelles (II), griech. Toreut, 2./1. Jh. v. Chr. Nach einem Hinweis des Asklepiades von Myrlea (bei Ath., deipn., 11, 488 c) war er ein Kenner korinth. Metallgefäße und versuchte, den von Homer (Il., 11, 632) beschriebenen Becher des Nestor zu rekonstruieren. Wahrsch. ident. mit einem gleichnamigen Toreuten, dessen Name als Graffito auf zwei Paaren von Silberbechern (Neapel, MN) steht, die zum Schatz aus dem Haus des Menander in Pompeji gehören. Das eine Becher-Paar ist mit ländl. Szenen, das and. mit den Arbeiten des Herakles dekoriert. ▭ ThB2, 1908 (s.v. A. II). RE I. 2, 1894 (s.v. A. 14); EAA I, 1958 (s.v. A. 1); EWA VII, 1971, 374, 395. – *Brunn*, GGK II, 1889, 273; *A. Maiuri*, La casa del Menandro e il suo tesoro di argenteria, R. 1933, 308 ss.; *R. Hampe*, in: Vermächtnis der antiken Kunst, Heidelberg 1950, 20; *Toynbee*, Artists, 1951, 52, Anm. 4; *U. Hausmann*, Allg. Grundlagen der Archäologie, M. 1969, 461; *H. Eschebach*, Pompeji, L. 1984, 305, Abb. 201. G. Bröker/W. Müller

Aphareus, syr.-röm. Architekt, in der 2. des H. 1. n. Chr. tätig. Sein Werk war einer der jetzt nur noch als Ruine erh. röm. Tempel von Seia (Sia) im Hauran-Gebiet (W-Irak). ▭ Mitt. H. Glück. W. Müller

Aphrodisios (I) (Ἀφροδίσιος), Sohn des Lybios, aus Athen, griech. Bildhauer, in augusteischer Zeit tätig. Nur bek. durch seine Sign. auf einer im Hafen von Baiae gefundenen Marmorstatue im Typus der sog. Hera Borghese (wohl urspr. eher eine Statue der Aphrodite, wie C. Landwehr, 1985, 93 s., annimmt), deren Orig. um 420/410 zu dat. ist (jetzt Neapel, MN, Inv. Nr 150383). ▭ RE, Suppl. VIII, 1956 (s.v. A. 10a); EAA I, 1958 (s.v. A. 1). – *P. Zancani Montuori*, BullCom 61:1933, 41, Nr 8, Abb. 14, Taf. A und 2; *Lippold*, GrPl, 1950, 188, Anm. 12; *C. Landwehr*, Die antiken Gipsabgüsse aus Baiae. Griech. Bronzestatuen in Abgüssen röm. Zeit, B. 1985, 88–94, Nr A, Taf. 54 a, c. R. V.

Aphrodisios (II), aus Tralleis/Karien, griech. Bildhauer, in flav. Zeit in Rom tätig. Nach Plinius (nat., 36, 38; Overbeck, SQ, 1868, Nr 3000) standen mehrere seiner Statuen in den Kaiserpalästen von Rom. ▭ ThB2, 1908 (s.v. A.). RE I. 2, 1894 (s.v. A. 10); EAA I, 1958 (s.v. A. 2); DNP I, 1996. R. V.

Aphrodisios, *Marcus Aurelius* → **Aurelius Aphrodisios**, *Marcus*

Aphrodisios Epaphros (Ἀφροδίσιος Ἔπαφρος), Sohn des Demetrios, griech. Bildhauer und Statuenbemaler, im 2./3. Jh. n. Chr. in Rom tätig. Nur bek. durch seine Grab-Inschr. aus Rom, die zw. der Via Latina und der Via Appia zutage kam (IG, XIV, 1494; IGUR, I, 435). ▭ ThB2, 1908 (s.v. A. 2). RE I. 2, 1894 (s.v. A. 11); EAA I, 1958 (s.v. A. 4). – *Loewy*, IGB, 1885, 376, Nr 551; *Solin*, GPR, I, 1982, 315. R. V.

Àpii v.e. **Ipu(i)**

Apollodoros (I) (Ἀπολλόδωρος), att. Vasenmaler des spätarchaisch-rotfigurigen Stils, tätig etwa 500–480 v. Chr. Als sign. Werke sind von ihm u.a. 2 Kylikes bek. (s. u.). Zu den ihm zugeschr. Gefäßen zählt Williams (1977) auch die Werke der von Beazley (ARV², 1963) erschlossenen Meisterindividualitäten mit den Notnamen Epidromos-, Kleomelos- und Elpinikos-Maler. – A. hat seine Figuren mit zarten, fließenden Konturen versehen und die Komposition mit ihren Bewegungen geschickt der Gefäßform angepaßt. ⌂ Basel, Slg Cahn, Inv. Nr HC 487 (ehem. Northampton, Castle Ashby) und Rom, MN di Villa Giulia: Fragm. einer Kylix (Zweikampfszenen), sign. Paris, Louvre, Inv. Nrn G 139–140: Kylix (Symposion), sign. ▭ EAA I, 1958 und Suppl. 1970 (s.v. A. 1). – *Hoppin*, RedFig, I, 1919, 45; *J. D. Beazley*, JHS 53:1933, 69 s., Abb.; *G. M. A. Richter*, Attic redfigured vases, New Haven, Conn. 1946, 51 s.; *Rumpf*, MuZ, 1953, 79; ARV², 1963, 117, 119–121; Para, 1971, 332 s., 508; *D. J. R. Williams*, JHS 97:1977, 160–168; *R. Blatter*, AntW 9:1978, 59 s., Abb.; Add², 1989, 175. G. Bröker

Apollodoros (II), Beiname „der Schattenmaler", aus Athen, griech. Meister der Monumentalmalerei, im letzten Drittel des 5. Jh. v. Chr. tätig. Nach der antiken Überlieferung (cf. Overbeck, SQ, 1868, Nrn 1109, 1641–1647; Reinach, RecMilliet, 1985, Nrn 193–198; Ferri, Plin., 1946, 147–149) begründete er die „eigentliche Malerei", indem er die Schattengebung der Gestalten einführte und somit ein Wegbereiter für → Zeuxis (I) war. Die Schattierung wurde von A. vermutl. nur partiell, und zwar durch Abtönen der Grundfarben, angewandt. Seine Tafelbilder werden nur geringe Tiefenwirkung besessen haben. Reflexlichter, wie sie die Maler des 4. Jh. v. Chr. aufsetzten, fehlten bei ihm vermutlich. Von A.s Werken blieb nichts erh.

Die lit. Überlieferung nennt Themen seiner Bilder: *Odysseus* (erstmals mit dem Schifferhut dargestellt); *Alkmene mit den Herakliden* (auch → Pamphilos [I] zugeschr., beeinflußt von Euripides); *Aias, vom Blitz getroffen* (später in Pergamon); ein *betender Priester*. Während die Schattenmalerei von jüngeren Malern wie → Zeuxis (I) und → Parrhasios erfolgreich aufgegriffen und weiterentwickelt wurde, lehnten and., wie z.B. Platon, sie als eine Scheinmalerei ab. A.s Ausspruch, Tadeln sei leichter als Bessermachen, zeugt von diesen Auseinandersetzungen. Die Neuerungen des A. fanden auch in einigen zeitgen. Vasenbildern ihren Niederschlag. ▭ ThB2, 1908 (s.v. A. V). RE I. 2, 1894 (s.v. A. 77); EAA I, 1958 (s.v. A. 2); LAW, 1965; *H. Bauer* (Ed.), Die große Enz. der Malerei, I, FiB./Basel/W. 1976; *Bénézit* I, 1976; LdK I, 1987; DNP I, 1996 (s.v. A. 15). – *C. Robert*, Archäol. Märchen, B. 1886, 67 ss.; *Brunn*, GGK II, 1889, 48–51; *E. Pfuhl*, JdI 25:1910, 12–28; *id.*, MuZ, 1923, 117, 120 ss., 145, 674–678; *M. H. Swindler*, Ancient Paint., New Haven 1929, 225–228; *A. De Capitani d'Arzago*, La grande pitt. greca dei sec. V e IV a. C., Mi. 1945, 44–46; *A. Rumpf*, JHS 67:1947, 11; *id.*, MuZ, 1953, 79 (mit Anm. 4), 121 s., 126 s.; *R. Bianchi Bandinelli*, Osservazioni storico-artistiche a un passo del 'Sofista' platonico, in: Studi in onore di U. E. Pauli, Fi. 1955, 81 ss.; *M. Robertson*, Griech. Malerei, Genf 1959, 15; *id.*, Hist., 1975, I, 324, 411, 416, 429, 494; II, 692, Anm. 135, p. 696, Anm. 180. W. Müller

Apollodoros (III), Bruder des Aiantodoros (?), aus Athen, griech. Erzbildner. Arbeitete zeitweise mit → Polymnestos zusammen. Schuf nach Plinius (nat., 34, 86) *Philosophenstatuen*. A. soll seine Werke aus selbstkrit. Übereifer häufig wieder zerbrochen und deshalb den Beinamen *insanus* (der Rasende) erh. haben. Der Beiname weist darauf hin, daß er vermutl. mit dem Sokrates-Schüler A. von Phaleron ident. gewesen sein kann, den Platon als μανικός bez. (Plat., symp., 172 c, 173 d; apol., 34 a, 38 b; Phaid., 59 a, b, 117 d). Der Bildhauer → Silanion schuf ein Bronze-Portr. des A., in dem er ihn als einen vom Jähzorn gezeichneten Menschen darstellte (Plin., nat., 34, 81; vgl. auch Ferri, Plin., 1946, 103). Unsicher ist, ob A. als Urheber des vatikan. Typs des Sokrates- Portr. zu gelten hat. Ebenso unwahrsch. ist aus Dat.-Gründen die Gleichsetzung einer Büste aus Herculaneum (Neapel, MN) mit dem erw. Werk des → Silanion. Zweifelhaft bleibt außerdem, ob der in der Inschr. Loewy, IGB, 1885, 47 s., Nr 55 (Raubitschek, Dedications, 1949, 161–163, Nr 146) einer vom E. des 5. Jh. v. Chr. stammenden Statuenbasis der Athener Akropolis gen. gleichnamige Künstler mit A. ident. war. ▭ ThB2, 1908 (s.v. A. III). RE I. 2, 1894 (s.v. A. 15 und 75); EAA I, 1958 (s.v. A. 3); Le Muse I, 1964; *Bénézit* I, 1976; DNP I, 1996 (s.v. A. 16). – *M. Hertz*, De Apollodoro statuario ac philosopho commentatio, Breslau 1867; *Brunn*, GGK I, 1889, 279; *Picard*, Manuel, II, 1939, 615; III, 1948, 145 ss., 830; *Lippold*, GrPl, 1950, 226, Anm. 9–11; *Robertson*, Hist., 1975, I, 508; II, 713, Anm. 11; *Stewart*, Sculpture, 1990, 288 s., Nr T 119. – *Zum Sokrates-Portr.*: *L. Laurenzi*, Ritratti greci, Fi. 1941, 91 ss., Nr 16, Taf 5; Helbig[4], I, 1963, 62, Nr 79; *Richter*, Portraits, I, 1965, 110, Typ A, Nr 1, Abb. 456 s., 459; *I. Scheibler*, in: Sokrates in der griech. Bildniskunst (K Glyptothek München), M. 1989, 37, Abb. – *Zum angebl. Portr. des A. von Silanion*: *E. Schmidt*, JdI 47:1932, 288; 49:1934, 180, 202; *Ridgway*, Portraits, III, 1965, 280; *D. Pandermalis*, AM 86:1971, 199, Nr 11; *M. R. Wojcik*, La Villa dei Papiri ad Ercolano, R. 1986, 67 s., Nr B 13, Taf 42; *L. A. Scatozza-Höricht*, in: *E. Pozzi u.a.*, (Ed.), Le coll. del MN di Napoli, I. 2, Mi. 1989, 124 s., Nr 138, Abb.; *K. Schefold*, Die Bildnisse der antiken Dichter, Redner und Denker, Basel 1997, 554, Anm. 74. G. Bröker/W. Müller

Apollodoros (IV), Sohn des Zenon, aus Phokaia, griech. Bildhauer aus Phokaia, zw. 150 und 80 v. Chr. tätig. Sein Name steht in der Inschr. einer Statuenbasis (London, BM; gefunden in der Nähe des Hafens von Erythrai/Ionien). Die Basis stammt von einer nicht mehr erh. Ehrenstatue für Theudoros, Sohn des Artemon. Die Zeitstellung für A. ergibt sich aus der Dat. der Inschr. (Loewy, IGB, 1885, 162, Nr 218; Overbeck, SQ, 1868, Nr 2050). ▭ ThB2, 1908 (s.v. A. IV). RE I. 2, 1894 (s.v. A. 76); EAA I, 1958 (s.v. A. 5). – *Brunn*, GGK I, 1889, 351; *Lippold*, GrPl, 1950, 372, Anm. 4. G. Bröker/W. Müller

Apollodoros (V), Sohn des Heraios, griech. Architekt aus Athen, im 3. V. 2. Jh. v. Chr. für Delos tätig, dort 130/29 v. Chr. Gymnasiarch (ID, V, Nr 2589, 47). Errichtete 140–137 v. Chr. auf Delos innerhalb des Bez. der ägypt. Gottheiten auf einer Terrasse am S-Abhang des Kynthos-Massivs ein *Heiligtum für Sarapis, Isis und Anubis:* 3 kleinere Tempel in Verbindung mit einem gepflasterten Hof, der an 3 Seiten durch ion. Säulenhallen begrenzt wird. Teile der Weih-Inschr. fand man auf dem stark verstümmelten Epistyl (cf. Th. Homolle, in: BCH 16:1892, 479–482; ID, IV, 210, Nr 2042). Sie nennt A. als den Architekten der durch das Volk der Athener den 3 erw. ägypt. Göttern gew. Stätte. ▭ ThB2, 1908 (s.v. A. I). RE I. 2, 1894 (s.v. A. 74); EAA I, 1958 (s.v. A. 4); KlP I, 1964 (s.v. A. 13); DNP I, 1996 (s.v. A. 17). – *Müller*, Architekten, 1989, 134. W. Müller

Apollodoros (VI) (A. von Damaskos), syr.-griech. Architekt, Bauingenieur und Fachschriftsteller der Röm. Kaiserzeit, * um 65 n. Chr. wahrsch. Damaskos, † um 125 n. Chr. Für eine Ausbildung und frühe Tätigkeit in seiner syr. Heimat gibt es keine Belege. Unter Trajan, der ihn viell. in Syrien kennenlernte und auf dessen Veranlassung er später, wohl noch zur Zeit Domitians, nach Rom übersiedelte, war A. zunächst Heeresingenieur und nahm im Gefolge dieses Kaisers an den beiden Daker-Feldzügen von 101/02 und 105/06 teil. Danach wurde er offizieller Architekt Trajans. Die Tatsache, daß ihn Prokop (aed., 4, 6) als ἀρχιτέκτων bez. und nicht als μηχανικός oder μηχανοποιός wie die in kaiserl. Dienst stehenden Beamten, läßt auf eine geachtete, selbständige Stellung schließen. Als Staatsarchitekt leitete A. alle großen Bauvorhaben Trajans in Rom (Paus., 5, 12, 6) und übte über eine zentrale Bauhütte weitreichenden künstler. Einfluß aus. Diese nahezu unabhängige Stellung bekleidete er noch in den ersten Regierungsjahren von Kaiser → Hadrianus, fiel jedoch später bei ihm in Ungnade. Um 123 muß ihn → Hadrianus – viell. im Zusammenhang mit einer damals durch diesen Kaiser eingeleiteten Reform des staatl. Bauwesens – entlassen haben. Nach den Mitteilungen bei Dio Cass., 69, 4 (vgl. auch Tzetz., hist. var., 2, 82) soll es v.a. A.s Kritik an den Entwürfen von → Hadrianus für den Tempel der Venus und Roma gewesen sein, die den Kaiser veranlaßte, ihn aus Rom zu verbannen und zum Tode zu verurteilen. Die Pläne dieses Tempels sind wahrsch. auf Anregungen von → Hadrianus zurückzuführen. Ein authent. Portr. des A. ist mit großer Wahrscheinlichkeit die aus Rom stammende und zu seinen Lebzeiten entstandene Büste mit antiker Namens-Beischr. in der Münchener Glyptothek (Inv. Nr 203). Ein weiteres Bildnis des berühmten Architekten wird auf einem Relief der Trajanssäule in Rom vermutet. – Die architekturgeschichtl. Bedeutung des A. beruht auf der glänzenden Verschmelzung hellenist.-oriental. Repräsentationsarchitektur mit ital.-röm. Bauformen, dem Anknüpfen an techn. Trad. des röm. Bauschaffens (Ziegel und Mörtelguß als Baumaterialien, Mauer- und Wölbtechnik) und deren Weiterentwicklung sowie auf dem durch die beschleunigte Entwicklung der Bautechnik hervorgerufenen Vordringen des Ingenieurbaus. Seine Bauten offenbaren „ein überraschend freies Schalten mit großen einfachen Grundriß- und Aufrißformen unter einer deutl. an augusteischen Vorbildern angelehnten Dekoration, eine unermüdl. Trennung von Muster und Grund, von Dekor und Konstruktion, von Form und Funktion“ (W.-D. Heilmeyer, 1975). – A.s frühestes überliefertes Werk ist die *Donaubrücke (pontes Traiani)* in Dakien, erb. 104/05 (Dio Cass., 68, 13 mit Angabe der Hauptmaße; Prok., aed., 4, 6, 13; Tzetz., hist. var., 2, 80 ss.). Es handelt sich um eine Stein/Holz-Bogenbrücke, die 1135 Meter lang war und auf 26 Steinpfeilern ruhte, von denen 20 im Donaubett und je 3 auf beiden Ufern standen. Die Brücke überspannte die Donau zw. den ebenfalls von A. errichteten Kastellen Drobeta (heute Turnu Severin, Kr. Mehedinţi/Rumänien) auf dem N-Ufer und Ad pontes (beim heutigen Kladovo/Jugoslawien) auf dem S-Ufer. Erh. blieben nur noch Reste an den beiden Brückenenden. Die Brücke ist auf Münzen sowie zweimal auf den Reliefs der Trajanssäule dargestellt. In Rom war A. als leitender Architekt für folgende Großbauten tätig: ein „*Gymnasion*“ (wahrsch. ident. mit den *Trajansthermen* auf dem Esquilin), das *Trajansforum* und den benachbarten *Trajansmarkt* sowie für ein nicht lokalisierbares *Odeion* (Dio Cass., 69, 4; Amm., 16, 10, 14; Paus., 5, 12, 6). Die der Oberaufsicht des A. unterstellte Bauhütte des Trajansforums war vermutl. auch am Wiederaufbau der durch Brand im Jahre 110 zerst. *Bauten des Marsfeldes* (Basilica Neptunis, Saepta Iulia, Agrippa-Thermen, Pantheon III) beteiligt. Es darf mit Recht davon ausgegangen werden, daß A. in seiner zentralen Stellung auch auf die mit den trajan. Staatsbauten verbundenen Skulpturenprogramme eingewirkt hat. Sichtbar wird diese Situation in dem von ihm Kaiser → Hadrianus vorgeschlagenen Projekt, als Gegenstück zu der Helios (urspr. Nero)-Statue vor dem Flav. Amphitheater eine Statue der Mondgöttin Selene (Luna) aufstellen zu lassen (SHA, Hadr., 19, 13). Den Versuchen, in A. den führenden Bildhauer der Trajanssäule erkennen und seinen Einfluß darüber hinaus in den Reliefs des Frieses vom Trajansforum und im Reliefschmuck des Trajansbogens in Benevent wiederfinden zu wollen, fehlt es allerdings an konkreten Beweisen. Bei einer Reihe trajan. Bauten außerhalb Roms hält die moderne Forschung Mitwirkung oder Einfluß des A. für wahrscheinlich. Es handelt sich dabei um den sog. Trajanshafen von Ostia (100–106), den Hafen von Centumcellae (Civitavecchia) in S-Etrurien (106/07), das Tropaeum Traiani (Siegesdenkmal Trajans) von Adamclisi in der Dobrudscha/Rumänien (108/09) sowie die Trajansbögen von Benevent (114) und Ancona (115).

⩩ Rom: Trajansthermen auf dem Esquilin, nach 104–109 (Dio Cass., 69, 4; Paus., 5, 12, 6). – Trajansforum, 107–112 (Dio Cass., 68, 16, 2 und 69, 4, 1; Aur. Vict., Caes., 13, 5; Amm., 16, 16; Gell.,

13, 25), Hauptwerk des A., einer der Höhepunkte antiker Platzarchitektur und von bedeutendem Einfluß auf die weitere Architekturentwicklung. – Trajansmarkt (mercatus Traiani), voll. vor 112 (da der Trajansmarkt nach den gleichen architekton. Prinzipien angelegt ist wie das Trajansforum und, ungeachtet einer Trennmauer, mit diesem eine baul. Einheit darstellt, ist anzunehmen, daß sein Entwurf von A. stammt). ✉ Wie aus Tzetzes (Allegoriae Iliadis, 5, 17 s.) zu entnehmen ist, existierten in antiker Zeit mehrere von A. verf. Schr., von denen bis auf eine Ausnahme nichts erh. blieb. Aus einer Stelle bei Prok., aed., 4, 6 kann auf eine Abh. über die Donaubrücke geschlossen werden. Von den Πολιορκητικά, einer Kaiser Trajan (oder → Hadrianus?) gewidmeten Schr. über die Konstruktion von Kriegsmaschinen, blieben nur Auszüge aus dem griech. Originaltext erh. Den Kern bildeten Zchngn, die im Mynas-Cod. (Paris), einer byz. Hs. des 10. Jh., überliefert sind. Diese Schr. beeinflußte die spätere kriegstechn. Lit., bes. die Πολιορκητικά des Heron von Byzanz (10. Jh.). ▭ ThB2, 1908 (s.v. A. II). RE I. 2, 1894 und Suppl. I, 1903 (s.v. A. 73); *Wasmuth*, LdB I, 1929; EAA I, 1958; EWA I, 1959; KlP I, 1964 (s.v. A. 9); Le Muse I, 1964; DictHazan I, 1967; DEAU I, 1968; *Macmillan* I, 1982; LdK I, 1987; DNP I, 1996 (s.v. A. 14). – *Brunn*, GGK II, 1889, 229; *G. Rodenwaldt*, in: Cambridge Ancient History, XI, C. 1936, 781–783; *R. Bianchi Bandinelli*, Le Arti 1:1938/39, 325–334; *R. Paribeni*, RendLinc, 7. Ser. 4:1943, 124–130; *Toynbee*, Artists, 1951, 13–15; *P. H. von Blanckenhagen*, J. of the Soc. of Architectural Historians 13:1954 (4) 21–26; Kraus, PKG, II, 1967, 156; *Ch. F. Leon*, A. von Damaskos und die Trajan. Architektur, Phil. Diss. Innsbruck 1961 (Mschr.); *W. L. MacDonald*, The Archit. of the Roman Empire, I, New Haven, Conn./Lo. 1965, Kap. 6; *G. Gullini*, Apollodoro e Adriano: ellenismo e classicismo nell'archit. romana, BdA Ser. 5, 53:1968, 63–80; *Ch. F. Leon*, Die Bauornamentik des Trajansforums und ihre Stellung in der früh- und mittelkaiserzeitl. Architekturdekoration Roms, W./Köln/Graz 1971 (Publ. des Österr. Kulturinst. in Rom, Abt. I, 4); *K. de Fine Licht*, Unters. an den Trajansthermen zu Rom, Kph. 1974 (AnalRom, VII. Suppl.); *W.-D. Heilmeyer*, JdI 90:1975, 316–347; *Müller*, Architekten, 1989, 67 s., 134–147, Anm. 237–240, Abb. 44, 74–88. – Πολιορκητικά des A.: Frz. Übers. von *E. Lacoste*, REG 3:1890, 230–261 (mit Umzeichnungen nach dem Pariser Mynas-Cod.); *C. Wescher*, Poliorcétique des Grecs, P. 1867, 135–193; *R. Schneider*, Griech. Poliorketiker I, in: Abh. der Kgl. Ges. der Wiss. zu Göttingen, Phil.- hist. Kl., N. F. 10:1908, Nr 1. – *Portr. des A.*: *Arndt-Bruckmann*, Griech. und röm. Portr., Nrn 46–47; *A. Hekler*, Die Bildniskunst der Griechen und Römer, St. 1912, Taf. 276; *E. Cichorius*, Die Reliefs der Trajanssäule, B. 1896–1900, Bd III, 141; *K. Lehmann-Hartleben*, Die Trajanssäule, B./L. 1926, Taf. 45, XCIX; EAA I, 1958, 477, Abb. 646. W. Müller

Apollodotos (Ἀπολλοδότος), griech. Gemmenschneider oder Besitzer einer Gemme des 1. Jh. v. Chr. Nur bek. durch die Inschr. mit diesem Namen auf einem Intaglio aus Karneol mit der Darst. der Büste der Athena Parthenos. Ob es sich hier um eine Sign. oder eine Besitzer-Inschr. handelt, muß offen bleiben. ▭ ThB2, 1908. RE I. 2, 1894 (s.v. A. 8); EAA I, 1958. – *Brunn*, GGK II, 1889, 602; *Furtwängler*, AG, 1900, I, Taf. 38, 46; II, 185. R. V.

Apollonides (I) (Ἀπολλονίδης), griech. Gemmenschneider, in hellenist. Zeit tätig. Nur durch eine Nachr. bei Plinius (nat., 37, 8) bek. Plinius führt ihn unter den besten Steinschneidern der Antike auf, gleich nach → Pyrgoteles (I) und noch vor → Chronios und → Dioskurides (IV). Bei keiner der Gemmen, die die Sign. A. tragen, ist die antike Entstehung gesichert. ▭ ThB2, 1908. RE II. 1, 1895 (s.v. A. 34); EAA I, 1958. – *A. Furtwängler*, JdI 3:1888, 74. B. Gerring

Apollonides (II), Sohn des Menestratos, griech. Bildhauer, um 200 v. Chr. in Milet tätig. Nur bek. durch seine Sign. auf zwei Basen, deren eine durch ein Epigramm um 200 v. Chr. (Milet, Inv. Nr 186) dat. werden kann. ▭ RE, Suppl. VIII, 1956 (s.v. A. 33b). – *A. Rehm*, in: *A. von Gerkan*, Milet II. 3. Die Stadtmauer, B./L. 1935; 131–133, Nr 401, Abb. 87; *W. Martini*, AA 1972, 296–297. R. V.

Apollonides (III), aus Ephesos, griech. Bildhauer, am E. des 2. Jh. v. Chr. auf Samos tätig. Nur bek. durch seine Sign. auf der Stütze einer überlebensgroßen marmornen Gewandstatue aus Samos (Samos, Pythagoreion-Tigani, Magazin der röm. Thermenanlage, Inv. Nr P 578; SEG, XXVII, 546), die auf Grund ihrer Manteltypologie (straffe Faltenziehung), ihres Stils, ihres Standmotivs und dem Vorhandensein von nicht abgearbeiteten Meßpuntelli ans E. des 2. Jh. v. Chr. dat. werden kann. ▭ *W. Martini*, AA 1972, 292–298, Abb. 11–15; *id.*, Das Gymnasium von Samos, Samos XVI, Mainz 1984, 95, Taf. 12, 1–4; *D. Kreikenbom*, Griech. Kolossalporträts bis zum späten 1. Jh. n. Chr., 27. Ergh. JdI, B./N. Y. 1992, 147–148, Nr II. 20, Taf. 6, a-d;

A. Lewerentz, Stehende männl. Gewandstatuen im Hellenismus. Ein Beitr. zur Stil-Gesch. und Ikonologie hellenist. Plastik, Hamburg 1993, 262–263, Nr III, 6; *M. Donderer*, ÖJh 65:1996, 100. R. V.

Apollonios (I) (Ἀπολλώνιος), aus Magnesia (am Mäander?), griech. Bildhauer, im 3. Jh. v. Chr. tätig. Name bek. durch Inschr. einer Statuenbasis auf Delos für ein Weihgeschenk an Apollon (Loewy, IGB, 1885, 160, Nr 211; IG, XI. 4, 1129). ▭ ThB2, 1908 (s.v. A. III). RE II. 1, 1895 (s.v. A. 119); EAA I, 1958 (s.v. A. 2). – *Lippold*, GrPl, 1950, 343, Anm. 4. G. Bröker

Apollonios (II), Sohn des Archias, aus Marathon, griech. Bildhauer, im 3. Jh. v. Chr. (nach Lippold: zw. 150 und 80 v. Chr.) tätig. Name und Herkunft bek. durch die Künstler-Inschr. einer in Athen gefundenen Statuenbasis (Overbeck, SQ, 1868, Nr 2218; Loewy, IGB, 1885, 108, Nr 144). Entstammte wahrsch. einer att. Künstlerfamilie, in der die Namen Apollonios und Archias häufig wiederkehrten (vgl. → A. [VII]). ▭ ThB2, 1908 (s.v. A. IV). RE II. 1, 1895 (s.v. A. 120); EAA I, 1958 (s.v. A. 1). – *Lippold*, GrPl, 1950, 367, mit Anm. 6. *Zur Genealogie*: *Toynbee*, Artists, 1951, 52 s. G. Bröker

Apollonios (III), griech. Gemmenschneider, lebte wahrsch. am Hof der Seleukiden, im 3. Jh. v. Chr. tätig. 🏛 Baltimore, Walters Art Gall.: Ringstein aus Granat (Portr. eines jungen Mannes). Neapel, MN: Ringstein aus Amethyst (stehende Artemis). ▭ EWA VI, 1972, 55. – *Zazoff*, AG, 1983, 206 s., Anm. 82, 85, Taf. 53,8 und 54,1. W. Müller

Apollonios (IV), griech. Architekt, um 180 v. Chr. für das Apollon-Heiligtum auf Delos tätig. Sein Name erscheint in einem Rechenschaftsbericht der Tempelverwaltung von Delos (cf. BCH 6:1882, 24, Zeilen 197 ss.). ▭ ThB2, 1908 (s.v. A. II). RE, Suppl. I, 1903 (s.v. A. 111); EAA I, 1958 (s.v. A. 3). W. Müller

Apollonios (V), Sohn des Artemidoros, Bruder des → Tauriskos (I) und Adoptivsohn des Menekrates, griech. Bildhauer aus Tralleis/Karien, 2. Jh. v. Chr. A. von Tralleis ist untrennbar mit seinem Bruder → Tauriskos (I) verbunden, von dem Plinius (nat., 36, 33) ausdrückl. sagt, er stamme aus Tralleis. Das muß dann natürl. implizit auch auf seinen Bruder A. zutreffen, den Plinius im folgenden Absatz gemeinsam mit dem offenbar jüngeren Bruder, ohne jedoch den Herkunftsort Tralleis noch einmal zu erwähnen, als Schöpfer einer berühmten hellenist. Skulpturengruppe nennt. Diese stellt dar: „Zethos, Amphion sowie Dirce und den Stier, mit der Fessel aus demselben Stein gefertigt". Man kennt die Gruppe durch die 1546 in den Caracalla-Thermen in Rom gefundene, allerdings um eine Figur erweiterte claudische Kopie, die unter dem Namen *Toro Farnese* berühmt wurde und jetzt im NM in Neapel aufbewahrt wird. Die Gruppe stellt den Kulminationspunkt des Mythos von der Bestrafung der Thebanischen Königin Dirke dar, welche die ihr als Sklavin übergebene Königstochter Antiope von zwei im Walde angetroffenen Hirten an die Hörner des Dionysosstieres binden und zu Tode schleifen lassen will. Doch sie wird selbst dieser Todesart überantwortet, als die Hirten Amphion und Zethos dank göttl. Eingreifens in der unglückl. Frau ihre eigene Mutter erkennen. – A. von Tralleis wird nur im Zusammenhang mit dieser dramat. Gruppe gen., während Plinius dessen Bruder → Tauriskos (I), nicht den Ziseleur, sondern eben den aus Tralleis, auch als den Schöpfer von Hermeroten erwähnt. Die Hermeroten des Tauriskos befanden sich in der um 40 v. Chr. zusammengetragenen öff. zugängl. Slg des Asinius Pollio in Rom, wo auch das Gemeinschaftswerk der Brüder, die Dirke-Gruppe, ausgestellt war. Welcher Art und Natur die Hermeroten waren, ist unbek., während die Komp. der Dirke-Gruppe nicht nur in der erw. originalgroßen Kopie in Neapel überliefert ist, sondern in wenigstens vierzig stark verkleinerten Nachbildungen, plast. Darst. aus Elfenbein, Bronze und Marmor, Reliefs in Alabaster- und Marmor, auf Tonlampen, in Münzen, Gemmen, Glaspasten und Kameen, in Wandmalereien und Mosaiken begegnet. Dadurch ist es mögl., eine Vorstellung von der künstler. Eigenart des A. und seines Bruders zu gewinnen, allerdings ohne einen Eigenanteil des einen oder and. bezeichnen zu können. – Alles, was man aus der antiken Lit. über A. weiß, steht in dem erw. Absatz nat., 36, 33–34, in dem Plinius eine ganze Reihe von Informationen mitteilt, die er seinem 22000 Notizen enthaltenden Zettelkasten entnommen und in eine dichte Satzfolge eingefügt hat. In Einzelaussagen aufgelöst handelt es sich um folgende Mitteilungen, die sich aus and. Quellen ergänzen lassen: Asinius Pollio, in dessen Slg die Dirkegruppe stand, war Konsul des Jahres 40 v. Chr. Er stammte aus einer kleinen Stadt mit dem heutigen Namen Chieti im Gebiet der seit 304 v. Chr. mit Rom verbündeten Marrukiner, war also ein homo novus in Rom, hatte aber auf Seiten Caesars erfolgreich im Bürgerkrieg mitgekämpft und sich nach Caesars Ermordung auf die Seite Marc Antons gestellt, als dessen Bevollmächtigter er 40 v. Chr. im Vertrag von Brundisium mit den beiden and. Triumvirn Lepidus und Octavian, dem späteren Augustus, wirkte. Er weigerte sich, Augustus im Krieg gegen Marc Anton 31 v. Chr. zu begleiten, und zog sich ins Privatleben zurück, um sich ganz seinen kulturellen Neigungen zu widmen. Wie Plinius sich ausdrückt, war Asinius Pollio ein Mann von leidenschaftl. Begeisterungsfähigkeit und wollte, daß auch seine Denkmäler so betrachtet werden. Diese Monumenta Pollionis waren eine öff. zugängl. Skulpt.-Slg, die offenbar im Zusammenhang mit der von ihm begründeten ersten Bibliothek in Rom im Atrium libertatis, einer Säulenportikus auf dem Quirinal, ausgestellt war. Unter diesen Denkmälern befanden sich, wie gesagt, auch die Hermeroten des → Tauriskos (I) von Tralleis, der ausdrückl. von dem Ziseleur gleichen Namens abgesetzt wird, und die Dirkegruppe, die → Tauriskos (I) gemeinsam mit seinem Bruder A. geschaffen hatte. – Die knappen, aber weiterführenden Informationen, die Plinius über diese Gruppe mitteilt, sind außer der über ihren Besitzer im wesentl. vier: erstens, daß die Gruppe aus den Figuren Zethos und Amphion sowie Dirke und dem Stier besteht. Diese Aussage lehrt, daß die um eine fünfte Figur, näml. die Antiope im Gewand einer röm. Augusta erweiterte Gruppe des Farnesischen Stieres in Neapel nicht das Orig. sein kann. Zweitens, daß auch das Orig. mitsamt der Fessel aus dem gleichen Stein gehauen war, eine rühmende Aussage, die Plinius auch von einigen and. Werken macht, die auf jeden Fall das eine beweist, daß die Gruppe aus Marmor bestand. Drittens, daß das Werk aus Rhodos weggeschleppt wurde, eine Aussage von entscheidender, aber nicht leicht zu erklärender Bedeutung. Viertens, daß der natürliche Vater der beiden Künstler Menekrates hieß, daß sie in Wirklichkeit als solchen aber Artemidoros anerkannten. Da weder Menekrates noch Artemidoros aus and. Quellen sicher bek. sind, kann man nur spekulieren, daß Artemidoros der künstler. Lehrer der beiden Brüder aus Tralleis war, den sie als ihren eigentlichen Vater ansahen. – Die wichtigste Nachr. ist zweifellos diejenige, daß das Werk aus Rhodos stammt. Da Rhodos keine Marmorvorkommen besaß, waren unseres Wissens die meisten auf der Insel aufgestellten Skulpturengruppen örtl. Auftraggeber aus Bronze. Mit einer Marmorgruppe in Rhodos muß es deshalb eine besondere Bewandtnis haben. Der Begriff *avectus*, weggeschleppt, den Plinius verwendet, setzt einen gewaltsamen Vorgang voraus. In diesem Fall kommt, da die Skulpturengruppe nach Rom gebracht wurde, nur ein Zusammenhang mit der Eroberung und Plünderung von Rhodos durch den Caesarmörder Cassius Longinus 42 v. Chr. in Betracht. Auf einen Vorgang im Zusammenhang mit dem Krieg der Triumvirn Marcus Antonius, Octavianus und Lepidus gegen die Caesarmörder, der im gleichen Jahr 42 v. Chr. bei Philippi entschieden wurde, verweist auch die Reliefnachbildung der Dirkegruppe auf dem Panzer einer Statue des Triumvirn Marc Anton, die 1986 in Naxos gefunden wurde. Marc Anton hatte, nachdem ihm im Vertrag von Brundisum 40 v. Chr. die Herrschaft über den O des Reiches zuerkannt worden war, die Insel Naxos unter die Verwaltung von Rhodos gestellt und wurde dafür durch diese Statuenaufstellung geehrt. – Die Darst. der aus Rhodos weggeschleppten und in der Skulpturen-Slg seines Parteigängers Asinius Pollio in Rom ausgestellten Gruppe auf dem Panzer Marc Antons, also des gleichen, der Cassius Longinus besiegt hatte, kann nicht zufällig sein, sondern läßt die Annahme zu, daß Marc Anton die Beute dem Cassius Longinus abgenommen und sie an seinen Freund Asinius Pollio weitergegeben hat, der ihn bei der Vertragsschließung in Brundisum vertreten mußte und ihm immer die Treue hielt. – Bei der Beurteilung des Kunstwerkes, das A. mit seinem Bruder → Tauriskos (I) geschaffen hat, muß man zw. dem verlorenen Orig. hellenist. Zeit, das später in Rom stand, und den römerzeitl. Nachbildungen unterscheiden, deren früheste das Relief der Panzerstatue von Naxos aus der Zeit zw. 40 und 31 v. Chr. sein dürfte und deren genaueste die im Maßstab 1:1 ausgeführte Kopie in Neapel darstellt. Diejenige Nachbildung aber, die als einzige ein entscheidend wichtiges Detail, näml. die Haarfrisur der unter den Stier geschleuderten Dirke und die Ursache ihres Sturzes, den Griff des Zethos in ihre Haare, bewahrt hat, ist ein Kameo der Slg Farnese in Neapel. Zethos reißt Dirke brutal nach hinten und wirft sie unter den Hufschlag des Stieres. Die fülligen, in einer um das Gesicht gelegten Rolle aufgenommenen und im Nacken frei herabfließenden Haare der Frau zeigen eine eindeutige Gallierinnenfrisur. Dieses Detail führt zu der hist. Erklärung, daß es sich bei der myth. Skulpturengruppe um das Denkmal eines Sieges über die mit Gallia identifizierte Feindin handelt, den zwei Brüder mit Hilfe des im Stier vergegenwärtigten Dionysos errungen haben. – Einen solchen dem vermeintl. Eingreifen des Dionysos verdankten Sieg über die Gallier in Kleinasien haben die Brüder Eumenes II. und Attalos II. von Pergamon im Jahre 166 v. Chr. in der Schlacht am Berge Tmolos tatsächl. errungen. Diese beiden Attaliden konnten sich in den myth. Brüdern Amphion und Zethos wiedererkennen, weil sie wie jene, deren Vater Zeus war, über Telephos und Herakles ebenfalls von Zeus abzustammen behaupteten. Auch sie mußten in Theben, wo sie mit ihrem leibl. Vater Attalos I. weilten, als diesen 197 v. Chr. dortselbst der Schlag traf, die Herrschaft übernehmen, wenn auch nicht über diese Stadt, sondern über Pergamon. Die beiden Brüder waren auch in ähnl. Weise unterschieden wie Amphion und Zethos, von denen der erstere nach der Tragödie Antiope des Euripides die *vita contemplativa*, der zweite, Zethos, die *vita activa* verkörperte, so wie Eumenes der Kopf der Reg. in Pergamon und sein Bruder, der Reitergeneral Attalos, ihr Arm gen. werden könnten. Wie ein Gedicht der Anth. Gr., 3, 7 lehrt, haben Eumenes und Attalos den Mythos von Antiope, Amphion, Zethos und der bösen Königin Dirke nachweisl. in einem Relief im Totentempel ihrer Mutter in Kyzikos benutzt, um ihr eigenes Verhältnis zur verehrten Mutter Apollonis darzustellen. Das macht es wahrsch., daß sie auch die Auftraggeber der hellenist. Dirke-Gruppe waren. Denn Tralleis, woher die Schöpfer der Gruppe stammten, lag auf dem Gebiet des Pergamenischen Reiches, das sich allein eines Sieges über die Gallier rühmen konnte. Nach dem 3. Makedon. Krieg, der 168 v. Chr. endete, hatte sich auch das Verhältnis von Pergamon zu Rhodos grundsätzl. gewandelt. Die Inselrepublik wurde in das polit. Programm der wirtschaftl. und kulturellen Unterstützung hellenist. Staaten durch Pergamon aufgenommen. Mit einer pergamen. Stiftung ließe sich die besondere Bewandtnis erklären, die es mit einer kolossalen, öff. aufgestellten Figurengruppe aus Marmor, und nicht aus der übl. Bronze, in Rhodos auf sich haben muß. Als Stiftung der pergamen. Könige wäre sie zw. dem Ende des Gallierkrieges 166 v. Chr. und 159/158 v. Chr., dem Todesjahr Eumenes II., zu datieren. Viell. war sie eine flankierende Maßnahme zu der großen Getreidespende Pergamons an Rhodos von 159 v. Chr. – Da diese hellenist. Gruppe aber nur nach der in den Caracallathermen wiedergefundenen Kopie zu beurteilen ist, ist zunächst festzustellen, wie weit diese Gruppe das Vorbild getreu wiedergibt und was die Kopie bedeuten sollte. Nach dem Stil ist sie in die Zeit des Kaisers Claudius (41–54 n. Chr.) zu datieren. Auftraggeber dürfte der Kaiser selbst gewesen sein, da als fünfte Figur eine Statue der Antiope in der Form einer als Stammutter Venus (Venus Genetrix) verehrten röm. Kaiserin hinzu gestellt wurde, in der man die Mutter des Kaisers Antonia Augusta, eine Tochter Marc Antons, erkennen kann. Der Kaiser hat sich offenbar selbst und seinen Bruder Germanicus mit den Brüdern Amphion und Zethos identifiziert, weil das von Platon überlieferte Selbstzeugnis der beiden myth. Brüder aus einem Dialog der Tragödie des Euripides (Fragmente 199, 200 und 227), die Pacuvius unter dem Namen Antiopa ins Lateinische übersetzt hatte, mit seinem eigenen Selbstverständnis und dem Wesen seines Bruders übereinstimmt. Wie Amphion konnte Claudius von sich sagen: „... und die mangelnde Kraft und die Zartheit meines Körpers tadelst du zu Unrecht; denn wenn ich Verstand besitze, ist das besser als ein starker Arm. ... Denn durch das Denkvermögen des Menschen werden Städte gut verwaltet, ebenso Häuser, auch verleiht es Überlegenheit im Kriege; denn ein kluger Plan besiegt viele Hände, und der größte Nachteil der Massen ist der fehlende Verstand. ... Glückselig ist, wer aus der Forschung Wissen gewonnen hat und nicht darauf aus ist, den Bürgern Leid zuzufügen und Unrecht zu tun, sondern auf die ewige Ordnung der unsterbl. Natur blickt und fragt, wie sie entstanden ist und woraus und wodurch. Er wird sich niemals schändl. Tun hingeben.“ – Auch daß sein Großvater Marcus Antonius das hellenist. Orig. nach Rom hatte bringen lassen, dürfte ein besonderes Interesse des Kaisers Claudius an der Gruppe begründet haben. – Was man über die künstler. Substanz des Meisterwerkes von A. und seinem Bruder → Tauriskos (I) erfahren kann, muß man durch eine krit. Betrachtung der maßstabgetreuen Kopie in Neapel herauszufinden versuchen. Folgt man dem entwerfenden Künstler, der einen nicht wie der röm. Kopist auf die frontale Achse senkrecht zur Vorderseite der Basis festlegt, sondern einen um die ganze, wahrsch. urspr. auf einer Rundbasis stehenden Plastik herumführt, dann läßt er den Betrachter in einem Blickpunkt zum Stillstand kommen, von dem aus man das ganze Geschehen nicht starr, sondern in einem weiten Blickwinkel umfassen kann. Dieser Blickpunkt liegt in der Diagonalen vor der linken Ecke der Rechteckbasis der Kopie. Aus diesem Blickpunkt sind alle zweidimensionalen antiken Nachahmungen der Gruppe aufgenommen. Man erkennt die starke Tiefendiagonale, die der heranstürmende Stier bildet. Gekreuzt wird diese von den rechts und links stehenden jungen Männern, von denen der eine die Vorderseite mit dem linken Gesichtsprofil, der and. die Rückseite mit dem rechten Gesichtsprofil darbietet. Ihre ausgestreckten Arme bilden eine eigene Diagonale im Raum, die schwächer ist als die massive des Stieres, aber für vollst. Raumaufschluß sorgt. Die ganze Gruppe bildet eine fünfseitige Pyramide, die im nach oben stoßenden rechten Horn des Dionysosstieres kulminiert. Der Künstler hat den Wendepunkt einer schreckenerregenden Handlung gewählt, welcher die Einbildungskraft herausfordert. Da ein Stier nicht wie ein

Pferd oder ein Hund auf den Hinterbeinen tänzeln kann, ist deutl., daß die Höhe des Sprungs erreicht ist, zu dem der heranstürmende Stier angesetzt hat. Im nächsten Bruchteil einer Sekunde muß das ganze Gewicht des Stieres auf die rücklings unter ihn geworfene Frau herabstürzen. Im Gegensatz zu dem grauenvollen Anblick, den die Vollendung der unaufhaltsam gewordenen Tat im nächsten Moment bieten muß, ist der im Bildwerk erfaßte, vorhergehende Augenblick von unbestreitbarer Kunstschönheit. Zwar wurde die Gruppe im Lauf einer langen Sammlungs- und Museumsgeschichte mehrfach erg. und restauriert, und bes. der Oberkörper und der Kopf der Frau sind nicht ganz richtig wieder vervollständigt worden. Aber der Gesamteindruck, den das Werk im Altertum geboten haben muß, ist doch ohne große Abstriche nachzuvollziehen. Der erstaunl. Gegensatz von grausigem Gegenstand und vollendet schöner Komp. der dargestellten Tragödie hat zu allen Zeiten die Bewunderung der Betrachter hervorgerufen. – Der Stier ist ein wahres Prachtexemplar seiner Spezies. Der rassige Kopf mit dem wolligen Wirbel des Pelzes auf der Stirn, mit den großen Augen unter den in drei Lünetten übereinander geschobenen Wülsten der Brauen, ein Rassemerkmal, das man nicht nur bei antiken Rinder-Darst. im SW Kleinasiens und auf den vorgelagerten Inseln, sondern auch noch heute bei lebenden Tieren in dieser Gegend findet; das weiche, aufgeworfene Maul mit den bebenden Nüstern, der Stiernacken, die massigen Schultern und die knappe Wamme, der schlanke, sehnige Hinterleib und die feste Muskulatur des Stieres lassen das nur widerwillig zur Hinrichtung der Frau gezwungene Tier als ausgesprochen edel erscheinen. Es verkörpert den Fruchtbarkeitsgott Dionysos, dessen Verehrerin Dirke war. – Athlet. und edel gebildet sind auch die nackten Körper der Jünglinge. Mit vereinten Kräften, die ihre Muskeln im Gleichklang spielen und ihr Bewegungsmotiv in schöner Symmetrie erscheinen lassen, bändigen sie den Stier und zwingen ihn nach ihrem Willen. Der eine trug eine Leier mit sich, die er an einen Baumstamm gelehnt hat. Er ist also der Musische, der and. der Zupackende, der die Frau unter die Klauen des Stieres schleudert. – Auch wenn sie das Gleichgewicht verliert, rücklings über die Felskante stürzt und mit dem Gesäß auf die Steinmasse hinter ihr fällt, wobei ihre Beine sich spreizen, so verliert ihre Bewegung und Erscheinung doch nichts von der Schönheit aller Linien. Die erot. Wirkung des üppigen Frauenleibes mit dem schön gefältelten Untergewand und dem reich drapierten Mantel, dessen Faltenkaskaden über den Felsen herabfallen, ist nicht zu verkennen. – Die Dirkegruppe von A. und → Tauriskos (I) von Tralleis aus der Zeit um 160 v. Chr. ist ein Inbegriffbild hellenist. Gruppenschöpfung, die gewöhnl. eine polit. Botschaft in myth. Gewande bieten und in einer dramat. Handlung vor Augen stellen. Die Bedeutung der Gruppe wurde schon in der Antike erkannt, wie die zahlr. Nachbildungen und die Wiedergabe auf dem Propagandamittel der spätantiken Kontorniat-Med. zeigen, die außer der Dirkegruppe nur noch die beiden and. bedeutendsten hellenist. Gruppenschöpfungen, die Skyllagruppe vom Typus Sperlonga-Konstantinopel und die Laokoongruppe, wiedergeben. ▭ ThB2, 1908 (s.v. A. 5). RE II. 1, 1895 (s.v. A. 121); EAA I, 1958 (s.v. A. 4); LAW, 1965; KlP I, 1965 (s.v. A. 9); DNP I, 1996 (s.v. A. 96). – *B. Andreae*, Der Farnesische Stier. Schicksale eines Meisterwerkes, FiB 1996; *id.*, Schönheit des Realismus. Auftraggeber, Schöpfer, Betrachter hellenist. Plastik, Mainz 1998, 194–206. B. Andreae

Apollonios (VI), Sohn des Nestor, griech. Bildhauer und Erzbildner, Eklektiker der sog. neuatt. Richtung der späthellenist. Plastik, im 1. Jh. v. Chr. in Rom tätig. Seine Sign. (Overbeck, SQ, 1868, Nr 2214) steht an dem Felsensitz des berühmten *Torso vom Belvedere* (Musei Vaticani, Inv. Nr 1192). Eine weitere Sign. des A. hat man lange Zeit auf dem Schlagriemen des *Sitzenden Faustkämpfers* (Rom, MN Romano, Inv. Nr 545, Bronze, 2. oder 1. Jh. v. Chr.) erkennen wollen, was aber durch M. Guarducci (1959/60) widerlegt wurde. Unsicher bleiben außerdem Zuweisungen wie die *Bronzestatue eines jugendl. Athleten mit Lanze* (Rom, MN Romano) und ihre hypothet. Verbindung zu der Dreiergruppe *Amykos und die Dioskuren* sowie der sog. *Tondo Gaddi* (Florenz, Uffizien). ⌂ Rom, Musei Vaticani: Torso vom Belvedere (u.a. als Herakles, Marsyas oder verwundeter Philoktet gedeutet), Marmor, M. 1. Jh. v. Chr. (A. 16. Jh. ausgegraben, von Winckelmann aufs höchste gerühmt). ▭ ThB2, 1908 (s.v. A. VII). RE II. 1, 1895 und Suppl. V, 1931 (s.v. A. 122); EAA I, 1958 und Suppl. 1970 (s.v. A. 6); Le Muse I, 1964; LAW, 1965; LdK I, 1987; DNP I, 1996 (s.v. A. 19). – *Brunn*, GGK II, 1889, 378 s.; *B. Sauer*, Der Torso vom Belvedere, Gießen 1894; *R. Carpenter*, MAAR 6:1927, 133 ss. und 18:1941, 84 ss.; *id.*, AJA 49:1945, 353–355; *Ph. L. Williams*, AJA 49:1945, 330–347; *K. A. Neugebauer*, AA 1946/47, 2–36; *Lippold*, GrPl, 1950, 380, Anm. 5; *Toynbee*, 1951, 24 s.; *L. Alscher*, Griech. Plastik, IV, B. 1957; *G. A. Mansuelli*, Il Torso Gaddi nella Gall. degli

Uffizi, BdA 43:1958, 1–11; *M. Guarducci*, ASAtene 37/38:1959/60, 361–365; *E. Buschor*, Sport und Kunst der Griechen, M. [2]1963; *W. Fuchs*, in: Helbig[4], I, 1963, 211–213, Nr 265; Roma, Musei Vaticani, Mi. 1968 (Musei del Mondo), 22, Abb. 22,25; *U. Hausmann*, Allg. Grundlagen der Archäologie, M. 1969, 474; *Robertson*, Hist., 1975, I, 520, 543; II, 716, Anm. 40, p 722, Anm. 104; *Fuchs*, Skulptur[3], 1983, 280–286, 593 (Lit.), Abb. 311–314; 20 000 Jahre Bildhauerkunst der Welt, Herrsching 1985, Nr 213, 214; *Stewart*, Sculpture, 1990, 230, 348, Abb. 856; *R. Wünsche*, MüJb 55:1993, 7–46; *M. Pipili*, LIMC VII, 1994, 380, Nr 31, s.v. Philoktetes; *R. Wünsche*, Torso, M. 1997.
G. Bröker/W. Müller

Apollonios (VII), Sohn des Archias, aus Athen, griech. Erzbildner, vermutl. in der 1. H. des 1. Jh. v. Chr. tätig. Viell. aus der gleichen att. Künstlerfamilie wie → A. (II). ⌂ NEAPEL, MN, Inv. Nr 4885: *Bronzeherme eines jungen Mannes* (Nachbildung des Kopfes des Doryphoros von Polyklet), aus der Villa dei Papiri in Herculaneum, mit Künstler-Sign. (Overbeck, SQ, 1868, Nr 2217; Loewy, IGB, 1885, 240 s., Nr 341), M. 1. Jh. v. Chr. ▭ ThB2, 1908 (s.v. A. VIII). RE II. 1, 1895 (s.v. A. 123); EAA I, 1958 (s.v. A. 7); KlP I, 1964 (s.v. A. 11); LAW, 1965 (s.v. A. 6); *Bénézit* I, 1976 (s.v. A. VI); DNP I, 1996 (s.v. A. 20). – *Brunn*, GGK I, 1889, 379 s.; *Picard*, Manuel, II. 1, 1939, 280, 283 s.; *Lippold*, 1950, 381, Anm. 3; *Toynbee*, Artists, 1951, 52 s.; *Fuchs*, Skulptur[3], 1983, 560 s., 607 (Lit.), Abb. 673 s. W. Müller

Apollonios (VIII), griech. Gemmenschneider, in der 2. H. des 1. Jh. v. Chr. tätig. Zwei Gemmen tragen seine Sign.: Granat oder Hyazinth (Kopf des Königs Asandros von Pontos [47–16 v. Chr.]); Amethyst (jagende Artemis), Neapel, MN. Trotz der stilist. Ähnlichkeit beider Darst. gaben die leicht unterschiedl. Schr.-Formen Anlaß zur Annahme zweier gleichnamiger Künstler. ▭ ThB2, 1908 (s.v. A. XIII). RE II. 1, 1895 und Suppl. I, 1903 (s.v. A. 127); EAA I, 1958 (s.v. A. 12); DNP I, 1996 (s.v. A. 22). – *A. Furtwängler*, JdI 3:1888, 320 ss., Taf. 10, 8 (Kleine Schr., II, 1913, 242 s., Taf. 27, 8); *Brunn*, GGK II, 1889, 322 s.; *Furtwängler*, AG, II, 1900, 234, 285 s., III, 163, Taf. 49, 8 und 63, 36; *Vollenweider*, Steinschneidekunst, 1966, 43, 63, 105 s.; *ead.*, AntK 23:1980, 146–153; *Zazoff*, AG, 1983, 206 s., Anm. 82, 85, Taf. 53, 8; 54, 1 s. G. Bröker

Apollonios (IX), gräko-ägypt. Bildhauer, etwa im 1. Jh. v. Chr. in Alexandria (?) tätig. ⌂ PARIS, ehem. Slg H. Hoffmann: Modellplatte aus Kôm-esch-Schukâfa mit Relief eines Isis-Kopfes in ägypt. Stil; die aufgemalte Inschr. nennt A. als Stifter und Hersteller. Möglichweise ist er ident. mit dem in Messene tätigen griech. Bildhauer aus Ägypten gleichen Namens → A. (X). ▭ RE, Suppl. V, 1931 (s.v. A. 126 b); *Bénézit* I, 1976 (s.v. A. XII). – *G. Legrain*, Cast. des antiquités egyptiennes de la Coll. H. Hoffmann, III, P. 1894, Nr 5; ExpSieglin, I, 1908, 288, 297. G. Bröker

Apollonios (X), griech. Bildhauer, aus Alexandreia/Ägypten, Sohn eines Hermodoros, Vater eines Demetrios, arbeitete im späten 1. Jh. v. Chr. oder frühen 1. Jh. n. Chr. in Messene/Peloponnes, wohl auch in Ägypten. Im ersten an das Propylon des Gymnasiums von Messene s. angrenzenden Raum fand sich kürzl. vor der hohen Basis für eine Bronzestatue der marmorne Torso sowie die zugehörige Plinthe mit Füßen und Ansatz der Palmstammstütze einer Replik des polyklet. Doryphoros (→ Polykleitos [I]). Sie steht hinsichtl. ihrer Qualität, des Fundorts im Gymnasium, der Maße sowie ihrer frühkaiserzeitl. Zeitstellung der Kopie aus Pompeji in Neapel (MN, Inv. Nr 6011) nahe. Der anschließende Raum III auf der W-Seite des Gymnasiums barg zahlr. marmorne Fragm. einer Hermes- und einer überlebensgroßen Heraklesstatue, letztere im Typus Farnese-Caserta. Ein Bruchstück der Statuenstütze des Herakles trägt eine *tabula ansata* mit Bildhauer-Sign.: dort zeichnet das in Messene schon bek. Künstlerpaar des A. aus Alexandreia, Sohn des Hermodoros, und seines Sohnes → Demetrios (XIII). Es ergibt sich jetzt mit guter Wahrscheinlichkeit die Identifikation von A. und → Demetrios (XIII) mit den von Paus., 4, 32, 1, ohne Namen gen. Künstlern aus Ägypten, von deren Hand im Gymnasium von Messene Statuen des Hermes, Herakles und Theseus stammten. Die naheliegende Hypothese, für die Doryphoroskopie – mindestens in der mittleren Kaiserzeit – eine Interpretation als Theseus zu fordern (so Flashar, 1996; Themelis, 1995, 1998 und 1998/1999; Weinstock, 1997, der dasselbe auch für den Doryphoros in der Palästra von Pompeji vorschlägt; dagegen: Wesenberg, 1997), bleibt vorerst nicht endgültig beweisbar. Die zweite, bereits länger bek. messenische Sign. der beiden Bildhauer steht auf einer Stele weißen Marmors, der Vermutung Lippolds zufolge eine Statuenstütze, und wurde schon immer ins 1. Jh. n. Chr. datiert (IG, V. 1, 1461; A. Wilhelm, RM 16:1891, 368; G. Lippold, in: RE, Suppl. III, 1918 [s.v. Demetrios 126 a]). Ein dritter Beleg für die Aktivität der Fam. in Messene führt wiederum zweifelsfrei den

Alexandriner A., der hier offensichtl. nicht mitgearbeitet hat, als Vater des Bildhauers → Demetrios (XIII) auf (A. K. Orlandos, Praktika 1962 [1966], 112 s., Nr 4, Taf. B'; id., ADelt 18:1963 [1965] Chron. 96; id., Ergon 1962 [1963], 127; G. Daux, BCH 87:1963, 773; J./L. Robert, REG 79:1966, 378, Nr 202; SEG 23:1968, Nr 226). Die Inschr. bezieht sich auf die frühkaiserzeitl. Statue einer Priesterin im Artemisheiligtum, an deren Basis sie angebracht ist. Aus den drei Befunden entsteht ein kohärentes Bild über die Arbeiten des A. und seines Sohnes → Demetrios (XIII). Ob auch Hermodoros Bildhauer war, bleibt offen. Jedenfalls zwingt vorerst nichts dazu, hinter Demetrios zwei gleichnamige Künstler zu sehen (so noch fälschl. W. Müller, in: AKL XXVI, 2000, s.v. Demetrios [XI]; Demetrios [XIII]). Auf einen graecoägypt. Bildhauer A. weist auch der Befund eines Modellplättchens mit ganz in ägypt. Stil gehaltenem Reliefbild der Isis sowie der Inschr. des Stifters und Künstlers → Apollonios (IX). Nicht nur Schreibers (1908) Dat. („in die erste Kaiserzeit") legt die Identität von → Apollonios (IX) mit A. (X) nahe. Dann aber ist das bildhauer. Spektrum – die messen. Figuren stehen in rein griech. Formtradition – mehr als erstaunlich. ▭ ExpSieglin, I, 1908, 288, Abb. 216; p. 297, Anm. 16; *D. Musti/M. Torelli*, Pausania, Guida della Grecia IV: La Messenia, Mi. 1991, 259; *Moreno*, Scultura, 1994, I, 506; *P. G. Themelis*, Ergon 42:1995, 31–36, Abb. 18 (Doryphoros); *id.*, BCH 120:1996, 1159, 1163, Abb. 37; *M. Flashar*, Frankfurter Allgemeine Zeitung Nr 253 v. 30. 10. 1996, S. N 5; *B. Wesenberg*, JdI 112:1997, 64 s.; *H. Weinstock*, RM 104:1997, 524, Anm. 32 s.; *P. G. Themelis*, Ergon 45:1998, 48–50, Abb. 43 (Doryphoros); *id.*, Die Statuenfunde aus dem Gymnasium von Messene, Nürnberger Blätter zur Archäologie 15:1998/99, 65, 70, 72, 74–81, Abb. 26–28 (Doryphoros), 32–35 (Herakles). M. Flashar

Apollonios (XI), aus Athen, griech. Bildhauer, im 1. Jh. v. Chr. tätig. Seine Sign. (Loewy, IGB, 1885, 237, Nr 336) befindet sich in den Gewandfalten eines Statuen-Fragm. aus weißem Marmor (Sparta, Mus.). ▭ ThB2, 1908 (s.v. A. 10). RE II. 1, 1895 (s.v. A. 124); EAA I, 1958 (s.v. A. 8). – *M. N. Tod/ A. J. B. Wace*, Cat. of the Sparta Mus., Ox. 1906, 171, Nr 363. G. Bröker

Apollonios (XII), aus Tralleis/Karien, griech. Erzbildner, wahrsch. in der 1. H. des 1. Jh. n. Chr. tätig. Vermutl. war A. mit dem Brüderpaar → A. (V) und → Tauriskos (I) verwandt. Er könnte entweder der Sohn des → Tauriskos (I) oder, was aus chronolog. Gründen weniger wahrsch. ist, ein Enkel des → A. (V) gewesen sein. Name und Herkunft des A. bek. durch die Inschr. einer im Theater von Magnesia am Mäander entdeckten Marmorbasis einer Bronzestatue, die eine Weihgabe des Dionysos-Priesters Herakleitos war (cf. O. Kern, Die Inschr. von Magnesia, B. 1900, Nr 213). ▭ ThB2, 1908 (s.v. A. VI). RE II. 1, 1895 (s.v. A. 121); EAA I, 1958 (s.v. A. 5); *Bénézit* I, 1976 (s.v. A. IV). – *F. Hiller von Gaertringen*, AM 19:1894, 37–41; *W. Klein*, GGK, III, 1907, 211; *Lippold*, GrPl, 1950, 384; *Toynbee*, Artists, 1951, 20. G. Bröker

Apollonios (XIII), griech. Bildhauer, wahrsch. im 4. V. 1. Jh. n. Chr. in Rom tätig. Schuf das *Goldelfenbein-Kultbild für den Tempel des Iuppiter Capitolinus* in Rom (Chalc., comm., ed. Meurs, 440; Overbeck, SQ, 1868, Nr 2215). Als Dat. dieses Werkes kommt höchstwahrsch. die 82 n. Chr. erfolgte Einweihung eines Neubaus des Tempels in Betracht, weniger der 69 v. Chr. gew. Iuppiter-Tempel des Catulus. Das Kultbild ist auf einer Silbermünze des Galba dargestellt (Michaelis, 1898, 198, Abb. 4). ▭ ThB2, 1908 (s.v. A. IX). RE II. 1, 1895 (s.v. A. 122); EAA I, 1958 (s.v. A. 9); LAW, 1965; *Bénézit* I, 1976 (s.v. A. VII). – *Brunn*, GGK I, 1889, 379; *A. Michaelis*, JdI 13:1898, 192 ss.; *id.*, in: *H. Egger*, Cod. Escurialensis, 1905, 135 ss.; *G. Lippold*, in: Festschr. P. Arndt, M. 1925, 123; *Z.-J. Jitta*, JRS 28:1938, 50; *K. Schefold*, RM 57:1942, 256; *Lippold*, GrPl, 1950, 380. G. Bröker

Apollonios (XIV), griech. Bildhauer, im 1./2. Jh. n. Chr. tätig. Schuf eine überlebensgroße *Apollon-Statue* (Kopie des „Apollon von Mantua", weißer Marmor), die sich jetzt in Palma de Mallorca befindet (gefunden in den Ruinen eines Tempels b. Ariccia). Wahrsch. ident. mit der bereits von E. Q. Visconti (Mus. Pio-Clementino, III, 1790, 66 [246], Taf. XLIX) erw. Statue, der als Fundort die Villa Hadriana b. Tivoli angab. Die Sign. steht auf dem als Stütze dienenden Baumstumpf (Overbeck, SQ, 1868, Nr 2220; Loewy, IGB, 1885, 265, Nr 379). ▭ ThB2, 1908 (s.v. A. XI). RE II. 1, 1895 (s.v. A. 125); EAA I, 1958 (s.v. A. 13); KlP I, 1964 (s.v. A. 12); DNP I, 1996 (s.v. A. 21). – *H. Dressel/ A. Milchhoefer*, AM 2:1877, 372, Nr 175; *Brunn*, GGK I, 1889, 380; *P. Graindor*, Athènes de Tibère à Trajan, Kairo 1931, 176. G. Bröker

Apollonios (XV), Sohn des Ammonios, griech. Architekt aus Alexandria/Ägypten, z.Z. Kaiser Trajans (98–117 n. Chr.) tätig. Aus der Weih-Inschr. CIG, III. 4, 713 c (IGRom, I, 1254) geht hervor, daß ihn eine röm. Behörde beauftragte, beim

Mons Claudianus (heute Gebel Fatireh) in der ägypt. Ostwüste zw. Nil und Rotem Meer, wo sich große Granitbrüche befanden, einen *Sarapis-Altar* zum Heile Trajans zu bauen. A. hatte dort offenbar die Leitung der Arbeiten an den Blöcken, die für versch. größere Bauten bestimmt waren. ☐ ThB2, 1908 (s.v. A. I). RE II. 1, 1895 (s.v. A. 118); EAA I, 1958 (s.v. A. 14). – *Brunn*, GGK II, 1889, 229; *Toynbee*, Artists, 1951, 12; *Müller*, Architekten, 1989, 49. *Zum Mons Claudianus*: MDAIK 17:1961, 1 ss., 54 ss.; 18:1962, 80 ss.; 22:1967, 108 ss.; *M. J. Klein*, Unters. zu den kaiserl. Steinbrücken am Mons Porphyrites und Mons Claudianus in der ö. Wüste Ägyptens, Bonn 1988, 31, 115; *E. Bernand*, ZPE 91:1992, 221 ss.; *M.-C. Hellmann*, ZPE 104:1994, 160, Nr 30; *Donderer*, Architekten, 1996, 87 s., Nr A 5.
W. Müller

Apollonios (XVI) (Ἀπολλώνιος Ἰσγερεανός), aus Isgerea (oder Sgerea)/Phrygien, Bildhauer, um die M. des 2. Jh. n. Chr. in der Tembris-Hochebene (NW-Phrygien) tätig. Nur bek. durch die Sign. eines um 160 n. Chr. gearbeiteten, mit Reliefs (Bukranienranke, Adler, Heliosbüste) verzierten Rundaltars an Zeus Bennios, den ein gewisser Diogenes und seine Frau Claudia Chysion zum Wohl ihres Dorfes namens Iskome haben anfertigen lassen. Das Votiv stammt aus Karaağaç Ören und befindet sich jetzt im Mus. von Kütahya (RE IX. 2, 1916, s.v. Iskome; T. Drew-Bear, GrRomByzSt 17:1976, 255–257, Nr 12, Taf. 8,2; S. Şahin, in: Festschr. Karl Dörner, II, Leiden 1978 [EPRO, 66], Taf. 185). Das Ethnikon Isgereanos bezieht sich auf eine weiter nicht bek. Siedlung, die vermutl. in der Tembris-Hochebene lag. Der Adler auf dem Rundaltar findet sich in beinahe ident. Ausf. auch auf einzelnen Grabreliefs in Form von Türstelen, von denen bes. ein Beispiel in einer Istanbuler Priv.-Slg (M. Waelkens, Die kleinasiat. Türsteine, Mainz 1986, Nr 272) mit der nötigen Vorsicht dem A. zugewiesen werden könnte. ☐ EAA I, 1958. – *W. M. Ramsay*, JHS 5:1884, 259 s., Nr 11; *K. Buresch*, Aus Lydien, L. 1898, 143 (Anm. 1); *T. Lochman*, Stud. zu kaiserzeitl. Grab- und Votivreliefs aus Phrygien (im Druck). T. Lochman

Apollonios (XVII), Sohn des Aineas, griech. Bildhauer, in der röm. Kaiserzeit tätig. Name und Beruf bek. durch eine vermutl. aus Smyrna stammende Weih-Inschr. (Loewy, IGB, 1885, 374, Nr 547; CIG, II, 3166). ☐ ThB2, 1908 (s.v. A. XII; der hier erwähnte *Trunkene Satyr* einer engl. Priv.-Slg ist nicht auf A. zu beziehen). G. Bröker

Apollonios (XVIII), aphrodis. Bildhauer, nicht vor dem 2. Jh. n. Chr. in Aphrodisias tätig. Nur bek. durch die Inschr. auf einem für ihn im Stadion von Aphrodisias reservierten Sitzplatz, in der er als Bildhauer bez. wird: [Ἀπολλ]ωνίου [ἀ]γα[λ]ματογλύφου. ☐ *K. T. Erim/J. Reynolds*, Sculptors of Aphrodisias in the inscr. of the city, in: *N. Başgelen/M. Lugal* (Ed.), Festschr. für Jale Inan, Istanbul 1991, 535, Nr 20. R. V.

Apollonios Aster (Ἀπολλώνιος Ἀστὴρ), Sohn des Chrysippos, aus Aphrodisias, aphrodis. Bildhauer, E. 1. Jh./A. 2. Jh. n. Chr. in Aphrodisias tätig. Seine Sign. findet sich auf einem Helm neben dem linken Fuß einer Kaiserstatue aus Marmor, die in dem O-Areal des Odeion/Bouleuterion in Aphrodisias gefunden worden ist (Aphrodisias, Mus., Inv. Nr 72. 639). Wahrsch. stammt von dem gleichen Künstler eine weitere Sign. auf einer fragm. Marmorplinthe, die in demselben Areal entdeckt worden ist (Aphrodisias, Mus., Inv. Nr 72. 472; Erim/Reynolds, 1991, 525–526, Nr 11). Auf diesem Fragm. ist nur noch ...]ΟΣΧΙ[...]ΟΙΗΣΕ[... erh., daß von Kenan Erim und Joyce Reynolds überzeugend zu [Ἀπολλώνι]ος Χρ[υσίππου Ἀστὴρ] [... ἐπ]οίησε[ν] [... erg. worden ist. ☐ *K. T. Erim/J. Reynolds*, Sculptors of Aphrodisias in the inscr. of the city, in: *N. Başgelen/M. Lugal* (Ed.), Festschr. für Jale Inan, Istanbul 1991, 523, Nr 5; p. 525 s., Nr 11. R. V.

Appas Attapineus (Ἄππας Ἀτταπινεύς), Bildhauer aus Phrygien, um 200 n. Chr. in der NW-phryg. Tembris-Hochebene tätig. Nur bek. durch die unpubl. Votivstele an Zeus Ampelites im Mus. von Kütahya, die er als λατύπος sign. hat. Die Stele zeigt im unteren Teil zwei Kühe mit säugenden Kälbern und ein vor einen Pflug gespanntes Ochsenpaar, in der M. eine stehende Jünglingsgestalt und zuoberst im giebelförmigen Feld die Büste des Zeus. Attapineus (bzw. Attapinis wie beim Bildhauer → Alexandros Attapinis) ist ein toponymes Adjektiv, das auf eine Siedlung der Tembris-Hochebene hinweist, deren Name und Lage uns aber ansonsten nicht genauer bek. sind. ☐ *T. Lochman*, Stud. zu kaiserzeitl. Grab- und Votivreliefs aus Phrygien (im Druck). T. Lochman

Appas Porindeus, *Aurelios* (Ἄππας Πορινδεύς, Αὐρ.), Sohn des Gaios, Bildhauer aus Isaurien, im 3. Jh. n. Chr. (nach 212 n. Chr.) tätig. Bek. aus zwei Inschr. aus Sarayçık (J. R. Sterret, The Wolfe expedition to Asia Minor, Boston 1888 [Papers of the American School of class. stud. at Athens, III, 1884/85], 41, Nr 57) und einer schmucklosen

Grab-Inschr. aus Eşenler Bağları (W. M. Ramsay [Ed.], Stud. in the hist. and art of the Eastern provinces of the Roman Empire, Aberdeen 1906, 169, Nr 51). Ein weiterer Bildhauer mit dem gleichen Ethnikon ist → Zezis Porindeus. Viell. ist A.s Vater Gaios mit jenem → Gaios (V), der zus. mit seinem Bruder → Appatas und dem besagten → Zezis Porindeus in einer and. isaur. Inschr. überliefert ist, identisch. ▭ *G. Mendel*, BCH 33:1909, 299, Anm. 1. T. Lochman

Appatas (Απάτας), Sohn des → Paulos (I), Bruder des → Gaios (V), Steinmetz und Architekt (τεχνίτης) aus Isaurien, mittlere(?) Kaiserzeit. Nur bek. aus einer Inschr. aus Astra in S-Isaurien (G. E. Bean/T. B. Mitford, Journeys in Rough Cilicia 1964–1968, W. u.a. 1970 [TAM, Erg.-Bd 3/ DenkschriftenWien, 102], Nr 129, Abb. 111), wonach A. zus. mit seinem Bruder → Gaios (V) und einem Zezis, Sohn des Pas (→ Zezis Porindeus), für das dortige Zeusheiligtum eine Umfassungsmauer errichtet hat. A. ist einer der zahlr. als τεχνίτης bez. isaur. oder kilik. Künstler, die sowohl als Bildhauer wie auch als Bauarbeiter tätig waren. Sein Vater ist vermutl. mit dem Bildhauer → Paulos (I), Sohn des Papias, identisch. ▭ *Zu Techniten aus Isaurien und and. Regionen S-Kleinasiens*: *J. Nollé u.a.*, EpigrAnat 5:1985, 134 s. T. Lochman

Appianos (Ἀππιανός), aphrodis. Bildhauer, am A. des 3. Jh. n. Chr. in Aphrodisias tätig. Nur bek. durch eine Inschr. aus Aphrodisios, in der er neben zwei and. Bildhauern (→ Hortasios und → Paramonos) als Stifter für eine jüd. Gemeinschaft gen. wird (Aphrodisias, Mus., Inv. Nr 76. 1, Zeile 51). ▭ *K. T. Erim/J. Reynolds*, Sculptors of Aphrodisias in the inscr. of the city, in: *N. Başgelen/M. Lugal* (Ed.), Festschr. für Jale Inan, Istanbul 1991, 535 s., Nr 22. R. V.

Apreios → Agneios

Aprilis, vermutl. kein röm. Bildhauer. A. ist in einer krypt. Inschr. belegt, die an einem röm. Porträtkopf aus der Slg Albani (Rom) angebracht ist. Dabei handelt es sich wohl nicht um eine Künstlersignatur. ▭ CIL, VI, 29803; *Calabi Limentani*, Studi, 1958, 161, Nr 63 (Nicht in: *P. C. Bol* [Ed.], Forsch. zur Villa Albani, Kat. der antiken Bildwerke, I-V, B. 1989 ss.). U. Huttner

Aprilis, *Maetius*, röm. Bildhauer, im 2./3. Jh. n. Chr. in Rom tätig. Nur bek. durch seine Grab-Inschr. aus den Priscilla-Katakomben in Rom. Sein Grabstein war mit Hammer und Meißel als Abzeichen seines ausgeübten Berufes geschmückt. ▭ ThB2, 1908. – *A. Venturi*, Storia dell'arte ital., I, Mi. 1901, 436. R. V.

Apsines (Ἀψίνης), griech. Bildhauer unbek. Zeit, in Athen tätig. Nur bek. durch seine fragm. Sign. auf einem Block aus pentel. Marmor, der in Athen gefunden worden ist. ▭ *Loewy*, IGB, 1885, 278, Nr 405. R. V.

Apuleius, *Publius*, angebl. ein Architekt der Römerzeit. Er soll in NW-Spanien den *Unterbau eines Tempels für Diana und Mars* errichtet haben. Die Echtheit der seinen Namen nennenden Inschr. (cf. CIL, II, 219; Promis, Architetti, 1873, 96, Nr 11, Donderer, 1996) ist umstritten. ▭ EAA I, 1958. – *Brunn*, GGK II, 1889, Nr 341; *Donderer*, Architekten, 1996, 297, Nr C 10. W. Müller

Aqbar, Sohn des Fahim, nabatäischer Bildhauer, im 1. Jh. n. Chr. in Iram/Jordanien tätig. A. ist in lediglich einer Weih-Inschr. überliefert, worin er sich als Bildhauer bezeichnet. Von seinen Werken ist nichts erh.; es ist jedoch anzunehmen, daß er entweder am Bau des nabatäischen Tempels in Iram beteiligt war oder in einer dortigen Tempel-Wkst. gewirkt hat. ▭ EAA V, 1963 (s.v. Nabatea, Arte, Aqbar). – *R. Savignac*, RBi 42:1933, 314–315, Nr 4. D. Keller

Aquila → Akylas (II)

Arath, etrusk. Töpfer, der im 3. V. des 7. Jh. v. Chr. den Fries auf einem Bucchero-Aryballos gefertigt hat, gefunden im capenisch-faliskischen Raum (Leprignano oder Fiano Romano) und heute in Göttingen, Archäol. Inst. der Univ. Die Künstler-Sign. befindet sich auf der Schulter des Gefäßes: „mi arathiale zichuche" (TLE[2], 278). Die Deutung ist nicht schwer: „mi" ist das Pronomen erster Person Singular im Nominativ und bezieht sich auf die Vase, die direkt „spricht"; „arathiale" ist der Eigenname A. mit Morphem im Agentiv („-iale"); „zichuche" ist die passive Vergangenheitsform eines Verbs mit dem Stamm „zic(h)-" und dem Morphem „-che", das die gleiche Bed. wie das lat. „scribere" hat (vgl. die lat. Wiedergabe des etrusk. „Zicu" mit „Scribonius", urspr. ein Zuname und später viell. ein Fam.-Name, in einer zweisprachigen etrusk.-lat. Inschr. des 1. Jh. v. Chr. aus Chiusi). Die Übersetzung lautet demnach: „Ich bin von Arath dekoriert worden". Die passiv. Formulierung entspricht den Inschr. auf griech. Keramik, die sich aus dem Namen und dem ἔγραψε (er malte, er dekorierte) zusammensetzen.

Eine and., weniger wahrsch. Übersetzung faßt das Morphem „-iale" als Dativ auf, wodurch die Inschr. sich nicht mehr auf einen Künstler beziehen würde: „Ich bin für Arath dekoriert worden". – Da A. ein Eigenname, aber kein Fam.-Name ist, dürfte sein Träger keiner bedeutenden Fam. angehört haben. Denn obschon die Beschränkung auf einen Eigennamen im 7. Jh. v. Chr. auch bei Vertretern der Aristokratie auftritt, kommt sie doch v.a. in Künstler-Sign. vor. Der Vorname A. ist einer der häufigsten in Etrurien und sicher der Alltagsname des Künstlers. In dieser Hinsicht unterscheidet sich die etrusk. Namensgebung von der griech. und der lat., wo der Künstler sein Werk mit einem Kunst- oder einem nobilitierenden Namen oder einem Titel signiert. – Die ovoide Form des Aryballos und seine Herst. aus feiner Bucchero sprechen für eine Dat. ins 3. V. des 7. Jh. Die nicht allzu anspruchsvoll ausgef. Dekoration besteht aus einem Tierfries: zwei Löwen, denen jeweils ein menschl. Bein aus dem Rachen ragt, sind einander frontal zugewandt, daneben ein Schwimmvogel. Der Löwe vertritt mit seinem geschmeidigen Rumpf, dem Mähnenbüschel auf der Stirn, der kräftigen Schnauze und dem runden Rücken einen Typus, der als „phönizisierend" bez. wird und über phöniz. Metallphialen, die in der 1. H. des 7. Jh. v. Chr. importiert wurden, oder aber über phöniz. Meister in Etrurien verbreitet worden ist. Auf einer der Großkatzen reitet ein ungeheures Wesen mit langem Schnabel. Bei dem seltsamen Motiv eines Löwenritts könnte es sich um eine Verschmelzung von Reiterbildern mit Darst. von Löwen, die einen Vogel auf ihrem Rücken tragen, handeln. A.s absonderl. Figurenfries reiht sich damit nahtlos in die oft eigentüml. Dekoration der Ton- und Bucchero-Gefäße des 7. Jh. v. Chr. aus dem falikisch-capenischen Raum ein. ▭ *M. Bonamici*, I buccheri con figurazioni graffite, Fi. 1984, 39, Anm. 45, Taf. 21.

G. Camporeale

Arcesilas → **Arkesilaos** (I)

Arcesius → **Argelius**

Arcesius → **Tarchesius**

Archedamos ('Αρχέδαμος), aus Thera, griech. Bildhauer, in der 2. H. des 5. Jh. v. Chr. in einer Nymphengrotte b. Vari/Griechenland tätig. Seine Sign. findet sich auf einem Steinblock, in den Felsen geschrieben und zweimal neben einem in den Fels gehauenen Relief einer natürl. Grotte im s. Hymettos b. Vari, die den Nymphen gew. war (IG, I², 784–788; C. H. Weller/M. E. Dunham, AJA 7:1903, 263 ss., Abb. 5–6; p. 297, Nrn 16–20; Floren, 1987, 177, Anm. 13). Auf dem Relief steht A. selbst neben dem Schrein für Apollo Hersos. Er hält einen Hammer in der Linken und einen Richtscheit in der Rechten. ▭ ThB2, 1908. RE II. 1, 1895 (s.v. A. 8); EAA I, 1958. – *Lippold*, GrPl, 1950, 90, Anm. 1; *Floren*, GrPl, 1987, 177, Anm. 13.

R. V.

Archeneides ('Αρχένειδες), griech. Töpfer, in der M. des 6. Jh. v. Chr. in Athen tätig. Nur bek. durch seine Sign. auf einer Randschale in London (BM, Inv. Nr 1919. 6-20. 2; ABV, 1956, 160; Para, 1971, 67; CVA, London 2, Taf. 12, 7). Die Schale ist mit der verkürzten Sign. ohne Prädikat, wobei die einzelnen Buchstaben unterschiedl. groß sind, und vielblätterigen, unfein geritzten Henkelpalmetten verziert. Nach ihrem Stil dat. sie zw. 550 und 540 v. Chr. A. gehört zu den sog. Kleinmeistern.

P. Heesen

Archermos ("Αρχερμος), Sohn des → Mikkiades, Vater des → Bupalos und des → Athenis, griech. Bildhauer, im 6. Jh. v. Chr. in Chios tätig. Lt. Plinius (nat., 36, 11; Overbeck, SQ, 1868, Nr 314; Stewart, 1990, 342 s., Nr T 18) schuf er Plastiken auf Lesbos und Delos. Zu letzterem fand sich ein Epigramm, in dem → Mikkiades als Stifter und A. als Bildhauer gen. wird (Athen, NM, Inv. Nr 21a; Loewy, IGB, 1885, 3–4, Nr 1; IG, XII. 5, zu 147; Rubensohn, 1948, 38–43; Marcadé, Signatures, II, 1957, Nr 21 Taf. 29, 1; Scherer, 1983; Floren, GrPl, 1987, 336, Anm. 10). Eine and. Stiftung des → Mikkiades auf Paros ist möglicherweise ebenfalls von A. gefertigt worden (IG, XII. 5, 147; O. Rubensohn, AM 27:1902, 195, Abb. 3; id., 1948; Floren, 1987, 336, Anm. 12). Zus. mit seinen Söhnen → Bupalos und → Athenis stellte er ein and. Werk her (Athen, Epigr. Mus., Inv. Nr 6241; IG, I², 487; Raubitschek, 1949, 7–8, Nr 3; Marcadé, Signatures, II, 1957, Nr 21; Floren, 1987, 336, Anm. 13). Lt. dem Scholion zu Aristophanes (av., 573; Overbeck, SQ, 1868, Nr 315; Floren, 1987, 336, Anm. 11; Stewart, 1990, 244, Nr T 19) schuf er auch die erste geflügelte Nike. Auf Delos fand sich eine um 560 v. Chr. zu datierende unterlebensgroße Statue einer Nike aus par. Marmor, die mit einer Basis, die von A. sign. worden ist, verbunden werden kann (Th. Homolle, BCH 5:1881, 272–278; Rubensohn, 1948; Scheibler, 1979; Scherrer, 1983; Ridgway, 1986; Floren, 1987, 336 s.; Stewart, 1990, 68, 116, 124, Abb. 92; A. Moustaka, LIMC VI, 1992, 853, Nr 16*, s.v. Nike). Ob es sich jedoch um dieselbe Nike handelt, die Aristophanes meinte, muß offenbleiben (z.B. glaubt Stewart, 1990, 317, daß die auf Delos gefundene die von Aristophanes zitierte Gestalt ist). Die geflügelte Nike aus Delos ist im Knielaufschema nach links gezeigt, ihr Kopf leicht nach rechts geneigt, der Oberkörper frontal und der Unterkörper im Profil gebildet. Sie trägt in der Mittel gescheiteltes Haar, das über der Stirn in Form von Voluten und über den Schultern in langen perlartigen Strähnen herabfällt. Ihr Gesicht ist durch schräg gerichtete Augen, pronzierte Wangen und einem stark lächelnden Mund betont. Die Nike stellt ein Meisterwerk kurz vor der M. des 6. Jh. dar und zeugt von der Könnerschaft des A. Möglicherweise ist auch das Fragm. einer and. lebensgroßen Nikestatue auf Delos auf A. zu beziehen (A. Furtwängler, AZ 40:1882, 325; Floren, 1987, 337, Anm. 27). Zwei ebenfalls um 560 v. Chr. datierte Torsen von Koren von Chios werden des weiteren der Wkst. des A. zugeordnet (Chios, Mus., Inv. Nrn 225–226; J. Boardman AntPl 1, 1962, 43- 45, Taf. 38–44; J. G. Pedley, AJA 86:1982, 184, Nrn 3–4, Taf. 25, 5–8; Floren, 1987, 338, Anm. 34). ▭ ThB2, 1908. RE II. 1, 1895; EAA I, 1958; DNP I, 1996. – *O. Rubensohn*, MdI 1:1948, 21- 43; *Raubitschek*, Dedications, 1949, 484–487; *I. Scheibler*, MüJb 30:1979, 19–22; *F. Croissant*, Les protomés feminines archaïques, P. 1983, 69–86 ; *P. Scherrer*, ÖJh 54:1983, 19–25; *B. S. Ridgway*, The Nike of Archermos and her attire, in: Chios. A conference of the Homereion in Chios 1984, Chios 1986, 239–274; *Floren*, GrPl, 1987, 335–338; *Stewart*, Sculpture, 1990, 68, 116, 124, 243 s., 317. R. V.

Archias (Ἀρχίας), aus Korinth, griech. Schiffsarchitekt, in der 2. H. des 3. Jh. v. Chr. tätig. Unter ihm erreichte die in Korinth schon für das 8./7. Jh. v. Chr. mit dem Schiffsarchitekten Ameinokles nachweisbare Schiffsbautradition in hellenist. Zeit einen neuen Höhepunkt. Hieron II. (269–215 v. Chr. Tyrann von Syrakus) ließ durch A. als Bauleiter und unter Hinzuziehung des Archimedes den Getreidetransporter „Syrakosia", der wegen seiner Größe in keinem griech. Hafen anlegen konnte, zu einem Luxusschiff umbauen (Rauminhalt: ca. 3000 Bruttoregistertonnen) und schenkte es dem König von Ägypten. Das umgebaute Schiff erhielt den Namen „Alexandris". Für den Stapellauf soll Archimedes eine Winde konstruiert haben. Beschr. der prunkvollen Ausstattung (u. a. 30 Vierbett-Kabinen, 3 Salons sowie eine viele Kunstwerke enthaltende Innendekoration) bei Athenaios, deipn., 5, 206 d-209 b. ▭ ThB2, 1908. RE II. 1, 1895 (s.v. A. 23); EAA I, 1958 (s.v. A. 2); DEAU I, 1968. – *Brunn*, GGK II, 1889, 230; *Müller*, Architekten, 1989, 144 s. W. Müller

Archikles (Ἀρχίκλες), griech. Töpfer, in der M. des 6. Jh. v. Chr. in Athen tätig. Nur bek. durch seine Sign. auf drei Schalen. Er gehört zu der ersten Generation der sog. Kleinmeister. Die älteste seiner Schalen (London, BM, Inv. Nr B 418; ABV, 1956, 160, Nr 1; CVA, London 2, Taf. 15, 9a-b) ist eine Mischform zw. einer Gordionschale und einer Randschale und ist um 555 zu dat. Im Innen-Med. befindet sich ein Reiter, auf den Außenseiten ist die Schale nur mit Henkelpalmetten und der Sign. verziert. Die and. zwei Schalen in London (BM, Inv. Nr B 398; ABV, 1956, 160, Nr 3; CVA, London 2, Taf. 15, 10) und in München (Staatl. Antiken-Slgn, Inv. Nr 2243; ABV, 1956, 160, Nr 2; p. 163, Nr 2; Para, 1971, 67, Nr 2; p. 68, Nr 2; CVA, München 11, Taf. 2, 7 – 6, 3) sind Bandschalen, die zw. 550 und 545 v. Chr. zu dat. sind. Die Londoner Schale besitzt als Verzierung nur Henkelpalmetten und die Signatur. Auf der Münchener Schale, die auch von dem Töpfer → Glaukytes sign. worden ist, finden sich mytholog. Themen: Die Kalydonische Eberjagd auf der einen Seite und Theseus im Kampf mit dem Minotauros auf der anderen. Wie die beiden Töpfer die Arbeit verteilt haben, ist nicht klar. Das Profil der Münchener Schale ist fast gleich mit dem einer Bandschale in Amsterdam (Allard Pierson Mus., Inv. Nr 8192; CVA, Amsterdam 2, 62–64, Abb. 30, Taf. 100–101, 1–6), die dem Phrynosmaler zugeschr. werden kann. Diese frappante Ähnlichkeit unterstützt die von Haldenstein (1975) vorgebrachte Theorie, daß die Töpfer Archikles, → Glaukytes und → Phrynos (I) eng zus. gearbeitet haben. Die Schalen des A. sind tief, die Figuren auf der Münchner Schale wirken hölzern und haben ein altmod. pinguinartiges Aussehen, die Inschr. sind hingegen sehr präzis. ▭ ThB2, 1908. RE II. 1, 1895 (s.v. A. 5). – ABV, 1956, 160, Nrn 1–3; p. 163, Nr 2; Para, 1971, 67, Nr 2; p. 68, Nr 2; *J. T. Haldenstein*, Little master cups, Stud. in 6th cent. Attic black-figure vase painting, diss. Univ. Cincinnati, Ann Arbor 1975, 18–32; *L. Rebillard*, BCH 116:1992, 501–540. P. Heesen

Archilochos (Ἀρχίλοχος), aus Agryle, griech. Architekt, am E. des 4. Jh. v. Chr. in Athen tätig. A. war gemäß den Baurechnungen des Erechtheion in Athen (IG, I³, 476, Zeilen 1–4, 60–61, 266–268; Paton u.a., 1927, Nr XIII, col. I, 56 s.; Nrn XV-XVI und XVII, col. II, 9–11; Svenson-Evers, 1996, 279, Nrn T 1–3) z.Z. des Archonten Euktemon als Architekt tätig. Da Euktemon im Jahre 408/407 v. Chr. und nicht – wie früher angenommen wurde – im Jahre 409/408 v. Chr. Archont war, war A. folgl. in diesem Jahr der leitende und nicht ein dem → Philokles (II) aus Acharnai unterstellter Architekt. Er zeichnete verantwortl. für den Abschluß diverser Arbeiten am Erechtheion, u.a. für die Errichtung der Kassettendecke aus Holz, für das Kannelieren der Säulen der O-Halle, für die Bemalung des Epistyls im Inneren und für die Fertigung der Figuren des Frieses. Für diese Beaufsichtigung erhielt er durchschnittl. einen Tageslohn von einer Drachme. ⊏⊐ ThB2, 1908. RE II. 1, 1895 (s.v. A. 3); EAA I, 1958. – *J. M. Paton/ G. P. Stevens/L. D. Caskey/H. N. Fowler*, The Erechtheum, C., Mass. 1927; *Svenson-Evers*, Architekten, 1996, 225, Anm. 50, pp. 279 s. R. V.

Architecctus, *Antonius*, röm. Architekt, im 2. V. des 1. Jh. n. Chr. in Dakien tätig. Nur bek. durch eine Grab-Inschr. aus Sucidava – Celei/Rumänien (heute Bukarest, Archäolog. Inst. der Univ.) vom 2. V. des 1. Jh. n. Chr.; CIL, III, 14492). ⊏⊐ *G. Florescu/C. C. Petolescu*, IDR, II, 1977, 111–112, Nr 203; *B. Gerov*, Inscr. Latinae in Bulgaria repertae, Sofia 1989, 31–32, Nr 49, Taf. 12; *Donderer*, Architekten, 1996, 194–196, Nr A 94, Taf. 35, 1. R. V.

Architectus → Quintus Architectus

Arc]hitectus, Name auf einer spätantiken christl. Grab-Inschr. aus Karthago. Nach M. Donderer (1996) handelt es sich dabei um einen Eigennamen, der möglicherweise vom Beruf des Verstorbenen abgeleitet ist. H. Solin hat jedoch gezeigt, daß weder die Erg. gesichert noch das Cognomen *Architectus* eindeutig auf den Beruf des Verstorbenen zu beziehen ist. ⊏⊐ *Donderer*, Architekten, 1996, 282, Nr B 4; *H. Solin*, Arctos 31:1997, 135–147 (*id.*, Analecta Epigraphica 1970–1997, R. 1998, 391–396). M. Dennert

Architeles (Ἀρχιτέλης), griech. Steinmetz, zu unbestimmter Zeit tätig. Nur bek. durch ein Epigramm des Philipp von Thessalonike (Anth. Gr., 7, 554), nach dem er das Grabmal seines verstorbenen Sohnes Agathanor selbst schuf. R. V.

Aregon (Ἀρήγων), griech. Maler aus Korinth, wahrsch. im 6. Jh. v. Chr. tätig. Strab. (8, p. 343 C; Overbeck, SQ, 1868, Nr 382) erw. als Werk des A. ein Bild (Artemis, von einem Greifen emporgetragen) im Tempel der Artemis Alpheionia b. Olympia. ⊏⊐ ThB2, 1908. RE II. 1, 1895; EAA I, 1958; EWA XI, 1972, 147, 157, 165. – *Brunn*, GGK II, 1889, 5; *Pfuhl*, MuZ, I, 1923, 498; *Reinach*, Rec-Milliet, 1985, 66 s. G. Bröker

Arellius, röm. Maler, in der M. des 1. Jh. v. Chr. in Rom tätig. Plinius tadelte ihn, weil er für Darst. von Göttinnen Bildnisse seiner Geliebten zum Vorbild nahm (Plin., nat. 35, 119; Overbeck, SQ, 1868, Nr 2383; Ferri, Plin., 1946, 187). ⊏⊐ ThB2, 1908. RE II. 1, 1895 (s.v. A. 1); EAA I, 1958; EWA VII, 1971, 395. – *W. Helbig*, Unters. über die campan. Wandmalerei, L. 1873, 337; *Brunn*, GGK II, 1889, 205 s.; *O. Vessberg*, Stud. zur Kunstgesch. der röm. Republik, Lund 1941, 110; *Toynbee*, Artists, 1951, 37. G. Bröker

Arethonos cf. **Alpheos**

Argeiadas (Ἀργειάδας), Sohn (oder Sklave?) des Bildhauers → Hageladas von Argos, griech. Erzbildner, um 480 v. Chr. tätig. Schuf zus. mit → Atotos, → Athanodoros (I) von Achaia und → Asopodoros (I) von Argos ein aus mehreren Bronzestatuen bestehendes Weihgeschenk in Olympia. Stifter war ein Praxiteles aus Mantineia in Arkadien, der später Bürger von Syrakus und Kamarina wurde. Da Pausanias das Monument nicht erw., ist anzunehmen, daß die Statuen zu seiner Zeit nicht mehr vorh. waren. Erh. blieb nur das im Zeus-Tempel von Olympia gefundene mehrteilige Bathron mit der Inschr., die Stifter und Künstler nennt (Loewy, IGB, 1885, 24–26, Nr 30 und p. XVIII; W. Dittenberger/K. Purgold, Die Inschr. von Olympia, Olympia, V, 1896, Nrn 266, 630 s.). Die Fundumstände des Bathrons datieren das Werk in die Zeit vor der um 470 v. Chr. begonnenen Erbauung des Zeus-Tempels. Vermutl. entstand es noch vor der 484 v. Chr. erfolgten Zerstörung von Kamarina. ⊏⊐ ThB2, 1908 (mit älterer Lit.). RE II. 1, 1895; EAA I, 1958 (mit älterer Lit.); EWA XI, 1972, 142, 143, 145, 164; *Bénézit* I, 1976. – *Picard*, Manuel, II. 1, 1939, 151, Anm. 3, p. 216, 262, Anm. 3; *G. Becatti*, Il maestro di Olimpia, Fi. 1943, 28 s.; *Lippold*, GrPl, 1950, 103 mit Anm. 4; *L. H. Jeffery*, The local scripts of archaic Greece, Ox. 1961, 160, Nr 19; *H. Philipp*, Tektonon Daidala, B. 1968, 147, Anm. 353.
G. Bröker/W. Müller

Argeios (Argius), ein oder zwei griech. Bildhauer(?). Die Existenz eines oder zweier Träger dieses Namens ist infolge verschiedener Interpretationsmöglichkeiten der inschriftl. und lit. Überlieferung nicht mit Sicherheit feststellbar: Auf einer in Olympia gefundenen Basis (1. H. 5. Jh. v. Chr.) ist dem Namen des Erzbildners → Argeiadas der in dieser Form ungewöhnl. Zusatz Hagelada targgeion beigefügt. Falls damit nicht ledigl. die Herkunft seines Vaters → Hageladas aus

Argos hervorgehoben werden soll, hätte Argeiadas hier auch den Namen seines Großvaters, A., erwähnt. – Einen jüngeren, evtl. derselben Künstlerfamilie angehörenden A. rechnete viell. Plinius zu den Schülern von → Polykleitos (I), deren Namensliste er mit Argium Asopodorum .... (Plin., nat., 34, 50) beginnt. Bei Annahme der (nur sehr selten vorkommenden) Voranstellung eines Ethnikons handelt es sich jedoch an dieser Stelle ebenfalls um den Namen nur eines Künstlers, des Argivers → Asopodoros (I). Einen aus Argos stammenden → Asopodoros (I), der viell. der Großvater des Polykletschülers sein könnte, nennt auch die oben erw. Inschr. aus Olympia. ▭ ThB2, 1908. RE II. 1, 1895 (s.v. A. 18); EAA I, 1958. – *Overbeck*, SQ, 1868, Nr 978; *W. Klein*, AM 7:1884, 63; *A. Schöll*, in: Hist. und philosoph. Aufsätze E. Curtius gewidmet, B. 1884, 117 ss.; *Loewy*, IGB, 1885, XVIII, 24–26, Nr 30; *Brunn*, GGK I, 1889, 194; *S. Ferri*, Plin., 1946, 73. G. Bröker

Argelius (Argelios; Arkesios), griech. Architekt, im 4. Jh. v. Chr. (?) in Tralles tätig. Vitruvius (7, praef. 12) zufolge errichtete A. den ion. Asklepiostempel zu Tralles. Auch verfaßte er Abh. über dieses Bauwerk sowie über den korinth. Stil. A. wird häufig mit dem ebenfalls von Vitr. (IV, 3, 1) gen. Architekten → Tarchesius gleichgesetzt und beider Namen darüber hinaus in Arcesius (Arkesios) geändert. ▭ ThB2, 1908; 32, 1938 (s.v. Tarchesius). RE II. 1, 1895 (s.v. Arkesios), 548 (Architectura); EAA I, 1958 (s.v. Arkesios); VII, 1966 (s.v. Tarchesios). – *Brunn*, GGK II, 1889, 222 s., 230; *S. Ferri*, Vitruvio, R. 1960, 158. G. Bröker

Argelius? cf. **Thargelius**

Argius → **Argeios**

Ari[... ('Αρι[...), vermeintl. griech. Münzstempelschneider, zw. 340 und 330 v. Chr. in Tarent und Metapont tätig. Dieses Namensinitial erscheint als Sign. auf Münzen von Tarent und Metapont des Jahrzehnts 340–330 v. Chr. Darst.: Diverse Götterköpfe (Metapont), Delphinreiter mit Helm spielend (Tarent). Die früher häufig verfochtene Identifikation mit dem Graveur → Aristoxenos (I) kann wegen des großen Zeitabstands nicht zutreffen. Da die Sign. in Metapont in einem Fall sekundär über eine ältere Sign. graviert wurde, wird es sich ohnehin nicht um den Namen eines Graveurs handeln. Weitere Parallelen zw. Metapont und Tarent lassen vermuten, daß der Signatar zus. mit mehreren Kollegen vorübergehend die Münzprägung beider Städte zu kontrollieren hatte. ▭ *A. J. Evans*, NumChron 1889, 73, 113, 118 s.; *L. Forrer*, Spink's Numismatic Circular 7, Feb. 1900, 3787; *L. Forrer*, RBNum 59:1903, 281–283; *ibid.* 61:1905, 6 ss.; *idem*, Notes sur les sign. de graveurs sur les monnaies grecques, Br. 1906, 43–59; *idem*, RBNum 62:1906, 24 ss.; *M. P. Vlastos*, NumChron 1907, 286; *idem*, NumChron 1926, 218 ss.; *J. H. Jongkees*, The Kimonian Dekadrachms, Utrecht 1941, 122 s.; *I. Maull*, in: *E. Boehringer* (Ed.), Wiss. Abh. des dt. Numismatikertages in Göttingen, Göttingen 1951, 13–26; *F. di Bello*, in: Atti del 13. Convegno di Studi sulla Magna Grecia, Tarent 1973, N. 1974, 287–300; *G. K. Jenkins*, in: Greek numismatics and archaeology. Essays in honor of M. Thompson, Wetteren 1979, 111; *A. Johnston*, The coinage of Metapontum III, N. Y. 1990, 53; *F. van Keuren*, The coinage of Heraclea Lucaniae, R. 1995, 23; *W. Fischer-Bossert*, Chronologie der Didrachmenprägung von Tarent 510–280 v. Chr., B. 1999, 401, Anm. 30; *H. A. Cahn*, in: Travaux de numismatique grecque offerts à Georges Le Rider, Lo. 1999, 104–107. W. Fischer-Bossert

Ariaramnes ('Αριαράμνης), Sohn des Pallaios, griech. Architekt, z.Z. des Königs Mithradates von Kommagene (um 36–20 v. Chr.) in Damlica/ Kommagene tätig. Nur bek. durch eine Inschr. an einer Felswand im Innern eines Raumes von Damlica, nach der er beauftragt war, Statuen in einem Heiligtum aufstellen zu lassen (SEG, XLI, 1501). ▭ *S. Şahin*, EpigrAnat 18:1991, 101 ss., Nr 1, Taf. 1; *D. Feissel/P.-L. Gatier*, BullEp 1993, 557, Nr 614; *C. Brixhe/A. Panayotou*, BullEp 1994, 588, Nr 61; *M.-C. Hellmann*, ZPE 104:1994, 157 s., Nr 20; *Donderer*, Architekten, 1996, 89 s., Nr A 6, Taf. 1, 2. R. V.

Aridikes, griech. Maler aus Korinth, 8./7. Jh. v. Chr. Nach Plin., nat., 35, 15/16 (Overbeck, SQ, 1868, Nr 375; Ferri, Plin., 1946, 125) war A. zus. mit → Telephanes (I) von Sikyon einer der ersten Künstler, der unter Verzicht auf jegl. Farbgebung bloße Linearbilder anfertigte. Beide sollen dabei Binnen-Zchng angewandt haben. Seit ihrer Zeit wurden, wie auch in der Vasenmalerei übl., die Darst. mit Namens-Beischr. versehen. ▭ ThB2, 1908. RE II. 1, 1895 (s.v. A. 4); EAA I, 1958; EWA XI, 1972, 147, 157. – *F. Studniczka*, JdI 2:1887, 150 s.; *Brunn*, GGK II, 1889, 3, 5; *Pfuhl*, MuZ, I, 1923, 497 s.; *A. De Capitani d'Arzago*, La grande pitt. greca, Mi. 1945, 26; *Rumpf*, MuZ, 1953, 32, 34 (s.v. Aridikos). G. Bröker

Arimanos ('Αρίμανος), angebl. griech. Bildhauer der archaischen Zeit. Sein Name ist vermerkt auf einer Inschr. aus Thera. Ob hier jedoch eine

Sign. vorliegt, ist zweifelhaft. ▭ EAA I, 1958. – *Brunn*, GGK I, 1889, 43. R. V.

Arimmas (Arimna[s]), griech. Maler aus Athen(?), im 5. Jh. v. Chr. tätig. Bei Varro (ling., 9, 6, 12, ed. Müller; Overbeck, SQ, 1868, Nr 1093; Reinach, RecMilliet, 1985, 166 s., Nr 160), als Zeitgen. der Maler → Mikon (I) und → Diores erwähnt. Gelegentl. mit dem Maler → Aristomenes (II) von Thasos gleichgesetzt. ▭ RE II. 1, 1895; EAA I, 1958 (s.v. Arimnas). – *Brunn*, GGK II, 1889, 32. G. Bröker

Ariseias → Aristeas (I)

Arist → Aristoxenos (II)

Aristainetos (Ἀρισταίνετος), griech. Architekt, im 2. Jh. n. Chr. in Kyzikos tätig. Nach einer von Cyriacus von Ancona kopierten metr. Inschr. erbaute A. den einstmals berühmten Tempel des Hadrian zu Kyzikos (voll. erst 167 n. Chr., unter Marcus Aurelius). Überlieferungen über das aus prokonnes. Marmor err. Bauwerk, dessen Grundriß (etwa 100 x 30 m) durch frz. Ausgrabungen festgestellt worden ist, finden sich in der Eröffnungsrede des Rhetors Aelius Aristides sowie bei Xiphilinos (Zonar., 12, 1). Die durch 6 x 15 korinth. Säulen gebildete Ringhalle umfaßte einen vor der Cella von 4 x 4 und hinter dieser von 2 x 4 Säulen bestandenen Raum. Die Innenwände der Cella wurden durch eine von Säulen getragene Galerie umzogen. ▭ ThB2, 1908. RE II. 1, 1895 (s.v. A. 10); EAA I, 1958 (mit Lit.). – *Müller*, Architekten, 1989, 145 s.; *E. Winter*, in: Mys. Stud., I, Bonn 1990, 37 ss.; *P. Herrmann*, EpigrAnat 20:1992, 69 s., Nr 5; *C. Brixhe/A. Panayotou*, BullEp 1994, 564 s., Nr 473; *C.-M. Hellmann*, ZPE 104:1994, 166, Nr 47; *A. Barattolo*, IstMitt 45:1995, 69 ss., Taf. 34; *Donderer*, Architekten, 1996, 287 s., Nr C 3, Taf. 61, 1. G. Bröker

Aristandros (I) (Ἀρίστανδρος), Erzbildner, E. 5./A. 4. Jh. in Paros tätig. Gehört zur Familie griech. Bildhauer und Erzbildner aus Paros, in der die Namen A. und Skopas im 5.–1. Jh. v. Chr. miteinander abwechselten, viell. Vater des berühmten Bildhauers und Architekten → Skopas (II). Schuf nach Paus., 3, 18, 8, (Overbeck, SQ, 1868, Nr 942; vgl. auch Frazer, Pausanias' description of Greece, III, Lo. 1898, 351 und H. Hitzig/H. Blümner, Des Pausanias' Beschr. von Griechenland, II, L. 1901, 810 s.) eine Frauengestalt mit Lyra als Stützfigur für einen der beiden großen Bronzedreifüße, welche die Spartaner für ihren Sieg b. Aigospotamoi (405 v. Chr.) nach Amyklai weihten. Das Werk stellte nicht, wie Pausanias meint, eine Personifikation Spartas dar, sondern wahrsch. die in Amyklai verehrte Göttin Alexandra. ▭ ThB2, 1908; 31, 1937 (s.v. Skopas I). RE II. 1, 1895 (s.v. A. 7); EAA I, 1958 (s.v. A. 2, mit Lit.); EWA VII, 1971, 45; XI, 1972, 176; XIII, 1967, 57. – *Brunn*, GGK I, 1889, 193 s., 210; *Picard*, Manuel, III. 1, 1948, 222 s. (Anm. 1), 412, 635; *Lippold*, GrPl, 1950, 230 mit Anm. 14. W. Müller/G. Bröker

Aristandros (II), aus Megalopolis in S-Arkadien, griech. Architekt, wahrsch. im 3. Jh. v. Chr. tätig. Erbaute (oder stiftete?) eine ca. 100 Meter lange Stoa („Aristandreion“) an der S-Seite der Agora von Megalopolis, nahe dem N-Ufer des Helisson und gegenüber der großen Stoa Philipps von Makedonien (Paus., 8, 30, 10). Den Bau begrenzten im O der Tempel des Zeus Soter, im W das Heiligtum der Großen Göttinnen (Demeter und Kore). In nachantiker Zeit wurde das Gelände durch Überschwemmungen des Helisson weggerissen, so daß bei den engl. Ausgrabungen von 1890/91 keine Reste mehr festgestellt werden konnten. ▭ ThB2, 1908. RE II. 1, 1895 (s.v. A. 5); EAA I, 1958 (s.v. A. 1); IV, 1961 (s.v. Megalopolis); EWA XI, 1972, 169. – *E. Curtius*, Peloponnesos, I, Gotha 1851, 287 ss., 334 ss.; *E. A. Gardner u.a.*, Excavations at Megalopolis, 1890–1891 (Suppl. Papers Soc. for Promotion of Hellenic Stud., 1), Lo. 1892, 101 ss.; *J. G. Frazer*, Pausanias' description of Greece, IV, Lo. 1898, 321 ss.; *A. Petronotis*, Magale Polis of Arkadia, At. 1973, 23. W. Müller

Aristandros (III), griech. Bildhauer, im 1. Jh. v. Chr. tätig, gehört wahrsch. ebenfalls zur Familie aus Paros, in der die Namen A. und Skopas abwechselten. Sohn eines Skopas, der nach der Hypothese von P. Mingazzini (1946) mit → Skopas (III), dem Künstler des sog. Hercules Olivarius, ident. sein soll. Rest. nach 88 v. Chr. auf Delos einige der von dem Bildhauer → Agasias (I) von Ephesos geschaffenen Statuen, die – vermutl. in einem der Mithridat. Kriege – beschädigt worden waren. Von diesen Werken blieben nur 3 Inschr.-Basen erh., die auf Delos (2 davon in der Nähe der Agora der Italiker) gefunden wurden (ID, V, 1696 s., 1710, 2494). Eine der Inschr. nennt die Namen des A. und des → Agasias (I) von Ephesos, eine weitere bezieht sich auf die Restaurierungsarbeiten des A. (Loewy, IGB, 1885, 200 s., Nr 287 s.; Marcadé, Signatures, II, 1957, 10 s., 23). Aus den Inschr. geht ferner hervor, daß eine der Statuen von ital. und griech. Kaufleuten als Ehrung für Munatius Plancus (wohl den Legaten Sullas) errichtet wurde und and. (Inschr.-Basis in Leiden, Rijksmus.

van Oudheden) zu Ehren des Legaten Gaius Billienus. ▭ ThB2, 1908; 31, 1937 (s.v. Skopas II). RE II. 1, 1895 (s.v. A. 8); XVI. 1, 1933 (s.v. Munatius 28); EAA I, 1958 (s.v. A. 3). – *Brunn*, GGK I, 1889, 422; BCH 34:1910, 538, 543; *O. Rubensohn*, JdI 50:1935, 51 s., 58; *P. Mingazzini*, Arti figurative 1946, 140 ss.; *Lippold*, GrPl., 1950, 370, 382; *Picard*, Manuel, IV. 2, 1963, 1003, 1176.

W. Müller

Aristarete ('Αρισταρέτη), griech. Malerin, Tochter und Schülerin des Malers → Nearchos (II), wahrsch. im 4. oder 3. Jh. v. Chr. tätig. Bei Plinius (nat., 35, 147; Overbeck, SQ, 1868, Nr 2153; Ferri, Plin., 1946, 207) in dem Verz. der Malerinnen mit einem Asklepios-Bild erwähnt. ▭ ThB2, 1908. RE II. 1, 1895; EAA I, 1958. – *Brunn*, GGK II, 1889, 201 s.; *Pfuhl*, MuZ, II, 1923, 918; *N. Kampen*, Hellenistic artists: Female, in: ArchCl 27:1975, 10; *Robertson*, Hist., II, 1975, 712.

G. Bröker

Aristeas (I) ('Αριστέας; 'Αριστίας; Ariseias; Aristias), Bildhauer aus Aphrodisias (wahrsch. in Karien), in der 1. H. des 2. Jh. v. Chr. tätig. Der Name des A. findet sich neben dem des → Papias auf den Plinthen zweier Kentauren aus dunkelgrauem Marmor, die 1736 im kleinen Palast der Villa Hadriana bei Tivoli gefunden wurden (heute in Rom, Mus. Capitolino, Inv. Nrn 656 und 658, Th. Sengelin, LIMC VIII, 1997, 719, Nr 483*, s.v. Kentauroi et Kentaurides; zu den Erg. siehe: F. P. Arata, BullCom 99:1998, 208 ss., Nrn 78–79, Abb. 66–71). Sowohl dem mit schmerzl. Gesichtsausdruck wiedergegebenen, bärtigen, älteren wie dem jugendl., unbärtigen Kentauren saß urspr. jeweils ein kleiner Eros auf dem Rücken. Die Wahl des dunklen Steins, die Wiedergabe des Haares mittels harter Einritzungen, die Hinzufügung einer Mittelstütze und das Vorhandensein weiterer Exemplare dieser Bildwerke zeigen an, daß ihnen ein viell. der Schule von Rhodos entstammendes hellenist. Bronzeoriginal zugrunde liegen dürfte, das A. und → Papias, wohl im Auftrag von → Hadrianus, nicht nur mit techn. Meisterschaft nachgeahmt, sondern hinsichtl. seiner Form auch neu gestaltet haben. Beiden Künstlern wird ferner die vom selben Fundort stammende unsign. Statue eines Satyrn zugeschrieben. ▭ ThB2, 1908; 15, 1922 (s.v. Hagesandros). RE II. 1, 1895 (s.v. A. 16); EAAI, 1958 (mit Lit.); LAW 1965; DNP I, 1996. – *Overbeck*, SQ, 1868, Nr 2286; *Loewy*, IGB, 1885, 259 s., Nr 369; *Brunn*, GGK I, 1889, 400 s., 414 s.; *Overbeck*, GGP, II, 1894, 467 s.; *Collignon*, HistSculpt, II, 1897, 677; *Stuart Jones*, SculptMusCap, 1912, 274, 277; *E. Buschor*, AJA 38:1934, 128–32; *Squarciapino*, Afrodisia, 1943, 16, 21, 32–34; *Lippold*, GrPl, 1950, 363, Lit.; *Toynbee*, Artists, 1951, 30; Helbig[4], II, 1966, 203 s., Nr 1398; *Kraus*, PKG, II, 1967, 88, 247, Abb. 269; *Robertson*, Hist., 1975, I, 608; II, 738, Anm. 50; *J. Raeder*, Die statuar. Ausstattung der Villa Hadriana b. Tivoli, Ffm 1983, 236–238; *Ridgway*, HellSculpt, II, 2000, 282 s., Anm. 45.

G. Bröker

Aristeas (II), Sohn des Nikandros, aus Megalopolis auf der Peloponnes, griech. Bildhauer, in der 1. H. des 2. Jh. v. Chr. tätig. Die auf einer in Olympia gefundenen Basis enthaltene Inschr. (Loewy, IGB, 1885, 190 s., Nr 271; W. Dittenberger/K. Purgold, Inschr. von Olympia, Olympia V, 1896, Nr 396) nennt seinen Namen und bez. das jetzt nicht mehr erh. Werk als ein von den Megalopolitanern gestiftetes Denkmal (Ehrenstatue?). ▭ ThB2, 1908 (s.v. A. II). RE II. 1, 1895 (s.v. A. 17); EAA I, 1958 (s.v. A. 1). – *Lippold*, GrPl, 1950, 351.

G. Bröker

Aristeides (I) ('Αριστείδης; Aristides), aus Theben(?), griech. Maler, Erzgießer und evtl. auch Architekt, E. 5./A. 4. Jh.(?) v. Chr. tätig. Aus chronolog. Gründen ist mit mindestens zwei Künstlern dieses Namens zu rechnen. Trotz ihrer häufigen Bezeugung in der lit. Überlieferung können diese jedoch nicht immer mit Sicherheit voneinander gesondert werden. Abgesehen von den wohl einen jüngeren, aus Theben stammenden Maler (cf. → A. [II]) betreffenden Nachr. läßt sich über A. (I) etwa folgendes erkennen: A. war als Erzbildner ein Schüler des → Polykleitos (I) und arbeitete Zwei- und Viergespanne (Plin., nat., 34, 50, 72). Möglicherweise läßt sich die Inschr. (IG, II[2], 3018) auf der Basis einer von dem Gymnasiarchen Kallias, dem Sohn des Teleokles und Schwager des Andokydes, als Weihgabe gestifteten Bronzeplastik zur Sign. dieses A. ergänzen. Wohl derselbe A. lernte aber auch bei dem Maler → Euxeinidas (Plin., nat., 35, 74 s.), einem Zeitgen. sowohl von → Parrhasios und → Timanthes (I) als auch von → Zeuxis (I). Seine eigenen Schüler in der Malerei waren → Antenorides, → Euphranor (I) (dieser selbst später zugleich ein Maler und Erzbildner) sowie seine Söhne → Nikeros und → Ariston (II) (Plin., nat., 35, 111) und viell. (sein Enkel?) → Nikomachos (I) (Plin., nat., 35, 108 evtl. Aristidi statt Aristiaci oder Aristiaei zu lesen). Der Sohn und Schüler des → Nikomachos (I) hieß ebenfalls Aristeides (Plin., nat., 35, 110, cf. → A. [II]), war demnach also der (Ur)enkel von A. (I). Falls alle Angaben auf denselben Künstler zu beziehen sind, weist diese Namensliste auf dessen schulbildende

Bedeutung in der griech. Malerei hin. Über seine Bilder, die in der Überlieferung bisweilen zu denen des theban. Malers → A. (II) gerechnet worden sein mögen, ist allerdings nichts Genaues bek. („Viergespanne im Lauf"?, Plin., nat., 35, 99, cf. → A. [II]). Die Nachr., daß A. die enkaust. Malerei erfunden habe (Plin., nat., 35, 122), ist, falls damit der Polykletschüler gemeint wäre, wohl hinsichtl. der Einführung einer bes. Neuerung auf dem Gebiet dieser Maltechnik zu verstehen. Noch unsicherer bleibt, ob Pausanias (6, 20, 14) die von ihm erw., verbessernde Umgestaltung der einst von → Kleoitas im Hippodrom zu Olympia errichteten Ablaufschranken dem hier besprochenen A. zuschreiben wollte. In diesem Falle hätte sich A. (I) auch noch als Architekt betätigt. ▭ ThB2, 1908 (s.v. A. I und Aristiakos). RE II. 1, 1895 (s.v. A. 28–30 und Aristiakos); EAA I, 1958 (s.v. A. 1), Suppl. 1970 (A. 3); DNP I, 1996 (s.v. A. 6). – *Overbeck*, SQ, 1868, Nrn 978, 981 s., 1031, 1295, 1745, 1771, 1775, 1778 s., 1784 s.; *C. Robert*, Archäol. Märchen, B. 1886, 83 ss.; *Brunn*, GGK I, 1889, 194, 216; II, 1889, 108–10, 113, 122, 159 ss., 222, 247; *Klein*, GGK, II, 1905, 317 ss.; *Pfuhl*, MuZ, II, 1923, 789–92, 814–17; *G. Méautis*, La Peint. grecque, P. 1939, 69 ss.; *Picard*, Manuel, II. 1, 1939, 645, 648, 706; *Ferri*, Plin. 1946, 73, 98, 174, 189; *Lippold*, GrPl, 1950, 216; *J.-C. Poursat*, BCH 91:1967, 111–13; *Arnold*, Polykletnachfolge, 1969; *Robertson*, Hist. I, 1975, 432 s., 484, 501, 508, 547; II, 697, Anm. 192; *E. C. Keuls*, Meded-Rom 44/45:1983, 13 s., 18. G. Bröker

Aristeides (II) (Aristides), Sohn des → Nikomachos (I) (?), aus Theben, griech. Maler, in der 2. H. des 4. Jh. v. Chr. tätig. Die Nachr. über diesen berühmten griech. Maler, einen Zeitgen. des → Apelles (I), sind in der lit. Überlieferung (v.a. bei Plinius) augenscheinl. trad. unlösbar mit dem älteren → A. (I) verknüpft, der wahrsch. Großvater (oder Urgroßvater) von A. gewesen ist (Plin., nat., 35, 108; viell. Aristidi statt Aristiaci oder Aristiaei zu lesen; cf. A. [I]). Der jüngere A. lebte und wirkte z.Z. Alexanders des Großen und war ein Schüler seines Vaters → Nikomachos (I) (Plin., nat., 35, 110). Plinius (nat., 35, 98–100) verzeichnet eine Liste seiner Werke: – 1.) Ein Kind mit seiner bei der Eroberung einer Stadt schwer verwundeten Mutter (cf. Anth. Pal., 8, 623). Alexander d. Gr. ließ dieses Bild nach der Eroberung Thebens (336 v. Chr.) nach Pella bringen. – 2.) Eine „Schlacht mit den Persern". Als Kaufpreis hatte Mnason, der Tyrann von Elatea, mit A. für jede der auf dem Bilde dargestellten 100 Personen 10 Minen vereinbart. – 3.) „Viergespanne im Rennen". Dieses Bild könnte dem Thema nach auch → A. (I) zugeordnet werden. – 4.) Bei einem „Bittflehenden" glaubte man beinahe, dessen Stimme zu vernehmen. – 5.) Das Gruppenbild der „Jäger mit Beute". – 6.) Das einzige von A. erw. Bildnis der Freundin Epikurs, „Leontion". – 7.) „Die aus Bruderliebe Sterbende" könnte eine Darst. von Kanake gewesen sein, die auf Geheiß ihres Vaters, Aelos, wegen der Liebe zu ihrem Bruder, Makareus, in den Tod gehen mußte (cf. Anth. Pal., 7, 517). – 8.) Ob es sich bei „Dionysos (Liber) und Ariadne (nach anderer Lesart: Artamenes?)" um eine oder zwei Bildtafeln handelt, ist ungewiß. Polybios (bei Strab., 8, 381) hatte nach der Zerstörung Korinths durch Lucius Mummius (146 v. Chr.) beobachtet, wie auch der für wertlos erklärte „Dionysos" zus. mit and. Gem. auf dem Boden herumgeworfen und von den Soldaten als Würfelbrett benutzt worden ist. Bei der Versteigerung durch ein hohes Angebot des Attalos II. Philadelphos von Pergamon (wahrsch. 600000 Denare ist gleich 100 Talente; nach Plin., nat., 35, 100) auf den großen Wert des Bildes aufmerksam geworden, forderte Mummius dieses zurück und ließ es in den Tempel der Ceres nach Rom bringen (Plin., nat., 7, 126 und 35, 100), wo es später verbrannt ist. – 9.) Das einst im Tempel des Apollon zu Rom untergebrachte Bild „Trag. Schauspieler und Knabe" verlor später an Reiz durch eine unsachgemäß vorgenommene Rest., die der Prätor M. Iunius „um den Tag der apollinar. Spiele" angeordnet hatte. – 10.) Gleichfalls in Rom, im Tempel der Fides, befand sich ein „Greis mit Lyra, einen Knaben unterrichtend". – 11.) Ein grenzenlos gepriesenes Bild war der „Kranke", viell. ident. mit dem von Strabon (8, 381) allerdings nicht ausdrücklich dem A. zugeschr. „Vom Kleid der Deianeira gepeinigten Herakles". – 12.) Als ein unvollendetes, doch berühmtes Werk des A. erw. Plinius außerhalb der hier angeführten Liste (nat., 35, 145) noch eine „Isis". – Von den überlieferten Themen der Bilder her läßt sich nur schwer verstehen, daß A. auch zu den Pornographen gezählt werden konnte (Polemon, bei Ath., deipn., 13, p. 567, B). Die wie auch immer zu deutende Angabe, A. habe die enkaust. Malweise erfunden (Plin., nat., 35, 122), zielt wohl eher auf → A. (I). Dagegen findet sich eine auf sachverständigem Urteil beruhende Charakterisierung der Kunst des berühmten Malers in der Notiz des Plinius (nat., 35, 98), seine Eigenart habe darin bestanden, daß er als erster bei der Darst. des Menschen seelische Gefühle und Gemütserregungen (*perturbationes*) zum Ausdruck zu bringen versucht habe, weshalb er wohl auch eine etwas härtere Farbgebung bevorzugt zu haben scheint. ▭ ThB2, 1908. RE II. 1, 1895 (s.v. A. 30); EAA

I, 1958; LAW 1965; DUAA I, 1967; DNP I, 1996 (s.v. A. 6). – *Overbeck*, SQ, 1868, 1295, 1762, 1771 s., 1775, 1779–84; *W. Helbig*, Unters. über die campan. Wandmalerei, L. 1873, 276; *G. Oehmichen*, Plinian. Studien, Erlangen 1880, 233 ss. ; *E. Kroker*, Gleichnamige griech. Künstler, L. 1883, 25 ss., 31; *C. Robert*, Archäol. Märchen, B. 1886, 69, 83 ss.; *Brunn*, GGK II, 1889, 108–10, 113, 116–22, 129, 178, 183 s.; *H. v. Rohden*, in: Baumeister Denkm. des klass. Altertums II, L. 1906, 864 ss.; *K. Jex-Blake/E. Sellers*, The elder Pliny's chapter on the hist. of art, Lo. 1896; *Pfuhl*, MuZ, II, 1923, 814–17; *A. De Capitani d'Arzago*, La grande pitt. greca dei secoli V e IV a. C., Mi. 1945, 72–74, 80, 82 s.; *Ferri*, Plin. 1946, XXXV, 75, 98–100; *Rumpf*, MuZ, 1953, 128, 132, 146, 151; *Robertson*, Hist., I, 1975, 432 s., 484, 501 s., 508, 533, 547; II, 697, Anm. 192. G. Bröker

Aristeides (III), griech. Maler und Bildhauer (?) aus Theben, um 424 v. Chr. A. von Theben war bei der Herstellung von Stelen für die im Peloponnes. Krieg bei Delion (424 v. Chr.) Gefallenen tätig. Er gestaltete die mit eingravierten Umrißlinien versehenen Denkmale, von denen eine Anzahl erh. geblieben ist, farbl. aus. ▭ *Bénézit* I, 1976 (s.v. A. 2). – *Picard*, Manuel, II. 2, 1939, 662.

G. Bröker

Aristeides (IV) (['Αρισ]τείδης), wahrscheinlicher Name eines griech. Architekten, in trajan. Zeit tätig. Gen. in einer unvollst. griech. Werkstück-Inschr. (IG, XIV, 2421, 1; IGR, I, 529) auf der Unterseite der Säule des Antoninus Pius. Aufgrund der falschen Lesung N...ιλου durch G. B. Piranesi (Campus Martius, R. 1762, 53) und D. A. Bracchi (Mem. degli antichi incisori, II, R. 1786, 270) fand ein Architekt Nilus Eingang in die Lit. (Brunn, 1889; ThB25, 1931). Richtige Lesung durch De Fabris (Il piedistallo della colonna Antonina, R. 1846, 12, Taf. 4): ['Αρισ]τείδου ἀρχιτέκτου. Es handelt sich um einen in den Steinbrüchen tätigen Architekten; unter seiner Aufsicht wurde der Inschr. zufolge die Säule im Jahr 9 der Regierung Trajans (105/106 n. Chr.) angefertigt. – Die 1703 gefundene und bald danach zur Piazza Montecitorio verbrachte Säule aus rotem Assuan-Granit wurde nach Beschädigung durch Brand 1764 zu versch. Bauzwecken verwendet; das Inschr.-Fragm. gelangte jedoch in den Vatikan (zunächst im Cortile della Pigna im Reliefsockel verbaut, jetzt im Cortile delle Corazze). ▭ ThB25, 1931 (s.v. Nilus). RE XVII. 1, 1936 (s.v. Nilus 2); EAA V, 1963 (s.v. Nilus 1). – *L. Bruzza*, AdI 42:1870, 131–133, Nr 22; p. 199, Nr 331, Taf. G, Abb. 3; *Brunn*, GGK II, 1889, 251 (s.v. Nilus); *L. Vogel*, The column of Antoninus Pius, C., Mass. 1973, 6, Abb. 2; *J. B. Ward-Perkins*, in: *P. Ducrey* (Ed.), Mélanges d'hist. ancienne et d'archéologie offerts à P. Collart, Lausanne 1976, 347, Abb. 1 s. (mit Anm. der Ed., wiederabgedruckt, in: *H. Dodge/B. Ward-Perkins*, Marble in antiquity, Lo. 1992, 109, Abb. 100 s.); *Donderer*, Architekten, 1996, 90 s., Nr A 7, Taf. 2; *M. Maischberger*, Marmor in Rom, Wb. 1997, 113, 145–147. C. Leschke

Aristes ('Αρίστες), griech. Münzstempelschneider, in der 1. H. des 4. Jh. v. Chr. in Metapontion tätig. Der Name ist von einer allerdings nicht vollst. lesbaren Inschr. auf einem Stater von Metapontion (2 Exemplare in Berlin, SMPK, Münz-Slg, und Wien, Kunsthist. Mus.) hergeleitet, die beim Kopfbildnis einer Göttin auf dem Hals angebracht ist. Da diese Inschr. zudem noch an Stelle des urspr. vorhandenen Beinamens der dargestellten Göttin auf einem vom Künstler ledigl. überarbeiteten Prägestempel erscheint, ist vermutet worden, es könne sich evtl. um eine Sign. des Stempelschneiders → Aristoxenos handeln. ▭ ThB2, 1908. EAA I, 1958 (mit Lit.). – *J. Friedländer*, AZ 1:1847, 118, Taf. 8, 7; *A. v. Sallet*, Künstlerinschr. auf griech. Münzen, B. 1871, 13; *Brunn*, GGK II, 1889, 289 s.; *S. Noe*, The Coinage of Metapontum, II, N. Y. 1931, 26 s., 30 ss., Anm. 419.

G. Bröker

Aristias → **Aristeas** (I)

Aristion ('Αριστίων), von Paros, griech. Bildhauer, tätig im 3. V. des 6. Jh. v. Chr. Bek. durch vier Sign. in att. Schr. (zwei erh. und zwei ergänzte) auf Grab-Skulpt. aus Attika. – 1.) Grabkore Phrasikleia aus Merenda (Myrrhinus): Athen, NM, Inv. Nr 4889; um 550–540 v. Chr. Die 1972 gefundene Kore wurde mit einer altbek. Basis vereint, die das Grabepigramm und die Sign. von A. trägt (Mastrokostas, 1972); die dreistufige Basisform hatte bereits N. Kontoleon erkannt (Aspects de la Grèce préclass., P. 1970, 89 ss., Abb. 2A, 3, 4; v. K. Kissas, Die att. Statuen- und Stelenbasen archaischer Zeit, 2000, 47, A14: um 550–540). – 2.) Stufenbasis einer Säule, auf der offenbar ein Kouros stand (da Grabsäulen ohne Skulpt. in Attika nicht vorkommen), Grabstatue des Antilochos; von A. sign.; aus Athen (Agora und Kerameikos). Athen, Epigraph. Mus., Inv. Nrn 10647–10649 (C. Karusos, Aristodikos, St. 1961, 61, K II, Nr A13: ca. 540 v. Chr.; L. Jeffery, BSA 57:1962, 120, Nr 8, Taf. 34a-c: 540–530 v. Chr.?; Hansen, CEG, Nr 34: ca. 530 v. Chr.?; Kissas, ibid., 51, A18,

Abb. 23: 3. V. 6. Jh. v. Chr.). – 3.) Stufenbasis der Grabstatue des Xenophantos, nach der Plinthenbettung zweifellos ein Kouros; A.-Sign. erg.; vom Dipylon; Athen, Epigraph. Mus., Inv. Nr 10642 (G. Loeschke, AM 4:1879, 300, 292, Abb. 4; Karusos, ibid., 62, K II, Nr A14: ca. 540 v. Chr.; Jeffery, ibid., 120, Nr 9: ca. 530 v. Chr.?; Hansen, CEG, Nr 41: ca. 530–520 v. Chr.?; Kissas, ibid., 51 s., Abb. 27: 3. V. 6. Jh. v. Chr.). – 4.) Dorische Säule aus Attika, n. von Liopesi; London, BM, Inv. Nrn 1823,4–5 und Athen, Epigraph. Mus., ohne Inv. Nr. Die Säule trug offenbar einen Kouros, wie Nr 2, da das Epigramm auf einen männl. Toten schließen läßt; A.-Sign. erg. (A. Raubitschek, ÖJh 31:1938, 58 ss., Abb. 17; Karusos, ibid., 61, K II, Nr A 12: ca. 540 v. Chr.; Jeffery, ibid., 140, Nr 49: ca. 540–525 v. Chr.?; Hansen, CEG, Nr 36: ca. 530 v. Chr.?; Kissas, ibid., 79, A47: 3. V. 6. Jh. v. Chr.). – Der epigraph. Dat. nach sind die drei gen. Werke später entstanden als die Phrasikleia; sie war demnach ein Frühwerk von A. Zudem läßt sie, als das einzige erh. von ihm, seinen persönl. Stil fassen. Phrasikleias kunstlandschaftl. Stellung folgt nicht der ethn. Zugehörigkeit von A., der als Parier sign.: den Stil der parischen Bildhauerschule zeigt die Kore nicht, wie ein Vergleich z.B. des Kopfes mit dem völlig anders gearteten, breit angelegten, in weichen Kurven geformten Kopf des etwa gleichzeitigen Kuros aus Paros (Paris, Louvre, Inv. Nr Ma 3101: Rolley, 1994, Abb. 252) deutlich macht. Zudem steht Phrasikleia einer Kore aus Keratea, um 580 v. Chr. (Berlin, SMPK, Antiken-Slg, Inv. Nr SK 1800), stilist. so nahe, daß man mit guten Gründen erwogen hat, ob diese att. Kore nicht ein Frühwerk von A. sein könnte. Dies ist zwar chronolog. schwer mögl., da die Berliner Kore zu früh ist für einen Bildhauer, dessen bek. Werke dem dritten Jahrhundertviertel angehören, doch eine einleuchtende Alternative wäre, daß A. früh nach Athen kam und hier in die Lehre ging, viell. sogar in die Wkst. des Meisters der Berliner Kore. Wie auch die Biogr. von A. verlaufen sein mag: Phrasikleias Gestalt fügt sich zwanglos in die Reihe att. Koren der Jahre um 580–540 v. Chr. (Walter-Karydi, 1987, 60 s., Nrn 1–8, Abb. 69) ein. Bei diesen ist gegenüber den Frauenfiguren des späteren 7. Jh. v. Chr. eine neue Körperhaftigkeit und eine neue Stofflichkeit des Gewandes evident, doch diese Züge lassen die senkrechte und waagrechte Achse in der Figur unangetastet. Damit hängt auch zus., daß sich die ostion. Tracht, in welcher durch das quer um den Körper gelegte Mäntelchen das Achsenkreuz verschleiert wird, in Attika, wie auch auf der Peloponnes, später durchsetzt. Der Gürtel Phrasikleias ist in der ganzen Breite sichtbar, dadurch bleibt das Achsenkreuz vollgültig, anders als bei den ostion., aber auch den parischen Koren, wie der etwa gleichzeitigen oder nur leicht älteren aus Paros (N. Zaphiropoulos, in: H. Kyrieleis [Ed.], Archaische und klass. griech. Plastik [internat. Kolloquium, At. 1985, Mainz 1986], 98 s., Taf. 36 s.). Phrasikleias Gewandtypus kommt zwar bei Koren versch. Kunstlandschaften in dieser Zeit vor, doch nicht die Trachtentypologie entscheidet über die kunstlandschaftl. Zuweisung, sondern die Art, wie die Tracht jeweils gestaltet ist. In der Phrasikleia zeigt sich A. als ein rein att. Meister. – Keine and. Skulpt. können bisher A. zugesprochen werden; daß der Volomandra Kouros auf der Säule Nr 4 oben stand, hat Stewart (1990, 119) zu Recht abgelehnt. Die unvollst. erh. Sign. auf einem Gigantenschild im N-Fries des Siphnierschatzhauses in Delphi (C. Picard/P. de La Coste Messelière, FDelphes, IV. 2, 1928, 82, Abb. 35), zu der es mehrere Erg.-Vorschläge gab (zus.gestellt von M. Guarducci, in: Studi in onore di Luisa Banti, R. 1965, 167–176), wurde von L. Jeffery als A. ergänzt (Archaic Greece. The City-states c. 700–500 B. C., Lo. 1976, 185. Übereinstimmend: E. D. Francis/J. Vickers, JHS 103:1983, 66: um 480–470 v. Chr.; V. Brinkmann, Die Friese des Siphnierschatzhauses, M. 1994, 74 s., 164, N 18; dagegen Stewart, 1994). Viviers (1992, 98) faßte zus., aus welchen Gründen der Meistername, der auf jeden Fall mit *Delta* beginnt, nicht ohne neue Bruchstücke zu erg. ist. Es wäre auch stilist. nicht mögl., daß der „Meister B“, der den N- und O-Fries sowie die Karyatiden des Siphnierschatzhauses schuf, A. war. – Versuch einer Rekonstr. der Farbgebung Phrasikleias: E. Karakasi, AW 28:1997, 509 ss. Eine neue Rekonstr. legt N. Kaltsas vor (in: APl 28:2000 [im Druck]). – Alle A.-Sign. finden sich auf Grab-Skulpt.; er war offenbar auf Grabplastik 'spezialisiert', ähnl. manchen and. Bildhauern dieser Zeit in Attika, wie → Phaidimos. Alle seine Werke sind mit Grabepigrammen versehen; jenes der Phrasikleia, das die älteste bek. att. Stoichedon-Inschr. ist (Jeffery, LSAG^2, 1990, 73, Nr 12), hat eine lebhafte Diskussion ausgelöst; die richtige Übersetzung – „Phrasikleia wird immer eine Kore (Jungfrau) heißen, denn statt der Hochzeit ließen ihr die Götter diesen Namen zuteil werden“ – hat sich weitgehend durchgesetzt und ist auch für die Interpretation dieser Grabstatue wichtig (Hansen, CEG, Nr 24, Lit.; A. D. Skiadas, in: Philia epe eis Georgion E. Mylonan, III, At., 1989, 188 ss.; H. Häusle, Spoudasmata 44:1989, 19 ss.; P. A. Hansen, CR 40:1990, 302; U. Ecker, Grabmal und Epigramm, St. 1990, 195 ss.; J. Svenbro, Phrasikleia, Ithaca 1993). ▭ ThB2, 1908.

RE II. 1, 1895 (s.v. A. 17); EAA I, 1958. – *Boardman*, GPAZ, Mainz 1981, 93 s.; *D. Viviers*, Rech. sur les ateliers de sculpteurs et la cité d'Athènes à l'époque archaïque: Endoios, Philergos, Aristoklès, Br. 1992 (Classe des BA, Acad. R. Belgique), 128 s., passim. – *Zu Phrasikleia*: *E. Mastrokostas*, AAA 5:1972, 298 ss., Abb. 1 ss.; *J. G. Pedley*, Greek sculpt. of the Archaic Period: The island workshops, Mainz 1976, 14, 44 s.; *A. Kostoglu-Despini*, Problemata tis parianis plastikis tou 5ou ai., Thessaloniki 1979, 184 s.; *F. Croissant*, Les protomés féminines archaïques, P. 1983, 101; *Floren*, GrPl, 1987, 164, Anm. 37 (Lit.); *E. Walter-Karydi*, Die äginet. Bildhauerschule, Mainz 1987 (Alt-Ägina, II. 2), 61–65; *Stewart*, Sculpture, 1990, 119 s., 128, 243; *C. Rolley*, La sculpt. grecque, I, P. 1994, 282 s. E. Walter-Karydi

Aristius Antiochus, griech.(?) Bildhauer, E. 2./A. 3. Jh.(?) n. Chr. in Leptis Magna tätig. Sign. dieses Künstlers fanden sich an der Plinthe einer am Forum Vetus von Leptis Magna zum Vorschein gekommenen Kalkstein-Statue eines Mannes in oriental. Kleidung, wahrsch. den Gott Mithras darstellend, sowie auf einer in der Nähe entdeckten Basis mit Resten einer ähnl. Figur. Weitere dort aufgefundene Reste einer dritten Statue lassen auf eine Dreiergruppe: Mithras zw. Attis und Men schließen. Die genaue Dat. bereitet sowohl infolge unsicherer stilist. Zuordnung als auch hinsichtl. des schwer bestimmbaren Schriftduktus Schwierigkeiten. ▭ EAA I, 1958. – *G. Caputo*, ArchCl 1:1949, 205–207; *Richter*, CriticalPeriods, 1951, 53; *Toynbee*, Artists, 1951, 26. G. Bröker

Aristo (Ariston), röm. Mosaizist, im 2. Jh. n. Chr. in Rom tätig. Sein Name bek. durch die Inschr. „Aristo fac(it)" auf dem 1823 auf der Via Appia ausgegrabenen Mosaik mit dionys. Szene (heute in Berlin, SMPK, Antiken-Slg). ▭ ThB2, 1908 (s.v. Ariston VIII). RE II. 1, 1895 (s.v. A. 65); EAA I, 1958 (mit Lit.). – CIL, VI, 29825; *I. Kriseleit*, Antike Mosaiken (K Staatl. Mus. zu Berlin), B. 1985, 48 s., Nr 18; *Donderer*, Mosaizisten, 1989, 85, Nr A 48, Taf. 29, 1 (mit Lit.). S. Trauzeddel

Aristobulos (Aristobulus Syrus), syr.(?) Maler, in hellenist. Zeit tätig. Plinius (nat., 35, 146; Overbeck, SQ, 1868, Nr 2118) zählt „A. Syrus" zu den weniger berühmten, aber dennoch erwähnenswerten Malern. Seinem Beinamen zufolge war der Künstler syr. Herkunft oder doch in Syrien tätig. Über seine Lebenszeit und seine Werke ist uns nichts bekannt. Einen Aristobulus (nach and. Lesart Autubulus) erw. Plinius (nat., 35, 148; Overbeck, SQ, 1868, Nr 2153) als Schüler der Malerin → Olympias. ▭ ThB2, 1908. RE II. 1, 1895 (s.v. A. 20); EAA I, 1958. – *Brunn*, GGK II, 1889, 192; *Pfuhl*, MuZ, II, 1923, 825; *Robertson*, Hist., II, 1975, 712, Anm. 149. G. Bröker

Aristoclides → Aristokleides

Aristodamos (Ἀριστόδαμος), Toreut aus Argos, 2. H. 6. Jh. v. Chr. Überliefert durch eine Künstler-Sign. auf einem archaischen Schildbandrelief aus Bronze (heute in Malibu, Getty Mus., Inv. Nr 84. AC. 11.). Die Darst. zeigt die Entführung der Deianeira durch den Kentauren Nessos. Mit A. in Verbindung gebracht wird ein weiteres Schildbandrelief aus Olympia, Inv. Nr B 236, mit entsprechender Beischrift (Ἀ]ρισ[τόδαμος), auf dem Aias mit der Leiche des Achill abgebildet ist. ▭ *E. Kunze*, OlympForsch II, 1950, 43, Nr 76, Beil. 12, 1; p. 153 s.; GettyMusJ 13:1985, 166, Nr 12; *P. C. Bol*, OlympForsch XVII, 1989, 70 s.; *F. Diez de Velasco*, LIMC VI, 1992, 843, Nr 97, s.v. Nessos. M. Seifert

Aristodemos (I) (Ἀριστόδημος; Aristodemus), aus Athen(?), griech. Erzbildner, (Bronzekünstler), im 4./3. Jh. v. Chr. in Delphi(?) tätig. Den lit. Quellen zufolge arbeitete A. v.a. Siegerstatuen und Porträtbildnisse. Plinius (nat., 34, 86; Overbeck, SQ, 1868, Nr 1605; Ferri, Plin., 1946, 107) erw. an Plastiken: Ringer, Zweigespanne mit Wagenlenker, Philosophen, alte Frauen, König Seleukos (Olympiade 117, 1 – 124, 4, entspricht 322–281 v. Chr.) und hebt als ein bes. geschätztes Werk einen Doryphoros hervor. Nach Tatian (orat., 55, 119; Overbeck, ibid., Nr 1606) trug neben den Fabeln selbst auch die von A. gestaltete Statue des Aesop zu dessen Ruhme bei. – Mit großer Wahrscheinlichkeit ist die Sign. eines A. aus Athen auf einer Kalksteinbasis in Delphi demselben Bildhauer zuzuordnen. ▭ ThB2, 1908. RE II. 1, 1895 (s.v. A. 35); Suppl. III, 1918, 159; EAA I, 1958 (s.v. A. 1 und 2). – *A. Kalkmann*, RhM 1887, 512; *Brunn*, GGK I, 1889, 256, 295; *Overbeck*, GGP^4, II, 1894, 162, 181; *Collignon*, HistSculpt, II, 1897, 429; *Fr. Johnson*, Lysippos, 1928, 230, 234; *Richter*, Sculpt, 1930, 290; *Lippold*, GrPl, 1950, 304; *Marcadé*, Signatures, I, 1953, 7; *Robertson*, Hist., I, 1975, 515; II, 1975, 715, Anm. 31. G. Bröker

Aristodemos (II), aus Karien, griech. Maler, um 200 n. Chr. tätig. Im Vorwort zu den „Bildern" berichtet der ältere Philostratos (um 200 n. Chr.), dessen Gastfreund A. vier Jahre gewesen war, dieser habe in derselben Art wie → Eumelos (viell. sein Lehrer?) gemalt und sich schriftsteller. mit bedeutenden Malern sowie kunstliebenden Städten und Königen befaßt (Philostr., im., 397, ed. Kayser; Overbeck, SQ, 1868, Nr 2394). ▭ ThB2, 1908. RE II. 1, 1895 (s.v. A. 36); EAA I, 1958 (s.v. A. 3). – *Brunn*, GGK II, 1889, 208; *E. Pfuhl*, MuZ, II, 1923, 830 s. G. Bröker

Aristodotos (Ἀριστόδοτος), griech. Erzbildner unbestimmter Zeit. Tatian (orat., 52, p. 114 Worth; Overbeck, SQ, 1868, Nrn 1341, 2090) erw. eine von A. gearbeitete Statue der Hetäre Mystis (Namensüberlieferung unsicher). ▭ ThB2, 1908. RE II. 1, 1895; EAA I, 1958. – *O. Jahn*, AbhLeipzig 8:1861, 753; *A. Kalkmann*, RhM 1887, 489 ss.; *Brunn*, GGK I, 1889, 366; *L. Coarelli*, BollMC 16:1969, 34–39. G. Bröker

Aristogeiton, Sohn des Homoloichios(?), theban. Bildhauer, tätig in Delphi(?), 2. H. 5. Jh. v. Chr. Sowohl in der epigraph. wie in der lit. Überlieferung wird A. nur zus. mit dem stets vor ihm erwähnten, daher wohl auch berühmteren theban. Künstler → Hypatodoros genannt. So schon in der in altertüml., böot. Schriftduktus gehaltenen Inschr. eines nicht näher bestimmbaren Weihgeschenks für einen böot. Erchomenier in Delphi (CIG I, 1828, Nr 25), dgl. bei Pausanias (10, 10, 3 s.) anläßl. der Besprechung des ebenfalls in Delphi von den Argivern für ihren zus. mit den Athenern bei dem argiv. Oinoë (456 v. Chr.?) gegen die Lakedämonier errungenen Sieg gestifteten, mehrteiligen Weihgeschenks. Letzteres enthielt u.a. die Gruppe der „Sieben gegen Theben", den Wagen des Amphiaraos mit dem Wagenlenker Baton und Alitherses. → Hypatodoros und A. Homoloichios werden ferner in einer theban. Inschr. (CIG I, 1828 Nr 1578 und 1676) des 4. Jh. v. Chr.(?) erwähnt. Allerdings wird bezweifelt, ob diese Liste wirklich Namen theban. Künstler enthält. ▭ ThB18, 1925 (s.v. Hypatodoros). – RE II. 1, 1895 (s.v. A. 4), Suppl. IV, 1924 (s.v. Delphoi); EAA I, 1958 (s.v. A. und Aristogiton); EUA II, 1958, 184; VI, 880. – *Brunn*, GGK I, 1889, 205–07, 211, 215; *Picard*, Manuel, I, 1936, 103; II, 646 (1), 915; *Lippold*, GrPl, 1950, 112; *Marcadé*, Signatures, I, 1953, 8. – *Ulrichs*, AdI 1848, 48; *Overbeck*, SQ, 1868, Nrn 1568 s., 1571; *Loewy*, IGB, 1885, 80 s., Nr 101, pp. 378 s., Nr 554. G. Bröker

Aristokleides (Aristoclides), griechischer Maler, wahrsch. M. 4. Jh. v. Chr. in Delphi tätig. Plinius (nat., 35, 138; Overbeck, SQ, 1868, Nr 2151; Ferri, Plin., 1946, 200) reiht A. unter die den bedeutendsten Malern Zunächststehenden (primis proxumi) und erw. dessen künstler. Tätigkeit am Apollontempel zu Delphi (Wandmalereien oder Tafelbilder). Dem Textzusammenhang nach wird damit nicht der gegen 510 v. Chr. von den Alkmaioniden errichtete und 373 v. Chr. durch Erdbeben vernichtete Bau, sondern der 330 v. Chr. voll. neue Tempel gemeint sein. ▭ ThB2, 1908. RE II. 1, 1895 (s.v. A. 6); EAA I, 1958; EUA VI, 881. – *Brunn*, GGK II, 1889, 201; *Pfuhl*, MuZ, II, 1923, 781; *Reinach*, RecMilliet, 1985, Nr. 535. G. Bröker

Aristokles (I) (Ἀριστοκλῆς), griech. Bildhauer, in archaischer Zeit in Athen tätig. Eine Sign. von A. findet sich auf der aus archaischer Zeit stammenden Basis einer nicht mehr erh. Statue für das Grabmal eines in Athen verstorbenen Kariers namens Tymnes, Sohn des Skylax. Der wohl bereits für die Stadtmauer des Themistokles verwendete Stein wurde erneut zum Bau des SO-Turmes des Dipylon von Athen benutzt und dort 1962 entdeckt (Identität des Künstlers mit and. Namensgleichen nicht nachweisbar). ▭ EAA, Suppl. 1973; DNP I, 1996 (s.v. A. 2). – *G. Daux*, BCH 86:1962, 652; *W. Deyhle*, AM 84:1969, 58 s.; *Robertson*, Hist., I, 1975, 110 s.; II, 633, Anm. 84; *Floren*, GrPl, 1987, 212 s., 287, 289. G. Bröker

Aristokles (II), griech. Bildhauer, in der 2. H. des 6. Jh. v. Chr. in Attika tätig. Lt. Inschr. ist A. der Meister der berühmten att. Aristion-Stele (sog. „Marathon-Stele", Athen, NM, Inv. Nr 29; Floren, 1987, 286 s., Taf. 25, 4) mit der Darst. eines stehenden bärtigen Kriegers mit Lanze (um 510 v. Chr., mit Resten urspr. blauer, roter und gelber Bemalung). Auf diesen Künstler sind nach Floren (1987) auch weitere Skulpt. aus etwa derselben Zeit zurückzuführen. Identität mit → A. (III) oder → A. (IV) ist nicht beweisbar. ▭ ThB2, 1908 (s.v. A. I). RE II. 1, 1895 (s.v. A. 21); EAA I, 1958 (A. 1); EUA II, 1958, 155, 157 Taf. 88; LA III (LAW, 1965) 1970 (A. 4). – CIG, I, 23; *Overbeck*, SQ, 1868, Nrn 355 s.; IG, I², 835, 1024; *Loewy*, IGB, 1885, 12–14, Nrn 9 s.; *Brunn*, GGK I, 1889, 76–80; 88; *Collignon*, HistSculpt, I, 1892, 387; *Overbeck*, GGP⁴, I, 1893, 199 s.; *A. Conze*, Die att. Grabreliefs, II, B. 1900, Taf. 2,1; *Richter*, Sculpt, 1930, 38; *Lippold*, GrPl 1950, 84, Anm. 6–8, Taf. 27, 2; *Robertson*, Hist., I, 1975, 109 s.; II, 633, Anm. 84; *M. M. Sassi*, Darch 3:1981, 33–40, Abb.; *Floren*, GrPl, 1987, 286–287. G. Bröker

Aristokles (III), aus Sikyon, griech. Erzbildner, wahrsch. in der 2. H. des 6. Jh. v. Chr. tätig. Wie Pausanias berichtet (6, 3, 11 und 9, 1) war A. von Sikyon ein Bruder von → Kanachos (I) von Sikyon und kaum weniger berühmt als dieser. Von seinem Werk ist ledigl. eine Muse mit Leier aus einer in Zusammenarbeit mit → Kanachos (I) und → Hageladas (I) entstandenen Gruppe von drei Musen durch spätere Überlieferung (Antipater von Sidon, Anth. Gr., 2, 15, 35: Anth. Pal. 16, 220) bezeugt. Sein Wirken setzte sich jedoch in einer mindestens siebengliedrigen Folge (Paus. 6, 3, 11) von Schülern fort, darunter → Synnoon von Aegina, dessen Sohn → Ptolichos (I), → Sostratos (I) von Chios mit seinem Sohn → Pantias, die bis zur 2. H. des 5. Jh. v. Chr. reicht. A. war möglicherweise der Großvater von → A. (V). Identität mit → A. (II) ist fraglich. 🕮 ThB2, 1908 (s.v. A. II). RE II. 1, 1895 (s.v. A. 22); EAA I, 1958; EUA X, 516 s.; LA III (LAW, 1965), 1970 (s.v. A. 1). – *Overbeck*, SQ, 1868, Nrn 395, 410 s., 413. *C. Robert*, Archäol. Märchen, B. 1886, 95 ss.; *Brunn*, GGK I, 1889, 58 s., 85; *M. Collignon*, HistSculp, I, 1892, 309, 339; *Overbeck*, GGP[4], I, 1893, 141 ss.; *Klein*, GGK, I, 1904, 332 s.; *Richter*, Sculpt, 1930, 132; *Lippold*, GrPl, 1950, 86, 98, 104; *Floren*, GrPl, 1987, 212, Anm. 13. G. Bröker

Aristokles (IV), aus Kydonia auf Kreta, griech. Bildhauer, vor 494 v. Chr. in Olympia(?) tätig. Von ihm erw. Pausanias (5, 25, 11) eine in Olympia aufgestellte Gruppe: Herakles, mit der berittenen Amazonenkönigin um den Gürtel kämpfend (als Marmor-Fragm. aus dem Zeustempel erh.?). Der Stifter war Euagoras von Zankle. Da Zankle 494 v. Chr. in Messene umbenannt wurde, müßte dieses Bildwerk bereits in älterer Zeit entstanden sein. Identität mit → A. (II) ist fraglich. 🕮 ThB2, 1908 (s.v. A. III). RE II. 1, 1895 (s.v. A. 23); EAA I, 1958 (s.v. A. 3); EUA IV, 1958, 510; X, 521; LA III (LAW, 1965), 1970 (s.v. A. 2). – *Overbeck*, SQ, 1868, Nr 483; *B. Sauer*, Die Anf. der statuar. Gruppe, L. 1887, 55 s.; *Brunn*, GGK I, 1889, 58, 83 s.; *Collignon*, HistSculpt, I, 1892, 252, 309; *Overbeck*, GGP, I, [4]1893, 90; *W. Dittenberger/K. Purgold*, Inschr. von Olympia, Olympia, V, 1896, Nr 836; *H. Hitzig/H. Blümner*, Pausanias III, L. 1896, 441; *J. G. Frazer*, Pausanias III, Lo. 1898, 642; *Richter*, Sculpt, 1930, 166 s.; *Lippold*, GrPl, 1950, 98. G. Bröker

Aristokles (V), Sohn des → Kleoitas, griech. (dorischer?) Bildhauer, in der 2. H. des 5. Jh. v. Chr.(?) tätig. Pausanias (5, 24, 5) erw. eine von A., dem Sohn und Schüler des → Kleoitas im Auftrage des Thessaliers Gnathis für Olympia gearbeitete Gruppe: Zeus und Ganymed. Ob derselbe Künstler auch die Rest. des Basisreliefs der Athena Parthenos ausgeführt hat (cf. → A. [VI]), ist unsicher. Möglicherweise Enkel von → A. (III). 🕮 ThB2, 1908 (s.v. A. IV). RE II. 1, 1895 (s.v. A. 24); EAA I, 1958 (A. 4); EUA X, 522; LA III (LAW, 1965), 1970 (s.v. A. 3). – *Overbeck*, SQ, 1868, Nrn 1031, 1033; *Brunn*, GGK I, 1889, 76 s., 193; *Overbeck*, GGP[4], I, 1893, 540; *H. Hitzig/H. Blümner*, Pausanias III, L. 1896, 436; *J. G. Frazer*, Pausanias III, Lo. 1898, 635; *Klein*, GGK, I, 1904, 333; *Lippold*, GrPl, 1950, 170. G. Bröker

Aristokles (VI), griech. Bildhauer(?), um 398 v. Chr. in Athen tätig. Nach inschriftl. Beleg restaurierte A. im Jahre 398 v. Chr. (ist gleich Olympiade 95, 3) das Basisrelief an der goldelfenbeinernen Statue der Athena Parthenos des → Pheidias (I). Evtl. Identität mit → A. (V), Sohn des → Kleoitas. 🕮 ThB2, 1908 (s.v. A. V). RE II. 1, 1895 (s.v. A. 24); EAA I, 1958 (A. 5); EUA II, 1958, 170; LA III (LAW, 1965), 1970 (s.v. A. 3). – CIG I, 1828, 150; *Overbeck*, SQ, 1868, Nr 680; *Köhler*, AM 5:1880, 97 ss.; CIA, II. 2, 652; *Loewy*, IGB, 1885, 355, Nr 525; *Brunn*, GGK I, 1889, 77; *Richter*, Sculpt, 1930, 196. G. Bröker

Aristokles (VII), Sohn des Nikomachos, aus Rhodos, griech. Bildhauer, E. 1. Jh. v. Chr. – A. 1. Jh. n. Chr. tätig. A. wird in der Künstler-Sign. einer vom Ausgang der republikan. Zeit oder dem Beginn der röm. Kaiserzeit stammenden Marmorstele genannt. Das Kunstwerk fand sich, einer Fontäne eingearbeitet, in Athen (jetzt Mus. Grenoble). Seine Echtheit ist aus versch. Gründen bezweifelt worden. 🕮 EAA I, 1958 (s.v. A. 6). – *Trivier*, GazArch 2:1876, 110 ss., Taf. 28; *F. Vallentin*, Bull. épigr. de la Gaule 1:1881, 43 s.; *Loewy*, IGB, 1885, 345 s., Nr 516. G. Bröker

Aristokrates (Ἀριστοκράτης), aus Rhodos, griechischer Bildhauer, im 1. Jh. v. Chr.(?) tätig. Seine Sign. findet sich auf einer Statuenbasis mit Ehren-Inschr. für eine Frau. Der Schriftform zufolge könnte A. von Rhodos im 1. Jh. v. Chr. tätig gewesen sein. 🕮 EAA, Suppl., 1970. – *G. Konstantinopoulos*, ADelt 18:1963, 12; *J. und L. Robert*, REG 79:1966, 406, Nr 292. G. Bröker

Aristokydes (Ἀριστοκύδης; Aristocydes), griech. Maler, unbestimmte Zeit. Plinius (nat., 35, 146; Overbeck, SQ, 1868, Nr 2155) zählt ihn zu den zwar nicht unbek., aber doch nur beiläufig zu erwähnenden Malern. 🕮 ThB2, 1908. RE II. 1, 1895; EAA I, 1958; EUA VI, 881. – *Brunn*, GGK II, 1889, 193, 202. G. Bröker

Aristolaos (Ἀριστόλαος; Aristolaus), Sohn des → Pausias von Sikyon, griech. Maler, in der 2. H. des 4. Jh. v. Chr.(?) tätig. Plinius (nat., 35, 137; Overbeck, SQ, 1868, Nr 1764; Ferri, Plin., 1946, XXXV, 137) zufolge gehört A., der Schüler seines Vaters → Pausias von Sikyon war, zu den sich durch größte Strenge auszeichnenden Malern. Bei der Aufzählung seiner Werke: *Epameinondas, Perikles, Media, Virtus (Arete), Theseus*, ein Bild des att. Volkes (*Demos*) und ein Stieropfer bleibt leider unklar, ob es sich durchweg um Einzel-Darst. oder mitunter auch um mehrfigurige Bildthemen handelt. Beispielsweise könnten *Arete, Theseus* und *Demos* ähnl. wie bei dem etwas älteren Zeitgen. → Euphranor (I) zu einer allegor. Darst. verbunden gewesen sein. Unsicher ist ferner, ob bei *Media* an eine Personifikation Persiens oder an die kolch. Königstochter Medea zu denken ist. Jedoch beweist die Wahl einiger Themen den sich nach Attika ausdehnenden Einfluß der Schule von Sikyon. Das Bild des Epameinondas legt nahe, als Schaffenszeit des A. die 2. H. (Zerstörung Thebens 335 v. Chr.) oder auch schon die 1. H. des 4. Jh. v. Chr. (Schlacht bei Mantineia 362 v. Chr.) anzunehmen. ▭ ThB2, 1908. RE II. 1, 1895; EAA I, 1958; EUA II, 177, 185; X, 518. – *W. Helbig*, Unters. über die camp. Wandmalerei, L. 1873, 201 ss.; *Brunn*, GGK II, 1889, 104; *Pfuhl*, MuZ, II, 1923, 733; *A. de Capitani d'Arzago*, La grande pitt. greca dei secoli V e IV a. C., Mi. 1945, 62; *G. Lippold*, AbhMünchen 33:1951, 64; *Robertson*, Hist., I, 1975, 490; II, 709, Anm. 114. G. Bröker

Aristomachos (I) cf. **Andreas** (I)

Aristomachos (II) (Ἀριστόμαχος), griech. Maler (oder Bildhauer?), aus einem am Strymon (Maked.) gelegenen Ort, unbestimmte Zeit. Ein Epigramm des Antipater von Thessalonike (Anth. Pal., 6, 208; Anall. 2, 114, n. 22; Overbeck, SQ, 1868, Nr 2113) beschreibt ein Werk (Gem. oder Relief mit Phaemonoë, Menekratis und Praexo, die Gaben zum Tempel der Aphrodite bringen) des als Strymonier bez. Künstlers. Falls die in einer Hs. bezeugte Lesart Aristomenous zu bevorzugen wäre, müßte der Künstler dieser von drei Hetären gestifteten Weihgabe mit dem Maler → Aristomenes (II) von Thasos identifiziert werden. ▭ ThB2, 1908 (s.v. Aristomenes II). RE II. 1, 1895 (s.v. A. 22); EAA I, 1958; EUA IV, 1958, 527; VI, 898. – *O. Benndorf*, De anthol. Graec. epigr. quae ad art. spect., Bonn 1862, 50, 1; *Brunn*, GGK II, 1889, 203. G. Bröker

Aristomedes (Ἀριστομήδης), aus Theben, griechischer Bildhauer, im 2. V. des 5. Jh. v. Chr. tätig. Nach Pausanias (9, 25, 3; Overbeck, SQ, 1868, Nr 478) fertigte A. zus. mit dem theban. Bildhauer → Sokrates (I) aus pentel. Marmor das Kultbild der dindymen. Göttermutter, eine Weihgabe des Pindar (Schol. Pind. Pyth. III, 137a; U. v. Wilamowitz-Moellendorf, Pindaros, B. 1922, 270) für den von ihm gestifteten und in der Nähe seines Hauses bei Theben gelegenen Tempel dieser Göttin. ▭ ThB2, 1908. RE II. 1, 1895 (s.v. A. 5) und RE III. 1, 1927 (cf. Sokrates 9); EAA I, 1958; EUA II, 183. – *Brunn*, GGK I, 1889, 80; *Overbeck*, GGP[4], I, 1893, 161; *Lippold*, GrPl, 1950, 112; *Picard*, Manuel, II, 1939, 661. G. Bröker

Aristomedon (Ἀριστομέδων), aus Argos, griech. Erzbildner, A. 5. Jh. v. Chr. tätig. Pausanias (10, 1, 10) berichtet über eine von A. für Delphi gearbeitete Bronzegruppe des Sehers Tellius und der von ihm geleiteten siegreichen Anführer der Phoker sowie einiger der in ihrem Lande verehrten Heroen. Es handelt sich um das zweite der insgesamt drei von den Phokern aus Anlaß ihrer über die Thessaler errungenen Siege (cf. Paus., 10, 13, 4 und 7; Hdt., 8, 27) gestifteten Weihgeschenke. Ein bei den Ausgrabungen gefundenes Basis-Fragm. mit Befestigungsspuren für Bronzeplastiken in Lebensgröße und Resten der im 4. Jh. v. Chr. allerdings wohl erneuerten Inschr. dürfte dennoch eher diesem Werk des Künstlers als der späteren Weihgabe der Phoker (Diyllos, → Amyklaios und → Chion) zugehörig sein. ▭ ThB2, 1908. RE II. 1, 1895 (s.v. A. 2); EAA I, 1958; EUA VI, 879; X, 502. – *Overbeck*, SQ, 1868, Nr 400; *B. Sauer*, Die Anfänge der statuar. Gruppe, L. 1887, 16 ss.; *Brunn*, GGK I, 1889, 45 s., 86; *Collignon*, HistSculpt, I, 1892, 320; *Overbeck*, GGP[4], I, 1893, 142; *Keramopoullos*, AEphem 1907, 91 ss.; *G. Daux*, Pausanias à Delphes, 136 ss., 144., fig. 5; *Picard*, Manuel, I, 1935, 153; *Lippold*, GrPl, 1950, 89, Anm. 6. G. Bröker

Aristomenes (I) (Ἀριστομένης), Sohn des Agias, aus Messene, griech. Bildhauer, etwa M. des 2. Jh. v. Chr. in Olympia(?) tätig. Zwei in Olympia gefundene Basis-Fragm. tragen seine Künstler-Sign., wovon die eine teilweise getilgt worden ist (W. Dittenberger/K. Purgold, Inschr. von Olympia, Olympia, V, 1896, Nr 397). Die and. gehörte zu einer von den Bewohnern Tegeas für Damaristos, ihren Proxenos, errichteten Ehrenstatue (ibid., Nr 398). Zwei weitere inschr. Belege (ibid., Nrn 399 s.) deuten darauf hin, daß A. einer etwa im 2.–1. Jh. v. Chr. tätigen Künstlerfamilie zugerechnet werden kann: So handelt es sich bei Agias,

Sohn des A., wahrsch. um den Sohn, nicht um den gleichnamigen Vater des Künstlers (cf. → Agias), bei → Pyrilampos eher um dessen Enkel als um seinen Bruder. ▭ ThB2, 1908. RE II. 1, 1895 (s.v. A. 15); EAA I, 1958; *Bénézit* I, 1976 (s.v. A. II). – *Collignon*, HistSculpt, II, 1897, 626; *Lippold*, GrPl, 1950, 365. G. Bröker

Aristomenes (II), aus Thasos, griech. Maler, unbestimmte (vorröm.) Zeit. Vitruv (3, praef. 2) zählt an erster Stelle A. zu den Malern, die ihrem Können entsprechend größere Berühmtheit verdient hätten. Seiner Herkunft wegen wurde dieser Künstler oft mit → Aristomachos vom Strymon und gelegentl. auch mit → Arimmas gleichgesetzt. ▭ ThB2, 1908. RE II. 1, 1895 (s.v. A. 16); EAA I, 1958; EUA IV, 1958, 527; VI, 898; *Bénézit* I, 1976 (s.v. A. 1). – *Overbeck*, SQ, 1868, Nrn 1093, 1773, 2112 s.; *Brunn*, GGK II, 1889, 38, 191 s., 203; *Pfuhl*, MuZ, II, 1923, 917. G. Bröker

Aristomenos, griech. Vasenmaler(?), um 540–530 v. Chr. tätig. Name fragmentar. auf einer schwarzfigurigen Hydria der Bibl. Civ. Gambalunga in Rimini (ehem. Slg Des Vergers) mit Darst. der Apotheose des Herakles zw. schmalen Friesen (oben und unten) mit Kampfszenen bewaffneter Krieger. Die Hauptszene (Herakles besteigt den Wagen, neben ihm Apollo, Athena und Hermes sowie, bei den Pferden, eine unbek. männl. und eine weibl. Gestalt) ähnelt trotz gewisser Besonderheiten in Anlage und techn. Ausführung Darst. desselben Themas auf Gefäßen aus dem Umkreis des → Exekias. A. könnte ein dem Princeton-Maler nahestehender unmittelbarer Mitarb. von → Exekias gewesen sein. Der Name A., der in den gängigen Verz. fehlt, begegnet auch auf einer schwarzfigurigen Amphora im Louvre (CVA, 4, III H und pl. 40 Nr 4–5). ▭ *P. Mingazzini*, RendLinc 1925, 427, Nr 33; *D. M. Robinson/E. F. Tluck*, A study of the Greek love-names, Baltimore 1937, 87; *P. E. Arias*, ArchCl 2:1950, 113–119. G. Bröker

Ariston → Aristo

Ariston (I) (Ἀρίστων), Bruder des → Telestas, griech. Erzbildner aus Lakonien, 1. H. 6. Jh. v. Chr. oder spätes 6./frühes 5. Jh. v. Chr. Nach Pausanias 5, 23, 7 (Overbeck, SQ, 1868, Nr 1588 a; vgl. auch *Ferri*, Plin., 1946, 106) schuf A. (I) zus. mit → Telestas eine etwa 18 Fuß hohe Bronzestatue des Zeus in Olympia (nicht erh.). Auf ihrer Bronzebasis stand ein Epigramm, das bei Pausanias überliefert ist. Es nennt als Stifter des Weihgeschenks die Bürger von Kleitor in Arkadien und als Künstler A. mit seinem Bruder → Telestas. ▭ ThB2, 1908 (s.v. A. I). RE II. 1, 1895 (s.v. A. 60); EAA I, 1958 (s.v. A. 1); EWA XI, 1972, 163, 172, 175; *Bénézit* I, 1976 (s.v. A. I). – *Brunn*, GGK I, 1889, 83; *A. S. Arvanitopoullos*, Polemôn, I, At. 1929, 158 ss.; *Picard*, Manuel, I, 1935, 462; *Lippold*, GrPl, 1950, 32 mit Anm. 15; *Floren*, GrPl, 1987, 216 mit Anm. 16. G. Bröker/W. Müller

Ariston (II), griech. Maler, im 4. Jh. v. Chr. tätig. Wahrsch. Sohn und Schüler des Erzbildners, Malers (und Architekten?) → Aristeides (I), der ein Schüler von → Polykleitos (I) und um 400 v. Chr. tätig war. Bruder und Lehrer von A. (II) war nach Plin., nat., 35, 110 s., der Maler → Nikomachos (I) (etwa 380–320 v. Chr.). Plinius scheint A. (II) mit dem gleichnamigen jüngeren Maler → A. (IV) zusammengeworfen zu haben. Über die genauen Verwandtschaftsverhältnisse gestattet die in Verwirrung geratene Quellenlage kein endgültiges Urteil mehr. ▭ *Ferri*, Plin., 1946, 106, 159, 181; *Pfuhl*, MuZ, II, 1923, 748. W. Müller

Ariston (III), griech. Bildhauer aus Athen(?), wahrsch. in der 2. H. des 4. Jh. v. Chr. tätig. Schuf in Athen zus. mit dem Bildhauer → Xanthias eine Statue als Weihgeschenk eines Epikleides, Sohn des Archestratos, aus dem att. Demos Acharnai. Erh. blieb nur die von beiden Künstlern sign. und in der Kaiserzeit wiederverwendete Marmorbasis mit Inschr. (IG, II/III, 3833) und Befestigungsspuren der Statue. Diese entstand, wie aus dem paläograph. Charakter der Inschr. geschlossen werden kann, wahrsch. in der 2. H. 4. Jh. v. Chr. ▭ ThB2, 1908 (s.v. A. II). RE II. 1, 1895 (s.v. A. 61); EAA I, 1958 (s.v. A. 3); EWA II, 1972, 109. – *P. Foucart*, BCH 14:1890, 515 ss.; *Lippold*, GrPl, 1950, 244 mit Anm. 17; *Picard*, Manuel, IV. 2, 1963, 931, Anm. 5. G. Bröker

Ariston (IV), griech. Maler, wahrsch. im späten 4./frühen 3. Jh. v. Chr. tätig. Nach Plin., nat., 35, 111 (Overbeck, SQ, 1868, Nr 1785; Reinach, RecMilliet, 1985, 280, Nr 350; vgl. auch Ferri, Plin., 1946, 58) Sohn und Schüler des Malers → Aristeides (II), des sog. Aristides Thebanus (etwa 360–310 v. Chr.). Die einschlägige Überlieferung ist wie bei → A. (II) in Verwirrung geraten, so daß als Vater von A. (IV) auch → Aristeides (I) angenommen wurde (z.B. ThB2, 1908; EAA I, 1958). Einziges überliefertes, jedoch nicht mehr erh. Werk des A. (IV) war das Bild eines bekränzten Satyrs mit Skyphos in der Hand (Plin., nat., 35, 111). ▭ ThB2, 1908 (s.v. A. V). RE II. 1, 1895 (s.v. A. 64); EAA I, 1958 (s.v. A. 2); EWA II, 1972, 117. – *E. Kroker*, Gleichnamige griech. Künstler. Ein Beitr. zur antiken Künstlergesch., L. 1883, 31; *Brunn*, GGK II, 1889, 110, 113, 115, 122; *Pfuhl*, MuZ, II, 1923, 724 ss., 748. G. Bröker/W. Müller

Ariston (V), griech. Erzbildner, im 3. Jh. v. Chr. auf Rhodos tätig. Schuf auf Rhodos zus. mit dem Bildhauer → Theognotos die Bronzestatue eines Aristombrotos. Erh. blieb davon nur die zylindr. Basis aus weißem Marmor. Die an ihr befindl. Inschr. (IG, XII. 1, 112) nennt als Stifter die beiden Söhne des Aristombrotos und die Namen der Künstler. ▭ EAA I, 1958 (s.v. A. 4). – *G. Pugliese Carratelli*, PP 1:1946, 138, Nr 1; *id.*, ASAtene 30/32:1952/54, 281, Nr 51 a. G. Bröker

Ariston (VI), griech. Bildhauer aus Chios, im 2. Drittel des 3. Jh. v. Chr. auf Rhodos tätig. Schuf zus. mit dem aus Ephesos stammenden und in Lindos arbeitenden Bronzegießer → Agathon (V) für die Akropolis von Lindos die Bronzestatue des Timotheos (um 270 v. Chr. Priester der Athena Lindia). Erh. blieb davon nur die zylindr. Basis mit Inschr. und Befestigungsspuren der Statue. Inschriftlich sind außerdem als weitere Werke des A. (VI) zwei Statuen für Kamiros nachgewiesen, die mehrere Beamte und Priester gestiftet hatten. Auch von diesen Werken blieben nur die mit Inschr. versehenen Marmorbasen übrig. ▭ RE, Suppl. III, 1918 (s.v. A. 63a); EAA I, 1958 (s.v. A. 5); *Bénézit* I, 1976 (s.v. A. 5). – Clara Rhodos 6/7:1935, 393, Nr 21, p. 397, Nr 25; Lindos II. 1, 1941, 111; II. 2, 1941, 297, Nr 84; *M. Segre/G. Pugliese Carratelli*, ASAtene 27/29:1949/51, 141 ss., Nr 21; *Lippold*, GrPl, 1950, 319 mit Anm. 1. G. Bröker

Ariston (VII), Sohn des Ariston, griech. Bildhauer aus der Argolis, in der 2. H. 3. Jh. v. Chr. in Epidauros tätig. Schuf die Statue eines Euarchos. Von dieser fand man in der Nähe der bek. Tholos von Epidauros nur noch die rechteckige Basis aus grauem Kalkstein. Aus der zugehörigen Inschr. geht hervor, daß die Statue ein Weihgeschenk des Euarchidas von Epidauros, Sohn des Euarchos, an Apollon und Asklepios war. Ob A. (VII) mit dem Erzgießer → A. (VIII) ident. war, konnte bisher nicht bewiesen werden. ▭ *J. Marcadé*, BCH 73:1949, 135 ss. G. Bröker

Ariston (VIII), griech. Erzgießer, wahrsch. aus Korinth, dort zw. 240 und 200 v. Chr. tätig. Schuf in Korinth die Bronzestatue des Kephisoteles, Sohn des Timosthenes. Davon nur noch die Basis mit Inschr. und Befestigungsspuren vorh. Der in der Inschr. enthaltenen Künstlersign. fehlen Vatersname und Ethnikon, so daß Versuche, → A. (VII) und → A. (IX) mit A. (VIII) gleichzusetzen, reine Vermutungen bleiben. ▭ RE, Suppl. V, 1931 (s.v. A. 62 a); *Bénézit* I, 1976 (s.v. A. VI). – *Lippold*, GrPl, 1950, 339 mit Anm. 29. G. Bröker

Ariston (IX), griech. Erzbildner und Toreut aus Mytilene, wahrsch. E. 3. Jh. v. Chr. tätig. Während A. als Erzgießer nur durchschnittl. Bedeutung erlangte (Plin., nat., 34, 85; Overbeck, SQ, 1868, Nr 2093), zeichnete er sich als Toreut durch hervorragende Silbertreibarbeiten aus (Plin., nat., 33, 156; Overbeck, SQ, 1868, Nr 2167; vgl. hierzu auch Plin., nat., 34, 85). Eine Identität mit → A. (VIII) läßt sich nicht beweisen. ▭ ThB2, 1908 (hier irrtüml. zweimal, als → A. III und A. VIII, aufgeführt). RE II. 1, 1895 (s.v. A. 62); EAA I, 1958 (s.v. A. 7); *Bénézit* I, 1976 (s.v. A. VII). – *Brunn*, GGK, 1889, I 367; II 271, 273; *Ferri*, Plin., 1946, 106. G. Bröker

Ariston (X), Sohn des → Dionysios (III) sowie Bruder (?) des → Agatharchos (III) und Vater eines Dionysios, griech. Bildhauer aus Böotien, dort während der ersten Jahrzehnte des 2. Jh. v. Chr. tätig. Durch mehrere epigr. Zeugnisse als Mitgl. einer böot. Künstlerfamilie nachgewiesen: Name und Vatersname erw. die fragm. Inschr. auf einer Marmorbasis im Mus. von Theben (IG, VII, 2527). Auf seinen Vater → Dionysios (III), Sohn eines Ariston, bezieht sich ohne Zweifel eine Sign. aus dem Amphiareion von Oropos (IG, VII, 375). Der in einer weiteren ebenfalls von dort stammenden Inschr. (IG, VII, 429) gen. und in Böotien tätige Bildhauer → Agatharchos (III), Sohn eines Dionysios, dürfte der Bruder des A. (X) sein. ▭ ThB2, 1908 (s.v. A. IV). RE II. 1, 1895 (s.v. A. 63); EAA I, 1958 (s.v. A. 8); *Bénézit* III, 1976 (s.v. A. 8). G. Bröker

Aristoneikes (Ἀριστονείκος, Aristoneikos; Aristoneidas; Aristoneides o.ä.), Sohn des Eumenides (oder Emmenides), griech. Bildhauer(?) oder Stifter, aus Athen(?), 1. Jh. n. Chr. Sein Name (Lesart unsicher) ist in der Inschr. (CIA, I, 1873, 407; IG, III, 785; Loewy, IGB, 1885, 229 s., Nr 320) einer in Athen gefundenen Basis (zwei Fragm.) erw., die einst eine von → Leochares (II) für M. Antonius (Aristokr)a(tos) gearbeitete Ehrenstatue getragen hat. A. dürfte ledigl. der Auftraggeber für dieses Kunstwerk gewesen sein, womit sich die früher erwogene Gleichsetzung mit dem von Plinius (nat., 34, 140) erwähnten Erzbildner → Aristonidas oder einem and. Künstler dieses Namens erübrigt. ▭ RE II. 1, 1895 (s.v. Aristonidas); XII. 2, 1925 (s.v. Leochares 3); EAA I, 1958. – *Brunn*, GGK I, 1889, 325. G. Bröker

Aristonidas (I) ('Αριστωνίδας), Sohn des Mnastitimos, aus Rhodos, griech. Bildhauer, um 340/330 v. Chr. auf Rhodos tätig. Sein Name begegnet (um 340 v. Chr.) in einer aus Lindos (Lindos, II. 1, 1941, 233, Nr 42) sowie (um 330 v. Chr.) in einer aus Rhodos (Lindos, II. 2, 1942, 991–993, Nr 696[a]) stammenden Inschrift. Die Marmorbasis aus Lindos (Kopenhagen, NM) war für eine Statue des Charmippos bestimmt; in Rhodos arbeitete A. eine solche für den choragischen Sieg des Arideikes. → Kallimedon war sein Mitarb., A.s Söhne hießen → Timagoras (III) und → Mnasitimos (II) und (III). Sicher gehörte A. zur älteren Generation der auf Rhodos tätigen Künstlerfamilie. Möglicherweise ist er mit dem bei Plinius (nat., 34, 140) erw. Erzbildner A. identisch. 🕮 RE, Suppl. III, 1918, 159; Suppl. VIII, 1956, (s.v. A. 1–3); EAA I, 1958 (A. 1). – *Loewy*, IGB, 1885, 153 s., Nr 197; *Th. Reinach*, REG 1904, 210 s., Nrn 3 s.; Lindos II. 1, 1941, 43, Stemma Nr 15[b], p. 51, Nr 3; *Lippold*, GrPl, 1950, 287, Anm. 16; *Picard*, Manuel, IV. 2, 1963, 856, Anm. 2, p. 1003, 1005, 1470, Anm. 2. G. Bröker

Aristonidas (II), griech. Erzbildner (und Maler?), in der 2. H. 3. Jh.(?) v. Chr. auf Rhodos(?) tätig. Über A.s Statue des Athamas berichtet Plinius (Plin., nat., 34, 140), der Künstler habe dem Erz Eisen beigemischt, um durch den hindurchschimmernden Rost die Schamröte des reuig dasitzenden Vaters über die im Wahnsinn erfolgte Tötung seines Sohnes Learchos zum Ausdruck zu bringen. Plinius macht keine Angaben zur Dat. des Künstlers, der vermutl. in hellenist. Zeit tätig gewesen ist. Er verweist aber darauf, daß sich das Bildwerk noch immer auf Rhodos befinde. Aus vielen inschr. Belegen läßt sich auf die Existenz einer rhod. Künstlerfamilie schließen, in der auch der Name A. mehrfach bezeugt ist. Blinkenberg (in: Lindos, II. 1, 1941) hat versucht, das Stemma dieser Familie neu aufzustellen. Dennoch ist bisher das genaue verwandtschaftl. Verhältnis, in dem die einzelnen Künstler zueinander stehen, und deren zeitl. Abfolge nicht immer eindeutig feststellbar, so daß auch für A. versch. Identifizierungsmöglichkeiten verbleiben. Auch seine Gleichsetzung mit dem ebenfalls von Plinius (nat., 35, 146; Overbeck, SQ, 1868, Nr 2025; A. Scrinzi, AttiVenezia 57:1898–99, 251–286; 15 s., 22 s., Ferri, Plin., 1946, 114) innerhalb einer Liste von Malern erw. A. ist nicht unbedingt gesichert. 🕮 ThB2, 1908. RE II. 1, 1895; Suppl., III, 1918, 159; Suppl., VIII, 1956, 6 s. (s.v. A. 1–3); EAA I, 1958 (s.v. A. 1, 2); EUA IV, 515, 712. – *Brunn*, GGK I, 1889, 209, 325 s., 332, 355,; II, 1889, 190; *Overbeck*, GGP[4], II, 1894, 295; *F. Hiller v. Gaertringen*, JdI 1894, 38 s.; *Klein*, GGK, III, 1907, 220 ss.; *Pfuhl*, MuZ, II, 1923, 818; *F. Hiller v. Gaertringen*, GGA 1934, 200; Lindos II. 1, 1941, 43, Stemma Nr 15; *Picard*, Manuel, IV. 2, 1963, 554, Anm. 2, 1470, Anm. 2. G. Bröker

Aristonidas Selgeus ('Αριστωνίδας Σελγεύς), aus Selge/Pisidien, griech. Bildhauer, zu unbestimmter Zeit auf Rhodos(?) tätig. Eine heute verschollene, von Rhodos stammende Inschr. mit der Sign. dieses Künstlers gehörte zu der vom Koinon der Aristanakteioi gestifteten Statue eines Priesters des Zeus Polieus und der Athena Polias in Achaia Polis (Akropolis von Ialysos). 🕮 RE, Suppl. VIII, 1956, 7 (s.v. A. 4); EAA I, 1958 (s.v. A. Selgeus). – *G. Pugliese Carratelli*, ASAtene, N. S. I/II:1939/40, 155, Nr 15. G. Bröker

Aristonothos ('Αριστόνοθος), griech. Töpfer (und/oder Vasenmaler?) aus Chios, in der 1. H. 7. Jh. v. Chr. tätig. In der Gesch. der griech. Keramik gehört A. zu den ersten Künstlern, die ihre Sign. auf Vasen anbrachten. 🏛 Rom, Pal. dei Conservatori, Inv Nr Slg Castellani 172: Krater (Schiffskampf; Blendung des Polyphem; O. Touchefeu, LIMC VIII, 1997, 1013, Nr 16bis*, s.v. Polyphemos I), aus Caere, etwa 2. V. 7. Jh. v. Chr. Darst. in Silhouettentechnik mit Umrißlinien und aufgesetztem Weiß, Dat. von künstler. Bezügen zur protoatt. Keramik hergeleitet, Herstellungsort (Caere, Unteritalien, Sizilien oder Argos?) ungesichert, Name und Buchstabenformen der Sign. weisen nach Euböa. 🕮 ThB2, 1908 (mit älterer Lit.). RE II. 1, 1895; EAA I, 1958 (mit Lit.); KlP I, 1964; LAW, 1965; EWA X, 1972; *Bénézit* I, 1976. – *P. Kretzschmer*, Die griech. Vaseninschr., Gütersloh 1894, 10 Nr 7; *F. Matz*, Die geometr. und früharchaische Form (Gesch. der griech. Kunst, I), Ffm. 1950, Textbd p. 253 ss.; *Rumpf*, MuZ, 1953, 26, mit Anm. 10, Taf. 6, 1; *B. Schweitzer*, RM 62:1955, 78–106, 8 Taf.; *H. Philipp*, Tektonen Daidala. Der bild. Künstler und sein Werk im vorplaton. Schrifttum, B. 1968, 77; *Robertson*, Hist., 1975, I, 50, II, 621; *Schefold*, SB, I[2], 1993, 160–162, Abb. 167; *J. Boardman*, Early Greek vase painting, Lo. 1998, 114, Abb. 282. W. Müller

Aristonous ('Αριστόνοος, Aristonoos), von Ägina, griech. Bildhauer, tätig im späten 6. oder in der 1. H. des 5. Jh. v. Chr. Er wird nur einmal von Pausanias erw., der ihn als Schöpfer einer Zeusstatue in Olympia nennt, eines Weihgeschenkes der Metapontiner. Zeus, nach O gerichtet, hielt Adler und Blitz und war mit Lilien(?) bekränzt (Paus., 5, 22, 5). Adler und Blitz hielt auch ein von drei Leontinern in Olympia gew. kolossaler Zeus, dessen Meister nicht gen. wird (Paus., 5, 22, 7). Beide Statuen waren wahrsch. bronzene ausschreitende Blitzschwinger, in der Haltung ähnl. Kleinbronzen (z.B. aus Olympia, um 480–470 v. Chr.: W. Schwabacher, AntK 1:1962, 9, Taf. 6,3; aus Olympia, gegen 460 v. Chr.: Walter-Karydi, 1987, Abb. 32, 33) und Münzbildern des Gottes (Schwabacher, ibid., Taf. 7,4–6); auch der kolossale bronzene Zeus des Ägineten Anaxagoras, ein panhellen. Weihgeschenk in Olympia nach dem Sieg bei Plataiai (479 v. Chr.), war, der Basis nach, ein ausschreitender Blitzschwinger. – Wann A. gelebt hat, und wer sein Lehrer war, das wußte schon Pausanias nicht mehr. Doch kann zumindest die Zeit, in der A. tät. war, bestimmt werden, denn der Typus seiner Zeusstatue kommt um etwa 530 v. Chr. auf und verschwindet im mittleren 5. Jh.; ein genaueres Datum des Werkes ist allerdings nicht möglich. Ein Auftrag im panhellen. Olympia-Heiligtum legt nahe, daß A. über seine Heimat Ägina hinaus bek. war. Sein persönl. Stil bleibt unbekannt. ▭ ThB2, 1908 (s.v. Aristonus). RE II. 1, 1895 (s.v. A. 2); EAA I, 1958. – *H. Brunn*, GGK I, 1889, 69 (96); *E. Kunze*, AuA 2:1946, 105; *E. Walter-Karydi*, Die äginet. Bildhauerschule, Mainz 1987 (Alt-Ägina, II. 2), 34.

E. Walter-Karydi

Aristopeithes (Ἀριστοπείθης), Sohn des (Aristo)nymos oder (Kleo)nymos, griech. Bildhauer aus dem att. Demos von Phyle, E. 4. Jh. v. Chr. in Eleusis(?) tätig. In Eleusis fanden sich zwei mit seiner Sign. versehene Basen (Overbeck, SQ, 1868, Nr 1386; CIA, II, 1877–93, 1188 s.; Loewy, IGB, 1885, 66 s., Nr 85). Diese waren einst für Demeter und Kore gew. Statuen bestimmt, die Xenokles, aus dem Demos von Sphettos stammend und wohl zw. 326 und 324 v. Chr. Priester der eleusin. Mysterien, gestiftet hatte. ▭ ThB2, 1908. RE II. 1, 1895; EAA I, 1958; EUA II, 176. – *Collignon*, HistSculpt, II, 1897, 343; *Lippold*, GrPl, 1950, 304, Anm. 10.

G. Bröker

Aristophanes (Ἀριστοφάνης), griech. Vasenmaler, etwa 430–400 v. Chr. in Athen tätig. Von dem im rotfigurigen Stil arbeitenden Vasenmaler A. sind an sign. Gefäßen zwei Kylikes des Töpfers → Erginos (II) sowie das Fragm. eines Glockenkraters aus Agrigent (ARV², 1963, 1319, Nr 4) bekannt. Auf den beiden Schalen finden sich Kampfszenen aus der griech. Mythologie. Die wahrsch. aus Vulci stammende Kylix in Berlin (SMPK, Antiken-Slg, Inv. Nr F 2531; ARV², 1963, 1318, Nr 1, Add², 1989, 363; CVA, Berlin 3, Taf. 119–121; F. Vian, LIMC IV, 1988, 230, Nr 318*, s.v. Gigantes) ist mit insgesamt sieben Gruppen der gegen die Giganten streitenden Götter geschmückt. Die in Boston befindl. Schale aus Tarquinia (Boston, MFA, Inv. Nr 00. 344; Caskey/Beazley, III, 1963, Taf. 103–104; ARV², 1963, 1319, Nr 2; Add², 1989, 363; F. Díez de Velasco, LIMC VI, 1992, 841, Nr 63a*, s.v. Nessos) zeigt außen auf beiden Seiten drei Paare kämpfender Lapithen und Kentauren. Von dieser im Inneren durch eine Darst. vom Kampf des Herakles gegen den Deianeira entführenden Nessos beherrschten Kylix ist eine vom selben Fundort stammende, nur in den Namensbeischr. einiger Lapithen und Kentauren abweichende, jedoch unsign. Replik (Boston, MFA, Inv. Nr 00. 345; Caskey/Beazley, III, 1963, Taf. 103–105; ARV², 1963, 1319, Nr 3; Add², 1989, 363; F. Díez de Velasco, LIMC VI, 1992, 841, Nr 63b*, s.v. Nessos) vorhanden, die wahrsch. derselben Wkst. zuzurechnen ist. Auf dem in Agrigent gefundenen und im dortigen Mus. aufbewahrten Fragm. eines Glockenkraters sind nur noch Reste der einstigen Bemalung (Füße eines Mannes und Lorbeerstrauch über ornamentaler Grundleiste) erkennbar. Unsicher ist, ob neben der erh. gebliebenen Sign. von A. (egrapsen) urspr. hier ebenfalls der Name des Töpfers gen. gewesen war. Unter den A. zugeschr. Arbeiten befinden sich weiterhin eine Darst. von Adonis und Eros auf einer Lekythe aus Athen (Berlin, SMPK, Antiken-Slg, Inv. Nr F 2706; FR, III, Taf. 41; ARV², 1963, 1319, Nr 5; Add², 1989, 363). In seinen Malereien legt A. auf die lebendige Wiedergabe von Körperformen Wert und zeichnet sich durch eine subtile, differenzierte, z.T. fast manierierte Linienführung aus, die in der Gestaltung von Gewändern und mehr noch bei der Behandlung des Haares seiner Figuren sichtbar wird. ▭ ThB2, 1908. RE II. 1, 1895 (s.v. A. 6); XV. 2, 1932 (s.v. Mimas 3 und Mimon); EAA I, 1958; EUA II, 172; X, 478; LAW, 1965. – *E. Gerhard*, Trinkschalen und Gefäße, B. 1848/50, 2, 3; *G. Koerte*, AZ 36:1878, 114; *W. Klein*, Griech. Vasen mit Meistersign, W. ²1886/87, 184 ss.; *A. Furtwängler*, Die Slg Saburoff, B. 1883–87, 7; *A. Genick/A. Furtwängler*, Griech. Keramik, B. 1883, 40, 2; *Brunn*, GGK II, 1889, 442, 444 s., 450, 460; *Holwerda*, JdI 4:1889, 43; *Milchhöfer*, JdI 9:1894, 67; FR I, 1904, 305; (F. Hauser), FR III, 38–50, Taf. 127–129; *J. D. Beazley*, Attic red-fig. Vases in American Mus., C. 1918, 189; *Hoppin*, RedFig, I, 1919, 49–55; *Pfuhl*, MuZ, II, 1923, 586 s.; *H. Licht*, Sittengesch. Griechenlands, I, Dresden/Zürich 1925, 195; *Jacobsthal*, OrnGrV, 1927, 86, 129; *W. Hahland*, Vasen um Meidias, B. 1930, 21; *P. Marconi*, AttiMGr,

1931, 73; *Neugebauer*, FührerBerlin, II, 1932, Taf. 65, 2; *W. H. Schuchhardt/W. Technau*, Gesch. der Kunst: Altertum, B. 1940, 294, Abb. 270; *F. Vian*, Répert. des Gigantomachies figurées dans l'art grec et romain, P. 1951, Taf. 43; *Rumpf*, MuZ, 1953, 114, Taf. 36, 2 s.; *P. E. Arias*, RIA, NS 4:1955, 124 ss.; *L. A. Stella*, Mitologia greca, T. 1956, 7, 206, 847; ARV², 1963, 1318 s., 1690; *Caskey/Beazley*, III, 1963, Text, Taf. 103–105, 171 s.; Add², 1989, 363; *Boardman*, ARFV, II, 1989, 146, 167, Abb. 289–291. G. Bröker

Aristophilos (Ἀριστόφιλος), Sohn des Eusthenes, aus Korinth, griech. Bildhauer, E. 3. Jh. v. Chr. auf Delos tätig. Sein Name ist bek. durch die Sign. auf einer Basis, deren Inschr. auch den Namen des Stifters, Soteles, Sohn des Telemnestos, enthält (IG, XI. 4, 1173 s.). ▭ RE, Suppl. III, 1918, 159 (s.v. A. 2); EAA, Suppl. 1970. – *Lippold*, GrPl, 1950, 339, Anm. 27 s.; *Marcadé*, Signatures, II, 1957, Nr 24; *id.*, MusDélos, 1969, 56. G. Bröker

Aristophon (Ἀριστοφῶν), Sohn des → Aglaophon (I), aus Thasos, griech. Maler, im 5. Jh. v. Chr. tätig. Wie sein Bruder → Polygnotos (I) war A. ein Schüler seines Vaters → Aglaophon (I) (Plat., Gorg., 448 b; Dion. Chr., 55, 1). Wahrsch. hieß sein (oder des → Polygnotos [I]) Sohn ebenfalls Aglaophon. Obgleich er nicht die Berühmtheit seines Bruders erlangte, zählt Plinius ihn doch zu den bedeutenderen Künstlern (primis proxumi). Von seinen Werken nennt er: Ankaios (den Argonauten, Herrscher der Leleger auf Samos), von einem Eber verwundet, zusammen mit seiner Mutter Astypalaia, ferner ein „mehrfiguriges“ (numerosa) Tafelbild mit Priamos, Helena, Credulitas („die Leichtgläubigkeit“), Odysseus, Deiphobos und Dolus („die List“) (Plin., nat., 35, 138; Ferri, Plin., 1946, 200). Die Hinzufügung der erw. Personifikationen läßt darauf schließen, daß A. bemüht gewesen ist, die hier dargestellte Episode aus dem Trojan. Kriege psycholog. zu veranschaulichen. Plutarch kennt seinerseits eine Darst. des (leidenden) Philoktet (Plut., aud. poet., 3; id., quaest. conviv., 5, 1, 2) und hält A. auch für den Maler des Bildes der „Nemea, auf deren Knien Alkibiades sitzt“ (Plut., Alk., 16). Da das zuletzt gen. Werk aber – seine Identität vorausgesetzt – zus. mit einer zweiten Alkibiades-Tafel von Satyros (bei Ath., deipn., 12, 534 D) → Aglaophon (I) zugeschr. wird, der aus zeitl. Gründen der Sohn von A. gewesen sein könnte, bleibt umstritten, ob nun dieser oder A. als Künstler des einen oder auch beider gen. Gem. anzusehen ist. ▭ ThB2, 1908. RE II. 1, 1895 (s.v. A. 9); EAA I, 1958; EUA IV, 526; KlP I, 1964, 581 (s.v. A. 3). – *O. Jahn*, AZ 5:1847, 127; 1848, 127; *Overbeck*, SQ, 1868, Nrn 1046, 1049, 1127–29, 1132, 1134; *Brunn*, GGK II, 1889, 10, 36 s., 48, 86; *W. Kroker*, Gleichnamige griech. Künstler, 1898, 23 ss.; *Pfuhl*, MuZ, II, 1923, 639; *A. De Capitani d'Arzago*, La grande pitt. greca dei secoli V e IV a. C., Mi. 1945, 40; *Lippold*, Gemäldekopien, 1951, 16; *Robertson*, Hist., 1975, I, 242, 415; II, 658, Anm. 149, p. 693, Anm. 148. G. Bröker

Aristos (Ἄριστος), aus Ephesos, griech. Bildhauer, wahrsch. im 2. Jh. v. Chr. tätig. Von A. fanden sich in Rhodos und Lindos zwei formal übereinstimmende Künstler-Inschr. (IG, XII. I, 122). Die auf einer zylindr. Basis angebrachte Sign. aus Lindos steht möglicherweise in Zusammenhang mit der von einem ähnl. Fundstück bek. Weih-Inschr. an die Götter von Lysistratos und Pytheios. ▭ ThB2, 1908. RE II. 1, 1895 (s.v. 10); Suppl. I, 1903, 136; Suppl. III, 1918, 159; EAA I, 1958. – *T. Homolle*, BCH 14:1900, 253; Lindos II. 1, 1941, 163; *Lippold*, GrPl, 1950, 360, Anm. 2. G. Bröker

Aristoteiches (Ἀριστοτείχης), griech. Gemmenschneider (?), im 6.–5. Jh. v. Chr. tätig. Name belegt auf einem aus der Gegend von Pergamon stammenden Skarabäus mit der altertüml. Darst. einer Löwin in drohender Haltung. Bild und Inschr., beide in sorgfältiger Ausführung, lassen auf eine kleinasiat. Arbeit aus dem o. gen. Zeitraum schließen. Unsicher bleibt, ob A. der Künstler dieses (geschnittenen) Steines oder dessen Besitzer(in) gewesen ist. ▭ ThB2, 1908. RE II. 1, 1895; EAA I, 1958; EUA VI, 278, 865. – *A. Furtwängler*, JdI 3:1888, 194 s., Taf. 8, 2 (Kleine Schriften, II, M. 1913, 185 s., Taf. 26, 2); *Brunn*, GGK II, 1889, 411; *Furtwängler*, AG I, 1900, Taf. 8, 43; II, 40, 43. G. Bröker

Aristoteles (Ἀριστοτέλης), aus Kleitor/Arkadien, griech. Toreut (und Bildhauer?) unbestimmter Zeit. Ein von der Wende des 4. zum 3. Jh. v. Chr. stammendes Epigramm der Anyte (Anth. Gr., 1, 130, 2: Anth. Pal., 6, 153; Overbeck, SQ, 1868, Nr 1589) erw. A. als Verfertiger eines großen, von Kleubotos aus Tegea der Athena gew. Beckens. Der Künstler war viell. nicht nur Toreut, sondern auch Bildhauer (Anall., 1, 197. 2). ▭ ThB2, 1908. RE II. 1, 1895 (s.v. A. 24); EAA I, 1958. – *Brunn*, GGK I, 1889, 294 s. G. Bröker

Aristoxenos (I) (Ἀριστόξενος), griech. Münzstempelschneider, in der 1. H. des 4. Jh. v. Chr. in Großgriechenland (Metapontion und Herakleia) tätig. Sein Name ist auf mindestens acht

Münzprägungen von Metapontion und auf zwei weiteren von Herakleia nachweisbar. Hinzu kommen möglicherweise noch weitere unsignierte bzw. mit Sign. (Aristes) versehene Münzen aus Metapontion. Tragen die aus dieser Stadt stammenden Statere den Kopf einer Göttin, so zeigt ein Stater mit Athenakopf aus Herakleia auf seiner Rückseite Herakles im Kampfe mit dem nemeischen Löwen. Die Vermutung., daß A. noch für eine weitere unteritalien. Stadt, für Tarent, tätig gewesen sei, läßt sich aus den Inschr. tarentinischer Prägungen nicht beweisen. ▭ ThB2, 1908. RE II. 1, 1895 (s.v. A. 10); EAA I, 1958. – *F. Imhoof-Blumer*, Berliner Blätter für Münzkunde 5:1870, 32, 35; *A. von Sallet*, Künstlerinschr. auf griech. Münzen, B. 1871, 14; *Brunn*, GGK II, 1889, 290; *A. Evans*, NumChron, 1889, 54; *L. Forrer*, RBNum, 1904, 1 ss.; *S. Noe*, The Coinage of Metapontum II, N. Y. 1931, 30–41, n. 415 ss.; *E. Work*, The earlier staters of Heraclea Lucaniae, 1940, 12 s., Nrn 19 s.; *J. Maull*, Wiss. Abh. des Numismatikertages 1951, Göttingen 1959, 13–26; SNG ANS 2, N. Y. 1972, Nrn 54–55; *F. van Keuren*, The coinage of Heraclea Lucaniae, R. 1994, 23, 55 s., Nrn 8–10, Taf. 1. G. Bröker

(Arist)oxenos (II), Sohn des E(uthyge)nes oder E(uprepo)n, griech. Bildhauer aus Tenedos, im 3. Jh. v. Chr. in Lemnos (?) tätig. An einem auf Lemnos gefundenen Marmorblock blieb die bei Wiederverwendung des Steines zu Beginn der röm. Kaiserzeit größtenteils entfernte und daher nur vermutungsweise zu erg. Sign. (IG, XII. 8, 26; Loewy, IGB, 1885, Nr 282) dieses wahrsch. in hellenist. Zeit tätigen Künstlers erhalten. ▭ ThB2, 1908. RE II. 1, 1895 (s.v. A. 9); Suppl. III, 1918, 159; EAA I, 1958 (s.v. A. 2). – *St. A. Kumanidis*, Athenaion 9:1880, 369; *Cousin/Durrbach*, BCH 9:1885, 64, Anm. 9; *Lippold*, GrPl, 1950, 340, Anm. 23. G. Bröker

Arius, *D.*, röm. Maler, in der Kaiserzeit tätig. Nur bek. durch eine Weih-Inschr. aus Marmor von der Via Prenestina, die von mehreren Mitgliedern seiner Familie gestiftet worden ist (heute Neapel, NM; CIL, VI, 9102b, 18). ▭ EAA VI, 1965 (s.v. Pictor). – *A. Giuliano*, ArchCl 5:1953, 266, Nr 6; *Calabi Limentani*, Studi, 1958, 154, Nr 10. R. V.

Arkesilaos (I) (Ἀρκεσίλαος, Arcesilaus, Arcesilas), Sohn des Aristodikos, Bildhauer, * in Naxos (?, Korrektur des überlieferten Textes), A. 5. Jh. v. Chr. tätig. Einem Epigramm des Simonides (bei Diog. Laert., epigr., 4, 45; Overbeck, SQ, 1868, Nr 482) zufolge, arbeitete A. eine Artemisstatue, für die er 200 parische Drachmen erhielt. Möglicherweise ist er mit dem gleichnamigen par. Maler → A. (II) identisch. ▭ ThB2, 1908 (s.v. A. I). RE II. 1, 1895 (s. V. A. 20); EAA I, 1958 (A. 1); KlP I, 1964; EUA IV, 522. – *Brunn*, GGK I, 1889, 83; II, 38; *Lippold*, GrPl, 1950, 114. G. Bröker

Arkesilaos (II) (Arcesilaus), aus Paros, griech. Maler, im 5. Jh. v. Chr. (?) tätig. Aus einer Überlieferung des Plinius (nat., 35, 122; Overbeck, SQ, 1868, Nr 1072) geht hervor, daß sich außer → Polygnotos (I) und → Nikanor auch schon A. von Paros der enkaust. Maltechnik, und zwar bereits vor deren angebl. Erfindung (→ Aristides [I]) und Vervollkommnung (→ Praxiteles [II]), bedient habe. Eine Identität mit einem gleichnamigen Bildhauer ist nicht auszuschließen. Aufgrund unsicherer Textüberlieferung ist eine Änderung des Namens A. in Mnasilaos vorgeschlagen worden. ▭ ThB2, 1908 (s.v. A. III); XXIV, 1930 (s.v. Mnasilaos). RE II. 1, 1895 (s.v. A. 20); EAA V, 1963 (s.v. Mnasilaos); EUA II, 177; X, 518. – *Brunn*, GGK I, 1889, 83; II, 1889, 38; *Pfuhl*, MuZ, I, 1923, 503. G. Bröker

Arkesilaos (III) (Arkesilas), Sohn des → Tisikrates von Sikyon, griech. Maler, im 4./3. Jh. v. Chr. tätig. Unter den Malern dritten Ranges führt Plinius (nat., 35, 146; Overbeck, SQ, 1868, Nr 1768; Ferri, Plin., 1946, 205) auch A. an. Es wird vermutet, daß dieser ebenso wie sein Vater wohl der Schule von Sikyon angehörende Künstler mit dem von Pausanias (1, 3; Overbeck, SQ, 1868, Nr 1769) erw. Maler A. ident. ist, der ein Bild des Leostenes und seiner Söhne für das Heiligtum von Athena und Zeus im Peiraieus gemalt hatte. Leosthenes hatte im Lamischen Krieg an der Spitze der Athener als Kommandant des Griech. Bundes erfolgreich gegen den makedon. Statthalter Antipater gekämpft, war aber schon 323 v. Chr. bei Lamia gefallen (Diod., 18, 13). Seine Söhne gaben das Bildnis ihres Vaters viell. erst geraume Zeit später in Auftrag, so daß eine Gleichsetzung von A. mit dem Sohn des Eutychides-Schülers → Tisikrates auch zeitl. mögl. wäre. ▭ ThB2, 1908 (s.v. A. IV). RE II. 1, 1895 (s.v. A. 2); EAA I, 1958 (s.v. A.); EUA II, 177; X, 518. – *Brunn*, GGK II, 1889, 106 s.; *Pfuhl*, MuZ, II, 1923, 734; *A. De Capitani d'Arzago*, La grande pittura greca, Mi. 1945, 63; *Robertson*, Hist., 1975, I, 490; II, 709, Anm. 116. G. Bröker

Arkesilaos (IV) (Arcesilaus; Arkesilas), griech. Bildhauer, in der 1. H. des 1. Jh. bis 42 v. Chr. (?) in Rom tätig. A., der seine eigenen Modelle zur Anfertigung von Kunstwerken (proplasmata)

für hohen Preis, mitunter sogar an and. Künstler, verkaufen konnte – der röm. Ritter Octavius zahlte ihm für das Gipsmodell eines Kraters ein Talent (Plin., nat, 35, 155 s.) – gehörte offenbar zu den berühmteren Bildhauern seiner Zeit. Er galt als Vertrauter des L. Lucullus (wahrsch. der jüngere Lucullus, vor 42 v. Chr.). Plinius erw. einige seiner Werke: Demzufolge besaß Varro die Darst. einer Löwin mit geflügelten Eroten. Diese ganze Marmorgruppe war aus nur einem Stein gehauen (Plin., nat., 36, 41). An anderer Stelle (Plin., nat., 36, 33) berichtet Plinius von einem im Bes. des Asinius Pollio befindl. Marmorbildwerkes mit Kentauren, die Nymphen trugen (gerentes). Der Name des Künstlers lautet hier der Textüberlieferung zufolge Arkesilas. Zwei von A.s Hauptwerken entstanden wohl in den letzten Jahren seines Lebens: Die für den Tempel auf dem Forum Iulii bestimmte Statue der Venus Genetrix, die auf Drängen Cäsars schon vor ihrer Vollendung aufgestellt wurde, und das für 60 Sesterzen von L. Lucullus bestellte Kultbild der Felicitas. Letzteres blieb, da Auftraggeber und Künstler starben, ebenfalls unausgeführt (Plin., nat., 35, 156). Ferner werden aus stilist. Gründen noch einige Kunstdenkmäler A. zugeschrieben. ▭ ThB2, 1908. RE II. 1, 1895 (s.v. A. 21); EAA I, 1958 (A. 2); EUA IV, 704. 708. 759; X, 574; KlP I, 1964, col. 597 (s.v. A. 7); LAW, 1965; LA III, 1970. – *Overbeck*, SQ, 1868, Nrn 2268–70; *L. v. Urlichs*, A., XIX. Wagnersches Programm, Würzburg 1887; *Brunn*, GGK I, 1889, 419 s.; *F. Hauser*, Die Neu-Att. Reliefs, St. 1889, 187 s.; *Overbeck*, GGP⁴, II, 1894, 482 ss.; *Collignon*, HistSculpt, II, 1897, 686 ss.; *S. Reinach*, RA 1905, 395 ss.; *W. Klein*, Vom antiken Rokoko, W. 1921, 67 ss.; *C. Weickert*, Ein röm. Relief aus der Zeit Caesars, Festschr. P. Arndt, M. 1925, 55–61; *M. Bieber*, RM 48:1933, 261–76; *G. W. Elderkin*, AJA 42:1938, 371–74; *R. Carpenter*, Observations on Familiar Statuary in Rome, MAAR 18:1941, 75. 93; *Ferri*, Plin., 1946, 212, 238, 244; *M. Borda*, BullCom 73:1949/50, 189–204; *Lippold*, GrPl, 1950, 386; *R. Bianchi Bandinelli*, Storicità dell'arte classica, Fi. 1950, 105. 114. 277; *Toynbee*, Artists, 1951, 22; *G. Becatti*, Studi in onore di A. Calderini e R. Paribeni, III, Mi. 1956, 199–210; *Robertson*, Hist., 1975, I, 601; II, 736, Anm. 32. G. Bröker

Arkesios → Argelius

Arkesios → Tarchesius

Arneios → Agneios

Arrius Chrysanthus, *A.*, röm. Bildhauer, in der Kaiserzeit in Pozzuoli tätig. Nur bek. durch eine Marmor-Inschr. aus Pozzuoli (CIL, X, 1873). ▭ EAA IV, 1961 (v.e. Marmorarius). – *Calabi Limentani*, Studi, 1958, 162, Nr 79. R. V.

Arrius Hermes, *L.*, röm. Vasenhersteller, in der Kaiserzeit tätig. Nur bek. durch seine Grab-Inschr. (CIL, VI, 33918; XIV, 467). ▭ *Calabi Limentani*, Studi, 1958, 171, Nr. 158. R. V.

Arrius Secundus, *L.*, röm. Bildhauer, in der Kaiserzeit tätig. Nur bek. durch seine Grab-Inschr. aus Catania (CIL, X, 7039). ▭ EAA IV, 1961 (v.e. Marmorarius). – *Calabi Limentani*, Studi, 1958, 163, Nr 82. R. V.

Arrius Stratokles, *Cnaeus* (Ἀρρίως Στρατοκλές, Γναῖος), aus Athen, griech. Tonbildner, in augusteischer Zeit in Rom tätig. Nur bek. durch seine Grab-Inschr. aus Rom (Rom, Konservatorenpalast), in der er sich als πλάστες bezeichnet. ▭ ThB32, 1938 (s.v. Stratokles). EAA IV, 1961 (v.e. Marmorarius); EAA VII, 1966 (s.v. Stratokles). – *Loewy*, IGB, 1885, 377, Nr. 552; *Stuart Jones*, SculptPalCons, 1926, Nr 16a, Taf. 51. R. V.

Artemas (Ἀρτεμᾶς), aus dem att. Demos Meilesios, Sohn des Demetrios, griech. Bildhauer, im 1. Jh. n. Chr. tätig. Nur bek. durch seine Sign. auf einem Relief aus Griechenland (ehem. Venedig, Slg Grimani) mit der Darst. des Herakles, der an einem Altar ein Opfer bringt. ▭ EAA I, 1958. – *Loewy*, IGB, 1885, 292, Nr 438; *Brunn*, GGK I, 1889, 607. R. V.

Artemidor (Artemidoros?; Artemidorus?), röm. Maler, im 1. Jh. n. Chr. tätig. Ein Venusbild dieses sonst unbek. Künstlers, das anscheinend Mißfallen erregt hatte, erw. Martial (5, 40). ▭ RE II. 1, 1895 (Artemidoros 38); EAA I, 1958; EUA XII, 37. – *Brunn*, GGK II, 1889, 209. G. Bröker

Artemidoros (Ἀρτεμίδωρος), Sohn des Menodotos aus Tyros, griech. Bildhauer, im 2. Jh. v. Chr. tätig. A., der Vater von → Menodotos (II) und → Charmolas, gehört der inschriftl. Überlieferung zufolge einer Künstlerfamilie an, in der die Namen Menodotos und Artemidoros generationsweise wechselnd wiederkehrten. Seine Sign., auf einer in Halikarnaß gefundenen Basis einer Ehrenstatue erh., ist aber auch aus Inschr. auf Rhodos bek.: In Lindos arbeitete A. um 154 v. Chr. die Bronzestatue des Astymedes, Sohn des Theaidetos, eines der angesehensten Bürger von Rhodos. Ebenfalls in Lindos fand sich die zusätzl. den Namen seines Sohnes → Menodotos (II) enthaltende Künstler-Inschr. von der Ehrenstatue des Pasiphon (124 v. Chr. Priester der Athena Lindia), die Vater und Sohn gemeinsam ausführten. Unsicher ist die Zuordnung einer weiteren Inschr. aus Rhodos, bei der nur das Ethnikon erh. blieb. Viell. ist A. mit dem auf einer Basis aus Athen (IG, II, 1318) als Vater des → Menodotos (II) erw. Artemidoros identisch. Fragl. bleibt hingegen die inschriftl. Bezeugung derselben Namensverbindung auf dem in der Apollostatue des Louvre gefundenen Bleistreifen. Auch mit dem bei Plinius (nat., 36, 34) gen. Künstler dürfte A. kaum gleichzusetzen sein. ▭ ThB2, 1908. RE II. 1, 1895 (A. 37) und Suppl. III, 1918, 162 (A. 37); EAA I, 1958 (A. 1). – IG, II, 1318; XII. 1, 109; *Loewy*, IGB, 1885, 220 s., Nr 309; cf. 220, Nr 308; *Brunn*, GGK I, 1889, 330 s.; *F. Hiller von Gärtringen*, JdI 9:1894, 42, Nr 16; *A. Maiuri*, Nuova sill. epigr. di Rodi e Cos, Fi. 1921, 43, Nr 31; Lindos II. 1, 1941, 35, et passim; *Lippold*, GrPl 1950, 378. G. Bröker

Artemon (I) (Ἀρτέμων), griech. Bildhauer, in der Kaiserzeit oder früher in Rom(?) tätig. A. war nach einer Notiz des Plinius (nat., 36, 37 s.) zus. mit einem *Pythodoros (IV)* und and. paarweise erw. Künstlern mit ausgezeichneten Werken an der Ausstattung der kaiserl. Paläste auf dem Palatin beteiligt. Unklar bleibt, ob A., zeitl. und regional nicht mehr näher bestimmbar, im 1. Jh. n. Chr. tätig war und damals eigene Skulpt. oder Kopien berühmter Kunstwerke in die Kaiserpaläste lieferte, oder ob er schon in früherer Zeit lebte und dort nur mit seinen Arbeiten zw. denen anderer Meister vertreten war. Identität mit → A. (IV) fraglich. ▭ ThB2, 1908. RE II. 2, 1896 (s.v. A. 24); EAA I, 1958, s.v. (A. 4). – *Overbeck*, SQ, 1868, Nr 2300; *Brunn*, GGK I, 1889, 475, 528; *Ferri*, Plin., 1946, 242, Anm. zu XXXVI, 38. G. Bröker

Artemon (II), griech. Koroplast, E. 1. Jh. v./A. 1. Jh. n. Chr. in Myrina tätig. 12 Sign. erlauben uns, A. zu identifizieren. Sie sind auf die Tonstatuetten eingeschrieben und stammten mit einer Ausnahme von Pergamon aus der Nekropole in Myrina. Der Fund von Pergamon könnte viell. darauf hinweisen, daß E. zumindest für einen kurzen Zeitraum in der nicht weit von Myrina entfernten Metropole tätig war. E. ist ein Koroplast mit eklektischer Inspiration. Wir kennen von ihm eine Aphrodite Pandemos, eine auf einem Delphin sitzende Aphrodite mit Eros, drei mit einem Schmetterling spielende Eroten, die aus der gleichen Form kommen, zwei Niken, die ebenfalls aus einer Form stammen, eine sitzende Muse mit Kithara, ein Bankett mit zwei sitzenden Personen und schließl. einen Sklaven mit einer Laterne und auf seinen Schultern mit einem Kind, der in Pergamon gefunden worden ist. Diese Statuetten konzentrieren sich auf einen relativ kurzen Zeitabschnitt: E. des 1. Jh. v. Chr. bis A. des 1. Jh. n. Chr. A. war folgl. ein Koroplast und Besitzer einer Wkst., ohne daß wir wissen, ob man auch später weiterhin seinen Namen als Markenzeichen verwendet hat. Die Statuetten, die aus ders. Form stammen, beweisen, daß die Sign. bereits auf dem Prototyp zur Herstellung der Form vorhanden gewesen war. ▭ ThB2, 1908. RE II. 2, 1896 (s.v. A. 26). – *E. Pottier/S. Reinach*, La nécropole de Myrina, P. 1888, 1448, Nr 26; *Mollard-Besques*, II, 1963, 203; *D. Kassab*, Statuettes en terre cuite de Myrina. Corpus sign., lettres et signes, P. 1988, 28 s., Nrn 1–8, Taf. 5–7, 22–32. D. Kassab Tezgör

Artemon (III), Maler, wohl aus Kleinasien stammend, 1. H. 3. Jh. v. Chr. Von Plinius (nat., 35, 139) hinsichtl. seiner Bedeutung als ein den erstrangigen Meistern nächststehender Maler (*primis proxumi*) erwähnt. Die Liste seiner Werke umfaßt: – 1.) Danae, die von Räubern (and. Lesart: von Fischern) bestaunt wird. – 2.) die Königin Stratonike; unklar bleibt, welche Herrscherin A. porträtierte, doch ist wahrsch. an die Tochter von Demetrios Poliorketes, zuerst Gattin von Seleukos I. Nikator, seit 293 v. Chr. aber von dessen Sohn Antiochos Soter, zu denken, was zugleich einen Hinweis auf Lebenszeit und evtl. kleinasiat. Herkunft des Malers bietet. – 3.) Herakles und Deianeira. Am berühmtesten waren zwei Gem., die sich später in Rom, in der Porticus der Oktavia, befanden. – 4.) Herakles, der vom dorischen Berge Oeta mit Zustimmung der Götter zum Himmel steigt. – 5.) Gesch. des Laomedon mit Herakles und Poseidon (wohl aus einem vorauszusetzenden Bildzyklus, wahrsch. die Szene „Herakles befreit Hesione von Seeungetüm"). Nachklänge der Malkunst von A. finden sich evtl. in einigen Pompejan. Wandmalereien gleicher Thematik. ▭ ThB2, 1908. RE II. 2, 1896 (s.v. A. 25); EAA I, 1958. – *Overbeck*, SQ, 1868, Nr 2110; *Brunn*, GGK II, 1889, 284; *Pfuhl*, MuZ, II, 1923, 825; *G. E. Rizzo*, La pitt. ellenistico-romano, Mi. 1929, 40 ss., Taf. B 68; *Ferri*, Plinius, 1946, 200 (Anm. zu XXXV, 139); *Lippold*, Gemäldekopien, 1951, 127, 129; *V. Cianfarani*, in: BdA 37:1952, 1–3; *V. Spinazzola*, Pompeji alla luce delle nuove scoperte, R. 1953, 369 ss., 390, 650. G. Bröker

Artemon (IV), griech. Bildhauer, in der 2. H. des 4. Jh. v. Chr. in Athen(?) tätig. Bek. durch Inschr. einer an der Hermenstraße auf der Agora zu Athen gefundenen Marmorbasis (Loewy, IGB, 1885, 281, Nr 411) für eine dem Hermes Enagonios gew. Statue. Seine Identität mit dem bei Plin. (nat., 36, 37 s.) erw. → A. (I) erscheint unwahrsch., zumal die Inschr. nicht mehr erh. ist und sich daher die früher umstrittenen Angaben zur Person des Künstlers nicht genauer nachprüfen lassen. ▭ RE II. 2, 1896 (s.v. A. 24); EAA I, 1958 (s.v. A. 1); EUA II, 176. – CIA II,18., 1181; *D. Raoul-Rochette*, Lettre à Mr. Schorn, P. 1845, 230; *Brunn*, GGK, 1889, I, 528, 557 s. G. Bröker

Artemon (V), aus Phlius, griech. Bildhauer(?), wahrsch. im 3. Jh. v. Chr. in Athen(?) tätig. Name bek. durch eine fragm. erh. Inschr. auf einer in Athen gefundenen Statuenbasis aus pentel. Marmor (Loewy, IGB, 1885, 287, Nr 427). Da Name und Ethnikon ohne weiteren Zusatz stehen, ist fragl., ob es sich hier um eine Künstler-Sign. handelt. ▭ EAA I, 1958 (s.v. A. 2). – *Overbeck*, SQ, 1868, zu 2300. G. Bröker

Artemon (VI), Sohn des Aelios, Bildhauer, wahrsch. aus Kleinasien stammend, 2.–3. Jh. n. Chr. Bek. durch unvollst. Sign. auf einem rechteckigen Altar aus Pamphylien, Pisidien oder Lykien (heute in Antalya/Attaleia). Der auf einer Seitenfläche angebrachten Inschr. zufolge das Weihgeschenk eines gewissen Rhodon oder Solon. Die drei übrigen Seiten sind mit Relief-Darst. von Gottheiten versehen. ▭ EAA I, 1958 (s.v. A. 5). – *L. Robert*, Hellenikà, IX, p. 40. G. Bröker

Artorius → Artorius Primus, *Marcus*

Artorius Fructus, D., röm. Goldschmied, in der Kaiserzeit in Rom tätig. Nur bek. durch seine marmorne Grab-Inschr. aus Rom (heute in Rokeby Hall, Großbritannien; CIL, VI, 37779), nach der er bereits im Alter von 27 Jahren verstarb. ▭ EAA I, 1958 (s.v. Aurifex). – *Calabi Limentani*, Studi, 1958, 171, Nr 153. R. V.

Artorius Primus, *Marcus*, vermutl. aus Campanien, röm. Architekt, in augusteischer Zeit tätig. Wiederholt in Pompeji tätig, z.B. im Auftrag der Holconier beim 4. Umbau des großen griech. Theaters, das den Bedürfnissen der röm. Bühne angepaßt wurde. ▭ ThB2, 1908 (s.v. Artorius). EAA I, 1958 (mit Lit.). S. Trauzeddel

Aruzina Aranth, etrusk. Töpfer, der im 4. V. des 7. Jh. v. Chr. eine Oinochoe aus Bucchero gefertigt hat, viell. aus Caere (Angabe des Verkäufers) und heute in einer Schweizer Priv.-Sammlung. Auf der Wölbung des Gefäßes befindet sich die Inschr.: „mini zinace aranth aru<u>zina mlachu mlacasi". Obwohl der Text bek. Wörter enthält, bereitet er manche hermeneut. Schwierigkeiten: „mini" ist das Pronomen erster Person im Akkusativ und bezieht sich auf die Vase, die direkt „spricht"; „zinace" ist die aktive Vergangenheitsform eines Verbs mit dem Stamm „zina-", das soviel bedeutet wie „machen (im materiellen Sinn)"; „aranth" ist ein männl. Vorname im Nominativ; „aruzina" ist ein Fam.-Name mit adjektiv. Endung im Nominativ; „mlachu mlacasi" ist eine Formulierung, die sich auf den Schenkungsakt bezieht und in etwa mit „gut für den Guten" zu übersetzen ist. Die Inschr. lautet demnach: „Aranth Aruzina hat mich gut gemacht für einen Guten". Da der zweiteilige Name aus Vor- und Fam.-Namen für einen Töpfer ungewöhnl. ist, ist die Deutung von „zinace" als „hat machen lassen" anstelle von „hat gemacht" vorgeschlagen worden, womit sich die Inschr. nicht mehr auf einen Künstler beziehen würde. Dagegen läßt sich einwenden, daß erstens die Formulierung „zinace" mit größter Wahrscheinlichkeit nur mit „hat gemacht" übersetzt werden kann (→ Kavie). Zum zweiten existieren Ausnahmefälle von etrusk. Künstlern des 7. Jh. v. Chr., die ebenfalls Vor- und Familiennamen aufweisen (→ Kulunie Larthuza). – Die Oinochoe besitzt einen Kleeblattausguß, einen engen, zylindr. Hals, einen bauchigen Körper und einen Fuß mit Standring. Die Form ist ungewöhnl.: Der schmale Ausguß und die geringe Höhe (9,9 cm) lassen an ein Gefäß für eine kostbare Flüssigkeit denken, eine Bestimmung, die auch das Vorhandensein der Sign. erklären könnte. Aufgrund seiner Form, seines Mat., seiner fächerförmigen Verzierungen und der Schrifttypen der Inschr. liegt eine Dat. des Gefäßes ins 4. V. des 7. Jh. nahe. – Der Fam.-Name läßt Aufschlüsse über die Herkunft des Meisters A. zu: „Aruzina" besteht, wenn die Lesart zutrifft, aus dem Eigennamen „Aruz" und dem adjektiv. Suffix „-i-na". Der Vorname „Ara(n)th" kommt im etrusk.-faliskischen Bereich häufiger in der Form „Aruz" vor (vgl. CIE, 8392) und deutet darauf hin, daß der Töpfer oder der Verf. der Inschr. ebenfalls aus dem faliskischen Gebiet stammt. ▭ *H. Jucker*, NumAntCl 7:1978, 29 ss.; *L. Agostiniani*, StEtr 49:1981, 103 ss. G. Camporeale

Asaph cf. **Addai**

Aschaichut, Sohn des → Chensumes, ägypt. Graveur („Oberster der Graveure vom Haus des Amun"), in der 18. Dynastie (1550–1292 v. Chr.) in Theben/Oberägypten tätig. Nur bek. durch eine Statuette, die A. der Göttin Renenet gew. hat, wie

es die hieroglyph. Inschr. auf dem Sockel berichtet. Es bleibt offen, ob der Künstler die Kalkstein-Statuette selbst hergestellt hat. Da sie in Karnak gefunden wurde, und auch der Titel-Zusatz „vom Haus des Amun" auf den Karnak-Bezirk hinweist, darf man annehmen, daß er dort oder zumindest in der näheren Umgebung tät. war. ▭ *G. Legrain*, Statues et statuettes (CG), I, Kairo 1906, 88, Nr 42138; *F. Steinmann*, ZÄS 107:1980, 153.
T. Schrottenbaum

Asclepiades → **Asklepiades** (VI)

Asilas → **Asklas Kournaitenos**

Askaros (Ἄσκαρος), aus Theben, griech. Erzbildner, im 6.–5. Jh. v. Chr. tätig Nach einer lückenhaften Stelle bei Pausanias (5, 24, 1 s.; Overbeck, SQ, 1868, Nr 477) Schüler eines in Sikyon tätigen Künstlers, viell. des → Kanachos (I) oder des → Aristokles (III), arbeitete eine Bronzestatue des Zeus, mit Blumen bekränzt und in der Rechten den Blitz haltend. Das als Weihgeschenk in Olympia aufgestellte Bildwerk soll lt. Pausanias ein Beutestück der Thessaler aus einem noch vor den Perserkriegen geführten Kampf mit den Phokern sein. Hierfür ist nicht unbedingt an den sog. 1. Hl. Krieg gegen Krisa/Kirrha (ca. 600–590 v. Chr.) zu denken, sondern ggf. auch an irgendeine andere spätere krieger. Unternehmung. ▭ ThB2, 1908. RE II. 2, 1896; EAA I, 1958; EUA II, 182 s. X, 521. – *W. Schubart*, Zeitschr. Altwissensch. 1847, 230; *L. Urlichs*, Skopas, L. 1863, 72; *B. Sauer*, Anfänge der statuar. Gruppe, L. 1887, 16 ss.; *Brunn*, GGK I, 1889, 64–66, 112; *Overbeck*, GGP[4], I, 1893, 145, 161; *F. Studniczka*, Kalamis, (AbhLeipzig) 1907, 42; *Picard*, Manuel, I, 1935, 440, 491, 511.
G. Bröker

Asklas Kournaitenos (Ἀσκλᾶς Κουρναιτηνός, die Lesung Asilas ist unwahrsch.), Sohn des Asklepas, Bruder des *Asklepas Kournaitenos*, Bildhauer aus Phrygien, im späteren 2. Jh. n. Chr. im n. Phrygien tätig. Nur bek. durch eine im Archäol. Mus. von Istanbul aufbewahrte Grabara an Hosios und Dikaios aus Inönü b. Kütahya (Mendel, Sculpt, III, 1914, Nr 846; R. Känel, LIMC V, 1990, 552, Nr 5*, s.v. Hosios kai Dikaios), die er zus. mit seinem Bruder *Asklepas Kournaitenos* geschaffen und sign. hat. Die Arbeit zeugt von einem unbeholfenen provinziellen Stil, wie er im n. Phrygien (Kotiaeion, Dorylaion) des öfteren anzutreffen ist. Das Ethnikon Kournaitenos bezieht sich auf eine weiter nicht bek. phryg. Siedlung und ist keineswegs mit Korniaspae in Kappadokien (so RE II. 2, 1896 [s.v. Asilas]) gleichzusetzen. ▭ RE II. 2, 1896 (s.v. Asilas); EAA I, 1958 (s.v. Asilas). – *Loewy*, IGB, 1885, 272, Nr 391; MAMA, X, 1993, p. XLV.
T. Lochman

Asklepas Kournaitenos cf. **Asklas Kournaitenos**

Asklepiades (I) (Ἀσκληπιάδης), griech. Maler, in der 1. H. des 3. Jh. v. Chr. in Delos tätig. Bemalte lt. Inschr. (IG, XI. 2, 199 A, 96) 274 v. Chr. beim partiellen Neuaufbau der Holzskene des Theaters von Delos zus. mit dem Maler *Goneus* Skenai und Paraskenia. Das Honorar von 2500 Drachmen läßt eine hochwertige künstler. Arbeit vermuten. ▭ RE, Suppl. V, 1931 (s.v. A. 51 und v.e. Goneus); III. A. 1, 1927, 486 s. (v.e. Skene). – *H. Bulle*, Unters. an griech. Theatern, AbhMünchen 33:1928, 177, 182 s.
G. Bröker

Asklepiades (II), aus Pergamon, griech. Maler, im 2. Jh. v. Chr. in Delphi tätig. Kopierte in Delphi lt. einer Inschr. von 140 v. Chr. (IG, I, 2261) im Auftrag von König Attalos II. zus. mit den Malern Gaudotos (Γαύδοτος) und *Kalas* (Κάλας) Bilder für die Slg in Pergamon. ▭ RE II. 2, 1896 (s.v. A. 46); Suppl. III, 1918 (s.v. Gaudotos); X. 2, 1919 (s.v. Kalas); EAA I, 1958 (s.v. A. 2); III, 1960 (s.v. Gaudotos); IV, 1961 (s.v. Kalas). – *M. Fränkel*, JdI 6:1891, 48 ss.; Sylloge[3], 682; *Pfuhl*, MuZ, II, 1923, 813,815; *Rumpf*, MuZ, 1953, 167.
G. Bröker

Asklepiades (III) (auch Asklapiades), griech.(?) Mosaizist, Sohn des Aradios oder aus Arados stammend, tätig in Delos, 2. Jh. v. Chr. Sign. in schwarzer Schr. auf weißem Grunde das hervorragend gearbeitete Fußbodenmosaik im Peristyl des sog. „Hauses der Delphine" in Delos (ID, 2497). ▭ RE, Suppl. VIII, 1956 (s.v. A. 48a); EAA I, 1958 (s.v. A. 1); V, 1963, 299 (s.v. Musivarius); EUA IX, 677, 681; KlP, 1964 (s.v. Asklapiades). – *M. Bulard*, MonPiot 14:1908, 193, 197 ss., pl. 12 s.; *Chamonard*, EADélos, VIII, 399; *E. Pernice*, Hellenist. Kunst in Pompeii, 24; *A. Blanchet*, Mosaïque, P. 1928, 55; *Toynbee*, Artists, 1951, 43, 45.
G. Bröker

Asklepiades (IV), Sohn des Attalos, aus Kyzikos, griech. Architekt, in späthellenist. Zeit tätig. Nach einer Inschr. (CIG, 2158, cf. 2157) zur Errichtung nicht näher bezeichneter Bauten nach Samothrake berufen. A. war Myste und Epopte in Samothrake. Falls ein an and. Stelle in Relief dargestellter Rundbau mit seiner Tätigkeit in Verbindung zu bringen ist, könnte man ihn als Erbauer eines Mysterientempels der Kybele in Kyzikos in Betracht ziehen. Sein Vater war viell. der inschriftl.

nachweisbare (Architekt?) Attalos, Sohn des Asklepiodoros, von Kyzikos. ▭ ThB2, 1908. RE II. 2, 1896 (s.v. A. 49); EAA I, 1958 (s.v. A. 3). – *A. Conze/O. Benndorf*, Unters. auf Samothrake, W. 1880, II, 113; *Brunn*, GGK, 1889, II, 342; *Rubensohn*, Die Mysterienheiligtümer in Eleusis und Samothrake, B. 1892, 158 ss.; *O. Benndorf*, ÖJh 1902, 191 ss. G. Bröker

Asklepiades (V), aus Athen, griech. Bildhauer, im 2. Jh. n. Chr. in Athen (?) tätig. Bek. durch Sign. auf einer in Ptolemais (Libyen) gefundenen, von einem M. Ulpius Cominius gestifteten Statue des Herakles (Mus. Ptolemais). Die aus pentel. Marmor gearbeitete Figur wurde wahrsch. in Athen hergestellt und signiert. ▭ EAA, Suppl. 1970 (s.v. A. 6); RE, Suppl. XI, 1968. – *G. H. Kraeling*, Ptolemais. City of the Libyan Pentapolis (UnivChicOrInstPubl 90:1962), Chicago 1963, 179, 183, 196, Nr 12, Taf. 45 A-B, 214, Nr 37 s. G. Bröker

Asklepiades (VI) (auch Asclepiades), griech. Steinmetz (marmorarius), aus Nikomedia, im 2./3. Jh. n. Chr. in Leptis Magna/Nordafrika tätig. Name bek. durch latein. Inschr. an einer von ihm dem Äskulap gew. Votivgabe. ▭ EAA I, 1958 (s.v. A. 5); IV, 1961, 874 (s.v. Marmorarius); EWA I, 1959, 148. – *P. Romanelli*, Leptis Magna, R. 1925, 81; *Toynbee*, Artists, 1951, 26. G. Bröker

Asklepiades (VII), Sohn des → Padipahut, ägypt. Bildhauer („Oberster der Oberen"), in der 2. H. des 3. Jh. n. Chr. in Philae/Oberägypten tätig. A. ist durch ein zweisprachiges (griech. und demot.) Graffito am Isis-Tempel von Philae bekannt. Die Inschr. stammt wahrsch. aus dem Jahr 265/6 n. Chr. A. bez. sich im demot. Teil mit dem Titel „Oberster der Oberen", der im griech. Teil mit ἀγαλματογλύπτης („Bildhauer von Götterstatuen") wiedergegeben wird. Sein Vater → Padipahut und sein Onkel → Djedher (I) trugen den gleichen Titel. ▭ *F. L. Griffith*, Cat. of the demotic graffiti of the dodecaschoenus, Ox. 1937, 92, Ph. 302, Taf. 47; *A./E.Bernand*, Les inscr. grecques de Philae, II, P. 1969, 182. S. L. Lippert

Asklepiades (VIII), Sohn des Hilaros, griech. Architekt, aus Lampsakos, in unbest. Zeit tätig. Name bek. durch Inschr. der mit einem Ehrenkranz verzierten Grabstele aus Madytos am thrak. Chersones (CIG, II, 2016 b). ▭ ThB2, 1908. RE II. 2, 1896 (s.v. A. 50); EAA I, 1958, (s.v. A. 4); EUA VI, 897 s. – *Brunn*, GGK II, 1889, 342; *J. Krauss*, Die Inschr. von Sestos und der thrak. Chersones, Bonn 1980, 98, Nr 56; *M.-C. Hellmann*, ZPE 104:1994, 168, Nr 54; *Donderer*, Architekten, 1996, 93 s., Nr A 9. G. Bröker

Asklepiodoros (I) (Ἀσκληπιόδωρος, Asclepiodorus), griech. Erzbildner, in der 2. H. des 4. Jh. (?) v. Chr. tätig. Erwähnt von Plinius (nat., 34, 86; Overbeck, SQ, 1868 Nr. 1956; Ferri, Plin., 1946, 107, Anm.) als Verfertiger von Philosophenstatuen. Ob er mit dem gleichnamigen athen. Maler (→ A. [II]) ident. ist, läßt sich nicht feststellen. ▭ ThB2, 1908 (s.v. A. I). RE II. 2, 1896 (s.v. A. 12); EAA I, 1958, (s.v. A. 2). – *Brunn*, GGK I, 1889, 423, 526. G. Bröker

Asklepiodoros (II), griech. Maler (und Bildhauer?) aus Athen, in 2. H.(?) des 4. Jh. v. Chr. tätig. Seine künstler. Fähigkeiten von → Apelles (I) ausdrückl. anerkannt und von Plutarch (de glor. Ath., 2) zus. mit hervorragenden Malern wie → Apollodoros (II), → Euphranor (I) und → Nikias (II) zu den Berühmtheiten Athens gezählt. Von seinen Werken ist nur ein Bild der zwölf Götter bek., das ihm der Tyrann Mnason von Elateia mit 30 Minen für jede Gestalt bezahlt hatte (Plin., nat., 35, 107). Da → Apelles (I) ihm lt. Plin. den Vorrang in den mensurae zugestand (nat., 35, 80) und seine symmetria bewunderte (nat., 35, 107), muß seine bes. Bedeutung wohl in der sicheren Beherrschung der Proportionen der einzelnen Bildelemente sowie deren perspektiv. Wiedergabe gelegen haben. Plin. zählt ihn außerdem zu den von ihm für Buch 35 benutzten griech. Quellen (nat. I ind. auctor. l. XXXV), worunter viell. von A. verfaßte kunsttheoret. Abh. über die Erzielung von Tiefenwirkung in der Malerei zu verstehen sind. Identität mit dem gleichnamigen Erzbildner (→ A. [I]) möglich. ▭ ThB2, 1908. RE II. 2, 1896 (s.v. A. 12); EAA I, 1958; EUA II, 177; VI, 878. – *Overbeck*, SQ, 1868, Nrn 1109, 1895 s., 1954 s.; *A. Michaelis*, AZ 23:1875, 36 s.; *C. Robert*, Archäol. Märchen, B. 1886, 70; *Brunn*, GGK II, 1889, 221, 256; *A. Kalkmann*, Die Quellen der Kunstgesch. des Plin., B. 1898, 11; *Th. Schreiber*, in: Benndorf-Festschr., 1898, 95 s.; *Pfuhl*, MuZ, II, 1923, 744, 765; *Ferri*, Plin., 1946, 163 s., Anm. zu 35, 80, p. 180, Anm. zu 35, 107; *Rumpf*, MuZ, 1953, 147; *Robertson*, Hist. 1975, I, 494; II, 710, Anm. 127; *Reinach*, RecMilliet, 1985, Nr 302. G. Bröker

Asklepiodoros (III), Sohn des Zenon, aus Rhodos, griech. Bildhauer, im 2./1. Jh. v. Chr. (?) tätig. Signierte zus. mit seinem Bruder → Pythokritos eine in Kamiros gefundene Plinthe, deren Inschr. eine längere Aufzählung der von Mitgl. einer Familie erh. Auszeichnungen enthält. Der Vater beider Brüder, Zenon, könnte mit dem in Lindos und Rhodos nachgewiesenen Bildhauer → Zenon (I) von Soloi ident. sein. ▭ RE, Suppl. VIII, 1956 (s.v. A. 13), X. A, 1972 (s.v. Zenon 22); EAA I, 1958 (s.v. A. 3); VII, 1966 (s.v. Zenon 2). – *M. Segre/ G. Pugliese Carratelli*, ASAtene 27–29:1949–51, 220 s., Nr 84; *G. Pugliese Carratelli*, PP 5:1950, 76 ss. G. Bröker

Asklepios (᾿Ασκληπιός), Bildhauer, in der fortgeschrittenen Kaiserzeit in Galatien tätig. Nur bek. aus einer Inschr.-Stele aus Istanos (Loewy, IGB, 1885, 272 s., Nr 392), wo er und ein Kollege namens → Herysion als λιθουργοί bez. werden. ▭ RE II. 2, 1896 (s.v. A. 11); EAA I, 1958. T. Lochman

Ason (῎Ασων; früher: [Thr]ason), vermeintlicher Architekt des 6. Jh. v. Chr. auf der Insel Paros. Die Inschr. IG, XII. 5, 252: ΑΣΩΝ ΤΕΣΕΡΑΚΑΙΕΒ–ΔΟΟΟΝΤΟΤΗΣ ΕΩΝ ΤΑΣ ΟΙΚΙΑΣ ΕΧΣΕΠΟΙΗ–ΣΕΝ wurde bislang stets als Zeugnis des Architekten [Thr]ason gedeutet. Wie neue Unters. von D. Berranger (1992) gezeigt haben, schließt die Autopsie des Steins die von F. Hiller von Gaertringen (IG, ibid.) stammende Erg. des Namens aus. Auch das Verständnis der Inschr. ist zu revidieren, da der Text deutl. das Alter des Mannes *und* die Fertigstellung der nicht näher qualifizierten Gebäude hervorhebt: „Ason hat, obgleich bereits 74 Jahre alt, diese Gebäude fertiggestellt." Ob es sich also um einen Architekten oder um einen hochbetagten Handwerker handelte, ist eine offene Frage. ▭ RE XVIII. 2, 1949 (s.v. Paros 1); EAA VII, 1966 (s.v. Thrason 1). – *D. Berranger*, Recherches sur l'hist. et la prosopographie de Paros à l'époque archaïque, Clermont-Ferrand 1992, 274 s., Nr 9; *M.-Chr. Hellmann*, ZPE 104:1994, 165, Nr 45. E. Wirbelauer

Asopodoros (I) (᾿Ασωπόδωρος), aus Argos, griech. Erzbildner, in Olympia(?), 1. H. 5. Jh. v. Chr. – Arbeitete zus. mit → Athanodoros (I), → Atotos und → Argeiadas an dem in Olympia errichteten Weihgeschenk des Praxiteles aus Mantinea. Ein Schüler des → Polykleitos (I) namens A. begegnet bei Plin., nat., 34, 50. ▭ ThB2, 1908. RE II. 2, 1896 (s.v. A. 6); EAA I, 1958; EUA X, 502. – *G. Curtius*, AZ 1876, 48, Anm. 6; *A. Furtwängler*, AZ, N. S. 12:1879, 43 ss.; *Loewy*, IGB, 1885, 24–26, Nr 30 und p. XVIII; *W. Dittenberger/K. Purgold*, Inschr. von Olympia, Olympia, V, 1896, 266, 630; *Picard*, Manuel, I, 1926, 151, Anm. 3, p. 262, Anm. 3; *G. Becatti*, Il Maestro di Olimpia, Fi. 1943, 28 ss.; *Lippold*, GrPl, 1950, 103, Anm. 6. G. Bröker

Asopodoros (II) (Asopodorus), griech. Erzgießer und Bildhauer aus Argos(?), in der 2. H. des 5. Jh. v. Chr.(?) tätig. Von Plin. (nat., 34, 50; Overbeck, SQ, 1868, Nr 978; Ferri, Plin., 1946, Anm. zu 34, 50) zu den Schülern von → Polykleitos (I) gezählt, wobei die Wortverbindung Argium Asopodorum evtl. auf seine Herkunft aus Argos weist. Sollte keine Verwechslung mit dem älteren A. vorliegen, ist wohl an einen Nachkommen von → A. (I) zu denken. ▭ ThB2, 1908 (s.v. A. 2). RE II. 1, 1895 (s.v. Argeios 3); EUA X, 503. – *Brunn*, GGK I, 1889, 276 s.; *Lippold*, GrPl, 1950, 216, Anm. 3 (Lit.). G. Bröker

Aspasios (I) (᾿Ασπάσιος), Gemmenschneider, augusteischer Zeit(?). Name bek. durch Sign. im Genitiv auf mehreren teils antiken, teils in ihrer Echtheit umstrittenen Gemmen. Am bekanntesten sind drei aus dunkelrotem Jaspis gearbeitete Stücke mit qualitätvollen Darst. nach griech. Statuen des 5. Jh. v. Chr.: – 1.) Berühmte Gemme mit dem Kopfe der Athena Parthenos (Mus. Naz. Rom.). – 2.) Wiedergabe einer Dionysosherme (London, BM). – 3.) Fragm. mit bärtigem Brustbild, evtl. Sarapis (Florenz, Mus. Archeol.). Der Künstler dieser Steine könnte ein Zeitgen. von → Dioskurides (IV) gewesen sein. Ein Amethyst mit bärtigem Dionysos (New York, Metrop. Mus.) ist der Gemme in London sehr ähnlich. – Die gleiche Sign., aber mit eckigem Sigma geschrieben, findet sich auf einem Karneol mit Brustbild eines Mannes mittleren Alters (New York, Metrop. Mus.). Umstritten ist, ob es sich hierbei um eine frühe Arbeit des A., viell. um ein Portr. von Iuba I., handelt oder ob diese Gemme einem gleichnamigen Künstler, der möglicherweise im 2. Jh. tät. war, zuzuschreiben ist. ▭ ThB2, 1908. RE II. 2, 1896 (s.v. A. 6); EAA I, 1958; KlP I, 1964 (s.v. A. 3). – *F. Trautmann*, Kunst und Kunstgewerbe, Nördlingen 1869, 51; *A. Furtwängler*, JdI 3:1888, Taf. 10, 9–11; 4:1889, 46 ss.; *Brunn*, GGK II, 1889, 451, 462, 473–477; *Furtwängler*, AG, I, 1900, Taf. 49,12,15; II, 235, 12; III, 357; *O. M. Dalton*, Cat. of the engraved gems in the BM, Lo. 1915, Nr 701; *Lippold*, Gemmen, 1922, Taf. 20,2; *G. M. A. Richter*, A. I und A. II, in: StudRobinson, I, St. Louis, 1951, 720–723, Taf. 85–96; *ead.*, Ancient Italy, Ann Arbor 1955, Abb. 218; *ead.*, MetrMusGems, 1956, Taf. 59, Nrn 322, 493; *Vollenweider*, Steinschneidekunst, 1966, 30–32, 36, 56, 99, Taf. 21–22. G. Bröker

Aspasios (II) (Aspasius), griech. Mosaizist unbek. Zeit. Name nachgewiesen durch Sign. auf dem Fußbodenmosaik einer röm. Villa in Lambaesis (drei Nereiden und Seeungeheuer). ▭ EAA I, 1958 (A. 2); V, 1963, 299 (s.v. Musivarius). – InvMos, III, 1911, Nr 190. G. Bröker

Assteas, griech. Vasenmaler, tätig in Poseidonia (Paestum?), Hauptschaffenszeit zw. 360 und 330 v. Chr. Einer der wenigen namentl. bek. unterital. Vasenmaler, von dem u.a. folgende sign. Gefäße erh. sind: – 1.) Bauchige Lekythos aus Paestum: *Herakles im Garten der Hesperiden* (Neapel, MN, Inv. Nr 2873). – 2.) Glockenkrater aus S. Agata dei Goti: *Kadmos tötet den Drachen* (Neapel, MN, Inv. Nr 3226). – 3.) Kelchkrater aus S. Agata dei Goti (oder aus Nola) mit einer *Phlyakenposse* (Berlin, SMPK, Antiken-Slg, Inv. Nr F 3044). – 4.) Kelchkrater (Fragm.) aus Buccino (Prov. Salerno/Ital.) mit einer *Parodie der Episode zw. Aias und Kassandra* (Rom, MN di Villa Giulia, Inv. Nr 50279). – 5.) Kelchkrater aus Paestum: *Der Wahnsinn des Herakles* (Madrid, Mus. Arq., Inv. Nr 11094). – 6.) Kelchkrater aus Paestum: *Phrixos und Helle* (Neapel, MN, Inv. Nr 3412). Die Nebenszenen beinhalten jeweils dionys. Motive. Außer diesen sign. Stücken gilt eine größere Zahl weiterer Gefäße als von A. selbst herstammend bzw. als von ihm unmittelbar beeinflußt. Auch auf den Zuschr. sind häufig Darst. aus dem Dionysoskreis und bisweilen komödiant. parodierte mytholog. Szenen. Innerhalb der unterital. Vasenmalerei kann A. eine prägende Sonderstellung zuerkannt werden. In engster Zusammenarbeit mit → Python (II) wurde er einer innerl. sehr geschlossenen Gruppe von Vasenmalern in stilist. Hinsicht zum bestimmenden Vorbild. Bei vergleichsweise durchschnittl. Ausf. von Bildern herkömml. Thematik aus der Götter- und Heldensage gelingt A. die Entfaltung seiner eigenständigen Begabung bes. in den lebendigen Darst. der oft auf eine Bühne gestellten sog. Phlyakenszenen, bei denen er nicht dem Zwang eines festgelegten Kompositionsschemas unterworfen war. ꝏ ThB2, 1908. RE II. 2, 1896 (s.v. Asteas 2); ESp I, 1954 (s.v. Astea); EAA I, 1958; EUA III, 325, Taf. 413 VI, 823, 826, Taf. 380; KlP I, 1964; *H. Bauer*, Die große Enz. der Malerei, FiB/Basel/W., I, 1976. – *H. Heydemann*, JdI 1:1886, 282; *W. Klein*, Die griech. Vasen mit Meistersign., W. 1887, 206 ss.; *H. Winnefeld*, in: Bonner Studien, R. Kekulé gew., B. 1890, 166 ss.; *Brunn*, GGK II, 1889, 647, 651, 661 s.; *G. Patroni*, MemAccNapoli 19:1897–1898, 62- 64; *G. E. Rizzo*, RM 40:1925, 217 ss., Taf. XV und Anh. V-VII; *id.*, Dedalo 7:1926–1927, 411–414, 418, n. 12; *L. Séchan*, Etudes sur la tragédie grecque dans ses rapports avec la céramique, P. 1926, passim; *H. Bulle*, Eine Skenographie, 94. BWPr, 1934, 16 s.; *A. Marzullo*, Tombe dipinte nel territorio pestano, Salerno 1935, 12 ss.; *A. D. Trendall*, Paestan pottery, Lo. 1936, passim; *M. Bieber*, The history of the Greek and Roman theater, Pr. 1939, passim; *G. Patroni*, in: Rassegna Storica Salernitana, II, 1939, 221 ss.; III, 1940, 363, Abb. 334; *J. D. Beazley*, AJA 48:1944, 357 ss.; *A. D. Trendall*, BSR 20 (N. S. 7):1952, v.a. 5 ss., 26 ss.; *id.*, Vasi antichi dipinti del Vaticano: Vasi italioti ed etruschi a figure rosse, I, C. del Vaticano 1953, 25 s.; *Rumpf*, MuZ, 1953, 140, Anm. 7; *L. Forti*, RendAccNapoli 29:1954, 67–74; *P. C. Sestieri*, ArchCl 7:1955, 1 ss.; *A. D. Trendall*, BSR 27:1959, 2 ss.; *Arias/Hirmer*, TJGV, 1960, 161; *K. Schauenburg*, in: Homann-Wedeking-Festschr., 1975, 189–192; *Robertson*, Hist. Greek art, 1975, I, 440, 491; II, 698, Anm. 212, p. 709, Anm. 117; RVP 1987; *Trendall*, RVUS, 1990, 227–231, Abb. 342–345, 349–366. G. Bröker

Asterion (Ἀστερίων), Sohn eines Aischylos, griech. Erzbildner, im 4. Jh. (?) v. Chr. in Olympia(?) tätig. Arbeitete lt. Pausanias (6, 3, 1; Overbeck, SQ, 1868, Nr 2079) die nach Olympia gestiftete Statue des Sikyoniers Chaireas, des Sohnes des Chairemon, der dort beim Knabenfaustkampf den Sieg errungen hatte. Seine Schaffenszeit dürfte wohl nach der des jüngeren Kanachos anzusetzen sein, von dem die Statue des ersten aus Sikyon stammenden Siegers in dieser Kampfsportart angefertigt worden war. ꝏ ThB2, 1908. RE II. 2, 1896 (s.v. A. 14); EAA I, 1958; EUA X, 523. – *Brunn*, GGK I, 1889, 277. G. Bröker

Aṭban (Ataban; Ateban; numid. ṬBN), Sohn des Jopamiṭih, des Sohnes des Pilau, numid. Architekt(?), im 2. Jh. v. Chr. in Thugga tätig. Genannt in der ersten Zeile einer numid.-punischen Bilingue (heute London, BM, Inv. Nrn 494, 495), die im Untergeschoß des Pfeilergrabmals in Thugga (Dougga/Tunesien) verbaut war. Die in beiden Sprachen jeweils siebenzeilige Inschr. wird v.a. wegen einer Lücke am Textanfang unterschiedl. gedeutet. Lange Zeit wurde sie als Grab-Inschr. und A. als der fürstl. Grabinhaber angesehen. Dagegen spricht, daß die Inschr. in den folgenden sechs Zeilen ausschließlich eine Auflistung der am Bau tätigen zehn Handwerker bietet, daß sich unter ihnen ein Steinmetz namens → Zimer befindet, der durch die bis zu seinem Urgroßvater Pilau reichende Filiation eindeutig als Sohn des A. bez. ist, weiterhin, daß A. und seine Vorväter ohne fürstl. Titel gen. werden, und schließl., daß ein Reisebericht von 1815 die Existenz einer zweiten am Grabbau angebrachten, verwitterten und später verschollenen Inschr. erw., die die eigentl. Grab-Inschr. gewesen sein könnte (Poinssot/Salomonson, 1959). Daher wird A. in der neueren

Forsch. überwiegend als der Baumeister des Grabmals angesehen (Poinssot/Salomonson, 1959 und 1963; Février, 1959; Ferron, 1969/1970; Rakob, 1979; anders zuletzt: Donner/Röllig, 1966–1969; Rössler, 1979; Ghaki, 1997). Die Bauhütte bestand weitgehend aus numid. Handwerkern: gen. werden die drei Steinbauleute → ʿAbdarisch (ʿB'RŠ), → Zimer (ZMR) und → Managai (MNGY), ihre Gehilfen → Zazai (ZZY), → Ṭamôn (ṬMN) und → Warsakan (WRSKN), die beiden Zimmerleute Masidil (MSDL) und Ankan ('NKN) sowie die Eisenhandwerker Schafot (SPT) und Papai (PPY). – Das 21 m hohe Pfeilergrabmal aus lokalem Kalkstein besteht aus einer fünfstufigen Basis, einem von äol. Eckpilastern gerahmten Untergeschoß, das die Grabkammer enthielt, einem zweiten Geschoß mit je vier ion. Halbsäulen an allen Seiten und einem dritten Geschoß wiederum mit äol. Eckpilastern sowie mit diagonalen Postamenten an den Ecken für Reiterstatuen und Quadrigareliefs an den Seitenwänden. Das Pyramidendach ist mit einer Löwen-Skulpt. an der Spitze und vier geflügelten Frauenfiguren als Eckakroteren versehen. Char. für die Baudekoration ist das Nebeneinander zeitgen. und zeitfremder Bauformen und Bauplastik. Die Dat. in das mittlere 2. Jh. v. Chr. basiert v.a. auf der Inschr.-Form. – Der größtenteils erh. Bau wurde 1842 von einem engl. Gesandten für die Herausnahme der Inschr. niedergelegt und 1908–1910 unter L. Poinssot vollst. wieder aufgebaut. Seine Berühmtheit verdankt das Pfeilergrabmal dem sehr guten Erhaltungszustand und der seit 1631 bek. Inschr., die die Entzifferung der numid. Schr. ermöglichte. ▭ EAA VI, 1965 (s.v. Punica, arte). – *J. B. Chabot*, Journal asiatique 11:1918, 260–267; *id.*, Rec. des inscr. libyques, P. 1940, 1–3, Nr 1, Taf. 1,1 (mit Bibliographie); *C. Poinssot*, Les ruines de Dougga, Tunis 1958, 58–61, Abb. 6, Taf. 16, 17a; *C. Poinssot/J. W. Salomonson*, CRAI 1959, 141–147; *J. Février*, Karthago 10:1959, 51–57, Taf. 1 s.; *C. Poinssot/ J. W. Salomonson*, OudhMeded 44:1963, 57 ss., bes. 70–72, 86, Nr 13 s., Abb. 6 a, Taf. 23 a, 27 h, i; *H. Donner/W. Röllig*, Kanaanäische und aramäische Inschr., I-III, Wb. ²1966–69, Nr 100, Taf. 7; *J. Ferron*, Africa 3/4:1969/70, 83–98, Taf. 1–7; *F. Rakob*, in: *H. G. Horn/C. B. Rüger* (Ed.), Die Numider (K Bonn), 1979, 157 s., Abb. 82, 104, Taf. 27; *O. Rössler*, ibid., 576 s., Taf. 105; *M. Ghaki*, in: *M. Khanoussi/L. Maurin* (Ed.), Dougga (Thugga). Etudes épigraphiques, P. 1997, 27 ss.; *M. Khanoussi*, Dougga, Tunis ²1998, 72–74, Nr 55, Abb.

C. Leschke

Ateius Aulus, *C.* → **Aulius Fidius,** *Gaius*

Athanodoros (I) ('Αθανόδωρος, Athenodoros), aus Achaia, griech. Erzbildner, in der 1. H. des 5. Jh. v. Chr. in Olympia (?) tätig. Name bek. durch Künstlersign. an der Basis zum Weihgeschenk des Praxiteles aus Mantinea in Olympia, das er zus. mit → Asopodoros (I), → Atotos und → Argeiadas arbeitete. ▭ ThB2, 1908, (s.v. A. 1). RE II. 2, 1896 (s.v. Athenodoros 24); EUA X, 521; EAA I, 1958 (s.v. Athenodoros 1). – *Loewy*, IGB, 1885, 24–26, Nr 30 und p. XVIII; *W. Dittenberger/K. Purgold*, Inschr. von Olympia, Olympia, V, 1896, Nrn 266, 630; *Lippold*, GrPl, 1950, 103, Anm. 7.

G. Bröker

Athanodoros (II) (Athenodorus), Sohn des Hagesandros, Bildhauer von Rhodos, 2. oder 1. Jh. v. Chr. – Aus der lit. Überlieferung v.a. im Zusammenhang mit der berühmten Laokoongruppe bek., als deren Meister Plin. (nat., 36, 37 s.) nach → Hagesandros und → Polydoros auch Athenodorus, alle rhod. Abstammung, nennt. Es sind außerdem mehrere Sign. mit dem Namen Athanodoros, Sohn des Hagesandros, von Rhodos, z.T. fragm. vorhanden, die meisten ital. Provenienz, deren Echtheit allerdings nicht immer zweifelsfrei nachprüfbar ist: – 1. Basis aus schwarzgrauem Marmor mit Statuenfragm., gefunden 1717 in Antium (Nettuno), jetzt in Rom, Villa Albani (Loewy, IGB, 1885, 156 s., Nr 203; CIG, III, 6133). – 2. Kalksteinblock (Fragm.), urspr. wohl mit einer Skulpt. in der von einer Aedicula umgebenen Nische versehen, aus Loryma (gegenüber Rhodos), jetzt in Wien (Loewy, IGB, 1885, 216 s., Nr 302). – 3. Fragm. einer Vase (oder kleine runde Basis?) aus Probierstein, jetzt in Paris, Nat. Bibl. (Loewy, IGB, 1885, 295 s., Nr 446; CIG, III, 6134). – 4. Kleine Basis aus Rosso antico für eine Statue oder Statuengruppe aus Bronze, gefunden in Trastevere/Rom (Loewy, IGB, 1885, 313 s., Nr 479; Helbig, BdI 1867, 143 s.). – 5. Kleine Basis aus Nero antico für eine Statue oder Statuengruppe, gefunden 1880 im Theater von Ostia (Loewy, IGB, 1885, 314 s., Nr 480. – 6. Statuenbasis aus afrikan. Marmor, gefunden auf Capri (Loewy, IGB, 1885, 347, Nr 520; CIG, III, 5870b). Schließl. könnte A. auch die ehem. in Rom vorhandene sog. „Isis Athanodoria" (Notitia und Curios. urb., Reg. XII) gearbeitet haben. Eine evtl. Identität des oder eines der so bezeugten Künstler mit dem Meister des Laokoon, Athenodorus, ist wahrsch., läßt sich aber nicht mit Sicherheit nachweisen. Da die auf Rhodos häufigen Namen A. und → Hagesandros oft in wechselnder Folge inschriftl. durch mehrere Generationen zu verfolgen sind, ist anzunehmen, daß A. einer dort beheimateten Künstlerfamilie angehört.

Dem seinerzeit von Blinkenberg (1927) aufgestellten und von den meisten als gültig übernommenen Stammbaum zufolge wäre er mit dem von Dionysios adoptierten A., Sohn des Hagesandros, ident., dem von den Lindiern eine Ehrenstatue aus Bronze gesetzt worden ist (IG, XII. 1, 847; Loewy, IGB, 1885, 372 s., Nr 546; cf. 151–153, Nr 195), Basis, gef. 1882, auf der Akropolis von Lindos. Diesem A. wurden zwei Bronzestatuen aus dem Jahre 42 v. Chr., die des Priesters Philippos und seiner Frau Agauris (Lindos, II, 1942, Nr 347) zugeschrieben; derselbe A. wäre 22 v. Chr., sein Bruder Hagesandros, Sohn des Hagesandros, 21 v. Chr. Priester der Athena Lindia gewesen. Die von beiden Brüdern und von Polydoros (evtl. ebenfalls ihr Bruder) gearbeitete Laokoongruppe könnte also zw. 50 und 25 v. Chr. entstanden sein. Dieser Stammbaum hat sich jedoch durch eine 1957 in der sog. Grotte des Tiberius bei Sperlonga gefundenen Inschr., die nicht nur die Namen der drei rhod. Künstler, sondern zusätzl. auch ihre von Plin. nicht überlieferten, jeweils unterschiedl. Vatersnamen enthält, als falsch erwiesen. Die Inschr. am Heck des versinkenden Schiffes des Odysseus gehört zu einer figurenreichen Gruppe der Scylla, die von einigen bereits früher in engste Beziehung zur rhod. Laokoongruppe gesetzt worden war. Der paläograph. nicht sicher datierbaren Künstler-Sign. zufolge sind → Hagesandros und A. nicht Brüder, da nur A. Sohn des → Hagesandros gen. wird. Nach Fortfall seiner bisherigen genealog. Einordnung gewinnt für die richtige Bestimmung der Schaffenszeit von A. auch eine Überprüfung der zeitl. Ansetzung des Laokoon nach rein stilist. Kriterien an Bedeutung, wobei einer Frühdatierung in das 2. Jh. v. Chr. keine unüberwindl. Hindernisse mehr im Wege stehen. ▭ RE II. 2, 1896 (s.v. A. 26); Suppl. V, 1931, col. 808 s., s.v. Rhodos (II, 8); EAA I, 1958 (s.v. A. 4); IV, 1961, 468 s., s.v. Laocoonte; VII, 1966, p. 441–443, s.v. Sperlonga; EUA IV, 705, tav. 439, p. 766 VI, 649; KlP I, 1964; LAW, 1965 (s.v. A. 2); LdK I, 1968; IV, 1977 (s.v. Sperlonga). – *F. Nardini*, Roma antica, III, R. 1819, 278; *Overbeck*, SQ, 1868, Nrn 2031, 2033–2037; *R. Lanciani*, BullCom 1:1872, 33; *Brunn*, GGK, 1889, I, 469 s., 475 ss.; *F. Hiller v. Gärtringen*, JdI 9:1894, 33 ss.; *Overbeck*, GGP[4], II, 1894, 296–336; *Klein*, GGK, III, 1907, 322–326; *W. Helbig*, Führer durch die öffentl. Slgn klass. Altertümer in Rom, L. 1912/13, zu Nr 978; *C. Blinkenberg*, RM 42:1927, 177 ss.; *G. Jacopi*, Clara Rhodos, II, Rhodos 1932, 169 ss.; *L. Laurenzi*, RIA 7:1940; *G. Lippold*, JdI 61/62:1946/47, 88–94; *Lippold*, GrPl, 1950, 384; *Toynbee*, Artists, 1951, 21; *Richter*, CriticalPeriods, 1951, 66 ss.; *L. Laurenzi*, RIA N. S. 3:1954, 70 ss.; *H. Sichtermann*, Laokoon, Bremen 1957 (Opus nobile, 3); *H. v. Heintze*, Gymnasium 65:1958, 481–489; *G. Jacopi*, ArchCl 10:1958, 160–163; *F. Magi*, MemPontAcc 9:1960. G. Bröker

Athenades, griech.(?) Goldschmied, wahrsch. 2. H. 5. Jh. v. Chr. Name bek. durch unvollst. Künstler-Sign. auf einem Goldring (St. Petersburg, Ermitage), gefunden in Kertsch, mit der Darst. eines Skythen, der auf einem Schemel sitzend, einen Pfeil prüft. ▭ ThB2, 1908. RE, Suppl. III, 1918 (s.v. A. 16); EAA I, 1958. – CIG, IV, 8576; *A. Furtwängler*, JdI 3:1888, 198, Taf. VIII, 3 (Kleine Schr. II, M. 1913, 189, Taf. XXVI, 3); *Furtwängler*, AG, 1900, I, Taf. X,27; II, 51, 27. G. Bröker

Athenaios → Atheneos

Athenaios (I) (Ἀθήναιος, Athenaeus?), Sohn des Dionysios, aus Paros, griech. Bildhauer, in der 1. H. des 1. Jh. n. Chr.(?) tätig. Bek. durch Künstler-Sign. auf einer beim Forum von Gortyn/Kreta gefundenen Statuengruppe, von der neben den Resten von Füßen und Bein einer männl. Figur nur ein kleiner halbnackter Attisknabe erh. blieb. Die Fragm. sind wahrsch. Teile einer im neo-klass. Stil gearbeiteten Ehrenstatue eines höheren röm. Beamten. Außerdem läßt sich die Inschr. an einer auf Melos gefundenen Basis zur Sign. von A. ergänzen. – Fragl. ist hingegen, ob Athenaeus in der Liste der nur noch bedingt vortreffl. Künstler der Zeit nach 150 v. Chr. bei Plin. (nat., 34, 52) diesen A. oder einen and. Erzgießer gleichen Namens meint; glaubwürdiger dürfte es sein, dieses Wort als Ethnikon des vorher gen. → Polykles (IV) zu deuten. ▭ ThB2, 1908. RE II. 2, 1896 (s.v. A. 25 und 26); EAA I, 1958. – *Loewy*, IGB, 1885, 304, Nr 466; IG, XII. 3, 1235; *Overbeck*, SQ, 1868, Nr 2206; *Brunn*, GGK I, 1889, 536; *L. Savignoni*, RM 5:1890, 142 ss.; *O. Rubensohn*, JdI 50:1935, 53 ss., Nr 4a, Abb. 3; *Ferri*, Plin., 1946, Anm. zu 34, 52; *Lippold*, GrPl, 1950, 382, Anm. 4; *Richter*, CriticalPeriods, 1951, 47. G. Bröker

Athenaios (II) (Ἀθήναιος), Bildhauer aus Maionien, 2. H. 2. Jh. n. Chr. in Maionien (Mysia Abbaïtis) tätig. A. ist mit seiner Berufsbezeichnung (λατύπος) auf einer bescheidenen, ins Jahr 165/166 n. Chr. dat. Grab-Inschr. aus Içikler b. Saittai erw. S. Bakır-Barthel/H. Müller, ZPE 36:1979, 185, Nr 40, Taf. 7. T. Lochman

Athenaios (III) (Athenaeus) von Byzanz, Architekt(?) und/oder Militärbeamter, 3. Jh. n. Chr.; wurde nach einer Notiz des Trebellius Pollio (SHA, Gall., 13, 6) zus. mit → Kleodamos aus Byzanz von Gallienus zur Instandsetzung und Befestigung der gefährdeten Städte in die röm. Donauländer beordert. ▭ ThB2, 1908. RE II. 2, 1896 (s.v. A. 14); EUA IV, 206. – *Brunn*, GGK II, 1889, 343. G. Bröker

Athenais (Ἀθήναις), aus Myndos/Karien, griech. Bildhauer, wahrsch. A. 1. Jh. n. Chr. tätig. Name bek. durch zwei Inschr. von Lindos/Rhodos: – 1. Künstler-Sign. auf einer Marmorbasis für die Ehrenstatuen aus Bronze des Zenon, Sohn des Melanthios, Priester der Athena Lindia, und seiner Frau, der Tochter des Dionysios. – 2. Bei einer anderen, heute verschollenen Inschr. stand der Name A. von Myndos am Anfang statt am Schluß, so daß es sich um eine Weih- oder Ehren-Inschr. des Künstlers gehandelt haben könnte. ▭ RE, Suppl. III, 1918 (s.v. A. 10). – Lindos II. 1, 1941, Nr 56 (105); II. 2, 1942, Nrn 389 b-390. G. Bröker

Atheneos (Ἀθηνέος, Athenaios), Baumeister (οἰκοδόμος) im spätantiken Attika. Name nur bek. aus einer christl. Grab-Inschr. des 5./6. Jh. n. Chr. vom Fuße des Lykabettos. ▭ IG, III. 2, 3454; *E. Sironen*, The late Roman and early Byzantine inscr. of Athens and Attica, Helsinki 1997, 159, Nr 86. M. Dennert

Athenion (I) (Ἀθηνίων), aus Maroneia/Thrakien, griech. Maler, wahrsch. im 4./3. Jh. v. Chr. tätig. Schüler eines gewissen → Glaukion von Korinth, lt. Plin. (nat., 35, 134); wurde mit dem Athener → Nikias (II) verglichen und diesem gelegentl. sogar vorgezogen, da er in der Farbgebung strenger war und doch angenehmer wirkte. Der sehr jung verstorbene A. malte: – 1.) im Tempel zu Eleusis den Phylarchos (gemeint ist ein Reiterführer, evtl. der Athener Olympiodoros zur Zeit des Kassandros, oder der Geschichtsschreiber Phylarchos). – 2.) in Athen ein Gruppenbild, ein sog. Syngenikon. – 3.) Achill, als Mädchen verkleidet und von Odysseus ertappt (Kopien dieses „Achill in Skyros" sowie einer Achill-Briseisdarst. wohl in Pompeji überliefert). – 4.) eine Tafel mit sechs Bildern (möglicherweise mit dem Syngenikon ident.). – 5.) einen Reitknecht mit Pferd, sein berühmtestes Bild. ▭ ThB2, 1908. RE II. 2, 1896 (s.v. A. 10); EAA I, 1958 (s.v. A. 1); EUA II, 1958, 177; VI, 898; X, 518; LA III, 1970 (s.v. A. 2). – *Overbeck*, SQ, 1868, Nr 1975; *W. Helbig*, Wand-Gem., 1868, Nrn 1296–1303; *Benndorf*, GSV, 1883, Taf. 1; *O. Jahn*, AZ 16:1883, 159; *C. Robert*, Archäol. Märchen, B. 1886, 69 s.; *Brunn*, GGK II, 1889, 294 s.; *Pfuhl*, MuZ, II, 1923, 775 ss.; *Ferri*, Plin., 1946, 197, Anm. zu 35, 134; *Lippold*, Gemäldekopien, 1951, 72 ss.; *K. Schefold*, Pompejan. Malerei, Basel 1952, 198 (zu Taf. 39 und 51); *Robertson*, Hist., I, 1975, 584; II, 732, Anm. 222. G. Bröker

Athenion (II), griech. Steinschneider, in (früh)-hellenist. Zeit tätig. Name bek. durch Sign. auf einem berühmten Sardonyx-Kameo (Neapel, MN, früher Slg Orsini) mit Darst. des Zeus auf einem Viergespann im Kampf mit zwei schlangenbeinigen Giganten, sowie auf zwei fragm. antiken Glasnachgüssen (Berlin, SMPK, Antiken-Slg, bzw., London, BM) mit Triumphfahrt eines hellenist. Königs (evtl. Lysimachos oder Eumenes II.) auf dem von Athena gelenkten Wagen. ▭ ThB2, 1908. RE II. 2 (1896, s.v. A. 11); EAA I, 1958 (s.v. A. 2); KlP I, 1964 (s.v. A. 3); EUA IV, 744; LA III, 1970 (s.v. A. 1). – *F. Trautmann*, Kunst und Kunstgew., Nördlingen 1869, 51; *Brunn*, GGK II, 1889, 449, 477 s.; *A. Furtwängler*, JdI 3:1888, 113 ss., 215 ss., Taf. 3,3 IV, 84 ss., Taf. 2,1; *Furtwängler*, AG, 1900, I, Taf. 57, 2; II, 259; III, 158, Fig. 110; *G. Lippold*, in: Nogara-Festschr., Città del Vaticano 1937, 241–245, Taf. 25; *L. Breglia*, Cat. delle oreficerie del Mus. Naz. di Napoli, R. 1941, Taf. 45. G. Bröker

Athenis (Ἄθενις, Anthermus?), Sohn des → Archermos, aus Chios, griech. Bildhauer, in der 2. H. des 6. Jh. v. Chr.; entstammte lt. Plin. (nat., 36, 11–13, cf. Schol. Aristoph., av., 573) wie sein Bruder → Bupalos einer auf Chios ansässigen Künstlerfamilie. Während von → Bupalos auch eigenhändige Werke bek. sind, scheint A. ausschl. mit seinem Bruder zus. gearbeitet zu haben: Eine Artemis zeigte man in Lasos auf Kreta (oder Iasos/Karien?); in Chios selbst befand sich von ihnen eine hoch angebrachte Maske der Artemis, die dem Eintretenden traurig, dem Hinausgehenden heiter erschien. Bildwerke beider Brüder gab es auch auf den benachbarten Inseln, so auf Delos, wo die Künstler ein Epigramm hinzufügten: nicht durch seine Reben nur sei Chios berühmt, sondern auch durch die Werke der Söhne des → Archermos. In Rom stattete Augustus die Giebel des Apollontempels auf dem Palatin und die Giebel der meisten anderen von ihm errichteten Tempel mit ihren Plastiken, d.h. wohl mit Kopien derselben, aus. Wahrsch. handelte es sich um Akroterien in Form archaischer weibl. Statuen des sog. Spes-Typus, wie solche aus Delos, Delphi, Aegina, von der Akropolis zu Athen und auch aus Rom bek. sind. Weil sie den Dichter Hipponax durch ein sehr häßl. Porträt vor seinen Spöttern verächtl. gemacht hatten, soll dieser beide Brüder mit bitteren Spottversen bedacht und angebl. bis zum Selbstmord getrieben haben. In neuerer Zeit wurden die Columnae caelatae am Artemision zu Ephesos von einigen A. und → Bupalos zugeschrieben. ▭ ThB2, 1908. RE II. 2, 1896; VIII. 2, 1913 (s.v. Hipponax 1); EAA I, 1958; EUA IV, 510, 522; VI, 862 s.; KlP I, 1964. – *Overbeck*, SQ, 1868, Nrn 314 s., 318; *G. Ghirardini*, BullCom 1881, 106 ss.; *H. Brunn*, SBMünchen 1884, 532 ss.; *C. Robert*, Archäol. Märchen, B. 1886, 115 ss.; *F. Winter*, AM 13:1888, 123 ss.; *Brunn*, GGK II, 1889, 404; *Overbeck*, GGP[4], I, 1893, 192 ss.; II, 1894, 420; *Collignon*, HistSculpt, I, 1892, 141 ss.; II, 1897, 655; *W. Déonna*, Dédale, I. P. 1930, 570; *Picard*, Manuel, I, 1935, 536, 566 s.; *A. Rumpf*, AA 1936, 52–64; *Ferri*, Plin., 1946, 224 s., Anm. zu 36, 11–13); *G. Karo*, Greek personality in archaic sculpt., C. 1948, 220 ss.; *Lippold*, GrPl, 1950, 62 s.; *Marcadé*, Signatures, II, 1957, 26; *Robertson*, Hist., 1975, I, 59; II, 624, Anm. 74. G. Bröker

Athenodoros → Athanodoros (I)

Athenodoros (I) (Ἀθανόδωρος, Athanodoros), aus Kleitor/Arkadien, griech. Erzbildner, lt. Plin. (nat., 34, 50) Schüler von → Polykleitos (I), am E. des 5. Jh. v. Chr. tätig. War zus. mit dem ebenfalls aus Kleitor stammenden → Dameas (II) und and. Künstlern am großen Weihgeschenk der Spartaner tätig, das diese in Delphi für ihren 405 v. Chr. errungenen Sieg bei Aigospotamoi aufstellen ließen. Für die insgesamt 38 Figuren umfassende Gruppe arbeitete er die Statuen des Zeus und des Apollon (Paus., 10, 9, 8). Identität mit → A. (II) ist nicht nachweisbar. ▭ ThB2, 1908 (s.v. Athanodoros 2). RE II. 2, 1896 (s.v. A. 25); EAA I, 1958 (s.v. A. 2); LAW, 1965 (s.v. Athanadoros 1); EUA VI, 880; X, 527. – *Overbeck*, SQ, 1868, Nrn 978 s.; *Brunn*, GGK I, 1889, 275–277, 300, 470; *Overbeck*, GGP[4], I, 1893, 529, 539; *Collignon*, HistSculpt, I, 1892, 487; II, 1897, 164 ss.; *Pomtow/Bulle*, AM 1906, 492 ss.; *Th. Homolle*, FDelphes, III, 1910, Nrn 50–69; *Ferri*, Plin., 1946, 73, Anm. zu 34, 50; *Lippold*, GrPl, 1950, 216, Anm. 7; *Robertson*, Hist. I, 1975, 475; II, 705, Anm. 75. G. Bröker

Athenodoros (II) (Athanodoros), griech. Erzbildner, in unbest. Zeit tätig. Arbeitete lt. Plin. (nat., 34, 86, Overbeck, SQ, 1868, Nr 2032) Plastiken von vornehmen Frauen. Seine Identität mit → A. (I) und/oder → Athanodoros (I) oder (II), Sohn des → Hagesandros, ist nicht nachweisbar. ▭ ThB2, 1908 (s.v. Athanodoros 3). RE II. 2, 1896, s.v. A. (25/26); EAA I, 1958, s.v. A. (3). – *Brunn*, GGK I, 1889, 470; *Lippold*, GrPl, 1950, 216, Anm. 7. G. Bröker

Athenodorus → Athanodoros (II)

Athenodotos, *Aurelios* (Ἀθηνόδοτος, Αὐρήλιος), aus Dokimeion/Zentralphrygien stammender Bildhauer, nach 212 n. Chr. in der NW-phrygischen Tembris-Hochebene tätig. A. ist einer der zahlr. phryg. Bildhauer, die in den großen kaiserl. Marmorbrüchen b. Dokimeion ihr Handwerk erlernten und später in den benachbarten Regionen Grabstelen herstellten, welche sie gerne mit ihrer Herkunftsbezeichnung signierten. A. ist uns durch zwei Inschr.-Stelen bek., die er als τεχνίτης sign. hat: Eine dieser Stelen befand sich einst in Çakırsaz (A. Körte, AM 25:1900, 410, Nr 20), die and. ist im Mus. von Kütahya aufbewahrt (W. M. Calder, AnatSt 5:1955, 31, Nr 1, Taf. 1a; S. Mitchell, Anatolia, II, Ox. 1993, 60 s., Abb. 21). ▭ *E. Gibson*, Harvard Theological Studies 32:1978, 67. T. Lochman

Athenokles, Toreut, vermutl. hellenist. Zeit. Fertigte Metallbecher mit Darst. aus griech. Sagen. ▭ ThB2, 1908. EAA I, 1958 (mit Lit.). – *Brunn*, GGK II, 1889, 404. S. Trauzeddel

Atinas Syneros, *Lucius*, griech. Bildhauer, im 2.–3. Jh. n. Chr. in Calvi (Cales) tätig. Nur bek. durch seine Sign. auf einem Relief eines Altars aus Calvi (jetzt verschollen), der von Lucius Vitrasius Silvestrus gestiftet worden ist (CIL, X, 4668; EA, 1752). Auf diesem wird ein Togatus umgeben von Reitern und vielen aufgehäuften Schildern gezeigt. Da den Namen Atinas häufig aphrodisische Künstler trugen, ist erwogen worden, in A. möglicherweise einen Künstler aus Aphrodisias zu erkennen (Squarciapino, 1941). ▭ ThB32, 1938 (s.v. Syneros). RE IV. A. 2, 1932 (s.v. Syneros 1); EAA IV, 1961 (s.v. Lucius Atinas Syneros, Marmorarius). – *W. Helbig*, BdI 1864, 161 ss.; *Squarciapino*, Afrodisia, 1941, 17, Nr 32; *Calabi Limentani*, Studi, 1958, 163, Nr 86. R. V.

Atius Anteros, *M.*, griech. Vasenhersteller, im 1. Jh. n. Chr. in Rom tätig. Nur bek. durch die marmorne Grab-Inschr. aus Rom (CIL, VI, 37824). ▭ *Calabi Limentani*, Studi, 1958, 171, Nr 161; *Solin*, GPR, I, 1982, 19. R. V.

Atius Dometius, *M.*, griech. Vasenhersteller, im 1. Jh. n. Chr. in Rom tätig. Nur bek. durch die marmorne Grab-Inschr. aus Rom (CIL, VI, 37824). ▭ *Calabi Limentani*, Studi, 1958, 171, Nr 161. R. V.

Atotos (Ἄτωτος), aus Argos, griech. Erzbildner, in der 1. H. des 5. Jh. v. Chr. in Olympia (?) tätig. Bek. durch Künstler-Sign. an der Basis des in Olympia errichteten Weihgeschenks des Praxiteles aus Mantinea, an dem er zus. mit → Argeiadas, → Athanodoros (I) und → Asopodoros (I) gearbeitet hat. Die → Argeiadas einbeziehende Lesart „A., Argiver und Argeade, des Argivers Agelaidas Sohn" ist – schon wegen der Parallelität sämtl. Künstlernamen – unwahrsch. und als Fehlinterpretation zu betrachten. ▭ ThB2, 1908. RE II. 2, 1896; EUA X, 502; EAA I, 1958. – *W. Dittenberger/K. Purgold*, Inschr. von Olympia, Olympia, V, 1896, Nr 266; *A. Furtwängler*, AZ, N. S. 12:1879, 43 ss.; *Loewy*, IGB, 1885, 24–26, Nr 30 und p. XVIII; *Picard*, Manuel, I, 1935, 151, Anm. 3, p. 262, Anm. 3; *G. Becatti*, Il maestro di Olimpia, Fi. 1943, 28 ss.; *Lippold*, GrPl, 1950, 103, Anm. 5. G. Bröker

Attalikos (Ἀτταλικός), griech. Koroplast, in der 1. H. des 1. Jh. n. Chr. in Myrina tätig. Nur bek. durch seine Sign. auf sechs Tonstatuettentypen von Jünglingen (Leyden, Rijks-Mus., Inv. Nr LKA 996; P. G. Leyenaar-Plaisier, Les terres cuites grecques et romaines. Cat. de la coll. du Mus. Nat. des Antiquités à Leiden, Leiden 1979, 279, Nr 727, Taf. 106; Paris, Louvre, Inv. Nrn B°8, Myr 433–435 und S 3204; Mollard-Besques, II, 1963, 119, 203 s., Nrn B°8, Myr 433–435, S 3204, Taf. 143 e, 237 e-f, 238 a-b, d-f; Istanbul, Arch. Mus., Inv. Nr M 2720; G. Mendel, Cat. des figurines grecques de terre cuite, Istanbul 1908, 396, Nr 2720). ▭ *D. Kassab*, Statuettes en terre cuite de Myrina. Corpus des sign., lettres et signes, P. 1988, 30, Nrn 1–6, Taf. 7–8, 33–37. R. V.

Attalos, Sohn des Lacharos oder des Andragathos, athen. Bildhauer, unbestimmte Zeit; sicherster Beleg für ihn ist die Angabe des Paus. (2, 19, 3), wonach A., der Meister des Kultbildes im Tempel des Apollon Lykios zu Argos, aus Athen stammte. Unter den Funden der 1810 von Veli Pascha in Argos veranstalteten Ausgrabungen (16 Marmorstatuen und -büsten in kaum halber natürl. Größe) fand sich auf einer jetzt nicht mehr nachweisbaren Statue der Name „A., Sohn des Andragathos". Es ist unsicher, ob diese Inschr. auch die Herkunft des dort genannten A. aus Athen beinhaltete und ob sie überhaupt auf diesen Künstler zu beziehen ist. Möglicherweise ist A. aber mit dem gleichnamigen Bildhauer zu identifizieren, der auf einer in Pheneos bzw. Phenea (Arkadien) ausgegrabenen Basis-Inschr. im Zusammenhang mit der Errichtung von Statuen im Heiligtum des Asklepios gen. wird (Sohn des Lacharos). Die um diese Basis herum gefundenen Fragm. von Kolossalstatuen, die wahrsch. zu einer Gruppe mit Asklepios und Hygieia gehörten, werden in das 2. Jh. v. Chr. datiert. ▭ ThB2, 1908. RE II. 2, 1896 (s.v. A. 26); EAA I, 1958; Suppl. 1970, p. 99; EUA II, 178; X, 527. – *Overbeck*, SQ, 1868, Nr 2067; *Brunn*, GGK I, 1889, 558; *Loewy*, IGB, 1885, 291, Nr 436; BCH 83:1959, 625; JHS 62:1963, 17 ss.; SEG XIX, 1963, 107 (Anm. 328). G. Bröker

Atti Messor, *Quintio*, Maler, 3. Jh. Lt. einer Steininschrift restauriert er die Exedra und das Frontispiz des Minerva-Tempels im röm. Tarraco (heute Tarragona/Spanien). ▭ *J. F. Ráfols*, Diccionario biográfico de artistas de Cataluña desde le época romana hasta nuestros días, I, 1951. M. Hartwig

Attikianos (Atticianus), griech. Bildhauer, aus Aphrodisias, im 4. Jh. n. Chr. in Rom tätig. Nur bek. durch seine Sign. auf einer Statue einer Muse aus Rom (jetzt Florenz, Uffizien). ▭ ThB2, 1908. RE II. 2 1896 (s.v. Attikianos); EAA IV, 1961 (s.v. Marmorarius). – *Loewy*, IGB, 1885, 261, Nr 373; *Squarciapino*, Afrodisia, 1941, 16, Nr 29; *Calabi Limentani*, Studi, 1958, 163, Nr 84. R. V.

Attinas (Ἀττίνας), griech. Koroplast, E. des 1. Jh. v. Chr./A. des 1. Jh. n. Chr. in Myrina tätig. Nur bek. durch seine Sign. auf einer Tonstatuette einer Frau (Leiden, Rijks-Mus., Inv. Nr K. O. G. 1718 B; P. G. Leyenaar-Plaisier, Les terres cuites grecques et romaines. Cat. de la coll. du Mus. Nat. des Antiquités à Leiden, Leiden 1979, 264, Nr 688, Taf. 98). ▭ *D. Kassab*, Statuettes en terre cuite de Myrina. Corpus des sign., lettres et signes, P. 1988, 31, Nr 1, Taf. 8, 38. R. V.

Attius → Aulius Fidius, *Gaius*

Attius Priscus, röm. Maler, im 1. Jh. n. Chr. in Rom tätig. Malte lt. Plinius (nat., 35, 120; Overbeck, SQ, 1868, Nr 2391; Ferri, Plin., 1946, 188, Anm. zu 35, 120) zus. mit → Cornelius Pinus den Tempel des Honos und der Virtus (gegr. 234 v. Chr.) bei seiner Wiederherstellung unter Vespasian aus. Die überlieferte Beifügung „den Alten ähnlicher" dürfte wohl auf seine neo-klass. Malweise hindeuten. ▭ ThB2, 1908. RE II. 2, 1896 (s.v. A. 25); EAA I, 1958; LAW, 1965; EWA XII, 1972, 538. – *Brunn*, GGK II, 1889, 307 s.; *Pfuhl*, MuZ, II, 1923, 830; *G. Becatti*, Arte e gusto negli scrittori lat., Fi. 1951, 36, 233; *Toynbee*, Artists, 1951, 38; *Rumpf*, MuZ, 1953, 180. G. Bröker

Augur, röm. Bildhauer, in der Kaiserzeit in Tebessa tätig. Nur bek. durch seine Sign. auf einer Marmorbasis für eine Statue des sitzenden Saturn, von dem noch die Füße erhalten sind (CIL, VIII, 16533). ▭ EAA IV, 1961 (s.v. Marmorarius).
R. V.

Aulius Fidius, *Gaius* (noch unsichere Lesung des Namens), röm. Bildhauer(?) und Besitzer einer Bildhauer-Wkst., in claud. Zeit in Mérida tätig. Sechs Togastatuen aus dem sog. „Marmorforum" aus Mérida tragen die Inschr. einer OFFICINA, deren Namen sehr unterschiedl. und nach Trillmich (1994, 84, Anm. 124) immer noch nicht mit Sicherheit gelesen worden ist. Während zwei dieser Statuen bereits 1893 gefunden worden sind (heute in Madrid, Mus. Arqueol. Nac., Inv. Nr 34. 431; A. García y Bellido, ArchEspA 28:1955, 7, Nr 2, Abb. 2 und Mérida, Mus. Arqueol., Inv. Nr 94; García y Bellido, ibid., 6, Nr 1, Abb. 1; Trillmich, 1994, 84 ss., Anm. 126, Abb. 10–14), sind die übrigen Statuen im 20 Jh. entdeckt worden und immer noch nicht richtig publiziert. Ohne deren Veröff. können hier aber leider keine wirklich befriedigenden Informationen vorgelegt werden. Es kann nur auf die diversen Publikationen von Trillmich (unter Trillmich, 1994, zu finden – im Rahmen dieses Lexikons nicht zitierwürdig, weil insgesamt zu komplex und gleichzeitig immer nur auf einen hier unwichtigen Aspekt bezogen) hingewiesen werden, der u.a. behauptet, daß zumindest ein großer Teil der bisher zu Tage geförderten Skulpt. des nur z. T. ergrabenen „Marmorforum" ebenfalls dieser Wkst. zugeordnet werden können. Ob weiterhin eine Anzahl der Statuen dem Besitzer der Wkst. selbst zuzuschreiben ist, bleibt auch fraglich. ▭ RE, Suppl. V, 1931 (s.v. Attius); EAA I, 1958; IV, 1961 (s.v. Marmorarius). – *W. Trillmich*, Aspekte der „Augustus-Nachfolge" des Kaisers Claudius, in: *V.-M. Strocka* (Ed.), Die Regierungszeit des Kaisers Claudius (41- 54 n. Chr.). Umbruch oder Episode? Kongreßakten Freiburg, Archäol. Inst. der Univ., Mainz 1994, 80 ss. (mit älterer Lit.).
R. V.

Aulos (Αὖλος), Sohn des → Alexas (II) (?), griech. Gemmenschneider, in der 2. H. des 1. Jh. v. Chr. tätig. Obwohl zahlr. mit dem Namen A. – im Nominativ oder Genitiv – sign. Gemmen bek. sind, von denen ein erhebl. Teil allerdings als gefälscht zu gelten hat, bereitet die präzise Bestimmung der echten Stücke angesichts einer gewissen Variationsbreite in Motivwahl, Stil und Komposition große Schwierigkeiten. Für ihre Zuordnung an einen bestimmten Künstler ist dabei Voraussetzung, daß das häufige röm. Pränomen A. in jedem Fall auf ein und dieselbe Person zu beziehen ist und zudem diesen selbst, nicht aber etwa den Besitzer des jeweiligen Stückes meint. Der einzigen durch das Patronymikon vervollständigten Sign. auf dem wohl echten Glascameo mit Poseidon und Amymone (London, BM; sowie ein Fragm. in der Slg Pauvert de la Chapelle) zufolge war A. ein Sohn des anscheinend ebenfalls in Rom ansässigen griech. Gemmenschneiders → Alexas (I) und somit wohl auch ein Bruder des → Kointos. Von den mit A. sign., soweit erh., in Berlin, SMPK, Antiken-Slg, Den Haag, Kgl. Münzkab., und London, BM, befindl. Stücken werden mit Ausnahme eines „sprengenden Reiters" (Furtwängler, 1888, Taf. 10, 23) auch von M.-L. Vollenweider (1966) als echt anerkannt: eine mit Eros spielende Aphrodite, drei weitere Darst. von Eros, eine Quadriga, Kopf eines Satyrn, ein Athlet, Hahn, der eine Henne tritt, sowie die Büste einer Mänade. Bei aller feststellbaren „virtuose(n) Geschicklichkeit, im gegebenen Augenblick ein erwünschtes Motiv in Stein zu schneiden", eigne A. doch ein nicht zu leugnender persönl. Stil, der sich vor allem in der Körperwiedergabe zeigt und die Zuschr. eines aus der Slg Marlborough stammenden, großen hellbraunen Sard der Kgl. Slg in Den Haag (Inv. Nr 6090) mit Aphrodite und Adonis (Octavian?) an ihn erlaube. A.s Hand sei ebenfalls feststellbar auf zahlr. großen Glasflüssen (Walters, 1926, Nrn 3034, 3035, 3188, 3189, 3310; Furtwängler, 1896, Nrn 6221, 6222, 6233), zwei Beryllen mit Kassandra (Boston, MFA; Beazley, 1920, Nr 94), dem Amethyst des Duke of Devonshire (Inv. Nr 50) mit Omphale und wohl auch auf dem sign. Karneol der Beverley Coll. (Knight, 1921, Nr 135) mit dem an Juba II. erinnernden Herakles-Kopf. Bei teilweise abweichender Beurteilung der letztgenannten Arbeiten auf Grund der Gewandbehandlung möchte G. Bühler zusätzl. eine Gemme mit Nike (antiker Glaspastenabguß in London, BM, Inv. Nr 560) dem A. zuweisen. ▭ ThB2, 1908. RE II. 2, 1896 (s.v. A. 2); EAA I, 1958; KlP I, 1964 (s.v. A. 2). – *Brunn*, GGK, II, 1889, 447 et passim; *A. Furtwängler*, JdI 3:1888, 116 et passim, Taf. 3, 10; 4:1889, 51 ss., Taf. 2, 3, 4 (Kleine Schr.), II, M. 1913, 159 et passim, Taf. 25, 27; *id.*, Beschreibung, 1896, Nrn 6221–6225, 7067; *id.*, AG, 1900, I, Taf. XXXVI, 24–26, 32; XXXVII, 3, 14; XLIX, 17, 23, 27, 31; L, 8; LVII, 9; II, 237–239, 241, 260; III, 358; *E. Babelon*, Coll. Pauvert de la Chapelle, intailles et camées données au dept. des médailles et antiques de la Bibl. Nat., P. 1899, Nr 162; *O. M. Dalton*, Cat. of the engraved gems of the post-class. periods in the Brit. Mus., Lo. 1915, Nrn 643, 659; *Beazley*, LewesHouse, 1920,

Nr 94; *A. E. Knight*, The coll. of camei and intagli at Alnwick Castle, known as „The Beverley Gems“, priv. printed, s.l., 1921, Nr 135; *Lippold*, Gemmen, 1922; *Walters*, BMGems, 1926; *L. Curtius*, in: Festschr. Loeb, M. 1930, 58, Abb. 6; *Vollenweider*, Steinschneidekunst, 1966, 36 s., 40–43, 46, 103 s., 139, Taf. 30–36; *G. Bühler*, AA, 1972, 117–122; *G. Femmel/G. Heres*, Die Gemmen aus Goethes Slg, L. 1977, 73 (Nr 9), 272 (Nr 1). G. Bröker

Aulos Papios und **Kottonios,** *Ta* (Αὖλος Παπίος und Κοττόνιος, Τᾶ), griech. Bildhauer, im 2./3. Jh. n. Chr. in Dorla/Isaurien tätig. Nur bek. durch ihre gemeinsame Sign. auf einem Grabmonument in Dorla. ▭ EAA IV, 1961 (s.v. Kottonios). – *A. M. Ramsay*, JHS 24:1904, 279, Nr 15, Abb. 15; *G. Mendel*, BCH 33:1909, 299. R. V.

Aulus, *G.* → **Aulius Fidius,** *Gaius*

Aulus Fidius, *C.* → **Aulius Fidius,** *Gaius*

Aulus Pantuleius → **Pantuleios**

Auput → **Iupet**

Aur. Dasios (?) → **Airdasios** (?)

Aur(elius) **Nikephoros** (Αὐρήλιος Νεικηφόρος), Sohn des Nikephoros, griech. Bildhauer (marmorarius), im 2./3. Jh. n. Chr. in Sparta (?) tätig. Bek. durch eine vom Eleusinion (Kalyvia) bei Sparta stammende Inschr. einer Ehrenstatue mit seiner Signatur. Seine Identität mit → Nikephoros (I), Sohn des Nikephoros, der z.Z. Mark Aurels in Knabenwettbewerben siegte, ist nicht sicher bewiesen. ▭ ThB2, 1908. RE XVII. 1, 1936 (s.v. Nikephoros 5); EAA I, 1958 (s.v. Aurelios Nikephoros); IV, 1961, 874 (s.v. Marmorarius). – CIG, I, 1402; *Overbeck*, SQ, 1868, Nr 2298; IG, V. 1, 567 cf. 301; *Loewy*, IGB, 1885, 248, Nr 350; *Brunn*, GGK I, 1889, 604. G. Bröker

Aurelius Acholis (Αὐρήλιος Ἀχόλις), Leiter eines Malerateliers und Architekt (ἀρχιζώγραφος καὶ ἀρχιτέκτων). Nur durch eine spätantike Grab-Inschr. aus Michet Samtawro/Georgien bek. ▭ *Donderer*, Architekten, 1996, 108–109, Nr A 19. M. Dennert

Aurelius v.e. **Aurelios**

Aurelius, *Sextus*, röm. Goldschmied, im 1. Jh. n. Chr. in Nîmes tätig. Nur bek. durch seine Grab-Inschr. aus Nîmes. ▭ EAA I, 1958 (s.v. Aurifex). R. V.

Aurelius, *Vincentius*, Bildhauer in Rom, frühchristliche Zeit. Name und Standesabzeichen (Hammer, Winkelmaß etc.) auf einem röm. Epitaph überliefert. ▭ ThB2, 1908. S. Trauzeddel

Aurelius [...]nus, *Marcus* (Αὐρήλιος [...]νος, Μᾶρκος), Sohn des Artemon, Enkel des Kallikles, Vater des Bildhauers Zenas, aphrodis. Bildhauer, am A. des 3. Jh. n. Chr. in Aphrodisias tätig. Nur bek. durch eine in Aphrodisias gefundene Inschr. auf einer Marmorstele für eine Ehrenstatue, die ihm zu Ehren vom Rat und von den Bürgern von Aphrodisias aufgestellt und von seinem Sohn Zenas geschaffen worden ist (Aphrodisias, Mus., Inv. Nr 76. 96). ▭ *K. T. Erim/J. Reynolds*, Sculptors of Aphrodisias in the inscr. of the city, in: *N. Başgelen/M. Lugal* (Ed.), Festschr. für Jale Inan, Istanbul 1991, 533–535, Nr 19. R. V.

Aurelius Ancharenos (Αὐρήλιος Ἀγχαρηνός), Sohn des Meandrios, griech. Architekt, im 3. Jh. n. Chr. tätig. Nur bek. durch die Grab-Inschr. (P. Herrmann, Die Inschr. von Milet, Milet VI. 2, B. / N. Y. 1998, 23, Nr 515, Taf. 11, 68) auf einem Girlandensarkophag aus Milet (Balat, Mus., Inv. Nr 1647). ▭ *Donderer*, Architekten, 1996, 106, Nr A 17, Taf. 8. R. V.

Aurelius Anicetus, *T.*, röm. Goldschmied, in der Kaiserzeit in Rom tätig. Nur bek. durch seine Grab-Inschr. aus Rom. ▭ EAA I, 1958 (s.v. Aurifex). R. V.

Aurelius Antoninus (Αὐρήλιος Ἀντωνεῖνος), röm. Architekt, im 3. Jh. n. Chr. in Tanais tätig. Name bek. durch Inschr., der zufolge er z.Z. des bosporan. Königs Ininthimaeos (236–237 n. Chr.) zu Tanais ein Brunnenhaus in Turmform erb. hat (IPE, II, 430, 433 s.; CIRB, 1965, Nrn 1245, 1250–1252, 1282). ▭ ThB2, 1908. RE II. 2, 1896 (s.v. A. 40); EAA I, 1958; EUA IV, 206 (s.v. A. Maximus). – *Brunn*, GGK II, 1889, 337, 343; *O. Jahn*, JdI 18:1904, 327; *Donderer*, Architekten, 1996, 97–106, Nrn A 12 – A 16, Taf. 4–7, 1. G. Bröker

Aurelius Aphrodisios, *Marcus* (Αὐρήλιος Ἀφροδείσιος, Μάρκος), Sohn des Onesimos, griech. Architekt aus Antiochia am Mäander, 1. H. 2. Jh. n. Chr. Nach der Inschr. auf der Basis der ihm von seinen Söhnen Aphrodisios, Menandros und Diokles in Nysa/Karien gestifteten Statue war er Architekt vieler bedeutender Bauwerke und Rats-Mitgl. von Nysa. ▭ ThB2, 1908. RE, Suppl. I, 1903 (s.v. A. 11a); EAA I, 1958 (s.v. A. 3). – *W. Ramsay*, BCH 7:1883, 270; *Donderer*, Architekten, 1996, 106–108, Nr A 18. W. Müller

Aurelius Cleander, *M.* (Kleandros), offenbar nicht Architekt, sondern ein reicher priv. Bauherr in Rom, 2. H. 2. Jh. n. Chr. Aus Phrygien stammender Freigelassener und Günstling des röm. Kaisers Commodus (180–192 n. Chr.). Ließ in Rom auf eigene Kosten und zu Ehren des Kaisers die Thermen des Commodus erbauen (SHA, Comm., 17). ▭ RE II. 2, 1896 (s.v. Aurelius 85); XI. 1, 1921 (s.v. Kleandros 7); EAA IV, 1961. – *Promis*, Architetti, 1873, 150; *Brunn*, GGK II, 1989, 235. W. Müller

Aurelius Felicianus, röm. Maler, in der Kaiserzeit tätig. Nur bek. durch seine Grab-Inschr. aus Marmor aus Chiusi. Danach verstarb er im Alter von 65 Jahren. ▭ EAA VI, 1965 (s.v. Pictor). – *Calabi Limentani*, Studi, 1958, 157, Nr 39. R. V.

Aurelius Felix, spätantiker Maler, im 4. Jh. n. Chr. in Rom tätig. Nur bek. durch seine 382 n. Chr. dat. Grab-Inschr. aus Rom. Die doppeldeutige Berufsangabe *pictor* auf diesem einfachen Grabstein meint eher einen Dekorationsmaler als einen Künstler. ▭ CIL, VI, 9787; *I. Di Stefano Manzella* (Ed.), Le iscrizioni dei cristiani in Vaticano, Vatikan 1997, 334 s., Nrn 3, 11, 14. M. Dennert

Aurelius Glykon, *Marcus* (Αὐρήλιος Γλύκων, Μάρκος), griech. Bildhauer, aus Aphrodisias, in der 2. H. des 2. Jh. n. Chr. tätig. Nur bek. durch seine Grab-Inschr. auf einem Girlandensarkophag von Aphrodisias, den er zus. mit wohl einem Färber (und keinem Steinmetz, cf. → Alexandros [V]) Alexandros belegte. Auf den Sarkophag tragen zwei Frauen und Eroten Girlanden, in deren Bögen sich die Büsten der Verstorbenen A. und des Alexandros befinden. Nach der Inschr. dat. der Sarkophag in das letzte V. des 2. Jh. n. Chr. ▭ RE, Suppl. V, 1931 (s.v. G. 6); Suppl. XIV, 1974 (s.v. Alexandros 108); EAA III, 1960 (s.v. Glykon, Marcus Aurelius); IV, 1961 (s.v. Marmorarius). – *Squarciapino*, Afrodisia, 1941, 11, Nr 3; *W. M. Calder/J. M. R. Cormack*, MAMA VIII, 1962, 137, Nr 574, Taf. 22; *K. T. Erim/J. Reynolds*, Sculptors of Aphrodisias in the inscriptions of the city, in: *N. Başgelen/M. Lugal* (Ed.), Festschr. für Jale Inan, Istanbul 1991, 536–537, Nr 24. R. V.

Aurelius Nikephoros → Aur(elius) **Nikephoros**

Aurelius Perikles, *Marcus* (Αὐρήλιος Περικλῆς, Μάρκος.), Architekt aus Mylasa. Nur bek. durch ein Grabgedicht aus Mylasa (Milas, Archäol. Mus.), wonach er einen Tempel, seinen vierten, in Rom gebaut hat. Dieser ist ohne zwingende Gründe mit dem Wiederaufbau des Venus- und Roma-Tempels unter Maxentius (nach 307 n. Chr.) in Verbindung gebracht worden, was aus chronolog. Gründen jedoch nicht zutreffen kann, da die Inschr. wahrsch. im frühen 3. Jh. n. Chr. entstanden ist. ▭ *W. Blümel*, Die Inschr. von Mylasa, I, Bonn 1987, Nr 468; *W. Burkert*, Perikles von Mylasa, Architekt des Tempels der Venus und Roma, in: Kotinos. Festschr. Erika Simon, Mainz 1992, 415–417; *J. Nollé*, Chiron 25:1995, 299–303; *W. Luppe*, Das Grabepigramm auf den Architekten Perikles von Mylasa, in: Pachaia. Festschr. Klaus Thraede, Münster 1995, 156–159; *W. Blümel*, EpigrAnat 25:1995, 65; AE, 1995, Nr 1525; SEG, XLV, 1995, Nr 1534; *Donderer*, Architekten, 1996, 110–112, Nr A 20, Taf. 10. M. Dennert

Aurelius Romanus (Αὐρήλιος Ῥωμανός), Architekt, im 3. Jh. n. Chr. tätig. Nur bek. durch seine Grab-Inschr. auf einem Sarkophag aus Elaioussa-Sebaste. ▭ *J. Keil/A. Winter*, MAMA III, 1931, 227, Nr 796; *Donderer*, Architekten, 1996, 113, Nr A 22. R. V.

Aurelius Rufus (Αὐρήλιος Ῥοῦφος), Architekt, im 2. Jh. n. Chr. in Kyrene tätig. Nur bek. durch eine Inschr. auf einer Marmorplatte (SEG, IX, 126). ▭ *G. Guidi*, Africa Italiana 1:1927, 38, Abb. 11; *M.-C. Hellmann*, ZPE 104:1994, 167, Nr 50; *Donderer*, Architekten, 1996, 112 s., Nr A 21, Taf. 7, 2. R. V.

Aurelius Sabbatius, röm. Bildhauer, in der Spätantike in Praeneste tätig. Nur bek. durch seine Grab-Inschr. aus Praeneste (CIL, XIV, 3422). ▭ EAA IV, 1961 (s.v. Marmorarius). R. V.

Aurelius Severus Alexander, *Marcus*, röm. Kaiser (222–235 n. Chr.), * 208 n. Chr. in Arca Caesarea/Phönizien, † (ermordet) 235 n. Chr. b. Mainz. Inmitten einer Trias von Fähigkeiten – die noch Geometrie und Sangeskunst umfaßt – berichtet die SHA, Alex., A. habe bewundernswert gemalt (SHA, Alex., 27, 7: *pinxit mire*; Overbeck, SQ, 1868, Nr 2314); eine Aussage, die nicht weiter ausgeführt, etwa um Sujets oder Bildinhalte ergänzt wird. Bedeutend ist die Passage weniger unter dem Gesichtspunkt, welches Niveau A. als dilettierender Künstler hatte (so die Perspektive von B. Sauer in ThB1, 1907, 263). Aussagekräftig ist sie v.a. für die Frage, welcher Stellenwert solcher Beschäftigung in Augen der senator. Geschichtsschreibung zukam. Im selben Kontext werden A. Fähigkeiten in Geometrie und Sangeskunst gerühmt. Die Geometrie wurde auch im röm. Bildungskanon bes. hoch geschätzt, ihre Kenntnis schreiben die SHA nur zwei Kaisern, näml. ihren Lieblingen → Annius Verus, Marcus (Marcus Aurelius) und eben A. zu. Nach Erwähnung seiner Sangeskunst folgt noch die Aufzählung der Musikinstrumente, die der Kaiser beherrschte – also auch hier (wie bei → Domitius Ahenobarbus, Lucius [Nero]) dominiert im Bereich der mus. Interessen die Musik. A. erscheint, anders als → Domitius Ahenobarbus, Lucius (Nero), als Kaiser, der solchen Beschäftigungen in angemessener und das heißt maßvoller Weise nachgeht; als Dilettant, der nie auf den unstatthaften Gedanken verfällt, mehr als einen Zeitvertreib darin zu erblicken, also etwa damit in die Öffentlichkeit zu gehen. Zweifel an der Authentizität dieser SHA- Stellen ließen sich unter Berufung auf Roesger (1978) erheben. Ihm zufolge sind nicht auch anderweitig belegte Äußerungen der SHA zur Bildung und Erziehung der Kaiser – insbesondere derer, die sie wie A. bes. hoch schätzt, generell zu beargwöhnen. ▭ ThB1, 1907 (s.v. Alexander Severus). RE II. 2, 1896 (s.v. Aurelius 221); EAA I, 1958 (s.v. Alessandro Severo); KlP I, 1964 (s.v. Aurelius II 30). – *A. Roesger*, Herrschererziehung in der Historia Augusta, Bonn 1978, 48–57, 59–63, 125–127; *S. Fein*, Die Beziehungen der Kaiser Trajan und Hadrian zu den „litterati", St./L. 1994, 27, Anm. 46. C. Müller

Aurelius Vincentius → Aurelius, *Vincentius*

Auta v.e. **Iuti**

Auxanon (I) (Αὐξανῶν), aus Dokimeion stammender Steinmetz (τεχνίτης), in der mittleren Kaiserzeit in Ikonion tätig. Nur bek. aus einer Inschr. aus Ikonion (CIG, III, 3995b; L. Robert, Hellenica 10:1955, 60; id., JSav 1962, 42, Anm. 13), in der A. zus. mit → Zotikos als Δοκιμεῖς τεχνεῖται einer Baumeistergilde gen. wird. T. Lochman

Auxanon (II), Sohn des Asklas, in Lykaonien tätiger Bildhauer der fortgeschrittenen Kaiserzeit. Nur bek. aus der Inschr. auf dem Fragm. einer Grabstele aus Kana (MAMA, VIII, 1962, Nr 217), die A. für seine verstorbene Frau Amia und für sich selbst errichtet hat und auf der er seinen Beruf als λιθουργός angibt. T. Lochman

Auxentios → Auxintios

Auxentius (Αὐξέντιος), Architekt (und Ingenieur?), in der der 1. H. des 4. Jh. n. Chr. in Rom(?) und Kilikien/Kleinasien tätig; lt. Symm., rel. 25, 26, cf. epist. V, 76 baute der „comes et mechanicus" A. um 384 n. Chr. an einer – möglicherweise mit dem Pons Theodosii gleichzusetzenden – Brücke in Rom. Eine wohl aus später röm. Kaiserzeit stammende, metr. abgefaßte Inschr. aus Adana/Kilikien kennt gleichfalls einen A. als Erbauer einer steinernen Brücke über den Fluß Kydnos. Obwohl Identität hier naheliegt, wird diese aus chronolog. Gründen bezweifelt. ▭ ThB2, 1908. RE II. 2, 1896, s.v. A. (4 und 7); EAA I, 1958. – EpGr, 1878, 1078; CIG, 4440; *Néroutsos*, BCH 2:1878, 359 ss.; *Brunn*, GGK II, 1889, II, 337, 343; *Gilbert*, Gesch. und Topogr. der Stadt Rom im Altertum, III, L. 1890, 262; *H. Grégoire*, Byzantion 4:1927/1928, 465 ss.; *Toynbee*, Artists, 1951, 13; *L. Robert*, BullEp 1953, 126 s., Nr 29; *Donderer*, Architekten, 1996, 94–96, Nr A 10. G. Bröker

Auxintios (Αὐξίντιος; Auxentios), Architekt, wohl im 6. Jh. n. Chr. in Phrygien tätig. Nur bek. durch eine Inschr. aus Ağhzıkara (b. Synada/Şuhut) (E. Legrand/J. Chamonard, BCH 17:1893, 288–289, Nr 93). Aus chronolog. Gründen ist er nicht ident. mit dem in Adana belegten Brückenbauer → Auxentius des späten 4. Jh. n. Chr. ▭ PLRE III A, 1992; *Donderer*, Architekten, 1996, 97, Nr A 11. M. Dennert

Avianius Euander, *C.* **→ Euandros** (III)

Avitos (Ἀουῖτος), aus Motho/Syrien, syr. Bildhauer und Soldat, im späten 2./frühen 3. Jh. n. Chr. in Petra/Jordanien tätig. A. wird in einer griech. Inschr. im Siq, der Eingangsschlucht nach Petra, zus. mit → Gaianos als Verantwortlicher für die darüberliegende, in die Felswand gemeißelte Nische zu Ehren eines Gottes genannt. A. nennt sich Einwohner von Motho, einer kleinen Siedlung im Hauran, und Soldat, ohne letzteres genauer zu spezifizieren. In der Nische befindet sich ein sog. Baitylos auf einem Sockel, was dem kennzeichnenden nabatäischen Götterbild in Form eines rechteckigen Steinblockes entspricht. Der damit verehrte Gott dürfte in diesem Fall mit Dusares, dem nabatäischen Hauptgott, identifiziert werden, der auch nach der Einverleibung des Nabatäerreichs in das Imperium Romanum in Petra weiterhin verehrt wurde. Als Auftraggeber dieser Weihung darf ein Panegyriarch, also ein Leiter einer Festgesandtschaft oder Pilgergruppe, vermutet werden, die zur Verehrung des Dusares aus dem N der röm. Provinz Arabia nach Petra gekommen war. ▭ *Hackl*, Nabatäer (im Druck), Nr N. 060. 08. 01; *D. Keller*, AAJ, Suppl. (im Druck). D. Keller

Avitus Bassianus, *Varius* **→ Elagabal**

Axiochos ('Αξιόχος), griech. Wasserbauingenieur unbek. Zeit u.a. in Assos tätig. Nur bek. durch ein anonymes Epigramm in der Anthologia Graeca (9, 679), nach dem A. gerühmt wird, daß er in Assos und auch in and. Städten Wasseranlagen schuf.

R. V.

Ayshu, nabatäischer Bildhauer, im 1. Jh. n. Chr. in Iram/Jordanien tätig. A. ist in ledigl. einer Inschr. überliefert, worin er als Bildhauer bez. wird. Von seinen Werken ist keines überliefert; es darf jedoch davon ausgegangen werden, daß er entweder am Bau des nabatäischen Tempels in Iram oder in einer dort anzunehmenden Tempel-Wkst. mitgewirkt hat. ▭ EAA V, 1963 (s.v. Nabatea, Arte, Ayshu). – *R. Savignac*, RBi 42:1933, 415–416, Nr 5.

D. Keller

B

Babaf (Bafba), ägypt. Bauleiter („Vorsteher aller Arbeiten des Königs"), E. 4./A. 5. Dynastie (ca. 2500 v. Chr.). Bek. durch sein Grab in Giza (G 5230), seinen Sarg und Statuen. Vermutl. war er auch Wesir unter Schepseskaf. 🕮 PM III. 1, 1974, 155 s. – *H. Junker*, Gîza, VII, W./L. 1944, 151 ss. F. Hoffmann

Babbius Regillus, *C.*, röm. Gemmenschneider (*gemmarius*), in der soz. Stellung eines Freigelassenen tätig. Name, Beruf und soz. Stellung sind durch die Grab-Inschr. überliefert (CIL, VI, 9435). 🕮 EAA III, 1960 (v.e. Gemmarius). B. Gerring

Bach, ägypt. Künstler z.Z. des Königs Athotis/Djer (frühes 3. Jahrtausend v. Chr.). Die Existenz eines Künstlers B. wird erschlossen aus dem Vorhandensein von Werkzeugen in seinem Grab (Nr 461) in Abydos, das zus. in einer Gruppe mit and. Gräbern liegt, die sich ebenfalls durch ihre Werkzeugbeigaben auszeichnen. Man nimmt an, daß die in seinem Grab gefundenen Beile mit der Namensbeschriftung „B." auch wirkl. dem Grabbesitzer gehörten. 🕮 *W. Davis*, SAK 10:1983, 130 s. F. Hoffmann

Bafba → Babaf

Bahetep → Chenemhetep

Bak (I), ägypt. Architekt und Bauleiter („Vorsteher der Arbeiten des Königs am roten Berg"), „Oberster der Bildhauer" an den sehr großen Denkmälern des Königs im Haus des Aton in Achetaton, Zeit Echnatons (1351–1334 v. Chr.), in Amarna/Ägypten tätig. Aus alter Bildhauer-Fam. stammend; sein Vater → Men errichtete viell. die Memnonskolosse. Offenbar war B. eine der führenden Persönlichkeiten im künstler. Leben der Amarnazeit. Seine Naosstele (Berlin, SMPK, Ägypt. Mus., Inv. Nr 1/63), die ihn und seine Frau nahezu rundplast. mit Zügen des Amarnastils darstellt, könnte von ihm selbst geschaffen worden sein und wäre damit eines der ältesten Selbstporträts überhaupt. Ferner ist noch eine Felsstele in Assuan überliefert, die ihn mit seinem Vater darstellt. Eine Zuschr. der Felsstele an B. ist aber nicht beweisbar. 🕮 LÄ I, 1975, Sp. 805 mit Anm. 35 (s.v. Bildhauer und Bildhauerei); III, 1980, Sp. 835 mit Anm. 18 (s.v. Künstler). – Urk. IV, 1942 s.; *W. Kaiser*, JbStiftPreussKulBes 1963, 133–136; *id.*, Ägypt. Mus. Berlin, B. 1967, Nr 766; *C. Aldred*, Akhenaton, Lo. 1969, Taf. 79; *J. Settgast*, Ägypt. Mus. Berlin, Mainz ^{3}1986, 78 s. M. A. Stadler

Bak (II), ägypt. Juwelier, im 13. Jh. v. Chr. in Ägypten tätig. Ledigl. durch ein Leder-Fragm. im Louvre namentl. bekannt. 🕮 *A. H. Gardiner*, Ramesside administrative doc., Lo. 1948, 62. M. A. Stadler

Bak (III), ägypt. Architekt und Bauleiter („Oberster der Bauarbeiten"), in der 2. H. des 13. Jh. v. Chr. in Theben-W/Ägypten tätig. Nur mit Titeln als Vater des „Obersten der Bauarbeiten" Mes im Grab des letzteren (Theban Tomb 137) belegt. 🕮 PM I. 1, 1960, 251. – LD, Text III, 288, Nr 91. M. A. Stadler

Bakchios (I) (Βάκχιος), Sohn des Amphis und wahrsch. Vater der Töpfer → Kittos und *Bakchios (II)*, griech. Töpfer im att. Demos Kerameus, † um 370/60 v. Chr., viell. ein späterer Zeitgen. des Malers → Parrhasios. Sign. viele Stücke der in seiner Wkst. hergestellten att.-schwarzglänzenden Ware. Siegte bei einem Töpferwettbewerb. Aus der Inschr. seines Grabsteins (IG, II^2, 11954) geht hervor, daß B. eine Spitzenstellung im att. Töpferhandwerk einnahm. 🕮 *R. M. Cook*, Greek painted pottery, Lo. 1960, 272; *Burford*, Künstler, 1985, 213 s., 250, 253. W. Müller

Bakchios (II) cf. **Kittos**

Bakchios (III), griech. Architekt (?), tätig wahrsch. z.Z. Kaiser Caligulas (37–41 n. Chr.). Nach einer Inschr. aus Kyzikos (Sylloge^2, 366. 543) leitete er dort die Kanal- und Hafenbauten. Unklar bleibt, ob es sich bei B. um einen Architekten oder nur um einen Epistaten (Vorsteher der öffentl. Arbeiten) handelte. 🕮 RE II. 2, 1896; Suppl. I, 1903 (s.v. B. 11). – *Donderer*, Architekten, 1996, 113 s., Nr A 23. W. Müller

Bakenchensu (Bakenchonsu; Bekenchons; Kurzname Baki), Sohn des → Rama, ägypt. Bauleiter am Tempel von Ramses II. in Karnak, „Größter der Leiter der Handwerker des Gottes Ptah in Memphis" und Baumeister von Theben, unter dem König Ramses II., dem Großen (1279–1213 v. Chr.), in Memphis/Unterägypten und Theben/Oberägypten tätig, unter dem König Merenptah (1213–1203 v. Chr.) zurückgetreten. Während seiner Ltg entstand der Tempel von Ramses II. in Karnak/Theben, der zw. der O-Seite des Festtempels Thutmosis' III. und dem O-Tor des Nektanebos II. liegt. Die Inschr. auf seinen beiden Würfelhockern in München (Glyptothek, Inv. Nr WAF 38) und Kairo (Ägypt. Mus., Inv. Nr CG 42155) beschreiben seine Biographie. Sein Grab Nr 35 befindet sich in Dra Abu el-Naga in Theben/West. ▭ PM I. 1, 1960, 61; LÄ I, 1975 (s.v. Organisation des Bauwesens und Bekenchons I.). – *M. G. Legrain*, Statues et statuettes de rois et de particuliers (CG), I, Kairo 1906, Nr 42155; *G. Lefebvre*, Hist. des grands prêtres d'Amon de Karnak jusqu'à la XXIe. dynastie, P. 1929, 136, Anm. 1; *H. Brugsch*, Thesaurus inscriptionum Aegyptiacarum. Altägypt. Inschr., gesammelt, verglichen, übertragen, erklärt und autographiert, Graz 1968, 1241; *M. Plantikow-Münster*, Die Inschr. des Baken-chensu in München, B. 1969, 117–135 (Glyptothek, Inv. Nr WAF 38). Y. Ott

Bakenchonsu → **Bakenchensu**

Bakenimen (I), ägypt. Bildhauer, in der 19. Dynastie (1292–1186/5 v. Chr.) in Theben/Oberägypten tätig. Er ist durch zwei hölzerne Uschebtis (Stellvertreterfiguren für den Verstorbenen) bek., die in Qurna (Theben-W) gefunden wurden. Er arbeitete für den Tempel des Gottes Amun in Luxor. ▭ *P. E. Newberry*, Funerary statuettes and model sarcophagi (CG), Kairo 1957, 10, Nrn 46544, 46545. S. L. Lippert

Bakenimen (II), ägypt. Bildhauer („Oberster der Bildhauer"), in der 19. oder 20. Dynastie (1292–1070/69 v. Chr.) in Qantir/Unterägypten tätig. B. ist bek. von einer Kalksteinstele (heute in Hildesheim, Roemer- und Pelizaeus-Mus.), die in der Ramsesstadt gefunden wurde. Er arbeitete für den Tempel des Gottes Amun-Re, Herr von Tabeneret. ▭ *L. Habachi*, ASAE 52:1952, 537 (Hildesheim, 399), 548, Taf. 35, links; *W. Helck*, Mat. zur Wirtschafts-Gesch. des Neuen Reiches, Mainz 1961, 188, Nr 142. S. L. Lippert

Bakenmut (I), Sohn des Chensu (VII), ägypt. Künstler („Oberster der Nekropolenhandwerker am Ort der Wahrheit"), unter Pharao Ramses XI. in der 20. Dynastie (1103/1099–1070/69 v. Chr.) in Deir el-Medineh/Oberägypten tätig. Bek. durch eine Inschr. auf dem Pektoral seines Sohnes Paiunedjem, das in einem Tal nahe Deir el-Bahari/Theben-W gefunden wurde und sich heute im Metrop. Mus. in New York (Inv. Nr 19. 3. 210) befindet. B. war mit der Ltg der künstler. Arbeiten in der kgl. Nekropole betraut. ▭ PM I. 2, 1964, 667. – KRI, VII, 398, 4–8; *J. Černý*, A community of workmen at Thebes in the Ramesside per., Kairo 1973, 123/6. C. von Pfeil

Bakenmut (II), ägypt. Goldschmied des Gottes Amun bzw. Goldschmied des Amunstempels, während der 22. Dynastie (946/45–ca. 735 v. Chr.) tätig. Bek. von einer mit seinem Namen und seinen Titeln beschrifteten Totenfigur aus Fayence von unbek. Herkunft, die sich heute im Ägypt. Mus. in Kairo befindet. ▭ *P. E. Newberry*, Funerary statuettes and model sarcophagi (CG), Kairo 1957, 30, Nrn 46621 s. C. von Pfeil

Bakenurner (I), Sohn des → Rek, ägypt. „oberster Goldschmied", während der 19. Dynastie (13./12. Jh. v. Chr.) in Nubien. Bek. durch ein Graffito in Qasr Ibrim, Statuetten aus Grab SA. 31 in Aniba und einen Schrein (London, BM, Inv. Nr 476), den er für seinen Vater in Aniba aufgestellt hat. ▭ KRI, III, 127,12, 129,1 s. und 5 s.; *M. Dewachter*, BIFAO 70:1971, 92; *M. L. Bierbrier*, Hieroglyphic texts from Egyptian stelae etc. (K BM), X, Lo. 1982, 25, Taf. 60. F. Hoffmann

Bakenurner (II), ägypt. Juwelier, in der 19. Dynastie (1292–1186/85 v. Chr.) in Ägypten tätig. Nur bek. durch ein Leder-Fragm., das sich heute im Louvre in Paris befindet (Fragm. C). Auf dem Fragm. sind einige Juweliere aufgeführt, neben B. → Chaiemipat (I), → Menumes (II) und → Peter (Patura). Wo genau B. tät. war, läßt sich aus dem erh. Text nicht erschließen. ▭ *A. Gardiner*, Ramesside administrative doc., Lo. 1948, 62, C Z. 3. T. Schrottenbaum

Baki → **Bakenchensu**

Baki, ägypt. Künstler („Oberster der Nekropolenarbeiter"), z.Z. Ramses II. (1290–1279 v. Chr.) in Deir el-Medineh tätig. B., der leitende Künstler in der kgl. Nekropole, ist durch zwei Stelen (Turin, Mus. Egizio, Inv. Nr 50055 und London, BM, Inv. Nr 265) und sein Grab in Deir el-Medineh (Theban Tomb 268) belegt, an dem er selbst mitgearbeitet haben könnte. Die Kult-Kap. des Grabes ist aber stark zerst., von den Malereien sind nur wenige Reste erhalten. Die dort aufgestellten Statuen des Osiris und B. sind ebenfalls zerstört. ▭ KRI, I, 370–374; VII, 32; *R. Engelbach*, A suppl. to the topogr. cat. of the priv. tombs of Thebes, Kairo 1924, 22; *T. G. H. James*, Hieroglyphic texts from Egyptian stelae etc., 9, Lo. 1970, 40, Taf. 35; *J. Černý*, A community of workmen at Thebes in the Ramesside Period, Kairo 1973, 125; *F. Steinmann*, ZÄS 107:1980, 146; *K. A. Kitchen*, Ramesside Inscr., I, Translations, Ox. 1993, 306–309; *id.*, Ramesside Inscr., I, Notes and comments, Ox. 1993, 264–270. M. A. Stadler

Bakuru, ägypt. Künstler („Vorsteher der Künstler"), in der 19./20. Dynastie (um 1550–1186/85 v. Chr.) in Theben/Oberägypten(?) tätig. B. ist bek. durch drei beschriftete Fayence-Uschebtis (d.h. Stellvertreterfiguren für den Verstorbenen), die wahrsch. aus Theben stammen. In dem hieroglyph. Text auf den Figürchen sind ledigl. sein Name und der Beruf genannt. Er war also vermutl. in Theben begraben und hat wohl auch in dieser Gegend gearbeitet, wobei nicht festzustellen ist, worin genau seine künstler. Tätigkeit bestand. ▭ *H. D. Schneider*, Shabtis, II, Leiden 1977, 96 s., Nrn 3. 3. 1.4–3.3. 1. 6, Taf. 110.
T. Schrottenbaum

Baqet (I), ägypt. Architekt, zur Zeit Sesostris II. (1882–1872 v. Chr.) in Beni Hassan tätig. Als Vorsteher des Siegels war er für die Ausf. des Grabes Beni Hassan 3 verantwortlich und ist auch nur in dieser Funktion belegt. ▭ LÄ I, 1975, Sp. 696 mit Anm. 7 (s.v. Beni Hassan). – *P. E. Newberry*, Beni Hassan, I, Lo. 1893, 49, 66, Taf. 26, Z. 222.
M. A. Stadler

Bargos (Βάργος), Steinmetz, im 5. Jh. n. Chr. in N-Syrien tätig. Bek. durch die Bau-Inschr. eines Hauses in Bettir (dat. 475 n. Chr.), die ihn zus. mit → Kyrkos als τεχνίτης nennt. Aufgrund der nahen Verwandschaft der Baudekoration möglicherweise auch an der Kirche von Bettir (dat. 471 n. Chr.) tätig. ▭ IGLS, II, Nr 629; *C. Strube*, Baudekoration im n.-syr. Kalksteinmassiv, I, Mainz 1993, 115–121. M. Dennert

Baritto cf. **Felix** (III)

Barsumis, spätantiker Steinmetz (τεχνίτης) in N-Syrien, bek. nur durch eine 347/48 n. Chr. dat. Bau-Inschr. eines Grabbaues aus Mgara, die ihn zus. mit → Ionos nennt. ▭ *J. Jarry*, Annales Islamologiques 9:1970, Nr 47. M. Dennert

Basileides Di[...] (Βασιλείδης Δι[...]), griech. Bildhauer, in hellenist. Zeit auf Delos tätig. Nur bek. durch seine Sign. auf einer in röm. Zeit wiederverwendeten fragm. Marmorbasis aus Delos (A. Dessene, BCH 76:1952, 278, Abb. 81). R. V.

Bassos (Βάσσος), griech. Koroplastiker, tätig in Myrina/W-Kleinasien, viell. 1. oder 2. Jh. n. Chr. Bek. durch die Sign. auf zwei Tonstatuetten, auf einer Knaben-Fig. mit einer Amulettkapsel (Paris, Louvre, Inv. Nr Myrina 1189 und S 2310) und auf dem Sockel einer drapierten Fig. aus Myrina. ▭ *Mollard-Besques*, II, 1963, 121, Nr Myrina 1189 und S 2310, p. 204, Taf. 145 a, 238 e; *D. Kassab*, Statuettes en terre cuite de Myrina. Corpus des sign., lettres et signes, P. 1988, 31, Nrn 1 s., Taf. 8, 39. W. Müller

Basus, röm. Bildhauer, in der Kaiserzeit tätig. Nur bek. durch seine Sign. auf einer Marmorbasis aus Kairouan (R. Cagnat/A. Merlin/L. Chatelain, Inscr. latines d'Afrique, P. 1923, Nr 79; Calabi Limentani, Studi, 1958, 166, Nr 117). ▭ EAA IV, 1961 (s.v. Marmorarius). R. V.

Bathykles (Βαθυκλῆς), griech. Architekt (und Bildhauer[?]) aus Magnesia am Mäander, in der 2. H. 6. Jh. v. Chr. tätig. Jüngerer Zeitgen. des Architekten → Gitiadas von Sparta. B. wurde E. 6. Jh. v. Chr. nach Sparta berufen, um für den Apollon Karneios von Amyklai (beim heutigen Dorf Tsausi, s. von Sparta) den „Thron" zu erbauen (Paus., 3, 18, 9–19, 5). Von der einst reich dekorierten Anlage sind nur Fragm. marmorner Archit.-Glieder (sö. Teil des aus Quadern bestehenden Fundaments, zahlr. Werkstücke und Fragm. des Oberbaus) erh. (Grabungen von Tsountas 1890, Furtwängler 1904, Fiechter und Skias 1907, Buschor und von Massow 1925, Delivorrias 1967/68). Die Zugehörigkeit zum „Thron" ist nicht bei allen aufgefundenen Archit.-Teilen gesichert. Die Beschr. des Pausanias (vgl. ThB3) bezieht sich nur auf den Skulpt.-Schmuck und bleibt trotz vieler Details ungenau. Daher blieben bisher alle Rekonstr.-Versuche (u.a. Buschor/Massow, 1927; Martin, 1976; Prückner, 1992) spekulativ. B. hatte es um das 30 Ellen (ca. 40 m) hohe Bronze-Standbild des Apollon Karneios (entstanden als einfache Hochsäule im 8. Jh. v. Chr., später zu einer mon. Kriegerstatue mit Helm, Lanze und Bogen umgestaltet) herum errichtet. Im Innern des Heiligtums soll das Grab des Hyakinthos gelegen haben, eines vorgriech. Vegetationsgottes, dessen Kult in Amyklai seit der Eroberung des Landes durch die Spartaner mit dem des Apollon verschmolz. Der Altar des Hyakinthos bildete nach R. Martin vermutl. die Basis der mon. Apollon-Statue. Der Baustil des „Thrones“ ist geprägt durch eine wechselseitige Durchdringung lokal-dorischer und ion. Formen. Diese Mischstruktur, deren Kennzeichen horizontal gliedernde plast. Profilierungen, die Verbindung von Säulen und Wänden und eine Entwertung der tragenden und lastenden Funktion der Bauglieder sind, erklärt sich aus der Beeinflussung der lakon. Kunst durch O-Ionien. Die freiplast. Fig. und Reliefs des „Thrones“ gingen verloren. Bei ihnen handelte es sich um Stütz-Fig. (Horen, Chariten, Echidna, Typhos, Tritone), figürl. Akrotere (Dioskuren zu Pferd, Sphingen) sowie um mytholog. Reliefs (Herakles-Taten, Theseus, Perseus, Iliupersis, Götterszenen und auf Lakonien bezogene Themen, wie den Raub der Taygete, Alkyone, Tyndareos und Eurytos, die Leukippiden, Menelaos, Proteus; zu den diversen mytholog. Darst. siehe LIMC, Indices 2, 1999, 9–10). Anläßl. der Voll. des „Thrones“ weihte B. im Apollon-Heiligtum von Amyklai die wahrsch. ebenfalls von ihm geschaffenen Statuen der Chariten und der Artemis Leukophryene, der Göttin seiner Heimat (Paus., 3, 18, 9). Die Berufung des Ioniers B. nach Sparta war kein Sonderfall. Seit dem 7. Jh. v. Chr. bestanden regelmäßige Beziehungen zw. Sparta und den griech. Kolonien in Kleinasien. In Sparta waren noch weitere auswärtige Künstler beschäftigt (u.a. der Bildhauer → Klearchos von Rhegion und der Architekt und Bildhauer → Theodoros [I] von Samos). Der Name B. wurde bereits im 5. Jh. v. Chr. mit der Legende von den Sieben Weisen verbunden. 🕮 ThB3, 1909 (mit älterer Lit.). RE III. 1, 1897 (s.v. B. 2); EAA II, 1959; EWA XI, 1972; LdK I, 1987 (s.v. Amyklaion). – *Brunn*, GGK I, 1889, 39 s., 42, 44; *E. Fiechter*, JdI 33:1918, 107 ss.; *E. Buschor/W. v. Massow*, AM 52:1927, 1–85; *C. Weickert*, Typen der archaischen Archit., Augsburg 1929, 166; *Picard*, Manuel, I, 1935, passim; *Lippold*, GrPl, 1950, 55 s.; *R. Martin*, RA, 1976, 205–218; *Floren*, GrPl, 1987, 395 s.; *H. Prückner*, Ein Thron für Apollon, in: Kotinos, Festschr. für Erika Simon, Mainz 1992, 123–130, Taf. 21,1; *Svenson-Evers*, Architekten, 1996, 441 ss., Abb. 44–49 (Lit.). W. Müller

Batjai, Sohn des Itefseneb, ägypt. Umrißzeichner, während der 18. Dynastie unter Semenchkare (1337–1333 v. Chr.) tätig. Nur überliefert durch ein Graffito aus dem Tempel des Semenchkare. Bek. ist auch ein Bruder mit Namen Pawah. 🕮 *A. Gardiner*, JEA 14:1928, 10 ss.; *R. Hari*, Horemheb et la reine Moutnedjemet, Genf 1964, 50 ss.; *id.*, Répert. onomastique amarnien, Genf 1976, Nr 77. S. Hänsch

Baton (Βάτων, Baton), griech. Erzbildner aus Herakleia, zw. 240 und 200 v. Chr. in Athen und Eleusis tätig. Schuf die Statuen von Hera und Apollon für den Concordia-Tempel in Rom (Plin., nat., 34, 73) und Votivstatuen (Plin., nat., 34, 91); keines dieser Werke erhalten. Die Sign. des B. steht auf zwei bei der Kirche Hag. Dimitrios Katiphoris in Athen gefundenen Basen (Loewy, IGB, 1885, 50, Nr 61; p. 186 s., Nr 258 CIA, II, 1631 s.; IG, II/III^2, 4280 s.), sowie auf einem Basis-Fragm. aus dem Heiligtum von Eleusis (Loewy, IGB, 1885, 382, Nr 61 a; CIA, II, 1630; IG, II/III^2, 3858); die zugehörigen Plastiken sind nicht mehr erhalten. Man nimmt an, daß eine der beiden Athener Basen eine sitzende Frauenfigur (Göttin?), die aus Eleusis stammende Portr.-Statue eines Mannes getragen hat. C. Robert (RE), W. Amelung (ThB) und auch G. Lippold (1950) schrieben alle zu dem Namen B. überlieferten Werke einem Künstler zu. E. Loewy (IGB, 1885) wies die Athener Basis (Loewy, IGB, 1885, 50, Nr 61), die aus Eleusis (Loewy, IGB, 1885, 382, 61 a) und die bei Plinius erw. Statuen einem älteren B. zu, die Athener Basis (Loewy, IGB, 1885, 186 s., Nr 258) jedoch einem Bildhauer, der als ein jüngerer Verwandter des ersteren im 2./1. Jh. v. Chr. tätig gewesen sein soll (Dat. auf Grund der Buchstabenformen der Basis-Inschr.). 🕮 ThB3, 1909. RE III. 1, 1897 (s.v. B. 8); EAA II, 1959. – *Brunn*, GGK I, 1889; *Picard*, Manuel, III. 1, 1948, 194, Anm. 2; *Lippold*, GrPl, 1950, 339, Anm. 5. W. Müller

Batrachos (Βάτραχος, Batrachus) und **Sauras** (Σαύρας, Sauras), griech. Künstler, aus Lakonien, im 2. Jh. v. Chr. tätig. Nach Plin. (nat., 36, 42) Erbauer der Tempel des Iuppiter Stator (nach 146 v. Chr.) und der Iuno Regina (ern. nach M. 2. Jh. v. Chr.), die in einem von der Porticus Octaviae umschlossenen Areal im s. Teil des Marsfeldes in Rom standen. Plinius fügt folgende Anekdote hinzu: B. und S. wollten ihre Arbeit kostenlos leisten, wenn ihre Namen in den Inschr. der Tempel erw. würden. Da man ihnen dies verweigerte, hätten sie an den Säulenbasen die ihren Namen entsprechenden Tiere, näml. Frosch und Eidechse, eingemeißelt (vgl. auch Vell., 1, 11, 3 und 5). Da es hierzu keine weiteren Quellen gibt, ist nicht auszuschließen, daß die Anekdote und somit die Künstlernamen von den Skulpt. selbst hergeleitet worden sind. Als Architekt des Iuppiter Stator-Tempels, des ersten ganz in Marmor ausgef. Tempels in Rom, ist → Hermodoros von Salamis/ Zypern nachgewiesen, und der Neubau des Iuno

Regina-Tempels wird ihm zugeschrieben. Bei B. und S. dürfte es sich daher nicht um Architekten oder Unterarchitekten handeln, sondern eher um Dekorationsbildhauer, die unter der Leitung des → Hermodoros arbeiteten und in deren Händen vermutl. auch die Materialbeschaffung lag. Als Beleg zur Anekdote über B. und S. veröff. Johann Joachim Winckelmann (Monumenti antichi inediti, R. 1767, 206) ein ion. Kapitell aus S. Lorenzo fuori le mure in Rom mit Frosch und Eidechse in den Voluten. Dieses ist jedoch ein Werk des Bildhauers Pietro Vassalletto aus dem 14. Jh. Piranesi zeichnete eine aus dem Areal der Porticus Octaviae stammende Säulenbasis (jetzt verschollen). An ihrer Plinthe spielen, von Ranken umgeben, Frosch und Eidechse (G. Piranesi, Antichità Romane, IV, R. 1756, Taf. 217 b). ▭ ThB3, 1909. RE III. 1, 1897 (s.v. B. 2); EAA II, 1959 (s.v. Batrachos) und VII, 1966 (s.v. Sauras); DEAU I, 1968. – *Brunn*, GGK II, 1889, 231; *H. Thiersch*, RM 23:1908, 153 ss.; *G. Lugli*, Roma antica, R. 1946, 564 ss.; *Richter*, CriticalPeriods, 1951, 45; *Buchowiecki* I, 1967, 386, 688. W. Müller

Bedas → Boidas

Bekenchons → Bakenchensu

Benenatus, vermeintl. byz. Mosaizist, der im 6. Jh. n. Chr. in Seriana/Algerien lebte. Früher identifizierte man B. fälschlicherweise als Mosaizisten. Es handelt sich bei B. aber um den Verstorbenen, für den das Grabmosaik angelegt worden ist. ▭ EAA II, 1959. – *Donderer*, Mosaizisten, 1989, 134, Nr C 14. R. V.

Benermerut, ägypt. Bauleiter („Vorsteher aller Arbeiten [des Königs]") unter Thutmosis III. (1479–1425 v. Chr.). B., der u.a. auch Vorsteher der „Gold- und Silberhäuser" war, ist durch eine Statue aus Karnak, die ihn zus. mit der Prinzessin Meritimen zeigt (Kairo, Ägypt. Mus., Inv. Nr CG 42171), und Stelen (Paris, Louvre, Inv. Nr C. 273; Kairo, Ägypt. Mus., Inv. Nr 65830) bekannt. ▭ PM II, 1972, 144. - Urk. IV, 1372 ss.; *G. Legrain*, Statues et statuettes de rois et de particuliers, II, Kairo 1909, 37 s. F. Hoffmann

Benia (gen. Paheqamen), ägypt. Bauleiter („Vorsteher aller Arbeiten des Königs"), unter Hatschepsut und Thutmosis III. (1479–1425 v. Chr.) in Theben/Oberägypten tätig. B. war nicht-ägypt. Herkunft und stammte, wie die Namen seiner Eltern Irtenena und Terekak nahelegen, viell. aus Mitanni. Er wurde schon als Kind am ägypt. Hof erzogen und erhielt dort den Namen Paheqamen. Es läßt sich nicht genau feststellen, an welchen Bauten er mitwirkte. In seinem Grab bei Scheich Abd el-Qurna in Theben-W wird er u.a. dargestellt, wie er Mat.-Lfg. aus dem kgl. Schatzhaus entgegennimmt. ▭ LÄ I, 1975 (s.v. Bauleiter mit Anm. 5); II, 1977 (s.v. Fremdarbeit mit Anm. 24). – Urk. IV, 1468 ss.; *W. Helck*, Zur Verwaltung des Mittleren und Neuen Reiches, Leiden/Köln 1958, 273; *id.*, Mat. zur Wirtschafts-Gesch. des Neuen Reiches, Mainz 1961, 45; *H. Guksch*, Das Grab des Benja, gen. Paheqamen Theben Nr 343, Mainz 1978. S. L. Lippert

Betehimen (Butehamun), Sohn des Djehutimes, ägypt. Bauleiter z.Z. der 21. Dynastie (1070/69–946/45 v. Chr.) in Theben. B. trug viele Verwaltungstitel. Zwei Särge und eine Mumienauflage gehörten ihm. ▭ *A. Niwinski*, 21st dynasty coffins from Thebes, Mainz 1988, 172 s., Nr 385. F. Hoffmann

Bezalel, Sohn des Uri, vom Stamm Juda, jüd. Künstler, z.Z. des Mose (wahrsch. im 13. Jh. v. Chr.) tätig. Nach dem 2. Buch Mose, 35, 30 ss., fertigte B. u.a. aus Akazienholz und Gold die Bundeslade. R. V.

Bion (Βίων, Βίον), Name von 3 antiken griech. Bildhauern. Bei Diog. Laert. (4, 58) sind 10 Personen dieses Namens erw., darunter an 8. Stelle B. (III) und an 10. Stelle B. (I). Diese Überlieferung (cf. Overbeck, SQ, 1868, Nr 362) geht zurück auf den Periegeten Polemon von Ilion (ca. 220–160 v. Chr.) und nicht, wie früher auf Grund eines Schreibfehlers in der Hs. angenommen, auf den Dichter Hipponax. Einen einzigen Künstler sahen Brunn (1889) in B. (I) und (III), and. hingegen in B. (I) und (II). Raubitschek (1949) trat für eine Gleichsetzung von B. (I-III) ein. – 1. **B. (I)**, 2. H. 6. Jh. v. Chr., von Diog. Laert (4, 58) als *agalmatopoios* (Bildhauer) „aus Klazomenai oder Chios" erw., wahrsch. ein Epigone der archaischen Bildhauerschule von Chios. – 2. **B. (II)**, tätig in Athen, 2. H. 6. Jh. v. Chr. Seine Sign. steht auf einem Kapitell-Fragm. aus att. Marmor, das eine unvollst. Weih-Inschr. enthält (Athen, Epigr. Mus.: Marcadé, Signatures, I, 1953, Nr 10). Die nicht mehr vorhandene zugehörige Säule trug vermutl. eine Votivstatue (aus Bronze?). Trotz fehlender schlüssiger Beweise schrieb Raubitschek (1949) diesem Künstler wegen der Gleichheit des Materials, des Schriftcharakters und des Schemas der Inschr. mehrere Basis-Fragm. zu (Athen, Epigr. Mus., Inv. Nrn 552, 6305, 6684 und Akropolis-Mus., Inv. Nr 311). – 3. **B. (III)**, Sohn des Diodoros, E. 6./A. 5. Jh. v. Chr., von Diog. Laert.

(4, 58) als *andriantopoios* (Bildhauer) aus Milet erwähnt. Emigrierte nach der Zerstörung von Milet (494 v. Chr.) nach Syrakus, dort für die Deinomeniden tätig. Schuf einen Dreifuß mit einer Nike darauf (beides aus Gold). Das Werk ließ Gelon von Syrakus nach seinem Sieg b. Himera (480 v. Chr.) als Weihgeschenk in Delphi aufstellen (Ath., deipn., 6, 231 e-f nach Theopomp.; Diod., 11, 26, 7). Erh. blieb davon jedoch nur die bei den frz. Ausgrabungen in Delphi wiederentdeckte Basis. Diese enthält auch die Sign. des Künstlers (Marcadé, Signatures, I, 1953, Nr 9). ▭ ThB4, 1910 (s.v. B. I, II). RE III. 1, 1897 (s.v. B. 14, 15); Suppl. I, 1903 (s.v. B. 15); Suppl. V, 1931 (v.e. Delphoi); EAA II, 1959 (s.v. B. 1–3, mit Lit.); EWA II, 1960; VII, 1963 (cf. Index). – *Brunn*, GGK I, 1889; *Picard*, Manuel, I, 1935, 534, Anm. 5, 539, Anm. 4, 566; II, 1939, 86, 109; *Raubitschek*, Dedications, 1949, 273 s., 487 s.; *Lippold*, GrPl, 1950, 82, Anm. 1, 122, Anm. 6; *W. Deyhle*, AM 84:1969, 61; *Floren*, GrPl, I, 1987, 335.
W. Müller

Bittius Paulinus, röm. Goldschmied, im 2./3. Jh. n. Chr. in Mainz tätig. Nur bek. durch seine Weih-Inschr. für einen Altar für Mars und Victoria aus Mainz (Mainz, Mittelrhein. Landesmus.; CIL, VI, 7249), auf der er sich als Ringmacher (*anularius*) bezeichnet. ▭ EAA I, 1958 (s.v. Anularius).
R. V.

Blasios (Βλάσιος), griech.(?) Mosaizist, in der Spätantike in Laurion tätig. Nur bek. durch eine Inschr. auf einem verschollenen Mosaik aus Laurion in Griechenland, auf dem ein Athlet dargestellt war. ▭ EAA II, 1959 (irrtüml. s.v. Blastus). – *Toynbee*, Artists, 1951, 45; *G. Asemakopoulou-Atzaka*, Hellenika 26:1973, 237 s., Nr 39; *Donderer*, Mosaizisten, 1989, 57, Nr A 7. R. V.

Blastus → Blasios

Blesamus Novius, röm. Bildhauer, in der Kaiserzeit in Rom tätig. Nur bek. durch seine Grab-Inschr. aus Rom (CIL, VI, 23083; Calabi Limentani, Studi, 1958, 160, Nr 57), in der er sich rühmt, Rom und das ganze Reich mit Statuen geschmückt zu haben. ▭ RE XVII. 1, 1936 (s.v. Novius 6); EAA IV, 1961 (s.v. Marmorarius). R. V.

Bodenius, röm. Mosaizist oder Auftraggeber eines Mosaiks der 1. H. des 4. Jh. n. Chr. Ledigl. bek. durch eine Inschr. auf einem in einer Villa in Thruxton gefundenen Mosaik (London, BM) mit Bacchus und den vier Jahreszeiten. Während frühere Forscher die auf dem Mosaik aufgeführten Quintus Natalius Natalinus und B. als Mosaizisten bezeichneten, wollte Donderer (1989) in ihnen Stifter erkennen, weil die Angabe der tria nomina selten bei Mosaizisten anzutreffen und der nach der Nennung der beiden Personen anschließende sehr fragm. Text zu *[fecerunt ? ex] v[ot]o* zu ergänzen sei. Solche Stiftungen in priv. Villen sind jedoch unüblich. Da aber die entscheidende zweite Zeile ungenügend zu fassen ist, muß auch die Frage offen bleiben, ob es sich hier um einen Künstler oder einen Stifter handelt. ▭ EAA II, 1959. – *Th. Morgan*, Romano-British mosaic pavements, Lo. 1886, 218, 221 s.; *A. Blanchet*, La mosaïque, P. 1928, 56; *R. P. Hinks*, Cat. of the Greek, Etruscan and Roman paint. and mosaics in the British Mus., Lo. 1933, 101 s., Nr 35, Abb. 111; *Toynbee*, Artists, 1951, 45; *Donderer*, Mosaizisten, 1989, 147 s., Nr C 31, Taf. 63, 3 (mit Lit.). R. V.

Bodvogenus, röm. Silberschmied, in der Kaiserzeit tätig. Nur bek. durch seine Sign. auf einer Schöpfkelle aus Pickwillow, Isle of Fly (heute in London, BM). ▭ EAA I, 1958 (v.e. Argentarius).
R. V.

Boedas → Boidas

Boethos (I) (Βόηθος, Boithos), von Karthago, Sohn des Apollodoros, karthag. oder griech. Erzbildner, vor 146 v. Chr. tätig. Nach Pausanias (5, 17, 4; Hebert, Schriftquellen, 1989, 207, Nr Q 399) schuf der Karchedonier (= Karthager) B. einen nackten sitzenden Knaben aus vergoldeter Bronze, der im Heraion von Olympia aufgestellt war. Frühere Forscher glaubten, daß Pausanias irrtüml. Karchedonios (von Karthago) statt Kalchedonios (von Kalchedon) geschrieben habe und dieser mit → B. (II) ident. sei. Eine Basis, die zus. mit sieben weiteren in der Marienkirche in Ephesos gefunden wurde (Marcadé, 1957), nennt jedoch in der Sign. wiederum B. als Karthager, Sohn des Apollodoros, und beweist, daß die Lesung durch Pausanias richtig war. Diese acht Basen gehörten zu einer Stiftung zu Ehren des Kaisers Tiberius (14–37 n. Chr.). Die Sign. hatte man zu diesem Anlaß getilgt, aber so oberflächl., daß einige Namen wie die des B. noch zu entziffern sind. Dadurch, daß er als Karchedonios bez. wird, ist klar, daß er vor der Zerstörung Karthagos durch die Römer im Jahre 146 v. Chr. dort gelebt haben muß und nicht z.Z. der Neugründung durch Cäsar und Augustus, weil B. sonst *Karthagennesios* geheißen hätte. Praschniker (1945) und mit ihm viele weitere (z.B. EAA, KlP, Knörle) wollten eine nur einige hundert Meter weit entfernt in der Säulenhalle des

Hafengymnasiums gefundene Marmorplastik des *Knaben mit der Fuchsgans* (Wien, Kunsthist. Mus., Inv. Nr I 816; Aurenhammer, 1990, Taf. 91 a-c) mit der Basis verbinden und so diese durch viele Repliken bek. Gruppe B. zuordnen (Liste bei R. Herzog, ÖJh 6:1903, 227–230 und mit weiteren Repliken und Zusätzen bei Künzl, 1968, 86 s. und M. Söldner, Unters. zu liegenden Eroten in der hellenist. und röm. Kunst, Diss., Ffm. 1986, 421, Anm. 268). Dies ist jedoch unmögl., weil die Skulpt. sowohl durch ihre stilist. Einordnung wie auch durch die Form der profilierten Plinthe ins 2. Jh. n. Chr. dat. werden muß (Aurenhammer, 1990), die Basis aber selbst in ihrer letzten Funktion ins 1. Jh. n. Chr. gehört. Weiterhin muß die These von Knörle (1973) zurückgewiesen werden, daß sich eine in Olympia zutage gekommene Hand eines Kindes aus Bronze (Athen, NM, Inv. Nr 6415; Bol, 1978, Taf. 39, 220) wie der *Knabe mit der Fuchsgans* aus Ephesos auf die von Pausanias erw. Statue des B. im Heraion in Olympia beziehen ließen. Zwar ist die Erg. der olymp. Bronzehand zur Gruppe des *Knaben mit der Fuchsgans* überzeugend, aber ihre Folgerung, daß die auf der Hand sichtbaren Rillen zur Anheftung von Goldblechen gedient hatten, ist nicht nachvollziehbar, weil eine derartige Technik in der Antike unbek. war (cf. Bol, 1978, 49 s.). Die Hand war also nicht vergoldet und kann nicht Teil der von Pausanias beschriebenen Statue gewesen sein. Ebenso muß die von Lippold (1950 und 1956) vertretene Ansicht, daß der *Ganswürger* (zum Typ cf. B. [III]) nicht von → B. (II), sondern von B. (I) geschaffen worden ist, abgelehnt werden. Diese Theorie basierte v. a. auf der viel zu früh angesetzten Dat. des *Ganswürgers* in die 1. H. des 3. Jh. v. Chr. Obwohl wahrsch. griech. Abstammung, war B. der bekannteste Künstler aus dem vorröm. Karthago. ▭ ThB4, 1910 (s.v. B. I). EAA II, 1959 (s.v. B. 2); KlP I, 1964 (s.v. B. 4. 1). – *Brunn*, GGK I, 1889; *W. Klein*, Vom antiken Rokoko, W. 1921, 26; *C. Praschniker*, Boethos von Karthago, AnzWien 82:1945, 18–30; *Lippold*, GrPl, 1950, 328 s.; *A. Rumpf*, Boethoi, ÖJh 39:1952, 86–89; *Lippold*, SkulptVatMus, III. 2, 1956, 325 ss.; *Marcadé*, Signatures, II, 1957, 34; *E. Künzl*, Frühhellenist. Gruppen, Diss. Köln 1968, 85 ss.; *L. Knörle*, Der Knabe mit der Fuchsgans, Diss. M. 1973; *P. C. Bol*, Großplastik aus Bronze in Olympia, B. 1978 (OlympForsch 9), 49 s.; *Pollitt*, ArtHellAge, 1986, 140 s.; *M. Aurenhammer*, Die Skulpt. von Ephesos. Bildwerke aus Stein. Idealplastik I., W. 1990 (in: Ephesos X. 1), 149–152; *Stewart*, Sculpture, 1990, 305 s.; *A. Linfert*, Boethoi, in: Das Wrack. Der antike Schiffsfund von Mahdia (K Rhein. LM Bonn), II, Köln 1994, 832 ss. R. V.

Boethos (II) (Boithos), von Kalchedon (heute Kadiköy, ein asiat. Ortsteil von Istanbul), Sohn des Athenaion, griech. Erzbildner und Toreut, tätig 1. H. 2. Jh. v. Chr. In vielen, v. a. älteren Publ. (z.B. ThB, RE, Studniczka, 1926, Picard, 1946) schrieb man fast alle Werke, die mit einem B. in Verbindung gebracht werden konnten, diesem Künstler zu. Heute müssen wir sagen, daß es zw. 5 (→ B. [I – IV], [IX]) und 9 Boethoi (→ B. [I – IX]) gegeben haben muß. Ob einige, und wenn welche, von diesen in familiären Beziehungen zueinander standen, muß offen bleiben. Sicher von der Hand des B. von Kalchedon stammen eine oder wohl eher zwei Arbeiten, die im Heiligtum der Athena Lindia in Lindos auf Rhodos standen. Plinius (nat., 33, 155; Hebert, Schriftquellen, 1989, 171 s., Nr Q 332) sagt, daß im dortigen Heiligtum von B. ein Silbergerät ausgestellt sei. Eine auf der Akropolis von Lindos gefundene Inschr. auf einer Basis (Kopenhagen, NM; Marcadé, 1957, 28, Taf. 29, 4) teilt mit, daß B., Sohn des Athanaion, Kalchadonier, nachdem er zum Ehrenbürger ernannt worden ist, in der Amtszeit des Priesters Nikagoras (d.h. um 184 v. Chr.), das, was auf der Basis stand, zum Dank gew. habe. Nun ist die Beschaffenheit der Basis so, daß diese eigentl. nur eine lebensgroße Statue, jedoch sicherl. kein Silbergerät trug und wir davon ausgehen müssen, daß mindestens zwei Werke des B. einst im Heiligtum aufbewahrt waren. Letzteres wurde um 184 v. Chr. gestiftet, zu einer Zeit, als B. schon ein gewisses Alter erreicht haben muß, weil er Ehrenbürger geworden war. Noch älter war B. bei der Ausführung einer Statue von Antiochos IV. Epiphanes, deren Basis (Marcadé, 1957, 28, Taf. 30, 2. 4) vor dem großen Apollontempel auf Delos zutage kam. Die Statue wird zw. 166 und 164 v. Chr. gefertigt worden sein, d.h. seit der Herrschaft Athens über die Insel und vor dem Tode des Königs. Eine weitere Sign. des B. (Marcadé, 1957, 29) befindet sich auf einer Bronzeherme, die aus dem 1907 entdeckten Schiffsfund von Mahdia stammt (Tunis, Mus. du Bardo). Das wahrsch. aus Athen kommende Schiff sank wohl um 100 v. Chr. an der Ostküste Tunesiens. Eine Bronzestatue aus demselben Wrack, die wahrsch. Eros und nicht Agon, wie von einigen angenommen, zeigt (cf. Söldner, 1994, 421 s.), wurde von Studniczka (1926, 70 Abb. 55) erstmalig durch eine Fotomontage mit der Herme zu einer Gruppe verbunden. Danach ruhte der rechte erhobene Arm des Knaben auf dem Kopf der Herme. In den vierziger und fünfziger Jahren rekonstruierten Bréchot und Poinssot die Gruppe in Form von Abgüssen (Söldner, 1994, 401, Abb. 3–4). Im Unterschied zur Montage von Studniczka waren die Herme und der Knabe nun weiter voneinander entfernt. Neuerdings wird die Zusammengehörigkeit der beiden Bronzen durch Autopsien an den Orig. von Mattusch (1994), Söldner (1994), Willer (1994), Pernicka/Eggert (1994) und Begemann/Schmitt-Strecker (1994) überzeugend abgelehnt. U. a. techn. Erkenntnisse durch die Rest.-Ber. von Willer (1994), Pernicka/Eggert (1994) und Begemann/Schmitt-Strecker (1994) schließen eine Verbindung aus: beide Bronzen besitzen unterschiedl. Flickungstechniken und Sockelungsbleizusammensetzungen. Trotzdem möchte Linfert (1994) auch im „Agon" ein Werk des B. erkennen. Seine Argumente sind jedoch zu hypothetisch. Ebenso sind die im Vergleich mit dem „Agon" von Picard (1947) erfolgten Zuschr. eines Bronzekopfes eines eingeschlafenen Eros (Rabat, Mus., Inv. Nr V 172, aus Volubilis; Söldner, 1986, 695, Nr 180), einer Bronzestatue eines schlafenden Eros (New York, Metrop. Mus., Inv. Nr 43. 11. 4; Söldner, 1986, 605, Nr 17, Abb. 1–8) und eines stehenden Bronzeknaben mit Vogel (aus Lambaesis, Söldner, 1986, 62 s., 414, Anm. 235) an B. zurückzuweisen, weil eben nur die Herme eine Sign. des B. trägt. Der auf dem Pfeiler sitzende bärtige Kopf mit aufgehäuften Binden stellt wahrsch. Dionysos und nicht (wie z.B. bei ThB; Bieber, 1961; Fuchs, 1963; Wrede, 1985) Hermes dar. Die zeitl. Einordnung der Dionysosherme erfolgt im Vergleich zu den uns bek., oben gen., and. Schaffensdaten des Künstlers und müßte daher in der 1. H. des 2. Jh. v. Chr. liegen. Eine noch wenig ausführlich publ. Bronzeherme, die 1979 vom Jean Paul Getty Mus. in Malibu erworben worden ist (Frel, 1980; Mattusch, 1994, 795–797, Abb. 8–9), ist sowohl in der Legierung wie in ihrem Aufbau sehr ähnlich, wenn auch nicht ident. zu unserer Herme. Diese frappierenden Übereinstimmungen veranlaßten einige Wissenschaftler dazu, diese Figur als Fälschung anzusehen (cf. Mattusch, 1994, 796). Dies ist jedoch unwahrsch., weil die festgestellte Gemeinsamkeit in der Zusammensetzung der Legierung erst jetzt nachgewiesen werden konnte (Pernicka/Eggert, 1994), also wesentlich später, als der Erwerb der Bronze durch das J. Paul Getty Mus. Daher mag auch diese Plastik in der gleichen Wkst. wie die Herme von Mahdia gefertigt worden sein. Das wohl bekannteste Werk des B. war die von Plinius (nat., 34, 84; Hebert, ibid., 178 s., Nr Q 343) überlieferte Bronzegruppe eines Kindes, das eine Gans würgt, die von Nero für seine Domus Aurea nach Rom verschleppt und dann durch Vespasian im Tempel der Pax aufgestellt wurde. Zwei hellenist. Gruppen, die beide durch mehrere Repliken überliefert sind, kommen dabei in Frage, der *Knabe mit der Fuchsgans*, bei der das sitzende Kind die l. Hand auf eine Fuchsgans stützt (für Replikenliste cf. → B. [I]), oder der *Ganswürger*, bei der das stehende Kind mit beiden Armen die Gans am Hals würgt (für Replikenliste s.u.). Während die Kopien des *Knaben mit der Fuchsgans* zumindest z.T. in Kleinasien gefunden wurden, stammen die Kopien des *Ganswürgers* aus Rom und Umgebung. Linfert (1994) weist darauf hin, daß dadurch, daß das Orig. in röm. Zeit in Rom stand, anzunehmen ist, daß wohl nur der *Ganswürger* in Frage kommt, weil nach unseren Kenntnissen in den Westen gelangte Plastiken seltener als Kopien in den Osten gelangten. Die Identifizierung des Knaben als Harpokrates durch Kozloff (1980) ist unglaubwürdig. Nicht nur motiv., sondern auch stilist. Gemeinsamkeiten, bes. bei der Ausführung der Köpfe, lassen es mögl. erscheinen, auch eine Kindergruppe in den Vatikan. Mus. (ehem. Lateran; Klein, 1921, 34 s., Abb. 10; Künzl, 1968, 82 s.), den Prototyp des Satyrknaben Mahdia-Sperlonga (Andreae, 1976, 298–303, 307, Taf. 97–103) und die durch viele Kopien und Wiederholungen bek. Eros-Psyche-Gruppe (Linfert, 1994, 839 s., Abb. 5 mit Replikenliste auf p. 846 Anm. 24) sowie den „Herakles"knaben mit den Äpfeln der Hesperiden (schönstes Beispiel in Rom, Mus. Nuovo Capitolino bei Linfert, 1994, 840 s., Abb. 7 mit Replikenverzeichnis auf p. 846 Anm. 27 und bei D. Mustilli, Il museo Mussolini, 1938, 189) dem B. zuzuschreiben. Weiterhin zieht Linfert (1994) in Erwägung, daß auch andere Funde aus dem Schiffswrack von Mahdia, wie die bronzenen Klinenteile (S. Faust, in: Das Wrack, 1994, 573–606), die Marmorstatuetten eines sitzenden Knäbleins (B. Andreae, in: Das Wrack, 1994, 365–374), ja sogar die Marmorkratere (D. Grassinger, in: Das Wrack, 1994, 259–283) von B. oder seinem Atelier stammen könnten, obwohl er selbst zugibt, keine ausreichenden Argumente zu besitzen. Solche Spekulationen verklären mehr, als sie erklären. Trotz vieler Lücken in seinem Gesamtwerk können wir sagen, daß B. zu den bedeutendsten griech. Künstlern des Hellenismus gehört und seine auf uns gekommenen Arbeiten wichtige Anhaltspunkte zur Dat. der hellenist. Plastik liefern. 🏛 *Replikenliste zum Ganswürger*: Chatsworth (Linfert, 1994, 846, Anm. 17). Genf, Mus. d'Art et d'Hist., Inv. Nr 8944 (J. Chamay/ J.-L. Maier, Art Grec. Sculpt. en pierre du Mus. de Genève, I, Mainz 1990, 37 s., Nr 37, Taf. 45–46). München, Glyptothek, Inv. Nr 268, von der Villa der Quintilier b. Rom (Andreae, 1976, 299, Anm. 35, Taf. 104, 1). Neapel, MN, Inv. Nr 120581 (verkleinerte Replik, Andreae, ibid., 300, Anm. 43). Paris, Louvre, Inv. Nr MA 40, von der Villa der

Quintilier b. Rom (Andreae, ibid., 299, Anm. 37, Taf. 105, 1). Rom, Kapitolin. Mus., Inv. Nr 238 (Stuart-Jones, SculptMusCap, 1912, 321 s., Taf. 80; Andreae, ibid., 300, Anm. 40). – Villa Torlonia (L. Visconti, Les mon. de sculpt. antique du Mus. Torlonia, R. 1884, 335, Nr 448, Taf. 115). Vatikan, von der Villa der Quintilier b. Rom (Andreae, ibid., 299, Anm. 36, Taf. 104, 2). Ehem. Pal. Withehall in Codex Windsor, Blatt 23. – *Umbildungen*: Paris, Mus. Rodin, Inv. Nr 357 (Vorster, 1983, 166, 302, Anm. 556, Taf. 20, 3). Rom, MN Romano, Inv. Nr 8565 bis (ehem. Rom, Villa Ludovisi; B. Palma, in Giuliano: MusNazRom, I. 5, 1983, 110 s., Nr 47). ▭ ThB4, 1910 (s.v. B. I). RE III. 1, 1897 (s.v. B. 12); EAA II, 1959 (s.v. B. 1); KlP I, 1964 (s.v. B. 4. 2). – *Brunn*, GGK I, 1889; *A. Merlin/L. Poinssot*, Bronzes trouvés en mer près de Mahdia (Tunisie), MonPiot 17:1909, 42–49; *W. Klein*, Vom antiken Rokoko, W. 1921, 25–31, 33–37; *F. Studniczka*, AbhLeipzig 37:1926, 69 ss.; *Ch. Picard*, Autour des créations de Boéthos, CRAI 1946, 671 ss.; *id.*, RA 1947, 210–219; *Lippold*, GrPl, 1950, 352; *Ch. Picard*, Boethos de Calchedon et l'agon de bronze du musée du Bardo, Karthago 3:1951/52, 83–116; *A. Rumpf*, Boethoi, ÖJh 39:1952, 86–89; *L. Alscher*, Griech. Plastik, IV: Hellenismus, B. 1957, 104 ss., 168 s.; *Marcadé*, Signatures, II, 1957, 28 ss.; *L. Castiglione*, BullMusHongr 13:1958, 7–20; *M. Bieber*, SculptHell[2], 1961, 81 s.; *W. Fuchs*, Der Schiffsfund von Mahdia, 2. Bilderheft des Dt. Archäol. Inst. Rom, Tübingen 1963, 12 ss.; *E. Künzl*, Frühhellenist. Gruppen, Diss. Köln 1968, 77–81; *B. Andreae*, RM 83:1976, 298–303, 307; *J. Frel*, GettyMusJ 8:1980, 96 s.; *A. P. Kozloff*, Ancient World 3:1980, 80 s.; *Chr. Vorster*, Griech. Kinderstatuen, Diss. Köln 1983, 166 s.; *H. Wrede*, Die antike Herme, TrWPr 1:1985, 35 s.; *Pollitt*, ArtHellAge, 1986, 128, 140 s., 269; *M. Söldner*, Unters. zu liegenden Eroten in der hellenist. und röm. Kunst, Ffm. 1986, 273; *Ridgway*, HellSculpt, I, 1990, 232 s.; *Stewart*, Sculpture, 1990, 229, 305 s.; *Fuchs*, Skulptur[4], 1993, 373 s.; *Moreno*, Scultura, I, 1994, 209 s.; *F. Begemann/S. Schmitt-Strecker*, in: Das Wrack. Der antike Schiffsfund von Mahdia (K Rhein. LM Bonn, 2 Bde), Köln 1994, 1073 ss.; *A. Linfert*, Boethoi, ibid., 831–835; *C. C. Mattusch*, Bronze Herm of Dionysos, ibid., 431–450; *ead.*, The Production of Bronze Statuary in the Greek World, ibid., 795 ss.; *E. Pernicka/G. Eggert*, Die Zusammensetzung der Bronzeobjekte von Mahdia, ibid., 1047 ss.; *M. Söldner*, Der sog. Agon, ibid., 399–429; *F. Willer*, Die Rest. der Herme, zur Herstellungstechnik der Herme, die Rest. des „Agon", ibid., 953–984. R. V.

Boethos (III), griech. Bildhauer, um 126/125 v. Chr. auf Delos tätig. Nur bek. durch die Inschr. auf einer Basis, die in der Portikus des Philipp auf Delos gefunden wurde (heute im N-Flügel der Portikus, Marcadé, 1957). Die darauf postierte Ehrenstatue stellte Epigenes, den Sohn des Dios aus (dem att. Demos) Melite, Statthalter von Delos, dar und wurde um 126/125 v. Chr. ausgeführt. B. sign. hier zus. mit einem → Theodosios. Es ist unwahrsch., daß es sich bei der damaligen Lebenserwartung wiederum um → B. (II) handeln könnte. Ob B. (III) verwandt mit → B. (II) oder gar, wie Linfert (1994) es vermutet, ein Neffe oder Enkel von → B. (II) war, was nach antiker Namens-Vergabe-Praxis mögl. wäre, bleibt offen. ▭ ThB4, 1910 (s.v. B. II). RE III. 1, 1897 (s.v. B. 13); EAA II, 1959 (s.v. B. 3); KlP I, 1964 (s.v. B. 4. 4). – *Lippold*, GrPl, 1950, 367; *A. Rumpf*, Boethoi, ÖJh 39:1952, 87 s.; *Marcadé*, Signatures, II, 1957, 32 s., Taf. 30, 5; *Stewart*, Sculpture, 1990, 305 s.; *A. Linfert*, Boethoi, in: Das Wrack. Der antike Schiffsfund von Mahdia (K Rhein. LM Bonn), II, Köln 1994, 833–836. R. V.

Boethos (IV), Sohn des Diod[otos?], griech. Bildhauer, im frühen 3. oder 1. Jh. v. Chr. in Athen tätig. Bezeugt lediglich durch seine Sign. auf dem oberen Rand eines att. Marmorthrones mit der Darst. der Tyrannenmördergruppe (ehem. Slg Elgin in Broom Hall in Schottland, jetzt Malibu, J. Paul Getty Mus., Inv. Nr 74. AA. 12; Marcadé, 1957). Seine Dat. ist äußerst schwierig und führt zu Schwankungen ins frühe 3. oder 1. Jh. v. Chr. Ob B. (IV) der Enkel oder Neffe von → B. (III) ist, wie Linfert (1994) es vorschlägt, ist äußerst fragwürdig. ▭ RE III. 1, 1897 (s.v. B. 12); EAA II, 1959 (s.v. B. 4); KlP I, 1964 (s.v. B. 4. 3). – *A. Michaelis*, JHS 50:1884, 146 ss., Taf. 48; *Ch. Seltmann*, JHS 67:1947, 22 s., bes. Abb. 1, Taf. 6 ss.; *A. Rumpf*, Boethoi, ÖJh 39:1952, 87 s.; *Marcadé*, Signatures, II, 1957, 35 s.; *L. Beschi*, GettyMusJ 5:1977, 33–40; *A. Linfert*, Boethoi, in: Das Wrack. Der antike Schiffsfund von Mahdia (K Rhein. LM Bonn), II, Köln 1994, 833–836. R. V.

Boethos (V), griech. Bildhauer, in hellenist. Zeit (?) tätig. Bek. durch eine im 17. Jh. gefundene und wieder verlorengegangene Inschr. auf einer Basis aus den Trajansthermen in Rom, die einst die Statue eines Asklepiosknaben trug, die von einem Arzt namens Nikomedes aus Smyrna dem Asklepios gestiftet worden ist (CIG, III, 5974; IG, XIV, 967; Overbeck, SQ, 1868, Nrn 1598–1599; Marcadé, 1957; Stewart, 1990, 306, Nr T 162). Da die Inschr. aus der späteren Kaiserzeit stammt, handelt es sich wohl um ein nach Rom verschlepptes griech. Original oder eher um eine röm. Kopie.

Wahrsch. war die Statue in dem von Diokletian errichteten Asklepiosheiligtum aufgestellt, das in der Nähe der Trajansthermen lag. Ob → B. (II) oder → B. (IV) eine solche Statue geschaffen hat, wie Marcadé (1957) und Linfert (1994) oder respektive EAA es in Erwägung ziehen, muß offen bleiben. ▭ ThB4, 1910 (s.v. B. I). RE III. 1, 1897 (s.v. B. 12); EAA II, 1959 (s.v. B. 5); KlP I, 1964 (s.v. B. 4. 5). – *Brunn*, GGK I, 1889; *A. Rumpf*, Boethoi, ÖJh 39:1952, 87 s.; *Marcadé*, Signatures, II, 1957, 30 s.; *Stewart*, Sculpture, 1990, 305 s.; *A. Linfert*, Boethoi, in: Das Wrack. Der antike Schiffsfund von Mahdia (K Rhein. LM Bonn), II, Köln 1994, 833 s. R. V.

Boethos (VI), griech. Toreut, wahrsch. im 3. oder 2. Jh. v. Chr. tätig. Cicero spricht in seinen Reden gegen Verres (act. 2, 4, 12, 27; Hebert, Schriftquellen, 1989, 250, Nr Q 496) von einer Hydria des B., eine ausgezeichnete Arbeit von großem Gewicht, die einem Pamphilius von Lilybaion (Marsala/Sizilien) gehört hatte. Durch die Hervorhebung des Gewichtes wird ersichtl., daß es sich hier um ein Gefäß aus Edelmetall handelte. In früheren Publ. (z. B. ThB, RE, Brunn, 1889, Klein, 1921) glaubte man, daß die Vase von → B. (II) gefertigt wurde, eine nicht zu beweisende Vermutung. Lippold (1950), KlP und Linfert (1994) halten es dagegen für mögl., daß der gen. B. mit → B. (I) ident. ist, weil Lilybaion einst zu Karthago gehörte. Selbst wenn Lilybaion zum Zeitpunkt der Herstellung der Hydria noch karthag. war (bereits 241 v. Chr. gelangte die Stadt unter röm. Herrschaft), heißt dies noch lange nicht, daß das Gefäß von einem Karthager gefertigt sein mußte. Es kann sich genausogut um ein griech. Exportstück handeln. ▭ ThB4, 1910 (s.v. B. I). RE III. 1, 1897 (s.v. B. 12); KlP I, 1964 (s.v. B. 4. 1). – *Brunn*, GGK I, 1889; *W. Klein*, Vom antiken Rokoko, W. 1921, 27; *Lippold*, GrPl, 1950, 28; *A. Rumpf*, Boethoi, ÖJh 39:1952, 86; *A. Linfert*, Boethoi, in: Das Wrack. Der antike Schiffsfund von Mahdia (K Rhein. LM Bonn), II, Köln 1994, 831 s., 834. R. V.

Boethos (VII), griech. Toreut, tätig in hellenist. Zeit (?). In Culex, 67 (Hebert, Schriftquellen, 1989, 258, Nr Q 508) werden Treibarbeiten des B. erwähnt. Ob es sich hier um einen weiteren B. handelt oder um einen der sonst hier aufgeführten B., kann nicht gesagt werden. ▭ ThB4, 1910 (s.v. B. I). RE III. 1, 1897 (s.v. B. 12). – *Brunn*, GGK I, 1889; II, 1889. R. V.

Boethos (VIII), griech. Toreut, Hersteller von aus kunstfertigen Bronzeteilen zusammengesetzten Betten, wahrsch. tätig im 3. oder 2. Jh. v. Chr. In einem Kommentar zu Horaz (epist., 1, 5, 1) hebt Porphyrion neben den Betten des → Archias die des B. hervor. Ob diese von → B. (II) hergestellt wurden, wie Stewart (1990) und Linfert (1994) vermuten, ist zweifelhaft. Noch hypothet. sind die Äußerungen von Stewart (1990) und Linfert (1994), daß die Bronzeteile von Betten aus dem Schiffsfund von Mahdia aus dem gleichen Atelier des B. stammen. ▭ ThB4, 1910 (s.v. B. I). RE III. 1, 1897 (s.v. B. 12). – *W. Klein*, Vom antiken Rokoko, W. 1921, 27; *K. A. Neugebauer*, AM 57:1932, 39 s.; *S. Faust*, Fulcra. Figürl. und ornamentaler Schmuck an antiken Betten, 30. ErgH. RM, Mainz 1989, 33; *Stewart*, Sculpture, 1990, 229; *A. Linfert*, Boethoi, in: Das Wrack. Der antike Schiffsfund von Mahdia (K Rhein. LM Bonn), II, Köln 1994, 834. R. V.

Boethos (IX), griech. Steinschneider, tätig in hellenist. Zeit. Bek. durch einen sign. Sardonyx-Kameo (ehem. Slg des Herzogs von Northumberland, Alnwick Castle und Slg Beverley), auf dem der verletzte Philoktetes seine Wunde kühlt. ThB, RE und Furtwängler (1888) schlossen es nicht aus, daß B. mit → B. (II) ident. sei, was eher unwahrsch. ist. ▭ ThB4, 1910 (s.v. B. III). RE III. 1, 1897 (s.v. B. 14); EAA II, 1959 (s.v. B. 6); KlP I, 1964 (s.v. B. 4. 6). – *A. Furtwängler*, JdI 3:1888, 216 ss., Taf. 8, 21; *id.*, AG, 1900, Taf. 57, 3; *A. Rumpf*, Boethoi, ÖJh 39:1952, 87; *Zazoff*, AG, 1983, 207 s., Taf. 54, 7. R. V.

Boethos von Kalchedon → Boethos (II)

Boidas (Βοΐδας, Boedas), griech. Erzbildner, um 300 v. Chr. tätig. In den maßgeblichen Hss. ist nur die lat. Namensform Boedas überliefert (früher fälschl. Bedas gelesen), die griech. Form Boidas hat F. Bechtel erschlossen. Sohn und Schüler des Erzbildners Lysipp (Plin., nat., 34, 66; Overbeck, SQ, 1868, Nr 1516). Plinius nennt B. und seine Brüder → Daippos und → Euthykrates (I) als „laudatos artifices" (vortreffl. Künstler), wobei er die Leistung des letzteren bes. hervorhebt. Als einziges Werk des B. wird ein *adorans* (Betender) erw. (Plin., nat., 34, 73; Overbeck, ibid., Nr 1521). Wahrsch. eine Kopie dieses Werkes ist die Bronzestatue des sog. *Betenden Knaben* in Berlin, SMPK, Antiken-Slg (A. Conze, Beschr. der antiken Skulpt., B. 1891, 2 ss., Nr 2; BrBr 283). Die bis auf die Oberarmansätze fehlenden Arme sind erhoben ergänzt. Nach den Ansätzen waren sie jedoch etwas über die Waagerechte hinaus erhoben und vermutl. in den Ellenbögen angewinkelt. Da auch die Haltung der Hände (nach oben geöffnet oder Handflächen nach vorn gewendet) nicht eindeutig zu erschließen ist, kann nicht sicher entschieden werden, ob es sich um einen Betenden oder einen Knabensieger (so Hafner, 1943) handelt. Loewy (1901) und Lippold (1950) wiesen auf die stilist. Nähe des Werkes zur lysippischen Richtung hin. Offen bleibt die Identität des B. mit einem gleichnamigen Erzbildner aus Byzanz. Dieser wird von Vitruv (3, praef. 2) unter denjenigen Künstlern aufgezählt, die trotz beachtl. Begabung in Vergessenheit gerieten. Er könnte die Bronzestatue eines and. betenden Knaben gearbeitet haben, die nach Dionysios Perihegetes (Anaplus Bospori, Fragm. 59; GGM, II, 1861, 78) einst im Heiligtum des Zeus Urios am Bosporus, nahe von Byzanz, stand. Auch sie hatte beide Hände erhoben. ▭ ThB4, 1910 (s.v. Boedas, mit älterer Lit.). RE III. 1, 1897 (s.v. Boedas); EAA II, 1959 (mit Abb.); EWA VII, 1963, 323 s.; LAW, 1965. – *Brunn*, GGK I, 1889, 286 (s.v. Boedas); *E. Loewy*, RM 16:1901, 391 ss., Taf. 16–17; *H. Lucas*, Neue Jbb. für Antike und dt. Bildung 29:1912, 112; *G. Hafner*, ÖJh 35:1943, 1–16; *Lippold*, GrPl, 1950, 296, Taf. 105, 2; *L. Alscher*, Griech. Plastik, III, B. 1956, 83 ss., Anm. I 136 und 137; *Picard*, Manuel, IV. 2, 1963, 508, 602 s. W. Müller

Boiskos (Βοίσκος), griech. Bildhauer, in der 2. H. des 6. und A. des 5. Jh. v. Chr. tätig. Nach Tatian (orat., 52; Overbeck, SQ, 1868, Nr 1581) soll er eine Statue der Dichterin Myrtis geschaffen haben. Myrtis war die Lehrerin des aus der Gegend von Theben (Böotien) stammenden Lyrikers Pindar (Suda, s.v. Pindaros). Die lit. Überlieferung läßt in B. einen böot., viell. aus Theben stammenden Künstler vermuten, der zur Zeit Pindars lebte. Frühere Versuche, B. mit → Boidas oder einem → Boethos zu identifizieren (cf. ThB4) entbehren der Grundlage. ▭ ThB4, 1910. RE III. 1, 1897 (s.v. Boedas); EAA II, 1959. – *Brunn*, GGK I, 1889, 209. W. Müller

Boithos v.e. **Boethos**

Boithos(?) (Βοῖθος) aus Ariaratheia/Kappadokien, Sohn des Menodores (Menodotos?), griech. Bildhauer, um 100 v. Chr. tätig. Nur bek. durch seine Sign. auf einer von der Agora von Samos stammenden Marmorbasis. Diese enthält eine Weih-Inschr., in der allerdings die beiden ersten Buchstaben des Künstlernamens fehlen. Daher wäre eine Erg. zu Koithos möglich. Ein terminus post quem für die Dat. ist die Gründung von Ariaratheia unter Ariarathes IV. Eusebes (220–163 v. Chr.). Der Schriftcharakter der Inschr. entspricht der Zeit um 100 v. Chr. Viell. handelt es sich bei dem aus O-Kleinasien stammenden B. um einen in den Anfängen des hellenist. Klassizismus wirkenden Künstler der rhod. Schule. ▭ EAA II, 1959. – *J. M. Paton*, ClRev 13:1899, 79; *E. Preuner*, AM 49:1924, 39 s.; *Lippold*, GrPl, 1950, 377. W. Müller

Botrys (Βότρυς, Botrys) aus Lukanien, griech. Erzgießer, in der 1. H. 2. Jh. v. Chr. auf Rhodos tätig. Nur bek. durch eine dort gefundene Inschr. (IG, XII. 1, 106). ▭ RE III. 1, 1897; Suppl. III, 1918 (s.v. B. 5); EAA II, 1959. – *P. Foucart*, BCH 9:1885, 399; *Lippold*, GrPl, 1950, 351. R. V.

Brutus, Toreut (*plumbarius*), aus dem röm. Dakien, 2.–3. Jh. n. Chr. in Sucidava (heute Celei) tätig. Handwerker, der die Gußform für das Gießen der Bleirahmen für Spiegel herstellt: *f[o]rmam Brutus [f]ec(it)*. Diese Rahmen waren mit geometr., vegetalen und zoomorphen Reliefmotiven verziert. ▭ *D. Tudor*, Dacia 3:1959, 429, Nr 40; Année Epigraphique, 1961, Nr 87; *D. Tudor*, Sucidava (Coll. Latomus LXXX), Br. 1965, 48 s.; Inscriptiones Daciae Romanae, II, Nr 230; *M. Bărbulescu*, Interferenţe spirituale în Dacia romană, Cluj-Napoca, 1984, 37. M. Bărbulescu

Bryaxis (Βρύαξις, Bryaxis), griech. Erzgießer und Bildhauer, Athener (nach Athenodoros b. Clem. Alex., protr., 4, 48 p. 42; Overbeck, SQ, 1868, Nr 1325), auf Grund seines Namens wahrsch. karischer Herkunft, in der 2. H. des 4. Jh. v. Chr. in Griechenland, Kleinasien, in Alexandria in Ägypten und in Daphne b. Antiochia in N-Syrien tätig. Eine sign. Marmorbasis des Athener NM (Inv. Nr 1733; IG, II^2, 3130; Svoronos, I, 1908, 163 ss., Taf. 26–27; Picard, 1963, 858–862, Abb. 358–361; E. Maul-Mandelartz, Griech. Reiter-Darst. in agonist. Zusammenhang, Ffm./Bern/N. Y./P. 1990, 192, Nr AN 1, 194–196, Taf. 48, 1; Todisco, 1993, 88, Taf. 156; Boardman, 1995, 56, Abb. 31) von der NW-Ecke der Athener Agora wurde oft als ein Frühwerk des B. angesehen. Der Phylarch Demosthenes aus dem Demos Paiania ließ um 350 v. Chr. ein Denkmal, zu dem die Basis gehörte, zur Erinnerung an die Siege seines Vaters Demainetos, seines Bruders Demeas und von ihm selbst im Agon der Anthippasia (im Hippodrom ausgetragene Scheingefechte) errichten. Die Rück- und die beiden Nebenseiten zeigen jeweils einen der drei Sieger als bärtigen Mann in kurzem Chiton, der auf einen Dreifuß zureitet. Die Darst. sind jedoch von einer solchen Einfachheit, daß man sie schwerl. mit dem bereits zu dieser Zeit angesehenen B. in Verbindung bringen kann. Entweder bezieht sich die Sign. auf das Kunstwerk, das auf der Basis stand, oder die Reliefs wurden nur von Werkstattgehilfen geschaffen, oder ein anderer B. war hier tätig. Um 350 v. Chr. wird B. zus. mit weiteren Künstlern beauftragt, die Skulpt. für das *Mausoleum* in Halikarnassos zu fertigen. Nach Vitruv (7, praef. 12–13) beteiligten sich als Bildhauer → Leochares, B., → Skopas (II) und → Praxiteles (II) oder → Timotheos (I) und nach Plinius (nat., 36, 30–31) → Skopas (II) für die O-Seite, B. für die N-Seite, → Timotheos (I) für die S-Seite und → Leochares für die W-Seite des Bauwerks. Dank Plinius wissen wir zwar, daß B. die N-Seite dekoriert hat, doch können die gefundenen Fragm. der Friese und zahlr. Rundskulpturen nicht den einzelnen Seiten des Denkmals zugeordnet werden und eine befriedigende stilistische Zuschr. an die diversen Bildhauer konnte bisher auch nicht erzielt werden (s. dazu Wesenberg, 1993, 167–180 mit älterer Lit., insbes. 171, Tabelle 1 mit Übersicht der versch. Zuschr.). Weiterhin wurden des öfteren B. ohne überzeugende Beweisführung die überlebensgroßen Marmorstatuen des sog. *Mausolos* (London, BM, Inv. Nr 1000; Kabus-Jahn, 1963, 70–72; G. B. Waywell, The free-standing sculpt. of the Mausoleum at Halicarnassus in the BM. A cat., Lo. 1978, 68–70, 83–84, 97–103, Taf. 13–15; Todisco, 1993, 89, Taf. 165) und der sog. *Artemisia* (London, BM, Inv. Nr 1001; Kabus-Jahn, 1963, 70–72; Waywell, ibid., 70–72, 83–84, 103–105, Taf. 13.; Todisco, 1993, 89, Taf. 163) zugewiesen. Verwandtschaften des *Hades* von Kos (Lippold, 1950, 259, Anm. 1) und des *Zeus Hypsistos* aus der Gegend von Kyzikos (Lippold, 1950, 259, Anm. 2) zu beiden letzteren Statuen bewegten Lippold dazu, diese als Werke des B. zu bezeichnen. Doch all dies bleibt zu hypothetisch. Weiterhin schrieb Kabus-Jahn (1963, 72–77) wegen gewisser Ähnlichkeiten mit dem sog. *Mausolos* und der sog. *Artemisia* den um 330 v. Chr. entstandenen *Typus Izmir-Wien/München* (Izmir, Mus., Inv. Nr 39, aus Ephesos: Todisco, 1993, 89, Taf. 160; Wien, Kunsthist. Mus. [ehem. Slg. Liechtenstein]: Todisco, 1993, 89, Taf. 161; München, Glyptothek, Inv. Nr 476: Vierneisel-Schlörb, KatSkulptGlypt, II, 1979, 413–421, Nr 37, Abb. 203–205) dem B. zu und identifizierte die Plastik als die der *Hygieia*, die zus. mit einer Statue des *Asklepios* (möglicherweise ist der Asklepios ident. mit der von Plin., nat., 34, 73, Overbeck, SQ, 1868, Nr 1320, gen. Bronze) von B. geschaffen wurde, die beide im Heiligtum des Zeus Kronios auf der Akropolis von Megara aufgestellt waren (Paus., 1, 40, 6; Overbeck, SQ, 1868, Nr 1319; F. Croissant, LIMC V, 1990, 231, Nr 231, s. v. Hygieia). Eine derartige Hypothese ist jedoch viel zu vage und muß abgelehnt werden. Zudem handelt es sich bei dem Typus wahrsch. gar nicht um eine Hygieia, sondern viell. um eine Sappho, wie es Vierneisel-Schlörb (ibid.) annimmt. Ebenso muß der Vorschlag von Todisco (1993) zurückgewiesen werden, daß die Marmorstatue des *Asklepios* in Eleusis (Mus., Inv. Nr 5100, aus Eleusis, Demeterheiligtum, Todisco, 1993, 89, Taf. 159) eine Replik derjenigen des B. in Megara sein könnte. Unwahrsch. ist auch die Zuschr. des *Asklepiostypus Este* an B. (Lippold, 1950, 259, Anm. 3, Taf. 95, 2; B. Holtzmann, LIMC II, 1984, 886–888, Nrn 320* -354*, s.v. Asklepios). Wenn die Gruppe der *Hygieia* und des *Asklepios* überhaupt reflektiert wurde, dann viell. auf Münzen des Septimius Severus (193–211 n. Chr.), die in Megara geprägt worden sind (Lacroix, 1949, 319, Taf. 28, 6; F. Croissant, LIMC V, 1990, 564, Nr 150*, s.v. Hygieia). Am E. seiner Kariere fertigte B. die Kultstatue des *Apollon Pythios Daphneios* für das Heiligtum in Daphne b. Antiocheia in Syrien (Cedren., comp. hist., p. 306 B [ed. P.], Overbeck, SQ, 1868, Nr 1321; Liban., or., 61, Overbeck, ibid., Nr 1322; Io. Mal., chro., 10 p. 234 [ed. L. Dind], Overbeck, ibid., Nr 1323; Theodoret., hist., 3, 10 [ed. Valesius], Overbeck, ibid., Nr 1324; s. insbesondere Flashar, 1992, 70 s.). Die Statue war ein kolossaler Akrolith, die nackten Partien waren aus Marmor, die Augen aus blauen Edelsteinen, die übrigen Teile aus vergoldetem Metall, reich mit Edelsteinen geschmückt. Die relativ genaue Beschr. des Libanios läßt sich v. a. mit einer Darst. des Apollon Kitharodos auf der Rückseite einer Silbermünze des Antiochos IV. von 166 v. Chr. verbinden, die das Kultbild in seinem Aufbau wiedergibt (Flashar, 1992, 70–74, 77, Abb. 44, 45, mit älterer Lit.; der Verf. kritisiert mit Recht, daß zu häufig weitere untereinander sehr verschiedenartige Darst. von bescheidenen Ausmaßen zur Bestimmung eines solchen kolossalen Meisterwerks herangezogen wurden). Demnach stand Apollon in fußlangem Chiton mit linkem Standbein und zurückgesetztem rechten Spielbein frontal, hielt in der Linken eine Kithara und in der vorgestreckten Rechten eine Phiale, ein Lorbeerkranz bekränzte den Kopf mit langen Haaren, die hinten in einem Knoten zusammengefaßt waren und von denen einige Locken nach vorn herabfielen. Etwa zur gleichen Zeit entstand das bronzene Porträt des *Seleukos I.* (Plin., nat., 34, 73; Overbeck, SQ, 1868, Nr 1327; R. Fleischer, Stud. zur seleukidischen Kunst I. Herrscherbildnisse, Mainz 1991, 17). Sehr umstritten ist die Zuschr. und die damit verbundene Dat. der berühmten kolossalen

Kultstatue des *Sarapis*, die im mon. Tempel in Alexandria in Ägypten stand, weil Athenodoros b. Clem. Al., protr., 4, 48, 4–6, zwar berichtet, daß dieses Werk von einem B. geschaffen worden sei, der aber nicht mit dem Athener ident. sei. Durch diese Angabe bildeten sich in der Forsch. v. a. zwei Lager. Eine Minderheit (z. B. Castiglione, 1958; Stewart, 1990; Smith, 1991, und weitere bei Hornbostel, 1973, 5, Anm. 2) nahm den Text wortwörtl. und führte B. den Jüngeren ein, der möglicherweise in der Trad. der griech. Namensgebung der Enkel des Athener B. war, die Mehrheit (so z. B. Hornbostel, 1973, und bei ihm zahlr. weitere Befürworter auf S. 4–5, Anm. 2) sah in dem Zusatz, daß er nicht ident. mit dem Athener sei, einen Fehler und sprach sich für den Athener aus. Nach den lit. Quellen bestand das mit wertvollen Metallen und Edelsteinen geschmückte Kultbild aus in blauschwarzer Farbe gehaltenem Metall, um Sarapis als Unterweltsgott zu kennzeichnen. Der bärtige Gott thronte frontal, sein Haupt trug einen Kalathos (Scheffel als Symbol der landwirtschaftl. Fruchtbarkeit), die erhobene Linke stützte sich auf ein Szepter, die Rechte ruhte auf dem mittleren Kopf des neben ihm sitzenden dreiköpfigen Kerberos. Weiterhin lassen sich durch eine große Anzahl von Statuen, Büsten und Köpfen des Sarapis zwei Typen mit versch. Frisuren scheiden, dem der Anastolefrisur (Haarsträhnen steigen springbrunnenartig auf und fallen zu beiden Stirnseiten herab) und dem der Fransenfrisur (fünf Locken fallen fransenartig in die Stirn). Die Diskussion, welcher der beiden Typen die Statue des B. wiedergibt und wie das Originalwerk datiert werden soll, wird noch sehr kontrovers geführt. So sieht Castiglione (1958) im Typus mit der Anastolefrisur das urspr. Original, das in die erste H. des 3. Jh. v. Chr. zu datieren ist, und im Typus der Fransenfrisur ein röm. Werk, das das hadrian. Kultbild zeigt, nachdem das ältere in den Judenaufständen von 115–117 n. Chr. unter Trajan zerst. worden ist. Hornbostel (1973) erkennt dagegen beim Typus der Fransenfrisur das Originalwerk, das er überzeugend durch Vergleiche und seinen Aufbau um 310 v. Chr. ansetzt (Hornbostel, 1973, 207–295), und beim Typus der Anastolefrisur eine spätere hellenist. Variation (Hornbostel, 1973, 133–206). Trotz der einleuchtenden Dat. des Kultbildes um 310 v. Chr. und der daraus resultierenden Zuschr. des Werkes an den Athener B. durch Hornbostel lassen sich keine stilist. Charakteristika des Meisters postulieren, weil für solche Detailfragen der vorhandene Kopienbestand nicht aussagekräftig ist. Daher ist es auch schwierig, den *Zeus von Otricoli* (Vatikan, Sala Rotonda, Inv. Nr 539; W.-H. Schuchhardt, Die Epochen der griech. Plastik, Mainz 1959, 128–131, Abb. 104; H. von Steuben, in: Helbig, [4]I, 1966, 27–28, Nr 33) trotz gewisser Ähnlichkeiten zu einigen Sarapisplastiken (düstere Ausstrahlung und Behandlung der herabfallenden Haarsträhnen) als Werk des B. zu bezeichnen, wie es des öfteren getan wird (so z. B. Amelung, 1903/1908, Lippold, 1950, Schuchhardt, ibid., v. Steuben, ibid., und G. Schwarz, 1987). Noch problematischer wird dann die wiederum daraus erfolgte Zuschr. des um 330 v. Chr. geschaffenen sog. *Eubouleus* an B. (lt. G. Schwarz, 1987, wahrsch. *Triptolemos*), wie es von G. Schwarz (1975, 76–84, 1980, 449–455, 1987, 228–230) angenommen wird. Weitere Werke des B. sind uns nur durch die lit. Überlieferung bek.: ein marmorner *Dionysos* in Knidos (Plin., nat., 36, 22; Overbeck, SQ, 1868, Nr 1318; C. Gasparri, LIMC III, 1986, 447, Nr 219, s.v. Dionysos), eine Statue des *Zeus*, *Apollon* und von *Löwen* in Patara (Clem. Al., protr., 4, 47 p. 41; Overbeck, SQ, 1868, Nr 1317), fünf *kolossale bronzene Götterbilder* in Rhodos (Plin., nat., 34, 42, Overbeck, SQ, 1868, Nr 1316) und eine Darst. der *Pasiphae* (Tatian, orat., 54, p. 35, 14 Schw.; Overbeck, SQ, 1868, Nr 1326). Schließl. trägt eine viereckige Basis, die bei S. Marco in Rom gefunden wurde, die Inschr. OPVS BRYAXIDIS (Loewy, IGB, 1885, 321 s., Nr 492). Obwohl B. zu den bedeutendsten Bildhauern des 4. Jh. v. Chr. zählt, können wir seinen Stil nicht greifen. Dies ist um so bedauerlicher, weil B. wahrsch. einer der Wegbereiter der hellenist. Skulpt. war. ▭ ThB5, 1911. RE III. 1, 1897; EAA II, 1959; KlP I, 1964; LAW, 1965, 172. – *W. Amelung*, RA 1903, 177–204; *id.*, Ausonia 3:1908, 115–135; *M. Cagiano de Azevedo*, Arti 4:1941–1942, 341–342; *A. Adriani*, MemLinc 8. 1:1948, 434–469; *J. H. Jongkees*, JHS 68:1948, 29–39; *Lacroix*, Reproductions, 1949, 318–320; *Lippold*, GrPl, 1950, 257–260; *J. H. Jongkees*, Mnemosyne 11:1958, 136–138; *L. Castiglione*, BullMusHong 12:1958, 17–39; *F. F. Schwarz*, B. Eine Stud. zur Persönlichkeitsforschung in der bild. Kunst des 4. Jh. v. Chr., unveröff. Diss. Graz 1961; *J. Charbonneaux*, MonPiot 52:1962, 15–26; *A. D. Nock*, AJA 66:1962, 307–310; *Picard*, Manuel, IV. 2, 1963, 854–896; *R. Kabus-Jahn*, Stud. zu Frauenfiguren des 4. Jh. v. Chr., Da. 1963, 70–77; *P. M. Fraser*, Ptolemaic Alexandria, Ox. 1972, 246–276; *W. Hornbostel*, Sarapis, EPRO 32, Leyden 1973; *G. Schwarz*, GettyMusJ 2:1975, 71–84; *F. F. Schwarz*, in: Festschr. E. Diez, Graz 1978, 198–210; *G. Schwarz*, in: Forsch. und Funde, Festschr. B. Neutsch, Inn. 1980, 449–455; *A. Linfert*, DaM 1:1983, 165–173; *L. Beschi*, RendLind 48:1985, 131–143;

G. Schwarz, Triptolemos, Graz 1987, 212–235; *Ridgway*, HellSculpt, I, 1990, 95–97; *Stewart*, Sculpture, I-II, 1990, 20, 28, 180–182, 196, 202–203, 221; *Smith*, HellSculpt, 1991, 65–66; *M. Flashar*, Apollon Kitharodos. Statuarische Typen des Musischen Apollon, Köln/Weimar/W. 1992, 70–77; *Todisco*, Scultura, 1993, 88–91; *B. Wesenberg*, in: Der Stilbegriff in den Altertums-Wiss., 5.–7. Nov. 1991 in Kühlungsborn, Rostock 1993, 167–180; *Boardman*, GSLCP, 1995, 56. R. V.

Bryes (Bryes), griech. Maler, in der 1. H. des 6. Jh. v. Chr. in Sikyon tätig. Nach Plinius (nat., 35, 123, Overbeck, SQ, 1868, Nr 1760; Reinach, Rec-Milliet, 1985, Nr 324) Vater und erster Lehrer des Enkaustikers und Kassettenmalers → Pausias von Sikyon. Aus dem bei Plinius nur in der Genitivform Bryetis überlieferten Künstlernamen hat man früher irrtüml. den Nominativ *Bryetes* abgeleitet. ▭ ThB5, 1911. EAA II, 1959 (Lit.). – *Brunn*, GGK II, 1889, 98 (s.v. Bryetes). W. Müller

Brygos (Βρύγος), griech. Töpfer, zw. ca. 500 und 470 v. Chr. in Athen tätig. Von B. sind 15 Töpfer-Sign. bek., die sich alle auf Trinkschalen befinden (ARV², 1963, 398–399; Para, 1971, 369, 372, Nr 8 bis). Wenigstens fünf versch. rotfigurige Vasenmaler arbeiteten mit B. zusammen. Den herausragendsten von ihnen nennt man den B.-Maler. Ob dieser mit dem Töpfer ident. war, kann nicht festgestellt werden, da eine Maler-Sign. des B. nicht überliefert ist. ▭ ThB5, 1911. RE III. 1, 1897; KlP I, 1964. – *Bloesch*, Formen, 1940, 81–90, 161; *M. Wegner*, Brygosmaler, B. 1973. D. V.-G.

Bularchos (Βούλαρχος, Bularcus), wohl aus Ionien (Klazomenai?), griech. Maler, in der 2. H. des 8. Jh. v. Chr. tätig. Malte um 710 v. Chr. ein großes Bild mit einer *Schlacht der Magneter*, das der lyd. König Sadyattes I. (auch Myrsilos und Kandaules gen., letzter König der Herakliden-Dynastie) mit Gold aufwog (Plin., nat., 35, 55; Overbeck, SQ, 1868, Nr 377). Von der Komp. des Gem. läßt sich keine Vorstellung gewinnen. Nachklänge vermutete Reinach (1895) auf klazomen. Sarkophagen. ▭ ThB5, 1911. RE III. 1, 1897; EAA II, 1959 (s.v. Boularchos). – *Brunn*, GGK II, 1889, 4; *S. Reinach*, REG, 1895, 175 ss.; *E. Pfuhl*, MuZ, I, 1923, 490, 496, 498; *Rumpf*, MuZ, 1953, 28. W. Müller

Bulis (Βοῦλις) aus Paros, griech. Bildhauer, um 150–180 v. Chr. auf Knidos tätig. Arbeitete auf Knidos zus. mit and. Bildhauern an einem *Marmorfries mit Götterfiguren* (Reste erh.). Die Inschr. mit der Sign. B.s auf einem Fragm. vom Mittelteil des Frieses besagt, daß er den Abschnitt „von Eros bis Herakles" schuf. Dieser Fries wurde seit seiner Wiederentdeckung durch Newton mit dem Fries des Dionysos-Tempels von Knidos gleichgesetzt. Die Proportionen der Figuren und die geringe Größe der Buchstaben der Inschr. lassen darauf schließen, daß der Fries nicht, wie bei einem Tempelfries, für die Betrachtung aus größerer Entfernung bestimmt war. Wahrsch. gehörte er zu einem Altar oder Grabbau. ▭ EAA II, 1959. – *C. T. Newton*, Hist. of discoveries at Halicarnassus, Cnidos and Branchidae, II, Lo. 1865, 449; *O. Rubensohn*, JdI 50:1935, 49; *Lippold*, GrPl, 1950, 375. W. Müller

Bulos (Βοῦλος), griech. Bildhauer, im 2. Jh. n. Chr. tätig. Ledigl. bek. durch eine Inschr. von der Insel Ios (*Loewy*, IGB, 1885, 250–253, Nr 355). Zwei weitere Inschr., die angebl. den Künstler mit einer Rest. von Homers Grab in Verbindung bringen, sind Fälschungen (cf. Loewy, ibid.). ▭ RE III. 1, 1897 (s.v. B. 2); EAA II, 1959. – *Brunn*, GGK I, 1889, 607. R. V.

Bupalos (Βούπαλος, Bupalus), Sohn des → Archermos, Enkel des → Mikkiades und Urenkel des → Melas (I), griech. Bildhauer und Architekt, in der 2. H. des 6. Jh. v. Chr. tätig. Aus einer Bildhauer-Fam. von Chios (Plin., nat., 36, 11; Overbeck, SQ, 1868, Nr 314). Arbeitete meist zus. mit seinem Bruder → Athenis. Nach Plinius (nat., 36, 12; Overbeck, SQ, 1868, Nr 314) geriet B. wegen seiner Tochter Arete in Streit mit dem Dichter Hipponax (erw. für die Olympiade 60, d.h. 540–537 v. Chr.). In Klazomenai schufen B. und → Athenis eine Karikatur des Hipponax, der mit bissigen Versen darauf antwortete (Fragm. 1, 13, 20, 70; 2, 4; 6, 18 D; Suda, s.v. Hipponax; Acro zu Hor., epodi, 6, 13; Overbeck, ibid., Nr 319). – Bildhauer. Werke B.s sind nur lit. überliefert. Zu den bei Plinius (nat., 36, 12–13; Overbeck, ibid., Nr 314) gen. Werken, die beide Brüder gemeinsam schufen, vgl. → Athenis. Epigraph. nachgewiesen ist, daß B. und → Athenis wie ihr Vater → Archermos auch auf der Athener Akropolis arbeiteten (Raubitschek, Dedications, 1949, 486, Nr 9; Marcadé, Signatures, II, 1957, Nr 22). B. allein schuf für Smyrna eine *Statue der Tyche mit Polos und Füllhorn* (Paus., 4, 30, 6; Overbeck, ibid., Nr 316) und eine *Gruppe der bekleideten Chariten* (Paus., 9, 35, 6; Overbeck, ibid., Nr 317), für Pergamon ebenfalls eine *Chariten-Gruppe* (Paus., ibid.), auf die Studniczka eine dort wiederentdeckte Basis mit der unvollst. Inschr. eines Bildhauers aus Chios bezog (Pergamon, VIII. 1, 1890, Nr 46). Plast. Werke im Stil der Brüder B. und → Athenis scheint Augustus zur Dekoration der in Rom während seiner Regierungszeit errichteten Tempelbauten (Plin., nat., 36, 13; Overbeck, ibid., Nr 314) bevorzugt zu haben (→ Athenis). Ein Werk des B. soll, wahrsch. von Rom aus, nach Konstantinopel gelangt sein. Die fälschl. Zuschr. des von → Smilis aus Aigina geschaffenen Kultbildes der Hera von Samos als gemeinsames Werk an → Lysippos (I) und B. geht auf eine verderbte Mitt. bei Kedrenos (564, p. 613 s.; Overbeck, ibid., Nr 1506) zurück. – Zur Tätigkeit des B. als Architekt gibt es außer der sehr allg. Bemerkung des Pausanias (4, 30, 6), daß er auch ein bedeutender Tempelbaumeister gewesen sei, keine näheren Anhaltspunkte. ▭ ThB5, 1911. RE III. 1, 1897; EAA II, 1959; LAW, 1965; KlP I, 1975. – *Loewy*, IGB, 1885, 328 s., Nr 497 (zu gefälschten Inschr.); *Brunn*, GGK, 1889, I, 29–31; II, 218, 231; *A. Rumpf*, AA 1936, 52–64; *Ferri*, Plin., 1946, 224 s.; *Floren*, GrPl, I, 1987, 335 s. (Lit.). W. Müller

Burechiunef, ägypt. Umrißzeichner, unter Ramses III. (1183/82–1152/51 v. Chr.) in Theben/Oberägypten tätig. Bek. von vier Ostraka, die in Deir el-Medineh (Theben-W) gefunden wurden. In zweien geht es um Lohnzahlungen an B., das dritte stellt einen Brief B.s an einen Kollegen dar. B. war als Umrißzeichner für den Entwurf von Vor-Zchngn für die Reliefs und Malereien in den Gräbern des Tals der Könige verantwortlich. ▭ KRI, IV, 321, O. DM 260, 394, O. DM 215, 416, O. DM 228; *M. Gutgesell*, Die Dat. der Ostraka und Papyri aus Deir el-Medineh und ihre ökonom. Interpretation, I. 2, Hildesheim 1983, 314 s.; *E. S. Bogoslovsky*, ZÄS 107:1980, 98. S. L. Lippert

Buridos (Βούριδος), Sohn des Banios, griech.-arab. Bildhauer, im 1. Jh. n. Chr. tätig. Bek. durch die Inschr. seiner Grabstelle in el-Harisa b. Khirbet el-Hoyeh (nö. von Beirut), wonach er „den Löwen und den Adler" fertigte, wahrsch. als Plastik oder Relief für ein Heiligtum. ▭ EAA II, 1959. – *M. Dunand*, RBi 41:1932, 413 s., Nr 54; SEG, VII, 1934, 1058. W. Müller

Butades (Βουτάδες, Butades), aus Sikyon, griech. Töpfer, im 7.–6. Jh. v. Chr. in Korinth tätig. Eine antike Künstlerlegende (Plin., nat., 35, 151 s.; Athenagoras, legat. pro Christ., 14; Overbeck, SQ, 1868, Nrn 259–261) stellt ihn als Erfinder der Tonplastik dar: B. soll einen von seiner Tochter auf die Wand gemalten Schattenriß ihres Geliebten mit Ton ausgefüllt und das Relief zus. mit and. Tonwaren gebrannt haben. Bis zur Zerst. Korinths (146 v. Chr.) soll das Werk als Weihrelief in einem Nymphaion der Stadt zu sehen gewesen sein. B. schrieb man weitere techn. und künstler. Neuerungen zu (Plin., nat., 35, 152; Isid., orig., 20, 4, 3): die Beimengung roter Erde oder die Verwendung rötl. Tons zur Reliefherstellung, außerdem die Einf. mit Masken oder figürl. Schmuck dekorierter Antefixe in die Archit., wobei nach Plinius das Relief entweder auf den Untergrund aufgetragen (prostypa) oder aus der Tonmasse herausgearbeitet (ectypa) wurde. ▭ ThB5, 1911. RE III. 1, 1897; EAA II, 1959 (Lit.). – *Brunn*, GGK I, 1889, 18 s., 282; *Picard*, Manuel, I, 1935, 169, 304, 487; *Ferri*, Plin., 1946, 208 s.; *Lippold*, GrPl, 1950, 24; *Floren*, GrPl, 1987, 211. W. Müller

Butehamun → Betehimen

Buxurius, *Publius,* röm. Architekt aus Truentum (b. Colonella am Tronto), tätig in der späten Republik. Nur bek. durch seine Grab-Inschr. von Monte Prandone, die heute im Rathaus von Ripatransone aufbewahrt wird (CIL, I^2, 1916; CIL, IX, 5279; ILS, 5279). ▭ *Donderer*, Architekten, 1996, 63, 200 s., Nr A 98. R. V.

Byzes (Βύζης), Vater des Euergos, griech. Marmorvertreiber (und Bildhauer?), aus Naxos, dort in der 1. H. 6. Jh. v. Chr. tätig. Dieser stiftete auf Naxos Statuen für Apollon, aus deren Epigramm hervorgeht, daß B. z.Z. des Alyattes von Lydien (607?-560 v. Chr.) als erster für Dacheindeckungen statt Ziegel aus gebranntem Ton solche aus Marmor herstellte (Paus., 5, 10, 3; cf. Overbeck, SQ, 1868, Nr 320). Unter den auf der Athener Akropolis gefundenen Dachziegeln aus nax. Marmor trägt ein unfertiger Stroter vom lakon. Marmordach eines unbek. Gebäudes (2. V. 6. Jh. v. Chr.) die flüchtig eingekratzten Anfangsbuchstaben CY (=BY nach nax. Alphabet), viell. die Sign. des B.? Courbin (1980) und Ohnesorg (1993) wiesen B. das Marmordach vom Umbau des ältesten Apollon-Tempels auf Delos (sog. Naxier-Oikos, zw. 580 und 560 v. Chr.) zu. ▭ ThB5, 1911. RE III. 1, 1897 (s. b. B. 2); EAA II, 1959; KlP I, 1964. – *Brunn*, GGK I, 1898, 31 s.; *Lippold*, GrPl, 1950, 43; *J. G. Pedley*, Greek sculpt. of the archaic periods: The island workshops, Mainz 1976, 18; *P. Courbin*, EADélos XXXIII, 1980, 90, 136; *Gruben*, Tempel[4], 1986, 341; *Floren*, GrPl, 1987, 335 (Lit.); *A. Ohnesorg*, Inselionische Marmordächer, B. 1993, 65 (Anm. 666–668), 141 (Kat. 1), Taf. 6, 37. 2. W. Müller

C

Cae(cilianus?), *Sextus Iulius*, röm. Architekt in augusteischer Zeit. Bek. durch eine Inschr. auf einem viell. zu einem Bogen gehörenden Archit.-Block in Antibes (CIL XII 186). 🕮 *A. Chastagnol*, Inscr. latines de Narbonnaise, II, P. 1992, 61, Nr 21; *Donderer*, Architekten, 1996, 21, 26, 29, 31, 67, 69, 72, 229 s., Nr A 120. R. V.

Caecilius, wahrsch. Stifter und kein Mosaizist der 1. H. des 4. Jh. n. Chr. in Cherchel/Algerien. Auf einem Bodenmosaik in opus tessellatum in Cherchel befindet sich neben der Darst. einer von Eroten ausgef. Weinernte die fragm. Inschr. [.....]s Titian[....] tessella[vi]t Caecilius Caec[....]. Lassus und ihm folgend Dunbabin erwägten eine Erg., bei der Titianus der Kompositeur und C. der Leger der Mosaiksteinchen gewesen wäre. Donderer (1989) wies jedoch mit Recht darauf hin, daß das Wort tessellare nicht unbedingt mit einer Künstler-Sign. zu verbinden ist. Die Inschr. sollten dann wohl eher die Stifter verewigen; die Länge der Inschr. unterstützt diese Annahme. 🕮 EAA, Suppl., 1973. – *J. Lassus*, BAAlger 1:1962–65, 75–105 (bes. 97 Abb. 1–16); *Dunbabin*, Mosaics, 1978, 28, 255 Nr 10 (ii); *Donderer*, Mosaizisten, 1989, 153, Kat. Nr C 37 Taf. 67, 2. R. V.

Caedicus Iucundus, *M.*, röm. Goldschmied, im 1. Jh. n. Chr. in Rom tätig. Nur bek. durch seine Grab-Inschr. aus Rom (CIL, VI, 9207). 🕮 EAA I, 1958 (v.e. Aurifex). R. V.

Caelius, *Quintus*, röm. Schiffsarchitekt der frühen Kaiserzeit. Nur bek. durch seine Grab-Inschr. aus Frattamaggiore b. Neapel (CIL, X, 5371; ILS, 5371). 🕮 *Donderer*, Architekten, 1996, 22, 46, 63, 201 s., Nr A 99. R. V.

Caesetius Sodalis, röm. Elfenbeinschnitzer, in der Kaiserzeit in Rom tätig. Nur bek. durch seine Grab-Inschr. aus Rom (CIL, VI, 7885). 🕮 EAA III, 1960 (s.v. Eborarius). R. V.

Caio Sevio Lupo → Lupus, *C. Sevius*

Cajus Pictor → Fabius Pictor, *Caius*

Calcostenes → Chalkosthenes

Calenus, röm. Maler der Kaiserzeit. Bek. durch seine Grab-Inschr. aus Bordeaux (CIL, XIII, 641). 🕮 *Calabi Limentani*, Studi, 1958, 157, Nr 41. R. V.

Callides cf. **Kalliades** (I)

Callimachus → Kallimachos

Calocaerus, vermeintl. röm. Mosaizist, der in der Kaiserzeit in Rom lebte. Durch falsche Interpretation seiner Grab-Inschr. glaubte man früher in C. einen Mosaizisten erkennen zu können, man las nämlich fälschlicherweise MVSIVARIVS anstatt richtig MVSICARIVS (CIL, VI, 9649). 🕮 *Donderer*, Mosaizisten, 1989, 135, Nr C 15. R. V.

Calpurnius, *Lucius*, röm. Maler. Bek. durch seine Grab-Inschr. aus Pozzuoli (CIL, X, 1950). 🕮 *Calabi Limentani*, Studi, 156, Nr 32. R. V.

Camillius Paulus, röm. Goldschmied, Sohn des Goldschmieds → Camillius Polynices, im 3. Jh. n. Chr. in der Schweiz tätig. Nur bek. durch seine Grab-Inschr. (CIL, XIII, 5154), die 1816 aus der Krypta einer Kirche des Dorfes Amsoldingen bei Thun entfernt worden ist und sich heute im Mus. in Avenches befindet. Er verstarb im Alter von 33 Jahren. 🕮 EAA I, 1958 (s.v. Aurifex). R. V.

Camillius Polynices, röm. Goldschmied, Vater des Goldschmieds → Camillius Paulus, im 3. Jh. n. Chr. in der Schweiz tätig. Nur bek. durch seine Grab-Inschr. (CIL, XIII, 5154), die 1816 aus der Krypta einer Kirche des Dorfes Amsoldingen bei Thun entfernt worden ist und sich heute im Mus. in Avenches befindet. Er verstarb im Alter von 60 Jahren. 🕮 EAA I, 1958 (s.v. Aurifex). R. V.

Camonius Gratus, *C.*, röm. Ringmacher, im 1. Jh. n. Chr. in Bologna tätig. Nur bek. durch seine Grab.-Inschr. aus Bologna. 🕮 EAA I, 1958 (s.v. Anularius). – *H. Gummerus*, Klio 14:1914, 129 ss. R. V.

Campanus, röm. Gemmenschneider, 1. Jh. v. Chr. in Pompeji tätig. Nur bek. durch ein Graffito auf einer Wand von einem sacellum an der Via dell'Abondanza in Pompeji (CIL, IV, 8506), der ihn zus. mit einem Toreuten namens → Priscus (I) nennt. ▭ EAA II, 1959. – *M. Della Corte*, NSc 1912, 69, Nr 14; *Toynbee*, Artists, 1951, 53.

R. V.

Canachus → Kanachos (I)

Caninius, *C.*, röm. Maler. Nur bek. durch seine Grab-Inschr. aus Casinum (CIL, X, 5352; Dess., ILS, 7596). ▭ *Calabi Limentani*, Studi, 1958, 156, Nr 33. R. V.

Canoleius L. f., Hersteller von calenischen Schalen, letztes Drittel 3. Jh.-2. Jh. v. Chr. in Cales. Seine Sign. (Förster, 1883, 74; CIL, X, 8054, 2), bisweilen mit dem Zusatz CALENOS, finden sich auf sog. calen. Omphalosschalen, die mit Reliefdekor gepreßt und einem Metallglanz imitierenden Firnis überzogen worden sind. Die Beifügung CALENOS führte zu zwei Theorien: Pagenstecher (1909) und Falconi Amorelli (1965) erkannten darin den Herstellungsort, Körte (1913) und Mingazzini (1958) nur den Geburtsort C.s, als Tätigkeitsort aber nahmen sie Apulien an. Da jedoch oft diese Angabe fehlt und in Cales Fragm. calen. Omphalosschalen mit seiner Sign. in einem Töpferofen gefunden wurden (Johannowsky, 1961), ist hier der Fabrikationsort zu sehen, der nur manchmal angezeigt ist. Die Reliefs zeigen u.a. den Raub der Persephone, Odysseus mit den Sirenen und mit der Skylla, die Büste des Helios, Personen des dionys. Kreises, Nike mit Herakles (Ares?) oder Dionysos (Ares?) auf Viergespann, Helios/Sol in der Biga und Tierfriese. Die Vorlagen stammen v.a. wohl aus Griechenland, die Komp. ist meistens schemat. in vier Teile untergliedert und die künstler. Ausf. recht bescheiden. Keramik mit der Sign. des C. fand sich u.a. in Etrurien und Spanien (Ampurias). ▭ ThB5, 1911. RE III. 2, 1899 (s.v. C. 5); EAA II, 1959. – *R. Förster*, AdI 55:1883, 74; *Brunn*, GGK I, 1889, 534; *R. Pagenstecher*, Calen. Reliefkeramik, 8. ErgH. JdI, B. 1909, 152, 155–157; *G. Körte*, GGA, 1913, 269–271; *P. Mingazzini*, ArchCl 10:1958, 224–226; *W. Johannowsky*, BdA 46:1961, 265, Anm. 52; *M. T. Falconi Amorelli*, ArchCl 17:1965, 130–132; *J.-P. Morel*, in: Roma medio repubblicana (K), R. 1973, 49; *G. Siebert*, Ktema 3:1978, 121; *J.-P. Morel*, in: *P. Lévêque/ J.-P. Morel* (Ed.), Céramiques hellénistiques et romaines, I, P. 1980, 94; *V. Zedelius*, Calenisches aus Ampurias, in: *O. Brehm/S. Klie* (Ed.), Musikos Aner. Festschr. für Max Wegner zum 90. Geburtstag, Antiquitas 3, Bonn 1992, 511 s., Taf. 40, 1; *O. Jäggi*, Der Hellenismus auf der iber. Halbinsel. Stud. zur iberischen Kunst und Kultur: Das Beispiel eines Rezeptionsvorgangs, Iberia Archaeologica 1, Mainz 1999, 22, 203, Nr 4. O. Dally

Cantharus → Kantharos

Canuleius Zosimus, *Marcus*, griech. Toreut, 1. Jh. n. Chr. wahrsch. in Rom tätig. Nur bek. durch seine Grab-Inschr. aus Rom (CIL, VI, 2, 9222; Dess., ILS, II. 2, 7695), in der seine Meisterschaft in der „Caelatura Clotura" gerühmt wird. Es handelt sich wahrsch. um eine bestimmte Art getriebener Becher. ▭ ThB5, 1911. EAA II, 1959. – *Brunn*, GGK II, 1889, 404; *J. M. C. Toynbee*, Some notes on artists in the Roman world, Br. 1951, 51.

R. V.

Carpilius, vermeintl. röm. Mosaizist, der im 4. Jh. n. Chr. in Vicenza lebte. Früher identifizierte man C. durch falsche Lesung seiner Stifter-Inschr. für ein Mosaik mit geometr. Muster unter dem Dom von Vicenza fälschlicherweise als Mosaizisten. ▭ *B. Forlati Tamaro*, in: Il Duomo di Vicenza, Vicenza 1956, 21, 24 s., Abb. 31- 32; *P. L. Zovatto*, Mosaici paleocristiani delle Venezie, Udine 1963, 39, Abb. 36; *Donderer*, Mosaizisten, 1989, 135, Nr C 16, Taf. 59, 2. R. V.

Carpion → Karpion

Carterius → Karterios

Cassius Denticulus, *Marcus*, röm. Architekt z.Z. des Augustus. Nur bek. durch seine Grab-Inschr. aus Verona im Archäol. Mus. von Verona (Dess., ILS, 7729; AE, 1893, 118). Er hatte bisweilen auch das Amt eines Militärtribunen und eines Bürgermeisters inne. ▭ *Donderer*, Architekten, 1996, 44, 63, 70, 72 s., 202 s., Nr A 100, Taf. 35, 2.

R. V.

Catielus, angebl. Steinmetz (Bildhauer) in Nauportas (Vrhnika/Slowenien), wohl 1. H. 1. Jh. v. Chr. (Šašel Kos, 1997). Die Annahme seiner Existenz beruht auf einer mögl. Lesung der Inschr., die am Abacus eines im Jahre 1868 in Nauportus gefundenen Kalksteinkapitells (Ljubljana, Slowen. NM, Inv. Nr L 185) eingeschnitten war: INTELLEGENDVM VIDETVR CN. CARPIN(ius) VEL CARPINI(us), S[T(atia)?] APPVL(eia) (scilicet donaverunt); CATIELI M(anu) (CIL, III, 10721).

In der neueren Forsch. wurde diese Interpretation eher abgelehnt. Vorzuschlagen ist z.B. die Lesung von M. Šašel Kos, 1997: [...?]. CATIELI(us) M(arci) [F(ilius)], CN(aeus) CARPIN(ius) T(iti) (f.), .ST(atius) APPVL[ei(us). (f.)]. ▭ CIL, III, 10721 (C. als Steinmetz); *V. Hoffiller/B. Saria*, Antike Inschr. aus Jugoslavien, I, Zagreb 1938, 55, Nr 122 (C. kein Steinmetz); *A. Mócsy*, Die Bevölkerung von Pannonien bis zu den Markomannenkriegen, Bp. 1959, 200 (C. als Steinmetz); *M. Šašel Kos*, The Roman inscr. in the NM of Slovenia, Ljubljana 1997, 120–122, Nr 2 (mit weiterer Lit.; C. kein Steinmetz). Á.M. Nagy

Cecilianus, röm. Mosaizist (?). Die Inschr. auf einem Mosaik mit der Darst. von Circusspielen aus Bell-Lloch/Gerona (jetzt Barcelona, Mus. Arqueol., Inv. Nr 19003) läßt offen, ob bei dem aufgeführten Namen der Mosaizist oder Auftraggeber gemeint war. ▭ EAA II, 1959. – *A. Balil*, BRAH 151:1962, 260–270, 331–334, Taf. 24–26; *J. Polzer*, Circus pavements, Michigan 1986, 81–100; *L. Abad Casal*, Bellas Artes 77:1977, 32, Abb. S. 30; *C. Balmelle/J. P. Darmon*, in: Artistes, artisans et productions artist. au Moyen Age, I, Rennes 1986, 235–249; *Donderer*, Mosaizisten, 1989, 82–88, Taf. 31 (Lit.); *M. Guardia Pons*, Los mosaicos de la antigüedad tardía en Hispania. Est. de iconogr., Ba. 1992, 51–53, 427, Abb. 11, 12, 15. R. V.

Ceius (Pavo), *Lucius*, Auftraggeber eines Mosaiks des 2. Jh. n. Chr. aus Aquileia. Donderer (1989) weist mit Recht darauf hin, daß der auf dem einfachen Mosaik (Aquileia, Mus. Archeol. Naz.) verewigte Name den Auftraggeber und nicht, wie lt. älterer Lit., den Mosaizisten angeben soll, weil die Art der Namensnennung (tria nomina, wobei die Darst. des Pfaus unter den Buchstaben als bildl. Umsetzung des Cognomens Pavo gesehen werden kann) und das Fehlen des Verbums gegen eine Künstler-Sign. sprechen. ▭ EAA II, 1959. – *O. Fasiolo*, I mosaici di Aquileia, R. 1915, 53, Taf. 7; *Toynbee*, Artists, 1951, 45; *S. Panciera*, L. C. Mosaicista aquileiese, AquilNost 51:1980, 237 ss., Abb. 1; *Donderer*, Mosaizisten, 1989, 136 s., Nr C 17, Taf. 60,1 (mit Lit.). R. V.

Celatus, röm. Toreut, im 2. oder 3. Jh. n. Chr. in Großbritannien tätig. Bek. durch eine 1774 in Fossdyke/Lincolnshire gefundene Bronzestatuette eines nackten Mars mit Helm (heute London, BM; E. Simon, LIMC II, 1984, 519, Nr 71, s.v. Ares/Mars). Auf der Basis stehen u.a. die Namen zweier Stifter, die Summe der Stiftung der Statuette (100 Sesterzen), die Künstler-Sign., die Gewichtsangabe (1 Pfund) und der Wert der benötigten Bronze (3 Denare). Die Körperteile des Mars sind untereinander disproportioniert und die ganze Gestaltung wirkt provinziell. Es ist daher wahrsch., daß der Künstler in Britannien arbeitete. ▭ EAA II, 1959. – Guide to antiquities of Roman Britain in the BM, Lo. 1922, 89, Taf. 8; *Toynbee*, Artists, 1951, 52; Guide to antiquities of Roman Britain in the BM, Lo. 1958, 54, Nr 11, Taf. 14; *J. M. C. Toynbee*, Art in Roman Britain², Lo. 1963, 131, Nr 16, Taf. 19; *Burford*, Künstler, 1972, 209. R. V.

Celer, röm. Architekt, tätig 3. V. 1. Jh. n. Chr. Die Echtheit der seinen Namen enthaltenden Inschr. (CIL, VI, 14647) auf einem als Abakus einer Säule in S. Agnese fuori le Mura in Rom wiederverwendeten Stein ist ebenso umstritten wie die von Promis (1873) und Pagenstecher (ThB6, 1912) vermutete Herkunft C.s aus Florenz. Zus. mit → Severus (I) an Bauprojekten Kaiser Neros beteiligt (Tac., ann., 15, 42; Suet., Nero, 31, 1–3). Wahrsch. hatten beide Architekten eine leitende Funktion beim Wiederaufbau Roms nach dem großen Brand von 64 n. Chr. und arbeiteten an den von Nero veranlaßten Bauvorschriften mit. – Tacitus erw. sie als magistri et machinatores bei der Errichtung des Goldenen Hauses (Domus Aurea), des luxuriösen Pal. des Nero auf dem SW-Abhang des Esquilin in Rom (64–68 n. Chr.; unvoll. und später größtenteils abgerissen; Gesamtgrundriß durch Ausgrabungen festgestellt). Reste der Anlage (u.a. ein einst von einer Kuppel überwölbter oktogonaler Gartensaal) erh. Aus dem Zeugnis des Tacitus geht hervor, daß C. und → Severus (I) hier v.a. als Landschaftsarchitekten (Gest. des Parkes) wirkten. Wahrsch. gehen auch spezielle techn. Einrichtungen, z.B. die sich drehende Kuppel des Gartensaals und Decken, die sich öffnen ließen (Suet., Nero, 31, 3), auf sie zurück. – Vor 68 n. Chr. begannen sie mit dem Bau eines an der W-Küste Italiens, von Puteoli und dem Averner See bis zur Tibermündung b. Ostia, entlangführenden Schiffahrtskanals (Tacitus und Sueton, ibid.). Dieser sollte einen ungefährdeten Korntransport auf dem Wasserweg nach Rom ermöglichen, wurde aber nach Neros Tod nicht weitergeführt. ▭ ThB6, 1912. RE III. 2, 1899; EAA I, 1958 (Lit.); DEAU V, 1969 (s.v. Severus). – *Promis*, 1873, 137–139, Nr 43; *Brunn*, GGK II, 1889, 23 s.; *G. Becatti*, Arte e gusto negli scrittori latini, Fi. 1950, 37; *G. Picard*, Imperium Romanum, M. 1966, 116; *Müller*, Architekten, 1989, 202–204, Abb. 155 s.; *Donderer*, Architekten, 1996, 69.
W. Müller

Celsinus, *M.*, Stifter eines spätantiken Mosaiks aus Sidi Yati auf Djerba (heute in Hunt Suq). Die Inschr. auf dem Mosaik „Celsinus cum suis renobat" wurde vor Donderer (1989) als Sign. eines Mosaizisten gedeutet. Donderer (1989) zeigt aber überzeugend auf, das das Verb renobare auf anderen spätantiken Mosaiken in Verbindung mit dem Auftraggeber verwendet worden ist, der ein solches hat ausbessern lassen. ꟷ EAA II, 1959. – *Donderer*, Mosaizisten, 1989, 137, Nr C 18. R. V.

Cenchramis → **Kenchramos**

Cephis → **Kepis**

Cepis → **Kepis**

Cha v.e. **Chai**

Chachrylion → **Kachrylion**

Chaereas → **Chaireas** (I)

Chaeremon → **Chairemon**

Chai (I) (Cha), ägypt. Architekt, Zeit Amenophis' II. (1428–1397 v. Chr.) und Thutmosis' IV. (1397–1388 v. Chr.) in Theben/Ägypten tätig. C. ist durch sein Grab (Theban Tomb 8) und dessen vollst. Grabbeigaben (Turin, Mus. Egizio) bek. geworden. ꟷ PM I. 1, 1960, 16–18; LÄ I, 1975, Sp. 205 mit Anm. 30 (s.v. Amenophis II.); III, 1980, Sp. 835 mit Anm. 24 (s.v. Künstler); VI, 1986, Sp. 59 mit Anm. 36 (s.v. Stoffe und Webarten). – *E. Schiaparelli*, La tomba intatta dell'architetto Cha, T. 1927. M. A. Stadler

Chai (II) (Cha), ägypt. Umrißzeichner, Zeit Ramses' II. (1279–1213 v. Chr) in Deir el-Medineh/Ägypten tätig. Versch. zur gleichen Zeit dat. Belege beziehen sich wohl auf dieselbe Person: Zwei von C. geschriebene Briefe, dargestellt in der Stele Turin, Mus. Egizio, Inv. Nr N. 50063, und als Vater des Umrißzeichners → Nebra auf der Stele Berlin, SMPK, Ägypt. Mus., Inv. Nr 20377, erwähnt. Als in Deir el-Medineh ansässiger Umrißzeichner zeichnete er die bildl. Darst. in der kgl. Nekropole in Theben-W vor. ꟷ KRI, III, Ox. 1980, 536. M. A. Stadler

Chaiemipat (I), ägypt. Schmuckhandwerker, in der 19. Dynastie (1292–1186/85 v. Chr.) tätig. Nur bek. aus einem Leder-Fragm. (Paris, Louvre, Fragm. Nr C). ꟷ *A. H. Gardiner*, Ramesside administrative doc., Lo. 1948, 68, c 4. Y. Ott

Chaiemipat (II), ägypt. „Oberster der Künstler", im Neuen Reich (1550–1070/69 v. Chr.) in Deir el-Medineh/Oberägypten tätig. Nur bek. aus einer Stele in Deir el-Medineh. Er war am Bau der Königsgräber beteiligt und wohnte in dem Arbeiterdorf Deir el-Medineh. ꟷ *J. Lieblein*, Hieroglyph. Namenwörterbuch, Hildesheim/N. Y. 1979, Nr 2263 (Stele befindet sich heute in der Coll. Amherst, Nr 448). Y. Ott

Chai[iri], ägypt. Künstler, um 1300 v. Chr. in Unterägypten tätig. Bek. aus dem Grab des Mose (Mesi) in Saqqara nahe der Teti-Pyramide, das sich heute teilw. im Ägypt. Mus. in Kairo befindet (Temp. No. 17. 5. 25. 8). In einem dort belegten Text aus dem 58./59. Regierungsjahr des Pharaos Haremhab (18. Dyn., 1319–1292 v. Chr.) tritt C. als Zeuge in einem Erbstreit um ein Stück Land auf. ꟷ PM III. 2, 1978, 554 (11)-(12). – *V. Loret*, ZÄS 39:1901, 7 (N 12); *A. H. Gardiner*, The inscr. of Mes, Hildesheim ²1964, 94, 105, 132; *G. A. Gaballa*, The Memphite tomb-chapel of Mose, Warminster 1977, 23, Taf. 60 N 12. C. von Pfeil

Chaikaura, Sohn des → Senefer und der Hetepet, ägypt. Umrißzeichner, 13. Dynastie (1794–1648 v. Chr.). Bek. ist er nur von einer Stele seines Vaters, auf der er mit seinen Brüdern abgebildet ist. Ein Bruder namens → Inepunechet ist ebenfalls Umrißzeichner. ꟷ *H. O. Lange/H. Schäfer*, Grab- und Denksteine des Mittleren Reiches (CG), II, B. 1908, 341 s.; *A.-E. el-Rabi'i*, CdE 52:1977, 15; *D. Franke*, Personendaten aus dem Mittleren Reich (CG), Wb. 1984, 280, Nr 449. S. Hänsch

Chaireas (I) (Χαιρέας, Chaereas), griech. Erzgießer, im 4. Jh. v. Chr. tätig. Nur bek. durch Plinius (nat., 34, 75), der ihn in einem alphabet. Verz. von Erzgießern als Fertiger von Statuen Alexanders d. Gr. und dessen Vater Philippos II. von Makedonien erw. (unklar, ob eine Gruppe oder zwei Portr.). Sollten die Bildnisse noch zu Lebzeiten oder kurz nach dem Tod Philipps bzw. Alexanders entstanden sein, ist eine Dat. in die 2. H. 4. Jh. v. Chr. am wahrscheinlichsten. Die von Helbig (1895) und Gebauer (1938/39) vorgeschlagene Zurückführung der kolossalen Marmorbüste Alexanders im Kapitol auf die Alexanderstatue des Ch. hat sich als unhaltbar erwiesen. Hypothet. bleiben die Gleichsetzung mit → Chares (II) von Lindos und die Verbindung der Statuen(gruppe?) des Ch. mit den von Pausanias (1, 9, 4) vor dem Odeion auf der Athener Agora gesehenen, möglicherweise nach der Schlacht von Chaironeia (338 v. Chr.) gestifteten Bildnissen Philipps und Alexanders. Die Gleichsetzung mit dem in Susa tätigen

gleichnamigen Bildhauer(?) → Ch. (II) ist kaum wahrsch. ▭ ThB6, 1912. RE III. 2, 1899 (s.v. Ch. 9); EAA II, 1959 (s.v. Ch. 1). – *Overbeck*, SQ, 1868, Nr 1602; *Brunn*, GGK I, 1889, 421; *W. Helbig*, MonAnt 6:1895, 84 ss.; *W. Amelung*, BullCom 25:1897, 140, Anm. 1; *T. Schreiber*, Stud. über das Bildnis Alexanders des Großen, SBLeipzig 21:1903, 268–272; *K. Gebauer*, AM 63/64:1938/39, 75; *S. Ferri*, Plinio il Vecchio, R. 1946, 97; *Lippold*, GrPl, 1950, 288; *Vierneisel-Schlörb*, KatSkulptMünchen II, 1979, 373; *A. Stewart*, Faces of power. Alexanders image and Hellenistic politics, Berkeley/L. A./Ox. 1993, 387, Nr T 101.
H.-P. Müller

Chaireas (II), Sohn des Eumenes, griech. Bildhauer (?), 2. H. 3. Jh. v. Chr. in Susa/Iran tätig. Nur bek. durch eine in Susa nahe dem Tempel der Artemis Nanaia gefundene griech. Weih-Inschr. auf der Basis einer Apollonstatue, wobei offen bleibt, ob der als Weihende gen. Ch. auch der Schöpfer der Statue ist. Die Identifizierung mit dem bei Plinius (nat., 34, 75) als Erzgießer und bei Lukian (Lex., 9) als Chrysotekton (Goldschmied) gen. Homonymen ist fraglich. Das Anathem könnte in Susa gefertigt worden sein. ▭ ThB6, 1912. EAA II, 1959 (s.v. Ch. 2). – *F. Cumont*, CRAI 1932, 274 ss., Nr 2; SEG VII, 1934, 4, Nr 11; *A. P. Čubova u.a.*, Antičnye mastera, Le. 1986, 166, Nr 910.
H.-P. Müller

Chairemon (Χαιρήμων), spätantiker Gemmenschneider oder Besitzer einer mit diesem Namen versehenen Karneolgemme in London (BM, Inv. Nr 2247). Die Gemme zeigt einen nackten Läufer mit einem Palmzweig in der Hand. ▭ ThB6, 1912 (s. v. Chaeremon). EAA II, 1959. – *Walters*, BMGems, 1926, 231, Nr 2247. W.-R. Megow

Chairephanes (I) (Χαιρεφάνης), griech. Architekt, im letzten V. des 4. Jh. v. Chr. tätig. Nur bek. durch ein att. Urkundenrelief aus Chalkis/Euböa (jetzt Athen, Epigraph. Mus., Inv. Nr 11553) aus dem letzten V. 4. Jh. v. Chr. (IG, XII. 9, 191) eines Vertrages zw. Ch. und der Stadt Eretria/Euböa über die Trockenlegung und Nutzung eines Sumpfes. Da lt. Inschr. die Aufzeichnung des Vertrags nicht nur in Eretria, sondern auch in Megara und Andros erfolgen soll, stammt der Architekt, dessen Geburtsort nicht gen. wird, möglicherweise von dort (EAA). Ch. verpflichtet sich, binnen vier Jahren den Sumpf von Ptechai trockenzulegen. Danach soll er gegen Hinterlegung einer Pachtsumme von 30 Talenten und unter Wahrung von gewissen Rechten und Pflichten für zehn Jahre das Nutzungsrecht für das neugewonnene Land erhalten. Zugleich wird in einem Volksbeschluß die Asylie für Ch. und seine Mitarb. festgehalten und eine Verlängerung der gen. Fristen für den Fall eines Krieges in Aussicht gestellt. ▭ RE III. 2, 1899 (s.v. Ch. 2); EAA II, 1959 (s.v. Ch. 1). – *P. Eustratiades*, AEphem 13:1869, 317–332, Nr 404, Taf. 48; *R. Dareste u.a.*, Rec. des inscr. juridiques grecques, P. 1891 (Repr. R. 1965), 143–157, Nr 9; *M. Holleaux*, REG 10:1897, 164, Nr 1; 166–189; *T. Tsatsos*, Der Chairephanes-Vertrag, SBHeidelberg, H. 1963; *H. H. Schmitt*, Die Staatsverträge des Altertums, III: Die Verträge der griech.-röm. Welt von 338 bis 200 v. Chr., M. 1969, 82 s., Nr 450; *J./L. Robert*, REG 78:1965, 151, Nr 323; *M. Meyer*, Die griech. Urkundenreliefs, 13. Beih. AM, B. 1989, 127–129, 317 N6, Taf. 55, 2; SEG XXXIX, 1989, 111, Nr 324. O. Dally

Chairephanes (II), griech. Maler, um 300 v. Chr. tätig. Lt. Plutarch (aud. poet., 28; Overbeck, SQ, 1868, Nr 1767) Maler von Symplegmen von Liebespaaren. Gewöhnl. wird Ch. als Schüler des griech. Malers → Nikophanes (um 300 v. Chr.) angesehen (EAA) oder sogar mit diesem gleichgesetzt (Brunn; RE; ThB). Dafür gibt es jedoch keine Belege. Als Begründung wird ledigl. auf einen Passus des Polemon (apud Ath., deipn., 13, 567B) verwiesen, in dem davon die Rede ist, daß → Nikophanes zu den „pornographoi" gezählt habe. ▭ ThB6, 1912. RE III. 2, 1899 (s.v. Ch. 3); EAA II, 1959 (s.v. Ch. 2). – *Brunn*, GGK II, 1889, 157.
O. Dally

Chairestratos (I) (Χαιρέστρατος), att. Töpfer, um 500 v. Chr. tätig. Sein Name wird von Phrynichos in seinen Komastai erw. (Ath., deipn., 11, 474B). Ders. Name erscheint als Lieblingsname auf Vasen des Duris (Hartwig, 1893; Klein, 1898; Hoppin, 1919; Robinson, 1937; ARV^2, 1963; Buitron-Oliver, 1995). Nicht gesichert ist jedoch, daß es sich um denselben Ch. wie in den Komastai des Phrynichos handelt (Reisch, 1890; Buitron-Oliver, 1995). ▭ ThB6, 1912. RE III. 2, 1899 (s.v. Ch. 4); RE, Suppl. I, 1903 (s.v. Ch. 4). – *E. Reisch*, RM 5:1890, 335; *P. Hartwig*, Die griech. Meisterschalen der Blüthezeit des strengen rotfigurigen Stils, S./B. 1893, 201; *W. Klein*, Die griech. Vasen mit Lieblingsinschr. B. ^{2}1898, 98–100; *Hoppin*, RedFig, 1919, 209; *D. M. Robinson*, A study of Greek love names, B. 1937, 89; ARV^2, 1963, 1569–70; Add^2, 1989, 393–394; *D. Buitron-Oliver*, Douris. A master-painter of Athenian red-figure vases, M. 1995, 42 Anm. 274. O. Dally

Chairestratos (II), griech. Bildhauer, Sohn des Chairedemos, * Rhamnus, Athener, tätig E. 4./A. 3. Jh. v. Chr. Fertigte im Auftrag von Megakles, Sohn des Megakles von Rhamnus, eine etwas überlebensgroße Statue aus pentel. Marmor für den sog. kleinen Tempel des Nemesisheiligtums in Rhamnus, heute im Athener NM (Inv. Nr 231: Marcadé, 1953, Nr I 12, Taf. 4, 3; Frel, 1978–79, 82, Nr 1, Abb. 2, 4–5, 8; O. Palagia, Hesperia 51:1982, 105, Anm. 37, Taf. 33d-e; Ridgway, 1990, 55–57, Taf. 31; Stewart, 1990, 198, Taf. 602–603; Todisco, 1993, 138 s., Taf. 306; Moreno, 1994, 169–172, Abb. 216, 218, 220; Schmidt, 1995, 267, Nr I. 2. 15, Abb. 28; für die Deutung siehe A. G. Mantis, Provlímata tis ikonographías ton iereíon kai ton ieréon stin archaia elliniki téchni, At. 1990, 104–113 [Themis und Nemesis oder Adorantin] und LIMC VIII [1997] 1202, Nr Themis 8* [wahrsch. Themis]). In der Regel wird die Skulpt. wegen des Schreibstils der Sign. ins beginnende 3. Jh. dat. (IG, II/III^2, 3. 1, 3109; Marcadé, 1953, Nr I 12). Weiterhin besitzen wir eine Inschr., die einen Chairedemos von Rhamnus nennt, der in derselben Stadt 315/314 Priester war und der Vater von Ch. sein könnte. Eine andere Inschr. von der Athener Agora würdigt zudem einen Ch., Sohn des Chairedemos, der 328/327 einen goldenen Kranz für seine Arbeit als Bouletes erhielt. Bei diesem könnte es sich nun entweder um den Künstler selbst und seinen Vater oder nach antiker Namensgebungspraxis um seinen Großvater und Urgroßvater handeln. Frel (1978–79) und Geominy (1984) nahmen nach Stilvergleich an, daß die um 335–332 v. Chr. aus pentel. Marmor geschaffene Akanthussäule von Delphi (Delphi, Mus., P. de la Coste-Messelière, Delphes, P. 1943, 11, Taf. 165–171; Frel, 1978–79, 82, Nr 3, Abb. 3, 6–7; F. Croissant, in: Guide de Delphes. Le musée, ed. P. Amandry u.a., P. 1991, 84–90, Abb. 46–48; Todisco, 1993, 137 s., Taf. 305) auch von Ch.s Hand stammen würde, Ch. ident. mit dem in Athen geehrten Chairestratos sei und die Statue aus Rhamnus bereits um 320/310 v. Chr. anzusetzen wäre. Morrow (1985) wies aber mit Recht bei der Statue auf die Wiedergabe der Sandale mit vorn eingebuchteter Sole hin, die in dieser Form hier erstmals festzustellen und typ. für das späte 3. und 2. Jh. v. Chr. ist und nicht vor dem Beginn des 3. Jh. einzuordnen wäre. Zudem sind zwar Ähnlichkeiten zw. der Statue und der Akanthussäule nicht zu leugnen, doch erreicht die Statue des Ch. bei weitem nicht die Qualität des delph. Werkes und scheint eher nur vom letzteren inspiriert worden zu sein. Daß Ch. die Akanthussäule gesehen hat, ist wahrsch., weil wir auch ein Marmor-Fragm. einer Apollonstatue mit der Sign. des Ch. aus Delphi (Marcadé, 1953, Nr I 11, Taf. 4, 2; Frel 1978–79, 79–80, 82, Nr 1, Abb. 10) kennen. Ob dieses Fragm. jedoch zu dem kleinen delph. Apollon Kitharodos (Delphi, Mus., Inv. Nr 1876: J. Marcadé/F. Croissant, in: Guide de Delphes, P. 1991, 114 s., Nr 1, Abb. 70; M. Flashar, Apollon Kitharodos, Köln 1992, 89–91, Abb. 51–52) gehört, wie Frel (1980, 206) annimmt, ist zu bezweifeln. Weiterhin können aber, wie Frel überzeugend darlegte, zwei Grabstelen (Rhamnus, Mus., Inv. Nr 310 und Athen, NM, Inv. Nr 4796 [zusammengesetzt aus 576, 577 und 1006], pentel. Marmor: IG, II^2, 11707; Frel, 1978–79, 82, Nr 4, Abb. 1 und 11; B. Petrakos, in: Festschr. Nikolaos Kontoleon, At. 1980, 402–407, Taf. 108; Geominy, 1984, 243 s., Abb. 268 s.; Clairmont, 1993, 414–417, Nr 3. 480 mit Abb.; Rhamnus, Mus., Inv. Nr 201, 403, 426 und Athen, Epigraph Mus., Inv. Nr 13176, Marmor von den Steinbrüchen des Dionysos: B. Petrakos, AEphem 1979, 23 ss., Nr 1–4, Taf. 6b-c, 7a; Frel 1978–79, 82, Nr 5; B. Petrakos, PAE 1982, 154, Taf. 97; Clairmont, 1993, 1193, 522 s., Nr 3. 970 mit Abb.) und ein Jünglingskopf (Athen, NM, Inv. Nr 318: G. Blum, RA 1913:I, 273–274, Abb. 3; Frel, 1978–79, 80, 82, Nr 6, Abb. 9) aus Rhamnus dem Ch. zugeschr. und weitere Plastiken aus Rhamnus (Frel, 1978–79, 82, Nr 7–12, Abb. 12–15) seiner Wkst. zugeordnet werden. Sie datieren alle ins ausgehende 4. bzw. beginnende 3. Jh. v. Chr., sind handwerkl. gut, aber von bescheidener künstler. Qualität. ▭ ThB6, 1912. RE III. 2, 1899; EAA II, 1959. – *G. Becatti*, RIA 7:1940, 22–24; *A. Wilhelm*, ÖJh 32:1940, 200–209; *Marcadé*, Signatures, 1953, I, 11–12, Taf. 4, 2–3; *A. H. Borbein*, JdI 88:1973, 210–211; *E. Harrison*, in: Festschr. Frank Brommer, Mainz 1977, 156–157; *J. Frel*, GettyMusJ 6–7:1978–79, 75–82; 8:1980, 206; *W. Geominy*, Die Florentiner Niobiden, Bonn 1984, 243, 273; *K. D. Morrow*, Greek footwear and the dating of sculpt., Madison 1985, 91, 162; *Ridgway*, HellSculpt, I, Bristol 1990, 55–57; *Stewart*, Sculpture, 1990, 198; *Clairmont*, Tombstones, III, 1993, 414–417, 522–523; *Todisco*, Scultura, Mi. 1993, 137–139; *Moreno*, Scultura, I, 1994, 169–172; *Schmidt*, Statuenbasen, 1995, 26, 28–29, 267.
R. V.

Chalkosthenes (Χαλκοσθένης), griech. Erzgießer, von Plinius (nat., 34, 87) in seinem Verz. der Erzgießer gen. Nach dem Universalgelehrten war Ch. für seine Statuen von Schauspielern und Athleten bek. Ein zweites Mal erw. Plinius (nat., 35, 155) einen Ch., der Tonbildhauer gewesen sei. Der Ort seiner Wkst. sei von den Athenern Kerameikos gen. worden. Ungeklärt ist sowohl die

Bedeutung der Textstelle als auch die Frage, ob es sich jeweils um dieselbe Person handelt. Meistens wird der Name Ch. als eine verfälschte Form des griech. Namens Kaikosthenes angesehen (RE s.v. Ch.; cf. PA, I, 1901, 515, Nr 7743). Von dem Bildhauer Kaikosthenes und seinem Bruder → Dies, der mit ihm zusammenarbeitete, sind mehrere Basen erh., die über die Inschr. in die 1. H. 2. Jh. dat. werden und allesamt auf bzw. in der Nähe der Akropolis und im Dionysostheater zu Athen gefunden wurden (IG, II^2, 2800; 3470; 3864; 4286–4288; Overbeck, SQ, 1868, Nrn 1376–1381; Loewy, IGB, 1885, 90–92, Nrn 113–117; p. 163, Nr 220; O. Jahn/A. Michaelis, Arx Athenarum a Pausania descripta, B. 1901, 115, Nrn 95–99; Becatti, 1940). Die Gleichsetzung mit dem von Plinius erw. Ch. kann jedoch nicht als gesichert angesehen werden. ▭ ThB9, 1913 (s.v. Dies); ThB19, 1926 (s.v. Kaikosthenes). RE III. 2, 1899 (s.v. Ch.); RE V. 1, 1903 (s.v. Dies 3); RE X. 2, 1919 (s.v. Kaikosthenes); EAA IV, 1961 (s.v. Kaikosthenes). – *Klein*, GGK, III, 1907, 181–183; *G. Becatti*, RIA 7:1940, 14; *Lippold*, GrPl, 1950, 349, Anm. 3; *Toynbee*, Artists, 1951, 18.

O. Dally

Chamererpteh, ägypt. Bauleiter („Vorsteher aller Arbeiten des Königs"), 5. Dynastie (25./24. Jh. v. Chr). Bek. durch sein Grab in Saqqara (Nr 68 [C4]), dessen Scheintür sich jetzt in Kairo befindet (Ägypt. Mus., Inv. Nr CG 57126). ▭ PM III. 2, 1981, 481. – *A. Mariette*, Les mastabas de l'Ancien Empire, P. 1889, 117 ss. F. Hoffmann

Chares (I) (Χάρης), korinth. Vasenmaler, im 2. V. des 6. Jh. v. Chr. in Korinth tätig. Von C. ist nur eine einzige sign. Pyxis bek. (Paris, Louvre, Inv. Nr CA 298 [E 609]). Er gehört zu den frühesten griech. Künstlern, die ihren Namen auf einem Objekt hinterließen. Der Hauptfries auf dem Gefäßkörper der Pyxis ist mit einer figürl. Darst. in silhouettenhafter („subgeometrischer") Manier geschmückt. Die Beischriften der zwei Reitergruppen weisen in die mytholog. Sphäre des Trojan. Krieges (E. Lygouri-Tolia, LIMC VII, 1994, 1061, Nr 51, s.v. Nestor; S. Woodford, LIMC VII, 1994, 147, Nr 9*, s.v. Palamedes). ▭ ThB6, 1912. RE III. 2, 1899 (s.v. C. 16); EAA II, 1959; KlP I, 1964 (s.v. C. 5). – *Payne*, NC, 1931, 135, Nr 8; 164, Nr 27; 322, Nr 1296; *H. v. Steuben*, Frühe Sagendarst. in Korinth und Athen, B. 1968, 119, K 15; *Lorber*, Inschriften, 1979, Nr 83, Abb. 46, Taf. 18; *Amyx*, CVP, 1988, 255, 256, Nr 1, 569–570, Nr 57, Taf. 110,2. D. V.-G.

Chares (II), griech. Bildhauer und Erzgießer aus Lindos auf Rhodos, um 300 v. Chr. tätig, Schüler von → Lysippos (I). Als Dank für die 305–304 v. Chr. glückl. ausgehaltene Blockade gegen Demetrios Poliorketes stifteten die Rhodier eine Kolossalstatue des Helios, die aus dem Erlös der Belagerungsmaschinen bestritten werden sollte. Ch. erhielt 304 v. Chr. den Auftrag für das eherne Standbild, das als Koloß von Rhodos zu den Sieben Weltwundern gerechnet wurde (Höhe etwa 70 Ellen = über 30 Meter). Die Statue selbst benötigte nach Plinius 500 Talente (15 Tonnen) Bronze und 300 Talente (9 Tonnen) Eisen. Ihre Herstellung wurde 292 v. Chr. vollendet. Aber schon 226 v. Chr. wurde die Statue durch ein Erdbeben umgestürzt. Nach Politt (1986) hat Ch. sich für sein kolossales Werk vom Koloß in Tarentum, einem Werk von → Lysippos (I), inspirieren lassen. Die techn. und ästhet. Schwierigkeiten (z.B. die Frage der Proportionen) waren für Ch. sehr groß und gegenwärtige Erklärungen bleiben sehr problematisch. Die auf dem Marmorsockel des Kolosses eingemeißelte und glücklicherweise erh. Weih-Inschr. sagt nichts zur Erscheinung der Statue aus. Es gibt keine gesicherte antike Wiedergabe des Kolosses. Für die Rekonstr. ist man nur auf zu vage Vermutungen angewiesen (siehe u.a. die zwei versch. Konstruktionen von Gabriel, 1932, 311 ss., Abb. 1, und Maryon, 1956, 68 ss., Abb. 2–3). Bei Moreno (1994, 127 ss., Abb. 173, 177) findet sich eine weitere Rekonstr., die auf einer Marmorstatue des Apollon aus Santa Marinella (heute Civitavecchia, Mus. Archeol.) basiert, aber allein schon wegen ihrer zu labilen Fußstellung nicht überzeugend ist. Früher wurde angenommen, daß die Statue mit gespreizten Beinen über der Einfahrt zum Hafen gestanden und zugleich als Leuchtturm gedient hat. O. Benndorf (AM 1:1876, 45) wies jedoch bereits überzeugend auf die falsche Interpretation der überlieferten Weih-Inschr. hin, die zu dieser Annahme führte. Sowohl die Fundamentierung als auch die Errichtung des Mon. am Hafeneingang wäre an dieser Stelle zu schwierig gewesen. Neben der berühmten Statue von Rhodos wird nur noch ein kolossaler Bronzekopf als Schöpfung des Ch. erwähnt, den P. Lentulus während seines Konsulats im Jahre 57 v. Chr. auf dem Kapitol weihte (Plin., nat., 36, 44). ▭ ThB6, 1912. RE III. 2, 1899; EAA II, 1959; KlP I, 1964; DA VI, 1996. – *A. Gabriel*, BCH 56:1932, 331–359; *H. Maryon*, JHS 76:1956, 68–86; *D. E. L. Haynes*, BCH 77:1957, 311–312; *E. Langlotz*, RendPontAcc 48:1975/76, 141- 150; *W. Ekschmitt*, Die sieben Weltwunder, Mainz 1984, 170–181, 281–284, 294; *Politt*, ArtHellAge, 1986, 55; *Ridgway*,

HellSculpt, I, 1990, 210, 361; *Boardman u. a.*, Die griech. Kunst, M. 1992, 214, Taf. 288; *Moreno*, Scultura, 1994, 127–148; *K. Broderson*, Die Sieben Weltwunder, M. 1996, 84–91. F. Ntantalia

Charinos (I) (Χαρῖνος), att. Töpfer, in den letzten Jahrzehnten des 6. Jh. v. Chr. in Athen tätig. Von ihm kennt man bis heute acht, z. T. nur fragm. erh. Gefäße, von denen die meisten sign. sind. Bei sechs von ihnen handelt es sich um plast. Vasen (einhenkelige Kantharoi und Oinochoen), von denen eine einzige den Kopf eines Afrikaners, die übrigen Frauenköpfe darstellen (ARV², 1963, 1531–1532). Bes. diese Kopfgefäße sind von hoher künstler. Qualität. Auch eine weißgrundige Oinochoe gehört zu den Werken des Ch. (ABV, 1956, 423; 697; Add², 1989, 109). ▭ ThB6, 1911. RE III. 2, 1899; EAA II, 1959; KlP I, 1964 (s.v. Ch. 4); LAW I, 1965. – *J. D. Beazley*, JHS 49:1929, 43–45; *R. Lullies*, in: Schefold, PKG, 1967, 173, Taf. 11a. b; *J. R. Mertens*, Attic white-ground, its development on shapes other than lekythoi, N. Y./Lo., Taf. 8,1; *L. Giuliani*, in: Antikenmuseum Berlin. Die ausgestellten Werke, B. 1988, 113, Nr 5 (Lit.). D. V.-G.

Charinos (II), griech. Erzgießer aus Laodikeia, zw. 70 und 50 v. Chr. auf Rhodos tätig. Bek. durch Sign. auf Basen von (Ehren-)Statuen, zwei gefunden auf Rhodos (IG, XII. 1, 72a; Loewy, IGB, 147 s., Nr 188; IG, XII. 1, 107; Loewy, IGB, 148 s., Nr 189), zwei in Lindos, eine Doppel-Sign. zus. mit → Menodotos (II), Sohn des Charmolas, von Rhodos, dat. um 70 v. Chr. (Lindos, II, 1941, Nr 305) und durch ein um 70–50 v. Chr. dat. Fragm. einer zylindr. Basis (Lindos, II, Nr 327) und eine Basis in Kamiros (M. Segre/G. Pugliese Carratelli, ASAtene 25/29:1949/51, 222, Nr 85). Ch. könnte um 70 v. Chr. seine Tätigkeit auf Rhodos aufgenommen haben; wenig später erhielt er Aufenthaltsprivilegien (epidamia), worauf er in den Sign. von Rhodos und in der jüngeren aus Lindos verweist. ▭ RE III. 2, 1899 (s.v. Ch. 10); EAA II, 1959 (s.v. Ch. 2). – *Loewy*, IGB, 1885, 147–149, Nrn 188 s.; *M. Holleaux*, RevPhil 17:1893, 177; Lindos II, 1941; *Lippold*, GrPl, 1950, 382; *Burford*, Künstler, 1985, 181; *A. P. Čubova u.a.*, Antičnye mastera, Le. 1986, 165, Nr 903. H.-P. Müller

Charinos (III), griech. Bildhauer, 1. Jh. v./n. Chr. in Athen tätig. Bek. nur durch eine Sign. auf der Basis einer Ehrenstatue des Demos für Lucius Grat(tius?), Sohn des Lucius, in der Patronymikon und Ethnikon fehlen. Die Basis aus pentel. Marmor ist att. Provenienz. Fragl. ist die Gleichsetzung des Geehrten mit dem röm. Schriftsteller Grattius, Autor eines Lehrgedichtes über die Jagd, und die des Bildhauers mit → Ch. (II) von Laodikeia. Der Char. der Inschr. weist auf augusteische Zeit. Die weniger sorgfältig als die Ehren-Inschr. ausgef. Sign. weist nicht unbedingt auf eine Wiederverwendung der Basis. ▭ EAA II, 1959 (s.v. Ch. 3). – *P. Graindor*, Athènes sous Auguste, Le Caire 1927, 225; SEG III, 1929, 241. H.-P. Müller

Charisias → Kaphisias

Chariton (Χαρίτων), aus Dokimeion/Zentralphrygien stammender Bildhauer, um die M. des 2. Jh. n. Chr. in der Gegend von Dokimeion tätig. Nur bek. durch eine Votivstele an Zeus aus einem ländl. Heiligtum bei Kurudere/Phyteia am Fuße des Emir dağı. Die nach Ankara (Mus. für anatol. Zivilisation, Inv. Nr 26. 156. 64) gelangte Stele weist einen Schaft mit der Inschr. und einen vorspringenden Giebelabschluß mit profilierten Leisten und rankenverzierten Simen auf. Die Inschr. besagt, daß der aus Dokimeion stammende C. die Stele dem „höchsten Zeus" darbrachte und mit „eigenen Händen verzierte" (ἀγλαίσας παλάμαις). Die für die hiesige Reliefproduktion sehr sorgfältige tekton. Stelenumrandung weist C.s Stele an den Anfang der Produktion einer kleineren Wkst., die sich um die M. des 2. Jh. n. Chr. aus den dokimeischen Marmorbetrieben herausgelöst hat, um für einen rein lokalen Markt einfache Votivstelen herzustellen. ▭ *T. Drew-Bear/C. Thomas/M. Yıldızturan*, Phrygian votive steles. The mus. of Anatolian civilizations, Ankara 1999, 236, Nr 364. T. Lochman

Charmadas, griech. Maler. Plinius (nat., 35, 56; Overbeck, SQ, 1868, Nr 377; A. Rouveret, Hist. et imaginaire de la peint. ancienne [Ve s. avant J.-C. – Ier s. après J.-C.], R. 1989, 471) erw. Ch. zus. mit → Deinias und → Hygiainon als frühesten Maler, der nur monochrom gemalt haben soll. Demnach müßte er irgendwann im 8. bis 6. Jh. gelebt haben. ▭ ThB6, 1912. RE III. 2, 1899 (s.v. Ch. 3); EAA II, 1959. – *Pfuhl*, MuZ, II, 1923, 496. R. V.

Charmantides (Χαρμαντίδης), griech. Maler, im 4. Jh. v. Chr. tätig. Nur bek. durch Plin, nat. 35, 146 (Overbeck, SQ, 1868, Nr 1807), wo er als Schüler des → Euphranor (I) bez. wird. ▭ ThB6, 1912. RE III. 2, 1899 (s.v. Ch. 2); EAA II, 1959. – *Pfuhl*, MuZ, II, 1923, 726. R. V.

Charmolas (Χαρμόλας), Sohn des → Artemidoros, aus Tyros (später Rhodos), griech. Erzgießer, E. 2. bis A. 1. Jh. v. Chr. vorwiegend auf der Insel Rhodos tätig. Durch mehrere auf Rhodos gefundene Sign. bek. Angehöriger einer aus Tyros stammenden Künstler-Fam., die später in Rhodos das Bürgerrecht erhielt. Zus. mit seinem Bruder → Menodotos (II) sign. er wohl noch im letzten V. 2. Jh. v. Chr. in Lindos eine Ehrenstatue für Zenodotos, Sohn des Diophantes (Lindos, II, 1941, Nr 281 b; Marcadé, 1953, Nr I 14; Schmidt, 1995, 401 s., Nr IV. 2. 25), sowie um 100 v. Chr. für Rhodos eine (Bronze-?)Statue des Lysimachos, Sohn des Aristides (G. Iacopi, Clara Rhodos 2:1932, 190, Nr 19; Marcadé, 1953, Nr I 14; Schmidt, 1995, 409, Nr IV. 2. 36). Um 90 v. Chr. dat. die Statue des Priesters Nikagoras, Sohn des Nikagoras, in Lindos (Lindos, II, 1941, Nr 285; Marcadé, 1953, Nr I 17; Schmidt, 1995, 425 s., Nr V 26), die Ch. allein und jetzt als Rhodier sign. Um 86 v. Chr. folgten in Zusammenarbeit mit seinem Sohn → Menodotos (III) die Bronzestatue des Athenapriesters Timokrates für Lindos (Lindos, II, 1941, Nr 293 c; Marcadé, 1953, Nr I 18) und die Statue eines unbek. Teilnehmers am 1. Mithridatischen Krieg (88–85 v. Chr.) für Rhodos (Lindos, II, 1941, Nr 702; Marcadé, 1953, Nr I 19). Viell. mit Ch. zu verbinden sind der auf einer Marmorbasis in Rhodos ohne Patronymikon, Ethnikon und Epoiese gen. Ch. (A. Maiuri, Nuova silloge epigrafica di Rodi e Cos, Fi. 1925, 43, Nr 31; Marcadé, 1953, Nr I 20) und der mit Namen nicht bek. Rhodier, Sohn des Artemidoros, der in Delphi eine Marmorbasis sign. (P. De La Coste-Messelière, BCH 49:1925, 76, Nr 1; Marcadé, Nr I 13). Eine Tätigkeit der Künstler-Fam. außerhalb von Rhodos stützt die Sign. seines Bruders Menodotos in Athen (Loewy, IGB, 1885, 220, Nr 308; S. Dow, Hesperia 4:1935, 81, Nr 38; Marcadé, 1953, Nr I 16); die Erg. des ersten Namens der Doppel-Sign. zu Ch. ist umstritten. Hypothet. bleibt auch die Lesung einer (Doppel-?)Sign. aus Rhodos (F. Hiller v. Gärtringen, JdI 9:1894, 42, Nr 16; IG, XII. 1, 109; S. Dow, Hesperia 10:1941, 355, Nr 5; Marcadé, 1953, Nr I 15). ▭ RE, Suppl. III, 1918; EAA II, 1959. – Lindos II, 1941; *Marcadé*, Signatures, I, 1953; *Lippold*, GrPl, 1950, 378; *Burford*, Künstler, 1985, 181; *A. P. Čubova u.a.*, Antičnye mastera, Le. 1986, 166, Nr 906; *Schmidt*, Statuenbasen, 1995. H.-P. Müller

Charon (Χάρων), griech. Künstler oder Zimmermann. Archilochos legt Ch. das Lob der Genügsamkeit in den Mund (Archilochos, frg. 22 Tarditi; Aristot. rhet., 3, 17 p. 1418, b23; L. West, Iambi et elegi graeci ante Alexandrum cantati, I, Ox [2]1989, 8, Nr 19; cfr. Plut., de tranq. anim., 10, p. 470b-c). Aristoteles, bei dem der entsprechende Passus überliefert ist, merkt zu der Stelle an, daß Archilochos naheliegenden Einwendungen habe ausweichen wollen, die man hätte machen können, wenn er die Moralpredigt in der 1. Person gehalten hätte. Da über Ch. keine weiteren Zeugnisse überliefert sind, ist nicht auszuschließen, daß es sich ledigl. um eine fingierte Persönlichkeit handelt (RE). ▭ ThB6, 1912. RE III. 2, 1899 (s. v. Ch. 6). O. Dally

Charopinos (Χαροπῖνος), par. Bildhauer oder Vater von Söhnen, die um 530 v. Chr. Statuen in Delphi gestiftet haben. Auf Weih-Inschr. einer ion. Säule (Delphi, Mus., Inv. Nrn 997 und 3424; Marcadé, 1953, Nr I 21, Taf. 5, 4) und einer Kourosbasis mit noch erh. Füßen (Delphi, Mus., Inv. Nr 2278; Marcadé, 1953, Nr I 21; Kleemann, 1984, 83–96, Taf. 35) aus parischem Marmor ehren die Söhne ihren Vater Ch. aus Paros. Ob damit Ch. auch als Fertiger dieser Werke oder nur als Geehrter anzusehen ist, geht dabei nicht hervor. Mit der Basis kann ein Torso (Delphi, Mus., Inv. Nr 2696; Kleemann, 1984, 83–96, Taf. 28–34, Beil. 41; J. Marcadé/F. Croissant, in: Guide de Delphes. Le Mus., ed. O. Picard, P. 1991, 36 s., Abb. 3) verbunden werden, der stilist. um 530 v. Chr. zu datieren ist. Aus ders. Wkst. stammen weiterhin zwei auf Rhodos gefundene, zur gleichen Zeit geschaffene Fragm. eines par. Kouros (Floren, 1987, 329–330, Anm. 12; Torso in Rhodos, Archäolog. Mus.: G. Iacopi, Clara Rhodos 6–7:1932–33, 275–278, Nr 7, Abb. 66–67, Taf. 11–12; Kopf in Rhodos, Archäolog. Mus., Inv. Nr E 338: G. Gualandi, ASAtene 54:1976, 37–38, Nr 1, Abb. 1). ▭ EAA II, 1959. – *Lippold*, GrPl, 1950, 68; *Marcadé*, Signatures, I, 1953, Nr I, 21, Taf. 5, 4; *I. Kleemann*, Frühe Bewegung. Unters. zur archaischen Form bis zum Aufkommen der Ponderation in der griech. Kunst I, Mainz 1984, 156, Nr 33; *Floren*, GrPl, 1987, 163. R. V.

Chartas (Χάρτας), spartan. Bildhauer oder Erzbildner, A. des 6. Jh. v. Chr. Ledigl. bek. durch Paus., 6, 4, 4 (Overbeck, SQ, 1868, Nrn 333, 490), wo er zus. mit → Syagras (und nicht Syadras) als Lehrer des → Eucheiros (I) von Korinth bez. worden ist, der seinerseits → Klearchos von Rhegion und letzterer → Pythagoras (I) unterrichtet hat. ▭ ThB6, 1912. RE III. 2, 1899; EAA II, 1959. – *Lippold*, GrPl, 1950, 32; *Floren*, GrPl, 1987, 215–216, Anm. 14. R. V.

Chau → **Inhercha** (II)

Chaut, ägypt. Priester und „Oberster der Künstler des Amun“ z.Z. von Thutmosis IV. (1397–1388 v. Chr.), wohl in Theben tätig. Bek. durch die Grenzstele eines Stiftungsgutes zugunsten einer Statue Thutmosis' IV. (Kairo, Ägypt. Mus., Inv. Nr CG 34021). ▭ Urk. IV, 1611; *P. Lacau*, Stèles du Nouvel Empire (CG), Kairo 1909–1957, 41 s., Taf. 12; *W. Helck*, Mat. zur Wirtschafts-Gesch. des Neuen Reiches, I, Wb. 1960, 46. F. Hoffmann

Cheidon → Cheiron

Cheirisophos (I) (Χειρίσοφος), kret. Bildhauer, der viell. im 7. oder am A. des 6. Jh. v. Chr. tätig war. Pausanias (8, 53, 7) erw. als einziger diesen Künstler, als er Tegea beschreibt, wo Ch. ein vergoldetes Kultbild für den Apollontempel geschaffen haben soll. Eine augusteische Inschr. von der dortigen Agora (IG, V. 2, 83) bezeugt, daß das Kultbild von einem Philokrates wieder vergoldet worden ist. Möglicherweise handelt es sich daher um ein sehr altes Xoanon des 7. oder frühen 6. Jh. v. Chr. Neben dem Apollon stand auch eine Darst. des Ch. aus Marmor. ▭ ThB6, 1912. RE III. 2, 1899 (s. v. Ch. 3); EAA II, 1959 (s. v. Ch. 1). – *Lippold*, GrPl, 1950, 23; *Floren*, GrPl, 1987, 121. R. V.

Cheirisophos (II) (Χ[ε]ιρίσοφος; Chirisophos), um die Zeitenwende in Italien wirkender Toreut. Nur bek. durch die Sign. auf zwei als Gegenstücke gearbeiteten Silberbechern im Kopenhagener NM (Inv. 9/20 [Philoktetesbecher] und 10/20 [Achilleusbecher]), die 1920 in einem Grab b. Hoby auf der dän. Insel Lolland gefunden worden sind. Ein Gefäß zeigt die Lösung Hektors, das and. Philoktetes' Verwundung und Heimholung. Die Künstler-Sign. steht jeweils augenfällig in der Mitte auf einer Seite jedes Bechers, auf dem Achilleusbecher in griech. und auf dem Philoktetesbecher in phonet. lat. Umschrift und hebt damit den Künstler bes. hervor. Er zählt überhaupt zu einem der ganz wenigen Toreuten, der seinen Namen auf Silbergeschirr gesetzt hat. Nach der Form des Bechers, der Art der Gestaltung und dem klassizist. Stil zu urteilen, wurden die Skyphoi wahrsch. in augusteischer Zeit in Italien geschaffen und gehörten zunächst wegen des eingravierten Namens einem Silius. Es könnte sich dabei um den Legaten von Germania Superior der Jahre 14–21 n. Chr., C. Silius, handeln, der möglicherweise die Prachtgefäße einem barbar. Fürsten als diplomat. Präsent überreicht hat. ▭ RE, Suppl. V, 1931 (s.v. Ch. 1a); EAA II, 1959 (s.v. Ch. 2). – *K. Friis Johansen*, Nordiske fortidsminder 2:1923, 119 ss., Abb. 1–9; *V. Poulsen*, APl VIII, 1968, 69–73, Taf. 42–55; *E. Künzl*, Lauenburg. Akad. der Wiss. und Kultur, Jb. 1:1988, 36 ss., Abb. 3–5; *id.*, in: Kaiser Augustus und die verlorene Republik (K Berlin), Mainz 1988, 569–571, Nr 396–397, Abb. (Lit.); *C. W. Müller*, JdI 109:1994, 321–352; *id.*, in: Prinzipat und Kultur im 1. und 2. Jh. n. Chr. (Wiss. Tagung der Friedrich-Schiller-Univ. Jena und der Iwane-Dshawachischwili-Univ. Tbilissi, 27–30. Okt. 1992 in Jena), Bonn 1995, 311–315, Taf. 13–14. R. V.

Cheirokrates → Deinokrates (II)

Cheiron (Χείρον; Cheidon; Chiron; Pheidon), att. Töpfer, um 570–565 v. Chr. in Athen tätig. Nur bek. durch eine Sign. auf Fragm. einer att. schwarzfigurigen Schale von der Athener Akropolis aus der Zeit um 570–565 v. Chr. (Athen, Akropolis-Mus.; Inv. Nr 1780 und ehem. engl. Priv.-Bes.; ABV, 1956, 59, 14; Add², 1989, 16; Brijder, Siana Cups I, 1983, 16, 110 Anm. 4, 125, 237, Nr 15 Taf. 10 f), die vom C-Maler mit einem Kampf zw. Kriegern dekoriert worden ist. Bei der fragm. Sign. fehlt jedoch der erste Buchstabe und der vierte kann als Delta oder Rho ergänzt werden. Daraus ergeben sich die o. g. mögl. Namen für den Töpfer (zu den versch. Lesungen und Ergänzungen v.e. Brijder, ibid., 110, Anm. 4). Er ist aber nicht zu verwechseln, wie es des öfteren in der Lit. geschah, mit dem att. Töpfer → Chiron, der klar mit „Chiron“ auf einer schwarzgefirnißten Schale im Vatikan sign. hat (Mus. Gregoriano, Inv. Nr 229; ABV, 1956, 161). ▭ ThB6, 1912 (s.v. Chiron). RE III. 2, 1899 (s.v. Chiron); EAA II, 1959 (s.v. Ch. und Chiron). R. V.

Chelis (Χῆλις), att. Töpfer, tätig zw. etwa 520 und 500 v. Chr. in Athen. Von C. sind bis heute fünf Töpfer-Sign. bekannt. Vier davon befinden sich auf att. rotfigurigen bzw. bilinguen Trinkschalen (ARV², 1963, 109, Nr 1 entspricht p. 112, Nr 1; Add², 1989, 173; ARV², 1963, 109, Nr 2 entspricht p. 112, Nr 2; Add², 1989, 173; ARV², 1963, 109, Nr 3 entspricht p. 112, Nr 1; ARV², 1963, 109, Nr 4 entspricht p. 91, Nr 51) und eine auf einem schwarzfigurigen Schalen-Fragm. (ABV, 1956, 235). Mindestens vier versch. Vasenmaler verzierten die Gefäße des C.: → Oltos, der Thalia-Maler, der Euergides-Maler und der Chelis-Maler, von dem mangels Maler-Sign. nicht bek. ist, ob er mit dem gleichnamigen Töpfer ident. war. ▭ ThB6, 1912. RE III. 2, 1899; EAA II, 1959. – *Bloesch*, Formen, 1940, 35 s., 50, 161; ABV, 1956; ARV², 1963, 91, 109, 112; Para, 1971, 332; *Cohen*, Bilingual, 1978, Taf. 89. 3; *Boardman*, RFVA, I, 1981, 69, 90, Abb. 111; *F. W. Hamdorf*, in: Att. Vasenbilder der Antiken-Slg in München nach Zchng von Karl Reichhold, Bilder auf Krügen und Schalen, M. [2]1981, 90, Taf. 39; *T. Seki*, Unters. zum Verhältnis von Gefäßform und Malerei att. Schalen, B. 1985, Taf. 12,1–3; Add[2], 1989, 173; *F. W. Hamdorf*, in: KatSchale, 1990, 383, Abb. 67. 19a-b, p. 392, Abb. 69. 4. D. V.-G.

Chemetenu, ägypt. „Unteraufseher der Handwerker", 5. Dynastie (2504–2347 v. Chr.). Nur bek. von einem Türbalken, auf dem auch seine Frau Neferchuus Erwähnung findet. ▭ *L. Borchardt*, Denkmäler des Alten Reichs (CG), I, B. 1937, 226, Neues Reich 1526. S. Hänsch

Chenemhetep (Chnumhotep), ägypt. „Vorsteher der Bildhauer", während des Mittleren Reiches (2119–1794/93 v. Chr.) in Oberägypten tätig. Bek. von einer Stele eines Chenemhetep, der evtl. mit dem Künstler C. ident. ist. Die Stele wurde in der n. Nekropole von Abydos gefunden. Die Lesung des Namens ist nicht ganz eindeutig; sie könnte auch „Bahetep" lauten. ▭ PM V, 1937, 266. – *H. O. Lange/H. Schäfer*, Grab- und Denksteine des Mittleren Reiches (CG), I, B. 1902, 314 e, Nr 20300. C. von Pfeil

Chenemibra, ägypt. Bauleiter („Vorsteher der großen Arbeiten", „Leiter der Arbeit im ganzen Land" und „Vorsteher der Arbeit in Ober- und Unterägypten"), daneben war er u.a. Heerführer, E. 6./A. 5. Jh. v. Chr. C. hat unter Amasis (570–526 v. Chr.) und Dareios I. (522/21–486/85 v. Chr.) zahlr. Steinbruchsexpeditionen in das Wadi Hammamat geleitet und dort viele Graffiti hinterlassen (u.a. Nrn 137, 18, 14, 134, 186). Er scheint seinem Vater → Iahmessanit in der Bau-Ltg. nachgefolgt zu sein. ▭ *J. Couyat/P. Montet*, Les inscr. hiéroglyphiques et hiératiques du Ouâdi Hammâmât, Kairo 1912, 131. F. Hoffmann

Chenemmes, ägypt. „Oberster der Goldschmiede", in der 19. Dynastie (1292–1186/85 v. Chr.) tätig. Erw. auf der Stele seines Sohnes → Mernedjem (London, BM, Inv. Nr 1188). ▭ *M. L. Bierbrier*, Hieroglyphic texts from Egyptian stelae in the BM, X, Lo. 1982, 23, Nr 1188, Taf. 54 s. Y. Ott

Chenemsu, ägypt. Edelsteinarbeiter, in der 12. Dynastie unter dem König Amenemhet III. (1853–1806/05 v. Chr.) tätig. Erw. auf der Stele des Nehy, die im Sanktuar des Tempels von Serâbît el-Khâdim/Sinai aufgestellt war und in das 30. Reg.-Jahr von Amenemhet III. dat. ist. ▭ *L. de Laval*, Voyage dans la péninsule arabique, P. 1855–59, 8, 5; *R. Weill*, Rec., P. 1904, Nrn 55 et 79; *J. Černý/A. H. Gardiner/T. E. Peet*, The inscr. of Sinai, Lo. [2]1952–55, 105, Nr 15, Taf. 34. Y. Ott

Chensu (I) (Chons), ägypt. Goldschmied („Oberster Goldschmied vom Haus des Amun"), in der 18. Dynastie (um 1550–1292 v. Chr.) im theban. Raum/Oberägypten tätig. Bek. durch eine Stele aus Abydos, die sich heute in Marseilles befindet. Auf der Stele ist neben C. → Nebtjeni erw., bei dem es sich vermutl. um seinen Bruder handelt. Auf einer and. abyden. Stele, die ebenfalls in die 18. Dynastie zu datieren ist, wird ein „Oberster Goldschmied des Herrn der Beiden Länder (d.h. des Königs)" dargestellt, der wahrsch. mit diesem C. ident. ist. ▭ PM V, 1937, 102. – *J. Lieblein*, Hieroglyph. Namen-Wörterbuch, L. 1871, 769, Nr 1983; *G. Maspero*, Cat. du mus. égyptien de Marseilles, P. 1889, 21 s., Nr 33; *id.*, RecTrav 13:1890, 119 s., Nr 33; *P. Lacau*, Stèles du Nouvel Empire (CG), I, Kairo 1909, 138 s., Nr 34089; *id.*, Stèles du Nouvel Empire (CG), II, Kairo 1926, Taf. 63, Nr 34089; *G. A. Gaballa*, JEA 63:1977, 126. T. Schrottenbaum

Chensu (II) (Chons), ägypt. Vorzeichner („Umrißzeichner"), in der 18. Dynastie (1550–1292 v. Chr.) vermutl. im memphitischen Raum/Unterägypten tätig. C. ist bek. durch eine rechteckige Kalksteinstele seines Sohnes → Rama, die unter den Fundamenten eines Tempels Ramses' II. ö. von Kaf el-Gabal in Giza gefunden wurde. Auf der Stele sind neben C. seine Söhne → Hi(?) (II), → Imenemipet (III) und → Rama gen., die ebenfalls als Umrißzeichner tät. waren, also wie ihr Vater die Vor-Zchngn von Reliefs oder Statuen anfertigten. ▭ *S. Abdel-Aal*, GM 171:1999, 7–12, Taf. 1. T. Schrottenbaum

Chensu (III) (Chons), gen. Parennefer, ägypt. Bildhauer („Oberster Bildhauer des Amun"), wahrsch. in der 18. Dynastie (1550–1292 v. Chr.) in Theben/Oberägypten tätig. Nur bek. durch die hieroglyph. Inschr. auf einem Grabkegel (konischer Inschriftziegel, im Mauerwerk über dem Grabeingang angebracht), der vermutl. aus der theban. Nekropole stammt. Diese Grabkegel sind im Neuen Reich für Theben häufig belegt, aber sein „schöner Name", Parennefer, ist nach der Amarna-Zeit in Ägypten nicht mehr nachzuweisen, so daß er vermutl. zu Beginn des Neuen Reiches tät. war. Er hat Reliefs oder Statuen hergestellt bzw. die Bildhauer bei ihrer Arbeit beaufsichtigt. ▭ *N. de Garis Davies/M. F. Laming Macadam*, A corpus of inscr. Egyptian funerary cones, I, Ox. 1957, Nr 502; *W. Helck*, Mat. zur Wirtschafts-Gesch. des Neuen Reiches, I, Mainz 1961, 46. T. Schrottenbaum

Chensu (IV) (Chons), ägypt. Bildhauer, unter Ramses II. (um 1279–1213 v. Chr.) in Theben-W/Oberägypten tätig. Nur bek. durch die hieroglyph. Inschr. auf einer Stele, die sich heute im Louvre in Paris befindet, wobei offenbleibt, ob C. sie selbst hergestellt hat. Die Stele ist der Göttin Meresger gew., die ausschl. in der Arbeitersiedlung Deir el-Medineh verehrt wurde, wo C. lebte. Er arbeitete folgl. in der kgl. Nekropole von Theben-W, wo er Reliefs bzw. Inschr. an den Grabwänden einmeißelte. ▭ PM I. 2, 1964, 725. – KRI III, 675,1–10; *B. Bruyère*, Mert Seger à Deir el Médineh, Kairo 1930, 123, Abb. 63.
T. Schrottenbaum

Chensu (V) (Chons), ägypt. Nekropolenhandwerker („Oberster der Nekropolenhandwerker am Ort der Wahrheit"), unter Ramses III. (um 1183/82–1052/51 v. Chr.) in Theben-W/Oberägypten tätig. Bek. durch einige Ostraka, wobei nicht immer eindeutig zu unterscheiden ist, ob C. oder → C. (VI) gemeint ist. Da ein C. für das 10. Reg.-Jahr Ramses' III. (1173/72 v. Chr.) belegt ist, und erst nach knapp zehn Jahren wieder ein C. gen. wird, kann man davon ausgehen, daß wir zwei versch. Künstler vor uns haben, die beide die künstler. Arbeiten in der kgl. Nekropole leiteten, und in Deir el-Medineh lebten. ▭ *M. Gutgesell*, Die Dat. der Ostraka und Papyri aus Deir el-Medineh und ihre ökonom. Interpretation I. 1, Hildesheim 1983, 93; *id.*, Die Dat. der Ostraka u. Papyri aus Deir el-Medineh und ihre ökonom. Interpretation, I. 2, Hildesheim 1983, 305 s., 374. T. Schrottenbaum

Chensu (VI) (Chons), ägypt. Nekropolenhandwerker („Oberster der Nekropolenhandwerker am Ort der Wahrheit"), unter Ramses III. (um 1183/82–1052/51 v. Chr.) in Theben-W/Oberägypten tätig. C. ist bek. durch einige Graffiti, Ostraka und Papyri aus Theben-W, die sich über den Zeitraum vom 17. bis 31. Reg.-Jahr Ramses' III. (1165–1152 v. Chr.) verfolgen lassen. Ab dem 24. Reg.-Jahr des Königs (1159 v. Chr.) wird er meistens zus. mit → Inhercha (II) gen., der wie C. die künstler. Arbeiten in der kgl. Nekropole leitete. Beide lebten in der Arbeitersiedlung Deir el-Medineh. → Nechetemmut (II), einer der Söhne des C., war ebenfalls als Künstler in Theben-W tätig. Bei einigen Ostraka ist nicht immer eindeutig festzulegen, ob C. oder → C. (V) gemeint ist. ▭ KRI V, 625, 11–626, 8; *J. Černý/A. A. Sadek*, Graffiti de la montagne thébaine, IV. 1, Kairo 1970, 34, 39; *id./id.*, Graffiti de la montagne thébaine, IV. 2, Kairo 1971, 114, Nr 2661; *J. Černý*, A community of workmen at Thebes in the Ramesside Period, Kairo 1973, 124–125, 306–307; *L. M. J. Zonhoven*, JEA 65:1979, 91, 10, Abb. 1; *M. Gutgesell*, Die Dat. der Ostraka und Papyri aus Deir el-Medineh und ihre ökonom. Interpretation, I. 1, Hildesheim 1983, 99; 102 ss., 120 ss., 125; *id.*, Die Dat. der Ostraka und Papyri aus Deir el-Medineh und ihre ökonom. Interpretation, I. 2, Hildesheim 1983, 306, 357, 372 ss.
T. Schrottenbaum

Chensu (VII) (Chons), Sohn des → Ipui (II), ägypt. Nekropolenhandwerker („Oberster der Nekropolenhandwerker"), am E. der 20. Dynastie (um 1186/85–1070/69 v. Chr.) in Theben-W/Oberägypten tätig. C. ist bek. durch einen Papyrus (Turin, Mus. Egizio, Inv. Nrn K 1932 und 1939) aus dem 1. Reg.-Jahr Ramses' X. (1107/1103) und einen Papyrus (Turin, Mus. Egizio, Inv. Nr K 2018) aus dem 8. Reg.-Jahr Ramses' XI. (1095/1091). In den Papyri sind daneben sein Vater → Ipui (II) und sein Sohn → Bakenmut (I) erw., die denselben Beruf ausübten wie Chensu. C. leitete die künstler. Arbeiten in der kgl. Nekropole und lebte in der Arbeitersiedlung Deir el-Medineh. ▭ KRI VI, 686; *J. Černý*, A community of workmen at Thebes in the Ramesside Period, Kairo 1973, 124 ss., 310–311; *M. Gutgesell*, Die Dat. der Ostraka und Papyri aus Deir el-Medineh und ihre ökonom. Interpretation, I. 1, Hildesheim 1983, 149–151.
T. Schrottenbaum

Chensuemheb, Sohn des → Djehutinechet (II), ägypt. „Oberster der Goldschmiede im Tempel des Amun", unter Pharao Ramses II. (19. Dynastie, 1279–1213 v. Chr.) in Oberägypten tätig. Bek. aus dem Grab seines Vaters (TT 189), das in Theben-W/Asasif gelegen ist. C. ist beim Gebet sowie beim Vollzug eines Totenopfers vor dem Verstorbenen und dessen Frau dargestellt. ▭ PM I. 1, 1960, 295 (8),(13). – *A. H. Gardiner/A. E. P. Weigall*, A topogr. Cat. of the private tombs of Thebes, Lo. 1913, 32 s.; *F. Steinmann*, ZÄS 107:1980, 141, 1. 1. 1.5. C. von Pfeil

Chensuhetep (Chonshotep), ägypt. Goldschmied („Oberster der Goldschmiede"), in der 19. Dynastie (1292–1186/85 v. Chr.) in Ägypten tätig. Nur bek. von einer Kalksteinstele, auf der eine ganze Fam. von Goldschmieden dargestellt ist. Neben C. gehören dazu auch → Imenrachau, → Ini (II), → Painehesi und → Paraemheb (II). Da der Fundort der Stele, die sich heute im Brit. Mus. befindet, unbek. ist, läßt sich nicht feststellen, an welchem Ort C. lebte und arbeitete. ▭ *T. G. H. James*, Hieroglyphic texts from Egyptian stelae etc. (K London, BM), IX, Lo. 1970, 23, Nr 141, Taf. 19; *G. A. Gaballa*, JEA 63:1977, 126. S. L. Lippert

Chensumes, ägypt. Obergraveur, in der 18. Dynastie (1550–1292 v. Chr.) in Theben/Oberägypten tätig. Bek. durch eine Statuette (Kairo, Ägypt. Mus., Inv. Nr CG 42138), die sein Sohn → Aschaichut für die Göttin Ranouit gestiftet hat und die man im Cachette-Hof im N des siebten Pylons des Amuntempels von Karnak (Versteck von mehr als tausend im Boden vergrabener Statuen, die einmal im Tempelhof aufgestellt waren) gefunden hat. ▭ *M. G. Legrain*, Statues et statuettes de rois et de particuliers (CG), I, Kairo 1906, 88, Nr 42138; *F. Steinmann*, Berufsgruppen des Neuen Reiches, B. 1980, 153. Y. Ott

Chenticheti, Sohn des Necheti, ägypt. Edelsteinarbeiter, 12. Dynastie (19. Jh. v. Chr.). Unter Amenemes III. (1853–1806/05 v. Chr.) war er zus. mit → Ptehhetep (I) in die Steinbrüche der w. nub. Wüste geschickt worden, um ein bestimmtes Gestein zu holen. Eine von ihm und seinem Kollegen errichtete bescheidene Stele (Kairo, Ägypt. Mus., Inv. Nr JE 59484) berichtet davon. ▭ *R. Engelbach*, ASAE 33:1933, 73, Taf. 3. 4. F. Hoffmann

Chentika (mit „schönem Namen" Ichechi), ägypt. Wesir und Künstler, unter Pharao Pepi I. (6. Dynastie, 2335/2885–2285/2235 v. Chr.) in Saqqara/Unterägypten tätig. Belegt im Eingangsbereich seines Mastaba-Grabes im Bereich n. der Teti-Pyramide in Saqqara, wo er an einer Staffelei sitzend dargestellt ist. In einer Hand hält er eine Farbschale, in der and. eine Art Pinsel und malt ein Bild der drei Jahreszeiten des Diesseits, um sie sich für das Jenseits in seinem „Haus der Ewigkeit" – d.h. seinem Grab – zu bewahren. ▭ PM III. 2, 1978, 509 (13); LÄ III, 1980, Sp. 834 mit Anm. 7 (s.v. Künstler); V, 1984, Sp. 1252 (s.v. Staffelei). – *A. Hermann*, MDAIK 6:1936, 151; *T. G. H. James*, The mastaba of Khentika called Ikhekhi, Lo. 1953, Taf. 10. C. von Pfeil

Chenu, ägypt. Halskragenknüpfer, Altes Reich (2707–2170 v. Chr.). Nur bek. aus dem Grab des Raschepses, in dem C. hinter dem jagenden Grabherrn dargestellt ist. Er ist sozusagen Jagdgehilfe und trägt erbeutete Vögel. ▭ LD, II, 60. *H. Junker*, Die gesellschaftl. Stellung der ägypt. Künstler im Alten Reich, W. 1959, 17, 45. S. Hänsch

Cheperkara, Sohn des Tjau, ägypt. Bauleiter („Vorsteher aller Arbeiten des Königs") und Leiter versch. Verwaltungsressorts z.Z. von Amenemes II. (1914–1879/1876 v. Chr.). Belegt durch Totenstelen aus Abydos, von denen nur eine (Kairo, Ägypt. Mus., Inv. Nr CG 20531) den Titel eines Arbeitsleiters nennt. ▭ *W. K. Simpson*, The terrace of the Great God at Abydos, New Haven/Philadelphia 1974, 18, Nr 23, Taf. 34 s.; *D. Franke*, Personendaten aus dem Mittleren Reich, Wb. 1984, 284, Nr 457. F. Hoffmann

Cher, Sohn des → Niai, Enkel des → Iuti (II), ägypt. Umrißzeichner, in der 20. Dynastie (1186/85–1070/69 v. Chr.) in Memphis/Unterägypten tätig. C. ist zus. mit seinen Verwandten, darunter seinem Vater → Niai und seinem Großvater → Iuti (II), die ebenfalls Umrißzeichner waren, auf einer Stele dargestellt. Seine Aufgabe war es, Entwürfe für die Ausf. von Reliefs und Wandmalereien anzubringen. ▭ *G. Roeder*, Ägypt. Inschr. aus den Staatl. Mus. zu Berlin, II, L. 1924, 197, Nr 7269, C 15. S. L. Lippert

Chersiphron (Χερσίφρων), Architekt aus Knossos/Kreta, tätig 1. H. 6. Jh. v. Chr. Ch. war berühmt als Erbauer des Artemision D (sog. Kroisostempel) von Ephesos als ion. Dipteros (Strab., 14, 1, 22 [C 640]; Plin, nat., 7, 125; 36, 95; Vitr., 3, 2, 7; 7 praef. 16), der wahrsch. um 560 beg. worden ist. Unter seiner Ltg fand noch die Lieferung der Säulen statt, während der Transport der Epistylblöcke bereits durch seinen Sohn → Metagenes (I) erfolgte, d.h. Ch. starb noch vor der Herstellung der Bauplastik, bes. der Reliefsäulen, deren Ausschmückung nach Muss (1994, 26 ss., 110) kurz nach 560 v. Chr. beg. wurde. Ch. und → Metagenes (I) verfaßten auch ein in der Antike bek. Buch über den Bau und die damit verbundenen komplizierten Transporte, das noch Vitruv (7, praef. 12) und Plinius (nat., 36, 96–97) benutzten. ▭ RE III. 2, 1899; EAA II, 1959. – *W. Schaber*, Die archaischen Tempel der Artemis von Ephesos. Entwurfsprinzipien und Rekonstr., Waldsassen 1982; *A. Bammer*, Das Heiligtum der Artemis von Ephesos, Graz 1984, 212, 224; *U. Muss*, Die Bauplastik des archaischen Artemisions von Ephesos. Sonderschr. des Österr. Archäol. Inst. 25, W. 1994, 24–41, 89, 110; *R. Tölle-Kastenbein*, JdI 109:1994, 58–62; *A. Bammer/U. Muss*, Das Artemision von Ephesos, Mainz 1996, 45–53; *Svenson-Evers*, Architekten, 1996, 67–99. R. V.

Cheruf, ägypt. Bildhauer, 18. Dynastie (1550–1292 v. Chr.). C. war wenigstens einmal im Sinai, wo er in Serabit el-Chadim Inschr. hinterlassen hat (Nrn 58A, 23A und viell. auch 235). ▭ *J. Černý/A. H. Gardiner/T. E. Peet*, The inscr. of Sinai, Lo. ²1952–55, 81 s., 172. F. Hoffmann

Cheti, ägypt. Bildhauer („Vorsteher der Steinhauerarbeiten"), in der 11. Dynastie (2119–1976 v. Chr.) in Theben/Oberägypten tätig. C. ist bek. durch die Inschr. aus seinem Grab im Asasif. Die Deutung seines Titels ist jedoch nicht ganz klar. In der älteren Lit. wird er als „Aufseher des Sees" gedeutet, später als „Aufseher der Steinhauerarbeiten". Dazu passen die biogr. Angaben auf einer der Stelen, die von seinen Inspektionsreisen zu Edelstein- und Metallvorkommen berichten. C. war auch für die Herstellung von Schmuck für den Königspalast zuständig. ▭ PM I. 2, 1964, 617, Nr 65. – *A. H. Gardiner*, JEA 4:1917, 28 ss.; *W. Schenkel*, Memphis – Herakleopolis – Theben, Wb. 1965, 282 s., Nr 476, 283 s., Nr 477.
S. L. Lippert

Chiherrenef, Sohn des Pacheri, ägypt. Nekropolenhandwerker („Oberster der Nekropolenhandwerker"), am E. der 20. bis zur 21. Dynastie (um 1103/1099–946/945 v. Chr.) in Theben-W/Oberägypten tätig. Bek. durch einige Graffiti aus der Arbeitersiedlung Deir el-Medineh, wo C. lebte, wovon eines ins 17. Reg.-Jahr Ramses' IX. (1086/82) dat. werden kann. C. leitete die künstler. Arbeiten in der kgl. Nekropole und war vermutl. der Nachfolger des → Bakenmut (I), der denselben Beruf ausübte. ▭ *J. Černý*, A communitiy of workmen at Thebes in the Ramesside Period, Kairo 1973, 123 ss., 312. T. Schrottenbaum

Chion (Χιών), griech. Bildhauer aus Korinth, A. 5. Jh. v. Chr. tätig. Ch. fertigte zus. mit zwei weiteren korinth. Bildhauern, → Amyklaios und *Diyllos (Dyullus)*, im Auftrage der Phokäer nach ihrem Sieg gegen die Thessalier eine Gruppe, die den Kampf zw. Apollon und Herakles um den delph. Dreifuß zeigte und von der nach Herodot (8, 27, 5) eine Replik in Abai stand. Nach Pausanias (10, 13, 7) schuf Ch. die Statuen der *Athena* und *Artemis*. Ch. ist wahrsch. ident. mit dem von Vitruv (3, praef. 2) gen. *Chion Corinthius*, der dort unter den Künstlern aufgeführt ist, die trotz ihrer Leistungen nicht zu Ehren gelangt sind. ▭ ThB1, 1907 (s.v. Amyklaios); 6, 1912 (s. v. Chion). RE I. 2, 1894 (s.v. Amyklaios); III. 2, 1899 (s. v. Chionis); EAA II, 1959 (s.v. Chion und Chionis); LIMC V, 1990, 139, s.v. Herakles, Nr 3054; VI, 1992, 261, s.v. Leto, Nr 54. – *Lippold*, GrPl, 1950, 87. R. V.

Chiron → Cheiron

Chiron (Χίρον), att. Töpfer, in der 2. H. des 6. Jh. v. Chr. in Athen tätig. Nur bek. durch seine Sign. auf einer att. schwarzgefirnißten Schale im Vatikan (Mus. Gregoriano, Inv. Nr 29; ABV 1956, 161). Er ist nicht zu verwechseln mit dem att. Töpfer → Cheiron. ▭ ThB6, 1912. RE III. 2, 1899; EAA II, 1959. R. V.

Chnumhotep → Chenemhetep

Choikeon → Choirion

Choirion (Χοιρίων), griech. Münzstempelschneider, am E. des 5. Jh. v. Chr. in Katane tätig. Nur bek. durch seine Sign. auf zwei Silberprägungen von Katane, auf der Vorderseite einer Tetradrachme mit dem Athenakopf in Frontalansicht und auf der Rückseite einer Drachme mit der Darst. einer von Nike bekränzten Athena in Quadriga nach rechts. Auf der Vorderseite der letzteren ist der Flußgott Amenanos in interessanter Frontalansicht und auf der Rückseite der Tetradrachme das gleiche Thema wie auf der Drachme wiedergegeben. ▭ ThB6, 1912. EAA II, 1959. – *H. A. Cahn u.a.*, Griech. Münzen aus Großgriechenland und Sizilien (K Antiken-Mus. Basel und Slg Ludwig), Basel 1988, 102, Nr 339 mit Abb. R. V.

Chresstos (Χρησστός), aus Sinope stammender Bildhauer der fortgeschrittenen Kaiserzeit. Sein Name hat sich samt Ethnikon (Σινοπεύς) und Berufsbezeichnung (λιθουργός) auf einem Stelen-Fragm. aus Kavsa in Pontus erhalten. ▭ EAA II, 1959. – *F. Cumont*, REG 15:1902, 332 s., Nr 51; *H. Grégoire*, BCH 33:1909, 16. T. Lochman

Chronios (Χρόνιος; Cronius; Kronios), Steinschneider. Von Plinius (nat., 37, 8) als Cronius erw., ansonsten unbek. geblieben. Plinius setzt ihn nach → Pyrgoteles (I) an und erw. ihn in einem Zusammenhang mit einem → Apollonides (I) und mit → Dioskurides (IV). Danach ist nicht zu entscheiden, ob es sich um einen hellenist. oder kaiserzeitl. Steinschneider handelt; G. Richter (1968) hielt ihn für römisch. ▭ ThB6, 1912. RE XI. 2, 1922 (s.v. K. 4); EAA IV, 1961. – *Richter*, EngrGemsGE, 1968, 16. W.-R. Megow

Chrysanthos (Χρύσανθος), spätantiker Steinmetz (τεχνίτης) in N-Syrien. Nur bek. aus einer Inschr. aus Burdaqli. ▭ *J. Jarry*, Annales islamologiques 7:1967, 166–167, Nr 50.
M. Dennert

Chryseros, *Flavius* (Χρυσέρως, Φλ), Bildhauer aus Aphrodisias, in Rom um 350 n. Chr. tätig. Seine Sign. „Flavius Chryseros Aphrodisieus epoiei" befindet sich viermal bei einer Gruppe von fragm. Statuen, die 1886 an der Via delle Sette Sale in Rom entdeckt wurde (jetzt Kopenhagen,

Ny Carlsberg Glyptothek). Aus den Fragm. konnten fünf Statuen rekonstr. werden, die *Helios* (Inv. Nr 525; Moltesen, 1990, 143, Abb. 13–14), *Poseidon* (Inv. Nr 524; Moltesen, 1990, 141, Abb. 11–12), *Zeus* (Inv. Nr 522, Moltesen, 1990, 144, Abb. 15–16), *Herakles* (Inv. Nr 523; Moltesen, 1990, 138, Abb. 6–8) und einen das Baby Dionysos tragenden *Satyr* (Inv. Nr 521; Moltesen, 1990, 140, Abb. 9–10) darstellen. Sie wurden aus Marmor von Carrara gefertigt, was darauf hindeutet, daß die Statuen in Rom geschaffen worden sind. Poseidon und Helios wurden von Ch. und Herakles und der Satyr von → Zenon (IV), einem and. Künstler aus Aphrodisias, sign., der auch Statuen in Aphrodisias schuf und dort um 320 n. Chr. einen hohen gesellschaftl. Rang innehatte. Da Ch. und → Zenon (IV) im gleichen Stil und an den gleichen Marmorblöcken zur Herstellung der Plastiken arbeiteten, muß wegen der epigraph. Anhaltspunkte geschlossen werden, daß die Gruppe um 350 n. Chr. entstanden ist, obwohl die Skulpt. aus stilist. Erwägungen in der Regel ans E. 2. oder A. 3. Jh. dat. worden sind. ▭ RE III. 2, 1899 (s.v. Ch. 4); EAA II, 1959. – *Squarciapino*, Afrodisia, R. 1941, 13 s., Nrn 10–13, pp. 38–42, Taf. 10–13; *C. Roueché*, BSR 50:1982, 102–115; *M. Moltesen*, in: Aphrodisian papers. Recent work on archit. and sculpt., JRA Suppl. 1:1990, 134–146; *N. Hannestad*, Trad. in Late Antiquity. Conservation – modernization – production, Aarhus 1994, 110–116, Abb. 73–75; *B. Kiilerich/H. Torp*, IstMitt 44:1994, 307–316, Taf. 55–57, 3; 58, 1. M. Moltesen

Chryses (Χρύσης), aus Alexandria, Architekt und Ingenieur (μηχανοποιὸς δεξιός), im 6. Jh. n. Chr. in Dara/N-Mesopotamien tätig. Prok., aed., 2, 3, 2–23, nennt ihn als Baumeister Justinians (527–565 n. Chr.) in Dara, wo er für den Neubau der Stadt und insbesondere das Projekt des Staudammes gegen Überschwemmungen zuständig gewesen sei, und „an anderen Orten". Der Umfang der Bauarbeiten in Dara war jedoch bei weitem nicht so groß, wie Prokop suggeriert, viele der Justinian zugeschr. Arbeiten wurden wohl schon unter Anastasios I. (491–518 n. Chr.) ausgeführt, die Rolle des C. ist daher völlig unklar. Bei der Episode mit dem Flutstaudamm, bei der auch die berühmtesten Architekten dieser Zeit, → Anthemios von Tralles und → Isidoros (IV) von Milet, um Rat gefragt werden, handelt es sich jedoch mit Sicherheit um einen lit. Topos zur Erhöhung des Ruhmes des Justinian, da dessen Bauplan letztendl. ausgeführt wird. ▭ *B. Croke/J. Crow*, Procopius and Dara, JRS 73:1983, 143–159; *M. Whitby*, Procopius' description of Dara, in: *Ph. Freemann/D. Kennedy* (Ed.), The defence of the Roman and Byzantine East, Ox. 1986, II 737–783; PLRE III A, 1992. M. Dennert

Chrysippus Vettius, röm. Architekt oder Baumeister. Bek. nur aus Briefen des Cicero zw. 53 und 44 v. Chr. Freigelassener des Cyrus (Cic., fam. 7, 14), von Cicero bei Bauvorhaben an seinen Villen beschäftigt (Cic., Att. 13, 29; 14, 9). Viell. ident. mit dem von Quint., inst. 6, 3, 61 erw. Chrysippus. ▭ ThB6, 1912. RE I. A. 2, 1958 (s. v. Vettius 12). – *Toynbee*, Artists, 1951, 10; *Donderer*, Architekten, 1996, 56, 58. Th. Ganschow

Chrysothemis, griech. Erzgießer aus Argos, um 500 v. Chr. tätig. Nach Paus. 6, 10, 5 schuf er mit *Eutelidas* aus Argos zwei Athletenstatuen für Olympia, die *Damaretos aus Heraia* in Arkadien, den Olympiasieger von 520 und 516 v. Chr im Waffenlauf, und seinen Sohn *Theopompos*, den Olympiasieger von 504 und 500 v. Chr. im Fünfkampf, zeigten. Letzterer wird wohl nach seinem Sieg beide Statuen in Auftrag gegeben haben. In einem Epigramm auf der Basis unterstreichen die beiden signierenden Künstler, daß sie von älteren Meistern ihre Fertigkeiten übernommen haben und mögen daher wohl zum Umfeld der argivischen Schule des Hagelaidas gehört haben. ▭ ThB6, 1912. RE III. 2, 1899 (s. v. Ch. 6); EAA II, 1959. – *W. W. Hyde*, Olympic victor mon. and Greek athletic art, Wa. 1921, 105, 116–117; *Lippold*, GrPl, 1950, 89. R. V.

Chuenbik, ägypt. Architekt („Vorsteher der Bauarbeiter"), in der 12. Dynastie (1976–1794/93 v. Chr.) tätig. Bek. aus einer Opferstele (London, BM, Inv. Nr 584) und der seines Sohnes → Nikaupteh (London, BM, Inv. Nr 560). ▭ *K. Piehl*, Inscr. hiéroglyphiques, III, L. 1903, 9, Taf. 11–12; *E. A. Wallis Budge*, Hieroglyphic texts from egyptian stelae in the BM, II, Lo. 1912, Taf. 14 (BM, Inv. Nr 584) und Taf. 35 (BM, Inv. Nr 560); *W. Ward*, Index of egyptian administrative and relig. titles of the Middle Kingdom, Beirut 1982, 12, Nr 48; *D. Franke*, Personendaten aus dem Mittleren Reich, Wb. 1984, 197, Nr 286. Y. Ott

Chufuhetep, ägypt. Bauleiter („Vorsteher aller Arbeiten des Königs"), in der 5. Dynastie (um 2504/2454–2347/2297 v. Chr.) im memphit. Raum/Unterägypten tätig. Nur bek. durch sein Grab (LG 76) auf dem O-Feld von Giza, in dem sein Name und sein Beruf erw. sind. Er war vermutl. für kgl. Bauprojekte verantwortl., u.a. in Abusir und Saqqara, wo die Könige dieser Zeit ihre Pyramiden errichteten. ▭ PM III. 1, 1974, 212; LD II,

Taf. 34 (c); LD Text I, 94, Nr 76. – *J.-F. Champollion*, Mon. de l'Egypte et de la Nubie, II, P. 1889, 481 s.; *A. Mariette*, Mastabas de l'Ancien Empire, P. 1889, 539, Nr 5. T. Schrottenbaum

Chuienher, ägypt. Künstler („Unteraufseher der Künstlerschaft"), unter Pepi I. (2335/2285–2285/2235 v. Chr.) im Wadi Hammamat tätig. Bek. durch zwei Graffiti, die während einer Expedition im 18. Jahr Pepis I. im Steinbruchgebiet des Wadi Hammamat angebracht wurden. Die Expedition diente wohl der Ausstattung der Pyramide Pepis I. Der genaue Tätigkeitsbereich des C. ist nicht bekannt. Es ist jedoch anzunehmen, daß er auf den Gebieten Bildhauerei oder Archit. eine leitende Stellung innehatte. ▭ Urk. I, 93, 95; *J. Couyat/P. Montet*, Les inscr. hiéroglyphiques et hiératiques du Ouâdi Hammâmât, Kairo 1912, 72, Nr 103, 74 s., Nr 107. S. L. Lippert

Chuienipteh (I), Sohn des → Udja, Bruder des → Sanchpteh (I), des → Nikaupteh und des → Chuienipteh (II), ägypt. „Unteraufseher der Künstlerschaft", unter Pharao Pepi I. (6. Dynastie, 2335/2285–2285/2235 v. Chr.) vorwiegend in Unterägypten tätig. Belegt durch versch. Inschr. im Wadi Hammamat/O-Wüste. Nahm teil an einer Steinbruchexpedition im 18. Reg.-Jahr des Pepi I., in dem der König erstmals sein Reg.-Jubiläum feierte. Die Expedition war ausgesandt worden, um Baumaterial (Grauwacke) für die geplante Pyramide und den Totentempel des Königs bei Saqqara zu holen. ▭ *H. Schäfer*, ZÄS 40:1902, 76; *J. Couyat/P. Montet*, Les inscr. hiéroglyphiques et hiératiques du Ouâdi Hammâmât, Kairo 1912, 71, Nr 101, 72, Nr 103, 74 s., Nr 107. C. von Pfeil

Chuienipteh (II), Bruder des → Chuienipteh (I), ägypt. „Unteraufseher der Künstlerschaft", unter Pharao Pepi I. (6. Dynastie, 2335/2285–2285/2235 v. Chr.) vorwiegend in Unterägypten tätig. Belegt durch eine Inschr. im Wadi Hammamat/O-Wüste, die im Rahmen einer Expedition zum Abbau von dort anstehender Grauwacke angebracht wurde. ▭ *J. Couyat/P. Montet*, Les inscr. hiéroglyphiques et hiératiques du Ouâdi Hammâmât, Kairo 1912, 71, Nr 101. C. von Pfeil

Chuienipteh (III), ägypt. „Untervorsteher der Goldschmiede", ca. 2400–2300 v. Chr. in Unterägypten tätig. Belegt als Gabenbringer vor dem Verstorbenen und seiner Frau im Mastaba-Grab D 61 des Duaenra in Saqqara. ▭ PM III. 2, 1978, 608. – *A. Mariette*, Les mastabas de l'Ancien Empire, P. 1889, 350, D 61; *H. Junker*, Die gesellschaftl. Stellung der ägypt. Künstler im Alten Reich, W. 1959, 67. C. von Pfeil

Chuiuipteh, ägypt. Bildhauer („Bildhauer von Königsschmuck"), in der 5./6. Dynastie (um 2504/2545–2116/2166 v. Chr.) in Mittelägypten tätig. Nur bek. aus dem Grab des Urirni in Scheich Said (5 km n. von Tell el-Amarna), in dem er auf der S-Wand gen. ist, und das er angebl. ausgestattet haben soll. Es wird ihm darüber hinaus die Ausgestaltung des Grabes des Chunes in Zawiyet el-Maiyitin zugewiesen, das für einige Szenen im Grab des Urirni als Vorlage gedient haben soll. Ein stilist. Vergleich der beiden Gräber ist aufgrund der starken Zerstörung des Grabes des Chunes nicht mehr möglich. Offenbar hat er in der Nekropole gearbeitet und Reliefs an den Grabwänden angefertigt. ▭ LÄ V, 1984 (s.v. Scheich Said mit Anm. 5). – LD II, Taf. 104–109; *N. de Garis Davies*, The rock tombs of Sheikh Saïd, Lo. 1901, 14 ss., Taf. 7–15; *Hermann*, MDAIK 6: 1936, 153 s.; *H. Junker*, Die gesellschaftl. Stellung der ägypt. Künstler im Alten Reich, W. 1959, 42. T. Schrottenbaum

Chyrillos (Χύριλλος), Sohn des Euphemos aus Kyzikos, fiktiver Bildhauer, zurückgehend auf eine von Pirro Ligorio gefälschte Künstler-Inschr. (Robert; CIG, III, 6161). ▭ ThB6, 1912. RE III. 2, 1899; EAA II, 1959. O. Dally

Cilonius, röm. Bildhauer oder Marmorvertreiber. Nur bek. durch eine Inschr. aus Dougga/Tunesien, in der er als marmorarius bez. wird, was sowohl Bildhauer als auch Marmorhändler bedeuten kann (CIL, VIII, 14365). R. V.

Cincius Salvius, *P.*, Freigelassener, röm. Bronzegießer der frühen Kaiserzeit. Nur bek. durch seine dreimalige Sign. (CIL, VI, 29794) am kolossalen Pinienzapfen (jetzt in dem nach ihm benannten Cortile della Pigna im Vatikan, im MA im Vorhof der alten Peterskirche; E. Simon, in Helbig I^4, 1963, 375–377, Nr 478). Der ungefähr bek. Fundort und die mögl. Funktion der Löcher am Pinienzapfen sprechen dafür, daß dieser als Wasserspeier der mon. Brunnenanlage zw. Pantheon und S. Stefano gedient hat, die wahrsch. von Domitian zw. Porticus Divorum und Serapeum errichtet worden ist. Ob der Pinienzapfen jedoch vorher schon zur Bekrönung des Pantheon des Agrippa verwendet worden ist, wie bisweilen vorgeschlagen, bleibt fraglich. ▭ ThB6, 1912 (s.v. Cincius). RE III. 2, 1899 (s.v. C. 8); EAA II, 1959. – *Calabi Limentani*, Studi, 1958, 168, Nr 132. R. V.

Cintusmus, röm. Toreut, im 2. Jh. (?) n. Chr. tätig. Nur bek. durch ein von ihm dem Silvanus Callirius gestiftetes Exvoto aus Bronze (R. G. Collingwood/R. P. Wright, The Roman inscr. of Britain,

Ox. 1965, Nr 194), das in einem wahrsch. dem Gott Silvanus gew. Tempel in Colchester/England gefunden worden ist. Da die meisten Funde des Heiligtums in das 2. Jh. n. Chr. datieren, wird auch dieses Täfelchen in diese Zeit gehören. ▭ EAA II, 1959. – *R. P. Wright*, JRS 37:1947, 178, Nr 2; *Toynbee*, Artists, 1951, 53; *Calabi Limentani*, Studi, 1958, 170, Nr 143; *P. Dorcey*, The cult. of Silvanus. A study in Roman folk religion, Leiden 1992, 55 s. R. V.

Cireneus (Ciren), byz. Baumeister, tätig um 546 n. Chr. Erbaute die älteste bek. Kirche des Hl. Justus in Triest, einen Vorgängerbau des großen fünfschiffigen ma. Domes. ▭ *I. Kukuljević Sakcinski*, Slovnik umjetnikah Jugoslavenskih, I, 1858. R. V.

Cirrus, röm. Formgießer. Nur bek. durch seine Sign. auf einer Tonform zur Herstellung eines Löwenkopfes, die 1878 in Solothurn gefunden wurde (heute Solothurn, Mus.). ▭ *J. Amiet*, ASchw 1880 (4)Taf. 1, 3. R. V.

Cissonius Aprilis, *Quintus*, röm. kaiserl. Architekt, 2. H. 2. Jh. oder 3. Jh. n. Chr. Bek. durch seine Grab-Inschr. aus Pozzuoli (CIL, X, 1757). Demnach war er Angehöriger der Prätorianergarde, bevor er zum kaiserl. Architekten ernannt worden ist. ▭ *Donderer*, Architekten, 1996, 44 ss., 63, 72, 203 s., Nr A 101. R. V.

Claudius Eutychus, *Tiberius*, röm. Architekt, kaiserl. Freigelassener, im 3. V. 1. Jh. n. Chr. tätig. Nur bek. durch eine Inschr.-Platte am Grabmal für die Fam. des Architekten → Tiberius Claudius Vitalis nahe der Villa Wolkonsky b. S. Giovanni in Laterano in Rom (in situ: CIL, VI, 9151; Panciera, 1963/6, 493 ss., Abb. 1; Donderer, 1996, 206 s., Nr A 103, Taf. 38, 1). Demnach voll. C. wohl den von → C. Vitalis zunächst selbst überwachten Bau. ▭ *S. Panciera*, RendPontAcc 36:1963/64, 93–105; *Donderer*, Architekten, 1996, 206 s., Nr A103. R. V.

Cl(audius) Hermes, röm. Toreut. Nur bek. durch eine Inschr. aus Albano/Latium, in der er als Hersteller von Vasen bez. wird. ▭ *Calabi Limentani*, Studi, 1958, 172, Nr 162. R. V.

Claudius Hymeneus, Ti., griech. Gold- und Silberschmied, im 1. Jh. n. Chr. in Rom tätig. Nur bek. durch seine Grab-Inschr. aus Rom (CIL, VI, 9209). ▭ EAA I, 1958 (v.e. Aurifex); EAA IV, 1961 (s.v. Hymeneus). – *Toynbee*, Artists, 1951, 51; *Solin*, GPR, I, 1982, 523. R. V.

Claudius Phaeder, *Ti.*, Freigelassener, röm. Hersteller von Silbervasen, im 2. Jh. n. Chr. tätig. Nur bek. durch seine Grab-Inschr. aus Rom (heute Vatikan, Gall. Lap.: CIL, VI, 9958). R. V.

Claudius Pollio Phrougianus, *Gaius* (Κλαύδιος Πολλίων Φρουγιανός, Γαΐος), griech. Bildhauer aus Kleinasien, 1. H. 2. Jh. n. Chr. tätig. Nur bek. durch seine Sign. (Maiuri, 1930, 12–14, Abb.) auf einer in Cumae/Italien gefundenen Marmorstatue (heute Neapel, MN, Inv. Nr 144978) des Diomedes (Maiuri, ibid., passim, Taf. 1–7; J. Boardman/C. E. Vafopoulou-Richardson, LIMC III, 1986, 402, s.v. Diomedes I, Nr 38a* ; Landwehr, 1992, 109–111), der am vollständigsten erh. Replik eines griech. Bronzewerkes aus der Zeit zw. 440 und 420 v. Chr., die meistens dem → Kresilas zugeschr. worden ist (Furtwängler, Meisterwerke, 1893, 311–325; Vierneisel-Schlörb, KatSkulptMünchen, II, 1979, 84). Dem Stil nach dat. die Statue aus Cumae wie die meisten Repliken des Diomedes in hadrian. Zeit (H. Lauter, Zur Chronologie röm. Kopien nach griech. Orig. des 5. Jh, Erlangen 1966, 112, Nr 5; C. Maderna, Iuppiter, Diomedes und Merkur als Vorbilder für röm. Bildnisstatuen, He. 1988, 64). Die Künstler-Sign. zeigt, daß der Meister zwar in griech. sign., aber die röm. Namensgebungsweise besitzt und deshalb möglicherweise in Italien gearbeitet hat. ▭ EAA II, 1959. – *A. Maiuri*, Il Diomede di Cuma, Opere d'arte, II, R. 1930; *C. Landwehr*, JdI 107:1992, 103–124, Taf. 36, 1–4. R. V.

Claudius Sabinus, *Ti.*, röm. Erzbildner. Nur bek. durch seine Grab-Inschr. aus Rom (heute Neapel, MN: CIL, VI, 9136). R. V.

Claudius Saturninus, Bildhauer aus dem röm. Dakien, 2.–3. Jh. n. Chr., wahrsch. in Ulpia Traiana Sarmizegetusa tätig. Bek. als Schöpfer einer Marmorstatue, die in Ulpia Traiana Sarmizegetusa gefunden wurde. Die Statue stellt eine weibl. Figur (Göttin?) stehend dar, mit langem Kleid und entblößter linker Brust. Die Frau stützt sich mit dem linken Ellbogen auf einen Altar, worauf die Sign. des Bildhauers erscheint: *Cla(udius) Saturnin(us) sculpsit*. ▭ EAA, Suppl., 1970. – CIL, III, 1413; *Calabi Limentani*, Studi, 1958, 164, Nr 101; *D. Alicu/C. Pop/V. Wollmann*, Figured mon. from Ulpia Traiana Sarmizegetusa, Ox. 1979, 360; Inscriptiones Daciae Romanae, III/2, Nr 15; *M. Bărbulescu*, Interferenţe spirituale în Dacia romană, Cluj-Napoca, 1984, 39. M. Bărbulescu

Claudius Soter, *Tiberius*, röm. Maler der Kaiserzeit. Nur bek. durch eine Grab-Inschr. aus Rom, in der er als „pictor quadrigularius“ (Maler kleiner Viergespanne) bez. wird (CIL, VI, 9793). ▭ RE, Suppl. VIII, 1956 (s.v. Cl. 354a); EAA II, 1959. – *Toynbee*, Artists, 1951, 42; *Calabi Limentani*, Studi, 1958, 155, Nr 18. R. V.

Claudius Vitalis, *Tiberius*, römischer Architekt, Freigelassener des Scariphus, im 2. und 3. V. 1. Jh. n. Chr. tätig. Bek. durch eine Inschr. auf seiner Graburne (heute verschollen: CIL, VI, 9152; Panciera, 1963/64, 98 ss., Abb. 2; Donderer, 1996, 204–206, Nr A 102, Taf. 37, 1) und einer Inschr.-Platte am Grabmal nahe der Villa Wolkonsky b. S. Giovanni in Laterano in Rom (in situ: CIL, VI, 9151; Panciera, 1963/64, 93 ss., Abb. 1; Donderer, 1996, 206–207, Nr A 103, Taf. 38, 1). Danach war der im Alter von 40 Jahren verstorbene Baumeister auch gleichzeitig Architekt und Auftraggeber des im 3. V. des 1. Jh. n. Chr. errichteten Grab-Mon. für sich und seine Fam., das jedoch erst durch → Tiberius Claudius Eutychus fertiggestellt worden ist. ▭ *S. Panciera*, RendPontAcc 36:1963/64, 93–105; *Donderer*, Architekten, 1996, 204–207, Nrn A 102 – A 103, Taf. 37, 1; 38, 1. R. V.

Clearchus → Klearchos

Clitus Capiton (Κλειτός), röm. Bildhauer. Nur bek. durch seine Sign. auf einem Relief aus Thrakien, das einen thrak. Reiter darstellt und im Jahre 149 n. Chr. im Auftrage von einem Claudianus als Weihung für den Heros Propylaios hergestellt worden ist (IG, I, 810; Loewy, IGB, 1885, 249, Nr 352). ▭ RE XI. 1, 1921 (s.v. Kleitos 15). – *O. Weinreich*, AM 38:1913, 62, Nr 1; *Calabi Limentani*, Studi, 1958:165, Nr 107. R. V.

Cloatius → Cluatius

Clodius, röm. Silberschmied, in der 2. H. des 1. Jh. n. Chr. tätig. Lt. Plinius (nat., 33, 139) Silberschmied, der in flav. Zeit in Rom sehr in Mode war. Seine Werke konkurrierten v.a. mit denjenigen von zwei and. Silberschmieden, → Gratius und → Furnius. F. Baratte

Clodius Amoenus, *Sex.*, Freigelassener, röm. Elfenbeinschnitzer. Nur bek. durch seine Grab-Inschr. aus Rom (CIL, VI, 7655). R. V.

Clodius Bromius, *P.*, Freigelassener, röm. Elfenbeinschnitzer. Nur bek. durch seine Grab-Inschr. aus Rom (CIL, VI, 9375). R. V.

Clodius Dida, *P.*, röm. Toreut der Kaiserzeit. Nur bek. durch seine Grab-Inschr. auf einer Urne aus Rom, in der er als Hersteller von Vasen bez. wird (CIL, VI, 9955). ▭ *Calabi Limentani*, Studi, 1958, 171, Nr 154. R. V.

Cluatius, röm. Architekt, im 2. Drittel des 1. Jh. v. Chr. tätig. Cicero beauftragte ihn mit dem Bau des Grabmals für seine Tochter Tullia, wie aus den zwei im Jahre 45 v. Chr. an Atticus verf. Briefen überliefert ist (Att., 12, 18, 1; 12, 38 [36], 2). ▭ ThB7, 1912 (s.v. Cloatius). – *Donderer*, Architekten, 1996, 56. R. V.

Cneius → Gnaios (II)

Coattenus Lamirus, röm. Goldschmied, in der Spätantike tätig. Nur bek. durch seine Grab-Inschr. aus Choggia (CIL, V, 2308). ▭ EAA I, 1958 (s.v. Aurifex). R. V.

Cocceius Auctus, *L.*, röm. Architekt, in den letzten Jahren der Republik und in augusteischer Zeit tätig, Freigelassener des L. Cocceius (Nerva?: vgl. RE) und des C. Postumius (wohl der Architekt → Postumius Pollio, C.: Donderer, 1996, 209). Sein vollst. Name mit der Angabe seines Berufes auf einem im Dom von Pozzuoli, dem antiken Augustus-Tempel, vermauerten Inschr.-Block (CIL, X, 1614; Donderer, 1996, Nr A 104); falls sich die Inschr. nicht auf ein anderes Gebäude bezieht, wäre C. demnach als Architekt des Tempels anzusehen (Donderer, 1996, 29). Allg. wird angenommen, daß er mit dem von Strabo, 5, 4, 5 (p. 245) gen. C. ident. ist, der im Zuge der Ausgestaltung des Lucriner- und des Avernersees zum Kriegshafen (Portus Iulius) durch M. Agrippa im Jahre 38/37 v. Chr. einen ca. 1 km langen Straßentunnel von Cumae zum Avernersee baute (die heutige Grotta della Pace), der zur Abkürzung der Nachschubwege diente; allerdings ist die Möglichkeit nicht auszuschließen, daß es sich hier um ein anderes Mitgl. ders. Fam. handelt (Donderer, 1996, 210). Ein in Cumae gefundener Architravblock mit der Inschr. „L. Cocc[eius] redem[ptor]“ (CIL, X, 3707; Donderer, 1996, Nr A 105: Stifter-Inschr.) gehörte vermutl. zu einem mit dem Tunnel verbundenen Gebäude (R. F. Paget, JRS 58:1968, 166, Anm. 45); ob es sich jedoch bei dem hier gen. Bauunternehmer um L. Cocceius Auctus oder um eine and. Person gleichen Namens handelt, muß offen bleiben (Donderer, 1996, 210). Nach Strabo, 5, 4, 5 (p. 245) wäre C. auch für den Bau eines weiteren Tunnels, der 689 m langen „Grotta Vecchia di Posilippo“ zw. Neapel und Pozzuoli verantwortl. gewesen, doch herrschen Zweifel hinsichtl. der

Zugehörigkeit der diesbezügl. Passage zum urspr. Text. Ob C. auch an anderen Bauten maßgebend mitwirkte, z. B. an der Anlage des Portus Iulius oder am sog. Tempio di Mercurio in Baiae (McKay, 1972, 25–26), muß aufgrund fehlender Quellen hypothet. bleiben. 🕮 ThB7, 1912. RE IV. 1, 1900 (s.v. C. 2); EAA II, 1959. – *Toynbee*, Artists, 1951, 10; *W. Johannowsky*, RendAccNapoli, N. S., 27:1952, 133–135; *A. G. McKay*, Ancient Campania I, Cumae and the Phlegraean Fields, Hamilton, Ont. 1972, 14–27; *Donderer*, Architekten, 1996. Th. Ganschow

Cocceius Lucius, *M.*, Bildhauer (*lapidarius*), aus dem röm. Dakien, 2.–3. Jh. n. Chr. in Micia (heute Vețel) tätig. Nur bek. durch einen Votivaltar, den dieser Lapidarius für Victoria Augusta und Genius collegii (*collegium lapidariorum?*) errichtet hat. 🕮 CIL, III, 1365; Inscriptiones Daciae Romanae III/3, Nr 141; *M. Bărbulescu*, Interferențe spirituale în Dacia romană, Cluj-Napoca, 1984, 38. M. Bărbulescu

Coelius D., röm. Schiffsarchitekt, im 2. Jh. n. Chr. tätig. Nur bek. durch seine Grab-Inschr. aus Arles (heute ebd., Mus. des Antiquités, Inv. Nr P 59: CIL, XII, 723). 🕮 *Donderer*, Architekten, 1996, 210 s., Nr A 106, Taf. 38, 2. R. V.

Comitius, *M.*, Freigelassener, röm. Bildhauer, im 2. Jh. n. Chr. tätig. Nur bek. durch eine Inschr. aus Rom. 🕮 *C. Picard*, REL 31:1953, 356. R. V.

Conculcanus, röm. Mosaizist der Kaiserzeit. Nur bek. durch seine Sign. (CIL, XIII, 927) auf einem Mosaik mit fünf konzentr. Kreisen aus Saint-Romain/Frankreich (heute Agen, MBA). 🕮 EAA II, 1959. – InvMos, I, 1909, 146, Nr 688; *Donderer*, Mosaizisten, 1989, 88, Nr A 52. R. V.

Considius Eumolpos, *Q.*, Freigelassener, röm. Elfenbeinschnitzer. Nur bek. durch seine Grab-Inschr. aus Rom (CIL, VI, 9397). R. V.

Constantius, röm. Architekt, * 371, † 17. April 441. Nur bek. durch seine Grab-Inschr. aus Rom (heute verschollen: CIL, VI, 9153), die sein Alter und genaues Todesdatum angibt. 🕮 *Donderer*, Architekten, 1996, 211–212, Nr A 107. R. V.

Consus Dionysius, *M.*, Freigelassener, röm. Elfenbeinschnitzer. Nur bek. durch seine Grab-Inschr. aus Rom (CIL, VI, 37793). R. V.

Coponius, röm. Bildhauer, 1. H. 1. Jh. v. Chr. Nach Varro (Plin., nat., 36, 41) schuf er um 60/55 v. Chr. die ehem. am Theater des Pompeius aufgestellten Marmorstatuen der 14 personifizierten Nationen, die der Feldherr unterworfen hatte. Es war das erste Mal, daß ein Künstler im röm. Auftrag solche Personifikationen schaffen sollte. Coarelli (1971/72) versuchte vergebl., zwei in dieser Gegend gefundene Kolossalstatuen (heute Paris, Louvre, Inv. Nr MA 411: Coarelli, 110–117, Abb. 7–9; Fuchs, 1987, 7, Nr E II 3; und Neapel, Mus. Archeol. Naz., Inv. Nr 5960: Coarelli, 110–117, Nr E II 4; Fuchs, 1987, 7, Nr E II 4) dieser Gruppe zuzuschreiben. Sie gehören aber mit drei weiteren Statuen (heute in Rom, Pal. Borghese: Fuchs, 1997, 6–7, Nr E I 1 [Apollon], Nr E II 1 [Thalia], Nr E II 2 [Muse]) sicherl. einer Apollon- und Musengruppe an (L. Faedo, LIMC VII, 1994, 1003, Nr 263, s. v. Mousa, Mousai) und stellen Euterpe (Paris) und Erato (Neapel) dar. 🕮 ThB7, 1912. RE IV. 1, 1900 (s. v. C. 1); EAA II, 1959. – *F. Coarelli*, RendPontAcc 44:1971/72, 110–117; *M. Fuchs*, Unters. zur Ausstattung röm. Theater in Italien und den Westprovinzen des Imperium Romanum, Mainz 1987, 8 s.; *R. R. R. Smith*, JRS 78:1988, 71 s. R. V.

Corbius → **Koroibos** (III)

Cornelias, röm. Toreut oder Besitzer eines Bronzeeimers. Nur bek. durch die Inschr. CORNELIAS CHELIDONI (CIL, X, 8071, 38) auf einem um 50–40 v. Chr. in Kampanien gefertigten Bronzeeimer aus Pompeji (heute Neapel, MN, Inv. Nr 68854). Ob der Name hier den Toreuten oder Besitzer des Eimers bez., ist unklar. Aus der gleichen Wkst. wie dieser Eimer stammen wegen ihres gemeinsamen Ornamentstils auch ein weiterer Bronzeeimer aus Pompeji (heute Neapel, MN, Inv. Nr. 68553: Zahlhaas, 1971, 25, Nr A 46) und ein Bronzebecken im Olivet College, Olivet/Mich. (D. G. Mitten/S. F. Doeringer, Master bronzes from the Classical World, Mainz 1967, 219, Nr 222 mit Abb.; Zahlhaas, 1971, 63). 🕮 ThB7, 1912. – *E. Pernice*, Die hellenist. Kunst in Pompeji, B. 1925, 22, Taf. 4; *G. Zahlhaas*, Großgriech. und röm. Metalleimer, M. 1971, 24, Nr A 45; pp. 60–64. R. V.

Cornelius, Bildhauer aus Aphrodisias/Karien, in den ersten Jahrzehnten n. Chr. tätig. Nur bek. durch seine Sign. auf einer in Olympia gefundenen Marmorbasis. Sein lat. Name deutet viell. darauf hin, daß er den Status eines Freigelassenen besaß. 🕮 RE, Suppl. I, 1903 (s. v. C. 10b); EAA IV,

1961 (Kornelios). – *W. Dittenberger/K. Purgold*, Inschr. von Olympia, Olympia, V, 1896, 658, Nr 643; *Squarciapino*, Afrodisia, 1943, 12, Nr 6; p. 19. R. V.

Cornelius, *Cn.*, röm. Militärarchitekt, um die Zeitenwende tätig. Nach Vitruv (1, praef. 2) war er zus. mit M. Aurelius, P. → Minidius und → Vitruvius Cerdo, L. für die Konstruktion der Kriegsmaschinen im röm. Reich verantwortlich. ▭ ThB7, 1912. RE IV. 1, 1900 (s. v. C. 26); EAA II, 1959. R. V.

Cornelius, *L.*, röm. Architekt und Sekretär des Konsuls Quintus Lutatius Catulus. Nur bek. durch eine Inschr. von der Via Prenestina in Rom (heute Rom, Tiberinsel, Ospedale Fatebenefratelli: CIL, I^2, 2961, Taf. 26). Danach war C. nur während der Censur des Catulus für das Jahr 65 v. Chr. als Architekt tätig und ansonsten sein persönlicher Sekretär. ▭ *Donderer*, Architekten, 1996, 212–216, Nr A 108, Taf. 39, 1. R. V.

Cornelius Amandus, *L.*, röm. Goldschmied, im 1. Jh. n. Chr. in Narbonne tätig. Nur bek. durch seine Grab-Inschr. aus Narbonne (CIL, XII, 4464). ▭ EAA I, 1958 (s.v. Aurifex). R. V.

Cornelius Architectus, *Publius*, röm. Architekt, wohl in der mittleren Kaiserzeit tätig. Nur bek. durch eine Inschr. auf einer Statuenbasis aus Ostia (heute verschollen: CIL, VI, 148 entspricht 30703; XIV, 5). Donderer (1996) meint überzeugend, daß der hier verwendete Cognomen gleichzeitig den von C. ausgeübten Beruf angibt, weil der Name nicht erbl. war, wie der ebenfalls in der Inschr. erw. Cognomen Thallus für seinen Sohn (→ Publius Cornelius Thallus) zeigt. ▭ *Donderer*, Architekten, 1996, 280–282, Nr B 3. R. V.

Cornelius Festus, *Marcus*, röm. Architekt, im 2. Jh. n. Chr. tätig. Nur bek. durch seine Grab-Inschr. aus Lambaesis/Algerien (CIL, VIII, 2850). Danach war er als Soldat Architekt bei der dort stationierten Legio III Augusta und starb im Alter von 30 Jahren. ▭ *Donderer*, Architekten, 1996, 216, Nr A 109. R. V.

Cornelius Optatus, *L.*, röm. Goldschmied, im 1. Jh. n. Chr. in Narbonne tätig. Nur bek. durch seine Grab-Inschr. aus Narbonne (heute Narbonne, Mus. Lapidaire; CIL, XII, 4391). ▭ EAA I, 1958 (s.v. Aurifex). R. V.

Cornelius Philomusus, *Publius*, röm. Maler, im 2. Jh. n. Chr. tätig. Nur bek. durch eine Inschr. aus Rom, in der er als pictor scaenarius idem redemptor bez. wird (CIL, VI, 9794). ▭ EAA II, 1959. – *Toynbee*, Artists, 1951, 42; *Calabi Limentani*, Studi, 1958, 155, Nr 19. R. V.

Cornelius Philonicus, *C.*, röm. Silberschmied, im 1. oder 2. Jh. n. Chr. tätig. Nur bek. durch seine Grab-Inschr. aus Narbonne (CIL, XII, 4474). R. V.

Cornelius Pinus, röm. Maler, im 3. V. 1. Jh. n. Chr. in Rom tätig. Plinius (nat., 25, 120) nennt ihn zus. mit → Attius Priscus als Künstler, die den von Vespasian wiederhergestellten Tempel des Honos und der Virtus in Rom ausgemalt haben. Sie gehörten somit sicherl. zu den bed. Malern ihrer Zeit. ▭ ThB7, 1912. RE IV. 1, 1900 (s.v. C. 283); EAA II, 1959. – *Toynbee*, Artists, 1951, 38. R. V.

Cornelius Saturninus, *T.* (?), röm. Holzschnitzer und wahrsch. Bildhauer, z. Z. des Antoninus Pius in Nordafrika tätig. Apuleius (apol. 61–63) erwähnt von ihm eine Ebenholzstatuette des *Merkur* in Oea, dem heutigen Tripolis in Libyen. Er ist wahrsch. ident. mit T. Cornelius Saturninus, dessen Wkst.-Sign. sich auf einer Basis für eine Statuengruppe in den Thermen des Antoninus Pius in Karthago fand (AE 1951, 51). ▭ RE IV. 1, 1900 (s.v. C. 314). – *Calabi Limentani*, Studi, 1958, 166, Nr 122. R. V.

Cornelius Thallus, *Publius*, röm. Architekt(?) der Kaiserzeit, in Ostia tätig. Erw. auf einer in Ostia gefundenen Statuenbasis (CIL, VI, 30703; XIV, 5; Dess., ILS, 3776, heute verschollen) als Leiter eines Kollegiums der Zimmerleute. Sein gleichnamiger Vater → Cornelius Architectus, Publius, trug den (oft fälschl. als Berufsbezeichnung verstandenen) Beinamen Architectus. ▭ ThB32, 1938 (s.v. Thallus). – *Donderer*, Architekten, 1996, 280–282, Nr B 3. C. Leschke

Cornelius Tlepolemus, Maler aus Kibyra/Pamphylien der 1. H. 1. Jh. v. Chr. Als Verres 80 v. Chr. Legatus pro Quaestore in Kilikien war, nahm er ihn in seine Dienste. Nach Cicero (Verr., 4, 30–33. 47. 96) spürte C. zunächst in Kleinasien und zw. 73 und 71 v. Chr. in Sizilien für Verres, der nun dort Statthalter war, interessante Kunstwerke auf und half ihm beim Kunstraub. ▭ RE IV. 1, 1900 (s. v. C. 397). – *R. Neudecker*, Die Skulpturenausstattung röm. Villen in Italien, Mainz 1988, 19. R. V.

Coroebus → Koroibos (I)

Corumbus, röm. Architekt, Freigelassener, im 2. Drittel des 1. Jh. v. Chr. tätig. Cicero (Att., 14, 3, 1) beauftragte ihn im Jahre 44 v. Chr. mit Reparaturen an seiner Villa Tusculanum, die sich in der Umgebung von Frascati befand. ▭ *R. Neudecker*, Die Skulpturenausstattung röm. Villen in Italien, Mainz 1988, 12. R. V.

Cossutius (Κοσσούτιος), röm. Architekt, 1. H. 2. Jh. v. Chr. Aus einem vermutl. in Kampanien beheimateten röm. Geschlecht, dem mehrere Künstler entstammten. Vitruv (7, praef., 15) bez. C. ausdrückl. als röm. Bürger und „von großem schöpferischem Geist und gründlichster Sachkenntnis". In hellenist. Trad. geschult, war C. der erste röm. Architekt, der außerhalb Italiens einen Tempelbau in einem den Monumentaltempeln Siziliens, Kleinasiens und des kaiserzeitl. Roms gleichrangigen Maßstab errichtete, den hellenist. Neubau des Olympieion sö. der Akropolis in Athen im Auftrag von König Antiochos IV. Epiphanes von Syrien, beg. ca. 175 v. Chr. (Vitr., 7, praef., 15, 17). Auf den Fundamentresten eines in den Anfängen liegengebliebenen spätarchaischen Vorgängerbaues der Architekten Antistates, → Kallaischros, → Antimachides und → Porinos begann C. einen mon. Dipteros in pentel. Marmor mit 8:21 korinth. Säulen. Beim Tod des Antiochos (164 v. Chr.) waren fertiggestellt: die O-Seite (bis zum Geison?) und wahrsch. auch Cella und Epistyl. Voll. nach der Konzeption des C. erst 124–132 n. Chr. unter Kaiser Hadrian (Paus., 1, 18, 6; SHA, Hadr., 13). Durch Abtragungen im 3. Jh. n. Chr. und seit dem MA blieben von dem einst 104 Säulen umfassenden Bau nur noch 16 Säulen und einige Gebälkteile erhalten. Nahe beim Olympieion fand man eine Basis mit einer griech.-lat. Inschr. (IG, II^2, 4099; CIG, 363; CIA, III, 561), die zu der Ehrenstatue eines wahrsch. mit C. ident. *Decimus Cossutius* gehört haben muß. Der Name C. erscheint zweimal im Innern eines Aquädukts (2. Jh. v. Chr.) b. Antiochia am Orontes. Demnach dürfte C. an den dortigen Bauvorhaben beteiligt gewesen sein wie auch an and. von Antiochos für versch. griech. Städte gestifteten Bauten. ▭ ThB7, 1912. RE IV. 2, 1901 (s.v. C. 1); EAA II, 1959; DEAU II, 1968; *Macmillan* I, 1982; DA VIII, 1996. – *Promis*, Architetti, 1873, 168 s., Nr 60; *Brunn*, GGK II, 1889; Antioch-on-the-Orontes, II, Pr. 1938, 160 Nr 90; *Travlos*, TopAth, 1971, 402 ss. (Lit.); *H. Abramson*, CalifStClAnt 7:1974, 1–25; *E. Rawson*, BSR 43:1975, 36–47; *Gruben*, Tempel[4], 1986, 230–236; *Müller*, Architekten, 1989, 150–153; *R. Tölle-Kastenbein*, Das Olympieion in Athen, Köln 1994. W. Müller

Cossutius, *Marcus* (Κοσσούτιος, Μάρκος), aus Aphrodisias, freigelassener Bildhauer der frühen Kaiserzeit. Nur bek. durch seine Sign. auf einer auf Paros gefundenen Marmorbasis (IG, XII. 5, 1049). Nichts weist darauf hin, daß er mit → Cossutius Cerdo, Marcus, oder → Cossutius Menelaos, Marcus, ident. ist. Gemeinsam ist allen drei wahrsch. nur, daß sie Freigelassene aus der Fam. eines Marcus Cossutius sind. ▭ ThB7, 1912 (s. v. Cossutius Cerdo). RE, Suppl. V, 1931 (s. v. Cossutius 3a); EAA II, 1959. – *Lippold*, Kopien, 1923, 36; *Squarciapino*, Afrodisia, 1943, 13, Nr 8; p. 19; *E. Rawson*, BSR 43:1975, 39–40. R. V.

Cossutius Cerdo, *Marcus* (Κοσσούτιος Κέρδων, Μάρκος), röm. Bildhauer, Freigelassener, in der 1. H. 1. Jh. v. Chr. tätig. Nur bek. durch Sign. (IG, XIV, 1249a-b) auf zwei Marmorstatuen des Pan aus der 1775 von Hamilton entdeckten Villa am Monte Cagnolo b. Lanuvium/Italien (heute London, BM, Inv. Nrn 1666 und 1667). Arnold (1969, 247 s.) nimmt aus stilist. Gründen an, daß die eine Statue (BM, Inv. Nr 1667, aus par. Marmor; Arnold, 1969, 247, Nr 2, Taf. 2b; Neudecker, 1988, 163, Nr 21. 18; Vorster, Polykletforsch., 1993, 194 s., 204, Nr 3; p. 213, Abb. 9–12; Marquardt, 1995, 139 s., Nr 8, Taf. 18, 2) um 100 v. Chr. und die and. (BM, Inv. Nr 1666, aus pentel. Marmor: Arnold, 1969, 247 s., Nr 3, Taf. 2a; Neudecker, 1988, 162, Nr. 21. 12; Vorster, Polykletforsch., 1993, 197, 202, 204, Nr 2; p. 212, Abb. 5–8; p. 216, Abb. 20; Marquardt, 1995, 139, Nr 7, Taf. 18, 1) in augusteische Zeit zu datieren sind und die letztere nur die Meistersign. der ersteren übernommen hätte. Dies würde auch erklären, warum beide aus versch. Marmor gearbeitet worden sind. Weiterhin wurden beide Londoner Skulpt. mit and. Plastiken (Arnold, 1969, 48–64, 247–252, Nrn A 1 – A 16; Vorster, Polykletforsch., 1993, 193–219, Nrn 1–28, Abb. 1–33; Vorster, Vatikan, 1993, 48–53; Marquardt, 1993, 136–164, Nrn 1–36), bes. dem Leidener Pan (Leiden, Rijksmus. van Oudheden PB 98: Arnold, 1969, 249, Nr 8, Taf. 1b; Vorster, Polykletforsch., 1993, 196, 204, Nr 1; 211, Abb. 1–4; Marquardt, 1993, 138–139, Nr 6; J. Boardman, LIMC VIII, 1997, 926, Nr 47*, s.v. Pan), verbunden und oft als Kopien eines Werkes von um 410 v. Chr. angesehen (so z.B. Arnold, 1969, 48–64). Vorster (Polykletforsch., 1993, 202 s.; Vatikan, 1993, 50 s.) schlug aber überzeugend vor, daß alle Statuen auf eine späthellenist.-röm. Neuschöpfung zurückzuführen sind, die von C. selbst geschaffen worden ist. C. muß somit zu den bedeutenden Künstlern der 1. H. des 1. Jh. v. Chr. gerechnet werden. Er kann nicht mit dem in augusteischer

Zeit tätigen → Cossutius, Marcus, aus Aphrodisias ident. sein, dessen Sign. sich auf einer auf Paros gefundenen Marmorbasis befindet. ▭ ThB7, 1912. RE IV. 2, 1901 (s. v. C. 3); EAA II, 1959; LAW 1965. – *Lippold*, GrPl, 1950, 166, Anm. 8; *Arnold*, Polykletnachfolge, 1969, 48–64., 247 s.; *E. Rawson*, BSR 43:1975, 39; *R. Neudecker*, Die Skulpturenausstattung röm. Villen in Italien, Mainz 1988, 162 s., Nrn 21. 12 und 21. 18; *C. Vorster*, in: Polykletforsch., *H. Beck/P. C. Bol* (Ed.), B. 1993, 193–219; *ead.*, Vatikan. Mus., Mus. Gregoriano Profano ex Laterense, Kat. der Skulpt. II. 1, Mainz 1993, 48–53; *N. Marquardt*, Pan in der hellenist. und kaiserzeitl. Plastik, Bonn 1995, 136–164.
R. V.

Cossutius Don[...], *Marcus* (Κοσσούτιος Δον[...], Μάρκος), Freigelassener, möglicherweise röm. Bildhauer der späten Republik oder frühen Kaiserzeit. Er weihte zus. mit *Valerius Antiochus, L.*, einen mit halbnackten Figuren geschmückten Dreifuß aus Marmor (ehem. Pisa und Florenz), auf dem sie sich als marmorari bezeichnen (CIL, XI, 1415). Da diese Benennung oft für Marmorbildhauer in röm. Zeit verwendet worden ist, ist es wahrsch., daß auch diese beiden Personen Bildhauer waren (vgl. dazu EAA IV, 1961 [s.v. Marmorarius]). ▭ *Calabi Limentani*, Studi, 1958, 163, Nr 83; *E. Rawson*, BSR 43:1975, 41. R. V.

Cossutius Epaphroditus, *C.*, Freigelassener, möglicherweise röm. Bildhauer der 2. H. 1. Jh. n. Chr. Nur bek. durch eine Inschr. aus Rom von 79 n. Chr. (CIL, VI, 597), nach der C. einen Altar des Silvanus marmoravit und eine Statue, eine Aedicula und einen Altar des Hercules restaurierte oder restaurieren ließ. Rawson zweifelte mit Recht an, ob das hier verwendete Verb „marmoravit" unbedingt C. als Bildhauer nachweist. Er könnte genausogut der Stifter gewesen sein. ▭ EAA IV, 1961 (s.v. Marmorarius). – *Calabi Limentani*, Studi, 1958, 159 s., Nr 52; *E. Rawson*, BSR 43:1975, 41. R. V.

Cossutius Menelaos, *Marcus* (Κοσσούτιος Μενέλαος, Μάρκος), Freigelassener, röm. Bildhauer der frühen Kaiserzeit. Seine Sign. (IG, XIV, 1250) befand sich auf den Falten der Chlamys einer Marmorstatue, die ehem. in der Villa Borghese in Rom aufbewahrt worden ist (heute verschollen). Wahrsch. ident. mit *Menelaos*, Schüler von → Stephanos (I), signierenden Meister (IG, XIV, 1251) der in die frühe Kaiserzeit zu datierenden ludovis., sog. Orest-Elektra-Gruppe (Rom, MN Romano; BrBr, 309; EA, 258–261; B. Palma, in: Giuliano, MusNazRom, I. 5, 1983, 84–89, Nr 35; zu den versch. Deutungen der dargestellten Personen siehe V. Machaira, LIMC VII, 1994, 71, Nr 6*, s.v. Orestes). C. gehört damit als Schüler von → Stephanos (I), der seinerseits Schüler von → Pasiteles ist, zur bedeutenden pasitel. Schule, die sich v.a. durch die Gruppenplastiken auszeichnet, zu der auch die Menelaosgruppe als späteste zu zählen ist. Lippold (RE und GrPl) und ihm folgend Borda (1953) verband die Gruppe außerdem stilist. mit den Marmorstatuen zweier Mädchen (Rom, Villa Doria Pamphilj: BrBr, 633–634; Borda, 1953, 103–108, Abb. 22–24; B. Palma, in: Antichità di Villa Doria Pamphilj, ed. R. Calza, R. 1977, 91, Nr 112, Taf. 70; und Villa am Vesuv: G. E. Rizzo, in: Antike Plastik, Festschr. Walther Amelung, B. und L. 1928, 191–200, Abb. 1–3, Taf. 1; Borda, 1953, 110) und eines Jünglings (Rom, Pal. Doria: EA, 2273–2278; Borda, 1953, 107–110, Abb. 25–27) und den Marmorköpfen zweier Jünglinge (Kopf Mattei, Rom, MN Romano: EA, 3234–3235; Borda, 1953,112–114, Abb. 29; und St. Petersburg, Ermitage W 477: Waldhauer, Skulpt II, 1931, 50 s., Abb. 52–53, Taf. 41; Borda, 1953, 110–112, Abb. 28) und eines Mädchens (Rom, Mus. Borghese: EA, 3234–3235; Borda, 1953, 113–115, Abb. 30–31). ▭ ThB7, 1912; 24, 1930 (s. v. Menelaos). RE XV. 1, 1931 (s. v. Menelaos 18); EAA II, 1959; LAW, 1965. – *Lippold*, Kopien, 1923, 36; *Lippold*, GrPl, 1950, 386; *M. Borda*, La scuola di Pasiteles, Bari 1953, 93–117; *E. Rawson*, BSR 43:1975, 39; *K. Kell*, Form-Unters. zu spät- und nachhellenist. Gruppen, Saarbrücken 1988, 93. R. V.

Cossutius Zeuxis, *Marcus* (Κοσσούτιος Ζεῦξις, Μάρκος), Freigelassener vom E. des 1. Jh. n. Chr. Nur bek. durch eine Inschr. vom Forum Iulium in Rom (R. Paribeni, NSc 11:1933, 431, Nr 33 mit Abb.). Rawson (1975) schlug vor, ihn mit einem Bildhauer gleichzusetzen, der eine sitzende Dichterstatue aus Marmor (aus Rom, heute New York, Metrop. Mus., Inv. Nr 09. 221. 4: Richter, MetrMusSculpt, 1954, 99–100, Nr 190, Taf. 133; ead., Portraits, II, 1965, 251, Abb. 1680) mit → Zeuxis (II) sign. hat, die nach einem Orig. des 2. Jh. v. Chr. geschaffen worden ist. Da diese Kopie jedoch stilist. eher ins 1. Jh. v. Chr. dat., muß die These von Rawson (1975) zurückgewiesen werden. Ebensowenig läßt sich die Ansicht von Paribeni (ibid.) beweisen, daß C. ein Künstler gewesen sei, nur weil er den Beinamen eines berühmten Malers (→ Zeuxis [I]) trägt. ▭ ThB36, 1947 (s.v. Zeuxis). EAA VII, 1966 (s.v. Zeuxis 2); RE X. A, 1972 (s.v. Zeuxis 2). – *E. Rawson*, BSR 43:1975, 40.
R. V.

Crat[...],, röm. Goldschmied, im 1. Jh. n. Chr. in Rom tätig. Nur bek. durch seine Grab-Inschr. aus

Rom (heute Rom, Villa Doria Pamphilia; CIL, VI, 9205). 🕮 EAA I, 1958 (s.v. Aurifex). R. V.

Craterus → Krateros (III)

Crescens → Aemilius Crescens

Crescens (I), röm. Mosaizist, um 300 n. Chr. in Rom tätig. Nur bek. durch eine Marmortafel von der Via Appia bei Rom (heute Vatikan. Mus.). C. wird hier explizit als vermiculatore bez., also als Setzer von Mosaiken in opus vermiculatum, bei denen die verwendete Steinchengröße maximal 3 mm betrug. C. war folgl. in der Herstellung der teuersten und feinsten Mosaiken spezialisiert. 🕮 *M. Buonocore*, ZPE 52:1983, 199 ss., Taf. 6 c; *Donderer*, Mosaizisten, 1989, 89, Nr A 53, Taf. 32. R. V.

Crescens (II), Steinschneider oder Besitzer einer Gemme unbestimmter Zeit. Griech. eingetragener Name in Nominativ (KPH[.]KH[.]) auf einer Gemme der ehem. Slg Poniatowsky mit Darst. einer Frau mit Lyra. Unklar ist, ob die Inschr. den Steinschneider oder den Besitzer meint; die Gemme dürfte nicht antik sein. 🕮 ThB8, 1913. RE IV. 2, 1901 (s.v. C. 5). W.-R. Megow

Crispius Reburrus, *Titus*, röm. Architekt kelt. Herkunft, in der 2. H. 1. Jh. n. Chr. in Nîmes tätig. Nur bek. durch zwei Inschr. aus einem Kellergewölbe des Amphitheaters in Nîmes (CIL, XII, 3315), die ihn zumindest als Architekten dieses Teils des Bauwerkes belegen. 🕮 *J.-C. Golvin*, L'amphithéâtre romain, P. 1988, 189; *Donderer*, Architekten, 1996, 217–219, Nr A 111, Taf. 39, 2. R. V.

Critonius Dassus, *Q.*, Freigelassener, röm. Toreut. Nur bek. durch seine Grab-Inschr. aus Rom (heute Vatikan, Gall. lap., Off. 1: CIL, VI, 9824), in der er als Hersteller von Vasen bez. wird. 🕮 *Calabi Limentani*, Studi, 1958, 170, Nr 150. R. V.

Cronius → Chronios

Ctesias → Ktesias

Ctesicles → Ktesikles (I)

Ctesidemus → Ktesidemos

Ctesilochus → Ktesilochos

Cupitus, röm. Mosaizist, in der 2. H. des 3. Jh. n. Chr. in Tacherting/Deutschland tätig. Nur bek. durch seine Sign. auf einem Mosaik mit geometr. Mustern aus Tacherting (heute zerst.). 🕮 *K. Parlasca*, Die röm. Mosaiken in Deutschland, B. 1959, 106 s., Taf. 14, B 3; *Donderer*, Mosaizisten, 1989, 89, Nr A 54. R. V.

Cuppienus Terminalis, *Gaius*, röm. Architekt, in der 1. H. 2. Jh. n. Chr. tätig. Bek. durch eine Stifter-Inschr. aus Lucrezia/Pesaro (heute Fano, MCiv.: Donderer, 1996, 219–221, Nr A 112, Taf. 40) und seiner Grab-Inschr. aus Fossombrone (heute Fossombrone, MCiv.: A. Vernarecci: CIL, VI, 16613; XI, 6142; Donderer, 1996, 221 s., Nr A 113, Taf. 41, 1). Nach der Stifter-Inschr. war er zunächst als Militärarchitekt zum Leiter einer Pionierabteilung aufgestiegen, dann Kommandeur der 3. Bracarer-Auxiliarkohorte in Syrien und später evtl. wieder als Architekt in Italien. 🕮 *Donderer*, Architekten, 1996, 219–222, Nrn A 112 – A 113, Taf. 40; 41, 1. R. V.

Cuspius Pausa, *C.*, röm. Goldschmied, im 1. Jh. n. Chr. in Pompeji tätig. Nur bek. durch eine Inschr. auf einer Wand des Gebäudes der Eumachia in Pompeji (CIL, IV, 710), in der C. um die Gunst der Wähler zum Vorstand der lokalen Goldschmiedevereinigung, der „universitas aurifiorum", wirbt. R. V.

Cylinus → Kylinos

Cyrus (Κύρος), röm. Architekt griech. Herkunft, † 52 v. Chr. (Cic., mil., 46–48), seit 60 v. Chr. häufig für Cicero (Cic., Att., 2, 3, 2; 4, 11 [10], 2) und seinen Bruder Quintus (Cic., ad Q. fr., 2, 2, 2) und später für P. Clodius (Cic., mil., 46–48) tätig. 60 v. Chr. von Cicero beauftragt, architekton. Ern. an einer seiner Villen vorzunehmen, wie uns durch Passagen aus zwei Briefen Ciceros an Atticus (Att., 2, 3, 2; 2, 3) bek. ist, in denen Cicero u.a. versucht, seinem Freund, der diese Villa in Abwesenheit von Cicero besucht hat, zu erklären, warum die Fenster absichtl. im Verhältnis zu den Wänden so schmal seien. Er begründet es damit, daß dadurch, wie ihm C. gezeigt hätte, das Durchscheinen der Gartenanlagen schöner wirke und dies genau mathemat. im Sinne der Sehweise des C., der „Kyropädie", berechnet worden wäre, die sich, wie Balensiefen (1994, 304–319) überzeugend dargelegt hat, auf die Augenstrahlentheorie des Euklid beruft. Die in der Lit. so umstrittene Stelle belegt somit, welche große Rolle Aus- und Durchblicke im Bezug auf die Blickachse des Betrachters bei dem Bau von Häusern gespielt haben kann (siehe dazu auch F. Jung, AntK 27:1984, 71–122) und dabei versch. Sehtheorien zum Tragen kommen konnten, wie die von C. hier angewendete. Ob sich die Villa in der Umgebung von Arpinum befunden hat und mit der Anlage das rätselhafte „Amaltheum" gemeint war, muß offen bleiben (dazu Neudecker, 1988, 9–11; Balensiefen, 1994, 303). 56 v. Chr. erledigte C. für Cicero Bauarbeiten an der Villa in Antium (Cic., ad Q. fr., 2, 8) und 55 an zwei weiteren Stellen (Cic., ad Q. fr., 2, 5, 1; Cic., Att. 4, 11 [10], 2). 56 v. Chr. arbeitete er für Ciceros Bruder Quintus (Cic., ad Q. fr., 2, 2, 2). ⊡ ThB8, 1913.; ThB22, 1928 (s.v. Kyros). RE XII. 1, 1924 (s. v. Kyros 7); EAA IV, 191 (s. v. Kyros). – *R. Neudecker*, Die Skulpt.-Ausstattung röm. Villen in Italien, Mainz 1988, 9–11; *L. Balensiefen*, JdI 109:1994, 301–319; *Donderer*, Architekten, 1996, 56. R. V.

D

Daedalsa → Doidalsas

Daemon → Daimon

Daidalos (I) (Δαίδαλος; etrusk. Taitle; lat. Daedalus), myth. att. Bildhauer, Baumeister, Erfinder, Verfertiger von kunsthandwerkl. Gegenständen und Handwerker, tätig in Athen, Kreta, Unteritalien und Sizilien. In der Antike verschmolz er aber auch mit einem dem 7. Jh. v. Chr. zugeordneten aktiven Künstler, dessen Existenz allerdings nicht belegt ist. Der Name D. gehört zu einer bereits in den Homerischen Epen vorkommenden Wortbildung um das griech. Verb δαιδάλλειν, welches im Zusammenhang mit Kunstwerken bzw. der feinen und kunstreichen Bearbeitung von Gegenständen gebraucht wird (Frontisi-Ducroux, 1970, 283; vgl. die größer angelegte linguist.-semant. Studie in: ead., 1975, 27–82). Daß D. als Anthroponym schon in den Linear B-Texten, möglicherweise sogar im Ugarit zu finden ist, scheint sich zu verdichten (Morris, 1992, 73 ss., mit neuerer Lit.). Zahlr. antike Überlieferungen ranken sich um Leben und künstler. Schaffen des D. Von Geburt Athener, entstammt er dem altatt. Königsgeschlecht der Metioniden, welches genealog. mit dem myth. att. Urkönig Erechtheus verbunden worden ist. Nach der gängigsten Version soll sein Vater Metion, Sohn des Erechtheus, und seine Mutter Iphinoe gewesen sein. And. Genealogien nennen als Eltern des D. Eupalamos, Sohn des Metion, und Alkippe oder Phrasimede oder Metiadousa, als Vater auch Palamaon oder Euphemos. Seinen durch sein Schicksal berühmt gewordenen Sohn Ikaros soll ihm Naukrate, eine Sklavin des kret. Königs Minos, geboren haben. Darüber hinaus wurden künstl. Familien- und Schulzusammenhänge konstruiert, die → Dipoinos und → Skyllis zu seinen Söhnen und Schülern werden ließen (Paus., 2, 15, 1). Noch → Endoios (Paus., 1, 26, 4) und → Klearchos von Rhegion (Paus., 3, 17, 6) werden als seine Schüler bez., was jeglicher hist. Plausibilität entbehrt. In Athen geht der Demos *Daidalidai* auf den Namen des D. zurück, dessen Einwohner sich wohl hauptsächl. aus Handwerkern zusammensetzten (Diod., 4, 76, 7; Overbeck, SQ, 1868, Nr 88). Retrospektiv wurden D. von antiken Autoren viele Kunstwerke zugeschrieben. Mit seiner Heimatstadt Athen wird jedoch ledigl. ein von ihm gearbeiteter, im Erechtheion gew. Klappstuhl in Verbindung gebracht (Paus., 1, 27, 1). Aus Athen mußte D. bald fliehen oder wurde vom Areopag verbannt, weil er seinen jugendl. Neffen und Schüler → Talos (oder → Kalos oder Perdix) aus Neid auf dessen größeres künstler. Talent von der Akropolis gestürzt hat (Hellanikos, FGrH, 323a, F 22; Diod., 4, 76, 4–7; Apollod., bibl., 3, 1, 4; 15, 9; Paus., 1, 21, 4; 7, 4, 5). Aufnahme fand er b. König Minos in Kreta, wo er nicht nur durch das Verfertigen von hölzernen Götterbildern zu großem Ruhm gelangte (Paus., 7, 4, 5; 8, 53, 8) – mit Namen gen. sind die Holzbilder der Athena in Knossos (Paus., 9, 40, 3; Floren, GrPl, 1987, 120, Anm. 9) sowie der Britomartis in Olus (Paus., 9, 40, 3; Overbeck, SQ, 1868, Nr 109) –, sondern als Universalkünstler seine Geschicklichkeit und seinen Einfallsreichtum in vielfacher Hinsicht unter Beweis stellte. Folgende Werke sind auf Kreta untrennbar mit seinem Namen verbunden: der *Choros* (Overbeck, SQ, 1868, Nrn 110–115), dessen eigentl. Bedeutung bis heute umstritten ist. Nach Homer (Il., 18, 590–592) scheint es sich um einen Tanzplatz für Ariadne, also um ein architekton. Werk, zu handeln, während Pausanias (9, 40, 3) präzise vom „Reigen der Ariadne, ... in Relief auf Marmor", also einem Bildwerk, spricht (vgl. die Diskussion in RE IV. 2, 1901, 1998 s.); die hölzerne Kuh, in der sich die Minos-Gattin Pasiphae mit dem von Poseidon gesandten Stier vereinen konnte und schließl. das Labyrinth für den bei dieser widernatürl. Verbindung gezeugten Stiermenschen, den Minotauros (Diod., 4, 77, 1–5; Apollod., bibl., 3, 9–11). Das Labyrinth wurde für D. und seinen Sohn Ikaros letztl. selbst zum Gefängnis (Apollod., epit., 1, 12). Der Kreterkönig ließ die beiden darin einsperren, sei es, weil D. der Pasiphae Hilfe geleistet hatte oder weil er der Minos-Tochter Ariadne das Garnknäuel gegeben hatte, mit dessen Hilfe Theseus nach der Tötung des Minotauros wieder aus dem Labyrinth herausfinden konnte. Für die eigene Flucht aus dem Labyrinth fertigte D. für sich und seinen Sohn Flügel an. Ikaros kam jedoch der Sonne zu nahe, das Wachs seiner Flügel schmolz, und der D.-Sohn stürzte in das seither nach ihm benannte Ikarische Meer (Apollod., epit., 1, 12–13; Hyg., fab., 40; Ov., met., 8, 183–235). Diodor

(4, 77, 6) beschreibt in rationalisierender Weise die Flucht aus Kreta mittels Schiff, und Pausanias (9, 11, 4–5) schreibt D. gar die Erfindung des Schiffsmastes zu. Aber auch hier stirbt Ikaros jeweils durch einen Unfall. Sein Vater hingegen konnte sicher in Sizilien, auf dem Territorium, über das der König Kokalos herrschte, landen, wo Minos ihn jedoch bald aufspürte. Um der Rachsucht des Minos ein Ende zu setzen, ermordeten die Töchter des Kokalos den Kreterkönig (Hdt., 7, 170; Soph., Kamikoi; Apollod., epit., 1, 12–15). Auf Sizilien werden D. u.a. Architekturwerke und techn. Errungenschaften zugeschr.: ein Staubecken (*Kolymbethra*), das wohl die Fluten des Flusses Alabon nahe Megara kontrollierte; die warmen Bäder b. Selinunt; die Befestigung von Kamikos bei Akragas, die als uneinnehmbar galt und ein Unterbau für den Tempel der Aphrodite auf dem Berg Eryx. Für die Göttin fertigte er überdies eine außerordentl. feine, goldene Honigscheibe (Diod., 4, 78). Pausanias erw. noch ein von D. gearbeitetes Götterbild, das aus Omphake nach Gela gebracht und im Laufe der Zeit verschwunden ist (Paus., 8, 46, 2; 9, 40, 4). Nach einer and. Version gelangte D. nach seiner Flucht aus Kreta zuerst an die Küste von Cumae, wo er den Tempel des Apollon stiftete und dessen Tore mit Darst. aus der kret. Mythologie kunstvoll gestaltete (Verg., Aen., 6, 9–44). Neben diesen bisher gen., mit D.s Hauptwirkungsorten in Verbindung stehenden Werken werden dem Künstler noch eine Reihe weiterer Schöpfungen zugeschr., von denen Pausanias (9, 40, 3–4) einige aufzählt: in Böotien ein Xoanon des Herakles in Theben (vgl. Paus., 9, 11, 4–5) und ein Kultbild des Trophonios in Lebadeia (vgl. Paus., 9, 39, 8); auf Delos ein nicht großes Xoanon der Aphrodite (Floren, GrPl, 1987, 120, Anm. 11, mit Lit.) und ein zu Pausanias' Zeit bereits verschollenes Holzbild im Heraion von Argos (Floren, GrPl, 1987, 120, Anm. 16, mit Lit.). In Buch 2, 4, 5 spricht Pausanias noch von einem Xoanon des nackten Herakles in Korinth und in Buch 8, 35, 2 von einer Heraklesstatue an der arkad.-messen. Grenze; eine ebensolche erw. auch Apollod., bibl., 2, 6, 3 im elischen Pisa. Während die bisher aufgeführten Werke zumindest von antiken Autoren mit Bestimmtheit der Hand des D. zugeschr. wurden, ist dies bei den folgenden eher zweifelhaft bzw. abzulehnen: Bei einem von Skylax (GGM, I, 1855, 93) angesprochenen Altar des Poseidon in N-Afrika handelt es sich vielmehr um eine karthag. Stiftung (Hanno, peripl., 4) als um ein Œuvre des D. Auf den Bernsteininseln soll es zwei Bildsäulen des D. und Ikaros gegeben haben (Steph. Byz., s.v. Elektrides), ders. scheint (Steph. Byz., s.v. Monogissa) eine Artemis(?)-Statue zu Monogissa in Karien zu erwähnen. Zur Basis mit Inschr. aus Halikarnassos → D. (II). Vom Ende des D. ist wenig bekannt. Nach einer späten Quelle soll er in Lykien am Biß einer Schlange ums Leben gekommen sein (Alex. Polyh. b. Steph. Byz., s.v. Daidala). Jeder Versuch, ein stilgeschichtl. künstler. Gesamtbild des D. erstellen zu wollen, scheitert von vornherein am Problem der Historizität des D. Die dem Künstler von antiken Autoren rückblickend zugeschr. Werke verschiedenster Art stehen für die große Spannbreite seiner ihm zugeordneten Fähigkeiten. Nicht wenige antike Überlieferungen geben – im Sinne von Bakchyl., dith., 26, der D. als allergeschicktesten Handwerker beschreibt – eine ähnliche allg. Charakterisierung seines Genies und seines Kunstschaffens wieder. Daher ist es nur log., wenn ihm auch die für sein Schaffen notwendigen Grundlagen, näml. die Erfindung von Werkzeugen, wie der Säge, der Axt, des Lots, des Bohrers und auch des Fischleims, zugewiesen wird (Plin., nat., 7, 198). Als Bildhauer fertigte D. hauptsächl. die ins 7. Jh. einzuordnenden Xoana und Agalmata, was zeitl. mit der Entstehung der griech. Großplastik korrespondiert. Ein neuzeitl. archäol. Terminus bez. die Plastik etwa der 2. H. des 7. Jh. v. Chr. als „dädalisch". Den Statuen, die D. geschaffen hat, wird besondere Lebendigkeit bescheinigt. D. habe als erster Statuen mit geöffneten Augen, auseinandergesetzten Beinen und vom Körper gelösten Armen gefertigt. Spätere Generationen sollen über sie gesagt haben, sie hätten sehen, sprechen und gehen können (Diod., 4, 76).

▭ ThB8, 1913. ML I. 1, 1884–86; RE IV. 2, 1901; EAA III, 1960 (s.v. Dedalo); KlP I, 1964; LAW, 1965; LIMC III, 1986 (s.v. D. et Ikaros; mit Lit.); DA VIII, 1996; DNP III, 1997 (mit Lit.). – *Overbeck*, SQ, 1868, Nrn 74–142; *Brunn*, GGK I, 1889, 11 ss.; *I. Toepffer*, Att. Genealogie, B. 1889, 164 ss.; *A. Rumpf*, BJb 135:1930, 74–83; *Lippold*, GrPl, 1950, 18 ss.; *G. Becatti*, La leggenda di Dedalo, RM 60/61:1953/54, 22–36; *B. Schweitzer*, Zur Kunst der Antike. Ausgewählte Schr., I, ed. *U. Hausmann*, Tb. 1963, 127 ss.; *H. Philipp*, Tektonon Daidala, B. 1968; *F. Frontisi-Ducroux*, Rev. hist. 243:1970, 281–296; *ead.*, Dédale. Mythologie de l'artisan en Grèce ancienne, P. 1975; *J. Boardman*, in: Proceedings of the fourth Nat. Cretological Congr. (Herakleion 1976), vol. A I, At. 1980, 43–47; *Burford*, Künstler, 1985, 234 ss. et passim; *Floren*, GrPl, 1987, 120 s., 236 s.; *Pollitt*, GreeceSources[2], 1990, 13–15; *Stewart*, Sculpture, 1990; *S. P. Morris*, D. and the origins of Greek art, Pr. 1992; *T. Gantz*, Early Greek myth, Baltimore/Lo. 1993, 260–264, 273–275. D. V.-G.

Daidalos (II), griech. Erzgießer aus Sikyon, Sohn und Schüler des → Patroklos (I) (Paus., 6, 3, 4; CIG, 2984), tätig in der 1. H. 4. Jh. v. Chr. Sein Schaffen ist uns ledigl. durch lit. und epigraph. Quellen überliefert. Danach zeichnete er sich v.a. durch seine Athletenstatuen für Olympia und Delphi aus. Sein frühestes zu datierendes Werk war ein in Olympia aufgestelltes Anathem für Timon (Paus., 6, 2, 8; Overbeck, SQ, 1868, Nr 989; Herrmann, 1988, 152, Nr 17), der 400 v. Chr. das Wagenrennen mit dem Viergespann gewonnen hatte, und für den im gleichen Jahre im Knabenreiten siegreichen Aigyptos, des Sohnes des Timon (Paus., 6, 2, 8; Herrmann, 1988, 152, Nr 18). Auch in den folgenden Jahren kreierte er Siegerstatuen für Olympia und zwar für Eupolemos, der 396 v. Chr. im Stadionlauf gewonnen hatte (Paus., 6, 3, 7; 8, 45, 4; Overbeck, SQ, 1868, Nr 990; Herrmann, 1988, 153, Nr 28), für Aristodemos, der 388 v. Chr. im Ringkampf als Sieger hervorging (Paus., 6, 3, 4; Overbeck, SQ, Nr 987; Herrmann, 1988, 153, Nr 25) und für Narykidas, den Sohn des Damaretos aus Phygalia, der 384 v. Chr. im Ringkampf erfolgreich war (Paus., 6, 6, 1), von dessen Basis drei Fragm. gefunden worden sind (Marcadé, 1953, 23). Seine letzten datierbaren Plastiken waren die Statuen des Arkas (A. D. Trendall, LIMC II, 1984, 610, Nr 8, s. v. Arkas) und der Nike (A. Goulaki-Voutira, LIMC I, 1992, 864, Nr 146, s. v. Nike), deren Basis entdeckt worden ist (E. Bourguet, FDelphes, III. 1, 1910, 8, Nrn 5–6), am Weihgeschenk der Arkader in Delphi, das kurz nach dem Sieg der Tegeaten über die Spartaner von 370/369 v. Chr. errichtet worden ist (Paus., 10, 9, 5–6). Die Standspuren des Arkas auf der Basis zeigen, daß der Ballen des Spielbeines ein beachtl. Stück seitl. und nach hinten gerückt ist. Das Spielbein öffnet den Raum weiter, als es vorher in der Plastik übl. war, und bildet somit eine Vorstufe zu den Skulpt. des → Lysippos (I). Die Nike wurde immer wieder mit einer kleinen, röm. Bronzestatuette vom E. des 1. Jh. n. Chr. aus Lyon (Lyon, Mus. de la Civilisation Gallo-romaine, Inv. Nr Br 67) in Verbindung gebracht (W. Amelung, GazArch 2:1876, 175 ss.; E. Langlotz, JdI 61/62:1946/47, 102, 104; Picard, Manuel, III. 1, 1948, 280 s., Abb. 95; Linfert, 1990, 282 s., Abb. 162; Todisco, 1993, 55 Taf. 65). Doch muß diese Annahme wegen fehlender konkreter Anhaltspunkte als rein hypothet. angesehen werden. Arnold (1969, 171 s., Anm. 611) wies bereits auf die nicht in die Zeit des D. passende Struktur, Raumauffassung und Faltengebung der Bronzestatuette in Lyon hin. Ein von D. geschaffenes Tropaion der Eleer in Olympia, das an einen Sieg gegen die Spartaner erinnern sollte, ist in der Dat. umstritten, auch wenn Pausanias (3, 8, 3 ss.) es auf die Konflikte von 400 v. Chr. bezog. Möglicherweise trug noch eine and. Basis aus Olympia eine Athletenstatue (Marcadé, 1953, 23). Weiterhin wurden noch Fragm. einer von D. sign. Basis für eine Siegerstatue in Delphi gefunden, die Taureos oder dessen Sohn ehrte (Th. Homolle, BCH 23:1899, 381 s.; Marcadé, 1953, 22). Bei einer von ihm sign. Basis in Ephesos kann nicht gesagt werden, welche Art von Statue darauf stand (Marcadé, 1953, 24). Trotzdem wurde sie immer wieder mit einer der beiden von Plinius (nat., 34, 76) erw. Statuen von sich mit einer Strigilis reinigenden Knaben (pueros duos destringentes se fecit) in Verbindung gebracht, weil man im Gymnasion bei den Hafenthermen in Ephesos eine Bronzestatue eines Strigilisreinigers (Wien, Kunsthist. Mus., Inv. Nr VI 3168; Arnold, 1969, 269, Nr 1, Taf. 20, c; 24 b; Linfert, 1990, 278 s., Abb. 155–156; Todisco, 1993, 54, Taf. 58) fand, die zus. mit einer Reihe weiterer Kopien und Umbildungen auf ein um 360–350 v. Chr. geschaffenes Orig. zurückgehen. Die Bronzestatue aus Ephesos stand jedoch sicherl. nie auf der mittlerweile verschollenen Basis mit der Sign. des D. und war zudem eine röm. Kopie, während die Basis in das 4. Jh. v. Chr. dat. werden konnte. Eine Zuschr. dieses Typs an D. muß daher zurückgewiesen werden. Nur wegen dieser Hypothese wurde dann aber auch ein Ölgießertypus (Replikenliste bei Arnold, 1969, 273, Nr L IV. Typus Turin-Braccio Nuovo 1–6; Linfert, 1990, 278–279, 376, Abb. 230–231) als Werk des D. angesehen und in diesem die and. von Plinius gen. Plastik erkannt, obwohl Plinius ausdrückl. von zwei sich mit einer Strigilis reinigenden Knaben spricht. Auch diese Zuordnung an D. muß daher abgelehnt werden. Das gleiche gilt auch für die daraus resultierenden zusätzl. Zuschr. an D. von drei Statuentypen des Herakles (- a.) Typus Herakles Pitti: Marmorstatue, Florenz, Pal. Pitti; EA, 228–230; O. Palagia, LIMC IV, 1988, 746, Nr 291, s. v. Herakles [hier Typus Herakles Albertini]; Linfert, 1990, 281, Nr 1; Todisco, 1993, 54–55, Taf. 61; – b.) Typus Herakles Brigetio: Bronzestatuette, Wien, Kunsthist. Mus., Inv. Nr VI 2722; Palagia, ibid., 759–760, Nr 619*, s.v. Herakles; Linfert, 1990, 282, Nr 2, Abb. 161; Todisco, 1993, 54–55, Taf. 62; – c.) Typus Herakles Landsdowne: Marmorstatue, Malibu, Getty Mus., Inv. Nr 70. AA. 109; Palagia, ibid., 762, Nr 659*, s.v. Herakles; Linfert, 1990, 282, Nr 3) und des Typus der Artemis Colonna (- a.) Marmorstatue der Artemis Colonna, Berlin, SMPK, Antiken-Slg, Inv. Nr Sk. 59; Linfert, 1990, 282, 611 s., Kat. Nr 137 mit Abb.; Todisco, 1993, 55, Taf. 64; – b.) Marmortorso, Rom, MN Romano, Inv. Nr 107682; Linfert, 1993, 282, 612 s., Kat. Nr 138 mit Abb.; – c) Marmortorso, Paris, Louvre, Inv. Nr Ma 2190; Linfert, 1993, 282, 612–614, Kat. Nr 139 mit Abb.). Eine viel später mit D. sign. Basis aus Halikarnassos soll viell. auch unseren Erzgießer meinen und würde dann von seinem Ruf in späteren Zeiten zeugen (Marcadé, 1953, 24). Trotz der Bedeutung des Künstlers im 4. Jh. v. Chr. können wir bis jetzt noch keine Statue wirkl. überzeugend mit D. in Verbindung bringen und daher seinen Stil nicht charakterisieren, auch wenn dies immer wieder versucht worden ist. ▭ ThB8, 1913. RE IV. 2, 1901; EAA II, 1959 (s.v. D. 1); KlP I, 1964; LAW, 1965 (s.v. D. 3); *Bénézit* III, 1976; DNP III, 1997. – *Lippold*, GrPl, 1950, 217; *Marcadé*, Signatures, I, 1953, 22–24; *Arnold*, Polykletnachfolge, 1969, 168–176; *H.-V. Herrmann*, Die Siegerstatuen von Olympia, Nikephoros 1:1988, 119–183; *A. Linfert*, in: Polyklet. Der Bildhauer der griech. Klassik (K Frankfurt am Main, Liebieghaus), ed. *H. Beck u.a.*, Mainz 1990, 278–283; *Todisco*, Scultura, 1993, 54–55. R. V.

Daidalos (III) cf. **Doidalsas**

Daidalos (IV), griech. Gemmenschneider, wohl tätig im 1. Jh. v. Chr. Nur bek. durch seine Sign. auf einem Intaglio mit dem Portr. eines Mannes (Paris, Cab. Méd., ehem. Slg de Clerq, Nr 2854). ▭ RE, Suppl. I, 1903 (s.v. D. 6); EAA II, 1959 (s.v. D. 2); KlP I, 1964; LAW, 1965 (s.v. D. 2). – *Furtwängler*, AG, III, 1900, 163; *A. de Ridder*, Coll. de Clerq, VII. 2: Les bijoux et les pierres gravées, P. 1911, Nr 2854, Taf. 20; *Richter*, EngrGemsGE, 1968, 16, 18, 168, Nr 675 mit Abb.; *Zazoff*, AG, 1983, 207, Taf. 54, 4. R. V.

Daïmenes (Δαιμένης), griech. Bildhauer, aus Oroanda/Pisidien, Sohn des Daïmenes, tätig im 2. oder 1. Jh. v. Chr. Bek. nur durch die Sign. auf einer nach der Inschr. in das 2./1. Jh. v. Chr. dat. Marmorbasis in Halikarnassos, die den Vatersnamen und (in einer abweichenden Namensvariante) die Herkunft aus der Oroandeis (zw. Pisidien und Isaurien in der heutigen Türkei) überliefert. Ob es eine Stadt dieses Namens gab, ist unsicher. Die Basis trug die Porträtstatue des Apollonpriesters Neon, Sohn des Aristeides, gew. von seinem Oheim Theodotos. Sowohl Stifter und Gelehrter sind durch weitere Inschr. bek. (vgl. Haussoulier, 1880, 397, Nr 4; p. 402, Nr 13). ▭ ThB8, 1913. RE IV. 2, 1901 (s.v. D. 2); EAA II, 1959; *Bénézit* III, 1976. – *B. Haussoulier*, BCH 4:1880, 401–402, Nr 12; *Loewy*, IGB, 1885, 218, Nr 205; *A. P. Čubova u.a.*, Antičnye mastera, Le. 1986, 125, Nr 273. H.-P. Müller

Daimon (Daemon; Demon), griech. Erzgießer unbek. Herkunft und Schaffenszeit, viell. in hellenist. Zeit tätig. Nur bek. durch Plinius (nat., 34, 87; Overbeck, SQ, 1868, Nr 2095), der ihn neben → Daïphron und → Damokritos (I) von Sikyon ohne Angabe der Schaffenszeit als Schöpfer von Philosophenstatuen erwähnt. ▭ ThB9, 1913 (s.v. Demon). – RE V. 1, 1903 (s.v. Demon 7); EAA II, 1959. – *Brunn*, GGK I, 1889, 526; *Picard*, Manuel, II, 1939, 637, Anm. 1; *A. P. Čubova u.a.*, Antičnye mastera, Le. 1986, 126, Nr 287. H.-P. Müller

Daïphron, griech. Erzgießer unbek. Herkunft und Schaffenszeit, viell. im Hellenismus tätig. Nur bek. durch Plinius (nat., 34, 87; Overbeck, SQ, 1868, Nr 2095), der ihn neben → Daimon und → Damokritos (I) von Sikyon ohne Angabe der Schaffenszeit als Schöpfer von Philosophenstatuen erwähnt. ▭ ThB8, 1913. RE IV. 2, 1901 (s.v. D. 3); EAA II, 1959. – *Brunn*, GGK I, 1889, 526; *Picard*, Manuel, II, 1939, 637, Anm. 1; *A. P. Čubova u.a.*, Antičnye mastera, Le. 1986, 126, Nr 293. H.-P. Müller

Daippos (Δάϊππος; Daippus), griech. Bildhauer, tätig A. 3. Jh. v. Chr., Sohn und Schüler des → Lysippos (I) aus Sikyon. Bek. durch Plinius (nat., 34, 87) als Schöpfer der Statue eines „Schabers" (griech. *perixyomenos*), d.h. eines Athleten, der sich nach dem Wettkampf mit dem Schabeisen (griech. *strigilis*) reinigt. Ein in zwei weiteren Stellen erw. *Laippos* könnte nach allg. Auffassung von Plinius verlesen und, wenn kein zweiter Künstler gleichen Namens angenommen werden soll, mit D. ident. sein. Danach war er neben → Boidas und → Euthykrates (I) einer der drei Söhne und Schüler des → Lysippos (I) von Sikyon (nat., 34, 66), wozu die Einordnung unter die Meister der 121. Olympiade (296–293 v. Chr.) paßt (nat. 34, 52). Mit dem Perixyomenos schloß D. an die Trad. des in der Vatikan. Kopie überlieferten Schabers (griech. *apoxyomenos*) seines Vaters an. Mit D. in Verbindung gebracht werden zwei von Pausanias in Olympia gesehene Athletenstatuen aus der Zeit wohl um 300 v. Chr.: die des Kallon von Elis, Sohn des Harmodios, Sieger im Knabenfaustkampf (Paus., 6, 12, 6; vgl. EAA VII, 1966, 484, Nr 81, s.v. statua), und die des Läufers Nikandros von Elis (Paus., 6, 16, 5; vgl. EAA VII, 1966, 484, Nr 80, s.v. statua). Ob eine der beiden Statuen mit dem *perixyomenos* in Verbindung zu bringen ist, läßt sich nicht entscheiden. Sicher dem D. zuzuschreibende Werke sind nicht bekannt. Die ältere Auffassung, im Vatikan. Schaber eine Kopie des *perixyomenos* zu sehen, setzte sich nicht durch. ▭ ThB8, 1913. RE IV. 2, 1901 (s.v. D. 3); EAA II, 1959; *Bénézit*

III, 1976. - *Overbeck*, SQ, 1868, Nrn 1516–1520; *Brunn*, GGK I, 1889, 407 s.; *M. Collignon*, Gesch. der griech. Plastik, II, Straßburg 1898, 443, 520; *Klein*, GGK, II, 1905, 360; *Ferri*, Plin., 1946, 89, 109; *Lippold*, GrPl, 1950, 296; *Bieber*, SculptHell², 1961, 32, 39; *A. W. Lawrence*, Greek and Roman sculpt., Lo. 1972, 214; *Burford*, Künstler, 1985, 101; *A. P. Čubova u.a.*, Antičnye mastera, Le. 1986, 126, Nr 290; *Pollitt*, ArtHellAge, 1990, 55, Anm. 19; *id.*, GreeceSources², 1990, 108 s.
H.-P. Müller

Daischutef, ägypt. Bildhauer, 13. Dynastie (18./17. Jh. v. Chr.). Belegt auf zwei Totenstelen aus Abydos, auf denen auch and. Bildhauer (→ Anchu [II], → Ibet [II], → Imeni [II], → Renefseneb [II]) zu sehen sind. ▭ *H. O. Lange/H. Schäfer*, Grab- und Denksteine des Mittleren Reichs (CG), II, B. 1908, 352, Nr 20722, p. 368, Nr 20736; *D. Franke*, Personendaten aus dem Mittleren Reich, Wb. 1984, 428, Nr 739.
F. Hoffmann

Daisias (Δαισίας), ein von Archippos in einer Komödie (Ath., deipn., 10, 424 B.) vom E. des 4. Jh. v. Chr. gen. Person, die einen Becher verkaufte. Früher interpretierte man fälschl. diese Stelle, daß D. der Hersteller des Gefäßes gewesen sei. ▭ ThB8, 1913. RE IV. 2, 1901; EAA II, 1959.
R. V.

Daitondas (Δαιτώνδας), griech. Erzgießer, tätig E. 4. bis A. 3. Jh. v. Chr. Bek. durch eine bei Pausanias (6, 17, 5; Overbeck, SQ, 1868, Nr 1582) erw. Statue des Theotimos von Elis, Sieger im Knabenfaustkampf in Olympia (vgl. EAA VII, 1966, 484, Nr 79, s.v. Statua). Einen Datierungsansatz bietet die von Pausanias hinzugefügte Mitt., daß der Vater des D., Moschion, am Asienfeldzug Alexanders d. Gr. teilnahm. Die nicht vollst. erh. Sign. eines D. erscheint auf dem im Ölwald b. Delphi gefundenen Fragm. von der Basis einer Weihung des Asopod[oros], die nach der Schr. an das E. des 4. Jh. v. Chr. dat. (J. Schmidt, AM 5:1880, 197 s., Nr 58; Loewy, IGB, 1885, 77, Nr 97; Marcadé, Signatures, I, 1953, 25). Vom A. des 3. Jh. v. Chr. stammt das Fragm. einer von D. in Theben sign. Basis, die als Weihung an die Götter eine bronzene Porträtstatue trug (IG, VII, 2472; Marcadé, ibid.). Die Herkunft des D. überliefert nur Pausanias. ▭ ThB8, 1913. RE IV. 2, 1901; EAA II, 1959; DNP III, 1997. - *Brunn*, GGK I, 1889, 418; *Lippold*, GrPl, 1950, 299; *A. P. Čubova u.a.*, Antičnye mastera, Le. 1986, 126, Nr 292.
H.-P. Müller

Dalion v.e. **Allion**

Dalion (Δαλίον; Δαλίων), klassizist. Steinschneider der 2. H. des 1. Jh. v. Chr. Von D. sind zwei Intaglien mit griech. geschriebener Sign. im Nominativ bek., ein Amethyst in Leiden (ehem. Kgl. Münz-Kab., Den Haag; Maaskant-Kleibrink, CatGemsTheHague, 1978, Nr 1167) mit der Darst. einer Nereide mit zwei Delphinen und einem Hippokampen und ein Karneol in Florenz (Mus. Archeol.) mit der Büste eines jungen, bekränzten Mannes mit Manteltuch über der rechten Schulter. Beide Gemmen sind antik und müssen auf denselben Steinschneider zurückgeführt werden, auch wenn sein Name auf dem Leidener Stück ΔΑΛΙΩΝ und auf dem Florentiner ΔΑΛΙΟΝ lautet. ▭ ThB8, 1913. EAA II, 1959. - *Richter*, EngrGemsRom, 1971, Nrn 661–662; *Zazoff*, AG, 1983, 321, Taf. 95,1–2.
W.-R. Megow

Damatrios (Δαμάτριος), griech. Bildhauer, tätig in der 2. H. des 2. Jh. v. Chr. auf Rhodos. Bek. nur durch eine Sign. auf dem Fragm. eines mehrfigurigen Relieffrieses wohl von der Tür eines Grabtemenos oder einer Grabkammer des Hieronymos, Sohn des Simylinos, von Tlos, aus der Nähe von Ialysos/Trianta auf Rhodos. Die Deutung des früher in Berlin bei F. Hiller von Gaertringen befindl., jetzt verschollenen Reliefs ist noch nicht überzeugend gelungen: In der M. des in zwei Szenen geteilten Frieses Hermes, Persephone und Pluton, links davon eine Schul- oder Vortragsszene, rechts davon nach Robert (1902, 141) zwei Selige, Nemesis, Lethe (?) und eine Verdammte. Nach einer viell. zugehörenden Mysterien-Inschr. ist rechts mindestens noch eine Figur (Hekate?) zu ergänzen. Die Identität mit den rhod. Bildhauern → Demetrios (XI), Sohn des Heliodoros (II), oder → Demetrios (XVI), Sohn eines Demetrios, ist wegen des fehlenden Vatersnamens nicht zu entscheiden. Die zeitl. Einordnung des D. schwankt zw. dem späten 3. und 2. Jh. v. Chr. ▭ ThB8, 1913. RE IV. 2, 1901 (s.v. D. 125); EAA II, 1959. - *C. Robert*, Hermes 37:1902, 121 ss., mit Taf.; *A. von Salis*, Der Altar von Pergamon, B. 1912, 137 ss., Abb. 28; *Lippold*, GrPl, 1950, 361, Taf. 125, 3; *L. Curtius*, JdI 4:1951, 20 ss. (mit älterer Lit.); *J. P. Lauer/C. Picard*, Les statues ptolémaïques du Serapieion de Memphis, P. 1955, 44 s., Abb. 18; *M. P. Nilsson*, Griech. Religion⁴, II, M. 1955, 234 s., Taf. 4, 1; *E. Pfuhl/H. Möbius*, Die ostgriech. Grabreliefs, Mainz ²1979, 500 s., Nr 2085, Taf. 300 (mit neuerer Lit. zu Inhalt und Dat.); *R. Lindner*, LIMC IV, 1988, 388, Nr 161 (s.v. Hades); *A. P. Čubova u.a.*, Antičnye mastera, Le. 1986, 124, Nr 260; *S. Schmidt*, Hellenist. Grabreliefs, Ffm. 1991, 129, Anm. 571.
H.-P. Müller

Dameas (I) (Δαμέας), aus Kroton, griech. Erzgießer, in der 2. H. des 6. Jh. v. Chr. tätig. Nach Pausanias (6, 14, 5–7; Overbeck, SQ, 1868, Nr 484) fertigte er in Olympia 532 v. Chr. die bronzene Siegerstatue seines Landsmannes Milon, der als Ringer erfolgreich gewesen war. Milon soll seine Statue selbst in die Altis getragen haben. Ein Fragm. einer Rundbasis aus Kalkstein mit teilw. erh., jedoch stark korrodierter Inschr. wird mit diesem Werk in Verbindung gebracht (Loewy, 1885). Somit stellt D. einen der wenigen mit Namen bek. archaischen Künstler von Großplastik der Magna Graecia dar. ▭ ThB8, 1913. RE IV. 2, 1901 (s.v. D. 4); EAA II, 1959; KlP I, 1964; DNP III, 1997. – *Overbeck*, SQ, 1868, Nr 484; *Loewy*, IGB, 1885, 282, Nr 414; *Lippold*, GrPl, 1950, 92; *Floren*, GrPl, 1987, 428; *H.-V. Herrmann*, Nikephoros 1:1988, 168, Nr 136. D. V.-G.

Dameas (II), griech. Erzgießer aus Kleitor in Arkadien, Schüler des → Polykleitos (I) (Plin., nat. 34, 50), tätig um 400 v. Chr. Nach Paus., 10, 9, 8 fertigte er die Statuen der Artemis, des Poseidon (E. Simon, LIMC VII, 1994, 451, Nr 18; p. 459, Nr 122, s.v. Poseidon) und des Lysandros (Krumeich, 1997, 245, Nr S 3, Abb. 87–88, 91) für das Weihgeschenk der Spartaner nach der Seeschlacht gegen die Athener b. Aigos Potamoi im Jahre 405 in Delphi, das 38 Statuen besaß (Bommelaer/Laroche, 1991; Vatin, 1991; Maaß, 1993; Krumeich, 1997), deren übrigen Skulpt. von → Antiphanes (II) aus Argos, → Athenodoros (I) aus Kleitor und → Theokosmos von Megara geschaffen worden sind. Poseidon bekränzte den Sieger Lysander. Ob die vier Repliken eines behelmten Strategen (Kopenhagen, Glyptothek, Inv. Nr 275a: Voutiras, 1980, 147, Nr 1, Abb. 84–85; Rom, Mus. Cap., Inv. Nr B 152: Voutiras, 1980, 148, Nr 2, Abb. 86–88; Todisco, 1993, Taf. 35; Paris, Louvre, Inv. Nr Ma 276: Voutiras, 1980, 148–149, Nr 3, Abb. 90–91; Paris, Mus. Rodin, Inv. Nr 87: Voutiras, 1980, 147, Nr 4, Abb. 92–93) auf die Statue des Lysander in Delphi zurückgehen, wie von Bielefeld erwogen, ist unsicher. Voutiras (1980, 154) wies mit Recht darauf hin, daß es sich z. B. auch um den Athener Konon handeln könnte, der ebenfalls mehrere Statuen erhielt. Eine stand sogar auf der Athener Agora (Arnold, Polykletnachfolge, 1969, 6–7, 13, 33, 97–109). ▭ ThB8, 1913. RE IV. 2, 1901 (s.v. D. 5); EAA II, 1959; KlP I, 1964; DNP III, 1997. – *Lippold*, GrPl, 1950, 216; *E. Bielefeld*, Gymnasium 71:1964, 519–534; *E. Voutiras*, Stud. zu Interpretation und Stil griech. Portr. des 5. und frühen 4. Jh., Bonn 1980, 147–156; *F. Bommelaer/D. Laroche*, Guide de Delphes. Le site, P. 1991, 108–110, Nr 109; *C. Vatin*, Mon. votifs de Delphes, R. 1991, 103–138; *M. Maaß*, Das antike Delphi, Da. 1993, 199–200; *Todisco*, Scultura, 1993, 46–47, 53; *R. Krumeich*, Bildnisse griech. Herrscher und Staatsmänner im 5. Jh. v. Chr., M. 1997, 245. R. V.

Damianos (Δαμιάνος), Bildhauer aus Phrygien, um 200 n. Chr. in der NW-phryg. Tembris-Hochebene tätig. Bek. durch zwei unscheinbare Grabstelen-Fragm. mit seiner Signatur. Das eine Fragm. ist im Mus. von Bursa aufbewahrt (G. Mendel, BCH 33:1909, 298 s., Nr 52), das and. befand sich einst in Çakırsaz bei Soa in der Tembris-Hochebene. ▭ EAA II, 1959. – *E. Gibson*, Harvard Theological Studies 32:1978, 65 s., Nr 26, Taf. 21. T. Lochman

Damiurgos → Timagoras (III)

Damnameneus (Δαμναμενεύς), Steinschneider oder Besitzer einer Gemme. Griech. eingetragener Name im Nominativ (ΔΑΜΝΑΜΕΝΕΥΣ) auf einer Gemme der ehem. Slg Turbie mit der Darst. einer Mumie, die von einer Schlange umgeben ist; weiterhin zwei Sperber, ein Frosch, Sonne und Mond. Unklar ist, ob der Name den Künstler oder den Besitzer meint. ▭ ThB8, 1913. EAA II, 1959. W.-R. Megow

Damokopos (Δαμόκοπος; Δημόκοπος), griech. Architekt, tätig im 5. Jh. v. Chr. in Syrakus. D. ist nur bek. durch Eudaimon Pelusii in Eustatius, Schol. Hom., Od., 3, 68 (p. 1457), der ihn als Architekten des Theaters von Syrakus bez. und der nach dem Text im 5. Jh. v. Chr. gewirkt haben muß. Nach Anti und Polacco (1981) gestaltete D. den 3. Bau, dem 2. „Trapezoidal"-Theater von Syrakus (Anti/Polacco, 1981, 177–178, Taf. 22–24). Anti und Polacco datieren diesen Bau zw. dem ersten und zweiten Besuch des Aischylos, d. h. in das 2. V. des 5. Jh. v. Chr. D. gehört zu den ganz wenigen Architekten, die namentl. mit einem Theaterbau in Verbindung gebracht werden können. ▭ ThB9, 1913 (s.v. Demokopos). RE IV. 2, 1901; EAA II, 1959. – *C. Anti/L. Polacco*, Il teatro antico di Siracusa, I, Rimini 1981, 41, 177–178. R. V.

Damokrates (I) (Δαμοκράτης), griech. Hersteller sog. rhod. Vasen, tätig in hellenist. Zeit. Nur bek. durch Ath., deipn., 11, 500 b. ▭ ThB8, 1913 (s.v. D. 2). RE IV. 2, 1901 (s.v. D. 11); EAA II, 1959. R. V.

Damokrates (II), griech. Architekt, tätig im späten 1. Jh. v. Chr. Nur bek. durch eine Inschr. (IG, V. 1, 209) auf einem Relief aus Sparta (Sparta, Mus., Inv. Nr 203) mit der Darst. der Dioskuren und der Helena. Gemäß dieser Inschr. richtete D. ein Festessen für einen lakon. Kultverein. ⊏⊐ ThB8, 1913 (s.v. D. 1). RE IV. 2, 1901 (s.v. D. 9); EAA II, 1959 (s.v. D. 3). – *M. N. Tod/ A. J. Wace*, A cat. of the Sparta Mus., Ox. 1906, 18 ss., 33, Nr 203; *F. Chapouthier*, Les Dioscures au service d'une déesse, P. 1935, 42, Nr 21; *J. M. Sanders*, in: Sculpt. from Arcadia and Laconia (Konferenz Athen 1992), ed. *O. Palagia/W. Coulson*, Ox. 1993, 220; *G. Steinhauer*, ibid., 225, 229; *Donderer*, Architekten, 1996, 121, Nr A 31.

R. V.

Damokrates (III), Sohn des Aristomedes, aus Itanos/Kreta, griech. Bildhauer unbek., viell. hellenist. Zeit. Bek. nur durch die Abschrift einer verschollenen Inschr. aus Hierapytna/Kreta unbek. Zeit und unsicherer Lesung (Loewy, IGB, 1885, 281, Nr 413; CIG, 2602; Overbeck, SQ, 1868, Nr 2057). Die Identität mit → D. (I), Fertiger rhod. Vasen (Ath., deipn., 11, 500b), ist auszuschließen. ⊏⊐ ThB8, 1913. RE IV. 2, 1901 (s.v. D. 10); EAA II, 1959 (s.v. D. 2). – *G. Hirschfeld*, Tituli statuariorum sculptorumque Graecorum cum prolegomenis, B. 1871, 105, Nr 82; *Brunn*, GGK I, 1889, 503; *A. P. Čubova u.a.*, Antičnye mastera, Le. 1986, 125, Nr 263. H.-P. Müller

Damokritos (I) (Δαμοκρίτος), aus Sikyon, griech. Erzgießer, Schüler des → Pison von Kalauria, in der 1. H. 4. Jh. v. Chr. tätig. Nach Paus., 6, 3, 5 fertigte er in Olympia die Statue des Hippos aus Elis, der 380 v. Chr. im Knabenfaustkampf gewonnen hatte. Nach Plinius (nat., 34, 87) schuf D. Statuen von Philosophen. Eine ehem. in der Villa Mattei aufbewahrte Bronzebasis (CIG, I, 725; Loewy, IGB, 1885, Nr 484) belegt weiterhin, daß eine Kopie einer Statue des D., die angebl. einen ansonsten unbek. Lysis von Milet darstellte, in einer Gruppe von Kopien nach Plastiken des 4. Jh. v. Chr. in Rom stand. ⊏⊐ ThB8, 1913; ThB9, 1913 (s.v. Demokritos). RE IV. 2, 1901 (s.v. D. 3); EAA II, 1959; KlP I, 1964; DNP III, 1997. – *Picard*, Manuel, II, 1939, 220, 637, Anm. 1, 645, Anm. 1; *Lippold*, GrPl, 1950, 247–248. R. V.

Damokritos (II), griech. Bildhauer. Nur bekannt durch seine Signatur auf einer Basis aus Thespiai. ⊏⊐ RE, Suppl. VIII, 1956 (s.v. D. 4); EAA II, 1959. – *A. Plassart*, BCH 50:1962, 435, Nr 68.

R. V.

Damophilos (Δαμόφιλος; lat. Damophilus), Maler und Tonbildner wohl großgriech. Herkunft, A. des 5. Jh. v. Chr. in Rom tätig. Eine Verbindung mit dem Maler → Demophilos (II) aus Himera (Plin., nat., 35, 61) bleibt rein hypothetisch. Zus. mit seinem wohl ebenfalls großgriech. Kollegen → Gorgasos schmückte D. den 493 v. Chr. in Rom gew. Cerestempel in der Nähe des Circus Maximus mit Giebelfiguren aus Terrakotta und Wandmalereien. Hinzugefügte Künstler-Sign. in griech. Versen weisen die Kunstwerke der rechten Seite des Tempels als von seiner Hand entstandene aus. Die bereits vorhandenen älteren Schmuckreliefs, deren etrusk. Stil herausgestellt wird, sollen zuvor von den Wänden abgenommen und in Rahmen gefaßt worden sein (Plin, nat., 35, 154). Demnach haben D. und → Gorgasos im griech. Stil gearbeitet. Dem Tempel wird ein spätarchaischer Kriegertorso zugewiesen (Helbig[4], II, 1966, 599 s., Nr 1833; Floren, GrPl, 1987, 440, Anm. 2 mit älterer Lit.) ⊏⊐ ThB8, 1913. RE IV. 2, 1901 (s.v. D. 8); EAA II, 1959; KlP I, 1964 (s.v. D. 2); DNP III, 1997 (s.v. D. 1). – *Overbeck*, SQ, 1868, Nrn 616, 1647; *Lippold*, GrPl, 1950, 91 s.; *Pollitt*, RomeSources, 1966, 17 s.; *Floren*, GrPl, 1987, 427. 440; LTUR, I, 1993, 260 s.; *Scheibler*, Malerei, 1994, 22; *E. La Rocca*, in: The Western Greeks (K Venedig, Palazzo Grassi), ed. *G. P. Carratelli*, Mi. 1996, 607 ss.; *M. Fuchs*, In hoc etiam genere Graeciae nihil cedamus, Mainz 1999, 55–56 (mit Lit.).

D. V.-G.

Damophon (Δαμοφῶν), von Messene, Sohn des Philippos und der Nikippa, griech. Bildhauer, in der Peloponnes E. 3. Jh. und A. 2. Jh. v. Chr. tätig. Dank der Entdeckungen der letzten Jahre in Messene und deren Publ. durch Themelis ist uns D. viel näher gerückt. Bis dahin kannten wir seinen Stil nur durch die Kultgruppe von Lykosura und durch Pausanias, der uns als einziger antiker Autor eine Reihe von Bildwerken des D. überliefert hat. In Megalopolis schuf D. die Kultgruppe der Demeter und Kore Soteira und davor zwei kleinere Statuen von Frauen (Paus., 8, 31, 1–4; Overbeck, SQ, 1868, Nr 1562; Hebert, 1989, 223–225, Nr Q 448; Damaskos, 1999, 57), die auf den Köpfen mit Blumen gefüllte Körbe trugen und die nach Pausanias entweder Athena und Artemis oder die Töchter des D. darstellen sollen. Neben Demeter war noch eine Statue des Herakles Daktylos zu sehen. Die Demeter war aus Marmor, die Soteira ein Akrolith, beide waren etwa 4,5 m hoch. Weiterhin sah Pausanias in Megalopolis die Kultgruppe der Aphrodite Machanitis als Akrolith, und des Hermes aus Holz (Paus., 8,, 31, 5; Overbeck, SQ, 1868, Nr 1563; Hebert, 1989, 225,

Nr Q 449; Damaskos, 1999, 57–58). Diese Kultgruppe wurde von D. wohl nach der Zerst. der Stadt durch Kleomenes von Sparta im Jahre 223 v. Chr. und vor dem Bruch des Bündnisses zw. den Arkadern und Messene im Jahre 181 v. Chr. hergestellt. Auch in Aigion befanden sich Kultstatuen des D., eine akrolithe Statue der Eileithyia, die in der Rechten Fackeln hielt und die Linke nach vorn gestreckt hatte (Paus., 7, 23, 5–6; Overbeck, SQ, 1868, Nr 1560; R. Olmos, LIMC III, 1986, 695, Nr 94b, s.v. Eileithyia; Hebert, 1989, 221, Nr Q 442; Moreno, 1994, 508, Anm. 808; Damaskos, 1999, 55–56) und Statuen des Asklepios und der Hygieia im Asklepiostempel (Paus., 7, 23, 7; Overbeck, SQ, 1868, Nr 1561; Moreno, 1994, 508, Anm. 809; Damaskos, 1999, 56). In Messene stand des weiteren eine Statue der Göttermutter aus par. Marmor und der Artemis Laphria (Paus., 4, 31, 6; Damaskos, 1999, 52–55). In Olympia wurde D. die ehrenhafte Aufgabe zuteil, die aufgerissenen Teile der mon. Elfenbeinstatue des → Pheidias (I), eines der Sieben Weltwunder, zu restaurieren. Die Risse wurden wahrsch. durch das Erdbeben im Jahre 183/182 v. Chr. hervorgerufen (Paus., 4, 31, 6; Overbeck, SQ, 1868, Nr 1557–1558; Hebert, 1989, 205, Nr Q 395; Moreno, 1994, 506, Anm. 805). Wahrsch. erhielt D. einen solchen bedeutenden Auftrag erst gegen Ende seiner Karriere, nachdem er sich bereits vielfach als Bildhauer von Kultstatuen ausgewiesen hatte. Dank der Entdeckung von mehreren Fragm. der Kultgruppe des D. im Heiligtum der Despoina in Lykosura durch Kavvadias im Jahre 1889 und durch weitere Archäologen in den folgenden Jahren konnte ein vorher nur durch Pausanias (8, 37, 3–5) und durch eine summar. Wiedergabe auf einer Bronzemünze von Megalopolis der Julia Domna (193–217 n. Chr.; B. Stais, JIArchNum 14:1912, 45–47, Taf. 9, 1–3; Imhoof-Blumer/Gardner, NumComm-Paus, 1887, 169–171, Taf. 1; Lévy/Marcadé, 1972, 1003, Abb. 41; A. Stavridi, LIMC I, 1981, 874, Nr 2*, s.v. Anytos; G. Steinhauer, LIMC III, 1986, 384, Nr 2, s.v. Despoina 2; Moreno, 1994, 504, Abb. 629) überliefertes Werk des Künstlers erhellt werden (P. Kavvadias, Fouilles de Lycosoura, I, At. 1893, 10 ss.; G. Dickins, BSA 12:1905/6, 109–136; id./K. Kourouniotis, BSA 13:1906/07, 337–344; G. Dickins, BSA 17:1910/11, 80–87; Lévy/Marcadé, 1972, 967–1004, Abb. 1–40; Pollitt, 1988, 117–120; Stewart, 1990, 45–53, 94–96, Abb. 788–792; Smith, 1991, 240–241, Abb. 310–303; Moreno, 1994, 508–514, Anm. 812; Damaskos, 1999, 58–70). Die marmorne, ehem. ca. 5,80–5,90 m hohe und 7 m breite Kultgruppe (Rekonstr.-Zchngn: Stewart, 1988, Abb. 788; Andreae, 1998, 87, Abb.) zeigte in der M. die auf einem Thron sitzenden Despoina und Demeter, die von Artemis und dem Titan Anytos umgeben waren. Demeter hielt in der rechten Hand eine Fackel und legte die Linke auf die Schulter der Dispoina, die ein Szepter und auf den Knien eine cista hielt. Die mit einem Rehfell bekleidete und mit einem Köcher über den Schultern bestückte Artemis trug ebenfalls eine Fackel und zusätzl. in der and. Hand zwei Schlangen. Sie war begleitet von einem Jagdhund. Neben Despoina stand schließl. der Titan Anytos in Kriegstracht, der Despoina aufgezogen hatte. Die Köpfe der Demeter (Athen, NM, Inv. Nr 1734; Lévy/Marcadé, 1972, 967–970, Abb. 1; Pollitt, 1988, 165–166, Abb. 167; L. Beschi, LIMC IV, 1988, 880, Nr 436*, s. v. Demeter; Stewart, 1990, 94–96, Abb. 789; Themelis, 1993, 33–34, Taf. 3, 1–3; Moreno, 1994, 510–514, Abb. 635–636; Andreae, 1998, 88, Abb.; Damaskos, 1999, 63- 64) der Artemis (Athen, NM, Inv. Nr 1735; Lévy/Marcadé, 1972, 991–992, Abb. 30; L. Kahil, LIMC II, 1984, 713, Nr 1184*, s. v. Artemis; Pollitt, 1988, 165–166, Abb. 168; Stewart, 1990, 94–96, Abb. 789–790; Themelis, 1993, 33–34, Taf. 3, 4–6; Andreae, 1998, 88, Abb.; Damaskos, 1999, 62) und des Anytos (Athen, NM, Inv. Nr 1736; Stavridi, ibid., 874, Nr 1*, s. v. Anytos; Pollitt, 1988, 165–166, Abb. 166; Stewart, 1990, 94–96, Abb. 794, 796; Moreno, 1994, 505–507, Abb. 630, 632; Andreae, 1998, 89, Abb.; Damaskos, 1999, 65–66) und der Reliefschmuck des Mantelfragments der Despoina (Athen, NM, Inv. Nr 1737; Lévy/Marcadé, 1972, 979–981, Abb. 18; Steinhauer, ibid., 383, Nr 1*, s.v. Despoina; Stewart, 1990, 94–96, Abb. 792; Moreno, 1994, 509–514, Abb. 633; Andreae, 1998, 89, Abb.; Damaskos, 1999, 64–65) lehrten erstmalig, daß D. sich sehr an den Plastiken des 5. und 4. Jh. v. Chr. orientierte und in klassizist. Manier arbeitete. Auffallend sind bei den Köpfen schmale, scharfkantige Lider, lange, dünne Nasen, kleine, geöffnete Münder mit dicken Lippen und volle Kinne. Wichtige weitere Erkenntnisse über D. gelangen in den letzten Jahren dank der Skulpt.-Funde im Asklepieion in Messene durch Themelis, die mit Pausanias Beschr. der Statuen in den nö. und w. Räumen (Paus., 4, 31, 10; Hebert, 1989, 205–206, Nr Q 396) in Einklang gebracht werden konnten. Demzufolge waren in einem Raum in der NO-Ecke (Themelis, 1996, 155) die marmornen Statuen von Asklepios (Fragm. des Stabs, des Himations, der linken Schulter, des Hinterkopfes und der linken Seite des Kopfes, Messene, Mus., Inv. Nrn 773, 1419, 1421, 3531, 274 und 1422; Themelis, 1993, 30, Taf. 7, 5–6; id., 1994, 10–11, Nrn 1a-f, Taf. 2b-e; id., 1996, 157,

Nrn 1a-f, Abb. 92–94) und seiner Söhne Machaon (Kopf und Torso, Messene, Mus., Inv. Nrn 4035, 3561 und 4778; Themelis, 1994, 12–15, Nrn 3a-b, Taf. 5–6a; id., 1996, 158, Nrn 3a-b, Abb. 99–101) und Podaleirios (Torso, rechter Fuß und Kopf, Messene, Mus. Inv. Nrn 294 und 4034; Themelis, 1994, 11–15, Nrn 2a-b, Taf. 3–4; id., 1996, 157–158, Nrn 2a-b, Abb. 95–98). Die übrigen Werke des D. befanden sich im w. Teil des Heiligtums. Im Raum X standen auf einer halbrunden Basis die Statuen von Apollon (Kopf, Messene, Mus., Inv. Nr 251; Themelis, 1993, 26–27, Taf. 4, 1–5; id., 1994, 15–16, Nr 1a, Taf. 8; id., 1996, 160–161, Nr 1a, Abb. 102–103; Moreno, 1994, 503–507, Abb. 628, 631; wahrsch. dazugehörig der vordere Teil des linken Fußes, Messene, Mus., Inv. Nr 3041; Themelis 1993, 33, Nr 4, Taf. 7, 1–2; id., 1994, 16–17, Nr 2a, Taf. 9a; id., 1996, 161, Nr 1b) und der Musen aufgestellt (wahrsch. Torso und unterer Teil mit Resten der Plinthe der Mnemosyne, Messene, Mus., Inv. Nrn 55 und 228; Themelis, 1994, 16–17, Nrn 2a-b, Taf. 9c; id., 1996, 161, Nrn 2a-b, Abb. 108–109; möglicherweise gehörten auch die zwei unteren Teile mit Plinthe zweier weiterer Frauenstatuen, die in röm. Zeit zu einem Hermes und Kaiser umgearbeitet worden sind, zu den Musen des D.: Messene, Mus., Inv. Nrn 258 und 263; Themelis, 1994, 17, Taf. 9d; id., 1996, 161, Abb. 110), im Raum N von der personifizierten Theben (zwei Fragm. eines kolossalen Hinterkopfes, Messene, Mus., Inv. Nrn 3309 und 919; Themelis, 1994, 19, Nrn 2a-b, Taf. 14a-b; id., 1996, 163, Nr 3, Abb. 117–118), im Raum N2 von Herakles (kolossaler Kopf und Fragm. des rechten und linken Beines, des linken Fußes, des Hinterteils, des rechten Armes und des Löwenfelles, Messene, Mus., Inv. Nrn 3337, 3079, 3042, 256, 3043, 3032, 3040; Themelis, 1993, 27, Nr 2, Taf. 7, 3–4; p. 33, Nrn 1–3, 6–8, Taf. 5–6; id., 1994, 17–19, Nrn 1a-g, Taf. 10–12c, e, f; id., 1996, 162, Nrn 1a-g, Abb. 111–113) im Raum M von Tyche (Fragm. des rechten Fußes, der Hüfte mit hochgegürtetem Chiton und des Himation, Messene, Mus., Inv. Nr 257, 806 und 336; Themelis, 1993, 30, Taf. 7, 7–9, id. 1994, 19–21, Nrn 1a-c, Taf. 14c-15b; id., 1996, 164, Nrn 1a-c, Abb. 119–120) und im Raum K von Artemis Phosphoros (Fragm. des Kopfes, der rechten Hand mit Teilen der Fackel, des rechten und linken Arms und des rechten Knies, Messene, Mus., Inv. Nrn 55, 1188, 3308, 317, 921, 451 und 2635; Themelis, 1993, 27, Taf. 4, 7; id., 1994, 21–22, Nrn 1a-g, Taf. 16–18a; id., 1996, 165, Nrn 1a-g, Abb. 123–124, 127; Damaskos, 1999, 50–52). Die Fragm. der Statuen vom Asklepieion konnten den Stil des D. näher bestimmen. Die Oberfläche der Plastiken ist glatt. Die Köpfe besitzen ein breites Gesicht mit vollen Backen, schmalen, scharfkantigen Lidern, einer langen, dünnen Nase, einem kleinen, geöffneten Mund mit dicken Lippen und mit Grübchen an den Mundwinkeln, und einem vollen Kinn. Der Hinterkopf ist meist angestückt. Der Oberkörper zeigt kräftige Muskel um die Wirbelsäule und einen sich leicht wölbenden zarten Bauch unterhalb des Nabels. Der Nabel ist rund. Wegen der Archit. des Heiligtums und seiner archäol. Befunde wird der gesamte Komplex mit der Statuenausstattung wohl um 210 bis 180 v. Chr. errichtet worden sein. Dieser Zeitraum entspricht der Blütezeit der Stadt zw. 214 und 182 v. Chr. (Themelis, 1993, 38) und der Schaffenszeit des D., die lange umstritten war. Äußerst interessante Inf. über D. lieferten uns zudem der Fund einer mit 166 Zeilen beschrifteten dor. Säule (Themelis, 1993, 35–36; id., 1994, 26–32; id., 1996, 169–178), die vor dem Heroon D vor dem Asklepieion in Messene stand, das wohl dem D. gew. war und in dem er begr. worden ist. Sieben Städte (Lykosoura, Leukas, Krane von Kephalonia, Melos, Kythnos, Gerynia und Oiantheia in W-Lokris) ehrten ihn mit dieser Inschrift. Danach war er der Sohn des Philippos. Lykosura und Leukas würdigten ihn mit je einer Bronzestatue dank seiner künstler. Tätigkeiten respektive in den Heiligtümern der Despoina und der Aphrodite (für die Herstellung der Kultstatue der Aphrodite Limenis; Damaskos, 1999, 70). D. fertigte auch eine Statue der Hegemone für das Heiligtum der Despoina in Lykosura und weihte es der Göttin (Linien 17–21; Themelis, 1994, 31–32; id., 1996, 169, wahrsch. ident. mit der 6 Fuß hohen Bronzestatue der in jeder Hand eine Fackel haltenden Artemis Hegemone in ihrem Tempel vor dem östl. Eingang zum Heiligtum der Despoina in Lykosura nach Paus., 8, 37, 1; Damaskos, 1999, 58). D. erhielt auch noch viele and. Ehrungen. So wurde er z. B. als Wohltäter der Städte von Leukas und Lykosura bez. und bekränzt. D. und seine beiden Söhne erhielten im Heiligtum der Despoina für immer kostenloses Essen und Übernachtung, weil D. auf 3546 Tetradrachmen für die Herstellung der Kultgruppe in Lykosura verzichtet hatte (1 Tetradrachmon stellte das 8-tägige Gehalt eines Söldners dar). Diese noble Geste des D. zeigt, daß er zu diesem Zeitpunkt bereits ein wohlhabender Künstler gewesen sein muß. Da Tetradrachmen ab um 190 v. Chr. in diesem Gebiet nicht mehr im Umlauf waren, muß er die Statuen also kurz vor 190 v. Chr. hergestellt haben (Themelis, 1996, 169–171). D. wurde auch für die Fertigung einer Statue für das Aphroditeheiligtum in Kythnos geehrt. Nach Themelis (1996, 176–178) gehört das Fragm.

des rechten Beines einer kolossalen weibl. Statue aus Kythnos zu dieser Aphroditestatue im Typus der Aphrodite Anadyomene (Rekonstr.-Zchng: P. Themelis, in: L. G. Mendoni/A. Mazarakis-Ainian [Ed.], Kea – Kythnos. History and Archaeology. Proc. of an international symposium. Kea – Kythnos, 22–25 June 1994, MELETEMATA 27:1998, 448, Abb. 6). Eine Inschr. von Megalopolis (IG, V. 2, 454) und zwei von Lykosura (IG, V. 2, 539 und 540) zeugen desweiteren vom Stammbaum des D. und dem Reichtum seiner Kinder, die aber wohl nicht, wie früher angenommen, ebenfalls Bildhauer waren. Themelis (1996, 183, Anm. 158 mit Auflistung der diversen Zuordnungen) zweifelte mit Recht an, daß mehrere in Rom gefundene Plastiken auch D. zugeschr. werden sollten (Stele des Polybios: P. C. Bol/F. Eckstein, APl, XV, 1975, 83–93, Taf. 40–41; Kopf einer Göttin: Rom, Kap. Mus.; F. Coarelli, Polycles, in: Omaggio a Ranuccio Bianchi Bandinelli, R. 1970, 75–89, bes. 84 ss.; H. G. Martin, Röm. Tempelkultbilder, R. 1987, 88–89, 209–210, Anm. 3). Wir können also feststellen, daß D. über 12 Kultstatuen bzw. -gruppen von Göttern und Helden aus Marmor, als Akrolith und möglicherweise aus Bronze fertigte, die meist kolossale Ausmaße besaßen und auf Frontalansicht gearbeitet waren. D. zählte wegen seiner öff. Aufträge zu den bedeutendsten Bildhauern zw. 210 und 180 v. Chr. in Griechenland. Im Gegensatz zu den pergamen. Künstlern besaßen seine Werke klassizist. Züge, und er mag ein Wegbereiter dieser Stilrichtung gewesen sein. ▭ ThB8, 1913. RE IV. 2, 1901; EAA II, 1959; KlP I, 1964; EAA Suppl. II, 1994; DNP III, 1997. – *G. Despinis*, AA 1966, 371–385; *E. Lévy/Marcadé*, BCH 96:1972, 967–1004; *Pollitt*, ArtHellAge, 1988, 165–167; *Hebert*, Schriftquellen, 1989, 205–206, 221–225; *Pollitt*, GreeceSources², 1990, 117–120; *Stewart*, Sculpture, 1990, 94–96, 303–304; *Smith*, HellSculpt, 1991, 240–241; *P. Themelis*, AntK 36:1993, 24–40; *id.*, D. of Messene, in: Archaeology in the Peloponnese, ed. *K. A. Sheedy*, Ox. 1994, 1–37; *Moreno*, Scultura, 1994, 502–519; *P. Themelis*, D., in: Personal styles in Greek sculpt., ed. *O. Palagia/J. J. Pollitt*, C., Mass. u.a. 1996, 154–185; *B. Andreae*, Schönheit des Realismus. Auftraggeber, Schöpfer, Betrachter hellenist. Plastik, Mainz 1998, 87–93; *D. Damaskos*, Unters. zu hellenist. Kultbildern, Stuttgart 1999, 44–71; 319–321.

R. V.

Damosthenes, einer der Organisatoren zur Errichtung des Apollontempels in Delphi. Nur bek. durch zwei Inschr. des Rates für den Tempelbau aus der 2. H. des 4. Jh. v. Chr. in Delphi (E. Bourguet, FDelphes, III. 5, 1932, 81, Nr 19, 79; p. 84, Nr 20, 79). ▭ RE, Suppl. III, 1918 (s.v. D. 5).

R. V.

Daphnis (Δάφνις), von Milet, griech. Architekt, um 300 v. Chr. tätig. Nach Vitr., 7, praef. 16 begann er zus. mit → Paionios (II) von Ephesos den Bau des Apollontempels in Didyma, dessen Anfänge um 300 v. Chr. zu datieren sind. Letzterer war nach Vitruv auch bei der Errichtung des Artemisions beteiligt, d. h. in diesem Falle des jüngeren Baus. ▭ ThB8, 1913. RE IV. 2, 1901 (s.v. D. 7); EAA III, 1960; KlP I, 1964 (s.v. D. 3); LAW, 1965 (s.v. D. 2); DEAU II, 1968; *Macmillan* I, 1982; DNP III, 1997 (s.v. D. 2). – *W. Voigtländer*, Der jüngste Apollontempel von Didyma, 1975 (IstMitt, Beih., 14), 10, 20; *A. Rügler*, Die Columnae caelatae des jüngeren Artemisions von Ephesos, 1988 (IstMitt, Beih., 34), 18, Anm. 93; *Svenson-Evers*, Architekten, 1996, 69 s., Anm. 10 s., p. 100.

R. V.

Daron (Δάρον; Δάρων), Steinschneider oder Besitzer einer Gemme. Griech. geschriebene Inschr. (ΔΑΡΟΝ) auf einer Gemme mit der Darst. eines Januskopfes, von der nicht zu entscheiden ist, ob sie den Künstler oder den Besitzer angibt; unklar ist auch, ob die Gemme antik ist. ▭ ThB8, 1913. EAA III, 1960.

W.-R. Megow

December, röm. Maler, in der 2. H. des 2. oder in der 1. H. des 3. Jh. n. Chr. in Rom tätig. Nur bek. durch seinen Grabstein aus Rom (Rom, Kapitolin. Mus.; CIL, VI, 9788). ▭ RE, Suppl. VIII, 1956 (s.v. D. 2). – *A. Giuliano*, ArchCl 5:1953, 266, Nr 9.

R. V.

Decimus Cossutius cf. **Cossutius**

Decius, vermeintl. Künstlername eines griech. Erzgießers des Hellenismus. Nach Plinius (nat., 34, 44) fertigte D. einen Kolossalkopf, den der Konsul P. Cornelius Lentulus Spinther im Jahre 57 v. Chr. auf das Kapitol in Rom weihte. Die beste Hs. der Naturalis historia des Plinius, der Bambergensis, nennt ihn jedoch „dicus“. Wahrsch. war ein griech. Künstler gemeint, der auf *-dikos* endete. ▭ ThB8, 1913. EAA III, 1960; *Bénézit* IV, 1999. – *Pape*, Kriegsbeute, 1975, 151, Nr 7, p. 153, Anm. 9.

R. V.

Decrianus, röm. Architekt oder Ingenieur, unter Kaiser → Hadrianus (117–138 n. Chr.) in Rom tätig. Nach Aelius Spartanus (SHA, Hadr., 19, 12; Bergmann, 1993, 8) war D. im Jahre 121 n. Chr. von → Hadrianus beauftragt, die berühmte, von →

Zenodros unter Nero (54–68 n. Chr.) geschaffene, kolossale, zw. 29,50 und 35,40 m hohe Bronzestatue des Helios mit Hilfe von 24 Elefanten von seinem ehem. Standort an der Via Sacra, wo → Hadrianus einen Doppeltempel für Venus und Roma errichten ließ, zum flav. Amphitheater zu transportieren, das durch den neuen Aufstellungsort des Kolosses den Namen Kolosseum erhielt. Die Basis der Statue (17,60 x 14,75 m) beim Kolosseum ist noch erh. (C. Lega, BollCom 93:1989–90, 339 ss., Abb. 1–3, 6–15). ▭ ThB8, 1913. RE IV. 2, 1901 (s.v. D. 1); EAA III, 1960; *Macmillan* I, 1982. – *M. Bergmann*, Der Koloß Neros, die Domus Aurea und der Mentalitätswandel im Rom der frühen Kaiserzeit, 1994 (TrWPr, 13), 8, 10. R. V.

Dedia, Sohn des Hatiai, ägypt. „Vorsteher der Umrißzeichner des Amun" unter Sethos I. (1290–1279/78 v. Chr.) in Theben. D. entstammt einer im 15. Jh. v. Chr. in Ägypten angesiedelten ausländ. Familie. Von ihm sind eine Palette (Paris, Louvre, Inv. Nr N. 2274), eine Würfelhockerstatue (Kairo, Ägypt. Mus., Inv. Nr CG 42122) und zwei Stelen (Paris, Louvre, Inv. Nr C. 50; London, BM, Inv. Nr 706) erhalten. Nach dem Text auf seiner Statue war er auch Bauleiter („Vorsteher der Arbeiten") und „Vorsteher der Künstlerschaft" und vom König für Restaurierungsarbeiten in Theben West eingesetzt. ▭ KRI, I, 1975, 327 ss.; VII, 1989, 24 ss. – Hieroglyphic texts from Egyptian stelae, etc. (K BM), VI, Lo. 1922, Taf. 48; *W. Helck*, Mat. zur Wirtschafts-Gesch. des Neuen Reiches, I, Wb. 1960, 46; *D. A. Lowle*, Oriens antiquus 15:1976, 91 ss. F. Hoffmann

Dedu, ägypt. Architekt und Bauleiter („Vorsteher der Bauarbeiter"), während des Mittleren Reiches (2119–1794/93 v. Chr.) in Oberägypten tätig. Bek. von seiner Grabstele unbek. Herkunft, in deren Text er alle an seinem Grab vorbeigehenden Menschen anruft, bei den Göttern um Opfergaben für seine Versorgung im Jenseits zu beten (Nr 20609). Ebenso ist er belegt auf einer Grabstele seines Vaters aus der n. Nekropole von Abydos, wo er neben seiner Mutter als Trauernder erscheint (Nr 20130). ▭ PM V, 1937, 57. – *H. O. Lange/H. Schäfer*, Grab- und Denksteine des Mittleren Reiches, I (CG), B. 1902, 154, Nr 20130; II (CG), B. 1908, 248 s., Nr 20609; *W. A. Ward*, Index of Egyptian administrative and relig. titles of the Middle Kingdom, Beirut 1982, 12, Nr 48. C. von Pfeil

Deiniades (Δειν[ιά]δης), griech. Töpfer, um 520 v. Chr. in Athen tätig. Der Name des Töpfers D. ist bislang nur von einer einzigen sign. rotfigurigen Schale aus Vulci bek., die von → Phintias bemalt wurde (München, Staatl. Antiken-Slgn, Inv. Nr 2590; ARV^2, 1963, 24, 12; Add^2, 1989, 155; Lullies/Hirmer, 1953, Taf. 9 oben, 10; KatSchale, 1990, 392, Abb. 69. 5, p. 486 (Lit.); Seite A: ΦΙΝΤΙΑΣ ΕΓΡΑΦΣΕΝ, „Phintias hat (es) gemalt"; Seite B: ΔΕΙΝ[ΙΑ]ΔΕΣ [Ε]ΠΟΙΕΣΕΝ, „D. hat (es) gemacht"). – Die erst um 530 v. Chr. in Athen eingeführte rotfigurige Vasenmalerei brachte auch Veränderungen der Gefäßformen mit sich. Die Tektonik dieser Schale dokumentiert deutl. eine Übergangsphase. Verweist der durch einen Wulst vom Gefäßkörper abgesetzte, kurze Fuß mit verhältnismäßig großer Standfläche auf Schalen in der älteren schwarzfigurigen Maltechnik, kündigt das elegant geschwungene, weit ausladende und flache Schalenbecken bereits die neuen, verfeinerten Formen späterer Zeit an. ▭ RE IV. 2, 1901 (s.v. D. 2); EAA I, 1958 (s.v. Alcioneo); EAA III, 1960. – *Bloesch*, Formen, 1940, 32, Anm. 65; *R. Lullies/M. Hirmer*, Griech. Vasen der reifarchaischen Zeit, M. 1953, 30, Abb. 9 oben, 10; *T. Seki*, Unters. zum Verhältnis von Gefäßform und Malerei att. Schalen, B. 1985, 31, Nr 55, Taf. 13,1–3; KatSchale, 1990, 392, Abb. 69,5, 486 (Lit.). D. V.-G.

Deinias (Δεινίας, Dinias), griech. Maler, wahrsch. in der 1. H. des 7. Jh. v. Chr. tätig. Nach Plinius (nat., 35, 56) zählt D. zu den frühesten griech. Malern. Er malte noch ausschl. monochrom und kannte noch nicht, wie → Eumares von Athen, die maler. Differenzierung des Geschlechts durch die Angabe der Hautfarbe, die wohl etwa gleichzeitig zu → Eumares erstmals in der Vasenmalerei seit um 650 v. Chr. angewendet wird. ▭ ThB6, 1912 (s.v. Charmadas). RE IV. 2, 1901 (s.v. D. 9); EAA III, 1960. – *N. J. Koch*, De picturae initiis. Die Anfänge der griech. Malerei im 7. Jh. v. Chr., M. 1996, 28. R. V.

Deinochares → **Deinokrates** (II)

Deinokrates (I) (Δεινοκράτης), griech. Erzgießer, tätig um 430–425 v. Chr. Nur bek. durch eine Sign. auf einer Basis für eine goldene Nikestatue auf der Akropolis in Athen (IG, I^2, 369; A. M. Woodward, AEphem 1937, 159–163, Nr 3; D. B. Thompson, Hesperia 13:1944, 174, 206; A. Goulaki-Voutira, LIMC VI, 1992, 862, Nr 133, s.v. Nike). Die Nikestatue wurde zus. mit elf weiteren während der att. Krise im Peloponnesischen Krieg von 407/406 v. Chr. eingeschmolzen, um die Münzen daraus zu schlagen. ▭ *Lippold*, GrPl, 1950, 192. R. V.

Deinokrates (II) (Δεινοκράτης, Dinocrates) oder *Deinochares* aus Makedonien (Vitr., 2, praef. 2) oder Rhodos (Ps.-Kallisth., 1, 31, 6), griech. Architekt Alexanders des Großen, tätig in der 2. H. des 4. Jh. v. Chr. Sein Name ist in den Quellen unterschiedl. als *Deinochares*, *Dinochares*, D., *Stasikrates* oder *Cheirokrates* überliefert, am wahrscheinlichsten ist D. oder *Deinochares*. Angeblich gewann er die Gunst Alexanders des Großen durch den Vorschlag, den Berg Athos in eine gigant. Statue Alexanders zu verwandeln, auf dessen rechter Hand eine Stadt entstehen sollte (Vitr., 2, praef. 1–3). Die linke Hand sollte zudem eine Schale halten, die das Wasser sammeln sollte, um sich von dort aus zum Meer zu ergießen. Nach Plutarch (Alex., 72) organisierte er die Errichtung des mon., 180 m im Quadrat und etwa 60 m an Höhe messenden, aus Palmstämmen im Kern bestehenden, 10000 Talente kostenden Scheiterhaufens für Alexanders Freund Hephaistion in Babylon. Die sechs in Stufen sich erhebenden Stockwerke erinnerten an die mesopotam. Stufentempel. Jedes Stockwerk war an den Außenwänden mit vergoldetem Stuck verkleidet und folgenden Reliefs verziert: – 1. Etage: Proren mit Kriegern, – 2. Etage: Fackeln, – 3. Etage: Jagdszenen, – 4. Etage: Kentaurenkämpfe, – 5. Etage: schreitende Löwen und Stiere, – 6. Etage: Waffen. Die größte Aufgabe des D. war die Begrenzung und der Plan zum Bau von Alexandria in Ägypten (Vitr., 2, praef. 4; Plin., nat., 5, 62; 7, 125). Möglicherweise war D. auch verantwortl. für den von 64 Maultieren gezogenen Leichenwagen für die Mumie von Alexander dem Großen, die damit von Babylon nach Memphis in Ägypten gebracht worden ist. Nach Ausonius (Mos., 1, 311 ss.) und Claudian (Magnes, 5, 22 ss.) erb. D. auch den Ptolemäerpalast und die Grabpyramide der Arsinoë. Da das Mausoleum jedoch unvoll. blieb, weil sein Baumeister zus. mit Ptolemaios II. im Jahre 247 v. Chr. starb, muß die letztere Zuschr. an D. wegen des späten Datums falsch sein und dem → Timochares zugerechnet werden, wie es Plinius (nat., 34, 148) erklärt.
▭ ThB8, 1913 (s.v. Deinochares und Deinokrates). RE IV. 2, 1901 (s.v. D. 6); EAA II, 1959; KlP I, 1964 (s.v. D. 3); LAW, 1965; DEAU II, 1968; *Macmillan* I, 1982; LdK II, 1989; *N. Pevsner/H. Honour/J. Fleming*, Lex. der Welt-Archit., Da. ³1996; DNP III, 1997 (s.v. D. 3). – *B. R. Brown*, BAmSocP 15:1978, 39–42; *G. A. Mansuelli*, in: Alessandria e il mondo ellenistico-romano. Studi in onore di Achille Adriani, I, R. 1983, 78–90; *H. Meyer*, RdA 10:1986, 22–30. R. V.

Deinomenes (I) (Δεινομένης, Dinomenes), griechischer Erzgießer, in der 2. H. des 5. und am A. des 4. Jh. v. Chr. tätig. Nach Plinius (nat., 34, 50) war D. ein Schüler des → Polykleitos (I) und erreichte den künstler. Höhepunkt zur 95. Olympiade (400–397 v. Chr.). D. schuf für Olympia (Plin., nat., 34, 76) die Statuen des Ringers Pythodemos und des Helden Protesilaos (F. Canciani, LIMC VII, 1994, 555, Nr 2, s.v. Protesilaos). Letzterer wurde durch Amelung (Curtius, 1934, 305) als in den Kopien in New York (Metrop. Mus., Inv. Nr 1925. 116, aus der Umgebung von Rom: Curtius, 1934, 305–316, Abb. 1–4; Hafner, 1952, 149–158, Taf. 8–10, 12, 14; Langlotz, 1971, 427–442, Abb. 1–2, 8, 10–20; Frel, 1973, 120–121, Abb. 1; Langlotz, 1977, 84–86, Abb. 1; Canciani, 556, Nr 14a* ; Dörig, 1994, 68, Taf. 17, 1–2; 18, 1. 4; 19, 4) und London (BM, Inv. Nr 1538, aus Kyzikos; Langlotz, 1971, 427–442, Abb. 5, 9; Frel, 1973, 120–121, Abb. 2; Canciani, 556, Nr. 14b) überliefert angesehen und das Originalwerk um 430 v. Chr. datiert. Andreas Rumpf (KlP), Ernst Berger (LAW) und José Dörig (1994, 72–74) schlossen sich dieser Meinung an. And. Forscher meldeten jedoch überzeugend Bedenken gegen diese Annahme an, kommen aber ihrerseits zu keiner zufriedenstellenden Lösung, weder in der Zuschr. an einen Künstler noch in der Deutung des Dargestellten (z.B. Curtius, 1934: Heros Kyzikos; Hafner, 1952: Telamon; Frel, 1970: Verwundeter des → Kresilas; Langlotz, 1971: Poseidon; Fuchs, 1983: Krieger, um 450/440 v. Chr.; Despinis, 1988: Palamedes). Wahrsch. fertigte D. auch die Statuen der Io und der Kallisto auf der Athener Akropolis (Paus., 1, 25, 1). (*Zur Statue der Io*: N. Yalouris, LIMC V, 1990, 671, Nr 83, s.v. Io I mit Lit.; Dörig, 1994, 76–77, Taf. 18, 6; 19, 2–2, möchte im Marmorkopf der Io im Kopenhagener Thorvaldsen Mus. eine Replik erkennen; bisweilen wurde auch ein Kopf im Vatikan [Braccio Nuovo, Inv. Nr 24; W. Fuchs, in: Helbig⁴, I, 1963, 322 s., Nr 416] als Replik der Io des D. angenommen, was jedoch nicht plausibel ist; E. Schmidt, in: Antike Plastik, Festschr. Walther Amelung, B. 1928, 222–227, identifizierte den Kopf als Iakchos und Dörig, 1994, 76, als Artemis; *zur Statue der Kallisto*: I. McPhee, LIMC V, 1990, 941, Nr 2, s.v. Kallisto; siehe desweiteren den sog. Perseuskopf der Athena Albani: F. Canciani, LIMC II, 1984, 1085, Nr 147*, s.v. Athena/Minerva; W. Fuchs, in: Helbig⁴, IV, 1972, 220 s., Nr 3243). Io und Kallisto sollten wahrsch. die Freundschaft zw. Athen mit Argos und Mantinea 420–418 v. Chr. versinnbildlichen (Svoronos, 1914, 255–277). Despinis (1988) wollte in der „Schutzflehenden Barberini" (Paris, Louvre, Inv. Nr MA 3433) eine Kopie der Io, Svoronos (1914) eine Kopie der Kallisto erkennen. Berger

(LAW und 1968, 65 ss. [hier stellt Berger auch die Deutung als Danaide zur Diskussion]) und, ihm folgend, Schefold (1981, 229–230, Abb. 315) deuteten hingegen den Statuentypus Budapest-Basel (Budapest, SzM: A. Hekler, Die Skulpt. in Budapest, Bp. 1929, 24–25, Nr 16; BrBr, Taf. 761–762; E. Langlotz, Der triumphierende Perseus, Köln und Opladen 1960, 9 ss., Taf. 1–4, 11; Basel, Antikenmus. und Slg Ludwig, Inv. Nr BS 213: P. Blome, Antikenmus. Basel und Slg Ludwig, Genf 1999, 29, Abb. 27) als Kopien der Kallisto. Alle diese Zuschr. sind jedoch zu hypothet. und müssen zurückgewiesen werden. D. fertigte möglicherweise auch noch eine Statue der päon. Königin Besantis (Tat., orat., 53, p. 35, 5 Schw.; Dörig, 1994, 67). ▭ ThB8, 1913. RE IV. 2, 1901 (s.v. D. 7); KlP I, 1964 (s.v. D. 4); LAW, 1965; EAA, Suppl. II, 1994; DNP III, 1997 (s.v. D. 4); *Bénézit* IV, 1999 (s.v. Dinoménès). – *J. Svoronos*, JIArchNum 16:1914, 255–277; *L. Curtius*, RM 49:1934, 305–316; *Lippold*, GrPl, 1950, 203; *G. Hafner*, MdI 5:1952, 149–158; *K. Schefold*, Führer durch das Antiken-Mus. Basel, Basel 1967, 24, Nr 15; *id.*, AntK 11:1968, 65–67; *Arnold*, Polykletnachfolge, 1969, 7; *J. Frel*, BMetrMus, N. S., 29:1970, 171 ss.; *E. Langlotz*, AA 1971, 427–442; *J. Frel*, AA 1973, 120–121; *E. Langlotz*, AA 1977, 84–86; *Schefold*, SB III, 1981, 229–233; *Fuchs*, Skulptur^3, 1983, 92–93, Abb. 84; *G. Despinis*, in: Actes du 12e congr. internat. d'archéologie classique, At. 1988, 65–69; *id.*, in: Kanon, Festschr. Ernst Berger, ed. *M. Schmidt*, Basel 1988 (AntK, Beih., 15), 87–90; *J. Dörig*, AntK 37:1994, 67–80. R. V.

Deinomenes (II), griech. Erzgießer, im 1. Jh. v. Chr. in Athen tätig. Seine Sign. trägt eine auf der Akropolis in Athen entdeckte Basis. Sie wurde von Metrotimos gew. und dat. ins 1. Jh. v. Chr. ▭ ThB8, 1913. RE IV. 2, 1901; KlP I, 1964 (s.v. D. 4). – *J. Dörig*, AntK 37:1994, 67. R. V.

Deinon (Δείνων, Dinon), vermeintl. griech. Erzgießer. Nur erw. in den Hss. des Plinius (nat., 34, 50), außer der besten Hs., dem Codex Bambergensis, in dem der Name fehlt. In den übrigen Codices folgt D. in der Liste der Schüler des → Polykleitos (I) nach → Phrynon und → Deinomenes (I). D. ist wohl versehentlich entweder als fiktiver Name oder wahrscheinlicher als verkürzte Form von Deinomenes später eingesetzt worden. ▭ ThB8, 1913. RE IV. 2, 1901 (s.v. D. 9); EAA III, 1960. – *Lippold*, GrPl, 1950, 217. R. V.

Deliades (Δελιάδες), griech. Erzgießer unbek. Zeit. Plinius (nat., 34, 85; Overbeck, SQ, 1868, Nr 2093) listet D. ledigl. mit and. Erzgießern als guten Künstler auf. ▭ ThB9, 1913. RE IV. 2, 1901 (s.v. D. 3); EAA III, 1960. R. V.

Dellius Myro, *Quintus*, Freigelassener eines Quintus Dellius, Bildhauer und Bronzegießer, tätig im 1. Jh. n. Chr., in Verona bestattet. Nur bek. durch seine 1996 in Verona (Vicolo Carmelitani Scalzi 19) entdeckte Grab-Inschr., in der er als *statuarius* bez. wird. Sein Beiname dürfte auf den großen griech. Bildhauer des 5. Jh. v. Chr., → Myron (I), anspielen. ▭ *A. Buonopane*, ZPE 120:1998, 292–294. U. Huttner

Demetrias (Δημητρίας), Sohn des Glaukon, griech. Bildhauer, tätig um 110 v. Chr. in Milet. Nur bek. durch seine Sign. auf Basen für Ehrenstatuen des Epikrates, Sohn des Pylon, und des Apollonios, Sohn des Epikrates, die in Milet gefunden worden sind. Da die Fam. der beiden Geehrten in Milet gut bek. sind, kann die Aufstellung der Plastiken in die Jahre um 110 v. Chr. angesetzt werden. ▭ *A. von Gerkan/F. Krischen*, Thermen und Palaestren, B. 1928 (Milet, I. 9), 159–161, Nrn 331–332, Abb. 133; *E. Thomas*, IstMitt 33:1983, 124–133; *Schmidt*, Statuenbasen, 1995, 453 s., Nr VII. 25. R. V.

Demetrios (I) (Δημήτριος), griech. Bronzebildner aus dem att. Demos Alopeke, tätig um 400 v. Chr. bis um 360 v. Chr. Schuf überwiegend Portr.-Statuen, deren ausgeprägter Verismus in den antiken Schriftquellen hervorgehoben wird (bei Lukian., Philops., 18 durch den Beinamen ἀνθρωποποιός: „Menschen schaffend"; Quint., inst., 12, 10, 9 vermerkt, daß er „die Wahrheit übertrieb und Ähnlichkeit mehr als Schönheit liebte"; Overbeck, SQ, 1868, Nrn 900, 903). Originalwerke nicht erhalten. Lit. überlieferte Statuen: – 1.) Athena mit der Aigis, deren naturalist. dargestellte Schlangen beim Klang einer Kithara vibriert haben sollen (Plin., nat., 34, 76; Paus., 1, 27, 4; Overbeck; SQ, 1868, Nrn 898, 899). – 2.) Athena-Priesterin Lysimache (Plin., ibid.; Overbeck, SQ, 1868, Nr 898): Dieser Statue wurde eine kreisrunde Inschr.-Basis (pentel. Marmor) von der Athener Akropolis zugewiesen. Die unvollst. überlieferte Weih-Inschr. berichtet, daß Lysimache 64 Jahre lang Athena-Priesterin war (IG, II-III^2, 3453; Loewy, IGB, 1885, 51 s., Nr 64). Von röm. Kopien der Statuen stammen nach E. Berger (1968) ein Greisinnentorso (Basel, Antikenmus.) und je ein Kopf in London, BM (EA, Nrn 165, 166) und Rom, MN Romano. – 3.) Pellichos, 434 v. Chr. Befehlshaber der korinth. Flotte (Lukian., Philops., 18; Overbeck, SQ, 1868, Nr 900). – 4.) Simon, 424/23 v. Chr. Hipparch (Plin., ibid.; Overbeck, SQ, 1868,

Nr 898). Von folgenden Werken des D. blieben auf der Athener Akropolis Inschr.-Basen mit seiner Sign. erh.: – 1.) Statue des Hippolochides, Sohn des Thrasymedes (CIA, I, 522; Loewy, ibid., 51 Nr 63). – 2.) Statuen des Kephisodotos von Aithalia und seines Sohnes auf einer gemeinsamen Basis (CIA, IV. 2, Nr 1393 c). Aus der Inschr. geht hervor, daß die Statue des Sohnes ein Werk des Symenos (Gehilfe des D.?) war. – 3.) Weihgeschenk des Aristogenes von Aixone an Athena, mit säulenförmiger Basis (IG, II-III. 1², 4321). – 4.) Kekropis-Weihgeschenk an Athena (IG II-II¹, 4322; Loewy, ibid., 51, Nr 62). Bei 3.) und 4.) bleibt die Zuweisung an D. allerdings zweifelhaft; vgl. Art. → D. (II). ▭ ThB9, 1913 (s.v. D. 2). RE IV. 2, 1901 (s.v. D. 122); EAA III, 1960 (Lit.); EWA II, ²1972, 108; DA VIII, 1996; DNP III, 1997 (s.v. D. 48). – *Brunn*, GGK I, 1889, 255; *Picard*, Manuel, II. 2, 1939, 603, 676; III. 2, 1948, 126, 149; IV. 2, 1963; *K. Majewski*, Rocznik Zakladu Narodowego Imienia Ossolonskich 3:1948, 361–377; *Raubitschek*, Dedications, 1949, 159, Nr 143; *G. Hejzlar*, Bibl. classica orientalis 3:1958, 286; *E. Berger*, AntK 11:1968, 67–70; *V. Zinserling*, Zur Dat. des Demetrios von Alopeke, in: Festschr. Gottfried von Lücken, WissZRostock 17:1968, 7–10, 829–831; *Robertson* Hist., I, 1975, 504–506; *L. Alscher*, Griech. Plastik, II. 2, B. 1982; *Stewart*, Sculpture, 274 s. (Lit.); *Todisco*, Scultura, 1993, 61 s. – *Zuschr.*: *F. B. Mache*, MonPiot 51:1960, 25 ss.; *E. Homann-Wedeking*, AM 76:1961, 107 ss.; *R. Krumeich*, Bildnisse griech. Herrscher und Staatsmänner im 5. Jh. v. Chr., M. 1997, 241, Nr A 46; p. 246–247, Nr X 1.
W. Müller

Demetrios (II), griech. Bildhauer aus Athen (?), 1. H. 4. Jh. v. Chr. Seine Sign. steht auf 2 Weihgeschenk-Basen (pentel. Marmor) von der Athener Akropolis (IG, II-III. 1², 4321–4322). Die Inschr. enthalten Fehler, die vermutl. vom Steinmetz verursacht worden sind. Eine Identifizierung mit → D. (I) erscheint zweifelhaft. ▭ EAA III, 1960 (s.v. D. 3). W. Müller

Demetrios (III), griech. Architekt, tätig im Heiligtum der ephes. Artemis seit 356 v. Chr. (oder früher?). Einzige Nachr. über ihn gibt Vitruv (7, praef., 16): „Zuerst wurde der Tempel der Diana in Ephesus in ion. Stil von → Chersiphron aus Knossos und dessen Sohn → Metagenes (I) begonnen, den später Demetrios, ein Tempelsklave der Diana selbst, und → Paionios (I) aus Ephesos vollendet haben sollen“ (Übersetzung C. Fensterbusch). Aus der Vitruvstelle läßt sich ein Zeitansatz für D. nicht eindeutig ableiten. Entweder errichtete er nach dem Brand des Älteren Artemis-Tempels (356 v. Chr.) gemeinsam mit → Paionios (I) als Nachfolgebau den Jüngeren Artemis-Tempel, der wegen seiner Größe und Pracht als eines der sieben Weltwunder galt. Oder beide Architekten waren nacheinander tätig, wie H. Svenson-Evers (1996) vorschlägt. In diesem Fall könnte D. die Voll. des Älteren Artemistempels zugeschr. werden, dessen späteste Simenreliefs nach G. Gruben (1986) in die Zeit um 460 v. Chr. weisen. Als Architekt des Jüngeren Artemis-Tempels käme dann nur → Paionios (I) allein in Betracht. Der soz. Status des D. scheint in der griech. Archit.-Gesch. ein Ausnahmefall gewesen zu sein. ▭ ThB8, 1913 (im Art. Daphnis); ThB9, 1913 (s.v. D. 1). RE IV. 2, 1901 (s.v. D. 121); EAA III, 1960 (s.v. D. 2); DEAU II, 1968. – *Brunn*, GGK II, 1889, 236; *Müller*, Architekten, 1989, 149, 182 s., Abb. 10–12, 92, 131; *Svenson-Evers*, Architekten, 1996, 100 ss. (Lit.). – *Zu den Bauten*: *A. Bammer*, Die Archit. des jüngeren Artemision von Ephesos, Wb. 1972; *id.*, Das Heiligtum der Artemis von Ephesos, Graz 1984; *Gruben*, Tempel⁴, 1986, 349 ss., Abb. 289–294, 355 ss., Abb. 295–298; *A. Rügler*, Die Columnae Caelatae des jüngeren Artemisions von Ephesos, 1987 (IstMitt, Beih. 34). W. Müller

Demetrios (IV) (Δ[η]μή[τριος]), griech. Bildhauer, zw. 3. und 2. Jh. v. Chr. (Dat. nicht gesichert) in Pergamon tätig. Seine Sign. (ohne Patronymikum und Ethnikum) steht auf dem Fragm. einer Platte aus bläul. Marmor, Fundort: Pergamon, s. des Athena-Heiligtums. Hypothet. ist die vorgeschlagene Identifizierung mit den rhod. Bildhauern → D. (VIII) oder → D. (X). ▭ EAA III, 1960 (s.v. D. 5). – *E. Fabricius/C. Schuchhardt*, Die Inschr. von Pergamon, Pergamon, VIII. 1, 1890, Nr 142. W. Müller

Demetrios (V), griech. Bildhauer aus Antiocheia am Pyramos, E. 3./A. 2. Jh. v. Chr. auf Rhodos tätig. Seine Sign. (ohne Patronymikum) steht auf einer rechteckigen Basis (lart. Marmor) aus Kamiros (Weihung des Damiurgen Kallikratidas, Sohn des Euagoras, um 204 v. Chr.). ▭ RE, Suppl. VIII, 1956; EAA III, 1960 (s.v. D. 4). – *G. Jacopi*, Clara Rhodos 6/7:1932, 418, Nr 41; Lindos, II. 1, 1941, 54, Nr 42; *M. Segre/ G. Pugliese Carratelli*, ASAtene 27–29:1949–51, Nr 43; *Lippold*, GrPl, 1950, 362. W. Müller

Demetrios (VI), Sohn des Seleukos, griech. Maler, in der 1. H. des 2. Jh. v. Chr. in Alexandria am Hof Ptolemaios' VI. Philometor, später in Rom tätig. Als der 164 v. Chr. aus Ägypten vertriebene König in Rom Schutz suchte, nahm ihn D. in sein Haus auf (Diod., 31, 18, 1–3; Val. Max., 5, 1, 1; Overbeck, SQ, 1868, Nrn 2141 s.). Während Valerius Maximus D. ledigl. als Maler erw., erhält er bei Diodor (31, 18, 2) den Beinamen τοπογράφος. Diese Bezeichnung weist D. als Maler von τόπια (Landschaften) aus, nicht als Landkartenmaler (wie Brunn, 1889, vorschlug). D. stellt die geogr. Wesenszüge Ägyptens in seinen Bildern dar und darf somit als einer der frühesten Vertreter der hellenist.-alexandrin. Landschaftsmalerei gelten, deren Einflüsse sich in den Nilszenen der kampan. Wandmalerei widerspiegeln. ▭ ThB9, 1913 (s.v. D. 7). RE IV. 2, 1901 (s.v. D. 128); EAA III, 1960 (s.v. D. 6); EWA VII ²1971, 349; DA VIII, 1996; DNP III, 1997 (s.v. D. 46); *Bénézit* IV, 1999. – *Brunn*, GGK II, 1889, 194; *Pfuhl*, MuZ II, 1923, 884; *Rumpf*, MuZ, 1953, 160, Anm. 3; *C. Picard*, RA 1956, 82–84; *Scheibler*, Malerei, 1994, 179 s. – *Zur alexandrin. Landschaftsmalerei des 2. Jh. v. Chr.*: EWA VII, ²1971, 360. W. Müller

Demetrios (VII), Sohn des Diomedon, griech. Bildhauer aus Rhodos, dort in der 1. H. des 2. Jh. v. Chr. (nach Jacopi, 1932: A. 1. Jh. v. Chr.) tätig. Seine Sign. überliefern drei Basen (lart. Marmor): – 1.) Rechteckige Basis (Fundort: Lindos, Akropolis) mit Befestigungsspuren auf der Oberseite (Weihgeschenk einer Gruppe lokaler Priester, 182 v. Chr.). – 2.) Zylindr. Basis (gleicher Fundort) mit Resten vom unteren Ende einer Statue (Weihgeschenk der Astymedes, Tochter des Theaidathos, Priesterin der Athena Lindia und des Zeus Polieus, nach 154 v. Chr.). – 3.) Basis für eine Portr.-Statue in Rhodos, nach 154 v. Chr. ▭ RE, Suppl. III, 1918 (s.v. D. 125a); EAA III, 1960 (s.v. D. 7). – *G. Jacopi*, Clara Rhodos 6/7:1932, 192, Nr 20; Lindos II. 1, 1941, 425, Nr 167, 490, Nr 217; *Lippold*, GrPl, 1950, 374. W. Müller

Demetrios (VIII), Sohn eines wahrsch. aus Antiochia am Mäander stammenden D., griech. Bildhauer aus Rhodos, in der 1. H. des 2. Jh. v. Chr. (bisherige Dat. in die 1. H. 1. Jh. v. Chr. durch neuere epigraph. Unters. widerlegt) in Lindos und Alexandria tätig. Zw. ca. 180 und 170 v. Chr. schufen D. und der Bildhauer → Theon (IV) von Alexandria gemeinsam zwei Werke, von denen nur die sign. Basen erh. blieben: – 1.) Bronzestatue in Lindos (Lindos II. 1, 1941, 205). – 2.) Pferd aus weißem Marmor in Alexandria (CIG, III, 4684 e; Loewy, IGB, 1885, 147, Nr 187). Beide Künstler waren Mitgl. eines Kollegiums von Wohltätern auf Rhodos (IG, XII. 1, 127). Eine Inschr.-Basis mit der Sign. eines D. aus dem Theater von Magnesia am Mäander (O. Kern, Inschr. von Magnesia am Mäander, B. 1900, Nrn 211, 334) brachte man mit D. in Verbindung. Nach Lippold (RE, Suppl. III, 1918) gehört sie jedoch zu einem and. aus Magnesia am Mäander stammenden D. ▭ ThB9, 1913 (s.v. D. 4). RE IV. 2, 1901 (s.v. D. 124); EAA III, 1960 (s.v. D. 10); DNP III, 1997 (s.v. D. 47); *Bénézit* IV, 1999. – *Lippold*, GrPl, 1950, 375; *B. S. Ridgway*, Fifth c. styles in Greek sculpt., Pr. 1981; *V. Goodlett*, AJA 95:1991, 669 ss.; *Moreno*, Scultura, I, 1994, 605, 638, 682. W. Müller

Demetrios (IX), Sohn des Gorgos, griech. Architekt, in der 1. H. des 2. Jh. v. Chr. am Bau des Apollontempels in Didyma tätig. D., Sohn des Gorgos, erscheint wie vor ihm Kl[...], → Maiandrios, Sohn des Thrason, und → Kratinos (III), Sohn des Minnion, sowie nach ihm → Philiskos (III), Sohn des Dionysios, als Architekt in den Inschr. des 2. Jh. v. Chr., worin über die Aufwendungen für den Bau des Apollontempels in Didyma Rechenschaft abgelegt wird. Es ist unklar, welchen gestalter. Einfluß diese Personen auf den Tempelbau nehmen konnten bzw. durften. ▭ *W. Günther*, IstMitt 19/20:1969/70, 238, Zeile 5; *Donderer*, Architekten, 1996, 18, Anm. 28. E. Wirbelauer

Demetrios (X), Sohn des Glaukos, griech. Bronzebildner aus Milet (?), um 100 v. Chr. dort und in Didyma tätig. Name bek. durch Sign. auf einer viereckigen Basis in Milet, die einst die Portr.-Statue des Milesiers Apollonios, Sohnes des Epikrates, trug (um 100 v. Chr.; Milet, I. 9, 1928, 159 ss., Nr 332). Nahebei stand als Gegenstück die nicht sign. Statue des Epikrates, Sohnes des Pylon, wohl ebenfalls ein Werk des D. – Sehr wahrsch. war D. ident. mit einer gleichnamigen Person, die in einer Inschr. aus Didyma erw. ist (Milet, I. 3, 1914, 409 s. und I. 9, 1928, 160 s.; Didyma, II, 1958, 221, Nr 346). Danach versah er die Ämter eines Propheten und Stephanephoren und stiftete einige heute nicht mehr erh. Bronzebildwerke, die vermutl. von ihm bzw. seiner Wkst. gearbeitet wurden: 1. Große Statue des auf einem Felsen sitzenden Apollon Delphinios mit Omphalos und Schlange, wahrsch. für das Delphinion in Milet, ein im 1. Jh. v. Chr. offenbar weithin bek. Werk (antike Wiederholungen: Torso in Barcelona, Mus. d'Historia de la Ciudad). 2. Statue des Aithiops. 3.–4. λαμπαδηφόροι ἀνδριάντες (statuarische Bilder von Fackelträgern) für das Apollon-Heiligtum in Didyma und für das Theater in Milet. 5. Zwei περιρραντήρια (Weihwasserkessel) für das Apollonheiligtum in Didyma. ▭ RE, Suppl. V, 1931 (s.v. D. 122a); EAA III, 1960 (s.v. D. 8); DNP III, 1997 (s.v. D. 44). – *Lippold*, GrPl, 1950, 372; *E. Thomas*, IstMitt 33:1983, 124–133, Taf. 27–30. W. Müller

Demetrios (XI), griech. Bildhauer aus Rhodos, 1. H. 1. Jh. v. Chr. Aus einer wahrsch. aus Apameia am Orontes nach Rhodos eingewanderten Künstlerfamilie. Sein Vater → Heliodoros (II) und sein Bruder → Plutarchos waren ebenfalls Bildhauer. Plutarchos bezeichnete sich, ehe er die rhod. Bürgerschaft annahm, als Bürger von Apameia. – Den Namen des D. (mit Patronymikum und Ethnikum) enthält die Künstler-Inschr. der Basis eines nicht mehr erh. Weihgeschenks für Athena Lindia und Zeus Polieus am Aufgang zur Akropolis von Lindos (Loewy, IGB, 1885, 151, Nr 193; IG, XII. 1, 769). Auf einer and. Basis von Lindos, die einst eine Portr.-Statue trug, ist vom Künstlernamen nur noch der letzte Buchstabe erh., so daß unklar bleibt, ob D. oder Plutarchos gemeint sein könnte (Loewy, ibid., 151–153, Nr 195; IG, XII. 1, 844). ▭ ThB9, 1913 (s.v. D. 3). RE IV. 2, 1901 (s.v. D. 123); EAA III, 1960 (s.v. D. 9). – *Lippold*, GrPl, 1950, 383; *Moreno*, Scultura, I, 1994, 682.
W. Müller

Demetrios (XII), Sohn des Melanthos, griech. Bildhauer, hellenist. Zeit. Name bek. durch Inschr. auf einer Marmorhalbsäule aus den Ruinen des Dorfes Eski Balat b. Milet. Sie trug einst wahrsch. die Statue eines Leontiskos, Sohnes des gleichnamigen Gymnasiarchen in Milet, gewidmet von den Eltern und von Apaturios, dem Sohn des Isokrates. ▭ EAA, Suppl., 1970 (s.v. D. 19). – *T. Pekáry*, IstMitt 15:1965, 118, Nr 1; *id.*, REG 79:1966, 424, Nr 376.
W. Müller

Demetrios (XIII), Sohn des → Apollonios (X), griech. Bildhauer aus Alexandria, in der frühen Kaiserzeit (nach dem epigraph. Charakter der Inschr.) in Messene tätig. Name bek. durch Sign. auf einer Stele aus weißem Marmor in Messene (IG, V. 1, 1461) und auf einer quadrat. Kalksteinbasis des Artemis-Heiligtums in Messene, die einst eine Statue der Priesterin trug (REG 79:1966, 378, Nr 202; SEG, XXIII, 1968, Nr 226). Sie gehörte mit weiteren Statuen zu einem kreisförmig angeordneten Ensemble, in dessen Zentrum man eine große rechteckige, wohl für die Kultstatue bestimmte Basis fand. – Die Herkunft des D. aus Alexandria paßt zu der Aussage des Pausanias (4, 31, 1), daß in Messene Leute aus Ägypten gearbeitet hätten. ▭ RE, Suppl. III, 1918 (s.v. D. 126a); EAA, Suppl., 1970 (s.v. D. 20). – *Moreno*, Scultura, I, 1994, 506.
W. Müller

Demetrios (XIV), Sohn des Philon, griech. Bildhauer aus dem att. Demos Ptelea, wahrsch. Zeit des Augustus. Name bek. durch Künstler-Inschr. zweier in Athen gefundener Basen: – 1.) viereckige Basis aus hymett. Marmor im Dionysos-Theater, die einst die Statue eines Diomedes (entweder ein unbedeutender Dramatiker oder der Heros) trug (CIA, III, 952; Overbeck, SQ, 1868, Nr 1388; Loewy, IGB, 1885, 173, Nr 237). – 2.) Basis aus pentel. Marmor beim sog. Prytaneion, auf der einst die von einem dankbaren Patienten gestiftete Statue des Arztes Argaios stand (CIA, III, 779; Overbeck, ibid., Nr 1389; Loewy, ibid., 173 s., Nr 238). ▭ ThB9, 1913 (s.v. D. 5). RE IV. 2, 1901 (s.v. D. 126); EAA III, 1960 (s.v. D. 13). – *Lippold*, GrPl, 1950, 367.
W. Müller

Demetrios (XV), griech. Silberschmied, M. 1. Jh. n. Chr. tätig. Nach Apg., 19, 24 ss. stellte D. kleine silberne Nachbildungen des Tempels der Artemis von Ephesos her und brachte seine Arbeiter gegen den Apostel Paulus und dessen Anhänger auf. Ein Mitarb. des D. war vermutl. der im NT (1. Tim., 1, 20 und 2. Tim., 4, 14) erw. jüd. Silberschmied → Alexandros (III). Eine Vorstellung der von D. angefertigten Souvenirs geben ephes. Münzbilder (z.B. BMC, Greek Coins, Ionia, 19, Taf. 6, 9) sowie die zahlr. kleinen, flachen Bleireliefs (E. Pernice, ÖJh 7:1904, 194). ▭ ThB9, 1913 (s.v. D. 8). RE IV. 2, 1901 (s.v. D. 130); EAA III, 1960 (s.v. D. 12).
W. Müller

Demetrios (XVI), Sohn eines Demetrios, griech. Bildhauer, im 2. Jh. n. Chr. in Sparta tätig. In Sparta und dem benachbarten Mistra blieben drei von D. sign. marmorne Hermenpfeiler aus antonin. Zeit erh., deren Portr.-Köpfe jedoch fehlen (CIG, 1330, 1409; Overbeck, SQ, 1868, Nr 2297; Loewy, IGB, 1885, 247 s., Nrn 347–349). Hypothet. bleibt der Versuch von S. Ferri (1937), den Künstler mit → D. (XVII) zu identifizieren. ▭ ThB9, 1913 (s.v. D. 6). RE IV. 2, 1901 (s.v. D. 127); EAA III, 1960 (s.v. D. 17). – *Brunn*, GGK I, 1889, 421; *S. Ferri*, in: Scritti in onore di Bartolomeo Nogara, Città del Vaticano 1937, 173 ss.
W. Müller

Demetrios (XVII), griech. Bildhauer, tätig in Emerita Augusta (Mérida) M. 2. Jh. n. Chr. Nach S. Ferri (1937) war D. oriental. Herkunft und gelangte über N-Afrika nach Spanien. Er sign. die Statue eines von einem Delphin begleiteten Cautopates (Kopf fehlt) in oriental. Tracht aus dem Mithräum von Emerita Augusta (Mérida, Mus. Arqueol.), gestiftet von C. Curius Avitus um 155 n. Chr. D. bzw. seiner Wkst. werden weitere, dem gleichen Fundkomplex entstammende Statuen (alle nicht sign.) zugeschr.: ein ruhender Hermes, Okeanos, Aphrodite, Mithras und zwei Genien. ▭ RE, Suppl. III, 1918 (s.v. D. 127); EAA III, 1960 (s.v. D. 16); EWA VII, [2]1971, 456 s.; DNP III, 1997 (s.v. D. 45). – *S. Ferri*, in: Scritti in onore di Bartolomeo Nogara, Città del Vaticano 1937, 173–177; *A. García y Bellido*, Escult. romana da España y Portugal, Ma. 1949, 120, Taf. 24; *Richter*, CriticalPeriods, 1951, 53, Abb. 139; *A. García y Bellido*, AEsp 28:1955, 7, Nr 3; *M. J. Vermaseren*, Corpus inscriptionum et monumentorum religionis mithriacae, I, D. H. 1956, Nrn 773, 774; *R. Merkelbach*, Mithras, Königstein/Ts. 1984, 116, 326, Abb. 75; *M. Clauss*, Cultores Mithrae. Die Anhängerschaft des Mithras-Kultes, St. 1992, 74.

W. Müller

Demetrios (XVIII), Sohn des Potamon, aus Athen, griech. Bildhauer, in röm. Zeit (?) tätig. Name bek. durch Sign. auf einer Marmorbasis von Kozane/Makedonien, die einst eine von Amynthos, Sohn des Amynthos, gestiftete Statue trug (SEG, I, 1923, Nr 269). In der Inschr. sind Schriftcharakter und Orthographie des 5. Jh. v. Chr. nachgeahmt. ▭ EAA III, 1960 (s.v. D. 14). W. Müller

Demetrios (XIX), griech. Gemmenschneider oder Besitzer von Gemmen. Mit seinem Namen verbindet man drei Gemmen, von denen die beiden ersten nur aus antiken Beschr. bek. sind: – 1.) Karneol (Stier); – 2.) Karneol (Herakles im Kampf mit dem Nemeischen Löwen); – 3.) London, BM: Glaspaste (Herakles würgt Antaios). Auf 1.) und 2.) ist der Name D. in griech., auf 3.) in lat. Buchstaben eingraviert. ▭ ThB9, 1913 (s.v. D. 9). RE IV. 2, 1901 (s.v. D. 129); EAA III, 1960 (s.v. D. 18).

W. Müller

Demetrios (XX), Steinmetz aus Kilikien (τεχνίτης), röm. Kaiserzeit. Überliefert durch die Sign. eines in Fels gehauenen Sarkophages in Gargara, in der Dekapolis Rauhen Kilikiens (zu den südkleinasiat. Techniten s. J. Nollé u.a., EpigrAnat 5:1985, 134 s.). ▭ *G. E. Bean/T. B. Mitford*, Journeys in Rough Cilicia 1964–68, W. u.a. 1970 (TAM, Erg.-Bd 3/DenkschriftenWien, 102), Nr 238, Abb. 183. T. Lochman

Demetrios (XXI), byz. Mosaizist, um 400 n. Chr. in Theben tätig. Nur bek. durch eine Inschr. auf einem Fußbodenmosaik aus Theben (heute Theben, Arch. Mus.). Danach schuf er die Vorlage, nach der → Epiphanes den Mosaikboden legte. ▭ *P. Lazzaridis*, ADelt 20:1965, 253 ss., Taf. 310–314; *Donderer*, Mosaizisten, 1989, 59, Nr A 10, Taf. 8. R. V.

Demokopos → Damokopos

Demokrates (Δημοκράτης), Sohn des Leontis, griech. Bildhauer, wahrsch. in Erythrai im 1./2. Jh. n. Chr. tätig. Nur bek. durch seine Sign. auf einer Rundbasis. Die Weihung erfolgte von den Bürgern von Erythrai zu Ehren des ansonsten unbek. Praxippos, dem Sohn des Kallikrates. ▭ RE, Suppl. III, 1918 (s.v. D. 14); EAA III, 1960. R. V.

Demokritos → Damokritos (I)

Demomeles (Δημομέλης), griech. Architekt, um 420 v. Chr. tätig. Nur bek. aus einem att. Urkundenrelief von 422/21 v. Chr. aus Eleusis (Eleusis, Mus., Inv. Nr 5093; IG, I², 81; IG, I³, 79; SEG, X, 1949, 94), das den Volksbeschluß zum Bau einer Fußgängerbrücke im Zuge der hl. Straße von Athen nach Eleusis über den Rheitos nahe dessen Mündung an der Grenze zw. den Gebieten der beiden Städte gemäß dem Entwurf des D. festhält: Hierfür sollen Steine des alten, von den Persern zerst. eleusin. Tempels wiederverwendet werden. ▭ ThB9, 1913. RE V. 1, 1903 (s.v. D. 2); EAA III, 1960; *G. Güntner*, LIMC VIII, 1997, 975, Nr 330 (s.v. Persephone). – *T. L. Shear jr.*, Hesperia, Suppl. 20:1982, 130–131; *M. Meyer*, Die griech. Urkundenreliefs, B. 1989 (AM, Beih., 13), 33, 83–84, 266. Th. Ganschow

Demon → Daimon

Demophilos (I) (Δημόφιλος; Demophilus), griechischer Architekt, Maler oder Bildhauer unbek. Zeit. Nur bek. durch Vitruv (7, praef. 14, p. 159, 21). Möglicherweise ist D. ident. mit → Damophilos oder → Demophilos (II). ▭ ThB9, 1913. RE V. 1, 1903 (s.v. D. 13); EAA III, 1960 (s.v. D. 2). R. V.

Demophilos (II), aus Himera, griech. Maler, 2. H. 5. Jh. v. Chr. Nur bek. durch Plinius (nat., 35, 61; Overbeck, SQ, 1868, Nr 1647), der ihn als Lehrer des berühmten Malers → Zeuxis (I) bezeichnet. ▭ ThB9, 1913. RE V. 1, 1903 (s.v. D. 14); EAA III, 1960 (s.v. D. 1). R. V.

Demophon (Δημοφῶν), griech. Silberschmied unbek. Zeit. Nur bek. durch ein Epigramm aus der von Philippos von Thessalonike um 40 n. Chr. aufgestellten Slg von Gedichten (Anth. Gr., 6, 92), in dem der altgewordene Silberschmied D. sein Handwerkszeug dem Hermes Kyllenios weiht, der im nö. Arkadien ein Heiligtum besaß. R. V.

Demostratos (I) (Δημόστρατος), aus Athen, Sohn des Demostratos und Enkel des Bildhauers → Zoilos (II), griech. Bildhauer, E. 2. Jh. v. Chr. auf Delos tätig. Nur bek. durch zwei Sign. auf in Delos gefundenen Statuenbasen zu Ehren des Apollonpriesters Ammonios, Ammonios' Sohn, von 102/101 v. Chr. (Delos, Antigonosportikus, Inv. Nr E 130; Schmidt, 1995, 340–341, Nr IV. 1. 76, Abb. 57, 212, 260) und des L. Cornelius Lentulus, Sevius' Sohn, von um 102 v. Chr. (Delos, vor dem Mus., Inv. Nr E 570; Schmidt, 1995, 226–227, Nr I. 1. 7). ▭ ThB9, 1913. RE V. 1, 1903 (s.v. D. 14); EAA III, 1960. – *Lippold*, GrPl, 1950, 367; *Schmidt*, Statuenbasen, 1995, 226 s., Nr I. 1. 7, p. 340 s., Nr IV. 1. 76. R. V.

Demostratos (II), griech. Maler, im 2. Jh. n. Chr. in Griechenland tätig. Nur bek. durch eine Siegerliste, die später in einer Latrine aus dem 6. Jh. n. Chr. in Korinth verbaut worden ist. Danach gewann D. in Isthmia b. Korinth bei den Festspielen zu Ehren des Kaisers im Jahre 127 n. Chr. den ersten Preis b. den Malern. ▭ *W. R. Biers/D. J. Geagan*, Hesperia 39:1970, 79–93, Taf. 17; *J./L. Robert*, REG 84:1971, 435, Nr 307; *M. Donderer*, in: Fremde Zeiten. Festschr. für Jürgen Borchhardt, I, W. 1996, 332–333, Abb. 2–3. R. V.

Derkylides (Δερκυλίδης, Dercylides), griech. Bildhauer unbek. Zeit. Nach Plinius (nat., 36, 36; Overbeck, SQ, 1868, Nr 2101) standen die Faustkämpferstatuen des D. im Garten der Servilier. ▭ ThB9, 1913. RE V. 1, 1903 (s.v. D. 3); EAA III, 1960; *Bénézit* IV, 1999. R. V.

Descher (oder Gem?), ägypt. Bildhauer, während des Mittleren Reiches (2119–1794 v. Chr.) in Ägypten tätig. D. ist einmal auf einer Opferschale erw.; die Lesung des Namens ist unsicher. ▭ *A. Kamal*, Tables d'offrandes, Le Caire 1909 (CG), 41; *V. W. A. Ward*, Index of Egyptian administrative and relig. titles of the Middle Kingdom, Beirut 1982, Nr 1561. M. A. Stadler

Dexamenos (Δεξαμενός), griech. Steinschneider aus Chios, zw. 455/50 und 430/25 v. Chr. in Athen tätig. Seine Existenz ist ledigl. durch die Sign. auf vier Skarabäoid-Gemmen bek.: – 1.) Jaspis in Boston (MFA, Inv. Nr 23. 580) mit dem Portr.-Kopf eines bärtigen Mannes im Linksprofil. Sign.: ΔΕΞΑΜΕΝΟΣ ΕΠΟΙΕ (Zazoff, AG, 1983, Taf. 31,3). – 2.) Chalzedon (bläul.) in St. Petersburg (Ermitage, Inv. Nr Ju. O. 24) mit der Darst. eines nach rechts auffliegenden Reihers. Sign.: ΔΕΞΑΜΕΝΟΣ ΕΠΟΙΕ ΧΙΟΣ (Zazoff, 1983, Taf. 31,1). – 3.) Jaspis in St. Petersburg (Ermitage, Inv. Nr T. 1864. 2) mit der Darst. eines nach rechts stehenden Reihers und einer Heuschrecke. Sign.: ΔΕΞΑΜΕΝΟΣ (Zazoff, 1983, Taf. 31,2). – 4.) Chalzedon in Cambridge (Fitzwilliam Mus., Inv. Nr B 34 [CM]) mit der Darst. einer nach links auf einem Stuhl sitzenden Frau (Mike?), der die vor ihr stehende Dienerin einen Spiegel hinhält. Sign.: ΔΕΞΑΜΕΝΟΣ, Besitzer-Inschr.: ΜΙΚΗΣ (Genetiv; von and. Hand?; Zazoff, 1983, Taf. 31,4). – Alle Inschr. sind im Orig. rechtsläufig, so daß es sich bei den vier Gemmen um Schmucksteine handeln muß, die nicht zum Siegeln verwendet wurden. Die Inschr. der Gemme 2 bezeugt die Herkunft des D. von der Insel Chios; da and. Quellen zu diesem bedeutendsten Steinschneider klass. Zeit nicht vorliegen, sind alle weiteren Überlegungen zu seinem Leben und Wirken spekulativ. Auch über die Zuordnung weiterer Werke an seine Hand besteht keine Übereinstimmung. Als sicher darf gelten, daß die Hauptschaffenszeit des D. in die 2. H. des 5. Jh. v. Chr. fällt; noch nicht wirkl. geklärt ist allerdings, ob er auch noch im 4. Jh. gearbeitet hat. Eine Entscheidung darüber ist von der Bostoner Gemme einerseits und von der mit der sitzenden Mike in Cambridge andererseits abhängig zu machen. Die Mike-Gemme stellt das künstler. schwächste Werk des D. dar und fällt als solches entweder in die Frühzeit seiner Entwicklung oder muß als Spätwerk gelten. P. Zazoff (1983) glaubte eine Nähe zu der sitzenden Mnesarete auf dem Münchner Grabrelief (Glyptothek, Inv. Nr 491) aus der Zeit um 380 v. Chr. (B. Schmaltz, Griech. Grabreliefs, Da. 1983, Taf. 13,2) zu erkennen und hat die Mike-Gemme dementsprechend spät dat., mit der Folge, daß das Gesamtwerk des D. erst in der Zeit seit ca. 420 v. Chr. eingesetzt haben kann. Demgegenüber hat E. Diehl (1967) gezeigt, daß der unsign. Jünglingskopf eines stilist. eng mit der Bostoner Gemme verbundenen Bergkristall-Skarabäoids in Berlin (SMPK, Inv. Nr Misc. 10520,22: Boardman, GGFR, 1970, Taf. 471) an Formen des sog. Strengen Stils anschließt und noch vor der M. des 5. Jh. v. Chr. anzusetzen ist. Allerdings hält sie die Mike-Gemme für noch früher, was aus stilist. Gründen nicht mögl. scheint. Auch wenn die „schweren" Köpfe der sitzenden Mike und der stehenden Dienerin in ihren etwas skizzenhaften Formulierungen wie Reflexe auf Werke des Strengen Stils anmuten mögen, so zeigen die lockere Art des Sitzens und die Behandlung der Gewänder bereits eine Hinwendung zum sog. Reichen Stil der Zeit seit ca. 430/420 v. Chr. an. Als Bezug mag die der Zeit um 430 v. Chr. angehörende New Yorker Stele (Metrop. Mus., Inv. Nr 08. 258. 42: Schmalz, ibid., Taf. 8,1) dienen, der die Mike-Gemme noch vorangehen dürfte. Die sicher nachweisbaren Werke des D. gehören folgl. in die Jahre zw. ca. 455/50 und 430/25 v. Chr., einen Zeitraum von ca. 30 Jahren also, über den hinaus ein antiker Steinschneider auch kaum gearbeitet haben konnte. – Über die gen. Berliner Gemme mit dem Jünglingskopf hinaus werden dem D. weitere unsign. Arbeiten zugewiesen. Drei Gemmen v.a. scheinen neben dem Berliner Jüngling die Hs. des D. zu tragen, der Faustkämpfer auf dem Londoner Bandachat-Zylinder (Walters, BMGems, 1926, Nr 562), die fliegende Gans auf dem Londoner Sardonyx-Skarabäus (Walters, ibid., Nr 511) und die sitzende Leierspielerin auf dem Londoner Bergkristall-Skarabäoid (Walters, ibid., Nr 529). Schüler- oder Wkst.-Arbeiten werden ebenfalls diskutiert, wobei allerdings durchaus fragl. ist, ob antike Glyptiker in einer „Werkstatt" nach dem mod. Verständnis gearbeitet haben, konnten sie doch ihr Arbeits-Mat. stets mit sich führen und „ambulant" tätig sein, was auch für das Problem des Herstellungsortes der Gemmen von Bedeutung ist. Daß D. seine Tätigkeit nicht auf Chios ausgeübt hat, darf als sicher angenommen werden. Die Bostoner Gemme stammt aus dem att. Kara, die beiden Petersburger Reiher wurden in südruss. Gräbern gefunden und die Mike angebl. in Griechenland erworben. Aus diesem Befund hat man mit einigem Recht geschlossen, daß D. in Athen tät. war, das in hochklass. Zeit enge polit. und wirtschaftl. Beziehungen zu den Schwarzmeergebieten unterhielt. Auch wenn darüber keine Gewißheit zu erlangen ist, so spricht auch die generelle Hochblüte Athens in klass. Zeit, das Aufträge für zahlr. Künstler bereit hielt, für eine solche Annahme. ▭ ThB9, 1913. RE V. 1, 1903 (s.v. D. 4); EAA III, 1960; DNP III, 1997 (s.v. D. 2). – *A. Furtwängler*, JdI 3:1888, 199 ss.; *id.*, AG, III, 1900, 137 s., 446 s.; *E. Diehl*, Berliner Mus., Ber. aus den Staatl. Mus. der Stiftung Preuss. Kulturbesitz N. F., 17:1967, 44 ss.; *Richter*, EngrGemsGE, 1968, 15 s., Taf. A; *O. Neverov*, D. Chiosskij i ego masterskaja, StP./Le. 1973; *Zazoff*, AG, 1983, 125 (umfangreiche Bibliogr.), 130 ss.; *M. Henig*, Classical gems. Ancient and mod. intaglios and cameos in the Fitzwilliam Mus., Cambridge (K), C. u.a. 1994, Nr 53 (Mike-Gemme). W.-R. Megow

Dexikrates, (Δεξικράτης), griech. Koroplast, im 2. Jh. v. Chr. in Myrina tätig. Nur bek. durch seine Sign. auf einer Tonstatuette einer Frau aus Amorgos (heute Athen, Nat. Mus., Inv. Nr 5986). ▭ *D. Kassab*, Statuettes en terre cuite de Myrina. Corpus des sign., lettres et signes, P. 1988, 32, Nr 1, Taf. 9, 41. R. V.

Dexiphanes (Δεξιφάνης), aus Knidos, griech. Architekt, Vater des Architekten → Sostratos (V), in der 2. H. des 4. Jh. v. Chr. tätig. Aus wohlhabender, trad. an Archit. interessierter Familie. Vermutl. beteiligt an der Errichtung des sog. Heptastadion in Alexandria, eines ca. 1200 m langen, ca. 30 m breiten und von zwei Brücken durchbrochenen Dammes, der die Stadt mit der vorgelagerten Insel Pharos verband und zugleich ihre beiden Häfen voneinander trennte, später irrtüml. Tetrastadion gen. (Amm., 22, 16). ▭ ThB9, 1913. RE I. 1, 1893 (s.v. Alexandreia); RE, Suppl. VII, 1940 (s.v. Sostratos 11 a). – *H. Lauter*, Die Archit. des Hellenismus, Da. 1986, 76 (mit Lit.). W. Müller

Dexippos (Δέξιππος), Sohn des Mnasikrates, vermeintl. griech. Künstler des 4. Jh. v. Chr. Zus. mit and. auf der theban. Ahnen-Taf. (CIG, I, 1578; IG, VII, 2430; Overbeck, SQ, 1868, Nr 1568; Loewy, IGB, 1885, Nr 554; heute in der Kirche des Hl. Georgios in Theben) erwähnt. Es handelt sich bei ihm wie den and. gen. Personen wohl eher um böot. Landwehrmänner. ▭ RE V. 1, 1903 (s.v. D. 8); EAA III, 1960. R. V.

Dexter, röm. Mosaizist, im 4. Jh. n. Chr. in Spanien tätig. Nur bek. durch die Sign. auf einem Mosaik mit vegetabilen und geometr. Motiven aus Valdelacalzada/Badajoz (Badajoz, Mus. Arqueológico Provincial). ▭ *M. Floriani Squarciapino*, in: Homenaje Sáenz de Buruaga, Badajoz 1982, 52; *J. Lancha*, MelCasaVelázquez 20:1984, 51, Abb. 4; *Donderer*, Mosaizisten, 1989, 89, Nr 55, Taf. 33, 1. R. V.

Dhutmosi v.e. **Djehutimes**

Diadumenus, angebl. griech. Bildhauer des 1.–2. Jh. n. Chr. Auf einem Marmorrelief mit der Darst. eines sitzenden Zeus, der sich zu einer hinter ihm stehenden Frau mit nacktem Oberkörper (Thetis?) umdreht, während vor ihm Hera mit Langszepter steht, befindet sich auf dem blockartigen Sitz die Inschr.: DIADVMENI (Paris, Louvre, Inv. Nr Ma 486: Reinach, RépStat, I, 1897, 88, 26; E. La Rocca, LIMC V, 1990, 853, Nr 351, s.v. Iuno). Sie wurde bisweilen (RE; EAA; LIMC) als mögl. Künstler-Sign. gedeutet, was jedoch sehr hypothet. bleiben muß. Manchmal wurde die Inschr. D. M. TI. OCTAVI DIADVMENI auf einem vom Anfang des 2. Jh. n. Chr. stammenden marmornen Grabaltar mit der Darst. des *Diadumenos* des → Polykleitos (I) (Vatikan, Mus. Pio Clementino, Cortile Ottagono, Inv. Nr 1142, aus Rom: CIL, VI, 10035; Amelung, SkulpturenVatikanMus, II, 1908, 28 s., Nr 7a, Taf. 3–4; Helbig[4], I, 1963, 174 s., Nr

229; SkulptVatKat, II, 1998, Taf. 236–237) ebenfalls als Künstler-Sign. angesehen und sowohl das Relief im Louvre als auch das im Vatikan demselben Bildhauer D. zugeschrieben. Bei letzterer handelt es sich jedoch sicher um den Namen des Verstorbenen ohne irgendeinen Hinweis, daß hier ein Künstler vorliegen könnte. ▭ RE V. 1, 1903 (s.v. D. 2); EAA III, 1960 (s.v. Diadoumenos); *Bénézit* IV, 1999. R. V.

Diakrios (Διάκριος), griech. Bildhauer, in der 1. H. des 6. Jh. v. Chr. in Halai tätig. Nur bek. durch seine Sign. auf dem Abakus einer dor. Säule, die eine von Phasion gestiftete Plastik trug. Die Säule wurde s. vom Altar im ersten Tempelbereich von Halai gefunden. Durch den archäol. Kontext und der Form der Säule muß die Weihung in der 1. H. des 6. Jh. v. Chr. erfolgt sein. ▭ EAA, Suppl., 1973. – *H. Goldmann*, Hesperia 9:1940, 426, 428–430, Abb. 80–81; *L. H. Jeffery*, The local scripts of archaic Greece, Ox. 1961, 107, Nr 8, Taf. 14; *Floren*, GrPl, 1987, 313, Anm. 18. R. V.

Dibutades → Butades

Dicus → Decius

Didi, ägypt. Künstler („Großer Künstler am Ort der Wahrheit"), unter Sethos I. und Ramses II. (1290–1213 v. Chr.) in Theben-W/Oberägypten tätig. Er ist bek. durch die hieroglyph. Inschr. auf einer stelophoren Statue (Paris, Louvre, Inv. Nr A. 63) seines Sohnes → Pendua (II). Darüber hinaus ist er durch einige weitere Stelen-Fragm. und Kleinfunde aus funerärem Zusammenhang belegt. D. gehörte einer Fam. an, die in Deir el-Medineh lebte, und aus der zahlr. Künstler der kgl. Nekropole hervorgingen. So war neben → Pendua (II) ein zweiter Sohn, → Nachi, ebenfalls als Künstler in Theben-W tätig. ▭ *J. Lieblein*, Hieroglyph. Namen-Wörterbuch, L. 1871, 267, Nr 816; 273, Nr 839; PM I. 2, 1964, 708, 718. – KRI, I, 402 ss., Nr 170; III, 712–714, Nr 269; VII, 37 s.; *P. Pierret*, Rec. d'inscr. inédites du Mus. égyptien du Louvre, II, P. 1878, 32 s., Nr A. 63; *G. Maspero*, RecTrav 2:1880, 169, Nr 8; *B. Gunn*, JEA 3:1926, 87–88 (V); *B. Bruyère*, Meret Seger à Deir el-Médineh, Kairo 1930, 11–13, Abb. 8; *id.*, Rapp. sur les fouilles de Deir el-Médineh (1930), Kairo 1933, 8, 91, Nr 11, p. 104; *M. Tosi/A. Roccati*, Stele et latre epigrafi di Deir el-Medina, T. 1972, 96–97, Nr N. 50059; *D. Valbelle*, Ouchebtis de Deir el-Medineh, Kairo 1972, 79; *M. L. Bierbrier*, Hieroglyphic texts from Egyptian stelae etc., X, Lo. 1982, 26 s., Nr 1629, Taf. 63; *T. Schneider*, Asiat. Personennamen in ägypt. Quellen des Neuen Reiches, Fribourg 1992, 261, Nr 561; *K. A. Kitchen*, Ramesside inscr.: Translations, I, Ox. 1993, 332, Nr 170; *id.*, Ramesside inscr.: Notes and comments, I, Ox. 1993, 295 s., Nr 170. T. Schrottenbaum

Didiusebek (I), ägypt. Bildhauer, während des Mittleren Reiches (2119–1994/93 v. Chr.) tätig. Nur belegt auf einer Stele des Neni von unbek. Herkunft, die sich heute in London, BM, Inv. Nr 188, befindet. ▭ *E. A. W. Budge*, Hieroglyphic texts from Egyptian stelae, II, Lo. 1912, Taf. 11, Nr 188. C. von Pfeil

Didiusebek (II), ägypt. Umrißzeichner („Vorzeichner"), während der 13. Dynastie (1794/93–1648/1645 v. Chr.) im Raum Abydos/Oberägypten tätig. Bek. durch zwei Totenstelen aus der n. Nekropole von Abydos; auf der einen ist D. dargestellt, wie ihm Fam.-Mitgl. Opfergaben darbringen, die and. nennt lediglich seinen Namen. ▭ *D. Franke*, Personendaten aus dem Mittleren Reich, Wb. 1984, 433, Nr 749. C. von Pfeil

Didymus, angebl. griech. Maler. Die Identifizierung eines Malers D. beruht auf der falschen Lesung einer Textstelle bei Martial (12, 43, 3). In Wirklichkeit handelt es sich hier um die Stadt Didyma bei Milet. ▭ EAA III, 1960. R. V.

Dies (Δίης), Sohn des Apollonides, jüngerer Bruder des Kaikosthenes (→ Chalkosthenes), att. Bildhauer aus dem Demos Thria, in der 1. H. des 2. Jh. v. Chr. in Athen tätig. D. ist uns durch seine Sign. auf folgenden vier Statuenbasen bek.: zwei auf der Athener Akropolis gefundene Basen trugen einst die Statue eines Kriegers (Loewy, IGB, 1885, 163, Nr 221) und eine Mädchenstatue. Die letztere sign. D. zus. mit seinem Bruder Kaikosthenes (→ Chalkosthenes; Loewy, ibid., 91 s., Nr 117). Auch die zwei and. Basen weisen die Sign. des D. und des Kaikosthenes (→ Chalkosthenes) auf. Die eine stammt aus dem Heiligtum des Demos und der Chariten und zeigte zwei männl. Figuren (T. Homolle, BCH 15:1891, 345), die and. aus dem Dionysostheater zeigte viell. einen Schauspieler (Loewy, ibid., 163, Nr 220). ▭ ThB9, 1913. RE V. 1, 1903 (s.v. D. 3); EAA III, 1960; *Bénézit* IV, 1999. – *Lippold*, GrPl, 1950, 349. R. V.

Dikaiogenes (Δικαιογένης, Dicaeogenes), griech. Maler, um 300 v. Chr. am Hofe des Demetrios Poliorketes tätig. Nur bek. durch die Erw. des Plinius (nat., 35, 146; Overbeck, SQ, 1868, Nr 1980). ▭ ThB9, 1913. RE V. 1, 1903 (s.v. D. 3); EAA III, 1960; *Bénézit* IV, 1999. – *Pfuhl*, MuZ, II, 1923, 781. R. V.

Dinias → Deinias

Dinochares → Deinokrates (II)

Dinocrates → Deinokrates (II)

Dinomenes → Deinomenes (I)

Dinon → Deinon

Dio → Dion (II)

Dio (Δίω), griech. Bildhauer, im 1.–2. Jh. n. Chr. in Athen tätig. Nur bek. durch seine Sign. (Loewy, IGB, 1885, 284, Nr 418) auf einer Marmorbasis aus Athen (heute Athen, NM) für eine Bildnisstatue des Polystratos, der bei den Panathenäen im Rennen gewonnen hat. 🕮 EAA III, 1960.
R. V.

Diodoros (I) (Διόδωρος, Diodorus), griech. Bildhauer, M. 5. Jh. v. Chr. tätig. Die Namensform Diodoros in der Bamberger Plinius-Hs. kann als eine Entstellung von Diodotos interpretiert werden, nach and. Quellen Dionysodoros. Bei Plin., nat., 34, 85 (Overbeck, SQ, 1868, Nr 469) wird D. in einer Namensaufzählung mittelmäßiger Künstler als Schüler des → Kritios erwähnt. Wohl nicht ident. mit → Diodotos (I), den Strabon (9, 396; Overbeck, ibid., Nr 835) mit der Nemesis von Rhamnus in Verbindung bringt. S. Ferri (1946) vermutet in D. einen der Wegbereiter der Kunst von → Polykleitos (I). 🕮 ThB9, 1913 (s.v. D. 1; Dionysios 9; Dionysodoros 1). RE V. 1, 1903 (s.v. Diodotos 17; Dionysodoros 24); EAA III, 1960; *Bénézit* IV, 1999. – *Brunn*, GGK I, [2]1889, 105; *Picard*, Manuel, II, 1939, 637, Anm. 1; *Ferri*, Plin., 1946, Anm. p. 106.
W. Müller

Diodoros (II), griech. Toreut, wahrsch. hellenist. Zeit. Ein Epigramm des Dichters Antipatros von Sidon rühmt eine Silberschale des D. mit der Darst. eines schlafenden Satyrn als Innenbild (Anth. Plan., 4, 248; Anth. Gr., 1, 106, 16; Overbeck, SQ, 1868, Nr 2187). Eine Parallele muß die bei Plin., nat., 33, 156 (Overbeck, ibid., Nr 2167) erw. Schale des Toreuten Antipatros gewesen sein (→ Antipatros [II]). Das Sujet weist in hellenist. Zeit. 🕮 ThB9, 1913 (s.v. Diodorus). RE V. 1, 1903 (s.v. D. 59); EAA III, 1960 (s.v. D. 4). – *O. Benndorf*, De anthologiae graecae epigrammatis quae ad artes spectant, Diss. Bonn 1862, 52 s.; *Brunn*, GGK II, 1889, 274; *Ferri*, Plin., 1946, Anm., p. 46.
W. Müller

Diodoros (III), griech. Steinschneider oder Besitzer geschnittener Steine, wahrsch. hellenist./frühröm. Zeit. Sein Name steht auf einer Gemme mit der Darst. einer weibl. Maske. 🕮 ThB9, 1913 (s.v. D. 4). EAA III, 1960 (s.v. D. 5). – *Furtwängler*, AG, II, 1900, 132, Nr 63, Taf. 26, 63.
W. Müller

Diodoros (IV), Sohn des Hermattios, griech. Bildhauer aus Athen, 2.–1. Jh. v. Chr. Name bek. durch Sign. auf zwei Weihgeschenkbasen, die einst männl. Portr.-Statuen (Bronze?) trugen: – 1.) Basis aus Argos (Loewy, IGB, 1885, 174, Nr 239). Die Statue stellte einen in den Soteria siegreichen Athleten dar. – 2.) Viereckige Basis (Kalkstein) aus Thelpusa b. Vanena in Arkadien (Loewy, ibid., 174 s., Nr 240). Eine 1947 auf der Athener Agora gefundene runde Basis (pentel. Marmor) mit der Sign. Διόδω[ρος] (Hesperia 17:1948, 39 s., Nr 27) gehörte viell. ebenfalls zu einem Werk des D. 🕮 ThB9, 1913 (s.v. D. 2). RE V. 1, 1903 (s.v. D. 58; v.e. Diodotos 17; Dionysodoros 24); EAA III, 1960 (s.v. D. 2); *Bénézit* IV, 1999 (s.v. D. 2). – *G. Becatti*, RIA 1940, 200.
W. Müller

Diodoros (V), aus Gerasa, Sohn des Zebedas, griech. Architekt, in der 1. H. des 1. Jh. n. Chr. in Gerasa/Jordanien tätig. Nur bek. durch seine Sign. (SEG, XXXV, 1569) auf dem Schlußstein des Gewölbes des Zeus-Tempels in Gerasa, der dank der Vermerkung der Errichtung in der Ära des Pompeius genau in das Jahr 27/28 n. Chr. dat. werden kann. 🕮 *J. Seigne*, Syria 62:1985, 289 ss., Abb. 3; *M.-C. Hellmann*, ZPE 104:1994, 158, Nr 22; *Donderer*, Architekten, 1996, 124, Nr A 33, Taf. 13,2, 14,2.
R. V.

Diodoros (VI), griech. Maler, tätig z.Z. Neros (54–68 n. Chr.). Nur bek. durch ein Epigramm (Anth. Pal., 11, 213). Darin wird er wegen eines von ihm geschaffenen Portr. verspottet, das keinerlei Ähnlichkeit mit der dargestellten Person hatte. 🕮 ThB9, 1913 (s.v. D. 3). RE V. 1, 1903 (s.v. D. 60); EAA III, 1960 (s.v. D. 3); *Bénézit* IV, 1999 (s.v. D. 3). – *Brunn*, GGK II, 1889, 209.
W. Müller

Diodotos → Diodoros (I)

Diodotos (I) (Διόδοτος), vermeintl. griech. Bildhauer um 430/420 v. Chr. Nach Strabon (9, 396; Overbeck, SQ, 1868, Nr 835) ist die Statue der Nemesis von Rhamnus (P. Karanastassis, LIMC VI, 1992, 738, s.v. Nemesis 1* ; ead., AM 109:1994, 121–131) möglicherweise nicht von → Agorakritos, sondern von D. geschaffen worden. Wahrsch.

handelt es sich hier aber um eine Fehlschreibung. ▭ ThB9, 1913. RE V. 1, 1903 (s.v. D. 12); EAA III, 1960; *Bénézit* IV, 1999. R. V.

Diodotos (II) (Διόδοτος), Sohn des → Boethos (II), Bruder des → Menodotos (I), griech. Bildhauer aus Nikomedeia, im 2. Jh. v. Chr. tätig. Ligorio verzeichnet zwei Sign. eines D. auf verschollenen Basen. Die erste trug angebl. eine Herme, die aber als Fälschung angesehen wird (Loewy, IGB, 1885, 350, Nr 522). Auf der zweiten stand wahrsch. eine Statue des Herakles Farnese (Loewy, ibid., 348–350, Nr 521). Sie wurde zus. mit seinem Bruder → Menodotos (I) signiert. Da sie die Söhne des → Boethos (II) von Kalchedon sind, könnten sie im 2. Jh. v. Chr. tätig gewesen sein. ▭ ThB9, 1913. RE V. 1, 1903 (s.v. D. 18); EAA III, 1960; *Bénézit* IV, 1999. – *Lippold*, GrPl, 1950, 371. R. V.

Diodotos (III), Kameenschneider, in der 2. H. des 1. Jh. v. Chr. in Rom tätig. Der Name findet sich in der Genetivform auf einem aus Rom stammenden dreilagigen Sardonyx-Kameo mit dem Kopf der Gorgo Medusa. D. nutzte die drei Lagen des Steins geschickt, indem er den auf dunklem Grund hellen Kopf arbeitete und die Schläfenflügel wiederum dunkel beließ. ▭ ThB9, 1913. RE V. 1, 1903 (s.v. D. 19); EAA III, 1960. – *A. Furtwängler*, JdI 4:1889, 63, Taf. II,6; *Vollenweider*, Steinschneidekunst, 1966, 28, 98, 139; *Richter*, EngrGemsRom, 1971, 141, Nr 663; *Zazoff*, AG, 1983, 289, Anm. 139; *Plantzos*, HellGems, 1999, 89. B. Gerring

Diogenes (I) (Διογένης), griech. Bildhauer aus Athen, tätig in Rom unter Augustus. Nach Plin., nat., 36, 38 (Overbeck, SQ, 1868, Nr 2229) waren seine Giebelfiguren und Karyatiden zw. den Säulen des Pantheon des Agrippa (dat. 25 v. Chr.), das von diesem während seines dritten Konsulats gew. wurde, hoch geschätzt. Sie sind aller Wahrscheinlichkeit nach bei dem großen Brand in Rom, der den Bau des Agrippa unter der Reg. Trajans zerst., verloren gegangen. Man vermutete, daß zwei der Karyatiden in einer Statue des Vatikan (Inv. Nr 2296; Helbig[4], I, 1963, Nr 407; Amelung, SculpturenVatMus, I, 1903, 9, Nr 5, Taf. 2,5; E. E. Schmidt, Kopien der Erechtheion Koren, APl XIII, 1973, 32–35, Taf. 42–45, Abb. 47 und in einer ähnl. in Kopenhagen, Glyptothek Ny Carlsberg (Inv. Nr 1291; Poulsen, CatNyCarlsbergGlypt, 1951, Nr 286; Schmidt, ibid., 27–30, Taf. 33–35) überliefert seien. Diese wurde jedoch bereits von Amelung zugunsten der These, in diesen Kopien der Erechtheion-Koren zu sehen, aufgegeben. ▭ ThB9, 1913. RE V. 1, 1903 (s.v. D. 53); EAA III, 1960; DNP III, 1997 (s.v. D. 23); *Bénézit* IV, 1999. – *Brunn*, GGK I, 1889, 548; *B. Powell*, AJA, 2. Ser., 7:1903, 45 ss. A. Herr

Diogenes (II), griech. Bildhauer, tätig im 2. Jh. n. Chr. Nur bek. durch eine Inschr. (Loewy, IGB, 1885, 255 s., Nr 361) auf einer Kalkstein-Statuette des ruhenden Herakles, die in den Ruinen des Senacherib Palastes zu Niniveh gefunden wurde (heute in London, BM, Inv. Nr 1726; O. Palagia, LIMC IV, 1988, 775, Nr 974, s.v. 974). Auf der Statuette befindet sich weiterhin eine Weih-Inschr. des Sarapiodoros, Sohn des Artimodoros. Im allg. wird in dieser Figur eine grob ausgef. Variation des berühmten Herakles Epitrapezios (vgl. Palagia, ibid., 774 s.), den Lysipp für Alexander d. Gr. ausgef. hatte, gesehen. ▭ ThB9, 1913. RE V. 1, 1903 (s.v. D. 54); EAA III, 1960; *Bénézit* IV, 1999. – *Klein*, GGK, II, 1905, 371; *Smith*, BMSculpture, III, 1904, 90, Nr 1726; *Berger*, SlgLudwig, II, 1982, 305, Beil. 18,2. A. Herr

Diogenes (III), röm. Maler der Kaiserzeit. Nur bek. durch seine Grab-Inschr. aus Lyon (CIL, XIII, 2810). ▭ *Calabi Limentani*, Studi, 1958, 157, Nr 42. R. V.

Diogenes (IV), Bildhauer (*lapidarius*), aus dem röm. Dakien, 2.–3. Jh. n. Chr. in Aquae (heute Călan), im mittleren Oberdakien tätig. Bek. durch die Sign. *Diogenes [l]apidarius* auf einem Säulen-Fragm. aus Aquae. ▭ CIL, III, 7895: Inscriptiones Daciae Romanae, III/3, Nr 6; *M. Bărbulescu*, Interferenţe spirituale în Dacia romană, Cluj-Napoca, 1984, 38. M. Bărbulescu

Diognetos (I) (Διόγνητος, Diognetus), griech. Architekt aus Rhodos, dort E. 4. Jh. v. Chr. tätig. Nach Vitr., 10, 16, 3–8 längere Zeit als Stadtarchitekt für die öff. Arbeiten angestellt. Erhielt in Anerkennung seiner Leistungen einen jährl. Ehrensold. Vorübergehend durch den Architekten → Kallias (II) aus Arados verdrängt, verschaffte er sich während der Belagerung der Stadt durch Demetrios Poliorketes (305/04 v. Chr) wieder Geltung: Er rettete Rhodos vor der Eroberung, indem er vor den Stadtmauern einen künstl. Sumpf anlegen ließ, wodurch die Annäherung des feindlichen Belagerungssturmes verhindert wurde. Die ihm zuteil gewordenen Ehrungen bezeugen seine besondere Bedeutung als offizieller Vertreter des gesamten Bauwesens von Rhodos. ▭ ThB9, 1913. RE V. 1, 1903 (s.v. D. 19); EAA III, 1960 (s.v. Diognetus); DEAU II, 1968. – *Brunn*, GGK II, 1889, 224, 239. W. Müller

Diognetos (II), griech. Maler, 2. H. 2. Jh. n. Chr. Erteilte dem röm. Kaiser Marc Aurel (→ Annius Verus, Marcus) in dessen Knabenzeit Unterricht im Malen (SHA, Aur., 4). Viell. ident. mit einem gleichnamigen Lehrer des Kaisers, der ihn zu phil. Stud. angeregt haben soll und wohl auch selbst Philosoph war (M. Aur., 1, 6). ▭ ThB9, 1913. RE V. 1, 1903 (s.v. D. 17); EAA III, 1960; *Bénézit* IV, 1999. – *Brunn*, GGK II, 1889, 208.
W. Müller

Diokles (I) (Διοκλ[ῆς]), griech. Bildhauer, tätig E. 5. Jh. v. Chr. am Erechtheion der Athener Akropolis. Sein Name steht mit mehreren and. in den Erechtheion-Baurechnungen (L. D. Caskey u.a., The Erechtheum, C./Mass. 1927, Text zu Fragm. 20. 2. 3 und 23. 3; CIA, I, 323; Loewy, IGB, 1885, 358, Nr 527). ▭ RE V. 1, 1903 (s.v. D. 58); EAA III, 1960. – *R. H. Randall jun.*, AJA 57:1953, 201, Anm. 17.
W. Müller

Diokles (II) (Διοκλῆς), Sohn des Antichoros, aus dem att. Demos Pithos, wahrsch. E. 5./A. 4. Jh. v. Chr. tätig. Name bek. aus einer fragm. metr. Inschr. (Athen, NM). Nach der überzeugenden Erg. der Inschr. durch A. Wilhelm (1909) ist anzunehmen, daß D. Weihender und Künstler zugleich war. ▭ ThB9, 1913. – *A. Wilhelm*, Beitr. zur griech. Inschr.-Kunde, W. 1909 (Sonder-Schr. des Österr. Archäol. Inst. in Wien, 7), 38, Nr 24.
W. Müller

Diokles (III), westgriech. Architekt aus Rhegion/Kalabrien, in der 2. H. des 4. Jh. v. Chr. tätig. Sein Name kommt nur bei Eustathios (Il., 14, 229, p. 980 R) vor, der ihm – wohl irrtüml. – das phantast. Projekt zuschr., aus dem Berg Athos auf der SO-Spitze der Chalkidike eine Kolossalstatue Alexanders d. Gr. heraushauen zu lassen. Für den Urheber des überdimensionalen, von Alexander jedoch abgelehnten Planes überliefern and. Quellen die Namen Deinokrates (→ Deinokrates [II]) (Vitr., 2, praef. 1–3), Cheirokrates (Strab., 14, 641) und Stasikrates (Plut., Alex., 72). Von diesen kommt am ehesten Deinokrates (→ Deinokrates [II]) in Betracht. Allerdings geben die Hss. seine Namensform oft enstellt wieder. Ursache der anzunehmenden Namensverwechslung ist außerdem eine bereits in antiker Zeit eingetetene Verquickung überlieferter Fakten mit jeweils and. Architektennamen. Das Athos-Projekt inspirierte noch Michelangelo und den Barockarchitekten Johann Bernhard Fischer von Erlach (vgl. dessen „Entwurff einer Hist. Architectur", L. 1725, Taf. VII). ▭ ThB9, 1913 (s.v. D. 1). RE V. 1, 1903 (s.v. D. 57); EAA III, 1960 (s.v. D. 2); DEAU II, 1968. – *Brunn*, GGK II, 1889, 351. – *Zum Athos-Projekt*: *B. R. Brown*, in: Art the ape of nature. Stud. in honour of Horst W. Janson, N. Y. 1981, 1–13; *J. Pieper*, Der Berg Athos in Riesengestalt, in: Aus dem Osten des Alexanderreiches. Festschr. zum 65. Geburtstag von Klaus Fischer, Köln 1984, 57–65; *H. Meyer*, RdA 10:1986, 22–30, Taf.; *Müller*, Architekten, 1989, 97, Anm. 156, 153.
W. Müller

Diokles (IV), griech. Steinschneider oder Besitzer einer Gemme, späte röm. Kaiserzeit. ⌂ Berlin, SMPK, Antiken-Slg, Inv. Nr FG 8509: Gemme (roter Jaspis) mit Brustbild eines jugendl. Satyrs. ▭ ThB9, 1913. RE V. 1, 1903 (s.v. D. 59); EAA III, 1960 (s.v. D. 3). – *Brunn*, GGK II, 1889, 608; *Furtwängler*, Beschreibung, 1896, Nr 8509.
W. Müller

Diomas (Διομᾶς), Bildhauer (λατύπος) aus Phrygien, im späteren 2. Jh. n. Chr. in der Gegend von Dorylaion tätig. Nur bek. durch eine Votivstele aus İnönü, die er zus. mit *Eutyches (III)* gearbeitet und sign. hat. Die in Istanbul aufbewahrte Stele ist Kybele, Apollon, Men und Dike geweiht. Die unbeholfenen Relief-Darst. scheinen jedoch in keinem konkreten Bezug zur Weih-Inschr. zu stehen, zeigen sie doch anstelle der erw. Götter den Zeus (in Büstenform), den stehenden Dionysos, den in der Quadriga fahrenden Sonnengott Phoibos/Helios sowie den in Kleinasien häufig zu begegnenden Reitergott mit Doppelaxt (Men bzw. Apoll?). Die Stele ist aber dennoch ein illustratives Beispiel für phryg. Göttervorstellungen. ▭ *P. Frei*, EpigrAnat 11:1988, 25–28, Nr 12N, Taf. 7 s.
T. Lochman

Diome[...] (Διομε[...]), griech. Goldschmied, 2. H. 4. Jh. v. Chr. Sein Name steht auf einer 1837 im Erechtheion der Athener Akropolis gefundenen Urkunden-Taf. der Schatzmeister der Athena aus der Zeit zw. 336 und 310 v. Chr. Es werden Goldschmiede namentl. aufgeführt, die toreut. Gegenstände für den Schatz der Athena anfertigten (CIA, 720 A, col. I, Z. 5 ss; Loewy, IGB, 1885, 359 s., Nr 529, Anh.). ▭ RE V. 1, 1903; EAA III, 1960.
W. Müller

Diomedes (I) (Διομήδης), Vater des → Titos (II), Steinmetz (τεχνίτης) aus Kilikien, im 3. Jh. n. Chr.(?) tätig. Nur bek. von einem Grabaltar aus Dimöte Köy (ö. von Alanya/Korakesion) im Mus. von Alanya (Nollé, 1985, 132–134, Nr 10, Taf. 20), den er zus. mit seinem Sohn → Titos (II) ausgef. hat. Der Altar wurde für eine verstorbene Frau namens Iate errichtet. Er zeigt an seiner Vorderseite ein Totenmahl, an den Nebenseiten eine Fam.-Szene und eine Jagdszene. Die im Vergleich

zur sorgfältigen Zurichtung des Steines und seiner Profile unbeholfen wirkenden Figurenreliefs legen nahe, daß D. und → Titos (II) mehr in Bauarbeiten und weniger im Skulptieren geübt waren. ▭ *J. Nollé u.a.*, EpigrAnat 5:1985, 132 ss.
T. Lochman

Diomedes (II), aus Dokimeion/Zentralphrygien stammender Bildhauer der fortgeschrittenen Kaiserzeit, in Ikonion (Konya) bezeugt. Sein Name ist uns aus einer Inschr. in Ikonion überliefert, die ihn und seinen Kollegen → Limnaios als aus Dokimeion stammende Bildhauer überliefert (ἀγαλματογλύφοι Δοκιματογλύφοι Δοκιμεῖς). ▭ *A. Hall/M. Waelkens*, AnatSt 32:1982, 151–155.
T. Lochman

Diomedes (III), griech. Bildhauer. Nur bek. durch die Sign. auf einem Relief der Hygieia in Palermo (MN). ▭ EAA III, 1960.
R. V.

Dion (I) (Δίων), Sohn des Damophilos, aus Argos, griech. Bildhauer, im 1. Jh. v. Chr. tätig. Name bek. durch Sign. auf einer im Asklepieion von Epidauros ausgegrabenen runden Basis (IG, IV^2, 700; Loewy, IGB, 1885, 189, Nr 266). Aus ders. Zeit stammt eine fragm. Basis aus Sikyon, deren unvollst. Sign. nicht ganz zweifelsfrei sich zu den Namen Damoph[ilos] und [Di]on ergänzen läßt (Loewy, ibid., 190, Nr 270). ▭ ThB9, 1913. RE V. 1, 1903 (s.v. D. 25); EAA III, 1960; *Bénézit* IV, 1999. – *P. Kavvadias*, Fouilles d'Epidaure, At. 1893, Nr 33; *Lippold*, GrPl, 1950, 380.
W. Müller

Dion (II), griech. Architekt (Freigelassener?), im 2. Jh. n. Chr. tätig. Erb. in der Gegend von Capena (S-Etrurien) einen Ceres(?)-Tempel. Seinen Namen überliefert die Inschr. CIL, XI, 3945 auf einem Architravstück (Vatikan, Mus. Vaticani, Gall. Lapidaria, Inv. Nrn 634, 9336). ▭ ThB9, 1913. RE V. 1, 1903 (s.v. D. 24); EAA III, 1960. – *Promis*, Architetti, 1873, 103; *Brunn*, GGK II, 1889, 238 s.; *Calabi Limentani*, Studi, 1958, 176, Nr 200; *Donderer*, Architekten, 1996, 274, Nr A 157, Taf. 56,2.
W. Müller

Dionisius → Dionysios (IX)

Dionysi[...] (Διονυσι[...]), griech. Bildhauer, in ptolemäischer Zeit in Memphis/Ägypten tätig. Nur bek. durch seine Sign. auf dem Sitz für eine Statue des Pindar aus dem Serapieion in Memphis, die zus. mit einer Reihe and. Statuen von Dichtern und Weisen in einem Halbkreis gefunden wurde. Die Statuen können um 300 v. Chr. dat. werden. ▭ EAA III, 1960. – *U. Wilcken*, JdI 32:1917, 163 s., Nr 1, Abb. 4–4a; *C. Picard*, MonPiot 46:1952, 5–24, Abb. 1–8, Taf. 1–2; *J. P. Lauer/C. Picard*, Les statues ptolémaïques au Sarapieion de Memphis, P. 1955, 51–68, Abb. 19–26; *Richter*, Portraits, I, 1965, 143, Nr 3, Abb. 783; ed. *R. R. R. Smith*, Ox. 1984, 178 s., Abb. 142; *R. von den Hoff*, Philosophen-Portr. des Früh- und Hochhellenismus, M. 1994, 43 s., Anm. 8, pp. 45, 80, Anm. 215.
R. V.

Dionysiades (Διονυσιάδης), griech. Bildhauer, im 2. Jh. v. Chr. in Pergamon tätig. Nur bek. durch seine Sign. (Berlin, SMPK, Antiken-Slg, Inv. Nr I 72) zus. mit der des → Menekrates (II) (SMPK, Antiken-Slg, Inv. Nr II 182 und 228) an der Frontseite des Gigantenfrieses vom Pergamonaltar. ▭ RE V. 1, 1903 (s.v. D. 2); EAA III, 1960. – *Loewy*, IGB, 1885, 122–125, Nr 155; *E. Fabricius/C. Schuchhardt*, Die Inschr. von Pergamon, Pergamon, VIII. 1, 1890, 56 s., Nr 70, Abb.; *W. von Massow*, AA 1926, 387–393; *Lippold*, GrPl, 1950, 355, Anm. 1; *W. Müller*, Der Pergamon-Altar, L. 1973, 23–25; *M. Kunze u.a.*, Die Antiken-Slg im Pergamon-Mus. und in Charlottenburg, Staatl. Mus. zu Berlin, Mainz 1992, 36; *B. Andreae*, Schönheit des Realismus. Auftraggeber, Schöpfer, Betrachter hellenist. Plastik, Mainz 1998, 148.
R. V.

Dionysikles (Διονυσικλῆς), kleinasiat. Erzgießer aus Milet, Sohn des Attinos, in der 2. H. des 3. Jh. v. Chr. in Milet tätig. In Milet wurden mehrere Sign. des Künstlers gefunden. Pausanias (6, 17, 1; Overbeck, SQ, 1868, Nr 2054) nennt als sein Werk die olymp. Statue eines Ringers Demokrates, Sohn des Hagetor, aus Tenedos. Dieser wird auch bei Ael. (var. hist., 4, 15) erwähnt. Ein Basisblock aus weißem Marmor mit Sign. ΔΙΟΝΥΣΙ-ΚΛΗΣ ΑΤΤΙΝΟΥ ΕΠΟΙΗΣΕΝ wurde eingemauert am Vorhof des türk. Bades am Delphinion gefunden. Diese Inschr. ist in das Jahr 219/18 v. Chr. zu datieren und bestätigt dadurch, daß die in Olympia gefundene Inschr. mit demselben Künstlernamen in diese Zeit gehört. ▭ ThB9, 1913. RE IV. 2, 1901 (s.v. Damokrates 5); V. 1, 1903 (s.v. D. 2); Suppl. III, 1918 (s.v. D. 2); EAA III, 1960; *Bénézit* IV, 1999. – *Brunn*, GGK I, 1889, 521; *W. Dittenberger/K. Purgold*, Die Inschr. von Olympia, Olympia, V, 1896, Nr 39; *T. Wiegand*, Sechster vorläufiger Ber. über die von den Kgl. Mus. in Milet und Didyma unternommenen Ausgrabungen, B. 1908, 42, Anh. 24; *G. Kawerau/A. Rehm*, Das Delphinion in Milet, Milet, I. 3, 1914, 366 s., Nr 151, p. 385 s., Nrn 161–163; *Lippold*, GrPl, 1950, 359.
M. Kadıoğlu

Dionysiodoros → **Dionysodoros** (III)

Dionysios (I) (Διονύσιος; Dionysius) aus Kolophon, griech. Maler des 5. Jh. v. Chr. In der Varia historia des Aelian (Ael., var. hist., 4, 3) wird D. mit seinem Zeitgen. Polygnot (→ Polygnotos [I]) verglichen: Dessen Darst. von πάθος, ἦθος, Körperhaltung und Feinheit der Gewänder habe D. aufs genauste nachgeahmt; an μέγεθος jedoch, womit am ehesten die künstler. Größe gemeint ist, viell. aber auch Bildformat oder Bedeutungsgehalt des Dargestellten, habe es D. gefehlt. – Werktitel des D. oder Orte seines Schaffens sind nicht überliefert. In der antiken Lit. finden sich aber ästhet. Urteile über seine Kunst: Während Polygnot (→ Polygnotos [I]) die Menschen besser (κρείττους) dargestellt habe als sie seien, → Pauson hingegen schlechter (χείρους), habe D. sie der Wirklichkeit entsprechend (ὁμοίους) abgebildet (Aristot., poet., 2, 1448 a, 5 s.). Mit diesem Beispiel aus der Malerei veranschaulicht Aristoteles seine Mimesiskonzeption, nach der Charaktere vom Künstler entweder idealisierend, karikierend oder realist. wiedergegeben werden können. In der Timoleon-Vita des Plutarch heißt es von den Gem. des D. (Plut., Tim., 36, 3), sie hätten zwar Kraft und Schwung (ἰσχὺν ἔχοντα καὶ τόνον), doch sei ihnen im Gegensatz zu den Bildern des → Nikomachos (I) und den Versen Homers, die ganz leicht und mühelos hervorgebracht erschienen, etwas Gezwungenes und Angestrengtes eigen (τὰ Διονυσίου ζωγραφήματα [...] ἐκβεβιασμένοις καὶ καταπόνοις ἔοικε). Die Angabe Frontos *„inlustria"* seien untyp. für D. (Fronto, epist. ad M. Antoninum de eloquentia, 1, 1, p. 133, 10 van den Hout [L. 1988]), kann man auf zwei unterschiedl. Weisen deuten: Entweder hat D. dunklere, weniger glänzende Farbtöne benutzt (vgl. W. Ehlers, ThLL VII 1, 395, s.v. illustris) oder weniger bed. Bildgegenstände gemalt (vgl. Pfuhl, 1923, 671, Paragraph 728; Neutsch, 1940, 32). – Unklar ist, ob ein fälschlich unter dem Namen des Simonides überliefertes Epigramm auf D. zu beziehen ist (Anth. Pal., 9, 758), in dem es von zwei Türen, wahrsch. einer Doppeltür, heißt, → Kimon (I) habe die rechte, D. die rechte, wenn man heraustritt (gemeint ist die linke), bemalt. Viell. hat D. also in jungen Jahren mit dem damals schon recht alten → Kimon (I) aus Kleonai zusammengearbeitet. Vorgeschlagen wurde aber auch, den Namen Kimon in Mikon (→ Mikon [I]) zu konjizieren (vgl. G. Lippold, RE XI. 1, 1921, [s.v. Kimon 10]). Von D. aus Kolophon ist der gleichnamige Portr.-Maler des 1. Jh. v. Chr. (Plin., nat., 35, 148; → D. [IX]) zu unterscheiden, der nach Plin., nat., 35, 113 wegen seiner Fähigkeiten in der Darst. von Menschen den Beinamen ἀνθρωπογράφος bekommen hatte. Auch die Maler Dionysodoros (Plin., nat., 35, 146; → Dionysodoros [III]) und → Diores (Varro, ling., 9, 6, 12) sind nicht mit D. identisch. ▭ ThB9, 1913 (s.v. D. 10). RE V. 1, 1903 (s.v. D. 164); EAA III, 1960 (s.v. D. 2); *Bénézit* IV, 1999 (s.v. D. 6). – *Overbeck*, SQ, 1868, Nrn 1076, 1078, 1136, 1726; *Brunn*, GGK II, 1889, 33 s.; *Pfuhl*, MuZ, II, 1923, 647, Paragraph 702, p. 670 s., Paragraph 728, p. 675, Paragraph 735; *B. Neutsch*, Der Maler Nikias von Athen, Borna 1940, 4, 32; *J. J. Pollitt*, The ancient view of Greek art, New Haven/N. Y. 1974, 40, 108, Anm. 8, p. 122; *D. L. Page*, Further Greek epigrams, C. u.a. 1981, 246 Nr 33 b; *A. Reinach*, RecMilliet, 1985, 178 s.; *P. Moreno*, La pitt. greca, Mi. 1987, 56, 98, 103; *M. Nowicka*, Le portr. dans la peint. antique, War. 1993, 11 s.

L. Lehmann

Dionysios (II) von Argos, griech. Bronzegießer, im 2. V. des 5. Jh. v. Chr. in Olympia tätig. Zwei seiner Werke, beide Gruppenanatheme aus Bronze, die im Heiligtum von Olympia aufgestellt waren, sind durch Pausanias bezeugt, ebenso die argivische Herkunft des Künstlers. – 1.) Von der Weihung des Mikythos (Paus., 5, 26, 2–4; Overbeck, SQ, 1868, Nr 401) sind Teile der rechteckig angelegten Fundamentierung sowie Basensteine mit ihren Standspuren und Fragm. der wahrsch. dreimal wiederholten Weih-Inschr. erh. (Loewy, 1885, 26 s., Nr 31; Dittenberger/Purgold, 1896, Nrn 267–269; Eckstein, 1969, 34 ss., Text-Abb. 4–8). Der Auftraggeber widmete das Votiv allen Göttern mit der gleichzeitigen Bitte um Genesung seines erkrankten Sohnes. – Ein Entstehungszeitraum des Weihgeschenkes zw. 467 und 455 v. Chr. läßt sich anhand der archäol. Gegebenheiten und der Biogr. des Stifters ableiten: Mikythos, der nach dem Tod des Tyrannen Anaxilaos von 476 bis 467 v. Chr. als Verwalter von Rhegion und Messana sowie als Vormund für die minderjährigen Söhne seines Vorgängers fungiert hatte, übergab denselben 467 v. Chr. die Herrschaft und siedelte dann ins arkadische Tegea über. In den darauffolgenden Jahren weihte er dieses und and. Anatheme ins olymp. Heiligtum (Hdt., 7, 170; Diod., 11, 48 ss.; 11, 66 ss.; Paus., 5, 26, 2–5; W. Becher, RE XV. 2, 1932, s.v. Mikythos; H. Berve, Die Tyrannis der Griechen, M. 1967, 150, 157 s., 609). Für das n. des Zeustempels *in situ* gefundene Fundament des Mikythos-Votivs wurden verworfene Bauelemente, Säulentrommeln und Gebälkteile, des in den Jahren zw. 471 und 457/56 v. Chr. entstandenen Tempels sekundär verwendet (Eckstein, 1969, 40, Anm. 42.; zur Dat. des Zeustempels: Paus.,

5, 10, 4; H.-V. Herrmann, Die Olympia-Skulpt., Da. 1987, 2 s.), demzufolge es spätestens kurz nach Abschluß der Tempelbauarbeiten, also etwa um 455 v. Chr. verlegt worden sein muß. – Nach Paus., 5, 26, 2–3 bestand das Votiv aus zwölf unterlebensgroßen Statuen: Kore, Aphrodite, Ganymed, Artemis, Asklepios, Hygieia, Agon, die Personifikation des Wettkampfes, Dionysos, der unbärtige Zeus (vgl. Paus. 5, 24, 6) sowie Homer, Hesiod und Orpheus. Die urspr. Zahl der Plastiken belief sich jedoch auf über 20 (Eckstein, 1969, 39). Ein Aufstellungsschema läßt sich weder anhand der Textvorlage noch der überlieferten Reste erschließen, viell. auch deshalb nicht, weil einige der Statuen z.Z. des Pausanias bereits von Nero im Jahre 67 n. Chr. weggeführt worden waren (Paus. 5, 26, 3; vgl. Pape, Kriegsbeute, 1975, 203). Sämtl. Versuche, einzelne Figuren des Weihgeschenkes in Kopien wiedererkennen zu wollen, sind abzulehnen (siehe z.B. die nicht vollst. Zusammenstellung bei Eckstein, 115, Anm. 37.). – Von besonderer Relevanz für die Stilgesch. des 5. Jh. v. Chr. sind jedoch die Standspuren auf den erh. Basensteinen, was bereits A. Furtwängler festgestellt hatte (Meisterwerke, 1893, 405 s.). Neben Abdrücken von mit ganzer Sohle auf den Boden gesetzten Füßen, die einen festen Stand der Statue voraussetzen, fanden sich am Mikythos-Anathem auch Spuren des von Plinius so bez. *uno crure insistere*, des „Stehens auf einem Bein“ (Eckstein, 1969, Text-Abb. 7; P. C. Bol, in: Polyklet [K Ffm., Liebieghaus], ed. H. Beck/P. C. Bol/H. Bückling, Ffm./Mainz 1990, 44 s., Abb. 13). Die Erfindung dieses besonderen Standmotivs, bei dem ein Fuß mit ganzer Sohle auftritt, der des Spielbeins den Boden hingegen nur mit der Fußspitze oder dem Ballen berührt, schreibt Plinius an gleicher Stelle dem berühmten, ebenfalls wohl aus Argos stammenden Bildhauer → Polykleitos (I) zu (Plin., nat., 34, 56). Das Motiv scheint am Mikythos-Anathem zwar nicht zum ersten Mal seine künstler. Umsetzung gefunden zu haben, tritt hier aber als eines der frühesten Beispiele in der Kunst überhaupt auf (zum Kontrapost in der Bildenden Kunst, v.: E. Walter-Karydi, Kontrapost und Gruppenbildung, in: D. Papenfuß/V. M. Strocka [Ed.], Gab es das griech. Wunder? Akten des 16. Fachsymposions der Alexander von Humboldt-Stiftung, FiB., 5.–9. April 1999, Mainz 2001, 65–73). Die neuere Forschung lehnt es im allg. jedoch ab, dieses Motiv als Erfindung eines einzelnen Künstlers zu betrachten oder seinen Ursprung im argivischen Kunstkreis anzusiedeln (u.a. Bol, ibid., 45). – 2.) Lt. Pausanias fertigte D. von Argos zus. mit seinem Kollegen → Simon von Ägina auch das Bronzeanathem des Phormis aus Mainalos (Paus., 5, 27, 1–4; 5, 27, 7; Overbeck, SQ, 1868, Nr 402), dem eine fragm. erh., langgezogene, rechteckige Basis zugeordnet werden konnte (Eckstein, 1969, 43 ss.; Walter-Karydi, 1987, 40 ss., Abb. 41–42, Taf. 6). Ein Parallel-Mon. soll in Delphi gestanden haben (RE, Suppl. IV, 1924, s.v. Delphoi 34 C). Aus dem etwas unklaren Text und den Fundament-Resten kann geschlossen werden, daß es sich abermals um ein vielfiguriges Weihgeschenk handelte, deren linker und rechter Abschluß je ein Pferd mit Wagenlenker bildete. Die eine Pferd-Wagenlenker-Gruppe habe D. geschaffen, die and. der Äginete. Die Weih-Inschr. auf der Flanke des Dionysios-Pferdes bez. den Stifter Phormis als Arkader aus Mainalos, der jetzt aber Syrakusaner sei. In der Mitte soll Phormis dreimal im Kampf gegen einen Feind gezeigt worden sein, was nach Pausanias schriftl. neben den Statuen fixiert war, ebenso die sich widersprechende Angabe, der Weihende sei der Syrakusaner Lykortas gewesen. Letzterer ist sonst unbekannt. – Eine ungefähre Dat. dieses Weihgeschenkes ergibt sich aus den Angaben, Phormis habe unter den Tyrannen von Syrakus, Gelon (485–478 v. Chr.) und dessen Bruder Hieron I. (478–467 v. Chr.), gedient und sich durch großartige Kriegstaten ausgezeichnet (Paus., 5, 27, 1; Berve, ibid., 142 ss., 146 ss.). Zweifelsohne spiegeln sich diese Kriegstaten auf dem Mon. in Olympia wider; eine Aufstellung desselben vor dem 2. V. des 5. Jh. ist daher kaum denkbar. Es ist sogar wahrscheinlicher, daß das Votiv erst nach 467 v. Chr., also nach dem Tod des Hieron gew. wurde, auch wenn man nicht weiß, wie lange Phormis unter dem Tyrannen gedient hat. – Auch in diesem Fall ist jede Überlegung, Teile der Figuren in Kopien überliefert sehen zu wollen, zum Scheitern verurteilt. Aus zeitl. wie aus Gründen des Materials gehören auch die spätarchaischen marmornen Krieger-Fragm. nicht zu diesem Votiv (G. Treu, Olympia, III, 1897, 31 ss.; H.-V. Herrmann, Olympia, M. 1972, 118, Anm. 455; Walter-Karydi, 1987, Abb. 43–48). Die kurze Beschr. des Dionysios-Pferdes in Paus 5, 27, 3 läßt wegen der Pferde-Darst. im O-Giebel des Zeustempels von Olympia gelegentl. die vage Vermutung aufkommen, bei D. von Argos könne es sich um einen der bislang namenlos gebliebenen „Meister“ des Skulpt.-Schmucks des Tempels handeln (E. Langlotz, JdI 49:1934, 43 s.; Vierneisel-Schlörb, KatSkulptGlypt, II, 1979, 43 s.). Eine solche Erwägung ist jedoch schon aus method. Gründen abzulehnen. – Über D. von Argos kann ledigl. gesagt werden, daß es sich bei ihm um einen erstrangigen Künstler seiner Epoche gehandelt hat, da er in einem der bedeutendsten Heiligtümern

der griech. Welt mit großangelegten Werken, welche sich nur die reichsten Stifter leisten konnten, beauftragt worden war. Zudem war er, wie die Verwendung des Standmotivs am Mikythos-Anathem bezeugt, ein fortschrittl. Künstler, der aus einer Stadt kam, die für ihre Bildhauerei berühmt und weit über die geograph. und zeitl. Grenzen hinaus bek. war. ▭ ThB9, 1913 (s.v. D. 4). RE V. 1, 1903 (s.v. D. 158); RE, Suppl. IV, 1924 (s.v. Delphoi 34 C); EAA III, 1960 (s.v. D. 1); LAW, 1965 (s.v. D. 12); KlP II, 1967 (s.v. D. 35); DNP III, 1997 (s.v. D. 47); *Bénézit* IV, 1999 (s.v. D. 1). – *Loewy*, IGB, 1885, 26 s., Nr 31; *W. Dittenberger/K. Purgold*, Die Inschr. von Olympia, Olympia V, 1896, Nrn 267–269; *Lippold*, GrPl, 1950, 103 s.; *F. Eckstein*, Anathemata, B. 1969, 33–49, 100, 115; *E. Walter-Karydi*, Die äginet. Bildhauerschule, Mainz 1987 (Alt-Ägina, II. 2), 39–43.
D. V.-G.

Dionysios (III), Sohn des Ariston, bötischer Bildhauer, um 250 v. Chr. in Oropos/Böotien tätig. Nur bek. durch seine Sign. auf einer Basis für zwei Statuen im Amphiaraion in Oropos. Das Werk wurde von Demokrite für ihren Gemahl und ihren Sohn, beide mit Namen Theodoros, in Auftrag gegeben (Loewy, IGB, 1885, 194, Nr 275). Da D. wahrsch. der Vater der Bildhauer → Agatharchos (III) und → Ariston (X) war, die zw. 223 und 192 v. Chr. gewirkt haben, wird er vermutlich um 250 v. Chr. seine Werke geschaffen haben. ▭ ThB9, 1913 (s.v. D. 6). RE V. 1, 1903 (s.v. D. 160); EAA III, 1960; *Bénézit* IV, 1999. R. V.

Dionysios (IV), aus Rhodos, griech. Erzgießer, um 220 v. Chr. D. goß eine Bronzestatue für Rhodos, die → Hymenaios von Kios, das 202 v. Chr. zerst. wurde, geschaffen hat. Die Inschr. dat. um 220 v. Chr. ▭ RE, Suppl. VIII, 1956 (s.v. D. 161b; Hymenaios); EAA III, 1960 (s.v. D. 4). – *G. Jacopi*, Clara Rhodos 2:1932, 198, Nr 31; Lindos II. 1, 1941, 53, Nr 39; *Lippold*, GrPl, 1950, 371, Anm. 7. R. V.

Dionysios (V), Sohn des Herakle[ides] von Alexandria, griech. Erzgießer, im 2. Jh. v. Chr. in Termessos tätig. Nur bek. durch seine Sign. auf einer Basis einer Statue für Zeus Solymeus (SEG, VI, 629). ▭ RE, Suppl. III, 1918 (s.v. D. 161a); EAA III, 1960 (s.v. D. 5). – *C. Lanckoronski* (Ed.), Städte Pamphyliens und Pisidiens, II, W. u.a. 1892, 49, 206, Nr 78. R. V.

Dionysios (VI) (Dionysius Thrax; Διονύσιος ὁ Θρᾷξ), griech. Grammatiker und Maler, * um etwa 170 v. Chr., † um etwa 90 v. Chr. Wahrsch. stammte D., der Sohn des Teres, aus Alexandria. Die Angabe, er sei Alexandriner (Suid., δ 1172; Varro, frg. Serg., gramm., 4, 529, 7–10; Strab., 14, 655), kann sich aber auch auf den Ort seiner Ausb. beziehen, die er in Alexandria bei dem bed. Grammatiker Aristarch von Samothrake erhielt. Nach seiner Stud.-Zeit, die spätestens mit der Flucht Aristarchs nach Zypern (Suid., α 3892) im Jahr 144/43 v. Chr. endete, gründete D. auf Rhodos seine eigene Schule (Varro, frg. Serg., gramm., 4, 529, 7–10; Ath., deipn., 11, 489a). Zu seinen Schülern gehörten Tyrannion d. Ä. (Suid., δ 1172; τ 1184) und vermutl. auch der röm. Grammatiker L. Aelius Stilo (vgl. Pfeiffer, 1978, 322). Aus dem Schülerverhältnis zu Aristarch und dem Lehrerverhältnis zu Tyrannion läßt sich die Lebenszeit des D. auf ungefähr 170–90 v. Chr. bestimmen. – Die unter dem Namen des D. überlieferte *Techne Grammatike* (Τέχνη γραμματική) ist, wenn man ihre Echtheit voraussetzt (Pfeiffer, 1978, 326 ss.; Erbse, 1980, 244 ss.; anders Di Benedetto, 1958, der die Schr. für eine Kompilation des 4. Jh. n. Chr. hält), die erste systemat. Grammatik der griech. Sprache. Neben grammat. Schr. (γραμματικά) hat D. auch fortlaufende Kommentare (ὑπομνήματα) und Abh. (συνταγματικά) verf. (Suid., δ 1172). Die erh. Fragm. haben zum größten Teil Homerkommentierung zum Inhalt (Fragm. 1–47 Linke). Von den Werken des D. sind folgende Titel bek.: Περὶ ὀρθογραφίας (Über die Orthographie), Περὶ ποσοτήτων (Über die Quantitäten), Περὶ ἐμφάσεως (Über die Emphasis), Μελέται (Studien), Πρὸς Κράτητα (Schr., die auf den pergamen. Grammatiker Krates Bezug nimmt, Περὶ Ῥόδου [Über Rhodos]). – Nach der lit. Überlieferung soll D. auch künstler. tät. gewesen sein. Den Scholien zur *Techne Grammatike* zufolge hat D. seinen Lehrer Aristarch mit der Tragödie, wahrsch. in Form der trag. Muse, auf der Brust (ἐν τῷ στήθει) gemalt (Schol. in D. artem, p. 160, 32 ss. Hilgard; Etym. m., 277, 53; vgl. Eust., 974, 7 ss.). Mit dieser allegor. Darst. habe er zum Ausdruck bringen wollen, daß Aristarch alle Tragödien auswendig zitieren (ἀποστηθίζειν) konnte. Bei Athenaios (deipn., 11, 489a) ist überliefert, daß D. in seiner Schule auf Rhodos ein Modell des in den Iliasversen 11, 632 ss. beschriebenen Bechers des Nestor angefertigt habe (zum Nestorbecher: F. Canciani, Bildkunst, in: H.-G. Buchholz [Ed.], Archaeologia Homerica, II N, Teil 2, Göttingen 1984, 40). ▭ ThB9, 1913 (s.v. D. 11). RE V. 1, 1903 (s.v. D. 134); EAA III, 1960 (s.v. D. Trace); DNP III, 1997 (s.v. D. 17); *Bénézit* IV, 1999 (s.v. D. 7). – *M. Schmidt*, Philologus 7:1852, 360 ss.; 8:1853,

231 ss., 510 ss.; *A. Gercke*, AA 1890, 56; *Pfuhl*, MuZ, II, 1923, 828, Paragraph 906; *V. Di Benedetto*, AnnPisa, Ser. 2, 27:1958, 169 ss.; 28:1959, 87 ss.; *M. Fuhrmann*, Das systemat. Lehrbuch, Göttingen 1960, 29 ss., 145 ss.; *K. Linke* (Ed.), Die Fragm. des Grammatikers Dionysios Thrax, B./N. Y. 1977; *R. Pfeiffer*, Gesch. der Klass. Philologie, M. [2]1978, 274, 321 ss.; *H. Erbse*, Glotta 58:1980, 236 ss.; *A. Rouveret*, Hist. et imaginaire de la peint. ancienne, R. 1989, 353, 394; *V. Law/ I. Sluiter* (Ed.), Dionysius Thrax and the Techne Grammatike (Meeting Cambridge 1993), Münster 1995; *P. Swiggers/A. Wouters*, De Tékhne grammatiké van D. Thrax, Leuven/P. 1998.

L. Lehmann

Dionysios (VII), Sohn des → Timarchides (I), athen. Bildhauer aus der berühmten Bildhauer-Fam. des Polykles (zur genauen Einordnung in das Fam.-Stemma: → Polykles [II]), in der 2. H. des 2. Jh. v. Chr. in Rom und auf Delos tätig. D. gehörte zu den ersten Bildhauern, die für röm. Auftraggeber außerhalb Griechenlands tät. waren. Wahrsch. kam er im Gefolge des röm. Feldherrn und Siegers über Makedonien, Q. Caecilius Metellus, um 149 v. Chr. nach Rom. Zus. mit seinem Bruder → Polykles (III) schuf er dort in benachbarten Tempeln in der Porticus Octaviae zwei Kultbilder (Plin., nat., 36, 35): die Statue des Iuppiter Stator und die der Iuno Regina, die zw. 146 und 131 v. Chr. zu datieren sind. Beide sind nicht erh., mit mögl. Ausnahme des Iuno-Kopfes, der von Martin (1987) aufgrund seiner Kolossalität und der angewendeten Akrolith-Technik in einem weibl. Kopf in Rom (Kapitolin. Mus., Inv. Nr 253) identifiziert wurde. Er entspricht spätklass. Schema, weist aber hellenist. Stilelemente auf (Kopfneigung, geöffneter Mund). D. und seinem Neffen → Timarchides (II) ist, der Inschr. auf der Basis (Overbeck, SQ, 1868, Nr. 2207; Loewy, IGB, 1885, 175–179, Nr 242) wegen, auch die überlebensgroße, ca. 3 m hohe Portr.-Statue des Kaufmanns C. Ofellius Ferus auf Delos zuzuweisen. Der nackte, kopflose Torso, dem auch die rechte Hand fehlt, wurde 1880 bei den frz. Ausgrabungen von T. Homolle gefunden und war in einer Exedra der Italiker-Agora aufgestellt. In ihrem „lebendigen Oberflächenstil" und der „dramat. Pose" (Cain/Dräger, 1994) ist die Ofellius-Statue hellenist. Herrscherbildern verwandt. Zeitl. zunächst zw. 190 und 167 v. Chr. (Homolle, 1881) angesetzt, wird die Ofellius-Statue heute in der Regel dem letzten Drittel des 2. Jh. v. Chr. zugeordnet; die Dat. schwanken zw. 130 und 90 v. Chr. Die Attribute der Statue sind umstritten – die rechte Hand hielt wohl eine Lanze, für die linke gibt es sehr versch. Vorschläge. Mehrere Statuentypen sind als ikonogr. Vorbilder diskutiert worden, u.a. der Hermes des → Praxiteles (II) und der Typus Richelieu (ausführl. Diskussion bei Queyrel, 1991). D. konzentrierte sich auf die Oberflächen-Gest. seiner Statuen; char. für seine ausgefeilte Marmorbehandlung sind gleitende Formen, Reliefspannung und ein gleichsam atmendes Inkarnat. ▭ ThB9, 1913. RE V. 1, 1903 (s.v. D. 161); EAA III, 1960 (s.v. D. 6); DNP III, 1997 (s.v. D. 48); *Bénézit* IV, 1999 (s.v. D. 4). – *T. Homolle*, BCH 5:1881, 309 ss., 391 (Abb.); *Klein*, GGK, III, 1907, 174, 177 s.; *F. Coarelli*, Darch 4/5:1970/71, 259 s., Abb. 19; *A. Stewart*, Attika, Lo. 1979, 42–46; *H. G. Martin*, Röm. Tempelkultbilder, R. 1987, 60 ss., 88 ss., 209 s., Kat. 3; *D. Kreikenbom*, Bildwerke nach Polyklet, B. 1990, 109; *F. Queyrel*, BCH 115:1991, 389 ss., Abb. 1 ss.; *H.-U. Cain/ O. Dräger*, in: Das Wrack. Der antike Schiffsfund von Mahdia (K Bonn, Rhein. LM), II, ed. *G. Hellenkemper Salies u.a.*, Köln 1994, 813 ss., Abb. 5; *G. I. Despinis*, AM 110:1995, 350, 362.

C. Müller

Dionysios (VIII), Sohn des Herakleides aus Alexandria, griech. Mosaizist, am E. des 2. oder A. des 1. Jh. v. Chr. in Segesta tätig. Nur bek. durch seine Sign. auf einem sehr fragm. erh. Mosaik in *opus tessellatum*, das durch seine Technik (Verwendung von viereckig geschnittenen Steinchen und von Bleistreifen) und dem Vergleich mit and. Mosaiken Siziliens am E. des 2. oder A. des 1. Jh. v. Chr. dat. werden kann. Es ist bis jetzt das erste Zeugnis eines alexandrin. Mosaizisten, der außerhalb Ägyptens gearbeitet hat, und den Ruf Alexandrias in hellenist. Zeit als Zentrum der Mosaikherstellung unterstreicht. Die Vermutung von Nenci, der Mosaizist sei ident. mit dem gleichnamigen Vergolder, der uns durch eine Inschr. in Termessos überliefert ist, muß, wie es Dunbabin (1999) bereits mit Recht vorbrachte, als äußerst unwahrsch. zurückgewiesen werden. ▭ *A. Pinna*, AnnPisa 21:1991, 906–908, Taf. 189,1–2, 190,2; *G. Nenci*, ibid., 21:1991, 916 s.; *Dunbabin*, MGRW, 1999, 273, Anm. 23.

R. V.

Dionysios (IX), griech. Porträtmaler, in der 1. H. des 1. Jh. v. Chr. möglicherweise in Rom und Athen tätig. Nach Plinius (nat., 35, 113; Overbeck, SQ, 1868, Nrn 1136, 2381) malte D. ausschl. Menschen, woraufhin er den Beinamen *anthropographos* erhielt. Diese Wortbildung ist, was bislang von kunstgeschichtl. Stud. übersehen wurde, in unserer schriftl. Überlieferung ein Einzelfall.

Eine zweite Pliniusstelle (nat., 35, 147–148; Overbeck, ibid., Nr 2380), die höchstwahrsch. auf denselben D. zu beziehen ist, vermag jedoch weiteren Aufschluß zu liefern: Berühmt in der Jugend des M. Terentius Varro (116–27 v. Chr.), werden D. und → Sopolis als *imaginum pictores* angesprochen, deren Gem. die Gal. füllten. Zugleich stellt Plinius beide Maler in ein Konkurrenzverhältnis zu der in Rom und Neapel wirkenden → Iaia aus Kyzikos, die für ihre *imagines mulierum*, darunter auch ein Selbst-Portr., eine deutl. höhere Bezahlung erhielt. Aus dem Gesagten läßt sich folgern, daß D. wohl eher Portr. als Genreszenen malte. Diesen Schluß könnte die Miteinbeziehung einer vernachlässigten, jedoch wahrsch. auch auf unseren D. zu beziehenden, dritten Stelle bei Plinius (nat., 35, 125) erhärten: Dieser zufolge hätte D. in Athen ein berühmtes Bild des → Pausias kopiert, das Glykera, eine Geliebte des → Pausias, sitzend mit einem Kranz darstellte. Die von Plinius gen. Kopie (*exemplar/apographon*) dieses Bildnisses wurde von L. Licinius Lucullus (Konsul 74 v. Chr.) zum Preis von zwei Talenten erstanden. Die bisweilen vertretene, abweichende Lesung der letztgen. Pliniusstelle (nat., 35, 125) läßt Lucullus das Bild an den Dionysien in Athen erwerben und eliminiert damit die Nennung des Dionysios. Abgesehen von der Fragwürdigkeit einer derartigen Angabe tradieren die Mss. stets den Namen D. (*dionysius, dionisius* oder *dyonisius*), was für die hier aufgegriffene Lesung spricht. ▭ ThB9, 1913 (s.v. D. 12). RE V. 1, 1903 (s.v. D. 165); EAA III, 1960 (s.v. D. 7); KlP II, 1967 (s.v. D. 36); DNP III, 1997 (s.v. D. 50); *Bénézit* IV, 1999 (s.v. D. 8). – *Brunn*, GGK II, 1889, 204 s.; *Pfuhl*, MuZ, II, 1923, 838 s.; *Ferri*, Plin., 1946, 184, 190, 207; *Pollitt*, RomeSources, 1966, 87; *E. Sellers* (Ed.), The elder Pliny's chapters on the hist. of art, Chicago 1968, 145, 152, 171; *Pline l'Ancien*, Hist. naturelle, übersetzt und kommentiert *J.-M. Croisille*, Livre XXXV, P. 1985, 222, 232, 258; *A. Rouveret*, Hist. et imaginaire de la peint. ancienne, R. 1989, 218 s., Anm. 142; *M. Nowicka*, Le portr. dans la peint. antique, War. 1993, 128, Anm. 51; *C. Plinius Secundus d. Ä.*, Naturkunde, ed. und übersetzt *R. König/G. Winkler*, Buch XXXV, Da. ²1997, 242, 247 s., 267, 309, 328. F. Stilp

Dionysios (X), griech. Architekt, in augusteischer Zeit in Thessaloniki tätig. Nur bek. durch die Bau-Inschr. eines Tempels für den göttl. Caesar, der unter Augustus in Thessaloniki errichtet worden ist (IG, X. 2, 31). ▭ *C. Hellmann*, ZPE 104:1994, 154, Nr 7; *Donderer*, Architekten, 1996, 126–128, Nr A 35. R. V.

Dionysios (XI), Sohn des Apollonios, Bildhauer in Athen, z.Z. des Kaisers Claudius (41–54 n. Chr.) für Olympia tätig. Einzige Nennung in einer Künstler-Sign. an der linken Plinthenseite einer Statue der Kaiserin Agrippina minor in Olympia. Die Inschr. erw. den Namen des Vaters und weist D. als Athener aus. Für die Einmeißelung der Sign. wurde die Marmoroberfläche der Plinthe bes. geglättet. Die vor der O-Front des Heraion gefundene marmorne Figur der Agrippina minor zeigt die Kaiserin mit verhülltem Hinterhaupt. Das Standbild gehörte zur kaiserl. Skulpt.-Ausstattung des Metroon, das unter Augustus zum Kaiserkulttempel umgewandelt worden war, und stand an der N-Wand der Cella einer Statue des Kaisers Claudius als Juppiter gegenüber. Daher wird D. das Standbild Agrippinas in der Zeit ihrer Ehe mit Claudius, 49–54 n. Chr., geschaffen haben. Die Künstler-Sign. konnte von den Besuchern des Metroon, dessen Eingang im W. lag, beim Eintritt nicht bemerkt werden. ▭ ThB9, 1913 (s.v. D. 8). RE V. 1, 1903 (s.v. D. 162); EAA III, 1960 (s.v. D. 8); DNP III, 1997 (s.v. D. 49); *Bénézit* IV, 1999 (s.v. D. 5). – *K. Hitzl*, Die kaiserzeitl. Statuenausstattung des Metroon, OlympForsch, XIX, 1991, 44, 83–85, Taf. 14 c. K. Hitzl

Dionysios (XII), griech. Bildhauer, in Athen im 1.–2. Jh. n. Chr. tätig. Nur bek. durch seine Sign. auf einer Säulenbasis aus Marmor von der Akropolis in Athen (IG, III. 1², 4316). ▭ ThB9, 1913 (s.v. D. 9). EAA III, 1960. R. V.

Dionysios (XIII), griech. Architekt aus der Tmolos-Gegend (Sardes?)/Lykien, 2. Jh. n. Chr., gest. in Patara/Lykien. Seine Grab-Inschr. (CIG, III, 4286; EpGr, 1878, Nr 412) rühmt die Konstruktion der von ihm geschaffenen aufwendigen Bedachung für das Odeion in Patara. ▭ ThB9, 1913 (s.v. D. 1). RE V. 1, 1903 (s.v. D. 157); EAA III, 1960 (s.v. D. 9). – *Brunn*, GGK, II, 1889, 239; *Müller*, Architekten, 1989, 154. W. Müller

Dionysios (XIV) (Αὐρήλιος Διονύσιος, Dionysios Aurelius), Enkel des Ta[...], Urenkel des Demetrios und Ururenkel des Pe[...], Bildhauer aus Aphrodisias/Karien, dort wahrsch. am E. des 2. Jh. n. Chr. tätig. Nur bek. durch eine marmorne Ehren-Inschr. aus Aphrodisias, die anhand ihrer Buchstabenformen wohl am E. des 2. Jh. n. Chr. geschaffen wurde. Danach stiftete der Stadtrat und die Bevölkerung zu Ehren des aus einer wohlangesehenen Fam. stammenden D. eine Statue im Wert von 110 Denarii. ▭ EAA III, 1960. – *W. M. Ramsay*, The cities and bishoprics of Phrygia, Ox. 1895–96, 189, Nr 72; *Squarciapino*,

Afrodisia, 1943, 12, Nr 4; *K. T. Erim/J. Reynolds*, Sculptors of Aphrodisias in the inscr. of the city, in: *N. Başgelen/M. Lugal* (Ed.), Festschr. für Jale Inan, Istanbul 1991, 531–533, Nr 18, Taf. 205. R. V.

Dionysios (XV) (Dionysios Flavius), Sohn des Dionysios, griech. Architekt, im 2. V. des 3. Jh. n. Chr. in Sparta tätig. Nur bek. durch eine Inschr., in der versch. Personen eines Kollegiums einer Kultgemeinschaft aufgelistet sind (teilw. heute in Sparta, Archäol. Mus.: IG, V. 1, 168 und 603; SEG, XI, 625, 816; XXXIV, 38). Da einige der gen. Mitgl. auch durch and. Zeugnisse zu fassen sind, kann diese Inschr. in das 2. V. des 3. Jh. dat. werden. ▭ ThB9, 1913 (s.v. D. 3). – *A. J. S. Spawfort*, BSA 79:1984, 285–288; *Donderer*, Architekten, 1996, 171 s., Nr A 73. R. V.

Dionysios (XVI) (Διονύσιος Σοστράτης, Dionysios Sostrates), griech. Architekt, tätig in Halikarnassos, späte röm. Kaiserzeit. In einer mit zwei Kränzen verzierten Inschr. aus Halikarnassos als οἰκοδόμος (Baumeister) namentl. erw. (BCH 14:1890, 114). ▭ ThB9, 1913 (s.v. D. 2). RE V. 1, 1903 (s.v. D. 163); EAA III, 1960; DEAU II, 1968. W. Müller

Dionysios (XVII), Graveur oder Besitzer einer Gemme mit dem Kopf des Bacchus. Der Stein ist nur aus Beschr. bek., die keinerlei Rückschlüsse auf Stil und zeitl. Stellung zulassen. ▭ ThB9, 1913. EAA III, 1960 (s.v. D. 12). B. Gerring

Dionysios (XVIII), Sohn des Astios, griech. Bildhauer unbek. Schaffenszeit. D. sign. zus. mit → Theomnestos (I), Sohn des Theotimos, eine Basis für eine Statue, die auf Chios gefunden wurde (CIG, II, 2241; Overbeck, SQ, 1868, Nr 2048; Loewy, IGB, 1885, 199 s., Nr 286). Wenn → Theomnestos (I) ident. mit dem gleichnamigen Maler → Theomnestos (II) wäre, der für den Tyrannen Mnason arbeitete (Plin., nat., 35, 107), könnte man die Schaffenszeit des D. in das 4. Jh. v. Chr. setzen, wie es Brunn (GGK II, 1889, 172 s.) vorschlug. Doch diese Annahme ist zu hypothetisch. ▭ ThB9, 1913. RE V. 1, 1903 (s.v. D. 159); EAA III, 1960 (s.v. D. 11); *Bénézit* IV, 1999 (s.v. D. 2). R. V.

Dionysius Furius → **Filocalus,** *Furius Dionisius*

Dionysius Thrax → **Dionysios** (VI)

Dionysodoros → **Diodoros** (I)

Dionysodoros (I) (Διονυσόδωρος), att. Bildhauer, in der 2. H. des 3. Jh. v. Chr. in Lindos tätig. Nur bek. durch zwei Sign. auf Basen aus lart. Marmor auf der Akropolis in Lindos. ▭ RE, Suppl. III, 1918 (s.v. D. 24); EAA III, 1960. – Lindos II. 1, 1941, 328, Nr 102, p. 365, Nr 130; *Lippold*, GrPl, 1950, 339; *Schmidt*, Statuenbasen, 1995, 396, Nr IV. 2. 16. R. V.

Dionysodoros (II) cf. **Adamas**

Dionysodoros (III) (Dionysodorus) aus Kolophon, griech. Maler unbek. Zeit. Nur bek. durch die Nennung bei Plinius (nat., 35, 146; Overbeck, SQ, 1868, Nr 2118). ▭ ThB9, 1913. RE V. 1, 1903 (s.v. Dionysiodoros); EAA III, 1960; *Bénézit* IV, 1999. R. V.

Diopeithes (I) (Διοπείθης), att. Bildhauer, in der 1. H. des 5. Jh. v. Chr. in Athen und Delphi tätig. D. ist ledigl. durch seine Sign. auf mehreren Statuenbasen in Athen, Xenaios und Delphi überliefert: – 1.) eine kleine Basis aus pentel. Marmor für eine kleine Bronzestatue von der Akropolis in Athen (heute Athen, Epigr. Mus., Inv. Nr EM 6246; IG, I², 523; Lauffer, 1937, 104; Raubitschek, 1949, 108 s., Nr 106; Marcadé, 1953, 27); – 2.) ein Pfeiler aus pentel. Marmor für ein Ex-Voto aus Bronze der Athena von → Kalynthos und seinem Bruder Polytimos auf der Akropolis in Athen gew. (heute Athen, Epigr. Mus., Inv. Nr EM 6397 und 6453; IG, I², 675; Lauffer, 1937, 105 s.; Raubitschek, 1949, 299–301, Nr 279; Marcadé, 1953, 27); – 3.) eine Marmorbasis mit der Weihung des Onesibos von der Akropolis in Athen (IG, I², 633 a und b und 737/290; Lauffer, 1937, 104 s., Nr 16, Abb. 9; Marcadé, 1953, 28); – 4.) eine Marmorbasis von der Akropolis in Xenaios (IG, I², 536); – 5.) eine Kalksteinbasis für eine Kolossalbronze des Apollon mit einer Hirschkuh für das Anathem der Paparethier in Delphi, das ehem. etwa 3 – 3,50 m hoch war (heute Delphi, Mus., Inv. Nr 1515; H. Pomtow; Delphica, II, L. 1906, 40; id., Delphica, III, L. 1911, 149, Taf. 9; M. F. Courby, FDelphes, II. 1, topogr. et archit., la terrasse du temple, P. 1927, 283 s., Abb. 226–227; Marcadé, 1953, 26; W. Lambrinudakis, LIMC II, 1984, 224, Nr 331*, s.v. Apollon). Während die Basen von Athen zw. 500 und 480 v. Chr. dat. werden können, wurde die Monumentalstatue in Delphi kurz nach 480/479 v. Chr. gefertigt. Die Aufstellungsorte sowie die Größe der letzteren Statue zeigen, daß D. sicherl. zu den angesehenen Bildhauern seiner Zeit gehört haben muß, von dem uns leider nur die Sign. Zeugnis ablegen. ▭ ThB9, 1913. RE V. 1, 1903 (s.v. D. 11); RE, Suppl. III, 1918 (s.v. D. 11); EAA III,

1960; *Bénézit* IV, 1999. – *S. Lauffer*, AM 62:1937, 104–106; *Raubitschek*, Dedications, 1949, 108 s., Nr 106; *Lippold*, GrPl, 1950, 108; *Marcadé*, Signatures, I, 1953, 27–28. D. V.-G.

Diopeithes (II), von Athen, griech. Bildhauer, um 270 v. Chr. in Lindos tätig. Nur bek. durch seine Sign. auf einer Marmorbasis für eine Marmorstatue, die auf der O-Seite der Akropolis in Lindos gefunden worden ist. Sie wurde von den Hierothyten für die Götter gestiftet und kann wegen der Buchstabenform um 270 v. Chr. dat. werden. ▭ RE, Suppl. III, 1918 (s.v. D. 12); EAA III, 1960. – Lindos II. 1, 1941, Nr 86, Abb.; *Lippold*, GrPl, 1950, 316; *Schmidt*, Statuenbasen, 1995, 242, Nr I. 1. 36. R. V.

Diopeithes (III), von Argos, griech. Bildhauer, im 3. Jh. v. Chr. in Lindos tätig. Nur bek. durch die Sign. auf einer Basis für eine Bronzestatue zu Ehren des Nikasidamos, eines Priesters der Athena Lindia, die von → Iatrokles, Sohn des Pasikritos, gegossen wurde. ▭ RE, Suppl. III, 1918 (s.v. D. 13); EAA III, 1960. – Lindos II. 1, 1941, 383 s., Nr 137, Abb.; *Lippold*, GrPl, 1950, 339; *Schmidt*, Statuenbasen, 1995, 420 s., Nr V. 18, Abb. 86. R. V.

Diophanes (Διοφάνης), griech. Münzstempelschneider oder Münzbeamter, im 4. Jh. v. Chr. in Neapel tätig. Nur bek. durch seinen Namen auf einer Silbermünze von Neapel. Ob die Inschr. als Sign. des Künstlers oder als Nennung des Münzbeamten zu lesen ist, kann nicht gesagt werden. ▭ RE V. 1, 1903 (s.v. D. 10); EAA III, 1960. R. V.

Diophantos (Διοφάντος), Sohn des Neopolos, Architekt, vor 220 n. Chr. in Tanais tätig. Bek. durch eine griech. Bau-Inschr. auf einer Marmor-Taf. von Tanais aus dem Jahre 220 n. Chr., der zufolge D. am Wiederaufbau der Agora als einer priv. Stiftung beteiligt war. Außer ihm werden die Architekten → Aurelius Antoninus und → Nauakos erw., die wahrsch. neben ihm tätig waren, da es sich um ein Großprojekt handelte. Für die Bauaufsicht war eine Komm. aus drei namentl. gen. Männern zuständig. Die Agora wird im S der Stadt in einer von Archit.-Resten weitgehend freien Fläche von ca. 20 x 35 m vermutet (Böttger, 1995; Arsen'eva/Böttger/Vinogradov, 1995), die offenbar Randbebauung aufwies und sich nahe der Abrißkante des n. Donufers und des vermuteten Hafens befindet. ▭ Ber. über die zur Bekanntmachung geeigneten Verh. der Kgl. Preuß. Akad. der Wiss. zu Berlin, B. 1854, 689, Nr III; IPE, II, 1890, 236 ss., Nr 430; *E. H. Minns*, Scythians and Greeks, C. 1913, 655, Nr 55; CIRB, 1965, 736 s., Nr 1245; *B. Böttger*, AA 1995, 102 ss., Abb. 4–8; *T. M. Arsen'eva/B. Böttger/J. G. Vinogradov*, EurAnt 1:1995, 213 s., 262; *Donderer*, Architekten, 1996, 97 ss., Nr A 12, Taf. 4. E. Raming

Diopos (Δίοπος; Diopus), korinth. Tonbildner, im 7. Jh. v. Chr. in Korinth und in Etrurien tätig. Als Begleiter des Bakchiaden Demaretos floh D. um 657 v. Chr. (N. G. L. Hammond, in: Cambridge ancient history[3], III. 3, C. 1982, 335 s.) zus. mit den Künstlern → Eucheir (II) und → Eugrammos aus Korinth nach Etrurien, wo sie lt. Plinius (nat., 35, 152) die Kunst der Fertigung von Tonplastik einführten. ▭ ThB9, 1913. RE V. 1, 1903; EAA III, 1960. – *Lippold*, GrPl, 1950, 28; *Floren*, GrPl, 1987, 196, Anm. 60. R. V.

Diores (Διώρης), griech. Maler, in der 1. H. des 5. Jh. v. Chr. tätig. Nach Varro (ling., 9, 6; Overbeck, SQ, 1868, Nr 1093) gehörte er zus. mit → Mikon (I) und → Arimmas zu den frühesten griech. Malern. ▭ ThB9, 1913. RE V. 1, 1903 (s.v. D. 5); EAA III, 1960; *Bénézit* IV, 1999. R. V.

Dios (Δῖος), griech. Koroplast, im 1. Jh. n. Chr. in Myrina tätig. Nur bek. durch seine Sign. auf einer Tonstatuette mit Eros und einer Gans aus Myrina (heute Paris, Louvre, Inv. Nr CA 266). ▭ *Mollard-Besques*, II, 1963, 59, Nr CA 266, p. 211, Taf. 74 e, 253 c; *D. Kassab*, Statuettes en terre cuite de Myrina. Corpus des sign., lettres et signes, P. 1988, 32, Nr 1, Taf. 9, 42. R. V.

Dioskoros (Διόσκορος), Mosaizist(?) oder Stifter des 4. Jh. n. Chr. in Sagalassos/Pisidien. Name in der Inschr. eines Mosaiks (Διόσκορος ἐψηφοθέτει) mit der Darst. von Thetis(?), Achill und Phoinix, gefunden in der Bibl. von Sagalassos, vom Ausgräber in die Zeit von Julian Apostata (361–363 n. Chr.) datiert. Stilist. läßt sich das Werk mit Mosaiken in Syrien und Antiochia vergleichen, woher der Künstler nach Sagalassos gekommen sein dürfte. M. Waelkens hat die Inschr. als Sign. eines Mosaizisten interpretiert. Nach M. Donderer (Mosaizisten, 1989, 57 [so auch SEG, fragend dagegen Dunbabin, MGRW, 1999, 271, Anm. 12]) scheint das Verb ψηφοθετεῖν bisher nur in Stifter-Inschr. nachgewiesen zu sein, so daß es sich bei D. eher um einen Stifter handeln würde. ▭ *M. Waelkens*, AnatSt 42:1992, 85–88, Taf. 20a; *id.*, in: Sagalassos, II, Leuven 1993, 13–15, Abb. 18–20; SEG, XLII, 1992 (1995), Nr 1222; *M. Waelkens/*

F. Martens, in: *M. Waelkens/L. Loots* (Ed.), Sagalassos, V. Report on the survey and excavation campaigns of 1996 and 1997, Leuven 2000, 419 ss., Abb. 10 s. M. Dennert

Dioskurides (I) (Διοσκουρίδης), Sohn des Nikanor, griech. Bildhauer, im 2. Jh. v. Chr. auf Samos tätig. Nur bek. durch seine Sign. auf einer Marmorbasis aus dem Heraion von Samos. Die Basis trug eine Statue des Philiskos, die von seinem Vater Hekataios und dessen Bruder Aristonikos gestiftet wurde. ▭ RE, Suppl. V, 1931 (s.v. D. 14a); EAA III, 1960 (s.v. Dioskourides 1). – *M. Schede*, AM 44:1919, 30, Nr 15; *E. Preuner*, ibid., 49:1924, 42. R. V.

Dioskurides (II), aus Pergamon, kleinasiat. Erzgießer, im 2./1. Jh. v. Chr. in Pergamon tätig. Die fragm. Sign. eines Künstlers oder Erzgießers wurde als [ΔΙΟΣΚ]ΟΥΡΙΔΗΣ ergänzt. Im übrigen ist dieser Künstler gänzl. unbekannt. ▭ RE V. 1, 1903 (s.v. D. 14); EAA III, 1960. – *Loewy*, IGB, 1885, 199, Nr 284; *P. Le Bas/W. H. Waddington*, Inscr. grecques et latines, II, Hildesheim 1972, 1723e. M. Kadıoğlu

Dioskurides (III), von Samos, griech. Mosaizist, um 100 v. Chr. tätig. Nur bek. durch Sign. (CIG, 5866b; IG, XIV, 703) auf zwei Emblemata in *opus vermiculatum* aus der bereits 1763 entdeckten sog. 'Villa des Cicero' bei Pompeji mit Darst. aus der Neuen Komödie. Ein Emblema (Neapel, MN, Inv. Nr 9985; EAA III, 1960, Farb-Abb. gegenüber p. 130) zeigt spielende Musikanten, das and. (Neapel, MN, Inv. Nr 9987; EAA, 1960, Farb-Abb. gegenüber p. 132) speisende Frauen. Dank sehr ähnl. Szenen auf einem Paviment aus dem 'Haus des Menander' in Mytilene, deren Darst. durch Beischr. klar identifizierbar sind (S. Charitonidis/L. Kahil/R. Ginouvès, Les mosaïques de la maison du Ménandre à Mytilène, Bern 1970 [AntK, Beih., 6], 41–44, 46–49, 97–105, Taf. 5–6), können wir sagen, daß das erstere Emblema (Inv. Nr 9985) eine Episode aus der Θεοφορουμένη des Menander und das letztere (Inv. Nr 9987) eine Episode aus den Συναριστῶσαι des Menander wiedergibt. Die beiden Emblemata gehören zu den feinsten Mosaiken aus späthellenist. Zeit. Die Steinchengröße beträgt ledigl. zw. 1 und 2,5 mm. Trotz der zeichner. Qualität des Mosaiks müssen die Emblemata aber nicht, wie oft in der Lit. gefordert wird, Kopien nach Buch-Ill. oder Gem. des 3. Jh. v. Chr. sein, sondern können sehr wohl auch eigenständige Schöpfungen des sehr begabten D. darstellen. ▭ ThB9, 1913. RE V. 1, 1903 (s.v. D. 15); EAA III, 1960; LAW I, 1965 (s.v. D. 4); KlP II, 1967 (s.v. D. 8); DNP III, 1997 (s.v. D. 7); *Bénézit* IV, 1999. – *M. Bieber/G. Rodenwaldt*, JdI 26:1911, 1–22; *E. Pernice*, Pavimente und figürl. Mosaiken, B. 1938 (Die hellenist. Kunst in Pompeji, 6), 10 s., 169–171, Taf. 70–71; *Trendall/Webster*, Illustrations, 1971, 2, 145, Nr 1,3, Farb-Taf.: Frontispiz, p. 8; *V. Sampaolo*, in: *E. Pozzi u.a.*, Le coll. del MN di Napoli. I mosaici, le pitture, gli oggetti di uso quotidiano, gli argenti, le terrecotte invetriate, i vetri, i cristalli, gli avori, R. 1986, 116, Nrn 1–2, p. 29, Farb-Abb.; *Donderer*, Mosaizisten, 1989, 59–61, Nr A 11, Taf. 9 (Lit.); *Dunbabin*, MGRW, 1999, 44–47, Abb. 44–45. R. V.

Dioskurides (IV), der bedeutendste Steinschneider der Zeit des Pompeius, Caesar und Augustus, dessen Siegel mit dem Bildnis des Kaisers er nach Plin., nat., 37, 8 und Suet., Aug., 50 geschnitten hat (nicht erh.). Seine Bedeutung veranschaulicht auch die Anzahl von neun sign. Werken: – 1.) Karneol-Gemme, Florenz, Archäol. Mus., mit der frontalen Büste der gehörnten Io, die den Kopf leicht zu ihrer linken Seite wendet; Sign.: ΔΙΟCΚΟΥΡΙΔΟΥ, im Abdruck rechtsläufig (Zazoff, 1983, Taf. 91,5). – 2.) Amethyst-Gemme, Priv.-Bes., mit der frontalen Büste des Demosthenes, der den Kopf leicht zu seiner linken Seite wendet; Sign. wie bei 1 (Zazoff, 1983, Taf. 91,6). – 3.) Karneol-Gemme, Chatsworth, Slg des Duke of Devonshire, mit der Darst. des Diomedes mit dem Palladion auf einem Altar, davor Säule mit Statue darauf und am Boden liegendem Getötetem; Sign. wie bei 1 (Zazoff, 1983, Taf. 91,7). – 4.) Fragmentierte Karneol-Gemme, Boston, MFA, Inv. Nr 27. 737, mit der Darst. des Bellerophon, der den Pegasos bändigt, nach links; Sign.: [...]ΟΥΡΙΔΟΥ, im Abdruck rechtsläufig (Zazoff, 1983, Taf. 91,8). – 5.) Karneol-Gemme, London, BM, mit der Darst. des im linken Profil gesehenen nackten Merkur, der den Kopf in die Frontale wendet, mit Caduceus und Widderkopf auf einem Tablett; Sign. wie bei 1 (Zazoff, 1983, Taf. 91,9). – 6.) Karneol-Gemme, Cambridge, Fitzwilliam Mus., Inv. Nr S 25 (CM), mit der Darst. des frontal stehenden Merkur mit Petasos, kurzem Mäntelchen und Caduceus; Sign. wie bei 1 (Zazoff, 1983, Taf. 92,1). – 7.) Karneol-Gemme, Neapel, NM, Inv. Nr 254, mit der Darst. des nackten, frontal neben einem Felsen stehenden Achill inmitten seiner Waffen; Sign. wie bei 1 (Zazoff, 1983, Taf. 92,2). – 8.) Sardonyx-Kameo, Berlin, SMPK, Antiken-Abt., Inv. Nr FG 11062, mit der Darst. des Hercules, der den Kerberos fesselt, nach rechts; Sign. wie bei 1, im Orig. rechtsläufig (Zazoff, 1983, Taf. 91,4). – 9.)

Kameen-Fragm., verschollen, mit der Darst. der Beine eines Mannes und einer Frau auf einem Felsen, auf dem ein Löwenfell liegt (erot. Szene mit Herakles und Omphale?); Sign.: ΔΙΟCΚΟΥΡ[...], im Orig. rechtsläufig (Richter, 1971, Nr 670). – Nachantike Gemmenkopien mit der Sign. des D. weisen auf drei weitere seiner Werke hin: – (10.) frontale Büste des bekränzten Caesar (Vollenweider, 1966, Taf. 98,1–4). – (11.) Portr. des Cicero im Linksprofil (Zwierlein-Diehl, 1986, Taf. 149,859). – (12.) Jugendl. „hellenist. Herrscher" ohne Binde im Linksprofil (Vollenweider, 1966, Taf. 98,8. 10). – Des weiteren dokumentieren zahlr. mod. Gemmen mit seiner Sign., die nicht auf Vorlagen von seiner Hand zurückgehen, den bed. Ruf des D. als Steinschneider über die Antike hinaus. – Die Berliner Bergkristallgemme, Inv. Nr FG 2305 (Zazoff, 1983, Taf. 92,3) mit der Sign. des → Eutyches (I), eines der drei Söhne des D., bez. den Vater als Aigeaios, womit das Aigeai in Kilikien als Herkunftsort des D. gemeint sein muß. Wenn bisweilen davon ausgegangen wird, daß D. bereits in seiner Heimat, die ein uraltes Zentrum des Gemmenschnitts darstellte, glypt. Werke geschaffen hat, so stützt sich diese Annahme auf keine Quelle, sondern beruft sich in erster Linie auf die drei mod. Kopien der Gemme (12) mit dem hellenist. Portr.-Kopf. 63 v. Chr. wurde Kilikien, das bis dahin der syr.-hellenist. Dynastie der Seleukiden unterstand, durch Pompeius dem röm. Machtbereich eingegliedert. Die Wahrscheinlichkeit, daß D. damals nach Rom kam und von nun an den röm. Machthabern diente – und zwar offenbar nicht als kriegsgefangener Sklave sondern als freier Mann –, ist eine naheliegende, aber wiederum nicht beweisbare Annahme. Daß D. bereits vor der M. des 1. Jh. v. Chr. in Rom tätig wurde, lassen die Gemmenbildnisse (10) und (11) vermuten. Die deutl. erkennbare Tatsache, daß seine drei Söhne seine künstler. Art des Steinschnitts weiter tradierten und auch and. Steinschneider unter seinem Einfluß gestanden haben müssen, macht die Annahme, daß er in Rom eine florierende Wkst. betrieb, zur Gewißheit. D. stand dieser möglicherweise als *praepositus* vor. Daß sich das Herrscherhaus ihrer bedient hat, erhellt v.a. aus den Nachr., daß D. mit der Herstellung des kaiserl. Siegels beauftragt wurde; auch spiegeln die Bildthemen seiner und seiner Söhne Werke diese Beziehung wider. Eher unwahrsch. ist allerdings, daß die berühmte unsign. Wiener „Gemma Augustea" (Richter, 1971, Nr 501) auf D. zurückgeht, auch wenn sie künstler. deutl. seinem Stil verpflichtet ist, da er um 10 n. Chr. kaum noch tätig gewesen sein kann. Die chronolog. Abfolge seiner erh. gebliebenen Werke orientiert die mod. Forsch. an der stilist. Entwicklung von hellenist. geprägten Gemmenbild-Komp. zu klassizist. beruhigten, mit denen D. neben → Solon (II) offensichtl. zu den Begründern des augusteisch-klassizist. Gemmenstils gehörte. ▭ ThB9, 1913. RE V. 1, 1903 (s.v. D. 16); EAA III, 1960; DNP III, 1997 (s.v. D. 8). – *A. Furtwängler*, JdI 3:1888, 106 s., 218 s., 297 ss.; *id.*, AG, I, 1900, Taf. 49, 1, 6, 7, 9, 10; 50, 5; 51, 17, 19, 21; 52, 15; 57, 8; *Vollenweider*, Steinschneidekunst, 1966, 56 ss.; *Richter*, EngrGemsRom, 1971, 130, 133, 142 ss., Nrn 664–673, p. 161 s., Nrn 757–758; *Zazoff*, AG, 1983, 316 ss.; GlaspastenWürzb, I, 1986, Nr 145; *E. Zwierlein-Diehl*, Weltkunst 1988 (H. 23, Dezember), 3649 s.; *ead.*, AA 1990, 541 ss.; *G. Bekker*, Europ. Plaketten und Med. vom 15. bis zum 18. Jh. (K Leipzig, Mus. für Kunsthandwerk), L. 1998, 27.

W.-R. Megow

Diothemis (Διοθέμις), griech. Architekt, tätig nach M. 3. Jh. v. Chr. als Oberbauinspektor für die Arbeiten in den Steinbrüchen südl. von Ptolemaïs Hermiu/Oberägypten. Auf ihn bezieht sich eine an einer Felswand des Gebel Tukh angebrachte Ehren-Inschr.: Διοθέμιδος τοῦ ἀρχιτέκτονος [αἰωνία]μνήμη γένοιτο (REG 1:1888, 313). Als staatl. Bauaufsichtsbeamter unterstand D. einem zentralen Büro in Krokodilopolis (Fayum). Zum Aufgabenbereich dieser Beamten gehörten neben der Ltg der Arbeiten in den Steinbrüchen der Brückenbau, die Anlage von Wegen und Kanälen sowie versch. urbanist. Projekte. ▭ ThB9, 1913. RE V. 1, 1903; EAA III, 1960. – *J. P. Mahaffy*, The Flinders Petrie papyri, II, Dublin 1893, p. IV ss., 6 ss.; *Müller*, Architekten, 1989, 48; *Donderer*, Architekten, 1996, 47, Anm. 145. W. Müller

Diotimos (I) → **Onesimos** (II)

Diotimos (II) ([Διό]τιμος), griech. Bildhauer aus Thespiai. A. 4. Jh. v. Chr. in Athen tätig. Nur bek. durch seine fragm.-haft erh. Sign. [...]ΤΙΜΟΣ (IG, II, 1176), die von Loewy (IGB, 1885, 81, Nr 102) und Guerrini (EAA) zu Διότιμος und von Kumanudis, Robert (RE) und Lippold zu Πολύτιμος (→ Polytimos [I]) oder Φιλότιμος (→ Philotimos [II]) erg. wurde. Die Basis trug einst einen Dreifuß, der vom Künstler für ein Kollegium der Vertreter der zehn Phylen geschaffen worden ist. ▭ RE V. 1, 1903 (s.v. D. 23); EAA III, 1960. – *Lippold*, GrPl, 1950, 230. R. V.

Diphilos (I) (Δίφιλος, Diphilus), griech. Gemmenschneider oder Besitzer einer Gemme. Sein im Genitiv gefaßter Name befindet sich zus. mit der Darst. einer reich verzierten Vase, die von zwei

Ähren umrahmt ist, auf einem Amethyst-Intaglio (Neapel, MN). Ob hier ein Gemmenschneider oder der Besitzer der Gemme gemeint ist, läßt sich nicht entscheiden. ▭ ThB9, 1913. RE V. 1, 1903 (s.v. D. 22); EAA III, 1960 (s.v. Diphilus). R. V.

Diphilos (II), griech. Architekt (Bauunternehmer?), tätig in Latium um die M. des 1. Jh. v. Chr. Die auf ihn bezogene Inschr. IG, I, 62 ist gefälscht. Wohl kaum ident. mit dem bei Vitr., 7, praef. 14 erw. gleichnamigen Mechaniker. Cicero beauftragte D. mit dem Bau einer Villa auf seinem Landgut Manilianum b. Minturnae und beschwerte sich über dessen Pfuscharbeit (Cic., ad Q. fr., 3, 1, 1–2 und 9, 7 von 54 v. Chr). Im priv. Bauwesen ländl. Regionen rissen mitunter Bauunternehmer, die keine fachl. geschulten Architekten waren, leitende Funktionen an sich. ▭ ThB9, 1913. RE V. 1, 1903 (s.v. D. 20); EAA III, 1960; DEAU II, 1968. – *Brunn*, GGK II, 1889, 239; *Müller*, Architekten, 1989, 115; *Donderer*, Architekten, 1996, 56, Anm. 191. – *Über Ciceros Villen*: *O. E. Schmidt*, Ciceros Villen, L. 1899; *M. Rostovtzeff*, JdI 19:1904, 112 ss. W. Müller

Diphilos (III), Koroplast und Leiter einer Wkst. in Myrina/Kleinasien; dort in der 2. H. des 1. Jh. v. und in der 1. H. des 1. Jh. n. Chr. tätig. Der Name D. ist von mehr als 65 Sign. auf Terrakotta-Figurinen bek., die in der Nekropole von Myrina gefunden wurden. D. behandelte etwa 40 versch. Themen: Götter, darunter mehrere Aphrodite- und Artemis-Typen, eine Hygieia, ein Apollon Kitharoidos, ein nackter Hermes, ein Herakles, Darst. von Dionysos, jugendl. Eroten in Genre-Szenen sowie fliegende, sog. *syrische* Eroten. Er stellte aber auch Alltagsszenen dar, so z.B. Frauen in drapierten Gewändern, in Togen gewandete Epheben mit einer Schriftrolle oder einem Köcher, nackte Epheben oder auch mit Tieren spielende Kinder. Die Gestalten sind oft schlank, haben schmale Schultern und einen ausgeprägten Hüftbereich. Die Brüste der weibl. Figuren sind kaum angegeben, während die Eroten und die nackten Epheben eine eher feminine Anatomie aufweisen. Unter diesen Figurinen befinden sich auch Nachahmungen berühmter Skulpt., wie z.B. der Aphrodite Genetrix, oder der *Aphrodite von Knidos*. – Mangels fehlender Grabungsbefunde ist es nicht leicht, die Terrakotten zu datieren, dennoch verfügt man über einige chronolog. Anhaltspunkte, was den Entwurf der Matrizen betrifft, so z.B. die Frisur der Livia, die von den Aphrodite-Figürchen und den drapierten Frauen-Gestalten getragen wird. Die stilist. Analyse des Ensembles der sign. Figurinen zeigt, daß sie während eines Zeitraumes produziert worden sind, der größer ist als die mögl. Dauer einer Künstlerkarriere: Der Name D. ist folgl. derjenige eines Koroplasten und Meisters eines Ateliers, der in der 2. H. des 1. Jh. v. Chr. zu arbeiten begonnen hatte und dessen Produktion ihn bis in die 2. H. des 1. Jh. n. Chr. überdauerte und dabei auch seinen Namen als 'Fabrikationsmarke' beibehalten hat. Die Technik der Herstellung ist in diesem Atelier einheitlich. Die Mehrheit der Figurinen wurde aus zwei zusammengefügten Matrizen gewonnen, die in der Regel aus Ton, manchmal aber auch aus Gips bestanden. Die Sign. findet sich auf der Rückseite der erhöhten rechteckigen Basis; daneben gibt es noch etwa zehn Ausnahmen, bei denen sich die Sign. auf dem Rücken der Statuette selbst befindet. Im Mus. von Pergamon ist ein Bronzestempel mit dem Namen D. aufbewahrt. Es ist jedoch nicht sicher, ob er für die Terrakotta-Figuren bestimmt war; es könnte sich hierbei auch um einen gleichlautenden Namen handeln. ▭ ThB9, 1913. RE V. 1, 1903 (s.v. D. 21). – *D. Burr*, Terracottas from Myrina in the MFA, Boston, Diss. Bryn Mawr 1934, 9–15; *Mollard-Besques*, II, 1963, XXIII s., 204–206; *D. Burr-Thompson*, in: Studi in onore di Luisa Banti, R. 1965, 319–325; *D. Kassab*, Statuettes en terre cuite de Myrina, P. 1988, 32–43, 63, Nr 9, Abb. 43–91, 326–373, 173.
D. Kassab Tezgör

Dipoinos (Δίποινος, Dipoenus), aus Kreta, griech. Bildhauer, Gefährte des → Skyllis, möglicherweise in der 1. H. des 6. Jh. v. Chr. hauptsächl. auf der Halbinsel Peloponnes tätig. D. ist nur von wenigen lit. Quellen bek., von denen keine vor der röm. Kaiserzeit anzusetzen ist. Es ist nicht mögl., die Zeit, auf die sich diese Überlieferungen beziehen, näher zu bestimmen; es ist jedoch zu beobachten, daß sie in bestimmten Punkten übereinstimmen, sich in and. ergänzen, aber in einer wichtigen Frage voneinander abweichen. – D. wird immer mit einem and. kret. Bildhauer namens → Skyllis in Zusammenhang gebracht, mit Ausnahme von einer die Werke in Ambrakia, Argos und Kleonai betr. Pliniusstelle (nat., 36, 14), die ihn allein nennt. Ders. Plinius (nat., 36, 9) setzt den Höhepunkt des Schaffens der beiden Künstler (nicht – wie manchmal geschrieben wird – ihre Geburt) um die 50. Olympiade an, d.h. um 580–576 v. Chr., während Pausanias keine Zeitangabe gibt, aber eine enge Verbindung mit → Daidalos (I) aufbaut; für die einen sind D. und → Skyllis seine Schüler, für die and. seine Söhne, die ihm eine Frau aus Gortyn geb. habe (Paus. 2, 15, 1). Beide Autoren lassen die Bildhauer in Argos und Kleonai arbeiten, aber

Plinius berichtet, daß sie von Kreta nach Sikyon – seinerzeit für die Bildhauerei eine wichtige Stadt – gekommen seien. Clemens von Alexandria (protr., 4, 47, 8) erw. für sie ebenfalls Argos und Sikyon, fügt aber noch Tiryns hinzu. Nach Plinius hätten sie sich wegen einer Auseinandersetzung mit den Sikyoniern eine Zeitlang nach Aitolien zurückgezogen. Das Zeugnis des Moses von Choren (hist. Arm., 2, 12) über einen vergoldeten Herakles, der für Kroisos gefertigt wurde, ist ebenso singulär wie das des Kedrenos (historiarum compendium, I, p. 564 Bekker), welches ihnen eine von Sesostris dem Kleobulus von Lindos gestiftete, vier Ellen hohe Statue der Athena Lindia aus grünem Stein zuschreibt, die in der Spätantike nach Konstantinopel transportiert wurde. Für Francis und Vickers, 1984, handelt es sich dabei um eine der von Herodot (2, 182) erw. Weihgaben des Pharao Amasis, was bedeuten würde, daß man den beiden kret. Bildhauern einen sehr ägyptisierenden Stil zuschriebe. Die Richtigkeit dieser späten Quelle bleibt in jedem Fall sehr ungewiß. – Die größte Abweichung zw. Plinius und Pausanias liegt in der Verwendung des von D. und seinem Gefährten benutzten Materials. Nach Plinius waren sie die ersten, die in der Kunst der Marmorbearbeitung berühmt geworden sind (nat., 36, 9: „*marmore sculpendo primi omnium inclaruerunt Dipoenus et Scyllis*") und, wie die ersten Künstler von Chios, auf den weißesten Marmor von Paros, gen. λυχνίτης, zurückgriffen. Aber das einzige Werk, das den beiden Künstlern mit einiger Sicherheit zugesprochen werden kann, die Statuengruppe aus Argos, die die Dioskuren, deren Ehefrauen Hilaeira und Phoibe sowie deren Söhne Anaxis und Mnasinous darstellen, war nach Pausanias (2, 22, 5) aus Ebenholz mit einigen Elfenbein-Partien auf den zus. mit den Personen gefertigten Pferden. Die Arbeit in Holz und die Goldelfenbein-Technik seien übrigens auch von den Schülern des D. und → Skyllis, → Dontas, → Dorykleidas, seinem Bruder → Medon sowie → Theokles, alle Spartaner (Paus. 5, 17, 1), ausgeübt worden, während → Klearchos von Rhegion und → Angelion und Tektaios, weitere Schüler der beiden Kreter, sich dem *Sphyrelaton* gewidmet hätten. Die von Plinius tradierten Überlieferungen, ob sie nun auf Xenokrates von Athen zurückgehen oder nicht, überraschen; einerseits, weil Marmorarbeiten auf der Insel Kreta – der Heimat der beiden Künstler – fremd sind (auch wenn J. Boardman [Daedalus and mon. sculpt., in: Pepragmena tou D'Diethnous Kretologikou Synedriou, Herakleio 29 Augoustou – 3 Septembriou 1976, A I, At. 1980, 42–47, Taf. 9–10] vorgeschlagen hat, daß die frühesten Marmorstatuen der Kykladen von kret. Wanderbildhauern geschaffen worden sind), andererseits auch deshalb, weil die Orte, an denen D. und → Skyllis gearbeitet haben sollen, insbesondere Sikyon, weder über ein solches Mat. verfügen noch Überreste von Marmorwerken aus dieser Epoche aufweisen. Die Verbindung, die von Plinius zw. D. und → Skyllis und den ersten chiot. Bildhauern, die sicher in Marmor gearbeitet haben, hergestellt wurde, bleibt nach unserem jetzigen Wissensstand sehr vage. Das Verfertigen von Holzplastiken ist in peloponnes. Kontext weniger überraschend, v.a., wenn man den lit. Überlieferungen über die Holzstatuen, die schon in sehr früher Zeit in versch. Heiligtümern dieser Gegend gew. worden sein sollen, Glauben schenkt. Auch die Verwendung von – wie gesagt wird – Teilen aus Elfenbein erstaunt nicht, gibt es davon seit der früharchaischen Epoche doch auch archäol. Zeugnisse aus Kreta, Lakonien oder Korinth. Merkwürdiger ist jedoch, daß nach Pausanias das für die Gruppe von Argos benutzte Mat. Ebenholz ist, ein exot. Holz, das in der griech. Lit. zum ersten Mal bei Herodot erw. wird, als von Geschenken von den Äthiopen für Darius die Rede ist: ders. Pausanias (8, 17, 2) behauptet jedoch, daß das Ebenholz sehr wohl zu den für alte Xoana benutzten, geläufigen Hölzern gehört, wie z.B. für drei Statuen des Apollon (Paus., 1, 42, 5). – Zusammenfassend kann folgendes gesagt werden: Da die Historizität des D. (und folgl. auch des → Skyllis) gänzl. unsicher ist, verkörpert er in den Augen einer Überlieferung, die mindestens in die hellenist. Epoche zurückreicht, die Weitergabe gewisser statuar. Techniken von Kreta in die N-Peloponnes und – durch die Vermittlung ihrer Schüler – nach Lakonien. Es würde aber nicht überraschen, wenn diese Überlieferungen auf echte Fakten vom Anfang des 6. Jh. v. Chr. fußten. In diesem Fall ist es jedoch wahrsch., daß diese kret. Künstler die Technik der Bearbeitung von Holz, des Elfenbeins oder des Sphyrelatons aus Metall eher verbreitet haben als die Technik der Bearbeitung von Marmor. ▭ ThB9, 1913. RE V. 1, 1903; EAA III, 1960; DNP III, 1997; *Bénézit* IV, 1999. – *Overbeck*, SQ, 1868, Nrn 321–327; *J. J. Pollitt*, The art of Greece. Sources and doc., Englewood Cliffs 1965, 19 s.; *E. D. Francis/M. Vickers*, AJA 88:1984, 68 s.; *Floren*, GrPl, 1987, 121; *Stewart*, Sculpture, 1990, 242 s.

A. Hermary

Disuirihemesnefer, Sohn des Iierwa, ägypt. Goldschmied („Oberster der Goldschmiede vom Haus des Chnum") und Priester des Chnum, etwa 30. Dynastie (4. Jh. v. Chr.), wohl auf Elephantine b. Assuan. Bek. von seiner Opfer-Taf. (Baltimore,

Walters AG, Inv. Nr 291). 🕮 *G. Steindorff*, Cat. of the Egyptian sculpt. in the Walters AG, Baltimore 1946, 88, Nr 291, Taf. 55; *H. de Meulenaere*, CdE 52:1977, 245 ss. F. Hoffmann

Diyllos cf. **Chion**

Djati (I), ägypt. Bauleiter („Vorsteher der Arbeiten des Königs"), in der 5. Dynastie nach Neferirkara (2463/2413–2347/2297 v. Chr.) im Bereich von Memphis/Unterägypten tätig. D. ist nur durch die Inschr. seiner Mastaba (Grabanlage) in Giza bek., in denen sein Titel genannt wird. 🕮 PM III. 1, 1974, 161, Nr G 5370. – *H. Junker*, Gîza, VII, W./L. 1944, 230 ss. S. L. Lippert

Djati (II), ägypt. Bildhauer, im Mittleren Reich (2119–1794/93 v. Chr.) in Ägypten tätig. Nur bek. von einer in Abydos gefundenen Stele. Da Abydos im Mittleren Reich ein bed. Wallfahrtsort war, an dem Personen aus den unterschiedlichsten Gegenden Ägyptens ihre Stelen aufstellten, kann der Herkunftsort von D. nicht näher bestimmt werden. Auf der Stele ist auch der wohl mit ihm verwandte Bildhauer → Nefer(i) (II) dargestellt. 🕮 *H. O. Lange/H. Schäfer*, Grab- und Denksteine des Mittleren Reiches (CG), I, B. 1902, 40, Nr 20031. S. L. Lippert

Djed-Khons-ef-ankh C → Djedchensuiufanch

Djedchensu, Sohn des Her, ägypt. „Umrißzeichner der beiden 'Goldhäuser'", Dritte Zwischenzeit in Theben (1. H. 1. Jahrtausend v. Chr.). D., der auch Priester des Amunre war, ist dadurch bek., daß er sich zus. mit → Imenmes (II) auf einer Statue der Fam. des Bürgermeisters von Theben, Sennefer (Kairo, Ägypt. Mus., Inv. Nr CG 42126), verewigt hat. 🕮 LÄ V, 1984, 856, 939. – *G. Legrain*, Statues et statuettes de rois et de particuliers, I, Kairo 1906, 78; *E. Schott*, GM 29:1978, 131; *M. Eaton-Krauss*, JEA 85:1999, 133 ss. F. Hoffmann

Djedchensuiufanch, Sohn des Hersaiset, ägypt. „Vorsteher aller Arbeiten von Silber und Gold", um ca. 800 v. Chr. Seine Würfelhockerstatue (Kairo, Ägypt. Mus., Inv. Nr CG 42211) belegt für ihn eine Vielzahl hauptsächl. von Hoftiteln. Er war mit der Königs-Fam. verwandt. 🕮 PM II, 1972, 149 s. – *G. Legrain*, Statues et statuettes de rois et de particuliers, III, Kairo 1914, 28 ss., Taf. 20; *K. Jansen-Winkeln*, Ägypt. Biogr. der 22. und 23. Dynastie, Wb. 1985, 83 ss.; *K. A. Kitchen*, The third intermediate per. in Egypt, Warminster [2]1986 (als Djed-Khons-ef-ankh C bez.). F. Hoffmann

Djeddjehutiiufanch, ägypt. Künstler („Oberster der Künstler vom Haus des Amun"), in der 19./20. Dynastie (um 1292–1070/69 v. Chr.) wohl in Theben/Ägypten tätig. Nur bek. durch die hieroglyph. Inschr. auf einem Relief-Fragm., das vermutl. aus seinem Grab stammt. Es wurde im Ramesseum in Theben gefunden, so daß man davon ausgehen kann, daß D. an diesem Ort tät. war. Vermutl. leitete er die künstler. Arbeiten im Tempel des Amun. 🕮 *J. E. Quibell*, The Ramesseum, Lo. 1898, 20, Nr 42, Taf. 29,2. T. Schrottenbaum

Djedefher (Djedefhor; Hordjedef), Sohn des Königs Cheops, ägypt. Bauleiter („Vorsteher der Arbeiten des Königs"), in der 4. Dynastie (etwa 2639/2589–2504/2454 v. Chr.) in Giza/Unterägypten tätig. D. ist bek. durch seine Mastaba (Grabanlage) G 7220, die sich auf der O-Seite der großen Cheops-Pyramide auf dem Gizaplateau befindet. Darüber hinaus ist er in Ägypten in späterer Zeit sehr populär geworden. So ist er in einem Märchen aus dem Papyrus Westcar als außergewöhnl. kluger Königssohn dargestellt. Daneben betrachtet man ihn als den Erfinder einiger Totenbuch-Sprüche und schreibt ihm schließl. sogar eine Weisheitslehre zu. Seinem Titel nach zu urteilen hat D. an dem Bauprojekt seines Vaters mitgewirkt, wie auch → Hemiunu, d.h., er hat die Arbeiten an der großen Pyramide oder auf den umliegenden Friedhöfen beaufsichtigt bzw. verwaltet. 🕮 PM III. 1, 1974, 191; LÄ III, 1980 (s.v. Lehre des Djedefhor). – *E. Brunner-Traut*, ZÄS 76:1940, 7 ss. T. Schrottenbaum

Djedher (I), Sohn des Asklepiades, ägypt. Bildhauer („Oberster der Oberen"), M. 3. Jh. n. Chr. in Philae/Oberägypten tätig. D. ist durch vier demotische Graffiti bek., die er am Isis-Tempel auf Philae hinterlassen hat. Eines der Graffiti ist in das Jahr 255/56 n. Chr. zu datieren. D. gibt an, für den Gott Osiris Wennefer zu arbeiten. Ein and. Graffito nennt neben D. auch seinen Bruder → Padipahut, der ebenfalls den Titel „Oberster der Oberen" trägt. 🕮 *F. L. Griffith*, Cat. of the demotic graffiti of the Dodecaschoenus, Ox. 1937, 88, Nr Ph. 273, Taf. 44; 92, Nr Ph. 301 et 304; 93, Nr Ph. 308, Taf. 47. S. L. Lippert

Djedher (II), Sohn des Pautenitem (?), ägypt. Bildhauer („Oberster der Oberen"), im 3. Jh. n. Chr. in Philae/Oberägypten tätig. Bek. durch ein undat. demotisches Graffito am Isis-Tempel von Philae, wo D. arbeitete. D.s Vater, dessen Name nicht mit Sicherheit gelesen werden kann, war möglicherweise Weinhändler. 🕮 *F. L. Griffith*,

Cat. of the demotic graffiti of the Dodecaschoenus, Ox. 1937, 90, Nr Ph. 289, Taf. 45.

S. L. Lippert

Djedmutiufanch, ägypt. Vorzeichner („Umrißzeichner des Goldhauses" (d.h. der Statuen-Wkstn), „Hersteller von Götterbildern vom Haus des Amun"), in der 21./22. Dynastie (um 1070/69–735 v. Chr.) in Theben/Oberägypten tätig. D. ist bek. durch sein Grab in Scheich Abd el-Qurna/Theben-W (Theban Tomb 117). Nach seiner Berufsbezeichnung stellte er Statuen im „Goldhaus" her, bzw. arbeitete an der Herstellung mit, indem er die Umrisse der Statuen auf den Steinblöcken vorzeichnete. Das „Goldhaus" (d.h. Schatzhaus) bez. einen Bezirk im Tempel, dem auch Wkstn angegliedert waren. ▭ PM I. 1, 1960, 233, Nr 117. – *A. H. Gardiner/A. E. P. Weigall*, A topogr. cat. of the priv. tombs of Thebes, Lo. 1913, 26 s., Nr 117.

T. Schrottenbaum

Djedpteh, ägypt. Künstler (ohne nähere Spezifikation) des Alten Reiches (ca. 2700–2200 v. Chr.). Nur bek. durch seine fragm. Totenstele aus Saqqara, deren Dat. innerhalb des Alten Reiches unsicher ist. ▭ *G. T. Martin*, The tomb of Ḥetepka, Lo. 1979, 20, Nr 13, Taf. 20.

F. Hoffmann

Djehuti (I), möglicherweise Vater des → Sara, ägypt. Bildhauer, während der 12. Dynastie (1976–1794/93 v. Chr.) im Raum Abydos/Oberägypten tätig. Belegt auf einer Stele des → Sara aus Beit Dâwûd Sahl nahe Abydos, die sich heute in Oxford, Ashmolean Mus., Inv. Nr E. 3921, befindet. D. wird als Teilnehmer an den Mysterien von Abydos bez., in deren Verlauf eine Prozession des Gottes Osiris stattfindet. ▭ PM V, 1937, 37. – *A. N. Dakin*, JEA 24:1938, 190–197, bes. 194 mit Anm. 7.

C. von Pfeil

Djehuti (II), ägypt. Bildhauer, während der frühen 18. Dynastie (1550–1479 v. Chr.) im Raum Abydos/Oberägypten tätig. Nur durch ein Uschebti (Tonfigürchen) belegt, das aus Abydos stammt und heute im Ägypt. Mus. in Kairo aufbewahrt wird. Darauf ist der sog. Uschebti-Spruch in abgekürzter Version mit Erw. des Künstlertitels verzeichnet. ▭ *P. E. Newberry*, Funerary statuettes and model sarcophagi (CG), Le Caire 1957, 8, Taf. 13, Nr 46541.

C. von Pfeil

Djehuti (III), ägypt. „Bauleiter des Month von Armant", während des Neuen Reiches (um 1450–1070/69 v. Chr.) im Raum Armant/Oberägypten tätig. D. ist belegt auf einem nicht näher bezeichneten Objekt, das sich heute in Paris, Mus. Guimet, Inv. Nr E 2706, befindet. D. war als Leiter der Bauarbeiten am Tempel des Gottes Month in Armant eingesetzt. ▭ *W. Helck*, Mat. zur Wirtschaftsgesch. des Neuen Reiches, II, Mainz 1961, 161.

C. von Pfeil

Djehuti (IV), ägypt. Vorsteher der Bildhauer, unter Pharao Thutmosis I. (1504–1492 v. Chr.) in Oberägypten tätig. Bek. durch sein Felsgrab bei Hierakonpolis, in dessen biogr. Inschr. er sich selbst als „Arbeitsleiter des Königs, dessen Kopf wachsam ist über die Arbeiten" bezeichnet. Er berichtet weiter, daß sein Name auf seinen Bauten rühmend gen. werde. ▭ PM V, 1937, 197 s. – Urk. IV, 130–135.

C. von Pfeil

Djehuti (V), ägypt. „Vorsteher aller Handwerker", aus Hermupolis stammend, unter Königin Hatschepsut (1479 / 1473–1458/57 v. Chr.) im theban. Raum/Oberägypten tätig. D. stieg vom Zöllner zu seiner bedeutsamen Stellung auf, die sich neben seinem Künstlertitel in mehreren and. Titeln manifestiert. Nach der Biogr. in seinem Grab in Theben-W (TT 11) überwachte er die Herstellung zahlr. Bauteile im Totentempel der Hatschepsut in Deir el-Bahari und im Amunstempel von Karnak sowie u.a. den Bau der Prozessionsbarke des Amun, Schmuck für das Gottesbild von Karnak und weitere Ausstattungsgegenstände. Die Auskratzungen seines Namens in Deir el-Bahari und in seinem Grab lassen auf seinen Sturz – wohl kurz nach dem 16. Reg.-Jahr seiner Königin – schließen. ▭ PM I. 1, 1960, 21–24; LÄ I, 1975, Sp. 1108 (s.v. D.); II, 1977, Sp. 1138 (s.v. Hermupolis magna). – Urk. IV, 419–451; *W. Helck*, Zur Verwaltung des Mittleren und Neuen Reichs, Leiden/Köln 1958, 363, 397–400.

C. von Pfeil

Djehutimes (I) (Dhutmosi; Thoutmosis; Thutmes; Thutmose), ägypt. Architekt und Bauleiter („Vorsteher der Arbeiten der Denkmäler"), 18. Dynastie (1550–1292 v. Chr.), in Theben/Ägypten tätig. D. ist durch die Stele London, BM, Inv. Nr 170, belegt, auf der ferner die Titel „Schreiber des Königs" und „Vorsteher des Hauses" erw. werden. Er war im Amunstempel von Karnak tätig. ▭ *E. Naville*, The XIth dynasty temple at Deir el-Bahari, III, Lo. 1913, 23, Taf. 15; *I. E. S. Edwards*, Hieroglyphic texts from Egyptian stelae etc. in the BM, 8, Lo. 1939, 40 s., Taf. 34; *W. Helck*, Mat. zur Wirtschaftsgesch. des Neuen Reiches, I, Wb. 1960, 43.

M. A. Stadler

Djehutimes (II) (Dhutmosi; Thoutmosis; Thutmes; Thutmose), ägypt. Architekt und Bauleiter („Vorsteher der Bauleute"), 18. Dynastie (1550–1292 v. Chr.) in Theben/Ägypten tätig. Lediglich namentlich und mit Titel auf einem Namenstein belegt. ▭ LÄ IV, 1982, Sp. 338 mit Anm. 2 (s.v. Namensteine). – *W. C. Hayes*, Ostraka and name stones from the tomb of Sen-Mut (No. 71) at Thebes, N. Y. 1942, 51, Taf. 33. M. A. Stadler

Djehutimes (III) (Dhutmosi; Thoutmosis; Thutmes; Thutmose), ägypt. Architekt und Bauleiter („Vorsteher der Arbeiter"), wohl A. des 14. Jh. v. Chr. in Heliopolis/Ägypten tätig. D. stand im Dienste des Re-Tempels von Heliopolis und ist nur namentlich und mit Titel auf einem Steingefäß belegt. ▭ *W. Helck*, Mat. zur Wirtschaftsgesch. des Neuen Reiches, I, Wb. 1960, 126. M. A. Stadler

Djehutimes (IV) (Dhutmosi; Thoutmosis; Thutmes; Thoutmose), ägypt. „Oberster der Bildhauer", 2. H. des 14. Jh. v. Chr., in Amarna/Ägypten tätig. Sein Atelier wurde im S-Teil Amarnas identifiziert (Haus P 47, 2) aufgrund seines Namens auf dem Elfenbein-Fragm. einer Scheuklappe (früher als Deckel einer Elfenbeinbüchse angesprochen), das in dem Haus gefunden wurde. Biogr. Angaben sind nicht überliefert und so bleibt auch die Annahme, D. stamme aus einer seit mehreren Generationen in Ägypten ansässigen kret. Familie, eine aufgrund der Annahme kret. Einflusses auf die Amarna-Kunst aufgestellte Hypothese, unbewiesen. In der Modellkammer des Hauses wurden mehr als 20 Gipsköpfe in versch. Stadien gefunden, die z.T. Gipsabgüsse von entweder lebenden Menschen oder nach dem Leben geschaffenen Tonmodellen sind. Darunter befanden sich auch die Gipsstuck-Büste des Königs Echnaton in gemäßigtem spätem Amarna-Stil (Berlin, SMPK, Ägypt. Mus., Inv. Nr 21300) und die berühmte Kalkstein-Büste der Nofretete (Berlin, SMPK, Ägypt. Mus., Inv. Nr 21300). Beide Stücke werden als Modellstudien interpretiert und D. zugeschrieben. Die Gipsstuck-Büste des Echnaton gilt als reines Portr. des Königs, das frei ist von den radikalsten, bisweilen karikaturhaft wirkenden Tendenzen der Amarna-Kunst. Die detailliert farbig gefaßte Kalkstein-Büste der Nofretete ist ein Wkst.-Muster, was computertomograph. Untersuchungen untermauert haben, durch die erkannt wurde, wie stark der Kalksteinkern mit Gips etwa an den vorher abfallenden Schultern erg. und in die endgültige Form gebracht wurde. ▭ ThB33, 1939 (s.v. Thoutmosis). LÄ I, 1975, Sp. 179 (s.v. Amarna-Kunst), Sp. 805 mit Anm. 35 (s.v. Bildhauer und Bildhauerei); LÄ III, 1980, Sp. 599, 609 (s.v. Königsplastik); LÄ IV, 1982, Sp. 519 s. (s.v. Nofretete); LÄ VI, 1986, Sp. 315 (s.v. Tell el-Amarna). – *L. Borchardt*, MDOG 52:1913, 30 s.; *J. H. Breasted*, Art and archaeology 4:1916, 232–242; *L. Borchardt*, Wiss. Veröff. der Dt. Orient-Ges. 44:1933, 31, n. 1; *M. Hirmer/E. Otto*, Ägypt. Kunst, II, M. ³1979, 304–315; *R. Krauss*, JbPrK 20:1983, 119–132; *J. Settgast*, Ägypt. Mus. Berlin, Mainz ³1983, 90–93; *D. Wildung*, JbPrK 29:1992, 147–151; 31:1994, 77–97. M. A. Stadler

Djehutinechet (I) (Nechetdjehuti), ägypt. Künstler, in der 11. Dynastie (2119–1976 v. Chr.) tätig. Erw. im Grab des Ahanechet in El Beresh auf der linken Wand der zentralen Kammer in der 2. Kolumne. ▭ *G. W. Fraser*, El Beresh, II, in: ASE 4:1895, 43 ss. (Grab, Nr 10), Taf. 20. Y. Ott

Djehutinechet (II) (Nechetdjehuti), ägypt. „Obergoldarbeiter" und „Vorsteher der Künstler des n. Sees des Amun", in der 19. Dynastie unter dem König Ramses II. (1279–1213 v. Chr.) in Theben/Oberägypten tätig. D. schuf nicht nur die Golddekoration der großen Tore im Amuntempel, im Chons- und im Muttempel von Karnak, sondern er verzierte mehr als 26 tragbare Götterschreine aus Gold, z.B. für die Gottheiten Geb, Sutech, Nebtu etc. In das Reg.-Jahr 55 und 58 von Ramses II. fallen auch seine Arbeiten an der Vergoldung der Bootschreine für die Götter Isis, Chnum von Esna, Geb, Maat und andere. Sein Grab Nr 189 befindet sich im Asasif von Theben-West. ▭ PM I. 1, 1960, 295. – *A. H. Gardiner/A. E. P. Weigall*, A topogr. cat. of the priv. tombs of Thebes, Lo. 1913, 32 s.; *K. A. Kitchen*, JEA 60:1974, 168 ss.; *F. Steinmann*, ZÄS 107:1980, 141. Y. Ott

Djehutinechet (III) (Nechetdjehuti), ägypt. „Bildhauer des Herrn der beiden Länder", in der 20. Dynastie (1186/85–1070/69 v. Chr.) in Giza/Unterägypten tätig. Bek. durch eine Kalkstein-Stele (Kairo, Ägypt. Mus., Inv. Nr JE 72275) aus Giza. ▭ *S. Hassan*, The great sphinx and its secrets, Cairo 1953 (Excavations at Gîza, 8), 265, Abb. 201; *C. M. Zivie*, BdE 70:1976, 224. Y. Ott

Djehutinefer (I), ägypt. „Umrißzeichner des Amun", Neues Reich (1550–1070 v. Chr.). Nur bek. durch eine Stele, auf der er zus. mit seiner Frau Wermenti im Gebet vor Osiris und Anubis dargestellt ist. ▭ *P. Lacau*, Stèles du Nouvel Empire (CG), II, Le Caire 1926, Nr 34086.
S. Hänsch

Djehutinefer (II), Sohn des Rer und der Nehetemuia, ägypt. Umrißzeichner, Neues Reich (1550–1070 v. Chr.). Nur bek. von einem Pyramidion, das sich jetzt im Leipziger Ägypt. Mus. befindet.
▭ *F. Steinmann*, ZÄS 106:1979, 168 ss.
S. Hänsch

Doidalsas (Δοιδάλσης; Doidalses; Daedalsa; Doedalses), griech. Bildhauer, am Hofe des Königs Nikomedes I. von Bithynien (280 bis etwa 250 v. Chr.) tätig. Ein Künstler dieses Namens könnte eine archäol. Fiktion sein. Überliefert wird nur ein Bildhauer, dessen Namen im Codex Bambergensis von Plinius, nat., 36, 35 in +daedalsa+ verschrieben ist. Nach allg. Überzeugung kann sich unter dieser Verschreibung aber nur der bithyn. Name D. verbergen. Plinius nennt ihn ein einziges Mal knapp in der Aufzählung von Bildwerken, die in der Porticus Octaviae neben dem Marcellustheater in Rom standen: „Venerem lavantem sese +daedalsa+, stantem Polycharmus (fecit)“ (eine sich waschende Venus des D. und eine stehende des → Polycharmos). Man kann der Mitt. mit Sicherheit entnehmen, daß die Venus des D. nicht stand wie die des → Polycharmos. Auf Vasenbildern sieht man, wie die nackte Aphrodite sich niederhockt, während das Badewasser über sie ausgegossen wird. Der einzige bek. Skulpt.-Typus, der diese Haltung zeigt, ist die in zahlr. Repliken, die besten davon im MN Romano in Rom, im Vatikan und im Louvre überlieferte hockende Aphrodite, die sich mit beiden Händen das Wasser aus den Haaren wringt. – Es ist gleichwohl kühn, diesen Typus kurzerhand als die von Plinius erw. Schöpfung des D. anzusehen. Allerdings wird man durch den nur in Bithynien belegten Namen D., den schon der älteste bek. Herrscher dieses Landes in der 2. H. des 5. Jh. trug, zu einer and. Inf. weitergeführt, die in jedem Fall ein besseres Verständnis des Typus der hockenden Aphrodite ermöglicht. Plinius teilt nämlich nat., 35, 20 mit, König Nikomedes I. von Bithynien (280–ca. 250 v. Chr.) habe den Knidiern – allerdings erfolglos – für die Überlassung der Aphrodite des → Praxiteles (II) deren ganze ungeheure Staatsschuld begleichen wollen. Die Assoz. des vergeblichen Interesses eines bithyn. Königs an der berühmtesten antiken Aphroditestatue mit dem ebenfalls nicht unberühmten Typus der hockenden Aphrodite, die man glaubt, einem bithyn. Künstler zuschreiben zu können, macht sofort klar, daß die hockende Aphrodite auf jeden Fall in Auseinandersetzung mit der stehenden Aphrodite des Praxiteles entstanden ist. Man fühlt sich an den auch von Ov., met., 10, 243–297 behandelten Mythos des kypr. Königs Pygmalion erinnert, dessen Elfenbeinstatue einer schönen Frau durch seine unüberwindliche Liebe pötzlich lebendig wurde. So scheint vor unseren Augen, betrachtet man die bewegte Statue der sich waschenden Venus des D., die stehende Aphroditestatue des → Praxiteles (II), die in Gedanken verloren ihre Kleider ablegt, wie die Aphroditestatue seiner Söhne → Kephisodotos (II) und → Timarchos (II) in Bewegung geraten zu sein, sich plötzl. niederzuhocken, die Hände vor den Brüsten zu den Locken im Nacken zu erheben und das Badewasser auszuwringen. In dieser Stellung verharrt sie, bleibt aber durch den Realismus des Motivs und in ihrer sinnlichen Körperlichkeit lebendiger als die unnahbare Knidia. – Théodore Reinach hat 1897 sehr spekulativ vermutet, daß Nikomedes I. nach der 265 oder 262 erfolgten Gründung von Nikomedeia (heute Izmit), der neuen Hauptstadt seines Reiches, von dem bithyn. Künstler D. zum Ersatz für die unerreichbare Knidische Aphrodite die hockende habe schaffen lassen und die Basis unserer Kenntnis des D. zu verbreitern versucht, indem er den überlieferten Namen eines Bildhauers *Daidalos (III)*, der die von König Nikomedes I. in Auftrag gegebene berühmte Statue des Zeus Stratios in Nikomedeia geschaffen hat, ebenfalls in D. verbessert. Der Bildhauer *Daidalos (III)* wird zwar nur ein einziges Mal, eben im Zusammenhang mit der Statue des Zeus Stratios von Eusth. (ad Dionys. Periheg., 793) gen., es ist aber ein geläufiger griech. Name, den schon der kret. Urkünstler (→ Daidalos [I]) trug. Die einzige method. Überlegung, die es rechtfertigen könnte, den Namen Daidalos in D. zu verbessern, ist diejenige, daß D. die gegenüber Daidalos schwierigere Lesart wäre und der für den König von Bithynien arbeitende Künstler dann einen bithyn. Namen hätte. Wirklich glaubwürdig ist das aber nicht. Der durch Münzbilder bek. Typus des *Zeus Stratios* von → Daidalos (III) ist jedenfalls in keiner Weise mit der höchst originellen Schöpfung der hockenden Aphrodite zu vergleichen. – Diese allein kann eine Vorstellung von der Eigenart des D. geben, dessen Existenz man trotz der Verschreibung in den Codices nicht schlechthin leugnen kann. Die einfachste Lösung ist die Hypothese, daß seine sich waschende Venus, die von der stehenden des → Polycharmos abgesetzt wird, die um die M. des 3. Jh. v. Chr. zu datierende hockende Aphrodite war. Der aus der Flächenkunst bek. Typus ist „als rundplastischer Vorwurf für ein isoliertes Kultbild (?) revolutionär und für die hellenist. Götterauffassung bezeichnend“ (Ernst Berger). Dargestellt ist eine voll erblühte, üppige junge Frau, die sich zum Baden niederhockt. Sie sitzt mit dem Glutäus auf der Ferse des mit der Spitze aufgestellten Fußes, so daß die Rückseiten von Ober- und Unterschenkel fest aufeinander liegen. Der Bildhauer beobachtet dabei, wie sich das weiche Fleisch der Beinmuskulatur ineinanderpreßt. Der linke Fuß ist mit der Sohle aufgesetzt, das Knie stößt schräg nach oben, und auch der linke Ober- und Unterschenkel sind in der Kniekehle fest aneinander gedrückt, der Glutäus aber bleibt frei. Aphrodite beugt, um das Gleichgewicht zu wahren, den Oberkörper nach vorn und wirft den etwas geneigten Kopf seitlich zurück, als wende sie sich der nicht dargestellten, aber vom Betrachter zu erschließenden Dienerin zu, die das Badewasser über sie ausgegossen hat. Die Göttin greift mit dem gewinkelten rechten Arm vor der Brust nach oben und hinten und drückt dabei mit dem gesenkten rechten Oberarm die volle Brust nach unten, während der linke nach oben und hinten geführte Arm die and. Brust frei läßt. Deren fester, schöner Umriß bleibt sichtbar. Die Gegenbewegung von Kopf und Armen bedingt eine leichte Drehung des vorgeneigten Oberkörpers nach links, so daß sich die weiche Fülle des Leibes in Falten am Rippenrand, über dem Bauchnabel und über der Inguinallinie zusammenschiebt und auffaltet. Das würde auch bei einem schlankeren Leib der Fall sein. Bei der Aphrodite des D. aber huldigt die Leibesfülle bewußt dem hellenist. Schönheitsideal der Zeit, der Tryphè, das die Schlichtheit der ersten Generation des 3. Jh. v. Chr. hinter sich gelassen hatte. An der nicht in einer gleichmäßigen Rundung verlaufenden, sondern mit der Bewegung die Richtung ändernden Rückenlinie zeigt sich eine durch das Hocken auf dem Becken, durch die leichte Wendung des Oberkörpers und die entschiedene Drehung und Neigung des Hauptes bedingte Auswägung der Gewichte, die etwas Labiles, Momentanes hat. Der vom Künstler erfaßte Augenblick des sich Niederhockens beim Bade bringt Reize eines schönen Frauenkörpers zur Geltung, welche die klass. Kunst für rein zufällig und nicht darstellungswert erachtet hätte. Und doch empfindet jeder Betrachter die große Schönheit dieser Frauengestalt und den Liebreiz ihres Gesichtes unter der locker aufgenommenen Haarfülle. Es ist die Schönheit des Realismus, der zum ersten Mal in der Gesch. der Weltkunst die Erfassung der Natur, so wie sie sich darstellt, zum Thema gemacht hat und in ihr auch die kreatürliche Schönheit antraf. ▭ ThB9, 1913. DNP III, 1997. – *T. Reinach*, GBA 17:1897, 314 ss.; 17:1897, 314 ss.; *R. Lullies*, Die kauernde Aphrodite, M. 1954; *B. Andreae*, Schönheit des Realismus. Auftraggeber, Schöpfer, Betrachter hellenistischer Plastik, Mainz 1998, 61–63.

B. Andreae

Domis (Δόμις), griech. Bildhauer, letztes V. 6. Jh. v. Chr. in Delphi tätig. Nur bek. durch die Künstler-Sign. auf der Vorderseite der Marmorbasis eines Weihgeschenkes des Theugenes aus der korinth. Kolonie Poteidaia. Der unvollst. erh. Block besteht aus zwei Fragmenten. Außer der Oberseite, deren erh. Partie keine Einlaßlöcher aufweist, ist die linke Seitenfläche sorgfältig poliert. Viell. steht die Weihung mit dem bei Paus. (10, 11, 5) erw. Schatzhaus von Poteidaia in Zusammenhang. Daß D. nichtkorinth. Herkunft ist, ist aus dem Alphabet der Künstler-Inschr. zu schließen, das ein anderes ist als das der darüber stehenden Weih-Inschr. und größere Buchstaben aufweist. Die Heimat des D. läßt sich jedoch nicht genauer bestimmen. Die These Marcadés (1953), den Namen D. in dem von Paus. (6, 14, 13) erw., in Olympia tätigen Bildhauer → Somis wiederzuerkennen, ist zweifelhaft. ▭ RE, Suppl. III, 1918; RE, Suppl. IV, 1924 (s.v. Delphoi 38a); EUA VI, 1958, 879; EAA III, 1960; RE, Suppl. X, 1965, 617 (s.v. Poteidaia). – *J. Baunack*, Philologus 48:1889, 385 s.; *P. Perdrizet*, REA 1:1899, 208 ss.; Sylloge[3], I, 1915, 14 s., Nr 15; *Lippold*, GrPl, 1950, 87, Anm. 13; *Marcadé*, Signatures, I, 1953, 29, 96, Taf. 5, 3; *J. A. Alexander*, Potidaea. Its hist. and remains, At. 1963, 29 s.; *Floren*, GrPl, 1987, 199.

E. Raming

Domitius Ahenobarbus, *Lucius* (Nero), * 15. 12. 37 n. Chr. in Antium als L. Domitius Ahenobarbus, als adoptierter Kaiser mit vollem Namen L. Domitius Nero Claudius Caesar Augustus Germanicus, † (Selbstmord) 9. 6. (oder wenig später) 68 n. Chr. nahe Rom, röm. Kaiser 54–68 n. Chr. Sueton berichtet, in seiner Jugend habe Domitius Ahenobarbus Malerei und Bildhauerei „mit nicht geringem Eifer" betrieben (Suet., Nero, 52; vgl. Overbeck, SQ, 1868, Nr 2308: *habuit et pingendi fingendique non mediocre studium*; *pingere* ist eindeutig, *fingere* hingegen steht allg. für plast. Gestalten/Modellieren in sehr unterschiedl. Materialien; das gleiche gilt für griech. πλάττειν das in Dion Chrys.', 71, 9 – καὶ γράφειν καὶ πλάττειν – Beschreibung der künstlerischen Fähigkeiten des D. begegnet). Auch Tacitus teilt mit, Domitius Ahenobarbus habe schon als Knabe gemeißelt und gemalt (Tac., ann., 13, 3, 3: *caelare pingere*; *caelare* bez. v.a. toreut. Fertigkeiten, ziselieren, schnitzen usw., wird aber auch für Bildhauerarbeiten in Marmor verwendet; z. B. von Plin., nat., 36, 31). Das war neu und fiel durchaus aus dem Rahmen des übl. Bildungskanons der röm. Oberschicht, der sich auf polit. oder militär. nutzbare Disziplinen konzentrierte (später freil. änderte sich dies offenbar: → Hadrianus, Marc Aurel [→ Annius Verus,

Marcus], Severus Alexander [→ Aurelius Severus Alexander, Marcus], → Valentinianus). Zuvor wird schon öfter von – i. d. R. unveröff. oder sogar von ihnen selbst vernichteten – poet. Versuchen einzelner Kaiser berichtet, doch mit Malerei und Bildhauerei betrat Domitius Ahenobarbus Neuland. Seine Fähigkeiten dürften aber kaum über handwerkl. Fertigkeiten hinaus gegangen sein. Im weiteren Verlauf seines Lebens spielten die bildenden Künste (sieht man einmal von seinem regen Sammlerinteresse ab: Plin., nat., 34, 84; Dio Chrys., 21 u. 31; vgl. Henderson, 1905, 246 s.) anscheinend auch keine Rolle mehr – sehr im Unterschied zu den beiden Beschäftigungen, die Tacitus im selben Satz auch noch nennt: Gesang und Wagenlenken. V.a. die Kunst der Kitharodie betrieb Domitius Ahenobarbus mit Inbrunst: Schon bei Herrschaftsantritt wird er von Seneca (apocol., 4, 1), der sein Kitharaspiel lobt, in schmeichlerischer Weise mit Apollon verglichen und später auf Münzen oft als Apollon Kitharodos dargestellt. Bei Domitius Ahenobarbus wie etwa auch bei Severus Alexander (→ Aurelius Severus Alexander, Marcus) überwog also das Interesse an Musik und darstellenden Künsten das an den bildenden bei weitem. Der enorme, entscheidende Unterschied zu jenem war, daß er professionellen Ehrgeiz hegte und sich mehr und mehr ernstl. als Künstler begriff (insofern sind seine letzten Worte, ob nun apokryph oder nicht, durchaus char.: *qualis artifex pereo*, so Suet., Nero, 49, 1; vgl. Dio Cass., 63, 29, 2). Daher trat er schließl. auch in aller Öffentlichkeit auf, wobei er seinen Erfolg v.a. bei einem griech. geprägten Publikum suchte (erster von zahlr. Auftritten im Jahre 64 n. Chr. in Neapel: Suet., Ner., 20, 2; Tac., ann., 15, 33; einjährige Griechenlandreise mit Teilnahme an allen berühmten Spielen und Wettkämpfen im Jahre 66/67 n. Chr.). Dieses wohl an hellenist. Vorbildern orientierte Konzept von Ruhmstreben war mit den Vorstellungen röm. Senatoren und Geschichtsschreiber von einem guten Princeps nicht zu vereinbaren. Es trug zu der gegenseitigen Entfremdung bei und zählt somit zu den Ursachen für das Scheitern seines in Usurpationen endenden Prinzipats. Die Reg.-Zeit Kaiser Neros zeichnet sich durch immense Bautätigkeit v.a. in Rom aus (Thermen, Ehrenbogen, Macellum magnum, Gymnasium, Wiederaufbau ganzer Stadtviertel nach dem Brand des Jahres 64 n. Chr., Domus Aurea u.a.; s. dazu aus jüngerer Zeit D. Hemsoll, in: M. Henig [Ed.], Archit. and architectural sculpt. in the Roman Empire, Ox. 1990, 10–38 und M. Bergmann, Der Koloß Neros, die Domus Aurea und der Mentalitätswandel im Rom der frühen Kaiserzeit, Mainz 1993 [TrWPr, 13]), was auch in der röm. Geschichtsschreibung gelegentl. mit Lob bedacht wird (Tac., ann., 15, 42 s. und v.a. Suet., Nero, 31 eher kritisch; lobend dagegen Aur. Vict., 5, 2). Für Kaiser Neros persönl. Engagement in Gestalt direkter Einflußnahme auf die künstler. Konzeption der Bauten und Mon. gibt es aber, anders als später bei → Hadrianus, keine Anhaltspunkte. Allerdings weist die Domus Aurea – durch techn.-innovative Elemente wie durch ihre bloße Dimension (das Werk der Architekten → Severus (I) und → Celer war „aus der Rückschau ein gewagter architekton. Entwurf der Avantgarde", so Malitz, 1999, 79) schon in eine Richtung (ebenso wie Kaiser Neros Philhellenismus), die später → Hadrianus mit größerem Erfolg bei Mit- und Nachwelt wieder aufgriff. 🕮 RE, Suppl. III, 1918 (s.v. D. 29); EAA V, 1963 (s.v. Nerone); KlP IV, 1972 (s.v. Nero 2). – *Overbeck*, SQ, 1868, Nr 2308; *B. W. Henderson*, The life and principate of the emperor Nero, Lo. 1905, 231 ss., 243 ss.; *L. Friedländer*, Darst. aus der Sitten-Gesch. Roms in der Zeit von Augustus bis zum Ausgang der Antonine, L. [9]1920, 108; *B. H. Warmington*, Nero. Reality and legend, Lo. 1969, 114 ss.; *M. Kaplan*, Greeks and the imperial courts from Tiberius to Nero, N. Y. 1990, 305 ss.; *W. Jakob-Sonnabend*, Unters. zum Nero-Bild der Spätantike, Hildesheim 1990, 12, 79; *W. Kierdorf*, Sueton. Leben des Claudius und Nero: Textausgabe mit Einl., krit. App. und Komm., Paderborn u. a. 1992, 232; *C. Edwards*, in: *J. Elsner* (Ed.), Reflections of Nero: culture, hist. and representation, Lo. 1994, 86 ss.; *J. Elsner*, ibid., 112 ss.; *J. Malitz*, Nero, M. 1999, 40 ss., 76 ss., 112. C. Müller

Domitius Menocrates, *L.*, röm. Maler, E. 1. bis A. 2. Jh. n. Chr. wohl in Italien tätig. Nur bek. durch seine Grab-Inschr. (heute im Vatikan, ehem. Lateran-Mus., Inv. Nr 2403), die er für sich und seine Frau Hilara setzen ließ. Die Inschr. nennt ihn PICTOR CORON[...], was viell. zu *coronarius* zu ergänzen ist. Er wäre dann ein 'Bemaler von Kränzen' gewesen. Die Herstellung von Kränzen war in Rom ein sehr lukratives Geschäft, weil man solche, nach den lit. Quellen zu schließen, für die versch. Feierlichkeiten in großen Mengen benötigte (RE IV. 2, 1901, 1643–1644, s.v. Coronarii). Daher lassen sich auch des öfteren *coronarii* nachweisen (Giuliano, 1953, 264). 🕮 EAA VI, 1965 (s.v. Pictor). – *A. Giuliano*, ArchCl 5:1953, 264, Nr 1, Taf. 115,3; *Calabi Limentani*, Studi, 1958, 155, Nr 25. R. V.

Domitius Philogenes, *Lucius* cf. **Sabinus** (II)

Domitius Polygnos, *Marcus*, Toreut der röm. Kaiserzeit, vermutl. griech. Abstammung. Überliefert durch eine Künstler-Sign. (M[ARCUS] DOMITIUS POLYGNOS FECE) auf dem Rahmen eines silbernen Handspiegels (Paris, Louvre, Inv. Nr Bj 2158), der 1894 zus. mit weiteren Silbergeräten in der sog. „Silberschatzvilla" von Boscoreale b. Pompeji entdeckt wurde. Mittig auf der Spiegelaußenseite befindet sich als Emblema die Darst. eines Brustbildes des bekränzten Dionysos mit Thyrsos. ꝏ ThB27, 1933 (s.v. Polygnos, M. Domitius). EAA I, 1958 (s.v. Argentarius, dort p. 621 fälschlicherweise als M. Domitius Colygnos aufgeführt). – *H. de Villefosse*, Le trésor d'argenterie de Boscoreale, P. 1896, 12, Nr 19; *id.*, MonPiot 5:1899, 88 s., Taf. 19; *G. Lloyd-Morgan*, The antecedant and development of the roman handmirror, BAR, suppl. 41, Lo. 1978, 230 s.; *F. Baratte*, Mus. du Louvre. Le trésor d'orfèvrerie romaine de Boscoreale, P. 1986, 46, 94; *A. Oettel*, Fundkontexte röm. Vesuvvillen im Gebiet um Pompeji: Die Grabungen 1894 bis 1908, Mainz 1996, 30 ss., 186 ss., Kat. Nr 1/11.
M. Seifert

Dontas (Δόντας), Bildhauer aus Sparta, vermutl. 1. H. 6. Jh. v. Chr., in Olympia tätig. D. ist nur durch eine Quelle (Paus., 6, 19, 14) bek., wo er als Schüler des → Dipoinos und → Skyllis der 'Daidaliden-Schule' zugewiesen wird. Für die Megarer schuf er Weihgeschenke in Olympia. Unklar ist, ob er mit → Medon (Paus., 5, 17, 1 s.) ident. ist, somit Bruder des → Dorykleidas wäre, und wie bei einer Bejahung der korrekte Name lautete. Die Vorschläge gehen von „Dontas" (Brunn, 1889) über „Medon" (Robert, 1886) bis zu „Medontas" (Wade-Gery, 1930). Die Giebel des Schatzhauses der Megarer in Olympia stammen sehr wahrsch. nicht von ihm (mit Pausanias, gegen Brunn, 1889). ꝏ ThB9, 1913 (s.v. Dorykleidas). RE V, 1905; XV. 1, 1931 (s.v. Medon 12); EAA III, 1960; DNP III, 1997. – *Overbeck*, SQ, 1868, Nrn 330, 331; *C. Robert*, Archaeol. Maerchen aus alter und neuer Zeit, B. 1886, 111–114; *Brunn*, GGK I, 1889, 34–36; *K. Wernicke*, JdI 9:1894, 106; *M. Collignon*, Gesch. der griech. Plastik, I, Straßburg 1897, 242; *J. G. Frazer* (Ed.), Pausanias' descr. of Greece, IV, Lo. 1898, 69; *H. Hitzig/H. Blümner* (Ed.), Des Pausanias Beschr. von Griechenland, 2. 1, L. 1901, 391 s. zu p. 243, 7; *Klein*, GGK I, 1904, 105, 399; *P. Poralla*, Prosopographie der Lakedaimonier bis auf die Zeit Alexanders d. Gr., Breslau 1913, 47, Nr 246; *H. T. Wade-Gery*, ClRev 44:1930, 14 s.; *Picard*, Manuel, I, 1935, 443, Anm. 1, 462, p. 505, Anm. 1; *Floren*, GrPl, 1987, 215. O. Gülck

Dorotheos (I) (Δωρόθεος), griech. Erzbildner aus Argos, in der 2. H. des 5. Jh. v. Chr. auf Kreta tätig. Bek. durch eine heute verlorene und nur durch eine von Fourmont überlieferte Abschrift (CIG, I, 1194; Overbeck, SQ, 1868, Nr 1019; Loewy, IGB, 1885, 43–44, Nr 51) einer Inschr. auf einer Basis aus Hermione auf Kreta, die Einlaßspuren eines Vierfüßler, wohl eines Pferdes oder einer Reiterstatue, aufweist. Diese ist von Aristomenes, Sohn des Alexias, der Demeter Chtonia gew. worden. In der Nähe des Fundortes wurde auch ein Weihgeschenk des → Kresilas für Alexias (CIG, I, 1195; Loewy, IGB, 1885, 36, Nr 45) gefunden. Es ist wahrsch., daß der von → Kresilas gen. Alexias mit dem Alexias, dem Vater des Aristomenes, auf der von D. sign. Basis ident. ist und beide Inschr. in unmittelbare zeitl. Nähe zu datieren sind. Die ähnl. Buchstabenformen der beiden voreuklid. einzuordnenden Inschr. unterstützen diese Annahme. ꝏ ThB9, 1913. RE V. 2, 1905 (s.v. D. 28); RE, Suppl. IV, 1924 (s.v. Delphoi 22); EAA III, 1960; KlP II, 1967 (s.v. D. 7); DNP III, 1997 (s.v. D. 1). – *A. Kirchhoff*, Studien zur Gesch. des griech. Alphabets, Gütersloh 1887, 160 ss.; *Brunn*, GGK I, 1889, 286; *W. Peek*, AM 59:1945, 46; *Lippold*, GrPl, 1950, 170 ss.; *P. Orlandi*, ArchCl 3:1951, 94–98; *Marcadé*, Signatures, I, 1953, Nr 31, Taf. VII,1. A. Herr

Dorotheos (II), Sohn des Hegesandros, griech. Bildhauer aus Olynth, tätig im 4. Jh. v. Chr. Nur bek. durch die Inschr. auf einer Basis aus Olynth (Loewy, IGB, 1885, 195–196, Nr 279), die einer weiteren Inschr. auf dem Stein zufolge die Statue des Pompeius von Amisos trug. Diese wurde ihm vom Volk von Mytilene 62 v. Chr. zum Dank für die wiedergeschenkte Freiheit errichtet (Plut., Pomp., 42). Aufgrund des differierenden Schriftcharakters von Weih- und Künstler-Inschr., wie auch der ungewöhnl. Position der Sign. unterhalb der Weih-Inschr. wird im allg. eine Zweitverwendung der Basis im 1. Jh. v. Chr. angenommen (s. bereits bei Loewy, ibid.). Die Schaffenszeit des D. ist in die Zeit vor der Zerstörung Olynths 348 v. Chr. durch Philipp II. von Makedonien zu setzen. ꝏ ThB9, 1913. RE V. 2, 1905; EAA III, 1960. – *D. M. Robinson*, Olynthus, II, 1930, 74. *Lippold*, GrPl, 1950, 248. A. Herr

Dorotheos (III), griech. Maler des 1. Jh. n. Chr. Nach Plin., nat., 35, 91, und Strab., 14, 2, 19 (Overbeck, SQ, 1868, Nrn 1847–1848; A. Delivorrias, et al., LIMC II, 1984, 54, Nr 423, s. v. Aphrodite) wurde das von Augustus im Tempel des Divus Caesar in Rom aufgestellte, schadhaft gewordene Bild der Venus Anadyomene des → Apelles

(I) unter Nero durch eine von D. gefertigte Kopie der schaumgeborenen Göttin ersetzt. Ob diese Kopie in neron. Zeit angefertigt wurde oder bereits früher entstanden ist, läßt sich anhand der Schriftquellen nicht entscheiden. In der Forsch. tendiert man dazu, der ersten Annahme den Vorzug zu geben (vgl. EAA), was jedoch hypothet. bleiben muß. ▭ ThB9, 1913. RE V. 2, 1905 (s.v. D. 30); EAA III, 1960; KlP II, 1967 (s.v. D. 8); DNP III, 1997 (s.v. D. 2). – *Ferri*, Plin., 1946, 169; *Brunn*, GGK II, 1859, 308 s.; *Scheibler*, Malerei, 1994, 23.

A. Herr

Dorykleidas (Δορυκλεΐδας), aus Lakedaimon, Plastiker, Bruder des → Medon(tas?), wird als Schüler von → Dipoinos und → Skyllis bez., im 6. Jh. v. Chr. in Olympia tätig. Nur bek. durch Paus. (5, 17, 1), der von D. eine Statue der Themis als Mutter der Horen aus Gold und Elfenbein sah, die im Heraion von Olympia neben den von dem Ägineten → Smilis gefertigten Sitzstatuen ihrer Töchter aufgestellt war. Die Größe der Themis ist ungewiß. Ob die Zusammenstellung mit den Horen urspr. beabsichtigt war, ist zweifelhaft. Die chryselephantine Technik begegnet fast ausschl. bei Götterbildern. Auf Grund des hohen Mat.-Wertes sind nur wenige Goldelfenbeinbilder fragm. erhalten. Eine Vorstellung vermittelt die göttl. Trias in Delphi: Die nackten Körperteile bestehen aus Elfenbein, Haare, Gewänder und Schmuck aus getriebenem Goldblech (vgl. Floren, GrPl, 1987, 394 s., Taf. 34,5–6; Guide de Delphes. Le musée, P. 1991, 207 ss., Abb.). Sparta nahm vom späten 7. bis zur M. des 6. Jh. v. Chr. die führende Rolle in der Elfenbeinschnitzerei im Mutterland ein (vgl. u.a. Floren, GrPl, 227). Auf Grund von Stilvergleichen schreibt Carter (1989) fragmentierte Elfenbeinreliefs, die in Delphi gefunden wurden, spartan. Schnitzern zu. Sie stellt die Hypothese auf, daß diese Reliefs Reste einer Truhe seien, die als Parallele der ins Heraion von Olympia gew., nicht erh. Kypseloslade (Paus., 5, 17, 5–19, 10) anzusehen sei. Die in diesem Zusammenhang von Stibbe (1996) vorgenommene Verbindung der Reliefs und der Kypseloslade mit dem Namen D. ist zweifelhaft. ▭ ThB9, 1913. RE V. 2, 1905; III. A2, 1929 (s.v. Sparta); EAA III, 1960; EUA X, 1963, 521, 533; LIMC VIII, 1997 (s.v. Themis 1); LGPN, III. A, 1997, 134 (s.v. Δορυκλεΐδας), 291 (s.v. Μέδων 1). – *Overbeck*, SQ, 1868, Nr 331; *C. Robert*, Archaeol. Maerchen aus alter und neuer Zeit, B. 1886, 3, 5, 9, 11, 111, 114; *Brunn*, GGK I, 1889, 35 s.; *Collignon*, HistSculpt, I, 1892, 230; *Overbeck*, GGP^4, I, 1893, 88, 92; *K. Wernicke*, JdI 9:1894, 105 ss.; *Klein*, GGK, I, 1904, 105, 399; *E. Langlotz*, Frühgriech. Bildhauerschulen, Nürnberg 1927, 92; *H. T. Wade-Gery*, ClRev 44:1930, 14 s.; *Picard*, Manuel, I, 1935, 129, Anm. 7, pp. 161, 443, Anm. 1, p. 462; *Lippold*, GrPl, 1950, 30; *P. Poralla/A. S. Bradford*, Prosopographie der Lakedaimonier bis auf die Zeit Alexanders des Großen, Chicago ^{2}1985, 48 (s.v. Δορυκλεΐδας), p. 92 (s.v. Μέδων); *Floren*, GrPl, 1987, 215; *J. B. Carter*, AJA 93:1989, 374 s.; *Stewart*, Sculpture, 1990, 242 s.; *C. M. Stibbe*, Das and. Sparta, Mainz 1996, 117 ss. mit Anm. 19, pp. 120, 122 mit Anm. 47, Abb. 43, Nr 1; *M. Casevitz/J. Pouilloux/A. Jacquemin*, Pausanias. Descr. de la Grèce, V, P. 1999, 46, 206. – *Zu Goldelfenbein- bzw. Elfenbeinarbeiten in Griechenland bzw. Sparta*: DNP III, 1997 (s.v. Elfenbeinschnitzerei); IV, 1998 (s.v. Goldelfenbeintechnik). – *Floren*, GrPl, 1987, 7 s., 21 s., 227 s.; *H.-W. Hegemann*, Das Elfenbein in Kunst und Kultur Europas. Ein Überblick von der Antike bis zur Gegenwart, Mainz 1988, 43 ss.; *Carter*, 1989, 355 ss. (mit älterer Lit.); Guide de Delphes. Le mus., P. 1991, 206 ss., Abb. 14–38; *Stibbe*, ibid., 120 ss.

E. Raming

Dossenos (Δοσσένος), griech. Münzstempelschneider, um 400 v. Chr. in Poseidonia/Paestum tätig. Nur bek. durch seine Sign. auf der Rückseite eines Nommos von Poseidonia/Paestum. Unterhalb eines nach rechts stehenden Stiers ist auf der Bodenleiste sein Name verewigt. Lediglich durch das Exemplar in Basel (Antikenmus. und Slg Ludwig) ist uns sein Name bewahrt. Er ist bisher der einzige namentl. bezeugte Münzstempelschneider von Poseidonia/Paestum. ▭ *C. M. Kraay*, Gli stateri a doppio rilievo di Poseidonia, in: Atti del Convegno di Studi sulla Magna Grecia 8, Tarent 1967, 125, Nr 3c; *Franke/Hirmer*, GrMünze^2, 1972, Nr 222, Taf. 78; *H. A. Cahn u.a.*, Griech. Münzen aus Großgriechenland und Sizilien (K Antiken-Mus. Basel und Slg Ludwig), Basel 1988, 54, Nr 162 mit Abb.

R. V.

Douris → Duris

Duaenra, ägypt. Bildhauer, Altes Reich (2707–2639 v. Chr.). Überliefert durch seine Mastaba in Saqqara. Bek. ist auch seine Frau mit Namen Hathor. ▭ *H. Junker*, Die gesellschaftl. Stellung der ägypt. Künstler im Alten Reich, W. 1959, 67; *A. E. Mariette*, Les mastabas de l'ancien empire, Hildesheim/N. Y. 1976, 350.

S. Hänsch

Duaerneheh, ägypt. „Vorsteher der Handwerksbetriebe des Amun", unter der Königin Hatschepsut und dem König Thutmosis III. (1479/1473–1425 v. Chr.) in Theben/Oberägypten tätig. Beteiligt am

Bau des Totentempels der Hatschepsut in Deir el-Bahari in Theben-West. Aus den Mauern des Taltempels stammen ziegelähnl. Steine, die neben den Titeln der Königin dat. Weih-Inschr. von Arbeitern im Namen der für den Bau Verantwortl. tragen. Sein Grab Nr 125 liegt in Scheich Abd el-Gurna/Theben-West. ▭ PM I. 1, 1960, 239 (5); LÄ IV, 1982, 338, Anm. 4 (s.v. Namenssteine). – LD, III, 26, 1d; *W. C. Hayes*, Ostraka and name stones from the tomb of Sen-mut (Nr 71) at Thebes, PMMA 15:1942, 45 ss.; *J.-F. Champollion*, Mon. de l'Égypte et de la Nubie, P. 1844, 844; *M. of Northhampton/P. E. Newberry/W. Spiegelberg*, Theban Necropolis, Lo. 1908, 37. *L. Carnarvon/ H. Carter*, Five years' exploration at Thebes, Ox. 1912, 40, Taf. 32; *E. A. Wallis Budge*, Hieroglyphic texts from egyptian stelae in the BM, V, Lo. 1914, Taf. 26. Y. Ott

Durdenus [...], *P.*, wohl Freigelassener, möglicherweise Toreut (spezialisiert auf Metallgefäße: *vascularius*), 1. Jh. n. Chr., tät. in Rom. Der Name des P. Durdenus [...] läßt sich wohl aus dem seines Bruders (namens P. Durdenus Eros), eines Freigelassenen, erschließen. Dieser setzte in Rom eine Inschr. (fragm. erh.; jetzt in Rom, Vatikan. Mus.), in der er dankbar seines Bruders gedachte, der als *vascularius*, tituliert ist. Der Begriff kann allerdings neben dem Hersteller auch den Händler mit (Metall-)Gefäßen bezeichnen. ▭ EAA VII, 1966 (s.v. Vascularius). – CIL, VI, 9952; *J.-P. Waltzing*, Et. hist. sur les corporations professionnelles chez les Romains, III, Louvain 1895/1900, 264, Nr 1060; *H. Gummerus*, Klio 14:1915, 135–137, 171, Nr 104; *Calabi Limentani*, Studi, 1958, 170, Nr 151; *Solin*, GPR, I, 1982, 331. U. Huttner

Duris (Δοῦρις), griech. Vasenmaler und Töpfer, vom späten 6. Jh. v. Chr. bis etwa M. des 5. Jh. v. Chr. in Athen tätig. Sein Name ist uns durch seine Sign. auf mehr als 50 Vasen überliefert. Die meisten seiner Gefäße waren zwar Trinkschalen, D. verzierte aber auch and. Gefäß-Formen. Meistens signierte D. als Maler, aber auf einem Aryballos signierte er als Töpfer (Athen, NM, Inv. Nr 15375; ARV², 1963, 445, Nr 274; Buitron-Oliver, 1995, 78, Nr 85, Taf. 56) und auf einem Kantharos in Brüssel einmal als Töpfer und einmal als Maler (Brüssel, Mus. Royaux d'Art et d'Hist., Inv. Nr A 718; ARV², 1963, 445, Nr 256; Buitron-Oliver, 1995, 75 s., Nr 48, Taf. 32–33). Die Häufigkeit, mit der D. signierte, steht im Gegensatz zu den Gewohnheiten seiner Zeitgenossen. Die Art, wie D. signierte – sei es häufig oder überhaupt nicht – ist ein Kriterium, die Vasen in eine chron. Reihenfolge zu bringen. Die zeitl. Einordnung der Arbeiten des D. beruht weiterhin auf der Verwendung von *Kalos-Namen*, der Zusammenarbeit mit Töpfern, den Ornamentsystemen und seiner stilist. Entwicklung. Die Sign. des D. erscheint auch auf versch. Vasen, die nicht in seinem Stil sind, ein seltenes Phänomen in der att. Vasenmalerei. Eine dieser Schalen (Berlin, SMPK, Antiken-Slg, Inv. Nr 2286; ARV², 1963, 365, Nr 59; E. R. Knauer, Ein Skyphos des Triptolemosmalers, BWPr 125:1973, Abb. 23) wird dem Triptolemos-Maler zugeschr., einem Zeitgen. des D. Diese Schale wurde von → Python (I) gefertigt, dem Töpfer, der auch mit → Epiktetos zusammenarbeitete, der aber auch eine enge Zusammenarbeit mit D. während fast seiner ganzen Karriere pflegte. Diese „falsche" Sign. mag als Zeichen der Widmung an D. oder als Eigenlob auf gleiches Können oder viell. als Frotzelei oder als boshaftes „Zitat" gewertet werden, das auf den ersten Blick die weniger avisierten Sammler dieser Schalen in ders. Weise narrte wie das heutzutage Imitationen von Qualitätsprodukten versuchen. Der Name des D. ohne den Zusatz „hat gemacht" oder „hat gemalt" erscheint in Szenen auf Vasen des → Onesimos (II) und des Cartellino Malers. Den Namen als Begrüßung finden wir auf einer nicht zugeschr. Vase in Athen (Athen, NM, Inv. Nr 1666; ARV², 1963, 1567, Nr 13; CVA, Athen 1, Taf. 4–5). In seiner frühen Schaffenszeit bemalte D. Schalen, die von mindestens drei Töpfern gefertigt worden sind, darunter von seinem Lehrer → Euphronios. Die frühesten Schalen des D. besitzen wie bei → Euphronios den *Kalos-Namen* Chairestratos und eine bes. Art der Zierleiste (ein Stufenmäander, das das Innen-Med. rahmt und das als Grundlinie auf den Außenseiten dient). Ein bevorzugtes Thema ist Komasten in Gelageszenen wie wir es z.B. auf einer Schale in Paris (Louvre, Inv. Nr G 127; ARV², 1963, 427, Nr 1; Buitron-Oliver, 1995, 72, Nr 1, Taf. 1) mit einem einzelnen Komasten im Innenbild und mit fünf Gelagerten auf jeder Außenseite sehen. Seine frühen Figuren haben große Köpfe mit langgezogenen Augen, lange Hälse, kurze Körper mit schlanken Gliedmaßen und langen dünnen Händen und Füßen. Die Haltungen sind steif und unsicher zusammengefügt, als ob die Verbindungspunkte eingerostet wären. Der Übergang vom Brustkasten zur Hüfte ist häßlich. Die Draperie wird als unabhängige Einheit behandelt, anstatt den Körper zu kleiden. Ein and. frühes Motiv, die in oriental. langärmliger Tracht mit Hosen gekleideten Krieger, spiegeln den Einfluß des → Euphronios wider, der diese Kleidung popularisierte. Wie → Euphronios interessierte sich D. für die kontrastierenden Effekte des versch. dick aufgetragenen

Tonschlickers, die er in origineller Weise dazu benützte, seine Med.-Komp. zu vereinen und den Blick auf sie zu wenden, in dem er bei den Faltenlinien der Draperie verdünnte und dick aufgetragene Tonschlicker gegenüberstellte. Eine Schale in Baltimore (The Johns Hopkins Univ., Inv. Nr B 8; ARV², 1963, 442, Nr 215; Buitron-Oliver, 1995, 72, Nr 6, Taf. 4) zeigt zwei laufende Krieger. Der Krieger im Vordergrund trägt eine att. Rüstung und hält einen Schild, der im Hintergrund, ein Bogenschütze, trägt die oriental. Tracht mit langen Ärmeln und Hosen. Die verdünnten Linien des Chitons des Bogenschützen kontrastieren mit den in oriental. Mode wiedergegebenen schwarzen Gewandstreifen, die darunter getragen werden. In dieser Szene verwendet D. ein standardisiertes Komp.-Schema, das die damaligen Verhältnisse in einer Schlacht widerspiegeln, in denen leicht bewaffnete Bogenschützen im Schutze der Schilde der Hopliten ihre Pfeile abschossen. Der Schild reflektiert das Innen-Med. und – kombiniert mit den Diagonalen der Gliedmaßen und der Speere – ergibt eine ansprechende Komp. für ein Tondo. D. steigert die Wiederholung der Diagonalen, indem er neben den Gliedmaßen auch dem Bogenschützen einen Speer in Verdoppelung zu dem des Hopliten führen läßt, obwohl Bogenschützen in der Regel eigtl. einen Bogen halten sollten. D. legt seine Kunstfertigkeit und Individualität zutage, indem er Gruppierungen von Linien und Abstufungen des Tonschlickers betont, um Szenen zu zentralisieren und zu beleben. → Euphronios beeinflußte ebenfalls Schalenmaler, die dem D. nahestanden, wie z.B. → Onesimos (II), der wie D. Schalen schmückte, die → Euphronios töpferte. D. und → Onesimos (II) malten gleiche Themen, Ornamentstreifen und mit ungewöhnl. Techniken in ihrer Frühphase, waren aber in ihrer künstler. Ausdruckskraft verschieden. → Onesimos (II) bevorzugte energ. Handlungen, lebhafte Charakterisierung und effektvolle Erzählung, und im Gegensatz zu D. opferte er die Eleganz für naturalist. Effekte. D.s Hauptinteresse lag in der Gestaltung von eleganten und anmutigen Bildern. D. mag aber zumindest teilweise → Onesimos (II) verdanken, daß er eine eigene subtilere Erzählweise entwickelte, die seine größte Ausdruckskraft in seiner Übergangsphase erreichte. In dieser Übergangsphase scheint die Zusammenarbeit mit → Euphronios zu Ende gegangen zu sein. D. schuf nun mit dem Töpfer → Kleophrades und eröffnete seine langjährige Verbindung mit dem Töpfer → Python (I). D. experimentierte mit zwei versch. Dekorationssystemen. Sein *reicher Stil* bestand aus volleren Komp., sorgfältig durchgeführte reiche Draperie, komplizierten, oft ungewöhnl. Ornamentbändern, ungewöhnl. Verzierungsschemen sowie gestreiften Schalen und ausgiebiger Verwendung von linearen Details, bei denen verdünnte Striche dicken gegenüberstehen. D. benutzt den *reichen Stil* v.a. für mytholog. Szenen. D.s *schmucklosen Stil* finden wir bei Themen des Sports und der Galanterie, in denen weniger gestaffelte Komp. und einfache Ornamente zum Tragen kamen. Auf Schalen mit solchen Sujets konnte D. mit der Wiedergabe des männl. Körpers in seinen unterschiedl. Posen experimentieren. Eine Schale in Wien (Kunsthist. Mus., Inv. Nr 3695; ARV², 1963, 429, Nr 26; Buitron-Oliver, 1995, 75, Nr 42, Taf. 26, 143) verkörpert bestens D.s *reichen Stil* der Übergangsphase. Die drei Bilder schildern Episoden über die Waffen des Achill: auf den Außenseiten der Schale sieht man auf der Seite A den Streit zw. Ajax und Odysseus und auf der Seite B die Abstimmung über die Zuweisung der Waffen mit Athena als Vorsitzender. Die Identität der Figuren auf dem Innen-Med. ist umstritten, aber es müßte sich um Odysseus handeln, der Neoptelemos die Waffen des Achill überreicht. Der junge Neoptolemos besitzt einen kompakteren und einheitlicheren Körper als die gelenkigen Krieger der Frühzeit. Seine Hände und Füße sind kleiner, seine Proportionen wirken natürlicher. Der Hals ist nicht so lang und der Kopf erscheint realistischer ohne überspannt zu sein. Die Gesichter sind ebenfalls einheitlicher. D. zeichnete nicht länger in größter Anstrengung jede Körperpartie für sich selbst, sondern eine Souveränität der Gesamtheit des Körpers wird offenkundig. Das typ. Gesicht ist eingezogen und hat eine lange Nase und ein schweres Kinn. D. verwendet nun die dünnen Striche, um unterschiedl. Strukturen hervorzuheben, so betont D. dadurch den jugendl. Neoptolemos durch die flaumigen Bartansätze nahe den Ohren. Die Bilder auf den Außenseiten der Wiener Schale zeigen viele Figuren, aber die Komp. sind streng zentralist. angeordnet. Die Handlung ist klar und einfach zu lesen. Die Ungeduld und Lebendigkeit früherer Szenen ist gewichen und nun ersetzt durch die meisterhafte Beherrschung, eine Gesch. zu erzählen. Im Vergleich zu and. spätarchaischen Vasenmalern wie → Makron und dem Brygosmaler, die diesen Mythos auch darstellten, ist D. feiner in der Ausf. der Komp., der Gesten und der Posen. Auf der Seite mit dem Streit bildet Agamemnon, der hinter den begehrten Waffen steht, eine strenge Vertikale in der Mitte, seine Statur und Position drückt die Standhaftigkeit der Entscheidung aus, gegen die Ajax vergebl. protestiert. Die Bewegung der Achäer, drei zu beiden Seiten des Agamemnon, führt den Blickt hin zur

Mitte. D. erhöht die dramat. Spannung, in dem er die Gegenspieler direkt gegenüberstellt. Sie werden auseinandergehalten durch den eisernen Willen des Agamemnon und die eingreifenden Hände der Kameraden. Die Haltung der Arme der drei zentralen Figuren unterstreichen den Konflikt. Odysseus zieht sein Schwert mit der rechten Hand, Agamemnons Rechte wiederholt die Haltung ohne ein Schwert zu ziehen, und seine Pose zeigt klar an, daß er auf seiten des Odysseus steht. Ihnen gegenüber hat Ajax, dessen feuriges rotes Haar durch dünne Striche angedeutet ist, das Schwert bereits gezückt und rückt vor; sein linker Ellbogen springt hervor und berührt demnächst den des Agamemnon. Auf der and. Seite der Schale ist die Aufmerksamkeit auf Athena gelenkt. Die Göttin steht hinter dem Wahlblock und deutete auf den Gewinner, Odysseus, der die Hände in habsüchtiger Freude hochreißt, während Ajax ganz rechts sich hinter seinem Schleier in tiefster Trauer und Scham verbirgt. Ihre Gefühle erläutern den Ausgang der Wahl, an dem die and. Personen teilnahmen. Die Zahl der abgegebenen Stimmen ist zweifelsfrei höher auf Odysseus' Seite. Odysseus und Ajax begrenzen sinnl. wie bildl. die Szene; die Ausrichtung der Erzählung fließt von Athena zu ihnen. D. experimentierte zu dieser Zeit mit ungewöhnl. Verzierungsmustern, u.a. mit einer figürl. Szene um das Innen-Med. von fünf Schalen. Zwei von diesen Schalen bilden ein Paar (Berlin, SMPK, Antiken-Slg, Inv. Nrn F 2283 und F 2284; ARV², 1963, 429, Nrn 21–22; Buitron-Oliver, 1995, 74–75, Nrn 34–35, Taf. 22–23); zwei weitere befinden sich in Malibu (J. Paul Getty Mus., Inv. Nrn 90. AE. 36 und 87. AE. 43; Buitron-Oliver, 1995, 75, Nrn 36–37, Taf. 147–150). Figürl. Szenen auf Innenseiten um ein Med. sind auf att. schwarzfigurigen Schalen bek., aber ungewöhnl. auf att. rotfigurigen des frühen 5. Jh. v. Chr. Einige Zeitgen. des D. experimentierten mit solchen Szenen, u.a. der Triptolemos- und Kleophradesmaler, und, da der Töpfer → Kleophrades den Fuß einer der beiden Berliner Schalen des D. signierte, ist es mögl., daß diese Szene mit seiner Wkst. verbunden ist. Der and. Übergangsstil des D., der *schmucklose Stil*, findet sich in Szenen des Sports und der Galanterie. Auf diesen Schalen experimentierte D. mit der Wiedergabe des männl. Körpers in seinen versch. Posen in weniger figurenreichen Komp., die ihm erlaubten, die Umrisse der Figuren und die Harmonie zw. hellen und dunklen Zonen zu betonen. Als Ornament treten auf diesen Vasen ausgesparte Linien als Grenzmarkierungen auf. Das vollendete Werk sieht hier *schmucklos* aus im Vergleich zum *reichen* Dekor. Das Meisterstück des *schmucklosen Stils* stellt der Psykter in London dar (London, BM, Inv Nr E 768; ARV², 1963, 446, Nr 262; Buitron-Oliver, 1995, 78, Nr 84, Taf. 54–55), der einen Reigen von elf herumtollenden Satyrn zeigt. Die räuml. Gliederung der Figuren erzeugt einen einheitl. Fluß der Aktionen um die ganze Vase herum. Die Anatomie ist detailliert und genau. In den Posen versucht D. versch. Perspektiven zu illustrieren, die elegant, aber nicht immer natürl. erscheinen. Der allg. Eindruck des Psykters gibt virtuoses Können vor, aber genaueres Hinsehen offenbart, daß die Figuren nicht wirklichkeitstreu gestaltet sind. Char. für D.s Zeichenart ist die Eleganz, die Anmut und die Genauigkeit, dessen Natürlichkeit er aber bereit ist zu opfern, um Eleganz zu erzeugen, und sein Gebrauch an Perspektiven und ungewöhnl. Posen dient dekorativen Effekten. Die Vasen der mittleren Schaffensphase illustrieren den Zusammenschluß der beiden Stile des D. in seinen vorhergehenden Werken. Von den Vasen des *reichen Stils* bewahrt D. seine Liebe zu ausführl. gestalteten Verzierungsmustern, die zu einem standardisierten Dekorationssystem für Schalen führt: der „Mäander des D." um ein Innenbild und unterhalb von Szenen der Außenseiten sowie üppige Palmettenbüschel bei den Henkeln. Etwa 40 Prozent aller erh. Vasen des D. stammen aus seiner mittleren Schaffensphase und es sind diese Arbeiten, die zu den zahlr. and. in der Nachfolgezeit führten. Die reizenden und lebendigen Erzeugnisse seiner Entwicklungsjahre bereiteten den Weg zu seinen reifen Werken, die Harmonie und Anmut ausstrahlen. D. experimentierte nun nicht mehr mit verschiedenartigen und üppigen Ornamenten. Die einheitl. Ornamente mögen aus einer engen Zusammenarbeit mit dem Töpfer → Python (I) resultieren, der beinahe alle Schalen für D. fertigte. Auch die Inschr. ändern sich, Sign. und *Kalos-Namen* werden seltener, und Hippodamos ersetzt Chairestratos als Lieblingsname. Eine Schale in Berlin (Berlin, SMPK, Antiken-Slg, Inv. Nr F 2285; ARV², 1963, 431, Nr 48; Buitron-Oliver, 1995, 78, Nr 88, Taf. 58), die die drei Hauptdisziplinen der Athener Erziehung illustrieren, ist ein typ. Werk der mittleren Schaffensphase. Das Innenbild zeigt einen Jüngling, der eine Übung vorbereitet, und die Außenseiten eine der frühesten Darstellungen einer Schule in der Vasenmalerei; das Erscheinen des Themas geht mit den frühesten Erw. in der Lit. einher. Die Figuren von Pädagogen und Schülern, die abwechselnd sitzen und stehen, waren ein bevorzugtes Komp.-Schema für D., der Variationen dieser Darstellungsweise für Werbungs- und Konversationsszenen während der ganzen mittleren Schaffensphase benutzte. Ein ungewöhnl. Detail auf der Berliner Schale ist die von dem sitzenden Mann gehaltene, z.T. geöffnete Buchrolle in der Mitte der Seite A. Auf der Rolle ist folgender Text geschr.: „Muse zu mir ... Ich beginne zu singen vom weit fließenden Skamander". Die Textstelle wird auf Stesichoros zurückgeführt (Beazley, 1948). Eine Schale in Malibu (J. Paul Getty Mus., Inv. Nr 86. AE. 290; Add[2], 1989, 237; Buitron-Oliver, 1995, 78, Nr 93, Taf. 61) dokumentiert D.s entwickelte Konversationsschalen. Im Innenbild stehen ein Mann und ein Jüngling mit einer Lyra. Möglicherweise handelt es sich hier um eine Musikstunde. Die Figuren sind wunderbar in das Med. gesetzt und füllen es weiträumig aus, ohne es zu überfüllen. Die größere Figur des Mannes ist leicht zur Mitte hingerückt und der kleinere Jüngling rechts erhält als Gegengewicht den Stuhl links. Die ruhigen Posen, das Raumempfinden und die allg. Helle der Komp. lassen beinahe an die Klass. Kunst denken. Die Ausgewogenheit zw. Hell und Dunkel bei der Figurenszene wird durch den Standardrahmen für die mittlere Schaffensperiode, bei dem Kreuzplatten und Mäander sich immer abwechseln, fortgesetzt. Die ruhigen Posen der Figuren der Innenseite wiederholen sich auf den Außenseiten, wo Männer um Jünglinge werben. Auf beiden Außenseiten finden wir jeweils zwei Paare eines sitzenden Jünglings und eines stehenden Mannes und ganz rechts eines weiteren Mannes. Die Grundstellungen jedes Paares sind gleich, aber die Gesten variieren, und es mag die Frage aufkommen, ob D. hier ein einziges Paar in vier versch. Momenten der Werbung oder vier versch. Pärchen gemeint hat. Eine kleine fußlose Schale in Oxford (Leihgabe im Ashmolean Mus., ARV[2], 1963, 445, Nr 252; Buitron-Oliver, 1995, 81, Nr 142, Taf. 83), die nur innen bemalt ist, erlaubt uns einen ungewöhnl. Einblick in ein griech. Weingeschäft. Ein Jüngling mit leichten Lederschuhen und in der linken Hand mit einem Geldbeutel steht zw. zwei großen Weingefäßen. Nur der obere Teil des rechten Behälters ist sichtbar. Seine Ausmaße sind größer als die des linken, welches auf einem Ständer in der Nähe der Füße des Jünglings ruht. Eine dritte Vase, eine kleine Oinochoe, hängt hinter dem Jüngling. Die versch. Größen und die Anordnung der drei Gefäße im Raum weisen auf beabsichtigte Versuche hin, Perspektive zu vermitteln. Ähnl. Beispiele kommen bisweilen in D.s Werk vor. Der Jüngling hält entweder einen Schwamm oder einen Stöpsel in der rechten Hand. Wenn es sich um einen Schwamm handelt, testet er wahrsch. den Geschmack und die Blume des Weines. Eine Inschr. auf der linken Seite spricht von „trikotulos", was auf ein Maß oder auf den Preis anspielen soll (Immerwahr, 1948). In der frühen mittleren Schaffensphase bemalte D. eine Schale in London (BM, Inv. Nr E 48; ARV[2], 1963, 431, Nr 47; Buitron-Oliver, 1995, 78, Nr 87, Taf. 57, 144) mit fünf Episoden aus Theseus' Leben. Im Innenbild sehen wir den Kampf mit dem Minotauros und auf den Außenseiten auf der Seite A Theseus mit Skiron und Kerkyon und auf der Seite B die Krommyonische Sau und Sinis. Zyklen von Theseustaten erscheinen erstmalig auf Schalen um 510 v. Chr. und wurden auch von D.s zeitgleichen Künstlern, von → Onesimos (II) und dem Kleophradesmaler, in den ersten Jahrzehnten des 5. Jh. v. Chr. gemalt. D.s Auswahl der Taten war ungewöhnlich. Die Episode mit der Sau wird selten gezeigt und die ansonsten beliebtesten Abenteuer, Prokrustes und der Stier von Marathon, fehlen. D. widmete seine besondere Aufmerksamkeit auf die Wiedergabe der Schurken, Sinis knurrt, die Frau mit der Sau besitzt ein aufgedunsenes Gesicht mit Stupsnase, Doppelkinn und verfilztem Haar, und Skirons Augen und Mund sind groß vor Angst, weil er ins Meer geschleudert wird. Im Gegenzug bleibt Theseus ruhig. Die Götter und Helden des D. strahlen ruhige und ideale Schönheit aus, während die Schurken Grimassen und verzerrte Gesichter zeigen. Unter den mytholog. Szenen, die in der mittleren Schaffensperiode gemalt sind, befindet sich eines der großen Meisterwerke des D., eine Schale mit Eos und Memnon im Innenbild in Paris (Louvre, Inv. Nr G 115; ARV[2], 1963, 434, Nr 74; Buitron-Oliver, 1995, 80, Nr 119, Taf. 71, 146). Die Komp. harmoniert mit dem Thema und evoziert edlen Pathos. Eos bildet eine strenge zentrale Vertikale, ihre Bekleidung und ihre Flügel sind mächtig und anmutig zugleich. Ihre Strenge wird durch die Leichtigkeit verstärkt, mit der sie den steifen und zerbrechl. Leichnam des Memnon emporhebt. Sein Körper bildet eine Diagonale quer über das Medaillon. Sein rechtes Bein, die Arme und der Kopf hängen herab, während sein Körper steif bleibt. Sein Körper scheint beinahe ohne Gewicht zu sein. Die Flügel der Eos sind erhoben und suggerieren ihren baldigen Flug, um ihren Sohn nach Hause, nach Afrika, zu bringen. Ihr Gesicht ist ohne Regung. Ihre Strenge und Größe im Vergleich zu Memnon vermitteln ihre schützende Mutterrolle und erregen unser Mitgefühl. Diese meisterhafte Anpassung der Figurengrößen in Relation zum offenen Raum des Med., das Gefühl der Stille und der Unvermeidbarkeit, mit der die Gesch. erzählt wird, rufen klass. Geist hervor. Die Anzahl mytholog. Szenen nehmen in der mittleren Schaffensphase ab, D. malt weniger Satyrn und dionys. Thiasoi als seine Zeitgen., wie der Brygosmaler und →

Makron. D.s früheste Satyrn finden sich auf dem Psykter in London, auf dem sie ein Mittel zum Zweck werden, näml. um überschwengl. und unwahrsch. Posen zu zeichnen, die D. für gewöhnl. sterbl. Komasten, die sonst seine Modelle waren, als übertrieben angesehen hätte. Überschwengl. und unwahrsch. Posen kennzeichnen auch die Satyrn der mittleren Schaffenzeit. Die vielen Schalen, die in D.s mittlere Schaffensperiode fallen, zeigen, wie der Künstler sich von einem bewundernswerten Grad an Genauigkeit und Subtilität zu viel freier gestalteten und weniger detaillierten Darst. hin bewegt, insbesondere in Genreszenen die die Masse seiner Bilder ausmachen. Die Vereinfachung der Kunst des D. mag viell. mit seinem Erfolg zusammenhängen, der ihm größere Anfragen abfordert. Die Berliner Schale mit der Schule, die Schale von Malibu mit der Konversation und die Pariser Schale mit Eos und Memnon zeigen D.s beste Seiten. Auf diesen Schalen strahlt D. besser als jeder seiner Zeitgen. den Geist der Frühklassik aus. D.s Zeichenstil entwickelt in seiner Spätphase keine neuen Tendenzen mehr. Er hat den Zenith seines Könnens in der mittleren Schaffensperiode erklommen, die perfekte Mischung von Anmut und Einfachheit, die Errungenschaft der Klassik, auf einigen seiner Schalen erreicht. D. fährt fort, die gleichen Formeln zu verwenden, aber seine Inspiration scheint verblichen zu sein. Nichtsdestoweniger kann er noch charmante Bilder schaffen, überrascht sogar bisweilen bei der ungewöhnl. Anzahl von neuen Vasenformen, die er nun bemalt: Pyxiden, Rhyta und eine Oinochoe. Der Übergang zu seinem Spätstil ist stufenweise. Sign., die bereits in seiner mittleren Schaffenszeit seltener wurden, hören nun auf. *Lieblingsnamen* werden rar, auch wenn nun drei Namen erscheinen, die des Hiketes, des Polyphrasmon und des Leosthenes. Seine Lieblingsbegrenzung, die bereits am E. der mittleren Schaffensphase ihren Einzug hält, besteht aus einer Kreuzplatte, der jeweils zwei Mäanderfelder folgen. Bei den Henkelpalmetten sprießen zusätzl. Blüten, Blätter und Ranken, ein Trend, der ebenfalls in der mittleren Schaffenszeit seinen Anfang nimmt. D. verwendet bisweilen nun auch zusätzl. Blüten, Blätter und Ranken in Figurenszenen. Die Fortsetzung seines Stils und seines Ornaments von der mittleren Schaffensperiode zu seiner Spätphase geht einher mit der gleichbleibenden Verbindung zum Töpfer → Python (I), der die meisten aller vollst. erh. Schalen einschl. der Schalen mit alleiniger Innendekoration gefertigt hat. Eine Schale in München (Staatl. Antiken-Slgn, Inv. Nr 2646: ARV², 1963, 437, Nr 128; Buitron-Oliver, 1995, 83, Nr 173, Taf. 96) fällt in seine frühe Spätphase. Das Symposion im Innenbild zeigt einen jugendl. Flötenspieler, der einen Sänger begleitet, welcher eine fußlose Schale hält, und aus dem folgende Worte aus dem Mund dringen: „oudunamou" („ich kann nicht ..."). Diese Worte wurden mit dem Beginn eines Trinkliedes des Theognis verbunden (Hartwig, 1893). Eines der beiden Außenbilder zeigt Herakles, der seinen Musiklehrer Linos angreift, der nach der lit. Überlieferung den Helden geschlagen hat. Linos streckt seinen linken Arm als Bittsteller aus und hält mit dem rechten Arm mit dramat. Geste seine Lyra hoch. Der unnachgiebige junge Held, dessen Wutanfall durch das runde Auge ausgedrückt wird, erinnert an frühere Darst. des Herakles durch D., aber die Stellung der Figur auf der Münchner Schale erscheint im Vergleich eisig. Diese und einige and. mytholog. Szenen der Spätphase demonstrieren, daß die lebendige archaische Erzählweise erfolgversprechender war für solche Themen als der neue „klassische" Weg des D. Die Zchng bleibt im allg. auch weiterhin geschickt, aber die Vitalität und das Interesse an der Charakterisierung der Darst. ist verblichen. Theseus und Skiron finden sich auf zwei Schalen der Spätphase in Paris (Louvre, Inv. Nr G 126; ARV², 1963, 438, Nr 129; Buitron-Oliver, 1995, 83, Nr 174, Taf. 97, 116) und in Berlin (SMPK, Antiken-Slg, Inv. Nr F 2288; ARV², 1963, 438, Nr 130; CVA, Berlin 2, Taf. 82–83; Buitron-Oliver, 1995, 83, Nr 175, Taf. 98). Diese Bilder bewahren die allg. Schemen, wie wir sie bereits auf der Zyklusschale in der mittleren Schaffensperiode kennengelernt haben, aber der Ausdruck der Angst auf Skirons Gesicht ist gewichen, sein Haar ist kaum bewegt, Theseus ist dünner, weniger energ. und hat trübe Augen, er scheint den Schurken ohne Anstrengung hinwegzuschleudern. Die Erzählung hat ein komisches Element; Karikatur und Übertreibung verleihen der Szene einen Charme, der verlorengeht, wenn er als ernsthaft und edel präsentiert wird. D.s Freude und Begabung, Komasten zu zeichnen, geht weiter. Die Komp. auf einer Außenseite einer Schale in Paris (Cab. des Méd., Inv. Nr 542, ARV², 438, Nr 133; Buitron-Oliver, 1995, 83, Nr 178, Taf. 100, 145) zeigt drei Paare von Zechern in einem lebhaften schwungvollen Tanz. Die zwei zentralen Figuren stehen sich gegenüber, und die zwei linken Gestalten Rücken an Rücken. Sie stellen somit das Diagramm des Tanzes dar. Die Satyrn bleiben auch weiterhin überschwengl. und werden manchmal in komischer Manier geschildert, wie wir sie hier auf der and. Seite der Schale erleben, die die Rückkehr des Hephaistos in den Olymp schildert. Der Zug wird durch einen flötenspielenden Satyrn und

einen Kameraden angeführt, der unter der Last des schweren, mit Wein gefüllten Glockenkraters mit offenem Mund stöhnt und keucht. D. schmückte eine Anzahl auch and. Gefäßformen als Schalen in der Spätphase, u.a. fünf Rhyta. Vier von diesen, zwei mit Löwenkopfen (Paris, Louvre, Inv. Nr H. 65; ARV^2, 1963, 445, Nr 257; Buitron-Oliver, 1995, 86, Nr 245, Taf. 114; London, BM, Inv. Nr E 796; ARV^2, 1963, 445, Nr 258; Buitron-Oliver, 1995, 86, Nr 246, Taf. 114) und zwei mit Geierköpfen (Brüssel, Bibl. Royale, Inv. Nr 8; ARV^2, 1963, 446, Nr 260; Buitron-Oliver, 1995, 86, Nr 247, Taf. 115; London, BM, Inv. Nr E 802; ARV^2, 1963, 446, Nr 261; Buitron-Oliver, 1995, 86, Nr 248, Taf. 115), wurden zu einer Gruppe vereint, die nach unserem Künstler, die „Duris“-Klasse gen. worden ist (Hoffmann, 1962, 13–15). Diese Rhyta sind in zwei Beziehungen ungewöhnl., in der Wahl der Tiere (Löwen und Geier sind selten) und in der Form (die bemalte Partie dominiert den vom Model gewonnenen Teil). Die meisten Themen der Spätphase gehören zu den etablierten Komp.-Schemen. Wenig Entwicklung in neue Richtungen ist zu verspüren. Ausnahmen bilden die Herstellung and. Gefäßformen wie den Rhyta. Der Zeichenstil des D. ist immer geschickt und gefällig, aber oft scheint er die Kraft und den Charme der früheren Schaffensphasen verloren zu haben.
⌧ ThB10, 1914. RE V. 2, 1905; EAA III, 1960 (s.v. Douris); DA XXXII, 1996 (s.v. vase painters; Douris); DNP III, 1997. – *Hartwig*, Meisterschalen, 1893; *J. D. Beazley*, AJA 52:1948, 338; *H. Immerwahr*, TAPA 79:1948, 184–190; *H. Hoffmann*, Attic red-figured rhyta, Mainz 1962; ARV^2, 1963, 425–453; 1652–1654; 1701; 1706; Add^2, 1989, 235–241; *D. Buitron-Oliver*, Douris. A master-painter of Athenian red-figured vases, Mainz 1995.

D. Buitron-Oliver

Dyonisius → **Dionysios** (IX)

Dyullus cf. **Chion**

E

Eche[...], griech. Münzstempelschneider, um 420–400 v. Chr. in Kamarina tätig. Nur bek. durch seine Sign. auf beiden Seiten einer einzigen Emission von Tetradrachmen der Stadt Kamarina. Gerade die Darst. der galoppierenden Pferde einer Quadriga zeigen den Einfluß der Prägungen des Münzstempelmeisters → Euainetos (I) auf E. 🕮 *H. A. Cahn u.a.*, Griech. Münzen aus Großgriechenland und Sizilien (K Antiken-Mus. Basel und Slg Ludwig), Basel 1988, 95, Nr 312 mit Abb. R. V.

Echekleides (Ἐχεκλείδης; Ἐρξεκλείδης; Ηεχεκλείδης), griech. Töpfer, um 550–530 v. Chr. in Athen tätig. E., der viell. *Hechekleides* (Ηεχεκλείδης) hieß, ist nur aus zwei fragm. Sign. auf Vasen bekannt. Er arbeitete u.a. mit dem sog. „Princeton-Maler" zusammen. Seine Sign. befindet sich auf einem att. schwarzfigurigen Kolonnettenkrater aus Samothrake, der vom „Princeton-Maler" zu beiden Seiten mit Heraklesszenen (auf der einen Seite neben Zeus Herakles mit Kyknos kämpfend und auf der and. Seite Herakles mit Athena auf einer Quadriga, der sich Nike nähert) verziert worden ist (A. Cambitoglou/S. A. Paspalas, LIMC VII, 1994, 980, Nr 146, s.v. Kyknos I). Die Schreibweise der Sign. läßt vermuten, daß E. aus Euböa stammte (Boardman, 1983, 247). Boardman (ibid.) schlägt zudem vor, daß er mit dem Archonten von Athen, *Erxekleides*, ident. sei, der nach Pausanias (10, 5, 13) im ersten Jahr der 58. Olympiade, d.h. im Jahre 548/547 v. Chr., im Amt war und dessen Name auch in Resten auf der Archontenliste verzeichnet ist (R. Develin, Athenian officials, C. 1989, 44). 🕮 LGPN, II, 1994, 191 (s.v. Ἐχεκλείδης). – *M. B. Moore*, Hesperia 44:1975, 238–250; *J. Boardman*, OxfJA 2:1983, 247–248; *A. L. Boegehold*, AJA 87:1983, 89–90; *A. W. Johnston*, ZPE 54:1984, 115–117; Add², 1989, 406 (s.v. Wechekleides). U. Huttner

Echion → Aëtion (I)

Eëtion v.e. **Aëtion**

Efemmaat → Femet

Eho (?), Goldschmied, um 500–520 n. Chr. in Skandinavien (Jütland) tätig. In *Grab 78* des frühmittelalterl. Gräberfeldes von Donzdorf/Baden-Württemberg wurde eine Bügelfibel, also eine Gewandnadel der Frauentracht, gefunden, die auf der Rückseite eine Runen-Inschr. „eho" trägt. Bei der Inschr. handelt es sich nach K. Düwel wahrsch. um eine Hersteller-Sign. oder das Markenzeichen einer Werkstatt. Die mögl. Deutung als Schenkernamen wurde unter Hinweis auf die große Entfernung von Herstellungs- und Fundort zurückgewiesen, scheint aber in Anbetracht der großen Mobilität der frühmittelalterl. „Oberschicht" nicht ausgeschlossen. 🕮 *K. Düwel/H. Roth*, Die Runenfibel von Donzdorf, Frühmittelalterl. Studien 11:1977, 409 ss.; *K. Düwel* (Ed.), Schmuck und Waffen mit Inschr. aus dem ersten Jahrtausend (K Göttingen, Kunst-Slg der Univ. Göttingen), Göttingen 1995, Nr 7; *id.*, in: Die Alamannen (K Stuttgart, Archäol. Landes-Mus.), ed. *K. Fuchs*, St. 1997, 491 ss. R. Gottschalk

Eirene (Εἰρήνη), griech. Malerin, Tochter und Schülerin des → Kratinos (II), im 3. Jh. v. Chr. tätig. Nach Plinius (nat., 35, 147; Overbeck, SQ, 1868, Nr 2153) malte sie das Bild eines Mädchens. 🕮 ThB10, 1914. EAA III, 1960. – *Pfuhl*, MuZ, II, 1923, 829. R. V.

Ekphantos (Ἔκφαντος), aus Korinth, griech. Maler, um 650 v. tätig. Nach Plinius (nat., 35, 16) erfand E. die Monochromatik, die einfarbige Malerei mit den Silhouettenfiguren. Die Farbe für seine Linearzeichnungen gewann er dabei aus zerriebenen Tonscherben. 🕮 ThB10, 1914 (s.v. E. 2; zu E. 1 → Grophon). EAA III, 1960 (s.v. E. 2); DNP III, 1997 (s.v. E. 1). – *Pfuhl*, MuZ, I, 1923, 498; *N. J. Koch*, De picturae initiis. Die Anfänge der griech. Malerei im 7. Jh. v. Chr., M. 1996, 23 ss. R. V.

Elagabal (Avitus Bassianus, *Varius*), * 204 n. Chr. Emesa (Syrien), † 222 n. Chr. Rom (ermordet), röm. Kaiser 218–222 n. Chr. Aufgrund zweier Textpassagen wurden ihm mehrere Bilder zugeschr., die ihn in priesterl. Tracht beim Opfer für den Gott Elagabal (Hdn., 5, 5, 6) bzw. als Ausübenden versch. niedriger Gewerbe (u.a. als Salbenhändler und Bordellwirt; SHA, Heliog., 30) gezeigt haben sollen. Doch sind die jeweils entscheidenden Verbformen wohl kausativ aufzufassen, d.h. E. malte sich nicht selbst, sondern ließ sich in den gen. Funktionen darstellen. Die tendenziöse Angabe der SHA, Heliog., ist zudem überhaupt verdächtig. Künstler. Ambitionen des E. sind überdies weiter nicht belegt, wenn auch während seiner Reg.-Zeit eine rege Bautätigkeit in den Prov. festzustellen ist. Immerhin würdigen Biographen in einigen Fällen die Fertigkeiten röm. Kaiser als Bildhauer oder Maler, so daß eine solche Betätigung nicht grundsätzl. auszuschließen ist. ▭ ThB10, 1914. *Meyer*, KL II, 1878 (s.v. Antoninus 2); RE VIII. A. 1, 1955 (s.v. Varius 10); EAA III, 1960 (s.v. Eliogabalo); KlP II, 1967 (s.v. E. 2); DNP III, 1997 (s.v. E. 2). – *A. Calderini*, I Severi, Bologna 1949, 109; *H. R. Baldus*, Chiron 21:1991, 179 ss.; *R. Turcan*, Rome et ses dieux, P. 1998, 192. C. Müller

Elāhšamš (Ilashamsh; 'lhshmsh), Maler in Dura-Europos/Syrien, inschriftl. nachweisbar im Jahre 193/94 n. Chr. tätig. Die Wandmalereien des Hauptwohnraumes in *Haus M 7 W* in Dura-Europos zeigen auf der W- und S-Wand zwei Bankett-Darst. und eine Onagerjagd (Perkins, 1973, Taf. 25 s.), neben der in einer palmyren. Inschr. aus dem Jahr 505 der seleukid. Ära (193/94 n. Chr.) E. und *Th'oma* als Maler gen. sind. Das Wirken zweier Künstler ist an stilist. Unterschieden zw. den Bankettszenen und der Jagd erkennbar (Perkins, 1973, 66). ▭ EAA III, 1960 (s.v. Dura Europos: Ilashams 2). – *A. Perkins*, The art of Dura-Europos, Ox. 1973, 36, 65–67.
Th. Ganschow

Elasippos (Ἐλάσιππος), griech. Maler, der wahrsch. in der 1. H. des 5. Jh. v. Chr. tätig war. Nach Plin. (nat., 35, 122; Overbeck, SQ, 1868, Nr 1978), fertigte E. auf Ägina ein Bild, das er mit ἐνέκαεν („eingebrannt") sign., was auf die Enkaustik hinweist. ▭ ThB10, 1914. RE V. 2, 1905 (s.v. E. 3); EAA III, 1960. – *Pfuhl*, MuZ, II, 1923, 671. R. V.

Elegans, röm. Architekt unbestimmter Zeit, wohl in Italien tätig. Nur bek. durch eine verschollene Inschr. aus Italien (CIL, IX, 2986), in dem seinem Namen architectus beigefügt ist. ▭ RE V. 2, 1905. – *Calabi Limentani*, Studi, 1958, 176, Nr 198; *Donderer*, Architekten, 1996, Nr A 114.
R. V.

Eleusinios (Ἐλευσείνιος), aus Athen, Bildhauer, 2. H. 1. Jh. n. Chr. in Olympia tätig. Bek. durch die Künstler-Inschr. auf der Plinthe einer stehenden weibl. Gewandfigur, die in zwei großen Fragm. nahe der SO-Ante des Heraions in Olympia gefunden wurde. Die rechte Hand hielt möglicherweise eine Opferschale. Wahrsch. war die Skulpt. im Pronaos auf einer der noch *in situ* befindl. Basen mit den Namen der Antonia Cleodice, der Claudia Alcinoa und der Numisia Teisis aufgestellt, zus. mit den beiden von den Athenern Aulus Sext(i)us Eraton (→ Eraton, Aulus Sextus) und → Eros sign. Statuen. Demnach waren vornehme Eleerinnen dargestellt. Der von E. gefertigte Statuentypus ist nach Kabus-Jahn (1963) um 320 v. Chr. entstanden und eine selbständige Variante des Korentypus als Weiterentwicklung im Sinne des neuen frühhellenist. Stils. Er wird als Typus Venedig-Olympia bzw. Koratyp (Kabus-Jahn, 1963), Heraion- (Schmidt, 1967) oder Schulterbauschtypus (Kruse, 1975) bezeichnet. Merkmale sind ein s-förmig geschwungener Mantelbausch zw. den Brüsten, der auf der linken Schulter auseinandergebreitet ist und dessen Saum auf dem linken Oberarm liegt, sowie ein schwungvoll bis unter das linke Knie ansteigender unterer Mantelsaum. Dieser Statuentypus ist v.a. im O verbreitet und allein in Olympia durch vier kaiserzeitl. Repliken vertreten, u.a. auch bei der von → Eros sign. Figur. Die Statue des E. ist im Vergleich zu der des → Eros durch eine trockene Machart mit hart eingesetzten Bohrungen gekennzeichnet. Diese und die breiten, tiefen Faltentäler des Chitons bewirken einen deutl. Hell-Dunkel-Effekt. ▭ ThB10, 1914. RE V. 2, 1905 (s.v. E. 3); EAA III, 1960 (mit Abb. 374); LGPN, II, 1994, 140 (s.v. Ἐλευσίνιος 1). – *Loewy*, IGB, 1885, 236, Nr 335; *W. Dittenberger/K. Purgold*, Die Inschr. von Olympia, Olympia, V, 1896, 657 ss., Nr 645; *G. Treu*, Die Bildwerke von Olympia in Stein und Thon, Olympia, III, 1897, 253 s., 258, Abb. 290, Taf 63,5; *A. Hekler*, Röm. weibl. Gewandstatuen, in: Münchener Archäol. Stud. dem Andenken Adolf Furtwänglers gewidmet, M. 1909, 228, Nr XXe; *Lippold*, Kopien, 1923, 210 s.; *G. A. S. Snijder*, Romeinsche Kunstgeschiedenis, Groningen 1925, 30 s., Taf. 2, Abb. 5; *P. Graindor*, Athènes de Tibère à Trajan, Kairo 1931, 178 s., Abb. 18–19; *Lippold*, GrPl, 1959, 290, Anm. 5; *E. B. Harrison*, Agora, I, Portr. sculpt., 1953, 78, mit Anm. 1 zu Nr 63; *E. Rosenbaum*, A cat. of Cyrenaican portr. sculpt., Lo. 1960, 92, Anm. 7; *R. Kabus-Jahn*, Stud. zu Frauenfiguren des 4. Jh. v. Chr., Da. 1963, 8 s. mit Anm. 32, pp. 10, 41 s.; *E. E. Schmidt*, Röm. Frauenstatuen, 1967, 80 s., Anm. 403, p. 121; *H.-J. Kruse*, Röm. weibl. Gewandstatuen des 2. Jh. n. Chr., Göttingen 1975, 100 s., Anm. 105, Nr 5, pp. 102, 176 s., 269 zu Nr B1; *A. Linfert*, Kunstzentren hellenist. Zeit. Stud. an weibl. Gewandfiguren,

Wb. 1976, 42, Anm. 108d; *Bieber*, Copies, 1977, 196; *A. Mallwitz/H.-V. Herrmann* (Ed.), Die Funde aus Olympia. Ergebnisse hundertjähriger Ausgrabungstätigkeit, At. 1980, 209 zu Nr 149 (Olympia, III, 1897, Taf. 63,5 nicht 65,5); *R. Bol*, Das Statuenprogramm des Herodes-Atticus-Nymphäums, OlympForsch, XV, 1984, 178, Anm. 559b zu Nr 41; *A. und N. Yalouris*, Olympia. Das Mus. und das Heiligtum, At. 1989, 163, Nr Λ141; *K. Hitzl*, Die kaiserzeitl. Statuenausstattung des Metroon, OlympForsch, XIX, 1991, 66, Anm. 366; *J. S. Traill*, Persons of ancient Athens, 6, Tor. 1997, 244, Nr 385322. E. Raming

Eleutheros (Ἐλεύθερος) aus Athen, griech. Bildhauer, um 500 v. Chr. in Athen tätig. Nur bek. durch seine Sign. auf einer Marmorbasis für die Kore des Simon aus dem Perserschutt von der Akropolis in Athen (heute Athen, Akropolismus., Inv. Nr 429; IG, I, Suppl., Nr 373; A. E. Raubitschek, BSA 40:1939/40, 25, Abb. 17–19; id., Dedications, 1949, 490, Nr 49). ▭ ThB10, 1914. RE V. 2, 1905; EAA III, 1960. – *Floren*, GrPl, 1987, 299, Anm. 3. R. V.

Elias (I) (Ἠλίας), byz. Mosaizist, um 515 n. Chr. in Nabatiyeh/Libanon tätig. Nur bek. durch seine Sign. auf einem Fußbodenmosaik in der Basilika von Nabatiyeh, auf dem neben geometr. und vegetabilen Motiven auch Tiere und Menschen dargestellt sind. Die ausführl. Inschr. gibt auch das genaue Datum der Voll. des Mosaiks nach der Ära von Sidon wieder, näml. das Jahr 515 n. Chr. ▭ *P. Figueras*, StBiFranc 35:1985, 297 ss., Taf. 43–45; *Donderer*, Mosaizisten, 1989, 62, Nr A 15, Taf. 12. R. V.

Elias (II), Kaium und **Soel** (Ἐλιάς, Καίουμ, Σόελ), byz. Mosaizisten, in der 1. H. des 6. Jh. n. Chr. auf dem Berg Nebo tätig. Die drei Mosaizisten signierten das Fußbodenmosaik, das das alte Diakonikon-Baptisterium im Denkmal für Moses auf dem Berg Nebo bei Madaba in Mitteljordanien schmückte. Ihre Namen sind in der Anrufung der zweiten Zeile der Inschr. außerhalb der W-Seite des Mosaikfeldes angebracht: „Gott erinnere Dich an die Mosaizisten Soel, Kaium und Elias und ihre ganze Familie“. Die Kap. wurde 1976 von einem Team des Studium Biblicum Franciscanum in Jerusalem ausgegraben. Das Heiligtum des Moses, das einen Vorgängerbau verdeckt und z.T. wiederverwendet, wurde von der christl. Gemeinde der Region in der 2. H. des 4. Jh. möglicherweise mit der finanziellen Unterstützung durch die kaiserl. Verwaltung errichtet. Das erste christl. Gebäude, eine *cella trichora*, wurde durch ein Erdbeben zerst. und umgehend mit dem gleichen Baumaterial repariert. Der Bau und die Verschönerung des Diakonikon-Baptisteriums an der N-Seite des kirchl. Komplexes wurde z.Z. des *egumen* Elias, des Bischofs Elias von Madaba, und der röm. Konsuln Lampadius und Orestes im Jahr 425 der Provinz Arabia (entspricht 530 n. Chr.) voll. und ließ die Renovierung des ganzen Komplexes starten. In der M. des 6. Jh. wurde vor dem urspr. Heiligtum die dreischiffige Basilika mit dem neuen Diakonikon auf der N-Seite erb., das den Vorgängerbau überdeckte. 597 n. Chr., z.Z. des Bischof Sergius von Madaba, wurde das neue Baptisterium an der S-Seite der Basilika beendet. Die Rest. wurden z.Z. des Bischofs Leontios von Madaba, der zw. 603 und 608 n. Chr. im Amt war, mit der Hinzufügung der Theotokos-Kap. auf der S-Seite und dem Narthex an der Fassade abgeschlossen. In der 1. H. des 6. Jh. n. Chr. stieg man von der N-Seite des offenen Hofes des Heiligtums viell. durch eine Seitenportikus in das Diakonikon-Baptisterium hinab, das zw. der Grab-Kap. im O und einem Raum des umgebenden Klosters gebaut war. Die längl. Kap. (12,68 m x 6,4–6,8 m) mit einem Dach, das von fünf überquerenden Bögen getragen wurde, schloß auf der O-Seite das Taufbecken ein, das in der Form eines Kreuzes mit drei Stufen auf jeder Seite gebildet wurde. Die Kap. besitzt eine der besser erh. Mosaikarbeiten in Jordanien. Das Mosaik mit seinen techn. Neuerungen eröffnet in der Madaba-Region die sog. Klass. Renaissance der justinian. Epoche, die die folgenden Arbeiten der Mosaizistenschule von Madaba auszeichnet. Seinem dekorativen Programm gemäß ist der Boden des Diakonikon-Baptisteriums in drei unterschiedl. Partien unterteilt. Im W reicht ein breites rechteckiges Feld mit Blumenkreuzen an die N-Wand und beginnt an den Eingangstreppen der S-Wand. Im O umgibt ein rechtwinkliges Muster von aneinandergereihten Schuppen das quadrat. Feld des Beckens. Isolierte geometr. Motive zieren die vier Ecken des Beckens, die eine dreiachtel verwobene Figur mit Weintrauben einschließen. Das große zentrale Feld in einer Guilloche zeigt Jagd- und Hirtenszenen und beinhaltet die große fünfzeilige griech. Weih-Inschr. mit dem Datum auf der O-Seite. Geometr. Motive mit Rauten und Kreuzen schmücken den Raum zw. den Pilastern. Das zentrale Bildfeld ist weiterhin in vier voneinander getrennten Reihen auf weißem Hintergrund unterteilt. In der ersten Reihe bekämpft ein junger Hirte die Angriffe eines Löwens und schützt einen Zebubullen, der an einen Baum gebunden ist, und ein Krieger mit phrygischer Mütze und einem Schild wirft seine Lanze gegen eine angreifende Löwin. In der zweiten Reihe bekämpfen zwei von ihren Hunden begleitete Reiter auf Pferden einen Bären und einen Eber mit Speeren. In der dritten Reihe bewacht ein auf einem Felsen neben einem Baum sitzender Hirte seine Herde von Schafen und Ziegen. In der vierten Reihe hält ein Schwarzer einen Straußen mit einer Art Leine, während ein Kamel/eine Giraffe und ein Zebra von einem jungen Knaben, der wie ein phrygischer Krieger gekleidet ist, geführt werden. Diese Szenen sind durch Bäume mit Früchten und stilisierten Blumen unterbrochen. Die Hirten- und Jagdszenen stammen von den *venationes*-Bildern ab. Die wirkl. Neuigkeit bei diesem Mosaik ist seine Technik. Es ist das erste Mal in der Region von Madaba, daß die Gesichter so durch in Splittergröße gebrochene *tesserae* wiedergegeben werden, daß man einen natürl. Schatten erhält. Diese techn. Eigenschaft wird Standard für spätere Mosaiken. Dieses Werk kann als Initiator für den Geschmack betrachtet werden, der sich bei den Mosaizisten von Madaba und seinem Gebiet im 6. Jh. n. Chr. niederschlägt. ▭ *M. Piccirillo*, The mosaics of Jordan, Amman 1993, 133–151; *id./E. Alliata*, Mount Nebo. New archaeological excavations 1967–1997, Jerusalem 1998, 273–287. Fr. M. Piccirillo

Elico, helvet. Vertreter eines unbestimmten Kunsthandwerkszweiges, zeitweiliger Aufenthalt in Rom vor 387 v. Chr. E. (Birkhan, 1997, 92, Anm. 1) wird in der latinisierten Form *Helico* bei Plinius (nat., 12, 5) namentl. erwähnt. Er soll ein Helvetier gewesen sein, der sich einer *ars fabrilis* wegen offenbar besuchshalber in Rom aufgehalten und bei seiner Rückkehr Proben italischer Agrarprodukte mitgebracht habe. Hierdurch sollen Begehrlichkeiten geweckt worden sein, die zum Überfall der Gallier auf Italien 387 v. Chr. geführt hätten. Setzt man die Historizität der Grundbestandteile dieser Überlieferung voraus, so muß bezügl. der Bezeichnung des E. als Helvetier offenbleiben, ob damit ein Bewohner des zu Zeiten des Plinius (23–79 n. Chr.) als Siedlungsgebiet der Helvetier bek. Raumes oder ein Angehöriger des zu Beginn des 4. Jh. v. Chr. viell. noch andernorts ansässigen Volksstammes der Helvetier gemeint ist (König/Winkler, 1977). Es läßt sich nicht feststellen, welche Route E. auf dem Hin- und Rückweg nahm, und ob Rom das Haupt- bzw. Endziel der Reise gewesen ist. Als Beruf von E. wurden versch. Handwerkszweige vorgeschlagen (Köves-Zulauf, 1977, 44 s.), wobei als primärer Reisegrund neben berufl. Interesse auch eine Spionagetätigkeit im Vorfeld des gall. Einmarsches in Betracht zu ziehen ist. Für eine solche Unternehmung ist bei fehlender Ausstattung mit Handelsgepäck eine Tarnung als wandernder Handwerker durchaus naheliegend. Sollte eine *ars fabrilis* der eigentl. Reisegrund gewesen sein, so dürfte es sich am ehesten um eine Sparte gehandelt haben, bei der entweder seitens der norditalischen Völkerschaften, insbesondere der Etrusker und Römer, oder seitens der Kelten Interesse an dem Transfer techn. Kenntnisse, Hilfsmittel, Rohstoffe oder Fabrikate bestanden haben mag. Für den ersten Fall wurde der Wagenbau als eine handwerkl. Domäne der Kelten angeführt (Birkhan, 1997, 1110 ss.); für den umgekehrten Fall ist angesichts des geogr. Raumes und der Zeitstellung neben der Granulation (Birkhan, 1997, 316; A. Furger/F. Müller, Gold der Helvetier, Z. 1991, 46 s.) v. a. an das Glashandwerk zu denken (B. Maier, Lex. der kelt. Relig. und Kultur, St. 1994, 144 s., s.v. Glas; ein um 500 v. Chr. zu datierender Neufund aus S-Baden bei R. Dehn, in: Archäologie in Deutschland, 1996, Heft 1, 26 s.; V. Pingel, DNP IV, 1998, 1085 s., s.v. Glas VIII). Innerhalb des kelt. Kulturkreises läßt sich insbesondere für Glasobjekte mediterraner Provenienz auf Grund ihrer Seltenheit und ihres handwerkl. Niveaus ein hoher Prestigewert erschließen, der die in der Folgezeit forcierte Entwicklung des einheim. Glashandwerks mitbestimmt haben dürfte und Unternehmungen der hier überlieferten Art plausibel erscheinen läßt. ▭ *T. Köves-Zulauf*, Latomus 36:1977, 44–92; *C. Plinius Secundus d. Ä.*, Naturkunde, ed. und übersetzt *R. König/G. Winkler*, Buch XII/XIII, M./Z. 1977, 190 s.; *H. Birkhan*, Kelten. Versuch einer Gesamt-Darst. ihrer Kultur, W. 1997, passim. K. Hornig

Elkchateis (Ἐλκχατεῖς), angebl. griech. Töpfer unbestimmter Zeit. Nach Giuseppe Micali (Monumenti inediti a illustrazione della storia degli antichi popoli italiani, Fi. 1844, 255, Nr 2) sign. E. eine Schale in München. Doch sein Name muß von Micali falsch gelesen worden sein, weil sich eine derartige Sign. auf keiner Schale in München befindet. ▭ EAA III, 1960. R. V.

Elpidios (I) (Ἐλπίδιος; Helpidios), *comes* und kaiserl. Architekt des 5. Jh. n. Chr., aus Konstantinopel. Bek. nur aus Callinicus (Vita S. Hypatii, 44, 8–19: 126 s.). Danach sucht er den Mönch Hypatios auf, um von einem Dämon befreit zu werden, stirbt aber kurz darauf. ▭ PLRE, II, 1980 (s.v. Helpidios 4). M. Dennert

Elpidios (II), Stifter, nicht Mosaizist, eines Fußbodenmosaiks des 5. Jh. n. Chr. in der Kirche von Palaiopolis auf Kerkyra (Korfu). ▭ Oxford Dict. of

Byzantium, I, 1991 (s.v. artists). – *M. Guarducci*, Epigrafia greca, IV, R. 1978, 348 s. M. Dennert

Elpidios (III), Baumeister (οἰκοδόμος) im spätantiken Athen. Name nur bek. aus einer christl. Grab-Inschr. (IG, III. 2, Nr 3466). ▭ *E. Sironen*, The late Roman and early Byzantine inscr. of Athens and Attica, Helsinki 1997, 143–144, Nr 66. M. Dennert

Emmochares (Ἐμμοχάρης), aus Argos, Sohn des Ptolemaios, angebl. griech. Bildhauer unbestimmter Zeit. Nach Pirro Ligorio befand sich seine Sign. auf dem Fragm. einer Aphroditestatue (Loewy, IGB, 1885, 351, Nr 523; IG, XIV, 141). Ob dies aber wirkl. so war oder rein auf seiner Phantasie beruhte, ist nicht zu klären. ▭ RE V. 2, 1905; Suppl. III, 1918 (v.e. Hermochares); EAA IV, 1961. R. V.

Endoios (Ἔνδοιος; Endoeus), Bildhauer und Bildschnitzer, 2. H. 6. Jh. v. Chr. Die Schriftquellen überliefern, daß E. Athener war (Paus., 1, 26, 4). Dies wird durch Künstler-Sign., die in Athen und Attika aufgefunden wurden, bestätigt. Er war in seiner Heimat so bek., daß er auf die Angabe des Ethnikon (Herkunftsangabe) in seinen Sign. verzichten konnte. Er wurde mit bedeutenden Werken beauftragt. Pausanias (1, 26, 4) und Athenagoras (leg. pro Christ., 14, 61) berichten, daß E. Schüler des → Daidalos (I) gewesen sei. Bei diesem unglaubwürdigen Versuch, den legendären Künstler → Daidalos (I) hist. einzubinden, handelt es sich jedoch um eine freie Kombination. Die antiken Autoren berichten über folgende Werke aus der Hand des E.: – 1.) Sitzfigur der Athena, von Kallias auf die Akropolis von Athen geweiht (Paus., 1, 26, 4). Bei den Grabungen auf der Akropolis ist ein archaisches Sitzbild der Göttin gefunden worden, das viell. mit dem Orig. von E. gleichzusetzen ist (Athen, Akropolis-Mus., Inv. Nr 625). Im Unterschied zu den and. archaischen Skulpt. ist diese Figur stark verwittert. Da Pausanias diese Figur noch vorgefunden hat, mußte sie viele Jh. an der Luft gestanden haben. Eigtl. waren die archaischen Weihungen nach dem zerstörerischen Sturm des Persers Mardonios begraben worden. Die sitzende Göttin hielt in der vorgestreckten rechten Hand die Lanze. Der gesenkte linke Arm trug den Schild. Fortschrittl. ist die Durchbrechung von Symmetrie, die sich im zurückgesetzten rechten Bein ausdrückt. – 2.) Statue der Athena aus Olivenholz auf der Athener Akropolis (Athenag., suppl., 14, 61). Womöglich handelt es sich um das Holzkultbild der Athena Polias, das von Pausanias erw. wird (Paus., 1, 26, 6) und von dem Inventare des 4. Jh. berichten, daß es im Erechtheion aufbewahrt wurde und mit Stirnreif, Ohrringen, Halsband, Halsketten und goldener Ägis ausgestattet war (IG, II^2, Nr. 1421–4a). – 3.) Elfenbeinstatue der Athena Alea für den Tempel in Tegea in Arkadien. Dieses Standbild ist von Kaiser Augustus auf seinem Forum in Rom aufgestellt worden (Paus., 8, 46, 1, 4–5). Womögl. ist dieses Kultbild (?) in einer bescheidenen lokalen Bronzefigur überliefert, das ein mit Ägis, Lanze, Schild und Helm bewaffnetes Palladion darstellt (J. N. Norman, AJA 90:1986, 425). – 4.) Holzfigur (Kultbild?) der Artemis für das Heiligtum in Ephesos (Athenag., leg. pro Christ., 14, 61; Plin., nat., 16, 214). Hellenist. Kopien wiederholen womögl. dieses von E. gestaltete Kultbild. Die Göttin erschien mit geschlossenen Beinen, die mit dem schlauchförmigen, reich verzierten Ependytes, dem Gewand der Götter, bekleidet waren. Beide Arme waren vorgestreckt. – 5.) Holzstatue der Athena Polias im Tempel von Erythrai in Ionien; die Göttin war sitzend dargestellt, mit dem Polos auf dem Kopf und einer Spindel in jeder Hand. Vor dem Tempel waren zwei Statuengruppen aufgestellt, die ebenfalls von E. gefertigt wurden. Sie stellten die Chariten und die Horen dar (Paus., 7, 5, 9). – Erh. haben sich Statuenbasen, die die Sign. des E. tragen: – 1.) Basis der Grabstele einer Frau (Lampito?) aus Athen (IG, I, 477; Loewy, IGB, 1885, 11 s., Nr 8). – 2.) Weihgeschenkbasis in Form eines Säulchens von der Athener Akropolis (IG, I, Suppl. S. 179, Nr. 373; Raubitschek, Dedications, 1949, Nr 7). – 3.) Basis eines Kourosdenkmals für den Friedhof beim Piräischen Tor in Athen. Auf der Basis ist eine sitzende Gestalt aufgemalt, die viell. nicht aus der Hand des E. stammt, obwohl die Inschr. dies nahezulegen scheint (U. Knigge, AM 84:1969, 78). – Nicht ein einziges erh. Werk der archaischen Skulpt. kann mit Sicherheit E. zugewiesen werden. Auch berichten die Schriftquellen mit keinem Wort von den formalen und stilist. Charakteristika seiner Arbeiten. Das hat die archäol. Forsch. jedoch nicht davon abgehalten, Vorschläge für ein Œuvre des Künstlers zu entwickeln. A. Rumpf (1938) schreibt bedeutende Werke der archaischen Plastik, wie die Peploskore von der Athener Akropolis (Athen, Akropolis-Mus., Inv. Nr 679), den Rampinschen Reiter (Athen, Akropolis-Mus., Inv. Nr 590; Paris, Louvre, Inv. Nr 3104) oder den O- und N-Fries des delph. Siphnierschatzhauses dem Lebenswerk des E. zu. Im Falle des O- und N-Fries des Siphnierschatzhauses sprechen jedoch die erh. Reste der Künstler-Sign. gegen diese Zuweisung (V. Brinkmann, Beobachtungen zum formalen Aufbau und zum Sinngehalt der Friese des

Siphnierschatzhauses, M. 1994, 74). ▭ ThB10, 1914. RE V. 2, 1905; EAA III, 1960. - *Brunn*, GGK, I, 1889, 98 ss.; *A. Rumpf*, Crd'A 14:1938, 41; *Raubitschek*, Dedications 1949, 491 ss., Nr 7, 70; *A. Bombelli*, Kallias, ArchCl 8:1956, 45–46; *S. Stucchi*, RM 63:1956, 122–128; *W. Deyhle*, AM 84:1969, 1–64; *F. Johansen*, MeddelelsGlypt-Kob 34:1977, 103–130; *Floren*, GrPl, 1987, XXXI, 297–299; *D. Viviers*, Recherches sur les ateliers de sculpteurs et la cité d'Athènes à l'époque archaïque. Endoios, Philergos, Aristoklès, Br. 1992, 263 s. (Acad. royale de Belgique. Mém. de la Cl. des BA. Collection in-80. 3e série, 1); *P. A. Marx*, RA, 1993, 227–268. V. Brinkmann

Ensenetib, ägypt. „Vorsteher der Goldschmiede", während des Mittleren Reiches (2119–1794/93 v. Chr.) tätig. Belegt durch einen Skarabäus von unbek. Herkunft, der ledigl. seinen Titel und Namen trägt. In seiner Funktion war er für den Entwurf von Gefäßen und Schmuckstücken sowie die Auswahl des benötigten Goldes verantwortlich. ▭ *G. T. Martin*, Egyptian administrative and priv.-name seals, Ox. 1971, 53, Nr 631, Taf. 3 (24). C. von Pfeil

Entochos → Antiochos (III)

Epagathos (Ἐπάγαθος), Sohn des Aristodemos, aus Athen, griech. Bildhauer, um 50 n. Chr. in Athen tätig. Nur bek. durch seine Sign. auf einer Marmorbasis, die die Ehrenstatue des Tiberius Claudius Novus trug (IG, III, 652). Sie wurde um 57 n. Chr. geschaffen. ▭ ThB10, 1914. RE V. 2, 1905; EAA III, 1960. R. V.

Epagathos, *Aurelios* (Ἐπάγαθος, Αὐρήλιος), Sohn des Epagathos, Bildhauer aus Lydien, in der mittleren(?) Kaiserzeit tätig. Nur bek. aus einer Inschr.-Platte aus Mermere (zw. Sardis und Thyateira), in der sein Name mit der Berufsbezeichnung λατύπος (keine Sign.) angegeben ist (G. Radet, BCH 11:1887, 448 s., Nr 7). T. Lochman

Epeios (Ἐπειός, Epeus; Epeos; Epius), Sohn des Panopeus, aus Phokis, myth. Bildhauer (Plat., Ion, 533a) und Architekt (Apollod., epit., 5, 14; Hyg., fab., 97). Lt. Pausanias (2, 19, 6; Overbeck, SQ, 1868, Nr 29) fertigte er ein Xoanon für das Heiligtum des Apollon Lykios in Argos. Aus dem Text wird jedoch nicht klar, ob es sich um das Bild der Aphrodite oder des Hermes oder um beide handelt (A. Delivorrias, LIMC II, 1984, 12–13, Nr 29, s. v. Aphrodite). Sein berühmtestes Werk war das Trojanische Pferd, das er angebl. mit Athenas Hilfe fertigte (Hom, Od., 8, 493; 11, 523; Stesichoros, Page, PMG, 1962, Fragm. 200). Das Pferd war so groß, daß es je nach Version Platz für 23, 50, 100 oder 3000 (!) Krieger bot. Nach der Zerstörung Trojas ging E. nach Unteritalien und gründete dort mehrere Städte, u.a. Langaria und Metapont, wo dann im Athenatempel von Langaria (Lyk., 948; Aristot., mirab., 116) oder in Metapont (Iust., 20, 2) die Werkzeuge zur Herstellung des Pferdes ausgestellt worden sind. ▭ ThB10, 1914. ML I. 1, 1884–86 (s.v. E. 2); RE V. 2, 1905 (s.v. E. 2); EAA III, 1960; LIMC III, 1986; DNP III, 1997 (s.v. E. 1). R. V.

Ephedros (Ἔφεδρος), att. Bildhauer, um 340 v. Chr. in Lindos tätig. Nur bek. durch seine Sign. auf einer Marmorbasis von der Akropolis in Lindos, die von Agesistratos, dem Sohn des Pythotimos, gestiftet worden ist. ▭ RE, Suppl. III, 1918 (s.v. E. 2); EAA III, 1960. - Lindos I, 1941, 51, Nr 4. R. V.

Ephoros (Ἔφορος), aus Ephesos, griech. Maler, in der 1. H. des 4. Jh. v. Chr. tätig. E. ist uns nur als erster Lehrer des → Apelles (I) bezeugt (Suid., s.v. Ἀπελλῆς; Overbeck, SQ, 1868, Nr 1828. ▭ ThB10, 1914. RE VI. 1. 1907; EAA III, 1960. - *Pfuhl*, MuZ, II, 1923, 609, 725. R. V.

Epichares (Ἐπιχάρης), von Theben, griech. Bildhauer, im 6. Jh. v. Chr. tätig. Nur bek. durch seine Sign. auf einer Marmorbasis für einen Kouros aus dem Ptoion. ▭ *J. Ducat*, Les kouroi du Ptoion. Le sanctuaire d'Apollon Ptoieus à l'époque archaique, P. 1971, 380–383, Nr 234, Taf. 129; *Floren*, GrPl, 1987, 315, Anm. 28. R. V.

Epicharmos (I) (Ἐπίχαρμος), griech. Bildhauer, zw. 153 und 100 v. Chr. tätig. E. ist durch sieben Inschr. auf Basen verlorener Bronzestatuen bekannt. Die älteste fand sich in Nisyros und trug die Statue eines Admirals (Nauarchos) aus dem Krieg um Kreta gegen 153 v. Chr. Die zweite mit dem Bronzestandbild eines Moiragnes stand in Lindos, die dritte in Rhodos ehrte eine Priesterin der Artemis mit Namen Hageso, die vierte bis sechste ebenfalls in Rhodos trugen je eine Kriegerstatue, die siebte die eines Unbekannten in Lindos. Bei den fünf letztgen. hat E. sich der Mitarb. seines gleichnamigen, in Rhodos geborenen Sohnes *Epicharmos (II)* bedient. E. hat sich durch seine bildhauer. Arbeit ein solches Ansehen erworben, daß ihm das rhodische Bürgerrecht (Epidamia) verliehen wurde. Eine spezifische Vorstellung seiner Kunst kann man nicht gewinnen. ▭ ThB10, 1914. - IG, XII 3,103; XII 1,846; XII 1,43; XII 1,66; XII 1,47;

Lindos II. 1, 1941, 54, Nr 74; *G. Pugliese Caratelli*, ASAtene 30–32:1952–1954, 283, Nr 55.
B. Andreae

Epicharmos (II) cf. **Epicharmos** (I)

Epidius Eros, *M.*, röm. Bildhauer, in der Kaiserzeit in Rom tätig. Nur bek. durch seine Sign. auf einer Herme des Zeus Ammonios aus Rom (CIL, VI, 29799; Calabi Limentani, Studi, 1958, 160, Nr 60). ▭ EAA IV, 1961 (s.v. Marmorarius).
R. V.

Epigenes (I) (Ἐπιγένης), angebl. Architekt des Theaters von Thasos, spätestens um 410 v. Chr. Auf Grund einer Stelle bei Hippokr. (epid., 1, 20), an der es sich um zwei erkrankte Brüder handelt und die nach der Lesung von Kühn (1827): κατέκειντο παρὰ τὸ θέατρον Ἐπιγένεος ἀδελφέοι lautet, hat Brunn (1889) angenommen, daß das Theater möglicherweise nach dem Architekten E. so gen. sei. Jedoch bereits Kuehlewein (1894, 197,2) liest: κατέκειντο παρὰ τὸ θέρετρον. Ἐπιγένεος ἀδελφεοί. Galenus zit. in seinem Kommentar zur Stelle Interpreten, die statt θέητρον die Lesart θέρετρον vorziehen (Gal., In Hippocratis librum, III, epidemiarum commentarii, III, Vol. 17a, p. 500,16, Ed. Kühn, 1999). Der Genitiv Ἐπιγένεος wird von einigen Herausgebern bzw. Übersetzern auf das zuletzt gen. Wort bezogen (vgl. Fuchs, 1897; Jones, 1972; Müri 1986), die dann das auf Ἐπιγένεος folgende ἀδελφεοί tilgen (s. auch Jones, 1972, 176, Anm. 2). Andere beziehen Ἐπιγένεος auf ἀδελφεοί (vgl. Kuehlewein, 1894; Sticker, 1923; Capelle, 1955; Diller, 1994). Ohne eine mod. textkrit. Ausgabe läßt sich keine Entscheidung treffen. Falls Ἐπιγένεος auf das vorhergehende Wort zu beziehen ist, zeigt es den Besitzer an. Demnach ist es höchst unwahrsch., daß E. ein Architekt war. Die *Epidemien I* werden um 410 v. Chr. dat. (F. Kudlien, KlP II, 1967, 1169, s.v. Hippokrates 8; O. Schütze [Ed.], Metzler Lex. antiker Autoren, St./Weimar 1997, 323). ▭ ThB10, 1914. RE VI. 1, 1907 (s.v. E. 22); EAA III, 1960 (s.v. E. 2); LGPN I, 1987 (s.v. Ἐπιγένης 60). – *D. C. G. Kühn*, Magni Hippocratis opera omnia, III, L. 1827, 404,9–10 (griech.-lat.); *E. Littré*, Œuvres complètes d'Hippocrate, traduction nouv. avec le texte grec en regard, collationné sur les manuscrits et toutes les éditions, II, P. 1840, 660, 8–9; 661,5–6. (griech.-frz.); *Brunn*, GGK II, 1889, 239; *H. Kuehlewein*, Hippocratis opera quae feruntur omnia, I, L. 1894, 197,2 (griech.) und Ilberg, ibid.; *R. Fuchs*, Philologus 55:1896, 69 ss.; *id.*, Hippokrates, sämtl. Werke, II, M. 1897, 114,2–3 (dt.); *G. Sticker*, Hippokrates. Der Volkskrankheiten erstes und drittes Buch, L. 1923, 48,41 (dt.); *R. Kapferer/G. Sticker*, Die Werke des Hippokrates, XI. Die epidem. Krankheiten, übers. von *G. Sticker*, St./L. 1934, 33,17 (dt.); *W. Capelle*, Hippokrates. Fünf auserlesene Schr., Zürich 1955, 167, 31–32 (dt.); *W. H. S. Jones* (Übers.), Hippocrates I, Lo./C., Mass. 1972, 176,12. 177,12–13 (gr.-engl.); *M. Vegetti*, Opere di Ippocrate, T. ²1976, 333,16 (ital.); *W. Müri* (Ed.), Der Arzt im Altertum, M./Z. ⁵1986, 88,3, 89,4 (griech.-dt.); *H. Diller*, Hippokrates. Ausgewählte Schr., St. 1994, 32 (dt.); *Galenus*, In Hippocratis librum, III, epidemiarum commentarii, III, Vol. 17a, p. 500,16, ed. *Kühn*, Thesaurus Linguae Graecae auf CD-ROM//E, vorbereitet von *T. F. Brunner*, Univ. of California, Irvine 1999.
E. Raming

Epigenes (II), im 3. V. des 5. Jh. v. Chr. als Töpfer im Kerameikos von Athen tätig. E. ist einer der wenigen noch signierenden Töpfer seiner Zeit. Seine Beischrift EPIGENES EPOIESE ist ein einziges Mal zw. zwei Figuren auf einem Kantharos vom Herakles-Typus (D) erh., den der Eretria-Maler bemalte (Paris, Cab. des Méd., Inv. Nr 851; ARV², 1963, 1251, Nr 41, pp. 1555, 1688). Ausgehend von dieser seltenen Vasenform lassen sich möglicherweise weitere Gefäße nach stilist. Kriterien anschließen. Falls der späte Kantharos gleichen Typus, wiederum mit dem Figurenwerk des Eretria-Malers, ebenfalls von E. gedreht sein sollte, ließe sich eine Gruppe niederer Schalen („delicate class"), meist in Zusammenarbeit mit dem Eretria-Maler, seiner Fertigkeit zuweisen. Mit dem älteren Töpfer → Sotades teilt er sowohl die Form wie auch den ungewöhnl. Ort der Signatur. ▭ ThB10, 1914. – *A. Lezzi-Hafter*, Der Eretria-Maler, Mainz 1988, 281, 289; *J. H. Oakley*, ClRev 40,2:1990, 421. – *Zum Kantharos des Sotades*: *H. Hoffmann*, Sotades, Ox. 1977, 153 s.
A. Lezzi-Hafter

Epigenes (III), griech. Bildhauer aus Euböa, im 4. Jh. v. Chr. in Kyrene tätig. Bek. durch eine im Mus. von Kyrene befindl. schwärzl. Marmorbasis, die von E. sign. ist (SEG, XX, 1964, 743/44). ▭ EAA, Suppl., 1973. – *G. Oliverio*, QuadALibia 4:1961, 31, Nr 12.
P. Knüvener

Epigonos (Ἐπίγονος), Sohn des Charios, aus Pergamon, griech. Bildhauer, in der 2. H. des 3. Jh. und möglicherweise auch im frühen 2. Jh. v. Chr. in Pergamon tätig. Seine komplette Sign. ist auf fünf Inschr. von Pergamon erhalten. Vier der Basen, auf denen sich diese Sign. befinden (E. Fabricius/C. Schuchhardt, Die Inschr. von Pergamon,

Pergamon VIII. 1, ed. M. Fränkel, 1890, Nrn 31–32; Jacobsthal, 1908, 416–418, Nrn 58–59), scheinen jeweils eine einzelne Porträtstatue getragen zu haben. Die fünfte (Fabricius/Schuchhardt, ibid., Nr 12) wurde früher mit der Basis für einen Wagen verbunden, die von Attalos, dem Bruder des Philetairos, gestiftet worden war, um an einen Sieg bei den Olymp. Spielen zu erinnern. Da das Weihepigramm für diese Wagengruppe von Philetairos als noch Lebenden spricht, folgerten Forscher des 19. und frühen 20. Jh. natürl., daß E. vor dem Tod des Philetairos im Jahre 263 v. Chr. aktiv gewesen sein muß. 1948 plädierte H. Kähler jedoch überzeugend dafür, daß all die Blöcke, die zur Wagenstiftung gerechnet worden sind, antike Überarbeitungen aufweisen und daß die Sign. des E. (Fabricius/Schuchhardt, ibid., Nr 12) urspr. nicht zur Basis gehörte, die die Stiftungs-Inschr. des Attalos trug (Fabricius/Schuchhardt, Nrn 10–11). Daher muß man den Anfang der Karriere des E. nicht mehr in die Zeit des Philetairos setzen, und die Mehrheit der vorhandenen Zeugnisse sprechen dafür, daß E. hauptsächl. in der Reg.-Zeit von Attalos I. (241–197 v. Chr.) tätig war. Zusätzl. zu den fünf vollst. Sign. wurde E. auch auf Fragm. zweier wichtiger Basen des Athenaheiligtums auf der Akropolis von Pergamon erg., die mit dem Sieges-Mon. über die Galater von Attalos I. verbunden werden. Auf einer von diesen beiden (Fabricius/Schuchhardt, ibid., Nr 29), bei der es sich um eine Weih-Inschr. des pergamen. Generals Epigenes im Namen des Attalos und des Heeres handelt, um den Sieg über die Gallier und Antiochos Hierax (um 228 v. Chr.) zu verherrlichen, wurden die erh. Buchstaben [...]ΓΟ–ΝΟΥ ΕΡΓΑ überzeugend zu ΕΠΙΓΟΝΟΥ ΕΡΓΑ („Werke des E.") erg. (im 19. Jh. sah angebl. der frz. Forscher Peyssonel die Inschr. noch, als sie unbeschädigt war und dok. die Sign. als „Estigonos", was aber allg. als Fehllesung von „Epigonos" angenommen wird). Die gleiche Erg. scheint auch im Fall der Inschr. von Pergamon (Fabricius/Schuchhardt, ibid., Nr 22) angemessen zu sein, bei der die noch vorhandenen Buchstaben [...]ΓΟΝΟΥ Ε[...] sind. Diese Inschr. ist Teil einer „langen Basis", die zu einem großen, mehrere Statuengruppen aufweisenden Mon. gehörte, das offensichtl. dazu bestimmt war, alle Siege von Attalos I. über die Galater zw. 233 und 223 v. Chr. zu feiern. Die Größe dieser Inschr. läßt and. Erg. wie zu „Antigonos" oder „Isigonos" weniger wahrsch. erscheinen (obwohl sie – was zugegeben werden muß – nicht unmögl. sind). Die einzige unanfechtbare lit. Quelle für E. ist Plin., nat., 34, 88, wo Plinius anscheinend der Gewandheit des Bildhauers Anerkennung zollt, wenn er sagt, daß E. alle Statuentypen, die in nat., 34, 86–87, aufgeführt werden, „imitierte" (*imitatus* sollte hier viell. am besten mit „in Variationen fertigte" übersetzt werden). Plinius fährt dann fort, zwei seiner Kunstwerke zu nennen, die man als die wichtigsten Schöpfungen des E. wertete: „einen Trompeter und ein kleines Kind, das mitleidsvoll seine erschlagene Mutter umarmt" (*praecessit in tubicine et matri interfectae infante miserabiliter blandiente*). Eine and. Passage bei Plinius ist möglicherweise auch wichtig. In nat., 34, 84 wird als einer der Künstler (zus. mit → Phyromachos [II], → Stratonikos und → Antigonos), die die Schlachten von Attalos und Eumenes gegen die Galater darstellten, ein Bildhauer namens „Isigonos" genannt. Da Isigonos sonst unbek. ist, nahmen viele Wissenschaftler den Vorschlag auf, der zuerst von A. Michaelis (1883) vorgetragen worden ist, daß dieser Name aus einem Schreibfehler in der Überlieferung der Manuskripte entstand und der urspr. Text „Epigonos" wiedergab. Unter den noch erh. Skulpt., die mit Weihungen der Attaliden verbunden worden sind, wurde der sterbende Gallier im Kapitolin. Mus. in Rom am häufigsten immer wieder dem E. zugeschrieben. Da eine Trompete auf der Plinthe der Statue dargestellt ist, argumentierte erstmalig Michaelis, den Vorschlägen von L. Ulrichs folgend, ausführl. dafür, daß der Kapitolin. Gallier eine Kopie des *tubicen* ist, die Plinius dem E. zuschrieb. Diese Zuschr. wird seit dem E. des 19. Jh. bis heutzutage diskutiert. Schon früh wandten E. Petersen (1893) und and. ein, die Trompete des Kapitolin. Galliers sei nicht wichtig genug, daß Plinius die Figur als *tubicen* bez. hätte, und 1938 folgerte A. Schober im Glauben, daß das Orig. des Kapitolin. Galliers auf einer „Rundbasis" im Athenaheiligtum von Pergamon stand, daß die Trompete wegen der Höhe der Basis überhaupt nicht sichtbar gewesen wäre. Schober zog es vor, den *tubicen* des E. mit versch. stehenden Typen gallischer Trompeter auf etrusk. Graburnen und röm. Sarkophagen zu verbinden. E. Künzl (1971) führte jedoch aus, daß das Orig. des Kapitolin. Galliers wahrsch. eine der Statuen auf der „langen Basis" im Athenaheiligtum war. In einer solchen Aufstellung hätte man die Trompete leicht sehen können und die individuelle Besonderheit der Statue wäre für die röm. Kopisten leicht einsehbar gewesen. Da die Sign. des E. auf der Basis erscheint, argumentierte Künzl dafür, daß die Identifizierung des Kapitolin. Galliers mit dem *tubicen* durch Michaelis (1883) zumindest plausibel ist, und diese Zuschr. ist nun häufig, wenn auch nicht allg. akzeptiert worden. Eine zweite Zuschr. durch Michaelis (1883), seine Identifizierung der Figur einer toten Amazone in Neapel als eine Kopie der *mater interfecta* und des *infans* des Plinius, wurde ebenfalls heiß diskutiert, aber weniger oft angenommen. Die Neapler Amazone wurde im 16. Jh. zus. mit einer nur fragmenthaft erh. Kinderfigur in Rom gefunden, die anscheinend zeigte, wie das Kind sich an der Brust der toten Mutter zu nähren suchte. Das Kind ist jetzt verschollen, und die Amazone wurde derart rest., daß man nur geringe Spuren von der Existenz einer zweiten Figur sehen könnte. E. Petersen (1893) sprach sich dafür aus, daß die Quellen des 16. Jh., die das Kind mit der Amazone verbinden, unzuverlässig seien, daß die zwei Figuren nicht zus. gehörten, und daß die unrest. Oberfläche der Amazone keine Anzeichen einer zweiten Figur zeigten. Diese Kontroverse kann heute nicht abschließend gelöst werden. Egal, ob das Kind zur Amazone gehörte oder nicht, glauben viele Forscher jetzt, daß das wahrscheinliche Entstehungsdatum des Orig. der Neapler Statue zu spät ist, um ein Zuschr. an E. zu erlauben. Die Amazone wird allg. als eine Kopie von einer der Figuren des sog. 'Kleinen Attalischen Weihgeschenks' auf der Athener Akropolis angesehen, das lt. Pausanias (1, 25, 2) von Attalos errichtet worden ist. Die Meinungen gehen auseinander, ob Pausanias Attalos I. oder Attalos II. gemeint hatte. Wenn Pausanias sich auf Attalos II. bezog, würde die Amazone offensichtl. aus einer Zeit nach der Karriere des E. stammen. Selbst wenn dies der Fall wäre, wäre es jedoch vorstellbar, daß die Amazone, wie Künzl (1971) spekulierte, nach einer früheren *mater interfecta* modelliert worden ist, die Teil der galatischen Weihungen des Epigonos waren. Vor kurzem schlug W. Hoepfner (1997) vor, eine größere Basis für Werke des E. als nach den kurzen Bemerkungen des Plinius festzulegen. Die Inschr.-Basen aus dem Athenaheiligtum in Pergamon lassen vermuten, daß E. eine besondere Gabe zur Herstellung großer Skulpturengruppen besaß, die Heldentum und Pathos vereinten. Hoepfner schlug vor, daß, wenn man den durch den Architekten → Hermogenes (III) entwickelten Prinzipien folgt, der Bildhauer bes. an dem Problem interessiert war, wie solche Gruppen in ihre archit. Umgebung angebracht worden sind, um dramat. Effekte zu steigern. Hoepfner spekuliert weiter, wie E. sich wahrsch. nicht nur verantwortl. zeichnete für die Schaffung von theaterähnl. Effekten (*skenographia*) für die Statuengruppen in Pergamon, sondern auch für die Skulpt., die mit den von Attalos I. errichteten Stoen in den Heiligtümern des Apollon auf Delos und in Delphi verbunden werden. Die oben betrachtete gesamte Wertigkeit an Anhaltspunkten zeigt klar, daß E. der bedeutendste Bildhauer war, der für Attalos I. arbeitete. Er besaß möglicherweise einen Einfluß auf das attalidische Pergamon wie → Pheidias (I) auf das perikleische Athen. Auch wenn die Zuschr. best. noch erh. Gruppen an ihn problemat. bleibt, wird allg. anerkannt, daß sein persönl. Stil in den meisten, wenn nicht sogar in allen verschiedenartigen uns nur durch röm. Kopien bek. Skulpt. anklingt, die mit den gallischen Weihungen von Attalos I. verbunden worden sind. Wenn diese Vermutung zutrifft, kann man daraus folgern, daß E. einer der Schöpfer des hellenist. „Barockstils" in der Plastik und damit einer der einflußreichsten Bildhauer seiner Zeit war. ▭ ThB10, 1914. RE VI. 1, 1907; EAA III, 1960. – *A. Michaelis*, JdI 8:1883, 119–133; *E. Petersen*, RM 8:1893, 251–258; *P. Jacobsthal*, AM 33:1908, 416–418; *A. Schober*, JdI 53:1938, 126–149; *H. Kähler*, Der große Fries von Pergamon, B. 1948, 47, 187–189; *E. Künzl*, Die Kelten des Epigonos von Pergamon, Würzburg 1971; *W. Hoepfner*, JdI 112:1997, 109–148.

J. J. Pollitt

Epikles cf. **Kleomenes** (I)

Epikrates (I) ('Επικράτης, Beiname: [.]ατοδυμας?), Sohn des Hageas, griech. Architekt(?), genaue Zeitstellung unbek. (nicht vor M. 6. Jh. v. Chr.). Auf E. und seine Söhne geht nach der beim Olympieion in Syrakus gefundenen Inschr. (IG, XIV, 10) die Errichtung eines πέλεθρον (einer Art Palaestra oder Stadion) für die Stadt Syrakus zurück. Ob E. der Architekt oder der Stifter des Bauwerks war, läßt sich aus der Inschr. nicht ableiten. ▭ ThB10, 1914. RE VI. 1, 1907 (s.v. E. 23); EAA III, 1960 (s.v. E. 3); EWA VII, 1971, 130.

W. Müller

Epikrates (II), Sohn des Alexippos, griech. Bildhauer aus Rhodos, 1. H. 2. Jh. v. Chr. Name bek. durch Inschr. auf zwei Basen aus lart. Marmor, gefunden in Kamiros (Clara Rhodos 6–7:1949–51, 439, Nr 58) und auf der Akropolis von Rhodos, einst die Statue des Charmolas tragend, für seinen Feldzug gew. von seinem Vater Damothemis (Clara Rhodos 2:1932, 195, Nr 23). ▭ RE, Suppl. VIII, 1956 (s.v. E. 26); EAA III, 1960 (s.v. E. 4, mit weiterer Lit). – *Lippold*, GrPl, 1950, 360.

W. Müller

Epikrates (III), Sohn des Apollonios, griech. Bildhauer, 2.–1. Jh. v. Chr. Name bek. durch Sign. einer im Temenos des Musenheiligtums von Knidos gefundenen Basis (Loewy, IGB, 1885, 216, Nr 301). Sie trug einst die Statue einer Glykinna, gew. von ihren Eltern und Brüdern. Wahrsch. zugehörig die untere Hälfte einer neben der Basis gefundenen weibl. Gewandfigur (Smith, BMSculpture, II, 1890, Nr 1331). ▭ ThB10, 1914 (s.v. E. 1). RE VI. 1, 1907 (s.v. E. 25); EAA III, 1960 (s.v. E. 1). – *C. T. Newton*, A hist. of discoveries at Halicarnassus, Cnidus and Branchidae, II. 2, Lo. 1863, 427, 757 s., Nr 43, Taf. 92. W. Müller

Epikrates (IV), Sohn des Nikobulos, griech. Architekt aus Byzanz, 2. H. 2. Jh. v. Chr. Angaben über seine Tätigkeit enthält eine vor E. 2. Jh. v. Chr. von einer griech. Kolonie der Schwarzmeerküste (Apollonia am Pontos?) für ihn errichtete Ehrenstele (SIG, 545), die später in die Klosterkirche von Dragomirna b. Suceava/Rumänien verbaut wurde. Aus dem Dekret geht hervor, daß E. als Stadtarchitekt der erw. Kolonie vorteilhafte Baukontrakte für öff. Arbeiten abschloß, sich als Militäringenieur(?) im Krieg gegen das Thrakervolk der Olaten auszeichnete und zwei Jahre hindurch die Stadtmauern instand hielt. ▭ ThB10, 1914 (s.v. E. 2, mit älterer Lit.). RE VI. 1, 1907 (s.v. E. 24); EAA III, 1960 (s.v. E. 2); DEAU II, 1968, 264. – *D. M. Pippidi*, Inscriptiones Scythiae Minoris Graecae et Latinae, I, Bu. 1983, 180 ss., Nr 65, Abb.; *Donderer*, Architekten, 1996, 65 s., Anm. 236. W. Müller

Epiktetos (Ἐπίκτητος), att. Vasenmaler, zw. 520 und 480 v. Chr. in Athen tätig. E. signierte über 40 Vasen, wobei er das beigefügte Verb oft falsch schrieb. Die Mehrzahl seiner über 112 erh. Gefäße sind Schalen. Er bemalte aber auch größere Gefäße, u.a. Kelchkratere, Skyphoi, Kantharoi und eine Oinochoe. Einige seiner schönsten Arbeiten finden sich auf Tellern. Die früheste von ihm bemalte Vase ist ein Kelchkrater, der auch zu den ersten Exemplaren dieser Gattung gehört (Rom, MN di Villa Giulia; ARV², 1963, 77, Nr 90; Cohen, 1978, Taf. 91,1–2). Der Krater ist am Fuß vom Töpfer → Andokides und auf der Seite A von E. als Maler signiert. Große Teile des Gefäßes fehlen, aber die noch erh. Zchngn zeigen eine große Nähe zum Maler → Psiax, der ebenfalls mit dem Töpfer → Andokides zusammenarbeitete. E. begann seine Karriere möglicherweise in der Wkst. des → Andokides, aber sein Zeichenstil ist dem des → Psiax sehr verwandt; die beiden Vasenmaler teilen die gleiche Feinheit und Genauigkeit der Linienführung. E. scheint wie → Oltos öfters von einer Wkst. zur and. gewechselt zu haben. Seine ersten Schalen waren bilingue Augenschalen, die er für → Nikosthenes (I) und bald darauf für → Hischylos dekorierte. E.s schwarzfigurige Werke sind auf die Innenbild-Med. dieser frühen Augenschalen begrenzt. Sie zeigen Figuren in Bewegung, wie Komasten, Krieger und Tiere. Die rotfigurigen Außenseiten zeigen zw. den Augen ebenfalls Personen in Aktion, wie z.B. einen kauernden Satyr in Frontalansicht auf einer Schale in Würzburg (Martin-von-Wagner Mus., Inv. Nr L 468; ARV², 1963, 71, Nr 8; Cohen, 1978, Taf. 92,3, 93,1, 97,2). Dieses frühe Beispiel eines beliebten Motivs zeigt, daß E. schon am Anfang seiner Karriere an der Wiedergabe schwieriger Posen Interesse fand, wie es auch and. 'Pioniere', insbesondere → Euphronios, taten. In dieser Frühphase bemalte E. auch einen Kantharos, der von → Nikosthenes (I) als Töpfer sign. ist (Odessa, Mus., ARV², 1963, 77, Nr 87; Cohen, 1978, Taf. 93,2). Die Figuren dieser Vase wirken, wie viele and. seiner frühen Wiedergaben, etwas unbeholfen und steif. Die Köpfe sind zu groß im Vergleich zu ihrem Körper. Die Umrandung der Haare ist noch in der schwarzfigurigen Manier geritzt, erst später wird sie ausgespart. Die für → Hischylos bemalten Schalen zeigen E. in seinem feinsten schwarzfigurigen Stil; die Figuren sind elegant, die Komp. gewandt. Die rotfigurigen Außenseiten sind zunächst unbeholfener, weil der Künstler noch mit der Bewegung der Figuren experimentiert, aber schon bald entwickelt er ein gleichwertiges Niveau in der Realisierung und erreicht eine Leichtigkeit in der anmutigen und zugleich kraftvollen Zeichnung. In diesen Zeitabschnitt gehören seine für → Pamphaios gemalten rotfigurigen Palmetten-Augenschalen und eine Reihe von sign. Tellern, die mehr als alle and. Gefäßformen seine großartige Balance für kurvige Linien und seine Beherrschung runder Felder demonstrieren. Diese Teller beweisen, daß E. zu den bedeutendsten Vasenmalern der ersten Generation der rotfigurigen Malerei zählt. Drei dieser Meisterwerke befinden sich in London (BM, Inv. Nrn E 135, E 136 und E 137; ARV², 1963, 78, Nrn 93–95; Boardman, ARFV, I, 1975, Abb. 77–78). Sie zeigen respektive einen Bogenschützen, einen Krieger mit Pferd und zwei Komasten. In den Med. der letzten beiden Teller experimentiert E. mit den zwangsweise auftauchenden Problemen bei der Überlagerung von Figuren in unterschiedl. Posen innerh. eines begrenzten Raumes. Fragm. eines Tellers in Athen (NM, Inv. Nr Akr 6; ARV², 1963, 78, Nr 102; Graef/Langlotz, 1925, Taf. 2) tragen die Doppel-Sign. von E. als Maler und Töpfer. Auf den Vasen der Frühphase verzeichnete E. keine *Lieblingsnamen*, aber auf Schalen seiner reifen Phase pries er Hipparchos. Sein Name erscheint auf einer Reihe von rotfigurigen Schalen, die innen und außen mit mytholog. Themen wie Theseus mit dem Minotauros, Herakles und Busiris, Achilles und Ajax sowie mit Alltagsszenen wie Symposia und Komoi bemalt sind. Diese Szenen dokumentieren E.s Liebe für schnelle, anmutige Bewegungen und für gefällige Schilderungen. Sie gehen einher mit seiner ständig entwickelteren Fähigkeit, den Körper in ungewöhnl. Haltungen abzubilden. Zur gleichen Zeit setzt er Palmetten an die Henkel; die sorgfältigste befindet sich auf einer Schale, die vom Töpfer → Python (I) sign. ist, dem langjährigen Mitarbeiter des Malers → Duris (London, BM, Inv. Nr E 38; ARV², 1963, 72, Nr 16; Boardman, ARFV, I, 1975, Abb. 75). Es ist vorstellbar, daß die Henkelpalmetten des E. eine Rolle in der Entwicklung der Henkelpalmetten des → Duris spielten. Ähnlichkeiten in der Komp. existieren auch bei den zwei Malern; → Duris mag sehr wohl von E.s besonderem Talent im Zeichnen von Med. angeregt worden sein. E. fuhr auch in seiner reifen Phase fort, bilingue Augenschalen zu dekorieren. Er arbeitete mit and. Malern auf zwei Schalen zusammen. So bemalte er die schwarzfigurige Innenseite einer Schale, deren rotfigurige Außenseite dem Euergides-Maler zugeschr. ist (Paris, Louvre, Inv. Nr G 16 ; ARV², 1963, 71, Nr 13 ; CVA 10, Taf. 11, 2–3. 6), und er war verantwortl. für die rotfigurige Innenseite einer Schale, deren Außenseite von einem Maler in der Art des Euergides-Malers geschmückt worden ist (Neapel, Mus. Archeol. Naz., Inv. Nr H 2609; ARV², 1963, 73, Nr 29; J. D. Beazley, Potter and painter in ancient Athens, Ox. 1946, Taf. 8). Zur gleichen Zeit experimentierte E. auch mit dem ungewöhnl. Korallenrot auf mindestens zwei Schalen (Athen, NM, Akr 62 und Akr 65; ARV², 1963, 73, Nr 25–26; Graef/Langlotz, 1925, Taf. 4). Sein freizügiger Zeichenstil in seiner reifen Phase stand im Widerspruch zum altmod. Format der Augenschalen, und er gab schon bald diese Gefäßform auf und konzentrierte sich statt dessen auf rotfigurige Schalen mit Palmetten an den Henkeln. Ein gutes Beispiel seines reifen Stils bildet eine Schale in London (BM, Inv. Nr E 37; ARV², 1963, 72, Nr 17; Pfuhl, MuZ, III, 1923, Taf. 323–324), die einen Symposiasten im Innenbild zeigt. Die leichte Biegung seiner Liege und seines Kissens mit dem angelehnten Fuß wiederholen das Rund des Med. während die strengen Diagonalen, die durch das rechte Schienbein des Sängers, durch seine Faltensetzung und das Barbiton hervorgerufen werden, die Komp. beleben. Eine Außenseite zeigt Theseus und den Minotauros. Hier können wir E.s Interesse für Verkürzungen anhand der Frontalansicht des rechten Beines des Minotauros und der nicht ganz erfolgreichen Rückenansicht des Theseus beobachten. Die Neugier des Künstlers an schwierigen und ungewöhnl. Haltungen teilt E. mit den 'Pionieren'. In der Spätphase arbeitete E. mit → Pistoxenos zus., der als Töpfer einen Skyphos in London sign. (BM, Inv. Nr E 139; ARV², 1963, 77, Nr 86; CVA 4, Taf. 28, 1). E.s späte Werke zeigen weiterhin den Einfluß der „Pioniere", doch anstatt in seiner langen Karriere den Wechsel von der Archaik zur Klassik durchzumachen, gab er niemals seinen lebendigen archaischen Zeichenstil auf. ▭ ThB10, 1914. RE VI. 1, 1907; EAA III, 1960; DA XXXII, 1996 (s.v. vase painters; Epiktetos). – *W. Kraiker*, JdI 44:1929, 141–197; *J. D. Beazley*, JHS 51:1931, 41–44; ARV², 1963, 70–81; 1623–1624; 1705; *Cohen*, Bilingual, 1978, 400–438; Add², 1989, 166.

D. Buitron-Oliver

Epilykos (Ἐπίλυκος), ehem. fälschlicherweise als att. Vasenmaler des späten 6. Jh. v. Chr. interpretiert. Diese Identifizierung beruhte auf der irreführenden Inschr. ΕΠΙΛΥΚΟ[Σ ΕΓΡΑΦ]ΣΕΝ ΚΑΛΟΣ auf der rotfigurigen Schale im Louvre (Inv. Nr G 10). Eine zweite Schale, deren Fragm. zw. Toronto und der Villa Giulia in Rom aufgeteilt sind, trug wahrsch. die gleiche Inschrift. Pottier (1906) bez. E. wegen der angenommenen Sign. erstmals als Maler. Es weisen jedoch wenigstens 15 and. Vasen diese Standard-Inschr. *E. kalos* auf, die meisten der Inschr. stammen von ders. Hand, und drei von ihnen wurden vom Maler → Skythes sign. (Paris, Louvre, Inv. Nr S 1335; Rom, Villa Giulia, Inv. Nr 20760; Paris, Louvre, Inv. Nr G 12; wahrsch. auch Berlin, SMPK, Antikenslg, Inv. Nr 4041. 1). Buschor (1915) wies als erster die Existenz eines Malers E. zurück und spätere Forscher folgten ihm. Die Inschr. auf der Schale im Louvre (Inv. Nr G 10) bleibt ungedeutet. ▭ ThB10, 1914. EAA III, 1960. – *Pottier*, VasesLouvre, III, 1906, 891–895; *E. Buschor*, JdI 30:1915, 36–40; *D. M. Robinson/E. Fluck*, A stud. of the Greek love-names, Baltimore 1937, 104 s.; ARV², 1963, 83; 1578.

A. Shapiro

Epimachos (Ἐπίμαχος), griech. Architekt aus Athen, tätig E. 4./1. V. 3. Jh. v. Chr. Obwohl Vitruv (10, 16, 4) E. als berühmten Architekten bezeichnet, gibt es keine Belege für eine baukünstler. Tätigkeit. E. konstruierte für die von König Demetrios I. Poliorketes 305/04 v. Chr. durchgeführte Belagerung von Rhodos die ἑλέπολις („Stadteinnehmerin"), einen riesigen fahrbaren Belagerungsturm (Vitr., 10, 16, 4; Ath., Mech.). Dieser war 40 m hoch, besaß neun Stockwerke mit Geschützen und Rammsporen. ▭ ThB10, 1914. RE VI. 1, 1907 (s.v. E. 3); EAA III, 1960; EWA II, 1971, 108. – *Brunn*, GGK II, 1889, 239; *R. Schneider*,

Griech. Poliorketiker, III, in: Abh. der Kgl. Ges. der Wiss., phil.-hist. Kl., N. F. 12:1912, Nr 5.
W. Müller

Epimenes (Ἐπιμένες), griech. Gemmenschneider spätarchaischer Zeit, um 500 v. Chr. wahrsch. im ö. Mittelmeerraum tätig. Seine Sign. EPIMENES EPOIEI („Epimenes hat es gemacht") findet sich auf einem Chalcedon-Skarabäoid aus Naukratis ehemals Slg Tyzkiewicz, heute in Boston (MFA). Der Stein zeigt einen nackten Jüngling, der ein mit reichem Zaumzeug geschmücktes Pferd bändigt. Aufgrund der stilist. Charakteristika des Steins, die zeitl. dem plast. Schmuck des um 525 v. Chr. zu datierenden Siphnier-Schatzhauses wie auch att. Vasenbildern nahestehen, kann der Stein um 500 v. Chr. angesetzt werden. Für Furtwängler (1900) wiesen die Buchstaben der Inschr. auf Paros als Schaffensort des E., die neuere Forsch. dachte hier an die ion. Inseln oder das ion. Festland (Beazley, 1920; Boardman, 1968). E. werden noch zwei weitere Chalcedon-Skarabäoide zugeschr.: ein Bogenschütze aus Ägina in Boston (MFA) und ein knieender Jüngling, der seinen Pfeil prüft, ebenfalls aus Naukratis (New York, Metrop. Mus.). ▭ ThB10, 1914 (s.v. E.). RE VI. 1, 1907 (s.v. E 2); EAA III, 1960, (s.v. E.). – *Furtwängler*, AG, III, 1900, 80; AG, II, 1900, 44; *Beazley*, Lewes-House, 1920, 20; *Richter*, EngrGemsGE, 1968, 15; *Boardman*, AGGems, 1968, 92 ss.; *Zazoff*, AG, 1983, 103, Anm. 19.
B. Gerring

Epineikos (Ἐπίνεικος), Bildhauer aus dem phryg.-pisid. Grenzgebiet, in der fortgeschrittenen Kaiserzeit tätig. Nur bek. von einer Statuenbasis aus Karamanlı (Ormele), die seine Sign. (Ἐ. λατύπος) trägt. ▭ EAA III, 1960. – *M. Collignon*, BCH 2:1878, 264, Nr 18.
T. Lochman

Epiphanes, byz. Mosaizist, um 400 n. Chr. in Theben tätig. Nur bek. durch eine Inschr. auf einem Fußbodenmosaik aus Theben (heute Theben, Arch. Mus.). Danach legte er die Steinchen nach einer Vorlage, die von → Demetrios (XXI) geschaffen worden ist. ▭ *P. Lazzaridis*, ADelt 20:1965, 253 ss., Taf. 310–314; *Donderer*, Mosaizisten, 59, Nr A 10, Taf. 8.
R. V.

Epistemon (Ἐπιστέμον), aus Athen, möglicherweise Bildhauer, 2. H. 6. Jh. v. Chr. tätig. Der Name des E. ist (fragm. [...]ιστέμον) nur durch eine in Athen (Anavyssos) aufgefundene Grab-Inschr. (Athen, Epigraph. Mus., Inv. Nr 10644) bek., aus der allerdings nicht eindeutig hervorgeht, ob er (oder aber eventuell ein gewisser → Hippostratos) das Grabmal geschaffen hat. ▭ IG, I^3, 1242.
U. Huttner

Epitherses (Ἐπιθέρσης), Bildhauer aus Paphlagonien, mittleres 2. Jh. n. Chr. Nur bek. durch seine Sign. (ἠργασάμην Ἐπιθέρσης) einer bis auf die Darst. eines Pfluges schmucklosen Grabstele aus Yenice im Territorium der Stadt Caesarea-Hadrianopolis. ▭ SEG, XLIII, 1993, 912; *C. Marek*, IstForsch 39:1993, 207, Nr 80, Taf. 16,2.
T. Lochman

Epitimos (Ἐπίτιμος), att. Töpfer aus der M. des 6. Jh. v. Chr. Bek. durch drei von ihm sign. Randschalen (Kopenhagen, NM, Inv. Nr 13966; Para, 1971, 48; CVA, Copenhagen 8, Taf. 324 s.; New York, Metrop. Mus., Inv. Nr 25. 78. 4; ABV, 1956, 119, Nr 9; Para, 1971, 48, CVA, New York 2, Taf. 10, 12 a-f; Taf. 37; Malibu, Paul Getty Mus., Inv. Nr 86. AE. 157; CVA, Malibu 2, Taf. 89, 4; 91, 2–7; 92 s.). Über die Identität der Maler, die seine Schalen dekorierten, ist lange diskutiert worden: Rumpf (1937) schrieb – auf Grund einer proto-A Schale aus Neapel – die New Yorker Schale → Sakonides zu. Vanderpool (1945) schrieb die Neapeler Schale und eine Droop Schale aus Athen einem neuen Maler zu, der später von Beazley (ABV, 1956) den Namen Kallis-Maler bekam. Die New Yorker Schale teilte er der Wkst. des → Lydos zu. Von Vacano (1973) schrieb seinerseits die Schalen des E. dem Kallis-Maler zu. Callipolitis-Feytmans (1980) hat diese Zuschr. entscheidend widerlegt. Tiverios (1976) hat schließl. gezeigt, daß der Epitimos-Maler ident. mit dem späten → Lydos ist. Eine Randschale in Karlsruhe (Bad. LM, Inv. Nr 69/61; CVA, Karlsruhe 3, Taf. 22, 1–7) und eine Bandschale in Atlanta (M. C. Carlos Mus., Inv. Nr 1990. 4. 1; Palladion, Antike Kunst, Kat. 1976, Basel, Nr 21) können ders. Hand zugewiesen werden. Die Schalen von E. sind größer als and. Randschalen (H. ca. 19,4 cm, Durchm. ca. 30,2 cm) und besitzen Innen- und Außenbilder; die Palmetten sind durch Reiter, Bogenschütze, Löwen und Sphingen ersetzt. ▭ ThB10, 1914. – *A. Rumpf*, Sakonides, L. 1937, 11; *E. Vanderpool*, AJA 49:1945, 436–440; ABV, 1956, 119. 9; *K. F. Johansen*, ActaArch 31:1960, 129–145; Para, 1971, 48; *O. von Vacano*, Zur Entstehung und Deutung gemalter seitenansichtiger Kopfbilder auf schwarzfigurigen Vasen des griech. Festlandes, Bonn 1973, A 125-A 128; *M. A. Tiverios*, Lydos, Ath. 1976; *D. Callipolitis Feytmans*, BCH 104:1980, 317–332.
P. Heesen

Epitonos (Ἐπίτονος), angenommener Graveur eines Steines mit einer Darst. des Aiax, bei der es sich wohl um eine moderne Arbeit handelt. ▭ EAA III, 1960. – *A. Furtwängler*, JdI 4:1889, 74.
B. Gerring

Epitrachalos (Ἐπιτράχαλος), vermeintl. Gemmenschneider. Falsche Lesung der Sign. → Epitynchanos (I). ▭ EAA III, 1960. – *Brunn*, GGK, II, 1889, 610. B. Gerring

Epitynchanos (I) (Ἐπιτύγχανος), griech. Kameenschneider, um die Zeitenwende in Rom tätig. E. war Mitarb., viell. sogar Schüler des Gemmenschneiders → Dioskurides (IV), der nach Plinius der Porträtist des Augustus war und mit größter Wahrscheinlichkeit der *praepositus* der kaiserl. Gemmenwerkstätte war (Vollenweider, 1966). Die Art des E. steht der des → Saturninus (I) sehr nahe, der ein Portr. der Antonia sign. und darum ebenfalls der Wkst. des → Dioskurides (IV) zugeordnet wird. E. ist einer der Künstler, die die „aristokrat. Glyptik" der augusteischen Zeit vertreten. Diese widmete sich v.a. der Darst. klassizist. Motive, die auf Werke der griech. Klassik zurückgreifen, sowie anspruchsvoller Porträts der röm. Nobilität. Sie verliehen dem „augusteischen Klassizismus" damit eine seiner charakterist. Facetten. Die Sign. des E. findet sich auf dem Fragm. eines Kameos aus Sardonyx mit dem hellen Porträtkopf auf dunklem Grund eines Mannes im Profil in London (BM), der plausibel auf Germanicus (15 v. Chr. – 19. n. Chr.) gedeutet wird, was die Zugehörigkeit des E. zur Wkst. des kaiserl. Hofes bestätigen würde. Der Stil des E. zeigt sich an diesem Porträt in einer kalligraph., wenn auch etwas gleichförmigen Behandlung der Frisur, einer subtilen, aber glatten und harten Modellierung der Karnatflächen und einer starren Anlage der Physiognomie, die hinter der lebendigen Spannung des Bildnisses auf dem Kameo des Gemmenschneiders → Herophilos zurückbleibt. ▭ ThB10, 1914. EAA III, 1960. – *A. Furtwängler*, JdI 3:1888, 319, Taf. 11, 1; *Walters*, BMGems, 1926, Nr 3592; *Vollenweider*, Steinschneidekunst, 1966, 77, Anm. 65, Taf. 88, 4; *Richter*, EngrGemsRom, 1971, 144, Abb. 674; *E. Zwierlein-Diehl*, KölnJbVFrühGesch 17:1980, 28, Taf. 11, 65; *Zazoff*, AG, 1983, 316, Anm. 59, Taf. 91, 2–3. B. Gerring

Epitynchanos (II), Bildhauer aus Phrygien, letztes V. des 2. Jh. n. Chr. in der nw.-phryg. Tembris-Hochebene tätig. Sein Name ist uns durch seine Sign. (Ἐπιτύγχανος λατύπος) auf zwei Zeusvotivstelen aus der Gegend von Appia in der Tembris-Hochebene überliefert (T. Drew-Bear, GrRomByzSt 17:1976, 252 s., Nr 9, Taf. 7,4, p. 253, Nr 11, Taf. 8,3; L. Robert, BCH 107:1983, 543, Abb. 1; S. Mitchell, Anatolia, II, Ox. 1993, 14 s., Abb. 3), wobei eine dieser beiden Stelen in Zusammenarbeit mit dem Wkst.-Kollegen → Zelas entstanden ist; auf dieser haben sich allerdings keine Reliefs erhalten. Die and. von E. allein gemeißelte Naiskosstele ist hingegen komplett und zeigt in ihren ornamentalen und linienbetonten Reliefs (Ranke und Zeusbüste) den Wesenszug der phryg. Provinzialkunst. Individuellere Hs. wird in der kantigen Hervorhebung der Gesichtszüge faßbar, eine stilist. Eigenheit, die sich auch auf einzelnen Grabreliefs dieser Gegend wiederfindet, so etwa einer Bogenfeldstele mit stehender Frau in Istanbul (Arch. Mus., E. Pfuhl/H. Möbius, Die ostgriech. Grabreliefs, I, Mainz 1977, Nr 478) und in einer Votivbüste an Zeus Ampelikos in Priv.-Bes. (L. Robert, BCH 107:1983, 541, Abb. 16), die auf E. zurückgehen könnten. M. Waelkens weist dem E. eine Votivbüste an Zeus Ampelikos in Toronto (Mus.; M. Waelkens, in: S. D. Campbell [Ed.], The Malcove coll., Toronto 1985, 19 s., Nr 16) sowie vier weitere Bogenfeldstelen zu, zwei unpubl. Stelen in Kütahya (Mus., Inv. Nrn 2 und 5) und je ein Beispiel aus Beşkarış und Alibey Köy in der Tembris-Hochebene (Waelkens, 1993, Nrn 47 und 101), deren Zuschr. an E. aus stilist. Gründen (v.a. im Falle der Büste und der Stele in Beşkarış) allerdings nicht überzeugen. ▭ *M. Waelkens*, MAMA, X, 1993 (zu Nr 47); *T. Drew-Bear/C. Thomas/M. Yıldızturan*, Phrygian votive steles. The Mus. of Anatolian Civilizations, Ankara 1999, 26; *T. Lochman*, Studien zu kaiserzeitl. Grab- und Votivstelen aus Phrygien, im Druck. T. Lochman

Epopheles (Ἐποφέλες), griech. Töpfer, im 6. Jh. v. Chr. in Halai/Zentralgriechenland tätig. Von E. ist ledigl. ein Skyphos aus Halai/Opuntisches Lokris bek., der ihn mit einer linksläufigen Sign. als Töpfer nennt: EPOPHELES EPOIES(E), „Epopheles hat (es) gemacht"; als zweite, nun rechtsläufige Sign. weist das Gefäß eine unvollst. erh. Maler-Sign. auf: EUPHRA[...]N EKRAPHSE (verschrieben statt EGRAPHSE), „Euphra...n hat (es) gemalt"; beide Sign. sind im Lokalalphabet von Lokris geschrieben. Die schwarzfigurige Bemalung zeigt in einem schlichten Stil versch. Tiere (Kuh, Schlange, Hase [Hund?], Hund, Skorpion, Delphin, Panther) sowie eine Lotusblüte. Der in einer lokalen Wkst. hergestellte Skyphos folgt in Form und Bemalung korinth. Vorbildern. ▭ *J. E. Coleman*, Excavations at Halai, 1990–1991, Hesperia 61:1992, 275; *J. E. Coleman/P. S. Wren/K. M. Quinn*, Halai. The 1992–1994 field seasons, Hesperia 68:1999, 308, Nr 18. M. Steinhart

Epythicanus, griech. Goldschmied, in augusteischer Zeit in Rom tätig. Nur bek. durch seine Grab-Inschr. aus dem Columbarium der Livia in Rom (CIL, VI, 3943; Solin, GPR, II, 1982, 792). ▭ EAA I, 1958 (s.v. Aurifex). R. V.

Eraton → **Eraton,** *Aulus Sextus*

Eraton, *Aulus Sextus* (Ἐράτων, Αὖλος Σέξτος), griech. Bildhauer aus Athen, in der 2. H. des 1. Jh. n. Chr. in Olympia tätig. Durch Sign. auf einer Mantelfalte (Overbeck, SQ, 1868, Nr 2306; Loewy, IGB, 1885, 236, Nr 334) als Erschaffer einer weibl. Statue (im Typus der 'Großen Herculanerin' in Dresden; ausführl. zu diesem Typus: Bieber, 1962) in Olympia ausgewiesen, die im dortigen Heraion aufgestellt war und eine vornehme Eleerin darstellte. Vermutl. von demselben Künstler, da mit gleichartiger Inschr. und Sign. versehen, stammte ein Statuen-Fragm. (Bein, daneben mit Tuch bedeckte, kannelierte Vase; Loewy, IGB, 1885, 265, Nr 378) in der Villa Albani in Rom. Von Winckelmann als Teil einer Dionysosstatue, von and. als Aphrodite-Kopie (Typ Knidos oder Kapitol) gedeutet, ist es schon seit E. des 18. Jh. verschollen. ▭ ThB10, 1914 (s.v. Eraton). RE VI. 1, 1909 (s.v. E. 9); EAA III, 1960; IV, 1961 (s.v. Marmorarius). – *J. J. Winckelmann*, Descr. des pierres gravées du feu Baron de Stosch, Fi. 1760, 167; *Brunn*, GGK I, 1889, 610; *G. Treu*, Olympia, III (Tafelband), 1894, Taf. 62, 6; *id.*, Olympia, III (Textband), 1897, 252 ss., Abb. 288–290; *P. Graindor*, Athènes de Tibère à Trajan, Kairo, 1931, 178; 180 s., Abb. 20; *Richter*, CriticalPeriods, 1951, 56; *Calabi Limentani*, Studi, 1958, 165, Nr 108; *M. Bieber*, Proceedings of the American Philosophical Soc. 106:1962, 117 s., 125.
C. Müller

Erginos (I) (Ἐργῖνος), Sohn des Klymenos oder des Poseidon, Vater der myth. Architekten → Agamedes und Trophonios, König des böot. Orchomenos. Lt. Marzani (EAA) angebl. myth. Architekt. Hier liegt jedoch wohl offensichtl. eine Verwechslung mit seinen beiden Söhnen vor. ▭ *R. Engelmann*, ML I. 1, 1884–86, 1301–1303 (s.v. E. 2; RE VI. 1, 1907 (s.v. E. 2); EAA III, 1960 (s.v. Ergino und E. 1); *R. Vollkommer*, LIMC III, 1986, 818 s., s.v. Erginos.
R. V.

Erginos (II), griech. Töpfer, im letzten V. des 5. Jh. v. Chr. in Athen tätig. ERGINOS EPOIESEN liest man in der ersten Zeile der Doppel-Sign., die das ARISTOPHANES EGRAPHSE in den kleiner werdenden Teil des tongrundig ausgesparten Innenbildsegmentes der Kylikes in Berlin (SMPK, Antiken-Slg, Inv. Nr F 2531; ARV², 1963, 1318, Nr 1; p. 1690; Add², 1989, 363) und in Boston (MFA, Inv. Nr 00. 344; ARV², 1963, 1319, Nr 2; Add², 1989, 363) drängt. Diese zwei Doppel-Sign. sind die letztbekannten ihrer Art, insbesondere für diesen Gefäßtypus, der Trinkschale. E. und → Aristophanes werden die Idee dazu von → Aison und seiner ebenso außergewöhnl. großen Schale in Madrid (MN Arqueol., Inv. Nr 11265; ARV², 1963, 1174, Nr 1; p. 1685; Simon/Hirmer, 1981, Taf. 221–223; Add², 1989, 339) übernommen haben. Geschrieben hat die beiden Zeilen – im Vergleich mit Figurenbenennungen – → Aristophanes. Der Figurenmaler → Aristophanes steht in der Nachf. der Figuren des Malers → Aison, dessen Töpfer auf besagter Schale nicht sign. hat. Daß aber zum Töpfer E. eine Wkst.-Verbindung bestand, zeigen nicht nur die Schalenproportionen, die für einen Ausläufer der Wkst. des Penthesilea-Malers typ. sind, sondern auch die für gewisse Aison-Vasen char. plast., konzentr. Ringe auf der Gefäßunterseite, die oft noch durch die hell und dunkel gefirnißte Abfolge in ihrer Plastizität betont wird. Die gerippten Fußunterseiten findet man auf allen drei vollst. erh. Kylikes von E. und → Aristophanes und passen – neben dem Faktum, ein bes. Merkmal dieses Töpfers zu sein – gut zum Reichen Stil der Figuren. Im kleinen Werk des → Aristophanes lassen sich die Töpfermerkmale des E., bedingt durch den anderen tekton. Aufbau, in keiner and. Gefäßform wiedererkennen. ▭ ThB10, 1914. RE VI. 1, 1907 (s.v. E. 4); EAA III, 1960 (s.v. E. 2). – ARV², 1963, 1318 s., Nrn 1 s.; p. 1556, 1690; Para, 1971, 478; Add², 1989, 363; *Immerwahr*, AttScr, 1990, 117; *A. Lezzi-Hafter*, in: *R. Olmos* (Ed.), Coloquio sobre Teseo y la copa de Aison, Anejos de Archivo español de Arquelogía 12:1992, 57–73; *I. Wehgartner*, ibid., 75–96.
A. Lezzi-Hafter

Ergophilos (Ἐργόφιλος), griech. Bildhauer, im 4. Jh. v. Chr. in Delphi tätig. Bek. durch drei Sign. von Delphi, darunter eine auf der Basis der Statue eines Phokers, Sieger im Faustkampf der Knaben, eine weitere auf der Basis der Statue des Atheners Melanopos (nach der Schriftform vom E. des 4. Jh. v. Chr.) sowie einer letzten Basis, auf der wohl eine Bronzeplastik stand. Diesen E. hält Pomtow (1909) für den Vater des Bildhauers → Xenokrates (Plin., nat., 34, 83; Overbeck, SQ, 1868, Nrn 1527 s.; Loewy, IGB, 1885, 105 s., Nr 135a-b; p. 388, Nr 135c; RE IX. A. 2, 1967 [s.v. Xenokrates 10]; Lippold, GrPl, 1950, 305). ▭ RE, Suppl. III, 1918; EAA III, 1960. – *H. Pomtow*, Ber. über die Ergebnisse einer neuen Reise nach Delphi, L. 1909, 45; *Marcadé*, Signatures, I, 1953, Nr 32, Taf. 7, 2–4.
A. Herr

Ergoteles (Ἐργοτέλης), Sohn des → Nearchos (I), griech. Töpfer, M. 6. Jh. v. Chr. in Athen tätig. E. arbeitete in einer fruchtbaren att. Töpfer-Wkst., die vermutl. als Fam.-Betrieb geführt wurde und deren Wkst.-Leiter → Nearchos (I) und seine beiden Söhne → Tleson (I) und E. waren. Es wurde vermutet, daß die Ähnlichkeit des Namens E. mit dem eines and. Töpfers, → Ergotimos, darauf hinweist, daß Nearchos möglicherweise des Ergotimos' Schwester oder Tochter geheiratet hat (Webster, 1972). Im Gegensatz zu → Tleson (I) sind von seinem Bruder E. nur zwei Werke bek., eine Lippenschale in Berlin (SMPK, Antiken-Slg, Inv. Nr F 1758) und eine weitere ehem. im Florentiner Kunsthandel. Ein Schalen-Fragm. in Oxford mit dem Inschr.-Rest ΕΡΓ[..] wurde ebenfalls auf E. bezogen. Nach den wenigen Belegen scheint E. das Patronymikon im Gegensatz zu seinem Bruder → Tleson (I) stets nach ΕΠΟΙΕΣΕΝ („hat getöpfert") geschrieben zu haben: HO NEAPXO („Sohn des Nearchos"). E. hat nach der Fundstatistik in der Wkst. im Vergleich mit → Tleson (I) eher eine untergeordnete Rolle gespielt. ▭ ThB10, 1914. EAA III, 1960. – *Furtwängler*, BerlinVasen, I, 1885, 290, Nr 1758 (mit Faks. der Töpfer-Inschr.); *J. D. Beazley*, JHS 52:1932, 180, 183, 192, 200; *id.*, ABV, 1956, 162; *T. B. L. Webster*, Potter and patron in Classical Athens, Lo. 1972, 9 s. – *Zu den Buchstabenformen der Sign.*: *Immerwahr*, AttScr, 1990, 53. R. Blatter

Ergotimos (Ἐργότιμος), griech. Töpfer, etwa 570–560 v. Chr. in Athen tätig. Als Töpfer sign. E. einen Volutenkrater (die sog. François-Vase), einen Ständer, zwei Skyphoi/Kantharoi, drei Schalen – diese Gefäße wurden alle von → Kleitias bemalt – und eine fußlose Knopfhenkelschale. Das Glanzstück seiner Töpferarbeit ist der Florentiner Volutenkrater (Florenz, Mus. Archeol., Inv. Nr 4209: ABV, 1956, 76, Nr 1; Cristofani, 1977, passim; K. Hitzl, Die Entstehung und Entwicklung des Volutenkraters von den frühesten Anfängen bis zur Ausprägung des kanonischen Stils in der att. schwarzfigurigen Vasenmalerei, Ffm./Bern 1982, 20–24), der aber kein Einzelstück ist, denn er formte einen weiteren, nur fragm. erh., ebenfalls von → Kleitias bemalten Volutenkrater (Moskau, Puschkin Mus. – Basel, Slg Cahn, Inv. Nr HC 1418); in beiden Fällen verbindet E. den Gefäßkörper herkömml. Kolonnettenkratere mit zweigeteilten, flachen Henkeln lakonischer Herkunft, die auf der Mündung über einem nach außen drängenden Halsprofil aufsetzen – ein char. Merkmal att. Volutenkratere – und steigert die Größe des Gefäßes in mon. Dimensionen. Ein Experiment bleibt die namengebende Gordionschale (Berlin, SMPK, Antiken-Slg, Inv. Nr 4604: ABV, 1956, 78, Nr 13; Boardman, SFVA, 1977, Abb. 108. 1-2), deren Form aus versch. and. Schalenformen zusammenkomponiert wurde. E. war viell. auch der Erfinder der Knopfhenkelschale, deren fast halbkugelförmiger Körper auf einem hohen Fuß sitzt, deren gabelbeinförmige Henkel über den Rand gezogen sind und in Knöpfen enden (D. Callipolitis-Feytmans, BCH 103:1979, 195 ss.). Die Dekoration durch einen qualitätvollen, aber anonymen Maler besticht durch die erstmalige Darst. der Abführung des Silenos durch die beiden – griech. dargestellten – Diener des phrygischen Königs Midas, aber auch durch die Verwendung sprechender Namen für die Zecher der Gegenseite (Berlin, SMPK, Antiken-Slg, Inv. Nr V. I. 3151: ABV, 1956, 79 u.; GGK, Führer-Berlin, 1968, 177, Taf. 48; M. Page-Gasser, LIMC VII, 1995, 64, Nr 1*, s.v. Oreios I 1; M. C. Miller, LIMC VIII, 1997, 848, Nr 21, s.v. Midas; E. Simon, ibid., 1115–1116, Nr 47, s.v. Silenoi). E. schuf wahrsch. eine zweite solche Schale (Athen, NM, Inv. Nr 14907: ABV, 1956, 68, Nr 1; CVA Athen, NM [3] Taf. 6, 1–4, bemalt vom Maler von Athen 533), die der Berliner in Form, Technik und Ton auffällig gleicht, in der Themenwahl aber wenig spektakulär ist. E.s Töpferkunst war ein wichtiger Meilenstein auf dem Weg Athens zur dominierenden Keramikstadt. Er war ein eklekt. Töpfer: Aus Einzelelementen versch. Landschaften schuf er den att. Volutenkrater, der zunächst ebensowenig Nachfolger fand wie sein Ständer, dann aber am E. des 6. Jh. reüssierte; die Gordionschalen konnten sich hingegen nicht durchsetzen. Sie alle sind aber für die Entstehung des späteren kanonischen Formspektrums wichtige und raffinierte Stationen. Für E. arbeitete → Kleitias, der beste Maler seiner Zeit; neben ihm können aber auch die Maler der beiden Knopfhenkelschalen bestehen, in erster Linie der der Berliner Schale, der in Themenwahl und Komp. besonders innovativ war. Sie bestätigen wiederum die Reputation des Töpfers E. im athenischen Kerameikos. E. war der Begründer einer Töpferdynastie, wie Sign. seines Sohnes → Eucheiros (II) und seines Enkels, dessen Namen nicht erh. ist, beweisen; beide haben sich offensichtl. auf Kleinmeisterschalen, v.a. Randschalen, spezialisiert. ▭ ThB10, 1914. RE VI. 1, 1907; EAA III, 1960. – ABV, 1956, 79–80; Guide de Delphes. Le musée, P. 1991, 228, Nr 8; p. 230, Abb. 4 (Delphi). B. Kreuzer

Erigonos (Ἐρίγονος), griech. Maler, in der 2. H. des 3. Jh. v. Chr. in Sikyon tätig. Nach Plinius (nat., 35, 145; Overbeck, SQ, 1868, Nr 2105) war E. zunächst Farbenzubereiter bei dem berühmten sikyon. Maler → Nealkes. E. malte aber später selbst so gut, daß er der Lehrer von → Pasias, dem Bruder des Malers → Aiginetes, wurde. ▭ ThB10, 1914. RE VI. 1, 1907; EAA III, 1960. – *Pfuhl*, MuZ, II, 1923, 813. R. V.

xErixiane... x(x)tenas, unsichere Benennung eines etrusk. Töpfers, überliefert durch die lückenhafte Inschr. auf der Außenwand eines Gefäßes, gefunden in einer Grabkammer der Nekropole von Poggio Buco (Pitigliano/Grosseto) und heute verloren. Bei dem Gefäß „(aus Bucchero) ohne Fuß mit der rohen Zchng von einander folgenden Gänsen (...) und einem Pferd" (NSc, 1892, 261) handelte es sich vermutl. um einen Kelch. Wie die and. Funde aus dem Grab (große Kyathoi aus Bucchero-Ton, Vasen mit geometr. Dekor in „red-on-white"-Technik, Bucchero-Gefäße) wäre er wohl auf E. 7. Jh./A. 6. Jh. v. Chr. zu datieren. Die hypothet. Erg. der Inschr. zu „xerixianezinace**x**(**x**)tenas" ergeben keinen sinnvollen Text. Trotzdem lassen sich einige inhaltl. Aussagen machen: am klarsten verständl. ist der Begriff „zinace", der aktiven Vergangenheitsform eines Verbs mit dem Stamm „zina-", das soviel bedeutet wie „machen (im materiellen Sinn)" und in diesem Zusammenhang üblicherweise mit „hat gemacht" übersetzt wird. Auch die Lettern „...tenas" ergeben einen Sinn, näml. als Stamm eines Fam.-Namens im Nominativ mit dem adjektiv. Suffix „-na", dem die ersten Buchstaben fehlen (hypothet. Erg. als „atenas" oder „titenas"). Über einen zugehörigen Vornamen läßt sich nur schwer Aufschluß gewinnen. Wenn man annimmt, daß der Zischlaut „s" im Fam.-Namen auch für einen Genitiv stehen könnte, würde sich die Inschr. nicht auf einen Künstler beziehen. Der Gänsefries geht auf Bucchero-Vasen mit graviertem Dekor zurück, die in der gesamten 2. H. des 7. Jh. v. Chr. verbreitet waren, läßt sich jedoch nicht genauer einordnen. – Die Lautschrift der Inschr. (gamma vor dem Palatallaut in „zina-c-e"; Sigma am Ende von „[x]tena-s") sprechen für eine Herkunft des Künstlers oder des Empfängers des Gefäßes aus dem n. Etrurien. Ob sich die Aussage „zinace" auf den Töpfer oder den Gravierer bezieht, ist schwer zu entscheiden. Die ersten Sign. auf Gefäßen von griech. Meistern, die z.T. auch in Italien tätig waren, teilen jedoch durch das Verb ποιεῖν („machen") ihre Autorschaft mit, die sich wahrsch. auf die Bemalung bezieht.
G. Camporeale

Erillos (Ἔρυλλος), griech. Maler, in der 2. H. des 5. Jh. v. Chr. tätig. Plinius (nat., 35, 60; Overbeck, SQ, 1868, Nr 1130) listet ihn als guten, aber nicht erstrangigen Maler auf, der zur 90. Olympiade (420–417 v. Chr.) aktiv war. ▭ ThB10, 1914. RE VI. 1, 1907; EAA III, 1960. – *Pfuhl*, MuZ, II, 1923, 698, 700. R. V.

Eros (Ἔρως), aus Athen, Bildhauer, 2. H. 1. Jh. n. Chr. in Olympia tätig. Bek. durch eine Künstler-Inschr. auf der Mantelfalte einer stehenden weibl. Gewandfigur, die in einer späten Mauer verbaut vor der O-Front des Heraions gefunden wurde. Die rechte Hand hielt möglicherweise eine Opferschale, der Kopf war eingezapft. Wahrsch. war die Skulpt. im Pronaos auf einer der noch *in situ* befindl. Basen mit den Namen der Antonia Cleodice, der Claudia Alcinoa und der Numisia Teisis aufgestellt, zus. mit den beiden von den Athenern Aulus Sext(i)us Eraton (→ Eraton, Aulus Sextus) und → Eleusinios sign. Statuen. Demnach waren vornehme Eleerinnen dargestellt. Der von E. gefertigte Statuentypus ist nach Kabus-Jahn (1963) um 320 v. Chr. entstanden und eine selbständige Variante des Korentypus als Weiterentwicklung im Sinne des neuen frühhellenist. Stils. Er wird als Typus Venedig-Olympia bzw. Koratypus (Kabus-Jahn, 1963), Heraion- (Schmidt, 1967) oder Schulterbauschtypus (Kruse, 1975) bezeichnet. Merkmale sind ein s-förmig geschwungener Mantelbausch zw. den Brüsten, der auf der linken Schulter auseinandergebreitet ist und dessen Saum auf dem linken Oberarm liegt, sowie ein schwungvoll bis unter das linke Knie ansteigender unterer Mantelsaum. Dieser Statuentypus ist v.a. im O verbreitet und allein in Olympia durch vier kaiserzeitl. Repliken vertreten, u.a. auch bei der von → Eleusinios sign. Figur. Der Statue des E., die im Vergleich zu der des → Eleusinios qualitätvoller ist, fehlt die Trockenheit und Härte in der Gewandwiedergabe. ▭ ThB11, 1915. RE VI. 1, 1907 (s.v. E. 11); EAA III, 1960; LGPN II, 1994, 160 (s.v. Ἔρως 1). – *Loewy*, IGB, 1885, 236, Nr 333; *W. Dittenberger/K. Purgold*, Die Inschr. von Olympia, Olympia, V, 1896, 559 s., Nr 647; *G. Treu*, Die Bildwerke von Olympia in Stein und Thon, Olympia, III, 1897, 253 s., 258, Abb. 288–290, Taf. 63,4; *Reinach*, RépStat, II. 2, 1897, 660, Abb. 6; *A. Hekler*, Röm. weibl. Gewandstatuen, in: Münchener Archäol. Stud. dem Andenken Adolf Furtwänglers gewidmet, M. 1909, 228, Nr XXd; *Lippold*, Kopien, 1923, 210 s.; *P. Graindor*, Athènes de Tibère à Trajan, Kairo 1931, 181, Abb. 21; *Lippold*, GrPl, 1950, 290, Anm. 5; *E. B. Harrison*, Agora, I. Portr. sculpt., 1953, 78 mit Anm. 1 zu Nr 63; *E. Rosenbaum*, A cat. of Cyrenaican portr. sculpt., Lo. 1960, 92, Anm. 7; *R. Kabus-Jahn*, Stud. zu Frauenfiguren des 4. Jh. v. Chr., Da. 1963, 8 s. mit Anm. 32, pp. 10, 41 s.; *E. E. Schmidt*, Röm. Frauenstatuen, s.l. 1967, 80 s., Anm. 403, p. 121;

H.-J. Kruse, Röm. weibl. Gewandstatuen des 2. Jh. n. Chr., Göttingen 1975, 100 s., Anm. 105, Nr 4, pp. 102, 176 s., 269 zu Nr B1; *A. Linfert*, Kunstzentren hellenist. Zeit. Stud. an weibl. Gewandfiguren, Wb. 1976, 42, Anm. 108c; *Bieber*, Copies, 1977, 196; *A. Mallwitz/H.-V. Herrmann* (Ed.), Die Funde aus Olympia. Ergebnisse hundertjähriger Ausgrabungstätigkeit, At. 1980, 209, zu Nr 149 (Olympia, III, 1897, Taf. 63,4 nicht 65,4); *R. Bol*, Das Statuenprogramm des Herodes-Atticus-Nymphäums, OlympForsch, XV, 1984, 178, Anm. 559a, zu Nr 41; *A. und N. Yalouris*, Olympia. Das Mus. und das Heiligtum, At. 1989, 163, Nr Λ140; *K. Hitzl*, Die kaiserzeitl. Statuenausstattung des Metroon, OlympForsch, XIX, 1991, 66, Anm. 366; *J. S. Traill*, Persons of ancient Athens, 7, Tor. 1998, 104, Nr 422700. E. Raming

Eros Zotici, Koroplast aus dem röm. Dakien, 2.–3. Jh. n. Chr. in Inlăceni/O-Dakien tätig. Nur bek. durch eine Votiv-Inschr. an Iuppiter, die in Inlăceni gefunden wurde: *Eros Zotici sig(illarius), d.h. einer, der Tonstatuetten herstellt (?).* ▭ *I. I. Russu*, Acta Musei Napocensis, Cluj Napoca, I, 1964, 189 s., Nr 6; *M. Bărbulescu*, Interferenţe spirituale în Dacia romană, Cluj-Napoca, 1984, 37; Inscriptiones Daciae Romanae III/4, Nr 279.
M. Bărbulescu

Erxekleides cf. **Echekleides**

Eškuš, elamischer Leiter der Holzhandwerkerschaft in Persepolis/Iran, um 466/65 v. Chr. tätig. E. ist namentl. überliefert auf einer in elamischer Keilschrift abgefaßten Tontafel aus dem Verwaltungsarchiv des Schatzhauses von Persepolis/Iran (Univ. of Chicago, Oriental Inst., Inv. Nr A 23253; Cameron, 1948). Der Name ist elamisch oder zumindest elamischen Namensbildungen angeglichen (Mayrhofer, 1973). E. wird als Vormann (Briant, 1996, 444) von insgesamt 612 Holzhandwerkern bezeichnet. Gegenstand des Dok. ist deren Entlohnung für den zehnten bis einschl. zwölften Monat im 20. Reg.-Jahr von Xerxes I., d.h. für den Zeitraum vom E. des Jahres 466 bis zum Frühjahr des Jahres 465 v. Chr. Möglicherweise sind damit alle während dieses Zeitraums an der Errichtung und Ausstattung der Residenzbauten beteiligten Holzhandwerker erfaßt worden. Angaben zu den betreffenden Fertigungsbereichen fehlen jedoch. Hierzu gehört einerseits die Herstellung der für den Baubetrieb notwendigen hölzernen Gerüste und Transportmittel, andererseits die Zurichtung und Montage von hölzernen Baugliedern wie Dachbalken, Tor-, Tür- bzw. Fensterflügel, Treppen und Zwischenböden, evtl. auch Holzsäulen und Mobiliar (L. Trümpelmann u.a., Persepolis – Ein Weltwunder der Antike, Mainz 1988, passim; v.e. → Haradduma). ▭ *G. G. Cameron*, Persepolis treasury tablets, Chicago 1948, 190, Nr 75, Taf. 40; *M. Mayrhofer*, Onomastica Persepolitana, W. 1973, 151, Nr 8. 401, p. 309; *P. Briant*, Hist. de l'empire perse, P. 1996, 444. K. Hornig

Eteokles (Ἐτεοκλῆς), Sohn des Eugnotos, im 4. V. des 4. Jh. v. Chr. in Delphi tätig. Nur bek. durch seine Sign. auf einer Basis für eine Statue zu Ehren des Philostratos aus Kyzikos, Phokions Sohn, der in den pythischen Spielen im Ringkampf gewonnen hatte. Die Basis wurde in Delphi gefunden (heute Delphi, Mus.). ▭ RE, Suppl. III (s.v. E. 4); EAA III, 1960. – *Marcadé*, Signatures, I, 1953, 34, Abb., Taf. 8, 1; *Schmidt*, Statuenbasen, 1995, 260–261, Nr I. 2. 5. R. V.

Ethelandros (Ἐθέλανδρος), griech. Bildhauer, im 2. Jh. v. Chr. in Epidauros tätig. Nur bek. durch seine Sign. auf einem Marmorstein vom Asklepieion in Epidauros (IG, IV^2, 699). Früher las man seinen Namen fälschlicherweise als Thysandros. ▭ ThB33, 1939 (s.v. Thysandros). RE VI. A. 1, 1936 (s.v. Thysandros); RE, Suppl. VIII, 1956 (s.v. Ethelandros); EAA III, 1960 (s.v. Ethelandros). – *Loewy*, IGB, 1885, 190, Nr 268.
R. V.

Eu... (Ευ...), griech. Münzstempelschneider, um 400 v. Chr. in Herakleia/Lukanien tätig. Nur bek. durch seine Sign. auf Nomoi von Herakleia mit der Darstellung des Kopfes der Athena auf der Vorderseite und des mit dem nemeischen Löwen ringenden Herakles auf der Rückseite. ▭ *H. A. Cahn u.a.*, Griech. Münzen aus Großgriechenland und Sizilien (K Antiken-Mus. Basel und Slg Ludwig), Basel 1988, 43, Nr 105, Taf. 41. R. V.

Eu[.]ou (Ευ[.]ου), vermeintlicher antiker Gemmenschneider. Möglicherweise neuzeitl. Nachahmung des Namens eines antiken Kameenschneiders. E. erscheint auf einem Kameo, der einen sitzenden Satyr zeigt, vor dem zwei Mädchen mit Syrinx und Lyra stehen. Die Form der Buchstaben, die Gesamt-Komp. und die Ikonogr. der Mädchen deuten auf eine neuzeitl. Entstehung des Steines hin. ▭ EAA III, 1960 (s.v. Eu[.]ou).
B. Gerring

Euainetos (I) (Εὐαίνετος), griech. Stempelschneider, wirkte zw. ca. 420 und 395 v. Chr. in Syrakus, vorübergehend auch in Katane und Kamarina. Bedeutender Stempelschneider mit großem Einfluß auf Kollegen und Zeitgen., u.a. auf → Eumenos, → Eukleidas (Syrakus), → Exakestidas (Kamarina), → Prokles und → Herakleidas (I) (Katane), wirkte später gemeinsam mit dem ebenbürtigen → Kimon (II) an der berühmten Dekadrachmenemission. Seine Entwürfe erfuhren eine ungewöhnl. breitgefächerte Langzeitwirkung auf Wkstn Iberiens, Siziliens, Groß- und Mittelgriechenlands, Kretas und der Peloponnes; kein Werk der antiken Münzkunde wurde häufiger und länger nachgeahmt als seine Dekadrachmen mit dem berühmten, schilfverzierten Arethusa-Kopf. Die ersten sign. Rückseitenstempel-Gravuren des E. (zw. 415/409 v. Chr.) zeichnen sich durch zart und einfühlsam geschnittene Köpfe aus; typ. ist die Mundgestaltung, die stets durch eine mild geschwungene und deutl. gekantete Oberlippe charakterisiert ist. Am Beispiel der bis ins feinste getriebenen Ausschmückung des Haars, bzw. des von einer Sphendone und Ampyx gehaltenen Schopfes mit herausquellenden Löckchen (Kopfbild der syrakus. Quellnymphe Arethusa), zeigt sich der Abstand zu den Entwürfen und Kopien seiner Kollegen. Das galoppierende Viergespann auf dem Vorderseitenstempel faßt E. nicht – wie bis dahin – als seitenansichtiges Bild einer siegreichen Quadriga auf, sondern bietet zum ersten Mal eine dramat. Version des Geschehens an: auf einem seiner frühen syrakusanischen Entwürfe gelingt es ihm, den Wagenkasten perspektiv. in Dreiviertelansicht wiederzugeben, wobei nun auch die Größenverhältnisse zw. Wagenlenker und galoppierende Pferde richtig beachtet sind; das schräg zum Betrachter aus dem Reliefgrund herausbrechende, äußere Rad wird nun als dynam. Masse begriffen. E. fängt Momenteindrücke ein: ein fallengelassener Zügel eines ausbrechenden Pferdes (Syrakus), ein aufgewirbelter Stein, sich heftig aufbäumende Pferde, ein Viergespann, das gerade die Wendemarke des Stadions umfahren hat (Katane, um 410 v. Chr.). Zweifellos gehört E. zu den innovativsten Graveuren Siziliens: auch der von vorn dargestellte, wellenumrahmte Kopf des Flußgottes Hiparis (Kamarina) muß als früher Versuch gewertet werden, die Vorderansicht des menschl. Antlitzes in die Münzkunst einzuführen. Seine Werke sign. er bei Kopfstempeln am äußeren Rand, auf dem Ampyx, am Hals, auf dem Bauch eines Delphins (EYAI, EYAIN, EYAINE), bei Quadrigenstempeln auf einem Täfelchen (EYAINE oder EYAINETO), das die herabschwebende Nike, die den Wagenlenker bekränzt, in der Hand hält: auch hierin beeinflußt E. seine Zeitgen. (z.B. → Kimon [II] in Syrakus oder → Mai[...] in Himera). Auch kleine mit EY sign. Stempel für bronzene Hemilitren stammen vermutl. aus seiner Hand. Für die nachfolgenden Stempelschneider-Generationen muß E. als einer der größten Meister gegolten haben, nicht zuletzt wegen seiner berühmten Dekadrachmenserie, die in der Prägeabfolge unmittelbar nach derjenigen seines Kollegen → Kimon (II) einsetzen (ab um 405 v. Chr.): Entwurf und Ausf. des Kopfstempels strahlen die Abgeklärtheit eines bereits reiferen Künstlers aus, der erhöhten Wert auf eine ruhige, harmon. aber umso subtilere Reliefgestaltung gelegt hat. Die wohl als Preismünzen zu interpretierenden Dekadrachmen und die zeitgleich geprägten 50- und 100-Litren Goldstücke sind Sonderprägungen, die mit dem polit. und krieger. Ambitionen Dionysios I. von Syrakus in Zusammenhang gebracht werden: an allen diesen Emissionen war E. als Künstler, bei den spätesten Goldserien viell. auch als Prägebeauftragter beteiligt. ▭ ThB11, 1915. EAA III, 1960; DNP IV, 1998. – *L. O. T. Tudeer*, Die Tetradrachmenprägung von Syrakus in der Per. der signierenden Künstler, B. 1913; *G. De Ciccio*, Gli aurei siracusani di Cimone e di Eueneto, N. 1922; *A. Gallatin*, Syracusan dekadrachms of the Euainetos type, C., Mass. 1930; *J. H. Jongkees*, The Kimonian dekadrachms, Utrecht 1941; *J. Liegle*, Euainetos, BerlWPr 101, B. 1941; *Rizzo*, MGS, I-II, 1946, passim, Taf. 14, 6–7; 43, 2–3, 8; 54, 5 und 12; 56, 5; H p. 248; *P. R. Franke*, Die griech. Münze, M. 1964, Taf. 13–14, 33–36, 46, 54, VI-VII; *E. S. G. Robinson*, A cat. of the Calouste Gulbenkian coll., Li. 1971, Nr 188 s., 276–278 (Koppelung mit Stempeln des Eukleidas bzw. Eumenos), 309, 322; *R. Holloway*, AnnIstItNum 21–22:1975–76 (1977), 41 ss.; *Kraay*, ArClCoins, 1976; *M. R. Alföldy*, Dekadrachmon. Ein forschungsgeschichtl. Phänomen, Wb. 1976; *C. Boehringer*, Zur Finanzpolitik und Münzprägung des Dionysios von Syrakus, in: Greek numismatics and archaeology, Essays in honor of M. Thompson, Wetteren 1979, 9 ss.; *D. Bérend*, Le monnayage d'or de Syracuse sous Denys I., Atti del VIII Convegno del Centro Internazionale di Studi Numismatici, N. 1983 (1993), 91 ss.; *H. A. Cahn/L. Mildenberg/R. Russo/H. Voegtli*, Griech. Münzen aus Großgriechenland (K Antikenmus. Basel und Slg Ludwig), Basel 1988, Nrn 334 s., 458 s., 476, 480 s., 487; SNG, American Numismatic Society, III. 5, 1988, Taf. 9, Nrn 265, 269; Taf. 10, Nr 270, Taf. 11, Nrn 322–325, 340, 342, 349; *L. Mildenberg*, Kimon und Euainetos im Funde von Naro, in:

Numismatic stud. in memory of C. M. Kraay and O. Mørkholm, Louvain-la-Neuve 1992, 181 ss.; *W. Fischer-Bossert*, SchwNR 77:1998, 25 ss.
A. Furtwängler

Euainetos (II), griech. Bildhauer, im 4. Jh. v. Chr. in Epidauros tätig. Nur bek. durch seine Sign. auf einer Basis aus dem Asklepieion in Epidauros (IG, IV², 331). ▭ EAA III, 1960. R. V.

Euandros (I) (Εὔανδρος), aus Sinope, Sohn des Dionysios, griech. Bildhauer, im 1. Drittel des 3. Jh. v. Chr. auf Rhodos tätig. Seine Sign. finden sich auf einer Marmorbasis aus Rhodos, die von dem Priester Polykles für Teisagoras gew. worden ist, der um 300 v. Chr. lebte, und auf einer Marmorbasis aus Kameiros, die durch die Erw. des Demiurgen um 272 v. Chr. dat. werden kann. ▭ EAA III, 1960 (s.v. E. 1). – *M. Segre/G. Pugliese-Carratelli*, ASAtene 27–29:1949–1951, 177, Nr 16; *L. Morricone*, ASAtene 27–29:1949–1951, 371. R. V.

Euandros (II), aus Beroia/Makedonien, Sohn des Euandros und wahrsch. Bruder des Bildhauers → Adymos, um 50 v. Chr. tätig. Seine Sign. finden sich auf einer Marmorbasis einer weibl. Büste aus Larissa/Thessalien (G. D. Zekides, AEphem 1900, 60, Nr 18) und auf einem marmornen Grabrelief für Dionysophon aus Lete/Makedonien (heute Thessaloniki, Arch. Mus., Inv. Nr 1935B; T. J. Dunbabin, JHS 64:1944, 92; P. Amandry, BCH 48–49:1944–1945, 432, Abb. 7; B. Kallipolitis, MonPiot 56:1952, 90–91, Abb. 4; Voutiras, 1997, 75–78, Nr 56, Abb. 139). Das Relief zeigt den Verstorbenen Dionysophon mit einem Diptychon in der rechten Hand und vor ihm stehend einen Knaben (wohl ein Afrikaner) und ein Mann mit Buchrolle in der linken Hand. Ein Pferd und eine Schlange sind dem Toten zugewandt. Das Bildwerk kann durch die Buchstabenform und den Stil der Figuren um die Mitte des 1. Jh. v. Chr. dat. werden. Wahrsch. fertigte E. auch wegen des frappierend ähnl. Stils ein weiteres in der Nähe des sign. Grabrelief gefundenes Relief mit der Darst. von vier Frauen (Voutiras, 1997, 57–58, Nr 57, Abb. 138). Beide Reliefs gehörten dann wohl zu einem größeren Grabmonument. Wahrsch. war E. auch der Bruder des Bildhauers → Adymos, dem Sohn des Euandros, der ein Grabrelief aus Marvinci sign. (heute Skopje, Arch. Mus.; B. Josifovska, ZivaAnt 8:1958, 295–300; Voutiras, 1997, 77–78, Anm. 20). ▭ EAA III, 1960 (s.v. E. 2); IV, 1961 (s.v. Marmorarius, hier fälschlicherweise als Euander bezeichnet). – *E. Voutiras*, in: Cat. of sculpt. in the Archaeological Mus. of Thessaloniki, I, ed. *G. Despinis/T. Stefanidou Tiveriou/E. Voutiras*, Thessaloniki 1997, 75–79, Nrn 56–57, Abb. 138–139 (mit älterer Lit.). R. V.

Euandros (III) (C. Avianius Euander, als Freigelassener des M. Aemilianus Avianus), griech. (Marmor-)Bildhauer, Toreut(?), Restaurator, in der 2. H. des 1. Jh. v. Chr. in Athen, Alexandria und Rom tätig. Ca. 50 v. Chr. erwarb Cicero von ihm mehrere Statuen (Cic., fam., 7, 23: drei Bacchantinnen, Ares, Trapezophor), vermutl. eigene Schöpfungen. In Athen hatte E. eine Wkst. im Haus des C. Memmius und war offenbar ein vielgefragter, reichl. mit Aufträgen versehener Künstler (Cic., fam., 13, 2). 36/35 v. Chr. begleitete E. Marcus Antonius nach Alexandria, von wo er 30 v. Chr. als (Bürger-)Kriegsgefangener nach Rom kam. Augustus' Auftrag an E., den Kopf der Artemisstatue des → Timotheos (I) zu restaurieren (Plin., nat., 36, 32), zeugt von dessen Wertschätzung als Künstler bzw. seinen guten Kontakten zu höchsten Kreisen. Verschiedentl. wohl zu Unrecht als einer der letzten Vertreter einer regelrechten neuatt. Schule angesehen, ist E. viell. mit → Pasiteles in Verbindung zu bringen. Ob E. auch Toreut war, wie aus einer lit. Anspielung (Hor., sat., 1, 3, 90) verschiedentl. gefolgert wurde, ist fragl.; eher dürfte hier der in Rom ungleich berühmtere Heros gleichen Namens gemeint gewesen sein. ▭ ThB11, 1915. RE II. 2, 1896 (s.v. Avianus 5); VI. 1, 1907 (s.v. E. 10); KlP II, 1967 (s.v. E. 3); DNP IV, 1998 (s.v. E. 4). – *H. Brunn*, GGK I, 1889, 383; *Overbeck*, SQ, 1868, Nrn 2227 s.; *F. Marx*, Festschr. Otto Benndorf, W. 1898, 37 ss.; *C. C. van Essen*, JRS 24:1934, 159; *G. Lippold*, GrPl, 1950, 381; *A. Stewart*, Attika, Lo. 1979, 107, Nr 7; *H.-U. Cain/O. Dräger*, in: Das Wrack. Der antike Schiffsfund von Mahdia (K Bonn, Rhein. LM), II, ed. *G. Hellenkemper Salies u.a.*, Köln 1994, 815, 822; *F. Coarelli*, Revixit ars, R. 1996, 315. C. Müller

Euanthes (Εὐάνθης), Maler aus Alexandria, der in hellenist. Zeit in Pelusion/Ägypten tätig war. Nach Ach. Tat., 3, 6–7 (Overbeck, SQ, 1868, Nr 2144), malte er zwei Bilder, die im Opisthodom des Zeustempels in Pelusion ausgestellt waren. Sie zeigten, wie Perseus Andromeda (K. Schauenburg, LIMC I, 1981, 778, Nr 24, s.v. Andromeda I; L. J. Roccos, LIMC VII, 1994, 342, Nr 175, s.v. Perseus), und Herakles Prometheus (J.-R. Gisler, LIMC VII, 1994, 539, Nr 56, s.v. Prometheus; J. Boardman, LIMC VIII, 1997, 731, s.v. Ketos) befreit. ▭ ThB11, 1915. RE VI. 1, 1907; EAA III, 1960. – *Pfuhl*, MuZ, II, 1923, 828–829. R. V.

Euarchidas (Εὐαρχίδας), griech. Münzstempelschneider, am E. des 5. Jh. v. Chr. in Syrakus tätig. E. signierte die Rückseite eines Tetradrachmons mit der Darst. der nach links im Wagen stehenden Persephone, die von einer heranfliegenden Nike bekränzt wird. Die Vorderseite wurde von → Phrygillos geschaffen. Die Münze dok. die Zusammenarbeit zweier Münzstempelschneider. ▭ ThB11, 1915. RE VI. 1, 1907; EAA III, 1960; DNP IV, 1998. – *L. Tudeer*, ZfN 30:1913, 36 ss.; *H. A. Cahn u.a.*, Griech. Münzen aus Großgriechenland und Sizilien (K Antiken-Mus. Basel und Slg Ludwig), Basel 1988, 132, Nr 462 mit Abb. R. V.

Euarchos (Εὐαρχός), griech. Töpfer, um die M. des 6. Jh. v. Chr. in Athen tätig. Nur bek. durch seine Sign. auf einer schwarzfigurigen Schale mit der Darst. eines Gorgoneions im Innenmedaillon (Florenz, Arch. Mus., Inv. Nr 30407; Prospettiva, rivista dell'arte antica e moderna 1975[3] 45–47, Abb. 1–7). R. V.

Eubios (Εὔβιος; Εὔβοιος), aus Theben, griech. Bildhauer, viell. in der 1. H. des 4. Jh. v. Chr. in Theben tätig. Nach Pausanias (9, 11, 4; Overbeck, SQ, 1868, Nr 1578; O. Palagia, LIMC IV, 1988, 788, Nr 1260, s.v. Herakles) schuf er zus. mit *Xenokritos* eine Statue des Herakles Promachos für den Heraklestempel in Theben. ▭ ThB11, 1915. RE VI. 1, 1907 (s.v. Eubios 7); IX. A. 2, 1967 (s.v. Xenokritos); EAA III, 1960 (s.v. Eubios); VII, 1966 (s.v. Xenokritos). – *Lippold*, GrPl, 1950, 248. R. V.

Eubulides (I) (Εὐβουλίδης), Sohn des Eucheir und Vater des → Eucheir III, aus dem att. Demos Kropidai, griech. Bildhauer, E. 3./A. 2. Jh. v. Chr. tätig. Bei ihm handelt es sich um den in der Lit. bisher fälschlicherweise meist als → Eubulides (II) bez. Künstler. Wahrsch. haben wir hier den Eubulides vor uns, von dem Plinius (nat., 34, 88) die Erzstatue eines *digitis computans* erwähnt. In dieser Statuen-Beschr. des Plinius will Milchhöfer (1992) das Sitzbild des Chrysippos von Soloi im Athener Kerameikos erkennen. Über eine Chrysippos-Statue von Kerameikos berichten sowohl Cicero (fin., 1, 39), Diogenes Laertios (7, 7, 4) als auch Plutarch (de stoic. repugn., 1033E), ohne allerdings den Namen des ausführenden Künstlers zu nennen. Dieser Chrysippos muß wirklichkeitsgetreu als häßl. Person abgebildet gewesen sein. Eine Hand war vorgestreckt, als ob er auf diese Art und Weise eine Frage erörtern wolle. Möglicherweise waren die Finger so gebildet, wie es später als typ. für Darst. des Chrysippos angesehen wurde (Sidon., epist., 9, 9, 14: *digiti propter numerorum indicia constricti*). Dadurch würde sich die Bezeichnung der Statue als *digitis computans* erklären lassen. Überzeugend ist eine Kopie dieser Statue nachweisbar in einer im Louvre befindlichen, falsch erg. Marmorfigur (dem sog. *Poseidonius*) durch die Kombination dieses Körpers mit dem als sicher nachgewiesenen, oft wiederholten Porträtkopf des Chrysippos (Milchhöfer, 1892). Wenn die Statue noch zu Lebzeiten bzw. kurz nach dem Tod des Chrysippos (gest. 208 v. Chr.) geschaffen wurde, was das Naheliegende ist, kann man mit an Sicherheit grenzender Wahrscheinlichkeit E. als ausführenden Künstler annehmen. Dagegen bestreitet Ralf von den Hoff (1994) den Bezug zw. der von Plinius als *digitis computans* beschriebenen Statue, gefertigt von E., und dem Standbild des Chrysippos im Kerameikos. Er argumentiert, die Tatsache, daß die von Sidonius aus der Malerei überlieferte Fingerstellung des Chrysippos bei der Kopie im Louvre verändert auftrete, spräche für eine falsche Zuordnung seitens Milchhöfers. Demnach müßte Plinius mit seiner *digitis computans* Statue ein and. Werk gemeint haben. Auch könnte dem Künstler E. die Inschr. (IG, VII, 552) auf einer in Tanagra gefundenen Basis, auf der die Statue eines Siegers in der 371 v. Chr. errichteten Basileia thronte, zugeordnet werden, falls man die Inschr. an das E. des 3. Jh. bzw. an den A. des 2. Jh. v. Chr. datieren kann (Dat. bis jetzt umstritten). Bis um 1950 wurde die Basis in die M. des 4. Jh. dat., weswegen man diese Inschr. einem älteren Eubulides zuordnete, der als Stammvater der späteren Bildhauerfamilie fungiert haben soll. ▭ ThB11, 1915 (s.v. E. 1 et 2). RE VI. 1, 1907 (s.v. E. 2); EAA III, 1960 (s.v. E. 1 et 3). – *Overbeck*, SQ, 1868, Nr 2235; *Loewy*, IGB, 1885, 370 s., Nrn 542 s.; *Brunn*, GGK I, 1889, 551; *A. Milchhöfer*, in: Archäol. Stud. Heinrich Brunn dargebracht, M. 1892, 41 ss.; *Pollitt*, ArtHellAge, 1986, 68 s., 165; *R. von den Hoff*, Philosophenporträts des Früh- und Hochhellenismus, M. 1994, 109 ss.; *G. I. Despinis*, AM 110:1995, 333 ss. J. Linnemann

Eubulides (II), Sohn des → Eucheir (III) und Vater des → Eucheir (IV), aus dem att. Demos Kropidai, griech. Bildhauer, in der 2. H. des 2. Jh. v. Chr. tätig, erw. in einer Epimeletenliste aus dem Piräus für das Jahr 140 v. Chr. Bei ihm handelt es sich um den in der Lit. bisher fälschlicherweise meist als → Eubulides (III) bez. Künstler. Von E. wurden in Athen vier mit Apices geschriebene Inschr. (IG, II, 1644–1646, 1646 b) auf Statuenbasen gefunden. Man kann sie überzeugend mit sieben weiteren, ebenfalls mit Apices geschriebenen Inschr. (IG, II, 1162, 1386, 1640, 1642b, 1641–1643) in Verbindung setzen, die von E. zus. mit einem Eucheir sign. wurden. Der Name Eucheir steht allerdings voran, weswegen wir in ihm den Vater des E. sehen dürfen, näml. → Eucheir (III). Eine von den beiden sign. Basen, die eine männl. Ehrenstatue trug, dat. etwa ins Jahr 150 v. Chr. Eine weitere Basis muß ebenfalls eine Ehrenstatue getragen haben, da sie mit zwei Kränzen im Relief verziert ist. Auch läßt sich noch eine gemeinschaftl. Basis für die Statue einer Priesterin der Athena bestimmen. Allein vom Sohn sign., läßt sich ein Basis-Fragm. aus Hyampoilis mit einer Statue des Q. Caecilius Metellus unmittelbar nach 147 v. Chr. datieren. Als bekanntestes Werk des E. dürfte die sog. *Kerameikos-Gruppe* aus dem Athener Kerameikos anzusehen sein, die auf Grund der Apices-Inschr. um das Jahr 130 v. Chr. geschaffen worden sein muß. Sie wird von Pausanias (7, 14, 10) als Werk und Weihung eines Eubulides erw. und E. (II) wohl mit Recht zugeschr., da sich in ders. Gegend, in der Pausanias den Standort der Gruppe lokalisierte, ein Teil einer großen Base sowie eine fragm. Sign. und Statuen-Fragm., von denen wenigstens eines mit der Beschr. des Pausanias im Einklang steht, gefunden hat. Die Tatsache, daß die gefundene Inschr. keine Aussage über eine Weihung macht, muß nichts bedeuten, da diese Weih-Inschr. ebenso an einer and. Stelle der sehr weiträumigen Basis vermerkt sein konnte. Pausanias beschreibt, daß die Gruppe Statuen der Athena Paionia, des Zeus, der Mnemosyne, der Musen und des Apolls beinhalte. Die häufiger vertretene Annahme, ledigl. Apollon sei ein Werk und eine Weihung des E., läßt sich anhand von Pausanias' Beschr. nicht erhärten. Gefunden hat man an jener Stelle einen Kopf, der der Athena Paionia zugeordnet werden kann und der als recht mäßige Wiederholung des Kopfes der Pallas Velletri anzusehen ist, sowie ein Torso, der in der Vergangenheit auf Grund der Bohrlöcher im Rücken, die zur Befestigung von Flügeln gedient haben sollen, immer einer Nike (in der neueren Forsch. sieht man eine Musen-Darst. als wahrscheinlicher an) zugesprochen wurde, und ein angebl. dazu passender Kopf. Despinis (1995) stellt fest, daß die Bohrlöcher auch sehr gut zur Verankerung in der rückwärtigen Wand gedient haben können, und daß die Zusammengehörigkeit von Kopf und Torso auf Grund der Größenverhältnisse ausgeschlossen ist (der Kopf ist von seinen Proportionen zu groß). Auf Grund des Athenakopfes muß man E. hinsichtl. seiner Stilrichtung als Klassizisten ansehen. ▭ ThB11, 1915 (s.v. E. 3). RE VI. 1, 1907 (s.v. E. 10 et 11); EAA III, 1960 (s.v. E. 4). – *Overbeck*, SQ, 1868, Nrn 2238–2244; *Loewy*, IGB, 1885, 105, Nrn 134 s., pp. 164–170, Nrn 223–229; *A. Milchhöfer*, in: Archäol. Stud. Heinrich Brunn dargebracht, M. 1892, 37 ss.; IG, II, 1162, 1386, 1641–1646b, 1642b; *Brunn*, GGK I, 1889, 551; *G. I. Despinis*, AM 110:1995, 333 ss.

J. Linnemann

Eubulides (III), Sohn eines Eubulides, aus Piräus, att. Bildhauer, im 1. Jh. n. Chr. in Athen tätig. E. ist bek. durch die Sign. einer in Athen b. der Panagia Pyrgiotissa gefundenen Basis, auf der eine Statue des Kaisers Claudius aufgestellt war. Diese war gestiftet von einem Dionysodoros, der in den Jahren 53/54 n. Chr. wahrsch. das Amt des Archons innehatte. ▭ ThB11, 1915 (s.v. E. 4). RE VI. 1, 1907 (s.v. E. 12); EAA III, 1960 (s.v. E. 5). – *Loewy*, IGB, 1885, 231, Nr 324; IG, III, 456.

J. Linnemann

Eubulos (I) (Εὔβουλος), griech. Erzbildner unbestimmter Zeit. Nur bek. durch eine Erw. bei Plinius (nat., 34, 87; Overbeck, SQ, 1868, Nr 2095). ▭ ThB11, 1915. RE VI. 1, 1907 (s.v. E. 21); EAA III, 1960.

R. V.

Eubulos (II), griech. Bildhauer, in der frühen Kaiserzeit in Athen tätig. Nur bek. durch seine Sign. auf einer Marmorbasis eines Ehrendenkmals, das in der Nähe der Propyläen in Athen gefunden und vom Demos von Athen für den Demos von Sparta aufgestellt worden ist. ▭ ThB11, 1915. RE VI. 1, 1907 (s.v. E. 22); EAA III, 1960. – *Loewy*, IGB, 1885, 172, Nr 235.

R. V.

Eubulos (III), aus Korinth, Goldschmied, im 2. Jh. n. Chr. in Rom tätig. Nur bek. durch seine Grab-Inschr. aus Rom (CIL, VI, 18175; IGUR, I, 1210; Solin, GPR, II, 1982, 705). ▭ EAA I, 1958 (s.v. Aurifex).

R. V.

Eucheir (I) (Εὔχειρ, Εὔχειρος, Euchir; Euchirus), griech. Maler unbestimmter Zeit, Vetter des Daidalos. Nach Aristoteles (bei Plin., nat., 7, 205) erfand er die Malerei. Ob er id. mit → Eucheir (II) ist, wie Koch (1996) annimmt, bleibt zweifelhaft. ▭ RE VI. 1, 1907 (s.v. E. 1) ; EAA III, 1960 (s.v. E. 1). – *Pfuhl*, MuZ, I, 1923, 497; *N. J. Koch*, De picturae initiis. Die Anfänge der griech. Malerei im 7. Jh. v. Chr., M. 1996, 19.

R. V.

Eucheir (II), korinth. Tonbildner, im 7. Jh. v. Chr. in Korinth und in Etrurien tätig. Als Begleiter des Bakchiaden Demaretos, floh E. um 657 v. Chr. (N. G. L. Hammond, in: Cambridge ancient history[3], III. 3, C. 1982, 335 s.) zus. mit den Künstlern → Diopos und → Eugrammos nach Etrurien, wo sie nach Plinius (nat., 35, 152; Overbeck, SQ, 1868, Nr 262) die Kunst der Fertigung von Tonplastik einführten. Ob er id. mit → Eucheir (I) ist, wie Koch (1996) annimmt, bleibt zweifelhaft. ▭ ThB11, 1915 (s.v. E. 1). RE VI. 1, 1907 (s.v. E. 1) ; EAA III, 1960 (s.v. E. 2). – *Lippold*, GrPl, 1950, 28; *Floren*, GrPl, 1987, 196, Anm. 60; *N. J. Koch*, De picturae initiis. Die Anfänge der griech. Malerei im 7. Jh. v. Chr., M. 1996, 19. R. V.

Eucheir (III), Sohn des → Eubulides (I) und Vater des → Eubulides (II), griech. Bildhauer, ab der 1. H. des 2. Jh. v. Chr. tätig., in einer delph. Inschr. aus dem 2. V. des 2. Jh. v. Chr. als Hieromnenon bezeichnet. Auf ihn dürfen wir wahrsch. eine Notiz des Plinius (nat., 34, 91) beziehen, die einen Eucheir unter den Künstlern nennt, die Athleten, Krieger, Jäger und Opfernde dargestellt haben. Seine Schaffenszeit läßt sich in zwei Perioden einteilen: Seine erste Schaffensperiode beginnt in der 1. H. des 2. Jh. v. Chr. Seinen Sign. aus dieser Zeit fehlen die Apices. Sein aus Marmor gefertigtes Kultbild aus dem Hermestempel von Pheneos, welches bei Pausanias (8, 14, 10) erw. wird, dürfte in diese Zeit ebenso wie seine durch fragm. Inschr. überlieferte Statue aus einem Athener Gymnasion, die in die M. des 2. Jh. v. Chr. eingeordnet wird, fallen. In seiner zweiten Schaffensperiode arbeitete er mit seinem Sohn → Eubulides (II) zusammen. ▭ ThB11, 1915 (s.v. E. 1 et 2). RE VI. 1, 1907 (s.v. E. 1 et 2; Eubulides 10 et 11); EAA III, 1960 (s.v. E. 4). – *Overbeck*, SQ, 1868, Nrn 2236 s., 2239–2244; *Loewy*, IGB, 1885, 164–170, Nrn 222–229; pp. 370–372, Nrn 542–544; *Brunn*, GGK II, 1889, 551 s.; IG, II, 840, 1162, 1386, 1639–1646; *G. I. Despinis*, AM 110:1995, 333 ss.; *D. Damasakos*, Unters. zu hellenist. Kultbildern, St. 1999, 30 s., 254. J. Linnemann

Eucheir (IV), Sohn des → Eubulides (II), griech. Bildhauer, in der 2. H. des 2. Jh. v. Chr. in Athen tätig. E. tritt auf einer Inschr. (IG, II[2], 1019) als Mitglied einer Kommission für die Wiederherstellung von Weihgeschenken im athen. Asklepieion auf. Die Inschr. wurde bisher in die Jahre 138/137 v. Chr. dat., allerdings wäre auch eine Dat. ans E. des 2. Jh. v. Chr. denkbar. ▭ *G. I. Despinis*, AM 110:1995, 333 ss. J. Linnemann

Eucheiros (I) (Εὔχειρος), korinth. Erzgießer, um 550 v. Chr. in Korinth tätig. Nach Pausanias (6, 4, 4; Overbeck, SQ, 1868, Nr 333) war E. Schüler von → Syagros und → Chartas und selbst Lehrer von → Klearchos von Rhegion. ▭ ThB11, 1915. RE VI. 1, 1907 (s.v. Eucheir 1); EAA III, 1960 (s.v. E. 1). – *Lippold*, GrPl, 1950, 28; *Floren*, GrPl, 1987, 196, Anm. 60. R. V.

Eucheiros (II), griech. Töpfer, um 550/540 v. Chr. in Athen tätig. Als Töpfer und Sohn des → Ergotimos sign. E. in häufig fehlerhafter Schreibweise drei Randschalen; auf einer Kleinmeisterschale ist wohl das Patronymikon, nicht aber die Töpfer-Sign. erh. (ABV, 1956, 162, Nr 4). Seine sorgfältig geformten Schalen ließ er von guten Malern in herkömml. Art verzieren; von ihnen kennen wir bisher nur → Sakonides namentl., der die Außenseite mit der für ihn typ., reich geschmückten Frauenbüste in Umriß-Zchng versah (Schale, Berlin, SMPK, Antiken-Slg, Inv. Nr F 1756: ABV, 1956, 162, Nr 3; Hoppin, BlackFig, 1924, 85). Die Bemalung der übrigen Schalen stammt von versch. Malern; die perfekt ins Rund des Tondos plazierte, detailliert gez. Chimaira im Innenbild der Londoner Schale erinnert an die des → Kleitias auf der sog. François-Vase (London, BM, Inv. Nr 1847. 8-6. 44 [B 417]: ABV, 1956, 162, Nr 2; Hoppin, BlackFig, 1924, Abb. S. 87; J. D. Beazley, Attic blackfigure. A sketch [1928] Taf. 5, 2), qualitätvoll sind auch die Außenbilder der zwei Randschalen aus der tartessischen Siedlung Medellín und aus Ialysos, die Zeus Dipaltos bzw. Triton auf der einen und jeweils einen galoppierenden Reiter auf der Gegenseite zeigen, unter welchen das Gefäß im Henkelfries zum Betrachter sagt: ΚΑΛΟΝ ΕΙΜΙ ΠΟΤΕΡΙΟΝ (Madrid, NM: J. G. Chamorro, AJA 91:1987, 200, Abb. 2; G. S. Korres, AEphem 1972, Taf. 84 und Rhodos, Mus., Inv. Nr 10527: ABV, 1956, 162, Nr 1; Clara Rhodos 3:1929–38, 34, Abb. 18). ▭ ThB11, 1915 (hier fälschl. als Sohn des → Nearchos [I] bez.). RE VI. 1, 1907; EAA III, 1960. – ABV, 1956, 162. B. Kreuzer

Euchir → **Eucheir** (I)

Eudemos (Εὔδημος), aus Milet, kleinasiat. Bildhauer, in der 1. H. des 6. Jh. v. Chr. in Milet tätig. E. ist durch eine Sign. Ε[ὔ]δημός με ἐποίειν auf der linken Armlehne der bekleideten männl. Sitzstatue (ohne Kopf) bek., die die hl. Straße vom Hafen Panormos nach dem Apollontempel von Didyma flankierte und nahe Milet gefunden wurde. Die im BM in London aufbewahrte männl. Statue läßt sich um 575 v. Chr. datieren. Die ältere Reihe der Branchiden reicht etwa von 570 bis 530 v. Chr. Sie gehört in den Anfang dieser Reihe und der frühen ostion. Kunst. Bei dieser Reihe wird die blockmäßige Geschlossenheit festgehalten, das Loslösen einzelner Teile vermieden. Der

Kontur ist reicher und die Einzelform stärker betont. ▭ ThB11, 1915. RE VI. 1, 1907 (s.v. E. 20); EAA III, 1960; LAW, 1965; DNP IV, 1998 (s.v. E. 1). – *Loewy*, IGB, 1885, 4 s., Nr 3; BrBr, 1888, Nr 141; *Smith*, BMSculpture, I. 1, 1892, Nr 10; *Pryce*, BMSculpture, I. 1, 1928, 107, B 273, Abb. 168, Taf. 8; *Lippold*, GrPl, 1950, 53, Taf. 13,2; *E. Akurgal*, Die Kunst Anatoliens, B. 1961, 224, Abb. 189; *K. Tuchelt*, Die archaischen Skulpt. von Didyma, B. 1970, 77, Nr K 46, p. 121, 213 (mit allg. Lit.); *R.Özgan*, Unters. zur archaischen Plastik Ioniens, Bonn 1978, 33 s., 39, Abb. 8 a; *Floren*, GrPl, 1987, 375. M. Kadıoğlu

Eudidaktos (Εὐδίδακτος), att. Bildhauer, um 240–200 v. Chr. in Athen tätig. Nur bek. durch seine Sign. auf einem Statuetten-Fragm. aus pentel. Marmor, das am S-Abhang der Akropolis in Athen gefunden worden ist (heute Athen, Akropolis-Mus.; IG, III^2, 4277). ▭ ThB11, 1915. RE VI. 1, 1907; EAA III, 1960. – *Loewy*, IGB, 1885, 103, Nr 128; *Lippold*, GrPl, 1950, 339. R. V.

Eudoros (Εὔδωρος), griech. Maler und Erzbildner unbestimmter Zeit. Lt. Plinius (nat., 35, 141; Overbeck, SQ, 1885, Nr 2154) fertigte er Kunstwerke aus Erz und stellte Bühnenmalereien her. ▭ ThB11, 1915. RE VI. 1, 1907 (s.v. E. 11); EAA III, 1960. – *Pfuhl*, MuZ, II, 1923, 897. R. V.

Eudoxios (Εὐδόξιος), hebräischer Maler, in der Kaiserzeit in Rom tätig. Nur bek. durch seine Grab-Inschr. auf einem Sarkophag in der Katakombe unter der Vigna Randanini in Rom. ▭ EAA III, 1960. R. V.

Euelpistos (Εὐέλπιστος), griech. Gemmenschneider oder -besitzer. Der Name erscheint auf einem roten Jaspis in St. Petersburg (Ermitage), der drei Masken und einen Elefantenkopf zeigt. Der Elefant hält einen *caduceus* mit dem Rüssel. Ein Sardonyx der Slg Rivaud zeigt die Sign. ebenfalls. Hier erscheint eine weibl. Gottheit, die mit der einen Hand ihre Brust enthüllt, in der and. ein nicht zu bestimmendes Attribut hält, zu ihren Füßen liegt ein Rad, das ein Attribut der Nemesis ist. ▭ EAA III, 1960. B. Gerring

Euemeros (I) (Εὐήμερος), röm. Steinschneider oder Besitzer einer Gemme. Nur bek. durch eine Inschr. auf einem Karneol (heute Kassel, Staatl. Kunst-Slgn, Inv. Nr Ge 69) des 1. Jh. n. Chr., der Mars in Harnisch mit Schild und nach unten weisender Lanze zeigt, wohl eine Kopie der Marsstatue des Mars-Ultor-Tempels auf dem Augustusforum (vgl. T. Kraus, Mars Ultor. Münzbild und Kultbild, in: H. Homann-Wedeking [Ed.], Festschr. Eugen von Mercklin, Waldsassen 1964, 72 ss.; E. Simon, Die Kultstatue des Mars Ultor, in: MarbWPr 1981, 3 ss.). ▭ ThB11, 1915. EAA III, 1960. – *Brunn*, GGK II, 1889, 558; AGD III, 1979, 213 s., Nr 69, Taf. 93; *C. Höcker*, Antike Gemmen. Eine Auswahl. Kat. der Staatl. Kunstslgn Kassel, XV, Melsungen 1987/88, 72, Nr 49 mit Abb. A. Herr

Euemeros (II), aus Athen, griech. Bildhauer unbestimmter Zeit. Er ist bek. durch seine Sign. auf dem Sockel einer Athenastatue aus Apollonia/Illyrien (REG 79:1966, 397, Nr 234). ▭ EAA, Suppl., 1970. – Apollonia d'Illyrie, ed. Univ. Tirana und Akad. der Wiss. der UdSSR, Tirana 1959, Abb. 35. A. Herr

Euemporos (Εὐέμπορος), möglicherweise att. rotfiguriger Vasenmaler, am E. des 5. Jh. v. Chr. in Athen tätig. Nur bek. durch die Inschr. auf einem Fragm. einer Lekanis von der Akropolis in Athen (Athen, NM, Inv. Nr Akr 594; Graef/Langlotz, II, 1925, 54, Nr 594, Taf. 45; ARV^2, 1341, Nr 1; I. Kasper-Butz/I. Krauskopf, LIMC VI, 1992, 1087, Nr 24, s.v. Kekrops). Dort steht der Name neben dem des → Mikion (I). → Mikion (I) ist durch ein and. Fragm. einer Lekanis sicher als Töpfer zu identifizieren (Athen, Agoramus., Inv. Nr P 349; ARV^2, 1341, Nr 2). Die Zchngn auf beiden Vasen stammen sicherlich von der gleichen Hand. Falls E. sich als Maler verewigt hat, wäre er folgl. ident. mit dem Mikion-Maler. ▭ EAA III, 1960. R. V.

Euenor (I) (Εὐένορ), griech. Bildhauer, im 1. V. des 6. Jh. v. Chr. in Athen tätig. Seine Sign. ist uns durch drei Statuenbasen in Säulenform von der Athener Akropolis überliefert. Eine davon ist stark fragmentiert (Athen, Akropolis-Mus., Inv. Nrn 3751 und Θ 241 und ehem. Athen, Epigr. Mus., Inv. Nrn 6252 und 6505 [jetzt ebenfalls beide Frgm. im Akropolis-Mus.]; IG, I^2, 496; Raubitschek, 1949, 28, Nr 23). Die zwei and. Basen konnten überzeugend mit den ehemaligen dazugehörigen, wieder aufgefundenen fragm. Marmorstatuen verbunden werden. Demnach stand auf einer (Athen, Akropolis-Mus., Inv. Nr 3763 und Athen, Epigr. Mus., Inv. Nr 6484; IG, I^2, 494; Raubitschek, 1949, 20–21, Nr 14) eine Kore (Athen, Akropolis-Mus. 318, 344, 497; Schrader/Langlotz/Schuchhardt, 1939, 148–149, Nrn 149, 156; p. 172, Nr 254, Abb. 160) und auf der and. (Athen, Akropolis-Mus., Inv. Nr 3753 und Θ 264 und ehem. Epigr. Mus., Inv. Nr 6251 [jetzt ebenfalls im Akropolis-Mus.]; IG, I^2, 495, Raubitschek, 1949, 26–28, Nr 22; Viviers, 1992, 47–49, Abb. 2) eine kleine Athena, die sog. Angelitos-Athena, so benannt nach ihrem Stifter Angelitos (Athen, Akropolis-Mus., Inv. Nr 140; Schrader/Langlotz/Schuchhardt, 1939, 48–49, Nr 5, Taf. 9–11; M. S. Brouskari, Mus. de l'Acropole. Cat. descriptif, At. 1974, 139–140, Abb. 248; Ridgway, 1970, 29 ss., Abb. 39; Tölle-Kastenbein, 1980, 54–56, Nr 9e, Taf. 42–44; P. Demargne, LIMC II, 1984, 972, Nr 144*, s.v. Athena; I. Krauskopf, LIMC IV, 1988, 304, Nr 202*, s.v. Gorgo, Gorgones; Stewart, Sculpture, 1990, 133, 135, 145, Abb. 225). Sie war im Jahre 1864 zus. mit weiteren berühmten Statuen wie dem Kritios-Knaben (Athen, Akropolis-Mus., Inv. Nr 689; Stewart, 1990, Abb. 219–220) und dem Kalbträger des → Phaidimos (Athen, Akropolis-Mus., Inv. Nr 624; Stewart, 1990, Abb. 126) beim Ausheben des Fundamentes zur Errichtung des Akropolis-Mus. im sog. Perserschutt gefunden worden und dat. daher, wie auch aus epigr. Gründen kurz vor 480 v. Chr. Athena hat die rechte Hand erhoben, die linke auf die linke Hüfte gelegt, ihr linkes Standbein steht gerade und das rechte Spielbein ist leicht angewinkelt und nach vorn gesetzt. Sie ist die erste Athena-Promachos-Statue, die einen dorischen Peplos trägt, und eine der ersten Statuen, die im Kontrapost gebildet worden ist. E. muß daher als einer der fortschrittlichsten Bildhauer seiner Zeit gelten, der wichtige Impulse zur Entwicklung der klass. Plastik gesetzt hat. Daher ist auch die Korenstatue, die auf der anderen Säule stand und die in ihrem Stil sehr herb und einfach ist, wohl sicherl. nicht von der Hand des E., sondern von einem seiner Gesellen gefertigt worden. ▭ ThB11, 1915. RE VI. 1, 1907 (s.v. E. 2); EAA III, 1960 (s.v. E. 1); DNP IV, 1998 (s.v. E. 1). – *H. Schrader/E. Langlotz/W. H. Schuchhardt*, Die archaischen Bildwerke der Akropolis, FfM 1939, 48–49, Nr 5, Taf. 9–11, p. 148–149, Nrn 149, 156; *Raubitschek*, Dedications, 1949, 20–21, Nr. 14, p. 26–28, Nrn 22–23; *Lippold*, GrPl, 1950, 109; *Ridgway*, SevereStyle, 1970, 29 ss., Abb. 39; *R. Tölle-Kastenbein*, Frühklass. Peplosfiguren. Originale, Mainz 1980, 54–56, Nr 9 e, p. 63 ss., Taf. 42–44; *Stewart*, Sculpture, 1990, 133, 135, 145, Abb. 225; *D. Viviers*, Recherches sur les ateliers de sculpteurs et la Cité d'Athènes à l'époque archaïque. Endoios, Philergos, Aristoklès, Gembloux 1992, 47–49. D. V.-G.

Euenor (II), Vater und Lehrer des → Parrhasios, griech. Maler, in der 2. H. des 5. Jh. v. Chr. tätig. Plinius (nat., 35, 60; Overbeck, SQ, 1868, Nr 1130) zählt ihn zu den besten Malern, die während der 90. Olympiade (420–417 v. Chr.) aktiv waren. ▭ ThB11, 1915. RE VI. 1, 1907 (s.v. E. 3); EAA III, 1960 (s.v. E. 2). – *Pfuhl*, MuZ, II, 1923, 640, 689, 698. R. V.

Euergides (Εὐεργίδης), athen. Töpfer von Trinkschalen, im letzten V. des 6. Jh. v. Chr. tätig. Sein Name ist durch Sign. bek., die mindestens auf zwölf Schalen erh. sind. E. stellte hauptsächl. Schalen mit dem sog. *Fußtyp B* her, dessen Profile in einer einheitl. Linie geformt sind. Es gibt auch ein von ihm getöpfertes Schalen-Fragm. in Athen (NM, Inv. Nr 1430; Bloesch, 1940, 52, Nr 11, Taf. 16,5; ARV^2, 1963, 95, Nr 122), dessen Fuß vom Schalenbecken mit großer tongrundiger Standplatte abgesetzt ist; die Oberseite der Fußplatte trägt einen hochgewölbten Fußwulst. Die Form der Schale ist im Sinne von Bloesch *A1*, im Sinne von Beazley *AZ*. Eine Schale in London (BM, Inv. Nr 1920. 6-13. 1; Bloesch, 1940, 51, Nr 1, Taf. 15,1; ARV^2, 1963, 88, Nr 1; Add^2, 1989, 170) ist als einzige mit der vollen Sign. des E. versehen. Obwohl ihr Fuß *Typ B* zugehört, ist die Schale mit dem abgesetzten Schalenrand in die Kategorie der *Sonderschalen* einzureihen. Die kleinen Schalen des E. gehören zum *Schalentyp C*, deren Fuß aus Fußplatten und Fußwülsten zusammengesetzt ist. E. war jünger als → Hischylos, der als erster die Veränderung des Schalenfußes von *A1 (AZ)* zu *A2 (AY)* mit verringerter Standplatte durchführte, und war Zeitgen. des → Kachrylion (Chachrylion), der als Erfinder des *Schalentyps B* galt. Am Anfang war seine große Schale dickwandig und massig, aber in den späteren Phasen zielte sie darauf hin, die Dicke des Schalenbeckens und der Fußplatte zugunsten einer leichteren Form zu verringern. Die kleine Schale ist im ganzen gedrungen, die Fußplatte ziemlich massiv und gestrafft. Eine sorgfältige Formung der Schale war Eigentümlichkeit der Töpferei vom letzten V. des 6. bis zum A. des 5. Jh. v. Chr. Auch E. machte dabei keine Ausnahme. Abgesehen von der *Sonderschale* in London, die die einzige Ausnahme darstellt, zeigen alle von E. getöpferten großen Schalen eine Proportionalität zw. Fuß- und Schalengröße von 0,38 zu 1,00 mit einer Abweichung von Plus/Minus zwei Prozent. Diese merkwürdige aus dem Drudenfuß stammende Proportion wurde in den letzten drei Jahrzehnten des 6. Jh. erstmalig angewandt und beherrschte die Aufbauproportion der att. Schalen ein Jahrhundert lang. Die E.-Schale wird immer vom E.-Maler bemalt, der als einer der Schöpfer der Palmettenbildfriesschalen gilt, deren Verzierung der Schalenaußenseite aus

Palmetten und Bildern besteht. ▭ ThB11, 1915. RE VI. 1, 1907; EAA III, 1960. – *Bloesch*, Formen, 1940, 1 s., 41 s., 51 ss., 111 s., 121 s., Taf. 15,1–4, 16,5, 33,5; ARV², 1963, 39 s., 87 ss., 1625 s.; *T. Seki*, Unters. zum Verhältnis von Gefäßform und Malerei att. Schalen, B. 1985, 30 ss., 100 ss., Taf. 8,1–3, 9,1–3, 42,1–2, 43,1–2, 47,1; *id.*, Some notes on the so-called Golden Section, in: ΦΙΛΙΑ ΕΠΗ ΕΙΣ Γ. Ε. ΜΪΛΩΝΑΝ, B, At. 1987, 327 ss., Taf. 56–58; Add², 1989, 170–171. T. Seki

Euergos (Εὔεργος), Sohn des → Byzes, vermeintl. griech. Bildhauer, der im 6. Jh. v. Chr. lebte. Nach einer Stelle bei Pausanias (5, 10, 3; Overbeck, SQ, 1868, Nr 320) stiftete er mehrere Bildwerke dem Apollon auf Naxos. Früher wurde diese Stelle falsch interpretiert und E. als Bildhauer dieser Kunstwerke statt als Stifter betrachtet. ▭ RE VI. 1, 1907; EAA III, 1960. – *Floren*, GrPl, 1987, 151, Anm. 8. R. V.

Euglyphis Onesimos (Εὔγλυφις 'Ονήσιμος), Bildhauer aus Phrygien, M. des 3. Jh. n. Chr. in der Gegend des Mons Dindymos (Murat Dağ) in NW-Phrygien tätig. Bek. von einer Türstele, die aus stilist. Überlegungen einer kleinen Grabrelief-Wkst. der antiken Stadt Alia zuzuweisen ist und jetzt in Izmir (Kültür Park Müzesi) deponiert ist (M. Waelkens, Die kleinasiat. Türsteine, Mainz 1986, 107–109, Nr 252, Taf. 41). Die Arbeit zeugt von einem sehr plumpen Stil und starken Disproportionen, die auf das allmähl. Ende der phryg. Reliefproduktion hindeuten. ▭ EAA III, 1960 (s.v. Euglyphis). T. Lochman

Eugrammos, korinth. Tonbildner, im 7. Jh. v. Chr. in Korinth und in Etrurien tätig. Als Begleiter des Bakchiaden Demaretos, floh E. um 657 v. Chr. (N. G. L. Hammond, in: Cambridge ancient history³, III. 3, C. 1982, 335 s.) zus. mit den Künstlern → Diopos und → Eucheir (II) nach Etrurien, wo sie nach Plinius (nat., 35, 152; Overbeck, SQ, 1868, Nr 262) die Kunst der Fertigung von Tonplastik einführten. ▭ ThB11, 1915. RE VI. 1, 1907; EAA III, 1960. – *Lippold*, GrPl, 1950, 28; *Floren*, GrPl, 1987, 196, Anm. 60. R. V.

Eukadmos (Εὔκαδμος), Bildhauer, wohl aus Athen, Lehrer des → Androsthenes, M. des 4. Jh. v. Chr. Pausanias (10, 19, 4) nennt den E. als Lehrer des → Androsthenes. Es gibt keinen Anlaß, an der Richtigkeit der Notiz zu zweifeln. Immerhin wahrsch. ist seine Herkunft aus Athen. Das ergibt sich aus dem Kontext der Textstelle sowie dem gelegentl. Vorkommen weiterer athen., etwa zeitgleicher (und insofern unter Umständen verwandter) Träger des ansonsten nicht belegten Namens (beide Argumente schon bei Reisch, 1906). Darüber hinaus aber gilt das Diktum Picards: „On ne sait absolument rien d'un Eucadmos ...“. ▭ ThB11, 1915. RE VI. 1, 1907; EAA III, 1960. – *Overbeck*, SQ, 1868, Nr 857; *E. Reisch*, ÖJh 9:1906, 206 s.; *Picard*, Manuel, III. 1, 1948, 156, Anm. 5; *Lippold*, GrPl, 1950, 244; *Picard*, Manuel, IV. 2, 1963, 933, 1126. M. Flashar

Eukarpos (Εὔκαρπος), Mosaizist oder Bildhauer aus Kleinasien, im 2. oder 3. Jh. n. Chr. in Milet tätig. E. ist durch eine Inschr. (Kritzeleien) Εὔκαρπος ἐποίει auf einem Steinblock in einer röm. Villa in Milet bekannt. Da die Mauern und Wände der Villa größtenteils aus Spolien errichtet waren, wird es sich wahrsch. um einen wiederverwendeten Inschr.-Stein handeln. Der Mosaizist hat nicht auf dem Boden signiert. Deshalb ist es nicht sicher, ob der Inschr.-Stein sich auf einen Mosaikmeister oder einen Bildhauer bezieht. ▭ EAA, Suppl. 1970 (1973). – *T. Pekáry*, IstMitt 15:1965, 130, Nr 20, Taf. 36,7; *J. Robert*, REG 79:1966, 425, Nr 376; *id.*, BullEp 5:1964–1967 (1972), 425, Nr 376; *D. F. McCabe/M. A. Plunkett*, Miletos. Inscr., Pr., 1984, 110, 169, Nr 539; *Donderer*, Mosaizisten, 1989, 125, Nr C 4, Taf. 57,2. M. Kadıoğlu

Eukleidas (Εὐκλεΐδας), griech. Stempelschneider, um 415 bis 390 v. Chr. in Syrakus tätig. Ebenbürtig seinen Rivalen → Kimon (II) und → Euainetos (I), umfassen seine Werke fast die ganze Periode der signierenden Künstler. Seine meist im vollen Namen geschriebenen Sign. versteckt er auf Helmkappen, Diptychen, Delphinbäuchen. Er ist wahrsch. der erste Schöpfer eines Götterkopfes in Dreiviertelansicht; diese Athenaköpfe sind unter dem Eindruck der Athena Parthenos des → Pheidias (I) gestaltet. Es sind zwei Rückseitenstempel, deren hohes Relief sich schnell beschädigt hat und die trotz dieser Stempelschäden weiterbenutzt wurden. Der prägetechn. Grund ist die Tatsache, daß der Rückseitenstempel, der von oben geführt wird, einem stärkeren Druck ausgesetzt ist und sich schneller verbraucht als der Vorderseitenstempel, der in den Amboß eingelassen ist. Dies dürfte der Grund sein, daß → Kimon (II) seinen Arethusakopf „de face“ als Vorderseitenstempel schuf. Daß Athena bei E. an die Stelle der Arethusa auf die Syrakuser Tetradrachmen tritt, könnte polit. gedeutet werden, als Huldigung an die Göttin in der Abwehr gegen die Athener Invasion von 413 v. Chr. Die Wendung zum Beschauer entspricht Tendenzen der Kunst im letzten Jahrhundertviertel. Von der Hand des E. sind wohl auch entsprechende Athenaköpfe

der Kleinmünzen. Diese Köpfe haben bis weit in kleinasiatische Münzstätten Nachahmer gefunden. Einer der letzten Schöpfungen des E. ist die sog. „scapillata“: Arethusaköpfe mit im Wind flatterndem Haar. Ein sign. Rückseitenstempel mit dem Profilkopf der Arethusa ist mit einem von → Euainetos (I) sign. Quadrigen-Vorderseitenstempel zu einer Tetradrachmenprägung kombiniert und bezeugt die Zusammenarbeit der beiden Künstler. ▭ ThB11, 1915. – *L. O. T. Tudeer*, Die Tetradrachmenprägung von Syrakus in der Periode der signierenden Künstler, B. 1913, 26 ss., Nrn 37 (Zusammenarbeit mit → Euainetos [I]), 39, 57–59, 86, 88; *Rizzo*, MGS, 1946, Taf., 42, 16; 43, 21 s.; 45, 1, 4–6; 47, 1–4; 48, 14; 49, 9; *E. S. G. Robinson*, A cat. of the Calouste Gulbenkian coll. of Greek coins, Li. 1971, 96 ss. (p. 99 s. zur Deutung), Nrn 281 s., 297 s.; *Franke/Hirmer*, GrMünze², 1972, Nrn 99, 11 s., 124; *H. A. Cahn/L. Mildenberg/R. Russo/H. Voegtli*, Griech. Münzen aus Großgriechenland (K Antiken-Mus. und Slg Ludwig), Basel 1988, Nrn 457, 463–465, 474, 483.
H. A. Cahn

Eukleides (I) (Εὐκλείδης), griech. Steinmetz, im 4. Jh. v. Chr. in Athen tätig. Nach dem von Diog. Laert. (3, 42) erw. Test. Platos, schuldete E. dem Philosophen drei Minen. G. wird explizit als Steinmetz (λιθοτόμος) bez. und ist daher nicht mit dem Bildhauer → E. (II) ident., wie von Madigan (1991) in Erwägung gezogen worden ist. ▭ ThB11, 1915. DNP IV, 1998 (s.v. E. 5). – *Lippold*, GrPl, 1950, 274; *B. Madigan*, Hesperia 60:1991, 503–510; *D. Damaskos*, Unters. zu hellenist. Kultbildern, St. 1999, 31–32, Anm. 150.
R. V.

Eukleides (II), aus Athen, griech. Bildhauer, in der 2. H. des 2. Jh. v. Chr. in Bura und Ageira tätig. Nach Pausanias schuf er aus pentel. Marmor die Kultstatuen der Eileithyia (R. Olmos, LIMC III, 1986, 695, Nr 94e, s.v. Eileithyia), der Demeter (L. Beschi, LIMC IV, 1988, 850, Nr 21, s.v. Demeter), der Aphrodite und des Dionysos (C. Gasparri, LIMC III, 1986, 447, Nr 221, s.v. Dionysos) in den diversen dazugehörenden diesen Göttern gew. Tempeln von Bura (Paus., 7, 25, 9; Overbeck, SQ, 1868, Nr 1147) sowie die des thronenden Zeus für den Zeustempel von Ageira (Paus., 7, 26, 4; Overbeck, SQ, 1868, Nr 1148; I. Leventi/V. Machaira, LIMC VIII, 1997, 348, Nr 279, s.v. Zeus). Von letzterer ist uns der kolossale Kopf und die linke Hand mit Teilen des Szepters erh. (heute Athen, NM, Inv. Nrn 3377 und 3481 und 3481a), die nach ihrem Stil sicherl. hellenist. und wahrsch., wie zuletzt von Trummer (1993) vorgeschlagen, in die 2. H. des 2. Jh. v. Chr. zu datieren sind. ▭ ThB11, 1915. RE VI. 1, 1907 (s.v. E. 8); RE, Suppl. V, 1931 (s.v. E. 8); EAA III, 1960; DNP IV, 1998 (s.v. E. 5). – *Lippold*, GrPl, 1950, 274; *B. Madigan*, Hesperia 60:1991, 503–510, Taf. 127–128; *R. Trummer*, APl XXII, 1993, 141–148, Taf. 64–68; *D. Damaskos*, Unters. zu hellenist. Kultbildern, St. 1999, 31–38, 203, 231, 235, 253, 318. R. V.

Eukles (I) (Εὐκλῆς), angebl. griech. schwarzfiguriger Vasenmaler unbest. Zeit. Nach Brunn (1889) findet sich sein Name auf einer Schale aus Vulci. Ob hier jedoch eine Sign. vorliegt, bleibt ungewiß. ▭ EAA III, 1960 (s.v. E. 1). – *Brunn*, GGK, II, 1889, 682.
R. V.

Eukles (II), von Mylasa, Erzbildner aus Kleinasien, im 4. Jh. v. Chr. in Kamiros/Rhodos tätig. Plinius (nat., 34, 51) führt E. in der chronolog. Liste der Erzgießer als Zeitgen. des → Lysippos (I) zur Zeit der 113. Olympiade (328–325 v. Chr.) an. Sein Name wurde aus dem *fucles Bambergensis* (der besten Hs.) hergestellt. E. goß die von → Timagoras (III) modellierte Siegerstatue des Philokrates in Kamiros. Im übrigen ist dieser Künstler gänzl. unbekannt. ▭ ThB11, 1915. RE VI. 1, 1907 (s.v. E. 18); RE, Suppl. VIII (s.v. E. 19); EAA III, 1960 (s.v. E. 2). – *Brunn*, GGK I, 1889, 421; *G. Jacopi*, Clara Rhodos 6/7:1932/33, 436, Nr 55; *H. von Gaertringen*, GGA 1934, 200; Lindos II. 1, 1941, 51, Nr 10; *Lippold*, GrPl, 1950, 308.
M. Kadıoğlu

Euktemon (Εὐκτήμων), Vater des → Nikeratos, angebl. Bildhauer, im 3. Jh. v. Chr. in Athen tätig. Brunn (1889) vermutete, daß E. als Vater des Bildhauers → Nikeratos selbst auch Bildhauer gewesen wäre, was aber rein hypothet. ist. ▭ EAA III, 1960. – *Brunn*, GGK I, 1889, 272. R. V.

Eumares (Εὐμάρης, bei Plin., nat., 35, 56; Overbeck, SQ, 1868, Nr 377, irrtüml. Eumarus), frühester lit. überlieferter griech. Maler in Athen, viell. auch Bildhauer, um 550 bis ca. 520 v. Chr. tätig. Als eine von E. in die Malerei eingeführte Erfindung nennt Plinius (ibid.) die Unterscheidung männl. und weibl. Gestalten, womit wohl die verschiedenartige Wiedergabe des Inkarnats gemeint ist (beim Mann durch dunkle, bei der Frau durch helle Farbtöne). Außerdem soll E. gewagt haben, *figuras omnes imitari*. Diese Plinius-Stelle wurde unterschiedl. interpretiert. Gemeint ist damit wohl eine im Gegensatz zum starren Schematismus der vorangegangenen Phasen der archaischen Kunst entwickelte wirklichkeitsnahe Darst. von Gestalten in allen mögl. Bewegungen und Gesten. Plinius bemerkt noch, daß der Maler → Kimon (I) von Kleonai (tätig um 500 v. Chr. und viell. Schüler des E.) diese neuartige Malweise weiter ausgebildet habe. Die Unterscheidung von Mann und Frau durch unterschiedl. Farbgebung wurde allerdings schon lange vor E. angewandt, wie Beispiele aus der archaischen Vasenmalerei belegen. – Nicht auszuschließen ist die These, daß E. mit einem gleichnamigen Künstler ident. ist, dessen Name in mehreren Basis-Inschr. der Athener Akropolis erscheint (Raubitschek, Dedications, 52, Nr 51 [Athen, Epigraph. Mus., Inv. Nr 6240], 111, Nr 108 [Athen, Akropolis-Mus., ohne Inv. Nr], 232 s., Nr 197 [Athen, Akropolis-Mus., Inv. Nr 681], 279 s., Nr 244 [Athen, Epigraph. Mus., Inv. Nr 6253]; W. Deyhle, AM 84:1969, 61). Danach wäre er der Vater des Bildhauers → Antenor (II) und viell. auch als Bildhauer tätig gewesen. ▭ ThB11, 1915. RE VI. 1, 1907; EAA III, 1960; DA X, 1996; DNP IV, 1998. – *F. Studniczka*, JdI 2:1887, 135 ss.; *Brunn*, GGK II, 1889, 5, 8, 32, 69; *Pfuhl*, MuZ, I, 1923, 498; *Ferri*, Plin., 1946, 142; *Lippold*, GrPl, 1950, 80, Anm. 14; *Floren*, GrPl, 1987, 295, Anm. 1; *Scheibler*, Malerei, 1994, 55, 59, 71. W. Müller

Eumelos (Εὔμηλος), griech. Maler, in der 2. H. des 2. Jh. n. Chr. tätig. Philostrat (vit. Soph., 2, 5, 1; Overbeck, SQ, 1868, Nr 2395) erw. von E. ein Gem. einer Helena, das auf dem Forum Romanum ausgestellt war. ▭ ThB11, 1915. RE VI. 1, 1907 (s.v. E. 16); EAA III, 1960; VI, 1965 (s.v. pictor). – *Pfuhl*, MuZ, II, 1923, 831. R. V.

Eumenos (Εὔμενος), griech. Münzstempelschneider, zw. 415 und 400 v. Chr. in Syrakus tätig. Seine Sign. findet sich allein oder zus. mit → Euainetos (I), → Euth[...], → Phrygillos und → Sosion auf einer größeren Anzahl von syrakusanischen Tetradrachmen und Drachmen mit dem Kopf der Arethusa oder Persephone auf der Vorderseite und ein Viergespann oder den Helden Leukaspis auf der Rückseite. Sie gehören zu den ersten sign. Münzen von Syrakus. Seine Darstellungsweise beeinflußte derart die Münzen der ihm nachfolgenden berühmten Münzstempelschneider → Euainetos (I) und → Eukleidas, daß man bisweilen vermutete, daß diese beiden die Söhne von E. gewesen waren. ▭ ThB11, 1915. RE VI. 1, 1907; EAA III, 1960 (s.v. Eumenes); DNP IV, 1998. – *L. Tudeer*, Die Tetradrachmenprägung von Syrakus in der Periode der signierenden Künstler, ZfN 30:1913, 219–220; *H. R. Baldus*, Chiron 2:1972, 37–55. R. V.

Eumnestos (Εὔμνηστος), Sohn des Sosikratides, aus dem att. Demos Paiania, griech. Bildhauer, wahrsch. in augusteischer Zeit in Athen tätig. Nur bek. durch seine Sign. auf einer verschollenen Marmorbasis (IG, III, 553, 588) aus dem Erechtheion in Athen, die von E. zur Aufstellung der Statue des Paulus Fabius Maximus wiederverwendet worden ist, der wahrsch. ident. mit dem Konsul des Jahres 11 v. Chr. ist. Zuerst trug die Basis eine Statue des thrak. Königs Kotys, die von → Antignotos (I) geschaffen worden ist. ▭ ThB11, 1915. RE VI. 1, 1907; EAA III, 1960. – *Loewy*, IGB, 1885, 225–227, Nr 315. R. V.

Eumythis (Εὔμυθις), angebl. griech. Bildhauer, im 6. Jh. v. Chr. tätig. Nur bek. durch Nennung seines Namens auf einer Basis, die bei Sellasia auf der Peloponnes gefunden worden ist. Ob E. der Bildhauer oder Stifter einer Statue war, muß jedoch offen bleiben. ▭ ThB11, 1915. RE VI. 1, 1907; EAA III, 1960. – *Loewy*, IGB, 1885, 29, Nr 34. R. V.

Eunikos (Eunicus), aus Mytilene, kleinasiat. Erzbildner, hellenistische Zeit(?), in Kleinasien tätig. Plin. (nat., 33, 156; Overbeck, SQ, 1868, Nr 2167) erw. ihn unter den berühmtesten Goldschmieden und (nat., 34, 85) im zweiten alphabet. Verzeichnis unter den tüchtigen, aber nicht hervorragenden Erzbildnern. Aus beiden Erw. ergibt sich nichts für die Dat. seines Werkes, aber am wahrscheinlichsten ist es, daß er in der hellenist. Zeit gelebt hat. ▭ ThB11, 1915. RE VI. 1, 1907 (s.v. E. 5); EAA III, 1960. – *Brunn*, GGK I, 1889, 526; II, 1889, 400, 405. M. Kadıoğlu

Eunos (Εὔνος), griech. Bildhauer, im 6. Jh. v. Chr. auf Sikinos tätig. Nur bek. durch seine Sign. auf einer Basis für das Grab des Antidotos und seiner Söhne auf der Insel Sikinos. ▭ RE, Suppl. VIII (s.v. E. 3); EAA III, 1960. – *Floren*, GrPl, 1987, 181, Anm. 12. R. V.

Eunostides (Εὐνοστίδης), griech. Bildhauer, um 500 v. Chr. in Athen tätig. Nur bek. durch seine Sign. auf einer Marmorbasis, die bei der Athener Akropolis gefunden worden ist. ▭ ThB11, 1915. RE VI. 1, 1907; EAA III, 1960. – *Loewy*, IGB, 1885, 30, Nr 37a. R. V.

Eunus (Εὔνους), Sohn des Eunomos, griech. Bildhauer, am E. des 3. Jh. v. Chr. in Epidauros tätig. E. ist uns ledigl. durch seine Sign. auf einer Statuenbasis (IG, IV^2, 246) und den Exedren 8 (IG, IV^2, 653; W. Peek, Inschr. aus dem Asklepieion von Epidauros, AbhLeipzig 63,5:1969, 124, Nr 284;

von Thüngen, 1994, 84–85, Nr 47, Taf. 33, 2), 10 (IG, IV^2, 247; Peek, ibid., 67, Nr 104; von Thüngen, 1994, 72–73, Nr 33, Taf. 22, 1) und 11 (IG, IV^2, 665, Peek, ibid., 125, Nr 289; von Thüngen, 1994, 73–74, Nr 34, Taf. 22, 2) aus Epidauros bekannt. ▭ ThB11, 1915. RE VI. 1, 1907; EAA III, 1960. – *S. von Thüngen*, Die frei stehende griech. Exedra, Mainz 1994, 72–74, 84–85.

R. V.

Euodos (Εὔοδος), röm. Gemmenschneider, in der 2. H. des 1. Jh. n. Chr. in Rom tätig. Seine Sign. findet sich auf einer blassen Aquamaringemme in Paris (Cab. Méd.), das beigefügte EPOIEI weist den Signierenden eindeutig als Künstler aus. Die Gemme trägt das qualitätvolle Bildnis der Julia Titi und zeichnet sich durch kalligraph. Details in der Frisurengestaltung wie durch eine sensible Karnatbildung aus. Der Stein ist eines der wenigen Porträtzeugnisse der sehr schlecht überlieferten flav. Steinschneidekunst. ▭ ThB11, 1915. EAA III, 1960. – *A. Furtwängler*, JdI 3:1888, 319, Taf. 11,4; *U. Hausmann*, Die Flavier, B. 1966, 58, 117, Taf. 47 a-b; *Richter*, EngrGemsRom, 1971, 144, Abb. 676; *Zazoff*, AG, 1983, 321, Anm. 100, Taf. 95, 4.

B. Gerring

Eupaideutos → Heius Eupaideutos

Eupalamos (I) (Εὐπάλαμος), Vater des → Daidalos (I), myth. griech. Künstler. Nach antiken Quellen lernte → Daidalos (I) bei seinem Vater E. viele Kunstfertigkeiten (Apollod., 3, 196. 204. 214; Hyg., fab., 39; Overbeck, SQ, 1868, Nrn 75–82, 84–85, 87). ▭ RE VI. 1, 1907; EAA III, 1960.

D. V.-G.

Eupalamos (II), Vater des → Simmias, angebl. griech. Bildhauer, viell. im 7. Jh. v. Chr. tätig. Seinem Namen nach war er möglicherweise ein Künstler. Es ist jedoch nicht einmal sicher, ob er überhaupt existiert hat. ▭ RE VI. 1, 1907; EAA III, 1960.

R. V.

Eupalinos (I) (Εὐπαλῖνος), Sohn des Naustrophos, griech. Architekt aus Megara. E. erbaute um 550 v. Chr. für die Stadt Samos eine unterird. Wasserversorgungsanlage (sog. Eupalineion). Herodot (3, 60) beschreibt sie als herausragende Ingenieurleistung. Wiederentdeckung 1853 und 1882. Seit 1971 systemat. Ausgrabung und Erforschung durch das Dt. Archäol. Inst. (U. Jantzen, H. J. Kienast). Die Gesamtanlage besteht aus vier miteinander verbundenen Komplexen: – 1.) das in dem Dorf Ajades n. des Kastro-Hügels gelegene Quellhaus mit Wasserreservoir – 2.) ein abgedeckter Leitungskanal (Länge: 895 m) – 3.) ein gleichzeitig von zwei Seiten her durch den Kastro-Hügel (237 m) getriebener Tunnel mit eingetieftem Kanal (Länge: 1036 m, Querschnitt: ca. 1,80 auf 1,80 m, künstl. Gefälle: 0,36 Prozent) – 4.) die unterird. Stadtleitung (Länge: 620 m), die das Wasser zu einer Zisterne unterhalb des Theaters führte. Die Stollen wurden z.T. in der sog. Qanat-Bauweise vorgetrieben (abgetäufte, unterird. verbundene senkrechte Schächte). Beide Tunneleingänge liegen in fast gleicher Höhe über dem Meeresspiegel. Von der geraden Tunneltrasse mußte man im Verlauf des S-Stollens wegen Einsturzgefahr und Wassereinbruch abweichen. Die Tatsache, daß sich die beiderseits vorgetriebenen Teilstrecken des Tunnels dennoch fast genau in der Mitte trafen, läßt auf eine relativ exakte Vermessungsmethode schließen (orig. Meßstriche und Markierungsbuchstaben in roter Farbe auf der Felswand des Tunnelinnern). Im N-Stollen, auf der W-Wand des Stützausbaues befindet sich die sog. Paradegma(*sic*)-Inschrift. – Ein Quellhaus in Megara (erb. gegen 500 v. Chr.) hat ein ähnl. Leitungssystem wie die Anlage in Samos und könnte daher E. zugewiesen werden. ▭ ThB11, 1915. RE VI. 1, 1907 (s.v. E. 2 mit älterer Lit.); EAA III, 1960 (s.v. E. 1); I, 1958 (s.v. Acquedotto); EWA VII, 1971, 86; DNP IV, 1998. – *Brunn*, GGK II, 1889, 239; *G. Gruben*, Das Quellhaus von Megara, in: ADelt 19:1964, 37–41; *R. Tölle-Kastenbein*, Herodot und Samos, II. 2, Bochum 1976; *Müller*, Architekten, 1989, 155, 231, Abb. 96; *H. J. Kienast*, Die Wasserleitung des E. auf Samos, Bonn 1995 (Samos, XIX); *Svenson-Evers*, Architekten, 1996, 50 ss., 483 (mit Lit.); *L. Käppel*, Die Paradegma-Inschr. im Tunnel des E. auf Samos, AuA 45:1999, 75–100.

W. Müller

Der nicht seltene Name E. kommt im 3. und 2. Jh. v. Chr. in Megara noch häufig, in Hermione, Milet und Byzanz je einmal vor (Mitt. von C. Habicht). Da Byzanz im 7. Jh. v. Chr. von Megara aus besiedelt worden ist und wie Samos wasserlos war, bleibt zu erwägen, ob der aus Megara stammende E. in Byzanz für eine Wasserleitung tätig war und von dort nach Samos geholt wurde oder viell. von Perinthos aus, dessen Gründung um 600 v. Chr. durch Samier im Streit mit Megarenern aus Byzanz erfolgte (Plut., quaest. Graec., 57). Die Beziehungen zw. Perinthos und Samos bezeugt u.a. eine Inschr.-Stele des 6. Jh. v. Chr. in Samos, die Weihungen mehrerer Priester im Heraion von Samos erwähnt. ▭ RE III. 1, 1897 (s.v. Byzantion). – *N. Firatli/L. Robert*, Les stèles funéraires de Byzance gréco-romaine, P. 1964, 49; *H. J. Kie-*

nast, Die Wasserleitung des E. auf Samos, Bonn 1995 (Samos, XIX), 175 s.; *M. Sayar*, Perinthos-Herakleia und Umgebung, W. 1998, 173 (EZ 7).
M. Weber

Eupalinos (II), griech. Bildhauer aus Megara, tätig um 240–200 v. Chr. Sein Name ist bek. durch die Sign. auf der Basis eines Weihgeschenks an Asklepios im Asklepieion von Athen (Loewy, IGB, 1885, 107, Nr 140; IG, II, Nr 1495). ▭ ThB11, 1915. RE VI. 1, 1907 (s.v. E. 1); EAA III, 1960. – *O. Jahn/A. Michaelis*, Arx Athenarum a Pausania descripta, L. ³1901, 114; *Lippold*, GrPl, 1950, 339.
W. Müller

Euphamidas (Εὐφα[μ]ίδας), Sohn des Epameinon, griech. Architekt, in hellenist. Zeit in Mesambria (Nesebâr/Bulgarien) tätig. Nennt sich in einer kurzen, dreizeiligen griech. Weih-Inschr. für Sarapis und Isis in Mesambria selbst Architekt. Die einst in einer Mauer verbaute marmorne Inschriftentafel gilt heute als verschollen. Die nicht näher begründete Dat. durch den Erstherausgeber Danov (1938) auf den Ausgang des Hellenismus ist daher nicht mehr zu überprüfen. Es ist mögl., daß E. mit einem Euphamidas ident. ist, der auf mehreren Terrakottastirnziegeln wohl des 3. Jh. v. Chr. sowie auf einfachen Ziegeln gen. wird (Ognenova-Marinova, 1980, 111, Abb. 5; pp. 150, 152). E. wäre demnach als Architekt zugleich entweder als Baunternehmer oder als für Bauten zuständiger Magistrat tätig gewesen. ▭ *C. Danov*, BIBulg 12:1938, 246; *J./L. Robert*, BullEp 1948, 179, Nr 152; *L. Vidman*, Sylloge Inscriptionum Religionis Isiacae et Sarapiacae, B. 1969, 59 s., Nr 131; *G. Mihailov*, IGBulg, I², 1970, 288, Nr 328; *L. Ognenova-Marinova*, in: *V. Velkov* (Ed.), Nessebre, II, Sofia 1980, 152, 154; *J. G. Vinogradov*, in: Acta Centri Historiae Terra Antiqua Balcanica, II, Sofia 1987, 56 s.; *F. Mora*, Prosopografia Isiacaa, I, Leiden 1990, 231, Nr 468; *K. Zimmermann*, Hesperia, Suppl. XXVII, 1994, 226, 228 s.; *Donderer*, Architekten, 1996, 35, Anm. 97.
C. Leschke

Euphamos → Euthamos

Euphamos (Εὐφάμος), griech. Töpfer, um 500 v. Chr. in Athen tätig. Nur bek. durch seine Sign. auf einer kleinen Schale aus Athen (Athen, NM, Inv. Nr Akr 1302; ARV², 1963, 556). Eine Sign. auf einem Salbgefäß in Hannover wurde früher irrtüml. auch als Εὐφάμος gelesen, muß aber Εὐθάμος lauten (→ Euthamos). ▭ ThB11, 1915. RE VI. 1, 1907 (s.v. E. 3).
R. V.

Euphas (Εὔφας), möglicherweise ein griech. Münzstempelschneider, in klass. Zeit in Thurioi/Unteritalien tätig. Der Name erscheint auf den Rückseiten einiger Münzen von Thurioi und kann auch ein Beamtenname sein. Da eine ähnl. Schreibweise auf Münzen von Herakleia/Lukanien erscheint, mag man der Interpretation des Namens als der eines umziehenden Handwerkers den Vorzug geben. ▭ EAA III, 1960. – *P. Noe*, The Thurian di-staters, N. Y. 1935, 57, Typ J².
B. Gerring

Euphemion → Plotius Euphemion, *Q.*

Euphemos (Εὔφημος), Bildhauer aus Phrygien, 1. H. 3. Jh. n. Chr. in der nw-phryg. Stadt Alia tätig. Bek. durch die Sign. eines Türsteines, der zwar aus Hasanköy b. Akmonia stammt, aber aus stilist.-formalen Gründen einer Wkst. im benachbarten Alia zugewiesen werden muß (→ Euglyphis Onesimos). E.s Türstein ist allem Anschein nach inschr. ins Jahr 220/21 n. Chr. zu datieren. ▭ *M. Waelkens*, Die kleinasiat. Türsteine, Mainz 1986, 160 s., Nr 401, Taf. 59.
T. Lochman

Euphiletos (Εὐφίλετος), griech. Vasenmaler, M. 6. Jh. v. Chr. in Athen tätig. Bek. durch die Inschr. Εὐφίλετο [ς ἔγραφσε]ν auf Fragm. einer schwarzfigurigen Tonpinax in Eleusis (Mus.; ABV, 1956, 352). Dargestellt ist eine Frau mit Diadem und ein Mann mit Szepter. Eine Kongruenz zum Lieblingsnamen E. lehnt Beazley (BSA 32:1931–32, 22) wegen des frühen Stils ab. Unklar ist, ob E. der Vasenmaler oder Weihende ist, da auch ἀνέθεκεν erg. werden kann. ▭ ThB11, 1915. RE VI. 1, 1907 (s.v. E. 5); EAA III, 1960. – *W. Klein*, Griech. Vasen mit Meister-Sign., W. ²1887, 49; *D. Philios*, AEphem 1888–89, 198, Taf. 12, 2; *W. Klein*, Griech. Vasen mit Lieblings-Inschr., L. ²1898, 49; *Hoppin*, BlackFig, 1924, 88–89; *J. D. Beazley*, JHS 47:1927, 87, Nr 47; *K. Kourouniotes*, AEphem 1937, 242, Abb. 15.
K. Biedermann

Euphorbos (Εὔφορβος), griech. Architekt, M. 4. Jh. v. Chr. in Delphi tätig. Eine Baurechnung der amphiktyonischen βουλά (*sic*: CID, II, 43; Ratsversammlung) aus Delphi erw. seine Bezahlung als Architekt des Synedrion (Versammlungsgebäude der Amphiktyonen), des Tempels (Altar und Türen) und der Chytroi (wahrsch. eine Anlage mit Becken zum Baden in den heißen Quellen) im Heiligtum der Demeter Pylaia b. den Thermopylen. ▭ ThB11, 1915. RE VI. 1, 1907 (s.v. E. 6). – *Svensons-Evers*, Architekten, 1996, 357 ss. (mit älterer Lit.).
W. Müller

Euphorion (Εὐφορίων), griech. Erzbildner unbestimmter Zeit. Nur bek. durch eine Auflistung von Künstlern bei Plinius (nat., 34, 85; Overbeck, SQ, 1868, Nr 2093). ▭ ThB11, 1915. RE VI. 1, 1907 (s.v. E. 5); EAA III, 1960. R. V.

Euphoros (Εὔφορος), att. Bildhauer, in der 2. H. des 5. Jh. v. Chr. in Attika tätig. Nur bek. durch seine Sign. auf einer Marmorbasis, die bei Markopulo gefunden worden ist (IG, I, Suppl. 1, 418; Loewy, IGB, 1885, 48, Nr 56). ▭ ThB11, 1915. RE VI. 1, 1907 (s.v. E. 2); EAA III, 1960. R. V.

Euphra[...]n cf. **Epopheles**

Euphranor (I) (Εὐφράνωρ), griech. Erzbildner, Bildhauer, Maler und Kunstschriftsteller, um 390 bis um 325 v. Chr. Nach Plinius (nat., 35, 128) vom (korinth.?) Isthmos (auch Kos und Halikarnassos wurden als Geburtsort in Erwägung gezogen). Schüler des Malers und Bildhauers → Aristeides (I) von Theben, eines Schülers von → Polykleitos (I). Lehrer der Maler → Leonidas, → Antidotos (I) (später Lehrer des Malers → Nikias [II] von Athen), → Charmantides und anderen. Die Blütezeit von E.s Schaffen wird nach Plinius (nat., 34, 50) in die 104. Olympiade (364–361 v. Chr.) gesetzt. Lange in und für Athen tätig. In mehreren Kunstzweigen von gleichbleibender Vollkommenheit (Plin., nat., 35, 128; Quint., inst., 12, 10, 6), genoß E. als eine Zentralfigur der griech. Kunst des 4. Jh. v. Chr. hohes Ansehen bei seinen Zeitgen. wie auch in hellenist. und röm. Zeit. Als Wesenszüge seiner Kunst heben Autoren der Antike die *dignitas* seiner Göttergestalten und die von ihm angewandte psycholog. Charakterisierung hervor. In seinen Werken veränderte E. die Proportionen des menschl. Körpers, indem er diesen etwas zu schmächtig, den Kopf und die Gliedmaßen zu groß bildete (Plin., nat., 35, 128). ⌂ Von E.s Werken sind viele lit. überliefert, keines ist jedoch im Orig. oder als Kopie sicher nachgewiesen. – A) *Plastische Werke*: – 1.) Marmornes Kultbild des Apollon Patroos in seinem Tempel an der Agora in Athen (Paus., 1, 3, 3). Die vorgeschlagene Identifizierung mit dem Unterteil einer 1907 nahe beim Apollon Patroos-Tempel gefundenen bekleideten Marmorstatue (Athen, Agora-Mus.) entbehrt ausreichender Begründung. – 2.) Bronzestatue der Athena, später von Q. Lutatius Catulus zum Kapitol nach Rom verbracht (Plin., nat., 34, 77). – 3.) Dionysos-Statue, später nach Rom verbracht. Auf dieses Werk weist eine Inschr.-Basis vom Aventin (dat. 298 n. Chr.) hin (Overbeck, SQ, 1868, Nr 1801; CIL, VI, 48; Loewy, IGB, 1885, Nr 495). – 4.) Hephaistos- Statue, bei der das Hinken des Gottes deutl. zu erkennen war; später nach Rom verbracht (Dion Chr., 37, 43). – 5.) Herakles-Statue. Nur bek. durch die Abschrift einer jetzt verschollenen spätröm. Inschr. (IG, XIV, 1240; vgl. auch Loewy, IGB, 1885, Nr 501), welcher die Inschr. irrtüml. für eine Fälschung hielt. – 6.) Bronzestatue der Leto mit ihren Zwillingen Apollon und Artemis auf den Armen, später im Concordia-Tempel in Rom (Plin., nat., 34, 77). – 7.) Bronzestatue des Agathos Daimon mit einer Schale in der rechten und Ähren und Mohn in der linken Hand (bei Plinius, ibid., Bonus Eventus gen., viell. ident. mit Triptolemos). – 8.) Bronzene Kolossalgruppe mit Arete (Virtus) und Hellas (Plinius, ibid.). – 9.) Bronzestatue des Paris, eines der beliebtesten Werke des E. (Plinius, ibid.). – 10.) Bronzestatuen Philipps und Alexanders auf Viergespannen (Plin., nat., 34, 78). – 11.) Bronzestatue eines Klitikos (sich krümmenden Athleten) oder eines Kleidouchos („Schlüsselträgers"), wohl in Gestalt eines Priesters (Priesterin?) mit dem Tempelschlüssel (Plinius, ibid., mit dem Zusatz *eximia forma*). Die unterschiedl. Bezeichnung der Statue resultiert aus der nicht eindeutigen Textüberlieferung des betr. Wortes. – 12.) Statue einer bewundernden und anbetenden Frau (Plinius, ibid.). Entweder handelte es sich um eine Frauengestalt mit beiden zum Gebet erhobenen Händen oder um eine Gruppe mit zwei Frauen. – 13.) Weitere bronzene Zwei- und Viergespanne (Plinius, ibid.). – 14.) Typoi: wohl Bildhauermodelle aus Ton (Plin., nat., 35, 128). – B) *Gemälde*: – 1.) Zyklus von drei großen Wandbildern oder an den Wänden befestigten Tafelbildern in der Stoa des Zeus Eleutherios an der Agora in Athen (Plin., nat., 35, 129; Paus., 1, 3, 3): Auf der Mittelwand die Reiterschlacht b. Mantineia von 362 v. Chr. (Plut., De glor. Ath., 2; Paus., 8, 11, 6; 9, 15, 5); Kopie einst in Mantineia (Paus., 8, 9, 8). Auf den Seitenwänden die zwölf olymp. Götter (Val. Max., 8, 11, 5; Eusth., 145, 11; Lukian., im., 7) und Theseus mit Demokrateia und Demos (Plinius, ibid.; Plutarch, ibid.). Von seinem Theseus behauptete E., daß er wie von Rindfleisch ernährt (d.h. normal) aussehe im Gegensatz zu dem von → Parrhasios gemalten, der von Rosen ernährt sein müsse (Plin., nat., 35, 129), wohl eine Anspielung auf den von E. vertretenen, durch Anlehnung an Werke des 5. Jh. v. Chr. gekennzeichneten Stil. – 2.) Für Ephesos schuf E. ein Tafelbild, das den simulierten Wahnsinn des Odysseus darstellte (Plin., nat., 35, 129). – E. verf. eine Schr. über Symmetrie (Proportionslehre) und eine über Farben (Vitr., 7, praef. 14; Plin., nat., 35, 129). ▭ ThB11, 1915. RE VI. 1,

1907 (s.v. E. 8); EAA III, 1960, mit Lit.; EWA, v. Index zu II, 1972, IV, 1972, VII, 1971, XI, 1972, XIII, 1967; LdK II, 1989; DA X, 1996; DNP IV, 1998. – Quellen: *Overbeck*, SQ, 1868, Nrn 1786–1806 et passim; *Ferri*, Plin., 1946, 192 s.; *G. Becatti*, Arte e gusto degli scrittori latini, Fi. 1951, passim. – *Brunn*, GGK II, 1889, 239 s.; *J. Six*, JdI 24:1909, 7 ss.; *Pfuhl*, MuZ, II, 1923, 749 ss.; *H. A. Thompson*, Hesperia 4:1935, 352 ss.; 6:1937, 90–115; *Picard*, Manuel, III. 2, 1948, 853 ss.; *Lippold*, GrPl, 1950, 260 s.; *Rumpf*, MuZ, 1953, 128, 132, 134, 143; *M. Robertson*, Griech. Malerei, Genf 1959; *N. Dacos*, GBA 60:1962, 509–520; *W. Lepik-Kopacyńska*, Die antike Malerei, B. 1963 (Lebendiges Altertum, 8), 65; *Robertson*, Hist., I, 1975, 386, 410, 433–436; *O. Palagia*, Euphranor, Leiden 1980; *Fuchs*, Skulpt[4], 1993, 116–118, Abb. 107, 108; *Stewart*, Sculpture, I, 1990, 287 s., mit Lit.; *Todisco*, Scultura, 1993, 91–103; *Scheibler*, Malerei, 1994, passim. W. Müller

Euphranor (II), aus Kyrene, Sohn des Sosarchos, griech. Bildhauer, vor 115 v. Chr. in Kyrene tätig. Nur bek. durch seine Sign. auf einer zylindr. Basis, die später mit der Weih-Inschr. des Stolos, Sohn des Theon, für Ptolemaios VIII. (nach 115 v. Chr.) versehen worden ist. ▭ EAA, Suppl., 1973 (s.v. E. 1). – *G. Oliverio*, QuadALibia 4:1961, 31–32, Nr 11, Abb. 21–22. R. V.

Euphratas (Εὐφρατᾶς), fiktiver Architekt konstantin. Zeit in Konstantinopel. E. werden in einigen Legenden des 9./10. Jh. n. Chr. u.a. die Stadtmauer, das Abwassersystem, Wohnhäuser und die Hagia Sophia in Konstantinopel zugeschrieben. ▭ Oxford Dict. of Byzantium, II, 1991. – *F. Halkin*, Analecta Bollandiana 78:1960, 5–17; *A. Kazhdan*, Byzantion 57:1987, 237–239; *A. Berger*, Unters. zu den Patria Konstantinupoleos, Bonn 1988, 211 s., 220 s. M. Dennert

Euphro... (Ευφρο...), griech. Münzstempelschneider, während der Periode 433–400 v. Chr. (van Keuren, 1994) in Herakleia/Lukanien tätig. Auf einem Rückseiten-Stempel eines Nomos (Didrachmon) von Herakleia/Lukanien mit der Darst. des Herakles im Löwenkampf ist auf der Abschnittslinie in kleinen Buchstaben die Sign. ΕΥΦΡΟ zu lesen; die Vorderseite zeigt einen behelmten Athenakopf nach rechts. Ein ikonogr. sehr ähnl. Nomos trägt an ders. Stelle die Künstler-Inschr. des → Aristoxenos (I), des einzigen and. aus Herakleia/Lukanien bek. Graveurs. Daher dürfte es sich entgegen Forrers Ansicht (L. Forrer, Notes sur les sign. de graveurs sur les monnaies grecques, Br. 1906, 376) auch bei E. um einen Stempelschneider handeln. ▭ ThB11, 1915 (s.v. Euphr[on]). – SNG, American Numismatic Society, New York, II, Nr 51; *Imhoof-Blumer*, MGr, 1883, 2, Nr 5; *E. Work*, The earlier staters of Heraclea Lucaniae, NNM 91, 1940, 21, Nrn 12–13, Taf. 1–2; *F. van Keuren*, The coinage of Heraclea Lucaniae, R. 1994, 58, Nrn 17–18, Taf. 2. Th. Ganschow

Euphron (I) (Εὔφρων), von Paros, griech. Bildhauer, tätig im 2. V. des 5. Jh. v. Chr. Bek. durch drei Sign. aus Attika: – 1.) Marmorbasis mit Einlassung für Pfeiler und Weih-Inschr. an Hermes von einem Python aus Abdera, der sich als vielbereisten Mann bez.; aus Piräus, Krommydarou Bucht. Piräus Mus. (IG, I[2], 826; Loewy, IGB, 1885, 38, Nr 48; Jeffery, LSAG, 365, 370,29; Hansen, CEG, Nr 316). Ion. Schrift. Ein in der Nähe gefundener bärtiger Marmorkopf kam ins Athener NM (Inv., Nr 332), und sein genauer Fundort wurde vergessen, bis Karusos ihn identifiziert, mit der Basis verbunden und als Herme erkannt hat. Der Kopf war inzwischen mehrmals als röm. Kopie bez. worden (zuletzt von E. Harrison als neuattische Kopie [Archaic and archaistic sculpt., Agora, XI, Pr. 1965, 121, Anm. 103]); er ist aber ein Orig., nicht nur, weil er zus. mit der Basis gefunden wurde, auf der er urspr. gestanden hatte, sondern auch, weil er die Formen eines gegen 450 v. Chr. entstandenen, und zwar parischen Werkes, hat. Eine frühkaiserzeitl. Kopie von ihm aus der Slg Grimani befindet sich in Venedig (Walter-Karydi, 1986, Taf. 66,2,4). – 2.) Marmorpfeiler von der Akropolis, Weihgeschenk einer Mikythe an Athena (Raubitschek, 1949, Nr 298: um 470–450 v. Chr.; Hansen, CEG, Nr 273: um 470–450 v. Chr.?). Ion. Schr., von der gleichen Hand wie die Inschr. der Basis Nr 1. Der Pfeiler trug offenbar ein Relief. – 3.) Basis von der Akropolis (Raubitschek, 1949, Nr 304: um 475–450 v. Chr). Rechteckige Vertiefung für einen Pfeiler, der entweder ein Relief trug, wie der Pfeiler Nr 2, oder aber eine Herme, wie der Pfeiler Nr 1, da auf der Akropolis auch Hermen gew. wurden (z.B. Hansen, CEG, Nr 234: an Hermes), und in der Inschr. die Gottheit nicht gen. wird, welcher ein Phaidros das Werk gew. hat. Att. Schrift. – Nur auf der Basis Nr 1 sign. E. als Parier. Die Formgebung des Hermenkopfes (Nr 1) zeigt, daß E. zwar in Attika tätig war, doch seinem Stil nach der parischen Bildhauerschule angehören muß (zu den parischen Bildhauern s. K. Schefold, BerlPhWoch 57:1937, 1865 ss.; O. Rubensohn, RE VI. 1, 1907, 1865 ss.). Einen Hinweis zur Person von E. gibt das Epigramm der Basis Nr 1, wo E. sich als „nicht unkundig“ (οὐκ ἀδαής) bezeichnet. Solches Selbstlob ist nicht unbekannt. → Arkesilaos (I), ein parischer Meister, wird in einem Epigramm des Simonides „fähig" (ἄξιος) genannt (114D; A. Kostoglu-Despini, Problemata tis parianis plastikis tou 5ou ai., Thessaloniki 1979, 58; ebd., 53 ss., wurde das Artemis-Kultbild im Delion von Paros aus dem Beginn des 5. Jh. ihm überzeugend zugeschr.), und der Äginete → Onatas (I) rühmt sich in der Sign. des Achäerweihgeschenkes als ein „Könner in Kunstfertigkeit" (σοφός). C. Karusos setzte den Spruch von E. am Ende einer Reihe von solchen Äußerungen archaischer, v.a. spätarchaischer Meister, die sich mit der Gottheit, Athena oder Hephaist, so unmittelbar verbunden wissen, daß dieses Lob des eigenen Werkes zugleich und v.a. ein Lob der Gottheit ist, von der sie ihr Handwerk gleichsam gelernt hatten (Perikalles Agalma, in: Epitymb. Chr. Tsountas, At. 1941, 535 ss. entspricht G. Pfohl [Ed.], Inschr. der Griechen, Da. 1972, 85 ss.). Dies gehört zu einer spezif. archaischen Haltung; in der 1. H. des 5. Jh. werden solche Äußerungen spärlicher, und in der hochklass. Zeit verschwinden sie. So legt die Bezeichnung „nicht unkundig" nahe, daß E. sich noch als ein Meister des Strengen Stils verhält. Sign. von ihm sind nur aus priv. Weihgeschenken bek., und keine and. Werke können ihm zugeschr. werden; doch zeigt die Qualität der Herme Nr 1, daß er an der Blüte der parischen Bildhauerschule nach den Perserkriegen mitbeteiligt war. ▭ ThB11, 1915. RE VI. 1, 1907 (s.v. E. 5); XVIII. 4, 1949 (s.v. Paros 4); EAA III, 1960. – *C. Karusos*, BCH 70:1946, 263 ss., Taf. 13; *Raubitschek*, Dedications, 1949, 500 s.; *Lippold*, GrPl, 1950, 114; *E. Walter-Karydi*, in: Pro arte antiqua. Festschr. für Hedwig Kenner, II, W. 1986, 344 ss., Taf. 86,1,3, 88.

E. Walter-Karydi

Euphron (II), griech. Bildhauer, im 4. Jh. v. Chr. tätig. Nur bek. durch Plinius (nat., 34, 51; Overbeck, SQ, 1868, Nr 1601), der ledigl. erw., daß er wie → Lysippos (I) zur 113. Olympiade (328–325 v. Chr.) aktiv war. ▭ ThB11, 1915. RE VI. 1, 1907 (s.v. E. 6); EAA III, 1960. R. V.

Euphronios (Εὐφρόνιος), griech. Vasenmaler, in der 2. H. des 6. Jh. v. Chr. in Athen tätig. Kein and. bedeutender att. Vasenmaler ist in den letzten 30 Jahren einem so großen Wandel in der Anerkennung unterworfen worden wie Euphronios. Nicht nur die Zahl an sign. oder der ihm zugeschr. Vasen ist erhebl. angewachsen, auch sein Einfluß auf and. Vasenmaler, insbesondere dem 'Berliner Maler', ist erkannt worden, und seine fortgesetzte Aktivität im Kerameikos als Töpfer veranlaßt uns nun zu denken, daß → Onesimos (II) sein Schüler war. Dieser Wechsel in der Einschätzung des E. kam durch die Entdeckung einer rotfigurigen Schale im Jahre 1971 zustande, die am Fuß von dem Maler E. sign. war (ehem. Slg Hunt, heute Genf, Priv.-Slg; Euphronios [K Paris], 1990, Nr 34). Ihr Auftauchen löste sofort ein altes Problem, näml. die Autorenschaft der Londoner rotfigurigen Schale (BM, Inv. Nr E 41; Euphronios [K Paris], 1990, Nr 36), die vom Töpfer → Kachrylion sign. war und die Beazley nicht ohne Zögern dem → Oltos zuschrieb. – Z. Z. der E.-Ausst. (Arezzo; Paris, Louvre; Berlin, 1990–91) stieg die Zahl der Vasen, die man dem Maler E. zuordnete, auf 55 an, ein beträchtl. Fortschritt gegenüber den nur 15 im Jahre 1925 aufgeführten Gefäßen (J. D. Beazley, Attische Vasenmaler des rotfigurigen Stils, Tb. 1925, 58–61). Viel wichtiger als seine jetzige Anzahl an Werken ist jedoch seine Stellung innerhalb der Gruppe der 'Pioniere': sowohl in J. D. Beazley, Attic red-figured vases in American mus., C., Mass. 1918, als auch in Beazley's Attische Vasenmaler des rotfigurigen Stils, Tb. 1925, 58–61, wurden die drei Hauptpioniere eingeführt; darin begann Beazley mit → Phintias, kam dann zu E. und endete mit → Euthymides. Als Beazley im Jahre 1942 sein zweites Kapitel in den Attic red-figured vase-painters den 'Pionieren' widmete, setzte er E. an den Beginn, plazierte → Phintias in die Mitte und schloß wiederum mit → Euthymides; hinzu kamen aber auch and. Maler, insbesondere → Smikros, der Sosias-Maler, der Dikaios-Maler, → Hypsis, der Gales-Maler und der Pythokles-Maler. Jeder von ihnen wurde in die relative Position zu den großen Meistern gesetzt. 21 Jahre später, im Jahre 1963, integrierte Beazley in ARV² (22, 32) zwei weitere Maler in den Umkreis, den Maler von Akropolis 24 (dem Sosias-Maler nahe) und die 'Pezzino-Gruppe' mit einer hinzugefügten Anzahl von verschiedenartigen Vasen. – Es zeigte sich sehr deutl., daß die Beziehungen unter allen von ihnen innerhalb dieses Kreises sehr eng war, sie sich aber frei von einem außergewöhnl. Meister zum and. als Schüler oder als glatte Nachahmer bewegten, und die Meister als Inspirationsquelle und Ansporn ansahen. – E. hat den Rang des Größten nicht durch die Anerkennung der Freunde und Wetteiferer oder gar der bloßen Nachfolger verloren. Die mehr als andere Talentierten behielten klar einen eigenen Stil bei, aber sie alle waren für eine relativ kurze Periode in der att. Vasenmalerei von einem einnehmenden Entdeckergeist erfüllt, die Erzählweise zu erforschen und das harmon. Gleichgewicht beizubehalten. – E. fing an, den menschl. Körper nicht nur als Umriß mit der vollst. Betonung der Glieder zu zeigen, sondern ihn bei wachsendem Verständnis der Feinheiten – ge- oder entspannte Muskeln, Sehnen und Knochen unter der Haut, Freude und Leid, Vertrauen und Verzweiflung – Leben einzuhauchen. Nichts davon hätte graph. ohne die stufenweise erfolgte Verfeinerung der Linien dargestellt werden können, es gab nicht länger nur das gleichbleibende Schwarz der unverdünnten Glasur, sondern auch das Verdünnen in allen seinen verschiedenartigen Schattierungen. Die dritte Dimension war eingeführt, und die Ebbe und Flut an Muskeln war kein bloßer Zufall, sondern die Hand, die diese zeichnete, folgte einer Vision im Gedächtnis des Malers. Die Krümmungen des Gefäßkörpers stellten kein Problem mehr dar, als man die Zchng mit einberechnete und die Ornamente, die v.a. durch den Töpfer bestimmt worden sind, halfen, die eigtl. Bilder hervorzuheben und nicht sie zu beeinträchtigen. – Dank der Trad. von hinzugefügtem tiefen Rot und kreidehaltigem Weiß für die Draperie, für Einzelheiten der Bewaffnung und v.a. für die Haut der Frauen war das Schwarzfigurige bunter als das Rotfigurige. In der neuen Technik können Frauen schnell durch das Fehlen an männl. Muskulatur, durch das Haar, den Schmuck und feinere Kleidung erkannt werden. E. benützte gerne Inschr., die nun nicht länger durch ausgesparte Buchstaben auf dem schwarzen Hintergrund wie noch auf der Sarpedon-Schale (ehem. Slg Hunt, heute Genf, Priv.-Slg; Euphronios [K Paris], 1990, Nr 34) markiert werden, sondern durch hinzugefügtes Rot, das, kaum eingeführt, die Norm wurde. Die Inschr. begrenzten sich nicht mehr nur als Namensschilder der dargestellten Personen. Auf dem fragm. Kelchkrater in Paris (Louvre, Inv. Nr G 110; Euphronios [K Paris], 1990, Nr 2) hat E. in seine Sign. in der Nähe des Randes auf der Rückseite, die von mehreren aufgeregten, mit versch. akrobat. Kunststücken beschäftigten Komasten bevölkert ist, folgende mit beträchtl. Stolz versehene Inschr. hineingequetscht: ΕΥΦΡΟΝΙΟΣ ΕΓΡΑΦΣΕΝ ΤΑΔΕ („Euphronios hat *dies* gemalt"). Man hat beinahe den Eindruck, daß dieser Ausruf eine Antwort auf seinen Freund → Euthymides war, der auf die Rückseite seiner Amphora in München (Staatl. Antikenslgn, Inv. Nr 2307; ARV², 1963, 26, Nr 1; CVA, München 4, Taf. 165–168; 172, 1; 188, 5) geschrieben hat: ΗΟΣ ΟΥΔΕΠΟΤΕ ΕΥΦΡΟΝΙΟΣ („wie nie Euphronios"). Es handelt sich hier um nicht mehr als einen freundschaftl. Spott, der in seiner Bedeutung bereits beim letzten Käufer der Vase im weit entfernten Etrurien verlorengegangen sein mag. – Die Feinheit des E. kann am besten durch den Modus, wie er sie übermittelt, beurteilt werden. Auf den meisten seiner Vasen und selbst seiner Fragm. sind seine Schlachtenbilder nicht zu vergleichen mit den heroischen Gem. der Historienmaler des 19. Jh. Auf dem Kyknos-Krater in der Slg von Shelby White und Leon Levy (Euphronios [K Paris], 1990, Nr 6) hat der Kampf zw. Herakles und dem Wegelagerer Kyknos mit dem Sieg des Herakles geendet, aber das Leben des Siegers wird nun durch das Eingreifen von Kyknos' Vater, Ares, bedroht. Das Nachspiel wird durch das Aufeinandertreffen von Athena und Ares auf einer weiteren Ebene angedeutet, der Herakles keine Aufmerksamkeit schenkt, weil er damit beschäftigt ist, seinen Gegner nochmals wahrsch. in der entblößten Leistengegend zu verwunden. Kyknos selbst ist sich seines Schicksals bewußt geworden und seine Kräfte schwinden. Seine Zähne sind „hochkant" gestellt, weil Schmerz ihn überkommt, und es wird ihm nicht gelingen, sein Schwert aus der Scheide zu ziehen. Der Maler hat die Schulterklappen seiner Rüstung mit dem Symbol eines angreifenden Ebers und auf der linken Klappe eines Löwen wie bei einem homerischen Gleichnis verziert. Während Athena im Hintergrund vorwärtsschreitet, um Ares abzuwehren, bildet das Gorgoneion auf ihrer Ägis ein gleichartiges Ebenbild zum Gorgoneion im Zentrum des bötischen Schildes des Ares und die Löwen oben und unten wiederholen den Löwen auf der Schulterklappe des Kyknos. – Herakles ist viel zu beschäftigt, Kyknos zu töten, um Ares wahrzunehmen. Zudem gibt es immer eine gewisse Unklarheit bei Göttern im Schlachtfeld. Sind sie für Sterbliche unsichtbar oder wird ihre Gegenwart durch übernatürl. Anzeichen gefühlt? Nur große Künstler können zeigen, was es heißt, vor den Protagonisten versteckt zu sein. Auf dem großen Kelchkrater in New York (Metrop. Mus., Inv. Nr 1972. 11. 10; Euphronios [K Paris], 1990, Nr 4), der Sarpedon verherrlicht, welcher auf Bitten seines Vaters Zeus durch den Schlaf und durch den Tod in das entfernte Lykien gebracht wird, fügt E. dieser bewegten Szene Hermes viell. in seiner familiären Rolle als *Psychagogos* hinzu. Die zwei Trojaner, die die Darst. wie eine Ehrengarde flankieren, besagen nicht, daß sie wirklich in der Szene anwesend waren, sondern sie v.a. dazu dienen, anzudeuten, daß man sich noch in Troja und nicht bei der Ankunft von Sarpedons Leichnam in Lykien befindet. Auf der früheren Schale, die jetzt in einer Priv.-Slg in Genf ist (Euphronios [K Paris], 1990, Nr 34), sind der Schlaf und der Tod nicht geflügelt (aber ihre Namen geschrieben), und wir sind versucht anzunehmen, daß die Zwillingssöhne der Nacht ihrer Aufgabe in Verkleidung nachgehen. Die Rückseite ist hier dem Aufführen eines Waffentanzes, des pyrrhischen, gewidmet und dem wissenden antiken Betrachter mag in Erinnerung gerufen worden sein, daß dieser Sport zuerst (lt. Aristoteles) bei den Leichenspielen zu Ehren des Patroklos eingeführt worden ist, dem Helden, der, kurz nachdem er Sarpedon getötet hatte, selbst von Hektor getötet worden ist. Beim Ringkampf zw. Herakles und Antaios in Paris (Louvre, Inv. Nr G 103; Euphronios [K Paris], 1990, Nr 3) wird dem Betrachter der ungeheure Sieg des Herakles über den ungehobelten barbar. Gegner bewußt, wenn er die beiden sorgfältig gegenübergestellten Köpfe vergleicht: der des Herakles ist unerschüttert und selbstbewußt, während der des Antaios deutl. voll Schmerz ist. Sein Mund, mit den Zähnen zu einer Grimasse verzogen, ist halb geöffnet und sein Auge mit einer zum oberen Lid gezogenen Pupille kündet den bald eintreffenden Tod an. Aus dem gleichen Grunde ist sein linker Arm bereits unbewegl. und die Hand hat all ihre Kräfte verloren. Die Frauen im Hintergrund flüchten in versch. Richtungen, bekümmert um das, was vor ihren Augen geschieht. Um die starken Diagonalen der Körper des Herakles und des Antaios auszugleichen, hat der Maler starke Vertikalen durch die Keule des Herakles und seines aufgehängten Löwenfells auf der linken Seite der Szene eingeführt. Auf dem Löwenfell sind die geschlossenen Augen des Kopfes durch lange Augenwimpern wie bei denen des Sarpedon auf dem New Yorker Krater markiert. Während der Ringkampf mit Antaios im att. Schwarzfigurigen relativ häufig ist, bleibt er im Rotfigurigen bis heute sehr selten und alle sind später als die von E. gemalte Szene (vgl. R. Olmos/L. J. Balmaseda, LIMC I, 1981, 801–804, s.v. Antaios). Für die ausdrucksstarke Darst. des von Herakles besiegten Riesen hat der Maler die zu dieser Zeit angesehene Komp. von Herakles mit dem Nemeischen Löwen ringend übernommen, in welcher der auf einem Knie kniende Herakles dem Löwen frontal gegenüber gestellt ist. E. hat uns seine Behandlung von diesem Thema auf einem fragm. Kelchkrater in Paris (Louvre, Inv. Nr G 110; Euphronios [K Paris], 1990, Nr 2) kundgetan, der etwas früher als der Antaios-Krater ist: er erlaubt uns jedoch zu betrachten, wie ein einfallsreicher Maler die Komp. beim Ringschema mit Antaios angewendet hat. – Es gibt nur wenig Wiederholung bei E., obwohl er natürl. nichts dagegen hat, den gleichen Mythos zweimal zu zeigen. Sarpedons Gesch. besitzen wir auf der frühen Schale in Genf mit dem 'Schlaf' und dem 'Tod', die seinen toten Körper aus dem Schlachtfeld tragen (Euphronios [K Paris], 1990, Nr 34), welches auf dem Krater in New York in eine sehr bewegungsreiche Malerei verwandelt worden ist. Mit der Sarpedonschale zeitgleich sind eine Schale in Malibu (J. Paul Getty Mus., Inv. Nr 77. AE. 20; Euphronios [K Paris], 1990, Nr 35) mit dem Leichnam des Achilles, der von seinem treuen Gefährten Ajax getragen wird und die erst kürzl. für das AM der Univ. in Princeton erworbenen Fragm. eines Kelchkraters des E. mit dem gleichen Thema in größeren Ausmaßen, die demnächst von M. Padgett veröff. werden. – Das Hauptinteresse gilt bei E. zu allen Zeiten dem menschl. Körper. Er ist angezogen von Athleten in versch. Haltungen, wie auf dem frühen Kelchkrater in Berlin (Staatl. Antikenslgn, Inv. Nr F 2180; Euphronios [K Paris], 1990, Nr 1), den Fragm. der Halsamphora in Heidelberg (Archäol. Slg, Inv. Nr B 4; Euphronios [K Paris], 1990, Nr 23) und in New York (Metrop. Mus., Inv. Nr 1983. 524. 2; Euphronios [K Paris], 1990, Nr 24), der Rückseite des Stamnos in Leipzig (Antikenmus., Inv. Nr T 523; Euphronios [K Paris], 1990, Nr 14) oder der Rückseite des Kyknos-Kraters (Slg Shelby White und Leon Levy; Euphronios [K Paris], 1990, Nr 6). Er weitet die Nacktheit auf Komasten auf der Rückseite des Kelchkraters in Paris (Louvre, Inv. Nr G 110; Euphronios [K Paris], 1990, Nr 2) und auf die dienenden Knaben auf dem Kelchkrater in München (Staatl. Antikenslgn, Inv. Nr 8935; Euphronios [K Paris], 1990, Nr 5) aus. Lagernde Symposiasten haben ihre Gewänder bis zu den Hüften auf der Vorderseite der letzten Vase und auf dem Hals der Amphora in Paris (Louvre, Inv. Nr G 30; Euphronios [K Paris], 1990, Nr 20) fallen lassen. Auf der speziellen Schale in Athen (Nationalmus., Inv. Nr Akr 176; Euphronios [K Paris], 1990, Nr 44) trägt Peleus sein Gewand über den Schultern und bedeckt nur seinen Rücken. Das gleiche macht einer der Komasten auf dem Stamnos in Paris (Louvre, Inv. Nr Cp 11070; Euphronios [K Paris], 1990, Nr 15) und der auf einem Schwan reitende Hyakinthos auf dem Teller von Brauron in Athen (NM, Inv. Nr 19274; Euphronios [K Paris], 1990, Nr 53). Wenn die Figuren sitzen, ändert sich diese Konvention nicht von der der lagernden Zecher: die Zuhörer des jungen Musikers auf der Rückseite des Antaios-Kraters in Paris (Louvre, Inv. Nr G 103; Euphronios [K Paris], 1990, Nr 3), der einen Knaben züchtigende Jüngling auf der Pelike in Rom (MN di Villa Giulia; Euphronios [K Paris], 1990, Nr 29), der seine Sandale bindende Jüngling auf der Vorderseite einer and. Pelike in Rom (MN di Villa Giulia; Euphronios [K Paris], 1990, Nr 28) wie auch der Jüngling mit einem Hund auf seiner Rückseite (der obere Teil befindet sich in Chicago, Univ., The David and Alfred Smart Mus., F. B. Tarbell Slg, Inv. Nr

1967. 115. 287; Euphronios [K Paris], 1990, Nr 27) stellen ihren nackten Oberkörper zur Schau. Ganz nackte Frauen sehen wir auf dem großen Psykter in St. Petersburg (Ermitage, Inv. Nr B 1650; Euphronios [K Paris], 1990, Nr 33) mit Sekline, Palaisto, Smikra und Agapa, von denen Palaisto heraussieht und ihr Skyphos ihren Mund genauso verdeckt wie bei Thoudemos auf dem Münchner Krater (Staatl. Antikenslgn, Inv. Nr 8935; Euphronios [K Paris], 1990, Nr 5). Der Psykter und der Krater müssen gleichzeitig sein, aber wie so oft in der Vasenmalerei wurde die Idee, einen Symposiasten in Frontalansicht mit dem Trinkgefäß unter seiner Nase zu zeigen, durch den Ashby-Maler auf seiner namensgebenden Vase fortgesetzt (ehem. Northampton, Schloß Ashby; jetzt New York, Metrop. Mus., 1993. 11. 5; ARV², 1963, 455, Nr 8; CVA, Castle Ashby, Taf. 36, 62). Herakles ist natürl. beim Ringkampf gegen Antaios nackt gezeigt, aber wenn er sich in die Schlacht begibt, trägt er nicht länger das Löwenfell um die Taille gebunden, sondern, mit dem Volutenkrater in Arezzo (Mus. Archeol. Naz., Inv. Nr 1465; Euphronios [K Paris], 1990, Nr 13) beginnend, hat er es um den Hals gelegt und seinen linken Arm damit anstelle eines Schildes bedeckt, so wie Athena ihre Ägis auf dem Kyknos-Krater (Slg Shelby White und Leon Levy; Euphronios [K Paris], 1990, Nr 6) und auf der Halsamphora in St. Petersburg (Ermitage, Inv. Nr B 2351; Euphronios (K Paris), 1990, Nr 17) benützt. Auf dem Volutenkrater von Arezzo wütet die Schlacht um den ganzen Gefäßkörper und Herakles erhält Unterstützung von Telamon gegen Toxis, Teisipyle, En[...]ila, Kydoime, Thraso und Hypsipyle; eine Bogenschützin und drei weitere Hopliten, alle Amazonen, rennen heran. Diese Gegenüberstellung wurde in die Vasenmalerei bereits mehr als eine Generation früher auf der für den Camtar-Maler namensgebende schwarzfigurigen Vase in Cambridge (Fitzwilliam Mus., Inv. Nr 44; CVA 1, Taf. 8,2, 9,3; ABV, 1956, 84, Nr 2) eingeführt. Auf der Halsamphora in Paris (Louvre, Inv. Nr G 107; Euphronios [K Paris], 1990, Nr 19) ist Herakles allein, aber er sollte mit der einzigen Amazone auf der Rückseite in Beziehung gesetzt werden, eine Bogenschützin namens Barkida, die sich um ihren rechten Fuß dreht, wie Teisipyle auf dem Krater in Arezzo. Diese Amphora kann nicht von derjenigen in St. Petersburg (Ermitage, Inv. Nr B 2351; Euphronios [K Paris], 1990, Nr 17) getrennt werden, auf der Herakles als Bogenschütze gezeigt wird und beinahe ein Spiegelbild zur Amazone im Louvre bildet, außer daß sein Ziel die Hydra oder eine Schlange ist, die um einen Baum gewunden ist. Seine Keule, dessen oberes E. in einen Schlangenkopf ausläuft, ist gerade niedergefallen und Herakles hat einen Pfeil gelöst. Ein and. Herakles als Bogenschütze befindet sich auf der Außenseite der großen Schale, die am Fußrand auf der Vorderseite von → Kachrylion als Töpfer und auf der and. Seite von E. als Maler sign. ist (München, Staatl. Antikenslgn, Inv. Nr 2620; Euphronios [K Paris], 1990, Nr 41). Herakles hat bereits den Hund Orthros und den Schäfer Eurytion aus der Entfernung getötet und kämpft nun mit der erhobenen Keule gegen Geryon im Nahgefecht, Geryons Mutter Kallirhoe nähert sich entsetzt von dem, was sich vor ihren Augen abspielt, von rechts, während Iolaos (inschriftl. gen.) ruhig mit Athena spricht, so als ob er sagen will, daß sein Beistand nicht länger gebraucht wird, und die and. Gefährten des Herakles auf der Rückseite der Außenseite treiben die Herde des Geryons zusammen. Der Hund Orthros hat einen Schwanz, der in einem Schlangenkopf wie die Keule des Herakles in St. Petersburg endet. Die Innenseite der Schale ist um das Innen-Med. herum mit intensivem Rot bedeckt, das schön mit dem Schwarz des Tondos kontrastiert, in dem ein junger Reiter geschildert wird, der Stiefel, einen kurzen Chiton, einen thrakischen Mantel und einen eleganten Petasos trägt. In seiner Nähe steht die Inschr. *Leagros kalos*, die auch auf der Geryonszene auf der Außenseite wiederholt ist. Das gleiche beherrschende Rot erscheint auf einem in Olbia 1927 gefundenen Schalen-Fragm., das sich jetzt in St. Petersburg befindet (Ermitage, Inv. Nr Ol. 18181; Euphronios [K Paris], 1990, Nr 45). Der erh. Teil der Schale zeigt noch die Inschr. Leagros, aber das Thema der Darst. bleibt rätselhaft. Indirekt jedoch bestärkt der Gebrauch von intensivem Rot auf den zwei von E. bemalten Schalen zur Annahme, daß eine verschollene Schale in der gleichen Technik, mit demselben Kalos-Namen und der Darst. zweier Amazonen, von der eine die Haltung der Amazone als Bogenschützin des E. wiederholt, auch dem E. zugeschr. werden sollte (ARV², 1963, 1593, Nr 45 mit Verweis auf D. von Bothmer, Amazons in Greek art, Ox. 1957, 151, Nr 51, p. 155). Nicht jede Vase, die dem Maler E. zugeschr. wird, kann in diesem Abriß vorgestellt werden, aber einige Kommentare zu den oben nicht diskutierten Gefäßen mögen nützl. erscheinen. Die fragmenthaft erh. Halsamphora in Paris (Louvre, Inv. Nr Cp 11071; Euphronios [K Paris], 1990, Nr 22) muß vom Werk des E. losgelöst werden, weil (wie Richard T. Near entdeckt hat) der Name der Sign. auf -ΡΟΣ endet, was E. ausschließt und für → Smikros spricht. Die Hydria in Dresden (Albertinum, Inv. Nr ZV 295; Euphronios [K Paris], 1990, Nr 30), die Fragm. ähnl. zu einer im Louvre enthält (Inv. Nr Cp 11051; Euphronios [K Paris], 1990, Nr 31), sollte dem → Euthymides zugeordnet werden, wie es bereits P. Hermann (AA 1892, 165) vorschlug. Beazley schrieb das Gefäß bis zu ARV, 1942 (17, Nr 11) nicht dem E. zu, aber sie kann schwer von der Hydria in Bonn (Akad. KM, Inv. Nr 70; CVA, 1, Taf. 16, 1–2; ARV², 1963, 28, Nr 12) getrennt werden, die von → Euthymides sign. ist. Einige Zweifel erheben sich auch bei dem fragm. Psykter in Boston (MFA, Inv. Nr 10. 221; Euphronios [K Paris], 1990, Nr 32) mit den vielen mangelhaft gezogenen Strichen oder falschen Details, die Beazley in Caskey/Beazley, II, 1954, 1–3, Taf. 31, aufzählte, bevor er sich dazu entschied, sie in ARV², 1963, 16, Nr 14, aufzunehmen. Ein and. Problem stellt der Kelchkrater in Paris dar (Louvre, Inv. Nr G 33; Euphronios [K Paris], 1990, Nr 11). Obwohl er schlecht rest. wurde, sah bereits W. Klein (Die griech. Vasen mit Meister-Sign., W. 1887, 134–135), daß er von derselben Hand wie Louvre G 34 (Euphronios [K Paris], 1990, Nr 51) gemalt sein muß, was Pottier dazu veranlaßte, beiden nacheinanderfolgende Nummern in seinem Kat. zu geben. Beazley, der niemals die Schale nach ihrer Reinigung gesehen hatte, verglich den Kelchkrater mit der Komp. auf der Innenseite der Schale des Magnoncourt-Malers in New York (Metrop. Mus., Inv. Nr 41. 162. 6; CVA, Gallatin, Taf. 47, 5; 49, 2; ARV², 1963, 456, Nr 2) und sah in der Zchng eine gewisse Ähnlichkeit zu der des Magnoncourt-Malers. Beazley sah aber niemals die vielen neuen Fragm., die die Erscheinung von Louvre G 33 entscheidend verändert hat, nachdem der Kelchkreter einmal gereinigt und etwa gleichzeitig die neuen Anfügungen an die Schale vollendet waren. Heute eröffnen uns der Kelchkrater und die Schale, die beide beinahe vollst. sind, mit ihren wunderbaren *thiasoi* von Dionysos, Satyrn und Mänaden eine and. Seite von E.s hochrangigen Kompositionen. Dank der vielen neuen Fragm. ist sein Repert. von einem solchen Umfang, der wahrhaft beneidenswert ist. Auf New York, Metrop. Mus., Inv. Nr 11. 140. 6 (Euphronios [K Paris], 1990, Nr 12) wendet er bei Eos und Memnon, deren Thema den Rückzug eines halbvergöttlichten Helden aus einer Schlacht behandelt, eine Komp. an, die nahe zu der von Sarpedon auf New York, Metrop. Mus., Inv. Nr 1972. 11. 10, ist (Euphronios [K Paris], 1990, Nr 4). Die Entführung der Helena auf Fragm. einer Schale in New York (Metrop. Mus., Inv. Nr 1989. 382. 1; Euphronios [K Paris], 1990, Nr 38) erinnert an die Entführung der Antiope auf einer Schale in London (BM, Inv. Nr E 41; Euphronios [K Paris], 1990, Nr 36). Ein fragmenthaft erh. Kelchkrater in Princeton (Univ., AM, Inv. Nr 1997–488), der von M. Padgett dem E. zugeschr. wurde (das Haupt-Fragm. ist in Record of the AM Princeton Univ. 57. 1-2:1998, 197 abgebildet), mit der Darst. von Achilles, der von seinem treuen Gefährten Ajax getragen wird, bildet erneut ein Thema, das E. lieb ist, wie einer seiner frühesten Schalen gezeigt hat (Malibu, J. Paul Getty Mus., Inv. Nr 77. AE. 20; Euphronios [K Paris], 1990, Nr 35). Auf einer and. Vase – Fragm. eines Kelchkraters – in Malibu (J. Paul Getty Mus., Inv. Nr 77. AE. 86; Euphronios [K Paris], 1990, Nr 7) erscheint Perseus bei seiner Flucht vor den Gorgonen unter dem Schutz der Athena. Die von Nessos übergesetzte Deianeira befindet sich auf einem Innen-Med. in New York (Metrop. Mus., Inv. Nr 1989. 382. 2; Euphronios [K Paris], 1990, Nr 52). Herakles ist hier nicht zu sehen, aber der Kentaur wurde bereits zweimal von zwei seiner vergifteten Pfeile tödl. verletzt. Die Außenseite hat noch Teile von Theseus bewahrt, der den Marathonischen Stier überwältigt. Die Szene kann als Vorläufer für die Szene auf der großen Schale in Paris (Louvre, Inv. Nr G 104; Euphronios [K Paris], 1990, Nr 55) gewertet werden, die von E. als Töpfer sign. und dem → Onesimos (II) zugeschr. ist. Schließl. erscheint auf der fragm. erh. Halsamphora (New York, Metrop. Mus., Inv. Nr 1985. 228. 8 und Paris, Louvre, Inv. Nr Cp 11187 als Leihgabe in New York, Metrop. Mus.; Euphronios [K Paris], 1990, Nr 16) einer der Freier für die Hand von Agariste, der Tochter des Kleisthenes von Sikyon. Es muß aber daran erinnert werden, daß Künstler oft berühmte Namen der Vergangenheit gebrauchen (vgl. J. D. Beazley, JHS 59:1939, 11). E. malte für → Kachrylion und → Euxitheos, zwei bedeutenden Töpfern, die in Athen zu einer Zeit aktiv waren, als die rotfigurige Technik dank einer Gruppe junger Maler, die „Pioniere" gen. werden, aufblühte. Sie müssen sich in freundschaftl. Rivalität nahegestanden haben, lernten immer mehr, wurden angeregt von den vielen Neuigkeiten, die eingeführt worden sind, und besaßen die Gabe, ihre Errungenschaften der nächsten Generation weiterzugeben. In diesem Umfeld spielte E. eine größere Rolle als früher dank der vor kurzem entdeckten Vasen angenommen worden ist. Der 'Berliner Maler' schuldet E. mehr als → Euthymides und → Phintias, von denen Beazley (ARV², 1963, Einl. auf der Seite 196) sagte, der 'Berliner Maler' wäre von ihrer Gruppe inspiriert worden, wenn man die frühen Kelchkratere in Malibu und die Basler Halsamphora (ARV², 1634, Nr 30bis) betrachtet. Der Einfluß des E. ging auch im Kerameikos weiter, als er zum Töpfern insbesondere von Schalen überging. Nach Beurteilung seiner Sign. dauerte seine zweite Karriere bis zur Zeit des Pistoxenos-Malers an. Es sollte auch nicht vergessen werden, daß E. kurz nach 480 v. Chr. der Göttin Athena ein Weihgeschenk auf der Akropolis von Athen weihte. Auf der Basis dieses Weihgeschenks ließ er sich als Töpfer verewigen (Euphronios [K Paris], 1990, 219, Nr 56). ▭ ThB11, 1915. RE VI. 1, 1907 (s.v. E. 9); EAA, Suppl. II, 1994; DNP IV, 1998. – ARV², 1963, 13–17, Nr 1–23; p. 1619, Nr 3bis; 1705; Add², 1989, 152–153; Euphronios (K Paris), 1990; Euphronios (K Berlin), 1991 (der Berliner Kat. hat die Objekte gegenüber dem Pariser Kat. umnumeriert; beide Kat. enthalten vollst. Bibliogr. von Büchern und Artikeln, die E. behandeln). D. von Bothmer

Eupidas (Εὐπίδας), griech. Bildhauer, um 500–490 v. Chr. in Tarent tätig. Nur bek. durch seine Sign. auf einem Sockel für eine Bronzestatuette aus Tarent, die von Polylos gestiftet worden ist (heute Boston, MFA, Inv. Nr 01. 8214). ▭ EAA Suppl., 1973. – *Comstock/Vermeule*, BronzesBoston, 1971, 39, Nr 39, Abb.; *Floren*, GrPl, 1987, 437, Anm. 255. R. V.

Eupolemos (Εὐπόλεμος), griech. Architekt aus Argos, zw. 420 und 390 v. Chr. in Argos tätig. Erb. zw. 420 und 400 v. Chr. (oder wenig später) den Hera-Tempel II auf der mittleren Terrasse des Hera-Heiligtums b. Argos (Paus., 2, 17, 3). Dieser Tempel, errichtet an Stelle eines 423 v. Chr. durch Brand zerst. höher gelegenen hölzernen Vorgängerbaus (2. H. 7. Jh. v. Chr.), war ein dor. Peripteros mit 6:12 Säulen. Fundament und Krepis aus Kalkstein; Säulen, Wände, Architrave, Triglyphen und Geison aus Poros mit Stucküberzug; Metopen, Sima, Giebel-Skulpt. und Dach aus Marmor. Architekturdetails und plast. Dekoration att. beeinflußt. *In situ*: rostartiger Unterbau, Säulenfundamente, Stufen und Eingangsrampe an der O-Seite. Bei den amer. Grabungen 1892–95 kamen Reste der Giebel-Skulpt. und Metopen zutage (Athen, NM). Für den Tempel schuf → Polykleitos (I) das kolossale Goldelfenbein-Kultbild der thronenden Hera (Paus., 2, 17, 4; 6, 6, 2). ▭ ThB11, 1915. RE VI. 1, 1907 (s.v. E. 13); EAA III, 1960; EWA XI, 1972, 144; *MacMillan*, II, 1982, 34. – *Brunn*, GGK II, 1889, 240; *C. Waldstein*, The Argive heraeum, I, Boston/N. Y. 1902 (mit Rekonstr. von E. L. Tilton); *W. B. Dinsmoor*, Archit. of ancient Greece, Lo. 1950, 53, 149, 183; *J. L. Caskey/P. Amandry*, Hesperia 21:1952, 165 ss., 222 ss.; *E. Kirsten/ W. Kraiker*, Griechenlandkunde, He. 1955, 136, 458; *Gruben*, Tempel⁴, 1986, 107 s., Abb. 100; *Müller*, Architekten, 1989, 156, Abb. 97; *Svenson-Evers*, Architekten, 1996, 429 ss. (mit weiterer Lit.). W. Müller

Eupompos (Εὔπομπος; Eupompus), von Sikyon, griech. Maler der Spätklassik, tätig in Sikyon. Plinius (nat., 35, 64) nennt ihn Zeitgen. der Maler → Androkydes (II), → Zeuxis (I), → Timanthes (I) und → Parrhasios. Chronolog. Angaben zu → Androkydes (II) und → Zeuxis (I) weisen auf eine Schaffenszeit des E. von ca. 410–370 v. Chr. Als Lehrer des → Pamphilos (I), des Vorgängers von → Apelles (I), wurde er der Begründer der Malerschule von Sikyon, die nach Plinius (nat., 35, 75) neben den schon bestehenden Schulen von Athen und O-Ionien im 4. Jh. v. Chr. aufblühte. Nur eines seiner Gem., das einen siegreichen Athleten mit Palmzweig darstellte, ist namentl. erw. (Plinius, ibid.). Vom Athletentypus der Zeit vermitteln Bilder der panathenäischen Preisamphoren eine Vorstellung, wonach ein röm. Wand-Gem. (Rom, Mus. Naz., Inv. Nr 103421) vermutl. abhängig vom Werk des E. ist. Im Alter könnte E. noch den jungen Bildhauer → Lysippos (I) unterrichtet haben. Die von Plinius (nat., 34, 61) überlieferte Legende, nach der E., von → Lysippos (I) nach dem besten künstler. Vorbild befragt, auf eine Menschenmenge bzw. die Natur selbst als besten Lehrmeister verwiesen haben soll, spielt auf die neuartigen Prinzipien korrekter Naturbeobachtung an, die in der sikyon. Schule entwickelt wurden. ▭ ThB11, 1915. RE VI. 1, 1907; EAA III, 1960. – *P. Moreno*, La pitt. tra classicità ed ellenismo, in: *R. Bianchi-Bandinelli* (Ed.), Storia e civiltà dei Greci, VI, Mi. 1979, 484 s.; *Reinach*, RecMilliet, 1985, 250 ss. I. Scheibler

Euporos (I) (Εὔπορος), Sohn des Zopyros, thessal. Bildhauer, im 2./1. Jh. v. Chr. tätig. Nur bek. durch seine Sign. auf der in Larisa gefundenen säulenförmigen Basis einer von den Thessalern gesetzten Ehrenstatue eines gymn. Siegers, der als Knabe in der 317 v. Chr. gestifteten Basileia von Lebadeia und später noch einmal als Erwachsener an versch. Orten gesiegt hatte. ▭ ThB11, 1915. RE VI. 1, 1907; EAA III, 1960. A. Herr

Euporos (II), röm. Silberschmied, in der 2. H. des 1. Jh. n. Chr. tätig. Nur bek. durch seine Sign. im Genetiv, die auf einem Silberspiegel (ehem. Slg M. Faroughi in Teheran, jetzt im Bad. LM in Karlsruhe) erscheint, in deren Mitte sich ein Bildnis des Kaisers Domitian (81–96 n. Chr.) nach der Ikonogr. der Jahre zw. 83 und 84 n. Chr. sowie eine Athena befindet. ▭ EAA, Suppl. 1970. – *M. Taddei*, East and West 17, 1967, 41 ss.; *M. R. Alföldi*, in: Festoen opgedragen aan A. N. Zadoks-Josephus-Jitta, Groningen s. d., 15 ss. A. Herr

Euprepes (Εὐπρέπης), aus Laodikeia/Phrygien, griech. Bildhauer, in der röm. Kaiserzeit in Rhodos tätig. Nur bek. durch seine Sign. auf einer Marmorbasis für eine Ehrenstatue des P. Aelius Agestratos, die auf der Akropolis in Rhodos gefunden worden ist. ▭ ThB11, 1915. RE VI. 1, 1907 (s.v. E. 2); EAA III, 1960. – *Loewy*, IGB, 1885, 217, Nr 303. R. V.

Euripides (Εὐριπίδης), griech. Tragiker und Maler, um 480 bis 406 v. Chr. tätig. Nach der Suid., s.v. Εὐριπίδης (Overbeck, SQ, 1868, Nr 1116) war der berühmte Tragiker in der Jugend Maler. In Megara war angebl. ein Bild des E. ausgestellt (Vita Euripidis; Overbeck, SQ, 1868, Nr 1117). Die genauen Schilderungen des E. von Skulpturen (Ion, 184 ss.) und kunstvollen Teppichen (Ion, 1141 ss.) dokumentieren seine Kennerschaft in den Künsten. ▭ ThB11, 1915. – *Brunn*, GGK II, 1889, 57. R. V.

Euryalos cf. **Agrolas**

Eurykles (Εὐρυκλῆς), Sohn des aus vornehmer spartan. Fam. stammenden Lachares, vermeintl. Architekt, † vor 2. v. Chr., Günstling Caesars. Hatte noch z.Z. des Augustus eine Art Herrscherstellung in Griechenland inne. Bauherr zahlr. Bauten, u.a. ein Gymnasion in Sparta und das prunkvollste der vielen Bäder in Korinth, das mit kostbarem Mat. (z.B. Stein aus Krokeai) verkleidet war (Paus., 2, 3, 5). Aus dem von Pausanias gebrauchten Wort ἐποίησεν hat man irrtüml. geschlossen, E. sei Architekt gewesen. ▭ ThB11, 1915. RE VI. 1, 1907 (s.v. E. 5 und 7); EAA III, 1960; DNP IV, 1998. – *Brunn*, GGK II, 1889, 240. W. Müller

Eusebius → **Euserius**

Euserius, spätantiker Künstler oder Stifter in Ravenna. E. wird mit → Paulus (II), → Satius und → Stephanus (II) im Liber pontificalis des Agnellus im Zusammenhang mit den Mosaiken und figürl. Stuckarbeiten an den Wänden der Basilica Ursiana, der Kathedrale von Ravenna (gew. vor 396 n. Chr.) genannt. Agnellus entnahm die Namen wahrsch. Inschriften. Aus dem Wortlaut (*exornaverunt*, *comptitaverunt*, *inciserunt*, *composuerunt*) ist nicht sicher zu schließen, ob es sich, wie meist angenommen, um die Künstler oder doch eher um die Stifter dieser Dekorationen handelt. Euserius ist auch als Fehllesung für *Eusebius* interpretiert worden. ▭ ThB11, 1915 (s.v. Euserio). – *F. W. Deichmann*, Ravenna. Hauptstadt des spätantiken Abendlandes, I, Wb. 1969, 93; II. 1, Wb. 1974, 3, 9; *C. Nauerth*, Agnellus von Ravenna. Unters. zur archäol. Methode des ravennatischen Chronisten, M. 1974, 72–75; *Agnellus von Ravenna*, Liber pontificalis, I, Übersetzt und eingeleitet von *C. Nauerth*, FiB. 1996, I, 58, 136 s. M. Dennert

Eustachius → **Eustathios** (I)

Eustachius → **Satius**

Eustathios (I) (Εὐστάθιος), aus Konstantinopel, Presbyter und nicht Architekt, 1. H. des 4. Jh. n. Chr. Nach Hieronymus (chron. A. abr., p. 233n [A. D. 336]) (danach Prosper von Aquitanien, chron. [PL, 51, 576C]), hier der Name verdorben als Eustachius) beteiligt an der Errichtung eines Martyriums in Jerusalem; er wird nicht, wie häufig angeführt, als Architekt gen., auch der Bezug zur konstantin. Grabeskirche findet sich hier nicht. Theophanes (chron., 1, 33, 11 [A. D. 335/6]) nennt → Zenobios (I) als Architekten der Grabeskirche. E. wird im selben Satz erw., jedoch ohne Verbindung zur Grabeskirche. Es handelt sich daher bei Hieronymus wahrsch. um das Mißverständnis einer älteren Quelle, die möglicherweise genauer bei Theophanes überliefert ist. Die Zuverlässigkeit der Quellen in Bezug auf die Namen bleibt unklar, nennt doch Eusebios (vita Const., 3, 29–40) nur den Kaiser selbst und den Bischof Makarios in Verbindung mit dem Bau der Kirche. ▭ *A. Heisenberg*, Grabeskirche und Apostelkirche, I, L. 1908, 199; *C. Mango*, The art of the Byzantine Empire 312–1453. Sources and doc., Englewood Cliffs 1972, 14, Anm. 37; *F. W. Deichmann*, ByzZ 82:1989, 221–224. M. Dennert

Eustathios (II), Architekt aus Amida (Diyarbakır), im 6. Jh. n. Chr. tätig. Nur gen. bei Zacharias Rhetor (Historia Ecclesiastica, 9, 19) als junger Begleiter des Arztes Sergios auf einer Reise nach Rom im Jahre 535 n. Chr. ▭ PLRE, III, 1992 (s.v. E. 2). M. Dennert

Eusthenes (Εὐσθένης), möglicherweise griech. Bildhauer, der wahrsch. im 3. Jh. v. Chr. in Korinth tätig war. Nur bek. durch die Inschr. auf einer fragm. Basis aus Poros für eine Statue des Kallisthenes, die in Zweitverwendung in die Fundamente einer röm. Mauer in Korinth gelangte, wo sie gefunden worden ist. ▭ RE, Suppl. V, 1931; EAA III, 1960. – *K. K. Smith*, AJA 23:1919, 375, Nr 80; *B. D. Meritt*, Greek inscriptions 1896–1927. Corinth VIII. 1, 1931, 37 s., Nr 32 mit Abb.; *Marcadé*, Signatures, II, 1957, 44 mit Abb. R. V.

Eutactus, Sklave oder Freigelassener, Maler, 1. Jh. n. Chr. (claudisch/neronische Zeit), in Rom bestattet. E. ist nur durch seine Grab-Inschr. bek., die ihm zus. mit einem gewissen Eudaemon gewidmet ist. In dieser Inschr., die zum Grabkomplex der Iunii Silanii an der Via Appia (Rom) gehört, wird E. als Maler (*pictor*) bezeichnet. ▭ EAA VI, 1965 (s.v. Pictor). – CIL, VI, 7614; *Calabi Limentani*, Studi, 1958, 154, Nr 9; *Solin*, GPR, II, 1982, 737.
U. Huttner

Eutelidas cf. **Chrysothemis**

Euth[...] (Εὐθ[...]), griech. Münzstempelschneider, um 405 v. Chr. in Syrakus tätig. Seine Sign. findet sich auf der Vorderseite von einem syrakusanischen Tetradrachmon mit der Darst. eines in einer Quadriga stehenden Eros, der von Nike bekränzt wird und darunter einer nach rechts schwimmenden Skylla mit Dreizack auf der linken Schulter und vorgestreckter rechter Hand, die versucht einen fliehenden Fisch zu packen. Sowohl der in der Quadriga stehende Eros wie auch die einen Fisch jagende Skylla sind einzigartig für diese Zeit und zeugen von der Originalität des Künstlers. Die Rückseite ist von → Eumenos signiert und stellt zugleich von diesem Künstler das Meisterwerk dar. ▭ EAA III, 1960 (s.v. Euth...). – *H. A. Cahn u.a.*, Griech. Münzen aus Großgriechenland und Sizilien (K Antiken-Mus. Basel und Slg Ludwig), Basel 1988, 131, Nr 460 mit Abb., Taf. 32.
R. V.

Euthamos (Εὐθάμος), griech. Töpfer, um 500 v. Chr. in Athen tätig. Nur bek. durch seine Sign. auf einem Salbgefäß in der Gestalt eines Negerkopfes (Hannover, Kestner-Mus., Inv. Nr 1893,7; CVA, Hannover, Kestner-Mus., II, Taf. 34 [3614] 11–13). Früher wurde die Sign. fälschlicherweise als Εὐφάμος gelesen. ▭ ThB11, 1915 (s.v. Euphamos). RE VI. 1, 1907 (s.v. Euphamos 3).
R. V.

Euthy... (Ευθυ[...]), byz. Mosaizist, im 5./6. Jh. n. Chr. in Awza'i/Libanon tätig. Nur bek. durch seine teilweise erhaltene Sign. auf einem Bodenmosaik mit Jahreszeiten- und Monatsdarst. von Awza'i (heute Beirut, NM). Während *Lathr*[... die Vorlage lieferte, war E. der ausführende Mosaizist. ▭ *Donderer*, Mosaizisten, 1989, 67, Nr A 20, Taf. 16.
R. V.

Euthychos → **Eutychos** (II)

Euthydomos (Εὐθύδομος), aus Melite, Sohn des Demetrios, griech. Architekt(?), um die M. des 4. Jh. v. Chr. tätig. Name bek. durch das Präskript der Bauurkunde für die Skeuothek (Takelagenhalle der athen. Flotte) im Piräus (IG, II², 1668, Z. 1–3). Mitarb. bei der Syngraphe (Bauprogramm). Ob er wie → Philon (IV) von Eleusis als Architekt der Skeuothek angesehen werden kann oder nur zu den für das Bauprogramm zuständigen Epistaten (Bauinspektoren) gehörte, bleibt unklar. Sein Name mit Patronymikum und Ethnikum erscheint ferner in der Inschr. einer Marmorbasis (IG, II², 2825). ▭ RE XX. 1, 1941 (s.v. Philon 55). – *Svenson-Evers*, Architekten, 1996, 316 ss. (mit Lit.).
W. Müller

Euthykartides (Εὐθυκαρτίδης .. Νάξιος), aus Naxos, griech. Bildhauer, im letzten V. des 7. Jh. v. Chr. in Griechenland tätig. Bek. durch die Inschr. auf der für ihre Entstehungszeit einmaligen dreieckigen, mit Tierprotomen geschmückten Basis (Delos, Mus., Inv. Nr A 728; IG, XII, 5², 1425; SGDI, 5419; ID, 1) einer Kurosstatue (möglicherweise der Statue im Mus. von Delos, Inv. Nr A 4052), die E. als Bildhauer und Weihenden nennt. Danach handelt es sich um einen hervorragenden und vermögenden Künstler, den allerersten griech. Bildhauer, der eine lebensgroße marmorne Statue sign. und noch dazu imstande war, auf Delos als eigenes Weihgeschenk aufzustellen. Seine durch die Basisprotomen bezeugte Vorliebe zum Dekorativen erlaubt es, ihm die mit ebenfalls dekorativen Mitteln – Reliefgürteln, aufgespieltem Pubeshaar, komplizierten Frisuren – versehenen naxischen Kuroi- und Korenstatuen auf Delos (Mus., Inv. Nr A 334 und Inv. Nr A 333) und auf Thera (Mus., Inv. Nr 306 und Inv. Nr 318) zuzuschreiben, welche noch durch ausgeprägte Körperlichkeit ausgezeichnet sind. ▭ ThB11, 1915. RE VI. 1, 1907; EAA III, 1960. – *Lippold*, GrPl, 1950, 43; *Floren*, GrPl, 1987, 153; *Jeffery*, LSAG², 1990, 291, 304, Nr 3, 465, Taf. 55; *G. Kokkorou-Alewras*, APl XXIV, B. 1995, 70, 83–85, Nrn K 12, K 12a (mit älterer Lit.); *G. Gruben*, JdI 112:1997, 279, Abb. 11, 285.
G. Kokkorou-Alewras

Euthykles (Εὐθυκλῆς), griech. Bildhauer, um 500 v. Chr. in Athen tätig. Nur bek. durch seine Sign. auf einer Marmorbasis für eine Statue, die im Perserschutt gefunden worden ist (Athen, Akropolismus., Inv. Nr E. M. 6370; IG, I², 497). ▭ RE VI. 1, 1907 (s.v. E. 8); EAA III, 1960. – *Raubitschek*, Dedications, 1949, 59–60, Nr 58 mit Abb.
R. V.

Euthykrates (I) (Εὐθυκράτης; Euthycrates), Sohn des → Lysippos (I), griech. Bildhauer, aus Sikyon, im späten 4. und im frühen 3. Jh. v. Chr. tätig. Plinius (nat., 34, 51) setzt seinen künstler. Höhepunkt in die 121. Olympiade (296–293 v. Chr.), aber eines seiner bekanntesten Werke, ein Porträt Alexanders d. Gr., wurde wahrsch. bereits um 330 v. Chr. geschaffen. Die wichtigste Informationsquelle für E. ist Plinius (nat., 34, 66), der ihm folgende Kunstwerke zuschreibt: – 1.) Herakles in Delphi – 2.) Porträt Alexanders d. Gr. als Jäger (*venator*) in Thespiai – 3.) Kavallerieschlacht (*proelium equestre*) – 4.) Bildnis des Gottes Trophonios in seinem Orakel in Lebadeia – 5.) mehrere Viergespann-Gruppen (*quadrigas*) – 6.) Pferd, das Speere mit versch. Zacken trägt (*fuscinis*, viell. als Stützen von Jagdnetzen benutzt; einige Herausgeber lesen auch *fiscinis* „Körbe“) – 7.) Meute von Jagdhunden. – Ein Manuskript des Plinius erw. auch eine Musengruppe (*Thespiadas*), aber da dieses Kunstwerk in den meisten Manuskripten fehlt, lassen einige Herausgeber es weg. Eine Anzahl von Forschern nehmen auch an, daß die Kunstwerke 2.), 6.) und 7.) sich auf versch. Teile eines einzigen großen Kunstwerks beziehen, d.h. eine Gruppe zeigen, in der Alexander jagt, und daß diese Gruppe wahrsch. von dem berühmten Kunstwerk in Delphi inspiriert worden ist, die E.s Vater, → Lysippos (I), schuf. Es wurde ebenfalls gelegentl. gemutmaßt, daß die Kavallerieschlacht eine der Schlachten Alexanders wiedergibt und nach dem Granikos-Mon. des → Lysippos (I) in Dion modelliert worden ist. Die einzige and. Erw. von Kunstwerken des E. erscheint in den *contra Graecos*, 52–53, des christl. Apologeten Tatian, der behauptet, in Rom Portäts von drei Frauen gesehen zu haben, und zwar der arkad. Dichterin Anyte, der Mnesarchis von Ephesos und der Thaliarchis von Argos. Die zwei letzteren waren wahrsch. Hetären. Tatian erw. auch eine erot. Gruppe: „Panteuchis, die von einem Verführer schwanger wird“. Auch hier ist wahrsch. eine bek. Hetäre gemeint. Tatian wurde oft als unzuverlässige Quelle abgelehnt, aber wenn man seinen Äußerungen trauen könnte, hätte E. einige der frühesten Porträts von Frauen gefertigt und wäre ein Vorbote der späteren Symplegma-Gruppen. E. hätte in diesem Fall eine entscheidende Rolle in der Schaffung von Themen in der frühen hellenist. Plastik gespielt. Das wenige, was wir über den Stil des E. wissen, stammt ebenfalls von Plinius (nat., 34, 66). Wir erfahren von ihm, daß der Bildhauer eher „die *constantia* als die *elegantia* des Vaters nachahmte und lieber in der ernsteren (*austero*) als in der liebenswürdigeren (*iucundo*) Gattung Gefallen erregen wollte“. Die Sprache, in der dieses Urteil gefällt wird, zeigt Parallelen zur krit. Terminologie der Rhetorik, in der eine Unterscheidung zw. einem strengen und einem angenehmen Charakter der sprachl. Komp. anerkannt war (v. Dionysios von Halikarnassos, De comp. verb., 21 ss.). Diese Passage bedeutet wahrsch., daß die Kunstwerke des → Lysippos (I) eine wohlstudierte Ausgewogenheit der Komp. (*constantia*) mit einer gewissen Sinnlichkeit im Oberflächendetail verbindet und daß E. den frühen Vorzügen seines Vaters nacheiferte, aber die späteren zurückwies. Die Quelle für diese Bewertung von E.s Stil mag der Bildhauer und Kunsthistoriker → Xenokrates gewesen sein, dessen Schr. Plinius bek. waren und der, wie uns Plinius (nat., 34, 83) berichtet, selbst ein Schüler von E. oder von E.s Schüler → Teisikrates war. Kein bek. Kunstwerk von E. hat überlebt. Immer wieder wurden ihm seit dem 19. Jh. versch. noch vorhandene Skulpt. zugewiesen, aber kein einziger Vorschlag fand einen größeren Zuspruch. Alle diese Zuschr. beruhen in der einen oder and. Weise auf den spärl. Informationen von Plinius (nat., 34, 66), die durch die persönl. Intuition jedes Verfechters gesteigert worden sind. Ein sehr beliebter Vorschlag im 19. Jh. war von Overbeck u.a., daß die Bronzestatuette eines Reiters, der oft als Alexander identifiziert worden ist, aus Herculaneum (heute im NM in Neapel; Stewart, 1993, Abb. 21, Pollitt, 1986, Abb. 36) einen Nachklang einer der Figuren in dem *proelium equestre* des E. bildet (es gibt jedoch keinen Hinweis, daß E.s Schlacht-Gruppe mit Alexander zu verknüpfen ist, und die Neapolitaner Statuette ist viel öfters mit dem Granikos-Mon. des → Lysippos (I) in Verbindung gebracht worden). Amelung (in ThB11, 1915) favorisierte als Kriterium von Zuschr. an E. mehr Plinius' Bemerkungen zum Stil des E. als die Liste der Kunstwerke des E. und schlug daher gewisse Skulpturen vor, die die Genauigkeit in der Ausf. mit der Strenge und Härte verbanden; demzufolge könnte viell. z.B. der „Borghesische Fechter“ (Paris, Louvre; Lippold, 1950, Taf. 134, 4; Bieber, 1961, Abb. 686, 688–689) und der Porträttypus des stoischen Philosophen Zeno (Richter, 1965, Abb. 1084–1105; Pollitt, 1986, Abb. 65) mit dem Stil des E. verbunden werden. Zuletzt konzentrierte sich die Aufmerksamkeit auf die Statue des Herakles in Delphi, die von Lippold mit dem Ludovisi-Lenbach Typus (Lippold, 1950, Taf. 105,3; Todisco, 1993, Taf. 314) und von Todisco (1993, Taf. 314) mit dem Typus des sich bekränzenden Herakles assoziiert wird. All diese Vorschläge sind offensichtl. spekulativ, verführer. und unbeweisbar. ▭ ThB11, 1915. RE VI. 1, 1907; EAA III, 1960. – *Overbeck*,

GGP[4], 1893, 169 s.; *Lippold*, GrPl, 1950, 294–299; *Bieber*, SculptHell[2], 1961, 73; *Richter*, Portraits, 1965, 186–189 (*für das Porträt des Zeno*); *J. J. Pollitt*, The ancient view of Greek art, New Haven 1974, 321–325; 335; 389–390 (*für die krit. Terminologie bei Plinius*); *Pollitt*, ArtHellAge, 1986, 47–58 (*für die Schule des → Lysippos [I]*); *Todisco*, Scultura, 1993, 140–141; *A. Stewart*, Faces of power, Alexander's image and hellenistic politics, Berkeley/L. A. 1993, 123–130, 428 (*für die Reiterstatuette in Neapel*). J. J. Pollitt

Euthykrates (II), von Ma[..., Sohn des Kallias, griech. Bildhauer, in der 2. H. des 3. Jh. v. Chr. in Rhodos tätig. Nur bek. durch seine Sign. auf einer Marmorbasis für eine Statue der Astis von Arados, die von ihrem Mann Dionysios der Artemis gew. worden ist (IG, XII. 1, 104c). ▭ ThB11, 1915. RE, Suppl. VIII, 1956 (s.v. E. 7); EAA III, 1960 (s.v. E. 2). – Lindos I, 1941, 93, Nr 44; *Lippold*, GrPl, 1950, 361. R. V.

Euthymedes (Εὐθυμήδες), griech. Maler unbestimmter Zeit. Plinius (nat., 35, 146; Overbeck, SQ, 1868, Nr 2155) zählt ihn zu den nicht unbek. Künstler. ▭ ThB11, 1915. RE VI. 1, 1907; EAA III, 1960. – *Pfuhl*, MuZ, II, 1923, 917. R. V.

Euthymides (Εὐθυμίδης), Sohn des Polias (Pollias), att. Vasenmaler und Töpfer, in den letzten zwei Jahrzehnten des 6. Jh. v. Chr. in Athen tätig. Mit → Euphronios und → Phintias gehört E. zu den sog. 'Pionieren', die die gerade erfundene rotfigurige Technik in der Vasenmalerei zu neuen Höhen trieben. Seine Sign. findet sich auf neun Vasen; sieben sign. er als Maler und zwei als Töpfer, von denen er eine nicht selbst bemalte (New York, Metrop. Mus., Inv. Nr 1981. 11. 9; Metrop. Mus., Notable Acquisitions, 1908–81, 14; Add[2], 1989, 405; A. Kossatz-Deißmann, LIMC VII, 1994, 178, Nr 20*, s.v. Paridis iudicium). Viermal benützte er das Patronym HO ΠΟΛΙΟ, den einige Forscher mit dem Bildhauer → Pollis (I) gleichsetzten, der auf der Akropolis von Athen Weihungen hinterließ. E. wird auch mindestens dreimal auf Vasen gen., als Schüler in einer Musikstunde sowie bei einem Trinkspruch einer Hetäre auf einer Hydria des → Phintias (München, Staatl. Antiken-Slgn, Inv. Nr 2421; ARV[2], 1963, 23–24, Nr 7; Robertson, 1992, 27, Abb. 20) und bei einer Begrüßung auf einer Hydria (Paris, Louvre, Inv. Nr G 41; ARV[2], 1963, 33, Nr 8; CVA, Louvre 6, Taf. 51,1–5; Immerwahr, 1990, 71, Nr 420). E. seinerseits erw. den Töpfer → Sosias (I) auf zwei seiner Vasen (Paris, Louvre, Inv. Nr G 44; ARV[2], 1963, 27, Nr 3; CVA, Louvre, Taf. 29–30; Aidone, Mus. Comunale Archeol. di Morgantina, Inv. Nr 58. 2382; ARV[2], 1963, 28, Nr 10; R. Stillwell, AJA 63:1959; Taf. 43–44, Abb. 24–27; Neils, 1995). Mit and. 'Pionieren' teilt er den *Lieblingsnamen* Leagros (Athen, NM, Inv. Nr Akr 211; ARV[2], 1963, 29, Nr 20; F. Vian, LIMC IV, 1988, 228, Nr 299*, s.v. Gigantes) und Megakles (Bonn, Akad. KM, Inv. Nr 70; ARV[2], 1963, 28, Nr 12; CVA, Bonn 1, Taf. 16, 1–2). Sein berühmtester Ausspruch ΗΟΣ ΟΥΔΕΠΟΤΕ ΕΥΦΡΟΝΙΟΣ („wie nie Euphronios") erscheint in einer Komosszene auf einer großen Amphora (München, Staatl. Antiken-Slgn, Inv. Nr 2307; ARV[2], 1963, 26, Nr 1; CVA, München 4, Taf. 165–168; 172, 1; 188, 5) und spielt eher auf seine eigene Kunstfertigkeit an, Figuren in Verkürzung zu zeigen, als auf einen Dialog unter Komasten, wie es vor kurzem vorgeschlagen worden ist (Engelmann, 1987). Weniger als zwei Dutzend Vasen können mit Sicherheit dem Künstler zugewiesen werden. Er bevorzugte den *Amphorentypus A* mit gerahmten Bildfeldern und die Kalpis-Form der Hydria. E. war viell. der erste, der eine Strickhenkelamphora bemalte (Warschau, NM, Inv. 142332; ARV[2], 1963, 27, Nr 8; Beazley, VPol, 1928, 13–15, Taf. 4–6; Dobrowolski, 1992). Er wählte einige ungewöhnl. Formen wie den zylindr. Ständer (Athen, Agora-Mus., Inv. Nrn P 4683 und P 4744; ARV[2], 1963, 28, Nr 17; L. Talcott, Hesperia 5:1936, 59, Abb. 1: Agora, XXX, 1997, 223–225, Nr 585, Taf. 61 s.), den Psykter (Turin, Mus. di Antichità, Inv. Nr 4123; ARV[2], 1963, 28, Nr 11; Hoppin, 1917, Taf. 4–5; Reschke, 1990) und den Teller mit kariertem Rand (Adria, NM, Inv. Nr Bc 64. 10; ARV[2], 1963, 28, Nr 18; CVA, Adria 1, Taf. 2, 7). Wie die ihm nahestehenden 'Pioniere' bemalte E. die ganze Breite an Gefäßformen vom großen Volutenkrater mit nur einer Halsverzierung (Aidone, Mus. Comunale Archeol. di Morgantina, Inv. Nr 58. 2382) bis zur kleinen Schale mit korallenrotem Band (Athen, NM, Inv. Nr. Akr 211). Möglicherweise bemalte er auch Weihtafeln (Athen, Akropolis-Mus., Inv. Nr 2590; Oxford, Ashmolean Mus., 1927. 4602; Boardman, 1956), wenn die auf der Akropolis gefundene Weihtafel des Bildhauers → Pollis (I) ein Werk des E. ist. Eine and. Tafel, die einen Krieger in Umrissen zeigt, trägt den *Lieblingsnamen* Megakles (Athen, Akropolis-Mus., Inv. Nr 1037; Boardman, 1975, Abb. 53) und wird ebenfalls mit E. verbunden. Sein großes Rep. an Themen ist vergleichbar mit dem and. 'Pioniere'. Er malte die olymp. Götter auf Schalen. Sie wohnen der Geburt der Athena bei (Fragm. einer Schale: Florenz, Arch. Mus., Inv. Nr 7 B 2; Boston, MFA, Inv. Nr 10. 203; London, BM, Inv. Nr 1952. 12–2.7; Vatikan [ehem. Neapel], Slg Astarita, Inv. Nr 121; New York, Metrop. Mus., Inv. Nrn 1977. 192. 2a-d und 1982. 386; ARV^2, 1963, 29, Nr 19; Caskey/Beazley, III, 1963, Suppl., Taf. 19, 1; Add^2, 1989, 156) und kämpfen gegen die Giganten (Athen, NM., Inv. Nr Akr 211). Auf dem Ständer vom Athener Agora-Mus. erscheint die Delische Trias (Apollon mit Kithara, Artemis, Leto und zwei Palmen). Myth. Helden schließen Hektor ein, der sich in Anwesenheit seiner Eltern rüstet (München, Staatl. Antiken-Slgn, Inv. Nr 2307), Herakles, der gegen die Amazonen kämpft (Aidone, Mus. Comunale Archeol. di Morgantina, Inv. Nr 58. 2382), und Theseus, der Helena verläßt (fälschlicherweise auf der Vase mit Korone bez.: München, Staatl. Antiken-Slgn, Inv. Nr 2309; ARV^2, 1963, 27, Nr 4; CVA, München 4, Taf. 161–164). Wir finden bei ihm auch dionys. Bilder, Satyrn mit Weingefäßen (Paris, Louvre, Inv. Nr Cp 11072; ARV^2, 1963, 27, Nr 7; Beazley Archive 200148) und den Weingott selbst (St. Petersburg, Ermitage, Inv. Nr 624; M. A. B. Herford, A handbook of Greek vase paint., Manchester 1919, Taf. 1, e; ARV^2, 1963, 28, Nr 15; Peredolskaja, 1967, Taf. 10, 1; 13, 1; Orvieto, Mus. Etrusco „Claudio Faina“; ARV^2, 18, Nr 16; Beazley Archive 200133). Genreszenen sind aber noch üblicher, und sie können hist. Persönlichkeiten enthalten wie den Athleten Phayllos von Kroton (München, Staatl. Antiken-Slgn, Inv. Nr 2308; ARV^2, 1963, 26, Nr 2; CVA, München 4, Taf. 169–171; 172, 2–4; 188, 6; Turin, Mus. di Antichità, Inv. Nr 4123; Malibu, J. Paul Getty Mus., Inv. Nr 84. AE. 63; GettyMusJ 13:1985, 168, Nr 17), der ein Schiff in der Schlacht von Salamis im Jahre 479 v. Chr. befehligte und seine eigene Statue auf der Akropolis hatte. Neben Athleten und Komasten in schwierigen Posen, bevorzugte er Symposiasten, die oft lagern, und auf dem Krater von Morgantina können wir den Verlauf eines Banketts von links nach rechts verfolgen. Musikanten und Musikantinnen erscheinen ebenfalls oft in seinem Werk, viell., weil er selbst mit der Musik sehr vertraut war (wenn er wirkl. auf der Hydria die mit der Lyra dargestellte Person ist). Als kraftvoller, aber feinfühliger Künstler liebte E. Dreifiguren-Kompositionen. Seine Figuren sind kräftig und oft in anspruchsvollen, verkürzten Haltungen gezeigt. Er benutzte häufig verdünnte Striche für anatom. Details und Falten. Viele seiner Figuren tragen große Himatia mit gestauten Falten hinten am Nacken. Wie bei den Werken seiner Zeitgen. werden die Ornamentbänder in rotfiguriger und altmodischer schwarzfiguriger Technik ausgeführt. E. konnte klein- und großformatig malen. Seine besten Zchngn zeigten Figuren in starker Bewegung, laufend, kämpfend, ringend, tanzend, zechend. Wegen der großen Ähnlichkeiten im Stil, in den Komp. und Vasenformen zw. E. und dem Kleophrades-Maler wird allg. angenommen, daß letzterer ein Schüler des E. ist. ▭ ThB11, 1915. RE VI. 1, 1907; EAA III, 1960; DNP IV, 1998. – *J. C. Hoppin*, Euthymides and his fellows, C., Mass. 1917 (Rez. *J. D. Beazley*, JHS 37:1917, 233–237); *J. Boardman*, JHS 76:1956, 20–22; ARV^2, 1963, 26–29, 1598, 1620–1621; *Boardman*, ARFV, I, 1975, 33–35, Abb. 33–36, 52–53; *M. Wegner*, Euthymides und Euphronios, Münster 1979; *M. Ohly-Dumm*, in: AGRP (Amsterdam), 1984, 165–172; *H. Engelmann*, ZPE 68:1987, 129–133; Add^2, 1989, 155–156; *Immerwahr*, AttScr, 1990, 65–66, 71–74; *E. Reschke*, Die Ringer des Euthymides, St. 1990; *W. Dobrowolski*, Rocznik 36:1992, 11–20; *M. Robertson*, The art of vase-paint. in Classical Athens, C. 1992, 29–35, 56–64; *J. Neils*, AJA 99:1995, 427–444. J. Neils

Euthynomos (Εὐθύνομος), aus Athen, griech. Steinmetz, arbeitete um die M. des 4. Jh. v. Chr. an der Tholos im Asklepios-Heiligtum von Epidauros. Aus der Bauurkunde IG, IV^2, 103, geht hervor, daß E. an der durch den Bildhauer → Sannion aus Paros mit abwechselnd weißem und schwarzem Marmor ausgef. Pflasterung des Cellafußbodens mitarbeitete. ▭ EAA III, 1960. – *H. Lauter*, Zur gesellschaftl. Stellung des bildenden Künstlers in der Griech. Klassik, Erlangen 1974 (Erlanger Forsch., Reihe A, Bd. 23), 35 ss. W. Müller

Euticius, röm. Silberschmied, kurz vor 350 n. Chr. in Naissus (Niš/Serbien) tätig. Seine Sign. erscheint auf einem der großen Teller des Schatzes, der in Kaiseraugst/Schweiz entdeckt worden ist. Die Besonderheiten des geometr. Dekors haben dazu geführt, ihm in sehr hypothet. Weise auch and. Gegenstände des Schatzes zuzuschreiben, u.a. den 'Ariadne-Teller', der angebl. sehr typ. für die Herstellungsweise des E. wäre. ▭ *F. Baratte*, JSav 1975, 207; *I. Popović*, Antiquité tardive 5:1997, 134–138. F. Baratte

Euticus, Sklave des Kaiserhauses, Maler, frühe/hohe Kaiserzeit (1./2. Jh. n. Chr.), bestattet in Surrentum (Sorrent/Italien). E. ist nur aus einer fragm. Grab-Inschr. in Sorrent bek., in der er als Maler (*pictor*) bez. wird. Er scheint mit etwa 45 Jahren verstorben zu sein. ▭ EAA IV, 1965 (s.v. Pictor). – CIL, X, 702; *Calabi Limentani*, Studi, 1958, 156, Nr 31; *H. Chantraine*, Freigelassene und Sklaven im Dienst der röm. Kaiser, Wb. 1967, 180–188 (allg. zur Dat.). U. Huttner

Eutropos (Εὔτροπος), röm. Bildhauer, im 4. Jh. n. Chr. in Italien tätig. Nur bek. durch seinen Grabstein aus den Katakomben der Hl. Helena unter der Via Labicana (heute Urbino, Mus. Arcivescovile; CIG, IV, 9598). Auf dem Relief ist das Atelier eines Bildhauers, wohlmögl. des E., dargestellt. Der Bildhauer setzt den laufenden Bohrer an einen Löwenkopf eines großen Strigilissarkophages an, den seine Gehilfe durch das Bertreiben der Bänder in Bewegung setzt. Daneben steht ein weiterer Sarkophag, der mit Delphinen geschmückt ist. Es ist der einzige Sarkophag, der uns auf solche lebendige Weise die Arbeitsweise eines Sarkophagfertigers vor Augen führt und wahrsch. sogar den verstorbenen Bildhauer E. selbst meinen soll. ▭ EAA III, 1960. – Mostra Augustea della Romanità (K Rom), 1938, 649, Nr 12; *G. Q. Giglio* (Ed.), Mostra Augustea della Romanità. Appendice bibliografica al cat., R. 1968, 294, Nr 12; *Sichtermann/Koch*, RömSark, 1982, 85, 121, Abb. 66–67. R. V.

Eutycheis (Εὐτύχεις), spätantiker Steinmetz (τεχνίτης) in N-Syrien. Bek. nur durch die 458/9 n. Chr. dat. Bau-Inschr. eines Hauses in Me'ez. ▭ *J. Jarry*, ZPE 47:1982, 82, Nr 18. M. Dennert

Eutyches (I) (Εὐτύχης), Sohn und Schüler des → Dioskurides (IV), Bruder des → Herophilos und → Hyllos, aus Aigai (Makedonien oder Kilikien), griech. Gemmenschneider, in spätrepublikanischer Zeit in Rom tätig. E. sign. einen Bergkristall in Berlin (SMPK) mit dem Patronym Dioskurides und dem Ethnikon Aigeaios, sowie dem Zusatz EPOIEI („hat es gemacht"). Der Stein ist seit 1400 bek. und zeigt eine Büste der Athena mit Ägis und Helm, die typolog. den Athena-Typen Velletri und Giustiniani nahe steht. And. dem E. zugeschriebene Gemmen sind neuzeitl. Nachahmungen. ▭ ThB11, 1915. RE VI. 1, 1907 (s.v. E. 8); DNP IV, 1998. – *A. Furtwängler*, JdI 3:1888, 304 ss.; *id.*, AG, 1900, I, Taf. 49, 11–11a; II, 234; III, 305, 357; *Vollenweider*, Steinschneidekunst, 1966, 67, Anm. 9, Taf. 72,1–2; AGD, II, 1969, 169, 169, Taf. 80; *Richter*, EngrGemsRom, 1971, 144 s.; *E. Zwierlein-Diehl*, KölnJbVFrüh-Gesch. 17:1980, 31; *Zazoff*, AG, 1983, 317, Anm. 70, Taf. 92,3; *Plantzos*, HellGems, 1999, 107, Anm. 21. B. Gerring

Eutyches (II), vermeintl. griech. Bildhauer, der im 2. Jh. n. Chr. lebte. Nach einer att. Inschr. ließ er zus. mit seinem Sohn den Grabstein für einen M. Tullius, dessen Cognomen verloren ist, aus Apameia in Bithynien setzen. E. wurde früher fälschlicherweise als Bildhauer bez. und bisweilen als ident. mit → Eutyches (V) angesehen, obwohl nach der Inschr. offensichtl. ist, daß E. sich nur als Stifter des Grabsteins nennt. ▭ ThB11, 1915. RE VI. 1, 1907 (s.v. E. 7); EAA III, 1960 (s.v. E., Tullius Marcus). – *Loewy*, IGB, 1885, 305 s., Nr 469. R. V.

Eutyches (III) cf. **Diomas**

Eutyches (IV), aus Bithynien, griech. Bildhauer, E. 2./A. 3. Jh. n. Chr. in Rom tätig. Bek. durch seine Sign. auf einer Grabstele aus lunens. Marmor aus Rom (heute Rom, Kapitolin. Mus.), die für Niketas aus Herakleia gesetzt worden ist. Die figürl. Darst. ist von besonders schlechter Qualität und zeugt von der Bescheidenheit des Künstlers, der sich selbst als *technites* (Steinmetz) bezeichnet. Möglicherweise ist er ident. mit → Eutyches (V). ▭ ThB11, 1915. RE VI. 1, 1907 (s.v. E. 7); EAA III, 1960 (s.v. E. 3). – *Loewy*, IGB, 1885, 306 s., Nr 470; *Stuart Jones*, SculptMusCap 1912, 50, Nr 6, Taf. 10. R. V.

Eutyches (V), griech. Bildhauer, um 200 n. Chr. in Rom tätig. Nur bek. durch eine Inschr. aus Rom, die genau am 1. Januar 199 n. Chr. dat. ist (CIL, VI, 2270). Möglicherweise ist er ident. mit → Eutyches (IV). ▭ RE, Suppl. V, 1931 (s.v. E. 7a); EAA IV, 1961 (s.v. Marmorarius). R. V.

Eutyches (VI), röm. Mosaizist, im 3. Jh. n. Chr. in Syrien tätig. Der Künstler ist uns dank einer griech. Inschr. auf einem Mosaik bek., das den Flußgott Euphrates zeigt, der von je zwei weibl. Personen umgeben ist, von denen eine sicherl. eine Tyche ist. Das Mosaik befindet sich in einem graecoröm. Haus von El-Mas'udiye am Mittleren Euphrat in Syrien. Die Inschr. in Griech. besagt, daß E., der Sohn des Barnabion, den Flußgott Euphrat gefertigt hat, und eine kleine syrische Inschr. fügt ergänzend „der König Euphrat" hinzu. ▭ *M. F. Oppenheim/H. Lucas*, ByzZ 1905, 58–59, Abb. 21–22; *Donderer*, Mosaizisten, 1989, 61, Nr A 12, Taf. 10. F. Dupuis

Eutychides (I) (Εὐτυχίδης), griech. Bildhauer, aus Sikyon/Peloponnes, im frühen 3. Jh. v. Chr. tätig. Der Name E., „Glückskind" (Plat., Krat., 397 B), ist gängig und begegnet schon im 5. Jh. v. Chr. (Hdt., 9, 73), häufiger seit dem frühen 4. Jh. v. Chr. (z.B. Athen, NM, Inv. Nr Γλυπτά 2593: IG, II^2, 5799) bis in die späte röm. Kaiserzeit, von Athen über Thessalien bis nach Ägypten. Grundsätzl. ist also auch die Annahme mehrerer Künstler E. legitim. – Plin. (nat., 34, 51) nennt die *Akme* des E. für die Olympiade 296–293 v. Chr., unter den

Schülern des → Lysippos (I) (Plin., nat., 34, 66) ist er nicht aufgeführt (allerdings Paus., 6, 2, 7: „Εὐτυχίδης Σικυώνιος παρὰ Λυσίππῳ δεδιδαγμένος"). → Kantharos von Sikyon, ebenfalls Bronzebildhauer, ist (Paus., 6, 3, 6) als Schüler des E. bezeichnet. – Für E. sind drei plast. Werke lit. zweifelsfrei bezeugt: – 1.) Porträtstatue eines Timosthenes aus Elis, Sieger im Knabenwettkampf in Olympia (Paus., 6, 2, 7; vgl. L. Moretti, Olympionikai, MemLinc 8:1959, 132, Nr 505). – 2.) Statue der Tyche von Antiocheia, die vor Ort hohes Ansehen genoß (Paus., 6, 2, 7: „ἄγαλμα ... μεγάλας παρὰ τῶν ἐπιχωρίων ἔχον τιμάς"). Die Figur hat als emblemat. Stadtgottheit und -personifikation gedient. Ihre Entst. bald nach der programmat. Stadtgründung durch Seleukos I. 301/300 v. Chr. gilt als gesichert. Dadurch und in Verbindung mit dem bei Plinius für E. gen. Datum konnte der statuar. Typus zu einem der wenigen Fixpunkte für die Chronologie der hellenist. Kunst avancieren (Alscher, 1957, 13, 20; Pollitt, 1986; Andreae, 1989). – Über die Benennung des Werks herrschte aufgrund von Erw. des justinianischen Chronographen Iohannes Malalas (chron., 200 s., 275 s.) nicht immer Einigikeit (vgl. zuletzt Koch, 1994). Es heißt dort, Seleukos habe bei Errichtung der Stadtmauern von Antiocheia ein Mädchen geopfert, diesem ein Standbild errichtet und daraufhin selbst Opfer zum Wohl der Stadt dargebracht. Das Aition wird in einer Neufassung wiederaufgegriffen: Kaiser Trajan habe vor Ort die Nymphe Kalliope geopfert, ihr ein Heiligtum angelegt, das unfertige Theater der Stadt vollendet und dort ein vergoldetes Bronzebild des Mädchens aufgestellt. Eindeutig ist die Charakterisierung als Sitzfigur oberhalb des Orontesflusses: „...καθημένην ἐπάνω τοῦ Ὀρόντου ποταμοῦ"; unklar bleibt bei der anschließenden Formulierung, ob die Figur selbst oder nur der Zweck ihrer Errichtung als τύχη der Stadt begriffl. gefaßt ist (Heidenreich, 1966). Jedenfalls scheint Trajan eine zweite Statue für eine ältere, man nimmt an, aufgrund von Zerstörung durch ein Erdbeben 115 n. Chr., gestiftet zu haben, beide wohl mit ident. Ikonographie. Die Aufstellung wird in einem eigenen Temenos (Opfer) erfolgt sein (Fehr, 1990, 85). Typus und Motiv beider – es ist denkbar, daß sich hinter der späten Überlieferung ledigl. eine inszenierte Reparatur durch den Kaiser verbirgt (Kritik der Hypothese bei: Horn/Franke, 1963, 407) – dürfte weitgehend konstant geblieben sein, wohl auch das Mat. (das Werk des E. ist bei Plinius im Buch über die Bronzegießer gen.). Über das Format wird nichts gesagt. Die krit. Position Heidenreichs, die sitzende Kalliope über der Flußpersonifikation sei keineswegs mit der (weiterhin unbek.) Tyche des E. ident., diese müsse vielmehr – wie auf kaiserzeitl. Münzen der Stadt zu erkennen – in einem neben der Kalliope plazierten stehenden Tychetypus gesucht werden, fand keinen Anklang (v. ledigl. Koch, 1994; Revision der verworrenen Überlieferung des Malalas: Balty, 1981, 841 s.; Ridgway, 1990, 233 s.; Stansbury-O'Donnell, 1994, 52 ss.). Die Identifikation des Typus der Sitzfigur gelang E. Q. Visconti 1819 anhand einer vatikan. Marmorstatuette (W. Fuchs, in: Helbig[4], I, 1963, Nr 548; Balty, 1981, Nr 27), die jedoch nicht nur von ihrem Erstbesitzer B. Cavaceppi erg. und rest. worden war, sondern auch keineswegs die getreueste Überlieferung repräsentiert (ältere Forsch.-Gesch. bei Dohrn, 1960, 9–11). Zahlr. Statuettenrepliken in Marmor, Bronze und and. Mat. sowie Wiedergaben auf den Münzen Antiocheias (zuerst 77–73 v. Chr.) und versch., v.a. kaiserzeitl. Städteprägungen des ö. Mittelmeergebiets (Stansbury-O'Donnell, 1994, 55 ss.; Prottung, 1955, 203 ss.; Meyer, 1999) überliefern mehr oder weniger exakt die Ikonogr. des Kultbilds. Es bildeten sich außerdem neue Typen von Stadttychen aus (T. von Seleukeia am Tigris, T. von Palmyra, T. von Damaskus etc.), die in einzelnen Bildelementen eng an das Urbild in Antiocheia angelehnt waren. Die Figur sitzt verschränkt, das rechte Bein über das linke geschlagen, auf einem Fels. Sie trägt einen gerippten Chiton, darüber den Mantel. Mit der zurückgesetzten Linken stützt sie sich auf dem Stein ab, die Rechte liegt über dem Oberschenkel im Schoß und hält ein Ährenbündel, Variationen geben Palme oder Granatapfel; auch die Münzbilder bestätigen mehrheitl. Kornähren oder Mohn, nur sekundär Palmzweig o. a. als Attribut (Prottung, 1995, 57 s.). Der (schlecht überlieferte) Kopf wendet sich nach links und trägt eine Mauerkrone mit Türmen, das wellige Lockenhaar in der M. gescheitelt. – Konstitutiver Bestandteil der Gruppe ist die Halbfigur des Orontes zu Füßen der Sitzfigur, die ihn mit ihrem übergeschlagenen Bein an seiner rechten Schulter berührt. Der muskulöse Oberkörper der unbärtigen Flußpersonifikation ist leicht nach links gedreht, sein Kopf in Gegenrichtung zur Tyche hin. Weitausholende Armbewegungen zeigen ihn im Schwimmvorgang. Einige Repliken überliefern die Abbreviatur eines Quellbeckens vor dem Leib. Der aufrechte Blick des Orontes, seine langen Locken und bes. die Anastole über der Stirn erinnern an das Alexanderbild (Ridgway, 1990, 134). Eine strenge Kopienkritik hat nur ansatzweise stattgefunden (Alscher, 1957; Dohrn, 1960, 36–40 mit Horn/Franke, 1963; Balty, 1981, 850 s.; Ridgway, 1990). Im Anschluß an Arndt (1909) zog man in der Regel die Budapester Statuette (Balty, 1981, Nr 19) der vatikan. (Balty, 1981, Nr 27) vor. Unterdessen werden meist mindestens zwei Überlieferungsstränge geschieden, ein eher lokaler, zu dem bes. einige Kleinbronzen aus ö. Wkstn zu rechnen sind, sowie eine w. Trad., die z.T. etwas größeres Format, aber auch klassizist. Verschleifungen mit sich bringt (Dohrn, 1960, 35). Mindestens zwei Dutzend rundplast. Fassungen unterschiedl. Vollständigkeit sind dem Typus als Repliken zuzurechnen (Balty, 1981, Nrn 1–24). – Mehrheitl. wird wegen der verkleinerten Reflexe überlebensgroßes, wenn nicht kolossales Format des Urbilds gefordert (z. B. Robertson, 1975, 471; Fuchs, ibid.; dagegen G. Kleiner, 15. Ergh. JdI, B. 1942, 13). Das Urteil über Aufbau und Komp. der Gruppe sowie die stilist. Einzelzüge variiert je nach bevorzugter Replik. Jedenfalls fallen Blockhaftigkeit der Gestalt und die Tendenz zu erweitertem Ansichtsspektrum (Künzl, 1968; Smith, 1991: „our earliest fully multi-view composition") zusammen. Damit und durch die char. verschnürenden Faltenbündel des Mantels ist die frühhellenist. Zeitstellung bestätigt. – Moreno (1973, 83; 1994, 113, 159) möchte formale Bezüge zum kolossalen Herakles des → Lysippos (I) in Tarent erkennen. Als Nachklänge der Tyche in der Großplastik wurden wiederholt versch. Musentypen (Lippold, 1918), das sitzende Mädchen im Konservatorenpalast in Rom (H. von Steuben, in: Helbig[4], II, 1966, 301 s., Nr 1480) und die Nymphe der Gruppe „Aufforderung zum Tanz" (zuletzt mit Lit.: W. Geominy, in: P. C. Bol [Ed.], Gedenk-Schr. für Andreas Linfert, Mainz 1999, 141 ss.) gesehen (weitere Reflexe in der Kunst des Hellenismus, etwa im Grabrelief: Dohrn, 1960, 41 ss.). Umstritten ist die ikonolog. Deutung. Fehr (1990) lehnt mit guten Gründen einen Synkretismus im Sinne von Vermischung griech. und oriental. Bildvorstellungen ab, da tatsächl. eine scharfe ethn.-kulturelle Trennung der Bevölkerungsgruppen für die seleukidischen Stadtgründungen in Syrien bezeugt ist. Vielmehr sei die Ambivalenz einer griech. oder oriental. Lesart der Skulptur durch den Rezipienten, je nach dessen religiösem Horizont, intentional. Neben die Möglichkeit griech. Deutung trete zugleich die ö. Option – entsprechende ikonogr. Anleihen an Kybele oder Dea Syria hatte man stets gesehen; Fehr (1990, 87 s.) fügt die konzeptionelle Verwandtschaft mit der iran. Göttin Anahita, der Herrin des Flusses, hinzu, für die ebenfalls die Kombination von (kosm.) Berg und strömendem Gewässer konstitutiv ist. – Das Motiv des Berührens der Schulter des Orontes mit dem Fuß wirkt in der Seitenansicht spielerisch, kokett, erotisch, von vorn eher dominant, beherrschend; dahinter könnte als realer Hintergrund das im Sommer dahinplätschernde Naß des Orontes und sein im Winter plötzl. zum reißenden Strom anschwellendes Wasser gedacht sein (Fehr, 1990): Dialektik von ambivalenter Gefährlichkeit der Natur und göttl. Wirkkraft. In dem Bildelement der gekreuzten Beine sieht Ridgway (1990) im Anschluß an Balty (1981) überzeugend eine ikonogr. Anleihe an Kalliope, die E. als Anhaltspunkt gedient habe, da die Muse die originäre Patronin der Stadt gewesen sei; die Priorität der Kalliope-Ikonogr. könnte sich auch in dem Fels als typ. Musensitz ausdrücken (Ridgway, 1990, 236, 253) – gängige Interpretation erkennt in dem Gestein die Abbreviatur des Berges Silphion bei Antiocheia (z.B. Stewart, 1990, 201). Motivgeschichtl. zeigt die griech. Kunst übereinandergeschlagene Beine jedenfalls auch bei Figuren, die durch „eine ruhelose unstete Gemütsverfassung" charakterisiert sind (Fehr, 1990, 85) – das wäre der Deutung als Tyche zuträglich. – 3.) Plin., nat., 34, 78; Anth. Gr., 9, 709: Bronzestatue des Eurotas, sagenumwobener Hauptfluß Lakoniens. Plinius referiert das klassizist. Urteil des Übertreffens der Natur, insofern die Skulpt. einen 'fließenderen' Eindruck erwecke als der Fluß selbst („... *Eurotam, in quo aereum ipso amne liquidiorem plurimi dixere*") (Stewart, 1990, 298); ähnl. auch Anth. Gr. : „...χαλκὸν ... ὕδατος ὑγρότερον". Der Eurotas des E. ist nicht identifiziert, unbewiesen bleibt der Vorschlag, mit der Überlieferung einen Torso im Vatikan zu verbinden (Helbig[4], IV, 1972, 438, Nr 54; Lit. bei K. A. Neugebauer, JdI 56:1941, 190 ss.), der sich gleichwohl durch besondere Qualität auszeichnet (Fotos: RM 8:1893, Taf. V, VI). Die Konzeption als aus dem Wasser ragender Oberkörpertorso entspräche dem Orontes. Umgekehrt wäre in Erwägung zu ziehen, den gelagerten Typus, wie ihn mehrheitl. die späteren Flußgötter zeigen, dem E. zu geben. Ein schwacher Reflex des Eurotas könnte dann ein kaiserzeitl. Relief in Salamis auf Zypern mit beigeschriebenem Flußnamen (Moreno, 1994, 165, Abb. 212; G. Steinhauer, LIMC IV, 1988, 93, Nr 4*, s.v. Eurotas) sein. – Der Versuch einer polit.-hist. Deutung bei Moreno, ibid., auch die nicht minder hypothet. Dat. um 280 (1994, 164 s.). – Unter dem Namen E. überliefert, nicht zweifelsfrei auf E. (I) zu beziehen, jedoch mehrheitl. ihm zugeschr. sind: – 4.) Plin., nat., 36, 34: marmorner Dionysos/liber pater, aufgestellt in Rom bei der Skulpt.-Slg des spätrepublikan.-frühkaiserzeitl. Politikers und Redners C. Asinius Pollio; als Besitz des Pollio wahrsch., aus dem Text aber nicht zwingend zu erschließen. Bei Identifikation mit E. (I) hätte dieser in Marmor *und* Erz gearbeitet; das ist insofern bemerkenswert, als ansonsten weder für → Lysippos (I) noch seine Schule ein and. Marmorwerk sicher bezeugt ist (Brunn, GGK I, 1889, 433); Brunn (1880) spricht den liber pater deshalb dem E. (I) ab und schlägt Identifikation mit → E. (II) vor. – In der Tat ist aus der anzunehmenden Zugehörigkeit zu Pollios Mus. kein Argument zu gewinnen, denn der ambitionierte Kunstfreund sammelte spätklass. und hellenist. Plastik gleichermaßen, sofern sie denn seinen themat. Vorlieben (dionysisch-erot.) entsprach (Stewart, 1990, 307 s.) und in der Öffentlichkeit auf Echo stieß (C. Kunze, 30. Ergh. JdI, B./N. Y. 1980, 39–41, 92 s.). Dionysoi sind gerade in der spätklass. und frühhellenist. Skulpt. ein beliebtes Sujet, ein liber pater auch von → Bryaxis (Plin., nat., 36, 22). Der durch die Kopienüberlieferung bereitgestellte Vorrat plast. Typen der fragl. Zeit scheint das zu bestätigen. Gleichwohl wurde daraus kein Zuschreibungsversuch an E. abgeleitet. In Frage kommt aber der Sardanapal (E. Pochmarski, ÖJh 50:1972–75, 41 ss.; id., ÖJh 55:1984, 63 ss.; H.-U. Cain, Dionysos [K München, Mus. für Abgüsse Klass. Bildwerke], M. 1997, 54 ss.), durch frühhellenist. Stilzüge ausgezeichnet, prominent genug, um auch in der Slg des Asinius Pollio seine Wirkung entfalten zu können, und v.a., ähnl. wie die Tyche, ikonograph. nicht ohne Anleihen an oriental. Vorstellungen verständlich. – 5.) Plin., nat., 35, 141: Gem. einer Victoria auf Zweigespann; nach Brunn (GGK I, 1889, 411 und II, 1889, 157) Maler ident. mit → E. (I); die Ansicht mehrfach bekräftigt, zuletzt von Dohrn (1989), der in zwei Terrakotta-Gruppen aus einem frühhellenist. Kammergrab bei S. Stefano Rotondo in Rom zeitgen. italische Reflexe auf das Bild des E. erkennen möchte. Das ist anregend, aber vorerst Spekulation. ▭ ThB11, 1915 (s.v. E. 1). RE VI. 1, 1907 (s.v. E. 2); RE, Suppl. III, 1918 (s.v. E. 2); EAA III, 1960 (s.v. E. 1); LAW 1965; DNP IV, 1998. – *Die v.a. zur Tyche fast unübersehbare Lit. ist im folgenden nur in Auswahl genannt*: *Overbeck*, SQ, 1868, Nrn 1516, 1530–1533, 1535; *H. Brunn*, Zur griech. Künstler-Gesch., AbhMünchen 1880, 486; *Klein*, GGK III, 1907, 40–42; *P. Arndt*, Text zu BrBr 610, M. 1909; *G. Lippold*, RM 23:1918, 64 ss., 84 ss.; *id.*, Kopien, 1923, 152; *F. P. Johnson*, Lysippos, Durham 1927, 126; *A. W. Lawrence*, Later Greek sculpt., Lo. 1927, 102 s.; *R. Horn*, RM, 2. Erg.-H., B. 1931, 5–7; *Lippold*, GrPl, 1950, 296; *L. Alscher*, Griech. Plastik, IV, B. 1957, 20 ss.; *T. Dohrn*, Die Tyche von Antiocheia, B. 1960; *R. Horn/P. R. Franke*, Gnomon 35:1963, 404–410; *R. Heidenreich*, in: Mélanges offerts à K. Michalowski, War. 1966, 441–444; *E. Künzl*, Frühhellenist. Gruppen, Köln 1968, 42–45; *C. M. Havelock*, Hellenist. Kunst, W./M. 1971, 106 s., 124, Abb. 117; *P. Moreno*, Testimonianze per la teoria artistica di Lisippo, Treviso/R. 1973, 26, 83, 211; *id.*, Lisippo, Bari 1974, 39 s.; *Robertson*, Hist., 1975, 470–480; *J. C. Balty*, LIMC I, 1981, 840–851, s.v. Antiocheia (dort p. 842 umfängl. Lit.-Liste); *J. J. Pollitt*, ArtHellAge, 1986, 3, 55, 266; *G. Steinhauer*, LIMC IV, 1988, 93, Nr 4* (s.v. Eurotas); *B. Andreae*, in: Festschr. Nikolaus Himmelmann, 47. Beih. BJb, Mainz 1989, 240; *T. Dohrn*, RM 96:1989, 305–312; *B. Fehr*, VisRel 7:1990, 83–97; *Ridgway*, HellSculpt, I, 1990, 134, 233–237, 253, Taf. 115, 116 a-b; *Stewart*, Sculpture, 1990, 200, 298 (T 140–141), 307 s. (T 167), Abb. 626–628; *Smith*, HellSculpt, 1991, 76 s.; *L. Koch*, Weibl. Sitzstatuen der Klassik und des Hellenismus und ihre kaiserzeitl. Rezeption, Ha. 1994, 60–69; *Moreno*, Scultura, 1994, 158–167; *M. D. Stansbury-O'Donnell*, Reflections of the Tyche of Antioch in lit. sources and on coins, in: *S. B. Matheson*, An obsession with Fortune, Tyche in Greek and Roman art (K Yale, Univ. AG), Yale 1994, 51–63; *P. Prottung*, Darst. der hellenist. Stadttyche, Münster 1995, 43–120, 203–255; *B. Andreae*, Die Schönheit des Realismus, Mainz 1998, 25–29; *M. Meyer*, Die sog. Tyche von Antiocheia als Münzmotiv in Kilikien, in: *S. Durugönül/M. Durukan* (Ed.), Olba II. 1, Mersin 1999, 185–194.

M. Flashar

Eutychides (II), griech. Bildhauer, viell. M. oder 2. H. des 2. Jh. v. Chr. tätig. Einzige Quelle ist eine Basis pentel. Marmors, gefunden 1838 am N-Abhang der Akropolis von Athen, verbaut in eine Ecke der Kirche τοῦ Ἁγ. Τάφου, mit der bloßen Sign. Εὐτυχίδης ἐποίησεν (Maße: Höhe 0,45 m, Länge 0,97 m, Breite 0,24 m). Aufgrund der Buchstabenformen wurde eine Dat. in das mittlere 2. Jh. v. Chr. vorgeschlagen. Der Verbleib der Basis ist unklar. Wegen der Dat. kann die urspr. vermutete Identität mit → Eutychides (I) (Bursian, 1856) ausgeschlossen werden, diejenige mit → Eutychides (III) (Marcadé, 1957) ist mögl., aber nicht beweisbar. ▭ ThB11, 1915 (s.v. E. 1). RE VI. 1, 1907 (s.v. E. 3); EAA III, 1960 (s.v. E. 2). – IG, II, 1647; IG, II², 4303; *K. S. Pittakis*, AEphem 1854, φυλλ. 38, 1159 s., Nr 2236; *C. Bursian*, AZ 14:1856, 222; *Overbeck*, SQ, 1868, Nr 1534; *G. Hirschfeld*, AZ 30:1873, 25, Taf. 61,21; *Loewy*, IGB, 1885, 108, Nr 143; *Marcadé*, Signatures, II, 1957, 55.

M. Flashar

Eutychides (III), griech. Bildhauer, Sohn des → Hephaisteion (III), wohl Athener, am E. des 2. und zu Beginn des 1. Jh. v. Chr. auf Delos tätig. E. ist einer der aktiveren und bedeutenden späthellenist. Bildhauer auf Delos. Als Vater nennt er in *(1)* → Hephaisteion (III), Sohn des → Myron (IV), aus Athen. Damit und aufgrund der Schaffenszeit während der athen. Herrschaft über Delos dürfte auch die nicht ausdrückl. bezeugte Heimat des E. bestimmt sein (E. als Inhaber eines öff. Amts 107/06 v. Chr.: A. P. Matthaiou, Horos 4:1986, 79–83; SEG, XXXVI, 1986 [1989], Nr 740). Identität mit → E. (II) wäre denkbar, wenn die Basis aus Athen nicht beträchtl. vor etwa 130 v. Chr. angesetzt wird. Insgesamt sind 16 Sign. auf delischen Statuenbasen erh.: *(4)* gehörte wahrsch. zu einer Exedra, *(12)* vertritt den seit dem Hochhellenismus in der Ägäis geläufigen Typus der Π-förmigen Exedra mit gerader Sitzbank, *(6)* und *(7)* stammen von Rundbasen, alle übrigen von rechteckigen Quaderbasen. Es handelt sich wohl ausschl. um bronzene Porträtstatuen, das Mat. gesichert für *(3)*, *(5)*, *(7)*, *(12)* und *(14)*. *(10)* und *(12)* waren Frauenbildnisse, die and. männlich. Geehrte und Stifter sowie die in den Inschr. vielfach gen. Inhaber sakraler oder polit. Ämter führen in die verwickelte Prosopographie des späthellenist. Delos, die bestimmt ist von wohlhabenden Familienclans, die den Wettbewerb um soz. Prestige gerade durch konkurrierende Bildnisweihungen und deren möglichst prominente Standorte austrugen. So konnten auch Familienanatheme ohne erkennbare kult. Anbindung (Priesterämter) im Temenos stehen *(12)*. Eltern, Kinder oder enge Verwandte der Porträtierten treten in *(3)*, *(4)*, *(6)*, *(7)*, *(8)*, *(9)*, *(10)*, *(12)* und *(14)* als Stifter auf. Die Herkunft der Stifter und Geehrten spiegelt die ökonom.-polit. Verhältnisse und konzentriert sich auf Athen: *(6)*, *(7)*, *(8)* und *(9)*, Piräus: *(4)* und *(5)* sowie versch. att. Demen: Marathon *(9)*, Melite *(10)*, Rhamnous *(14)*, Paianiea *(15)*, Anaphlystos *(16)*; geograph. Ausnahmen sind: Herakleia *(12)*, Lemnos *(2)*, Karpasia auf Zypern *(3)*, Alexandria *(13)*. Die Portr. eines Gymnasiarchen und eines Wohltäters im Gymnasium bezahlen Epheben- *(2)* bzw. Gymnasiastenkorporationen *(5)*, die Statue eines Kleidouchen *(15)* geben Kultvereine. E. arbeitete mehrfach für dieselben Fam., verwandtschaftl. Beziehungen bei *(4)* und *(5)*, zw. *(6)*, *(7)* und *(8)* (Stemma: P. Roussel, BCH 32:1908, 308). Für Μήδειος aus Piräus, Nachfahr des Lykurg, schuf E. mindestens zwei Portr.: *(4)* und *(5)*; dessen Sohn, mehrmaliger athen. Archon, erhielt 94/93 v. Chr. ein Bronze-Portr. auf einer hohen Rundbasis, der Bildhauer ist unbek. (Delos, Inv. Nr E 701; ID, 1930; J. Marcadé, BCH 98:1974, 323–325; Schmidt, 1995, 418, Kat. V. 14). *(1)* gehört wahrsch. zum Mon. für den vielfachen athlet. Sieger Μηνόδωρος aus Athen (Delos, Inv. Nr E 51; ID 1957). Aus dessen vermuteter *Akme* und der einmaligen Nennung des Patronymikons, die bei späterer Berühmtheit des E. nicht mehr nötig gewesen sei, folgert Marcadé (1957, 46) ein Frühwerk um oder bald nach 130 v. Chr. Durch Ämterchronologie dat. sind *(2)*, *(3)*, *(6)*, *(10)*, *(15)*. Der in *(9)* geehrte Δωσίθεος war 107/06 v. Chr. Ephebe, Πασίων *(16)* mehrfach Epimelet, zuletzt 89/88 v. Chr. Für das Denkmal *(12)* schuf → Agasias (I) die zentrale Statue (Delos, Inv. Nr E 129; ID, 1967 a). Die Bildhauertätigkeit des E. auf Delos ist demnach für die Zeit zw. 126/25 und höchstens 89/88 v. Chr. sicher belegt. 🏛 *(1)* Delos, Inv. Nr E 52 (ID, 2498, ca. 130/120 v. Chr.: Marcadé, 1957, 46). – *(2)* Delos (ID, 1923bis; 126/125 v. Chr.: Marcadé, 1957, 47; id., 1969, 68; Schmidt, 1995, 320 s., Kat. IV. 1. 45). – *(3)* Delos, Inv. Nr E 481 (ID, 2090; 116/15 v. Chr.: Loewy, 1885, 181, Nr 245; Marcadé, 1957, 48; Jacob-Felsch, 1969, 92, Anm. 290, Nr 12; Schmidt, 1995, 330 s., Kat. IV. 1. 60). – *(4)* Delos, Inv. Nr E 53 (ID, 1869; ca. 125–100 v. Chr.: Marcadé, 1957, 48). – *(5)* Delos, Inv. Nr E 702 (ID, 1929; kurz vor 100 v. Chr.: Marcadé, 1957, 49; id., 1969, 68; Jacob-Felsch, 1969, 92, Anm. 299, Nr 3; Schmidt, 1995, 348 s., Kat. IV. 1. 89). – *(6)* Delos, Inv. Nr E 494 (ID, 1891; 106/05 v. Chr.: Loewy, 1885, 181, Nr 246; Marcadé, 1957, 49 s.; Jacob-Felsch, 1969, 93, Anm. 293, Nr 3; Schmidt, 1995, 415 s., Kat. V. 10). – *(7)* Delos, Inv. Nr E 30 (ID, 1871; um 100 v. Chr.: Marcadé, 1957, 50 s.). – *(8)* Delos, Inv. Nr E 185 (ID, 1994; um 100 v. Chr.: Loewy, 1885, 182, Nr 248; Marcadé, 1957, 51). – *(9)* Delos, Inv. Nr A 3034 (ID, 2010; nach 107/06 v. Chr.: Marcadé, 1957, 51). – *(10)* Delos, Inv. Nr E 321 (ID, 1872; 100/99 v. Chr.: Marcadé, 1957, 51 s.; Schmidt, 1995, 356, Kat. IV. 1. 101). – *(11)* Delos, Inv. Nr A 1105 (ID, 2336; um 100 v. Chr.: Marcadé, 1957, 52). – *(12)* Delos, Inv. Nr E 128 (ID, 1967 b; um 100 v. Chr.: Marcadé, 1957, 52; Jacob-Felsch, 1969, 95, Anm. 298, Nr 3; von Thüngen, 1994, 109 s., Kat.-Nr 76, Taf. 53). – *(13)* Delos, Inv. Nr E 133 (ID, 2015; um 100 v. Chr.: Loewy, 1885, 182, Nr 249; Marcadé, 1957, 53). – *(14)* Delos, Inv. Nr E 495 (ID, 1892; nach 96/95 v. Chr.: Loewy, 1885, 181 s., Nr 247; Marcadé, 1957, 53 s.; Schmidt, 1995, 362, Kat. IV. 1. 111, Abb. 273). – *(15)* Delos, Inv. Nr E 454 (ID, 2081; 94/93 v. Chr.: Loewy, 1885, 180, Nr 244; Marcadé, 1957, 54; id., 1969, 69; Schmidt, 1995, 363 s., Kat. IV. 1. 113). – *(16)* Delos, Inv. Nr A 1070 (ID, 1873; spätestens 89/88 v. Chr.: Marcadé, 1957, 55). 📖 ThB11, 1915 (s.v. E. 3). RE VI. 1, 1907 (s.v. E. 4); RE, Suppl. III, 1918 (s.v. E. 4); EAA III, 1960 (s.v. E.

3). – *Loewy*, IGB, 1885, 180–182, Nrn 244–249; *P. Roussel*, BCH 32:1908, 409 s.; *Toynbee*, Artists, 1951, 51; *Marcadé*, Signatures, II, 1957, 46–55, Taf. 31,2–34,3; *id.*, MusDélos, 1969, 58 s., 63 s., 68 s., 71 s., 79–81; *M. Jacob-Felsch*, Die Entwicklung griech. Statuenbasen und die Aufstellung der Statuen, Waldsassen 1969; *S. von Thüngen*, Die frei stehende griech. Exedra, Mainz 1994; *Schmidt*, Statuenbasen, 1995. M. Flashar

Eutychides (IV), griech. Bildhauer, Sohn eines Athenodoros, aus Gomphoi/Thessalien, in späthellenist. Zeit tätig. Der Neufund einer Künstler-Sign. führt einen weiteren, bislang unbek. E. in die Diskussion ein. Auf dem Orthostatensockel der in Thessalien bei Argithea (in einem Grabungsareal, wo man versuchsweise den Sitz des Königreichs der Athamanen lokalisiert) entdeckten Statuenbasis haben zwei Bildhauer 'unterschrieben': ein → Kleogenades, Sohn eines Xenokles, und E., Sohn eines Athenodoros, für beide ist die Herkunft Gomphoi genannt. Die Ausgräber geben aufgrund der Buchstabenformen eine Dat. in den Zeitraum 150 bis 50 v. Chr. an und nehmen urspr. Bronzestatuen auf dem Bathron an. Identität mit → Eutychides (II) oder → Eutychides (III) wegen des Ethnikons unwahrsch.; der Name E. ist mehrfach in Thessalien belegt, jüngst bek. geworden: eine hellenist. Grabstele von Volos (SEG XXXXII, 1992 [1995], Nr 528). ⊏⊐ *C. Indzessiloglou*, ADelt 37:1982 (1989), B 231; *B. Indzessiloglou*, in: 'Αμητός. Τιμητικὸς Τόμος γιὰ τὸν Καθηγτὴ Μ. 'Ανδρόνικο, Thessaloniki 1987, 345–357; SEG XXXVII, 1987, Nr 442; *M. Sève*, BullEp 1988, Nr 196; SEG, XXXIX, 1989, Nr 489. M. Flashar

Eutychides (V), kleinasiat. Bildhauer, Sohn eines Zoïlos, aus Milet(?), in der röm. Kaiserzeit tätig. Einziges Zeugnis ist der Grabstein des Bildhauers selbst, der sich noch im 19. Jh. in Venedig befand, heute aber verschollen ist. In der Kopfzeile sind Name und Vatersname sowie das Ethnikon Μιλήσιος, gelegentl. auch als Demotikon eines gleichnamigen att. Demos gedeutet (Boeckh [CIG], Bursian, 1856), genannt. Das Reliefbild darunter zeigt die Figur des jugendl. E. in einen Mantel gehüllt. Der verbreiterte untere Teil des Steins trägt ein Epigramm (Anth. Gr., 3, Nr 719 [ed. Jacobs, L. 1794]; Anth. Pal., 3, App. 2, Nr 541, [ed. Cogny, P. 1890]) aus zwei Distichen. In der ersten Zeile will sich der Verstorbene stolz dem berühmten → Praxiteles (II) gleichgestellt wissen, die zweite gibt das Todesalter mit 16 Jahren an. Im folgenden Distichon ist offenbart, daß es sich bei dem Namen E. ledigl. um ein ψευδώνυμον handele, das über den Tod hinaus nicht von Dauer sei. – Der hist. Quellenwert des Steins ist also beschränkt; der Verstorbene, ein unbek. Steinmetz, soll durch den hybriden Vergleich mit → Praxiteles (II) und die falsche Namensanleihe an E. erhöht werden. Das Zeugnis ist aus der Debatte um die Rekonstr. der Künstler E. auszuschließen; allein deren fast sprichwörtl. Berühmtheit belegt es. ⊏⊐ ThB11, 1915 (s.v. E. 4). RE VI. 1, 1907 (s.v. E. 5); EAA III, 1960 (s.v. E. 4). – CIG, 710 (A. Boeckh); IG, III, 1308; IG, II/III^2, 9611; *C. Bursian*, AZ 14:1856, 222; *Overbeck*, SQ, 1868, Nr 2281; *Loewy*, IGB, 1885, 375 s., Nr 550; *Brunn*, GGK I, 1889, 557; *Toynbee*, Artists, 1951, 59. M. Flashar

Eutychion (Εὐτυχ(ί)ων; Eutychon), Architekt, im 4. Jh. n. Chr. in Stanitza Saporozhskaja (Halbinsel Taman/Ukraine) tätig. Durch eine 335 n. Chr. dat. Bau-Inschr. der Stadtmauer von Stanitza Saporozhskaja bekannt. ⊏⊐ *Donderer*, Architekten, 1996, 129, Nr A 37. M. Dennert

Eutychon → Eutychion

Eutychos (I) (Εὐτύχος), griech. Koroplast, im 2. Jh. v. Chr. in Myrina tätig. Nur bek. durch seine Sign. auf einer Tonstatuette eines Herakles (heute Paris, Louvre, Inv. Nr B°26). ⊏⊐ ThB11, 1915 (s.v. Eutyches). RE VI. 1, 1907 (s.v. E. 8). – *E. Pottier/S. Reinach*, La nécropole de Myrina, P. 1888, 177, Nr 50; *Mollard-Besques*, II, 1963, 86, Nr B°26; p. 206, Taf. 105 a, 243 a; *D. Kassab*, Statuettes en terre cuite de Myrina. Corpus des sign., lettres et signes, P. 1988, 44, Nr 1, Taf. 18, 95. R. V.

Eutychos (II) (Euthychos), röm. Porträtmaler, z.Z. Neros (54–68 n. Chr.) in Rom tätig. Nur bek. durch Lucilius, einen Freund des jüngeren Seneca, der sich in einem Epigramm über E. lustig macht, weil E. es angebl. nicht schaffte, die Porträtierten ähnl. ihres Aussehens zu malen und auch 20 Söhne hätte, die ihm alle sehr unähnl. wären (Anth. Pal., 11, 215). ⊏⊐ ThB11, 1915. RE VI. 1, 1907 (s.v. E. 7); EAA III, 1960. R. V.

Eutychos (III), Sohn des Papios, griech. Mosaizist, im 2. Jh. n. Chr. in Ephesos tätig. Nur bek. durch eine Weih-Inschr. aus Marmor von Ephesos (heute Ephesos, Inschriftendepot, Inv. Nr 1389). ⊏⊐ *H. Engelmann/D. Knibbe/R. Merkelbach*, Die Inschr. von Ephesos IV, Bonn 1980, 139, Nr 1237; *Donderer*, Mosaizisten, 1989, 61, Nr A 13, Taf. 15, 1. R. V.

Eutychus, röm. Maler, in der Kaiserzeit tätig. Nur bek. durch eine Inschr. auf einem Marmorblock (CIL, VI, 9786). ▭ *Calabi Limentani*, Studi, 1958, 154, Nr 11. R. V.

Euxeinidas (Εὐξεινίδας; Euxinidas), griech. Tafelmaler, E. 5. Jh. v. Chr. tätig. Plinius (nat., 35, 75; Overbeck, SQ, 1868, Nr 1778) erw. E. ledigl. als Lehrer des renommierten Malers → Aristeides (I) von Theben. ▭ ThB11, 1915a. RE VI. 2, 1909 (s.v. Euxinidas); EAA III, 1960. – *Pfuhl*, MuZ, II, 1923, 700, 789 s. R. V.

Euxenos (Εὔξενος), griech. Bildhauer, in hellenist. Zeit in Telos tätig. Nur bek. durch seine Sign. auf einer in Telos gefundenen Marmorbasis für eine Statue, die von einem Aristophilos gew. worden und mittlerweile verschollen ist (IG, XII. 3, 44). ▭ ThB11, 1915. RE VI. 2, 1909 (s.v. E. 2); EAA III, 1960. – *Loewy*, IGB, 1885, 157, Nr 205. R. V.

Euxitheos (Εὐξίθεος), att. Töpfer, E. 6. Jh. v. Chr. in Athen tätig. Bek. durch seine Sign. auf fünf Vasen: – 1.) rotfigurige Schale des Malers → Oltos in Tarquinia, Mus., Inv. Nr RC 6848 (aus Tarquinia, Bloesch, 1940, 44, Nr 3; CVA, Taf. 2–3; ARV², 1963, 60, Nr 66; Add², 1989, 165); – 2.) rotfigurige Schale des Malers → Oltos in Berlin, SMPK, Antiken-Slg, Inv. Nr F 2264 (aus Vulci, Bloesch, 1940, 44, Nr 4; ARV², 1963, 60, Nr 64; Schefold, SB, II, 1978, 228, Abb. 307 s.; Add², 1989, 164 s.); – 3.) rotfigurige Amphora des Malers → Oltos in London, BM, Inv. Nr E 258 (aus Vulci, CVA, Taf. 5, 1; ARV², 1963, 54, Nr 4; Add², 163); – 4.) rotfiguriger Kelchkrater des → Euphronios in Paris, Louvre, Inv. Nr G 33 (ARV², 1963, 14, Nr 4; M. Denoyelle, in: Euphronios. Der Maler (Ausst.-Kat. Berlin, Antikenmus.), B. 1991, 120–126, Nr 11, Abb.); – 5.) rotfiguriger Kelchkrater des → Euphronios in New York, Metrop. Mus., Inv. Nr 1972. 11. 0 (D. von Bothmer, in: Euphronios, ibid., 93–105, Abb.). Charakterist. für E. sind v.a. seine außergewöhnl. großen Schalen mit sehr flachem Becken, sehr hohem Fuß und breiter Fußplatte und seine großen harmon. angelegten Kelchkratere. Bloesch gelang es durch die Eigenarten der Schalen E. zwei weitere zuzuschreiben: – 6.) schwarzfigurige Schale der Leagros-Gruppe in Rom, Villa Giulia, Inv. Nr 773 (aus Falerii; CVA, Taf. 11; Bloesch, 1940, 44, Nr 1; ABV, 1956, 381, Nr 298; Add², 1989, 101); – 7.) rotfigurige Schale der Pezzino Gruppe in Neapel, NM, Inv. Nr SA 5 (aus Etrurien, Bloesch, 1940, 44, Nr 2; ARV², 1963, 32, Nr 4; Add², 1989, 157). Die Feinheit und Perfektion der Modellierung der Vasen zeugen seiner hervorragenden Kunstfertigkeit. E. muß daher unter die besten att. Töpfer eingereiht werden. ▭ RE VI. 2, 1909 (s.v. E. 6); EAA III, 1960. – *Bloesch*, Formen, 1940, 43 s. R. V.

Evintius, *Flavius*, Name des Grabinhabers einer christl. Grabkammer mit Bodenmosaik des 4. Jh. n. Chr. in Ancona. Es handelt sich nicht um die Sign. des Mosaizisten. ▭ ThB11, 1915 (s.v. Eventius). – *G. Bovini*, CorsiRavenna 13:1966, 12–21; Inscr. Christianae Italiae, X: Picenum, Bari 1995, 79–82, Nrn 34–35. M. Dennert

Exakestidas (Ἐξακεστίδας), sizil. Münzstempelschneider, um 415–405 v. Chr. in Kamarina und möglicherweise auch in Syrakus tätig. Lokaler, aber hochbegabter Künstler, sicher in Verbindung mit den großen syrakusan. Meistern, insbesondere mit → Euainetos (I) und → Kimon (II). Seine Sign. erscheint in winzigen Buchstaben in Kamarina, auf der Abschnittslinie zweier Vorderseitenstempel, auf einem Täfelchen auf einem Rückseitenstempel der Tetradrachmen sowie auf einem Vorderseitenstempel der Didrachmen. Auf einigen seltenen Bronzemünzen von Syrakus mit Arethusakopf in Vorderansicht und Oktopus glaubt man, die Anfangsbuchstaben: Ευ zu erkennen. Es ist nicht unmögl., daß E. auch in Syrakus arbeitete, doch bleibt dies unsicher. Sein Stil ist voller Bewegung und eleganter Harmonie in der Wiedergabe der Quadriga. Ihm verdankt man die „Verjüngung" des Herakleskopfes der Tetradrachmen, und sein Hippariskopf auf den Didrachmen ist ein Meisterwerk voll Feinheit und Plastizität. Des weiteren können ihm zwei unsign. Herakleskȯpfe zugeschr. werden. Seine Produktion ist gering, aber erstrangig. ▭ ThB11, 1915. EAA III, 1960. – *G. De Ciccio*, Di un bronzetto di Camarina, Numismatic Circular 12:1949 (Dez.), 603 s.; *A. Mini*, Monete antiche di bronzo della zecca di Siracusa, Novara 1977, 22, 18; *U. Westermark/K. Jenkins*, The Coinage of Kamarina, Lo. 1980, 48, 53–56, 82, 105; *Calciati*, CNS, II, 1986, 61, Nr. 29, Abb. 1. C. Arnold-Biucchi

Exekestos (Ἐξήκεστος), griech. Bildhauer, in der 2. H. des 4. Jh. v. Chr. in Athen tätig. Nur bek. durch seine Sign. auf einer Basis, die auf der Athener Akropolis gefunden worden ist und eine Statue als Weihgeschenk für Athena Polias trug (IG, II, 1430), ▭ ThB11, 1915. RE VI. 2, 1909 (s.v. E. 3); EAA III, 1960. – *Loewy*, IGB, 1885, 55, Nr 69. R. V.

Exekias (Ἐξηκίας), griech. Töpfer und schwarzfiguriger Vasenmaler, um 550–530 v. Chr. in Athen tätig. Der Name des bedeutenden Künstlers E. ist von mehreren Sign. bek., die ihn meist als Töpfer und dreimal auch als Maler ausweisen. Dabei ist mit einigen Varianten die Formulierung E. EPOIESE („E. hat [es] gemacht") am häufigsten; zwei Sign. des E. als Töpfer und Maler, bei denen das Gefäß „spricht", sind in iambischen Versen gehalten: E. EGRAPHSE KAPOESE ME („E. hat [es] gemalt und mich gemacht"; ABV, 1956, 143, Nr 1; p. 145, Nr 13). Ein Problem stellt die Sign. E. EPOIESEN auf sechs Schalen dar, die sich deutl. von den übrigen Sign. des E. unterscheiden; auch die ornamentale und die z.T. vorhandene figürl. Bemalung der Schalen stammt nicht von Exekias. Ob E. selbst diese Schalen eigenhändig getöpfert hat, ist nicht zu entscheiden (ABV, 1956, 146 s., Nrn 2–5; Abb.: H. Mommsen, Metis, 2000 [im Druck]). Der Name E. ist im Athen des 6. und 5. Jhs. v. Chr. sonst nicht bezeugt. E. werden z. Z etwa 30 schwarzfigurige Vasen – v.a. Amphoren, aber auch Augenschale oder Kelchkrater – sowie zwei Serien bemalter Tontafeln zugeschrieben. Gesicherte Fundorte von Arbeiten des E. sind v.a. Vulci und Orvieto, zwei Vasen und die beiden Tontafelserien stammen aus Athen, Einzelfunde aus Chiusi, Lokroi, Tarquinia und Montlaurés; die Zuschr. von Fragm. auf Samos erscheint fraglich. – Die kaum zu überschätzende Bedeutung der Werke des E. liegt gleichermaßen in seiner hervorragenden Töpferarbeit und Malweise wie in den außergewöhnl. Bildinhalten begründet: E. hat fast alle in seinem Werk vorkommenden Vasenformen entweder zum ersten Mal in Athen gestaltet oder herkömmlichen Formen neue, wegweisende Akzente gegeben. Dasselbe läßt sich für den Umgang des E. mit trad. Bildthemen und seine zahlr. Bilderfindungen bemerken. Stilist. entstammt E. der nach ihm benannten, etwas früher einsetzenden „Gruppe E", in der überwiegend Bauchamphoren bemalt wurden; auf den Zusammenhang weist auch, daß E. zwei Amphoren eines Malers der „Gruppe E" als Töpfer sign. hat (ABV, 1956, 136, Nr 49; Add², 1989, 400). Als Maler dürfte E. nur eine relativ kurze Zeit tätig gewesen sein, da frühe wie späte Werke die „Lieblingsinschrift" ONETORIDES KALOS („Onetorides ist schön") aufweisen und solche Nennungen von bewunderten Knaben der *jeunesse dorée* Athens üblicherweise auf ein bestimmtes Lebensalter beschränkt waren (vgl. ABV, 1956, 143, Nr 1 [früh], p. 144, Nr 7 [mittlere Phase], p. 145, Nr 19 [spät]). Die stilist. Entwicklung des E. wurde noch nicht zusammenfassend dargelegt und wird z.T. sehr kontrovers diskutiert. Deutlich scheint, daß für das Frühwerk des E. streng gebaute Bilder mit etwas steif wirkenden Figuren char. sind. Doch findet E. rasch zu ungebundenen Bild-Komp., bei deren Ausf. er akkurate Detailfreude und kraftvolle Anmut der Figuren zu verbinden weiß; diese gewinnen im Spätwerk weiter an Körperlichkeit. Angesichts der Figurengestaltung des E. hat man zu Recht immer wieder an die zeitgen. Großplastik erinnert. Ikonogr. ist E. bes. von → Nearchos (I) beeinflußt worden. – Die bevorzugte Gefäßform des E. sind Amphoren, die etwa die Hälfte seines Werkes ausmachen. E. hat v.a. Bauchamphoren mit ausgespartem Bildfeld bemalt, jedoch weniger den innerhalb der „Gruppe E" bevorzugten *Typus B* (mit konischem Fuß, stabförmigen Henkeln und gerader Mündung), als vielmehr von E. geprägte elegante Bauchamphoren des *Typus A* (mit gestuftem Fuß und kantigen Henkeln; ABV, 1956, 144 s., Nrn 9–14). Mit einer über 60 cm hohen Bauchamphora dieses Typus entstand in seiner mittleren Periode eines der Meisterwerke des E. (Rom, Vatikan, Inv. Nr 344; ABV, 1956, 144, Nr 13; Boardman, ABFH², 1991, Frontispiz, Abb. 100). Auf dem einen Bildfeld zeigt E. mit reichen Namensbeischriften eine von ihm erstmals gestaltete „Heimkehr der Dioskuren": Kastor und sein gewaltiges Pferd Kylaros werden von Leda und Tyndareos umstanden, der Kylaros am Kopf streichelt. Im Rücken Ledas beugt sich Polydeukes zu einem an ihm emporspringenden Hund hinab, neben Tyndareos trägt ein kleiner Dienerknabe einen Hocker heran, auf dem ein Mantel bereitliegt. Kaum einmal sonst ist ein derart intim wirkendes „göttliches Familienbild" geschaffen worden. Auf der and. Bildseite der Amphora findet sich die sicherlich einflußreichste Bilderfindung des E., die zum Vorbild von über 150 att. schwarz- und rotfigurigen Vasenbildern wurde: Achill und Aias sitzen einander in Rüstung und feingemusterten Mänteln bei einem Brettspiel gegenüber. Ihre Lanzen in der Hand haltend, haben sie ihre Schilde mit den prächtigen Schildzeichen hinter sich angelehnt, Aias zudem seinen Helm abgelegt. Die Namen beider Spieler und der Spielausgang sind beigeschrieben: Achill, der auch größer und stattlicher dargestellt ist, gewinnt die Partie, denn bei ihm steht als Ausruf „vier", während Aias nur „drei" aufzuweisen hat. Achill und insbesondere Aias gilt auch mit and. Bilderfindungen ein besonderes Interesse des Malers. So gestaltet E. auf einer zum Spätwerk gehörenden Bauchamphora des *Typus B* einen Selbstmord des Aias, bei dem er Ausdrucksformen der griech. Klassik vorwegnimmt. E. zeigt nicht den sich ins Schwert stürzenden oder bereits toten Aias, sondern die einsame Vorbereitung der Tat: Eine Palme deutet das fremde trojan. Land an. Aias, der nackt neben Schild, Helm und Lanzen kauert, steckt sorgfältig ein Schwert mit der Spitze nach oben in einen kleinen Erdhügel; sein Gesicht ist von tiefen Falten gezeichnet (Boulogne, Mus., Inv. Nr 558; ABV, 1956, 145, Nr 18; Boardman, ABFH², 1991, Abb. 101). – Außer den Amphoren des *Typus A* hat E. auch die Halsamphora mit einem knapp und gespannt verlaufenden Gefäßkontur neu gestaltet. Die Halsamphoren des E. sind stets reich mit mehreren Ornamentzonen bemalt (etwa Mäander, Knospenreihen, am Hals Lotos-Palmetten-Band), von der Henkelzone bis zum Figurenbild entfaltet sich ein Ornamentsystem aus Volutenranken, Lotosblüten und Palmetten; einige Male kommen noch Tierfriese oder figürl. Bilder in der Schulterregion hinzu (ABV, 1956, 143 s., Nrn 1–8). Die wohl berühmteste Halsamphora des E. entstand mit ihren sehr verschiedenartigen Bildern im Übergang zu seiner mittleren Periode: Auf ihrer Vorderseite stößt der gewappnete Achill der Amazonenkönigin Penthesilea, die mit gemustertem Gewand, Pantherfell und verziertem att. Helm gerüstet ist, seine Lanze in die Brust. Durch die Beschränkung auf zwei Figuren und den Blickwechsel zw. dem Sieger und der niedersinkenden Amazonenkönigin führt E. das bek. Thema zu einer völlig neuen Intensität. Die and. Seite stellt dem reichgewandeten Dionysos, der Efeuzweige und einen Kantharos hält, seinen unbekleideten Sohn Oinopion als Mundschenk gegenüber (London, BM, Inv. Nr B 210; ABV, 1956, 144, Nr 7; Simon/Hirmer, Vasen, 1981, Taf. XXVI/75). – E. hat auch Panathenäische Preisamphoren bemalt, von denen jedoch nur eine zum Frühwerk gehörende vollst. erh. ist: Auf dem Bild der Vorderseite zeigt E. wie üblich die speerschwingende Athena; neben weiteren ikonogr. Neuerungen erscheinen aber erstmals die später kanon. Säulen beiderseits der Göttin, auf denen je ein Hahn steht. Die Inschr. neben der rechten Säule weist das Gefäß als offiziellen Siegespreis aus (TON ATHENETHEN ATHLON, „von den Wettspielen in Athen"), die Rückseite der Amphora gibt mit zwei ringenden Schwerathleten, denen ein weiterer Sportler und ein Schiedsrichter zusehen, die Sportart des Siegers an (Karlsruhe, Bad. LM, Inv. Nr 65. 45; Add², 1989, 39; Fragmente: ABV, 1956, 147, Nr 8; J. Thimme, Griech. Vasen, Karlsruhe ⁴1975, Abb. 16 s.). – Zwei and. Vasenformen, Augenschale und Kelchkrater, hat E. erstmals in Athen gestaltet. Bei der zum Spätwerk gehörenden Augenschale hat E. ältere Formelemente in vollendeter Weise aufeinander abgestimmt und eine völlig neuartige Bemalung entwickelt (München, Staatl. Antiken-Slg, Inv. Nr 2044; ABV, 1956, 146, Nr 21; Simon/Hirmer, Vasen, 1981, Taf. XXIV/73): Der *Schalentypus A* mit dicker Fußplatte, breitem Fußstiel mit Ringwulst und weitem, tiefem Becken wird bald zur vorherrschenden Schalenform der schwarz- wie rotfigurigen Vasenmalerei Athens. Mit ihr wird üblicherweise auch das unterschiedl. gedeutete große Augenpaar auf den Außenseiten übernommen, das auf der Schale des E. in seiner Verbindung mit geschwungenen Brauen, Stirnverzierung und „Nase" der übl. Gesichtsangabe eines Panthers entspricht; daher dürfte das Motiv hier als maskenartig reduzierte Darst. des Tieres, das Dionysos eng verbunden ist, zu verstehen sein. Beiderseits der Henkel läßt E. jeweils sechs Krieger um einen Gefallenen kämpfen; bei dem einen, der seiner Rüstung beraubt wurde, ist viell. an Patroklos gedacht, der and. könnte dann Achilleus sein. Die figürl. Bemalung an den Henkeln wurde aber bei späteren Augenschalen ebensowenig gebräuchl. wie das große Innenbild, welches das gesamte Becken der Münchener Schale einnimmt: Dionysos fährt auf einem Schiff ruhend und ein Trinkhorn haltend über das von Delphinen bevölkerte Meer; am Mast des Schiffes rankt sich ein gewaltiger Rebstock empor, der die Macht des Gottes anzeigt. Man hat bei dieser einzigartigen Bildschöpfung an den 7. Homerischen Hymnus erinnert, in dem Dionysos die ihn bedrohenden Seeräuber in Delphine verwandelt, doch ebenso an das Frühjahrsfest der Anthesterien, an dem die Ankunft des Dionysos vom Meer gefeiert wurde. Zur Darst. des Meeres verwendete E. als einer der ersten in Athen einen korallenroten Malgrund („Intentional Red"), der an die verbreitete Gleichsetzung von Wein und Meer im Bereich des Symposions denken läßt. Dieselbe Vorstellung dürfte E. auch bei der Bemalung eines Weinkessels angeregt haben (Fragmente in Rom, Villa Giulia, Inv. Nr 50599; ABV, 1956, 146, Nr 20): Auf der Innenseite des neuartig vom Körper abgesetzten Mündungsrandes lief ein oft nachgeahmter Fries von Schiffen um, die bei gefülltem Kessel gleichsam auf dem Wein schwimmen. Vielfach übernommen wurde auch, daß E. die Außenseite des Kessels bis auf ein Zungenband vollst. mit Glanzton bedeckte. E. hat zudem seine Sign. und eine Inschr. im Alphabet von Sikyon eingeritzt, nach der das Gefäß als Geschenk eines Euainetos an einen Charopos gedacht war. – Der von E. in seinem Spätwerk geschaffene stämmige Kelchkrater, der im Verhältnis zur Höhe weit in die Breite ausgreift, diente ebenfalls in der schwarz- wie rotfigurigen Vasenmalerei Athens als Vorbild. E. hat das Gefäß überaus reich bemalt: Unter den großen Hauptbildern reißen zwei Löwen einen Stier; über den Henkeln sitzen Mänaden in traubentragenden Weinreben, unter den Henkeln läuft je ein kleiner Satyr. Als vielfigurige Hauptbilder mit reichen Namensbeischriften zeigt E. in einem sehr graziösen Stil den Kampf um den gefallenen Patroklos und die von Göttern umgebene Wagenfahrt der Athena und des Herakles zum Olymp (Athen, Agora-Mus., Inv. Nr A-P 1044; ABV, 1956, 145, Nr 19; Beazley, Dev[2], 1986, Taf. 72 s.). – Im gesamten Werk des E. bilden Mythen das Hauptinteresse. Außer den schon gen. Bildern mit Achill und Aias (ABV, 1956, 144, Nrn 7, 13; p. 145, Nrn 18–19; p. 146, Nr 21[?]) wiederholt er nicht nur die „Brettspielszene" (ABV, 1956, 145, Nr 15), sondern auch mehrfach den unter seiner Last gebeugten Aias, der den toten Achill vom Schlachtfeld trägt (ABV, 1956, 144, Nrn 5–6, p. 145, Nr 14). Aus dem Trojan. Krieg begegnen weiter der Kampf um den gefallenen Antilochos (Bauchamphora Philadelphia, Mus., Inv. Nr 3442; ABV, 1956, 145, Nr 14) oder Memnon mit seinen äthiop. Begleitern (Halsamphora, London, BM, Inv. Nr B 209; ABV, 1956, 144, Nr 8). Die übrigen Mythenbilder des E. gelten vorwiegend Herakles, der den Löwen von Nemea (Halsamphora, Berlin, SMPK, Antiken-Slg, Inv. Nr F 1720; ABV, 1956, 143, Nr 1) und den Kerberos bezwingt (Bauchamphora, Orvieto, Mus., Inv. Nr 78; ABV, 1956, 144, Nr 9); die Vergöttlichung des Herakles gestaltet E. außer als Wagenfahrt (ABV, 1956, 145, Nrn 11, 19) auch als vielfigurige Szene, bei der Herakles inmitten der Götter sitzt (Bauchamphora, Orvieto, Mus., Inv. Nr 78; ABV, 1956, 144, Nr 9). Ein bärtiger, würdiger Theseus des E. ist ohne den Bildzusammenhang erhalten (Fragm. Lund; ABV, 1956, 145, Nr 17), ebenso sein Sohn Akamas als Krieger (Fragm. Malibu, Getty Mus., Inv. Nr 78. AE. 305; E. A. Mackay, Getty Vases 1:1983, 39, Abb. 1). – Eine besondere Vorliebe des E. gilt indessen auch der Darst. von Pferden, die er als Reittier wie als Viergespann mit schlanken Fesseln, einem mächtigem Leib, langgestrecktem Kopf und feingeritzter Mähne stets elegant und wirkungsvoll wiedergibt. E. hat neue myth. Bilder mit Pferden erfunden – so etwa mit Kastor (ABV, 1956, 144, Nr 13) oder den att. Heroen Akamas und Demophon (ABV, 1956, 143, Nr 1) –, aber auch erstmals ein im Kampf stürzendes Pferd dargestellt (Bauchamphora, Paris, Louvre, Inv. Nr F 206; ABV, 1956, 145, Nr 12) oder Krieger und Bogenschütze ihre Pferde weiden lassen (Philadelphia, Mus., Inv. Nr 4873; ABV, 1956, 145, Nr 16). E. zeigt auch wiederholt Viergespanne (so ABV, 1956, 144, Nr 3, p. 145, Nrn 12, 18), einmal vier ausgespannte siegreiche Pferde mit ihrem inschr. benannten Besitzer Stesagoras (Pyxis, Brauron, Para, 1971, 61). Öfters gestaltet E. das Anschirren der Tiere, die dabei nervös mit den Ohren spielen, unruhig den Kopf bewegen oder sich gar erregt aufbäumen können (vgl. ABV, 1956, 144, Nrn 4, 10). And. Bilder aus dem menschl. Leben, so etwa der sonst beliebte Kriegerabschied, fehlen auf den Vasen des E. fast völlig (vgl. Halsamphora, Berlin, SMPK, Antiken-Slg, Inv. Nr F 1718; ABV, 1956, 144, Nr 5). – Die zwei um 540/30 v. Chr. geschaffenen schwarzfigurigen Tontafelserien des E. zeigen beide Szenen des Totenkultes. Sie sind sich in Ausf. und Stil sehr ähnl., gehörten aber aufgrund techn. Unterschiede sicher zu versch. Grabmonumenten; einige wenige Namensbeischriften lassen sie als Auftragsarbeit erkennen (Athen, NM., Inv. Nrn 2414–2417; Berlin, SMPK, Antiken-Slg, Inv. Nrn F 1811–1826; ABV, 1956, 146, Nrn 22, 23; H. Mommsen, Exekias, I, Mainz 1997). Auf den vier Athener Fragm. sind nur Klagende und der Rest eines Gespannes erhalten. Für die 15 Berliner Tafeln (ca. 43 x ca. 37 cm), die die Prothesis einer vornehmen Verstorbenen, die Klage von Angehörigen und Frauen sowie Vorbereitungen zum Trauerzug mit Reitern und zahlr. Gespannen zeigen, konnte die Zugehörigkeit zu einem rechteckigen oder quadrat. Grabbau (ca. 3 x 3 m oder 3,70 x 2,30 m) erschlossen werden; ihre starken Beschädigungen deuten auf eine mutwillige Zerstörung des Grabes hin, die viell. mit Auseinandersetzungen zw. verfeindeten Adels-Fam. Athens zu erklären ist. Die hohe Qualität der Tontafeln erweist sich im Besonderen an Bildern wie einer charakterisierenden Darst. von Maultier und Sklave (Taf. XIV), räuml. gestaffelten trauernden Frauen in einem Innenraum (Taf. XV) oder einem überaus markanten Männerkopf (Taf. I). In solchen Bildideen und in ihrer Ausf. zeigt sich einmal mehr die große Gestaltungskraft des E. ▭ ThB11, 1915. RE VI. 2, 1909; EAA III, 1960; KlP II, 1967; DA XXXII, 1996 (s.v. vase painters, Paragraph II, Exekias); DNP IV, 1998. – *W. Technau*, Exekias, L. 1936; ABV, 1956, 143–147; *K. Stähler*, ÖJh 49:1968–1971, 79–113; *F. G. Lo Porto*, in: Atti del 16. Convegno di Studi sulla Magna Grecia, N. 1977, 730, Taf. 101; *J. Boardman*, AJA 82:1978, 11–25; *E. A. Mackay*, AJA 83:1979, 474–476; *M. B. Moore*, AJA 84:1980, 417–434; *H. A. Shapiro*, AJA 85:1981, 173–175; *Simon*, Vasen, 1981, 86–88; *M. B. Moore*, AJA 86:1982, 578–581; *E. E. Bell*, in: Moon 1983, 75–86; *Hansen*, CEG, I, 1983, 242 s., Nr 436, p. 243, Nr 437; *E. A. Mackay*, Getty Vases 1:1983, 39 s.; *T. Seki*, Unters. zum Verhältnis von Gefäßform und Malerei att. Schalen, B. 1985, 19, Nrn 1, 26;

Beazley, Dev², 1986, 58–68; *M. B. Moore*, Attic black-figured pottery, Agora XXIII, Pr. 1986, 26, 86; *ead.*, AJA 90:1986, 35–39; *ead.*, in: *D. von Bothmer* (Ed.), Papers on the Amasis painter and his world, Malibu 1987, 153–167; *J. A. Jordan*, Attic black-figured eye-cups, Diss. N. Y. 1988, passim; Add², 1989, 39–41; *E. A. Mackay*, in: AGRP (Copenhagen), 1989, 369–378; *H. Mommsen*, ibid., 445–454; *M. R. Wójcik*, Mus. Claudio Faina di Orvieto. Ceramica attica a figure nere, Pe. 1989, 65–75; CVA Karlsruhe (3) 42–48 (C. Weiß); *S. Frank*, Att. Kelchkratere, Ffm. u.a. 1990, 34–69; *Immerwahr*, AttScr., 1990, 32–36, 184; *Boardman*, ABFH², 1991, 56–58; *M. Boss*, AA 1992, 533–537; *B. Kreuzer*, Frühe Zeichner 1500–500 v. Chr., FiB 1992, 57–59, Nr 57; *H. Mommsen*, AA 1992, 528–533; *J. Neils*, Goddess and polis, 1992, 30 s., 35 s.; *A. Buhl*, AA 1994, 1–6; *M. Steinhart*, Das Motiv des Auges in der griech. Bildkunst, Mainz 1995, 57, 61; *S. Angiolillo*, Arte e cultura nell' Atene di Pisistrato e di Pisistratidi, R. 1997, 157; *H. Mommsen*, Exekias, I. Die Grabpinakes, Mainz 1997; *A. Steiner*, in: *J. H. Oakley u.a.* (Ed.), Athenian potters and painters, Ox. 1997, 157–170; *J. S. Traill*, Persons of ancient Athens, Tor. 1997, 288; *M. Bentz*, Panathenäische Preisamphoren, Basel 1998 (AntK, Beih., 18), 124, passim; *B. Kreuzer*, Die att. schwarzfigurige Keramik aus dem Heraion von Samos, Bonn 1998 (Samos, 22), 94; *H. A. Shapiro*, Art and cult under the tyrants in Athens, Mainz ²1998, 89; *H. Mommsen*, in: Stud. in honor of Dietrich von Bothmer, Malibu 1999 (im Druck); *ead.*, Metis 2000 (im Druck).

M. Steinhart

F

Fabius → **Famulus**

Fabius, röm. Bildhauer, in der Kaiserzeit in Rom tätig. Nur bek. durch seine Grab-Inschr. aus Rom (CIL, VI, 33908–33909). 🕮 EAA IV, 1961 (s.v. Marmorarius). – *Calabi Limentani*, Studi, 1958, 161, Nrn 64–65. R. V.

Fabius, *Cajus* → **Fabius Pictor,** *Caius*

Fabius Pictor, *Caius*, Sohn des M. Fabius, Vater der Konsuln C. und N. Fabius Pictor, röm. Maler, am E. des 4. Jh. v. Chr. in Rom tätig. Er schuf 304 v. Chr. die Wandmalereien im Tempel der Salus auf dem Quirinal in Rom, die er sign. und mit Datum versah (Cic., Tusc., 1, 4; Val. Max. 8, 14, 6; Plin., nat., 35, 19; Overbeck, SQ, 1868, Nrn 2372–2374). Diese für einen Römer dieses Standes außergewöhnl. Beschäftigung trug ihm den Beinamen Pictor ein. Da der Tempel von C. Iunius Bubulcus im Verlauf des 2. Samnitischen Krieges gelobt und nach dessen Ende eingeweiht worden ist, glaubte man bisweilen darin erkennen zu können, daß F. Schlachtenbilder aus diesem Krieg fertigte. Diese Vermutungen bleiben aber reine Spekulationen. Bereits unter Claudius (41–54 n. Chr.) fielen seine Malereien im Tempel der Salus einem Feuer zum Opfer. 🕮 ThB11, 1915 (s.v. Fabius, Cajus). RE VI. 2, 1909 (s.v. Fabius 122); EAA III, 1960 (s.v. Fabius Pictor); EAA VI, 1965 (s.v. Pictor). R. V.

Famulus (Fabullus), röm. Maler, in den 60er Jahren des 1. Jh. n. Chr. in Rom tätig. Die frühesten Plinius-Hss. geben den Namen Famulus wieder. Später wurde er ohne Begründung in *Fabius* geändert, der besser als Name für einen Maler bek. war. Der jetzt oft benutzte Name *Fabullus* geht auf eine unbegründete Rekonstr. im 19. Jh. zurück. Der Name F. (Diener, Sklave) war wahrsch. urspr. ein Sklavenname, der später in ein *cognomen* (Fam.-Name) umgewandelt wurde. Nachdem Plinius einen umfassenden Ber. über berühmte griech. Maler vorgelegt hatte, bespricht er einige röm. Maler, die in ihrer Zeit auch zu Ruhm gelangten, näml. → Arellius, F., → Cornelius Pinus und → Attius Priscus. Über F. sagt er (nat., 35, 120): *Fuit et nuper gravis ac severus idemque floridus (et) umidus pictor Famulus. Huius erat Minerva spectantem spectans quacumque aspiceretur. Paucis diei horis pingebat, id quoque cum gravitate, quod semper togatus, quamquam in machinis. Carcer eius artis Domus Aurea fuit ed ideo non extant exempla alia magnopere.* Dies mag wie folgt übersetzt werden: „Ein anderer kürzl. lebender Maler war Famulus; er malte in einem würdigen und ernsten Stil, aber mit warmen Farben und flüssigen Tönen (d.h. sich vom hellen zum dunklen wendend). Von ihm stammte eine Minerva, die den Beschauer, von welcher Seite er auch hinsah, anblickte. Er malte nur wenige Stunden am Tag, auch dies nur mit Feierlichkeit, weil er stets, sogar bei seinen Staffeleien, die Toga trug. Das Gefängnis seiner Kunst ist das Goldene Haus gewesen, und daher gibt es sonst keine anderen Bilder von ihm". In dieser kurzen Passage informiert uns Plinius über versch. Aspekte des Malers Famulus. Zunächst zeigt sie seinen soz. Rang an. Er schreibt F. die höchst ungewöhnl. Angewohnheit zu, eine Toga selbst während seiner Arbeit zu tragen. Die Toga war das Privileg eines freigeborenen röm. Bürgers, und indem er sie trug, könnte F. damit auszudrücken gewünscht haben, daß er keinen niedrigen Rang innehatte, wie es sein Name seinen Zeitgen. suggeriert hätte und es auch für die meisten Maler in der röm. Welt der Fall war. Viell. war F. der Nachkomme eines Freigelassenen der kaiserl. Familie. Dies würde die enge Verbindung zu Nero (→ Domitius Ahenobarbus, Lucius) und der Domus Aurea erklären. Zweitens informiert uns Plinius über den Malstil des Famulus. Plinius scheint uns zu sagen, daß F. würdige trad. Themen malte, d.h. Szenen, die aus der alten Mythologie stammten, die sog. Megalographien, wie sie für seriöse Künstler übl. waren. Er tat es in einem erhabenen klassizist. Stil und versäumte somit, der „barocken" Mode seiner Zeit zu folgen, aber gleichzeitig arbeitete er in der neuen, farbenkräftigen Manier seiner Epoche. Die Beobachtungen des Plinius zum Gem. der Minerva, deren Blick anscheinend dem Betrachter überall hin folgte, bestätigt die letzte Interpretation. Solche Effekte sind typ. für einen Malstil, der die Wirkung von Hell und Dunkel betont, wie er in claudischer und neronischer Zeit blühte (vgl. z.B. die Wandmalereien der Villa di San Marco in Stabiae). Drittens berichtet uns Plinius, daß F. auch an der Staffelei arbeitete. Dies impliziert, daß er hauptsächl. nicht auf Tafeln malte, wie es für die Künstler seiner Zeit übl. war, sondern daß er direkt auf die Wände, *al fresco*, malte. In der röm. Welt wurden Wandmaler nicht als Künstler betrachtet, sondern als Handwerker. Wenn Künstler Wände bemalten, geschah dies an öff. Gebäuden wie Tempel und Portiken. Plinius fügt hinzu, daß vieles vom Werk des F. in Neros Domus Aurea (gebaut zw. 64 und 68 n. Chr.) eingeschlossen war. Offensichtl. handelte es sich um Fresken, weil sie nach Neros Tod im Jahre 68 n. Chr. nicht entfernt werden konnten. Es war ungewöhnl. für berühmte Maler in der klass. Welt, Häuser oder Paläste auszuschmücken. Seltene Ausnahmen bilden der Fall von → Agatharchos (I) von Samos, der von Alkibiades gezwungen wurde, sein Haus zu verzieren, und → Zeuxis (I), der den Palast des Königs Archelaos von Makedonien in Dion dekorierte. Offensichtl. sollten die Werke des F. das Ansehen von Neros Palast steigern. Natürl. hat man immer wieder versucht, noch in der Domus Aurea erh. Wandmalereien dem F. zuzuschreiben. Die Forsch.-Ergebnisse variieren jedoch stark. Dies ist nur zu natürl., da bei der Ausschmückung der riesigen Wandflächen der Domus Aurea hunderte von Dekorateuren beschäftigt gewesen sein müssen. Sie waren in eine Anzahl von Wkstn unterteilt, von der jede in ihrer eigenen Variante des sog. „Vierten Pompejanischen Stils" arbeitete. Daher wäre die Frage adäquater, ob das Werk des F. überhaupt in den wichtigsten dekorativen Wandmalereien, die in der Domus Aurea erh. sind, zu erkennen ist. In der röm. Welt existierte ein deutlicher Unterschied zw. Kunstmalern und Wandmalern. Plinius legt dar, daß F. trad. Themen im großen Stil malte. Daher ist es kaum denkbar, daß er auch ornamentale Wandverzierungen anbrachte. Eine solche Abweichung vom Üblichen wäre sicherl. von Plinius erw. worden, wie er es in and. Fällen tat (vgl. → Antiphilos [II], → Arellius, → Serapion, → Studius bzw. Ludius). Die heute sog. Domus Aurea war nur ein Flügel des riesigen Villa-Palastes und war hauptsächl. eine Vergnügungsstätte. Ein and. Teil der Domus Aurea (wahrsch. auf dem Palatin), der einen repräsentativeren und öffentlicheren Charakter besaß, beherbergte möglicherweise die Fresken des F. zus. mit Neros Skulpt.-Slg (Plin., nat., 34, 84). ▭ ThB11, 1915. RE VI. 2, 1909; EAA III, 1960 (s.v. Fabullus). – *N. Dacos*, Darch 2:1968, 210–226; *Pline l'ancien*, Hist. naturelle, übers. und komm. *J.-M. Croisille*, Livre XXXV, P. 1985, 120, 227–229; *M. de Vos*, Nerone, Fabullo e la Domus Transitoria al Palatino, in: *G. Morganti* (Ed.), Gli Orti Farnesiani sul Palatino, R. 1990, 167–186; *P. G. P. Meyboom*, MededRom 54:1995, 229–244.

P. G. P. Meyboom

Far'a, nabatäischer Architekt, im 1. Jh. n. Chr. in Iram/Jordanien tätig. F. wird in einer nabatäischen Inschr. in der Nähe des nabatäischen Tempels von Iram Architekt genannt. Er dürfte am Bau dieses Tempels im 1. Jh. n. Chr. mitgewirkt haben. ▭ *R. Savignac*, RBi 42:1933, 418 Nr 9; *J. T. Milik*, AAJ 21:1976, 145, Anm. 5.

D. Keller

Fefi (Iffi), ägypt. „Vorsteher der Handwerker des Königsschmucks" und „Vorsteher der Handwerker des Ptah", 5. Dynastie (2504–2347 v. Chr.). Bek. ist er nur durch ein Opferbecken, das n. der Mastaba B 10 in Saqqara gefunden wurde. ▭ PM II, 1978, 449. – *R. Drenkhahn*, Die Handwerker und ihre Tätigkeiten im alten Ägypten, Wb. 1976, 50.

S. Hänsch

Felicio, Toreut der röm. Kaiserzeit. Überliefert durch die Sign. PERTUDIT POMPEIS FELICIO auf der Unterseite eines bronzenen Siebes aus einer Villa bei Boscoreale, Contrada Civita-Giuliana, Fondo Brancaccio. Die Löcher des Siebes besitzen die Form von Mäanderbändern. Das Stück befindet sich heute im MN in Neapel. ▭ EAA III, 1960, 614, 615, Abb. 742. – *M. Della Corte*, NSc 1921, 423 s., Abb. 6; *V. Kockel*, AA 1985, Nr 26; *A. Oettel*, Fundkontexte röm. Vesuvvillen im Gebiet um Pompeji, Mainz 1996, 227, Kat. Nr 13.

M. Seifert

Felix (I) (Φῆλιξ), griech. Gemmenschneider, im späten 1. Jh. v. Chr. in Rom tätig. Felix wird mit and. *gemarii*, u.a. Anteros, auf einer Inschr. in der Via Sacra in Rom gen. (CIL, VI, 9435). Ein F. sign. auch mit griech. Buchstaben einen Karneol-Intaglio, der Diomedes und Odysseus beim Palladionraub zeigt (ehem. Slg Marlborough und Spencer-Churchill, jetzt Oxford, Ashmolean Mus., Inv. Nr 1966. 1808; J. Boardman, LIMC III, 1986, 402, Nr 42*, s.v. Diomedes I, mit älterer Lit.). Der Stein gehörte Calpurnius Severus, der ebenfalls in griech. auf der Gemme verewigt ist. Der Intaglio ist möglicherweise von dem gleichen F. der Inschr. gefertigt, was auch zeitl. mit dem Stil der Gemme übereinstimmen würde. ▭ ThB11, 1915. RE VI. 2, 1909 (s.v. F. 24); EAA III, 1960; KlP 2, 1967 (s.v. F. 9); DNP IV, 1998. – *Furtwängler*, AG, 1900, I, Taf. 49, 4; II, p. 232 s.; III, p. 355; *Vollenweider*, Steinschneidekunst, 1966, 44, Nr 40, Taf. 39, 1–2; *J. Boardman*, GGFR, 1970, 365, Farb-Taf. p. 363, 2, Taf. 1015; *M. L. Vickers*, GBA 101:1983, 97–104.

J. Boardman

Felix (II), vermeintl. röm. Mosaizist. Früher wollte man in *felix* in der Inschr. GRATVS ARCHITEC(tu)S P(ecunia) S(ua) EGO FELIX (fe)CI auf einem Estrichboden in einem Haus in Pompeji (IX, 6, 5; nicht mehr erh.; CIL, X, 8146) den Namen eines Mosaizisten erkennen. Es handelt sich aber klar um einen Glückwunsch für den Architekten → Gratus, der wahrsch. auch der Hausbesitzer war. ▭ EAA III, 1960. – *Donderer*, Mosaizisten, 1989, 142, Nr C 24. R. V.

Felix (III), röm. Mosaizist, im 2. Jh. n. Chr. in Mérida tätig. F. sign. gemeinsam mit *Baritto*, einem Gemeindesklaven (COLONIAE [SERVVS]), dessen Name hebräischen Ursprungs ist, ein Bodenmosaik mit Fischen und Krateren. Auf dem Paviment lassen sich auch klar zwei versch. ausführende Hände nachweisen, wobei der besser gearbeitete Teil auf der Seite mit der Sign. des *Baritto* liegt. ▭ *A. Blanco Freijeiro*, Mosaicos romanos de Mérida, Ma. 1978, 28 s., Nr 5, Taf. 6, 7; *Donderer*, Mosaizisten, 1989, 86 s., Nr A 50, Taf. 29, 3; 30. R. V.

Felix (IV), vermeintl. röm. Mosaizist. Früher wollte man in *felix* in der Inschr. DOMVS ARIPPORVM ET VLPIORVM VIBIORVM FELIX (AE, 1935, 145) auf einem Schwellenmosaik der 1. H. des 3. Jh. n. Chr. von der Via Napoleone III in Rom den Namen des Mosazisten erkennen. Es handelt sich aber eindeutig um einen Glückwunsch für das Haus und seine Bewohner. ▭ *G. Lugli*, RACrist 9:1932, 241 ss., Abb. 10–11; *G. Gatti*, BullCom 61:1933, 249, Abb. 7; *M. E. Blake*, MemAmAc 17:1940, 88, 95, Taf. 15, 1, 3–4; *Donderer*, Mosaizisten, 1989, 138, Nr C 19, Taf. 60, 2. R. V.

Felix (V), röm. Mosaizist, im 4. Jh. n. Chr. in Falerone tätig. Nur bek. durch seine Sign. auf einem Mosaik mit geometr. Muster aus Falerone (zerst.). ▭ EAA III, 1960 (s.v. F. 2). – *G. Moretti*, NSc 1925, 129 ss., Abb. 3; *Donderer*, Mosaizisten, 1989, 89 s., Nr A 56, Taf. 34, 1. R. V.

Felix (VI), vermeintl. röm. Mosaizist. Früher wollte man in *felix* in der Inschr. VIVENTES CARDILIVM ET AVITAM FELIX TVRRE auf einem spätantiken Mosaik aus Torres Novas/Portugal den Namen eines Mosaizisten erkennen. Es handelt sich aber klar um einen Glückwunsch für Cardilius und Avita in ihrer Turmvilla. ▭ *A. Do Paco*, AEsp 37:1964, 85 s., Abb. 9; *id.*, in: Congreso nac. de Arqueología, Sevilla/Malaga 1963, Zaragoza 1964, 420 ss., Abb. 8; *id.*, Lucerna 4:1965, 244 ss., Abb. 8–10; *L. Mendes De Almeida*, Conimbriga 4:1965, 73 ss., Abb.; *Donderer*, Mosaizisten, 1989, 138 s., Nr C 20, Taf. 60, 1. R. V.

Felix (VII), röm. Mosaizist, vermutl. ein Freigelassener aus Africa Proconsularis stammend, A. 5. Jh. n. Chr. in Tossa del Mar (Gerona/Spanien) tätig. Nur bek. durch ein Mosaik mit seinem Namen. Viele hispan. Mosaiken zeigen deutl. afrikan. Einfluß, aber nicht sein Mosaik. Unter den zahlr. Mosaizisten dieser Zeit in Hispanien, sind nur F. und → Cecilianus afrikan. Ursprungs. Das Mosaik seiner Wkst. zeigt Beziehungen zu and. hispan. Mosaiken der Spätantike durch die geometr. Muster um die Zentralfigur. Seine künstler. Ausb. muß er in Hispanien und nicht in Afrika erhalten haben. Auf dem Mosaik erscheint der Hausbesitzer in der Fassade der Villa, eine einmalige Darst. auf hispan. Mosaiken. Um einen Parallelfall einer solchen Zentralszene zu dokumentieren, müßte der Teller des Theodosius aus dem Jahr 388 herangezogen werden, aus einer kaiserl. Wkst. in Ravenna. Das Mosaik von F. zeigt deutl. die Tendenz des *horror vacui* in der Ausschmückung, typ. für die hispan. Mosaiken der Spätantike. Es ist aus kleinen *tesselae* und in guter handwerkl. Art hergestellt. ▭ *J. Lancha*, MelCasaVelázquez 20:1984, 48; *J. Gómez Pallarés*, Edición y comentario de las inscripciones sobre mosaicos de Hispania. Inscripciones no cristianas, R. 1997, 99 ss., Taf. 33. J. M. Blázquez

Femet (?) (Efemmaat [?]), ägypt. „Vorsteher der Bildhauer", Spätzeit (1. Jahrtausend v. Chr.). Belegt durch ein Statuenbruchstück aus Saft el-Henne (im ö. Delta). Die Lesung des Namens ist unsicher. Nach dem Text war sein Vater, dessen Name verloren ist, ebenfalls „Vorsteher der Bildhauer". ▭ *L. Borchardt*, Statuen und Statuetten von Königen und Privatleuten im Mus. von Kairo (CG), IV, B. 1930, 32, Nr 1031. F. Hoffmann

Ferronius, gallo-röm. Mosaizist, am E. des 5. Jh. n. Chr. in Mienne-Marboué/Frankreich tätig. F. mit gallo-röm. Namen setzte für einen Besitzer german. Abstammung (Steleco) ein neues Mosaik in einem Präsentationsraum einer antiken Villa, die 4 km n. von Castrodunum (Chateaudun) gelegen ist. Das Paviment, das uns ledigl. durch Verzeichnisse des 19. Jh. bek. ist, besaß in einem *clipeus*, das von zwei mißgestalteten Genien getragen wurde, eine Inschr., die den Namen des Mosaizisten (EX OFFICINA FERRONI) angab und von einer Besitzerbezeichnung für den Auftraggeber gefolgt war (CIL, XIII, 3062). Das Mosaik, das in geometr., ineinander und nebeneinander gefügte Felder unterteilt war, zeugt von einem sehr einfachen Repert. und einer unschlüssigen Technik. ▭ EAA III, 1960. – InvMos, I, 1909, Nr 932; *M. Blanchard-Lemée*, in: RecMosGaule, II, Lyonaise, 4, P. 1991, Nr. 555;

ead., Les premiers mon. chrétiens de la France, 2, Sud-Ouest et centre, P. 1996 (s.v. Mienne).
M. Blanchard-Lemée

Festus, vermeintl. röm. Mosaizist, der im 1. Jh. n. Chr. in Pompeji lebte. Früher wollte man bisweilen diesen Namen auf einem Jagdmosaik aus Pompeji (VIII, 3, 8, heute ohne Inschr. in Chantilly, Mus. Condé; CIL, X, 880) als die Sign. eines Mosaizisten erkennen. Es handelt sich aber klar, wie Donderer (1989, 140) überzeugend darlegt, um den Namen des dargestellten Jägers. ▭ *O. Wattel-De Croizant*, MEFRA 96:1984, 794, Anm. 94, Abb. 5; *Donderer*, Mosaizisten, 1989, 139–140, Nr C 21, Taf. 61, 2. R. V.

Fictorius [Atticus], *Caius*, vermutl. ein Freigelassener, möglicherweise Toreut (spezialisiert auf Metallgefäße: *vascularius*), frühere Kaiserzeit, bestattet in Rom. Caius F., der vermutl. den Beinamen Atticus trug, ist nur aus der fragm. Inschr. seines Fam.-Grabmals in Rom bek., deren Anbringung von seiner Tochter veranlaßt wurde. In der Inschr. wird er als *vascularius* tituliert, was sowohl den Händler mit als auch den Verfertiger von (Metall-) Gefäßen kennzeichnen kann. ▭ EAA VII, 1966 (s.v. Vascularius). – CIL, VI, 3592; *H. Gummerus*, Klio 14:1915, 135–137, 158, Nr 9; *Calabi Limentani*, Studi, 1958, 170, Nr 149. U. Huttner

Filocalus, *Furius Dionisius*, röm. Kalligraph des 4. Jh. n. Chr. Sein frühestes bek. Werk ist die Hs. des „Kalenders von 354“, die jedoch nur in späteren Abschriften überliefert ist. Hier sign. er das Titelblatt („*titulavit*“), die einzige überhaupt bek. Sign. eines antiken Kalligraphen, möglicherweise war er auch selbst der Stifter des Codex. Danach entwarf er die Inschr. der „Epigrammata Damasiana“, die Papst Damasus (366–384 n. Chr.) für die Gräber röm. Märtyrer dichtete und in Stein hauen ließ. Eine der Stein-Inschr. ist von F. sign. („*scripsit*“), der sich als *cultor* und *amator* des Papstes bez., woraus geschlossen worden ist, daß es sich um eine höhergestellte Persönlichkeit handelte, die zus. mit der aristokrat. Asketin Melania d. Ä. auch in Anth. Lat., 120 gen. wird. Mit Sicherheit war er Christ. – Die Bedeutung des F. liegt in der Schaffung des spätlatein. Majuskelalphabets, der *capitalis quadrata*, an klass. Vorbildern des 1. Jh. n. Chr. orientiert. Die Formen der einzelnen Buchstaben sind harmonisch, jedoch kontrastreich gestaltet, waagerechte Striche sind etwa immer schmal, senkrechte breit. Zu den ausgewogenen Proportionen der einzelnen Buchstaben kommen ornamentale Akzente, die verbreiterten Enden werden aufgebogen und mit feinen Spitzen versehen. Das Alphabet des F. läßt sich in seiner reinen Form nur im 4. Jh. nachweisen, blieb jedoch anregend bis in karoling. Zeit. ▭ ThB11, 1915 (s.v. Filocalus). EAA III, 1960; DNP IV, 1998. – *A. Ferrua*, Civiltà Cattolica 90, 1:1939, 35–47; *id.*, Epigrammata Damasiana, R. 1942, 21–35; *N. Gray*, BSR 24:1956, 5–13; *M. R. Salzman*, On Roman time. The codex-calendar of 354, Berkeley 1990, 26, 202–205; *G. Wesch-Klein*, in: *T. M. Buck* (Ed.), Quellen, Kritik, Interpretation. Festgabe H. Mordek, Ffm. 1999, 16–18. M. Dennert

Fiphikartides → Euthykartides

Fla[..., röm. Mosaizist, in der Kaiserzeit viell. in Littleton tätig. Nur bek. durch eine verschollene Inschr. auf einem Mosaikboden aus Littleton, die möglicherweise die Sign. eines Mosaizisten darstellt. ▭ *N. A. Cookson*, Romano-British Mosaics, Ox. 1984, 111, Nr 2; *Donderer*, Mosaizisten, 1989, 118, Nr B 3. R. V.

Flavios Chrysanthios (Φλάουιος Χρυσανθίος), röm. Maler, im 4./5. Jh. n. Chr. in Sardis tätig. Nur bek. durch die Grab-Inschr. seiner bemalten Familiengrabkammer in Sardis. Wie Hanfmann (1981) vorschlägt, ist es sehr wohl mögl., daß er selbst für das Mausoleum die einfachen Malereien von Tauben, Pfauen, Körben, Füllhörnern, Kränzen und Blumen fertigte. ▭ *M. J. Mellink*, AJA 81:1977, 309–310, Abb. 19; *C. H. Greenewalt*, BASOR 229:1978, 61–64, Abb. 3–7; *id.*, BASOR 233:1979, 4–8, Abb. 3–5; *G. M. A. Hanfmann*, AJA 85:1981, 87- 88. R. V.

Flavius, *T.*, röm. Mosaizist oder Besitzer eines Mosaiks, der am E. des 1. Jh. oder im 2. Jh. n. Chr. in Rom lebte. Nur bek. durch eine fragm. Inschr. auf einem Mosaik mit dem Kopf des Apollo von der Via Appia in Rom (CIL, VI, 29826). Ob es sich bei diesem Namen um die Sign. eines Mosaizisten oder die Verewigung eines Mosaikbesitzers handelt, kann nicht beurteilt werden, weil das Mosaik verschollen ist. ▭ ThB12, 1916. RE VI. 2, 1909 (s.v. F. 8); EAA III, 1960. – *Donderer*, Mosaizisten, 1989, 140, Nr C 22. R. V.

Flavius Hermes, *Titus* (Φλάουιος Ἑρμῆς, Τίτος), Sohn des Hermes, vermeintl. griech. Mosaizist, um 200 n. Chr. in Trikala tätig. Nur bek. durch eine Inschr. auf einem Bodenmosaik mit der Darst. von Lykurg und Ambrosia aus Trikala (heute Trikala, Mus.; A. Farnoux, LIMC VI, 1992, 314, Nr 38, s.v. Lykourgos I; A. Kossatz-Deißmann, LIMC VI, 1992, 326, Nr 16, s.v. Lyssa; D. Triantaphyllos, LIMC VIII, 1997, 17, Nr 2, s.v. Thrake 2). Donderer (1989, 130) weist überzeugend durch seine Erg. der fragm. Inschr. nach, daß die beiden in der Inschr. gen. Brüder Titus Flavius Hermes und Bassus die Stifter und nicht die Mosaizisten sind, die zugleich die Vorlage und das Mosaik gesetzt hätten. Wie D. erklärt, wäre der Sachverhalt durch and. Ergänzungsvorschläge wie dem von Philippe Bruneau (RA 1984, 262) zu kompliziert ausgedrückt und das Verb ψηφοθετεῖν erstmalig für Mosaizisten verwendet worden. ▭ *D. Theocharis*, ADelt 20:1965, Chron., 314–315, Taf. 371–372; *Donderer*, Mosaizisten, 1989, 130- 131, Nr C 8, Taf. 58, 2; *Dunbabin*, MGRW, 1999, 275, Anm. 33, p. 277, Anm. 45. R. V.

Flavius Innocentius Numidicus, vermeintl. röm. Mosaizist, im 4. Jh. n. Chr. in Setif tätig. Nur bek. durch seine Widmung auf einem Bodenmosaik aus Setif (CIL, VIII, 8629). Donderer (1989, 141) stellt überzeugend klar, daß der auf der Inschr. gen. F. wegen der Verwendung von PRO SALVTE und TESSELARE sowie des *nomen gentile* der Stifter und nicht der Mosaizist war. ▭ EAA, Suppl. 1970 (s.v. Flavius Innocentius). – *Donderer*, Mosaizisten, 1989, 141, Nr C 23. R. V.

Flavius Iustinianus und **Flavius Sabinus,** röm. Mosaizisten, wahrsch. im 4. Jh. n. Chr. in Cherchel/Algerien tätig. Nur bek. durch ihre Sign. FL(aviorum) IVSTINIANI ET SABINI (op)VS auf einem Türschwellenmosaik mit geometr. Dekor, das am Eingang eines großen Audienzraumes einer Villa in Cherchel lag. Bei den zwei Männern handelte es sich wahrsch. um Brüder. ▭ EAA, Suppl., 1970 (s.v. Flavius Iustinianus). – *J. Lassus*, CRAI 1962, 129; *Donderer*, Mosaizisten, 1989, 24, 33, 35, 40, 46, 48, 91–92, Nr A 59. Z. Welch

Flavius Nicanus, röm. Silberschmied, am A. des 4. Jh. n. Chr. tätig. Der Name Flavius Nicanus erscheint auf einem Silberbarren, der zus. mit Teller, die das zehnjährige Reg.-Jubiläum des Kaisers Licinius im Jahre 317 n. Chr. verherrlichen, in Červenbreg/Bulgarien entdeckt worden ist. Sein Name befindet sich auch auf einem weiteren Silberbarren aus Šabac/Jugoslawien. Er war also am A. des 4. Jh. n. Chr. aktiv. Bisweilen zeichnete er als *vas(cularius)*, d.h. als Hersteller von Gefäßen, bisweilen als M. B. N., drei Initialen, deren Deutung schwierig ist. Man hat ohne größere Begründung für deren Lesung *m(agister) b(isellarius) n(ummulariorum)* vorgeschlagen. Er könnte also gleichzeitig als unabhängiger Silberschmied und als Beamter gearbeitet haben, der damit beauftragt war, Silberwaren herzustellen, die für die kaiserl. Verteilungen bestimmt waren. ▭ *F. Baratte*, JSav 1975, 210; *R. Delmaire*, Largesses sacrées et res privata, P. 1989, 476–477. F. Baratte

Flavius Rufus, *Titus*, Sohn des Titus, röm. Militärarchitekt, im 2. Jh. n. Chr. in Ravenna tätig. Nur bek. durch einen in Ravenna gefundenen Grabstein (Ravenna, MN; CIL, XI, 20; Dess., ILS, 2082), den ihm seine beiden Schwestern setzten. Während seiner langen Militärkarriere war er zeitweilig Architekt bei der Prätorianergarde. ▭ *Donderer*, Architekten, 1996, 223–225, Nr A 115, Taf. 42,1. C. Leschke

Flavius Sabinus cf. **Flavius Iustinianus**

Flavius Tertullus, röm. Bildhauer, im 4.–5. Jh. n. Chr. in Rom tätig. Nur bek. durch seine Sign. auf einer Basis für eine Statue aus Rom (ILC, 661). ▭ *Calabi Limentani*, Studi, 1958, 161, Nr 67. R. V.

Flavius Valentinianus → Valentinianus

Flavius Verus (Φλάουιος Οὐῆρος), röm. Architekt, im 3. Jh. n. Chr. in Der'a (Adraha/Syrien, nahe der jordan. Grenze) und im ca. 25 km entfernten Irbid/Nordjordanien tätig. F. errichtete, fünf Bau-Inschr. zufolge, in Der'a (Adraha) Teile der Stadtbefestigung und in Irbid ein weiteres Monument. F. wird für Der'a in vier Inschr. unterschiedl. Datums gen. (in drei Fällen allerdings nur mit dem Cognomen Verus), die sich auf den Bau der Stadtbefestigung beziehen. In der ältesten, sehr bruchstückhaften Weih-Inschr. (IGR, III, 1288; SEG, XVI, 809) an Kaiser Gallienus von 261/262 n. Chr., wo der Name des F. bis auf den Anfangsbuchstaben seines Cognomens fehlt, aber analog zu den and. Inschr. erg. werden kann, wird der Bau des Stadttores gen., das der Kaiser selbst gestiftet hatte. Die folgende Inschr. (OGIS, II, 614; IGR, III, 1287; AE, 1900, 160; 1953, 233) von 263/264 n. Chr. berichtet vom Bau einer Stadtmauer als Geschenk des Gallienus, die *expressis verbis* von F. als dem Architekten ausgef. wurde. Die dritte Inschr. (SEG, VII, 951; XVI, 810; AE, 1922, 133; 1953, 233), aus prosopograph. Gründen wahrsch. 264–268 n. Chr. zu datieren, nennt als einzige Inschr. die beiden Namen und den Beruf des F. zugleich; er wird zudem als ehemals zum Stab des Provinzstatthalters gehörig bez., was auf eine viell. militär. Stellung schließen läßt. Das Bauwerk wird nicht genannt. Eine Aurelian gewidmete Bau-Inschr. (SEG, XVI, 814; AE, 1922, 130) von 274/275 n. Chr. schließl. nennt die Errichtung wohl eines Wachhauses durch F., hier ohne ausdrückl. Bezeichnung als Architekt. Aus Irbid stammt eine Inschr. (AE, 1907, 67) mit Weihung an Gordian III., die auf 238/239 n. Chr. dat. ist. Das Bauwerk wird nicht gen., nur seine Länge von 130 Ellen, weswegen es sich auch hier um eine Stadtmauer gehandelt haben könnte. F. wird hier mit Gentil- und Cognomen, aber ohne genaue Berufsbezeichnung als eine Art Bauleiter aufgeführt. Sein Name wurde nachträgl. auf eine Rasur der Inschr. gesetzt und kann daher von einem späteren Zeitpunkt stammen. – Auf die Befestigungsanlage von Der'a beziehen sich weitere, von Pflaum (1952) gesammelte Inschr., die deren Errichtung zw. 259/260 und 274/275 n. Chr. belegen. Baureste scheinen sich in dem archäol. wenig erforschten Ort (v. E. Kettenhofen, ZDPV 107:1991, 77–91, bes. 85 ss.; M. Sartre, Aram 4:1992, 151–155) nicht erh. zu haben. ▭ *H.-G. Pflaum*, Syria 29:1952, 307–330; *M.-C. Hellmann*, ZPE 104:1994, 158 s., Nrn 23 a,b; *Donderer*, Architekten, 1996, 172–179, Nrn A 74–78, Taf. 29,1 und 30. C. Leschke

Flavius Zenon → **Zenon** (IV)

Fonteius Acantus, röm. Goldschmied, im 1. Jh. n. Chr. in Narbonne tätig. Nur bek. durch seine Grab-Inschr. aus Narbonne (jetzt in Narbonne, Mus. Lapidaire; CIL, XII, 4465). ▭ EAA I, 1958 (s.v. Aurifex). R. V.

Fortunatianus, röm. Bildhauer, im 4./5. Jh. n. Chr. in Thagastis tätig. Nur bek. durch seine Sign. aus Thagastis (CIL, VIII, 5176). ▭ EAA IV, 1961 (s.v. Marmorarius). – *Calabi Limentani*, Studi, 1958, 166, Nr 116. R. V.

Fortunatus, röm. Mosaizist oder Bauherr, im 4./5. Jh. n. Chr. in Fraga/Spanien tätig. Nur bek. durch eine Inschr. um ein Christogramm auf einem Fußbodenmosaik mit der Darst. zweier Eroten, von Vögeln, einem Hasen, einem Gecko, einem Kantharos, Körben und Pflanzen aus einer Villa in Fraga (heute in Zaragoza, Mus. Prov. de BA). Da der Name ohne weiteren Zusatz angegeben ist, kann nicht entschieden werden, ob hier der Mosaizist oder Bauherr gemeint war. ▭ EAA III, 1960. – *J. Galliay*, AEsp 50:1943, 229, Abb. 5; *J. de C. Serra Ráfols*, Ampurias 5:1943, 5 ss., Taf. 10; *Toynbee*, Artists, 1951, 45, Anm. 12; *D. Fernández-Galiano Ruiz*, Mosaicos romanos del Convento Caesaraugustanto, Zaragoza 1987, 86 ss., Nr 12, Taf. 37; 38, 1; *Donderer*, Mosaizisten, 1989, 118 s., Nr 4, Taf. 55, 1–2. R. V.

Fortunius, röm. Architeckt oder Steinmetz unbestimmter Zeit. Nur bek. durch die Inschr. EX OFFICINA FORTUNI ET VICTORIS auf dem Abschlußstein eines Bogens einer kleinen Basilica aus Theveste. ▭ EAA, Suppl. 1970. – *P. Monceaux*, Rec., notices et mém. de la soc. archéol. de Constantine 42:1908, 207 ss. R. V.

Francia, angebl. röm. Bildhauer, in der Kaiserzeit tätig. Eine heute verschollene, im 18. Jh. in Mérida entdeckte Statue trug angebl. seine Signatur. A. García y Bellido (ArchEspA 28:1955, 8, Nr 4) meldete mit Recht starke Zweifel an der damaligen Lesung durch Moreno de Vargas an. ▭ EAA III, 1960. R. V.

Frixus, [...]*vicus*, röm. Goldschmied, in der Kaiserzeit tätig. Nur bek. durch eine Inschr. aus Padua (CIL, V, suppl., 597). ▭ EAA I, 1958 (s.v. Aurifex). R. V.

Fuficius, röm. Architekt der spätrepublikan. Zeit. Nur bei Vitr. 7, praef. 14, erw. als erster röm. Verf. eines nicht erh. einbändigen Werkes über Architektur; neben Varro und P. Septimius genannt. ▭ RE VII. 1, 1910 (s.v. F. 1); EAA III, 1960 (s.v. Fufidius); DNP IV, 1998 (s.v. F. 3). – *Brunn*, GGK II, 1889, 225, 240; *H. v. Hesberg*, in: *H. Knell/B. Wesenberg* (Ed.), Vitruv-Kolloquium 1982, Da. 1984, 123 ss., bes. 136 s.; *H. Knell*, Vitruvs Archit.-Theorie, Da. 1985, 17 ss. C. Leschke

Fufidius → **Fuficius**

[Fulvius] Doroth[eu]s, *[Aulus]*, Freigelassener eines Aulus Fulvius, möglicherweise Toreut (spezialisiert auf Metallgefäße: *vascularius*), 1. Jh. n. Chr., tätig in Rom. [Aulus Fulvius] Doroth[eu]s ist auf einer fragm. röm. Inschr., auf der mehrere Freigelassene eines Aulus Fulvius aufgelistet sind, als *vascularius* tituliert. Dieser Begriff kann allerdings nicht nur den Hersteller von, sondern auch den Händler mit (Metall-)Gefäßen bezeichnen. ▭ EAA VII, 1966 (s.v. Vascularius). – CIL, VI, 33919; *H. Gummerus*, Klio 14:1915, 135–137, 175, Nr 120; *Calabi Limentani*, Studi, 1958, 171, Nr 159; *Solin*, GPR, I, 1982, 44. U. Huttner

Fulvius Phoebus, *C.*, griech. Goldschmied, im 1. Jh. n. Chr. in Rom tätig. Nur bek. durch eine Inschr. aus Rom, die in die Zeit des Kaisers Vespasian (69–79 n. Chr.) zu datieren ist (CIL, VI, 196 entspricht 30712 entspricht 36747; Solin, GPR, I, 1982, 285). ▭ EAA I, 1958 (s.v. Aurifex). R. V.

Furius Diomedes, *Lucius*, aus Rom, Freigelassener eines Lucius Furius, Toreut, 1. Jh. n. Chr. Lucius Furius Diomedes ist bek. aus der Grab-Inschr. (heute in den Vatikan. Mus.), die er seiner Gattin setzen ließ und in der er sich als Toreut (*caelator*) bezeichnet. Er hatte seine Wkst. an der Via Sacra in Rom. 🕮 *Ruggiero*, Diz. epigr., II. 1, 1900, 4 (s.v. Caelator); EAA II, 1959 (s.v. Caelator). – CIL, VI, 9221 (Dess., ILS, 7694); *Calabi Limentani*, Studi, 1958, 168, Nr 126; *Solin*, GPR, I, 1982, 469.
U. Huttner

Furius Seleucus, *A.*, griech. Goldschmied, im 1. Jh. v. Chr. in Rom tätig. Nur bek. durch eine Inschr. aus Rom (CIL, VI, 9202; CIL, I^2, 1334; Solin, GPR, I, 1982, 222). 🕮 EAA I, 1958 (s.v. Aurifex).
R. V.

Furnius, röm. Silberschmied, in der 2. H. des 1. Jh. n. Chr. in Rom tätig. Lt. Plinius (nat., 33, 139) ein Silberschmied, der ein großer Rivale seines Kollegen → Gratius war. Seine Werke zählten offensichtl. zu den meist gesuchten in flav. Zeit.
F. Baratte

Fuscus (Φοῦσκος), angebl. röm Mosaizist, in der Kaiserzeit lebend. Nur bek. durch eine Inschr. auf einem Mosaik aus Smyrna (CIG, 3148). Es bleibt jedoch unklar, ob der erw. Name ihn als Mosaizisten auszeichnet. 🕮 EAA III, 1960.
R. V.

G

Gab[...] (Γαβ...), griech. Bildhauer, in der röm. Kaiserzeit in Phaina/Palästina tätig. Nur bek. durch eine Inschr. aus Phaina. ▭ EAA III, 1960. – *Loewy*, IGB, 1885, 297, Nr 449. R. V.

Gageos (Γαγέος), griech. Töpfer, um 550/540 v. Chr. in Athen tätig. Nur bek. durch die Inschr. auf einer att. schwarzfigurigen Kylix aus Vulci (Vatikan, Vatikan. Mus., vormals Rom, Slg Marchesa Isabella Guglielmi, vormals Civitavecchia, Slg Marchese Benedetto Guglielmi). Auf der einen Außenseite befindet sich ein Löwe und darunter ΓΑΓΕΟΣ ΕΠΟΙΕΣΕΝ und auf der and. Außenseite eine Löwin, darunter ΓΑΓΕΟΣ ΜΕ–ΠΟΙΕΣΕΝ. Klein (1887) wie auch Beazley (1932) sahen in dem Namen keinen typ. griech. als vielmehr ein Buchstabenkonglomerat, das für eine Künstler-Sign. gehalten werden soll. ▭ EAA III, 1960 (s.v. Gageos); IV, 1961 (s.v. Laleos). – *W. Klein*, Griech. Vasen mit Meistersign., W. 1887, 85 s.; *Brunn*, GGK II, 1889, 705; *J. D. Beazley*, JHS 52:1932, 173 s.; ABV, 1956, 163; *F. Buranelli*, Mon. Mus. e Gall. Pontificie Mus. Gregoriano Etrusco, Cat. 4/1, Città del Vaticano 1997, 123 s., Nr 41, Abb. T. Scholz

Gaianos (Γαιανός), aus Motho/Syrien, syr. Bildhauer, im späten 2./frühen 3. Jh. n. Chr. in Petra/Jordanien tätig. G. wird in einer griech. Inschr. im Siq, der Eingangsschlucht nach Petra, zus. mit → Avitos als Verantwortlicher für die darüberliegende, in die Felswand gemeisselte Nische zu Ehren eines Gottes genannt. G. bezeichnet sich als aus der Gemeinde Motho, einer kleinen Siedlung in Hauran, stammend. In der Nische befindet sich ein sog. Baitylos auf einem Sockel, was dem kennzeichnenden nabatäischen Götterbild in Form eines rechteckigen Steinblockes entspricht. Der damit verehrte Gott dürfte in diesem Fall mit Dusares, dem nabatäischen Hauptgott, identifiziert werden, der auch nach der Einverleibung des Nabatäerreichs in das Imperium Romanum in Petra weiterhin verehrt wurde. Als Auftraggeber dieser Weihung darf ein Panegyriarch, also ein Leiter einer Festgesandtschaft oder Pilgergruppe, vermutet werden, die zur Verehrung des Dusares aus dem N der röm. Provinz Arabia nach Petra gekommen war. ▭ *Hackl*, Nabatäer (im Druck), Nr N. 060. 08. 01; *D. Keller*, AAJ, Suppl. (im Druck). D. Keller

Gaios (I) (Γαΐος), griech. Steinschneider, im 1. Jh. v. Chr. tätig. Durch den Zusatz ΕΡΟΙΕΙ, ist mit der Sign. G. eindeutig der Künstler gemeint. Von G. ist nur ein Granat mit dem strahlenumrahmten, frontal gesehenen Kopf des Hundes Sirius (Boston, MFA) überliefert, auf dessen Halsband die Sign. eingebracht wurde. Der Steinschnitt zeichnet sich durch große Tiefe aus, so daß der Kopf des Tieres im Abdruck fast freiplast. aus dem Reliefgrund heraustritt. Stilist. steht der Granat des G. den Arbeiten des → Dioskurides (IV) und seines Sohnes → Eutyches (I) nahe. ▭ EAA III, 1960. – *A. Furtwängler*, JdI 3:1889, 57; *Beazley*, LewesHouse, 1920, Nr 114; *Richter*, EngrGemsRom, 1971, 139 s., Abb. 655; *Zazoff*, AG, 1983, 320, Anm. 94, 3. B. Gerring

Gaios (II), griech. Koroplast, im 1. Jh. n. Chr. in Myrina tätig. Nur bek. durch seine Sign. auf Tonstatuetten eines Satyrs (Paris, Louvre, Inv. Nr Myrina 685; Mollard-Besques, II, 1963, 80, Nr Myrina 685, p. 204, Taf. 97 b, 242 b) und eines Kindes aus Myrina (verschollen; E. Pottier/S. Reinach, La nécropole de Myrina, P. 1888, 176, Nr 19). ▭ *D. Kassab*, Statuettes en terre cuite de Myrina. Corpus des sign., lettres et signes, P. 1988, 31, Nrn 1–2, Taf. 9, 40. R. V.

Gaios (III), Bruder des → Titos (I), Bildhauer aus Lystra/Lykaonien, in der röm. Kaiserzeit in Lykaonien tätig. G. ist uns zus. mit seinem Bruder, dem Bildhauer → Titos (I), von einer vereinzelten Statuenbasis aus Zosta (Lystra/Lykaonien) bek. (G. Radet/P. Paris, BCH 10:1886, 511, Nr 27). ▭ ThB13, 1920. RE VII. 1, 1910 (s.v. G. 4); EAA III, 1960 (s.v. G. 2). T. Lochman

Gaios (IV), Bildhauer aus Phrygien, um 200 n. Chr. in der Gegend von Temenothyrai tätig. Nur bek. aus einer Votivstele an Kybele aus Uşak (Paris, Louvre; E. Michon, REA 8:1906, 184 ss., Taf. 3; H. T. Bossert, Altanatolien, B. 1942, 291, Abb. 1112; M. J. Vermaseren, Corpus Cultus Cybelae Attitisque, I. Asia Minor, in: EPRO 50, 1987, Nr 104, Taf. 14), die eine recht unbeholfene provinzielle Arbeit darstellt, aber angesichts ihres ikonogr. Reichtums religionsgeschichtl. ein wichtiges

Werk ist. In formaler und stilist. Hinsicht scheint die Stele von einer kleinen ländl. Wkst. im benachbarten Kadoi in der Mysia Abbaïtis abzuhängen. Viell. stammt G. aus dieser Gegend. □ EAA III, 1960 (s.v. G. 3). – *Zum Wkst.-Kreis von Kadoi*: *T. Lochman*, BMusHongr 74:1991, 11–24.

T. Lochman

Gaios (V), Sohn des → Paulos (I), Steinmetz (τεχνίτης) aus Isaurien, in der mittleren(?) Kaiserzeit tätig. Wie eine Inschr. aus Tamaşalık/Astra bezeugt, errichtete G. zus. mit seinem Bruder → Appatas und einem Zezis, Sohn des Pas (→ Zezis Porindeus), eine Umfassungsmauer für das Zeusheiligtum von Astra in S-Isaurien. G. ist einer der zahlr. als τεχνίτης bez. Künstler, die sowohl als Bildhauer wie auch als Bauarbeiter tätig waren. Sein Vater Paulos könnte mit dem isaur. Bildhauer → Paulos (I), Sohn des Papias, ident. sein, so wie G. selbst Vater eines weiteren isaur. Bildhauers, des → Appas Porindeus, der im 3. Jh. n. Chr. wirkte, gewesen sein dürfte. □ *Zu Techniten aus Isaurien und and. Regionen Südkleinasiens*: *J. Nollé u.a.*, EpigrAnat 5:1985, 134 s.

T. Lochman

Gaius der Goldgleiche → Antistius Isochrysus, *Gaius*

Galaton (Γαλάτων, Galaton), griech. Maler unbestimmter Zeit. Lt. Aelian (hist. var., 13, 21; Overbeck, SQ, 1868, Nr 1988) malte er ein Bild von einem kotzenden Homer, dessen ausgespiene Reste and. Dichter zu sich nehmen. Da Aelian vorher den von Ptolemaios Philopator errichteten Tempel des Homer in Alexandria erw., nahm man bisweilen an, daß das Bild des G. in diese Zeit gehöre, was jedoch reine Spekulation ist. □ ThB13, 1920. RE VII. 1, 1910 (s.v. G. 1 et 2). EAA III, 1960.

R. V.

Gales (Γαλές), griech. Töpfer, am A. des 5. Jh. v. Chr. in Athen tätig. Er sign. zwei rotfigurige Lekythen aus Gela. Die eine zeigt eine Symposion-Szene mit dem betrunkenen Anakreon zw. zwei Jünglingen (Syrakus, Mus. Archeol. Naz., Inv. Nr 26967; Hoppin, RedFig, I, 1919, 464–465, Nr 2, Abb.; ARV^2, 1963, 36, Nr 2; Add^2, 1989, 158) und die and. zum Opfer geführte Kühe (Boston, MFA, Inv. Nr 13. 195; Hoppin, RedFig, I, 1919, 462–463, Nr 1, Abb.; ARV^2, 1963, 35–36, Nr 1; Add^2, 1989, 158). Da auf beiden Vasen der Stil dess. Malers zu erkennen ist, wurde der nicht mit Namen bek. Künstler Gales-Maler genannt. Es ist nicht auszuschließen, daß der Vasenmaler mit dem Töpfer ident. ist und G. also die Vasen auch selbst bemalte. □ RE VII. 1, 1910; EAA III, 1960 (s.v. Gales, Pittore di).

R. V.

Gamedes (Γαμέδες), böot. Töpfer, im 2. V. des 6. Jh. v. Chr. tätig. Unter den Herstellern böot. Vasen in archaischer Zeit ist G. einer der wenigen, die ihren Namen der Nachwelt hinterlassen haben, indem sie mindestens ein Gefäß ihres Ateliers signierten. Bis heute tragen zwei Vasen mit Sicherheit die Sign.: ΓΑΜΕΔΕΣ ΕΠΟΙΕΣΕ („Gamedes hat gemacht"), die auf einem Aryballos in London (BM, Inv. Nr 73. 2- 8. 2; Raubitschek, 1966, 155, Taf. 44, d-e) eingeritzt und auf einer Oinochoe in Paris (Louvre, Inv. Nr MNB 501; CVA, Louvre 17, Taf. 28; Maffre, 1999, 30, Abb. 33–34) gemalt und zweimal wiederholt (auf dem Bauch und auf der Kleeblattmündung) worden ist. Die Eleganz dieser Oinochoe mit winkligen Formen und einem langen Hals, kunstvoll mit Rillen gedreht, die von metall. Vorbildern inspiriert worden sind, offenbart die Gewandheit des G., der wahrsch. unter korinth. Einfluß stand und seinerseits viell. Vorbild für andere spätere anonyme böot. Töpfer war, die in der Bildung ähnl. Oinochien wie die im Louvre herstellten (vgl. R. Elgnowski, Eine Gattung böot. Kannen, in: Festschrift Eugen von Mercklin, ed. E. Homann-Wedeking/B. Segall, Waldsassen/Bayern 1964, 32–40, Taf. 17–22; Kilinski, BBV, 1990, 54, Anm. 5); einige dieser Oinochoen könnten viell. auch in der Wkst. des G. gefertigt worden sein, insbesondere die in Berlin (SMPK, Antiken-Slg., Inv. Nr F 1651; CVA, Berlin 4, Taf. 204, 1–3) oder in Athen (NM, Inv. Nr 12576; Hesperia 31:1962, Taf. 113). G. gehört bis jetzt mit → Polon und → Polypsogos zu den drei böot. Töpfern des 6. Jh. v. Chr., von denen zumindest einige Vasen in der schwarzfigurigen Technik bemalt worden sind. Die Verzierung der Oinochoe im Louvre, die einen Hirten mit seiner Herde zeigt, ist das Werk eines originellen Malers, den Kilinski auf Grund stilist. ausschlaggebender Kriterien in der Art der Wiedergabe der Tiere Gamedes-Maler gen. und dem er ein and. Werk zugeschr. hat: einen Kantharos in Athen (NM, Inv. Nr 499; Kilinski, BBV, 1990, Taf. 16, 1–2), der auf der einen Seite mit zwei Reitern und auf der and. Seite mit zwei Kühen und deren Kälbern geschmückt ist. Waren der Maler und der Töpfer, die beide sehr originell sind, dieselbe Person? Viell., wenn das bei der Sign. verwendete Verb zugleich die Kunst des Herstellers und des Malers meint, was mögl., aber nicht sicher ist. □ ThB13, 1920. RE VII. 1, 1910; EAA III, 1960; KlP II, 1967; DNP IV, 1998. – *I. K. Raubitschek*, Hesperia 35:1966, 155, Taf. 44; *Kilinski*,

BBV, 1990, 19–20, 65, 67, Taf. 15, 3–4; 16, 1–2; *K. Kilinski II/J.-J. Maffre*, MonPiot 77:1999, 28, 30, 32. J.-J. Maffre

Gamidiahus, röm. Architekt, im 2. Jh. n. Chr. in Großbritannien tätig. Nur bek. durch eine Weih-Inschr. eines Altares für die Göttin Harimella, der in Birrens/Schottland am Hadrianswall aufgestellt war (CIL, VII, 1065). ▭ *Donderer*, Architekten, 1996, 136 s., Nr A 116, Taf 42, 2. R. V.

Gamos (Γάμος), vermutl. Name eines Gemmenschneiders oder -besitzers. Sein Name erscheint auf einer Gemme, die sich zeitweise in der Slg Kestner befand. Sie zeigt eine weibl. Gestalt, die sich nach links wendet, eine Knospe hält und mit der and. Hand ihr Gewand rafft. Typolog. steht sie damit den Darst. der Spes nahe. ▭ RE VII. 1, 1910; EAA III, 1960. - CIG, 7171. B. Gerring

Gareas (Γαρέας), griech. Bildhauer, im 6. Jh. v. Chr. in Sparta tätig. Nur bek. durch seine Sign. auf einem Pferdetorso aus Kalkstein aus dem Heiligtum der Artemis Orthia. ▭ RE, Suppl. VIII, 1956 (s.v. G. 2); EAA III, 1960. – *J. J. E. Hondius*, BSA 24:1919/20, 92, Nr 5; *R. M. Dawkins*, The sanctuary of Artemis Orthia at Sparta, Lo. 1929, 190, Nr 18; p. 367; *Lippold*, GrPl, 1950, 30, Anm. 8; *Floren*, GrPl, 1987, 216, Anm. 17. R. V.

Gatassiadas (Γατασσίαδας), griech. Bildhauer, im 6. Jh. v. Chr. in Böotien tätig. Nur bek. durch seine Sign. auf einer Bronzebasis für eine Bronzestatuette aus dem Ptoion bei Theben,von der nur noch die Füße erh. sind (heute Athen, NM, Inv. Nr 7395). Nach dem Namen war er böot. Herkunft. Er ist somit der älteste bisher mit Namen bek. böot. Bildhauer. ▭ *J. Ducat*, Les kuroi du Ptoion. Le sanctuaire d'Apollon Ptoieus à l'époque archaïque, P. 1971, 193–196, Nr 118, Taf. 58; *Floren*, GrPl, 1987, 317, Anm. 57. R. V.

Gaudotos cf. **Asklepiades** (II)

Gauranos (Γαύρανος), Sohn des Aniketos, Gemmenschneider oder Besitzer einer Gemme, im 3. Jh. n. Chr. tätig. Sein Name findet sich auf einem Heliotrop mit der Darst. eines Hundes, der einen Eber packt (London, Slg Robinson; Furtwängler, AG, 1900, Taf. 45, 18). ▭ ThB13, 1920. RE VII. 1, 1910; EAA III, 1960. - *Brunn*, GGK II, 1889, 611. R. V.

Gaurion (Γαύριον), griech. Töpfer, am E. des 5. Jh. v. Chr. in Athen tätig. Er sign. drei rotfigurige Pyxiden des Typus D, die auf den Deckeln jeweils nur sehr summar. Abildungen aufweisen, einen Krater (Kopenhagen, NM, Inv. Nr 953, aus Chalkis; CVA, Kopenhagen, NM, IV, Taf. 162, 2; ARV², 1963, 1360, Nr 1; Add², 1989, 158), einen Arm mit Schwert (London, BM, Inv. Nr E 770; Hoppin, RedFig, II, 1919, 173, Nr 1, Abb.; ARV², 1963, 1360, Nr 2; Add², 1989, 158) und einen Hund (Athen, Kerameikos Mus., aus Athen; ARV², 1963, 1360, Nr 3). Da die Darst. den Stil eines einzigen Malers erkennen lassen, ist nicht auszuschließen, daß der Vasenmaler mit dem Töpfer ident. ist und G. also die Vasen auch selbst bemalte. Zunächst las man die Sign. übrigens fälschlicherweise als MAYPION. ▭ ThB13, 1920 (s.v. Gauris); 24, 1930 (s.v. Maurion). RE VII. 1, 1910 (s.v. Gauris); EAA III, 1960. R. V.

Gauris → **Gaurion**

Gauros (Γαῦρος), vermeintl. Bildhauer der röm. Kaiserzeit. Bisweilen wurde angenommen, daß der auf einer Inschr. eines Mithrasreliefs verewigte G. der Hersteller des Reliefs war (heute im Vatikan, Mus. Pio Clementino). Es handelt sich aber um den Pater der Mithrasgemeinde. ▭ EAA III, 1960. – *Loewy*, IGB, 1885, 302, Nr 457; *M. J. Vermaseren*, Corpus Inscriptionum et Monumentorum Religionis Mithriacae, I, Leiden 1956, Nr 554* /555; *M. Clauss*, Cultores Mithrae. Die Anhängerschaft des Mithras-Kultes, St. 1992, 21. R. V.

Gelasios (Γέλασιος), aus Isaurien, Bruder des → Theodulos, Mönch und Architekt, um 500 n. Chr. in Mar Saba bei Jerusalem tätig. Zus. mit seinem Bruder Erbauer der Bäckerei, des Hospitals und der Theotokos-Kirche des Großen Lawra-Klosters (Mar Saba) b. Jerusalem (494–501 n. Chr.). Später war G. selbst Abt des Klosters. ▭ ThB13, 1920. – *C. Mango*, Isaurian builders, in: Polychronion. Festschr. F. Dölger, M. 1966, 358–365; *J. Patrich*, Sabas. Leader of Palestinian monasticism, Wa. 1995, 63, 397. M. Dennert

Gelon (Γέλων), griech. Gemmenschneider, gegen E. des 3. Jh. v. Chr. viell. auf Euböa tätig. Er sign. einen aus einem Grab in Eretria auf Euböa stammenden Granat (Boston, MFA), wobei durch den Zusatz ΕΠΟΙΕΙ eindeutig der Künstler bez. ist und nicht etwa ein Besitzernamen. Buchstabenform der Sign. und Grabkontext machen eine Dat. des Granats gegen E. des 3. Jh. v. Chr. wahrscheinlich. Der in einen Goldring gefaßte Granat zeigt eine halbnackte, den Hüftmantel unterhalb der Glutäen raffende Aphrodite, die, einen Speer in der Hand, einen Rundschild schützend vor sich hält. Die Figur ist leicht in die Kniee gegangen und als Rückenakt gesehen, sie schmieg sich durch die Krümmung harmonisch in das Oval der Steinform ein. Das Motiv des leicht geknickten Standes findet sich schon an der frühklass. Nike des → Onatas (I), doch der überlängte Körper der Aphrodite mit dem kleinen Kopf, die fülligen Körperformen mit sich stark verjüngendem Oberkörper, wie auch das im Hellenismus beliebte Motiv des Rückenaktes weisen die Aphrodite auch strukturell in das 3. Jh. v. Chr. ▭ EAA III, 1960. – *Furtwängler*, AG, III, 1900, 448, Taf. 66; *Zazoff*, AG, 1983, 205, Anm. 74, Taf. 53,1; *Plantzos*, HellGems, 1999, Nr 165, p. 68. B. Gerring

Gemni, ägypt. „Vorsteher der Bildhauer" im Mittleren Reich (1976–1794/93 v. Chr.). G. wird neben vielen and. Personen auf einer Grabstele aus Abydos abgebildet und durch eine Beischrift identifiziert. ▭ *H. O. Lange/H. Schäfer*, Grab- und Denksteine des Mittleren Reichs (CG), II, B. 1908, 121 g, Nr 20520. F. Hoffmann

Geneleos (Γενέλεως), griech. Bildhauer, kurz vor der M. des 6. Jh. v. Chr. auf Samos tätig. G. ist bek. durch die Sign. ΗΜΑΣ ΕΠΟΙΗΣΕ ΓΕΝΕ–ΛΕΩΣ („Geneleos hat uns geschaffen") auf einer im Heraion von Samos gew. Statuengruppe aus lokalem Marmor. Die sog. Geneleos-Gruppe ist das einzige uns erh., sicher zugeschr. Werk des G. Von urspr. sechs Statuen sind vier zu großen Teilen erh. und stellen einen der Höhepunkte archaischer samischer Bildhauerkunst dar. Mit dem sog. Großen Kuros und and. kolossalen Jünglingsfiguren gehörte Samos bereits im frühen 6. Jh. zu den führenden Zentren der griech. Marmorbildhauerei. Ein Vergleich mit den im 2. Jh.-Viertel von einem uns namentl. unbek. Meister geschaffenen und von Cheramyes im Heraion gew. Mädchenstatuen zeigt, wie stark G. von der samischen Tradition geprägt war, die er wohl seinerseits um einige zukunftsweisende Neuerungen bereicherte. Die mit Namensbeischriften versehenen, knapp überlebensgroßen Figuren der Geneleos-Gruppe standen an der N-Seite der hl. Straße auf einer langgestreckten, abgestuften Basis, die man sich wahrsch. im urspr. Zustand um zwei Blockreihen erhöht als ca. 1 m hohe Sockelbasis zu denken hat (Kienast, 1996). Auf dem Weg zum Tempel traf der Betrachter zunächst auf den Gelagerten [...]ilarches, den Stifter der Gruppe. Es folgten die stehenden Mädchenfiguren Ornithe und Philippe sowie eine weitere, in wenigen Fragm. überlieferte Kore und ein kleinerer, nur in der Fußpartie erh. Jüngling, der mittels eines Oberkörper-Fragm. in Berlin als bekleidet und eine Flöte haltend erg. worden ist (Walter-Karydi, 1985). Diese Erg. kann jedoch nicht als gesichert betrachtet werden, da die am Orig. erkennbaren Reste des mit der linken Hand vor die Brust gehaltenen Gegenstands für den im antiken Griechenland übl. Doppelaulos zu stark gekrümmt erscheinen und das Statuen-Fragm. auch von einer weibl. Figur stammen könnte. Den Abschluß der Gruppe bildete jedenfalls die auf einem Sessel sitzende Phileia, auf deren Mantelsaum die Sign. des G. angebracht ist (Samos, Mus., Inv. Nr 768; Samos, Heraion, Magazin; Berlin, SMPK, Inv. Nrn Sk 1739, 1743; grundlegend publ. durch Freyer-Schauenburg, 1974, 34–36, Nr 13, p. 106–130, Nrn 58–63). Die Zusammenstellung freiplast. Statuen mon. Größe auf einer Basis war schon in der Weihung des Cheramyes verwirklicht, durch die gemeinsame Weih-Inschr. und Künstler-Sign. mit der Formulierung „wir" schließen sich die Skulpt. der Geneleos-Gruppe jedoch noch enger zus. (Kyrieleis, 1995). Es handelt sich um die kompositor. ausgewogene Aufreihung standardisierter Figurentypen, die aber möglicherweise über den Fam.-Zusammenhang hinaus durch das Thema der Teilnahme am relig. Fest miteinander verbunden waren. Das männl. Geschlecht des auf einen Weinschlauch gestützten, massigen [...]ilarches wird in der heutigen Forsch. nicht mehr angezweifelt. Die Figur gehört zu den ältesten großplast. Darst. eines Gelagerten; damit könnte die mon. Umsetzung dieses Motivs sogar auf G. selbst zurückgehen. Für die Gestaltung der sitzenden Phileia stand mit dem Typus des Thronenden aus Didyma bereits ein großplast. Vorbild zur Verfügung. Die mit dem Chiton bekleideten Mädchenstatuen setzen die Koren des Cheramyes voraus; die feinen Linien der Gewandfalten sind ein char. Merkmal samischer Kunst. Die säulenartige Form der Cheramyes-Koren wurde von G. aufgelöst und das dort mit dem Greifen des Schleiersaumes bereits angedeutete Zusammenspiel von Körper und Gewand entschieden weitergeführt: Als vornehme Mädchen ihrer Zeit (Sappho, Fragm. 57 Voigt) raffen Ornithe, Philippe und ihre Schwester den Chiton mit der rechten Hand. Gleichzeitig wird in Abwandlung des übl. Standmotivs der Jünglingsstatuen der rechte Fuß leicht vorgesetzt. Als Fortschritt auch im übertragenen Sinn konnte diese Darstellungsweise Bewegung vermitteln und eröffnete neue Möglichkeiten bei der Wiedergabe der Körperformen unter dem Gewand, ein Potential, das von den Koren der Folgezeit voll ausgeschöpft werden sollte. G.s Beobachtungsgabe für naturalist. Detail zeigt sich auch an den oftmals schleppenden Gewandpartien, den seitl. Staufalten am Chiton der Phileia und der Bauchfalte des Gelagerten. Das wesentl. durch die Modellierung der Oberfläche gegliederte, volle Körpervolumen kennzeichnet die archaische Skulpt. des ostionischen Bereichs insgesamt. Eine G. als Frühwerk zugewiesene Kore wird wohl überzeugender für das zeitl. etwas spätere Werk eines weniger versierten Bildhauers gehalten (Floren, 1987, 345; Freyer-Schauenburg, 1974, 38–40, Nr 16); and. Zuschr. müßten in größerem Rahmen überprüft werden (Schmidt, 1971; Freyer-Schauenburg, 1974, 79–80, Nr 40, pp. 130–135, Nr 64A/B). Die leider ohne Kopf erh. Statuen der Geneleos-Gruppe erweisen ihren Meister als sorgfältigen und fortschrittl. Bildhauer der samischen Schule; bei unserem augenblickl. Kenntnisstand kommt ihm zudem die Rolle eines Neuerers zu. Neben dem Selbstbewußtsein des Künstlers spiegelt die überlieferte Sign. auch die Wertschätzung seiner Werke durch die Zeitgenossen. ▭ RE, Suppl. V, 1931; EUA VI, 1958, 860–862, 864; EAA III, 1960 (s.v. Gheneleos); LAW, 1965; KlP II, 1967; DNP IV, 1998. – *G. Schmidt*, AM 86:1971, 31–36; *G. Dunst*, AM 87:1972, 132–135; *B. Freyer-Schauenburg*, Bildwerke der archaischen Zeit und des strengen Stils, Bonn 1974 (Samos, XI), 38–40, 106–130 (mit älterer Lit.); *J. G. Pedley*, Greek sculpt. of the archaic period: the island workshops, Mainz 1976, 14, 54–55; *Boardman*, GPAZ, 1981, 85, Abb. 91–93; *U. Muss*, AM 96:1981, 139–144; *J.-M. Dentzer*, Le motif du banquet couché dans le Proche-Orient et le monde grec du VIIe au IVe siècle avant J.-C., R. 1982, 157, 161 s., S 19; *E. Walter-Karydi*, AM 100:1985, 91–104; *N. Himmelmann*, in: *H. Kyrieleis* (Ed.), Archaische und klass. griech. Plastik, I, Mainz 1986, 15–20; *Floren*, GrPl, 1987, 345–348; *H. von Steuben*, in: *N. Başgelen/M. Lugal* (Ed.), Festschr. für Jale Inan, Istanbul 1989, 137–144; *Jeffery*, LSAG^2, 1990, 329, 341, Nr 6, p. 471, Nr 6; *Stewart*, Sculpture, 1990, 117; *H. J. Kienast*, AM 107:1992, 29–42; *H. Kyrieleis*, APl 24, 1995, 7–36; *B. Fehr*, in: *S. Settis u.a.* (Ed.), I Greci, II. 1, T. 1996, 810–813. S. Ebbinghaus

Germanos (Γερμᾶνος), röm. Bildhauer, in Dakien tätig. Nur bek. durch seine Sign. auf einem nur teilw. erh. Relief aus Dakien (heute in Eisenstadt/Österreich, Mus.). ▭ EAA III, 1960. – *K. Kubitschek*, Römerfunde von Eisenstadt, Asburgo-W. 1926, 101, Taf. 2, 2; *D. Tudor*, Ephemeris Dacoromana 7:1937, 302, Nr 20, Abb. 21. R. V.

Gerontios (Γέροντιος), Holzschnitzer, im 2. V. des 5. Jh. n. Chr. in Syrien tätig. Theodoret von Cyrrhus (ep., 38, ed. Y. Azéma I [P. 1955] 102, 22–103, 12) empfiehlt ihn dem Sophisten Isokasios und rühmt ihn wegen seiner Kunstfertigkeit und Qualität. M. Dennert

Gitiadas (Γιτιάδας), aus Sparta, lakon. Bronzebildner des 6. Jh. v. Chr., tätig in Sparta und Amyklai. Die Werke des G. sind nur durch Pausanias bezeugt. Dieser überliefert G. (3, 17, 2 s.) als den Schöpfer des Tempels und der Kultstatue der Athena Chalkioikos/Poliouchos auf der Akropolis von Sparta. Aufgrund dieser Passage wird G. häufig auch als Architekt bezeichnet, was jedoch zweifelhaft ist. Lt. Pausanias beauftragten die Spartaner den einheimischen Künstler G. mit der Vollendung des in myth. Zeit (von Tyndareos und seinen Söhnen, den Dioskuren, unter Verwendung der Beute von Aphidna) begonnenen Heiligtums der Athena. G. schuf daraufhin den Tempel sowie das Kultbild aus Bronze (vgl. auch Paus., 10, 5, 5). Nach Pausanias befanden sich im Heiligtum zudem mit mytholog. Szenen verzierte Bronzereliefs. Wie in der Forsch. zumeist mit Recht vermutet wird, beruht die Zuschr. des Tempels an G. wohl auf dessen Autorenschaft dieser Bronzereliefs, von welchen anzunehmen ist, daß sie (lose verteilt oder flächendeckend) die Innenwände des Tempels verkleideten und somit auch Athenas Beinamen Chalkioikos, „des Bronzehauses", bedingten. Dies wird auch durch die Ausgrabungen im Heiligtum (Dickins, 1906/07, 139 s.) bestätigt, die zahlr., oft noch mit kräftigen Nägeln in den Löchern versehene, stark korrodierte Bronzebleche zu Tage förderten, welche jedoch unverziert gewesen zu sein scheinen (vgl. Philipp, 1994). Demgegenüber erscheint die Annahme eines gänzl. bronzenen Baues sowie auch eine über die Verzierung von Bronzeblechen hinausgehende Rolle des G. als Architekt eher unwahrscheinlich. Lt. Pausanias umfaßten die Themen der dekorierten Bronzereliefs zahlr. kanon. und unkanon. Taten des Herakles, Taten der Dioskuren (darunter der Raub der Leukippiden) sowie Darst. des Hephaistos, wie er seine Mutter von den Fesseln befreit, des Perseus, wie er Helm und Schuhe von den Nymphen als Geschenk erhält, und des Paares Amphitrite und Poseidon sowie der Geburt der Athena; für letztere Darst. erg. Philodemos (Peri eusebeias, col. 433, IV, 8, p. 31 [Gomperz]), daß Hermes mit der Axt neben Zeus stehend dargestellt war. Auch wenn sie keinen zusammenhängenden Zyklus darstellen, bilden die Reliefs doch größtenteils lokal bedeutsame Mythen ab, wie sie sich teilw. auch in der archaischen lakon. Vasenmalerei und in and. Mon. erh.

haben (Pipili, 1987). Eine Dat. der Hauptbauphase des Heiligtums um die M. des 6. Jh. legen die bei den Ausgrabungen auf der Akropolis zutage gekommenen Funde nahe. Zahlr. Votivgaben und Inschr. können dem Athenaheiligtum mit Sicherheit zugeschr. werden, auch wenn es nicht ganz klar ist, inwieweit es sich bei den Mauerresten um Reste der Umfassungsmauer, des Tempel oder gar untergeordneter Gebäude handelt (vgl. Svenson-Evers, 1996; Stibbe, 1996). Das Aussehen der dort von G. geschaffenen Athenastatue ist gleichermaßen unsicher. Auch sie ist mit den von Pausanias erw. Bronzereliefs in Verbindung gebracht worden, wobei vermutet wurde, daß die Platten auf ihrem Gewand angebracht waren. Diese Annahme basiert hauptsächl. auf lakon. Münzen-Darst. der röm. Kaiserzeit (Imhoof-Blumer/Gardner, 1887, 58, Taf. N 13; Lacroix, 1949, 217 s., Taf. 18,1), welche Athena in einem in horizontale Zonen aufgeteilten, langen Gewand zeigen. Es ist wahrsch., daß die Münzen die Kultstatue des G. zumindest in groben Zügen wiedergeben, insbesondere da sie eine für ihre Zeit und Gattung recht ungewöhnl. Ikonographie verwenden, indem sie die behelmte Athena starr stehend mit rundem Schild am gesenkten linken Arm und Speer in der erhobenen rechten Hand, also im *Palladiontyp*, darstellen. Dieser bes. in der Peloponnes beliebte archaische Darst.-Modus der Athena legt eine Dat. der dargestellten Statue ins 6. Jh. nahe. Enge Parallelen zu der Darst. finden sich zudem auf Münzen und einem Relief der angebl. spartan. Kolonie Melos (Wolters, 1890; Lacroix, 1949, 218–220, Taf. 18,2–4). Wenn es auch nicht auszuschließen ist, daß es sich bei der Statue um ein in Sphyrelatontechnik mit Bronzeverkleidung umhülltes Holzbild handelt (ein altes Xoanon? – vgl. zuletzt Alroth, 1989), so sprechen die Anzahl der Bronzereliefs, die tatsächl. Bronzeblechfunde und der Beiname „des Bronzehauses“ doch eher für eine Zuordnung der Platten zum Tempel als zur Statue. Die „Felderaufteilung“ des Gewandes hingegen findet ihre Parallele in archaischen lakon. Bleifiguren sowie in kleinasiat. Statuen wie der Artemis Ephesia, was einen weiteren Beleg für die Beziehungen Lakoniens mit O-Griechenland in der Archaik darstellen könnte. Ob die im Heiligtum gew. archaischen und frühklass. Bronze- und Terrakottastatuetten der Athena ebenfalls das Kultbild reflektieren könnten (Dickins, 1906/07) ist schon aufgrund ihrer recht unterschiedl. Ikonographie unwahrsch.; es findet sich darunter jedoch immerhin eine Bronzefigur, die wohl dem *Palladiontyp* angehört (Ahlberg, 1989, 31, Abb. 11) und so zumindest die Verwendung des *Palladiontyps* für die spartan. Athena schon in der M. des 6. Jh. belegt. Eine mögl. spätere Reflexion des Kultbildes ist die Darst. auf einem lakon. Vasen-Fragm. des 4. Jh., welches Athena in langem, gegürtetem Gewand, Ägis, Helm, Schild und erhobenem Speer frontal und steif, fast archaisierend, auf einem Sockel stehend abbildet (Woodward, 1927/28, 77 s., Abb. 18). Die Grabungsergebnisse, der Kultbildtypus sowie die Ikonogr. der Bronzebleche (wie auch wohl die Bronzeverkleidung des Gebäudes überhaupt) deuten also auf eine Schaffenszeit des G. in die M. oder 2. H. des 6. Jh. v. Chr. hin, die Zeit der Blüte der lakon. Bronzekunst. Demgegenüber steht eine Notiz bezügl. zwei weiterer Werke des G. im nahen Amyklai: Lt. Pausanias (3, 18, 7) schuf G. zwei bronzene Dreifüße, die zus. mit einem dritten des → Kalon (I) von Ägina aus dem Zehnten der Beute des Messen. Krieges in Amyklai aufgestellt wurden. Da Pausanias (4, 14, 2) sie mit der Einnahme von Ithome in Verbindung bringt, bezieht er sich hier wohl auf den 1. Messen. Krieg im späteren 8. Jh. v. Chr.; auch der 2. oder 3. Messen. Krieg sind allerdings schwerl. mit einer Schaffenszeit des G. im 6. Jh. vereinbar. Da auch → Kalon (I) jedoch mit Sicherheit erst dem späteren 6./frühen 5. Jh. zugerechnet werden kann, dürfte es sich bei der chronolog. Zuordnung um einen Fehler des Pausanias bzw. seiner Quelle (viell. des örtl. Mythos) handeln. Die Verbindung mit → Kalon (I) läßt auf jeden Fall eine Dat. der Dreifüße um 530/20 v. Chr. zu. Lt. Pausanias standen unter den Dreifüßen des G. Statuen der Aphrodite bzw. der Artemis, unter dem Dreifuß des → Kalon (I) befand sich eine Statue der Kore. Es scheint sich dabei um Stützfiguren zu handeln, die freiplast. oder im Hochrelief aus einer Säule herausgearbeitet waren, mittig zw. den Beinen unter dem großen Kessel standen und ähnl. wie archaische Perirrhanterienstützen den Kessel auf dem Kopf trugen. Beispiele von Dreifüßen solchen Typs scheinen nicht erh. zu sein, jedoch sind sie durch Darst. sowie durch Basen mit Einlassungen für Mittelstützen belegt (Chamoux, 1970; Steinhart, 1997; vgl. auch att. Vasenbilder dreifußtragender Männer: Scheibler, 1988). Pausanias' Gründe für die Identifizierung der wohl dem archaischen *Korentypus* angehörigen Statuen als Göttinnen sind unklar; Artemis mag durch ein Attribut, z.B. einen Bogen (vgl. Pipili, 1987, 42, Abb. 57), gekennzeichnet gewesen sein, für Aphrodite ist dies jedoch schwer vorstellbar. Man mag daher die Existenz einer Inschr. oder einer lokalen Legende vermuten. Die von Dörig (1966) vorgeschlagene Identifizierung der Artemis und Aphrodite mit von ihm in die Frühklassik dat., in Kopien erh. Statuentypen ist hingegen wohl zurecht als rein spekulativ und wenig überzeugend abgelehnt worden (Ridgway, 1970, Svenson-Evers, 1996). Lt. Pausanias (3, 17, 2–3) war G. auch ein Dichter, der neben and. dorischen Gesängen einen Hymnos auf die spartan. Athena verf. hatte; letzterer ist rein hypothet. mit einer fragm. Inschr. der 2. H. des 6. Jh. in Verbindung gebracht worden (Woodward, 1927/28). ▭ ThB14, 1921. RE VII. 1, 1910; EAA III, 1960; KlP II, 1967; DNP IV, 1998. – *Overbeck*, SQ, 1868, Nrn 357–359; *Imhoof-Blumer/Gardner*, NumCommPaus, 1887, 58 s.; *Brunn*, GGK I, 1889, 62 s., 82; *P. Wolters*, AM 15:1890, 246–251; *H. Hitzig/H. Blümner*, Pausanias I. 2, L. 1899, 800 ss., 809 s.; *G. Dickins*, BSA 13:1906/07, 137–154; *J. G. Frazer*, Pausanias' descr. of Greece, 3, Lo. 1913, 344–346, 350; *K. Schwendemann*, JdI 36:1921, 139–141; *A. M. Woodward*, BSA 29:1927/28, 45–48, Nr 69; *H. Comford*, AJA 35:1931, 314–318; *Lacroix*, Reproductions, 1949, 217–220; *H. G. Niemeyer*, Promachos, Waldsassen 1960, 22 s.; *J. Dörig*, in: *J. Dörig/W. Fuchs/M. Hirmer*, Die griech. Kunst, M. 1966, 126; *G. Dontas*, BCH 93:1969, 53 s.; *Ridgway*, Severe Style, 1970, 72 s., Nrn 6–7; *A. H. Borbein*, JdI 88:1973, 200–202; *S. Grunauer-von Hoerschelmann*, Die Münzprägung der Lakedaimonier, B. 1978, 103 s.; *I. B. Romano*, Early Greek cult images, Diss. Pennsylvania 1980, 128 ss.; *Pipili*, LacIc, 1987, 80 s.; *E. Walter-Karydi*, Die äginet. Bildhauerschule, Mainz 1987 (Alt-Ägina, II. 2), 16 s., 151, Anm. 33; *Floren*, GrPl, 1987, 215; *I. Scheibler*, in: *M. Schmidt* (Ed.), Kanon, Festschr. Ernst Berger, Basel 1988 (AntK, Beih., 15), 310–316; *B. Alroth*, Greek gods and figurines, Uppsala 1989, 28–32; *Stewart*, Sculpture, 1990, 247; *H. Philipp*, AA 1994, 490, 492, 497; *C. M. Stibbe*, Das and. Sparta, Mainz 1996, 24 s.; *Svenson-Evers*, Architekten, 1996, 434–440, 517 (mit älterer Lit.); *A. Faustoferri*, Il trono di Amyklai e Sparta. Bathykles al servizio del potere, Pe. 1996, 46, Anm. 29; *D. Musti/M. Torelli*, Pausania: Guida della Grecia, III, Vi. 1997, 228–229, 235; *A. C. Villing*, in: *A. B. Lloyd* (Ed.), What is a god?, Lo. 1997, 82–85; *M. Steinhart*, BCH 121:1997, 40, 45.

A. Villing

Glaucides → Glaukides

Glaucus, röm. Toreut, in der Kaiserzeit tätig. Nur bek. durch seine Sign. auf einem *imago clipeata* aus Bronze aus Martlesham/Großbritannien (CIL, VII, 93a). ▭ *Calabi Limentani*, Studi, 1958, 169, Nr 141.

R. V.

Glaukias (Γλαυκίας; Glaucias), von Ägina, griech. Erzbildner des 1. Drittels des 5. Jh. v. Chr. Bek. nur durch Pausanias, der vier Werke, Siegerweihungen in Olympia, von ihm nennt: – 1.) Das *Viergespann von Gelon*, dem Tyrannen von Gela und später von Syrakus, der 488 v. Chr. im Wagenrennen gesiegt hatte (Paus., 6, 9, 4; die Vermutung des Periegeten, der Stifter sei nicht dieser, sondern ein gleichnamiger Priv.-Mann gewesen, ist längst als Irrtum erkannt worden). Von der Basis sind drei Marmorblöcke mit der Sign. und Resten der Weih-Inschr. erh.; ihren Maßen nach waren die Figuren mindestens lebensgroß. Wo genau die Basis im Heiligtum stand, ist nicht sicher; Ecksteins Verbindung der Blöcke mit einem Kalksteinfundament unmittelbar vor der Nestorbasis des Achäerweihgeschenkes (→ Onatas [I]) überzeugte nicht (zuletzt R. Krumeich, Bildnisse griech. Herrscher und Staatsmänner im 5. Jh. v. Chr., M. 1997, 34 ss.). Da Pausanias nur vom Wagen und Gelons Bild spricht, bestand die Gruppe wohl aus der Gestalt Gelons, allein oder zus. mit einem Wagenlenker, auf dem Wagen; das Viergespann war offenbar nicht von and. Figuren flankiert – seien es Reiter, wie im Hierons Weihgeschenk in Olympia (→ Onatas [I]; → Kalamis [I]), seien es stehende Figuren, wie in der wenig jüngeren Siegerweihung des Pronapes auf der Athener Akropolis, wo, den Spuren auf der von M. Korres rekonstruierten Basis nach, zwei stehende Gestalten, eine größere und eine kleinere, ein Viergespann flankierten (Krumeich, ibid., Abb. 52, 53). – 2.) Die *Siegerstatue des Faustkämpfers Philon von Korfu*, eines zweifachen Olympioniken (offenbar um 500 und 496 v. Chr.); die Statue stand neben Gelons Gruppe (Paus., 6, 9, 9). Auf diese Statue beziehen sich viell. Verse des Christodoros von Koptos (der unter dem Kaiser Anastasios [491–518 n. Chr.] eine Schilderung der Statuen in dem um 532 n. Chr. durch Brand zerst. Zeuxippos-Gymnasium in Konstantinopel verfaßte); sie wurde möglicherweise in späterer Zeit als Pausanias sie in Olympia gesehen hatte nach Konstantinopel gebracht (Anth. Gr., II, H. Becksby [ed.], [2]1957, 200 s.; V, 228 ss.; Walter-Karydi, 1987, Anm. 108). Aus der rhetor. übertriebenen Beschr. ist kaum eine Vorstellung von einer Statue des 5. Jh. v. Chr. zu gewinnen, und die Namen, die Christodoros damit verbindet (Philon, Philammon, Milon), sind eher Topoi, geläufige Namen berühmter Athleten; es ist ledigl. zu erfahren, daß der Dargestellte bärtig und stark bewegt war. – 3.) Die *Siegerstatue des Faustkämpfers Glaukos von Karystos*, eines der berühmtesten Athleten der Zeit: Er hatte einmal in Olympia, zweimal in Delphi und je achtmal in Nemea und auf dem Isthmos gesiegt. Glaukos sei im Schattenkampf (σχῆμα σκιαμαχοῦντος, bewegte Faustkämpferstellung, aber ohne Gegner) dargestellt (Paus., 6, 10, 1). Er errang den olymp. Sieg., den Simonides besungen hat, um 520 v. Chr., doch die Statue stellte erst sein Sohn im frühen 5. Jh. v. Chr. auf. Sie ist die älteste Siegerstatue, von der bewegte Haltung ausdrückl. überliefert ist. Mit dieser Figur verband W. H. Gross die Plinius-Nachr. (nat., 34, 16), daß die dreifachen Olympioniken Siegerstatuen aufstellen durften, die ähnlich *„ex membris ipsorum"* waren, und *„quas iconicas vocant"* (NachrAkGöttingen, 1969, 72); da *„iconicus"* nicht als porträthaft zu verstehen sein kann, vermutete Gross, es seien Statuen wie die des Glaukos gemeint, die „eine der jeweiligen Kampfart angepaßte Haltung" hätten. Die Erklärung hat H.-V. Herrmann (Olympia, M. 1972, Anm. 437) als künstlich abgelehnt. Die Plinius-Nachr. wird eher späte Fremdenführeranekdote sein, um das Aufkommen bewegter Siegerstatuen verständl. zu machen. In Wirklichkeit kamen solche Figuren in der spätarchaischen Zeit auf, als bewegte Körper die Bildhauer wieder zu interessieren begannen. – 4.) Die *Statue des Theagenes aus Thasos*, Sohn des Timosthenes. Theagenes siegte 480 v. Chr. im Faustkampf und 476 v. Chr. im Pankration (Paus., 6, 11, 2); die Statue wird nach dem zweiten Sieg aufgestellt worden sein. Auf ihre Haltung geht Pausanias nicht ein, doch einem Epigramm des Poseidippos von Pella (Ath., deipn., 10, 412d) ist zu entnehmen, daß eine Statue Theagenes als Stehenden, mit vorgestreckter Hand Spendenden zeigte, in einem Athletenbildtypus, den es im Strengen Stil neben dem in bewegter Haltung gab; viell. bezieht sich das Epigramm auf das Werk von G. oder eine in der Heimat des Theagenes aufgestellte Replik. – Die vier überlieferten Werke gehören dem ersten Drittel des 5. Jh. v. Chr. an. A. Keramopoulos schrieb den Wagenlenker von Delphi und damit die bedeutendste erh. Gespann-Weihung dieser Jahre G. zu (AM 34:1909, 33), doch der Wagenlenker ist kein äginet. Werk, und die Formverwandtschaft einer Kleinbronze aus Abai in Phokis (Paris, Louvre, Inv. Nr br 4236; Walter-Karydi, 1987, Abb. 35 s.) legt nahe, daß er in Mittelgriechenland geschaffen wurde. Die von Amelung, Klein und Orlandini mit der Glaukosstatue verbundene Kleinbronze aus Korfu (London, BM, Inv. Nr 212; Walter-Karydi, 1987, Abb. 37–39) ist ebenfalls kein äginet. Werk; es verrät einen kerkyräischen Meister; der Dargestellte ist zudem kein Faustkämpfer, sondern Herakles. Der persönl. Stil von G. ist uns unbek., so daß auch unter den erh. äginet. Skulpturen dieser Zeit keine ihm zugeschr. werden können. Den lit. überlieferten Werken nach, war er ein berühmter Athletenbildner. Es sind weder Götterstatuen noch mehrfigurige Gruppen von ihm überliefert; solche können wir aber nicht ausschließen, da unsere Vorstellung von seinem Œuvre äußerst lückenhaft ist. ▭ ThB14, 1921. RE VII. 1, 1910 (s.v. G. 11); EAA III, 1960. – *Brunn*, GGK I, 1889, 83 s.; *Klein*, GGK, I, 1904, 346 s. 369; *Lippold*, GrPl, 1950, 97; *F. Eckstein*, Anathemata, B. 1969, 54 ss.; *E. Walter-Karydi*, Die äginet. Bildhauerschule, Mainz 1987 (Alt-Ägina, II. 2) 35 ss.

E. Walter-Karydi

Glaukides (Glaucides), griech. Erzgießer unbestimmter Zeit. Nur bek. durch Plinius d. Ä. (nat., 34, 91; Overbeck, SQ, 1868, Nr 2096), der ihn als Erzgießer von Statuen von Athleten, Kriegern und Jägern bezeichnet. ▭ ThB14, 1921. RE VII. 1, 1910 (s.v. G. 3); EAA III, 1960. – *Brunn*, GGK I, 1889, 368. R. V.

Glaukion, aus Korinth, griech. Maler, im 4. Jh. v. Chr. tätig. Plinius (nat., 35, 134; Overbeck, SQ, 1868, Nr 1975) erw. G. ledigl. als Lehrer des → Athenion (I) aus Maroneia, der in der 2. H. des 4. Jh. v. Chr. tätig war. ▭ ThB14, 1921. RE VII. 1, 1910; EAA III, 1960. R. V.

Glaukos (I) (Γλαῦκος), aus Chios, griech. Toreut, am E. des 7. Jh. v. Chr. in Delphi tätig. Anläßl. der Genesung von einer Krankheit beauftragte Alyattes II., König von Lydien, G. für ihn einen silbernen Krater auf einem eisernen Ständer für eine Weihung in Delphi zu fertigen. Auf dem eisernen Gestell verewigte sich G. als Erfinder des Schweißens von Eisen, wie es viele Schriftsteller überlieferten (Hdt., 1, 25: ὑποκρητηρίδιον σιδήρεον κολλητόν; Hegesandros von Delphi bei Ath., deipn., 5, 210: ἐγγυθήκη τις σιδηρᾶ; Paus., 10, 16, 1: ὑπόθημα σιδηροῦν). Obgleich der silberne Krater bereits zur Zeit des Pausanias nicht mehr vorhanden war, verhalf das kunstvoll gefertigte eiserne Gestell G. zu seinem außergewöhnl. Ruhm. Nach Pausanias waren die Füße oben nach außen gebogen und miteinander durch Stege verbunden und zeichneten sich v.a. durch eine reiche Verzierung von Ornamenten und Figuren aus. ▭ ThB14, 1921 (s.v. G. I). RE VII. 1, 1910 (s.v. G. 46); EAA III, 1960 (s.v. Glaukos di Chio). – *Brunn*, GGK I, 1889, 29; *Floren*, GrPl, 1987, 336, Anm. 23. R. V.

Glaukos (II), aus Argos, griech. Bildhauer, um die M. des 5. Jh. v. Chr. in Olympia tätig. Lt. Pausanias (5, 26, 2) schuf G. für Mikythos von Rhegion um 460 v. Chr. in Olympia die Bronzegruppe von Poseidon, Amphitrite und Hestia. Sie stand neben der Gruppe von Iphitos und Ekecheira und wahrsch. n.

vor dem Zeustempel. ▭ ThB14, 1921 (s.v. G. II). RE VII. 1, 1910 (s.v. G. 47); EAA III, 1960 (s.v. Glaukos di Argo); DNP IV, 1998 (s.v. G. 6). – *Loewy*, IGB, 1885, 26 s., Nr 31; *Lippold*, GrPl, 1950, 103. R. V.

Glaukos (III), Sohn des Epidauros, aus Athen, griech. Bildhauer, in der 2. H. des 2. Jh. v. Chr. tätig. Seine Sign. befindet sich auf einer im syr. Heiligtum gefunden Marmorbasis, die von Martha von Damaskos und Antiochos von Karpasia an die Dea Syria gew. worden ist (ID, 2287; Marcadé, Signatures, II, 1957, Nr 56). Diese Personen setzten eine gleiche Weihung ohne Sign., dafür aber mit Dat., näml. 107/106 v. Chr. (ID, 2286). G. wird durch weitere Inschr. von 133/132 v. Chr. als Ephebe genannt (ID, 2594, 10) und von 122/121 als Gymnasiarch (ID, 1941). ▭ RE, Suppl. VIII, 1956 (s.v. G. 48a); EAA III, 1960 (s.v. G. 1). R. V.

Glaukos (IV), aus Lemnos, griech. Bildhauer unbestimmter Zeit. Nur bek. durch die Erwähnung bei Stephanos von Byzanz, s.v. Αἰθάλη (Overbeck, SQ, 1868, Nr 296), als ἀνδριαντοποιὸς διάσημος. ▭ ThB14, 1921 (s.v. G. III). RE VII. 1, 1910 (s.v. G. 48); EAA III, 1960 (s.v. G. 2). R. V.

Glaukytes (Γλαυκύτης), griech. Töpfer, M. 6. Jh. v. Chr. in Athen tätig. Vom Töpfer G. sind drei Bandschalen sowie eine Rand- oder Lippenschale mit seiner Sign. erhalten. Nach der sign. Bandschale mit der Inschr. HIPOKRITOS KALISTOS (London, BM, Inv. Nr B 400) hat Furtwängler vermutet, daß eine weitere Bandschale mit der gleichen *Lieblings-Inschr.* in Berlin (SMPK, Antiken-Slg, Inv. Nr F 1799) urspr. auch von G. zw. dem and., nicht erh. Henkel sign. war. Ein kleines Fragm. einer Bandschale in Oxford, urspr. in Beazleys Priv.-Slg, mit der Sign. des G. gehörte viell. ebenfalls zu einem Gefäß, das urspr. die *Lieblings-Inschr.* des Hippokritos aufwies. Es ist jedenfalls wahrsch., daß v.a. auf Schalen des G. der *Lieblingsname* Hippokritos mit dem seltenen Superlativ KALISTOS verbunden wurde (vgl. Blatter AA, 1971, 426–427). Die Bandschale in London ist mit heroischen Kämpfen geschmückt. Das Meisterwerk des G. ist zweifellos die Schale (München, Staatl. Antiken-Slgn, Inv. Nr 2243), die er zus. mit dem Töpfer → Archikles sign. hat. Es ist bis jetzt nicht gelungen zu erklären, wie diese Doppel-Sign. genau zu verstehen ist. Die überaus reiche Verzierung der Außenseiten der Schale in München (Kalydonische Eberjagd, Theseus und Minotauros) wird durch erklärende Beischrift ergänzt. Jedenfalls scheint G. seine Produkte von versch. Malern bemalt haben zu lassen, anders als Töpfer wie → Sokles (I), → Tleson (I) oder → Xenokles (I). Auf der Bandschale in Berlin, die mit großer Wahrscheinlichkeit ein Werk des G. ist, ist neben den Außenseiten (Gigantomachie) auch das Innere mit einem Bild (frontales Gespann) geschmückt. Die Randschale in Berlin (SMPK, Antiken-Slg, Inv. Nr F 1761) ist bis auf die Henkelpalmetten und die Töpfer-Sign. unverziert. ▭ ThB14, 1921. EAA III, 1960. – *J. D. Beazley*, JHS 52:1932, 180, 187, 200; Para, 1971, 68; Add^2, 1989, 47 (mit weiterer Lit.); *B. Fellmann*, im Text von CVA München 11, 1989, 13 ss. sowie Taf. 2,7–9; KatSchale, 1990, 93, Abb. 11. 8 a-c; p. 138 ss., Abb. 20. 1 a-f. – *Zum Problem der Doppel-Sign.*: *D. C. Kurtz* (Ed.), Greek vases. Lectures by J. D. Beazley, Ox. 1989, 50. – *Zu den Sign.*: *Immerwahr*, AttScr, 1990, 49–50, 132. R. Blatter

Glykon (I) (Γλύκων), aus Athen, griech. Bildhauer, am A. des 3. Jh. n. Chr. tätig. Nur bek. durch seine Sign. (Loewy, IGB, 1885, 245 s., Nr 345; IG, XIV, 1238) an der berühmten, 2,92 m (ohne Plinthe) hohen Kolossalstatue aus Marmor des *Herakles Farnese*, die im Jahre 1546 in den Caracalla-Thermen in Rom gefunden worden ist (heute Neapel, MN, Inv. Nr 6001). Es handelt sich hierbei um eine Kopie der Statue des → Lysippos (I). Der Held mit rechtem Standbein und linkem Spielbein hat die Keule mit darübergelegtem Löwenfell unter die linke Achsel geklemmt und die rechte Hand hinter den Rücken geführt. Der Held ist hier bei der Rast gezeigt, nachdem er erfolgreich die Äpfel der Hesperiden bekommen hat. Es war die letzte große Tat im Zyklus seiner Zwölf Arbeiten. Die bes. ausgeprägte Wiedergabe der Muskulatur steht im Kontrast mit der Gesamterscheinung des müden Herakles, dessen Kopf erschöpft nach links unten geneigt ist und dessen Blick ins Leere schweifen läßt. Gerade diese drast. Formensprache hat die Skulpt. des G. zu einem Idealbild im Barock werden lassen (siehe dazu bes. die diversen Artikel von F. Pirani, M. G. Barberini, L. Pirzio Biroli Stefanelli und P. Moreno, in: Moreno, 1995, 416–501). Es ist daher auch nicht verwunderl., daß drei and. Basen wohl im Barockzeitalter nachträgl. mit der Sign. des G. versehen worden sind (Loewy, IGB, 1885, 336 s., Nrn 507–509). Die weit entwickelte Bohrtechnik am Bart und Haar des Herakles erinnert an Porträts von Septimius Severus und Caracalla und spricht für eine Dat. der Statue an den A. des 3. Jh. n. Chr. ▭ ThB14, 1921. RE VII. 1, 1910 (s.v. G. 5); RE, Suppl. III, 1918 (s.v. G. 5); EAA III, 1960 (s.v. G. 1); DNP IV,

1998 (s.v. G. 4). – *Brunn*, GGK I, 1889, 559, 566; *Lippold*, GrPl, 1950, 281, Anm. 8; *P. Moreno*, MEFRA 94:1982, 435 ss., 502 s., Nr B. 3. 3, Abb. 58, 71, 74, 76, 129; *D. Krull*, Der Herakles vom Typ Farnese. Kopienkrit. Unters. einer Schöpfung des Lysipp, FfM/Bern/N. Y. 1985, s. bes. 10–22, Nr 1, Taf. 1–4; *P. Moreno*, Lisippo. L'arte e la fortuna (K Rom, Pal. delle Espos.), R. 1995, 244–247, Nr 4. 36. 4 mit Abb. R. V.

Glykon (II), griech. Bildhauer, am A. des 1. Jh. n. Chr. in Pergamon tätig. Nur bek. durch seine Sign. auf einer Basis, die b. einem Monument für Germanicus gefunden worden und wahrsch. dazugehörig ist. Wenn dies so ist, war der Künstler kurz vor oder nach dem Tod des Germanicus mit dieser Arbeit beschäftigt, d. h. um 18 n. Chr. ▭ EAA III, 1960 (s.v. G. 2). – *E. Fabricius/C. Schuchhardt*, Pergamon VIII. 2, 1895, Nr 391. R. V.

Glykon (III), neuzeitl., antikisierendes Pseudonym eines Kameenschneiders. Der Name ist auf einem Kameo in Paris (Cab. Méd.) überliefert. Er zeigt die Göttin Aphrodite auf einem Seewesen, halb Stier, halb Fisch gelagert, umgeben von Eroten. Die Pose der Göttin, die für antike Seewesen nicht überlieferte Mischung aus Stier und Fisch, wie auch der in den Schwanzwindungen des Seewesen eingeklemmte Eros sprechen für eine neuzeitl. Entstehung des Kameos. ▭ EAA III, 1960 (s.v. G. 3). – *A. Furtwängler*, JdI 4:1889, 72. B. Gerring

Gnaios (I) (Γναῖος), griech. Münzstempelschneider, im 2. Jh. v. Chr. in Neapel tätig. Nur bek. durch seine Sign. auf einer Silbermünze aus Neapel. ▭ RE VII. 2, 1912 (s.v. G. 2); EAA III, 1960. R. V.

Gnaios (II), griech. Steinschneider, um 20 v. Chr. in Rom tätig. Die Sign. des G. findet sich auf einem Sardonyx mit Diomedes, der das Palladion in der Hand hält (Slg Duke of Devonshire; Furtwängler, 1900, Taf. 49,2; Zazoff, 1983, Taf. 81,7), auf einem Aquamarin mit dem Kopf des Herakles (London, BM; Furtwängler, 1900, Taf. 49,20; Zazoff, 1983, Taf. 81,8), auf einem Amethyst mit dem Porträt des Marcus Antonius (London, Slg Ionides, Inv. Nr 19; Zazoff, 1983, Taf. 82,1), auf einem Karneol mit dem Portr. einer Königin (New York, Metrop. Mus.; Richter, 1971, Abb. 657; Zazoff, 1983, Taf. 82,2) und auf einem Hyazinth mit der Nachbildung des klass. Statuentypus des Öleingießers (verschollen, ehem. Slg Marlborough; Furtwängler, 1900, Taf. 49,28; Zazoff, 1983, Taf. 82,3). Stilist. und qualitativ, stehen die Arbeiten jenen des → Dioskurides (IV) nahe, sind aber noch mehr dem späthellenist. Pathos verpflichtet, obwohl sie in ihrer Themenwahl char. für den „augusteischen Klassizismus" sind: die Darst. von *opera nobilia* der griech. Klassik (Aquamarin in London, BM und Hyzinth, ehem. Slg Marlborough) und Porträts zeitgen. Persönlichkeiten (Amethyst in London, Slg Ionides und Karneol in New York, Metrop. Mus.). Das Thema des Palladionraubes durch Diomedes ist in der frühen Kaiserzeit besonders beliebt. Als Illustration der homer. Epen eine ursp. griech. Bildschöpfung, wird das Motiv auch von einfacheren Wkstn verbreitet. ▭ ThB14, 1921. EAA III, 1960; DNP IV, 1998. – *A. Furtwängler*, JdI 3:1888, 138, 315, Taf. 8,27; 10,6; 10,12; *id.*, AG, III, 1900, 357, Taf. 49,2,20,28; *Vollenweider*, Steinschneidekunst, 1966, 45, Anm. 44, Taf. 41,1–2; *Richter*, EngrGemsRom, 1971, Abb. 657; *Zazoff*, AG, 1983, 288 s., Anm. 135–138, Taf. 81,7–8; 82,1–3; *Plantzos*, HellGems, 1999, Nrn 620, 622, pp. 94 s., 100. B. Gerring

Gnathon (Γνάθων), dem Namen nach graecopers. Bildhauer, in der röm. Kaiserzeit in Emesa/Syrien tätig. Nur bek. durch seine Sign. auf der Grabstele des Salinos Amares aus Emesa (heute Damaskos, NM; SEG, VII, 113; EAA I, 1958, 300, Abb. 433). ▭ EAA I, 1958. – *R. P. Mouterde*, Syria 6:1925, 216–218. R. V.

Gnosis (Γνῶσις), griech. Mosaizist, im letzten Drittel des 4. Jh. v. Chr. in Pella/Makedonien tätig. Ältester namentl. faßbarer Mosaikkünstler, nur bek. durch seine Sign. (ΓΝΩΣΙΣ ΕΠΟΗΣΕΝ) auf einem Kieselmosaik in einem der Bankettträume (Raum Delta) des großen Stadthauses I 5 von Pella. Die att. Form des Verbums weist möglicherweise auf die Herkunft des G. hin. Das Haus, zu dessen Ausstattung weitere, unsign. Mosaiken gehören (u.a. Raub der Helena; Amazonomachie), wurde viell. erst im Rahmen einer von Kassandros veranlaßten Erweiterung Pellas bald nach 315 v. Chr. errichtet. Das ausschl. aus polychromen Kieselsteinen gefertigte Mosaik (ca. 460 x 455 cm) des G. zeigt eine Hirschjagd (heute Pella, Arch. Mus.). Zwei bis auf eine Chlamys unbekleidete Jünglinge, begleitet von einem Hund, attackieren einen Hirsch. Die Figuren stehen auf einem unregelmäßigen Terrainstreifen vor dunklem Hintergrund. Der linke Jäger schwingt eine Doppelaxt gegen das Tier, der rechte hat es bei einer Geweihstange gepackt und holt mit hoch erhobenem Schwert in seiner Rechten zum Schlag aus. Gerahmt wird das Bildfeld von Akanthusranken mit versch. Blüten sowie einem Wellenband. Ein erhöhter Estrichstreifen für die Klinen umgibt das

Ganze. Das Werk des G. zählt zu den qualitätsvollsten Mosaiken des Frühhellenismus. Schwarze, weiße, gelbe und rote Kieselsteine finden in differenzierten Farbabstufungen Verwendung, die der Szenerie und der vegetabilen Ornamentik Plastizität und perspektiv. Effekte geben. Durch Staffelung der Figuren und Überschneidungen ihrer Gliedmaße wird zudem eine tiefenräuml. Wirkung erzielt. Mit seiner maler. Darstellungsweise setzt sich das Mosaik des G. stilist. deutl. von älteren Mosaiken ab, für die flächige Figuren mit einfacher Binnen-Zchng und geringer Chromatik char. sind. Auch das Bildthema des Mosaiks ist neu. Auf älteren Mosaiken herrschen mytholog. Themen vor (in Olynth z.B. Bellerophon, Achilleus und Thetis, Nereiden, Dionysos im Thiasos). Das Hirschjagdmosaik des G. weist dagegen keine myth. Konnotationen auf, es zeigt vielmehr eine exemplarische Szene aus dem Leben der makedonischen Oberschicht. ▭ KlP II, 1967 (s.v. G. 2); DA XII, 1996. – *D. Salzmann*, Unters. zu den antiken Kieselmosaiken von den Anfängen bis zum Beginn der Tesseratechnik, B. 1982, 28 s., 42, 107 s., Nr 103, Taf. 29; 101, 2–6; 102, 1–2; *Donderer*, Mosaizisten, 1989, 58, Nr A 9, Taf. 7,2; *Ch. Makaronas/ E. Giure*, Oi Oikies tes Apages tes Elenes kai tou Dionysou tes Pellas, At. 1989, 127 ss., 142 s., 174, Abb. 18–22; *M. Kiderlen*, Megale Oikia. Unters. zur Entwicklung aufwendiger griech. Stadthausarchitektur. Von der Archaik bis ins 3. Jh. v. Chr., Hürth 1995, 62 ss., 222, Abb. 26,6–10.
D. Salzmann

Gomphos (Γόμφος), angebl. griech. Bildhauer unbek. Zeit. Lt. Tatian (orat., 52; Overbeck, SQ, 1868, Nr 2090) schuf G. die Statue der unbek. Dichterin Praxagoris. Was daran stimmt, kann nicht gesagt werden. ▭ ThB14, 1921. RE VII. 2, 1912; EAA III, 1960. – *Brunn*, GGK I, 1889, 525.
R. V.

Goneus cf. **Asklepiades** (I)

Gorgasos (Γόργασος; Gorgasus), Maler und Tonbildner wohl großgriech. Herkunft, tätig A. des 5. Jh. v. Chr. in Rom. Zus. mit seinem Kollegen → Damophilos schmückte G. den 493 v. Chr. in Rom gew. Cerestempel in der Nähe des Circus Maximus mit Giebelfiguren aus Terrakotta und Wandmalereien. Hinzugefügte Künstler-Sign. in griech. Versen weisen die Kunstwerke der linken Seite des Tempels als von seiner Hand entstandene aus. Lt. Plinius (nat., 35, 154) sollen die bereits vorhandenen älteren Schmuckreliefs, deren etrusk. Stil herausgestellt wird, zuvor von den Wänden abgenommen und in Rahmen gefaßt worden sein. Demnach haben → Damophilos und G. im im griech. Stil gearbeitet. Dem Tempel wird ein spätarchaischer Kriegertorso zugewiesen (Helbig[4], II, 1966, 599 s., Nr 1833; Floren, GrPl, 1987, 440, Anm. 2 mit älterer Lit.) ▭ EAA III, 1960. – *Overbeck*, SQ, 1868, Nrn 616, 1647; *Lippold*, GrPl, 1950, 91 s.; *J. J. Pollitt*, The art of Rome, 753 B. C.-337 A. D. Sources and doc., Englewood Cliffs, N. J. 1966, 17 s.; *Floren*, GrPl, 1987, 427. 440; *E. M. Steinby*, Lex. topographicum urbis Romae, I, R. 1993, 260 s.; *Scheibler*, Malerei, 1994, 22; *E. La Rocca*, in: The Western Greeks (K Venedig, Pal. Grassi), ed. *G. P. Carratelli*, Mi. 1996, 607 ss.; *M. Fuchs*, In hoc etiam genere Graeciae nihil cedamus, Mainz 1999, 55–56 (mit Lit.). D. V.-G.

Gorgias (I) (Γοργίας), griech. Bildhauer, um 500 v. Chr. in Athen tätig. Sechs in Athen gefundene Basen für Bronze- oder Marmorskulpturen weisen seine Sign. auf. Fünf davon stammen von der Athener Akropolis. Wahrsch. vier trugen, soweit die Überreste eine Einschätzung erlauben, Pferdebzw. Reiterstatuen (Raubitschek, 1949, 68 s., Nr 65 [IG, I[2], 490; Athen, Epigr. Mus., Inv. Nr 6244], p. 69 s., Nr 66 [IG, I[2], 628, 690, 521; Athen, Epigr. Mus, Inv. Nrn 6355, 6414, 6285), p. 82 s., Nr 77 [IG, I[2], 488; Athen, Akropolis-Mus., Inv. Nr 6242], p. 163–165, Nr 147 [Loewy, IGB, 1885, 30, Nr 36; IG, I[2], 765; Athen, Epigr. Mus., Inv. Nr 6698]). Die fünfte Sign. von der Akropolis (IG, I[2], 489; Raubitschek, 1949, 9 s., Nr 5; Athen, Epigr. Mus., Inv. Nr 6243) ist von rechts nach links auf einer Säule geschrieben. Bisweilen (u.a. von Schrader/ Langlotz/Schuchhardt, 1939, 54 ss.; Raubitschek, 1949, 10) wird sie mit einem ionischen Kapitell in Verbindung gebracht, auf der eine stark von Ionien beeinflußte Kore (Athen, Akropolismus., Inv. Nr 611; Schrader/Langlotz/Schuchhardt, 1939, 54 ss., Nr 11; Lippold, 1950, 77, Anm. 6; p. 81, Anm. 18; H. Payne/G. M. Young, Archaic marble sculpt. from the Acropolis, Lo. 1950, 22, Taf. 60, 4–6) stand. Ob dies wirkl. so ist, bleibt zweifelhaft. Der von Plinius d. Ä. (nat., 34, 49) erw. Bildhauer gleichen Namens ist wohl ident. mit dem unserigen. ▭ ThB14, 1921. RE VII. 2, 1912 (s.v. G. 12); EAA III, 1960; DNP IV, 1998. – *Brunn*, GGK I, 1889, 115, 300; *H. Schrader/E. Langlotz/W. H. Schuchhardt*, Die archaischen Bildwerke der Akropolis, FfM 1939, 30, 51 ss.; *Raubitschek*, Dedications, 1949, 9 s., Nr 5; p. 68–70, Nrn 65–66; p. 82 s., Nr 77, 163–165, Nr 147. *Lippold*, GrPl, 1950, 81; *Floren*, GrPl, 1987, 300, Anm. 9.
D. V.-G.

Gorgias (II) und **Kallimachos,** Sohn des Mallias, griech. Bildhauer, im 2. Jh. v. Chr. tätig. G. sign. zus. mit seinem Bruder *Kallimachos* auf einer Stammstütze einer Kolossalstatue eines Mannes in Stiefeln. Erh. sind ledigl. drei Fragm. der Beine und die Stütze. Sie wurden im Jahre 1931 in Minturnae ö. des Tempels B gefunden. Nach der Buchstabenform der Inschr. ist die Statue in das 2. Jh. v. Chr. zu datieren. ▭ RE, Suppl. VIII, 1956 (s.v. G. und K. 7a); EAA III, 1960 (s.v. G. 2). – *A. Adriani*, NSc 1938, 174 ss. R. V.

Gorgias (III), aus Nikomedeia, Sohn des Papias, griech. Bildhauer, in der röm. Kaiserzeit in Ostia tätig. Nur bek. durch seine Sign. auf einem Marmorblock aus einem Grab der Nekropole der Isola Sacra b. Ostia. ▭ EAA III, 1960 (s.v. G. 3). – *G. Calza*, La Necropoli del Porto di Roma nell'Isola Sacra, R. 1940, 279, Nr a. R. V.

Gorgos (Γόργος), griech. Töpfer, um 480 v. Chr. in Athen tätig. Nur bek. durch seine Sign. auf einer kleinen rotfigurigen Schale aus Athen (heute Athen, Agora-Mus., Inv. Nr P 24113), dessen Malerzuschreibung umstritten ist (Berliner Maler: Robertson, 1958, ARV^2, 1963; dagegen Kurtz 1983) und die als Darst. auf der Innenseite einen Jüngling mit Hasen, auf der Außenseite A den Tod des Memnon (A. Kossatz-Deißmann, LIMC I, 1981, 178, Nr 830*, s.v. Achilleus; C. Weiss, LIMC III, 1986, 782, Nr 310, s.v. Eos) und auf der Seite B Dionysos und sein Gefolge (C. Gasparri, LIMC III, 1986, 460, Nr 428*, s.v. Dionysos) zum Thema hat. ▭ EAA III, 1960. – *M. Robertson*, AJA 62:1958, 55- 66, Taf. 6–7; ARV^2, 1963, 213, Nr 242; *D. C. Kurtz*, JHS 103:1983, 68–86, Taf. 3–4, 6 f; Add^2, 1989, 196. R. V.

Grae[cinius] Trophimus, *Titus*, vermeintl. griech. Bildhauer, in der röm. Kaiserzeit tätig. Nur bek. durch eine Inschr. unter eine Statue, die aber wenn sie überhaupt echt ist, den Stifter und nicht den Künstler bez. hat. ▭ EAA III, 1960; IV 1961 (s.v. Marmorarius). – *Brunn*, GGK I, 1889, 613. R. V.

Granios (Γρανίος), griech. Architekt, E. 1. oder 2. Jh. n. C. in Milet tätig. Nur bek. durch seine Sign. auf zwei Architravblöcken aus Marmor aus der Stadtmauer von Milet (AE, 1905, 55, Nr 222; Donderer, Architekten, 1996, Nr A 30; P. Herrmann, Die Inschr. von Milet, Milet VI. 2, B. / N. Y. 1998, Nr 569). R. V.

Graphikos (Γραφικός), griech. Bildhauer, in der 2. H. des 2. Jh. v. Chr. in Delos tätig. Nur bek. durch seine Sign. auf einer Marmorbasis (Delos, Inv. Nr E 298) für eine Bronzestatue einer lebensgroßen weibl. Figur, die wahrsch. Maia darstellte, der diese Statue von P. Venoleius C. f., N. Nimmius No. f., L. Viscius C. f. und C. Venoleius C. f. zur Zeit des Archon Dionysios aus Athen (142/139 oder 135/134 v. Chr.) gew. worden ist. Die Statue stand wohl ehemals in der Tetragonos Agora in Delos, wo die Basis gefunden worden ist. G. fertigte das Kunstwerk zus. mit → Myron (IV), dem Vater des → Hephaistion (III). ▭ RE, Suppl. III, 1918; EAA III, 1960. – *Marcadé*, Signatures, II, 1957, Nr 57, Taf. 35, 1; *Schmidt*, Statuenbasen, 1995, 260, Nr I. 2. 4, Abb. 234. R. V.

Gratius, röm. Silberschmied, in der 2. H. des 1. Jh. n. Chr. in Rom tätig. Lt. Plinius (nat., 33, 139) und Martial (epigr., 4, 39, 6) Silberschmied, dessen Werke in flav. Zeit in Rom sehr in Mode waren. F. Baratte

Gratus, röm. Architekt des 1. Jh. v. oder 1. Jh. n. Chr., in Pompeji tätig. Nur bek. aus einer mosaikartig in den Boden eingelassenen Inschr. im Atrium des Hauses IX, 6, 5 in Pompeji (CIL, X, 8146, heute zerst.), dessen Besitzer er vermutl. war. – Das nach der Freilegung stark beschädigte Haus wohl aus dem 2. Jh. v. Chr. besaß Wandmalereien des 1., 3. und 4. Stils. Der Signinum-Boden im Atrium gehört zu einer Renovierung. ▭ ThB14, 1921. RE VII. 2, 1912 (s.v. G. 8); EAA III, 1960 (s.v. Felix 2). – *A. Mau*, BdI 1880, 226; *M. Della Corte*, Case ed abitanti di Pompeji[3], N. 1965, 148 s., 164 s.; *Donderer*, Mosaizisten, 1989, 142 s., Nr C 24 (mit Lit.); *L. Eschebach* (Ed.), Gebäudeverzeichnis und Stadtplan der antiken Stadt Pompeji, Köln 1993, 427; *Donderer*, Architekten, 1996, 226 s., Nr A 117. C. Leschke

Gregorios (I) (Γρηγόριος), möglicherweiser kopt. Silberschmied, der im 5.–6. Jh. n. Chr. tätig war. Sein Name erscheint auf einem Silberteller (und nicht auf einem tragbaren Altar, wie es bisweilen behauptet worden ist), der mit einem monogrammist. Kreuz geschmückt ist. Der Teller ist ins 5.–6. Jh. n. Chr. zu datieren und von einer gewissen Eulogia für eine Kirche in Luxor gestiftet worden (heute Kairo, Kopt. Mus., Inv. Nr J 30428). Aus dem gleichen Schatz stammt ein weiterer Teller, der vom Silberschmied → Isidoros (III) sign. worden ist. ▭ ThB14, 1921. – *J. Maspero*, ASAE 10:1910, 173–175; *H. Messiha*, BACopt 31, 1992, 132. F. Baratte

Gregorios (II), spätantiker Baumeister (τεχνίτης), im späten 5. Jh. n. Chr. in Kilikien tätig. Nur durch die 490/91 n. Chr. dat. Bau-Inschr. eines noch heute erh. Brunnens bei Gafarlı (Cafarlı/Kilikien) bekannt. ⌧ *G. Dagron/D. Feissel*, Inscr. de Cilicie, P. 1987, 197 s., Nr 117; *F. Hild/H. Hellenkemper*, Tabula Imperii Byzantini, V: Kilikien und Isaurien, W. 1990, 221. M. Dennert

Grophon (Γρόφων), griech. Bildhauer, E. des 7. oder A. des 6. Jh. v. Chr. auf Melos tätig. Eine Säule aus par. Marmor aus Melos (heute Berlin, SMPK, Antiken-Slg, Inv. Nr SK. 1485; Loewy, IGB, 1885, 8, Nr 5) trägt seine Sign., die früher fälschlicherweise als nicht ganz zu klärendes Verb im Partizip angesehen worden ist. Man wollte dadurch den Stifter der Säule, Ekphantos, auch als seinen Künstler ansehen, was seit der richtigen Lesung von Elter (RhM 66:1911, 212) hinfällig ist. Da die Weihung des Ekphantos der Athena galt, ist es wahrsch., daß die Säule eine Statue der Athena trug. G. ist uns weiterhin durch eine zweite Sign. aus Olympia bek., in der er auch das Ethnikon beigefügt hat (W. Dittenberger/K. Purgold, Inschr. von Olympia, Olympia, V, 1896, Nr 272). ⌧ ThB10, 1914 (s.v. Ekphantos 1). RE V. 2, 1905 (s.v. Ekphantos 4); Suppl. III (s.v. G.); EAA III, 1960 (s.v. Ekphantos 1 et G.). – *C. D. Buck*, ClPh 20:1925, 140 ss.; *E. Rohde*, Griech. und röm. Kunst in den Staatl. Mus. zu Berlin, B. 1968, 64; *Floren*, GrPl, 1987, 178, Anm. 1. R. V.

Gryllion (Γρυλλίων), griech. Bildhauer oder Maler, in der 2. H. des 4. Jh. v. Chr. in Athen tätig. Nach dem Test. des Aristoteles (Diog. Laert., 5, 15; Overbeck, SQ, 1868, Nr 1613) hatte Aristoteles bei G. Porträts in Auftrag gegeben, die er weihen wollte. Es ist nicht klar, ob es sich hier um Bilder oder Statuen handelte. ⌧ ThB15, 1922. RE VII. 2, 1912; EAA III, 1960. – *Brunn*, GGK, 1889, I, 423; II, 261; *Hebert*, Schriftquellen, 1989, Nr 519. R. V.

Gryton (Γρύτων), griech. Töpfer, im 6. Jh. v. Chr. in Böotien tätig. Nur bek. durch seine Sign. auf einem böot. Gefäß in Form eines Fußes mit Sandale (Boston, MFA, Inv. Nr 98. 897, aus Theben; A. Fairbanks, Mus. of Fine Arts, Boston. Cat. of Greek and Etruscan vases. I. Early vases, preceding Athenian black-figured ware, C., Mass. 1928, 183 s., Nr 536, Taf. 51). ⌧ RE VII. 2, 1912. – *Rumpf*, MuZ, 1953, 33, Anm. 11. R. V.

H

H[..., Initial zweier signierender griech. Münzgraveure. 1.) Katane in Sizilien, ca. 410–403 v. Chr., ein sign. Stempel. Darst.: Viergespann im Galopp nach links, der Lenker von Nike bekränzt; das Münzbild steht unter starkem Einfluß einer Vorlage des → Euainetos (I). Die Identität mit dem Graveur → Herakleidas (I) ist ungewiß. – 2.) Tarent in Italien, ca. 390–385 v. Chr., insgesamt elf sign. Stempel. Darst.: Delphinreiter nach links mit und ohne Attribut (Akrostolion). Im Gegensatz zu den Sign. der tarentin. Prägung, die sämtl. auf Prägeaufseher oder Magistrate zu beziehen sind, steht die Sign. H... nicht im Feld, sondern auf der Figur. Wenn hier ein Graveur zu fassen sein sollte, so hebt sich seine Hs. qualitativ nicht von der seiner anonymen Kollegen ab. ▭ *A. von Sallet*, Die Künstler-Inschr. auf griech. Münzen, B. 1871, 26; *id.*, ZfN 2:1875, 1–9; *Imhoof-Blumer*, MGr, 1883, 16 s.; *R. Weil*, Die Künstler-Inschr. der sicilischen Münzen, B. 1884, 16; *A. J. Evans*, NumChron 1889, 120; *L. Forrer*, Notes sur les sign. de graveurs sur les monnaies grecques, Br. 1906, 157–159; *L. Tudeer*, ZfN 30:1913, 252; *K. Regling*, ZfN 34:1924, 353; *H. A. Cahn*, Die Münzen der sizilischen Stadt Naxos, Basel 1944, 58; *W. Fischer-Bossert*, SchwNR 77:1998, 30, Anm. 18; *id.*, Chronologie der Didrachmenprägung von Tarent 510–280 v. Chr., B. 1999, 159, 401, Anm. 32.

W. Fischer-Bossert

Habron (῞Αβρων), griech. Maler, wahrsch. in hellenist. Zeit tätig. Lt. Plinius (nat., 35, 141; Overbeck, SQ, 1868, Nr 2154) malte er *amicam et Concordiam et deorum simulacra*. Während also klar ist, daß H. Bilder von Göttern und der Homonoia fertigte, ist die Bezeichnung *amicam* in ihrer Bedeutung umstritten. Auf Griech. könnte damit Φιλία gemeint sein. Diese besaß auch einen Kult und könnte damit die Personifikation meinen. Ebenso könnte man sich aber vorstellen, daß hier der Name einer Sterblichen verewigt worden ist; das hieße in der Trad. der hellenist. Maler, daß es sich hier wohlmögl. um die Geliebte handelte, die der Künstler malte. Da H. in den Berliner *Laterculi Alexandrini* erw. ist, muß der Künstler spätestens im 2. Jh. v. Chr. gelebt haben. Wahrsch. ist er der Vater des Malers → Nessos, den Plinius (nat., 35, 146; Overbeck, SQ, 1868, Nr 2155) nennt. ▭ ThB15, 1922. RE VII. 2, 1912 (s.v. H. 5); Suppl. III (s.v. H. 5); EAA III, 1960. – *Pfuhl*, MuZ, II, 1923, 1005.

R. V.

Haddanu, nabatäischer Architekt, im 1. Jh. n. Chr. in Iram/Jordanien tätig. H. ist ledigl. in einer nabatäischen Inschr. in der Nähe des nabatäischen Tempels von Iram als Architekt überliefert. Er dürfte am Bau dieses Tempels im 1. Jh. n. Chr. mitgewirkt haben. ▭ *R. Savignac*, RBi 42:1933, 418, Nr 9; *J. T. Milik*, AAJ 21:1976, 145, Anm. 5.

D. Keller

Hadrianus (Aelius, *P.*), röm. Kaiser (117–138 n. Chr.), Bauherr und Architekt, * 24. 1. 76 in Italica/Baetica, † 10. 7. 138 in Baiae. Ausgangspunkt dafür, H. nicht nur als gewöhnl. kaiserl. Bauherrn, sondern regelrecht als Architekten (Brown, 1964; MacDonald, 1965), ja gar als Originalgenie anzusehen (Rivoira, 1910; Stierlin, 1984), bilden zwei Anekdoten (Cass. Dio, 69, 4) über seine Zusammenstöße mit dem berühmten Architekten → Apollodoros (VI) von Damaskos. Wohl um 104 n. Chr. habe → Apollodoros (VI), in Gegenwart Trajans, H. als Maler von Kürbissen abgekanzelt. Damit sollte H. wohl nicht als Genremaler eingestuft werden; eher spielte → Apollodoros (VI) auf entsprechende Archit.-Formen (sog. Kürbis- oder Schirmkuppeln) an, die H. vorschwebten und die in dessen Bauten später auch verwirklicht wurden (vgl. die berühmte analoge Gesch. vom Ei des Kolumbus, das urspr. mit den Kuppellösungen beim Bau der Hagia Sophia bzw. des Domes zu Florenz in Verbindung gebracht wurde). Als H. bereits Kaiser war, habe er → Apollodoros (VI) die Entwürfe für den Tempel der Venus und Roma übersandt. Die harsche Kritik des → Apollodoros (VI) soll seine Verbannung und spätere Hinrichtung zur Folge gehabt haben. Wie topisch und in Teilen fragwürdig auch immer, bezeugt Dios Ber. fraglos H.s enormes Interesse an Archit., das auch anderweitig belegt ist. Um 123 n. Chr. – damals erst dürfte auch → Apollodoros (VI) seine Stellung verloren haben – erfolgte eine organisator. Reform des Bauwesens (Epitome de Caesaribus, 14, 4 s.), deren Einzelheiten unklar bleiben. Jedenfalls wurde die Grundlage dafür geschaffen, daß der Reisekaiser H. „in beinahe jeder Stadt irgendein Gebäude errichtete" (SHA, Hadr., 19, 2). Heftig diskutiert wird, welcher Anteil H. persönl. an den großen Bauprojekten seiner Zeit zukommt, inwieweit diese als innovativ oder gar revolutionär zu gelten haben und ob beides zusammenhängt. Der Doppeltempel der Venus und Roma in Rom (121–ca. 137 erb.), zu dem H. durch Autopsie grundrißähnl. griech. Tempel während seiner ersten großen Reise inspiriert worden sein könnte, geriet zum größten Tempel Roms. In der äußeren Form blieb er aber im Wesentl. der trad. – allerdings griech. – Archit. verhaftet. Er orientiert sich am Schema des kanon. Pseudodipteros des → Hermogenes (III) (2. Jh. v. Chr.). Diese Verbindung wäre hinfällig, sollte der hadrianische Tempel doch ein mon. korinth. Dipteros sein (so neuerdings Cassatello/Panella, 1990, mit Grundriß p. 53, Abb. 2), was Schorndorfer zufolge auch besser zu H.s religions- und reichspolit. Konzept paßt (1997, 71 mit Verweis auf Weiterbau und Fertigstellung mehrerer mon. archaischer und klass. Tempel dieses Typs, v.a. des Olympieions in Athen, unter H.). Beim grandiosen Zentralbau des Pantheon bildet die kassettierte Halbkreiskuppel aus Beton eine Raumkugel, deren Höhe gleich dem Durchmesser ist und die wohl das Himmelsgewölbe darstellen sollte. Liegt der Baubeginn schon in trajan. Zeit (so Heilmeyer, 1975, auf Grund von Ziegel-Dat.), so ist die Planung aber auf keinen Fall H., sondern wohl noch → Apollodoros (VI) zuzuschreiben. Das Projekt paßt aber wohl besser in den Kontext der Baupolitik H.s, der – v.a. mit dem Herrscherkult verbundene – augusteische Tempel restaurieren und auch in Athen ein Pantheon errichten ließ (Schorndorfer, 1997, 68 s., Anm. 304). Auch verraten, bei aller Großartigkeit der Konzeption, einige Detailmängel (u.a. der ungelenke Übergang von der Portikus zur Rotunda) die Hand eines begabten, aber eben dilettierenden Baumeisters – also H.s (Perowne, 1960). Ähnl. argumentiert Kähler (1950) für die Villa H.s (erb. 117–ca. 133) in Tivoli und sieht ihre „Archit. als Spiegelbild seiner Persönlichkeit". Tatsächl. trägt die Villa, die mit ihrer enormen Ausdehnung (über 1,5 km^2) Landsitze früherer Kaiser weit übertraf, wohl am stärksten H.s Handschrift. Ein Indiz dafür sind viell. auch die wiederholten Planänderungen und Umbauten. In vielen Bauten der Villa Hadriana – so u.a. den Kleinen Thermen, der griech. Bibl. und der Piazza d'Oro – finden sich überraschende, neuartige Grundrisse und Raumlösungen, die in der röm. Archit. aber ohne Nachfolge bleiben. Berühmtestes Beispiel ist das sog. Teatro Marittimo, ein kreisrunder Inselpavillon, der viell. in manchem die Festung Herodion in Palästina zum Vorbild hatte (MacDonald, 1965). Von streng symmetr. Grundriß und aus geometr. Figuren aufgebaut, gibt dieser, von der Umwelt durch einen Rundkanal abgeschnittene „Zufluchtsort" (Ueblacker, 1985) in Hinsicht auf seine Funktion – Thronsaal mit astrolog. Konnotationen (Stierlin, 1984) oder eine Nachbildung des myth. Königspalastes von Atlantis (Ueblacker, 1985)? – noch immer Rätsel auf. Unter den zahlr. Bauten hadrian. Zeit sind ferner maßgebl. zu erwähnen: das Olympieion zu Athen, der pons Aelius, der den Tiber überbrückt, sowie das nahegelegene Mausoleum H.s, die heutige Engelsburg. Charakteristika der hadrian. Archit. sind – neben allgemeiner Experimentierfreude und Vielfalt ihrer Lösungen, die die enormen Möglichkeiten der damaligen Baumaterialien und -techniken erstmals auch für mon. Bauten voll nutzten und dabei bis an die Grenze des statisch Möglichen gingen – Akzentuierung des Innenraums, kurvilineare Bauformen großer Variationsbreite und Kuppelbauten. Bes. die Kuppellösungen waren revolutionär, die kurvilinearen Komp. blieben bis in die Barockzeit ohne Nachfolge. Auch die bildhauer. Qualitäten H.s werden – bisweilen maßlos übertrieben – gerühmt. Die spätantike Epitome de Caesaribus (14, 2), um H. als vollkommen dem Paideia-Ideal entsprechenden Kaiser zu erweisen, stellt ihn in diesem Punkt mit → Polykleitos (I) und → Euphranor (I) auf eine Stufe. Doch auch frühere und nüchternere, ja H. feindl. Autoren, erwähnen entsprechende Fertigkeiten, die auch für and. Kaiser glaubwürdig bezeugt sind. 🕮 ThB15, 1922. RE I. 1, 1893 (s.v. Aelius 63); EAA I, 1958 (s.v. Adriano); KlP II, 1967 (s.v. Hadrianus 1); DNP V, 1998. – *G. T. Rivoira*, in: Nuova Antologia: 16. Apr. 1910, 1 ss.; *G. A. S. Snijder*, JdI 55:1940, 1 ss.; *H. Kähler*, Hadrian und seine Villa b. Tivoli, B. 1950, 156 ss.; *S. Perowne*, Hadrian, Lo. 1960, 108 ss., 122 ss., 170 ss.; *F. E. Brown*, in: Essays in mem. of Karl Lehmann, N. Y. 1964, 55 ss.; *W. L. MacDonald*, The archit. of the Roman Empire, I, New Haven/Lo. 1965, 129 ss.; *W.-D. Heilmeyer*, JdI 90:1975, 316 ss.; *A. Barattolo*, RM 85:1978, 397 ss.; *D. Kienast*, Chiron 10:1980, 391 ss.; *A. Hoffmann*, Das Gartenstadion in der Villa Hadriana, Mainz 1980, 3, 55; *H. Stierlin*, Hadrien et l'archit. romaine, Fribourg 1984; *M. Ueblacker*, Das Teatro Marittimo in der Villa Hadriana, Mainz 1985, 53 ss.; *D. M. Jacobsen*, AJA 90:1986, 69 ss.; *H. Mielsch*, Die röm. Villa, M. 1987, 75 s.; 156 ss.; *M. T. Boatwright*, Hadrian and the city of Rome, Pr. 1987; *Müller*, Architekten, 1989, 107 ss.; 134 s.; 225 s.; *A. Cassatella/S. Panella*, ArchLaz 10:1990, 52–54, Abb. 1–3; *W. L. MacDonald*, in: Eius virtutis studiosi. Classical and postclassical stud. in the mem. of F. E. Brown, Wa.

1993, 395 ss.; *S. Fein*, Die Beziehungen der Kaiser Trajan und Hadrian zu den „litterati", Diss. Mainz 1992, St./L. 1994, 26 s., 63 s., 332 s.; *A. Barattolo*, IstMitt 45:1995, 57–108; *W. L. MacDonald/ J. A. Pinto*, Hadrian's villa and its legacy, New Haven/Lo. 1995; *S. Schorndorfer*, Öff. Bauten in hadrianischer Zeit in Kleinasien, Diss. Heidelberg 1994, Münster 1997; *M. Falsitta*, Villa Adriana, Mi. 2000. C. Müller

Hadymos → **Adymos**

Haflagu, nabatäischer Künstler, im 1. Jh. n. Chr. in Hegra/Saudi-Arabien tätig. H. ist nur in einem nabatäischen Graffito in Hegra gen., worin er als Künstler bez. wird. Möglicherweise war er an der Gestaltung von Grabfassaden in Hegra beteiligt, allerdings ist seine Sign. auf keinem der Gräber überliefert. ▭ EAA V, 1963 (s.v. Nabatea, Arte, Haflagu). – *J. Jaussen/R. Savignac*, Mission archéol. en Arabie, I, P. 1909, Nr 62.
D. Keller

Hagay, nabatäischer Bildhauer, im 1. Jh. n. Chr. in Iram/Jordanien tätig. H. ist in ledigl. einer Inschr. überliefert, in der er sich Bildhauer nennt. Von seinen Werken ist nichts erh.; man kann jedoch annehmen, daß er entweder beim Bau des nabatäischen Tempels in Iram oder in einer dortigen Tempel-Wkst. mitgearbeitet hat. ▭ EAA V, 1963 (s.v. Nabatea, Arte, Hagay). – *R. Savignac*, RBi 42:1933, 413–415, Nr 4. D. Keller

Hageladas (I) (Ἁγελᾴδας; Ἀγελάδας; Γελάδας; Ἐλάδας; Ageladas; Ageiladas), Bronzegießer, * Argos, 520–507 v. Chr. in Olympia und auf der übrigen Peloponnes tätig. Viell. Sohn des → Argeios und Vater des → Argeiadas. Die mangelnde Abgrenzung zw. H. (I) und → H. (II) – wahrsch. der Enkel von H. (I) – in den lit. und epigraph. Quellen setzt sich oft in der wiss. Lit. fort. Dabei lassen sich eindeutig zwei Künstler voneinander unterscheiden, von denen der eine im archaischen Zeitalter zus. mit → Kanachos (I) und → Aristokles (III) von Sikyon gearbeitet hat (Antipater von Sidon, Anth. Gr., 16, 220), der and. Angaben des Pausanias zufolge (8, 42, 10) im Strengen Stil Zeitgen. von → Onatas (I) und von → Hegias (I) und viell. zu Beginn des Peloponnes. Krieges tätig war. Sein erstes bek. Werk ist die *Statue des Tarentiners Anochos*, Sohn des Adamatas, Gewinner des Stadionlaufes von 520 v. Chr. und des Diaulos im selben Jahr oder 516 v. Chr. in Olympia (Paus., 6, 14, 11; EAA VII, 1964, 482, Nr 2, s.v. Statua). Das Modell hat sich möglicherweise in der Bronzestatue eines Läufers im Mus. von Olympia erh., dessen Oberschenkel eine argiv. Widmung an Zeus trägt (A. Mallwitz/H.-V. Herrmann, Die Funde aus Olympia, At. 1980, 156 s., Taf. 107,2; Floren, GrPl, 1987, 209, Anm. 34; S. Papadiamantopoulou-Kalliodi, in: Mind and Body, At. 1988, 222, Nr 113): Der bartlose, im Moment des Startens dargestellte Jüngling drückt sich mit der gesamten rechten Fußsohle fest vom Boden ab, während er das angewinkelte linke Bein so nach vorn zieht, daß der Fuß nur mit den Zehen den Untergrund berührt. Sein Körper ist gebeugt, die Arme sind nach vorn gestreckt. H.s zweites Werk, das *Denkmal für Kleosthenes*, dem Sieger im Viergespannrennen von 516 v. Chr. (EAA VII, 1964, 482, Nr 6, s.v. Statua), ist ausführl. bei Pausanias (6, 10, 6–8) beschrieben: „Auf Pantarkes folgt der Wagen des Kleosthenes, eines Epidamniers. Dieser ist ein Werk des H. ... Kleosthenes siegte in der 66. Olympiade und stellte zus. mit den Pferden auch sein Bild und das des Wagenlenkers auf... Dieser Kleosthenes war der erste Pferdebesitzer bei den Griechen, der seine Statue nach Olympia weihte." H.s drittes Werk, die *Statue des Timasitheos von Delphi*, Sieger im Pankration 516 oder 512 v. Chr. (EAA VII, 1964, 482, Nr 5, s.v. Statua), stellt einen sicheren Hinweis auf seine Tätigkeit in der archaischen Zeit dar, da von Timasitheos überliefert ist, daß er 507 v. Chr. in Ungnade verstarb (Paus., 6, 8, 6): „Nicht weit von Promachos steht Timasitheos, von Abstammung Delphier, ein Werk des H. aus Argos, der zwei Siege in Olympia im Pankration und drei in Delphoi errang. Auch er hat in den Kriegen Leistungen aufzuweisen, die durch Kühnheit hervorragen und nicht weniger glücklich waren, außer der letzten; dieses Unternehmen brachte ihm den Tod. Denn an der Tat des Atheners Isagoras, der die Akropolis der Athener besetzte, um Tyrann zu werden, nahm auch Timasitheos teil und erhielt, da er zu den auf der Burg Gefangengenommenen gehörte, für sein Vergehen von den Athenern die Todesstrafe." Ein weiteres Werk, die *Gruppe der drei Musen*, befand sich wahrsch. in Sikyon, der Heimat von H.s Mitarb. → Kanachos (I) und → Aristokles (III), für die Plutarch (mor., 746 E) einen Kult des Dreigestirns überliefert (Floren, GrPl, 1987, 212, Anm. 11–14; A. Queyrel, LIMC VI, 1992, 661, Nr 23, s.v. Mousa, Mousai): Ihm zufolge hat H. die Figur mit Barbiton (eine Kithara mit großem Resonanzkörper) ausgef., → Aristokles (III) und → Kanachos (I) dagegen ihre beiden Schwestern mit Lyra und Flöten. In der zeitgen. att. schwarzfigurigen Keramik kommt die Kithara dem Apoll zu, der von einer unterschiedl. Zahl von Musen begleitet wird, die in Peplos und Himation gekleidet sind und oft eine Lyra oder eine Flöte in der Hand halten (W. Lambrinudakis, LIMC II, 1984, 270 s., Nrn 701a*, 702*, s.v. Apollon) und die in ihrer hierat. Feierlichkeit dem plast. Entwurf entsprechen. Die Zusammenarbeit mit → Kanachos (I), in dem man der antiken Kunstkritik nach den äußersten Wert auf der „Härteskala" der Skulpt.-Gesch. sehen muß, würde gut zum Stil der H. zugeschr. Werke passen: Seine Frühzeit wird repräsentiert durch die Herakles- und Antaios-Gruppe (530/20 v. Chr.) in New York, Metrop. Mus. (Inv. Nr 28. 77; Floren, GrPl, 1987, 209, Anm. 27, Taf. 16,2), an der bes. der Ausdruck von Charakterstärke der Heraklesfigur hervorzuheben ist, die sich vollkommen von der Notwendigkeit emanzipiert hat, den Gegner zu beeindrucken. Dieser Herakles läßt sich, v.a. was das Motiv des waagrecht nach vorn gestreckten linken Arms angeht, dem bereits beschriebenen Läufer im Mus. von Olympia an die Seite stellen, dessen gesamter Körper die Anspannung im Moment des Starts verkörpert. Die Statuette gehört zu einem Weihgeschenk von insgesamt fünf Figuren, welche die Disziplinen des Pentathlon darstellten und von denen sich noch der Diskoswerfer erh. hat. Daraus läßt sich schließen, daß H.s Figuren sich vom korinth. Stil, wie er auch die Bronzen des argiv. Heiligtums der Hera dominiert (K. Kristalli-Boise, in: H. Kyrieleis [Ed.], Archaische und klass. griech. Plastik, Akten des internat. Kolloquiums Athen 1985, I, Mainz 1986, 167–170), in ihrer massiven Körperlichkeit unterschieden, ferner durch ihre dreieckigen Gesichter mit den großen Augen und durch ihre akkurat gelockten Haarsträhnen über der Stirn. Der Anochos steht am Beginn der Handelsbeziehungen zw. der spartan. Kolonie Tarent und der argiv. Schule, die später im Werk von → H. (II) einen ihrer Höhepunkte erlebt hat. Mit der Bronzegruppe um Kleosthenes hat H. nicht nur zum ersten Mal einen Pferdezüchter in dieser Form verewigt, sondern auch einen wichtigen Beitrag zur Entst. des Bildtyps der Quadriga geleistet, der in den folgenden Jahrhunderten ständig weiterentwickelt worden ist. Bei der Musengruppe handelte es sich um einen von großer Religiosität beseelten Auftrag. In der Exegese des Antipater von Sidon (Anth. Gr. 16, 220, 5–6) wird die Figur des → Aristokles (III) als „Herrin des Tons" bez., die des H. als „Musikantin der Farbe" und die des → Kanachos (I) als „Erfinderin der Harmonielehre": Jede von ihnen repräsentiert im System des Tetrachords eine „Skala", näml. die Diatonik, die Chromatik und die Enharmonik. ▭ ThB15, 1922 (s.v. Hagelaidas). RE VII. 2, 1912; EAA III, 1960; DNP I, 1996 (s.v. Ageladas). – *G. Lippold*, GrPl, 1950, 88; *I. G. Donnay*, AntCl 34:1965, 457 s. (ohne Unterscheidung zu → H. [II]); *L. Beschi*, in: *id.* (Ed.), Aparchaí, Studi in onore di Paolo Enrico Arias, I, Pisa 1982, 220–238; *Floren*, GrPl, 1987; *Stewart*, Sculpture, 1990, 247 s. (ohne Unterscheidung zu → H. [II]); *A. Corso*, NumAntCl 24:1995, 173 s.; *P. Moreno*, I Bronzi di Riace, Mi. 1998, 11; *G. Maddoli/M. Nafissi/V. Saladino (Ed.)*, Pausania, Guida della Grecia, VI, Mi. 1999, 237 (ohne Unterscheidung zu → H. [II]). P. Moreno

Hageladas (II), Bronzegießer, * Argos, 474–430 v. Chr. in Argos, Olympia, Aigion, Naupaktos, Delphi und Athen tätig. Sohn des → Argeiadas, Enkel von → H. (I) und viell. Vater von → Argeios. Pausanias (8, 42, 10) zufolge Zeitgen. von → Onatas (I) und → Hegias (I). Zus. mit → Alkamenes (I) (Paus., 5, 10, 8) meines Erachtens Verfertiger des Skulpturenschmucks am Zeus-Tempel in Olympia und wahrsch. auch der Gruppe der Sieben gegen Theben und der Epigonen auf der Agora von Argos. Lehrer von → Myron (I) (Plin., nat., 34, 57), → Pheidias (I) (Suid., s.v. Γελάδας; Tzetz., hist. var., 8, 325) und → Polykleitos (I). → Argeios, vermutl. der Sohn von H. (II), war wiederum Schüler von → Polykleitos (I). – Ausb. in der Wkst. seines Vaters → Argeiadas in Argos. Von seinem Großvater → H. (I), der ihn entscheidend beeinflußt hat, übernimmt er die Auffassung der menschl. Physiognomie und treibt diese ebenso weiter wie das Thema der Quadriga. Sein erstes Werk ist das kurz vor 473 v. Chr. entstandene sog. kleine Weihgeschenk der Tarentiner in Delphi (Paus., 10, 10, 6): Auf einer mehr als 13 Meter langen Plinthe wechseln sich vier Gruppen von je vier Pferden mit Sklavinnen ab, lebende Beutestücke von einem der spartan. Überfälle auf das messap. Hinterland (Diod., 11, 52) und Bestätigung des Orakels, daß über die Gründer von Tarent eine solche Geißel der Iapigen kommen würde (Strab., 6, 32). Der tiefe Abdruck der Hufe verweist auf Arbeitspferde. Eine der weinenden Gefangenen mit zusammengebundenen Händen und dem argiv. Peplos wiederholt die Darst. auf einer Bronze in Berlin (SMPK, Antiken-Slg, Inv. Nr 31462; GGK, FührerBerlin, 1968, 152, Nr 1462); die dreieckige Gesichtsform und die über der Stirn gebauschte Frisur zeigen ferner den Einfluß von → H. (I). Die großartige Komp. aus Pferden und Frauen verweist bereits auf die Vision der Quadrigen neben Sterope, Hippodameia und ihren Dienerinnen, alle mit dem argiv. Peplos bekleidet, auf dem O-Giebel des Zeus-Tempels in Olympia (471–456 v. Chr.). Neben → Libon als Architekten und → Pheidias (I), der die Zeus-Statue in der Cella geschaffen hat, erw. Pausanias zwei weitere Künstler, die an den Fassaden gearbeitet haben. Der eine von ihnen ist → Alkamenes (I), von dem der W-Giebel stammt. Der zweite in diesem Zusammenhang gen. Name, → Paionios (I), geht allerdings auf die Fehlinterpretation einer Inschr. zurück. Aus stilist. Gründen läßt sich als Künstler, der neben → Alkamenes (I) an den Giebeln gearbeitet hat, ein Meister annehmen, der von der Peloponnes, womögl. aus Argos, stammte, Gründer der Wkst. von Olympia war, Fertiger der Metopen und Anreger des O-Giebels (B. Schweitzer, JdI 43:1928, 230–268). Diese Persönlichkeit wurde durch einen Vergleich mit männl. und weibl. Bronzefiguren der Schule von Argos weiter eingegrenzt und schließl. als → Dionysios (II) von Argos identifiziert (E. Langlotz, JdI 49:1934, 24–44). Ein neuerer Vorschlag geht dahin, in → Dionysios (II) einen Mitarb. zu sehen (Vierneisel-Schlörb, KatSkulptGlypt, II, 1979, 27 ss.) und die Ltg des gesamten Projekts seinem wesentl. bedeutenderen Mitbürger und Zeitgen. H. zuzuschreiben (H. G. Beyen/W. Vollgraff, Argos et Sicyione, D. H. 1947; Amandry, 1957, 74, Anm. 46). Daß die Schule von Argos am Tempel von Olympia beteiligt war, wird ersichtl., wenn man das Skulpt.-Programm nicht chronolog. oder nach Giebeln getrennt betrachtet, sondern indem man die Figuren unabhängig von ihrer Aufstellung nach ihrer formalen Wertigkeit dem Künstler aus Argos und dem reifen ion. Bildhauer → Alkamenes (I) zuordnet, die hier zusammengearbeitet haben (H.-V. Herrmann, in: Die Olympia-Skulpt., Da. 1987, 327–338). Endlich zeigt auch die intensivierte Mythenforschung an den Metopen von Olympia, daß die Herakles-Taten hier in einer argiv. Version dargest. sind (M. A. Pimpinelli, Ostraka 3:1994, 349–416). Dem figürl. System von Olympia ist in ikonograph. wie auch in stilist. Hinsicht die Bronze A aus Riace vergleichbar: ihre Anlage entspricht der des Zeus auf dem O-Giebel (I. Triantis, LIMC VI, 1994, 284, Nr 23*, s.v. Pelops), ihr Kopf, in der graph. Rekonstr. durch einen Helm erg., ähnelt dem des Oinomaos, dem negativen Helden desselben Giebels, das Profil stimmt völlig mit dem des Atlas auf der Metope mit den Äpfeln der Hesperiden überein (B. Ashmole/N. Yalouris, Olympia. The sculpt. of the temple of Zeus, Lo. 1967, Abb. 188, 192 s.; J. Boardman, LIMC V, 1990, 7, Nr 1705/X* [mit Textabb.], s.v. Herakles): die Locken im Bart und auf dem Haupthaar sind an der Mähne der Kentauren und der Sterope-Gruppe orientiert und weisen bisweilen auf einen Bronzegießer hin, der hinter der virtuosen Bearbeitung des Marmors von Olympia zurücksteht (Ashmole/Yalouris, ibid., Abb. 44; I. Triantis, LIMC VI, 1994, 809, Nr 5, s.v. Sterope I). Die geolog. Bodenunters. hat erbracht, daß die Bronze A in Argos gegossen worden ist (P. Bianchetti, in: I Bronzi di Riace vent'anni dopo, R. 1995/Fi. 2000). Durch den Vergleich mit Vasenbildern, v.a. mit dem Hopliten auf der att. weißgrundigen Lekythos des Achilleusmalers in Berlin (I. Wehgartner, BWPr 129:1985, 5–51; F. Giudice, Magna Graecia 27:1992 [5/6], 3 s.; J. H. Oakley, The Achilleus Painter, Mainz 1997, 150, Nr 273, Taf. 141, B7; O. E. Tzachou-Alexandri, Lefkés lékythoi tou zográphou tou Achilleos, At. 1998, 61, Abb. 5) läßt sie sich auf um 450 v. Chr. datieren und H. als wichtigstem Vetreter der argiv. Schule zuschreiben. Nach Voll. der Giebel von Olympia und der Schlacht von Oinoë (ca. 456 v. Chr.) beginnt H. nicht nur das Weihgeschenk mit den Sieben gegen Theben und den Epigonen, das die Argiver Pausanias zufolge (10, 10, 2) für das Apollonheiligtum in Delphi bestellt hatten, sondern auch eine entsprechende Gruppe für die Agora von Argos, für die Pausanias (2, 20, 5) eine Orientierung an den Versen des Aischylos (ca. 467 v. Chr.) betont. Die extreme Grausamkeit des Tydeus, der das Gehirn seines Gegners Melanippos verschlingt, erklärt die schockierende Wirkung der Bronze A von Riace, Maske eines Menschenfressers: Der unheiml. Glanz der versilberten Zähne bildet einen starken Kontrast zu den großen, aus rotem Kupfer gegossenen Lippen und läßt den Vergleich des Helden im Kampf mit „Wildschweinen mit glänzenden Hauern“ anklingen (Stat., Theb., 6, 865–868). In den Versen des Aischylos (Septem, 382 s.) klagt der Verbannte von Kalydon den Amphiaraos an, der seine Teilnahme am Zug der Sieben gegen Theben verweigert, weil er dessen verhängnisvollen Ausgang bereits voraussieht. Diese nachvollziehbare Angst des Amphiaraos, der sich unentschlossen abwendet, ist in der Bronze B von Riace dem vermessenen Handeln des Tydeus gegenübergestellt. Eine oberhalb des Nackens verbliebene Kerbe läßt darauf schließen, daß der Seher, wie in der Lit. beschrieben, einen Lorbeerkranz unter dem Helm trug (Stat., Theb., 1, 42; 8, 174). Unter Berücksichtigung der halbkreisförmigen Anordnung des Weihgeschenks mit den Sieben in Delphi (J.-F. Bommelaer/D. Laroche, Guide de Delphes, Le site, P. 1991, 113 s., Nr 112, Abb. 38), die sich auch in der kürzl. ausgegrabenen Anlage der Agora in Argos wiederholt (M. Torelli/Th. Mavroiannis, Grecia, Mi. 1997, 95, Nr 11) und damit das Gebiet des Heroenkultes der Sieben absteckt (A. Pariente, in: Polydipsion Argos, FiB 1987, P. 1992, 195–225) und mit Hilfe der ausführl. Beschr. des Pausanias ist der Komplex der Sieben und der Epigonen zeichner. rekonstr. worden. Dabei kommt auch der anzunehmende Kontrast zw. H.s Tydeus und dem Amphiaraos zum Tragen, der aufgrund von stilist. Übereinstimmungen mit Elementen am Tempel von Olympia und mit dem Hermes Propylaios → Alkamenes (I) zugeschr. wird. Die Lebenswege der beiden Künstler unterschiedl. Herkunft sind demnach nicht nur durch die Dekoration des Tempels von Olympia und die gemeinsame Arbeit an der Gruppe von Argos miteinander verknüpft, sondern auch durch die Erfahrung der problemat. Lage auf der Peloponnes, der seit der Ankunft des geflohenen Themistokles in Argos immer mehr ins Spannungsfeld zw. Sparta und Athen geraten war und nach der polit. Durchsetzung des Kimon und der demokrat. Revolution des Perikles schließl. die antispartan. Allianz mit Argos erlebte. Char. Merkmale der H. zugeschr. Tydeus-Figur finden sich auch an and. Fragm. der Bronzegruppe, die weitere Vertreter der Sieben und der Epigonen zeigen, näml. an zwei Torsi in der Gall. Colonna in Rom (Moreno, 1998, 29–32, Abb. 37–42). Der eine, Zeus, wurde fälschl. durch einen nicht zugehörigen Kopf erg. (aus dem Umfeld des Diskuswerfers von → Polykleitos [I]: M. G. Picozzi, in: Gall. Colonna in Roma, R./Busto Arsizio 1990, 174–176, Nr 95), und auch der and., ein Krieger, besitzt heute einen fremden Kopf (F. Carinci, in: Gall. Colonna in Rom, R./Busto Arsizio 1990, 183–187, Nr 100). Der nur mit dem Lederfutter des Helms bedeckte Kopf eines Kriegers, viell. Adrastos, im MN von Rom (vgl. für die versch. Identifizierungsvorschläge: H. Flashar, in: Ulisse, Il mito e la mem., ed. B. Andreae, R. 1996, 32, Nr I. 8; I. Romeo, BdA 79:1994[85/86] 1–16; id., in: Giuliano, MusNazRom, I. 12, 1, 1995, 75–79, Nr 73). Der junge Heros in der Villa Hadriana, der sich mit der Linken auf den gesenkten Schild stützt und in der Rechten einen Zweig hielt (E. Minakaran-Hiesgen, in: Tainia, Festschr. Roland Hampe, Mainz 1980, 181–195), ist möglicherweise Theseus, der die Epigonen begleitet, oder einer der flehenden Epigonen. Hinzu kommen der Hermes, ebenfalls im Antiquarium der Villa Hadriana, und der Psychopompos neben den Begrabenen auf der Mauer von Theben (G. Siebert, LIMC V, 1990, 364, Nr. 920*, s.v. Hermes). Kurz vor dem Tydeus wäre der Zeus Ithomatas anzusetzen (M. Tiverios, LIMC VIII, 1997, 324, Nr 63, s.v. Zeus), den H. für die ca. 460–455 v. Chr. nach Naupaktos vertriebenen Messenier ausgef. hat. Der kämpferische, mit einem Blitz bewaffnete Gott war offenbar von kleinem Format und wurde später auf dem Berg Ithome aufgestellt, wo ihn Pausanias gesehen hat (4, 33, 2). Eine Vorstellung vom Aussehen der Zeus-Statue vermitteln hellenist. Münzen aus Messene und eine Gemme in Leiden (M. Tiverios, LIMC VIII, 1997, 362, Nr 431*, s.v. Zeus; E. Ralli-Photopoulou, ibid., 358, Nr 358, s.v. Zeus). Im Gegensatz zu dem → H. (I) zugeschr. kämpfenden Herakles läßt sich hier der horizontal vorgestreckte linke Arm beobachten, auf dem der dem Zeus zugewandte Adler sitzt. Die Ausrichtung des rechten Beins im Verhältnis zum Körper, ähnl. auch an der Figur des Tydeus, führt die an der Bronze von Riace erprobte Technik, die Gliedmaße zus. mit dem Körper in einem Stück zu gießen und nur das Spielbein gesondert zu arbeiten, fort. Die linea alba wird v.a. durch die ausladende Geste des rechten Arms artikuliert, und wie bei dem Tydeus bestehen Bart und Haupthaar aus dichten, bewegten Locken. Kompliziert ist die Rekonstr. der Anteile H.s in Aigion. Pausanias berichtet im Zusammenhang mit der dem Zeus Eleutherios gew. Höhle auf der Agora von Aigion (7, 23, 9), daß sich links des Eingangs zwei Zeus-Bilder befunden haben: „beide aus Bronze, und die eine noch ohne Bart schien mir älter zu sein“; wenig später spricht er von einem Poseidon und einem Herakles aus Bronze, in der lokalen Trad. als „die Götter von Argos“ bez., weil sie in der argiv. Wkst. ausgef. worden seien (7, 23, 10); endl. fügt er hinzu: „Die Aigieer haben noch weitere Statuen aus Bronze, einen jugendl. Zeus und einen Herakles, auch dieser noch ohne Bart, ein Werk des Argivers H.“ (Paus., 7, 24, 4). Wenn man sich auf die beiden letztgen. sicheren Werke konzentriert, ist der junge Zeus (M. Tiverios, LIMC VIII, 1997, 336, Nr 157, s.v. Zeus) durch nach 146 v. Chr. geprägte hellenist. Münzen aus Aigion bek., ferner durch Münzprägungen der röm. Kaiserzeit (Lévy, 1988, 132, Taf. 26, 3; Osanna, 1996, 195 s.). Mit dem Unterschied, daß es sich hier um eine bartlose Figur handelt, ist das Modell ähnl. dem des Zeus Ithomatas, bei dem der Gott mit einer Hand den Blitz schleudert und auf der and. den Adler trägt. Auf einer Prägung des Marc Aurel (→ Annius Verus, Marcus) in der BN in Paris scheint der Typus in Kombination mit der legendären Inschr. ΑΙΓΙΕΙΩΝ ΠΑΙΣ als „[Zeus] Pais der Aigieer“ (Imhoof-Blumer/Gardner, NumCommPaus, ed. A. N. Oikonomides, 1964, Taf. R,13). Das Aussehen der Herakles-Figur (O. Palagia, LIMC IV, 1988, 788, Nr 1269, s.v. Herakles; Osanna, 1996, 196 s.) könnte man sich ähnl. einer Bronze des jugendl. Angreifers im Louvre in Paris vorstellen (J. Boardman, LIMC IV, 1988, 735, Nr 31*, s.v. Herakles), die zahlr. Parallelen zu den Darst. des Zeus Ithomatas und des Zeus Pais aufweist. Die spätere Überlieferung (Schol. Aristoph., ran., 504; Tzetz., hist. var., 8, 325 s.)

schreibt H. ferner den Herakles Alexikakos von Melite in Athen zu, nach dessen Aufstellung die Pest von 429 v. Chr. erloschen sein soll: wohl ein glückl. Zusammenfall mit H.s Akme der Jahre 432–429 v. Chr. (Plin., nat., 34, 49). Unter den versch. Rekonstr.-Vorschlägen für den Herakles (H. von Heintze, RM 72:1965, 14–40; Woodford, 1976, 291–294; O. Palagia, LIMC IV, 1988, 789, Nr 1282, s.v. Herakles) entspricht die für den Typus namensgebende Statue des Herakles Albertini im MN von Rom (D. Candilio, in: Giuliano, MusNazRom, I. 2, 1981, 351 s., Nr 51; J. Boardman, LIMC IV, 1988, 745, Nr 288*, s.v. Herakles) der Figur des Tydeus in den Proportionen, der Anatomie und der Pose am ehesten und stellt einen überzeugenden Vorschlag für H.s letzte Schöpfung dar (Moreno, 1998, 14, Abb. 6 s.). – H.s Entwicklung vom archaischen zum klass. Stil läßt sich an der vergleichenden Betrachtung seiner Werke vom Weihgeschenk der Tarentiner bis hin zur Ausschmückung des Zeus-Tempels in Olympia ablesen. Der Auftrag für das erste Werk kam aus dem noch monarch.-spartan. Tarent. Die Komp. ist additiv und weist auf die Kriegsbeute hin; die zugehörige Inschr. wurde folgendermaßen rekonstr.: „Von den Messapiern haben die Tarentiner durch Apoll diese Dinge genommen" (E. Bourguet, FDelphes, III. 1, 1910, 73–80, Nr 129; die Inschr. wurde im 4. Jh. v. Chr. mit Varianten erneuert, Nr 130). Der Tempel von Olympia schildert die Rache von Elis an Pisa und Sparta, die demokrat. Revolution in Argos und die Allianz mit Athen: Die Plastik wetteifert so mit dem zeitgen. Theater um die anschaul. Übermittlung von hist. Ereignissen. Mit seinem Tydeus aus der Gruppe der Sieben gegen Theben und der Epigonen schildert der Gießer einen Char. von erschütternder Evidenz. Die lit. Trad., der zufolge H. Lehrer der berühmtesten Bildhauer der Antike gewesen ist, wird durch die Vorbildwirkung dieser Figur auf die Plastik von → Myron (I), → Pheidias (I) und → Polykleitos (I) bestätigt (Moreno, 1998, 33–36, Abb. 43–59). H. muß als Inventor künstler. Neuerungen gesehen werden, die zur Geburt der klass. Kunst geführt haben. → Myron (I) rezipiert das Motiv des Innehaltens, das dem Tydeus von Argos soviel Empörung bescherte, in der physiolog. Darst. des Bewegungsaktes: im Zeus der Gruppe von Samos (M. Tiverios, LIMC VIII, 1997, 330 s., Nr 127*, s.v. Zeus; F. Canciani, ibid., 430, Nrn 83*, 85*, s.v. Zeus/Iuppiter); in einem Pankratiasten (Plin., nat., 34, 57), der aus dem Stuck von Stabiae rekonstr. wurde (M. Nagele, in: Griech. und röm. Statuetten und Großbronzen, Akten der 9. Tagung über antike Bronzen in Wien 1986, W. 1988, 52–56, Abb. 1; G. Bonifacio, in: Pompeii, Picta fragmenta, T. 1997, 151, Nr 117; als Typus wiederholt in den Stabianer Thermen von Pompeji; H. Mielsch, Röm. Stuckreliefs, Heidelberg 1975, 47, 60, Nr 54, A. III. V, Taf. 50) und in einem Torso im MN von Rom (als Zeus gedeutet von: D. Candilio, in: Rotunda Diocletiani, R. 1991, 88, Nr 15). → Pheidias (I) führt den argiv. Bronzeguß in Attika ein, mildert aber unter dem Eindruck der Hell-Dunkel-Malerei des → Euenor (II) und der Bildhauerschule des Atheners → Hegias (I) seine stilist. Härten: Die kräftige Anatomie des Tydeus ist in der maler. Oberfläche des Anakreon zurückgenommen (G. M. A. Richter/R. R. R. Smith, The Portr. of the Greeks, Ox. 1984, 83–86, Abb. 48), das scharfkantig gearbeitete Haar ist in ein duftiges Gebilde verwandelt, die harten Gesichtszüge zerfließen im Lächeln der Herme vom Typus Venedig-Sorrent (in diesem Sinne: E. Harrison, Agora, XI, 1965, 131 ss., 153 s., Nrn 178–180; ead., in: Greek Numismatic and Archeol., Essays in honor of Margaret Thompson, Wetteren 1979, 71–85; and. Deutungen: M. Tiverios, LIMC VIII, 1997, 332, Nr 141, s.v. Zeus; G. Siebert, LIMC V, 1990, 297, Nr 37*, s.v. Hermes), besser bek. als Entdeckung der doppelten Herme von Marina di San Nicola im MN Etrusco di Villa Giulia in Rom (Interpretation als Asklepios: I. Caruso, BdA 4:1990, 27 ss.). Der sublime Einfluß des Tydeus auch auf die in Gold und Elfenbein gearbeitete Statue des Zeus in Olympia (M. Tiverios, LIMC VIII, 1997, 327, Nr 89, s.v. Zeus), im Inneren des Tempels, dessen Außenfassade von H.s großem Ruhm zeugt, läßt sich deutl. an der Gestaltung von Kopf und bes. der Haartracht ablesen, die einen Widerhall von Bart und Mähne des Tydeus bilden (C. O. Pavese, StClOr 32:1982, 22; M. Tiverios, LIMC VIII, 1997, 326, Nr 78d [mit and. Deutung], s.v. Zeus; F. Canciani, ibid., 435, Nr 153, s.v. Zeus/Iuppiter; G. Camporeale, ibid., 409, Nr 117*, s.v. Zeus/Tinia; E. Fabbricotti, in: Cirene, ed. N. Bonacasa, Mi. 2000, 192, Abb. auf p. 190). → Polykleitos (I), junger Mitarb. an den Gießöfen von Argos, verändert im Schrittmotiv des Doryphoros die Pose des Tydeus. Die Vorbildwirkung, die der Tydeus auf alle diese Beispiele ausgeübt hat und die unleugbaren proportionalen Analogien mit dem Amphiaraos von Riace machen begreifl., warum diese wohl von → Alkamenes (I) geschaffene Figur dem Tydeus an die Seite gestellt worden ist (C. Sabbione, in: Due Bronzi da Riace, I, ed. L. Vlad Borrelli/P. Pelagatti, R. 1984, [BdA, ser. speciale, III], 211–225): Hier findet eine Angleichung an das argiv. System von H. statt, in dem bereits der „Kanon" seines Schülers → Polykleitos (I) anklingt. ▭ ThB15, 1922 (s.v. Hagelaidas). RE

VII. 2, 1912; EAA III, 1960; DNP I, 1996 (s.v. Ageladas). – *P. Amandry*, in: Charites, Festschr. Ernst Langlotz, Bonn 1957, 73 s.; *H. W. Gross*, RM 70:1963, 13–19; *G. Donnay*, AntCl 34:1965, 457 s.; *H. von Heintze*, RM 72:1965, 14–40; *Ridgway*, Severe Style, 1970, 62, Anm. 4, pp. 64, 79, 88 s., 112; *S. Woodford*, AJA 80:1976, 291–194; Pausaníou Elládos Periégesis, VII/VIII, Achaiká kai Arkadiká, ed. *N. D. Papachatzi*, At. 1980, 139, 147, Anm. 4, Abb. 103, 5; *H. J. Schalles*, AA 1981, 65–75; *L. E. Lévy*, in: Actes du XII congr. int. d'archéol. classique (At. 1983), II, At. 1988, 132, Taf. 26,3; *Stewart*, Sculpture, 1990, 138, 237 s., Nr T1, pp. 247 s., Nrn T24 s., pp. 252, 256 s.; *J.-F. Bommelaer/D. Laroche*, Guide de Delphes, Le Site, P. 1991, 163 s., Nr 409; *J. Griffiths Pedley*, Greek art and archeol., Lo. 1993, 225, 238; *C. Rolley*, La sculpt. grecque, I, P. 1994, 277; *A. Corso*, in: NumAntCl 24:1995, 173 s.; *M. Osanna*, Santuari e culti dell'Acaia antica, Pe. 1996, 195–197; *P. Moreno*, I Bronzi di Riace, Mi. 1998, 11 s., 20–24, 33; *id.*, La bellezza classica, T. 2001, 51–67.

P. Moreno

Hagelades → **Hageladas** (I)

Hagesandros v.e. **Alexandros (II)**

Hagesandros (Ἁγήσανδρος; Agesandros; Hagesandrus), griech. Bildhauer auf Rhodos, im 2./1. Jh. v. Chr. tätig. H. war einer der häufigsten Namen in Rhodos. Er begegnet dort allein in mehr als 80 Inschriften. Bedeutungsvoll für die antike Künstler-Gesch. ist allerdings nur derjenige H., den Plinius, nat., 36, 37 als ersten einer Dreierliste neben → Polydoros und → Athanodoros (II) nennt. Der Text, der seit der frühesten Übersetzung in eine neue Sprache und zwar ins Ital. durch Cristoforo Landino 1477 mißverstanden wurde und für große Verwirrung in der antiken Kunst-Gesch. gesorgt hat, steht am E. einer langen Aufzählung griech. Marmorbildhauer. In neuer dt. Übersetzung lautet er: „ Weiterhin ist nicht mehr viel von and. die Rede, deren Berühmtheit trotz ihrer hervorragenden Werke die Zahl der Künstler entgegensteht, weil nicht einer allein den Ruhm hat und nicht mehrere ihn in gleicher Weise beanspruchen können, wie im Fall des Laokoon, der im Palast des Imperators Titus steht, als Werk allen in Malerei und Statuentechnik vorzuziehen; aus einem Stein haben ihn, die Söhne und die bewundernswerten Schlangenwindungen nach Ratsbeschluß die höchsten Künstler Hagesandrus, Polydorus (→ Polydoros) und Athanodorus (→ Athanadoros [II]) aus Rhodos gemacht. In gleicher Weise füllten Craterus (→ Krateros [III]) mit Pythodorus (→ Pythodoros [III]), Polydeuces (→ Polydeukes) mit Hermolaus (→ Hermolaos [I]), ein and. Pythodorus (*Pythodoros [IV]*) zus. mit → Artemon (I) und als Einzelner Aphrodisius (→ Aphrodisios [I]) von Tralleis die Palatin. Kaiserpaläste mit treffl. Bildwerken." – Die Palatin. Kaiserpaläste in Rom, die hier in Gegensatz zum Tituspalast auf dem gegenüberliegenden Oppiushügel gestellt werden, waren die Domus Tiberiana, der Claudische Palastteil und die Domus Transitoria Neros, die den Palatin mit dem Goldenen Haus auf dem Oppius verband, wo Titus (69–82 n. Chr.) nach dem Tode Neros Wohnung bezogen hatte. Plinius (23–79 n. Chr.) spricht also am E. seiner Kunst-Gesch. von Bildhauern seiner Zeit. Die Laokoongruppe stand damals in dem von Titus bewohnten Goldenen Hause Neros; sie wurde aber am 31. Januar 1506 im Weinberg Felice de Fredis in einem spätantiken Wohnhaus bei den sog. Sette Sale, dem Wasserreservoir der Trajansthermen gefunden, die das Goldene Haus Neros überbauten. Deshalb ist auch bezweifelt worden, daß die wiederaufgefundene Laokoongruppe wirkl. dieselbe sei, die Plinius erwähnt. Die Frage konnte erst geklärt werden, als 1957 die einzige bisher bek. Sign. von H.s Sohn, des → Paionios (III) aus Rhodos, in der Grotte des Tiberius in Sperlonga gefunden wurde. Es gibt zwar noch eine and. Inschr. eines Hagesandros Paioniou in Rhodos aus der Zeit ca. 60–50 v. Chr. (IG, XII, 1, 107 lin. 15), es ist aber nicht die Sign. eines Bildhauers, und die darin gen. Persönlichkeit ist nichts anderes als nur synonym. Daß es sich in Sperlonga hingegen um den gleichen Bildhauer wie bei Plinius, nat., 36, 37 handelt, ist durch die Tatsache gesichert, daß H. hier neben den beiden and. von Plinius gen. Bildhauern figuriert. – Allerdings gibt es ein Problem der Reihenfolge. Bei Plinius erscheint H. an erster Stelle vor → Polydoros und → Athanodoros (II); in Sperlonga lautet die Reihenfolge jedoch vollkommen anders: → Athanodoros (II) erscheint an erster, H. an zweiter und → Polydoros an dritter Stelle. – Das Problem wird auf der einen Seite dadurch noch verwickelter, daß die Inschr. von Sperlonga im Gegensatz zu Plinius auch die Vatersnamen der drei Künstler mitteilt und daß hier zweimal die gleichen Namen wie in der Generation der Söhne begegnen, näml. H. als Vater des → Athanodoros (II) und → Polydoros als Vater des → Polydoros. Man kann also nicht einfach ausschließen, daß in Sperlonga neben dem erstgen. → Athanodoros (II) als zweiter sein eigener Vater H. und als dritter der Vater des → Polydoros mit dem gleichen Namen → Polydoros gearbeitet haben. Es wäre allerdings doch sehr merkwürdig, wenn ausgerechnet der einzige aus der zweiten Generation stammende Bildhauer in Sperlonga als erster in der Reihe sign. hätte. Deswegen wird man zugeben, daß auf der and. Seite das Problem durch die Nennung der Vatersnamen auch einfacher wird und folgender Lösungsvorschlag gemacht werden darf, der im Einklang mit dem insgesamt wichtigsten Argument, näml. der Übereinstimmung des Bildhauerstiles von Laokoongruppe und Sperlongaskulpturen steht. Die and. Reihenfolge der Namen in der Sign. von Sperlonga beruht auf einem bisher unbek. Umstand, sie bedeutet aber nicht, daß Plinius auf der einen Seite und die Sign. von Sperlonga auf der and. Seite versch. Bildhauer nennen. Die Übereinstimmung des Meißelstiles zw. Laokoongruppe und den sechs großen Skulpturengruppen von Sperlonga, ungeachtet der Verschiedenheit der jeweiligen Vorbilder, zwingt dazu, eine Verschiedenheit der ausführenden Künstler auszuschließen. Dabei ist es letztl. unwichtig, ob hier außer → Athanodoros (II) die gleichnamigen Väter H. und → Polydoros oder, was wahrscheinlicher ist, die Söhne gleichen Namens gemeint sind. Entscheidend ist, daß nicht weniger als fünf Elemente, drei Namen, viertens der Herkunftsort Rhodos und und fünftens der Stil in Sperlonga und bei dem von Plinius erw. Laokoon übereinstimmen. – Das Problem der Zeitbestimmung des hier zu behandelnden Bildhauers H. ist letztendl. nur auf dem Umweg über die Zeitbestimmung der Skulpturen von Sperlonga zu lösen. Es ist aber auch nur eine Lösung akzeptabel, welche die wichtige weitere Information des Plinius berücksichtigt, daß die Laokoongruppe *de consilii sententia*, d.h. entweder nach einem Ratsbeschluß oder nach gemeinsamem Beschluß aus dem Marmor gehauen wurde. Beide Bedeutungen sind belegt. Wenn die Laokoongruppe ein Orig.-Entwurf wäre, müßte man die erstere Bedeutung vorziehen, handelt es sich, was hier vorausgesetzt wird, um eine Kopie, muß man der zweiten Bedeutung den Vorzug geben. Der Beschluß eines Consiliums dürfte danach von dem durch Sueton, Tiberius 55 erw. Beratergremium des Tiberius gefaßt worden sein. Denn die Laokoongruppe und die Skulpturengruppen aus der Grotte des Tiberius von Sperlonga hängen wegen der Sign. der drei Rhodier untrennbar mit dem Kaiser dieses Namens zusammen, der den Auftrag zur Ausschmückung der Grotte mit der erst jüngst vollst. kenntl. gewordenen Skulpturenausstattung erteilt haben muß, weil deren Ikonologie nur auf ihn zutrifft. – Für das Verständnis dieser Skulpturen ist die Aussage des Plinius von grundlegender Wichtigkeit. Da sie so lange mißverstanden wurde, war auch eine Lösung des ganzen Problems so schwierig. Inzwischen ist aber nach gründl. Auseinandersetzung klar geworden, daß Plinius mit seinem Satz nicht einen absoluten Vorrang der Laokoongruppe vor allen Werken der Malerei und Bildhauerkunst begründen wollte, wie man *statuaria ars* entsprechend dem Ital. *arte statuaria* übersetzt hat, sondern daß er rundheraus erklärt hat, die Laokoongruppe in Marmor sei allen Darst. des Laokoon in Malerei und Bronze vorzuziehen. *Ars statuaria* ist näml. nach Auskunft aller Lexika und in Übereinstimmung mit allen zehn Stellen, an denen der Begriff bei Plinius erscheint, die Technik des Bronzegusses oder wörtl. übersetzt Statuenkunst, da man freistehende Statuen, die keiner Stütze bedurften, nur aus dem elast. Metall anfertigen konnte. Mit dieser Erkenntnis ist der Weg zum richtigen Verständnis der von H. und seinen Bildhauerkollegen → Athanodoros (II) und → Polydoros aus dem Marmor gehauenen Skulpturen frei geworden. In Sperlonga haben sie bis auf die sechste Gruppe des Ganymed alle fünf großen Skulpturengruppen nach hellenist. Bronze-Orig. kopiert, die auch durch and. Zeugnisse kenntl. sind. – Von der unter dem Namen Pasquinogruppe bek. Gruppe der Bergung des Leichnams des Patroklos durch Menelaos, die in Sperlonga eindeutig in eine Gruppe der Bergung des Leichnams des Achilles durch Odysseus umgewandelt wurde, existieren zahlr. Repliken, die man auf eine Schöpfung aus dem Kreis des → Phyromachos (II) aus der Zeit 170–160 v. Chr. zurückführen kann. – Die Palladionraubgruppe, von deren Odysseusfigur zwei maßgleiche Repliken in Rom, im Palazzo Mattei und im MN Palazzo Massimo alle Terme und Nachbildungen der ganzen Gruppe auf kleinasiat. Sarkophagen bek. sind, ist die in Einzelheiten wie der Drapierung des Mäntelchens des Odysseus weniger exakte Kopie eines zu Beginn des 2. Jh. v. Chr. von → Nikeratos für die Stadt Pergamon geschaffenen Bronzeoriginals. – Die Philoktet-Gruppe, von der es eine Statuettenkopie des Philoktet im Univ.-Mus. von Missisippi gibt, bildet ein bisher nicht näher kenntl. Vorbild der ersten Hälfte des 2. Jh. v. Chr. nach. – Die Polyphemgruppe ist auf einem Relief der Zeit um 180 n. Chr. im Mus. Civ. Castello Ursino in Catania abgebildet. Eine maßgleiche Replik, von der die Köpfe der drei Gefährten des Odysseus (im Vatikan, im BM in London und ehem. Berlin, Staatl. Mus.) erh. blieben, stand in der Villa Hadriana. Das Vorbild war eine um 160 v. Chr. zu datierende hellenist. Bronzegruppe wiederum aus dem Kreise des → Phyromachos (II). – Die von den rhodischen Bildhauern sign. Skyllagruppe ist die Marmorkopie eines rhodischen Denkmals für die Gefallenen im Piratenkrieg aus der Zeit um 180 v. Chr. Diese Bronzegruppe stand seit der Spätantike auf dem Hippodrom von Konstantinopel und wird dort von fünf versch. Betrachtern erw. und ausführl. von Niketas Choniates (Patria 861) beschrieben als eines der antiken Werke aus Bronze, die von den Kreuzfahrern 1204/05 zerst., eingeschmolzen und zu Münzen geprägt wurden. Die Gruppe ist häufig in der Kleinkunst dargestellt worden, darunter auf einem Mosaik aus Gubbio in Perugia, das um 100 v. Chr. dat. ist und damit einen sicheren *terminus ante quem* für die Gruppenschöpfung bietet. – Es ist also unzweifelhaft gesichert, daß H. und seine Wkst. v.a. Kopien hellenist. Bronzegruppen in Marmor geschaffen haben. Daß sie nur die Skyllagruppe sign. haben, bedeutet nicht, daß sie nicht auch die and. Gruppen und weitere Skulpturen gemeißelt haben. Die Sign. stand sehr gut sichtbar am Ruderkasten der Skyllagruppe im Zentrum des ganzen großen Ensembles und konnte damit für alles gelten. – V.a. ging aus ihrem Atelier, wie Vergleiche des Meißelstils zeigen, auch die Ganymedgruppe hervor, für die sich ein hellenist. Bronzevorbild nicht nachweisen läßt. Vielmehr läßt sich zeigen, daß diese Skulptur für den Aufstellungsort über dem Scheitel der Grottenöffnung in Sperlonga entworfen wurde, denn nur an dieser Stelle bietet sie sich dem Betrachter in der beabsichtigten und sehr ausgeklügelten Ansicht dar. Durch eine Aushöhlung in der Basis, die wie Nut und Feder auf einen aus Caementicium geformten Wulst auf dem kubischen Sockel über dem Scheitel der Grottenöffnung paßt, ist sie genau im Raum fixiert. Damit sie von der Trikliniumsinsel im Becken vor der Höhle aus sichtbar war, wurde eine schräge Furche in den Felsen über dem Grottenrand eingearbeitet. Die Figur ist um sieben Grad nach vorn geneigt, damit die Verkürzung bei der Unteransicht gemildert wird, und sie ist um acht Grad nach ihrer linken Seite, also nach W gedreht, damit sie durch ihre Blickrichtung auf den Monte Circeo, das sagenhafte Eiland der Kirke, verweist, wo der Gründer von Tusculum, dem Stammsitz der Fam. der Claudier, als Sohn des Odysseus und der Zauberin Kirke geb. wurde. – Die Gruppe des vom Adler des Zeus durch die Luft getragenen Ganymed ist die einzige der großen Skulpturengruppen von Sperlonga, die als eine Orig.-Schöpfung des H. und seiner Mitarbeiter gelten kann. Sie ist eher ein Machwerk als ein Kunstwerk. Schon das Bewegungsmotiv ist nicht überzeugend erfaßt, denn man weiß nicht, ob Ganymed schreitet oder fliegt, wie es → Leochares (I) in seiner Schöpfung gleichen Themas und auch der Schöpfer des fliegenden Daidalos im Mus. von Amman so eindrucksvoll anschaul. gemacht haben. Auch die Proportionen der ganzen Gruppe sind unsicher. Der Adler erscheint zu klein, um die überlebensgroße Figur tragen zu können, und die Figur verlängert sich von unten nach oben, wohl in der Absicht, einen perspektiv. Ausgleich der Unteransicht zu erzielen, was aber auf diese Weise nicht erreicht wird, sondern eher durch die damit widerstreitende Neigung der Figur nach vorn. Der aus buntem phryg. Marmor gearbeitete Körper, bei dem durch das Material offenbar auf die phryg. Abstammung des Ganymed hingewiesen werden soll, ist verhältnismäßig unplast., und bes. sind die Gewandfalten summarisch und unstofflich gestaltet. Der Adler, der aus dem gleichen Block gearbeitet ist wie der Körper, wodurch der Hinweis auf die phryg. Abkunft Ganymeds verunklärt wird, ist dabei durchaus von einer gewissen künstler. Kraft. Das erinnert an das Faktum, daß kaiserzeitl. Bildhauer in der Darst. von Tieren nicht selten origineller sind als bei der Darst. menschl. Figuren, bei denen sie sich meistens von den griech. Vorbildern nicht lösen können. Etwas entsprechendes beobachtet man auch bei der Gestaltung des Kopfes des Ganymedes, der sich aller Formeln bedient, die man beim Kopieren der Gruppen nach hellenist. Originalen lernen konnte. – Der künstler. Rang des H. und seiner Kollegen ist nicht durch die Betrachtung der nach eigenem Entwurf der Ausstattung des ganzen mit Kopien hellenist. Bronzegruppen hinzugefügten Marmorskulpturen wie dem Ganymed, der Herme des Iulus oder dem Relief der Venus Genetrix zu finden, sondern man muß die Gesamtleistung der Austattung des Naturtheaters von Sperlonga im Auftrag des Kaisers Tiberius und nach einem von Julius Montanus auf der Grundlage der Waffenstreitrede des Ovid (met., 13, 128–412) unter Heranziehung von Mythologemen Vergils (bes. Aen., 1, 28: Raub Ganymeds als Ursache des Trojanischen Krieges und der Gründung Roms) entworfenen ikonologischen Programms ins Auge fassen. Die Vollendung dieses verwickelten Auftrags an eine Wkst., die Tiberius wohl von seinem achtjährigen Aufenthalt in Rhodos her kannte, war nicht nur eine organisatorische und techn. Leistung ersten Ranges, sondern sie verlangte auch großes künstler. Einfühlungsvermögen, eine erstaunl. Kunstkenntnis und ein beachtl. Vermögen der Verteilung der Massen im Raum. Der Entwurf eines großen Schaubildes mit plast., sich im Wasser spiegelnden Figuren ist in Sperlonga überzeugend verwirklicht, wie der Versuch einer maßstäbl. Rekonstr. im Rahmen der Ausst. „Odysseus. Mythos und Erinnerung“ im Münchener Haus der Kunst (1. Okt. 1999–23. Jan. 2000) lehren kann. Die Aussage der gewaltigen Inszenierung war es zu zeigen, daß Tiberius vom Fatum zum Kaiser des ganzen röm. Weltreichs ausersehen war, weil er als Claudier Nachfahre des Odysseus durch dessen Sohn Telegonos und als Julier Nachfahre des Aeneas durch dessen Sohn Julus war. Tiberius konnte sich rühmen, das Blut beider Helden in sich zu tragen, ohne deren Wirken es zur Gründung von Rom nicht gekommen wäre. Hätte der Grieche Odysseus Troja nicht zerst., wäre Aeneas nicht geflohen, wäre denn Rom auch nicht gegründet worden. Tiberius konnte sich dadurch als der schicksalhafte Herrscher aller Bewohner des Reiches, sowohl der Nachfahren der Trojaner des Aeneas als auch der Volkszugehörigen des Odysseus darstellen. Diese Aussage durch die Ausstattung der Grotte von Sperlonga mit Marmorskulpturen anschaul. zu machen, war eine nicht geringe Aufgabe. – Ganz bes. zu bewundern ist schließl. die reine Meißelarbeit der rhodischen Kopisten. Es gelingt ihnen, den Stein in ein fast atmendes Material zu verwandeln. Es dürfte nicht leichtfallen, eine ähnl. vollendete Bearbeitung der Oberfläche von Marmor in der Kunst der Welt nachzuweisen. Besonders wenn man die Skulpturen von Sperlonga, die deshalb auch von vielen unmittelbar als Orig.-Arbeiten angesprochen wurden, mit den besten röm. Kopien vergleicht, wie sie das bek. Atelier von Baiae hervorgebracht hat, muß man zugeben, daß hier eine Meißeltechnik Anwendung fand, die unvergleichl. ist. Dabei ist merkwürdig, daß man bisher nicht in der Lage war, die Hände zu scheiden, die hier laut Sign. den Meißel führten. Gewiß wäre es interessant, wenn man den Oberflächenstil von drei, wenn auch nur in minimalen Details versch. Bildhauern feststellen könnte. Das ist noch nicht einmal ansatzweise gelungen. Vielmehr muß man mit Plinius sagen, daß weder einer den Ruhm für sich allein genießen kann, noch alle ihn in gleicher Weise für sich in Anspruch nehmen können, sondern daß sie wirkl. eine Wkst. bilden. H. steht hier also stellvertretend für ein ganzes Team, dessen Mitgl. sich allesamt durch eine in höchstem Maße virtuose Meißelführung auszeichnen. Diese Art der Oberflächenbearbeitung ist auch bei der Laokoongruppe immer bes. bewundert worden. Das Urteil des Plinius, daß die Laokoongruppe in Marmor allen Darst. des Laokoon in Malerei oder Bronze vorzuziehen sei, ist ohne weiteres nachvollziehbar, wenn man die Marmorgruppe zum Beispiel mit den auch heute noch bek. pompejan. Wand-Gem. der Laokoonepisode oder dem Bronzenachguß der vatikan. Gruppe von Francesco Primaticcio in Fontainebleau vergleicht, durch den das vorauszusetzende hellenist. Bronze-Orig. vorstellbar wird. Die Römer zogen offenbar die Ausf. in weichem, dem menschl. Karnat ähnl. Marmor der metallisch harten, glänzenden Bronze vor. – H., → Polydoros und → Athanodoros (II) waren Kopisten, aber sie waren die künstler. fähigsten Kopisten, die wir kennen. Auch das hat schon Plinius erkannt, als er sie *summi artifices* nannte und im Gegensatz dazu die Bildwerke, mit denen eine Reihe vergleichbarer Marmorvirtuosen den Palast des Tiberius auf dem Palatin anfüllten, nur mit dem Eigenschaftswort „trefflich“ charakterisiert. – Durch die in Sperlonga gewonnenen Erkenntnisse kann man die eingangs im Wortlaut zit. Aussage des Plinius über H. und seine Kollegen → Polydoros und → Athanodoros (II) Wort für Wort auch inhaltl. genau verstehen. H. und seine Kollegen waren nicht die Schöpfer der Laokoongruppe, als die man sie früher angesehen hat, sondern diejenigen, die sie in Marmor in einer Weise verewigt haben, welche den Zeitgen. vorzügl. erschien und den Nachfahren höchste Bewunderung abverlangt. ▭ ThB15, 1922. RE VII. 2, 1912; EAA III, 1960. – *B. Andreae*, Plinius und der Laokoon, Mainz 1987 (TrWPr, 8) 3–18; *id.*, RM 96:1989, 433–438; *id.*, Laokoon und die Gründung Roms, Mainz ³1994; *S. Settis*, Laocoonte in bronzo, Laocoonte in marmo, in: Il Cortile delle Statue, der Statuenhof des Belvedere im Vatikan, Internat. Kongr. zu Ehren von Richard Krautheimer, Vatikan 1992, ed. *M. Winner/ B. Andreae/C. Pietrangeli*, Mainz 1998, 129–160; *B. Andreae*, Schönheit des Realismus: Auftraggeber, Schöpfer, Betrachter hellenist. Plastik, Mainz 1998, 213–229, 268–272, Anm. 293 s.; SkulptVatKat, II, Il Museo Pio Clementino. Cortile Otagono, B./N. Y. 1998, 62–79, 9* s.; *B. Andreae*, Odysseus – Mythos und Erinnerung (K München, Haus der Kunst), Mainz ²2000, 100–106. B. Andreae

Hagesias → Hegias (I)

Hai (I), ägypt. Goldschmied („Vorsteher der Goldschmiede“), im Mittleren Reich (2119–1794/93 v. Chr.) in Ägypten tätig. Nur bek. durch eine hieroglyph. Inschr. auf einem Skarabäus, der vermutl. als Siegel Verwendung fand. Wo H. tätig war, muß offen bleiben. ▭ *P. E. Newberry*, Ancient Egyptian Scarabs, Lo. 1905, 198 Nr 11, Taf. 44; *G. T. Martin*, Egyptian administrative and priv.-name seals, Ox. 1971, 73, Nr 914, Taf. 12, Nr 19; *W. A. Ward*, Index of Egyptian administrative and relig. titles of the Middle Kingdom, Beirut 1982, 32, Nr 230. T. Schrottenbaum

Hai (II), Sohn des → Inhercha (I), ägypt. Nekropolenhandwerker („Oberster der Nekropolenhandwerker am Ort der Wahrheit"), unter Amenmesse bis Ramses III. (1203–1152/51 v. Chr.) in Theben-W/Oberägypten tätig. H. ist bek. durch das Grab seines Vaters → Inhercha (I) (Theban Tomb 299) in Deir el-Medineh sowie durch eine Statuenbasis, die ebd. gefunden wurde. Desweiteren ist er auf einem Stelen-Fragm. zus. mit einem Inhercha dargestellt, wobei offen bleiben muß, ob hier sein Vater → Inhercha (I) oder sein Sohn → Inhercha (II) gemeint ist. Außerdem ist er belegt durch zahlr. Ostraka, darunter einige Absentenlisten aus der Zeit Sethos' II. (1200/1199–1194/93), sowie durch ein Ostrakon, auf dem er der Majestätsbeleidigung bezichtigt wird. H. ist durch die Ostraka vom 1. Reg.-Jahr des Amenmesse (1203) bis zum 19. Reg.-Jahr Ramses' III. (1164/63) belegt, war also insgesamt 40 Jahre in seinem Beruf tätig. Diese lange Karriere ist für einen ägypt. Arbeiter bemerkenswert. H. stieg im Laufe seiner Tätigkeit zum „Obersten der Nekropolenhandwerker" auf, was in einem Ostrakon (Genf, MAH, Inv. Nr 12550) ausdrückl. erw. wird, und leitete seitdem die künstler. Arbeiten in der kgl. Nekropole. Er lebte in der Arbeitersiedlung Deir el-Medineh. ▭ PM I. 1, 1960, 380, Nr 299 (dort fälschl. Hai als Vater des Inhercha). – KRI III, 609,16; KRI IV, 302,10–11, 313,11–314,16; 319,15–16; 332,12–15; 333,6; 397,2; 416,16- 417,3; 437,1–9; V, 624,14; 625,1–10. *J. Černý*, ASAE 27:1927, 200 ss.; *id.*, A community of workmen at Thebes in the Ramesside Period, Kairo 1973, 123 ss., 295 ss.; *M. L. Bierbrier*, The late New Kingdom in Egypt, Warminster 1975, 36 ss.; *M. Gutgesell*, Die Dat. der Ostraka und Papyri aus Deir el-Medineh und ihre ökonom. Interpretation, I. 1, Hildesheim 1983, 93 ss.; I. 2, 1983, 335, 460, 487; *M. L. Bierbrier*, in: *R. J. Demarée/A. Egberts* (Ed.), Village voices, Leiden 1992, 1 ss., Abb. 1.

T. Schrottenbaum

Hai (III), gen. Paidenu, Sohn des → Imennechet (I), ägypt. Künstler („Großer Künstler des Herrn der beiden Länder (d.h. des Königs) im Haus der Ewigkeit (d.h. im Grab)"), unter Ramses III. (1183/82–1152/51 v. Chr.) in Theben-W/Oberägypten tätig. Bek. durch sein Grab in Deir el-Medineh (Theban Tomb 267) sowie durch einige Stelen, Ostraka und Graffiti. Die Söhne des H., → Imennechet (V), → Imenua und → Unennefer, schlugen wie H. eine künstler. Laufbahn in der kgl. Nekropole ein. Auf einer Kalksteinstele, die sich heute im BM in London (Inv. Nr 317) befindet, ist ein „Oberster Nekropolenhandwerker" H. zus. mit → Imennechet (I) dargestellt. Vermutl. handelt es sich hierbei um den H. Paidenu, der wohl im Verlauf seiner Karriere aufstieg. Demnach dürfte auch ein Ostrakon diesen H. meinen, auf dem berichtet wird, daß ein gewisser Ret (Lute) bestimmte Dinge als Strafe für einen Diebstahl(?) an einen „Obersten Nekropolenhandwerker" H. zu übergeben habe. ▭ PM I. 1, 1960, 347–349, Nr 267; I. 2, 718 s. (a-c), 749. – KRI V, 627,15–639; VII, 319,15- 320,5; LD Text III, 291–292; *B. Bruyère*, Mert Seger à Deir el Médineh, Kairo 1930, 170, Abb. 91; *id.*, Rapp. sur les fouilles de Deir el-Médineh (1930), Kairo 1933, 177; *J. Černý*, JEA 23:1937, 187–188; *B. Bruyère*, Rapp. sur les fouilles de Deir el-Médineh (1935–1940), Kairo 1952, 124, Nr 291, Abb. 206; *T. G. H. James*, Hieroglyphic texts from Egyptian stelae etc., IX, Lo. 1970, 20 s., Nr 317, Taf. 16; *J. Černý*, A community of workmen at Thebes in the Ramesside Period, Kairo 1973, 137 ss.; *D. Valbelle*, La tombe de Hai à Deir el-Médineh (Nr 267), Kairo 1975; *id.*, BIFAO 75:1975, 134–138, Abb. 6.

T. Schrottenbaum

Hai (IV), gen. Paidenu, Sohn des → Imenua, ägypt. Vorzeichner („Umrißzeichner des Amun am Ort der Wahrheit"), seit Ramses III. bis in die M. der 20. Dynastie (um 1183/82–1244/1243) in Theben-W/Oberägypten tätig. Bek. aus dem Grab seines Urgroßvaters → Hai (III) in Deir el-Medineh (Theban Tomb 267). Er war wie sein Vater → Imenua und dessen Brüder in der kgl. Nekropole in Theben-W beschäftigt und lebte in der Arbeitersiedlung Deir el-Medineh. Angefangen bei seinem Vorfahren → Didi läßt sich die Reihe der Künstler in dieser Fam. bis in die siebte Generation, näml. bis zu H., verfolgen. Er zeichnete die Darst. an den Grabwänden vor, die anschließend reliefiert bzw. bemalt wurden. ▭ *J. Černý*, A community of workmen at Thebes in the Ramesside Period, Kairo 1973, 138–139; *D. Valbelle*, La tombe de Hai à Deir el-Médineh (Nr 267), Kairo 1975, 28, 36, 38, Taf. 15; *E. S. Bogoslovsky*, ZÄS 107: 1980, 104. T. Schrottenbaum

Halafallahi, Sohn des → Himlagu, nabatäischer Steinmetz, im 2. V. des 1. Jh. n. Chr. in Hegra/Saudi-Arabien tätig. H. wird in zwei nabatäischen Inschr. auf Grabfassaden in Hegra gen. und war gegen E. der Reg.-Zeit des nabatäischen Königs Aretas IV. tätig. Auf der ins Jahr 26/27 n. Chr. dat. Fassade erscheint er zus. mit → Aftah, während er für eine ins Jahr 34/35 n. Chr. dat. allein zuständig war. Er gehört zur Steinmetzschule des → Aftah. Von seinen beiden Gräbern ist eines zu dem in Hegra geläufigsten Typus der Treppengräber zu zählen, während es sich bei dem and. um ein Zinnengrab, den zweiten Grabfassadentyp Hegras, handelt. ⊏⊐ EAA V, 1963 (s.v. Nabatea, Arte, Halafallahi). – CIS, II, Nrn 205, 206; *J. Jaussen/R. Savignac*, Mission archéol. en Arabie, I, P. 1909, Nrn 12, 19; *J.-C. Balty*, in: Archit. et soc., Coll. de l'éc. franç. de Rome 66, P./R. 1983, 308–313; *A. Schmidt-Colinet*, Berytus 31:1983, 96–97, Abb. 3; *id.*, Stud. in the hist. and archaeology of Jordan 3, Amman 1987, 143; *Z. T. Fiema*, JNES 46:1987, 51–53; *J. McKenzie*, The archit. of Petra, Ox. 1990, 14–31; *J. F. Healey*, The nabataean tomb inscr. of Mada'in Salih, Ox. 1993, 137-143, 166–170, Nrn H 12, H 19; *Hackl*, Nabatäer (im Druck), Nrn Q. 047. 07, Q. 047. 09. D. Keller

„Haltimos". Der Name wurde in der Inschr. eines Altares vom N-Abhang des Oros von Ägina gelesen: Θεᾶ]ν Κωλιάδα ἐς 'Αβαῖον ἐποίησε "Αλτιμος, und daraus wurde auf einen äginet. Bildhauer dieses Namens geschlossen (Brunn, GGK I, 1889, 95 s.). Doch der Text lautet: Κωλιάδαις 'Αβλίων ἐποίησε 'Αλτίλλο (IG, IV, 1902, Nr 6). Demnach hat ein Avlion, Sohn des Altillos, den Koliaden einen Altar errichtet; er war kaum ein Bildhauer. ⊏⊐ *L. H. Jeffery*, The local scripts of Archaic Greec, Ox. 1961, 112 s., Nr 17; *E. Walter-Karydi*, Die äginet. Bildhauerschule, Mainz 1987 (Alt-Ägina II. 2), 46 s. E. Walter-Karydi

Hani'u, Sohn des Obeydat, nabatäischer Steinmetz und Architekt, M. 1. Jh. n. Chr. in Hegra/Saudi-Arabien tätig. H. ist als Steinmetz an zwei Grabfassaden in Hegra während der Reg.-Zeit des nabatäischen Königs Malichus II. überliefert. Die eine ist 48/49 n. Chr. entstanden, die zweite 50/51 n. Chr., wobei bei letzterer auch → Abd'obodat und → Afsa als Mitwirkende gen. werden. Daneben taucht H. noch in zwei Graffiti in Hegra auf, wo er allerdings als Architekt bez. wird. Er darf zur Steinmetzschule des → Abd'obodat gerechnet werden. Beide Gräber, an denen er mitgewirkt hat, gehören dem in Hegra vorherrschenden Typus des Treppengrabes an. ⊏⊐ EAA V, 1963 (s.v. Nabatea, Arte, Hani'u). – CIS, II, Nrn 220–221; *J. Jaussen/R. Savignac*, Mission archéol. en Arabie, I, P. 1909, Nrn 10, 18, 20; *J. T. Milik*, in: *F. V. Winnet/W. L. Reed* (Ed.), Ancient records from North Arabia, Tor. 1970, Nrn 89–90; *J.-C. Balty*, in: Archit. et soc., Coll. de l'éc. franç. de Rome 66, P./R. 1983, 308–313; *A. Schmidt-Colinet*, Berytus 31:1983, 97, Abb. 12; *id.*, Stud. in the hist. and archaeology of Jordan 3, Amman 1987, 143; *Z. T. Fiema*, JNES 46:1987, 51–52; *J. McKenzie*, The archit. of Petra, Ox. 1990, 14–31; *J. F. Healey*, The nabataean tomb inscr. of Mada'in Salih, Ox. 1993, 128–130, 171–173, Nrn H 10, H 20. D. Keller

Ḥanno (pun. ḤN), Sohn des Iatonbaʿal, des Sohnes des Ḥannibaʿal, punischer Architekt, M. 2. Jh. v. Chr. in Thugga tätig. Erbaute in der numid. Stadt Thugga (Dougga/Tunesien) 139/138 v. Chr. zus. mit dem Architekten → Niptasan einen Tempel für den Kult zu Ehren des verstorbenen Königs Masinissa, der von den Bürgern der Stadt gestiftet wurde. Die Inschr. auf einem unverzierten Kalksteinquader (heute Tunis, Mus. du Bardo, Inv. Nr D 1127) bringt den ungefähr gleichlautenden Text in punischer und numid. Sprache und Schrift. Die rein semit. Namen des Architekten und seiner Vorfahren sowie seine Nennung ausschl. im punischen Text sprechen für seine Herkunft aus Karthago. Möglicherweise gehört die Inschr. zu dem nur in Resten erh. rechteckigen Kalksteinbau von ca. 6 x 14 m, der sich auf dem röm. Forum in Thugga unmittelbar w. neben dem Kapitol und damit in der Nähe des Fundortes der Inschr. (auf dem Platz der Windrose; Ph. Berger, CRAI 1904, 406 ss.) befindet; Keramik im Fundamentbereich und baul. Merkmale weisen in das 2. Jh. v. Chr. Eine konkrete Vorstellung von dem antiken Bau, der noch im 2. Jh. n. Chr. die Ausrichtung des Kapitols beeinflußte, läßt sich nicht mehr gewinnen. ⊏⊐ EAA VI, 1965 (s.v. Punica, arte). – *J.-B. Chabot*, Journal asiatique 11:1918, 267–279; *id.*, Rec. des inscr. libyques, P. 1940, 2–4, Nr 2, Taf. I,2 (mit Bibl.); *H. Donner/W. Röllig*, Kanaanäische und aramäische Inschr., I-III, Wb. ²1966–1969, Nr 101; *M. Ghaki*, in: *M. Khanoussi/L. Maurin* (Ed.), Dougga (Thugga). Etudes épigraphiques, P. 1997, 28 ss.; *M. Khanoussi*, Dougga, Tunis ²1998, 32 Nr. 14, Abb.; *C. Leschke*, Das Forum von Thugga (im Druck). C. Leschke

Hanzani → Hinzanay

Haphaistos ("Αφαιστος), angebl. griech. Bildhauer des 3. Jh. v. Chr. Sein Name findet sich auf einem Block aus schwarzem Gestein aus dem Asklepieion in Epidauros, der ins 3. Jh. v. Chr. dat. werden kann (IG, IV, 1269). Wie jedoch schon früh darauf hingewiesen worden ist, handelt es sich aber nicht um einen Künstler, sondern um den Schmiedegott Hephaistos. ⊏⊐ EAA III, 1960. R. V.

Hapiaa (Hapiʿo), ägypt. Juwelier, späte 20. Dynastie (ca. 1100 v. Chr.), in Theben tätig. Mehrfach belegt in den Grabräuberakten (Papyrus Leopold II + Papyrus Amherst 2. 2, 3. 11; Papyrus BM 10054 Verso 1. 7). Demnach hat er sich an mehreren Grabberaubungen in Theben-W beteiligt. ▭ KRI, VI, 483, 7; 486, 14; 490, 12; *T. E. Peet*, The great tomb-robberies of the twentieth Egyptian dynasty, Ox. 1930, 47, 49, 60; *W. Helck*, Mat. zur Wirtschafts-Gesch. des Neuen Reiches, I, Wb. 1960, 46. F. Hoffmann

Hapiö → Hapiaa

Hapiwer (I), ägypt. „Steinkünstler" (Steinmetz), wahrsch. unter Ramses IX. (20. Dynastie, 1125/21–1107/03 v. Chr.) im thebanischen Raum/Oberägypten tätig. Belegt als Verdächtiger im Rahmen eines Grabräuberprozesses in Theben-West. Der Ablauf des Prozesses ist auf einem Papyrus überliefert, der sich heute im BM in London befindet. ▭ *T. E. Peet*, The great tomb-robberies of the twentieth Egyptian dynasty, Ox. 1930, Taf. 8 (Papyrus BM 10054 vso. 5, 12); *W. Helck*, Mat. zur Wirtschafts-Gesch. des Neuen Reiches, I, Mainz 1961, 46. C. von Pfeil

Hapiwer (II), ägypt. Steinmetz, unter Pharao Ramses XI. (20. Dynastie, 1103/1099–1070/1069 v. Chr.) im thebanischen Raum/Oberägypten tätig. Nur belegt in einem Papyrus, der sich heute in New York befindet. H. war tätig bei der Ausgestaltung eines der Räume im Amun-Tempel von Karnak. ▭ *W. Helck*, Mat. zur Wirtschafts-Gesch. des Neuen Reiches, I, Mainz 1961, 113. C. von Pfeil

Har... (ägypt.) v.e. **Her...** (ägypt.)

Haradduma (Haradkama), vermutl. ägypt. Spezialist aus dem holzhandwerkl. Bereich, tätig in Persepolis/Iran, um 490/89 v. Chr. H. ist namentl. überliefert auf einer in elamischer Keilschrift abgefaßten Tontafel aus dem Verwaltungsarchiv des Schatzhauses von Persepolis/Iran (Univ. of Chicago, Oriental Inst., Inv.-Nr. A 23284; Cameron, 1948). Er wird als Ägypter bez., doch läßt sich der zunächst noch als Haradkama, später als H. (Hallock, 1960) transkribierte Name u.a. aufgrund der schlechten Lesbarkeit der Zeichen nicht überzeugend aus ägypt. Namensgut ableiten (Mayrhofer, 1973). H. wird als Holzhandwerker klassifiziert; das Dok. bezieht sich auf seine vergleichsweise hohe Entlohnung für den achten bis einschließl. zwölften Monat im 32. Reg.-Jahr von Darius I., d.h. für den Zeitraum vom Herbst des Jahres 490 bis zum Frühjahr des Jahres 489 v. Chr. H. führt den Titel „Führer einer Hundertschaft" welcher wohl eher einen Hofrang bez. und in diesem Fall viell. eher wegen besonderer Leistungen bzw. Fertigkeiten verliehen worden ist, als daß damit konkret die Ltg eines Handwerkertrupps dieser Größenordnung gemeint wäre (Briant, 1996). In welchem Fertigungsbereich H. tät. war, geht aus dem Dok. nicht hervor. Aufgrund seiner Stellung als offensichtl. hochbezahlter ausländ. Spezialist darf von einer ingenieurtechn. anspruchsvollen Aufgabe ausgegangen werden, wie sie beispielsweise die Dachdeckung der Residenzbauten darstellt. Die diesbezügl. größte Herausforderung bot das zu diesem Zeitpunkt noch unfertige Thronsaalgebäude (Apadana), da hier die Verlegung von insgesamt 252, jeweils mehr als einen Meter starken Unterzugbalken auf den 72 freistehenden, knapp 20 m hohen Säulen des Baus zu bewältigen war (L. Trümpelmann u.a., Persepolis – Ein Weltwunder der Antike, Mainz 1988, 26, 28); v.e. → Eškuš. ▭ *G. G. Cameron*, Persepolis treasury tablets, Chicago 1948, 83–85, Nr 1, Taf. 1 (Textedition); *R. Hallock*, JNES 19:1960, 96; *M. Mayrhofer*, Onomastica Persepolitana, W. 1973, 154, Nr 8. 444, p. 311; *P. Briant*, Hist. de l'empire perse, P. 1996, 444, 447. K. Hornig

Harmatios → Agneios

Harmose → Hermes (I)

Harpalos (I) (Ἅρπαλος), griech. Architekt aus Tenedos(?), 1. H. 5. Jh. v. Chr. Errichtete 480 v. Chr. für den Perserkönig Xerxes I. die berühmte Schiffsbrücke über den Hellespont. Der Name des H. steht auf einem Papyrus-Fragm. der Ptolemäerzeit (Laterculi Alexandrini, col., 8, 8–10). Es enthält im Rahmen einer kurzen Darst. der wissenswertesten Dinge die Namen bed. Maler, Bildhauer, Architekten und Mechaniker. Ob sich H. auch mit Astronomie befaßte (Cens., 18, 5; 19, 2; Avien., Arat., 1366 ss.), läßt sich nicht schlüssig beweisen. ▭ RE, Suppl. IV, 1924 (s.v. H. 2 a). – *H. Diels*, Antike Technik, L./B. 1914, 26, Anm. 3, Taf. V. W. Müller

Harpalos (II), Architekt in spätantiker Zeit in Ägypten tätig. Durch ein spätantikes Grabepigramm aus Hermoupolis Magna/Ägypten bek. Architekt (oder Ingenieur?), der für Arbeiten in Steinbrüchen und Errichtung von Tempeln und Säulenhallen verantwortl. war. ▭ *Donderer*, Architekten, 1996, 47, 91–93, Nr A 8. M. Dennert

Ḫašdâia (Ḫašdâ), Steinschneider, am Hof Kyros' II. von Persien tätig, 6. Jh. v. Chr. Der in akkadischer Sprache verf., ins Jahr 8 Kyros' II. als König von Babylon (531 v. Chr.) datierende Lehrvertrag aus Babylon (London, BM, Inv. Nr 311749; Strassmeier, 1890), nennt den Steinschneider Ḫ. (Schreibung *Ḫaš-da-a-a*, v. Tallqvist, 1905; id.,

1918; in älterer Lesung *K/Qud-da-a-a*, v. Demuth, 1898; zur Namensform Ḫašdāia oder Ḫašdâ v. Gehlken, 1990; Cancik/Jas, 2000), dem ein Sklave namens *Guzu-ina-Bēl-aṣbat* der trad. altmesopotam. Bankiers-Fam. bzw. des Handelshauses Egibi (zusammenfassend zu den Egibi v. Wunsch, 1999) als Lehrling für vier Jahre (zur vormals umstrittenen Länge der Lehrzeit vgl. Lambert, 1979) anvertraut wird. Ḫ. selbst ist – obwohl ausbildender Steinschneider (wohl Steinschneidemeister) – ebenfalls Sklave; als Sklave des Kronprinzen Kambyses II. war er folgl. für den persischen Hof tätig; z.Z. des Vertragsabschlusses (um 531 v. Chr.) in Babylon, das Kyros II. und Kambyses II. zeitweilig als Residenzstadt galt (zur Herkunft der königl. Archive des Kyros II., welche vorwiegend aus Babylon und Ekbatana stammen, siehe Stronach, 1978; zur Lokalisierung von Pasargadae als Regierungszentrum siehe Dandamaev, 1989). Die im Text verwendete Berufsbezeichnung ist der dem Sumerischen entlehnte akkadische Begriff *purkullu* (< Sumerisch *bur-gul*), die übl. Bezeichnung des als Handwerk angesehenen Berufs des Steinschneiders in weitestem Sinn. Diese Berufsbezeichnung kann das Tätigkeitsfeld vom Graveur (Pennsylvanian Sumerian dictionary, ed. Å. W. Sjöberg, Pennsylvannia 1984 ss., 187, s.v. bur-gul) über den Siegelschneider (W. v. Soden, Akkadisches Handwörterbuch, Wb. 1965–1981, 834, s.v. parkullu), Bildhauer, Reliefschneider, Juwelier bis hin zum Steinmetzen umfassen (vgl. die Diskussion bei Marzahn, 1997 und Salonen, 1970). Welches das Tätigkeitsfeld des Ḫ. war, läßt sich nicht exakt bestimmen, vermutl. die Siegelschneidekunst und/oder die Verfertigung von Reliefs bzw. Palastausstattung; von dem Lehrling (für den vertragl. kein Lehrgeld festgelegt ist) wird im Text lediglich gesagt, er solle „das vollständige Handwerk des Steinschneiders" (Marzahn, 1997) bzw. „die vollständige Steinschneidekunst" (Demuth, 1898) bei Ḫ. lernen (London, BM, Inv. Nr 311749, Zeile 8 s.). Unbek. ist, ob Ḫ. in einer mehrere Steinschneider beschäftigenden Steinschneidewerkstatt am Hof des Kyros tätig war oder als alleiniger Handwerker dort arbeitete. Kunstwerke, die sich mit Ḫ. in Verbindung bringen ließen, sind bisher nicht nachgewiesen. ▭ *L. Demuth*, Beiträge zur Assyriologie 3:1898, 421 s. [Umschrift, Übersetzung, Kommentar der Tontafel); *J. N. Strassmeier*, Inschr. von Cyrus, König von Babylon (538–529 v. Chr.), Babylonische Texte VII, L. 1890, 189 s., Nr. 325 (Textkopie); *K. Tallqvist*, Neubabylonisches Namenbuch zu den Geschäftsurkunden aus der Zeit des Šamaššumukîn bis Xerxes, Helsingfors 1905, 67; *id.*, Assyrian personal names, Helsingfors 1918, 87; *E. Salonen*, Über das Erwerbsleben im Alten Mesopotamien, Studia Orientalia XLI, Helsinki 1970, 231, 233–240; *D. Stronach*, Pasargadae, Ox. 1978, 294; *W. G. Lambert*, Revue d'Assyriologie 73:1979, 89; *M. A. Dandamaev*, A political hist. of the Achaemenid empire, Leiden 1989, 5–13; *E. Gehlken*, Spätbabylon. Wirtschaftstexte aus dem Eanna-Archiv, I, Texte versch. Inhalts (Ausgrabungen in Uruk-Warka, End.-Ber., V), Mainz 1990, 11; *J. Marzahn*, Der „Siegelschneider" nach keilschriftl. Quellen, in: Mit Sieben Siegeln versehen. Das Siegel in Wirtschaft und Kunst des Alten Orients, ed. *E. Klengel-Brandt*, B. 1997, 25–40, bes. 33 s.; *C. Wunsch*, Handel und Wandel in Babylon: Die Gesch. der Familie Egibi, in: Von Babylon bis Jerusalem. Die Welt der altorientalischen Königsstädte (K), ed. *W. Seipel/ A. Wieczorek*, Mannheim/W./Mi. 1999, 325–333; *E. Cancik/J. Ras*, Ḫašdāia, in: The prosopography of the Neo-Assyrian Empire, 2/I (H-K), ed. *H. D. Baker/S. Parpola*, Helsinki 2000, 464.

K. S. Schmidt

Hat (I), ägypt. Goldschmied („Oberster der Goldschmiede"), M. 18. Dynastie (1550–1292 v. Chr.) im theban. Raum/Oberägypten tätig. Nur bek. durch ein Uschebti (Stellvertreterfigur des Verstorbenen), der in Theben gefunden wurde. Vermutl. war er also in dieser Gegend tätig. ▭ *H. D. Schneider*, Shabtis, II, Leiden 1977, 41 s. Nr 3. 1. 1.24, Taf. 12. T. Schrottenbaum

Hat (II), Sohn des → Maa, ägypt. Goldschmied („Goldschmied des Amun"), im Neuen Reich (1550–1070/69 v. Chr.) in Ägypten tätig. H. ist nur bek. durch eine Stele seines Vaters → Maa (Paris, Louvre, Inv. Nr C 82), der dort als „Goldschmied des Amun" bez. wird. Nach Pierret hatte H. denselben Künstlertitel inne wie sein Vater; da die Stele aber leider nicht publiziert ist, sind keine konkreteren Aussagen möglich. ▭ *P. Pierret*, Rec. d'inscr. inédites du Mus. Egyptien du Louvre, II, Paris 1878, 51, Nr C. 83. T. Schrottenbaum

Hat (III), Sohn eines Hui, ägypt. „Aufseher der Bildhauer des Herrn der beiden Länder", in der späten 18. Dynastie (1200–1186/1185 v. Chr.) in Theben/Oberägypten tätig. Er wird im Grab Nr 368 seines Sohnes → Imenhetep (IV), gen. Hui, in Scheich Abd el-Gurna/Theben-W. erwähnt. ▭ PM I. 1, 1960, 431, Nr 368. Y. Ott

Hatiai (I), ägypt. „Oberster der Künstler des Ptah", in der 18. Dynastie unter den Königen Tutanchamun (1333–1323 v. Chr.) und Eje (1323–1319 v. Chr.) in Memphis/Unterägypten tätig. Nur bek.

durch eine Kalkstein-Stele aus Abydos, die von seiner Frau Neferiti gestiftet wurde. ▭ *G. A. Gaballa*, StAltägKult 7:1979, 45 ss. Abb. 3, Taf. 3.

Y. Ott

Hatiai (II), ägypt. Chef der Lapislazulihersteller, E. 18./A. 19. Dynastie (1333–1290 v. Chr.) in Memphis/Unterägypten tätig. Nur bek. durch eine Kalkstein-Stele aus Sakkara. ▭ *G. A. Gaballa*, StAltägKult 7:1979, 45 ss., Abb. 2, Taf. 2.

Y. Ott

Hatiai (III), Sohn des → Ia (I), ägypt. Obergraveur, Bildhauer und Bauleiter, unter dem König Ramses II. (1279–1213 v. Chr.) in ganz Ägypten tätig. H. war nicht nur der Bauleiter der Hypostylensäulenhalle (große Säulenhalle) im Amuntempel von Karnak, sondern auch Oberleiter an allen Denkmälern seiner Majestät. Er fertigte Statuen für Amun-Re in Wenu, für Heqait, die Mutter des Herwer von Kus, und für Schepesi. Er betätigte sich als Bildhauer für Thot u.a. Götter in Hermopolis, für Chnum, Heqat und Hathor in Hutwer, für Pachet in Speos Artemidos, für Horus von Hebenu, für Thot, den Stier von Rainet, für Anti in Waanti, für den Stier, den Herrn von Sako (el-Kes), für Amun, den Schöpfer des Sieges in Sako, für die Neunheit von Agni (el-Matanah), für Herwer von Hut-Seneferu (Asfun el-Mataina), für Hemen, den Herrn von Perhefau (Asphynis), für den Tempel des Anubis, des Herrn des weißen Landes, für den Tempel Djerti (Et-Tod), für Heqait, die Mutter des Herwer von Kus, für Min von Koptos und für Hathor von Kusae. In der Inschr. seiner Stele (Leiden V1) wird erw., daß ihn der König „zum Leiter der Arbeiten beförderte, als er noch ein junger Mann war". Bei dieser handelt es sich um die ausführlichste Biogr. eines Bildhauers aus der Nachamarna-Zeit, in der auch gesagt wird: „Ich aß vom Brot des Königs und trank von seinem Bier. Das Gold des Lobes wurde mir verliehen vom König selbst". Außerdem war er als Oberbildhauer des 'Herrn der beiden Länder' tätig. Dieser Titel wird auf einem Uschebti aus dem Serapeum von Memphis, das in das 30. Reg.-Jahr von Ramses II. dat., erwähnt. Sein Name H. gilt aber nur als Umgangsform, denn auf einer Türrahmung (Nr K9 in Leiden) und auf einer Statuenbasis aus Abydos wird neben H. auch sein offizieller Name Userhat genannt. Es handelt sich also um ein und dieselbe Person, was sich daraus schließen läßt, daß auf den letztgenannten Stücken seine beiden Namen verwendet worden sind und auch der Name seines Vaters → Ia (I) angegeben wurde. ▭ LÄ III, 1980, 431 mit Anm. 164 (s.v. Kind), 835 mit Anm. 19 (s.v. Künstler) und 859 mit Anm. 1 (s.v. Kultstatue). – KRI, I, 78, Nr 41; II, 369, 6; VII, 26 ss.; *A. Mariette*, Le Sérapeum de Memphis, P. 1857, Taf. 14 oben; *P. A. A. Boeser*, Beschiiving van de Egypt. Verzameling in het Rijksmus. van Oudheden te Leiden, IV, Den Haag 1911, Taf. 33–36; VI, Den Haag 1913, Taf. 1 (Leiden V1); *A. H. Gardiner*, Ancient egyptian onomastica, I, Lo. 1947, 51 ss.; *S. Hassan*, The great sphinx and its hist. sud. in the light of recent excavations, Giza, VIII, Kairo 1953, 263, Abb. 199; *W. Helck*, Zur Verwaltung des Mittleren und Neuen Reiches, Leiden/Köln 1958, 491 s.; *J. J. Clère*, ZÄS 84:1959, 90; *W. Helck*, Mat. zur Wirtschafts-Gesch. des Neuen Reiches, I, Wb. 1961, 56, 157, 174; *C. Zivie*, Giza au deuxième millenaire, in: BdE 70:1976, 189 ss.; *H. Guksch*, GM 64:1983, 23 ss.

Y. Ott

Hatra, ägypt. „Vorsteher der Goldschmiede" und Priester z.Z. von Amenophis II. (1428–1397 v. Chr.) in Heliopolis. In den Texten seiner Würfelhockerstatue (Paris, Louvre E. 25550) rühmt sich H., dessen Vater schon Goldschmied war, seiner künstler. Arbeiten nicht nur im Re-Tempel. ▭ LÄ IV, 1982, 1095, Anm. 68. – *J.-L. de Cenival*, RdE 17:1965, 15 ss.

F. Hoffmann

Hechekleides → Echekleides

Hedjeru, ägypt. Bildhauer, im Mittleren Reich (2119–1794/93 v. Chr.) tätig. Nur bek. aus einer Kalkstein-Stele. ▭ *J. Baillet*, Les antiquités égyptiennes du Mus. de Sens, P. 1898, 177; *W. Ward*, Index of Egyptian administrative and relig. titles of the Middle Kingdom, Beirut 1982, Nr 1561.

Y. Ott

Hedy (Ἡδύ), neuzeitl. Gemmenschneider. Der Name findet sich eingeschnitten auf einem Onyx mit dem Kopf der Medusa. Im CIG (7193) findet sich die Sign. gelesen als ΕΔΥΣ. Die irrige Form Hedy läßt eine neuzeitl. Nachahmung vermuten, die sich vermutl. auf eine Grab-Inschr. des Goldschmieds → Hedys aus dem Columbarium der Livia in Rom bezieht (CIL, VI, 3944; Solin, GPR, II, 1982, 877). ▭ EAA III, 1960.

B. Gerring

Hedys, griech. Goldschmied, in augusteischer Zeit in Rom tätig. Nur bek. durch seine Grab-Inschr. aus dem Columbarium der Livia in Rom (CIL, VI, 3944; Solin, GPR, II, 1982, 877). ▭ EAA I, 1958 (v.e. Aurifex).

R. V.

Hedystrakides (Hedystrachides) (Ἡδυστρακίδης; Ἡδυστραχίδης), Toreut der röm. Kaiserzeit (?). Erw. bei Plin., nat., 33, 156, als Ziselierer von Gefäßen aus Silber mit Darst. von Schlachten und Bewaffneten. ▭ EAA III, 1960. – *Overbeck*, SQ, 1868, Nr 2167; *Toynbee*, Artists, 1951, 51.

M. Seifert

Hegesias → Hegias (I)

Hegesibulos (Ἑγεσίβολος), griech. Töpfer, um 500 v. Chr. in Athen tätig. Nur bek. durch seine Sign. auf zwei Schalen, einer rotfigurigen vom Hegesibulos-Maler mit der Darst. eines alten Mannes mit Hund auf dem Innenbild und einem Symposion und Komos auf den beiden Außenseiten (New York, Metr. Mus., Inv. Nr 07. 286. 47; ARV², 1963, 175; Richter/Hall, 1936, 24–26, Nr 10, Taf. 9, 10, 179; Add², 1989, 184) und einer weißgrundigen von einem Maler aus dem Umkreis des Sotades-Malers mit einer kreiselspielenden Frau im Innentondo (Brüssel, Mus. d'Art et d'Histoire, Inv. Nr A 891, aus Athen; ARV², 1963, 771, Nr 2; L. Burn, AntK 28:1985, 100 s., Taf. 25, 2; 27, 8). Beide sind unterschiedl. und wurden von versch. Malern verziert und es ist daher schwierig, genauere Aussagen über H. zu treffen. ▭ ThB16, 1923. RE VII. 2, 1912; EAA III, 1960. R. V.

Hegias (I) (Ἡγίας, Ἡγησίας, Hagesias; Hegesias), griech. Bildhauer, in der 1. H. des 5. Jh. v. Chr. in Athen tätig. Obwohl H. durch die Erw. in den schriftl. Quellen sicherl. zu den bedeutenden Bildhauern der 1. H. des 5. Jh. v. Chr. zu zählen ist, läßt er sich kaum fassen. Seine Schaffensperiode wird aus der Zusammenfügung versch. Informationen erschlossen. Eine im sog. 'Perserschutt' auf der Athener Akropolis gefundene Marmorbasis einer Bronzestatue mit seiner Sign. (Athen, Epigraph. Mus., Inv. Nrn EM 6247 und 6299; IG, I², 526 und 552; Raubitschek, 1938; id., 1949, 101, Nr 94) muß aufgrund der Buchstabenformen wohl nur kurz vor der verheerenden Zerstörung durch die Perser gefertigt worden sein, d.h. zw. 490 und 480 v. Chr. Nach Pausanias (8, 42, 10; Overbeck, SQ, 1868, Nr 422) war H. ein Zeitgen. von → Hageladas und → Onatas (I), die in der 1. H. des 5. Jh. v. Chr. tätig waren, und nach Dion von Prusa (Dion Chr., 55, 1; Overbeck, SQ, 1868, Nr 455) war er der Lehrer des → Pheidias (I), der im 2. und 3. V. des 5. Jh. v. Chr. wirkte. Mit → Pheidias (I), → Alkamenes (I), → Kritios und → Nesiotes ordnet Plinius (nat. 34, 49; Overbeck, SQ, 1868, Nr 452) auch H. noch unter die in der 83. Olympiade (448–445 v. Chr.) schaffenden Künstler ein. Träfe dies zu, wären hier wohl seine letzten Arbeitsjahre gemeint. – Die Zuschr. von Werken an H. ist äußerst problematisch. Eine sehr umstrittene Stelle bei Plinius (nat., 34, 78; Overbeck, SQ, 1868, Nr 456) besagt, daß von H. in Rom Statuen einer Athena, von Dioskuren, reitender Knaben und des Königs Pyrrhus aufgestellt gewesen waren. Letztere kann sicherl. nicht mehr von ihm gefertigt worden sein, weil Pyrrhus (319–278 v. Chr.) viel später lebte, und stellt damit auch alle and. gen. Skulpt. in Frage. Die oft erfolgte Hilfskonstruktion, zwei Bildhauer gleichen Namens zu kreieren, und dann dem „jüngeren" Künstler die Statue des Pyrrhus zuzusprechen und alle and. Werke je nach Argumentation dem „älteren" oder „jüngeren", sollte abgelehnt werden. Sehr wohl mögl. ist auch, daß Plinius den falschen Künstlernamen verwendete. Diese Textstelle trägt jedenfalls nicht zur Aufklärung des Problems bei. Ebensowenig seriös kann der Stil des H. durch zu vage Angaben wie „hart" und „nervös" von Quintilian (inst., 12, 10, 7; Overberck, SQ, 1868, Nr 454) und Lukian (Rhaet. praec., 9; Overbeck, SQ, 1868, Nr 453) bestimmt werden. Alle Versuche, durch solche allg. Äußerungen Werke des H. fassen zu wollen, sind aus method. Gründen zum Scheitern verurteilt. Man muß sich bei diesem sicherl. großen Künstler eingestehen, nur noch seine ungefähre Schaffenszeit zu kennen, und weiterhin auf klärende Funde hoffen. ▭ ThB16, 1923. RE VII. 2, 1912 (s.v. H. 6); EAA III, 1960; DNP V, 1998. – *Brunn*, GGK I, 1889, 101 s., 122; *G. P. Oikonomos*, ADelt 1920–21, 56 ss.; *C. Anti*, ASAtene 1921–22, 71 ss.; *E. Langlotz*, Frühgriech. Bildhauerschulen, Nürnberg 1927, 162 s.; *A. E. Raubitschek*, ÖJh 31:1938, Beibl. 22 s., 39 ss.; *Picard*, Manuel, I, 1935, 43 ss.; *Raubitschek*, Dedications, 1949, Nr 94; *Lippold*, GrPl, 1950, 108. D. V.-G.

Hegias (II), att. Schalenmaler des rotfigurigen Stiles. Bek. durch eine verlorengegangene Schale. Das Innenbild zeigte eine Nike, die einem bärtigen nackten Mann, der durch eine Strigilis als Athlet gekennzeichnet ist, ein fußloses bauchiges Gefäß und eine Schale reicht. ▭ RE VII. 2, 1912 (s.v. H. 2). – *O. M. von Stackelberg*, Die Gräber der Hellenen in Bildwerken und Vasen-Gem., B. 1837, Taf. 25,6; *W. Klein*, Die griech. Vasen mit Meister-Sign., W. ²1887, 186; *Brunn*, GGK II, 1889, 693; *H. B. Walters* (Ed.), Hist. of ancient pottery, I, Lo. 1905, 444. M. Seifert

Hegias (III), Bildhauer in Athen, z.Z. des Kaisers Claudius (41–54 n. Chr.) für Olympia tätig. Einzige Nennung in einer Künstler-Sign. zus. mit → Philathenaios auf einer Baumstammstütze der Statue des Claudius im Metroon von Olympia. Die auf der Vorderseite im oberen Bereich angebrachte Inschr., auf der H. wohl aus platztechn. Gründen an zweiter Stelle gen. wird, weist beide Bildhauer als Athener aus. Ihre Arbeit ist an der Statue, die Claudius als Iuppiter darstellt, nicht voneinander zu trennen, zumal sich noch ein Gehilfe oder Sklave namens Primos unter dem linken Fuß des Kaisers verewigt hat. Die Statue des Claudius, die zu dessen Lebzeiten für das unter Augustus zum Kaiserkulttempel umgewandelte Metroon geschaffen wurde, geht auf einen röm. frontalansichtigen Typus zurück. Für die Aufstellung an der s. Längswand des nach W geöffneten Metroon mußte die Statue jedoch auf Schrägansicht von links gearbeitet werden. Dies in opt. verträglicher Weise erreicht zu haben, ist mit das Verdienst des ansonsten wohl in einer neuatt. Wkst. in Athen tätigen Hegias. ▭ ThB16, 1923 (s.v. H. 3). RE VII. 2, 1912 (s.v. H. 7); EAA III, 1960 (s.v. H. 3); DNP V, 1998 (s.v. H. 3). – *K. Hitzl*, Die kaiserzeitl. Statuenausstattung des Metroon, OlympForsch, XIX, 1991, 40, 83–85, Taf. 14 a. K. Hitzl

Hegylos (Ἡγύλος), aus Sparta, griech. Holzschnitzer, um 550 v. Chr. tätig. Lt. Pausanias (6, 19, 8; Overbeck, SQ, 1868, Nr. 328, 325) sign. er zus. mit seinem Sohn → Theokles, der angebl. ein Schüler der Kreter → Dipoinos und → Skyllis war, eine Gruppe aus Zedernholz mit Herakles, dem das Himmelsgewölbe tragenden Atlas und dem Apfelbaum der Hesperiden mit der Schlange. Zur Zeit des Pausanias war das Kunstwerk im Schatzhaus der Epidamnier in Olympia aufbewahrt. Im Heraion standen weiterhin fünf Hesperiden, die nur von → Theokles sign. waren, aber sicherl. zur gleichen Gruppe gehörten. Es ist daher wahrsch., daß → Theokles der bedeutendere der beiden Holzschnitzer gewesen war (J. Arcier, LIMC III, 1986, 5, Nr 6, s.v. Atlas; J. Boardman, LIMC V, 1990, 102, Nr 2689, s.v. Herakles; I. McPhee, LIMC V, 1990, 402, Nr 64, s.v. Hesperides). ▭ ThB16, 1923. RE VII. 2, 1912; EAA III, 1960. – *Floren*, GrPl, 1987, 215, Anm. 4. R. V.

Heios (Ἥϊος, Heius), Name eines röm. Gemmenschneiders oder -besitzers, der häufig verwendet wurde, um eine antike Entstehung von Gemmen vorzutäuschen. Der Name wurde vermutl. von dem antiken sizil. Gemmensammler abgeleitet, *C. Heius*, der von Cicero (Verr., 2, 4, 3–19; 2, 27) erw. wird. Außer einer Glaspaste (London, BM), der eine antike, heute verschollene Gemme zugrunde liegt, sind alle weiteren Gemmen, die diese Sign. tragen, neuzeitl. Nachahmungen. ▭ ThB16, 1923. RE VII. 2, 1912; EAA III, 1960. – *A. Furtwängler*, JdI 4:1889, 70; *C. Koch*, Hermes 83:1955, 45 s.; *Zazoff*, AG, 1983, 315, Anm. 49, p. 328, Anm. 154. B. Gerring

Heius Eupaideutos, *Gaius* (Ἥιος Εὐπαίδευτος, Γαῖος), aus Korinth, griech. Architekt des 2. Jh. n. Chr., in Delphi tätig. Erw. in einer griech. Inschr. auf dem Sockel eines wohl zu Ehren eines röm. Kaisers errichteten Pfeilermonumentes vor dem Eingang des Apollon-Tempels in Delphi (heute Delphi, Mus., Inv. Nr 1408), in der er von den Delphiern wegen seiner Verdienste zum Bürger der Stadt ernannt wurde. Wahrsch. leitete H. Arbeiten im Heiligtum oder in der Stadt. ▭ *R. Flacelière*, BCH 73:1949, 467, Nr 2; *J./L. Robert*, BullEp 1951, 166, Nr 122; *R. Flacelière*, Epigraphie, P. 1954 (FDelphes, III. 4), 183, Nr 96, Taf. 19,1; *Donderer*, Architekten, 1996, 131 s., Nr A 39, Taf. 15. C. Leschke

Hekataios (Ἡκαταῖος, Hecataeus), griech. Toreut unbestimmter Zeit. Lt. Plinius d. Ä. (nat., 33, 156; 34, 85) gehörte er zu den Toreuten, die ihre Werke in Silber schufen. ▭ ThB16, 1923. RE VII. 2, 1912 (s.v. H. 7); EAA III, 1960. R. V.

Hekatodoros → Hypatodoros

Hekaton (Ἑκάτων), Sohn des Hekaton, aus Krayssos/Karien, griech. Bildhauer, um 50/70 n. Chr. in Lindos tätig. Nur bek. durch seine Sign. auf einer Basis aus Lindos (Lindos, II. 1, 1941, 440, Nr 3). ▭ ThB16, 1923. RE VII. 2, 1912 (s.v. H. 2); EAA III, 1960. R. V.

Hektoridas (Ἑκτορίδας), griech. Bildhauer, in der 1. H. des 4. Jh. v. Chr. in Epidauros tätig. Er sign. die Basis für eine Statue aus Stein in Epidauros (IG, IV, 1477; IG², IV. 1, 695). Umstritten ist seine Rolle an den um 370 v. Chr. beendeten Skulpturen des Asklepiostempels in Epidauros. Je nach Auslegung der dort gefundenen Inschr. mit den Abrechnungen (IG, IV, 1484; IG², IV. 1, 102, Zeilen 89, 104, 111, 303) schuf er entweder selbst einige der marmornen Skulpturen wahrsch. des O-Giebels (weil dieser als wichtigster zunächst errichtet worden ist und H. gleich am Anfang des Baus dabei war, s. dazu Yalouris, 1992, 68 s.) mit der Darst. der Iliupersis (heute Athen, NM; Yalouris, 1992, 17–30, Nrn 1–24, Taf. 1–23; p. 62–66; P. Demargne, LIMC II, 1984, 968, Nr 98, s.v. Athena; O. Paoletti, LIMC VII, 1994, 963, Nr 133c, s.v. Kassandra I; J. Neils, LIMC VII, 1994, 517, Nr 101*, s.v. Priamos; M. Pipili, LIMC VIII, 1997, 654, Nr 29, s.v. Iliupersis) oder führte ledigl. die von → Timotheos (I) gefertigten Modelle aus. Für diese Arbeiten erhielt er immerhin 1610 (Zeile 89) und 1400 (Zeile 111) Drachmen, was wohl eher für die erstere Annahme spricht. Sicher fertigte er für 16 Drachmen (Zeile 104) die Entwürfe zur Bemalung der Wasserspeier in Form von Löwenköpfen. Inwieweit er weitere Bauplastiken selbst herstellte oder herstellen ließ, wofür er 54 Drachmen (Zeile 104) bekam, ist ebenfalls unklar. ▭ ThB16, 1923. RE VII. 2, 1912; EAA III,

1960; DNP V, 1998. – *J. F. Crome*, Die Skulpturen des Asklepiostempels von Epidauros, B. 1951, 11 ss., 47 ss.; *A. Burford*, The Greek temple builders at Epidauros, Liverpool 1969, 58, 108, Anm. 2, p. 144 s., 154; *N. Yalouris*, Die Skulpturen des Asklepiostempels in Epidauros, APl XXI, 1992, 67–74. R. V.

Helene (Ἑλένη; Helena), Tochter des Timon aus Ägypten, griech. Malerin, um 330 v. Chr. in Alexandria tätig. Nach Ptolemaios Chennos (b. Phot., bibl., p. 482) malte H. als Zeitgenossin Alexanders d. Gr. die Schlacht b. Issos des Jahres 333 v. Chr. Vespasian ließ das Gemälde im Pax-Tempel zu Rom ausstellen. Bisweilen bezeichnete man das berühmte Alexandermosaik aus Pompeji (heute Neapel, NM) als eine Kopie des Bildes der H. und wollte daher auch das Mosaik in flav. Zeit anstatt um 100 v. Chr. datieren, was jedoch nicht nachvollziehbar ist und entschieden zurückgewiesen werden muß. 🕮 ThB16, 1923. RE III. 2, 1899 (s.v. H. 7); EAA III, 1960. – *M. Pfrommer*, Unters. zur Chronologie und Komp. des Alexandermosaiks auf antiquarischer Grundlage, Mainz 1998, 13 ss., 17 ss., 196, 207; *id.*, Alexandria. Im Schatten der Pyramiden, Mainz 1999, 55–56. R. V.

Helenus, röm. Goldschmied, in der Kaiserzeit tätig. Nur bek. durch seine Sign. auf einem goldenen Henkel, der verschollen ist (CIL, VII, 1284). 🕮 EAA I, 1958 (s.v. Aurifex). R. V.

Heliades (Ἡλιάδης), Inhaber, nicht Architekt eines inschr. 399 n. Chr. dat. christl. Felsgrabes in Deir Sambul (Djebel Riha/Nordsyrien). 🕮 ThB16, 1923. - IGLS, IV, 1955, Nr 1431. M. Dennert

Helico → **Elico**

Helikon cf. **Akesas**

Heliodoros (I) (Ἡλιόδωρος), Sohn des Heliodoros, griech. Bildhauer, E. 2. Jh. v. Chr. in Halikarnassos tätig. Nur bek. durch seine Sign. auf einer Marmorbasis aus Halikarnassos (Loewy, IGB, 1885, 277, Nr 403). Es ist zweifelhaft, daß er mit einem der and. Bildhauer des gleichen Namens ident. ist (siehe dazu → H. [II]-[IV]). 🕮 ThB16, 1923. RE VIII. 1, 1912 (s.v. H. 21); EAA III, 1960; DNP V, 1998 (s.v. H. 3). – *N. Marquardt*, Pan in der hellenist. und kaiserzeitl. Plastik, Bonn 1995, 202 s. R. V.

Heliodoros (II), aus Rhodos, Vater der Bildhauer → Plutarchos und → Demetrios (XI), griech. Bildhauer, E. 2. Jh. v. Chr. tätig. Nur bek. durch die Sign. seiner beiden Söhne auf Rhodos (Loewy, IGB, 1885, 151–153, Nrn 193–195). Es ist zweifelhaft, daß er mit einem der and. Bildhauer des gleichen Namens ident. ist (siehe dazu → H. [I] und → H. [III-[IV]). 🕮 ThB16, 1923. RE VIII. 1, 1912 (s.v. H. 21); EAA III, 1960 (s.v. H. 1); DNP V, 1998 (s.v. H. 3). – *N. Marquardt*, Pan in der hellenist. und kaiserzeitl. Plastik, Bonn 1995, 202 s.; *A. Stähli*, Die Verweigerung der Lüste. Erotische Gruppen in der antiken Plastik, B. 1999, 106–107, Anm. 163. R. V.

Heliodoros (III), aus Rhodos, griech. Bildhauer, um 100 v. Chr. tätig. Lt. Plinius (nat., 36, 35) fertigte er eine in der Porticus Octaviae in Rom um 20 v. Chr. aufgestellte Gruppe mit Pan und Olympus, die wahrsch. mit der Gruppe von Pan und Daphnis (G. Berger-Doer, LIMC III, 1986, 350 s., Nr 8, s.v. Daphnis; A. Weis, LIMC VII, 1994, 42, Nr 40, s.v. Olympos I) zu identifizieren ist, die uns in mehreren Kopien überliefert ist (Berger-Doer, ibid., 350 s., Nr 7a* -f, i* -k; Marquardt, 1995; Stähli, 1999). Es ist zweifelhaft, daß er mit einem der weiteren H. ident. ist, die durch Inschr. aus Halikarnassos und Rhodos und an einer weiteren Stelle bei Plinius gen. sind (siehe dazu → H. [I]-[II] und [IV]). 🕮 ThB16, 1923. RE VIII. 1, 1912 (s.v. H. 21); EAA III, 1960 (s.v. H. 1); DNP V, 1998. – *N. Marquardt*, Pan in der hellenist. und kaiserzeitl. Plastik, Bonn 1995, 182–206; *A. Stähli*, Die Verweigerung der Lüste. Erotische Gruppen in der antiken Plastik, B. 1999, 106–107, Anm. 163. R. V.

Heliodoros (IV), griech. Bildhauer unbestimmter Zeit. Nur bek. durch eine Erwähnung bei Plinius (nat., 34, 91), wo er neben and. als Fertiger von Statuen von Athleten, Kriegern, Jägern und Opfernden genannt wird. Es ist zweifelhaft, daß er mit einem der and. Bildhauer des gleichen Namens ident. ist (siehe dazu → H. [I]-[III]). 🕮 ThB16, 1923. RE VIII. 1, 1912 (s.v. H. 20); EAA III, 1960 (s.v. H. 1); DNP V, 1998 (s.v. H. 3). R. V.

Heliodoros (V), angebl. griech. Maler unbestimmter Zeit. Sein Name wird in Verbindung mit seinem Grabmal von Pausanias (1, 37, 1) genannt. Es ist jedoch aus dem Text nicht klar zu erkennen, ob H. ein Maler war. 🕮 RE VIII. 1, 1912 (s.v. H. 22); EAA III, 1960 (s.v. H. 2). R. V.

Helios (῞Ηλιος), Bildhauer aus Phrygien, um 200 n. Chr. in der NW-phryg. Tembris-Hochebene tätig. H. ist uns durch seine Sign. einer um 200 n. Chr. gefertigten Türstele in Altıntaş (Soa) bekannt. Er gehörte zu einer umfassenden Wkst.-Gruppe, die in dieser Gegend um die Wende des 2. zum 3. Jh. n. Chr. zahlr. ornamentfreudige und stark stilisierende Grab- und Votivreliefs hervorgebracht hat (v.e. → Teimeas [Mourmateanos], → Zelas). Waelkens (1986) hat dem H. auf Grund von stilist. und formalen Quervergleichen eine Reihe weiterer Grabstelen zugewiesen, die freil. ein rein hypothet. Œuvre darstellen. ▭ EAA III, 1960. – *Loewy*, IGB, 1885, 272, Nr 390; *M. Waelkens*, Die kleinasiat. Türsteine, Mainz 1986, 115 s., Nr 273, Taf. 35. T. Lochman

Hellen[...], vermeintl. röm. Mosaizist. Früher wollte man in der Inschr. HELLEN[...] (CIL, X, 8147) auf einem Estrichboden in einem Haus von Pompeji (IX, 6, 5; mittlerweile zerstört) den Namen eines Mosaizisten erkennen. Da wir jedoch bisher keine Sign. von Mosaizisten auf Estrichböden kennen, scheint diese Annahme sehr unwahrscheinlich. ▭ *M. Fiorelli*, NSc 1878, 322; *M. Della Corte*, Case ed abitanti di Pompei, N. [3]1965, 148, Nr 260b; *Donderer*, Mosaizisten, 1989, 143, Nr C 25. R. V.

Helpidios v.e. **Elpidios**

Hemau, ägypt. Bildhauer („Oberster der Oberen"), 13. Dynastie (18./17. Jh. v. Chr.). Abgebildet auf der Stele eines Pepi aus Abydos (Brooklyn, Mus., Inv. Nr 146). ▭ *T. G. H. James*, Corpus of hieroglyphic inscr. (K Brooklyn), I, Brooklyn 1974, 63, Nr 146, Taf. 42. F. Hoffmann

Hemesch, ägypt. Künstler, im frühen Neuen Reich (1550–1351/50 v. Chr.) in Theben/Oberägypten tätig. Nur bek. von einer Stele seines Sohnes → Iunena, auf der er als „großer Künstler des Königs" bez. wird. Sein Tätigkeitsbereich läßt sich jedoch nicht genauer bestimmen. Die Stele befindet sich heute im BM in London. ▭ Urk. IV, 1630, Nr 544. S. L. Lippert

Hemiunu, Sohn des Nefermaat, ägypt. Bauleiter („Vorsteher aller Arbeiten des Königs"), in der 4. Dynastie (2639/2589–2504/2454 v. Chr.) in Giza/Ägypten tätig. H. trug den Titel „leiblicher Königssohn", doch ist er strenggenommen ein Königsenkel (sein Vater Nefermaat war ein Sohn des Königs Snofru, gelangte jedoch nicht selbst zur Königswürde). H. übte das Amt des Wesirs unter Cheops aus. Als Bauleiter des Königs war er mitverantwortl. für den Bau der Cheopspyramide in Giza. H. durfte sich selbst ein Grab ganz in der Nähe errichten. Aus diesem Grab stammt seine bek. Sitzstatue (jetzt Hildesheim). ▭ PM III. 1, 1974, 122 G 4000; LÄ I, 1975 (s.v. Bauleiter mit Anm. 2, 3); III, 1977 (s.v. Hemiunu); V, 1984 (s.v. Pyramidenbau). – *H. Junker*, Giza, I, W./L. 1929, 132 ss.; Das Alte Reich. Ägypten im Zeitalter der Pyramiden (K Römer- und Pelizaeus-Mus. Hildesheim), Hildesheim 1986, 36 s., AR 3 (Inv. Nr 1962). S. L. Lippert

Hemra, ägypt. Architekt und Bauleiter („Vorsteher der Bauarbeiter"), während des Alten Reiches (2707/2657–2216/2166 v. Chr.) tätig. Belegt auf einem Opferstein des Bildhauers → Ni, der wahrsch. sein Großvater ist. Er wird gemeinsam mit seinem möglichen Verwandten → Hemu und seinem Bruder → Heteppteh im Rahmen eines Opfers für den verstorbenen → Ni abgebildet. Der Opferstein, dessen Herkunft unbek. ist, befindet sich heute in Berlin, SMPK, Ägypt. Mus. ▭ Aegypt. Inschr. aus den Kgl. Mus. zu Berlin, I, L. 1913, 64, Nr 7725 c,d. C. von Pfeil

Hemu, ägypt. Architekt und Bauleiter („Vorsteher der Bauarbeiter"), während des Alten Reiches (2707/2657–2216/2166 v. Chr.) tätig. Belegt auf einem Opferstein des Bildhauers → Ni, der das für ihn vollzogene Totenopfer in Anwesenheit seiner Enkel → Hemra und → Heteppteh sowie des H. selbst entgegennimmt. Der Opferstein befindet sich heute in Berlin (SMPK, Ägypt. Mus.; seine Herkunft ist unbekannt. Die Beziehung zw. H. und → Ni ist nicht exakt wiedergegeben, eine Verwandtschaft zw. beiden kann aber angenommen werden. ▭ Aegypt. Inschr. aus den Kgl. Mus. zu Berlin, I, L. 1913, 64, Nr 7725 f,g. C. von Pfeil

Henenef, ägypt. Goldschmied, im späten Alten Reich (2504/2454–2170/2120 v. Chr.) in Ägypten tätig. Nur bek. von einem Opferbecken, das in der Nekropole von Giza gefunden wurde. Das Grab selbst ist bislang nicht entdeckt worden. ▭ PM III. 1, 1974, 55 Nr G 1062. – *A. Moret*, Denkmäler des Alten Reiches (CG), III. 1, Kairo 1978, 18 s.; *P. Kaplony*, Mitt. des Inst. für Orient-Forsch. 14:1968, 203 ss., Nr 8, Abb. 18. S. L. Lippert

Heni v.e. **Neferka**

Heni, ägypt. Bauleiter und Künstler („Vorsteher aller Arbeiten im Tempel", „Aufseher der Künstlerschaft", in der Ersten Zwischenzeit (2170/2120–2025/2020 v. Chr.) in Naga ed-Deir/Ägypten tätig.

Nur bek. von einer Stele (heute in Kairo, Ägypt. Mus.), die ihn mit seiner Frau Ki darstellt. Die Stele wurde von seinem Sohn Tjemererisebeq gestiftet. ▭ LÄ VI, 1986 (s.v. Tempelpersonal II mit Anm. 23). – *W. Schenkel*, Memphis – Herakleopolis – Theben, Wb. 1965, 172, Nr 234 s.

S. L. Lippert

Heniochos → **Antiochos** (III)

Heortios (Ἑόρτιος), griech. Bildhauer, in der 1. H. des 3. Jh. v. Chr. in Athen tätig. Ein Quader aus bläul. Marmor, der in der röm. Fundamentmauer des ö. Paraskenions des Dionysostheaters in Athen gefunden wurde, zeigt eine flüchtige Weih-Inschr., die zuvor durch den Mauerverbund nicht sichtbar war. Sie weist den Quader als Basis einer Statue des Agonotheten Theophanes aus, die von Dioskurides, dem Sohn des Theophanes, dem Dionysos Eleutheros gew. worden war und nach der Künstler-Sign. ein Werk des → Persaios und des H. ist (IG, II, Add. 1402b). Beide Namen sind sehr selten und nur in den 80er Jahren des 3. Jh. v. Chr. zu finden, in die auch die Schr.-Form dat. werden kann. Der Name des Agonotheten ist in zwei weiteren Weih-Inschr., einer vollst. (IG, II, 1295) und einer fragm. Inschr. (IG, II, 1296) erhalten. Diese können über den Namen des Archon Sosistratos, dessen Amtszeit zwar nicht genau festgelegt werden kann, aber wahrsch. für das Jahr 289/88 anzunehmen ist, dat. werden. ▭ ThB16, 1923. RE VIII. 1, 1912; EAA III, 1960. – *F. Münzner*, AM 20:1895, 220.

U. W. Gottschall

Hephaistion (I) (Ἡφαιστίων), griech. Mosaizist, in der 1. H. des 2. Jh. v. Chr. in Pergamon/ Mysien tätig. H. ist nur bek. durch seine Sign. (ΗΦΑΙΣΤΙΩΝ ΕΠΟΙΕΙ) auf einem großen, polychromen Tesseramosaik im nw. Bankettraum eines kgl. Wohnhauses (sog. Palast V) auf der Akropolis von Pergamon. Architekton. Kontext und Grabungsbefund sichern die Dat. des Gebäudes in das 2. V. des 2. Jh. v. Chr. Das nach seiner Entdeckung 1885/86 mehrfach ergänzte Mosaik weist in seiner heutigen Form (Berlin, SMPK) Abweichungen gegenüber dem Originalzustand auf. Die Komp. des Mosaiks (8,50 x 8,50 m) folgt einem seit dem 4. Jh. gängigen Schema, bei dem zahlr. Bordüren das Mittelfeld rahmen. Auf den weißen Außenstreifen, den Platz für Klinen, folgen nach innen u.a. doppeltes Zinnenband, Flechtband, Dreiecksband und perspektivischer Mäander. Bordüren und einige Ornamente sind mit Bleistreifen konturiert. Der hohe künstler. Rang des H. spiegelt sich am deutlichsten in dem Fries, der in überaus feiner, kleinteiliger Setztechnik (Tesseragröße 1–3 mm) vor dunklem Grund Akanthuswellenranken zeigt, an denen diverse Blüten, Spiralen und Weintrauben wachsen, zw. denen sich Eroten und Heuschrecken tummeln. Durch eine differenziert abgestufte Polychromie, techn. Raffinessen (Einfärbung des Fugenmörtels entsprechend dem Steinkolorit) erreicht die Darst. maler. Qualität und Effekte der Augentäuschung (Glanzlichter auf den Weintrauben). Trotz ihrer wirklichkeitsnahen Gestaltung ist die Ranke ein Gebilde, das so in der Natur nicht vorkommt. Heterogene vegetabile Elemente sind zu einem künstlichen Ganzen zusammengefügt, zu einem glückverheißenden Bild einer dionysischen Welt. Ohne Parallele ist die Komp. des Mittelfeldes; im oberen Drittel liegen drei eingesetzte Mosaikbilder (Emblemata), deren Darst. verloren sind. Der untere, größere Teil enthält ein vegetabilisches Motiv (Blumenkorb auf Tisch?), das sich nicht rekonstruieren läßt. Hier befindet sich die Sign. des H., die in dieser Form singulär ist: ein Pergamentblatt, dessen Ecken mit vier Tropfen Wachs festgeklebt sind und von denen sich eine gelöst hat. Bereits in der Antike wurden ein Fries und das linke Emblema herausgeschnitten. ▭ ThB16, 1923. EAA III, 1960. – *G. Kawerau/Th. Wiegand*, Die Paläste der Hochburg, Pergamon, V. 1, 1930, 58 ss., 66 s., Abb. 72, Text-Taf. 27–28, Taf. 12–19; *Donderer*, Mosaizisten, 1989, 19, 39, 47, 64, Nr A 17; *D. Salzmann*, AA 1991, 436, Abb. 1–3; *id.*, Asia Minor Studien 16, Bonn 1995, 103 ss., Taf. 1217, Beil. 1–2; *W. Radt*, Pergamon. Gesch. und Bauten einer antiken Metropole, Da. 1999, 70 ss., Abb. 20–22.

D. Salzmann

Hephaistion (II), angebl. Sohn des Demophilos, aus Athen, griech. Bildhauer, im 2. Jh. v. Chr. auf Delos tätig (Overbeck, SQ, 1868, Nr 2247; Loewy, IGB, 1885, 185, Anhang 1). Nur bek. durch seine Sign. auf einer Basis für eine Ehrenstatue aus Delos. ▭ EAA III, 1960 (s.v. H. 3).

R. V.

Hephaistion (III), Sohn des → Myron (IV), aus Athen, griech. Bildhauer, Vater des → Eutychides (III), im letzten Drittel des 2. Jh. v. Chr. tätig. H. ist uns durch seine Sign. auf mehreren Marmorbasen auf Delos bek.: – 1.) für eine Statue zu Ehren des Apollon und des Epimeleten von Delos, Epigenes, dem Sohn des Dios aus Melite, die kurz vor 127/126 v. Chr. von den auf Delos lebenden Athenern und Römern gestiftet und an der N-Ecke der Philippsportikos aufgestellt worden ist (Delos, Inv. Nr E 186; Loewy, IGB, 1885, 184, Nr 254; Marcadé, Signatures, II, 1957, 58 mit Abb.; Schmidt, 1995, 318–319, Nr IV. 1. 42, Abb. 53, 253). –

2.) für eine Statue, die an der S-Seite der Antigonosportikus errichtet worden ist (Delos, Inv. Nr E 511; Marcadé, Signatures, II, 1957, 62 mit Abb.; Schmidt, 1995, 322–323, Nr IV. 1. 48). – 3.) für eine Statue zu Ehren von Apollon, Artemis, Leto und der Artemispriesterin sowie der Kanephore bei den Lenäen und den Dionysien Sosandra, die von ihrem Vater Sarapion gestiftet und vor der S-Seite der Antigonosportikus aufgestellt worden ist (Delos, Inv. Nr E 514; Marcadé, Signatures, II, 1957, 60, Taf. 35, 4; Schmidt, 1995, 322–323, Nr IV. 1. 49). – 4.) für eine Statue, die im Serapeion C stand (Delos, Inv. Nr E 760; Loewy, IGB, 1885, 185, Nr 255, 2; Marcadé, Signatures, II, 1957, 60–61 mit Abb.; Schmidt, 1995, 323–324, Nr IV. 1. 50). – 5.) für eine Statue zu Ehren des Apollon und eines Epimeleten, die von Menophilos aus Sounion, dem Sohn des Lykophron, zur Zeit der Archonten Nikias und Isigenes (124/123 v. Chr.) gestiftet und an der NO-Ecke der Philippsportikus aufgestellt worden ist (Delos, Inv. Nr E 196; Marcadé, Signatures, II, 1957, 59, Taf. 35, 2; Schmidt, 1995, 326–327, Nr. IV. 1. 54). – 6.) für eine Statue zu Ehren des Sarapis, Anubis, Harpokrates und des Priesters Neon, Sohn des Hermokrates, die von den Melanophoroi 123/122 gestiftet und im Serapeion C errichtet worden ist (Delos, Inv. Nr E 390; Loewy, IGB, 1885, 184–185, Nr 255; Marcadé, Signatures, II, 1957, 59, Taf. 35,3; Schmidt, 1995, 328, Nr Iv. 1. 56). – 7.) für eine Statue zu Ehren des Apollon, die von Asklepiades, Sohn des Asklepiades im letzten V. des 2. Jh. v. Chr. gestiftet und vor der S-Seite der Antigonosportikus aufgestellt worden ist (Delos, Inv. Nr E 132; Marcadé, Signatures, II, 1957, 60, Taf. 36, 1). – 8.) für eine Statue zu Ehren von Apollon, Artemis, Leto und Amyntas von Knidos, dem Sohn des Lysimachos, von Aphrodisios von Soleus, dem Sohn des Amyntos, im letzten V. des 2. Jh. v. Chr. gestiftet und in Delos aufgestellt worden ist (heute Leeds, Mus.; Loewy, IGB, 1885, 183–184, Nr 252; Marcadé, Signatures, II, 1957, 62). – 9.) für eine lebensgroße Bronzestatue zu Ehren des Apollodoros aus Marathon, dem Sohn des Kroisos, die von Menophilos von Naxos, dem Sohn des Apollodoros um 100 v. Chr. gestiftet und an der SW-Ecke der S-Portikus aufgestellt worden ist (Delos, Inv. Nr E 215; Loewy, IGB, 1885, 184, Nr 253; Marcadé, Signatures, II, 1957, 61–62, Taf. 35, 5; Schmidt, 1995, 343–344, Nr IV. 1. 80, Abb. 59, 262). Die Anzahl der Statuen zeugt von der Tätigkeit und der Bedeutung des H. im letzten Drittel des 2. Jh. v. Chr. auf Delos. ▭ ThB16, 1923. RE VIII. 1, 1912 (s.v. H. 9); EAA III, 1960 (s.v. H. 2); KlP II, 1967 (s.v. H. 4); DNP V, 1998 (s.v. H. 2). – *Schmidt*, Statuenbasen, 1995, 318–319, Nr IV. 1. 42, Abb. 53, 253; p. 322–324, Nr IV. 1. 48–50, p. 326–328, Nr IV. 1. 54, IV. 1. 56; p. 343–344, Nr IV. 1. 80, Abb. 59, 262. R. V.

Hepi, ägypt. „Vorsteher aller Arbeiten des Königs", „Leiter aller Arbeiten des Königs", darüber hinaus „Unteraufseher der Priester der Teti-Pyramide", unter den Pharaonen Sesostris I. und Amenemhet II. (12. Dynastie, 1976–1794/93 v. Chr.) in Unterägypten tätig. Bek. durch die heute im Ägypt. Mus. in Kairo aufbewahrte Scheintür (Inv. Nr 1409) seines Grabes in Saqqara, wo er vor einem gedeckten Opfertisch mit Gaben sitzt. Ebenso belegt bei Fischestechen, Vogelfang und Totenmahl auf zwei Türpfosten aus demselben Grab, die sich heute in Berlin (SMPK, Ägypt. Mus.) befinden. ▭ PM III. 2, 1978, 700. – Aegypt. Inschr. aus den Kgl. Mus. zu Berlin, I, L. 1913, 158 s., Nr 1118, 156 s., Nr 1119; *L. Borchardt*, Denkmäler des Alten Reiches (CG), I, Kairo 1937, 72 s., Nr 1409; *O. Berlev*, Obščestvennye otnošenija v Egipte ėpochi srednego carstva. Socialnyi sloj „Carskich hmww", Mo. 1978, 331 s., VIII; *D. Franke*, Personendaten aus dem Mittleren Reich, Wb. 1984, 261, Nr 411. C. von Pfeil

Hepuseneb (Hapuseneb), Sohn des Hepu, ägypt. Bauleiter („Vorsteher aller Arbeiten des Königs"), unter Hatschepsut (1479/73–1458/57 v. Chr. in Theben/Oberägypten tätig. H. leitete sehr wahrsch. die Arbeiten am Felsengrab der Hatschepsut im Tal der Könige. In Karnak am Tempel des Amun war er für den Bau des Allerheiligsten, die Errichtung von Toren, bronzenen Türflügeln und die Herstellung von Kultgeräten zuständig. Außerdem hatte er auch das Amt des obersten Priesters des Amun inne. Eine Aufzählung der von ihm geleiteten Werke findet sich auf seiner Granitstatue im Louvre. Name und Titel sind auch auf einem Grabkegel (konischer Inschr.-Ziegel) erhalten. ▭ LÄ I, 1975 (s.v. Bauleiter mit Anm. 7); II, 1977 (s.v. Hapuseneb). – Urk. IV, 469–489; *N. de Garis Davies/M. F. Laming MacAdam*, A corpus of inscribed Egyptian funerary cones, Ox. 1957, Nr 21; *W. Helck*, Zur Verwaltung des Mittleren und Neuen Reiches, Leiden/Köln 1958, 286–289.
S. L. Lippert

Heqaib (I), ägypt. Bauleiter („Vorsteher der Bauarbeiten im Land bis zu seiner Grenze"), unter dem König Sesostris I. (1956–1911/10 v. Chr.) tätig. Bek. durch eine Inschr. im Steinbruch von Wadi Hammamat, die in das Jahr 16 Sesostris' I. datiert. ▭ *M. M. J. Couyat/P. Montet*, Les inscr. hiéroglyphiques et hiératiques du Ouâdi Hammâmât, Kairo 1912, Nr 123. Y. Ott

Heqaib (II), Sohn des Senweseret, ägypt. „Vorsteher der Gilde der Edelsteinarbeiter", unter dem König Sesostris II. (1882–1872 v. Chr.) tätig. Erw. auf der Sandstein-Stele des Ameni, die in einem Steinbruch in der w. nub. Wüste ca. 65 km nw. von Abu Simbel aufgestellt war und in das achte Reg.-Jahr des Sesostris II. datiert. ▭ *R. Engelbach*, The quarries of the western Nubia desert, Kairo 1933, 72; *W. Ward*, Index of Egyptian administrative and relig. titles of the Middle Kingdom, Beirut 1982, Nr 111. Y. Ott

Heqaneheh, ägypt. Bauleiter („Vorsteher der Arbeit") und „Vorsteher der Künstlerschaft", 18. Dynastie (1550–1292 v. Chr.) oder später in Memphis. Bek. durch Bruchstücke einer Statue (Kairo, Ägypt. Mus., Inv. Nr CG 1014). Die Bezugnahme auf den König in seinem Namen („Der Herrscher [lebe o.ä.] ewig") ist ebenso typ. für ägyptisierte Ausländer wie sein durch and. Titel belegter Dienst bei Hofe. ▭ PM I. 2, 1964, 786. – *L. Borchardt*, Statuen und Statuetten von Königen und Privatleuten (CG), IV, B. 1930, 27. F. Hoffmann

Her (I) (Hor; Hori), ägypt. Bauleiter („Vorsteher der Arbeiten des Amun"), unter Amenophis III. (1388–1351/50 v. Chr.) in Theben/Oberägypten tätig. H. war zus. mit seinem Zwillingsbruder und Kollegen → Suti für die Erbauung des Luxortempels verantwortlich. Der Bau fand in drei Etappen statt: zunächst wurde der hinterste Bereich mit dem Barkensanktuar und den umliegenden Räumen errichtet, dann folgte der mit Säulenreihen umgebene Hof Amenophis' III.; schließl. wurde davor noch eine Kolonnade aus 14 Papyrusdolden-Säulen gesetzt, die jedoch erst unter Tutanchamun (1333–1323 v. Chr.) und Haremhab (1319–1292) vollendet wurde. H.s Tätigkeit ist bek. durch zwei Stelen, die ihm und seinem Bruder errichtet wurden. In späterer Zeit wurden ihre Darst. darauf ausgehackt, wohl weil beide in Ungnade gefallen waren, doch blieb zumindet auf einer der beiden der Text unbeschädigt. ▭ LÄ III, 1980 (s.v. Luxor mit Anm. 5). – Urk. IV, 1943 ss., Nr 732. S. L. Lippert

Her (II) (Hor), ägypt. Zeichner („Oberster der Umrißzeichner"), im Neuen Reich (1550–1070/69 v. Chr.) in Theben/Oberägypten tätig. Bek. von einigen Uschebtis (Stellvertreterfiguren für den Verstorbenen), die in Deir el-Medineh (Theben-W) gefunden wurden. H. arbeitete an den Gräbern im Tal der Könige, wo er als Umrißzeichner die Entwürfe für die Wanddekorationen anbrachte. ▭ *D. Valbelle*, Ouchebtis de Deir el-Médineh, Kairo 1972, 45, Nr 68, 78. S. L. Lippert

Heracla, Freigelassener einer Kaiserin, Maler, 1. Jh. n. Chr., wohl in Rom tätig. H. ist aus zwei röm. Inschr. (eine davon fragm.) bek., in denen er als Maler (*pictor*) bez. wird. ▭ EAA VI, 1965 (s.v. Pictor). – CIL, VI, 4008 s.; *Calabi Limentani*, Studi, 1958, 153, Nrn 3–4; *Solin*, GPR, I, 1982, 483. U. Huttner

Heraclides → Herakleides (IV)

Herakleidas (I) (Ἡρακλείδας; Ἡρακλείδης), aus Katane, griech. Münzstempelschneider, gegen E. des 5. Jh. v. Chr. in Katane auf Sizilien tätig. Die Sign. des H. ist auf zwei Tetradrachmen (London, BM) überliefert, deren Prägedatum zw. 410 und 403 v. Chr. anzusetzen ist. Die Tetradrachme (London, BM) zeigt als Vorderseite eine nach links galoppierende Quadriga, im Begriff die Wendemarke zu umrunden, Nike schwebt über dem Gespann und bekränzt den sieghaften Lenker. Im Abschnitt unter der dreifachen Bodenlinie eine Krabbe, im Feld rechtsläufig die Künstlersign.; die Rückseite zeigt den lorbeerbekränzten Apollon und das Ethnikon (KATANEIΩN). Die zweite Tetradrachme in London (BM) zeigt den Apollonkopf als Vorderseitenbild fast en face, flankiert von der Künstlersign., das Revers zeigt wiederum die Quadriga und das Ethnikon. Eine dritte Tetradrachme in Berlin (SMPK, Münz-Slg), geprägt zw. 413 und 403 v. Chr., zeigt die galoppierende Quadriga, hier unter der dreifachen Bodenlinie der Buchstabe H. Die Rückseite gibt hier den Kopf des jugendl. Gottes und das Ethnikon wieder. Die Zuweisung des „H" als Sign. an H. ist zweifelhaft, da dieser Buchstabe schon auf Tetradrachmen mit der Profildarst. des Flußgottes Amenanos um 476 v. Chr. vorkommt. Die künstler. Qualität der Münzstempel des H. ist gleichbedeutend jener des wohl hervorragendsten Stempelschneiders des klass. Siziliens, → Euainetos (I) und → Kimon (II) von Syrakus. ▭ ThB16, 1923. RE VIII. 1, 1912 (s.v. H. 8). EAA III, 1960 (s.v. H. 1). – *S. S. Mirone*, RivItNum 1917, 107 ss., 203 ss.; *ibid.*, 1918, 9 ss.; *W. Schwabacher*, RM 48:1933, 121 ss.; *Rizzo*, MGS, 1946, 110 ss., Taf. 14, 1–3; *Franke/Hirmer*, GrMünze², 1972, 41, Taf. 15, Nr 43; Taf. III, Nr 44; *G. G. Belloni*, Nota sugli incisori monetali Herakleides e Chirion di Katane, Studia classica, Tarditi oblata, R. 1995, 1467–1475. B. Gerring

Herakleidas (II), griech. Bildhauer aus Atrax/Thessalien, um die M. des 4. Jhs. v. Chr. tätig. Der Name H. wird zus. mit dem seines Landsmannes *Hippokrates (II)* in einer Weih-Inschr. erw. (SEG, I, 210; Syll³, 801 A). Die beiden Künstler sollen ein uns heute verlorengegangenes Werk gefertigt haben, von dem nur ein Basis-Fragm. erh. ist, welches im Jahr 1895 in der Nähe des Temenoseingangs in Delphi wiedergefunden wurde. Es handelt sich dabei um eine Weihung der Pharsalier an Apollon Pythios wahrsch. nach einem Kriegessieg. Das Basis-Fragm. wurde in röm. Zeit wiederverwendet. Auf der Weih-Inschr. wurde eine Widmung für den Kaiser Claudius angebracht. Das exakte Datum der Weihung bleibt jedoch umstritten. Das Basis-Fragm. und dessen Weih-Inschr. wurde von Pomtow zum ersten Mal publ.; er verbindet und identifiziert das Werk aufgrund der Basismessungen und -spuren mit der von Pausanias (10, 13, 5) beschriebenen Statuengruppe, die Achill zu Pferd und den laufenden Patroklos darstellt. Vertreter einer and. Meinung ist C. Vatin, der aufgrund des Fundes eines weiteren Basis-Fragm. in Delphi im Jahr 1963 dieses mit dem o. g. in Beziehung brachte. Trotz der Gemeinsamkeiten beider Fragm. kann eine direkte Zusammengehörigkeit jedoch nicht bestätigt werden. Die Annahme Pomtows, das Werk des H. soll Achill und Patroklos dargestellt haben, wird von Vatin kategor. abgelehnt. So weisen u.a. die Standspuren auf der Basis nicht auf einen solchen Statuenkomplex hin, ebensowenig die Tatsache, daß die berühmten Dargestellten in der Weih-Inschr. nicht erw. werden. Vatin kommt zur Schlußfolgerung, daß Pausanias das Werk von H. und *Hippokrates (II)* nicht gesehen hat und deswegen auch nicht erwähnt. – Was die Dat. anbelangt, so wird das erste Basis-Fragm. von beiden Forschern anhand der in der Weih-Inschr. gen. Polemarchen und der Buchstabenform zw. 350 und 339 v. Chr. datiert. Daher ist auch die künstler. Tätigkeit der beiden Bildhauer zeitl. zu bestimmen, von denen wir leider kein and. Werk besitzen. ▭ RE, Suppl. V, 1931 (s.v. H. 5a); EAA III, 1960 (s.v. H. 2); KlP II, 1967 (s.v. H. 1); DNP V, 1998. – *H. Pomtow*, Philologus 77:1921,195–199; *G. Daux*, Pausanias à Delphes, P. 1936, 141–143; *Marcadé*, Signatures, I, 1953, Nr 35, Taf. 8,2; *C. Vatin*, Pharsaliens à Delphes, BCH 88:1964, 446–454; LIMC I, 1981 (s.v. Achilleus 470, 910); LIMC VIII, 1997 (s.v. Patroklos 23). L. Koutoussaki

Herakleidas (III), aus Soloi/Zypern, griech. Bildhauer, im 3. Jh. v. Chr. in Lindos tätig. Nur bek. durch seine Sign. auf zwei Basen aus Lindos, die zw. 225 und 220 v. Chr. datieren. ▭ ThB16, 1923. RE VIII. 1, 1912; EAA III, 1960; KlP II, 1967. – Lindos II. 1, 1941, 360 s., Nrn 127 s. R. V.

Herakleidas (IV), griech. Ringgraveur, im 2. Jh. v. Chr. in Unteritalien tätig. Die in den ersten beiden Buchstaben verstümmelte Sign. des H. findet sich auf einem Goldring in Neapel (MN, Inv. Nr 25085), der das Profilbildnis eines bartlosen Mannes wiedergibt, auf Grund der Haartracht wohl eines Römers, für den eine Benennung als Scipio vorgeschlagen wurde (Vollenweider, 1958 und 1972). H. ist einer der wenigen signierenden Metallringgraveure des Hellenismus. ▭ ThB16, 1923. RE VIII. 1, 1912 (s.v. H. 7); EAA III, 1960 (s.v. H. 3); KlP II, 1967 (s.v. H. 2). – *A. Furtwängler*, JdI 3:1888, 207 ss.; *id.*, AG, 1900, Taf. 33,15; *M.-L. Vollenweider*, MusHelv 15:1958, 27 ss.; *ead.*, Die Porträtgemmen der röm. Republik, Mainz 1972, 57 ss., Taf. 37; *Zazoff*, AG, 1983, 279, Anm. 85; *Plantzos*, HellGems, 1999, 92; *B. Gerring*, Sphragides. Die gravierten Fingerringe des Hellenismus, Ox. 2000, XVII/23, 106 s., 175. B. Gerring

Herakleides (I) (Ἡρακλείδης), von Thermos, griech. Bildhauer, im 3. Jh. v. Chr. in Thermos tätig. Nur bek. durch seine Sign. auf einer Kalksteinbasis aus Thermos (Thermos, Mus., Inv. Nr 55; IG, IX², 69). ▭ RE, Suppl. VIII, 1956 (s.v. H. 61b); EAA III, 1960 (s.v. H. 1); KlP II, 1967 (s.v. H. 27). – *Lippold*, GrPl, 1950, 340, Anm. 13. R. V.

Herakleides (II), griech. Maler, zw. 282 und 279 v. Chr. auf Delos tätig. Nur bek. durch eine Inschr. auf Delos, nach der er für den Lohn von 200 Drachmen zwei Pinakes am Proskenion des Theaters in Delos malte (IG, XI. 2, 158 A, 67). ▭ RE, Suppl. V, 1931 (s.v. H. 62a); EAA III, 1960; KlP II, 1967 (s.v. H. 26); DNP V, 1998 (s.v. H. 28). R. V.

Herakleides (III), aus Tarent, griech. Militärarchitekt, am E. des 3. Jh. v. Chr. in Tarent, Makedonien, Rhodos und Abydos tätig. Die antiken Autoren (Polyb., 13, 4, 6; 13, 5, 1–5; 16, 15, 6; 16, 30, 4; 8, 6 [8], 6 [Ath., deipn., 14, 634b]; Diod., 28, 2, 9; 28, 9; Polyain., Strat., 5, 17, 2; Liv., 31, 16, 3; 31, 33, 2; 31, 46, 8; 32, 5, 7; Ath., 6, 251 E) zeichnen ein wenig schmeichelhaftes Bild von H.: wegen Verrats aus Tarent vertrieben, flüchtet er zu den Römern, dann angeklagt mit Hannibal zu sympathisieren, flüchtet er an den Hof Philipp V. von Makedonien, wo er 199 v. Chr.

eingesperrt wird. H. stammte aus armen Verhältnissen und schien sehr patriotisch gewesen zu sein, maß der Unabhängigkeit seiner Stadt gegenüber den Römern sowie den Karthagern einen großen Wert bei. Nachdem er wahrsch. in der Schule des Philosophen und Staatsmannes Archytas ausgebildet worden ist, wurde er mit der Rest. der Stadtmauern von Tarent beauftragt. Man schreibt ihm, wenn nicht sogar die Erfindung, zumindest die Perfektionierung der *sambuca* (Geschütz in Form der Sambyke, einer Art von Hacken) zu, die bereits durch Marcellus während der Belagerung von Syrakus im Jahre 213 v. Chr. benutzt worden ist (deren Gebrauch die Römer aber in Tarent vor dem Krieg zu nützen gelernt haben). Nach dem Einzug des Hannibal in Tarent (209 v. Chr.) floh H. nach Makedonien. Bei Philipp scheint er v.a. die Position eines Flottenadmirals innegehabt zu haben. In dieser Funktion versuchte er die Arsenale und die Schiffe der Rhodier anzuzünden und siegte gegen die Rhodier in der Schlacht von Lade (201 v. Chr.). Er spielte ebenfalls eine Rolle in der Eroberung von Abydos (Herstellung von Kriegsmaschinen, Minen, Maschinen auf Schiffen). ▭ ThB16, 1923. RE VIII. 1, 1912 (s.v. H. 63); EAA III, 1960 (s.v. H. 4). – *Brunn*, GGK, II, 1889, 334, 356; *E. W. Marsden*, Greek and Roman artillery. Technical treatise, Ox. 1971, 90, 94; *E. Ciaceri*, Storia della Magna Grecia, III, R. 1932 (Repr. 1976), 285–288. H. Tréziny

Herakleides (IV) (Heraclides), von Makedonien, griech. Maler, in der 1. H. des 2. Jh. v. Chr. in Griechenland tätig. H. wird bei Plinius (nat., 35, 135; 35, 146) zweimal erwähnt. Nat., 35, 135, heißt es von ihm, er habe anfangs Schiffe bemalt und sei nach der Gefangennahme des Königs Perseus von Makedonien 168 v. Chr. nach Athen ausgewandert. Nat., 35, 146, wird H. neben den sonst unbek. Malern → Euthymedes und → Milon von Soloi als einer der drei Schüler des Bronzebildhauers → Phyromachos (II) erw., der offenbar auch Maler war, sich Athener nennt und jedenfalls bald nach 166 v. Chr. dort an dem auf der Akropolissüdmauer aufgestellten Siegesdenkmal der Könige Eumenes II. und Attalos II., dem sog. Kleinen Attalischen Weihgeschenk mitarbeitete. Wahrsch. weilte → Phyromachos (II) schon vor 166 v. Chr. in Athen und H. ging damals bei ihm in die Lehre, weil er nach dem Ausfall der makedon. Flotte in Thessalonike durch das Bemalen von Schiffen kein Geld mehr verdienen konnte. Er mußte deshalb das Fach wechseln und das Handwerk des Bildmalers erlernen, worin er sich nach Plinius (nat., 35, 135) einen Namen machte. – Obwohl H. demnach nicht unberühmt war, ist von seinem Werk wie von fast allen griech. Malern nichts erhalten. Bestätigt wird sein Aufenthalt in Athen nach 168 v. Chr. durch die Tatsache, daß Plinius im selben Absatz berichtet, zur gleichen Zeit habe in Athen auch der Philosoph und Maler → Metrodoros (I) gelebt, den der Sieger über Perseus, Aemilius Paullus, zum Erzieher seiner Kinder machte. ▭ ThB16, 1923. RE VIII. 1, 1912 (s.v. H. 62); EAA III, 1960 (s.v. H. 6); KlP II, 1967 (s.v. H. 28). – *B. Andreae*, Motivgeschichtl. Unters. zu den röm. Schlachtsarkophagen, B. 1956, 82. B. Andreae

Herakleides (V), griech. Bildhauer, Sohn des Satyriskos, aus Byzanz, um 150 v. Chr. in Troja tätig. Nur bek. durch seine Sign. auf einer Rundbasis für eine Ehrenstatue des Sohnes des Antiochos (möglicherweise des → Antiochos [III].). ▭ ThB16, 1923. RE, Suppl. III, 1918 (s.v. H. 61a); EAA III, 1960 (s.v. H. 5). R. V.

Herakleides (VI), Architekt, vermutl. griech. Herkunft, im 1. V. des 2. Jh. n. Chr. in den Granitbrüchen des Mons Claudianus (Gebel Fatireh)/ Ägypten tätig. Eine verschollene Inschr. aus Rom sowie zwei Inschr. und mehrere Ostraka vom Mons Claudianus nennen einen Architekten namens „H.“. Trotz der Häufigkeit dieses Namens beziehen sich wahrsch. alle Zeugnisse auf dieselbe Person. Eine Inschr. vom Mons Claudianus läßt sich aufgrund des Kaisernamens sicher in trajan. oder hadrian. Zeit datieren. Da aus dieser Zeit der intensivsten Ausbeutung der Granitbrüche die meisten Inschr. aus dem Gebiet stammen, gehört wohl auch die Inschr. aus Rom in trajan. Zeit, so daß mit dem darin gen. Präfekt von Ägypten der zweite Träger dieses Namens gemeint sein muß. H. war als Architekt nicht nur für die Endkontrolle und den Abtransport der gebrochenen Werkstücke zuständig, sondern auch für die Planung und Durchführung des Bruchvorgangs. Das zeigen die Anbringungsorte der Inschr. im Steinbruch. Eine findet sich auf einer Felswand, an der ein zu brechender Säulenrohling markiert ist, eine weitere auf der Unterseite einer Säule, die an der Laderampe des Steinbruchs liegengeblieben war. Mit der Aufstellung der fertigen Werkstücke außerhalb Ägyptens, also etwa in Rom, wo sich eine Inschr. – vermutl. auf einer Säulenunterseite – fand, war H. wohl nicht betraut. Denn die relativ große Zahl von Inschr. und Ostraka aus dem Bereich der Steinbrüche spricht dafür, daß der Schwerpunkt seiner Tätigkeit hier lag. Ob H. eine Gruppe von mehreren Architekten leitete oder als einziger Architekt zu dieser Zeit dort tätig war, ist nicht zu sagen. Die Ltg des gesamten Steinbruchs hatte dagegen ein Offizier inne. Daß H. als Architekt außerdem für die Errichtung und Instandhaltung von Gebäuden und Wegen im Steinbruch zuständig war, läßt sich nur vermuten. ▭ ThB16, 1923. RE VIII. 1, 1912 (s.v. H. 64); EAA I, 1958 (s.v. architetto); III, 1960 (s.v. H. 7). – IG, XIV, 2421,2; CIG, III, 4713 d; IGR, I, 530, 1260; SEG, XV, 1958, 867; XXXVI, 1986, 1401; *M. J. Klein*, Unters. zu den kaiserl. Steinbrüchen am Mons Porphyrites und Mons Claudianus in der ö. Wüste Ägyptens, Bonn 1988, 28, 32–34, 115 s., 118 s., 142; *K. Strobel*, Ktema 16:1991, 27–28; *J. Bingen*, in: Mons Claudianus. Ostraca Graeca et Latina, I, Kairo 1992, 18, 39, 47–53, Nrn 27–41; *M.-C. Hellmann*, ZPE 104:1994, 159 s., Nrn 28a-c, 173 s., Nr 77; *Donderer*, Architekten, 1996, 47 s., 132–135, Nrn A 40–42. B. Bollmann

Herakleides (VII), Sohn des Ag[...]os, aus Ephesos. Der Künstler ist nur durch die fragm. Inschr. auf der Baumstammstütze einer stark erg. und mit einem nicht zugehörigen, behelmten Kopf ausgestatteten männl. Statue im Hüftmanteltypus bekannt. Diese wurde in der Umgebung von Neapel gefunden, 1776 in Rom verkauft und gelangte schließl. in den Louvre (Inv. Nr MA 883). Das Patronymikon des H., Ag[...]os, wurde unterschiedl. erg., von den meisten Autoren zu Ag[au]os. Auch der zweite in der Inschr. gen. Künstlername, Ag[...]atios, gab zu mehreren Lesarten Anlaß (u.a. Harmatios, → Agneios, Arneios, Apneios). Im 19. Jh. wurde nur vereinzelt auf Eigenarten der Inschr. hingewiesen (Bursian, 1863; Froehner, 1880; Loewy, 1885). Zuletzt zeigte jedoch Donderer auf, daß die Inschr. aufgrund zahlr. Auffälligkeiten – Angabe von Patronymikon und Ethnikon nur bei einem Künstler (Herakleides), Verschreibung, besondere Schreibweise und Plazierung mancher Buchstaben, v.a. aber Anordnung der Inschr. in zwei Teilen zu Seiten des abgebrochenen Aststumpfes – erst nachträgl. mit Rücksicht auf diese Position und die Fraktur des Stammes eingraviert wurde und als modern anzusehen ist. Es bleibt die Frage nach dem Zeitpunkt der Anbringung der Inschr. und nach Echtheit und Dat. der Statue, welche bislang aufgrund von Typus, Faltenstil (und Buchstabenformen der Inschr.) in das 1.–2. Jh. n. Chr., spätestens in hadrian. Zeit, gesetzt wurde. ▭ ThB16, 1923 (s.v. H.). RE VII. 2, 1912 (s.v. Harmatios); VIII. 1, 1912 (s.v. H.); EAA I, 1958 (s.v. Agneios); III, 1960 (s.v. H.). – CIG, III, 6152; IG, XIV, 1244; *J. B. de Saint-Victor*, Mus. des antiques, dessiné et gravé par P. Bouillon, I, P. 1812, Taf. 8; *Clarac*, II. 2, 1841, 879 unter 470, Taf. 17, Nr. 411, Taf. 56, Nr. 411; III, 1850, Taf. 313, Nr 1439; *G. Labus* (Ed.), Opere varie di E. Qu. Visconti, IV, Mi. 1831, 321, Nr 88; *M. Letronne*, RA 3:1846, 390; *F. G. Welcker*, Alte Denkmäler, I, Göttingen 1849, 344; *Brunn*, GGK, I, Braunschweig 1853, 571 s., 584; *C. Bursian*, Jb. für Class. Philologie 9:1863 [entspricht: Neue Jb. für Philologie und Paedagogik 87:1863, 102 s.]; *Overbeck*, SQ, 1868, Nr 2279; *W. Froehner*, Mus. du Louvre. Les inscr. grecques, P. 1880, 227, Nr 125; *Loewy*, IGB, 1885, 205, Nr 293; *Overbeck*, GGP[4], 1894, 457; *Collignon*, HistSculpt, II, 1897, 677; *Reinach*, RépStat, I, 1897, 159; *Th. Ashby*, BSR 6:1913, 500; *Lippold*, Kopien, 1923, 66; *Richter*, CriticalPeriods, 1951, 54; *G. M. A. Richter*, Proceedings of the American Philosophical Society 95, 1951, 185, Abb. 4; *V. C. Goodlett*, Collaborations in Greek sculpt.: The literary and epigraphical evidence, Diss. N. Y. 1989, 223, Nr H 114; IGUR, IV, 1990, 1563; *M. Donderer*, ÖJh 65:1996, 102 ss., Abb. 15–17. M. Aurenhammer

Herakleides (VIII), griech. Architekt, in der röm. Kaiserzeit in Busr-el-Hariri/Syrien tätig. Die Grab-Inschr. des Ehepaars Candidus und Alee, Tochter des Rufus, nennt H. als Architekten. Er hat vermutl. die zugehörige Grabanlage geplant, über deren Aussehen jedoch nichts bek. ist. ▭ *W. H. Waddington*, Inscr. grecques et latines de la Syrie, P. 1870, 566, Nr 2471; *H. C. Butler*, Early churches in Syria, Pr. 1929, 255; *K. I. Kretikakou*, in: *I. Aslanes* (Ed.), Poikila, At. 1990, 376; *Donderer*, Architekten, 1996, 24, 28, 135, Nr A 43.
B. Bollmann

Herakleides (IX), Sohn des Alaphallos, griech. Architekt, in spätantiker Zeit in Sûr/Syrien tätig. Eine griech. Inschr., die ihrem Wortlaut nach urspr. zu einem christl. Kultbau gehörte und wohl über dessen Eingang angebracht war, nennt H. als Architekten dieses Gebäudes, über das jedoch nichts Genaueres bek. ist. ▭ *E. Littmann/D. Magie*, Greek and Latin inscr. in Syria, III, A 7, Leiden 1921, 428 s., Nr 797, Abb.; *H. C. Butler*, Early churches in Syria, Pr. 1929, 254 s.; *K. I. Kretikakou*, in: *I. Aslanes* (Ed.), Poikila, At. 1990, 376; *Donderer*, Architekten, 1996, 136, Nr A 44.
B. Bollmann

Herakleides (X), von Phokaia, griech. Bildhauer unbestimmter Zeit. Nur bek. durch die Erw. bei Diogenes Laertios (5, 1). ▭ ThB16, 1923. RE VIII. 1, 1912 (s.v. H. 60); EAA III, 1960 (s.v. H. 9). R. V.

Herakleios (Ἡράκλειος), angebl. griech. Bildhauer der röm. Zeit. Durch falsche Lesung wurde bisweilen eine Sign. des → Lysippos (I) auf H. bezogen. ▭ EAA III, 1960. R. V.

Herakleitos (I) (Ἡράκλειτος), Sohn des Thoas, Vater des Phormion, aus Iasos, griech. Bildhauer, im 2./1. Jh. v. Chr. tätig. Nur bek. durch seine Sign. auf einer Basis für eine Statue des Exegestos, die von seinem Sohn Phormion dem Apollon Stephanephoros gew. worden ist und wahrsch. aus Didyma stammt (heute Istanbul, Arch. Mus.). ▭ ThB16, 1923. RE, Suppl. III, 1918 (s.v. H. 18); EAA III, 1960. – *T. Reinach*, REG 6:1893, 186, Nr 30; *Lippold*, GrPl, 1950, 372. R. V.

Herakleitos (II) (Ἡράκλειτος; Ἡράκλιτος), griech. Mosaikkünstler, im 2. Jh. n. Chr. in Rom tätig. H. ist nur bek. durch die Sign. ΗΡΑΚΛΙ–ΤΟΣ (für Ἡράκλειτος) ΗΡΓΑΣΑΤΟ auf einem Tesseramosaik aus einer Villa bei der Porta Ardeatina im S Roms (mit Erg. heute im Vatikan, Mus. Gregoriano Profano, Inv. Nr 10132). – Das aus einem Repräsentationsraum (Triklinium?) stammende, urspr. von einem ornamentierten Buntmarmorstreifen umgebene quadrat. Mosaik (Innenbild zerst.) zeigt eklekt. zusammengefügte Bildelemente, die meist hellenist. Vorbilder zitieren: innen eine Nilszenerie, außen einen Fries mit Masken der Tragödie und Komödie (hier die Sign.) sowie den 'ungefegten Boden' (*asaratos oikos*) des hellenist. Mosaizisten → Sosos (I). Stilist. Indizien dat. das Mosaik in die 1. H. des 2. Jh. n. Chr. ▭ ThB16, 1923. EAA III, 1960 (s.v. Heraklitos). – *Donderer*, Mosaizisten, 1989, 63, Nr A 16, Taf. 13; *K. Werner*, Mosaiken aus Rom. Polychrome Mosaikpavimente und Emblemata aus Rom und Umgebung, Würzburg 1994, 120 ss.; *id.*, Die Slg antiker Mosaiken in den Vatikan. Mus., Vatikan 1998, 260 ss. D. Salzmann

Heraklios (Ἡράκλιος), Bauunternehmer(?), Architekt(?) oder Ingenieur(?) einer Wasserleitung im spätantiken Kreta. Nur durch eine Inschr. des 5./6. Jh. n. Chr. aus Psallida/Kreta bekannt. ▭ *A. C. Bandy*, The Greek Christian inscr. of Crete, At. 1970, 77 s., Nr 47; *Donderer*, Architekten, 1996, 288–289, Nr C 4. M. Dennert

Heraklitos → **Herakleitos** (II)

Heremhataa (?), ägypt. Bildhauer, 12. Dynastie (20./19. Jh. v. Chr.). Belegt durch seine Totenstele (Paris, Louvre, Inv. Nr C. 180). Die Lesung des Namens ist unsicher. ▭ *E. Gayet*, Stèles de la XIIe dynastie (K Paris, Louvre), P. 1889, Taf. 35; *H. Ranke*, Die ägypt. Personennamen, I, Glückstadt 1935, 248, Nr 4. F. Hoffmann

Heremheb (I), ägypt. „Vorsteher der Arbeiten des Gottes Amun", unter Pharao Thutmosis IV. (18. Dynastie, 1397–1388 v. Chr.) in Theben-Karnak/Oberägypten tätig. Bek. durch sein Grab (Theban Tomb 78) in Theben-W, wo er u.a. in den für ägypt. Gräber typ. Szenen des Fischestechens, der Vogeljagd und des Gastmahls gezeigt wird. Sein Titel weist ihn als Bauleiter am Tempel des Amun von Karnak aus. ▭ PM I. 1, 1960, 152–156, Nr 78 (TT 78). – *M. Hasitzka/H. Satzinger*, Urkunden der 18. Dynastie. Indices zu den Heften 1–22, B. 1988, 53. C. von Pfeil

Heremheb (II), ägypt. „Vorsteher der Arbeiten" am Gebel Ahmar nahe dem heutigen Kairo, unter Pharao Tutanchamun (18. Dynastie, 1333–1323 v. Chr.) in Unterägypten tätig. Der Generalissimus und spätere Pharao Heremheb (Haremhab) (18. Dynastie, 1319–1292 v. Chr.) ist von zahlr. Reliefs aus seinem erst 1975 wiederentdeckten Grab in Memphis bek., die heute in der Mehrzahl über Museen in aller Welt verstreut sind. Darüber hinaus baute er sich während seiner Zeit als König ein Grab im Tal der Könige (KV 57). Er ist durch seinen Titel als Leiter der Bauarbeiten am Ahmar-Berg ausgewiesen. ▭ PM I. 2, 1964, 567–569, Nr 57 (KV 57); LÄ I, 1975, Sp. 654 mit Anm. 13 (s.v. Bauleiter). – Urk. IV, 2099–2102, Nr 806; *E. Hornung*, Das Grab des Haremhab im Tal der Könige, Bern 1971; *M. Hasitzka/H. Satzinger*, Urkunden der 18. Dynastie. Indices zu den Heften 1–22, B. 1988, 53; *G. T. Martin*, The Memphite tomb of Horemheb Commander-in-Chief of Tutankhamun, I, Lo. 1989; *id.*, Auf der Suche nach dem verlorenen Grab, Mainz 1994, 47–126; *H. D. Schneider*, The Memphite tomb of Horemheb Commander-in-Chief of Tutankhamun, II, Lo. 1996. C. von Pfeil

Heremsaf, ägypt. Bauleiter („Vorsteher der Arbeiten") und Amunpriester unter Scheschonq I. (946/45–925/24 v. Chr.) in Theben. Bek. durch eine Felsstele im Steinbruch vom Gebel es-Silsile, dem größten für Sandstein. Dem Text zufolge war H. im 21. Reg.-Jahr des Königs als Bauleiter beauftragt, geeignete Steine für einen Pylon und eine Halle im Tempel des Amun von Karnak zu beschaffen. Sein Sohn → Paheqanefer dürfte die Stele geschaffen haben (v.e. Iupet). ▭ *R. A. Caminos*, JEA 38:1952, 46 ss. F. Hoffmann

Herennius → **Hermanus**

Heri (I) (Hori), Sohn des Renseneb, ägypt. Architekt („Vorsteher der Bauarbeiter"), im Mittleren Reich (2119–1794/93 v. Chr.) in Ägypten tätig.

Nur bek. von einer Stele (Kairo, Ägypt. Mus.), die sein Vater errichtet hat. Der Fundort der Stele ist unbek., weshalb über den Herkunftsort von H. keine näheren Angaben gemacht werden können. 🕮 *H. O. Lange/H. Schäfer*, Grab- und Denksteine des Mittleren Reiches (CG), II, B. 1908, 270 s., Nr 20631. S. L. Lippert

Heri (II) (Hori), ägypt. Edelsteinarbeiter, Mittleres Reich – 18. Dynastie (2170/2120–1292 v. Chr.), im Sinai tätig. Bek. aus einem undat. hierat. Graffito in Maghara, wo H. mit einer Expedition zur Gewinnung von Halbedelsteinen und kostbaren Gesteinen für die Herstellung von Statuen arbeitete. 🕮 PM VII, 1952, 343. – *J. Černý* (Ed.), The inscr. of Sinai, Lo. 1955, 72, Nr 36. S. L. Lippert

Heri (III) (Hori), Sohn des Heri, ägypt. Bauleiter, unter Sethos II. (1200/1199–1194/93 v. Chr.) in Memphis sowie unter Siptah bis Ramses III. (1194/93–1152/51 v. Chr.) in Theben/Oberägypten tätig. H. war ein Enkel des Chaemwaset, des berühmten Sohnes Ramses' II. Er hatte das Amt eines Wesirs inne und war in dieser Funktion auch für zahlr. Bauvorhaben, v.a. in Theben zuständig. Bek. ist seine Tätigkeit aus Ostraka, die in der Nekropole von Theben-W gefunden wurden, sowie aus Fels-Inschr. in den Steinbrüchen vom Gebel Ahmar und von Assuan. Seine Karriere endete erst mit seinem Tod z.Z. des Pharao Ramses III. 🕮 LÄ III, 1980 (s.v. Hori [I]). – *W. Helck*, Zur Verwaltung des Mittleren und Neuen Reiches, Leiden/Köln 1958, 328 s. S. L. Lippert

Heri (IV) (Hori), Sohn des → Ipu (IV), ägypt. Zeichner (Umrißzeichner), unter Ramses III. (1183/82–1152/51 v. Chr.) in Theben-W/Oberägypten tätig. H. geh. einer Fam. von Umrißzeichnern an, die an den Pharaonengräbern im Tal der Könige arbeitete. Umrißzeichner legten auf der Grabwand den Entwurf für die Reliefs und Malereien fest, die dann von Bildhauern ausgef. wurden. Weitere Verwandte, die ebenfalls in diesem Beruf tätig waren, sind H.s Vater → Ipu (IV), sein Bruder → Imennechet (IV) sowie seine Neffen → Herischeri, → Imenhetep (XII) und → Pentaweret. Die Fam. ist bek. aus zahlr. Graffiti und Ostraka, die in Deir el-Medineh, dem Wohnort der Nekropolenarbeiter, sowie im Bereich des Tals der Könige gefunden wurden. 🕮 KRI V, 652, Nr 837, 658, Nr 200, 774, 2716, 2729; *E. Bogoslovsky*, ZÄS 107:1980, 104. S. L. Lippert

Heri (V) (Hori), ägypt. Zeichner (Umrißzeichner), unter Ramses III. (1183/82–1152/51 v. Chr.) in Theben/Oberägypten tätig. Bek. aus zahlr. Graffiti und Ostraka, die auf der theban. W-Seite bzw. in Deir el-Medineh, dem Wohnort der im Tal der Könige beschäftigten Künstler und Handwerker, gefunden wurden. Auch seine Söhne → Nebnefer (IV) und → Hermenu sowie sein Enkel → Heri (VI) arbeiteten als Umrißzeichner und entwarfen Vor-Zchngn für die Dekoration der Grabwände. 🕮 *E. S. Bogoslovsky*, ZÄS 107:1980, 104. S. L. Lippert

Heri (VI) (Hori), Sohn des → Nebnefer (IV), ägypt. Zeichner (Umrißzeichner), unter Ramses VI. (1142/40–1134/32 v. Chr.) in Theben-W/Oberägypten tätig. Bek. aus einigen Ostraka, die im Grab Ramses' VI. gefunden wurden. H. gehörte deshalb mit Sicherheit zu der Künstlergruppe, die dieses Grab ausgeschmückt hat. Als Umrißzeichner war es seine Aufgabe, die Vor-Zchngn für Reliefs und Malereien anzubringen. H.s Fam., die in zahlr. Graffiti und Ostraka belegt ist, wohnte in Deir el-Medineh, wo bereits sein Großvater → Heri (V), sein Vater → Nebnefer (IV), sein Onkel → Hermenu sowie sein Bruder → Pairusecher als Umrißzeichner tätig waren. 🕮 *M. G. Daressy*, Ostraca (CG), Kairo 1901, 107; *E. S. Bogoslovsky*, ZÄS 107:1980, 104. S. L. Lippert

Heri (VII) (Hori), ägypt. Zeichner („Umrißzeichner"), in der 20. Dynastie (1186/85–1070/69 v. Chr.) in Theben/Oberägypten tätig. Bek. von einer Stele sowie mehreren Graffiti. H. lebte in Deir el-Medineh (Theben-W) und arbeitete an den Pharaonengräbern im Tal der Könige. Umrißzeichner entwarfen die Vor-Zchng für die Malereien und Reliefs, die später von and. Künstlern ausgeführt wurden. 🕮 *E. S. Bogoslovsky*, ZÄS 107:1980, 104. S. L. Lippert

Heri (VIII) (Hori), Sohn des Hi, ägypt. Zeichner („Oberster Umrißzeichner"), in ramessidischer Zeit (1292–1070/69 v. Chr.) in Theben/Oberägypten tätig. H. war im „Goldhaus der Domäne des Amun" angestellt, wo Statuen und Geräte für den Tempelkult hergestellt wurden. Er ist bek. aus den Inschr. seines Grabes in Scheich Abd el-Qurna (Theben-W). 🕮 PM I. 1, 1960, 342, Nr 259. – *W. Helck*, Mat. zur Wirtschafts-Gesch. des Neuen Reiches, Mainz 1961, 47. S. L. Lippert

Heri (IX) (Hori), ägypt. Umrißzeichner, im Neuen Reich (1550–1070/69 v. Chr.) in Giza(?)/Ägypten tätig. Nur bek. von einem Ostrakon ohne Nr aus

Giza, das von H.s künstler. Arbeit an einer Prozessionsbarke für Götterfeste berichtet. ▭ *E. Endesfelder*, Die Arbeiter der theban. Nekropole im Neuen Reich, Diss. B. 1962, 38. S. L. Lippert

Heriiemhetep, Sohn des Chahep, ägypt. Bildhauer, im 1. Jh. v. Chr. in Memphis. H. hat eine große Totenstele (London, BM, Inv. Nr 147) für Taiiemhetep, die Frau des Hohenpriesters des Ptah, die 42 v. Chr. gestorben ist, angefertigt und signiert. ▭ PM III. 2, 1981, 744. – *K. H. Brugsch*, Thesaurus inscr. aegyptiacarum, V, L. 1891, 927; *E. W. Ware*, AJSL 43:1926/7, 201; *E. A. E. Reymond*, From the records of a priestly fam. from Memphis, Wb. 1981, 177. F. Hoffmann

Heriiri, ägypt. Umrißzeichner des Amun, frühe 18. Dynastie (1550–1425 v. Chr.), in Theben/Ägypten tätig. Enkel des Admirals Ahmose, Sohn des Ibana. Mit Titel im Felsgrab Ahmoses in El-Kab bei der Anbetung seines Großvaters zus. mit seinem Bruder oder Cousin, dem „Umrißzeichner des Amun" → Paheri, dargestellt. H. war Angestellter des Amuntempels in Karnak. ▭ PM V, 1937, 182. – LD, Text IV, 50; *W. Helck*, Mat. zur Wirtschafts-Gesch. des Neuen Reiches, I, Wb. 1960, 46. M. A. Stadler

Herimenianchu, ägyptischer Umrißzeichner des Königspalastes, ca. 1900–1850 v. Chr. in Berscheh/Mittelägypten tätig. H. ist im Grab des Gaufürsten Djehutihetep im Zusammenhang mit dem Transport dessen Kolossalstatue dargestellt (unmittelbar vor der Statue und dieser zugewandt). Nach der Beischrift war H. für die Ausschmückung des Grabes mit Texten und Bildern verantwortlich. ▭ Urk. VII, 50, 4 ss.; *P. E. Newberry/G. W. Fraser*, El Bersheh, I. Lo. 1894, Taf. 12, 15; *H. G. Fischer*, Egyptian titles of the Middle Kingdom, N. Y. 1985, 85, Nr 1446. F. Hoffmann

Herischeri, Sohn des → Imennechet (IV), ägypt. Umrißzeichner („Vorzeichner"), in der 20. Dynastie unter dem König Ramses III. (1183/1182–1152/1151 v. Chr.) in Deir el-Medina/Oberägypten tätig und bis in das vierte Reg.-Jahr von Ramses IV. (1140–1138 v. Chr.) belegt. H. war am Bau der Königsgräber beteiligt und wohnte in dem Arbeiterdorf Deir el-Medineh. Außerdem wird er auf mehreren Kalksteinscherben (Ostraka) von dort erw. (Ostrakon Berlin, SMPK, Ägypt. Mus., Inv. Nr 12654; Ostrakon DeM (aus Deir el-Medineh), Nr 133; Ostrakon IFAO, Nr 765 und Ostrakon London, BM, Inv. Nr 5625). ▭ KRI, V, 652, 10; *E. Endesfelder*, Die Arbeiter der theban. Nekropole im Neuen Reich, Diss. B. 1962, 35 s.; *J. J. Janssen*, in: *R. J. Demarée/J. J. Janssen* (Ed.), Gleanings from Deir el-Medina, Egyptologische Uitgarn, I, Leiden 1982, 149 ss. Y. Ott

Heriu, ägypt. Zeichner („Umrißzeichner"), in der 1. H. des 2. Jh. v. Chr. in Theben/Oberägypten tätig. Bek. aus einer demotischen Abstands-Schr., bei der es um Grabstellen geht. H. wird als Besitzer eines der Gräber genannt. ▭ *C. A. R. Andrews*, Cat. of demotic papyri. Ptolemaic legal texts from the Theban area (K, London, BM), IV, Lo. 1990, 31, Nr 6 (P. BM 10615), Taf. 18. S. L. Lippert

Hermaios (I) (Ἑρμαιος), griech. Töpfer, E. 6. Jh. v. Chr. in Athen tätig. Bek. durch seine Sign. auf den vier (und nicht fünf, wie oft angegeben, weil London, BM, Inv. Nr 96. 10–22. 1, zusätzl. auch als verschollen aus Vulci aufgeführt wird) folgenden rotfigurigen Schalen, die alle nur ein bemaltes Innenbild besitzen: 1. London, BM, Inv. Nr E 34 (aus Marion/Zypern), mit einer nackten Frau, die ein Becken trägt (Hoppin, RedFig, II, 1919, 16, Nr 2, Abb.; Bloesch, 1940, 119, Nr 5, Taf. 33, 3; ARV², 1963, 110, Nr 8); 2. St. Petersburg, Ermitage, Inv. Nr 647 (ehem. Slg Branteghem, aus Marion/Zypern), mit Rhyton haltendem Dionysos (Hoppin, RedFig, II, 1919, 18, Nr 4, Abb.; ARV², 1963, 110, Nr 2; Add², 1989, 173); 3. London, BM, Inv. Nr 96. 10–22. 1 (aus Vulci), mit Hermes (Hoppin, RedFig, II, 1919, 17, Nr 3, Abb.; Bloesch, 1940, 120, Nr 6; ARV², 1963, 111); 4. Boston, MFA, Inv. Nr 03. 844, mit reitendem Jüngling (Hoppin, RedFig, II, 1919, 15, Nr 1, Abb.; ARV², 1963, 110, Nr 1). Die beiden Londoner Vasen zählen zu den ersten Schalen des eleganten geschwungenen Typus C, wobei H. sich diese Form zwar schnell aneignete, aber nicht als deren Initiator gelten kann. ▭ ThB16, 1923. RE VIII. 1, 1912. – *Bloesch*, Formen, 1940, 119-122; ARV², 1963, 110–111; Add², 1989, 173. R. V.

Hermaios (II), griech. Architekt, im 2./3. Jh. n. Chr. in Loutsi/Böotien tätig. Nur bek. durch einen Grenzstein aus Loutsi, der die Flur des Architekten H. bezeichnete. ▭ *A. Schachter*, BSA 56:1961, 178, Nr 6, Abb. 2; *J./L. Robert*, BullEp 1963, 140, Nr 115; *Donderer*, Architekten, 1996, 128, Nr A 36, Taf. 18, 2. R. V.

Hermaiskos (Hermaiscus), möglicherweise Gemmenschneider oder -besitzer. Der griech., in lat. Lettern transkribierte Name erscheint auf drei Karneolen der Slg Montigny wieder. Ein Karneol in London (BM) mit Leda und dem Schwan ist sicher modern. ▭ ThB16, 1923. RE VIII. 1, 1912; EAA IV, 1961. – *A. Furtwängler*, JdI 4:1889, 74; Cat. of the antiquities in the coll. of the late W. F. Cook, Lo. 1903, 45, 205, Taf. 8. B. Gerring

Hermakotas (Ἑρμακότας), Sohn des Hermonax, griech. Bildhauer, im 2./1. Jh. v. Chr. in Trysa/Lykien tätig. Nur bek. durch eine Weih-Inschr. für ihn durch seine freigelassene Sklavin aus Trysa (heute in Wien, Kunsthist. Mus.; Loewy, IGB, 1885, 217–218, Nr 304; O. Benndorf/G. Niemann, Das Heroon von Gjölbaschi-Trysa, W. 1889, 26, Abb. 11). ▭ RE VIII. 1, 1912; EAA IV, 1961. R. V.

Hermanus, röm. Mosaizist, im 2. Jh. n. Chr. in Cherchel/Algerien tätig. Nur bek. durch die Sign. HER[MA]NVS FACIT (AE, 1965, 228) auf einem Mosaik in *opus tessellatum* aus Cherchel (Cap Tizerine). Zunächst hatten Forscher die fehlenden Buchstaben zu HER[EN]NIVS rekonstr., aber Donderer (1989) hat überzeugend nachgewiesen, daß diese Lesung falsch ist. ▭ EAA, Suppl. 1970 (s.v. Herennius). – *J. Lassus*, Libyca, 8, 2:1960, 23–50, Plan p. 26; *id.*, CRAI 1962, 129; *G. Picard*, AntAfr 2:1968, 115, Anm. 3; *G. Charles-Picard*, DossAParis 31:1978, 21; *Dunbabin*, Mosaics, 1978, 21, Anm. 35, p. 27, Anm. 57; *Donderer*, Mosaizisten, 1989, 22, 46, Anm. 199, p. 92, Nr A 60, Taf. 33,2. Z. Welch

Hermas, Sohn des Carpus, röm. Mosaizist, in der Kaiserzeit in Benevent tätig. Nur bek. durch seine Grab-Inschr. aus Benevent (CIL, IX, 6281). Danach war er ein Wandmosaizist, der 21jährig sein Leben verlor, weil er beim Setzen von Figuren in einem Nymphäum herabfiel. ▭ *Calabi Limentani*, Studi, 1958, 158, Nr 51; *Donderer*, Mosaizisten, 1989, 92–93, Nr A 61; *Dunbabin*, MGRW, 1999, 274, Anm. 28. R. V.

Hermeias (Ἑρμείας), Sohn des Anthesterios, griech. Bildhauer, im 2. Jh. n. Chr. in Lebadeia/Böotien tätig. Nur bek. durch seine Sign. auf einer Basis einer Statue der Magna Mater, die von einer Priesterin dieser Göttin, Sosikleia, in ihr Heiligtum in Lebadeia gew. worden ist. Der noch erh. Torso war vom Meterbild des → Agorakritos in Athen beeinflußt und dat. nach seinem Stil in hadrianische Zeit. ▭ RE, Suppl. VIII, 1912 (s.v. H. 15); EAA IV, 1961. – *O. Walter*, AA 57:1942, 113. R. V.

Hermenu (Hormin), Sohn des → Heri (V), ägypt. Umrißzeichner, 20. Dynastie (12./11. Jh. v. Chr.), in Deir el-Medineh tätig. H., der in der Siedlung der Arbeiter lebte, die die Königsgräber im Tal der Könige (Theben-W) anlegten, ist v.a. durch zahlr. Ostraka und Graffiti belegt. Er hat außerdem Szenen im Grab des → Inhercha (II) gemalt und signiert. Bogoslovskys Aufteilung der Belege auf drei versch. Personen desselben Namens kann ich nicht nachvollziehen. ▭ *B. Bruyère*, Rapp. sur les fouilles de Deir el-Médineh (1930), Kairo 1933, 67 ss., Taf. 20 s.; *E. S. Bogoslovsky*, ZÄS 107:1980, 105; *M. Gutgesell*, Die Dat. der Ostraka und Papyri aus Deir el-Medineh und ihre ökonom. Interpretation, Hildesheim 1983, 617 s., passim. F. Hoffmann

Hermeraset, Sohn des → Nesmet, ägypt. Goldschmied, im 3. Jh. n. Chr. in Philae/Oberägypten tätig. H. ist nur durch ein kurzes undat. demotisches Graffito am Isis-Tempel von Philae bek., an dem er arbeitete. Sein Sohn → Hernedjitef (II) war ebenfalls dort Goldschmied. ▭ *F. L. Griffith*, Cat. of the demotic graffiti of the Dodecaschoenus, Ox. 1937, 89, Nr Ph. 284, Taf. 45, 90, Nr Ph. 291, Taf. 46. S. L. Lippert

Hermeros, Bildhauer (*lapidarius*) aus dem röm. Dakien, 2.–3. Jh. n. Chr. in Cristeşti (Ostdakien) tätig. Bek. durch die Sign. *Hermeros lapidarius f(ecit)* auf einem Steinblock (Architrav, Tür- oder Fensterrahmen(?) aus Cristeşti/O-Dakien. ▭ *I. I. Russu*, Acta Musei Napocensis, Cluj-Napoca, I, 1964, 182 s.; AE 1967, Nr 401; *M. Bărbulescu*, Interferente spirituale în Dacia romană, Cluj-Napoca 1984, 38; Inscriptiones Daciae Romanae, III/4, Nr 133. M. Bărbulescu

Hermes (I) (Harmose), Sohn des → Inhercha (II), ägypt. „Oberster der Nekropolenhandwerker am Ort der Wahrheit", vom 6. bis 17. Reg.-Jahr des Pharaos Ramses IX. (20. Dynastie, 1120/1116–1108/1104 v. Chr.) in Deir el-Medineh/Oberägypten tätig. Belegt auf zwei hölzernen Türpfosten im Pariser Louvre (Inv. Nr E. 13999), die aus seinem Grab auf dem W-Friedhof von Deir el-Medineh stammen. H. war mit der Ltg der künstler. Arbeiten in der kgl. Nekropole betraut. ▭ PM I. 2, 1964, 687 (Nr 1159), 711. – *J. Černý*, A community of workmen at Thebes in the Ramesside period, Kairo 1973, 124 s., 308 mit Anm. 7; *M. L. Bierbrier*, The late New Kingdom in Egypt, Warminster 1975, 36; *M. L. Bierbrier*, in: *R. J. Demarée/A. Egberts* (Ed.), Village voices, Leiden 1992, 3. C. von Pfeil

Hermes (II) (Ἑρμῆς), vermeintl. griech. Bildhauer. Angebl. fand sich sein Name zus. mit dem des Bildhauers → Diodotos (II) auf einer von Pirro Ligorio gelesenen Inschr. (Loewy, IGB, 1885, 350, Nr 522). Wahrsch. war hier jedoch nicht ein Bildhauer dieses Namens gemeint, sondern eine

Herme, die angebl. → Diodotos (II) fertigte. Es wird jedoch mit Recht spätestens seit Loewy angenommen, daß die ganze Inschr. eine Fälschung ist. ▭ EAA IV, 1961 (s.v. H. 2). R. V.

Hermes (III) cf. **Ampliatos**

Hermippos (I) (Ἕρμιππος), griech. Erzgießer, um 500 v. Chr. in Athen tätig. Nur bek. durch seine Sign. auf einer Basis für drei Bronzestatuetten, die von Phsakythe auf der Athener Akropolis gew. worden ist (IG, I², 493; Raubitschek, Dedications, 1949, 86 s., Nr 81). ▭ RE, Suppl. VIII, 1956 (s.v. H. 12a); EAA IV, 1961 (s.v. H. 1). – *Lippold*, GrPl, 1950, 82; *Floren*, GrPl, 1987, 300, Anm. 15. R. V.

Hermippos (II), Sohn des Diomenes, aus Sunion, griech. Bildhauer, am A. des 2. Jh. v. Chr. in Athen tätig. Nur bek. durch seine Sign. auf einer Marmorbasis aus Athen (IG, II, 1628; Loewy, IGB, 1885, 103, Nr 129) und einer weiteren, die beim Asklepieion in Athen gefunden worden ist (IG, II, 1629; Loewy, IGB, 1885, 103, Nr 130). Nach der Buchstabenform datieren sie an den A. des 2. Jh. v. Chr. ▭ ThB16, 1923. RE VIII. 1, 1912 (s.v. H. 12); EAA IV, 1961 (s.v. H. 2). R. V.

Hermochares → Emmochares

Hermodoros (Ἑρμόδωρος), aus Salamis/Zypern, griech. Architekt, in der 2. H. des 2. Jh. v. Chr. in Rom tätig. Der Eintritt Roms in die kulturelle Gemeinschaft der griech. Welt trug dazu bei, ihre öff. Architektur zu definieren, die in den Händen der siegreichen Generäle (*imperatores*) als Mittel der Bestätigung und der Beförderung eingesetzt werden konnte. Die Verbreitung von Plänen und Verzierungen, die aus der hellenist. Trad. stammen, und der Rückgriff auf griech. Marmorsorten, die als Zeichen eines glänzenden Einzugs des ö. Mittelmeergebietes in die röm. Welt gewertet werden kann, bilden in dem Moment, in dem sich die konzeptionellen Werkzeuge entwickeln, die der herrschenden Klasse erlauben, ihre polit. Hegemonie zu stärken, eine der effektvollsten Ausdrucksmöglichkeiten in der Personalisierung der Macht. In dieser Atmosphäre nähern sich – sei es auf eigene Initiative oder durch Aufträge der *imperatores* – zahlr. Künstler Rom, unter ihnen Architekten, die in der ostion. oder neoattischen Schule ausgebildet worden sind. Am E. des 2. Jh. v. Chr. ist Rom, wie später Cicero (Arch., 3, 5) erinnern wird, eine Stadt, in der sich die griech. Kunst in allen ihren Formen manifestieren wird. H., der aus Salamis (zweifellos von Zypern) kam, illustriert diesen „Marsch nach Westen" durch die Griechen des Ostens: von Q. Metellus Macedonicus gerufen, baute er zw. 146 und 143 v. Chr. auf dessen Kosten innerh. der Quadroportikus, die den Namen des Auftraggebers trägt (*porticus Metelli*) und neben dem Tempel der Iuno Regina einen Tempel, der dem Iuppiter Stator (Vitr., 3, 2, 5) geweiht war; dieses Gebäude, das s. des Marsfeldes im Viertel des Circus Flaminius gelegen war, ist nach der Überlieferung das erste, das aus (pentel.) Marmor in Rom errichtet worden ist (Vell., 1, 11, 3–5): Es handelte sich um einen Peripteros-Tempel, den Vitruv als ein vollendetes Beispiel eines relig. ion. Mon. hielt. H. errichtete um 135 v. Chr. den Marstempel, der auch *in Circo* war und der von D. Brutus Callaicus gew. worden war (Cornelius Nepos apud Prisc., inst. gramm., 8, 4, 17). Wenn man Cicero (de orat., 1, 62) Glauben schenken kann, wurde H. ebenfalls beauftragt, die Arsenale (*navalia*) von Rom zu restaurieren. Das erste von diesen Gebäuden wurde vor kurzem in den Ruinen unter der Kirche von San Salvatore in Campo identifiziert; die Ausf. der *navalia*, die schon lange datiert ist, hat man auf Grund von hist. Gegebenheiten eilfertig um 102 v. Chr. angesetzt. Es ist jedoch am wahrscheinlichsten, wenn man einen früheren Zeitpunkt – und zwar die Jahre zw. 128 und 125 v. Chr. – annimmt, was vermeidet, H. ein außergewöhnl. langes Leben zuzuweisen. Die Aktivitäten des Architekten, der offensichtl. ein beliebter Ausführender der erhabensten Vertreter der röm. Aristokratie war, scheinen sich auf das Gebiet des Circus Flaminius zu konzentrieren, weil selbst die *navalia* längs des Ufers des Marsfeldes gelegen waren. Diese Lokalisierung zeigt zugleich die Bedeutung an, die den Schöpfungen des H. zugestanden wurden: als wahrhaftige Wkst. des neuen hellenisierten Roms, die sichtbar im Bruch mit den italischen Trad. stand, sieht man in diesem Viertel zu diesem Zeitpunkt, wie sich die Quadriportiken und die relig. Stiftungen vermehren, in denen sich der dynast. Stolz der großen Senatoren-Fam. ausdrückt. Dieser Gehilfe, der als Geheimnisträger der strengen ostion. Ästhetik von den Mächtigen gepflegt worden ist, die ihn offensichtl. als den wichtigsten Künstler zur Einf. von Regeln und Formen des Hellenismus betrachteten, kann als ein Epigone des berühmten → Hermogenes (III) angesehen werden, den Vitruv als einen Meister darstellte, dessen Schaffens-Per. am E. des 3. und am A. des 2. Jh. v. Chr. lag. In einer Stadt, in der die meisten öff. Gebäude noch aus Tuff und Holz gebaut waren, brach H. mit allen diesen Techniken und schuf Werke aus griech. und oriental. Marmorsorten, indem er eine auf Maßeinheiten basierende

Architektur errichtete, die auf einfachen, aber wirkungsvollen arithmet. Bezügen beruhte. Er leistete dadurch einen entscheidenden Beitrag zur Festlegung eines wahrhaftigen Lehrbuches der Ordnungen in Rom und in Mittelitalien: nach ihm wird der Bauschmuck nicht mehr der gleiche sein wie zuvor, so kommt man z.B. vom ion. „Diagonal"-Kapitell zum „Asiatischen" Kapitell, vom italischen oder sizilischen Korinthischen Kapitell zum „echten" Korinthischen Kapitell usw. Es ist im übrigen wahrscheinl., daß die Überlieferung nur einen Teil der wirkl. von H. in Rom geschaffenen Werke festgehalten hat. Unser Architekt arbeitete mit neuatt. Künstlern zus., die beauftragt waren, die Kultstatuen für seine Tempel zu fertigen: wir wissen durch Plinius (nat., 36, 35), daß → Polykles (III) und → Dionysios (VII), die im 3. V. des 2. Jh. v. Chr. tätig waren, die Meister des Iuppiter im Tempel des Metellus Macedonicus waren und daß Scopas Minor (→ Skopas [III]) (nat., 36, 26) den kolossalen Mars im Tempel des Brutus Callaicus ausgef. hat. Diese Zusammenarbeit, die der kulturellen Logik und dem Repräsentationswillen der Auftraggeber entsprach, muß durch and. Fälle illustriert gewesen sein: ders. Scopas Minor (→ Skopas [III]) fertigte die Kultgruppe des Neptuntempels, der zur gleichen Zeit im selben Viertel *in Circo* von Cn. Domitius Ahenobarbus (Plin., nat., 36, 25) gew. worden ist, und man kann mit einiger Wahrscheinlichkeit postulieren, daß die Errichtung dieses Gebäudes H. selbst anvertraut worden ist. ▭ ThB16, 1923. RE VIII. 1, 1912 (s.v. H. 8); EAA IV, 1961; KlP II, 1967 (s.v. H. 4); DNP V, 1998 (s.v. H. 4). – *F. Coarelli*, Darch 2:1968, 302 ss.; *M. Gwyn Morgan*, Hermes 99:1971, 486 ss.; *P. Gros*, MEFRA 85:1973, 137 ss.; *id.*, in: L'Italie préromaine et la Rome républicaine, Mélanges offerts à Jacques Heurgon, I, R. 1976, 387 ss.; *F. Zevi*, ibid., II, 1047 ss.; *P. Gros*, Archit. et soc., R. 1983, 433 ss.; *id.*, Vitruve. De l'architecture, livre III, P. 1990, 85 ss.; *A. Viscogliosi*, LTUR, III, R. 1996, 157–159; *F. Zevi*, ibid., 226–229; *A. Corso*, in: Vitruvio. Dell'architettura, ed. *P. Gros*, T. 1997, 287 ss.; *F. Coarelli*, Il Campo Marzio. I. Dalle origini alla fine della Repubblica, R. 1997, 355 ss., 442 ss., 488 ss., 493 ss., 531; *P. Gros*, in: Hist. de l'architecte, ed. *L. Callebat*, P. 1998, 32 ss.

P. Gros

Hermogenes (I) (Ἑρμογένης), att. Töpfer aus der M. des 6. Jh. v. Chr. H. gehört zu der ersten Generation der sog. Kleinmeister. Von seiner Hand kennen wir heute 33 Kleinmeisterschalen sowie sechs Skyphoi eines speziellen Typus, der nach dem von H. sign. Exemplar in Würzburg als hermogeneisch bez. wird. Seine früheste Randschale (Toulouse, Mus., Inv. Nr 26177) dat. um ca. 555 v. Chr. Eine Reihe von zwölf sign. Schalen ohne figürl. Schmuck – sieben von ihnen zeigen Efeu auf dem Rand – entstanden kurz danach. Ihre Henkelpalmetten besitzen viele kleine, schwarze Blätter und ein rotes zentrales Blatt, während die späteren Palmetten fünf bis sieben grössere, abwechselnd rote und schwarze Blätter aufweisen. Die Schale mit der Darst. von Hühnern (Boston, MFA, Inv. Nr 95. 17) scheint chronolog. zw. den bereits gen. Schalen und einer Reihe von sechs Randschalen mit Frauenköpfen sowie zehn Bandschalen mit Viergespannen und Hopliten zu stehen. Es ist nicht klar, ob die Toulouser Schale, die Innen- und Außenbilder besitzt, von demselben Maler wie die später hergestellten Schalen dekoriert wurde. Obwohl die Bilder der and. Schalen sehr unterschiedl. und daher schwierig zu vergleichen sind, ist es auf Grund der Sign. und der zeitl. Entwicklung der Palmetten sehr wahrsch., daß alle von einer Hand bemalt worden sind. Das Thema der Viergespanne und Hopliten, die in einigen Fällen auf- oder abspringen, könnte auf die Apobatenrennen anspielen, die während der Panathenäischen Festspiele stattfanden. Das Thema ist auch von and. Malern gewählt und z.B. sehr ähnl. von → Thrax (Taranto, MN, Inv. Nr I. G. 6222) behandelt worden. Frauenköpfe sind auch bei and. Kleinmeistern ein beliebtes Thema, so z.B. bei → Phrynos (I), → Eucheiros (II), → Epitimos und → Sakonides. Der wichtigste Unterschied zw. der ansonsten sehr ähnl. Wiedergabe der Köpfe bei H. und → Sakonides betrifft das Ohrläppchen, das nur bei H. einen kleinen, hervorstehenden Teil besitzt. Wie einige Inschr. (z.B. München, Staatl. Antiken-Slgn, Inv. Nr 2167) zeigen, stellen die Frauenköpfe wahrsch. Hetären dar. Da diese Schalen in weit von Athen entfernten Orten gefunden worden sind, kann man spekulieren, ob diese Schalen für Handelsreisende viell. beliebte Andenken an spannende Nächte in Athen waren. Diese Schalen werden sicherl. nette Geschenke für ihre Frauen gewesen sein. ▭ ThB16, 1923. – ABV, 1956, 164–166; Para, 1971, 68 s., 87 s.; CVA München 10, 1988, Taf. 17–19, 7; CVA München 11, 1989, Taf. 8,6 – 10, 5.

P. Heesen

Hermogenes (II), aus Kythera, griech. Bildhauer unbestimmter Zeit. Nur bek. durch Pausanias (2, 2, 8), der eine Aphroditestatue von H. auf der Agora von Korinth erw. Da Pausanias nichts vom Alter oder Aussehen der Statue sagt, kann die Lebenszeit des H. nicht bestimmt werden. Die Aphrodite ist mit dem bekannten Statuentypus der nackten Aphrodite mit dem Schwert, der in Marmorkopien überliefert wurde und auf kaiserzeitl. Münzen von Kyzikos abgebildet ist, identifiziert worden. Einige Forscher haben nämlich dieselbe Gestalt auf ebenfalls kaiserzeitl. Münzen von Korinth erkennen wollen. Wenn dies zutrifft, wäre H., wegen der Nacktheit der Aphroditestatue, in hellenist. oder röm. Zeit zu datieren. Auf einer der korinthischen Münzen erscheint neben der weibl. Figur eine männl., die als Apollon gedeutet werden kann. Da Pausanias in demselben Satz, wo er die Aphrodite nennt, auch einen „bronzenen Apollon" erw., und seine Worte so gedeutet werden können, als wäre H. der Schöpfer beider Statuen, hat die Identifikation dieser Statuen mit den von Pausanias gesehenen eine gewisse Wahrscheinlichkeit. Die Undeutlichkeit der Darst. der korinthischen Münzbilder macht jedoch die Deutung der weibl. Statue als Aphrodite mit dem Schwert sehr unsicher. Der Umstand, daß Kythera, der Geburtsort von H., einer der Orte war, wo es ein altes Kultbild der bewaffneten Aphrodite gab, kann die Hypothese, daß H. der Schöpfer der hellenist. Version des Motivs war, natürl. nur in sehr geringem Grad unterstützen. ▭ ThB16, 1923. RE VIII. 1, 1912 (s.v. H. 25); EAA IV, 1961 (s.v. H. 3); KlP II, 1967 (s.v. H. 10); DNP V, 1998 (s.v. H. 5). – *Overbeck*, SQ, 1868, Nr 2074, 2321; *Imhoof-Blumer/Gardner*, NumCommPaus, 1887, 18 s.; *Brunn*, GGK, I, 1889, 522; *H. Hitzig/H. Bluemner*, Pausaniae Graeciae descriptio, I, L. 1896, 495 s.; *W. Amelung*, Führer durch die Antiken von Florenz, M. 1897, 52; *J. G. Frazer*, Pausanias's description of Greece, III, Lo. 1913, 22 s.; *C. Seltman*, NumChron 1928, 98 s.; *L. Lacroix*, RA 31–32, 1949, 540–543; *L. Laurenzi*, AAM 5, 1959, 8–11; *C. K. Williams*, in: Corinthiaka. Studies in honour of Darell M. Amyx, Columbia 1986; *J. Flemberg*, Venus Armata, Sth. 1991, 103 s. J. Flemberg

Hermogenes (III), vermutl. aus Priene, einer der bedeutendsten griech. Architekten, E. 3./A. 2. Jh. v. Chr., im w. Kleinasien, mit Sicherheit in Magnesia und Teos tätig. Von den antiken Autoren erw. ihn nur Vitruv (→ Vitruvius Pollio), dieser aber mehrfach und lobend. Danach hat H. mindestens drei Tempel entworfen und war ein bed. Archit.-Theoretiker, der schriftl. Quellen hinterlassen hat. Es ist ein besonderer Glücksfall, daß epigraph. Zeugnisse und v.a. archäol. erschlossene Ruinen teils sicher, teils mutmaßl. mit H. zu verbinden sind. Neue Forsch. lassen entgegen der Darst. und Gewichtung bei Vitruv H. v.a. als einen Neuerer auf dem Gebiet städt. Räume und großer Platzanlagen erkennen. – *Leben und Wirken*: Entgegen älterer Interpretation besagt die Stelle bei Vitr., 3, 3, 6 nicht, daß H. aus Alabanda stammt. Sie bezieht sich vielmehr auf einen Apollon-Tempel von → Menesthes am selben Ort (Gros, 1978, 687 ss.). Eine Inschr. von Priene (Hiller von Gaertringen, 1906, Nr 207) nennt einen Hermogenes, Sohn des Harpalos, der den Grundriß eines Tempels(?) gew. hat, dessen Ausf. er auch übernommen hat (Lit. bei Schede, ThB16, 1923, 510 s.). Da ein Herkunftsort für diesen H. nicht gen. ist, gilt er als aus Priene gebürtig. Die Schr.-Form der jetzt in der Antiken-Slg Berlin befindl. Inschr. weist in die hochhellenist. Zeit. So spricht alles dafür, daß es sich um den berühmten, in Ionien tät. Architekten handelt. Die Dedikation erfolgte z.Z. einer engen Freundschaft zw. Priene und Magnesia (Hiller von Gaertringen, 1906, Nr 516). Es ist wohl auch kein Zufall, daß in Magnesia Ziegel aus Priene verbaut wurden (ibid., Nr 354). Da aus Inschr. Nr 207 (ibid.) hervorgeht, daß H. nicht nur entwerfender Architekt, sondern auch Bauleiter war, wird er in Magnesia bes. lange und wiederholt tätig gewesen sein. – Priene war eine nach einem Idealentwurf angelegte Musterstadt (W. Hoepfner, Gesch. des Wohnens, I, St. 1999, 338–344), in der sich der hochgelobte Athena-Tempel von → Pytheos z.Z. von H. noch im Bau befand. Vieles im Wirken von H. deutet darauf hin, daß er an der Tempelbauhütte in Priene gelernt hat. Gegen E. des 3. Jh. v. Chr. muß H. schon ein berühmter Architekt gewesen sein, denn er entwarf für die Magnesier den neuen großen Artemis-Tempel mit originellem Grundriß und unkanon. Details. Die Dat. des Baubeginns erst in die M. des 2. Jh. v. Chr., wie sie v.a. A. v. Gerkan vertreten hatte (AA 1923/24, 433 ss.), ist falsch (Kreeb, in: Hoepfner/Schwandner, Hermogenes, 1990, 103 ss.). Ebenfalls im letzten V. des 3. Jh. hat H. einen bed. Tempel für Dionysos in Teos entworfen. Daß H. nach 201 v. Chr. in Pergamon tätig war, ist kaum zweifelhaft. Er scheint maßgebl. am Ausbau der Residenz des ersten pergamen. Königs beteiligt gewesen zu sein. – *Werke*: Nach Vitr., 3, 2, 6 war H. der Erfinder des Pseudodipteros. Aus der symmetr. Anlage des Dipteros (Doppelringhallentempel) mit 8 auf 15 Außensäulen habe er die innere Reihe mit 34 Säulen fortgelassen. Damit habe er Kosten und Arbeit gespart und in keiner Weise das schöne Aussehen gemindert. Als Beispiel nennt Vitruv den Artemis-Tempel in Magnesia. Dieser wurde um die Jh.-Wende ausgegraben und 1904 zieml. summarisch publiziert. Teile des Skulpturenfrieses befinden sich in Istanbul, Paris und Berlin, wo der Wiederaufbau eines Säulenjochs erfolgte. Neue Ausgrabungen und detaillierte Unters. im ganzen Heiligtum der Artemis und auf der angrenzenden Agora von O. Bingöl sind seit 1983 im Gang. – Der auf hohem, umlaufendem Stufenunterbau errichtete Tempel ist ion. Ordnung und hat 8 Säulen an der Front und 15 an den Langseiten und tatsächl. Hallen doppelter Tiefe, in denen theoret. noch eine zweite Säulenreihe Platz fände. Es handelt sich also mit Sicherheit um den von Vitruv erw. Pseudodipteros. Der ausgegrabene Bau hat einen rasterartigen Grundriß. Nur das mittlere Joch ist deutl. weiter als die übrigen, eine Tatsache, die Vitruv nicht erwähnt. – Erfunden hat H. diesen Tempeltypus jedoch nicht, denn er kommt als Weithallentempel vereinzelt in archaischer Zeit vor, und zwei Beispiele stammen aus frühhellenist. Zeit und waren H. zweifellos bekannt. Das Artemision in Sardis ist in seiner urspr. Form ein bes. großer Pseudodipteros mit 8 auf 20 Säulen (Hoepfner, in: Hoepfner/Schwandner, Hermogenes, 1990, 3 ss.), und der von R. Koldewey untersuchte Tempel von Messa auf Lesbos ist ein kanon., seltsam kleiner ion. Pseudodipteros mit 8 auf 14 Säulen. Ökonom. Gründe haben zweifellos nicht zur Entst. dieses Bautypus geführt. Vielmehr sollte der zunehmend schlankeren Säulen-Archit. eine größere Hallentiefe entsprechen. Die innere Säulenreihe des Dipteros stand einer Raumwirkung im Wege. Bei der Darlegung der ion. Säulenordnung lobt Vitruv (3, 3, 6) H., weil er die Proportion des Eustylos, des „Schönsäulers" festgelegt habe, „die am meisten empfehlenswert ist und, was die Benutzung, schönes Aussehen und Festigkeit angeht, klar geordnete Verhältnisse hat" (Übers. C. Fensterbusch). Dabei verhalten sich unterer Durchmesser zum Interkolumnium (Säulenzwischenraum) wie 1:2 1/4. Die Säulen stehen also relativ weit auseinander, und es hat auf den ersten Blick den Anschein, als ob Pseudodipteros und Eustylos zusammengehören oder sich sogar gegenseitig bedingen, wie noch heute oft angenommen wird (Schede, ThB16, 1923, 511). Das ist aber zweifellos falsch, denn nach einem auch in hellenist. Zeit gültigen Kanon mußten große Säulen, wie sie bei einem Pseudodipteros in der Regel gegeben sind, relativ dicht stehen, während kleinere Archit. eine weite Säulenstellung verlangen. Vitruv spricht zwar im Zusammenhang mit dem Eustylos von einem „Viersäuler bzw. Sechssäuler oder Achtsäuler", aber nur ausnahmsweise haben die erweiterten Mitteljoche an Großtempeln die Proportion 1:2 1/4 oder 4:9 (teilw. am Artemision in Ephesos). Eustylos-Normaljoche, auf die es hier bei dem Bautypus Eustylos ankommt, haben nur kleine und mittelgroße Bauten. Als Beispiel für den Eustylos nennt Vitruv den von H. entworfenen sechssäuligen Dionysos-Tempel in Teos. Unters. der Architekten der 'Soc. of Dilettanti' und neuere von M. Uz haben am Ort einen sechssäuligen ion. Peripteros ans Licht gebracht. Eine eben dort gefundene Inschr. über die Einsetzung Antiochos III. als Synnaos von Dionysos setzt 204 v. Chr. einen Tempel voraus. Die Ruine zeigt allerdings, daß der Bau im späteren 1. Jh. n. Chr. unter Verwendung hellenist. Orig. (Teile des Skulpturenfrieses in Berlin, SMPK, Antiken-Slg und Istanbul, Archäol. Mus.) und sehr wahrsch. des alten Fundaments weitgehend erneuert worden ist (Hoepfner, Uz, in: Hoepfner/Schwandner, Hermogenes, 1990, 12 ss., 51 ss.). Die Säulen des Peripteros stehen auffallend weit. Der schlechte Erhaltungszustand erlaubt leider keine genauen Messungen, aber immerhin scheinen die Joche dem Eustylos zu entsprechen. – Nun schreibt Vitruv (3, 3, 7) ausdrückl. vor, daß beim Eustylos alle Interkolumnien die Weite von 2 1/4 unteren Durchmessern haben sollen, nur das Mitteljoch der Schmalseiten soll mit 3 *moduli* wesentl. weiter sein. Der Dionysos-Tempel in Teos hat aber kein erweitertes Mitteljoch, und es ist ganz unwahrsch., daß die Bauleute der Kaiserzeit, die hier weitgehend denkmalpfleger. tätig waren, in gerade diesem Detail vom Orig. abwichen. Hier ist auch zu bedenken, daß ein erweitertes Mitteljoch am Eustylos wenig Sinn hat, da die Säulen ohnehin sehr weit stehen. Anders am Pseudodipteros, wo große Säulen wesentl. dichter stehen und zur M. erweiterte Joche an den Schmalseiten schon in archaischer Zeit vorkommen. Ferner haben das Artemision in Sardes und auch der von H. entworfene pseudodipterale Artemis-Tempel in Magnesia ein sehr deutl. erweitertes Mitteljoch. Da an der Identifizierung der Ruine in Teos als sechssäuliger Dionysos-Tempel kein Zweifel ist, und ein zweiter gleichgroßer ion. Dionysos-Tempel am selben Ort ganz unwahrsch. ist, muß es sich um den Eustylos des H. handeln. Also hat Vitruv das erweiterte Mitteljoch fälschl. dem Eustylos zugesprochen und nicht dem Pseudodipteros, bei dem es mit H. offensichtl. Bestandteil des Entwurfs war. Als Erklärung bietet sich an, daß Vitruv Bauten Roms vor Augen hatte, die in Anlehnung an etrusk. Vorbilder aus Holz weite Säulenstellung mit erweiterten Mitteljochen verbinden. Es sei daran erinnert, daß Vitruv (4, 3, 4) entgegen allen klass. Vorbildern auch dem dorischen Tempel ein erweitertes Mitteljoch zuweist. So ist unübersehbar, daß der Archit.-Schriftsteller eigene Theorien zu Papier brachte, denen sich gelegentl. auch die alten Meister beugen mußten. – Vitruv (4, 3, 1) berichtet, daß H. wie auch and. Architekten, unter ihnen auch → Pytheos, die dorische Ordnung ablehnte, weil sich bei dorischen

Tempeln „Symmetrien ergäben, die voller Fehler und unharmonisch sind", womit der dorische Eckkonflikt gemeint ist. H. habe sogar den zum Bau eines dorischen Tempels zubereiteten Marmorvorrat abgeändert und daraus den Dionysos-Tempel in ion. Ordnung gebaut. B. Wesenberg (1983) und H. Knell (1985) haben das ohne jeden Grund auf den Dionysos-Tempel in Teos bezogen. Aber in Pergamon hat W. Dörpfeld neben dem großen Gymnasion einen ion. viersäuligen Prostylos ausgegraben, auf den Vitruvs Angaben tatsächl. zutreffen (AM 33:1908, 355). Denn dessen Oberbau besteht weitgehend aus Spolien, die urspr. einem dorischen Bau angehörten, und eine Dat. des ion. Baus in hochhellenist. Zeit ist nach den Bauformen sicher. Der Einspruch von E.-L. Schwandner (Hoepfner/Schwandner, Hermogenes, 1990, 85 ss.), daß das Fundament für einen dreistufigen dorischen Vorgänger zu klein sei, ist zwar richtig, aber insofern ungültig, als der Bau wie die meisten in Pergamon mit nur zwei Stufen anzunehmen ist und dann genau mit dem Fundament übereinstimmt (W. Hoepfner, in: Der Pergamonaltar, 1997, 43 ss.). So läßt der ganz ungewöhnl. Fall, daß ein Bau nach Zerstörung nicht in seiner alten Form rest., sondern in and. Ordnung neu errichtet wurde, kaum einen Zweifel daran, daß sich die sog. Hermogenes-Anekdote auf eben diesen Bau bezieht. Hinzu kommt, daß sich im Grundriß ein Merkmal des H. erkennen läßt: Hinter den beiden Ecksäulen der Front stehen je eine weitere Säule, während zugunsten einer größeren Vorhalle die mittleren Säulen hinter den Frontsäulen fortgelassen sind. Es handelt sich also um das gleiche Phänomen einer Raumbildung wie beim Pseudodipteros, und der Tempel könnte als „pseudodipteraler Prostylos" bezeichnet werden. – Der dorische Vorgänger des ion. Dionysos-Tempels am Gymnasion lag außerhalb des älteren Stadtmauerringes und wurde zus. mit and. Bauten bei einer Belagerung Philipps V. 201 v. Chr. zerstört. Der ion. Neubau an gleicher Stelle kann bald danach entstanden sein. – Die entwerfende Hand von H. ist auch am großen Bauensemble am Theater zu vermuten. Der dortige ion. Dionysos-Tempel ist gleichfalls in der Kaiserzeit neu aufgebaut worden. Aber der Grundriß ist auch hier der der hellenist. Zeit und entspricht einem „pseudodipteralen Prostylos". Dieser Dionysos-Tempel ist Teil einer *Skenographia.* Solche gebauten Schaubilder sind wegen des großen Aufwandes selten, kommen aber seit der klass. Zeit vor (W. Hoepfner, JdI 112:1997, 114 ss.). In Pergamon ist der Betrachterstandpunkt das s. Tor zur mehr als 200 m langen Theaterterrasse. Auf der Hangseite erstreckte sich die längste Halle Pergamons. Gegenüber war ebenfalls eine Stoa gebaut, so daß der Betrachter beiderseitig Säulenfluchten sah, in deren Mitte sich auf hohem Stufenunterbau der Dionysos-Tempel, der größte Tempel Pergamons, erhob. Daß es sich um ein Bauensemble und um eine Skenographia handelt, beweist das Bühnengebäude des Theaters, das zwar weit in die Terrasse hineinreicht, den Blick aber nicht versperrte, da dort eigens eine auf- und abbaubare Holzkonstruktion errichtet worden war. In der Kaiserzeit scheinen derartige Schaubilder mit Säulenfluchten wenig Bedeutung gehabt zu haben, denn die umständl. Holzkonstruktion der Skene wurde damals durch einen Steinbau ersetzt. – H. kann als Architekt dieser Skenographia auf der Theaterterrasse in Pergamon angesehen werden. Denn ein ganz entsprechendes gebautes Schaubild ist auch mit dem Artemision in Magnesia verbunden, wie B. Schmaltz (RM 102:1995, 133 ss.) erkannt hat. Dort ist der Standpunkt des Betrachters wiederum am Propylon eines langgestreckten rechteckigen Bezirks, in dessen Tiefe sich axial auf hoher Krepis der große Tempel erhebt. Auch hier rahmen Säulenhallen den Platz, denn Säulenfluchten scheinen unabdingbarer Bestandteil solcher gebauter Bilder zu sein. Neben der ästhet. Wirkung hatten sie zudem die Aufgabe, dem Bild räuml. Tiefe zu geben, da der frontal gesehene Tempel prospekthaft wirkte. – Ein besonderer Höhepunkt ist hier der so zw. Tempel und Betrachter eingepaßte Altar, daß im perspektiv. Bild seine Außenkanten mit denen des Tempels zusammenfallen. Kolossale Reliefs der 12 Götter an der Front des Altars (Teil-Rekonstr. in Berlin, SMPK, Antiken-Slg) scheinen in lässiger Haltung vor dem Tempel zu stehen. Anders hatte A. v. Gerkan den Magnesia-Altar als Miniatur-Pergamonaltar rekonstr., ein Vorschlag, der sofort als unhaltbar hätte erkannt werden müssen. – Vitruv nennt H. im Zusammenhang mit den Säulenordnungen, was nicht bedeutet, daß der berühmte Architekt nur Tempel entworfen hat. So sind die durch eine Skenographia verklammerten Teile des Heiligtums in Magnesia so aus einem Guß, daß ein Gesamtentwurf angenommen werden muß, wenn nicht zwingende Einwände dagegen sprechen. Das gilt für Tempel, Altar und Hallen. – Die benachbarte Agora ist gleichfalls ein Riesenperistyl, das durch ein Propylon auf der N-Seite mit dem Artemision verzahnt ist. Die Achse des Artemision zielt über das Propylon auf den Mittelpunkt der Agora (W. Hoepfner, in: Hoepfner/Schwandner, Hermogenes, 1990, 19). Die W-Halle der Agora, hinter der sich öff. Bauten wie das Prytaneion verbergen, und die zus. mit dem davor liegenden Zeus-Tempel die wichtigen Inschr.

zum neuen Fest der Artemis aufnahmen, ist durch Stierkopfkapitelle bes. hervorgehoben. Die dorische Ordnung der übrigen Hallen spricht zunächst nicht für einen Entwurf von H. Es muß aber betont werden, daß nach hellenist. Vorstellung die Hallen der Agora sich gegen die des Heiligtums durch Wahl einer and. Ordnung abgrenzen sollten. Auch war es längst Kanon, daß sich für tiefe Hallen als Außenordnung die dorische bes. eignete, weil dann die bei gleichem Durchmesser schlanken und höheren ion. Säulen in der Hallenmitte angeordnet werden konnten. – G. Gruben hat zweifellos richtig hervorgehoben, daß der kleine prostyle Zeus-Tempel auf der Agora von Magnesia, dessen Front in Berlin, SMPK, Antiken-Slg, unter Verwendung orig. Teile wiederaufgebaut wurde, ein Werk des H. ist, weil er genau die Proportionen des Eustylos aufweist. Auch die Säulenhöhe entspricht mit 9 1/2 unteren Durchmessern den Angaben für den Eustylos. Die tiefe, quadrat. und säulenlose Vorhalle sowie auch die Anhebung des Baus mit fünf statt der übl. drei Stufen lassen ebenfalls in dem Bau ein Werk des zu dieser Zeit berühmten H. erkennen. – Der Zeus-Tempel steht auf der S-Hälfte der Agora, abgesetzt vom Propylon zum Artemision. Er ist durch das Propylon der Agora mit einer Skenographia verbunden (W. Hoepfner, JdI 112:1997, 112 ss.). Diese ist jedoch herkömml. Art und zeigt den Tempel in Schrägansicht. Offensichtl. war eine Erlebnissteigerung bis zum Hauptbild mit Altar und Tempel der Stadtgöttin vorgesehen. – Mit einiger Vorsicht können also beide miteinander verzahnten und einander berücksichtigenden Riesenperistyle von Artemision und Agora als Gesamtplanung von H. angesehen werden. Das geht indirekt auch aus den Inschr. hervor, denn ein sechs Tage dauernder überregionaler Markt war wichtiger und eigens erw. Bestandteil des großen Festes für Artemis. Wenn Artemis für dieses Fest ein neues Haus erhielt, so ist auch der Neubau der Agora mit diesem Ereignis zu verbinden, zumal das Fest für Zeus auf dem Agora-Platz sehr wahrsch. mit dem der Artemis zus. gefeiert wurde (J. Köhler, Pompai, Ffm. 1996, 53). – Die Überführung des alten Kultbildes in den neuen Artemis-Tempel wird in den Inschr. 100a-b berichtet. 100b wird 190 v. Chr. bzw. 180 v. Chr. datiert (Gros, 1978, 690 s.; Rumscheid, 1994, 27). Die Fertigstellung des ganzen Tempels einschl. der Peristase könnte indessen länger gedauert haben. Auch die Arbeiten an der N-Halle der Agora zogen sich länger hin. Das Propylon zum Artemision wurde erst im 1. Jh. v. Chr. gebaut (Bingöl, 1998, 45 ss.; Rumscheid, 170 ss.). – *Details, Plastik und Dekor*: Den ion. Kapitellen der Bauten von H. galt bislang die meiste Aufmerksamkeit. Das Artemision-Kapitell ist nach der Grundregel H:T:B wie 1:2:3 gebaut und gleicht damit und sogar mit den ersten drei Viertelkreisen der Voluten den Kapitellen des → Pytheos (Hoepfner, 1968, 213 ss.; O. Bingöl, IstMitt, 1993, 399 ss.). – Das Artemision-Kapitell macht den Eindruck bes. herber Architektur. Nach H. Drerup ist *asperitas*, die von Vitruv (3, 3, 9) dem Eustylos des H. zugeschr. „Herbheit", im Detail und im Großen ein Kennzeichen hermogeneischer Archit. im Sinn eines Hell-Dunkel-Kontrastes. Beim Kapitell wird das durch absichtl. unfertig belassene Details erreicht. Dazu gehören kantige Leisten statt der übl., die Voluten begrenzenden Rundstäbe. Ähnl. sind die Ränder der Blätter am lesb. Kyma kantig statt rund, und bes. deutl. wird am auffallend großen ion. Kyma der Kapitelle, daß scharfe Kanten und tiefe Unterschneidungen die Wirkung von Licht und Schatten erhöhen sollten. O. Bingöl hält die weitergehende Unfertigkeit der gleichfalls ion. Innenraumkapitelle für eine Folge des Dämmerlichtes oder sogar des zu bestimmten Stunden und an besonderen Festen für Artemis durch die Tür und die Türen im Giebel einfallenden Mondlichtes. Dafür muß im Bereich des tiefen Pronaos ein offener Dachstuhl angenommen werden. Für diese Theorie spricht der derb-wülstige Charakter des floralen Wandfrieses im Innenraum mit übergroßen Araceenblüten, deren Stempel am obigen bzw. am unteren Rand umbiegt. – H. bevorzugte die att. Form der ion. Basen. Nur der Zeus-Tempel auf der Agora von Magnesia hat die reichere Form der ephes. Gliederung, ohne daß deshalb an der Autorenschaft von H. zu zweifeln wäre. – H. hat gegenüber den niedrigen Gebälken an Bauten des → Pytheos bei seinen eigenen größeren Bauten zusätzl. zum Zahnschnitt einen Fries eingeführt, obwohl das eigentl. der Grammatik der Archit. widerspricht, denn da Fries und Zahnschnitt die Zone der Balkenköpfe darstellen, ist das eine Verdoppelung. H. hat diese in der Kaiserzeit übl. Bereicherung der Gebälkzone indes nicht erfunden. Am Mausoleum von Belevi, am Naiskos in Didyma und an and. Bauten Kleinasiens des 3. Jh. kommt dieser Fries als zusätzl. Rankenfries vor. H. kam es aber auf die Wiedereinführung des klass. att. Figurenfrieses an, wie alle drei ihm sicher zugeschr. Tempel zeigen (Dionysos-Tempel R in Pergamon mit Fries in Bosse). Daß es H. aber nicht um eine Wiedergeburt der klass. att. Tempel ging, sondern um eine Auswahl bestimmter Elemente im Sinn einer eklektizist. Archit., zeigt sein Verzicht auf Giebelskulpturen. Am Artemision hat er die Götterfiguren aus ihren olymp. Höhen im Giebel herabgeholt und sie vor der Rückwand des großen Altars plaziert, wo sie auf einer Ebene mit den Besuchern agieren. – Der die Giebelseiten erklimmende Zahnschnitt am kleinen Zeus-Tempel in Magnesia ist offensichtl. eine Neuerung von H. und zeigt wiederum sein Bemühen um Originalität auf Kosten der Struktur. – Daß H. den Skulpturenschmuck seiner Bauten selbst in allen Einzelheiten entworfen hat, ist unwahrscheinlich. Schwächen an den Friesen von Altar und Tempel gehen auf Kosten der Bildhauer. Viell. drängten die Auftraggeber auf baldige Fertigstellung, und so scheinen am 135 m langen Fries des Artemisions gegenüber dem Entwurf Szenen ausgelassen und and. gedehnt worden zu sein. Eine innige Zusammenarbeit zw. Architekt, Bildhauern und Handwerkern, wie sie etwa den Parthenon auf der Akropolis in Athen auszeichnet (→ Iktinos; → Kallikrates [I]; → Karpion) kann an Bauten mit langen Ausführungszeiten nicht gegeben sein. Es sei aber wiederholt, daß viele Teile der Bauskulptur von einem sehr hohen Niveau der Steinmetzen Zeugnis ablegen (Bingöl, 1998, 28 s.). – *Literarisches Schaffen und Theorie*: In der Vorrede zum 7. Buch beteuert Vitruv, daß er nie fremde Leistungen als seine eigenen ausgegeben habe, obwohl auch er nur gestützt auf seine Vorgänger es wagen könne, ein neuartiges Lehrbuch zu schreiben. Zu denen, die über ihre Werke Schr. verf. haben, gehöre auch H. Es ist unwahrsch., daß es sich dabei um Bau-Beschr. handelte. Vielmehr bestätigen die and. Erw. von H. indirekt, daß es bei den *fontes* (Quellen) um Archit.-Theorien ging, die dem jeweiligen Entwurf und Bau zugrunde lagen. Für diese theoret. Äußerungen gab es Vorbilder bes. der klass. Zeit. Die Schr. der berühmten Architekten waren in den großen Bibl. anzutreffen und sicher auch in Rom für Vitruv zugängl., viell. in der Bibl., die Sulla aus Tralles hatte herbeischaffen lassen. – → Pytheos hatte für den Athena-Tempel in Priene das Verhältnis von unterem Säulendurchmesser zu Interkolumnium mit 4:7 festgelegt und die Säulenhöhe mit 10 Durchmessern bestimmt. Diese Proportionen sollten für mittelgroße Tempel (Peripteroi) maßgebl. sein. 130 Jahre später stellte H. die Gültigkeit der spätklass. Vorbilder in Frage und suchte die Säulenordnungen zeitgemäß im Sinn einer betonten Leichtigkeit neu zu definieren. So übertrug H. das von → Pytheos für mittelgroße Bauten bestimmte Verhältnis 4:7 auf die Kategorie große Tempel (Dipteroi) und stattete damit seinen Artemis-Tempel aus. Und für einen mittelgroßen Tempel, wie ihn H. mit dem Dionysos-Tempel in Teos formulieren wollte, mußte eine weitere Säulenstellung erfunden werden. Die Proportion 1:2 liegt zu dicht bei 4:7, deshalb wählte H. 4:9 und gab ihr den Namen Eustylos. – H. hat schriftl. erklärt, aus welchen Gründen er die dorische Ordnung zu meiden suchte. An den ihm zugeschr. Bauten kommen aber auch keine korinth. Kapitelle vor, obwohl diese ohne jeden Eckkonflikt innen und außen verwendbar sind. So ist zu vermuten, daß seine Abneigung gegen korinth. Kapitelle ebenfalls Bestandteil seiner Erläuterungen war. Das Fehlen korinth. Kapitelle in der hochhellenist. Archit. Pergamons kann auf den Einfluß von H. zurückgehen. – *Bedeutung und Nachwirkung*: Alle Tempel von H. zeichnen sich durch tiefe Vorhallen aus, kleinere zudem durch weit gestellte Säulen. Eine Tendenz zu nicht langrechteckigen, sondern kurzen Innenräumen mit mehr Raumwirkung ist überall unverkennbar. Meist hat der Vorraum gleiche Tiefe wie der Hauptraum. Das mag auch mit der Tatsache zusammenhängen, daß in hellenist. Zeit zunehmend mehr Ehrenstatuen oder Kultstatuen auch im Pronaos Aufstellung fanden. Der in die Zukunft weisenden Leichtigkeit und Luftigkeit, die H. bei Hallen und Räumen anstrebte, steht eine eigentüml. Schwere des Gebälks gegenüber. – Der Altar des Artemisions in Magnesia mit 3,15 m hohem Figurenfries war viell. das originellste Werk von H. Die *Ara pacis* auf dem Marsfeld in Rom könnte ein Nachklang dieses Entwurfs sein. Sein auf Schattenwirkung angelegter Baudekor mit tiefen Spalten zw. den Einzelteilen wurde später zu einem allg. Kennzeichen kaiserzeitl. Architektur. – Größte Bedeutung erlangte H. mit der Gestaltung von gebauten Bildern (Skenographien) und mon., hallenumstandenen Platzanlagen. Er löste den klass. Einzelbau durch das Ensemble ab. Was vorher hochgepriesen wurde, die Individualität der Einzelbauten, die durch abweichende Ausrichtung freigestellt wurden, die vom Propylon über Eck gesehen wurden, um sie dreidimensional zu erfassen, wurde nun von H. zugunsten theatral. Gesamtanlagen mit strenger Axialität und Symmetrie aufgegeben. Das entsprach dem polit. Denken und der Stellung des Individuums in den neuen, zentralist. verwalteten Flächenstaaten. Für das Auftreten der Könige mußten Rahmen gefunden werden. Sie gipfelten in Inszenierungen von Bildern mit Säulenfluchten, die als Ausweis griech. Kultur schlechthin angesehen wurden und sofort Nachahmung auch in den alten *Poleis* fanden. – Die große Bautätigkeit in Kleinasien im 2. Jh. v. Chr. ist wesentl. von H. verursacht worden, indem er das Riesenperistyl, das schon bei Gymnasien und Palästren Anwendung gefunden hatte, zur allg. Bauform erhob, die auch für Agorai und Temene galt. Fast alle Städte, auch weit entfernte wie Kassope in Epirus (W. Hoepfner/E. L. Schwandner, Haus und Stadt, M. ²1994, 124 ss.) statteten ihre Märkte im 2. Jh. mit zusätzl. Säulenhallen aus. – Die Skenographien des H. müssen so attraktiv gewesen sein, daß sie nicht nur Fachleute, sondern vermutl. Besucherströme anlockten. Der Pergamonaltar mit der dem Propylon zugekehrten Hauptseite des großen Frieses und einer kleinteiligen, die Tiefe vermittelnden Säulenhalle am Rand des Temenos ist zweifellos ein Nachklang der Skenographia des H. in Magnesia. – Daß H. mit seinen eindrucksvollen Werken und Schr. in Kleinasien die Entwicklung der Archit. bestimmte, steht außer Frage. In Pergamon wurden z.Z. Attalos II. die Proportionen des Eustylos auf die dorischer Ordnung übertragen. Zu diesen Bauten gehört auch die Attalos-Stoa in Athen (W. Hoepfner, in: Hoepfner/ Schwandner, Hermogenes, 1990, 23 ss.). H. war zweifellos auch für die Architekten der röm. Republik ein Vorbild. Jedoch sind die italischen Wurzeln der sich erst spät kanonisierenden röm. Archit. in vieler Hinsicht dem Schaffen des H. so ähnl., daß sich die Wirkungsstränge kaum unterscheiden lassen. Für die Agora der Italiker auf Delos oder den Umbau des Forums in Pompeji zu einem hallenumstandenen Platz in sullanischer Zeit ist mittelbar das Wirken von H. verantwortlich. Sogar in Spanien waren in dieser Zeit seine Theorien bekannt. Vitruv hat H. ausgeschlachtet (sein ion. Kapitell entspricht dem des H. weitgehend, ohne daß sein Vorbild im Text gen. wäre), und er ermöglichte das Weiterleben seiner Theorien noch bis in die Neuzeit. ▭ ThB16, 1923. RE VIII. 1, 1912 (s.v. H. 29); KlP II, 1967 (s.v. H. 13); DA XIV, 1996; DNP V, 1998 (s.v. H. 4). – *O. Kern*, Die Inschr. von Magnesia am Maeander, B. 1900; *id.*, Hermes 26:1901, 496; *C. Humann*, Magnesia am Mäander: Ber. über die Ergebnisse der Ausgrabungen der Jahre 1891–1893, B. 1904, 38 ss.; *F. Hiller von Gaertringen* (Ed.), Inschr. von Priene, B. 1906, 143–144, 212; *W. Dörpfeld*, AM 83:1908, 355; *F. W. Schlikker*, Hellenist. Vorstellungen von der Schönheit des Bauwesens nach Vitruv, B. 1940, 22–26; *W. Hahland*, ÖJh 38:1950, 66–109; *H. Drerup*, MarbWPr 1964, 14–15; *P. Herrmann*, Anatolica 9:1965, 29–33; *W. Hoepfner*, AM 83:1968, 213–234; *P. Gros*, MEFRA 90:1978, 687 ss.; *B. Wesenberg*, Beitr. zur Rekonstr. griech. Archit. nach lit. Quellen, B. 1983 (AM, Beih., 9), 95–128; *H. Knell*, Vitruvs Archit.-Theorie, Da. 1985, 98 ss.; *Gruben*, Tempel, ⁴1986, 388 ss.; *H. Lauter*, Die Archit. des Hellenismus, Da. 1986, 185–193; *E. Akurgal*, Griech. und röm. Kunst in der Türkei, M. 1987, 87–99; *W. Hoepfner*, AA 1989, 601–618; *W. Hoepfner/E.-L. Schwandner* (Ed.), Hermogenes und die hochhellenist. Archit., Internat. Kolloquium, Berlin 1988, Tb. 1990; *W. Alzinger*, in: *A. Hoffmann u.a.* (Ed.), Bautechnik der Antike, Kolloquium Berlin 1990, Mainz 1991, 1–3; *U. Schädler*, in: Stud. zum antiken Kleinasien. Festschr. Friedrich Karl Dörner, Bonn 1991, 92, 102; *S. F. Ramallo Asensio* (Ed.), Templos romanos de Hispania, Murcia 1992, 50–65; *F. Rumscheid*, Unters. zur kleinasiat. Bauornamentik des Hellenismus, Mainz 1994, 25–28; *B. Schmaltz*, RM 102:1995, 133–140; *W. Hoepfner*, JdI 112:1997, 109–148; *O. Bingöl*, Magnesia am Mäander, Ankara 1998; *A. Beyer*, Plastik und Dekor an den Bauten von Hermogenes (Magisterarbeit am Fachbereich Altertumswissenschaften, FU-Berlin 1996, unpubl.); *W. Hoepfner*, in: Der Pergamonaltar (K Berlin, SMPK, Antiken-Slg), ed. *W.-D. Heilmeyer*, Tb./B. 1997, 43 ss. W. Hoepfner

Hermogenes (IV), griech. Koroplast, im 1. Jh. v. Chr. in Myrina tätig. Nur bek. durch seine Sign. auf zwei Typen von Tonstatuetten des Eros mit Tropaion (heute Paris, Louvre, Inv. Nr MYR 100 und MYR 99). ▭ *Mollard-Besques*, II, 1963, 55, Nrn MYR 100 und 99; p. 206, Taf. 67 d und f, 242 g-h; *D. Kassab*, Statuettes en terre cuite de Myrina. Corpus des sign., lettres et signes, P. 1988, 44, Nrn 1–2, Taf. 17–18, 92–93. R. V.

Hermogenes (V), aus Antiochia, griech. Maler, in der 2. H. des 2. Jh. n. Chr. in Karthago tätig. Nur bek. durch Tertullian (adv. Herm., 1; Overbeck, SQ, 1868, Nr 2393), der ihn als schlechten Christen anprangert, weil er weder vom stoischen Gedankengut noch vom Malen von Götterbildern noch von den Frauen abläßt. ▭ ThB16, 1923. RE VIII. 1, 1912 (s.v. H. 26); EAA IV, 1961 (s.v. H. 4); DNP V, 1998 (s.v. H. 6). – *Pfuhl*, MuZ, II, 1923, 830. R. V.

Hermogenes (VI) ([Ἑρ]μογένης), Bildhauer aus Phrygien, im 3. V. des 2. Jh. n. Chr. in Aizanoi tätig. Sein nur bruchstückhaft erh. Name findet sich mit der Berufsbezeichnung (λατύπος) auf einem Fragm. eines Türsteines in Aizanoi (MAMA, IX, 1988, Nr 451), den er sich wohl eigenhändig zu seinen Lebzeiten errichtet hat. T. Lochman

Hermogenes (VII), spätant. Steinmetz (τεχνίτης) in Nordsyrien, nur bek. durch die 377 n. Chr. dat. Bau-Inschr. einer Stoa in Dahr el-Kebira, die ihn zus. mit → Marathaios und → Marinios nennt. ▭ IGLS, IV, 1955, Nr 1532bis. M. Dennert

Hermokles (Ἑρμοκλε̃ς), griech. Bildhauer, um 300 v. Chr. tätig. Lt. Lukian (Syr. Dea, 26; Overbeck, SQ, 1868, Nr 2044) fertigte er für Seleukos Nikator (312–285 v. Chr.) eine Bronzestatue des Kombabos für das Heraheiligtum in Hierapolis. Kombabos war der erste Gallos (entmannte Priester) der Kybele. ▭ RE VIII. 1, 1912 (s.v. H. 1); EAA IV, 1961; KlP II, 1967 (s.v. H. 2); DNP V, 1998 (s.v. H. 2). R. V.

Hermokrates (I) (Ἑρμοκράτες), griech. Töpfer, E. 6. Jh. v. Chr. in Athen tätig. Nur bek. durch seine Sign. auf einer fragm. rotfigurigen Schale mit der Darst. eines Doppelaulosblasenden Jünglings von der Athener Akropolis (Athen, NM, Inv. Nr Akr 5; ARV^2, 1963, 172, 1630; EAA IV, 1961, 13, Abb. 17; Add^2, 1989, 184). R. V.

Hermokrates (II), griech. Koroplast, im 2. Jh. v. Chr. in Myrina tätig. Nur bek. durch seine Sign. auf zwei Typen von Tonstatuetten von drapierten Frauen (heute Berlin, SMPK, Antiken-Slg, Inv. Nr TC 7741 und verschollen). ▭ *E. Pottier/S. Reinach*, La nécropole de Myrina, P. 1888, 177, Nr 47; *D. Kassab*, Statuettes en terre cuite de Myrina. Corpus des sign., lettres et signes, P. 1988, 44, Nrn 1–2, Taf. 18, 94. R. V.

Hermokreon (Ἑρμοκρέων), griech. Architekt, 3. (Anfänge noch im 4.?) Jh. v. Chr. Als das Orakelheiligtum des Apollon Aktaios und der Artemis von Adrasteia (an der S-Küste des Marmarameeres) in die nahe miles. Kolonie Parion überführt wurde, erb. H. dort mit Mat. aus dem aufgelassenen Heiligtum einen prunkvollen Monumentalaltar (Hdt., 5, 117; Xen., an., 7, 2, 7 ss.; Xen., Hell., 1, 1, 13; Skyl., 94; Strab., 10, 5, 7 [C 487] und 13, 1, 13 [C 588 B]; Makarios, 6, 22). Seine Proportionen (nach Strab.: Länge: 1 Stadion: ca. 185 m) entsprachen dem im 3. Jh. v. Chr. entstandenen Monumentalaltar Hierons II. in Syrakus. Darst. auf Münzen in Parion zeigen einen viereckigen Altar mit Stufenunterbau, Girlandenfries und großen, nach oben aufgebogenen Eckvoluten. ▭ ThB16, 1923. RE VIII. 1, 1912 (s.v. H. 4) und Suppl. XII, 1970 (s.v. Parion); EAA III, 1960 (mit Abb. 18); KlP II, 1967; DNP V, 1998 (s.v. H. 1). – *Brunn*, GGK II, 1889, I, 365; *Müller*, Architekten, 1989, 161 s. – *Münzbilder von Paros*: *Imhoof-Blumer*, MGr, 1883, 250, Nrn 114–116; BMC, Greek Coins, Mysia, 97, Nr 40 ss., Taf. XXI, 10–13; JdI 11:1896, 56, Abb.; 26:1911, 92 s. W. Müller

Hermolaos (I) (Ἑρμόλαος), griech. Bildhauer, um 50 n. Chr. in Rom tätig. Nach Plinius d. Ä. (nat., 36, 38; Overbeck, SQ, 1868, Nr 2300) schuf er zus. mit → Polydeukes prachtvolle Statuen, die den Kaiserpalast auf dem Palatin in Rom schmückten. ▭ ThB16, 1923. RE VIII. 1, 1912 (s. v. H. 3); EAA IV, 1961 (s. v. H. 1); DNP V, 1998 (s. v. H. 2). R. V.

Hermolaos (II), griech. Bildhauer, wahrsch. im 2. Jh. n. Chr. auf Zypern tätig. Nur bek. durch seine Sign. auf einer Basis aus Salamis auf Zypern (heute Paris, Louvre; Loewy, IGB, 1885, 256–257, Nr 362). ▭ ThB16, 1923. RE VIII. 1, 1912 (s.v. H. 4); EAA IV, 1961 (s.v. H. 2). R. V.

Hermolykos (Ἡρμόλυκος), griech. Architekt(?) unbestimmter Zeit. Der Name steht auf der Rückseite eines ion. Pfeilerkapitells von Termessos/Lykien (CIG, 4200). Ob es sich um die Sign. eines Architekten handelt, ist nicht gesichert. ▭ EAA IV, 1961. - *Brunn*, GGK II, 1889, 242. W. Müller

Hermon (I) (Ἕρμων), von Troizen, griech. Bildhauer, in der 1. H. des 6. Jh. v. Chr. in Troizen tätig. Lt. Pausanias (2, 31, 6; Overbeck, SQ, 1868, Nr 486) fertigte er die Kultstatue für den Apollontempel und die Xoana der Dioskuren in Troizen, deren ungefähres Aussehen wahrsch. durch eine Bronzemünze von Troizen des Commodus überliefert ist (Imhoof-Blumer/Gardner, NumCommPaus, 1887, 48, Nr 5, Taf. M, 7; Lacroix, Reproductions, 1949, 220–221, Taf. 18, 5 ; A. Hermary, LIMC III, 1986, 572, Nr 55, s.v. Dioskuroi). Demnach standen sie im Typus der Kuroi, sie hatten lange Haare und ihre Arme waren vorgestreckt. ▭ ThB16, 1923. RE VIII. 1, 1912 (s.v. H. 11); EAA IV, 1961 (s.v. H. 2). – *Lippold*, GrPl, 1950, 26; *Floren*, GrPl, 1987, 205, Anm. 3. R. V.

Hermon (2) cf. **Pyrrhos** (1)

Hermonax (Ἑρμόναξ), att.-rotfiguriger Vasenmaler, im 2. V. des 5. Jh. v. Chr. tätig. Bek. durch elf Maler-Sign. (HERMONAX EGRAPHSEN). Da sein Malstil bis in die Einzelheiten der Anatomie- und Gewandwiedergabe sehr char. ist, konnten ihm über 170 Gefäße zugeschr. werden. Es ist keines der größten Œuvres von Vasenmalern dieser Zeit, aber immerhin ein sehr bedeutendes: H. muß eine führende Persönlichkeit im Töpferviertel Athens gewesen sein. Unter den großen Gefäßen hat er Stamnoi (23), Peliken (28) und Lutrophoren (21 Fragm.) bevorzugt, unter den kleineren Formen kleine Halsamphoren, Kannen und Lekythen. H. gilt zwar als Dekorateur von großen geschlossenen Gefäßen, doch hat er auch eine beträchtl. Anzahl von kleinen Schalen bemalt. – Wie allg. in der griech. Vasenkunst, müssen sämtl. Informationen bzw. Hypothesen zur künstler. Entwicklung dem erh. Werk abgelesen werden: Die antike Lit. schweigt sich bekanntl. über diese ganze Gattung und deren Protagonisten aus. Stilist. läßt sich die Kunst des H. von zwei leitenden Figuren der vorangegangenen Generation herleiten: vom Berliner Maler und vom Schalenmaler → Makron. Die Verbindung zum Berliner Maler zeigt sich sehr deutl. im Gebrauch ähnl. Formeln für die Darst. sowohl der bewegten wie der ruhig stehenden Gewandfiguren. Die Verwendung derselben Klasse von Stamnoi, Weinbehältern besonderer Art, und der kleinen Halsamphora könnte darauf hindeuten, daß H. in der Wkst. des Berliner Malers mitgearbeitet und sie viell. weitergeführt hat. – Die Nähe zu → Makron äußert sich in der Art, wie manches Gewand bewegter weibl. Figuren wiedergegeben wird. Noch klarer zeigt sie die Dekoration der kleinen Schalen mit Musikunterrichtsszenen, die möglicherweise von → Hieron (I), dem langjährigen Töpfer des → Makron, hergestellt worden sind. Das sind plausible Gründe zur Annahme, daß H. als Anfänger dem → Makron nahestand, bevor er dem Einfluß des Berliner Malers stärker ausgesetzt wurde. Dies läßt sich mit den – ebenfalls aufgrund des Malstils erschlossenen – Tätigkeitsspannen der drei Vasenmaler vereinbaren. Vom Berliner Maler nimmt man allg. an, daß er eine sehr lange Karriere hatte und bis gegen 460 v. Chr. aktiv blieb. → Makrons Aktivität scheint dagegen kürzer gewesen zu sein. Sie beginnt um 490 v. Chr. und endet um oder bald nach 475 v. Chr., in der Zeit, als das Schaffen des H. einsetzt. – An der Malweise des H. fällt auf, daß sie voll und ganz dem Strengen Stil verpflichtet ist. Sie läßt auch keine der in den Œuvres etwas älterer Maler dieser Zeit unübersehbaren Archaismen erkennen, die in den ersten Jahren nach 480 v. Chr. gehäuft vorkommen und als Reaktion auf die traumatische Zäsur in der Arbeit des Kerameikos erklärbar sind, welche die pers. Besetzung Athens verursacht haben muß. Die jüngsten Werke des H. sind wohl nach 450 v. Chr. anzusetzen. Damit erh. wir für die Schaffenszeit des H. die Daten 475 v. Chr. bis mindestens 450 v. Chr. Es handelt sich um innerhalb des Werks erschlossene Stil-Daten. Äußere Anknüpfungsmöglichkeiten an dat. Werke and. Gattungen fallen weg, nachdem der früher dem H. zugeschr. Stamnos (München, Staatl. Antiken-Slgn, Inv. Nr 2413; Simon/Hirmer, Vasen, 1976, Abb. 175–177) mit der Geburt des Erichthonios der stilist. stark an die Skulpturen des Olympia-Ostgiebels anklingt, dem H. von J. D. Beazley wieder abgesprochen worden ist. Immerhin steht dieses bed. Werk dem H. nahe genug, um die vorgeschlagene Dat. der *Akme* des H. in die sechziger Jahre bestätigen zu können. – Innerhalb dieser etwa drei Jahrzehnte währenden Schaffenszeit lassen sich aufgrund v.a. der für Augen, Knöchel und Fußvorderansicht verwendeten Formeln zwei Phasen unterscheiden. In einer früheren, mit der *Akme* kulminierenden Periode, der alle sign. Werke angehören, sind die Bewegungen rigider, die Körper- und Gewandformen flacher; im nachfolgenden Abschnitt agieren die Figuren freier, und die Falten legen sich lockerer um die Körpervolumina. Die in einigen der jüngsten Werke – etwa den Amphoren in Madrid (Arch. Mus., Inv. Nr 11098; F. P. Johnson, AJA 49:1945, 492, Abb. 1) und Boulogne (Mus., Inv. Nr 125; F. P. Johnson, AJA 49:1945, 494, Abb. 4/5) und der Pelike in Los Angeles (County Mus. of Art, Inv. Nr 50. 8. 35; A 5933. 50. 41; CVA 1, Taf. 26) – vorkommenden Beispiele von Kontrapost wirken im Vergleich mit solchen wenig jüngerer, gleichzeitig arbeitender Vasenmaler, wie des Niobiden- und des Achilleus-Malers, sehr viel steifer und ungelenker. H. war eben nicht nur älter, sondern auch von Grund auf konservativ und wenig experimentierfreudig eingestellt. – Dieser konservative Zug kommt auch im generellen Aussehen der von ihm bemalten Vasen und dann in der Themenwahl zum Ausdruck. Das weitaus häufigste Motiv ist die meist erot. motivierte Verfolgung, sowohl in der dionysischen Variante (Satyr verfolgt Mänade oder umgekehrt) wie in der heroischen (Peleus und Thetis, Boreas und Oreithyia, Zeus und Ganymed, Zeus und Aegina, Eos und Kephalos) oder anonymen. Bei diesem Motiv handelt es sich offensichtl. um eine Metapher für den plötzl. Tod: Es überrascht nicht, dieses Motiv gehäuft auf den Stamnoi und auch auf Peliken und kleinen Amphoren zu finden, die zuletzt als Grabbeigaben gedient haben. Char. für H. ist zudem, daß er sich auch in jenen anspruchsvolleren Szenen, die Spannung und Pathos enthalten, äußerst zurückhaltend und gemessen gibt: So etwa bei der Tötung des Orpheus auf dem Stamnos in Paris, Louvre, Inv. Nr G 416 (CVA 3, Taf. 19; CVA 4, Taf. 20; JdI 95:1980, 176, Abb. 11 a-c), der Befragung der theban. Sphinx durch Ödipus auf der Pelike in Wien (Kunsthist. Mus., Inv. Nr IV 3728; CVA 2, Taf. 74; F. P. Johnson, AJA 51:1947, Taf. 48), dem Kampf des Theseus gegen den Minotauros auf dem Glockenkrater in Argos (Mus., Inv. Nr C 909; N. Weill, BCH 86:1962, 65, Abb. 1, Taf. 3, 4) und bei der Verfolgung der Oreithyia durch Boreas auf der Pelike in Rom, Villa Giulia (Simon/Hirmer, Vasen, 1976, Abb. 178–179). Wie auch bei and. in den Jahren unmittelbar nach den Perserkriegen tätigen Vasenmalern, ist eine Vorliebe für die Mythologie Athens faßbar, v.a. für die Figur des Theseus. Reflexe von gleichzeitigen Tragödienaufführungen mögen das bereits gen. Ödipusbild und die Überredung des Achilleus auf dem fragm. Stamnos in Zürich (Arch. Slg, Inv. Nr 3550; Isler-Kerényi, 1983, Taf. 29–30) und auf der Pelike in Paris (Louvre, Inv. Nr G 374; Isler-Kerényi, 1983, Taf. 31) sein. – Diese eher traditionskonforme Art des H. paßt gut zu den Bildträgern, den Tongefäßen. Man darf ja nicht vergessen, daß es sich um bestenfalls hochstehendes, aber immer gebrauchsorientiertes Kunsthandwerk handelt. Die z.Z. des H. und unmittelbar danach erfolgten Versuche and. Vasenmaler, die Monumentalmalerei auf die Keramik zu übertragen, blieben ästhet. unbefriedigend und wurden bald aufgegeben. Sicher war H. also keine überragende Künstlerpersönlichkeit, vielmehr verkörpert er den zuverlässig und nie sorglos arbeitenden Handwerker. Seine anspruchsvollsten Werke, wie etwa der sign. und durch einen ungewöhnl. Halsschmuck ausgezeichnete Stamnos in Orvieto Faina, Inv. Nr 66, mit einem figurenreichen Frauenraub (Philippaki, 1967, Taf. 46,1), die Pelike in Basel (Antiken-Mus. und Slg Ludwig, Inv. Nr BS 483) mit der Verfolgung des Ganymedes (S. Kaempf-Dimitriadou, AntK 22:1979, Taf. 18, 19. 1), der Stamnos in St. Petersburg (Ermitage, Inv. Nr 804) mit dem siegreich vor dem toten Minotauros stehenden Theseus (F. P. Johnson, AJA 51:1947, Taf. 46) oder schließl. der Glockenkrater in Argos, Inv. Nr C 909, mit dem Minotauroskampf des Theseus (N. Weill, BCH 86:1962, 65, Abb. 1), lassen Größe nicht vermissen. Anderseits wirken die kleineren Vasen, die wohl auch einer and. Preisklasse angehörten, nie ungepflegt. Bei H. ist der Abstand der Qualität zw. den besten und den durchschnittl. Produkten deutl. kleiner als etwa beim Berliner Maler. Daß H. eine vielfältige Kundschaft in und außerhalb Athens hat ansprechen können, bezeugen – soweit sie bek. sind – die Fundorte der von ihm bemalten Gefäße. Wie auch sonst zu dieser Zeit, bleibt offenbar der etrusk. Markt der tyrrhen. Seite der wichtigste für die großen (und wohl teuren) geschlossenen Vasen, wie Stamnoi und Peliken, und auch für die Schalen. Bemerkenswert ist die jetzt schon relevante Rolle der etrusk. Städte der Adria-Seite (Spina, Adria und Bologna) als Abnehmer von Kannen und Schalen. Nach Großgriechenland und Sizilien wurden v.a. die kleinen Amphoren und die Lekythen abgesetzt. Daß in der Fundort-Liste von Werken des H. Griechenland relativ stark vertreten ist, hängt damit zus., daß er auch Lutrophoren-Maler war. Diese Gattung war generell für den heimischen Markt bestimmt: Sie diente v.a. als Votivgabe im Nymphenheiligtum am Akropolis-Nordhang und wurde kaum exportiert. Auch die Glockenkratere aus Argos und Samothrake, die Fragm. von der Athener Agora und das Schalen-Fragm. aus Brauron bezeugen, daß Vasen des H. nicht nur als Grabbeigaben, sondern ebenfalls im Wohn- und Sakralbereich gebraucht wurden. Aus rhodischen Nekropolen stammen einige Peliken, einzelne Fragm. aus Xanthos und eines aus Ampurias. ▭ ThB16, 1923. EAA IV, 1961. – ARV^2, 1963, 483–495; *B. Philippaki*, The Attic stanmnos, Ox., 1967, 37 s., 46 s.; Para, 1971, 332 s.; *C. Isler-Kerényi*, AntK 26:1983, 127–135; 27:1984, 154–165; *ead.*, in: *C. Bérard/C. Bron/A. Pomari* (Ed.), Images et soc. en Grèce ancienne, Lausanne 1987, 169–175; Add^2, 1989, 247–249. C. Isler-Kerényi

Hernechet (I), ägypt. „Vorsteher der Bauarbeiter" (Architekt), während des Mittleren Reiches (2119–1994/93 v. Chr.) möglicherweise im Raum Saqqara/Unterägypten tätig. Belegt auf einer Opferstele, die evtl. aus Saqqara stammt und sich heute im BM London befindet. Der Verstorbene wird gemeinsam mit seinem Kollegen → Ptahkau von den Verwandten beider mit Opfergaben versorgt. ▭ *E. A. W. Budge*, Hieroglyphic texts from Egyptian stelae, II, Lo. 1912, Taf. 35, Nr 205. C. von Pfeil

Hernechet (II), ägypt. „Vorsteher aller Arbeiten des Königs", zu Beginn der 12. Dynastie (ca. 20. Jh. v. Chr.) tätig. Bek. von zwei Stelen, deren eine → Hernechet (III) gehört. Die Beziehung der beiden Männer zueinander ist allerdings unklar. ▭ *G. Maspero*, RecTrav 3:1882, 115 (Turin, Inv. Nr 1612); *D. Franke*, Personendaten aus dem Mittleren Reich, Wb. 1984, 271, Nr 431. C. von Pfeil

Hernechet (III), ägypt. Architekt und Bauleiter, während des Mittleren Reiches (2119–1994/93 v. Chr.) tätig. Belegt durch seine Stele, die sich heute in Turin, Ägypt. Mus. (Inv. Nr 1612) befindet. Die dort angebrachte biogr. Inschr. besagt, daß er die Arbeiten in allen Tempeln des Palastbezirks leitete. Auf diesem Denkmal wird auch auf → Hernechet (II) verwiesen, allerdings ohne die Beziehung zw. den Männern zu erklären. ▭ *G. Maspero*, RecTrav 3:1882, 115. C. von Pfeil

Hernechet (IV), ägypt. „Oberster der Bauarbeiter" (Architekt), während des Neuen Reiches (1550–1070/69 v. Chr.) möglicherweise im Raum Achmim/Oberägypten tätig. Belegt auf seiner Opfer-Taf. als Empfänger der von seinen Verwandten gespendeten Totenopfer. Das Stück von unbek. Herkunft befindet sich heute im Ägypt. Mus. Kairo. ▭ *A. Kamal*, Tables d'offrandes (CG), I, Le Caire 1909, 69, Nr 23084. C. von Pfeil

Hernedjitef (I) (Harendotes; Hornedjitef), Sohn des Pachenem, ägypt. Goldschmied, M. des 3. Jh. n. Chr. in Philae/Oberägypten tätig. H. ist nur aus drei demotischen Graffiti vom Isistempel auf Philae bekannt. Zwei der Graffiti sind datiert; sie stammen aus den Jahren 247 und 256/57 (oder 272/73) n. Chr. H. arbeitete für den Tempel der Isis. ▭ *F. L. Griffith*, Cat. of the demotic graffiti of the Dodecaschoenus, Ox. 1937, 90, Nr Ph. 290, Taf. 46; 93, Nrn Ph. 311, 314, Taf. 48. S. L. Lippert

Hernedjitef (II) (Harendotes; Hornedjitef), Sohn des → Hermeraset, ägypt. Goldschmied, M. des 3. Jh. n. Chr. in Philae/Oberägypten tätig. H. ist nur durch ein kurzes undat. demotisches Graffito vom Isistempel auf Philae bek., an dem er angestellt war. Aufgrund der Filiationsangaben bis zum Großvater → Nesmet läßt sich annehmen, daß er der Sohn des Goldschmiedes → Hermeraset war. ▭ *F. L. Griffith*, Cat. of the demotic graffiti of the Dodecaschoenus, Ox. 1937, 90, Nr Ph. 291, Taf. 46. S. L. Lippert

Hernefer, ägypt. Architekt („Vorsteher der Bauarbeiter"), in der 20. Dynastie (1186/85–1070/69 v. Chr.) tätig. Bek. aus einer Kalkstein-Stele (Kairo, Ägypt. Mus., Inv. Nr JE 72265). ▭ *H. Ranke*, Die ägypt. Personennamen, I, Glückstadt 1935, 231, 4; *S. Hassan*, The great sphinx and its hist. stud. in the light of recent excavations, Giza, VIII, Kairo 1953, 238, Abb. 179; *C. M. Zivie*, BdE 70:1976, 225. Y. Ott

Herodes (I) (Ἡρώδης), griech. Bildhauer, in der röm. Kaiserzeit tätig. Nur bek. durch eine Weih-Inschr. mit der Darst. des Herakles aus Küstendil, in der er sich als ἀγαλματογλύφος (Bildhauer) bezeichnet. ▭ RE, Suppl. VI, 1935 (s.v. H. 13a). R. V.

Herodes (II), wahrsch. griech. Bildhauer, im 2. Jh. n. Chr. in Athen tätig. Nur bek. durch seine Sign. auf einer Rundbasis aus hymettischem Marmor von der NO-Ecke des Parthenon in Athen (Loewy, IGB, 1885, 288, Nr 429). ▭ EAA IV, 1961. R. V.

Herodoros (I) (Ἡρόδωρος), griech. Bildhauer, Sohn des Bildhauers → Sthennis, aus Athen, um 300 v. Chr. in Oropos tätig. Nur bek. durch seine Sign. auf dem Sockel eines Reiterstandbildes aus dem Amphiareion in Oropos (IG, VII, 315). Nach einer Lesung von M. Holleaux (BCH 16, 1892, 471 s.) sign. er auch eine Basis, die bei Theben gefunden worden ist. Es handelt sich hier jedoch eher um den Bildhauer → Herodotos (I). ▭ ThB16, 1923. RE VIII. 1, 1912 (s.v. H. 7; s.v. H. 14); EAA IV, 1961 (s.v. H. 1; s.v. Herodotos). – *Loewy*, IGB, 1885, 90, Nr 112a; *Lippold*, GrPl, 1950, 248; *H. B. Siedentopf*, Das hellenist. Reiterdenkmal, Waldsassen 1968, 16, 30, 128–129, Nr II. 127, Abb. 7; *Schmidt*, Statuenbasen, 1995, 463, Nr VII. 38. R. V.

Herodoros (II), griech. Bildhauer, im 2./1. Jh. v. Chr. in Athen tätig. Nur bek. durch seine Sign. auf einer Marmorbasis von der Athener Akropolis, die wiederverwendet worden ist und im 4. Jh. v. Chr. die Statue des Epikrates von Alopeke trug (Loewy, IGB, 1885, 171, Nr 232; IG, II, 1373). ▭ ThB16, 1923. RE VIII. 1, 1912 (s.v. H. 8); EAA IV, 1961 (s.v. H. 2). R. V.

Herodotos (I) (Ἡρόδοτος), griech. Bildhauer, um 300 v. Chr. in Theben tätig. Nur bek. durch seine Sign. auf einer Basis aus Theben, die von M. Holleaux (BCH 16, 1892, 471 s.) fälschlicherweise als → Herodoros (I) gelesen worden ist. Ob dieser ident. mit dem von Tatian (orat., 53, p. 115; 54, p. 117, ed. Worth; Overbeck, SQ, 1868, Nrn 1590-1591) erw. Bildhauer gleichen Namens (→ H. 2) ist, ist unwahrscheinlich. R. V.

Herodotos (II), aus Olynth, griech. Bildhauer unbestimmter Zeit. Lt. Tatian (orat., 53, p. 115; 54, p. 117, ed. Worth; Overbeck, SQ, 1868, Nrn 1590–1591) fertigte er Statuen der Hetären Phryne, Glykera und Argeia. Auf einer verschollenen Basis aus Rom war wohlmögl. eine dieser Hetären abgebildet, wie die Inschr. berichtet: ἑταίρα Ἡροδό[του] (IG, XIV, 1149). ▭ RE VIII. 1, 1912 (s.v. H. 14); EAA IV, 1961; DNP V, 1998 (s.v. H. 4). R. V.

Heron (Ἥρων) aus Libyen, Architekt, der an der Gründung Alexandrias beteiligt gewesen sein soll. Der Alexanderroman (Pseudo-Kallisthenes, 1, 31, 9) nennt H. unter den Architekten, die an der Planung und Erbauung Alexandrias mitgewirkt haben (v.e. → Deinokrates [II]; → Hyponomos; → Krateros [I]). Ob es sich bei H. um eine hist. Person der 2. H. des 4. Jh. v. Chr. handelt oder ob – wie Ausfeld, 1900, 374, vermutet – der berühmte Mathematiker und Ingenieur H., der im 1. Jh. n. Chr. lebte (vgl. M. Folkerts, DNP V, 1998, 480–483 s.v. H.; A. G. Drachmann, Ktesibios, Philon and Heron, Kph. 1948; J. G. Landels, Die Technik in der antiken Welt, M. [4]1989, 241–253; *zur zeitl. Einordnung H.s [sog. „Heronische Frage"]*: D. Sakalis, Die Dat. H.s von Alexandria, Diss. Köln, 1972; F. Krafft, AuA 19:1973, 1–19), vom Autor des Alexanderromans in die Gründungszeit Alexandrias zurückversetzt worden ist, läßt sich nicht entscheiden. ▭ ThB16, 1923. EAA IV, 1961. – *Brunn*, GGK II, 1889, 243; *A. Ausfeld*, RhM 55:1900, 348–384; *G. A. Mansuelli*, in: *N. Bonacasa/A. di Vita* (Ed.), Alessandria e il mondo ellenistico-romano. Festschr. Achille Adriani, R. 1983, 78–90, hier 85 s.; *Müller*, Architekten, 1989, 154. – *Zum Alexanderroman*: *P. M. Fraser*, Cities of Alexander the Great, Ox. 1996, 205–226. – *Zu den wichtigsten lit. Quellen über die Gründung Alexandrias*: *G. Grimm*, Alexandria. Die erste Königsstadt der hellenist. Welt, Mainz 1998, 18–35. – *Zur Gründung und Stadtanlage Alexandrias*: *W. Hoepfner/E.-L. Schwandner*, Haus und Stadt im klass. Griechenland, M. [2]1994, 235–256. L. Lehmann

Heron von Alexandreia cf. **Heron**

Herophilos (Ἡρόφιλος), griech. Kameenschneider, in der frühen Kaiserzeit in Rom tätig. Seine Sign. ist auf einem Kameo aus blauem Glas in Wien (Kunsthist. Mus.) überliefert, der sich im 17. Jh. im Kloster Echternach befand. H. sign. mit dem Patronym Dioskurides (→ Dioskurides [IV]). Der Kameo trägt auf Grund der physiognom. Einzelheiten und des herrscherl. Lorbeerkranzes eindeutig das Porträt eines Angehörigen des iul.-claud. Kaiserhauses. Die Benennung wird kontrovers diskutiert und umfaßt Vorschläge auf Augustus (Vollenweider, 1966), Drusus (Zwierlein-Diehl, 1980) und Tiberius (Furtwängler, 1900; Zazoff, 1983). Das Bildnis ist von ausgezeichneter Qualität und zeichnet sich durch eine meisterhafte Beherrschung der Schneidewerkzeuge aus. ▭ ThB16, 1923. RE VIII. 1, 1912 (s.v. H. 6); EAA IV, 1961; DNP V, 1998 (s.v. H. 2). – *Furtwängler*, AG, III, 1900, 319, 357; *Vollenweider*, Steinschneidekunst, 1966, 65, Anm. 1–2, Taf. 69,1; *Richter*, EngrGems-Rom, 1971, 144, Abb. 675; AGOe, II, 1979, 103, Nr 1031, Taf. 70; *E. Zwierlein-Diehl*, KölnJbVFrühGesch 17:1980, 33, Taf. 9,54; *Zazoff*, AG, 1983, 316, Anm. 58, Taf. 91,1. B. Gerring

Herophon → **Iophon**

Herophon (Ἡροφῶν), Sohn des Anaxagoras, aus Makedonien, griech. Bildhauer, im 2./1. Jh. v. Chr. in Olympia tätig. Nur bek. durch seine Sign. auf einer Basis für eine monumentale Statue der Roma, die im Auftrage der Eleer als Weihgabe für Zeus in Olympia aufgestellt worden ist (Loewy, IGB, 1885, 196, Nr 280; W. Dittenberger/K. Purgold, Inschr. von Olympia, Olympia V, B. 1896, Nr 317). ▭ ThB16, 1923. RE VIII. 1, 1912 (s.v. H. 2); EAA IV, 1961. R. V.

Hersaiset, ägypt. Juwelier, viell. späte 25. Dynastie (ca. 1. H. des 7. Jh. v. Chr.), evtl. in Theben. Kommt in einem Abrechnungspapyrus (Kairo, Ägypt. Mus., Inv. Nr CG 50012 B 8) vor. ▭ *W. Spiegelberg*, Die demot. Denkmäler (CG), II, Straßburg 1908, 331, Taf. 143; *H. de Meulenaere/J. Quaegebeur*, CdE 57:1982, 211. F. Hoffmann

Herseanch, ägypt. Goldschmied, wohl 20. Dynastie (12./11. Jh. v. Chr.). H. hat zus. mit dem Goldschmied → Schedenwahsu(?) dem Gott Osiris einen kleinen Naos aus Ton in Abydos gestiftet, auf dem beide auch abgebildet sind (Kairo, Ägypt. Mus., Inv. Nr CG 70041). ▭ *G. Roeder*, Naos (CG), L. 1914, 135 ss. F. Hoffmann

Herunefer, ägypt. „Vorsteher der Bildhauer", in der 13. Dynastie (1794/93–1648/1645 v. Chr.) tätig. Erw. auf der Stele (Louvre, Inv. Nr C. 39) seines Sohnes → Senebtifi (II). ▭ *P. Pierret*, Rec. d'inscr. inédites du Mus. Egyptien du Louvre, II, P. 1878, 23, C. 39; *G. T. Martin*, Egyptian administrative and priv.-name seals, Ox. 1971, Nr 1592; *J. Lieblein*, Hieroglyph. Namenwörterbuch, Hildesheim/N. Y. 1979, Nr 539. Y. Ott

Herysion (Ἡρυσίων), in Galatien tätiger Steinmetz der fortgeschrittenen Kaiserzeit. Nur bek. aus einer Inschr.-Stele aus Istanos (Loewy, IGB, 1885, 272 s., Nr 392), wo er und ein Kollege namens → Asklepios als λιθουργοί bezeichnet werden. ▭ EAA IV, 1961. T. Lochman

Hesesi, ägypt. Architekt und Bauleiter („Vorsteher aller Arbeiten des Königs"), 6. Dynastie (2347/2297–2216/2166 v. Chr.) in Memphis/Ägypten tätig. Durch die Scheintür aus seinem Grab (CG 1413) in Saqqara mit Namen und Titel belegt. ▭ *L. Borchardt*, CG, Denkmäler des Alten Reiches, I, B. 1937, 78 s. M. A. Stadler

Hesire, ägypt. Architekt und „Großer" der Elfenbein- und Pfeilschnitzer, 3. Dynastie (2707–2639 v. Chr.), Zeit des Netjerichet. Bek. ist H. durch seine Mastaba in Saqqara, in der sich auch herausragende Reliefs aus Holz fanden, die sonst selten belegt sind. Zu seinen künstler. Titeln hatte er u.a. noch den Titel eines Arztes. ▭ LÄ I, 1975, 654 mit Anm. 2, (s.v. Bauleiter). – *J. E. Quibell*, The tomb of Hesy, Kairo 1913; *J. Kahl/N. Kloth/U. Zimmermann*, Die Inschr. der 3. Dynastie, Wb. 1995, 110 s. S. Hänsch

Hestiaios cf. **Kallikles** (III)

Hetebu, ägypt. „Vorsteher der Gilde der Goldschmiede", Mittleres Reich (20./19. Jh. v. Chr.). Bek. durch ein Siegel von ihm. ▭ *G. T. Martin*, Egyptian administrative and priv.-name seals, Ox. 1971, 90, Nr 1152, Taf. 3,20; *W. A. Ward*, Index of Egyptian administrative and relig. titles of the Middle Kingdom, Beirut 1982, 19, Nr 112.
F. Hoffmann

Hetepherenpteh, ägypt. Bauleiter („Vorsteher aller Arbeiten") und „Vorsteher aller Künstler", Altes Reich (ca. 2700–2200 v. Chr.). Bek. von einem Pfeiler aus seinem Grab. H. führte neben den gen. noch viele hohe Verwaltungstitel. ▭ Urk. I, 231.
F. Hoffmann

Hetepib, ägypt. Unteraufseher der Handwerker, Altes Reich (2707–2639 v. Chr.). Nur bek. von einem Opferbecken aus Giza, das sich jetzt im Mus. der Univ. of California befindet. ▭ Urk. I, 230, 12; *H. F. Lutz*, Egyptian tomb steles and offering stones of the Mus. of Anthropology and Ethnology of California. L./Berkeley 1927, Taf 6, 11.
S. Hänsch

Hetepka, ägypt. Baumeister, Altes Reich (2707–2639 v. Chr.) Nur dargestellt auf einer Holztür aus dem Fam.-Grab des Baumeisters → Kaiemheset, das sich n. der Pyramide des Teti befindet. Evtl. handelt es sich bei H. um einen jüngeren Bruder des → Kaiemheset. ▭ Urk. I, 206, 17 et 207, 2. S. Hänsch

Heteppteh (Hetepptah; Ptahhotep), ägypt. „Vorsteher der Bildhauer", Altes Reich (2707–2120 v. Chr.), in Ägypten tätig. Name und Titel nur auf Opfertafel in Berlin, SMPK, Ägypt. Mus., Inv. Nr 7725, erwähnt. Enkel des Bildhauers → Ni, Bruder des „Vorstehers der Bildhauer" → Hemra, viell. verwandt mit dem „Vorsteher der Bildhauer" → Hemu. ▭ Aegypt. Inschr. aus den Kgl. Mus. zu Berlin, I, L. 1913, 64. M. A. Stadler

Hetepseschat, (gen. Heti), ägypt. „Aufseher aller Arbeiten des Königs", in der frühen 5. Dynastie (ca. 2504/2454–2400 v. Chr.) im Raum Giza/Unterägypten tätig. Bek. durch sein Mastaba-Grab auf dem Friedhof westl. der Cheops-Pyramide in Giza (G 5150). ▭ PM III. 1, 1974, 149 s. – *H. Junker*, Giza, II, W./L. 1934, 172–95.
C. von Pfeil

Heti → **Hetepseschat**

Hi v.e. **Imenhetep**

Hi (I) (Hui), ägypt. Künstler („Großer Künstler am Ort der Wahrheit"), 18. Dynastie (1550–1292 v. Chr.) in Theben-W/Oberägypten tätig. Bek. durch ein Relief-Fragm., auf dem H. in Verehrungshaltung vor den Gottheiten Amun-Re und Mut dargestellt ist. Aus dem Titelzusatz „am Ort der Wahrheit" geht hervor, daß der Künstler in der kgl. Nekropole in Theben-W beschäftigt war und in der Arbeitersiedlung Deir el-Medineh wohnte. ▭ *E. A. W. Budge*, Hieroglyphic texts from Egyptian stelae etc., V, Lo. 1914, 10, Nr 352, Taf. 38.
T. Schrottenbaum

Hi(?) (II) (Hui), Sohn des → Chensu (II), ägypt. Vorzeichner („Umrißzeichner"), in der 18. Dynastie (1550–1292 v. Chr.) vermutl. im memphitischen Raum/Unterägypten tätig. H. ist bek. durch eine rechteckige Kalksteinstele seines Bruders → Rama, die unter den Fundamenten eines Tempels Ramses' II. ö. von Kaf el-Gabal in Giza gefunden wurde. Offenbar gehörte H. einer Künstler-Fam. an, denn sowohl sein Vater → Chensu (II) als auch seine Brüder → Imenemipet (III) und → Rama, die ebenfalls auf der Stele gen. werden, übten denselben Beruf aus wie H. Als Umrißzeichner fertigte H. die Vor-Zchngn für Reliefs oder Statuen an. ▭ *S. Abdel-Aal*, GM 171:1999, 7–12, Taf. 1.
T. Schrottenbaum

Hi (III) (Hui), Sohn des → Ipuia, ägypt. Goldschmied („Oberster der Goldschmiede"), späte 18. Dynastie (um 1330–1290 v. Chr.) im memphitischen Raum/Unterägypten tätig. H. ist bek. aus dem Grab seines Vaters → Ipuia in Saqqara (S 2730). Nach Gourlay übten H. und sein Bruder → Parennefer denselben Beruf aus wie dieser. Sicher nachweisbar ist für H. der Titel des „Obersten Goldschmiedes". Ob er auch „Vorsteher der Künstler" war, muß offen bleiben. ▭ PM III. 2, 1978, 555. – *J. E. Quibell/A. G. K. Hayter*, Excavations at Saqqara, Kairo 1927, 33 ss., Taf. 10–11; *Y. J.-L. Gourlay*, BIFAO 79:1979, 93. T. Schrottenbaum

Hi (IV) (Hui), Sohn(?) des → Neferhat (II), ägypt. Vorzeichner („Umrißzeichner"), unter Thutmosis IV.–Amenophis III. (1397–1334 v. Chr.) in Theben/Oberägypten tätig. Bek. aus dem theban. Grab der Bildhauer → Ipuki und → Nebimen (I) (Theban Tomb 181), das sich auf dem Beamtenfriedhof Chocha/Theben-W befindet. Er wird in einer hieroglyph. Inschr. als „Bruder" bez., wobei offen bleiben muß, auf welchen der beiden Grabinhaber sich diese Aussage bezieht. Wenn er der Bruder des → Nebimen (I) ist, ist dessen Vater → Neferhat (II) auch der Vater des Hi. H. war vermutl. in Theben beschäftigt, wo er entweder Grabwanddekorationen reliefierte oder an der Herstellung von Statuen mitarbeitete. ▭ PM I. 1, 1960, 286 ss., Nr 181. – *N. de Garis Davies*, The tomb of two sculptors at Thebes, N. Y. 1925, 16, 44, Taf. 22.
T. Schrottenbaum

Hi (V) (Hui), ägypt. Vorzeichner („Oberster der Umrißzeichner vom Haus des Amun"), 18./19. Dynastie (1550–1186/85 v. Chr.) in Theben/Oberägypten tätig. Bek. durch ein Stelen-Fragm., das in Qurnet Murrai/Theben-W im Tempel des Nebwenenefer gefunden wurde. Die Inschr. und die Darst. sind nur fragm. erh., der Künstlertitel ist aber noch lesbar. Wo genau H. beschäftigt war, muß offen bleiben. Er hat an der Statuen-, Stelenherstellung o.ä. mitgearbeitet, indem er die Darst. vorzeichnete, die anschließend reliefiert bzw. bemalt wurden. ▭ *W. M. F. Petrie*, Qurneh, Lo. 1909, 12, Taf. 12; *W. Helck*, Mat. zur Wirtschafts-Gesch. des Neuen Reiches, I, Mainz 1961, 46.
T. Schrottenbaum

Hi (VI) (Hui), ägypt. Bildhauer („Bildhauer des Amun"), frühe 19. Dynastie (1292–1186/85 v. Chr.) im theban. Raum/Oberägypten tätig. H. ist bek. durch sein Grab in Scheich Abd el-Qurna/Theben-W (Theban Tomb 54), das später von einem Kenra usurpiert wurde. Er stellte entweder Statuen her oder reliefierte Grabwände, Stelen oder dergleichen. ▭ PM I. 1, 1960, 104 s., Nr 54. – *M. R. Mond*, ASAE 5:1903, 103–104; *A. H. Gardiner/A. E. P. Weigall*, A topogr. cat. of the priv. tombs of Thebes, Lo. 1913, 20 s., Nr 54; *W. Helck*, Mat. zur Wirtschafts-Gesch. des Neuen Reiches, I, Mainz 1961, 46. T. Schrottenbaum

Hi (VII) (Hui), ägypt. Vorzeichner („Umrißzeichner"), frühe 19. Dynastie (1292–1186/85 v. Chr.) im memphitischen Raum/Unterägypten tätig. Bek. durch das Grab des „Vorstehers des Schatzhauses" Maia in Saqqara. H. ist dort neben weiteren Angestellten des Maia abgebildet, die ebenfalls als Künstler im Schatzhaus beschäftigt waren, näml. → Meriumeriu (II), → Pendua, → Qebeh und → Userhat. Darüber hinaus wurde in Saqqara ein Uschebti (Stellvertreterfigur des Verstorbenen) des H. gefunden. Der Künstler zeichnete vermutl. die Umrisse der Statuen auf den Steinblöcken vor, die im Schatzhaus hergestellt wurden. ▭ LD III, 242 b; Urk. IV, 2166,8; *H. D. Schneider*, BSFE 69: 1974, 41 s.; *id.*, Shabtis, II, Leiden 1977, 66 s., Nr 3. 2. 1.33, Taf. 23. T. Schrottenbaum

Hi (VIII) (Hui), ägypt. Bildhauer, 19. Dynastie (1292–1186/85 v. Chr.) in Theben/Oberägypten tätig. H. ist bek. durch eine hieroglyph. Inschr. aus dem Grab des Paser in Scheich Abd el-Qurna/Theben-W (Theban Tomb 106). In der Szene, in der er namentl. gen. wird, ist → Imenuahsu (I) dargestellt, wie er einen Sphinx bemalt, so daß wir davon ausgehen können, daß H. ebenfalls mit der Herstellung von Statuen beschäftigt war. ▭ PM I. 1, 1960, 221 (6). – LD III, 132 (r); *J.-F. Champollion*, Mon. de l'Egypte et de la Nubie, I, P. 1844, 522, 846; *E. W. Ware*, AJSL 43:1926–1927, 205, Nr 25. T. Schrottenbaum

Hi (IX) (Hui), Sohn des Hai, ägypt. Künstler („Großer Künstler am Ort der Wahrheit"), unter Sethos I. (1290–1279/78 v. Chr.) in Theben-W/Oberägypten tätig. H. ist bek. aus seinem eig. Grab (Theban Tomb 361) sowie aus dem Grab seines Sohnes → Qaha (Theban Tomb 360) in Deir el-Medineh/Theben-W. Darüber hinaus ist er durch sechs Stelen, zwei Türpfosten, einen Türsturz, ein Fragm. einer Basis, ein Kanopengefäß (Behälter zur Bestattung der Eingeweide des Verstorbenen) und ein theban. Graffito belegt. Er war in der kgl. Nekropole in Theben-W beschäftigt, was aus dem Titel-Zusatz „am Ort der Wahrheit" hervorgeht, und lebte in der Arbeitersiedlung Deir el-Medineh. Über seinen Sohn → Qaha läßt sich, angefangen bei H., schließl. eine Fam. von Nekropolenhandwerkern über mehrere Generationen verfolgen. ▭ PM I. 1, 1960, 426, Nr 361. – KRI I, 397,8–402,4; III, 599,12, 600,13, 601,10,15; *J. Černý*, A community of workmen at Thebes in the Ramesside Period, Kairo 1973, 125; *M. L. Bierbrier*, The late New Kingdom in Egypt, Warminster 1975, 36; *id.*, Hieroglyphic texts from Egyptian stelae etc., X, Lo. 1982, 27, Nr 291, Taf. 65, p. 28 s., Nr 448, Taf. 68; *id.*, in: *R. J. Demarée/A. Egberts* (Ed.), Village Voices, Leiden 1992, 1 ss., Abb. 1. T. Schrottenbaum

Hi (X) (Hui), Sohn des → Qen, ägypt. Bildhauer, unter Ramses II. (1279–1213 v. Chr.) in Theben-W/Oberägypten tätig. Bek. durch das Grab seines

Vaters → Qen in Deir el-Medineh/Theben-W (Theban Tomb 4), der wie H. in der kgl. Nekropole beschäftigt war und in der Arbeitersiedlung Deir el-Medineh lebte. H. wird darüber hinaus auf drei Stelen und einer Säulenbasis erwähnt. Er war in der Nekropole für die Reliefierung von Grabwänden verantwortlich. Vermutl. hat er auch an dem Grab seines Vaters mitgearbeitet. 🕮 *J. Lieblein*, Hieroglyph. Namen-Wörterbuch, L. 1871, 791, Nr 2054; PM I. 1, 1960, 11–12, Nr 4; I. 2, 1964, 739. – *B. Bruyère*, Fouilles de Deir el-Médineh (1924–1925), Kairo 1926, 181- 182; *M. J. Černý*, BIFAO 27:1927, 194, Taf. 9; *J. J. Clère*, RdE 27:1975, 70 ss., Taf. 4. T. Schrottenbaum

Hi (XI) (Hui), ägypt. Künstler, unter Ramses II. (1279–1213 v. Chr.) in Theben-W/Oberägypten tätig. Er ist bek. durch ein Ostrakon aus Deir el-Medineh, auf dem über die Zahlungen eines gewissen Ani an den „Künstler" H. berichtet wird. H. war in der kgl. Nekropole in Theben-W beschäftigt und lebte in der Arbeitersiedlung Deir el-Medineh. 🕮 KRI III, 553,8–12. T. Schrottenbaum

Hi (XII) (Hui), ägypt. Künstler („Vorsteher der Künstler"), unter Merenptah (1213–1203 v. Chr.) in Theben/Oberägypten tätig. Bek. durch einen hieratischen Papyrus (Bologna 1094), in dem berichtet wird, wie ein gewisser Ptahemheb dem H. Anweisungen für die Vorbereitungen des Sed-Festes (Jubiläumsfest zur Erneuerung der kgl. Kraft) des Königs Merenptah gibt. H. soll schließl. über die erledigten Arbeiten Bericht erstatten. Da das Sed-Fest vermutl. in Theben zelebriert wurde, war H. ebd. beschäftigt und stand den künstler. Arbeiten in theban. Wkstn vor. 🕮 *A. H. Gardiner*, Late-Egyptian miscellanies, Br. 1937, 1,6; *R. A. Caminos*, Late-Egyptian miscellanies, Lo. 1954, 4. T. Schrottenbaum

Hi (XIII) (Hui), ägypt. Architekt („Oberster der Bauarbeiter vom Haus des Amun"), 19./20. Dynastie (1292- 1070/69 v. Chr.) im theban. Raum/Oberägypten tätig. Bek. durch ein Uschebti (Stellvertreterfigur des Verstorbenen), auf dem in einer hieroglyph. Inschr. Name und Beruf des H. gen. sind. Da in seinem Titel das „Haus des Amun" erw. wird, war er vermutl. im theban. Raum beschäftigt, wenn nicht sogar im Karnak-Bezirk, wo das Hauptkultzentrum des Gottes lag. Er war dort vermutl. für Erweiterungsbauten des Tempels zuständig. 🕮 *P. E. Newberry*, Funerary statuettes and model sarcophagi (CG), Kairo 1957, 325, Nr 48352, Taf. 43; *W. Helck*, Mat. zur Wirtschafts-Gesch. des Neuen Reiches, I, Mainz 1961, 45. T. Schrottenbaum

Hi (XIV) (Hui), ägypt. Bildhauer, im Neuen Reich (1550–1070/69 v. Chr.) in Ägypten tätig. Bek. durch eine Inschr. im Sinai, wobei offen bleibt, ob er mit → Hi (VI) ident. ist, der denselben Beruf innehatte. Da der Name zu dieser Zeit in Ägypten sehr häufig belegt ist, läßt sich keine eindeutige Aussage treffen. Es besteht jedoch durchaus die Möglichkeit, daß → Hi (VI) für kurze Zeit an einer Expedition in den Sinai teilnahm, um dort aus den Steinen die groben Formen von Statuen oder ähnlichem herauszuarbeiten. In Ägypten war es übl., Bildhauer in den Steinbrüchen einzusetzen, um das Gewicht der Steine für den Transport zu reduzieren. 🕮 *J. Černý* (Ed.), The inscr. of Sinai, I, Ox. 1952, Taf. 95, Nr 524; *id.* (Ed.), The inscr. of Sinai, II, Ox. 1955, 222, Nr 524. T. Schrottenbaum

Hi (XV) (Hui), ägypt. Juwelier („Juwelier des Amun"), im Neuen Reich (1550–1070/69 v. Chr.) im theban. Raum/Oberägypten(?) tätig. H. ist bek. durch eine Grabstele des Hormes, auf der er im zweiten Register zus. mit seiner Frau abgebildet ist. Vermutl. war H. in einer Wkst. beschäftigt, die einem Tempel des Gottes Amun angegliedert war, viell. in Karnak/Theben, wo der Hauptkultort des Gottes lag. 🕮 *E. Mahler*, BIFAO 27:1927, 49, Nr 3. II, Taf. 2, Abb. 3; *M. L. Bierbrier/H. de Meulenaere/J. Quaegebeur*, CdE 57:1982, 210 mit Anm. 6. T. Schrottenbaum

Hi[...], röm. Mosaizist, in der 1. H. des 3. Jh. n. Chr. in Vlisiparra/Tunesien tätig. Nur bek. durch seine Sign. auf einem Mosaik mit geometr. Mustern aus den Thermen von Vlisiparra bei Enfidaville/Tunesien (heute Sousse, Mus. Arch., Inv. Nr. 10. 571). 🕮 *L. Foucher*, Karthago 9:1958, 131 ss., Taf. 1a; *Donderer*, Mosaizisten, 1989, 93 s., Nr A 62. R. V.

Hiasos → Iasos

Hicanus → Hikanos

Hierarchos (Ἱέραρχος), griech. Steinmetz, im 4. Jh. v. Chr. in Styra auf Euböa tätig. Nur bek. durch eine Inschr., in der er als Erbauer des Brunnens im Auftrag der zwei Hieropoioi Philaides und Kallistratos gen. wird, die den Brunnen dem Asklepios gew. haben (IG, XII, 57). 🕮 ThB17, 1924. RE, Suppl. III, 1918; EAA IV, 1961. R. V.

Hierax (Ἱέραξ), Sohn des Nestor, Steinmetz und Architekt (τεχνίτης) aus Isaurien, in der mittleren(?) röm. Kaiserzeit tätig. Erbaute nach Auskunft einer Inschr. (G. E. Bean/T. B. Mitford, Journeys in Rough Cilicia 1964–1968, W. u.a. 1970 [TAM, Erg.-Bd 3/DenkschriftenWien, 102], Nr 139, Abb. 111) die Vorhalle des Zeustempels in Oduncu Kalesi (Thuththurbia?) in S-Isaurien. ▭ *Zu südkleinasiat. Techniten*: *J. Nollé u.a.*, EpigrAnat 5:1985, 134 s. T. Lochman

Hieron (I) (Ἱέρων), att. Töpfer, Sohn des Medon? Tätig von etwa 490 v. Chr. bis gegen 450 v. Chr. Von H. sind heute insgesamt 58 Sign. vorwiegend auf Schalen und einigen Skyphoi erh., die → Makron bemalt hat. Der Name auch des Malers kommt nur auf einem Skyphos in Boston vor (MFA, Inv. Nr 13. 186; Simon/Hirmer, Vasen, 1976, Abb. 166). Für H. haben außerdem nachweisl. Schalenmaler des dritten Jh.-V. (der Telephos- und der Amphitrite-Maler) gearbeitet, und wohl auch → Hermonax. Auf dem Kantharos in Boston (MFA, Inv. Nr 98. 932) ist auch der Vatersname Medon angegeben. Selbst wenn diese Sign. echt ist, erfahren wir dadurch nichts Relevantes über H. Wir können feststellen, daß H. nur anspruchsvollere unter seinen Vasen hat signieren lassen. Will man dem neuesten Vorschlag zur Chronologie des Makron-Werks folgen, so finden sich H.-Sign. noch nicht im Frühwerk, sondern erst im Hauptwerk und zu Beginn des Spätwerks. – Die Produktion des Töpfers ist stilist. ebenso homogen wie jene des Malers, und ihre Zusammenarbeit scheint noch enger und konstanter gewesen zu sein als jene des → Brygos mit seinem Maler und des → Python (I) mit → Duris. H. schuf ausschl. Schalen des zu seiner Zeit beliebten Typus B, bei denen der Übergang vom Schalenbecken zum Fuß ununterbrochen verläuft. Zwar folgt auch H. der Entwicklung, welcher die Proportionen des Schalenbeckens im 1. V. des 5. Jh. auch in den and. Töpfereien – etwa jene des → Euphronios und des → Brygos – unterworfen waren. Die Charakteristika seiner persönl. Formgebung behält er aber, wie die Profil-Zchngn Bloeschs zeigen, im Verlauf seiner Karriere bei: Die Unterseite der straffen Standplatte ist durch eine scharfe Kurve mit der Innenwandung des Stieles verbunden, und ihre Oberseite wird durch einen in nächster Nähe des Profils umlaufenden Fußabsatz unterteilt. Etwas mehr Variationen zeigen die kleinen Schalen, mit denen H. seine Töpferlaufbahn um 500 v. Chr. begonnen zu haben scheint und die im dritten Jahrzehnt bei ihm, wie im Kerameikos allg., eine große Rolle spielten. ▭ ThB17, 1924. EAA IV, 1961. – *Bloesch*, Formen, 1940, 91–96; ARV^2, 1963, 481 s.; *C. Isler-Kerényi*, AntK 27:1984, 159–161; Add^2, 1989, 247; *N. Kunisch*, Makron, Mainz 1997, 6–15. C. Isler-Kerényi

Hieron (II), aus Kibyra/Karien, griech. Maler, in der 1. H. des 1. Jh. v. Chr. tätig. Lt. Cicero (Verr., 4, 30 ss.) war er zus. mit seinem Bruder → Cornelius Tlepolemus für Verres zw. 80 und 71 v. Chr. Experte zur Beratung seiner Kunstraube, nachdem die beiden Brüder wegen Tempelfrevel aus Kibyra flüchten mußten. ▭ ThB17, 1924. RE VIII. 2, 1913 (s.v. H. 22); EAA IV, 1961 (s.v. H. 2). R. V.

Hieron (III), griech. Koroplast, um 50 v. Chr. in Myrina tätig. Seine Sign. findet sich auf mehreren Tonstatuetten von Aphrodite, einer Muse, einer Frau, einer Tänzerin, von Kindern und eines Schauspielers. ▭ *D. Kassab*, Statuettes en terre cuite de Myrina. Corpus des sign., lettres et signes, P. 1988, 48–47, Nrn 1–10, Taf. 19–20, 100–109. R. V.

Hieronymos (Ἱερώνυμος), aus Samothrake, griechischer Bildhauer, um 220 v. Chr. in Lindos tätig. Nur bek. durch seine Sign. auf einer Basis für eine Bronzestatue, die von Hierokritos, Pythons Sohn und Priester der Athena Lindia, des Zeus Polieus und der Artemis Kekoia, auf der Akropolis in Lindos gestiftet worden ist. Die Basis ist mit einer etwa 30 Jahre früheren Basis verklammert, die eine Bronzestatue des Phyles aus Halikarnaß trug. ▭ ThB17, 1924. RE VIII. 2, 1913 (s.v. H. 17); EAA IV, 1961. – Lindos II. 1, 1941, 316–320, Nr 93 mit Abb.; *Lippold*, GrPl, 1950, 340; *Marcadé*, Signatures, II, 1957, 98 mit Abb.; *Schmidt*, Statuenbasen, 1995, 393- 394, Nr IV. 2. 13, Abb. 73–74. R. V.

Hikanos (Hicanus), griech. Erzbildner unbestimmter Zeit. Lt. Plinius d. Ä. (nat., 34, 91; Overbeck, SQ, 1868, Nr 2096) gehörte er zu den Erzbildnern, die Statuen von Athleten, Kriegern, Jägern und Opfernden fertigten. ▭ ThB17, 1924. RE VIII. 2, 1913; EAA IV, 1961. R. V.

Hilarios (Ἱλάριος), spätantiker Maler und Philosoph(?), * in Bithynien, † 395 n. Chr. in der Nähe von Korinth, lebte in Athen. Nur erw. b. Eunapios (vit. soph., 482), der ihn als Porträtmaler rühmt und in typ. spätantiker Rhetorik mit → Euphranor (I) vergleicht. ▭ ThB17, 1924. RE VIII. 2, 1913 (s.v. H. 6). – PLRE, I (s.v. H. 9); *R. J. Penella*, Greek philosophers and sophists in the fourth c. A. D. Stud. in Eunapius of Sardis, Leeds 1990, 31. M. Dennert

Hilarus, röm. Goldschmied, in augusteischer Zeit in Rom tätig. Nur bek. durch seine Grab-Inschr. aus Rom (jetzt Vatikan, Mus. Lapidario; CIL, VI, 9149). ▭ EAA I, 1958 (v.e. Aurifex). R. V.

Hilinos (Ἵλινος), griech. Bildhauer, um 520/510 v. Chr. in Athen tätig. Nur bek. durch seine Sign. auf den zwei folgenden Alabastra, die von → Psiax auch als Maler sign. sind: – 1.) in Karlsruhe, Bad. LM, Inv. Nr 242, mit der Darst. eines Jünglings mit Aryballos und einer laufenden Mänade (aus Athen; ARV^2, 1963, 7, Nr 4; Cohen, 1978, 206–211, Nr C 10, Taf. 39, 1–2; Add^2, 1989, 150). – 2.) in Odessa, Archeol. Mus., Inv. Nr 26602, mit Hopliten und Bogenschützen (ARV^2, 1963, 7, Nr 5; Cohen, 1978, 206–211, Nr C 11, Taf. 39, 3–4; Add^2, 1989, 150). ▭ RE VIII. 2, 1913; EAA IV, 1961. – *Cohen*, Bilingual, 1978, 206–211. R. V.

Himlagu, nabatäischer Bildhauer oder Steinmetz, im frühen 1. Jh. n. Chr. in Hegra/Saudi-Arabien tätig. H. ist ledigl. in zwei Inschr. in der Nabatäerstadt Hegra als Bildhauer oder Steinmetz überliefert. Er dürfte der Vater des Steinmetzen → Halafallahi sein, der zwei Grabfassaden in Hegra geschaffen hat. Es ist anzunehmen, daß H. ebenfalls an der Ausgestaltung von solchen Grabfassaden beteiligt war, obwohl keines dieser Gräber seine Sign. trägt. ▭ *J. T. Milik*, in: *F. V. Winnet/W. L. Reed* (Ed.), Ancient records from North Arabia, Tor. 1970, Nr 62, 93; *Z. T. Fiema*, JNES 46:1987, 51, 53. D. Keller

Hinzanay, assyr. oder aramäischer Bildhauer, viell. aus Hindanu (Hinzana)/Irak stammend, letztes V. des 5. Jh. v. Chr. Tätigkeit in Susa/Iran sowie Aufträge in Ägypten. Der zunächst auch als Hanzani transkribierte H. ist namentl. in einem Lederbrief überliefert (Oxford, Bodleian Libr., Inv. Nr Pell. Aram. III; Porten/Yardani, 1986; Fitzmyer/Kaufman, 1992), der zu einem in Ägypten gefundenen, in aramäischer Sprache abgefaßten Korrespondenzkonvolut des pers. Satrapen Aršama (griech. Ἀρσάμες) gehört. H. schuf halb- und/oder vollplast. Bildwerke aus unbek. Mat., wohl am ehesten aus Stein. Zu seinem Repert. gehören Pferde-Darst., wobei sich der Brieftext nicht nur auf Reiterbilder, sondern evtl. auch auf solche von Gespannen oder von an der Hand geführten ledigen Pferden beziehen läßt, wie sie aus der assyr. und achämenid. Reliefkunst geläufig sind. Nachdem H. bereits in Susa tätig gewesen war, sollte er auf Aršamas Anweisung hin auch in Ägypten z.T. ähnl. Bildwerke anfertigen (Fleischer, 1983; Briant, 1996). H. lassen sich gegenwärtig keine erh. Skulpt. sicher zuschreiben, zur Diskussion gestellt sei jedoch ein bislang in das 4./3. Jh. v. Chr. dat., 35 cm hoher Pferdekopf aus Kalkstein (Amsterdam, Allard Pierson Mus., Inv. Nr Fond. Custodia Inst. Néerlandais, Paris, 8625), gefunden in Samanud (Sebennytos)/Ägypten, der assyr.-kleinasiat. Stilzüge und die für achämenid. Pferde-Darst. typ. Nackensträhnen aufweist (Egypte – Eender en Anders – tentoonstelling ter viering van het vijftig jarig bestaan van het Allard Pierson Mus., Am. 1984, 36, Nr 42, Abb.). ▭ *R. Fleischer*, AA 1983, 34–37 (mit früherer Lit.); *B. Porten/A. Yardeni*, Textbook of Aramaic doc. from ancient Egypt, I. Letters, Jerusalem 1986, 120 s., Nr A 6. 12; *J. A. Fitzmyer/S. A. Kaufman*, An Aramaic bibliogr., I. Old, official, and biblical Aramaic, Baltimore 1992, 122, s.v. Arsames Letter 9; *P. Briant*, Hist. de l'empire perse, P. 1996, 230, 448, 471 s., 519, 969, 979. K. Hornig

Hippeus (Ἱππύς; Ἱππεύς; Ἱππώς; Hippos; Hippys; Hyppis; Hyppus), griech. Maler, im 4./2. Jh. v. Chr. in Athen tätig. Lt. Polemon (Athen., deipn., 11, 474 d; Overbeck, SQ, 1868, Nr 1960) malte H. in Athen ein Bild von der Hochzeit des Peirithoos (E. Manakidou, LIMC VII, 1994, 233, Nr 1, s.v. Peirithoos), das sich vor allem durch seine naturgetreue Darst. und die Licht- und Schatteneffekte auszeichnete. Nach der Beschreibung wird das Kunstwerk nicht vor dem 4. Jh. v. Chr. entstanden sein. Da Polemon im 2. Jh. v. Chr. lebte, muß H. also zw. dem 4. und 2. Jh. v. Chr. gelebt haben. Plinius d. Ä. (nat., 35, 141) erw. von einem Hyppus oder Hyppis ein Bild des Poseidon und eines von einer Nike. Wahrsch. handelt es sich hier um denselben Künstler. ▭ ThB17, 1924. RE VIII. 2, 1913 (s.v. H. 2); EAA IV, 1961 (s.v. Hippys). – *Pfuhl*, MuZ, II, 1923, 858, 908, 910. R. V.

Hippias (I) (Ἱππίας), griech. Bildhauer, im 4. Jh. v. Chr. in Olympia tätig. Lt. Pausanias (6, 13, 5; Overbeck, SQ, 1868, Nr 1616) fertigte er für Olympia eine Statue des Tyrannen Duris von Samos (um 340–260 v. Chr.), der im olymp. Knabenfaustkampf Sieger war. ▭ ThB17, 1924. RE VIII. 2, 1913 (s.v. H. 17); EAA IV, 1961. – *Lippold*, GrPl, 1950, 288. R. V.

Hippias (II), griech. Architekt, im 2. Jh. n. Chr. tätig. Nach einem Schriftsteller, der unter Lukians Namen ein Werk Ἱππίας ἢ βαλανεῖον veröffentl. hat, war H. ein Zeitgen. des berühmten Autoren Lukian (um 120–180 n. Chr.), der nicht nur als Architekt von Thermen, sondern als ein in der Musik, Astronomie, Rhetorik, Optik, Mechanik und

Geometrie gewandter Mann in Erscheinung trat. ▭ ThB17, 1924. RE VIII. 2, 1913 (s.v. H. 18); EAA IV, 1961. – *Donderer*, Architekten, 1996, 57.

R. V.

Hippodamos (Ἱππόδαμος; Hippodamus), aus Milet, griech. Städtebauer und Staatstheoretiker, im 5. Jh. v. Chr. tätig. Die antiken Quellen über H. sind spärlich und v.a. kaum klar. Es handelt sich insbesondere um zwei Passagen bei Aristoteles (pol., 2, 8 [1267b-1268a] und 7, 11 [1330b]) und einige Paragraphen bei den späten Lexikographen wie Harpokration, Hesychius, Photios und der Suda sowie in den Anec. Gr., 1, 266 (Bekker) (die meisten Zeugnisse zusammengestellt bei: Fragm. der Vorsokratiker, ed. H. Diels/W. Kranz, Dublin/Z., [13]1969, I, 389–391). Stobaios (43, 92–94; 48, 71; 103, 26), der H. zu den Neopythagoräern zählt, wird allg. als apokryph betrachtet. Sein Vater wird bei Aristoteles Euryphon gen., woher die entstellte Orthographie Euryboon oder Eurykoon bei Hesychius und Photios herrührt, deren Informationen über H. auf alle Fälle kaum zu trauen ist, weil sie mehrere Jahrhunderte später gelebt haben. Nach einem seltsamen Scholion zu Aristophanes (equ., 327) wäre Archeptolemos, dessen polit. Karriere in die Jahre 425–424 zu setzen ist, sein Sohn. Auch wenn diese Abstammung nicht gesichert ist (Burn, 1976), haben einige daraus, wie E. Fabricius (in RE VIII. 2, 1913), geschlossen, daß H. gegen 480 v. Chr. geb. sein muß, and. aber, die A. von Gerkan (1924), dem großen Spezialisten für griech. Städtebau, folgen, lassen H. eher um 510 v. Chr. auf die Welt kommen. Was auch immer richtig sein mag, die antiken Quellen sind sich einig, daß H. aus Milet an der kleinasiat. Küste stammte und später im Piräus gelebt hat, wo er den neuen Bebauungsplan der Stadt mit einer Agora konzipierte, der aus diesem Grund *hippodamisch* gen. wird. Diese Informationen über den Piräus finden sich bei Xenophon (Hell., 2, 4), Demosthenes (ad Timoth., 22) und Andokides (De myst., 45). Lt. Hesychius, Photios, der Suda und dem Scholiasten des Aristophanes war H. auch Bewohner von Thurioi, da er ebenfalls den Plan der Stadt Thurioi in Süditalien gefertigt hat, das um 445–444 v. Chr. durch athen. und lakedämon. Kolonisten gegr. worden ist. Schließl. schreibt Strabon (14, 2, 9) über Rhodos, daß es „von demselben Architekten, der den Piräus gemacht hat" gegr. worden ist. Sicherlich haben die neuen Ausgrabungen von Rhodos ein rechtwinkliges Gitter aufzuweisen, da aber der neue Plan des Piräus allg. in die Friedenszeit kurz nach dem Jahr 479 v. Chr. gelegt wird, kann man schlecht einsehen, wie H. auch in Rhodos 408–407 v. Chr., dem Gründungsdatum, eingreifen hätte können. Es ist wahrsch., daß öff. Gerüchte dazu führten, dem H., der offensichtl. zu seinen Lebzeiten bereits berühmt war, auch and. Stadtpläne zuzuschreiben, die nach dem Piräus entstanden und den gleichen geometr. Prinzipien folgten. Der Bebauungsplan des Hafens von Athen hinterließ einen großen Eindruck und erlaubte es, als *das* Modell einer mod. Stadt zu gelten, in starkem Kontrast zu Athen, das sich weiterhin im gleichen alten radialen Schema fortsetzte. Dies erklärt zweifelsohne die Bemerkung von Strabo, Rhodos betreffend, das wie and. rechtwinklige Städte vom E. des 5. Jh., des 4. Jh. und der folgenden Jahrhunderte, von einem Nacheiferer des H. geplant worden sein muß. Die Tatsache, daß die Daten der Geburt und der Tätigkeit des H. in nichts gesichert sind und seine Biogr. zu viel Spekulation beiträgt, führt zu den bemerkenswerten Unstimmigkeiten unter den Autoren, die über ihn geschrieben haben, bisweilen zu Phantasien. Selbst wenn der Scholiast zu Aristophanes sagt, daß H. im Piräus wohnte, wo er ein Haus *demosia* besaß, d.h. vom Volk geschenkt, kann man daraus nicht schließen, daß er lange in Athen gelebt und die Bürgerschaft erhalten hat, wie es behauptet wurde. Seine genaue Ausbildung stellt auch ein Problem dar, weil weder Aristoteles noch Hesychius von ihm als Architekten sprechen, im Gegensatz zu Harpokration, Photios, Strabo, Anec. Gr. und der Suda. Hesychius, gefolgt von Photios, bez. ihn als Meteorologen, d.h. als Kenner des Himmels, was ihn auch in die Kategorie der Astronomen und theoret. Philosophen einordnen läßt. In der Tat war nach G. Lavas (1988) die Aufgabe der Meteorologen, zu versuchen, die günstigsten Bedingungen für die Gründung einer Stadt zu definieren, indem man das Klima, das Gelände und ihre Ausrichtung in Beziehung zu den vorherrschenden Winden untersucht, um den Bewohnern Gesundheit und Wohlstand gewähren zu können. Diese Ideen, die Autoren wie Xenophon, Aristoteles und Hippokrates über derartige Fragen ausgesprochen haben und die später in der *De Architectura* des Vitruv aufgenommen worden sind, zeigen sehr wohl, daß sie die Griechen bereits im 5. Jh. v. Chr. sehr stark beschäftigten. Wenn man sich also an den Quellen orientiert, ist es kaum gerechtfertigt, H. sofort als einen Architekten zu bez., wie es seit dem 19. Jahrhundert in zahlr., v.a. dt. und ital. Stud. und Lexikonartikeln getan worden ist, die H. gewidmet sind, und die die Tendenz aufweisen, sich auf einen bes. Aspekt seiner Persönlichkeit zu konzentrieren, näml. den des Spezialisten des rechtwinkligen Stadtplanes. Es ist bezeichnend, daß A.

von Gerkan sich im ThB (17, 1924) ein wenig selbst widerspricht, wenn er ihn am A. Architekt nennt, bevor er folgert: „seine Tätigkeit läßt H. nicht eigtl. als führenden Baukünstler erscheinen, sondern vielmehr als disponierenden Stadt-Ing. mit stark theoret. Einschlag". Nach einer Zeit der Ruhe hat die Persönlichkeit des H. ein starkes Wiederanwachsen des Interesses bei den dt. Bauforschern seit den achtziger Jahren des 20. Jh. zu verzeichnen, aus denen eine Vielzahl an rezenten Schr. resultiert, die H., die Interpretation seiner Gedanken oder die urbanist. Arbeiten betreffen, die ihm zugeschr. werden. Nicht nur der Ausdruck „hippodamischer Städtebau" wird in Deutschland und in and. Ländern laufend verwendet, um jede Art von Rasterplan zu bez., sondern man geht sogar so weit, vom „protohippodamischen Städtebau" zu sprechen, um griech. archaische Siedlungen wie Halieis einzuordnen, wo schon im 6. Jh. v. Chr. ein Plan mit rechtwinkligen Straßenfluchten zu entstehen scheint. Die Debatte wurde schon häufig auf sehr wackligen Füssen geführt. Es genügt, Aristoteles wieder zu lesen, der als einziger scheinbar Zutritt zu nicht erh. Schr. hatte, weil er nur ein Jahrhundert nach H. lebte, und der sich bemühte, einige Einzelheiten zu geben, die die Gedanken des Milesiers charakterisierten. Aristoteles bekundet keine Sympathie für H., denn bevor er seine Ideen vorstellt, die er schlußendlich eine nach der and. kritisieren wird, hält er sich nicht zurück, die originelle, wenn nicht sogar exzentr. Art des H. in seiner Kleidung und in seinem reichl. zu gepflegten Haar sowie in seinem maßlosen Geschmack für Schmuck zu betonen, also die Haltung eines dandyhaften Ästheten, der geläufig in Ionien war, der aber auf dem griech. Festland zum Lachen veranlaßte. Um wirkl. das System des H. zu verstehen, fängt Aristoteles (pol., 1267b) an zu erklären, daß H. „das Einteilen (*diairesis*) der Städte erfand und den Piräus in Abschnitte (*katetemen*) zerlegte". Dieser einzige Satz hat genügt, um H. dauerhaft als Erfinder des Rasterplanes erscheinen zu lassen, in dem sich die Straßen im rechten Winkel schneiden, um eine Art Schachbrett zu bilden. In Wirklichkeit sind die Auslegung und folgl. die Übersetzung dieses Satzes nicht offensichtl., weil der genaue Sinn von *diairesis* sich nur nach der Verbform mit dem gleichen Ursprung verstehen läßt, die im darauffolgenden Paragraphen Anwendung findet. Es ist also klar, daß Aristoteles niemals sagen wollte, daß H. der Erfinder einer geometr. Linienführung oder Einteilung war, sondern genauer einer Unterteilung der Bürger in Stände, wie er es gut erklärt: „er plante eine Stadt mit zehntausend Menschen, unterteilt in drei Stände, der eine umfaßte die Handwerker, der and. die Bauern, der dritte die Kriegsleute. Er unterteilte auch das Land in drei Zonen: heilig, öffentlich, privat; die erste war den Göttern geweiht, von der and. erhielten die Kriegsleute ihren Unterhalt, die dritte wurde den Bauern zugewiesen". Aristoteles unterbreitet im folgenden die sehr genauen Vorstellungen des H. über die Gesetze und über die Verwaltungsräte, die alle gewählt werden. Es scheint also, daß H., weil er „über die ganze Natur nachdenken wollte", zunächst und vor allem Staatstheoretiker im etymolog. Sinn des Wortes war: „der erste, der, ohne ein Staatsmann zu sein, versucht hat, die beste Verfassung (*politeia*) zu behandeln", sagt Aristoteles, der aufzeigt, daß H. global über die beste polit. Struktur nachgedacht hat und glaubte, daß die Einteilung des Landes ein soz. System widerspiegeln muß, das er als vernünftig betrachtete. Er hat also versucht, diese Gedanken konkret im Piräus anzuwenden: das Verb *katatemno* (in Abschnitte unterteilen) kann effektiv als Anspielung auf einen Rasterplan angesehen werden. Diese Anspielung zeigt sich klarer in einem and. Paragraphen von Aristoteles' Politica, 1330b, in der er allg. behandelt, wie man auf wirksamste Weise befestigte Orte organisieren kann: „die Anordnung der einzelnen Häuser ist heiterer und vorteilhafter für die unterschiedl. Aktivitäten zu bewerten, wenn sie einer regelmäßigen Linienführung (*eutomos*) und einer moderneren Weise nach der Art des Hippodamos unterworfen ist, aber für die Sicherheit im Kriegsfall wäre das Entgegengesetzte, wie es früher war, besser; es ist dann schwieriger für fremde Truppen auszufallen und für die Angreifer sich zurechtzufinden. Daher muß man beide Arten kombinieren (was wirkl. möglich ist, wenn man die Häuser auf die gleiche Weise baut wie die Bauern ihre Weinreben zusammenstellen, wie man sagt, in der Anordnung nach Art der Fünf an dem Würfel) und nicht die ganze Stadt in eine regelmäßige Linienführung einteilen, sondern gewisse Teile oder Viertel; denn auf diese Weise wird die Anordnung, was die Sicherheit und Harmonie betrifft, gut sein". H. wurde also z.Z. des Aristoteles als ein Förderer des Rasterplanes angesehen, der von einer theoret. Überlegung über die soz. Einteilung ausgeht, die die des Platon ankündigt. Wenn es richtig ist, daß der Plan vom Piräus, den Aristoteles vor Augen hatte, auf mehr oder weniger breiten Straßen ruhte, die sich im rechten Winkel schnitten, sieht man gleichwohl nicht, wie der schachbrettartige Plan eine soz. Unterteilung in drei Stände, zudem in drei Zonen – der heiligen, der öff. und der priv. – widerspiegeln kann. Was wir heute dank der Vermehrung von Ausgrabungen seit fünfzig Jahren, die uns eine stetig anwachsende Kenntnis über den ersten Zustand der Koloniestädte bringt, sicher sagen können, ist, daß dieser Typus von Plan in der griech. Welt, und v.a. in Süditalien und Sizilien, schon vor H. angewendet worden ist. Wenn man sich die Städte wie Akragas, Kamarina, Metapont, Naxos, Poseidonia-Paestum (es könnten aber auch viele and. herangezogen werden: Lokri, Selinunt, Syrakus, Tarent) ansieht, ist es heute klar, daß die griech. Städte im W spätestens im 6. Jh. v. Chr. und bisweilen (aber nicht immer) seit ihrer Gründung durch die einfachen und logischen Vermessungsmaßnahmen in der Länge in Rechtecken mit den gleichen Ausmaßen unterteilt worden sind, wo jeder Kolonist eine Parzelle mehr oder weniger quadratisch erhielt; diese *isomoiria* erlaubte zumindest theoret. eine gewisse Gleichheit in der Gemeinschaft zu garantieren. Nach dem Beispiel von Metapont (das in der Tat zur gegenwärtigen Stunde der am besten bek. Fall ist) ist es möglich, daß die Ackerfläche den Ausgangspunkt für die Landverteilung mit großen Parzellen (*kleroi*) bildete, die dann unterteilt worden sind. In diesen neuen Städten bildeten einige große Straßen, die *plateiai*, die Hauptachsen, die sich rechtwinklig schnitten. Diese großen Streifen sind dann in parallel verlaufenden engen Straßen, den *stenopoi*, unterteilt worden, die es erlaubten, die Baublöcke (im lat. *insulae*) zu begrenzen. Auf diese Weise wurde Selinunt mit einem geordneten Stadtplan von großen Ausmaßen gegen E. des ersten V. des 6. Jh. v. Chr. mit der Wiederherstellung von einem Teil der Wohnfläche in Parzellen von 220 m^2 am A. des 5. Jh. v. Chr. ausgestattet. In Poseidonia, wo das mon. Raster in die M. des 6. Jh. v. Chr. dat., mißt ein Baublock, der mehrere Häuser aufnimmt, 35 x 280 m, und im Stadtzentrum ist die Fläche mehrerer *insulae* einerseits für eine bürgerliche Zone mit der Agora und andererseits für relig. Aufgaben mit den Heiligtümern der Athena und der Hera reserviert. Die beinahe maßlose Größe öff. Plätze scheint übrigens ein Unterscheidungsmerkmal dieser kolonialen Stadtplanung zu sein. Es gab sicherl. zuerst zögerliche Versuche in der Einteilung in regelmäßige Quadrate, wie es uns der Fall von Megara Hyblaea zeigt, das im 8. Jh. v. Chr. gegr. worden ist: beherrscht durch schräge Bündel von parallel verlaufenden Linien, die fünf versch. Viertel bilden, ist die Unterteilung noch nicht genau rechtwinklig, aber es zeigt nicht minder bereits eine organisierte Planung mit einem großen öff. trapezförmigen Platz im Zentrum. Dieser Plan ist auf alle Fälle mit einer einfacheren und funktionaleren Aufteilung ausgefeilter als in den Tochterkolonien wie Akragas. In Ambrakia/Epirus, das durch die Korinther in der 2. H. des 7. Jh. v. Chr. gegr. worden ist, zeichnet sich spätestens seit dem Anfang des 6. Jh. v. Chr. ein Raster mit Parzellen von 150 x 30 m für 20 Häuser à 15 x 15 m aus, aber viell. geht diese Konzeption, die die gleiche Vorgehensweise der Aneignung des Territoriums wie im W aufweist, bis auf die Niederlassung der Kolonisten zurück. Wichtig ist auf alle Fälle festzustellen, daß dieser Katastertypus mit langgezogenen Streifen (auf lat. *per strigas*) sich etwas von dem System unterscheidet, welches wir seit dem 5. Jh. v. Chr. auf dem griech. Festland und in Kleinasien sehen, wo das älteste bek. Bsp. bezeichnenderweise in Milet zu finden ist, der Heimat des H. Nach ihrer Zerstörung durch die Perser wurde diese ion. Stadt, die mit Athen verbündet war, auf ihrer Halbinsel (zu einem unbek. Zeitpunkt, aber sicher nach 479 v. Chr.) in Form zweier regelmäßiger Gitternetze im N und S aufgebaut, die um drei Grad auseinanderlaufen und die durch eine große Verkehrsader verbunden waren, um die herum sich die wichtigsten Funktionen der Stadt in den bürgerlichen und relig. Zonen gruppieren, in denen die Dimensionen wesentl. bescheidener als in den Bauvorhaben im W waren. Die Wohnflächen sind jetzt besser strukturiert und proportioniert als in den archaischen Kolonien. Sie nähern sich mehr dem quadrat. Plan (mit Dimensionen, die sich je nach Viertel leicht unterscheiden: 44,10 x 35,33 m im s. Teil der Stadt gegenüber 44 x 32 m ö. des Athenaheiligtums, wo jede Insel in vier gleiche Parzellen von 22 x 16 m aufgeteilt ist), so daß diese „milesische" Städteplanung ein Schachbrettmuster hervorbringt, deren Art treffender und klarer als in den Kolonien-Streifenstädten des griech. W ist. Merkwürdigerweise haben am Schwarzen Meer die milesischen Kolonien (Olbia, Histria) im Gegensatz zu den megarischen Kolonien (Chersonesos/Krim, Herakleia Pontike) dieses Muster der Raumaufteilung nicht übernommen. Von jetzt an genoß das regelmäßige Schachbrettmuster mit seinen vielfältigen Kombinationen die Gunst in der gesamten griech. Welt einschl. Süditaliens. Thurioi, dessen Entwurf H. zugeschr. wird, wurde im Gebiet von Sybaris mit einer geometr. Aufteilung von vier n.-s. und o.-w. Straßen (nach einem Ber. von Diod., 12, 10, 7, der durch ital. Ausgrabungen im Jahre 1993 bestätigt wurde) mit einer Breite zw. 13 und 6,50 m erb.; dadurch erhält man ungefähr 400 x 300 m große Rechtecke, die durch zahlr. kleinere Gassen (3 m) unterbrochen sind, die 37 x 80 m große, zum Wohnen zweigeteilte *insulae* begrenzen. Weitere gute Beispiele des Grundrisses in Schachbrettform sind Olynth in N-Griechenland (im Jahre 432 v. Chr. neben der Altstadt wiedergegr., die typisch für den gewachsenen Städtebau ist), Kassope in Epirus (um 350 v. Chr.) oder Priene in Kleinasien (um 353–352 v. Chr.) auf einem sehr schwierigen Abhang, der getreppte Gassen notwendig machte) und viele and., v.a. z.Z. Alexanders d. Gr. und seiner Nachfolger, die sich der Gründung oder Neugründung so vieler Städte im O widmeten. Dieses Phänomen dauert während der ganzen hellenist. Epoche an: in der Kyrenaika zeichnet sich das rechtwinklige Netzwerk seit dem 3. Jh. v. Chr. ab und in Dura-Europos in Syrien haben die neuen frz.-syr. Ausgrabungen gezeigt, daß es nur ungefähr in die M. des 2. Jh. v. Chr. dat., während diese Militärkolonie als ein einfacher befestigter Posten am E. des 4. Jh. v. Chr. geschaffen worden ist. Auch wenn der Plan des Piräus mit Sicherheit die gleichen Prinzipien der Regelmäßigkeit mit den *plateiai* von ungefähr 15 m und den breiten Hauptstraßen von etwa 8 m besitzt, wäre eine Synthese hier zu früh, wie es auch K. V. von Eickstedt (1991) anmahnt: es ist noch nicht mögl. gewesen, die versch. Wege der Stadtplanung vom Piräus mit zieml. Sicherheit und Genauigkeit zu skizzieren, noch konnte man besser die Chronologie der Hafengründung fixieren, weil Ausgrabungen durch die Präsenz der heutigen Stadt, die gänzl. über der alten gebaut ist, erschwert sind; insbesondere die Lage der Agora bleibt heute noch eine Frage, auch wenn sie nach Aussage der berühmten Bau-Inschr. des Architekten → Philon (II) nicht sehr weit von der Skeuothek entfernt wäre. Das gleiche Problem stellt sich bei dem Straßennetz von Alexandria in Ägypten, das durch den berühmtesten Schüler des Aristoteles gegr. worden ist: nach den laufenden topogr. Unters. sind die einzelnen Viertel unterschiedl., und der „hippodamische" Plan scheint nicht überall in der gleichen Weise angewendet worden zu sein, das Einheitsmaß der *insulae* wird noch diskutiert und es ist nicht mögl., regelmäßige Häuserblöcke aneinanderzureihen, wie man sie in „Haus und Stadt" (Hoepfner/Schwandner, Ed., 1994) sieht. Wie es auch immer im Detail bei jeder der betrachteten Städte aussah, H. war also nicht der eigtl. Erfinder des netzartigen Stadtplanes, deren Verwirklichung er wie alle Milesier auf dem Umweg über die ion. Kolonien im W kennen konnte. Wegen der Verbindungen, die beide Städte vereinigten, riefen die Athener H. Er mußte einen ausgearbeiteteren Plan dieser funktionellen Bauart städt. Raumauffassung erstellen, dann sich für eine Ausf. entscheiden, die im Falle des Piräus Anwendung finden konnte. Dieser Fall erklärt, warum sein Name mit diesem Plan verbunden bleibt. Man hat selbst gedacht, daß er persönl. am neuen Plan von Milet mitgearbeitet hat. Aber hier handelt es sich um eine pure Vermutung. Auf alle Fälle hatte wahrsch. die Anwendung eines Rasterplanes in Milet als Ursprung nicht allein die Kolonisation im W, die ein gerechtes Verteilungsprinzip des Landes in Parzellen gesucht hat. Zur gleichen Zeit, als dieser Plan in Thurioi und Olynth angewendet worden ist, wurde er an den Küstenstädten Phöniziens verbreitet, die unter pers. Herrschaft standen: in Dora in der 2. H. des 5. Jh. v. Chr., in Beirut auch in pers. Zeit (5. und 4. Jh. v. Chr.) und, wie es scheint, bereits schon früher in Al-Mina, die sich in Wahrheit als eine phöniz. Stadt statt als eine „griechische Handelsniederlassung" erweist. Als H. und seine Nacheiferer den Rasterplan im Piräus und in and. griech. Städten anwendeten, war er also schon lange einerseits in den Kolonien des W und andererseits später an der phöniz. Küste auf dem Umweg eines ö. Einflusses verbreitet. Wenn man sich des alten Sinns der ion. und v.a. der milesischen Philosophen für die Theorie und die Mathematik bewußt wird, kommt man nicht umhin zu denken, daß die so klaren, elementaren und geordneten urbanist. Entwürfe, die rein zweidimensional sind, ihre Wünsche erfüllten und es ist zweifelsfrei, daß H. seine Ideen durch die Vermittlung einer mathemat.-phil. Ausbildung abstimmte, die er in der Folge zu übertragen und zu verbreiten versuchte. Von daher zu denken, daß H. unter dem Einfluß pythagoreischen Gedankenguts stand, der insbesondere im W seit der Auswanderung der Samier verbreitet war, ist nur ein kleiner Schritt, der durch die dt. Bauforscher um so mehr vollzogen worden ist, weil der Scholiast des Aristophanes sagt, daß „die einen ihn (H.) als Bewohner von Thurioi, die and. als Samier und and. als Milesier bezeichnen". Da H. nur ein Jahrhundert nach Pythagoras von Samos gelebt hat und er eindeutig auf die Harmonie der Proportionen und auf die wichtigsten geometr. Figuren ansprach, betrachten Hoepfner und Schwandner es als gesichert, daß H. sich von dem berühmten Philosophen hat beeinflussen lassen und zögern nicht, von „hippodamisch-pythagoräischen Städten" zu sprechen. Aber wie im Falle von H. hinterließ auch Pythagoras keine Schr., und alle Informationen, die wir über ihn besitzen, kommen von einer späten Überlieferung, die mit der Festlegung einer Legende und einer freien Interpretation seiner Lehre geliebäugelt hat, deren Anhänger, die in einer Gemeinschaft lebten, auf alle Fälle alles geheimhielten. Vergleichbar mit einer Relig. gab die pythagoreische Lehre eine totale Kenntnis über das Universum vor, die durch die Harmonie beherrscht ist, die sich über eine Klassifizierung und der hierarch. Ordnung der Zahlen bestimmen läßt, die den Ursprung aller existierenden Dinge und eine wirkl. Kosmogonie bilden, wie es Aristoteles (metaph., 985b-986a) erklärt, der auch an die fundamentale Wichtigkeit der Klänge und musikal. Intervalle, die in einfacher Beziehung zueinander stehen, in dieser Lehre erinnert. Wenn man wirkl. im Rasterplan das Konzept einer unendl. Teilung geometr. Figuren und allg. einen gewissen Sinn für die Verhältnisse der Zahlen zueinander und auf diese Weise den Gegensatz von Ungerade und Gerade wiederfindet, wäre es dennoch nicht richtig, weiter zu gehen und in dieser Planung einen symbol. Wert nach dem pythagoreischen Gedankengut einer totalen Zählung des Universums zu suchen, bei der jede Zahl eine abstrakte Idee ausdrückt (so die 4 die Gerechtigkeit, weil sie die erste Zahl ist, die in gleiche Teile geteilt werden kann, die 5 die Hochzeit, weil sie die Addition der ersten zwei geraden und ungeraden Ziffern [2 und 3] ergibt, und die 7 einen natürl. perfekten Rhythmus). Wir müssen uns ins Gedächtnis rufen, daß nur gegen E. des 6. oder am A. des 5. Jh. v. Chr. die pythagoreische Lehre nach Süditalien gelangte, d.h. zu einer Zeit, als die große Bewegung der Kolonisation mit ihren rechtwinkligen Stadtplänen, die versch. Zonen besetzten, bereits beendet war. In Wirklichkeit war die Neigung für die Zahl 3 schon in der soz. Dreiteilung Attikas in archaischer Zeit ausgebildet und der Rasterplan drückt nicht in bes. Maße die pythagoreischen Gedanken aus, wie es die Unsterblichkeit der Seele und die Seelenwanderung, den kosm. Zyklen folgend, tut; im Gegensatz bezeugt es die wesentl. Rolle der Mathematik in der Ausbildung der ion. Philosophen, die schon vor Pythagoras die Verwendung der numerischen Verhältnisse und der rechtwinkligen Dreiecke kannten. Immer unter dem Anstoß des Architekten Hoepfner hat man versucht zu zeigen, daß der sog. hippodamische Plan im Rahmen der fundamentalen Beziehungen zw. griech. Architektur und Demokratie interpretiert werden muß. Wegen seiner Zustimmung zur polit. Revolution, die die Gleichheit der Rechte (*isonomia*) darstellt, die von Kleisthenes propagiert worden ist, hätte H. ein Stadtraster angewendet, das durch Häuser gebildet wird, die alle die gleichen Dimensionen und die gleiche Grundfläche innerhalb einer *insula* besitzen; diese Reihenhäuser sind wahrhaftige Typenhäuser, deren Muster ganz einfach das Haus gewesen wäre, das H. vom Volk im Piräus erh. hat. Daraus entstand eine Reihe von Publikationen, in denen die griech. rechtwinkligen Städte alle gänzl. und einwandfrei im Plan wie in der Axonometrie rekonstr. worden sind, mit ident. Typenhäusern, die bis ins Unendliche wiederholt werden, bei denen nur die innere Aufteilung je nach Art der Stellung in der *insula* variiert und der Empfangssaal (*andron*) das wichtigste Zimmer bildet, weil sich dort die Bürger treffen, um zu diskutieren, und somit das Eindringen des demokrat. polit. Lebens in die Privatsphäre bezeugt. Hingegen ist der hypothet. Charakter vieler Rekonstr. in den Zchngn von „Haus und Stadt" (Hoepfner/Schwandner, Ed., 1994) nicht klar ersichtl., die die Wirklichkeit vereinfachen oder verändern, v.a. was die Rekonstr. der Häuser vom Piräus betrifft, die sehr schlecht erh. sind, aber auch z.B. bei den Proportionen der Agora von Priene, die urspr. nicht rechteckig, sondern fast quadrat. war. Historiker (u.a. Etienne, 1991) haben daran erinnert, daß keine einzige Koloniestadt im W ein demokrat. Regime vor der M. des 5. Jh. v. Chr. gekannt hat und daß in mutterländ. Städten mit oligarch. Regimen wie in Olynth der „hippodamische" Plan Anwendung fand; and. Historiker (Gehrke, 1989; und schon vorher Asheri, 1975) haben auch die Überprüfung der Quellen übernommen, um zu zeigen, daß die Gedanken der Milesier nicht sehr demokrat. angelegt waren. Die wirkl. Neuheit des H. bestand darin, eine Klasse von Kriegern schaffen zu wollen und auf alle Fälle hatte die griech. Demokratie niemals das Ziel, das Vermögen zu vereinheitlichen; selbst wenn der Luxus eher schlecht angesehen war, hat man dem Individualismus den Vorzug gegeben. Im Gegensatz dazu hatte ein noch so aristokrat. und kriegerischer Staat wie Sparta dauerhaft die landwirtschaftl. Gleichheit ausgeübt. Wenn man übrigens die Häuser von Olynth genau untersucht (Cahill, 1994), bemerkt man, daß soz. Unterschiede durch schöne, große und reiche Häuser nicht erst 50 Jahre nach der ersten Niederlassung entstehen, sondern daß sich der verschiedenartige Wohnstil schon bald in dieser Stätte entwickelt, die durch den Eindruck der äußersten Gleichheit im Plan täuschend ist; betrachtet man jedes augenscheinl. ident. Haus näher, ist es in Wirklichkeit anders und einzigartig. Während man folgl. mit größter Vorsicht vorgehen muß, wenn man im Detail die Gedankenwelt des H. untersuchen will, ist es dennoch offensichtl., wenn man die archäol. Überreste objektiv betrachtet, ohne daß man versucht, sie bis zum Exzeß zu rekonstr., daß es in der griech. Antike eine miles. Schule der Stadtplanung gab, in der H. der erste und/oder der berühmteste Vertreter war. Sie folgte einer ital. Schule, die z.Z. aufkam, als die Stadt (*polis*) sich in Großgriechenland unter aristokrat. Regime auf Kosten einheimischer Gebiete formierte. Trotz seines außergewöhnl. Erfolges bis an die Grenzen der griech. Welt, eines von polit. Strukturen in den betroffenen Städten unabhängigen Erfolges, hat der milesische Städtebau niemals gänzlich alte städt. Planungen verdrängt; viele Städte begnügten sich damit, Viertel mit versch. Aufbau und and. Ausrichtung gegenüberzustellen, während and. Städte (die in Wahrheit nicht zahlr. sind) einen skenograph. Städtebau, den monumentalsten und spektakulärsten, in der Art von Pergamon anwendeten. ▭ ThB17, 1924. RE II. 1, 1895 (v.e. Architectura, p. 548–549); VIII. 2, 1913; III. A, 1929 (v.e. Städtebau der Griechen, p. 1992 ss.); EAA IV, 1961; KlP II, 1967; DA XIV, 1996; DNP V, 1998. – *A. von Gerkan*, Griech. Städteanlagen, Unters. zur Entwicklung des Städtebaues im Altertum, B./L. 1924, 43 ss.; *F. Castagnoli*, Orthogonal town planning in antiquity, C., Mass. 1972; *R. Martin*, L'urbanisme dans la Grèce antique, P. ²1974, 15–16, 103–106, 274; *D. Asheri*, RSI 87:1975, 5–16; *A. Burn*, Historia 25:1976, 414–428; *P. Benvenuti Falciai*, Ippodamo di Mileto. Architetto e filosofo. Una recostruzione filologica della personalità, Fi. 1982; *C. Triebel-Schubert/U. Muss*, Hephaistos 5/6:1984/85, 37–59; *G. Lavas*, in: Praktika tou XII diethnous synedriou klasikis archaiologias, Ath. 4:1988, 112–118; *H.-J. Gehrke*, in: Demokratie und Architektur. Der hippodamische Städtebau und die Entstehung der Demokratie, Konstanzer Symposium 1987, M. 1989, 58 ss.; *R. Etienne*, Topoi 1:1991, 39 ss.; *K. V. von Eickstedt*, Beitr. zur Topogr. des antiken Piräus, At. 1991, 82 ss.; *W. Hoepfner/E.-L. Schwandner u.a.* (Ed.), Haus und Stadt im klass. Griechenland, M. ²1994; *N. D. Cahill*, Olynthus, Social and spatial planning in a Greek city, Diss. Univ. Berkeley 1994; *D. Mertens/ E. Greco*, in: *G. Pugliese Carratelli* (Ed.), I Greci in Occidente, Mi. 1996, 243–262; *A. Di Vita*, ibid., 263–308; *E. Greco*, Ostraka 6:1997, 435 ss.

M.-C. Hellmann

Hippokrates (I) cf. **Kratesippos**

Hippokrates (II) cf. **Herakleidas** (II)

Hippomachos (Ἱππόμαχος), aus Rhodos, griech. Bildhauer, in der 1. H. des 3. Jh. v. Chr. in Lindos tätig. Nur bek. durch seine Sign. auf einer Marmorbasis aus Lindos (Lindos, II. 1, 1941, 51, Nr 11). ▭ RE, Suppl. V, 1931 (s.v. H. 4); EAA IV, 1961.

R. V.

Hipponeikos (Ἱππόνεικος), Bildhauer aus Kleinasien, im 1. Jh. v. Chr. in Magnesia am Mäander tätig. H. ist durch seine Sign. „ΙΠΠΟΝΕΙΚ[ΟΣ]" auf einer Basis einer Marmorstatue bek., von der nur ein Rest des rechten Fußes erh. ist, so daß sich über ihren Stil nichts sagen läßt. Die Schr.-Formen gehören dem 1. Jh. v. Chr. an. Im übrigen ist dieser Künstler gänzl. unbekannt. ▭ ThB17, 1924. RE, Suppl. III, 1918 (s.v. H. 8); EAA IV, 1961. – *O. Kern*, Inschr. von Magnesia am Mäander, B. 1900, Nr 346.

M. Kadıoğlu

Hippos → **Hippeus**

Hippostratos (Ἱππόστρατος), aus Athen, möglicherweise Bildhauer, 2. H. 6. Jh. v. Chr. H. ist nur durch eine in Athen (Anavyssos) aufgefundene Grab-Inschr. (Athen, Epigraph. Mus., Inv. Nr 10644) bek., aus der allerdings nicht eindeutig hervorgeht, ob er (oder evtl. ein gewisser → Epistemon) das Grabmal geschaffen hat. ▭ IG, I³, 1242.

U. Huttner

Hippotomades (Ἱπποτομάδης), griech. Bildhauer, in der 2. H. des 4. Jh. v. Chr. in Athen tätig. Nur bek. durch seine Sign. auf einer fragm. Basis aus pentel. Marmor aus der Nähe der Propyläen von der Akropolis in Athen. Nur das E. des Namens -ομαδης ist noch überliefert, das aber überzeugend zu diesem Namen erg. worden ist (IG, II², 4606). ▭ ThB17, 1924. RE VIII. 2, 1913; EAA IV, 1961.

R. V.

Hippys → **Hippeus**

Ḥiram, phöniz. Toreut, im 10. Jh. v. Chr. in Jerusalem tätig. Lt. dem Alten Testament (1. Buch der Könige, 7, 13–46; 2. Chronika, 3, 15–17; 4, 1–17) wurde H. vom König Salomo beauftragt, für den Bau des Tempels in Jerusalem diverse Großbronzen herzustellen. H. schuf die Säulen *Joachim* (d.h. „er hat gegründet, er hat befestigt, er hat aufgestellt"; Zwickel, 1999, 122) und *Boas* (d.h. „mit Macht" oder „in ihm ist Macht"; Zwickel, 1999, 122) (1. Buch der Könige, 7, 15–22; Jeremia, 52, 21–23). Es handelte sich hierbei um zwei 9 m hohe und 2 m im Durchmesser betragende Säulen mit etwa 4,5 m hohen, darauf gesetzten Lotoskapitellen mit Blattkranz. An jeder Säule war zudem an einer Kette eine Girlande befestigt, die aus 50 Granatäpfeln bestand. Die Säulen standen entweder zu beiden Seiten des Eingangs oder freistehend in der Vorhalle. Weiterhin fertigte H. das berühmte *eherne Meer* (1. Buch der Könige, 7, 23–26; Zwickel, 1999, 125–136), ein etwa 5 m im Durchmesser und 2,5 m in der Höhe messendes, ungefähr 39000 Liter Wasser fassendes Bronzebecken in Form einer Lotosblüte, das von 4 Gruppen zu je drei Stieren getragen worden ist. H. stellte auch zehn Kesselwagen her (1. Buch der Könige, 7, 27–39; Zwickel, 1999,

136–142), die etwa 3,5 m hoch waren, deren Kessel jeweils etwa 780 Liter an Volumen besaßen, und die mit Löwen, Rindern, vegetabilen und geometr. Ornamenten und möglicherweise mit Keruben geschmückt waren. Schließl. schuf H. noch Kochkessel, Feuerschaufeln und Sprengschalen für den salomon. Tempel (1. Buch der Könige, 7, 40; Zwickel, 1977, 147–149). Diese Werke goß H. in einer Erzgießerei zw. Sukkot (dem heutigen Tell Der Allah, etwa 45 km n. des Toten Meeres) und Zaretan, von wo aus sie nach Jerusalem gebracht worden sind. ▭ ThB17, 1924. EAA IV, 1961. – *W. Zwickel*, Der salomon. Tempel, Mainz 1999, 110–142, 147–149, 181. R. V.

Hirinius, vermutl. oriental. Herkunft, Zeichner von Mosaiken, E. 4. Jh. n. Chr. in Carranque (Toledo/Spanien) tätig. H. wird nur einmal auf einer *tabula ansata* erw., sie befindet sich vor dem Schlafraum der Villa. Der Name H. ist zweimal in Spanien dokumentiert, steht aber in keinem Verhältnis zu Mosaiken. Die Inschr. der *tabula ansata* ist bedeutsam, sie gibt den Hinweis auf den Künstler mit Namen → Mas(culi)nus oder Mas(cli)nus, Hersteller der Mosaikenszenen, welche H. zeichnete. In dieser Villa von Carranque arbeiteten weitere Mosaizisten, erw. auf einem Mosaik. H. zeigt keine Relation zu and. hispan. Mosaizisten. Diesem Zeichner verdanken wir einen Mosaikenkomplex mit mytholog. Themen: Das Bildnis der Hausbesitzerin, umgeben von vier mytholog. Szenen; das Bad der Diana mit Aktaion, sich in einen Hirsch verwandelnd; Hylas und die Nymphen; Pyramus, sich in einen Maulbeerbaum verwandelnd, während Thysbe vor der Löwin flieht; ein von Eros geführtes Pferd verfolgt Amymone. Diese Themen erscheinen im Orient, aber einige davon zum ersten Mal auf hispanischen Mosaiken. Auch Mars und Venus, Adonis im Kampf mit dem Wildschwein im *oecus* stammen von ihm. H. beherrscht in Vollkommenheit die Ausführung der Gestalten in ihren Bewegungen und den Realismus der Szenen, der Kleidung, der Landschaft und der Farbgebung. ▭ *M. Fernández-Galiano*, Mosaicos romanos, in memoriam Manuel Fernández Galiano, Ma. 1989, 259–260, Taf. 1, 4.

J. M. Blázquez

Hischylos (Ἴσχυλος), griech. Töpfer, in der 2. H. des 6. Jh. v. Chr. in Athen tätig. Die Schalen des H. unterliegen großen Veränderungen in Übereinstimmung mit zeitgen. Modetrends. Zwei schwarzfigurige Bandschalen, die von ders. Hand bemalt worden sind, weisen um 540–530 v. Chr. die ersten Töpfer-Sign. des H. auf. Danach wechselte H. zu den schwarzfigurigen Augenschalen des *Typus A*. Auf einer Schale in Cambridge (Arch. Mus., Inv. Nr GR 38. 1864 [60]; Bloesch, 1940, 31, Nr 1, Taf. 8,1; Add², 1989, 49) arbeitete er mit dem Vasenmaler → Sakonides zus., ihre Sign. in der Art des → Exekias erscheint auf der Fußplatte. Um 525–520 v. Chr. wurde H. ein innovativer Töpfer von bilinguen Augenschalen mit schwarzfigurigem Dekor auf der Innenseite und rotfigurigem auf der Außenseite. Frühe solcher Beispiele ohne Vasenmaler-Sign., die dem Maler vom Cambridger Hischylos zugeschr. werden, tragen die einmalige eingeritzte Töpfer-Inschr. des H. in der Henkelzone. Bloesch (1940) wies die Töpferarbeiten der bilinguen Augenschalen des → Oltos dem H. zu. Die ältesten besitzen eine tiefe Schale und den alten *AZ*-Fußtypus mit flacher Standfläche. Die reifen Augenschalen des → Oltos haben den zeitgemäßen *AY*-Fuß mit geschwungener Unterseite und einem dünnwandigen Oberteil. Der junge → Epiktetos verzierte um 520–515 v. Chr. bilingue Augenschalen für H. Sie tragen sowohl die Töpfer- wie auch die Vasenmaler-Sign., die erstere in Schwarz im Innen-Med. und die letztere in Rot auf der Außenseite. Zur gleichen Zeit wie → Epiktetos arbeitete der unbedeutendere Maler → Pheidippos ausschl. für H. Bloesch ordnete dem H. die Bilingue des → Pheidippos mit einem *AZ*-Fuß in München (Staatl. Antiken-Slgn, Inv. Nr 2582; Bloesch, 1940, 31, Nr 4; ARV², 1963, 44, Nr 91, p. 165, Nr 1; Add², 1989, 160, 182) und and. Schalen desselben Malers zu, u.a. eine Schale mit *AY*-Fuß mit der Sign. des Töpfers in Würzburg (Martin-von-Wagner-Mus., Inv. Nr L 467; Bloesch, 1940, 33, Nr 13; Langlotz, KatWürz, 1932, Taf. 136, 164; ARV², 1963, 44, Nr 92, p. 165, Nr 2; Add², 1989, 160, 182). Auf dem Innen-Med. der rotfigurigen Schale des → Pheidippos in London (BM, Inv. Nr E 6; Bloesch, 1940, 33, Nr 17, Taf. 9, 2; ARV², 1963, 49, Nr 168, p. 166, Nr 11; Add², 1989, 161, 182) steht die Töpfer-Sign. in Rot. Bloesch wies H. auch die namensgebende Vase für den Maler von London E 4 (London, BM, Inv. Nr E 4; Bloesch, 1940, 33, Nr 7; ARV², 1963, 44, Nr 90; Add², 1989, 160) zu, der ein Nachahmer der Bilinguen des → Epiktetos und des → Pheidippos war. Der altmodische Hischylosmaler, so ben. nach der rotfigurigen Schale in München (Staatl. Antiken-Slgn, Inv. Nr 2588; Bloesch, 1940, 34, Nr 19, Taf. 9,3; ARV², 1963, 1162, Nr 1; Add², 1989, 182) war der letzte Maler aus seiner Wkst., die den Übergang von der schwarzfigurigen zur rotfigurigen Technik begleitete. ▭ ThB17, 1924. RE, Suppl. IX, 1962; EAA IV, 1961. – *W. Klein*, Die griech. Vasen mit Meister-Sign., W. 1887, 3, 7–8, 11, 19, 97–99, 100–102; *Hoppin*, RedFig II,

1919, 112–113, Nrn 1–2, pp. 118–119, Nrn 5–11; *id.*, BlackFig, 1924, 137–138, Nrn 1–2, p. 321, Nr 2; *Bloesch*, Formen, 1940, 31–35, Nrn 1–19, Taf. 8,1–4, 9,1–3; ABV, 1956, 166–167, Nrn 1–2, pp. 172, 688; ARV^2, 1963, 161–162, Nrn 1–14, p. 1621, Nr 40bis, pp. 1629–1630, Nr 1bis; *Cohen*, Bilingual, 1978, 337–346, Nrn B 44–47, pp. 353–356, Nrn B 55–56, C 30, p. 361, Nr B 64, pp. 362–363, Nrn B 65–67, pp. 412–430, Nrn B 87–93, pp. 438–469, Nrn B 96–107, C 56–61, Taf. 71,1–4, 72,1–3, 73,1–3, 73,1–3, 76,1–3, 80,1–2, 81,1–2, 93,3, 94,1–4, 95,3, 96,1–2, 97,1,3, 98,1–3, 102,1–3, 103,1–3, 104,2–3, 105,1–4, 106,1–3, 107,1–3, 108,1–3, 109,1–2; *T. Seki*, Unters. zum Verhältnis von Gefäßform und Malerei att. Schalen, B. 1985, 19, Nr 3, pp. 21–23, Nrn 20, 23–24, 29, 30–35, pp. 25–30, 35, Nr 94, pp. 107, 113 s., Taf. 2,1–3, 5,1–3, 6,1–3, 42,4, 43,4; Add^2, 1989, 47, 49, 182; *B. Cohen*, MetrMusJ 26:1991, 57–59, Abb. 11–13. B. Cohen

Histiaios (Ἱστιαίος), aus Athen, griech. Bildhauer, A. 3. Jh. v. Chr. in Theben tätig. Nur bek. durch seine Sign. auf einer Basis aus schwarzem Marmor aus Theben, die möglicherweise eine Statue der Athena trug (IG, VII, 2463). ▭ ThB17, 1924. RE VIII. 2, 1913 (s.v. H. 4); EAA IV, 1961. R. V.

[H]istor[os] (Ἵστορος oder Ἴστορος), griech. Münzstempelschneider, in der 1. H. des 4. Jh. v. Chr. in Thurioi/Lukanien tätig. Nur bek. durch die Künstler-Inschr. ΙΣΤΟΡΟΣ auf einem Tetradrachmon des in Thurioi übl. Typs mit dem behelmten Kopf der Athena auf der Vorderseite und einem nach rechts stoßenden Stier auf der Rückseite (Forrer, 1906, Abb. p. 175). Die Sign. ist in winzigen Buchstaben in die Abschnittslinie der Rückseite eingraviert, wie beispielsweise auch bei den beiden and. aus Thurioi bek. Stempelschneidern → Molossos und → Nikandros (I). Offen bleibt die Frage, ob der Name des Künstlers im Nominativ (Forrer, 1906) oder Genitiv (RE) angegeben ist. Beide Möglichkeiten sind verbreitet und selbst in Thurioi ist keine einheitl. Vorgehensweise zu erkennen: Während → Molossos im Nominativ sign., verwendet → Nikandros (I) den Genitiv (vgl. Forrer, 1906, 174). ▭ RE, Suppl. IV, 1924 (s.v. Istor). – *L. Forrer*, Notes sur les sign. de graveurs sur les monnaies grecques, Br. 1906, 174–176; *Babelon*, de Luynes, I, 1924, 115, Nr 581, Taf. 21; *S. P. Noe*, The Thurian di-staters, NNM 71, 1935, Nr B 6; Auktion Hess-Leu 36, Luzern, 17.–18. April 1968, Nr 34. Th. Ganschow

Hlewagastiz, vermutl. german. Toreut, um oder nach 400 n. Chr. in S-Skandinavien tätig. Der Name H. erscheint in einer gravierten Runen-Inschr. an der Mündung eines ornamental und figürl. verzierten Hornes aus Gold, das im Jahre 1734 in Gallehus/Dänemark aufgefunden wurde, wo ein ebensolches Stück bereits 1639 zutage gekommen war. Die Inschr. enthält die Angabe, daß H., der Sohn Holts, das Horn verfertigte. Es läßt sich v.a. aufgrund der auf den südskandinav. Raum verweisenden Ornamentik in die Zeit um oder nach 400 n. Chr. datieren. Bezügl. der Zuordnung der Inschr. zu einem altnord. Sprachzweig bzw. Dialekt, der Interpretation der teilw. fremden ikonograph. Elemente sowie der ethn. Zugehörigkeit des Toreuten liegen seitens der Forsch. versch. Vorschläge vor. Das Horn wurde zus. mit seinem unsign. Pendant im Jahre 1802 eingeschmolzen, von beiden Stücken sind jedoch Beschr. und detaillierte Zchngn überliefert. ▭ *M. Axboe/H. F. Nielsen/ W. Heizmann*, Reallexikon der Germanischen Altertumskunde X, B./N. Y. 1998, 330–344, Abb. 42 s., Taf. 3, s.v. Gallehus. K. Hornig

Holaifi (hlypy), Sohn des Yarhai, palmyrenischer Bildhauer, um 62 n. Chr. in Palmyra tätig. Nur bek. durch seine Sign. auf einer Basis einer Ehrenstatue aus der Nähe des Großen Tores in Palmyra. ▭ EAA, Suppl., 1973. – *K. Michalowski*, Palmyre. Fouilles polonaises 1963 et 1964, War. 1966, 111 s. R. V.

Homoloichos (Ὁμολώϊχος), Sohn des Sokrates, griech. Bildhauer, in der 1. H. des 2. Jh. v. Chr. in Hyettos/Böotien tätig. Nur bek. durch eine Inschr. aus Hyettos. ▭ RE VIII. 2, 1913; EAA IV, 1961. – *A. Wilhelm*, ÖJh 8:1905, 276 ss. R. V.

Hor... (ägypt.) v.e. **Her...** (ägypt.)

Hordjedef → Djedefher

Horos (Ὅρος), vermutl. antiker Kameenschneider. Er erscheint auf einem Kameo mit einer Silensmaske. Die Authentizität des Namens wurde wegen der Schreibweise des Namens mit Omikron, statt wie zu erwarten mit Omega, angezweifelt. ▭ EAA IV, 1961. B. Gerring

Hortasios (Ὁρτάσιος), aphrodisischer Bildhauer, am A. des 3. Jh. n. Chr. in Aphrodisias tätig. Nur bek. durch eine Inschr. aus Aphrodisios, in der er neben zwei and. Bildhauern (→ Appianos und → Paramonos) als Stifter für eine jüd. Gemeinschaft gen. wird (Aphrodisias, Mus., Inv. Nr 76. 1, Zeile 49). ▭ *K. T. Erim/J. Reynolds*, Sculptors of Aphrodisias in the inscr. of the city, in: *N. Başgelen/M. Lugal* (Ed.), Festschr. für Jale Inan, Istanbul 1991, 535 s., Nr 21. R. V.

Hospes, Architekt, um die M. des 1. Jh. v. Chr. in Caiatia (heute Caiazzo)/Italien tätig. Der Sklave H. wird durch zwei gleichlautende Inschr. aus Caiatia als Architekt eines Gebäudes überliefert, das auf Beschluß des Dekurionenrates der Stadt errichtet worden war und daher sicher eine öff. Funktion hatte. Die für einen Sklaven ungewöhnl. Nennung als Architekt in der offiziellen Bau-Inschr. könnte auf die Bedeutung seiner Arbeit an dem Bau hinweisen. Wahrscheinlicher ist sie jedoch als Ehrung für seine ebenfalls gen. Patronin gedacht, die ihren Sklaven für das öff. Bauprojekt als Architekt zur Verfügung gestellt hatte. ▭ RE VIII. 2, 1913; EAA IV, 1961. – CIL, I, 1216; I², 1576, Taf. 61,1; X, 4587; *H. Solin*, Le iscr. antiche di Trebula, Caiatia e Cubulteria, Caserta 1993, 105–107, Nr 54, Abb.; *Donderer*, Architekten, 1996, 26, 30 s., 72, 143, 227 s., Nr A 118, Taf. 41,2. B. Bollmann

Hui v.e. **Hi**

Hui → **Imenhetep** (IX)

Huimen, Bauleiter des Amun und Maurermeister unter Amenophis III. (1388–1351 v. Chr.). Bek. ist er durch eine Inschr. aus Hassawanarti nahe der Insel Elephantine, worin beschrieben wird, daß er bei der Erbauung von sechs Obelisken die Aufsicht führte. Die neben der Inschr. befindl. Darst. zeigt H. in Gebetshaltung vor der Inschr. dargestellt. ▭ *L. Habachi*, JEA 36:1950, 13 ss.; *W. Helck*, Mat. zur Wirtschafts-Gesch. des Neuen Reichs, I, Mainz 1961, 45. S. Hänsch

Hulayfu (I), Sohn des Taymu, nabatäischer Bildhauer, im 2./3. Jh. n. Chr. in Bosra/Syrien tätig. H. wird als Künstler auf der Basis eines Basaltreliefs gen., das in Bosra gefunden wurde. Vom Relief ist nur noch der unterste Teil erh., so daß gerade noch die Klauen sowie die stark stilisierten untersten Partien der Schwanzfedern und der Flügel eines Adlers zu erkennen sind. H. ist möglicherweise der Vater des → Rabbu, der ebenfalls ein Adlervotivrelief im südsyr. Raum schuf. ▭ EAA V, 1963 (s.v. Nabatea, Arte, H. [1]). – *J. T. Milik*, Syria 35:1958, 235–236, Taf. 19a; *F. Vattioni*, in: Studi arabo-islamici in onore di Roberto Rubinacci nel suo settantesimo compleanno, II, N. 1985, 769; *R. Wenning*, Die Nabatäer – Denkmäler und Gesch., Fribourg/Göttingen 1987, 44; *Hackl*, Nabatäer (im Druck), Nr F. 007. 02. D. Keller

Hulayfu (II), nabatäischer Bildhauer, im 1. Jh. n. Chr. in Iram/Jordanien tätig. H. ist in ledigl. einer Inschr. überliefert, worin er sich als Bildhauer bezeichnet. Von seinen Werken ist nichts erh.; es ist jedoch anzunehmen, daß er entweder an der Ausgestaltung des nabatäischen Tempels in Iram beteiligt war oder in einer dort zu lokalisierenden Tempel-Wkst. gewirkt hat. ▭ EAA V, 1963 (s.v. Nabatea, Arte, H. [2]). – *R. Savignac*, RBi 43:1934, 577–578, Nr 22. D. Keller

Huru (I), Sohn des Uhayyu, nabatäischer Steinmetz, im 2. V. des 1. Jh. n. Chr. in Hegra/Saudi-Arabien tätig. H. wird in zwei nabatäischen Inschr. auf Grabfassaden in Hegra gen., erstmals 27/28 n. Chr. zus. mit → Aftah und → Wahbu, das zweite Mal als allein zuständiger Steinmetz im Jahre 31/32 n. Chr. Er gehört der Steinmetzschule des → Aftah an und war in der späteren Reg.-Zeit des nabatäischen Königs Aretas IV. tätig. Beide Gräber, an denen H. arbeitete, gehören zu dem in Hegra bevorzugten Typus des Treppengrabes. ▭ EAA V, 1963 (s.v. Nabatea, Arte, H. [1]). – CIS, II, Nr 207; *J. Jaussen/R. Savignac*, Mission archéol. en Arabie, I, P. 1909, Nrn 5, 7; *J.-C. Balty*, in: Archit. et société, Coll. de l'école française de Rome 66, P./R. 1983, 308–313; *A. Schmidt-Colinet*, Berytus 31:1983, 96–97, Abb. 4; *id.*, Stud. in the hist. and archaeology of Jordan 3, Amman 1987, 143; *Z. T. Fiema*, JNES 46:1987, 51–52; *J. McKenzie*, The archit. of Petra, Ox. 1990, 14–31; *J. F. Healey*, The nabataean tomb inscr. of Mada'in Salih, Ox. 1993, 101–105, 110–114, Nrn H 5, H 7.
D. Keller

Huru (II), Sohn des → Obeyshat, nabatäischer Bildhauer, im späten 1. Jh. v. Chr./frühen 1. Jh. n. Chr. in Seia/Syrien tätig. H. ist möglicherweise der Bruder von → Kaddu und → Shudu. Er ist nur als Bildhauer in einer nabatäischen Inschr. aus Seia im s. Syrien genannt. Seine Schaffenszeit darf wohl um die Zeitenwende angesetzt werden, da sein Vater → Obeyshat bei dem im letzten Drittel des 1. Jh. v. Chr. erb. Tempel von Seia mitwirkte. ▭ EAA V, 1963 (s.v. Nabatea, Arte, H. [2]). – RES, Nr 1093; *E. Littmann*, Florilegium M. de Vogüé , P. 1909, 375–390; *R. Wenning*, Die Nabatäer – Denkmäler und Gesch., Fribourg/Göttingen 1987, 38. D. Keller

Hybrisstas (Ὑβρίσστας), griech. Erzgießer, um 460 v. Chr. in tätig. Nur bek. durch seine Sign. auf einer Bronzestatuette des schreitenden, blitzschleudernden Zeus, die wahrsch. aus Epidauros stammt (heute London, BM; IG, IV, 1476). ▭ ThB18, 1925. RE IX. 1, 1914 (s.v. Hybristas 2); EAA IV,

1961. – *A. Rumpf/P. Mingazzini*, Manuale die Storia dell'arte classica, Fi. 1945, 54, Taf. 15, 6; *Floren*, GrPl, 1987, 230, Anm. 33. R. V.

Hygiainon (Hygiaenon), griech. Maler, wahrsch. in der 1. H. des 7. Jh. v. Chr. tätig. Nach Plinius d. Ä. (nat., 35, 56) zählt er mit → Charmadas und → Deinias zu den frühesten griech. Malern. Er malte noch ausschließl. monochrom und kannte noch nicht, wie → Eumares von Athen, die malerische Differenzierung des Geschlechts durch die Angabe der Hautfarbe, die wohl etwa gleichzeitig auch erstmals in der Vasenmalerei seit um 650 v. Chr. angewendet wird. ꟷ ThB18, 1925. RE IX. 1, 1914; EAA IV, 1961. – *N. Koch*, De picturae initiis. Die Anfänge der griech. Malerei im 7. Jh. v. Chr., M. 1996, 28. R. V.

Hyllos (Ὕλλος), röm. Gemmen- und Kameenschneider, tätig in Rom in tiberischer Zeit. H. war ein Sohn des → Dioskurides (IV) und gehörte mit seinen Brüdern → Herophilos und → Eutyches (I) zu der kaiserl. Gemmen- und Kameenwerkstätte, deren Vorsteher → Dioskurides (IV) mit großer Wahrscheinlichkeit war. Seine Sign. ist mit Patronym und dem Zusatz EPOIEI („hat es gemacht") auf einem Sardonyx-Kameo mit einem Satyr (Berlin, SMPK, Antiken-Slg) überliefert, wie auch auf einer Reihe von Karneol-Gemmen. Diese zeigen den Kopf eines Barbaren (Florenz, Mus. Archeol.), den klassizistisch gehaltenen Kopf des Apoll (St. Petersburg, Ermitage), eine fragm. Maske der Komödie (Paris, Cab. Med.), Triton mit einer Nereïde (Boston, MFA) und einen schreitenden Löwen (Nikosia, Archaeol. Mus.). In Chalcedon arbeitet er einen Theseus (heute verschollen) und einen Opferstier (Paris, Cab. Med.). Aus handwerkl. und stilist. Gründen hat man nicht unwidersprochen auch den Kölner Divus-Augustus-Kameo H. zugeschr. (Zwierlein-Diehl, 1980; Megow, 1987). Sein Stil wie auch die Auswahl der Themen stehen dem Œuvre seines Vaters nahe. ꟷ ThB18, 1925. RE IX. 1, 1914 (s.v. H. 9); EAA IV, 1961; LAW, 1965 (s.v. H.); DNP V, 1998 (s.v. H. 3). – *A. Furtwängler*, JdI 3:1888, 110 ss., 129 ss.; *id.*, JdI 4:1889, 86 s., 306 ss.; *Vollenweider*, Steinschneidekunst, 1966, 69 ss., Taf. 80,1–3; *Richter*, EngrGemsRom, 1971, 151, Abb. 709; *O. Neverov*, SoobErmit 36:1973, 43 ss.; *E. Zwierlein-Diehl*, KölnJbVFrühGesch 17:1980, 34, Taf. 10,58–61; *Zazoff*, AG, 1983, 317 s., Anm. 71–78, Taf. 92,4–9 und 93,1–2; *Megow*, Kameen, 1987, 54 s.; *Plantzos*, HellGems, 1999, Nr 631, p. 96. B. Gerring

Hyllus, möglich. griech. Bildhauer, im 2. Jh. n. Chr. in Mérida tätig. Nur bek. durch eine Inschr. auf einem korinthischen Kapitell von der scenae frons im Theater von Mérida (A. García y Bellido, ArchEspA 28:1955, 8, Nr 7). ꟷ RE IX. 1, 1914; EAA IV, 1961. R. V.

Hymenaios (Ὑμαιναῖος), aus Kios, griech. Bildhauer, um 220 v. Chr. in Lindos tätig. Nur bek. durch seine Sign. auf einer Basis aus lart. Marmor für eine Erzstatue des → Dionysos (III). Die Inschr. dat. um 220 v. Chr. ꟷ RE, Suppl. VIII, 1956 (s.v. H. 2); EAA IV, 1961 (s.v. Hymainaios). – Lindos II. 1, 1941, 53, Nr 39; *Lippold*, GrPl, 1950, 371. R. V.

Hymeneus, *Claudius* → **Claudius Hymeneus,** *Ti.*

Hypatodoros (Ὑπατόδωρος), aus Theben, böot. Bildhauer der 2. H. des 5. Jh. v. Chr.(?), tätig in Delphi und Alipheira (Arkadien). Drei seiner Werke sind lit. bzw. durch Inschr. belegt: – 1.) Lt. Pausanias (8, 26, 7) war H. der Schöpfer der Bronzestatue der Athena in Alipheira in Arkadien, die berühmt war für ihre Größe, Technik und Schönheit. Polybios (4, 78, 3–5) nennt den Künstler statt H. *Hekatodoros* (sonst nicht belegt – wohl verschrieben) und gibt als Mitarb. → Sostratos (I) an. Die Statue stand im Heiligtum auf der Akropolis, möglicherweise im Freien (als Votivstatue?), da außerhalb des Tempels eine Plattform mit Resten einer zur Aufnahme einer großen Statue geeigneten Basis gefunden wurde. Die Reste der Künstler-Sign. (SEG, XXV, 450) scheinen entgegen der Angabe des Polybios nur einen einzigen Bildhauer zu nennen und legen eine Dat. ins spätere 5. (oder 4.?) Jh. v. Chr. nahe, wobei der örtl. Kult bis ins 6. Jh. v. Chr., der Tempel ins frühe 5. Jh. v. Chr. zurückgehen. Als *terminus ante quem* dient wohl auf jeden Fall 371 v. Chr., der Zeitpunkt der Eingliederung von Alipheira in den Synoikismos von Megalopolis. – 2.) Zus. mit dem Bildhauer → Aristogeiton schuf H. in Delphi das Weihgeschenk für Epiddalos (Epizelos), einen Böoter aus Erchomenos (Orchomenos), dessen Basis erh. ist (CIG, I, 1828, Nr 25). Die Sign. von → Aristogeiton und H. in altertüml. böot. Schr. stammen wohl aus dem 5. Jh. (2. V.?) v. Chr. – 3.) → Aristogeiton und H. arbeiteten auch gemeinsam an dem lt. Pausanias (10, 10, 3 s.) in Delphi von den Argivern für ihren zus. mit den Athenern beim argiv. Oinoe gegen die Lakedämonier errungenen Sieg (wohl um 460/50 v. Chr.) gestifteten, mehrteiligen Weihgeschenk. Dessen am Beginn der Hl.

Straße identifizierte und erst kürzl. vollst. entzifferte fragm. Votiv-Inschr. (Vatin, 1991) bez. dabei → Aristogeiton als den für die Gruppe der Epigonen (Sthenelos, Alkmaion, Promachos, Thersander, Aigialeus, Euryalos und Diomedes) verantwortl. Bildhauer, wohingegen H. die Gruppe der „Sieben gegen Theben" schuf. Diese umfaßte Adrastos, Tydeus, Kapaneus, Eteokles, Polyneikes (diese vier auch in der Inschr. aufgeführt), Hippomedon, den Wagen des Amphiaraos mit dem Wagenlenker Baton sowie, lt. Pausanias, einen gewissen „Alitherges" (Aitherses?), der sonst nicht in diesem Kontext attestiert ist. Es könnte sich dabei um eine Verschreibung von „Halimedes", „Halitherses" (ein homer. Seher: Hom., Od., 2, 157 ss.) oder sogar von „Amphiaraos" selbst handeln, dessen Abwesenheit von der Liste sonst auffällig wäre (Vatin, 1991). Aufgrund der Schr. ist die Basis ins zweite (Jeffery, 1990; Vatin, 1991) oder ins letzte V. (Marcadé, 1953; Pritchett, 1994) des 5. Jh. v. Chr. zu datieren. Ein chronolog. Problem stellt insbesondere die Festlegung der Blüte des H. durch Plinius (nat., 34, 50) in die 102. Olympiade (372–369 v. Chr.) dar. Oft werden daher zwei versch. Bildhauer vermutet, ein im 2. V. des 5. Jh. v. Chr. in Delphi und ein in der 1. H. des 4. Jh. v. Chr. in Arkadien tätiger. Pritchett beseitigt diese Diskrepanz durch die Annahme, mit dem Sieg von Oinoe sei tatsächl. die Schlacht von Orneai (416 v. Chr.) gemeint. Auch sonst ist jedoch angesichts der Möglichkeit eines Irrtums des Plinius, der unsicheren Dat. böot. Inschr. sowie einer potentiell langen künstler. Schaffenszeit des H. die Aufspaltung in zwei versch. Künstler gleichen Namens nicht zwingend. Eher unwahrsch. ist schließl. die Identifizierung von H. und → Aristogeiton mit in einer theban. Inschr. des späteren 4. Jh. v. Chr.(?) gen. gleichnamigen Personen, zumal die Interpretation dieser Inschr. als „theban. Künstlerkatalog" (CIG, I, 1828, Nr 1578 [IG, VII, 2427]) umstritten ist. ▭ ThB18, 1925. RE IX. 1, 1914; EUA II, 1958, 184; VI, 1958, 880; EAA IV, 1961; KlP II, 1967; DNP V, 1998. – *Overbeck*, SQ, 1868, Nrn 1568–1573; *Loewy*, IGB, 1885, 101, Nr 554; *Brunn*, GGK, I, 1889, 293–295; *C. Robert*, Hermes 25:1890, 419 s.; *H. Pomtow*, Klio 8:1908, 187–205; *Lippold*, GrPl, 1950, 112; *Marcadé*, Signatures, I, 1953, 8, 38; *A. K. Orlandos*, Ἡ Ἀρκαδικὴ Ἀλίφειρα καὶ τὰ Μνημεῖα της, At. 1968, 125–132; *M. Jost*, Sanctuaires et cultes d'Arcadie, P. 1985, 78–81; *V. G. Goodlett*, Collaboration in Greek sculpt.: the lit. and epigraphical evidence, Diss. N. Y. 1989, 84–87; *Jeffery*, LSAG², 1990, 93, 95, Nr 17, 162–164, 169, Nr 23; *C. Vatin*, Mon. de Delphes, R. 1991, 139–148; *J.-F. Bommelaer*, BCH, Suppl. 22:1992, 265–293; *B. Develin*, ZPE 99:1993, 235–240; *W. K. Pritchett*, Essays in Greek hist., Am. 1994, 7–14; *C. Ioakimidou*, Die Statuenreihen griech. Poleis und Bünde aus spätarchaischer und klass. Zeit, M. 1997, 87–92, 226–242. A. Villing

Hyperbios cf. **Agrolas**

Hyperbolos (Ὑπέρβολος), griech. Koroplast, um 170 v. Chr. in Myrina tätig. Nur bek. durch seine Sign. auf einer fragm. Tonstatuette der Nike aus Myrina (heute Paris, Louvre, Inv. Nr MYR 428). ▭ *Mollard-Besques*, II, 1963, 209, Taf. 249 b; *D. Kassab*, Statuettes en terre cuite de Myrina. Corpus des sign., lettres et signes, P. 1988, 58, Nr 1. R. V.

Hyperechios (Ὑπερέχιος), griech. Steinschneider, im 2. Jh. n. Chr. viell. in Rom tätig. H. sign. einen roten Jaspis, eine Steinart, die im 2. Jh. n. Chr. an Beliebtheit gewinnt, mit der *de face* gesehenen Büste des in einen Mantel gehüllten Sokrates (Berlin, SMPK, Antiken-Slg). Ein gelber Jaspis mit einem schreitenden Löwen (Boston, MFA) trägt ebenfalls die Sign. des Hyperechios. Motivisch steht der Löwe dem des → Hyllos nahe, zeichnet sich aber durch eine wuchtige, massige Körpergestaltung aus, wie auch die Büste des Sokrates durch einen besonders tiefen Schnitt besticht, der das Portr. im Abdruck fast freiplast. hervortreten läßt. Im Gegensatz zur augusteischen Glyptik wird hier auf kalligraph. Details zugunsten großer, beruhigter Flächen und damit eines wuchtigeren Gesamteindrucks verzichtet. Thematisch fügt sich das Portr. in die „Hinwendung" des 2. Jh. n. Chr. zu den Philosophen der griech. Klassik. ▭ ThB18, 1925. RE IX. 1, 1914 (s.v. H. 5); EAA IV, 1961; DNP V, 1998. – *A. Furtwängler*, JdI 3:1888, Taf. 11,24; *id.*, AG, 1900, Taf. 63,34; AGD, II, 1969, 192, Nr 540, Taf. 93; *Richter*, EngrGemsRom, 1971, 152 s., Abb. 178; *Zazoff*, AG, 1983, 322, Anm. 106, p. 340, Taf. 96,4–5. B. Gerring

Hypereides (Ὑπερείδες), Sohn des Androgenes, griech. Töpfer, um 560 v. Chr. in Athen tätig. Nur bek. durch seine Sign. auf zwei der frühesten Panathenäischen Preisamphoren (Athen, Kerameikos-Mus., Inv. Nr PA 443, aus Athen, Kerameikos; U. Knigge, ADelt 25 B, 1970, 34, Taf. 45 c; J. Frel, Panathenäische Preisamphoren, Kerameikos-Heft 2, Ath. 1973, 10 s., Abb. 4, 7; M. Bentz, Panathenäische Preisamphoren. Eine athenische Vasengattung und ihre Funktion vom 6.–4. Jahrhundert v. Chr., 18. Beih. AntK, Basel 1998, 123, Nr 6. 004, Taf. 4; Athen, Agora-Mus., Inv. Nr P 10204, aus Athen, Agora; Frel, ibid., 10 s.; M. B. Moore/M. Z. P. Philippides, Agora XXIII, 1986, Nr 226, Taf. 26; Bentz, ibid., 123, Nr 6. 005).

R. V.

Hyponomos (Ὑπόνομος), Bruder des Architekten und Mathematikers → Heron, griech. Architekt(?), tätig letztes Drittel 4. Jh. v. Chr. Pseudo-Kallisthenes (1, 30, 20 und 31, 4) erw. den Bruder des H. als Ἥρων Λιβυκός [ὑδατικός] λατόμος, weiter oben ist der Name H. verzeichnet. Die karge Überlieferung läßt H. als legendäre Figur erscheinen. Viell. gehörte er zus. mit seinem Bruder zu einer Gruppe von Architekten, die bei der Gründung von Alexandria/Ägypten als Wasserbauspezialisten tätig waren. ▭ EAA IV, 1961. – *Brunn*, GGK II, 1889, 243, 246.

W. Müller

Hyppis → Hippeus

Hyppus → Hippeus

Hypsis (Ὕψις), griech. rotfiguriger Vasenmaler, E. 6. Jh. v. Chr. in Athen tätig. H. ist durch die Inschr. auf seinen zwei erh. Vasen (Hydrien: München, Staatl. Antiken-Slgn, Inv. Nr 2423; Rom, Torlonia, Inv. Nr 73; ARV², 30) bek., die beide in Vulci gefunden wurden. Auf der Münchener Hydria findet sich die übl. Sign. att. Vasenmaler (HUPSIS EGRAPHSEN: „H. hat [es] gemalt"), auf dem Gefäß in Rom lediglich die Inschr. H.; der Name H. ist in Athen nur für den Vasenmaler belegt. H. gehört zu der zweiten Generation der rotfigurigen Vasenmaler in Athen, die als die „Pioneer Group" bez. wird. Seine Hydrien sind um 510 v. Chr. entstanden und stilist. von → Euthymides beeinflußt: Die Münchener Hydria – im älteren Formtypus mit abgesetzter Schulter – zeigt als Hauptbild sich wappnende Amazonen, auf der Schulter ein Viergespann und zwei Reiter; beide Bilder weisen reiche Inschr. auf. Die Hydria in Rom ist im jüngeren Formtypus mit fließendem Übergang vom Körper zum Hals gestaltet (Kalpis), der rotfigurig im 6. Jh. v. Chr. selten ist; ihre Bemalung führt mit zwei Frauen, die mit Hydrien an einem Brunnenhaus Wasser holen (Inschrift: KRENE DIONUSIA, „dionysischer Brunnen"), die urspr. Funktion der Gefäßform vor. Die Bildfelder beider Hydrien sind jeweils von reicher Ornamentik umgeben (Palmetten- und Mäandermotive). ▭ LGPN II, 1994, 438. – ARV², 1963, 30; *Boardman*, RFVA, I, 1981, 35, Abb. 43–44; Add², 1989, 156 s.; *Immerwahr*, AttScr, 1990, 71, Nr 419; *M. Robertson*, The art of vase-painting in Classical Athens, C. 1992, 35.

M. Steinhart

I

Ia (I), ägypt. Oberbildhauer, z.Z. Sethos' I. (1290–1279/78 v. Chr.) in Ägypten tätig. Als Vater der Oberbildhauer → Se und → Hatiai (III) erw. und auf Leidener Stele des letzteren dargestellt. ⊏⊐ KRI VII, 29, 3; *A. H. Gardiner*, Ancient Egyptian onomastica, I, Ox. 1947, 51–53; *G. A. Gaballa*, MDAIK 35:1979, 77. M. A. Stadler

Ia (II), ägypt. Oberbildhauer, in der 2. H. des 15. Jh. v. Chr. in der Gegend von Tell el-Balamun/Ägypten tätig. Durch Uschebtifigur in Priv.-Besitz belegt. Außerdem war er Hoherpriester des Amun von Semabehdet. ⊏⊐ *A. H. Gardiner*, JEA 30:1944, 41; *W. Helck*, Mat. zur Wirtschafts-Gesch. des Neuen Reiches, I, Wb. 1960, 187. M. A. Stadler

Iah, ägypt. Bildhauer, E. des Mittleren Reiches (um 1800 v. Chr.). Wird auf einer Stele aus Abydos abgebildet und benannt. ⊏⊐ *P. Ramond*, Les stèles égyptiennes (K Mus. G. Labit, Toulouse), Kairo 1977, 11 ss., Taf. 3. F. Hoffmann

Iahmes (I) (Ahmose; Amosis; Amasis), ägypt. Goldschmied, wohl frühe 18. Dynastie (1550–1450 v. Chr.), in Ägypten tätig. I. ist nur durch eine Darst. auf einer Stele aus Abydos bek. und Vater des Goldschmiedes → Imenmes (I). ⊏⊐ *G. Maspero*, RecTrav 13:1890, 118. M. A. Stadler

Iahmes (II) (Iahmes Peniati; Ahmose; Amosis; Amasis) ägypt. Architekt und Bauleiter („Vorsteher der Arbeiten") z.Z. Hatschepsuts und Thutmosis' III. (1479–1425 v. Chr.) in Theben/Ägypten tätig. I. begann seine Karriere als Schreiber und Stellvertreter des „Vorstehers der Arbeiten" → Peniati, der am Terrassentempel der Hatschepsut in Deir el-Bahri mitarbeitete, so daß auch I.s Mitwirkung an diesem Projekt wahrsch. ist. Ferner wird ihm der Schrein Gebel-Silsile 6 zugeschrieben. U. a. sind vier an ihn gesandte, zwei von ihm geschriebene Briefe, von denen Papyrus London, BM, Inv. Nr 10102, ein Auftrag eines Hausbaus an I. ist, ein Uschebti und eine Schminkbüchse mit seinem Namen und Titel erhalten. Es ist auch – wohl irrtüml. – behauptet worden, daß I. mit → Peniati ident. gewesen sei (so v. Beckerath, 1990), also Bauleiter unter Amenophis I. und Thutmosis I. bis III., was zu einer 38- bis 48jährigen Amtszeit und einem Alter von 65 bis 75 Jahren führte, das I. erreicht hätte. Tatsächl. müssen aber Iahmes Peniati und → Peniati als zwei versch. getrennt gehalten werden. ⊏⊐ LÄ I, 1975, 109 s. (s.v. Ahmose Peniati); VI, 1986, Sp. 593 mit Anm. 3 (s.v. Tija). – *W. Helck*, Zur Verwaltung des Mittleren und Neuen Reiches, Leiden/Köln 1958, 364 s.; *id.*, Mat. zur Wirtschafts-Gesch. des Neuen Reiches, Wb. 1960, 45; *J. v. Beckerath*, SAK 17:1990, 68 s. M. A. Stadler

Iahmes (III) (Ahmose; Amosis; Amasis), ägypt. Umrißzeichner, Zeit Thutmosis' III. (1479–1425 v. Chr.) in Theben/Ägypten tätig. Im Grab des Kornzählers Imenemhat (Theban Tomb 82) ist I. dargestellt und namentl. erw. unter den Künstlern, die an diesem Grab mitgearbeitet haben und denen der Grabherr opfert. ⊏⊐ PM I. 1, 1960, 164. – Urk. IV, 1056,3; *E. Williams Ware*, AJSL 43:1826–27, 185–207. M. A. Stadler

Iahmes (IV) (Ahmose; Amosis; Amasis), ägypt. Architekt und Bauleiter („Vorsteher der Arbeiten des Königs"), vermutlich 18. Dynastie (1550–1292 v. Chr.) in Ägypten tätig. I. ist durch eine Statue belegt, von der ein Fragm. (Kairo, Ägypt. Mus., Inv. Nr CG, 589) erh. ist und deren Inschr. neben dem Namen seine Titel nennen, die ihn als hochrangigen Beamten in der ägypt. Verwaltung auszeichnen (u.a. „Vorsteher der beiden Schatzhäuser", „Vorsteher der beiden Goldhäuser", „Vorsteher der beiden Scheunen", „Vorsteher der Rinder", „Vorsteher der Felder"). ⊏⊐ *L. Borchardt*, Statuen und Statuetten von Königen und Privatleuten (CG), II, B. 1925, 144 s. M. A. Stadler

Iahmes Peniati → **Iahmes** (II)

Iahmessanit, ägypt. Bauleiter („Vorsteher der Arbeit von Ober- und Unterägypten, Leiter der Arbeit im ganzen Land"), 6. Jh. v. Chr. I. wird in zahlr. Graffiti seines Sohnes → Chenemibra im Wadi Hammamat (u.a. Nrn 137, 91, 193, 134, 186) erwähnt. ⊏⊐ *J. Couyat/P. Montet*, Les inscr. hiéroglyphiques et hiératiques du Ouâdi Hammâmât, Kairo 1912, 127. F. Hoffmann

Iai, ägypt. Bildhauer, Zeit Ramses II. (1279–1213 v. Chr.) in Deir el-Medineh/Ägypten tätig. Im Grab des Bildhauers → Qen (Theban Tomb 4) mit seiner Frau Nefercha dargestellt. ▭ KRI, III, Ox. 1980, 679, 8. M. A. Stadler

Iaia (Laia; Lala), aus Kyzikos, griech. Malerin, im 1. Jh. v. Chr. tätig. Lt. Plinius (nat., 35, 147; Overbeck, SQ, 1868, Nr 2380) malte sie zur Zeit des Varro um 100 v. Chr. in Rom. Sie beherrschte nicht nur aufs vortrefflichste die Malerei, sondern malte auch sehr schnell. Sie schuf Tafel- und Elfenbeinbilder und zeichnete sich v.a. im Porträtieren von Frauen aus. Bek. war ein Selbstporträt und ein Tafelbild einer Alten in Neapel. Ihre Werke kosteten mehr als die der berühmten zeitgen. Maler → Dionysios (IX) und → Sopolis. ▭ ThB22, 1928 (s.v. Lala). RE IX. 1, 1914; EAA IV, 1961; VI, 1965 (s.v. pictor). – *Pfuhl*, MuZ, II, 1923, 684, 812, 902, 918–919. R. V.

Iamunedjeh, ägypt. Bau- und Organisationsleiter, unter Hatschepsut und Thutmosis III. (1479–1425 v. Chr.) im Raum Theben/Oberägypten tätig. Er ist belegt durch sein Grab in Theben-W (Theban Tomb 84), wo sich auch seine Biogr. findet. Darin schildert er selbst, daß er als Bauleiter bei der Errichtung der Obelisken im 16. Reg.-Jahr der Königin Hatschepsut und in den Jahren 33, 36 und 40 des Königs Thutmosis III. im Karnak-Tempel mitwirkte. ▭ PM I. 1, 1960, 167–170; LÄ I, 1975, Sp. 654 mit Anm. 10 (s.v. Bauleiter); II, 1977, Sp. 1154 mit Anm. 10; III, 1980, Sp. 113 s. (s.v. Iamunedjeh). – *W. Helck*, Zur Verwaltung des Mittleren und Neuen Reiches, Leiden/Köln 1958, 385. C. von Pfeil

Ianuarius (I) (Ἰανουάριος), röm. Maler, um 50 n. Chr. in Antium tätig. Nur bek. durch eine Inschr. aus Marmor aus Antium (CIL, X, 6638). ▭ EAA VI, 1965 (s.v. pictor). – *Calabi Limentani*, Studi, 1958, 154, Nr 34. R. V.

Ianuarius (II) röm. Maler, um 150 n. Chr. in Thrakien tätig. Nur bek. durch eine Inschr. aus Marmor aus Thrakien (ehem. Paris, Slg Egger; HIG, I, 810; Loewy, IGB, 249, Nr 352), die am 13. November 149 n. Chr. verfaßt worden ist. I. sign. als Maler zus. mit dem Bildhauer → Clitus Capiton das Relief mit der Darst. eines thrakischen Reiters. Spuren seiner Bemalung sind noch erhalten. ▭ EAA VI, 1965 (s.v. pictor). – *Calabi Limentani*, Studi, 1958, 165, Nr 107. R. V.

Iaroviaius, röm. Maler der röm. Kaiserzeit. Nur bek. durch seine Sign. auf einem Tuffblock aus Valpolicella (CIL, V, 3908). ▭ EAA VI, 1965 (s.v. pictor). – *Calabi Limentani*, Studi, 1958, 156, Nr 36. R. V.

Iason (Ἰάσων), griech. Bildhauer, A. 2. Jh. n. Chr. in Athen tätig. Eine Namens-Inschr. (Ἰάσων Ἀθηνα[ῖ]ος ἐπο[ί]ει) auf einer Pteryges einer kopflosen, weibl. Panzerstatue (Athen, Agora Mus., Inv. Nr S 2039, früher Athen, NM, Inv. Nr 312; Richter, Portraits, I, 1965, 53, Abb. 110) aus pentel. Marmor weist diese als Werk des I. aus. 1896 in der SW-Ecke der Attalos-Stoa gefunden, wurde sie anhand der Bilder auf dem Panzer – Darst. einer Skylla, Sirenen, dem Kopf des Aeolus und des Polyphem – schon von G. Treu (AM 14:1889, 160 ss., Taf. 5) als Personifikation der Odysseia angesprochen (so auch EAA V, 1963, 624, s.v. Odysseia und E. Lygouri-Tolia, LIMC VI, 1992, 942 s., Nr 4*, s.v. Odysseia). Eine zweite Panzerstatue wurde als Ilias (Athen, Agora Mus., Inv. Nr S 2038, früher Athen, NM, Inv. Nr 311) erkannt und ist mit der Basis und einer Inschr., die 1953 gefunden wurde, zu einer Gruppe zu rekonstruieren, die eine Skulpt. des Dichters Homer, flankiert von den Personifikationen seiner beiden Epen, annehmen läßt (vgl. dazu H. A. Thompson, Hesperia 23:1954, 62 ss.; id., The Athenian Agora, a guide, At. [3]1976, 183, Abb. 97; E. Lygouri-Tolia, LIMC V, 1990, 647 s., Nr 4*, s.v. Ilias). Aufgestellt war die Gruppe wahrsch. im Bereich der Pantainos-Bibliothek, die Titus Flavius Pantainos einschl. der Dekoration und den Büchern kurz nach 100 n. Chr. stiftete und dem Kaiser Trajan und der Athena Pollias weihte (Travlos, TopAth, 1971, 432 ss., Abb. 309). Während Loewy (IGB, 1885, Nr 329) noch annahm, sie sei nicht vor der Reg.-Zeit Hadrians zu dat., sichert die erh. Basis die schon durch den Aufstellungsort gegebene Dat. in trajan. Zeit (so auch K. Stemmer, Unters. zur Typologie, Chronologie und Ikonogr. der Panzerstatuen, B. 1978, 115 s.). ▭ ThB18, 1925. RE IX. 1, 1914 (s.v. I. 13); EAA IV, 1961; KlP II, 1967 (s.v. I. 6); DNP V, 1998 (s.v. I. 5). – *Loewy*, IGB, 1885, Nr 329; *H. A. Thompson*, Hesperia 23:1954, 62 ss. U. W. Gottschall

Iasos (Ἴασος; Ἤιασος), aus Kollytos, griech. Bildhauer, E. 5. Jh. v. Chr. in Athen tätig. I. ist in den Rechnungen zum Fries des Erechtheion erw. (Loewy, IGB, 1885, 356 s., Nr 526; IG, I, 323; J. Sundwall, RE IX. 1, 1914, 790, s.v. I. 18). 1836 wurden vor den Propyläen 16 Fragm. aus pentel. Marmor gefunden (heute Athen, NM), die, zu einer Taf. zusammengesetzt, in drei Spalten versch.

Namen auflisten. Es handelt sich um die Rechnungen für den Skulpt.-Schmuck am Erechtheion, die in die Zeit 408/07 v. Chr. dat. werden. In der ersten, linken Spalte erscheint in Zeile 20 die Inschr. ΙΑΣΟΣ ΚΟΛΛΥΤΕ[ΥΣ] (vgl. J. M. Paton [Ed.], The Erechtheum, Ca., Mass., 388 s., Fragm. XVII, Zeile 20 s.). I. (oder Hiasos) aus Kollytos erhielt 80 Drachmen für die Frau mit dem kleinen Mädchen, welches sich an sie anlehnt (IG, I, 323 s.). Ein solches Werk ist bis jetzt noch nicht gefunden worden. A. Wilhelm (ÖJh 10:1907, 35–40) konnte den Choregen I. aus dem Demos Kollytos (IG, I, 20) mit ders. Person gleichsetzen (vgl. auch G. Lippold, RE IX. 1, 1914, 790, s.v. I. 19). Über den Namen des Archon, der zu „Aristokratous" zu ergänzen ist und des bekränzten Schauspielers Nikostratos, der auch aus and. Nachr. bek. ist, ist die Choregie in das Jahr 387/86 v. Chr. zu datieren (IG, II, 971c). Die Heranziehung zur Choregie ist ein Beweis für das Vermögen und die gehobene gesellschaftl. Stellung des Bildhauers. ▭ ThB18, 1925. RE IX. 1, 1914 (s.v. I. 18–19); EAA IV, 1961. U. W. Gottschall

Iatrokles (Ἰατροκλῆς), Sohn des Pasikratos, griech. Erzgießer, E. 3. Jh. v. Chr. in Lindos tätig. Nur bek. durch die Sign. auf einer Basis für eine Bronzestatue zu Ehren des Nikasidamos, eines Priesters der Athena Lindia. Der Bildhauer war → Diopeithes (III) von Argos, I. hingegen goß die Statue (ἐξαλκούργησε). ▭ ThB18, 1925. RE IX. 1, 1914; EAA IV, 1961. – Lindos II. 1, 1941, 383–384, Nr 137 mit Abb.; *Schmidt*, Statuenbasen, 1995, 420–421, Nr V. 18, Abb. 86. R. V.

Ib, ägypt. Edelsteinarbeiter, unter Pharao Amenemhet III. (1853–1806/05 v. Chr.) auf dem Sinai tätig. Belegt durch eine Inschr. auf einer Stele, die in Serabit el-Chadim gefunden wurde. Er wird in der hier niedergelegten Liste der angestellten Künstler und Handwerker genannt. Als Teilnehmer der im 40. Reg.-Jahr seines Königs unternommenen Expedition in den SW des Sinai sichtete er die dortigen Türkisvorkommen und beurteilte die Güte des Materials für seine Arbeiten. ▭ PM VII, 1952, 347; LÄ V, 1984, Sp. 866 (s.v. Serabit el-Chadim). – *J. Černý*, The inscr. of Sinai, II, Ox. 1955, 111, Nr 106. C. von Pfeil

Ibet (I), Sohn des → Neferi (II), ägypt. Bildhauer, während des 18./17. Jh. v. Chr. in Abydos/Oberägypten tätig. Belegt auf einer Opfer-Taf. des Nechti und des Biti – heute im Ägypt. Mus. Kairo – sowie auf einer Stele im Pariser Louvre. ▭ PM V, 1937, 52, Nr 23057. – *D. Franke*, Personendaten aus dem Mittleren Reich, Wb. 1984, 76, Nr 66. C. von Pfeil

Ibet (II), Sohn des → Sebekhetep (II), ägypt. Bildhauer, während des 18. Jh. v. Chr. in Abydos/Oberägypten tätig. Gemeinsam mit mehreren weiteren Bildhauern, u.a. → Daischutef, → Renefseneb (II), → Imeni (II) und → Anchu (II) belegt auf der Totenstele eines Unbekannten sowie auf der Stele dieses → Daischutef aus der n. Nekropole von Abydos. ▭ PM V, 1937, 264. – *H. O. Lange/H. Schäfer*, Grab- und Denksteine des Mittleren Reichs (CG), I, B. 1902, 352 (CG 20722), 367 (20736); *D. Franke*, Altägypt. Verwandtschaftsbezeichnungen im Mittleren Reich, Ha. 1983, 93, Beleg F 15; *id.*, Personendaten aus dem Mittleren Reich, Wb. 1984, 76, Nr 67. C. von Pfeil

Ibi, ägypt. Vorzeichner (Umrißzeichner), während des Mittleren Reiches (2119–1794/93 v. Chr.) im Raum Abydos/Oberägypten tätig. Bek. von seiner Totenstele aus der nördl. Nekropole von Abydos. ▭ PM V, 1937, 265. – *H. O. Lange/H. Schäfer*, Grab- und Denksteine des Mittleren Reiches (CG), I, B. 1902, 266, Nr 20243. C. von Pfeil

Ibn Barnīnī cf. **Adī**

Ichechi → Chentika

Idaios → Adaios

Idi, ägypt. „Unteraufseher der Künstler des Königs", unter Pharao Pepi I. (2335/2285–2285/2235 v. Chr.) in Unterägypten tätig. Bek. durch eine Fels-Inschr. in Tomâs an der Grenze zw. Ägypten und Nubien. Diese Inschr. wurde angebracht im Rahmen einer Expedition, welche die dortigen Dioritvorkommen auf ihre Güte prüfen und abbauen sollte. ▭ Urk. I, 209, 4; *J. Leclant*, Orientalia 31:1962, 213, Taf. 38. C. von Pfeil

Idu (I), ägypt. „Vorsteher der Künstler", unter König Pepi I. (2335/2885–2285/2235 v. Chr.) tätig. Erw. in einer Namensliste aus dem Steinbruch von Wadi Hammamat, in der alle Arbeiter aufgeführt waren, die dort arbeiteten. ▭ *M. M. J. Couyat/P. Montet*, Les inscr. hiéroglyphiques et hiératiques du Ouâdi Hammâmât, Kairo 1912, Nr 34. Y. Ott

Idu (II), Sohn des → Idu (I), ägypt. „Vorsteher der Künstler", unter dem König Pepi I. (2335/2885- 2285/2235 v. Chr.) tätig. Erw. in einer Namensliste aus dem Steinbruch von Wadi Hammamat, in der alle Arbeiter aufgeführt waren, die dort arbeiteten. ▭ *M. M. J. Couyat/P. Montet*, Les inscr. hiéroglyphiques et hiératiques du Ouâdi Hammâmât, Kairo 1912, Nr 34. Y. Ott

Idut (eigtl. Name Seschseschet), ägyptische Schmuckarbeiterin, unter dem König Pepi II. (2279/2229–2219/2169 v. Chr.) in Memphis/Unterägypten tätig. Bek. durch ihre Mastaba im SO der Stufenpyramide von Djoser. ⊏⊐ PM III. 2, 1978, 617 ss. – *R. Macramallah*, Fouilles à Saqqarah, Kairo 1935, Taf. 12; *H. Junker*, Die gesellschaftl. Stellung der Künstler im Alten Reich, W. 1959, 17; *Y. Harpur*, Decoration in Egyptian tombs of the Old Kingdom, Lo./N. Y. 1987, 38 ss.
Y. Ott

Iffi → **Fefi**

Ignatios (Ἰγνάτιος), fiktiver spätantiker Architekt. Nach späten und unzuverlässigen Quellen (Narr., de aed. S. Soph., 8, 10, 12; Patr. Const., 4, 31 [ed. Preger]) fiktiver, von Legenden umrankter Architekt der justinian. Hagia Sophia in Konstantinopel. ⊏⊐ ThB18, 1925 (s.v. Ignatius). – *G. Dagron*, Constantinople imaginaire, P. 1984, 340; *E. Vitti*, Die Erzählung über den Bau der Hagia Sophia in Konstantinopel, Am. 1986, 488–490, 505–507; PLRE, III, 1992.
M. Dennert

Ihenem, ägypt. Umrißzeichner, 19. Dynastie (1292–1185/84 v. Chr.), in Ägypten tätig. I. ist allein durch seine Sign. am rechten unteren Rand der Stele des Pehemnuter belegt, die er zus. mit → Ptehemwia hergestellt hat. ⊏⊐ *E. Williams Ware*, AJSL 43:1926–27, 196, 202.
M. A. Stadler

Ihi, ägypt. Bildhauer, unter Djedkare Isesi (2405/2355–2367/17 v. Chr.) in Saqqara/Unterägypten tätig. Nur bek. aus dem Grab des Raschepses (LS 16) in Saqqara, wo er dargestellt ist und sein Name und Beruf erw. sind. Er war vermutl. ein Angehöriger der Pyramidenstadt, der am Bau der Pyramiden und der umliegenden Gräber mitarbeitete, aber auch private Aufträge entgegengenommen haben dürfte. So hat er wahrsch. am Grab des Raschepses mitgearbeitet, das in der Nähe der Stufenpyramide des Djoser liegt, indem er die Darst. an den Grabwänden reliefierte. ⊏⊐ LÄ II, 1977 (s.v. Handwerker mit Anm. 4); PM III. 2, 1978, 495. – LD II, 61 (b); *W. Helck*, MDAIK 14:1956, 65 Fn. 7.
T. Schrottenbaum

Ii, ägypt. Architekt und Bauleiter („Vorsteher der Arbeiten"), 2. H. 14. Jh. v. Chr., in Ägypten tätig. Durch eine schwer beschädigte Felsstele beim heutigen Dorf Sarnik (Zarnikh) belegt, wo er offenbar Arbeiten für einen bestimmten Sonnentempel ausführen ließ. ⊏⊐ LÄ V, 1984 (s.v. Sarnik). – *G. Legrain*, ASAE 3:1902, 260; *A. Fakhry*, ASAE 37:1937, 30–32.
M. A. Stadler

Iiemhetep (Imhotep), ägypt. Baumeister, um 2600 v. Chr. in Memphis tätig. Auf einer Statuenbasis des Königs Djoser (um 2630–2610 v. Chr.), gefunden in der Eingangskolonnade des Komplexes seiner Stufenpyramide in Sakkâra, steht in einer hieroglyph. Inschr.: 'Der Siegler des Königs ... Prinz und Hohepriester von Heliopolis I. ist der Oberbildhauer, Leiter der Maurer und Leiter der Steingefäßmacher'. Daß in diesem zeitgen. Text der Baumeister des ältesten Steinbauwerks Altägyptens seine Sign. hinterlassen hat, ergibt sich aus einer für Altägypten einzigartigen postumen Überlieferung über I., die letztl. bis in die Moderne reicht. – Im Neuen Reich (1550–1070 v. Chr.) ist der Brauch bezeugt, dem I. aus dem Napf des Schreibers einige Tropfen Wasser zu weihen, in lit. Texten heißt es: 'Ich habe die Sprüche des I. und des Herdjedef gehört, mit deren Worten man überall redet' und 'Gibt es einen Zweiten wie I.?', und im Turiner Königspapyrus ist eine fragm. Textpassage wohl zu ergänzen als '[I.,] der Sohn des Ptah ..., der belebt [die Menschen ...] der Baumeister, der leitet [...]'. Als 'Sohn des Ptah', des Schöpfergottes, wird I. seit der 26. Dynastie (664–630 v. Chr.) in zahlr. Texten bezeichnet. Ihm als Gottessohn wird in der memphitischen Nekropole ein Heiligtum errichtet, dessen Lage im N von Sakkâra sich wohl am – bislang noch nicht archäol. nachgewiesenen – Grab des I. orientiert. Worauf der postume Ruhm des I. gründet, teilt eine biogr. Inschr. aus der Zeit des Darius (495 v. Chr.) im Steinbruchgebiet des Wadi Hammamât mit, in der ein Oberbaumeister im Rahmen eines fiktiven Stammbaums von seinem frühesten Vorfahren sagt: 'Sein Ruf reicht heran an den des Oberbaumeisters von Ober- und Unterägypten ... I.'. Wenn in diesem Text der Ruf des I. als Architekt dessen Rolle im Bewußtsein der Nachwelt legitimiert, so erheben ihn seine Epitheta in zahlr. Inschr. der Spätzeit und Ptolemäerzeit (664–30 v. Chr.) in den Rang einer populären Gottheit, die in den Nöten des Lebens hilft: 'Erhabener Gott, der die Menschen belebt', 'der zu dem kommt, der ihn anruft, der die Glieder heilt', 'der einen Sohn gibt dem, der darum bittet, eine Frau dem, der danach fleht, der alle leidenden Kinder heilt'. – Das memphitische Heiligtum des I. nimmt in der ptolemäisch-röm. Zeit beträchtl. Ausmaße an und beschäftigt eine umfangreiche Priesterschaft. Selbst höchstgestellte Persönlichkeiten wenden sich an I. als Nothelfer. In der griech. und röm. Trad. wird der Nothelfer I. dem Gott Asklepios/Aesculap gleichgesetzt, bewahrt aber in den hermetischen Schr. als Imuthes seine hist. Identität. – Das I.-Heiligtum in Memphis geht als 'Gefängnis des Joseph' in die arab. Volks-Trad. ein. Vom 9. bis zum 15. Jh. ist es ein Wallfahrtsort; noch im 19. Jh. wird in Sakkâra von Moslems und Christen eine Kap. mit diesem Namen aufgesucht. – Die postume Bedeutung des Oberbaumeisters I. als Nothelfer und Heilgott bleibt nicht auf Memphis beschränkt. Sein Kult ist in der ptolemäisch-röm. Zeit vom Nildelta bis nach Nubien belegt; Bild- und Textprogramm der Tempel dieser Zeit nehmen vielfach auf ihn Bezug, auf der Insel Philae wird ihm ein kleines Heiligtum errichtet. – Der Ruhm des I. als Baumeister tritt in all diesen Belegen nur einmal in Erscheinung, wenn es im Horus-Tempel in Edfu über die Bau-Gesch. des Heiligtums heißt: 'wie es entspricht dem Buch der Ordnung eines Tempels, das der oberste Vorlesepriester I., der große, der Sohn des Ptah, verfaßt hat.' – Eine Sonderentwicklung erfährt die postume Verehrung des Baumeisters I. in Theben. Hier verbindet sich sein Kult mit dem eines and. Architekten, des → Imenhetep (VI), Sohn des Hapu. Dieser Imenhetep lebte und wirkte unter dem König Amenophis III. (1388–1351/50 v. Chr.) und gilt als Erbauer des Totentempels des Königs in Theben. Beide treten in den Tempeln von Karnak und Theben-W als Götterpaar auf, beide wirken als Nothelfer und gelten als Inbegriff uralter Weisheit. – Zu ihren Lebzeiten waren I. und → Imenhetep (VI) für die großen Bauvorhaben ihrer Könige verantwortlich. Künstlerische Kreativität und Organisationsgeschick machten sie für ihre Zeitgen. zu herausragenden Persönlichkeiten, die bleibende Werte schufen. Die Nachwelt sieht in ihnen Kulturheroen, deren Andenken das der Pharaonen weit übertrifft. ▭ *D. Wildung*, Imhotep und Amenhotep, M./B. 1977 (mit allen Quellenangaben). D. Wildung

Ierniutef, ägypt. Bildhauer, unter dem König Ramses II. (1279–1213 v. Chr.) in Deir el-Medineh/Oberägypten tätig. Erw. auf einem Kalksteinostrakon (Louvre, Inv. Nr E 13160), das auf der Vorderseite die Abwesenheit von Arbeitern am 14. Tag des dritten Monats der Erntezeit festhält. Außerdem bek. durch zwei Stelen (Louvre, Inv. Nr N 662). I. war am Bau der Königsgräber beteiligt und wohnte in dem Arbeiterdorf Deir el-Medineh. ▭ PM I. 2, 1960, 722. – KRI, III, 659, 11–660; *P. Pierret*, Rec. d'inscr. inédites du Mus. Egyptien du Louvre, I, P. 1878, 63 s. (Louvre, Inv. Nr N 662); *A. H. Gardiner/J. Černý*, Hieratic ostraca, I, Ox. 1957, Taf. 65 (Louvre, Inv. Nr E 13160); *E. Endesfelder*, Die Arbeiter der theban. Nekropole im Neuen Reich, Diss. B. 1962, 39. Y. Ott

Iibref (I), ägypt. Kommandant der Umrißzeichner, Mittleres Reich (2119–1794 v. Chr.). Bek. ist er nur von zwei Stelen seines Sohnes Sehetepib, dessen Sohn → Iibref (II) ebenfalls Umrißzeichner war. Offenbar handelt es sich hierbei um eine Künstlerfamilie. Gefunden wurden die Stelen in der nördl. Nekropole von Abydos. ▭ *H. O. Lange/H. Schäfer*, Grab- und Denksteine des Mittleren Reichs (CG), I, B. 1902, 48 und 321, Nrn 20039 und 20309; *W. K. Simpson*, The terrace of the great god at Abydos: The offering chapels of dynasties 12 and 13, New Haven/Philadelphia 1974, 18, Taf. 21. S. Hänsch

Iibref (II), Sohn des Sehetepib, ägyptischer Umrißzeichner, Mittleres Reich (2119–1794 v. Chr.). Nur bek. von einer Stele seines Vaters, die in der nördl. Nekropole von Abydos gefunden wurde. In dieser Inschr. ist auch sein Großvater → Iibref (I) erw., der Kommandant der Umrißzeichner war. Ebenfalls bek. ist ein Bruder namens → Iufeniersen, der Vorsteher der Gilde der Umrißzeichner war. ▭ *H. O. Lange/H. Schäfer*, Grab- und Denksteine des Mittleren Reichs (CG), I, B. 1902, 321, Nr 20309. S. Hänsch

Iimeri (?) → **Adiimeri** (?)

Iimeru, ägypt. Goldschmied, unter Pharao Amenemhet III. (1853–1806/05 v. Chr.) tätig. Belegt auf der Stele seines Sohnes → Seneb (I), wo er wie auch seine Verwandten vor mit Totenopfern beladenen Tischen sitzen. ▭ *E. Gayet*, Stèles de la XII. dynastie, P. 1886, Taf. 10; *D. Franke*, Personendaten aus dem Mittleren Reich, Wb 1984, 376, Nr 637. C. von Pfeil

Iirenimen, ägypt. Künstler, unter Ramses IX. (1125/21–1107/03 v. Chr.) in Theben/Oberägypten tätig. I. arbeitete für einen „Aufseher der Jäger des Amun". Bek. ist er aus den sog. Grabräuberprozessen. Ihm wurde vorgeworfen, zus. mit and. Personen mehrere Gräber in der theban. Nekropole geplündert zu haben. Auf welchem Gebiet er künstler. tät. war, läßt sich nicht feststellen. ▭ KRI, VI, 483, 486, 490; *T. E. Peet*, The great tomb-robberies of the twentieth Egyptian dynasty, Ox. 1930, 49 recto 3. 2, Taf. 5, 60 verso 1. 7, Taf. 7, 63 verso 5. 4, Taf. 8; *J. Capart/A. H. Gardiner/B. van der Walle*, JEA 22:1936, 171 (2. 3), 172 (3. 12). S. L. Lippert

Ikmalios (Ἰκμάλιος), griech. Ebenist, in myth. Zeit in Ithaka tätig. Lt. Homer (Od., 19, 57; Overbeck, SQ, 1868, Nr 170) schuf er für Penelope einen bes. feinen, mit Elfenbein und Silber verzierten Stuhl. Umstritten ist die Etymologie des

Namens. Nach O. Hoffmann (Die griech. Dialekte, I, Göttingen 1891, 281) leitet sich der Name von ἰκμαμένος ab und bedeutet soviel wie „einer, der das Holz mit der Axt spaltet und behaut". L. Lacroix (1957, 314 ss.) weist jedoch mit Recht darauf hin, daß dieser Wortlaut nicht bei Homer belegt ist. Hingegen finden sich des öfteren Begriffe, die mit dem Wort „feucht" zu tun haben, und I. könnte sehr wohl mit dem Adjektiv ἰκμαλέος in Verbindung gebracht werden. Dies würde dann auf die Arbeitsweise anspielen, Hölzer zu befeuchten, um sie biegen zu können – eine Technik, die nicht erst im 19. Jh. von Thonet meisterhaft angewandt wurde, sondern bereits im 2. Jahrtausend v. Chr., wie das Mobiliar des Grabes von Tut-anch-Amun unter Beweis stellt. ▭ ML II. 1, 1890–1894; EAA IV, 1961. – *G. Germain*, Essai sur les origines de certains thèmes odysséens et sur la genèse de l'Odyssée, P. 1954, 445; *L. Lacroix*, Ikmalios, in: Hommages à Waldemar Deonna, Latomus 28:1957, 309–321. D. V.-G.

Iktinos (Ἰκτῖνος; Ictinus), griech. Architekt des 5. Jh. v. Chr., * zw. 500 und 480 v. Chr., tätig in Attika und in Arkadien. Als Werke des I. werden in den erh. antiken Quellen – 1.) der *Parthenon auf der Akropolis in Athen* (Strab., 9, 395–396; Vitr., 7, praef. 12; Plut., Per., 13; Paus., 8, 41, 9; B. Wesenberg, Parthenongebälk und Südmetopenproblem, JdI 98:1983, 57–86; E. Berger (Ed.), Parthenon-Kongress Basel: Referate und Ber., 4. bis 8. April 1982, Mainz 1984, mit früherer Lit.; L. Beschi, Il fregio del Partenone, una proposta di lettura, RendLinc, Ser. 8, 39:1984, 3–23; B. Wesenberg, Die Metrologie der griech. Architektur, Ordo et Mensura 3:1985, 199–222; P. Pedersen, The Parthenon and the origin of the corinthian capital, Odense 1989; O. Palagia, The pediments of the Parthenon, Leiden/N. Y./Köln 1993; I. Jenkins, The Parthenon frieze, Lo. 1994; M. Korres, Μελέτη Αποκαταστάσεως του Παρθενώνος, 4: 1994; D. Harris, The treasures of the Parthenon and the Erechtheion, Ox. 1995; B. Wesenberg, Panathenäische Peplosdedikation und Arrhephorie, JdI 110:1995, 149–178; D. Buitron-Oliver (Ed.), The interpretation of archit. sculpt. in Greece and Rome. Proc. of the symposium, sponsored by the center of advanced stud. in the visual arts and Shelby White and Leon Levy, 22–23 January 1993, NG of art, Washington, Stud. in the hist. of art 49, Symposium Papers 29, Wa. 1997; J. Hurwit, The Athenian Acropolis. Hist., mythology, and archaeology from the neolithic era to the present, C. 1999, 161–190), – 2.) das *Telesterion* (Noack, 1927; A. L. H. Robkin, The odeion of Pericles, Ann Arbor 1976, 1980; Stadter, 1989, 169 s., zu den versch. Ansichten bezügl. der Urheberschaft der unfertigen Bauphase des Telesterion) *im Demeter-Heiligtum von Eleusis* (Vitr., 7, praef. 16; Strab., 9, 395) und – 3.) der *Tempel des Apollon Epikourios* (Roux, 1961, 21–56, 443 ss.; F. A. Cooper, 1992, 1996) *in Arkadien* (Paus. 8, 41, 9) genannt; aufgrund seiner Ähnlichkeit mit dem Telesterion wird ihm darüber hinaus häufig auch noch – 4.) das *Odeion des Perikles am SO-Abhang der Akropolis in Athen* zugeschrieben (C. Weickert, Stud. zur Kunst-Gesch. des 5. Jh. v. Ch., II, Ἔργα Περικλέους, in: Abh. der Dt. Akad. der Wiss., B. 1950, 12; H. Knell, Perikleische Baukunst, Da. 1979, 77 ss.; zum Odeion zuletzt: Miller, 1997, 218–242). → Kallikrates (I), der zweite Architekt des Parthenon, wird nur bei Plutarch gen. (...τὸν μὲν γὰρ ἑκατόμπεδον Παρθενῶνα Καλλικράτης εἰργάζετο καὶ Ἰκτῖνος...). Daß → Kallikrates (I) von den and. Autoren nicht erw. wird, ist nicht unerklärlich und darf nicht unbedingt als Hinweis auf eine untergeordnete Rolle bei der Errichtung des Parthenon gewertet werden: So bezieht sich Vitruv ausschl. auf die schriftsteller. Tätigkeit der erw. Architekten und nicht auf deren Werk insgesamt, was nicht bedeutet, daß → Kallikrates (I) ihm unbek. gewesen sein muß; genauso wenig ist die Hypothese gerechtfertigt, sein Name sei zu „Karpion" verschrieben worden. Er war eben im Gegensatz zu → Karpion nur nicht an der Abfassung der zit. Schr. beteiligt gewesen. Pausanias wiederum erw. bei seiner Beschr. des Parthenon (1, 24, 5–7) keinen der verantwortl. Architekten (dasselbe gilt übrigens auch für → Pheidias [I]), weil er dies nicht als notwendig erachtet; ferner spricht er von I. näml. bei seiner Beschr. des Tempels des Apollon Epikourios als dem Architekten und erinnert in diesem Zusammenhang daran, daß er auch den Parthenon errichtet hat, so daß für ihn keinerlei Grund besteht, außer I. noch and. am Parthenon beteiligte Künstler zu erwähnen. Und auch an dieser Stelle nennt er ihn nicht aus Gründen, die mit der Archit. zusammenhängen, sondern um seine Ansicht zur Erbauungszeit des Apollontempels zu untermauern, und hebt deshalb bes. das Alter des I. hervor: „...καὶ Ἰκτῖνος ... γεγονὼς τῇ ἡλικίᾳ κατὰ Περικλέα..." (I. war etwa gleichaltrig mit Perikles). Das Geburtsjahr des Perikles ist zwar nicht genau bek., aber um 490 v. Chr. anzunehmen. Folgl. wird I. nicht erhebl. früher oder später geboren worden sein, auf keinen Fall also vor 500 v. Chr. bzw. nach 480 v. Chr. Wahrsch. hat seine berufl. Karriere nicht viel früher begonnen und nicht viel länger gedauert als die des Perikles. Seine Tätigkeit kann entsprechend den für ihn überlieferten Bauten in Perioden eingeteilt werden, ohne daß sich daraus zuverlässige Hinweise eines persönl. architekton. Stils ableiten ließen. Selbst beim am besten bek. Parthenon ist es nicht mit Sicherheit möglich, den jeweiligen persönl. künstler. Anteil der zwei (oder viell. drei) Architekten herauszuschälen. – Von den erw. Bauten des I. ist nur der Parthenon genau datierbar (447–438 v. Chr.; Bauurkunden: W. B. Dinsmoor, AJA 17:1913, 53–80; id., AJA 25:1921, 233–45; A. D. Keramopoullos, AE 1914, 197–206; A. Burford, The builders of the Parthenon, Greece and Rome, Suppl. zu Bd. 10, 1963, 23–35), während die Entstehungszeit der übrigen aufgrund von archäol., hist. und stilist. Beobachtungen nur annähernd bestimmt werden kann. – 1.) *Der Parthenon auf der Akropolis in Athen*: Einer verbreiteten Meinung zufolge war → Kallikrates (I) ledigl. für die Ausf. der Arbeiten, d.h. für die Realisierung der Baupläne zuständig, für die I. die hauptsächl. oder alleinige Verantwortung trug (J. R. McCredie, The architects of the Parthenon, in: G. Kopcke/M. B. Moore (Ed.), Stud. in classical art and archaeology: A tribute to Peter Heinrich von Blanckenhagen, Locust Valley 1979, 69–73; zuletzt Hurwit, ibid., 166), doch kann diese extreme Ansicht weder bewiesen noch ausgeschlossen werden. Das gegenteilige Extrem bildet die Ansicht, in → Kallikrates (I) den alleinigen Architekten des perikleischen Parthenon und in I. den Architekten des sog. *Vorparthenon* zu erkennen (Wesenberg, 1982, 99–125, bes. 102; Svenson-Evers, 1996, 177, hält diese Ansicht für durchaus wahrscheinlich). Die Tatsache, daß Plutarch im Fall der beiden Architekten keine chronolog. Unterscheidung vornimmt (zu dem Satz „...Καλλικράτης εἰργάζετο καὶ Ἰκτῖνος..." ist die Meinung vertreten worden, daß die Art der Formulierung darauf hinweise, daß der Name des I. später hinzugefügt worden sei oder daß sie eine uneinheitl. Überlieferung bedeuten solle. Diese Formulierungsweise ist jedoch alles andere als ungewöhnlich. Sie kommt vielmehr bei Plutarch [wie auch bei anderen] sehr häufig vor und dient oft dazu, das Nachgestellte hervorzuheben), stellt für diese Theorie kein unüberwindl. Hindernis dar (die unterschiedslose Verschmelzung hist. Informationen zu nacheinander an ders. Stelle errichteten Gebäuden, als ob es sich um ein und dasselbe handele, stellt innerhalb einer hist. Überlieferung kein seltenes Phänomen dar, für die der gleichbleibende Inhalt und nicht die gleichbleibende Form das entscheidende Identifikationskriterium bildet. [In gewisser Weise können der Vorparthenon und der Parthenon trotz der bek. Unterschiede im Entwurf aus inhaltl. Gründen in der Tat als ein und dasselbe Bauwerk mit einer jeweils individuellen Baugeschichte angesehen werden.] Zu diesem Phänomen Wesenberg, 1982, 104 mit Anm. 23. Charakterist. ist auch, daß Dio Cassius [53, 27] das Pantheon des Agrippa nicht eindeutig von dem des → Hadrianus unterscheidet, siehe K. de Fine Licht, The Rotunda in Rom. A study of Hadrian's pantheon, Kph. 1968, 185 ss.): Gründe and. Natur sprechen jedoch entschieden gegen die Theorie, in I. den Erbauer des Vorparthenon und nicht des Parthenon zu erkennen: – a.) Das Alter des I. (s.o.) läßt sich nicht mit der Entstehungszeit des Vorparthenon um 490–485 v. Chr. in Einklang bringen (Die Dat. des Vorparthenon in den Zeitraum 490–480 v. Chr. hat immer größere Zustimmung gefunden als der Ansatz nach den Perserkriegen. Unabhängig davon hat die systemat. Unters. des Steinmaterials [darunter auch, endoskopisch, desjenigen der im Inneren des klass. Stufenbaus steckenden noch *in situ* befindl. S-Seite der älteren Krepis] die Zerstörung aller einst versetzten Bauglieder durch eine Brandkatastrophe belegt [damit werden eindeutige *thermische* Brüche von beträchtl. Ausdehnung und Tiefe gemeint und nicht etwa die oft angezweifelten Verfärbungen und sonstigen Schäden der Oberflächen]; M. Korres, AM 108:1993, 71–74; auch in W. Hoepfner (Ed.), Kult und Kultbauten auf der Akropolis, B. 1997, 240); – b.) die erh. Schriftquellen bezeugen, daß der Ruhm des I. bereits in der Antike viel größer gewesen ist als der des → Kallikrates (I) (Auson., Mos., 304 ss., erw. I. als einen der bedeutendsten Architekten; Eusth., Hom., Od., 17, 383: ...Ἰκτῖνος παρὰ Ἀττικοῖς οὐκ ἄσημος δημιουργός...). Dies wäre kaum zu erklären, wenn → Kallikrates (I) und nicht I. der Mitarbeiter des berühmtesten Künstlers → Pheidias (I) bei dessen größtem perikleischen Auftrag gewesen wäre und I. ledigl. zwei nicht ausgef. Pläne (d.h. für das *Telesterion* und angebl. den sog. *Vorparthenon*) und einen Tempel hätte vorweisen können, der zwar ein bed. Bauwerk darst., aber vergessen in einer gebirgigen Gegend Arkadiens stand, die nach einer kurzen Blütezeit seit dem 2. Jh. v. Chr. nahezu unbewohnt geblieben war (Die oben angestellten Überlegungen gehen von der Ansicht aus, daß, wenn unsere Ergebnisse den antiken Quellen widersprechen, diese den Vorzug verdienen, auch wenn sie sich nicht beweisen lassen, es sei denn, unsere Ergebnisse stützten sich auf materielle Beweise und nicht nur auf theoret. Erwägungen.). – Was die Frage nach dem Anteil des I. am Entwurf des Parthenon angeht, folgen wir der am weitesten verbreiteten Meinung, daß nämlich I. und → Kallikrates (I) den perikleischen Parthenon gemeinsam errichtet haben; in beiden sind herausragende Architekten zu erkennen, wobei I. allerdings die führende Stellung einnahm. Auch seine schriftsteller. Tätigkeit rechtfertigt es, in ihm den Hauptverantwortlichen für den Entwurf des Parthenon zu erkennen. Um einen Einblick in die Arbeitsweise des I. zu erhalten, müssen wir mangels geeigneter Quellen die archit. Probleme beim Entwurf des Parthenon und die dafür gefundenen Lösungen betrachten. – Der perikleische Parthenon ergab sich nahezu notwendigerweise aus dem Vorparthenon: So sind die Säulen des Parthenon nach denen des Vorparthenon geplant und besitzen denselben Durchmesser wie diese; außerdem weisen die beiden Innenräume im O und im W exakt dieselbe Länge auf. Neu ist beim Parthenon die hier erstmals vorgenommene Verbreiterung der bis dahin (von einigen Ausnahmen abgesehen) sechssäuligen dorischen Tempelfassaden um zwei weitere Säulen, was natürl. gegenüber einer sechssäuligen Fassade zu erhebl. Proportionsveränderungen geführt hätte (J. J. Coulton, in: E. Berger [Ed.], Parthenon-Kongress, ibid., 1984, 42). Um dieser Anomalie entgegenzuwirken, steigerte der Architekt die Höhe der Säulen um eine Trommel, reduzierte die Achsweiten und kontrahierte die Eckinterkolumnien zweimal stärker (die übermässige Eckkontraktion wäre auch für die Proportionierung 4:9 des Grundrisses [bei praktisch gleichen Achsweiten an Schmal- und Langseiten] erforderl. [vgl. Wesenberg, 1982, 122]; letztere ist jedoch nicht stichhaltig, da die Stylobatlänge um ca. 4 cm [2,25 Daktyloi] zu lang ist – oder die Breite um ca. 1,8 cm [1 Daktylos] zu kurz), als dies zur Lösung des bek. Eckkonflikts notwendig gewesen wäre. Die letztgen. Maßnahme wurde mit einer noch stärkeren Verschmälerung der Peristase verbunden (die Außenseiten der Seitenwände fluchten üblicherweise mit den Achsen der zweiten und der vorletzten Fassadensäule), was eine weitere Steigerung der Breite des Sekos im Verhältnis zur Gesamtbreite des Tempels zur Folge hatte (Knell, ibid., 1979, Anm. 72). Um der aus der Reduzierung der Achsweiten folgenden Verminderung der Gesamtlänge entgegenzutreten (die es nicht erlaubt hätte, die urspr. Länge des Sekos wie gewünscht beizubehalten), erhöhte der Architekt die Zahl der Säulen an den Langseiten von 16 auf 17. Diese Erhöhung glich die Summe der Kontraktionen (aller jetzt 16 Achsweiten) mehr als aus und erbrachte einen „Gewinn“ von etwa 2,60 m, der auch für eine erwünschte Verstärkung der Türwände genutzt wurde (von ca. 1,77 m auf ca. 2,06 m); der größte Teil der gewonnenen Länge (ca. 2,00 m) bot sich allerdings für die Vertiefung des ö. und w. Vorraums an, wodurch deren Proportionen trotz der gewaltigen Verbreiterung des Tempels beinahe gewahrt werden konnten. Die eindrucksvolle, durch die besonderen Erfordernisse des Innenraums notwendig gewordene Verbreiterung (bessere Sichtbarkeit der *Parthenos*) ermöglichte, ja forderte bis zu einem gewissen Grad eine bis dahin ungekannte Steigerung der Raumqualität des Sekos durch die Errichtung eines inneren Peristyls und die Schaffung eines unabhängigen Umgangs, dessen Beleuchtung durch zwei große, zu seiten der Tür eingefügte Fenster sichergestellt wurde. – Aus der neueren detaillierten Bau-Unters. geht hervor, daß urspr. beide Vorhallen des Sekos in allen ihrer Details gleich waren. Daß am fertigen Parthenon die ö. Vorhalle dünnere Säulen, einen tieferen Raum, und viele weitere Verschiedenheiten aufweist, ist das Ergebnis einiger während der frühen Ausführungsphasen vorgenommenen Planänderungen, welche einem stetig zunehmenden Anspruch nach Erweiterung des Skulpt.-Programms dienten. Der schwerwiegende nachträgl. Beschluß, einen ionischen Fries an allen vier Seiten des Sekos anzubringen, hatte zahlr. kleinere Veränderungen zur Folge, die, zumindest was die arithmet. und geometr. Detailplanungen betrafen, erhebl. Abwandlungen der urspr. Entwürfe des I. mit sich brachten (M. Korres, Der Plan des Parthenon, AM 109:1994, 53–120). Außerdem verursachten diese Veränderungen einige bes. unangenehme Diskrepanzen wie etwa das Sichtbarwerden von Klammerbettungen auf der ersten Stufe des Pronaos. – Eine Unters. der Voraussetzungen des einzigartigen Plans des Parthenon führt meist über die Grenzen der Person des I. hinaus: Der ansonsten seltene Tempeltypus (Doppeltempel) stellte auf der Akropolis geradezu die Regel dar (sog. „Vorparthenon“, Alter Athena-Tempel, Erechtheion); und auch die für die Vergrößerung der beiden Innenräume so hilfreiche Enge der Ptera an den Schmalseiten und des Pronaos, die zum sonst bei griech. Tempel übl. in krassem Gegensatz steht, stellt geradezu ein Charakteristikum der Tempel auf der Akropolis dar (beide Vorhallen am *Vorparthenon* und am Alten Athena-Tempel, O-Halle am Erechtheion). Die ungewöhnl. Breite des Tempels schließl. folgte zwingend aus Bedürfnissen der *Parthenos* des → Pheidias (I), und die große Zahl der Säulen an den Fassaden resultierte aus dem Beschluß, eine größere Breite zu erzielen, ohne daß hierdurch das für den älteren Tempel bereits vorbereitete Säulenmaterial unbenutzt blieb. Was bleibt also noch als Anteil des I. übrig? – Eher folgendes: – a.) Die sehr originelle Lösung komplexer Probleme, die nicht den strengen Beschlüssen der Volksversammlung unterlagen oder an die starken archit. Traditionen auf der Akropolis gebunden waren, mit dem Ergebnis einer neuen Art doppelter Säulenstellung im Inneren, die fast den Grundriß eines Peristyls besitzt, der Fenster, der Gliederung der Kassettendecken, der Integration eines Charakteristikums des Vorparthenons, näml. der vier ionischen Säulen des w. Raums (nach Pedersen, ibid., 1989, trugen diese Säulen viell. einen neuen Kapitelltypus, der auf das korinthische Kapitell vorauswies) und schließl. des Verzichts auf die Übernahme eines eindeutig ionischen Elements vom Vorparthenon, näml. des großen Kymations der Wandsockel. Ein ähnl. Detail ersch. beim Tempel des Hephaistos, wo aber an den Frontgebälken der Cella ionische Profile vorkommen, während diejenigen des Parthenon der dorischen Ordnung folgen; dorisch war urspr. auch der Fries (s.o.); – b.) die unübertreffl. Perfektion des Entwurfs und der Harmonie der Architekturglieder und der Bauornamente; – c.) die hervorragende Bewältigung einer Fülle von Detailproblemen und – d.) die ans Unglaubliche grenzende Differenzierung oder Abstufung der sog. optischen Korrekturen oder *refinements* (F. C. Penrose, An investigation of the principles of the Athenian archit., Lo. 1851). Zu diesen weiteren Differenzierungen, die als *refinements of refinements* bez. werden (diese Bezeichnung wurde erst von R. Wycherley, Stones of Athens, Pr. 1978, 111, für die Asymmetrie der Kurvatur der W-Seite verwendet), zählen (M. Korres, Refinements of refinements, in: L. Haselberger [Ed.], Appearance and Essence, Philadelphia 1999, 79–104, bes. 85–93, 94–98, 101): die gut kalkulierte Erhöhung der NW- und SO-Ecken des Bauwerks um ca. 2,5 bzw. ca. 5 cm und die daraus folgende Asymmetrie der Kurvaturen, der eine gegenteilige Asymmetrie der Kurvaturen an der W-Seite der Tempelplattform entspricht (wo noch die aus dem Felsen gehauenen Treppenstufen erh. sind), wodurch einige tatsächl. opt. Probleme gelöst wurden; ferner die zur SW-Ecke hin abnehmende Höhe des Sekos, die Verminderung der Kurvatur oberhalb der Orthostaten und die stärkere Neigung des Gebälks an der S-Seite. – 2.) Das *Telesterion im Demeter-Heiligtum von Eleusis*: Zum Telesterion bemerkt Vitruv (7, praef. 16; A. Corso, Gli architetti del telesterion di Eleusi nell'età di Pericle, in: AttiVenezia 140:1981/82, 199–215; id., Vitruvius and Attic mon., BSA 92:1997, 97–98), I. habe einen gewaltigen dorischen Sekos ohne äußere Säulenstellung errichtet, dem → Philon (II) dann z.Z. des Demetrios von Phaleron die prächtige Vorhalle angefügt hat. Plutarch (Per., 13) geht detaillierter auf die Gesch. dieses Bauwerks ein und führt die Beitr. von drei Architekten an (→ Koroibos [II], → Metagenes [II] von Xypeta und → Xenokles [II] von Cholargos), die nacheinander für drei Bauphasen verantwortl. gewesen sind (Baubeginn und Errichtung der unteren inneren Säulenstellungen mit dem Gebälk, die oberen Säulenstellungen, Dach und Lichtöffnung), erw. jedoch weder I. noch → Philon (II). Daß → Philon (II) nicht gen. wird, läßt sich dadurch erklären, daß Plutarch das perikleische Bauwerk beschr. und nicht den Anbau des Demetrios von Phaleron. Die Auslassung des I. ist ebenfalls verständl., da von ihm ledigl., wie 1927 F. Noack gezeigt hat, nur weitgehend unausgeführte Pläne stammten (Noack, 1927, 139, 143, 167, 180; nach Wesenberg, 1982, 104 mit Anm. 23 und Svenson-Evers, 1996, 180–182, soll I. Architekt nicht des perikleischen, sondern des sog. kimonischen [wohl nie vollendeten] Telesterion gewesen sein). Seine Pläne sahen im Sekos nur 20, allerdings sehr viel stärkere und sehr hohe (etwa 12 m) Säulen in 4 x 5 Reihen mit einem Achsabstand von etwa 8,40 m bzw. etwa 10 m, aber auch eine gewaltige, 10,50 m tiefe Vorhalle vor (K. Kourouniotis/I. Travlos, Συμβολή εις την οικοδομικήν ιστορίαν του ελευσινιακού τελεστηρίου, ADelt 1935–1936, 1 ss.), die eine zwölfsäulige, rund 54 m breite Giebelfassade haben sollte (Höhe der Säulen etwa 12 m, des Gebälks etwa 3,80 m, des Giebels etwa 6,50 m) und den größten Tempeln in Ionien und Sizilien ebenbürtig gewesen wäre. Ausgef. wurden allerdings nur die aus schwarzem eleusinischen Stein errichteten Wände mit einem großen dorischen Gebälk aus Poros, Fundamente für acht Innensäulen und ein Teil der Fundamente für die Vorhalle. Die Kosten für die Herstellung der 32 gigant. Säulen müssen ebenso gewaltig gewesen sein wie die Probleme bei der Beschaffung der 10 m langen hölzernen Deckenbalken (mit einem ca. 1 m^2 großen Querschnitt). – Die Pläne des → Koroibos (II) und seiner Nachfolger sahen im Innern eine erhebl. größere Zahl von Säulen, näml. 84 in 6 x 7 „zweistöckigen" Reihen vor; zwei oder drei Generationen später begonnene Arbeiten zur weiteren Vergrößerung des Gebäudes (Kourouniotis/Travlos, ibid.; K. Jeppesen, Paradeigmata, III, mid-fourth cent. main works of Hellenic archit. reconsidered, Aarhus 1958, 106, Abb. 170; Travlos, TopAttika, 1988, 94–95, Abb. 170) blieben im Stadium der Anlage der Fundamente stecken. Die bereits von I. geplante Vorhalle wurde auf der Grundlage neuer Pläne von → Philon (II) realisiert (Vitr., 7, 17). – 3.) *Der Tempel des Apollon Epikourios*: Dieser Tempel hat seine Fassade nicht im O, sondern im N. Aufgrund fehlender Quellen ist die Entstehungszeit nicht genau bek., so daß die theoret. Datierungsversuche v.a. auf typolog.

und stilist. Beobachtungen sowie auf Überlegungen zur Gesch. der Landschaft um Phigaleia und zur mögl. Karriere des I. basieren. Als Hinweise auf eine frühe Entstehungszeit werden gewöhnl. der langgestreckte Grundriß (6 x 15 Säulen), die größeren Achsweiten auf der N- und W-Seite (Fassaden), der größere Durchmesser der sechs Säulen der N-Seite (Hauptfassade) und die Profile einiger Kapitelle gewertet. Als jüngere Züge werden dagegen allg. die Form des doppelt abgetreppten Randschlags und des Schutzstreifens an den Krepisblöcken, das korinthische Kapitell im Sekos sowie der Fries und die darüber liegenden Profile angesehen. Häufig wird die Meinung vertreten, daß das Innere des Tempels einer jüngeren, das Äußere dagegen einer früheren Bauphase zuzuweisen sei; dies ist jedoch in höchstem Maße unwahrsch., da die Unterschnitte der Krepisstufen zu den jüngeren Zügen zu rechnen sind (vgl. aber auch Svenson-Evers, 1996, 211, Anm. 242). Diese Schwierigkeit haben einige Autoren mit der Vermutung umgehen wollen, diese Unterschnitte seien nachträgl. ausgef. worden (Martin, 1976, 433; Roux, 1962, 26); and. wiederum gehen einer genauen stilist. Analyse dieses Details aus dem Weg oder bezweifeln seine chronolog. Relevanz (Svenson-Evers, 1996, 211, Anm. 242). Aus unübersehbaren techn. Gründen ist es jedoch *nur* vor der Versetzung der Blöcke notwendig oder mögl., diese Unterschnitte auszuarbeiten (Mallwitz, 1975, 148, Anm. 78; Kalpaxis, 1986, 120; Cooper, I, 1996, 172). Andererseits setzen sie sich aufgrund ihrer geringen Höhe und größeren Tiefe nicht nur von denjenigen des Vorparthenon und des Parthenon ab, sondern auch von jenen der Propyläen. Bezügl. der langgestreckten Proportionen ist die Meinung vertreten worden, daß es sich hierbei wohl um eine Art Zitat des Apollontempels in Delphi handele oder daß sie von einem älteren Vorgängerbau an ders. Stelle übernommen worden seien, für dessen Existenz jedoch kaum Anhaltspunkte beizubringen sind. Es ist jedoch wahrsch., daß die gestreckten Proportionen, die auch bei den Apollontempeln in Delphi und Korinth zu beobachten sind, auf kultische Erfordernisse (gemeinsame Züge aller erw. Apollon-Tempel, die eine größere Länge verlangen, sind tiefe Ptera an den Schmalseiten, tiefer Pronaos, tiefer Opisthodom und das Vorhandensein eines Adyton) und nicht auf hohes Alter zurückzuführen sind. Die typolog. Verwandtschaft des Tempels mit and. Apollontempeln macht deutl., daß die allg. Gliederung des Grundrisses nicht auf I. zurückgeführt werden kann, sondern einem bestimmten Tempeltypus mit Adyton und Opisthodom folgt. Auch die größte Eigentümlichkeit des Tempels, die Nischenreihen an den Längswänden im Sekos, geht nicht auf I. zurück, sondern entspringt peloponnes. Trad.; das bekannteste Beispiel hierfür bietet der Heratempel in Olympia. Einer überzeugenden Meinung zufolge dienten diese Nischen den Bedürfnissen unterschiedl. Kultgemeinschaften (C. Weickert, in: ThB 18, 1925 [s.v. I.]). Ein and. unübersehbares Charakteristikum des Gebäudes, die seitl. Tür des Sekos, ist wohl eher auf kultische denn auf topograph. Gründe zurückzuführen. Im Gegensatz zu den Tempeln der übrigen Gottheiten, die nur axial ausgerichtete Türen besitzen (der Athena-Tempel in Tegea bildet hier viell. eine Ausnahme), sind die meisten Apollon-Tempel auch deshalb bemerkenswert, weil sie mehr als eine Tür oder einen Durchgang besitzen. Den bek. Beispielen des Oikos der Naxier, des Didymaions, des Tempels in Klaros und des Tempels von Bassae konnte aufgrund der Forschungen von Amandry und Hansen (J.-F. Bommelaer, Guide de Delphes, P. 1990, 178) zuletzt noch der Tempel in Delphi hinzugefügt werden. Wahrsch. gehört auch der Tempel in Korinth zu dieser Gruppe, dessen w. Raum entgegen der herrschenden Meinung als Adyton und nicht als ein zweiter Sekos mit eigener, in der Achse gelegener Tür zu deuten ist (da vom Sekos ledigl. die Fundamentgräben erh. sind, muß die Frage nach der ehem. Existenz einer Tür in der Mittelwand, aber auch einer oder mehrerer weiterer Türen offen bleiben. Der Sockel vor der Mittelwand schließt ledigl. eine axial konzipierte, nicht aber eine seitl. gelegene Tür aus [bei dem neu ausgegrabenen Apollon-Tempel in Thessalien befindet sich die Tür des Adytons am rechten Rand der Mittelwand, v. BCH 122:1998, 832 ss.]. Das Phänomen mehrerer Türen ist v.a. bei Apollontempeln zu beobachten und stützt die alte Hypothese, daß der Tempel G in Selinunt [mit einem inneren Naiskos wie in Didyma] ebenfalls dem Apollon geweiht gewesen ist. Der Bautypus des Doppeltempels ist außerordentl. selten; die einzigen sicheren Beispiele sind die Tempel auf der Athener Akropolis.). Wenn dies also die hist. und typolog. Voraussetzungen für den Entwurf des Tempels von Bassae sind, was bleibt dann noch als persönl. Anteil des I.? Aller Wahrscheinlichkeit nach folgendes: – a.) die peristylartige Einrichtung von Stützen und Gebälk im Inneren, die zuvor von I. selbst nur einmal im Inneren des Parthenon vollzogen war. Die Anwendung dieser neuen, epochemachenden Idee, die durch die diagonale Richtung der südlichsten Wandzungen bes. betont wird (zumal da die zugehörigen Halbsäulen eher als Innenecksäulen in Erscheinung treten), gehört jedoch nicht zum urspr. Plan, sondern zu einer Planänderung (Planänderungen an diesem Tempel wurden schon von Mallwitz, 1962, 140–177; Hoepfner, 1997, 178–183, und and. angenommen. Nach Cooper, I, 1996, 2, 179, 191 ss., und II, 1992, 2, 38, gibt es keinen Grund zu dieser Annahme. Das Argument Coopers schließt zwar eine Planänderung nach, nicht aber vor dem Versatz der Orthostaten aus). Anstelle der südlichsten Wandzungen und der freistehenden korinthischen Säule muß urspr. eine Querwand geplant gewesen sein (Wahrsch. waren urspr. die Seitenwände derart geplant, daß sie weiter im Inneren des Sekos stehen sollten, der Sekos also insgesamt schmaler gewesen wäre, und viell. sollten die Wände auch dicker sein. Ferner müssen zunächst nur drei in Halbsäulen endende Zungenmauern auf jeder Seite geplant gewesen sein, in der ersten Planung für die Türwand ferner eine ähnl. Gestaltung vorgesehen gewesen sein, wie später bei den Tempeln in Nemea und Tegea ausgef., d.h. mit kleinen, von Zungenmauern gebildeten Räumen im Innern des Sekos beiderseits der Tür. Dies ergibt sich einerseits aus der Tatsache, daß sowohl auf der Innenseite der Seitenwände als auch im Bereich der Basis der ersten Zungenmauer mit Halbsäule unbedeckte Klammerbettungen zu beobachten sind, andererseits daraus, daß die Ecke des Epistyls vor der Türwand weder auf der ersten Halbsäule noch auf der Türwand selbst aufruht, sondern ungestützt angebracht wurde – kein statisches, aber ein gewichtiges ästhet. Problem, das obendrein eine Abweichung vom Kanon bedeutet.). Daß die diagonale Richtung der südlichsten Wandzungen keine urspr. ist, wird durch das Fehlen eines entsprechend diagonal gerichteten Toichobat bewiesen; die Anbringung von parallel zu den and. ausgerichteten Wandzungen an dieser Stelle hätte die Anomalie nur teilw. behoben, weil der Toichobat hier nicht breit genug ist für ihre stark ausladende Basis. Zum anderen sind an denselben Stellen freistehende Säulen mit normalen Basen ebenfalls unmögl., weil sie die zw. ihnen und den Seitenwänden vorhandenen Klammerbettungen am Toichobat unbedeckt lassen, d.h. diese bleiben sichtbar. Urspr. sah also der Plan nur seitl. Stützenreihen vor, genauso wie es bisher für die ganze Peloponnes üblich war. Nimmt man I. als den Verantwortlichen auch für diesen älteren Plan an, so muß man ferner davon ausgehen, daß er anfangs nicht genug Freiheit hatte, seine kühnen Ideen durchzusetzen. Sonst muß man den älteren Plan einem and. Architekten zuschreiben. – b.) (falls I. auch vor der Planänderung verantwortl. war) die strenge Verbindung von Peristase und Sekos, wodurch die Anten und die Säulen des Pronaos mit der jeweils dritten Säule der Langseiten fluchten (wie beim Hephaistos- und beim Arestempel in Athen, dem Tempel der Nemesis in Rhamnous und dem des Poseidon in Sunion); dasselbe gilt für die Anten und die Säulen des Opisthodoms (die Verwendung dieses Prinzips an beiden Enden der Cella kommt nur noch am Arestempel [urspr. Tempel der Athena Pallenis] vor, M. Korres, Από τον Σταυρό στην αρχαία Αγορά, Horos 10–12:1992–1998, 83–104, Taf. 15–19). Die Tür liegt auf der Höhe des zehnten seitl. Interkolumniums, und die inneren Säulen korrespondieren exakt mit den Mitten der Interkolumnien der Säulen 5–9 der Langseiten. Urspr. ist diese Verbindung viell. noch strenger geplant (Hoepfner, 1997, 178–183); – c.) der künstler. hochstehende Entwurf des ionischen (Cooper, I, 1996, 290–292, 296–304) und des korinthischen Kapitells (H. Bauer, Korinthische Kapitelle des 4. und 3. Jh. v. Chr., AM Beih. 3, 1973; Cooper, I, 1996, 305–324), aber auch der eigenwilligen ionischen Basen; – d.) der neuartige Entwurf der Kassettendecken; – e.) versch. bautechn. Neuheiten, wie die ausgehöhlten marmornen Deckenbalken (die Form dieser Balken diente nicht der Einlassung von Eisenträgern [so Dinsmoor, u.a.], sondern der Verringerung von Eigengewicht zur Verminderung der Transportkosten, J. J. Coulton, Greek architects at work, Ithaka 1977, 146, Abb. 63e). – An dieser Stelle muß darauf hingewiesen werden, daß bei zahlr. Problemen, bei deren Lösung der Architekt wahrsch. nicht an zwingende Vorgaben gebunden gewesen ist, in Bassae ganz and. Wege beschritten worden sind als beim Parthenon (Roux, 1962, 32–56; Mallwitz, 1975, 38–42; F. A. Winter, AJA 84:1980, 413). Das Fehlen der sog. optischen Korrekturen beim Tempel von Bassae (Penrose, ibid., 1851, 27; zum nicht Vorhandensein von Entasis, Cooper, I, 1996, 153–156, Abb. 17, rekonstruiert horizontale Kurvaturen und konvergierende Krepisseiten etc.; D. Svolopoulos, Ναός επικουρίου Απόλλωνος Βασσών, Αρχιτεκτονική μελέτη, At. 1995, Taf. 8, sieht dagegen, nach sorgfältiger Verarbeitung der Vermessungsergebnisse, keine solche Besonderheiten) wird man kaum auf finanzielle Gründe zurückführen können (zu diesem Thema: J. J. Coulton, Coping with Curvature, in: L. Haselberger (Ed.), Appearance and essence, Philadelphia 1999, 69–77, bes. 76–77; M. Korres, ibid., 101). Beim Tempel von Bassae besitzen die Anten sehr schwere Proportionen, sind sehr breit und zeigen eine zusätzl. seitl. Verbreiterung in Höhe der Orthostaten (Cooper, I, 1996, Abb. 18), während beim Parthenon das Gegenteil der Fall ist. Auch das Hypodokion (Deckenbalkenträger – gesimsförmiger oberer Abschluß von Wänden etc.) im Inneren des Sekos gehört einer völlig versch. neuen Zeit an. Diese und and. Beobachtungen führen zu Fragen wie: Bis zu welchem Grad kann man bei einem antiken Architekten und in diesem Fall bei I. von einem gleichbleibenden Stil ausgehen? Worauf sind die Unterschiede bei zwei Bauten, abgesehen natürl. von denjenigen, die durch lokale Faktoren oder durch staatl. Auflagen diktiert werden, zurückzuführen? Auf unterschiedliche stilist. Versuche des Architekten, oder ist auf einen and. Architekten zu schließen? Bis zu welchem Grad und wie lange haben nachfolgende Architekten die Pläne des ersten beibehalten? Kann es sich etwa bei dem erw. Hypodokion in Bassae um eine Neuerung des I. handeln, die nach seinen Plänen erst gegen E. des 5. Jh. v. Chr. ausgef. worden sind, zu einer Zeit also, als der Architekt wahrsch. bereits gestorben war, zumindest aber nicht mehr aktiv gewesen ist, oder haben wir einen späteren Entwurf seines unbek. Nachfolgers vor uns? – Die Betrachtung der Bauten des I. lehrt, daß die allg. Anlage der Innenräume nicht von ihm, sondern von den staatl. Bauträgern festgelegt worden ist (dasselbe gilt auch für die Werke and. Architekten). So wie sich die Dinge darstellen, besaß er wohl größere Freiheiten bei der Ausf. der Detailplanung, der architekton. Einzelformen und der Baudetails. Eine in die Tiefe gehende Unters. aller mit den Bau-Zchngn zusammenhängenden Fragen bestätigt die Ansicht nicht, daß nur aufgrund von Erfahrungswerten und ohne oder mit nur geringer Verwendung von Zchngn gearbeitet worden sei. Die in ausreichender Menge belegten, selbständigen sprachl. Beschreibungen, von denen u.a. die mathemat. und astronom. Schriften Beispiele enthalten, oder Texte techn. Natur, wie die Schr. über die Skeuothek im Piräus, entsprechen in keiner Weise den Erfordernissen des zeichner. Entwurfs eines Gebäudes wie des Parthenon oder des Tempels des Apollon Epikourios; wir müssen mithin davon ausgehen, daß in Fällen dieser Art nicht nur Werk-Zchngn im Maßstab 1:1, sondern auch eine Fülle von Gesamtplänen in geeigneten Maßstäben für die Ausarbeitung und Formulierung der architekton. Gesamt-Komp. sowie für den Entwurf und die Darst. der Anordnung der Steinblöcke usw. notwendig gewesen sind. Die Auswahl, die Berechnung und die Abstimmung zahlr. Maßeinheiten erforderte wie heute arithmet. Kalkulationen, zu deren Niederlegung und Beschr. – nicht unbedingt mit einem bestimmten metrischen oder zeichner. Maßstab – geeignete, sehr detaillierte und eindeutige Zchngn notwendig gewesen sind. – Das systemat. Stud. des Parthenon kann zwar die Lücke nicht schließen, die der Verlust der berühmten Schr. des I. hinterlassen hat, liefert aber Hinweise und „Spuren“ eines urspr. Entwurfs (s.o.), der durch eine stärkere Vereinheitlichung und eine größere oder perfekte Symmetrie des vorderen und des hinteren Teils des Bauwerks charakterisiert ist. Die heutige Gestalt des Parthenon ist das Ergebnis erzwungener Revisionen, für die I. nicht verantwortl. gewesen ist und die in großem Umfang das urspr. von ihm entworfene perfekte Zusammenspiel der Proportionen und Maßverhältnisse zunichte gemacht haben. Als bezeichnende Belege seines urspr. zeichner. Entwurfs bleiben nur noch die auf die Planänderungen zurückzuführenden Nachlässigkeiten und Anomalien: die immer sichtbaren Klammerbettungen der ersten Stufe vor den Säulen des Pronaos und viele and., die aber am fertigen Bau unsichtbar waren. Ebenfalls im Sekos des Tempels in Bassae bleiben nur noch sichtbar belassene Klammerbettungen am Toichobat sowie Teile urspr. Kontaktflächen für quergerichtete Orthostaten im Bereich der südlichsten Wandzungen, ein Block des Toichobats an der SW-Ecke des Adytons (Cooper, III, 1996, Taf. 41, e) u.a. (Hoepfner, 1997). Diese an beiden Tempeln vorkommenden Nachlässigkeiten hätten leicht durch Überarbeitung und Einfügung eines Flickstücks beseitigt werden können, und dennoch blieben sie an gut sichtbaren Stellen stehen, obwohl an zahlr. and., sogar auch an nicht einsehbaren Stellen die Methode des nachträgl. Einfügens von Stücken in großem Umfang angewandt worden ist, um v.a. geolog. bedingte Fehler im Stein bis hin zur Unsichtbarkeit auszugleichen! Man könnte an dieser Stelle die viell. unbeweisbare Hypothese aufstellen, daß die erw. Nachlässigkeiten an derart sichtbaren Stellen aus best. Beweggründen nicht beseitigt worden sind: des Architekten zur Verteidigung des urspr. Plans oder der staatl. Behörde zur Dokumentation der durch die Planänderungen verursachten Verzögerungen und zusätzl. Kosten. Daß man aber auch viel später die erw. Bauteile immer noch unrepariert bleiben ließ, kann man heute nicht leicht erklären (viell. hatte man sie in späteren Zeiten als zu erhaltende bauhist. Zeugnisse betrachtet). – Was seine Fähigkeiten anbelangt, so wird gesagt, daß die Formulierungsfähigkeiten des I. beschränkt gewesen seien (das läßt sich aus einer Plutarchstelle [mor., 802 A] erahnen) und daraus gefolgert, daß er seine Schr. nicht allein hätte abfassen können, oder daß er → Karpion nur für die Anfertigung der Illustrationen herangezogen hätte (G. Becatti, in: EAA IV, 1961, s.v. I.). – Die Art und Weise, wie die antiken Quellen allg. auf I. Bezug nehmen, belegt, daß I. ein künstler. herausragender Architekt gewesen ist, dessen

Ruhm über viele Jahrhunderte weitergetragen worden ist. □ ThB18, 1925. RE IX. 1, 1914; EAA IV, 1961; DA XV, 1996; DNP V, 1998. – *F. Noack*, Eleusis 1927; *G. Roux*, L'archit. de l' argolide aux IVe et IIIe. siècles avant J.-C., Diss. P. 1961; *A. Mallwitz*, AM 77:1962, 140–177; *H. Knell*, JdI 83:1968, 100 ss.; *A. Mallwitz*, in: *Hofkes-Brukker*, Der Bassaifries, 1975; *R. Martin*, BCH 100:1976, 427 ss.; *F. E. Winter*, AJA 84:1980, 411–414; *B. Wesenberg*, AM 97:1982, 99–125; *T. Kalpaxis*, Hemiteles. Akzidentelle Unfertigkeit und „Bossen-Stil" in der griech. Baukunst, Mainz 1986; *P. A. Stadter*, A commentary on Plutarch's Pericles, Chapel Hill 1989; *F. A. Cooper*, The Temple of Apollo Bassitas, II und IV, At. 1992, I und III, At. 1996; *M. Korres*, AM 109:1994, 53–120; *Svenson-Evers*, Architekten, 1996, 157–211, 212, 214, 232, 244, 246, 247, 309, 4b9, 493, 494; *W. Hoepfner*, Planänderungen am Tempel von Bassae, in: *W. Hoepfner* (Ed.), Kult und Kultbauten auf der Akropolis. Internationales Symposion vom 7. bis 9. Juli 1995 in Berlin, B. 1997, 178–183; *M. C. Miller*, Athens and Persia in the fifth century B. C. A study in cultural receptivity, C. 1997.
M. Korres

Ilasamsos (Ἰλάσαμσος; 'lhshmsh), Maler in Dura-Europos des späten 1. oder des frühen 3. Jh. n. Chr. Nach einer griech. Inschr. auf einer gemalten *tabula ansata* unter der Wandmalerei auf der S-Wand des Pronaos des Bel-Tempels von Dura-Europos hat I. zwei der dargestellten Figuren gemalt, die einen Opferzug vor einer Tempel-Archit. mit gedrehten Säulen bilden (Perkins, 1973, Taf. 11). Aufgrund einer im Hof des Tempels gefundenen Inschr. aus dem Jahr 115 n. Chr. als *terminus ante quem* für dessen Errichtung (Cumont, 1926, 57) dat. Cumont die Malerei um 75 n. Chr. (Cumont, 1926, 84, 141). Perkins hingegen weist darauf hin, daß der Pronaos erst später angefügt wurde (Perkins, 1973, 41) und sieht in der Schriftform, der *tabula ansata* und den gedrehten Säulen Argumente für eine Entst.-Zeit der Malerei im frühen 3. Jh. n. Chr. (Perkins, 1973, 42). □ EAA III, 1960 (s.v. Dura-Europos: Ilashamsh 1). – *F. Cumont*, Fouilles de Doura-Europos (1922–1923), P. 1926, 81, 362, inscr. 6c; *A. Perkins*, The art of Dura-Europos, Ox. 1973, 36, 41 s.
Th. Ganschow

Ilashamsh → Elāhšamš

Illyrius, *Claudius* (Ἰλλυριός; Illyrius), Sohn des gleichnamigen athen. Archonten und Enkel des Prokonsuls Cn. Claudius Leonticus, vermeintl. Architekt, röm. Prokonsul um die M. des 3. Jh. n. Chr. I. ließ sich in einer Inschr. (CIG, I, 428; IG, III, 399; II/III^2, 5199; EpGr, 1888, 474, Nr 1054; PIR^2, Nr 892) u.a. als Wiederhersteller der Mauern von Athen verherrlichen, was früher irrtüml. darauf gedeutet worden ist, daß I. Architekt gewesen sei. In Wirklichkeit handelt es sich um den auch sonst durch Inschr. bek. Prokonsul, der wohl in dieser Funktion wahrsch. unter Valerian I. (253–260 n. Chr.) die Stadtmauern erneuern ließ. □ ThB17, 1925 (s.v. Illyrios). RE III. 2, 1899 (s.v. Claudius 182); EAA IV, 1961 (s.v. Illyrios). – *Brunn*, GGK II, 1889, 337, 366; *E. Groag*, Die röm. Reichsbeamten von Achaia bis auf Diokletian, W./L. 1939, 94 s.; *J./L. Robert*, BullEp 1951, 207, Nr 236 a; *Toynbee*, Artists, 1951, 13; *J./L. Robert*, BullEp 1953, 127, Nr 29; *Donderer*, Architekten, 1996, 93, Anm. 319.
R. V.

Im[...], griech. Münzstempelschneider, im späten 5. und frühen 4. Jh. v. Chr. in Syrakus auf Sizilien tätig. Die Sign. ist überliefert auf einer Tetradrachme und einer Hemidrachme (London, BM), deren Prägung zw. 413 und 399 v. Chr. anzusetzen ist. Die Vorderseite der Tetradrachme zeigt ein Viergespann, die Rückseite den Kopf der Artemis-Arethusa, beigeschrieben die Sign. und das Ethnikon ΣΥΡΑΚΟΣΙΩΝ. Die Hemidrachme zeigt zusätzl. die Sign des → Kimon (II) und verbindet damit die Schaffensperiode des I. mit der der hervorragendsten Münzstempelschneider der Klassik auf Sizilien. □ *Franke/Hirmer*, GrMünze^2, 1972, 50, 52, Taf. 39, Abb. 115.
B. Gerring

Imbu, ägypt. Bildhauer, 12. Dynastie (um 1976–1794/93 v. Chr.), in Ägypten tätig. Bek. durch einen Meißel, der mit seinem Namen beschriftet ist und in die 12. Dynastie dat. wird. Dieser Meißel-Typ wurde generell von Bildhauern verwendet, so daß wir davon ausgehen können, daß I. als solcher tät. war, auch wenn wir keine näheren Angaben über ihn haben. □ LÄ IV,1982 (s.v. Meißel mit Anm. 14). – *W. M. F. Petrie*, Tools and weapons, Lo. 1917, 20, Nr 49, Taf. 22, Nr 80 (c).
T. Schrottenbaum

Imenchau, ägypt. „Vorsteher der Künstler", unter den Königen Ramses III. (1183/82–1152/51 v. Chr.) und Ramses IV. (1152/51–1145/44 v. Chr.) in Theben/Oberägypten tätig. I. beaufsichtigte die Künstler im Tempel von Medinet Habu. Sein Grab Nr 372 befindet sich in Theben-W. Viell. ist er ident. mit dem I., der im Papyrus (BM, Inv. Nr 10335 Recto 8) als Beamter des Tempels von Medinet Habu bei einem Orakelgericht als Zeuge auftritt und der sich in das zweite Reg.-Jahr von Ramses IV. datieren läßt. Wahrsch. stammt I. aus Memphis. □ PM I. 1, 1960, 432, Nr 372. – *W. R.*

Dawson, An oracle papyrus B. M. 10335, in: JEA 11:1925, Taf. 36; *J. Spiegel*, Ptah-Verehrung in Theben (Grab 372), in: ASAE 40:1940, 257 ss.; *W. Helck*, Mat. zur Wirtschafts-Gesch. des Neuen Reiches, I, Mainz 1961, 112; *M. M. Mostafa*, SAK 19:1992, 241. Y. Ott

Imenemhat (I) (Amenemhet), ägypt. Architekt und Bauleiter („Vorsteher der Arbeiten des Königs"), Zeit Mentuhoteps IV. (1983–1976 v. Chr.), in Ägypten tätig. I. führte ferner u.a. den Titel eines Wesirs und ist somit als höchster Beamter Ägyptens ausgewiesen. Er war für die Errichtung des Grabmals Mentuhoteps IV. zuständig und hat mehrere Graffiti im Wadi Hammamat hinterlassen, die in das zweite Reg.-Jahr Mentuhoteps IV. datieren und die Ereignisse der von I. geleiteten Steinbruchexpedition festhalten, bei der der Stein für den Sarkophag des Königs geholt wurde. ▭ *J. H. Breasted*, Ancient records of Egypt, I, N. Y. 1906, Paragraphen 434–453; *J. Couyat/P. Montet*, Les inscr. hiéroglyphiques et hiératiques du Ouadi Hammâmât, Kairo 1912, Nr 110 B, 113, 192, 205; *W. A. Ward*, Index of Egyptian administrative and relig. titles of the Middle Kingdom, Beirut 1982, Nr 401. M. A. Stadler

Imenemhat (II) (Amenemhet), ägypt. Bildhauer, Zeit Amenophis' I. (1525–1504 v. Chr.) in Theben-W/Ägypten tätig. I. ist im Grab (Theban Tomb 181) seines Bruders, des Bildhauers → Ipuki, und des Bildhauers → Nebimen (I) dargestellt. Er ist ferner der Onkel des Bildhauers → Imenemhat (III). ▭ *N. de Garis Davies*, The tomb of two sculptors, N. Y. 1925, 16, 50. M. A. Stadler

Imenemhat (III) (Amenemhet), ägypt. Bildhauer, Zeit Amenophis' I. (1525–1504 v. Chr.) in Theben-W/Ägypten tätig. I. ist im Grab (Theban Tomb 181) seines Vaters, des Bildhauers → Ipuki, und des Bildhauers → Nebimen (I) dargestellt. I. wird die Mitarbeit an diesem Grab zugeschrieben. ▭ *N. de Garis Davies*, The tomb of two sculptors, N. Y. 1925, 15 s., 36, 44, 56 s. M. A. Stadler

Imenemhat (IV) (Amenemhet), gen. Surer oder Serer, ägypt. „Vorsteher aller Künstler des Königs", Zeit Amenophis' III. (1388–1351/50 v. Chr.), in Ägypten tätig. I. ist durch sein Grab (Theban Tomb 48) belegt, in dem die Überreichung von Königsstatuen dargestellt ist. I. war unter Amenophis III. ferner „Domänenvorsteher" und hatte den Rang eines „Wedelträgers zur Rechten des Königs" inne, ist dann aber offenbar in Ungnade gefallen, worauf die Zerstörung seines Grabes zurückzuführen ist. ▭ LÄ I, 1975 (s.v. Amenemhet Surer). – Urk. IV, 1896–1907; *T. Säve-Söderbergh*, Four Eighteenth Dynastie tombs. Priv. tombs at Thebes, I, Ox. 1957, 33–49, Taf. 30–71. M. A. Stadler

Imenemhat (V) (Amenemhet), ägypt. „Oberster der Goldschmiede", 18. Dynastie vor Amarna (1550–1350 v. Chr.), in Ägypten tätig. I. ist durch eine Totenstele namentl. und mit Titel belegt, auf der er mit seiner Fam. dargestellt ist. ▭ *G. Kueny/J. Yoyotte*, Grenoble, Mus. des Beaux-Arts, coll. égyptienne, P. 1979, Nr 20. M. A. Stadler

Imenemhat (VI) (Amenemhet), ägypt. „Goldschmied des Amun", Neues Reich (1550–1069 v. Chr.), in Theben/Ägypten tätig. Nur durch Grabkegel mit Namen und Titel belegt. ▭ *N. de Garis Davies/M. F. Laming Macadam*, A corpus of inscribed Egyptian funerary cones, Ox. 1957, Nr 220; *W. Helck*, Mat. zur Wirtschafts-Gesch. des Neuen Reiches, I, Wb. 1960, 45. M. A. Stadler

Imenemhat (VII) (Amenemhet), ägypt. „Umrißzeichner im Haus des Sokar", Zeit Sethos' I. (1279–1213 v. Chr.), in Theben/Ägypten tätig. Im Grab seines Sohnes, des Umrißzeichners → Paschedu, mit seiner Frau dargestellt (Theban Tomb 323). Seine Enkel → Ipu (IV), → Rahetep, → Maanechetef (III) und → Neferaabet, seine Urenkel → Imennechet (IV) und → Heri (IV) sowie seine Ururenkel → Imenhetep (XII), → Herischeri und → Pentaweret waren ebenfalls Umrißzeichner. ▭ KRI, I, Ox. 1975, 392; *K. A. Kitchen*, Ramesside inscr., I, translations, Ox. 1993, 323; *id.*, Ramesside inscr., I, comments, Ox. 1993, 286 s. M. A. Stadler

Imenemheb (I), ägypt. „Vorsteher der Goldschmiede des Amun", 18. Dynastie (1550–1292 v. Chr.). Belegt durch zwei einander sehr ähnl. Stelen (Chicago, Or. Inst. 10789 und Yale 1937. 144). Der Name des I. und der seiner Frau (Satimen) deuten auf theban. Herkunft. ▭ *W. K. Simpson*, BES 1:1979, 47 ss., Taf. 2 s. F. Hoffmann

Imenemheb (II), ägypt. „Vorsteher der Arbeit des 'Goldhauses'" und „Vorsteher der Goldschmiede", 18. Dynastie (wohl Zeit Amenophis' III. [1388–1351/50 v. Chr]). Bek. durch einen hervorragend gearbeiteten Uschebti. Viell. ident. mit → I. (III). ▭ *H. Schlögl/M. Sguaitamatti*, Arbeiter des Jenseits, Z. 1977, 13 s., 16, 38a. F. Hoffmann

Imenemheb (III), ägypt. „Oberster der Goldschmiede", 18./19. Dynastie (um ca. 1300 v. Chr.). I. kommt auf der Stele Kairo, Ägypt. Mus., Inv. Nr JE 18925 vor. Viell. ident. mit → I. (II). ▭ PM III. 2, 1981, 736 s. – *G. A. Gaballa*, MDAIK 35:1979, 80 ss. F. Hoffmann

Imenemheb (IV), Sohn des → Imeneminet (I), ägypt. „Oberster der Goldschmiede“, 19. Dynastie (1292–1186/5 v. Chr.), im memphitischen Raum tätig. Belegt auf der in Saqqara gefundenen Stele (Kairo, Temp. No. 10. 6. 24. 8) seines Vaters, für deren Errichtung er zus. mit seinem Bruder gesorgt hat. Reste von Türteilen aus einem Grab (Kairo, JE 46190–1) sind wohl ders. Person zuzuordnen. Demnach teilte sich I. offenbar das Grab mit → Ptehemheb (II). ▭ PM III. 2, 1981, 552 s., 669. – *M. Châban*, ASAE 17:1917, 181; *E. Otto*, Osiris und Amun, M. 1966, Taf. 6; *Y. J.-L. Gourlay*, BIFAO 79:1979, 93. F. Hoffmann

Imenemheb (V), ägyptischer „Oberster der Umrißzeichner“, wohl 19. Dynastie (13. Jh. v. Chr.), in Memphis tätig. Er hat im Serapeum von Saqqara, der Grablege der Apisstiere, eine Stele hinterlassen, die ihn in Verehrung vor dem Gott Apis zeigt. ▭ PM III. 2, 1981, 783. – *M. Malinine/G. Posener/J. Vercoutter*, Cat. des stèles du Sérapéum de Memphis, P. 1968, 16, Nr 17, Taf. 6, Nr 17. F. Hoffmann

Imenemheb (VI), ägypt. „Vorsteher der Künstler“ des Ptahtempels in Memphis, 19./20. Dynastie (ca. 1. H. des 12. Jh. v. Chr.). Bek. von einer auffälligen, mit Glasur überzogenen Stele aus Fayence, die I. und seine Frau vor Osiris zeigt. ▭ *P. A. A. Boeser*, Die Denkmäler des Neuen Reiches, Abt. 3, Haag 1913, 11, Taf. 23, Nr 38; *W. Helck*, Mat. zur Wirtschafts-Gesch. des Neuen Reiches, I, Wb. 1960, 134. F. Hoffmann

Imeneminet (I) (Ameneminet; Amenemone; Amuneminet), Sohn des Cheref, ägypt. „Vorsteher der Künstler“ und „Aufseher der Goldschmiede“, am E. der 18. Dynastie (um 1320–1292 v. Chr.) tätig. Bek. durch eine Stele (Kairo, Temp. Nr 10/6/24/8), einem Reliefblock mit der Darst. der löwenköpfigen Göttin Sachmet (Kairo, 5/7/24/15), einem Wandstück (München, GL. 298), einem Reliefblock mit der Darst. von Opferträgerinnen (Ausgrabungs-Nr TNE94:F 105/106) und einem Relief mit einem Text aus dem Totenbuch (Kairo 17/6/25/1 a und f), die alle aus seinem Grab in der n. Nekropole von Sakkara stammen. Außerdem wurde von ihm das Kalksteinrelief (Louvre, Inv. Nr B48) für den Kult des Königs Mykerinos (2539/2489–2511/2461 v. Chr.) gestiftet. ▭ PM III, 1931, 99; III. 2, 1978, 552, Nr 2. – *E. Otto*, Osiris und Amun, M. 1966, Taf. 6; *H.-W. Müller/D. Wildung*, Staatl. Sammlung Ägypt. Kunst, M. 1976 (K München), 109 Nr 76, 112 (Inv. Nr Gl. 298); *J. Berlandini-Grenier*, Varia Memphitica I (I), Kairo 1976, 303–316 (Louvre, Inv. Nr B48); *Y. J.-L. Gourlay*, BIFAO 79:1979, 93; *A.-P. Zivie*, Das Grab des Vorstehers der Kunsthandwerker und Vorstehers der Goldschmiede, Ameneminet, in Saqqara, P. 1988, 49–53; *B. G. Ockinga*, BACE 9:1998, 73 ss. Y. Ott

Imeneminet (II) (Ameneminet; Amenemone; Amuneminet), ägypt. „Bauleiter aller Arbeiten im Tempel des Re“, unter dem König Haremhab (1319–1292 v. Chr.) in Memphis/Unterägypten tätig. Bek. durch einen Türsturz (Kairo, Ägypt. Mus.) und zwei Wandstücke in Kopenhagen, Ny Carlsberg Glyptothek, Inv. Nrn Ae. I. N. 714 und 715, die aus dem Grab des I. auf dem N-Friedhof in Memphis bei Abusir stammen. Weitere Bruchstücke befinden sich in Kairo und Bologna. ▭ LÄ I, 1975, 654 mit Anm 13 (s.v. Bauleiter). – *M. Mogensen*, La coll. égyptienne dans la Glyptothèque Ny Carlsberg, Kph. 1930, A 731, 100, Taf. 108; *H. Ranke*, ZÄS 67:1931, 78 ss.; *O. Koefeld-Petersen*, Cat. des bas-reliefs et peint. égyptiens, Kph. 1956, 36, Taf. 38, Nr 39 (Inv. Nr Ae. I. N. 714/715); *E. Otto*, Aus der Slg des Ägyptolog. Inst. der Univ. Heidelberg, B./Göttingen/He./N. Y. 1964, 93, Abb. 17; *J. Berlandini-Grenier*, La nécropole memphite du nouvel empire, I, Diss. P. 1973, 129–175; *A. Gnirs*, SAK 16:1989, 101 mit Anm. 76. Y. Ott

Imeneminet (III) (Ameneminet; Amenemone; Amuneminet), ägypt. kgl. Bauleiter des Neuen Reiches, tätig unter Haremhab (1332–1305 v. Chr.). Er war ein hoher Militärführer und versah auch priesterl. Funktionen. Hausverwalter des Tempels Thutmosis' IV. Als „Arbeitsvorsteher im Amun-Tempel“ und „Vorsteher aller (Bau)arbeiten des Königs“ maßgebl. an allen größeren Bauvorhaben Haremhabs beteiligt, v.a. an den Erweiterungsbauten für den Amun-Tempel von Karnak. ▭ *O. Koefoed-Petersen*, Rec. des inscr. hiéroglyphiques de la Glyptothèque Ny Carlsberg, Br. 1936, 79, Nr 714; *M. Ė. Mat'e*, Trudy 4:1947, 76, Nr 77. F. Steinmann

Imeneminet (IV) (Ameneminet; Amenemone; Amuneminet), Sohn des Wennefer, ägypt. Bauleiter („Vorsteher der Bauarbeiten“), unter dem König Ramses II. (1279–1213 v. Chr.) in Theben/Oberägypten tätig. I. leitete die Arbeiten an den Mon. seiner Majestät, im Tempel des Amun von Karnak und in den beiden Palästen des Königs. Erw. wird er auf der Rückseite des Papyrus Leyden, Nr 348, in dem er die Kontrolle über die Ausgabe von Kornrationen in seiner Funktion als oberster Polizeichef übernimmt. Bek. ist er durch eine Statue (Neapel), ein Weihgefäß aus Deir el-Bahari, eine Statue aus dem Hathor-Tempel von

Deir el-Bahari, einen Türpfosten und zwei Reliefblöcke aus Medinet Habu, einen offenen Schrein, in dem sich die Figur des Gottes Ptah befindet (CG, 1077), Fragm. eines Sarkophages aus rotem Sandstein aus Theben-W (Kairo, JdE 38338) und eine Statue aus dem Arbeiterdorf von Deir el-Medineh. ▭ KRI, III, 272–277; *L. Borchardt*, Statuen und Statuetten von Königen und Priv.-Leuten (CG), IV, B. 1930, Nr 1077; *A. H. Gardiner*, Late-Egyptian miscellanies, Br. 1937, 134 (Papyrus Leyden, 348); *C. F. Nims*, MDAIK 14:1956, 149; *H. Brugsch*, Thesaurus inscriptionum aegyptiacarum, Altägypt. Inschr., gesammelt, verglichen, übertragen, erklärt und autographiert, Graz 1968, 952, 956; *M. L. Bierbrier/H. de Meulenaere/J. Quaegebeur*, CdE 57:1982 (2. Ser.), 201 ss. Y. Ott

Imenemipet (I) (Amenophis), Sohn des Setau, ägypt. Reliefbildhauer, unter Amenophis IV. (Echnaton, 1351–1334 v. Chr.) in Theben/Oberägypten tätig. I. ist bek. durch eine Stele aus dem Grab seines Vaters Setau (Theban Tomb 1352) in Deir el-Medineh, die sich heute in der Ermitage in St. Petersburg befindet. Der besondere Stil der Amarnazeit ist auf der Stele unverkennbar. Bemerkenswert ist, daß als Arbeitsplatz des I. der Tempel des Gottes Amun gen. wird, obwohl Echnaton den Kult dieses Gottes stark einschränkte. ▭ PM I. 2, 1964, 734. – *R. Hari*, Rép. onomastique amarnien, Genf 1976, Nr 41; *E. Brovarsky*, BiOr 36:1979, 27 s. S. L. Lippert

Imenemipet (II) (Amenophis), ägypt. Bildhauer („Oberster der Bildhauer"), nach Eje (1323–1186/85 v. Chr.) in Abydos/Oberägypten tätig. Nach einer Stele im Louvre war I. am Totentempel des Eje in Abydos angestellt. Wie sein Titel zeigt, hatte er wohl eine leitende Stellung innerhalb der dort arbeitenden Künstler inne. Die Inv. Nr der unpubl. Stele wird in der Lit. mit C 56 oder C 65 angegeben; dabei handelt es sich jedoch mit Sicherheit um dasselbe Objekt. ▭ Urk. IV, 2112 (Paris, Louvre C 65); *W. Helck*, Mat. zur Wirtschafts-Gesch. des Neuen Reiches, Mainz 1961, 168 (Paris, Louvre, C 65). S. L. Lippert

Imenemipet (III) (Amenophis), ägypt. Zeichner („Umrißzeichner"), in der späten 18. oder frühen 19. Dynastie (1333–1279/78 v. Chr.) in der Gegend von Memphis/Unterägypten tätig. I. ist erw. auf einer Stele, die unter dem Fundament eines Ramses II. zugeschr. Tempels in Kafr el-Gabal (Giza) gefunden wurde. Auf demselben Stück werden auch sein Vater → Chensu (II) sowie seine Brüder → Rama und → Hi (II) gen., die ebenfalls Umrißzeichner waren. ▭ *S. Abdel-Aal*, GM 171:1999, 7 ss. S. L. Lippert

Imenemipet (IV) (Amenophis), ägypt. Architekt („Vorsteher der Arbeiten"), unter Sethos I.–Ramses II. (1290–1213 v. Chr.) in Theben-W/Oberägypten tätig. I. ist bek. durch eine hölzerne Sitzstatue, die ihn zus. mit seiner Frau Huther zeigt. Er lebte in der Arbeitersiedlung Deir el-Medineh und war am Bau und der Ausgestaltung von Gräbern im Tal der Könige beteiligt. ▭ *G. Roeder*, Hieroglyph. Inschr. aus den Staatl. Mus. zu Berlin, II, L. 1924, 63 ss., Nr 6910; Kat. Ägypt. Mus. Berlin, B. 1989, 106, Nr 155. S. L. Lippert

Imenemipet (V) (Amenophis), ägypt. Goldschmied („Vorsteher der Goldschmiede"), in der 20. Dynastie (1186/85–1070/69 v. Chr.) in Theben/Oberägypten tätig. I. ist durch ein Uschebti (Stellvertreterfigur für den Verstorbenen) bekannt. Er war mit der Ausgestaltung von Gräbern im Tal der Könige befaßt und lebte in Deir el-Medineh. Ob er ident. ist mit dem Goldschmied gleichen Namens, der auf einer Stele mit unbek. Fundort in Kairo vorkommt, ist nicht sicher. ▭ *P. Lacau*, Stèles du Nouvel Empire (CG), Le Caire 1926, 209, Nr 34171; *P. E. Newberry*, Funerary statuettes and model sarcophagi (CG), Kairo 1957, 81, Nr 47166. S. L. Lippert

Imenemipet (VI) (Amenophis), ägypt. Zeichner („Oberster Umrißzeichner"), im Neuen Reich 1550–1070/69 v. Chr. in Theben/Oberägypten tätig. Bek. durch sechs Uschebtis (Stellvertreterfiguren für den Verstorbenen), die in Deir el-Bahri (Theben-W) gefunden wurden. I. war am Amuntempel von Theben angestellt. ▭ *G. Roeder*, Aegypt. Inschr. aus den Staatl. Mus. zu Berlin, II, L. 1924, 339 s., Nrn 8326–8331. S. L. Lippert

Imenhetep (I) (Amenhotep; Amenothes; Amenophis), ägypt. Architekt und Bauleiter („Vorsteher der Arbeiten"), Zeit Hatschepsuts (1479 / 1473–1458/57 v. Chr.), in Theben/Ägypten tätig. I. ist durch sein Grab belegt (Theban Tomb 73), in dem er die beiden Obelisken, deren Errichtung er unter Hatschepsut leitete, abbilden ließ. Es handelt sich dabei vermutl. um die beiden Obelisken vor dem fünften Pylon in Karnak. Ferner hatte er noch das Amt des Hohepriesters des Chnum, der Satis und Anuki inne und war u.a. Oberdomänenvorsteher. ▭ *W. Helck*, Die Verwaltung des Mittleren und Neuen Reiches, Leiden/Köln 1958, 364 s. M. A. Stadler

Imenhetep (II) (Amenhotep; Amenothes; Amenophis), ägypt. „Vorsteher der Künstler", Zeit Thutmosis' III. (1479–1425 v. Chr.), in Theben/Ägypten tätig. Bei Gastmahlszene im Grab des Imenemhat (Theban Tomb 82) dargestellt und mit Namen und Titel benannt. ⊏⊐ *N. de Garis Davies/A. H. Gardiner*, The tomb of Amenemhet, Lo. 1915, 65, Taf. 16. M. A. Stadler

Imenhetep (III) (Amenhotep; Amenophis; Amenothes), ägypt. Architekt und Bauleiter („Vorsteher der Arbeiten in Ober- und Unterägypten"), z.Z. Thutmosis' IV. (1397–1388 v. Chr.) in Ägypten tätig. I. ist auch als Vizekönig von Kusch in versch. Inschr. belegt. ⊏⊐ Urk. IV, 1635–1637. M. A. Stadler

Imenhetep (IV) (Amenhotep; Amenophis; Amenothes), gen. Hui, ägypt. Architekt und Bauleiter („Vorsteher der Arbeiten in Ober- und Unterägypten") und „Vorsteher der Bildhauer des Amun", z.Z. Amenophis' III. (1388–1351/50 v. Chr.) in Ägypten tätig. I. ist u.a. durch sein Grab (Theban Tomb 368) und auf zwei Statuen in Bubastis, die er dort aufstellen ließ, belegt. Ferner war er als Wesir von Unterägypten einer der beiden ranghöchsten ägypt. Beamten. In der Inschr. einer Statue berichtet I. davon, daß er für den Bau am Totentempel seines Königs im W von Memphis zuständig war. Lt. Inschr. war der Tempel aus Turakalkstein mit goldbeschlagenen Zedernholztoren erb. und umfaßte einen Park mit einem See. ⊏⊐ PM I. 1, 1960, 431 s.; LÄ I, 1975, Sp. 654 mit Anm. 13 (s.v. Bauleiter). – Urk. IV, 1793–1812; *W. Helck*, Zur Verwaltung des Mittleren und Neuen Reiches, Leiden/Köln 1958, 304 s.; *W. Helck*, Urkunden der 18. Dynastie, Übersetzung zu den Heften 17–22, B. 1961, 259–269. M. A. Stadler

Imenhetep (V) (Amenhotep; Amenophis; Amenothes), ägypt. „Vorsteher der Künstler", z.Z. Amenophis' III. 1388–1351/51 v. Chr.) in Ägypten tätig. Er ist belegt durch die Inschr. eines Grabkegels und sein Grab in Theben-W (C. 1). Außerdem trug er den Titel eines Kämmerers. ⊏⊐ PM I. 1, 1960, 456. – Urk. IV, 1936–1938; *W. Helck*, Urkunden der 18. Dynastie, Übersetzung zu den Heften 17–22, B. 1961, 325 s. M. A. Stadler

Imenhetep (VI) (Amenhotep; Amenophis; Amenothes; „der Weise"), Sohn des Hapu und der Itu, ägypt. kgl. Bauleiter des Neuen Reiches, tätig unter Pharao Amenophis III. (1403–1365 v. Chr.), * Athribis/Unterägypten, † nach 1369 v. Chr. im Alter von über 80 Jahren, aus einem berühmten Priestergeschlecht. A. war zunächst Rekrutenschreiber und versah dann weitere militär. sowie priesterl. Funktionen. Er wurde schließl. persönlicher Vertrauter und Minister Pharao Amenophis' III. und war Vermögensverwalter der Prinzessin Satamun. Er besaß ein großes enzyklopäd. Wissen und galt als Experte für klassische Bücher, alte Inschr. und Ritualformeln. Als „Vorsteher aller (Bau-)arbeiten des Königs" leitete er die Aufstellung der sog. Memnonskolosse (Kolossalstatuen Amenophis' III.) in Theben-W und anderer Kolossalstatuen, ferner die Bauarbeiten für den Amun-Tempel von Karnak und wahrsch. auch die für den Tempel von Luxor. A. wurde vom Pharao in Anerkennung seiner Verdienste mit hohen Ämtern und Ehrungen überhäuft, so z.B. mit der Erlaubnis zur Anlage eines eigenen Totentempels in der Nähe des kgl. Totentempels. In der Spätzeit wurde A. als Heilgott verehrt. Seine Granitstatue (um 1365 v. Chr., heute in Kairo, Ägypt. Mus.) stand einst am Tempeltor von Karnak (Amun-Tempel, VII. Pylon). ⊏⊐ DictHazan I, 1967 (s.v. Amenhotep); *W. Helck/E. Otto*, Kleines Wörterbuch der Ägyptologie, Wiesbaden [2]1970, 38; LÄ I, 1972, 219 s.; PKG XV, 1975. – *W. Helck*, Der Einfluß der Militärführer in der 18. ägypt. Dynastie, L. 1939, 2–13; *M. È. Mat'e*, Trudy 4:1947, 78 Nr 88; Urk. IV, 1955, 1813 ss.; *A. Varille*, Inscriptions concernant l'architecte Amenhotep fils de Hapou, Kairo 1968; *D. Wildung*, Imhotep und Amenhotep, M./B. 1977. F. Steinmann

Imenhetep (VII) (Amenhotep; Amenophis; Amenothes), ägypt. „Vorsteher aller Künstler des Königs", M. 14. Jh. v. Chr. in Ägypten tätig. I. trägt einige Titel, die ihn auch als Verwaltungsbeamten ausweisen. Er ist im Grab (Theban Tomb 55) seines Bruders, des Wesirs Ramose, dargestellt. ⊏⊐ *N. de Garis Davies*, The tomb of the vizier Ramose, Lo. 1941, 44, Taf. 8, 9, 11, 12, 19; *R. Hari*, Répert. onomastique amarnien, Basel/Genf 1976, 48. M. A. Stadler

Imenhetep (VIII), gen. Hi, ägypt. Bauleiter, unter Amenophis IV/Echnaton-Tutanchamun (1351–1323 v. Chr.) in Faras/Nubien tätig. I., der meistens in seiner Kurzform Hi erscheint, ist bek. durch zahlr. Denkmäler, u.a. durch eine Inschr. aus Faras (n. vom Wadi Halfa), wo er in seiner Eigenschaft als „Vizekönig von Nubien" die Bauarbeiten an einem Tempel für den Pharao Tutanchamun leitete. Der Tempel ist heute weitgehend zerstört. I. ist desweiteren bek. durch sein Grab in Qurnet Murrai/Theben-W (Theban Tomb 40), durch ein Fragm. einer Statue, die er in Elkab aufgestellt hatte, durch eine Stele, die in Karnak gefunden wurde, und schließl. durch ein Graffito aus Bigga. I. residierte vermutl. in Faras, wo auch seine Frau Tamwadjesi, die „Größte der Haremsdamen", wohnhaft war, reiste aber offenbar viel in Ägypten umher. ⊏⊐ LÄ II, 1977 (s.v. Faras mit Anm.

4); III, 1980 (s.v. Hui 1; Königssohn von Kusch, Nr 14); PM I. 1, 1960, 75–78, Nr 40. – *W. Helck*, Mat. zur Wirtschafts-Gesch. des Neuen Reiches, I, Mainz 1961, 152, Nr 12. T. Schrottenbaum

Imenhetep (IX) (Amunhotep; Amenophis), gen. Hi (Hui), ägypt. Bauleiter („Vorsteher der Arbeiten an allen Denkmälern seiner Majestät"), unter Ramses II. – Merenptah (1279–1203 v. Chr.) in Memphis/Unterägypten tätig. I., der Oberbürgermeister von Memphis, ist bek. durch eine Reihe von Denkmälern, auf denen er meistens in der Kurzfom Hi erscheint. Auf einem großen Granit-Sarkophag wird ausdrückl. erw., daß er Hi gen. wird. Ein Stelen-Fragm. mit einer hieroglyph. Inschr., ist hier von besonderem Interesse. Dort wird berichtet, daß Hi einen Tempel (gen. „Chenemetmaat") gebaut habe, mit großen Pylonen aus Turakalkstein, mit Toren aus Gold und Türpfosten aus Granit, im Hof mit Säulen aus Granit und Türen aus Zedernholz, die mit Figuren aus Gold und Lapislazuli verziert waren. Den Weg zum Tempel habe er mit Bäumen bepflanzt und Denkmäler aus Granit aufgestellt. Es handelt sich vermutl. um einen Tempel Ramses' II., der in der Nähe des großen Ptah-Tempels von Memphis stand, und noch im 2. Jh. v. Chr. in Betrieb war. I. war offenbar mit der Ltg. des Baus beauftragt, was die Planung und Verwaltung beinhaltete. I. ist desweiteren durch eine Stele belegt, auf der zahlr. Mitglieder seiner Fam. dargestellt sind, darunter sein Bruder → Ipu (III), der ebenfalls Bauarbeiten leitete, und eine Stele, die im 'Großen Speos (d.h. Felsentempel) des Haremhab' in Gebel es-Silsile (bei Assuan) angebracht wurde. ▭ PM V, 1937, 210 (20). – KRI IV, 125,8–9; *E. W. Ware*, AJSL 43: 1926–1927, 205, Nr 26; *A. Hamada*, ASAE 35:1935, 122 ss.; *A. Badawai*, ASAE 44:1944, 181 ss.; *W. Helck*, Mat. zur Wirtschafts-Gesch. des Neuen Reiches, I, Mainz 1961, 138; *T. G. H. James*, Hieroglyphic texts from Egyptian stelae etc., IX, Lo. 1970, 26 s., Nr 166, Taf. 22.
T. Schrottenbaum

Imenhetep (X) (Amenhotep; Amenophis; Amenothes), ägypt. Umrißzeichner, 20. Dynastie (M. 12. Jh. v. Chr.), in Theben/Ägypten tätig. Im Testament der Nutnechti (Naunachte) als Mitgl. der Magistratsversammlung gen., bei der das Testament hinterlegt wurde. Ferner ist er mit Titel und Namen auf einem fast völlig abgeriebenen Ostrakon und in einer Quittung überliefert. ▭ *G. Daressy*, Ostraca (CG), Kairo 1901, Nrn 25313, 25362; *J. Černý*, JEA 31:1945, 29–53; *E. S. Bogoslovsky*, ZÄS 107:1980, 97. M. A. Stadler

Imenhetep (XI) (Amenhotep; Amenophis; Amenothes), ägypt. Künstler, in der 1. H. des 12. Jh. v. Chr. in Theben/Ägypten tätig. Ledigl. in einem Brief erwähnt. ▭ *J. Černý*, Late Ramesside letters, Br. 1939, 20; *E. Wente*, Letters from ancient Egypt, Atlanta 1990, 192. M. A. Stadler

Imenhetep (XII) (Amenhotep; Amenophis; Amenothes), ägypt. Umrißzeichner, Zeit Ramses IV. bis IX. (1152/51–1107/03 v. Chr.), in Theben-W/Ägypten tätig. Mitgl. einer Umrißzeichner-Fam. als Ururenkel des → Imenemhat (VII), Urenkel des → Paschedu, Enkel des → Ipu (IV), Großneffe des → Rahetep, → Maanechetef (III) und → Neferaabet, Sohn des → Imennechet (IV), Neffe des → Heri (IV) und Bruder des → Herischeri und → Pentaweret. Durch eine Reihe von Ostraka mit Skizzen, die seinen Namen tragen, belegt, darunter auch Zchngn, die ihn nach der Beischrift selbst darstellen sollen. Die Zuschr. an einen einzigen I. ist nicht beweisbar, aber wahrscheinlich. Die Ostraka wurden zumeist im Grab Ramses' V. (von Ramses VI. usurpiert; Kings Valley 9) gefunden und sind mit Betenden mit beigeschriebenem hieroglyph. Gebet mitunter vor Gottheit (etwa dem thronenden Amun), Gottes-Darst. (Amun, Mut, Chons, Ptah) im Stil der Ramessidenzeit bemalt. I. war der leitende Umrißzeichner seiner Zeit und für die Vor-Zchng der bildl. Darst. in den Gräbern Ramses' IV., V., VI., VII., VIII. und IX. zuständig. ▭ *G. Daressy*, Ostraca (CG), Kairo 1901, Nrn 25029, 25037, 25051, 25052, 25066, 25095, 25114, 25115, 25117 und 25129; *B. Bruyère*, Rapp. sur les fouilles de Deir el Médineh (1933–34), Kairo 1937, 76; *E. S. Bogoslovsky*, ZÄS 107:1980, 97. M. A. Stadler

Imenhetep (XIII) (Amenhotep; Amenophis; Amenothes), ägypt. „Oberster der Nekropolenarbeiter", E. der 20. Dynastie (E. des 12. Jh. v. Chr.) in Deir el-Medineh/Ägypten tätig. I. ist in einem Brief erwähnt. Sein Titel weist ihn als höchstrangigen Künstler in der kgl. Nekropole aus. ▭ *J. Černý*, A community of workmen at Thebes in the Ramesside Period, Kairo 1973, 311.
M. A. Stadler

Imenhetep (XIV) (Amenhotep; Amenophis; Amenothes), ägypt. Architekt und Bauleiter („Vorsteher der Arbeiten im Haus des Osiris"), Neues Reich (1550–1069 v. Chr.), in Abydos/Ägypten tätig. Durch Würfelhocker belegt, auf dem ferner seine Verwaltungsämter im Tempel („Vorsteher der Priester des Onuris", „Verwalter der Arbeiten im Tempel der Isis") erw. sind. ▭ LÄ III, 1980, Sp. 202, Anm. 125 (s.v. Isis). – *P. A. A. Boeser*,

Beschr. der aegypt. Slg des niederl. Reichs-Mus. der Altertümer in Leiden, XII, D. H. 1925, Nr 25; *W. Helck*, Mat. zur Wirtschafts-Gesch. des Neuen Reiches, I, Wb. 1961, 166. M. A. Stadler

Imenhetep (XV) (Amenhotep; Amenophis; Amenothes), ägypt. Architekt und Bauleiter („Vorsteher der Arbeiten"), Neues Reich (1550–1069 v. Chr.), in Theben/Ägypten tätig. Durch Kanopenkrug und Grabkegel mit Namen und Titel und als Sohn des „Vorstehers der Arbeiten" → Senna belegt. ▭ *N. de Garis Davies/M. F. Laming Macadam*, A corpus of inscribed Egyptian funerary cones, Ox. 1957, Nrn 185, 196; *W. Helck*, Mat. zur Wirtschafts-Gesch. des Neuen Reiches, I, Wb. 1961, 45. M. A. Stadler

Imenhetep (XVI) (Amenhotep; Amenophis; Amenothes), ägypt. „Vorsteher aller Künstler des Amun", Neues Reich (1550–1069 v. Chr.), in Theben/Ägypten tätig. Nur durch Grabkegel belegt. ▭ *N. de Garis Davies/M. F. Laming Macadam*, A corpus of inscribed Egyptian funerary cones, Ox. 1957, Nrn 314, 315. M. A. Stadler

Imenhetep (XVII) (Amenhotep; Amenophis; Amenothes), ägypt. Goldschmied, Neues Reich (1550–1069 v. Chr.), in Ägypten tätig. Nur durch zwei Graffiti am Bir Menih belegt, die eine Expeditionsteilnahme im Gebel Shelul nahelegen. Vermutl. ist er auch durch einen Grabkegel, der einen Goldschmied I. nennt, belegt. ▭ *F. W. Green*, PSBA 31:1909, 251, 253, Taf. 33, 35; *N. de Garis Davies/M. F. Laming Macadam*, A corpus of inscribed Egyptian funerary cones, Ox. 1957, Nr 160; *W. Helck*, Mat. zur Wirtschafts-Gesch. des Neuen Reiches, I, Wb. 1961, 45. M. A. Stadler

Imenhetep (XVIII) (Amenhotep; Amenophis; Amenothes), ägypt. „Vorsteher der Künstler des Min und der Isis", Neues Reich (1550–1069 v. Chr.), in Theben/Ägypten tätig. Ledigl. mit Namen und Titel auf Grabkegel belegt. ▭ LÄ III, 1980, Sp. 202, Anm. 125 (s.v. Isis). – *N. de Garis Davies/M. F. Laming Macadam*, A corpus of inscribed Egyptian funerary cones, Ox. 1957, Nr 192; *W. Helck*, Mat. zur Wirtschafts-Gesch. des Neuen Reiches, I, Wb. 1961, 172. M. A. Stadler

Imenhetep (XIX) (Amenhotep; Amenophis; Amenothes), ägypt. kgl. Bauleiter des Neuen Reichs, tätig unter Pharao Amenophis III. (1403–1365 v. Chr.). Wesir in Unterägypten. Als „Vorsteher der (Bau)arbeiten des Königs durch die Gaue von Ober- und Unterägypten" mit der Ltg der Arbeiten an Statuen und Kap. in Bubastis und Gebel es-Silsile betraut. ▭ LÄ I, 1972, 222. – *G. Legrain*, ASAE 4:1903, 197 ss.; *M. È. Mat'e*, Trudy 4:1947, 79 Nr 89; Urk. IV, 1955, 1840. F. Steinmann

Imenhetep (XX) (Pharao Imenhetep III.; Pharao Amenophis III.), regierte in Ägypten von 1388–1351/50 v. Chr. Die künstler. Betätigung des Pharao ist durch eine Malpalette aus Elfenbein für Wasserfarben mit dem Thronnamen des I. belegt. Die Malpalette scheint stark benutzt worden zu sein und enthält in ihren sechs Farbnäpfen Pigmentreste (Blau, Grün, Braun(?), Gelb, Rot und Schwarz). Es ist aber nicht mögl., dem König ein Werk zuzuschreiben. ▭ LÄ IV, 1982, Sp. 657 mit Anm. 13 (s.v. Palette [Schreib-]). – *W. C. Hayes*, The sceptre of Egypt, II, C., Mass. 1959, 255 s., Abb. 154. M. A. Stadler

Imeni (I), ägypt. Goldschmied, während des Mittleren Reiches (2119–1994/93 v. Chr.) im Raum Abydos/Oberägypten tätig. Belegt auf seiner Totenstele aus der nördl. Nekropole von Abydos. Er wird von seinen Angehörigen mit Totenopfern versorgt. ▭ PM V, 1937, 263. – *H. O. Lange/H. Schäfer*, Grab- und Denksteine des Mittleren Reiches (CG), II, B. 1908, 315 s., Nr 20689. C. von Pfeil

Imeni (II), ägypt. Bildhauer, während des Mittleren Reiches (2119–1994/93 v. Chr.) im Raum Abydos/Oberägypten tätig. Nur belegt auf der Stele eines Unbekannten (Ägypt. Mus. Kairo, CG 20722) aus der n. Nekropole von Abydos, wo er zus. mit and. Bildhauern dargestellt ist. ▭ *H. O. Lange/H. Schäfer*, Grab- und Denksteine des Mittleren Reiches (CG), II, B. 1908, 349, Nr 20722. C. von Pfeil

Imeni (III), ägypt. „Vorsteher der Goldschmiede", während des Mittleren Reiches (2119–1994/93 v. Chr.) im Raum Abydos/Oberägypten tätig. Belegt auf seiner Totenstele (Ägypt. Mus. Kairo, CG 20594) aus der n. Nekropole von Abydos, auf der ihm sein Sohn die Opfergaben bringt. ▭ *H. O. Lange/H. Schäfer*, Grab- und Denksteine des Mittleren Reiches (CG), II, B. 1908, 233, Nr 20594. C. von Pfeil

Imeni (IV), ägypt. Umrißzeichner (Vorzeichner), während des Mittleren Reiches (2119–1994/93 v. Chr.) in Unterägypten tätig. Belegt auf einem Statuensockel, der im Taltempel des Königs Snofru (4. Dynastie) in Dahschur gefunden wurde. Er scheint von dem ihm gegenüber dargestellten Bildhauer → Seneferu (I) das Totenopfer zu erhalten. ▭ *A. Fakhry*, The mon. of Sneferu at Dahshur, II. 2, Kairo 1961, 54. C. von Pfeil

Imeni (V), ägypt. „Vorsteher der Bildhauer", während der 13. Dynastie (1794/93–1648/45 v. Chr.) tätig. Belegt auf seinen beiden Stelen, deren Herkunft unbekannt ist: auf der einen versorgen seine Frau und seine Kinder ihn mit Totenopfern. Die Stücke befinden sich heute im Pariser Louvre (Inv. Nrn C 85, C 161 A). ▭ *H. G. Fischer*, The Metrop. Mus. Journal 5:1972, 20; *D. Franke*, Personendaten aus dem Mittleren Reich, Wb. 1984, 94, Nr 99. C. von Pfeil

Imeni (VI), ägypt. „Aufseher der Künstler", unter den Königen Neferhotep I. bis Sobekhotep IV. (13. Dynastie, 1730–1720 v. Chr.) in Mittelägypten tätig. Belegt durch eine Inschr. im Steinbruch von Hatnub/O-Wüste nahe Amarna, der von einem Arbeitertrupp zum Abbau des hier anstehenden Calcitalabasters aufgesucht wurde. ▭ *R. Anthes*, Die Felsen-Inschr. von Hatnub, Hildesheim 1964, Taf. 8, Nr 13. C. von Pfeil

Imenianch, ägypt. „Vorsteher der Bildhauer", 12.–14. Dynastie (1976–1648 v. Chr.). Nur belegt durch die Inschr. auf einem Skarabäus. ▭ *G. T. Martin*, Egyptian administrative and priv.-name seals, Ox. 1971, 22, Nr 22, Taf. 38 (18); *P. E. Newberry*, Ancient Egyptian scarabs, Chicago 1979, 144, Taf. 17 (27); *W. A. Ward*, Index of Egyptian administrative and relig. titles of the Middle Kingdom, Beirut 1982, 52, Nr 407. S. Hänsch

Imenmes (I), Sohn des → Iahmes (I), ägypt. Goldschmied, 17./18. Dynastie (ca. 16. Jh. v. Chr.). Belegt auf einer Stele aus Abydos, die sich jetzt in Marseille befindet. Demnach war auch sein Vater schon Goldschmied. ▭ PM V, 1937, 102. – *G. Maspero*, RecTrav 13:1890, 118, Nr 31. F. Hoffmann

Imenmes (II), ägypt. „Umrißzeichner der beiden 'Goldhäuser'", Dritte Zwischenzeit in Theben (1. H. 1. Jahrtausend v. Chr.). I. ist dadurch bek., daß er sich zus. mit → Djedchensu auf einer Statue der Fam. des Bürgermeisters von Theben, Sennefer (Kairo, CG 42126), verewigt hat. ▭ LÄ V, 1984, 856, 939. – *G. Legrain*, Statues et statuettes de rois et de particuliers, I, Kairo 1906, 78; *E. Schott*, GM 29:1978, 131; *M. Eaton-Krauss*, JEA 85:1999, 113 ss. F. Hoffmann

Imenmes (III), ägypt. „Oberster der Nekropolenhandwerker", frühe 19. Dynastie (A. des 13. Jh. v. Chr.), in Theben. Bek. von einem Uschebti (Leiden, AH 123), auf dem I. auch den Titel eines Schreibers des Getreidespeichers trägt. ▭ *H. D. Schneider*, Shabtis, II, Leiden 1977, 54, Nr 3. 1. 5.2, Taf. 17. F. Hoffmann

Imenmes (IV), Sohn des Pauia, ägypt. Bauleiter („Leiter der Arbeiten"), frühe 20. Dynastie (ca. 1. H. des 12. Jh. v. Chr.), in Theben. I., der auch mehrere and. hohe Titel auf sich vereinigte, leitete nicht nur versch. Arbeiten bei der Ausstattung des Amunre-Tempels, sondern auch den Bau des riesigen Totentempels von Ramses III. (1183/82–1152/51 v. Chr.) in Medinet Habu (Theben W). Dies läßt sich den Inschr. seiner Statue (Kairo, JE 87194) entnehmen. ▭ *A. Hamada*, ASAE 47:1947, 15 ss.; *A. H. Gardiner*, JEA 34:1948, 19 ss.; *W. Helck*, Mat. zur Wirtschafts-Gesch. des Neuen Reiches, I, Wb. 1960, 109. F. Hoffmann

Imenmes (V), ägypt. „Vorsteher der Bauarbeiter des Hauses des Amun", viell. 20. Dynastie (ca. 12. Jh. v. Chr.), in Theben. Bek. durch seinen Totenbuchpapyrus (London, BM, Inv. Nr 9918). ▭ *E. Naville*, Das aegypt. Todtenbuch der XVIII. bis XX. Dynastie, Einl., B. 1886, 62, Nr Ak; *W. Helck*, Mat. zur Wirtschafts-Gesch. des Neuen Reiches, I, Wb. 1960, 45. F. Hoffmann

Imenmes (VI), Sohn des → Su(em)auiimen, ägypt. „Vorsteher der Künstler (?) vom Haus des Amun", viell. 21. Dynastie (11./10. Jh. v. Chr.), in Theben. I. hat das Grab Nr 70 in Theben W usurpiert. ▭ PM I. 1, 1960, 139, Nr 70. – *A. H. Gardiner/A. E. P. Weigall*, A topogr. cat. of the priv. tombs of Thebes, Lo. 1913, 22 s., Nr 70. F. Hoffmann

Imenmes (VII), ägypt. „Oberster der Nekropolenhandwerker", 21. Dynastie (1070/69–946/45 v. Chr.), in Theben. Zus. mit seinem Kollegen → Padiimen (I) war er bei der Bestattung des Hohepriesters des Amun im 10. Jahr von Siamun (979/78–960/59 v. Chr.) in Deir el-Bahari anwesend, wie ein Graffito in der theban. Nekropole besagt. ▭ *J. Černý*, A community of workmen at Thebes in the Ramesside Period, Kairo 1973, 123 s. F. Hoffmann

Imennechet (I) (Amunnacht), gen. Pairinefer, Sohn des Buqentef, ägypt. Künstler („Großer Künstler am Ort der Wahrheit"), unter Sethos I.-Ramses II. (1290–1213 v. Chr.) in Theben-W/Oberägypten tätig. I. ist bek. aus dem Grab seines Sohnes → Hai (III) (Theban Tomb 267) sowie durch sein eigenes Grab (Theban Tomb 266) in Deir el-Medineh/Theben-W und durch einige weitere Denkmäler. Durch zwei Stelen, die sich heute im BM in London befinden, die des → Baki (BM 265) und die des → Heri (BM 317), wobei er auf letzterer zus. mit einem Hai dargestellt ist, bei dem es sich um seinen Sohn → Hai (III) handeln könnte. Desweiteren durch ein Stelen-Fragm. aus Deir el-Medineh, durch eine Holzstatue sowie durch eine stelophore Statue. Er gehörte einer Künstler-Fam. an, die sich, angefangen bei seinem Ururgroßvater → Didi, bis in die 7. Generation fassen läßt. Er war wie sein Vater und sein Sohn in der kgl. Nekropole in Theben-W tätig und lebte in der Arbeitersiedlung Deir el-Medineh. ▭ PM I. 1, 1960, 346–347, Nr 266; 347–349, Nr 267; PM I. 2, 1964, 710. – KRI III, 689–690; V, 630,14; *G. Roeder*, Aegypt. Inschr. aus den Staatl. Mus. zu Berlin, II, L. 1913, 76- 77, Nr 6909; *R. Engelbach*, Supplement to the topogr. cat. of the priv. tombs of Thebes, Kairo 1924, 18–19, Nr 266; *E. Endesfelder*, Die Arbeiter der thebanischen Nekropole im Neuen Reich, Diss. Berlin 1962, 41; *T. G. H. James*, Hieroglyphic texts from Egyptian stelae etc., IX, Lo. 1970, 20–21, Nr 317, Taf. 16, p. 40–41, Nr 265, Taf. 35, Nr 2; *D. Valbelle*, La tombe de Hai à Deir el-Médineh (Nr 267), Kairo 1975, 25, 39. T. Schrottenbaum

Imennechet(?) (II) (Amunnacht), ägypt. Bildhauer, unter Ramses II-Sethos II. (1279–1194/93 v. Chr.) in Theben-W/Oberägypten tätig. Bek. durch einen hieratischen Papyrus (Oxford, Ashmolean Mus., Inv. Nr 1960. 1283 recto), wobei die Lesung des Namens unsicher ist. Der Text handelt von Lieferungen an die Nekropolenhandwerker und berichtet, daß dem I. ein Meißel zugewiesen wird. Er war also in der kgl. Nekropole beschäftigt, wo er die vorgezeichneten Darst. an den Grabwänden reliefierte, und lebte in der Arbeitersiedlung Deir el-Medineh. ▭ *C. J. Eyre*, JEA 66:1980, 110 s. Z. 4. T. Schrottenbaum

Imennechet (III) (Amunnacht), ägypt. Bildhauer, 20. Dynastie (1186/85–1070/69 v. Chr.) in Theben-W/Oberägypten tätig. Bek. durch ein Ostrakon, auf dem in einer hieratischen Inschr. Name und Beruf des I. erw. werden. Das Ostrakon wurde im Tal der Könige in Theben-W gefunden, wo I. folgl. beschäftigt war. Er reliefierte die vorgezeichneten Darst. an den Grabwänden. Da das Ostrakon ledigl. aufgrund der Inschr. in die 20. Dynastie dat. wird, darf nicht vollkommen ausgeschlossen werden, daß er mit → Imennechet (II) bzw. → Nechetimen (I) ident. ist, die in der 19. Dynastie ebenfalls in der kgl. Nekropole beschäftigt waren und in der Arbeitersiedlung Deir el-Medineh lebten. ▭ *J. Černý*, Ostraca hiératiques (CG), I, Kairo 1935, 35, Nr 25612, Taf. 61.
T. Schrottenbaum

Imennechet (IV) (Amunnacht), Sohn des → Ipui (IV), ägypt. Vorzeichner („Umrißzeichner im Haus der Horizontgötter", „Umrißzeichner des Herrn der beiden Länder (d.h. des Königs)"), unter Ramses III.-Ramses VI. (1183/82–1134/32 v. Chr.) in Theben-W/Oberägypten tätig. I. ist bek. durch zahlr. Graffiti und einige Ostraka, auf denen er meist zus. mit seinem Vater → Ipui (IV) erw. wird und häufig nur als „Schreiber des Königs" bez. ist. Durch diese hieratischen Inschr. ist er vom 16. Reg.-Jahr Ramses' III. (1167/66) bis zum 7. Reg.-Jahr Ramses' VI. (1135/33) belegt. Daneben ist er durch fünf Stelen und einige Kleinfunde aus Deir el-Medineh bekannt. Ein Ostrakon (CG 25136), auf dem ein I. „Oberster Umrißzeichner" erw. wird, meint vermutl. denselben Künstler. I. lebte in der Arbeitersiedlung Deir el-Medineh und war, wie auch sein Bruder → Heri (IV), in der kgl. Nekropole beschäftigt, wo er Darst. an den Grabwänden vorzeichnete, die anschl. reliefiert bzw. bemalt wurden. Drei seiner Söhne, → Herischeri, → Imenhetep (XII) und → Pentaweret, waren ebenfalls als Künstler in der Nekropole tätig. ▭ KRI V, 626,6; 643, Nrn 63, 460, 593, 597, 770, 771, 799, 827, 840, 1031, 2544, 2557, 2757; 644–657; 658,12, 15; VI, 424–425; *G. Daressy*, Ostraca (CG), Kairo 1901, 103; *B. Bruyère*, Les fouilles de Deir el Médineh (1933–1934), Kairo 1937, 56, 76; *Endesfelder*, Die Arbeiter der theban. Nekropole im Neuen Reich, Diss., B. 1962, 34 s.; *J. Černý*, A community of workmen at Thebes in the Ramesside Period, Kairo 1973, 339; *M. L. Bierbrier*, The late New Kingdom in Egypt, Warminster 1975, 39; *A. Roccati*, BdE 81:1979, 282–283; *E. S. Bogoslovsky*, ZÄS 107:1980, 96; *E. M. Gutgesell*, Die Dat. der Ostraka u. Papyri aus Deir el-Medineh und ihre ökonom. Interpretation, I. 1, Hildesheim 1983, 597; *id.*, Die Dat. der Ostraka u. Papyri aus Deir el-Medineh und ihre ökonom. Interpretation, I. 2, Hildesheim 1983, 425, Nr O Cairo 25309.
T. Schrottenbaum

Imennechet (V) (Amunnacht), gen. Paunesch, Sohn des → Hai (III), ägypt. Vorzeichner („Umrißzeichner am Ort der Wahrheit"), unter Ramses III.-Ramses IX. (um 1183/82–1142/1138 v. Chr.) in Theben-W/Oberägypten tätig. I. ist bek. aus dem Grab seines Vaters → Hai (III) in Deir el-Medineh/Theben-W (Theban Tomb 267) und durch einige theban. Graffiti, die belegen, daß er seit E. der Reg.-Zeit Ramses' III. (um 1150 v. Chr.) bis zum 17. Reg.-Jahr Ramses' IX. (1108/1104 v. Chr.) tät. war. Er war wie sein Vater und seine Brüder → Imenua und → Unennefer in der kgl. Nekropole in Theben-W beschäftigt und lebte in der Arbeitersiedlung Deir el-Medineh. I. zeichnete die Darst. auf den Wänden der Gräber vor, die anschl. reliefiert wurden. Vermutl. hat er zus. mit seinen Brüdern am Grab seines Vaters mitgearbeitet. ▭ KRI V, 639 u.a. Nr 233; *D. Valbelle*, La tombe de Hai à Deir el-Médineh (Nr 267), Kairo 1975, 11 s., 24, 29, 36, 38; *E. S. Bogoslovsky*, ZÄS 107:1980, 97. T. Schrottenbaum

Imennechet (VI) (Amunnacht), Sohn des → Pentaweret, ägypt. Vorzeichner („Umrißzeichner"), unter Ramses VII. (1134/32–1126/23 v. Chr.) in Theben-W/Oberägypten tätig. Bek. durch ein Graffito (Nr 1651), in dem er zus. mit seinem Vater → Pentaweret gen. ist. Beide lebten in der Arbeitersiedlung Deir el-Medineh und arbeiteten in der kgl. Nekropole in Theben-W, wo sie Darst. an den Grabwänden vorzeichneten, die anschl. reliefiert bzw. bemalt wurden. ▭ KRI VI, 426, Nr 1651; *E. S. Bogoslovsky*, ZÄS 107:1980, 97. T. Schrottenbaum

Imennechet (VII) (Amunnacht), Sohn des Imenhetep, ägypt. Vorzeichner („Vertreter der Umrißzeichner der Königsverwaltung"), unter Ramses IX.-Ramses XI. (1125/1121–1070/1069 v. Chr.) in Theben-W/Oberägypten tätig. Bek. durch ein unpubl. Graffito, das am Grab Ramses' IV. angebracht wurde, und durch einen Papyrus (Turin, Mus. Egizio, Inv. Nrn 2005, 2078 und 2001), der ebenfalls unpubliziert ist. Sein Künstler-Titel ist in dem Graffito erw., auf dem als Datum das 9. Reg.-Jahr Ramses' IX. angegeben wird. Er beaufsichtigte die Umrißzeichner, die in den kgl. Gräbern arbeiteten, wobei er in erster Linie mit der Verwaltung betraut war. ▭ *E. S. Bogoslovsky*, ZÄS 107:1980, 97; *M. Gutgesell*, Die Dat. der Ostraka u. Papyri aus Deir el-Medineh und ihre ökonom. Interpretation, I. 1, Hildesheim 1983, 137 s., 141 (Giornale rt. 3,3); *id.*, Die Dat. der Ostraka u. Papyri aus Deir el-Medineh und ihre ökonom. Interpretation, I. 2, Hildesheim 1983, 341. T. Schrottenbaum

Imennechet (VIII) (Amunnacht), ägypt. Nekropolenhandwerker („Oberster der Nekropolenhandwerker"), unter Ramses X. (1107/1103–1103/1099 v. Chr.) in Theben-W/Oberägypten tätig. Bek. durch ein Ostrakon, das ins 3. Reg.-Jahr Ramses' X. (1104/1100) dat. wird. Er war zus. mit → Nebnefer (V) verantwortl. für die Mannschaft der Arbeiter in der kgl. Nekropole in Theben-W und lebte in der Arbeitersiedlung Deir el-Medineh. ▭ *J. Černý*, A community of workmen at Thebes in the Ramesside Period, Kairo 1973, 123 ss., 310 mit Fn. 4. T. Schrottenbaum

Imennutnechet, ägypt. „Graveur vom Haus des Amun", z.Z. der 21. Dynastie (1070/69–946/45 v. Chr.) in Theben. Er trug auch mehrere Priestertitel. I. wurde in Deir el-Bahari (Theben W) bestattet gefunden. Seine Mumienbinden sind unter den König Amenemope (996/5–985/4 v. Chr.) und den Hohepriester des Amun Pinodjem II. (993/92–970/69 v. Chr.) datiert. ▭ *A. Niwinski*, 21st dynasty coffins from Thebes, Mainz 1988, 121 ss., Nr 96. F. Hoffmann

Imenrachau, ägypt. Goldschmied, in der 19. Dynastie (1292–1186/85 v. Chr.) in Ägypten tätig. I. ist auf einer Stele zus. mit seiner Fam., darunter einigen weiteren Goldschmieden (→ Chensuhetep, → Painehesi, → Paraemheb [II]), dargestellt. Da der Fundort der Stele unbekannt ist, läßt sich nicht feststellen, woher die Fam. stammte. ▭ *T. G. H. James*, Hieroglyphic texts from Egyptian stelae etc., IX, Lo. 1970, 23, Taf. 19; *G. A. Gaballa*, JEA 63:1977, 126. S. L. Lippert

Imenua (Amunua), Sohn des → Hai (III), ägypt. Vorzeichner („Umrißzeichner des Herrn der beiden Länder (d.h. des Königs) am Ort der Wahrheit"), Ende Ramses III. – Ramses IV. (um 1183/82–1145/44 v. Chr.) in Theben-W/Oberägypten tätig. Bek. aus dem Grab seines Vaters → Hai (III) in Deir el-Medineh (Theban Tomb 267). Er war wie seine Brüder → Imennechet (V) und → Unennefer in der kgl. Nekropole in Theben-W beschäftigt, wo er die Darst. an den Grabwänden vorzeichnete, die anschl. reliefiert bzw. bemalt wurden. Er gehörte einer „Künstler-Fam." an, die schon seit mehreren Generationen in der Arbeitersiedlung Deir el-Medineh lebte und mehrere Nekropolenhandwerker hervorgebracht hatte. ▭ *J. Černý*, A community of workmen at Thebes in the Ramesside Period, Kairo 1973, 137 ss., 192, 307 ss.; *D. Valbelle*, La tombe de Hai à Deir el-Médineh (Nr 267), Kairo 1975, 28, 31, 33, 38; *E. S. Bogoslovsky*, ZÄS 107:1980, 96; *B. Bruyère*, ZÄS 107:1980, 30–31, Taf. 4, 6, 8. T. Schrottenbaum

Imenuahsu (I) (Amunwahsu), ägypt. Maler („Erster Schreiber" [?]), in der 19. Dynastie (1292–1186/85 v. Chr.) im theban. Raum/Oberägypten tätig. Er ist in dem Grab des Paser in Scheich Abd el-Qurna/Theben-W (Theban Tomb 106) dargestellt, wie er einen Sphinx bemalt. Da der Berufs-Titel des I. nur in einer Abschrift publ. ist, liegt womögl. eine falsche Lesung der Hieroglyphen vor und I. war tatsächl. ein „Umrißzeichner", der Statuen auf den Steinblöcken vorzeichnete. Es ist jedoch nicht auszuschließen, daß er als „Erster

Schreiber" fertige Statuen bemalte. Beide Tätigkeiten widersprechen der dargestellten Szene nicht. Daneben ist → Hi (VII), ein and. Künstler, in der Szene namentl. erwähnt. ▭ PM I. 1, 1960, 221, Nr 106 (6). – LD III, Taf. 132 (r); *J.-F. Champollion*, Mon. de l'Egypte et de la Nubie, I, P. 1844, 522, 846; *E. W. Ware*, AJSL 43:1926/27, 201, Nr 5; *F. Steinmann*, ZÄS 107:1980, 137 ss.

T. Schrottenbaum

Imenuahsu (II) (Amunwahsu), Sohn des → Samut, ägypt. Schreiber, unter Ramses II. (um 1279–1213 v. Chr.) in Theben-W/Oberägypten tätig. Er ist bek. durch sein Grab in Scheich Abd el-Qurna/Theben-W (Theban Tomb 111), das er vermutl. selbst mit Inschr. versehen hat. Denn am E. einer langen Hymne aus seinem Grab erfahren wir, daß die Inschr. in diesem Grab durch I. mit seinen eigenen Fingern geschrieben wurde. ▭ LÄ III, 1980 (s.v. Künstler, Anm. 27); V, 1984 (s.v. Sign. mit Anm. 3); PM I. 1, 1960, 229, Nr 111. – *A. H. Gardiner/A. E. P. Weigall*, A topogr. cat. of the priv. tombs of Thebes, Lo. 1913, 26–27, Nr 111.

T. Schrottenbaum

Imenuser → Userimen

Imhotep → Iiemhetep

Impi, ägypt. Unteraufseher der Künstlerschaft z.Z. Pepis I. (2335–2285 v. Chr.). Nur bek. von einem Graffito aus dem Wadi Hammamat. ▭ *J. Couyat/P. Montet*, Les inscr. hiéroglyphiques et hiératiques du Ouâdi Hammâmât, Kairo 1912, 64, Nr 85.

S. Hänsch

In → Iunena

Inadjut, ägypt. Bildhauer und „Vorsteher der Gilde der Bildhauer" unter Sobekhotep IV. (13. Dynastie, 18./17. Jh. v. Chr.). I. ist durch drei Stelen u.a. aus Abydos und Assuan bek., auf denen er als Nebenperson abgebildet ist. ▭ Hieroglyphic texts from Egyptian stelae, etc. (K London, BM), III, Lo. 1912, Taf. 27; *W. K. Simpson*, The terrace of the great god at Abydos, New Haven/Philadelphia 1974, Taf. 21, Nr 12. 3; *L. Habachi*, Serapis 6:1980, 55, Fig. 9, Taf. 2a; *D. Franke*, Personendaten aus dem Mittleren Reich, Wb. 1984, 110, Nr 129.

F. Hoffmann

Inaros → Irethereru

Industrius, röm. Mosaizist, möglicherweise ein Sklave, der im 2.–3. Jh. n. Chr. in Oudna/Tunesien tätig war. Nur bek. durch die Sign. INDUSTRI (CIL, VIII, 24021 a, b) auf zwei Mosaiken, die *atria* im *Maison d'Industrius* in Oudna schmückten. Eines zeigt im Zentrum Neptun, auf einem Seewesen reitend, darüber und darunter Fischer, das and. Venus im Meer. ▭ EAA IV, 1961; V, 1963 (s.v. musivarius). – *P. Gauckler*, MonPiot 3:1896, 184, 221; *M. R. de la Blanchère/P. Gauckler*, Cat. du Mus. Alaoui, P. 1897, 27, Nr 123, Taf. 7; *P. Gauckler*, MemSocAF 63:1902, 188 ss.; InvMos, II, 1910, 142, Nr 421, p. 144, Nr 426; *Dunbabin*, Mosaics, 1978, 27, 266, Nr 6 e, h; *Donderer*, Mosaizisten, 1989, 34, 46, 48, Anm. 208, p. 49, 94, Nr A 63, p. 113, Anm. 71, Taf. 37,2; *M. Yacoub*, Le mus. du Bardo, Tunis 1993, 146.

Z. Welch

Inechi, ägypt. „Vorsteher der Bauarbeiter", um ca. 2300 v. Chr. I. nahm mit and. hochrangigen Bauleitern z.Z. von Phiops I. an einer Steinbruchsexpedition in das Wadi Hammamat teil, wie aus einem dort angebrachten Graffito hervorgeht. ▭ Urk. I, 93, 14; *J. Couyat/P. Montet*, Les inscr. hiéroglyphiques et hiératiques du Ouâdi Hammâmât, Kairo 1912, 75, Nr 107.

F. Hoffmann

Ineni, ägypt. Architekt und Bauleiter, Organisationsleiter, Bürgermeister von Theben, unter den Pharaonen Amenophis I. bis Thutmosis III. (18. Dynastie, 1525–1460/50 v. Chr.) im thebanischen Raum/Oberägypten tätig. Wichtigster Bauleiter dieser Epoche; er begann seine Karriere mit der Ltg aller handwerkl. Arbeiten sowie des Baus einer Kap. an der Stelle des späteren siebten Pylons im Karnak-Tempel unter Amenophis I., war Bauleiter am Grab des Königs Thutmosis I., dem ersten im Tal der Könige, und hatte die Oberaufsicht über alle Arbeiten am Tempel des Amun in Karnak: die Errichtung der Pfeilerhalle zw. dem vierten und dem fünften Pylon einschl. dieser beiden Pylone; die Flaggenmasten am vierten Pylon; die Herstellung und den Transport der beiden Obelisken Thutmosis' I. vor dem vierten Pylon. Ebenso trug er Sorge für die Anlage eines Sees auf der W-Seite von Theben. Darüber hinaus entwickelte er „Nilschlammfelder" als Untergrund für die Malereien in den theban. Gräbern. Diese Informationen sind in der biogr. Inschr. seines Grabes in Theben-W (Theban Tomb 81) festgehalten. ▭ PM I. 1, 1960, 159–163, Nr 81; LÄ I, 1975, Sp. 202 (s.v. Amenophis I.), Sp. 654 mit Anm. 9 (s.v. Bauleiter), Sp. 669 (s.v. Bauwesen); III, 1980, Sp. 155; IV, 1982, Sp. 59 (s.v. Menschenbild), Sp. 466 (s.v. Neuerungen, technologische); VI, 1986, Sp. 537

mit Anm. 29 und 46 (s.v. Thutmosis I.). – Urk. IV, 53–74; *W. Helck*, Zur Verwaltung des Mittleren und Neuen Reiches, Leiden/Köln 1958, 421 s.; *id.*, Mat. zur Wirtschafts-Gesch. des Neuen Reiches, I, Mainz 1961, 53; *E. Dziobek*, Das Grab des Ineni Theben Nr. 81, Mainz 1992. C. von Pfeil

Inepi, ägypt. Bauleiter („Vorsteher aller Arbeiten des Königs") und Pyramidenbaumeister, unter den Königen Sesostris III. (1872–1853/52 v. Chr.) und Amenemhet III. (1853–1806/05 v. Chr.) in Illahun/Mittelägypten tätig. Die Mastaba des I. liegt am W-Hang von Illahun. Bek. ist er durch zwei Scheintürbruchstücke (London, UC 14339 und in Chicago), das Bruchstück des Fußbrettes einer Holzstatue (CG, 456), eine Statue und eine Stele aus Abydos (CG, 20683). ▭ PM IV, 1934, 112; V, 1937, 106; LÄ III, 1980, 910 mit Anm. 10 (s.v. Illahun). – *W. M. Flinders Petrie*, Kahun, Gurob and Hawara, Lo. 1890, Taf. 11, C 10 (London, UC, 14339); *id.*, Illahun, Kahun and Gurob, Lo. 1891, Taf 12, C 11 (Scheintürbruchstück in Chicago); *H. O. Lange/H. Schäfer*, Grab- und Denksteine des Mittleren Reiches (CG), II, B. 1908, Nr 20683; *L. Borchardt*, Statuen und Statuetten von Königen und Privatleuten (CG), II, B. 1911, Nr 456; *W. M. Flinders Petrie/G. Brunton/M. A. Murray*, Lahun, II, Lo. 1923, 26 ss., 42, Taf. 27–31; *W. Helck*, Zur Verwaltung des Mittleren und Neuen Reiches, Leiden/Köln 1958, 250; *W. K. Simpson*, The terrace of the Great God in Abydos: The offering chap. of dynasty 12 and 13, New Haven/ Philadelphia 1974, Taf. 2; *H. M. Stewart*, Egyptian stelae, reliefs and paint. from the Petrie coll., II: Archaic Period to Second Intermediate Period, Warminster 1979, Nr 148, Taf. 36,4; *H. de Meulenaere*, Egypte pharaonique, Livres, Br. 1980, 162, Nr 148; *H. G. Fischer*, A didactic text of the late Middle Kingdom, Lo. 1982, 45 ss. Y. Ott

Inepunechet, Sohn des → Senefer, Bruder des → Chaikaura, ägypt. Vorzeichner (Umrißzeichner), während der 13. Dynastie (1794/93–1648/45 v. Chr.) im Raum Abydos/Oberägypten tätig. Belegt auf zwei Totenstelen seines Vaters aus der n. Nekropole von Abydos, wo er im Kreis der ganzen Fam. dargestellt ist. ▭ PM V, 1937, 269. – *H. O. Lange/H. Schäfer*, Grab- und Denksteine des Mittleren Reiches (CG), I, B. 1902, 151 s., Nr 20128; *id./id.*, Grab- und Denksteine des Mittleren Reiches (CG), II, B. 1908, 341, Nr 20715; *A.-M. El-Rabi'i*, CdE 52:1977, ANOC III; *D. Franke*, Personendaten aus dem Mittleren Reich, Wb. 1984, 125, Nr 154. C. von Pfeil

Ingenuus, röm. Bildhauer oder Stifter des 2. Jh. n. Chr. Nur bek. durch seine Namensnennung im Genitiv auf der Plinthe einer Marmorstatue des Hermes (Vatikan, Mus. Vaticani, Gall. delle Statue, Inv. Nr 417; CIL, VI, 29795; Amelung, SkulpturenVatMus, II, 1908, 656, Nr 417, Taf. 61; W. Fuchs, in: Helbig[4], I, 1963, 114–115, Nr 149; Calabi Limentani, Studi, 1958, 160, Nr 58; EAA IV, 1961, 163, Abb. 198; G. Siebert, LIMC V, 1990, 363–364, Nr 915*, s.v. Hermes; E. Simon, LIMC VI, 1992, 503, Nr 4a, s.v. Mercurius). Ob sich hinter diesem Namen ein Bildhauer oder Stifter verbirgt, kann nicht gesagt werden. ▭ RE IX. 2, 1916 (s.v. I. 3); EAA IV, 1961 (s.v. I. 1; v.e. Marmorarius). R. V.

Ingenuus, *Honoratus*, angebl. röm. Mosaizist, um 400 n. Chr. in Tunesien tätig. Nur bek. durch eine Inschr. auf einem Grabmosaik mit der Darst. des Daniel in der Löwengrube aus Bordj-el-Joudi/ Tunesien (heute Tunis, Mus. Nat. du Bardo). Aus der Inschr. geht aber klar hervor, daß es sich hier um die Grab-Inschr. des Verstorbenen handelt und nicht um eine Signatur. ▭ EAA IV, 1961 (s.v. I. 2). – *N. Duval*, MEFRA 90:1978, 907 ss., Abb. 22, 23; *Donderer*, Mosaizisten, 1989, 144, Nr C 26, Taf. 62, 1. R. V.

Inhercha (I), (gen. „der Ältere"), Sohn des → Qaha, Vater des → Hai (II), ägypt. „Oberster der Nekropolenhandwerker des Herrn der beiden Länder (d.h. des Königs) am Ort der Wahrheit auf der Westseite Thebens", gegen Ende der Reg. des Pharaos Ramses II. (19. Dynastie, letztes V. des 13. Jh. v. Chr.) in Deir el-Medineh/Oberägypten tätig. Bek. durch sein Grab in Theben-W/Deir el-Medineh (Theban Tomb 299) und eine daraus stammende Stele, die sich heute im Ägypt. Mus. Turin befindet. I. leitete die künstler. Arbeiten in der kgl. Nekropole. ▭ PM I. 1, 1960, 380, Nr 299 (TT 299). – KRI III, 609, 11–611,8; *J. Černý*, A community of workmen at Thebes in the Ramesside Period, Kairo 1973, 123/5, 296; *M. L. Bierbrier*, The late New Kingdom in Egypt, Warminster 1975, 36; *F. Steinmann*, ZÄS 107:1980, 153, 2. 2. 4. 3. 2; *M. L. Bierbrier*, in: *R. J. Demarée/ A. Egberts* (Ed.), Village voices, Leiden 1992, 3. C. von Pfeil

Inhercha (II), (gen. „der Jüngere"; abgekürzt Chau), Sohn des → Hai (II), Vater des → Hermes (I), ägypt. „Oberster der Nekropolenhandwerker am Ort der Wahrheit", unter den Pharaonen Ramses III. bis Ramses VIII. (20. Dynastie, 1161/60–1125/21 v. Chr.) in Deir el-Medineh/Oberägypten tätig. Bek. durch sein Grab auf dem Friedhof von

Theben-W/Deir el-Medineh (Theban Tomb 359) sowie versch. Ostraka aus der Künstlersiedlung ebd. I. leitete die künstler. Arbeiten in der kgl. Nekropole. ▭ PM I. 1, 1960, 421, Nr 359; I. 2, 1964, 691. - KRI V, 624,16; VII, 349,13–350,12; *J. Černý*, A community of workmen at Thebes in the Ramesside Period, Kairo 1973, 123/5; *M. L. Bierbrier*, The late New Kingdom in Egypt, Warminster 1975, 36; *L. M. J. Zonhoven*, JEA 65:1979, 90, Z. 10, pp. 306–308; *M. L. Bierbrier*, in: *R. J. Demarée/A. Egberts* (Ed.), Village voices, Leiden 1992, 3. C. von Pfeil

Ini (I) (Ani), ägypt. „Vorsteher der Goldschmiede", 18./19. Dynastie (ca. 1300 v. Chr.). I. ist von einer in Saqqara gefundenen Stele (Kairo, JE 15115) bekannt. Demnach war er „Vorsteher der Wkstn in Ober- und Unterägypten, Kenner der Geheimnisse der 'Goldhäuser' (und) Vorsteher der Goldschmiede des Herrn der Beiden Länder (d.h. des Königs)". Er ist viell. ident. mit → I. (II). ▭ PM III. 2, 1981, 667. - *G. A. Gaballa*, JEA 63:1977, 125 s., Taf. 23,2. F. Hoffmann

Ini (II) (Ani), Sohn des → Paraemheb (II), ägypt. Goldschmied, 19. Dynastie (1292–1186/85 v. Chr.). I., mit vollem Titel „Goldschmied des 'Goldhauses', der die Götter(statuen) bildet", gehört zu einer weitverzweigten Goldschmiede-Fam. und ist durch eine Stele seines Vaters bek. (London, BM, Inv. Nr 141). Möglicherweise ist er mit → I. (I) identisch. ▭ *T. G. H. James*, Hieroglyphic texts from Egyptian Stelae etc. (K London, BM), IX, Lo. 1970, 23 s., Taf. 19; *G. A. Gaballa*, JEA 63:1977, 126. F. Hoffmann

Inianch, Sohn des Menunefer, ägypt. Künstler („Vorsteher aller Künstler"), in der späten 5. Dynastie oder später (2445/2395–2216/2166 v. Chr.) in Ägypten tätig. Bek. durch die Inschriften seiner Mastaba (Grab-Mon.) im N der Stufenpyramide von Saqqara. Ein Opferbecken, das seinen Namen und den seines Vaters nennt, befindet sich im Ägypt. Mus. von Kairo. ▭ PM III. 2, 1978, 456, Nr 52 [D 26]. - *L. Borchardt*, Denkmäler des Alten Reiches (CG), I, B. 1937, 18, Nr 1336. S. L. Lippert

Iniitef (Intef), Sohn des Chnumhetep (Chnumhotep), ägypt. Goldschmied, Mittleres Reich (2119–1794 v. Chr.). Belegt ist er nur durch eine in der n. Nekropole von Abydos gefundenen Stele, auf der auch seine Frau Userettju und sein Sohn Chenemu Erwähnung finden. ▭ *H. O. Lange/H. Schäfer*, Grab- und Denksteine des Mittleren Reichs (CG), I, B. 1902, 300 s.; *W. A. Ward*, Index of Egyptian administrative and relig. titles of the Middle Kingdom, Beirut 1982, 99, Nr 824. S. Hänsch

Inikaf (I), Sohn des Rudjka, ägypt. Bildhauer, E. 4./A. 5. Dynastie (2539/2484–2463/2413 v. Chr.) in Ägypten tätig. Bek. durch zwei Scheintüren (türförmige Stelen) in der Mastaba (Grabanlage) seines Vaters. I. war wohl in einer einem Tempel angegliederten Wkst. beschäftigt. Im Grab der Meresanch III., der Gemahlin des Mykerinos (Menkaura), ist I. beim Glätten von Statuen dargestellt; dabei könnte es sich um dieselbe Person handeln. Möglicherweise war dieser I. auch derjenige, der einer Inschr. zufolge das Grab des Prinzen Nebiemachet, des Sohnes der Meresanch III., in Giza errichtet hat, so daß auch seine Tätigkeit als Architekt angenommen werden kann. ▭ LÄ V, 1984 (s.v. Signatur mit Anm. 2); PM III. 1, 1974, 197, 231. - *A. Herrmann*, MDAIK 6:1936, 150 s.; *S. Hassan*, Excavations at Giza, VI. 3, Kairo 1950, 125 ss.; *H. Junker*, Die gesellschaftl. Stellung des ägypt. Künstlers im Alten Reich, W. 1959, 26. S. L. Lippert

Inikaf (II), ägypt. Künstler („Vorsteher der Künstler"), in der 6. Dynastie (2347/2297–2216/2166 v. Chr.) in Ägypten tätig. Bek. von einer Scheintür (türförmige Stele), die in der Nekropole von Giza entdeckt wurde. Das Grab selbst ist jedoch unbekannt. Sein Sohn → Anchhaf war Unteraufseher der Künstler. ▭ PM III. 1, 1974, 108. S. L. Lippert

Inikaf (III), Sohn des → Hetepib, ägypt. Künstler („Vorsteher von 10 Künstlern"), im Alten Reich (2707/2657–2170/2120 v. Chr.) in Ägypten tätig. Bek. von einem Opferbecken seines Vaters → Hetepib, das sich jetzt in Berkeley/Kalifornien befindet. Der Fundort scheint unbek. zu sein; möglicherweise stammt das Becken jedoch aus Giza. I. hatte es offenbar zu einer leitenden Stellung gebracht. ▭ Urk. I, 230; *H. F. Lutz*, Egyptian tomb steles and offering stones of the Mus. of Anthropology and Ethnology of the univ. of California, L. 1927, Taf. 6, Nr 11. S. L. Lippert

Initefnechet (?) (Intefnechet [?]), ägypt. „Vorsteher der Bildhauer", E. der Ersten Zwischenzeit/A. Mittleres Reich (ca. E. des 21. Jh. v. Chr.), erst in Herakleopolis/Mittelägypten, dann in Theben tätig. Auf dem in der Nekropole von Theben-W gefundenen Fragm. seiner Stele berichtet I. davon, daß er zunächst lange Zeit am Hof des Herakleopoliten (9./10. Dynastie) tätig war. Später kam er in den Dienst der siegreichen Thebaner (11. Dynastie). Wegen der Beschädigung der Stele sind sowohl der

Name als auch mehrere Titel nicht vollst. lesbar. ▭ *J. J. Clère/J. Vandier*, Textes de la Première Pér. Intermédiaire et de la XIème dynastie, Br. 1948, 44, Paragraph 30; *W. Schenkel*, Memphis – Herakleopolis – Theben, Wb. 1965, 239, Nr 381; *W. Barta*, Das Selbstzeugnis eines altägypt. Künstlers, B. 1970, 128 ss. F. Hoffmann

Intef → **Iniitef**

Intefnechet? → **Initefnechet?**

Ioannes v.e. **Johannes**

Iohannes v.e. **Johannes**

Iolaos (Ἰολάος), Sohn des Apollophanes, aus Lete, griech. Architekt, um 24 n. Chr. in Lete tätig. Nur bek. durch eine Bau-Inschr. aus Lete, nach der er für diese Stadt ein Eingangstor errichtete, das von den Marktaufsehern Pausanias, dem Sohn des Dioskurides, Mennidas, dem Sohn des Demetrios, und Hermolaos, dem Sohn des Menandros, gew. worden ist. ▭ *J./L. Robert*, BullEp 1974, 265, Nr 458; *M.-C. Hellmann*, ZPE 104:1994, 154, Nr 8; *Donderer*, Architekten, 1996, 136 s., Nr A 45. R. V.

Ion (Ἴων), griech. Bildhauer, in der 2. H. des 4. Jh. v. Chr. tätig. Nach Plinius (nat., 34, 51; Overbeck, SQ, 1868, Nr 1601) gehörte er mit → Lysippos (I) zu den Bildhauern, die in der 113. Olympiade (328–325 v. Chr.) tätig waren. ▭ ThB19, 1926. RE IX. 2, 1916; EAA IV, 1961; KlP II, 1967 (s.v. I. 4). – *Lippold*, GrPl, 1950, 288. R. V.

Ionillus, röm. Bildhauer, in der röm. Kaiserzeit in der Germania Superior tätig. Nur bek. durch seine Sign. auf einer Steinbasis (CIL, XIII, 5663). ▭ *Calabi Limentani*, Studi, 1958, 164, Nr 96. R. V.

Ionos (Ἴωνος), spätantiker Steinmetz (τεχνίτης) in N-Syrien. Bek. nur durch eine 347/48 n. Chr. dat. Bau-Inschr. eines Grabbaues aus Mgara, die ihn zus. mit → Barsumis nennt. ▭ *J. Jarry*, Annales islamologiques 9:1970, 206, Nr 47. M. Dennert

Iophon oder **Leophon**, griech. Erzgießer, im Hellenismus tätig. Nur bek. durch eine Auflistung bei Plinius (nat., 34, 91; Overbeck, SQ, 1868, Nr 2096) von Erzbildnern, die Statuen von Athleten, Kriegern, Jägern und Opfernden fertigten. Da in den überlieferten Manuskripten jedoch nur noch *lophon* überliefert ist, könnte sein wirkl. Name auch *Leophon* gewesen sein, nach and. Deutungen sogar *Herophon* oder *Olophon*. ▭ ThB19, 1926 (s.v. Iophon). RE IX. 2, 1916 (s.v. I. 3); XII. 2, 1925 (s.v. Leophon); EAA IV, 1961 (s.v. Iophon, Leophon). – *Brunn*, GGK I, 1889, 527. R. V.

Ioulianos (I) (Ἰουλιάνος), Bildhauer aus Maionien, in der mittleren Kaiserzeit in Maionien (südliches Mysia Abbaïtis) tätig. Überliefert auf dem Fragm. eines Altars an Asklepios aus Köres b. Kula in Maionien (K. Buresch, Aus Lydien, L. 1898, 106, Nr 47). ▭ EAA IV, 1961. T. Lochman

Ioulianos (II), Sohn des Ioulianos, Steinmetz, in der röm. Kaiserzeit tätig. Nur bek. durch seine Sign. auf einem dem Gott Hadad gew. Cippus aus der Nähe von Heliopolis/Baalbek. ▭ RE, Suppl. VIII, 1956 (s.v. I. 58a); EAA IV, 1961. R. V.

Ioulianos (III), spätantiker Architekt, um 400 n. Chr. in N-Syrien tätig. I. ist uns durch drei Inschr. der Basilika von Brād bek.: In einer undat. Inschr. auf der s. Haupttür wird er als οἰκοδόμος bez., eine 399 n. Chr. dat. Inschr. auf dem Bogenstein der S-Fassade nennt ihn als τεχνίτης, eine 402 n. Chr. dat. Inschr. der W-Fassade nennt ihn ἀρχιτέκτων, die beiden letzten jeweils zus. mit seinem Bruder → Marinos. Diese drei Bezeichnungen müssen wohl als „Bauunternehmer/Bauleiter", „Leiter einer Bauhütte/Steinmetz" und „entwerfender Architekt" übersetzt werden. I. war also für alle Bereiche der Bauausf. der Kirche von Brād verantwortlich. – I. kam aus einer der großen n.-syr. Städte, wohl Antiochia. Er setzt sich stark mit antiker Baudekoration auseinander, das zeigen seine toskanisch-kompositen und korinth. Kapitelle an der Kirche von Brād. Bei ihm finden sich zum ersten Mal neben dem ausgebildeten Akanthus die Kapitelle mit glattem Akanthus. Er führt zahlr. Neuerungen im n.-syr. Bergland ein, darunter auch das freistehende Bema als liturg. Mobiliar. Er arbeitet jedoch auch mit lokalen Bauhütten zus., was etwa die Verwendung des altertüml. Doppelmauerwerks nahelegt oder das Nebeneinander von bescheidenen, einfachen und klass.-antiken Formen in feinster Ausführung. ▭ EAA IV, 1961 (s.v. I. 3). – *C. Strube*, Baudekoration im n.-syr. Kalksteinmassiv, I, Mainz 1993, 41–47, 53–57, 262 s.;

ead., Die „Toten Städte". Stadt und Land in N-Syrien während der Spätantike, Mainz 1996, 35–39; *Donderer*, Architekten, 1996, 137–143, Nrn A 46–49, Taf. 16, 17,1, 18,1. M. Dennert

Ioulianos (IV), spätantiker Architekt aus Askalon. Von Konstantinos Harmenopoulos (14. Jh.) als Benutzer (oder Verf.) einer Taf. palästin. Geometermaße genannt. ◻ ThB19, 1926 (s.v. Julianos). RE X. 1, 1918 (s.v. Iulianos); EAA IV, 1961. M. Dennert

Ioullianos (Ἰουλλιάνος), röm. Mosaizist, in der Spätantike in Athen tätig. Nur bek. durch seine Grab-Inschr. aus Athen (heute Athen, Epigraph. Mus.). Nach dieser war er 35 Jahre lang sehr beflissen in der Kunst des Bestickens (τέχνης κεντητῆς), ein Begriff, der, wie Donderer (1989, 117) nachweist, in der Spätantike soviel wie Mosaikkunst bedeuten kann. ◻ *O. Broneer*, Hesperia 7:1938, 262 s., Abb. 88; *Donderer*, Mosaizisten, 1989, 117, Nr B 2, Taf. 54, 1. R. V.

Ip, Sohn des → Senefer, ägypt. „Vorzeichner" (Umrißzeichner), in der 13. Dynastie (1794/93–1648/45 v. Chr.) in Abydos/Mittelägypten tätig. Erw. auf der Stele seines Vaters → Senefer (CG, 20715), die in der n. Nekropole von Abydos aufgestellt war. ◻ *H. O. Lange/H. Schäfer*, Grab- und Denksteine des Mittleren Reiches (CG), II, B. 1908, Nr 20715; *A.-M. El-Rabi'i*, CdE 52:1977, 15. Y. Ott

Ipanchui, ägypt. Bildhauer („Oberster der Oberen"), im Mittleren Reich (2170/2120–1794/93 v. Chr.) im Wadi Hammamat/Oberägypten tätig. Nur bek. aus einem undat. Graffito im Wadi Hammamat. I. begleitete also sehr wahrsch. eine Steinbruchsexpedition. ◻ *G. Goyon*, Nouvelles inscr. rupestres du Wadi Hammamat, P. 1957, 97, Nr 79. S. L. Lippert

Iphikartides → Euthykartides

Iphion (Ἰφίων), aus Korinth, griech. Maler, in der 1. H. des 5. Jh. v. Chr. tätig. Nur bek. durch zwei Epigramme (Anth. Pal., 9, 757 und 13, 17; Overbeck, SQ, 1868, Nrn 1971–1972). ◻ ThB19, 1926. RE IX. 2, 1916; EAA IV, 1961; KlP II, 1967; DNP V, 1998. - *Pfuhl*, MuZ, 1, 1923, 499, 502. R. V.

Iphithatas → Phithadas

Ipi, Sohn des Ipi, ägypt. Künstler und Bildhauer („Vorsteher der Künstler und Bildhauer", „Oberster der Obersten (d.h. Bildhauer) in allen kostbaren Steinen des Königspalastes", „Künstler aller Steine"), unter Mentuhotep (2046–1995 v. Chr.) in Ägypten tätig. Nur bek. durch eine hieroglyph. Inschr., die im Wadi Hammamat angebracht wurde. I. hat zeitweise dort gearbeitet, wo er urspr. herkam, wissen wir allerdings nicht. Als Bildhauer arbeitete er im Steinbruch schon die Formen von Statuen o.ä. aus den groben Felsblöcken heraus, um den Transport zu erleichtern. Die Feinarbeit an den Objekten wurde dann sicher erst am Aufstellungsort voll., wobei offen bleiben muß, ob I. auch diese letzten Arbeiten ausführte. Jedenfalls scheint er ein begabter Künstler gewesen zu sein, der v.a. in der Bearbeitung kostbarer Steine bewandert war, wie seine Titel bezeugen. ◻ LD II, Taf. 149 (h). *J. Couyat/P. Montet*, Les inscr. hiéroglyphiques et hiératiques du Ouâdi Hammâmât, Kairo 1912, 46–47, Nr 40; *W. A. Ward*, Index of Egyptian administrative and relig. titles of the Middle Kingdom, Beirut 1982, 38, Nr 282 (a), p. 52, Nr 407, p. 115, Nr 960, p. 118, Nr 997. T. Schrottenbaum

Ipu v.e. **Ipui**

Ipu (I) (Ipui; Àpii), ägypt. Umrißzeichner, Zeit Sethos' I. (1290–1279 v. Chr.) und davor in Deir el-Medineh/Ägypten tätig. Seinerseits Sohn des Umrißzeichners → Parahetep, Vater des Umrißzeichners → Pai auf der Stele Turin (Mus. Egizio, Inv. Nr N. 50048), der Opfertafel Turin (Inv. Nr N. 22029), und auf dem Fragm. des Türpfostens von *Haus S. O. IV* in Deir el-Medineh erw. und viell. auch Autor eines Briefes an Paraemheb. Als in Deir el-Medineh ansässiger Umrißzeichner zeichnete er die bildl. Darst. in der kgl. Nekropole in Theben-W vor. ◻ KRI, I, 391; KRI, III, 541 s., 647–649; *E. S. Bogoslovsky*, ZÄS 107:1980, 96; *K. A. Kitchen*, Ramesside inscr., I, Translations, Ox. 1993, 322; *id.*, Ramesside inscr., I, Notes and comments, Ox. 1993, 286. M. A. Stadler

Ipu (II) (Ipui; Àpii), ägypt. Umrißzeichner, Zeit Ramses' II. (1279–1213 v. Chr.), in Deir el-Medineh/Ägypten tätig. Sein Name ist auf einer Holzstatuette der Göttin Thoëris (Turin, Mus. Egizio, Inv. Nr 526) und auf seiner Opfertafel (Turin, Mus. Egizio, Inv. Nr 22028) überliefert. Er ist der Sohn des Umrißzeichners → Pai und damit Enkel des Umrißzeichners → Ipu (I). ◻ *M. Tosi*, Una stirpe di pittori a Tebe, T. o. J., 10; *E. S. Bogoslovsky*, ZÄS 107:1980, 96. M. A. Stadler

Ipu (III) (Ipui; Àpii), ägypt. Architekt und Bauleiter („Oberster Bauarbeiter"), Zeit Ramses' II. (1279–1213 v. Chr.) in Ägypten tätig. I. ist nur in der Darst., die durch Namen und Titel gekennzeichnet ist, auf der Stele London, BM, Inv. Nr. 166, seines Bruders → Imenhetep (IX), gen. Hui, belegt. ▭ *T. G. H. James*, Hieroglyphic texts from Egyptian stelae, 9, Lo. 1970, 26 s., Taf. 22.
M. A. Stadler

Ipu (IV) (Ipui; Àpii), ägypt. Umrißzeichner, gegen E. der Regierungszeit Ramses' II. (wohl 2. H. des 13. Jh. v. Chr.) in Deir el Medineh/Ägypten tätig. Der für die Vorzeichnungen der bildl. Darst. in der kgl. Nekropole von Theben-W verantwortliche I. ist im Grab seines Bruders, des Umrißzeichners → Neferaabet und auf dessen Stele (London, BM, Inv. Nrn 150 und 1754) in einem Begräbniszug dargestellt (Theban Tomb 5). Auch sein Großvater → Imenemhat (VII), sein Vater → Paschedu, seine Brüder → Rahetep, → Maanechetef (III), seine Söhne → Imennechet (IV) und → Heri (IV) sowie seine Enkel → Herischeri, → Imenhetep (XII) und → Pentaweret waren Umrißzeichner. ▭ PM I. 1, 1960, 12–14. – *E. Endesfelder*, Die Arbeiter der theban. Nekropole im Neuen Reich (Diss.), B. 1962, 34 s.; *T. G. H. James*, Hieroglyphic texts from Egyptian stelae, 9, Lo. 1970, 34 s., Taf. 30.
M. A. Stadler

Ipui v.e. **Ipu**

Ipui (I) (Ipu; Àpii), ägypt. Bildhauer, Zeit Ramses' II. (1279–1213 v. Chr.), in Deir el-Medineh/ Ägypten tätig. Stammte aus einer Bildhauer-Fam.: Sohn des → Piai, Bruder von → Neferrenpet (III) und → Nechetimen (I) und Vater des → Ani (I). I. ist durch sein Grab in Deir el-Medineh (Theban Tomb 217) belegt, wo er auch den Titel eines Arbeiters trägt, was wohl den Beginn seiner Karriere unter den Nekropolenarbeitern, die die Königsgräber in Theben-W anlegten, markiert. Den Darst. dort zufolge leitete I. die Arbeiten am Grabinventar des vergöttlichten Pharao Amenophis I., dessen Grab z.Z. Ramses' II. rest. wurde, und wurde von Ramses II. mit dem Ehrengold ausgezeichnet. ▭ LÄ I. 1, 1960, 315–317; III, 1980, Sp. 835 mit Anm. 25 (s.v. Künstler). – *N. de Garis Davies*, Two Ramesside tombs at Thebes, N. Y. 1927, 33–76, Taf. 20–42; *E. Endesfelder*, Die Arbeiter der theban. Nekropole im Neuen Reich (Diss.), B. 1962, 43; KRI, III, Ox. 1980, 660–666; VII, Ox. 1989, 201.
M. A. Stadler

Ipui (II) (Ipu; Àpii), ägypt. „Oberster der Nekropolenarbeiter", im 11. Jh. v. Chr. in Deir el-Medineh/Ägypten tätig. Der leitende Künstler seiner Zeit in der kgl. Nekropole ist ledigl. durch ein Graffito und als Vater des „Obersten der Nekropolenarbeiter" → Chensu (VII) namentl. bekannt. ▭ *J. Černý*, A community of workmen at Thebes in the Ramesside Period, Kairo 1973, 123–127, 310 s.
M. A. Stadler

Ipui (III) (Ipu; Àpii), ägypt. Umrißzeichner, Zeit Ramses' IX. (1125/1121–1107/1103 v. Chr.), in Deir el-Medineh/Ägypten tätig. Nur durch Graffiti mit Namen und Titel bekannt. Sein Titel weist ihn als den Künstler aus, der für die Vorzeichnung der bildl. Darst. in der kgl. Nekropole verantwortl. war. ▭ *E. S. Bogoslovsky*, ZÄS 107:1980, 96; KRI, VI, Ox. 1983, 675.
M. A. Stadler

Ipuia, ägypt. „Oberster der Künstler" und Goldschmied, späte 18. bis A. 19. Dynastie (E. des 14. Jh. bis A. des 13. Jh. v. Chr.) in Memphis/Ägypten tätig. Durch sein Grab in Saqqara (S 2730) und eine Stele aus Abydos, heute im Ägypt. Mus. in Kairo, bekannt. Zwei seiner Söhne, → Parennefer und → Hi (III), trugen dieselben Titel. In seinem Grab sind Bildhauer, Tischler und Metallarbeiter u.a. bei der Herstellung einer Königsstatue dargestellt. Auf der Stele ist I. zus. mit seiner Frau beim Empfangen von Libationen und Opfern durch seine Söhne dargestellt. ▭ PM III. 2, 1978, 555. – *E. Otto*, Osiris und Amun, M. 1966, Abb. 7; *Y. J.-L. Goutlay*, BIFAO 79:1979, 93.
M. A. Stadler

Ipuki, Sohn des → Senetjer, ägypt. „Oberster der Bildhauer des Herrn der beiden Länder", unter den Königen Thutmosis IV. (1397–1388 v. Chr.) und Amenophis III. (1388–1351/50 v. Chr.) in Theben/ Oberägypten tätig. I. arbeitete zus. mit → Nebimen (I) am heiligen Sitz, d.h. am Königsgrab. Die beiden sind die letzten Künstler, die noch ein Grab (Theban Tomb 181) auf dem theban. Beamtenfriedhof besitzen. Schon seit Thutmosis IV. sind die meisten dieser Künstler in Deir el-Medineh begraben, wo auch die Wohnhäuser der Arbeiter liegen. In seinem Grab ist I. als Leiter der Handwerker dargestellt. ▭ PM I. 1, 1960, 286 ss.; LÄ I, 1975 (s.v. Bildhauer und Bildhauerei); III, 1980 (s.v. Künstler). – *V. Scheil*, Le tombeau des graveurs, P. 1894, 556–69; *N. de G. Davies*, The tombs of the two officials of Thutmosis IV. (Nrn 75, 90), Lo. 1923, Taf 7–8; *id.*, The tomb of two sculptors at Thebes, Lo. 1925, Taf 11; *id.*, The tombs of Menkheperrasonb, Amenmôse and others (Nrn 86, 112, 42, 226), Lo. 1933, Taf 10–12;

J. Černý, A community of workmen at Thebes in the Ramesside Period, Kairo 1973, 69 ss. Y. Ott

Ir[...]yniskos (Ἰρ[...]υνίσκος), angebl. griech. Bildhauer, um 450 v. Chr. in Theben. I. ist bek. durch eine Auflistung von Namen aus Theben/Böotien. Gelegentl. hat man in diesen Namen Künstler gesehen. Wahrsch. handelt es sich aber um eine Aufstellung von Kriegern (→ Antigeneis). ▭ EAA IV, 1961. – *Loewy*, IGB, 1885, 378–379, Nr 554; *Brunn*, GGK I, 1889, 293. R. V.

Irenachti, ägypt. Bildhauer („Unteraufseher der Bildhauer"), in der 6. Dynastie (2347/2297–2216/2166 v. Chr.) in Saqqara/Unterägypten tätig. Bek. aus dem Grab des Sabu in Saqqara (Mastaba E 1), an dessen Ausgestaltung er mitgearbeitet haben dürfte. Vermutl. war er als Angehöriger der Pyramidenstadt aber primär beim Bau der Pyramiden oder der umliegenden Gräber in Saqqara beschäftigt. Wahrsch. war er als „Unteraufseher" für ein Grab oder einen best. Bereich der Nekropole zuständig und beaufsichtigte die Bildhauer, während sie die vorgezeichneten Darst. an den Grabwänden reliefierten. ▭ LÄ II, 1977 (s.v. Handwerker), 950 mit Anm. 4. – *L. Borchardt*, Denkmäler des Alten Reiches (CG), I, B. 1937, 94, Nr 1418; *W. Helck*, MDAIK 14:1956, 65, Fn. 7; *H. Junker*, Die gesellschaftl. Stellung der ägypt. Künstler im Alten Reich, W. 1959, 17. T. Schrottenbaum

Ireri, ägypt. Architekt („Vorsteher der Bauarbeiter"), in der 1. Zwischenzeit (2170/20–2025/20 v. Chr.) in Naga ed-Dêr/Oberägypten tätig. Bek. durch eine Kalksteinstele (Boston, MFA, Inv. Nr 25. 674) aus seinem Grab in Sheich Farag/Oberägypten, Nr 5003. ▭ PM V, 1937, 27; LÄ IV, 1980, 307 s. (s.v. Naga ed-Dêr). – *H. O. Lange/H. Schäfer*, Grab- und Denksteine des Mittleren Reiches (CG), III, B. 1925, 41; *D. Dunham*, Naga ed-Dêr stelae of the First Intermediate Period, Ox. 1937, 31 s., Nr 18, Taf. 10,2 (Boston, MFA, Inv. Nr 25. 674); *W. Schenkel*, Frühmittelägypt. Stud., XIII, Bonn 1962, 98 ss.; *H. G. Fischer*, Dendera in the third millenium B. C., N. Y. 1968, 82, Nr 349; *R. J. Leprohon*, Stelae, I, MFA in Boston, Fasc. 2, Mainz 1985. Y. Ott

Irethereru (Inaros), Sohn des Mutiirdis, ägypt. Zeichner (Umrißzeichner), unter Psammetich I. (664–610 v. Chr.) in Theben/Oberägypten tätig. Nur bek. aus dem Grab seiner Mutter, die den sehr hohen Titel einer „Obergefolgsdame der Gottesverehrerin" trug. ▭ *J. Assmann*, Das Grab der Mutirdis, Mainz 1977, 56 s. S. L. Lippert

Iri („schöner Name" des Pepiihiemsa), ägypt. Maler und „Vorlesepriester und Schreiber an der Hofbibliothek der Gottesbücher", unter Pharao Pepi II. (6. Dynastie, 2335/2285–2285/2235 v. Chr.) in Meir/Mittelägypten tätig. Belegt im Felsgrab des Pepianch in Meir, das er dekoriert hat. Er wird dort beim Bemalen einer Holzstatue des Vaters des Grabbesitzers, eines Holzschreines und einer großen Steinvase gezeigt. Auffallenderweise ist er öfters und größer als die and. Künstler und Handwerker dargestellt, ja ebenso oft und ebenso groß wie die Söhne des Grabherrn, was auf dessen besondere Wertschätzung schließen läßt. Die in seinem Titel gen. Bibliothek umfaßte alle Vorlagen für die Reliefs, Malereien und Inschr. von Heiligtümern der Götter sowie von Grabmälern. Seine Aufgabe bestand darin, unter Verwendung dieser Vorlagen die Bebilderung und Beschriftung eines Denkmals zu planen. ▭ LÄ I, 1975, Sp. 716 mit Anm. 9 (s.v. Berufsbewertung); III, 1980, Sp. 834 mit Anm. 13 (s.v. Künstler); IV, 1982, Sp. 15 mit Anm. 23 (s.v. Meir); PM IV, 1934, 247, A2. – *A. M. Blackman*, The rock tombs of Meir, V, Lo. 1953, 20 s., Taf. 18 s., 21; *H. Junker*, Der Maler Irj, W. 1956; *id.*, Die gesellschaftl. Stellung der ägypt. Künstler im Alten Reich, W. 1959, 28. C. von Pfeil

Irienpteh, ägypt. Bildhauer, 5. Dynastie (2504–2347 v. Chr.). Bek. aus dem Grab des Djefau in Saqqara, in dem er vor dem Grabherrn dargestellt ist. Zu sehen ist er hier in seiner Tätigkeit als Totenpriester, dem Grabherrn ein Weihrauchopfer darbringend. ▭ *E. W. Ware*, AJSL 43:1926–7, 202; *H. F. Petrie/M. A. Murray*, Seven Memphite tomb chapels, Lo. 1952, Taf. 14; *H. Junker*, Die gesellschaftl. Stellung der ägypt. Künstler im Alten Reich, W. 1959, 67; *A. Mariette*, Les mastabas de l'Ancien Empire, Hildesheim/N. Y. 1976, 253. S. Hänsch

Irtisen (Iriirusen), ägypt. „Vorsteher der Künstlerschaft der Zeichner" und Bildhauer, E. Erste Zwischenzeit/A. Mittleres Reich (ca. E. des 21. Jh. v. Chr.). I. (die Lesung des Namens ist nicht ganz sicher) ist durch seine in Abydos gefundene Totenstele (Paris, Louvre, Inv. Nr C. 14) bek., in der er recht ausführlich auf seine Fachkenntnisse und seinen Lebenslauf eingeht. Demnach war er wohl zunächst in Memphis oder Herakleopolis tät., wurde dann aber, als Ägypten unter Mentuhotep II. (2046–1995 v. Chr.) wieder vereinigt wurde, in die neue Hauptstadt Theben geholt. I. rühmt sich seiner Kenntnisse der hl. Schriften und Rituale, des ägypt. Darst.-Kanons und geeigneter Farben. Der Text ist aufgrund zahlr. Fachtermini sehr schwierig und in vielen Einzelheiten umstritten. ▭ LÄ III, 1980. – *W. Barta*, Das Selbstzeugnis eines altägypt. Künstlers, B. 1970. F. Hoffmann

[Ische?]damos (Ἰσχε]δάμος), griech. Architekt, um 332 v. Chr. als Architekt des amphiktyon. Heiligtums der Demeter Pylaia b. den Thermopylen in einer Baurechnung nachweisbar (CID, II, 1989, 83, Z. 7–11). Viell. Nachf. des Architekten → Euphorbos. ▭ *Svenson-Evers*, Architekten, 1996, 359 (Lit.). W. Müller

Isebu, ägypt. Schmuckhandwerker, während der späten 5. bis in die 6. Dynastie (ca. 2400–2300 v. Chr.) in Unterägypten tätig. Belegt durch einen Block und eine Scheintür, die auf dem Friedhof der hl. Paviane im N von Saqqara gefunden wurden. Die linke Hälfte der Tür wurde von → Schepsespteh (III) dekoriert, die rechte Hälfte zeigt I. mit seiner Frau. Er ist durch seine Titel als Juwelier des Königsschmucks ausgewiesen. ▭ *G. T. Martin*, The tomb of Hetepka, Lo. 1979, 23 s., Nr 27, Taf. 24. C. von Pfeil

Isid. (ΙΣΙΔ.), griech. Münzstempelschneider, in der 1. H. des 2. Jh. v. Chr. tätig. Nur bek. durch seine Sign. auf einem Tetradrachmon von Seleukos IV. (187–175 v. Chr.). ▭ EAA IV, 1961. – *Brunn*, GGK II, 1889, 432. R. V.

Isidoros (I) (Ἰσίδωρος), Sohn des Num(enios), griech. Bildhauer, im 1. Jh. v. Chr. in Italien tätig. Nur bek. durch seine Sign. auf einer Marmorbasis einer Statue aus Cumae (IG, XIV, 861; CIG, 5858; Loewy, IGB, 1885, 221, Nr 310), die von Decimus Eius, dem Sohn des Pacius, gew. worden ist. ▭ ThB19, 1926. RE IX. 2, 1916 (s.v. I. 31); EAA IV, 1961 (s.v. I. 1). – *Brunn*, GGK I, 1889, 523. R. V.

Isidoros (II), griech. Bildhauer, in der röm. Kaiserzeit in Ägypten tätig. Nur bek. durch seine Sign. und gleichzeitige Weih. einer Kalksteinstele aus dem Fayum für die Göttin Isermuth (SEG, VIII, 538). ▭ EAA IV, 1961 (s.v. I. 2). – *A. Vogliano*, Primo rapporto degli scavi condotti dalla R. Università di Milano nella zona di Medinet Madi, Mi. 1936, 52, Anm. 5. R. V.

Isidoros (III), Sohn des Priesters (?) Mikros, kopt. Silberschmied, im 5.–6. Jh. n. Chr. tätig. Seine Sign. erscheint auf einem Silberteller (bisweilen fälschlicherweise als tragbarer Altar bez.), der mit einem Kreuz verziert ist, das in das 5.–6. Jh. dat. werden kann (heute Kairo, Kopt. Mus., Inv. Nr J 28835). Der Gegenstand ist von einem gewissen Theonikos einer Kirche in Luxor/Ägypten gestiftet worden. Wie ein and. ähnl. Teller, der vom Silberschmied → Gregorios (I) sign. wurde, gehört er zu einem kleinen relig. Silberschatz, der im Tempel von Luxor entdeckt worden war. ▭ ThB19, 1926. EAA IV, 1961 (s.v. I. 3). – *J. Maspero*, ASAE 10:1910, 173–176; *H. Messiha*, BACopt 31:1992, 131. F. Baratte

Isidoros (IV) (Isidoros von Milet d. Ä.), Architekt, Ingenieur (μηχανικός oder μηχανοποιός) und Wissenschaftler, z.Z. des Kaisers Justinian (527–565 n. Chr.) tätig. Nachdem beim Nika-Aufstand 532 n. Chr. die theodosian. Hagia Sophia in Konstantinopel abgebrannt war, beauftragte Kaiser Justinian → Anthemios von Tralles und I. mit dem Neubau der Kirche (Quellen: Prok., aed., 1, 1, 20–78; Paul. Sil., ekphr.), die dann 537 n. Chr. eingeweiht werden konnte. Seine genaue Rolle beim Bau neben → Anthemios ist nicht näher zu bestimmen. Nur Prokopios (aed., 1, 1, 24–25; 1, 1, 50; 1, 1, 70) und Paulos Silentiarios (ekphr., 550–555) nennen ihn, Agathias (Περὶ τῆς Ἰουστινιανοῦ βασιλείας, 5, 9) erw. nur → Anthemios. Eine Arbeitsteilung mit → Anthemios als mehr prakt.-techn. Architekten und I. als Theoretiker oder auch die Weiterführung des Baues nach dem Tode des → Anthemios durch I., wie häufig in der Lit. angenommen, ist Überinterpretation der spärl. Quellen, wenn auch tendenziell wohl abzulesen ist, daß → Anthemios der berühmtere der beiden war. – I. ist aber v.a. als Mathematiker belegt. Eutokios von Askalon, der als Grundlage seines Kommentars zu Archimedes eine von I. veranlaßte Ausg. des Archimedes verwendet, und der Verf. des sog. 15. Buchs der Elemente des Euklid nennen I. als ihren Lehrer. Letzterer beschreibt auch eine von I. entwickelte Methode zur Konstruktion versch., gleichschenkliger Dreiecke. Ferner gilt I. als Verf. eines verlorenen Kommentars zu → Heron von Alexandrias' Καμαρικά („Über Gewölbebau"), in der er u.a. einen von ihm erfundenen Zirkel zur Konstruktion von Parabeln beschreibt. Die fundamentalen Kenntnisse der Trad. der antiken Mathematik und Geometrie des I. waren wahrsch. mitentscheidend für die Konstruktion der Kuppel der Hagia Sophia. Ihre kühne Konstruktion hielt einem Erdbeben im Mai 558 n. Chr. aber nicht stand und so mußte die Kuppel von seinem Neffen → Isidoros (V) d. J. erneuert werden. – Zus. mit → Anthemios von Tralles erscheint er bei Prokopios (aed., 2, 3, 7–15) noch einmal in einer legendären Gesch. als Ratgeber Justinians beim Projekt eines Staudammes zum Schutz der Stadt Dara/N-Mesopotamien gegen Überflutungen. ▭ ThB19,

1926. RE IX. 2, 1916 (s.v. I. 32 und I. 21); EAA IV, 1961 (s.v. I. 1); KlP II, 1967 (s.v. I. 9); Reallex. zur Byz. Kunst, III, 1978 (s.v. I. von Milet); *Macmillan*, II, 1982. – *A. Fabre*, Autour des deux architectes du Parthénon et de Sainte-Sophie, Echos d'Orient 22:1923, 59–65; *G. Downey*, Byzantion 18:1948, 99–118; *R. J. Mainstone*, Hagia Sophia, Lo. 1988; *Müller*, Architekten, 1989, 121–128, 170; PLRE III, 1992 (s.v. I. 4). M. Dennert

Isidoros (V) (Isidoros von Milet d. J.), byz. Architekt und Ingenieur (μηχανικός oder μηχανοποιός), Neffe des → Isidoros (IV) von Milet, in justinian. Zeit (527–565 n. Chr.) in Syrien und in Konstantinopel tätig. Nach Prokopios (aed., 2, 8, 8–25) leitete er in jungen Jahren mit → Johannes (I) von Byzanz im Zuge des Bauprogramms Justinians den Wiederaufbau und die Befestigung der Stadt Zenobia am Euphrat. Zwei in Chalkis/N-Syrien gefundene Bau-Inschr. der Stadtmauer (IGLS, II, Nrn 348–349) – eine dat. 550/51 n. Chr. – nennen einen I., der mit unserem I. ident. sein dürfte, da auch Chalkis zu den Neubefestigungen Justinians gehört (Prok., aed., 2, 11, 1–8; hier kein Architekt genannt). Auf Grund der hauptstädt. Einflüsse bei den Bauten von Qasr ibn Wardan ist vermutet worden, daß auch hier I. beteiligt war, doch läßt sich dies nicht belegen. Als sein Hauptwerk gilt jedoch der Neubau der Kuppel der Hagia Sophia in Konstantinopel. Diese, von → Anthemios von Tralleis und seinem Onkel → Isidoros (IV) von Milet errichtet, stürzte im Mai 558 n. Chr. teilw. ein. I. wird üblicherweise als Leiter des Wiederaufbaues angesehen, ohne daß dies auf sicherer Quellenlage steht. Die Überlieferung beruht auf Agathias, Περὶ τῆς Ἰουστινιανοῦ βασιλείας, 5, 9, wo I. als einziger namentl. unter and. Architekten (οἱ ἄλλοι μηχανοποιοί) gen. wird, die die Schwachstellen des alten Entwurfs begutachten und den veränderten Wiederaufbau der Hauptkuppel durchführen. Diese gegenüber dem Unterbau teilw. verstärkte und deutl. höher und gleichmäßiger gewölbte Kuppel ist die mit insgesamt zwölf Rippen im N und S in Teilen noch heute erhaltene. Die Konstruktion war also bei weitem tragfähiger als die urspr. Kuppel, die kaum zwanzig Jahre hielt, und gehört neben dem Pantheon in Rom zu den Meisterwerken der antiken Wölbungskunst. ▭ ThB19, 1926. RE IX. 2, 1916 (s.v. I. 33); EAA IV, 1961 (s.v. I. 2); KlP II, 1967 (s.v. I. 10); Reallex. zur Byz. Kunst, III, 1978 (s.v. I. d. J.). – *G. Downey*, Byzantion 18:1948, 99–118; *J. Lauffray*, Halabiyya-Zenobia, Place forte du Limes oriental et la Haute-Mésopotamie au VIe s., I-II, P. 1983–91; *C. Strube*, JbAChr 26:1983, 58 s.; *B. Croke/J. Crow*, JRS 73:1983, 146 s.; *R. J. Mainstone*, Hagia Sophia, Lo. 1988, bes. 89–96, 215–217; *Müller*, Architekten, 1989, 125, 170–171; *C. Mango*, in: Hagia Sophia from the age of Justinian to the present, C. 1992, 51–53; PLRE, III. A, 1992 (s.v. I. 5); *J.-P. Fourdrin*, Une porte urbaine construite à Chalcis de Syrie par Isidore de Milet le Jeune (550/551), TravMem 12:1994, 299–307. M. Dennert

Isidotos (I) (Ἰσίδωτος; Isidotus), griech. Erzgießer unbek. Zeit. Lt. Plinius (nat., 34, 78; Overbeck, SQ, 1868, Nr 2088) schuf er die Statue eines Mannes, der einen Stier opfert. ▭ ThB19, 1926. RE IX. 2, 1916 (s.v. I. 2); EAA IV, 1961. R. V.

Isidotos (II) (Εἰσίδοτος), aus Athen, griech. Bildhauer, im 2. Jh. n. Chr. tätig. Nur bek. durch seine Sign. auf einer Marmorbasis einer weibl. Kolossalstatue aus Gortyn (heute Iraklion, Arch. Mus.). Sie hält ein Füllhorn und mag daher möglicherweise eine Tyche wiedergeben. ▭ ThB19, 1926. RE IX. 2, 1916 (s.v. I. 2); EAA IV, 1961 (s.v. Eisidotos). – *L. Savignoni*, RM 5:1890, 147 ss.; *Guarducci*, IC, IV, 1950, Nr 344. R. V.

Isigonos (Ἰσίγονος), griech. Bildhauer, im 2. Jh. v. Chr. tätig. Nach Plinius (nat., 34, 84) schuf er zus. mit → Phyromachos (II), → Stratonikos und → Antigonos die Darst. der Kämpfe zw. Attalos und Eumenes und den Kelten. Ob hier eine Fehllesung für → Epigonos vorliegt, wie öfters angenommen worden ist, bleibt zweifelhaft. ▭ ThB19, 1926. RE IX. 2, 1916 (s.v. I. 2); EAA IV, 1961 (s.v. I. 1). – *Lippold*, GrPl, 1950, 353. R. V.

Isikles (Ἰσικλῆς), Sohn des Kydimandros, griech. Bildhauer, E. 6. Jh. v. Chr. in Didyma tätig. Nur bek. durch eine mon. Weih.-Inschr. eines Bronzeastragals aus Susa, das von den Persern aus dem Didymaion dorthin verschleppt worden ist (heute in Paris, Louvre). ▭ EAA IV, 1961. – *P. Perdrizet*, REG 34:1921, 64 ss.; *Floren*, GrPl, 1987, 389, Anm. 70. R. V.

Ismenias (Ἰσμηνίας), aus Chalkis, griech. Maler, im letzten V. des 4. Jh. v. Chr. in Athen tätig. Lt. Plutarch (Lyk., 37) malte er ein Tafelbild mit lebensgroßen Figuren, das sich im Erechtheion auf der Athener Akropolis befand. Es war ein Weihgeschenk des Habron, Lykurgs Sohn, und zeigte die Vorfahren der Eteobutaden, den Priestern des Poseidon, u.a. wohl den ersten, Butes. Gleichzeitig war Habron gezeigt, wie er den Dreizack an seinen jüngeren Bruder Lykophron übergibt. ▭ ThB19, 1926. RE IX. 2, 1916 (s.v. I. 7); EAA IV, 1961; DNP V, 1998 (s.v. I. 5). – *Pfuhl*, MuZ, II, 1923, 856; *Scheibler*, Malerei, 1994, 160. R. V.

Ismenos (Ἰσμηνός), griech. Vasenmaler, um 500 v. Chr. in Athen tätig. Nur bek. durch seine Sign. auf einem Fragm. eines schwarzfigurigen Skyphos, der nach Beazley (Para) von → Nikosthenes (I) getöpfert worden ist (Athen, Akropolis-Mus., Inv. Nr 351180). ▭ Para, 1971, 158. R. V.

Issianch, ägypt. Bauleiter („Vorsteher aller Bauarbeiten des Königs"), in der 5. Dynastie (2504/2454–2347/2297 v. Chr.) in Sakkara/Unterägypten tätig. Das Grab Nr 85 (D8, S910) des I., das sich im N der Stufen-Pyramide des Djoser befindet, enthält eine sehr stark fragm. Stele. ▭ PM III. 2, 1978, 489, Nr 85. – *J. E. Quibell*, Excavations at Saqqara (1907/08), Kairo 1909, 24, Nr 910; *A. Mariette*, Les mastabas de l'Ancien Empire, Hildesheim/N. Y. 1976, 189–191. Y. Ott

Istor[os] → [H]istor[os]

Istrokles (Ἰστροκλές), Vasenmaler oder Töpfer, um 640 v. Chr. in Smyrna tätig. Nur bek. durch seine fragm. Sign. auf einem Fragm. eines Dinos aus Smyrna (heute Izmir, Archäol. Mus.), die wahrsch. der Artemis gew. worden ist. ▭ EAA, Suppl., 1973. – *E. Akurgal*, Die Kunst Anatoliens, B. 1961, 229, 308, Abb. 23; *L. H. Jeffery*, BSA 59:1964, 45, Nr 1, Taf. 5a; *E. Akurgal*, Alt-Smyrna I. Wohnschichten und Athenatempel, Ankara 1983, 111, Taf. 124 f; *id.*, Griech. und röm. Kunst in der Türkei, M. 1987, Taf. 73d. R. V.

Iteruaa, ägypt. „Bildhauer im Goldhaus des Osiris", in der 18. Dynastie (1550–1292 v. Chr.) tätig. Bek. durch eine Grabstatuette (CG 48477) aus bemalter Terrakotta und einem Modellsarg aus demselben Material. ▭ *V. Loret*, Les statuettes funéraires du Mus. de Boulaq, P. 1883, 99, Nr 40; *P. E. Newberry*, Funerary statuettes and model sarcophagi (CG), Kairo 1957, 366, Nr 48477. Y. Ott

Itet, Sohn(?) des → Neb, ägypt. Goldschmied, in der 18. Dynastie (1550–1292 v. Chr.) in Ägypten tätig. Nur bek. durch eine Stele aus Abydos, die ihn mit seiner Fam. darstellt. Die Verwandtschaftsverhältnisse sind jedoch nicht ganz eindeutig. Ob die Fam. selbst aus Abydos stammte, läßt sich nicht sicher feststellen. I. war an einem Amuntempel angestellt. ▭ *P. Lacau*, Stèles du Nouvel Empire (CG), Le Caire 1926, 123, Nr 34076. S. L. Lippert

Itju, ägypt. Bildhauer, in der 6. Dynastie (2347/2297–2216/2166 v. Chr.) in Saqqara/Unterägypten tätig. Er ist bek. aus dem Fam.-Grab des → Kaiemheset, das n. der Pyramide des Teti in Saqqara liegt. Auf einer Holztür des Grabes wird von I. gesagt, daß er „es", gemeint ist das Grab, ausgestattet habe. I. hat also die Reliefs an den Grabwänden ausgeführt. Er war vermutl. ein Angehöriger der Pyramidenstadt in Saqqara, also ein Nekropolenhandwerker, der neben seinen offiziellen Arbeiten an den kgl. Bauprojekten auch priv. Aufträge entgegennahm. ▭ LÄ II, 1977 (s.v. Handwerker, Anm. 4); III, 1980 (s.v. Künstler mit Anm. 15); LÄ V, 1984 (s.v. Sign. mit Anm. 2); VI, 1986 (s.v. Tür und Tor, Anm. 9); PM III. 2, 1978, 542–543. – Urk. I, 206,18; *B. Gunn*, ASAE 26:1926, 193; *W. Helck*, MDAIK 14:1956, 65 Fn. 7; *E. Edel*, ZÄS 85:1960, 76. T. Schrottenbaum

Itusch (mit „großem Namen" Semenechuipteh), ägypt. Metallkunstarbeiter des Hofes, „Vorsteher des Goldhauses", „Vorsteher jedes geheimen Königsschmucks"; unter Pharao Isesi (5. Dynastie, 2405/2355–2367/2317 v. Chr.) im Raum Memphis/Unterägypten tätig. Belegt durch sein Mastaba-Grab, das auf dem Friedhof n. der Stufenpyramide von Saqqara liegt und sich z.T. heute im Kunsthist. Mus. Wien und im Mus. Brooklyn befindet. Er stellte den Körperschmuck des Königs her und beaufsichtigte die Arbeit an and. aus Metall gefertigten Stücken für die kgl. Residenz. ▭ PM III. 2, 1978, 452. – Urk. I, 191–193; *H. Junker*, Die gesellschaftl. Stellung der ägypt. Künstler im Alten Reich, W. 1959, 13, 74. C. von Pfeil

Iufaa (I), ägypt. „Oberster der Juweliere vom Haus des Amun", wohl im 7./6. Jh. v. Chr. in Theben. I. wird als Großvater mütterlicherseits des Djedchensuiufanch auf dessen Stele (Florenz, Mus. Archeol., Inv. Nr 7632) genannt. ▭ *S. Bosticco*, Le stele egiziane di epoca tarda (K Florenz, Mus. Archeol.), R. 1972, 13 s., Nr 2; *H. de Meulenaere/J. Quaegebeur*, CdE 57:1982, 211. F. Hoffmann

Iufaa (II), ägypt. „Oberster der Künstler", ca. 1. H. des 7. Jh. v. Chr. Belegt auf einer Statuengruppe seines Sohnes → Anchscheschenq. ▭ *P. Vernus*, BIFAO 76:1976, 3 ss. F. Hoffmann

Iufeniersen, Sohn des → Sehetepib, Bruder des → Iibref (II), ägypt. Vorsteher der Gilde der Umrißzeichner, unter den Pharaonen Neferhotep I. bis Sobekhotep IV. (13. Dynastie, 1730–1720 v. Chr.) im Raum Abydos/Oberägypten tätig. Belegt auf versch. Totenstelen aus Abydos sowie einer

Stele aus dem Heqaib-Heiligtum in Elephantine. ▭ PM V, 1937, 265. – *D. Franke*, Personendaten aus dem Mittleren Reich, Wb. 1984, 65, Nr 45.
C. von Pfeil

Iulius (Ἰούλιος), röm. Bildhauer unbek. Zeit. Nur bek. durch seine Sign. auf einem Marmorblock aus Misenum (heute Neapel, MN). ▭ *Loewy*, IGB, 1885, 303, Nr 460. R. V.

Iulius, *Gaius*, röm. Architekt, im 2. Jh. n. Chr. in Rom tätig. Nur bek. durch seine Grab-Inschr. aus der Katakombe der Hll. Petrus und Marcellinus aus Rom, nach der er ein Architekt der kaiserl. Truppe war. ▭ *A. Ferrua*, Epigraphica 13:1951, 109 s., Nr 44, Taf. 2; *M. P. Speidel*, Die Denkmäler der Kaiserreiter, Bonn 1994, 186, Nr 223, Abb.; *Donderer*, Architekten, 1996, 228 s., Nr A 119.
R. V.

Iulius, *T.*, *lapidarius* aus Dakien, im 2.–3. Jh. n. Chr. in einem nicht näher bestimmbaren Ort im röm. Dakien tätig. Bek. nur durch eine Votiv-Inschr. (*Daciae incertae*) an die Suleviae. Das Relief stellt zwei weibl. Figuren dar, eine davon als Bildhauerin. Die Suleviae sind kelt. Gottheiten – ähnl. den Matronae – und scheinen Schutzgöttinnen der Bildhauer und der Maler gewesen zu sein. Ähnl. Beispiele gibt es in Britannien, wo Denkmäler an die Suleviae von einem *Sulinus scultor* (*sic*!) (RIB, 105, 151) errichtet worden sind. ▭ CIL, III, 1601; *M. Macrea*, Anuarul Institutului de Studii Clasice, Cluj, 5:1949, 248 s.; *M. Bărbulescu*, Interferenţe spirituale în Dacia romană, Cluj-Napoca, 1984, 39; *A. Husar*, Celţi şi germani în Dacia romană, Cluj-Napoca 1999, 255.
M. Bărbulescu

Iulius Agatopodes, *M.*, röm. Goldschmied, in augusteischer Zeit in Rom tätig. Nur bek. durch seine Grab-Inschr. aus dem Columbarium der Livia aus Rom (CIL, VI, 3945). ▭ EAA I, 1958 (s.v. Aurifex). R. V.

Iulius Athenaeus, *L.*, röm. Vasenhersteller, im 2./3. Jh. n. Chr. tätig. Nur bek. durch seine Grab-Inschr. auf einem Sarkophagdeckel, nach der er 75 Jahre alt geworden ist (CIL, VI, 9956). ▭ *Calabi Limentani*, Studi, 1958, 171, Nr 155. R. V.

Iulius Epagathos, *Gaius* (Ἰούλιος Ἐπαγάθος, Γαῖος), Sohn des Apollophanes, aus Lete, griech. Architekt, um 24 n. Chr. in Lete tätig. Nur bek. durch eine Bau-Inschr. aus Lete, nach der er für diese Stadt ein Eingangstor errichtete, das von den Marktaufsehern Pausanias, dem Sohn des Dioskurides, Mennidas, dem Sohn des Demetrios, und Hermolaos, dem Sohn des Menandros, gew. worden ist. ▭ *J./L. Robert*, BullEp 1974, 265, Nr 458; *M.-C. Hellmann*, ZPE 104:1994, 154, Nr 8; *Donderer*, Architekten, 1996, 136 s., Nr A 45.
R. V.

Iulius Fa(v)entius, *Quintus*, Ziehsohn des Marmorbildhauers (?) → Iulius Miletus (Ionicus), Quintus, vermutl. seinerseits Marmorbildhauer, in der 1. H. des 3. Jh. n. Chr. in Rom tätig. Quintus Iulius Fa(v)entius ist bek. aus einer Inschr., die er zus. mit weiteren (?) Bildhauern (*cum arteficibus*) seinem Ziehvater setzen ließ. ▭ EAA IV, 1961 (s.v. Iulius Faentius). – CIL, VI, 10091; IG, XIV, 1092; IGRom, I, 167; *L. Robert*, Hellenica 11–12, P. 1960, 11 s.; IGUR, 1990, 63–66, Nr 1566.
U. Huttner

Iulius Faustus, *Publius*, vermeintl. röm. Mosaizist, im 3. Jh. n. Chr. lebend. Nur bek. durch eine Inschr. auf einem Mosaik mit geometr. Dekor aus einer Thermenanlage aus Ain Touta/Algerien (heute Algier, MN des Antiquités). Es handelt sich hier aber wohl eher, wie Donderer (1989) überzeugend nachwies, um eine Stifterinschrift. ▭ EAA IV, 1961. – *Donderer*, Mosaizisten, 1989, 144 s., Nr C 27, Taf. 63, 1–2. R. V.

Iulius Lacer, *Gaius*, röm. Architekt, in trajan. Zeit bei Alcántara tätig. Erbaute b. Alcántara (Provinz Cáceres, nahe der span.-portug. Grenze) eine Brücke über den Tagus (Tajo) sowie den danebenstehenden Tempel, an dem sich die ihn nennende, heute verschollene Inschr. (nach Abschriften des 15. und 16. Jh. zwei Textvarianten: CIL, II, 761 entspricht Dess., ILS, 287 b sowie CIL, II, add. p. XL; Suppl. p. 826; weitere Variante: CEL, 1895, 406 s., Nr 12) befand; eine mod., wiederum textl. leicht abweichende Kopie heute an ihrer Stelle in der Gebälkzone über dem Eingang. Die Inschr. mit Weihung an Trajan nennt I. in rühmendem Ton gleich viermal; sie ist, bis auf die Eingangs- und Schlußformel, in Distichen abgefaßt. Ihr zufolge baute I. neben der Brücke den Kaiserkulttempel, den er aus eigenen Mitteln und mit Unterstützung seines Freundes Curius Laco errichtete. Außerdem weihte I. weitere, uns unbek. Tempel; er muß demnach ein vermögender Mann gewesen sein. – Die aus bossierten Granitquadern ohne Mörtel errichtete, sechsbogige Brücke ist eine der imposantesten antiken Bauten ihrer Art (Länge 194 m, Breite 7,80 m, Straßenbreite 6,50 m, maximale Bogenhöhe 45 m). Die Spannweiten der Bögen sind durchgehend versch. und

nehmen von den beiden mittleren, ca. 28 m breiten Bögen zu den Flußufern hin stark ab. Die drei mittleren Pfeiler sind an der flußabwärts gerichteten Seite bis zur Höhe des Bogenansatzes als spitz zulaufende Strombrecher gebildet. Zw. den Bögen gehen die Pfeiler in schmale, pilasterartige Vorsprünge über, die z.T. Nischen (für Statuen ?) aufweisen. Über dem mittleren Brückenpfeiler überspannt ein schmuckloser, eintoriger Ehrenbogen aus bossierten Granitquadern den Brückenweg (Höhe ca. 14 m, Breite 11,50 m). Im Bereich der Attikazone befindet sich eine Taf. mit der Weihung an Trajan (CIL, II, 759; Dess., ILS 287), die 103/104 oder 105/106 n. Chr. datiert ist. An einem Pylon ist auf der Südseite eine Inschr. mit der Aufzählung der elf am Brückenbau beteiligten Munizipien der Provinz Lusitania angebracht (CIL, II, 760; Dess., ILS, 287 a, heute verschollen und am Bogen durch eine Kopie ersetzt). Am s. Brückenkopf liegt der von I. errichtete kleine Antentempel (nach zuletzt Rodriguez Pulgar, 1992, 42: Länge 5,86 m, Breite 4,10 m, Höhe 6,61 m; and. Maße bei Galliazzo, 1994, 357) aus großen Bossenquadern mit zwei toskan. Halbsäulen an den Innenseiten der Anten. Seine Formen sind so schlicht wie die der Brücke. Nach einer Hypothese von Liz Guiral (1988, 201 ss.) wurden Brücke und Tempel durch I. schon um 74/75 bis 85 n. Chr. errichtet; der Ehrenbogen von 103/106 n. Chr. sei eine zweite Bauphase. Die Brücke wurde mehrfach beschädigt und bereits 1543 und 1778 rest.; nach einer weiteren Zerstörung 1809 wurden bei einer Generalrestaurierung 1859–1860 die beiden n. Bögen sowie der Ehrenbogen wiederaufgebaut und der im MA in eine Kirche umgebaute Tempel erneuert. ▭ ThB22, 1928 (s.v. Lacer). RE XII. 1, 1924 (s.v. Lacer); EAA IV, 1961 (s.v. Lacer). – *R. Etienne*, Le culte impérial dans la péninsule ibérique d'Auguste à Dioclétien, P. 1958, 480–485, Taf. 11,1–3; *A. Blanco Freijeiro*, El puente de Alcántara en su contexto historico, Ma. 1977; *J. Liz Guiral*, El puente de Alcántara, Alcántara 1988; *Müller*, Architekten, 1989, 174 s.; *M. del Carmen Rodriguez Pulgar*, El puente romano de Alcántara, Salamanca 1992; *C. O'Connor*, Roman bridges, C. 1993, 109–111, Abb. 86 s.; *W. Trillmich u.a.* (Ed.), Hispania Antiqua, Mainz 1993, 363 s., Taf. 148; *V. Galliazzo*, I ponti romani, II. Cat. gen., Treviso 1994, 353–358, Nr 754; *Donderer*, Architekten, 1996, 230–233, Nr A 121.
C. Leschke

Iulius Magnus, *Gaius* (Ἰούλιος Μᾶγνος, Γαῖος), röm. Steinmetz, in der Kaiserzeit in der Kyrenaika tätig. Nur bek. durch seine Sign. über dem Eingang eines Felsengrabes in Tocra (SEG, IX, 1938, 629). ▭ EAA IV, 1961 (s.v. Magnos, Gaius Iulius).
R. V.

Iulius Miletus (Ionicus), *Quintus* (Ἰούλιος Μείλητος, Κύιντος), stammt aus Tripolis/Lydien, höchstwahrsch. Marmorbildhauer, seit A. 3. Jh. n. Chr. in Rom tätig. Der von seinen Zunftgenossen hochgeehrte I. ist aus zwei röm. Inschr. bek., die zum großen Teil in griech. Sprache abgefaßt sind: eine Ehren-Inschr., die ihm seine Kollegen (οἱ τεχνεῖται – „die Künstler") setzten, und eine Inschr., in der I. selbst den Gott Sarapis um das Wohlergehen der Marmorbildhauer (μαρμαράριοι) bittet. I. wird allerdings nirgends selbst als Marmorbildhauer bezeichnet. ▭ EAA IV, 1961 (s.v. Iulius Meilitos). – CIL, VI, 10091; IG, XIV, 1092 s.; IGRom, I, 167 s.; *Calabi Limentani*, Studi, 1958, 161, Nrn 68 s.; *L. Vidman*, Sylloge inscriptionum religionis Isiacae et Sarapiacae, B. 1969, 211, Nr 432; IGUR, 1990, 63–68, Nrn 1566 s.
U. Huttner

Iulius Musticus, röm. Bildhauer, in der Kaiserzeit in der Provinz Gallia Narbonensis tätig. Nur bek. durch seine Sign. unter der Frauenbüste eines Grabreliefs (CIL, XII, 2319). ▭ EAA IV, 1961 (v.e. Marmorarius). – *Calabi Limentani*, Studi, 1958, 163, Nr 91.
R. V.

Iulius Nicephorus, *Tiberius*, röm. Mosaizist, in der 1. H. des 1. Jh. n. Chr. in Rom tätig. Nur bek. durch seine Grab-Inschr. aus Rom (CIL, VI, 9647). ▭ *Calabi Limentani*, Studi, 1958, 158, Nr 50; *Donderer*, Mosaizisten, 1989, 92–93, Nr A 65; *Dunbabin*, MGRW, 1999, 274, Anm. 29.
R. V.

Iulius Phosphorus, *Gaius*, Sohn des Lucifer, röm. Architekt, in der 2. H. des 1. Jh. n. Chr. in Rom tätig. Der kaiserl. Architekt I. ist durch die Inschr. seines in Rom gefundenen Grabaltares überliefert, den seine Ehefrau Claudia Stratonice, eine Freigelassene des Claudius oder des Nero, errichten ließ. Sein Vater C. Iulius Lucifer war ein kaiserl. Libertus (CIL, VI, 9972; Dess., ILS, 7571), aber erst der freigeborene I. arbeitete als Architekt für das Kaiserhaus, wobei nicht auszuschließen ist, daß er auch and. Auftraggeber hatte. Mit welchen Bauaufgaben er betraut war, ist nicht bekannt. ▭ EAA I, 1958 (s.v. architetto). – CIL, VI, 8726; Dess., ILS, 7733; *G. Tedeschi Grisanti*, BdA, Ser. 6, 68, 18:1983, 79, 90, Abb. 9; *D. Boschung*, Antike Grabaltäre aus den Nekropolen Roms, Bern 1987, 82, Nr 136; *H. Solin*, Namenpaare, Helsinki 1990, 24, 32; *Donderer*, Architekten, 1996, 52 s., 189 s., 233 s., Nr A 122, Taf. 44,1.
B. Bollmann

Iulius Proclus, *C.*, *sigillarius*, aus dem röm. Dakien, M. 2. Jh. n. Chr. in Ampelum (heute Zlatna) tätig. Eigentümer einer Keramik-Wkst. in Ampelum/Oberdakien, dessen Name aus der Sign. der Produkte bek. ist, seltener mit dem vollen Namen, eher mit den Anfangsbuchstaben GIP. Er erzeugte u.a. Öllampen in Form von Priapus-Statuetten und glasierte Tonstatuetten mit der Szene der mithraischen Opfergabe. ▭ *I. T. Lipovan*, Anuarul Institutului de Istorie şi Arheologie, Cluj-Napoca, 26:1983–1984, 311–320; *id.*, Sargetia, Deva, 18–19, 1984–1985, 141–147. M. Bărbulescu

Iu[lius] Prud[ens], röm. Mosaizist, tätig in der 2. H. des 4. Jh. n. Chr. in der Villa von Carranque, Provinz Toledo (Spanien)/Tarraco, *conventus carthaginiensis*. Bek. durch die 1986 entdeckte Mosaik-Inschr. auf der Schwelle des *triclinium*: EX OFFICINA IV[LII] PRVD[ENTIS] (Erg. J. Gómez Pallarès, 1991). Er hat eines der wichtigsten Mosaiken mit Figuren der Villa von Carranque im *triclinium* gefertigt, das die Abschiedsszene zw. Briseis und Achilles zum Thema hat (*contra*: D. Fernández-Galiano, Finder des Mosaiks, der hier das Wiedersehen von Briseis und Achilles sieht). Das Mosaik, das das *cubiculum* der Villa schmückt, ist ebenfalls sign., aber diesmal von einem and. Atelier, dem des → MASCVLINVS, und and. Figurenmosaiken mit interessanten Ikonogr. und Stilen (der Tod des Adonis vor den Augen des Mars und der Venus, Oceanus, Xenia) in der Villa sind nicht sign., sind aber in ihrem Stil sehr unterschiedl. zu den dem IVLIVS PRVDENS und dem → MASCVLINVS zugeschr. Mosaiken. Unser Mosaizist ist außerhalb von Carranque unbekannt. Man kann annehmen, daß er die in der Osthälfte des Reiches zirkulierenden Modelle kannte, weil das hier illustrierte Thema – auf Wunsch des Auftraggebers, dem Besitzer der Villa, MATERNVUS, der ebenfalls auf der Inschr. des Mosaiks von dem *cubiculum* gen. wird – bisher nur in der griech.-oriental. Welt mit Ausnahme eines Mosaiks von Mérida (Lancha, 1997) und in Carranque bek. ist. Er trägt sehr wahrsch. einen röm. Namen à *duo nomina*, *nomen* und *cognomen* seines ehem. Herrn, aber dies ist nicht vereinbar mit der oriental. Herkunft dieses Künstlers oder mit der Tatsache, daß er als Mosaizist im Orient ausgebildet worden ist. Es ist das einzige von ihm bek. Werk, das aber bemerkenswert ist. Das illustrierte Thema „Briseis sich in Anwesenheit von Patroklos (?) von Achilles verabschiedend" geht auf ein altes Vorbild zurück, dem berühmten Bild des → Theon (II) von Samos, das von Plinius beschrieben worden ist und zahlr. pompejan. Maler, insbesondere den des *Hauses des tragischen Dichters* inspirierte, die, wie es R. Bianchi Bandinelli gezeigt hat, eine Inspirationsquelle für die Miniaturmaler der *Ilias Ambrosiana* waren. IVLIVS PRVDENS zeichnet sich durch seine außergewöhnl. Qualität in der Ausf. aus, die ihn von → MASCVLINVS in der gleichen Villa wie auch allen and. Mosaizisten unterscheidet, die in and. Räumen der Villa tätig waren. Diese Beherrschung der Technik und der noch illusionist. Stil zu einem so späten Zeitpunkt in der Mosaikkunst sprechen für einen oriental. Ursprung dieses Meisters (im Orient nämlich blühte dieser Stil während der „Konstantinischen Renaissance"). Er führte hier in einem vorzügl. Empfangsraum der Villa, was ein *triclinium* ist, ein Mosaik aus, dessen Thema in dieser Zeit eine besondere Bedeutung hatte. Der Auftraggeber prahlte nicht mit seinem kulturellen Wissen vor den Augen seiner Gäste, sondern teilte mit ihnen eine heidn. Bildung, die von einer Aristokratie in einem jetzt christl. Reich in Anspruch genommen worden ist, das das heidn. kult. Erbe banalisiert oder abweist, indem man vor allem mytholog. oder kult. Bilder heranzieht. Indem Maternus sich dazu entschied, sein *triclinium* mit dieser Szene auszuschmücken, die die Wut des Achill ausdrückt, ein wichtiges Element im Trojan. Krieg, zeigt er seine Kenntnis von Homer, dem größten klass. Autor in der Antike. Die Verwendung des griech. Dichters erscheint auch in einer and. Villa der Provinz von Tarraco, in Cabezón de Pisuerga (Lancha, 1997, Nr 89): ein Mosaik der Villa illustriert eine Szene aus der Ilias (6, 120 und 233), in der sich Glaukos und Diomedes gegenüberstehen, mit dem Zitat dieser Verse in griech. und lateinisch. ▭ *D. Fernández-Galiano*, La villa de Materno, in Mosaicos romanos. Actos de la I Mesa Redonda Hispano-Francesa sobre Mosaicos Romanos habida en Madrid en 1985, Manuel Fernández Galiano in memoriam, Ma. 1989, 260, Taf. 3 und Foto auf dem Umschlag; *Donderer*, Mosaizisten, 1989, 94, Nr A 64, Taf. 38, 2; HEp 1:1989, 607; *J. Gómez Pallarès*, Epigraphica 53 :1991, 70, Nr 7, Anm. 25, Abb. 7; HEp 3:1993, 375; *D. Fernández-Galiano u.a.*, Mosaicos de la villa de Carranque : un programa iconografico, in: VI Coloquio internac. sobre mosaico antiguo, Palencia-Mérida 1990, Guadalajara 1993, 317, Anm. 1; p. 322 (mit weiterer Lit.); *id.*, The villa of Maternus at Carranque, in: Fifth internat. colloquium on Ancient mosaics, Bath 1987, JRA, Suppl. 9, 1994, 205, Abb. 12; HEp 4:1994, 882; *J. Gómez Pallarès*, Edición y comentario de las inscripciones sobre mosaicos de Hispania. Inscripciones no cristianas, R. 1997, 154, Taf. 64; *J. Lancha*, Mosaïque et culture dans l'Occident romain, Ier-IVe s., R. 1997, 168, Nr 83, p. 389, Taf. D.

J. Lancha

Iunena (Iunen; In), Sohn des → Hemesch und der Nebetes, ägypt. „Großer Handwerker" der Barke des Amun, des Ptah und des Month z.Z. Thutmosis' IV. (1397–1388 v. Chr.). Bek. ist I. von einer Stele, die sich jetzt im BM in London befindet, und von urkundl. Erwähnungen. Neben seinen künstler. Titeln hatte er auch noch andere Ämter inne, was darauf hinweist, daß es sich bei ihm um einen relativ bed. Mann handelte. ▭ Urk. IV, 1630 ss.; Urk. IV, Index, 18; *S. R. K. Glanville*, ZÄS 38:1932, 7 ss.; *I. E. S. Edwards*, Hieroglyphic texts from Egyptian stelae, VIII, Lo. 1939, Nr 1332, Taf. 33. S. Hänsch

Iuni (I), ägypt. Bauleiter des Amun und Königssohn von Kusch, Sethos I. (1290–1279 v. Chr.). Bek. ist I. von einer Stele aus Abydos, auf der er mit seinem Titel als Königssohn von Kusch erwähnt wird. Diesen Titel, der aus der Zweiten Zwischenzeit (1794–1550 v. Chr.) resultiert, trugen seit der Zeit von Amenophis II. (1428–1397 v. Chr.) die ägypt. Vizekönige von Nubien, d.h. es handelt sich hierbei um einen wichtigen Mann. So trug er außerdem noch den Titel eines Oberpolizisten. Tätig war er wahrsch. in Theben. ▭ LÄ III, 1980, 634, Nr 17 (s.v. Königssohn von Kusch). – *G. Daressy*, ASAE 20:1920, 129 ss.; *A. Fakhry*, ASAE 34:1934, 91 ss., Taf. 2, Nr 3; *W. Helck*, Mat. zur Wirtschafts-Gesch. des Neuen Reichs, I, Mainz 1961, 45. S. Hänsch

Iuni (II), ägypt. „Leiter der Bauarbeiten", Amenophis III. (1388–1351 v. Chr.). Nur bek. als Bruder des Schatzhausvorstehers Sobekmose. ▭ LÄ V, 1984, 1050 (s.v. Sobekmose). S. Hänsch

Iunior, röm. Mosaizist, im 4. Jh. n. Chr. in Khenchela/Algerien tätig. Nur bek. durch seine Sign. auf einem Mosaik aus einem kleinen, aber reich ausgestatteten Haus in Khenchela. Die Sign. EX OFFICINE IUNIORIS (AE, 1972, 695) steht in einem Kreis um die Buchstaben B(onis) B(ene). Diese befindet sich ihrerseits in der M. eines geometr. Paviments, das die W-Seite des Peristylumgangs verziert. Es ist sehr wahrsch., daß dasselbe Atelier für die Schaffung aller Mosaiken des Hauses verantwortl. war, einschl. des Bildfeldes mit der Darst. des 'Triumphes der Venus', die das *triclinium* ausschmückte. ▭ EAA, Suppl., 1970. – *J. Carcopino*, BAParis 1961–62, 41 ss.; *J. Lassus*, CRAI 1962, 129; *id.*, MosGr, I, 1965, 175 ss., Abb. 1–2; *S. Germain*, Les mosaïques de Timgad. Et. descr. et analytique, P. 1969, 145; *J. Lassus*, Rec. de not. et mém. de la soc. archéol. de la Wilayia de Constantine 71:1969–1971, 49 ss., Taf. 9; *Dunbabin*, Mosaics, 1978, 28, Anm. 59; *C. Balmelle/J.-P. Darmon*, L'artisan-mosaïste dans l'antiquité tardive. Réflexions à partir des sign., in: *X. Baral I Altet* (Ed.), Artistes, artisans et productions artist. au moyen age, I, P. 1986, 238; *Donderer*, Mosaizisten, 1989, 23, 39, 95, Nr A 66. Z. Welch

Iunius, *P.*, röm. Bauunternehmer, um 80 v. Chr. in Rom tätig. Lt. Cicero (Verr., 2, 50 [130]) restaurierte I. unter den Konsuln L. Sulla und Q. Metellus (d.h. im Jahre 80 v. Chr.) den Castortempel in Rom. Früher sah man in ihm fälschlicherweise einen Architekten statt eines Bauunternehmers. ▭ ThB19, 1926. RE X. 1, 1918 (s.v. I. 28). R. V.

Iupet (Iuput; Auput), ägypt. Bauleiter des 10. Jh. v. Chr. in Karnak (Theben). Unter seinem Vater, dem König Scheschonk I. (946/45–925/24 v. Chr.), war I., der auch Hohepriester des Amun war, für die Durchführung von Bauten für seinen Gott in Karnak zuständig. Speziell in dieser Funktion wird I. in einer Felsstele (→ Paheqanefer) des 21. Reg.-Jahres Scheschonqs I. in den großen Sandsteinbrüchen des Gebel es-Silsile genannt. ▭ LÄ III, 1980 (s.v. Iuput III.). – *R. A. Caminos*, JEA 38:1952, 46 ss. F. Hoffmann

Iuput → Iupet

Iuseneb (I), ägypt. Edelsteinarbeiter, unter dem König Amenemhet III. (1853–1806/05 v. Chr.) tätig. Erw. auf der Stele des Nehy, die im Sanktuar des Tempels von Serâbît el-Khâdim/Sinai aufgestellt war und in das 30. Reg.-Jahr des Amenemhet III. dat. ist. ▭ *L. de Laval*, Voyage dans la péninsule arabiques, P. 1855–59, 8, 5; *R. Weill*, Rec., P. 1904, Nrn 55, 79; *J. Černý/A. H. Gardiner/T. E. Peet*, The inscr. of Sinai, Lo. ^{2}1952–55, 105, N15, Taf. 34. Y. Ott

Iuseneb (II), Sohn des *Sawadjit*, ägypt. „Vorzeichner" (Umrißzeichner), E. der 12. Dynastie (1853–1794/93 v. Chr.) in Abydos/Mittelägypten tätig. Bek. durch seine beiden Stelen (CG, 20184 und CG, 20290) aus Abydos und erw. auf der Stele seines Bruders → Senefer (CG, 20715). ▭ *H. O. Lange/H. Schäfer*, Grab- und Denksteine des Mittleren Reiches (CG), II, B. 1908, Nrn 20184, 20290, 20715; *A.-M. El-Rabi'i*, CdE 52:1977, 15; *D. Franke*, Altägypt. Verwandtschaftsbezeichnungen im Mittleren Reich, Ha. 1983, 259. Y. Ott

Iustinianus, *Flavius* **→ Flavius Iustinianus**

Iuti (I) (Auta), ägypt. Bildhauer („Vorsteher der Bildhauer der großen Königsgemahlin Teje"), späte 18. Dynastie (M. des 14. Jh. v. Chr.), in Amarna tätig. I. ist im Grab des Huja in Amarna dargestellt, wie er, umgeben von and. (namenlos gelassenen) Bildhauern, an einer Statue der Prinzessin Baketaten arbeitet. Seine Wkst. lag im kgl. Palastbezirk. ⌑ LÄ I, 1975, 805 mit Anm. 36 (s.v. Bildhauer und Bildhauerei). – *N. de Garis Davies*, The rock tombs of El Amarna III, Lo. 1905, Taf. 17 s.; *E. W. Ware*, AJSL 43:1926/27, 201; *F. Steinmann*, ZÄS 107:1980, 152. F. Hoffmann

Iuti (II) (Auta), ägypt. „Umrißzeichner des Re", 19./20. Dynastie (ca. 1. H. des 12. Jh. v. Chr.), wohl im memphit. Raum tätig. Zus. mit seinem Sohn → Niai und seinem Enkel → Cher ist I., der auch Priester war, auf einer Grabstele (Berlin, SMPK, Ägypt. Mus., Inv. Nr 7269) aus Saqqara belegt. ⌑ PM III. 2, 1981, 732. – Aegypt. Inschr. aus den Staatl. Mus. zu Berlin, II, L. 1924, 194, 196 s. F. Hoffmann

Iuventinus, röm. Bildhauer, in der Kaiserzeit in Großbritannien tätig. Nur bek. durch seine Sign. auf einem Relief mit der Darst. des Romulus, das von einem Vettinus dem Gott Romulus gew. worden ist und in Customs Scrubs b. Painswick/ Gloucestershire gefunden worden ist. ⌑ EAA IV, 1961. – *Toynbee*, Artists, 1951, 26. R. V.

J

Janus (Janos), Fehllesung für → Satius, geht auf die Ausg. des Liber Pontificalis des Agnellus von Ravenna durch L. A. Muratori, Rerum italicum scriptores, II, Mi. 1723, 51 zurück. 🕮 ThB18, 1925.
M. Dennert

Johannes (I) (Ἰωάννης), aus Konstantinopel, Architekt und Ingenieur (μηχανοποιός), im 6. Jh. n. Chr. tätig. Nach Prokopios (aed., 2, 8, 8–25) leitete er in jungen Jahren mit → Isidoros (V) d. J. im Zuge des justinian. Bauprogramms den Wiederaufbau und die Befestigung der Stadt Zenobia am Euphrat. 🕮 ThB19, 1926. RE IX. 2, 1916 (s.v. I. 23). – *B. Croke/J. Crow*, JRS 73:1983, 146 s.; *J. Lauffray*, Halabiyya-Zenobia, Place forte du Limes oriental et la Haute-Mésopotamie au VIe s., I-II, P. 1983–1991; PLRE, III (s.v. J. 49).
M. Dennert

Johannes (II), spätantiker Steinmetz (τεχνίτης) in N-Syrien. Bek. nur durch eine 540/41 n. Chr. dat. Inschr. aus Kaukabe, die ihn zus. mit → Markianos nennt. 🕮 *J. Jarry*, Annales islamologiques 9:1970, 201 s., Nr 31.
M. Dennert

Johannes Nesteutes (Ἰωάννης Νηστευτής), Stempelschneider, Münzmeister in Konstantinopel im späten 6. Jh. n. Chr. Nach dem Synaxarion von Konstantinopel (Synaxarium ecclesiae Constantinopolitanae: Propylaeum ad Acta Sanctorum Novembris [Br. 1902], col. 7) war J. urspr. Stempelschneider (χαρακτής) von Beruf, wurde dann Mönch und Kleriker der Hagia Sophia. Schon zu Lebzeiten im Ruf der Heiligkeit stehend (Beiname „der Faster") wurde er zum Patriarchen von Konstantinopel gewählt (Johannes IV., 582–595 n. Chr.). 🕮 ThB19, 1929 (s.v. J. Nesutes). Oxford Dict. of Byzantium II, 1991 (s.v. John IV Nesteutes).
M. Dennert

K

K cf. **Kal[...]**

Ka[...], (Κα...), aus Milet, griech. Bildhauer, im 5. Jh. v. Chr. in Olympia tätig. Nur bek. durch seine Sign. auf einer Basis für ein Kunstwerk aus Olympia, das von den Söhnen des Thrasimachos aus Milet für Zeus gestiftet worden ist. ▭ EAA IV, 1961. – *Loewy*, IGB, 1885, 21, Nr 25. R. V.

Kachet, ägypt. Bildhauer, 2. Dynastie (ca. 28. Jh. v. Chr.). Bek. von der Opferplatte seines in Heluan (ca. 25 km sö. von Kairo) gefundenen Grabes. K. war seinem Titel „Kommandant der Bildhauer" zufolge Oberbildhauer. ▭ *Z. Y. Saad*, Ceiling stelae in Second Dynasty tombs from the excavations at Helwan, Kairo 1957, 20 ss., Nr 9; *W. Davis*, SAK 10:1983, 135. F. Hoffmann

Kachrylion (Καχρυλίων; Χαχρυλίων), griech. Töpfer, am E. des 6. Jh. v. Chr. in Athen tätig. Dieser innovative spätarchaische Töpfer rotfiguriger Schalen ist bek. durch seine enge Verbindung zum jungen → Euphronios, den er möglicherweise die Kunst des Töpferns lehrte. Seine *epoiese*-Sign. auf 29 Schalen und einem Teller erlaubten Beazley, die Wkst. des K. mit mehr als einem halben Dutzend and. rotfiguriger Vasenmaler zu verbinden, darunter → Oltos, der Thalia- und der Hermaios-Maler. K. war für Modernisierung der vorherrschenden rotfigurigen Schalenform vom *Typus B* verantwortl., indem er einen Wechsel von einem konkaven zu einem konvexen Fuß im Profil und eine Verringerung der Oberfläche des Standfußes vornahm. K. verhalf der Randschale des *Typus C* zu seiner harmonischen reifen Form mit einem dicken Fuß, der von einer Leiste losgeht. Korallenrot, das wegen der glänzenden Glasur auch intensives Rot gen. wird, ist char. für die Schalen des K. und ist ein Hinweis für die Zuschr. an K., wie z.B. bei Fragm. des → Euthymides. Eine ornamentale Grundlinie auf den Außenseiten erscheint schon früh auf den Schalen des K., wie z.B. in London (BM, Inv. Nr 97. 10–28. 2 [E 36]; Smith, BMVases, III, 1896, Taf. 2; ARV², 1963, 115, Nr 3; Add², 1989, 174) und in München (Staatl. Antiken-Slgn, Inv. Nr 8704 [2620]; Bloesch, 1940, 45, Nr 13, Taf. 13, 1; ARV², 1963, 16–17, Nr 17; p. 1619; Add², 1989, 153; Euphronios [K Berlin], 1991, 199–204, Nr 41 [Abb.]). Die heutzutage berühmte Münchner Schale, die mit Korallrot verschönert ist, wurde von → Euphronios verziert. Während auf dem Innen-Med. mit einem jungen Reiter *Leagros kalos* eingeschrieben ist, trägt die Schale am Rand der Fußplatte die Sign. des Töpfers und Malers. Der Anbringungsort der Sign. sowie das Korallrot geht auf → Exekias zurück. Der Thalia-Maler schrieb *Kachrylion kalos* auf eine Schale in Palermo (MN, Inv. Nr V 655; F. Inghirami, Mus. Chiusino, Fiesole 1833, Taf. 209–211; Bloesch, 1940, 45, Nr 9; ARV², 1963, 113, Nr 3). Eine keinem Maler zugeschr. Schale mit Korallrot in Florenz (Mus. Arch., Inv. Nr 91456; Bloesch, 1940, 45, Nr 6; ARV², 1963, 108, Nr 27; Add², 1989, 173; CVA 3, Taf. 78–80) trägt sogar zwei Sign. des Töpfers. Sie zeigt auf der Innenseite eine frühe Darst. von Eros, der über das Meer fliegt (A. Hermary/H. Cassimatis/R. Vollkommer, LIMC III, 1986, 864, Nr 91*, s.v. Eros) und auf den Außenseiten Taten des Theseus (J. Neils, LIMC VII, 1994, 926, Nr 33* ; p. 941, Nr 126, s.v. Theseus). Die Verfeinerung von Gefäßformen, Glasur und Ornamentik lassen vermuten, daß K. eher ein selbst tätiger Töpfer als einfach nur ein Wkst.-Besitzer war. ▭ ThB19, 1926. RE X. 2, 1919; EAA IV, 1961. – *W. Klein*, Die griech. Vasen mit Meister-Sign., W. 1887, 8, 124–130, 221; *Hoppin*, RedFig I, 1919, 146–178; *Bloesch*, Formen, 1940, 45–47, Nrn 1–17, Taf. 12,1–3, 13,1, p. 119, Nrn 1–4, pp. 121–122; ARV², 1963, 55, Nr 19, pp. 107–109, Nrn 1–30; *B. Cohen*, Marsyas 15:1970–1971, 4–8, Taf. 1, 1a-b; 2,2–3; 4a-b; *Cohen*, Bilingual, 1978, 372, Nr B 73, p. 376, Nr C 36, pp. 377–385, Nr C 37, Taf. 85,1–3, 86,1–3; *M. Robertson*, GettyMusJ 9:1981, 23–27, 34, Abb. 1–10; *T. Seki*, Unters. zum Verhältnis von Gefäßform und Malerei att. Schalen, B. 1985, 31, Nr 56, pp. 33–34, Nrn 82, 83, 91, p. 40, Nr 118, p. 42, Nrn 131–133, p. 43, Nr 148, p. 54, Nrn 276–277, pp. 60–63, 70, 95, Nrn 481–482, pp. 100–101, 113, 120, Taf. 14,1–3; 37,1–6; Add², 1989, 173; Euphronios (K Berlin), 1991, 182–195, Nrn 34–38, pp. 199–204, Nr 41, pp. 212–215, Nrn 46–47; *M. Robertson*, The art of vase-painting in Classical Athens, C. 1992, 21–23, Abb. 15–17, pp. 39–40, 111. B. Cohen

Kaddu, Sohn des → Obeyshat, nabatäischer Bildhauer, im späten 1. Jh. v. Chr./frühen 1. Jh. n. Chr.

in Seia/Syrien tätig. K. ist möglicherweise ein Bruder von → Huru (II) und → Shudu. Er erscheint in einer nabatäischen Inschr. auf der Basis einer Statue aus Seia im s. Syrien. Von der dazugehörigen, von K. geschaffenen Skulptur ist nichts erhalten. Da sein Vater → Obeyshat beim Bau des im letzten Drittel des 1. Jh v. Chr. entstandenen Tempels von Seia mitwirkte, darf die Schaffenszeit von K. um die Zeitenwende angesetzt werden. ▭ EAA V, 1963 (s.v. Nabatea, Arte, K.). – CIS, II, Nr 164; *R. Wenning*, Die Nabatäer – Denkmäler und Gesch., Fribourg/Göttingen 1987, 38; *Hackl*, Nabatäer (im Druck), Nr E. 004. 04. D. Keller

Kaemtjenenet (I), ägypt. Architekt, spätere 5. Dynastie (24. Jh. v. Chr.). Aus K.s Grab in Saqqara stammt eine längere autobiogr. Inschrift. Darin berichtet K. u.a. von einem Kriegszug und seiner Tätigkeit als Schiffsführer des Königs auch bei einem schlimmen Unwetter. Ausführlich stellt K. aber seine Arbeiten in einem Tempel und seine erfolgreiche Aufstellung eines Sphinx dar. Demnach bestand beim ersten Unternehmen die Schwierigkeit darin, den schon bestehenden Steinfußboden bei den Baumaßnahmen nicht zu beschädigen. K. selbst fertigte den Bauplan und ließ den Boden durch eine Verschalung abdecken. Beim zweiten Unternehmen mußte ein kolossaler Sphinx auf einen Sockel von ca. 2,50 m Höhe gesetzt werden. K. ermittelte die erforderl. Rampenlänge und leitete die Aufstellungsarbeiten. ▭ *E. Schott*, in: *J. Assmann/E. Feucht/R. Grieshammer* (Ed.), Fragen an die altägypt. Lit., Wb. 1977, 443 ss. F. Hoffmann

Kaemtjenenet (II), ägypt. „Unteraufseher der Umrißzeichner", 6. Dynastie (ca. 24./23. Jh. v. Chr.). K. ist zweimal im Grab des Pepianch in Meir belegt, für dessen Ausgestaltung er wohl verantwortl. war. Er war zugleich Vorlesepriester und „Schreiber des Gottesbuches", also für Tradierung und Anwendung von relig. Texten zuständig. ▭ *A. M. Blackman*, The rock tombs of Meir IV, Lo. 1924, 6, Nr 61, 15, Nr 144, Taf. 8 et passim; *E. W. Ware*, AJSL 43:1926/27, 207, Nr 33; *H. Junker*, Die gesellschaftl. Stellung der ägypt. Künstler im Alten Reich, W. 1959, 46. F. Hoffmann

Kahetep, ägypt. Künstler z.Z. des Königs Athotis/Djer (frühes 3. Jahrtausend v. Chr.). Die Existenz eines Künstlers K. wird erschlossen aus dem Vorhandensein von Werkzeugen in seinem Grab (Nr 654) in Abydos, das zus. in einer Gruppe mit and. Gräbern liegt, die sich ebenfalls durch ihre Werkzeugbeigaben auszeichnen. Man nimmt an, daß das in seinem Grab gefundene Beil mit der Namensbeschriftung „K." auch wirklich das des Grabbesitzers war. ▭ *W. Davis*, SAK 10:1983, 130 s. F. Hoffmann

Kaiemheset, Sohn des → Senefanch, Bruder des → Kaipunesu(t), möglicherweise Bruder des → Hetepka, ägypt. Architekt und Baumeister, „Vorsteher der Bildhauer", während des 3. V. des 3. Jahrtausends v. Chr. in Unterägypten tätig. Bek. durch Reste seines Mastaba-Fam.-Grabes, das urspr. n. der Stufenpyramide oder n. der Teti-Pyramide von Saqqara lag. Auf einer dazugehörigen Holztür ist → Hetepka abgebildet, der evtl. der jüngere Bruder des K. ist. ▭ LÄ I, 1975, Sp. 654 mit Anm. 1 (s.v. Bauleiter); PM III. 2, 1978, 499. – Urk. I, 206 s.; *M. Murray*, Saqqara Mastabas, I, Lo. 1905, 5; *J. E. Quibell/A. G. K. Hayter*, Excavations at Saqqara, Kairo 1927, 16–19; *H. Junker*, Die gesellschaftl. Stellung der ägypt. Künstler im Alten Reich, W. 1959, 13. C. von Pfeil

Kaïkosthenes → Chalkosthenes

Kaipunesu(t), Sohn des → Senefanch, ägypt. Baumeister wohl der 4./5. Dynastie (ca. 26.–25. Jh. v. Chr.). K. wird in dem von seinem Bruder → Kaiemheset angelegten Fam.-Grab in Saqqara erwähnt. Er scheint bes. im Gebiet von Abydos tätig gewesen zu sein. ▭ PM III. 2, 1981, 499. – Urk. I, 206, 11 ss.; *J. E. Quibell/A. G. K. Hayter*, Excavations at Saqqara. Teti pyramid, north side, Kairo 1927, 16 ss. F. Hoffmann

Kaium cf. **Elias** (II)

Kal[...] (K; Καλ[...]), griech. Stempelschneider, im 4. Jh. v. Chr. in Tarent, Herakleia und Metapont tätig. Zahlr. sign. Werke in allen drei Münzstätten belegen seine fruchtbare Tätigkeit, die auf spätere Münzemissionen nachgewirkt hat. Er sign. mit ΚΑΛ oder K, sein vollst. Name bleibt unbekannt. M.-L. Vollenweider (Genava 12:1964, 56) hat ihn mit dem Graveur → Kallipos (Goldring in Boston, MFA) gleichsetzen wollen, doch ist die künstler. Hs. dieses Graveurs verschieden. A. J. Evans (1889) und M. P. Vlasto (1926) haben die Bedeutung des K. als Künstler erkannt. Seine Arbeiten sind von hoher Subtilität bis in alle Einzelheiten, sie fallen auf durch kühne Neuerfindungen, z.T. mit räuml. Tiefenwirkung. Die Körper seiner Gestalten haben schmale Glieder, lange Beine, kleine Köpfe; in ihnen manifestiert sich der Einfluß des → Lysippos (I), der um 335–325 v. Chr. in Tarent zwei kolossale Bronzestatuen erstellte. Die Werke des K. sind um 340–320 v.

Chr. zu datieren. Neuerdings haben Numismatiker (C. M. Kraay, G. K. Jenkins, A. Johnston) bestritten, daß K. ein Künstlername sei, können aber nicht erklären, wieso in allen drei Münzstätten ein „Beamter“ namens K. Stempel mit der gleichen künstler. Hs. schaffte (v. dazu Cahn, 1999).

📖 *A. J. Evans*, The horsemen of Tarentum, Lo. 1889; *M. P. Vlasto*, NumChron 1926, 199–207; *E. S. G. Robinson*, A cat. of the Calouste Gulbenkian coll. of Greek coins, Li. 1971, 28 ss., Nrn 29, 32 (Tarent), 54 (Herakleia), 70 (Metapont); *Franke/Hirmer*, GrMünze[2], 1972, Nr 246 (Metapont), 311–313, Farb-Taf. X (Tarent); *H. A. Cahn u.a.*, Griech. Münzen aus Großgriechenland und Sizilien (K Antiken-Mus. Basel und Slg Ludwig), Basel 1988, Nrn 89, 92, 94 (Tarent), 109 (Herakleia), 148–149 (Metapont); *H. A. Cahn*, Artiste ou magistrat?, in: Travaux de numismatique grecque, offerts à Georges Le Rider, Lo. 1999, 103–107 (mit den Hinweisen auf Kraay, Jenkins und Johnston). H. A. Cahn

Kalamis (I) (Κάλαμις; Calamis), griech. Bildhauer, vermutl. aus Böotien stammend, Bronze- und Marmorbildhauer, tätig ca. 470–445 v. Chr., bezeugt in Theben (im Auftrag von Pindar), Tanagra, Athen (Weihung von Kallias, im polit. Umkreis Kimons), Delphi (Weihung von Sparta), Olympia (Aufträge von Deinomenes von Gela, von Agrigent und von Mantinea), Apollonia am Pontos (Kolonie von Milet, in Beziehung zu Athen); möglicherweise mit dem gleichnamigen *caelator* (Plin., nat., 33, 156; 34, 47; 36, 36) identifizierbar, der jedoch eher → K. (II) entspricht. Ca. 465 v. Chr. hat K. mit → Onatas (I) von Aigina die Gruppe für Hieron I. in Olympia gearbeitet. Seine Präsenz mit → Pheidias (I) am Parthenon wurde für die Pferde der Selene am O-Giebel vermutet (H. Meyer, Gesch. der bildenden Kunst bei den Griechen, Dr. 1824, 76; Dörig, 1965, 139), ist aber auch oft widersprochen worden (Zontas, 1995, 53); unsicher die Mitarb. am Faltenwurf der sitzenden Gottheit (Aphrodite oder Hera) gegenüber der stehenden Athena in der Metope 32 Nord (P. Demargne, LIMC II, 1984, 979, Nr. 236*, s.v. Athena; A. Kossatz-Deissmann, LIMC IV, 1988, 692, Nr 303, s.v. Hera), weil man sie mit der sog. Demeter Cherchel-Berlin vergleicht, die nicht von allen als ein von den Quellen bek. Werk des K. identifiziert wird. Es wurde auf die Analogie zw. dem Faltenwurf der Lapithenfrau in der Metope Süd 39 des Parthenon und dem der Flehenden Barberini aufmerksam gemacht; auch letztere ist unter einem hypothet. Namen im Verzeichnis des K. aufgeführt (Hermione oder eine unwahrsch. Alkmene). Von Fronto (epist., 1, 1) werden → Polykleitos (I) und K. als Erzbildner mit genau entgegengesetzten Tendenzen gegenübergestellt. Eines der mögl. Themen des K. – das Apotheosenbildnis der Elpinike, Schwester Kimons und Braut des Kallias, dargestellt als Aphrodite Sosandra – taucht im Verzeichnis des → Polygnotos (I) wieder auf, der die Gesichtszüge der Frau in einer epischen Szene (Plut., Kim., 4, 6) wiedergegeben hatte. – Seine Tätigkeit in der Region sowie seine Freundschaft mit dem in der Umgebung von Theben gebürtigen Pindar waren seiner Ausb. in Böotien nützlich. Hinzu kommt die Erkundung der künstler. Möglichkeiten, die dem Archaismus in versch. Gegenden folgte: Die Präsenz des K. in Athen verifiziert den Zusammenhang mit den Werken von → Kritios und → Nesiotes und viell. auch von → Hegias (I); auf der Peloponnes kennt K. die Werke des → Kanachos (I) und des → Hageladas; in Apollonia befindet sich K. im ion. Bereich. – Keines der von den Quellen bek. Werke des K. hat eine einstimmige Identifizierung unter den Denkmälern erhalten: die Möglichkeiten variieren unter den Forschern mit zuweilen unvereinbaren Ergebnissen. Die Kritik spaltet sich in zwei Extreme. Auf der einen Seite gibt es die Versuche eines archäol. Erstellens eines kompletten Werkverzeichnisses (Reisch, 1906, 199–268; Dörig, 1965, 138–265); auf der and. Seite steht ein Pessimismus, der meist unbegründet ist (Robertson, Hist., 1975, 184; Boardman, GSCP, 1985, 79: „So his rich list of works in ancient sources may be rather unreal“). Die komplette erneute Unters. der Überlieferung erlaubt in diesem Zusammenhang die Wiederaufnahme des roten Fadens, der von der anfängl. philolog. Archäologie angelegt und von Beobachtungen an Skulpt. gestützt wurde. – In der epigraph. und lit. Überlieferung ist die Unterscheidung der Themen, verglichen mit denen, die eindeutig auf → K. (II) zu beziehen sind, in mindestens sechs Fällen gesichert (*Hermes Kriophoros, Ammon, Aphrodite Sosandra, Apollon Alexikakos, Denkmal des Hieron, Weihgeschenk der Akragantiner, Apollon in Apollonia*); wahrsch. für weitere (*Dionysos, Nike Aptera, Hermione, Iphitos*), die hypothet. auch bei → K. (II) aufgeführt werden. Bei den für K. (I) gesicherten Werken muß man dennoch anhand einiger Vorbemerkungen die mehrmals geäußerten Zweifel überwinden, die ansonsten jede konstruktive Auseinandersetzung gefährdeten. Die Nachr. bei Pausanias (1, 23, 2) über die in den Propyläen aufgestellte *Aphrodite* und die Erwähnungen der *Sosandra* bei Lukian dürfen nicht getrennt betrachtet werden (wie viele es verlangen, um sie auf zwei unterschiedl. Werke beziehen zu können, und dabei eine Verdoppelung im WV des K. [I] verursachen), weil Lukian (im., 4 und 6) das Werk nach zwei weiteren berühmten Bildnissen der Aphrodite zit., und weil er bes. den Standort der Statue des K. am Eingang der Akropolis hervorhebt. Man läßt außerdem die tatsächl. Bedeutung eines weiteren Zitats außer acht, wo Lukian (dial. meretr., 3, 2) die Begeisterung eines Verehrers in Bezug auf den schamlosen Auftritt einer Dirne ironisiert: „Wie wenn man die Sosandra des K. loben würde"; ein offensichtl. Kontrast zu einem göttl. Bild, das gerade wegen seiner reinen Schönheit berühmt war. Daraus folgt, daß die von Lukian im größten Abschnitt gelieferte ikonogr. Tatsache, daß die Göttin vollst. von ihrem Mantel verhüllt war, einschl. das Haupt, essentiell für die Identifizierung der Aphrodite des K. bleibt. Und wir müssen das Gewirr von Identifikationen, sowohl das um eine Aphrodite, als auch das um eine Sosandra als zwei versch. Gegenstände zurückweisen sowie ebenfalls das Gewirr um die statuar. Typen, die nicht das Haupt von dem Himation verdeckt haben: die Kore Albani als Sosandra (A. Delivorrias, AM 93:1978, 16–18; id., LIMC II, 1984, 24–25, Nrn 149* -156*, s.v. Aphrodite); die Kore Albani als die von Kallias gew. Aphrodite (E. Harrison, in: Hesperia, Suppl. 20:1982, 42; Zontas, 1995, 57–58): die sog. sitzende Olympias (oder Sappho) als die von Kallias gew. Aphrodite (A. Delivorrias, AM 93:1978, 16–18, Taf. 6,1; 8,1; 10; id., LIMC II, 1984, 90, Nr 819, s.v. Aphrodite; dagegen: Vierneisel-Schlörb, 1979, 114); die sog. Demeter Cherchel-Berlin (A. Delivorrias, LIMC II, 1984, 22, Nr 140, s.v. Aphrodite; A. Kossatz-Deissmann, LIMC IV, 1988, 671, Nr 100, s.v. Hera) als die von Kallias gew. Aphrodite (Studniczka, 1907; Dörig, 1965, 138–265; Vierneisel-Schlörb, 1979, 9). Bes. der Typus Cherchel-Berlin ist sehr schwer von der Demeter-Ikonogr. zu unterscheiden (L. Beschi, LIMC IV, 1988, 852, Nr 54*, s.v. Demeter), ebenso auch jener Typus, dessen Haupt nicht vom Mantel (wie in der expliziten Beschr. der Sosandra von Lukian), sondern von einem Schleier (κρήδεμνον) bedeckt wird. Die philolog. Forsch. hat überdies hinaus dank der aussagekräftigeren lit. Überlieferung (Codex Bambergensis, 10. Jh.) die unzähligen Vermutungen (*Alalcomene, Alalcomeneis, achnymene, Alcman poeta, Alcmena, Alcumena, algumene, anabeblemmene*) über die endgültige Bezeichnung des Kunstwerkes des K. bei Plinius (nat., 34, 71), die so sehr zur Unterstützung von unterschiedl. Argumentationen strapaziert wurde, rückhaltlos beurteilt, dabei wissend, daß es unmögl. ist, den Namen des Werkes wiederzuerlangen, von dem wir nur wissen, daß es ein in der figurativen Kunst häufig auftretendes menschl. Thema darstellte – im Gegensatz zu der hervorragenden Qualität seiner Pferdebilder (*ne videatur in hominum effigie inferior*) – mit dem K., verglichen mit jedem and. Künstler, der es behandelt hatte, den größten Ruhm – genau wie für seine Pferdebilder – erreicht haben könnte (F. Lorber, in: Tainia, Festschr. Roland Hampe, Mainz 1980, 197–200). Der Komparativ *nobilior* erlaubt auch nicht eine Schlußfolgerung auf das Geschlecht der Figur. – Mögl. Frühwerke des K. in Böotien könnten zwei Marmor-Skulpt. in Tanagra darstellen, der *Hermes Kriophoros* (G. Siebert, LIMC V, 1990, 313, Nr 293, s.v. Hermes) und der *Dionysos* (C. Gasparri, LIMC III, 1986, 446, Nr 212, s.v. Dionysos). Über den Hermes Kriophoros (Paus., 9, 22, 1–2) wissen wir, daß er mit dem Tier „auf den Schultern" dargestellt wurde, und daß er sich auf einen Mythos der Stiftung und Läuterung bezog, bei dem jedes Jahr der schönste Jüngling der Stadt einen Ziegenbock durch die Ortschaft zur Opferung führte (J. G. Frazer, Pausanias' Greece descr., V, Lo. 1913, 87–90). Die Münzen aus Tanagra bestätigen das Thema im archaischen Typus, wo der Gott separat mit den Händen die Vorder- und Hinterbeine des Tieres festhält (Imhoof-Blumer/Gardner, NumCommPaus, A. N. Oikonomides [Ed.], 1964, 115–116, Taf. X,11 s.; Dörig, 1965, Abb. 68–70). Wenn man die bärtigen Typen aufgrund der im lokalen Ritus implizierten jugendl. Ikonogr. ausschließt, könnte dieses Schema im bartlosen Hermes Kriophoros aus dem Mus. Barracco wiederzuerkennen sein. Dieser trägt jedoch den Mantel mit seitl. Drapierung, was nicht mit der ersichtl. Nacktheit der Münztypen aus Tanagra vereinbar ist (G. Siebert, LIMC 1990, 313, Nr 285, s.v. Hermes). Nur in Bezug auf den Kopf und ohne bes. Begründung wurde auf eine Marmor-Skulpt. in Malibu hingewiesen (J. Frel, GettyMusJ 1:1974, 55–57, Abb. 1 s.). Im Tempel des Dionysos präzisiert der Perieget, daß auch „das Kultbild des Gottes würdig des Anblickes war, aus parischem Marmor und ein Werk des K." (Paus. 9, 20, 4). Die Münzen aus Tanagra geben einen Dionysos in einer Ädikula wieder (Imhoof-Blumer/Gardner, NumCommPaus, A. N. Oikonomides [Ed.], 1964, 114, Taf. X, 7 s.; Dörig, 1965, Abb. 34–36; E. Pochmarski, Das Bild des Dionysos in der Rundplastik der klass. Zeit Griechenlands, W. 1974, 30–31; C. Gasparri, LIMC III, 1986, 430, Nr 81* s.v. Dionysos), der eine mögl. mon. Rekonstr. im Typus Berlin-Salerno suggeriert hat (Dörig, 1965, Abb. 24–30), die heute jedoch als eine Schöpfung des Strengen Stiles angezweifelt wird (C. Gasparri, LIMC

III, 1986, 430 s., Nr 82*, s.v. Dionysos). Daher kommt das Thema für → K. (II) in Frage. – Auf die Zeit seiner Tätigkeit in Böotien könnte auch die hypothet. *Alkmene*, Mutter des Herakles in Theben, bezogen werden, die durchgängig im Repert. des K. aufgenommen ist (A. Trendall, LIMC I, 1981, 555, Nr 22, s.v. Alkmene), mit einem Verbesserungsvorschlag der schon zit. und unlösbaren Textverderbnis bei Plinius (nat., 34, 71): *Alcmena nullius est nobilior*. Die Befürworter dieser Deutung greifen als ikonogr. Beweis auf die Flehende Barberini zurück, die in dem Moment als Alkmene interpretiert wird, in dem sie sich bei dem Altar an Zeus wendet, gegen die Bedrohung durch Amphitryon (Dörig, 1965, 143–166); aber auch die Skulpt. aus dem Louvre, Paris, Inv. Nr MA 3433, ist nicht in ihrer Deutung gesichert und wurde auch als Iphigenie (P. Mingazzini, AntK 11:1968, 53–54), Danae (J.-J. Maffre, LIMC III, 1986, 330–331, Nr 40, s.v. Danae), Io (N. Yalouris, LIMC V, 1990, 671, Nr 83 s.v. Io I) gedeutet, bzw. als Orig. der Kallisto, Werk des → Deinomenes (I) (I. McPhee, LIMC V, 1990, 941, Nr 2, s.v. Kallisto). Wir werden jedenfalls sehen, daß sie auch unter einer and. Bezeichnung im lit. WV von K. aufgenommen wurde. – Der Flehenden Barberini ist die von statuar. Beispielen und Hochreliefs bek. sitzende Penelope ähnl. (C. Hausmann, LIMC VII, 1992, 291 s., Nr 2a* -d*, s.v. Penelope), die auch als weinende Aphrodite oder als Personifikation der Aidos identifiziert wird (Langlotz, 1961, 82; F. Eckstein, LIMC I, 1981, 352, Nr 1, s.v. Aidos), und die beharrlich als ein Werk des K. gedeutet wird (C. Parisi Presicce, in: Ulisse, Il mito e la memoria, ed. B. Andreae, R. 1996, 393). – In den 70er Jahren des 5. Jh. v. Chr. hat man in Athen die Hochzeit von Kallias und Elpinike, der Schwester Kimons (att. Politiker von 478 bis 462 v. Chr), gefeiert: für Kallias Gelegenheit, die *Aphrodite*-Statue zu weihen (A. Delivorrias, LIMC II, 1984, 23, Nr 146 s.v. Aphrodite), von der Pausanias sagt, daß sie die Physiognomie dieser Frau gehabt hätte. Kurze Zeit später wurde → Polygnotos (I) der Liebhaber der Elpinike; auch er hatte die Gesichtszüge überschwengl. gezeichnet, die sie als myth. Prinzessin darstellten: Laodike, Tochter des Priamos (Plut., Kim., 4, 6). Pausanias sah die Aphrodite des K. im NO-Teil der ö. Flügel der Propyläen des → Mnesikles (G. P. Stevens, Hesperia 5:1936, 450; D. Musti/L. Beschi, Pausania, Guida della Grecia, I, L'Attica, Mi./Ve. 1982, 118–119, 345). Die Statue befand sich dort mit and. dorthin verbrachten Statuen jedenfalls schon vor dem Bau aus der perikleischen Zeit (437–433 v. Chr.); sie stand anfängl. im benachbarten Heiligtum der Aphrodite Pandemos, auf den ö. Abhängen der Akropolis (wenn noch nicht in den von Kimon gewünschten Propyläen), und die urspr. Basis, die bei der Verlegung abhanden gekommen war, wäre jene, von der auf der Agora ein Fragm. mit den Namen des Weihenden und des Künstlers gefunden wurde (Raubitschek, 1949, 153–154, 505–508, Nr 136): Pausanias hat die Inschr. nicht *in situ* gefunden, da er die Daten über den Auftraggeber und den Künstler einem Informanten zuschreibt. Lukian (im., 4 und 6; dial. meretr., 3, 2) zit. dasselbe Werk des K. als Sosandra („Retterin des Mannes"), um das Idealbild der Panthea von Smyrna, der Geliebten des Lucius Verus (gest. im Jahr 169 v. Chr.), wiederzugeben, was noch einmal zur Hypothese zurückführt, daß das Werk des K. dazu bestimmt sei, eine Frau zu preisen, die ihrerzeit einem Manne der Macht nahestand: „La Sosandra e Calamide l'orneranno di pudore, e il sorriso sarà altero e riservato, come quello della statua; e anche la compostezza e il decore dell'ammanto (anabolé) saranno secondo la Sosandra, tranne che essa avrà il capo scoperta" (Andò, 1975, 88–92; A. Delivorrias, LIMC II, 1984, 23, Nr 147, s.v. Aphrodite; Luciano di Samosata, Descr. di opere d'arte, S. Maffei [Ed.], T. 1994, XXIX, XLVIII, 84–87). Das Epitheton ist als zweiter Name (σώσανδρον) einer Heilpflanze (Pseudo-Diosk., mat. med., 3, 73) bek., die heute *Delphinium consolida* gen. wird, was auf eine heilsame Hypostase der Gottheit in Parallele zu dem Charakter weiterer von K. errichteter Götterbilder schließen läßt: Apollon Alexikakos in Athen, Apollon Iatros in Apollonia, Hermes als Heiler in Tanagra. In diesem Sinne könnte Sosandra der Bezeichnung *Soteira* entsprechen, eine geläufige Bezeichnung für weitere Gottheiten. Mit dieser Deutung vereinbar, wäre die besondere Bedeutung, mit der sich das Epitheton an die schon vorgeschlagene Hypothese anpaßt, daß K. die Gesichtszüge der Elpinike seinem Aphroditebildnis gegeben hätte. Kallias hatte Elpinike zur Braut bekommen, nachdem er die 50 Talente einer vorherigen Staatsschuld von Miltiades, dem Vater Kimons, gezahlt hatte. Verschwägert mit Lakkoploutos („Reichtum aus der Zisterne", so der Spitzname des Kallias, reichgeworden durch die Entdeckung eines Schatzes), hatte Kimon die Haft durch Zahlungsunfähigkeit vermeiden können. Das Auftauchen der Protagonisten in den verbliebenen Fragm. der antiken Komödie – Kimon und Elpinike von Eupolis, Kallias von Kratinos – erlaubt die Vermutung, daß Sosandra zugleich der iron. Spitzname ist, den Elpinike bei den Hochzeitsfeierlichkeiten mit Kallias erworben hat, als die Frau so „den Mann gerettet hatte", d.h. den zerrütteten Bruder, dessen blutschänderische Partnerin sie gewesen sein soll (O. Benndorf, in: Festschr. für 50. Gründungsfeier des Archäol. Inst. in Rom, W. 1879, 45–47). Die Aphrodite Sosandra des K. ist die sog. Aspasia, ein statuar. Typus, der anfängl. so rekonstr. wurde, indem man verstümmelte Torsen (oder Torsen, die mit Portr. versehen waren) idealerweise mit separat gefundenen Köpfen der Gottheit verband (W. Amelung, RM 15:1900, 185 ss.), und der dann durch die Auffindung einer Statuette in Hama (Damaskus, MN), einer lebensgroßen Statue aus Baiae (Neapel, MN, Inv. Nr 153654) sowie weiteren Statuetten in Korinth, erg. mit dem Kopf des Strengen Stils, bestätigt wurde. Ihnen entspricht nach der lit. Version die einheitl. Bekleidung, der Überschlag des Mantels bis hin zur Bedeckung des Hauptes, das feierl. Fallen des Mantelzipfels hinter die linke Schulter sowie das hermet. Lächeln. Die vornehme Haltung sowie die individuelle Lippenform entsprechen dem Apotheosenbildnis der Elpinike; das sittsame Einhüllen in den Mantel könnte als Ausgleich zu den Unterstellungen stehen, die das Verhalten der Elpinike betreffen: Inzest vor der Ehe, dann Ehebruch mit → Polygnotos (I). Um die Identifizierung des Werkes von K. in diesem Schema zu bestätigen, muß man das aufgekommene Mißverständnis um die Inschr. ΕΥΡΩΠΗ auf der kopflosen Statuette in New York (Metrop. Mus., Inv. Nr 24. 97. 31) aus dem Weg räumen (M. Robertson, LIMC IV, 1988, 76, Nr 1, s.v. Europe I): Die Deutung des Typus auf die Tochter des Kadmos wurde fälschlicherweise durch weitere nicht in den Mantel verhüllte Figuren gestützt, die als Bildnisse der Europe interpretiert wurden (M. Robertson, LIMC IV, 1988, 89, Nr 218*, p. 89, Nr 225*, s.v. Europe I; M. Robertson, Europe and others, in: Kotinos, Festschr. Erika Simon, Mainz 1992, 237–240; M. De Cesare, Le statue in immagine, R. 1997, 204, 295, Nr 454, Abb. 144 s.), während es in diesen Fällen sicher ist, daß es sich um Pasiphae handelt (J. K. Papadopoulos, LIMC VII, 1994, 196, Nr 15*, s.v. Pasiphae). Jedenfalls gibt es im Vergleich mit dem statuar. Beispiel Unterschiede, was die Ponderation und die Relation der Arme zur Drapierung betrifft. Die Inschr. auf der Skulpt. im Metrop. Mus. in New York drückt eher den Namen einer in dem kleinen Bildnis wiedergegebenen Person als priv. Andenken aus (Richter, MetrMusSculpt, 1954, 29 s., Nr 30, Taf. 29). Eklatant ist die Berühmtheit des Typus, der in mehr als 30 Repliken bek. ist (Guerrini, 1978, 229 s., Nrn 1–29; B. S. Ridgway, Hesperia 50:1981, 442, Anm. 81; Tomovic, 1989–1990, 231–239, Abb. 1). Zum größten Teil sind es Statuen, deren Portr. röm. Matronen in der Zeit von Hadrian bis Commodus zeigen, der Grundgedanke der urspr. Bestimmung der Statue zu Ehren der Elpinike wird fortgeführt und entspricht dem Vorschlag Lukians in Bezug auf Panthea. Bei dem Versuch, eine weitere Quelle für die Aphrodite des K. aus dem verdorbenen Zitat bei Plinius, nat., 34, 71, zu finden, könnte die Vermutung *Alalcomene* oder *Alalcomeneis*, „Beschützerin", zu einem Synonym für Sosandra führen, in Analogie zu einem kult. Namen der Athena (H. Blümner, Archäol. Stud. zu Lukian, Breslau 1867, 11); daher hat das auffällige Detail an der Skulpt. – der umgeschlagene Mantel hinter der linken Schulter – (ἀναβολή, Luk., im., 4) zur Annahme geführt, daß es sich um *anabeblemmene* handelt, die Transliteration des im Maskulin bezeugten griech. Partizips, um auf „l'ammantato", den „Bemantelten" hinzuweisen, der sich elegant kleidet und den Zipfel des Himation nach hinten wirft (Ferri, 1951, 188 s.; Orlandini, 1951, 93). – Die Identifikation der Sosandra des K. mit dem Typus Aspasia hat mit schwachen Beweisführungen zur Zuschr. an K. auf die Hestia Giustiniani gen. Gottheit geführt (470–460 v. Chr.), eher Aphrodite (A. Delivorrias, LIMC II, 1984, 22, Nr 139, s.v. Aphrodite) oder Hera (A. Kossatz-Deissmann, LIMC IV, 1988, 671, Nr 99*, s.v. Hera). Unter die ersten auf K. zu beziehenden Werke in Athen gehört auch der *Apollon Alexikakos*: er befand sich im Pronaos oder vor dem Tempel des Apollon Patroos auf der Agora. Das Epitheton Alexikakos wurde von Pausanias (1, 3, 4) mit der Pest von 430 v. Chr. in Verbindung gebracht, als der Gott die Stadt – dank eines Orakels von Delphi – von diesem Übel befreit hatte (W. Lambrinudakis, LIMC II, 1984, 260, Nr 622, s.v. Apollon): nach einer theoret. Interpretation werden die mit dem Attribut Alexikakos beehrten Bildnisse der Gottheiten mit der dem Gott typ. Waffe in der einen Hand und mit einem Zweig als Zeichen der Läuterung in der and. Hand dargestellt (H. Cassimatis, LIMC I, 1981, 529, s.v. Alexikakos); der Beiname Alexikakos könnte aber auch dem Götterbild des K. zur Identifizierung der volkstüml. Frömmigkeit gegeben worden sein, nachdem es geschaffen wurde, unabhängig von seiner urspr. Gestalt. – Das ikonogr. Postulat wird nicht von den vorgeschlagegen Rekonstr. widerlegt. Isoliert bleibt die vorgeschlagene Identifizierung des Werkes des K. auf der Agora mit dem Kasseler Apoll (J. Frel, GettyMusJ 1:1974, 57). Nicht überzeugend ist auch die Verbindung zum Tiber-Apoll. Besser ist die Gleichsetzung mit dem Apoll Choiseul-Gouffier begründet (abgeleitet von dem Nachnamen des Marie-Gabriel, Graf von Choiseul-Gouffier, Eigentümer der Statue, jetzt in London, BM, Inv. Nr 209) oder mit dem Omphalos-Apoll (von der in Athen in der Nähe einer Darst. dieses myth. Attributes eine Kopie gefundenen worden ist; heute in Athen, NM, Inv. Nr 45), der in zahlr. Exemplaren bek. ist (Amelung, 1926, 247–287; W. Lambrinudakis, LIMC II, 1984, 257 s., Nr 599*, a-t, s.v. Apollon; E. Simon, ibid., 373, Nr 36, s.v. Apollon/Apollo). Diese letzte Identifizierung, die nur selten angezweifelt wurde (Vierneisel-Schlörb, 1979, 9), wird durch die Tatsache bekräftigt, daß ein Kopf des Omphalos-Apoll in Baiae (heute Neapel, MN, Inv. Nr 153640) gefunden wurde, und zwar in ders. Villa, aus der die Replik der vermutl. Sosandra des K. stammt, und der als Werk ders. Kopisten-Wkst. angesehen wird (Guerrini, 1978, 232–233, Abb. 2–3; S. De Caro, Il Mus. Archeol. Naz. di Napoli, N. 1994, 302 s.). Bedeutende Zuschr. stützen sich auf die ikonogr. und stilist. Analogien zum Omphalos-Apoll. Die anatom. Struktur sowie der Fall der Locken auf die Stirn assoziieren den Poseidon aus dem Meer bei Kap Artemision (Athen, NM, Inv. Nr 15161), der in dasselbe Jahrzehnt 470–460 v. Chr. dat. wird, verglichen mit dem Apoll also in unmittelbarer Abfolge steht (R. Wünsche, JdI 94:1979, 77–111; Rolley, La sculpt. grecque, I, P. 1994, 333–336, Abb. 343–344; E. Simon, LIMC VII, 1994, 452, Nr 28*, s.v. Poseidon; M. Tiverios, LIMC VIII, 1997, 324, Nr 65, s.v. Zeus; zur Bestätigung der Poseidon-Identifizierung eher als die des Zeus: M. De Cesare, Le statue in immagine, R. 1997, 175, 260, Nr 210, Abb. 77). – Die Anatomie sowie der Zopf um das Haupt herum nähern sich sowohl dem Omphalos-Apoll als auch dem Orig. des sog. Wagenlenkers vom Esquilin an (heute Rom, Pal. dei Conservatori; W. Fuchs, in: Helbig[4], II, 1966, 320–322, Nr 1505), der heute im Zusammenhang einer Entführungsepisode rekonstr. wird, bei der die Frau einwilligt. Es könnte sich dabei viell. um Theseus handeln, der Hippolyte auf einen Wagen führt (wenn es sich nicht um Orest und Hermione handelt, wie wir noch sehen werden); aus der Gruppe wurde wieder ein Pferd zusammengesetzt, das uns einen Hinweis auf die Meisterschaft des K. auf diesem Gebiet geben kann (E. La Rocca, L'Auriga dell'Esquilino, R. 1987, Taf. XIV); der Kopf der Hauptfigur ist in weiteren Repliken aus Marmor bek. (ibid., Abb. auf p. 28–30) sowie durch ein Fragm. einer auf dem Palatin gefundenen Terrakottastatue (ibid., Abb. auf p. 46). Das für uns erste dat. Werk des K. geht auf das Jahr 465 v. Chr. zurück, als K. mit → Onatas (I) die *Gruppe für Hieron* I., Sohn des Deinomenes von Gela, Tyrann von Syrakus ab 478 v. Chr., Sieger in Olympia in den Jahren 476 v. Chr. und 472 v. Chr. mit dem berittenen Pferd (κέλης) sowie im Jahre 468 v. Chr. mit dem Viergespann ausarbeitete. Das Werk wurde Zeus von demselben Hieron versprochen, der jedoch im Jahr 467/66 v. Chr. starb, bevor es vollendet werden konnte (Paus., 8, 42, 8). Die Weihung wurde von seinem Sohn Deinomenes vollzogen und erinnerte an alle Siege (Paus., 6, 12, 1): „Ein Wagen aus Bronze, darauf ein Mann, und Rennpferde (κέλητες ἵπποι) standen zu Seiten des Wagens, eines auf jeder Seite, und die Knaben saßen auf den Pferden (...), der Wagen ist das Werk des Onatas von Aigina (→ Onatas [I]), aber die Pferde auf den Seiten sowie die Knaben sind von Kalamis". So erzeugt man einen mögl. Kontakt zw. K. und Pindar, der mehrere Male die Siege des Hieron besungen hatte; aus dieser Quelle erfahren wir den Namen von einem der beiden von K. dargestellten Reiter: Pherenikos, Sieger im Jahre 476 v. Chr. (Pind., Ol., 1, 23). Die Absicht des Auftraggebers und des Künstlers, „die Rosse" im Vergleich zu dem Wagengespann zu unterscheiden sowie einen eindeutigen Sieger zu verewigen, hat zum Ruhm des K. als außerordentl. Pferdebildmeister beigetragen. – In Zusammenhang zu den zwei von Pindar verf. Oden anläßl. des pyth. Wagensieges des Königs Arkesilaos IV. von Kyrene im Jahre 462 v. Chr., wird der im Auftrag desselben Dichters in Theben geschaffene *Zeus Ammon* gesetzt (J. Leclant/G. Clerc, LIMC I, 1981, 666 s., 684, s.v. Ammon). Der Kult kam aus der libyschen Wüste nach Kyrene, und es war Pindar, der ihn in Böotien einführte (Paus., 9, 16, 1), mit einem mögl. Beitrag von Deimophilos, kyren. Flüchtling in Theben aus polit. Motiven: Der Seher, der sich beim König für ihn einsetzt, ist der Autor einer zu Ehren Ammons verf. Hymne, die für die Bemühung des Herren aus Kyrene im Heiligtum des Gottes in der Oase von Siwa eingraviert ist. In den Versen Pindars (der als erster der griech. Autoren von Ammon berichtet), wird der afrikan. Gott „Zeus" und „Herr des Olymp" gen.: dies zeigt, daß K. der griech. Interpretation folgte. Die Köpfe des Ammon in Stockholm (Dörig, 1965, Abb. 44), Kassel (ibid., Abb. 63) und im MN Romano in Rom (ibid., Abb. 55) wurden dem Werk des K. angenähert. Die Möglichkeit, im Portr. des Auftraggebers Pindars eine Arbeit des K. zu erkennen – Zitat von Pausanias im selben Heiligtum von Theben – führt dazu, den Ammon des K. mit dem bezeugten Typus des Hermes im Vatikan und in Ince Blundell Hall (J. Leclant/G. Clerc, LIMC I, 1981, 671, Nrn 17* -18*, s.v. Ammon) zu identifizieren, dessen in der M. der Stirn gabelförmig gescheitelte und von einem Knoten befestigte Frisur das Haar beim Portr. des Dichters beeinflußt haben könnte. Im Athen des Kimon (der die Werke auf dem Abhang der Akropolis, wo dann der Niketempel sich erhob, realisiert und den angrenzenden mon. Eingang umgebaut hatte) könnte auch die Ausf. der Nike Aptera vor dem Bau des Heiligtums in den Jahren 430–420 v. Chr. bezogen werden (O. Benndorf, in: Festschr. für 50. Gründungsfeier des Archäol. Inst. in Rom, W. 1879, 44–45): wie die Ausdrucksweise nahelegt, mit der Pausanias (1, 22, 4; 3, 15, 7) auf den ikonograph. Zusammenhang zw. dem athen. Götterbild und dem von dem Bildhauer in Olympia behandelten entsprechenden Thema anspielt, wie wir noch sehen werden (A. Gulaki, Klass. und klassizist. Nike-Darst., Bonn 1981, 133). Wenn der Perieget behauptet, daß K. die Nike für die Mantineer ausgef. hatte, „getreu wiedergebend (ἀπομιμούμενος) das Xoanon der Aptera in Athen", kannte er das hölzerne Kultbild auf der Akropolis mit den symbol. Bedeutungen (Paus. 1, 22, 4; 3, 15, 7); „der Hinweis gewinnt außerdem eine besondere Bedeutung in der Fähigkeit, die von ihm bei and. Gelegenheit in Olympia den Stil des K. zu erkennen erklärt" (Paus., 5, 25, 2). – Nach Pausanias (10, 16, 4) war *Hermione*, Tochter der Helena und des Menelaos, die „das Aussehen der goldenen Aphrodite hatte" (Hom., Od., 4, 14), eine weitere Arbeit von K. – gew. von den Spartanern in Delphi (L. Kahil, LIMC V, 1990, 388 s., Nr 1, s.v. Hermione): die Auftraggeberschaft stimmt mit den mehrmals geäußerten Indizien überein, die K. in Verbindung mit der philolakedaimon. Politik bringen. Das Denkmal befand sich auf der ebenen Fläche des Apollontempels, wo zwei Fragm. einer Basis aus grauem Kalkstein mit der verbliebenen Zeile einer metr. Weihung sowie der Künstler-Sign. gefunden wurden: Kal[amis...]as (Marcadé, 1953, 39: unsichere Chronologie, mit → K. [II] vereinbar). Pausanias setzt signifikanterweise das Werk in die Nähe des Omphalos (der seinerseits im Opisthodom aufgestellt war): da Orest, der sich von den Erinnyen umzingelt an den Omphalos klammert, und Hermione, die sich nach der in Pausanias nachklingenden delph. Version des ungewissen Mythos eben in Verbindung zu Orest setzt, der auf Anordnung Apolls anstatt sie wie beabsichtigt zu töten, zur Frau nimmt und sie so dem Neptolemos wegnimmt (Eur., Or., 1653–1655), und dann mit ihr den Sohn Tisamenos hat (Apollod., epit., 6, 28; Paus., 1, 33, 8; 2, 18, 6). Ein ikonograph. Bezug zur bedrohten Hermione könnte auf einer umstrittenen att. Trinkschale aus London (BM, Inv. Nr E 120) zu sehen sein, die auf das Jahrzehnt 440/30 v. Chr. dat. wird (L. Kahil, LIMC V, 1990, 389, Nr 2, s.v. Hermione) sowie auch auf einer att. Oinochoe aus Kassel (Staatl. Kunst-Slg, Inv. Nr T 43), datierbar in das Jahrzehnt 430/20 v. Chr. (L. Kahil, LIMC V, 1990, 389, Nr 3, s.v. Hermione), wo Orest bei einer aggressiven Handlung, Apoll als Friedensstifter und die sich zum Altar flüchtende Hermione hypothet. identifiziert werden: Es eröffnet sich daher die Möglichkeit, die sog. Flehende Barberini auf and. Wege für K. wiederzugewinnen, und zwar auf die haltlose Alkmene aus dem hoffnungslos verderbten Abschnitt bei Plinius (nat., 34, 71). Der Text des Plinius würde sich der Verbesserung *algoumene* der spartan. Heroine annähern; dies wäre eine weitere Transliteration eines griech. Partizips: diese „Leidende" („dolente" oder „dolorosa") würde dem Pathos der Gesch. der Hermione bes. bei Ovid entsprechen (her., 8, 17–18, 121–122). Aber es läßt sich nicht mit dem Vergleich vereinbaren, welcher vom Enzyklopädisten auch für weitere Statuen desselben Titels festgelegt worden ist. Eine and. Betrachtungsweise des Mythos könnte sich mit dem Aspekt vertragen, daß die Frau dem Neoptolemos von Orest weggenommen wurde, und daher könnte die neue Identifizierung mit der Entführungsszene vorgeschlagen werden, die in dem schon gen. Wagenlenker vom Esquilin gesehen wird. – Die Nike Aptera des K. in Olympia, Weihgeschenk der Mantineer, wurde von Pausanias (5, 26, 6) auf einen militär. Sieg bezogen, jedoch mit dem Hinweis, daß die Inschr. nicht die Erinnerung an das Ereignis bewahrte: (A. Goulaki-Voutira, LIMC VI, 1992, 881, Nr 375, s.v. Nike; Pausania, Guida della Grecia, V. G. Maddoli/V. Saladino [Ed.], Ve./Mi. 1995, 350). Es wird ein Vorfall vermutet, der den 3. Messenischen Krieg (464–454 v. Chr.) betrifft, als Mantinea mit Sparta, unterstützt von dem Bündnis Kimons, verbündet bleibt. Ein weiterer mögl. Bezug, der den Zeitraum der Tätigkeit des K. betrifft, ist ein Synoikismos unbest. Zeitpunkts, evtl. im Jahrzehnt 460/50 v. Chr. von Mantinea hervorgerufen (KlP II, 1967, 977, s.v.Mantineia). Indem man von der hypothet. Zuweisung des athen. Götterbildes der Aptera an K. absehen will, erhält die Nachr. bei Pausanias einen Bezug auf die archaische Trad., wie auch für den Hermes Kriophoros. – Wenig Anklang hat die Nachr. in der Diskussion erh., die sich von einer Inschr. mit weiteren Künstler-Sign. ableitet, die in Rom im 17. Jh. (heute verloren) gelesen worden ist: Ausgestellt in der Villa Mattei, war sie auf einem langen Gesims eingeritzt: [Ἴφιτ]ος Ἱππάσου Πελοπον[νήσιος] Κάλαμις ἐποίει (IG, XIV, 1149, Nr 5; Marcadé, 1953, 41). Iphitos war einer der Argonauten, für den – als Ersatz für den patronymischen Naubolos und dem ethnischen Phokaia – auch die Definition wiedergegeben wurde, die wir vom zit. Begleittext des Werkes des K. kennen: *alii Hippasi filium ex Peloponneso fuisse dicunt* (Hyg., fab., 14, 47, Nr 23). Die Hypothese, daß der Iphitos des K. im sog. 'Münchner König' wiederzuerkennen sei (Dörig, 1965, 210, Abb. 62), wurde widerlegt (Vierneisel-Schlörb, 1979, 120 s.). – Der Koloß des *Apollon Iatros* (Medicus), Kultbild der eponymen Gottheit im Hauptheiligtum von Apollonia, wurde von K. auf der felsigen Insel an der Pontischen Küste errichtet, auf der der größte Teil der Ortschaft der milesischen Kolonie in Thrakien entstand (heute Sozopol/Bulgarien); im Jahre 72 v. Chr. wurde er von Marcus Licinus Lucullus, Prokonsul von Makedonien, Bruder des berühmteren Lucius Lucullus (Strab., 7, 319) entfernt. Anlaß war die Zerstörung von Apollonia, das von Mithridates VI. verteidigt wurde. Er wurde dann für den folgenden Triumphzug im Jahre 71 v. Chr. nach Rom gebracht (F. Canciani, LIMC II, 1984, 366, Nr 3, s.v. Apollon/ Apollo; Harrison, 1985, 41–42, 57–58, Anm. 13; LTUR, IV, 1999, 354, s.v. Statua colossea, Apollo 1). Auf dem Kapitol in Rom aufgestellt, wurde er bei Plinius (nat., 34, 39) unter den bronzenen Kolossen gen.; in der geograph. Abh. über den Herkunftsort wurde mit der Bezeichnung *Capitolinus* der namhafte Standort in der Urbs bestätigt (Plin., nat., 4, 92); implizit der Verweis auf den Koloß des K. bei Plin., nat., 34, 36: *multa (scil. signa) et Luculli invexere.* Er war 30 Ellen hoch (13,32 m), d.h. er maß sieben Mal das Idealbildnis des Gottes. Er wurde von den Apolloniaten mit einer Aufwendung von 500 Talenten in Auftrag gegeben: es wird vielmehr das Metallgewicht betont, entsprechend and. Daten des Plinius, als die effektiv zu leistenden Ausgaben. Die Dat. kann auf die Beute des glückl. Feldzuges gegen die Thraker vor dem Jahr 460 v. Chr. zurückgeführt werden (E. Reisch, ÖJh 9:1906, 222) oder noch besser auf die Zeit der großen Blüte des Handelszentrums, die um das Jahr 450 v. Chr. in der Gründung von Anchialos, in der Ausbeutung der nahegelegenen Salinen, sowie in der vollst. Kontrolle der Wirtschaftswege gipfelt. Der Auftrag hat seinen Ursprung in der intensiven Verbindung zw. Apollonia und Athen (wo K. tät. war), wie epigraph. Dok. und der exklusive Import att. Keramik noch vor dem Eintritt in das athen. Bündnis (425 v. Chr.) erkennen lassen. In der archäol. Lit. wird immer wiederholt, daß Appian (Illyr., 30) den Ort der Aufstellung des Kolosses an der thrak. Küste unbestimmt läßt; aber die philolog. Kritik (C. Mendelssohn [Ed.], I, 370, Zeile 8) hat vor Zeiten die Textlücke festgestellt, nachdem sie den Namen Apollonia an das Ende des Verzeichnisses der von M. Lucullus eroberten Städte am Pontos wieder eingesetzt hatte („Istros, Dionysopolis, Odessos, Mesembria, Kallatis und Apollonia"); der Ausdruck, der im Bezug auf den Apollon des K. folgt „da questa" im Singular, kann mit Sicherheit auf dasselbe Apollonia bezogen werden. Es ist wahr, daß Appian das Mon. in Rom „auf den Palatin" plazierte, anstatt wie Plinius auf den Kapitol; die Abänderung ist ein Fehler, der durch die Präsenz eines weiteren kolossalen Apolls aus Bronze auf dem Palatin hervorgerufen wurde (Plin., nat., 34, 43). Mehrere Male wurde die Identifikation mit dem Tiber-Apoll vorgeschlagen (Rom, MN Romano, Inv. Nr 608; Dörig, 1965, Abb. 75 s., 78–79; W. Lambrinudakis, LIMC II, 1984, 258, Nr 600, Apollon; F. Canciani, ibid., 373 s., Nr 38*, s.v. Apollon/Apollo), bek. auch in einer kopflosen Replik, einst in der Villa Borghese (Dörig, 1965, Abb. 77), die verlorengegangen und ohne die Rest. fotografiert worden ist (J. Frel, GettyMusJ 1:1974, 57, Abb. 7); bek. auch in einer Statue in Cherchel (P. Zanker, Klassizist. Statuen, Mainz 1974, Taf. 74,2) sowie in Bronzefiguren (F. Canciani, LIMC II, 1984, 372, Nr 33*, s.v. Apollon/Apollo). Die Münzen aus Apollonia am Pontos der Zeit zw. dem 2. und 1. Jh. v. Chr. überliefern jedoch ein and. Bild der Statue (Lacroix, 1949, 248, Taf. 20,6 s., 10; Lippold, GrPl, 1950, 111, Anm. 5, Taf. 136,9), manchmal mit der Legende: 'Απολλόνος 'Ιατροῦ (Lacroix, 1949, 248, Taf. 20,8–9), die besser mit dem Apollon Ostia-Leptis vereinbar sind (F. Canciani, LIMC II, 1984, 374, Nr 40*, s.v. Apollon/Apollo), von dem ein qualitativ hochwertiger Kopf im Haus des Augustus auf dem Palatin gefunden wurde (M. A. Tomei, Mus. Palatino, R. 1997, 126, Nr 104). Der jugendl. Gott hielt in der gesenkten linken Hand – wie der Alexikakos – den Bogen fest, in der rechten Hand aber, an Stelle eines Zweiges, den ganzen Lorbeerstamm, der auf dem Boden tief verwurzelt ist, um dem Koloß als Stütze zu dienen. – Unter den letzten Werken, die auf den älteren der beiden Künstler mit dem Namen K. zu beziehen sind, gehört die *Gruppe der betenden Knaben* in Olympia, von der Pausanias (5, 25, 2) spricht. Die Gruppe befand sich auf der Altismauer, die in die M. des 5. Jh. dat. wird. Wenn die Bronzen des K. nicht später verlegt wurden (wie ein weiteres Mon., das auf dieser Mauer von Paus. 5, 25, 7 gesehen wurde), sondern wenn sie direkt im Moment der Weihung dort aufgestellt wurden, wären sie schon wegen dieser Lage einer der jüngsten Zeugnisse unseres Künstlers. Dies wird jedenfalls von einer entscheidenden Berichtigung des hist. Kontextes verdeutlicht, der von dem Periegeten wiedergegeben wurde. Diese setzt die Weihung in Verbindung mit einem Feldzug von Agrigent gegen „die Libyer und Phoiniker" aus Motya: „Die Akragantiner, die in den Krieg gegen diese Barbaren aus Motya zogen und die Beute und Spolien erhielten, weihten in Olympia die Knaben aus Bronze, die die rechte Hand vorstrecken, und die in einer den Gott anflehenden Haltung dargestellt werden". Die Ungenauigkeit der Nachr. ergibt sich aus der Tatsache, daß Pausanias Motya an das s. Ende Siziliens (Capo Pachynos) legt, anstatt an den w. Punkt der Insel (Capo Lilybaion), wo sich die punische Kolonie dieses Namens befand. Die Tatsache, daß er die noch existente Ortschaft, von der er spricht, beachtet, widerspricht außerdem den Folgen der plötzl. Zerstörung Motyas im Jahre 397 v. Chr. durch Dionysios I. von Syrakus, nach der die Kolonie einen bescheidenen und kurzen Aufschwung erlebte. Das Mißverständnis wird mit der Möglichkeit entschuldigt, daß Pausanias die Informationen über Sizilien von Antiochos übernommen hatte, einem Zeitgen. des Herodot, und daher nicht an die folgenden Ereignisse angeglichen sind. Aber ein Feldzug von Agrigent gegen Motya ist sonst in der hist. Überlieferung nicht bek., und aus diesem Grund ist es berechtigt, an eine Verwechslung mit Motyon von Pausanias zu denken (RE XVI. 1, 1933, 407, s.v. Motyon), das mit der gegenwärtigen Ortschaft von Vassallagi identifiziert wird (EAA, Suppl., V, 1997, 447 s.v. Sicilia): das φρούριον von Agrigent wurde im Jahre 451 v. Chr. von Duketios erobert, und die Akragantiner befreiten es im folgenden Sommer des Jahres 450 v. Chr. In dem persönl. Schicksal des sizil. Feldherren, der sich als Bittender an die Altäre der Agora von Syrakus flüchtete, nimmt man die Bestätigung einer solchen Interpretation wahr, wenn die Knaben der Gruppe auf die mögl. Kinder des Duketios in der Szene der Anrufung anspielen (Diod., 11, 92, 1–4), die zur Rettung des Besiegten und zu seinem vorübergehenden Rückzug nach Korinth führte. Eine solche Chronologie in der relativ fortgeschrittenen Karriere des K., würde die Möglichkeit geben, den bronzenen Kopf aus dem Mus. in Olympia auf einen der beiden Knaben zu beziehen, die z.Z. als hellenist. Arbeit angesehen werden (W. Schiering, in: A. Mallwitz/H.-V. Herrmann [Ed.], Die Funde aus Olympia, At. 1980, 196 s., Taf. 138), aufgrund des Fundortes an der w. Seite des Stadions, nicht weit entfernt von der Altismauer, des vorhandenen Haarknotens in der M. der Stirn wie bei dem Poseidon aus dem Meer bei Kap Artemision, und schließl. die Wiedergabe der Strähnen, die analog zu der des Bartes desselben Poseidon sind, wäre dies durchaus möglich. – Da wir wissen, daß Pindar ein eigenes Bild neben der von K. ausgef. Statue des Gottes im von dem Dichter als Ammonkult gewollten Heiligtum in Theben weihte, wurde darüber nachgedacht, ob K. auch Urheber dieses Portr. sei (P. Moreno, Archeo 13, Nr 146:April 1997, 112–115), das in vielen Repliken bek. ist (EAA, Suppl., IV, 1996, 377 s., s.v. Pindaro). Das Portr. zeigt den betagten Dichter, der um das Jahr 438 v. Chr. starb. Folgl. wäre dort zw. den beiden Aufträgen an K. ein zeitl. Abstand, und das Dichter-Portr. läßt sich auf das E. seiner Tätigkeit, auf die Jahre 450/45 v. Chr., beziehen. – Die Bedeutung des Künstlers in der Übergangszeit des Strengen Stils zur Klassik ist in der antiken Kritik emblematisch. Cicero (Brut., 18, 70) stellte die Weiterentwicklung von K. im Vergleich zu → Kanachos (I) in einer Art Härteskala fest: „die Statuen des K. sind noch hart, trotzdem – verglichen mit denen des Kanachos – weicher". Artikulierter ist das Urteil des Dionysios von Halikarnassos (Isokr., 3, 6–7) im 1. Jh. v. Chr.: „Es scheint mir nicht unangebracht zu sein, die Rhetorik des Isokrates mit der Kunst des Polyklet (→ Polykleitos [I]) und des Pheidias (→ Pheidias [I]) aufgrund des Ernstes, der künstler. Perfektion und der Würde zu vergleichen sowie die Rhetorik des Lysias mit der Kunst des K. und des → Kallimachos im Bereich der Feinheit und der Anmut. Wie näml. unter diesen Künstlern die einen glücklicher in rein menschl. Darst. sind, sind die and. fähiger in bedeutenden und göttl. Darst., so verhält es sich auch unter den Rhetorikern, der eine ist besser in alltäglichen Themen, der and. kundiger in philosoph., sei es aus einer spontanen Fähigkeit heraus, an Großes zu denken, oder weil der Künstler schon immer das Ernste und Bewundernswerte gewählt hatte". Das Urteil von Properz (3, 9, 10): „K. rühmt sich mir durch seine perfekten Pferde-Darst." wurde von Ovid wiederholt (Pont., 4, 1, 33) und von Plinius (nat., 34, 71) präzisiert: „Seine Pferde sind in einer Art und Weise dargestellt, die für immer ohne Nacheiferer bleiben wird". Der Enzyklopädist legt eine absolute Überlegenheit auch im Bereich der Menschen-Darst. fest, die das WV abschließt; deren Bezeichnung ist in der lit. Überlieferung verlorengegangen: Es bleibt aber das krit. Urteil, daß von keinem and. Künstler ein Werk dieser Art geschaffen worden sei, das berühmter wäre als jenes von Kalamis. Die hellenist. Quelle, aus der Cicero schöpft, hallt noch bei Quintilianus (inst., 12, 10, 7) wider: „Kallon (→ Kalon [I]) und Hegias (→ Hegias [I]) machen härtere Statuen, die den etrusk. Statuen ähnl. sind, K. macht schon weniger härtere Statuen". Pausanias, der uns die größte Anzahl an Inf. über die Tätigkeit des Künstlers in den versch. Gegenden

Griechenlands liefert, bestätigt die Berühmtheit des Stiles des K. – zw. der Epoche des Antoninus Pius (138–161 n. Chr.), als der Perieget Olympia besuchte und der Abfassung des Werkes unter Marc Aurel (161–180 n. Chr.; → Annius Verus, Marcus) – indem er in Bezug auf die von den Akragantinern gew. Knaben in Olympia folgendes sagt: „Sie waren das Werk des K., und so war die Trad., was sie betrifft". Um das Jahr 162 n. Chr. setzt ein Brief von Fronto (epist., 1, 1) an Marc Aurel (oder an Lucius Verus) eine Reihe von Paradoxen auf dem künstler., lit. und philosoph. Gebiet fest, indem er für jeden Namen einen den Vorzügen der Persönlichkeit gegensätzl. Charakter bestimmt: in Bezug auf K. wird eine solche parodist. Definition – vom Irrtum, der innerhalb des Textes auftritt (Turena?, leptourga?) – nicht bestätigt; Frontos Ordnen der Künstler in gegensätzl. Paare stellt K. → Polykleitos (I) gegenüber, der ohne annehmbare Qualifikation (Etrusca?, chirourga?) erscheint. Lukian setzt in den „Immagini" (164–165 n. Chr.) die Sosandra des K. unter die größten Meisterwerke mit denen des → Pheidias (I), des → Alkamenes (I) und des → Praxiteles (II) – in einer zeitl. Auswahl, die vier nachfolgende Generationen von Künstlern des Strengen Stiles bis hin zum Reichen Stil berücksichtigt – und im „Dialog einer Dirne" macht er von ihr ein Modell der absoluten Schönheit. Im 4. Jh. v. Chr. galt noch die Analogie zu → Kallimachos (wenn wir die Vermutung K. für Κάλαις akzeptieren) bei Gregor von Nazianz (V. 741, PG 37, 1220), aber diese Künstler wurden von dem Apologeten fälschlicherweise als Maler angesehen. – Neben den in der Antike bewunderten Pferdebildern war ein weiteres Thema des Bildhauers die Darst. der Zeitspanne zw. Kindheit und Jugend, ein Thema, das relativ nebensächl. für seine Zeitgen. war: Dies taucht nicht nur in der Nachr. bei Pausanias über die zwei Gruppen in Olympia auf, die Reiter auf den Rennpferden des Hieron I. und den flehenden Knaben des akragantin. Weihgeschenkes, sondern auch im Char. entre-deux-ages des kolossalen Apolls, wenn die Identifizierung mit dem Typus Ostia-Leptis stimmt. Alle zus., der Hermes von den Münzen aus Tanagra, der Ammon Typus Vatikan-Ince Blundel, die Sosandra Typus Aspasia, der Omphalos-Apoll, der Poseidon aus dem Meer bei Kap Artemision, der Wagenlenker vom Esquilin, der Apoll Ostia-Leptis sowie das Pindar-Portr. erlauben eine stilist. Beurteilung. – Der Hermes wäre ein Beispiel für die Fortsetzung der Archaik. Bei der Sosandra ist die in der M. durch ondulierende Bänder gescheitelte Frisur noch von einer konservativen Symmetrie geprägt, während die Beziehung zw. Körper und umhüllender Drapierung einen Höhepunkt absoluter Originalität darstellt. Jede Bewegung hat Einfluß auf die äußere Gestalt: Der rechte Fuß ist zur Seite gestellt; der Körper macht sich spürbar unter dem Stoff des Knies, des rechten Armes und der linken Brust in Andeutung eines Spiralenverlaufes. Die äußerste Stilisierung eines individuellen Ausdrucks steht am Anfang der Entwicklung des menschl. Apotheosenbildes. Im Vergleich mit der Sosandra ist bei dem Omphalos-Apoll eine genau entgegengesetzte Ponderation zu beobachten, und er erweist sich als ergänzende männl. Figur, die diese physiognom. Struktur wieder aufnimmt. Er hebt – verglichen mit dem Kritios-Epheben und den Tyrannenmördern des → Kritios und des → Nesiotes – die Kontinuität hervor: In diesen Beispielen bleibt der rundl. Bogen der Arkade „epigastrica". Fortschrittl. ist die Stellung der Füße sowie die Überwindung der geometr. Analyse und der graph. Unterteilung zugunsten des Volumens, der Einheit des Konturs und der Erweichung der plast. Übergänge. Solche Werte steigern sich in dem Poseidon aus dem Meer bei Kap Artemision, wenn die Statue in der korrekten Ansicht betrachtet wird. Der Künstler arbeitet eine komplette Anamorphose aus, indem er dem Betrachter auferlegt, sich nicht mehr parallel zum Brustkorb, sondern in der Blickrichtung des Gottes zu stellen: Von dort wird die Länge perspektiv. kompensiert, die sonst durch die Arme übertrieben wirkt. Mit dem Wagenlenker vom Esquilin hat man ein Pferd komponiert, das von den Quadrigen des → Hageladas für den O-Giebel des Zeustempels von Olympia inspiriert wurde. Die gabelige Öffnung im Haar des älteren der Tyrannen kehrt in der Frisur des Ammon und im Portr. des Pindar wieder; der Ammon knüpft auch in Bezug auf den seitl. Haarfall an den Poseidon aus dem Meer bei Kap Artemision und an den Wagenlenker vom Esquilin an. Die Knaben auf den Pferden des Weihgeschenkes von Deinomenes entwickelten ein Thema weiter, das schon in Athen von → Hegias (I), auf der Peloponnes von → Kanachos (I) von Sikyon entworfen wurde (*celetizontes pueri*, Plin., nat., 34, 75). Beim Koloß von Apollonia gibt es im Vergleich zu dem Omphalos-Apoll Analogien, was die Ponderation des rechten Beines, die Gestik, die seitl. Bewegung des Kopfes und das Hell-Dunkel des Haares betrifft. Die Neigung des Antlitzes ist hilfreich, um auf den deutl. heilenden Charakter des Gottes hinzuweisen. Ein Fortschritt ist in der naturalist. Wiedergabe der Anatomie und der physiognom. Züge zu sehen, die entsprechend im zeitl. Abstand zw. den zwei Archetypen stehen: eine Angleichung an das naturalist. Hell-Dunkel des → Pheidias (I).

Der Koloß des K. wurde auf jeden Fall als Beweis für die neue Definition des kraftvollen Stiles angenommen (Bold Style: Harrison, 1985, 42), anstatt des Strengen Stils, indem man das Ende dieser Periode auf ca. 440 v. Chr. herabsetzt, in Anschluß an den Tod des K. ▭ ThB19, 1926. RE X. 2, 1919, (s. v. K. 1); EAA IV, 1961 (s. v. K. 1); LIMC II, 1984 (s. v. Aphrodite), 23–25, Nrn 146–156; DA XVII, 1996; DNP VI, 1999 (s. v. K.). – *T. Schreiber*, AM 9:1884, 239 ss.; *E. Reisch*, ÖJh 9:1906, 199–268; *F. Studniczka*, Kalamis, L. 1907 (AbhLeipzig, 25, Nr 4); *P. Gardner*, JHS 39:1919, 1–26; *W. Amelung*, JdI 41:1926, 247 ss.; *P. Gardner*, New chapters in Greek art, Ox. 1926, 72; *Picard*, Manuel, II. 1, 1939, 45–66; *Lacroix*, Reproduction, 1949, 244–249; *Raubitschek*, Dedications, 1949, 505–508; *P. Orlandini*, Calamide, Bo. 1950; *S. Ferri*, PP 6, Nr 17:1951, 128 s.; *P. Orlandini*, ArchCl 3:1951, 93; *Marcadé*, Signatures, I, 1953, 39–44; *M. Napoli*, BdA 1954, 1–10; *Paribeni*, ScultCirene, 1959, 92, Nr 237; *E. Langlotz*, JdI 76:1961, 73–99; *L. Laurenzi*, Arte antica e moderna 1961, 13–16; *U. Jantzen*, in: Festschr. Max Wegner, Münster 1962, 17–20; *J. Dörig*, JdI 80:1965, 138–265; *K. Kristallis*, ADelt 22:1967, B' 1, Chroniká, 171; *W. Johannowsky*, ASAtene 45–46:1967- 1968, 373 ss.; *Ridgway*, Severe Style, 1970, 61–70, 87, 89; *V. Santa Maria Scrinari*, Mus. Archeol. di Aquileia. Cat. delle scult. romane, R. 1972, 16, Nr 45; *V. Andó*, Luciano critico d'arte, Palermo 1975 (QuadIstFilGrecaUniv-Palermo, 7), 88–92; *S. Woodford*, AJA 80:1976, 292; *Bieber*, Copies, 1977, 120, 175, 258; *A. Delivorrias*, AM 93:1978, 1–23; *L. Guerrini*, in: Antichità cretesi, Studi in onore di Doro Levi, II, Catania 1978 (CronAStorArt 13:1974), 228–234; *Vierneisel-Schlörb*, KatSkulptGlypt, II, 1979, 9–10, 220; *F. Lorber*, in: Tainia, Festschr. Roland Hampe, Mainz 1980, 197–200; *B. S. Ridgway*, Fifth cent. styles in Greek sculpt., Pr. 1981, 126, 184–186, 235, 237; *Pausania*, Guida della Grecia, I, ed. *D. Musti/L. Beschi*, Ve./Mi. 1982, 339–340, 370–371; *B. S. Ridgway*, Roman copies of Greek sculpt., Ann Arbor 1984, 90; *E. B. Harrison*, in: *C. G. Boulter* (Ed.), Greek art, Archaic into Classic, Leiden 1985, 41, 48, 52, 55; *Stewart*, Sculpture, 1990, 20, 89, 238, 251, 253, 262–263, 288, 317; *M. Tomovic*, Starinar, 40–41:1989–1990, 231–239; *R. Chevallier*, L'artiste, le collectioneur et le faussaire, Lyon 1991, 58; *G. Hafner*, RdA 15:1991, 61–68; *C. Rolley*, La sculpt. grecque, I, P. 1994, 161, 276, 336, 339, 354; *G. Zontas*, in: *N. Bonacasa* (Ed.), Lo stile severo in Grecia e in Occidente, R. 1995, 57–58; *P. Moreno*, Archeo 13:1997(4), 112–115; *Pausania*, Guida della Grecia, VI, ed. *G. Madoli/M. Nafissi/V. Saladino*, Ve./Mi. 1999, 255; *P. Moreno*, La bellezza classica, T. 2001, 38–50. P. Moreno

Kalamis (II), griech. Bildhauer und Toreut, * wahrsch. in Athen, ca. 400–360 v. Chr. in Athen, Sikyon und evtl. (anstelle von → K. [I]) in Delphi und Olympia tätig. Enkel von → K. (I), Fertiger von Statuen aus Marmor, Bronze und Gold-Elfenbein sowie von getriebenen Bechern aus Bronze, Gold und Silber. K.s Leben läßt sich aus den Nachr. über seine Kontakte zu and. Künstlern des 4. Jh. v. Chr. rekonstruieren. Pausanias etwa berichtet (10, 19, 4), daß → Praxias (II), Meister eines Teils der Giebelfiguren am Apollontempel von Delphi, einen Lehrer namens K. gehabt habe. Die zeitl. Einordnung des Schülers hängt wiederum von den Baudaten des Tempels ab, der 373 v. Chr. durch ein Erdbeben zerst. und epigraph. Dok. zufolge ab 369 v. Chr. wieder aufgebaut wurde. Nach der fast zehnjährigen Bauunterbrechung während des Hl. Krieges wurde der Großteil der Arbeiten zw. 339–330 v. Chr. ausgef.; 327 v. Chr. wurden die Skulpt. angebracht. Die von → Praxias (II) nach den Aufzeichnungen von Pausanias gelieferten Figuren sind die des O-Giebels, näml. Artemis, Leto, Apollon und die Musen. Der Tod von → Praxias (II) und die Beauftragung des → Androsthenes mit der Fertigstellung seiner Skulpt. könnte in die lange Phase der Bauunterbrechung fallen und läßt sich an den unterschiedl. Proportionen der Figuren (Dionysios und die Thyiaden) auf dem O-Giebel ablesen. Wenn → Praxias (II) um 369 v. Chr. bereits einen so guten Ruf genoß, daß er den Auftrag für das Heiligtum erhielt, muß die Anfangszeit seines Lehrers K. in den Beginn des Jh. gesetzt werden. Dazu paßt, daß er als vermutl. Enkel von → K. (I) zwei Generationen nach diesem tätig gewesen sein muß. Die Dreiergruppe der Semnai in Athen, deren Mittelfigur von K. stammt, wurde bis spätestens 360 v. Chr. und wohl nach K.s Tod von → Skopas (I) vollendet. Plinius (nat., 34, 71) berichtet, daß → Praxiteles (II) (tätig ca. 375–326 v. Chr.) einen Wagenlenker für eine Quadriga von K. geschaffen habe, „damit K., der Beste in der Darst. von Pferden, nicht für unbegabt für die menschl. Figur gehalten werde". Unabhängig vom Wahrheitsgehalt der Anekdote läßt sich feststellen, daß Plinius die beiden Künstler für Zeitgen. gehalten hat und → Praxiteles (II) bereits berühmt gewesen sein muß (Akme 364–361 v. Chr.). Auch diese Episode könnte nach dem Tod des K. entstanden sein. Seine Tätigkeit als Graveur wird von einem and.

Bildhauer der klass. Periode, → Kallimachos, erw., der von der antiken Kunstkritik (Prop., 3, 9, 10) → K. (I) oder K. II an die Seite gestellt wurde. Auch → Parrhasios lieferte Zchngn für den Toreuten → Mys (II). In der von Plinius (nat., 33, 156) überlieferten, nicht streng chronolog. Rangfolge der Metallbearbeiter steht K. neben → Antipatros (II), der sich aufgrund von neugefundenen Metalltreibarbeiten in Makedonien in die 2. H. 4. Jh. v. Chr. einordnen läßt (EAA, Suppl., II, 1994, 372, s.v. Derveni). Einen Hinweis auf die Ausb. K.s in Attika ergibt sich aus der Angabe des Clemens von Alexandria (protr., 47), daß die beiden seitl., von → Skopas (I) gearbeiteten Semnai der Dreiergruppe auf dem Areopag „aus sog. lychnitischen Marmor" bestanden, dem besten Stein aus dem Abbaugebiet von Paros: Daraus könnte man folgern, daß die Mittelfigur aus and. Stein, näml. aus pentel. Marmor gearbeitet war, dem bevorzugten Mat. des Athener Künstlers im Gegensatz zu dem von → Skopas (I) verwendeten Stein seiner Heimatinsel. Für K.s Ausb. in Attika spricht ferner, daß fast sämtl. Giebelfiguren in Delphi, wo sein Schüler → Praxias (II) einen praxitelischen Stil entfaltet hat, ebenfalls aus pentel. Marmor gearbeitet sind (J. Marcadé/F. Croissant, in: Guide de Delphes, Le Musée, P. 1991, 77–84, Abb. 38–45). Bei dem Asklepios von Sikyon soll K. die Gold-Elfenbein-Technik (nicht aber die gleiche Ikonogr.) angewandt haben, in der auch der bärtige und sitzende Asklepios des → Thrasymedes von Paros gearbeitet war, dem Kultobjekt im Tempel von Epidauros (380–370 v. Chr.). Unter den Werken, die K. in der Trad. zugeschr. werden, befinden sich einige, die mit Sicherheit von → K. (I) geschaffen worden sind und deshalb im entspr. Artikel aufgeführt sind: Hermes Kriophoros, Ammon, Aphrodite Sosandra, Apollon Alexikakos, Denkmal des Hieron I., gewidmet von den Akragantinern, Apollon und Koloß von Apollonia. Der Vorschlag, den Apollon Alexikakos in die Zeit des Archonten Lykourgos zu datieren und K. (II) zuzuschreiben (Flashar, 1992, 58 s.), widerspricht Pausanias (1, 3, 4), der das Epitheton mit der Pest von 430 v. Chr. in Verbindung bringt und andernorts erklärt, daß er den Stil von → K. (I) leicht erkennen könne (Paus., 5, 25, 2). Vier mytholog. Figuren (*Dionysos in Tanagra, Nike Aptera in Olympia, Hermione in Delphi, Iphitos*), die → K. (I) zugeschr. werden, lassen sich stattdessen theoret. auch in das Werk von K. einordnen. Für den *Dionysos* aus parischem Marmor in Tanagra (Paus., 9, 20, 4) läßt sich feststellen, daß der Typus, den das Münzbild wiedergibt (Imhoof-Blumer/Gardner, NumComm-Paus, ed. A. N. Oikonomides, 1964, Taf. X,7 s.; J. Dörig, JdI 80:1965, Abb. 34 ss.), und den auch die Statuen in Berlin und Salerno vertreten (Dörig, ibid., Abb. 24–30), im Vergleich mit dem Strengen Stil in jüngere Zeit dat. werden muß (C. Gasparri, LIMC III, 1986, 430 s., Nr 82*, s.v. Dionysos). Für die *Nike Aptera*, von den Mantineern in Olympia in bewußter Nachahmung des Athener Kults errichtet (Paus., 5, 26, 6), läßt sich die Zuordnung an K. nicht ausschließen (A. Goulaki-Voutira, LIMC VI, 1992, 881, Nr 375, s.v. Nike; V. G. Maddoli/ V. Saladino [Ed.], Pausania, Guida della Grecia, V, Ve./Mi. 1995, 350): Wenn die Figur nach der Neugründung von Mantinea auf Betreiben der Thebaner (370 v. Chr.) entstanden wäre, würde sie der Schlacht von 362 v. Chr. um Mantinea gedenken, in der die Athener Verbündete der Mantineer waren (E. Reisch, ÖJh 9:1906, 239), und in diesem Fall wäre sie gleichzeitig mit der Athena von → Nikodamos von Mainalos, die Pausanias neben der Nike gesehen hat. Für die *Hermione* in Delphi (Paus., 10, 16, 4) sind Teile einer Inschr. erh., deren Dat. aber unsicher ist (Marcadé, Signatures, I, 1953, 39): die Zuschr. an K. ist wegen der intensiven Beziehung des Heiligtums mit Sparta in der 1. H. des 4. Jh. v. Chr. nicht unwahrscheinlich (E. Reisch, ÖJh 9:1906, 239). Vollkommen unklar ist das Aussehen des *Iphitos* (zu versch. Namensvarianten: R. Olmos, LIMC V, 738–741, s.v. Iphitos I): die entspr. Inschr. stammte aus röm. Zeit und stand auf einem Sockel, ehem. in Rom, Villa Mattei, der and. Skulpt. des 4. Jh. v. Chr. trug und heute verloren ist (IG, XIV, 307, Nr 1149, 5; Marcadé, Signatures, I, 1953, 41). Aus guten Gründen werden K. ferner zugeschr.: eine der Semnai und eine Quadriga in Athen, der Asklepios von Sikyon und die toreut. Arbeiten. Die Versuche, zwei dieser Werke → K. (I) zuzuschreiben, sind nicht überzeugend: Für die frühe Dat. der Mittelfigur der Semnai stützt man sich auf die Existenz des Bildhauers → Skopas (I) im 5. Jh. v. Chr. (P. Mingazzini, RIA 18:1971, 82 s.), und auf hypothet. Weg hat bereits Mattei für die Mittelfigur auf die verlorene Statue verwiesen (J. Dörig, JdI 80:1965, Abb. 45 s.), die den Stil von → K. (I) verkörpert hätte. Die Zuschr. des Asklepios an → K. (I) (D. Musti/M. Torelli [Ed.], Pausania, Guida della Grecia, II, Ve./Mi. 1986, 58 s., 250 s.) vernachlässigt die Abhängigkeit der angewandten Gold-Elfenbein-Technik zu der Asklepios-Figur von → Thrasymedes. – Die Gruppe der drei Semnai bzw. Erinnyen oder Eumeniden befand sich in der ihnen gew. Höhle auf dem Areopag von Athen (H. Sarian, LIMC III, 827, Nr 2, s.v. Erinys). K. führte die mittlere von ihnen aus, → Skopas (I) die beiden äußeren (Clem. Alex., protr., 4, 47; Schol. Aischin., epist., 1, 188;

Schol. Soph., OK, 39). Pausanias (1, 28, 6) nennt zwar nicht die Verfertiger der Figuren, schreibt aber, „daß sie nichts Grausiges oder sonst für die niederen Gottheiten Typisches“ an sich gehabt hätten. Die drei gleichartigen, in Mäntel gehüllten Figuren treten zum ersten Mal in der Keramik um 470 v. Chr. auf (H. Sarian, LIMC III, 1986, 828, Nr 7*, s.v. Erinys). Wenig später (460–450 v. Chr.) erscheinen sie statt in den Mantel in einen Peplos mit großem Aufschlag gehüllt (H. Sarian, LIMC III, 1986, 827, Nr 1*, s.v. Erinys), etwa in einer um 400 v. Chr. dat. Bronzestatuette in London, BM (Inv. Nr 1449; H. Sarian, LIMC III, 1986, 828, Nr 6*, s.v. Erinys). Diese Art der Drapierung wird auch in der vermutl. Schaffenszeit von K. und → Skopas (I) fortgesetzt, wie eine Reihe von Votiv-Taf. aus Argos zeigt (Athen, MN), die aus dem späten 4. Jh. v. Chr. stammen und die drei Göttinnen mit Schlangen, Mohnblumen und Blütenkronen zeigen (H. Sarian, LIMC III, 1986, 839 s., Nrn 112* -119*, s.v. Erinys). Der bartlose Asklepios, den K. für Sikyon gearbeitet hat (Paus., 2, 10, 3; B. Holtzmann, LIMC II, 1984, 892, s.v. Asklepios), weist auf die Nachkommenschaft des Gottes von Apollon hin, in dessen Heiligtum sich der neue, im Laufe des 4. vorchristl. Jh. aus Epidauros gekommene Kult etablierte (Ridgway, 1997, 358, Anm. 30). Einige der diesbezügl. Identifizierungsvorschläge müssen verworfen werden, da sie den Hinweis bei Pausanias nicht berücksichtigen, daß der Gott in der einen Hand den Stab und in der and. einen Pinienzweig gehalten habe: Es ist fast überflüssig, darauf hinzuweisen, daß bei dem Typus Giustini, bei dem eines der Exemplare immerhin bartlos ist, der rechte Arm komplett vom Mantel verdeckt wird (B. Holtzmann, LIMC II, 1984, 879–881, Nrn 154–210, Taf. 647–650, s.v. Asklepios). Der Asklepios in Argos ist jung und zeigt eine Raffinesse in der Faltengebung, welche die Erfahrung des Toreuten und seine Spezialisierung auf Goldarbeiten verrät, stemmt aber die eine Hand in die Hüfte (B. Holtzmann, LIMC II, 1984, 870 s., Nrn 31* -36, s.v. Asklepios). Aus den erh. Darst. des jugendl. Asklepios muß auch die nackte Figur ausgeschieden werden, die nicht mit der Gold-Elfenbein-Technik übereinstimmt (B. Holtzmann, LIMC II, 1984, 869 s., Nrn 9* -19*, s.v. Asklepios). Was bleibt, ist der bartlose Typus, den eine reduzierte kaiserzeitl. Replik aus Epidauros im NM von Athen (Inv. Nr 1809) vertritt, mit dem um die Beine und über die linke Schulter gelegten Mantel, mit dem Stab in der Rechten und einer freien Linken, die urspr. den Zweig des Urtyps gehalten haben könnte (auf der Kopie handelt es sich viell. um einen Rotulus: B. Holtzmann, LIMC II, 1984, 870, Nr 22*, s.v. Asklepios). Die kaiserzeitl. Münzen von Sikyon (Imhoof-Blumer/Gardner, NumCommPaus, ed. A. N. Oikonomides, 1964, 30, Taf. H,13) vertreten nicht mit Bestimmtheit den von K. geschaffenen Typus, da der Gott auf ihnen einen Bart zu tragen scheint und die Anordnung der Attribute nicht eindeutig ist: Wenn der Stab sich in der linken Hand befinden sollte, würde dies eine Parallele zum Typus Chiaramonti bedeuten (B. Holtzmann, LIMC II, 1984, 877, Nrn 115–130, Taf. 644 s., s.v. Asklepios), der sowohl ohne Kopf als auch bärtig überliefert, aber deshalb von Interesse ist, weil er in der Kopie Ludovisi im MN von Rom (B. Palma, in: Giuliano, MusNazRom, I. 5, 1983, 36 ss., Nr 16) in der Rechten einen Rotulus trägt, der möglicherweise den Pinienzweig des Archetyps ersetzt hat. Ferner kann K. eine der drei Darst. des Apollon zugeschr. werden (mit Blick auf die beiden unter → K. [I] besprochenen), die in den Quellen unter dem Namen K. überliefert sind. Es handelt sich um die von Plinius (nat., 36, 36) erw. Marmorstatue des Apollon in den servilian. Gärten in Rom, die zur Reg.-Zeit Caesars von Q. Servilius Caepo in der Nähe der Porta Capena (oder auf dem Gebiet des Vatikan) angelegt worden und unter Claudius in kaiserl. Besitz gelangt waren (E. Simon, LIMC II, 1984, 368, Nr 13, s.v. Apollon/Apollo; LTUR III, 1996, 84, s.v. Horti Serviliani). Plinius schreibt, daß diese „vielgerühmte“ Statue von dem als Ziselierer bek. K. geschaffen worden sei: „Calamidis Apollinem illius caelatoris“. In seinem Buch über die Gold- und Silberarbeiten (Plin., nat., 33, 154) erscheint sein Name, wie erw., in einem nicht streng chronolog., sondern eher nach dem jeweiligen Ruhm geordneten, also für die Dat. irrelevanten Künstlerverzeichnis im Anschluß an die Toreuten → Akragas, → Boethos (VI) und → Mys (II) mit der Bemerkung „post hoc celebratus est Calamis“. An and. Stelle erw. Plinius (nat., 34, 47) zwei Becher aus der Hand K.s: „Caesar Germanicus, der sie sehr liebte, schenkte sie seinem Erzieher Cassius Salanus, dem Onkel von Dubius Avitus“, Statthalter von Aquitania, und ließ sich daher Kopien von → Zenodoros anfertigen, die wiederum ein Freund von Ovid erhielt. – Wenn in der antiken Kunstkritik von der archaischen „Härte“ im Stil eines Künstlers namens K. die Rede ist, ist dies ausschließl. auf → K. (I) zu beziehen; Kommentare, die von „Feinheit“ und „Anmut“ sprechen, meinen wohl, auch wenn dies nicht eindeutig belegbar ist, K. (II). Der Kommentar des Dionysios von Halikarnassos (Isokr., 3, 6 s.), der K. → Kallimachos und Lysias an die Seite stellt und in ihnen einen Gegensatz zu → Polykleitos (I), → Pheidias (I) und Isokrates sieht,

ist kaum eindeutig auf → K. (I) oder auf K. (II) zu beziehen, da er von einem Interesse des Künstlers an „kleinen Werken“ spricht, beide aber für ihre Götterbilder bek. sind. Aufgrund von K.s Tätigkeit als Toreut aber ist die Nachr. wohl auf ihn zu beziehen, da das Metallhandwerk unter die „artes minores“ gezählt werden kann. Unsicherheit besteht auch gegenüber der Einschätzung von Fronto (epist., 1, 1), der einen Künstler namens K. dem → Polykleitos (I) gegenüberstellt. Wenn man das Lob eines K. bei Gregor von Nazianz (V. 741, PG 37, 1220) auf die Affinität zu → Kallimachos reduziert, scheint es sich ebenfalls auf K. zu beziehen. Die mehrfach wiederholte Würdigung von Pferden als dem höchsten und unübertreffl. Werk eines K. (Prop., 3, 9, 10; Ov., Pont., 4, 1, 33; Plin., nat., 34, 71) würde gut zur Pferdegruppe von → K. (I) in Olympia passen, ebenso aber auch zur Quadriga von K. (II). Auf ihn sind wohl auch die von Plinius erw. lobenden Kommentare zu beziehen, die der Autor in der Lit. zur Apollon-Statue in den servilian. Gärten gefunden hat (aus topogr. Gründen mit and. Mon. zusammengezogen: „laudatos reperio“), ebenso wie die Beobachtung des Pausanias, daß K. durch seine Mittelfigur der Gruppe der Athener Semnai menschl. Züge verliehen habe. ▭ ThB19, 1926. RE X, 1919 (s.v. K. 2, K. 3); EAA IV, 1961; DNP VI, 1999. – *Picard*, Manuel, III. 1, 1948, 152, 652; *Lippold*, GrPl, 1950, 243; *P. Orlandini*, Calimade, Bo. 1950, 28–46; *S. Woodford*, AJA 80:1976, 291–294; *A. Stewart*, Skopas of Paros, Park Ridge/New Jersey 1977, 105, 129 s.; *Pausania*, Guida della Grecia, II, ed. *D. Musti/ M. Torelli*, Ve./Mi. 1986, 58 s., 250 s.; *Stewart*, Sculpture, 1990, 251, 263; *M. Tomovic*, Starinar 40/41:1989/90, 231–239; *M. Flashar*, Apollon Kitharodos, W. 1992, 58 s.; *B. S. Ridgway*, Fourthc. styles in Greek sculpt., Lo. 1997, 335, 358, Anm. 30; *C. Rolley*, La sculpt. grecque, II, P. 1999, 380.
P. Moreno

Kalas cf. **Asklepiades** (II)

Kalates (Καλάτης, Kalates), griech. Maler, im 4. Jh. v. Chr. tätig. Lt. Plinius d. Ä. (nat., 35, 114; Overbeck, SQ, 1868, Nr 1965) malte er kleine Bilder von Komödienszenen. ▭ ThB19, 1926. RE X. 2, 1919; EAA IV, 1961. – *Pfuhl*, MuZ, II, 1923, 811, 849, 856. R. V.

Kaliades (Καλιάδες), griech. Töpfer, um 485/480 v. Chr. in Athen tätig. Bek. von der Sign. auf einer rotfigurigen Vase des Strengen Stils aus Capua. Die mit ἐποίεσεν sign. Kylix mit der Darst. der Eos, die den Körper des Memnon hält, sowie der Kämpfe einerseits zw. Menelaos und Paris und andererseits zw. Aias und Hektor befindet sich heute in Paris (Louvre, Inv. Nr G 115). Bemalt wurde sie von dem am E. des 6. Jh. und am A. des 5. Jh. v. Chr. tätigen Maler → Duris. ▭ ThB10, 1914 (s.v. Duris). EAA IV, 1961. – *Bloesch*, Formen, 1940, 134, Nr 3; ARV², 1963, 434, Nr 74; *Simon/ Hirmer*, Vasen, 1976, 118 s., Taf. 160–161; Add², 1989, 237; *D. Buitron-Oliver*, Douris, Mainz 1995, 80, 119, Taf. 71. J. Linnemann

Kalias (Καλίας), griech. Bildhauer, im 6. Jh. v. Chr. tätig. Nur bek. durch seine Sign. auf einer Herme aus Kalkstein aus Trachones b. Athen (IG, I², 820). ▭ ThB19, 1926. RE X. 2, 1919. – *A. Wilhelm*, ÖJh 2:1899, 230, Abb. 130; *Floren*, GrPl, 1987, 300, Anm. 7. R. V.

Kalikleas (Καλικλέας; Καλλικλῆς), griech. Töpfer, ca. 675/650 auf Ithaka tätig. Allein bek. durch seine Sign. (Καλικλέας ποίασε), im lokalen Dialekt und Alphabet von Ithaka gehalten, eine der ältesten griech. Töpfer-Inschr. überhaupt. Sie befindet sich auf dem Hals eines Fackelständers aus Ton, der dem Typus der proto-korinth. Platschkannen ähnelt und 1932 auf Ithaka gefunden wurde. Einige weitere Vasen sind aufgrund stilist.-maltechn. Verwandtschaft vermutl. ders. Wkst. zuzuweisen. ▭ EAA IV, 1961. – *H. G. G. Payne*, JHS 53:1933, 282 s., Abb. 9; *G. Karo*, AA 1933, 236 s., Abb. 11; *M. Robertson*, BSA 43:1948, 88 ss.; Nr 534, Taf. 38 s.; 110 s.; *B. Schweitzer*, RM 62:1955, 78, Nr 2; *Lorber*, Inschriften, 1979, 12; *Jeffery*, LSAG², 1990, 230 s. C. Müller

Kallaischros (Κάλλαισχρος), griech. Architekt, E. 6. Jh. v. Chr. in Athen tätig. Vitruv (7, praef. 15) nennt als Erbauer der Fundamente des Tempels des Zeus Olympios (Olympieion) in Athen z.Z. des Peisistrates die Architekten Antistates, Callaeschros (latinisierte Form des griech. Kallaischros), → Antimachides und → Porinos, wobei letzterer mit keinem griech. Personennamen in Verbindung gebracht werden kann und wahrsch. nur aus einer Verwechslung heraus mit dem Adjektiv für das Baumaterial des Tempels entstanden ist. Daher ist man sich einig, daß Vitruv die griech., nicht mehr erh. Quelle schwer verstanden hat, die von drei Architekten für diesen Tempel sprach, dessen Säulen aus weichem Kalkstein geschnitten waren, den man griech. *Poros* oder *Porinos Lithos* nennt. Diese Architekten sind ansonsten unbek. und wir wissen nichts über ihre genaue Herkunft. Ihre Namen sind nicht typisch für eine Landschaft, und es ist auch nicht sicher, ob sie Athener waren. Wir kennen auch nicht besser ihre Art der Zusammenarbeit. Nur der Zeitraum ihrer Tätigkeit kann festgelegt werden. Nach dem Hinweis von Vitruv, der von Aristoteles (pol., 5, 1313b, 23) bestätigt wird, handelt es sich bei dem Auftraggeber sicherl. um Peisistratos d. J., den Sohn des Hippias, von dem wir wissen, daß er um 515 v. Chr. eine großzügige Bautätigkeit entwickelte, die die Errichtung eines großen Tempels (41,16 x 107,87 m am Stylobat) favorisierte, der auf Höhe der ersten Säulentrommeln wahrsch. auf Grund des Sturzes der Peisistratiden im Jahre 510 v. Chr. aufgegeben worden ist. Der Plan und die Ausmaße des Tempels, die für das griech. Festland ungewöhnl. sind, haben viell. den Rückgriff auf gleichzeitig drei Architekten gerechtfertigt, um zu versuchen, ein derartiges kolossales Unternehmen schneller voranzutreiben. Es ist wahrsch., daß auf Anfrage der Nachkommen des Tyrannen Peisistratos d. Ä. unsere Architekten auf einen Bautypus zurückgriffen, der in Ionien sehr geschätzt wurde, insbesondere von dem Tyrannen Polykrates (Heraion von Samos) und der sich auch in W-Griechenland findet (Apollonion von Selinunt, Olympieion von Akragas). Auf einen kleinen Hügel gestellt, ruht das peisistratid. Olympieion, um mehr Eindruck zu machen, auf einem hohen Unterbau und verwendet teilw. die Fundamente eines kleinen oktastylen Peripteros aus den Jahren zw. 590 und 560 v. Chr. Da der peisistratid. Unterbau im 2. Jh. v. Chr. von dem Architekten → Cossutius wiederverwendet worden ist, um den neuen Tempel zu errichten, sind uns seine Charakteristika bek.: vorn und hinten besaß das spätarchaische Olympieion drei Reihen von acht Säulen und zu beiden Längsseiten je zwei Reihen von 20 Säulen, was insgesamt 104 Säulen um die Cella ergibt, zu denen man noch sechs aneinandergereihte Säulen im sehr tiefen Pronaos hinzufügen muß. Nach den erh. Bestandteilen erreichte der untere Durchmesser der Säulen 2,42 m, was eine sehr schwerfällige Erscheinung verursachte. Das Vorhandensein einer Eckkontraktion beweist, daß dieser Dipterostempel mit langgezogenen Proportionen wie sein Vorgängerbau der dorischen Ordnung angehört, während die ion. Dipteroi der ion. Ordnung folgen. Die Architekten hätten demnach also einen ion. Plan mit trad. lokalen Charakteristika kombiniert, was nicht originell in Griechenland war. Das Vorhandensein eines Adyton im hinteren Teil bleibt hypothet. und die komplexe Metrologie dieses Tempels kann nicht unumstritten festgelegt werden. Wie die gigant. Unternehmen and. Tyrannen blieb auch dieser Tempel wegen seiner Ausmaße, aber v.a., wie es scheint, wegen des Beginns einer demokrat. Reg. unvoll., die diese großen Dipteroi als Symbole der Tyrannei von jetzt an zurückwies. Wenn dieser Typus von Tempeln wirkl. polit. Ansehen hervorhebt, erscheint es dennoch nicht gerechtfertigt, in ihrem Fall von „tyrannischer" Architektur zu sprechen, wie man es bisweilen zu tun pflegt, weil Dipteroi schon von aristokrat. Reg. favorisiert worden sind. ▭ ThB19, 1926. RE I. 2, 1894 (s.v. Antimachides); XXII. 1, 1953 (s.v. Porinos); EAA I, 1958 (s.v. Antimachides et Antistates). – *G. Welter*, AM 47:1922, 61 ss.; 48:1923, 182 ss.; *Müller*, Architekten, 1989, 133 (v.e. Antistates); *R. Tölle-Kastenbein*, Das Olympieion in Athen, Köln/Weimar 1994, 140; *Svenson-Evers*, Architekten, 1996, 151 ss., mit älterer Lit. (v.e. Antistates); *S. Angiolillo*, Arte e cultura nell'Atene di Pisistrato e dei Pisistratidi, Bari 1997, 75–77.

M.-C. Hellmann

Kalliades (I) (Καλλιάδης), griech. Bildhauer, um 340 v. Chr. tätig. Nach Tatianos (orat., 36, 14) schuf K. eine Statue der Hetäre Neaira, deren Lebensdaten uns dank Demosthenes (Kata Neairas) und Athenaios (13, 593) bek. sind. Demnach muß die Statue um 340 v. Chr. entstanden sein. ▭ ThB19, 1926. RE X. 2, 1919; EAA IV, 1961. – *Marcadé*, Signatures, I, 1953, Nr 47. R. V.

Kalliades (II), Sohn des → Sthennis, aus Athen, griech. Bildhauer, um 240 v. Chr. in Lindos tätig. Nur bek. durch seine Sign. auf einer Basis für eine Statue zu Ehren der Götter, die von mehreren Personen auf die Akropolis in Lindos gestiftet worden ist. ▭ RE, Suppl. VIII (s. v. K. 5a). – Lindos II. 1, 1941, 332–336, Nr 103 mit Abb.; *Marcadé*, Signatures, I, 1953, Nr 46 mit Abb.; *Schmidt*, Statuenbasen, 1995, 510, Nr XI. 2. R. V.

Kallias (I) (Καλλίας), griech. Bildhauer, am E. des 5. Jh. v. Chr. in Athen tätig. Nur bek. durch eine Inschr. des Jahres 401/400 v. Chr. (IG^2, II/III, 10). Danach war er Bildhauer (ἀγαλμ[ατοποιός]) und erhielt als ehemaliger Metöke zum Dank für die Mithilfe bei der Befreiung Athens das att. Bürgerrecht. ▭ RE, Suppl. V, 1931 (s.v. K. 29). R. V.

Kallias (II), griech. Architekt bzw. Ingenieur aus Arados, um 307/06 v. Chr. (kurzzeitig) in Rhodos tätig. Allein durch eine – hist. nicht ganz unverdächtige – Anekdote bei Vitruv (10, 16, 3) bezeugt. Beeindruckte demnach die Rhodier mit seinem Modell einer kranartigen Maschine gegen Belagerungsgeräte so sehr, daß sie ihn anstelle des → Diognetos (I) zum staatl. Baumeister ernannten und ihm einen jährl. Ehrensold zuerkannten. Als

Demetrios Poliorketes die Stadt belagerte, sah er sich aber außerstande, eine dem Modell entsprechende Maschine in die Wirklichkeit zu übertragen. Deshalb wurde er wieder von → Diognetos (I) abgelöst. ▭ EAA IV, 1961, 296. – *Brunn*, GGK II, 1889, 366; *Y. Garlan*, Rech. de poliorcétique grecque, P. 1974, 209, 242, 268. C. Müller

Kallides, röm. Maler, im 2. Jh. n. Chr. tätig. Nur bek. durch Luc., dial. meretr., 8, 3. ▭ RE X. 2, 1919 (s.v. K. 2); EAA VI, 1965 (s.v. pictor). – *Brunn*, GGK II, 1889, 311. R. V.

Kalligenes (Καλλιγένης), aus Alexandria, griech. Bildhauer, in hellenist. Zeit auf Kos tätig. Nur bek. durch seine Sign. aus Kos. ▭ RE, Suppl. VIII, 1956. R. V.

Kallikles (I) (Καλλικλῆς; Callicles), Sohn des → Theokosmos, aus Megara, griech. Bildhauer, um 420 v. Chr.(?), in Olympia tätig. Pausanias (6, 7, 1; 6, 7, 9) erw. K. als Schöpfer zweier Siegerstatuen. Die erste zeigte *Diagoras von Rhodos*, Sieger von 464 v. Chr. und Stammvater einer berühmten Athletenfamilie. Die in der Nähe aufgestellten Siegerstatuen von drei Söhnen und zwei Enkeln des Diagoras stammten wenigstens z.T. von and. Künstlern des 5. Jh. (→ Naukydes [I]). Nach einem Scholion zu Pindar (Ol., 7, 158, ed. Boeckh) war die Statue des Diagoras 4 Ellen und 5 Daktylen hoch, d.h. also etwas überlebensgroß. Der rechte Arm war vorgestreckt und der linke zum Körper gebogen. Von der Statue sind Reste der Basis erh., auf der aber die Künstler-Sign. fehlt. Da die Form der Buchstaben frühestens gegen Ende des 4. Jh. zu datieren ist, ist an eine Erneuerung der Statue oder der Inschriften in dieser Zeit zu denken. Ein insgesamt späterer Ansatz der Schaffenszeit des K. um 300 v. Chr. ist unter Berücksichtigung aller Indizien mit Hauser (1895) und gegen Purgold (1896), der eine Erstaufstellung der Statue zu diesem späten Zeitpunkt für mögl. hielt, als unwahrsch. abzulehnen. Somit könnte der Vater des Künstlers tatsächl. ders. Bildhauer → Theokosmos sein, der 428 v. Chr. den Zeus in Megara schuf und nach 404 v. Chr. am Weihgeschenk des Lysander in Delphi arbeitete. Die zweite Statue des K. war die eines gewissen *Gnathon von Dipaia*, der im Faustkampf der Knaben siegte. Von ihr ist nichts erh. und die Zeitstellung ist unbekannt. Die von Hauser (1895) vorgeschlagenen Zuschr. weiterer Werke an K. können aus method. Gründen nicht überzeugen. ▭ ThB19, 1926. RE X. 2, 1919 (s.v. K. 5); EAA IV, 1961 (s.v. K. 3). – *Brunn*, GGK I, 1889, 246; *Overbeck*, SQ, 1868, Nrn 1035–1038; *F. Hauser*, RM 10:1895, 116 ss.; *W. Dittenberger*/ *K. Purgold*, Die Inschr. von Olympia, Olympia, V, 1896, 259 ss., Nr. 151. N. Franken

Kallikles (II), Sohn des Eunikos, aus Megara, griech. Bildhauer, um 300 v. Chr., in Megara tätig. Bek. nur durch die aufgrund der Schriftformen datierbare Sign. einer in Megara gefundenen Basis für eine verlorene Portr.-Statuette aus Bronze. Ob einer der Bildhauer mit Namen K. mit dem von Plinius (nat., 34, 87) erw. Erzgießer von Philosophenstatuen ident. ist, bleibt ungewiß. Zw. den beiden Megarern könnte ein Verwandtschaftsverhältnis bestehen. ▭ ThB19, 1926. RE X. 2, 1919 (s.v. K. 6); EAA IV, 1961 (s.v. K. 2). N. Franken

Kallikles (III), Sohn des Hippokrates, aus Salamis (auf Zypern?), griech. Bildhauer, A. 2. Jh. v. Chr. (Marcadé, 1953) in Delphi tätig. K. ist allein durch eine 1923 gefundene Marmorbasis bek., die ihn zus. mit *Hestiaios*, Sohn des Hestiaios aus Salamis, als Künstler einer oder mehrerer nicht näher bestimmbarer Statuen nennt. Nach der Form der Schr. in der Erstveröffentlichung zunächst noch an den A. bzw. in die M. des 3. Jh. v. Chr. gesetzt. ▭ RE, Suppl. V, 1931 (s.v. K. 6a). – *P. de La Coste-Messelière*, BCH 49:1925, 76, Nr 2; *Marcadé*, Signatures, I, 1953, 49, Taf. 9,3. N. Franken

Kallikles (IV), griech. Maler unbestimmter Zeit. Nach Plinius (nat., 35, 114) schuf K. kleine Gemälde. Varro (de vita pop. Rom. entspricht Char., inst. Gr., 1, 126 k) besagt zudem, daß seine Bilder nur vier Finger groß gewesen wären und er eine gewissen Bekanntheitsgrad erreicht hat, ohne jedoch mit → Euphranor (I) konkurrieren zu können. Durch diesen Vergleich schloß man bisweilen, daß K. wie → Euphranor (I) im 4. Jh. v. Chr. gelebt hat. Ob dies jedoch so ist, bleibt zweifelhaft. ▭ ThB19, 1926. RE X. 2, 1919 (s.v. K. 7); EAA IV, 1961 (s.v. K. 1). – *G. Rodenwaldt*, RM 29:1914, 197 s.; *Pfuhl*, MuZ, II, 1923, 907. R. V.

Kallikrates (I) (Καλλικράτης), griech. Architekt des 5. Jh. v. Chr., tätig in Attika und wohl auch auf Delos. Die erh. Quellen schreiben K. die folgenden Bauwerke zu: – den *Parthenon auf der Akropolis in Athen* (Plut., Per., 13 „...τὸν μὲν γὰρ ἑκατόμπεδον Παρθενῶνα Καλλικράτης εἰργάζετο καὶ Ἰκτῖνος..."), – den *Tempel der Athena Nike* (IG, I^3, 35) und – die mittlere der *Langen Mauern* (Plut., Per., 13, 5; Svenson-Evers, Architekten 1996, 217–220, 235–236); darüber hinaus wird er noch im Zusammenhang mit and., weniger umfangreichen Bauvorhaben auf der Athener Akropolis gen. (IG, I³, 45; W. Judeich, Topogr. von Athen, M. ²1931, 211; Mylonas Shear, 1963, 377; Bundgaard, 1976, 52–53). Zugeschr. werden ihm – der *sog. Tempel am Ilissos* (F. Studniczka, Zu den Friesplatten vom ionischen Tempel am Ilissos, JdI 31:1916, 200–201; Mylonas Shear, 1963, 389; Wesenberg, 1981, 29; M. M. Miles, The date of the temple on the Ilissos river, Hesperia 49:1980, 310–325; W. A. P. Childes, The frieze of the temple on the Ilissos, AM 100:1985, 206–251), auf Grund seiner großen Ähnlichkeit mit dem Tempel der Athena Nike, der mit jeweils sechs Säulen an den Fassaden ausgestattete *Apollon-Tempel auf Delos* (W. B. Dinsmoor, The archit. of Ancient Greece. An account of its hist. development, Lo. ³1950, 148; Mylonas Shear, 1963, 399 [„...Dinsmoor's suggestion can be turned into a strong probability..."), der auch *Tempel der Athener* gen. wird, und seltener die *Tempel des Hephaistos, des Ares, der Nemesis* und *des Poseidon* (Carpenter, 1970, 21–68, 83–109; dagegen Wesenberg, 1981, Anm. 62) sowie die *vormnesikleischen Propyläen der Akropolis* (Bundgaard, 1976, 50), das *Erechtheion* (Mylonas Shear, 1963, 408–424) u.a. – 1.) *Der Tempel der Athena Nike* – Während einige Autoren das ältere, säulenlose Tempelchen der Athena Nike mit seinem Altar K. zuschreiben (Bundgaard, 1976, 48–50, Taf. K, 3; I. [454–448 v. Chr.]; I. S. Mark, The sanctuary of Athena Nike in Athens. Archit. stages and chronology, Pr. 1993, 130–131 [dagegen B. Wesenberg, Gnomon 70:1998, 238–239]; J. de Waele, The temples of Athena Nike, Pharos 5:1997, 28 ss.; vgl. auch J. Hurwit, The Athenian acropolis. Hist., mythology, and archaeol. from the neolithic era to the present, C. 1999, 166), nimmt die herrschende Meinung ihn für den heute sichtbaren ionischen Marmortempel in Anspruch (Sylloge³, 63; W. B. Dinsmoor, AJA 37:1923, 319; Wesenberg, 1981, 29), dessen Fassaden jeweils vier Säulen besitzen. Einer älteren Ansicht zufolge sei K. der Auftrag zur Errichtung des Tempels um 448 v. Chr. übertragen worden, doch habe man erst um 427 v. Chr. mit der Ausf. beg. (W. B. Dinsmoor, Archaeol. and astronomy, Proc. of the American phil. soc. 80:1939, 145, Tab. 8; p. 156–162; id., The archit. of Ancient Greece, Lo. ³1950, 185); neuerdings geht man dagegen von einer Beschlußfassung um 430 v. Chr. aus (H. B. Mattingly, The Athena Nike temple reconsidered, AJA 86:1982, 381–385). Die Inschr. IG, I³, 36, deutet darauf hin, daß die Arbeiten um 424/23 v. Chr. abgeschlossen gewesen sind (B. Meritt/G. Davidson, AJPh 56:1935, 65–71; Mylonas Shear, 1963, 388; R. Meiggs/D. Lewis, A selection of Greek hist. inscr. to the end of the fifth cent., Ox. ²1988, 204–205). Die verzögerte Ausf. oder die Voll. des Bauwerks nach der Errichtung der Propyläen ist nicht auf polit., sondern auf programmat. (Vorrang der Propyläen) und techn. Gründe zurückzuführen (Abhängigkeit der archit. Komp. des Heiligtums der Athena Nike von derjenigen der Propyläen; Wesenberg, 1981, 45). Bei der Planung des Tempels und seiner unmittelbaren Umgebung hatte K. bindende Auflagen zu berücksichtigen, die wie folgt zusammengefaßt werden können (die Nrn a-e betreffen den Bau des → Mnesikles): – a.) Die Achsen der Propyläen sollten parallel zu denjenigen des Parthenon verlaufen (dessen Achsen wiederum denjenigen des Vorparthenon entsprachen; F. C. Penrose, An investigation of the principles of the Athenian archit., Lo. 1851, 4, Taf. 2 [mit graph. Angabe der unmerkl. Abweichung]). – b.) Der ansteigende Vorhof der Propyläen sollte die gleiche Breite (rund 21,50 m) besitzen wie deren sechssäulige Fassade und in ders. Achse verlaufen (d.h. parallel zum Parthenon). – c.) Der (unvoll.) N-Flügel der Propyläen sollte bis an die N-Mauer der Akropolis heranreichen und der S-Flügel den Pyrgos nicht beeinträchtigen. – d.) Auf Grund dieser Auflagen mußte die N-Seite des Vorhofs in das vorhandene *Gebäude B* eingreifen sowie sehr viel tiefer und außerhalb des NW-Randes des Felsens fundamentiert werden. – e.) Um den auf Grund der Vorgaben c und d entstandenen Schwierigkeiten zu begegnen, mußte die S-Seite des Vorhofs so nahe wie mögl. an die zu erhaltende mykenische Burgmauer herangeführt werden (W. Wrede, Mnesikles und der Nikepyrgos, AM 57:1932, 85, Abb. 1 und 3). Aus diesem Grund ist die neue, zum Vorhof parallel verlaufende isodome Außenmauer des Pyrgos, der den mykenischen Pyrgos in sich einschließt, an einigen Stellen außerordentl. dünn (dies ist als Anzeichen für eine mangelhafte Planung gedeutet worden, J. A. Bundgaard, Mnesicles, Kph. 1957, 181; Mark, ibid., 80, belegt jedoch im Gegenteil deren außerordentl. Exaktheit [Wrede, ibid.] und ermöglicht die beste Ausnutzung des Raums innerhalb jedweder Begrenzung [wie z.B. bei dem äußerst engen Kontakt des Erechtheions mit dem Grab des Kekrops].). An diesen Stellen ließ K. weniger tiefe Läuferblöcke versetzen, in deren Schauseite notwendigerweise falsche vertikale Fugen eingeritzt wurden, um das Aussehen von normalen Binderblöcken zu schaffen. – f.) Die Erweiterung des Pyrgos nach W durfte den uralten, von S nach N ansteigenden Zugangsweg nicht überdecken, weshalb die W-Seite des Tempels diese Grenze auch nicht überschreiten durfte. – g.) Der neue Tempel sollte an ders. Stelle wie der alte errichtet und das angrenzende Plateau entsprechend dem des älteren Tempels nach O und S erweitert werden; außerdem durfte die Position des Altars auch nicht verändert werden (Bundgaard, ibid., 1957, 183). – h.) Der axiale Einfall der Sonnenstrahlen von O her durfte weder durch die w. (zumindest in ihrem unteren Teil mykenische) Mauer (geringste Höhe der Mauerkrone + 152 m, wie an der SO-Ecke des Baus des → Mnesikles zu erkennen, Dinsmoor, ibid., 1939, 145, Tab. 8, p. 156–162, Abb. 10 [mit unglaubwürdiger Annahme der urspr. Höhe der mykenischen Mauer]) noch durch den SW-Flügel der Propyläen behindert werden. Dem wurde so weit wie mögl. Rechnung getragen, indem die Niveaus des Heiligen Bezirks (um etwa 1,30 m bis auf das Niveau der zweiten Stufe der Propyläen: von etwa + 140,78 m auf + 142,10 m) und des Tempelbodens (um etwa 2,10 m: von etwa + 140,78 m auf + 143 m) angehoben wurden; darüber hinaus wurde die Planung des SW-Flügels der Propyläen dahingehend verändert, daß seine SW-Ecke nicht in die Verlängerung der Tempelachse nach S hin eingriff (die zur M. des W-Giebels des Parthenon führt [wohl nicht etwa nach der S-Seite der fünften Säule: Dinsmoor, ibid., 1939, Abb. 10]; durch die neue Orientierung des Tempels wurde auch die exakte Ausrichtung der S- und W-Seite des Pyrgos bestimmt [Dieser Parallelismus war keine neue Idee des K., sondern beruht auf einer älteren Entwurfstradition. Die Achse des älteren Naiskos lag parallel zum w. des Parthenon gelegenen Abschnitt der kimonischen Mauer. Die wiederum ältere quadrat. Basis ist parallel zur W-Seite des mykenischen Pyrgos positioniert, der seinerseits parallel zur mykenischen W-Mauer der Akropolis ausgerichtet war – unterschiedl. Meinungen hierzu bei G. P. Stevens, Hesperia 5:1936, 446]). – i.) Der Tempel sollte jeweils an der Vorder- und der Rückseite eine Säulenstellung besitzen. Die der trad. dorischen Tempelarchitektur fremde prostyle Form der Fassaden (jene kennt nur zwei Säulen *in antis*) geht viell. auf ionischen bzw. kykladischen Einfluß zurück (Gruben, Tempel, [2]1976, 165) und ist ein gemeinsames Charakteristikum des Sekos sowohl des ersten peripteralen, aus Poros erbauten Parthenon als auch des archaischen („Alten") Athena-Tempels und des Vorparthenon, das auch beim perikleischen Parthenon und beim Erechtheion wiederkehrt. – k.) Der Tempel sollte auf der von dem Pyrgos vorgegebenen Fläche so groß wie mögl. errichtet werden. Aus der Verbindung der Vorgaben f.), g.), i.) und k.) ergab sich ein Bauwerk von etwa 9,36 x 6,60 m (in Höhe der 1. Stufe) und einer Höhe von rund 7 m (von der plattierten Oberfläche des Pyrgos bis zur Giebelspitze), das das zehnfache Volumen des sehr kleinen Vorgängerbaus erreichte. Die Länge des Tempels nutzt den gesamten zur Verfügung stehenden Raum zw. dem w. Rand des Pyrgos und der Zugangstreppe im N aus, deren oberste Stufen nach O ausweichen, um eine zusätzl. Verlängerung des Tempels nach O zu ermöglichen. Der Grundriß konnte demnach nicht größer konzipiert werden (Wesenberg, 1981, 43). Die äußere Breite des Tempels war mehr als doppelt so groß wie diejenige des älteren Naiskos (das Verhältnis beträgt exakt 9:4). Die Unmöglichkeit, den Grundriß weiter zu verlängern, ergab in Verbindung mit der erhebl. Steigerung der Breite einen stark verkürzten Sekos mit größerer Breite als Tiefe sowie ohne Pronaos und Türwand. Im vorliegenden Fall mußten der Raum hinter der ö. Säulenstellung den Pronaos und die beiden schmalen, zwischen Anten stehenden Pfeiler die Türwand ersetzen. Von den auf diese Weise entstandenen drei Öffnungen dienten die breitere mittlere als Zugang und die beiden äußeren als Fenster. Die eingefügten Schwellen dieser Öffnungen und die Basen der Pfeiler besitzen dieselben Profile wie die Wandsockel und die Anten (A. K. Orlandos, Nouvelles observations sur la construction du temple d'Athéna Niké, BCH 71/72:1947/48, 12, Abb. 8), die wiederum mit allerdings verringerter Höhe diejenigen der Säulenbasen wiederholen (von unten nach oben: Astragal, Skotia, Spira). Entsprechend nehmen die Kapitelle der beiden Pfeiler die Profile der Anten auf (von unten nach oben: Hypotrachelion, Astragal, ionisches Kymation, Astragal, lesbisches Kymation, ionisches Kymation, Abacus). Metallgitter von herausragender Qualität verschlossen den Eingang, die Fenster und die beiden seitl. Öffnungen des „Pronaos" (zw. den Ecksäulen und den Anten, mit eingefügten Marmorschwellen, die die Profile der Antenbasen wiederholen). Die horizontale Gliederung der oben aufgeführten Schmuckbänder war nicht plast., sondern in Malerei ausgef.; abwechselnd Lotus und Palmetten auf den Hypotrachelia (L. Ross/E. Schaubert/C. Hansen, Die Akropolis von Athen, Erste Abteilung: Der Tempel der Nike Apteros, B. 1839, Taf. 10; H. Büsing, Die Bemalung des Nike-Tempels, AA 1990, 71 ss., Abb. 3–4) und der Sima (Orlandos, ibid., Taf. 2), Eierstab usw. auf den ionischen Kymatia, herzförmige Blätter auf den lesbischen Kymatia usw. Nur die Säulenkapitelle tragen plast. ausgearbeiteten Schmuck, näml. einen Eierstab auf dem Echinus und Halbpalmetten (Zwickelpalmetten). – Rund 1,80 m ö. der ersten Stufe erhob sich der große (rund 3,60 x 2 m), an der Basis und an der Oberkante mit einem

Kymation geschmückte Marmoraltar. Die Prothysis, d.h. die höher gelegene Fläche, auf der der Altar errichtet war, stieß an die Stirnseite der ersten Stufe der Krepis des Tempels und bildete so eine Art Halbstufe. Die erhöhte Position des Tempels, der sich im W nahezu 12 m über dem Boden erhob, machte eine Brüstung von rund 1,40 m Höhe und rund 36 m Gesamtlänge erforderl., die wegen des außerordentl. Platzmangels auf dem Rand der weit vorkragenden marmornen Deckplatten des Pyrgos und nicht in der gedachten Fortsetzung seiner Außenseite errichtet wurde (auf diese Weise konnten 9 m^2 Nutzfläche für das Temenos gewonnen werden). Das Heiligtum war reich mit plast. Schmuck ausgestattet (A. F. Stewart, Hist., myth and allegory in the program of the temple of Athena Nike, Athens, Stud. in the hist. of art 16:1985, 53–73): Abgesehen von der Kultstatue (Mark, ibid., 93–98) besaß der Tempel einen etwa 45 cm hohen, umlaufenden Fries (Gesamtlänge rund 26 m; C. Blümel, Der Fries des Tempels der Athena Nike, B. 1923; F. Felten, Griech. architekton. Friese archaischer und klass. Zeit, Waldsassen 1984; E. Harrison, The glories of the Athenians: Observations on the frieze of the temple of Athena Nike, in D. Buitron-Oliver [Ed.], The interpretation of archit. sculpt. in Greece and Rome, Proc. of the symposium, sponsored by the center of advanced stud. in the visual arts and Shelby White and Leon Levy, 22–23 Jan. 1993, NG of Art, Washington, Stud. in the hist. of art 49, Symposium Papers 29, Wa. 1997, 109–125), Giebelskulpturen (G. Despinis, Τα γλυπτά των αετωμάτων του ναού της Αθηνάς Νίκης, ADelt 29:1974, 8–24), Akrotere (P. N. Boulter, The acroteria of the Nike temple, Hesperia 38:1969, 133–140) und die außerordentl. wichtigen Relief-Darst. geflügelter Niken u.a. an der Brüstung (Gesamtlänge rund 34 m, R. Carpenter/B. Ashmole, The sculpt. of the Athena Nike parapet, C., Mass. 1929; E. Simon, Zur Sandalenlöserin der Nikebalustrade, in: Kanon. Festschr. Ernst Berger, Basel 1988, AntK Beih. 5, 69–73; R. Carpenter, An interpretation of the Nike temple parapet, in: Buitron-Oliver, ibid., 127–141; M. Brouskari, Το Θωράκιο του ναού της Αθηνάς Νίκης [mit ausführlicher dt. Zusammenfassung: Die Skulpt. der Nikebalustrade], At. 1999). – Mit dem Tempel der Athena Nike schälte sich ein neuer Bautypus heraus oder wurde hier viell. zum ersten Mal realisiert, der sich danach in der Tempelarchitektur der klass. Zeit großer Beliebtheit erfreut hat. Hiervon zeugen, sieht man vom Tempel am Ilissos ab, bedeutende Reste von Tempeln auf dem Areopag, in (und aus) Ambelokipi und in Gerakas (M. Korres, Ein Beitr. zur Kenntnis att.-ionischer Archit., in: E.-L. Schwandner [Ed.], Säule und Gebälk, Mainz 1996, 103–109, 112, Anm. 70, 73, Abb. 35). – Die Popularität dieses Tempeltypus basiert wohl auf den Möglichkeiten, die der Fries bietet. Vergleicht man diesen kleinen Tempel mit dem Parthenon, der eine 50 Mal größere Fläche einnimmt und ein 150 Mal größeres Volumen besitzt, stellt man fest, daß der Fries des kleinen Tempels nicht kleiner ersch. als der des großen und daß er darüber hinaus nicht wie beim Parthenon durch Säulen verstellt ist. Die Zahl der Relieffiguren des kleinen Frieses hätte, bei in Analogie gleicher Dichte der Komp., nicht weniger als 3/8 jener des großen Tempels betragen (die Länge des kleinen Frieses beträgt das 60fache, die des großen das 160fache seiner Höhe). – Die Beliebtheit des von K. realisierten Tempeltypus blieb über Jahrhunderte hinweg gleich. Zumindest ein choregisches Mon. war eine getreue Kopie des Nike-Tempels (Dinsmoor, ibid., 1950, 240; M. Korres, Μελέτη Αποκαταστάσεως του Παρθενώνος 4:1994, 9–10, 70, 72, 75, 124, Taf. 8), und die Zitate von Details des kleinen Tempels an Bauten der röm. Zeit und v.a. des Klassizismus sind kaum zu zählen. Bes. hinzuweisen ist auf die Verwandtschaft der Antenkapitelle des Tempels mit denjenigen des Erechtheions, bei denen allerdings die dort in Malerei ausgef. Ornamente in Relief ausgearbeitet sind (die wiederum für zahlr. spätere Werke als Vorbilder gedient haben, wie z.B. für die hohen Basen von Viergespannen aus dem 2. Jh. v. Chr.). – 2.) *Der Parthenon auf der Akropolis von Athen* – Bezügl. der Mitarbeit des K. bei der Errichtung des Parthenon sind folgende Meinungen geäußert worden: – a.) daß K. nicht als Architekt des perikleischen Parthenon, sondern des sog. *Vorparthenon* anzusprechen sei, der unter Kimon errichtet worden sein müsse (Carpenter, 1970, 46, 83, 103, 106); – b.) daß in K. der Architekt des sog. Vorparthenon zu erkennen sei, der ledigl. eine frühe, sehr kurzlebige Phase des perikleischen Parthenon dargestellt habe und durch den Tempel in seiner jetzigen Form ersetzt worden sei, die wiederum ausschließl. auf → Iktinos zurückgehe (K. Syriopoulos, Ο στερεοβάτης του Παρθενώνος, At. 1951, 50–51, 125; Bundgaard, 1976, 60, 67 [„...Ictinus replaced Callicrates in 447..."]); – c.) daß K. der allein verantwortl. Architekt des perikleischen Parthenon gewesen sei, während in → Iktinos und → Karpion ledigl. die Architekten des Vorparthenon zu erkennen seien, an dem zw. 490 und 480 v. Chr. gearbeitet worden sei (→ Iktinos). Da nun aber einerseits am Vorparthenon in den Jahren 490–485 v. Chr. gearbeitet worden ist, während die Bautätigkeit zw. 480 und 447 v. Chr.

geruht hat, und andererseits → Iktinos ein Altersgenosse des Perikles gewesen ist, bleibt als einzige jene Theorie, die sich auf die antiken Quellen berufen kann und auch stets die verbreitetste gewesen ist: daß näml. → Iktinos und K. gemeinsam den perikleischen Parthenon errichtet haben (447–438 v. Chr.). Wie kann man aber ihre jeweiligen Anteile abgrenzen? Den Quellen zufolge waren K. und → Iktinos „bedeutende Architekten" (Plut., Per., 9), wobei der letztgenannte als Verf. einer Schr. (zus. mit → Karpion; die Hypothese, der Name Karpion stelle eine im Laufe der Überlieferung entstandene Verschreibung des Namens K. dar, ist abwegig) über den Parthenon und als Architekt and. bed. Bauwerke (→ Iktinos) wohl die Hauptverantwortung für die Planung des Tempels getragen hat. Dennoch können in einigen Punkten Vermutungen bezügl. des persönl. Stils und des speziellen künstler. Beitrags der zwei (oder drei) Architekten des Parthenon aufgestellt werden. Ein Vergleich des Parthenon mit dem Tempel der Athena Nike einerseits und mit den übrigen, für K. in Anspruch genommenen Bauten, aber auch den Propyläen andererseits führt zu den folgenden aufschlußreichen Beobachtungen: Der Achsabstand der Säulen des Tempels in Ambelokipi (1,56) ist praktisch ident. mit demjenigen des Tempels der Athena Nike (1,55). Die Breite des letzteren ist halb so groß wie diejenige der N-Halle des Erechtheions (etwa 5,39 gegenüber etwa 10,72, Dinsmoor, ibid., 1950, 188; Mylonas Shear, 1963, 413 mit Bezug auf die Achsweiten). Die Säulenkapitelle des Tempels der Athena Nike entsprechen denen des Tempels am Ilissos und der Propyläen (zu denen sie in einem Größenverhältnis von 1:2 stehen, Dinsmoor, ibid., 1950, 186, Mylonas Shear, 1963, 380, 424). Was die Form des Echinus angeht, so sind die Kapitelle des Gebäudes auf dem Areopag(?) und in Gerakas teilweise vergleichbar. Die Halbpalmetten auf den Kapitellen des Nike-Tempels weichen stilist. stark von denjenigen auf den Kapitellen der Propyläen und auch and. Gebäude ionischer Ordnung dieser Zeit ab. Die Anwesenheit von Halbpalmetten, die sehr unterschiedl. Stilstufen vertreten, nebeneinander (Korres, ibid., 1996, 97, Abb. 13) kann, wenn dies nicht mit der künstler. Freiheit unterschiedl. alter Steinmetzen usw. erklärt werden soll, viell. als Hinweis auf eine lange Bauzeit gewertet werden. Die Kapitelle der ionischen Säulenhalle des Athener Asklepieions zeigen zwar eine zurückhaltendere Plastizität, entsprechen aber ansonsten allg. und in den Detailmaßen inkl. der exakten geometr. Konstruktion der Volutenspiralen denjenigen des Tempels am Ilissos (Korres, ibid., 1996, 95–98). Die Außenseite des Epistyls des Tempels am Ilissos ist wie beim Tempel der Athena Sounias glatt, während diejenige des Tempels der Athena Nike und der Propyläen drei Faszien tragen. Die Reliefs des Frieses des Tempels am Ilissos sind aus flachen Verkleidungsplatten herausgearbeitet, während die Reliefblöcke des Tempels der Athena Nike die gesamte Tiefe des Gebälks einnehmen. Die Säulenbasen der beiden ionischen Tempel entsprechen sich in der Gestaltung der oberen Spira und der Skotia vollkommen, während beim Nike-Tempel der untere Teil der Basen sehr viel flacher ist als bei den *kanonischen*; es ist allerdings richtiger, auch hier von einer Spira und nicht von einem Astragal zu sprechen: Der untere Torus bei den Basen des Ilissos-Tempels ist nur etwa 60% höher, während die Astragale der Säulen beider Tempel dreimal schmaler sind (wobei die unterschiedl. Durchmesser berücksichtigt sind). Die flache Spira ist als älterer Stilzug interpretiert worden, da sie mit dem voluminösen Astragal der Basen der Athener-Stoa in Delphi vergleichbar ist; and. Deutungen erkennen hier eine Wiederholung der Formen des Toichobats des Tempels, das Ergebnis einer in gewisser Weise eklektischen Wiederaufnahme der Basenformen des Tempels am Ilissos (Dinsmoor, ibid., 1950, 186), eine Maßnahme zur Milderung der niedrigen Proportionen des Säulenschafts (J. J. Coulton, Greek architects at work. Problems of structure and design, Lo. 1977, 101–104; Mark, ibid., 83) oder das Ergebnis der Bemühung, eine relative Vergrößerung der Nutzfläche zw. den Basen zu erreichen (Mylonas Shear, 1963, 380). Gleichermaßen wahrsch. ist die Annahme, daß diese Form auch deshalb gewählt worden ist, weil durch sie die Säulen und dic Wände weiter nach außen verlegt werden konnten, wodurch die Fläche des Grundrisses um etwa einen halben Quadratmeter vergrößert wurde. Bei den Propyläen ist, allerdings aus and. Gründen, die Standfläche der Säulen ebenfalls vermindert, jedoch durch eine Verkürzung der Höhe und eine noch stärkere Zurücknahme aller vortretenden Elemente der Basen. Um die Gesamthöhe zu erhalten, sind die Basen auf die bek. scheibenförmigen, aus den Stylobatblöcken herausgearbeiteten Untersätze gesetzt worden, deren Form entlang des Toichobats der O-Wand und der S-Wand des Erechtheions wiederkehrt. Die Sima des Tempels der Athena Nike gleicht derjenigen des Parthenon, aber auch der der Propyläen, wobei der Abschnitt mit der Abflußöffnung bei der Koren-Halle seine Entsprechung findet. Da der Entwurf des Erechtheions in der gesamten antiken Welt einzigartig wäre, wenn es die Propyläen nicht gäbe (und umgekehrt), liegt es nahe, das Erechtheion demselben Architekten zuzuschreiben, was auch allg. akzeptiert wird (→ Mnesikles). Die ionischen Kapitelle des Erechtheions weichen jedoch von denjenigen der Propyläen und den diesen vergleichbaren ab (Nike-Tempel, Tempel am Ilissos). Von den Säulenkapitellen des W-Raums des Parthenon sind bislang zwar noch keine Fragm. identifiziert worden, doch entsprechen die Fragm. eines Säulenschafts und der oberen Spira einer Basis vollst. den entsprechenden Formen beim Tempel der Athena-Nike und bei den Propyläen. Die oberen Wandprofile der Propyläen wiederholen diejenigen des Parthenon wörtl., wohingegen die Geisa durch die Hinzufügung eines lesbischen Kymations bei den Propyläen wesentl. voneinander abweichen. Die schmalen Pfeiler stellten beim Entwurf des Nike-Tempels wohl eine Notlösung dar, ersch. aber auch beim Tempel der Athener auf Delos und beim Tempel in Ambelokipi (Korres, ibid., 1996, 107 ss., Abb. 29) nw. des Lykabettos. Eng verwandt ist außerdem der Pfeiler im SW-Flügel der Propyläen (der beim Thrasyllos-Mon. wiederkehrt, → Mnesikles), und die Pilaster an der Innenseite der W-Wand des Erechtheions stehen diesen ebenfalls nicht fern. Die unkanon. Position dieser Pilaster und die der Säulen an der Fassade dieser Wand weit jenseits der Ebene der darunter liegenden Mauer entsprechen der ebenfalls unkanon. Position der skulptierten Brüstung des Nikepyrgos. Die geringe Tiefe (kleiner als die Breite) des Sekos des Tempels der Athena Nike wird gewöhnl. mit der Enge des Heiligtums in Verbindung gebracht, doch begegnet dasselbe Phänomen auch beim O-Raum des Erechtheions und beim Tempel der Athener, wo es anscheinend keine räuml. Beschränkungen gegeben hat. Des weiteren sind hier der w. Raum des Parthenon (im Gegensatz zum W-Raum des Vorparthenon) und die sog. Pinakothek anzuführen (das ältere *Gebäude B* an dieser Stelle hatte dies. Länge, war aber schmaler und besaß eine Apsis). Wir haben also offenbar ein generelles Phänomen der att. Archit. vor uns, das der Erweiterung der Räume diente, einer Erweiterung, mit der die Einf. von Fenstern zur besseren und vollständigeren Beleuchtung zusammengeht; aus diesem Grund, aber auch zur Vergrößerung des Blickwinkels, ist die Statue der Parthenos weit vor der Rückwand aufgestellt worden, und zwar in einem Abstand zur Tür, der die Breite des Sekos nicht überschreitet (Die Tendenz, die Innenraum- bzw. Frontbreite [und entsprechend die Höhe] der neuen Bauten bei Erhaltung ihrer vorigen Länge stark zu vergrößern, wie sie auch an den Propyläen sichtbar ist, ist viell. der originellste Charakterzug der athen. Archit. auf der Akropolis, vgl. M. Korres, in: E. Berger [Ed.], Parthenon-Kongress, Basel 1984, 53 ss.). – Was die Bautechnik anbelangt, so fällt auf, daß beim Erechtheion wie beim Tempel der Athena Nike und beim Tempel der Athener auf Delos bes. häufig mit T-Klammern und Wolfslöchern (zum Heben der Blöcke) gearbeitet worden ist (Mark, ibid., 85–86), die vereinzelt auch beim Parthenon zu beobachten sind, und zwar die erstgen. bei den Eckziegeln und die zweiten bei den Akroterbasen. Schließl. sei noch die bes. Form des Scheitelgeisons beim Tempel der Athener auf Delos angeführt, die exakt beim Parthenon wiederkehrt (F. Courby, Les temples d'Apollon, EADélos, XII, 1931, 134, Abb. 149–150; M. Korres, Μελέτη Αποκαταστάσεως του Παρθενώνος 1, 16β; id., in: P. Tournikiotis [Ed.], The Parthenon, At. 1994, 60). – Die Suche nach Charakteristika, die man mit dem persönl. Stil eines der bek. oder unbek., aber theoret. vorauszusetzenden Architekten in Verbindung bringen könnte, ist im vorliegenden Fall nicht so erfolgreich wie etwa im Fall der Vasenmalerei. Die architekton. Einzelformen sind im Gegensatz zu den Motiven in der Vasenmalerei geometr. und streng typisiert und tragen kaum personengebundene Charakteristika; ebenfalls im Gegensatz zu den Vasen sind die Bauwerke als Ganzes das Ergebnis der Arbeit mehrerer gleichzeitiger oder aufeinander folgender Architekten. *...Eine derartige allgemeine Ähnlichkeit der Bauformen muß...*, wie B. Wesenberg, 1981, betont hat, *...nicht auf einen gemeinsamen Architekten hindeuten; sie kann auch durch eine enge wechselseitige Beeinflussung zweier verschiedener Architekten verursacht sein, die an ein und demselben Ort zur gleichen Zeit tätig sind...* Hält man sich das oben Gesagte und das eingeschränkte, aber eindeutige Zeugnis des Plutarch und der Inschriften vor Augen, so wird K. zweifelsfrei als Baumeister faßbar (Lange Mauern, Arbeiten auf der Akropolis); er kann also durchaus für einen großen Teil des Parthenon verantwortl. gewesen sein. Da Plutarch jedoch die Rolle des → Pheidias (I) hervorhebt, wird es deutl., daß er sich auf die Gesamtplanung im weiteren Sinne bezieht und nicht auf die prakt. Ausf.; und wenn er → Pheidias (I) K. und → Iktinos an die Seite stellt, so hebt er damit folgl. auf deren hohen künstler. Rang als Architekten ab und führt sie nicht etwa als einfache ausführende Baumeister an. Es liegt also nahe, K. mit einem großen Teil der herausragenden att.-ionischen Architektur in Verbindung zu bringen, von der sich Beispiele, abgesehen vom Nike-Tempel, dem einzigen sicheren persönl. Werk des K., an allen gen. Bauwerken finden, ohne daß es möglich wäre zu sagen, ob noch and. Architekten an ihnen beteiligt gewesen sind. Die ionischen Säulen des Parthenon können theoret. als sein persönl. Werk angesehen werden, und seine Mitarbeit an der Gestaltung des Innern der Propyläen ist gleichfalls sehr wahrsch.: Neben den Säulen ist nicht zu übersehen, daß das obere Wandprofil exakt beim Parthenon wiederkehrt, obwohl es hier eine erhebl. niedrigere Wand schmückt. Die stilist. durchaus mögl. Zuweisung des Tempels der Athener auf Delos an K. wird v.a. durch die absolute techn. Übereinstimmung des Scheitelgeisons mit demjenigen des Parthenon gestützt. Das Erechtheion bietet auf der and. Seite eine eigenwillige Mischung aus vielgliedrigem Entwurf wie bei den Propyläen (→ Mnesikles), übergreifender Verteilung der Schmuckformen und Kymatien wie beim Tempel der Athena Nike (K.), Wettstreit mit den am reichsten geschmückten Bauten Ioniens (wiederholte plast. Kymatia, Hypotrachelia usw.) und außerdem rein att. Zügen (Einf. des Akanthus, „metallischer" Charakter der Säulenkapitelle), wie bei keinem and. älteren oder jüngeren Bauwerk (→ Kallimachos). Die Anhaltspunkte für eine theoret. Zuweisung and. Bauten (Hephaistos-Tempel, Ares-Tempel) an K. reichen nicht aus. ▭ ThB19, 1926. RE X. 2, 1919 (s.v. K. 11); EAA, Suppl., 1973 (s.v. K. 3); DNP VI, 1999 (s.v. K. 3). – *I. Mylonas Shear*, Kallikrates, Hesperia 32:1963, 375 ss.; *R. Carpenter*, The architects of the Parthenon, M. 1970; *J. A. Bundgaard*, Parthenon and the Mycenaean city on the heights, Kph. 1976; *B. Wesenberg*, Zur Bau-Gesch. des Niketempels, JdI 96:1981, 28 ss.; *H. Svenson-Evers*, Architekten, 1996, 158, 171 ss., 182, 191, 205, 214 ss., 258, 264 s., 493 s., 504, 506, 510 s., 513 s. M. Korres

Kallikrates (II), griech. Bildhauer, Sohn des Aristeus, um 300 v. Chr. in Epidauros tätig. Seine Sign. mit vollem Namen steht auf zwei in Epidauros gefundenen Basen von Portr.-Statuen (Bronzestatue eines Knaben und eines Mädchen, Kinder eines Aristarchos; IG, IV, 1100–1101). Die Dat. erfolgte anhand der Schr.-Formen. ▭ ThB19, 1926. RE X. 2, 1919; EAA V, 1961 (s.v. K. 1); DNP VI, 1999 (s.v. K. 7). – *Loewy*, IGB, 1885, 388, Nr 141a. T. Scholz

Kallikrates (III), griech. Bildhauer, um 220 v. Chr. in Epidauros tätig. Nur bek. aus einer Inschr. auf einer Basis in Epidauros (IG, IV, 1478). Die Dat. erfolgte anhand der Schr.-Formen. Fränkel (in: IG) sieht in dem Künstler den Enkel von → Kallikrates (II). ▭ ThB19, 1926. RE X. 2, 1919; EAA IV, 1961 (s.v. K. 2); DNP VI, 1999 (s.v. K. 8). T. Scholz

Kallikrates (IV), griech. Toreut unbek. Zeit aus Lakedaimon. Wird in den Schriftquellen stets zus. mit → Myrmekides erw. (Plin., nat., 7, 85; 36, 43; Gal., protr., 9, 116, 16) und zählt nach Ath. (deipn., 11, 782 b) zu den berühmtesten Toreuten. Beide sind für ihre Kleinstplastiken bek., die in der sog. Mikrotechnik (μικροτεχνία, vgl. Schol., Dion. Thr.; Overbeck, SQ, 1868, Nr 2194) gefertigt wurden. Über die Zuschr. ihrer Werke besteht bei den antiken Autoren keine Einigkeit: K. soll winzige Ameisen gefertigt haben (Plin., nat., 7, 85), als Gemeinschaftswerk wird von Plinius d. Ä. (nat., 7, 85; 36, 43) ein Viergespann mit Lenker von solcher Kleinheit gen., daß es durch die Flügel einer Mücke ganz bedeckt wird. Nach Schol., Dion. Thr., zog die Mücke einen eisernen Wagen (so auch bei → Theodoros [I] von Samos). Inwieweit die Künstler in einer Art Wettstreit miteinander arbeiteten, ist ungeklärt. Keines der Werke ist erhalten. Über die verwendeten Arbeits-Mat. liegen unterschiedl. Aussagen vor: Plinius d. Ä. (nat., 36, 43) erw. Marmor, nennt aber an and. Stelle (7, 85) Elfenbein. In den Scholien zu Dion. Thr. und bei Theodos. (gramm., 54) wird von einem eisernen oder ehernen Wagen berichtet, der von einer Fliege anstelle der Mücke gezogen wird. ▭ ThB19, 1926. RE X. 2, 1919 (s.v. K. 12). – *Overbeck*, SQ, 1868, Nrn 2192–2201; *Brunn*, GGK II, 1889, 275 ss. (406). M. Seifert

Kallikritos (Καλλίκριτος), griech. Bildhauer, im späten Hellenismus oder der röm. Kaiserzeit in Polyrenion/Kreta tätig. Nur bek. durch seine Sign. auf einer Marmorbasis für eine Statue aus Polyrenion. ▭ ThB19, 1926. RE X. 2, 1919; EAA IV, 1961. – *J. L. Myres*, JHS 16:1896, 184, Nr 15c. R. V.

Kallimachos cf. **Gorgias** (II)

Kallimachos (Καλλίμαχος; Callimachus), vermutl. Name mehrerer griech. Kunsthandwerker unbestimmter Zeit. Der Name K. (*Kämpfe gut*) ist in der griech. Welt weit verbreitet und keineswegs auf eine einzige Künstlerpersönlichkeit zu beziehen. Die Schriftquellen, die für einen Bildhauer und Techniker zu sprechen scheinen, sind folgende: – 1.) Vitr., 4, 1, 9–10: *Erfindung des korinth. Kapitells.* Ein gewisser K., dessen Vatersname und Herkunft Vitruv nicht nennt, habe beobachtet, wie um den Korb (*Kalathos*), der auf dem Grab eines Mädchens aus Korinth abgestellt war, sich eine Akanthuspflanze mit Blättern und Stengeln wand, was ihn auf die Idee gebracht habe, nach diesem Naturvorbild das *korinthische Kapitell* zu erfinden, und „schuf nach diesem Vorbild die Säulen bei den Korinthern und legte ihre

Symmetrien fest“. Zu welcher Zeit das geschehen sei, erw. Vitruv nicht. Er weiß aber, daß dieser (oder ein anderer?) K. bei den Athenern „wegen seiner geschmackvollen und schönen Marmorarbeiten“ den Beinamen *Katatechnos* oder *Katatexitechnos* erhielt. Schon Bauer (1973) hat in seinem Buch „Korinth. Kapitelle“ hinreichend deutl. herausgearbeitet, daß diese Künstler-Gesch. bei Vitruv keine hist. Glaubwürdigkeit haben kann; dies hatte Homolle bereits vor 80 Jahren (RA, 1916, ser. 2, 17) gesehen: – a.) Der Kalathos mit Abacus bildet die Grundform des korinth. Kapitells. Reliefierte Kalathos-Kapitelle sind seit archaischer Zeit beliebt. Am bekanntesten sind jene Kalathos-Kapitelle, die die Karyatiden am Schatzhaus der Siphnier in Delphi getragen haben. Aber auch die Athena Parthenos des → Pheidias (I) stützt ihren rechten Arm nach Ausweis der Varvakion-Statuette auf eine Säule mit Kalathos-Kapitell (von Wotschitzky, ÖJh 38:1950, 111 ss. zu einem korinth. Kapitell rekonstruiert). – b.) Andererseits tritt in der Archit.-Ornamentik der Akanthus während der zweiten Hälfte des 5. Jh. v. Chr. zunehmend hervor. Akanthus ist auch ein häufiger Schmuck att. (nicht korinth.) Grabstelen. In der Archit. bietet der Halsring der ion. Kapitelle des Erechtheion in Athen, dessen Ornament in versch. Abwandlungen auch als breiter Streifen oben die Außenmauer und die Antenkapitelle schmückt, ein prächtiges Beispiel. Eine Erfindung des korinth. Kapitells wird deshalb in der Archit. und nicht auf einem Friedhof erfolgt sein, am ehesten in einem experimentellen Kapitell wie jenem in der Cella des Apollon-Tempels von Bassai, dessen Rekonstr. im Mittelpunkt des gen. Buches von Heinrich Bauer steht. In Bassai weichen die Akanthus-Formen allerdings so stark von dem Naturvorbild ab, daß an eine Übernahme der Form aus dem Friedhofserlebnis eines K. überhaupt nicht zu denken ist. – c.) Desweiteren wird die Bezeichnung *Korinthisches Kapitell* mit *Korinthischer Bronze* verbunden, ohne daß wir genau wissen, was unter *Korinthischer Bronze* zu verstehen sei (vgl. Plin., nat., 34, 6–8). Bei der Eroberung Korinths im Jahre 146 v. Chr. und der anschließenden Plünderung der Gräber fielen den Römern hoch geschätzte Metallgefäße in die Hände, die der ganzen Gattung hochwertiger Erzeugnisse toreut. Kunst die Bezeichnung *Korinthisch* eintrugen. War K. ein toreut. Kunsthandwerker? Die „toreutisch empfundenen“ Blätter (Drerup, 1955) wird man weniger bei den frühesten Beispielen des Steinkapitells, sondern etwa in der M. des 4. Jh. v. Chr. aufspüren wie an jenen Kapitellen, die in der Tholos von Epidauros die Cella schmückten. Der Gedanke, an einen steinernen Kalathos hätten Bronzeblätter angeheftet gewesen sein können in der Art, wie die steinernen Kerne der Kapitelle des Bel-Tempel in Palmyra (Th. Wiegand, Palmyra. Ergebnisse der Expeditionen von 1902 und 1917, B. 1932, 129) mit Bronze ummantelt gewesen sind, halte ich in der griech. Archit. des späten 5. Jh. v. Chr. für ausgeschlossen. Allenfalls denkbar wären architekton. gestaltete Verzierungen an Thronen, Möbeln und Kästen, die nicht den strengen Gesetzen der großen Archit. unterworfen sind. In diesem Fall müßte man zeigen, daß bereits im 5. Jh. v. Chr. handwerkl. Schmuckformen der Kleinarchit. in die große Archit. aufwachsen konnten, wie es im Hellenismus vielfach belegt werden kann, im 5. und 4. Jh. v. Chr. aber nicht. – d.) Aus diesen Gründen ist die Erfindung des korinth. Kapitells als Künstler-Anekdote aus der weiteren Diskussion um einen Künstler K. des späten 5. Jh. v. Chr. entschieden auszuschließen. Trotz der Namensvielfalt ist von einem Architekten K. weder in der klass. noch in der hellenist. Zeit bisher irgendetwas bekannt. Da dieser K. nach dem Zeugnis Vitruvs für die Korinther arbeitete, kann er in der Zeit des Peloponnes. Krieges keinesfalls mit einem att. Namensvetter ident. sein. – 2.) Paus., 1, 26, 6–7: *Ewig brennende Lampe und Palme im Erechtheion von Athen.* „K. aber hat der Göttin eine goldene Lampe gemacht. Und diese Lampe füllen sie mit Öl und warten dann bis zum gleichen Tag des nächsten Jahres, und jenes Öl reicht für die Lampe in der Zwischenzeit aus, obwohl sie Tag und Nacht brennt. Es ist ein Docht darin aus karpasischem Leinen, das als einziges Leinen nicht verbrennt. Und eine Bronzepalme über dem Leuchter, die bis ans Dach reicht, zieht den Rauch empor. K., der diesen Leuchter gemacht hat, steht zwar an Kunstfertigkeit den ersten nach, ist aber an Erfindungsgabe so sehr der beste, daß er zuerst Steine durchbohrte und sich entweder selbst den Namen *Katatexitechnos* beilegte oder ihn auf sich anwandte, nachdem and. den Namen gegeben hatten“ (Pausanias, Reisen in Griechenland, ed. F. Eckstein, Z./M. 1986). Pausanias hat im 2. Jh. n. Chr. im Erechtheion eine vergoldete Bronzelampe gesehen und als Rauchabzug eine bronzene Palme. Ein gewisser K. war ihr Schöpfer, von dem wir weder Vatersname noch Herkunft erfahren, wohl aber den schon bei Vitruv gen. Beinamen *Katatechnos* oder *Katatexitechnos* oder *Kakizotechnos*. Dieser Beiname wird (für einen and. K.?) auch von Plinius, nat., 34, 92 bezeugt. Bei Pausanias hat es den Anschein, daß der Beiname nicht für die toreut. Arbeit an Lampe und Palme, sondern für das Durchbohren von Steinen verliehen wurde. Z. Z. des Pausanias war das Erechtheion offensichtl. kein Tempel mehr, sondern ein Mus., in dem wertvolle Objekte, die nicht mit dem Athena-Kult verbunden sein mußten, ausgestellt waren; ein ähnl. Mus. hat Pausanias im Hera-Tempel von Olympia angetroffen, wo der von ihm gen. Hermes des → Praxiteles (II) bei den Ausgrabungen tatsächl. gefunden wurde. Pausanias sagt nichts über die Lebenszeit dieses K., und da die Lampe nicht erh. und folgl. mit archäol. Methoden nicht untersucht werden kann, läßt sich ihre Dat. nicht angeben. Das Erechtheion war während des Peloponnesischen Krieges seit etwa 420 v. Chr. im Bau; eine Kommission stellte im Jahre 406 v. Chr. die erbrachte Arbeit fest, die noch nicht abgeschlossen war. Eine erste Einweihung kann also erst 405 v. Chr. erfolgt sein. Im Jahre 395 v. Chr. brannte der Alte Athena-Tempel und beschädigte auch das Erechtheion, das auf den ehem. Stylobat des Athena-Tempels mit der Korenhalle vorsprang. Die Aufseher des Erechtheion-Projekts wurden der Brandstiftung angeklagt und verurteilt (H. Büsing, MarbWPr, 1969). Irgendwann im 4. Jh. v. Chr. wurde das Erechtheion dann vollendet. Es ist durchaus unwahrsch., daß die Bronze-Lampe zur Erstausstattung des Erechtheion gehörte. Techn. Spielereien dieser Art, wie sie Pausanias beschreibt, sind uns sehr wohl aus dem späten Hellenismus bekannt. Hier seien der Turm der Winde in Athen als hydraul. Uhr und das Vogelhaus des Varro als kinet.-techn. Wunderdinge angeführt. Im 5. und 4. Jh. v. Chr. gab es noch keinen Bedarf für mechan.-techn. Spielzeug. Aus diesem Grunde sei der hier gen. K. mit Entschiedenheit aus der Kunst der griech. Klassik verbannt. – 3.) Plin., nat., 34, 92: *Tanzende Spartanerinnen.* „Unter allen Künstlern ist aber K. am meisten durch seinen Beinamen berühmt: immer sich bekrittelnd und mit seiner Gewissenhaftigkeit kein Ende findend, wurde er deshalb der Tüftler [*catatexitechnus*] gen., ein denkwürdiges Beispiel, daß man auch in Sorgfalt Mäßigung üben solle. Von ihm stammen die tanzenden Lakedaimonierinnen (*saltantes Lacaenae*), ein fehlerfreies Werk, bei dem aber alle Anmut durch Genauigkeit verlorenging. Er soll auch Maler gewesen sein" (Plinius, Naturkunde. Lat.-dt., ed. und übersetzt von R. König, Z./M. 1989). Dieses halbe Kapitel folgt der gedrängten alphabet. Aufzählung zweitrangiger Bronze-Künstler, die wenigstens durch ihre Werke der Erw. wert schienen. Die tanzenden Spartanerinnen lassen sich in dem erh. Bestand antiker Skulpt. und Plastik nicht identifizieren. Eine Gleichstellung mit and. *spartanischen* Frauen, also mit Karyatiden, ist unerweisbar. Daß die *saltantes Lacaenae* archaisierend oder archaist. gewesen seien (G. Lippold, RE X. 2, 1919 [s.v. K. 7]), geht aus dem Text des Plinius nicht hervor. – 4.) Paus. 9, 2, 7: *Sitzstatue der Hera Nympheuomene im Hera-Tempel zu Plataiai.* In dem Tempel waren nach den Worten des Pausanias außer der marmornen Hera Telaia, einem Werk des → Praxiteles (II), und der Statuengruppe Rhea bei Kronos, ebenfalls ein Marmorwerk des → Praxiteles (II), von einem K. „ein anderes Sitzbild der Hera" aufgestellt, dessen Mat. wir nicht kennen. Die Reihenfolge der Nennung legt nahe, daß die Hera des → Praxiteles (II) das Kultbild war, die Hera dieses K. ein Beiwerk. Herkunft, Vatersname und Zeitstellung dieses K. werden nicht genannt. Eine Identifizierung mit den in den drei zuvor behandelten Quellen gen. Kallimachoi läßt sich nicht durchführen. Für den von den Persern zerst. Hera-Tempel wurde nach Thuk., 3, 68 im Jahre 426 v. Chr. ein provisor. Tempel aus Spolien erbaut. Ob er mit dem von Pausanias gen. Tempel ident. ist, wissen wir nicht. Da die Praxiteles-Figuren sonst in der antiken Lit. nicht gen. werden und Paus., 9, 3, 3 sich ausdrückl. über die mangelhaften Auskünfte seiner Führer in Plataiai beschwert, gibt diese Stelle über die Schaffenszeit des K. nichts her. Das ungewöhnl. Wort *Katatexitechnos*, das auf irgendeinen K. angewendet wurde, hat sich in der antiken Lit. an den Namen K. geheftet. Schon die ältere archäol. Forsch. hat diese vier Schriftquellen miteinander verbunden (vgl. Lippold, ibid.) und zu einer Künstlerpersönlichkeit des späten 5. Jh. v. Chr. zusammengefügt. Der Künstler K. wäre demnach gleichzeitig Techniker, Architekt, Bronzebildhauer, Steinbearbeiter und Maler gewesen, und er hätte sich Aufträge in Boiotien, Attika und Korinth z.Z. des Peloponnes. Krieges verschaffen können. Seine techn. Kunstfertigkeit war so groß, daß er den Beinamen *Zerdrücker der Kunst* erhielt. Es war A. Furtwängler (Meisterwerke, 1893, 200 ss.), der ein neuatt. Relief mit Pan und drei Horen im Capitolin. Mus. in Rom (Inv. Nr 614; H. von Steuben, in: Helbig[4], II, 1966, Nr 1371; BrBr, Nr 654) mit der Inschr.: „Kallimachos hat es gemacht" in die Diskussion um den fiktiven K. des 5. Jh. v. Chr. brachte. Es ist, wie bei Ausstattungsstücken übl., die Sign. des Kunsthandwerkers des 1. Jh. v. Chr., wurde aber als Verweis auf die hier in den Schriftquellen 1–4 gen. Kallimachoi genommen, die das Relief als Kopie eines älteren Werkes bezeichne. W. Fuchs, Die Vorbilder der neuattischen Reliefs, nahm den Gedanken begierig auf. So wuchs das zugewiesene Werk beständig an über die Aphrodite von Frejus (Venus Genetrix), die Nike-Balustrade, den Bassai-Fries und

Bassai-Metopen und die Koren des Erechtheion. Über diesen Weg der Zuschr. wird K. ein Universalkünstler. Dennoch bleibt K. ein Phantom, da die Grundlagen der Zuweisung jedes einzelnen Werkes eine sichere Bestimmung nicht zulassen. ▭ ThB 19, 1926 (s.v. K. 1–2). RE X. 2, 1919 (s.v. K. 7); EAA IV, 1961 (s.v. K. 2–4); KlP II, 1967 (s.v. K. 5–6); DA XVII, 1996; DNP VI, 1999 (s.v. K. 1–2). – *H. Drerup*, Gymnasium 62:1955, 143; *W. Fuchs*, Die Vorbilder der neuatt. Reliefs, 20. Erg. H. JdI, B. 1959; *B. Schlörb*, Unters. zur Bildhauergeneration nach Phidias, Waldsassen 1964, Kapitel 4: K.; *H. Bauer*, Korinth. Kapitelle des 4. und 3. Jh. v. Chr., AM, Beih. 3, B. 1973, 11 s.

H. Büsing

Kallimedon (I) (Καλλιμέδων), Bildhauer, Sohn des Glaukion, E. 4. Jh. v. Chr. in Lindos tätig. Nur bek. durch seine Sign. auf einer Basis für eine weibl. Bronzestatue, die von Polymedes, Kyrikanes' Sohn, und von seinen Kindern um 320–300 v. Chr. auf der Akropolis in Lindos der Athena Lindia gew. worden ist (Lindos, II. 1, 1941, 267–268, Nr 55 mit Abb.; Schmidt, Statuenbasen, 1995, 368, Nr IV. 1. 121). Möglicherweise ist der Bildhauer ident. mit → Kallimedon (II). ▭ ThB19, 1926. RE X. 2, 1919 (s.v. K. 3); EAA IV, 1961. R. V.

Kallimedon (II), Bildhauer, Sohn des Glaukias, E. 4. und A. 3. Jh. v. Chr. in Lindos tätig. Nur bek. durch seine Sign. auf Basen auf der Akropolis in Lindos. Zwei befinden sich auf dem um 313 v. Chr. errichteten Denkmal für den Priester Polykles Polykrateos und seiner Familie (Lindos, II. 1, 1941, 268–271, Nr 56 mit Abb.). K. schuf, wie eine weitere Basis belegt, eine männl. Bronzestatue, die um 284 v. Chr. von dem Priester der Athena Lindia, Damonax, Hagesikrates' Sohn, gestiftet worden ist (Lindos, II. 1, 1941, 289–291, Nr 73 mit Abb.; Schmidt, Statuenbasen, 1995, 239–240, Nr I. 1. 31). Möglicherweise ist der Bildhauer ident. mit → Kallimedon (I). ▭ ThB19, 1926. RE X. 2, 1919 (s.v. K. 3); EAA IV, 1961. R. V.

Kallinos (Καλλίνος), griech. Architekt, 4. Jh. v. Chr. Seine Tätigkeit als Hyparchitekton („Unterarchitekt") beim Bau des spätklass. Apollon-Tempels VI (καινὸς νεώς) in Delphi (dor. Peripteros mit 6:15 Säulen, ca. 366–ca. 320 v. Chr.) ist durch mehrere Baurechnungen der Naopoioi nachgewiesen, die wahrsch. aus den Jahren 344/43–335/34 v. Chr. stammen (CID, II, Nr 49 C, 3 ss.; 55, 9 ss.; 56 II B, 34 ss.; 62 II A, 13 ss.; v.e. BCH 26:1902, 83). K. war den Architekten → Xenodoros und → Agathon (III) (aus Thurioi?), Sohn des Neoteles, unterstellt. → Agathon (III) leitete mit seinen namentl. nicht gen. Brüdern die Arbeiten mindestens bis zur Fertigstellung des Rohbaus. Welche Aufgabenbereiche K. zugewiesen waren, läßt sich nicht feststellen. Er erhielt einen Tageslohn von vier Obolen. ▭ ThB19, 1926. RE X. 2, 1919 (s.v. K. 4); v.e. Suppl. I, 1903 (s.v. K. 16); EAA IV, 1961; DEAU III, 1969. – *Müller*, Architekten, 1989, 206 s.; *Svenson-Evers*, Architekten, 1996, 355 s. – *Zum Bau*: *F. Courby*, FDelphes, II. 1, 1915; *Gruben*, Tempel[4], 1986, 76 ss., 92.

W. Müller

Kalliphon (Καλλιφῶν), von Samos, griech. Maler, im 6. bzw. 5. Jh. v. Chr. in Ephesos tätig. Von ihm ist ledigl. ein ehem. im Artemistempel in Ephesos befindl. Gem. bek., welches die Schlacht bei den Schiffen aus der Ilias (Hom., Il., 16; H. Giroux, LIMC III, 1986, 847, Nr 2, s.v. Eris) darstellt. Pausanias nimmt zweimal Bezug darauf: Die häßl. gebildete Eris vergleicht er mit der Eris auf der Kypseloslade (Paus., 5, 19, 1; Giroux, ibid., 847, Nr 3, s.v. Eris); einen Metallpanzer in der Iliupersis des → Polygnotos (I) (M. Pipili, LIMC VIII, 1997, 653 s., Nr 25, s.v. Ilioupersis) erklärt er durch einen Hinweis auf den Panzer, der dem Patroklos von den Frauen auf dem Gem. des Kalliphon angelegt wird (Paus., 10, 26, 6). Auf Grund dieser Vergleiche handelt es sich bei ihm um einen Maler archaischen oder spätestens frühklass. Stils. ▭ ThB19, 1926. RE X. 2, 1919; EAA IV, 1961. – *Brunn*, GGK II, 1889, 65; *Overbeck*, SQ, 1868, Nrn 612 s.; *Pfuhl*, MuZ, I, 1923, 499, 502. – *A. Rouveret*, Hist. et imaginaire de la peinture ancienne, R. 1989, 483. J. Linnemann

Kallipos (Κάλλιπος), griech. Graveur, im 4. Jh. v. Chr. tätig. Nur bek. durch seine Sign. auf einem Goldring in Boston (MFA). Er ist nicht ident. mit dem Münzstempelschneider Καλ[...], wie M.-L. Vollenweider (1964) vermutete, weil er im Stil sehr unterschiedl. ist. ▭ *M.-L. Vollenweider*, Genava 12:1964, 56. R. V.

Kallippos (Κάλλιππος), viell. Bildhauer, M. 5. Jh. v. Chr., aus Athen. K. ist nur aus einer stark fragmentierten (Καλλ[ιπ]πο- -), auf der Akropolis von Athen aufgefundenen Weih-Inschr. (?, wohl für Pallas Athene) bek. (Athen, Epigraph. Mus., Inv. Nr 6341). Aus dem Inschr.-Rest geht nicht hervor, ob K. wirkl. der Schöpfer des Weihgeschenks oder eher nur der Dedikant war. ▭ EAA IV, 1961 (s.v. K.). – IG, I[3], 879; *Raubitschek*, Dedications, 1949, Nr 125. U. Huttner

Kallis (Καλλίς), att. Töpfer, tätig um 480 v. Chr. Seine Sign. steht auf einer auf der Akropolis in Athen gefundenen Scherbe eines von K. selbst der Athena Hygieia gew. rotfigurigen Gefäßes (Athen, Akrop. Mus., Inv Nr 1367; ARV², 1989, 1556). Von der Darst. sind nur Schild mit Schlange als Schildzeichen sowie Gewandreste erhalten. Die eingeritzte, altertüml. Weih-Inschr. (Theta noch mit Kreuz) liefert – neben der Inschr. des → Euphronios (F. Studniczka, JdI 2:1887, 144) – den ersten mon. Beweis für das bei Plutarch (Per., 13) behauptete Alter des Kults der Athena Hygieia. Beide Weihungen gehen also von Töpfern aus. ▭ ThB19, 1929. EAA IV, 1961. – *P. Wolters*, AM 12:1887, 388; 16:1891, 154; *Pfuhl*, MuZ, 1923, 430. J. Weinig

Kallisthenes (Καλλισθένης), Sohn des Kallisthenes, aus Sphettos, griech. Bildhauer, im 3. Jh. v. Chr. in Athen tätig. Nur bek. durch seine Sign. auf einer Marmorbasis aus Athen (IG, III, 425). ▭ ThB19, 1926. RE X. 2, 1919 (s.v. K. 4); EAA IV, 1961. – *Loewy*, IGB, 1885, 234, Nr 330. R. V.

Kallistonikos (Καλλιστόνικος), aus Theben, griech. Bildhauer, in der 1. H. des 4. Jh. v. Chr. in Theben tätig. Lt. Pausanias (9, 16, 2; Overbeck, SQ, 1868, Nr 1142) schuf er bei der um 370 v. Chr. entstandenen akrolithen Statue der Tyche mit dem Plutosknaben (K. Clinton, LIMC VII, 1994, 418, Nr 21, s.v. Ploutos; C. Vlassopoulou, LIMC VII, 1994, 915, Nr 15, s.v. Thebe 15; L. Villard, LIMC VIII, 1997, 118, Nr 11, s.v. Tyche 11) die Teile aus Holz, während → Xenophon (I) das Gesicht und die Hände fertigte. ▭ ThB19, 1926. RE X. 2, 1919 (s.v. K. 4); EAA IV, 1961. – *C. Picard*, CRAI 1941, 204–206. R. V.

Kallistratos (I) (Καλλίστρατος), aus Rhodos, griech. Bildhauer, im 3. Jh. v. Chr. in Thespiai tätig. Nur bek. durch seine Sign. auf einer Marmorbasis für eine Bronzestatue aus Thespiai, die er zus. mit seiner Frau für seinen Sohn Moson gestiftet hat. ▭ RE, Suppl. VIII, 1956 (s.v. K. 42a). R. V.

Kallistratos (II), griech. Erzgießer, um 150 v. Chr. tätig. Plinius (nat., 34, 52) listet ihn unter den Künstlern der 156. Olympiade (156–153 v. Chr.) auf. Nach Tatian (orat., 34) fertigte er eine Statue der Euanthe. ▭ ThB19, 1926. RE X. 2, 1919 (s.v. K. 43); EAA IV, 1961; DNP VI, 1999 (s.v. K. 3). – *Brunn*, GGK I, 1889, 535 s. R. V.

Kalliteles (Καλλιτέλης), griech. Bildhauer, in der 1. H. des 5. Jh. v. Chr. tätig. Lt. Pausanias (5, 27, 8; Overbeck, SQ, 1868, Nr 427) war K. der Schüler oder Sohn des → Onatas (I) und half dem bedeutenden äginet. Bildhauer bei der Herstellung der berühmten Statue des Hermes Kriophoros, die von den Pheneaten in Olympia gew. worden ist (J. Dörig, Onatas of Ägina, Leiden 1977, 4, 15–16; G. Siebert, LIMC V, 1990, 311, Nr 268, s.v. Hermes). ▭ ThB19, 1926. RE X. 2, 1919; EAA III, 1960. – *Brunn*, GGK I, 1889, 92 s.; *Lippold*, GrPl, 1950, 98, Nr 11. D. V.-G.

Kallixenos (Καλλίξενος, Callixenus), griech. Bildhauer, um 150 v. Chr. tätig. Nur bek. durch Plinius (nat., 34, 52; Overbeck, SQ, 1868, Nr 2206), der K. unter den Künstlern der 156. Olympiade auflistet. Viell. ist er mit dem Schriftsteller K. von Rhodos ident., der ein Buch über Maler und Bildhauer verfaßte. ▭ ThB19, 1926. RE X. 2, 1919 (s.v. K. 2); EAA IV, 1961. R. V.

Kallo (Καλλώ), vermeintl. griech. Malerin unbestimmter Zeit. Nur bek. durch eine Erwähnung in der Anth. Pal. (9, 605). Der Text besagt jedoch nur, daß sie ein Bild fertigen ließ und stiftete, jedoch nicht, daß sie es selbst malte, wie Brunn (GGK II, 1889, 261) es vermutete. ▭ ThB19, 1926. RE X. 2, 1919. – *Pfuhl*, MuZ, II, 1923, 781. R. V.

Kallon v.e. **Kalon**

Kallonides (Καλλωνίδης), Sohn des Deinias, aus Athen, griech. Bildhauer, E. 6. Jh. v. Chr. in Athen tätig. Nur bek. durch seine Sign. (IG, I, 483; IG, I², 1002) auf einer Marmorbasis eines Grabmals, die einen Löwen trug und in der Themistokleischen Stadtmauer 479 v. Chr. verbaut worden ist. ▭ ThB19, 1926. RE X. 2, 1919; EAA IV, 1961. – *Loewy*, IGB, 1885, 16–17, Nr 14; *Floren*, GrPl, 1987, 300, Anm. 21. R. V.

Kalon (I) (Κάλων, so inschr.; Κάλλων, so lit.), von Ägina. Griech. Bildhauer, tätig im späteren 6. Jh. v. Chr. Bek. durch eine Sign. auf einer Weihung von der Akropolis und zwei von Pausanias erw. Statuen: – 1.) *Basisbruchstücke von der Athener Akropolis*. Athen, Epigraph. Mus., Inv. Nr 6257a-b. Die Sign. des K. gehört der Schr. nach in die Jahre gegen oder um 500 v. Chr. (Raubitschek, 1949, Nr 85; K. Kissas, Die att. Statuen- und Stelenbasen archaischer Zeit, Bonn 2000, 270, C53, Abb. 350). Raubitschek ließ offen, ob die Bruchstücke mit jenen zusammengehören, die eine Weih-Inschr. des Kitharöden Ofsiades an Athena tragen (Raubitschek, 1949, Nr

86; für die Zusammengehörigkeit: S. Lauffer, AM 62:1937, 99; G. Donnay, Acta 5th intern. Congress Epigr., Cambridge 1967, [C. 1971], 89; auch Kissas, ibid., 269 s., C52, Abb. 348 s., neigt dazu), oder mit jenen, auf denen sich die Weih-Inschr. eines Spoudis findet (Raubitschek, 1949, Nr 87; Kissas, ibid., 270 s., C54); die Schreiberhand auf allen drei ist die gleiche. Auf einer and. beschrifteten Weihgeschenkbasis dieser Jahre von der Akropolis erg. S. Lauffer K. als Bildhauernamen, Raubitschek hingegen Λ[εόβιος (Nr 171; Kissas, ibid., 263, C33). – 2.) *Das Kultbild der Athena Sthenias* in ihrem Tempel auf der Akropolis von Troizen (Paus., 2, 32, 5), ein Xoanon, was für Paus. eine Holzstatue bedeutet. Offenbar geben troizen. Münzbilder aus der Zeit des Commodus diese Athena wieder (Imhoof-Blumner/Gardner, NumCommPaus, 1887, Taf. M, V): Sie stand mit geschlossenen Beinen, bewaffnet, in der erhobenen Rechten die Lanze; ein Typus, der für Kultbilder der Göttin in Tegea, Argos und Sparta überliefert ist, in der peloponnes. Kleinplastik häufig vorkommt (Walter-Karydi, 1987, Abb. 2–6) und bis etwa 530 v. Chr. besteht; dann näml. entsteht der Bildtypus der ausschreitenden, lanzeschwingenden Athena (*Promachos*). Die Athena Sthenias des K. ist also, der Haltung nach, vor oder spätestens um 530 v. Chr. entstanden – nicht früher, denn K. war um 500 v. Chr. noch tätig. – 3.) *Bronzekore* (Persephone), die einen Dreifuß trug, in Amyklai; daneben standen, ebenfalls als Dreifußträgerinnen, eine Aphrodite und eine Artemis von → Gitiadas; die älteren Dreifüße bzw. alle drei seien von den Spartanern nach einem Sieg im Messen. Krieg in Amyklai gew. worden (Paus., 3, 18, 7–8; 4, 14, 2). Pausanias' Datierungsangaben wirken verwirrend; doch → Gitiadas war im mittleren 6. Jh. tätig, und es ist anzunehemen, daß die Kore des K. mit den Figuren des → Gitiadas zeitl. zus.-hängt, so daß sie nicht später als im dritten V. des 6. Jh. entstanden sein wird. Die Figuren werden zw. den Beinen und unter dem Kessel der offenbar kolossalen Dreifüße gestanden haben (W. Gauer, Weihgeschenke aus den Perserkriegen, 1968 [IstMitt, Beih., 2], 85 s.; A. Borbein, JdI 88:1973, 200, 202; M. Steinhart, BCH 121:1997, 40). – Auf der Athener Akropolis war K. also in seiner Spätzeit tätig, während die zwei lit. überlieferten Statuen Frühwerke von ihm waren; demnach war er ein spätarchaischer Meister. Das legt auch Quintilian (inst., 12, 10, 7), der in der „Härteskala" (Evolutionsschema des Formwandels griech. Plastik, das offenbar von späthellenist.-klassizist. Kunsttheoretikern aufgestellt wurde [B. Schweitzer, Xenokrates von Athen, 1932; Nachdruck: Zur Kunst der Antike, I, Tb. 1963, 105 ss., bes. 141 ss.; F. Preißhofen, in: Le Classicisme à Rome, Fond HardtEntret 25, 1979, 274 ss.]) K. und Hegesias (→ Hegias [I]) der ältesten Stufe zuordnet: Ihre Werke seien hart und den etrusk. ähnl., jene von → Kalamis (I) hingegen weniger hart. Statt K. und Hegesias (→ Hegias [I]) nennt Cicero (Brut., 18) an der entsprechenden Stelle der „Härteskala" → Kanachos (I), mit dem auch Paus. (7, 18, 10) den K. für ungefähr gleichzeitig hält. Plinius (nat., 34, 49) setzt ebenfalls K. in die gleiche Zeit mit → Hageladas (I) und → Gorgias (I) – auch wenn die Dat. auf die 87. Olympiade (entspricht 432 v. Chr.) irrtümlich ist. – Der persönl. Stil von K. ist unbek.; daher können keine Statuen ihm zugeschr. werden. Die Athena in Madrid, Mamorkopie eines offenbar bedeutenden Originals der sechziger Jahre des 5. Jh. v. Chr., die Dörig auf die Athena Sthenias zurückführte (J. Boardman/J. Dörig/W. Fuchs/M. Hirmer, Die griech. Kunst, M. 1966, 126, Taf. 153, links), ist chronolog. mit K. unvereinbar und stimmt typolog. mit den oben gen. troizen. Münzbildern, die unser einziger Anhaltspunkt sind, nicht überein. Kopien eines Orig. um 460 v. Chr. (Typus Korinth/Mocenigo) führte Dörig auf die Kore in Amyklai zurück (Taf. 153, rechts; dagegen A. Borbein, JdI 88:1973, 202, Anm. 688; vgl. B. S. Ridgway, The severe style in Greek sculpt., Pr. 1970, 71 s.), was schon chronolog. nicht möglich ist. Die Zuschr. des bronzenen Kriegerkopfes von der Akropolis, Athen, NM, Inv. Nr 6446, an K. (K. Schefold, AntK 16:1973, 90 ss.), ist zwar erwägenswert – denn der Kopf ist der Formgebung nach äginet., um 490/480 v. Chr., und K. war um die Jahrhundertwende auf der Akropolis tätig, so daß ein Werk von ihm hier im 2. Jahrzehnt des 5. Jh. wohl noch möglich wäre –, doch keineswegs sicher (vgl. C. Rolley, La sculpt. grecque, I, P. 1994, 276). Der Vorschlag (Schefold, ibid.), K. sei der Meister des Aphaia-Ostgiebels, leuchtet auch deswegen kaum ein, weil diese Giebelgruppe in der Formgebung und Figurenanordnung bahnbrechend ist und den Strengen Stil einleitet, daher kann sie nicht von einem Bildhauer stammen, der im mittleren 6. Jh. wurzelt. – Viel ist den Nachr. über K. nicht zu entnehmen. Daß K. Schüler von → Angelion und Tektaios, den Schülern des → Dipoinos und → Skyllis, gewesen sei (Paus., 2, 32, 5), kann weder zur Dat. seines Schaffens, noch zu seinem persönl. Stil oder bildhauerischen Werdegang etwas beitragen; es bestätigt wohl nur, daß er zu den ältesten bek. äginet. Meistern zählt; er ist denn auch in dieser Bildhauerschule der älteste, dessen Tätigkeit sich zeitl. festlegen läßt. Er hat in Holz gearbeitet, was ihn mit älteren äginet. Bildhauern wie →

Smilis verbindet, und auch in Bronze, was dafür spricht, daß er die Neuerungen der Bronzetechnik in der spätarchaischen Zeit aufgenommen hat, wenn er nicht gar daran beteiligt war – was nicht überliefert ist. Er schuf Götterbilder; Athletenstatuen, die für manche jüngere äginet. Bildhauer eine Hauptaufgabe waren, sind für ihn nicht überliefert. Mit diesen Bildhauern hat er aber gemeinsam, daß von ihm nur Aufträge außerhalb der Heimat bek. sind (Troizen, Sparta, Athener Akropolis), und daß seine Lehrer keine Ägineten gewesen sein sollen. ▭ ThB19, 1926 (s.v. Kallon). RE X. 2, 1919 (s.v. Kallon 1); EAA IV, 1961, (s.v. Kallon). – *Brunn*, GGK I, 1889, 85 ss.; *Klein*, GGK, 1904, 343 s.; *Raubitschek*, Dedications, 1949, 508 s.; *Lippold*, GrPl, 1950, 97; *E. Walter-Karydi*, Die äginet. Bildhauerschule, Mainz 1987 (Alt-Ägina, II. 2), 13 ss.; *Stewart*, Sculpt., 1990, 137, 237 s., 247.

E. Walter-Karydi

Kalon (II) (Κάλον, so inschr.; Κάλλον, so lit.) von Elis, griech. Bildhauer, 2. H. 5. Jh. v. Chr. in Olympia tätig. Nur durch Plinius (nat., 34, 49: Akme 432–429 v. Chr.) und Pausanias sowie durch eine Künstler-Inschr. in Olympia bekannt. Über sein Leben ist nichts Näheres überliefert. Nur zwei seiner Werke sind indirekt in Olympia bezeugt: – 1.) Ein Hermes mit Kerykeion, den Glaukias aus Rhegion geweiht haben soll (Paus., 5, 27, 8). Von diesem stammen vermutl. die Reste einer Basis mit der Künstler-Inschr. sowie mit einer Dedikations-Inschr. des Glaukias, die nach der Buchstabenform in das letzte V. des 5. Jh. v. Chr. dat. wird. Dörig glaubt, den sog. Phokion im Vatikan als röm. Kopie des Hermes des K. deuten zu können. – 2.) Die Bronzestatuen von 35 Jungen mit Chorführer und Flötenspieler, die auf der Überfahrt von Messana nach Rhegion ertrunken waren (Paus., 5, 25, 2–4). Da die stiftende Stadt nach Pausanias in einer Inschr. Messana (und nicht mehr Zankle) gen. wurde, ist 494 v. Chr. ein sicherer *terminus post quem*. Unsicher ist die Bedeutung einer zweiten von Pausanias überlieferten Inschr. des Sophisten Hippias von Elis (als Ephebe 436–432 v. Chr. überliefert) für die Datierung. Dörigs Versuch, eine Mantelstatue in der Ny Carlsberg Glyptothek als röm. Kopie des Chorführers dieser Gruppe zu deuten, ist umstritten. ▭ ThB19, 1926. RE X, 1919; DNP VI, 1999. – *Overbeck*, SQ, 1868, Nrn 419, 475, 476; Olympia, V, 1897, 397 ss., Nr 271; *H. Bulle*, in: Antike Plastik. Festschr. Walther Amelung zum 60. Geburtstag, B. 1928, 48; *J. Dörig*, APl IX, 1969, 15 ss.; *F. Brommer*, Gymnasium 81:1974, 522; *D. Willers*, Gnomon 47:1975, 501 s.; *J. Dörig*, in: *P. Ducrey* (Ed.), Mélanges d'hist. ancienne et d'archéologie. Festschr. Paul Collart, Lausanne 1976, 125–146.

A. Bohne

Kalos (Κάλως), griech. Bildhauer, im 4. Jh. v. Chr. in Athen tätig. Lt. Clem. Alex., protr., 3, 47 schuf K. die mittlere der drei Eumenidenstatuen, die aus Holz war. Dagegen lesen wir im Scholion zu Aisch., Timarch., 188, daß → Kalamis (II) diese Plastik fertigte. Die beiden and. Skulpturen wurden von → Skopas (II) aus Lychnitesmarmor gehauen. Es ist daher auch mögl., daß sie nicht zeitgleich entstanden, wie Lippold in RE (X. 2, 1919) äußert und K. sogar ident. mit dem mythischen Neffen → Talos des → Daidalos (I) sein könnte. ▭ RE X. 2, 1919; KlP III, 1969.

R. V.

Kalynthos (Κάλυνθος), mögl. Bildhauer, evtl. in der 1. H. des 5. Jh. v. Chr. tätig, viell. aus Aigina stammend. Die Identifizierung des Künstlers ist alles andere sicher. Eine Weih-Inschr. von der Athener Akropolis erw. einen K., der zus. mit seinem Bruder Polytimos der Athena jenes Weihgeschenk, das von → Diopeithes (I) sign. wurde, gew. haben soll. – Pausanias (10, 13, 10) nennt einen Bildhauer K., der bei der Fertigung eines Weihgeschenkes mit → Onatas (I) zusammenarbeitete. Es handelt sich dabei um jenes Weihgeschenk, welches die Tarentiner nach ihrem Sieg gegen die Peuketier um ca. 470 v. Chr. dem Apollon in Delphi weihten. Raubitschek (1949) und Lippold (1950) unterstützen die Annahme, daß der in der Akropolis-Weih-Inschr. gen. K. mit dem von Pausanias erw. Bildhauer ident. sei. Doch die Lesung des Namens ist nicht sicher: So wurden auch die Namen → Hageladas, → Kalliteles oder → Kalamis (I) vorgeschlagen. ▭ ThB19, 1926. RE X. 2, 1919; EAA IV, 1961. – *Raubitschek*, Dedications, 1949, Nr 279; *Lippold*, GrPl, 1950, 98.

L. Koutoussaki

Kalypso (Καλυψώ; Calypso), griech. Porträtmalerin um 200 v. Chr. Plinius (nat., 35, 147) erw. drei Gem. der K. mit Darst. eines Greises, des Gauklers Theodorus sowie des Tänzers Alkisthenes aus Sikyon. Letzterer ist durch eine delph. Inschr. um die Wende vom 3. zum 2. Jh. v. Chr. datiert. Die ältere Forsch. bezweifelte gelegentl. die Existenz der K., da der Name ungewöhnl. für eine sterbl. Frau sei und Plinius sie womögl. mit der kurz zuvor von ihm erw. Malerin → Eirene verwechselt haben könnte. ▭ ThB19, 1926. RE X. 2, 1919; EAA IV, 1961. – *Brunn*, GGK II, 1889, 202, 300; *Pfuhl*, MuZ, II, 1923, 829, 831; *Hebert*, Schriftquellen, 1989, 190, Nr Q 367.

P. Knüvener

Kanachos (I) (Κάναχος; Canachus) von Sikyon, Bruder des → Aristokles (III), Bildhauer des 6./5. Jh. v. Chr., in Griechenland und Kleinasien tätig. K. und seine Werke waren noch in der röm. Kaiserzeit hochberühmt, wovon eine Reihe lit. Erwähnungen zeugen (Overbeck, SQ, 1868, 76–77, Nrn 403–409). Außer dem Namen seines Bruders, → Aristokles (III), ist aber weder der seines Vaters noch die seiner Lehrer bzw. Schüler bekannt. Offenbar hat die antike Kunst-Forsch. K. im Gegensatz zu seinem Zeitgen. → Kalon (I) nicht der Schule des → Dipoinos und → Skyllis, den „Daidaliden", zugerechnet. Von seinen Werken ist keines im Orig. erhalten. Der Großteil ist nur lit. überliefert. Die Lebens- und Schaffenszeit des Meisters läßt sich aus diesen Quellen nicht genau bestimmen. Einen *terminus ante quem* besitzen wir nur für sein Hauptwerk, über das wir allein auch etwas ausführlicher unterrichtet sind. Neben einer reicheren lit. Überlieferung lassen sich zudem sichere antike Nachklänge auf Münzen, Gemmen und Reliefs fassen. Es handelt sich hierbei um die Statue des *Apollon Philesios* („der Liebenswürdige"), dessen Beiname nach griech. Überlieferung von dem Kuß herrührte, den der Gott aus Delos nach Milet kommend, von dem jugendl. Hirten Branchos erh. hatte (Simon, 1957, 40, Anm. 27). Eine Vorstellung vom Aussehen des Standbilds gewinnen wir durch die Beschr. des älteren Plinius (nat., 34, 75). Seinen Angaben nach bestand es aus äginet. Erz. Dargestellt war der nackte Apollon mit einem Hirsch, der offenbar mittels eines Schnappmechanismus auf der ausgestreckten Hand bewegt werden konnte (v. Hesberg, 1987, 48, Abb. 1, 59). Über die Größe des Werkes läßt sich keine Klarheit gewinnen. Es muß nicht zwangsläufig Lebensgröße gehabt haben oder gar kolossal gewesen sein (Tuchelt, 1970, 77, Anm. 19). Das Standbild befand sich urspr. in dem bei Milet gelegenen Apollonheiligtum zu Didyma, möglicherweise im Adyton selbst, und galt wohl schon in der Antike als das berühmteste Werk des K. Ob es sich hierbei um das eigtl. Kultbild oder ledigl. um ein aufwendiges Anathem der Stadt Milet gehandelt hat, ist nicht sicher zu entscheiden (Tuchelt, 1986, 75–84). Das Attribut des Hirsches deutet zumindest auf eine ältere anatol. Kulttradition hin (Bielefeld, 1962, 36–40). Die Gesch. dieses Bildwerks bietet den einzigen festen chronolog. Anhaltspunkt, welcher für K. existiert. Pausanias, der im 2. Jh. n. Chr. seine berühmte Periegese Griechenlands schrieb, erw. zweimal, daß das Standbild vom Perserkönig Xerxes in seine Residenz nach Ekbatana verschleppt worden sei. Er habe es geraubt, weil die Milesier in der Seeschlacht gegen die Athener (gemeint ist wohl die Schlacht bei Mykale) willentl. versagt hätten. Gleichzeitig habe er neben der Beute aus Athen auch das Kultbild der Artemis aus ihrem Heiligtum in Brauron verschleppt (Paus., 8, 46, 3). Erst nach fast zwei Jahrhunderten sei die Statue unter Seleukos I. Nikator wieder in das didymäische Heiligtum gelangt (Paus., 1, 16, 3; 8, 46, 3). Mehrfach ist in der Forsch. der Verdacht geäußert worden, Pausanias irre in der Annahme, der für den Raub verantwortl. Perserkönig sei Xerxes gewesen. Vielmehr habe schon Dareios im Zuge der Eroberung und Zerstörung Milets im Jahre 494 v. Chr. hierzu den Befehl gegeben. Herodot (6, 19, 3) spricht ausdrückl. von der damaligen Brandschatzung Didymas. Dennoch könnte Pausanias recht haben. So überliefern Strabo (11, 11, 4) und Curtius Rufus (7, 5, 28 ss.) übereinstimmend, daß Angehörige des didymäischen Priestergeschlechtes der Branchiden Xerxes auf seinem Rückzug von Griechenland die Reichtümer des Apollonheiligtums ausgehändigt hätten. Demnach kann die berühmte Orakelstätte nicht völlig zerst. gewesen sein und sich das Standbild des Apollon durchaus noch vor Ort befunden haben. Dennoch ist aufgrund der damaligen polit. wie wirtschaftl. Gegebenheiten wohl kaum davon auszugehen, daß K. das Bildwerk erst nach der Eroberung Milets durch die Perser verfertigt hat. Dies ist zweifellos früher geschehen. Denkbar wäre eine Enstehung gegen E. des 6. Jh. v. Chr., in einer Zeit, als Milet in seiner höchsten Blüte stehend auch das zur Stadt gehörige extraurbane Heiligtum des Apollon aufwendig ausstatten ließ. Aufgrund der Beschr. bei Plinius konnte das Bildwerk in mehreren verkleinerten Nachbildungen wiedererkannt werden. Seit hellenist. Zeit (2./1. Jh. v. Chr.) ersch. auf Münzen der Stadt Milet (Lacroix, 1949, Taf. 18,6–13; Lambrinudakis, 1984, 225, Nrn 332 g-j, s.v. Apollon) eine archaische Apollonstatue im Profil, mit vorgesetztem linken Bein, die einen Bogen in der gesenkten linken und einen Hirsch auf der vorgestreckten rechten Hand trägt. Auf einigen kaiserzeitl. Prägungen ersch. der Apollon Philesios frontal stehend, manchmal von Fackelträgern umgeben oder in einem Tempel dargestellt. Weitgehend ähnl. sind die entsprechenden Darst. auf Gemmen und Siegelabdrücken gebildet (Lambrinudakis, 1984, 225, Nrn 332 d-f*, s.v. Apollon). Sichere Nachbildungen des Standbilds besitzen wir ferner in Gestalt dreier kaiserzeitl. Reliefs. Aus dem Theater von Milet stammt ein im 3. Jh. n. Chr. entstandenes Relief, das einst zur plast. Ausstattung des dortigen Bühnengebäudes gehörte (Lambrinudakis, 1984, 224, Nr 332 a*, s.v. Apollon). Es zeigt den Gott in Frontalansicht mit linkem vorgesetzten Bein, nackt im Typus des archaischen Kouros auf einer quadrat. Basis stehend. Flankiert wird er von zwei ebenfalls auf Basen stehenden Fackelträgern mit langen Locken und Lorbeerkranz. Im Gegensatz zu den Oberarmen, die eng am Körper anliegen, sind die Unterarme vorgestreckt. In den Händen hält er die bereits von den Münzen bek. Attribute. Der Gott trägt Lorbeerkranz und einen Nimbus. Das Gesicht wird von einer typ. archaischen Männerfrisur umrahmt. Unter einer Binde ist das Haar über der Stirn in mehrere Reihen von sog. Buckellocken gelegt und fällt in langen Wellen auf beide Schultern herab. Eine ähnl. Frisur zeigt das fragmentierte, ebenfalls ins 3. Jh. n. Chr. zu datierende Relief von der Kassettendecke des milesischen Serapeieon, auf dem nur der Kopf erh. ist (Lambrinudakis, 1984, 225, Nr 332 c*, s.v. Apollon). Über der Stirn ist das Haar unterhalb einer den Oberkopf schmückenden Binde in drei Reihen stilisierter Spirallocken gelegt und fließt in drei langen, welligen Strähnen auf die Schultern herab. Eine im Detail etwas abweichende Haartracht ist auf einem kaiserzeitl. ganzfigurigen Relief aus dem Adyton des Didymaion zu sehen (Lambrinudakis, 1984, 224 s., Nr 332 b, s.v. Apollon). Apollon ist in gleicher Haltung wie auf dem Theaterfries dargestellt. Während Körper und Beine vollst. erh. sind, fehlen Teile des linken Armes mit Bogen, die rechte Hand mit dem Hirsch sowie die linke und obere Partie des Kopfes. Gut erkennbar ist dagegen, daß statt der gewellten Locken auf dem Theaterrelief hier drei Perlsträhnen vom Kopf ausgehen, welche bis auf die Schultern herabfallen. Rundplast. Kopien haben sich im Denkmälerbestand bislang noch nicht nachweisen lassen. Aus stilist. wie hist. Gründen sind weder der sog. Apoll v. Piombino (Lambrinudakis, 1984, 239, Nr 435*, s.v. Apollon) noch die Statue in Rom, Antiquario Forense, Inv. Nr 3147 (E. Simon, LIMC II, 1984, 370 s., Nr 24, s.v. Apollon/Apollo; Bielefeld, 1968, Taf. 5–6) zwingend mit K. in Verbindung zu bringen. Allenfalls als Nachklänge können die einen Hirsch tragenden archaist. Statuetten in London (Simon, ibid., 372, Nr 31*, s.v. Apollon/Apollo), Vatikan (Simon, ibid., 371, Nr 27, s.v. Apollon/Apollo) und Neapel (Simon, ibid., 372, Nr 32) gelten. Dagegen steht das Oxforder Exemplar in keinem Zusammenhang mit dem Apollon Philesios (Lambrinudakis, 1984, 239, Nr 435 a*, s.v. Apollon). Aus den oben erw. lit. wie archäol. Zeugnissen kann die äußere Erscheinung des Götterbildes folgl. nur in ihren groben Zügen wiedergewonnen werden. Eine feinere stilist. Beurteilung und damit eine genauere zeitl. Fixierung des verlorengegangenen Orig. des K. ist dagegen nicht möglich. Von den übrigen Werken des Meisters existieren nur kurze lit. Erwähnungen. So schuf er lt. Pausanias (9, 10, 2) für Theben den Apollon Ismenios, der eine in Zedernholz ausgef. genaue Wiederholung des Apollon Philesios war. Ferner erw. Pausanias (2, 10, 4) in Sikyon im Tempel der Aphrodite deren goldelfenbeinernes Sitzbild und schreibt es dem K. zu. Auf dem Kopf trug die Göttin einen Polos. In den Händen hielt sie eine Mohnblüte bzw. einen Apfel. Bei dem von Pausanias nicht näher beschriebenen Sitz der Aphrodite könnte es sich nach Aufstellungsort im Tempel und Funktion als Kultbild um einen Thron gehandelt haben. In einem Epigramm des Antipater von Sidon (Anth. Gr., ed. Beckby, 16, 220) hören wir darüber hinaus von einer dreifigurigen Musengruppe, verfertigt von → Hageladas, → Aristokles (III) und Kanachos. Letzterer schuf die Muse mit der Syrinx. Die von → Hageladas gearbeitete Figur hielt ein Barbiton, die des → Aristokles (III) eine Leier. Höchstwahrsch. handelte es sich hierbei um Bronzestatuen. Da zwei der drei Bildhauer Sikyonier (K. und → Aristokles [III]) waren, liegt die Annahme nahe, die drei Musen seien dort aufgestellt gewesen, zumal Plutarch (mor., 746 E) für die Stadt einen eig. Musenkult überliefert. Ob die drei Musen bereits von vornherein als eine Gruppe geplant waren oder erst nachträgl. zu einer solchen zusammengeführt worden sind, kann nicht entschieden werden. Keine weiteren Angaben besitzen wir zu den Knaben auf Rennpferden und den nicht näher bez. Marmorwerken des K., welche uns Plinius überliefert (nat., 34, 75; 36, 41). Möglicherweise sind ihm letztere von Plinius fälschl. zugeschr. worden und gehören statt dessen zum Œuvre des jüngeren → Kanachos (II). Die Knaben auf Rennpferden waren einst sicherlich agonist. Weihgeschenke und standen daher möglicherweise in einem der großen Heiligtümer Griechenlands, in denen entsprechende Wettkämpfe stattfanden. – Über den Stil des K. können, da keines seiner Werke im Orig. existiert, keine verläßl. Angaben gemacht werden. Ob die kräftigen, breit ansetzenden Arme und Schenkel der milesischen Reliefzeugnisse auch am Orig. wiederzufinden waren, muß dahingestellt bleiben. Deutlich ist ledigl., daß K. etwa in der Bildung der Haartracht sowie im Körpertypus offenbar ganz spätarchaischer Gestaltungsweise verpflichtet war. Die antike Kunstschriftstellerei, soweit sie sich fassen läßt, beurteilt seinen Stil jedenfalls als hart und steif. K. habe die lebendige Wirklichkeit noch nicht wiedergeben können (Cic., Brut., 18, 70). Pausanias (7, 18, 10) vergleicht ihn mit → Kalon (I) von

Ägina, dessen Stil bei Quintilian (inst., 12, 10, 7) ebenfalls als steif bez. wird. Auch seine künstler. Entwicklung ist kaum hinreichend zu beurteilen. Zu seiner Zeit muß K. jedenfalls eine anerkannte Künstlerpersönlichkeit gewesen sein, da er über seine Heimatstadt hinaus wichtige Aufträge – gerade auch für Kultbilder – erhalten hat, wobei er sich nicht scheute, selbst sein eigenes berühmtestes Werk zu wiederholen. Im Gegensatz zu seinem Bruder → Aristokles (III), von dem ausschl. Bronzebildwerke überliefert sind, arbeitete er nicht nur als Erzbildner, sondern verwendete für seine Statuen auch and. Materialien. Sicher belegt sind Arbeiten in Gold-Elfenbein-Technik sowie in Zedernholz und möglicherweise auch in Marmor. Die wenigen überlieferten Werke erlauben es nicht, bevorzugte Themen des Künstlers zu nennen. Offenbar wurden seine Götterbilder in besonderem Maß geschätzt. Die wenig beachtete Stelle bei Fronto (p. 113, 10 ss.; Hauler, Arch. f. lat. Lex. 15, 1908, 106 ss.), wo → Pheidias (I) und K. miteinander verglichen und letzterem Götterbilder abgesprochen werden, ist nicht wörtl. zu nehmen, sondern stellt ledigl. einen rhetor. Kunstgriff dar (Tuchelt, 1970, 79, Anm. 26). Daneben scheint er für die zeitgen. Aristokratie evtl. auch aufwendige Weihgeschenke hippischer Thematik verfertigt zu haben. ▭ ThB19, 1926. RE X. 2, 1919; EAA IV, 1961; DA XVII, 1996; DNP VI, 1999. – *G. Carettoni*, BdA 1949, 193 ss.; *Lacroix*, Reproductions, 1949, 221–226, Taf. 18, 6–13; *E. Simon*, in: Charites. Festschr. Ernst Langlotz, Bonn 1957, 38 ss.; *E. Bielefeldt*, IstMitt 12:1962, 18–43, Taf. 4; *id.*, APl, VIII, 1968, 13–17, Taf. 5–6; *K. Tuchelt*, Die archaischen Skulpt. von Didyma, B. 1970 (IstForsch, 27), 200–203; *id.*, JdI 101:1986, 75–84; *I. Linfert-Reich*, Musen- und Dichterinnenfiguren des vierten und frühen dritten Jh., Köln 1971, 7; *A. Delivorrias*, LIMC II, 1984, 88, Nr 788 (s.v. Aphrodite); *W. Lambrinudakis*, ibid., 224–226, Nrn 332 s. (s.v. Apollon); *Floren*, GrPl, 1987, 212–213; *H. v. Hesberg*, MarbWPr, 1987, 47–48 mit Abb. 1, 59, Taf. 5; *D. Kreikenbom*, in: Polyklet (K Ffm., Liebieghaus), ed. *H. Beck/ P. C. Bol/H. Bückling*, Ffm./Mainz 1990, 37–38; *A. Qeyrel*, LIMC VI, 1992, 661, Nr 23, s.v. Mousa, Mousai. P. Schollmeyer

Kanachos (II), von Sikyon, griech. Bildhauer, Schüler des Polyklet von Argos (→ Polykleitos [I]), im 5./4. Jh. v. Chr. in Griechenland tätig. Seinen Lehrer sowie die Heimatstadt überliefert Pausanias (6, 13, 7) im Zusammenhang mit der Erw. eines der Werke des K. Es handelt sich hierbei um die Siegerstatue des *Bykelos von Sikyon*, der als erster aus dieser Stadt bei den olymp. Spielen im Faustkampf der Knaben gesiegt hatte. Das Weihgeschenk stand in der Altis von Olympia und existierte noch z.Z. des Pausanias (2. Jh. n. Chr.). Die Schaffenszeit des jüngeren K. ergibt sich aus seiner Erw. unter den Künstlern der 95. Olympiade (400–396 v. Chr.) bei Plinius (nat., 34, 50). Ferner erw. Pausanias (10, 9, 10), er habe gemeinsam mit and. Künstlern am mehrfigurigen großen Weihgeschenk des Lysander mitgearbeitet, welches anläßl. des Sieges der Spartaner über die Athener in der Schlacht bei Aigospotamoi (404 v. Chr.) ins Apollonheiligtum nach Delphi gew. wurde. Von ihm und → Patrokles (I) stammten insgesamt zehn Statuen von an der Schlacht beteiligten Nauarchen (Axionikos von Pellene, Theares von Hermione, Pyrrhias von Phokis, Komon von Megara, Agasimenes von Sikyon, Telykrates von Leukas, Pythodotos von Korinth, Euantidas von Ambrakia und Epikydias sowie Eteonikos aus Lakedaimon). Eventuell sind ihm auch die bei Plinius (nat., 36, 41) nicht weiter erw. Marmorwerke zuzuschreiben. Von keinem seiner Werke konnten bislang Reste und/oder Nachbildungen entdeckt werden, so daß sowohl über seinen Stil als auch seine künstler. Entwicklung nichts ausgesagt werden kann. Wenn die Zuschr. der Marmorwerke an ihn stimmt, war er demnach nicht nur als Erzbildner tätig. K. scheint zu seiner Zeit zumindest ein gut beschäftigter, über die Grenzen seiner Heimatstadt hinaus bek. Künstler gewesen zu sein, dessen Arbeiten in den großen panhellen. Heiligtümern von Delphi und Olympia zu sehen waren und der neben kleineren Priv.-Aufträgen wie der Siegerstatue des Bykelos auch im Verband mit and. Bildhauern an größeren Staatsaufträgen wie dem Lysander-Anathem mitgearbeitet hat. ▭ ThB19, 1926. RE X. 2, 1919; EAA IV, 1961; DA XVII, 1996; DNP VI, 1999. – *Overbeck*, SQ, 1868, Nrn 395, 979, 983, 984; *Arnold*, Polykletnachfolge, 1969, 6, 11, 13–14, 85–86, 142, 175; *C. Vatin*, Mon. votifs de Delphes, R. 1991, 103–138; *C. Ioakimidou*, Die Statuenreihen griech. Poleis und Bünde aus spätarchaischer und klass. Zeit, M. 1997, 107–115, 281–306. P. Schollmeyer

Kanachos (III), Sohn des De(inomenes?), Bildhauer unbek. Herkunft, gegen 200 v. Chr. in Hyettos (Böotien) tätig. Dieser Künstler ist uns nur durch seine Sign. auf einer in Hyettos gefundenen Marmorbasis bek., auf der eine Portr.-Statue stand. Aus dem Schriftcharakter ist auf eine Entstehung um 200 v. Chr. zu schließen. Die Sign. ist nur unvollst. erhalten. Es fehlen große Teile des Patronymikons (Anfangsbuchstaben DE?) und gänzl. das

Ethnikon des Kanachos. Aufgrund der Zusammenstellung des → Deinomenes (I) und → Kanachos (II) bei Plinius (nat., 34, 50) ist auf einen entsprechenden Vatersnamen für K. (III) geschlossen worden, was allerdings fragl. bleibt. Ob K. (III) überhaupt mit den älteren Kanachoi verwandt war, muß spekulativ bleiben. Weitere Zeugnisse zu and. Werken sowie zum Stil des Künstlers existieren nicht. ▭ ThB19, 1926. RE X. 2, 1919. – IG, VII, 515, Nr 2835; *P. Girard*, BCH 2:1878, 506, Nr 12; *Loewy*, IGB, 1885, 113, Nr 153. P. Schollmeyer

Kanecht, Sohn des Chenemu, ägypt. Bildhauer(?), im Mittleren Reich (um 2119–1794/93 v. Chr.) in Ägypten tätig. Nur bek. durch ein Graffito (Nr 30) aus dem großen Steinbruch von Hatnub (Wand f), mit einer Zchng, die er vermutl. selbst angefertigt hat. Dargestellt sind Sebekhetep links, K. rechts vor einem Opfertisch sitzend und unter ihm ein Tier, das nicht eindeutig zu identifizieren ist (Gazelle?). In dem hieratischen Text unter der Darst. schreibt er, daß er ein beliebter Künstler sei. Diese Aussage ist sicherl. nicht auf die Zchng zu beziehen, in der nicht einmal zu erkennen ist, was für ein Tier er darstellen wollte. Er versuchte sich vermutl. in diesem Fall als Maler, obwohl seine Qualitäten im Grunde anders gelagert waren. Viell. war er ein Bildhauer, der in einem Steinbruch eher zu vermuten ist als ein Zeichner. ▭ *R. Anthes*, Die Fels-Inschr. von Hatnub, Hildesheim 1964, 66, 111, Taf. 23. T. Schrottenbaum

Kantharos (Κάνθαρος; Cantharus), Sohn des Alexis, aus Sikyon, griech. Bildhauer, in der 1. H. des 3. Jh. v. Chr. in Olympia und Theben tätig. Lt. Pausanias (6, 3, 6) war er ein Schüler des → Eutychides (I). Plinius (nat., 34, 85) listet ihn nur auf. K. schuf in Olympia zwei Siegerstatuen im Ringkampf der Knaben, die des Kratinos von Ageira (Paus., 6, 3, 6) und des Alexinikos von Elis (Paus., 6, 17, 7). Eine weitere Plastik befand sich b. Theben, von der wir nur seine Sign. auf der Marmorbasis für eine Statue des Thoinias kennen (IG, VII, 2471), die von seinen Eltern gestiftet worden ist. ▭ ThB19, 1926. RE X. 2, 1919 (s.v. K. 4); EAA IV, 1961; KlP III, 1969 (s.v. K. 2); DNP VI, 1999 (s.v. K. 5). R. V.

Kaphisias (Καφισίας), griech. Bildhauer, Name weist auf böot. Herkunft. Seine Tätigkeit ist in den Zeitraum zw. der 2. H. des 4. Jh. v. Chr. bis um die Mitte des 3. Jh. v. Chr. anzusetzen. Seinen Namen glaubt man in mindestens drei Inschr. zu lesen: – 1.) Statuenbasis aus schwarzem Stein, gefunden in Tanagra/Böotien (eingemauert in der dem Hl. Thomas gew. Kirche). Hierbei handelt es sich um das Weihgeschenk des Herolds Phorystas (oder Korystas), Sohn des Triax, der die Heroldenwettkämpfe bei den Olymp. Spielen gewonnen haben soll. Die Lesung der Weih-Inschr. (CIG, I, 1582) gilt als sicher. Die Dat. des Werkes bereitet allerdings Probleme: Da die Heroldenwettkämpfe erst im 4. Jh. v. Chr. in Olympia eingeführt worden sind, ist eine frühere Dat. nicht möglich (vgl. Pollux IV, 92). – 2.) Stele, gefunden in Theben, in der Nähe des Haupteingangs der Kirche St. Georg. Die Inschr. (CIG, I, 1578 und 1676) listet mehrere Künstlernamen auf, darunter auch den des K., Sohn des Aristeos. Man vermutet dabei einen Kat. böot. oder gar theban. Künstler, die viell. eine Gemeinschaft bildeten oder an der Fertigung des Werkes zusammenarbeiteten, von dem nur die Inschr. mit den Sign. erh. ist. Doch jene Vermutung bleibt weiterhin sehr problematisch, denn es besteht die Schwierigkeit, alle gen. Künstler in die gleiche Zeit zu datieren. Der hier verwendeten Schr. nach soll die Stele im 4. Jh. v. Chr. entstanden sein. – 3.) Als drittes Werk wurde eine Statuenbasis in Betracht gezogen, die im Jahr 1889 in Episkopi in der Nähe von Thespiai/Böotien gefunden worden ist. Der Weih-Inschr. nach handelt es sich dabei um ein Weihgeschenk des pergamen. Prinzen Philaiteros an die Musen. Die Identität jenes Prinzen aber ist fragl.; die Gesch. kennt noch keinen Sohn des Eumenes mit diesem Namen, vorausgesetzt, daß hier der König Eumenes I. gemeint sein soll. Andererseits aber könnte es sich um denjenigen Philaiteros handeln, der als Sohn Attalos' I. bek. ist (Jamot, 1902). Jedenfalls wird als Datum die erste H. oder spätestens die M. des 3. Jh. v. Chr. vorgeschlagen. In dieser Zeit soll dann auch der Bildhauer K. gearbeitet haben, also viel später als das Datum, das 1.) und 2.) vermuten lassen. – Ein weiteres Problem bildet die Lesung der Künstler-Sign.: Da der erste und dritte Buchstabe kaum zu lesen ist, wurde auch der Name [Ch]a[r]isias statt [K]a[ph]isias erg. (Jamot [1902]; v.e. A. Nercessian, LIMC VII, 1997, 903, Nr 14, s.v. Thamyris, Thamyras). Was nun die Darst. angeht, so hilft uns der Inhalt eines unter die erste Inschr. später hinzugefügten Epigrammes des Dichters Honestus aus augusteischer Zeit, in dem der Streit der thrak. Sänger Eumolpos und Thamyris mit den Musen geschildert wird. Folgl. könnte auf der Basis eine Statuengruppe der beiden Sänger gestanden haben. Leider jedoch ist der Erhaltungszustand der Basis sehr schlecht, und es fehlen jegl. Spuren. Das Werk ist ferner mit einem Satz des Pausanias in Verbindung zu bringen (9, 30, 2): der Perieget erzählt von einer Statue des Thamyris, die er in Thespiai sah und die den erblindeten Sänger mit seiner zerbrochenen Lyra darstellte. Jedoch erw. er den Namen des Bildhauers nicht – daher ist die Identifizierung des Werkes mit dem Philaiteros-Weihgeschenk problematisch. ▭ ThB19, 1926. EAA IV, 1961. – *Loewy*, IGB, 1885, 93, Nr 119, p. 378, Nr 554; *P. Jamot*, BCH 26:1902, 155–160; OGIS, II, 1905, Nr 750.

L. Koutoussaki

Kapiton → **Clitus Capiton**

Karibu, Sohn des → Abd'obodat, nabatäischer Architekt, im 2. oder 3. V. des 1. Jh. n. Chr. in Hegra/Saudi-Arabien tätig. K. erscheint nur in einem Graffito zus. mit seinem Vater und wird als Architekt bezeichnet. Es wäre sehr wohl möglich, daß auch K. wie sein Vater Grabfassaden in Hegra geschaffen hat; allerdings ist uns seine Sign. auf keinem der Gräber überliefert. ▭ EAA V, 1963 (s.v. Nabatea, Arte, Karibu). – CIS, II, Nr 288; *J. Jaussen/R. Savignac*, Mission archéol. en Arabie, I, P. 1909, Nr 171; *Z. T. Fiema*, JNES 46:1987, 51–53.

D. Keller

Karos (Κάρος), röm. Bildhauer aus Poutea, tätig in der 2. H. 1. Jh. oder 1. H. 2. Jh. n. Chr. Nur bek. durch die Sign. am Saum des Himations einer Tyche (Torso) mit Füllhorn in der linken Hand vom Typ Hera Borghese (heute Neapel, Mus. Archeol. Naz., Inv. 150384), die im Hafen von Baiae zus. mit einer ähnl. Statue des neoatt. Bildhauers → Aphrodisios (I) gefunden wurde. Die Skulpt. orientiert sich am Vorbild des Phidiasschülers → Agorakritos. A. Lauter (1966, 32) hält K., der wohl aus Italien stammt, für einen Schüler des besagten Atheners → Aphrodisios (I). Delivorrias (1993, 233) hebt hervor, daß vom Füllhorn noch Teile an der linken Schulter erh. sind, was für das Vorbild und die meisten and. Kopien nicht gilt, so daß diese meistens mit and. Gegenständen in der Hand, wie z.B. einer Opferschale, rekonstr. werden, was aber umstritten ist. ▭ RE, Suppl. VIII, 1956; EAA IV, 1961. – *P. Zancani Montuoro*, BullCom 61:1933, 43 ss., Nr 9, Abb. 15 s., Taf. III; *Richter*, CriticalPeriods, 1951, 46, Abb. 83; *H. Lauter*, Zur Chronologie röm. Kopien nach Orig. des V. Jh., Diss. Bonn 1966, 32; *C. Landwehr*, Die antiken Gipsabgüsse aus Baiae, B. 1985, 89 ss., Taf. 54 b, d.; *A. Delivorias*, in: *H. Beck* (Ed.), Polyklet-Forsch., B. 1993, 233 s., Abb. 15.

P. Knüvener

Karpion (Carpion), evtl. im 3. V. des 5. Jh. v. Chr. oder früher tätiger Architekt griech. Herkunft. K. wird zus. mit → Iktinos als Autor über den *Parthenon auf der Akropolis in Athen* genannt (Vitr., 7, praef. 12). Da die von Vitruv angeführten Verf. von Schriften über diverse Bauwerke von and. Quellen mehrheitl. als Architekten ebendieser Gebäude bezeichnet werden, kann davon ausgegangen werden, daß der im übrigen unbek. K. wohl ebenfalls Architekt gewesen ist. (In seinen Anm. zur Archit. nennt Vitruv 27 Griechen, und zwar neun bezügl. ihrer Bauten und Schriften, 13 nur bezügl. der von ihnen errichteten Gebäude und fünf, darunter die Architekten des großen Tempels auf Samos → Rhoikos und → Theodoros (I), nur bezügl. der von ihnen verf. Schriften [nach einer überschlägigen Zählung, in der diejenigen nicht enthalten sind, die Vitruv nur wegen ihrer Schriften über Kriegsmaschinen erw. und nicht als Architekten bezeichnet].) Die Tatsache, daß K. von keiner and. antiken Quelle erw. wird, schafft allerdings Unsicherheit nicht nur in Bezug auf sein Verhältnis zum Parthenon und zu → Iktinos, sondern auch hinsichtl. seiner tatsächl. Existenz. (Merkwürdigerweise kennt die Überlieferung wohl sechs Personen namens K. aus der Zeit nach, aber keine aus der Zeit vor dem 2. Jh. n. Chr.: LGPN II, 1994, 256, s.v. Karpion.) Es stellen sich die folgenden Fragen: – a.) War K. Architekt und Mitarb. des → Iktinos beim Entwurf und bei der Bauaufsicht des Parthenon (Brunn, GGK II, 1889, 246)? – b.) War er viell. ein Spezialschriftsteller, der unter der Anleitung des → Iktinos eine Beschr. angefertigt hat (H. Brunn, in: ThB18, 1925 [s.v. Iktinos])? – c.) Oder hat er als Fachzeichner ledigl. die Illustration der Schrift übernommen (G. Becatti, in: EAA IV, 1961 [s.v. Iktinos])? – Der Satz des Vitruv („... über den dorischen Tempel auf der Akropolis von Athen [haben] Iktinos und K. [geschrieben]...") besagt ledigl., daß diese beiden Männer gemeinsam eine Schr. verfaßt haben; oder haben beide jeweils ein Buch geschrieben (Brunn, ibid.)? Im zweiten Fall ist es möglich, – d.) daß K. der Architekt des sog. Vorparthenon gewesen ist (Klein, GGK II, 1905, 71) oder – e.) daß er sich um die Übernahme des perikleischen Auftrags beworben und anschl. seine nicht realisierten Pläne veröffentlicht hat (Svenson-Evers, Architekten, 1996, 213, Anm. 1) oder – f.) daß er später gelebt und ledigl. ein weiteres Buch über den Parthenon des Iktinos verfaßt hat. Schließl. ist vermutet worden, daß – g.) der Name K. eine verderbte Fassung des Namens → Kallikrates (I) darstelle (im Verlauf der schriftl. Überlieferungen der antiken Schr. oder des Buchs des Vitruv?), doch ist dies angesichts der doch erhebl. Unterschiede zw. den beiden Namen eher unwahrsch. (Wesenberg, 107; Svenson-Evers, ibid., Anm. 3). Von den oben angeführten Hypothesen können a.), b.) oder d.) die größte Wahrscheinlichkeit beanspruchen. ▭ ThB19, 1926. RE X. 2,

1919; EAA IV, 1961. – *Brunn*, GGK II, 1889, 246; *Klein*, GGK II, 1905, 71; *B. Wesenberg*, AM 97:1982, 107; *Svenson-Evers*, Architekten, 1996, 157, 172, Anm. 52, pp. 182, 212 s., 215.
M. Korres

Karpodoros (Καρποδώρος), aus Athen, griech. Bildhauer, im 2. Jh. n. Chr. in Pergamon tätig. Nur bek. durch seine Sign. auf einer Marmorbasis für eine Statue einer Priesterin aus dem Heraheiligtum in Pergamon. ▭ ThB19, 1926. RE X. 2, 1919; EAA IV, 1961. – *A. Ippel*, AM 37:1912, 296.
R. V.

Karpos (Κάρπος), angeblicher Steinschneider. Auf einer einen tanzenden Satyr darstellenden antiken blauen Glaspaste der niederl. Slg in Den Haag (sog. De Thomsche Paste) erscheint sein Name als mod. Zutat, da die Inschr. die alte Verwitterung durchschneidet. Das Motiv eines ekstat. tanzenden Satyrs mit Kantharos, Thyrsos und Pantherfell auf dem linken Arm hat Parallelen auf weiteren Gemmen, z.B. auf Gemmen des → Skylax, sowie auf neu-att. Reliefs. Weiter steht sein Name auf einigen gefälschten Steinen (Furtwängler, 1889, 74). ▭ RE X. 2, 1919 (s.v. K. 4); EAA IV, 1961. – *A. Furtwängler*, Archäol. Jb. 4:1889, 74; *id.*, AG, 1900, 175, Taf. 36,33; *Brunn*, GGK II, 1889, 617; *F. Hauser*, Neu-att. Reliefs, St. 1989, 90.
J. Weinig

Kartairios (Καρταιρίος), griech. Mosaizist, E. 4. Jh. n. Chr. in Tremetoushia/Zypern tätig. K. sign. das Fußbodenmosaik im Mittelschiff der frühchristl. Basilika des Hl. Spyridon in Tremetoushia in Zypern. Der Mosaizist, dem die Inschr. „handwerkl. Geschicklichkeit" attestiert, gebrauchte zur Gestaltung des Mosaiks einfache geometr. Motive, die am Ende dieses Jh. weit verbreitet waren. K. bediente sich dabei des „Regenbogenstils", der sich ebenfalls in die allg. künstler. Strömungen im ö. Mittelmeer eingliedert. Seltener jedoch ist die Darst. eines juwelengeschmückten Kreuzes oberhalb der Inschr. Obwohl uns aus Zypern zahlr. Inschr. aus der Spätantike vorliegen, ist K. der einzige zypriot. Künstler, der uns inschr. überliefert ist. ▭ *A. Papageorghiou*, KypSpud 1966, 25, Taf. 2; *I. Nicolaou*, Cypriot inscribed stones, Nicosia 1971, 35 s.; *S. Pelekanides/ P. Atzaka*, Syntagma, I, Thessaloniki 1974, 142, Nr 135, Taf. 125; *D. Michaelides*, Cypriot mosaics, Nicosia 1987, 36, Nr 38; *W. A. Daszewski/ D. Michaelides*, Mosaic floors in Cyprus, Ravenna 1988, 103; *Donderer*, Mosaizisten, 1989, 66, Nr A 19, Taf. 15,2; SEG, XXXIX, 1989, 496, Nr 1556; *O. Masson*, REG 107:1994, 588 s., Nr 614.
P. Hadjichristophi

Karterios (Καρτέριος; Carterius), griech. Maler, im 3. Jh. n. Chr. tätig. Lt. Porph., vit. Plot., 1 (Overbeck, SQ, 1868, Nr 2396), war K. um 250 n. Chr. der bedeutendste Maler. Amelios, ein Schüler Plotins, beauftragte K. seinen Meister aus dem Gedächtnis zu malen, weil der Philosoph sich gegen ein Porträt sperrte. ▭ ThB19, 1926. RE X. 2, 1919; EAA IV, 1961; VI, 1965 (s.v. pictor). – *Pfuhl*, MuZ, II, 1923, 831.
R. V.

Kaupteh, ägypt. „Unteraufseher der Künstler", unter dem König Pepi I. (2335/2885–2285/2235 v. Chr.) tätig. Erw. in einer Namensliste aus dem Steinbruch von Wadi Hammamat, auf der alle Arbeiter aufgeführt waren, die dort arbeiteten. ▭ LD, II, 115b; *M. M. J. Couyat/P. Montet*, Les inscr. hiéroglyphiques et hiératiques du Ouâdi Hammâmât, Kairo 1912, Nr 101.
Y. Ott

Kavie, etrusk. Baumeister, der im 6. Jh. v. Chr. in der Nekropole der Banditaccia in Caere eine in den Fels gehaucne Straße gebaut hat, die das Grab der Ginster mit dem Bereich des Recinto verbindet. Eine in die Felswand neben der Straße gemeißelte Inschr., durch die Schrifttypen in archaische Zeit zu datieren, lautet: „mine zineke kavie" und läßt sich leicht auflösen: „mine" ist das Pronomen erster Person Singular im Akkusativ und bezieht sich auf das Werk, das direkt „spricht"; „zineke" ist die aktive Vergangenheitsform eines Verbs (Endung „-ke", im s. Etrurien häufiger „-ce") mit dem Stamm „zine(a)", das mit hoher Wahrscheinlichkeit die Bedeutung von „machen" hat; „kavie" ist ein Eigenname, der in and. etrusk. Texten vom 7. Jh. vorkommt und dem lat. „Gavius/Gaius/Caius", dem faliskischen „Cauio" und dem oskischen „Gaviis" entspricht. Die Übersetzung lautet demnach: „Mich hat Kavie gemacht". Da es sich um ein öff. Werk handelt, könnte auch (im Sinne des lat. „faciendum curavit") „machen lassen" gemeint sein; in diesem Fall würde sich die Inschr. nicht auf einen Baumeister beziehen, sondern auf eine kompetente Amtsperson. Es ist auch nicht auszuschließen, daß K. der ausführende Steinmetz war und eine in der Nähe angebrachte, sehr bruchstückhafte Inschr. urspr. den Auftraggeber nannte. Mit großer Wahrscheinlichkeit bezieht sich die von sicherer Hand ausgef. Sign. des K. auf den Baumeister; ein Beamter hätte wohl neben dem Eigen- auch seinen Fam.-Namen genannt. Wenn man diese Deutung akzeptiert, erscheint das Verb „zine-" wie auch auf and. etrusk. Inschr. der Zeit ein weiteres Mal in der Bedeutung des „Machens im materiellen Sinn". Wenn der Baumeister hier ebenso wie andernorts ein Hersteller oder Feinbearbeiter kleiner

Wertgegenstände seinen Eigen-, aber keinen Fam.-Namen angibt, läßt sich daraus – unabhängig von seinen Fertigkeiten – auf einen niedrigen soz. Rang schließen. ▭ CIE, 5993 (Lit.). G. Camporeale

Kaylos (Καῦλος), griech. Töpfer, um 550 v. Chr. in Athen tätig. Nur bek. durch seine Sign. auf einer Schale aus Leperano, die von → Sakonides mit auf beiden Seiten der Darst. eines Königs mit Nike und and. Figuren bemalt worden ist (heute Tarent, MN, Inv. Nr IG 6221; CVA, Tarent 3, Taf. 33; A. Goulaki-Voutira, LIMC VI, 1992, 858, Nr 68, s.v. Nike). ▭ EAA IV, 1961. – *Q. Quagliati*, NSc 1903, 34 s., Abb.; ABV, 1956, 171–172; Para, 1971, 71; Add², 1989, 48. R. V.

Kealtes (Κεάλτες), griech. schwarzfiguriger Vasenmaler, um 550 v. Chr. in Athen tätig. K. ist durch die Sign. auf dem Fuß eines Aryballos aus Petreza (Athen, NM, Inv. Nr 1055), dem einzigen mit ihm verbundenen Werk, bekannt: KEALTES EGRAPHSEN. MNESIKLEIDES EDOKEN PHOKI: „Kealtes hat (mich) bemalt. Mnesikleides hat (mich) Phokis geschenkt"; der Dativ PHOKI gehört eher zu dem Frauennamen Phokis als zu einem Männernamen. Das Salbölgefäß wurde von K. mit einem Fries von stehenden Frauen und Männern sowie einer sitzenden Figur bemalt. Von diesem Fries ist durch Dreifachstriche eine unter dem Henkel stehende Sphinx abgetrennt, auf dem Henkel ist ein bärtiges Gorgoneion eingeritzt; der qualitätvollen figürlichen Verzierung des Aryballos entspricht die reiche Ornamentik von Gefäßkörper und Mündungsrand. Da die Inschr. mit der Sign. des K. vor dem Brand aufgemalt wurde, handelt es sich bei dem Aryballos um ein vorbestelltes Geschenk des Mnesikleides. Die Form des Aryballos folgt mit dem runden Körper und dem Mündungsteller korinth. Vorbildern, singulär ist der Fuß des Gefäßes. ▭ LGPN II, 1994, 257. – ABV, 1956, 347 s.; *Boardman*, ABFH, ²1980, 190; *Von Bothmer*, Amasis, 1985, 196 s., Abb. 103; Add², 1989, 94; *Immerwahr*, AttScr, 1990, 151, Nr 1044; *I. Scheibler*, Griech. Töpferkunst, M. ²1995, 48, Anm. 69; *M. Steinhart/E. Wirbelauer*, Chiron 30:2000, 283, Nr 19. M. Steinhart

Kebu, ägypt. „Vorsteher der Gilde der Bildhauer", während des Mittleren Reiches (2119–1794/93 v. Chr.) tätig. Nur bek. von einer Stele des Bildhauers → Kemes, mit dem er verwandt zu sein scheint. ▭ *E. A. W. Budge*, Hieroglyphic texts from Egyptian Stelae, V, Lo. 1914, Taf. 13, Nr 323 (844); *W. A. Ward*, Index of Egyptian administrative and relig. titles of the Middle Kingdom, Beirut 1982, 20, Nr 118. C. von Pfeil

Kekebes, iber. Waffenschmied, viell. im 4./3. Jh. v. Chr. in NO-Spanien tätig. Die in NO-iber. Zeichen (I. Untermann, DNP V, 1998, 623–627, s.v. Hispania) wiedergegebene, wohl als Personennamen aufzufassende Lautfolge „Kekebes" begegnet als in Silber eingelegte Inschr. auf der Klinge einer sog. Falcata (M. Blech, DNP IV, 1998, 400, s.v. Falcata), dem spätestens seit dem 5. Jh. v. Chr. in der iber. Kultur verbreiteten, partiell zweischneidigen, asymmetr. Hiebschwert aus Eisen (Koch, 1998). Das im Vergleich zu and. Beispielen seiner Art aufwendig verzierte und als einziges mit einer Inschr. versehene Exemplar (Koch, 1998) stammt viell. aus der Region von Sagunt/Spanien (Valencia, Mus. de Prehist. Domingo Fletcher, Inv. Nr 34). Für die inschr. Nennung eines Waffenschmiedes namens K. spricht der dem Namen folgende Zusatz „te-ekiar-te", wobei die auch auf Keramik und and. Gebrauchsgegenständen sowie Mosaiken vorkommende Formel „ekiar" als ein „hat (es) gemacht" verstanden werden könnte (vgl. Koch, 1998, 268 s., Nr 50). Die Klinge der Falcata ist offenbar vorsätzl. verbogen und die Waffe damit für Kampfzwecke unbrauchbar gemacht worden, eine in versch. antiken Kulturkreisen verbreitete Maßnahme bei Stücken, die als Votive oder Grabbeigaben dienen sollen. Es wurde auch vermutet, daß die Falcata eigens für den Grabgebrauch verfertigt worden ist. Aufgrund der primären bzw. sekundären Zweckbestimmung kann mit K. daher auch der Auftraggeber, Besitzer bzw. Stifter der Waffe gemeint sein. In diesem Zusammenhang v.e. → Korisios. ▭ *M. Koch* (Ed.), Die Iberer (K Bonn u.a.), M. 1998, 144 s., 258, Nr 25. K. Hornig

Keki, ägypt. Goldschmied, in der 12. Dynastie (1976–1794/93 v. Chr.) in Ägypten tätig. Bek. von einer Fam.-Stele (heute London), deren Fundort unbek. ist. Die Verwandtschaftsbeziehungen zu den übrigen Dargestellten sind nicht immer deutlich. ▭ *H. M. Stewart*, Egyptian stelae, reliefs and paintings, II, Warminster/Guilford 1979, 27, Nr 115, Taf. 29,1 (UC 14345). S. L. Lippert

Kemes, ägypt. Bildhauer, in der 12. Dynastie (1976–1794/93 v. Chr.) tätig. Nur bek. durch eine Opferstele (London, BM, Inv. Nr 323). ▭ *E. A. Wallis Budge*, Hieroglyphic texts from Egyptian stelae in the BM, V, Lo. 1914, Nr 323, Taf. 13; *W. A. Ward*, Index of Egyptian administrative and relig. titles of the Middle Kingdom, Beirut 1982, Nr 1561. Y. Ott

Kenchramos (Κέγχραμος), griech. Bildhauer, in der 1. H. des 4. Jh. v. Chr. in Athen tätig. Zus. mit → Polymnestos (I) sign. er zwei Basen aus pentelischem Marmor, die auf der Athener Akropolis gefunden worden sind (Loewy, IGB, 1885, 55–56, Nrn 70–71; IG, II, 1623, 1435). Eine war der Athena gew. und trug eine Porträtstatue. Wahrsch. ist er ident. mit *Cenchramis*, der von Plinius (nat., 34, 87) als Fertiger von Porträtstatuen erwähnt wird. ▭ ThB20, 1927. RE XI. 1, 1921; EAA IV, 1961. – *Brunn*, GGK I, 1889, 400. R. V.

Kephalos (Κέφαλος), aus dem Demos Kollytos (?), griech. Töpfer, 2. H. 5. Jh. v. Chr. in Athen tätig. Urspr. war er Töpfer, bek. wurde er aber als Politiker und Redner am E. des 5. und im 1. V. des 4. Jh. v. Chr. ▭ RE XI. 1, 1921 (s.v. K. 3); KlP III, 1969 (s.v. K. 3); DNP VI, 1999 (s.v. K. 3). R. V.

Kephisodoros (I) (Κηφισόδωρος; Cephisodorus), griech. Maler, galt während der 90. Olympiade (420 v. Chr.) bereits als berühmt und angesehen (Plin., nat. 35, 60: „iam inlustris"). ▭ RE XI. 1, 1921 (s.v. K. 10); KlP III, 1969 (s.v. K. 7).
Th. Ganschow

Kephisodoros (II), griech. Bildhauer, um 25 v. Chr. in Athen tätig. Nur bek. durch die Inschr. einer am W-Abhang der Athener Akropolis gefundenen Basis (IG, III, 580; Loewy, IGB, 1885, 227, Nr 317; Overbeck, SQ, Nr 2256), nach der K. eine Statue des P. Cornelius P. f. Scipio, *quaestor pro praetore*, geschaffen hat. Nach allg. Ansicht ist Scipio ident. mit dem Consul von 16 v. Chr. und dürfte demnach um 25 v. Chr. Quaestor der Provinz Achaia gewesen sein (RE IV. 1, 1900 [s.v. Cornelius 333]; KlP I, 1964 [s.v. Cornelius 44]). ▭ ThB20, 1927. RE XI. 1, 1921 (s.v. K. 9); EAA IV, 1961 (s.v. K. 2); KlP III, 1969 (s.v. K. 6).
Th. Ganschow

Kephisodoros (III), griech. Erzgießer unbestimmter Zeit, viell. des 5. oder 4. Jh. v. Chr. Plinius (nat., 34, 74) erw. K. unter den Erzgießern und nennt zwei seiner Werke, eine Athena(-Statue) und einen Altar beim Tempel des Zeus Soter, beide im Piräus. Diese einzige antike Quelle, die K. namentl. nennt, wird mit Pausanias' Beschr. der Kultstatuen des Disoterions im Piräus – des Heiligtums des Zeus Soter und der Athena Soteira – in Verbindung gebracht (Paus., 1, 1, 3), auch wenn Pausanias den Namen des Künstlers oder der Künstler der beiden Bronzestatuen verschweigt. Diese Statuengruppe wollte man wiederum in den beiden Götterfiguren auf einem att. Weihrelief von der Athener Agora aus dem Jahre 318/17 v. Chr. erkennen (Athen, NM, Inv. Nr 1482: BrBr 533 links; P. Demargne, LIMC II, 1984, 1013, Nr 613, s.v. Athena; O. Alexandri-Tzahou, LIMC III, 1986, 380, Nr 58*, s.v. Demos; M. Meyer, Die griech. Urkundenreliefs, B. 1989 [AM, Beih., 13], 61, Nr A 134, Taf. 39,1): Die Darst. zeigt den in der Inschr. geehrten Euphron aus Sikyon, dem eine männl. Gottheit im Beisein von Athena einen Kranz überreicht. Ikonogr. wie auch inhaltl. ist jedoch die Deutung auf Demos sehr viel wahrscheinlicher; daneben spricht die Aktion der Figur eindeutig gegen die These, hier handele es sich um ein Kultbild. In diesem Kontext erscheint Athena, wie häufig auf Urkundenreliefs, eher in ihrer Eigenschaft als Stadtgöttin, nicht jedoch als Athena Soteira, so daß jede Verbindung des Reliefs mit der Kultstatue im Piräus abzulehnen ist. Eine Benennung der typolog. mit der Athena des Urkundenreliefs verwandten Athenastatue in Rom, Mus. Nuovo Capitolino (Inv. Nr 1829: Helbig^{4}, II, 1966, 510 s., Nr 1732; F. Canciani, LIMC II, 1984, 1086 s., Nr 159*, s.v. Athena/Minerva), deren Vorbild in das späte 4. Jh. zu datieren ist, als „Athena des K." ist mithin unzulässig. – Die 1959 im Piräus gefundene Bronzestatue der Athena (Piräus, Mus., Inv. Nr 4646: P. Demargne, LIMC II, 1984, 980 s., Nr 254*, s.v. Athena) wurde verschiedentl. mit den gen. Zitaten aus Plinius und Pausanias in Verbindung gebracht (so z.B. K. Schefold, AntK 14:1971, 37–42, der in ihr ein Orig. des → Kephisodotos [I] sieht), doch sprechen stilkrit. Unters. und herstellungstechn. Details gegen eine solche Vermutung (M. Fuchs, In hoc etiam genere Graeciae nihil cedamus, Mainz 1999, 9–14). – Fragl. bleibt auch, ob Plinius in der oben erw. Textstelle überhaupt das Kultbild der Athena Soteira meint. Tatsächl. dürfte aufgrund der Wortstellung (*Cephisodorus Minervam mirabilem in portu Atheniensium et aram ad templum Iovis Servatoris in eodem portu, cui pauca comparantur*) eher anzunehmen sein, daß sich die Bestimmung *ad templum Iovis Servatoris* nur auf den Altar bezieht. Aussehen und Aufstellungsort der Athena des K. bleiben daher ebenso wie ihre Dat. (und damit die Schaffenszeit des Künstlers) völlig unbekannt. – Der von Plinius erw. Altar bildet ein archäol. Problem: Dem inhaltl. Zusammenhang nach sollte er aus Bronze gegossen sein, wofür allerdings keine Analogien bek. sind. Dasselbe gilt für die Möglichkeit, daß nur Teile, beispielsweise eine figürl. Darst. (von der Plinius allerdings nicht spricht), aus Bronze hergestellt wurden. Denkbar wäre, daß Plinius den Altar ledigl. als ein weiteres Beispiel für das Œuvre des K. anführt. Die Vermutung, daß Plinius oder ein Kopist beim Abschreiben des Textes K. mit dem bekannteren → Kephisodotos (I) verwechselt habe, ist unwahrscheinlich. ▭ ThB20, 1927 (s.v. K. 1). RE XI. 1, 1921 (s.v. K. 8); EAA IV, 1961 (s.v. K. 1); KlP III, 1969 (s.v. K. 5); DNP VI, 1999. Th. Ganschow

Kephisodotos (I) (Κηφισόδοτος; Cephisodotus), griech. Bildhauer, wohl Athener, Bruder der ersten Frau des 402 v. Chr. geb. Phokion, in der 1. H. des 4. Jh. v. Chr. in Athen tätig. Der Name K. ist häufig, nicht nur in Athen. Plinius (nat., 34, 50) verzeichnet die *Akme* für K. in der 102. Olympiade (372–369 v. Chr.); Pausanias (1, 8, 2) überliefert eine Statue der Eirene auf der Agora von Athen, als deren Künstler er (9, 16, 2) K. nennt. Dieses Werk ist in fragmentierten röm. Marmorkopien von unterschiedl. Format erh., die sich zu einem fast vollst. Werk ergänzen lassen, das von H. Brunn durch Münzbilder als Eirene mit Szepter in der Rechten und Plutosknaben und Füllhorn im linken Arm identifiziert worden ist. – Seit C. Landwehr 1985 die Fragm. des antiken Gipsabgusses des Plutosknaben in Baiae identifiziert hat, ist zudem – wie meist angenommen – gesichert, daß das Orig. aus Bronze gefertigt war und die überlebensgroßen Marmorkopien den Maßstab des Orig. bewahren. Darüber hinaus lehren die orig. Abguß-Fragm., daß die röm. Kopisten den Gipsabguß vom Bronze-Orig. in unterschiedl. Weise in Marmor übertragen haben. Der orig. Abguß des Knabenkörpers ist anatom. detaillierter und zugleich knapper modelliert als die partiell erh. Marmorrepliken in München und Athen und Dresden. Die letzte Liste der statuar. Marmorrepliken bei B. Vierneisel-Schlörb (1979, 261 s., Anm. 4) führt zu der einzigen fast vollst. Statue aus der Villa Albani in München, Glyptothek, Inv. Nr 219, weitere sieben Torsen an – zwei Einzelköpfe der Eirene und zwei Repliken des Plutosknaben – und dazu die 1969 von P. G. Themelis publizierten Panathenäischen Preisamphoren aus Eretria von 360/59 v. Chr., unter dem Archonten Kallimedes, auf denen die Eirene des K. identifizierbar ist. Die Bildüberlieferung in den versch. Medien erg. sich, wobei nur fragl. ist, ob der Ärmelchiton, den die statuar. Repliken in New York und Pal. Margherita wiedergeben, dem Orig. angehörte. Die Überlieferung erlaubt eine beinahe vollst. Rekonstr., ausgenommen Szepter und Füllhorn, die beide nur die Vasenbilder vollst. wiedergeben. – Die überlebensgroße weibl. Gestalt im übergegürteten Peplos mit Überschlag, Mantel auf dem Rücken und Sandalen steht aufrecht mit dem Gewicht des mächtigen Körpers auf dem linken Bein, dessen Tragefunktion die dichten und streng senkrecht geführten Falten des stoffreichen Peplos opt. übernehmen; dessen Saum staut sich nur über dem Fuß, während das wenig seitwärts nach rechts zurückgenommene rechte Spielbein gleichsam mit seiner Körperwärme und Bewegung den Stoff über dem Oberschenkel spannt und der Saum sich weich über den leicht angehobenen Fuß schmiegt. Ein markanter senkrechter Faltengrat vom rechten Knie zum Boden und die das Spielbein rahmenden senkrechten Falten am Außenkontur sichern opt. die Standfestigkeit, zu der beiderseits die Verbreiterung durch weitherabgeführte Mantelbahnen beiträgt. Die tragende Kraft der ausbiegenden Standbeinhüfte dient dem auf dem Unterarm sitzenden Plutosknaben, dessen stark gekurvter Außenkontur gleichsam von dem rahmenden Füllhorn gefestigt wird, dessen Ende Eirene mit der linken Hand hielt und das den Knabenkopf überragt. Der bis auf den verrutschten Lendenschurz nackte Knabe mit kurzer, über der Stirn zurückgenommener Lockenfrisur, die durch ein Haarband geordnet wird, legt den Kopf extrem weit in den Nacken und wendet damit das Gesicht der Eirene zu, die ihren Kopf dem Knaben zuneigt. Zw. den beiden ungleich großen Köpfen etwa endete das Füllhorn, das nach Ausweis der Andeutungen der Eirenestatue auf den Panathenäischen Amphoren (bes. Eschbach, 1986, Taf. 16. 3) am ehesten Blüten beinhaltete wie sie Eirene gleichartig im Haar trug. Wie der Plutosknabe trägt Eirene eine wohlgeordnete und stark gegliederte Frisur, die mit einem doppelt umlaufenden Band gefestigt ist. Die auf der Kalotte glattsträhnige Mittelscheitelfrisur ist aus der Stirn und den Schläfen gestrichen und bildet unterhalb des Haarbandes lange Lockensträhnen, von denen je zwei den Halskontur bis auf die Schultern begleiten. Das von den Haaren symmetr. gerahmte Gesicht mit spitzer Dreieckstirn und vollen Wangen, weichem Mund, breitem Nasenrücken und kleinen Augen ist alterslos. Viell. trug die Eirene außer den Blüten im Haar als weiteren Schmuck Ohrringe, wenn die Bohrungen an der Kopie in München antik sind. – Für diese Personifikation ergibt sich keine festgelegte Ikonographie, weder aus der lit. Überlieferung noch aus der bildl., wie die nicht stimmigen Vergleiche bei T. Hadzisteliou-Price, Kourotrophos, Lo. 1978, 62, erweisen. Mit Hesiod, theog., 901–902, daß Demeter die Mutter des Plutos sei, wäre die matronale und oft Demeter vorbehaltene Gewandtracht im Einklang, nicht aber die kunstvolle Langhaarfrisur der Eirene und nicht das Füllhorn. In den beiden Komödien des Aristophanes *Eirene* und *Plutos* von 404 und 399 v. Chr. haben diese Personifikationen keinen Bezug zur Bildfassung der Eirene von K. (I). Bei Bacchylides, Fragm. 4, ist Eirene die Mutter des Plutos und der Blüten – im Haar und im Füllhorn? Diese lit. Version ist ikonogr. dem Bildwerk am nächsten, aber das gedankl. Konzept steht in keiner erkennbaren Tradition. – Einzelne Bildelemente lassen sich ikonogr. als Ableitungen erkennen. So hat 1938 zuerst H. Weber darauf hingewiesen, daß der Peplos im 4. Jh. v. Chr. keine Zeittracht mehr gewesen sei, sondern Priesterinnen und Göttinnen vorbehalten blieb. Die aufwendige Haartracht der Eirene ist für Demeter ungewöhnl., entspricht in bescheidenster Fassung aber der Marmorstatuette der Demeter des Melankrides auf Kos (R. Kabus-Preishofen, APl XV, 1975, 36 ss., Taf. 12). Da der Bildhauer dieser Statuette kaum eine eigene ikonogr. Erfindung kreiert haben dürfte, verweist ihre für Demeter ungewöhnl. Frisur eine uns verlorene Überlieferung. Besser belegt ist die Überlieferung der Lockentracht des Plutosknaben als Kinderfrisur auf att. Grabreliefs (Beispiele bei C. Clairmont, Classical Attic tombstones, 1993, darunter Taf. 0. 855.). Diese aus der Überlieferung erkennbare Ableitung für die neu zu schaffende Ikonogr. der Eirene und des Plutosknaben führt in des Künstlers und seiner Auftraggeber Gedankenwelt, deren bildhafte Umsetzung als großes Kunstwerk noch in den Nachahmungen zu erkennen ist. – Ein Datum für das Orig. ist nicht überliefert. Ein *terminus post quem* für die Einrichtung des Eirenekultes in Athen und damit für die Errichtung des Kultbildes durch K. ist polit.-histor. aus den Schriftquellen, die Wycherly (1957) anführt, durch die überlieferten Friedensschlüsse 375/74 v. Chr. oder 360 v. Chr. erschließbar. Einen ikonogr. begründeten *terminus ante quem* von 360/59 v. Chr. geben die festdatierten Panathenäischen Amphoren aus Eretria mit dem Zitat der Eirenestatue. Damit ist eine Entstehung vor 360 v. Chr. gesichert, die zuvor in der Forsch. häufig stilist. auch mit dem Urkundenrelief von 362/61 v. Chr. begründet worden ist. Die folgenden in den Schriftquellen gen. Bildhauer dieses Namens werden in der archäol. Forsch. mit dem K., der die Eirene schuf, hypothet. in Verbindung gesetzt: Plinius (nat., 34, 87) unterscheidet einen älteren (*Akme*: 102. Olympiade) von einem jüngeren (*Akme*: 121. Olympiade) Bildhauer (→ K. [II]) dieses Namens; beider Herkunft und Verwandtschaftsverhältnisse sind unbekannt. Plinius führt (nat., 34, 50) von dem älteren K. zwei Bronzestatuen auf: – 1.) einen Hermes, das Dionysoskind nährend, und – 2.) einen Redner mit erhobener Hand, während der jüngere K. (→ K. [II]) Philosophenbildnisse aus Bronze geschaffen habe. Die gen. Werke sind nicht identifiziert. In der Forsch. werden sie mitunter K. (I) zugeschrieben. Zu – 1.) Der fragmentierte Hermenpfeiler in Athen, Agora, Inv. Nr S 33, wird gegen E. Harrison (Agora XI, 1965, Nr 210, Taf. 56) von B. Vierneisel-Schlörb (1979, 260 s., mit Anm. 35) als „möglicher... Zeuge" für den Hermes Dionysophoros angeführt, den die Autorin als Werk des älteren K. anspricht. Zu – 2.) Von der Geste des Redners gibt die viel spätere Stele des Polybios aus Kleitor eine Vorstellung, deren Habitus in der archäol. Lit. mißverstanden öfters als Gebetsgeste (F. Eckstein, APl XV, 1975, 83 ss., Abb. 7, Taf. 40b) oder unspezifisch als Gruß interpretiert wird (G. Neumann, Gesten und Gebärden in der griech. Kunst, B. 1965, 46 s.). Die für den jüngeren K. (→ K. [II]) angeführten Philosophenbildnisse aus Bronze fehlen unter den zahlr. schriftl. überlieferten Marmor- und Bronzewerken des Bildhauers → K. (II), dem Sohn des → Praxiteles (II), (Overbeck, SQ, 1868, Nrn 1333–1342). Die Gleichsetzung mit diesem ist aber wahrsch., weil bei Plinius (nat., 50) in der Liste auf K. → Timarchos (I) folgt, der von Plutarch (Lyk., 38) Bruder des K. und Sohn des → Praxiteles (II) gen. wird. Die nur durch Pausanias (8, 30, 10; 9, 30, 1) bek. Statuen aus pentel. Marmor im Tempel des Zeus Soter in Megalopolis, ein thronender Zeus zw. Megalopolis (rechts) und Artemis Soteira (links), die er als Werke der athen. Bildhauer K. und → Xenophon (II) bez. sind (Paus., 8, 30, 10) durch die Gründung der Stadt in die zu erschließende Lebenszeit des K. datierbar. Das gilt ebenso für eine Gruppe von neun Musen und eine Teilgruppe von dreien desselben Bildhauers K., die über die Beteiligung des anderweitig bek. Bildhauers → Strongylion (vgl. datierbar: Schol. Aristoph., av., 1128, von 404 v. Chr.) an der zweiten Musengruppe datierbar sind. Da aber die Werke unbek. sind, ist die in der Forsch. immer wieder postulierte Zuweisung dieser Statuen an K. (I) bisher nicht sicher. Unsicher bleibt auch die Erg. der Inschr. einer Marmorbasis in Eleusis mit der unvollst. erh. Sign. ΚΕΦΙΣΟ (IG, II/III^2, 4552) zu einem Kephisodot. Ebensowenig kann aus den kompositionellen Bezügen der Eirene zu dem Hermes des → Praxiteles (II) in Olympia ein Vater-Sohn-Verhältnis der beiden Bildhauer erschlossen und der jüngere K. (→ K. [II]), der als Sohn des → Praxiteles (II) überliefert ist, als Enkel des Bildhauers K. erklärt werden, der die Eirene-Komp. für die Agora in Athen geschaffen hat. Stilist. Vergleiche mit dem einzigen für diesen Athener K. faßbaren Werk, der Eirene mit Plutosknaben und Füllhorn auf der Agora von Athen, haben bisher zu keiner Vorstellung eines Œuvres geführt. ▭ ThB20,

1927. RE XI. 1, 1921 (s.v. K. 8); EAA IV, 1961 (s.v. K. 2); KlP III, 1969 (s.v. K. 4); *E. Simon*, LIMC III, 1986, 700 ss. (s.v. Eirene); DNP VI, 1999 (s.v. K. 4). – *C. G. E. Rizzo*, Prassitele, Mi. 1932, Taf. V (Plutos in Athen, NM, Inv. Nr 175); *H. Weber*, Beitr. zur Trachten-Gesch. Griechenlands, Würzburg 1938, 130; *Lippold*, GrPl, 1950, 223 ss.; *R. E. Wycherly*, Agora, III, Literary and epigraphical testimonia, Pr. 1957, 62 s., Nrn 154, 156; *P. G. Themelis*, AAA 2:1969, 415 s., Abb. 4–5; *Vierneisel-Schlörb*, KatSkulptGlypt, II, 1979, 255 ss.; *C. Landwehr*, Die antiken Gipsabgüsse aus Baiae, B. 1985, 133, Taf. 60; *N. Eschbach*, Statuen auf Panathenäischen Preisamphoren des 4. Jh. v. Chr., Mainz 1986, 58 s., Taf. 16–18,5. M. Weber

Kephisodotos (II), griech. Bildhauer, E. 4./A. 3. Jh. v. Chr., viell. schon um 344 v. Chr. tätig. K. und sein Bruder → Timarchos (I) waren Schüler ihres berühmteren Vaters, → Praxiteles (II), dessen Vater auch K. hieß (→ Kephisodotos [I]), wahrsch. jener ebenfalls berühmte Bildhauer, der die auf der Agora von Athen aufgestellte Statue der Eirene mit dem Ploutosknaben auf dem Arm schuf. – Von den Enkeln, K. (II) und → Timarchos (I), ist wenigstens ein Werk durch die sehr gut begründete und kommentierte Rekonstr. von Klaus Fittschen wieder kenntl. geworden: die Sitzstatue des Komödiendichters Menander, die Pausanias (1, 21, 1) bei einer Besichtigung des Dionysostheaters in Athen gesehen hat, ohne allerdings die Sign. zu erwähnen. Diese wurde erst bek., als 1862 an der von Pausanias erw. Stelle die Basis mit ihrer Inschr. gefunden wurde. Auch Dion Chrysostomus (40–112 n. Chr.) scheint die Statue gekannt zu haben, weil er sich in einer Rede an die Rhodier 31, 116 darüber lustig macht, daß die Athener seiner Zeit es wagten, daneben die Statue eines allzu seichten Dichters aufzustellen. – Grundlage für die erst 1990 nach einer langen Forschungs-Gesch., in der F. Studniczka und J. F. Crome eine entscheidende Rolle spielten, endl. gelungene Rekonstr. von Klaus Fittschen ist das Studium von 72 Repliken des Kopfes und sieben Repliken des Körpers, die sich aufgrund der an einer Einsatzbüste in Venedig, Seminario Patriarcale erhaltenen Gewandfalten miteinander verbinden lassen. Die hohe Replikenzahl bezeugt sowohl die Wertschätzung des Komödiendichters als auch des Werkes, das Klaus Fittschen treffend beschrieben hat: „Die Statue Menanders ist ganz still. Der Dichter sitzt vom Betrachter abgewandt, sein Kopf ist sinnend geneigt. Der Aufbau ist ohne Dissonanzen, von reinstem Wohlklang. Auf genial einfache Weise bindet der von der linken Schulter zum rechten Knie geworfene Mantel den Körper zus. und verleiht der Figur den schönen, geschlossenen Umriß. Der Bildniskopf wirkt ideal und 'klassisch'. Er steht noch ganz unter dem Eindruck der Alexanderzeit“. – Weniger sicher als die Sitzstatue des Menander, aber durchaus begründet ist die Annahme, daß die nächst der Knidia des → Praxiteles (II) bedeutendste Statue der nackten Aphrodite aus dem Altertum, näml. der nach der besten Replik im Kapitolin. Mus. in Rom „Venere Capitolina“ gen. Typus ein Werk der Söhne des Meisters der and. Aphroditestatue sei. Von diesen beiden ist bek., daß sie eine Aphroditestatue schufen, die nach Plinius 36, 24 in der Slg des Asinius Pollio in Rom ausgestellt war. Wegen der Erwähnung im 36. Buch muß sie im Gegensatz zur Marmorstatue des → Praxiteles (II) in Knidos aus Bronze gewesen sein, wahrsch., weil kein Gewand dargestellt war und deshalb eine evtl. Stütze nicht hätte kaschiert werden können. Der Erwähnung der Statue hatte Plinius das Urteil vorangestellt, K. habe die Kunstfertigkeit (*ars*) seines Vaters geerbt. Man muß also, wenn man im Denkmälervorrat nach dem Statuentypus sucht, der die Aphroditestatue des K. in der Slg des Asinius Pollio entsprechen könnte, auf die Abhängigkeit von → Praxiteles (II) achten und stößt dann von selbst auf den Typus der Kapitolin. Aphrodite. Diese hat im Gegensatz zur Knidia eine gänzl. unmotivierte Stütze und muß deshalb auf ein Bronze-Orig. zurückgehen. Das Werk erscheint gegenüber dem des → Praxiteles (II) genau so weiterentwickelt wie die Sitzstatue des Menander gegenüber der im etwa gleichen zeitl. Abstand entstandenen Demeter von Knidos des → Leochares (I), einem Zeitgen. der Generation des Vaters des K. – Der durch mehrere Repliken vertretene Typus der Kapitolin. Aphrodite besitzt genau das, was die Schriftquellen an K. als Vollender der Kunst seines Vaters rühmen. So lobt Plinius an einem Symplegma, das sich in Pergamon befand, d.h. einer Ringergruppe oder einer Gruppe erotischen Gerangels das naturnahe Detail der Finger, die sich in das weiche Fleisch eindrücken. Auch eine Statue im Askleipieion von Kos rühmt der Dichter Herodas als lebensnah. Die kapitolin. Aphrodite, das plast. Bild einer üppigen, vollendet schönen Frau bietet sich mit den weichen, sinnl. Formen wie ein natürl. Wesen dar, das sich von einem unsichtbaren Betrachter überrascht fühlt. Sie drückt die Oberschenkel aneinander, verdeckt die Scham mit der gesenkten linken Hand und hebt den rechten Arm, um auch die vollen Brüste zu verbergen. Doch diese Geste ist nicht entschieden, und der Betrachter, dessen Blick von der Schönheit der Rundungen angezogen wird, spürt diese Unentschiedenheit bes. deshalb, weil die Frau ihren Oberkörper leicht nach vorn biegt, die Schultern in einer reflexartigen Bewegung zusammenzieht und sich beinahe zu umarmen scheint. Sensible Beobachter hatten den Eindruck, als sei die Frau gerade aus dem Bade gestiegen und erfahre in diesem Augenblick den kühlen Lufthauch, der sie sich fröstelnd zusammenziehen läßt, so daß sie die Arme um sich legt, wie um sich selbst zu wärmen. Dabei wendet sie den Kopf scheu zur Seite. Auch sie schaut wie Menander den Betrachter nicht an, sondern ist ganz still, und die Bewegung ihrer Arme schließt den Umriß der ganzen Figur zus., wie es der Mantel bei der Sitzstatue des Komödiendichters bewirkt. Sind die beiden Figuren vom Sujet her auch kaum zu vergleichen, so findet sich doch eine Stilverwandtschaft, die zugunsten der Annahme spricht, auch die Kapitolin. Aphrodite sei als Weiterentwicklung des Typus der Knidischen Aphrodite ein Werk von K. (II) und → Timarchos (I). – Die beiden Brüder schufen eine ganze Reihe and. Werke, wie weitere in Athen, Delphi, Kos, Megara, und Troizen gefundene Basen mit ihrer Sign. und außerdem einige in der Lit. erwähnte Werke lehren. Von den letzteren standen eine Leto im Apollotempel auf dem Palatin, Asklepios und Artemis im Junotempel der Porticus Octaviae, eine Statue der Ennyo beim Arestempel der Agora von Athen, Statuen des Lykurg und seiner Söhne aus Holz im Erechtheion auf der Akropolis. In Theben wird eine Dionysosstatue erwähnt, in Megalopolis eine Kultbildgruppe mit Zeus, Artemis und Megalopolis, die allerdings auch ein Werk des älteren K. (→ K. [I]) sein könnte. Außer dem Menander soll K. auch Bildnisse der Dichterinnen Myro und Anyte sowie Philosophenporträts geschaffen haben. Ein ungelöstes Problem stellt eine Basis-Sign. in Eleusis dar, die um 344 v. Chr. datiert wird, ein für die Schaffenszeit des K. und seines Bruders außerordentl., eigentl. allzu frühes Datum, wenn man bedenkt, daß sie das Portr. des Menander erst über fünfzig Jahre später, nach dem Tode des Dichters 291 v. Chr. geschaffen haben. ▭ ThB20, 1927. RE XI. 1, 1921, (s.v. K. 9); EAA IV, 1961 (s.v. K. 2); DNP VI, 1999 (s.v. K. 5). – *K. Fittschen*, Zur Rekonstr. griech. Dichterstatuen, 1. Teil, Die Statue des Menander, AM 106:1991, 243–279; *A. Corso*, L'Afrodite Capitolina e l'arte di Cefisodoto il Giovane, NumAntCl 21:1992, 131–57; *A. Stähli*, Die Verweigerung der Lüste: erotische Gruppen in der antiken Plastik, Diss. B. 1996, B. 1999, 58–68.

B. Andreae

Kephisodotos (III) (Κηφισόδοτος), griech. Bildhauer, im 2. Jh. n. Chr. in Chersonesos tätig. Nur bek. durch seine Sign. auf einer Marmorbasis für eine Statue des Ariston, Sohn des Attinas. Da auch Rhoimetalkes I., König des Bosporanischen Reichs (131/132–152/153 n. Chr.) auf der Inschr. erw. wird, entstand die Statue wohl zu dieser Zeit. ▭ RE XI. 1, 1921 (s.v. K. 10); EAA IV, 1961 (s.v. K. 3). – *B. Latychew*, BCH 9:1885, 265 ss.

R. V.

Kepis (Κῆπις, Cepis; Cephis), griech. Bildhauer, im 3./2. Jh. v. Chr. tätig. Lt. Plinius d. Ä. (nat., 34, 87) fertigte er Statuen von Athleten und Schauspielern. ▭ RE XI. 1, 1921; EAA IV, 1961. R. V.

Kesu → Pteh...

Kiakas (Κίακας), spätantiker Steinmetz, um 400 n. Chr. in N-Syrien tätig. Als τεχνίτης nur in der Bau-Inschr. der Kirche von Kfeir Dart'Azze (dat. 399/400 n. Chr.) genannt. ▭ *C. Strube*, Baudekoration im n.-syr. Kalksteinmassiv, I, Mainz 1993, 35 s.

M. Dennert

Kidin-Anu, Vater des → Nanâ-iddin, Baumeister, tätig im Uruk/Südbabylonien der Seleukidenzeit, 3., ggf. noch 2. Jh. v. Chr. K. ist als Vater des → Nanâ-iddin in Zeile 5 und 6 der in akkadischer Sprache verf. Urkunde (Harvard Semitic Mus., Inv. Nr 913. 1. 4 [7312]; Wallenfels, 1998) und im Duplikat dieser Tafel (Clay, 1912, Nr 98; McEwan, 1981; Funk, 1984) genannt. Die in Zeile 5 der Tafel erw. Berufsbezeichnung „Baumeister" (*itinnu*, vgl. hierzu → Lābāši) ist möglicherweise nicht nur auf seinen Sohn, sondern auch auf K. zu beziehen. Die Urkunde dat. ins Jahr 122 „Seleukiden-Ära", d.h. 189 v. Chr. Aus dem Alter seines Sohnes ist zu schließen, daß K. im 3. Jh. v. Chr., gegebenfalls noch im beginnenden 2. Jh. v. Chr. lebte. Der Name K. erscheint in den Schreibungen ^{m}Ki-din-^{d}60 und ^{m}BAR$_2$-^{d}60, die Bedeutung des Namens ist „Schützling des (Gottes) An" (zum Namenstyp vgl. Tallqvist, 1918; Stamm, 1986). ▭ *T. A. Clay*, Babylonian business transactions of the first millennium B. C., Babylonian records of the library of J. P. Morgan, I, N. Y. 1912, Nr 98; *K. Tallqvist*, Assyrian personal names, Helsingfors 1918, 114; *G. J. P. McEwan*, Priest and temple in hellenistic Babylonia, FAOS 4, Wb. 1981, 49; *B. Funk*, Uruk zur Seleukidenzeit (Schr. zur Gesch. und Kultur des Alten Orients 16), B. 1984, 234–239 (Textbearbeitung); *J. J. Stamm*, Die Akkadische Namengebung, Da. 1986, 277; *R. Wallenfels*, Seleucid archival texts from the Harvard Semitic Mus. (Cuneiform monographs 12), Groningen 1998, 39–44 (Textbearbeitung und Kommentar), 170 s. (Kopie der Tafel), 145.

K. S. Schmidt

Kimon (I) (Κίμων; Cimon), aus Kleonai b. Korinth, griech. Maler, um 500 v. Chr. tätig. Nach Plinius (nat., 35, 56) malte K. nach → Eumares und vor → Polygnotos (I), also um 500 v. Chr. Er soll die reiche Falten- und Bäuschegebung an der Kleidung und die *catagrapha*, d.h. wohl die Verkürzungen, erfunden haben. Die Köpfe wurden durch versch. Wendungen abwechslungsreich gestaltet. Lt. Aelian (var. hist., 8, 8) führte er die erste richtige große Malerei ein. Nach einem irrtüml. dem Simonides zugeschr. Epigramm (Anth. Pal., 9, 758) bemalte K. die rechte Tür und → Dionysios (I) die linke Tür eines Gebäudes. Da → Dionysios (I) ein Zeitgenosse von → Polygnotos (I) war, müssen diese Malereien des K. ein Alterswerk von ihm gewesen sein. ▭ RE XI. 1, 1921 (s.v. K. 10); EAA IV, 1961 (s.v. K. 1); DNP VI, 1999 (s.v. K. 4). – *N. J. Koch*, De picturae initiis. Die Anfänge der griech. Malerei im 7. Jh. v. Chr., M. 1996, 28–29. R. V.

Kimon (II), griech. Stempelschneider, in Syrakus um 415–400 v. Chr. tätig. Die hohe erfindungsreiche Kunst des K. hatte bleibende Wirkung auf spätere Generationen. Er schuf die ersten Dekadrachmen und den berühmten Arethusakopf in Vorderansicht. K. hat zahlr. Münzstempel signiert. Beim ersten Vorderseitenstempel der Dekadrachmenserie mit der galoppierenden Quadriga steht der vollst. Name in winzigen Buchstaben auf dem Segmentbalken unter den Pferden; am Göttinnenkopf der Rückseite liest man KIM auf dem Band über der Stirn. Bei den folgenden Rückseitenstempeln steht der volle Name auf dem Delphin unter dem Halsabschnitt. Die beiden Tetradrachmenstempel mit dem Frontalkopf der Arethusa sind auf dem Stirnband der Göttin signiert. K. hat diese beiden Köpfe als Vorderseitenstempel geschaffen, nachdem die vorausgehenden de face-Köpfe der Athena, Werke des → Eukleidas, als Rückseitenstempel zersprungen waren. Auch die gleichzeitig geprägten Goldmünzen (100 Litren) sind zunächst Schöpfungen des K., sign. K, KI, KIM und werden dann von → Euainetos (I) weitergeführt. Die Schöpfung außerordentl. Münzserien wie Dekadrachmen und Goldstücke (Rückseite Herakles, den Löwen würgend) können mit dem Triumph über Athen im Hafen von Syrakus im Jahre 413 v. Chr. erklärbar sein. K. hat auch Kleinmünzen signiert. Er ist, im Gegensatz zu seinen Rivalen → Phrygillos und → Euainetos (I), die für mehrere Münzstätten tätig waren, nur in Syrakus nachweisbar. Die Münzen, welche aus den von K. geschnittenen Stempeln geprägt wurden, gehören zu den Meisterwerken griech. Münzkunst und *sui generis* zu den hochrangigen Schöpfungen der griech. Kunst im letzten V. des 5. Jh. v. Chr. K. setzt plast. Mittel ein, um seine ernsten Göttinnenköpfe in hohem Relief darzustellen. Einen and. Aspekt seiner Kunst offenbaren die beiden Tetradrachmen mit dem Arethusakopf: auf ihnen wird mit zarteren Mitteln „Stimmung" gestaltet, auf den Vorder- wie auf den Rückseiten. Der Kopf mit den flatternden Haaren, aus denen die Delphine auftauchen, deutet Meer und Wind an. Beide Rückseiten stellen die Viergespanne in höchster Bewegung dar, bes. originell die visionäre Rückseite mit der um die Kurve sprengenden Quadriga, mit der durch die Lüfte segelnden Nike und mit dem nach den Gegnern sich umwendenden Lenker, dessen Haare im Wind flattern. ▭ ThB20, 1927 (s.v. K. 1). Diz. dei siciliani illustri, Palermo 1939; EAA IV, 1961 (s.v. K. 2); KlP III, 1969 (s.v. K. 6). – *K. Regling*, Amtl. Ber. der kgl. Kunst-Slgn, B. 1914/1915, 3–12; *J. H. Jongkees*, The Kimonian dekadrachms, Utrecht 1941; *E. S. G. Robinson*, A cat. of the Calouste Gulbenkian coll. of Greek coins, Li. 1971, 99 ss., Nrn 292–293, 301–309, 319; *Franke/Hirmer*, GrMünze², 1972, Nrn 116–123; *M. R. Alföldi*, Dekadrachmon, Wb. 1976, 117–136; *M. Caccamo Caltabiano*, I decadrammi di Evainetos e Kimon per una spedizione navale in oriente, in: Atti in onore di Laura Breglia, R. 1988, 105–123; *H. A. Cahn u.a.*, Griech. Münzen aus Großgriechenland und Sizilien (K Antiken-Mus. Basel und Slg Ludwig), Basel 1988, Nrn 473, 475, 478–479, 484; *D. Bérend*, Le monnayage d'or de Syracuse sous Denys Ier, in: La monetazione dell'età dionisigiana, R. 1993, 91–143.

H. A. Cahn

Kimon (III), Toreut unbekannter Zeit, wohl griech. Abstammung. Nach Athenaios (deipn., 11, 781 e) zus. mit → Athenokles Verfertiger von Trinkgefäßen mit figürl. Darstellungen. ▭ ThB20, 1927 (s.v. K. 2). RE XI. 1, 1921 (s.v. K. 11). – *Overbeck*, SQ, 1868, Nr 2204; *Brunn*, GGK II, 1889, 276 (407). M. Seifert

Kittos (Κιττός), griech. Töpfer, in der 2. H. des 4. Jh. v. Chr. in Athen und wahrsch. Ephesos tätig. Seine Sign. befindet sich auf einer panathenäischen Preisamphora aus Teucheira (heute London, BM, Inv. Nr 1866. 4-15. 248 [B 604]; ABV, 1956, 413; Add², 1989, 107; G. Schwarz, LIMC VIII, 1997, 61, Nr 76*, s.v. Triptolemos; M. Bentz, Panathenäische Preisamphoren. Eine athenische Vasengattung und ihre Funktion vom 6.–4. Jahrhundert v. Chr., 18. Beih. AntK, Basel 1998, 168–169, Nr 4. 013, Taf. 105). Sie zeigt auf der Vorderseite Athena zw. zwei Säulen mit Triptolemos und auf der Rückseite eine Pankrationszene mit neben den zwei kämpfenden Athleten links einen Schiedsrichter und rechts einen Ephedros. Dank der Nennung von Polyzelos können wir die Vase in die Zeit der Panathenäen von 367/366 v. Chr. datieren. Wahrsch. ist K. auch ident. mit dem Töpfer, der nach einer in Ephesos gefundenen Inschr. vor 321 zus. mit seinem Bruder *Bakchios (II)*, Söhne des → Bakchios (I), im Auftrage der Stadt eine Hydria und ein großes Gefäß fertigte (J. Keil, ÖJh 16:1913, 232, Abb. 15). ▭ RE XI. 1, 1921; EAA IV, 1961. R. V.

Kl[...] cf. **Maiandrios**

Kleandros → **Aurelius Cleander,** *M.*

Kleanthes (Κλεάνθης; Cleantes), aus Korinth, griech. Maler, A. des 7. Jh. v. Chr. tätig. Nach Plinius (nat., 35, 16) erfand er die Umrißzeichnung, d.h. im Vergleich mit der Vasenmalerei müßte er dann am A. des 7. Jh. v. Chr. gewirkt haben. Nach Strab. (8, 3, 12, p. 343) und Ath. (deipn., 8, 346, b, c) befanden sich Tafelbilder von K. im Heiligtum der Artemis Alpheionia oder Alpheiousa b. Olympia. Sie zeigten die Zerstörung Troias (M. Pipili, LIMC VIII, 1997, 653, Nr 24, s.v. Ilioupersis), die Geburt der Athena (P. Demargne, LIMC II, 1984, 986, Nr 344, s.v. Athena) und Poseidon, der Zeus einen Thunfisch übergibt (E. Simon, LIMC VII, 1994, 475, Nr 257, s.v. Poseidon; es handelt sich hier aber um eine eigenständige Szene und gehört nicht zum Bild mit der Geburt der Athena, wie Simon irrtüml. annimmt). ▭ ThB20, 1927. RE XI. 1, 1921 (s.v. K. 4); EAA, Suppl., 1973; DNP VI, 1999 (s.v. K. 1). – *Scheibler*, Malerei, 1994, 55 s.; *N. J. Koch*, De picturae initiis. Die Anfänge der griech. Malerei im 7. Jh. v. Chr., M. 1996, 23 ss. R. V.

Klearchos (Κλέαρχος; Clearchus), von Rhegion, griech. Bildhauer, in der 2. H. des 6. Jh. v. Chr. tätig. Lt. Pausanias (3, 17, 6; Overbeck, SQ, 1868, Nr 332; M. Tiverios, LIMC VIII, 1997, 322, Nr 55, s.v. Zeus) fertige K. die Statue des Zeus Hypatos im Heiligtum der Athena Chalkioikos in Sparta. Wegen ihrer besonderen Herstellungsweise – sie bestand aus mehreren getriebenen Teilen, die durch Nägel gehalten worden sind – erachtete Pausanias die Skulptur als die älteste Bronzestatue und K. als den Erfinder der Bronzeplastik. Daher bezeichnete er ihn auch als Schüler des → Daidalos (I) oder des → Dipoinos und → Skyllis. Pausanias (6, 4, 4; Overbeck, SQ, 1868, Nr 333) besagt aber auch, daß er der Lehrer von → Pythagoras (I) gewesen sei, der um 500 v. Chr. wirkte. Wenn letzteres stimmt, was wohl am plausibelsten erscheint, dann müßte K. in der 2. H. des 6. Jh. v. Chr. tätig gewesen sein. ▭ ThB20, 1927. RE X. 1, 1921 (s.v. K. 13); EAA IV, 1961 (s.v. K.); KlP III, 1969 (s.v. K. 8); DNP VI, 1999 (s.v. K. 1). – *Brunn*, GGK I, 1889, 48; *Lippold*, GrPl, 1950, 92; *A. De Franciscis*, Klearchos 1:1959, 26–30; 2:1960, 11, Nrn 1–3; p. 24–29; *J. Papadopoulos*, Xoana e sphyrelata. Testimonianza delle fonti scritte, R. 1980, 82; *Floren*, GrPl, 1987, 428; *U. Steininger*, Die archaische und frühklassische Großplastik Unteritaliens und ihr Verhältnis zum Mutterland, Münster 1996, 10, 32 s. D. V.-G.

Kleimachos (Κλείμαχος), griech. Töpfer, im 2. V. des 6. Jh. v. Chr. in Athen tätig. Nur bek. durch seine Sign. auf einer fragm. attischen schwarzfigurigen Amphora aus Eleusis (heute Eleusis, Mus., Inv. Nr 4267; Hoppin, BlackFig, 1924, 85; ABV, 1956, 85). ▭ RE XI. 1, 1921; EAA IV, 1961. R. V.

Kleisophos (Κλεσόφος), griech. Töpfer, um 540/530 v. Chr. in Athen tätig. Nur bek. durch seine Sign. auf einer Oinochoe aus dem Athener Dionysostheater, die von → Xenokles (I) mit einer Symposionszene bemalt worden ist (heute Athen, NM, Inv. Nr 1045 [CC 691]; CVA, Athen, Taf. 2, 1–3; ABV, 1956, 186; EAA IV, 1961, 366, Abb. 432; Add^2, 1989, 51). ▭ RE XI. 1, 1921; EAA IV, 1961. R. V.

Kleisthenes (Κλεισθένης), aus Eretria (Euböa), Architekt und Skenograph, 4. Jh. v. Chr. Nach Diog. Laert., 2, 17, 125 stammte der in bescheidenen Verhältnissen lebende K. aus dem sonst nicht bek. Geschlecht der Theopropiden. Als Vater des Architekten, Philosophen und Politikers → Menedemos wird er auch in dem Bürger-Kat. (IG, XII, 9, 246, A 66), aufgelistet, wo zusätzl. seine Herkunft aus dem zw. Eretria und Amarynthos gelegenen Demos Aigale bezeugt wird. Aus den Lebensdaten des Menedemos zu schließen, die Knoepfler (1991) 345–261/60 v. Chr. ansetzt, wurde K. wahrsch. in den 70er Jahren des 4. Jh. v. Chr. geboren. Über seine Werke als Architekt und Skenenmaler ist nichts bekannt. Die Vermutung, K. habe als Architekt am Bau des Theaters von Eretria mitgewirkt, läßt sich nicht belegen. Wahrsch. wird er dort jedoch als Skenenmaler tätig gewesen sein, eine Kunstgattung, die nach Vitr., 7, praef. 11 auf Agatharchos von Samos (→ Agatharchos [I]) zurückgeht. ▭ ThB20, 1927. RE XI. 1, 1921 (s.v. K. 4). – *Müller*, Architekten, 1989, 173; *D. Knoepfler*, La vie de Ménédème de Diogène Laërce, Schweizerische Beiträge zur Altertumswissenschaft 21, Basel 1991, 171; *Svenson-Evers*, Architekten, 1996, 360–362. K. Reber

Kleitias → **Klitias**

Kleiton (Κλεῖτον), griech. Bildhauer, in der 2. H. des 5. Jh. v. Chr. in Athen tätig. Nur bek. durch Xenophon (mem., 3, 10; Overbeck, SQ, 1868, Nr 927), nach dem Sokrates mit K. über die Machart von Skulpturen sprach. Gemäß Sokrates sollte K. seine Athletenstatuen nicht nur körperl. Bewegungen, sondern auch die Seele der Sportler erfassen. ▭ ThB20, 1927. RE XI. 1, 1921; KlP III, 1969. R. V.

Kleitos → **Clitus Capiton**

Klenis (Κλένις), griech. Bildhauer, in der 1. H. des 6. Jh. v. Chr. in Paros tätig. Nur bek. durch seine Sign. auf einer ionischen Säule, die in der Basilika der Panagia Katapoliani auf Paros wiederverwendet worden ist. Auf der Säule stand dereinst die Plastik des Künstlers. ▭ EAA, Suppl., 1973. – *N. M. Kontoleon*, Aspects de la Grèce préclassique, P. 1970, 58–59; *Floren*, GrPl, 1987, 161, Anm. 6. R. V.

Kleo[...]es cf. **Kleomenes** (I)

Kleodamos (Cleodamus), Militärarchitekt aus Byzanz, 3. Jh. n. Chr. Wurde nach dem Einfall der Heruler (267 n. Chr.) zus. mit → Athenaios (III) aus Byzanz von Kaiser Gallienus beauftragt, die Befestigungen der provinzialröm. Städte an der unteren Donau instandzusetzen und zu verstärken (SHA, Gall., 13, 6). Sehr wahrsch. ident. mit Kleodemos, der nach der Eroberung Athens durch die Heruler im gleichen Jahr aus der Stadt entkam, Truppen sammelte und die Feinde durch einen Angriff von der Seeseite her vertrieb. ▭ RE II. 2, 1896 (s.v. Athenaios 14); XI. 1, 1921 (s.v. K. 1); EAA IV, 1961; EUA IV, 206; DEAU III, 1969; KlP III, 1969; EWA IV, 1972. – *Brunn*, GGK II, 1889, 231. W. Müller

Kleogenades (Κλεογενάδης), griech. Bildhauer, aus Gomphoi/Thessalien, Sohn eines Xenokles, in späthellenist. Zeit tätig. Ein Bildhauer K. war bis vor kurzem nicht bekannt. Der Neufund einer Basis mit Künstler-Sign. in Argithea/Thessalien ändert dies. Die bisher nicht entdeckten Statuen führte K., wie die Inschr. sagt, gemeinsam mit → Eutychides (IV) aus. ▭ *C. Indzessiloglou*, ADelt 37:1982 (1989) B 231; *B. Indzessiloglou*, in: Ἀμητός. Τιμητικὸς Τόμος γιὰ τόν Καθηγητὴ Μ. Ἀνδρόνικο, Thessaloniki 1987, 345–357; SEG XXXVII, 1987, Nr 442; *M. Sève*, BullEp 1988, Nr 196; SEG XXXIX, 1989, Nr 489. M. Flashar

Kleoitas (Κλεοίτας), Sohn des Aristokles, griech. Bildhauer, in der 1. H. des 5. Jh. v. Chr. in Athen und Olympia tätig. Lt. Pausanias (6, 20, 14; Overbeck, SQ, 1868, Nr 1031) erfand er für das Hippodrom von Olympia die Startboxen für die Pferde (ἱππάφεσις, *carceres*). An gleicher Stelle erw. Pausanias die von K. gefertigte und mit einem Epigramm versehene Statue eines Mannes mit Helm, der anscheinend in technischer Perfektion mit silbernen Nägeln verziert war. ▭ ThB20, 1927. RE XI. 2, 1921; EAA IV, 1961. – *Brunn*, GGK I, 1889, 106 ss.; *Lippold*, GrPl, 1950, 104–105, Anm. 11. D. V.-G.

Kleomenes (I) (Κλεομένης) oder **Kleosimenes** (Κλεοσιμένης), Sohn des Knidieidas, griech. Architekt(?), 1. H. 6. Jh. v. Chr. Erb. ca. 570–560 v. Chr. zus. mit einem *Epikles* den Apollon-Tempel auf der Halbinsel Ortygia b. Syrakus (dor. Peripteros mit 6:17 Säulen). Die an einigen Stellen beschädigte Bau-Inschr. auf dem O-Stylobat läßt versch. Interpretationen zu. Nach der Lesart von M. Guarducci (ArchCl 1:1949, 4 ss.) lautet sie: „Kleo[...]nes hat (den Tempel) dem Apollon gemacht, (der Sohn) des Knidie[i]das, und *Epik[l]es* die Säulen, schöne Werke“. Die Inschr. läßt offen, ob K. Stifter oder Architekt des Tempels war. ▭ *Gruben*, Tempel[4], 1986, 266–269; *Müller*, Architekten, 1989, 72, 173 s.; *Svenson-Evers*, Architekten, 1996, 461 ss. (Lit). W. Müller

Kleomenes (II) (Κλεομένης Ἀθηναῖος; Kleomenes Athenaios), Sohn des Apollodoros, Bildhauer um 100 v. Chr. tätig. Bek. nur durch die neuzeitl. Sign. auf der Plinthe der Aphrodite Medici in Florenz (Uffizien, Inv. Nr 224: Mansuelli, ScultUff, I, 1958, 69 ss., Nr 45; A. Delivorrias LIMC II, 1984, 53, Nr 419*, s.v. Aphrodite). Der Aussagewert dieser Sign. (Loewy, IGB, 1885, 339 ss., Nr 513) wird unterschiedl. beurteilt: entweder handelt es sich um eine mod. Kopie nach einer heute verlorenen antiken Sign. oder um eine mod. Fälschung. Zweifelsfrei sichern läßt sich bislang keine der beiden Hypothesen. Gegen eine mod. Fälschung spricht die Tatsache, daß im späten 16. Jh. ledigl. ein Bildhauer K. ohne Patronymikon (→ K. [III] c) und möglicherweise ein K., Sohn des K. (→ K. [IV]) bek. war, aber kein gleichnamiger Sohn eines Apollodoros. Problemat. ist die Überlieferung der Inschrift. Zus. mit einer Abb. der Statue ist die Inschr. in der heutigen Form zuerst 1734 bezeugt (A. F. Gori, Mus. Florentinum, III, Fi. 1734, Taf. 26–28, p. 34). Eine Bestätigung liefert die nahezu übereinstimmende Sign. *in Basi pulcherr. Veneris in Hort. Med.*, die bereits um 1590 in der Inschr.-Slg des Philippe de Winghe aufgeführt wird (Brüssel, Bibl. Royale, Cod. 17. 873, fol. VII, verso), allerdings in anderer Zeilenanordnung (S. Reinach in: Mel. Perrot, P. 1903, 286 d). Eine abweichende Form der Inschr. geben das zw. 1671 und 1680 veröff. Werk des Episcopius (Jan de Bisschop, signorum veterum icones, Taf. 47–50) und der Bronzenachguß der Statue aus dem Jahre 1687 (Loewy, IGB, 1885, 341, Nr 513 a). Diese Abweichungen sowie der Umstand, daß die Künstler-Inschr. in den Stichwerken und im offiziellen Inventar vor 1671 keine Erw. findet (Überblick bei Loewy, IGB, 1885, 340 s.), lassen darauf schließen, daß die antike Sign. nur rudimentär und nahezu unleserl. erh. war. Die vierzeilige Anordnung in dem Brüsseler Manuskript könnte auf eine urspr. Anbringung der Künstler-Sign. an der Statuenstütze hinweisen, entsprechend der unter → K. (III) angeführten Statue im Louvre. Die Aphrodite Medici ist eine späthellenist. Arbeit des späten 2. oder frühen 1. Jh. v. Chr. Über ihr Verhältnis zur typologisch nahestehenden kapitolinischen Aphrodite (Rom, Mus. Cap., Inv. Nr 409: A. Delivorrias LIMC II, 1984, 52, Nr 409, s.v. Aphrodite) und die Abhängigkeit von einem älteren Vorbild besteht in der archäol. Lit. keine Übereinstimmung. Unter der Voraussetzung, daß die Sign. der Aphrodite Medici auf eine antike Vorlage zurückgeht, ist K. ebenso wie die nachfolgend gen. Künstler dieses Namens ein att. Bildhauer. Sein einziges bek. Werk ist in der gelungenen Umformung einer älteren typolog. Vorlage zu einer eigenen, späthellenist. Neuschöpfung den unten angeführten Werken von → K. (III) und → K. (IV) verwandt. Die Überlieferung der Sign. erfährt hierdurch eine zusätzl. Bestätigung. Es ist deshalb denkbar, daß K. zur gleichen Bildhauerdynastie wie → K. (III) und → K. (IV) gehört, aus chronolog. Sicht könnte K., der Sohn des Apollodoros, ident. sein mit → K. (III), dessen Vatersnamen nicht überliefert ist. ▭ ThB20, 1927, (s.v. K.). EAA IV, 1961 (s.v. K.); KlP III, 1969, (s.v. K. 9). – *G. A. Mansuelli*, JdI 56:1941, 151 ss.; *id.*, RendBologna Ser. 5, 6:1954, 93 ss. C. Vorster

Kleomenes (III) (Kleomenes Athenaios), Name des Vaters nicht bek., Bildhauer 1. H. des 1. Jh. v. Chr. in Griechenland und Italien(?) tätig. Folgende Werke lassen sich mit diesem Künstler verbinden: – 1.) Kolossaler Gewandtorso in Piacenza mit der Sign. auf einer Gewandfalte (Piacenza, Pal. Comunale: G. A. Mansuelli, JdI 56:1941, 151 ss.; A. Delivorrias, LIMC II, 1984, 70, Nr 613*, s.v. Aphrodite; Aemilia. La cultura romana in Emilia Romagna [K Bologna], Bo. 2000, 300, Kat.-Nr 63). Der meisterhaft gearbeitete Torso, der zu einer über 3 m hohen Statue, wohl einer Aphrodite, gehört, erweist K. als einen techn. versierten Bildhauer des frühen 1. Jh. v. Chr. – 2.) Ein mehrfiguriges Anathem in Thespiae bezeugen Blöcke einer kreissegmentförmigen Basis mit der Sign. eines K. Athenaios, die in konstantinischer Zeit wiederverwendet wurden (BCH 50:1926, 455; A. Schachter, Cults of Boiotia, II, Lo. 1986, 159, Anm. 2). – 3.) 'Thespiaden' eines K. ohne Herkunftsangabe im Besitz des Asinius Pollio (Plin., nat., 36, 33), wohl eine Musengruppe. In Analogie zu den and., im gleichen Zusammenhang gen. Werken dürfte es sich hierbei um eine Neuschöpfung des 1. Jh. v. Chr. gehandelt haben. Eine primäre Verbindung dieser Statuengruppe mit der unter b.) aufgeführten Basis wäre zu überprüfen. – 4.) Fragl. ist die Zuweisung einer reliefierten Rundara mit der Darst. des Iphigenie-Opfers in den Uffizien von Florenz (Inv. Nr 612: Mansuelli, ScultUff, I, 1958, 145 ss., Nr 116; H. Froning, Marmor-Schmuckreliefs mit griech. Mythen im 1. Jh. v. Chr., Mainz 1981, 132 ss., Taf. 48–49), da die Echtheit der auf der Fußleiste angebrachten Sign., die den Künstler ohne Vaters- und Herkunftsangabe nennt, bislang nicht zweifelsfrei gesichert werden konnte (Loewy, IGB, 1885, 265 s., Nr 380). Nach den derzeitigen, stilist. Dat.-Kriterien dürfte die Ara gut eine Generation jünger sein als der Torso in Piacenza. Sollten die unter a-c aufgeführten Skulpturen aus der Wkst. desselben Künstlers stammen, handelt es sich bei diesem um einen att. Bildhauer der 1. H. des 1. Jh. v. Chr., der sowohl in Griechenland als auch in oder zumindest für Italien tätig war. Ersteres bezeugt die Sign. des mehrfigurigen Anathems in Thespiae, letzteres wird durch den kolossalen Gewandtorso in Piacenza nahegelegt. Eine Verbindung zu dem Athener Münzmeister des Jahres 113/112 (LGPN, II, 1994, 266, s.v. Κλεομένης 7) muß unsicher bleiben. Der Torso in Piacenza weist K. als einen noch ganz der hellenist. Formensprache verpflichteten Künstler aus. Es ist naheliegend, diesem Künstler auch die 'Thespiaden' des Asinius Pollio zuzuschreiben, die nach dem Zeugnis des Plinius die *acris vehementia* ihres Besitzers verkörpern sollten. ▭ EAA IV, 1961 (s.v. K.). – *G. A. Mansuelli*, JdI 56:1941, 151 ss.; *id.*, RendBologna, Ser. 5, 6:1954, 93 ss. C. Vorster

Kleomenes (IV) (Kleomenes Athenaios), Sohn des Kleomenes, Bildhauer 2. H. des 1. Jh. v. Chr. in Rom tätig. Bek. durch die Sign. auf der Porträtstatue des sog. Germanicus im Louvre (Inv. Nr MA 1207: K. de Kersauson, Cat. des portraits romains I, P. 1986, 46–47, Nr 18), die den Typus des sog.

Hermes Ludovisi zitiert. Die erst kürzl. entdeckte, eradierte Sign. eines gleichnamigen Künstlers auf einer Kriegerstatue in Florenz (Uffizien, Inv. Nr 232: L. Beschi, in: Gli Uffizi, studi e ricerche, IX, 1992, 10 ss.) ist in ihrer Authentizität umstritten und hat somit keinen gesicherten Aussagewert für K. Die Statue im Louvre wird in der neueren Lit. als Portr. des Marcellus, des früh verstorbenen Neffen des Augustus angesprochen (Kersauson, ibid., mit Lit.). Diese Benennung bleibt allerdings aus method. Gründen fragl., da sie ausschließl. auf der physiognom. Ähnlichkeit zu einem ebenfalls nicht sicher identifizierten Porträtkopf in der Villa Hadriana (Tivoli, Villa Hadriana, Inv. Nr 2265: Helbig[4], IV, 1972, Nr 3205; J. Raeder, Die statuar. Ausstattung der Villa Hadriana bei Tivoli, FfM. 1983, 92, Nr I, 89, Taf. 25) und einem weiteren Kopf im Louvre (Inv. Nr MA 3547: Kersauson, ibid., 48–49, Nr 19) beruht. Übereinstimmungen im Lockensystem lassen sich weder zw. diesen Köpfen noch zu den Jugendbildnissen des Marcellus (J. Ch. Balty, AntK 20:1977, 102–112) nachweisen. Stilist. wird man die Statue im Louvre, wie bis zu dem Benennungsvorschlag durch G. Säflund (OpRom 9:1973, 1 ss.) übl., kurz nach der M. des 1. Jh. v. Chr. datieren. Bezeichnend sind die Abwandlungen des hochklass. Vorbildes, die v.a. im raffinierten Faltenwurf des Mantels deutl. hervortreten. Eine solche Verbindung unterschiedl. Elemente ist ein char. Merkmal spätehellenist. und frühaugusteischer Porträts, wie Statuen in Delos (Mus., Inv. Nr A 4340: F. Queyrel, BCH 115:1991, 448 ss.), Ostia (Mus., Inv. Nr 121: R. Calza, Ostia, III, Le Necropoli I, 1963, 221 ss., Taf. 44–46) und Neapel (MN, Inv. Nr 149. 906, aus Cassino: N. Himmelmann, Herrscher und Athlet [K Bonn], Mi. 1989, 222–225, Nr 13 und MN, Inv. Nr 147. 633, aus Formia: B. Conticello, Antiquarium di Formia, Formia 1978, Nr 2; C. Maderna, Iuppiter, Diomedes und Merkur als Vorbilder für röm. Porträtstatuen, Heidelberg 1988, 230, Nr H 7) belegen. Klass. Hermesbilder waren demnach im 1. Jh. v. Chr. bevorzugte Vorlagen für Porträts führender röm. Persönlichkeiten. Die Annahme, daß es sich bei der von K. geschaffenen Statue im Louvre um das Bildnis eines iulisch-claudischen Prinzen handeln müsse, ist weder formal noch inhaltl. begründet, zumal exakte Repliken des Porträtkopfes fehlen. K. läßt sich in seinem einzigen überlieferten Werk als ein eigenständiger, auf der Höhe seiner Zeit stehender Bildhauer des fortgeschrittenen 1. Jh. v. Chr. fassen, der es verstand, hochklass. Vorbilder, zeitgen. Porträts und hellenist. Formenreichtum zu einer neuen Einheit zu verbinden. Stil und Technik zeigen noch späthellenist. Eigenheiten. Zu verweisen ist hier ebenso auf die sichere Meißelarbeit im Gewand, wie auf die schräge Stückungsfuge der Kalotte, die sich bei späthellenist. Köpfen auffallend häufig findet. Eine genealog. Verbindung zu → K. (III) ist nicht ausgeschlossen. Nach dem Patronymikon könnte K. der Sohn von → K. (III) sein, der in der 2. H. des 1. Jh. v. Chr. die mittlerweile wohl fest in Rom etablierte Wkst. seines Vaters weiterführte. ▭ ThB20, 1927. EAA IV, 1961 (s.v. K.). – *G. A. Mansuelli*, RendBologna, Ser. 5, 6:1954, 93 ss. C. Vorster

Kleon (I) (Κλέων; Cleon), Bürger von Sikyon, griech. Bildhauer in der Nachf. des Polyklet (→ Polykleitos [I]), um 380 v. Chr. v.a. in Olympia nachweisbar. Plinius (nat., 34, 87) nennt K. beiläufig in seinem dritten, alphabet. Verz. der Erzbildner als Meister von Philosophenportraits. – Ausführlichere Angaben zu K. finden sich in der antiken Lit. nur bei Pausanias. Er bez. ihn wiederholt als Sikyonier und zählt eine Reihe von Siegerstatuen des K. in Olympia auf. Dort hat K. ferner zwei von sechs ö. des Metroons am Fuße der Schatzhausterrasse am Weg zum Stadion aufgereihten Zeusstatuen, den sog. „Zanes“ geschaffen, die von Strafgeldern errichtet wurden, nachdem in der 98. Olympiade (388 v. Chr.) der thessal. Faustkämpfer Eupolos versucht hatte, seine Konkurrenten zu bestechen (Paus., 5, 21, 3). – Ohne Datum und Anlaß der Weihung mitzuteilen, erw. Pausanias (5, 17, 4) eine Aphrodite des K. im Heraion von Olympia und merkt in diesem Zusammenhang an, daß der Lehrer des K., → Antiphanes (II), aus der Schule des → Periklytos hervorgegangen und dieser Schüler des Argivers Polyklet (→ Polykleitos [I]) gewesen sei. – Von den Siegen der Athleten, für die K. Statuen schuf, setzt L. Moretti (Olympionikai, MemAccLinc, Ser. 8, Bd. VIII 2, 1959, ersch. 1957) jene des Faustkämpfers Alketos (Paus., 6, 9, 2) und des Fünfkämpfers Hysmon, zu dem Pausanias (6, 3, 9 ss.) ausdrückl. anmerkt, daß er mit altertüml. Sprunggewichten, mit Halteres, wiedergegeben sei, und des Läufers Lykinos (Paus., 10, 9, 6) in die 99. Olympiade (384 v. Chr.), den des Reiters Deinolochos (Paus., 6, 1, 4 ss.) in die 100. Olympiade (380 v. Chr.) und jenen des Kritodamos (Paus., 6, 8, 5), der im Faustkampf der Knaben angetreten war, in die 101. Olympiade (376 v. Chr.). – Von den für Olympia bezeugten Statuen blieb die Basis des Kritodamos mit der Inschr. und zwei Vergußlöchern für den voll auftretenden rechten sowie von den „Zanes“ eine Basis in Teilen, die and. dagegen fast vollst. erhalten. Diese trägt auf der Oberseite die Vergußlöcher für die Füße einer etwa lebensgroßen Bronzestatue. Aus diesen geht hervor, daß der rechte Fuß mit ganzer Sohle auftrat und der linke nur über die Ballen mit der Basis verbunden war. Insofern glich das Standmotiv jenem des Doryphoros des → Polykleitos (I), doch war das Spielbein weiter als dort nach außen und weniger nach hinten gesetzt. Vielmehr standen die Zehen des linken Fußes fast in Höhe der Ferse des rechten Fußes. – Eine sehr ähnl. Stellung bekunden die übrigen Basen der Eupolos-Weihung, ohne jedoch jener des K. genau zu entsprechen. Die „Zanes" waren demnach nicht nach ein und demselben Modell gegossen, doch läßt die enge Übereinstimmung vermuten, daß sich die übrigen Bildhauer im Standmotiv und viell. auch darüber hinaus an den „Zanes" des K. orientierten. – Möglicherweise hat K. im Auftrag des zu dieser Zeit im Exil lebenden spartan. Königs Pausanias eine Statue geschaffen, welche dieser zur Erinnerung an seinen Sohn Agesipolis bald nach 380 v. Chr. nach Delphi stiftete. Die Inschr. auf der Basis der Statue (Delphi, Mus., Inv. Nr 1143) hat von dem Namen des Künstlers, immerhin eines Sikyoniers, nur die letzten drei Buchstaben bewahrt. Die Zuschr. ist demnach unsicher. Auf der Oberseite der Basis ist das Vergußloch eines mit ganzer Sohle auftretenden linken Fußes zu erkennen. – Hypothet. ist ferner die Zuschr. einer weiteren Basis in Olympia, auf der von der Sign. des Künstlers nur die Endung des Patronymikons und die Hälfte des Namens seiner Heimatstadt erh. ist, welche in der Tat Sikyon geheißen haben könnte, zumal ein weiterer, von demselben Mon. herrührender Block die Sign. des ebenfalls in Sikyon beheimateten und gleichfalls der Nachfolge des → Polykleitos (I) angehörenden Bildhauers → Daidalos (II) trägt. – Da Plinius von den Philosophenbildnissen des K. keines namentl. nennt, eine Athletenstatue mit Halteres bislang nicht nachgewiesen werden konnte und zu den übrigen für K. bezeugten Werken nähere Angaben fehlen, ist die Standspur auf der Basis der Zeusstatue in Olympia das umfangreichste Zeugnis, das über die Aussage der Schriftquellen hinaus Rückschlüsse auf das Schaffen des K. erlaubt. D. Arnolds Versuch (1969), von jener ausgehend einen Statuettentorso aus Bronze in Berlin (SMPK, Inv. Nr 30835) auf K. zurückzuführen und an diesen in Kopien überlieferte Werke, insbesondere den Hermes Barberini anzuschließen (zu diesem A. Linfert, in: Polyklet [K Ffm., Liebieghaus], ed. H. Beck/P. C. Bol/ H. Bückling, Ffm./Mainz 1990, 287; C. Maderna-Lauter, Forschungen zur Villa Albani, Antike Bildwerke, III, 1992, 390 ss., Nr 391), haben sich allerdings nicht durchsetzen können. Der breite Stand, bei welchem das Spielbein nur mit Ballen und Zehen die Basis berührt, erinnert, ohne daß sich daraus Zuschr. an K. ergäben, an and. der 1. H. des 4. Jh. zuzuordnende Werke wie den Jüngling von Antikythera oder den Ephesischen Schaber und weist auf Lysipp (→ Lysippos [I]) voraus, was um so bemerkenswerter ist, als dieser wie K. Sikyonier war. ▭ ThB20, 1927. RE XI. 1, 1921; EAA IV, 1961; DNP VI, 1999 (s.v. K. 2). – *Overbeck*, SQ, 1868, Nrn 985, 1007–1013; *Brunn*, GGK II, 1889, Paragraph 368; *Marcadé*, Signatures, I, 1953, 60 s.; *Arnold*, Polykletnachfolge, 1969, 204 ss.

P. C. Bol

Kleon (II), griech. Bildhauer unbestimmter Zeit. Lt. Plinius (nat., 35, 140; Overbeck, SQ, 1868, Nr 2152) malte er ein Bild des Kadmos (M. A. Tiverios, LIMC V, 1990; 873, Nr 49, s.v. Kadmos 1). ▭ ThB20, 1927. RE XI. 1, 1921 (s.v. K. 14); EAA IV, 1961 (s.v. K. 2); KlP III, 1969 (s.v. K. 6). – *Brunn*, GGK II, 1889, 299; *Pfuhl*, MuZ, II, 1923, 918. R. V.

Kleon (III), Sohn des Pei(s)ikleidas, Spartaner, Architekt eines antiken Gebäudes in Sparta. Der spartan. Architekt K. ist uns durch eine heute verlorene Inschr. (KLEON PEI[.]IKLEIDA LAKEDAIMONIOS ARCHITEKTONEI: „Kleon, der Sohn des Pei(s)ikleidas, aus Sparta war der Architekt") bek., die der frz. Reisende Abbé Fourmont 1730 von einem 8 Fuß langen Epistylblock eines von ihm (im Anschluß an Paus., 3, 16, 6?) als Lykurgtempel bez. Gebäude in Sparta abgeschrieben hat. Eine nähere Dat. der Inschr. ist nicht mögl., da das Verbum *architektonein* entgegen der Ansicht von Donderer bereits seit dem 4. Jh. v. Chr. inschr. belegt ist (vgl. IG, VII, 424, 7 und 3191, 7). Gleichfalls unbek. sind Lage, genauere Gestalt und Funktion des von K. errichteten Gebäudes. ▭ ThB20, 1927. RE XI. 1, 1921 (s.v. K. 12); EAA IV, 1961 (s.v. K. 3). – *J./ L. Robert*, BullEp 1974, Nr 458; *M.-C. Hellmann*, ZPE 104:1994, 153 s., Nr 5; *Donderer*, Architekten, 1996, Nr A 53. E. Wirbelauer

Kleon (IV), als 'Architekt' Ptolemaios' II., von ca. 262–249 v. Chr. im Fayum in Mittelägypten belegt. K. ist durch etwa 50 Papyri als kgl. 'Architekt' in der Arsinoitis und in angrenzenden Gebieten nachweisbar. Obgleich zuständig für alle staatl. Bauten zeigen ihn uns die Papyri v.a. als Verantwortlichen für Kanal- und Bewässerungsarbeiten nach der Absenkung des Moiris-Sees. ▭ DNP VI, 1999 (s.v. K. 3). – *B. Mertens*, ZPE 59:1985, 61 ss.; *N. Lewis*, The Greeks in Ptolemaic Egypt, Ox. 1986, 37 ss. E. Wirbelauer

Kleon (V), griech. Gemmenschneider augusteischer Zeit, in der 2. Hälfte des 1. Jh. v. Chr. tätig. Name belegt durch die unvollst. Sign. Kleo[...] auf dem Fragm. einer großen, annähernd kreisförmigen Gemme aus Chalcedon ungewöhnl. Form mit der Büste einer Amazone in Wiesbaden. Der vollst. Name ist bek. durch die Zchng einer verschollenen Gemme mit der Sign. Kleonos und Darst. des Apollon bei D. A. Bracci, nach einem Abdruck im Besitz von A. F. Gori; die Echtheit der Gemme und die Authentizität der Inschr. sind nicht nachprüfbar. Auf stilist. Weg zugewiesen eine Gemme aus grünem Plasma mit Büste der Roma in Wien. Die erh. und die zugeschr. Gemme, Kameen sind nicht bek., zeigen einen klassizist. Gemmenschneider, dessen sorgfältige, münzartig flache Arbeiten den annähernd zeitgleichen Gemmenschneidern → Solon (II) und → Apollodotos nahestehen. ▭ RE XI. 1, 1921 (s.v. K. 15); Suppl. IV, 1924 (s.v. K. 16); DNP VI, 1999 (s.v. K. 7). – *Brunn*, GGK II, 1889, 420; *Furtwängler*, AG, 1900, II, 275 s., Abb.; III, Taf. 61, 37; *Lippold*, Gemmen, 1922, Taf. 41, 2; *Richter*, MetrMusGems, 1956, XL; *Vollenweider*, Steinschneidekunst, 1966, 55; *Richter*, EngrGemsRom, 1971, 145, Nr 679; *A. Krug*, Städel-Jb. NF 6:1977, 19 ss.; AGOe, II, 1979, 122 s., Nr 1071; *P. Devambez/ A. Kauffmann-Samaras*, LIMC I, 1981, 626, Nr 629*, s.v. Amazones; *Zazoff*, AG, 1983, 320, Anm. 91; GlaspastenWürzb, I, 1986, 25 zu Nr 9; 100 zu Nr 144; 148 zu Nr 300; 149 zu Nr 301. A. Krug

Kleon (VI), Sohn des Kleon, griech. Architekt (?), in der röm. Kaiserzeit in Pamphylien und Pisidien tätig. K. ist nur durch eine in Kesme (im oberen Eurymedontal/Pisidien) gefundene Ehren-Inschr. aus der röm. Kaiserzeit bek., die gemeinsam mit seiner Statue von seinem Bruder Memnon entsprechend testamentar. Verfügung aufgestellt wurde. In der Inschr. rühmen die Einwohner des pamphyl. Sillyon die *architektosyne* des K. An welchen Objekten und in welchen Orten K. diese „Kenntnisse in der Baukunst" bewiesen hat, ja sogar, ob es sich überhaupt um einen Architekten handelt, ist der Inschr. nicht zu entnehmen. Als Motiv für ihren Beschluß verweisen die Sillyoner näml. auch auf eine großzügige Getreidespende von K. ▭ *Zum Fundort*: RE III. A. 1, 1927 (s.v. Sillyon). – *M.-C. Hellmann*, ZPE 104:1994, 172, Nr 70; *C. Brixhe*, BullEp 1995, Nr 464; *Donderer*, Architekten, 1996, Nr A 54. E. Wirbelauer

Kleonos → Kleon (V)

Kleonymos (Κλεώνυμος), von Samos, griech. Bildhauer, 2. H. 3. und A. 2. Jh. v. Chr. in Lindos und Rhodos tätig. Nur bek. durch seine Sign. auf zwei Basen, die 236 v. Chr. auf der Akropolis in Lindos von dem Priester der Athena Lindia und des Zeus Polieus, Euphrantidos, Charidamos' Sohn (Lindos, II. 1, 1941, 341–342, Nr 107 mit Abb.; Schmidt, Statuenbasen, 1995, 394–395, Nr IV. 2. 14), und A. des 2. Jh. v. Chr. in Rhodos von Kleinagoras, Milons Sohn, und Milon, Chariades und Damanasse zu Ehren eines Damiurgs (G. Jacopi, Clara Rhodos 2:1932, 427, Nr 46; Schmidt, ibid., 282, Nr II. 23) gestiftet worden sind. ▭ RE, Suppl. VIII, 1956 (s.v. K. 5); EAA IV, 1961. – *Lippold*, GrPl, 1950, 352. R. V.

Kleophrades (Κλεοφράδες), Sohn des Amasis, griech. Töpfer, um 500 v. Chr. in Athen tätig. Seine aufgemalte Sign. findet sich ledigl. auf dem jeweils tongrundig belassenen Fuß von vier Schalen des Typus B (bei dem zw. Schalenbecken und Fuß ein fließender Übergang stattfindet) in Berlin (SMPK, Antiken-Slg, Inv. Nr F 2283, und Vatikan, Slg Astarita, Inv Nr 134 [möglicherweise gehört der wieder angesetzte Fuß aber auch zu Berlin, SMPK, Antikenslg, Inv. Nr F 2284, siehe dazu Buitron-Oliver, 1995, 74, Nr 34 und Nr 35], aus Vulci; Bloesch, 1940, 58, Nr 2, Taf. 16, 7; ARV², 429, Nr 21; p. 1652; Add², 1989, 236; Buitron-Oliver, 1995, 74, Nr 34, Taf. 22 s.), in Paris (Cabinet des Médailles, Inv. Nr 535 und 699, aus Corneto; Bloesch, 1940, 58, Nr 1, Taf. 16, 6; ARV², 191, Nr 103; p. 1652; Add², 1989, 189) und zweien im J. Paul Getty Mus. in Malibu (a: Inv. Nr 80. AE. 54; D. von Bothmer, GettyMusJ 9:1981, 1–4; id., 1985, 230 s., Nr 1 mit Abb.; b: Inv. Nr 83. AE. 217; GettyMusJ 12:1984, 245, Nr 69; Von Bothmer, 1985, 231, Nr 2 mit Abb.; Add², 1889, 405; Buitron-Oliver, 1995, 75, Nr 38, Taf. 24). In der sehr geschmeidigen Bildung der Schale im Profil mit fließenden Übergängen steht K. als letzter in der Trad. des Töpfers → Kachrylion. Auf der seit dem 19. Jh. bek. Berliner Vase steht die nur noch teilweise erh. Inschr. ΑΜΑΣ[...]Σ, die erstmals von Jan Six (RM 3:1888, 233 s.) zu Ἀμάσ[ιος υἱό]ς erg. worden ist und somit den Namen seines Vaters, Amasis, preisgibt. Die in den Jahren 1980 und 1983 in Malibu erworbenen Schalen bestätigen nun endgültig die bereits vorher für Berlin erwogene Interpretation, daß K. der Sohn des → Amasis ist. K. verwendete aber die Genitivform ΑΜΑΣΙΔΟΣ. Auf diesen Schalen ist näml. ...]ΣΙΔΟΣ ΗΥΥΣ (Inv. Nr 80. AE. 54) bzw. ΚΛΕΟΦΡΑΔΕΣ ΕΠΟΙΕΣΕΝ ΑΜΑΣΙΔΟΣ (Inv. Nr 83. AE. 217) zu lesen. Die vier von K. sign. Gefäße wurden von zwei Malern verziert. Während die Schalen in Berlin und Malibu von → Duris bemalt worden sind, wurde die Pariser Schale vom sog. Kleophrades-Maler dekoriert, der seinen Kunstnamen durch diese Vase erhielt. ▭ RE XI. 1, 1921; EAA IV, 1961. – *Bloesch*, Formen, 1940, 58; ARV², 1963, 1652; *Von Bothmer*, Amasis, 1985, 230 s.; Add², 1989, 405; *D. Buitron-Oliver*, Douris, A master-painter of Athenian red-figure vases, Mainz 1995, 60–61. R. V.

Kleosimenes → **Kleomenes** (I)

Kleoteles, griech. Bildhauer oder Architekt, am E. des 5. Jh. v. Chr. auf Delos tätig. Nur bek. durch seine Sign. auf einer Marmorbasis eines Altars des Apollon und der Athena beim Prytaneion von Delos. Da die Inschr. nur fragm. ist und ein erbauter Altar sowohl einen Architekten wie auch einen Bildhauer als Schöpfer meinen kann, können wir nicht sagen, welchem Beruf K. nachging. ▭ RE, Suppl. VIII, 1956. – *Marcadé*, Signatures, II, 1957, 63 mit Abb. R. V.

Klerias (Κληρίας), aus Sinope, griech. Bildhauer, um 260 v. Chr. in Lindos tätig. Nur bek. durch seine Sign. auf einer Marmorbasis für eine männl. Bronzestatue, die um 260 v. Chr. auf die Akropolis von Lindos von dem Priester der Athena Lindia und des Zeus Polieus, Archinomas, Philophrons Sohn, gestiftet worden ist. ▭ ThB20, 1927. RE XI. 1, 1921; EAA IV, 1961. – Lindos II. 1, 1941, 313, Nr 89; *Schmidt*, Statuenbasen, 1995, 271 s., Nr II. 6. R. V.

Kleudoros (Κλευδῶρος), Münzstempelschneider, im 4. Jh. v. Chr. in Hyele (Velia) in Lukanien tätig. Der vollst. Name des Graveurs im Genitiv ist auf dem Helmrand eines nahezu frontal in leichter Dreiviertelansicht nach links dargestellten Athenakopfes auf einem Nomos (Didrachmon) von Hyele zu lesen (Franke/Hirmer, Münze², 1972, Taf. 80, 226), dessen Dat. in der Lit. vom A. bis zum E. des 4. Jh. v. Chr. schwankt. Der Künstler griff mit dieser ungewöhnl. Ikonogr. wie auch bei der Anbringung der Sign. Vorbilder des → Kimon (II) und des → Euainetos (I) auf Syrakusaner Tetradrachmen vom E. des 5. Jh. v. Chr. auf. – Versch. Nomoi von Hyele tragen auf ihrer Vorderseite, ihrer Rückseite oder auch beidseitig ein Monogr., bestehend aus einem retrograden K und einem E in Ligatur (die mittlere Haste des E kann fehlen), deutl. erkennbar im Feld, oft zus. mit dem Buchstaben Φ, der offenbar stets nur auf den Rückseiten erscheint. In der älteren Lit. wird das Monogr. häufig zu ΚΛΕ oder ΚΛΕΥ aufgelöst und als Künstler-Sign. des K. interpretiert; unterstützt wird diese Vermutung dadurch, daß auch der oben gen. Nomos mit dem Kopf der Athena *de face* auf seiner Rückseite dieses Monogr. trägt. Entsprechend wurde das Φ als Abk. des Stempelschneiders → Philistion angesehen (z.B. Cahn u.a., 1988, 119). Fischer-Bossert weist jedoch zu Recht darauf hin, daß alle gesicherten Sign. von Stempelschneidern bewußt versteckt angebracht sind (W. Fischer-Bossert, Chronologie der Didrachmenprägung von Tarent 510–280 v. Chr., AMuGS, XIV, Bonn 1999, 401), auch ist die Auflösung des Monogr. zu ΚΛΕΥ keinesfalls gesichert: So wurde es im Aukt.-Kat. Numismatica Ars Classica 13 (Nrn 119–120) als Ligatur von KE interpretiert und die Münze keinem bestimmten Graveur zugewiesen. Eine Zuweisung aller mit dem gen. Monogr. versehenen Stempel an K. ist mithin zweifelhaft, wenn nicht abzulehnen. ▭ ThB20, 1927. RE XI. 1, 1921; EAA IV, 1961. – *L. Forrer*, Notes sur les sign. de graveurs sur les monnaies grecques, Br. 1906, 224–228; *H. A. Cahn u.a.* (Ed.), Griech. Münzen aus Großgriechenland und Sizilien (K Antiken-Mus. Basel und Slg Ludwig), Basel 1988, 45, 119 s.; Numismatica Ars Classica AG, Auktion 13, Zürich, 8. Oktober 1998, Nrn 119–120 (mit älterer Lit.). Th. Ganschow

Klithos, (Κλίθος), griech. Bildhauer unbestimmter Zeit. Nur bek. durch seine Sign. auf einer Marmorbasis aus Chordakia bei Gurnia auf Kreta (A. J. Reinach, REG 23:1910, 317). ▭ ThB20, 1927. RE XI. 1, 1921; EAA IV, 1961. R. V.

Klitias (Κλειτίας; Κλιτίας), griechischer Maler schwarzfiguriger Gefäße, um 570/560 v. Chr. in Athen tätig. Als Maler sign. er auf der sog. François-Vase, dem Stiel eines Ständers (New York, Metrop. Mus., Inv. Nr 31. 11. 4: ABV, 1956, 78, Nr 12; Beazley, Dev, 1951, Taf. 30, 3–4) sowie drei Schalen (ABV, 1956, 78, Nrn 13–15). Nach der eingeritzten Inschr. wurde eine Hydria von der Athener Akropolis (Athen, NM, Inv. Nr Akr 601: ABV, 1956, 80, Nr 1; Graef/Langlotz, 1925, Taf. 28) als „erste Frucht" Athena gew., also als Erstwerk eines Malers, der wohl auch der Töpfer war; der Maler (gen. 'Maler von Akropolis 601') steht K. so nahe, daß diese Hydria und ein Louterion in London schon mehrmals als K.s Frühwerk angesprochen wurden. Das Hw. ist zweifellos der in einem Kammergrab in Chiusi gefundene Volutenkrater, die sog. François-Vase; ders. Arbeitsphase entstammen weitere meist große Gefäße, die mehrheitl. auf die Athener Akropolis gew. wurden. Dort gefundene Kantharos-Fragm. mit der an → Lydos erinnernden Gigantomachie sind möglicherweise in seiner späten Phase entstanden. Das reichhaltigste Bilderspektrum bietet die sog. François-Vase. Ihre Wandung ist mit unterschiedl. hohen Friesen bedeckt, in denen sich Miniaturfiguren einzeln oder in kleinen, in den Raum gestaffelten Gruppen bewegen, die alle durch Bei-Schr. identifiziert und demnach dem Mythos entnommen sind. Die ausladenden Henkelansätze unterbrechen den Schulterfries, den höchsten und neben dem Fußfries einzigen mit einem umlaufenden Thema. Die Ansichtsseite kennzeichnet neben Peleus, dem Zielpunkt des göttl. Hochzeitszuges, der stark bewegte und als einziger zum Betrachter gewendete Dionysos. Die Geschehnisse kreisen um die Heroen Theseus (mit Lyra bei der Begrüßung durch Ariadne auf Kreta mit den athenischen Jungen und Mädchen, die sprechende bzw. politisch geprägte Namen tragen, und im Kampfgetümmel bei der Hochzeit des Peirithoos gegen die Kentauren), Meleager (bei der Eberjagd in Ges. weiterer großer Helden) und Achill (Leichenspiele für Patroklos, Verfolgung des jungen trojanischen Prinzen Troilos); die einzige Szene mit einer göttl. Hauptfigur zeigt die durch Dionysos herbeigeführte Rückkehr des trunkenen Hephaistos in den Olymp in Begleitung des dionysischen Gefolges. Im Mittelpunkt steht der Hochzeitszug der Götter zum Haus des Bräutigams Peleus. Nur in dem auf dem Fuß umlaufenden Fries mit dem Kampf zwischen den Pygmäen und den Kranichen blieben die Figuren anonym und entsprechen so der Iliasstelle (Hom., Il., 3, 3–7), wo sie nur als Gruppe auftreten. Die Themen und Protagonisten sind durch die Bei-Schr. klar; dies gilt allerdings nicht für die Gesamtinterpretation des Programms und die Funktion des Gefäßes: In der Diskussion sind eine Bestellung als Brautgeschenk oder für das Grab eines reichen Etruskers, auch Anspielungen an lokale athenische Politik hat man in den Friesen finden wollen. Dieselbe Friesgliederung als Dekorationssystem benutzt K. auch auf dem zweiten Krater, der wohl nach Luxor gelangte; hier fliehen Odysseus und seine Gefährten, wie in der Odyssee (Hom., Od., 9, 415 ss.) beschrieben, im obersten Fries aus der Höhle des Polyphem; die früheste Darst. – und eine der vollständigsten dieser Episode. Polyphem, dessen Größe gerade in seiner gebückten Haltung zum Ausdruck kommt, ist behaart und gehört mit seinem rot bemalten Gesicht zu jenen Mischwesen wie Sphingen und Sirenen; seit seiner Blendung blutet sein einziges Auge rot, in seiner Blindheit streckt er beide Arme hilfesuchend nach vorne. Wie auf der sog. François-Vase vermag K. auch hier mit geringen Mitteln Wesen und Zustand seines Protagonisten zu charakterisieren. Im zweiten Fries entkommt Perseus, den enthaupteten Kopf der Gorgo in der umgehängten Tasche, mit Hilfe Athenas und Hermes' der kopflosen Gorgo und ihren Schwestern. – Ganz zeitgemäß besteht K.s ikonogr. Spektrum aus myth. Themen, die er durchaus mehrmals, aber mit Variationen, verwendet; so bewegt sich der Zug der athen. Jungen und Mädchen (mit Theseus) auf dem Hydria-Fragm. von der Athener Akropolis nach links, die Personen sind – wohl aus Platzgründen – näher zusammengerückt (Athen, NM, Inv. Nr Akr 596: ABV, 1956, 77, Nr 9; Graef/Langlotz, 1925, Taf. 29). Zum gängigen Repert. der Zeit gehören Kampfszenen (Athen, NM, Inv. Nr Akr 598: ABV, 1956, 77, Nr 5; Graef/Langlotz, 1925, Taf. 24 viell. die Gegenseite von 597), Athenageburt (Athen, NM, Inv. Nr Akr 597: ABV, 1956, 77, Nr 5; Graef/Langlotz, 1925, Taf. 24 und das Olpen-Fragm. aus Huelva: J. G. Chamorro, AJA 91:1987, 225, Abb. 24), die Waffenübergabe an Achill auf dem Amphoren-Fragm. aus dem Heraion von Samos (Kreuzer, 1998, Nr 11, Taf. 4) und eine Amazonomachie (Athen, NM, Inv. Nr Akr 597 f-h: ABV, 1956, 77, Nr 4; Graef/Langlotz, 1925, Taf. 24); auffällig sind die bes. reich verzierten, einheitl. Gewänder der – ganz griech. gegebenen – Amazonen, in denen Friese mit gegenständigen Lotosblüten und Wagenzügen abwechseln, Wagenzügen mit geflügelten Pferden und Wagen einer Form, wie ihn etwas später der Amasis-Maler für einen Hochzeitszug verwenden wird (Lekythos in New York, Metrop. Mus., Inv. Nr 56. 11. 1: Para, 1971, 66; Von Bothmer, Amasis, 1985, 182–184, Nr 47 mit Abb.; dieselbe Dekoration auf dem Gewand einer der Moiren auf der sog. François-Vase: Cristofani, 1977, 99, Abb. 16). Neu ist hingegen die Szene mit den zu einer riesigen Frau stürmenden Nereiden (Athen, NM, Inv. Nr Akr 594: ABV, 1956, 77, Nr 8; Graef/Langlotz, 1925, Taf. 24), zu welcher Szene der Phoinix(?) eines Hydrien-Fragm. aus dem samischen Heraion gehört, ist unklar (Kreuzer, 1998, 136, Nr. 76 a, Taf. 19). – K.s Werke fanden nicht nur wie bisher Käufer im ö. Mittelmeergebiet (Ägypten, Samos), sie erfreuten sich auch im weit entfernten Westen großer Beliebtheit, wie die sog. François-Vase als bislang prominentestes Stück in Etrurien und eine in Huelva gefundene Olpe belegen. Dafür sorgten zweifellos seine Freude am Detail, die bei der Friesgestaltung beginnt und dem Schmuck der Einzelformen endet, die vielfältigen Informationen, die dem Betrachter aber immer noch Raum für eigene Phantasien und Interpretationen lassen, sicher auch die Bandbreite an Formen und Themen und die gleichbleibend hohe Qualität seiner Gefäße. Sein Formenspektrum ist umfassend, neben Trinkgefäßen wie Schalen und Kantharoi Kratere zum Mischen von Wein und Wasser, Olpen zum Schöpfen, aber auch Hydrien für Wasser und Amphoren als Vorratsgefäße. Soweit wir sehen können, geht er auf keinem von seiner kleinteiligen Friesgestaltung ab, im Gegensatz zur Mehrheit seiner Zeitgen. mit ihrer Neigung zur großformatigen Dekoration. Seine Gefäße sind zweifelsohne die aufwendigsten, erzählerischsten und lebendigsten der Zeit und waren offensichtl. auch in der Normalausfertigung das perfekte Weihgeschenk für Athenas Hauptheiligtum auf der Akropolis. ▭ ThB20, 1927. RE XI. 1, 1921; EAA IV, 1921 (s.v. Kleitias ed Ergotimos); DA XXXII, 1996 (s.v. vase-painters). – *Simon/Hirmer*, Vasen, 1976, 69 ss., Taf. 51–57; *M. Cristofani u.a.*, Materiali per servire alla storia del Vaso Francois, BdA serie speciale 1, 1977; *R. Olmos/P. Cabrera*, AEsp 53:1980, 5 ss.; *D. von Bothmer*, AntK 24:1981, 66–67, Taf. 10, 1–2; *R. Olmos Romero/J. P. Garrido Ruiz*, in: Homenaje a Saenz De Buruaga, Ma. 1982, 248–50, Nr 5, Taf. 5 oben (Huelva); *A. Stewart*, in: *W. G. Moon* (Ed.), AGAI, 1983, 53 ss.; *H. Hoffmann*, in: *C. Bérard/ C. Bron/A. Pomar* (Ed.), Image et soc. en Grèce ancienne, Lausanne 1987, 27 ss.; *M. B. Moore*, in: *D. White* (Ed.), The extramural sanctuary of Demeter and Persephone at Cyrene, Libya III, Philadelphia 1987, 39, Nr 257, Taf. 42; *H. A. Shapiro*, Art and cult under the tyrants in Athens, Mainz 1989, 146–47; *R. Wachter*, MusHelv 48:1991, 86–113 (Inschr.); *B. Kreuzer*, Frühe Zeichner. 1500–500 v. Chr. Ägypt., griech. und etrusk. Vasenfragmente der Slg H. A. Cahn, Basel (K Freiburg i. Br.), Waldkirch 1992, 39–40, Nr. 30, Abb.; *O. Touchefeu-Meynier*, LIMC VI, 1992, 156, Nr 19* (s.v. Kyklops, Kyklopes); *ead.*, ibid., 958, Nr 100 (s.v. Odysseus) *L. J. Roccos*, LIMC VII, 1994, 340, Nr 138, s.v. Perseus; *D. Williams*, in: *A. Verbanck- Piérard/D. Viviers* (Ed.), Culture et cité, Akten des Kolloquiums Brüssel 1991, Br. 1995, 141–142; *B. Andreae*, Ulisse. Il mito e la memoria (K Rom), R. 1996, 130, Nr 2. 19 (Basel, Cahn); *C. Isler-Kerenyi*, in: *J. H. Oakley/W. D. E. Coulsen/O. Palagia* (Ed.), Athenian potters and painters, Ox. 1997, 523 ss. (Florenz); *B. Kreuzer*, Die att. Keramik aus dem Heraion von Samos, Samos XXII, Bonn 1998, 113–114, Nr 11, Taf. 4–5; pp. 114–115, Nr 12, Taf. 5. B. Kreuzer

Klitomenes → Kritomenes

Koblanos → Apellas Koblanos

Koinos (I) (Κοῖνος), griech. Maler unbestimmter Zeit. Lt. Plinius (nat., 35, 139; Overbeck, SQ, 1868, Nr 2152) malte K. *stemmata*, d.h. wahrsch. genealog. Familienbilder. ▭ ThB21, 1927. RE XI. 1, 1921 (s.v. K. 4); EAA IV, 1961 (s.v. K. 2). R. V.

Koinos (II), griech. Gemmenschneider, in der 1. H. des 2. Jh. n. Chr. tätig. K. sign. einen Sardonyx, der einen Jäger mit Lanze zeigt, an einen Pfeiler gelehnt im Typus des sog. Narkissos (Aufbewahrungsort unbek.). ▭ ThB21, 1927. RE XI. 1, 1921 (s.v. K. 5); EAA IV, 1961. – *A. Furtwängler*, JdI 3:1888, Taf. 10; *id.*, JdI 4:1889, 51; *Vollenweider*, Steinschneidekunst, 1966, 79, Anm. 81; *Richter*, EngrGemsRom, 1971, 145, Abb. 680; *Zazoff*, AG, 1983, 322, Anm. 103, Taf. 95,7. B. Gerring

Kointos (Κοίντος; Quintus), Gemmenschneider, Sohn des Gemmenschneiders → Alexas (II) und Bruder des Gemmenschneiders → Aulos, in der röm. Kaiserzeit tätig. K. sign. ein Sardonyx-Fragm. in Florenz (Mus. Archeol.) mit dem Bein einer bewaffneten Figur mit den Waffen des Mars. ▭ ThB27, 1933. EAA IV, 1961. – *A. Furtwängler*, JdI 3:1888, Taf. 10,19; *id.*, JdI 4:1889, 52,56; *id.*, AG, III, 1900, 358; *Zazoff*, AG, 1983, 285 s., Anm. 113. B. Gerring

Koios (Κοῖος), griech. Toreut, um 540–530 v. Chr. viell. in der Landschaft Elis/Peloponnes tätig. Der Name K. (LGPN III. A, 1997, 253) erscheint, erg. durch das griech. Wort für „hat (es) gemacht", als eingeritzte Sign. auf einem kleinen Salbfläschchen aus einer Kupferlegierung (Vassilika, 1998). Der Gefäßkörper besitzt die vergleichsweise seltene Form eines von einem Helm korinth. Typs bedeckten Kopfes (vergleiche C. Grunwald, in: Antiken aus dem Akad. Kunst-Mus. Bonn [K Bonn, Akad. Kunst-Mus.], ed. H. Gabelmann, Köln [3]1983, 107 s., Nr 121). Das Stück wurde in Pyrgos, w. von Olympia, erworben (Cambridge, Fitzwilliam Mus., Inv. Nr GR. 15. 1864). Der Herstellungsort und die Herkunft des Toreuten lassen sich bislang nicht ermitteln (vergleiche die geograph. Bezüge bei dem gleichnamigen Titanen: E. Stoffel, DNP VI, 1999, 636 s., s.v. Koios). Die Dat. des Kriegerkopf-Gefäßes basiert auf epigraph. Kriterien und Vergleichen mit orig. korinth. Helmen. ▭ *E. Vassilika*, Fitzwilliam Mus. handbooks. Greek and Roman art, C. 1998, 26 s., Nr 11, Farb-Abb. K. Hornig

Kolchos (Κόλχος), griech. Töpfer, um 540 v. Chr. in Athen tätig. Nur bek. durch seine Sign. auf einer attischen schwarzfigurigen Kanne aus Vulci (heute

Berlin, SMPK, Antiken-Slg, Inv. Nr F 1732; ABV, 1956, 110, Nr 37; Add[2], 1989, 30; M. H. Tiverios, Ὁ Λυδὸς καὶ τὸ ἔργο του, At. 1976, 66, Taf. 57- 59) mit der Darst. des Kampfes zw. Herakles und Ares über dem getöteten Kyknos in Anwesenheit and. Götter (A. Cambitoglou, LIMC VII, 1994, 975, Nr 61, s.v. Kyknos I, mit and. Querverweisen). ▭ ThB21, 1927. RE XI. 1, 1921.

R. V.

Kolotes (I) (Κωλώτης; Colotes), griech. Bildhauer in Gold-Elfenbein- und Bronzetechnik, Herkunft entgegen allg. Ansicht unbek. (vgl. hierzu → Kolotes [III]), Schüler und Gehilfe des → Pheidias (I). Seine Tätigkeit, die in die Jahre um 450 v. Chr. und kurz danach anzusetzen ist, beschränkte sich den antiken Quellen zufolge auf die Landschaft Elis. Nach Plinius (nat., 35, 54) war K. Schüler des → Pheidias (I) und fertigte zus. mit seinem Lehrer die Zeus-Statue von Olympia (nat., 34, 87; 35, 54). Eigenständig schuf er die Athena von Elis, deren Schild auf der Innenseite von → Panainos, einem Neffen des → Pheidias (I), bemalt war (Plin., nat., 35, 54), den Asklepios von Kyllene (Strab., 8, 3, 4 [p. 337]) sowie Philosophenbildnisse („philosophi") (Plin., nat., 34, 87). – Bei der elischen Athena handelte es sich nach Pausanias (6, 26, 3) um eine Gold-Elfenbein-Statue, die er allerdings entgegen Plinius → Pheidias (I) zuschreibt (vgl. hierzu → Kolotes [III]). Frickenhaus (1913, 361) erkannte das elische Kultbild im Typus der sog. Athena Medici (F. Canciani, LIMC II, 1984, 1085, Nr 144*, s.v. Athena/Minerva). Ebenso wie alle and. Identifizierungen muß jedoch auch diese spekulativ bleiben, da das Aussehen des Kultbildes – abgesehen von einem Hahn auf dem Helm (Paus., ibid.) – nicht überliefert ist. – Frickenhaus (1913, 362) sah im Typus des Dresdner Zeus (F. Canciani, LIMC VIII, 1997, 433, Nr 122*, s.v. Zeus/Iuppiter) eine Kopie des Asklepios von Kyllene, den Strabo (8, 3, 4 [p. 337]) als „θαυμαστὸν ξόανον ἐλεφάντινον" beschreibt. Heiderich hingegen spricht sich für den sog. Asklepios Giustini aus (B. Holtzmann, LIMC II, 1984, 879–882, Nrn 154–233, s.v. Asklepios; H. Heiderich, Asklepios, Diss. FiB. 1966, 17–35; vgl. B. Ridgway, Fifth century styles in Greek sculpt., Pr. 1981, 183). Jedoch verhindert auch hier die Quellenlage mehr als nur vermutete Zuweisungen. Plinius nennt die „philosophi" des K. innerhalb eines Erzgießer-Verz.: Man darf daher annehmen, daß es sich hier um bronzene Bildnisse handelte. – *Zum Gold-Elfenbein-Tisch in Olympia*: → Kolotes (III). ▭ ThB21, 1927. RE XI. 1, 1921 (s.v. K. 2); EAA IV, 1961; KlP III, 1969 (s.v. K. 2); DNP VI, 1999. – *A. Frickenhaus*, JdI 28:1913, 341–369; *Lippold*, GrPl, 1950, 189.

Th. Ganschow

Kolotes (II), griech. Maler aus Teos/Ionien, um 400 v. Chr. Nach Quint. (inst., 2, 13, 13) wurde K. in einem Wettstreit von → Timanthes (I) von Kythnos mit einem Gem. der Opferung der Iphigenie besiegt. Aus dieser Notiz wird vermutet, daß auch K. ein Gem. gleichen Sujets erschaffen hat (vgl. L. Kahil, LIMC V, 1990, 710, Nr 4bis, s.v. Iphigeneia). Da → Timanthes (I) nach Plinius (nat., 35, 64) als Zeitgen. des → Zeuxis (I) galt, muß K. um 400 v. Chr. tätig gewesen sein. – Fragmentar. erh. Inventare der Malereien des delischen Heiligtums (ID, 1414 und 1426 sowie weitere kleine Fragm.), entstanden zw. 166 und 145 v. Chr. (Vallois: „inventaires Athéniens"), nennen unter and. Gem. eine Malerei des → Parrhasios (einem weiteren Zeitgen. des → Zeuxis (I): Plin., ibid.) und eine des K.(?) ἐν τῶι οἴκωι ἐν ὧι αἱ γραφαί. Der antike Name des Gebäudes dürfte korrekt erg. sein (Vallois, 1944, 58); die genaue Auflistung der Gem. und ihrer Lokalisation innerhalb des Gebäudes erlaubt eine grobe Rekonstr. seines Grundrisses, dem der des sog. *Edifice Nord* entspricht (Vallois, 1944, 59), dessen Dat. in die Jahre 402 bis 394 v. Chr., der Zeit der delischen Unabhängigkeit von Athen, sehr wahrsch. ist. Der Name des K. ist allerdings in den gen. Inschr. nirgends erh., die Erg. basiert auf einer and. Inschr., in der es heißt: „...ἐπὶ τὰς Γραφὰς τὰς ἐν τῶι Ἐκκλησιαστηρίωι καὶ τὰς Κωλώτου" (ID, 400; Vallois, 1944, 59; hiernach tituliert Picard [1946, 100] nach vorsichtigen Vermutungen von Vallois [1944, 61] das Gebäude „Pinakothek des K."). Doch ist die Lesung des letzten Wortes unsicher und gehe auf einen Vorschlag von Holleaux zurück, hier den Namen eines bek. Künstlers zu ergänzen (F. Dürrbach, BCH 35:1911, 84 s.). – Falls das im Inventar gen. Gebäude mit dem sog. *Edifice Nord* ident. ist, dessen Errichtung wohl in die Schaffenszeit des K. aus Teos fällt, ist es durchaus mögl., daß es sich bei dem von Quintilian gen. K. und dem delischen Maler um dieselbe Person handelt. Ob jedoch das postulierte Iphigenie-Gem. als Hw. des Künstlers mit der im delischen Inventar gen. Malerei „zur Rechten" ident. ist (Picard, 1946, 100), muß völlig offen bleiben. Auch die Vermutung, weitere Gem. des Inventars K. zuzuschreiben (Picard, 1946, 100 s.), ist rein hypothetisch. ▭ ThB21, 1927 (s.v. K. von Teos). RE XI. 1, 1921 (s.v. K. 4); EAA IV, 1961 (s.v. K. 3). – *R. Vallois*, L'archit. hellénique et hellénistique à Délos jusqu'à l' éviction des Déliens (166 av. J.-C.), P. 1944; *C. Picard*, RA 26:1946, 99–101.

Th. Ganschow

Kolotes (III), vermuteter Name eines griech. Bildhauers aus Herakleia (in Elis?) oder Paros, Schüler eines Pasiteles, Schaffenszeit unbekannt. Ledigl. Pausanias (5, 20, 2) weiß von K. zu berichten: Er nennt ihn als Künstler des Gold-Elfenbein-Tisches in Olympia, auf dem die Kränze für die Sieger der Spiele bereitgelegt wurden. Dieser Tisch sei an der Vorder- und den Nebenseiten mit Götterfiguren dekoriert, die Rückseite zeige „ἡ διάθεσις ἡ τοῦ ἀγῶνος", was entweder als figürl. Darst. oder einfach als Niederschrift der Spielregeln verstanden werden kann (Mingazzini, 1962, 299, Anm. 32). Linfert (1988, 37–39) wies überzeugend darauf hin, daß die Notiz bei Pausanias in mehrerer Hinsicht fragwürdig ist. Zunächst einmal sei die Textstelle sehr widersprüchl. überliefert: „Philologisches und archäol. Kennertum haben den Namen (erst nach und nach) in den uns geläufigen Text durch Interpretation und Konjektur hineingebracht, um das Œuvre eines Phidiasschülers zu bereichern" (Linfert, 1988, 37). Der Tisch wird im Zusammenhang mit and. Objekten und Begebenheiten aus myth. Vorzeit erw. und beschrieben, wohin er nach Linfert (1988, 39) auch gehört, war er doch vom Beginn der Olymp. Spiele an unentbehrlich. Auffällig ist weiterhin, daß Pausanias den Pheidiasschüler K. nirgends erw., entweder war er ihm nicht bek. oder er ignorierte ihn: So wird auch die Athena von Elis, die Plinius (nat., 35, 54) als Werk des K. erw., von Pausanias (6, 26, 3) → Pheidias (I) selbst zugeschrieben. Ungeachtet der Frage, ob der Verfertiger des Gold-Elfenbein-Tisches K. oder anders hieß, die Angaben zu seiner Person holte sich Pausanias, wie er selbst sagt, bei den „πολυπραγμονήσαντες σπουδῇ τὰ ἐς τοὺς πλάστας" („die sich eingehend mit den bildenden Künstlern beschäftigt haben": Paus., 5, 20, 2, Übers. von E. Meyer). Offenbar wußte er selbst nichts mit dem Namen des Künstlers anzufangen, den man ihm in Olympia gen. hatte. Pausanias spricht also von einem K. (?), dem Schüler eines Pasiteles (Linfert, 1988, 39), wobei die Frage, ob Pausanias überhaupt die Angaben zur richtigen Person zitiert hat, unbeantwortet bleiben muß. – Bevor Pausanias auf die „πολυπραγμονήσαντες..." zurückgreift, bemerkt er, daß K. aus Herakleia stammen solle. Diese Notiz wird im allgemeinen mit dem Pheidiasschüler K. in Verbindung gebracht, dessen bek. Werke alle in der Landschaft Elis zu finden sind und dessen Geburtsort folgl. Herakleia in Elis gewesen sein könnte. Pausanias meint jedoch den Künstler des Gold-Elfenbein-Tisches, dessen Name nicht sicher überliefert ist (s. o.), und referiert zunächst nur, was er über diesen erfahren hat, möglicherweise in Olympia selbst, um dann die Angaben der „πολυπραγμονήσαντες..." hinzuzufügen, die – wie oben bemerkt – viell. nicht einmal die richtigen sind. – Eine phantasievolle Rekonstr. des Tisches findet sich bei Mingazzini (1962), der allerdings fälschlicherweise davon ausgeht, es handele sich bei Pasiteles, dem Lehrer des K. (?), um den berühmten neuatt. Künstler der späten Republik (→ Pasiteles). 🕮 ThB21, 1927. RE XI. 1, 1921; EAA IV, 1961 (s.v. K. 2). – *P. Mingazzini*, AM 77:1962, 293–305; *A. Linfert*, RdA 12:1988, 33–41.

Th. Ganschow

Kommoidion (Κωμμωιδίων), griech. Bildhauer, im 4. Jh. v. Chr. in Epidauros tätig. Zus. mit → Sannion stellte K. Modelle der Bauornamentik für die Tholos von Epidauros her (IG, IV. 1, 103, Zeilen 90 s, 94, 102, 104). 🕮 EAA IV, 1961.

R. V.

Komon (Κόμων), Sohn des Bianor, Bildhauer aus Pisidien, in der röm. Kaiserzeit in der Gegend von Burdur tätig. Nur bek. aus einer Inschr. aus der Gegend von Burdur (M. Collignon, BCH 3:1879, 337, Nr 7). Ident. mit → Komon Alasteos ? 🕮 ThB21, 1927. RE XI. 2, 1922 (s.v. K. 3). – *Loewy*, IGB, 1885, 255, Nr 359. T. Lochman

Komon Alasteos (Κόμων 'Αλάστεος), Bildhauer aus Pisidien, in der fortgeschrittenen Kaiserzeit im Gebiet von Tymbrianassos tätig. Nur bek. aus der Sign. eines Grabmals einer Fam. aus Kolbassos b. Tymbrianassos, zu der auch der Künstler selbst gehörte (W. M. Ramsay, AJA 4:1888, 268). Alasteos bezieht sich eher auf eine antike Siedlung als auf den hypothet. Vatersnamen Alastis (so Lippold in RE); in diesem Fall könnte K. mit → Komon, Sohn des Bianor, ident. sein. 🕮 ThB21, 1927. RE XI. 2, 1922 (s.v. Komon 2). T. Lochman

Konon (Κόνων), Sohn des Menas, spätantiker Architekt. Nur durch eine Sarkophag-Inschr. aus Korykos/Kilikien bekannt. 🕮 *Donderer*, Architekten, 1996, 150 s., Nr A 55. M. Dennert

Korisios (Κορισίος), Schmied, tätig in der 1. H. des 1. Jh. v. Chr. Sein Name befindet sich in griech. Buchstaben neben einer Schlagmarke auf einem Latène-D-Schwert. Die Schlagmarke zeigt zwei in antithet. Stellung an einer Palme aufgerichtete gehörnte Tiere, die Knospen oder Datteln aus der Krone naschen. Der Name K. weist zieml. sicher auf den Schmied oder Besitzer des hervorragend gearbeiteten Schwertes hin, das (nach den Angaben eines alten Mus.-Kat. bei der Juragewässerkorrektion 1868–75) im Nidau-Büren Kanal in der

Nähe von Port gefunden wurde (heute Bern, Bernisches HM, Inv. Nr 13615). Das Schwert befand sich in fast rechtwinkliger Verbiegung und stellt somit wahrsch. eine Opfergabe dar. – Es handelt sich hierbei möglicherweise um das erste griech. epigraph. Dok. n. der Alpen. Es könnte somit die Ber. Caesars bekräftigen, die Kelten hätten sich vor ihrer Unterwerfung durch Caesar 58 v. Chr. des griech. Alphabetes bedient. ▭ EAA IV, 1961. – *R. Wyss*, Ur-Schweiz 18:1954, 53–55; *id.*, JbBerHistMus 34:1954, 201; *id.*, JbSchwGesUrgesch 46:1954–55, 91; FA 10:1955, Nr 5260; *F. Benoît*, Ogam 7:1955, 285; *R. Wyss*, Belege zur kelt. Schwertschmiedekunst, in: Provincialia, Festschr. Rudolf Laur-Belart, Basel 1968, 664–681, Taf. 8 (Massenfund von Port); *L. G. Livens*, Antiquity 46:1972, 56 s. T. Scholz

Kornelios (Κορνήλιος), Sohn des Gaios, aus Nikaea stammender bithyn. Steinmetz (λιθουργός), in der M. des 2. Jh. n. Chr. im mittleren Rhyndakostal (phryg.-mys. Grenzgebiet) tätig. Nur bek. als Stifter eines schmucklosen, ins Jahr 140/41 n. Chr. dat. Votivaltars an Zeus Abozenos aus der Gegend von Tavşanlı, den K. wohl auch gleich selbst gemeißelt haben dürfte. ▭ *T. Drew-Bear/ C. Naour*, in: ANRW, II, 18. 3, 1990, 2023 ss., Nr 28, Taf. 14. – *Zum Begriff* λιθουργός: *L. Robert*, Hellenica 11–12, P. 1960, 32–35. T. Lochman

Koroibos (I) (Κόροιβος, Coroebus), von Athen, griech. Töpfer, in myth. Zeit in Athen tätig. Lt. Plinius (nat., 7, 198) erfand K. die Töpfereien. ▭ ML II. 1, 1890–94 (s.v. K. 3); RE XI. 2, 1922 (s.v. K. 5); EAA IV, 1961 (s.v. K. 1); DNP VI, 1999 (s.v. K. 3). D. V.-G.

Koroibos (II), griech. Architekt, 2. H. 5. Jh. v. Chr. Plutarch (Per., 13, 4) nennt K., → Metagenes (II) aus dem Demos Xypete und → Xenokles (II) aus dem Demos Cholargos als Architekten des z.Z. des Perikles ern. *Telesterion* (Weihehaus der Großen Mysterien) im Heiligtum der Demeter und Kore von Eleusis. Hingegen bez. Vitruv (7, praef. 16) und Strabon (9, 1, 12 [C 395]) → Iktinos als dessen alleinigen Architekten. Einzelheiten zu der um 445 v. Chr. beginnenden Tätigkeit des K. für das eleusin. Heiligtum und dessen Filialen in Athen und Phaleron in der epigraph. Überlieferung (zur Einsetzung der Epistaten für Eleusis: sog. K.-Dekret IG, I[3], 32). – Das aus dunklem eleusin. Stein auf quadrat. Grundriß erb. perikleische Telesterion war der erste mon. Zentralbau und zugleich der größte überdachte Kultraum der griech. Antike. Die Reihe seiner Vorgänger reicht zurück bis zu einem myken. Megaronbau (vor 1200 v. Chr.). Nach Plutarch (ibid.) waren beim Tod des K. (noch vor 431 v. Chr.) das Fundament und die untere Säulenstellung mit den Architraven fertiggestellt. Die obere Säulenstellung und das Diazoma (ein allseitig über den Architraven umlaufender Fries oder ein breiter Umgang zw. den beiden Geschossen) folgten unter → Metagenes (II). Die Bedachung mit dem Opaion (zentrale Lichtöffnung über dem Anaktoron, dem Allerheiligsten) entstand unter → Xenokles (II). – Die kontroverse Überlieferung erschwert die genaue Festlegung der für K. anzusetzenden Bauabschnitte. Allg. wird angenommen, daß der Plan des → Iktinos für das perikleische Telesterion 5 x 4 Innensäulen vorsah (davon ausgef. nur 4 in der N-Hälfte). Dann versah K. den Zentralraum mit 7 x 6 Innensäulen. G. Gruben (1986) geht davon aus, daß K. der Architekt des sog. kimon. Telesterion (um 470 v. Chr., mit 7 x 7 Innensäulen), eines Vorgängerbaus des perikleischen Telesterion, gewesen sein könnte. Auf ihn sei dann → Iktinos mit seinem Projekt (s.o.) gefolgt. Schließl. hätten → Metagenes (II) und → Xenokles (II) auf den Plan des kimon. Telesterion zurückgegriffen und den Bau mit 7 x 6 Innensäulen vollendet. In der 2. H. des 4. Jh. v. Chr. erfolgte die Erweiterung durch den Bau eines Prostoon (Vorhalle) an der SO-Seite (→ Philagros, → Philon [II] von Eleusis), die dann im 2. Jh. n. Chr. ern. wurde. W. Müller

Der von Plutarch (Per., 13, 4) nur mit dem persönl. Namen angeführte K. ist nach archäol. Unters. und epigraph. Kriterien ident. mit dem K. aus Melite, dessen Fam.-Grabstätte im Kerameikos, Bez. XVIII, erh. ist. Auf der mit ihrem Akroter weitgehend erh. Namenstele ist nur die obere Inschr. für K. mit voreuklidischem Genitiv angebracht, der ab 403/02 v. Chr. ungebräuchl. wird. Das unvollst. erh. Akroter übernimmt Elemente, die zuerst für das Mittelakroter am Parthenon geschaffen wurden. Das Fundament dieser Namenstele in der M. des Bez. dient auch z.T. der Basis der Hegesostele, deren Inschr. ebenfalls durch den voreuklidischen Genitiv ihres Vaternamens, aber v.a. stilist. ins letzte Jahrzehnt des 5. Jh. v. Chr. dat. werden kann. A. Brückner notierte in seinen Grabungstagebüchern von 1907 und 1910 Befunde, die keine Veränderung des Grab-Bez. infolge Verwüstungen im Zusammenhang mit den Ereignissen nach Chaironeia erschließen lassen. Der Bez. ist als Lehmhügel auf der noch erh. einstufigen Brecciaquaderschicht aus Läufern mit seitl. Bindern zu rekonstr., in einer Gestalt, die für and. Grab-Bez. im Kerameikos im 5. Jh. v. Chr. angenommen wird. Auf dessen höchstem Niveau, höher und weiter abgerückt vom tiefen Gehniveau als die Stelen im benachbarten Potamier-Bez. XIX mit senkrechter Frontmauer, stehen streng parallel die vorderen Basenkanten der drei Denkmäler des Bez. XVIII. Die im geringen Seitenabstand rechts und links der Namenstele aufgestellten Denkmäler, das Figurenrelief für Hegeso und die Lutrophorenreliefstele, sind im gleichen Abstand wie die Namenstele in ihre Basen eingelassen. Ihre dichte Reihung ist wohl durch die Form des Bez. bedingt, denn der nach außen abfallende Kontur der Hegesobasis läßt den einstigen steilen Hügelverlauf ablesen. Die exakt parallele Ausrichtung auch der Stelen verhindert deren gegenseitige Verschattung. Diese überlegte Gestaltung schließt eine Reparatur aus, die sich weder an den Stelen noch an deren Basen erkennen läßt. Der von den Ausgräbern rekonstr. Ersatz für das verlorene Akroter auf der Lutrophorenstele erfolgte vor 1984 unter Hinweis auf übereinstimmende Dübellöcher auf der Stele und dem 1957 verbaut aufgefundenem Akroter. Diese Verbindung ist nicht zwingend, da auch die Dübellöcher der Erstfassung dieses stilist. viel jüngeren Akroters mit denen der Stele korrespondieren. Die Übereinstimmungen der techn. Verbindungen lehrt, daß Stelen bzw. Aufsätze etwa genormt sind, ist aber kein Indiz für eine Reparatur nach einer Verwüstung. Die Denkmäler im Bez. XVIII stehen in ihrem urspr. Verband. Die Namenstele mit K. kann nur im 5. Jh. v. Chr. und vor der Hegesostele errichtet worden sein. Das stimmt mit der Überlieferung der Lebenszeit des K. zusammen. ▭ ThB21, 1927. RE XI. 2, 1922 (s.v. K. 8); EAA IV, 1961 (s.v. K. 2); KlP III, 1969 (s.v. K. 4); LdK II, 1989 (v.e. Eleusis); III, 1991 (s.v. Iktinos); DNP VI, 1999 (s.v. K. 4). – *Brunn*, GGK II, 1889, 368; *A. Corso*, AttiVenezia, 140:1981/82, 199–215; *Müller*, Architekten, 1989, 168, 174, Abb. 114 s.; *Svenson-Evers*, Architekten, 1996, 237 ss. (Lit.). – *Zum Bau*: *J. Travlos*, AEphem 88/89:1950/51, 1–16; *C. Weickert*, AbhBerlin 1950, Nrn 1, 3 ss.; *O. Rubensohn*, JdI 70:1955, 1–49; *G. E. Mylonas*, Eleusis and the Eleusinian mysteries, Pr. 1961; *C. Spuler*, Opaion und Laterne, Diss. Hamburg 1971, Ha. 1973, 13–16; *Gruben*, Tempel[4], 1986, 18 ss., Abb. 178 ss.; *M. Weber*, Thetis 8:2001. M. Weber

Koroibos (III), griech. Maler, in der 2. H. des 4. Jh. v. Chr. tätig. Nur bek. durch eine Auflistung von Malern bei Plinius (nat., 35, 146; Overbeck, SQ, 1868). Danach war er ein Schüler von → Nikomachos (I) und muß folgl. in der 2. H. des 4. Jh. v. Chr. gewirkt haben. ▭ ThB21, 1927. RE XI. 2, 1922. – *Pfuhl*, MuZ, II, 1923, 726. R. V.

Kosmas (Κόσμας), spätantiker Steinmetz und Leiter einer Bauhütte (?), im 5. Jh. n. Chr. in N-Syrien tätig. Bek. nur durch zwei Inschr. aus Brād (dat. 491 und 496 n. Chr.), die ihn τεχνίτης nennen, und durch zwei weitere aus Borg el-Quas (493 n. Chr.) und Fidre (489 n. Chr.), auf denen er ebenfalls als Steinmetz gemeint sein könnte. ▭ IGLS, II, Nrn 366, 372, 374, 435. M. Dennert

Kossoutios → **Cossutius**

Kottonios cf. **Aulos Papios**

Kra[... (Κρα[...), griech. Münzstempelschneider, um 430 v. Chr. in Katane/Sizilien tätig. Sein Namensinitial erscheint auf der Vorderseite eines Tetradrachmons von Katane um 430 v. Chr. Darst.: Viergespann im Schritt nach rechts. Der Stempel ist mit zwei Rückseitenstempeln (Darst.: Kopf des Apollon) gekoppelt, die stilist. zu weit voneinander abweichen, um sicher Werke eines und desselben Graveurs zu sein; mithin lassen sich dem Graveur K. keine unsign. Stempel zuschreiben. K. ist neben → Sosion und → Eumenos einer der ersten sizilischen Münzstempelschneider, die ihre Werke signierten. ▭ *Rizzo*, MGS, 1946, 104–106, Nr 9, Abb. 23, Taf. 10, 10; MuM AG, Basel, Auktions-Kat. 72, Basel 6. Oktober 1987, 57, Nr 513. W. Fischer-Bossert

Krateros (I) (Κρατερός), griech. Architekt (Wasserbauspezialist) aus Olynthos, tätig im letzten Drittel des 4. Jh. v. Chr. Projektierte für Alexandria ein Kanalsystem und Anlagen zur Trinkwasserversorgung (Pseudo-Kallisthenes, 1, 30 s.). Von H. Brunn (1889) versuchsweise mit Krates aus Chalkis identifiziert. ▭ EAA IV, 1961 (s.v. K. 1). – *Brunn*, GGK II, 1889, 224, 243; *Müller*, Architekten, 1989, 154. W. Müller

Krateros (II), griech. Bildhauer, im 2. Jh. v. Chr. tätig. Nur bek. durch eine Sign. aus Delphi. Ob er ident. mit → K. (III), dem Bildhauer einer Statue im Kaiserpalast auf dem Palatin in Rom ist (Plin., nat., 36, 38; Overbeck, SQ, 1868, Nr 2300), kann nicht gesagt werden. ▭ ThB21, 1927. RE XI. 2, 1922 (s.v. K. 5). R. V.

Krateros (III) (Κρατερός, Craterus), griech. Bildhauer unbestimmter Zeit. Nach Plinius (nat., 36, 38; Overbeck, SQ, 1868, Nr 2300) gab es im Kaiserpalast auf dem Palatin auch eine Marmorstatue, die von K. und → Pythodoros (II) sign. war. Ob K. ident. mit einem K. aus Theben ist, der in Delphi eine Sign. hinterlassen hat, kann nicht gesagt werden. ▭ ThB21, 1927. RE XI. 2, 1922 (s.v. K. 5); XXIV, 1963 (s.v. Pythodoros 19); EAA VI, 1965 (s.v. Pythodoros 3). R. V.

Krateros (IV), vermeintl. griech. Mosaizist, der im 3. Jh. n. Chr. in Kephallonia lebte. K. gab mehrere Mosaiken in einer Villa in Kephallonia in Auftrag. Früher identifizierte man ihn fälschlicherweise als Mosaizisten. ▭ EAA IV, 1961 (s.v. K. 3). – *G. Daux*, BCH 82:1958, 128 ss., Abb. 1–2; 87:1963, 636 ss., Abb. 1; *I. Asemakopoulou-Atzaka*, Hellenika 26:1973, 218 s., Nr 1, Taf. 4; *Donderer*, Mosaizisten, 1989, 126, Nr C 5, Taf. 58, 1; *Dunbabin*, MGRW, 1999, 277, Anm. 46. R. V.

Krateros (V), griech. Maler unbestimmter Zeit. Nur bek. durch ein Epigramm des Lukillios (Anth. Gr., 11, 234), in dem er sich über die schlechte Qualität des Bildes lustig macht. R. V.

Krates (I) (Κράτης), griech. Bildhauer(?), 6. Jh. v. Chr. Als Sign. des K. interpretiert man eine Inschr. am Grab des Pasiadas b. Gela in Sizilien. Andere (EAA, Suppl., 1970) glaubten darin nur den Namen des Auftraggebers sehen zu können. ▭ ThB21, 1927. RE XI. 2, 1922 (s.v. K. 19); EAA IV, 1961 (s.v. K. 1); Suppl., 1970 (s.v. K. 1). – *A. Salinas*, NSc 1896, 254; *Floren*, GrPl, 1987, 425, Anm. 88. N. Franken

Krates (II), griech. Toreut, wahrsch. hellenist. Zeit. K. wird nur von Ath., deipn., 11, 782 b (Overbeck, SQ, 1868, 418, Nr 2168) zus. mit and. berühmten Toreuten genannt. ▭ ThB21, 1927. RE XI. 2, 1922 (s.v. K. 20); EAA IV, 1961 (s.v. K. 2). – *Brunn*, GGK II, 1889, 408. N. Franken

Kratesippos (Κρατησίππος), griech. Stempelschneider, um 420 v. Chr. in Rhegion (heute Reggio/Kalabrien) tätig. Drei Tetradrachmenstempel mit dem Apollonkopf sind mit dem vollen Namen sign., beim ersten steht die Sign. auf dem Olivenblatt hinter dem Kopf, bei den beiden and. in kleiner zweizeiliger Schr. vor der Halskontur. Herzfelder (1957) setzt diese drei Gepräge an den A. der um 420 beginnenden, bis in das 4. Jh. v. Chr. reichenden Ser. mit den Apollonköpfen. Die Köpfe des K. sind sehr jugendl. und weich, im Gegensatz zu den anschließenden Geprägen von hohem Relief und strengerem Ausdruck. Früher wurde die Sign. bisweilen fälschlicherweise als Hippokrates gelesen. ▭ RE XI. 2, 1922; EAA IV, 1961 (s.v. Hippokrates; s.v. Kratesippos). – *H. Herzfelder*, Les monnaies d'argent de Rhegion, P. 1957, 102 s., 62–64. H. A. Cahn

Kratinos (I), (Κρατῖνος), aus Sparta, griech. Bildhauer, im 6. Jh. v. Chr. in Olympia tätig. Nach Pausanias (6, 9, 4; Overbeck, SQ, 1868, Nr 2066a) schuf er für Olympia die Statue des Philles von Elis, der im Knabenringkampf gewonnen hat. Da die Sieger in dieser Disziplin zw. 484 und 448 v. Chr. aufgelistet sind und Philles nicht verzeichnet ist, muß er wohl vorher gewonnen haben, was die Statue folgl. in die archaische Zeit datieren läßt. ▭ RE XI. 2, 1922 (s.v. K. 5). – *Floren*, GrPl, 1987, 216, Anm. 15. R. V.

Kratinos (II), griech. Maler, Vater der Malerin → Eirene, im 3. Jh. v. Chr. in Athen tätig. Nach Plinius (nat., 35, 140; Overbeck, SQ, 1868, Nr 2152–2153) malte K. Schauspieler für komische Rollen im Pompeion in Athen. Da das beim Kerameikos gelegene Pompeion, das zur Vorbereitung der alljährigen Festumzüge diente, erst in der 2. H. des 4. Jh. v. Chr. errichtet worden ist und K. im Zusammenhang mit bestimmten and. Malern aufgezählt ist, muß er im 3. Jh. v. Chr. aktiv gewesen sein. ▭ ThB21, 1927. RE XI. 2, 1922 (s.v. K. 6). – *Pfuhl*, MuZ, II, 1923, 829, 849. R. V.

Kratinos (III), Sohn des Minnion, griech. Architekt, 1. H. 2. Jh. v. Chr. Viell. ident. mit → K. (IV). Seine Tätigkeit am Jüngeren Tempel des Apollon Philesios von Didyma b. Milet als Nachfolger des Architekten → Maiandrios ist durch die Bau-Inschr. für die Jahre 179/78 v. Chr. nachgewiesen. Unter seiner Ltg Verlegung von über 200 Quadern in der 25.–27. Schicht der Cellamauern sowie Arbeiten an einer Tür, an den Kalymmatien (Steinen der Treppenhäuser?) und an einer kleinen Säule im Prodomos. ▭ ThB21, 1927. RE XI. 2, 1922 (s.v. K. 8). – *A. Rehm*, Didyma, II: Die Inschr., B. 1958, 37, Nr 35; *M.-C. Hellmann*, ZPE 104:1994, 170, Nr 63; *Donderer*, Architekten, 1996, 18, Anm. 28. W. Müller

Kratinos (IV), griech. Architekt aus Magnesia am Mäander, 2. Jh. v. Chr. Viell. ident. mit → K. (III). Von ihm stammt der Entwurf einer auf der Agora von Magnesia aufgestellten Inschr.-Stele (143 v. Chr.). Die Inschr. (IG, II, ^{3}1917, 262, Nr 679, 18) enthält den Beschluß über den durch einen Schiedsspruch von Mylasa beigelegten Streit zw. Magnesia am Mäander und Priene. ▭ ThB21, 1927. RE XI. 2, 1922 (s.v. K. 7). – *Über die Tätigkeiten von Architekten für Inschriften*: *A. Wilhelm*, ÖJh 6:1903, 11 s. W. Müller

Kraton (Κράτον), aus Sikyon, griech. Maler, im 6. Jh. v. Chr. tätig. Lt. Athenagoras (suppl., 17;

Overbeck, SQ, 1868, Nr 381) war K. der erste Maler, der die Schatten eines Mannes und einer Frau auf einem weißen Pinax farbig ausmalte und so die farbige Malerei einführte. ▭ ThB21, 1927. RE XI. 2, 1922. – *Brunn*, GGK II, 1889, 4 s.

R. V.

Kresilas (Κρησίλας; irrtüml. Kressidas; Krisias; Ktesilaos), griech. Bildhauer, von Kydonia/Kreta, das etwa 515 v. Chr. von Ägineten erobert und besiedelt wurde (Hdt., 3, 59), in der 2. H. des 5. Jh. v. Chr. in Athen tätig. Der Eigenname ist in den Schriftquellen öfters falsch überliefert als Kressidas, Krisias und Ktesilaos und von Plinius (nat., 34, 53) das Ethnikon Kydon als Künstlername verstanden, aber durch die Sign. auf zwei Basen in Athen auf der Akropolis und in Delphi sind Kresilas als Name und seine Herkunft aus Kydon gesichert, und durch die äginet. Schriftform auf der Basis in Hermione/Argolis die Abstammung aus Ägina wahrscheinlich. – Höchstens neun, mindestens sieben plast. Werke, darunter Männerporträts, eine Amazone und eine Kuh sind zu erschließen: davon ist die Amazone sicher und zwei Männerporträts sind mit einiger Wahrscheinlichkeit zu identifizieren. Plinius (nat., 34, 53; 34, 74 s.) nennt vier Bronzestatuen: eine Amazone in Ephesos, einen Perikles, einen Doryphoros und einen *Vulneratus deficiens*. Durch archäol. Feldarbeiten sind vier orig., z.T. fragmentierte Basen-Inschr. bek., zwei in Athen auf der Akropolis, die eine viell. die Basis für den *Vulneratus deficiens*, je eine Basis in Hermione/Argolis und in Delphi; eine fünfte fragmentierte in Pergamon ist eine Kopie, das verlorene unbek. Werk könnte ident. sein mit den unbek. auf den originalen Basen. – Die Schaffenszeit des K. in der 2. H. des 5. Jh. v. Chr. erschließt sich aus drei Bronzewerken: – 1.) die von Plinius (nat., 34, 74) überlieferte Statue des Perikles – 2.) K.s Teilnahme am Künstlerwettstreit um die sog. Amazonenstatuen von Ephesos (Plin., nat., 34, 53 und 75) – 3.) durch die Basis mit Inschr. für eine Bronzekuh in Hermione/Argolis, das 430 v. Chr. von Athen geplündert wurde (Thuk., 2, 56, 5). Eine Bewertung seiner Kunst als Porträtist gibt Plinius (nat., 34, 74: *„mirumque in hac arte est, quod nobiles (berühmte) viros nobiliores fecit“*). – I.) *Vier inschr. bezeugte Orig.-Arbeiten in chronolog. Reihung ihrer Entdeckung mit Verweisen auf Abb.*: – 1.) Marmorbasis mit Inschr. (Athen, Akropolis, gefunden 1839; IG, I^3, 883; Raubitschek, Dedications, 1949, 141 ss., Nr 132); viell. die Basis für unsere weiter unten aufgeführte Nr 9; – 2.) Kalksteinbasis mit Inschr. (verbaut in Hermione/ Argolis, gefunden vor 1883, Weihung an Demeter Chthonia; IG, IV, 683; W. Peek, AM 59:1934, 45 s.: Text und Faks. der Inschr.; Maße p. 45 s., auch der Einlaßspuren; Peek erschließt ein verlorenes bronzenes Pferd im Paßgang. Zchng der Oberseite mit den Einlaßspuren nach Peek: P. Orlandini, AntCl 3:1951, 94–96, Taf. 20,1, „nach den Einlassungen kein Pferd, sondern unterlebensgroße Milchkuh“; mit Demeter in der Argolis ist auch lit. kein Pferd verbunden, sondern vielmehr die Milchkuh (*mucca*): Ael., nat. anim., 11, 4; Paus., 2, 35; Peek, ibid., 97. Die Einlaßspuren entsprechen dem Standmotiv einer Kuh auf dem Münzbild in Hermione, Peek, ibid., Taf. 20,2; Foto der Basisoberseite in Hermione: M. Jameson, Hesperia 22:1953, 149, Nr 2, Taf. 50: „Inschr. in Hermione ist aeginetisch“, Anm. 4 mit Belegen; Foto der Basisvorderseite mit der Inschr. bei S. Karusu, APl 12, 1973, 44, Abb. 1); – 3.) Fragmentierte Marmorbasis ohne deren obersten Block mit Inschr. (Athen, Akropolis, gefunden 1872; IG, I^2, 529; Anth. Pal., 13, 13; für Statue? oder Dreifuß? Länge 73 cm, Höhe noch 27 cm, Breite 84 cm; Raubitschek, Dedications, 1949, Nr 133: Zchng der Inschrift. Der Block ohne die abgebrochene Inschr. noch verbaut: N. Balanos, Les mon. de l'Acropole, P. 1936, Taf. 139; 141 b; – 4.) Basis-Fragm. mit Inschr. (Delphi, gefunden 1899; Höhe 31 cm, Länge noch 60,5 cm, Breite 33 cm; Th. Homolle, BCH 23:1899, 378 ohne Abb.). – II.) *Orig. antike Gipsabguß-Fragm. des Bronze-Orig. in Baiae*: – 5.) Sechs Fragm. des antiken Abgusses der Amazone Mattei (C. Landwehr, Die antiken Gipsabgüsse aus Baiae, B. 1985, 69 s., Taf. 40, 106b). K. zugewiesen über Stilvergleich der Fußbildung mit der 1930 publizierten Statue des sog. Diomedes von Cumae in Neapel (MN; M. Weber, JdI 108:1993, 90 s., Abb. 13 s.). – III.) *Antike Kopie einer fragmentierten Basis*: – 6.) Randleiste einer Marmorbasis (Pergamon, obere Gymnasiumsterrasse; Höhe 31 cm, Breite 65 cm, Tiefe 8 cm; Formen der Kaiserzeit nach P. Jacobsthal, AM 33:1908, 418, Nr 60 ohne Abb.; Foto 1324). – IV.) *Vier Bronzestatuen bei Plinius (nat., 34 und 53)*: – 7.) Doryphoros (Plin., nat., 34, 75). – 8.) Perikles (Plin., nat. 34, 74). – 9.) (s.o. Nr 1) *Vulneratus deficiens* (Plin., nat., 34, 74). – 10.) (s.o. Nr 5) Amazone in Ephesos (Plin., nat., 53, 75). Von diesen vier Statuen ist die des Doryphoros unbek.; die des Perikles ist seit 1845 in ausschnitthafter Hermenkopie erkannt; der *Vulneratus* wurde mit der Basis Nr 1 verbunden und seit 1905 öfters mit röm. Kopien identifiziert, doch zweifelsfrei gesichert sind diese Zuweisungen nicht (zusammenfassend bis 1995: R. Krummeich, Bildnisse griech. Herrscher und Staatsmänner im 5. Jh. v. Chr., M. 1997, 114 ss., 140 ss.). – Betreffend Perikles (Nr 8; Plin., nat., 34, 74) sind vier Repliken bek., zwei ausschnitthaft im röm. Geschmack gefaßte Marmorhermen in London, BM, und im Vatikan mit Namens-Inschr. (Krummeich, ibid., 114 ss.), eine geringe in Rom im Mus. Barracco und seit 1901 ein sehr qualitätvoller Einsatzkopf in Berlin, SMPK, aus Lesbos; sie werden interpretiert als Kopien nach der Statue, die Pausanias zweimal (1, 25, 1; 1, 28, 2) auf der Athener Akropolis ohne Künstlernamen aufführt. Die Repliken (Richter, Portraits, I, 1965, 102 ss., Abb. 429–441) überliefern weitgehend übereinstimmend einen kurzbärtigen Kopf mit zurückgeschobenem korinthischen Helm auf dichtem kurzlockigen Haar über einem noch jugendl. festem Gesicht mit ausgeprägten Jochbeinen, schmalem Nasenrücken und nahestehenden Augen unter flachen Brauenbögen, gerahmt von kurzlockigem Haupthaar, das unter dem Helm wie federnd erscheint. Gleichartige kurze Locken bilden den rundgeschnittenen Vollbart, glatter gesträhnt sind der knappe Schnurrbart bis zur Oberlippe und die Fliege unter der vollen Unterlippe. Die Gesichtszüge sind gespannt ruhig; der Kopf leicht zu seiner Linken bewegt. Der korinth. Helm, der gegenüber der Gesichtsachse verschoben ist, verstärkt die Wirkung der Kopfbewegung. Das Kopf-Fragm. in Princeton (Richter, Portraits, I, 1965, Abb. 442 s.) mit ebenso zurückgeschobenem korinth. Helm hat größere Augen, breiteren Nasenrücken, vollere Unterlippe und weniger kleinlockigen Bart und scheidet damit als Replik dieser Bildfassung des Perikles aus (D. Pandermalis, Unters. zu den klass. Strategenköpfen, FiB 1969, 31). Die Überlieferung von Plutarch (Per., 3, 2), Perikles sei wegen seines deformierten Schädels (B. Cohen, Hesperia 90:1991, 465 ss.) fast immer mit Helm dargestellt worden, hat B. Schmalz (AM 110:1995, 247 ss.) zuletzt wieder als Legende aus der Komödie erwiesen. In Bezug auf das Verhältnis von Gesicht zu Helmform stimmt das Periklesbildnis mit dem Behelmten im Parthenonfries N XII (F. Brommer, Der Parthenonfries, Mainz 1977, Taf. 80) überein. Der Schädel ist also nicht als deformiert zu erkennen. Der Vergleich macht auch deutl., daß das Periklesbildnis stilist. älter sein muß als die Köpfe am Fries mit ihren durchgängig lockeren Haarbildungen. A. Furtwängler (Meisterwerke, 1893, 274) hatte eine Entstehung des Bildnisses anläßl. der Niederschlagung des samischen Aufstandes 439 v. Chr. angenommen. Perikles war damals wohl bald 60jährig. Bildniszüge und Lebensalter differieren bei dieser Dat. stark; besser stimmen sie zus. z.Z. des Friedens mit Sparta von 446/445 v. Chr. (Thuk., 1, 87, 6; 2, 2, 1) oder der Ausweitung der Kleruchien (Plut., Per., 2, 5 s.) nach 450 v. Chr., aber auch weitere Waffengemeinschaften von Athen mit Lemnos sind mögl. Anlässe für ein Amtsbildnis und würden das Periklesbild stilist. aber auch ikonograph. in zeitl. Nähe der Athena Lemnia rücken (stilist. maßgebend: Körper Kassel und Kopf Bologna, M. Weber, in: Apollon und Athena. Klass. Götterstatuen in Abgüssen und Rekonstr. [K Kassel, Staatl. Kunst-Slg], ed. U. Schmidt, Kassel 1991, 56 ss. – Datum: zw. 451 und 448/447 v. Chr. erschlossen aus unterschiedl. Tributzahlungen von A. Kirchhoff, AbhBerlin 1875, 33; B. D. Meritt, The Athenian tribute lists, III, C., Mass. 1949, 285), in deren räuml. Nähe Pausanias (1, 27) eine Periklesstatue anführt. Pausanias (1, 25, 1) erinnert sich beim Gang auf der Akropolis der Statue des Perikles zuerst angesichts der Statuen des Xantippos und Anakreon, nennt weiter die des Strategen Tolmides (1, 27, 5) und dessen Sehers Theainetos, und erw. fast am Ende seines Rundganges (1, 28, 2) als letzte Statuen die – nach Kopien zu erschließen – gut überlebensgroßen des Perikles und die der Athena von → Pheidias (I), die Weihung der Lemnier. Jede dieser Konstellationen ist als inhaltl. beziehungsreich zu vermuten, und ihre Aufstellungen sind aus histor. Gründen um die M. des 5. Jh. v. Chr. wahrsch. (Krummeich, ibid., 109 s.). In dieses Umfeld gehören u.a. auch die myronischen (→ Myron [I]) Gruppen Eumolpos-Erechtheus und Athena-Marsyas (Paus., 1, 27, 4; 9, 38, 1; 1, 24, 1; Plin., nat., 34, 57). Perikles hatte auf Lemnos damals eine große Kleruchie eingerichtet und später im samischen Aufstand dorthin samische Geiseln gebracht (Plut., Per., 25, 1; Thuk., 1, 115). Nach Herodot (6, 136–140) gehen die Beziehungen zw. Lemnos und Athen auf Miltiades zurück; Thukydides (3, 5; 4, 28; 5, 8; 7, 57) berichtet von militär. Verbindungen zw. Athen und Lemnos auch über den Tod des Perikles hinaus. Die Statue der Athena mit dem korinth. Helm in der vorgestreckten Rechten macht die Identifizierung der Kopfkopien des Perikles mit zurückgeschobenem korinth. Helm mit der von Pausanias zweimal (1, 25, 1; 1, 28, 2) angeführten Statue wahrscheinlich. Die Konstellation dieser Statuen mit korinthischem Helm läßt in dem gleichartigen Attribut einen Sinnbezug vermuten: die weihenden Lemnier können att. Kleruchen oder Waffengefährten der Athener von Lemnos gewesen sein. Die *communis opinio* versteht das Periklesbildnis mit dem korinth. Helm als Strategenbild und leitet daraus für spätere namenlose bärtige Köpfe mit korinth. Helm die Gattung Strategenbildnis ab, deren Körperikongraphie nicht bek. ist. Bisher nicht beachtet, aber ikonograph. bedeutsam ist es, daß alle Repliken des Perikles, die den korinth. Helm erh. haben (London, Berlin und Vatikan), diesen ohne Busch und ohne Halterung für dessen Anbringung wiedergeben. Das Periklesbild gleicht darin den Wagenlenkern in der Vasenmalerei und unterscheidet sich von den Kämpfern, die korinth. Helme immer mit mächtigen Helmbüschen tragen. Das *TERTIUM COMPARATIONIS* von Stratege und Wagenlenker ist zunächst die nicht handgreifl. Teilnahme an der krieger. Auseinandersetzung. Weitergehende metaphor. Deutungen verbieten sich, weil der Helm ohne Busch möglicherweise genauer und spezif. gekennzeichnet war für einen Wagenlenker wie für einen Strategen, was weder den Vasenbildern noch den Marmorkopien ohne ihre Farbfassung nicht mehr abzulesen ist. Einen korinth. Helm mit extrem dünner Kalotte, die in Fragm. erh. ist, hat in Olympia ein Miltiades gew., den E. Kunze (OlympBer, V, 1952, 71, Taf. 34) zögerl. dem Sieger von Marathon zuweist, der später Stratege wurde. Die blechdünne Kalotte schließt techn. die Anbringung eines Helmbusches aus. Analog zum buschlosen Helm des Perikles ist dieser Helm der des Strategen Miltiades, Sohn des Kimon. Der buschlose korinth. Helm kennzeichnet also den Strategen und ist daher ein Kriterium für diese Portr.-Gattung. Eine Rekonstr. der Periklesstatue bleibt unbestimmt, da das Erhaltene außer Kopfbewegung zur Linken nichts vermittelt. Rekonstr.-Versuche führen ohne Beweiskraft spätere nackte wie gepanzerte Statuetten mit korinth. Helm an. Die früher als Nachweis angesehene Inschr. im Epigraph. Mus. in Athen von der Akropolis mit dem Namensrest [..]ilas (Richter, Portraits, I, 1965, Abb. 434d, 436) muß nicht zu K. erg. werden und scheidet ebenfalls für eine Rekonstr. aus (Krumeich, ibid., 116 s.). Daher ist die Identifizierung dieses Periklesbildes mit dem von Plinius gen. und des K. gefertigten nicht gesichert, nur über Stilvergleiche mit der Amazone Mattei wahrsch. zu machen. – Der *Vulneratus deficiens* wurde oft mit der Bronzestatuette aus Bavai in St-Germain-en-Laye, und auf die Basis (Nr 1) mit der Inschr. Hermolykos auf der Akropolis (IG, I, 402) bezogen (Paus., 1, 23, 3; Krumeich, ibid., 140 s.). Die ebenfalls dafür in Anspruch genommene Marmorstatue mit korinth. Helm in New York, Metrop. Mus., scheidet als *Vulneratus* aus, wenn sie nach T. Karagiorga (AM 110:1995, 232 s.) der Protesilaos eines anonymen Meisters der Hochklassik ist. Aus dieser spärl. Überlieferung wurde immer wieder intensiv seit A. Furtwängler (ibid., 267 ss.) mit der aus der Philologie übernommenen Methode des Textvergleiches versucht, röm., anonym überlieferte Statuen nach hochklass. Bronze-Orig. stilist. als Kopien nach K. zu erweisen; so häufig seit A. Furtwängler (ibid., 303) die Athena Velletri (über die Stilverwandschaft mit dem Kopf des Perikles oder mit der Amazone Sciarra als die des K.) oder der sog. Diomedes (über den Kopfvergleich mit dem Perikles). Jede der drei in Repliken bek. Amazonenstatuen von Ephesos wurde bis in die jüngste Zeit K. zugeschr.; zuletzt wieder die Sosikles (R. Bol, Amazones Vulneratae, Mainz 1998, 93). Konsens wurde in der Frage, welche Amazone von welchem Künstler geschaffen wurde, bisher nicht erreicht. Die Kunst des K. ließ die geringe Überlieferung nicht erkennen, wie aus berühmten Kunsturteilen ersichtlich wurde, die auf unterschiedl. rekonstr. Œuvre basieren (Brunn, GGK I, 1889, 185: zw. → Myron [I] und → Polykleitos [I]; Furtwängler, ibid., 267 ss.: streng, individuell; Bieber, in: ThB23, 1929: vornehme Schlichtheit; Lippold, GrPl, 1950, 173: „Die Abhängigkeit von → Pheidias [I] und → Polykleitos [I] zeigt, daß K. keiner der ganz großen führenden Meister war; so ist auch Gewand und Haar der Amazone [Sciarra] altertüml., ebenso das Haar des Perikles", der erst nach dem Tod des → Pheidias [I] wahrsch. ist.). Einen method. neuen Zugang zur stilist. Unters. der Meisterwerke ermöglichen die bis 1985 von C. Landwehr identifizierten und 1985 publ. orig. antiken Gipsabguß-Fragm. in Baiae. Diese erlauben im direkten Formvergleich die Zuverlässigkeit von Kopistenarbeit im Verhältnis zum Orig. im Detail zu prüfen ohne den bisher notwendigen Umweg über die Replikenrezension. Die antiken Gipsabgüsse der Amazonenfüße unterscheiden sich bei gleicher Körpergröße sogar im Volumen voneinander, wie C. Landwehr (ibid., 75) nachdrückl. hervorgehoben hat. Diese individuelle Gestaltung differenziert die Formen hinreichend und charakterisiert sie grundlegend, so daß gleichartige Formen bei and. Statuen auf einen gemeinsamen Künstler führen. Die Abguß-Fragm. der drei klass. Bronzestatuen der Amazonen können auf diesem Wege über Stilvergleiche ihrer röm. Marmorkopien mit Statuenkopien and. Werke (M. Weber, JdI 108:1993, 89 s., Abb. 12–14, zur verblüffenden Übereinstimmung von „Matteifuß" Baiae und „Diomedesfuß" von Cumae, bek. seit 1930 einerseits, sowie andererseits die zusammenpassenden Fußteile Sosikles-Baiae und Fußteile der Athena Polias aus Priene in London, Weber, ibid., 87, Abb. 3–6; p. 90 s., Abb. 12) der drei Meister → Pheidias (I), → Polykleitos (I) und K. diesen Künstlern zugeschr. werden. Die aus sechs Abguß-Fragm. des Orig. gewonnene Kenntnis einer Statuenkonzeption des K. läßt im Detail signifikante Unterschiede zw.

den Amazonenstatuen der drei Meister erkennen. Dieser seit 1985 mögl. method. neue Ansatz gegenüber dem zuvor einzigen des Replikenvergleiches auf der Suche nach der *lectio difficilor* erweist die 1954 ergrabene (S. Aurigemma, BdA 40:1955, 67 s., Abb. 7–12) nicht erg. hadrianische Kopie in Tivoli der Amazone Mattei (Landwehr, ibid., 66) bei vereinfachter Gewandwiedergabe motiv. treu, denn die orig. Abguß-Fragm. (Teil der rechten Hand und Vorderfuß des Standbeins) konnte S. Bertolin in den Abguß dieser vollst. Replik nahtlos einpassen. Für die Rekonstr. der Aktion von Bedeutung ist der orig. Abguß der unteren H. der grazilen rechten Hand (Landwehr, ibid., Taf. 36, a-d; 37, a-b). Das von der rechten Amazonenhand umschlossene Volumen hat einen ovalen Querschnitt, der sich nach oben verbreiternd an der Marmorkopie die Hand einige cm überragt und durch ein etwa mittiges Stiftloch auf der Oberseite eine verlorene Anstückung erkennen läßt; das orig. Abguß-Fragm. des Handteils umschließt ein unregelmäßiges, (für den Abguß) gefülltes Oval; maximaler Durchmesser 2 cm. Es gleicht der Hohlform, das die linke Hand des orig. knienden Bogenschützen aus Marmor vom Kerameikos in Athen (NM, Inv. Nr 823; M. Collignon, Les statues funéraires, P. 1911, 201 s., Abb. 127) bildet, die den Bogen faßte. Der originale Abguß des Hand-Fragm. in Baiae bestätigt die aus dem Befund an den Kopien Mattei gewonnene Rekonstr. einer mit dem Bogen hantierenden Amazone. Das Abguß-Fragm. widerlegt das Bild einer sich aufstützenden Amazone auf der sog. Gemme Natter, die in der Forsch. als Kopie einer klass. Amazonenstatue gilt. Daß Gemmenbilder keine archäol. Kopien sind, auch wenn sie sich an statuar. Erfindungen anlehnen wie das Bild der Gemme Natter am Amazonentypus Mattei mit dem Haarband des Kopfes Petworth-Mattei, zeigen ebenfalls die beiden an der Amazonenstatue Sosikles orientierten Gemmenbilder. Das zuletzt bek. gewordene in Den Haag kombiniert den Statuentypus Sosikles mit dem Entblößungsmotiv Mattei und verwendet den fremden Kopftypus der Sosiklesreplik in Rom (Mus. Capitolino, Sala 19; M. Weber, in: Kanon, Festschr. Ernst Berger, Basel 1988 (AntK, Beih., 15), 134 ss., Taf. 39,1,5–6 [Sosikles]; 40,1–6 [Mattei]); aber beide Gemmenbilder geben weder das Aufstützen noch die char. Kopfneigung. Lukians Bemerkung (im., 4, 6), die Amazone des → Pheidias (I) stütze sich auf eine Lanze und ihr Nacken sei schön gefügt, erweist sich als entscheidend, weil beides nur auf eine Amazone von Ephesos, die Sosikles, zutrifft. Der Fußteil im antiken Gipsabguß-Fragm. in Baiae dieser Amazone (Landwehr, ibid., Taf. 42,a-c; 43,a-d) entspricht dem der phidiasischen Athena-Parthenos-Kopie aus Priene in London (BM; M. Weber, JdI 108:1993, 87, Abb. 3–6). Die Fußteile der Amazone Sosikles gleichen aber auch den Füßen der Kopie des Anakreon in Kopenhagen (Ny Carlsberg Glyptothek, Inv. Nr 491; Richter, Portraits, I, 1984, Abb. 279; 283), der damit ebenfalls über die Erkenntnis aus den orig. Abguß-Fragm. in Baiae sicherer als es A. Furtwängler (ibid., 267 ss.) wissen konnte, als eine Schöpfung des → Pheidias (I) angesehen werden kann. Die Übereinstimmung des Fußes Mattei-Baiae mit denen der Kopie des sog. Diomedes von Cumae (Weber, ibid., 91, Abb. 12; 14) bindet diesen in das Œuvre des K. statt an → Lykios (I) – unabhängig von der Ikonogr. der Statue (C. Landwehr, JdI 107:1992, 103 ss.: kein Diomedes, dagegen J.-M. Moret, Les pierres gravées antiques représentant le rapt du Palladion, P. 1997, 201 ss., Taf. 109, Abb. 231: u.a. unter Hinweis auf die verschollene Bronzestatuette der Slg Vives mit kopflosem Palladion in der Linken). Beide Arbeiten klammern die Meisterfrage aus. Von den drei Amazonenköpfen ist der Kopf der Amazone Mattei-Petworth (M. Weber, JdI 93:1978, 175 ss.) dem Periklesbildnis stilist. vergleichbar (Bol, ibid., 186: Variante Sciarra); diese unterscheiden sich von dem harten hageren polykletischen der Amazone Sciarra und dem fülligeren der Amazone Sosikles. Eine stilist. Auswertung der orig. Abguß-Fragm. in Baiae lehrt die Amazone Mattei als Werk des K. (Weber, ibid.) zu verstehen. Die über die orig. Abguß-Fragm. zu vervollständigende Amazone Mattei ist in der Bildkonzeption der Balance mit dem Krieger von Bavai vergleichbar, der somit über die orig. Abguß-Fragm. der Amazone Mattei als *Diitrephes*... wieviel Leben noch in ihm ist... als Kopie eines Werkes des K. zu verstehen ist. Seine Gleichsetzung mit der Bronzestatue auf der Akropolis des von Pfeilen getroffenen *Diitrephes* des Pausanias (1, 23, 3 s.) gewinnt dadurch an Wahrscheinlichkeit (Krummeich, ibid., 141 ss.). Extreme Ponderation und Balancehaltung ist ein neues Thema der Hochklassik in Athen, auch für Götterfiguren and. Meister, wie Aphrodite- und Athenastatuen lehren. Bildfassung eines momentanen Zustandes char. die Amazone Mattei gegenüber den zu beruhigter Haltung gelangten beiden and. Amazonen Sciarra und Sosikles, verbindet die Konzeption des Kriegers von Bavai enger mit der der Amazone Mattei als Lippold (GrPl, 1950, 173) wissen konnte, der diese nach der Gemme Natter rekonstruierte und mit Lukian → Pheidias (I) zuschrieb; Lippold hat weder die vollständigere Replik in Tivoli noch die

Abguß-Fragm. in Baiae gekannt. Bewegung, die den Köpfen des Perikles abzulesen ist, möchte man in Hinblick auf die extreme Bewegung des Kriegers und der Amazone auch für die Statue des Perikles annehmen und die Bewegungsintensität bindet auch die Konzeption des sog. Diomedes an dieses Œuvre in einer noch zu klärenden Abhängigkeit. Die Benennung als Diomedes ist nach Landwehr (JdI 104:1992, 103 ss.) nicht sicher, da entscheidende Attribute, Palladion und Schwert, fehlen [aber kein Gegenvorschlag]. Das Schwertband könnte vor dem Abguß abgenommen worden sein wie wohl der Köcher der Amazone Mattei – und ebenso der Chlamysbausch, den die Kopisten daher im Detail versch. gestalten. Da diese momenthafte Spannung auch die Gestalt des sog. Diomedes charakterisiert, trifft der alte Rufname viell. doch zu. Kopien des sog. Diomedes in Italien, da Diomedes dort als Ktistes gilt (C. Maderna, Juppiter, Diomedes und Merkur als Vorbilder für röm. Bildnisstatuen, Heidelberg 1988, 66) wären daher als statuar. Motiv für Herrscherporträts verständl., und Plinius (nat., 34, 74: *...quod nobiles vires nobiliores fecit.*) auf Herrscherstatuen im Diomedestypus zu beziehen? Unser Wissen von der Kunst des K. ist gering, aber über die orig. Abguß-Fragm. in Baiae ergibt sich aus den Kopien der Amazone Mattei-Tivoli und Perikles-Lesbos in Berlin eine Vorstellung von feingliedrigen Figuren in komplizierter Ponderation als ein Charakteristikum dieses hochklass. Bildhauers, dessen Œuvre weitgehend unbek. ist. ▭ ThB23, 1929. RE XI. 2, 1922; EAA IV, 1961. – *Lippold*, GrPl, 1950, 172 s.; *P. Orlandini*, MemAccLinc, Ser. 8, 4:1952, 275 ss. – *Lit. zu Perikles*: *M. Weber*, Thetis 9:2002 (in Vorbereitung). M. Weber

Kressidas → **Kresilas**

Krisias → **Kresilas**

Kritios (Κριτίος: so in den Inschr.; Κριτίας: so in den lit. Texten; Critios; Critias), griech. Erzgießer, nach Pausanias (6, 3, 5) Athener, im frühen 5. Jh. v. Chr. in Athen tätig. K. signierte zus. mit seinem Kollegen → Nesiotes (Werke und Lit. v. → Nesiotes). D. V.-G.

Kritomenes oder **Klitomenes** (Κριτομένης oder Κλιτομένης), att. Töpfer, in der M. des 6. Jh. v. Chr. tätig. K. wird zu den sog. Kleinmeistern gerechnet. Die einzige von ihm erh. Vase (Princeton, Art Mus., Princeton Univ., Inv. Nr 29. 180, ist) – ein Skyphos besonderer Form – ist in einer für Kleinmeisterschalen übl. Weise geschmückt. Im Innen-Med. ist ein Schwan dargestellt, außen ist zw. den Henkelpalmetten die Sign. angebracht. Wie sonst nur noch auf einer Randschale des Töpfers → Xenokles (I) (Wien, Kunsthist. Mus., Inv. Nr IV 3670) ist die Sign. über beide Außenseiten des Gefässes verteilt worden. Der zweite Buchstabe des Namens ist fragm. und könnte eher ein „rho“ als ein „lambda“ gewesen sein; damit müßte man den urspr. von Smith (1926) gelesenen Namen Klitomenes in Kritomenes ändern. ▭ *H. R. W. Smith*, AJA 30:1926, 432–441; ABV, 1956, 167; Para, 1971, 69; *Boardman*, ABFH, 1974, Abb. 133, 1 s.; Add^2, 1989, 47. P. Heesen

Kriton (I) (Κρίτον), griech. Töpfer, in der 2. H. des 6. Jh. v. Chr in Athen tätig. Nur bek. durch seine Sign. auf einem tongrundig gelassenen Band einer ansonsten schwarzgefirnißten Kanne aus Caere (J. de Witte, Descr. des coll. d'antiquités conservées à l'Hôtel Lambert, P. 1886, 115 s.; CVA Goluchów, Mus. Czartoryski, Taf. 16, 2; EAA IV, 1961, 415, Abb. 488), die durch ihre Form um 540 v. Chr. dat. werden kann (s. dazu RE). ▭ ABV, 1956, 446. RE XI. 2, 1922 (s.v. K. 12); EAA IV, 1961 (s.v. K. 1). R. V.

Kriton (II) (Κρίτων), aus Athen, griech. Bildhauer, in augusteischer Zeit in Ptoon/Böotien tätig. Nur bek. durch seine Sign. auf einer Porosbasis aus Ptoon für eine Statue des Aristippos, Sohn des Chrysippos von Akraiphiai (IG, VII, 4161). Da letzterer ein Zeitgen. Caesars war, muß K. in augusteischer Zeit gewirkt haben. ▭ RE XI. 2, 1922 (s.v. K. 11); EAA IV, 1961 (s.v. K. 2). R. V.

Kriton (III), aus Athen, griech. Bildhauer, um 100 n. Chr. tätig. Nur bek. durch seine Sign. auf einer Marmorstatue des stiertötenden Mithras aus einem Mithräum in einer trajan. Therme in Ostia (jetzt Ostia, Mus., 149; Vollkommer, 1992, 596, Nr 98*, s.v. Mithras). Wie bereits G. Lippold in RE, Suppl. VIII, stilist. überzeugend nachwies, kann es sich bei dieser Arbeit nur um ein Werk aus röm. Zeit handeln und wegen der Fundsituation schlecht vor dem E. des 1. Jh. n. Chr. entstanden sein. Hans-Ulrich Cain und Olaf Dräger (1994), offensichtl. ohne Kenntnis von Lippolds Erwägungen, datieren die Statue jedoch bereits ins 2. oder 1. Jh. v. Chr. Eine derartige Früh-Dat. ist neben der bereits von Lippold vorgebrachten stilist. Bedenken aber auch rein religionswissenschaftl. unmögl., weil der Mithraskult im Röm. Reich erst im Laufe der 2. H. des 1. Jh. n. Chr. überhaupt etabliert worden ist und erst seit diesem Zeitpunkt auch der stiertötende Mithras als Bildwerk in Erscheinung tritt (siehe dazu Vollkommer, 1992, 584 s., 622 s.). Trotzdem bleibt dieses Kunstwerk von großer Bedeutung, weil es zus. mit einem Torso einer fast ident. Wiedergabe (Malibu, J. Paul Getty Mus., Inv. Nr 82. AA. 74; Vollkommer, 1992, 596, Nr 99*, s.v. Mithras) und einer Plastik aus Rom (jetzt London, BM, Inv. Nr 1721; Vollkommer, 1992, 602, Nr 168*, s.v. Mithras) zu den ersten Darst. des stiertötenden Mithras gehört. ▭ RE, Suppl. VIII, 1932 (s.v. K. 10 und 11); EAA IV, 1961 (s.v. K. 3); DNP VI, 1999 (s.v. K. 4). – *G. Becatti*, Ostia, II (I Mitrei), R. 1954, 32 ss.; *M. J. Vermaseren*, Corpus inscriptionum et monumentorum religionis mithriacae, I, D. H. 1956, 118, Nr 230; *G. Becatti*, BdA 1957, 1 ss.; *R. Vollkommer*, LIMC VI, 1992, 596, Nr 98* (s.v. Mithras); *H.-U. Cain/O. Dräger*, Die sog. neuatt. Werkstätten, in: *G. Hellenkemper Salies/H.-H. von Prittwitz und Gaffron/G. Bauchhenß* (Ed.), Das Wrack. Der antike Schiffsfund von Mahdia (K Bonn, Rhein. LM), Bonn, 1994, 816, Abb. 10 s. R. V.

Kriton (IV) und **Nikolaos** (Κρίτων und Νικόλαος), griech. Bildhauer, um 160 n. Chr. in Italien tätig. Nur bek. durch seine Sign. gemeinsam mit *Nikolaos* auf einer überlebensgroßen Karyatide von der Via Appia (heute Rom, Villa Albani, Inv. Nr 19; IG, XIV, 1252; Loewy, IGB, 1885, 246, Nr 346; EA 3263–3265; H. von Steuben, in: Helbig[4], IV, 1972, 182–183, Nr 3218; Bol, 1990, 90–94, Nr 178, Taf. 46–49). Das Terrain, wo diese Statue entdeckt worden ist, gehörte einst dem reichen Athener Herodes Atticus (ca. 101–178 n. Chr.). Vier weitere sehr ähnl. Statuen stammen ebenfalls von dort (heute Rom, Villa Albani, Inv. Nrn 16 und 24; Bol, 1990, 94–96, Nrn 179–180, Taf. 50–57; Vatikan, Braccio Nuovo, Inv. Nr 2270; Amelung, SkulpturenVatMus, I, 1903, 65, Nr 47, Taf. 7; W. Fuchs, in: Helbig[4], I, 1963, 327–328, Nr 424; London, BM, Inv. Nr 1746; Smith, BM-Sculpture, III, 1900, 99–102, Nr 1746; B. F. Cook, The Townley marbles, Lo. 1985, 38, Abb. 36) und schmückten wohl dasselbe Gebäude. Nach ihrem Stil zu urteilen, datieren sie um 160 n. Chr. und wurden wahrsch. von denselben Künstlern gefertigt. ▭ ThB21, 1927. RE XI. 2, 1922 (s.v. K. 10); XVII. 1, 1936 (s.v. Nikolaos 23); EAA IV, 1961 (s.v. K. 2); V, 1963 (s.v. Nikolaos); DNP VI, 1999 (s.v. K. 3). – *A. Schmidt-Colinet*, Antike Stützfiguren. Unters. zu Typus und Bedeutung der menschengestaltigen Architekturstütze in der griech. und röm. Kunst, FfM 1977, 26–29, 223–224, Nrn 22 a-e; *E. Schmidt*, AA 1977, 257–274; *ead.*, Gesch. der Karyatide. Funktion und Bedeutung der menschl. Träger- und Stützfigur in der Baukunst, Würzburg 1982, 99–100, Taf. 23; 25; *R. Bol*, in: *P. C. Bol* (Ed.), Forsch. zur Villa Albani. Kat. der antiken Bildwerke, II, B. 1990, 90–96, Nrn 178–180, Taf. 46–49. R. V.

Kritonianos (Κριτωνιανός), griech. Bildhauer, in der Spätantike tätig. Nur bek. durch ein Epigramm der Anth. Pal., 9, 510, nach dem er eine Statue seiner Frau Meltine, Tochter des Solon, gefertigt hat. ▭ ThB21, 1927. RE XI. 2, 1922 (s.v. K. 2); EAA IV, 1961. R. V.

Kritonides (Κριτονίδης), aus Paros, griech. Bildhauer, im 6. Jh. v. Chr. tätig. Nur bek. durch seine Sign. auf einer ion. Säule aus par. Marmor (heute in Pesaro, Mus.), auf der eine Statue stand, die von Telestodike, Tochter des Therseleos und Mutter des Asphalios, der Artemis gew. worden ist (IG, XII. 5, 216; Loewy, IGB, 1885, 8–10, Nr 6). ▭ ThB21, 1927. RE XI. 2, 1922; EAA IV, 1961. – *Floren*, GrPl, 1987, 161, Anm. 5. R. V.

Kronios → Chronios

Ktesias (Κτησίας; Ctesias), griech. Bildhauer unbestimmter Zeit. Nur bek. durch eine Auflistung von Künstlern durch Plinius (nat., 34, 85; Overbeck, SQ, 1868, Nr 2093). ▭ ThB22, 1928. RE XI. 2, 1922 (s.v. K. 2). R. V.

Ktesidemos (Κτησίδημος; Ctesidemus), griech. Maler, im 4. Jh. v. Chr. tätig. Lt. Plinius (nat., 35, 114; Overbeck, SQ, 1868, Nr 1943) war K. der Lehrer von → Antiphilos (II). Plinius nennt an and. Stelle (nat., 35, 140; Overbeck, SQ, 1868, Nr 1945) zwei seiner Bilder: die Eroberung von Oichalia und die Darst. einer Laodameia. ▭ ThB22, 1928. RE XI. 2, 1922; KlP III, 1969; DNP VI, 1999. R. V.

Ktesikles (I) (Κτησικλῆς; Ctesicles), griech. Bildhauer, vor 300 v. Chr tätig. Lt. der Komödiendichter Alexis und Philemon (Ath., deipn., 13, 605 f – 606 d; Overbeck, SQ, 1868, Nr 1372) war Kleisophos von Selymbria in eine Mädchenstatue aus par. Marmor des K. verliebt, die im Heraion von Samos aufgestellt war. ▭ ThB22, 1928. RE XI. 2, 1922 (s.v. K. 3); EAA IV, 1961; KlP III, 1969 (s.v. K. 2); DNP VI, 1999 (s.v. K. 2). R. V.

Ktesikles (II), griech. Maler, in der 1. H. des 3. Jh. v. Chr. in Ephesos tätig. Nach Plinius (nat., 35, 140; Overbeck, SQ, 1868, Nr 2111) wurde K. von der seleukid. Königin Stratonike, in die er sich verliebt hatte, verschmäht. Aus Rache malte er die Königin sehr wahrheitsgetreu im Liebesakt mit einem Fischer und brachte das Bild am Hafen von Ephesos an, bevor er floh. Die Königin ließ das Bild wegen der großen Qualität jedoch nicht entfernen. ▭ ThB22, 1928. RE XI. 2, 1922 (s.v. K. 4); EAA IV, 1961; KlP III, 1969 (s.v. K. 3); DNP VI, 1999 (s.v. K. 3). R. V.

Ktesilaos → Kresilas

Ktesilochos (Κτησίλοχος; Ctesilochus), Sohn des Pitheas, Bruder und Schüler des → Apelles (I), aus Kolophon, griech. Maler, im 4. Jh. v. Chr. tätig. Lt. Plinius (nat., 35, 140; Overbeck, SQ, 1868, Nr 1966) malte K. eine groteske Darst. der Geburt des Dionysos durch Zeus, der die weibl. Mitra trägt und stöhnt, während ihm die Eileithyien beistehen (R. Olmos, LIMC III, 1986, 692, Nr 69, s.v. Eileithyia). ▭ ThB22, 1928. RE XI. 2, 1922; EAA, Suppl., 1973. R. V.

Kuintos → Kyrkos

Kulunie Larthuza, etrusk. Töpfer, der E. des 7. Jh. v. Chr. ein Räucherfaß (oder eine Öllampe?) aus feiner Bucchero gefertigt hat, gefunden in einem Hügelgrab der Nekropole von Prato Rosello in Artimino und heute im Mus. Archeol. ebd. Eine Inschr. auf dem Gefäß, dessen Dat. sich v.a. durch die übrigen Funde aus demselben Grab ergibt, lautet: „mi zinaku larthuzale kuluniiesi". Sie läßt sich leicht entschlüsseln: „mi" ist das Pronomen erster Person Singular im Nominativ und bezieht sich auf das Objekt, das direkt „spricht"; „zinaku" ist das Partizip Perfekt Passiv (Endung „-ku") eines Verbs mit dem Stamm „zina", das mit hoher Wahrscheinlichkeit die Bed. von „machen" hat; „larthuzale kuluniiesi" sind Vor- („Larthuza" ist der Diminutiv von „Larth") und Fam.-Name („Kulunie") im Agentiv mit den Morphemen „-ale" und „-si". Die Übersetzung lautet demnach: „Ich (bin) gemacht (worden) von Larthuza Kulunie". Eine andere, weniger überzeugende Übersetzung faßt die Morpheme „-iale" und „-si" als Dative auf, wodurch sich die Inschr. nicht mehr auf einen Künstler beziehen würde: „Ich (bin) für Larthuza Kulunie (gemacht) worden". Wenn man von der Richtigkeit der ersten Variante ausgeht, ist die Nennung mit Vor- und Fam.-Namen ungewöhnl., da sie bei etrusk. Künstlern und Handwerkern sonst nicht vorkommt. Um die Wende des 7./6. Jh. v. Chr. herum scheint sich aber in Etrurien eine soz. Mittelschicht herausgebildet zu haben, der v.a. Künstler, Handwerker und kleinere Geschäftsleute im städt. Umfeld angehörten und die sich den Lebens- und Umgangsformen der Herrschaftsschicht annäherte, etwa durch die Verwendung von Fam.-Namen. Zu diesem neuen Mittelstand könnte auch L. K. gezählt haben. Einige Indizien sprechen dafür, daß er im n. Etrurien tätig war: Neben der Form der Schrifttypen tut dies v.a. der Gutturallaut „k" vor dem Velar-Vokal „u" (in „kuluniiesi" und in „zinaku"). – Das Gefäß selbst weist mehrere Besonderheiten auf: Es besteht aus einem zentralen schiffchenförmigen Schüsselchen mit zwei kleinen Kegelstümpfen und einem hohen Fuß, der in Form eines Trichters endet und mit Zungen- und ineinander verschlungenen Bogenformen in Durchbruchtechnik verziert ist. Das Mittelstück könnte an den Rauchschiffchen orientiert sein, die als Villanova-Impasti und als Buccheri der orientalisierenden und archaischen Periode verbreitet sind, unterscheidet sich aber durch sein elegantes wellenförmiges Profil von diesen Gefäßen. Interessanterweise wiederholt sich die elegante Form des Rauchschiffchens in Weihwasserbecken der Renaiss., wie etwa dem in S. Maria Novella in Florenz, oder in Rauchgefäßen, wie sie bis heute in den Kirchen in Gebrauch sind. – Wahrsch. hat hier die hohe Qualität des Gefäßes die Sign. des Meisters K. motiviert, der ansonsten aber unbekannt bleibt. ▭ *F. Nicosia*, StEtr 40:1972, 375 ss., 398 s., Taf. 63, 67. G. Camporeale

Kydias (Κύδιας; Cydias), Maler, stammte von der Insel Kythnos (Eust., ad Dion. Periheg., 526). Zeitgen. des → Euphranor (I), wirkte also vor M. des 4. Jh. v. Chr. (Plin., nat., 35, 130). Eine einzige Quelle des 4. Jh. v. Chr. gibt über diesen Maler Auskunft. Nach Theophrast, dem Schüler des Aristoteles, habe er durch Zufall im Brandschutt eines Hauses halbgebrannten geröteten Ocker entdeckt. Damit hatte er ein Verfahren zur Hand, aus gebranntem Ocker einen Mennige ähnl. Farbton herzustellen (Theophr., lap., 95). Nachr. über sein künstler. Œuvre sind spärlich. Erst eine röm. Quelle (Plin., ibid.) schreibt ihm ein Tafelbild mit der Darst. der Argonauten zu. Dieses Bild erwarb in der 1. H. des 1. Jh. v. Chr. der röm. Redner und Politiker Hortensius. Hortensius bezahlte dafür 144000 Sesterzen. Dieser Preis entsprach dem Achtundvierzigfachen der von Sulla für seine Wohnung in Rom entrichteten Jahresmiete von 3000 Sesterzen. Das Bild ließ Hortensius auf seine Villa in Tusculum schaffen und in einem eigens dafür errichteten Bau unterbringen. Angesichts des Kurswertes läßt sich aus der Errichtung eines eigenes Baues für die Unterbringung des Bildes kein unbedingter Hinweis auf das Bildformat ableiten. Anlaß der Erw. bei Plinius ist weniger die künstler. Qualität als vielmehr der Preis. Unsicher ist auch das weitere Schicksal dieses Werkes. Möglicherweise gelangte es in den Besitz des Schwiegersohns von Augustus, Agrippa. In der von diesem 26 v. Chr. in Rom erb. Basilica Neptuni war eine Darst. des Argonautenmythos in der w. Porticus Argonautorum ausgestellt (Dio Cass., 53, 27). Allein das allg. Thema *Argonauten* wird für das von Hortensius erworbene K.-Bild überliefert. Daher müssen von vornherein aus method. Gründen alle Versuche als gescheitert betrachtet werden, Bilder der Argonautensage in der Kleinkunst oder im Kunsthandwerk auf das Bild des K. zurückzuführen. Da nirgends die von K. gewählte konkrete Episode des Argonautenzuges berichtet wird, scheiden ikonograph. und themat. Argumente für oder gegen eine Identifizierung aus, verbleiben allein stilist. Argumente. Die Darst. einer Episode der Argonautenfahrt, der Niederlage des Barbarenkönigs Amykos im Faustkampf gegen Polydeukes, auf der bronzenen Ciste des → Novios Plautios, wurde zuletzt auf K.s Argonautenbild zurückgeführt (Scheibler, 1994, 32). Da jedoch das Bronzegefäß um 320 v. Chr. entstand, ergibt sich zwangsläufig zw. dem röm. Produkt und der griech. Malerei des 4. Jh. v. Chr. eine allg. stilist. Verbindung in der Raumauffassung und der plast.-räuml. Kennzeichnung der Figuren. Diese allg. Verwandtschaft kann jedoch nicht die Grundlage für die Rekonstr. weder des K.-Bildes noch eines and. griech. Figurenbildes bilden (E. Simon, Gymnasium 80:1973, 406). ▭ ThB22, 1928. RE XI. 2, 1922; EAA IV, 1961. – *Overbeck*, SQ, 1868, Nrn 1967–1970; *Brunn*, GGK II, 1889, 257; *Pfuhl*, MuZ II, 1923, 778 s.; *R. Blatter*, LIMC II. 1, 1984, 596, Nr 26, s.v. Argonautai; *Scheibler*, Malerei, 1994, 20, 31 s., 59, 104. W. Ehrhardt

Kylinos (Cylinus), Sohn des Astylemos, angebl. griech. Bildhauer unbestimmter Zeit. Nach Pirro Ligorio trug ein Statuenfragment des Äskulap aus den Trajansthermen aus Rom seine Signatur. Loewy (IGB, 1885, 351, Nr 524 b) war der letzte, der diese Beschr. nicht anzweifelte. ▭ ThB22, 1928. RE XI. 2, 1922; EAA, Suppl., 1973. R. V.

Kyranaios (Κυραναῖος), griech. Bildhauer, A. 5. Jh. v. Chr. in Lakonien tätig. Nur bek. durch seine Sign. auf einer Rundbasis für eine Statue aus dem lakon. Heiligtum des Apollon Hyperteleatas, die von einer Königin aus Kyrene gew. worden ist. ▭ EAA IV, 1961. – *J. J. E. Hondius*, BSA 24:1919–20/1920/21, 137, Nr 123; *Lippold*, GrPl, 1950, 106, Anm. 2; *Floren*, GrPl, 1987, 216, Anm. 18. R. V.

Kyriakos → Kyrkos

Kyriakos (I) (Κυριακός), spätantiker Steinmetz (τεχνίτης), im 4. Jh. n. Chr. in N-Syrien tätig. Bek. nur durch die 357 n. Chr. dat. Bau-Inschr. der W-Kirche von Bāqirḥā. ▭ *J. Jarry*, ZPE 47:1982, 75, Nr 6. M. Dennert

Kyriakos (II), Nauma und **Thomas** (Κυριακός, Ναύμα, Θωμᾶς), byz. Mosaizisten, in der 1. H. des 6. Jh. n. Chr. auf dem Berg Nebo tätig. Die Namen der drei Mosaizisten sind auf einem isolierten Med. verewigt, das zw. dem ö. Pilaster der n. Reihe und der NW-Ecke in der Kirche des Hl. Georg auf dem Berg Nebo liegt. Der Text lautet: „Arbeit der Mosaikleger Nauma, Kyriakos und Thomas, für die Ruhe des Sabbinus, des Bruders des Martyrius“. Die Kirche des Hl. Georg steht auf dem höchsten Punkt der Akropolis von Khirbat al-Mukhayyat, das hist. mit der moabitischen Festung und dem röm.-byz. Dorf auf Nebo identifiziert werden kann. Die Dat. des Fußbodenmosaiks, das teilw. zerst. ist, steht auf der langen Weih-Inschr. neben der Stufe des Heiligtums außerhalb der ö. Seite des Feldes im Schiff: z.Z. des Bischofs Elias von Madaba, im vierten Weihejahr, während des Konsulats des Flavius Belisarius, der zum Konsul 535 ernannt worden ist. Das Fußbodendekorationsprogramm von verzerrter Form der quadrat. kleinen Kirche mit erhöhtem Heiligtum und mit den zwei Diensträumen zu beiden Seiten der Apsis (12,50 m in der Länge x 12,50 m in der Breite) ist ikonogr. außergewöhnl. reich und sorgfältig mit neuen Motiven für die Region von Madaba ausgearbeitet, die vom klass. Erbe beeinflußt worden ist. Der Chor ist mit einem rechteckigen geometr. Paneel vor dem Altar und mit einem halbkreisförmigen Paneel verziert, das der Apsis folgt, auf dem zwei Vogelpaare dem Reliquienschrein unter dem Altar gegenüberstehen und die sich gegenseitig davor gegenüberstehen. Ein isoliertes Lamm steht bei einem Baum hinter dem Altar. Das zentrale Schiff ist umgeben von einer breiten Leiste mit Swastikas die sich mit quadrat. Feldern abwechseln, die mit geometr. und figuralen Motiven und je zwei Büsten von Jahreszeiten auf der O- und W-Seite geschmückt sind, wobei der Frühling und der Sommer auf der O-Seite und der Winter und der Herbst auf der W-Seite gezeigt sind. Ein großes Blatt und ein die Flügel ausgebreiteter Adler zieren die N-Seite. Eine Maske mit Blattwerk, ein laufender Hund, ein Löwe und ein Wildtier schmücken die S-Seite. Das innere Mosaikfeld ist in vier Reihen von Akanthusranken unterteilt, die mit Jagd- und Ernteszenen gefüllt sind. Die obere Reihe besitzt die Personifikation der Erde mit den jungen *karpophoroi* an den Seiten. Das zweite Thema, das sich über drei Voluten entwickelt, zeigt die Weinernte: zwei Jünglinge in einfacher Leinenkleidung bearbeiten die Trauben nahe einer Weinpresse, während ein Flötenspieler die Arbeit begleitet, und ein Pferdetreiber führt ein Pferd, das mit Weintrauben beladen ist. Ein bärtiger Schnitter schneidet ein Ährenbündel mit einer kleinen Sichel. Es folgen zwei Jagdszenen, ein auf einem Pferderücken sitzender Jäger schießt Pfeile gegen eine Löwin ab und zwei barfüßige Jäger versuchen einen Stier mit einem Lasso zu fangen und halten ein großes Messer für seine Tötung bereit. Ein großes rechteckiges Bildfeld, das von sechs Wellen umgeben ist, begrüßt den Besucher der Kirche an der N-Tür. In sechs Weinrankenvoluten sind die Figuren eines Winzers und eines Adoranten mit dem Portr. eines jungen Mannes („Johannes, Sohn des Ammonius") belebt, die einer Palme gegenüberstehen, welche aus einer Amphora herauswächst, die zw. zwei Pfauen steht. Auf der ö. Seite des Feldes stehen sich in and. Ausrichtung ein Löwe und ein Zebu gegenüber. In den Taf. zwischen den Säulen sind zwei Inschr., ein zweiter Adler mit ausgebreiteten Flügeln in der N-Reihe, ein Trauben aus einem Korb fressender Wolf, zwei Vögel auf einer Vase und ein laufendes Tier dargestellt. Die restl. Teile des N-Flügels und die ganze Fläche des S-Flügels sind mit geometr. Komp. geschmückt. Bemerkenswert ist die Verzierung im s. Dienstraum mit zwei Reihen und einem Taubenpaar zur Seite einer Palme mit dem hinzugefügten Namen des Wohltäters (Saola), das einer semitischen Inschr. (palästinisches Aramäisch oder Arabisch) gegenübersteht. ▭ *S. Saller/B. Bagatti*, The town of Nebo (Khirbet el-Mekhayyat) with a brief survey of other ancient Christian mon. in Transjordan, Jerusalem 1949, 67–77; *M. Piccirillo/ E. Alliata*, Mount Nebo. New archaeological excavations 1967–1997, Jerusalem 1998, 320–330.

Fr. M. Piccirillo

Kyrikos → Kyrkos

Kyrikos (Κύρικος), Sohn des Kyrikos, Steinmetz (τεχνίτης) aus Kilikien, in der röm. Kaiserzeit in Kilikien tätig. Nur bek. aus der Sign. eines schmuckloses Felsgrabes bei Fariske in der Dekapolis im Rauhen Kilikien (G. E. Bean/T. B. Mitford, Journeys in Rough Cilicia 1964–1968, W. u.a. 1970 [TAM, Erg.-Bd 3/DenkschriftenWien, 102], Nr 245, Abb. 192). ▭ *Zu den kilik. Steinmetzen/Techniten*: → Demetrios (XX).

T. Lochman

Kyris Markianos → Markianos Kyris

Kyrkos (Κύρκος; Kyrikos, syr. für Kyriakos), Steinmetz, im 5. Jh. n. Chr. in N-Syrien tätig. Bek. durch die Bau-Inschr. eines Hauses in Bettir (dat. 475 n. Chr.), die ihn zus. mit → Bargos als τεχνίτης nennt. Aufgrund der nahen Verwandtschaft der Baudekoration möglicherweise auch an der Kirche von Bettir (dat. 471 n. Chr.) tätig. ▭ ThB22, 1928 (s.v. Kuintos: falsche Lesung). – IGLS, II, Nr 629; *C. Strube*, Baudekoration im n.-syr. Kalksteinmassiv, I, Mainz 1993, 115–121.

M. Dennert

Kyros → Cyrus

[illegible]

[illegible]

[illegible]

[illegible]

[illegible]

[illegible]

L

Lâbâši (I) und **Lâbâši (II)**, zwei Baumeister bzw. Architekten, zur Seleukidenzeit im 2. Jh. v. Chr. in Uruk/S-Babylonien tätig. Der Name L. ist in zwei Schreibvarianten überliefert: [m]*la-ba-ši;* [m]*NU-TÉŠ*; zur Namensform vgl. Stamm, 1986, 175: „Ich möge nicht beschämt werden"; entgegen Tallqvist, 1905: „Ich möge nicht zu Schanden werden". Zur Namenslesung Lâbâši v. Gehlken, 1990; Baker, 2001; zur Lesart Lâbâš v. Blasberg, 1997; Breyer, 2002. Aus Keilschrifturkunden in akkadischer Sprache sind mehrere Baumeister bzw. Architekten des Namens L. bek. (zu einem in neubabylonischer Zeit in Babylon tätigen Baumeister dieses Namens vgl. bereits Koldewey, 1911; allein im Uruk der Seleukidenzeit sind urkdl. zwei (gegebenenfalls drei, v. McEwan, 1981, 49) miteinander verwandte L. dieses Berufs überliefert: – **Lâbâši (I),** Sohn des → Anu-mār(a)-ittanu (I), Vater des Riḫat-Anu, Baumeister bzw. Architekt, im 3. V. des 3. bis 2. V. des 2. Jh. v. Chr. in Uruk tätig. L. trägt die Berufsbezeichnungen *itinnu*, „Baumeister" (Clay, 1913, Nr 30; Wallenfels, 1998, 21, Zeile 1, p. 39, Zeile 9) und *arad ekalli*, „Architekt" (Wallenfels, 1998, 9, Zeilen 10, 16, p. 21, Zeile 1, pp. 46 s., Zeilen 9, 13, 16); ferner ist er in den Urkunden als Pfründner gen. (Clay, 1912, Nr 98; McEwan, 1981, 49; Wallenfels, 1998, 12) und wird in Transaktionsurkunden seiner Söhne bzw. Enkel als Vater bzw. Großvater erw. (McEwan, 1981, 49, 87 s., Zeile 1; Weisberg, 1991, Nr 19, Zeile 1, Nr 21, Zeilen 16, 20 s., R 4, R 5; Wallenfels, 1998, 9–12, Zeile 16, p. 21, Zeile 1, pp. 39 s., Zeilen 1, 9, pp. 44 s., Zeilen 1, 12); diese Urkunden dat. in das Jahr 72 der Seleukiden-Ära (entspricht dem Jahr 239 v. Chr.) bis ins Jahr 138 der Seleukiden-Ära (entspricht dem Jahr 173 v. Chr.). – **Lâbâši (II),** Sohn des Riḫat-Anu (des älteren Sohnes des → Lâbâši [I]), älterer Bruder des → Nidintu-šarri, Baumeister bzw. Architekt, im 2. Jh. v. Chr. in Uruk tätig. L. ist uns aus Urkunden gut bek., er trägt die Berufsbezeichnungen *itinnu* (zur Schreibweise v. Weisberg, 1991, Nr 13, Zeilen 5, 14–16, 21 s., R 2, R 4), *šitimgallu šá* [d]*Anu*, „Oberbaumeister des (Gottes) An" (Clay, 1912, Nr 89; Wallenfels, 1998, 40 s., Zeile 18) und *arad ekalli* (Wallenfels, 1998, 46, Zeile 9). Er erscheint als Käufer von Land (Weisberg, 1991, 56 s., Nr 13, Zeilen 5, 14, 16, R 2, R 4, R 22; Wallenfels, 1998, 42), als Pfründner (in der Verzichtserklärung seines Onkels → Anu-mār(a)-ittanu (II); McEwan, 1981, 49; Funk, 1984; Wallenfels, 1998, 39 s., Zeilen 8, 15, 18) erhält L. Anteile an der Tempelpfründe der Baumeister sowie einen Magazinbau im Bereich des Irigal beim Inana/Ištar-Tor und er erscheint als Zeuge (McEwan, 1981, 49; Wallenfels, 1998, 42 s., Zeilen 5, 30, Nr 42, Zeile 30, Nr 47, Zeilen 1, 12, 17, Nr 54, Zeile 33 ist ident. mit Nr 55, Zeile 32, Nr 57, Zeile 32, Nr 63, Zeile 33); ferner wird er als Sohn in den Transaktionsurkunden seines Vaters (McEwan, 1981, 49; Wallenfels, 1998, 46) und als Vater seiner Söhne genannt (McEwan, 1981, 49; Weisberg, 1991, Nr 19, Zeile 25, Nr 34, Zeilen 10, 14; Nr 39, Zeile R 3; Wallenfels, 1998, 46, Zeilen 9, 16, 21). Urkdl. erw. ist L. im Zeitraum von 89 der Seleukiden-Ära (entspricht dem Jahr 222 v. Chr.) bis 138 der Seleukiden-Ära (entspricht dem Jahr 173 v. Chr.). – In der im seleukidischen Uruk übl. Namengebung hatten Großvater und Enkel jeweils den gleichen Namen (Doty, 1997). Der Beruf des *itinnu* (Schreibweise LÚ.DÍM) – generell mit „Baumeister" bzw. „Architekt" übersetzt – wurde von einer Generation an die nächste weitergegeben (McEwan, 1982, 50). Die exakte Wiedergabe der Berufsbezeichnung *itinnu* ist im Einzelfall schwierig, da dessen Tätigkeit versch. Bereiche umfaßt (v. hierzu ausführl. Salonen, 1970, 41–52). Ferner ist der *itinnu* auch aus Ritualtexten bek., aus denen hervorgeht, daß ein *itinnu* für die Ritualausführung für eingefallene Tempelmauern zuständig ist (McEwan, 1981, 48). Für L. sind folgende Berufsangaben aus den Texten bekannt: *itinnu* (W. von Soden, Akkadisches Handwörterbuch, Wb. 1965–1981, 404, CAD I/J, 296 s. [bez. in früherer Zeit einen der in Gilden zusammengeschlossenen Bauleiter, der Maurer beaufsichtigt, später einen „Haus(er)bauer" oder Maurer], bzw. lies gegebenenfalls *bānû* [„Hauserbauer"], s. CAD I/J, 297, s.v. *itinnu A*) und in der Schreibweise LÚ.DÍM.GAL lies *šitimgallu* „Oberbaumeister" (v. Soden, ibid., 1251; CAD Š/3, 129 s.; Salonen, 1970, 56 s.); außerdem *arad ekalli*, „Architekt" (zur Schreibweise LÚ.ÌR-É.GAL siehe CAD A/2, 210; Salonen, 1970, 37–39). – Wie sich aus den Urkunden ergibt, gehörten L. (I) und (II) zur *itinnūtu* (wörtl. übersetzt „Baumeisterkunst", CAD I/J, 298; v. Soden, ibid., 404), der Pfründe der Tempelbaumeister (McEwan, 1981, 87), d.h. die L. (I) und (II) waren für die Instandhaltung und Versorgung der Tempel zuständig, einen Bereich, der eng mit dem Beruf des *arad ekalli* verbunden war. Mitunter scheint *arad ekalli* ledigl. einen Dienstbereich des *itinnu* zu bezeichnen (McEwan, 1981, 51 s.). Im seleukidischen Uruk hatte der *itinnu* einen niedrigen Stand und war nicht in die Clans eingegliedert (McEwan, 1981, 49, 87); bek. sind die Baumeister v.a. aus Urkunden der Tempelpfründe. ▭ *K. Tallqvist*, Neubabylon. Namenbuch zu den Geschäftsurkunden aus der Zeit des Šamaššumukîn bis Xerxes, Helsingfors 1905, 93–95, 308; *R. Koldewey*, Die Tempel von Babylon und Borsippa, L. 1911, 13; *A. T. Clay*, Babylonian business transactions of the first millennium B. C., Babylonian records of the Library of J. P. Morgan, I, N. Y. 1912; *id.*, Legal documents from Erech dated in the Seleucid era (312–65 B. C.), Babylonian records of the Library of J. P. Morgan, II, N. Y. 1913; *E. Salonen*, Über das Erwerbsleben im Alten Mesopotamien, Studia Orientalia, XLI, Helsinki 1970; *L. T. Doty*, Cuneiform archives from Hellenistic Uruk, Ann Arbor 1977, 240; *G. J. P. McEwan*, Priest and temple in Hellenistic Babylonia, in: *B. Kienast* u.a. (Ed.), Freiburger Altoriental. Studien, IV, Wb. 1981; *id.*, Texts from Hellenistic Babylonia in the Ashmolean Mus. with notes on the seal impressions by the late Briggs Buchanan, Oxford edition of Cuneiform texts, IX, Ox. 1982; *B. Funk*, Uruk zur Seleukidenzeit, Schriften zur Gesch. und Kultur des Alten Orients, XVI, B. 1984, 234–239; *J. J. Stamm*, Die akkadische Namensgebung, Da. 1986, 175; *E. Gehlken*, Spätbabylonische Wirtschaftstexte aus dem Eanna-Archiv, I. Texte versch. Inhalts. Ausgrabungen in Uruk-Warka. Endberichte, V, Mainz 1990, 10; *D. B. Weisberg*, The late Babylonian texts of the Oriental Institute Coll., Bibliotheca Mesopotamica, XXIV, Malibu 1991; *M. Blasberg*, Keilschrift in aramäischer Umwelt. Untersuchungen zur spätbabylonischen Orthographie, Diss. Köln 1997, 336; *R. Wallenfels*, Seleucid archival texts from the Harvard Semitic Museum, Cuneiform Monographs, XII, Groningen 1998; *H. D. Baker* (Ed.), The prosography of the Neo-Assyrian empire, 2/II (L-N), Helsinki 2001, 547; *F. A. K. Breyer*, Zur Verwendung eines *pluralis maiestatis* in den Inschr. Nabonids, in: *O. Loretz/K. A. Metzler/H. Schaudig* (Ed.), Ex Mesopotamia et Syria Lux. Festschr. für Manfred Dietrich zu seinem 65. Geburtstag, Münster 2002 (Alter Orient und AT, Bd. 281), 93. K. S. Schmidt

Lâbâši (II) cf. **Lâbâši (I)**

Labreas (Λαβρέας), Sohn des Damopeithes, aus Argos, griech. Bildhauer, am E. des 3. und am A. des 2. Jh. v. Chr. in Epidauros tätig. Nur bek. durch Sign. auf den folgenden Basen für *Porträtstatuen*: – 1.) Basis aus Epidauros, die L. zus. mit → Athenogenes (KLA II, Addendum) signiert hat (IG, IV, 1112; IG, IV², 208; Muller-Dufeu, SculptureSource, 2002, 806 s., Nr 2396); – 2.) Basis aus Epidauros, die L. zus. mit → Athenogenes (KLA II, Addendum) signiert hat (IG, IV, 1113; IG, IV², 243; Muller-Dufeu, SculptureSource, 2002, 806 s., Nr 2397); – 3.) Basis aus Epidauros für eine *Statue des Lysixenos*, die von seinem Vater Archepolis aus Tegea gew. worden ist (IG, IV, 1118; IG, IV², 318; Muller-Dufeu, SculptureSource, 2002, 806 s., Nr 2398); – 4.) Basis aus Epidauros, die L. zus. mit → Athenogenes (KLA II, Addendum) signiert hat (IG, IV, 1131; IG, IV², 221; IG, IV, 1480; IG, IV², 697; Muller-Dufeu, SculptureSource, 2002, 806 s., Nr 2399); – 5.) Basis aus Epidauros, die von Kallimachos, Sohn des Kleisthenes, von Nikoteles, Sohn des Kleisthenes, von Kleisthenes und Kleitaro dem Apollon, Asklepios und der Hygieia gew. worden ist und die L. zus. mit → Athenogenes (KLA II, Addendum) signiert hat (IG, IV, 1114; IG, IV², 205; Muller-Dufeu, SculptureSource, 2002, 806 s., Nr 2400); – 6.) Basis aus Epidauros für eine *Bronzestatue des Antiphatas*, Sohn des Telemnastos, die von den Kretern dem Asklepios gew. worden ist (IG, IV, 1117; IG, IV², 244; Muller-Dufeu, SculptureSource, 2002, 808 s., Nr 2401); – 7.) Basis aus Epidauros für eine *Statue des Thiasos*, Sohn des Aristodamos aus Epidauros, die von der Stadt Epidauros gew. worden ist und die L. zus. mit → Athenogenes (KLA II, Addendum) signiert hat (IG, IV, 1472; IG, IV², 688; IG, IV, 1479; IG, IV², 696; Muller-Dufeu, SculptureSource, 2002, 806 s., Nr 2399); – 8.) Basis aus Argos, die L. zus. mit → Athenogenes (KLA II, Addendum) signiert hat (P. Charneux, BCH 109:1985, 383, Anm. 40; Muller-Dufeu, SculptureSource, 2002, 808 s., Nr 2403). ▭ RE XII. 1, 1924; EAA IV, 1961. – *Lippold*, GrPl, 1950, 351. R. V.

Lacer, *Gaius Iulius* → **Iulius Lacer,** *Gaius*

Laelius Erastus, angebl. Silberschmied in Pompeji vor 79 n. Chr. Lt. D. Strong (Silver Plate, 1966, 16) handelt es sich bei L. E. um einen Silberschmied, der ein großes Haus in Pompeji besessen hat und dessen Name (*Laeli*) auf zwei *Henkelgefässen aus Silber*, die in Pompeji gefunden worden sind (Neapel, Mus. Archeol. Naz., Inv. Nrn 25294 und 25295; CIL, X, 8071, 10 und 11), und auf einem Silberbecher mit der Darst. von zwei

Kentauren aus Pompeji oder Herculaneum (hier als *Laeli Erasti*) steht. Nichts weist jedoch darauf hin, daß es sich hier um einen Silberschmied und nicht um den Besitzer dieser Gegenstände handelt. ▭ RE XII. 1, 1924 (s.v. Laelius 24 d); EAA IV, 1961 (s.v. Laelius). F. Baratte

Laerkes (Λαέρκης), Goldschmied in Pylos. Nach Hom., Od., 3, 425 s. war er damit betraut, einem für ein Atheneopfer vorgesehenen Rind die Hörner zu vergolden. ▭ ML II. 2, 1894–97 (s.v. Laërkes 2); RE XII. 1, 1924 (s.v. L. 2); EAA IV, 1961; KlP III, 1969 (s.v. L. 2); DNP VI, 1999 (s.v. L. 2). D. V.-G.

Lahayʿamm, Bildhauer und Bronzegießer des späten 3./frühen 4. Jh. n. Chr. in Südarabien. Nur bek. durch seine Sign. auf einer von zwei überlebensgroßen *Bronzestatuen der himyarischen Könige Dhamarʿalî Yuhabirr und Tha'rân* aus an-Nakhla al-Hamrâ' (antik Yaqla') im Jemen. Die Inschr. in südarab. Schr. lautet „Lahayʿamm hat [sie] zusammengefügt [bzw. zugemacht]" und nennt so L. als den Bildhauer, der den Guß überarbeitet und die Gußfehler ausgebessert hat. Gleichzeitig findet sich auf dieser Statue die griech. Inschr. „*Phokas epoiei*" (→ Phokas [II]), was den einmaligen Fall der Zusammenarbeit eines reisenden griech.-röm. Künstlers mit einem einheimischen Bronzegießer belegt. ▭ *W. W. Müller*, Proceedings of the Seminar for Arabian Studies 9:1979, 79 s.; *K. Weidemann*, Könige aus dem Jemen, Zwei spätantike Bronzestatuen, Mainz 1983; Jemen, Kunst und Kultur im Land der Königin von Saba, W. 1998, 282, 385 s., Nrn 455–457. M. Dennert

Laia → Iaia

Laippos cf. **Daippos**

Lakon (Lacon), griech. Erzgießer, um 500 v. Chr. tätig. Nur bek. durch Plinius (nat., 34, 49), der ihn als Zeitgen. der Künstler Hageladas, Kalon und Gorgias nennt. Da es aber zwei Bildhauer des Namens Hageladas (→ Hageladas [I] und [II]) und Kalon (→ Kalon [I] und [II]) gab, die jeweils respektive am E. des 6. Jh. und in der 2. H. des 5. Jh. v. Chr. gearbeitet haben, ist für eine zeitl. Einordnung des L. der Bildhauer Gorgias ausschlaggebend. Zwar gibt es mit diesem Namen ebenfalls drei Bildhauer (→ Gorgias [I-III]), zwei von ihnen haben jedoch erst in hellenist. (→ Gorgias [II]) respektive in röm. Zeit (→ Gorgias [III]) gearbeitet und können durch die Kombination mit Hageladas und Kalon ausgeschlossen werden. Daher muß L. zur gleichen Zeit wie der früheste Gorgias (→ Gorgias [I]) tätig gewesen sein, d.h. um 500 v. Chr. ▭ RE XII. 1, 1924 (s.v. L. 7); EAA IV, 1961 (s.v. L. 1). – *Lippold*, GrPl, 1950, 351. R. V.

Lakonos, röm. Goldschmied, am A. des 4. Jh. n. Chr. tätig. Nur bek. durch seine Sign. auf einem *Silberteller*, der in Sabač/Serbien gefunden worden ist. F. Baratte

Lakrates cf. **Pyrrhos (I)**

Lala → Iaia

Laleos → Gageos

Lampitos (Λάμπιτος), Sohn des Apollonios, griech. Bildhauer, in der 2. H. des 2. Jh. v. Chr. in Milet tätig. Nur bek. durch seine Sign. auf einer Marmorbasis einer *Athletenstatue* aus Milet. ▭ RE, Suppl. V, 1931 (s.v. L. 2); EAA IV, 1961. – *A. von Gerkan/F. Krischen*, Milet I. 9. Ergebnisse der Ausgrabungen und Unters. seit dem Jahre 1899. Thermen und Palästren, B. 1928, 182, Nr 336; *Lippold*, GrPl, 1950, 372, Anm. 23. R. V.

Landelinus, Metallhandwerker, in der M. oder in der 2. H. des 6. Jh. n. Chr. wohl in Burgund tätig. Bek. lediglich als Hersteller einer *Gürtelschnalle*, die auf dem Gelände eines frühmittelalterlichen Friedhofes in Ladoix-Serrigny/Côte d'Or gefunden wurde. Die Inschr. auf dem Schnallenbeschlag lautet: LANDELINVS FICIT / NVMEN / QVI ILLA PVSSIDERAVIT VIVA[T] / VSQVI ANNUS MILLI IN D[E]O, „L. hat das Numen (die Gottheit) dargestellt. Wer dies besitzen wird, möge in Gott bis zu tausend Jahren leben" (Übersetzung J. Werner). Auf der langrechteckigen Schnalle aus Buntmetall sind weiterhin ein stark stilisierter, bewaffneter Reiter sowie ein Begleittier dargestellt, über dem Kopf des Pferdes findet sich die Abb. eines Kreuzes; die Spitze des Kreuzes ist zu einem R gestaltet. An den Kreuzarmen hängen seitenverkehrt Alpha und Omega. Ein weiteres Kreuz steht vor dem Handwerkernamen, auf der Basis des Schnallendorns ist ein Christogramm angebracht. Bilddarst. und Inschr. zusammengenommen erlauben eine Interpretation der Darst. eines bewaffneten reitenden Christus. Die unbestimmte Angabe der Inschr. im Futur „...QVI ILLA PVSSIDERAVIT...," („...Wer dies besitzen wird...") kann als Hinweis darauf verstanden werden, daß die Schnalle für den öffentl. Verkauf und nicht im speziellen Auftrag eines bereits bek. Besitzers (→ Achvinus) gefertigt wurde. ▭ *S. Deyts/*

C. Rolley, Une plaque-boucle mérovingienne inscrite, RAE 22:1971, 403 ss.; *J. Werner*, Die Ausgrabungen von St. Ulrich und Afra in Augsburg 1961–1968, Münchner Beitr. zur Vor- und Früh-Gesch. 23:1977, 332 ss. und Taf. 107,3.
R. Gottschalk

Langon cf. **Leochares (I)**

Langon cf. **Lykiskos**

[La]ossos ([Λά]οσσος), griech. Bildhauer, E. des 5. Jh. v. Chr. in Athen tätig. Nur bek. durch die Auflistung der am *Erechtheion* tätigen Künstler des Jahres 408 v. Chr. (Athen, NM; IG, I, 323; IG, I², 374). ▭ RE XII. 1, 1924; EAA IV, 1961. – *Loewy*, IGB, 1885, 358, Nr 527; *J. M. Paton/ G. P. Stevens/L. D. Caskey/H. N. Fowler*, The Erechtheum, Ca., Mass. 1927, 378, Fragm. XXIII, p. 400 s., Fragm. XXIII, Zeile 8. R. V.

Laphaes (Λαφάης), von Phlius, griech. Bildhauer viell. des 6. Jh. v. Chr., für Sikyon und möglicherweise Aigeira/Achaia tätig. Bek. durch zwei nur in der antiken Lit. erw. Werke: Pausanias bez. 2, 10, 1 ein *altes Xoanon* im Heiligtum des Herakles in Sikyon als Werk des L. von Phlius (Overbeck, SQ, 1868, Nr 487; J. Boardman, LIMC IV, 1988, 738, s.v. Herakles 83; Muller-Dufeu, SculptureSource, 2002, Nr 649) und schreibt dem Künstler 7, 26, 6 aufgrund von stilist. Vergleichen ein weiteres *Xoanon* im Apollonheiligtum in Aigeira/Achaia zu, das den Gott Apollon „nackt und groß" darstelle (Overbeck, SQ, 1868, Nr 488; Muller-Dufeu, SculptureSource, 2002, Nr 648). ▭ ThB22, 1928. RE XII. 1, 1924 (s.v. Laphaës 2); EAA IV, 1961. – *Floren*, GrPl, 1987, 213, Anm. 30. D. V.-G.

Lasimos (ΛΑΣΙΜΟΣ), vermeintl. griech. Vasenmaler am E. des 4. Jh. v. Chr. in Apulien. Nur bek. durch die Sign. auf der Schulter eines großen *apulischen Volutenkraters* vom E. des 4. Jh. v. Chr. (Paris, Louvre, Inv. Nr K 66, erworben im Jahre 1797 von der Biblioteca Apostolica Vaticana). Es würde sich hier um den einzigen apul. Vasenmaler handeln, dessen Namen uns überliefert wäre. Mit Ausnahme von in Paestum gefertigten Vasen besitzen die unteritalischen Vasen keine Signaturen. In Wahrheit ist die Inschr. oberhalb der Hauptszene eine mod. Fälschung, die wahrsch. entstanden ist, als die Vase in der 1. H. des 18. Jh. in die napolitanische Slg von Giuseppe Valletta (1636–1714) gekommen ist oder kurz danach. Dies beweist insbes. die für diese Zeit phantasievolle Form des Buchstaben Ψ in dem Wort ΕΓΡΑΨΕ und die Tatsache, daß man bei einer näheren Autopsie feststellt, daß bisweilen die eingeritzten Buchstaben über die mod. Restaurierung gehen. Den von A. F. Gori (1742) geäußerten Zweifeln an der Echtheit der Inschr. wurde zunächst entgegengetreten, dann wurden sie vergessen, und die Lesung des Namens von L. als auch seine Etymologie (messapisch oder griech.) waren Thema vieler Anmerkungen und eigener Studien. L. erscheint daher als Vasenmaler in vielen Lexika über die Antike und über Künstler. In RVAP, II, 1982, haben A. Cambitoglou und A. D. Trendall die Inschr. als falsch angesprochen und den Krater der *Gruppe von Tarent 7013* zugeschr., die zu den Nachfolgern des *Patera-* und *Baltimore-Malers* zählen. ▭ ThB22, 1928. RE XII. 1, 1924; EAA IV, 1961; DNP VI, 1999 (s.v. Lasimos-Krater). – *A. F. Gori*, Difesa dell'alfabeto degli antichi Toscani pubblicato nel 1737 dall'autore del Mus. Etrusco, disapprovat dall'illustrissimo Sig. Marchese Scipione Maffei nel Tomo V delle sue Osservazioni Letterarie date in luce in Verona, Fi. 1742, 214 s.; *S. Maffei*, Mus. Veronense, Verona 1749, Taf. 318, 2; *L. Lanzi*, De'vasi antichi dipinti volgarmente chiamati etruschi, Fi. 1806, 48 s.; *A. L. Millin*, Peint. de vases antiques vulgairement appelés Etrusques, II, P. 1810, Taf. 37–40; *G. Winckelmann*, Mon. antichi inediti, R. ²1821, 190 s.; *D. Raoul-Rochette*, Lettre à M. Schorn, P. ²1845, 15, 449; *A. J. Letronne*, RA avril-septembre 1846, 381; *Brunn*, Gesch. der griech. Künstler, II, L. 1859, 705 s.; *E. Miller*, RA janvier-juin 1861, 59–63; *S. Reinach*, Peint. de vases antiques recueillies par Millin (1808) et Millingen (1813), P. 1891, 64–67; CIG, IV, 8486; *P. Kretschmer*, Die griech. Vaseninschriften. Ihrer Sprache nach untersucht, Gütersloh 1894, 200, 217 s.; *Hoppin*, BlackFig, 1924, 448, Nr 1; *S. Favier*, RLouvre 22:1972, 4–6; RVAp, II, 1982, 913 s.; *M. E. Masci*, La coll. di vasi antichi figurati da Giuseppe Valletta, AnnPisa 1999 (ser. IV, 4,2), 590 s.; *M. Denoyelle*, Destins de vases, in: *P. Rouillard/A. Verbanck-Piérard*, Le vase grec et ses destins (K Mariemont, Mus. Roy.), M. 2003, 222 s., Abb. 6 s., p. 350, Nr B. II. 4. M. Denoyelle

Lathr[...] cf. **Euthy[...]**

Launio († im Alter von 50 Jahren in Savaria/ Szombathely, Ungarn) und **Secundinus** († im Alter von 25 Jahren ebd.), frühchristl. Maler unbek. Herkunft, wohl E. 4./A. 5. Jh. n. Chr. in Pannonien tätig. Bek. nur durch die Inschr. einer zw. 1836–1845 in dem ö. Friedhof von Savaria (jedoch nicht im orig. Fundzusammenhang) gefundenen Loculusplatte aus Marmor (Szombathely, Savaria Mus., Inv. Nr 67. 10. 13), welche für die beiden Maler von ihren Kollegen (*collegas*) errichtet wurde. Die zwei *pictores* wurden in ein gemeinsames Grab gebettet, ihr Lebensalter ist verschieden. Das könnte darauf hinweisen, daß es sich um Meister und Lehrling handelte. Die Inschr. hebt hervor, daß sie „aus der Fremde" kamen (*pelegrini*), es ist aber durchaus nicht mögl., ihre Herkunft zu bestimmen. Von ihrem Œuvre ist nichts bekannt (Über die pannonische Malerei v. L. von Nagy, RM 41:1926, 79–131; L. Borhy [Ed.], Die röm. Wandmalerei in Pannonien, Bp./Komárom 2000). – Die Platte ist durch ein in einen Kreis eingraviertes Christogramm geschmückt; nach diesem Motiv wäre eine Dat. nach 350 n. Chr. wahrsch. (vgl. E. Tóth, Folia Archaeologica 43:1994, 139–141). Das Stück ist unter den spätantiken Funden von Savaria einmalig sowohl seinem Mat. als auch seiner Paläographie nach. Möglicherweise sind die Maler nach Savaria gekommen, um einen Auftrag an einem größeren Bau auszuführen, welcher sich z.Z. allerdings nicht identifizieren läßt. Doch war die Stadt im 4. Jh. Sitz des *praeses* von *Pannonia Prima* und ein wichtiges frühchristl. Zentrum, hauptsächl. wegen des Kultes des 303 hingerichteten Heiligen Quirinus. ▭ RE, Suppl. V, 1931 (s.v. Launio). – *J. Varsányi*, AErt 4:1871, 217 (über den Fundort); CIL, III, 4222; ILCV, 670; *A. Mócsy/T. Szentléleky* (Ed.), Die röm. Steindenkmäler von Savaria, Bp. 1971, 117, Nr 164, Abb. 144; *L. Barkóczi/A. Mócsy*, Die röm. Inschriften Ungarns, I, Bp. 1972, 80, Nr 83 (mit Zchng); *E. Tóth*, in: *E. Boshof/H. Wolff* (Ed.), Das Christentum im bairischen Raum, Köln/Weimar 1994, 242–272. Á.M. Nagy

Laurus, röm. Mosaizist, im 4. Jh. n. Chr. in Beni-Hassen/Tunesien tätig. Nur bek. durch seine Sign. auf einem *Mosaik mit Rankendekor* aus einer Basilika von Beni-Hassen (zerst.; CIL, VIII, 11133). ▭ EAA IV, 1961. – InvMos, II, 1910, 46 s., Nr 117; *Donderer*, Mosaizisten, 1989, 95 s., Nr A 67. R. V.

Lautinius, *Quintus*, Sohn des Publius, röm. Architekt, im 1. Jh. v. Chr. in Paestum tätig. Eine mit weißen Tesserae im Estrichboden eines Hauses der *Insula VI* von Paestum eingelegte Inschr. nennt den Architekten Lautinius. Die Formulierung legt nahe, daß es sich nicht um Namen und Beruf des Hausbesitzers handelt, sondern um die Sign. des Architekten, der die Errichtung oder einen Umbau des Wohnhauses geplant hatte. Die für ein Priv.-Gebäude eher ungewöhnl. Sign. hängt weniger mit der Bauaufgabe selbst als vielmehr mit dem Selbstbewußtsein und dem soz. Ansehen der Architekten in diesem Teil Italiens zusammen. Ob der freigeborene L. ledigl. in diesem Fall für den Bauherrn tätig war oder ob eine engere geschäftl. oder soz. Verbindung zw. beiden bestand, kann nicht gesagt werden. ▭ *M. Mello/G. Voza*, Le iscr. latine di Paestum, N. 1968/69, 229 s., Nr 155, Taf. 25; *Donderer*, Architekten, 1996, 24, 26, 235, Nr A 123. B. Bollmann

Leobios (Λεόβιος), griech. Erzgießer, um 500 v. Chr. tätig. Nur bek. durch seine Sign. auf einer Marmorbasis für eine *Pferdestatue* aus Bronze aus dem sog. Perserschutt der Athener Akropolis (jetzt Athen, Epigraph. Mus., Inv. Nr 6261; IG, I^2, 502; IG, I, Suppl., 373, 220; IG, I^3, 665; Raubitschek, Dedications, 1949, 95 s., Nr 88 mit Abb.; Muller-Dufeu, SculptureSource, 2002, 216 s., Nr 605). Auf der Basis sind noch Reste von Bronze und Blei der ehem. Plastik erhalten. Nach der Buchstabenform ist die Skulpt. um 500 v. Chr. entstanden. ▭ ThB23, 1929. RE XII. 2, 1925; EAA IV, 1961. – *Lippold*, GrPl, 1950, 82, Anm. 1; *Floren*, GrPl, 1987, 300, Anm. 16; *K. Kissas*, Die attischen Statuen- und Stelenbasen archaischer Zeit, Bonn 2000, 263, Nr C 33. R. V.

Leochares (I) (Λεωχάρης), Bronzegießer und Bildhauer in Marmor und Gold-Elfenbein, * ca. 390 v. Chr., bis ca. 325 v. Chr. in Athen, Piräus, Eleusis, Delphi, Olympia, Megalopolis und Halikarnassos belegt. Schöpfer von Akrolith-Kolossen. Eine seiner Statuen wurde nach Syrakus geschickt. Zus. mit → Pytheos, → Praxiteles (II), → Timotheos (I), → Skopas (II) und → Bryaxis am *Maussolleion von Halikarnassos* tätig. In Athen Zusammenarbeit mit → Sthennis an einer *Fam.-Gruppe*. Eine weitere, in Delphi begonnene Gruppe wurde von → Lysippos (I) vollendet. – Auf L.' Ausb. in Athen deuten stilist. Merkmale wie die an → Pheidias (I) orientierte fließende Kontur und die möglicherweise von dem Maler → Nikomachos (I) beeinflußte Leichtigkeit und der Elan der bewegten Figur. Die Entfaltung seines Stils läßt sich über zahlr. Inschr. wie auch über L. aus ikonogr. und stilist. Gründen zugeschr. Werke verfolgen: In Auseinandersetzung mit dem Doryphoros Polyklets (→ Polykleitos [I]) gelang ihm eine entscheidende Verbesserung des schwächsten Punkts in der trad. Ponderierung der Figur, näml. des Widerspruchs zw. der stat. Wirkung und der gleichzeitigen Illusion eines Schrittes. Indem L. sich sowohl von Polyklets „Chiasmus" wie auch von der „Antithese" des → Lysippos (I) befreite, vermied er die Konzentration der Kraft auf bestimmte Körperteile, gelangte zu einer eigenständigen, von allen zeitgen. Ansätzen gleich weit entfernt stehenden Lösung. Ihr wesentl. Merkmal ist die weit ausladende Gestik der Arme. Im Prytaneion von Athen befand sich eine *Statue des Autolykos*, des Athleten, der bei den Großen Panathenäen des Jahres 422 v. Chr. gesiegt hatte. Das Werk war postum als Sühne für seine unrechtmäßige Verurteilung zum Tod durch die Tyrannis der Dreißig im Jahr 404 v. Chr. aufgestellt worden (Paus., 1, 18, 3; 9, 32, 8). Kallias, der Geliebte des Athleten und auch der Auftraggeber von → Kalamis (I), hatte aus diesem Anlaß ein öff. Festmahl gegeben, von dem Plinius (nat., 34, 79) unter Zuschr. der Statue an L. berichtet: „Autolykos, Sieger im Pankration, für den Xenophon das Symposion schrieb". Der Sockel der *Autolykos-Statue* wurde im N des Prytaneion gefunden und trägt neben einer öff. Widmung auch L.' Sign. (Loewy, IGB, 1885, 60 s., Nr 77). Einige in der Inschr. gen. Personen sind uns aus der M. des 4. Jh. v. Chr. bekannt. Pausanias (1, 1, 3) erw. die *Zeus-Demos-Gruppe*, die sich hinter der großen Stoa im Piräus befand (F. W. Hamdorf, Griech. Kultpersonifikationen, Mainz 1973, 32, Nr T. 253 a; U. Kron, AM 94:1979, 60; Pausania, Guida della Grecia, I, ed. D. Musti/L. Beschi, Mi. 1982, 12 s.; O. Alexandri-Zahou, LIMC III, 1986, 377, Nr 8, s.v. Demos; M. Tiverios, LIMC VIII, 1997, 343, Nr 230, s.v. Zeus). Der dargestellte Gott war Zeus Soter, der im Piräus in einer Statue verehrt worden war, die ihn mit einem Szepter und mit Nike sitzend gezeigt hat (Paus., 1, 1, 3; S. Kremydi-Sicilianou, LIMC VIII, 1997, 366, Nr 506, s.v. Zeus). Eine Variante des von → Pheidias (I) geschaffenen Kolosses in Olympia erweist sich durch die fehlenden Armlehnen am Thron und v.a. durch die weit ausholende Geste des linken Arms mit dem Szepter als Werk des Leochares. Pausanias (1, 24, 4) schreibt ihm eine weitere *Zeus-Statue* zu, die sich im Heiligtum des Zeus Polieus auf der Akropolis befand (Pausaniou Elládos Periégesis, I, Attiká, ed. N. D. Papachatzi, At. 1988, 337 s., Anm. 5; M. Brouskari, The mon. of the Acropolis, At. 1997, 166; M. Tiverios, LIMC VIII, 1997, 343, Nr 229, s.v. Zeus). Während die *Statue des Zeus Polieus* dem noch jahrhundertelang auf Athener Münzen rezipierten archaischen Typus folgte, der den Gott in Angriffspose zeigt, scheint L. ihn stehend, mit dem Blitz in der gesenkten Rechten und gleichzeitig vorgestreckter Linken dargestellt zu haben, ein Typus, der auf den Münzen weitaus seltener vorkommt (A. Svoronos, Les monnaies d'Athènes, M. 1923–26, Taf. 92, 5 s.; A. B. Cook, Zeus, III. 1, C. 1940, 570–573, Abb. 394–403; J. Hurwit, The Athenian Acropolis, C. 1999, 190). Der Ruhm der in Athen aufgestellten Zeusstatue führte dazu, daß L. den Auftrag für den *Zeus Brontaios* in Megalopolis bekam (J. Charbonneaux, MonPiot 53:1963, 9–17; M. Tiverios, LIMC, VIII, 1997, 343, Nr 229, s.v. Zeus). Das zum Zeitpunkt der Stadtgründung um 370 v. Chr. entstandene Werk läßt sich Plinius zufolge (nat., 34, 50) in die Hochphase von L.' künstler. Schaffen der Jahre 372–369 v. Chr. einordnen. Die Statue wurde von Augustus nach Rom gebracht und im dortigen Tempel des Jupiter Tonans aufgestellt (Plin., nat., 34, 79), ohne dabei ihres griech. Epithetons verlustig zu gehen (deo Brontonti, CIL, VI. 1, 82, Nr 432; sacerdotes dei Brontontis, CIL, VI. 1, 616, Nr 2241). Die Rekonstruktion des *Brontaios* basiert sowohl auf griech. als auch auf röm. Zeugnissen: Die Vierdrachmenstücke der Arkad. Liga (370–362 v. Chr.) zeigen den Kopf des Gottes mit Lorbeerkranz (BMC, Peloponnesus, 1887, 173, Nr 48, Taf. 32, 10; S. Kremydi-Sicilianou, LIMC VIII, 1997, 368, Nr 548); die gesamte Figur im Inneren des Tempels wird auf den Denaren des Augustus mit der Inschr. „Iovi Tonanti" abgebildet (P. Gros, LTUR, III, 1996, 159–160, Abb. III. 107, s.v. Juppiter Tonans, aedes; F. Canciani, LIMC VIII, 1997, 425, Nr 4 m. Abb., s.v. Zeus/Juppiter; Moreno, 2001, 224, Abb. 262). Der Typus der Standfigur kehrt in einer in der Villa Hadriana aufgefundenen Kopie wieder (heute in Liverpool, Merseyside County Mus., Inv. Nr 1959.148.0002; M. Tiverios, LIMC VIII, 1997, 339, Nr 195 a m. Abb., s.v. Zeus), ebenso in den Bronzestatuetten im Cab. des Méd. in Paris (F. Canciani, LIMC VIII, 1997, 430 s., Nr 91 m. Abb., s.v. Zeus/Iuppiter) und im Mus. Archeol. von Padua (M. T. Lachin, in: Mus. Archeol. di Padova, Bronzi antichi, R. 2000, 75, Nr 84). Nacktheit, Ponderation und ausladende Gestik erinnern an den *Zeus* auf der Akropolis von Athen. Der Gott ruht auf seinem rechten Bein, während das linke nur mit den Zehen den Boden berührt. Die rechte, den Blitz haltende Hand ist gesenkt, die linke umschließt das Szepter. Der Kopf ist in die Richtung des Standbeines gewendet. In den ersten Monaten des Jahres 364 v. Chr. hielt L. sich in Athen auf. Dort beauftragte ihn → Platon (I) (epist., 13, 361 a, 1–6) auf Geheiß des Dionysios II. von Syrakus mit der Ausf. einer *Apollon-Statue*. Während das ikonogr. Thema vom Tyrannen selbst gewünscht wurde, geht die Wahl des Künstlers auf → Platon (I) zurück, von dem auch ein Künstlerlob des L. überliefert ist: „Bei ihm war auch ein anderes, erlesenes (κομψός) Werk, ich habe es gekauft, um es deiner Gemahlin zu offerieren" (zur Authentizität des Briefes vgl. Platon, Briefe, ed. W. Neumann/J. Kerschenstein, M. 1967, 221–229). Nachdem er zus. mit and. großen Künstlern an das *Maussolleion von Halikarnassos* berufen worden war, arbeitete L. am Dekor der w. Fassade

(Plin., nat., 36, 31). Seine Hand läßt sich an mind. fünf Platten des Amazonenfrieses im BM in London erkennen (Lippold, GrPl, 1950, 257, Taf 92, 4; K. Jeppesen, The Maussolleion at Halikarnass, II, Hoejbjerg 1986, 63–68, 82–83; id., DNP XIV, 2000, 334–350, s.v. Halikarnass). Darüber hinaus schuf L. in Halikarnassos den *Koloss des Ares* für den Tempel dieses Gottes, der sich auch hier in seiner Eigenschaft als Gottheit der Polis auf dem Gipfel der Akropolis erhob (Ph. Bruneau, LIMC II, 1984, 481, Nr 25, s.v. Ares; C. C. Vermeule, in: A. Corso u.a. (Ed.), Alessandria e il mondo ellenistico-romano. Stud. in onore di Achille Adriani, III, R. 1984, 783–788). → Vitruvius (2, 8, 11) fügt gleichzeitig eine and. Zuschreibung hinzu, und zwar an → Timotheos (I); da die beiden gemeinsam am Maussolleion tätig waren, ist es wahrsch., daß sie gleichzeitig am *Ares* mitgearbeitet haben, für den → Vitruvius den griech. Begriff des Akroliths verwendet. Die Porträtstatue des Isokrates, die von Timotheos, Sohn des Konon, in Eleusis gestiftet worden ist, wurde von L. vor 356 v. Chr. ausgeführt, als der Politiker aus Athen verbannt wurde (Isokr., or., 838 d). Eine kleine, mit einer Inschr. versehene Büste in der Villa Albani in Rom zeigt den Redner (* 436 v. Chr.) in nicht wesentl. höherem Alter (L. Giuliani, in: P. C. Bol [Ed.], Forsch. zur Villa Albani, I, B. 1989, 216 s., Nr 70, Taf. 120 s.). Die zu Ehren eines Priesters auf der Agora von Athen in der Nähe der Stoa Poikile aufgestellte Statue, die durch eine dort gefundene Inschr. mit der Sign. des L. bek. ist (Loewy, IGB, 1885, 62, Nr 81), könnte mit der *Bronze-Statue des Priesters Charmides* ident. sein, die auf einem Sockel der Kaiserzeit nach Rom überführt wurde (D. Mustilli, BullCom 61:1933, 209; R. Horn, AA 1936, 470). Weitere epigraph. Hinweise: Auf einem am s. Abhang der Akropolis gefundenen Fragm., das eine Widmung an Asklepios trägt, dem hier ein Heiligtum gew. war, vermutet man die Inschr. „Leon, Sohn des Amphilochos(?)" (Loewy, op. cit., 62, Nr 82). Ein Bürger des Demos von Oion wird auf einer s. der Propyläen ergrabenen Inschr. erw. (Loewy, op. cit., 62, Nr 79). Nur der Name des Künstlers hat sich auf einem Sockel-Fragm. erh., das ö. der Propyläen entdeckt wurde (Loewy, op. cit., 62, Nr 80). Ein Fragm. der Sockelverkleidung der Basis für eine *Statue des Hippiskos*, gestiftet vom att. Demos, ist am S-Abhang der Akropolis gefunden worden (Loewy, op. cit., 61, Nr 78). Eine von L. und → Sthennis ausgef. *Fam.-Gruppe aus Bronze* wurde von Pandaites und Pasikles für die Akropolis in Auftrag gegeben. Sie zeigte Lysippos, Pandaites, Myron, Pasikles, Timostrate und Aristomache, Angehörige versch. Generationen. Von L. stammte das *Bildnis des Ehepaares Pasikles und Timostrate* (Loewy, op. cit., 63 s., Nr 83). Da er für solche Fam.-Portr. bek. war, wurde L. nach dem Sieg Philipps II. von Makedonien und seiner thessal. Verbündeten in Chaironeia (338 v. Chr.) wahrsch. auch aufgefordert, zus. mit → Lysippos (I) die Vorfahren von Daochos II. durch ein in Pharsalos aufgestelltes *Gruppen-Bildnis* zu verherrlichen. Eine Marmor-Version dieses Werkes hat sich in Delphi erh. Von L. dürften eine nackte und eine mit einem Mantel bekleidete Gestalt stammen, welche die gleichen gelängten Proportionen wie die Kämpfenden der *Amazonenschlacht* aufweisen. Bei ihnen handelt es sich um den jugendl. Läufer *Agelaos* (M. Jacob-Felsch, Die Entwicklung griech. Statuenbasen, Waldsassen 1969, 137–140, Nr 42, Statue Nr 3; B. Hintzen-Bohlen, JdI 105:1990, 135; Moreno, 2001, 226 s., Abb. 268) und um *Aknonios*, der in einen Mantel gehüllt ist und den Speer mit der Linken führt (T. Dohrn, APl, VIII, 1968, 36–38, Abb. 6 s., Taf. 26–28; Ridgway, HellSculpt, I, 1990, 46–50, Taf. 24 a-c; F. Croissant/J. Marcadé, in: Guide de Delphes. Le Musée, ed. P. Amandry u.a., P. 1991, 93, Abb. 50). Unter den gleichen polit. Bedingungen erhielt L. den Auftrag, das Thema des Συγγενικόν in der bis dahin ausschl. den Gottheiten vorbehaltenen Gold-Elfenbein-Technik auszuführen: Philipp II. ließ in Olympia ein rundes Memorialgebäude, das Philippeion, errichten, das neben seinem eigenen Bildnis auch diejenigen seiner Eltern Amyntas III. und Eurydike, seiner Gemahlin Olympias und seines Sohnes Alexander enthielt (Pausanias, 5, 17, 4; 5, 20, 9 s.; H. Schleif/H. Zschietzschmann, OlympForsch, I, 1944, 1–24; A. Stewart, Faces of power, Berkeley 1993, 52, 98, 108 s., 120, 195, 386 s., Nrn T. 97 s.; Pausania, Guida della Grecia, V, ed. G. Maddoli/V. Saladino, Mi. 1995, 106 s., 126 s., 292, 310). Die Basis stand im Zentrum der Cella und nahm 1/3 des Umfangs des Cellarunds ein, so daß man die Gruppe von allen Seiten und auch von hinten sehen konnte (A. Mallwitz, Olympia und seine Bauten, M. 1972, 128–133, Abb. 95–100; B. Hintzen-Bohlen, JdI 105:1990, 131–134, Abb. 1; N. Kaltzas, Olympia, At. 1997, 19 s., Abb. 16 s.). Es gibt versch. Möglichkeiten, die Protagonisten des Philippeions zu identifizieren: Den Philipp hat man in dem Bildnis Chiaramonti-Kopenhagen sehen wollen (F. Johansen, Cat., Greek portr., Ny Carlsberg Glyptotek, Kph. 1992, 32 s., Nr 7; SkulptVatMus, I, 1995, 9, Nr 441, Taf. 32; E. Weski/H. Frosien-Leinz, Das Antiquarium der Münchner Residenz, Kat. der Skulpt., M. 1987, 181–184, Nr 61, Taf. 101;

K. Fittschen, Verz. der Gipsabgüsse des Archäol. Inst. der Georg-August-Univ. Göttingen, Göttingen 1990, 266, Nr A.1441), das formale Analogien zu dem Alexander-Portr. Akropolis-Erbach aufweist (M. Brouskari, The Acropolis Mus., At. 1974, 166, Nr 1331; K. Fittschen, Kat. der antiken Skulpt. im Schloss Erbach, B. 1977, 21–25, Nr 7; R. R. R. Smith, Hellenistic Royal Portr., Ox. 1988, 155 s.; Todisco, 1993, 104–107, Abb. 223). Aber die Entdeckung des Alexander-Kolosses im Theater von Perge (Antalya, Mus.; J. Inan, in: Alessandro Magno, Storia e mito, Mi. 1995, 270 s.) unterstreicht die Übereinstimmung mit der Statue Akropolis-Erbach, die den Makedonenprinzen als Sieger zeigt, der einen Fuß auf einen Haufen griech. Waffen setzt (daher als Sieger mit seinem Vater in Chaironeia). Dennoch stimmt der Aufbau nicht mit den erh. Spuren auf der Basis im Philippeion überein: Wenn man die beiden Bildwerke Philippos Chiaramonti-Kopenhagen und Alexander Akropolis-Erbach (erg. nach dem Koloss von Perge) zus. betrachtet, liegt es näher, in ihnen das von → Euphranor (I) errichtete Doppel-Portr. der beiden Herrscher zu sehen (Moreno, 2001, 165–167, Abb. 167, 180). Als Abbild der Alexander-Figur im Philippeion hat man auch die Bronze-Statue Fouquet im Louvre vorgeschlagen, die zwar aus Ägypten stammt, aber auf ein alexandrin. Vorbild zurückgeht. Sie zeigte den Makedonier mit Königsdiadem und der Kopfbedeckung Ammons (B. Hundsalz, DaM 2:1985, 114–116, Taf. 37 c; B. Kiilerich, Symbolae Osloenses 63:1988, 57 s., Abb. 6; Stewart, op. cit., 45, 163–171, 425, Abb. 32; C. Rolley, La sculpt. grecque, II, P. 1999, 343–354, Abb. 364). Mit diesem Typus ist auch das Bildnis der Herme Azara aus Tivoli im Louvre verwandt (Paris, Louvre, Inv. Nr MA 436; Stewart, op. cit., 42, 140, 165–171, 423, Abb. 45–46). Überzeugender ist jedoch der Hinweis auf die im Meer bei Grado gefundene Bronze-Statue, die Alexander mit nach oben gerichtetem Blick zeigt (Monfalcone, Coll. Smareglia; M. Bieber, Alexander the Great, Chicago 1964, 65, Abb. 77; B. Hundsalz, DaM 2:1985, 112, 119, Anm. 125; Moreno, 2001, 228, 230, Abb. 269): Hier erinnern die Ponderation, die Gestik der Arme, das Schwert anstelle des Blitzes in der nach unten gesenkten rechten Hand und die den Speer in ähnl. Weise wie das Szepter haltende Linke an den *Zeus Brontaios*. In den Jahren 335/334 v. Chr. wurde auf der Tripoden-Straße in Athen das *Denkmal des Choregen Lysikrates* geweiht. Der Fries mit dem Sieg des Dionysos über die tyrrhenischen Piraten wird hypothetischer Weise wegen der an die *Amazonenschlacht* erinnernden wendigen Bewegungen der Figuren dem L. zugewiesen (W. Eberhardt, APl, XXII, 1993, 7–67, Taf. 1–19; E. Simon, LIMC VIII, 1997, 1129, Nr 205 m. Abb., s.v. Silenoi). Eine in Rom aufgefundene Inschr. (Florenz, Mus. Naz. Archeol.) belegt die Überführung der von L. ausgef. Darst. des *Ganymed, der vom Adler des Zeus in den Himmel getragen wird* (D. Mustilli, BullCom 61:1933, 208 s., Abb. 2). Zur Regierungszeit Neros wurde die Skulpt. in einem Epigramm des Straton von Sardes gepriesen (Anth. Gr., 12, 221). Juvenal (9, 22) erw. sie später als berühmtes Mon. auf dem Friedensforum (F. Coarelli, LTUR, IV, 1999, 68, s.v. Pax, templum). Plinius (nat., 34, 79) spricht von ihm als einem hervorragenden Kunstwerk von L. aus Bronze, indem er das poetische Konzept des Epigramms aufnimmt: „Der Adler scheint zu begreifen, welche Beute er raubt und zu wem er sie trägt, indem er versucht, den Jungen durch die Kleider nicht zu verletzen“ (H. Sichtermann, LIMC IV, 1988, 164, Nr 200, s.v. Ganymedes). In der Kopie der Skulpt. im Vatikan trägt der Adler den Jungen empor, indem er ihn mit den Krallen am Rücken ergreift. Der Hirtenknabe hat seine Flöte und den Hund auf dem Boden zurückgelassen, hält aber seinen Stock noch fest umklammert. Mit der (mangelhaft rest.) Linken umfaßt er den Nacken des Adlers (H. Sichtermann, LIMC IV, 1988, 166, Nr 251 mit Abb., s.v. Ganymedes; B. S. Ridgway, Fourth-cent. styles in Greek sculpt., Lo. 1997, 247, Taf. 58). Eine Umwandlung der Gruppe in Form eines Trapezophoros hat den Vorzug der kompletten Lesbarkeit (Veria, Mus.; T. Stephanidou-Tiveriou, Trapezóphora me plastikí diakósmisi, At. 1993, 128–131, 283, Nr 136, Taf. 71; Moreno, 2001, 229 s., Abb. 270). Die Leichtigkeit der Bewegung legt die Zuschr. einer *Säule mit Akanthus-Blättern und drei federleicht dahinschwebenden Tänzerinnen* im Mus. von Delphi an L. nahe (F. Croissant/J. Marcadé, in: Guide de Delphes. Le Musée, ed. P. Amandry u.a., P. 1991, 84–90, Abb. 46–48). Dafür spricht auch die Ähnlichkeit des oberen Abschlusses der Akanthusblätter, der anscheinend für die Aufnahme eines Dreifußes vorgesehen war, mit dem zeitgleichen *Lysikrates-Monument*. Von manchen Forschern wird die Säule mit den Tänzerinnen jedoch für ein Werk des → Praxiteles (II) gehalten, und wieder andere betonen die generelle Schwierigkeit ihrer Zuschr. an einen bestimmten Künstler (C. Rolley, La sculpt. grecque, II, P. 1999, 381–383, Abb. 402–404; → Chairestratos [II]). Das dem *Alexander Smareglia*, dem *Ganymed* und den *Tänzerinnen* zugrunde liegende figurale Schema kehrt auch im *Apoll von Belvedere* wieder, der die verfeinerten Proportionen der Krieger am *Maussolleion* mit der Gewandtheit des

Agelaos und dem Faltenwurf des *Aknonios* verbindet: Seine Gestik mit dem gesenkten rechten und dem vorgestreckten linken Arm, der an den Zeus der Akropolis in Athen erinnert, führt die vom *Brontaios* bis hin zum *Alexander* beobachtete zunehmende Öffnung weiter fort (W. Lambrinoudakis, LIMC II, 1984, 198, Nr 79 mit Abb., s.v. Apollon; N. Himmelmann, in: Il Cortile delle Statue, Mainz 1998, 211–225, Abb. 1–15; G. Spinola, Il Mus. Pio Clementino, I, Vatikanstadt 1996, 49–51, Nr 2; F. Scharf, DNP XIII, 1999, 152–157, s.v. Apoll von Belvedere; P. Brandizzi Vittucci, Antium, R. 2000, 49–51, Abb. 23 b). Der *Apoll vom Belvedere* wird daher als Kopie der von L. geschaffenen Statue angesehen, die ehemals vor dem Tempel des Apollon Patroos auf der Agora in Athen stand (Paus., 1, 3, 4; Pausania, Guida della Grecia, I, ed. D. Musti/L. Beschi, Mi. 1982, 24 s., 272). Dieser Statue wird auch der *Steinhäusersche Kopf des Apollo* an die Seite zu stellen sein (Basel, Antikenmuseum, Inv. Nr BS 205; W. Lambrinoudakis, LIMC II, 1984, 199, Nr 79 c mit Abb., s.v. Apollon). L. stellte den Apollon mehrmals dar: Neben der von → Platon (I) in Auftrag gegebenen Statue schuf er auch den von Plinius (nat., 34, 79) erw. *Apoll mit Binde*. Die Ähnlichkeit der Gesichtszüge einer orig. Marmor-Statue der Demeter aus Knidos (London, BM) mit denen des *Apoll vom Belvedere* erlaubt die Zuschr. auch jenes Werkes an L. (B. Ashmole, JHS 71:1951, 13–28; L. Beschi, LIMC IV, 1988, 859, Nr 138 mit Abb., s.v. Demeter), selbst dann, wenn man auf den suggestiven Vergleich der Demeter mit dem Alexander Akropolis-Erbach verzichtet (C. Rolley, La sculpt. grecque, II, P. 1999, 289–280, Abb. 296–298). Die oberflächl. Verwandtschaft der Artemis vom Typus Versailles mit dem *Apoll vom Belvedere* dagegen reicht für die Zuschr. dieser Figur an L. nicht aus (L. Kahil, LIMC II, 1984, 643, Nr. 250–265 mit Abb., s.v. Artemis), da ihr Schuhwerk und die Drapierung ihres Gewandes eindeutig jüngeren Datums sind (M. Pfrommer, IstMitt 34:1984, 171–182; Todisco, 1993, 104 s., Abb. 228). Bis heute ungeklärt ist die Frage, ob L.' Aufenthalt in Halikarnassos auf die ersten Jahre nach dem Baubeginn des *Maussolleions* beschränkt war, oder ob er nach der Eroberung der Stadt durch Alexander 334 v. Chr. die Arbeit wieder aufnahm (E. Buschor, Maussollos und Alexander, M. 1950, 48–50; W. Schleiber, Halikarnassos, in: Wandlungen. Stud. zur antiken und neueren Kunst. Festschr. Ernst Homann-Wedeking, Waldsassen 1975, 152–162). Einige Besonderheiten von L.' *Amazonenschlacht* finden sich auch in der *Löwenjagd Alexanders und Krateros'*, die der Vertraute des Königs der Inschr. zufolge 332 v. Chr. anläßl. eines gemeinsam im Paradeisos von Sidon bestandenen Abenteuers zu Delphi geweiht hatte (P. Moreno, Lisippo, Bari 1974, 45–46, 86–105, Nr 11, Abb. 29–30). Die von Plinius (nat., 34, 64) unter den Werken des → Lysippos (I) erw. Gruppe befand sich zu Zeiten Plutarchs noch am Ort (Alex., 40, 5): → Lysippos (I) dürfte die Löwen und die Hunde geschaffen haben, nachdem L. die Hauptpersonen bereits voll. hatte: „Krateros schenkte Delphi diese Jagd, ließ aus Bronze Statuen des Löwen, der Hunde, des Königs im Kampf mit dem Löwen und von sich selbst im Moment, in dem er dem König zu Hilfe eilt, anfertigen, von denen Lysippos die ersten und L. die anderen modellierte." Die Gruppe nahm einen Raum von 15 Metern in der Nische zu Füßen des Theaters und vor der großen Stützmauer des Tempels des Apollon ein (J.-F. Bommelaer/ D. Laroche, Guide de Delphes. Le site, P. 1991, 225–227, Nr. 540, Abb. 99, Taf. IV). Den mittleren Teil der Szene gibt ein in Messene gefundenes Sockelrelief wieder (Paris, Louvre; A. Herrmann, in: The search for Alexander, N. Y. 1980, 121, Nr 44; K. Stähler, in: H.-J. Drexhage (Ed.), Migratio et commutatio, Stud. zur alten Gesch. und deren Nachleben. Thomas Pekary zum 60. Geburtstag am 13. September 1989 dargebracht von Freunden, Kollegen und Schülern, St. Katharinen 1989, 258–264; M. Hamiaux, Mus. du Louvre, Les sculpt. grecques, II, P. 1998, 194 s., Nr 214; P. G. Themelis, Nürnberger Bll. zur Archäol. 15:1998/99, 81, Abb. 37). Die Figur des *Krateros* ist ähnl. angelegt wie eine der von L. geschaffenen *reitenden Amazonen* in Halikarnassos: Durch das energische Anziehen der Zügel beugt er den Hals seines Pferdes und bremst es im Galopp. Alexander, der auf dem Boden steht, wiederholt dagegen die schutzsuchende Geste eines der Griechen auf der anschließenden Platte des Amazonenfrieses. Seine gelängten Gliedmaßen lassen sich am ehesten mit denjenigen der Krieger vergleichen, die sich in der Amazonenschlacht am stärksten unter der Gewalteinwirkung krümmen. Dasselbe gilt für die Bewegtheit der Drapierung. Die Nachr. von L.' Mitarb. an der *Krateros-Gruppe* ist der letzte Hinweis auf sein Wirken. Die Arbeiten in Delphi waren bis zum Tod des Krateros im Jahr 320 v. Chr. wegen der andauernden Angriffe der Makedonier auf Griechenland nur langsam vorangeschritten. Wie aus der oben zitierten Inschr. hervorgeht, konnte das Werk daher erst unter Krateros' gleichnamigem Sohn voll. werden. Die letzten Figuren schuf → Lysippos (I), da unterdessen auch L. verstorben war. – Wichtige Belege für die Stellung des L. in der attischen Kultur sind die Übereinstimmungen der von ihm dargestellten Themen mit denen des zeitgen. Theaters: „Autolykos" war der Titel einer 420 v. Chr. veröff. und 405/404 v. Chr. überarbeiteten Komödie von Eupolis (Fragm. 42–67, ed. Kock). Auch der Protagonist des „Hippiskos" von Alexis (ca. 344 v. Chr.) trägt den Namen einer von L.' Statuen. Unter den übrigen Personen dieses Stückes befindet sich auch Misgolas, einer der Prytanäer, der in der vermutl. Widmungs-Inschr. der *Autolykos-Statue* vorkommt. Eine vieldiskutierte Stelle in dem von Plinius verf. Werk-Verz. des L. (Plin., nat., 34, 79) lautet, wenn man der handschriftl. Überlieferung folgt: „Lyciscum mangonem puerum subdolae ac fucatae vernilitatis": „Lykiskos, hinterlistiger und Unterwürfigkeit heuchelnder Sklavenhändler". Diese Notiz spielt auf den Protagonisten des „Lykiskos" von Alexis an; den Auftrag für die Statue könnte L. anläßl. eines Sieges in den theatral. Wettkämpfen erhalten haben, ähnl., wie es auch bei dem *Lysikrates-Mon.* der Fall war. Es scheint daher wenig sinnvoll, den *Lykiskos* aus dem Kat. der Werke des L. auszuschließen, wie es Forscher tun, die „Lyciscus mangonem" zu „Lyciscus Langonem" korrigieren (→ Lykiskos) und in *Langon* einen Bronzegießer vermuten, der die Lykiskos-Statue geschaffen hat (Pline l'Ancien, Hist. naturelle, XXXIV, ed. H. Le Bonniec/H. Gallet de Santerre, P. 1963, 135, 258). Bei den Schriftstellern der Antike genießt L. hohe Wertschätzung: → Platon (I) (epist., 13, 361 a, 1–6) nennt ihn „einen jungen und tüchtigen Künstler" (νέος καὶ ἀγαθὸς δημιουργός); der Begriff κομψός, mit dem die von → Platon (I) in L.' Atelier ausgewählte Statue bezeichnet wird, hat mit seinen semant. Nuancen „Eleganz", „Raffinesse", „Feinheit" und „Anmut" die berühmte Beschr. des *Apoll vom Belvedere* durch Johann Joachim Winckelmann maßgebl. beeinflußt. Das zu Ehren von Autolykos ausgerichtete Symposion wird von Xenophon (symp., 1, 8–9) als von der „königlichen" Schönheit des Jünglings beherrscht geschildert, eine Eigenschaft, die auch L.' vor dem Tod Xenophons errichteter Statue des Athleten zugeschrieben wurde. → Vitruvius (2, 8, 11) schreibt über den Ares in Halikarnassos, daß er „von edler Hand" (*nobili manu*) ausgef. worden sei. Unter Berufung auf das Urteil der Dichter über den Ganymed preist Plinius die Raffinesse und Ausdruckskraft dieses Werkes. Plinius selbst (nat., 34, 79) bez. den *Zeus Brontaios* als „erhaben über jedes andere Ding" und betont den großen Aufwand, den man bei der Neuaufstellung der Statue im Tempel des Jupiter Tonans in Rom in einer aus Marmorblöcken gemauerten Cella trieb (solidis glaebis, Plin., nat., 36, 50). Von hohem Interesse für die Ikonogr. ist der Kopf des *Brontaios*, der eines der ersten datierbaren Beispiele für den in der Mitte gescheitelten Bart darstellt. Die nach oben gekämmten Haare deuten bereits die Anastole an, die auf dem Portr. Alexanders sein Königtum akzentuiert. Der symbol. Gehalt dieses Werkes bewegt sich zw. der für → Lysippos (I) typ. Betonung des heroischen Moments und der das Zeus-Bild des → Apelles (I) kennzeichnenden absoluten Verherrlichung des Dargestellten. Indem er seinen linken Arm in ein Löwenfell hüllt und mit einer Doppelaxt (Labrys, Attribut des Zeus von Labraunda) in der Rechten kämpft, scheint sich der Makedonier in der Jagd-Szene von Delphi mit Attributen zu schmücken, die in der Mythologie den Göttern und Heroen zukommen. Zu dieser Zeit sind sie jedoch auch als Ausrüstung eines Sterblichen denkbar. Bei der strengen Komp. und der Heftigkeit des dargestellten Kampfes auf seinem Relief in Halikarnassos scheint L. sich am Werk des → Skopas (II) orientiert zu haben, erweitert das figurale Schema aber durch rhythm. Wiederholungen und erzielt durch die Übereinanderstaffelung der Figuren und das Einfügen von Rückenfiguren eine große räuml. Tiefe. Als Zeichen seiner künstler. Eigenständigkeit modelliert er ausgezehrte und überlängte Körper, die der griech. Kunst der nachgeometr. Periode sonst fremd sind und die auch keine direkte Nachfolge gefunden haben. Erst in den Krisenjahren des röm. Imperiums wurde dieses Stilmittel wiederentdeckt und regte die dem modernen Expressionismus vergleichbaren deformierten Körperdarstellungen an. Beim *Apoll vom Belvedere* ruht das Körpergewicht nicht deutl. erkennbar auf dem Standbein, da er gerade im Begriff ist, es vom einen auf das andere Bein zu verlagern. Dieser Vorgang wird durch das gebeugte Knie des vorderen Beins angezeigt, das dem ganzen Körper einen eleganten Schwung verleiht. Die Bewegtheit des Torsos und der Schultern unterstützt das lebhafte Ausgreifen der Arme in den Raum. In der Statue sind zwei gegensätzl. Eigenschaften des Gottes in perfekter Weise vereint. Indem er ihn als erbarmungslosen Bogenschützen und gleichzeitig als Sonnengott darstellt, verleiht L. einem Arkanum Heraklits Gestalt (Fragm. 14, ed. Marcovich): „Der Gott, von dem das Orakel in Delphi stammt, enthält nicht und verbirgt nicht, sondern gibt ein Zeichen" (σημαίνει). Über die Waffen Apollons sagt der Philosoph: „Der Name des Bogens (τόξος) bedeutet Leben (βίος, Synonym von τόξος), aber sein Werk ist der Tod". Das künstlerische Streben des L. ist inspiriert von der Theorie Heraklits von der Übereinstimmung der Gegensätze, die denselben Menschen von einem Extrem zum anderen durchlaufen. ▭ ThB23, 1929. RE XII. 2, 1925 (s.v. L.); EAA IV, 1961 (s.v. L.); LAW, 1965 (s.v. L.); KlP III, 1969 (s.v. L.); DA XIX, 1996; DNP VII, 1999 (s.v. L.). – *Loewy*, IGB, 1885, Nrn 77–83, 505; *K. Schefold*, RM 57:1942, 254–256; *Lacroix*, Reproductions, 1949, 75, Anm. 2; *Lippold*, GrPl, 1950, 257, 268–272; *B. Ashmole*, JHS 71:1951, 13–28; *G. Donnay*, GBA 53:1959, 5–20; *id.*, REA 61:1959, 300–309; *J. Charbonneaux*, MonPiot 53:1963, 9–17; *Picard*, Manuel, IV. 2, 1963, 754–854; *J. J. Pollitt*, The art of ancient Greece, Englewood Cliffs 1963, 100 s.; *R. Tölle*, JdI 81:1966, 142–172; *E. Kenner*, Der Apoll von Belvedere, W. 1972; *A. H. Borbein*, JdI 88:1973, 91–101; *T. Hölscher*, Griech. Historienbilder des 5. und des 4. Jh. v. Chr., Würzburg 1973, 183 s.; *R. Vasic*, AntK 22:1979, 106–109; *D. Willers*, HefteABern 5:1979, 21–26; *B. Schmalz*, MarbWPr, 1982, 3–19; *G. Daltrop*, Bolletino. Mon., musei e gallerie Pontificie 4:1983, 53–73; *A. Stamatiou*, in: Actes du XII congr. internat. d'Archéol. Classique, At. 1983, II, At. 1988, 213 s., Taf. 39, 3; *P. Zanker*, in: *M. Hofter* (Ed.), Kaiser Augustus und die verlorene Republik, K Berlin, Martin-Gropius-Bau, B. 1988, 263, 625, Nr 119; *H. Knell*, Mythos und Polis, Da. 1990, 161, 164; *Ridgway*, HellSculpt, I, 1990, 93–95, 113–114; *Stewart*, Sculpture, 1990, 180–182, 282–284, 288–291; *B. Hintzen-Bohlen*, Herrscherrepräsentation im Hellenismus, Köln/Weimar 1992, 30 s.; *P. Moreno*, in: Alexander the Great, reality and myth, R. 1993 (AnalRom, Suppl. 20), 122–124, 126; *Todisco*, Scultura, 1993, 103–107; *Moreno*, Scultura, I, 1994, 86, 112, 117, 118, 298; II, 684 s., 687; *Boardman*, GSLCP, 1995, 19, 29, 55, 71, 75, 104 s., 133; *P. Moreno*, in: Alessandro Magno, Storia e mito, Mi. 1995, 120–122, 127; *B. S. Ridgway*, Fourth c. styles in Greek sculpt., Lo. 1997, 122, 247–250, 335–336, 248; *P. Moreno*, La bellezza classica, To. 2001, 223–256. P. Moreno

Leochares (II), griech. Bildhauer der späthellenist. Zeit, in Athen und Kleinasien (Lindos auf Rhodos) tätig. Drei Basen für *Ehrenstatuen* tragen die Sign. eines L., ohne allerdings den Namen des Vaters oder ein Ethnikon zu nennen. Die Dat. der Inschr. ergibt sich aus den jeweiligen Buchstabenformen. Aus Athen stammen zwei Basen, wovon die eine (Tripodenstraße) einst das *Standbild des Euboulos [Spin]tharou Probalisios* trug (IG, II/III^2.3, 3903; Loewy, IGB, 1885, 230, Nr 321) und in das 2. Jh. v. Chr. zu datieren ist. Die and., urspr. im 5. Jh. v. Chr. entstandene (Akropolis) wurde in der 2. H. des 1. Jh. v. Chr. für eine von L. sign. *Statue des M. Antonios [Aristokr]a[tes]* wiederverwendet (IG, II/III^2.3, 3889; Loewy, op. cit., 229 s., Nr 320). In der 1. H. des 1. Jh. v. Chr. ist dagegen die Weihung einer *Ehrenstatue an Athena Lindia und Zeus Polieus* (Akropolis von Lindos, IG, XII. 1, 833; Loewy, op. cit., 391, Nr 195a) zu datieren. Aufgrund des durch die Inschr. vorgegebenen Zeitrahmens kann der jeweils signierende L. keinesfalls mit dem gleichnamigen Künstler des 4. Jh. v. Chr. (→ L. [I]) ident. sein. Vielmehr liegt es nahe anzunehmen, daß es sich um zwei, möglicherweise drei Bildhauer gleichen Namens handelt, welche wohl hauptsächl., wenn nicht gar ausschl. öff. Ehrenbildnisse verfertigt haben und damit in einem für den späthellenist. Kunstmarkt bes. signifikanten Bereich tätig waren. Ob L. in allen Fällen tatsächl. der vererbte oder ledigl. ein aus Prestigegründen bewußt gewählter Name des berühmten Meisters des 4. Jh. v. Chr. (→ L. [I]) ist, entzieht sich unserer Kenntnis. ▭ ThB23, 1929. RE XII. 2, 1925 (s.v. L. 3); EAA IV, 1961. – Lindos, II. 1, 1941, 56, Nr 98; *Lippold*, GrPl, 1950, 383, Anm. 5; *Richter*, CriticalPeriods, 1951, 54; *A. Stewart*, Attika. Stud. in Athenian sculpt. of the Hellenistic age, Lo. 1979, 168. P. Schollmeyer

Leodobodus (Leudobod), Kleriker(?) und Schnitzer, um 600 n. Chr. (oder M. 7./8. Jh. n. Chr.?) wohl in Burgund tätig. Bek. nur durch eine aus Walroßzahn geschnitzte *Gürtelschnalle* mit Darst. einer Fußwaschung Christi. Auf der Rückseite der Schnalle die Angabe EGO LEODOBODUS FICIT, auf dem Beschlag eine wohl später angebrachte Ritzung eines Schiffes und ein Zopfmuster. Der Fundort des Stückes ist unbek. (Rheinland/Köln?), als Herstellungsregion wird Burgund vermutet. – Der Name des Herstellers wird als latinisierter german. Personenname Leudobod angesprochen. ▭ *E. Felder*, Zu Leodobodus und den Namen zeitgen. Hersteller von Gürtelschnallen, KölnJbVFrühGesch 23:1990, 289 ss.; *J. Werner*, Die Beinschnalle des Leodobodus, KölnJbVFrühGesch 23:1990, 273 ss.; *M. Martin*, Die beinerne Gürtelschnalle mit Szenen aus der Gesch. des Propheten Jonas, Archäologie der Schweiz 14:1991, 279 ss.; *K. Düwel*, Runische und lateinische Epigraphik, in: *K. Düwel* (Ed.), Runische Schriftkultur in kontinental-skandinavischen und -angelsächsischen Wechselbeziehungen, B./N. Y. 1994, 281 s. R. Gottschalk

Leon (I) (Λέων), griech. Bildhauer des 3./2. Jh. v. Chr., in Theben/Böotien tätig. Das einzige sichere Zeugnis für die Tätigkeit des L. besitzen wir in einer stark verwischten und fragmentierten Inschr. auf einem weißen Marmorblock aus Theben (Loewy, IGB, 1885, 110 s., Nr 148; IG, VII, 2487).

Auf der Basis stand einst die *Votivgabe eines Siegers in den Basileia*, dessen Name jedoch verloren ist. Dem Schriftcharakter nach muß die Inschr. und somit das Werk selbst um 200 v. Chr. entstanden sein. Das Denkmal war eine gemeinsame Arbeit dreier Künstler, des *Dorion*, L. und → Melas (II). Möglicherweise handelt es sich bei dem hier gen. L. um denselben Künstler, den auch Plinius (nat., 34, 91) in seinem 4. alphabet. Verz. derjenigen Erzgießer aufführt, welche *athlethae* (Athleten), *armati* (Krieger), *venatores* (Jäger) und *sacrificantes* (Opfernde) gearbeitet haben. Über Lehrer und Herkunft des L. macht Plinius keine Angaben. Wegen der Weihung des thebanischen Siegers auf Böotien als Heimat des Künstlers zu schließen, ist nicht zwingend. Hauptsächl. scheint L. für die zeitgen. Aristokratie tätig gewesen zu sein. Die von Plinius gen. Werke sind typ. Repräsentationsbilder dieser Gesellschaftsschicht gewesen. Als Künstler großer öff. Aufträge wie namentl. Götterbilder ist er offenbar nicht in Erscheinung getreten. ▭ ThB23, 1929. RE V. 2, 1905 (s.v. Dorion 5); XII. 2, 1925 (s.v. L. 27 und 28); XV. 1, 1931 (s.v. Melas 30); EAA IV, 1961 (s.v. L. 2). – *Overbeck*, SQ, 1868, Nr 2096; *Lippold*, GrPl, 1950, 340, Anm. 8.

P. Schollmeyer

Leon (II), Sohn des Menippos, aus Rhodos, griech. Bildhauer hellenist. Zeit. Insgesamt lassen sich noch fünf Werke des L. nachweisen, wobei allerdings nur die zugehörigen Basen samt Inschr. erh. geblieben sind. Nach den Buchstabenformen sind sie alle in das 1. V. des 2. Jh. v. Chr. zu datieren. Die Sign. des L. verzeichnet neben dem Vatersnamen auch sein Ethnikon, welches ihn als Rhodier ausweist. Sein Vater, Menippos aus Kos, war möglicherweise ebenfalls Bildhauer (Lindos, 1941, 353 s., Nr 119). L. dürfte stilist. der rhodischen Bildhauerschule angehören, wenngleich dies an Orig. nicht überprüft werden kann. Drei seiner Werke standen auf der Akropolis von Lindos (Lindos, 1941, Nrn 151, 157, 164) und waren Weihungen an Athena Lindia und Zeus Polieus. Sie stammen alle aus dem 1. V. des 2. Jh. v. Chr. Zum Teil handelt es sich hierbei um Ehrenstatuen verdienter Bürger (Nrn 157, 164). Belegt ist ferner die Votivgabe eines Strategen und der unter ihm Kämpfenden (Nr 151). Die beiden übrigen Inschr.-Zeugnisse stammen aus Rhodos-Stadt und sind ebenfalls Statuenbasen. L. fertigte offenbar hauptsächl. für aristokrat. Auftraggeber Votiv-Skulpt., meist Ehrenstatuen. ▭ ThB23, 1929. RE XII. 2, 1925 (s.v. L. 29); EAA IV, 1961 (s.v. L. 3). – *A. Maiuri*, Nuova silloge epigrafica di Rodi e Cos, Fi. 1925, Nr 15; *G. Jacopi*, Clara Rhodos 2:1932, 215, Nr 54; Lindos, II. 1, 1941, 54, Nr 59, pp. 399–402, Nr 151, pp. 408 s., Nr 157, pp. 420–422, Nr 164; *Lippold*, GrPl, 1950, 360, Anm. 12; *V. C. Goodlett*, AJA 95:1991, 675, Abb. 3, Nr 13; *Moreno*, Scultura, I, 1994, 360; *Schmidt*, Statuenbasen, 1995, 372 s., Nr IV. 1. 128, p. 397, Nr IV. 2. 18.

P. Schollmeyer

Leon (III), griech. Maler unbek. Zeit. Nur bek. durch eine Auflistung bei Plinius (nat., 35, 141; Overbeck, SQ, 1868, Nr 2154). Danach hat L. ein *Bild der Sappho* gemalt. ▭ ThB23, 1929. RE XII. 2, 1925 (s.v. L. 30); EAA IV, 1961 (s.v. L. 1). – *Brunn*, GGK, II, 1889, 299; *Pfuhl*, MuZ, II, 1923, 918.

R. V.

Leonidas cf. **Leonides (II)**

Leonides (I) (Λεωνίδης), Sohn des Anthedon, griech. Maler, im 4. Jh. v. Chr. tätig. Lt. → Vitruvius (7, praef. 14; Overbeck, SQ, 1868, Nr 1803) verf. L. eine Abhandlung über die Symmetrie. Er war ein Schüler des → Euphranor (I) (Steph. Byz., s.v. Ἀνθηδών; Overbeck, SQ, 1868, Nr 1808; Eust., Il., 2, p. 271, 38; Overbeck, SQ, 1868, Nr 1809). ▭ RE XII. 2, 1925 (s.v. L. 5); EAA IV, 1961 (s.v. L. 2). – *Brunn*, GGK, II, 1889, 111, 113, 248; *Pfuhl*, MuZ, II, 1923, 750.

R. V.

Leonides (II) (Leonidas; Λεωνίδης; Λεωνίδας), Sohn des Leotes, griech. Architekt(?) aus Naxos, in der 2. H. des 4. Jh. v. Chr. tätig. Stifter und wahrsch. auch Architekt des um 330 v. Chr. erb. und nach ihm benannten *Gästehauses* sw. außerhalb der Altis von Olympia (Paus., 5, 15, 1 ss. und 6, 16, 5; Bau-Inschr. auf sechs Epistyl-Fragm.: W. Dittenberger/K. Purgold, Die Inschr. von Olympia, Olympia, V, 1896, Nr 651). Das auf einem Grundriß von 81 x 75 m errichtete *Leonidaion*, außen von einer Halle mit insges. 142 ionischen Säulen umschlossen, zählte zu den größten Gebäuden Olympias. Im Innern ein weiträumiges Peristyl. Umbau nach Brand (M. 2. Jh. n. Chr.). Im 4. Jh. n. Chr. durch Erdbeben zerstört. Im N des *Leonidaion* errichtete die Stadt Psophis (Arkadien) eine Ehrenstatue für L. (Basis-Inschr.: Dittenberger/Purgold, ibid., Nr 294). – → Vitruvius (7, praef., 14; Overbeck, SQ, 1868, Nr 1803) erw. einen L. unter den Künstlern zweiten Ranges, die zugleich *praecepta symmetriarum* verfaßten. Ob dieser mit L. aus Naxos ident. war oder viell. mit dem gleichnamigen Maler (Steph. Byz., s.v. Ἀνθηδών; Overbeck, SQ, 1868, Nr 1808; Eusth., Il., 2, p. 271,38; Overbeck, SQ, 1868, Nr 1809; v. dazu → Leonides [I]), läßt sich nicht eindeutig beweisen. ▭ ThB23, 1929 (mit Baubeschreibung).

RE XII. 2, 1925 (s.v. L. 8 und L. 17); EAA IV, 1961 (s.v. L. 1); KlP III, 1969 (s.v. L. 13); DNP VII, 1999 (s.v. Leonidas 8). – *Brunn*, GGK, II, 1889, 248; *W. B. Dinsmoor*, The archit. of Ancient Greece, Lo. 1950, 251; *A. Mallwitz*, Olympia und seine Bauten, M. 1972, 252; *J. S. Boersma*, in: *W. A. van Es* (Ed.), Archeologie en historie: opgedragen aan Hendrik Brunsting bij zijn Zeventigste Verjaardag, Bussum 1973, 169–173, Abb.; *Svenson-Evers*, Architekten, 1996, 380–387 (mit Lit.). W. Müller

Leontios (I) (Λεόντιος), spätantiker Steinmetz (*marmorarius*) aus Antiocheia, schmückte im 4. Jh. n. Chr. die Kirche der Hl. Thekla in Meriamlik b. Seleukeia/Kilikien mit einem *Boden in opus sectile* und *Wandverkleidungen* sowie *Mosaiken*. Nur in Mirakel 17 der Vita der Hl. Thekla (ed. G. Dagron, Br. 1978, 71 s., 334–337) bezeugt. M. Dennert

Leontios (II), Architekt des 6. Jh. n. Chr. in Syrien. Nur durch eine 511 n. Chr. dat. Inschr. auf einem Türsturz der *Kirche des Hl. Sergios* in Zebed/N-Syrien bek., die er zus. mit dem Architekten *Symeon* erbaute. ▭ IGLS, II, 1939, Nr 310; *Donderer*, Architekten, 1996, 170 s., Nr A 72. M. Dennert

Leontios (III), spätantiker Steinmetz (λιθοξόος) in Syrien. Bek. nur durch die Sign. einer mit einem Kreuz dekorierten *Schrankenplatte* aus Halban (Apamene). ▭ IGLS, IV, 1955, Nr 1900; *L. Robert*, Hellenika, XI-XII, P. 1960, 34. M. Dennert

Leontiskos (I) (Λεοντίσκος; Leontiscus), aus Sikyon, griech. Maler, in der 2. H. des 3. Jh. v. Chr. tätig. Wahrsch. war er Schüler des → Nealkes und enger Freund von Aratos. L. wurde von Plinius (nat., 35, 141; Overbeck, SQ, 1868, Nr 2154; Ferri, Plin., 1946, 202) unter den *primis proximi* mit zwei Werken erwähnt. Das erste Gem. zeigte den berühmten Befreier von Sikyon, *Aratos*, als Sieger mit einem Tropaion und stammt aus den Jahren zw. 245 und 213 v. Chr. Aratos hat die Nachblüte der sikyonischen Malerschule hervorgerufen. Das zweite Gem. stellte eine *Saitenspielerin* dar. ▭ ThB23, 1929. RE XII. 2, 1925 (s.v. L. 3); EAA IV, 1961 (s.v. L. 2). – *Brunn*, GGK, II, 1889, 196 (292). F. Ntantalia

Leontiskos (II), vermeintlicher griech. Bildhauer des 5. Jh. v. Chr. Plinius (nat., 34, 59) hat L. irrtümlicherweise als Bildhauer und Rivalen des Bildhauers → Pythagoras (I) bez., tatsächl. handelte es sich jedoch um eine Statue des → Pythagoras (I), die den Olympioniken L. aus Messana im Ringen von 456 und 452 v. Chr. darstellte (vgl. W. Decker, in: DNP VII, 1999, 67). ▭ RE XII. 2, 1925 (s.v. L. 4); EAA IV, 1961 (s.v. L. 1); DNP VII, 1999 (s.v. L. 1). – *Brunn*, GGK, I, 1889, 95. F. Ntantalia

Leophon → Iophon

Lesbokles (Lesbocles), griech. Erzgießer, im 3./2. Jh. v. Chr. tätig. Nur bek. durch die Auflistung des Plinius (nat., 34, 85; Overbeck, SQ, 1868, Nr 2093; Muller-Dufeu, SculptureSource, 2002, 849, Nr 2542) im zweiten alphabeth. Verzeichnis. Danach war er u.a. ein Zeitgen. von → Ariston (IX), → Eunikos, → Kantharos und → Prodoros und war zwar tüchtig, hat sich aber durch kein Werk bes. ausgezeichnet. L. stammte wahrsch. aus Lesbos, wo in Mytilene der Name bezeugt ist. ▭ RE XII. 2, 1925 (s.v. L. 2); EAA IV, 1961 (s.v. L. 1). – *Brunn*, GGK, I, 1889, 367. F. Ntantalia

Lesbothemis (Λεσβοθέμις), griech. Bildhauer, im 6. Jh. v. Chr. in Mytilene tätig. Lt. Euphorion (Περὶ Ἰσθμίων bei Ath., deipn., 4, 182 und 14, 635b; Overbeck, SQ, 1868, Nr 2083; A. Queyrel, LIMC VI, 1992, 661, Nr 21, s.v. Mousa, Mousai; Muller-Dufeu, SculptureSource, 2002, 846 s., Nr 2532) fertigte er in Mytilene eine *Muse mit der Sambyke*, einem der Harfe ähnl. Instrument, das bes. in archaischer Zeit auf Lesbos beliebt war. Wegen der Sambyke wird die Schaffenszeit des L. in der Regel ins 6. Jh. v. Chr. gesetzt. Ob dies wirkl. so war oder wir auch noch das 5. Jh. v. Chr. in Betracht ziehen können, ist schwierig zu entscheiden. ▭ ThB23, 1929. RE XII. 2, 1925; EAA IV, 1961. – *Lippold*, GrPl, 1950, 64, Anm. 8; *Floren*, GrPl, 1987, 402, Anm. 16. R. V.

Letodoros (Λητόδωρος), aus Halikarnassos, um 300 v. Chr. Architekt oder Steinmetz am *Tempel der Hemithea* in Kastabos. L. wird zus. mit einem weiteren Mann aus Halikarnassos, dessen Name *Ph[...]ni[...]* sich nicht mehr rekonstruieren läßt, in der Inschr. auf einem Archit.-Block gen., der zum *Tempel der Hemithea* in Kastabos (auf dem Berg Eren Daği [Surat Yeri] b. Pazarlık/SW-Türkei) gehörte. Während Blümel (1991), Bresson (1991) und Hellmann (1994) in den beiden Personen die Architekten des Tempels sehen, möchte Donderer (1996) sie als „Architektursteinmetze" verstanden wissen. Da der Block sich nicht mehr genau zu den ergrabenen Archit.-Resten beziehen läßt, verbieten sich weitere Schlüsse hinsichtl. des

Werks von L. und *Ph[...]ni[...]*. ▭ EAA Suppl., 1970. – *W. Blümel*, Die Inschr. der rhodischen Peraia. Inschr. griech. Städte aus Kleinasien, 38, Bonn 1991, Nr 462; *A. Bresson*, Rec. des inscr. de la Pérée Rhodienne (Pérée intégrée), Besançon/P. 1991, Nr 37; *M.-C. Hellmann*, ZPE 104:1994, 156, Nr 16; *Donderer*, Architekten, 1996, 19 und Nr D 4. E. Wirbelauer

Leudobod → **Leodobodus**

Leukarion (Ληυκαρίον), griech. Bildhauer, E. 6. Jh. v. Chr. auf Naxos tätig. Nur bek. durch seine Sign. auf einer Basis aus Marmor aus der Umgebung des Dorfes Sagkri auf Naxos für ein *Grab des Theolisteus* (A. P. Matthaiou, Horos 2:1984, 167–173, Abb. 1 s.; Muller-Dufeu, SculptureSource, 2002, 132 s., Nr 367). R. V.

Leukios (Λεύκιος; Lucius), röm. Steinschneider, wahrsch. in der frühen Kaiserzeit, wohl in der 2. H. des 1. Jh. v. Chr. tätig. L. signierte eine *Gemme* mit dem Bild einer *Nike in einer Biga*. Das Orig. ist verloren, nur in einer Paste der Slg des Baron von Stosch erh. (Berlin, Staatl. Mus., Antiken-Slg). Das Bild der Nike in der Biga geht auf eine hellenist. Münzprägung von Syrakus zurück und ist in der hellenist. und röm. republikan. Glyptik gängig. Der Stil des L. ist von flüssiger Dynamik, aber summarisch in der Ausführung. Stilist. Beobachtungen lassen vermuten, daß L. ein Schüler des → Aulos war. ▭ ThB23, 1929 (s.v. Lucius). RE XIII. 2, 1927 (s.v. Lucius 10); EAA IV, 1961 (s.v. L. 2). – *A. Furtwängler*, JdI 3:1888, Taf. 10, 25; 4:1889, 58; *id.*, AG, III, 1900, 158; *Richter*, EngrGemsRom, 1971, 146, Abb. 682; *Zazoff*, AG, 1983, 32 s., Anm. 93, Taf. 94, 4. B. Lang

Leukon (Λεύκων), griech. Bildhauer unbek. Zeit. Nach einem Epigramm des Makedonios aus justinianischer Zeit (Anth. Pal., 6, 175) fertigte L. eine so lebensnahe *Statue eines Hundes*, daß man glaubte, das Tier belle wirklich. ▭ RE XII. 2, 1925 (s.v. L. 7); EAA IV, 1961 (s.v. L. 1). – *Brunn*, GGK, I, 1889, 424. R. V.

Leukourgos (Λευκουργός), griech. Bildhauer unbek. Zeit. Nur bek. durch eine Inschr. aus Aphrodisias (CIG, 2749). ▭ EAA IV, 1961. R. V.

Libanios und **Prokopios** ([Λιβ]άνιος; Προκόπιος), Mosaizisten, tätig im 5./6. Jh. n. Chr. in S-Syrien. Bek. durch die Inschr. eines aus geometr. Motiven bestehenden *Mosaikbodens* aus Heït. ▭ *P. Mouterde*, Syria 6:1925, 360 s., Nr 41, Taf. 44,2; *P. Donceel-Vôute*, Les pavements des églises byz. de Syrie et du Liban, Louvain-la-Neuve 1989, 122 s., 470; *Donderer*, Mosaizisten, 1989, 67, Nr A 21. M. Dennert

Libarnius Tusculanus, *Caius*, angebl. röm. Mosaizist im spätantiken Rom. Nur bek. durch die folgende Inschr. aus Rom: *C(aius) Libarnius Tusculanus tessellavit grados, subgrundam fecit*. Donderer (1989) übersetzte sie überzeugend zu: „C. Libarnius Tusculanus hat die Zuschauertribünen mit Mosaik belegen und das Vordach errichten lassen". Es handelt sich hier also um eine Stifter-Inschr. und nicht um eine Künstlersignatur. ▭ *B. E. Thomasson*, OpRom 1:1955, 130, Nr 102, Taf. 2; *Donderer*, Mosaizisten, 1989, 146, Nr C 29. R. V.

Libon (Λίβων), von Elis, griech. Architekt, in der 1. H. des 5. Jh. v. Chr. in Olympia tätig. L. ist nur von einer Passage bei Pausanias (5, 10, 3) bek., der uns eine kurze Beschr. des *Zeustempels* in Olympia liefert, bevor er ausführt, daß der Architekt des Baus (der Text spricht von *Tekton*, jedoch sicher für *Architekton*) „ein Mann aus der Gegend namens Libon" war. Daher hat man sich immer diesem Hw. zugewendet, um zu versuchen, die Persönlichkeit des L. zu fassen und seine Tätigkeit zeitl. einzuordnen. Diese Übung ist jedoch sehr spekulativ, weil es zwei Sorten von Architekten in Griechenland gab: einerseits die Gestalter von Bauwerken und andererseits die von Heiligtümern bezahlten Architekten, die einfach für die Bauarbeiten verantwortl. zeichneten und sich Jahr für Jahr abwechselten. Da die griech. Architekten v.a. im 5. Jh. v. Chr. gewöhnlicherweise ihre Werke nicht signierten, beweist nicht, daß L. genau derjenige war, der das Bauvorhaben der Stadt von Elis und den Verantwortlichen des Heiligtums vorstellte. Er könnte genausogut die Person gewesen sein, die die Bauarbeiten abgeschlossen und folgl. zur zweiten Kategorie von Architekten gehört hat, die auch gut in Delphi, Delos und Didyma vertreten ist. Die Frage ist um so unerfreulicher, weil der *Zeustempel* seit seiner Veröff. durch W. Dörpfeld (1892) nach den 1877 erfolgten dt. Ausgrabungen als das beste Beispiel des dorischen Stils angesehen wird; er steht sogar Pate für die mod. Konzeption des architekton. „Kanons" (Gruben, 2001, 42 ss.), so daß seine Beschr. oft dazu dient, alle Eigenschaften der kanon. dorischen Ordnung darzustellen. Seit dem vorletzten Jahrhundert wurde die Analyse der Archit. dieses Tempels auch unter einem and. Gesichtspunkt betrachtet, „um den Tempel nicht als Produkt kanonischen Denkens, sondern als individuelles Kunstwerk möglichst richtig zu erfassen" (Grunauer, 1971). Er dient v.a. auch dazu, den Tempel in der Entwicklung der dorischen Ordnung in der Archaik auf der Peloponnes einzuordnen, eine Entwicklung, die man allmählich besser versteht (Østby, 1995; Nakasis, 1999). Das Ergebnis ist, daß der Artikel „Libon" von C. Weickert in ThB23, 1929 in vielen Punkten überholt ist, v.a. wenn man den *Zeustempel* in sein regionales Umfeld einordnet: Welche Neuheiten besitzt der Bau? In welchem Maß folgt er dennoch der lokalen Tradition? Nichtsdestotrotz ist es offensichtl., daß eine genaue Unters. der Tempelarchitektur die Wissenschaftler immer weniger als die Auseinandersetzung mit der großartigen Bauplastik aus Marmor gereizt hat. Diese ist im Gegensatz zur kolossalen Zeusstatue gut erh., die → Pheidias (I) für das Innerste nach der Voll. des Baus geschaffen hat. L. hatte die Statue nicht vorgesehen, so daß man die Steinplatten der Cella neu verlegen mußte. In Wirklichkeit muß der Tempel zw. 470 und etwa 456 v. Chr. erb. worden sein, weil Pausanias sagt, daß nach der Schlacht von Tanagra im Jahre 457 v. Chr. die Spartaner einen goldenen Schild weihten, der an den First des Tempels gesetzt worden ist, und dem Geschichtsschreiber Diodor von Sizilien (11, 54, 1) zufolge der Anfang der Bauarbeiten mit der Gründung der demokrat. Hauptstadt Elis durch *Synoikismos* gegen 472/471 v. Chr. verbunden werden muß. Obwohl der Tempel durch ein Erdbeben im 6. Jh. n. Chr. völlig niedergelegt wurde, vermitteln seine imposanten Ruinen noch einen guten Eindruck von der Monumentalität des Tempels. Er ist der größte auf der Peloponnes und wird auf dem griech. Festland in seinen Ausmaßen des Stylobats nur von dem 20 Jahre später errichteten Parthenon übertroffen: Der *Zeustempel* besitzt eine Länge von 64,12 m im N und 64,08 m im S und eine Breite von 27,68 m im W und 27,64 m im O; er hat folgl. eher die Form eines Trapezes als eines Rechtecks. Der Trapezform, die leichte Irrtümer in der Bauflucht verrät, begegnen wir auch in unterschiedl. Nuancen bei mehreren and. griech. Tempeln. Lt. Pausanias, der den Peripterostempel von Olympia im 2. Jh. n. Chr. sah, bestand er aus lokalem Stein, „die Höhe bis zum Giebel betrug 68 Fuß, seine Breite 95 Fuß und seine Länge 230 Fuß". Die Dachziegel aus pentelischem Marmor, von denen Pausanias spricht, gehören aber einer Reparatur an. Die ursprünglichen Dachziegel müßten wahrsch. aus parischen Marmor gewesen sein, also aus dem Mat., das in der 1. H. des 5. Jh. v. Chr. in der gesamten griech. Welt gebraucht worden ist, während man die Marmorbrüche des pentelischen Berges erst zu schätzen lernen begann. Den S des Heiligtums beherrschend, zieml. weit entfernt vom antiken Aschenaltar und in einem ehem. Bereich für Weihgaben, beeindrucken die Ruinen des *Zeustempels* sofort durch ihren sehr erhöhten Unterbau; über den Fundamenten mit einer Höhe von 2,5 m, die teilweise durch künstl. Erhebungen verdeckt sind, sind die drei Stufen des Unterbaus (*Krepis*) offensichtl. nicht gemacht worden, um begangen zu werden, denn die ersten beiden besitzen eine Höhe von 0,48 m und die letzte eine Höhe von 0,56 m. Im O ist der Eingang durch eine Rampe gekennzeichnet, die urspr. auch kaum so breit wie ein Säulenabstand war; die Rampe führt zu einem Stylobat, wo noch heute im Gegensatz zu den 13 Säulen der Längsseite die untersten Trommeln der sechs Säulen der Fassade aneinandergereiht liegen. Auf diesem Stylobat ist jede eine Säule tragende Steinplatte richtig ausgerichtet und mit einer perfekten Übereinstimmung der Anschlußstücke über den drei Schichten dieser *Krepis* getrennt von der nächsten durch eine einfache Steinplatte. Bis 1972 glaubte man, daß ledigl. der Stylobat der O- und W-Fassade eine gewisse Wölbung in der Mitte aufweist, die zw. 5 und 6 cm höher lag, aber es hat sich herausgestellt, daß diese Kurvatur, die sich auf allen darüberliegenden Steinen bis hin zum Kranzgesims (*Geison*) wiederholt, sehr wohl, wie man es erwarten hätte können, auf allen vier Seiten existiert. Seit dem 6. Jh. v. Chr. bek., begünstigt diese Kurvatur den Abfluß des Wassers nach außen und gibt allen horizontalen Linien gleichzeitig eine gewisse Spannung. Nach den noch daliegenden Überresten zu urteilen, besaßen nicht alle Säulen die gleiche Anzahl an Säulentrommeln, die durch Dübel miteinander verbunden waren: mit ihren 20 scharfkantigen Kanneluren bestand die am besten erh. Säule aus 14 Säulentrommeln von unterschiedl. Höhe, deren Aufeinandertürmung eine Gesamthöhe von 10,51 m ergibt. Diese Ziffer, die ein wenig mehr als viermal dem unteren Durchmesser ausmacht, entspricht den Säulen mit relativ gedrungenen Proportionen, wenn man sie z.B. mit den Säulen des zweiten Aphaia-Tempels von Ägina vergleicht, die jedoch ein wenig älter sind (um 500 v. Chr.). Das Profil des Echinus des Kapitells ist sehr ausgeglichen und kaum in der Mitte verstärkt: wir sind bereits weit entfernt vom archaischen Fladenkapitell des benachbarten Heraion, aber beim Parthenon wird das Profil noch mehr eine gerade Linie ziehen. Nur bei ihm wird der mächtige Abakus eine Höhe von 0,42 m erreichen, was genau der Höhe des Echinus entspricht, wie es auch beim Vor-Parthenon und dem Athenatempel in Skillous in der Nähe von Elis (dem antiken Makistos, heute auch Mazi) der Fall ist, die um 500 v. Chr. zu datieren sind. Im allg. übertrifft die Höhe des Abakus bei den älteren Tempeln die

Höhe des Echinus, aber die Proportionen werden sich allmähl. umgekehrt verhalten. Unter einer vorspringenden Kranzleiste von 0,84 m befinden sich die quadrat. schmucklosen Metopen ohne Reliefs mit einer Höhe von 1,725 m, die über einem Architrav liegen, der in drei parallelen Umläufen mit einer Länge von etwa 5,22 m unterteilt ist. Die Metopen wechseln sich mit Triglyphen aus dem Grunde ab, daß eine Triglyphe zw. zwei Säulen steht, ein Rhythmus, der eine Regel wird, die bis in späthellenist. Zeit angewendet wird. Im Gegensatz zu einer bereits archaischen Sitte (bezeugt an den Tempeln von Alipheira und Skillous), die noch geläufiger in der Folgezeit sein wird (z.B. an den triphylischen Tempeln von Kombothekra, Prassidaki und Lepreon), sind mit einer Ausnahme jede Triglyphe und Metope separat geschnitten worden. Wie es seit dem 6. Jh. v. Chr. üblich ist, befindet sich unter jeder Triglyphe, deren Spitze mit korbbogenförmigem Abschluß vertieft ist, eine Leiste (*Regula*), von der sechs Tropfen, was einer kanonischen Zahl entspricht, herabhängen, die gemäß einer alten Trad. in ihrer Form leicht konisch sind. Wenn man den Giebel (3,44 m hoch), der unter einem Schrägdach mit einer Neigung von nur 15 Grad großzügig mit Rundskulpturen geschmückt ist, mit einbezieht, mußte der Tempel schließl. über 20 m hoch gewesen sein. In der W-Peloponnes besitzt kein gleichzeitig oder etwas früher erb. Tempel Giebelskulpturen. Der *Zeustempel* ist nicht nur der erste, sondern seinem Beispiel wird auch nicht einfach gefolgt: Bei dem klass. Tempel von Bassae wie auch bei dem von Lepreon sind die Giebel leer, während in Olympia die Skulpturen und die Archit. sehr eng miteinander bis zu dem Punkt verbunden sind, daß der Rhythmus des Triglyphenfrieses mit der Gruppierung der gehauenen Figuren einhergeht. Eine Unterscheidung ist zw. den beiden Giebeln getroffen worden, der O-Giebel ist um 8 cm tiefer als der W-Giebel. Auf jeder Längsseite schmücken über Hängeplatten (*Mutuli*), die immer über einer Triglyphe oder Metope angereiht sind, 51 Löwenkopfwasserspeier eine 45 cm hohe profilierte Traufleiste (*Sima*) aus Marmor, die mit einem Palmetten-Lotos-Fries über einem Mäander dekoriert ist, einem übl. Motiv an dieser Stelle. Wie es in dieser Region für diesen Bautypus üblich ist, besitzt das Dach den sog. *Korinthischen Typus*, d.h. die gewöhnl. Flachziegel (ca. 0,65 x 1,30 m) sind mit langen Deckziegeln (*Kalypteren*) mit pentagonalem Schnitt verbunden; einige Dachziegel mit Lichtöffnung (*Opaion*) unterstützten die Luftzufuhr und Beleuchtung. Jeder Löwenkopfwasserspeier ist am Ende einer Reihe von *Kalypteren* plaziert und zwar auf jedem zweiten *Kalypter* in Folge. Der gleiche Wechsel herrschte auf der Firstreihe, auf der sich große Palmetten aus Marmor erhoben, die durch Akrotere in der Gestalt von Niken erg. worden sind, die Werke des → Paionios (II) von Mende waren, die das Gegenstück zu den Eckakroteren – einfache Dreifüße – bilden. Einer archaischen Trad. folgend waren die Frontseiten leicht akzentuiert: die Säulen waren dort etwas dicker gestaltet (2,256 m im unteren Durchmesser im Gegensatz zu 2,231 m auf den Längsseiten) und folgl. sind ihre 20 Kanneluren flacher, denn sie waren mit einem Kreisabschnitt entworfen, der einige Zentimeter über den auf den Längsseiten hinausging; die Achsweite der Frontseitensäulen war auch etwas höher (5,22 m im Gegensatz zu 5,215 m auf den Längsseiten); der Abakus der Kapitelle besitzt ein Quadrat von 2,65 m Seitenlänge an der Frontseite im Gegensatz zu 2,62 m an den Längsseiten; die Eckkontraktion, die durch das Problem der Anreihung der Ecktriglyphen hervorgerufen wird, war um 3–4 cm stärker, die Triglyphen der Frontseite waren leicht nach außen geneigt, und v.a. der Abstand der Säulenreihe der Frontseite zur Antenmauer des Pronaos ist viel größer als der Abstand, der die Säulenreihe der Längsseiten von den Mauern der Cella trennt. Zusätzl. waren die Dübel der Frontseitensäulen aus Bronze, während die der Längsseiten aus Holz waren. Rigoros war der Mittelteil des Baus geplant, der Cella geht ein Pronaos voraus, und ein Opisthodom folgt, beide besitzen die gleichen Dimensionen, die drei Räume stehen zueinander im Verhältnis 1:2:1. Diese systemat. Suche nach Symmetrie und Axialität findet sich in dem Faktum wieder, daß sich die Antenmauern des Pronaos und des Opisthodoms in der Achse jeder zweiten Frontseitensäule von der Ecke ausgehend befinden. Im Gegensatz zu den äußeren Metopen waren die sechs Metopen skulptiert, die die zwei Säulen *in antis* des Pronaos und des Opisthodoms, durch Metallgitter geschlossen, überragten: Ein unbek. gebliebener Künstler stellte auf ihnen im Hochrelief die Zwölf Arbeiten des Herakles dar, dem peloponnesischen Helden par excellence. Die Metopen waren in dem gleichen „Strengen Stil" gearbeitet wie die berühmten Giebelskulpturen, ein verfeinerter Stil, der perfekt der Archit. angeglichen ist, die sie trägt, denn die Szenen der Metopen waren ebenfalls nach einem Geschmack geplant, der durch Achsen und Symmetrie gekennzeichnet ist. Wir kennen kein früheres Beispiel von Metopen, die nur im Innern der Ringhalle skulptiert sind: die Wahl mußte vorbereitet gewesen sein, denn es setzte voraus, daß die Metopen vor der Errichtung der Ringhallendecke installiert waren.

Einer schon alten Regel folgend, waren die Steine der Cellamauern über einer Reihe von Blöcken erhoben, die auf einer ihrer engen Seiten aufgestellt waren (*Orthostaten*); sie sind hier 1,75 m hoch, was in etwa der Höhe des Architravs und des Frieses entspricht. Man betrat die Cella durch eine 5 m breite Pforte, die einfach mit Holz gerahmt war, wie es der Brauch für dorische Türen war, die nicht die schweren Pfosten wie die ionischen Türen besitzen. Im Innern dieser Cella, deren Steinplattenboden im Verhältnis zum Fußboden der Ringhalle leicht erhöht war (was im 5. Jh. v. Chr. in der gesamten griech. Welt beinahe eine Regel darstellt), war der Raum (28,74 x 13,06 m) in seiner Breite durch zwei Reihen von sieben feinen Säulen unterteilt, die durch steinerne Schranken miteinander verbunden waren, und die Kolonnade besaß zwei Etagen, zw. denen ein Architrav verlief. Dieser Innenplan mit zwei parallelen Säulenreihen geht auf das 6. Jh. v. Chr. zurück (die zwei Etagen sind immer noch am zweiten Aphaiatempel von Ägina sichtbar), aber die Breite der drei so entstandenen Schiffe war in striktem Verhältnis 1:2:1 mit einer geschätzten Höhe von ca. 13 m für das Mittelschiff. Darüber verbarg eine einfache flache Holzdecke wie in der Ringhalle des Peristyls das schwere Dachgestühl. Überall, wo es verwendet worden ist, ist das Muschelkonglomerat aus der Umgebung mit einer Genauigkeit und einer bewundernswerten Sorgfalt gearbeitet worden, was v.a. an den Fugseiten der Steine von den Stufen der *Krepis* bis zum Gesims hin wahrnehmbar ist, die mit Doppel-T-Klammern aus Eisen verbunden sind. Es handelt sich hier um eine horizontale Verbindungstechnik, die athen. Herkunft zu sein scheint und bereits im 5. Jh. in der ganzen griech. Welt geläufig war, bevor sie sich im 4. Jh. allg. ausgebreitet hat. Diese Steine sind mit Wolfen gehoben worden, deren quadrat. und nach unten vergrößerten Greiflöcher noch auf den Lagerflächen vorhanden sind; diese Hebeart ist seit dem 6. Jh. v. Chr. für die höheren Teile der Tempel bekannt. Es ist also nicht die insgesamt schlechte Qualität des Muschelkalkkonglomerats als Mat., die die Anbringung einer dünnen weißen Stuckschicht auf den sichtbaren Seiten der meisten Teile des Tempels (Säulen, Architrave, Metopen, ...) veranlaßt hat, sondern viel mehr der Wunsch, mit weniger Kosten Marmor zu imitieren, der nur für den skulptierten Schmuck und für das Dach verwendet worden ist, wie es für eine wirtschaftl. Mischrechnung im 6. Jh. v. Chr. nicht nur auf der Peloponnes, sondern auch in Delphi und auf der Akropolis von Athen üblich war. Die Vermischung von Kalkstein und von Marmor von Doliana war jedenfalls noch mehr in gewissen archaischen arkadischen Peripteroi betont, bei denen der Marmor selbst für die Mauern und für die Kapitelle gewählt worden ist. In Olympia sind mehrere Farben an vielen Stellen des *Zeustempels* erkannt worden: Rot an den feinen vier Säulenringen (*Anuli*), auf den Streifen der Bekrönung des Architravs (*Taenia*), auf dem unteren Teil des Gesimses, Blauschwarz an den Triglyphen, auf dem kleinen flachen Streifen (*Regula*), der sie überragte, auf den Platten der Mutuli (deren 3 x 6 Tropfen, die direkt aus dem Block herausgearbeitet worden sind, sind auf alle Fälle rot) und am Hintergrund des Giebels hinter den Statuen. An den Dachecken waren die Dreifüße, die als Akrotere dienten, aus vergoldeter Bronze. Nach den Spuren zu urteilen, die an and. früheren oder späteren Tempeln gefunden worden sind, scheint es so zu sein, daß diese relativ einfache Polychromie einem geläufigen Typus auf dem griech. Festland entsprach: die Linien, die mit den horizontalen Gliederungen korrespondieren, sind in der Regel rot, während die vertikalen Gliederungen des Architravs schwarz oder blauschwarz und oft dunkler als das Hellblau des Giebels sind. Diese Grundfarbengebung, die v.a. die höheren Teile betrifft und an den Traufleisten ihren Höhepunkt erreicht, war auch an den zwei Aphaiatempeln von Ägina mit der Hinzufügung von Grün sichtbar. Man begegnet ihr wieder am Parthenon wie auch an den Fassaden der großen makedonischen Gräber des 4. Jh. v. Chr. Sie ist aber viel reicher an gewissen dorischen Tempeln von Großgriechenland, wo der Sinn für Ausschmückung noch stärker ist (wie am Athenatempel von Paestum). Sie ist selbst am Schatzhaus der Athener in Delphi anzutreffen, weil die dorische Ordnung dort noch nicht kanonisch ist. Um zu versuchen, den Plan des Architekten von Olympia maximal zu umreißen, bleiben schließl. noch die Maßeinheiten des *Zeustempels* zu ermitteln. Seit der 2. H. des 6. Jh. v. Chr. wurden auf der Peloponnes in Konkurrenz mehrere Fußmaße verwendet. Neben den lokalen Füßen (z.B. eine Einheit von 0,277 m in Pallantion) und dem attisch-kykladischen Fuß von ca. 0,293–0,296 m (am Artemistempel von Psilikorphi) gab es den „dorischen" Fuß von 0,326 m, der anscheinend für die Tempel von Vigla und vom Berg Hagios Elias in Asea, für den Athenatempel von Skillous und dann für den *Zeustempel* von Olympia gewählt worden ist. Dieses System, das vor mehr als einem Jahrhundert durch den Vater der griech. Metrologie, W. Dörpfeld, eingeführt worden ist, wurde jedoch im Jahre 1935 durch H. Riemann in seiner Studie über die griech. Peripteraltempel in Frage gestellt, in der er der kleinasiatischen Elle von ca. 0,521/22 m den

Vorzug gab. Jedoch selbst wenn der dorische Fuß nicht in allen Fällen angebracht ist – er erlaubt insbesondere nicht, sich ein Projekt, das von den großen Dimensionen des Stylobats ausgeht, vorzustellen – scheint er dennoch befriedigender zu sein, denn er erlaubt es, eine Achsweite von 16 Füßen als Modul ins Auge zu fassen, das leicht unterteilt oder multipliziert werden kann (Grunauer, 1981). In diesem Fall ist der obere Durchmesser der Säule (1,78 m an der Frontseite) ein Drittel der Achsweite, und seine Höhe entspricht zwei Achsweiten oder 32 Füßen. Weiterhin entsprechen die Maße der Cella 88 x 40 Füßen und die Breite des Mittelschiffes (6,53 m) 20 Füßen, während die Länge eines Triglyphen-Metopen-Paares (1,06 + 1,55 m) 8 Füßen entspricht und ein Simastück mit Löwenkopfwasserspeier vier Füßen und die Breite eines Dachziegels zwei Füßen. Auch and. Entsprechungen dergleichen Art könnten aufgeführt werden, sie zeigen eine sehr koherente Planung, an der sich alles entspricht. Mit einem dorischen Fuß erreicht man bei den großen Maßen gewiß Zahlen, die höher als die von Pausanias angegebenen liegen, aber dieser hat seine Maße sicherl. nicht als Architekt vermessen. Man muß bei der Anwendung dieses Fußes ein ganzes System von einfachen proportionalen Bezügen hinzufügen: so entspricht die Höhe des Gesimses (Architrav und Fries) einem Drittel der Höhe der Säule. Schließl. ist nach all den angegebenen Einzelheiten jeder Art offensichtl., daß der Architekt des *Zeustempels* von Olympia nicht wirkl. innovativ war. Er hat den Trad. gegenüber sehr respektvoll gehandelt – wie alle griech. Architekten, die im Gegensatz zu unseren zeitgen. keine schöpferischen Architekten waren – und gewisse archaische Züge wiederaufgenommen, die in ganz Griechenland bek. waren, und ebenso eine Reihe von Besonderheiten aufgegriffen, die bereits in Arkadien im 3. V. des 6. Jh. v. Chr. ausprobiert worden sind. Es erweist sich nunmehr, daß Arkadien in Verbindung mit dem NO der Peloponnes eine wichtige Rolle in der Geburt und Entwicklung der dorischen Ordnung gespielt hat: z.B. der Tempel von Orchomenos wurde der erste dorische Peripteraltempel des griech. Festlandes mit 6 x 13 Holzsäulen, die eine aus einem axialen Rechteck gebildete Cella umgaben; er war auch der erste Tempel, der eine Lösung für den dorischen Eckkonflikt anbot. Die Form des Peripteraltempels mit 6 x 13 Säulen wurde in der Folge in Vigla ca. um 520–510 v. Chr. wieder aufgenommen, dann beim Tempel C von Pallantion und den Tempeln vom Berg Hagios Elias in Asea sowie von Skillous. Aber die Neuheit, die die standardisierten Achsweiten auf den vier Seiten des Tempels von Orchomenos darstellen, wurde nur sehr allmähl. aufgenommen: man findet sie beim Tempel von Skillous wieder, aber beim Tempel von Vigla sind die Achsen der Frontseiten noch höher, und diese Lösung setzt sich noch in den klassischen Tempeln von Bassae und Tegea durch. Die strikte axiale Ausrichtung wird ihrerseits auch noch längere Zeit brauchen, bis sie sich durchsetzen wird. V.a. der klass. Poseidontempel von Isthmia zeigt bemerkenswerte Ähnlichkeiten zum *Zeustempel* von Olympia, der ihm wahrsch. als Vorbild diente: die beiden Gebäude sind sich sehr ähnl. im Plan, den Proportionen und den Profilen des Gesimses. Seit dem Tempel von Olympia setzen sich schließl. mehrere Konstruktionseigenschaften als sehr peloponnesisch durch: man findet die Eingangsrampe, die man schon seit 500 v. Chr. vor dem Tempel von Ägina gesehen hat, in den klass. Tempeln des Heraion von Argos, des Athena-Alea-Tempels von Tegea, des Zeustempels von Nemea und des Asklepiostempels von Epidauros wieder, während die zunehmende Höhe der Krepisstufen und die Metopen, die nicht außen, sondern im Pronoaos und im Opisthodom skulptiert sind, einfache Formeln dieser Region am E. des 5. Jh. und im Laufe des 4. Jh. v. Chr. bilden (diese Art von Dekor wird sich selbst in Attika wiederfinden). Wenn auch das dorische Gebälk in der Peloponnes immer streng ohne Ausschmückungen bleibt, wird sich die Höhe des Architravs im Verhältnis zum Fries im Laufe des 4. Jh. v. Chr. vermindern. Während man in der ganzen griech. Welt im 5. Jh. v. Chr. einen Pronaos und Opisthodom mit gleichen Ausmaßen findet, wurde der Plan mit 6 x 13 Säulen nicht oft auf der Peloponnes angewendet, obwohl man ihm in der restl. griech. Welt häufig begegnet. Der Fall des Tempels von Olympia zeigt auch im Gegensatz zu dem, was man bisweilen darüber schrieb, daß die „Feinheiten“ nicht wirklich char. für die dorische Ordnung sind. In Wirklichkeit zeichnen sich beim Parthenon, einem dorischen Tempel, an dem die Ionismen sehr gegenwärtig sind, die meisten Feinheiten ab: man findet nicht nur die gleiche Kurvatur der waagerechten Linien wie in Olympia wieder, sondern auch die Schwellung (*entasis*) der Säulen, die nach innen geneigt sind, während die Ecksäulen breiter sind. ▭ ThB23, 1929. RE XIII. 1, 1926; EAA IV, 1961. – *W. Dörpfeld*, in: Olympia, II, 1892, 4 ss.; *P. Grunauer*, BJb 171:1971, 144 ss.; *id.*, Der Zeustempel, in: *A. Mallwitz/H.-V. Herrmann* (Ed.), 100 Jahre dt. Ausgrabung in Olympia, M. 1972, 69 ss.; *A. Mallwitz*, Olympia und seine Bauten, M. 1972, 211 ss.; *id.*, OlympBer, X, 1981, 256 ss.; *Gruben*, Tempel[4],

1986, 55 ss.; *E. Østby*, ASAtene, 68–69:1990–1991 (1995), 285 ss.; *Svenson-Evers*, Architekten, 1996, 373 ss. (mit Lit.); *A. Nakasis*, I architektoniki tou naou tis Athinas makistou, At. 1999; *G. Gruben*, Griech. Tempel und Heiligtümer, M. [5]2001, 55 ss. M.-C. Hellmann

Licinios Priscos, *Poplios* → **Licinius Priscus,** *P.*

Licinius, röm. Maler, in der röm. Kaiserzeit in Italien tätig. Nur bek. durch seine Grab-Inschr. aus Rom (CIL, VI, 6251). 🕮 *Calabi Limentani*, Studi, 1958, 154, Nr 8. R. V.

Licinius Alexander, *Gaius*, Sohn des Marcus, röm. Architekt, in der späten Republik oder frühen Kaiserzeit in Rom tätig. Nur bek. durch eine heute verschollene Grab-Inschr. aus Rom (CIL, VI, 9154) 🕮 ThB1, 1907 (s.v. Alexander). – *Donderer*, Architekten, 1996, 235 s., Nr A 124. R. V.

Licinius Patroclus, *L.*, röm. Hersteller von Augen für Statuen (*ocularius*), in der Kaiserzeit in Rom tätig. Nur bek. durch seine Grab-Inschr. aus Rom (CIL, VI, 9402). 🕮 *Calabi Limentani*, Studi, 1958, 173, Nr 175. R. V.

Licinius Primus, *P.*, röm. Gemmenschneider (*gemmarius*), im 1. Jh. n. Chr. in Rom tätig. Name, Beruf und soz. Stellung sind durch die Grab-Inschr. (CIL, IX, 4795) überliefert. 🕮 EAA III, 1960 (s.v. Gemmarius). B. Lang

Licinius Priscus, *P.* (Λικίνιος Πρεῖσκος, Π[όπλιος]), Bildhauer aus Aphrodisias, in hadrian. Zeit in Korinth tätig. Nur bek. durch eine Inschr. auf dem Kopf eines Delphins, die zu einer *Marmorstatue des Poseidon* aus Korinth (heute Madrid, Prado, Inv. Nr 13-E; EA 1517–1520) gehört hat. 🕮 EAA IV, 1961 (s.v. marmorarius). – *Lippold*, Kopien, 1923, 104; *R. Ricard*, Marbres antiques du Mus. du Prado, Bordeaux 1923, 54, Nr 24 ; *Squarciapino*, Afrodisia, 1943, 2 s., Nr 7, p. 34 s., Taf. 8, Taf. G, c; *A. Blanco*, Mus. del Prado. Cat. de la escultura, Ma. 1957, 15 s., Taf. 1, 2; *E. Simon*, LIMC VII, 1994, 452, Nr 31 m. Abb., s.v. Poseidon. R. V.

Likinios Preiskos, *Poplios* → **Licinius Priscus,** *P.*

Limendas (Λιμένδας), von Thasos, Sohn des Charopinos, Erzgießer des 1./2. Jh. n. Chr., in Thasos tätig. L. hat gegen E. des 1. Jh. n. Chr. auf der Insel Thasos bronzene *Ehrenstatuen* verfertigt. Erh. blieb eine große steinerne halbkreisförmige Exedra, welche die ö. Seite der südöstl. der Agora und westl. des Odeons verlaufenden sog. römischen Straße flankierte. Die Anzahl der ehem. die Exedra bekrönenden Statuen ist nicht mehr exakt zu bestimmen. Fünf Standbilder lassen sich anhand der Einlaßspuren sicher nachweisen. Von zweien sind darüber hinaus die zugehörigen Inschr. erhalten. In der Mitte stand die *Statue des Tiberius Claudius Cadmos* und zu dessen Rechten das *Sitzbild seiner Ehefrau Komis*. Unterhalb dieser beiden Inschr. befindet sich die Sign. des Limendas. Er dürfte also der ausführende Künstler beider Statuen gewesen sein. Ob er auch die übrigen Standbilder gearbeitet hat, entzieht sich unserer Kenntnis. Die Sign. verrät ferner den Namen seines Vaters Charopinos, nicht aber seine Herkunft. Höchstwahrsch. stammt er daher aus Thasos selbst. Seine Ausb. wird er wohl ebenfalls dort erh. haben, zumal – da noch weitere kaiserzeitl. thasische Bildhauer belegt sind – mit funktionierenden Bildhauerateliers auf der Insel zu rechnen ist. Die meisten von ihnen werden wie L. für die örtl. Honoratioren gearbeitet und daher mehrheitl. Ehrenstatuen verfertigt haben. 🕮 RE, Suppl. V, 1931; EAA IV, 1961. – BCH 49:1925, 462–464; *Y. Bequignon/P. Devambez*, ibid. 56:1932, 238–246; *C. Dunant/J. Pouilloux*, Rech. sur l'hist. et les cultes de Thasos, II, P. 1958 (Et. Thasiennes, V), 152; *G. Daux*, Guide de Thasos, P. 1967, 36, 108; *S. von Thüngen*, Die freistehende griech. Exedra, Mainz 1994, 154–156. P. Schollmeyer

Limnaios (Λιμναῖος), aus Dokimeion/Zentralphrygien stammender Bildhauer der fortgeschrittenen röm. Kaiserzeit, vermutl. in Ikonion (Konya) tätig. Sein Name ist uns aus einer Inschr. in Ikonion überliefert, die ihn und seinen Kollegen → Diomedes (II) als ἀγαλματογλύφοι Δοκιματογλύφοι nennt. Werke sind jedoch keine überliefert. 🕮 *A. Hall/M. Waelkens*, AnatSt 32:1982, 151–155. T. Lochman

Litugenus, röm. Toreut, in der 2. H. des 1. Jh. n. Chr. wohl am Niederrhein (bei Nijmegen?) tätig. Nur bek. durch seine Sign. auf einem *Bronzesieb* aus Jülich (heute Jülich, Röm.-German. Mus., Inv. Nr H 17). 🕮 *M. Perse/R. Petrovszky*, AKorrBl 22:1992, 403 ss., Nr 28, Abb. 3; *R. Petrovszky*, Stud. zu röm. Bronzegefäßen mit Meisterstempeln, Buch am Erlbach 1993, 156, Nr L. 03, p. 268, Nr L. 03. 01, Taf. 19, 41. R. V.

Livineius Eutactus, *Lucius*, röm. Maler, in augusteischer Zeit in Rom tätig. Nur bek. durch seine Grab-Inschr. aus dem Columbarium der Freigelassenen der Livia in Rom (CIL, VI, 33399).

▭ EAA VI, 1965 (s.v. pictor). – *A. Giuliano*, ArchCl 5:1953, 267, Nr 16; *Calabi Limentani*, Studi, 1958, 155, Nr 21. R. V.

Livius Menander, *M.*, röm. Goldschmied, in augusteischer Zeit in Rom tätig. Nur bek. durch seine Grab-Inschr. aus Rom (CIL, VI, 3949). ▭ EAA I, 1958 (s.v. aurifex). R. V.

Lokros (Λόκρος), von Paros, griech. Bildhauer des 5. Jh. v. Chr.?, in Athen tätig. Pausanias (1, 8, 4) erw. bei seiner Beschr. des Ares-Heiligtums auf der Agora von Athen eine *Statue der Athena* als Werk eines Pariers namens Lokros. Es wurde vorgeschlagen, in diesem Werk das Kultbild der *Athena Areia* zu sehen, welches gemeinsam mit dem Ares auf einem Bathron gestanden habe und wohl eher ein Werk des → Alkamenes (I) oder des → Agorakritos gewesen sei, da ein Bildhauer namens L. in der antiken Lit. sonst nicht nochmals erw. werde. Als orig. Rest der *Athena* gilt ein bei den amer. Ausgrabungen der 30er Jahre auf der Athener Agora gefundener überlebensgroßer Marmortorso mit schräger Ägis (Athen, Agora Mus., Inv. Nr S 654), der stilist. ins letzte V. des 5. Jh. v. Chr. zu dat. ist. Die teilweise geäußerte Vermutung, dieser Athena-Typus habe in stark vereinfachter Form in sog. Urkundenreliefs Verwendung gefunden, ist unzutreffend. Zuletzt wurde in Palmyra eine Statue der dortigen Kriegsgöttin Allath gefunden, deren Oberkörper eine recht genaue Wiederholung des Marmortorsos ist, und von daher als weiteres Indiz für dessen Identifikation mit der ebenfalls kriegerischen *Athena Areia* gewertet wurde. Sämtl. dieser Hypothesen finden jedoch keine Bestätigung im Text des Pausanias. Weder ist aus ihm auf eine Verwendung der Athena als Kultbild zu schließen, noch auf deren gleichzeitige Entst. mit dem Ares des → Alkamenes (I). So könnte die Statue ebenso eine später entstandene Votivgabe des Demos von Athen oder eines priv. Stifters gewesen sein, erw. Pausanias doch ausdrücklich weitere, teilweise eindeutig jüngere Bildwerke im Heiligtum wie die von den Söhnen des → Praxiteles (II) gearbeitete Statue der Kriegsgottheit Enyo (→ Kephisodotos [II], → Timarchos [I]). Ferner entbehrt die Tilgung des Namens L. der Grundlage, da es ein weiteres Zeugnis für seine Verwendung in klass. Zeit in Athen gibt (Sylloge[3], 119). Wegen der unsicheren Quellenlage, insbesondere was die Zuschr. des erw. Marmortorsos anbelangt, ist weder der Stil des L. verläßl. zu beurteilen, noch zu entscheiden, ob er wie etwa → Agorakritos in Athen ausgebildet wurde oder in engerem Sinn der par. Bildhauerschule des 5. Jh. v. Chr. angehört. ▭ ThB23, 1929. RE XIII. 2, 1927 (s.v. L. 7); EAA IV, 1961. – *Overbeck*, SQ, 1868, Nr 818; *A. Delivorrias*, in: Kernos, Festschr. für Georgios Bakalakis, Thessaloniki 1972, 33 s.; *id.*, Att. Giebels-Skulpt. und Akrotere des 5. Jh., Tb. 1974, 96–97, Anm. 432; *A.J.N.W. Prag*, in: Parthenon-Kongreß Basel, Mainz 1984, 182–183, Taf. 10, 1–2; *A. Delivorias*, in: *H. Kyrieleis* (Ed.), Archaische und klass. griech. Plastik, II, Mainz 1986, 153; *M. Meyer*, Die griech. Urkundenreliefs, B. 1983 (AM, Beih., 13), 164, Anm. 1123; *P. Demargne*, LIMC II, 1984, 980, Nr 244 m. Abb., s.v. Athena; *J. Camp u.a.*, The Athenian agora. A guide to the excavation and mus., At. [4]1990, 206; *I. Kasper-Butz*, Die Göttin Athena im klass. Athen, Ffm. u.a. 1990, 194 s. P. Schollmeyer

Lollianus, *plumbarius* aus dem röm. Dakien, im 2.–3. Jh. n. Chr. in Sucidava (heute Celei) tätig. Ein Handwerker, der die Gußform für das Gießen der Bleirahmen für Spiegel herstellte: FORMA(M) LOLLIANUS FECIT. ▭ *D. Tudor*, Dacia 3:1959, 427, Nrn 10–18; AE, 1961, Nr 87; *D. Tudor*, Sucidava (Coll. Latomus, LXXX), Br. 1965, 48 s.; Inscr. Daciae Romanae, II, Nr 229; *M. Bărbulescu*, Interferenţe spirituale în Dacia romană, Cluj-Napoca, 1984, 37; *E. Thomas*, Sign. Metall verarbeitender Künstler und Kunsthandwerker in der röm. Kaiserzeit, in: *C. C. Mattusch/A. Brauer/S. E. Knudsen* (Ed.), From the parts to the whole, II, Acta of the 13th Internat. Bronze Congr. held at Cambridge, Massachusetts (May 28 – June 1, 1996), in: Journal of Roman Archaeology, Suppl., 39, Portsmouth, Rhode Island 2002, 246, Abb. 4. M. Bărbulescu

Lollios (Λολλίος), Steinmetz (τεχνίτης) aus Galatien, in der röm. Kaiserzeit tätig. Nur bek. aus einer Stelen-Inschr. aus Elcik in der Umgebung von Ankara (Loewy, IGB, 1885, 273, Nr 393: S. Mitchell, Regional epigraphic cat. of Asia Minor, II, The Ankara district, The Inscr. of North Galatia [BAR, 135:1982], Nr 104). T. Lochman

Lollius Alcamenes, *Quintus*, röm. Bildhauer, in claudischer Zeit (41–54 n. Chr.) in Rom tätig. Nur bek. durch sein marmornes *Grabrelief* aus Rom (heute Rom, Villa Albani, Inv. Nr 984; CIL, VI, 29707; EA, 4673; BrBr, 626; Solin, GPR, 1982, 15), auf dem er dargestellt ist, wie er sitzend in der vorgestreckten linken Hand eine Kinderbüste (wohl ein Werk von ihm) und in der auf den Schoß gelegten rechten Hand wahrsch. einen Griffel oder Modellierstecken hält. Vor ihm opfert eine Frau (wohl seine eigene). Der Knabenkopf stellt folgl. wahrsch. seinen eigenen Sohn dar, wie die Ähnlichkeit zu der vor ihm stehenden Frau vermuten läßt. Nach dem Stil der Porträts wurde das Relief in claudischer Zeit geschaffen. Oft wurde die Identität des sitzenden Mannes als Künstler angezweifelt, doch scheint sowohl sein Beiname Alcamenes wie auch die in den Händen gehaltenen Attribute, Büste und Bildhauerutensil, für einen Bildhauer zu sprechen. ▭ RE XIII. 2, 1927 (s.v. Lollius 16); EAA IV, 1961. – *H. von Heintze*, Helbig[4], IV, 1972, 240, Nr 3264; *G. Zimmer*, Röm. Berufs-Darst., B. 1982, 156, Nr 79; *G. Lahusen*, in: *P. C. Bol* (Ed.), Forsch. zur Villa Albani. Kat. der antiken Bildwerke, I, B. 1989, 271–274, Nr 87, Taf. 162. R. V.

Lollius Alexander, *M.*, röm. Gemmenschneider (*gemmarius*) in Rom, möglicherweise als Freigelassener im 2. Jh. n. Chr. tätig. Name und Beruf sind durch die Grab- Inschr. (CIL, VI, 9433) überliefert. ▭ EAA III, 1960 (s.v. Gemmarius). B. Lang

Longinos (Λονγεῖνος), Sohn des Longinos, Bildhauer (λατύπος), tätig im 3. Jh. n. Chr.(?) in Isaurien. Nur bek. aus der Sign. einer *Ostothek* aus Sobran (heute Bağyurdu) b. Bozkır, die ihn mit seinem Bruder → Fuscus (II) (KLA II, Addendum) nennt (Konya, Mus., Inv. Nr 1970.38.213). ▭ *M. Şahin*, EpigrAnat 29:1997, 78 s., Nr 3, Taf. 2–3. M. Dennert

Loukios (I) (Λούκιος), Sohn des Leonas, aus Astra/Isaurien stammender Bildhauer (λατύπος), im 2./3. Jh. n. Chr. tätig. L. hat nach Ausweis einer Basis-Inschr. aus Tamaşalık (D. Hereward, JHS 78:1958, 73 s., Nr 69, Abb. 21; SEG, XVII, Nr 672) zus. mit seinen Kollegen → Tarasis Porindeus und → Zezis Porindeus für den Zeustempel in Astra eine *Zeusstatue* gefertigt. Ein and. gleichnamiger und ebenfalls aus Isaurien stammender Bildhauer, → Loukios (II), Sohn des Orestes, ist nicht mit diesem L. ident. (wie Hereward, ibid., erwogen hat), da er einen and. Vatersnamen aufführt. T. Lochman

Loukios (II), Sohn des Orestes, aus Isaura Palaia stammender Bildhauer der fortgeschrittenen Kaiserzeit. Sein mit λατύπος bezeichneter Name erscheint auf einer Basis aus Isaura Palaia (CIG, III, 4393: Loewy, IGB, 1885, 273, Nr 394). Es ist ungewiß, ob dieser ident. ist mit einem and. Bildhauer, der als λατύπος Λ., aber ohne Patronym und Ethnikon, einen Altar mit der Darst. des kleinasiat. Reitergottes gefertigt hat, den W. M. Ramsay auf einer seiner Reisen durch Phrygien gesehen und ins 2./3. Jh. n. Chr. dat. hat (REA 3:1901, 276). ▭ EAA IV, 1961 (s.v. L.). T. Lochman

ΛΥ → **Lysid...**

Lucanus, röm. Toreut, in der 2. H. des 1. Jh. n. Chr. tätig. Nur bek. durch seine Sign. auf den folgenden drei Bronzeobjekten: – 1.) *Kasserolle* aus Nijmegen (heute Nijmegen, Prov. Mus. Kam, Inv. Nr 5. 1953. 2; M. H. P. den Boesterd, The bronze vessels in the RM G. M. Kam at Nijmegen, Nijmegen 1956, 10 s., Nr 28, Taf. 2, 28; 18, 28 b; Petrovszky, 1993, 267 s., Nr L. 01.01, Taf. 18, 41); – 2.) *Sieb* aus einem Grab von Kostolná pri Dunaji/Slowak. Republik (heute Nitra, Archäol. Inst. der Slowak. Akad. der Wiss., Inv. Nr 476/60; Kolník, 1980, 116 s., Grab 51 c1, Taf. 111, 51 c1; Petrovszky, 1993, 268, Nr L. 01.02, Taf. 18); – 3.) *Kelle* aus einem Grab von Kostolná pri Dunaji/Slowak. Republik (heute Nitra, Archäol. Inst. der Slowak. Akad. der Wiss., Inv. Nr 476/60; Kolník, 1980, 116 s., Grab 51 c2, Taf. 111, 51 c2; Petrovszky, 1993, 268, Nr L. 01.03, Taf. 18). Wegen der unterschiedl. Stempel- und Gefäßformen ist nicht sicher zu entscheiden, ob es sich hier um einen oder zwei Toreuten handelte. ▭ *T. Kolník*, Römerzeitl. Gräberfelder in der Slowakei. I. Archaeologia Slovaca Fontes 14, Bratislava 1980, 116 s., Grab 51 c1, Taf. 111, 51 c1 s.; *R. Petrovszky*, Stud. zu röm. Bronzegefäßen mit Meisterstempeln, Buch am Erlbach 1993, 155 s., Nr L. 01, pp. 267 s., Nrn L. 01.01-L. 01.03, Taf. 18, 41. R. V.

Lucilius Victorinus, vermeintlicher Mosaizist des 4. Jh. n. Chr. Nur bek. aus einer Grab-Inschr. des 4. Jh. n. Chr. aus der Cyriacus-Katakombe in Rom, fälschlich als Mosaizist bez. (Bisconti, 2000), in Wirklichkeit jedoch Hersteller von Spielsteinen und -würfeln („*artifex artis tesselarie lusorie*"). ▭ CIL, VI, 9927; ICUR, VII, 19041; *Donderer*, Mosaizisten, 1989, 132; *F. Bisconti*, Mestieri nelle catacombe romane, Vatikan 2000, 155, 247, Nr XIXb3. M. Dennert

Lucillus (I), Vater von → Lucillus (II), Maler in Rom im späten 4. Jh. n. Chr. V.a. aus den Briefen des Q. Aurelius Symmachus (Konsul 391 n. Chr.) bek. (epist. II 2; VIII 21; IX 50), bei dem er zur Ausstattung seines Hauses tätig war. Symmachus empfiehlt ihn weiter und vergleicht ihn in typisch spätantiker Panegyrik mit → Zeuxis (I) und → Apelles (I). ▭ ThB23, 1929. RE XIII. 2, 1927 (s.v. L. 2); RE, Suppl. IX, 1962 (s.v. L. 2); EAA IV, 1961; EAA, Suppl. 1973; DNP VII, 1999. – *F. Munari*, Epigrammata Bobiensia, II, R. 1955, 23 s.; *W. Speyer*, Naucellius und sein Kreis, M. 1959, 64–67; *S. Roda*, Commento storico al libro IX dell'Epistolario di Q. Aurelio Simmaco, Pisa 1981, 178 s. M. Dennert

Lucillus (II), Sohn des → Lucillus (I), Maler in Rom um 400 n. Chr. Wird von Q. Aurelius Symmachus (Konsul 391 n. Chr.) in einem seiner Briefe (epist. IX 50) empfohlen. Malte ein Altersporträt des Patriziers und Dichters Naucellius (Epigrammata Bobiensia 8). ▭ RE, Suppl. IX, 1962; EAA, Suppl. 1973. – *F. Munari*, Epigrammata Bobiensia, II, R. 1955, 23 s.; *W. Speyer*, Naucellius und sein Kreis, M. 1959, 64–67.

M. Dennert

Lucius → Leukios

Lucius (I), röm. Wandmaler, im 3. V. des 1. Jh. n. Chr. in Pompeji tätig. L. signierte mit LUCIVS PINXIT („L. malte dies") auf der rechten Kline eines offenen *Biclinium* (zwei-Klinen Speiseraum) im sog. Haus des D. Octavius Quartio in Pompeji (CIL, IV, suppl. III. 1, 7535). Die Sign. bezieht sich offensichtl. auf zwei mytholog. Bilder, eines stellt *Narziß*, das and. *Pyramus und Thisbe* dar. Sie befinden sich auf der Rückwand des *Biclinium*, wo sie einen Brunnen rahmen, dessen ausströmendes Wasser in einen Kanal zw. den beiden Klinen abfließt. Derselbe Künstler malte möglicherweise die *Tierjagdszene* auf der N-Wand des Eßbereiches. Der Name L., ein lat. Praenomen (Vorname), erzählt uns nichts über die ethnische Herkunft des Malers; er könnte ein freigeborener röm. Bürger oder (wie viele Künstler in der frühen röm. Kaiserzeit) ein freigelassener Grieche sein. Die Bilder gehen auf standardisierte Schemen zurück, die von den Wandmalern in den letzten Jahren von Pompeji kopiert wurden (nur Pyramus und Thisbe stellen ein weniger beliebtes Thema als Narziß dar), und L. war ein Künstler mit bescheidenen Fähigkeiten. Trotz des Überlebens von mehreren hunderten von gemalten Wanddekorationen in Pompeji und Herculaneum haben wir hier den einzigen sicheren Fall von einem Künstler vorliegen, der sein Werk signierte. ▭ ThB23, 1929. RE XIII. 2, 1927 (s.v. L. 9); EAA IV, 1961 (s.v. L. 1). – *Spinazzola*, Pompei, I, 1953, 404 s., Abb. 458–460; *M. Borda*, La pitt. romana, Mi. 1958, 383; PompPittMos III, 1991, 103–105, Abb. 91–95; *K. Jex-Blake/E. Sellers*, The Elder Pliny's chapters on the hist. of art, Lo. 1896, 89; *Toynbee*, Artists, 1951, 37; *Pollitt*, RomeSources, 1966, 156.

R. Ling

Lucius (II), röm. Maler, im 2./3. Jh. n. Chr. tätig. Nur bek. durch eine Inschr. aus Gerpinnes/Belgien (CIL, XIII, 3589). ▭ EAA VI, 1965 (s.v. pictor).

R. V.

Lucretius, röm. Toreut, in der 2. H. des 1. Jh. n. Chr. in Italien tätig. Nur bek. durch seine Sign. auf einer *Bronzekasserolle* aus einem Steinhügelgrab von Afvelsgärde/Schweden (Stockholm, Schwed. HM, Inv. Nr 10.236; CIL, XIII. 3,2, 10036, 62). ▭ *H. Willers*, Neue Unters. über die röm. Bronzeindustrie von Capua und Niedergermanien, Hn./L. 1907, 89, Nr 146, Taf. 7; *R. Petrovszky*, Stud. zu röm. Bronzegefäßen mit Meisterstempeln, Buch am Erlbach 1993, 156, Nr L. 02, p. 268, Nr L. 02.01, Taf. 19.

R. V.

Ludius → Studius

Lukas (Λουκᾶς), aus Antiochia, bibl. Person des 1. Jh. n. Chr., † in Böotien, nach Phlm., 24, Mitarb. des Apostels Paulus, nach Kol., 4, 14, Arzt, gelegentlich als Maler tätig. Vom 2. Jh. an erklärt die christl. Trad. L. zum Verf. des Lukasevangeliums und der Apostelgeschichte. Als Maler Christi und der Muttergottes wird er E. 5.-A. 6. Jh. bei Theodoros Lektor (auch Theodoros Anagnostes genannt, historia ecclesiastica tripartita, 353) erwähnt; weitere frühmittelalterl. Belege etwa bei Andreas von Kreta (Patrologia Graeca, 97, 1304C) und Johannes von Damaskus (Patrologia Graeca, 95, 321C). – Die Bilder, die L. zugeschr. werden – meist handelt es sich dabei um *halbfigurige Darst. der Gottesmutter mit Kind* – sind kulturgesch. in die frühe Entwicklung der Ikone einzuordnen und leiten sich wie diese von den antiken Totenporträts bzw. Kaiserbildnissen ab. Sie galten als wirkmächtiger Schutz und als wundertätig. Ihre Zahl ist umstritten. Bek. Beispiele sind die *Ikone Hodegetria* aus Constantinopel (verschollen), die *Ikone Salus Populi Romani* aus St. Maria Maggiore in Rom und die *Schwarze Madonna* von Czestochowa. Lukasbilder wurden wie Acheiropoieta („nicht von Menschenhänden gemacht") zur Begründung der theol. Rechtmäßigkeit der bildl. Darst. Christi und der Bilderverehrung herangezogen. Die phil. bzw. theol. Reflexion über die Lukasbilder findet ihre Höhepunkte im byz. Bilderstreit des 8.–9. Jh. und später noch einmal im 15.–17. Jahrhundert. L. gilt ab dem 13. Jh. als Schutzpatron der Maler. ▭ RAC II, 1954 (s.v. Bild III [christlich]); XIV, 1988 (s.v. Heiligenbild); Lexikon des Mittelalters VI, M. 1993 (s.v. Lukasbilder, Lukasmadonna); Lexikon für Theologie und Kirche VI, B. 1997 (s.v. Lukas, biblische Person). – *E. von Dobschütz*, Christusbilder. Unters. zur christl. Legende, L. 1899; *G. Kraut*, Lukas malt die Madonna, Worms 1986. *H. Belting*, Bild und Kult. Eine Gesch. des Bildes vor dem Zeitalter der Kunst, M. 1990; *M. Bacci*, Il pennello dell'Evangelista: Storia delle immagini sacre attribuite a san Luca, Pisa 1998. S. Ackermann

Lukianos (Λουκιανός), aus Samosata/Kommagene, Sophist und Satiriker, sollte als Steinmetz und Bildhauer ausgebildet werden, * um 120 n. Chr., † nach 180 n. Chr. Der bek. Satiriker L. sollte nach seiner autobiogr. angelegten Schrift Somnium sive vita Luciani, 2 s., bei seinem Onkel mütterlicherseits eine Lehre als Steinmetz und Bildhauer absolvieren. Als Talentbeweis dienten Figuren, die der junge L. aus Wachs (von seiner Schreibtafel) angefertigt hatte. Nach einer Züchtigung infolge eines Mißgeschicks am ersten Ausbildungstag und einem richtungsweisenden Traum wechselte er dann jedoch ins literarische Fach. L. zeigte, wie bereits in der älteren Forsch. herausgestellt wird, auch als Schriftsteller großes Interesse an Themen der Kunst. ▭ *H. Blümner*, Archäologische Studien zu Lucian, Breslau 1867; *A. Harmon*, Lucian, III, Lo. [4]1969, 215–233 (griech.-engl.); *L. Hermes*, Traum und Traumdeutung in der Antike, Z. 1996, bes. 7 ss. S. Ackermann/R. Gottschalk

Lupus → Sevius Lupus, *Gaius*

Lupus, *C. Sevius* **→ Sevius Lupus,** *Gaius*

Lupus Sevius → Sevius Lupus, *Gaius*

Lyciscus → Lykiskos

Lycius → Lykios (I)

Lydos (Λυδός), aus Lydien stammend, schwarzfiguriger Vasenmaler, ca. 560 bis 530 v. Chr. in Athen tätig. L. signierte zwei seiner Gefäße als Maler, eine *Amphora* in Paris und einen *Dinos* von der Athener Akropolis, von deren Töpfer-Sign. der Name fehlt (Paris, Louvre, Inv. Nr F 29; ABV, 1956, 109, Nr 21; Tiverios, 1976, Taf. 18 und Athen, NM, Inv. Nr Akr. 607; ABV, 1956, 107, Nr 1; Graef/Langlotz, Taf. 32–35). Sein Name, die Sign. ὁ Λυδός sowie seine Schreibfehler deuten auf lydische Herkunft (viell. war er ein Sklave?). – L. war sehr produktiv; sein Œuvre umfaßt nicht nur alle gängigen Gefäßformen, die er mit mytholog. oder dionysischen Szenen bemalte; er erhielt auch den Auftrag, panathenäische Preisamphoren für die alle vier Jahre in Athen stattfindenden Wettspiele an den Großen Panathenäen herzustellen. Viele seiner Gefäße blieben in Griechenland, der Rest gelangte zu gleichen Teilen in den O und Westen. – Er erlernte sein Handwerk in einer großen Wkst., die heute nach ihm benannt wird. Ungewöhnl. ist die Dekoration seiner frühen *Bauchamphora* in Paris mit Friesen, also wie auf einer Halsamphora, bes. jedoch die reiche Verwendung von Ornamentstreifen (wiederholt mit Zungenbändern). Von den Figuren beider Seiten ist nur Herakles durch Beischr. gen., der aber auch am Löwenfell zweifelsfrei identifizierbar war; die übrigen müssen dem antiken Betrachter aus dem Bildschema bek. gewesen sein: auf der Vorderseite in zwei Rücken an Rücken gestellten Dreiergruppen die Mörder Aias und Neoptolemos, die sich ihren Opfern nähern und gleich ein Sakrileg begehen werden, denn Kassandra und Priamos haben sich schutzflehend an Athena (Statue) bzw. Zeus (Altar) gewandt; gegenübergestellt werden vom Maler also zwei gleichermaßen abstoßende Taten, deren Eindrücklichkeit durch die Komp. und die Betonung der großen Linien unterstrichen wird. Die Gegenseite zeigt mit dem Kampf des Herakles gegen Kyknos – dessen Vater Ares die Protagonisten zu trennen sucht – die Konsequenzen eines Fehlverhaltens, wie es auch die Griechen der and. Seite begehen. – Den Tierfries darunter behält L. – wie auch die Maler seiner Wkst. – bei, auch wenn er allmähl. von der Rückseite von Kolonnettenkrateren auf untergeordnete Friese verdrängt wird; dabei zeigen die Tiere der frühen Gefäße starken korinthischen Einfluß gleichzeitig arbeitender Werkstätten. Auf der *Bauchamphora* in Berlin (Staatl. Mus., Antiken-Slg, Inv. Nr F 1685; ABV, 1956, 109, Nr, 24; Tiverios, 1976, Taf. 46), die schon aus seiner mittleren Schaffenszeit stammt, nimmt der Mord an Priamos die Mitte ein; angereichert ist die Szene durch Beifiguren rechts und ein Paar links, die alle für das Geschehen unwichtig sind. Im Vergleich zur *Pariser Amphora* haben alle Figuren an Körperlichkeit und Volumen gewonnen, ist die Fläche durch konzentrierten Einsatz von Muster und Farbe abwechslungsreich gestaltet. Auch der Ausdruck der Szene ist ein anderer: Priamos liegt nicht wie das Vieh auf der Schlachtbank, sondern sitzt aufrecht auf dem Altar und bittet Neoptolemos mit ausgestreckter Hand um Gnade. – Zur gleichen Zeit entstehen reich dekorierte Gefäße wie der *New Yorker Kolonnettenkrater* mit dem Zug des Dionysos und seines Gefolges (New York, Metrop. Mus., Inv. Nr 31.11.11; ABV, 1956, 108, Nr 5; Tiverios, 1976, Taf. 53–55), die *Psykter-Amphora* in London (BM, Inv. Nr B 148; ABV, 1956, 109, Nr 29; Tiverios, 1976, Taf. 51 s.) mit der Tötung des Minotauros durch Theseus und schließl. der wohl von L. selbst auf die Akropolis gew. *Lebes* mit einer Gigantomachie im Hauptfries, einer Prozession von Opfertieren zum Altar bzw. Pferdejagd in den untergeordneten Bildstreifen und einem weiteren reinen Tierfries (Athen, NM, Inv. Nr Akr. 607; ABV, 1956, 107, Nr 1; Tiverios, 1976, Taf. 48–50). Einzig hier sind alle Kämpfer beider Seiten im Hauptfries per Beischr. benannt; das Kampfgetümmel ist durch reiche Überschneidung visualisiert, bes. auffällig sind neben der sorgfältigen Dekoration von Gewändern und Rüstungen die einfallsreichen Schildzeichen – so fällt das in Umriß-Zchng gegebene Gorgoneion des Hermes ins Auge wie die rot auf schwarz gehaltene Biene des Giganten Mimos. – Besonderes Augenmerk auf die Komp. legt L. auf der *Psykterkanne*, die er für den Töpfer → Kolchos um 530 v. Chr. bemalt (Berlin, Staatl. Mus., Antiken-Slg, Inv. Nr F 1732; ABV, 1956, 110, Nr 37; Tiverios, 1976, Taf. 57–59). Hier sind alle Figuren benannt: Vor den Henkeln stehen Nereus bzw. Dionysos und sehen den galoppierenden Gespannen entgegen, hinter denen Poseidon bzw. Apollon in die Mitte eilen; hier markiert Zeus die Mitte, der die beiden Kämpfer Herakles und Ares trennen will, und zw. den beiden Hälften durch seine Bewegungsrichtung und Kopfwendung vermittelt. Die einzig auffällige Figur ist Athena mit den im Umriß gegebenen Hautpartien. Bei aller Qualität der Zchng und Raffinesse in der Komp. ist die Wirkung des Bildfrieses doch wenig aufregend. In dieser Zeit dekoriert L. vermehrt Randschalen and. Töpfer wie → Nikosthenes (I) (Oxford, Ashmolean Mus., Inv. Nr 1966.768; ABV, 1956, 113, Nr 80; Tiverios, 1976, Taf. 47 b-c) oder → Epitimos (Kopenhagen, NM, Inv. Nr 13966; Para, 1971, 48 [von L. oder „close imitation"]; Tiverios, 1976, Taf. 62 s.), dessen Kopenhagener Schale mit den kämpfenden Büsten von Athena und Enkelados einen Ausschnitt aus der Gigantomachie enthält; Enkelados' Helmbusch trägt sogar eine Beischrift. Der Maler kombiniert Umriß- und schwarzfigurige Technik; wenige Details charakterisieren Athena als schöne Göttin, Enkelados mit langer Nase, aufgerissenem Auge und struppigem Bart als häßlichen Giganten. Mit der *Augenschale* in New York zeigt sich L. auch am E. seiner Laufbahn noch auf der Höhe der Zeit (Metrop. Mus., Inv. Nr 25.78. 6; ABV, 1956, 116, Nr 9; Tiverios, 1976, Taf. 69), zu neuen Ufern kann seine Dekoration jedoch nicht führen. – L. ist weder formal noch ikonogr. eine Lichtgestalt der attischen Vasenmalerei. In seinem Œuvre spiegelt sich jedoch aufs beste der Weg, den diese von den späten Tierfriesmalern bis zu → Exekias nimmt. Neben den übl. Symposionsgefäßen dekoriert er auch Grabgefäße mit den passenden Themen, wie er sich im wesentlichen an überkommene Bildmuster hält, in die er gelegentl. eine tiefere Bedeutung hineinlegt. Ungewöhnl. häufig für die Zeit sitzt eine kleine Eule irgendwo im myth. Geschehen, wohl als Sinnbild Athens. Er hat eine Vorliebe für klare Komp., die Gesichter seiner kräftigen Figuren sind von großem Ernst erfüllt. Lebhaft zeigt er sich eigtl. nur auf dem großen *Dinos* für die Stadtgöttin Athena mit den vielen Überschneidungen, überreichen Details und Beischriften. Seine übrigen Gefäße überzeugen durch die Sorgfalt der Ausf. und die überlegte Wahl des Themas bzw. der Themenzusammenstellung der beiden Seiten. ▭ ThB23, 1929. RE XIII. 2, 1927 (s.v. L. 6); EAA IV, 1961; LAW, 1965; KlP III, 1969 (s.v. L. 3); DNP VII, 1999 (s.v. L. 2). – *A. Rumpf*, Sakonides, L. 1937; ABV, 1956, 107 ss.; *M. Tiverios*, Ὁ Λυδὸς καὶ τὸ ἔργο του, At. 1976. B. Kreuzer

Lykinos (Λυκῖνος), griech. Töpfer, um die M. und dem 3. V. des 5. Jh. v. Chr. in Athen tätig. Von seinen Werken ist uns nur eine in Ampelokepoi/Attika gefundene schwarzgefirnißte *Deckelpyxis* (oft auch „kleine Lekanis" gen.) bek., die er wie folgt signierte: Λυκῖνος ἀνέθηκεν τῆ Ἀθηνάαι τὸ πρῶτον ἠργάσατο (ehem. Athen, Slg Karapanos). Aus jener Weih-Inschr., welche Pfuhl (1923) „nicht als eigentliche Meistersignatur" bezeichnet, schließt man, daß es sich hier sehr wahrsch. um das „Erstlingswerk" (Kretschmer, 1894) des Künstlers handelte, das er der Göttin Athena in Ampelokepoi weihte. ▭ ThB23, 1929. RE XIII. 2, 1927 (s.v. L. 7); EAA IV, 1961. – *J. de Witte*, BCH 2:1878, 547; *P. Kretschmer*, Griech. Vaseninschr. ihrer Sprache nach untersucht, Gütersloh 1894, 197, Nr 177; *Pfuhl*, MuZ, I, 1923, 244, Paragraph 245; *Hoppin*, BlackFig, 1924, 165; ARV^2, 1963, 1556. L. Koutoussaki

Lykios (I) (Λύκιος; Lycius), aus Eleutherai/Böotien (Ath., deipn., 11, 468 D), Sohn des → Myron (I), griech. Bronzebildhauer, in der 2. H. des 5. Jh. v. Chr. in Athen und in Olympia tätig. Pausanias und Plinius überliefern fünf Bronzewerke, darunter drei mehrfigurige. Erh. oder in Kopien überliefert sind bisher nur fragmentierte Basen: Pausanias (1, 22, 4) erw. auf der Akropolis von Athen bei den Propyläen zwei bronzene *Reiterstandbilder*, deren wiederverwendete fragmentierte Basen mit Inschr.-Resten 1880 und 1889 wiedergefunden und 1949 von Raubitschek, Dedications, 146 ss., Nrn 135, 135a-b ausführl. dok. wurden. Nicht identifiziert ist der von Pausanias (1, 23, 7) angeführte *Knabe mit einem Weihwasserbecken* auf der Akropolis, dessen Basisrest Raubitschek (1949) als Nr 138 vermutet; ebensowenig bek. sind der *feueranblasende Knabe*, die *Argonauten*, die *Siegerstatue des Pankratiasten Autolykos*, wohl dem Knabensieger in Xenophons Symposion, Werke, welche Plinius (nat., 34, 79) ohne Ortsangabe nennt. – Von der bei Pausanias (5, 22, 2) gen. *Kampfgruppe Achill-Memnon* in Olympia mit elf weiteren namentl. aufgeführten Heldenfiguren sind nur Reste der schwarzen Kalksteinbasis erh. (W. Dittenberger/K. Purgold, Die Inschr. von Olympia. Olympia, V, 1896, 711 s., Nr 692), die eine gekrümmte Basis mit überlebensgroßen Bronzestatuen erschließen lassen. Die lit. überlieferten Bronzearbeiten des L. lassen ihn als einen seinerzeit geschätzten Künstler erkennen, dem bed. Aufträge zuteil wurden. Die Bildinhalte der Werke in Athen, die *Bildnisse des Autolykos* und der *Pferde führenden Söhne des Xenophon* sowie der *Weihwasserbeckenträger* haben kaum das Interesse der Kopisten bzw. ihres Klientels erweckt, wohl ebensowenig wie der *Feuerbläser* und die *Argonauten*; und nach unserer Kenntnis des Kopistenwesens gibt es keine Kopien nach Werken in den griech. Heiligtümern, so auch keine der Gruppe von L. Das überlieferte, nur inhaltl. bek. Œuvre verbietet stilist. Zuschr. an diesen Meister über den Vergleich mit Werken seines Vaters → Myron (I). Es ist aber insofern von kultur-gesch. Bedeutung, als die Themen das Interesse außer an Porträts von Zeitgen. an hist.-mytholog. Sujets und aufwendiger Gerätkunst in hochklass. Zeit erkennen lassen. ▭ ThB23, 1929. RE XIII. 2, 1927 (s.v. L. 5); EAA IV, 1961; LAW, 1965 (s.v. L.); KlP III, 1969 (s.v. L. 3); DA XIX, 1996. – *Lippold*, GrPl, 1950, 183 s.; *Raubitschek*, Dedications, 1949. M. Weber

Lykios (II), Sohn des Ktesidemos, griech. Bildhauer, in der röm. Kaiserzeit tätig. Nur bek. durch seine Sign. auf einer Marmorbasis vom Marsfeld in Rom (SEG, II, 522). ▭ ThB23, 1929. RE XIII. 2, 1927 (s.v. L. 6); EAA IV, 1961. – *L. M. Ugolini*, NSc 1923, 248. R. V.

Lykiskos (Lyciscus), vermeintl. griech. Erzgießer. Bei einer Auflistung von Werken des → Leochares (I) folgt bei Plinius (nat., 34, 79) folgender lat. Wortlaut: *Lyciscum mangonem* (so nur beim Codex Bambergensis, der jedoch als die getreueste Wiedergabe des urspr. Textes gilt, bei allen and. Hss.: *luciscus langonem*), *puerum subdolae ac fucatae vernilitatis*. G. Lippold (in RE XIII. 2, 1927) und and. Autoren wollten in L. einen Erzgießer erkennen, der eine Knabenstatue fertigte. Jedoch haben H. Le Bonniec und H. Gallet de Sauterre (autour du texte du Pline „Nat. Hist." XXXIV: Lyciscos et langon „Pline, H. N. XXXIV, 79", RA 1945, 110–114) mit Recht darauf hingewiesen, daß man in L. selbst ein Werk des → Leochares (I) erkennen sollte. L. würde dann von Plinius als „Knabe von hinterlistiger und geheuchelter Freundlichkeit" (Übersetzung von Roderich König in der Artemis-Ausgabe, M./Z. 1989) beschrieben. ▭ RE XIII. 2, 1927; EAA IV, 1961. – *Picard*, Manuel, IV. 2, 1963, 826. R. V.

Lykomedes (Λυκομήδης), griechischer Gemmenschneider, im 2. Jh. v. Chr. im ptolemäischen Ägypten tätig. Sign. überliefert auf einem konvexen *Chalcedon* (Boston, MFA) mit dem qualitätvollen *Bildnis einer hellenistischen Königin*, wahrsch. der Ptolemäerin Kleopatra II. (175/174–116/115 v. Chr.). Die Königin ist durch die Herrscherbinde und Krone mit Stierhörnern und Sonnenscheibe sowie die Frisur mit sog. Isislocken als Herrscherin und Isis gekennzeichnet. ▭ ThB23, 1929. RE XIII. 2, 1927 (s.v. L. 15); EAA IV, 1961. – *A. Furtwängler*, JdI 3:1888, 206; *id.*, JdI 4:1889, 80 ss.; *id.*, AG, III, 1900, 163, Taf. 32, 31; *Beazley*, LewesHouse, 1920, 80, Taf. 6, 95; *Zazoff*, AG, 1983, 206, Anm. 77. B. Lang

Lykon → Plautius Lycon, *Marcus*

Lykos (Λύκος), Sohn des → Satyros (I) oder (II), griech. Erzgießer, um 300 v. Chr. in Delphi tätig. Nur bek. durch seine Sign. auf einer Kalksteinbasis für eine *Statue des Xanthippos*, Sohn des Ampharetos von Phokis, der als Dank für die Befreiung von Elateia von Kassander im Jahre 301 v. Chr. von den Phokern diese Ehrenstatue in Delphi erhielt (heute in Delphi, Inschriftendepot beim Mus., Inv. Nrn 3683 und 3725). ▭ ThB23, 1929. RE XIII. 2, 1927 (s.v. L. 53); EAA IV, 1961. – *T. Homolle*, BCH 23:1899, 388; *W. Peek*, AM 67:1942, 254 s.; *Lippold*, GrPl, 1950, 305; *Marcadé*, Signatures, I, 1953, 65, Taf. 12, 1; *Schmidt*, Statuenbasen, 1995, 282, Nr III. 1; *Muller-Dufeu*, SculptureSource, 2002, 792 s., Nr 2340. R. V.

Lysandros (Λύσανδρο[ς]), angebl. Gemmenschneider oder -besitzer unbek., wohl röm. Zeit. Der Name erscheint in fragm. Form (ΛΥΣΑΝΔΡΟ) auf einem *Skarabäus* in Volterra (Mus. Archeol.). ▭ EAA IV, 1961. B. Lang

Lysanias (Λυσανίας; Lysianas), Sohn des Dionysos, vermeintl. griech. Bildhauer. Nur bek. durch eine Inschr. auf einer Basis für eine *Dionysosstatue* aus Chios (CIG, III, 6162). Er war jedoch eher der Stifter dieser Statue, wie das Wort κατεσκεύασε (hat machen lassen) annehmen läßt. ▭ EAA IV, 1961. – *Loewy*, IGB, 1885, 294 s., Nr 444; *Brunn*, GGK, I, 1889, 422. R. V.

Lysiades (Λυσιάδης), griech. Töpfer, zw. dem letzten V. des 6. Jh. und der 2. H. des 5. Jh. v. Chr. in Athen tätig. L. signierte eine seiner Arbeiten, die in der Lit. entweder als „vorzügliche Lampe mit breitausladendem gefirnißtem Schalenfuß“ (H. Nachod, in: RE XIII. 2, 1927, s.v. L. 7) oder als „Kothon“, im dt. oft als Büchse übersetzt, zu finden ist (Lyon, MBA). Die Sign. Λυσιάδης μ'ἐποί(ε)σεν εὖ weist klar auf den Töpfer hin. ▭ ThB23, 1929. RE XIII. 2, 1927 (s.v. L. 7); EAA IV, 1961. – *Pottier*, VasesLouvre, III, 1922, 806; *Pfuhl*, MuZ, I, 1923, 292, Paragraph 300; *Hoppin*, BlackFig, 1924, 166, Nr 1 mit Abb. *Pfuhl*, MuZ, I, 1923, 292, Paragraph 300, p. 305, Paragraph 316; *Hoppin*, BlackFig, 1924, 166.
L. Koutoussaki

Lysianas → Lysanias

Lysias (I) (Λυσίας), griech. Töpfer, im 3. V. des 6. Jh. v. Chr. in Athen tätig. Sein Name ist uns bek. aus einer Vasen-Inschr. auf einer im Jahre 1863 in Caere (heute Paris, Louvre, Inv. Nr F 339, ehem. Inv. Nr Campana 3273) gefundenen schwarzgefirnißten – nur das Inschriftband ist in heller Farbe – besonderen Form zw. Olpe und Oinochoe. Die Inschr. lautet: Λυσίας μ'ἐποίεσεν ἡμιχόνει, wobei das letzte, z.T. ergänzte Wort die H. des att. Chous bezeichnen soll. Beazley stellte diese Vase in Verbindung mit jenen gleichzeitigen Werken aus der Wkst. des Töpfers → Amasis. Andere Olpen gleicher Sonderform sind: ein *Fragm.* von der Akropolis, verzeichnet mit dem Namen Priapos, und eine von → Kriton (I) signierte *Olpe* in der Slg Goluchów (CVA, Goluchów, Mus. Czartoryski, Taf. 16, 2). ▭ ThB23, 1929. RE XIII. 2, 1927 (s.v. L. 16); EAA IV, 1961 (s.v. L. 1). – *J. de Witte*, RA 1862, 332–335; *W. Klein*, Griech. Vasen mit Meister-Sign., W. 1887, 213; *P. Kretschmer*, Griech. Vasen-Inschr. ihrer Sprache nach untersucht, Gütersloh 1894, 143 s., Nr 127; *Pottier*, VasesLouvre, III, 1922, 700, 805 s., Nr F 339; *Pfuhl*, MuZ, I, 1923, 292, Paragraph 300; *Hoppin*, BlackFig, 1924, 167, Nr 1 mit Abb.; *Beazley*, VPol, 1928, 5; *id.*, BSA 32:1931–1932, 22; ABV, 1956, 446, Nr 1.
L. Koutoussaki

Lysias (II), Sohn des Pyrrhandros, aus Chios, griech. Bildhauer, im 1. V. des 2. Jh. v. Chr. in Lindos tätig. Seine Sign. tragen zwei Basen aus lartischem Marmor von der Akropolis in Lindos (Lindos, II. 1, 1941, 445–447, Nrn 176–177 mit Abb. [letztere trug eine *Statuette eines liegenden Herakles*, von dem noch das auf dem Boden ausgebreitete Löwenfell erh. ist und bei der die Inschr. auf die Darst. in folgender Weise eingeht: L., du hast den Herakles gefertigt, der durch die Schwere des Weines auf das Löwenfell gefallen ist]; Muller-Dufeu, SculptureSource, 2002, 774–777, Nrn 2282 s.). Ob er mit dem gleichnamigen Bildhauer → L. (III) ident. ist, der nach Plinius (nat., 36, 36; Overbeck, SQ, 1868, Nr 2100; Muller-Dufeu, SculptureSource, 2002, 852, Nr 2550) eine marmorne *Quadriga mit Apollon und Artemis* schuf, die Augustus auf einem Bogen zu Ehren seines Vaters C. Octavius auf dem Palatin aufstellen ließ, bleibt ungewiß. ▭ ThB23, 1929. RE XIII. 2, 1927 (s.v. L. 15); EAA IV, 1961 (s.v. L. 2); DNP VII, 1999 (s.v. L. 8). – *Brunn*, GGK, I, 1889, 528; *Lippold*, GrPl, 1950, 352, Anm. 5 und 6.
R. V.

Lysias (III), griech. Bildhauer unbek. Zeit. Nach Plinius (nat., 36, 36; Overbeck, SQ, 1868, Nr 2100; E. Simon, LIMC II, 1984, 368, Nr 9; Muller-Dufeu, SculptureSource, 2002, 852, Nr 2550) schuf er eine *Quadriga mit Apollon und Artemis* aus einem einzigen Marmorblock, die Augustus wohl um 31 v. Chr. auf einem Bogen zu Ehren seines Vaters C. Octavius auf dem Palatin aufstellen ließ. Ob er mit dem gleichnamigen Bildhauer → L. (II), ident. ist, der uns durch zwei Sign. auf Basen von der Akropolis in Lindos bek. ist, kann nicht gesagt werden. ▭ ThB23, 1929. RE XIII. 2, 1927 (s.v. L. 15); EAA IV, 1961 (s.v. L. 2); KlP III, 1969 (s.v. L. 8); DNP VII, 1999 (s.v. L. 8). – *Brunn*, GGK, I, 1889, 528; *Lippold*, GrPl, 1950, 352, Anm. 7; *Pape*, Kriegsbeute, 1975, 149; *F. S. Kleiner*, The arch of Nero in Rom, R. 1985, 22 s.; *id.*, Historia 37:1988, 347–357; *S. De Maria*, Gli archi onorari di Roma e dell'Italia romana, R. 1988, 80 s., 103–105, 268 s., Nr 57; *F. S. Kleiner*, in: LTUR I, 1993, 102.
R. V.

Lysid... (Λυσιδ...), Münzstempelschneider, nachweisl. in Syrakus/Sizilien z.Z. der sog. letzten Demokratie (214–212 v. Chr.) oder kurz danach (Burnett, 1983) tätig. Die Inschr. ΛΥCΙΔ bzw. ΛΥ erscheint innerhalb der doppelten Bodenlinie einiger Syrakusaner *Silbermünzen zu acht Litren*, deren Vorderseiten von dem ährenbekränzten Kopf einer Göttin (Demeter?) im Profil nach links eingenommen wird, während die Rückseiten-Darst. eine von Nike gelenkte Quadriga nach rechts zeigt. Die Vorderseiten aller bek. Exemplare dieses Typs wurden aus demselben Stempel geprägt; für die Rückseiten hingegen sind drei versch. Stempel nachzuweisen, einer mit ΛΥCΙΔ, die beiden and. mit ΛΥ. Die versteckte Anbringung der Buchstaben legt nahe, daß es sich hier um eine Künstler-Inschr. handelt (vgl. z.B. die sehr ähnl. Sign. aller drei in Thurioi namentl. bek. Stempelschneider → [H]istor[os], →

Molossos und → Nikandros [I]), auch wenn ansonsten aus der Zeit nach der sog. Periode der signierenden Künstler (spätes 5./A. 4. Jh. v. Chr.) nur noch wenige and. Parallelbeispiele zu finden sind. ▭ *A. Burnett*, SchwNR 62:1983, 25, Nrn 52–53, Taf. 10; *H. A. Cahn u.a.*, Griech. Münzen aus Grossgriechenland und Sizilien (K Antiken-Mus. Basel und Slg Ludwig), Basel 1988, 149, Nr 541; Numismatica Ars Classica AG, Auktion 13, Zürich, 8. Oktober 1998, Nr 541. Th. Ganschow

Lysikles (Λυσικλῆς), griech. Bildhauer, um 300 v. Chr. tätig. Nur bek. durch seine Sign. auf einer Travertinbasis aus Ostia für eine *Statue des Komödiendichters Platon*, der um 400 v. Chr. gelebt hat. Die Inschr. dat. in die erste H. des 1. Jh. v. Chr. Es kann nicht bestimmt werden, ob die Basis eine Kopie des griech. Orig.-Werks oder sogar die Orig.-Statue aus Bronze trug, die viell. als Beutekunst nach Ostia kam und dort aufgestellt worden ist. Die Basis wurde zus. mit zwei weiteren gefunden, die Sign. der Bildhauer → Phradmon und → Phyromachos (II) aufweisen. ▭ EAA, Suppl., 1970 (1973). – *F. Zevi*, RendPontAcc 42:1969/70, 110–116, Abb. 19; *N. Himmelmann*, in: *B. Andreae u.a.* (Ed.), Phyromachos-Probleme, Mainz 1990 (RM, ErgH., 31), 19–23, Taf. 36. R. V.

Lysippos (I) (Λύσιππος; Lysippus), aus Sikyon, Sohn des Λυσ[...] (unvollst. überliefertes Patronymikon [Marcadé, I, 1953, 66]), der epigraph. (Inschr. Kos; vgl. Moreno, 1974, 46, 108–113, Nr 13, Abb. 37) und der lit. Überlieferung (Anth. Gr., 16, 332) nach betagt, Bruder des → Lysistratos, Vater von → Daippos, → Boidas und → Euthykrates (I), griech. Bildhauer, * um 390 v. Chr., tätig bis etwa 305 v. Chr. Die Orte, an denen sein Schaffen belegt ist, umspannen den weitesten Raum, den ein antiker Künstler je erfüllt hat: Sikyon, Korinth, Argos, Olympia, Megara, Athen, Theben, Thespiai, Helikon, Delphi und Thermos (Inschr.: Moreno, 1974, 46, 117–122, Nr 15, Abb. 31), des weiteren Pharsalos, Alyzeia, Mieza, Pella, Dion, Kassandreia, Lampsakos, Ephesos, Myndos, Rhodos, Lindos, Kos und Tarent; wahrsch. war er ferner in Sagalassos, Sidon, Tyros, Alexandreia/Ägypten und überdies in Zentren, die im Einflußbereich Alexanders d. Gr. lagen, tätig. – L.' Biograph Duris (Plin., nat., 34, 61 s.) rühmt ihn dafür, daß er ohne Lehrmeister zu Ruhm gelangt sei; zu diesem Weg soll ihn eine Bemerkung des Malers → Eupompos ermutigt haben (Plin., ibid.). Mit → Apelles (I) tauschte er sich über ihre jeweiligen Zchngn aus (Synes., epist., 1). Als seinen eigtl. Meister soll L. den Doryphoros des → Polykleitos (I) bez. haben (Cic., Brut., 296). Mit → Polykleitos (III) arbeitete er in Theben zus., mit → Leochares (I) in Delphi. Wahrsch. waren → Euphranor (I) und → Leochares (I) an der *Familien-Gruppe des Daochos II.* in Pharsalos beteiligt, die gleichermaßen durch eine Marmor-Replik in Delphi bek. ist. Auch die von → Timotheos (I) und → Skopas (II) auf der Peloponnes geschaffenen Werke waren für L. vorbildlich. L. war der Lehrmeister von → Chares (II) und → Eutychides (I); in den beiden folgenden Generationen brachte seine Schule → Teisikrates und → Thoinias hervor. Noch die Statuen des Erstgenannten ließen sich lt. Plinius „nur mit Mühe" von denen des L. unterscheiden (nat., 34, 67). – Nach den Angaben des Plinius (nat., 34, 37) soll L. 1500 Bronzen geschaffen haben. Der Schriftsteller überliefert ein gutes Dutzend ihrer Themen und spricht ferner von Gruppenzusammenhängen. Aus and. Aufzeichnungen, griech., röm., byz. und humanist., sowie aus Inschr. läßt sich ein Kat. von mehr als 50 Kunstwerken zusammenstellen: daraus lassen sich an die 15 Werke sicher wiederherstellen, für noch einmal so viele sind die Vorschläge wahrscheinlich zutreffend. Bei den übrigen muß auf hist. Einordnungen zurückgegriffen werden. Mit den Zuschr., die mit Blick auf die schriftl. überlieferten Werke durch Analogieschluß erfolgen, lassen sich insgesamt 60 Werktitel zusammenstellen: Das der Überlieferung nach früheste Werk des L. ist der *Troilos* von Elis, den Pausanias (6, 1, 4–5) an der S-Seite des Hera-Tempels in Olympia sah. Der Pferdezüchter Troilos hatte das Rennen der Zweigespänne und anschl. auch das der Fohlenquadrigen gewonnen. Wie u.a. aus der kürzl. wiederentdeckten Inschr. hervorgeht, war er im selben Jahr auch Wettkampfrichter (Moreno, Lisippo, 1995, 47, Nr 4.1.1). Nur wenig später entstand der ebenfalls von Pausanias (2, 9, 6) erw. *Zeus* auf der Agora von Sikyon (I. Leventi, LIMC, VIII, 1997, 343, Nr 226, s.v. Zeus), der durch eine unter Caracalla geprägte Münze bek. ist (S. Kremydi-Sicilianou, LIMC, VIII, 1997, 363, Nr 448, s.v. Zeus): Die Figur war am Zeus Brontaios orientiert, den → Leochares (I) 371 v. Chr. in Megalopolis errichtet hatte. Die Eigenheiten von L.' Ponderierung lassen sich an den kaiserzeitl. Münzen aus Argos ablesen, die den *Zeus Nemeios* wiedergeben, den der Künstler in dieser Stadt errichtet hatte (Paus., 2, 20, 3; F. Smith, in: Moreno, 1995, 51, Nr 4.4.1; I. Leventi, LIMC, VIII, 1997, 343, Nr 225, s.v. Zeus; S. Kremydi-Sicilianou, ibid., 363, Nr 449 m. Abb.): Der Gott ruht auf seinem rechten Bein und hält in der erhobenen rechten Hand das Szepter; das linke Bein vollzieht einen Schritt zur Seite hin, die linke Hand ruht auf seiner Hüfte. Der Kopf ist spannungslos zu dieser Seite gedreht, ein bei L. durchgehend zu findendes Schema. – Der Periode der theban. Herrschaft wird die *Statue des Pelopidas* zugewiesen, deren Sockel mit der Sign. des L. und einem Epigramm von großer hist. Bedeutung 1992 im böot. Akraiphia gefunden wurde: „Das Vaterland, welches das gesamte Hellas mit der Gewalt der Lanze besiegt, hat als Heerführer im Krieg ihn hier gewählt, der bereits bei and. Gelegenheit den zahlr. Gefahren des Ares entgegentrat und so die furchtlosen Thebaner noch größer machte. Von Hippias, Sohn des Erotion, dem Zeus Soter gewidmet. Von Lysippos Sikyonios ausgeführt" (A. Pariet, BCH 117:1993, 824; E. B. French, ARepLondon 39:1993, 35; P. Ducrey, CRAI 1999, 7–19). An der Plinthe sind die Spuren einer stehenden Figur zu sehen, die mit der Rechten die Lanze hielt. Bei der Pelopidas aufgrund seiner vorausgehenden Ruhmestaten übertragenen Befehlsgewalt dürfte es sich um den Zug nach Thessalien gegen Alexandros von Pherai im Jahr 364 v. Chr. gehandelt haben. Im selben Jahr, nach dem Tod des Pelopidas in der Schlacht von Kynoskephalai, führte L. im Auftrag der Thessaler die Statue des Heerführers in Delphi aus. In der zugehörigen Inschr. ließ L. dem eig. Namen den des Vaters folgen. Die ersten Buchstaben haben sich erh.: „Lys." (J. Bousquet, RA 14:1939, 125–132; Marcadé, Signatures, I, 1953, 66; Moreno, 1974, 43, 52 s., Anm. 2, Abb. 3–11; id., Lisippo, 1995, 48 s., Nr 4.2.1). – Eine in den Thermen von Argos gefundene kopflose Kopie aus hadrian. Zeit zeigt den ersten, lebensgroß ausgef. Typus des *ausruhenden Herakles* (Moreno, Lisippo, 1995, 52, Nr. 4.4.2): Wie eine Inschr. an der späteren Kopie Pitti-Farnese bezeugt, handelt es sich dabei um eine Erfindung von L. Der Typus aus Argos kehrt auch in einer Statuette wieder, die den Kopf der lysipp. Trad. folgend zu der weniger angespannten Seite hin gewendet hat (Wien, Kunsthist. Mus.; vgl. Moreno, Lisippo, 1995, 53, Nr 4.4.3). Dieser Typus stellt das älteste Schema des ruhenden Herakles dar. Die Wichtigkeit dieses Schemas bestätigt sich auch durch die Anwesenheit des Herakles von Argos als kleines Beizeichen auf der Rückseite einiger Tetradrachmen des Demetrios Poliorketes, die auf der Peloponnes geprägt worden sind (F. Smith, in: Moreno, Lisippo, 1995, 51, Nr 4.4.1), und durch ihre Adaption für eine Figur des Eros mit Attributen des Herakles auf dem Gem. in einem Grab von Kassandreia um 315 v. Chr. (heute Thessaloniki, Archäol. Mus.; K. Sismanidis, Klínes kai klinoeideís kataskeués ton makedonikón táphon, At. 1997, 45 s., Taf. 6, b, 26, 27 b; Moreno, 2002, 121, Abb. 255). – Bei den Olymp. Spielen der Jahre 344 und 340 v. Chr. gewann wahrsch. Kallikrates, geb. im ion. Magnesia, im Waffenlauf der Knaben: Pausanias (6, 17, 3) erw., daß seine von L. geschaffene Statue an der S-Seite des Zeus-Tempels in Olympia gestanden habe. In diese Jahre wird auch der in der Adria gefundene *Athlet* aus Bronze dat. (Malibu, J. Paul Getty Mus.), bei dem es sich um eine innovative Variante eines Läufers handelt, der sich mit seiner Rechten an den olivenzweigbekränzten Kopf faßt (J. Frel, Studia varia, R. 1994, 70–90; A. Viacava, L'atleta di Fano, R. 1994; ead., in: Moreno, 1995, 68–72, Nr 4.10.1). Die Berühmtheit des Orig., das in vielfacher Hinsicht eine Konkretisierung des lysipp. Kanons darstellte, belegen zahlr. statuar. Kopien sowie Nachbildungen in and. Techniken. Hierzu zählen der Typus des sich selbst bekränzenden Herakles auf den baktr. Münzen (Moreno, 1987, 149, Abb. 87) sowie eine Statuette im Vatikan (Mus. Chiaramonti; A. Viacava, in: Moreno, Lisippo, 1995, 61, Nr 4.6.1). Bei dieser könnte es sich um den Herakles handeln, den Lucius Mummius von Korinth – wo die Tätigkeit des L. durch zwei Inschr. bezeugt ist – nach Rom brachte (Moreno, 1974, 43 s., 55–58, Nrn 3–4, Abb. 12), um ihn dort in einem soeben zu Ehren des Hercules Victor errichteten Tempel zu weihen (A. Viacava, ibid., 62, Nr 4.6.2; LTUR, III, 1996, s.v. Hercules Victor, aedes et signum, 23–25). – Als Alexander in den Jahren 343–340 v. Chr. unter der Aufsicht des Aristoteles in Mieza erzogen wurde, schuf L. die ersten *Bildnisse* des späteren Herrschers (Plin., nat., 34, 63; Chor., dial. 34, 1–3). Eines von ihnen ist wohl mit der *Statue des Alexander Pan* im Mus. von Pella, Inv. Nr GL 43, zu identifizieren, da diese genau die gleiche Gesichtsstruktur aufweist wie der *Agias* in Pharsalos (P. Moreno, in: Alessandro Magno. Storia e mito, Mi. 1995, 117–118, Text-Abb.; A. Kottaridou, ibid., 310, Nr 106). Eine von L. ausgef. *Bronzegruppe* inspirierte die Löwenjagd, die ein Kieselmosaik in Pella wiedergibt, auf dem der gleichaltrige Hephaistion dem jugendl. Alexander zu Hilfe eilt (Moreno, Lisippo, 1995, 63, Nr 4.7.1; id., La bellezza classica, To. 2001, 208–214, Abb. 244, 246, 248). 341 v. Chr. erwarb Philipp von Makedonien das Pferd Boukephalos, mit dem sein Sohn Alexander vermutl. auf der *Bronzestatuette* in Rom, MN Etrusco di Villa Giulia (ehem. Rom, Coll. Castellani) dargestellt ist: Alexander reitet nackt bis auf seinen vom Wind aufgebauschten Umhang und hat die Rechte erhoben, um ein wildes Tier mit dem Wurfspeer zu töten (Moreno, Lisippo, 1995, 65–67, Nr 4.9.1). Kurz nach der Schlacht von Chaironeia (338 v. Chr.) stiftete Daochos II., einer der Hauptverantwortlichen für den Erfolg der Makedonier, in

Pharsalos ein *Gruppenbildnis* seiner Vorfahren, das sich an dem *Syngenikon* orientierte, das → Leochares (I) im Auftrag Philipps in Olympia errichtet hatte: Wie eine im 19. Jh. publ., heute verlorene Inschr. bewies, waren die Statuen der Thessaler in Bronze ausgef., die des *Agias*, Sohn des Aknonios, war von L. signiert (Moreno, Lisippo, 1974, 44, 62–66, Nr 6, Abb. 17). Daochos, gewählter Hieromnemon der Thessaler des Jahres 337/336 v. Chr. in der Delph. Amphiktyonie, hat die Weihung in Delphi in einem rechteckigen Heroon wiederholt (J.-F. Bommelaer/D. Laroche, Guide de Delphes, Le site, P. 1991, 200 s., Nr 511, Abb. 85); die Statuen sind als genaue Kopien in par. Marmor ausgef. und haben sich größtenteils erh. (T. Dohrn, APl VIII, 1968, 33–53; J. Marcadé/F. Croissant, in: Guide de Delphes, Le Mus., P. 1991, 91–98, Abb. 49–56). Der *Agias* stellt das früheste sicher dat. Bildnis eines Werkes von L. dar (Moreno, Lisippo, 1995, 82, Nr 4.11.1). An der Figur eines siegreichen Athleten, die etwa gleichzeitig auf eine panathenäische Amphora gemalt wurde (Fragm., Athen, Kerameikos-Mus.; vgl. Moreno, Lisippo, 1995, 88, Nr 4.11.6), läßt sich die gleiche Körperhaltung wie beim *Agias* beobachten: Der Jüngling hält mit der rechten Hand einen Palmzweig, der bei *Agias* in Bronze appliziert war. Mit guten Gründen läßt sich L. auch die letzte Statue auf der linken Seite der Gruppe in Delphi zuschreiben, die des jungen, auf eine Herme gestützten *Sisyphos II.* (Moreno, Lisippo, 1995, 84, Nr 4.11.3): Seine Ponderierung entspricht der des *Agias*, seine Gestik der des jungen Athleten in Berlin, von dem sich weitere Kopien des Kopfes erh. haben (Moreno, Lisippo, 1995, 226–229, Nr 4.34.1-3; H. Heres, in: B. Knittlmayer/W.-D. Heilmeyer, Die Antiken-Slg, Staatl. Mus. zu Berlin, Mainz 1998, 56 s., Nr 24). Wenn man sich den vorausgehenden Auftrag der Thessaler für den *Pelopidas* vor Augen führt, liegt es nahe, in dem bereits erw. Daochos II., der aus Pharsalos, der bei Skotoussa liegenden Stadt, stammte, auch den Auftraggeber für die Statue des in Skotoussa gebürtigen Polydamas in Olympia zu sehen: Die Weihung fand zw. 338 und 336 v. Chr. statt, als Philipp in Olympia den Sieg der Makedonier feierte. Zur Identifizierung eines Blockes aus dem Sockel des Denkmals, der auf drei Seiten Reliefs mit den Taten des Polydamas trägt, hat maßgebl. die Schilderung des Pausanias (6, 5, 1–9) beigetragen (G. Treu, Olympia, III, B. 1897, 209–212, Taf. 55, 1–3; J. Marcadé, in: J. Chamay [Ed.], Lysippe et son influence, Genf 1987, 113–124, Taf. 25). Da der Athlet in der 2. H. des 5. Jh. v. Chr. lebte, handelt es sich um ein postumes Bildnis. Die Friese zeigen den Nacheiferer des Herakles, der mit bloßen Händen einen Löwen am Fuße des Olymp erlegt; in der zweiten Szene sitzt er auf einem riesigen, bereits besiegten Löwen; schließl. ist er am Hof des Dareios Ochos dargestellt, wo er unbewaffnet gegen einen Wachmann des persischen Herrschers kämpft. Die Oberfläche des Blocks ist mit einer Anathyrosis zur Anbringung der quadrat. Plinthe versehen, deren Seiten wenig mehr als einen Meter lang waren. Von ihr wurde kürzl. ein Fragm. mit einigen Buchstaben der Inschr. entdeckt (H. Taeuber, Nikephoros 10:1997, 235–241, Taf. 8). Die zugehörige Statue war keine einfache Standfigur: Man muß sich den Pankratiasten wohl entweder in Lauerstellung mit gespreizten Beinen oder zus. mit einem Gegner, am besten aber als sitzend wie den Faustkämpfer aus den Thermen vorstellen (Rom, MN Romano, Inv. Nr 545; N. Himmelmann, Herrscher und Athlet, Mi. 1989, 165–180, 201–202, Nr 1, Text-Abb.; D. Candilio, in: Rotunda Diocletiani, R. 1991, 62–63, Nr 2; Moreno, 2001, 193–202, Abb. 218, 220, 224–232), der genau den Raum einnimmt, den der Sockel aus Olympia zur Verfügung stellt. Der Faustkämpfer aus den Thermen, wegen einer irrtüml. Lesung des Namens Apollonios (→ Apollonios [VI]) früher als späthellenist. Werk eingestuft (R. Carpenter, MemAmAc 6:1927, 134 s., Taf. 49, 1 und 50), erweist sich durch seine geometr. aufgebaute und kompakte Pose, seine Anatomie und die Frisur als Orig. des 4. Jh. v. Chr., das sich den Werken des L. an die Seite stellen läßt. Die Ohren sind so stark von den erlittenen Verletzungen geschwollen, daß der Hörkanal verstopft ist. Der solcherart betäubte Athlet wendet sich brüsk nach dem Klang der Trompete um, der der Ausrufung des Siegers vorausgeht. Bei seiner Bewegung nach rechts fallen die Blutstropfen aus seinen Wunden im Gesicht auf das rechte Bein und den rechten Arm. Diese Momentaufnahme von seltener Intensität, ausgef. in tauschiertem Kupfer, erinnert an L.' Gest. des *Kairos*. Darüber hinaus wurde L. als einziger Künstler der Antike für seine Fähigkeit gefeiert, die Taubheit darzustellen (Tzetz., ep., 95; Tzetz., chil., 10, 323, 282; gnomologium Vaticanum, 399). Die schriftl. Überlieferung weist L. die Ausf. einer kleinformatigen *Statue des sitzenden Herakles* in den ersten Regierungsjahren Alexanders d. Gr. zu, der das Werk stets in seiner Nähe aufbewahrt haben soll. Statius (silv., 4, 6, 69 s.) berichtet, daß Alexander die Figur bereits besaß, als er 335 v. Chr. Theben zerstörte. Mit dem Epitheton des Epitrapezios („Beschützer des Tisches") stimmt eine Beschr. in zwei Werken Martials überein (9, 43 und 44). Demnach war die Figur einen Fuß hoch. Herakles saß auf einem Stein, wobei ihm das Löwenfell als Unterlage diente. In der Linken hielt er die Keule, in der Rechten einen Weinkelch, den Kopf hoch erhoben. Das Monument, das am besten der Beschr. der antiken Schriftsteller entspricht, ist die Bronzestatuette in Wien, Kunsthist. Mus., bei der die Kräfte antithetisch verteilt sind (A. Latini, RdA 19:1995, 62–74, Abb. 5). Das Gesicht erinnert an den Kopf des Marmor-Herakles im Mus. von Lucera, der die beste Beurteilung des Bartes und der Haare zuläßt (A. Latini, in: Moreno, Lisippo, 1995, 142–145, Nr 4.17.1). Mit der Vorherrschaft des Makedonen in Mittelgriechenland scheint die Weihung des von L. gearbeiteten *Eros* mit dem Heiligtum von Thespiai verbunden zu sein, wo der junge Gott einen eig. Kult hatte. Denn Alexander stützte sich bei seinen Unternehmungen, die schließl. zur Zerstörung Thebens führten, auf Thespiai. Die Identifizierung der Bronze des L. mit Hilfe der röm. Kopien als *Eros, der die Bogenspannung prüft,* markiert den Beginn der Bekanntheit des Künstlers in der Moderne. In den ersten Jahren des 19. Jh. schrieb Ennio Quirino Visconti L. das Orig. der Statue in der Villa d'Este (heute Rom, Mus. Capitolino) zu. Seither wurden mehr als 40 Statuen oder Torsi und mehr als 50 Köpfe entdeckt, die diesem Typus verwandt sind (H. Döhl, Der Eros des Lysipp, Göttingen 1968; K. Moser von Filseck, Kairos und Eros, Bonn 1990; Moreno, Lisippo, 1995, 111–129, Nrn 4.15.1-12; E. Lopes, PP 326:2002, 372–384). Wichtige Elemente weist der Eros in Rom, MN Romano, auf, der in Gabii gefunden wurde (B. Germini, in: A. La Regina [Ed.], Mus. Naz. Romano, Pal. Massimo alle Terme, Mi. 1998, 144 s., Text-Abb.). Eine Münze aus Kydonia (325–300 v. Chr.) bestätigt die Dat. des Archetyps und trägt zudem zum Verständnis der Gestik bei, die oft als Einspannen der Sehne mißdeutet wurde: Auf ihr ist Kydon, der namensgebende Held der kret. Stadt, als Jäger wiedergegeben, der die Spannung des bereits mit der Sehne versehenen Bogens prüft (V. Niniou-Kindelis, LIMC VI, 1992, 153, Nr 6 m. Abb., s.v. Kydon). Ein Vers Ovids (Met., 5, 383) erklärt diesen Vorgang: „indem er mit dem Knie entgegenwirkte, krümmte er das biegsame Horn." Die Figur des auf dem Löwen sitzenden Polydamas auf dem Relief aus Olympia legt seine Zuweisung zu einem in der Lit. nicht überlieferten Werk L.' nahe, näml. an die eines sitzenden Hermes. Eine Marmor-Skulpt. im Mus. von Merida (A. Garcia y Bellido, Esculturas romanas de España, Ma. 1949, 84–86, Nr 66, Taf. 61) und zahlr. Bronzestatuetten (L. Beschi, I bronzetti romani di Montorio Veronese, Ve. 1962, 43–48, Typ A, Nr. I-XV) zeigen den Gott bei der Rast am Abhang des Berges Kyllene, seinem Geburtsort, an den er aus Liebe zur Nymphe Dryope als Schäfer zurückgekehrt war. Das beste Exemplar ist die Bronzestatuette in Wien, KHM (G. Siebert, LIMC, V, 1990, 368, Nr 962 a m. Abb., s.v. Hermes; F. Smith, MEFRA 107:1995, 1153–63, Abb. 1, 2, 4, 5, 8). Ein weiteres Argument für die Zuschr. des *Hermes Merida-Wien* an L. (Moreno, Lisippo, 1995, 130–139, Nrn 4. 16. 1-6), liefert die Figur des *Dionysos vom Helikon*, den Pausanias (9, 30, 1) als Werk des L. erw. und darüber hinaus als sitzend beschreibt: Wegen der Nähe dieses Berges zu Thespiai könnte der Auftrag für die Figur aus demselben Umfeld stammen wie der für den *Eros*. Eine Marmorkopie des Dionysos wurde im 16. Jh. in Rom gez. (S. Reinach, L'album de Pierre Jacques, P. 1902, 132, Taf. 70 bis) und anschl. in die Slg Medici in Florenz überführt, wo sie 1762 beim Brand der Uffizien zugrundeging. Ihr Aussehen ist jedoch durch eine zweite graph. Reprod. überliefert (A. F. Gori, Mus. Florentinum, III, Fi. 1740, Taf. 49). Ihr ähnelt eine Marmor-Skulpt. in Philadelphia (ehem. Rom, Collegio del Nazzareno) mit nicht zugehörigem Kopf (C. Gasparri, LIMC, III, 1986, 438 s., Nr 141 a m. Abb., s.v. Dionysos; Moreno, 1987, 68–72, Abb. 27). Der Typus läßt sich auch in einer erg. Marmorstatue der Coll. Potocki in Lancut erkennen (T. Mikocki, CSIR, Pologne, III, 1, War. 1994, 27–29, Nr 13, Taf. 9). Der erste Auftrag von L. in Asien ist die *Gruppe von Reitern*, die in der Schlacht am Granikos gefallen sind (Mai 334 v. Chr.), die für das Zeus-Heiligtum in Dion bestimmt war (G. Calcani, Cavalieri di bronzo, R. 1989). Aus der Besonderheit dieses Werkes erklärt sich die reiche Quellenlage: Es handelt sich um das älteste Denkmal für eine größere Zahl von Reitern. Die Entscheidung, die Kriegshelden auf diesem Wege zu ehren, wurde sofort im Anschluß an die Schlacht getroffen. Aristobulos und Ptolemaios, die Augenzeugen dieser Vorgänge waren, loben die große Ähnlichkeit der Bildnisse mit den Gefallenen. Velleius Paterculus (1, 2, 3 s.) und Plinius (nat., 34, 64) beschrieben die Bronzegruppe im Anschluß an ihre Überführung nach Rom durch Q. Caecilius Metellus Macedonicus im Jahr 146 v. Chr. Die Figuren wurden in der Porticus Metelli aufgestellt, gegenüber den Tempeln des Iuppiter und der Iuno Regina, wo sie nach der Umstrukturierung der Anlage zur Porticus Octaviae verblieben. Wie eine spätantike Inschr. belegt, überstand das Ensemble auch die Verwüstung Roms durch Alarich (L. Moretti, IGUR, I, 1968, Nr 69; G. Calcani, in: Moreno, Lisippo, 1995, 156, Nr 4.18.4). Das Werk zeigte die 25 beim Durchqueren des Flusses gefallenen Helden (Hetairoi) gemeinsam mit dem König bei einem eindrucksvollen Ritt. Eine Bronzestatuette aus Herculaneum in Neapel, Mus. Archeol. Naz., wird als verkleinerte Kopie Alexanders aus dieser Gruppe angesehen. Alexander ist im Begriff, mit dem Schwert einen Hieb zu erteilen. Die Figur seines Gegners dürfte in der orig. Plastik als Stütze für das sich aufbäumende Reittier gedient haben (G. Calcani, in: J. Carlsen [Ed.], Alexander the Great, reality and myth, R. 1993, 29–39, Abb. 1–3, 8). Ein zus. mit dem Alexander gefundenes Pferd (G. Calcani, in: Alessandro Magno. Storia e mito, Mi. 1995, 236, NR 28) gleicht in den Proportionen, in der Bewegung und in der Gestaltung der Mähne demjenigen der Reitergruppe aus Misenum im Mus. von Neapel: Domitian (später in Nerva umgewandelt) trug eine Rüstung, die derjenigen des Alexander vom Granikos ähnelt (E. Pozzi [Ed.], Domiziano Nerva. La statua equestre, N. 1987, Taf. 1–8). Auch in Lampsakos, der griech. Kolonie in der Nähe des Kriegsschauplatzes, ließ Alexander seine verlorenen Mitstreiter ehren. Hier führte L. den *gefallenen Löwen* (τὸν πεπτωκότα λέοντα) aus, ein Grabmal, das später von Agrippa nach Rom überführt und passenderweise zw. dem Stagnum und dem Euripus aufgestellt wurde, so, wie es sich am Originalort über den Wassern des Hellesponts erhob (Strab., 13, 590). Das erw. Relief vom Sockel der Polydamas-Statue mit der Tötung des Löwen durch den Athleten stellt die lysipp. Version dieses Themas dar. Das in Rom von Ovid bewunderte Werk (ars, 1, 67–68) beeinflußte die Darst. des getöteten Löwen in einem der Tondi des Konstantinsbogens (G. Calcani, RIASA 19/20:1996/1997, 186 s., Abb. 10). Wenn man sich am Typus des *Agias* orientiert, kommt für die Identifizierung des *Alexanders mit der Lanze*, den L. 334 v. Chr. in Ephesos ausführte (Plut., mor., 355 B; 360 D; Alex., 4, 1), eine Statuette in Frage, die in Velleia gefunden wurde (Parma, MN di Antichità; vgl. F. D'Andria, Bronzi romani da Velleia, Mi. 1970, 45 s., Nr 20, Taf. 13; Moreno, Lisippo, 1995, 159, Nr 4.19.3). Die Frisur weist Ähnlichkeiten mit der eines Alexander-Portr. in Kopenhagen auf (Ny Carlsberg Glyptotek, Inv. Nr 441; vgl. Moreno, Lisippo, 1995, 162, Nr 4.19.5). Wenn die Zuschr. eines *Eros* aus Myndos an L. zutrifft, ergibt sich daraus, daß der Künstler Alexander nach Karien folgte. Zu diesem Schluß führt die philolog. Überarbeitung eines Textes von Georgios Kedrenos (synopsis historiarum, 322 b), in dem die antiken Skulpt. im Lauseion von Konstantinopel aufgezählt werden, ein Gebäude, das vor kurzem identifiziert wurde (C. Mango, DOP 17:1963, 65–67; S. Guberti Bassett, ArtB 82:2000, 6–25): „Der geflügelte Eros mit dem Bogen, ein Werk des Lysippos, aus Myndos stammend." Das Thema der Skulpt. ist indirekt überliefert: Unter den Zchngn im Louvre, auf denen die Reliefs der Arcadiussäule wiedergegeben sind, befindet sich eine Triumphszene, die ein mit Statuen geschmücktes Gebäude zeigt. Bei diesem dürfte es sich um den Wohnsitz des Lausos handeln, eines hohen Beamten von Kaiser Arcadius (383–408 n. Chr.) (G. Q. Giglioli, La colonna di Arcadio, N. 1952, 15–18, Abb. 24). Der in einer Nische aufgestellte Eros vollzieht eine Bewegung nach rechts und wendet seinen Kopf gleichzeitig in die Gegenrichtung. Seine Waffe sitzt nicht auf der Außenseite seines rechten Beins wie bei dem *Eros von Thespiai* auf, sondern auf der Innenseite des Knies. Eine Erklärung für diese Haltung bietet der *Zerstreute Eros* in Verona (Mus. Archeol.; vgl. H. Döhl, Der Eros des Lysipp, Göttingen 1968, 63, Nr V. 6; Moreno, Lisippo, 1995, 167, Nr 4.20.2), der in seinen gelängten Proportionen sowohl dem Jüngling auf der Zchng im Louvre ähnelt als auch den in Relief ausgef. Kopien der Skulpt., wie dem Entwurf in Athen, NM (P. Moreno, RIA 6/7:1983/84, 43–45, Abb. 66), dem Sarkophag in Kephisia (C. Robert, ASR, II, 1890, 9–10, Nr 9, Taf. III, Abb. 9 b) und einem in seiner Echtheit nicht gesicherten Werk in Hever Castle (G. Astor/ D. Strong, Statuary and sculpt. at Hever, Ipswich 1969, 13, Nr 124): Der Gott hat seinen Bogen zw. beiden Beinen eingeklemmt, um ihn zu bespannen. Als ihn unversehens Aphrodite ruft, wendet er brüsk seinen Kopf zur Seite. Die statuar. Kopien in Venedig (Mus. Archeol.) und im Vatikan legen eine hellenist. Umbildung des Themas mit kindl. rundlichen Formen nahe. Eine kaiserzeitl. Münze aus Sagalassos bestätigt die frühe Anwesenheit von L. bei den Unternehmungen in Asien. An die Bekräftigung der Allianz mit den stolzen Einwohnern Pisidiens erinnert eine Gruppe von Statuen, die durch eine Bronzemünze von Claudius II. Gothicus (268–270 n. Chr.) überliefert ist: Auf dem Revers kämpft Alexander zu Pferde, durch die Inschr. bez. gegen einen Schildträger in lokaler Tracht (Moreno, 1987, 100–102, Abb. 49; P. R. Franke, in: Moreno, Lisippo, 1995, 170 s., Nr 4.21.1). In der Mitte dahinter steht Zeus auf einem Sockel und hebt den blitzhaltenden Arm. Indem L. hier das Handeln des Herrschers mit dem Willen des Gottes in Beziehung setzt, sich gleichzeitig aber der Identifizierung Alexanders mit jenem verweigerte, übte er Kritik am Keraunophoros des → Apelles (I) (Plut., Is., 24 d). Zw. 332–307 v. Chr. arbeitete zunächst → Leochares (I) und nach ihm L. (Plin., nat., 34, 64) an der *Bronzegruppe* in Delphi, die *Alexander und Krateros bei der Löwen-*

jagd zeigte. Plutarch (Alex., 40, 4) zufolge soll L. den Löwen und die Hunde geschaffen haben. Auch Plinius (nat., 34, 63) spricht von „canibus ac venatione". Gut ein Sechstel des Werks ist durch ein Relief aus Messene überliefert, das eine große Rundbasis schmückt (Paris, Louvre; vgl. Moreno, Lisippo, 1995, 172–175, Nr 4.22.1; M. Hamiaux, Les sculpt. grecques, II, P. 1998, 194 s., Nr 214; P. G. Themelis, Nürnberger Bll. zur Archäologie 15:1998–99, 81, Abb. 37): Am linken Rand des Blocks befindet sich die Spitze vom Speer eines nicht mehr vorhandenen Jägers. Daran anschließend sind Krateros auf dem Pferd, der Löwe im Kampf mit den Hunden und Alexander mit der Doppelaxt dargestellt. Der Löwe erinnert mit seinem zurückgewandten Maul an den Löwen auf dem erw. Kieselmosaik von Pella. Der Hund neben Alexander starrt gebannt auf das Raubtier, das dem and. Hund seine Klauen in die Seite geschlagen hat. Dieser den Kopf zu seiner Wunde hinwendende Hund erinnert an die verletzte Hündin im Mus. Barracco in Rom (G. Kopcke, RM 76:1969, 128–140; Moreno, Lisippo, 1995, 175, Nr 4.22.2), eine Kopie des von Plinius (nat., 34, 38) gerühmten Vorbilds, das in Rom in der Cella der Iuno im Tempel des Iuppiter Capitolinus aufbewahrt wurde. Wenn man die unnatürl. Verlängerung der rechten Vordertatze betrachtet, sollte die Skulpt. auf einer mon. Basis aufgestellt werden und zwar in Augenhöhe des Betrachters: In dieser Position ergibt sich eine perspektiv. Verkürzung. Die Statue fand einheitl. Proportionen, weil sie innerhalb eines sphärischen Segments eingeschrieben war. Wenn man die Ikonogr. der *Reiterstatuen Alexanders und seiner Gefährten* vom Granikos berücksichtigt, liegt es nahe, L. auch die Darst. *Alexanders als Gründer von Alexandria* im Januar 331 v. Chr. mit erhobenem rechten Arm zuzuschreiben, deren Aussehen durch Nikolaus von Myra (descr., 27) überliefert ist. Nach dem Sieg von Gaugamela (Herbst 331 v. Chr.) verlieh Alexander seinem Wohlwollen gegenüber Rhodos durch eine Stiftung für Athena Lindia Ausdruck (C. Blinkenberg, Lindos, II, 1, B. 1941, 179, Nr 2, C, 103–109). Aus diesem Zusammenhang stammen die auf der Akropolis von Lindos entdeckte Sign. des L. (Kopenhagen, NM; vgl. C. Blinkenberg, Lindos, II, 1, B. 1941, 241, Nr 50; P. Moreno, Lisippo, Bari 1974, 45, 70–73, Nr 8) und eines seiner berühmtesten Werke, näml. die „*Quadriga cum Sole Rhodiorum*" (Plin., nat., 34, 63). Die Vorderansicht dieses Mon. ist auf einem Gefäß wiedergegeben, das um 325 v. Chr. in Rhodos als Siegespreis für den Wettkampf der Halieia gefertigt wurde (I. Zervoudaki, ArchDelt 30:1975, 14 s., Taf. 6–9): Die Pferde bäumen sich auf, der Gott trägt den Chiton der Wagenlenker und die langen, in der Mitte gescheitelten Haare Alexanders, ähnl. dem Helios-Kopf auf den rhod. Münzen des ausgehenden 4. Jh. v. Chr. (N. Yalouris, LIMC, V, 1990, 1022, Nr 180–186, Taf. 642–643, s.v. Helios; O. Mørkholm, Early Hellenistic coinage, C. 1991, 251, Nr 239, Taf. 14). Die Profilansicht des Wagens kommt auf den Stempeln der Amphoren aus Rhodos des 3. Jh. v. Chr. vor, die auf der Insel selbst, in Delos und in der Agora von Athen gefunden wurden (G. Konstantinoupoulos, ArchDelt 24 [2,1]:1969, 459, Taf. 465a; Moreno, Lisippo, 1995, 185, Nr 4.26.4): Hier lassen sich die gleiche Körperhaltung des Wagenlenkers, die erhobene Rechte mit dem Stab, der Chiton in seiner ganzen Länge und der bewegte Umhang beobachten. Die gemalte Personifikation der Sonne auf einem apul. Kalathos (W. Hornbostel, Aus Gräbern und Heiligtümern, Mainz 1980, 191–195, Nr 115; RVAp, II, 1982, 466, Nr [17] 54a) weist die gleiche Gestik auf wie der *Eros von Thespiai*. Ein weiteres Mal wird hier ein dynam. Gleichgewicht hergestellt, bei dem ein von der Figur unabhängiger Faktor die tragende Rolle spielt: Wenn nicht die den Galopp kontrollierenden Zügel wären, könnten weder der Lenker noch die Pferde in der dargestellten Position verharren. Wie die *Weihung des Daochos* wurde auch dieses Werk schon bald nach seiner Entst. in Delphi kopiert, wo man es in dem großartigen, aus zahlr. Einzelblöcken zusammengesetzten Pilaster vor dem Apollon-Tempel wiederfindet (A. Jacquemin/D. Laroche, BCH 110:1986, 285–307; Moreno, Lisippo, 1995, 181, Nr 4.26.1): Daß es sich dabei um den ältesten seiner Art in diesem Heiligtum handelte, zeigt auch die Erw. bei Pausanias im Zusammenhang mit dem außergewöhnl. hohen Sockel des *Polydamas* in Olympia. Auf der Plinthe entfaltet sich mit den sich in Meereswogen tummelnden Delphinen das naturalist. „Bühnenbild" für das eigtl. Geschehen: der Aufgang der Sonne, dargestellt als vor dem rötl. Kalkstein funkelnder „Goldwagen" (G. Daux, FDelphes, III. 3, 1943, 35 s., Nr 383). Diese formelhafte Verknappung des kosm. Phänomens zu einer Momentaufnahme erinnert an die Wiedergabe der *Reiterschar vom Granikos* und stellt ein wesentl. Merkmal von L.' Kunstschaffen dar. Dasselbe ästhet. Prinzip läßt sich auch an der Figur des *Kairos* beobachten, der zu den letzten Arbeiten zählt, die in der Lit. im Zusammenhang mit Alexander gebracht werden (Tzetz., epist., 70; Tzetz., Chil., 8, 200, 422–427). Seine char. Frisur mit den ins Gesicht fallenden langen Haarsträhnen ist eng mit der des *Aristoteles* verwandt (Moreno, Lisippo, 1995, 185–

189, Nr 4.27.1-6), der einer Inschr. zufolge von Alexander in Athen geweiht wurde (Richter, Portraits, II, 1965, 171, Nr 1, Abb. 1014). Auch Pausanias (6, 4, 7) spielt im Zusammenhang mit der *Aristoteles-Statue* in Olympia auf die Möglichkeit einer Weihung durch Alexander an. Um Veteranen aus dem Heer Alexanders könnte es sich bei dem von Pythes von Abdera aufgestellten *Soldaten*, den Paus. (6, 14, 12) einen Anführer von Söldnerheeren oder einen sonst in Kriegsdingen Erfahrenen nennt, gehandelt haben. Nach dem Tod des Herrschers im Juni 323 v. Chr. scheint L. in Olympia einen Auftrag der polit. Opposition ausgef. zu haben, näml. die *Statue des Pankratiasten Cheilon* aus Patras (Paus., 6, 4, 6–8; 7, 6, 4), der vor Lamia (322 v. Chr.) im Kampf gegen die Makedonier gefallen war. Dies läßt sich aus der Identifikation des Athletenbildnisses an der Herme aus Lucus Feroniae schließen (T. Dohrn, APl, VI, 1967, 71–74; P. Liverani, in: Moreno, Lisippo, 1995, 206 s., Nr 4.30.1). Eine diesem Kämpfer nahe verwandte Darst. ist der sich mit dem Schabeisen „reinigende" Athlet *Apoxyomenos*, auf den sich die berühmte Nachr. des Plinius (nat., 34, 62) bezieht, Tiberius habe die Statue von den Agrippa-Thermen „in sein eigenes Cubiculum" zu überführen gesucht. Das Werk ist bis heute bek. durch die Kopie im Vatikan (Mus. Pio Clementino; K. Moser von Filseck, Der Apoxyomenos des Lysipp, Bonn 1988; P. Liverani, in: Moreno, Lisippo, 1995, 201, Nr 4.29.4; G. Spinola, Il Mus. Pio Clementino, I, Città del Vaticano 1996, 42 s., Nr 42), einen Torso in Side (Archäol. Mus.; J. Inan, APl XII, 1979, 77–79, Taf. 19–20; Moreno, 1987, 133, Abb. 72) und einen weiteren (seitenverkehrten) in Rom, MN Romano (H. Lauter, BJb 167:1967, 119–128, Abb. 1–4; M. Sapelli, in: Moreno, Lisippo, 1995, 202, Nr 4.29.5). In Sikyon beteiligte sich der Bildhauer an der vom Tyrannen Euphron II. veranlaßten Verherrlichung der lokalen Dichter, indem er eine postume *Statue der Praxilla* schuf. Sie wurde später nach Rom gebracht (Tat., orat., 33) und von Plinius (nat., 34, 63) als „trunkene Flötenspielerin" bezeichnet. Diese Figur hat man in der Tänzerin der Staatl. Mus. von Berlin wiedererkannt (H. Heres, in: B. Knittlmayer/W.-D. Heilmeyer, Die Antiken-Slg, Staatl. Mus. zu Berlin, Mainz 1998, 192 s., Nr 114), der kürzl. mit Hilfe einer komplett erh. Bronzestatuette im Mus. of Art in Santa Barbara (Calif.; K. D. Shapiro, AJA 92:1988, 509–527, Abb. 1–6) ein Kopf aus den Depots ders. Museen zugewiesen werden konnte (R. Cittadini, MEFRA 107:1995, 1167–1180, Abb. 7, 9). And. Kopien ohne Kopf befinden sich in: Paris, BN; Rom, MN Romano; Frankfurt, Liebieghaus, sowie ehem. in Wien, Priv.-Slg (Moreno, Lisippo, 1995, 208–215, Nr 4.31.1-4). Die Wiedergewinnung der *Praxilla* unterstützt die Hypothese, daß die *Aphrodite Medici* (A. Delivorrias, LIMC, II, 1984, 53, Nrn 419–421, Taf. 40, s.v. Aphrodite) mit der *Aphrodite* des L. zu identifizieren sei (A. Mahler, RA 1:1903, 33–38; R. Cittadini, Bd'A 1997, 55–80, Abb. 21, 24, 31), die in der Renaiss. durch eine damals in Siena befindl. Kopie mit einer den Namen des L. nennenden Inschr. bek. war (L. Ghiberti, Commentari, I, 1, ed. O. Morisani, N., III, 56; J. von Schlosser, JbKaiserhaus 24:1903, 141–150; Moreno, Lisippo, 1974, 275 s., Nr 150). Als nach dem Tod Euphrons II. 317 v. Chr. Sikyon in die Hände Kassanders fiel, kehrte L. in den makedon. Einflußbereich zurück, nun allerdings in den Dienst eines Herrschers, der den griech. Städten gegenüber eine konziliante Politik betrieb. Anläßl. der Gründung von Kassandreia auf der Halbinsel Chalkidike schuf L. eine *Weinamphore*, die für den Versand von Wein aus Mende bestimmt war (Ath., deipn., 11, 28). Für die von Kassander veranlaßte Wiederherstellung Thebens im Jahr 316 v. Chr. schuf L. die *Statue des Korveidas*, die neben der von → Polykleitos (III) gearbeiteten Darst. des Timokles Aufstellung fand. Das Mon. setzte sich nach links mit weiteren Widmungen fort, von denen eine im 19. Jh. gelesen wurde (IG, VII, 2536). Die Epigramme feiern Angehörige der vornehmen Fam. Thebens, die in der Blüte ihrer Jahre durch den Tod vereint wurden. Man nimmt an, daß es sich um die Gefallenen der „Heiligen Schar" von Chaironeia am 1. Sept. 338 v. Chr. handelt, deren nachträgl. mit der Erlaubnis Kassanders gedacht wurde. Korveidas hatte bei den im Sommer stattfindenden Pyth. Spielen im Pankration der Knaben in demselben Jahr teilgenommen, an dem man für die Freiheit der Griechen in der Schlacht von Chaironeia kämpfte, und immer „noch warm vom Sieg" (so das Epigramm) hätte er dem Tod auf dem Schlachtfeld gegenübergestanden. Die Fußabdrücke des *Korveidas* am rechten Rand der Basis weisen auf eine Figur hin, die sich nach rechts wandte: Der linke Fuß ruht auf dem Boden, der and. dagegen auf einer Erhebung. Durch diese Körperhaltung ist der *Korveidas* in geradezu idealer Weise auf seinen benachbarten Gefährten bezogen. Demetrios von Phaleron, Statthalter Kassanders in Athen und Verf. der „Sokratischen Dialoge" sowie einer „Apologie des Sokrates", beauftragte L. mit einer *Sokrates-Statue* im Pompeion (Diog. Laert., 2, 43). Die dort gefundene Basis deutet darauf hin, daß es sich um eine Sitzfigur handelte (W. Hoepfner, Kerameikos, X, B. 1976, 106 s., 124, Abb. 142 s., 148; P.

Moreno, Xenia 8:1984, 24–25, Abb. 8). Den Typus des sitzenden Sokrates gibt eine röm. Wandmalerei in Ephesos wieder (V. M. Strocka, Forsch. in Ephesos, VIII, 1, W. 1977, 115–117, Abb. 265; P. Moreno Xenia, 8:1984, 24 s., Abb. 6): Er bildete eine Synthese aus dem *Dionysos vom Helikon* und dem *sitzenden Hermes*, ähnl. auch dem *Polydamas*, der auf dem Relief in Olympia auf einem Löwen sitzt. Von den versch. bek. Kopftypen des Sokrates entspricht das Gem. in Ephesos dem zweiten Typus, der allg. als Werk des L. gilt. Als Verbindung zw. den zahlr. Einzelköpfen und der Wandmalerei kann die *Herme des Sokrates Farnese* (Le Coll. del MN di Napoli, I, 2, R. 1989, 180, Nr 176) herangezogen werden, da sie die Drehung des Kopfes nach rechts und den um den Rücken drapierten Mantel aufweist (Moreno, Lisippo, 1995, 256–265, Nr 4.38). Demetrios von Phaleron besorgte sowohl die erste krit. Ausgabe der Fabeln des Aisopos wie auch die Publ. der „Sprüche der Sieben Weisen". Dies fügt sich gut zu den Nachr., daß die Athener die *Aisopos-Statue* vor einer Gruppe der Sieben Weisen aufgestellt hätten, und daß L. „alt" gewesen sei, als er den *Aisopos* geschaffen habe (Phaedr., 2, epilogus 1–4; Agathias, Anth. Gr., 16, 332): Das Gesicht des Aisopos, das sich aus einem in röm. Zeit weitverbreiteten Portr. des Fabeldichters ableiten läßt (EAA, Secondo Suppl., IV, s.v. Pseudo Seneca, 667 s., Abb. 876) paßt besser zu einer Aisopos-Darst. des → Aristodemos (I) (P. Moreno, Sabato in museo, Mi. 1999, 15–19, Abb. 9, 11–13). Unterschiedl. Vorschläge sind für den von Plinius (nat., 34, 64) erw. „Athenis Satyrum" in Attika gemacht worden: Sehr überzeugend ist die Identifizierung der Figur mit dem *Silen*, der den kleinen Dionysos in den Armen hält. Kopien des Werks befinden sich in: Paris, Louvre; Rom, Vatikan. Mus.; München, Glyptothek; Wilton House; St. Petersburg, Ermitage; Versailles. Einzelne Köpfe werden aufbewahrt in: Rom, MN Romano; Gall. Corsini; Mus. Capitolino sowie in den Depots der Vatikan. Museen; Neapel, Mus. di Napoli; Berlin, Staatl. Mus., Antiken-Slg; Venedig, Mus. Archeol., Madrid, Mus. Arqueol.; Castle Howard (Vierneisel-Schlörb, KatSkulptGlypt, II, 1979, 446–452, Nr 41, Abb. 219–226; Moreno, Lisippo, 1995, 251–255, Nrn 4.37.1-5; E. Simon, LIMC, VIII, 1997, 1131, Nr 215 m. Abb., s.v. Silenoi); ein Fragm. befindet sich in Korinth (Archäol. Mus., C. M. Edwards, Lysippos, in: O. Palagia/J. J. Pollitt [Ed.], Personal styles in Greek sculpt., C. 1996, 149, Abb. 89). Die Füße des an einen Baumstumpf gelehnten *Silens* sind ähnl. hintereinandergestellt wie die des *ruhenden Herakles* vom Typus Farnese-Pitti, der einer Inschr. auf der felsigen Unterlage der auf dem Palatin in Rom gefundenen Figur zufolge von L. stammt (heute Florenz, Pal. Pitti; vgl. Loewy, IGB, 1885, 534, Nr 506; Moreno, 1974, 48, 139–143, Nr 21, Abb. 39 s.). Der *Herakles Pitti* ist wie der in den Caracalla-Thermen gefundene *Herakles Farnese* in Neapel, Mus. Archeol. Naz. (ehem. Slg Farnese) von dem athen. Kopisten → Glykon (I) sign. und wie die and. Figuren des Typs Pitti-Farnese (Moreno, Lisippo, 1995, 242–250, Nr 4.36) später als die in Argos und Antikythera-Sulmona zu datieren. Der *Herakles Pitti-Farnese* ist in Athen durch eine kaiserzeitl. Münze belegt (M. Oekonomides, in: Coins and numismatics, Numismatic Mus. Athens, At. 1996, 188, Abb. 13). Eine ebenfalls kaiserzeitl. Münze aus Megara bestätigt Pausanias' (1, 43, 6) Zuschr. eines *voranstürmenden Zeus* (I. Leventi, LIMC VIII, 1997, 343, Nr 227, s.v. Zeus; S. Kremydi-Sicilianou, ibid., 363, Nr 435, s.v. Zeus) an L. Die Zeusstatue stand im selben Zeus-Tempel von Megara wie die *Musen-Gruppe* des L. Die auf der erh. Basis der *Musen* eingravierte Inschr. verweist auf die letzten Schaffensjahre des Bildhauers (E. Loewy, AM 10:1885, 145–150; Moreno, 1974, 46, 105–108, Nr 12, Abb. 45). Ikonogr. gut vergleichbar sind die Musen aus der Villa Hadriana (Madrid, Prado; vgl. K. M. Türr, Eine Musengruppe hadrian. Zeit, B. 1971; L. Faedo, LIMC VII, 1994, 1021, Nr 79 m. Abb., s.v. Mousa, Mousai/Musae; R. Cittadini, Bd'A 1997, 55–80, Abb. 33, 34, 36). Im Jahr 314 v. Chr. wurden auf Geheiß Kassanders die Mauern von Alyzeia errichtet, die sowohl im Felsen als auch in den Mauerblöcken reliefierte Darst. von Göttern trugen. Unter diesen befand sich ein *Herakles* (Moreno, 1987, 225–228, Abb. 139), der sich gut mit der Figur des den Kerberos fortschleppenden Helden im *Dodekathlos* des nahegelegenen Heiligtums vergleichen läßt. Durch Strabo (10, 459) sind wir über dieses Werk des L. gut informiert, dem nicht nur in der Antike, sondern auch im MA und in der Renaiss. große Bekanntheit beschert war: „Nahe der Stadt befindet sich ein heiliger Hafen des Herakles und ein Heiligtum, aus dem einer der Gouverneure die *Taten des Herakles* nach Rom überführte, Werke des L., die dort vergessen herumlagen." Bei dem von Strabo erw. Befehlshaber handelte es sich um einen der Prokonsuln, welche die Prov. Makedonien (einschl. Akarnaniens) zw. ihrer Konstituierung im Jahr 146 v. Chr. und dem E. des 2. Jh. v. Chr. regierten, der Schaffenszeit des Geographen und Verf. Artemidoros von Ephesos, den Strabo als Quelle für diesen Teil seiner „Geographie" benutzte. Eine Reaktion auf die Aufstellung der Statuen in Rom stellt ein Epigramm des

Archias dar (Anth. Gr., 16, 94), der sich seit 102 v. Chr. in Rom aufhielt. Auch Diodoros Siculus (4, 11–33) nimmt bei seinem Besuch in dieser Stadt Notiz von der *Herakles-Gruppe*. Der erste Versuch einer ikonogr. Rekonstr. (E. Löffler, Marsyas 6:1954, 8 ss.) vermag nicht zu überzeugen, da er sich auf kleinasiat. Sarkophage mit den Herakles-Taten stützt, deren Orientierung an Darst. aus Pergamon heute sicher belegt ist. Dagegen scheinen einige Sarkophage stadtröm. Herstellung direkt auf die in Rom zugängl. Gruppe des L. zurückzugehen (P. Moreno, MEFRA 96:1984, 117–174). Unter den friesartigen Darst. sind bes. die im Pal. Corsini in Rom, im Boboli-Garten zu Florenz und im Pal. Ducale von Mantua hervorzuheben; gut erh. ist die Darst. auf dem Bogenarkadensarkophag, der an der Via Cassia in Rom gefunden wurde (Rom, MN Romano). Hier ahmt die architekton. Struktur kleinasiat. Vorbilder nach, während die einzelnen Themen dem ikonogr. Kanon der röm. Wkstn entsprechen (P. F. Jongste, The twelve labours of Hercules on Roman sarcophagi, R. 1992, 70–72, Nr F. 1; pp. 81–84, Nr F. 5; pp. 73–75, Nr F. 2; pp. 63–66, Nr D. 1). Der *Herakles mit dem besiegten Löwen* läßt sich in Ponderierung und Gestik dem *Agias* an die Seite stellen, ebenso dem *Athleten* in Berlin, dem *Alexander mit der Lanze*, dem *Athleten* im Getty-Mus. und dem *sich selbst bekränzenden Herakles Chiaramonti*. Der durch die hinter den Kopf gehaltene Keule erzielte Tiefenraum erinnert an den durch das Schwert des *Alexanders zu Pferd* aus Herculaneum hervorgerufenen Effekt. Neben den gen. Sarkophagen geben auch die in Paris, Louvre (F. Baratte/C. Metzger, Mus. du Louvre, Cat. des sarcophages, P. 1985, 76 s., Nr 26) und in Florenz, Uffizien, diese Komp. wieder; ebenso das Fragm. in Rom, MN Romano, die Steinplatte Ludovisi im Pal. Altemps; die linke Hälfte einer ehem. in der Villa Albani eingemauerten Platte (heute Luzern, AG Fischer; vgl. P. F. Jongste, The twelve labours of Hercules on Roman sarcophagi, R. 1992, 78–80, Nr F. 4, pp. 84–86, Nr F. 6; p. 87, Nr F. 7, pp. 90–91, Nr F. 9). Verkleinerte vollplast. Versionen befinden sich im Vatikan, in Catania (Mus. Archeol.) und als Fragm. im Antikenhandel (P. Moreno, MEFRA 96:1994, Abb. d, 16 e 17; L. Musso, in: Moreno, Lisippo, 1995, 363 s., Nr 6.11.1, Abb. 2). Die Originalität des Modells erweist ein apul. Krater in der Gnathia-Technik (um 300 v. Chr.; Bari, Priv.-Slg; vgl. P. Moreno, MEFRA 96:1984, 139, Abb. e), auf dem Herakles mit dem erlegten Löwen dargestellt ist. Die Gruppe wird in dem bereits erw. Epigramm des Archias beschrieben. Da der Löwe dort leblos zu Füßen des Helden liegt, wird dieser bereits als „Sieger im Kampf" bez.; auf diese Beschr. stützt sich Ovid (met., 9, 197), der Herakles folgende Worte sprechen läßt: „Hier liegt der riesenhafte Leib des Nemeischen Löwen, erwürgt von meinen Händen." Die sich anschließenden Episoden mit dem *Eber*, der *Hirschkuh* und der *Hydra* wiederholen das Schema der Hirschjagd Alexanders und Hephaistions auf einem Kieselmosaik in Pella, das wiederum ein Werk des → Melanthios oder des → Apelles (I) wiedergibt: Der den Eber tragende Herakles bildet die Gestalt des Hephaistions nach, die Hirschkuh die seitenverkehrte Ansicht des von den Jägern erlegten Tieres; der Held mit der Hydra ahmt den Alexander nach. Die Gruppe mit dem Eber erinnert an den *Polydamas* auf dem Sockel in Olympia, der im Begriff ist, seinen Gegner zu Boden zu werfen. Die Hirschkuh wird von Herakles mit einer Anstrengung gepackt, die sich in alle Körperglieder auswirkt, und die an den *bogenprüfenden Eros* von Thespiai erinnert. Neben den Sarkophagen kehrt das Motiv auch auf einer hellenist. Gemme in München wieder (Staatl. Münz-Slg, AGD, I. 2, 1970, 112, Nr 1254, Taf. 131). Im Streit mit der Hydra schnellt ein Fangarm des myth. Tieres vor dem Helden vorbei, der die Dreidimensionalität der lysipp. Komp. bestätigt. Dasselbe läßt sich in der Vogeljagd an dem vor der Brust gespannten Bogen mit eingelegtem Pfeil beobachten. Hier sind neben den Sarkophagen auch die Silberschalen aus der Casa del Menandro in Pompeji zu erwähnen (Neapel, Mus. Archeol. Naz.; vgl. G. Calcani, in: Moreno, Lisippo, 1995, 268 s., Nr. 4.39.1). Die Figur des Herakles, der der Amazone den Gürtel entreißt, indem er einen Fuß in den Körper seiner Gegnerin stemmt, erinnert an den seinen Fuß auf eine Erhöhung stellenden *Korveidas*. Der Sarkophag Corsini zeigt das gefallene Pferd unter der Hippolyte mit dem urspr. pyramidenförmigen Aufbau. Der von der Reinigung der Augiasställe zurückkehrende Held entspricht in seiner Ponderierung dem *Agias* in Delphi, allerdings seitenverkehrt. In dieser Haltung zeigt ihn auch das Fragm. im Mus. Gregoriano Profano (P. Jongste, in: Moreno, Lisippo, 1995, 277, Nr 4.39.9). Die Geste des den Stier packenden Herakles spiegelt die Statue des *Apoxyomenos* wieder: Die starke Plastizität der Gruppe läßt sich aus einer Elfenbein-Statuette im BM ableiten (L. Todisco, LIMC V, 1990, 65, Nr 2404 m. Abb., s.v. Herakles). Die langanhaltende Beliebtheit des Typs belegt ein kopt. Stoff in der Ermitage in St. Petersburg (ibid., 14, Nr 1744 m. Abb.). Die Episode mit den *Pferden des Diomedes* setzt sich aus zwei Einzelszenen zus.: Herakles zähmt zunächst die furchterregenden Tiere und stößt dann den König nieder, der den Boden bereits mit einem Knie berührt, während Herakles ihn an den Haaren packt, um ihn mit der Keule zu erschlagen. Die Begebenheit mit den *Rindern des Geryon* ist auf einem Fragm. im Mus. Gregoriano Profano im Vatikan dargest., wo Herakles in ähnl. Weise vom Kampfplatz wegschreitet wie in der Szene mit den *Augiasställen*. Bei der *Gefangennahme des Kerberos* tritt der Held mit der Keule auf der linken Schulter und dem Löwenfell über dem linken Unterarm auf, während er in der Rechten die Kette mit dem Untier führt. Eine Darst. dieses Typs befand sich zw. den Arkaden des Kolosseums und wurde auf dem Denkmal der Haterii im Mus. Gregoriano Profano im Vatikan übernommen (Moreno, 1987, 227 s., Abb. 138). Versch. Ansichten der plast. Umsetzung der Episode mit den *Äpfeln der Hesperiden* sind auf Sarkophagen wiedergegeben: So auf dem teilw. verlorenen, aber durch Zchngn bek. Deckel des Sarkophags in den Uffizien in Florenz (P. Jongste, The twelve labours of Hercules on Roman sarcophagi, R. 1992, 43–47, Nr B. 1); auf dem Kastenfries des Sarkophags im Mus. Torlonia in Rom (J. Boardman, LIMC V, 1990, 10, Nr 1723 m. Abb., s.v. Herakles) und auf dem Fragm. des Deckels in Rom, MN Romano (P. Jongste, 1992, 54 s., Nr B. 6, Abb. 14). Der Protagonist steht auf dem rechten Fuß auf, während das linke Bein angewinkelt und zur Seite gestellt ist; mit der rechten Hand hält der Held die auf den Boden gestellte Keule, der linke Arm trägt das Löwenfell und die Äpfel. Auf diese Weise erinnert der Herakles an eine der Hesperiden auf den Appliken einer kret. Amphore mit Spiralhenkeln (Athen, NM, um 300 v. Chr.; vgl. Moreno, 1987, 230, Abb. 140). Symmetrien und Korrespondenzen zw. den ersten und den letzten Szenen des *Dodekathlos* sprechen dafür, daß die Bronzen kreisförmig aufgestellt waren. Akarnanien, wo L. sich bei der Ausf. der *Heraklestaten* aufhielt, bildete gewissermaßen sein Sprungbrett in den Westen. Hier scheinen die Tarentiner L. mit dem Versprechen für sich gewonnen zu haben, in ihrer unterital. Stadt Standbilder des *krieger. Zeus* und des *nachdenkl. Herakles* von unerhörter Größe zu errichten (Plin., nat., 34, 39 s.). Der *Zeus* war zur damaligen Zeit die höchste Statue der griech. Welt: Lucilius (16, 525–526) stimmt der Überlieferung zu, nach der die Figur 40 Ellen gemessen habe. In röm. Fuß gemessen betrug die Höhe 17,76, in versch. griech. Fuß 16,60; 16,40 oder 15,72. Der Zeus befand sich z.Z. des Plinius noch in Tarent, und auch 91 n. Chr. wird er dort von Statius erw. (silv., 1, 1, 102–103). Strabon (6, 278) informiert uns darüber, daß die Figur auf der Agora stand. Wenn man die Bemerkung Plinius' in Einklang mit einer Beobachtung des Livius (27, 16, 8) bringt, läßt sich folgern, daß der Gott in Angriffsposition dargestellt war und in der Nähe einer Säule stand. Da Plinius diesem Gegenstand die Funktion eines Windbrechers zuschreibt, fügte er sich bestens in die lokale Trad. anikon. Kulte. Eine Reihe von Säulenstümpfen zeigte in Tarent die Häuser derjenigen an, die wegen eines Sakrilegs vom Blitz getroffen worden waren: Dieser rächende Zeus wurde Kataibates gen., da er mit dem Blitz in die Tiefen der Erde „herabgestiegen" war und sich mit den Göttern der Unterwelt verband. Im Jahr 209 v. Chr., als Fabius Maximus die Stadt zurückerobert hatte, die von Hannibal eingenommen war, überließ er den Tarentinern den „erzürnten" Gott als Symbol der Rache für den Verrat der röm. Allianz. Der Typus, der die Dynamik der Zeus-Statuen in Sagalassos und in Megara wiederholt, ist durch Tonpinakes in Metapont (G. F. Lo Porto, Xenia 16:1988, 14–20, Abb. 12 s.) und durch eine Matrize in Herakleia überliefert (Policoro, MN der Siritide; vgl. P. Moreno, RA:1971, 289 s., Abb. 1): *Zeus* schwingt mit der rechten Hand den Blitz, während er in der Linken das Szepter hält. Zur Rechten des Gottes sitzt der Adler auf dem Abakus einer kannelierten Säule. Das Zeus in die Stirn fallende Haar erinnert an den *Kairos* sowie an die *Portr. von Alexander und Aristoteles*; es ist aber wesentl. dichter, um den chton. Char. des Gottes zu betonen (Moreno, Lisippo, 1995, 278–280, Nr. 4.40). Einer der Gründe, warum Fabius den *Zeus* in Tarent zurückließ, war das Verbot, im Pomerium von Rom bewaffnete Gottheiten aufzustellen. Den *sitzenden Herakles* dagegen (Strab., 6, 278) konnte er problemlos nach Rom bringen lassen, wo er zu noch größerem und dauerhafterem Ruhm gelangte. Im Jahr 325 n. Chr. wurde die Bronze von Rom nach Konstantinopel überführt. Zuerst fand sie Aufstellung in der Basilika, später im Hippodrom, wo sie mehrere Male beschrieben und 1204 zerst. wurde. Aus den Erw. der ma. Schriftsteller schließt man, daß sie in ihren Proportionen fünfmal größer als eine lebensgroße Statue war. Es handelte sich demnach um eine Sitzfigur von etwa fünf Metern Höhe. Als Sitz diente dem Helden die von seinem Löwenfell bedeckte Cista der Demeter. Das linke Bein und der linke Arm waren ausgestreckt, das and. Bein gebeugt, der rechte Ellbogen auf das Knie und der Kopf mit der rechten Hand gestützt (Moreno, Lisippo, 1995, 282–288, Nr 4.41). Die früheste Wiedergabe der Figur befindet sich auf einem Viertelstater aus Gold aus Herakleia in Lukanien (um 300–275 v. Chr.; Paris, BN; vgl. F. Keuren, in: Ancient coins of the Greek and Roman world, Waterloo 1984, 203–

219, Abb. 1–2). Aus der Zeit, als der Herakles sich noch am orig. Aufstellungsort befand, stammt auch der Kopf aus par. Marmor im Mus. von Tarent, an dem sich der Ansatz der Hand unter dem Bart und die Faltenbildung im Gesicht beobachten lassen (J. Dörig, JdI 72:1957, 39, Abb. 17). Seine Locken erinnern an den bronzenen Faustkämpfer im MN Romano in Rom. Aus Alexandria stammen bronzene Nadelfiguren, die das Motiv in winzigen Proportionen wiederholen (Rom, Mus. Vaticani, ehem. Coll. Grassi; vgl. P. Moreno, Vita e arte di Lisippo, Mi. 1987, 242, Abb. 151; Kopenhagen, Ny Carlsberg Glyptotek; vgl. P. Moreno MeddelsGlyptKøb 35:1978, 82–96, Abb. 1–4). Ein hellenist. Gem., das Herakles in dieser Weise zw. den Musen sitzend zeigt, wurde in Pompeji nachgeahmt (Pompei, Pitture e mosaici, VIII, 1998, s.v. Regio IX, 1, 22–29, Casa di Epidius Sabinus, 1029–1036, Abb. 129, 135–137). Da auch Orpheus auftritt, handelt es sich um einen Initiationskontext, und in diesem Kontext soll auch die Cista der Demeter gesehen werden, die auf der erw. Münze und auf byz. Elfenbeinen erkennbar ist (K. Weitzman, Greek mythology in byz. art, Pr. 1951, 161, Taf. 49). Als sich der Koloß bereits in Rom befand, stiftete Titus Septumulenus, ein Bürger der in Tarent gegr. Colonia Neptunia, um 100 v. Chr. eine Kopie der Statue, von der sich der Sockel mit dem Löwenfell erh. hat (A. Degrassi, ILLRP, Fi. 1957, 100 s., Nr. 142). Neben der erw. Wandmalerei stammen ebenfalls aus der frühen Kaiserzeit: die Bronzestatuetten in Paris, BN (S. Ensoli, in: Moreno, Lisippo, 1995, 376, Nr. 6.12.2), in Malibu, Getty Mus. (S. Ensoli, in: Aurea Roma, R. 2000, 626 s., Nr 380) sowie ein verlorenes Exemplar aus der Umgebung von Pompeji, das sich ehem. in der Slg Santangelo befand (Moreno, 1987, 245, Abb. 148, 153). Der sever. Zeit wird die Marmor-Statuette aus Ratiaria zugewiesen (ehem. Vidin, Mus., inzwischen entwendet; vgl. J. Atanassova-Georgieva/D. Mitova-Dzonova, Antična plastina ot Vidinskije Muzej, Sofia 1985, 105–107), die eine Gest. der Muskulatur aufweist, die der des ruhenden *Herakles Farnese-Pitti* vergleichbar ist. Noch vor dem Transport des Orig. nach Konstantinopel wurde es in der Figur des erzürnten Jonas in den Katakomben der Via Latina adaptiert (A. Ferrua, Catacombe sconosciute, R. 1990, 47, Abb. 35). Die Darst. ist ein wichtiges Belegstück für die breite Rezeption der lysipp. Ikonogr. im W z.Z. des MA und der Moderne. Nahezu zahllos sind die byz. Adaptionen in Figuren des Adam, Elias, Hl. Joseph oder Joh. Ev. – Wie die Namen seines Vaters (Lys[...]) und seines Bruders → Lysistratos zeigen, gehörte L. einer Fam. von Eingeweihten an, die, erkennbar durch ihre Anfangssilben, dem Kult des Dionysos Lysios huldigte. Von seinen Schülern trug → Phanis den Namen des Erstgeborenen der Welt nach der orph. Vision. Plinius (nat., 34, 67) bezeichnet diesen Thiasos der Künstler als „Secta". Das von L. gebildete „Freie Pferd" (Philippus, Anth. Gr., 9, 777; Psellus, ibid., appendix 3, 267; Niketas Konyates, de stat., 7) ist beredtes Symbol des Namens innerhalb einer Reihe von Zusammensetzungen mit „ἵππος", einer Eigenheit von Mysten der dionys. Mysterien. In Sikyon wurde im Zusammenhang mit dem Lysios auch Lysippe verehrt. Die myst. Deutung gilt auch für and. Werke. Kairos flog in der orph. Kosmogonie mit der Geschwindigkeit von Eros und Hermes: Als „günstiger Augenblick" stand er an der Grenze der Zeit als wesentliche Dimension jener Ideologie. Die Waage war zwar v.a. das Instrument der Seelenwägung; ihre Verbindung mit der Kugel kam aber auch bei and. Gottheiten der orph. Ikonogr. vor. Der *nachdenkliche Herakles* sitzt auf der Cista der Demeter, einem Element der Eleusin. Mysterien. Die orph. Komponente bestätigt auch die Wandmalerei in Pompeji (IX, 1, 22), die Herakles vom Typus Tarent, der Musik des Orpheus lauschend und von Musen umgeben, zeigt. Den eindeutig Dionysos gewidmeten Themen wie der *Dionysos-* und der *Silen-Statue* läßt sich die *Praxilla* an die Seite stellen, die „trunkene Flötistin", die im 5. Jh. v. Chr. über Tischlieder den „göttl. Wahn" vermittelt haben soll. Durch seine Höhe von 40 Ellen – entstanden aus der Multiplikation der Lebensgröße von vier Ellen mit der perfekten Zahl zehn – wies der *Zeus von Tarent* pythagoreische Proportionen auf. Der Biograph Duris bewertete die Anfänge von L. als sozialen Umbruch (Plin., nat., 34, 62), weil er ein einfacher Gießer und ohne Meister war. Die Besonderheit der autodidakt. Ausb. wird auch bei L.' Zeitgen. → Silanion und dem jüngeren → Protogenes (I) hervorgehoben, einem Bemaler von Schiffen, der sich durch die Dekoration der Propyläen einen Namen gemacht hatte. In diesen Umbruchzeiten, die den Sinn von Kairos und Tyche enthüllen, deutet die Bezeichnung auf eine niedrige soz. Stellung hin, während die als „Modellierer" (πλάστης) für Ruhm und Reichtum steht: „Die Zahl der Statuen wurde erst nach seinem Tod offenbar, als der Erbe den Schrein aufbrach, denn L. hatte üblicherweise für jede Statue eine Goldmünze hineingelegt" (Plin., nat., 34, 37). Diese Anekdote weist auf eine auf der Peloponnes dok. gezielte Anhäufung von Stateren Philipps und Alexanders hin (M. Galani-Krikou, in: Coins and numismatics, At. 1996, 98 s., Text-Abb.), die unter den Auftraggebern L.' waren und die auch → Apelles (I) in Gold bezahlten. Als wesentl. Charakterzug von L.' künstler. Schaffen galt seine penible Ausarbeitung selbst kleinster Details („*argutiae operum custoditae in minimis quoque rebus*") bis hin zu den Haaren: „*capillo exprimendo*" (Plin., nat., 34, 65). In den Fragm. mit den Ansichten des L., die auf uns gekommen sind, sind persönl. Meinungen und scharfsinnige und geistvolle Kommentare zu finden. Seine Beziehung zu den Söhnen und den Schülern war praxisorientiert und direkt: → Chares (II) hatte seine Kunst gelernt, „indem er dem Meister bei der Arbeit zusah" (Rhet. ad Her., 4, 9). Petronius (88, 5) überliefert, daß L. daran gestorben sei, daß er während der Arbeit an seinem letzten Werk zu essen vergessen hatte. L. spürte selbst, daß er sich von seinen Vorgängern beträchtlich unterschied („veteri", „antiqui"; Plin., nat., 34, 65). Indem er ohne Meister groß geworden war, unterbricht L. die Tendenz der Künstler, ihre Lehrer nachzuahmen, und strebt statt dessen zu einer Perfektion, die in der Natur steckt. In einer Hinsicht folgt L. dem Grundsatz des → Eupompos: „Man muß der Natur und nicht einem Meister folgen", andererseits aber bez. er „den Doryphoros des Polyklet als seinen Meister" (Cic., Brut., 296; → Polykleitos [I]). Weder die Orientierung an der Natur noch die an den künstler. Vorgängern machte jedoch L.' Kunst zu dem, was sie war; beide Komponenten lieferten allenfalls Anregungen für die Ausb. seines eigenständigen Stils. Als L. seine künstler. Tätigkeit begann, war bereits der Weg eröffnet worden für eine Wiedergabe der Realität nicht in ihrer meßbaren Beschaffenheit, sondern so, wie sie dem Auge erschien. Schon → Apollodoros (II) hatte mit illusionist. Mitteln experimentiert, die durch → Euphranor (I) fortgeführt wurden. → Platon (I) erörtert diese Versuche besorgt als „Wiedergabe des Scheinbaren" (*phantastike mimesis*), „Malerei des Anscheins" (*skiagraphia*) und „Proportionen, die schön zu sein scheinen", ohne „wirkliche Proportionen" zu sein. Indem L. sich weigerte, „die Menschen darzustellen, wie sie sind", und sie stattdessen zeigen wollte, „wie sie zu sein scheinen", vollzog er den Schritt von der opt. Deformation zur intellektuellen Dimension (Plin., nat., 34, 65). Diese Unterscheidung nimmt eine Überlegung des Aristoteles (poet., 1460 b, 20 s.) vorweg, der zw. der Gesch., die die Fakten referiert, und der Poesie, die das Mögliche vom Standpunkt des Künstlers aus vermittelt, trennt: „Die Dinge, wie sie erzählt werden, und wie sie zu sein scheinen". Der Kerngedanke dieses Aristotel. Satzes (poet., 1460 b, 30–32) wurde von L. direkt umgesetzt: Beim Kampf des Herakles mit der Kerynitischen Hirschkuh zeigte er das Fabeltier mit einem Geweih, das bei weibl. Tieren in der Natur nicht vorkommt. Das von L. strikt befolgte Prinzip der Symmetrie (*diligentissime custodiit*; Plin., nat, 34, 65) entspricht der von Aristoteles für die lit. Werke geforderten *systasis*. Indem er „die Köpfe kleiner machte, als es die Alten taten, die Körper zierlicher und schlanker, wodurch die Höhe der Bildwerke größer erschien" (Plin., nat., 34, 65), wich er von der anatom. Norm „in einem neuen und nie wieder übertroffenen Ausmaß" ab. Die klass. Formel der Schönheit, die auf der Auswahl aus einer Vielzahl von Modellen beruht, wurde von L. durch das Kriterium der Funktionalität erweitert, das wiederum auch Aristoteles fordert: L. gelangte zur „geeignetsten" (ἴδιος) Gefäßform für die Ausfuhr des Weins aus Mende, indem er die bis dahin handelsübl. Weingefäße miteinander verglich. – Bes. Aufmerksamkeit verdienen die Bemühungen des L. um das Porträt. Als Aristoteles den Bildhauer in Mieza traf, hatte dieser bereits sein eig. Konzept der Mimesis entwickelt, das entscheidend von den älteren Bildnistheorien (→ Demetrios [I]; → Euphranor [I]; → Silanion und → Leochares [I]) abwich: Alexanders Vorliebe für L. manifestierte sich schon zu dem Zeitpunkt, als er „noch der Knabe Philipps war und nicht als Sohn des Zeus erscheinen wollte, obwohl schon viele Maler und Bildhauer seine Gesichtszüge nachbildeten" (Choricius, or., 34, 1). L.' Abkehr vom Realismus, wie ihn etwa sein Bruder → Lysistratos vertrat, manifestiert sich in einer Umwandlung der Körper, die ihnen einen erhabenen, ewiggültigen Ausdruck verleiht: → Lysistratos „begann die Bildnisse ähnlich zu machen (*similitudines*), die man vor ihm so schön wie mögl. zu gestalten suchte" (Plin., nat., 35, 153). Aristoteles schrieb daher (poet., 1454 b, 7–10): „Man muß die guten Porträtisten nachahmen: Auch sie zeichnen die individuellen Gesichtszüge so naturgetreu wie mögl. und zugleich doch schöner". Hier manifestiert sich der Übergang von der „Grazie" des Zeitgen. → Apelles (I) zur Auffassung des → Protogenes (I), der „anstrebte, daß in der Malerei das Wahre nicht das Wahrscheinliche sei" (Plin., nat., 35, 103). Als Antwort auf die „Kreuzung" (*chiasmos*) der Kräfte in den Statuen Polyklets (→ Polykleitos [I]) entwickelte L. d. „Antithese": Damit ist v.a. die „Opposition" der beiden Körperseiten links und rechts der vertikalen Achse gemeint, die sich bes. gut an den Standfiguren ablesen läßt (*Zeus Nemeios*; *Agias*; *Eros von Thespiai*; *Athlet Getty*; *ausruhender Herakles* in versch. Ausprägungen; *Alexander* vom Typus Parma; *Apoxyomenos*; *Herakles als Löwenbezwinger*). Ihr vergleichbar ist der Entwurf der Sitzfiguren, angefangen bei dem *Hermes*, bei dem das rechte Bein und der rechte Arm, dessen Hand den Stab hält, angewinkelt sind, während das Bein der linken Seite gestreckt und die Hand auf den Sitz gelegt ist. Der Kopf wendet sich gleichzeitig zur linken, entlasteten Seite hin (ähnl. bei anderen Sitzfiguren: *Dionysos*; *Herakles Epitrapezios*; *Polydamas* auf dem Löwen; *Faustkämpfer* im MN Romano in Rom; *Sokrates*; *nachdenklicher Herakles*). Diese Dynamik geht auf eines der Wortpaare der pythagoräischen Doktrin „Ruhe und Bewegung" zurück, die in der von Aristoteles überlieferten Tabelle anderen Gegensätzen entsprechen: „rechts und links", „gerade und gebogen", „Licht und Schatten". Der „Kontrapunkt" des L. gilt auch für die stat. Wirkung der Pose im Gegensatz zur Unsicherheit der Auflager (so bei *Herakles*, der den Fuß auf die Amazone setzt, die ihrerseits auf ihrem gestürzten Pferd liegt) und ebenso für den Bereich zw. der zentralen Ebene des Körpers und dem „Bildvordergrund" (etwa die Tatzen der verletzten Hündin; die Arme des *Faustkämpfers* im MN Romano in Rom), einem Attribut (Palme des *Agias*; Bogen des *Eros von Thespiai*; Botenstab des *Hermes*; Stachelstock des *Helios*; Strigilis des *Apoxyomenos*; Doppelflöte der *Praxilla*; Stab des *Sokrates*; Keule des *Herakles*) oder den untergeordneten Komponenten der Gruppen-Darst. (kleiner Dionysos in den Armen des *Silens*; Gegner des *Herakles*). Dasselbe gilt für das Aufeinandertreffen der Haarsträhnen, die vom Hinterkopf mit denen aus der Stirn ausgehen (*Herakles Epitrapezios*; *Athlet Getty*; *Alexander*). Während seine großen Zeitgen. → Praxiteles (II), → Euphranor (I), → Skopas (II) und → Leochares (I) über den Tod Alexanders (323 v. Chr.) hinaus nicht mehr belegt sind, war L. ein außergewöhnl. langes Leben beschieden, das ihn zum wichtigsten Vertreter des „Diadochen-Stils" machte. Der Bildhauer führte nicht nur zeitlebens seine Themen zur absoluten Vollendung, sondern bescherte der hellenist. Kunst die Dynamik der Bewegung, die Komplexität der Komp. und die *audacia* der Kolossalstatuen. Mit der Theorie der Relativität des Stehens (*Kairos*) eröffnete er für alle Zeit einen Horizont der unbegrenzten künstler. Möglichkeiten. ▭ ThB23, 1929. RE XIV. 1, 1928 (s.v. L. 6); EAA IV, 1961 (s.v. Lisippo); Suppl. II, 1973–1994; Suppl. III, 1995 (s.v. Lisippo); DA XIX, 1996; DNP VII, 1999 (s.v. L. 2). – *F. P. Johnson*, L., Durham 1927; *Lippold*, GrPl, 1950, 276–286; *Marcadé*, Signatures, I, 1953, 66–75; *C. Picard*, Manuel, IV. 2, 1963, 423–753; *P. Moreno*, Testimonianze per la teoria artistica di Lisippo, Treviso 1973; *id.*, Lisippo, Bari 1974; *J. Chamay* (Ed.), Lysippe et son influence, Genève 1987; *P. Moreno*, Vita e arte di Lisippo, Mi. 1987; *D. Peppa-Delmouzou*, in: Mind and body, At. 1988, 223 s., Nr. 116; *G. Calcani*, Cavalieri di bronzo, R. 1989; *A. M. Nielsen*, MeddNCGlypt 48:1992, 14–37; *D. Knoepfler*, in: *M. Piérart* (Ed.), Aristote et Athènes, Actes de la Table Ronde Centenaire de l'Athenaion Politeia (Fribourg [Suisse], 23–25 mai 1991), P. 1993, 302; *Todisco*, Scultura, 1993, 112–131; *Moreno*, Scultura, I, 1994, 25–69; *A. Viacava*, L'atleta di Fano, R. 1994; *Boardman*, GSLCP, 1995, 15 s., 19–22, 57–58, 104–106; *N. Cambi*, Radovi. Razdio povijesnih znanosti 34:1995, 1–10; *A. Latini*, RdA 19:1995, 62–74; *P. Moreno* (Ed.), Lisippo. L'arte e la fortuna, Mi. 1995; *C. M. Edwards*, Lysippos, in: *O. Palagia/J. J. Pollitt* (Ed.), Personal styles in Greek sculpt., C. 1996, 130–153; *R. Cittadini*, Bd'A 100:1997 (aprile/giugno), 55–80; *B. Sismondo Ridgway*, Fourth-c. styles in Greek sculpt., Lo. 1997, 286–320; *F. Smith*, Annotazioni numismatiche 26:1997 (giugno), 574–580; *C. Rolley*, La sculpt. grecque, II, P. 1999, 323–347; *R. Cittadini*, Ricerche di storia dell'arte 71:2000, 63–78; *F. Smith*, L'immagine di Alessandro il Grande sulle monete del regno, Mi. 2000 (Mat., Studi, Ricerche, 19); *P. Moreno*, La bellezza classica, T. 2001, 174–202, 237–243; *id.*, Il genio differente, Mi. 2002, 40–92, 151–159.

P. Moreno

Lysippos (II), griech. Bildhauer, in der 2. H. des 3. Jh. v. Chr. tätig. L. ist uns nur durch seine Sign. auf den folgenden zwei Basen bek.: – 1.) Basis aus Thermos für eine *Statue des Paidias*, Sohn des Stratippos, aus Herakleia (G. Sotiriadis, ADelt 1:1955, 55); – 2.) Basis aus dem Asklepieion aus Kos für eine *Kinderstatue des Timoxenos*, Sohn des Timoxenos (R. Herzog, AA 1905, 11; Marcadé, Signatures, I, 1953, 76, Taf. 13, 3; Schmidt, Statuenbasen, 1995, 367 s., Nr IV.1.120). ▭ ThB23, 1929. RE XIV. 1, 1928 (s.v. L. 7); EAA IV, 1961; KlP III, 1969 (s.v. L. 3). – *Lippold*, GrPl, 1950, 343, Anm. 13.

R. V.

Lysippos (III), Sohn des Lysippos, aus Herakleia, griech. Bildhauer, am A. des 1. Jh. v. Chr. auf Delos tätig. Nur bek. durch die folgenden zwei Sign. aus Delos: – 1.) Marmorbasis für eine *Statue des Philostratos*, Sohn des Philostratos, aus Neapolis, die um 100 v. Chr. von den Gebrüdern P., C. und Cn. Egnatius gestiftet und in einem Haus n. des syr. Heiligtums gefunden worden ist (Delos, Inv. Nr E 737; S. Reinach, BCH 7:1883, 373, Loewy, IGB, 1885, 395, Nr 312; ID, 1724; Marcadé, 1957, 64 mit Abb.; Kreeb, 1988, 223–225, Nr

S 27. 1; Schmidt, 1995, 353 s., Nr IV.1.97; Muller-Dufeu, SculptureSource, 2002, 906 s., Nr 2718); – 2.) Marmorbasis für eine *Statue der Roma*, die 94 v. Chr. von den Kompetaliasten gestiftet und in der Kompetaliastenagora gefunden worden ist (Delos, Inv. Nr E 248; P. Jouguet, BCH 23:1899, 77, Nr 14; ID, 1763; Marcadé, 1957, 64 s. mit Abb.; Schmidt, 1995, 363, Nr IV.1.112, Abb. 65, 269; Muller-Dufeu, SculptureSource, 2002, 906 s., Nr 2719). ▭ ThB23, 1929. RE XIV. 1, 1928 (s.v. L. 8); EAA IV, 1961. – *Lippold*, GrPl, 1950, 369, Anm. 2; *Marcadé*, Signatures, II, 1957, 64 s.; *M. Kreeb*, Unters. zur figürl. Ausstattung delischer Priv.-Häuser, Chicago 1988, 223–225; *Schmidt*, Statuenbasen, 1995, 353 s., 363. R. V.

Lysippos (IV), angebl. griech. Bildhauer von um 450 v. Chr., in Böotien tätig. L. wird in einer marmornen Inschr. mit vielen weiteren Personen aufgelistet, die man gelegentl. als Künstler ansah. Wahrsch. handelt es sich hier aber um eine Aufstellung von Kriegern (v. hierzu → Antigeneis). ▭ EAA IV, 1961. – *Loewy*, IGB, 1885, 378–379, Nr 554; *Brunn*, GGK I, 1889, 293. R. V.

Lysistratos (Λυσίστρατος), griech. Erzgießer aus Sikyon, Bruder und Mitarb. des → Lysippos (I), im späteren 4. Jh. v. Chr. in Griechenland tätig (hauptsächl. in Böotien?). Als Schaffensperiode des L. und seines Bruders → Lysippos (I) gibt Plinius (nat., 34, 51) die Olympiade 113 (328 v. Chr.) an. Viell. ist L. von seinem älteren und wesentl. berühmteren Bruder ausgebildet worden. Entsprechende Angaben finden sich in den Quellen freilich nicht (zu seinem Vater vgl. die Diskussion in → Lysippos [I]). In der Antike genoß L. offenbar eine gewisse Bekanntheit, wie seine Erwähnungen in der kaiserzeitl. Lit. (Overbeck, 1868, Nrn 1513–1515) bezeugen. So war L. nach Plinius (nat., 35, 153) der erste Künstler, welcher vom Gesicht lebender Personen Gipsabdrücke genommen, diese mit Wachs ausgegossen und im Anschluß daran künstlerisch verbessert habe, um sie schließl. als Gußformen für die bronzenen Bildnisse der so Porträtierten zu verwenden. L. muß demnach ein typ. Vertreter des realist. Kunststils seiner Zeit gewesen sein. Inwieweit er Einfluß auf die Entst. der späteren verist. Porträtkunst genommen hat, ist ohne Kenntnis orig. Werke von ihm nicht zu entscheiden. Ferner schreibt Plinius (op. cit.) L. die Erfindung eines Verfahrens zu, mittels dessen Abgüsse von Statuen problemlos herzustellen waren. Wenn diese Bemerkung tatsächl. auf L. und nicht auf den im Text gleichfalls erw. → Butades (nat., 35, 152) zu beziehen ist, hat jener die Grundlage für die Entst. des Kopistenwesen gelegt. Ohne seine Erfindung wäre dieser seit dem späten Hellenismus gut dokumentierte Bereich des Kunstmarkts mit seinen zahlr. spezialisierten Bildhauerateliers kaum denkbar. An Werken des L. kennen wir aus der antiken Lit. nur die von Tatian (orat., 54, p. 117 ed. Worth, 35, 16 Sch.) erw. *Statue der Melanippe*, der Mutter des Boiotos. Wo diese stand und für wen sie gearbeitet wurde, wird zwar nicht ausdrückl. gesagt, doch erscheint das Standbild wohl nur in einem boiot. Kontext sinnvoll. Darüber hinaus existieren noch zwei, in die gleiche Lsch. weisende Statuenbasen, beides Stiftungen eines Kollegiums, welche die Signaturen eines L. tragen (IG, VII, 553 und 2463). Sie stammen aus Theben bzw. Tanagra. Beide Inschr. dürften aufgrund der Buchstabenformen um 300 v. Chr. entstanden sein, was mit der Schaffensperiode des von Plinius bezeugten L. durchaus in Einklang zu bringen wäre. Eine direkte Verbindung herzustellen, ist dennoch nicht zweifelsfrei mögl., da Plinius L. einen Sikyonier nennt, das Ethnikon der Inschr. jeweils aber anders lautet. So sign. L. das theban. Werk als Athener, während er sich in der Inschr. aus Tanagra als Thebaner bezeichnet. Diese Diskrepanz damit erklären zu wollen, daß L. später das athen. Bürgerrecht erworben habe und folgl. bei der zuletzt gen. Sign. das Ethnikon wegen des att. Dialekts der Inschr. in *Athenaios* verbessert werden müsse, bleibt jedoch ohne weitere Indizien spekulativ. Eher wird man annehmen dürfen, daß es sich um versch. Bildhauer gleichen Namens gehandelt hat. ▭ ThB23, 1929. RE XIV. 1, 1928 (s.v. L. 12); EAA IV, 1961; KlP III, 1969 (s.v. L. 5); DA XIX, 1996; DNP VII, 1999 (s.v. L. 2). – *Overbeck*, SQ, 1868, Nrn 1513–1515; *Brunn*, GGK, I, 1889, 402; *A. Keramopoullos*, AM 33:1908, 211 ss.; *S. Reinach*, RA 41:1902, 9; *Lippold*, GrPl, 1950, 286; *G. M. A. Richter*, The sculpt. and sculptors of the Greeks, New Haven/Lo. [4]1965, 140, 294–295; *Stewart*, Sculpture, I, 1990, 293, T 133; *Todisco*, Scultura, 1993, 131. P. Schollmeyer

Lysitheos (Λυσίθεος), Sohn des Aristolochos, griech. Bildhauer, in hellenist. Zeit tätig. Nur bek. durch seine Sign. auf einer Marmorbasis (IG, XI. 4, 1131; Muller-Dufeu, SculptureSource, 2002, 782 s., Nr 2308). R. V.

Lyson (I) (Λύσων), aus Theben, vermeintl. griech. Bildhauer, der am E. des 6. Jh. v. Chr. lebte. Nur bek. durch eine Weih-Inschr. auf der Akropolis, in der er als Stifter gen. wird und nicht als Bildhauer, wie früher angenommen worden ist. Der Bildhauer ist in Wirklichkeit der ebenfalls auf der Inschr. als solcher klar genannte → Thebades. ▭ EAA IV, 1961 (s.v. L. 1). – *Raubitschek*, Dedications, 1949,

308–310, Nr 290; *M. S. Brouskari*, The Acropolis Mus. A descriptive cat., Ath. 1974, 31 s.; *K. Karakasi*, Archaische Koren, M. 2001, 145. R. V.

Lyson (II), griech. Erzgießer unbestimmter Zeit. Plinius (nat., 34, 91; Overbeck, SQ, 1868, Nr 2068; Muller-Dufeu, SculptureSource, 2002, 824 s., Nr 2443) erw. einen L. ledigl. in seinem vierten Verz. von Künstlern, die *Statuen von Athleten, Kriegern, Jägern und Opfernden* fertigten. Wahrsch. ist er ident. mit L., der nach Pausanias (1, 3, 5; Overbeck, SQ, 1868, Nr 1932; O. Alexandri-Tzahou, LIMC III, 1986, 377, Nr 9, s.v. Demos; Muller-Dufeu, SculptureSource, 2002, 824 s., Nr 2442) eine *Bronzestatue des Demos* schuf, die im Athener Buleuterion stand. Erst in einer spätantiken Quelle (Gnomol. Vatic., 399) wird die Statue dem berühmten → Lysippos (I) zugeschr., was aber unwahrsch. ist. Eine Statue des Demos ist vor dem 5. Jh. v. Chr. unvorstellbar. 🕮 ThB23, 1929 (s.v. L.). RE XIV. 1, 1928 (s.v. L. 5); EAA IV, 1961; DNP VII, 1990 (s.v. L. 3). – *F. W. Hamdorf*, Griech. Kultpersonifikationen der vorhellenist. Zeit, Mainz 1964, 32, 93 s., Nrn T 251 b, 253 c; *O. Palagia*, Euphranor, Leiden 1980, 61 s., Nr C 3. R. V.

Lysos (Λύσος), aus Makedonien, griech. Bildhauer unbest. Zeit, für Olympia tätig. L. schuf die im Zeusheiligtum von Olympia aufgestellte *Bronzestatue* des Siegers im olymp. Waffenlauf, *Kriannios aus Elis* (Paus., 6, 17, 1; Overbeck, SQ, 1868, Nr 2062). Das Siegesdatum des Kriannios ist bislang nicht zu bestimmen. Seit 520 v. Chr. (Olympiade 65) gibt es den Waffenlauf in Olympia. 🕮 ThB23, 1929. RE, Suppl. XI, 1968; EAA IV, 1961. – *L. Moretti*, Olympionikai, R. 1957 (MemAccLinc, Ser. 8, Bd. VIII. 2, 1959), Nr 969; *H.-V. Herrmann*, Nikephoros 1:1988, 174, Nr 180; *S. Lehmann*, Die Siegerbasen von Olympia, OlympForsch, XXXII (in Vorbereitung).

St. Lehmann

M

Maa, ägypt. Goldschmied des Amun, wohl Neues Reich (1550–1070 v. Chr.). Nur bek. von der Stele C 83 aus dem Louvre in Paris. Erw. werden auch seine Frau Jahmes und sein Sohn → Hat (II). Evtl. war er außerdem Bildhauer. ▭ *P. Pierret*, Recueil d'inscr. inédites du Musée Egyptien du Louvre, II, Hildesheim u.a. 1978, 51. S. Hänsch

Maanechetef (I) (Maanekhtutef; Maaninekhtutef; Maaninechetef), ägypt. Architekt und Bauleiter (Vorsteher der Bauarbeiter in Ober- und Unterägypten), 18./19. Dynastie (1550–1185 v. Chr.) in Ägypten tätig. Mit Titel und Namen durch Kniefigur belegt, die eine Stele mit einem Hymnus an Amun hält. Keine Werke zuschreibbar. ▭ PM I. 2, 1964, 789. M. A. Stadler

Maanechetef (II) (Maanekhtutef; Maaninekhtutef; Maaninechetef), ägypt. Architekt und Bauleiter (Vorsteher der Bauarbeiter), z.Z. Echnatons (1351–1334 v. Chr.) in Amarna/Ägypten tätig. Mit Titel „Vorsteher der Bauarbeiter in Achetaton" oder „Vorsteher der Bauarbeiter an jedem Monument seiner Majestät" und Namen auf der Inschr. eines Türpfostens des Hauses M. 47.3 in Amarna belegt. Keine Werke zuschreibbar. ▭ PM IV, 1934, 205. – Urk. IV, 2023. M. A. Stadler

Maanechetef (III) (Maanekhtutef; Maaninekhtutef; Maaninechetef), ägypt. Umrißzeichner, z.Z. Sethos' I. und Ramses' II. (1290–1213 v. Chr.) in Deir el-Medineh/Ägypten tätig. Sohn des Umrißzeichners → Paschedu (I) und Enkel des Umrißzeichners → Imenemhat (VII), Vater von → Paschedu (II). M. ist im Grab seines Vaters (Theban Tomb 323) und auf einer Reihe von Stelen dargestellt. Ferner ist er durch eine Quittung von Zahlungen an ihn und den Umrißzeichner → Rahetep (III), einen Brief seines Sohnes Pabaki an ihn, eine Opfertafel und zwei Stelen belegt. Der Name ist nicht sehr häufig, weshalb es wahrsch. ist, daß sich alle Belege auf denselben M. beziehen, wobei auch eine Aufteilung auf zwei versch. Personen gleichen Namens vorgeschlagen wurde. Als in Deir el-Medineh ansässiger Umrißzeichner war er für die Vorzeichnung der bildl. Darst. in der kgl. Nekropole von Theben-W zuständig. ▭ KRI I, 392–395; KRI III, 535, 554, 582, 650–652; KRI VII, 195; I, translations, 323–326; I, notes, 286 s.; Hieroglyphic texts from Egyptian stelae etc. (K BM), IX, Lo. 1970, 42, Taf. 37; *E. S. Bogoslovsky*, ZÄS 107:1980, 100; Hieroglyphic texts from Egyptian stelae etc. (K BM), X, Lo. 1982, 29, Taf. 69, Nr 444; XII, Lo. 1993, 11, Taf. 30 s., Nr 269. M. A. Stadler

Maanechetef (IV) (Maanekhtutef; Maaninekhtutef; Maaninechetef), ägypt. Oberkünstler des Herren der Beiden Länder, z.Z. Ramses' IX. (1125/1121–1107/1103 v. Chr.), in Deir el-Medineh/Ägypten tätig. Nur durch einen Brief eines Imenmes an M. belegt. ▭ KRI VII, 383–384. M. A. Stadler

Maanekhtutef v.e. **Maanechetef**

Maaninechetef v.e. **Maanechetef**

Maaninekhtutef v.e. **Maanechetef**

Maarkos (Μάαρκος), aus Piräus, griech. Bildhauer, im 1. Jh. v. Chr. im Piräus tätig. Nur bek. durch seine Sign. aus dem Piräus. ▭ RE XIV. 1, 1928 (s.v. Marcus 36); EAA IV, 1961. – *Loewy*, IGB, 1885, 303, Nr 461. R. V.

Mabuinus, Goldschmied, im 5. Jh. n. Chr. tätig. M. wird als Goldschmied im Testament des Perpetuus, Bischof von Tours, genannt. Danach hat er ein *Kreuz aus Gold* gefertigt, das der Bischof bei seinem Tod im Jahre 490 n. Chr. seiner Kirche vererbte (Patrologia lat., 71, 1151). ▭ ThB23, 1929. F. Baratte

Macarius, vermeintl. röm. Mosaizist am E. des 2. Jh. n. Chr. in Sousse/Tunesien. Dieser Name im Genitiv befand sich auf einem (heute verlorenen) *Mosaik* vom E. des 2. Jh. n. Chr. aus Sousse (dem antiken Hadrumetum). Er war zugleich das einzige Wort im zentralen Bildfeld. Umgeben von einfachen *hederae* erschien er oberhalb der Darst. eines Weintrauben fressenden Hasen und zweier Granatäpfel. Auf dem übrigen Teil des Mosaiks waren *emblemata* mit Büsten der Jahreszeiten und versch. Pflanzen- und Tier-*xenia* abgebildet. Es deutet jedoch überhaupt nichts darauf hin, daß es sich bei MACARI um die Sign. eines Mosaizisten handelt. Es ist eher wahrsch., daß sich dieser Name auf den

Eigentümer des Mosaiks bezieht oder einen Verstorbenen verherrlicht (wie es der Fall ist bei dem Namen → Theodoulos, der auf einem and. Mosaik aus Sousse gefunden wurde). Tatsächl. ähnelt der Name einer Grab-Inschr. aus Lambaesis, die den Doppelnamen SELLARI MACARI, ebenfalls im Genitiv, aufweist und die von einer Referenz an den Vater des Verehrten namens (H)ERMES begleitet worden ist (CIL, VIII, 18455). Das Jahreszeitenbild und die and. künstlerischen Anspielungen auf den naturbezogenen Reichtum und Überfluß auf dem Paviment des M. von Sousse unterstützen die Interpretation des Mosaiks als Gedächtnisgabe. ▭ *L. Poinssot*, BAParis 1941/42, 147 ss.; *A. Merlin*, Inscr. latines de la Tunisie, P. 1944, 34, Nr 188; *L. Foucher*, Inv. des mosaïques. Sousse, Tunis 1960, 74, Nr 57.270, Taf. 37; *D. Parrish*, Season mosaics of Roman North Africa, R. 1984, 224 ss., Nr 59, Taf. 80 s.; *C. Balmelle/J. P. Darmon*, L'artisan-mosaïste dans l'antiquité tardive, in: *X. Barral i Altet* (Ed.), Artistes, artisans et production artistique au Moyen Age, I. Colloque internat., Univ. de Rennes II – Haute Bretagne, 2–6 mai 1983, P. 1986, 235–249; *Donderer*, Mosaizisten, 1989, 96 s., Nr A 69; *J. Gómez Pallarès*, ZPE 129:2000, 308. D. Parrish

Machatas (Μαχάτας), griech. Bildhauer, im 3./2. Jh. v. Chr. in Anaktorion/Akarnanien tätig. Nur bek. durch zwei Inschr. auf zwei Basen für *Statuen des Herakles und des Asklepios* aus dem Apollonheiligtum von Anaktorion (heute Vonitza) in Akarnanien, die beide von Laphanes, Sohn des Lasthenes, gestiftet worden sind (IG, IX. 1, 523 s.; Muller-Dufeu, SculptureSource, 2002, 790 s., Nrn 2334 s.). ▭ ThB23, 1929. RE XIV. 1, 1928 (s.v. M. 4); EAA IV, 1961. – *Overbeck*, SQ, 1868, Nrn 2063 s.; *Loewy*, IGB, 1885, 299 s., Nr 452; *Brunn*, GGK, I, 1889, 503. R. V.

Mactorius Barbus, *M.*, röm. Toreut, E. des 1./A. des 2. Jh. n. Chr. tätig. Nur bek. durch seine Sign. auf einem *Bronzehelm* aus einem Grab einer röm. Nekropole in der Nähe von Nawa im Hauran/Syrien. Möglicherweise fertigte er auch den zweiten in dem gleichen Grab gefundenen aufwendig dekorierten Helm, der im Stil den Darst. auf dem sign. Helm ähnelt. Beide Prunkhelme gehörten einem Soldaten der Reiterei. ▭ EAA IV, 1961 (s.v. Mactorius Barbarus). – *S. Abdul-Hak*, AAS 4–5:1954–1955, 163–188, Taf. 1–9. R. V.

Maecius (Μαίκυος; Μαίκιος), griech. Koroplast, am E. des 1. Jh. v. Chr. in Myrina tätig. Nur bek. durch seine Signaturen auf den zwei folgenden Typen von *Tonstatuetten*: 1.) *Fliegender Eros mit Weintrauben* (Paris, Louvre, Inv. Nr Myr 634, und Aufbewahrungsort unbek.; Kassab, 1988, 48, Nrn 1 a-b, Abb. 110 s., 393 s.); – 2.) *zwei miteinander kämpfende Eroten* (Paris, Louvre, Inv. Nrn Myr. 82 s., und Athen, NM, Inv. Nr 4927; Kassab, 1988, 48, Nrn 2 a-c, Abb. 112 s., 395 s.). Sein Stil weist in das E. des 1. Jh. v. Chr. ▭ *D. Kassab*, Statuettes en terre cuite de Myrina. Corpus des sign., lettres et signes, P. 1988, 48, Nrn 1–2, Abb. 110-113, 393–396. R. V.

Maecius Philotimus, *L.*, röm. Vasenhersteller, in der Kaiserzeit in Rom tätig. Nur bek. durch seine Grab-Inschr. aus Rom (CIL, I², 1209; VI, 33919a; Dess., ILS, 7703). ▭ RE XIV. 1, 1928 (s.v. Maecius 17). – *Calabi Limentani*, Studi, 1958, 171, Nr 160. R. V.

Maecius Proculus, *Publius*, Sohn des Publius, röm. Architekt, in der mittleren Kaiserzeit in Italien tätig. Nur bek. durch eine heute verschollene Grab-Inschr. aus Faventia (CIL, XI, 630), in der er als Prätorianer und zugleich kaiserl. Architekt gen. wird. ▭ RE, Suppl. V, 1931 (s.v. Maecius 20 a). – *M. Durry*, Les cohortes prétoriennes, P. 1968, 114 s.; *Donderer*, Architekten, 1996, 236 s., Nr A 125. R. V.

Maelius Thamyrus, *L.*, röm. Vasenhersteller, in der Kaiserzeit in Rom tätig. Nur bek. durch seine Grab-Inschr. aus Rom (CIL, VI, 1818). ▭ *Calabi Limentani*, Studi, 1958, 170, Nr 148. R. V.

Magius Murtilus, *L.*, röm. Bildhauer, in der Kaiserzeit tätig. Nur bek. durch seine Sign. unter dem *Portr. einer Frau* aus Saponara (CIL, X, 261). ▭ EAA IV, 1961 (s.v. Marmorarius). – *Calabi Limentani*, Studi, 1958, 162, Nr 78. R. V.

Mai (I) (Maia; Maja; Mia), Vater des → Parennefer (III), ägypt. Umrißzeichner des Amun, z.Z. Tutanchamuns (1333–1323 v. Chr.) in Deir el-Medineh/Ägypten tätig. Durch sein Grab (Theban Tomb 338) belegt, dessen Kapelle sich heute im Mus. Egizio in Turin befindet. Außerdem könnte eine Opfertafel im Louvre in Paris zu M. gehören. ▭ PM I. 1, 1960, 406; LÄ III, 1980, Sp. 835 mit Anm. 24 (s. v. Künstler). – *W. Helck*, Mat. zur Wirtschaftsgesch. des Neuen Reiches, I, Wb. 1961, 46; *E. S. Bogoslovsky*, ZÄS 107:1980, 101. M. A. Stadler

Mai (II) (Maia; Maja; Mia), ägypt. Goldschmied, z.Z. Echnatons (1351–1334 v. Chr.) in Amarna/Ägypten tätig. M. ist nur durch das Fragm. eines Briefes auf einem Ostrakon belegt, der offenbar Anweisungen bezüglich eines Ringes enthält, der M. anvertraut wurde. ▭ *R. Hari*, Rep. onomastique amarnien, Genf 1976, 130. M. A. Stadler

Mai (III) (Maia; Maja; Mia), ägypt. Architekt und Bauleiter (Vorsteher der Arbeiten), z.Z. Echnatons (1351–1334 v. Chr.) in Amarna/Ägypten tätig. M. ist in Amarna durch das Grab Nr 14 nachgew. und möglicherweise mit → Maia ident. Jedoch ist die Identifizierung letztendlich nicht beweisbar. ▭ LÄ I, 1975, Sp. 654 mit Anm. 10 (s. v. Bauleiter); LÄ III, 1980, Sp. 1166 (s. v. Maja); PM IV, 1934, 225. M. A. Stadler

Mai (IV) (Maia; Maja; Mia), ägypt. Architekt und Bauleiter (Vorsteher der Arbeiten) und Oberkünstler, z.Z. Ramses' II. und Merenptahs (1279–1203 v. Chr.) in Ägypten tätig. Er ist durch zwei Graffiti in Giza, zwei Stelen und eine ihn darstellende Granitstatue belegt. M. war v.a. im Ptah-Tempel (wohl in Memphis), in Heliopolis, Piramesse und in Theben tätig, wo er im Auftrag Ramses' II. Tempelbauarbeiten ausführte. In Giza hat er Restaurierungsarbeiten geleitet. Jedoch ließ er nicht, wie auch angenommen, als Leiter einer Steinbruchexpedition Steine von der Chephrenpyramide brechen, denn diese war bis ins MA intakt geblieben. ▭ *S. Sauneron*, BIFAO 53:1953, 57–63; *L. Habachi*, CdE 29:1954, 210–220; KRI III, 279–281; KRI IV, 127; *F. Gomaà*, Chaemwese, Wb. 1973, 62; *C. M. Zivie*, Giza au deuxième millénaire, Kairo 1976, 213–216; *L. Kákosy*, StAltägKult 16:1989, 154. M. A. Stadler

Mai (V) (Maia; Maja; Mia), ägypt. Architekt und Bauleiter (Vorsteher der Arbeiten), z.Z. Ramses' II. (1279–1213 v. Chr.) in El-Kab/Ägypten tätig. M. ist durch die Inschr. einer schwarzen Granitstatue (London, BM, Inv. Nr 1194) belegt, von der der untere Teil erh. geblieben ist und die ihn als Schreiber darstellte. Der Tempel Amenophis' II. wurde von Ramses II. restauriert und die Statue vor dem Sanktuar Ramses' II. gefunden. Es ist daher möglich, daß M. unter Ramses II. die Arbeiten am Tempel geleitet hat. ▭ PM V, 1937, 173. – *W. Helck*, Mat. zur Wirtschaftsgesch. des Neuen Reiches, I, Wb. 1961, 156. M. A. Stadler

Mai (VI) (Maia; Maja; Mia), ägypt. Oberster der Künstler, Neues Reich (1550–1069 v. Chr.) in Deir el-Medineh/Ägypten tätig. Nur durch Stele 448 der Amherst Coll. als Sohn des Obersten der Künstler → Chaiemipat (II) belegt. ▭ *J. Lieblein*, Hieroglyph. Namen-Wörterbuch, Hildesheim/ N. Y. 1979, Nr 2263. M. A. Stadler

Mai (VII) (Maia; Maja; Mia), ägypt. Umrißzeichner, Neues Reich (1550–1069 v. Chr.) in Deir el-Medineh/Ägypten tätig. Belegt durch das Fragm. eines Kopfes aus Holz, das in Grab 1352 in Deir el-Medineh gefunden wurde. Vielleicht ist er mit → Mai (I) ident. ▭ *R. Hari*, Rep. onomastique amarnien, Genf 1976, 131. M. A. Stadler

Mai... (Μαι...), Münzstempelschneider, tätig in Himera/Sizilien kurz nach der Zerstörung der Stadt durch die Karthager im Jahre 409 v. Chr. (Arnold Biucchi, 1988, 95; nach älterer Forschungsmeinung kurz vor der Zerstörung, in der Periode 420 bis 409 v. Chr.: F. Gutmann/W. Schwabacher, Die Tetradrachmen- und Didrachmenprägung von Himera [472–409 v. Chr.], Mitt. der Bayer. Numismat. Ges. 47:1929, 115, Nr 20). Die Sign. MAI erscheint auf der Vorderseite einiger *Tetradrachmen* des für Himera char. Typs: Dargestellt ist eine nach rechts galoppierende Quadriga, über der eine Nike nach links fliegend den mit einem langen Chiton bekleideten Wagenlenker (Nymphe Himera?) bekränzt. In ihrer Linken hält Nike ein kleines Täfelchen mit dem Namen des Stempelschneiders. Die Rückseite zeigt die opfernde Nymphe Himera, hinter der ein kleiner Satyr in einem Brunnenbecken mit einem Löwenkopfwasserspeier badet. Diese spezielle Art, die Künstler-Sign. anzubringen, ist von → Euainetos (I) bek., dessen Namenszug, teilweise abgekürzt, auf ähnl. Vorderseiten ungefähr gleichzeitig in Katane und Syrakus geprägter Tetradrachmen zu lesen ist (Cahn u.a., 1988, Nrn 334, 459). ▭ *L. Forrer*, Notes sur les sign. de graveurs sur les monnaies grecques, Br. 1906, 239–241; *C. Arnold Biucchi*, NumAntCl 17:1988, 85–100, Gruppo IV, Taf. 3,22; *H. A. Cahn u.a.*, Griech. Münzen aus Grossgriechenland und Sizilien (K Antiken-Mus. Basel und Slg Ludwig), Basel 1988, 94, Nr 306; Numismatica Ars Classica AG, Auktion 13, Zürich, 8. Oktober 1998, Nr 306 (mit älterer Lit.); Tkalec AG, Münzauktion, Zürich, 19. Februar 2001, Nr 29. Th. Ganschow

Maia v.e. **Mai**

Maia (Maja; Mia; Mai), ägypt. Architekt, Bauleiter („Vorsteher der Arbeiten"), 2. H. des 14. Jh. v. Chr. in Ägypten tätig. M. leitete die Bauarbeiten am Königsgrab und im Tempel von Karnak und war mind. unter den Königen Tutanchamun, Eje und Haremhab im Dienst. Sein Grab ist in Saqqara zu finden. Von dort stammen auch die Statuen des M. und seiner Frau, die sich heute im Leidener Mus. befinden. In Theben leitete er die Wiederherstellung des Grabes Thutmosis' IV. einem Graffito zufolge selbst und war wohl auch am Bau des Grabes Tutanchamuns beteiligt, in das er einen Modellsarg und einen Uschebti stiftete. Eine nähere Untersuchung der Inschriften des Speos von

Gebel es-Silsile ergab jedoch, daß er nicht wie bislang angenommen der Architekt des Speos war, sondern dieser → Mes (I) hieß. Die weiteren Titel von M., u.a. General, Schatzhausvorsteher, „Wedelträger zur Rechten des Königs", belegen seinen hohen Rang als Beamter. ▭ LÄ III, 1980, Sp. 1166 (s.v. Maja). – Urk. IV, 2163–2171; *W. Helck*, Zur Verwaltung des mittleren und neuen Reiches, Leiden/Köln 1958, 405–407; *id.*, Urkunden der 18. Dynastie, Übersetzungen zu den Heften 17–22, B. 1961, 424–428; *R. A. Caminos*, Phantom Architects at Gebel es-Silsila, in: *A. B. Lloyd* (Ed.), Studies in pharaonic relig. and soc. in honour of J. G. Griffiths, Lo. 1992, 52–56; *G. T. Martin*, Auf der Suche nach dem verlorenen Grab, Mainz 1994, 188–234. M. A. Stadler

Maiandrios (Μαιάνδριος), Sohn des Thrason, Architekt, in der 1. H. des 2. Jh. v. Chr. am Bau des *Apollontempels* in Didyma tätig. M. erscheint wie vor ihm *Kl[...]* und nach ihm auch → Kratinos (III), → Demetrios (IX) und → Philiskos (III) als Architekt in den Inschr. der 1. H. des 2. Jh. v. Chr., worin über die Aufwendungen für den Bau des *Apollontempels* in Didyma Rechenschaft abgelegt wird. Es ist unklar, welchen gestalter. Einfluß diese Personen auf den Tempelbau nehmen konnten bzw. durften. ▭ RE, Suppl. V, 1931 (s.v. M. 4). – *T. Wiegand/A. Rehm/R. Harder* (Ed.), Didyma, II. Die Inschr., B. 1958, 34–36, Nrn 33, 34; *M.-C. Hellmann*, ZPE 104:1994, 170, Nr 63; *Donderer*, Architekten, 1996, 18, Anm. 28. E. Wirbelauer

Maikyos → Maecius

Mais... (Μαισ...), griech. Bildhauer, in der Kaiserzeit in Mérida tätig. Nur bek. durch seine Sign. auf einem Architrav aus Mérida. ▭ EAA IV, 1961. – *A. García y Bellido*, ArchEspA 28:1955, 8, Nr 6. R. V.

Maja v.e. **Mai; Maia**

Makedon (I) (Μακεδών), Sohn des Dionysios aus Herakleia, griech. Bildhauer klass. oder hellenist. Zeit, in Pedasa/Karien tätig. Eine heute offensichtl. verlorene, nur fragm. überlieferte Inschr. (CIG, 2660; SGDI, 5731) aus dem antiken Pedasa (heute Gökceler) in der Nähe von Halikarnassos in Karien nennt M., Sohn des Dionysios, aus Herakleia als Schöpfer eines *Weihgeschenks für die Göttin Athena*. Aus der auf der Kalksteinbasis des Anathems angebrachten Inschr. geht hervor, daß dieses von drei Personen aus einem Zehnten finanziert wurde. Die gelegentl. vorgeschlagene Dat. ins 5. Jh. v. Chr. basiert auf den von W. R. Paton und J. L. Myres (1896) beobachteten Buchstabenformen. L. Robert (1978) hielt dem jedoch entgegen, daß zu dieser Zeit der Name M. nicht zu erwarten sei. Auch der Ortsname Herakleia sei unverständl., sofern es sich dabei um die erst um 300 v. Chr. gegr. Siedlung am Latmos handele. Allerdings ist diese Identifizierung bei der Häufigkeit des Toponyms keineswegs gesichert. In der Umgebung des Fundortes der Inschr. wurden Spuren (Scherben, Ziegel, Gebäudereste) aus hellenist. und röm. Zeit gefunden. ▭ ThB23, 1929 (s.v. M.). RE XIV. 1, 1928 (s.v. M. 7); EAA IV, 1961 (s.v. M.). – *Overbeck*, SQ, 1868, Nr 2049; *Loewy*, IGB, 1885, 49, Nr 60; *Brunn*, GGK, I, 1889, 351; *W. R. Paton/J. L. Myres*, JHS 16:1896, 215 s., Nr 4; *G. E. Bean/R. Cook*, BSA 50:1955, 124; *L. Robert*, BCH 102:1978, 500, Anm. 42; *Hansen*, CEG, II, 1989, 265 s., Nr 867 (entspricht Nr 429 a). J. Bauer

Makedon (II), Bildhauer aus Phrygien, in der röm. Kaiserzeit in Dokimeion tätig. Nur bek. aus der Inschr. von einem Grabmal in İscehisar (Dokimeion), das M. für seine verstorbene Tochter errichtet hat (W. M. Ramsay, AJA 1:1885, 142 s.). ▭ RE XIV. 1, 1928 (s.v. M. 8). T. Lochman

Makron (Μάκρων), griech. Vasenmaler des sog. rotfigurigen Stils, zw. ca. 495–470 v. Chr. in Athen tätig. Der Name des Malers ist aus einer Künstler-Sign. bek., die sich auf einem großen *Trinknapf* in Boston (MFA, Inv. Nr 13.186) befindet; am selben Gefäß auch die Sign. des Wkst.-Besitzers und Töpfers → Hieron (I). → Hieron (I) hat nach heutiger Zählung 58 Gefäße signiert, M. hingegen nur dieses eine Gefäß. Während sich Hieron-Sign. auch an drei Trinkschalen finden, die nicht von M. bemalt wurden, hat M. selbst allem Anschein nach ausschl. mit → Hieron (I) zusammengearbeitet. Mit ähnl. Konstanz hat er sich an die Bemalung von Trinkgefäßen, insbesondere von Schalen gehalten, v.a. an Schalen des *Typus B* (des sog. Einheitstypus), weniger an Schalen des *Typus C* mit abgesetztem Rand. Beide Formen treten in einer größeren (Durchmesser 30–34 cm) und einer kleineren Variante (Durchmesser 20–24 cm) auf. Die einzige Schale des seltenen *Typus E* (mit einem nur innen abgesetzten Rand) hat einen Durchmesser von 33 cm. Alle übrigen Gefäße (ein Aryballos, vier Askoi, ein Teller, eine Pyxis) sind kleinformatig; Großgefäße gibt es weder von → Hieron (I) noch von M. – Das von M. erh. Œuvre ist weitaus umfangreicher als jedes and. in der gesamten att. Vasenmalerei: mehr als 600 Gefäße und Fragm. wurden bis heute gezählt, wobei jedes Fragm. für ein ehem. vollst. Objekt steht. Es ist daher berechtigt zu fragen, ob auch bei M. mit der allg. akzeptierten Relation von 1–3 Prozent des von der ehem. Produktion Erhaltenen zu rechnen ist. – V.a. die Zchngn seines Hauptwerkes besitzen einen so hohen Grad von Linien- und Kurvenspannung, so ausbalancierte Proportionen und eine so überzeugende Mischung von kerniger Struktur und fließendem Umriß, daß M. seinen Platz unter den großen Schalenmalern seiner Zeit, v.a. neben → Onesimos (II), → Duris und dem *Brygosmaler*, durchaus zu Recht behaupten darf. Diese Qualitäten mischen sich allerdings immer wieder mit einem deutl. Mangel an Flexibilität und Spontaneität. Meisterwerke, wie der seine Sign. tragende *Skyphos* in Boston oder die Berliner *Lenäenschale* sind ihm nur selten gelungen. Statt dessen malte er auf manchen Stufen seines Werdeganges ganze Ser. von eher dürftigen *tableaux* in entsprechend hölzerner und liebloser Manier. Die Erklärung solcher Qualitätsschwankungen fällt nicht leicht, weder bei M. noch in der übrigen griech. Vasenmalerei. Doch wäre die Entst. der qualitätsärmeren Bilder sicherl. undenkbar, hätte M. jedes seiner Bilder aus frischem Impetus und mit verjüngtem Interesse gemalt. Gerade die Durchschnittsarbeiten sind aber Produkte der alltägl. Wkst.-Routine zur Befriedigung des geläufigen Publikumsgeschmacks. Die herausragenden Kunstwerke wirken dagegen wie im Zustand innerer Befreiung geschaffen. Daß dennoch beide Extreme dieses Lebenswerks von einer merklichen Konstanz, einem durchgehenden Duktus geprägt erscheinen, läßt sich nicht nur auf die „Handschrift", sondern auch auf ein Arbeiten mit typisierten Bildkomponenten zurückführen. M.s Bilder wurden in der Tat unter Verwendung von Figuren zusammengesetzt, die sich kaum mehr als acht Bewegungsmustern zuordnen lassen und zusätzl. von drei Haltungstypen sowie der Rechts- und Linksausrichtung überformt werden. Weitere Forsch. müssen erweisen, wieweit M. hierin einem Repert. verpflichtet ist, das auch bei and. Malern seiner Zeit zutage tritt. In jedem Fall handelt es sich nicht um eine Slg beliebiger Motive, sondern um die Umsetzung einer den erstaunlichsten Bewußtseinsgrad verratenden Analyse denkbarer Verhaltensweisen. – M. entstammte der Schule des Vasenmalers → Euphronios, was v.a. am Kompositionsschema der Außenbilder seiner Schalen kenntl. wird, die jeweils zwei Gestalten zu seiten einer Zentralfigur zeigen. Von → Euphronios übernimmt er auch die gedrungenmassigen Gestalten, die allerdings noch im Verlauf des Frühwerks von schlank-aufragenden Figuren abgelöst werden. Die Kleidung wird von eng und parallel laufenden Faltenbahnen bestimmt, die an Schultern und Hüften geradezu eckig umbrechen. Jede dieser Gestalten scheint in einem eig., nur von ihr beherrschten Bildraum zu existieren; Verbindungen zu den Nachbarfiguren sind oberflächl. und lose. – Vom Beginn seines Hw. an versucht sich M. in zunehmendem Maße an einer Erhöhung der Figurenzahl pro Schalenaußenseite, ein Experiment, das schließl. zu den langen Figurenfriesen führt, die sich über je eine H. der Schalenaußenseite erstrecken und oft mit Hilfe von „Scharnierfiguren" an die gegenüberliegende Außenseite angeschlossen werden. Diese Figurenfriese setzen sich fast ausschl. aus einander zugewandten Figurenpaaren zus., in denen ohne allzu weitgehende Variation und doch in niemals langweiliger Schablonisierung jene Themen abgehandelt werden, die M. zeit seines Arbeitens am Herzen liegen. Dieses Bildverfahren bedingt, daß in der Aneinanderreihung ähnl. Figurengruppen jede dieser Figuren gleiches Gewicht besitzt wie alle übrigen, daß damit Haupt- und Nebenfiguren als Kategorien der Komp. ausgeschlossen sind und es folgl. niemals zu unterschiedl. Aufmerksamkeitskonzentrationen kommt. Dieselbe Homogenisierungstendenz zeigt sich auch darin, daß M. in nur ganz wenigen Fällen die gleichsam vorgegebene Zusammengehörigkeit beider Hälften der Außenseitenfriese mißachtet: meist sind beide demselben Thema gewidmet, oft auch, wie bereits erw., durch sog. „Scharnierfiguren" miteinander verbunden. Die Thematik der Tondobilder der Schaleninnenseiten weicht dagegen bei M. in vielen Fällen von jener der Außenseiten ab; ein Zusammenhang zw. allen Bildflächen einer Schale im engeren Sinn einer narrativen Sequenz läßt sich überhaupt nur an der Bochumer *Olympschale* nachweisen. – Mit Erhöhung der Figurenzahl wird der Kontakt zu den Nachbarfiguren naturgemäß enger; zu „handgreiflichen" Interaktionen kommt es hingegen bei M. fast nie. Von der Mitte des Hw. an beginnt sich die Silhouette der Gestalten zu runden; eine allg. Zunahme des Figurvolumens läßt sie nahezu gedrungen erscheinen. V.a. die Faltenbahnen von Chitonen und Mänteln tragen zu diesem Eindruck bei. Dabei bleiben die Körper und Gesichter der Gestalten kräftig und gespannt, niemals werden sie plump oder bewegungsarm. Gegen Ende seines Œuvre verfällt M. zuweilen einer eher lieblosen Schablonisierung, bes. in den Außenbildern kleiner Schalen. Von der Möglichkeit, den niedrigeren Bildraum unter den Schalenhenkeln für die Einf. von Ornamenten oder themabedingten Bildobjekten zu nutzen, macht M. intensiveren Gebrauch als die meisten seiner Zeitgenossen. – Weit mehr als die Hälfte von M.s Bildern sind den gesellschaftl. Themen seiner Athener Umwelt gewidmet, wobei er sich in immer neuen Wiederholungen mit nur zwei Themenkomplexen beschäftigt, dem Umgang der Männer mit den Freudenmädchen der Stadt (Symposion, Komos, Freudenhaus) und dem Umgang der Männer mit der heranwachsenden männl. Jugend (Gymnasion, Palästra); oft werden diese Objekte männl. Begierde auch ohne die werbenden Männer dargestellt, also gleichsam von außen betrachtet. Neben diesen „Gesellschaftsbildern" finden sich ledigl. einige Bilder trainierender Sportler. – Fortschritte in der makron. Bildauffassung werden darin deutl., daß die anfangs der gängigen Bild-Trad. verhafteten Formulierungen gegen E. hin in mehr oder weniger starkem Maße der eig. Sichtweise unterworfen erscheinen. Dies zeigt sich insbesondere an einer paratakt. Figurenreihung und der Beruhigung einer urspr. Lebhaftigkeit der Auffassung. Mit den neuartigen Bildsequenzen und den neuartigen Komp.-Mustern kommt ein neues Begreifen, was sich insbesondere darin zeigt, daß in den gleichmäßigen Reihungen makron. Kettenkomp. die vordergründigen, archaisch-bunten Details mehr und mehr zurücktreten und einer zu feinerer Differenzierung vordringenden Analyse menschl. Verhaltens Platz machen. In der Wiederholung des scheinbar Gleichen bekommen Nuancen das Gewicht des Faktischen. Wie sehr sich die Darst. seiner Figuren auf eine eher gedämpfte Beobachtungsintensität M.s zurückführen lassen, die v.a. empfindsame Gesten wahrnimmt, wird insbesondere an seinen Frauenbildern deutlich. M.s Frauengestalten sind realist. im Maße einer bes. Beobachtungsgabe für zurückgenommene Handlungsformen. Es geht in diesem themat. Zusammenhang, bei dem wir von so vielen Malern Beschr. sexueller Aktivitäten, von keinem aber so warmherzig-schöne Beschr. menschl. Gefühle besitzen, um M.s bes. Qualität und Stärke. Die „Abbildung realist. Alltäglichkeiten" ist sein Ziel nur insofern, als er sich selbst in diesem Bereich den Rückgriff auf sexuell-pornograph. Darst. versagen und die Details der Phantasie überlassen kann. Auf diese Weise verschafft er seinen Bildern doppelte Relevanz und Wichtigkeit: In Hinsicht auf unsere Vorstellungen vom Umgang der Geschlechter im Athen der Perserkriegszeit betont er – stärker als and. Maler – ein transsexuelles, emotionales Element, ja er macht eine solche Attitüde für uns erst eigtl. erkennbar; in Hinsicht auf seine eig. Person wird eine Haltung deutl., die sich mit dem Wort Dezenz beschreiben läßt. – Neben den Bildern aus dem Athener Alltagsleben bleibt die Zahl der Mythenbilder M.s klein; allerdings ragen diese, da es sich bei ihnen mit ganz wenigen Ausnahmen um Einzelwerke mit meist einmaliger Konzeption handelt, weit über das andernorts Geläufige hinaus. In seinem Frühwerk hatte sich M. noch an Formulierungen gehalten, die er seinem Lehrer → Euphronios oder and. älteren Malerkollegen abgeschaut haben mochte. Erst nachdem er den neuen Erzählstil seiner Alltagsbilder gefunden hatte, griff er schrittweise erneut auf das „Reservoir" der Mythenerzählungen zurück. Dabei wird sowohl die Verwandtschaft zu zeitgen. Mythenbildern evident wie das immer bestimmtere Hervortreten von M.s eig. „Handschrift" in der kompositionellen Anlage. Das eigtl. Mythengeschehen (Brettspieler, Palladionstreit, Ringkampf zw. Peleus und Thetis, Parisurteil, Hektors Lösung usw.) wird näml. in den Kontext einer erweiterten Ereigniserzählung, in eine größere, dem Ereignis sich unterordnende Schar von Begleitpersonen (flüchtende Nereiden oder Trojaner, zuschauende Griechen, Verwandte der Helena usw.) eingebettet, die das myth. Geschehen seiner aprior., immer-schon-gültigen Wertigkeit beraubt. Dieses authentisch makron. Bildverfahren ist das Resultat einer im Grunde erstaunl. Synthese aus bildl. Festlegungen und „modern"-zeitgen. Zugriff. Das Handeln des myth. Personals wird gewissermaßen einer Kommentierung unterworfen und in desto größerem Maße relativiert, je deutlicher das Geschehenszentrum in einer exzentr. Seitenposition exponiert erscheint. Aus ders. zeitgemäßen Distanz heraus hat M. ein weiteres Bildverfahren entwickelt, das das Handeln der Götter nicht länger als ein voraussetzungsloses Geschehen, sondern als von kausalen und temporalen Abhängigkeiten bedingt erscheinen läßt. Ein Zusammenhang zw. Teilen des Bildes ergibt sich nun nicht mehr – wie bei den eben gen. Themen – aus der Zugehörigkeit zu ein und ders. Episode des betreffenden myth. Ereignisses, sondern aus der Schilderung zweier eigenständiger Episoden eines solchen Mythos; themat. ist nicht die Kontinuität der Erzählung, sondern der kontextstiftende gegenseitige Verweis zweier getrennter Ereignisse. Das großartigste Beispiel für Doppelmythen-Bilder dieser Art ist der *Skyphos* in Boston. Die Erzählperspektive sieht zwei Episoden im Leben der Helena, ihre Entführung durch Paris und ihre Rückgewinnung durch Menelaos, nicht als zwei getrennte Ereignisse im Lebenslauf der Protagonistin, sondern unterstellt sie einer Sinn und Kontinuität stiftenden „Klammer", dem zweimaligen lenkenden Eingriff der Aphrodite. Die kausale Abhängigkeit des einen Geschehnisses vom and. wird auf diese Weise als Planung einer außermenschl. Macht ausgegeben und überdies in den großen geschichtlichen Zusammenhang gestellt. M. zeigt uns das Handeln Aphrodites in zwei Augenblicken, zw. denen die gesamte Dauer des trojan. Krieges liegt, jeder gleichsam eine Ikone von dessen Beginn und Ende. Mythen werden nicht länger als eindimensional, als Einmal-Ereignis begriffen: In M.s Verständnis geschehen sie durchaus nicht voraussetzungslos, sondern sind wie alles and. den Gesetzen der Kausalität unterworfen; auch myth. Geschehen darf und muß auf seine Vorbedingungen und Handlungskonsequenzen hin befragt werden. – M. war, wie sich zeigt, allem Anschein nach nicht darauf aus, für seine Bildauffassungen neue und zuspitzende Formulierungen zu finden, und daher gezwungen, sich mit dem Traditionellen, dem von and. Gefundenen zu behelfen, sich in vorgeprägten Bildmustern einzurichten. Dennoch ist er keineswegs ein Epigone oder Kopist zu nennen. V.a. in seinen Mythenbildern hat er erfolgreich daran gearbeitet, überkommene Bildformeln in neue Bildsysteme zu integrieren, ihre Bezüge auszuweiten und mit and. Bezügen zu kombinieren, so daß sie schließl. abgerückt und gleichsam einer neuerl. Prüfung unterworfen wurden. ⌂ *Werkauswahl*: – *Schale* München, Staatl. Antiken-Slgn., Inv. Nr 2617: Antaios/Alkyoneus (Kunisch, 1997, Taf. 1); – *Schale* Kopenhagen, NM, Inv. Nr 703: Sportler (ibid., Taf. 7); – *Schale* Würzburg, Martin-von-Wagner-Mus. der Univ., Inv. Nr 481: Symposion (ibid., Taf. 11); – *Schale* Bochum, Kunst-Slgn der Ruhr-Univ. Bochum, Inv. Nr S 1103: Werbung um Frauen (ibid., Taf. 15); – *Schale* Vatikanstadt, Mus. Vaticani, Inv. Nr 16576: Komos (ibid., Taf. 17); – *Schale* Rom, MN Etrusco di Villa Giulia, Inv. Nr 50396: Komos (ibid., Taf. 25); – *Schale* Wien, Kunsthist. Mus., Inv. Nr 3698: Werbung um Knaben (ibid., Taf. 35); – *Schale* Basel, Antiken-Mus. und Slg Ludwig, Inv. Nr BS 410: Mänad. Frauen (ibid., Taf. 44); – *Schale* Florenz, Mus. Archeol., Inv. Nr 3929: Brettspieler und fliehende Trojaner (ibid., Taf. 53); – *Schale* Paris, Louvre, Inv. Nr G 153: der tote Hektor und der Tod der Polyxena (ibid., Taf. 61); – *Schale* London, BM, Inv. Nr E 61: Freudenhaus (ibid., Taf. 62); – *Schale* London, BM, Inv. Nr E 62: Wartende Männer (ibid., Taf. 78); – *Schale* Berlin, Staatl. Mus., Antiken-Slg, Inv. Nr F 2291: Paris-Urteil und Helenas Entführung (ibid., Taf. 95); – *Schale* New York, Metrop. Mus., Inv. Nr 12.231.1: Werbung um Frauen (ibid., Taf. 97); – *Skyphos* Boston, MFA, Inv. Nr 13.186: Entführung und Rettung der Helena (ibid., Taf. 98 s.); – *Skyphos* London, BM, Inv. Nr E 140: Ausfahrt des Triptolemos (ibid., Taf. 107); – *Schale* Paris, Louvre, Inv. Nr G 266: Theban. Sphinx (ibid., Taf. 109); – *Skyphos*, Paris, Louvre, Inv. Nr G 146: Wegführung der Briseis (ibid., Taf. 110); – *Schale* St. Petersburg, Ermitage, Inv. Nr 1543: Palladionstreit (ibid., Taf. 113); – *Schale* Berlin, Staatl. Mus., Antiken-Slg, Inv. Nr F 2290: Lenäenfest (ibid., Taf. 116 s.); – *Schale* Bochum, Kunst-Slgn der Ruhr-Univ. Bochum, Inv. Nr S 1062: Herakles' Einführung in den Olymp (ibid., Taf. 118 s.); – *Schale* Bochum, ibid., Inv. Nr S 1168: Herakles als Atlas/Knaben (ibid., Taf. 165); – *Schale* Boston, MFA, Inv. Nr 08.293: Laufende Knaben (ibid., Taf. 169). ▭ ThB23, 1929. RE, Suppl. VI, 1935; EAA IV, 1961; LAW 1965; KlP III, 1969; DA XXXII, 1996 (s.v. Vase painters, Paragraph II: M.); DNP VII, 1999. – *Rumpf*, MuZ, 1953, 88; ARV², 1963, 458–481; *Boardman*, ARFV, I, 1975, 140; *M. Stadler*, HefteABern 7:1981, 29 ss.; *D. von Bothmer*, in: *D. C. Kurtz/B.A. Sparkes* (Ed.), The eye of Greece. Festschr. Martin Robertson, C. 1982, 29 ss.; *M. Robertson*, The art of vase-painting in Classical Athens, C. 1992, 100 ss.; *N. Kunisch*, M., Mainz 1997 (Kerameus-Forsch. zur antiken Keramik, 10). N. Kunisch

Malchos (Μάλχος), spätantiker Steinmetz (τεχνίτης), tätig in N-Syrien. Bek. nur durch die Inschr. eines 421/2 n. Chr.(?) dat. Grabes in Riha. ▭ IGLS, II, 1939, Nr 688. M. Dennert

Malikat (I), Sohn des Ausu, nabatäischer Architekt, im späten 1. Jh. v. Chr. in Seia/Syrien tätig. M. ist auf zwei Inschr. vom Tempelbezirk des Ba'alshamin in Seia als Architekt und/oder Stifter dieses Sakralbaues überliefert. Die erste ist auf nabatäisch verf. und befindet sich als Bau-Inschr. auf dem Architrav des Tempels. Sie nennt M. als Erbauer des inneren und äußeren Tempelteiles, des *sog. Theatron und einer Portikus*, die alle aufgrund der in der Inschr. gegebenen Dat. zw. 32 und 1 v. Chr. entstanden sind. Die zweite Inschr. ist in griech. Sprache und steht auf einem Statuensockel in der Vorhalle des Tempels, wobei die entsprechende Statue für M. als Dank für dessen Verdienste um den Bau des Tempels von der Gemeinde Seia errichtet worden ist. Mit den in der nabatäischen Inschr. gen. Bauteilen sind die den Tempel auf drei Seiten umgebenden Korridore (äußerer Tempelteil), der eigtl. Tempel mit der Cella (innerer Tempelteil), der vor dem Tempel liegende Hof mit Stufenreihen (Theatron) und die zweisäulige Vorhalle mit Statuen (Portikus) gemeint. ▭ CIS, II, 195–197, Nr 163; RES, Nrn 803, 2023; *W. K. Prentice*, Publ. of an American archaeol. expedition to Syria in 1899–1900, III. Greek and Latin inscr., N. Y./Lo. 1908, 328, Nr 428b; *E. Littmann*, PPUAES, IV. A, Leiden 1914, 76–78; *R. Wenning*, Die Nabatäer – Denkmäler und Gesch., Fribourg/

Göttingen 1987, 34; *Hackl*, Nabatäer, 2003, 170–173, Nr E. 004. 01–02. D. Keller

Malikat (II), Sohn des Mu'airu, Enkel von → M. (I), nabatäischer Architekt, um die M. des 1. Jh. n. Chr. in Seia/Syrien tätig. Sein Name tritt in einer nabatäisch-griech. bilinguen Inschr. auf einem Statuensockel in der Vorhalle des Ba'alshamin-Tempels in Seia auf, der von seinem Großvater → M. (I) erb. worden war. Die von den Ubaishat, einem lokalen Stamm, gestiftete Inschr. und die ehem. dazugehörige Statue ehren M. um dessen Verdienste für den Tempel, konkret um *Aufbauten zum Tempelbau* seines Großvaters, bei denen es sich entweder um ein neues Obergeschoß oder um zwei Fronttürme handelt. Da der Bau des Großvaters im späten 1. Jh. v. Chr. ausgef. worden war, dürften die Bautätigkeiten seines Enkels M. in die Mitte des 1. Jh. n. Chr. fallen. ◫ CIS, II, 197 s., Nr 164; *W. K. Prentice*, Publ. of an American archaeol. expedition to Syria in 1899–1900, III. Greek and Latin inscr., N. Y./Lo. 1908, 328, Nr 428a; *R. Wenning*, Die Nabatäer – Denkmäler und Gesch., Fribourg/Göttingen 1987, 34; *Hackl*, Nabatäer, 2003, 174–176, Nr E. 004. 04.

D. Keller

Mallius, *L.*, röm. Maler, E. 3./A. 2. Jh. v. Chr. in Rom tätig. Nur bek. durch eine Begegnung mit Servilius Geminius, dem Konsul des Jahres 202 v. Chr., die uns durch Macrobius (Sat., 2, 2, 10) überliefert worden ist. ◫ ThB23, 1929. RE XIV. 1, 1928 (s.v. M. 17); EAA IV, 1961. – *Brunn*, GGK, II, 1889, 311; *Pfuhl*, MuZ, II, 1923, 831.

R. V.

Mamarce, etrusk. Töpfer, der im 7. Jh. v. Chr. eine *Oinochoe* aus Impasto gefertigt hat (viell. aus Veji, heute in Würzburg, Martin-von-Wagner-Mus.). Die Form des Gefäßes mit Kleeblattmündung, kegelstumpfförmigem Hals, birnenförmigem Körper, niedrigem, scheibenförmigen Fuß und Bandhenkel begegnet häufig in der etrusk. Impasto- und Bucchero-Produktion des 7. Jh. v. Chr. Als ihre Vorbilder sind die wohl kypr. oder syr. Silbergefäße anzusehen, die als Grabbeigaben in den „Fürstengräbern" in Etrurien oder in den etrusk. Zentren in Latium und Campanien (Praeneste, Pontecagnano) des 2. und 3. V. des 7. Jh. v. Chr. vorkommen. Das Würzburger Gefäß weist mit seinem leicht erweiterten Ausguß und dem konkav gebogenen Hals die ausgereifte Formensprache einer hohen Entwicklungsstufe auf und dürfte daher in die M. des 7. Jh. v. Chr. oder wenig später zu datieren sein. – Auf dem Bauch ist die Darst. eines Kriegers eingeritzt, der zw. einem Pferd und einer ihr Junges säugenden Ziege steht. Oberhalb des Pferdes befindet sich die linksläufige Inschr.; über der Ziege sind zwei sich nach rechts wendende Reiher Seite an Seite dargestellt. Diese Anordnung geht auf die Ikonogr. des *despotes theron* zurück, der in der Variante des *despotes hippon* häufig als Verzierung der Impasto-Waren aus falisk. Gebiet, bes. auf denen aus Narce aus der 2. H. des 8. und des 7. Jh. v. Chr., vorkommt. Auf der Oinochoe in Würzburg ist die Zusammengehörigkeit der Gruppe leicht verunklärt: Die Tiere werden von dem Krieger nicht am Zügel geführt, sondern stehen separiert neben ihm. Die Ziege wendet sich nicht ihm, sondern ihrem Jungen zu. Ähnl. Entwicklungen lassen sich auch an and. Impasto-Gefäßen aus dem falisk. Raum beobachten. Der Gravierer besaß ein sicheres kompositor. Gespür: Sowohl der Krieger als zentrales Element der Darst. als auch die Palmette auf dem Hals des Gefäßes sind genau auf einer Achse mit dem Ausguß angeordnet. Die zentripetale Ausrichtung der Reiher und der Inschr. unterstreicht die Symmetrie der Komp. und betont das harmon. Zusammenspiel von Form und Dekor. – Durch rotes Pigment werden die Einritzungen besonders akzentuiert. Auch dies ist ein techn. Detail, das häufig in der Keramik des 7. Jh. v. Chr. aus falisk. Gebiet begegnet, seltener auch im Raum von Veji. Da auch die Ikonogr. in das falisk. Gebiet weist, ist anzunehmen, daß das Gefäß und damit auch der Töpfer in diese Region zu lokalisieren sind. Dafür spricht auch, daß die Gebiete von Narce und Veji direkt aneinanderstoßen. – Die Inschr. mit der Künstler-Sign. wurde vor dem Brennen in den Bauch des Gefäßes eingeritzt und lautet: „mi mamarce zinace". Ihre Übersetzung fällt nicht schwer: „mi" ist das Pronomen erster Person Singular im Nominativ; „mamarce" ist ein männl. Name in Nominativ; „zinace" ist das aktive Perfekt eines Verbs mit dem Stamm „zina-", das „machen" im materiellen Sinn bedeutet. Die Übersetzung lautet demnach: „Ich, Mamarce, habe gemacht." Die Formulierung weicht von den sonst übl. Inschr. ab, in denen das Personalpronomen im Akkusativ steht und sich auf das fertiggestellte Objekt bezieht. Der Name des Künstlers M. (mit seinen Varianten *Mamerce* und *Mamurce*) ist ein Derivat des häufiger vorkommenden *Marce*, bei dem die Eingangssilbe verdoppelt wurde (vgl. im Lat. Marcus/Mamercus und Mars/Mamers) und begegnet häufig als Vorname. Die Beschränkung auf einen Vornamen in der Sign. legt die Vermutung nahe, daß der Künstler aus einer soz. niedrigen Schicht stammte. ◫ *H. Jucker*, NumAntCl 10:1981, 31 ss.

G. Camporeale

Mamurius Veturius, angebl. erster röm. Bildhauer. Nach nicht richtiger Auslegung der Worte *Mamuri Veturi* im Salierlied stellte angebl. ein M. V. die *ancilia* her (B. Rappaport, RE I. A. 2, 1920, 1892, Zeilen 36 ss., s.v. Salii). Sein Name ist jedoch rein fiktiv. Properz (4, 2, 59–63) bezeichnete ihn auch als Meister der *Bronzestatue des etrusk. Nationalgottes Vertumnus* (auch Voltumna, Veltune oder Vortumnus genannt; zum etrusk. oder sabin. Ursprung und der Diskussion über die Aspekte des Gottes siehe: W. Eisenhut, RE VIII. A. 2, 1958, 1669–1687, s.v. Vertumnus; id., RE IX. A. 1, 1961, 849–855, s.v. Voltumna; J. P. Small, LIMC VIII, 1997, 235, s.v. Vertumnus). Die Statue war zunächst in einem Heiligtum nahe Volsinii und nach der Zerst. von Volsinii im Jahre 264 v. Chr. in einem Tempel auf dem Aventin in Rom aufgestellt (J. P. Small, ibid., 235, Nr 1; M. Harari, LIMC VII, 1997, 282, Nr 2, s.v. Voltumna). Die 1549 entdeckte, jedoch verschollene Basis (CIL, VI. 1, 804) berichtet, daß die Statue um 300 n. Chr. nochmals unter den Kaisern Diokletian und Maximian restauriert worden war. Ob die Statue das Aussehen eines archaischen Kouros hatte, wie E. Simon (1990) annimmt, ist zweifelhaft bei einer einheim. Gottheit mit eig. Tradition. Hinweise auf die Ikonogr. gibt es überhaupt keine, und so bleibt jede ikonogr. Vorstellung reine Spekulation. ▭ RE XIV. 1, 1928 (s.v. Mallius 17); EAA IV, 1961. – *Brunn*, GGK, I, 1889, 530; *L. Richardson Jrs.* (Ed.), Propertius elegies, I-IV, Norman 1977, 424–428; *G. Radke*, Die Götter Altitaliens, Münster [2]1979, 317–320; *M. Cristofani*, AnnFaina 2:1985, 75–88; *G. Colonna*, Quaderni del centro di studio per l'archeologia etrusco-italica 15:1987, 55–71; *E. Simon*, Die Götter der Römer, M. 1990, 111 s.; *Richardson*, TopRome, 1992, 363; *F. Coarelli*, in: LTUR I, 1993, 283; LTUR IV, 1999, 182; *J. Aronen*, in: LTUR IV, 1999, 310 s.; *A. Milella*, in: LTUR V, 1999, 177 s. R. V.

Mamurra cf. **Vitruvius**

Managai (MNGY), Sohn des → Warsakan, numid. Steinmetz des 2. Jh. v. Chr. Erw. in einer numid.-pun. Bilingue vom *Pfeilergrabmal* in Thugga (Dougga, Tunesien) neben zwei weiteren Steinmetzen sowie and. Handwerkern; → Aṭban. C. Leschke

Mandrokles (Μανδροκλῆς), griech. Architekt aus Samos, letztes V. des 6. Jh. v. Chr. tätig, zeitweise in pers. Diensten stehend. M. ist durch Herodot (4, 87–89) als Konstrukteur der großen, dem Übergang des pers. Heeres dienenden Schiffsbrücke am Bosporus namentl. überliefert. Das zugrundeliegende Bauprinzip, gegen die Strömung verankerte, parallel verkoppelte Wasserfahrzeuge mit darüber verlegter Bohlenbahn, ist in Mesopotamien seit dem 9. Jh. v. Chr. im Binnengewässerbereich nachweisbar (M.-C. de Graeve, The ships of the ancient Near East [c. 2000–500 B. C.], Leuven 1981, 144–148). Von M. wurde es hier jedoch erstmals auch im marinen Umfeld angewandt. Das im Jahre 513/512 v. Chr. im Auftrag des pers. Großkönigs Dareios I. (Reg.-Zeit 522–486 v. Chr.) im Rahmen des Skythen-Feldzuges ausgeführte Großprojekt galt als aufsehenerregende logist. und techn. Leistung und fand daher trotz seiner Kurzlebigkeit Erw. bei zahlr. klass.-antiken und ma. Autoren. Bildlich dok. wurde die Schiffsbrücke in einem verlorenen Gem., das M., mit einer Widmung versehen, in das Hera-Heiligtum von Samos stiftete (Hdt., 4, 88; Anth.Gr., 6, 341). Eine Nachfolgerin der Schiffsbrücke wurde wenige Jahrzehnte später unter Xerxes I. von → Harpalos (I) installiert. ▭ RE XIV. 1, 1928; EAA IV, 1961; DNP VII, 1999. K. Hornig

Maneos (Μάνεος), griech. Steinmetz, in der röm. Kaiserzeit in Isaurien tätig. Nur bek. durch seine Sign., in der er sich als Steinmetz (λατύπος) bezeichnet. ▭ EAA IV, 1961. – *W. H. Buckler*, JRS 14:1924, 69. R. V.

Manikos (Μανικός), griech. Mosaizist, in der röm. Kaiserzeit in Nîmes tätig. Nur bek. durch eine sehr fragm. (verschollene) Inschr. auf einem *Bodenmosaik* aus Nîmes. Bei dem in der gleichen Inschr. bereits in der ersten Zeile gen. → Methyllos handelt es sich wohl eher um den Auftraggeber und nicht um einen Mosaizisten. ▭ EAA IV, 1961. – *Brunn*, GGK, II, 1889, 313; *P. Gauckler*, MemSocAF 63:1902, 831; InvMos, I, 1909, 63, Nr 285; *E. Espérandieu*, Les mosaïques romaines de Nîmes, Nîmes 1935, 11, Nr 6; *Donderer*, Mosaizisten, 1989, 68, Nr A 22. R. V.

Manios, etrusk.(?) Goldschmied, in der 2. H. des 7. Jh. v. Chr. tätig. Die altlat. Inschr. „Manios:med:fhe:fhaked:Numasioi" (CIL, I².2, 3; XIV, 4112) befindet sich an der Außenseite des Nadelhalters einer aus Praeneste stammenden etrusk. *Goldfibel* vom Typ „a drago" der 2. H. des 7. Jh. v. Chr. (Rom, Mus. Pigorini; Länge 10,7 cm). Zweifel an Inschr. und Fibel wurden schon kurz nach ihrer Veröff. Ende des 19. Jh. laut. Sogar eine Fälschung durch W. Helbig wurde nicht ausgeschlossen. Obwohl die Authentizität der Inschr.

nach wie vor in der Lit. kontrovers diskutiert wird, konnten neuere Unters. die Echtheit der Fibel belegen. Aktuelle Forschungen zur grapholog. Unters. der Inschr. konnten eine Urheberschaft Helbigs nicht bestätigen. ▭ *A. E. Gordon*, The inscribed fibula Praenestina. Problems of authenticity, Berkeley 1975; *M. Guarducci*, MemLinc 24:1980, 411–574; 28:1984–86, 127–177; *R. Wachter*, Altlat. Inschriften. Sprachl. und epigraph. Unters. zu den Dokumenten bis etwa 150 v. Chr., Bern u.a. 1987, 55–65; *E. Formigli*, RM 99:1992, 329–343; *P. Halder-Sinn/H. Lehmann*, in: *P. Rück* (Ed.), Methoden der Schriftbeschreibung, Sigmaringen 1999, 417–427. K. Geppert

Mansuetus Annius, *Caius*, röm. Toreut, im 1. Jh. n. Chr. in N-Italien oder Niedergermanien tätig. Zehn *Bronzesiebe und -kellen* tragen seine Signatur. Die Objekte weisen eine weite Verbreitung auf. Sie wurden in den Niederlanden, in Dänemark, Schweden, Österreich und in der Tschech. und Slowak. Republik gefunden. Seine Sign. lautet dabei entweder C. Mansuetus Annius oder C. Annius Mansuetus. Daher nahm man bisweilen an, daß hier nicht ein Name vorliegt, sondern zwei, und daß diese beiden Personen im Vater-Sohn-Verhältnis stünden. ▭ *M. Perse/R. Petrovszky*, AKorrBl 22:1992, 412, Nr B 2, pp. 415 s., Nrn 46 s., 58, 60, 67 s., 78; *R. Petrovszky*, Stud. zu röm. Bronzegefäßen mit Meisterstempeln, Buch am Erlbach 1993, 143, Nr A.15, pp. 193–195, Nrn A.15.01 – A.15.10, Taf. 6, 39. R. V.

Mantikles (Μαντικλῆς), Sohn des Sosikrates, griech. Steinmetz, im 1. Jh. v. Chr. in Sparta tätig. Nur bek. durch eine Inschr. aus Sparta (IG, IV. 1, 209). ▭ RE XV. 2, 1930; EAA IV, 1961. – *Loewy*, IGB, 1885, 374, Nr 546b. R. V.

Mara (Μάρα), Mosaizist, um 500 n. Chr. in Qum Hartaïne/Syrien tätig. Künstler oder Lehrling, dessen Name in einem der Kreise eines polychromen *Mosaiks* von einfacher geometr. Komp., welche aus Kreisen und Quadraten besteht, eingeschrieben ist: ΜΑΡΑ ΜΑΘΕΤΗΣ ΨΙΦ(ωθετῆς). Der Stil entspricht dem des Mosaiks des Hauptschiffes, das durch eine Inschr. um 500 dat. werden kann und von → Amitos (KLA II, Addendum) sign. worden ist, dem Chefmosaizisten, unter dem M. wahrsch. gearbeitet hat. ▭ *P. Donceel-Voûte*, Les pavements des églises byz. de Syrie et du Liban, Louvain-la-Neuve 1988, 192–201, Abb. 168, 176, 181, Taf. 11. F. Dupuis

Maraeus cf. **Mareos**

Marathaios (Μαραθαῖος), spätantiker Steinmetz (τεχνίτης) in N-Syrien. Nur bek. durch die 377 n. Chr. dat. Bau-Inschr. einer *Stoa* in Dahr el-Kebîra, die ihn zus. mit → Hermogenes (VII) und → Marinios nennt. ▭ IGLS, IV, 1955, Nr 1532bis. M. Dennert

Marc Aurel → **Annius Verus,** *Marcus (Marcus Aurelius)*

Marcellus, spätantiker Maler, nur bek. aus einer christl. Grab-Inschr. aus Pavia. Die doppeldeutige Berufsangabe *pictor* auf diesem einfachen Grabstein meint eher einen Dekorationsmaler als einen Künstler. ▭ CIL, V, 6466; *E. Diehl*, Inscriptiones Christianae Veteris, I, B. 1925, Nr 671. M. Dennert

Marcius, *M.*, röm. Bildhauer, in der Kaiserzeit tätig. Nur bek. durch eine Inschr. aus Hesselbach/Deutschland (CIL, XIII, 6515). ▭ *Calabi Limentani*, Studi, 1958, 164, Nr 98. R. V.

Marcus, röm. Toreut, in der Kaiserzeit tätig. Nur bek. durch seine Sign. auf einem *Schwert* aus Dänemark (CIL, XIII, 10036, 64; R. MacMullen, AJA 64:1960, 37, Nr 54). R. V.

Marcus Aurelius → **Annius Verus,** *Marcus (Marcus Aurelius)*

Marcus Iulius Agathopus → **Agathopus**

Marcus Moscianus, *M.*, röm. Silberschmied, in der Kaiserzeit in Italien tätig. Nur bek. durch seine Sign. auf einem *Gefäß* (heute Neapel, Mus. Archeol. Naz., Inv. Nr 25696; CIL, XI, 6711, 5). ▭ EAA I, 1958 (s.v. argentarius). R. V.

Mareos (Μαρε̃ος), Maler in Dura-Europos, tätig in der M. des 3. Jh. n. Chr. Nur belegt durch eine Beischr. auf den *Wandmalereien* der letzten Phase des Mithräums von Dura-Europos (heute New Haven, Yale Univ. AG), wohl kurz vor 250 n. Chr. entstanden. ▭ EAA, Suppl. I, 1973. – Dura, Prel. Reports, VII/VIII, New Haven 1939, 104–115; *J. Leroy*, CArch 21:1971, 27; *A. Perkins*, The art of Dura-Europos, Ox. 1973, 36, 49–52, Taf. 15. M. Dennert

Mariades (Μαριάδης), Architekt, in einer 363 oder 563 n. Chr. zu datierenden Architrav-Inschr. einer *Kolonnade* in Batuta/N-Syrien zus. mit *Saakonas* genannt. ▭ *W. K. Prentice*, Publications of the Princeton Univ. Archaeol. Expeditions to Syria, III B 6, Leiden 1922, 203, Nr 1201; *Donderer*, Architekten, 1996, 151, Nr A 56. M. Dennert

Marianos cf. **Aninas**

Marinios (Μαρίνιος), spätantiker Steinmetz (τεχνίτης) in N-Syrien. Nur bek. durch eine 377 n. Chr. dat. Bau-Inschr. einer *Stoa* in Dahr el-Kebira, die ihn zus. mit → Hermogenes (VII) und → Marathaios nennt. ▭ IGLS, IV, 1955, Nr 1532bis. M. Dennert

Marinos (Μαρῖνος), Bruder des → Ioulianos (III), spätantiker Bauhüttenleiter(?), um 400 n. Chr. in N-Syrien tätig. Zus. mit → Ioulianos (III) durch zwei Inschr. der *Kirche von Brād* bek., eine davon datiert 399 n. Chr. M. wird nicht eigens mit einer Berufsbezeichnung gen., doch erscheint er einmal mit seinem Bruder als τεχνίτης, das and. Mal als οἰκοδόμος. Ein weiteres Mal tritt M. als τεχνίτης in einer Inschr. der W-Fassade der *Kirche von Babisqa* auf; hier arbeitet er mit → Markianos Kyris zusammen (zur Einordnung v. → Ioulianos [III], → Markianos Kyris). ▭ *C. Strube*, Baudekoration im nordsyr. Kalksteinmassiv, I, Mainz 1993, 41–47, 53–57, 262 s.; *Donderer*, Architekten, 1996, 138–143, Nrn A 47-A 48; *C. Strube*, Die „Toten Städte", Stadt und Land in Nordsyrien während der Spätantike, Mainz 1996, 35–39. M. Dennert

Marion (Mari'unu; Μαρίων), Baumeister bzw. Architekt, vermutl. Grieche, zur arsakid.-parth. Zeit (A. des 1. Jh. v. Chr.) in Babylon tätig. Bek. ist M. aus drei Keilschrifturkunden in akkad. Sprache (Kennedy, 1968, Taf. 37, Nr 154 [London, BM, Inv. Nr 33015], Nr 155 (London, BM, Inv. Nr 33010], Taf. 38, Nr 157 [London, BM, Inv. Nr 33011]). Die Dat. dieser Tafeln ist arsakid. (Oelsner, 1971, 165); Kennedy (1968, 155) dat. sie ins Jahr 218 der Seleukiden-Ära (McEwan, Priest and temple, 1981, 127), das dem Jahr 94 v. Chr. entspricht (Oppenheim, 1973, 324). Die Schreibung des Namens weist keine Varianten auf (cf. Kennedy, 1968, 49, Nr 154, Zeile 14; Nr 155, Zeile 9; Nr 147, Zeile 8), es scheint sich um die keilschriftl. Wiedergabe des griech. Namens Μαρίων zu handeln (zu diesem Personennamen vgl. LGPN, I, 1987, 298; van der Spek, 1985, 547 mit Anm. 31). Daß M. nicht aus and. Quellen bek. ist bzw. nicht mit einem akkad. „Zweitnamen" oder Patronym gen. wird, legt die Annahme nahe, daß er nicht ortsansässig war, sondern zu den wenigen griech. Einwohnern Babylons gehörte (van der Spek, 1987). – M. ist für die Reparaturarbeiten am *bāb dudê*, einem Tor an der N-Wand (zur Lokalisierung des Tors vgl. die Abrechnung des Tempels [McEwan, Iraq 43:1981: Oxford, Ashmolean Mus., Inv. Nr AB 246, Zeile 11]) des Esagil(a), des Haupttempels Babylons, zuständig (Kennedy, 1968, 49, Nr 154, Zeile 13) und wird im Gegensatz zu anderen für die Instandsetzung des Tempels gen. Personen in dieser Urkunde ausdrückl. als Baumeister/Architekt (*itinnu*, zur Berufsbezeichnung und dem Tätigkeitsfeld des *itinnu* vgl. auch → Lâbâši) bez. (Kennedy, 1968, 49, Nr 154, Zeile 15). Für diese Arbeit erhält M. einen *Šekel* und zwei *maḫi* (entspricht 1/12 *Šekel*, zum Geldwert vgl. Oppenheim, 1973). Aus den weiteren Urkunden, welche M., dessen Arbeit und deren Vergütung nennen, läßt sich schließen, daß der an M. gezahlte Preis in der arbeitsadäquaten Höhe lag (McEwan, Priest and temple, 1981, 48 s.). ▭ LGPN I, 1987 (s.v. Μαρίων). – *D. A. Kennedy*, Late-Babylonian economic texts, cuneiform texts of the BM, XLIX, Lo. 1968, Taf. 37, Nrn 154 s.; Taf. 38, Nr 157; *J. Oelsner*, ZA 61:1971, 159–170; *L. Oppenheim*, Orientalia Nova Series 42:1973, 324–327; *G. J. P. McEwan*, Priest and temple in Hellenistic Babylonia, in: *B. Kienast u.a.* (Ed.), Freiburger Altoriental. Studien, IV, Wb. 1981, 48 s., 127, 146; *id.*, Iraq 43:1981, 131–143, bes. 138–140; *R. J. van der Spek*, The Babylonian temple during the Macedonian and Parthian domination, Bibliotheca Orientalis 42: 1985, 547 mit Anm. 31; *id.*, The Babylonian City, in: *A. Kuhrt/S. Sherwin-White* (Ed.), Hellenism in the East, Berkeley/L. A. 1987, 69. K. S. Schmidt

Maris (Μάρις), spätantiker Steinmetz (τεχνίτης), tätig in N-Syrien. Bek. nur durch die 427 n. Chr.(?) dat. Bau-Inschr. einer *Portikus* in Refade. ▭ IGLS, II, 1939, Nr 426. M. Dennert

Marius, *Quintus*, röm. Toreut, im 1. V. des 1. Jh. n. Chr. in Italien tätig. Nur bek. durch seine Sign. auf einer *Bronzekasserolle* aus Ubbergen/ Niederlande (heute Nijmegen, Prov. Mus. Kam, Inv. Nr 8. 1964. 1). ▭ *M. H. P. den Boesterd*, Numaga 12:1965, 45 ss., Abb. 1–3; *R. Petrovszky*, Stud. zu röm. Bronzegefäßen mit Meisterstempeln, Buch am Erlbach 1993, 156, Nr M.01, pp. 268 s., Nr M.01.01. R. V.

Mark Aurel → Annius Verus, *Marcus (Marcus Aurelius)*

Markianos (Μαρκιανός), spätantiker Steinmetz (τεχνίτης) in N-Syrien. Bek. nur durch eine 540/ 41 n. Chr. dat. Inschr. aus Kaukabe, die ihn zus. mit → Johannes (II) nennt. ▭ *J. Jarry*, Annales Islamologiques 9:1970, 201 s., Nr 31. M. Dennert

Markianos Kyris (Μαρκιανός Κῦρις; Kyros [Κῦρος]; Kyrillas [Κυρίλλας]), Leiter einer Bauhütte in N-Syrien von ca. 390 bis 420 n. Chr. M. wird in den Bau-Inschr. von *vier Kirchen im*

Djebel Barisa gen.: Babisqa (zwei Inschr.: datieren 390 n. Chr. und 403/4 n. Chr.), Kseigbe (414/5 n. Chr.), Dar Qita (418 n. Chr.) und Qasr el Banat (undat., um 430 n. Chr.). Er war Geistlicher (Presbyter) und wurde nach der Inschr. in der Apsis der von ihm gestifteten Kirche von Qasr el Banat beigesetzt, was auf seine herausgehobene Stellung hinweist. M., der einzige Künstler, dem sicher vier Bauten im n.-syr. Kalksteinmassiv zugewiesen werden können, signiert auffälligerweise nie als entwerfender Architekt (ἀρχιτέκτων), sondern immer nur als τεχνίτης, und ist wohl als der Leiter der Bauhütte, deren Hauptaufgabe die Architekturornamentik war, zu verstehen. – Aus stilist. Gründen wird ihm als frühester Bau die *Kirche von Bauda* zugewiesen (392/3 n. Chr.?). Diese steht in ihrem Doppelmauerwerk noch ganz in der Trad. des 4. Jahrhunderts. Danach baute er nur noch in Quadermauertechnik, im Gegensatz zu den meisten and. Bauten des 5. Jahrhunderts in N-Syrien. – In Bauda kommen noch keine antikisierenden Kapitellformen vor. In Babisqa arbeitet er eng mit Werkleuten der Iulianos-Wkst. zus., die Inschr. nennt ihn gemeinsam mit → Marinos, dem Bruder des → Iulianos (III), das toskan., das toskan.-komposite und zwei Typen korinth. Kapitelle finden sich hier. Hatten einige lokale Bauhütten anfangs noch Schwierigkeiten bei der Ausf. korinth. Kapitelle, so ist dies spätestens bei der *Kirche von Qasr el Banat* überwunden; das korinth. Kapitell wird zur dominierenden Form. Die geometr. Ornamentik, häufig mit Perlenfüllung, die Türen, Gesimse und Kapitelle der Wkst. überzieht, ist bei allen Bauten unverwechselbar. M. kam viell. aus einer der Städte N.-Syriens, wohl Antiocheia, was seine Kenntnisse und Auseinandersetzung mit klass. antiken Formen erklärt, ist hier jedoch weniger innovativ als etwa → Iulianos (III). Er arbeitete eng mit lokalen Werkleuten zusammen. Die Wkst. scheint auch nach seinem Tode weiterbestanden zu haben und ist etwa noch in der *Basilika von Qalbloze* (459 n. Chr.) nachzuweisen. ▭ ThB22, 1928 (s.v. Kyris, Markianos). EAA IV, 1961 (s.v. Kyris, Markianos). – *H. W. Beyer*, Der syr. Kirchenbau, B. 1925, 39–51; IGLS, II, 1939, Nrn 509, 531, 535, 542, 559–561; *A. Nacchache*, Le décor des églises de villages d'Antiochène du IVe au VIIe s., P. 1992, 261–263; *C. Strube*, Baudekoration im nordsyr. Kalksteinmassiv, I, Mainz 1993, 47–67, 113 s. 262 s.; *ead.*, Die „Toten Städte", Stadt und Land in Nordsyrien während der Spätantike, Mainz 1996, 35–39. M. Dennert

Markos (I) (Μάρκος), Steinmetz (τεχνίτης) aus Phrygien, im frühen 3. Jh. n. Chr. in der Gegend von Amorion (N-Phrygien) tätig. Nur in einer Grab-Inschr. aus Kurduşak ö. von Amorion überliefert (J. G. C. Anderson, JHS 19:1899, 304, Nr 239), die M. zus. mit → Ouanaxos, Aurelios signiert hat. T. Lochman

Markos (II) (Μαρκõς), griech. Steinmetz unbek. Zeit. Nur bek. durch eine Inschr. auf einer *Marmorstele* aus Cardamyle/Lakonien (IG, V^2, 1331). ▭ EAA IV, 1961. R. V.

Maron (Μάρων) und **Marres** (Μαρρῆς), Steuerpächter (ἐξειληφότες), nicht Maler von Mumienmasken oder Inhaber einer Maler-Wkst., tätig im Gau Arsinoë (Fayum/Ägypten) in ptolemäischer Zeit (2. Jh. v. Chr.). Sie werden im Papyrus Vindob. Barbara, 58, gen., mit dem sie gegen eine Gebühr den Malern → Phratres und *Psenobastis* das Recht einräumen, ihr Gewerbe auszuüben. Die Identifizierung als Maler (Horak; Doxiadis, 1995) beruht auf einer falschen Übersetzung, die korrekte Edition und Übersetzung findet sich bei Clarysse (2001). ▭ *U. Horak*, Analecta Papyrologica 4:1992, 123 s.; *E. Doxiadis*, The mysterious Fayum portraits, Lo. 1995, 237; *U. Horak*, in: *W. Seipel* (Ed.), Bilder aus dem Wüstensand (K Kunsthist. Mus. Wien), W. 1998, 188, Nr 65; *ead.*, in: *K. Parlasca/H. Seemann* (Ed.), Augenblicke. Mumienporträts und ägypt. Grabkunst aus röm. Zeit, Ffm. 1999, 200, Nr 107; *ead.*, in: *S. Walker* (Ed.), Ancient faces. Mummy portr. from Roman Egypt, N. Y. 2000, 157, Nr 114; *H.-J. Drexhage*, in: *T. Mattern* (Ed.), Munus. Festschr. Hans Wiegartz, Münster 2000, 82 s.; *W. Clarysse*, in: *B. Palme* (Ed.), Wiener Papyri. Als Festgabe zum 60. Geburtstag von Hermann Harrauer (P. Harrauer), W. 2001, 67–70 (mit der korrekten Lesung des Papyrus); *H. Froschauer* (Ed.), Tod am Nil. Tod und Totenkult im antiken Ägypten, W. 2003, 26 s., 95, Nr 21. M. Dennert

Marres cf. **Maron**

Martinos (Μαρτῖνος), spätantiker Steinmetz (λιθοξόος) in Lykaonien. Bek. nur durch eine christl. Anrufungs-Inschr. aus Amblada. ▭ *H. Swoboda/J. Keil/F. Knoll*, Denkmäler aus Pisidien, Lykaonien und Isaurien, Brünn u.a. 1935, 37, Nr 83; *L. Robert*, Hellenika, XI-XII, 1960, 34 s. M. Dennert

Martinus, röm. Silberschmied, in der 1. H. des 4. Jh. n. Chr. in Trier tätig. Nur bek. durch seine Sign. auf einer *Silberschale* des Silberschatzes von Kaiseraugst/Schweiz. ▭ *A. Kaufmann-Heinimann*, in: *M. A. Guggisberg* (Ed.), Der spätröm. Silberschatz von Kaiseraugst. Die neuen Funde, Augst

2003 (Forsch. in Augst, 34), 87–93, Nr 82, Abb. 67, Taf. 26 s.; *H. Lieb/M. A. Speidel*, in: *Guggisberg*, ibid., 2003, 175 s., Nr 82, Abb. 190. R. V.

Mascel Marcianus, röm. Mosaizist oder Besitzer eines Mosaiks des 4. Jh. n. Chr. aus Itálica. Nur bek. durch seine Namensnennung auf einem *Mosaik* aus Itálica *mit der Darst. von Zirkusspielen, Musen* (J. Lancha, LIMC VII, 1994, 1016, Nr 14 m. Abb., s.v. Mousa, Mousai/Musae) *und Tieren* (zerst.; CIL, II, 1110). Ob hier jedoch wirklich der Name eines Mosaizisten vorliegt, wie zuletzt auch wieder von Donderer (1989) behauptet worden ist, kann nicht gesagt werden. ▭ EAA V, 1963 (s.v. Mascel). – *A. de Laborde*, Descripcion de un pavimento en mosayco descubierto en la antigua Itálica, P. 1806, 19 ss., Taf. 1 ss.; *id.*, Voyage pittoresque et historique de l'Espagne, II. 1, P. 1812, 30, Taf. 85; *A. García y Bellido*, ArchEspA 28:1955, 12, Nrn 16 s., Abb. 8; *P. Piernavieja*, Corpus de inscripciones deportivas de la España romana, Ma. 1977, 91, Nr 20; *A. Blanco Freijeiro*, Mosaicos romanos de Itálica, I, Ma. 1978, 55 s., Nr 43, Taf. 61–73; *J. Polzer*, Circus pavements, Ann Arbor 1978, 119 ss.; *Donderer*, Mosaizisten, 1989, 97 s., Nr A 71, Taf. 41. R. V.

Mas[culi]nus, röm. Mosaizist, in der 2. H. des 4. Jh. n. Chr. in Carranque, Provinz Toledo/Spanien, *conventus carthaginiensis*, tätig. Bek. durch folgende Inschr. in einer *tabula ansata* auf einem 1983 entdeckten Bodenmosaik des *cubiculum* der Villa in Carranque: EX OFICINA MAS[CVLI]NI (meine Ergänzung) / PINGIT HIRINIVS / VTERE FELIX MATERNE / HVNC CVBICVLVM. Die Inschr. informiert uns über den Mosaizisten, der für die Wkst. verantwortl. war, über den Maler (*pictor*), der mit der Vorzeichnung der Figuren beauftragt war, und über den Besitzer der Villa. Diese Informationsfülle ist bis heute einzigartig für ein röm. Mosaik. Sie spiegelt die große Freiheit der Mosaizisten in diesem Gebäude wider. Sie signierten ihre Werke, und diese Sign. nimmt versch. Formen an: unter der Form EX OFFICINA, gefolgt von dem Namen des Mosaizisten im Genitiv, unter der Form einer ausführl. Inschrift. Man erkennt hier die Verteilung der Rollen in einer Wkst. zw. einem Maler, der wahrsch. das Archiv der Mustervorlagen verwaltete und sie je nach Anfrage in die Größe des zu schmückenden Raumes umsetzte, und dem Mosaizisten (*tessellarius*), der die Steinchenlegung mit der am Ort zur Verfügung stehenden Palette ausführte. Im *cubiculum* von Carranque bemerkt man, daß diese Arbeitsteilung, die ja übrigens hier gen. worden ist, wie sie auch normalerweise war, nicht die ästhet. Effekte erzielt hat. Die Themen sind nur summarisch gezeichnet, und die Farbenpalette ist sehr beschränkt. Man muß daher annehmen, daß in der Wkst. des M. der Maler und der Mosaizist notwendigerweise ihre ganzen Kräfte vereinen mußten, um die komplexen Figurenszenen realisieren zu können. Hingegen wurde der *pictor* in der Wkst. des → Iul[ius] Pru[dens], der das *triclinium* und and. nicht sign. Mosaiken mit Figuren in der Villa schmückte, nicht gen., obwohl dieser Maler erfahrener war oder die talentierteren Mosaizisten durch ihre eig. Mittel ein besseres ästhet. Ergebnis erzielen konnten als M. und → Hirinius in dem *cubiculum*. Die Sign. wie auch das Fehlen von Sign. in derselben Villa erlauben uns, die Arbeitsweise einer Mosaizisten-Wkst. am E. der Antike nachzuvollziehen, über die die Texte wenig aussagen. M. trägt ein *cognomen* als Namen, wahrsch. den seines ehem. Meisters, der lat. ist. → Hirinius scheint von freier Geburt zu sein, weil er einen Gentilnamen trägt. Beide Namen sind lateinisch. Die ausgeklügelten Verbindungen der Figurenszenen des Mosaiks fordern zu weiteren Bemerkungen heraus. Der Mosaizist hat einerseits drei mytholog. Szenen (Diana im Bade, Amymone durch Poseidon überrascht, Hylas und die Nymphen) und eine lit. Szene (Pyramos und Thisbe) und andererseits vier Götterbüsten (Minerva, Hercules, Diana, die vierte zerst.) um ein Medaillon mit einer reich geschmückten Frauenbüste (Venus?, die *domina*, eine Personifikation?) miteinander verbunden (cf. Lancha, 1997, 164–168, Nr 82). Es sei hier nur bemerkt, daß in diesem Schlafzimmer das von Maternus gewünschte Thema ganz klar die Gefahren des Wassers und der Liebe miteinander verbindet, und die Götterbüsten in den Ecken scheinen diesem ikonogr. Programm entgegengesetzt zu sein: weder Diana noch Minerva und Hercules bevorzugten die Liebe. Die Person im Zentrum bleibt rätselhaft. Man sieht folgl., daß M. und → Hirinius sich als fähig erwiesen haben, auf die Wünsche des Maternus, einem Leser von Ovid, einzugehen und eine Serie von Variationen über das Thema der Liebe gestalteten, wie es der röm. (es genügt hier an die vielfältigen Verbindungen von Themen in der pompejan. Wandmalerei zu erinnern) und der nahöstl. Art entspricht (wenn man dies so bemerken darf, weil im Orient die trag. Begegnung zw. Pyramos und Thisbe keine and. Darst. als das Mosaik in der Villa des Dionysos in Nea Paphos/Zypern aus dem 3. Jh. n. Chr. kennt). Wenn also dieses Mosaik hinsichtl. der Technik und des Stils mittelmäßig ist, besitzt es dennoch wertvolle Elemente in zwei Bereichen: die Arbeitsverteilung einer Wkst. von Mosaizisten am E. der Antike und die Verwendung von Mustervorlagen von Mosaiken aus dem

Vorderen Orient. Begaben sich auf der iberischen Halbinsel tätige Mosaizisten, die den Anforderungen entsprechend auf Wanderschaft waren, auch nach Antiochia, um ihre Ausb. zu vervollständigen, oder hatten sie Kontakte auf der iberischen Halbinsel mit wandernden oriental. Werkstätten? Man kann nicht zw. diesen beiden Möglichkeiten entscheiden, aber der Einfluß und die Wahl eines Themas des Mosaiks aus dem *cubiculum* kommt sicherl. von diesen zu jener Zeit sehr aktiven Zentren. ▭ *J. Arce*, MM 27:1986, 371 s.; AE, 1986, 474bis; *D. Fernández-Galiano*, La villa de Materno, in: Mosaicos romanos. Actas de la I Mesa Redonda Hispano-Francesa sobre Mosaicos Romanos habida en Madrid en 1985, Manuel Fernández Galiano *in memoriam*, Ma. 1989, 259, Taf. 1; *Donderer*, Mosaizisten, 94, Nr A 68, Taf. 40; *J. Gómez Pallarès*, Epigraphica 53:1991, 71 s., Nr 8; *J. Arce*, AEsp 66:1993, 269, Abb. 2; *D. Fernández-Galiano u.a.*, Mosaicos de la villa de Carranque: un programa iconografico, in: VI Coloquio intern. sobre mosaico antiguo, Palencio-Mérida 1990, Guadalajara 1993, 317, Anm. 1 (weitere Lit.) und 322, Abb. 4; *id.*, The villa of Maternus at Carranque, Fifth intern. colloquium on Ancient Mosaics, Bath 1987, Journal of Roman Archaeology, Suppl. 9:1994, 203 s., Abb. 9; *J. Gómez Pallarès*, Edición y Comentario de las inscr. sobre mosaico de Hispania. Inscripciones no cristianas, R. 1997, 148 s., Taf. 62; *J. Lancha*, Mosaïque et culture dans l'Occident romain, Ier-IVe s., R. 1997, 164 s., Nr 82, p. 389, Taf. C; *M. Mayer/ D. Fernández-Galiano*, Epigrafia de Carranque, in: Carranque, centro de Hispania romana (K Alcalá de Henares, Mus. Arqueol. Regional), Ma. 2001, 121 s. (MASVRIANVS). J. Lancha

Masidil (MSDL), Sohn des Ninipsan, numidischer Zimmermann des 2. Jh. v. Chr. Erw. in einer numidisch-punischen Bilingue vom *Pfeilergrabmal* in Thugga (Dougga, Tunesien) neben einem weiteren Zimmermann sowie and. Handwerkern; → Aṭban. C. Leschke

Masimos (Μάσιμος, verschrieben für Maximos [Μάξιμος]), Baumeister/Architekt (οἰκοδόμος) in Dura-Europos. Nur belegt durch einen *Deckenziegel* mit seinem Portr. und Beischr. aus dem *House of the Roman scribe* (M. 3. Jh. n. Chr.). Hier war er zus. mit weiteren hohen Offizieren und Mitgl. der städt. Elite dargestellt. In der Linken hält er einen Gegenstand, möglicherweise einen Hammer (*malleus*). ▭ *M. I. Rostovtzeff u.a.* (Ed.), The excavations at Dura-Europos, Preliminary report, VI, 1932–33, New Haven 1936, 297 s., 300, Taf. 45, 3. M. Dennert

Masinus, röm. Toreut, in der 2. H. des 1. Jh. n. Chr. in Frankreich tätig. Nur bek. durch seine Sign. auf einer *Bronzekasserolle*, die beim Zusammenfluß des Doubs und der Saône gefunden worden ist (heute Saint-Germain-en-Laye, Mus. des Antiquités Nat., Inv. Nr 34,102). ▭ *R. Petrovszky*, Stud. zu röm. Bronzegefäßen mit Meisterstempeln, Buch am Erlbach 1993, 156, Nr M. 02, p. 269, Nr M. 02. 01. R. V.

Masumilla, röm. Goldschmied, im 4. Jh. n. Chr. in Rom tätig. Nur bek. durch seine Grab-Inschr. aus Rom (CIL, VI, 9206). ▭ EAA I, 1958 (s.v. aurifex). R. V.

Masurianus cf. **Mas[culi]nus**

Masurius, röm. Mosaizist, im 3.–4. Jh. n. Chr. in Oudna/Tunesien tätig. Nur bek. durch eine Sign. auf einem *Bodenmosaik* in *opus tessellatum* im *frigidarium* in den Bädern des *Hauses der Laberii*, das Orpheus mit den Tieren darstellt. Die Sign. MASVRI ist in einem Medaillon plaziert und erscheint zweimal zu beiden Seiten einer Inschr., die den Besitzern des Hauses gewidmet ist: MASVRI – IN PRAEDIS LABERIORVM LABERIANI ET PAVLINI – MASVRI (CIL, VIII, 24019). Der Name M. ist urspr. möglicherweise illyrisch und mag die Herkunft des Mosaizisten preisgeben. ▭ EAA IV, 1961 (s.v. Masurus); V, 1963 (s.v. Musivarius). – *P. Gauckler*, MonPiot 3:1896, 218 ss., Taf. 11 s.; *M. R. de la Blanchère/P. Gauckler*, Cat. du Mus. Alaoui, P. 1897, 29, Nr 148, Taf. 8; InvMos, II, 1910, 129, Nr 381; *H. Stern*, Gallia 13:1955, 73, Nr 27; *I. Lavin*, DOP 17:1963, 228 ss., Taf. 72; *Dunbabin*, Mosaics, 1978, 27, 266, Nr 1 n, Taf. 134; *Donderer*, Mosaizisten, 1989, 34 s., 39, 46, Anm. 199, p. 98, Nr A 72, pp. 105, 113, Anm. 71, Taf. 42, 1; *M. Yacoub*, Le Mus. du Bardo, Tunis 1993, 148, Abb. 199; *F. Béjaoui*, La mosaïque paléochrétienne de Tunisie, in: *M. Hassine Fantar* (Ed.), La mosaïque en Tunisie, P. 1994, 269, Abb. p. 225; *J. Gómez Pallarès*, ZPE 129:2000, 308. Z. Welch

Matar (Mtr), punischer Töpfer unbek. Zeit. Nur bek. durch seine Sign. auf einem *Gefäß* aus Motya (CIS, I, 137). ▭ EAA VI, 1965 (s.v. Punica, arte, p. 561). R. V.

Matugenus, röm. Toreut, in der 2. H. des 1. Jh. n. Chr. in Gallien oder N-Italien tätig. Nur bek. durch seine Sign. auf einer *Bronzebadeschale* aus einem Grab von Locarno (heute Bellinzona, Mus., Inv. Nr 134.58.216). ▭ *P. Donati*, Locarno. La necropoli romana di Solduno. Quaderni d'informatione 3, Bellinzona, febbraio 1979, 32,

150 s. mit Abb., p. 227 mit Abb., Kat. 134.58.216; *R. Petrovszky*, Stud. zu röm. Bronzegefäßen mit Meisterstempeln, Buch am Erlbach 1993, 157, Nr M. 04, pp. 270 s., Nr M. 04.01, Taf. 19. R. V.

Maturus, röm. Toreut, im letzten V. des 1. Jh. n. Chr. in Gallien tätig. Nur bek. durch seine Sign. auf den folgenden sechs *Bronzekasserollen*: 1.) Paris, Slg Bernard (S. Tassinari, La vaisselle de bronze romaine et provinciale au Mus. des Antiquités Nat., Gallia, Suppl. XXIX, P. 1975, 31, Nr 15 mit Anm.; Petrovszky, 1993, 271, Nr M.05.01); – 2.) aus der Umgebung von St.-Chef/Dép. Isère (heute Lyon, Mus. de la civilisation gallo-rom.; CIL, XII, 5698, 7; XIII. 3/2, 10027 bei Nr 28; A. Allmer, Revue épigraphique du Midi de la France 26:1883, 406, Nr 452; Petrovszky, 1993, 271, Nr M.05.02); – 3.) aus Cave's Inn/England (heute Warwick, County Mus.; R. P. Wright, JRS 51:1961, 195, Nr 17; Boon, 1984, 405, Taf. 56 b; Petrovszky, 1993, 271, Nr M.05.03, Taf. 41); – 4.) aus Caerleon/England (Caerleon, Roman Legionary Mus.; Boon, 1984, 403 ss., Abb. 13, Taf. 55, 56 c; Petrovszky, 1993, 271, Nr M.05.04, Taf. 19, 41); – 5.) aus Jütland/Dänemark (Kopenhagen, NM, Inv. Nr IC.6398; CIL, XIII. 3/2, 768, 53; Boon, 1984, 405, Taf. 56 a; Petrovszky, 1993, 271, Nr M.05.05, Taf. 41); – 6.) aus Caersws, Powys/Wales (J. Britnell, Caersws vicus, Powys. Excavations at the old primary school, 1985–1986, British archaeological reports, Ser. 205, Ox. 1989, 64, Nr 35, Abb. 31, 35; Petrovszky, 1993, 272, Nr M.05.06, Taf. 19, 41). ▭ *G. C. Boon*, Antiquarian Journal 64:1984, 403 ss.; *R. Petrovszky*, Stud. zu röm. Bronzegefäßen mit Meisterstempeln, Buch am Erlbach 1993, 157, Nr M.05, pp. 271 s., Nrn M.05.01 – M.05.06, Taf. 19, 41. R. V.

Matutio, röm. Toreut, in der 2. H. des 1. Jh. n. Chr. in Gallien tätig. Nur bek. durch seine Sign. auf einer *Bronzeschüssel* aus einem Grab von De Waal, Insel Texel/Niederlande (CIL, XIII. 3/2, 10027, 28; P. van Cuyck, Beschryving van eenige Oudheden, gevonden in een tumulus, of begraafplaats, op het Eiland Texel, Am. 1780, 7 ss., Taf. I B, II). ▭ *R. Petrovszky*, Stud. zu röm. Bronzegefäßen mit Meisterstempeln, Buch am Erlbach 1993, 157, Nr M.06, p. 272, Nr M.06.01, Taf. 20. R. V.

Maurion → Gaurion

Maxalas, angebl. Gemmenschneider röm. Zeit. Der Name erscheint auf einem *Sardonyx*, heute verloren, mit der *Büste des Antoninus Pius*, der in Ägis und mit dem Lorbeerkranz bekrönt dargestellt ist. Die Inschr. ist mit großer Wahrscheinlichkeit eine mod. Zutat. ▭ RE XIV. 2, 1930; EAA IV, 1961. B. Lang

Maximinus (I), röm. Toreut, in der 2. H. des 1. Jh. n. Chr. in Gallien tätig. Nur bek. durch seine Sign. auf einer *Bronzekasserolle* aus Matfen, Northumberland/England (heute Newcastle upon Tyne, Mus. of Antiquities; R. P. Wright, JRS 59:1969, 238, Nr 19, Anm. 25–27, Taf. 19, 2). ▭ *R. Petrovszky*, Stud. zu röm. Bronzegefäßen mit Meisterstempeln, Buch am Erlbach 1993, 157, Nr M.07, p. 272, Nr M.07.01, Taf. 41. R. V.

Maximinus (II), aus Illyrien, röm. Bildhauer, zw. ca. 130 und 150 n. Chr. in der Umgebung von Imotski, dem Grenzgebiet zw. Dalmatien/Kroatien und der Herzegowina/Bosnien-Herzegowina, tätig. Der Name des Bildhauers, eines romanisierten Einheimischen, findet sich auf den folgenden zwei Reliefs: – 1.) *Votivrelief der Artemis/Diana*, die als Jägerin dargestellt ist (gefunden 1883 in den Ruinen der Festung Badnjevica in Postranje bei Imotski, heute in Split, Archäol. Mus.); – 2.) *Grabrelief des jungen Mädchens Lupa* (gefunden 1956 im Dorf Sovići/Herzegowina, heute in Mostar, Mus. der Herzegowina). In beiden Fällen ist die Sign. gleich: MAXIMINUS SCULPET (statt SCULPIT). In Anbetracht der Nähe der beiden Fundorte und der Fülle an Denkmälern, die in letzter Zeit in diesem Gebiet entdeckt worden sind und ähnl. Char. aufweisen – auch wenn sie keine Sign. tragen, wie z.B. die Kultreliefs des Liber und des Mithras, entdeckt in Ričice und in Proložac –, kann man vermuten, daß die Wkst. des M. irgendwo in dieser Region außerhalb der großen Wkstn von Salona und Narona wirkte. Es ist sehr schwierig, den genauen Standort des Ateliers festzulegen. Man kann annehmen, daß es sich entweder in der nächstgelegenen röm. Ansiedlung *Novae* (Runovići) oder in der Nähe einer der militär. Anlagen, wahrsch. *Bigestae* (Humac bei Ljubuški), befand. Dank des Stifternamens des *Dianareliefs*, der auch ein romanisierter Einheimischer war (*Titus Aelius Messor*), und ikonogr. Details auf der *Stele der Lupa* kann man die Tätigkeit der Wkst. des M. zw. 130 und 150 n. Chr. eingrenzen. ▭ EAA IV, 1961 (s.v. Marmorarius). – CIL, III. 1, 8509; *Calabi Limentani*, Studi, 1958, 165, Nr 103; *M. Vego*, Bekija kroz vijekove, Sarajevo/Posušje 1964, 36 ss., Abb. 17; *D. Rendić-Miočević*, Dva antička signirana reljefa iz radionice majstora Maksimina, Arheološki radovi i rasprave IV-V, Zagreb 1967, 339 ss., Taf. 1–3; *M. Vego*, Umjetnost Ilira u antičko doba, Posebna izdanja ANUBiH – Centar za balkanološka ispitivanja, Knjiga 11, Sarajevo 1984, 68 s., Taf. 2, 2. A. Rendić-Miočević

Maximos (Μάξιμος; Masimos, Μάσιμος), griech. Koroplast, im frühen 2. Jh. n. Chr. in NW-Kleinasien(?) tätig. Bek. bisher nur aus der Sign. einer *Statuette der Artemis von Ephesos* (London, BM, Inv. Nr 1971. 9-24. 1). ▭ *L. Burn/R. Higgins*, Cat. of Greek terracottas in the BM, III, Lo. 2001, 131, Nr 2309, Taf. 57. M. Dennert

Maximos (Baumeister/Architekt) → Masimos

Maximus (I), Sohn des Verecundus, aus Zurmentum, vermeintl. röm. Mosaizist des 2. Jh. n. Chr. Bisweilen wurde der auf einem Fußbodenmosaik aus Uzitta/Tunesien (heute Sousse, Mus. Archéol.) verewigte M. als Mosaizist gedeutet. Wie jedoch Donderer (1989) mit Recht darauf hinweist, handelt es sich hier um den Stifter des Mosaiks, der stolz war, daß er dieses Mosaik aus Steinen in dunklen und hellen Farben herstellen ließ: *adumbr(are) et alb(icare) f(ecit).* ▭ EAA IV, 1961 (s.v. M. 2). – *L. Foucher*, Karthago 9:1958, 135 s., Taf. 2 f; *id.*, Africa 2:1968, 207, Nr 10.512; *Dunbabin*, Mosaics, 1978, 28; *Donderer*, Mosaizisten, 1989, 146 s., Nr C 30, Taf. 62, 2. R. V.

Maximus (II), röm. Silberschmied (*vascularius*), zu Beginn des 4. Jh. n. Chr. tätig. Bek. durch seine Sign. auf einem in Eni Eri/Bulgarien gefundenen *Silberbarren* (heute Sofia, Archäol. Mus.). Zeitgleiche Silberplatten gedenken an den zehnten Jahrestag der Herrschaft des Licinius. Das Atelier des M. befand sich, wie die Inschr. präzisiert, in Sirmium an der Save (Sremska Mitrovica, Jugoslawien). ▭ *D. Aladžov*, Archeologia, 1961 (3), 47–50; *F. Baratte*, JSav, 1975, 19; *I. Popović*, Antiquité Tardive 5:1977, 138 s.; *M. A. Guggisberg*, in: *id.* (Ed.), Der spätröm. Silberschatz von Kaiseraugst. Die neuen Funde, Augst 2003 (Forsch. in Augst, XXXIV), 333, Nr HF 2. F. Baratte

Maximus, *Aurelius*, röm. Architekt, im 2. Jh. n. Chr. tätig. Nur bek. durch eine heute verschollene Inschr. aus Polissum/Potaissa in Rumänien (CIL, III, 7688). ▭ *Donderer*, Architekten, 1996, 198, Nr A 96. R. V.

Maxo, Metallhandwerker, in der 2. H. des 6. Jh. n. Chr. wohl in Burgund tätig. Tritt lediglich. als Hersteller einer *Buntmetallgürtelschnalle* in Erscheinung, die im Grab eines jüngeren Mannes im früh-ma. Gräberfeld von Monnet-la-Ville/Département Jura entdeckt wurde. Das Bildfeld der Schnalle zeigt in der M. einen vegetabilen Dekor, der von zwei antithet. Greifen flankiert wird. Eine Umschrift nennt Besitzer und Hersteller: TONANCIVS VIVA(T) / Q MAXO M / E Q FECIT OPDIME / FECI Q FACIO Q. In der Übersetzung von J. Werner: „(Der Besitzer) Tonancius möge leben, Maxo hat mich (die Schnalle) sehr gut gemacht. Ich habe hergestellt, ich stelle her.“ – Die Gürtelschnalle enthält einen verschließbaren Hohlraum und fügt sich damit in eine kleine Gruppe von früh-ma. Schnallen ein, die zur Aufnahme von Reliquien bestimmt waren. In diesem Behältnis hatten sich Reste einer Baumwollblütenkapsel erhalten. Baumwollblüten aus Palästina wurden nach Gregor von Tours als Reliquien geschätzt, da das Gewand Christi aus Baumwolle gewebt war. Der Besitzer der Reliquie und der Schnalle war vermutl. ein Kleriker. ▭ *C. Mercier/M. Mercier-Rolland*, Le Cimetière bourgonde de Monnet-la-Ville. Annales Littéraires Univ. Besançon, Archéologie 25:1974, mit Taf. 20 s.; *J. Werner*, Die Ausgrabungen von St. Ulrich und Afra in Augsburg 1961–1968, Münchener Beitr. zur Vor- und Früh-Gesch. 23:1977, 302 s., 325 s. R. Gottschalk

Mediimeri (?) → Adiimeri (?)

Medon (Μέδων; Medontas; Dontas), Bildhauer aus Sparta, im 6. Jh. v. Chr. tätig. Nach Paus., 5, 17, 2 schuf er eine *Athenastatue*, die in der Zeit des antiken Autors im Heraion von Olympia zu sehen war. Pausanias bez. M. als Bruder des → Dorykleidas und Schüler der Lehrmeister → Dipoinos und → Skyllis. Nicht mit Sicherheit zu klären ist seine Verbindung zu dem von Paus., 6, 19, 14 gen. → Dontas (hier weitere Lit.). In der Forsch. wird er zumeist mit diesem gleichgesetzt. Während sich Brunn (1889) auf den Namen → Dontas festlegte, sprachen sich Robert (1886) und Lippold (RE XV. 1, 1931) für M. aus. ▭ RE XV. 1, 1931 (s.v. M. 12); DNP VII, 1999 (s.v. M. 6). – *C. Robert*, Archaeol. Maerchen aus alter und neuer Zeit, B. 1886, 111–114; *Brunn*, GGK, I, 1889, 46. O. Gülck

Medontas → Medon

Megakles (I) cf. **Pothaios**

Megakles (II) (Μεγακλῆς), vermeintl. att. Töpfer. Nur bek. durch seine Sign. auf einer rotfigurigen *Pyxis* aus Attika, die vom *Pistoxenos-Maler* mit einer Frauengemachszene und Hasen auf dem Deckel bemalt worden ist (heute in Brüssel, Bibl. Roy., Inv. Nr 9). Die Sign. ist jedoch nicht antik, sondern neuzeitlich. ▭ ThB24, 1930. EAA IV,

1961 (s.v. M. 2). – *Hoppin*, RedFig, II, 1919, 175, Abb.; *D. Feytmans*, Les vases grecs de la Bibl. Roy. de Belgique, Br. 1948, 51, Taf. 21 s.; ARV², 1963, 863, Nr 31; Add², 1989, 299. R. V.

Megalesios (Μεγαλήσιος), einer der Telchinen, myth. griech. Künstler. Nur bek. durch seine Erw. zus. mit → Antaios (I) bei Tzetzes (hist. var., 7, 123 ss.; 12, 835 ss.; Overbeck, SQ, 1868, Nr 52). ▭ RE XV. 1, 1931; EAA IV, 1961. R. V.

Megistokles (Μεγιστοκλῆς), Sohn des Philomusos, griech. Bildhauer unbek. Zeit. Nur bek. durch seine Sign. auf einem *Relief* aus Chalkis. ▭ RE, Suppl. VIII, 1956; EAA IV, 1961. – *Picard*, Manuel, I, 1935, 196 s., Anm. 2. R. V.

Meh (I), ägypt. Bauleiter („Vorsteher der Arbeiten des Amun"), in der 19. Dynastie (1292–1186/85 v. Chr.) in Theben/Oberägypten tätig. M. ist bek. durch seine Sitzstatue, die ihn zus. mit seiner Frau Duat darstellt. Die Inschr. gibt an, daß er an den beiden großen Tempeln von Theben (Karnak und Luxor) gearbeitet hat. ▭ *W. Helck*, Mat. zur Wirtschaftsgesch. des Neuen Reiches, I, Wb. 1961, 45; Hieroglyphic texts from Egyptian stelae etc. (K BM), XII, Lo. 1993, 25, Nr 460, Taf. 92–95.
S. L. Lippert

Meh (II), gen. Sasa, ägypt. Goldschmied, im Neuen Reich (1550–1070/69 v. Chr.) in Theben/Oberägypten tätig. M. ist nur von einem Grabkegel (kon. Inschr.-Ziegel) bek., der in der Nekropole von Theben-W gefunden wurde. Er arbeitete für den Amun-Tempel. ▭ *W. Helck*, Mat. zur Wirtschaftsgesch. des Neuen Reiches, I, Wb. 1961, 45.
S. L. Lippert

Mehi → Senedjemib (II)

Mehi, ägypt. Umrißzeichner, unter Ramses II. (1279–1213 v. Chr.) in Theben/Oberägypten tätig. M. ist bek. von einem Ostrakon, das in Deir el-Medineh gefunden wurde. ▭ *E. S. Bogoslovsky*, ZÄS 107:1980, 102. S. L. Lippert

Meidias (I) (Μειδίας), griech. Töpfer, am E. des 5. Jh. v. Chr. in Athen tätig. Nur bek. durch seine Sign. auf der berühmten um 410 v. Chr. zu datierenden *Hydria* aus der ehem. Slg Sir William Hamiltons (heute London, BM, Inv. Nr E 224; FR, Taf. 8–9; CVA, London, BM, VI, Taf. 91–92). Das Gefäß ist mit den Themen „Raub der Leukippiden" (A. Hermary, LIMC III, 1986, 584, Nr 201 m. Abb., s.v. Dioskouroi) und „Herakles im Garten der Hesperiden" (R. Vollkommer, Herakles in the art of Classical Greece, Ox. 1988, 19, Abb. 26; G. Kokkorou-Alewras, LIMC V, 1990, 104, Nr 2717 m. Abb., s.v. Herakles) von einem Vasenmaler dekoriert worden, dessen Namen uns unbek. ist und der nach der Töpfer-Sign. den Notnamen *Meidias-Maler* erhielt. Er gehörte zu den bedeutendsten Vasenmalern des „nassen Stils" im ausgehenden 5. Jh. v. Chr. Die Vasenform zeichnet sich durch die große Harmonie zw. den unterschiedl. Gefäßteilen aus, auf der die Figuren gekonnt in Szene gesetzt sind. Die bereits im 18. Jh. entdeckte Hydria zählte schon damals zu den berühmtesten und meistbeachteten antiken Vasen, auch wenn weder die landschaftl. Zuordnung (oft wurde die Vase als etrusk. bez., so z.B. durch Josiah Wedgwood, v. hierzu Vollkommer, 1999, 75) noch die Identifizierung der Ikonogr. (z.B. identifizierte Johann Joachim Winckelmann die „Liebe des Jason zu Medea" statt „Herakles im Garten der Hesperiden" und der „Wettlauf um die Töchter des Danaos" statt „der Raub der Leukippiden"; v. hierzu Hofter, 1999, 25) richtig gelang. Ihren bes. Stellenwert erhielt die Vase des M. v.a. dank der Publikation durch P. F. Hugues d'Hancarville (Antiquités étrusques, grecques et romaines, tirées du cabinet de M. Hamilton, Na. 1768, I, Taf. 127–130; II, Taf. 22), in der die Hydria in ihrer Form und mit ihren Darst. ausführl. und äußerst qualitätvoll abgebildet worden ist. Schon kurz darauf nahm Josiah Wedgwood sowohl unabhängig nur die Vasenform oder auch nur die Darst. übertragen auf versch. and. Gefäßformen im Repert. der Wedgwood-Keramik auf (u.a. schmückte die Szene von „Herakles im Garten der Hesperiden" in Encaustic-Technik die sechs berühmten dreihenkligen Black Basalt-Gefäße, die anläßl. der Gründung der Wedgwood-Fabrik „Etruria" in Barleston/Stroke-on-Trent am 13. Juni 1769 gefertigt wurden, siehe dazu Vollkommer, 1999, 75). Die Hydria fand dadurch als Vasenform und Motivschatz Eingang in die verschiedensten Gattungen des 18. und 19. Jh. wie Steingut, Porzellan, Möbel, Wanddekoration usw. und prägte entscheidend die rege Auseinandersetzung mit bemalter antiker Keramik, die den Weg zur Erforschung der griech. Vasenmalerei ebnete. ▭ ThB24, 1930. RE XV. 1, 1931 (s.v. M. 8). – ARV², 1963, 1313, Nr 5; Add², 361; *L. Burns*, The Meidias painter, Ox. 1987, 15–25, Taf. 1–3; *M. R. Hofter*, Johann Joachim Winckelmann und die „hetrurischen Gefässe", in: *M. Flashar* (Ed.), 1768. Europa à la Grecque. Vasen machen Mode (K Freiburg i. Br., Archäol. Slg der Univ., 8. April–15. Mai 1999), FiB. 1999, 19–27; *R. Vollkommer*, ibid, 73–81; *id.*, L'éducation du goût par Josiah Wedgwood, in: *P. Rouillard/A. Verbanck-Piérard*, Le vase grec et ses destins (K Mariemont, Mus. Roy.), M. 2003, 231. R. V.

Meidias (II), griech. Bildhauer, im 4. oder 3. Jh. v. Chr. in Athen tätig. Wahrsch. nur bek. durch die Sign. auf einer Basis aus hymettischem Marmor (heute Athen, Epigraph. Mus., Inv. Nr EM 8885; IG, II. 3, 1624 b; IG, II[2], 4276), die nur fragm. erh. und wohl mit Recht zu [Με]ιδίας ἐπόησε zu erg. ist. Nach Marcadé sind die Buchstaben auf der Basis anders und früher einzuordnen als diejenigen auf drei Basen von Delphi, die ebenfalls die Sign. eines M. tragen. Daher ist M. wahrsch. von → M. (III) zu unterscheiden. ▭ ThB24, 1930. RE XV. 1, 1931 (s.v. M. 6); EAA IV, 1961. – *Marcadé*, Signatures, I, 1953, 79, Taf. 14, 4. R. V.

Meidias (III), griech. Bildhauer, im letzten V. des 3. Jh. v. Chr. in Delphi tätig. M. ist uns zumindest durch die folgenden drei Sign. auf Basen aus Delphi bek.: – 1.) Basis aus Kalkstein für ein *Reiterstandbild von Antiochos III.* im Apollonheiligtum (Delphi, Inv. Nr 635; L. Couve, BCH 18:1894, 235–247; Marcadé, Signatures, I, 1953, 77 mit Abb., Taf. 14, 2; Flacelière, 1954, 231, Nr 162, Taf. 26, 2; Siedentopf, 1968, 113, Nr 74 c; B. Hintzen-Bohlen, Herrscherpräsentation im Hellenismus. Unters. zu Weihgeschenken, Stiftungen und Ehren-Mon. in den mutterländ. Heiligtümern Delphi, Olympia, Delos und Dodona, Köln/Weimar/W. 1992, 104–106, 140, 213, Nr 35; Schmidt, 1995, 388 s., Nr IV. 2. 6; Muller-Dufeu, SculptureSource, 2002, 796 s., Nr 2356); – 2.) Basis aus Kalkstein für ein *Reiterstandbild* wohl des Seleukos III. (v. hierzu Siedentopf, 1968, 113) im Apollonheiligtum (Delphi, Inv. Nrn 1284 und 3368; H. Pomtow, Klio 16:1920, 176, Nr 137; Marcadé, Signatures, I, 1953, 77 mit Abb., Taf. 14, 1; Flacelière, 1954, 227 s., Nr 158; Siedentopf, 1968, 113, Nr 74 d; Schmidt, 1995, 389 s., Nr IV. 2. 7; Muller-Dufeu, SculptureSource, 2002, 796 s., Nr 2357); – 3.) Basis aus Kalkstein vom Apollonheiligtum (heute Athen, Epigraph. Mus.; Marcadé, Signatures, I, 1953, 78, Taf. 14, 4; Flacelière, 1954, 233, Nr 164; Muller-Dufeu, SculptureSource, 2002, 796 s., Nr 2358). – Die Basen sind wegen der Buchstabenform und mindestens in einem Fall wegen der Nennung von Antiochos III. in das letzte V. des 3. Jh. v. Chr. zu datieren. Wahrsch. ist M. nicht ident. mit → M. (II). ▭ ThB24, 1930. RE XV. 1, 1931 (s.v. M. 6); EAA IV, 1961 (s.v. M. 2); KlP III, 1969 (s.v. M. 4); DNP VII, 1999 (s.v. M. 4). – *R. Flacelière*, FDelphes, III. 4, 1954, 227 s., Nr 158, p. 231, Nr 162, p. 233, Nr 164; *H. B. Siedentopf*, Das hellenist. Reiterdenkmal, Waldsassen 1968, 113, Nrn 74 c-d; *Schmidt*, Statuenbasen, 1995, 388–390, Nrn IV. 2. 6-7. R. V.

Meidias (IV), Sohn des Asklepiades und der Artemisia, griech. Bildhauer, in der röm. Kaiserzeit tätig. Nur bek. durch seine Grab-Inschr. aus dem Makestostal in Kleinasien. ▭ EAA IV, 1961 (s.v. M. 3); KlP III, 1969 (s.v. M. 5). – *Marcadé*, Signatures, I, 1953, 80. R. V.

Meketiten, zweite Tochter von Echnaton/Amenophis IV. und Nofretete, ägypt. „Hobbymalerin", unter Echnaton/Amenophis IV. (1351–1334 v. Chr.) in Amarna/Mittelägypten tätig. Von der Königstochter, die schon als Kind verstarb, ist eine mit ihrem Namen versehene Min.-Malpalette aus Elfenbein erh. In den Mulden wurden noch Farbreste (schwarz, blau und grün) entdeckt sowie drei gespitzte Malbinsen in der Binsenhalterung. Die Palette scheint also tatsächl. verwendet worden zu sein, wobei sie eher als Spielzeug der kleinen Prinzessin zu verstehen ist. Von ihrer großen Schwester → Meretiten ist ebenfalls eine Malpalette erh. ▭ LÄ IV, 1982 (s.v. Palette (Schreib-), Anm. 13). – *W. C. Hayes*, The sceptre of Egypt, II, C., Mass. 1959, 296–297, Abb. 183.

T. Schrottenbaum

Melanippos (I) (Μελάνιππος), griech. Bildhauer, 166–156 v. Chr. in Pergamon tätig. Der Name ist fragm. erh. in einer Künstler-Sign. des *Pergamonaltares* vom Sockel unter den Reliefs, die Fraenkel (1890) folgendermaßen erg.: Με]λά[νιππος Με]λασ[ί]ο[υ...]ος ἐπό[ησεν. Dabei bleibt offen, ob der Künstler aus Athen, Rhodos (von Salis, 1912, 15) oder Pergamon (Bulle, 1926, 330) stammt. Die Zusammengehörigkeit der Teile ergibt sich aus dem Buchstabenabstand; die Inschr. war ca. 3,65 m lang (Thimme, 1946, 347, Anm. 16). Eine Zuordnung zu einem Abschnitt der Gigantomachie ist nicht möglich. Die mögl. Schaffenszeit des Künstlers ist wegen der Neudatierung des Altares (vgl. dazu B. Andreae, Schönheit des Realismus, Mainz 1998, 158–167; M. Kunze, RM, ErgH 31:1990, 123–139) zw. 166 und 156 v. Chr. anzusetzen. ▭ RE XV. 1, 1931 (s.v. M.?); EAA IV, 1961. – *E. Fabricius/C. Schuchhardt*, Kgl. Mus. zu Berlin. Altertümer von Pergamon. Die Inschr. von Pergamon, VIII. 1, ed. *M. Fraenkel*, B. 1890, Nr 71; *O. Puchstein*, Beschr. der Skulpt. aus Pergamon, I. Gigantomachie, B. [2]1902, 10; *A. von Salis*, Der Altar von Pergamon, B. 1912, 14 s.; *H. Bulle*, Gnomon 2:1926, 326–336; *D. Thimme*,

AJA 50:1946, 345–357; *H. Kähler*, Der große Fries von Pergamon, B. 1948, 168, Anm. 49.

K. Biedermann

Melanippos (II) (Μελάνιππος; Melanippus), griech. Architekt, viell. 63–52 v. Chr. in Athen tätig. Überliefert durch die 1743 gefundene Inschr. einer Statuenbasis (IG, III, 541; CIG, 357; IG, II², 3426). Zus. mit den röm. Brüdern → C. und M. Stallius, Söhne des Gaius, errichtete M. die *Statue* ihrem Wohltäter, *Ariobarzanes II. Philopator* von Kappadokien (63–52 v. Chr.), der die *Wiederherstellung* des sog. *Odeion des Perikles* finanziert (→ Vitruvius, 5, 9, 1) und ihnen aufgetragen hatte: (κατασταθέντες ὑπ᾽αὐτοῦ ἐπὶ τὴν τοῦ Οἰδείου κατασκευὴν). Unklar ist ihre Funktion als Architekt oder Verwalter und der Verbleib der Basis. – Das Odeion ö. neben dem Dionysostheater in Athen war 86 v. Chr. im Mithridat. Krieg zerst. worden (App., Mithr., 38) und ist wohl in seiner urspr. Form in Anlehnung an das nach Plataiai eroberte Xerxes-Zelt (Plut., Per., 13, 5; Paus., 1, 20, 4) oder and. persische Saalbauten (Meinel, 1979, 140 ss.) wiederaufgebaut worden. Es war ca. 68,60 m x 62,40 m groß, hatte 9 x 10 Säulenreihen (viele Säulen: Plut., ibid.; Theophr., char., 3), ein Holzdach und mobile Bestuhlung. ▭ ThB31, 1937 (s.v. Stallius). RE III. 2, 1929 (s.v. Stallius 1 und 2); XV. 1, 1931 (s.v. Menalippos); EAA IV, 1961 (s.v. M. 2); VII, 1966 (s.v. Stallius, Gaius e Marcus). – *Brunn*, GGK, II, 1889, 256; *W. Judeich*, Topogr. von Athen, M. ²1931, 97, 306 ss.; *Travlos*, TopAth, 1971, 387–391; *R. Meinel*, Das Odeion. Unters. an überdachten antiken Theatergebäuden, Ffm. 1979, 135 ss.; *Müller*, Architekten, 1989, 207 s.

K. Biedermann

Melanos cf. **Menandros (I)**

Melanthios (Μελάνθιος; [nach Plut., Arat., 12 s: Melanthos, Μέλανθος]; Melanthius), griech. Maler, ca. 360–330 v. Chr. in Sikyon tätig. Als Schüler des → Pamphilos (I) galt er als Vertreter der sikyon. Malerschule (Plin., nat., 35, 75 s.). Bezeugt ist ein *Bildnis des Tyrannen Aristrat von Sikyon*, des Zeitgen. Philipps von Makedonien (359–336 v. Chr.), ein Gem., an dem der damals noch in Sikyon arbeitende → Apelles (I) mitwirkte (Plut., Arat., 13). Für das spätere 4. Jh. v. Chr. fehlen ausdrückl. chronolog. Anhaltspunkte, zu allg. gehalten sind jedenfalls die Hinweise des Quintilian (inst., 12). Das *Bildnis des Aristrat* ist das einzige lit. erw. Werk des M. Nach Plutarch zeigte es den Herrscher neben einem von der Siegesgöttin gelenkten Wagen stehend. Mehrere Werke des M., die Arat zus. mit and. Gem. der sikyon. Schule dem Ptolemaios III. von Ägypten schenkte (Plut., Arat., 12), waren später in Alexandria zu sehen. Derselbe Arat ordnete nach der Befreiung von Sikyon (250 v. Chr.) die Vernichtung sämtl. Tyrannenbildnisse der Stadt an, schonte aber auf Bitte des Malers → Nealkes das Gem. des M., indem er durch diesen ledigl. die Figur des Aristrat übermalen ließ (Plut., Arat., 13). M. verfaßte ein Buch über die Malerei (Diog. Laert., 4, 18), zu dem auch die von → Vitruvius (7, praef., 14) erw. *praecepta symmetriarum* gehört haben dürften, falls der hier gen. Autor Melampus mit M. gleichzusetzen ist. M. forderte in seinem Buch vom Maler, im Leben wie im künstler. Schaffen gleichermaßen eigenwillig und unerbittl. zu bleiben. Wenig besagt die von Quintilian gelobte *ratio* seiner Werke, die auch für → Pamphilos (I) galt; ebenso wenig seine Erw. als Vertreter der Vierfarbenmalerei (Plin., nat., 35, 54), da Plinius hier nur die trotz beschränkter Farbmittel erreichte hohe Meisterschaft der griech. Malerei insgesamt gegen den Farbenluxus und mangelnden Geschmack seiner Zeit abzusetzen versucht. Ein individuelles Stilmerkmal des M. dürfte dagegen die von → Apelles (I) erw. Qualität seiner *dispositio*, näml. die Beachtung strenger Maßverhältnisse in der Bild-Komp. gewesen sein (Plin., nat., 35, 80). ▭ ThB24, 1930. RE XV. 1, 1931; EAA IV, 1961; DNP VII, 1999 (s.v. M. 5). – *P. Moreno*, La pittura tra classicità ed ellenismo, in: *R. Bianchi-Bandinelli* (Ed.), Storia e civiltà dei Greci, 6, Mi. 1979, 487–90; *Reinach*, RecMilliet, 1985, 262 s.

I. Scheibler

Melas (I) (Μέλας), angebl. Vater des → Mikkiades, Großvater des → Archermos, Urgroßvater des → Bupalos und des → Athenis, aus Chios, griech. Bildhauer(?), im 6. Jh. v. Chr. tätig. Lt. Plinius (nat., 36, 11; Overbeck, SQ, 1868, Nr 314; Muller-Dufeu, SculptureSource, 2002, 124 s., Nr 337) war M. Zeitgen. des → Dipoinos und → Skyllis und Stammvater der oben gen. Bildhauer und damit Begründer der Bildhauertrad. in Chios. Möglicherweise bezieht Plinius jedoch seine Informationen aus einem Epigramm von Delos von um 560/550 v. Chr. für eine Statue (ID, 9; Muller-Dufeu, SculptureSource, 2002, 124 s., Nr 340), in dem M. zwar zus. mit → Mikkiades und → Archermos gen. wird, hier aber nicht als deren Ahn, sondern als myth. Gründer von Chios und als Sohn des Poseidon und einer Nymphe bez. wird. Demnach wäre M. kein Künstler. ▭ RE XV. 1, 1931 (s.v. M. 28); EAA IV, 1961; KlP III, 1969 (s.v. M. 10); DNP VII, 1999 (s.v. M. 4). – *Loewy*, IGB, 1885, 3–4, Nr 1; *Lippold*, GrPl, 1950, 62; *Marcadé*, Signatures, II, 1957, 66, 75; *Floren*, GrPl, 1987, 335.

R. V.

Melas (II), griech. Bildhauer, im 3./2. Jh. v. Chr. tätig. Wahrsch. nicht ident. mit Melas, dem Vater des → Menandros (I). Seine Sign. steht, zus. mit den Sign. des *Dorion* und des → Leon (I), auf einer aus weißem Marmor gefertigten Basis, gefunden in Theben, auf der Treppe eines Hauses („Γρηγόριος 'Αντωνίου 'Ανδρέου"). ▭ RE XV. 1, 1931 (s.v. M. 30); EAA IV, 1961 (s.v. M. 2). - *Loewy*, IGB, 1885, 110, Nr 148; *Lippold*, GrPl, 1950, 340. J. Weinig

Melico → **Melipo**

Melipo (oder Melico), röm. Toreut, in der 2. H. des 1. Jh. n. Chr. in Gallien tätig. Nur bek. durch seine Sign. auf einer *Bronzekasserolle* aus dem Waal-Flußbett bei Lobith, Gelderland/Niederlande (heute Nijmegen, Prov. Mus. Kam, Inv. Nr 3.1951.1). ▭ *M. H. P. Boesterd*, The bronze vessels in the RM G. M. Kam at Nijmegen, Nijmegen 1956, 8 s., Nr 22, Taf. 2, 22–22a; 18, 22 b-c; *R. Petrovszky*, Stud. zu röm. Bronzegefäßen mit Meisterstempeln, Buch am Erlbach 1993, 157, Nr M.08, p. 272, Nr M.08.01, Taf. 20, 41. R. V.

Melissos (Μέλισσος), Sohn des Epikrates, aus Korfu, griech. Bildhauer, in der 2. H. 3./1. H. 2. Jh. v. Chr. in Dodona tätig. Nur bek. durch seine Sign. auf einer Basis aus Dodona (S. I. Dakares, Prakt 144:1989, 179 s.; Muller-Dufeu, Sculpture-Source, 2002, 782 s., Nr 2310). R. V.

Meliton (Μελίτων), griech. Architekt, in der röm. Kaiserzeit in Kleinasien tätig. Nur bek. durch seine Grab-Inschr. aus Eumenia (heute Emirjik) in Kleinasien (IGRom, IV, 727). ▭ *P. Paris*, BCH 8:1884, 241, Nr 2; *W. M. Ramsay*, Cities and bishoprics of Phrygia, I. 2, Ox. 1897, 392, Nr 259; *M.-C. Hellmann*, ZPE 104:1994, 168, Nr 55; *Donderer*, Architekten, 1996, 152, Nr A 57. R. V.

Memi, Sohn des → Senefanch, ägypt. Baumeister wohl der 4./5. Dynastie (ca. 26.–25. Jh. v. Chr.). M. wird in dem von seinem Bruder → Kaiemheset angelegten Fam.-Grab in Saqqara erw. Er scheint bes. im Gebiet von Abydos tätig gewesen zu sein. ▭ PM III. 2, 1978, 499. - Urk. I, 206, 11 ss.; *J. E. Quibell/A. G. K. Hayter*, Excavations at Saqqara. Teti pyramid, north side, Kairo 1927, 16 ss. F. Hoffmann

Memno, röm. Mosaizist, um 50 v. Chr. in Italien tätig. Nur bek. durch eine Inschr. aus Pantanelle an der Via Latina, nach der er wie auch *Pamphilus, Sabbio* und *Salvius* Freigelassener des Publius Maneilius und *structor paeimentari*, d.h. Hersteller von Estrichböden war. ▭ *G. M. de Rossi*, Bovillae, Forma Italiae, I. 15, Fi. 1979, 360, Nr 416, 2, Abb. 616; *Donderer*, Mosaizisten, 1989, 97, Nr A 70, Taf. 39, 2. R. V.

Memnon (Μέμνων), angebl. griech. Architekt, der lt. Hyginus (fab., 223) den *Palast des Kyros* (557–530 v. Chr.) in Ekbatana und lt. Ktesias (22, 1–4, Auberger) einen *Palast in Susa* erb. hat. Herodot (5, 54) kannte Susa als Μεμνόνιον ἄστυ (Memnonstadt). Spätere Schriftsteller, einschl. Ktesias, der am E. des 5. Jh. v. Chr. in Persien verweilte, verbinden die Stadt mit der Gründung durch den legendären Tithonos, Vater des Memnon, mit Eos (der Morgenröte, des Ostens). Bei Homer kämpfte Memnon in Troja gegen die Griechen; bei Ktesias und in späteren Texten führte er die Assyrer und Bewohner von Susa gegen Troja (Diod., 2, 22). Der Name M. erscheint öfter in der achämenidischen persischen Gesch., die ebenso auf König Artaxerxes II. angewandt worden ist, der gleichfalls einen Pal. in Susa errichten ließ. Strabon (728) nannte die Zitadelle von Susa Μεμνόνιον. Die myth. östl. Assoziationen mit dem Namen bedeuten, daß der Name freizügig in Zusammenhang mit versch. Mon. und Königen gebracht worden ist, insbesondere in Ägypten (die „Kolosse des Memnon" im ägypt. Theben). Es ist leicht vorstellbar, wie die antiken Autoren auf den Gedanken kommen konnten, daß ein M. Architekt gewesen sein könnte. Jedoch sind alle diese frühen Verbindungen des Namens mit Susa rein myth. Natur, und es ist daher unwahrsch., daß diese Überlieferungen für eine derartige Stätte richtig sind, die ansonsten mit Ausnahme von Artaxerxes II. stark dokumentiert ist. Die Pal. in Susa (von Dareios I. [522–486 v. Chr.] an) waren rein oriental. Gepräges, die verwendeten Motive und ihre Handwerker kamen aus allen Gegenden des Reiches, einschl. aus dem ionischen Griechenland und Ägypten. Die Gebäude des Kyros in Ekbatana sind noch nicht gefunden worden. ▭ ThB24, 1930. RE XV. 1, 1931; EAA IV, 1961; LIMC VI, 1992. J. Boardman

Men, Vater des → Bak (I), ägypt. Baumeister, Oberster der Bildhauer, Leiter der Bauarbeiten am „Roten Berg" (Gebel Ahmar bei Kairo), unter den Pharaonen Amenophis III. und IV. (18. Dynastie, 1388–1343 v. Chr.) in Unterägypten tätig. Bek. durch eine Felsstele, die er zus. mit seinem Sohn bei Assuan/Oberägypten fertigen ließ. Er bezeichnet sich dort als „Obersten der Künstler an den sehr großen Denkmälern des Königs". Er steht vor einer Statue Amenophis' III., die als einer der sog. Memnonkolosse identifiziert wurde, die urspr. am Eingang zum heute zerst. Totentempel dieses Königs in Theben-W/Oberägypten standen. Diese Statuen waren unter der Leitung des M. aus dem Sandstein von Assuan hergestellt worden. ▭ Urk. IV, 1942 s.; *L. Habachi*, MDAIK 20:1965, 85–92; *R. Hari*, Rep. onomastique amarnien, Genf 1976, Nr 146.

C. von Pfeil

Men[...] (Μεν[...]), griech. Bildhauer unbestimmter Zeit. Nur bek. durch seine Sign. auf einer Basis für eine *Statue der Xenariste*, die von ihrer gleichnamigen Großmutter der Demeter und Kore gew. worden ist (IG, XII. 9, 930). ▭ RE XV. 1, 1931; EAA IV, 1961.

R. V.

Mena (Μένα), angebl. Gemmenschneider der hellenist. oder frühröm. Zeit, Sohn des → Diodoros (III). Die Sign. mit Patronymikon erscheint auf einem *Onyx* mit der Darst. einer *weiblichen Büste mit Diadem*. ▭ EAA IV, 1961. – *Brunn*, GGK, II, 1889, 619.

B. Lang

Menaichmos (I) (Μέναιχμος; Menechmus) und **Soïdas** (Σοΐδας), griech. Bildhauer, aus Naupaktos, um 500 v. Chr. in Kalydon tätig. Lt. Pausanias (7, 18, 8 ss.; Overbeck, SQ, 1868, Nr 479; Muller-Dufeu, SculptureSource, 2002, 222 s., Nr 621) fertigten M. und S. das *Kultbild aus Gold und Elfenbein einer jagenden Artemis Laphria für Kalydon*. Nachdem die Bewohner von Kalydon nach der Schlacht von Actium im Jahre 31 v. Chr. auf Anordnung des Augustus in das neu zu errichtende Nikopolis in Erinnerung an den Seesieg gegen Kleopatra und Mark Anton umsiedeln mußten, wurde das Kultbild auf die Akropolis von Patrai gebracht, wo es Pausanias sah. Lt. Pausanias wirkten M. und S. nicht viel später als → Kanachos (I) und → Kalon (I), die um 500 v. Chr. tätig waren. Demnach müßten M. und S. spätestens in der 1. Hälfte des 5. Jh. v. Chr. tätig gewesen sein. Falls die Datierungsangabe von Pausanias jedoch falsch wäre, könnte M. (I) auch mit M. (II) ident. sein. Ob einige in der Kaiserzeit in Patras geschlagene Münzen mit einem Abbild der Artemis auf der Rückseite (L. Kahil, LIMC II, 1984, 641, Nr 191 m. Abb., s.v. Artemis) die Artemis des M. und S. oder eine Artemis des → Damophon von Messene oder eine noch ganz andere Statue zeigen, ist ungewiß. Dennoch sollte man wegen des späten Stils der Artemis auf den Münzen zumindest die Annahme ablehnen, daß es sich hier um die Artemis des M. und S. handeln könnte. Auf reine Spekulationen beruhen ebenfalls die Vorstellungen von F. Studniczka (1888) und E. Simon (LIMC II, 1984, 797, Nr 4 m. Abb., s.v. Artemis/Diana) respektive in einer Statuette von Pompeji (heute Neapel, Mus. Archeol. Naz.; BrBr, Taf. 356; Simon, op. cit., 800, Nr 11, s.v. Artemis/Diana) und deren Repliken (z.B. Venedig, Mus. Archeol.; EA 2592 s.; Simon, op. cit., 800, Nr 11 b m. Abb., s.v. Artemis/Diana; und Florenz, Mus. Archeol.; L. A. Milani, Studi e Materiali 1:1899/1901, 119–124, Taf. 3; Simon, op. cit., 800, Nr 11 a, s.v. Artemis/Diana) oder in Statuen in der Villa Albani in Rom (Inv. Nr 662; BrBr, Taf. 606, H. von Steuben, in: Helbig[4], IV, 1972, 325 s., Nr 3349; Simon, op. cit., 797, Nr 4 m. Abb., s.v. Artemis/Diana) und im Vatikan (ehem. Lateran, Inv. Nr 9833; EA 2112; H. von Steuben, in: Helbig[4], I, 1963, 742, Nr 1032; Simon, op. cit., 797, unter Nr 4, s.v. Artemis/Diana) Wiederholungen der Artemis des M. und S. erkennen zu wollen. ▭ ThB24, 1930. RE XV. 1, 1931 (M. 4 und Soidas); EAA IV, 1961 (s.v. Menaichmos); VII, 1966 (s.v. Soïdas); DNP VII, 1999 (s.v. M. 4). – *F. Studniczka*, RM 3:1888, 277–307; *Brunn*, GGK, I, 1889, 112, 124; *Klein*, GGK, I, 1904, 332; III, 1907, 357; *C. Anti*, ASAtene 2:1916, 181–199; *Lippold*, GrPl, 1950, 113 s., Anm. 11; *K. D. S. Lapatin*, Chryselephantine statuary in the Ancient Mediterranean world, Ox. 2001, 111–113, 126.

R. V.

Menaichmos (II), griech. Erzgießer unbestimmer Zeit. Lt. Plinius (nat., 34, 80; Overbeck, SQ, 1868, Nr 1583; Muller-Dufeu, SculptureSource, 2002, 644 s., Nr 1910) fertigte er die *Statue eines Stierkalbes*, das mit dem Knie niedergedrückt ist. Um wessen Knie es sich handelt, wird leider nicht erwähnt. Die von Plinius geschilderte Ikonogr. läßt jedoch klar an eine Opferszene denken und wohlmögl. an die einen Stier opfernde Nike, die spätestens seit ihrer Darst. an der Nikebalustrade in Athen am Ende des 5. Jh. v. Chr. ein beliebtes Thema geworden ist. Früher als im 5. Jh. v. Chr. wäre eine solche Szene ungewöhnl., und es ist daher anzunehmen, daß der Künstler nicht vor dem 5. Jh. v. Chr. tätig war. Möglicherweise verfaßte er über seine Kunst auch Schr. (Ath., deipn., 2, 65 B; 14, 635 B und 637; Muller-Dufeu, SculptureSource, 2002, 644 s., Nr 1912). Es ist nicht auszuschließen, daß er mit → M. (I) ident. ist. ▭ ThB24, 1930. RE XV. 1, 1931 (s.v. M. 5); EAA IV, 1961; KlP III, 1969 (s.v. M. 5); DNP VII, 1999 (s.v. M. 4). – *Lippold*, GrPl, 1950, 114, Anm. 2.

R. V.

Menaidas (Μεναίδας), griech. Töpfer und schwarzfiguriger Vasenmaler boiot. Herkunft, in der 1. H. des 6. Jh. v. Chr. tätig. M. ist durch vier sign. kleine Gefäße bek., die er gemäß der Inschr. für Charops angefertigt hat. Es handelt sich dabei um ein Set qualitativ hochwertiger Arbeiten in singulärer Formgebung (ein *Aryballos*, ein *flaschenförmiges Gefäß*, ein *Gefäß in Form eines Granatapfels* sowie ein *birnenförmiges Alabastron*). ▭ ThB24, 1930. – *Hoppin*, BlackFig, 1924, 22; *I. K. Raubitschek*, Hesperia 35:1966, 156 s., Nrn 1, 3–5; *M. Steinhart/E. Wirbelauer*, Chiron 30:2000, 282, Nr 16. E. Wirbelauer

Menaidemos (Μεναίδημος), griech. Architekt, in der röm. Kaiserzeit in Kleinasien tätig. Nur bek. durch eine Votiv-Inschr. aus Bahçeli bei Tyana (heute Kemerhisar) in Kleinasien, die er dem Asklepios und der Hygieia gew. hat, deren Schutz in gesundheitl. Belangen erbeten wurde. ▭ *Donderer*, Architekten, 1996, 153, Nr A 58, Taf. 17,2. R. V.

Menalkes (Μενάλκης), griech. Maler unbestimmter Zeit. Nur bek. durch eine Nennung in den *Laterculi Alexandrini* (H. Diels, AbhBerlin 1904, 7). ▭ RE XV. 1, 1931; EAA IV, 1961. R. V.

Menandros (I) (Μένανδρος) oder **Melanos** (Μέλανος), athen. Bildhauer, in der 2. H. des 2. Jh. v. Chr. tätig. Der Vater des M. war wahrsch. nicht ident. mit dem Bildhauer → Melas (II). M. ist durch drei Sign. aus Delos bekannt: – 1.) Die Sign. Μέλανος steht auf einer 1882 in Delos, im NW des Poseidoniastengebäudes gefundenen unprofilierten Blockbasis (Aufbewahrungsort: Delos, Poseidoniastengebäude, Kultraum 1 [Cella V[1]], Inv. Nr E 115), die von einer lebensgroßen *Statue der Göttin Roma* (erh. H.: 1,54 m) stammt (Marcadé, 1969, Taf. 65) Die schlecht lesbare, flach eingeritzte Inschr. identifiziert im letzten Satz Melanos als Athener, außerdem nennt sie als Stifter eine Kultgemeinschaft der Poseidoniasten aus Berytus und gibt Aufschlüsse über den Anlaß (Wohlwollen gegenüber den Stiftern und dem Vaterland) und den Zeitpunkt der Weihung (Archethiast: Mnaseas, Sohn des Dionysios; Marcadé, II, 1957, 67, Taf. 36, 2). Aufgrund der Tatsache, daß ein Mnaseas die Portikus des Hofes X und die N-Portikus des Peristylhofes F stiftete, und für die Errichtung des Gebäudes das Jahr 153/152 als *terminus ante quem* gelten muß, wird die Statue mehrheitl. um die M. des 2. Jh. oder wenig später datiert, entgegen der bislang angesetzten späteren Dat. um 110 v. Chr. (Kreeb, 1988, 23). Fragl. bleibt, ob die Künstler-Sign. zur Statue gehört (Kreeb, 1988, 24, 105, Kat. I S 1.1.). Umstritten ist, ob die Roma-Inschr. erst anläßl. der Wiederverwendung auf den Stein kam, oder ob sie gleichzeitig mit der Sign. des M. ist (Tuchelt, 1979, 25 s.). Das Vereinshaus der Poseidoniasten von Berytus – bezeugt sind Kultstätte, Altar und Statue – ist das einzige archäol. gesicherte Roma-Heiligtum späthellenistischer Zeit. – 2.) Eine weitere Basis-Inschr. (Marcadé, 1957, 68), die nur noch das E. der Künstler-Sign. ([Μένανδρος Μέλ]ανος Ἀθηναῖος ἐποίει) sowie einen Teil des Wortes Poseidon ([Π]οσειδῶ[νι) zu erkennen gibt, befindet sich auf Fragm. einer profilierten Deckplatte einer marmornen Basis (Fund- und Aufbewahrungsort: Delos, Poseidoniastengebäude, W-Seite, Cella II [Cella V[2]], in situ, Inv. Nr E 117). Die dazugehörige *Kultstatue des Poseidon* ist verlorengegangen. Marcadé nimmt – aufgrund der Entdeckung fragm. Pferdebeine und -hufe 1904 in der Zisterne des Poseidoniastengebäudes sowie Schwanzflossen und Fischschwänze auf der Straße s. des Gebäudes (Aufbewahrungsort: Magazin des Mus., Inv. Nr A 6091 α und β) – die Darst. eines Gottes auf einem Hippokampenwagen an. Da das Gebäude nach 110/109 v. Chr. gebaut wurde, ist eine Dat. um 100 v. Chr. wahrscheinlich. Viell. hat M. neben der Kultstatue des Poseidon noch weitere Kultstatuen geschaffen. In diesen Zusammenhang gehören möglicherweise zwei, in der Nähe der Cella V[2] gefundene Statuetten, die in Verbindung mit den *Theoi patrioi* der Poseidoniasten Aphrodite Astarte und Herakles Melqart darstellen dürften (Marcadé, 1969, Taf. 53, Inv. Nr 5782 und Taf. 62, Inv. Nr 4163). – 3.) Auf einem aus bläulichen Marmor gefertigten, profilierten Sockel (Inv. Nr E 727) – auf dem Boden einer 110/109 gew. Kapelle sw. des Theaters – befindet sich die dritte Sign. des M. (Μένανδρος Μέλ]ανος Ἀθηναῖος ἐποίει), und die Weih-Inschr. an Apollon (Ἀ[πόλ]λωνι) (Marcadé, 1957, 68, Taf. 36, 3). ▭ ThB24, 1930 (s.v. Menandros I). RE XV. 1, 1931 (s.v. Menandros 22); EAA IV, 1961 (s.v. Melanos und Menandros); KlP III, 1979 (s.v. Menandros 11). – *S. Reinach*, BCH 7:1883, 465, Nr 1, p. 467, Nr 1; *Loewy*, IGB, 1885, 185, Nr 256; *Ch. Picard*, BCH 44:1920, 289 mit Anm. 1; *Marcadé*, Signatures, II, 1957, 67 s.; *id.*, MusDélos, 1969, Taf. 65; *K. Tuchelt*, IstMitt 23:1979, 24 ss.; *M. Kreeb*, Unters. zur figürl. Ausstattung del. Privathäuser, Chicago 1988, 23 s., 105 s., Kat. I S 1. 1. und 1. 2.; *Schmidt*, Statuenbasen, 1995, 224, 446 s. J. Weinig

Menandros (II), Sohn des Menandros, Bildhauer aus Lydien, im frühen 1. Jh. n. Chr. tätig. Nur bek. aus einem mit einfachen Ranken geschmückten, inschr. ins Jahr 16/17 n. Chr. dat. Votivaltar an Zeus Sabazios aus der Gegend um Demirci/Lydien (H. Malay, Greek and Latin inscr. in the Manisa

Mus. [DenkschriftenWien 237: TAM, Erg. Bd., 19], W. 1994, 51 s., Nr 66, Taf. 13,31).
T. Lochman

Menandros (III), Sohn des Diogenes, aus Dokimeion stammender Bildhauer des 2. Jh. n. Chr., der sein Handwerk in den kaiserl. Marmor-Wkstn erlernte und in Pisidien und viell. auch in and. kleinasiat. Regionen wirkte. Mit seiner Sign. hat sich eine für anatol. Verhältnisse sehr qualitätvolle *kolossale Sitzstatue* aus Antiocheia Pisidiae im Mus. von Konya erh. (W. H. Buckler/W. M. Calder/ C. W. M. Cox, JRS 14:1924, 30 s., Nr 9, Taf. 2,9; P. Karanastassi, LIMC VIII, 1997, 352, Nr 302a m. Abb., s.v. Zeus; R. Vollkommer, ibid., 380, Nr 91, s.v. Zeus [in peripheria orientali]) Die oben gebrochene *Statue* zeigt vermutl. einen sitzenden Zeus. Der Gott hat seine Linke auf ein Szepter gestützt, die Rechte ist vorgestreckt, darunter ragt ein Pfeiler mit Reliefverzierungen (Nike und Adler) hervor, auf dem Fußschemel unter dem vorgestreckten linken Fuß findet sich die Künstlersignatur. ▭ ThB24, 1930 (s.v. M.). RE XV. 1, 1931 (s.v. M. 23); EAA IV, 1961 (s.v. M. 2).
T. Lochman

Menandros (IV), Bildhauer aus Phrygien, in der mittleren Kaiserzeit im nordphryg. Nakoleia tätig. Nur bek. durch seine Sign., die sich auf einem Fragm. einer Statuettenplinthe im Mus. von Seyitgazi erh. hat (T. Drew-Bear, Nouvelles inscr. de Phrygie, Zutphen 1978, 51 s., Nr 29, Taf. 17).
T. Lochman

Menandros (V), Sohn des Antenor(?), Bildhauer aus Phrygien, im späteren 2. Jh. n. Chr. in der nordwestphryg. Tembris-Hochebene tätig. Nur bek. von einem fragmentierten Votivaltar mit spärl. Reliefschmuck (Girlanden und Büsten des Zeus und dreier weiterer Gottheiten), den M. sowohl gew. als auch selbst gemeißelt haben dürfte (MAMA, X, 1993, 85, Nr 264 mit Skizze, Taf. 30).
T. Lochman

Menas (I) (Μηνᾶς), Sohn des Aias, aus Pergamon, griech. Bildhauer, im 2. Jh. v. Chr. tätig. Nur bek. durch seine Sign. auf einer Basis einer *Marmorstatue Alexanders des Großen* aus Magnesia am Sipylos (heute Istanbul, Archäol. Mus., Inv. Nr 709 [alte Inv. Nr M 537]; EA 1448–1450), die stilist. um die M. des 2. Jh. v. Chr. zu datieren ist. ▭ ThB24, 1930. RE XV. 1, 1931 (s.v. M. 17); EAA IV, 1961; KlP III, 1969 (s.v. M. 3); DNP VII, 1999 (s.v. M. 3). – *Lippold*, GrPl, 1950, 359; *V. von Graeve*, AM 89:1974, 231 ss., 249, Nr 536, Taf. 87, 2; *T. Ihnken*, Die Inschr. von Magnesia am Sipylos, Bonn 1978, 151, Nr 35; *A. Lewerentz*, Stehende männl. Gewandstatuen im Hellenismus. Ein Beitr. zur Stil-Gesch. und Ikonologie hellenist. Plastik, Hamburg 1993, 278, Nr V,20, Abb. 34; *Muller-Dufeu*, SculptureSource, 2002, 860 s., Nr 2568.
R. V.

Menas (II), Steinschneider oder -besitzer. Der Name ΜΕΝΑΣ erscheint auf einem *Sardonyx*, der sich eine Zeitlang in der Coll. Pinelli in Padua befand und über den seit 1707 nichts mehr bek. ist. ▭ RE XV. 1, 1931 (s.v. M. 18); EAA IV, 1961. – *G. Gruter*, Inscriptiones antiquae totius urbis romani, Am. 1707, MXLIII, 10.
B. Lang

Mencheperraseneb, Sohn des Imenemhat, ägypt. Bauleiter und Vorsteher der Künstler, unter den Königen Thutmosis III. (1479–1425 v. Chr.) und Amenophis II. (1428–1397 v. Chr.) in Theben/ Oberägypten tätig. Er leitete die Arbeiten in dem Barkenschrein des Chons-Tempel von Karnak und beaufsichtigte die Künstler im Schatzhaus des Amun-Tempel von Karnak. Bek. durch eine Granitstatue (Kairo, Ägypt. Mus., Inv. Nr CG 42125), die ihn als Schreiber sitzend über eine Papyrusrolle gebeugt darstellt und aus dem Amun-Tempel von Karnak stammt. Er ist der Besitzer der beiden Gräber Nr 112 (aus der frühen Regierungszeit von Thutmosis III.) und Nr 86 (fällt in die späteren Regierungsjahre von Thutmosis III.) in Scheich Abd el-Gurna (Theben-W). ▭ Urk. IV, 932, 1 ss.; *M. G. Legrain*, Statues et Statuettes de Rois et de Particulières (CG), I, Kairo 1906, Nr 42125; *N. de G. Davies*, The Tomb of two officials of Thutmosis the Fourth (Nrn 75 and 90), Lo. 1923; *id.*, The Tombs of Menkheperrasonb, Amenmose and another (Nrn 86, 112, 42, 226), Lo. 1933, 1–26, Taf. 2.
Y. Ott

Menech, ägypt. Goldschmied, während des späten Mittleren Reiches (1807/06–1794/93 v. Chr.) im Raum Edfu/Oberägypten tätig. Bek. durch eine Opfertafel aus Tell Edfu, die eine einfache Opferformel enthält, durch welche die lokal vorkommenden Gottheiten um ihre Gunsterweisung für M. gebeten werden. Diese Opfertafel, die sich heute im Ägypt. Mus. Kairo befindet, war urspr. wohl nicht für ein Grab bestimmt, sondern als Votivstele in einem Heiligtum gedacht. ▭ PM V, 1937, 204. – *R. Engelbach*, ASAE 22:1922, 123.
C. von Pfeil

Menedemos (Μενέδημος), Sohn des → Kleisthenes, aus Eretria (Euböa), Architekt, Skenograph, Philosoph und Politiker, ca. 345 v. Chr.-ca. 261/ 60 v. Chr., vorwiegend in Eretria tätig. Angaben zu seinem Leben gibt Diog. Laert., 2, 17, 125–144, der sich vorwiegend auf die Philosophenviten des Antigonos von Karystos stützt. Wie sein Vater → Kleisthenes wurde M. als Architekt und Skenograph ausgebildet, war aber nie in diesen Berufen tätig. Einer Anekdote zufolge arbeitete er zus. mit seinem Freund Asklepiades kurze Zeit bei einem Zimmermann (Diog. Laert., 2, 17, 131), wohl um Geld zu verdienen. Bek. wurde er jedoch als Philosoph und Politiker. Während seines Militärdienstes in Megara (um 323/22 v. Chr.) schloß er sich dem Philosophen Stilpon von Megara an, später besuchte er die Schule des Phaidon von Elis, deren Lehre er in seiner eig. Schule in Eretria fortsetzte. Seine polit. Karriere gipfelte in dem Amt des *proboulos* in Eretria. In den Wirren der Diadochenzeit setzte er sich als Gesandter bei Demetrios Poliorketes (295/94 v. Chr.), Lysimachos (285/84 v. Chr.) und Ptolemaios II. (279/78 v. Chr.) für seine Heimatstadt ein. 288 v. Chr. wurde er von seinem Gegner Aischylos beschuldigt, durch seine Politik die Stadt Eretria dem Ptolemaios auszuliefern. 274/73 v. Chr. vertrat er Euböa als Hieromnemon in der Amphiktionie von Delphi. 267 v. Chr. schickte ihn Aristodemos wegen seiner promakedon. Haltung und seiner engen Beziehungen zu Antigonos Gonatas ins Exil in das Amphiareion von Oropos, wo er bald darauf durch ein Dekret der Böotier vertrieben wurde. Um 261/60 v. Chr. stirbt M. im Alter von 84 Jahren am Hof des Antigonos in Pella, angebl. infolge eines Hungerstreikes. Eine Statue von ihm wurde beim alten Stadion von Eretria aufgestellt. ▭ ThB24, 1930. RE XV. 1, 1931 (s.v. M. 9); EAA IV, 1961; LAW, 1965 (s.v. M. [2] von Eretria); KlP III, 1969 (s.v. M. 8); DNP VII, 1999 (s.v. M. 5). – *Svenson-Evers*, Architekten, 1996, 360–362; *D. Knoepfler*, La vie de Ménédème d'Erétrie de Diogène Laërce, Schweizer. Beitr. zur Altertums-Wiss. 21, Basel 1991. K. Reber

Menekrates (I) (Μενεκράτης), angebl. griech. Bildhauer, in der M. des 4. Jh. v. Chr. in Delphi tätig. H. Pomtow (1922) wollte in der fragm. Inschr. Μενε[...] auf dem *Messanierpfeiler* in Delphi (Inv. Nr 2175, heute Athen, Epigraph. Mus.) die Sign. eines Menekrates und in M. den Restaurator des berühmten Denkmals erkennen, was mögl., aber unbeweisbar ist. ▭ RE XV. 1, 1931 (s.v. M. 32); EAA IV, 1961 (s.v. M. 1). – *H. Pomtow*, JdI 37:1922, 83, Abb. 13; *Marcadé*, Signatures, I, 1953, 81 mit Abb. R. V.

Menekrates (II), Sohn des Menekrates, viell. aus Tralleis, griech. Bildhauer, in der 1. H. des 2. Jh. v. Chr. in Pergamon tätig. Nach einer (unsicher zu lesenden) Sign. arbeitete M. am *Großen Fries des Pergamonaltares* (nach 180 oder 165–156 v. Chr.) mit. Ein → Dionysiades signierte zus. mit ihm. V. Kästner (1994) ist es durch die Unters. und Zuweisung der Versatzmarken der Fußglieder der Reliefplatten, die Gigantennamen und Künstler-Inschr. trugen, gelungen, die Stirnseite des S-Risalits mit den Giganten Palameneus und Peloreus als das Werk beider Künstler auszumachen. Damit ist schon von Massows (1926) wiederlegte Vermutung, die Hauptgruppe mit Zeus oder die Tritongruppe könne von den Künstlern stammen, endgültig zu verwerfen. Die erh. gebliebenen Götterfiguren Dionysos und Semele, die wir nun den beiden Künstlern zuschreiben können, zeichnen sich durch einen feingliedrigen und unruhigen Faltenstil der Gewänder aus. Ob sich die Schöpfer der Gruppe des Farnesischen Stiers (Neapel, Mus. Archeol. Naz.), → Apollonios (V) und → Tauriskos (I), die sich als Schüler und „Adoptivsöhne" eines Menekrates ausgaben, auf diesen oder vielmehr auf den aus der pergamenischen Inschr. ebenfalls zu erschließenden Vater Menekrates beziehen, muß offen bleiben. Letzterer, viell. Architekt und Bildhauer, könnte ebenfalls am Altar von Pergamon beteiligt gewesen sein und mit dem bei Ausonius (Mos., 298 ss., insb. 306 s.) gen. Architekten (und Bildhauer) ident. sein (vgl. → Menekrates [IV]). Unklar ist das Verhältnis zu → Menekrates (III), Sohn eines Sopatros, aus Theben, der u.a. in Delphi eine Reiterstatue signierte, die nach 106 v. Chr. entstanden ist. ▭ ThB24, 1930. RE XV. 1, 1931 (s.v. M. 34); EAA IV, 1961 (s.v. M. 2). – *E. Fabricius/C. Schuchhardt*, Kgl. Mus. zu Berlin. Altertümer von Pergamon. Die Inschr. von Pergamon, VIII. 1, ed. *M. Fränkel*, B. 1890, 57, Nr 70; *W. von Massow*, AA 1926, 387–392; *D. Thimme*, AJA 50:1946, 345–357, bes. 352, Anm. 48; *Marcadé*, Signatures, I, 1953, 81–83, 98–100; *Chr. Börker*, ZPE 64:1986, 41–49; *V. Kästner*, IstMitt 44:1994, 132; *Moreno*, Scultura, 1994, 437; *Schmidt*, Statuenbasen, 1995, 391 s. (zu → Menekrates [III]). M. Kunze

Menekrates (III) (Μενεκράτης), Sohn des Sopatros und Vater des → Sopatros (IV), aus dem phthiotischen Theben, griech. Bildhauer, in der 2. H. des 2. Jh. v. Chr. in Delphi tätig. Nur bek. durch seine Sign. auf den drei folgenden Basen aus Delphi: – 1.) Basis aus Kalkstein für eine *Statue* aus der M. des 2. Jh. v. Chr. (Delphi, Inv. Nr 4802, heute Athen, Epigraph. Mus.; G. Daux, BCH 68/69:1944/45, 113, Nr A, Taf. 12, 2; Marcadé, 1953, 82 mit Abb., Taf. 14, 5; Muller-Dufeu, SculptureSource, 2002, 798 s., Nr 2368); – 2.) Basis aus Kalkstein für *Aristokrates*, den Sieger im

Faustkampf der Knaben in den Pythischen Spielen von 146/145 oder 145/144 v. Chr., sign. zus. mit seinem Sohn → Sopatros (IV) (Delphi, Inv. Nr 4119, heute Athen, Epigraph. Mus.; T. Homolle, BCH 24:1900, 81; G. Daux, ibid., 113, Nr B; Marcadé, 1953, 83, Taf. 14, 6; Muller-Dufeu, SculptureSource, 2002, 798 s., Nr 2367); – 3.) Basis aus Kalkstein für eine *Reiterstatue des röm. Prokonsuls M. Minucius Rufus*, gestiftet von der Stadt Delphi anläßl. seines Sieges über die Gallier, Skordisker, Besser und feindl. Thraker im Jahre 106 v. Chr., sign. zus. mit seinem Sohn → Sopatros (IV) (Delphi, Inv. Nrn 1494, 1746, 2635 und 3429; P. Perdrizet, BCH 20:1896, 483; G. Daux, ibid., 113, Nr C; Marcadé, 1953, 83 mit Abb.; H. B. Siedentopf, Das hellenist. Reiterdenkmal, Waldsassen 1968, 24, 115 s., Nr II. 80; J. Bergemann, Röm. Reiterstatuen, Mainz 1990, 151, Nr E 109; Schmidt, Statuenbasen, 1995, 391 s., Nr IV.2.10; Muller-Dufeu, SculptureSource, 2002, 798 s., Nr 2369). M. wirkte folgl. während der 2. H. des 2. Jh. v. Chr. in Delphi und arbeitete des öfteren mit seinem Sohn → Sopatros (IV) zusammen. ▭ ThB24, 1930. RE XV. 1, 1931 (s.v. M. 32); EAA IV, 1961 (s.v. M. 1); KlP III, 1969 (s.v. M. 8); DNP VII, 1999 (s.v. M. 10). – *Lippold*, GrPl, 1950, 340; *Marcadé*, Signatures, I, 1953, 82 s. R. V.

Menekrates (IV) (Μενεκράτης), griech. Architekt(?) unbek. Zeit. Ausonius (Mos., 306 s.) nennt, indem er sich auf Varro (Imagines, Buch 10) bezieht, unter den 7 bedeutendsten Architekten des Altertums einen sonst unbek. Menekrates. Man hat an eine Verwechslung des Namens gedacht und ihn mit → Deinokrates (II) (H. Brunn) oder → Metagenes (I), Sohn des → Chersiphron (C. Weickert), identifizieren wollen. A. von Salis (1912) sah in M. den Architekten des großen Zeus-Altars von Pergamon auf Grund einer Inschr. vom Götter-Giganten-Fries des Altars (E. Fabricius/C. Schuchhardt, Kgl. Mus. zu Berlin. Altertümer von Pergamon. Die Inschr. von Pergamon, VIII. 1, ed. M. Fränkel, B. 1890, 57, Nr 70), bei der allerdings ein großer Teil des Namens fehlt. Demgegenüber verwies W.-H. Schuchhardt (1925) darauf, daß es sich bei diesem und einigen weiteren Namen um Sign. der am Fries tätigen Bildhauer handelt (s. dazu → M. [II]). ▭ ThB24, 1930. RE XV. 1, 1931 (s.v. M. 39); EAA IV, 1961 (s.v. M. 4). – *Brunn*, GGK, II, 1889, 249; *A. von Salis*, Der Altar von Pergamon, B. 1912, 10 ss.; *W.-H. Schuchhardt*, Die Meister des großen Frieses von Pergamon, B./L. 1925, 40. W. Müller

Menelaos → Cossutius Menelaos, *Marcus*

Menena, ägypt. Umrißzeichner, unter Pharao Ramses III. (1183/82–1152/51 v. Chr.) tätig. Belegt durch eine Inschr. auf einem Ostrakon, in der seine Besitztümer aufgezählt werden, sowie auf dem Ostrakon Petrie 4 r. Dabei handelt es sich um eine Quittung, die über die Klage des M. gegen einen Wasserträger Aufschluß gibt, welcher beauftragt war, mit M.s Geld einen Esel zu kaufen. Der Auftrag wurde nie ausgeführt und das Geld nie zurückgegeben. ▭ KRI VII, 323, 2–7; *S. Eichler*, StAltägKult 18:1991, 197 s. C. von Pfeil

Menesthes (Μενέσθης), griech. Architekt, tätig im Umkreis des → Hermogenes (III). Schuf im 3. und 2. V. des 2. Jh. v. Chr. den *Tempel des Apollon Isotimos in Alabanda* (heute Araphisar)/ Karien als ion. Peripteros mit 8:13 Säulen (→ Vitruvius, 3, 2,6). Bautypus und -ornamentik zeigen auffallende Ähnlichkeit mit dem Hauptwerk des → Hermogenes (III), dem Tempel der Artemis Leukophryene in Magnesia am Mäander. Im Fries waren Amazonenkämpfe dargestellt. Die bei der Ausgrabung durch Edhem Bey (1904) aufgefundenen Reste der Baudekoration und des figürl. Schmucks sind verschollen. ▭ ThB16, 1923 (s.v. Hermogenes); ThB24, 1930 (mit Konjektur zu der nicht einwandfrei überlieferten Vitruv-Stelle). RE XV. 1, 1931; EAA IV, 1961. – *Brunn*, GGK, II, 1889, 249; *A. Schober*, IstForsch 2:1933, 17; *Ferri*, Plin., 1946, 103; *W. B. Dinsmoor*, The archit. of Ancient Greece, Lo. 1950, 273; *Müller*, Architekten, 1989, 178. – *Zum Bau*: Lit.-Übersicht in: *W. Hoepfner/E.-L. Schwandner* (Ed.), Hermogenes und die hochhellenist. Archit., Mainz 1990, 120, Anm. 27. W. Müller

Menestheus (Μενεσθεύς), Sohn des Menestheus, Bildhauer aus Aphrodisias, in der röm. Kaiserzeit tätig. Nur bek. durch seine Sign. auf einer heute verschollenen Basis für eine *Statue* aus Pesaro (IG, XIV, 1256; Muller-Dufeu, SculptureSource, 2002, 964 s., Nr 2901). ▭ RE XV. 1, 1931 (s.v. M. 7); EAA IV, 1961. – *Overbeck*, SQ, 1868, Nr 2290; *Loewy*, IGB, 1885, 260 s., Nr 370; *Brunn*, GGK, I, 1889, 575; *Squarciapino*, Afrodisia, 1943, 16, Nr 30. R. V.

Menestratos (I) (Μενέστρατος), griech. Bildhauer aus Athen, im 4. Jh. v. Chr. in Akraiphia/ Böotien und in Ephesos tätig. Über sein Leben ist nichts Näheres bekannt. Indirekt bezeugt sind vier Werke, deren Zuschr. teilweise umstritten ist: – 1.) Von einer unterlebensgroßen *Bronzestatue für den Heros Ptoios* ist nur die Kalksteinbasis mit den Standspuren der Statue und der Künstler-Sign. des M., in der er als Athener bez. wird, in Akraiphia erhalten. Die Basis ist aufgrund der Schr. in das 4. Jh. v. Chr. zu datieren. Möglicherweise kann man diesen Künstler mit jenem M. in Verbindung bringen, dem Plinius (nat., 36, 32) die folgenden zwei Werke in Ephesos zuschreibt: – 2.) eine vielbewunderte *Statue des Herakles* und – 3.) eine *Statue der Hekate* aus blendend weißem Marmor. Unklar ist allerdings, ob M. oder → Thrason (I) der Schöpfer der Hekate-Statue ist. Der genaue Aufstellungsort beider Figuren in der Nähe des Artemistempels ist nicht sicher. – 4.) Tatian (orat., p. 34, Schwartz) erw. die *Statue* der sonst unbek. *Dichterin Learchis* als Werk eines Menestratos. Er wird aufgeführt in einer Liste von Bildhauern des 4. Jh. v. Chr., die Statuen berühmter Frauen geschaffen haben sollen. Da Zweifel an der Zuverlässigkeit von Tatians Abhandlung über die Kunstwerke bestehen, muß offen bleiben, ob es sich bei der *Statue der Learchis* um ein in der Antike existierendes Kunstwerk oder um eine fiktive Schöpfung Tatians bzw. einer seiner Quellen handelt. ▭ ThB24, 1930. RE XV. 1, 1931 (s.v. M. 10); EAA IV, 1961; KlP III, 1969 (s.v. M. 6); DNP VII, 1999 (s.v. M. 7). – *Brunn*, GGK, I, 1889, 296, Nr 423; *Overbeck*, SQ, 1868, Nrn 1610, 1611; *P. Guillon*, Les trépieds du Ptoion, I, P. 1943, 108; *W. D. E. Coulson*, ClJ 75:1979–80, 200–203. A. Bohne

Menestratos (II), möglicherweise Maler, evtl. im 1. Jh. n. Chr. tätig. Lukillios, ein Epigrammatiker des 1. Jh. n. Chr., der in seinen Epigrammen oft schlechte Berufsvertreter verspottet, erw. M. (Anth. Pal., 11, 214) wegen qualitätsloser *Darstellungen des Phaeton und Deukalion.* Nicht sicher ist, ob der Name M. echt oder fingiert ist. Da das von Lukillios verwendete Verb γράφειν in den Bedeutungen „malen" und „schreiben" vorkommt (Liddell/Scott, 1996, s.v. γράφω), ist nicht sicher zu klären, ob es sich bei dem von Lukillios erw. M. überhaupt um einen Maler und nicht vielmehr um einen Dichter handelt. Mart., 5, 53 ahmt das Epigramm des Lukillios nach und setzt dabei die Kenntnis der Vorlage für das Verständnis seines Gedichtes voraus, in dem er einen nicht namentl. gen. Dichter aufgrund der schlechten Qualität seiner Werke lächerlich macht. Dies macht es wahrscheinlich, daß es sich bei dem von Lukillios erwähnten M. auch eher um einen Dichter gehandelt haben wird. Viell. bezieht sich Lukillios auch in einem zweiten Epigramm (Anth. Pal., 11, 103) auf Menestratos. ▭ ThB24, 1930. *J. Sillig*, Catalogus artificum sive architecti, statuarii, sculptores, pictores, caelatores et scalptores Graecorum et Romanorum, D./L. 1827, 270 (s.v. M. 1); EAA IV, 1961. – *Brunn*, GGK, II, 1889, 310; *W. Burnikel*, Unters. zur Struktur des Witzepigramms bei Lukillios und Martial, Wb. 1980, 16–18; *P. Howell*, Martial Epigrams, V, Warminster 1995, 137–138. A. Bohne

Menetos (Μενέτος), Münzstempelschneider aus Pamphylien, in der 1. H. des 4 Jh. v. Chr. in Aspendos tätig. Bis jetzt durch drei Vorderseitenstempel der Stadt Aspendos bekannt (SNG, France 3, Pamphylie, Pisidie, Lycaonie, Galatia, 1994, Nrn 96–98; ANS, Inv. Nr 1970.156.378). Die Sign. erscheint in kleinen Buchstaben unter der Abschnittlinie: ΜΕΝΕΤΥΣ ΕΛΥΨΑ, schon im 19. Jahrhundert richtig als ἔγλυψα interpretiert. Γλύφειν ist aus lit. Texten überliefert, aber auf Kunstwerken äußerst ungewöhnlich, sonst nur von Münzen von Issos und Soloi in Kilikien bekannt (v.e. → Apatorios [KLA II, Addendum]), auf Vasen oder Gemmen unbekannt. Der Stil des M. unterscheidet sich kaum von dem der and. gleichzeitigen Emissionen und ist auch nicht bes. fein. ▭ *J. Friedländer*, ZfN 4:1877, 301; *F. Imhoof-Blumer*, ZfN 5:1878, 141. C. Arnold-Biucchi

Menihi, ägypt. Maler der Hof-Bibl. der Gottesbücher, in der 6. Dynastie (2347/2297–2216/2166 v. Chr.) tätig. Bek. durch die Darst. als Opfertragender auf der S-Wand der Mastaba des Petehschepses II. ▭ *M. A. Murray*, Saqqara Mastabas, Teil 1, Lo. 1905, Taf. 30 s.; *H. Junker*, Die gesellschaftl. Stellung der ägypt. Künstler im Alten Reich, W. 1959, 56. Y. Ott

Menippos (I) (Μένιππος), Sohn des → Zenodotos (I), Vater des → Zenodotos (II), von Chios, griech. Bildhauer, in der 2. H. des 3. Jh. v. Chr. auf Rhodos und in Knidos tätig. M. signierte eine Basis aus Loryma auf Rhodos (IG, XII. 1, 936; SEG, XLV, 1995, 276, Nr 1063; Muller-Dufeu, SculptureSource, 2002, 752 s., Nr 2199) und zus. mit seinem Vater → Zenodotos (I) eine Marmortafel aus dem unteren Theater von Knidos für eine *Statue des Sosibios, Sohn des Dioskurides, von Alexandria,* eines hohen Beamten am Hof des Ptolemaios' IV. Philopator (222–204 v. Chr.; Basis jetzt in London, BM, Inv. Nr 1859.12–26.775; C. T. Newton, Discoveries at Halicarnassus, Cnidus and Branchidae, II. 2, Lo. 1862, 770, Nr 57, Taf. 95; Overbeck, SQ, 1868, Nr 2058; Loewy, IGB, 1885, 133, Nr 160; W. Blümel, Die Inschr. von Knidos, Bonn 1992, 69 s., Nr 112; Muller-Dufeu, SculptureSource, 2002, 776 s., Nr 2284). ▭ RE XV. 1, 1931 (s.v. M. 13); EAA IV, 1961. – *Lippold*, GrPl, 1950, 340 s. R. V.

Menippos (II), von Kos, griech. Bildhauer, im letzten V. des 3. Jh. v. Chr. auf Rhodos tätig. Nur bek. durch seine Sign. auf den zwei folgenden Basen von der Insel Rhodos: – 1.) Basis von der Akropolis in Lindos aus lartischem Marmor, nach deren Inschr. M. die vom Bildhauer → Mnasitimos (IV), Sohn des Teleson (I), konzipierte lebensgroße *Bronzestatue zu Ehren der Athena Lindia* um 235 v. Chr. goß (Lindos, II. 1, 1941, 353 s, Nr 119 mit Abb.; Schmidt, Statuenbasen, 1995, 370, Nr IV. 1. 124; Muller-Dufeu, SculptureSource, 2002, 766 s., Nr 2247); – 2.) Basis von Kameiros aus lartischem Marmor aus der Zeit um 210 v. Chr. (G. Jacopi, Clara Rhodos 6–7:1937, 402–404, Nr 30, Abb.). ▭ RE XV. 1, 1931 (s.v. M. 14); EAA IV, 1961. – *Lippold*, GrPl, 1950, 343. R. V.

Menippos (III), von Chrysaora, griech. Bildhauer, um 220 v. Chr. in Rhodos tätig. Nur bek. durch seine Sign. auf einer Basis aus lartischem Marmor für eine Statue, die von Theudoros gestiftet und im Halios-Heiligtum in Rhodos gefunden worden ist (heute Rhodos, Archäol. Mus., epigraph. Inv. Nr 1036; V. Kontorini, Inscr. inédites de Rhodes, II, At. 1989, 136 s., Nr 56, Taf. 28). R. V.

Menippos (IV), Sohn des Artemidoros, aus Herakleia von Lukanien, griech. Bildhauer, in der 2. H. des 3. Jh. und/oder im 1. V. des 2. Jh. v. Chr. auf Delos tätig. Nur bek. durch eine an ihn adressierte Weih-Inschr. aus Marmor aus Delos, die von den Israeliten von Delos gestiftet worden ist (Ph. Bruneau, BCH 106:1982, 470–475, Abb. 4–7; Muller-Dufeu, SculptureSource, 2002, 780 s., Nr 2305). R. V.

Menippos (V), griech. Maler unbestimmter, wohl hellenist. Zeit. Nur als Name überliefert durch Diogenes Laertios (6, 101; Overbeck, SQ, 1868, Nr 2150), der seine Informationen von Apollodoros von Athen (Chronik, Fragm. 112) bezieht, der im 2. Jh. v. Chr. gelebt hat. Daher muß der Maler spätestens im 2. Jh. v. Chr. gewirkt haben. ▭ ThB24, 1930. RE XV. 1, 1931 (s.v. M. 16; M. 17); EAA IV, 1961 (s.v. M. 3). – *Pfuhl*, MuZ, II, 1923, 918. R. V.

Menippos (VI), griech. Bildhauer unbestimmter Zeit. Nur bek. durch Diogenes Laertios (6, 101; Overbeck, SQ, 1868, Nr 2197; Muller-Dufeu, SculptureSource, 2002, 752 s., Nr 2197). Möglicherweise ist er ident. mit → M. (I), → M. (II), → M. (III) oder → M. (IV). ▭ RE XV. 1, 1931 (s.v. M. 15). R. V.

Menippos (VII), Sohn des Aphrodisios, griech. Bildhauer, in augusteischer Zeit in Aphrodisias tätig. Nur bek. durch seine Sign. auf der Marmorbasis für eine Statue aus dem Theater von Aphrodisias (heute Aphrodisias, Inv. Nr 71.332). ▭ *K. T. Erim/J. Reynolds*, Sculptors of Aphrodisias in the inscriptions of the city, in: *N. Başgelen/M. Lugal* (Ed.), Festschr. für Jale Inan, Istanbul 1991, 523 s., Nr 6. R. V.

Meniunefer, ägyptischer Nekropolenhandwerker („Oberster der Nekropolenhandwerker am Ort der Wahrheit"), E. 18. bis A. 19. Dynastie (um 1300–1200 v. Chr.) in Theben-W/Oberägypten tätig. Nur bek. durch ein Fragment eines Türsturzes aus einem Grab in Theben-W. Er und seine Schwester sind in Verehrungshaltung dargestellt, es handelte sich also nicht um eine Darst. aus seinem eigenen Grab. M. war in der kgl. Nekropole in Theben-W beschäftigt, wo er die künstler. Arbeiten beaufsichtigte, und lebte in der Arbeitersiedlung Deir el-Medineh. ▭ *B. Bruyère*, Les fouilles de Deir el-Médineh (1923–1924), Le Caire 1925, 76–77, Nr 2, Abb. 11; *J. Černý*, A community of workmen at Thebes in the Ramesside period, Kairo 1973, 123 ss., 291. T. Schrottenbaum

Mennadrous (Μένναδρους: die merkwürdige Namensform stellt vermutl. eine Deformation von „Menandros" dar), Bildhauer aus Dokimeion/Zentralphrygien, in der 2. H. des 2. Jh. n. Chr. wohl in Dokimeion sowie in der nw. angrenzenden Tembris-Hochebene tätig. Nur bek. von einer *Grabstele mit Büstenpaar* aus Hacıbeyli im Mus. von Afyon (W. M. Calder, AnatSt 5:1955, 35 s., Nr 4, Taf. 1b), die seine Sign. (M. Δοκιμεὺς ἐπώλησα) trägt. Die eigenwillige *Stele* verrät in formaler Hinsicht M.s Herkunft aus den für die kleinasiat. Säulensarkophage bek. Marmor-Wkstn Dokimeions (von den dokimeischen Sarkophagschmalseiten abhängiger Stelenaufbau), zeugt aber von der stilisierenden Formensprache der ländl. nordwestphryg. Landschaften. M. kann unmögl. mit Menandros aus Dokimeion, Sohn des Diogenes (→ Menandros [III]) gleichgesetzt werden, wie E. Gibson vorschlug (The „Christians for Christians" Inscr. of Phrygia [Harvard Theological Studies 32:1978], 67). T. Lochman

Menodoros (I) (Μηνόδωρος), Sohn des Phainandros, aus Mallos/Kilikien, griech. Bildhauer, A. des 1. Jh. v. Chr. auf Delos tätig. Von den Werken des M. sind zwei Basen mit Sign. erh.: – 1.) aus der Nähe des antiken Hafens für eine *Statue der*

Treue (Fides; Πίστις) aus blauem Marmor, aufgestellt von den Competeliasten, die in der überwiegenden Mehrzahl Freigelassene waren, dat. 97/96 v. Chr.; – 2.) aus dem Heiligtum der fremden Götter, mit einer Weihung von Römern an die ägypt. Götter Sarapis, Isis, Anubis und Harpokrates, aufgestellt unter dem Priester Athenades von Kydathen (nicht genauer zu datieren). – Trotz der Häufigkeit des Namens war M. viell. mit dem von Plinius (nat., 34, 91) gen. gleichnamigen Schöpfer von Athleten, Bewaffneten, Jägern und Opfernden identisch (vgl. auch G. Lippold, RE XV. 1, 1931, 900, s.v. M. 6). ▭ ThB24, 1930. RE XV. 1, 1931 (s.v. M. 4, M. 6); EAA IV, 1961; KlP III, 1969 (s.v. M. 2); DNP VII, 1999 (s.v. M. 2). – *A. Hauvette-Besnault*, BCH 6:1882, 321 s., Nr 9; 7:1883, 12–14, Nr 5; *T. Homolle*, BCH 8:1884, 135 s.; *Loewy*, IGB, 1885, 218 s., Nrn 306 s.; Sylloge³, I, 1915, 727. N. Franken

Menodoros (II), aus Athen, griech. Bildhauer, im 1. Jh. n. Chr. tätig. Nach Pausanias (9, 27, 4) schuf M. eine *Kopie* des zweimal aus Thespiai/Boiotien nach Rom verschleppten und dort schließl. durch einen Brand zerst. *Eros* des → Praxiteles (II). Ob diese Reproduktion schon nach der ersten Entführung des Orig. durch Caligula, bei der Rückgabe durch Claudius oder erst nach der endgültigen Entführung durch Nero angefertigt wurde, ist unbekannt. Zu dieser Kopie gehörte vermutl. die Inschr. von Thespiai mit dem Epigramm der Herennia Prokla. ▭ ThB24, 1930. RE XV. 1, 1931 (s.v. M. 5); EAA IV, 1961 (s.v. M. 3); KlP III, 1969 (s.v. M. 3); DNP VII, 1999. – *H. Brunn*, Gesch. der griech. Künstler, I, St. 1853, 556, 561; *Overbeck*, SQ, 1868, Nrn 1249, 2259; *A. Plassart*, BCH 50:1926, 404 ss., Nr 20. N. Franken

Menodotos (I) (Μηνόδοτος), Sohn des → Boethos (II), Bruder des → Diodotos (II) aus Nikomedeia, griech. Bildhauer, im 2. Jh. v. Chr. tätig. Nur bek. durch seine zus. mit seinem Bruder → Diodotos (II) signierte *Statue eines Herakles Farnese*, die sich im 16. Jh. im Haus des Bildhauers Leonardo nahe des Dogenpalastes in Venedig befunden hat (CIG, 6164; IG, XIV, 140; Overbeck, SQ, 1868, Nr 1600; Loewy, IGB, 1885, 348–350, Nr 521). Bisweilen wird die Echtheit der verschollenen Statue bezweifelt. ▭ RE XV. 1, 1931 (s.v. M. 5); EAA IV, 1961; KlP III, 1969 (s.v. M. 3); DNP VII, 1999 (s.v. M. 3). – *Brunn*, GGK, I, 1889, 501; *Lippold*, GrPl, 1950, 371, Anm. 5; *Marcadé*, Signatures, II, 1957, 72. R. V.

Menodotos (II), Sohn des → Artemidoros, Bruder des → Charmolas und des → Talestas, Onkel des → M. (III), aus Tyros, griech. Bildhauer, im letzten V. des 2. Jh. v. Chr. tätig. M. signierte auf den folgenden fünf Basen: – 1.) Basis für eine *Statue der Pasiphon*, einer Priesterin der Athena Lindia, von der Akropolis von Lindos, sign. zus. mit seinem Vater → Artemidoros (Lindos, II. 1, 1941, 536, Nr 245; Muller-Dufeu, SculptureSource, 2002, 884 s., Nr 2636); – 2.) Basis aus Lindos für eine *Ehrenstatue des Zenodotos*, Sohn des Diophantes, sign. zus. mit seinem Bruder → Charmolas (Lindos, II. 1, 1941, 590–592, Nr 281 b; Marcadé, Signatures, I, 1953, 14; Schmidt, 1995, 401 s., Nr IV.2.25; Muller-Dufeu, SculptureSource, 2002, 884 s., Nr 2638); – 3.) Basis aus Rhodos für eine *(Bronze?)-Statue des Lysimachos*, Sohn des Aristeidas, sign. zus. mit seinem Bruder → Charmolas (G. Jacopi, Clara Rhodos 2:1932, 190–192, Nr 19 mit Abb.; Marcadé, Signatures, I, 1953, 14; Schmidt, 1995, 409, Nr IV.2.36; Muller-Dufeu, SculptureSource, 2002, 884 s., Nr 2643); – 4.) Basis aus hymettischem Marmor für eine *Athletenstatue*, sign. zus. mit einem ebenfalls aus Tyros stammenden Künstler, gefunden bei der Attalosstoa in Athen (IG, II, 1318; Loewy, IGB, 1885, 220, Nr 308; Muller-Dufeu, SculptureSource, 2002, 884 s., Nr 2640); – 5.) Basis aus lartischem Marmor aus Rhodos für eine *Weihung an Hermes und Peitho*, die er zus. mit seinem Bruder → Charmolas sign. hat (heute Rhodos, Mus., Epigraph. Inv. Nr 814; V. Kontorini, Inscr. inédites relatives à l'hist. et aux cultes de Rhodes au IIᵉ et au Iᵉʳ s. avant notre ère, I, Louvain-La-Neuve 1983, 67–71, Nr 7, Taf. 9; Muller-Dufeu, SculptureSource, 2002, 886 s., Nr 2644). Nach der Form der Buchstaben und in Kombination zu den mögl. Schaffenszeiten von → Artemidoros, → Charmolas und → M. (III) war M. im letzten V. des 2. Jh. v. Chr. auf Rhodos tätig. Im Innern der leicht unterlebensgroßen Bronzestatue des *Apollon von Piombino* (Paris, Louvre, Inv. Nr 61; Lippold, 1950, 92 s., Taf. 37, 2; Ridgway, 1967; Fuchs, 1999, 23–28, Taf. 24 s.) fand sich ein Bleitäfelchen, auf dem M. zus. mit einem Bildhauer aus Rhodos signierte. Je nachdem, ob man die Statue als ein Orig. von um 480 v. Chr. oder als eine späthellenist. Nachschöpfung von um 100 v. Chr. ansieht, wären M. und sein Kollege als Restaurator oder Schöpfer dieser Statue anzusehen. Die ungewöhnl. Versenkung des Bleitäfelchens spräche eher für eine Restaurierungsarbeit, wollte man nicht das Konstrukt von M. Fuchs akzeptieren, daß die beiden Künstler ein altes Orig. vortäuschen wollten und daher sich nur versteckt verewigen konnten (Fuchs, 1999, 40 s.). Doch was

für einen Sinn hätte es gehabt, wenn man das Vorgetäuschte nicht hat sehen können? Hinter letzterer Hypothese scheint mir nur ein Lösungsbedürfnis von M. Fuchs zu stecken, um zusätzl. an dem frühen Alter der Statue zu zweifeln. Der Stil und die Ausf. der Statue weisen jedoch eher in die Zeit um 480 v. Chr., wie es auch die Mehrheit aller Autoren sieht. ▭ RE XV. 1, 1931 (s.v. M. 6); EAA IV, 1961; DNP VII, 1999 (s.v. M. 3). – *G. Dow*, Hesperia 10:1941, 351 ss.; *Lippold*, GrPl, 1950, 378; *B. S. Ridgway*, APl 7:1967, 43–75, Taf. 24–34; *V. C. Goodlett*, AJA 95:1991, 677 s.; *Schmidt*, Statuenbasen, 1995, 401 s., 409; *M. Fuchs*, In hoc etiam genere graeciae nihil cedamus: Studien zur Romanisierung der späthellenist. Kunst im 1. Jh. v. Chr., Mainz 1999, 23–24, 28, 40; *B. S. Ridgway*, Hellenistic sculpt., III, The styles of ca. 100–31 B. C., Madison 2002, 147 s., Taf. 58 a-c.
R. V.

Menodotos (III), Sohn des → Charmolas, Neffe des → M. (II), aus Tyros, griech. Bildhauer, zw. 85 und 50 v. Chr. auf Rhodos tätig. M. sign. zus. mit seinem Vater → Charmolas die Basis für eine *Statue des Athenapriesters Timokrates* von der Akropolis in Lindos (Lindos, II. 2, 1941, 607–614, Nr 293; Marcadé, Signatures, I, 1953, 18; Muller-Dufeu, SculptureSource, 2002, 886 s., Nr 2649) und eine Basis für eine *Statue* aus Rhodos (Lindos, II. 2, 1941, 998, Nr 702; Muller-Dufeu, SculptureSource, 2002, 888 s., Nr 2650). Eine and. Basis aus Lindos für eine von den Bewohnern von Lindos gestifteten *Bronzestatue* sign. er zus. mit → Charinos (II) aus Laodikeia (Lindos, II. 2, 1941, 633 s., Nr 305; Muller-Dufeu, SculptureSource, 2002, 870 s., Nr 2597). Schließl. trug eine weitere Basis aus Lindos allein seine Sign. (Lindos, II. 2, 630, Nr 302; Muller-Dufeu, SculptureSource, 2002, 886 s., Nr 2647). ▭ RE XV. 1, 1931 (s.v. M. 7); EAA IV, 1961; KlP III, 1969 (s.v. M. 5); DNP VII, 1999. – *G. Dow*, Hesperia 10:1941, 351 ss.; *Lippold*, GrPl, 1950, 378; *V. C. Goodlett*, AJA 95:1991, 677 s.; *M. Fuchs*, In hoc etiam genere graeciae nihil cedamus. Studien zur Romanisierung der späthellenist. Kunst im 1. Jh. v. Chr., Mainz 1999, 23 s.
R. V.

Menodotos (IV), Sohn des [...]machos, Enkel des Menodotos, griech. Bildhauer, im 1. Jh. n. Chr. in Aphrodisias tätig. Nur bek. durch seine Sign. auf der Marmorplinthe einer weibl. *Porträtstatue* aus Aphrodisias (heute in Aphrodisias, Arch. Mus., Inv. Nr 83. 122). ▭ DNP VII, 1999 (s.v. M. 3). – *K. T. Erim/J. Reynolds*, Sculptors of Aphrodisias in the inscr. of the city, in: *N. Başgelen/M. Lugal* (Ed.), Festschr. für Jale Inan, Istanbul 1991, 524, Nr 7, Taf. 201.
R. V.

Menogenes (Μηνογένης), griech. Erzgießer unbestimmter Zeit. Nur bek. durch eine Auflistung bei Plinius (nat., 34, 87; Overbeck, SQ, 1868, Nr 2075), nach der er *Quadrigen aus Bronze* hergestellt haben soll. ▭ ThB24, 1930. RE XV. 1, 1931 (s.v. M. 4); EAA IV, 1961. – *Brunn*, GGK, I, 1889, 527.
R. V.

Menon (I) (Μένων), griech. Töpfer, in der 2. H. des 5. Jh. v. Chr. in Athen tätig. M. ist nur durch eine Sign. ΜΕΝΟΝΕΠΟΙΕΣΕΝ auf einer in Vulci gefundenen *rotfigurigen Bauchamphora* vom *Typus A* bek., die sich heute in Philadelphia befindet (Univ. of Pennsylvania, Inv. Nr 5399). Die Sign. ist in die obere Stufe des Fußes der dem → Psiax zugeschr. Amphora geritzt und scheint von einer and. Hand als die Beischriften im Bildfeld geschrieben. Bevor der wahre Name des → Psiax bek. war, hieß er *Menon-Maler* nach dem Töpfer. ▭ ThB24, 1930 (s.v. M.). – *J. D. Beazley*, JHS 47:1927, 91; ABV, 1956, 292; ARV², 1963, 7, Nr 3; *B. Cohen*, MetrMusJ 26:1991, 64, Abb. 22 s.
T. Mannack

Menon (II), Architekt im *Heraion* von Argos in hellenist.-römischer Zeit. Ein gestempelter Ziegel, der in den Thermen B des argivischen *Heraion* gefunden wurde, belegt uns den „Architekten Menon", der dort zu einer nicht weiter bestimmten Zeit wirkte. Welches Gebäude er errichtete und inwieweit er auf seine Ausgestaltung Einfluß nahm, ist nicht auszumachen. ▭ *M.-C. Hellmann*, ZPE 104:1994, 152, Nr 3.
E. Wirbelauer

Menophanes (Μενοφάνες), aus Sinope, Sohn des Lysanias, griech. Bildhauer, in der 1. H. des 1. Jh. v. Chr. in Halikarnassos (Bodrum) tätig. Nur bek. durch seine Sign. auf einem *Grabstein* aus Bitez (heute Bodrum, Mus.). Neben → Euandros (I) der einzige bisher bek. Bildhauer aus Sinope. ▭ *D. H. French*, EpigrAnat 4:1984, 75–83; *id.*, The inscr. of Sinope, Bonn 2002.
M. Dennert

Menophantos (Μηνόφαντος), griech. Bildhauer, tätig im 1. Jh. n. Chr., in Rom nachgewiesen. M. ist nur in einer einzigen Sign. an einer in Rom gefundenen *Aphroditestatue* überliefert. Die knapp überlebensgroße Skulptur wurde 1760 in der Nähe der Kirche S. Gregorio am Caelius entdeckt, war ehem. im Palazzo Chigi aufgestellt und befindet sich heute noch immer in Rom (Mus. Naz. Romano, Inv. Nr 75674). Es handelt sich um eine nackte Aphrodite im Pudica-Gestus, deren Motiv eine eklekt. Verschmelzung vom Typus der capitolinischen und der knidischen Aphrodite (→ Praxiteles [II]) darstellt. Der Kopf, dessen Zugehörigkeit unsicher ist, wiederholt mit seiner knapperen Haaranordnung den Typus Medici. Um ihre Scham zu bedecken, zieht die Göttin mit ihrer Linken ein mit Fransen besetztes Tuch von einem am Boden stehenden Gegenstand, der häufig als Schmuck- oder Toilettenkästchen (H. von Steuben, 1969) bez. wird. An der Schmalseite des Kästchens befindet sich die fünfzeilige Künstler-Sign.: Ἀπὸ τῆς ἐν Τρωάδι Ἀφροδίτης Μηνόφαντος ἐποίει, „nach der Aphrodite in (Alexandreia) Troas, Menophantos hat sie gemacht". Es ist bisher das einzige Beispiel, wo ein Kopist in der Inschr. seines Werkes ausdrückl. auf ein heute verlorenes statuarisches Vorbild verweist. Der Eklektizismus des Aphroditetypus sowie die motiv. Abhängigkeit von versch. älteren Vorbildern sprechen am ehesten für eine Entst.-Zeit des Orig. im 1. Jh. v. Chr. Lit. Quellen erwähnen eine Blütezeit der kleinasiatischen Stadt Troas unter den beiden hellenist. Herrschern Antigonos und Lysimachos, darüber hinaus trugen auch Caesar und Augustus zu ihrer Verschönerung bei. Die in ihrer Ausf. mäßige Marmorkopie des M. hingegen muß aufgrund stilist. Merkmale im 1. Jh. n. Chr. entstanden sein. Von epigraph. Seite wird die Künstler-Inschr. anhand ihres paläograph. und orthograph. Char. der frühkaiserzeitl. Epoche zugeordnet. Ob der Bildhauer M. in Troas eine Wkst. hatte und ob er nur als Kopist tätig war, ist nicht bekannt. ◻ ThB24, 1930. RE XV. 1, 1931; EAA IV, 1961, mit Abb. 1216. – *Overbeck*, SQ, 1868, Nr 2301; *W. Pape/G. E. Benseler*, Wörterbuch der griech. Eigennamen, Braunschweig ³1884, XXXI, 916; *Löwy*, IGB, 1885, 264, Nr 377; *Brunn*, GGK, I, 1889, 610; *A. M. Colini*, MemPontAcc 7:1941, 159 s., Abb. 121; *Lippold*, GrPl, 1950, 307, Anm. 6 s.; *Richter*, CriticalPeriods, 1951, 47 s., Abb. 79; *R. Lullies*, Die kauernde Aphrodite, M. 1954, 73; *S. Aurigemma*, Le Terme di Diocleziano e il Mus. Naz. Romano, R. ⁵1963, Nr 489; *H. von Steuben*, Helbig⁴, III, 1969, Nr 2236; *O. Vasori*, in: *Giuliano*, MusNazRom, I. 1, 1979, 109 ss., Nr 81; *Vierneisel-Schlörb*, KatSkulptGlypt, II, 1979, 335; *Moreno*, Scultura, 1994, 109 s., 498, 657, 664, 668, 716, Anm. 1039, Abb. 797; *A. Delivorrias/G. Berger-Doer u.a.*, LIMC II, 1984, 53 s., Nr 422 m. Abb., s.v. Aphrodite. H. Weinstock

Menophilos (I) (Μηνόφιλος), Sohn eines Agasias und Vater des → Agasias (I), von Ephesos, griech. Bildhauer, in der 2. H. des 2. Jh. v. Chr. auf Delos tätig. Sicher bek. durch seine Sign. auf den folgenden drei Marmorbasen aus Delos: – 1.) Basis ö. des Apollontempels von Delos (Delos, Inv. Nr E 343; T. Homolle, BCH 1:1877, 227, Nr 20; Loewy, IGB, 1885, 203, Nr 291 a; ID, 2502; Marcadé, Signatures, II, 1957, 73 mit Abb.; Muller-Dufeu, SculptureSource, 2002, 862 s., Nr 2574); – 2.) Basis einer Exedra sö. des hypostylen Saals (Delos, Inv. Nr E 19; P. Roussel, BCH 32:1908, 433, Nr 50; ID, 1969, Marcadé, Signatures, II, 1957, 74 mit Abb.; Schmidt, Statuenbasen, 1995, 496 s., Nr IX. 12, Abb. 151; Muller-Dufeu, SculptureSource, 2002, 862 s., Nr 2576); – 3.) Basis (Delos, Inv. Nr A 1312; heute Athen, Epigraph. Mus.; ID, 2503; Marcadé, Signatures, II, 1957, 74 mit Abb.; Muller-Dufeu, SculptureSource, 2002, 862 s., Nr 2575). Möglicherweise stellt – 4.) die fragm. Inschr. ΝΟΦΙ (Delos, Inv. Nr A 1132; ID, 2495) ebenfalls die Sign. des gleichen M. dar, wie Marcadé (Signatures, II, 1957, 74) vorschlug. Alle Inschr. lassen sich in die 2. H. des 2. Jh. v. Chr. datieren und umreißen damit die Schaffensperiode des Menophilos. ◻ RE XV. 1, 1931 (s.v. M. 6); EAA IV, 1961. – *Lippold*, GrPl, 1950, 372. R. V.

Menophilos (II), Sohn des Menogenes, griech. Bildhauer, um die M. des 1. Jh. v. Chr. in Pergamon tätig. Nur bek. durch seine Sign. auf einer Basis aus schwarzem Granit aus dem Gymnasion von Pergamon für eine *Statue des L. Antonius* aus dem Jahre 50/49 v. Chr. ◻ RE XV. 1, 1931 (s.v. M. 7); EAA IV, 1961. – *Loewy*, IGB, 1885, 198 s., Nr 283; *E. Fabricius/C. Schuchhardt*, Kgl. Mus. zu Berlin. Altertümer von Pergamon. Die Inschr. von Pergamon, VIII. 1, ed. *M. Fränkel*, B. 1890, 286 s., Nr 410 mit Abb. R. V.

Menophilos (III), griech. Gemmenschneider späthellenist. Zeit, dessen Sign. auf einem *Granat* aus Syrien in Chicago (Oriental Institute) erscheint. Der Stein ist in einen antiken Goldring gefaßt und trägt das *Bildnis eines Mannes*, das plausibel auf *Marcus Antonius* gedeutet wurde. ◻ *C. H. Kraehling*, Archaeology 8:1955, 256 ss.; *Vollenweider*, Steinschneidekunst, 1966, 38; *ead.*, Die Porträtgemmen der röm. Republik, Mainz 1972–74, 79, 185 s., Taf. 136, 1; *W.-R. Megow*, JdI 100:1985, 468. B. Lang

Menophilos (IV) und **Menophilos (V)**, griech. Koroplasten in Myrina/Kleinasien, M. (IV), auch Hymnode, am E. des 1. Jh. v. Chr. und im 1. Drittel des 1. Jh. n. Chr. und M. (V) im 3. V. des 1. Jh. n. Chr. tätig. In der Nekropole von Myrina sind bislang 13 Sign. auf *Tonstatuetten* mit dem

Namen M. zutage gekommen, eine davon besteht nur aus den Lettern MHNO. Zu diesen gesellen sich drei weitere Sign. mit dem Wortlaut Μη–νοφίλου Ὑμνῳδοῦ. Ebenfalls dreimal erscheint das Monogr. MH, bei dem jedoch nichts auf eine Verbindung mit M. hindeutet. Da sich die Dat. der Statuetten über einen Zeitraum von mehr als 60 Jahre erstrecken, können sie nicht während der Laufbahn eines einzigen Koroplasten entstanden sein. Folgl. scheinen sie die Produkte einer Reihe von Koroplasten und Wkst.-Meistern zu sein, zu der ein and. Künstler gehört hat, näml. → Pythodoros (III), der seiner Sign. auf einigen Statuetten „Sohn des M." beigefügt hat. M. (IV) müßte am E. des 1. Jh. v. Chr. und im 1. Drittel des 1. Jh. n. Chr. gearbeitet haben: Man kann ihm eine *Aphrodite Anadyomene*, eine *Aphrodite mit der Gans*, eine *Aphrodite Pseliumene*, einen *Hermes* und einen *Plutos* sowie *drei Niken*, die aus der gleichen Form stammen, zuschreiben. Seine Titulatur Μηνοφίλου Ὑμνῳδοῦ ist auf einer *Athena* und auf zwei der gleichen Form entsprungenen Statuetten des lykischen, die Kithara spielenden *Apollon* zu finden. M. (IV) folgte → Pythodoros (III) und dann M. (V), der etwa ab der M. des 1. Jh. n. Chr. tätig geworden ist. Dem Letztgenannten kann man einen *Epheben in Toga* und eine *Aphrodite Pseliumene* mit der Haartracht der Poppaea, der zweiten Frau Neros (62–65 n. Chr.; → Domitius Ahenobarbus, Lucius), zuweisen, die zugleich das letzte gesicherte Œuvre der Wkst. verkörpert. Während die *drei Niken* noch der Trad. des 1. Jh. v. Chr. verhaftet waren, zeugen sowohl die *Aphrodite Pseliumene* des M. (IV) als auch die des M. (V) von einem neuen Manierismus und der *Ephebe in Toga* von einem besonderen Realismus in den Gesichtszügen, in denen man den jugendl. Nero erkennen kann. Dem Zeitgeschmack entsprechend, findet man in der *Athena* und dem die Kithara spielenden *Apollon* Anklänge an die Skulptur. – Alle diese Figuren stammen aus zweiteiligen Tonformen. Die Sign. befindet sich auf der rückseitigen Basis oder im Fall der *Niken* unten auf der Draperie; schließl. bleibt bisher einmalig der Anbringungsort der Sign. des M. (V) auf der *Aphrodite Pseliumene*: Jene steht vertikal auf einer flachen und hervorspringenden Falte auf der Rückseite der Draperie. ▭ *Mollard-Besques*, II, 1963, XXIV s., 207; *ead.*, AntK 26:1983, 22–30, Taf. 9–12; *D. Kassab*, Statuettes en terre cuite de Myrina. Corpus des sign., lettres et signes, P. 1988, 49–51, Abb. 114–127, 397–411. D. Kassab Tezgör

Menophilos (V) cf. **Menophilos (IV)**

Menophilos (VI), griech. Architekt, im 1. Drittel des 3. Jh. n. Chr. in Milet tätig. Nur bek. durch die Bau-Inschr. aus dem Theater von Milet (heute in Balat, Archäol. Mus., Inv. Nr 461), die in Form einer Orakelanfrage der Bauleute an den Gott Ulpianos als Architekten des *Umbaus des Theaters von Milet* M. nennt (SEG, IV, 439). Die Buchstabenformen und die Bauornamentik sprechen neuerdings für eine Dat. in das 1. Drittel des 3. Jh. n. Chr. und nicht, wie früher angenommen, in die Zeit um 120 n. Chr. (siehe dazu E. Altenhöfer, IstMitt 39:1989, 24 und R. Köster, ibid., 303, Anm. 38). ▭ RE XV. 1, 1931 (s.v. M. 8); EAA IV, 1961 (s.v. M. 3). – *T. Wiegand*, AA 1904, 8; *W. H. Buckler*, in: *id./W. M. Calder* (Ed.), Anatolian stud. presented to Sir William Mitchell Ramsay, Manchester 1923, 34 ss.; *H. W. Pleket*, Epigraphica, I, Leiden 1964, 34, Nr 20; *H. W. Parke*, The oracles of Apollo in Asia Minor, Lo./Sydney/Dover 1985, 76 ss.; *J. Fontenrose*, Didyma. Apollo's oracle, cult, and companions, Berkeley/L. A./Lo. 1988, 193 s., Nr 19; *M.-C. Hellmann*, ZPE 104:1994, 173, Nr 74; *Donderer*, Architekten, 1996, 156–158, Nr A 61, Taf. 23; *P. Herrmann*, Inschriften von Milet, VI. 2, ed. *V. von Graeve*, B./NY 1998, 121 s., Nr 935, Taf. 46, 282. R. V.

Mentesuphis → **Mentsuf**

Mentju (I), ägypt. Vorsteher der Künstler, unter dem König Mentjuhetep II. (2046–1995 v. Chr.) tätig. Erw. in einer Inschr. im Steinbruch von Wadi Hammamat, die in die Reg.-Zeit von Mentjuhetep II. dat. ist. ▭ *M. M. J. Couyat/P. Montet*, Les inscr. hiéroglyphiques et hiératiques du Ouâdi Hammâmât, Le Caire 1912, Nr 55; *W. A. Ward*, Index of Egyptian administrative and relig. titles of the Middle Kingdom, Beirut 1982, Nr 282.
Y. Ott

Mentju (II), ägypt. Vorsteher der Künstler, unter dem König Mentjuhetep IV. (1983–1976 v. Chr.) tätig. Erw. in einer Inschr. im Steinbruch von Wadi Hammamat, die in das zweite Reg.-Jahr von Mentjuhetep IV. dat. ist. ▭ *G. Goyon*, Novelles inscr. rupestres du Wadi Hammamat, P. 1957, 79 Nr 57; *W. A. Ward*, Index of Egyptian administrative and relig. titles of the Middle Kingdom, Beirut 1982, Nr 282. Y. Ott

Mentjuemsaf → **Mentsuf**

Mentjuhetep (I), ägypt. Umrißzeichner, in der 12. Dynastie (1976–1794/93 v. Chr.) tätig. Nur erw. auf der Stele des Wehemuibianuinetef (Kairo, Ägypt. Mus., Inv. Nr CG 20429 p) aus Scheich

Abd el-Gurna, das in Theben-W liegt. ▭ *G. Daressy*, Notes et Remarques, in: RecTrav 14:1893, 24, Taf. 26; *H. O. Lange/H. Schäfer*, Grab- und Denksteine des Mittleren Reiches (CG), II, B. 1908, Nr 20429 p. Y. Ott

Mentjuhetep (II), ägypt. Bauleiter („Vorsteher aller Arbeiten des Königs"), unter den Königen Sesostris I. (1956–1911/10 v. Chr.) und Amenemhet II. (1914–1879/76 v. Chr.) in Theben/O-Ägypten tätig. Bek. aus zahlr. Mon., z.B. acht Statuen (Paris, Louvre, Inv. Nrn A 122, 123, 124; Kairo, Ägypt. Mus., Inv. Nr CG 42037, 42044, 42045; Luxor, Ägypt. Mus., Inv. Nr J. 36 und 37) aus Karnak, einem Scheintürbruchstück und einer Stele (Kairo, Ägypt. Mus., Inv. Nr CG 20539) aus Abydos und einer Stele aus Saqqara. Sein Grab befindet sich vermutl. n. der Pyramide von Sesostris I. in Lischt. ▭ *M. Valloggia*, Les Vizirs des XIe et XIIe Dynasties, in: BIFAO 74:1974, 129, Nr 8; *H. G. Fischer*, Varia I., N. Y. 1976, 61, 63 s., 65 ss.; *O. Berlev*, Obščestvennye otnošenija v Egipte ėpochi srednego carstva. Socialnyi sloj „Carskich hmww", Mo. 1978, 184, Nr 8; *W. K. Simpson*, Varia Aegyptiaca in American Collections, in: MDAIK 37:1981, 435; *D. Franke*, Personendaten aus dem Mittleren Reich, Wb. 1984, 183, Nr 262. Y. Ott

Mentjuhetep (III), ägypt. Bildhauer, während des Mittleren Reiches (2119–1794/93 v. Chr.) in Oberägypten tätig. Nur bek. durch ein Graffito, das im Rahmen einer Expedition, die Grauwackevorkommen sichten sollte, im Wadi Hammamat/O-Wüste angebracht wurde und das seinen Namen und Titel nennt. ▭ *G. Goyon*, Nouvelles inscr. rupestres du Wadi Hammamat, P. 1957, 94, Nr 74. C. von Pfeil

Mentjuweser (I), ägypt. Künstler, wahrsch. während des Mittleren Reiches (2119–1794/93 v. Chr.) im Wadi Hammamat/O-Wüste tätig. Nur bek. durch ein Graffito im Wadi Hammamat, das seinen Titel und Namen nennt. Es weist ihn als Teilnehmer an einer der Expeditionen aus, die der Sichtung und Gewinnung von Grauwacke dienten, die für den Bau großer Denkmäler benötigt wurde. ▭ *J. Couyat/P. Montet*, Les inscr. hiéroglyphiques et hiératiques du Ouâdi Hammâmât, Le Caire 1912, 42, Nr 20. C. von Pfeil

Mentjuweser (II), ägypt. Bildhauer, während der ersten Zwischenzeit (2170/20–2025/20 v. Chr.) wahrsch. in Oberägypten tätig. Bek. durch eine Totenopferstele in der Walters AG in Baltimore, die angeblich aus dem theban. Raum stammt. Er ist hier zus. mit seiner Frau vor einem Opfertisch dargestellt und bittet in der zugehörigen Inschr. um ein Gebet, das alle sprechen sollen, „die das Leben lieben und das Sterben hassen". ▭ *G. Steindorff*, Cat. of the Egyptian sculpt. in the Walters AG, Baltimore 1946, 83–84, Nr 280. C. von Pfeil

Mentor (Μέντωρ), griech. Toreut, vermutl. in der 1. H. des 4. Jh. v. Chr. tätig. Mit Ausnahme bei → Lukianos, Lex., 7 (Erw. eines Gefäßes mit der Bez. Μεντορουργής) hauptsächl. in röm. Schriftquellen gen. Toreut. Bei den Römern war M. berühmt für die Anfertigung von *Silbergefäßen*. Über M. existieren widersprüchliche Aussagen: Nach Plin. (nat., 33, 154) wurden Gefäße von seiner Hand 356 v. Chr. beim Brand des Artemis-Tempels von Ephesos zerstört. Ein ähnl. Schicksal ereilte seine im Tempel des Iuppiter Capitolinus aufbewahrten Werke. Dieser Überlieferung zufolge soll M. insgesamt ledigl. *vier paar Silbergefäße* angefertigt haben. Ihm werden jedoch an and. Stelle eine *Erzstatue*, die später in den Besitz des Varro gelangte, zugeschr. und *zwei wertvolle Skyphoi*, die der Redner Crassus für 100000 Sesterzen erworben, aber aus Ehrfurcht vor ihrem Wert niemals benutzt haben soll (Plin., nat. 33, 147). Nach Cicero (Verr., 4, 8, 38) besaß Diodor von Melite in Lilyvaeum zwei von M. angefertigte *Becher*, die der Kunsträuber Verres zu entwenden suchte. Martial (3, 41) beschreibt eine lebensecht dargestellte Eidechse auf einer *Silberschale* und erw. den Wert der Gefäße des M. in zahlr. weiteren Zusammenhängen (Mart., 7, 51, 3; 9, 59, 15; 11, 5 s.; 14, 91; außerdem Iuv., 8, 104). Darunter bedeutend die Textstelle 4, 39, wo Martial unter den Silberschätzen des Charinos neben Arbeiten des → Myron (I), → Praxiteles (II), → Skopas (II) und → Pheidias (I) auch solche des M. aufzählt. Ob Werkstücke von ihm im 1. Jh. v. Chr. erh. waren, ist ungewiß. Über sein Kunstschaffen äußert sich Properz (3, 9, 12 s.), der ein Werkstück des M. mit einem akanthusverzierten Becher des → Mys (II) vergleicht: M. sei dem → Mys (II) in den *argumenta*, also den Gegenständen der Erzählung, überlegen, während Mys das Ornament, d.h. die feine Ausf. des Details, vorzüglich beherrsche. ▭ ThB24, 1930. RE XV. 1, 1931 (s.v. M. 10); EAA IV, 1961. – *Overbeck*, SQ, 1868, Nrn 2167, 2169–2181; *Brunn*, GGK, II, 1889, 276 (408 s.); *C. Reinsberg*, Stud. zur hellenist. Toreutik, Hildesheim 1980, 5, 248; *M. Vickers/D. Gill*, Artful crafts, Ox. 1994, 70. M. Seifert

Mentsuf (Mentesuphis; Mentjuemsaf), gen. Suf, ägypt. Künstler, 68 v. Chr. bis 9 n. Chr. in Hermonthis/Ägypten tätig. M. ist durch den Totenpapyrus (Papyrus Rhind I) für ihn belegt, der in hierat. und demot. Schrift verfaßt ist, Vignetten enthält und aus dem seine Lebensdaten hervorgehen. Ferner ist seine Totenbahre erh. ▭ *G. Möller*, Die beiden Totenpapyrus Rhind des Mus. zu Edinburg, L. 1913. M. A. Stadler

Menuemheb (Minemhab), ägypt. Vorsteher der Arbeiten an einer Statue Ramses' II. (1279–1213 v. Chr.). Von M. ist ein Graffito bei Assuan bek., das ihn in Verehrung des Gottes Chnum zeigt. Aus den Steinbrüchen von Assuan stammte der Granit für die Königsstatue, die den Namen „Re (= Sonnengott) der Herrscher" trägt und mit 19 m Höhe die größte je ausgeführte ägypt. Statue ist. Ihre Trümmer liegen heute noch im Totentempel Ramses' II., dem sog. Ramesseum, in Theben-W. ▭ KRI III, 282, 1 ss.; *L. Habachi*, Features of the deification of Ramesses II, Glückstadt 1969, 24 ss. F. Hoffmann

Menumes (I), Sohn des Nai, ägypt. Architekt, Bauleiter („Vorsteher der Arbeiten des Amun"), unter Thutmosis III.-Amenophis II. (1479–1397 v. Chr.) in Ägypten tätig. M. wirkte als Architekt an zahlr. Tempelbauten unter Thutmosis III. und Amenophis III. in ganz Ägypten sowie im Ausland mit. Er war z.B. für die Errichtung des Month-Tempels in Medamud, des Upuaut-Tempels von Siut, des Horus-Tempels von Letopolis, des Wadjit-Tempels von Buto, des Bastet-Tempels von Bubastis sowie eines Hathor-Tempels in Byblos/Kanaan verantwortlich. Seine Tätigkeit ist bek. durch biograph. Inschr., die er auf einigen Statuen hinterlassen hat, sowie durch eine Fels-Inschr. im Steinbruch von Tura. ▭ LÄ I, 1975 (s.v. Amenophis III mit Anm. 18; s.v. Assiut mit Anm. 29; s.v. Bauleiter mit Anm. 10; s.v. Byblos mit Anm. 23); II, 1977 (s.v. Götter, ägypt. im Ausland); III, 1980 (s.v. Kom el-Hisn). S. L. Lippert

Menumes (II), ägypt. Juwelier, in der 19. Dynastie (1292–1186/85 v. Chr.) in Ägypten tätig. Nur bek. aus einer Aufstellung über priv. Landbesitz auf einem Lederdokument (heute Paris, Louvre). ▭ *A. H. Gardiner*, Ramesside administrative doc., Lo. 1948, 62 c 6. S. L. Lippert

Menyllos (Μένυλλος), aus Sidyma/Lykien, griech. Bildhauer, in den 60er Jahren des 1. Jh. v. Chr. in Lindos tätig. Nur bek. durch seine Sign. auf den folgenden zwei Basen von der Akropolis in Lindos: – 1.) Rundbasis aus lartischem Marmor für eine *Bronzestatue des Nikotimos*, Sohn des Timokrates, gew. vom Demos von Lindos (Lindos, II. 2, 1941, 635, Nr 307; Schmidt, Statuenbasen, 1995, 427 s., Nr V.29; Muller-Dufeu, SculptureSource, 2002, 894 s., Nr 2673); – 2.) Rundbasis aus Marmor (Lindos, II. 2, 1941, 639, Nr 310; Muller-Dufeu, SculptureSource, 2002, 894 s., Nr 2674). ▭ RE XV. 1, 1931 (s.v. M. 4); EAA IV, 1961. – Lindos, II. 2, 1941, pp. 635–639, Nrn 307 und 310; *Lippold*, GrPl, 1950, 385. R. V.

Mereruka, ägypt. Wesir unter Teti (ca. 2300 v. Chr.). In seinem ausgedehnten und reich ausgeschmückten Grab ist M. auch vor einer Staffelei zu sehen. Entweder ist er dabei, eine Jahreszeiten-Darst. selbst zu malen oder sie für seine Grabdekoration aus einem Musterbuch auszuwählen. ▭ LÄ IV, 1982. – *P. Duell*, The Mastaba of Mereruka, I, Chicago 1938, Taf. 6 s.; *W. Barta*, ZÄS 97:1971, 1 ss. F. Hoffmann

Meretiten, älteste Tochter von Amenophis IV. und Nofretete, ägypt. „Hobbymalerin", unter Amenophis IV. (1351–1334 v. Chr.) in Amarna/Mittelägypten und zur Zeit Semenchkares (1337–1333 v. Chr) in Theben/Oberägypten (?) tätig. Unter den Grabbeigaben des Königs Tutanchamun fand man eine Elfenbeinmalpalette mit einer kurzen hieroglyph. Inschr., aus der hervorgeht, daß die Palette M. gehörte. Da in den sechs Mulden noch Farbreste (weiß, gelb, rot, grün, blau und schwarz) gefunden wurden, können wir davon ausgehen, daß die Palette tatsächl. in Gebrauch war, wobei M. nicht unbedingt als Künstlerin zu verstehen ist. Sie wird eher zum Zeitvertreib gemalt haben, da das Palastleben für eine Frau in Ägypten bestimmt nicht immer abwechslungsreich war. Von ihrer jüngeren Schwester → Meketiten ist ebenfalls eine Malpalette erhalten. ▭ LÄ IV, 1982 (s.v. Palette [Schreib-], mit Anm. 13). – *H. Carter*, The tomb of Tut-Ankh-Amen, III, N. Y. 1963, 45, Taf. 22 (A). T. Schrottenbaum

Meri, ägypt. Vorsteher der Künstler, unter dem König Amenophis II. (1428–1397 v. Chr.) in Theben/Oberägypten tätig. Er beaufsichtigte die Arbeit im Tempel des Amun und alle Künstler im Schatzhaus des Amun in Karnak. Sein Grab Nr 95 befindet sich in Scheich Abd el-Gurna/Theben-W. ▭ PM I. 1, 1960, 195. – Urk. IV, 1571; *W. Helck*, Mat. zur Wirtschaftsgesch. des Neuen Reiches, I, Wb. 1961, 44. Y. Ott

Merib (gen. Kapunesut), ägypt. Künstler („Vorsteher aller Arbeiten des Königs"), unter den Pharaonen Mykerinos und Schepseskaf oder während der frühen 5. Dynastie (2539–2446 v. Chr.) im Raum Giza/Unterägypten tätig. Bek. durch sein Grab G

2100, das sich auf dem Gräberfeld w. der Pyramide des Cheops befindet. Die Grabkapelle befindet sich heute im Ägypt. Mus. in Berlin (Inv. Nr 1107). Er war sehr wahrsch. mit der Aufsicht über die Bauarbeiten auf den Beamtenfriedhöfen betraut, viell. sogar Bauleiter an der Pyramide des Mykerinos. ▭ PM III. 1, 1974, 71 s. – *G. Roeder*, Aegypt. Inschr. aus den Kgl. Mus. zu Berlin I, L. 1913, 88–100, Nr 1107. C. von Pfeil

Meriibra, ägypt. „Umrißzeichner im Königspalast", im Mittleren Reich (um 2119–1794/93 v. Chr.) in Ägypten tätig. Nur bek. durch die hieroglyph. Inschr. auf einer Stele, die in der n. Nekropole von Abydos gefunden wurde. Es muß offen bleiben, wo er tätig war. Vermutl. arbeitete er aber in einer Nekropole bei der Ausgestaltung von Gräbern mit, indem er die Vor-Zchngn für die Reliefs und Wandmalereien anfertigte, oder aber er stellte Statuen, Stelen o.ä. her. ▭ *H. O. Lange/ H. Schäfer*, Grab- und Denksteine des Mittleren Reichs (CG), II, B. 1908, 54 ss., Nr 20457; *W. A. Ward*, Index of Egyptian administrative and relig. titles of the Middle Kingdom, Beirut 1982, 166, Nr 1446. T. Schrottenbaum

Merimenu, ägypt. Umrißzeichner, in der 19. Dynastie (1292–1186/85 v. Chr.) in Theben/ Oberägypten tätig. Nur bek. von einem Graffito, das auf der theban. Westseite entdeckt wurde. M. lebte sehr wahrsch. in der Arbeitersiedlung von Deir el-Medineh und war an der Ausgestaltung von Gräbern im Tal der Könige beteiligt. ▭ KRI III, 766, Nr 1679; *E. S. Bogoslovsky*, ZÄS 107:1980, 102. S. L. Lippert

Merimes, ägypt. Bauleiter („Vorsteher aller Arbeiten des Königs/des Amun"), unter Amenophis III. (1388–1351/50 v. Chr.) in Ägypten tätig. M. trug den Titel „Königssohn von Kusch" und war für die Verwaltung der Provinz Nubien zuständig. Darüber hinaus war er jedoch auch Architekt, wie aus den Inschr. seiner Särge hervorgeht. ▭ LÄ III, 1980 (s. v. Königssohn von Kusch, Nr 12). S. L. Lippert

Meripteh, ägypt. „Goldschmied des Herrn Beider länder (= des Königs)", 18. Dynastie (1550–1292 v. Chr.). Bek. durch seine Grabstele aus Saqqara (Berlin, Ägypt. Mus., Inv. Nr 7279). ▭ PM III. 2, 1978, 733. – *G. Roeder*, Aegypt. Inschr. aus den Staatl. Mus. zu Berlin, II, L. 1924, 145 ss. F. Hoffmann

Merira (I), ägypt. „großer Hausaufseher", z.Z. von Thutmosis IV. (1397–1388 v. Chr.). Für die künstler. Betätigung des M. spricht die Tatsache, daß von ihm eine kombinierte Schreib- und Malpalette erh. ist, die zusätzl. zu den Vertiefungen für Schwarz und Rot zwölf Vertiefungen für Malfarben hatte (London, BM, Inv. Nr 5512). ▭ *S. R. K. Glanville*, JEA 18:1932, 56 s., Taf. 7. F. Hoffmann

Merira (II), ägypt. Maler, späte 20. Dynastie (um ca. 1100 v. Chr.) in El-Kab tätig. M. ist durch bemerkenswerte Inschr. im Grab des Setau in El-Kab bekannt, das er im vierten Reg.-Jahr von Ramses IX. (um 1120 v. Chr.) ausgestaltet hat. In einem Text wird ausdrücklich gesagt, daß M. nicht in die Lehre gegangen war, sondern daß sein Herz ihn leitete. ▭ KRI VI, 558 s.; *W. Spiegelberg*, RecTrav 24:1902, 185 ss.; *E. W. Ware*, AJSL 43:1926/ 27, 204, Nr 22. F. Hoffmann

Merisechmet (I), ägypt. Umrißzeichner unter dem König Siptah und der Königin Tewoseret (1194/ 93–1186/85 v. Chr.) in Deir el-Medineh/Oberägypten tätig. Bek. durch Fragm. einer Stele, auf deren Sockel sich sein Name befindet und die in dem Arbeiterdorf von Deir el-Medineh gefunden wurde. Ebenfalls von dort stammt ein Türpfosten aus Kalkstein. Eine weitere Stele (Hilton Price 2006) zeigt ihn anbetend vor der Göttin Meretseger, der Herrin des Westens, d.h. des Totenreiches, deren Name „die, die das Schweigen liebt" bedeutet und die die theban. Nekropole symbolisiert. Im unteren Teil des Denksteins ist die Fam. des M. abgebildet, neben seiner Schwester erkennt man seine fünf Söhne. Viell. ist ihm auch eine weitere Kalksteinstele (Turin, Mus. Egizio, Inv. Nr. 50017=cat. Nr 1583) zuzuordnen, auf der jedoch kein Titel gen. ist. ▭ PM I. 1, 1960, 725. – KRI IV, 439, 12–440, 5; *F. G. Hilton Price*, A cat. of the Egyptian antiquities in the possession of F. G. Hilton Price, Lo. 1897, 211 (Hilton Price 2006); *B. Bruyère*, Mert Seger à Deir el Médineh, Le Caire 1930, 170, Abb. 91; *id.*, Rapp. sur les fouilles de Deir el Médineh, 1929, Le Caire 1930, 41 s., Abb. 16; 1934–1935, Le Caire 1939, 248 s., Abb. 127; *M. Tosi/A. Roccati*, Stele e altre epigrafi di Deir el Medina, T. 1972, 52 (Turin, Mus. Egizio, Inv. Nr 50017). Y. Ott

Merisechmet (II), ägypt. Umrißzeichner, vom 30. Reg.-Jahr des Königs Ramses III. (1152 v. Chr.) bis in das erste des Königs Ramses IX. (1103/1099 v. Chr.) in Deir el-Medineh/Oberägypten tätig. Er war beim Ausmalen der beiden Gräber von Ramses III. und Ramses IV. im Tal der Könige beteiligt. Sein Name wird auf mehreren Ostraka aus dem Arbeiterdorf Deir el-Medineh erw., in dem er wohnte. ▭ *J. Černý*, Ostraca hiératiques (CG), I, Kairo 1935, 38, Nr 25611; *E. S. Bogoslovsky*, ZÄS 107:1980, 89 ss. Y. Ott

Meriumeriu (I), ägypt. Bauleiter („Vorsteher der Arbeiten im Haus des Leiters der beiden Throne"), unter Amenophis III. (1388–1351/50 v. Chr.) im theban. Raum/Oberägypten tätig. Bek. aus dem Grab des Nefersecheru in Scheich Abd el-Qurna/ Theben-W (Theban Tomb 107), wo er opfernd vor dem Grabherrn dargestellt ist. Leider ist nicht bek., um wen es sich bei dem „Leiter der beiden Throne" handelt, für den M. offenbar arbeitete. Vermutl. beaufsichtigte er die Arbeiten in dessen Grab. ▭ PM I. 1, 1960, 225, Nr 107 (2). – Urk. IV, 1883, 18. T. Schrottenbaum

Meriumeriu (II), ägypt. „Oberster der Umrißzeichner", frühe 19. Dynastie (1292–1186/85 v. Chr.) im memphit. Raum/Unterägypten tätig. Bek. durch eine Inschr. aus dem Grab des „Vorstehers des Schatzhauses" → Maia in Saqqara, wo er mit einer Schreib- bzw. Malpalette in der Hand dargestellt ist. Er war als Angestellter des → Maia neben weiteren Künstlern im Schatzhaus beschäftigt, die an gleicher Stelle gen. werden, nämlich → Hi (VII), → Pendua (I), → Qebeh und → Weserhat (II). Er zeichnete vermutl. die Statuen auf den groben Steinblöcken vor, die im Schatzhaus hergestellt wurden. Es ist daneben nicht auszuschließen, daß er an dem Grab des → Maia mitarbeitete. Ein Uschebti, der ebenfalls in Saqqara gefunden wurde und einem M. im Jenseits dienen sollte, ist vermutlich diesem M. zuzuordnen. ▭ LD III, 242 (b); LD Text I, 183 Urk. IV, 2166,10; *G. Roeder*, Aegypt. Inschr. aus den Staatl. Mus. zu Berlin, II, L. 1924, 186, Nr 2088; *P. E. Newberry*, Funerary statuettes and model sarcophagi (CG), Kairo 1930–37, 177, Nr 47617.
T. Schrottenbaum

Mermaat, Sohn des Ini, ägypt. Bildhauer, 19. Dynastie (1292–1186/85 v. Chr.) im theban. Raum/ Oberägypten tätig. Nur bek. durch eine hieroglyph. Inschr. auf der Stele seines Bruders Heri (London, BM, Inv. Nr 132), die vermutl. aus Theben stammt. M. hat entweder in der Nekropole in Theben-W gearbeitet, indem er die vorgezeichneten Darst. an den Grabwänden einmeißelte, oder er war mit der Herstellung von Statuen, Stelen o.ä. beschäftigt. ▭ *J. Lieblein*, Hieroglyph. Namen-Wörterbuch, Hildesheim/N. Y. 1979, 288, Nr 890; Hieroglyphic texts from Egyptian stelae etc. (K BM), IX, Lo. 1970, 58, Nr 132, Taf. 45.
T. Schrottenbaum

Mernedjem, Sohn des → Chenemmes, ägypt. Vorsteher der Künstler, gegen Ende der Reg.-Zeit Ramses' II. (19. Dynastie, 2. H. d. 13. Jh. v. Chr.) in Unternubien tätig. Bek. durch eine Stele aus Wadi Halfa, auf der er Opfer vor mehreren Göttern und seinen Eltern darbringt. Darüber hinaus geben weitere Denkmäler aus Buhen und Wadi es-Sebua Hinweise auf seine Person. ▭ PM VII, 1952, 141. – KRI III, 94 s., Nr 26, 132–134, Nr 84; Hieroglyphic texts from Egyptian stelae etc. (K BM), X, Lo. 1982, 23, Taf. 54–55, Nr 1188.
C. von Pfeil

Merptehanchmerira (wird auch Anchmerirameripteh gelesen; mit „schönem Namen" Nechebu), ägypt. Bauarbeiter, Unteraufseher der Bauarbeiter, Architekt (Vorsteher der Bauarbeiter), Architekt des Königs und Baumeister, Architekt des Königs und Baumeister in den beiden Verwaltungen, Vorsteher aller Arbeiten des Königs; unter Pharao Pepi I. (6. Dynastie, 2335/2285–2285/2235 v. Chr.) in Unterägypten tätig. Bek. durch sein stark zerst. Mastaba-Grab G 2381 auf dem Gräberfeld w. der Cheops-Pyramide von Giza, dessen Bestandteile sich heute in den Mus. in Kairo (Ägypt. Mus.) und Boston (MFA) befinden. Seine Inschr. überliefern den längsten bek. Text über die Karriere eines kgl. Architekten im Alten Reich. Der König übertrug ihm die Ltg bei Bau und Innenausstattung von Ka-Kapellen in Unterägypten sowie beim Kanalbau und schickte ihn für sechs Jahre nach Heliopolis, damit er auch dort die Errichtung von Mon. plane und beaufsichtige. Graffiti im Wadi Hammamat/O-Wüste erwähnen, daß M. eben dorthin im 19. Reg.-Jahr des Pepi I. eine Expedition leitete, die dortige Vorkommen an Grauwacke für die bei Saqqara geplante Pyramide und den Totentempel des Pepi I. sichten und abbauen sollte. ▭ LÄ III, 1980, Sp. 322, Nr 4 (s.v. Kapellen), Sp. 940 (s.v. Laufbahn), Sp. 1250 (s.v. Maurer); LÄ VI, 1986, Sp. 1103, E 3 (s.v. Wadi Hammamat); PM III. 1, 1974, 89–91. – Urk. I, 93 s., 215–221; *H. Schäfer*, ZÄS 40:1902, 76; *J. Couyat/P. Montet*, Les inscr. hiéroglyphiques et hiératiques du Ouâdi Hammâmât, Le Caire 1912, 58, Nr 61; *G. A. Reisner/C. S. Fisher*, ASAE 13:1913, 249; *D. Dunham*, JEA 24:1938, 1–8, Taf. 1.1, 2; *R. Klemm/D. D. Klemm*, Steine und Steinbrüche im Alten Ägypten, B. 1993, 363; *W. Clarysse* u.a. (Ed.), Egypt. religion – the last thousand years, Löwen 1998, 762 s. C. von Pfeil

Mersis (Μέρσις), Architekt, evtl. ägypt. Herkunft, im frühen 1. Jh. n. Chr. im Wadi Hammamat und Wadi Semna/Ägypten tätig. Eine Weih-Inschr. für ein *Pan-Heiligtum* von 11 n. Chr. aus dem Wadi Semna nennt M. als Architekten des Baus. Gleich zweimal ist er im Wadi Hammamat in einer Inschr. auf einem kleinen *Schrein für den Gott Min/ Pan* aus dem Jahr 18 n. Chr. als Architekt genannt. In beiden Fällen war M. offenbar maßgebl. an der Gestaltung der beiden Bauten beteiligt, die jeweils von Publius Iuventius Agathopus, dem Verwalter der Minen und Steinbrüche in Ägypten, gestiftet worden waren. Der Kultraum mit dem monolithischen Naos wurde zus. mit Arbeiter- und Soldatenunterkünften aus Steinen in Trockenbauweise errichtet. Eine weitere Inschr. und ein Ostrakon beziehen sich möglicherweise ebenfalls auf M. und belegen seine länger andauernde Tätigkeit im Wadi Hammamat. Zu seinen Aufgaben im Dienste des Agathopus gehörte neben dem Bau dieser Heiligtümer vermutl. auch die Planung und Überwachung der Brucharbeiten in den Steinbrüchen. ▭ ThB24, 1930. RE XV. 1, 1931; EAA IV, 1961. – CIG, III, add. p. 1192, Nr 4716 d^2; OGIS, II, 660; IGR, I, 1236; *A. Bernand*, Pan du desert, Leiden 1977, 118–122, 128, Nrn 51 s., Taf. 51; *F. Kayser*, ZPE 98:1993, 111–113, 134, Nr 24, p. 156, Abb. 3; *M.-C. Hellmann*, ZPE 104:1994, 161, Nrn 32 s.; *Donderer*, Architekten, 1996, 153–156, Nrn A 59–A 60, Taf. 20, 21,1, 22. B. Bollmann

Mes (I) (Mose), ägypt. Architekt, Bauleiter („Vorsteher der Arbeiten"), 2. H. des 14. Jh. v. Chr. in Gebel es-Silsile/Ägypten tätig. M. ist in dieser Form nur als Architekt des Speos von Gebel es-Silsile bek. und viell. mit → Ramesu (II) ident. Der Name der bereits im Altertum gezielt zerst. Inschr. ist früher → Maia gelesen worden. Der Speos wurde unter Haremhab um 1325 v. Chr. mit sieben Kultstatuen für Amun, Mut, Chons, Sobek, Thoëris, Thot und Haremhab errichtet und ist dann in der ramessid. Zeit nochmals in seiner Dekoration modifiziert worden. ▭ *R. A. Caminos*, Phantom architects at Gebel es-Silsila, in: *A. B. Lloyd* (Ed.), Stud. in pharaonic relig. and soc. in honour of J. G. Griffiths, Lo. 1992, 52–56; *E. Hofmann/ K.-J. Seyfried*, MDAIK 51:1995, 50; *A.-Ch. Thiem*, Speos von Gebel es-Silsileh, Wb. 2000.
M. A. Stadler

Mes (II), Sohn des → Nechetimen (I), ägypt. Künstler, in der 19. Dynastie (1292–1186/85 v. Chr.) in Deir el-Medineh/Oberägypten tätig. Erw. im Grab Nr 335 seines Vaters → Imennechet (I) in Deir el-Medineh. Er war am Bau der Königsgräber beteiligt und wohnte in dem Arbeiterdorf Deir el-Medineh. ▭ PM I. 1, 1960, 401, Nr 335. – *E. Endesfelder*, Die Arbeiter der theban. Nekropole im Neuen Reich, Diss. B. 1963, 41.
Y. Ott

Mesedjer, ägypt. Bauleiter („Unteraufseher der Bauarbeiter"), im Alten Reich (2707/2657–2170/ 20 v. Chr.) in Giza/Unterägypten tätig. Nur bek. durch eine hieroglyph. Inschr. auf einer Opferplatte, die in Giza gefunden wurde, wo M. vermutl. auch tätig war. Ihm wurden wahrsch. Bauprojekte in der kgl. Nekropole übertragen, wobei er nicht die oberste Ltg innehatte. ▭ Urk. I, 230,8; *H. F. Lutz*, Egyptian tomb steles and offering stones of the Mus. of Anthropology and Ethnology of the Univ. of California, L. 1927, Taf. 6, Nr 10.
T. Schrottenbaum

Mesi (I), ägypt. Maler an der Hofbibliothek der Gottesbücher, in der 6. Dynastie (2347/2297–2216/ 2166 v. Chr.) in Saqqara/Unterägypten tätig. Nur bek. aus dem Grab seines Herrn Anchmahor. In diesem ist er auf der S-Wand der zweiten Halle abgebildet. Diese Szene stellt das Atelier des M. dar, denn er steht vor einer Statue, auf die er mit einem Pinsel in seiner rechten Hand Farbe aufträgt, in seiner Linken hält er den Farbtopf. Daneben kann man zwei seiner Assistenten erkennen. Auf der O-Wand der dritten Halle befindet M. sich unter den Opferträgern vor der Figur des Grabbesitzers, dem er Gaben spendet. ▭ *J. Capart*, Une rue de tombeaux à Saqqarah, Br. 1907, Taf. 23 und 47; *E. W. Ware*, AJSL 43:1926/27, 188 Nr 20; *H. Junker*, Die gesellschaftl. Stellung der ägypt. Künstler im Alten Reich, W. 1959, 55; *A. Badawy*, The tomb of Nyhetep-Ptah at Giza and the tomb of Ankhmahor at Saqqara, Berkeley 1978, Abb. 2, Taf. 38.
Y. Ott

Mesi (II), Sohn des → Bak (III), ägypt. Bauleiter des „Herrn der beiden Länder an allen Denkmälern des Amun", unter dem König Ramses II. (1279–1213 v. Chr.) in Theben/O-Ägypten tätig. Nur bek. durch sein Grab Nr 137 in Scheich Abd el-Gurna/Theben-W. ▭ LD III, 288; *W. Helck*, Mat. zur Wirtschaftsgesch. des Neuen Reiches, III, Wb. 1963, 827. Y. Ott

Messalinus (Messalinos; Μεσσαλῖνος) Prokonsul der röm. Provinz Asia im 4. Jh. n. Chr. und Stifter von Baumaßnahmen am Theater von Ephesos, nicht – wie häufig angenommen – Architekt dieser Baumaßnahmen. ▭ RE XV. 1, 1931 (s.v. M. 6); EAA IV, 1961; PLRE I, 1971 (s.v. M. 1). – *C. P. Jones*, HarvSt 96:1994, 222 s.; *Donderer*, Architekten, 1996, 289 s., Nr C 5. M. Dennert

Mestrius Martinus, Maler aus dem röm. Dakien, 2.–3. Jh. n. Chr. in Apulum (heute Alba Iulia/ Rumänien) tätig. Nur bek. aus einer in Apulum gefundenen Inschrift. Aus dieser ergibt sich, daß *Mestrius Martinus pictor* ein *fanum* für die Dominae errichtet hat. Dem Namen nach könnte der Maler keltischer Abstammung sein und eine norditalische Herkunft haben. Die Dominae sind kollektive Gottheiten, die mit den Matronae, die als Schirmherrinnen der Künstler bek. waren, identifiziert werden können. ▭ RE XV. 1, 1924 (s.v. Martinus 6). – CIL, III, 1005; *M. Bărbulescu*, Interferenţe spirituale în Dacia romană, Cluj-Napoca, 1984, 38, 56; *A. Husar*, Celţi şi germani în Dacia romană, Cluj-Napoca 1999, 241 s. M. Bărbulescu

Mesu, ägypt. „Umrißzeichner am Ort der Wahrheit", unter den Pharaonen Ramses VI. bis VIII. (20. Dynastie, 1142/40–1125/21 v. Chr.) in Deir el-Medineh/Oberägypten tätig. Bek. aus dem Grab des → Inhercha (II) in Deir el-Medineh/Theben-W (Theban Tomb 359). Er erscheint in einer Reihe von Gabenbringern vor dem Grabinhaber und dessen Frau. Er trägt einen Weihraucharm und ein Wassergefäß bei sich, aus dem er eine Spende ausgießt. ▭ *M. B. Bruyère*, Rapport sur les Fouilles de Deir El Médineh 1930, Le Caire 1933, 44, 58, Taf. 16; *E. S. Bogoslovsky*, ZÄS 107:1980, 102. C. von Pfeil

Metagenes (I) (Μεταγένης), Sohn des → Chersiphron, griech. Architekt aus Knossos/Kreta, in der 2. H. des 6. Jh. v. Chr. in Ephesos tätig. M., der immer zus. mit seinem Vater → Chersiphron von → Vitruvius (7, praef., 12, 16; 10, 12, 13) gen. wird, hat mit seinem Vater am *archaischen Artemision* (dem sog. *Kroisostempel*) gearbeitet und auch nach dessen Tod die Arbeiten fortgesetzt. – Das Problem, kretische Architekten mit dem Bau eines Marmortempels zu betrauen, lag darin, daß es auf Kreta kaum Marmor gab und Architekten kaum Gelegenheit hatten, sich mit der Technik der Marmorbearbeitung vertraut zu machen. Die beiden Architekten können in Marmor nur außerhalb Kretas oder innerhalb Kretas mit importiertem Marmor gearbeitet haben. Andererseits ist es eine Tatsache, daß in der 1. H. des 6. Jh. v. Chr. die Auftragslage für Künstler und Intellektuelle in Kreta zusammenbrach. Zahlr. Künstler und Gelehrte verließen die Insel (S. P. Morris, Daidalos and the origins of Greek art, Pr. 1992, 169 s.; P. Demargne, La Crète dédalique, P. 1947), offenbar auch die beiden Architekten. Dennoch tut man sich schwer damit, zu verstehen, warum die Ephesier gerade Kreter mit einem so großen und schwierigen Marmorbau beauftragten, selbst wenn eine bes. Beziehung von Kreta zu Ephesos auf and. künstler. und relig. Gebieten bestand (A. Bammer, ÖJh 1991/92, Beibl. 19 ss.; id./Muss, 1996, 87 s.). Allerdings waren → Chersiphron und M. nicht die ersten bzw. einzigen Architekten, die am ephesischen Tempel gearbeitet hatten. Schon → Theodoros (I) aus Samos hatte die Fundamente des Tempels in Schiefergestein angelegt (Diog. Laert., 2, 103; Plin., nat., 36, 95). Seine Technik, Holzkohle unter die Fundamente zu legen, um die Kapillarwirkung zu unterbrechen, ist auch archäol. nachweisbar (A. Bammer, RA 1993, 187; id., in: R. Hägg [Ed.], Ancient Greek cult practice from the archaeol. evidence. Proceedings of the Fourth Internat. Seminar on ancient Greek cult, organized by the Swedish Institute at Athens, 22–24 Oct. 1993, Sth. 1998, 35 ss.). – M. wird zwar von → Vitruvius, aber nicht von Plinius (nat., 36, 95) und Strabon (14, 1, 22), die nur → Chersiphron nennen, zitiert. → Vitruvius bez. → Chersiphron und M. auch als Autoren einer Schr. über den Artemistempel (Vitr., 7, praef., 12). A. Rügler (1988, 17; vgl. auch Bammer, 1972, 41 s.) zieht nur M. allein dafür in Betracht. B. Wesenberg (1996, 5 s.) äußert keine Zweifel an der Existenz der Schr. und schreibt diese auch Vater und Sohn gemeinsam zu. F. Jacoby (FGrH, III b, 1955, 420, p. 240) hält auch dies für unwahrscheinlich. Da Plinius nach eigenem Bekunden → Vitruvius als Quelle für sein 36. Buch verwendet hat, er aber Säulenmaße angibt, die → Vitruvius nicht kennt, muß Plinius für das *Artemision* eine and. Quelle haben, die aber nicht das Buch der beiden Artemision-Architekten sein kann, weil er sie in seinem Quellen-Verz. zum 36. Buch nicht anführt. Wesenberg (1994, 6) sieht als diese Quelle Varro an, der in seinem Buch Hebdomades einen Architekturkanon angibt, in dem man die Mitwirkung des → Chersiphron bzw. M. zu erkennen glaubt. Jedenfalls gehen auch die Bemerkungen Varros über Archit. letzten Endes auf die Schr. des → Chersiphron und M. zurück. Diese Schr. war aber noch in and. Weise bemerkenswert. Sie war das älteste Dok. über ionische Archit., denn den Iunotempel auf Samos, zu dem → Theodoros (I) eine Schr. verf. haben soll, bezeichnet → Vitruvius (7, praef., 12) als dorisch. – Die Säulen des sog. *Kroisostempels*, der von → Chersiphron und M. erbaut und beschrieben wurde, ist zwar nicht der älteste ionische Tempel, aber sein um 200 Jahre älterer Vorgängerbau, ein kleiner Peripteros im Zentrum des späteren Tempels, weist die ältesten bislang bek. ionischen Säulenbasen auf (A. Bammer, AnatSt 40:1990, 137 ss.; id., RA 1991, 63 ss.; id./Muss, 1996, 33 ss.). Nach U. Muss (1994, 69 ss.) wurden die ältesten Fragm. der figürl. Sima des sog. *Kroisostempels* um 530/

520 v. Chr. gearbeitet, die jüngsten um 460/450 v. Chr. Wenn → Chersiphron als 20jähriger Mann im Jahre 560 v. Chr. – dem Beginn der Herrschaft des Kroisos – nach Ephesos kam, so kann er um 460 v. Chr. nicht mehr gelebt haben; auch M. wäre, falls er als Kind mit seinem Vater 560 v. Chr. nach Ephesos gekommen wäre, schon ein über 100 Jahre alter Mann gewesen, was auch unwahrsch. ist. Wenn die Schr. der beiden Architekten über den ausgef. Bau handelte und nicht nur ein schriftl. Entwurf dazu war, so kann ihn nur M. vor seiner Fertigstellung verf. haben, was auch Rügler (1988, 17) vermutet. → Paionios (I) (Vitr., 7, praef., 16) kann diesen Bau aber nicht um 460 v. Chr. voll. haben, da er auch um 150 Jahre später nach → Vitruvius (ibid.) den Apollontempel in Didyma gebaut haben soll. Da → Vitruvius nicht zw. älterem und jüngerem Artemision trennt, kann → Paionios (I) nur den jüngeren Artemistempel voll. haben, wie W. Voigtländer (Der jüngste Apollontempel von Didyma, Tb. 1975 [IstMitt, Beih., 4], 14) und auch A. Rügler (1988, 17) meinen. Daher muß nach M. ein and. Architekt als → Paionios (I) und der mit ihm arbeitende → Demetrios (III), ein Tempelsklave, den archaischen Bau zu Ende geführt haben. Unabhängig von seinem Vater wird M. als techn. Erfinder von → Vitruvius (10, 2, 12) genannt. Schon sein Vater → Chersiphron hatte eine Methode entwickelt (Vitr., 10, 2, 11), schwere Säulentrommeln auf dem Landwege zu transportieren. M. erfand zusätzl. eine Methode, mit der auch die rechteckigen Architrave transportierbar wurden. Er ließ Räder bauen, zw. die als Achse die Architrave eingeklemmt wurden (J. J. Coulton, Greek architects at work, Lo. 1977, 140 ss.). → Vitruvius erw., daß diese Methode nur deshalb eingesetzt werden konnte, weil der Weg nicht mehr als 8000 Schritte auf ebenem Gelände maß. Die beiden größten Steinbrüche bei Ephesos, Belevi und Kentli Ciftligi, liegen in der Ebene des Kaysterflusses. Es ist eher anzunehmen, daß man über den Großteil der Strecke den Transport auf dem Kaysterfluß einsetzte. Aber der dritte große Steinbruch, Kusini, liegt hoch am Berg, und daher mußte der Transport bergab bis hin zum Fluß zu Lande bewerkstelligt werden (A. Bammer, Marbles at Ephesus and their relation to Paros, in: D. Schilardi/M. Korres [Ed.], Paria lithos: latomeia, marmaro kai ergasteria glytikes tes Paru, praktika 1 Diethnus Synedriu Archaiologias Paru kai Kykladon Paroikia, Paros 2–5 Oktobriu 1997: Paria lithos: Parrian quarries, marble and workshops of sculpt., Proc. of the First internat. Conference on the archaeology of Paros and Cyclades, Paros 2–5 october 1997, At. 2000). Die Normalarchitrave waren 10 Ellen, also 5,23 m lang, die Frontarchitrave bis zu 8,75 m. Die Architrave konnten nur aus Marmor von Kusini gefertigt worden sein, da nur dort Marmor dieser Länge in Schichten von durchgehender Qualität vorkommt (Türkiye Taş Dünyasi, Stone and stone technologies magazine, March-June 1998, 30 ss.). Da die Säulentrommeln vor den Architraven versetzt wurden, dürfte → Chersiphron dafür noch tätig gewesen sein, die später versetzten Architrave können erst von M. transportiert und dann versetzt worden sein. Plinius (nat., 36, 95) nennt → Chersiphron als den Architekten, der zum Versetzen der Architrave aufgetürmte Sandkörbe verwendet hat. Nach B. Wesenberg (Beiträge zur Rekonstr. griech. Archit. nach lit. Quellen, B. 1983 [AM, Beih., 9], 33 ss.) wird von Plinius der Name des → Chersiphron hier irrtüml., bzw. mißverständl. erw., da Plinius an ders. Stelle die Maße des jüngeren Tempels angibt, mit der Erw. des Bildhauers → Skopas (II). Denn schon → Vitruvius (3, 2, 7–8), als er den Dipteros erklärt, nennt als Beispiel das Artemision des → Chersiphron. ꝏ ThB24, 1930. RE XV. 2, 1932 (s.v. M. 5); EAA IV, 1961; LAW, 1965 (s.v. M. 2); KlP III, 1969 (s.v. M. 2). – *A. Bammer*, Die Archit. des jüngeren Artemision von Ephesos, Wb. 1972, 41 s.; *A. Rügler*, Die Columnae caelatae des jüngeren Artemisions von Ephesos, Tb. 1988 [IstMitt, Beih., 34], 17; *U. Muss*, Die Bauplastik des archaischen Artemisions von Ephesos, W. 1994, 69 ss.; *B. Wesenberg*, in: *E.-L. Schwandner* (Ed.), Säule und Gebälk, Bauforschungskolloquium Berlin, 16.–18. Juni 1994, Mainz 1996, 5 s.; *A. Bammer/U. Muss*, Das Artemision von Ephesos, Mainz 1996, 33 ss., 87 s. A. Bammer

Metagenes (II), aus dem attischen Demos Xypete, griech. Architekt, in der 2. H. des 5. Jh. v. Chr. in Eleusis tätig. Lt. Plutarch (Per., 13, 4; Svenson-Evers, 1996, 158, Nr T 2, p. 237, Nr T 1) führte er den Bau des *Telesterions* im Demeterheiligtum *von Eleusis* fort, das nach einem Plan des → Iktinos zunächst durch → Koroibos (II) entstand. M. ließ das *Diazoma* und die *oberen Säulen* aufstellen. Schließl. vollendete → Xenokles (II) das Werk mit der Errichtung des Daches mit dem Opaion. ꝏ ThB24, 1930. RE XV. 2, 1932 (s.v. M. 6); EAA IV, 1961. – *Brunn*, GGK, II, 1889, 248; *Svenson-Evers*, Architekten, 1996, 158, 173, 178, 237 ss., 493 s., 506. R. V.

Methyllos (Μεθυλλος), angebl. griech. Mosaizist, in der röm. Kaiserzeit in Nîmes tätig. Nur bek. durch eine sehr fragm., verschollene Inschr. auf einem Bodenmosaik aus Nîmes. Im Gegensatz zu dem in der gleichen Inschr. gen. → Manikos handelt es sich bei M. dagegen eher um den Auftraggeber und nicht um einen Mosaizisten. ▭ EAA IV, 1961. – *Brunn*, GGK, II, 1889, 313; *P. Gauckler*, MemSocAF 63:1902, 831; InvMos, I, 1909, 63, Nr 285; *E. Espérandieu*, Les mosaïques romaines de Nîmes, Nîmes 1935, 11, Nr 6. R. V.

Metiochos → **Antiochos (V)**

Metiochos (I) oder **Metichos** (Μητίοχος oder Μήτιχος), angebl. griech. Architekt des 5. Jh. v. Chr. in Athen. M. ist uns durch vier lit. Zeugnisse überliefert (Poll., 8, 121; Phot., lex., s.v. Μητιοχεῖον; Anecdota greca, 1, 309, 17, Bekker; und Hesych., s.v. Μητίχου). Alle schwanken jedoch in der Aussage, ob M. vom Beruf her Architekt, Bauunternehmer oder Rhetor oder alles in einem gewesen ist. Besonders umstritten bleibt, ob das erw. Metiocheion in Athen in einem angebl. Gerichtsgebäude, das nach M. seinen Namen erh. haben soll, wirkl. existiert hat und, wenn dies überhaupt der Fall wäre, ob das Bauwerk einen Stifter oder Architekten M. ehren sollte. ▭ ThB24, 1930. RE XV. 2, 1932 (s.v. M. 3); EAA I, 1958 (s.v. M. 1). – *Brunn*, GGK, II, 1889, 249; *Donderer*, Architekten, 1996, 310, Anm. 714. R. V.

Metiochos (II), griech. Bildhauer, um 300 v. Chr. in Oropos tätig. Nur bek. durch seine Sign. auf zwei Basen aus Oropos für Reiterstandbilder, die später wiederverwendet worden sind (IG, VII, 350 und 426; Loewy, IGB, 1885, 98 s., Nrn 125 a und 125 b; H. B. Siedentopf, Das hellenist. Reiterdenkmal, Waldsassen 1968, 16, 30, 129 s., Nrn II.128 und II.130). ▭ RE XV. 2, 1932; EAA I, 1958. – *Schmidt*, Statuenbasen, 1995, 463 s., Nr VII.39. R. V.

Metiochos (?) → **Antiochos (I)**

Metion (Μητίων), Vater (Apollod., bibl., 3, 15, 8; Overbeck, SQ, 1868, Nr 75; → Platon [I], Ion, 533; Overbeck, ibid., Nr 86; Diod., 4, 76; Overbeck, ibid., Nr 87; Schol. Soph., OK, 472; Overbeck, ibid., Nr 88) oder Großvater (→ Platon [I], Alk., 1, p. 121; Overbeck, ibid., Nr 76) des berühmten Künstlers → Daidalos (I), möglicherweise selbst myth. griech. Künstler. Als Vater des berühmten Allkünstlers → Daidalos (I) ist es mögl., daß auch M. selbst schon als Künstler betrachtet worden ist, der seine Eigenschaften an seinen Sohn vermittelt hat. ▭ RE XV. 2, 1932 (s.v. M. 1); EAA IV, 1961. R. V.

Metjensu, ägypt. Bildhauer(?) („Unteraufseher der Künstlerschaft"), unter Pepi I. (2335/2285–2285/2235 v. Chr.) im Wadi Hammamat/Ägypten tätig. Bek. aus einem Graffito, das während einer Expedition im 18. Jahr Pepis I. im Steinbruchgebiet des Wadi Hammamat angebracht wurde. Die Expedition diente der Gewinnung von Stein für die Ausstattung der Pyramide Pepis I. M. war demnach sehr wahrsch. als Bildhauer o.ä. tätig. ▭ Urk. I, 93; *J. Couyat/P. Montet*, Les inscr. hiéroglyphiques et hiératiques du Ouâdi Hammâmât, Le Caire 1912, 74 s., Nr 107.
S. L. Lippert

Metra[...] (Μητρα[...]), griech. Koroplast, im 1. Jh. n. Chr. in Myrina tätig. Nur bek. durch seine Signaturen auf den folgenden drei Typen von *Tonstatuetten*: 1.) *Tyche* (Paris, Louvre, Inv. Nrn CA 3670 und Ly 1653; Mollard-Besques, II, 1963, 89, Nr CA 3670, Taf. 109 b, p. 207, Taf. 246 f; pp. 153 s., Nr Ly 1653, Taf. 276 b und d; Kassab, 1988, 51, Nrn 1 a-b, Abb. 128 s., 412 s.); – 2.) *Dionysos, Eros und Panther* (Istanbul, Archäolog. Mus, Inv. Nr M 2442; Kassab, 1988, 52, Nr 2 a, Abb. 130, 414; Paris, Louvre, Inv. Nr Myr 179; Mollard-Besques, II, 1963, 77, Nr Myr 179, Taf. 93 a, p. 213, Taf. 256 d; Kassab, 1988, 52, Nr 2b, Abb. 131, 415); – 3.) *Frau in Gewand* (Paris, Priv.-Slg; E. Pottier/S. Reinach, La nécropole de Myrina, P. 1888, 174, Nrn 29). ▭ *D. Kassab*, Statuettes en terre cuite de Myrina. Corpus des sign., lettres et signes, P. 1988, 51 s., Nrn 1–3, Abb. 128–131, 412–415. R. V.

Metrodoros (I) (Μητρόδωρος), griech. Maler und Philosoph des 2. Jh. v. Chr. Plinius (nat., 35, 135) bez. M. als „Maler und zugleich Philosoph, der auf beiden Wissensgebieten in großem Ansehen stand" (*pictor idemque philosophus, in utraque scientia magnae auctoritatis*). Als der röm. Feldherr L. Aemilius Paullus nach seinem Sieg über den Makedonenkönig Perseus bei Pydna (168 v. Chr.) an die Athener das Ersuchen gerichtet habe, ihm den renommiertesten Philosophen (*probatissimum philosophum*) für die Erziehung seiner Kinder zu schicken und ebenso einen Maler für die Verherrlichung seines Triumphes (*ad triumphum excolendum*), hätten die Athener M. ausgewählt, in der Meinung, er sei für beide Wünsche am besten geeignet. – Der Triumph des Aemilius Paullus, auf dem die Bilder des M. gezeigt wurden, fand im November 167 v. Chr. statt (vgl. Diod., 31, 8, 9–12; Plut., Aem., 32, 2–34, 8). In der Forsch. ist bisweilen angenommen worden, die Malereien des M. hätten als Vorlage für den Fries des Aemilius-Paullus-Mon. in Delphi gedient (Becatti, 1941; vgl. Kähler, 1965). – Viell. hat M. eine Schr. über Archit. (*De architectonice*) verf., wenn man den im Autorenindex zum 35. Buch der Naturalis historia des Plinius d. Ä. gen. M. mit dem Maler und Philosophen gleichsetzen darf. – Die mehrfach geäußerte Vermutung, M. sei mit dem namensgleichen Philosophen Metrodoros von Stratonikeia ident., der zunächst die Epikureische Schule besucht hatte, sich später aber dem Akademiker Karneades anschloß (Cic., De orat., 1, 11, 45; Cic., ac2, 6, 16; Diog. Laert., 10, 9), läßt sich nicht beweisen. ▭ ThB24, 1930. RE XV. 2, 1932 (s.v. M. 21); EAA IV, 1961. – *G. Becatti*, Crd'A 6:1941, 70 ss.; *H. Kähler*, Der Fries vom Reiterdenkmal des Aemilius Paullus in Delphi, B. 1965, 19; *Gaio Plinio Secondo*, Storia naturale, V. Mineralogia e storia dell'arte, ed. *G. B. Conte/G. Ranucci*, Libri 33–37, T. 1988, 445, 904; *E. Künzl*, Der röm. Triumph, M. 1988, 34; *A. Rouveret*, Hist. et imaginaire de la peint. ancienne, R. 1989, 35, 270 s., 419; *Scheibler*, Malerei, 1994, 157, Anm. 120, 224. L. Lehmann

Metrodoros (II), aus Ephesos, griech. Bildhauer, in der Kaiserzeit tätig. Nur bek. durch seine Sign. auf einer Marmorstütze für eine *Statue* (CIG, III, 6086). Die im 16. Jh. von J. J. Boissard (Romanae Urbis topographiae et antiquitatum, IV, Ffm. 1597, Taf. 123) vorgenommene Lesung wird heute jedoch ohne genauere Begründung in Zweifel gezogen. ▭ RE XV. 2, 1932 (s.v. M. 30); EAA IV, 1961. – *M. Donderer*, ÖJh 65:1996, 104. R. V.

Metrodoros (III), aus Miletopolis, griech. Bildhauer, in der röm. Kaiserzeit in Miletopolis tätig. Nur bek. durch seine Sign. auf einer *Grabstele* aus Marmor aus Bursa-Karacabey, dem ehem. Gebiet von Miletopolis (heute Istanbul, Archäol. Mus., Inv. Nr 81. 8; H. Kalkan, EpigrAnat 20:1992, 102 s., Nr 4; Muller-Dufeu, SculptureSource, 2002, 726 s., Nr 2102). R. V.

Mia v.e. **Mai; Maia**

Mi(chae)l, griech. Steinmetz, in der Spätantike in Pisidien tätig. Nur bek. durch eine Inschr. auf einem *Stelen-Fragm.* aus Pisidien (heute Konya, Mus.). Sein Name ist noch von den Buchstaben ΛΑ[...]ς begleitet, die wahrsch. zu λα[τύπο]ς zu ergänzen sind und damit M. als Steinmetz auszeichnen würden. ▭ EAA IV, 1961. – *G. Mendel*, BCH 26:1902, 217, Nr 7; *S. Cronin*, JHS 22:1902, 341, Nr 62; *G. Mendel*, BCH 33:1909, 299. R. V.

Micon → Mikon (I)

Midas (Μίδας), attischer Töpfer, in der 1. H. des 5. Jh. v. Chr. in Athen tätig. Nur bek. durch seine Sign. auf dem Henkel einer *rotfigurigen Oinochoe* in Gestalt eines Frauenkopfes aus Kamiros, dessen Bemalung J. D. Beazley (1963) der Klasse G (entspricht der Londoner Klasse) der Kopfvasen zugeschrieben hat (heute in Rhodos, Mus., Inv. Nr 12913; CVA, Rhodos, Taf. 1, 1–2; E. Paribeni, EAA IV, 1961, 1121, Abb. 1330). ▭ EAA IV, 1961. – *G. Jacopi*, Clara Rhodos 4:1932, 115; ARV^2, 1963, 1535, Nr 25; Add^2, 1989, 386. R. V.

Midias cf. **Aemilios**

Mikion (I) (Μικΐων), griech. Töpfer, in der 2. H. des 5. Jh. v. Chr. in Athen tätig. M. signierte die folgenden *zwei Vasen* und eine *Pinax* als Töpfer: – 1.) *Fragm. einer Lekanis* von der Akropolis in Athen (Athen, NM, Inv. Nr Akr 594; Graef/Langlotz, II, 1925, 54, Nr 594, Taf. 45; ARV^2, 1341, Nr 1; I. Kasper-Butz/I. Krauskopf, LIMC VI, 1992, 1087, Nr 24 s.v. Kekrops); – 2.) *Fragm. einer Lekanis* von der Agora in Athen (Athen, Agora-Mus., Inv. Nr P 349; ARV^2, 1341, Nr 2); – 3.) *Fragm. einer Pinax* von der Akropolis in Athen (Athen, NM, Inv. Nr Akr 1051; Graef/Langlotz, II, 1925, Taf. 81; ARV^2, 1963, 1341; Add^2, 1989, 367; L. Beschi, LIMC IV, 1988, 872, Nr 332, s.v. Demeter; V. Machaira, LIMC V, 1990, 507, Nr 35 m. Abb., s.v. Horai). Während die beiden Vasen von dem gleichen Maler bemalt worden sind, der nach dem Töpfer M. von J. D. Beazley (ARV^2, 1963) vorsichtigerweise *Mikion-Maler* gen. worden ist, der möglicherweise Euemporos hieß (v. dazu → Euemporos), war die *Pinax* von einem and. Maler verziert worden. ▭ RE XV. 2, 1932 (s.v. M. 4); EAA IV, 1961 (s.v. Mikion, Pittore di). – ARV^2, 1963, 1341; Add^2, 1989, 367. R. V.

Mikion (II), Sohn des Pythogenes, griech. Bronzebildhauer, wahrsch. aus Athen, wohl gegen E. des 1. Jh. v. Chr. in Athen tätig. Einziges Zeugnis für die Tätigkeit des M. ist seine Sign., die auf einer vor dem Parthenon auf der athenischen Akropolis gefundenen Statuenbasis erh. ist (IG, II^2, 4144). Die Basis (aus hymettischem Marmor?) trug einst eine wohl lebensgroße *bronzene Statue*, die im Kontrapost (rechtes Bein als Standbein, linkes leicht zurückgesetzt) stand. Von den zwei eingravierten Ehreninschriften nennt die eine den Phanomachos von Eleusis, Sohn des Phanias, die andere den L. Domitius Ahenobarbus (Consul im Jahr 16 v. Chr.), dem die Statue vom Volk gew. worden war. Die chronolog. Abfolge der Inschriften ist umstritten. Blanck (1969) verband diejenige des Phanomachos mit der des M. (beide Inschr. auf der Oberseite der Basis) und hielt sie für früher als die Ehreninschrift des Consuls (auf der Basis-Vorderseite). Loewy (1885) und Lippold (RE XV, 1931) nahmen dagegen an, daß M. die Statue des L. Domitius Ahenobarbus geschaffen hatte, und führten etwaige Unterschiede in der Schr. auf versch. Hände zurück; für sie stellt die Inschr. des Phanomachos eine spätere Wiederverwendung dar. Auf jeden Fall dat. die Künstler-Sign. wohl kaum vor das 2. Jh. v. Chr. Kein überzeugender Grund besteht für die Annahme (vgl. Brunn [1889] – dagegen: Lippold [op. cit.], Loewy [1885] et alii), daß die Statue diejenige Darst. des Alkibiades sei, die lt. einer Notiz des Favorinus (Dion Chr., 37, 40) an einem unbestimmten griech. Ort dem Ahenobarbus neu gew. worden war. ▭ RE XV, 1931 (s.v. M. 6); EAA IV, 1961. – *Loewy*, IGB, 1885, 223 s., Nr 313; *Brunn*, GGK, I, 1889, 271; *Richter*, CriticalPeriods, 1951, 55; *H. Blanck*, Wiederverwendung alter Statuen als Ehrendenkmäler bei Griechen und Römern, R. 1969, 81, Nr B 31.

A. Villing

Mikkiades (Μικκιάδης; Micciades), mutmaßl. griech. Bildhauer, im 6. Jh. v. Chr. auf Delos und Paros nachgewiesen. Bei Plinius (nat., 36, 11) in Zusammenhang mit einer chiotischen Bildhauer-Fam. erwähnt. Sein Name taucht in zwei Inschr. auf: – 1.) In einer im Artemision auf Delos gefundenen, um 550–530 v. Chr. zu datierenden Inschr. wird er zus. mit einem → Archermos genannt. Plinius bez. einen Bildhauer dieses Namens als Sohn des Mikkiades. Die Erg. und Deutung der stark fragmentierten Inschr. ist bisher nicht abschließend geklärt. So muß offen bleiben, in welcher Funktion M. in der Inschr. gen. wird. Nicht sicher ist, für welches Votiv die Plinthe in der Basis bestimmt war. Man hat versucht, eine in der Nähe gefundene, um 550 v. Chr. zu datierende *Marmorstatue* einer geflügelten weibl. Figur im Knielaufschema mit der Basis in Verbindung zu bringen. – 2.) Im Asklepieion auf Paros wurde eine fragmentierte Weih-Inschr. für Apollon mit dem Namen eines M. gefunden. Ähnlichkeiten zum Alphabet der o. g. Basis von Delos weisen auf eine zeitgleiche Dat. der beiden Inschr. und machen die Identität der beiden M. wahrscheinlich. ▭ ThB24, 1930. RE XV. 2, 1932; EAA IV, 1961; DNP VIII, 2000. – *Overbeck*, SQ, 1868, Nr 314; IG, XII. 5, 147; *Marcadé*, Signatures, II, 1957, 21, 66, 75; *I. Scheibler*, MüJb 30:1979, 14 s., 19 ss.; *P. Scherrer*, ÖJh 54:1983, 19 ss.; *B. S. Ridgeway*, in: *J. Boardman* (Ed.), Chios, Ox. 1986, 259 ss. A. Bohne

Mikkion (Μικκίων), Schüler des → Zeuxis (I), griech. Maler, am E. des 5. und/oder in der 1. H. des 4. Jh. v. Chr. tätig. Nur bek. durch eine Erw. als Schüler des → Zeuxis (I) bei → Lukianos (Zeux., 7; Overbeck, SQ, 1868, Nr 1663). ▭ RE XV. 2, 1932 (s.v. M. 2); EAA IV, 1961 (s.v. M. 5). – *Brunn*, GGK, II, 1889, 66, 84; *Pfuhl*, MuZ, II, 1923, 688, Paragraph 748. R. V.

Mikon (I) (Μίκων; Micon), Sohn des Phanochos bzw. Phanomachos, * in Athen, Bildhauer (Plin., nat., 34, 88, 3) und Maler (seine Bilder fanden in der antiken Kunstschriftstellerei mehr Beachtung), in der 1. H. und um die M. des 5. Jh. v. Chr. in Athen tätig. Die Schaffenszeit des M. läßt sich nur indirekt aus den überlieferten Baudaten der Gebäude erschließen, in denen sich seine Malereien befanden. Für das Theseion, ist die Rückführung der Gebeine des Theseus im Jahr 476/75 v. Chr. durch den Strategen Kimon eine Obergrenze. Ein entsprechendes Datum für die Stoa Poikile wird durch die Dat. der Fundamentschicht auf 470/460 v. Chr. bestätigt. Eine Untergrenze liefern seine Bildhauer-Signatur auf einer Basis von der Athener Akropolis um 440 v. Chr. und die 411 v. Chr. aufgeführte Aristophaneskomödie „Lysistrata". In ihr wird M.s *Bild mit der Darst. des Kampfes zw. Athenern und Amazonen* erwähnt. Man kann also M.s Tätigkeit allg. in die 1. H. und um die M. des 5. Jh. v. Chr. datieren. Die mit seinen Malereien ausgeschmückten Gebäude gehören zu den bedeutendsten Funktionsbauten Athens. Sowohl im Theseion als auch im Anakeion wurden die attischen Bürger unter Waffen zusammengerufen und gemustert. Die Bilder im Theseion und in der Stoa Poikile verbildlichen die zentralen myth. und hist. Geschehen, aus denen die eben gegründete attische Demokratie ihre Legitimation herleitete. An der polit. Bedeutung der Bauten läßt sich die öff. Wertschätzung des beauftragten Künstlers M. erkennen. In den gen. Bauten befanden sich auch Bilder von M.s Zeitgen. → Polygnotos (I). Dieser verzichtete auf jegl. Bezahlung (Plut., Kim., 6). Daher muß man für M. eine Entlohnung annehmen. Für M. werden folgende Bildthemen überliefert: im Theseion *Amazonomachie*, *Kentauromachie*, *Theseus' Abtauchen zu seinem Vater Poseidon und dessen Gattin Amphitrite* (Paus., 1, 17, 3); im Anakeion gen. Heiligtum der Zeussöhne Kastor und Polydeukes, der Dioskuren, *Zug der Argonauten* (Paus., 1, 18, 1); in der Stoa Poikile eine weitere *Amazonomachie* (Arr., anab., 7, 13, 10) und die Darst. der *Schlacht zw. Athenern und Persern bei Marathon*. Von den Bildern im Theseion weist Pausanias allerdings explizit nur das zuletzt erw. Bild mit dem *Abtauchen* *des Theseus ins Meer* M. zu. Einer antiken Stilregel folgend kann man jedoch bei einer Reihung ein allen Gliedern gemeinsames Kennzeichen erst am Ende nennen. Daher lassen sich auch die beiden and. von Pausanias zuvor erw. Bilder im Theseion M. zuschreiben. M.s Autorschaft der Darst. der *Marathonschlacht* in der Stoa Poikile ist in den antiken Quellen nicht eindeutig belegt. Für M. als deren Schöpfer spricht ein auf Lykurg, einen Politiker und Redner des 4. Jh. v. Chr., zurückgehender breiter Überlieferungsstrang (Jahn, 1845). Die Richtigkeit dieser Zuweisung wird durch die Topogr. der Agora gestützt: Lykurg erw. in seiner Rede Περὶ τῆς ἱερείας, in welcher es um das seiner Fam. erblich zugehörige Amt der Priesterin der Athena Polias geht, die Kleinheit der gegen die Perser kämpfenden Athener in M.s Darst. der *Marathonschlacht*. Zuständig für relig. Streitfragen war der in der Stoa Basileios residierende Archon Basileus. Das *Marathonbild* schmückte die Stoa Poikile, die ihrerseits auch zu Gerichtsverhandlungen genutzt wurde (Demosth., 45, 17; A. L. Boegehold, The lawcourts of Athens. Agora XXXVIII, 1995, 97) und in unmittelbarer Nähe lag. Das Bild war damit in Sichtweite der Zuhörer. Also ist Lykurgs Erw. deiktisch zu verstehen. Er weist seine Zuhörer auf das von ihnen unmittelbar wahrnehm- und überprüfbare Mißverhältnis zw. der Größe von Athenern und Persern hin. Wäre seine Zuweisung des Bildes an M. falsch, wäre auch seine Argumentation, wie auch immer sie gewesen sein mag, in diesem Punkt unzutreffend. Dies ist jedoch auszuschließen. Den Maler → Panainos bringen erst spätere Quellen mit der *Marathonschlacht* in Verbindung. Gleiches gilt für die Zuweisung dieses Bildes an M.s Zeitgen. → Polygnotos (I). Mit diesem ist M. nicht nur zeitl. verbunden. Bilder des → Polygnotos (I) befanden sich sowohl in der Stoa Poikile als auch im Anakeion. Thematischer Schwerpunkt im schriftl. überlieferten Œuvre M.s sind Mythen, die mit dem Gründungsheros und erstem König Athens, Theseus, verbunden sind. Die Wahl dieses Mythenkreises ist bei der maler. Ausschmückung seines Heiligtums geboten. Weiterhin stellt auch die *Amazonomachie* der Stoa Poikile dar, wie die Athener unter Theseus' Führung den Angriff der kämpfer. Reiterinnen abwehren. Und auch im Bild der *Marathonschlacht* steigt Theseus aus der Erde und tritt gegen die Perser an. Auch M.s *Argonautenbild* ist themat. mit dem Anbringungsort verknüpft. Die beiden Dioskuren nahmen an dem mit dem Schiff Argo unternommenen Zug zur Gewinnung des goldenen Vlieses teil. Von allen gen. Bildern ist die *Marathonschlacht* am ausführlichsten beschrieben (Paus., 1, 15, 4 s.). Das Bild gliederte sich in drei topogr. Bereiche, die zugleich unterschiedliche zeitl. Momente der Schlacht vertreten. Links geraten Platäer und Perser gerade aneinander, im Mittelpunkt wenden sich die Perser zur Flucht, stoßen sich dabei gegenseitig in den Sumpf, rechts folgt die Vernichtung der auf die phönikischen Schiffe Geflüchteten. Von links nach rechts in einem durchgehenden räuml. Kontinuum werden dem Betrachter der Anfang, der Wendepunkt der Schlacht und der Sieg vorgeführt. Unter den Kriegern waren der Polemarch Kallimachos und der Stratege Miltiades, aber auch Athener wie Epizelos und Kynegeiros deutl. gekennzeichnet. Nach and. Überlieferung (Aristeid., or., 2, p. 232; Schol. Aristeid., 3, 566) läßt sich die Figur des Miltiades genauer bestimmen: er feuert mit ausgestreckter Hand auf den Gegner weisend die Soldaten an. Kallimachos fällt noch am Ende der Schlacht (Hdt., 6, 114). Möglicherweise war sein Tod rechts unter den Szenen beim Kampf um die phoinikischen Schiffe dargestellt. Neben den Kombattanten waren auch die Heroen Echetlos, Marathon und Theseus und die Gottheiten Athena und Herakles vertreten. Ein Charakteristikum der *Marathonschlacht* war die im Verhältnis zu den Persern kleine Proportionierung der Griechen (Hölscher, 1973, 65). Möglicherweise sollte dadurch die kämpfer. Leistung der Athener bes. hervorgehoben werden (vgl. vom Tenor her Hdt., 6, 112, 3). Die *Kentauromachie* im Theseion enthielt eine Szene, in der Theseus einen Kentauren tötet (Paus., 1, 17, 3). Dagegen stehen die and. Kämpfe zw. Lapithen und Kentauren noch unentschieden. Die Darst. war wohl in Zweikampfpaare aufgelöst. Wahrsch. ist eine beiläufige Erw. bei Pausanias (8, 11, 3), M. habe die Königstöchter Asteropeia und Antinoe inschriftl. benannt, mit seinem *Argonautenbild* zu verbinden. Demgemäß war die von M. gemalte Argonautenepisode in Iolkos angesiedelt. Weiterhin fiel Pausanias die bes. Hingabe auf, mit der M. den Argonauten Akastos, den Sohn des Pelias, und dessen Pferde ausarbeitete (Paus., 1, 18, 1). Thema waren wahrsch. die von Akastos für seinen Vater Pelias ausgerichteten prächtigen Leichenspiele. Bei diesen Wettkämpfen war zumindest Polydeukes einer der Sieger. Mehrfach gehen die antiken Quellen auf M.s Pferde-Darst. ein (Overbeck, 1868, Nrn 1090–1092). Danach habe M. gegen die Natur auch die Unterlider der Pferde mit Wimpern versehen. Doch schmälerte diese anatom. Unkorrektheit nicht die Wertschätzung seiner Pferdewiedergabe. Der Aussagewert der Nachr. ist gering, da sie auch vom Maler → Apelles (I) überliefert wird, es sich um eine Wanderanekdote handelt (Scheibler, 1994,

10). – M. wie → Polygnotos (I) sollen als erste attischen Ocker verwendet haben (Plin., nat., 33, 160). Beide Maler sollen aus Trester ein Schwarz gewonnen haben (Plin., nat., 35, 42). – Man versuchte mit Hilfe der lit. Zeugnisse aus attischen Vasenbildern des 2. V. des 5. Jh. v. Chr. eine Vorstellung von M.s Bildern zu gewinnen (v. zuletzt Moreno, 1987, 56, passim). Sicherlich teilen die Vasen-Darst. mit M.s Bildern eine Reihe von Motiven, so die Auflösung von Schlachten in Kämpferpaare, viell. auch die Angabe von Figuren, die partiell hinter Felsen oder and. Geländeformationen verschwinden (Overbeck, 1868, Nr 1085). Doch läßt sich der hinter einem Felsen versteckte Heros Boutes (zuletzt E. Simon, LIMC III, 1986, 153, Nr 1, s.v. Boutes) themat. mit mehreren Bildern des M. verknüpfen. Er wird sowohl im Kontext des Argonautenzuges als auch der Amazonomachie erwähnt. Es wird keine konkrete Episode für Boutes erzählt, die sich mit dem erw. Motiv eindeutig verknüpfen ließe. Die berichteten allg., der Zeitstufe und nicht nur M. eigenen Merkmale erlauben daher kaum eine weitergehende konkrete Vorstellung. Inwieweit der eine oder and. kühne Entwurf M.s von den Vasenmalern aufgegriffen wurde, ist schwerlich zu klären. Es fehlt ein hinreichender Maßstab für die Beurteilung des Könnens der Handwerker im Verhältnis zu dem der gefragten Maler. Mit Sicherheit muß die Darst. der *Amykosepisode* aus dem Argonautenmythos für das Œuvre des M. ausscheiden. Es ist nicht als Bildthema überliefert (CP, I. 2, 1990, 223 s.). – M.s Tätigkeit als Bildhauer ist durch zwei orig. griech. Inschr. dokumentiert. Für ihn ist die *Bronzestatue* des 472 v. Chr. in Olympia siegreichen *Pankratiasten Kallias* überliefert (Paus., 6, 1, 8; Loewy, IGB, 1885, 33 s., Nr 41). Von einer weiteren Bronzeplastik des M. hat sich nur das Fragm. einer einfachen Marmorbasis auf der Athener Akropolis gefunden (Loewy, op. cit., 34 s., Nr 42; Raubitschek, 1949, 155 s., Nr 139). Wenn die Dat. dieser Inschr. gemäß der Buchstabenform um 440 v. Chr. zutrifft, wäre dies das bisher späteste überlieferte Werk seiner Künstlerkarriere. ▭ ThB24, 1930. RE XV. 2, 1932, (s.v. M. 2); EAA IV, 1961; LAW, 1965 (s.v. M.); KlP III, 1969 (s.v. M.); DA XXI, 1996 (s.v. M.); DNP VIII, 2000 (s.v. M.). – *O. Jahn*, Archäol. Aufsätze, Greifswald 1845, 17–21; *Overbeck*, SQ, 1868, Nrn 1080–1093; *Pfuhl*, MuZ, II, 1923, 635 ss., 659 s.; *Raubitschek*, Dedications, 1949, 519 s.; *T. P. Howe*, AJA 61:1957, 341 ss.; *W. Kraiker*, Die Malerei der Griechen, St. 1958, 69–76; *L. H. Jeffrey*, BSA 60:1965, 41–57; *J. P. Barron*, JHS 92:1972, 20–45; *E. B. Harrison*, AJA 76:1972, 353 ss.; *T. Hölscher*, Griech. Historienbilder des 5. und 4. Jh. v. Chr., Würzburg 1973, 50 ss.; *J. von Ungern-Sternberg*, Das Grab des Theseus und and. Gräber, in: *W. Schuller* (Ed.), Antike in der Moderne, Konstanz 1985 (Konstanzer Althist. Vorträge und Forsch., 15), 323; *P. Moreno*, Pitt. greca da Polignoto ad Apelle, Mi. 1987, 56–68; *A. Rouveret*, Hist. et imaginaire de la peint. ancienne, R. 1989, 151–155, 260, 262, 266; CP, I. 2, 1990, 223 s.; *Scheibler*, Malerei, 1994, 10, 60, 72, 103, 153, 163; *N. Robertson*, Hesperia 67:1998, 296 s. W. Ehrhardt

Mikon (II), Vater des → Onatas (I), angebl. griech. Bildhauer der 1. H. des 5. Jh. v. Chr. L. Guerrini in EAA (IV, 1961 [s.v. M. 1]) wollte in dem Vater des Bildhauers → Onatas (I) ebenfalls einen Bildhauer erkennen und schrieb M. und seinem Sohn → Onatas (I) gemeinsam die *Statue der Demeter Melaina* von Phigalia zu (zur *Kultstatue* v. → Onatas [I], dort *Nr 6*). Bei Pausanias (8, 42, 7; Overbeck, SQ, 1868, Nr 421, 23 und Nr 422, 14), der diese Kultstatue überliefert hat, steht jedoch ledigl., daß → Onatas (I), der Sohn des M., die Statue fertigte, und nicht, daß → Onatas (I) und sein Vater M. die Statue schufen. Die von L. Guerrini angenommene gemeinsame Herstellung des Kunstwerkes hat daher überhaupt keine Berechtigung. Ebenso steht in den zwei weiteren von Guerrini aufgenommenen Stellen des Pausanias (5, 25, 10; Overbeck, SQ, 1868, Nr 425, 20 und Nr 428, 8) nur, daß → Onatas (I) der Sohn des M. war. Die M., dem Vater des → Onatas (I), durch Guerrini gegebene Berufszuweisung als Bildhauer entbehrt folgl. jedes Beweises und muß abgelehnt werden. ▭ EAA IV, 1961 (s.v. M. 1). R. V.

Mikon (III), griech. Bildhauer, am E. des 5. Jh. v. Chr. in Athen tätig. Nur bek. durch eine Abrechnung der Arbeiten von 408/407 v. Chr. für das Erechtheion auf der Athener Akropolis (IG, I, 323; IG, I^2, 374), auf der mehrere Bildhauer (u.a. → Antiphanes [I], → Diokles [I], → Iasos, → Neseus [II], → Praxias [I], → Straton [I]) aufgelistet sind, die an der Ausschmückung des Baus beteiligt waren. Der auf der Bauabrechnung gen. M. kann wegen des späten Datums am E. des 5. Jh. v. Chr. nicht mehr ident. mit dem Maler und Bildhauer → M. (I) sein. ▭ EAA IV, 1961 (s.v. M. 3). – *Loewy*, IGB, 1885, 358, Nr 527; *J. M. Paton/G. P. Stevens/L. D. Caskey/H. N. Fowler*, The Erechtheum, Ca., Mass. 1927, 400 s., Fragm. XXIII, Zeile 4. R. V.

Mikon (IV), Sohn des Nikeratos, aus Syrakus, griech. Bronzebildner, im 3. Jh. v. Chr. für Olympia tätig. M. fertigte *zwei Statuen Hierons II. von*

Syrakus (270–215 v. Chr.), die seine Söhne in der Altis von Olympia aufstellen ließen (Paus., 6, 12, 2 und 4). Die eine Figur zeigt Hieron auf dem Pferd, die andere ihn zu Fuß. Eine weitere Basis für eine *Ehrenstatue Hierons II.* in Olympia wurde 1958 erkannt. Der Künstler arbeitete sie im Auftrag einer stiftenden Stadt. Es könnte sich um Tauromenion oder Talaria handeln. Das zu rekonstruierende Weihgeschenk wird nach 241 v. Chr. datiert (Eckstein, 1958, 207 s.; L. Moretti, Iscr. storiche ellenistiche, I, Fi. 1967, 145, Nr 58; Hintzen-Bohlen, 1992, 222, Nr 25). ▭ ThB24, 1930. RE XV. 2, 1932. – *F. Eckstein*, OlympBer VI, 1958, 205 ss.; *B. Hintzen-Bohlen*, Herrscherrepräsentation im Hellenismus, Köln u.a. 1992, 222, Nrn 23 s. St. Lehmann

Mikon (V), Vater der Malerin → Timarete, griech. Maler unbestimmter, wahrsch. hellenist. Zeit. Lt. Plinius (nat., 35, 147; Overbeck, SQ, 1868, Nr 2153) war er der Vater der Malerin → Timarete, die ein altertüml. *Bild der Artemis von Ephesos* fertigte. An and. Stelle bei Plinius (nat., 35, 59) wird M. klar von dem im 5. Jh. v. Chr. tätigen Maler → Mikon (I) geschieden und als *Micon minor* bezeichnet. Es ist daher wahrsch., daß er später als im 5. Jh. v. Chr. tätig war. Da die zus. mit seiner Tochter → Timarete an gleicher Stelle von Plinius (nat. 35, 147; Overbeck, SQ, 1868, Nr 2153) gen. Malerinnen (→ Aristarete, → Eirene, → Kalypso) auch in die hellenist. Zeit zu setzen sind, ist es sehr wohl mögl., daß M. und → Timarete ebenfalls in hellenist. Zeit tätig waren. ▭ RE XV. 2, 1932 (s.v. M. 3); EAA VII, 1966. – *Brunn*, GGK, II, 1889, 202; *Pfuhl*, MuZ, 1923, I, 503, § 542; II, 534, § 573. R. V.

Milesios (Μιλήσιος), Gemmenschneider oder -besitzer. Seine Sign. erscheint im Nominativ auf einer fragm. *Glaspaste* mit der Darst. des *Apoll, der einen Elefanten reitet* (CIG, 7219). ▭ EAA IV, 1961. B. Lang

Milon (Μίλων), aus Soloi, Schüler des → Phyromachos (II), griech. Maler, im 2. Jh. v. Chr. tätig. Nur bek. durch eine Auflistung bei Plinius (nat., 35, 146; Overbeck, SQ, 1868, Nr 2001). ▭ ThB24, 1930. RE XV. 2, 1932; EAA VII, 1966. – *Brunn*, GGK, II, 1889, 191; *Pfuhl*, MuZ, II, 1923, 815, § 891, p. 818, § 893. R. V.

Milonidas (Μιλονίδας), griech. Vasenmaler, um 550 v. Chr. in Korinth tätig. Nur bek. durch einen in zwei Fragm. erh. schwarzfigurigen *Pinax* aus dem Heiligtum von Penteskouphia b. Korinth (Berlin, Staatl. Mus., Antiken-Slg, Inv. Nr F 511 und Paris, Louvre, Inv. Nr MNC 212). Es zeigt nur noch den vorderen Teil eines Viergespanns, das – wie die and. Pinakes aus Penteskouphia vermuten lassen – wahrsch. Poseidon und Amphitrite auf einem Wagen zog. Der Vasenmaler hatte diesen Pinax signiert und, wie die Inschr. besagt, auch geweiht, wahrsch. dem dargestellten Götterpaar. M. ist neben → Chares (I) und → Timonidas der einzige korinthische Vasenmaler, der uns namentl. durch seine Sign. überliefert ist. ▭ ThB24, 1930. RE XV. 2, 1932; EAA VII, 1966. – *Hoppin*, Black-Fig, 1924, 10; *H. Payne*, Necrocorinthia, Ox. 1931, 110; *H. van Raits-Geagan*, AA 1970, 33 s., Abb. 2, p. 47, Nr 2; *Lorber*, Inschriften, 1979, 74 s., Nr 114, Taf. 33; *Amyx*, CVP, I, 1988, 255, 327; II, 384, 388, 591, Nr 120, p. 607; III, Taf. 110:1; *R. Wachter*, Non-Attic Greek vase inscriptions, Ox. 2001, 136, Nr Cop 41. R. V.

Miltiades (Μιλτιάδης), palmyrenischer Bildhauer, in der röm. Kaiserzeit in Palmyra tätig. Nur bek. durch seine Sign. aus Palmyra. ▭ *J. Cantineau*, Inventaire des inscr. de Palmyre, IX, P. 1931, Nr 35. R. V.

Mimnes (Μιμνῆς), ostgriech. Maler, in der 2. H. des 6. Jh. v. Chr. vermutl. in Klazomenai/W-Türkei tätig. M. (ThB, 1930; G. Lippold, in: RE XV. 2, 1932) ist ledigl. durch ein Spottgedicht (Nr 39 bei Degani, 1991) des aus Ephesos stammenden und in Klazomenai ansässigen Jamben-Dichters Hipponax (560–490 v. Chr. nach R. Nickel, Lexikon der antiken Literatur, Dd./Z. 1999, 150 s., s.v. Cholíamboi) bekannt. Die die Verse einleitende direkte Anrede des Dichters an den Maler suggeriert Zeit- und Ortsgleichheit. Dem Inhalt zufolge gehörte M. der Branche der Schiffsbemaler an, die unter Anwendung der hierfür üblichen, weil wasserfesten enkaustischen Maltechnik (N. Hoesch, DNP III, 1997, 1034 s., s.v. Enkaustik) Wasserfahrzeuge aus dem Zivil- und Militärbereich mit farbigem Dekor versahen. Der Spott des Hipponax bezieht sich auf das offenbar bei Kriegsschiffen auf jeder Bordwand angebrachte Abbild einer zum Bug hin orientierten Schlange apotropäischer Funktion. Dabei hatte es M. in einem Fall offensichtl. versäumt, die Schlange auf der Steuerbordseite entsprechend spiegelverkehrt wiederzugeben, so daß das sich stark windende, den Vorderleib aufrichtende, somit in Angriffshaltung befindliche und den imaginären Feind fixierende Tier widersinnigerweise zum Heck hin orientiert war. Erschließen läßt sich dies aus dem Schlangen-Abbild an der Steuerbord-Bugwand eines späthellenist. bzw. ostmediterranen Schiffes der Kleopatra-Antonius-Flotte auf einem aufgrund der Thematik am ehesten augusteischen oder claudischen Mosaik aus Cirta/Constantine (Algerien) (in Constantine, Mus.: Dunbabin, Mosaics, 1978, 255 s., s.v. Constantine, Nr 6; I. Pekary, Repertorium der hellenist. und röm. Schiffsdarstellungen, Münster 1999, 50 s., Nr DZ-6a mit Abb.; Hornig, 2001, 113, 118–120). ▭ ThB24, 1930. RE XV. 2, 1932; EAA VII, 1966. – *H. Degani*, Hipponactis testimonia et fragmenta, L. ²1991, 54–57, Nr 39 (mit Lit.); *K. Hornig*, Skyllis 4:2001 (2), 112–124. K. Hornig

Minemhab → **Menuemheb**

Minidius, *P.*, röm. Architekt, um die Zeitenwende tätig. Lt. → Vitruvius (1, praef. 2) war er zus. mit *Aurelius, M.*, → Cornelius, Cn., und → Vitruvius Cerdo, Lucius, für die Konstruktionen der Kriegsmaschinen im röm. Reich verantwortlich. ▭ RE XV. 2, 1932. – *Donderer*, Architekten, 1996, 45, Anm. 130. R. V.

Minkebaulis (Μινκηβαυλις), Steinmetz aus Kilikien, in der späten Kaiserzeit tätig. M. erbaute ein *Felsgrab* in Ermek (Germanicopolis) im Rauhen Kilikien (G. E. Bean/T. B. Midford, Journeys in Rough Cilicia 1964–1968 [DenkschriftenWien, 102: TAM, Erg. Bd., 3], W. 1970, Nr 222, Abb. 171), über dessen Eingang sich M.s ungewöhnl. Name mitsamt der Bezeichnung τεχνίτης wiederfindet (zu den südkleinasiat. Techniten v. J. Nollé u.a., EpigrAnat 5:1985, 134 s.). T. Lochman

Miron (Μίρων), vermutl. Gemmenschneider oder -besitzer. Die Sign. erscheint auf einem *Karneol* in Berlin (Staatl. Mus., Antiken-Slg), der einen *weiblichen Kopf* zeigt, viell. eine Muse. Der Stein wird einhellig als neuzeitl. Arbeit angesehen. Ein weiteres Mal erscheint die Sign. auf einer *Glaspaste* mit dem Bild des *Aiax, der sich selbst tötet*, und auf einem *Karneol* mit der *Verfolgung der Daphne durch Apoll*. Auf einer *Gemme* der Slg Blacas erscheint der Name wiederum in der Genitivform. Das Erscheinungsbild der Buchstaben läßt an eine neuzeitl. Arbeit denken oder an eine nachträgl. Hinzufügung des Namens. ▭ EAA V, 1963. – *A. Furtwängler*, Kleine Schriften, II, M. 1912, 181, Taf. 21,25. B. Lang

Mith (ΜΙΘ), griech. Steinschneider oder Besitzer von Gemmen unbestimmter Zeit. Der Name findet sich auf *drei Gemmen*: – 1.) *Karneol mit der Darst. eines Pferdekopfes* (Berlin, Staatl. Mus.); – 2.) *Adlerkopf* (Slg Poniatowski); – 3.) *Karneol* (ehem. Moskau, Slg Vlasov). Ob es sich hier um die Sign. eines oder mehrerer Künstler oder um die Bezeichnung eines Besitzers handelt, muß offen bleiben. ▭ EAA V, 1963. – *Brunn*, GGK, II, 1889, 422. R. V.

Mnasalkes (Μνασάλκες), griech. Töpfer und schwarzfiguriger Vasenmaler boiotischer Herkunft, im 3. V. des 6. Jh. v. Chr. tätig. M. ist durch drei sign. *Ringaryballoi* bek., denen aus stilist. Gründen ein vierter hinzuzustellen ist. Einer von ihnen wurde gemäß der Inschr. für einen gewissen Empediondas angefertigt, der ihn als Liebesgabe einem gewissen Aischylos schenkte. ▭ ThB24, 1930. – *Hoppin*, BlackFig, 1924, 23 s.; *I. K. Raubitschek*, Hesperia 35:1966, 157 s., Nrn 1–3; *Hansen*, CEG, I, 1983, 248, Nr 445; *M. Napolitano*, ZPE 125:1999, 31 s.; *M. Steinhart/E. Wirbelauer*, Chiron 30:2000, 283, Nr 21. E. Wirbelauer

Mnaseas ([Μ]νασέας), Sohn des Artemon, griech. Bronzebildhauer aus Side/Pamphylien, im 3. Jh. v. Chr. in Side tätig. Ledigl. die griech. Version einer bilinguen Inschr. gibt Zeugnis von der Tätigkeit des M.: seine Sign. („[M]naseas aus Side, Sohn des Artemon“) ist auf einer Statuenbasis aus der Stadt Side erh., auf der sich zwei große Fußbettungen für die Einlassung einer *Bronzestatue* befinden. Lt. der griech. Weih-Inschr., wie auch deren sidetischer Kurzfassung, stellte dieses Bildnis den *Apollonios*, Sohn des Apollodoros und Enkel des Apollonios, dar, welcher es in einer bes. im hellenist. Kleinasien geläufigen Formulierung „allen Göttern“ („pantes theoi“) weihte. Ob die Angabe des Ethnikons bedeutet, daß M. sein Atelier außerhalb Sides hatte, ist umstritten. Der Char. der Inschr. läßt eine Dat. in das (späte?) 3. Jh. v. Chr. zu; eine zweite Inschr. – eine Ehren-Inschr. für Kaiser Claudius – bezeugt, daß die Basis in späterer Zeit wiederverwendet wurde. ▭ EAA V, 1963. *H. T. Bossert*, Belleten 14:1950, 9 ss.; *id.*, PP 5:1950, 37 ss.; *G. E. Bean*, The inscriptions of Side, Ankara 1965, Nr 81; *J. Inan*, Roman sculpture in Side, Ankara 1975, 7 s.; *A. Linfert*, BJb 179:1979, 781; *J. Nollé*, Side im Altertum, I. Inschr. griech. Städte aus Kleinasien 43, Bonn 1993, Nr 1 (vgl. auch Nr 31). A. Villing

Mnasiades (Μνασιάδης), griechischer Bildhauer, wahrsch. in hellenist. Zeit in Paphos tätig. Nur bek. durch seine Sign. auf einer Basis für eine *Statue eines Archiereus* aus dem Heiligtum der Aphrodite in Paphos. ▭ RE XV. 2, 1932; EAA V, 1963. – *P. Gardner/D. G. Hogarth*, JHS 9:1888, 240, Nr 9. R. V.

Mnasias (Μνασίας), griech. Bildhauer, im 1. Jh. v. Chr. in Athen tätig. Nur bek. durch seine Sign. auf einer Basis aus eleusinischem Marmor für eine *Statue* von der Athener Akropolis, die von Pyrrhos, Sohn des Neokleides, der Athena Polias gew. worden ist (IG, II, 1439; Overbeck, SQ, 1868, Nr 2255; Loewy, IGB, 1885, 187, Nr 260; Muller-Dufeu, SculptureSource, 2002, 958 s., Nr 2882). ▭ RE XV. 2, 1932; EAA V, 1963. R. V.

Mnasilaos → Arkesilaos (II)

Mnasitheos (Μνασίθεος), aus Sikyon, griech. Maler, in hellenist. Zeit tätig. Nur bek. durch eine Auflistung bei Plinius (nat., 35, 146; Overbeck, SQ, 1868, Nr 2108). ▭ ThB24, 1930. RE XV. 2, 1932 (s.v. M. 2); EAA V, 1963. – *Brunn*, GGK, II, 1889, 196 s.; *Pfuhl*, MuZ, II, 1923, 813 ss., Paragraphen 888–890. R. V.

Mnasitimos (I) (Μνασίτιμος; Mnasitimus), angebl. griech. Bildhauer, der im 4. Jh. v. Chr. auf Rhodos tätig war. M. wird bisweilen als Bildhauer bez., weil er nach einer um 340 v. Chr. entstandenen Sign. des Bildhauers → Aristonidas (I) auf einer Basis aus lartischem Marmor von der Akropolis von Lindos (heute Kopenhagen, NM; Lindos, II. 1, 1941, 233 s., Nr 42 mit Abb.) sein Vater war und damit der Begründer der fast 200 Jahre auf Rhodos tätigen Bildhauer-Fam. sein könnte. Eine derartige Vermutung bleibt jedoch rein hypothetisch. ▭ EAA V, 1963. – Lindos, II. 1, 1941, 43, Nr 15 a; *V. Goodlett*, AJA 95:1991, 675 s., Abb. 3. R. V.

Mnasitimos (II), Sohn des Bildhauers → Aristonidas (I), Vater der Bildhauer → Aristonidas (II), → Teleson (I), → Timagoras (IV), griech. Bildhauer, in der 2. H. des 4. Jh. und in 1. H. des 3. Jh. v. Chr. in Lindos tätig. Bek. durch seine Sign. auf den folgenden drei Basen aus Lindos: – 1.) Basis aus lartischem Marmor für *vier männl. und zwei weibl. lebensgroße Bronzestatuen* von um 313 v. Chr., gestiftet von Polykles, Sohn des Polykrates, Priester der Athena Lindia und des Zeus Polieus, zu Ehren des Polykles, Sohn des Polykrates, der Astykrate, Tochter des Astykrates, des Polykrates, Sohn des Timombrotos, der Antigone, Tochter des Archonis und des Gorgias, Sohn des Archonis, gefunden bei der byz. Kirche auf der Akropolis von Lindos, sign. zus. mit → Kallimedon (II), Sohn des Glaukias (IG, XII. 1, 855; Overbeck, SQ, 1868, Nr 2026; Lindos, II. 1, 1941, 268–271, Nr 56 mit Abb.; Schmidt, 1995, 283 s., Nr III. 2; J. C. Eule, Hellenist. Bürgerinnen aus Kleinasien. Weibl. Gewandstatuen in ihrem antiken Kontext, Istanbul 2001, 210, Nr 91; Muller-Dufeu, SculptureSource, 2002, 762 s., Nr 2234); – 2.) Basis aus lartischem Marmor von um 266 v. Chr., gestiftet von Kallikrates, Sohn des Euphrantidas, Priester der Athena Lindia, des Zeus Polieus und der Artemis Kekoia, sign. zus. mit seinem Sohn → Teleson (I), gefunden an der O-Seite der Propyläen der Akropolis von Lindos (IG, XII. 1, 825 a; Lindos, II. 1, 1941, 339–342, Nr 106 mit Abb., Schmidt, 1995, 395 s., Nr IV. 2. 15, Abb. 75 s.; Muller-Dufeu, SculptureSource, 2002, 764 s., Nr 2236); – 3.) Basis aus Marmor vom A. des 3. Jh. v. Chr. für eine *Statue des Timotheos*, Sohn des Euphanes, Sieger bei den Nemeischen Spielen im Knabenwettlauf (G. Pugliese Carratelli, ASAtene 48–49:1986–1987, 275 s., Nr 8 mit Abb.; Muller-Dufeu, SculptureSource, 2002, 764 s., Nr 2237). Bisweilen wurde er mit dem gleichnamigen Maler → M. (III) aus Rhodos gleichgesetzt, den Plinius (nat., 35, 146; Overbeck, SQ, 1868, Nr 2027; Muller-Dufeu, SculptureSource, 2002, 762 s., Nr 2235) nennt. Diese Identifizierung ist jedoch rein hypothetisch. ▭ RE XV. 2, 1932 (s.v. M. 1 und 2); EAA V, 1963; KlP III, 1969; DNP VIII, 2000. – *Brunn*, GGK, I, 1889, 464; Lindos, II. 1, 1941, 268–271, Nr 56 mit Abb.; pp. 339–342, Nr 106 mit Abb.; *Lippold*, GrPl, 1950, 307, Nr 14; *Schmidt*, Statuenbasen, 1995, 283 s., Nr III. 2; pp. 395 s., Nr IV. 2. 15, Abb. 75 s. R. V.

Mnasitimos (III), griech. Maler, möglicherweise in hellenist. Zeit tätig. Nur bek. durch eine Auflistung von Malern bei Plinius (nat., 35, 146; Overbeck, SQ, 1868, Nr 2027; Muller-Dufeu, SculptureSource, 2002, 762 s., Nr 2235), in der er als Sohn des Aristonidas bez. wird. Ob dieser Aristonidas jedoch ident. mit dem Bildhauer → Aristonidas (I) ist oder ob M. (III) ident. mit dem gleichnamigen Bildhauer → M. (II) ist, bleibt reine Spekulation. ▭ ThB24, 1930. RE XV. 2, 1932 (s.v. M. 1); EAA V, 1963; KlP III, 1969 (s.v. M. 1); DNP VIII, 2000 (s.v. M. 1). – *Brunn*, GGK, I, 1889, 287; *Pfuhl*, MuZ, II, 1923, 818, Paragraph 894; *V. Goodlett*, AJA 95:1991, 675 s., Abb. 3. R. V.

Mnasitimos (IV), Sohn des → Teleson (II), Vater des Bildhauers → Teleson (II), Großvater des Bildhauers → M. (V) aus Rhodos, griech. Bildhauer, in der 2. H. des 3. Jh. v. Chr. auf Rhodos tätig. Bek. durch die Sign. auf den folgenden Basen aus Lindos: – 1.) Basis aus lartischem Marmor von um 244 v. Chr., gestiftet von Archestratos, Sohn des Architeles, Priester der Athena Lindia, des Zeus Polieus und des Apollon Pythios, gefunden vor der S-Seite der Kirche auf der Akropolis von Lindos (Lindos, II. 1, 1941, 324 s., Nr 99 mit

Abb.; Schmidt, 1995, 369, Nr IV. 1. 122; Muller-Dufeu, SculptureSource, 2002, 764 s., Nr 2244); – 2.) Basis aus lartischem Marmor für eine *männl. lebensgroße Bronzestatue* von um 235 v. Chr., gestiftet von Xenokles, Sohn des Apollodotos, von Epainetos, Sohn des Xenokles, und von Aineta, Tochter des Epainetos, zu Ehren der Athena Lindia, des Zeus Polieus und des Dionysos, gefunden auf der N-Seite der großen Stoa von der Akropolis von Lindos (Lindos, II. 1, 1941, 343 s., Nr 109 mit Abb.; Schmidt, 1995, 244 s., Nr I. 1. 40; Muller-Dufeu, SculptureSource, 2002, 764 s., Nr 2245); – 3.) Basis aus lartischem Marmor für eine lebensgroße *Bronzestatue* von um 235 v. Chr., gestiftet zu Ehren der Athena Lindia, gegossen von → Menippos (II) (Lindos, II. 1, 1941, 353 s., Nr 119 mit Abb.; Schmidt, 1995, 370, Nr IV.1.124; Muller-Dufeu, SculptureSource, 2002, 766 s., Nr 2247); – 4.) Basis aus lartischem Marmor von um 234 v. Chr., gestiftet von Onomastos, Sohn des Polyaratos, gefunden auf der Akropolis von Lindos (IG, XII. 1, 808; Overbeck, SQ, 1868, Nr 2029; Loewy, IGB, 1885, 144, Nr 182; Muller-Dufeu, SculptureSource, 2002, 766 s., Nr 2246); – 5.) Basis aus lartischem Marmor für *zwei lebensgroße männl. Bronzestatuen* von um 215 v. Chr., gestiftet von Agetor, Archanax und Hyperochides, Söhne des Hyperochides, und von Sosipolis, Sohn des Agemachos, zu Ehren des Hyperochides, Sohn des Deinokles, und des Hyperochides, Sohn des Hyperochides, gefunden auf der N-Seite der Akropolis in Lindos (Lindos, II. 1, 1941, 377–379, Nr 133 mit Abb.; Schmidt, 1995, 287 s., Nr III.7, Abb. 209; Muller-Dufeu, SculptureSource, 2002, 766 s., Nr 2249); – 6.) Basis aus lartischem Marmor für eine *Bronzestatue* von um 215 v. Chr., gestiftet von Hagesistratos, Sohn des Hermokles, Damiurg und vom Kollegium der Opfervorsteher und Priester der Athena Polieus und des Zeus Polieus, gefunden im n. Teil von Kameiros (G. Jacopi, Clara Rhodos 6–7:1932, 424 ss., Nr 44 mit Abb.; H. Lauter, AntK 15:1972, 51, Taf. 15, 1; Schmidt, 1995, 538 s., Nr XVI.1, Abb. 197 s.; Muller-Dufeu, SculptureSource, 2002, 766 s., Nr 2251); – 7.) Basis aus lartischem Marmor aus dem 3. Jh. v. Chr., gefunden auf der Akropolis von Lindos (IG, XII. 1. 824; Loewy, IGB, 1885, 144 s., Nr 183; Muller-Dufeu, SculptureSource, 2002, 766 s., Nr 2250); – 8.) Basis aus lartischem Marmor für eine Statue von um 220 v. Chr., gestiftet von Archokrates, Sohn des Archipolis, gefunden im Halios-Heiligtum von Rhodos (heute Rhodos, Mus., epigraph. Inv. Nr 1040; V. Kontorini, Inscr. inédites de Rhodes, II, At. 1989, 134 s., Nr 55; Muller-Dufeu, SculptureSource, 766 s., Nr 2248); – 9.) Basis aus Marmor, die er zus. mit seinem Sohn → Teleson (II) sign. hat, gefunden in der Nähe des Gymnasiums von Rhodos (G. Pugliese Carratelli/M. Segre, ASAtene 30–32:1952–1954, 284, Nr 57; Muller-Dufeu, SculptureSource, 2002, 766 s., Nr 2252). Nach der Anzahl der noch erh. Basen zu schließen, muß M. auf Rhodos ein gefragter Bildhauer in der 2. H. des 3. Jh. v. Chr. gewesen sein. 🕮 RE XV. 2, 1932 (s.v. M. 2); EAA V, 1963; KlP III, 1969 (s.v. M. 3); DNP VIII, 2000 (s.v. M. 2). – Lindos II. 1, 1941, 324 s., Nr 99 mit Abb., pp. 343, Nr 109 mit Abb.; pp. 353 s., Nr 119 mit Abb.; pp. 377–379, Nr 133 mit Abb.; *Lippold*, GrPl, 1950, 343, Anm. 7; *V. Goodlett*, AJA 95:1991, 675 s., Abb. 3; *Schmidt*, Statuenbasen, 1995, 244 s., Nr I.1.40; p. 287 s., Nr III.7, Abb. 209; p. 369, Nr IV.1.122; p. 370, Nr IV.1.124; pp. 538 s., Nr XVI.1, Abb. 197 s. R. V.

Mnasitimos (V), Sohn des → Teleson (II), Enkel des Bildhauers → M. (IV), griech. Bildhauer, in der 1. H. des 2. Jh. v. Chr. in Lindos tätig. Nur bek. durch seine Sign. auf einer Basis aus Rhodos von um 180–170 v. Chr. für eine *Bronzestatue des Aristolas*, Sieger im Pentathlon der Männer bei den rhodischen Halieia, den Isthmischen und Nemeischen Spielen und den Leukophryenia von Magnesia am Mäander (IG, XII. 1, 73 b; Loewy, IGB, 1885, 145 s., Nr 184; Muller-Dufeu, SculptureSource, 2002, 766 s., Nr 2255). 🕮 RE XV. 2, 1932 (s.v. M. 1 und 2); EAA V, 1963 (s.v. M. 2); KlP III, 1969; DNP VII, 1999 (s.v. M. 2). – *Brunn*, GGK, I, 1889, 464; *Lippold*, GrPl, 1950, 360, Anm. 10; p. 375, Anm. 2; *V. Goodlett*, AJA 95:1991, 675 s., Abb. 3. R. V.

Mnasitimos (VI), Sohn eines Teleson, griech. Bildhauer, in der röm. Kaiserzeit in Rhodos tätig. Nur bek. durch seine Sign. auf einer Basis aus lartischem Marmor für eine Statue eines unbekannten Ringers, der in den rhodischen Halieia und bei den Olympischen, Pythischen und Isthmischen Spielen siegreich war (heute Rhodos, Archäol. Mus., epigraph. Inv. Nr 1031; V. Kontorini, Inscr. inédites de Rhodes, II, At. 1989, 172 s., Nr 76, Taf. 45). R. V.

Mnesarchos (Μνησάρχος), griech. Gemmenschneider archaischer Zeit, in der 1. H. des 6. Jh. v. Chr. auf Samos tätig. Nur aus der schriftl. Überlieferung bek., die ihn erw., weil er der Vater des Philosophen Pythagoras war (Diog. Laert., 8, 1, 17; Apuleius, Florida, 2, 15, 3). M. habe um des Ruhmes willen und nicht des Geldes wegen gearbeitet. 🕮 ThB24, 1930. RE XV. 2, 1932 (s.v. M. 6); EAA IV, 1961. – *Furtwängler*, AG, III, 1900,

81; *Boardman*, GGFR, 1970, 157 s., 404; *Richter*, EngrGemsGE, 1968, 45; *Zazoff*, AG, 1983, 100 mit Anm. 6. B. Lang

Mnesiades (Μνεσιάδης), griech. Töpfer, in der 2. H. des 6. Jh. v. Chr. in Athen tätig. M. signierte eine fragm. *schwarzfigurige Hydria* mit Μνεσιάδης ἐποίεσεν. Das Gefäß befand sich ehem. in Kairo in der Slg Riaz und wird jetzt in der Slg H. A. Cahn (Inv. Nr HC 859) in Basel aufbewahrt. Der unbek. Maler der Vase fügte eine weitere Inschr. hinzu: Ἀριστομένες καλός. Aristomenes wurde auch von einem Maler der *Gruppe E* (Paris, Louvre, Inv. Nr F 218; ABV, 1956, 139, Nr 9) gepriesen. – M. ist viell. mit dem Stifter einer Bronzestatue auf einem 0,84 m hohen Pfeiler aus Inselmarmor von der Athener Akropolis identisch (Raubitschek, 1949). Die Weih-Inschr. [M]νεσιάδες κεραμεύς με καὶ Ἀνδοκίδες ἀνέθεκεν legt nahe, daß M. mit dem Töpfer → Andokides zusammenarbeitete. ▭ ThB24, 1930. RE XV. 2, 1932; EAA V, 1963; LGPN, II, 1994 (s.v. Μνεσιάδης 1). – IG, I³, 620; *Pfuhl*, MuZ, I, 1923, 288; *J. D. Beazley*, Potter and painter in ancient Athens, Ox., 1944, 21; *Raubitschek*, Dedications, 1949, 213–216, Nr 178; ABV, 1956, 314, 665; Para, 1971, 136; Add², 1989, 85; *B. Kreuzer*, Frühe Zeichner 1500–500 v. Chr. Ägypt., griech. und etrusk. Vasen-Fragm. der Slg H. A. Cahn Basel (K Freiburg, Archäol. Slg), FiB. 1992, 64, Nr 64. T. Mannack

Mnesikleides (Μνεσ[ικλε]ῖδης), angeblicher attischer Vasenmaler von um 550 v. Chr. Nur bek. durch eine Inschr. auf einem schwarzfigurigen *Kugelaryballos* aus Petreza mit einem Figurenfries, einer Löwenfrau und einem Gorgoneion (Athen, NM, Inv. Nr 1055 [CC 669]). Doch schrieb J. D. Beazley (ABV) die Vase bereits mit Recht dem → Kealtes zu und sieht in M. nur den Stifter des Gefäßes. ▭ ThB24, 1930. RE XV. 2, 1932; EAA V, 1963. – *Hoppin*, BlackFig, 1924, 168; *Pfuhl*, MuZ, I, 1923, 262, Paragraph 264; p. 306, Paragraph 316; ABV, 1956, 47 s.; *Von Bothmer*, Amasis, 1985, 196 s., Abb. 103; Add², 1989, 94; *Immerwahr*, AttScr, 1990, 151, Nr 1044; *M. Steinhart/E. Wirbelauer*, Chiron 30:2000, 283, Nr 19. R. V.

Mnesikles (Μνησικλῆς; Mnesicles), griech. Architekt der 2. H. des 5. Jh. v. Chr., in Athen tätig. Den erh. Schriftquellen zufolge hat M. die *Propyläen* der Athener Akropolis errichtet (Harpokration: „... unter dem Archontat des Euthymenes haben die Athener begonnen, unter der Ltg des Architekten Mnesikles die Propyläen der Akroplis zu erricheten ...“; Plutarch, Per., 13: „Die Propyläen der Akropolis wurden durch den Architekten Mnesikles in fünf Jahren vollendet.“ Inschriftl. ist belegt, daß M. im Jahre 434/33 v. Chr. für ergänzende, wahrsch. wenig aufwendige Arbeiten auf der Akropolis verantwortl. gewesen ist (Kallias-Dekret, IG, I², 92: „...γράμ]μα τὸν ἀρχιτέκ[τονα ποι]ε͂ν ὅσπερ τὸμ Προ[πυλαίον...“). Eine ältere Theorie, daß diese Arbeiten mit der Errichtung der N-Mauer in Verbindung gestanden hätten, ist nicht aufrechtzuerhalten. Nach herrschender Meinung beinhalten diese Arbeiten die Gestaltung des Umfelds der Gebäude inklusive der Anlage der Stufen w. des Parthenon. Häufig wird M. auch das Erechtheion zugeschr., und ein Autor erkennt in ihm den Architekten der Zeus-Stoa auf der antiken Agora. Außerdem ist die Meinung vertreten worden, er habe, bevor er die Errichtung der *Propyläen* übernommen habe, als Assistent des → Iktinos am Parthenon mitgearbeitet. – Der Name des M. ist während der letzten Jahrzehnte mit zentralen Fragen der Problematik des Architekturentwurfs in Verbindung gebracht worden, die die Entst. der archit. Komp. hierarchisierter Baukörper mit sich kreuzenden Achsen und die Mittel und den Umfang des Entwurfs eines antiken Gebäudes vor dem eigtl. Beginn der Arbeiten betreffen. Griech. Architekten arbeiteten nach schriftl. aufgezeichneten Baubeschreibungen und Bauvorschriften, archit. Zchngn und Modellen und Qualitätskontrollen. Da aber nur sehr wenige dieser Mittel erh. geblieben sind, sind unsere Hauptinformationsquellen für die antiken Entwürfe die Bauwerke selbst. Die an den *Propyläen* angestellten Beobachtungen haben zu sehr unterschiedl. Theorien Anlaß gegeben; eine von ihnen faßt den antiken Entwurf als einen dynam. Erfahrungsprozeß auf, der von ganz allg. Plänen ausgeht und erst mit fortschreitender Realisierung in eine zeichner. Ausarbeitung der Bauglieder übergeht. Die Bedeutung dieser Fragen rechtfertigt eine neuerliche Beschäftigung mit den *Propyläen*. – Dieses Gebäude (438–432 v. Chr.), das keinen Skulpturenschmuck besitzt, ist sogar noch in seinem heutigen Zustand ungewöhnl. kompliziert. Es besteht aus fünf versch. Baukörpern, die auf vielfältige Weise an drei versch. Arten des Untergrunds und fünf versch. Bodenniveaus angepaßt sind. Der weite ansteigende Vorhof, der einen untrennbaren Bestandteil des Gesamtentwurfs bildet, ist durch seitl. Eingänge und Treppen archit. gestaltet. Die auf drei versch. Höhen liegenden Dächer der Einzelbauten gehören drei versch. Typen an, und ihre Ziegelabdeckung besaß eine Fülle eigens ersonnener Details. Das Gebäude verband zwei versch. archit. Ordnungen zu drei unterschiedl. großen Komp. und besaß Türen von vier unterschiedl. Größen. Es weist fast alle am Parthenon zu beobachtenden Details und opt. Verfeinerungen auf. Der Baudekor umfaßt neun versch. Motive mit 60 versch. Einzelfällen, nicht eingerechnet diejenigen der Türen und der Gewände. Das Gebäude verband vier versch. Funktionen miteinander, darunter auch diejenige des Zugangs zur Akropolis. – Die heutige, offensichtl. nicht symmetr. Gestaltung der Propyläen ist die Folge eines vorzeitigen Abbruchs der Arbeiten, aber auch einiger unvermeidbarer Veränderungen des urspr. Entwurfs, der in seiner idealen theoret. Gestalt symmetr. angelegt gewesen sein muß: Mittelgebäude, N-Flügel/S-Flügel und NW-Flügel, (Pinakothek-) SW-Flügel. Diese Hierarchie bestimmt auch die ganz leichte Einwärtsneigung der Seiten jedes Abschnitts. Die Einwärtsneigung ist ein wesentl. Element der klass. Archit. und hier bes. des Parthenon: Beim Mittelgebäude sind alle Seiten (d.h. die beiden sechssäuligen Fassaden und die beiden Seitenwände) nach innen geneigt. Beim N-Flügel sind (oder sollten sein) nur drei Seiten einwärts geneigt, während die vierte, zum Mittelgebäude gehörende Wand (dessen Seitenwand also) zu dessen Innerem geneigt ist. Entsprechend sind nur drei Seiten der Pinakothek nach innen geneigt, während die vierte (die ö.) als zum N-Flügel gehörig (seine W-Wand) zu dessen Innerem geneigt ist. Abgesehen davon beträgt das Blockmaß dieser Wand 1,178 m, bei den drei and. (der Pinakothek) dagegen rund 1,24 m. – Die Abfolge der Höhen der Flügelbauten und damit ihre archit. Abstufung ist nicht zufällig: Die Firstziegel des N-Flügels hätten unmittelbar unter dem Geison des Dachs des Mittelgebäudes gelegen, und die w. Traufe (kein Geison, nur Ziegel) hätte knapp (mit Hilfe von zwei ca. 1,3 x 1,3 m, den Spezialziegeln des SW-Flügels ähnl. Bauteile) den Firstziegeln des Dachs der Pinakothek angepaßt. Um dieses Ergebnis zu erreichen, erhielt das Dach der Pinakothek einen ungewöhnl. (ca. 1:5) kleinen Neigungswinkel. Von der archit. Seite her war dies mögl., da kein Giebel vorhanden war. Das Dach des großen Flügelbaus (Giebeldach, nicht Walmdach) hätte dagegen dieselbe Neigung wie das Dach des Mittelgebäudes, die wiederum mit derjenigen des Dachs des Parthenon (etwas weniger als 1:4) übereinstimmte und parallel zu dieser verlief. M. hat mit sehr großem Geschick das Gefüge des Baukörpers konstruiert und hierfür einfache arithmet. Korrelationen gefunden: größere zu kleinere Ordnung ca. 3:2. Gleichzeitig war die auf dem höheren Niveau stehende ö. Hauptseite des N-Flügels zu derjenigen der Pinakothek gleich hoch geplant. Der Fußboden des Flügels hätte auch dem höheren Niveau entsprochen. Der einräumige N-Flügel mit einem oder mehreren Eingängen im O hätte keine horizontale Decke erh., sondern nur ein Dach. Jedoch hat M. entlang der gesamten Länge und Breite des Raums ein horizontales Gesims angebracht. Für die Pfetten des Daches hat er an der W-Wand eine Serie von Balkennester von rund 0,59 m Breite vorbereitet, für den mächtigen Firstbalken ein Nest in der S-Wand und für die letzte ö. Pfette eine „schräge Abarbeitung" (s.u.). Drei axial und im gleichen Abstand angeordnete Säulen mit einer Höhe von rund 8,19 m hätten den mächtigen Firstbalken getragen. Das Hauptcharakteristikum der beiden Giebelfassaden des Mittelgebäudes ist die zur Verbreiterung der Durchgangsrampe erfolgte Vergrößerung des Mitteljochs um 50 Prozent, d.h. um die Summe der Breite einer Triglyphe und einer Metope über dem mittleren Abschnitt des Architravs (was nahezu eine Verdopplung des Säulenabstands ausmacht: von etwa 2,05 m auf etwa 3,85 m). Das dorische Gebälk der sechssäuligen Fassade wird auf den Seiten weitergeführt und nur an den Stellen unterbrochen, an denen die Dächer der Flügelbauten anstoßen. Das Innere des Mittelgebäudes, dessen Türwand sehr viel näher zur O-Fassade hin gelegen ist (ihre Achse liegt auf 2/3 des an den Außenkanten gemessenen Stylobats), ist in zwei Räume geteilt, näml. einen großen (Tiefe rund 15,30 m) mit drei ionischen Säulen (Höhe 10,29 m) zu seiten der Mittelrampe und einen kleineren (Tiefe rund 7 m). Die ganz aus Marmor gearbeiteten Decken der beiden Säle waren mit horizontalen Kassetten geschmückt. Die Türwand besitzt fünf Durchgänge. Aufgrund der höheren Lage des O-Raums wurde vor der Türwand eine fünfstufige Treppe erforderlich, und es ergab sich eine „eigenwillige Giebelform" oberhalb der Türwand zw. den beiden unterschiedl. hoch gelegenen Dächern. – Mit der vorgesehenen Realisierung der Flügelbauten steht ein sehr wichtiges Element des Entwurfs in Zusammenhang: die Verschmälerung der Seitenwände des Mittelgebäudes. Hätte das Gebäude frei gestanden (wie Jahrhunderte später die Kopie der Propyläen in Eleusis), dann wären die Wände nahezu von allen Seiten sichtbar gewesen und hätten folgl. so dick sein müssen (rund 1,35 m), wie dies die Anten (ca. 1,44 cm) fordern. M. hat jedoch einkalkuliert, daß die Wände nach der Voll. des vollst. Bauprogramms nicht allseitig sichtbar gewesen wären. Er verminderte deshalb ihre Stärke in Richtung auf die Flügelbauten um fast einen halben Meter, wobei er einen ökonom., einen funktionalen und einen archit. Zweck verfolgte: a) Materialeinsparung (d.h. über 400 t Marmor), b) Vergrößerung des Raums (um rund

13 m^2), c) Verselbständigung der Nebenseiten der Anten. Der auf der Wand aufliegende Teil der seitl. Gebälke der ö. Vorhalle mit den beiden darunter liegenden obersten Blocklagen der Wand liegt höher als der verschmälerte Teil der Wand und steht 0,46 m weit über. Der westlichste Block der untersten Reihe des Vorsprungs besitzt an seiner Unterseite die schon erw. „schräge Abarbeitung", die mit der Anbringung des Dachs zu tun hat. Dieses berühmte bautechn. Detail, das von der Weitsicht des M. zeugt, verlangt Bewunderung ab. Dennoch ist vorgebracht worden, daß die Lage und der Winkel der Abschrägung in keinem guten Verhältnis zur Höhe, Stärke und Funktion eines richtigen Daches stehe. Diese Behauptung träfe zu, wenn die an der Wand anliegende Pfette des Holzdachs in gesamter Breite unterhalb der Abschrägung verlaufen würde. Die Breite der Nester (rund 0,59 m), die erhebl. größer ist als die des Vorsprungs (rund 0,46 m) des abgeschrägten Blocks, hätte in diesem Fall jedoch die Verwendung einer abgearbeiteten, L-förmigen Pfette erlaubt. Diese Form ist den Türlaibungen mit Π- oder L-förmigem Querschnitt vergleichbar, die massive, tragende Bauelemente vortäuschen, aber auch mit den Marmorbalken des Tempels des Apollon Epikourios, die ebenfalls einen Π- bzw. L-förmigen Querschnitt besitzen. M. ließ von der nicht sichtbaren Seite der Pfette etwa 0,35–0,39 x 0,46 m abarbeiten, der dann an die steinerne Stütze des vorkragenden Gebälkteils angesetzt wurde, wo dies offensichtl. notwendig war (der äußerste Block des Architravs liegt insgesamt auf dem Überhang)! – Der hist. und funktionale Hintergrund der *Propyläen* stellt sich folgendermaßen dar: An der Stelle des Mittelgebäudes hatten sich die älteren Propyläen der Akropolis erhoben. Ungefähr an der Stelle der Pinakothek stand das sog. *Gebäude B*. Nördl. des Mittelgebäudes erhob sich der an die N-Mauer gelehnte sog. *Nordwest-Bau*. An der Stelle des W-Flügels gab es einen offenen oder halboffenen Platz mit Stufen, Orthostaten usw. Die Nachbarschaft der erw. Bauten war zwar außerordentl. eng, doch erhob sich jeder von ihnen auf einem and. Niveau, besaß eine eigene archit. Gestalt und eine unterschiedl. Ausrichtung. Neue Ideen, die gerade erprobt wurden, führten zum Ersatz nicht nur der alten Propyläen, sondern auch der übrigen Nachbarbauten durch andere, die der neuen Epoche würdiger waren, d.h. größeren, höheren und aus Marmor errichteten. Der Architekt entwarf die Idee von der Zusammenführung dieser Gebäude innerhalb einer bisher nicht gesehenen Komposition. Die alte Autonomie dieser Gebäude wurde der neuen Idee geopfert. Auf diese Weise entstand das älteste Beispiel einer orthogonalen Komp. eines zentralen Baukörpers mit symmetr. Flügelbauten in Π-Form und mit einem archit. gestalteten Vorplatz. – Die Begabung des Architekten M. zeigt sich auch in den Veränderungen, die er seinen Plänen auferlegen mußte. Ein gutes Beispiel ist die durch mehrere Planänderungen entstandene W-Fassade des SW-Flügels. Dieser einmalige, notwendigerweise unkanon. und reduzierte Entwurf ist später wegen seiner Leichtigkeit und Originalität gelobt worden und liegt der Fassade des berühmten choregischen Mon. des Thrasyllos zu Grunde. Das Bauwerk ist erstmals von Stuart und Revett, und zwar noch vor den *Propyläen*, publ. worden und hat zahlr. Architekten v.a. in England inspiriert. Die *Propyläen* selbst sind bereits in der Antike und auch später kopiert worden. Bemerkenswerte Kopien sind die Großen Propyläen in Eleusis, das Brandenburger Tor in Berlin und die Propyläen auf dem Königsplatz in München. – Im Gegensatz zur revolutionären Neuartigkeit der archit. Komp. zeichnen sich die archit. Einzelformen ledigl. durch ihre vorzügl. Qualität aus. Die dorischen Elemente kopieren diejenigen des Parthenon ebenso wie die kleinen Astragale über den Triglyphen. Die ausgezeichneten ionischen Kapitelle, die denjenigen des Tempels der Athena Nike, des Tempels am Ilissos und einiger and. Gebäude eng verwandt sind, wenn sie nicht auch Ähnlichkeiten mit den (leider nicht bek.) Kapitellen des Parthenon aufgewiesen haben, sind möglicherweise die ältesten ihrer Art. Sie trugen zw. den Voluten reichen pflanzl. Metalldekor und auf den Kissen zw. den Riemchen bemalte Akanthusblätter. Die Deckenbalken wiederholen diejenigen des Parthenon. Ihre Seiten waren in der gesamten Länge und Breite mit gemalten Helices, Lotus und Palmetten geschmückt, ein Dekorsystem, das beim Hephaistos-Tempel wiederkehrt. – Sogar nach heutigen Gesichtspunkten sind die Fähigkeiten des M. auch als Bauingenieur als außergewöhnl. einzustufen. Zur Gewichtsverminderung des Gebälks über dem Mitteljoch des Mittelgebäudes verband er die darüber liegenden Triglyphen und Metopen zu geeigneten monolithen Einheiten, während in die ionischen Architrave der großen Decke Eisenverstärkungen eingelassen wurden. Ähnl. genial ist die Unterstützung des steinernen Vorsprungs über der bek. Abschrägung zu Lasten der Holzpfette. Die Konstruktion schließl. des dreiseitigen, sehr flachen Dachs der Pinakothek über einer flachen Decke, wo keine irgendwie geartete sichtbare Krümmung geduldet werden konnte, muß M. vor schier unlösbare Probleme gestellt haben. ▭ ThB24, 1930. RE XV. 2, 1932 (s.v. M.

3); EAA V, 1963; LAW, 1965; KlP III, 1969 (s.v. M. 3); DA XXI, 1996. – *W. Dörpfeld*, AM 10:1885, 38–56; *L. T. Shoe*, Hesperia, Suppl., 8:1949, 341–352; *J. A. Bundgaard*, Mnesicles, Kph. 1957; *I. C. Tiberi*, Mnesicle, l'architetto dei Propilei, R. 1964; *A. Linfert*, AM 93:1978, 25–34; *H. Büsing*, JdI 99:1984, 39; *W. B. Dinsmoor jun.*, Preliminary planning of the Propylaia by Mnesicles, in: Le dessin d'archit. dans les soc. antiques. Actes du Colloque de Strasbourg, 26–28 janvier 1984, Straßburg 1985, 135–147; *B. Wesenberg*, Die Propyläen der Akropolis in Athen, Schriftenreihe der Univ. Regensburg 15:1988, 9–57; *Svenson-Evers*, Architekten, 1996, 11; *P. Hellström*, A premnesiclean Hestiatorion on the Athenian Acropolis, in: *B. Magnusson/S. Renzetti u.a.* (Ed.), Ultra terminum vagari. Scritti in onore di Carl Nylander, R. 1997, 119–127; *W. Hoepfner*, Propyläen und Nike-Tempel, in: *id.* (Ed.), Kult und Kultbauten auf der Akropolis. Internat. Symposion vom 7.–9. Juli 1995 in Berlin, B. 1997, 160–177.

M. Korres

Mnesistratos (Μνησίστρατος), aus Athen, griech. Bildhauer, zu unbestimmter Zeit in Kameiros tätig. Nur bek. durch seine Sign. auf einer Basis aus Kameiros. 🕮 EAA V, 1963. – *M. Segre/G. Pugliese Carratelli*, ASAtene 27–28:1952, 178, Nr 17. R. V.

Modicus, röm. Mosaizist, im 2. Jh. n. Chr. in Bavay tätig. Nur bek. durch seine Sign. auf einem *Mosaik* aus Bavay *mit der Darst. von Tieren* (zerst.; CIL, XIII, 3577). 🕮 EAA V, 1963. – *H. Stern*, Rec. général des mosaïques de la Gaule, I. 1, P. 1957, 76 s., Nr 113, Taf. 40; *Donderer*, Mosaizisten, 1989, 99, Nr A 73. R. V.

Mokianos (Μωκιανὸς), Sohn des Probolios, Silberschmied (ἀργυροτέχνης) des 4.–5. Jh. n. Chr. in Herakleia Perinthos (Marmara Ereğlisi). Bek. nur durch seine heute verschollene christl. Grabinschrift. 🕮 *M. H. Sayar*, Perinthos-Herakleia (Marmara Ereğlisi) und Umgebung, Gesch., Testimonien, griech. und lat. Inschr., W. 1998, Nr 183; *C. Asdracha*, ADelt 51–52, 1996–97 [2000], Mel. 359 s., Nr 180. M. Dennert

Molas cf. **Epidedos (KLA II, Addendum)**

Molossos (Μολοσσός), Münzstempelschneider, in der 1. H. 4. Jh. v. Chr. in Thurioi/Lukanien tätig. Auf *Nomoi* (Didrachmen) des in Thurioi übl. Typs mit dem behelmten Kopf der Athena auf der Vorderseite und einem nach rechts stoßenden Stier auf der Rückseite erscheint die Künstler-Inschr. ΜΟΛΟΣΣΟΣ oder ΜΟΛΟΣΣΟ bzw. in einem Falle ΜΟΛΟΣ[ΣΟ]Σ ΕΠ[Ο]Ε[Ι] (SNG Lloyd, Nr 480) in kleinen Buchstaben auf der Abschnittslinie der Rückseite, in ders. Weise wie auch die beiden and. aus Thurioi bek. Stempelschneider, → [H]istor[os] und → Nikandros (I), signierten. Die Dat. dieser *Nomoi* schwankt in der Lit. zw. 404–388 v. Chr. (Forrer, 1906) und 360–340 v. Chr. (Numismatica Ars Classica, 1998). Einige Münzen tragen außerdem auf der Vorderseite, eingraviert in den Nackenschutz des Helmes der Athena, ein „M". Entgegen der Deutung von Forrer (1906, 237) handelt es sich hierbei jedoch nicht um den Initialen des Stempelschneiders, sondern eher um den Namen eines Magistraten (so bereits Brunn, GGK, II, 1889, 296), wie der Vergleich mit and. Münzen desselben Typs aus Thurioi nahelegt: So ist die Künstler-Sign. des M. auf der Rückseite nicht zwangsläufig mit dem Buchstaben „M" auf der Vorderseite verbunden, letzterer kann fehlen, kann aber auch durch einen oder mehrere and. Buchstaben ersetzt werden (z.B. Forrer, 1906, 244, Nr 4 mit „TE" in Ligatur). Andererseits erscheint das „M" auch allein, ohne die Sign. auf der Rückseite, ebenso wie eine Reihe weiterer Buchstaben oder Buchstabengruppen auf dem Nackenschutz des Helmes bzw. im Feld dahinter nachzuweisen ist. 🕮 ThB25, 1931. RE XVI. 1, 1933 (s.v. M. 4); EAA V, 1963. – *L. Forrer*, Notes sur les sign. de graveurs sur les monnaies grecques, Br. 1906, 237 s., 241–244; SNG Lloyd, Lo. 1933, Nrn 477–480; SNG ANS, N. Y. 1972, Nrn 1020–1029; *H. A. Cahn u.a.*, Griech. Münzen aus Grossgriechenland und Sizilien (K Antiken-Mus. Basel und Slg Ludwig), Basel 1988, 57, Nr 177; Numismatica Ars Classica AG, Auktion 13, Zürich, 8. Oktober 1998, Nr 177. Th. Ganschow

Molsos (Μόλσος), angebl. griech. Bildhauer unbestimmter Zeit. Nur bek. durch eine Inschr. auf einem Relief aus Dirmil/Türkei mit der Darst. eines Blitzes. Wahrsch. handelt es sich hier um den Stifter der Stele und nicht um den Künstler. 🕮 EAA V, 1963. – *Loewy*, IGB, 1885, 396, Nr 449 a.

R. V.

Monetius Philogenes, *P.*, röm. Vasenhersteller, z.Z. des Augustus (31 v. Chr.-14 n. Chr.) in Rom tätig. Nur bek. durch seine Grab-Inschr. aus Rom (CIL, VI, 9953). 🕮 *H. Gummerus*, Klio 14:1914, 156 ss., Nr 105; *Calabi Limentani*, Studi, 1958, 171, Nr 152; *Solin*, GPR, I, 1982, 160. R. V.

Monnica, Bildhauer aus Theveste/Numidien, tätig in hadrianischer Zeit (zw. 117 und 138 n. Chr.). Der Name M. wird in einer Inschr. eines Architravs gen., welcher in Theveste gefunden wurde. Die Inschr. lautet: ... MONNICA F(ECIT) EX OFICINA(A) ADRIANI. – Bedeutsam ist, daß der Wortlaut dieser Inschr. über die einfachen *ex officina*-Formeln, die man z.B. von Ziegelstempeln kennt, hinausgeht: Sie nennt nicht nur obligatorisch den Inhaber der Wkst., sondern darüber hinaus einen einzelnen, dort tätigen Handwerker. – Marrou (1967) hebt für eine Inschr. auf einem Kalksteinbecken aus Bir Baktach/ Algerien hervor, daß sich diese Erweiterung der Standardformel bes. häufig in Inschr. aus Afrika der byz. Zeit findet. Eine derart späte Dat. ist für die vorliegende Inschr. jedoch nicht anzunehmen: Einen deutl. Hinweis auf die zeitl. Einordnung der Bildhauertätigkeit M.s bietet der Name des Wkst.-Besitzers, Adrianus. – Gängiger Brauch der röm. Kaiserzeit war die Benennung der eig. Person bzw. der Nachkommenschaft nach dem Namen des herrschenden Imperators. Dementsprechend deutet Adrianus in die Reg.-Zeit des Kaisers Hadrian (→ Hadrianus). ▭ EAA, Suppl., 1973. – CIL, VIII, 27959; *H. I. Marrou*, BAAlger, I, 1962–65:1967, 241. A. Backe

Monnus, röm. Mosaizist, im 3. Jh. n. Chr. in Trier tätig. Nur bek. durch seine Sign. auf einem *Mosaik* mit der Darst. von Dichtern, Musen, Monaten und Jahreszeiten aus Trier (heute in Trier, Rhein. LM; CIL, XIII, 3710). Dem Stil nach gehört sein Mosaik zu den besten aus röm. Zeit in Deutschland. ▭ ThB25, 1931. RE XVI. 1, 1933; EAA V, 1963. – *G. Lippold*, RM 33:1918, 10 ss., Abb. 5 s.; *J. Fink*, Gymnasium 66:1959, 491 ss., Taf. 21; *K. Parlasca*, Die röm. Mosaiken in Deutschland, B. 1959, 24 ss., 41 ss., Taf. 42–47; *Richter*, Portraits, I, 1965, 55, 57, Abb. 128; II, 228, Abb. 1516, p. 240, Abb. 1656; *Donderer*, Mosaizisten, 1989, 99 s., Nr A 74, Taf. 43; *Dunbabin*, MGRW, 1999, 271, Anm. 11. R. V.

Monomachos (Μονόμαχος), griech. Koroplast, im 3. Jh. n. Chr. in Thessaloniki tätig. Nur bek. durch seine Sign. auf einer *Tonstatuette der Aphrodite* aus der O- Nekropole von Thessaloniki (Thessaloniki, Archäol. Mus.; P. Petsas, ADelt 23 B:1968, 332 mit Abb.; id., Makedonika 9:1969, 151 mit Abb.; S. Korti-Konti, Ἡ κοροπλαστικὴ τῆς Θεσσαλονίκης, Thessaloniki 1994, 114 s., Nr 90 mit Abb.; SEG, XLVI, 1996, 231, Nr 822). R. V.

Moqimu (mqymw), Bildhauer und Architekt aus Syrien, im 2. Jh. n. Chr. tätig. Von M. sowie seinen Fam.-Mitgl. sind in einer Gruppe der sog. palmyrenischen Reliefs bildl. Darst. erh.: – 1.) Auf einem reichverzierten *Relief* im Mus. von Damaskus (Inv. Nr 15028), dessen Fundumstände ungeklärt sind, werden die Büsten des Künstlers und seiner Ehefrau namens Tadmor (zugleich der syr. Name für Palmyra) gezeigt: Frisur und Büstenausschnitt lehnen sich an röm. Vorbilder aus trajanisch-hadrianischer Zeit an und sind demnach in die 1. H. des 2. Jh. n. Chr. zu datieren. Eine Inschr. auf dem Reliefgrund neben der Darst. Tadmors gibt ihr genaues Sterbedatum an: der 29. des Monats Sîwân im Jahre 459 der seleukid. Zeitrechnung (d.h. der 29. Juni 148 n. Chr.). Das Relief ist in der Form der Längsseite eines Totenbettes palmyrenischen Typs gearbeitet, wobei die Büsten M.s und seiner Frau im ausgefüllten Grund zw. den gedrechselten Beinen zu sehen sind. Rechts von der Büste des M. befindet sich eine weitere Inschr. in palmyrenischer Schr. mit folgendem Wortlaut: „Ach! Moqîmû der Künstler, Sohn von Nûrbêl, Sohn von Zabdâ." Die zu Tadmor gehörende Inschr. gibt nicht ihre Abstammung, sondern vielmehr ebenso die Filiation des Ehemannes an. – 2.) Ein *Porträt* in New York (Metrop. Mus.), welches gleichfalls Tadmor zeigt, war in der genauen Lesart des Sterbedatums aufgrund eines die Inschr. verunklärenden Bruchs umstritten; das Relief in Damaskus (*Nr 1*) liefert die Bestätigung der Dat. 148 n. Chr. auch für das New Yorker Stück. – Die berufl. Tätigkeit des M. (in der Inschr. mit „MN" angegeben) wird in einem Detail auf dem Reliefgrund, links neben der Büste des Künstlers, bildl. wiedergegeben: Es handelt sich um ein Richtmaß, ein Lineal, welches in der palmyrenischen Kunst selten dargestellt ist. Der Genannte war also (auch) als Architekt tätig. – 3.) Auf einem weiteren *palmyrenischen Relief* (New York, Metrop. Mus.) sind die Nachkommen des M., Zabdibôl mit den Kindern Tadmôr, Moqîmû und 'Aliyat, zu sehen – die Reliefs der palmyrenischen Fam. des 2. Jh. n. Chr. stammen sicher aus dem gleichen Grabzusammenhang. ▭ CIS, II, 4258, 4259, 4262; *H. Ingholt*, Studier over palmyrenske Skulptur, Kph. 1928, PS 13, 16, 37, 67, 420, Taf. 11, 4; *J. Sabeh*, AAS 3:1953, 17–26, Taf. 1, 2; *M. A. R. Colledge*, The Art of Palmyra, Lo. 1976, 23, 74, 154. – *Zur Gattung der Palmyrenischen Reliefs*: *A. Böhme/W. Schottroff*, Palmyrenische Grabreliefs, Ffm. 1979; *K. Parlasca*, RM 92:1985, 343 ss.; *K. Tanabe*, Sculptures of Palmyra, I, To. 1986; *G. Ploug*, Cat. of the Palmyrene Sculptures (K Kopenhagen, Ny Carlsberg Glyptotek), Kph. 1995. A. Backe

Moschidas (Μοσχίδας), Koroplast, im 4. Jh. v. Chr. in Tarent tätig. M. ist von den eingeritzten

Inschr. im Genitiv (ΜΟΣΧΙΔΑ) auf zwei Tonmatrizen aus Tarent – eines liegenden Symposiasten (Bari, Mus. Archeol., Inv. Nr 3099) und einer Theatermaske (Bari, ibid., Inv. Nr 3100) – bekannt. ▭ LGPN, III. A, 1997 (s.v. Μοσχίδας 2). – *B. Neutsch*, RM 68:1961, 163; *F. Ferrandini Troisi*, Epigrafi „mobili" del Mus. Archeol. di Bari, Bari 1992, 102 s., Nrn 90 s. M. Steinhart

Moschos (Μόσχος), Sohn des Moschos, Bildhauer aus Phrygien, in der 1. H. des 2. Jh. n. Chr. tätig. Nur bek. durch die Doppel-Sign. auf einer *Hera-Statue* aus Aspendos im Mus. von Antalya (E. Atalay, Weibliche Gewandstatuen des 2. Jahrhunderts n. Chr. aus ephesischen Werkstätten [DenkschriftenWien 206], W. 1989, 69 s., Nr 6, Abb. 12), die M. zus. mit seinem aus Synnada stammenden Kollegen → Kallippos (II) (KLA II, Addendum) gearbeitet hat. Die beiden Bildhauer sind zweifellos aus den Wkstn in der Nähe der kaiserl. Marmorbrüche bei Dokimeion hervorgegangen, deren administratives Zentrum im benachbarten Synnada, dem Herkunftsort des → Kallippos (II) (KLA II, Addendum), lag. T. Lochman

Mose → Mes (I)

Mosschion cf. **Adamas**

Mousikos (Μουσικός), griech. Steinschneider oder wahrsch. eher Besitzer einer Gemme unbestimmter Zeit. Nur bek. durch die Namensbezeichnung im Genitiv auf einer *Gemme mit der Darst. des Harpokrates*. Die Genitivform spricht eher für eine Besitzer-Inschr. und gegen eine Künstler-Signatur. ▭ EAA V, 1963. – *Brunn*, GGK, II, 1889, 422. R. V.

Mousos (Μοῦσος), griech. (Bronze-)Bildhauer unbestimmbarer Zeit, in Olympia tätig. Die einzige Quelle zu diesem Bildhauer (Paus., 5, 24, 1) weiß von M. ledigl. zu berichten, daß er der Schöpfer einer *bronzenen Statue des Zeus* im Heiligtum von Olympia war. Die Statue stand auf einer ebenfalls aus Bronze angefertigten Basis und war eine Weihegabe des Demos der Korinthier. Sie befand sich zw. den Altären des Zeus Leoitas und des Poseidon Leoitas, d.h. vermutl. vor der O-Front des Zeustempels. Dort fand man ein großes Fundament, in dem L. Weniger (1915) die Reste des von Pausanias erw. Doppelaltars erkennen wollte. – Der nur selten vorkommende Name M. ist noch einmal in einer Inschr. aus Sikyon überliefert (IG, IV, 425), die aus der M. des 5. Jh. v. Chr. stammen könnte. Viell. ist dies ein Indiz für die Verbindung des Bildhauers mit der für ihre Bronzebildhauer berühmten Stadt. ▭ ThB25, 1931 (s.v. Musos). RE XVI. 1, 1933 (s.v. Musos); EAA V, 1963. – *Overbeck*, SQ, 1868, Nr 2080; *Brunn*, GGK, I, 1889, 364; *L. Weniger*, Klio 14:1915, 102 ss.; *Jeffery*, LSAG², 1990, 143, Nr 16. J. Bauer

Mucius, *Gaius* (nicht „Mutius" wie in ThB, 1931, 297), röm. Architekt des 2. bis 1. Jh. v. Chr. Nur bei → Vitruvius (3, 2, 5; 7, praef. 17) erw., der seine Fachkenntnis rühmt und ihn als führenden röm. Architekten neben → Cossutius stellt. M. wird gelegentl. in der Nachf. des → Hermogenes (III) (A. Birnbaum, Vitruvius und die griech. Archit., DenkschriftenWien 57, 4, 1914, 60 s.; Gullini, 1991, 488) oder des → Hermodoros (Gros, 1990, 88) angesehen. Die Beziehungen, die der Bauherr C. Marius zu dem Augur Q. Mucius Scaevola unterhielt, machen es wahrsch., daß M. seinem Namen nach zur Klientel der Mucii Scaevolae gehörte (RE, 1933). M. erbaute den nicht erh. *Tempel für Honos und Virtus* in Rom, den C. Marius nach dem Sieg über die Kimbern und Teutonen 101 v. Chr. aus der Kriegsbeute stiftete (CIL, I², 195, Nr 18). Der Tempel war ein Peripteros *sine postico*, ohne hintere Halle (anders: Ferri, 1953), den → Vitruvius wegen seiner *symmetria* und kunstvollen Ausf. zu den bedeutendsten Bauwerken zählen würde, wenn er aus Marmor errichtet worden wäre. In ihm fanden gelegentl. Senatssitzungen statt (Cic., div., 1, 59; Sest., 116; Planc. 78; Quellen zum Tempel bei G. Lugli, Fontes ad topographiam veteris urbis Romae, XVII, R. 1969, 356–358). Der Tempel wird meist auf oder am Fuße der Arx (zuletzt S. Dušanić, Germania 56:1978, 464), neuerdings aber auf der Velia an der Via Sacra (Richardson, 1978 und 1992; F. Coarelli, Il Foro Romano, I, R. 1983, 102 s., Abb. 33) lokalisiert. – Wenig wahrsch. ist eine Verbindung (EAA II, Suppl. III, 1995; Cifarelli, 1995) mit dem in einer griech. Inschr. gen. Architekten → Mutius, Quintus (ablehnend auch AE 1995, Nr 264). ▭ ThB25, 1931 (s.v. Mutius). RE XVI. 1, 1933 (s.v. M. 4); EAA V, 1963; EAA 2. Suppl. III, 1995; KlP III, 1969 (s.v. M. 17); *D. Palombi*, in: LTUR, III, 1996, (s.v. Honos et Virtus, aedes Mariana). – *H. Riemann*, AA 1952, 28 s.; *S. Ferri*, PP 8:1953, 214 ss.; *F. Castagnoli*, RM 62:1955, 139 ss.; *P. Gros*, MEFRA 1973, 137 ss., bes. 144, Anm. 3, p. 155 s.; *L. Richardson Jr.*, AJA 82:1978, 240 ss.; *B. Wesenberg*, Beitr. zur Rekonstr. griech. Archit. nach lit. Quellen, B. 1983 (AM, Beih., 9), 171 ss.; *Müller*, Architekten, 1989, 181 s.; *Vitruve*, De l'archit., ed. *P. Gros*, livre III, P. 1990, 88 s.; *G. Gullini*, in: *B. Andreae* (Ed.), Princeps Urbium. Cultura e vita sociale nell'Italia romana, Mi. 1991,

488; *Richardson*, TopRome, 1992, 190, s.v. Honos et Virtus, Aedes (2); *F. M. Cifarelli*, in: Tra Lazio e Campania. Ricerche di storia e di topografia antica. Quad. del Dipartimento di Scienze dell'Antichità, Università di Salerno 12:1995, 159–188.
C. Leschke

Muri[...],, röm. Bildhauer, in der 2. H. des 2. und/oder im 3. Jh. n. Chr. in Cherchel/Algerien tätig. Nur bek. durch seine Sign. auf einer Plinthe einer *Marmorstatuette der halbbekleideten Venus mit Delphin zu ihren Füßen* aus dem n. Saal des Frigidariums der Thermen von Cherchel/Algerien (heute Cherchel, Mus., Inv. Nr S 39; CIL, VIII, 21082: dort ist die Sign. zu Murisius erg.). Die leider unvollst. und nicht genau zu erg. Inschr. zählt zu den ganz seltenen Künstler-Sign. aus N-Afrika. ꟷ RE XVI. 1, 1933; EAA IV, 1961 (s.v. Marmorarius). – *S. Gsell*, Cherchel, antique Iol-Caesarea, Algier 1952, 58, Nr 61; *Calabi Limentani*, Studi, 1958, 166, Nr 113; *H. Manderscheid*, Die Skulpturenausstattung der kaiserzeitl. Thermenanlagen, B. 1981, 128, Nr 527; *C. Landwehr*, Die röm. Skulpturen von Caesarea Mauretaniae. Denkmäler aus Stein und Bronze. I. Idealplastik. Weibliche Figuren benannt, B. 1993, 30 s., Nr 12, Taf. 22 s. R. V.

Mus. Primus, *Q.*, röm. Ringhersteller, im 1. Jh. n. Chr. in Piacenza tätig. Nur bek. durch seine Grab-Inschr. aus Piacenza (CIL, XI, 1235). ꟷ EAA I, 1958 (s.v. Anularius). R. V.

Musilus, röm. Toreut, in der 2. H. des 1. Jh. n. Chr. in N-Italien (?) oder Niedergermanien tätig. Nur bek. durch seine Sign. auf einer *Bronzekelle* aus einer Grabkammer aus Rábakovácsi (Sárvár), Kom. Vas/Ungarn (heute Szombathely, Savaria Muz., Inv. Nr 62. 6. 2/a). ꟷ *E. B. Bónis*, Savaria 16:1982 (1983), 291 ss., Abb. 5, 5; 7, 2–5; *R. Petrovszky*, Stud. zu röm. Bronzegefäßen mit Meisterstempeln, Buch am Erlbach 1993, 158, Nr M.09, p. 273, Nr M.09.01, Taf. 20. R. V.

Musonius (Μουσώνιος), byz. Architekt, im 6. Jh. n. Chr. in Konstantinopel tätig. Nur bek. durch ein Epigramm des Agathias Scholasticus (Anth. Pal., 9, 677), in dem er eingeladen wird, ein schönes Haus zu bauen. ꟷ RE XVI. 1, 1933 (s.v. M. 19); EAA V, 1963. R. V.

Musos → Mousos

Mustius, röm. Architekt, um 100 n. Chr. tätig. Nur bek. durch Plinius d.J. (epist., 9, 39), der den Architekten, mit dem er befreundet war, beauftragt hat, einen *Cerestempel* und eine *Halle* auf einem seiner Güter umzubauen. Plinius schätzte v.a. seine Begabung, das Gelände gekonnt in die Archit. einzubinden. ꟷ ThB25, 1931. RE XVI. 1, 1933; EAA V, 1963. – *Donderer*, Architekten, 1996, 56, 74. R. V.

Mutius, *Caius* → **Mucius,** *Gaius*

Mutius, *Quintus* (Κόιντος Μούτιος), röm. Architekt wahrsch. griech. Abstammung des 2.–1. Jh. v. Chr. Gen. in einer mosaikartig eingelegten griech. Inschr. an der Wand eines von ihm errichteten *Nymphäums* in Segni/Latium. Wohl ein Grieche, der nach seiner Freilassung den Namen seines röm. Patrons annahm. Cifarelli (1995) vermutet eine Zugehörigkeit zur Klientel der Mucii Scaevolae, v.a. des Konsuln von 117 v. Chr., Q. Mucius Scaevola, der ihn von seinem Prokonsulat in Kleinasien nach Italien mitgebracht haben könnte (ablehnend AE 1995, Nr 264). – Das *Nymphäum* ist eine an der s. Langseite offene, tonnengewölbte Exedra (erh. Größe 3,68 x 3,12 m) mit Resten von Wandmosaik (mit Muschelschalen) innerhalb eines ca. 5 x 10 m großen massiven Mauerblocks in *opus incertum*. An den beiden Schmalseiten befinden sich je zwei Nischen; an der dem Eingang gegenüberliegenden Langseite liegen je drei Nischen in zwei Stockwerken übereinander. In der Mitte der Sockelzone dieser Seite befindet sich die 19 x 96 cm große, gerahmte Inschr. des M. ꟷ EAA II., Suppl. III, 1995 (s.v. Mucius). – *F. M. Cifarelli*, in: Tra Lazio e Campania. Ricerche di storia e di topografia antica. Quad. del Dipartimento di Scienze dell'Antichità, Università di Salerno 12:1995, 159–188. C. Leschke

Myagros (Μύαγρος), aus Phokaia, griech. Bildhauer, in hellenist. Zeit tätig. Plinius (nat., 34, 16; Overbeck, SQ, 1868, Nr 2052; Muller-Dufeu, SculptureSource, 2002, 722 s., Nr 2090) zählt ihn unter den Erzgießern auf, die *Statuen von Athleten, Kriegern, Jägern und Opfernden* fertigten. → Vitruvius (3, praef. 2; Overbeck, SQ, 1868, Nr 2053; Muller-Dufeu, SculptureSource, 2002, 722 s., Nr 2091) nennt ihn als einen der Künstler, die trotz ihrer Begabung zu keinem Ruhm gelangt sind. ꟷ ThB25, 1931. RE XVI. 1, 1933; EAA V, 1963. – *Brunn*, GGK, I, 1889, 525. R. V.

Mykon (Μύκων), griech. Steinschneider, in der frühen Kaiserzeit tätig. M. signierte – 1.) einen *Karneol mit einer Muse*, die in den Anblick einer Herme versunken ist (Cambridge, Fitzwilliam Mus.) und – 2.) einen *Sard mit einem Männerkopf* (Aufbewahrungsort unbekannt). ꟷ ThB25, 1931.

RE XVI. 1, 1933; EAA V, 1963. – *A. Furtwängler*, JdI 3:1888, 317 s., Taf. 10, 20 (Nr 1) und 10, 22 (Nr 2); *id.*, AG, III, 1900, 355 mit Anm. 1; *Richter*, EngrGemsRom, 1971, 146, Abb. 684 (Nr 1) und 685 (Nr 2); *Zazoff*, AG, 1983, 321, mit Anm. 96, Taf. 94, 5. B. Lang

Mynnion (Μυννίον), aus dem Athener Demos Agryle, griech. Bildhauer, am E. des 5. Jh. v. Chr. in Athen tätig. Nur bek. durch die Abrechnungen der Arbeiten des Jahres 408 v. Chr. am Erechtheion in Athen, nach denen er für 127 Drachmen am Fries *einen Mann, der ein Pferd schlägt*, und eine *Stele* fertigte (IG, I, 323; IG, I², 374; IG, I³, 476; Overbeck, SQ, 1868, Nr 860; Loewy, IGB, 1885, 356 s., Nr 526; Muller-Dufeu, SculptureSource, 2002, 366 s., Nr 1053). ▭ ThB25, 1931. RE XVI. 1, 1933; EAA V, 1963. – *J. M. Paton/G. P. Stevens/L. D. Caskey/H. N. Fowler*, The Erechtheum, Ca., Mass. 1927, 388 s., Fragm. XVII, Spalte 1, Zeilen 11–14, p. 406, Fragm. XVII, Spalte 1, Zeile 14, p. 422; *Lippold*, GrPl, 1950, 193, Anm. 3. R. V.

Myr[...] (Μυρ[...]), griech. Münzstempelschneider, ca. 415–410 v. Chr. in Akragas/Sizilien tätig. Nur bek. durch die Sign. ΜΥΡ[...] auf einem Münzstempel eines in Akragas geprägten Silbertetradrachmons, das ein Viergespann in lebhafter Bewegung zeigt. Die Sign. wurde zuerst im Kat. BMC, Sicily, 1876, Nrn 53 s., beschrieben. Unsignierte syrakusan. Stempel (bes. Tudeer, 1913, V22-V25) haben M. als Prototyp gedient. M. war künstl. bedeutend, und sein meisterhafter Stempel steht den Vorlagen nicht nach. M. und sein Kollege → Polyai[...] sind die einzigen in Akragas signierenden Stempelschneider, die uns bekannt sind. Beide haben an den Tetradrachmen mit Vorderseite Quadriga und Rückseite Adlerpaar gearbeitet. Der von M. sign. Quadriga-Stempel ist mit zwei ähnl. Adlerseiten-Stempeln gekoppelt und steht ganz am Anfang dieser letzten Reihe von Tetradrachmen, die von ca. 415/410 v. Chr. bis zur Zerst. der Stadt im Punischen Krieg 406 v. Chr. geprägt wurden. Daß M. der Schöpfer des für Akragas neuen Münztyps (Quadriga) ist, wird dadurch klar, daß sein Stempel im Abschnitt eine kleine Skylla zeigt, die eng an die größere Skylla auf den vorausgehenden Tetradrachmen anschließt. C. Seltmann hat versucht, dem Künstler M. noch and. Vorderseiten-Stempel für Tetradrachmen sowie auch die beiden Viergespanne der berühmten, in wenigen Exemplaren bek. Dekadrachmen von Akragas zuzuschreiben. Diese Zuschreibungen bleiben aber fragl., für das Dekadrachmon sogar unwahrscheinlich. ▭ *L. Forrer*, Biographical dictionary of medallists, IV, Lo. 1909, 210 s.; *E. Bénézit*, Dict. des peintres, sculpteurs, dessinateurs et graveurs, VII, P. 1976, 632. – *R. Weil*, Die Künstler-Inschr. der sicilischen Münzen, 44. BWPr, 1884, 13; *L. Tudeer*, ZfN 1913, 255–257; *Ch. Seltmann*, NumChron 1948, 1–10, Taf. 1–4; *K. Jenkins*, Coins of Greek Sicily, Lo. ²1976, 49. U. Westermark

Myrmekides (Μυρμηκίδες), aus Milet (Ath., deipn., 11, 782 B; Ael., var. hist., 1, 17) oder Athen (Gal., protr., 9; vgl. außerdem Schol. Dion. Thr., 110, 58 s.), griech. Toreut unbek. Zeit. Wird meist zus. mit → Kallikrates (IV) genannt. M. werden Arbeiten kleinsten Ausmaßes, in der sog. Mikrotechnik (μικροτεχνία, vgl. Schol. Dion. Thr.; Overbeck, SQ, 1868, Nr 2194), aus Elfenbein (Plin., nat., 7, 85), Erz (Schol. Dion. Thr. und bei Theodosios, grammatike, 54) oder Marmor (Plin., nat., 36, 43) zugeschrieben. Nach Plinius (nat., 7, 85; 36, 43) fertigte M. ein winziges *Viergespann mit Lenker*, das von den Flügeln einer Mücke, und ein *Schiff*, das von den Flügeln einer Biene verdeckt werden konnte. Seine Arbeiten sind in der Überlieferung von denen des → Kallikrates (IV) schwer zu trennen. Inwieweit beide Künstler in einem Wettb. gegeneinander oder miteinander arbeiteten, bleibt ungewiß. Von beiden sollen *Ameisen* von so geringer Größe stammen, daß das Auge die einzelnen Glieder nicht voneinander unterscheiden konnte (Plin., nat., 7, 85). Ihnen wird ebenfalls nachgesagt, Homerverse auf ein Sesamkorn geschrieben zu haben (Plut., adv. Stoicos, 44, 5). Keines der Werke scheint in röm. Zeit erh. gewesen zu sein. ▭ ThB25, 1931. RE XVI. 1, 1933; EAA V, 1963. – *Overbeck*, SQ, 1868, Nrn 293, 2168, 2192–2201; *Brunn*, GGK, II, 1889, 275 ss. M. Seifert

Myro, röm. Maler, um 50 n. Chr. in Antium tätig. Nur bek. durch die Fasten in Antium, nach denen er u.a. zus. mit dem Maler → Ianuarius (I) im Jahre 50 n. Chr. im Beamtenkollegium war (CIL, X, 6638, C 2, 19). ▭ RE XVI. 1, 1933 (s.v. Myron 13); EAA V, 1963. – *Calabi Limentani*, Studi, 1958, 156, Nr 34. R. V.

Myro T. Statilius → Statilius Myro, *T.*

Myron (I) (Μύρων), aus Eleutherai, Vater des → Lykios (I), griech. Bildhauer, zw. 480 und 430 v. Chr. v.a. in Athen und dem Gebiet des attischen Seebundes sowie in Olympia, aber auch für Sparta tätig. Seine Herkunft aus der urspr. böotischen, im 5. Jh. v. Chr. attischen Grenzstadt Eleutherai überliefert Plinius (nat., 34, 57), während Pausanias (6,

2, 2; 8, 5; 13, 2) ihn wiederholt als Athener bezeichnet. – Da sein Sohn → Lykios (I) wohl schon vor der M. des 5. Jh. v. Chr. die Gestaltung des Weihegeschenks der Apolloniaten in Olympia als eig. Auftrag übernommen hat (F. Eckstein, Anathemata, B. 1969, 15 ss.), darf man den Beginn von M.s Schaffen zwei bis drei Jahrzehnte früher ansetzen. Dazu paßt Plinius' Angabe (nat., 34, 57), daß M. Schüler des Ageladas (→ Hageladas [I]) gewesen sei. – Die frühesten für M. bezeugten und mit einem festen Datum zu verbindenden Schöpfungen sind jedoch die *Statuen der Athleten Ladas* (Paus., 2, 19, 7; Anth. Gr., 16, 54; viell. ident. mit der von Paus., 2, 19, 7 ohne Künstlernamen gen. *Statue des Athleten* im Tempel des Apollon Lykios in Argos), der um 460 v. Chr. in Olympia den Wettlauf gewann, und des *Thimantes von Kleonai* (Paus., 6, 8, 4), der 456 v. Chr., ebenfalls in Olympia, im Pankration siegte, die jüngste die *Statue des Philippos von Pellana*, die erst nach 436 v. Chr. entstanden sein dürfte. Unwahrsch. ist jedoch die von Plinius gen. *Akme* in der 90. Olympiade (420–416 v. Chr.), zumal er dort nicht nur mit → Polykleitos (I), → Phradmon und → Pythagoras (I), sondern auch mit → Skopas (II) zusammen gen. wird, dessen Wirken erst im 4. Jh. v. Chr. nachzuweisen ist. Immerhin weiß Ausonius (epigr., 16) über M. zu berichten, daß er als Greis eine Nacht mit der damals noch jungen Hetäre Lais verbracht hat, welche Pausanias (2, 6, 5) zufolge erst im Zuge der athen. Syrakusexpedition als Mädchen von Sizilien nach Korinth verschleppt worden sei. – Ferner nennt Plinius M. *condiscipulus* und *aequalis* des → Polykleitos (I), was dafür spricht, daß beide etwa gleichaltrig waren. Über die Tatsache hinaus, daß M.s Sohn → Lykios (I) ebenfalls als Bildhauer erfolgreich war, sind keine weiteren persönl. Daten bekannt. – Bis auf eine *Statue der Hekate* auf Ägina, die aus einem einzigen Stück Holz bestand und von Pausanias (2, 30, 2) ausdrückl. von der dreileibigen Hekate des → Alkamenes (I) abgesetzt wird, und die *Marmorstatue einer trunkenen Alten* hat M. offenbar nur in Bronze gearbeitet, wozu Plinius (34, 9) hervorhebt, daß er im Gegensatz zu → Polykleitos (I) nicht delisches, sondern äginetisches Erz verwendete. Nur Martial (6, 92) spricht von einer von M. ziselierten *silbernen Schale*, während es nach Phaedrus (5, prol.) silberne Gefäße gab, auf denen sein Name gefälscht war. – In der antiken Lit. werden bes. viele Werke des M. genannt. Es sind deutl. mehr als bei seinen berühmten Zeitgen. → Pheidias (I) oder → Polykleitos (I). Doch bleiben die Angaben meist knapp. Außer dem bereits erw. *Holzbild der Hekate* hat er an Götterbildern eine *Apollonstatue* geschaffen, welche Marc Anton aus Ephesos entführte und Augustus aufgrund eines Traumgesichts den Ephesiern zurückgab (Plin., nat., 34, 58). – Eine weitere *Apollonstatue*, auf deren Schenkel der Name des Künstlers in kleinen Buchstaben aus Silber eingelegt war, hat Verres aus dem Asklepiostempel von Agrigent geraubt (Cic., Verr., 4, 43, 93). – Eine in Orchomenos erbeutete *Dionysosstatue* weihte Sulla auf den Helikon. Pausanias (9, 30, 1) nennt sie das sehenswerteste Werk des M. nächst seinem *Erechtheus*. Auf diesen *Dionysos* dürfte sich ein anonymes Epigramm (Anth. Gr., 16, 257) beziehen, welches bemerkt, daß der Gott durch M. zum zweiten Male dem Feuer entstiegen und in Erz neu geboren sei. – Im Heraion von Samos erw. Strabon (14, p. 637b) drei zus. auf einer Basis stehende *Kolossalstatuen*, einen *Zeus*, eine *Athena* und einen *Herakles*, die Marc Anton ebenfalls verschleppte, Augustus aber nach Samos zurückführte, bis auf den *Zeus*, für den er auf dem Kapitol einen Naiskos errichtete. Auf die Rückkehr von *Athena* und *Herakles* bezieht sich offenbar auch C. Scribonius in einer heute verschollenen Inschr. (Buschor, 1953, 59). – Eine and. *Heraklesstatue* stand in Rom nahe beim Circus Maximus „*in aede Pompei Magni*" (Plin., nat., 34, 57). – Eine dritte *Heraklesstatue* raubte Verres aus einem priv. Heiligtum des Mamertiners Heius. Zu dieser sagt Cicero (Verr., 43, 93), daß sie aus Erz bestand, eine bes. gute Arbeit sei und daher seiner Meinung nach zu Recht als M.s Werk ausgegeben wurde. Die Zuschr. war demnach umstritten. – Im Œuvrekatalog des M. führt Plinius (nat., 34, 57) einen *Satyr*, der die Flöten bewundere, und eine *Athena* auf. Da der Name der Athena dort die bis dahin eingehaltene alphabet. Ordnung durchbricht, dürfte der *Satyr* mit der *Göttin* eine *Gruppe* gebildet haben. Es wird wohl dieselbe sein, die – ohne den Namen des Künstlers zu nennen – Pausanias (1, 24, 1) beim Parthenon mit den Worten beschreibt: „dort steht auch eine Athena, die den Silen Marsyas schlägt, weil er die Flöten aufhob, welche die Göttin fortgeworfen wissen wollte". – An gleicher Stelle nennt Plinius einen *Perseus*, den auch Pausanias (1, 23, 7) auf der Akropolis von Athen erw. und hinzusetzt, daß der Heros „das Werk an der Medusa" vollbracht habe. Demnach war wohl deren Tötung dargestellt. – M.s Ruhm machten nicht zuletzt seine *Athletenbilder* aus. Neben den bereits gen. *Siegerstatuen des Thimantes*, des *Ladas* und des *Philippos* erw. Pausanias (6, 8, 4) *zwei Statuen*, welche der Lakedämonier Lykinos nach Olympia stiftete. Da dieser seinen ersten Sieg 448 v. Chr. errang, dürften die *Standbilder* zu den späteren Werken des Meisters gehört haben. – Eine *Statue* des M., die in Olympia neben der Stele des Lakedämoniers Chionis stand, wurde als dessen Darst. ausgegeben, was Pausanias (6, 13, 2) aus chronolog. Gründen ablehnt. In der Tat fallen die Siege des Chionis bereits in das frühe 7. Jh. v. Chr., doch konnte das Anathem durchaus postum gew. worden sein. – Ohne die Statuen im Einzelnen zu benennen, führt Plinius (nat., 34, 57) in M.s Œuvrekatalog ferner *delphische Pentathleten* und *Pankratiasten* auf. – Als *Siegerstatue eines Pentathleten* ist viell. auch der berühmte *Diskobol* zu verstehen, den Plinius' Œuvrekatalog jedoch eigens hervorhebt und den v.a. Quintilian (inst., 2, 13, 8) aber auch → Lukianos (Philops., 18) beschreiben. – Ferner nennt Plinius (nat., 36, 33) die *Marmorstatue einer „trunkenen Alten von besonderer Berühmtheit"* in Smyrna als Werk von „jenem M., der als Bronzebildner bekannt ist", womit der große klass. Künstler und nicht, wie häufig vermutet, einer seiner weniger angesehenen, jüngeren Homonymen (vgl. → M. [III]) gemeint sein dürfte. – In Plinius' Liste sind des weiteren *Säger* (*pristae*) aufgeführt und ein *Hund*. – *Vier Rinder* des M. standen um den Altar des Apollontempels auf dem Palatin (Prop., 2, 23, 7). – Sein berühmtestes Werk war die in vielen Epigrammen (Anth. Gr., 9, 713–742 und 793–798; Auson., epigr., 58–68; Ov., Pont., 4, 1, 34; Ael., nat. anim., epilog.) bejubelte, von Cicero (Verr., 4, 20) als eine der größten Kunstschätze von Athen gepriesene *Kuh*, welche als Weihegeschenk an Athena (Auson., epigr., 65) nach Tzetzes (hist. var., 8, 370) urspr. bei der Akropolis stand und später (Prok., Goth., 4, 21) in Rom auf dem Forum Pacis zu sehen war. – Am eindringlichsten und genauesten wird der *Diskobol* beschrieben, der, wie → Lukianos (Philops., 18) sagt, „sich beim Diskoswurf bückt, – in der Stellung also, (die Scheibe) zu entsenden, noch nach derjenigen (Hand) die ihm den Diskos gereicht hatte, sich umwendend, und dann mit dem anderen (Knie) sich ein wenig niederkauert, so als ob er sich zugleich mit dem Wurf in die Höhe richten werde" (übersetzt von N. Kaiser). Dagegen charakterisiert Quintilian (inst., 2, 13. 8) die Statue grundsätzlicher mit den Worten: „Was ist so verdreht und kunstvoll ausgearbeitet wie der *Diskobol* des Myron. Wenn dennoch einer dieses Werk als zu wenig aufgerichtet bezeichnet, fehlte dem nicht alles Verständnis der Kunst, in der doch das Schwierige und Neue ganz besonders lobenswert sind." – Beide Beschreibungen führen fast zwangsläufig zu der Identifizierung mit einer Skulptur, welche 1781 in der Villa Palombara auf dem Esquilin gefunden worden war, dann im Pal. Lancelotti aufgestellt wurde und sich heute im MN in Rom (Inv.-Nr 126371) befindet. Dabei stand von Anfang an fest, daß es sich nicht um das Orig., sondern um eine Kopie handeln mußte. Wen die Statue urspr. meinte, ist unbekannt. Eine Wiedergabe auf einer Gemme ist mit der Beischrift Hyakinthos versehen, doch kann dies nicht die urspr. Bedeutung gewesen sein. Vermutl. stand dahinter die Siegerstatue eines Pentathleten, welche jedoch, schon früh verschleppt und von ihrem Sockel, auf der der Name verzeichnet gewesen sein dürfte, getrennt, bereits in der Antike nur unter ihrem vom Motiv abgeleiteten Namen bekannt war. – Zu der Statue sind inzwischen zahlr. weitere Repliken nachgewiesen worden (eine ausführl. Kopienrezension fehlt, vgl. zuletzt D. Candilio/F. Rausa [1995] und A. Linfert [1998]). Die vollständigste ist nach wie vor der *Diskobol Lancelotti*. Das rechte Bein trägt das Gewicht des Körpers. Das linke zieht der Athlet schleifend nach. Die gebeugten Kniee stehen eng zusammen. Der Leib dreht sich nach rechts und krümmt sich in der Hüfte. Der linke Arm hängt herab, während der rechte mit dem Diskos nach hinten schwingt. Der Kopf ist nach rechts zurückgewandt, aber nicht weit genug, um mit dem Blick die Wurfscheibe zu erreichen. Im Gegensatz zu früheren Fassungen des Themas ist nicht der Moment des Abschleuderns des Diskos, sondern der Höhepunkt der ausholenden Bewegung dargestellt. Im nächsten Augenblick wird der Athlet aus seiner gekrümmten Haltung emporschnellen, um mit der Streckung des Körpers der von hinten nach vorn pendelnden Scheibe ihren entscheidenden Schwung zu geben. Die Drehung von der Hüfte zur Schulter wird nicht in einer durchgehenden Windung, sondern durch eine schrittweise Verrückung der Mittellinie erreicht. Diese setzt demnach bereits etwas rechts vom Nabel an, und entsprechend ist die Unterteilung der Brustmuskeln gegenüber der linea alba nach rechts versetzt. Auf diese Weise werden Verzerrungen innerhalb der einzelnen Körperpartien vermieden und trotz der heftigen Bewegung eine ideale Symmetrie eingehalten. In diesem Sinne ist viell. auch das von Plinius (nat., 34, 57) tradierte Urteil zu verstehen, daß M. in der Symmetrie sorgfältiger sei als → Polykleitos (I), vermutl., weil bei jenem der Chiasmus die einfache, mehr oder weniger spiegelbildl. Entsprechung der Körperteile aufhob. Bei and. Exemplaren, v.a. einer *Replik aus Castelporziano* (Candilio, 1979) sind diese Brüche im Bewegungsablauf jedoch durch eine gleitendere Modellierung überspielt und verschleiert. Der Kopf bietet ein gleichmäßiges Oval, das in sich klar und einfach gegliedert erscheint. Dennoch wiederholt sich auch hier die Methode, die Drehung und Wendung des Hauptes durch die

Versetzung einzelner Partien auszudrücken. Daher liegen der Mund etwas rechts und die Stirnmitte etwas links der durch die Nase gebildeten Achse. Ein dichtes Gefieder sichelförmiger, mit-, gegen- und auseinandergedrehter Löckchen, die zumindest bei den Kopien kaum räuml. gestaffelt sind, sondern eine geschlossene Schicht bilden, stellen die Haarkappe dar. – Der *Diskobol* mag eine vage Vorstellung davon geben, wie die *Statue des Ladas* ausgesehen hat, von welcher ein Epigramm (Anth. Gr., 16, 54) sagt, daß M. ihn in Erz gebildet habe, „wie er noch lebend vorbeiflog und mit dem Nagel des Zehs flüchtig den Boden berührte" und „über sämtliche Fasern des Körpers ... Spannung gelegt nach dem olympischen Kranz" und mit „hohl liegenden Weichen". – Auf einen der von Plinius und Pausanias bezeugten *Pankratiasten* dürfte die von Amelung (postum veröff. von Bieber, 1927) in sechs Torsen und zwei Köpfen (Replikenliste bei Amelung-Bieber, ein weiterer Torso und ein Kopf-Fragm. in Rom in der Villa Hadriana; H. von Steuben, in: Helbig, IV[4], 1972, 162, Nr 3199; J. Raeder, Die statuar. Ausstattung der Villa Hadriana bei Tivoli, Ffm. 1983, 81 s., Nr I 71 und ein Torso in Neapel, Mus. Archeol. Naz., Inv. Nr 150360, Institutsnegativ des Dt. Archäol. Inst. in Rom, 56.507) rekonstruierte *Athletenstatue* zurückgehen. – Anders als der *Diskobol* steht der *Pankratiast* aufrecht, wobei das rechte Bein das Gewicht des Körpers trägt und das linke etwas zur Seite gesetzt war. Er ist im Begriff, sich mit beiden Händen das Riemenwerk der Pankratiastenhaube anzulegen, von der er einen Kinnriemen in der Rechten hält und mit der and. wohl den linken anzieht. Trotz des unterschiedl. Motivs erinnert die Anlage und Gliederung des Rumpfes und die Wiedergabe der Muskulatur v.a. bei dem *Torso im Vatikan* (W. Fuchs, in: Helbig[4], I, 1963, Nr 445) unmittelbar an den *Diskobolen*. – In Aufbau, Haltung und Gliederung der Figur setzt sich M. hier wohl bereits mit dem von → Polykleitos (I) entwickelten Chiasmus auseinander, den er jedoch zu einem szenischen Bild umsetzt. – M.s *Perseus* glaubte man in einem in zwei Kopien erh. Kopf wiedererkennen zu dürfen (Furtwängler, 1893, 382 ss.; Corso, 1994, 52), bei dem die mit Flügeln versehene Kappe auf diesen Heros hinweist, mit dem aber auch Hermes gemeint sein könnte. Unter dieser Kappe quellen über die Stirn und im Nacken kleine, eng eingerollte Locken hervor, die nur an den Schläfen zu kunstvolleren, großzügigeren Arrangements ausgebreitet sind, welche die Ohren dicht umfangen. Das regelmäßige Oval des Gesichts wird durch von Nase und Augen gebildeten Achsen klar gegliedert. V.a. an der *Replik* in London (BM, Inv.-Nr 1743), aber auch an der im Konservatoren-Pal. in Rom (W. Fuchs, in: Helbig[4], II, 1966, 24, Nr 1771) ist zu erkennen, daß das Haupt weit nach links gewendet war. Dies läßt auf eine heftig bewegte Statue schließen, doch ist es bislang nicht gelungen, dieser einen Körper zuzuweisen. Die Verbindung des Kopfes mit dem sog. *Kämpfer Boboli* (E. Langlotz, Perseus, 1951 [AbhHeidelberg], 22 ss.; id., AA 1953, 223 ss.; id., Der triumphierende Perseus, Köln und Opladen 1956, 27 ss.) ist zwar mögl., aber keineswegs erwiesen und dürfte wegen der stilist. Distanz zu dem *Diskobolen* oder dem *Athleten Amelung* die Zuschr. an M. entschieden in Frage stellen, welche angesichts der stilist. Ferne des Kopfes zu dem *Diskobolen* und seiner Verwandtschaft mit phidiasischen Schöpfungen (vgl. u.a. W. Fuchs, in: Helbig[4], II, 1966, 24, Nr 1771; → Pheidias [I]) ohnehin problematisch erscheint. – Mehrere and. auf Vorbilder aus der Zeit des Strengen Stils zurückgehende Jünglingsbilder sind v.a. von A. Furtwängler mit M. verbunden worden. Erw. wird in diesem Zusammenhang gelegentl. noch der *Kopftypus Riccardi* (Florenz, Pal. Riccardi, Furtwängler [1893], 339 ss., Lippold [1950], 163), der heute meist mit → Kresilas verbunden wird (vgl. Vierneisel-Schlörb [1979], 89), und ein *Jünglingskopf* in Brescia (Furtwängler [1893], 350 ss.; vgl. auch J. Dörig, AntK 12:1969, 48, Taf. 28 und P. Zanker, Klassizist. Statuen, Mainz 1974, 93), den man sogar als ein Orig. des M. angesprochen hat (J. F. Crome, Der Kopf von Brescia. Ein Orig. des Myron. Commentari dell'Ateneo di Brescia, Brescia 1959, 67 ss.). Allerdings war bereits Furtwängler der dem Stephanos-Athleten (zu diesem A. Linfert, Forsch. zur Villa Albani. Antike Bildwerke, I, B. 1988, 89 ss., Nr 20) entsprechende Zuschnitt des Gesichtes aufgefallen. Da er hinter jenem Ageladas (→ Hageladas [I]) vermutete, erklärte sich für ihn die Verwandtschaft zwanglos durch das Lehrer-Schüler-Verhältnis beider Meister. Heute gilt der *Stephanos-Athlet* jedoch als klassizist. Erfindung, was analog auch für den Kopf in Brescia vermutet werden darf. – Auf ebenso sicherem Boden wie die Bestimmung des myronischen *Diskobolen* steht dagegen die Identifizierung der *Athena-Marsyas-Gruppe* (in Frage gestellt wird die Zuschr. nur von Ridgway, Severe Style, 1970, 85 s.). Ihre Erw. bei Plinius und Pausanias führte über Darst. auf attischen Münzen zunächst zur Bestimmung des *Marsyas* und dann auch der *Athena* (Repliken bei Daltrop/Bol, 1983). – Der *Marsyas* ist in einer Statue im Vatikan am vollständigsten überliefert, bei der nur die Arme fehlen. Von diesen ist anhand von Münzbildern der rechte erhoben und der linke nach unten gespreizt zu ergänzen. Über die Athena gibt die Statue in Frankfurt am vollständigsten Auskunft, bei der außer dem vorderen Teil des linken Fußes und dem Helmbusch nur der rechte Ellenbogen und der linke Arm fehlen. Letzterer ist bei einer Replik, die sich als Leihgabe der Familie Lancelotti im Vatikan befindet, bis auf Teile der Finger erh., so daß Haltung und Gestik im wesentlichen als gesichert gelten können. Es fehlt weiterhin die Lanze, von der in der rechten Hand der Frankfurter Kopie nur ein Stück des Schaftes von den Fingern umschlossen wird. Da die Hand zus. mit dem Unterarm isoliert gefunden wurde und mit dem Ellenbogen auch die Verbindung mit dem Körper fehlt, ist ihre Stellung ungewiß, zumal auch die Münzbilder, denen der beschränkte Raum auch für die Darst. der Lanze keinen Platz läßt, hier die Auskunft verweigern. – Wie bei dem *Diskobolen* ein entscheidender Augenblick aus einem Bewegungsablauf in einem Bilde gebannt ist, dient auch bei der *Athena-Marsyas-Gruppe* die Erfassung eines einzigen Moments der gegensätzlichen Char. der beiden Gestalten und der Interpretation eines Geschehens. Athena, bei welcher der Verzicht auf Schild und Ägis die kriegerische Seite ihres Wesens zurücktreten läßt, hat die Flöten fortgeworfen und steht im Begriff, sich zu entfernen. Marsyas springt hinzu, um die Flöten aufzunehmen. Da wendet sich die Göttin um, und der Satyr fährt erschrocken zurück. – Den Anlaß für die Stiftung dieser Gruppe auf der Akropolis von Athen hat man in dem für die polit. Entwicklung in den Jahrzehnten vor dem Ausbruch des Peloponnesischen Krieges entscheidenden Konflikt Athens mit Böotien gesehen, aber auch unterstellt, daß die Szene die Auseinandersetzung mit den Persern (E. R. Knaur, AA 1992, 379 s.) reflektiere. Indessen gibt es keinen Grund, das Mon. als Parabel eines aktuellen polit. Ereignisses zu interpretieren. Die Konfrontation zw. der Gottheit und dem Dämon, die Hybris des Marsyas und der Hinweis auf sein Ende bleiben als Thema wesentlicher und bedeutender. – Wie bei dem Diskobolen ist die Darst. ganz in eine Ebene gebannt. In diese muß auch die Lanze in der Rechten eingebunden gewesen sein, obgleich in älteren Rekonstruktionen immer wieder versucht wurde, sie freier in den Raum stoßen zu lassen oder ihr unteres Ende gar hinter der Figur zu verbergen, was jedoch mit der Führung des erh. Oberarmteils nicht zu vereinbaren ist. – Von der *samischen Gruppe mit Zeus, Athena und Herakles* rühren im dortigen Heraion vermutl. die Reste einer 7,5 m breiten und fast 3 m tiefen, gekrümmten Basis s. der Heiligen Straße (E. Buschor, AM 68:1953, 51 ss.). Ihre Abmessungen lassen auf Statuen von wenigstens anderthalbfacher Lebensgröße schließen. Das Thema könnte Herakles' Einführung in den Olymp gewesen sein. Den Anlaß der Weihung hat man in der attischen Eroberung von Samos (442–439 v. Chr.) und der Niederlassung attischer Kleruchen gesucht, doch ist diese Kombination angesichts der Verehrung und Pflege, welche das Mon. über die Generationen hin genoß, und der Emphase, mit der man trotz der Verstümmelung des Ensembles die Rückkehr der *Statuen des Herakles und der Athena* beging, eher unwahrscheinlich. Techn. Gründe sprechen für eine wesentl. frühere Dat., wohl noch in das 1. Drittel des 5. Jh. v. Chr. (F. Eckstein, Anathemata, B. 1969, 111, Anm. 30). Sollte ein polit. Ereignis zur Stiftung des Anathems Anlaß gegeben haben, hätte man dieses somit unter den Ereignissen nach den Schlachten von Marathon und Plataiai zu suchen. Doch fehlt in diese Richtung gehenden Spekulationen jede Grundlage. – Auf den *Zeus* der Gruppe hat man einen v.a. in zahlr. Bronzestatuetten, aber auch in Marmortorsen überlieferten Typus zurückgeführt (Berger, 1969; vgl. auch Maderna-Lauter, 1998; ferner Vierneisel-Schlörb, 1979). Die *Athena mit der Kreuzbandägis* (Berlin, Pergamon-Mus., F. Winter, Kgl. Mus. zu Berlin, Altertümer von Pergamon. Die Skulpt. mit Ausnahme des Altarreliefs, VII, B. 1908, 22; Buschor, op. cit.) wurde ebenfalls auf das samische Mon. bezogen, obwohl sie sich stilist. kaum mit myronischen Schöpfungen verbinden läßt (M. Gernand, AM 90:1975, 25 ss. Weitere Vorschläge zusammengestellt von Berger, 1970). – Für den *Herakles* hatte Buschor einen in drei unter sich recht unterschiedl. Fassungen, einer Statue in Cherchel (Mus. Archéol., Inv. Nr 153), einem Kopf in London (BM, Inv. Nr 1805.7-3.75) und einem Torso in Alexandria (Mus. Gréco-Romain, Inv. Nr 25544) überlieferten Typus in Anspruch genommen, den J. Dörig (Onatas of Aegina, Leiden 1977, 10 ss.) jedoch → Onatas (I) zugeschr. hat (vgl. auch O. Palagia, LIMC IV. 1, 1988, 751, Nrn 428–430, s.v. Herakles). Anklang hat dagegen die von Berger (1969, 82 mit Anm. 94 und 99; id., 1970, 89 ss., Taf. 39 s.) ausgesprochene Vermutung gefunden, der *Münchener König* (Glyptothek, Inv. Nr 295, Vierneisel-Schlörb, 1979, 117 ss., Nr 11, Abb. 51–60), gehe auf den *Herakles des samischen Weihegeschenkes* zurück. Eine Dat. des *samischen Weihegeschenkes* in das 1. Drittel des 5. Jh. v. Chr. macht dessen Verbindung sowohl mit dem Zeus-Typus als auch mit dem *Münchener König* jedoch problematisch. – Das frühe Datum vertrüge sich dagegen sehr wohl mit dem schon von H. Bulle (1925,

78 ss.) auf das *samische Monument* bezogenen, in mehreren Statuetten (O. Palagia, LIMC IV. 1, 1988, 752, Nrn 436 ss.; Vierneisel-Schlörb, 1979, 123) und einer Reihe von Gemmen (G. Horster, Statuen auf Gemmen, Bonn 1970, 91 ss.) überlieferten *Herakles Boston*. In der Tat ist der Typus gut mit gesicherten Werken M.s zu verbinden. So erinnert die Gesichtsbildung an den *Marsyas*, die Gliederung des Rumpfes dagegen eher an den *Diskobolen*, aber auch an den *Athleten Amelung*. – Der Heros steht auf dem linken Bein und hat das rechte entlastet etwas zur Seite gesetzt. Mit der rechten Hand stützt er sich auf die Keule, während über den linken das Löwenfell gelegt ist. Den Kopf neigt er nach links. Trotz der Differenzierung zw. Stand- und Spielbein ist der Rumpf gerade aufgerichtet. Für ein frühes Datum spricht auch die Anlage des Haares, dessen eng eingedrehte Strähnen noch an spätarchaische Buckellöckchen erinnern. Auf die Zeit bald nach 480 v. Chr. weist ferner der geschlossene Umriß des Bartes. Falls man wegen des kleinen Formats der zuverlässigeren Vertreter des Typus zögert, ihn mit dem *samischen Weihegeschenk* zu vereinen und in ihm eher eine Einzelfigur und nicht ein Glied einer Gruppe sehen möchte, bliebe immerhin die Möglichkeit, den *Bostoner Herakles* von jenem zweiten *myronischen Herakles* abzuleiten, welcher in Rom beim Circus Maximus „*in aede Pompei Magni*“ stand. – Diesen hat man allerdings auch in dem sitzenden *Herakles Altemps* (Furtwängler, 1893, 391; Corso, 1994, 51 s., Abb. 1; vgl. auch O. Palagia, OxfJA 9:1990, 51–70) geglaubt wiedererkennen zu dürfen, bei dem es sich indessen um eine sehr viel jüngere, frühklass. mit hellenist. Elementen verbindende Erfindung handeln dürfte. – Das in Pausanias' Augen vorzüglichste Werk M.s, seinen *Erechtheus*, erkannte Dörig (1967) in einer überlebensgroßen Büste in Florenz (Giardino Boboli, Replik in Rom, Mus. Torlonia, Inv. Nr 386). Sie ist mit einem Mantel ausgestattet, welcher den Ansatz des linken Oberarms einhüllt und von der Schulter in geraden Falten herabfällt. Das Haupt ist nach links gewandt, aber kaum geneigt. Der Kopf zeichnet sich durch das bes. kunstvolle, an M.s Athena erinnernde Arrangement der langen Locken aus, die über der Mitte der Stirn ineinander verschlungen sind. – Da Pausanias den Namen des Meisters des *Erechtheus* nur bei der Würdigung der *Dionysosstatue* auf dem Helikon, nicht aber bei der Beschr. der Denkmäler in Athen nennt, wissen wir nicht, wo M.s Schöpfung dort gestanden hat. Falls die *Kampfgruppe*, die Pausanias (1, 27, 4) auf d. Akropolis v. Athen erw., M.s *Erechtheus* enthielt, hätte die Boboli-Büste, die auf eine ruhig stehende Figur zurückgehen dürfte, vermutl. auszuscheiden. Ein *Erechtheus* stand ferner unter den Phylenheroen auf der Agora (hierzu U. Kron, Die zehn attischen Phylenheroen, B. 1976, 228 ss.; zu den Zuweisungen: T. Hölscher, AA 1969, 410 ss.; vgl. auch U. Kron, op. cit., 231, Anm. 1126; ead., LIMC IV, 1988, 943, s.v. Erechtheus). Da das Anathem offenbar nur leicht überlebensgroße Statuen umfaßte, kommt die Boboli-Büste, die eine Statue von anderthalbfacher Lebensgröße ergäbe, auch für dieses Mon. kaum in Betracht. Man hat daher erwogen, sie auf M.s *Dionysos* zu beziehen. Da der für den Boboli-Typus char. Haarknoten über der Stirn ähnl. bei einem klassischen, viell. auf → Kalamis (I) zurückzuführenden Zeus-Ammon-Typus (J. Dörig, JdI 80:1965, 200 ss.; J. Leclant/G. Clerc, LIMC I, 1984, 671, Nrn 22 ss., s.v. Ammon) wiederkehrt, ist auch die Rückführung des Boboli-Typus auf den *Zeus* des *Samischen Weihegeschenkes* nicht auszuschließen, für dessen Figuren ebenfalls etwa anderthalbfache Lebensgröße errechnet wurde. – Von M.s *Apollonstatue* in Agrigent glaubte Furtwängler (1893, 371 ss.) den sog. *Kassler Apoll* ableiten zu können, welcher in der Folge jedoch enger der phidiasischen Kunst zugeordnet wurde (→ Pheidias [I]). – Dagegen suchte man, die *trunkene Alte* trotz Plinius' dezidiertem Zeugnis aus M.s Werk zu eliminieren und einem jüngeren Homonymen (vgl. hier → M. [III]) zuschreiben zu dürfen. Obgleich die *trunkene Alte* des M. bislang nicht in Kopien nachgewiesen werden konnte, ist eine derartige Statue gerade für die Zeit des Strengen Stils keineswegs auszuschließen (vgl. hierzu u.a. E. Berger, AntK 11:1968, 67 s. oder H. Hiller, AA 1972, 47 ss.). Im Gegenteil käme eine solche Darst. den realist. Tendenzen dieser Zeit, welche gerade M. repräsentiert, durchaus entgegen. – Demgemäß fehlt jeder Grund, M.s *Säger* aus seinem Œuvre zu verbannen und sich unter ihnen Darst. einer gleichnamigen Walfischsorte vorzustellen. Auch wenn der von E. Langlotz (Phidiasprobleme, Ffm. 1947, 103, Anm. 5) in diesem Zusammenhang gen. Torso Valentini (Rom, NM, Paribeni, MusNazRom I. 1, 1979, 167 ss., Nr 113, mit weiterer Lit.) aus stilist. Gründen kaum mit M. zu verbinden ist und daher gelegentl. seinem Konkurrenten → Pythagoras (I) zugeschr. wurde, wäre eine solche Gruppe, deren mytholog. Thema (→ Daidalos [I] und Ikaros beim Bau der Argo?) bezeichnenderweise hinter dem Motiv zurückgetreten ist, analog zu der Darst. von *Athena und Marsyas*, durchaus als szenische, reliefhaft aufgebaute Gruppe denkbar. – Keine konkrete Vorstellung haben wir von M.s berühmtester Schöpfung, seiner *Kuh* (genauer Jungkuh). We-

der enthält auch nur eines der zahlr. Epigramme (Anth. Gr., 9, 713–742, 793–798) genauere Angaben, noch läßt sie sich in Kopien nachweisen. Zwar gibt es einige Kühe wiedergebende Statuetten, von denen eine aus Bronze (Paris, BN) oder eine and. aus Marmor (in Cincinnati, Art Mus.) durchaus auf Werke des Strengen Stils zurückgehen könnten. Zu beiden fehlen indessen deren kunsthist. Rang bestätigende Repliken. Trotz der zahlr. Epigramme zählte M.s am häufigsten gepriesene Statue demnach nicht zu den in den Kopistenateliers in Gipsabgüssen präsenten und daher in zahlr. Kopien überlieferten Opera Nobilia. Dabei gehörten auf griech. Vorbilder zurückgehende Tier-Darst. durchaus zur übl. Ausstattung röm. Villen (R. Neudecker, Die Skulpt.-Ausstattung röm. Villen in Italien, Mainz 1988, 57 ss.). Aber da die Epigramme in mannigfachen Variationen ausschl. ihre Menschen und Tiere irreleitende Naturnähe preisen, mag gerade dieser Topos M.s *Kuh* unreproduzierbar gemacht haben. Dieser fügt sich allerdings zu and., in der antiken Lit. getroffenen Äußerungen über Wesen und Char. des Schaffens des Meisters, über dessen *Statue des Läufers Ladas* ein Epigramm (Anth. Gr., 16, 54) sagt, daß der Athlet „noch lebend vorbeifliege ... und auf seinen Lippen noch flatternd der Atem hänge". – In eine ähnl. Richtung geht das von Plinius (nat., 34, 57) überlieferte, über Varro viell. auf Xenokrates zurückgehende Urteil, daß M., v.a. an den Körpern interessiert, den geistigen Ausdruck nicht wiedergegeben habe. Wenn er weiterhin über ihn sagt, daß er die Wahrheit vervielfältigt habe (*multiplicasse veritatem*), so zeugt das nicht nur von der Breite seines Götter, Menschen und Tiere aber auch Einzelstatuen und Gruppen einschließenden Œuvres, sondern auch von seiner stilist. Vielfalt. In der Tat hätte man ohne lit. Zeugnis, allein aufgrund des Stils, schwerlich so verschiedenartige Werke wie die *Athena-Marsyas-Gruppe* und den *Diskobolen* unter einem Künstlernamen vereint. Mit der Vielfalt seines Schaffens wird M. daher dezidiert → Polykleitos (I) (*numerosior in arte quam Polyclitus*) mit dessen fast nach einem Vorbild gestalteten Werken gegenübergestellt. – Dagegen hebt Cicero (Brut., 18, 70) M. mit der Äußerung, daß man M.s Werke ohne Zweifel als schön bez. müsse, obwohl sie noch nicht genügend der Wahrheit angenähert seien, vermutl. von den Meistern der Hohen Klassik ab. Eine ähnl. Tendenz liegt in Quintilians (inst., 12, 10, 7) Bemerkung, daß M. weicher gearbeitet habe, als → Kalon (I), Hegesias (→ Hegias [I]) oder → Kalamis [I], daß an Sorgfalt und Anmut ihn → Polykleitos (I) jedoch überrage. Obwohl M.s Name wiederholt mit → Polykleitos (I) und → Pheidias (I), aber auch mit → Praxiteles (II) und → Lysippos (I) in einem Atemzug gen. wird und er offensichtl. zu den berühmtesten Meistern der Gesch. der griech. Plastik gerechnet wurde, setzte man ihn doch klar von den Bildhauern der Hohen Klassik ab. Sein großer Nebenbuhler unter den Meistern der frühen Klassik war in den Augen der Nachwelt offenbar → Pythagoras (I), über den Plinius (nat., 34, 59) sagt, daß er M. überlegen gewesen sei. Wenn Plinius über jenen mitteilt, daß er als erster die Adern und Sehnen dargestellt und in der Darst. der Haare sorgfältiger gewesen sei, ergänzt er das Urteil über M., der Haare und Scham nicht besser gestaltet habe als das rohe Altertum. – Am entschiedensten charakterisiert Petronius (88) M. mit den Worten, daß er beinahe das Leben (*anima*) von Menschen und Tieren im Erz ausgedrückt, aber gleichwohl keinen Nachf. (*heredem*) gefunden habe, als einen Meister, der die Plastik der frühen Klassik zu einem Höhepunkt gebracht hat und von dem kein Weg zur Hohen Klassik weiterführt. Zwar hat man bei einzelnen Metopen des Parthenon (E. Buschor, Phidias der Mensch, M. 1948, 49; Vierneisel-Schlörb, 1979, 127, Anm. 47, vgl. auch B. Schlörb, Unters. zur Bildhauergeneration nach Phidias, Waldsassen 1964, 61, Anm. 11 und S. von Bockelberg, APl, XVIII, 1979, 42 ss., Theseionmetopen) vermutet, daß sie von der Hand des M. oder aus seiner Wkst. stammten. Doch handelt es sich bei jenen bezeichnenderweise um solche, in denen der Schritt zur Hohen Klassik noch nicht vollzogen ist. Als deren Wegbereiter gehört M. noch ganz der Epoche des Strengen Stils an. Obwohl seine Schaffenszeit weit in das 3. V. des 5. Jh. v. Chr. gereicht haben dürfte, werden daher alle seine in Kopien nachg. Werke aus stilist. Gründen in die Zeit vor und um die M. des 5. Jh. v. Chr. datiert. – Mit seinen dramat. bewegten Gruppen oder Athletenbildern hat er für die Rundplastik Möglichkeiten entwickelt, welche den Intentionen der Hohen Klassik nicht entgegenkamen, dafür aber auf die hellenist. Plastik um so befruchtender wirkten. Dasselbe gilt für den ihm eig. Naturalismus, für den ihn zwar eine sehr viel jüngere Nachwelt gepriesen hat, welchen die Hohe Klassik jedoch abgelehnt haben dürfte. ▭ ThB25, 1931. RE XVI. 1, 1933 (s.v. M. 8); EAA V, 1963 (s.v. Mirone); LAW, 1965 (s.v. M. von Eleutherai); KlP III, 1969 (s.v. M. 5); DA XXII, 1996; DNP VIII, 2000 (s.v. M. 3). – *C. Fea*, in: *G. Winckelmann*, Storia delle Arti del Disegno, R. 1783, C. F. 1, 189; *H. Brunn*, Annali dell'Istituto 1858, 374 ss. (abgedruckt in: *id.*, Kleine Schriften, II, L./B. 1905, 308 ss.); *Overbeck*, SQ, 1868, Nrn 533–610; *Brunn*, GGK, I, 1889, 142; *Furtwäng-*

ler, Meisterwerke, 1893, 339 ss.; *B. Sauer*, JdI 23:1908, 125 ss.; *J. Sieveking*, AA, 1908, 341 ss.; *L. Pollak*, ÖJh 12:1909, 154 ss.; *H. Bulle*, JdI 27:1912, 175 ss.; *S. Mirone*, Mirone di Eleutere, Catania 1921; *M. Bieber*, JdI 42:1927, 152 ss.; *E. Bulle*, Festschr. Paul Arndt zu seinem sechzigsten Geburtstag dargebracht von seinen Münchner Freunden, M. 1925, 78 ss.; *H. Klöter*, Myron im Lichte neuerer Forsch., Gießen 1934; *Picard*, Manuel, II. 1, 1939, 223 ss.; *P. E. Arias*, Mirone, Fi. 1940 (Quad. per lo stud. dell'archeologia, 2); *Lippold*, GrPl, 1950, 136 ss.; *E. Buschor*, AM 68:1953, 51 ss.; *E. Berger/J. Dörig*, APl, VI, 1967, 21 ss.; *E. Berger*, RM 76:1969, 66 ss.; *id.*, AntK 13:1970, 89 ss.; *P. Mingazzini*, ÖJh 21:1972–73, 13 ss.; *B. und H. Schauenburg*, APl, XII, 1973, 47 ss.; *D. Candilio*, in: *Giuliano*, MusNazRom V. 1, 1979, 180, Nr 117; *E. Paribeni*, ibid., 184 ss., Nr 120; *H. A. Weis*, AJA 83:1979, 214 ss.; *Vierneisel-Schlörb*, KatSkulptGlypt, II, 1979, 121 ss.; *G. Daltrop*, Il gruppo mironiano di Atena nei Mus. Vaticani, Vatikan 1980; *id./P. C. Bol*, Athena des Myron, Ffm. 1983 (Liebieghaus, Monogr., 8); *B. Klein*, Boreas 11:1988, 43 ss.; *A. Corso*, NumAntCl 18:1989, 85 ss.; *E. R. Knauer*, AA 1992, 379 s.; *A. Corso*, NumAntCl 23:1994, 49 ss.; 24:1995, 173 ss.; *D. Candilio/F. Rausa*, in: *Giuliano*, MusNazRom XII. 1, 1995, 21 ss.; *A. Linfert*, in: *P. C. Bol* (Ed.), Forsch. zur Villa Albani. Antike Bildwerke, V, B. 1998, 338, Nr 836; *C. Maderna-Lauter*, ibid., 89 ss., Nr 586; *K. Junker*, in: Die griech. Klassik – Idee oder Wirklichkeit (K Martin-Gropius-Bau Berlin 2002), Mainz 2002, 511 ss.; *W. Geominy*, in: *P. C. Bol* (Ed.), Zum Verhältnis von Raum und Zeit in der griech. Kunst, Passavant-Symposion, Frankfurt am Main 8. bis 10. Dezember 2000, Möhnesee 2003, 143 ss.; *P. C. Bol*, Die Gesch. der antiken Bildhauerkunst, II, 2004 (im Druck). P. C. Bol

Myron (II), angebl. griech. Bildhauer, der nach 300 v. Chr. in Olympia tätig gewesen sein soll. Ein um 300 v. Chr. arbeitender Bildhauer dieses Namens ist vermutl. Fiktion. Sie beruht auf der Identifizierung des von Pausanias (6, 8, 5) gen. Faustkämpfers Philippos von Pellene mit einem gleichnamigen Athleten, auf den sich eine bronzene Inschrifttafel in Olympia (W. Dittenberger/K. Purgold, Die Inschr. von Olympia. Olympia, V, B. 1896, Nr 174) bezieht. In der neueren Forsch. werden beide getrennt und der Sieg des jüngeren Philippos in die 122. Olympiade (292 v. Chr.), der des älteren dagegen in die 86. Olympiade (436 v. Chr.) gesetzt, so daß dessen Siegerstatue ein Spätwerk von → M. (I) sein wird. ▭ ThB25, 1931. EAA V, 1963. – *Zu den betreffenden Athleten und den Daten ihrer Siege*: *L. Moretti*, Olympionikai, R. 1957 (MemAccLinc, Ser. 8, Bd. VIII. 2, 1959), Nrn 319, 529.
P. C. Bol

Myron (III), thebanischer Bildhauer der 1. H. des 2. Jh. v. Chr. Die Existenz dieses Bildhauers wird aus einer in Pergamon (E. Fabricius/C. Schuchhardt, Kgl. Mus. zu Berlin. Altertümer von Pergamon, Die Inschr. von Pergamon, VIII. 1, B. 1890, Nr 136) gefundenen Inschr. mit der Angabe M. von Theben aus der Zeit Eumenes II. erschlossen, die zu einer Serie mit weiteren berühmten Meisternamen gehört. Der Vermutung, daß die Inschr. zu einem in Orig. oder Kopie hier aufgestellten Werk des großen klass. Bildhauers → M. (I) gehörte, widerspricht zwar das Ethnikon, das mit dem Hinweis auf die grenznahe Lage von Eleutherai, dem Geburtsort von → M. (I) nicht befriedigend zu erklären ist. Schließl. gehörte Eleutherai schon seit peisistratidischer Zeit zu Attika. Doch sagt Athenaios (deipn., 11, p. 486 D) noch über → Lykios (I), den Sohn von → M. (I), er sei der Abkunft nach Böoter. – Auf M. die von Plinius (nat., 36, 22) als Werk des berühmten M. (und demnach → M. [I]) erw. trunkene Alte in Smyrna zu beziehen und diese mit der bek. Statue in München gleichzusetzen, gibt es jedenfalls keinen Grund. ▭ ThB25, 1931. RE XVI. 1, 1933, (s.v. M. 9); EAA V, 1963; LAW, 1965, (s.v. M. [II] von Theben [?]); KlP III, 1969 (s.v. M. 6). P. C. Bol

Myron (IV), griech. Bildhauer, in der 2. H. des 2. Jh. v. Chr. in Delos tätig. Der Name erscheint zus. mit dem des → Graphikos auf einer Statuenbasis in Delos (ID, 1750) für eine *Statue der Maia*. M. könnte der Vater des athen. Bildhauers → Hephaistion (III) und Großvater oder Großonkel des Bildhauers → Eutychides (III) von Athen gewesen sein. ▭ RE XVI. 1, 1933 (s.v. M. 9); EAA V, 1963. – *Marcadé*, Signatures, II, 1957, 78; *id.*, MusDélos, P. 1969, 64 s., 69 s., 79, 81, 261 mit Anm. 1. P. C. Bol

Myron (V), Bildhauer, im 1. Jh. n. Chr. in Rom (und Vienne?) tätig. Der Name erscheint auf einer verschollenen *Büste eines Römers*, die zus. mit and. 1734 in der Lateransbasilika bei der Fundamentierung der Capelle Corsini gefunden wurde und sich später im Pal. Corsini in Rom befand. Ebenfalls derzeit nicht nachweisbar ist die *Büste eines bartlosen Mannes* flavischer Zeit mit der Sign. MYRON FECIT auf dem Index in der Villa Borghese in Rom und später in Priv.-Besitz. – Eine gleichfalls verschollene Statuenbasis, die vor 1659 in Vienne gefunden wurde, mit der Inschr. ΜΥΡΩΝΟΣ könnte eine Kopie eines Werkes von → M. (I), aber auch eine Statue des Homonymen getragen haben. ▭ RE XV. 1, 1933 (s.v. M. 12); EAA V, 1963. P. C. Bol

Myron (VI), möglicher griech. Bildhauer der röm. Kaiserzeit, in Magnesia am Mäander tätig. Nur bek. durch seine Sign. auf einer Marmorbasis aus Magnesia. Wenn die Sign. sich nicht auf eine Kopie einer Statue des berühmten → M. (I) bezieht, dann handelt es sich hier um einen homonymen Bildhauer der röm. Kaiserzeit, der sich auf sein bek. Vorbild bezog. ▭ EAA V, 1963 (s.v. M. 6). R. V.

Myrton (I) (Μύρτον), Bildhauer aus Kleinasien, um 500 v. Chr. in Karien tätig. Ein Neufund brachte 1987 zahlr. frisch und mutwillig zerschlagene Fragm. einer Skulpt. im Stadtgebiet von Datça nahe des antiken Knidos in Karien ans Tageslicht. Die Zusammenfügung der Bruchstücke ergab die bis auf Kopf, Unterarme und Füße nahezu vollständige, leicht unterlebensgroße *Sitzstatue* eines mit Chiton, Mantel und Ependytes(?) bekleideten Mannes aus großkristallinem Marmor. Das Sitzmöbel, ein Diphros, trägt an den Nebenseiten die qualitätvollen Reliefs eines Hundes und eines Hahns, wie überhaupt Anlage und Ausf. des Standbilds auf einen bedeutenden ostionischen Bildhauer der ausgehenden Archaik schließen lassen. Funktion und Deutung der Statue bleiben unklar (Grabstatue? Votiv?). Der Auftraggeber dürfte sozial gut gestellt gewesen sein. Links am Diphros steht die Bildhauersignatur. Dabei belegen spezifisch knidische Sonderzeichen archaischer Zeit ebenso wie Stil und Habitus der Figur ihre lokale Entstehung. Mit M. ist überhaupt der erste Bildhauer Kariens namentl. bekannt. Der Name M. bleibt ansonsten selten bezeugt (v. z.B. SEG XVI, 1959, 6 s., Nr 23, Zeile 45; SEG XIX, 1963, 108 s., Nr 335, Zeile 7). ▭ *R. Özgan*, Ein neues archaisches Sitzbild aus Knidos, in: *H.-U. Cain/H. Gabelmann/D. Salzmann* (Ed.), Festschr. für Nikolaus Himmelmann, Bonn/Mainz 1989 (BJb, Beih., 47), 47–51, Taf. 9, 10. 1-2; SEG XXXIX, 1989, 341, Nr 1119; *W. Blümel*, Die Inschr. von Knidos, I. Inschr. griech. Städte aus Kleinasien, XLI, Bonn 1992, 236, Nr 602; *M. Donderer*, Bildhauersignaturen auf griech. Rundplastik, ÖJh 65:1996, 90–92, Kat. e), Abb. 7 s. R. Özgan

Myrton (II), angebl. röm. Steinschneider unbestimmter Zeit. Nur bek. durch eine Inschr. auf einem *Kameo* mit der Darst. einer Frau. Die Authenzität der Inschr. ist jedoch wegen seiner Buchstabenform äußerst zweifelhaft. ▭ RE XVI. 1, 1933; EAA V, 1963. – *Brunn*, GGK, II, 1889, 447, 388 s. R. V.

Mys (I) (Μῦς), aus Mysien(?), griech. Vasenmaler, in der frühklassischen Periode um 470/460 v. Chr. in Athen tätig. M. ist nur durch eine in Tanagra in Böotien gefundene rotfigurige *Zylinder-Lekythos* mit ergänzter Mündung im Athener NM (Inv. Nr 1626) bek., die er als Maler Μ[ῦ]ς ἔγραφσεν signierte. Sein Name, vermutl. ein Spitzname, legt nahe, daß er urspr. aus Mysien/Kleinasien stammte und demnach in Athen als Metöke oder Sklave arbeitete. Die Lekythos ist mit einer ungewöhnl. großen Zahl von Figuren dekoriert: die apollinische Trias, Hermes und ein Reh auf dem Gefäßkörper, zwei fliegende Niken auf der Schulter und eine weitere Nike auf dem Hals. Alle Figuren des Hauptbildes sind mit Namensbeischriften versehen. – Direkt unter der Schulter ist ein unsorgfältiger, unterbrochener Kreuzplattenmäander angebracht. Drei Mäandersegmente, die bisweilen miteinander verbunden sind, trennen die Kreuzplatten voneinander. Die Standlinie besteht aus einem schlichten unterbrochenen, unverbundenen Mäander. Dessen Segmente beginnen an der unteren und enden an der oberen Linie der Rahmung. – Lt. Beazley (ARV^2, 1963, 663) unterscheidet sich der Stil des M. deutl. von dem seiner Zeitgenossen. Die Figuren sind groß mit relativ kleinen Köpfen. Füße sind kräftig mit hohem, leicht gerundeten Rücken. Hermes' Beine sind lang und dünn und auch bei den bekleideten Figuren, bes. Apollon, erscheinen die Beine überlängt. Gewänder werfen steife, gerade und recht sorglos gemalte Falten. Die Mäntel der Leto und des Hermes haben am unteren Saum breite, lieblos gezeichneten Streifen. M. hat sich jedoch offenbar um Qualität bemüht, denn der Köcher auf dem Rücken der Leto ist mit einem sorgfältigen Schachbrettmuster dekoriert. Apollons Unterleib und Genitalien sind unter seinem langen Chiton angegeben. Hände sind groß mit weichen, langen und bisweilen s-förmig geschwungenen Fingern. Augen sind schmal gezeichnet. Das Oberlid ist durch eine Linie angegeben und sinkt scharf zum inneren Augenwinkel ab. Nasen sind spitz und vorspringend; Nasenrücken sind gerade. Ohren sind unterschiedl. gebildet: Leto hat ein spitzes Ohrläppchen, an dessen unteres Ende ein kleiner Halbkreis gesetzt ist. Ein ähnliches Halbrund findet sich bei Hermes. Apollons Ohr hat die Form eines spiegelverkehrten „S". – Leto, eine mit Kreisen und Punktkreisen verzierte Krone auf dem Haupt, reicht Apollon eine mächtige Kithara, auf dem Rücken trägt sie den Köcher ihres Sohnes. Apollon steht mit dem Körper und dem linken Fuß frontal zum Betrachter, der Kopf ist seiner Mutter zugewandt, die linke Hand ist in die Seite gestemmt, die erhobene Rechte hält einen Bogen; vor ihm steht ein Reh. Hermes blickt Apollon an, wie dieser wendet er Brust und linken Fuß dem Betrachter zu. Die linke Hand weist mit ausgestrecktem Zeigefinger nach oben, die Rechte hält ein langes Kerykeion. Die Szene wird von Artemis abgeschlossen. Sie ist nach links gewandt und hält mit beiden Händen eine Binde, die urspr. in weißer Farbe angegeben war. Die Komp. des Hauptbildes zeigt Ähnlichkeiten mit Gefäßen, die dem sog. *Altamura-Maler* zugeschr. sind (vgl. Cambridge, Fitzwilliam Mus., Inv. Nr GR 7.1928; ARV², 1963, 594, Nr 59). Lehrer und Schüler des M. lassen sich nicht feststellen. Beazley sah mit einigem Zögern (*compare perhaps with Mys*) eine vage Ähnlichkeit zw. der sign. Lekythos und einem auf Rhodos gefundenen *Askos* in London (BM, Inv. Nr E 725; ARV², 1963, 664; Add², 1989, 277), der auf der einen Seite mit einem fliegenden Eros, auf der and. mit einer schwebenden Nike, die zwei Phialen hält, geschmückt ist. Eine Notiz im Beazley Archiv in Oxford zeigt, daß Beazley urspr. auch ein *Alabastron* mit zwei Frauen in einer häuslichen Szene in Baltimore (Walters AG, Inv. Nr 48.271; CVA, Baltimore, I, Taf. 33, 6–10) mit der sign. Lekythos des M. verglichen hatte, diese Zuschr. erscheint aber nicht mehr in seinen Vasenlisten. ▭ ThB25, 1931. RE XVI. 1, 1933 (s.v. M. 7). – ARV², 1963, 663 s.; *C. M. Robertson*, The art of vase-painting in Classical Athens, C. 1992, 137, 178; *Boardman*, ARFV, I, 1975, 9. T. Mannack

Mys (II), griech. Toreut, wohl in der 2. H. des 5. Jh. v. Chr. tätig. Plinius (nat., 35, 154 s.) nennt M. zus. mit → Akragas und → Boethos (II) als berühmten Metallhandwerker; Martial (8, 51) stellt ihn in eine Reihe mit → Myron (I), → Mentor und → Polykleitos (I) (vgl. auch Mart., 8, 34; 14, 95). Nach Pausanias (1, 28, 2; bestätigt bei Ath., deipn., 11, 782 B; Overbeck, SQ, 1868, Nr 2168) fertigte M. den *Bronzeschild mit getriebenen Reliefs* für die Athena Promachos des → Pheidias (I). Die zeichner. Entwürfe (γραμμά, im Gegensatz zu τεχνά, die M. zugeschr. wird) hierzu, wie auch für einige and. Arbeiten des M. soll → Parrhasios geliefert haben. Die Dat. der Athena um 440 v. Chr., d.h. in der Wirkungsphase des → Pheidias (I), ist umstritten (vgl. hierzu E. Pfuhl, AM 57:1932, 151 ss.). Die Identifizierung des M. mit einem in der Schatzmeisterurkunde (IG, II/III², 1496, 218) von 334/333 v. Chr. aufgeführten gleichnamigen Toreuten gilt als ungesichert (IG, II¹; Loewy, IGB, 1885, 360, Nr 529 Anhang). Athenaios (deipn., 11, 782 B; Overbeck, SQ, 1868, Nr 1721) schreibt M. außerdem einen *Becher mit einer Iliupersis-Darstellung* zu. Plinius (nat., 33, 155; Overbeck, SQ, 1868, Nr 2167) erw. von der Hand des M. *Becher mit Abbildungen von Silenen und Eroten*, die im Tempel des Dionysos auf Rhodos aufbewahrt worden sein sollen. ▭ ThB25, 1931. RE XVI. 1, 1933 (s.v. M. 6); EAA V, 1963 (s.v. M. 1). – *Brunn*, GGK, II, 1889, 277; *Klein*, GGK, II, 1905, 175; *Pfuhl*, MuZ, II, 1923, 694, Paragraph 756; *G. Rodenwaldt*, JdI 41:1926, 200; *M. Vickers/ D. Gill*, Artful crafts, Ox. 1994, 100, 158, 169. M. Seifert

Myson (Μύσων), griech. Töpfer und rotfiguriger Vasenmaler, um 500/490 v. Chr. in Athen tätig. Der Name des M. ist durch die am Hals eines *Kolonnettenkraters* rot aufgemalte Sign. bek., die ihn als Töpfer und Maler ausweist (ΜΥΣΟΝ ΕΓΡΑΦΣΕΝ ΚΑ[Ι] ΠΟΙΕΣΕΝ: „Myson hat [es] gemalt und gemacht"; Athen, NM, Inv. Nr Akr 806; ARV², 1963, 240, Nr 42; Boardman, 1975, Abb. 168). M. („der Mysier") stammte wohl nicht aus Athen. Die ungewöhnl. Größe und der völlig unübl. Anbringungsort der Sign. lassen vermuten, daß es sich bei dem Gefäß um eine Weihung des M. auf der Akropolis gehandelt hat; zudem erscheint auf beiden Seiten des Gefäßes die Stadtgöttin Athena mit Opferbringern. Von M. sind etwa 90 rotfigurige Vasen erh., mehr als 15 weitere entstammen seinem Umkreis. Die frühen Werke des M. erinnern stilist. an → Phintias, bei dem er viell. gelernt hat. Etwa zwei Drittel seiner Werke finden sich auf Kolonnettenkrateren, gefolgt von Peliken, während and. Vasenformen – so Amphoren, Kelchkratere, Kannen und Psykter – selten bleiben; eine *Schale* mit dem Lieblingsnamen Leagros gehört in das Frühwerk des Malers (Florenz, Mus. Archeol., Inv. Nr 3 B 15; ARV², 1963, 242, Nr 83). Seine meist kräftig, aber nicht schwerfällig wirkenden Figuren mit ihren relativ kleinen Köpfen sind fast immer in Bewegung gezeigt, häufig blicken sie sich um oder über ihre Schultern nach unten; wiederholt versucht sich M. an Rück- oder Dreiviertelansichten. Viele Bilder des M. entstammen nicht nur einem routinierten Repert., sondern sind auch wenig sorgfältig gearbeitet, doch hat M. auch äußerst präzis gemalte und sehr originelle Meisterwerke in einem eleganten spätarchaischen Stil geschaffen. Dazu zählt v.a. die bedeutende und lebendig gestaltete Darst. des lydischen Königs Kroisos auf dem Scheiterhaufen: Kroisos streckt zur Gußspende eine Phiale aus, während ein inschr. benannter Sklave Euthumos gerade dabei ist, den Scheiterhaufen zu entfachen; sein Name („wohlgemut“) mag auf die zu erwartende Rettung des Kroisos anspielen. Das einzigartige Bild, das mit der Eroberung von Sardes 547 v. Chr. durch Kyros zu verbinden ist und dem „Mysier“ bes. nahegelegen haben mag, gehört zu den wenigen hist. Bildern in der Vasenmalerei (*Bauchamphora* Paris, Louvre, Inv. Nr G 197; ARV², 1963, 238, Nr 1; Simon/Hirmer, ²1981, Taf. 132 A). Die meisten der übrigen Bilder des M. stammen ebenfalls aus dem menschl. Lebensbereich, so die vielen bewegten Bilder vom Symposion und dem sich anschließenden weinseligen Zug der tanzenden Zecher oder versch. Sportszenen (etwa Sieger mit Trainer: *Pelike* Syrakus, Mus. Archeol. Regionale, Inv. Nr 15709; ARV², 1963, 238, Nr 3. – Athleten: *Kolonnettenkrater* Rom, MN di Villa Giulia, Inv. Nr VG 984; ARV², 1963, 239, Nr 21; Diskuswerfer: *Kolonnettenkrater* Oxford, Ashmolean Mus., Inv. Nr 561; ARV², 1963, 241, Nr 53). – Aus der Göttersage sind Bilder mit Dionysos, Satyrn und mitunter Ariadne sehr häufig; eine Rückführung des Hephaistos durch Dionysos in den Olymp bleibt dagegen vereinzelt (Fragmente Adria, Mus. Archeol. Naz., Inv. Nrn B 515/B 1412; ARV², 1963, 242, Nr 81), ebenso die schwer verständl. Darst. von zwei Satyrn, die ein Grabmal zerstören (*Kolonnettenkrater* Paris, Louvre, Inv. Nr CA 1947; ARV², 1963, 240, Nr 44; Boardman, 1975, Abb. 169). Mehrere Male zeigt M. den Streit des Apollon mit Herakles um den delphischen Dreifuß (*Kelchkrater* London, BM, Inv. Nr E 458; ARV², 1963, 239, Nr 16; *Amphora* Florenz, Mus. Archeol., Inv. Nr 3982; ARV², 1963, 238, Nr 2; *Kolonnettenkratere* Paris, Louvre, Inv. Nr C 10757; ARV², 1963, 240, Nr 40 und Florenz, Mus. Archeol., Inv. Nr 3981; ARV², 1963, 240, Nr 41). Außer dem beliebten Kampf des Herakles mit dem Löwen von Nemea (*Kolonnettenkrater* Rom, MN di Villa Giulia, Inv. Nr 984; ARV², 1963, 239, Nr 21) bringt M. auf einer Pelike auch die sehr selten dargestellte Episode, wie Herakles den Hausrat des Nereus zerschlägt; die Rückseite des Gefäßes zeigt originellerweise eine aufgebracht einherlaufende Nereide mit einem Mörserstößel (*Pelike* München, Staatl. Antiken-Slgn, Inv. Nr 8762; ARV², 1963, 238, Nr 2bis; Robertson, 1992, 126, Abb. 130). Bilder der attischen Sage sind nicht häufig, jedoch stets sehr sorgfältig gestaltet: Auf der and. Seite der Pariser „*Kroisos-Amphora*“ eilen Theseus, der die geraubte Amazone Antiope trägt, und sein Gefährte Peirithoos sich umblickend davon; dieselbe Gruppe wurde von M. auf einem fragmentiert erh. *Psykter* (Kühlgefäß für Wein) lose mit weiteren Kriegern und Amazonen verbunden (Vatikan, Vatikan. Mus., Slg Astarita, Inv. Nr 428; ARV², 1963, 242, Nr 77). Die Mutter des Theseus, Aithra, erscheint bei der seltenen Darst., wie sie als alte Frau nach der Eroberung Trojas von ihren Enkeln Demophon und Akamas befreit wird (*Kelchkrater* London, BM, Inv. Nr E 458; ARV², 1963, 239, Nr 16; Boardman, 1975, Abb. 172.2). Zu den besten Werken des M. gehört schließl. ein ausschnitthaft gestaltetes Bild mit zwei auf Kaineus einstürmenden Kentauren, die einen Fels und einen Baumstamm schwingen; dem niedersinkenden Kaineus, dessen Auge bereits bricht, entgleitet das Schwert (*Kolonnettenkrater* Neapel, Mus. Archeol. Naz., Inv. Nr 2410; ARV², 1963, 239, Nr 18; Boardman, 1975, Abb. 170). – Der Stil des M. hat die sog. „Manieristen“ der rotfigurigen Vasenmalerei Athens in der 1. H. des 5. Jh. v. Chr. stark beeinflußt, die von M. auch seine Vorliebe für den Kolonnettenkrater übernahmen. Die gesicherten Hauptfundorte der Gefäße des M. sind Athen, Etrurien (Chiusi, Orvieto, Vulci) und Gela. ▭ ThB25, 1931. RE XVI. 1, 1933 (s.v. M. 2); EAA IV, 1961; KlP III, 1969 (s.v. M. 2); DA XXXII, 1996 (s.v. vase painters, § II: Myson). – ARV², 1963, 237–242; *Boardman*, ARFV, I, 1975, 112, Abb. 168–172; *S. Drougou*, Der attische Psykter, Würzburg 1975, 49, 75–77; *Simon/Hirmer*, Vasen, ²1981, 107 s.; Add², 1989, 201 s.; *M. Robertson*, The art of vase-painting in classical Athens, C. 1992, 124–127; *M. B. Moore*, Attic red-figured and white-ground pottery, Agora, XXX, 1998, passim. M. Steinhart

Myspios (Μύσπιος), attischer Töpfer, um 550 v. Chr. in Athen tätig. M. gehört zu den sog. Kleinmeistern. Von ihm ist nur eine *Randschale* bek. (ehem. Paris, Slg Jean Baron de Witte). Innen war eine geflügelte Göttin angebracht, außen ein Reiter und die Signatur. ▭ EAA V, 1963. – *E. Pottier*, GazArch 1888, 171; ABV, 1956, 167. P. Heesen

N

Nachi, ägypt. Künstler, unter Ramses II. (1279–1213 v. Chr.) in Theben/Ägypten tätig. Bek. von einer Stele, die sich heute in Stockholm befindet. Darauf wird N. als „Großer Künstler" bez. Er gehörte einer Künstler-Fam. aus Deir el-Medineh an, die an den Gräbern im Tal der Könige arbeitete und aus zahlr. Ostraka und Graffiti belegt ist. Auch sein Vater → Didi sowie sein Bruder → Pendua (II) trugen den Titel „Großer Künstler". ▭ KRI III, 691. S. L. Lippert

Nachtamun v.e. **Nechetimen**

Nachtmin → **Nechetmenu**

Nachtsobek → **Nechetsebek**

Naevius, *L. L.*, röm. Toreut, im 1. Jh. n. Chr. in Kampanien tätig. Nur bek. durch seine Sign. auf den folgenden vier Bronzegefäßen: 1.) *Kasserolle* aus Pompeji (heute Neapel, Mus. Archeol. Naz.; Carandini, 1977; Petrovszky, 1993, 273, Nr N. 01. 01); – 2.) *Badeschale* aus Pompeji (heute Neapel, Mus. Archeol. Naz., Inv. Bronzi min. Sangiorgio Nr 1256; CIL, X, 8071, 45; XIII. 3/2, 10027 bei Nr 29; Carandini, 1977; Petrovszky, 1993, 273, Nr N. 01. 02); – 3.) *Kasserolle* aus Nijmegen/Niederlande (CIL, XIII. 3/2, 10027, 29; Petrovszky, 1993, 273, Nr N. 01. 03); – 4.) *Kasserolle* aus einem Grab aus Kostolná pri Dunaji, Galanta/Slowak. Republik (Nitra, Archäol. Inst. der Slowak. Akad. der Wiss., Inv. Nr 110a/57; T. Kolník, Slovenská Archaeol. 7:1959, 150 s., 157, Abb. 7, 1–1a, Taf. 3, 2 a-c; Petrovszky, 1993, 271, Nr N. 01. 04, Taf. 20, 41). ▭ *A. Carandini*, Alcune forme bronzee conservate a Pompei e nel MN di Napoli. L'instrumentum domesticum di Ercolano e Pompei, R. 1977, 165; *R. Petrovszky*, Stud. zu röm. Bronzegefäßen mit Meisterstempeln, Buch am Erlbach 1993, 158, Nr N.01, p. 273, Nrn N.01.01 – N.01.04, Taf. 20, 41. R. V.

Naevius Cerialis, *Marcus*, röm. Toreut, in der 2. H. des 1. Jh. n. Chr. in Kampanien tätig. Nur bek. durch seine Sign. auf den folgenden vierzehn Bronzegefäßen: 1.) *Kasserolle* aus Pompeji (heute Pompeji, Deposito Archeol., Inv. Nr 3134; Petrovszky, 1993, 273 s., Nr N.02.01); – 2.) *Kasserolle* aus Pompeji (heute Pompeji, Deposito Archeol., Inv. Nr 1742; Petrovszky, 1993, 274, Nr N.02.02); – 3.) *Kasserolle* aus Pompeji (heute Neapel, Mus. Archeol. Naz.; CIL, X, 8071, 46a; XIII. 3/2, 10027, bei Nr 29; Willers, 1907, 88, Nr 92; Petrovszky, 1993, 274, Nr N.02.03); – 4.) *Kasserolle* aus Pompeji (heute Neapel, Mus. Archeol. Naz.; CIL, X, 8071, 46b; XIII. 3/2, 10027, bei Nr 29; Willers, 1907, 88, Nr 93; Petrovszky, 1993, 274, Nr N.02.04); – 5.) *Kasserolle* aus Pompeji (CIL, X, 8071, 46c; XIII. 3/2, 10027, bei Nr 29; Willers, 1907, 88, Nr 94; Petrovszky, 1993, 274, Nr N.02.05); – 6.) *Kasserolle* aus Pompeji (heute Neapel, Mus. Archeol. Naz.; CIL, X, 8071, 46d; XIII. 3/2, 10027, bei Nr 29; Willers, 1907, 88, Nr 95; Petrovszky, 1993, 274, Nr N.02.06); – 7.) *Badeschale* aus Pompeji (heute Neapel, Mus. Archeol. Naz., Inv. Bronzi min. Sangiorgio, Nr 1253; CIL, X, 8071, 46e; XIII. 3/2, 10027, bei Nr 29; Willers, 1907, 88, Nr 96; Petrovszky, 1993, 274, Nr N.02.07); – 8.) *Kasserolle* aus Pompeji (heute Neapel, Mus. Archeol. Naz., Inv. Nr 73.249; CIL, X, 8071, 47; Willers, 1907, 88, Nr 97; Petrovszky, 1993, 274 s., Nr N.02.08); – 9.) *Kasserolle* aus Perugia (?) (heute Mailand, Slg Ancona; CIL, XI, 6717, 6; XIII. 3/2, 10027, bei Nr 29; Willers, 1907, 88, Nr 98; Petrovszky, 1993, 275, Nr N.02.09); – 10.) *Kasserolle* aus einem Grab von Montalobano Ionico/Italien (heute Matera, MN „D. Ridola"; Petrovszky, 1993, 275, Nr N.02.10, Taf. 20); – 11.) *Kasserolle* aus Italien (?) (heute London, BM, Inv. Nr 2463; CIL, XIII. 3/2, 10027, bei Nr 29; Willers, 1907, 88, Nr 99; Petrovszky, 1993, 275, Nr N.02.11); – 12.) *Kasserolle* aus Italien (heute London, BM; Petrovszky, 1993, 275, Nr N.02.12); – 13.) *Kasserolle* (heute Nijmegen, Prov. Mus. Kam, Inv. Nr XXIa, 3; M. H. P. Boesterd, The bronze vessels in the RM G. M. Kam at Nijmegen, Nijmegen 1956, 7 s., Nr 19, Taf. 1, 19–19a; 18, 19b; Petrovszky, 1993, 275, Nr N.02.13, Taf. 21, 41); – 14.) *Kasserolle* (heute Frankfurt am Main, Archäol. Mus., Inv. Nr β 435; K. Deppert, Röm. Bronzegeschirr im Mus. für Vor- und Frühgesch. Zu Frankfurt am Main, FaM 1977, 20, Abb. 21, 25; Petrovszky, 1993, 275 s., Nr N.02.14, Taf. 21, 41). ▭ *H. Willers*, Neue Unters. über die röm. Bronzeindustrie von Capua und von Niedergermanien, Hn./L. 1907, 88, Nrn 92–99; *R. Petrovszky*, Stud.

zu röm. Bronzegefäßen mit Meisterstempeln, Buch am Erlbach 1993, 158, Nr N.02, pp. 273–276, Nrn N.02.01 - N.05.14, Taf. 20 s., 41. R. V.

Naevius Eleuther, L., röm. Vasenhersteller, in der Kaiserzeit in Rom tätig. Nur bek. durch eine Inschr. aus Rom, in der er zus. mit seinen Brüdern *Naevius Narcissus, L.*, und *Naevius Thesmus, L.*, genannt wird, die ebenfalls Vasenhersteller waren. ▭ *Calabi Limentani*, Studi, 1958, 168, Nr 125. R. V.

Naevius Felix, *Marcus*, röm. Toreut, in der 2. H. des 1. Jh. n. Chr. in Kampanien tätig. Nur bek. durch seine Sign. auf einer *Bronzekasserolle* aus Pompeji (heute Neapel, Mus. Archeol. Naz.). ▭ *A. Carandini*, Alcune forme bronzee conservate a Pompei e nel MN di Napoli. L'instrumentum domesticum di Ercolano e Pompei, R. 1977, 166; *R. Petrovszky*, Stud. zu röm. Bronzegefäßen mit Meisterstempeln, Buch am Erlbach 1993, 158, Nr N.03, p. 276, Nr N.03.01. R. V.

Naevius Narcissus, *L.* cf. **Naevius Eleuther,** *L.*

Naevius Sabinus, röm. Toreut, in der 2. H. des 1. Jh. n. Chr. in Kampanien tätig. Nur bek. durch seine Sign. auf den folgenden zwei *Bronzekasserollen*: 1.) aus Pompeji (heute Pompeji, Deposito Archeol., Inv. Nr 8561; Petrovszky, 1993, 276, Nr N.04.01); – 2.) aus Pompeji (heute Pompeji, Deposito Archeol., Inv. Nr 8585; Petrovszky, 1993, 276, Nr N.04.02). ▭ *A. Carandini*, Alcune forme bronzee conservate a Pompei e nel MN di Napoli. L'instrumentum domesticum di Ercolano e Pompei, R. 1977, 166; *R. Petrovszky*, Stud. zu röm. Bronzegefäßen mit Meisterstempeln, Buch am Erlbach 1993, 158, Nr N.04, p. 276, Nrn N.04.01 – N.04.02. R. V.

Naevius Thesmus, *L.* cf. **Naevius Eleuther,** *L.*

Nahastab (nhṣṭb), möglicherweise südarab. Toreut, wahrsch. in hellenist. Zeit tätig. Nur bek. durch zwei Graffiti auf einer *Schale*. ▭ EAA V, 1963. – *J. Jaussen/R. Savignac*, Mission archéol. en Arabie, II, P. 1914, 339–341, 347, Nrn 145 und 166. R. V.

Nahor cf. **Terach**

Nammonius Mussa, röm. Toreut, im 2. Jh. n. Chr. tätig. Eine Grabstele, die in Karlsdorf bei Graz in der Steiermark entdeckt worden ist und in das 2. Jh. n. Chr. dat., zeigt den Verstorbenen als Büste. Er ist begleitet von seiner Gemahlin. N. ist ein Kunsthandwerker, der durch die zwei Werkzeuge, die er trägt, eine Zange und einen Hammer, charakterisiert wird. Diese zwei Instrumente sind offensichtl. für Metallarbeiten bestimmt gewesen. Insbes. der Hammer mit sehr langer Stirn ist typ. zum Treiben. Die sehr lange Zange hält auch ein Mann auf einer and. Stele aus der gleichen Gegend (St. Johann ob Hohenburg). Sie konnte dazu dienen, heißes Metall zu halten. N. M. wurde auch als Goldschmied bezeichnet. Die Grab-Inschr. präzisiert leider nicht den Beruf des Verstorbenen. Da es keine weiteren Hinweise zur Identifizierung des Berufes des N. gibt, muß man die Annahme, daß es sich hier um einen Goldschmied handelt, mit Vorsicht genießen. N. hat sicherl. Metall bearbeitet, aber man kann nicht sagen, ob es Gold oder Silber war. ▭ *W. Haid*, SchildStei 13:1966/1967, 25–31. F. Baratte

Nanâ-iddin, Sohn des Baumeisters → Kidin-Anu, zur Seleukidenzeit im 3./2. Jh. v. Chr. in Uruk/S-Babylonien tätig. Von N. ist aus der in akkadischer Sprache verf. Urkunde (Clay, 1913, Nr 17) bek., daß er im Jahr 67 der Seleukiden-Ära (das dem Jahr 244 v. Chr. entspricht) als junger Mann in seiner Funktion als *arad ekalli* (v. hierzu → Lâbâši) an einer Ritualausführung beteiligt war (Wallenfels, 1998, 43). Eine spätere Urkunde (Harvard Semitic Mus., Inv. Nr 913. 1. 4 [7312]), Zeilen 4 und 6 [Wallenfels, 1998, 39] und das Duplikat der Tafel (Clay, 1912, Nr 98; McEwan, 1981; Funk, 1984), die im Jahr 122 der Seleukiden-Ära (entspricht dem Jahr 189 v. Chr.) geschrieben wurde, nennt als Berufsangabe des N. die Bezeichnung „Baumeister" (*itinnu*, Zeile 5, zu diesem Beruf; vgl. → Lâbâši (Wallenfels, 1998, 145). Der Name des N. erscheint in der Schreibung ^{md}na-na-a-MU und hat die Bedeutung „[die Göttin] Nanâ hat gegeben". ▭ *A. T. Clay*, Babylonian business transactions of the first millennium B. C., Babylonian records of the Library of J. P. Morgan, I, N. Y. 1912; *id.*, Legal doc. from Erech dated in the Seleucid Era (312–65 B. C.), Babylonian records of the library of J. P. Morgan, II, N. Y. 1913; *G. J. P. McEwan*, Priest and temple in Hellenistic Babylonia, in: *B. Kienast u.a.* (Ed.), Freiburger Altorientalische Studien, IV, Wb. 1981, 49; *B. Funk*, Uruk zur Seleukidenzeit, Schriften zur Gesch. und Kultur des Alten Orients, XVI, B. 1984, 234–239 (Textbearbeitung); *R. Wallenfels*, Seleucid archival texts from the Harvard Semitic Mus., Groningen 1998 (Cuneiform monographs, 12), 39–44 (Textbearbeitung und Kommentar), 170 s. (Kopie der Tafel), 145. K. S. Schmidt

Narcissus (I), röm. Architekt, wohl im 2. oder frühen 3. Jh. n. Chr. in Lepcis Magna tätig. Der kaiserl. Freigelassene N. ist durch eine in Lepcis Magna gefundene Inschr., die seine Frau für ihn aufstellen ließ, als Architekt überliefert. N. war vermutl. vor und nach seiner Freilassung für das Kaiserhaus tätig und kam wahrsch. in dessen Auftrag nach Lepcis Magna. Für welchen Kaiser N. arbeitete, läßt sich nicht sicher sagen. Er kann jedoch nicht mit dem gleichnamigen Ingenieur aus dem 1. Jh. n. Chr. (Tac., ann., 12, 57; Dio, 60, 35, 5) identifiziert werden, da die Schriftform und die Verwendung von Marmor für Inschr. in Lepcis Magna erst ab dem 2. Jh. n. Chr. denkbar ist. Daß N. nur mit seinem *cognomen* gen. ist, könnte dafür sprechen, daß der freilassende Kaiser hinreichend bek. war, was an einen Severer denken läßt. ▭ ThB25, 1931. EAA V, 1963. – *Donderer*, Architekten, 1996, 53, 237 s., Nr A 126, Taf. 44, 2. B. Bollmann

Narcissus (II), röm. Toreut, in der 2. H. des 1. Jh. n. Chr. in Italien tätig. Nur bek. durch seine Sign. auf einer *Bronzekasserolle* aus Mandeure, Doubs/Frankreich (Saint-Germain-en-Laye, Mus. des Antiquités Nat., Inv. Nr 9803; CIL, XIII. 3/2, 10027, 30). ▭ *R. Petrovszky*, Stud. zu röm. Bronzegefäßen mit Meisterstempeln, Buch am Erlbach 1993, 158, Nr N.05, p. 276, Nr N.05.01, Taf. 21, 41. R. V.

Narcissus Catt[us?], röm. Toreut, in der 2. H. des 1. Jh. n. Chr. in Kampanien (?) tätig. Nur bek. durch seine Sign. auf einer *Bronzekasserolle* aus einem Grabhügel von Vemmerlöfstorp/Schweden (Stockholm, Schwed. HM, Inv. Nr 8722:866; CIL, XIII. 3/2, 10036, 63). ▭ *R. Petrovszky*, Stud. zu röm. Bronzegefäßen mit Meisterstempeln, Buch am Erlbach 1993, 159, Nr N.06, pp. 276 s., Nr N.06.01, Taf. 21. R. V.

Narosas (Ναρώσας), spätantiker Steinmetz (τεχνίτης) in Syrien. Bek. nur durch die Sign. eines Türsturzes in Tell'Abd el-Aziz (Apamene). ▭ IGLS, IV, 1955, Nr 1990. M. Dennert

Nasennius Libanus, *Publius (?)*, röm. Toreut, in der 2. H. des 1. Jh. n. Chr. in Kampanien tätig. Nur bek. durch seine Sign. auf den folgenden fünf Bronzegefäßen: 1.) *Kasserolle* aus Pompeji (heute Neapel, Mus. Archeol. Naz.; Carandini, 1977, 166; Petrovszky, 1993, 277, Nr N.07.01); – 2.) *Kasserolle* aus Pompeji (heute Pompeji, Deposito Archeol., Inv. Nr 6905; Carandini, 1977, 166; Petrovszky, 1993, 277, Nr N.07.02); – 3.) *Badeschale* aus Pompeji (heute Neapel, Mus. Archeol. Naz., Inv. Bronzi min. Sangiorgio, Nr 1259; CIL, X, 8071, 61; Carandini, 1977, 167; Petrovszky, 1993, 277, Nr N.07.03); – 4.) *Kasserolle* aus Pompeji (Neapel, Mus. Archeol. Naz.; CIL, X, 8071, 59; Carandini, 1977, 166; Petrovszky, 1993, 277, Nr N.07.04); – 5.) *Kasserolle* aus Rom (?) (ehem. Rom, Mus. Kircher; CIL, XV. 2/1, 7077; Petrovszky, 1993, 277, Nr N.07.05). ▭ *A. Carandini*, Alcune forme bronzee conservate a Pompei e nel MN di Napoli. L'instrumentum domesticum di Ercolano e Pompei, R. 1977, 166 s.; *R. Petrovszky*, Stud. zu röm. Bronzegefäßen mit Meisterstempeln, Buch am Erlbach 1993, 159, Nr N.07, pp. 277, Nrn N.07.01 – N.07.05. R. V.

Nasennius Severus, *Titus*, röm. Toreut, in der 2. H. des 1. Jh. n. Chr. in Kampanien tätig. Nur bek. durch seine Sign. auf den folgenden vier Bronzegefäßen: 1.) *Badeschale* aus Pompeji (heute Pompeji, Deposito Archeol., Inv. Nr 18704; Petrovszky, 1993, 277 s., Nr N.08.01); – 2.) *Badeschale* aus Pompeji (heute Pompeji, Deposito Archeol., Inv. Nr 1966–3, 1108 [911]; Petrovszky, 1993, 278, Nr N.08.02); – 3.) *Kasserolle* aus Pompeji (heute Neapel, Mus. Archeol. Naz., Inv. Nr 73273; Carandini, 1977, 165, Nr V, Taf. 78, 11; Petrovszky, 1993, 278, Nr N.08.03); – 4.) *Kasserolle* aus Pompeji (heute Neapel, Mus. Archeol. Naz.; Carandini, 1977, 167; Petrovszky, 1993, 278, Nr N.08.04). ▭ *A. Carandini*, Alcune forme bronzee conservate a Pompei e nel MN di Napoli. L'instrumentum domesticum di Ercolano e Pompei, R. 1977, 165, 177; *R. Petrovszky*, Stud. zu röm. Bronzegefäßen mit Meisterstempeln, Buch am Erlbach 1993, 159, Nr N.08, pp. 277 s., Nrn N.08.01 – N.08.04. R. V.

Nasstiades (Νησστι[άδ]ης), aus Naxos, griech. Bildhauer(?) des 7. Jh. v. Chr. Der auf zwei Fragm. einer unbestimmten *dädalischen Skulptur* – möglicherweise einer Kuros-Statue – zu ergänzende Name eines Naxiers wurde zunächst mit dem Bildhauer (Kontoleon, 1962; Floren, 1987; Kokkorou-Alewras, 1995), dann mit dem Weihenden (Gruben, 1997) der Statue identifiziert. Zwar läßt der Erhaltungszustand beider Fragm. einerseits keine Sicherheit über den Skulpturtypus zu, andererseits kommen jedoch vielerlei Erg. der erh. Inschr. ins Spiel. Somit kann die Identifizierung mit einem dädalischen Bildhauer aus Naxos weder bestätigt noch ausgeschlossen werden. ▭ *W. Peek*, WissZHalle 6:1956/57, 570–572, Nr 17 (Abb.); *N. Kontoleon*, Gnomon 34:1962, 398; *Hansen*, CEG, I, 1983, Nr 402; *Floren*, GrPl, 1987, 151 mit Anm. 6; *Jeffery*, LSAG^2, 1990, 292, 304, Nr 4, p. 465, Nr 9; *A. Hermary*, REA 95:1993, 17,

Abb. 20; *G. Kokkorou-Alewras*, APl, XXIV, 1995, 70, 82, K 8, Abb. 23; *G. Gruben*, JdI 112:1997, 282–285, Abb. 12a-d. G. Kokkorou-Alewras

Natalis, röm. Toreut, in der Kaiserzeit tätig. Nur bek. durch seine Sign. auf einem *Schwert* aus Brandenburg (CIL, XIII, 10036, 84; R. MacMullen, AJA 64:1960, 37, Nr 55). R. V.

Nauakos (Ναύακος), Sohn des Meuakos, Architekt, vor 220 n. Chr. in Tanais tätig. Bek. durch eine griech. Bau-Inschr. auf einer Marmor-Taf. aus dem Jahre 220 n. Chr., der zufolge N. am *Wiederaufbau der Agora* als einer priv. Stiftung beteiligt war. Außer ihm werden die Architekten → Diophantos und → Aurelius Antoninus erw., die wahrsch. neben ihm tätig waren, da es sich um ein Großprojekt handelte. Für die Bauaufsicht war eine Kommission aus drei namentl. gen. Männern zuständig. Die Agora wird im S der Stadt in einer von Archit.-Resten weitgehend freien Fläche von ca. 20 x 35 m vermutet (Böttger, 1995; Arsen'eva/Böttger/Vinogradov, 1995), die offenbar Randbebauung aufwies und sich nahe der Abrißkante des n. Donufers und des vermuteten Hafens befindet. ▭ Ber. über die zur Bekanntmachung geeigneten Verh. der Kgl. Preuß. Akad. der Wiss. zu Berlin, B. 1854, 689, Nr III; IPE, II, 1890, 236 ss., Nr 430; *E. H. Minns*, Scythians and Greeks, Ca. 1913, 655, Nr 55; CIRB, 1965, 736 s., Nr 1245; *B. Böttger*, AA 1995, 102 ss., Abb. 4–8; *T. M. Arsen'eva/B. Böttger/J. G. Vinogradov*, EurAnt 1:1995, bes. 213 s., 262; *Donderer*, Architekten, 1996, 97 ss., Nr A 12, Taf. 4. E. Raming

Naukeros (Naucerus), griech. Erzgießer, wahrsch. in hellenist. Zeit tätig. Nur bek. durch eine Erw. bei Plinius (nat., 34, 80; Overbeck, SQ, 1868, Nr 2091; Muller-Dufeu, SculptureSource, 2002, 846 s., Nr 2534), nach der er einen *keuchenden Ringer* fertigte. ▭ ThB25, 1931. RE XVI. 2, 1935; EAA V, 1963. R. V.

Naukydes (I) und **Naukydes (II)** (Ναυκύδης), griech. Bildhauer des 5. und 4. Jh. v. Chr. Da auf der Basis der *Siegerstatue des Eukles* in Olympia neben der Sign. des N. der Vatername Patrokles erscheint, während Pausanias (2, 22, 7) zu einer *Hekate* in Argos sagt, sie sei ein Werk des N., Sohn des Mothon, ist, so befremdlich der Name Mothon auch klingt, davon auszugehen, daß es zwei Bildhauer dieses Namens gab. Dies bestätigen auch die mit N. zu verbindenden Daten, welche fast ein Jahrhundert umfassen. Somit dürften die von Pausanias in Buch 2 erw. Werke N.', dem Sohn des Mothon, die von ihm in dem anderthalb bis zwei Jahrzehnte später abgefaßten Buch 6 gen. dagegen ebenso wie die *Statue des Eukles* dem Sohn des Patrokles zuzuordnen sein. – Da die von Plinius gen. *Akme* (95. Olympiade: 400 v. Chr.) mit dem Datum des Sieges des Eukles fast zusammenfällt, liegt es nahe, diese auf den Sohn des Patrokles zu beziehen und jenem dann auch die von Plinius (nat., 34, 80) aufgezählten Meisterwerke zuzuschreiben. – *N. (I), Sohn des Patrokles*: Aus chronolog. Gründen kann der verschiedentlich gen. Bildhauer → Patrokles (I) nicht mit dem Vater des N. ident. sein. – N.' soweit wir wissen frühestes Werk war die *Statue des Cheimon* (Paus. 6, 9, 3) in Olympia, der dort wahrsch. in der 83. Olympiade (448 v. Chr.) im Faustkampf gesiegt hatte. Zwar hat man vermutet, die Ehrung sei postum, da das Denkmal neben dem seines Sohnes stand, welcher erst 420 v. Chr. den Dauerlauf gewann, doch gibt es für diese Annahme keinen Grund, denn die Statue des Sohnes des Cheimon war das Werk eines and., N. fernstehenden Künstlers und somit nicht Teil eines gemeinsamen Auftrags. – Cheimon wurde für seinen Sieg nicht nur in Olympia, sondern ebenfalls in seiner Heimatstadt Argos durch ein Anathem geehrt. Wie die *olympische* war auch die *argivische Statue* ein Werk des N. Man könnte sich vorstellen, daß beide nach demselben Modell gegossen wurden, denn Pausanias hebt sie ausdrückl. auf eine Stufe mit den Worten: beide „gehören nach meiner Meinung zu den bedeutendsten Werken des Naukydes". Von der in Argos errichteten Statue weiß er ferner zu berichten, daß sie von dort nach Rom in das Heiligtum der Eirene (Forum Pacis) verbracht worden sei. – In die 95. Olympiade (400 v. Chr.) fällt der Sieg des ebenfalls durch eine *Statue* des N. geehrten *Ringers Baukis*. Wohl eine Olympiade zuvor hatte *Eukles* in Olympia im Faustkampf gesiegt, von dessen Statue über die Erw. bei Pausanias (6, 6, 2) auch die Basis der *Siegerstatue* mit der Sign. des N. kündet. – Als ausgewählte Werke des N. nennt Plinius (nat., 34, 80) einen *Hermes*, einen *Diskobolen* und einen *Widderopferer*, welchen man ohne ausreichenden Grund mit einer von Pausanias (1, 24, 2) ohne Nennung eines Meisternamens beschriebenen *Statue eines opfernden Phrixos* auf der Akropolis von Athen gleichgesetzt hat. – Einen Hinweis auf die Art des Stehens naukydeischer Statuen gibt die Basis des *Anathems des Eukles* mit den Vergußlöchern für die Füße auf der Oberseite. Aus ihnen geht hervor, daß das linke Bein als Standbein das Gewicht des Körpers trug und das rechte als Spielbein sehr entschieden vor und zur Seite gesetzt war. – Ein sehr ähnl. Standmotiv zeigt ein *Diskoswerfer*, der als einziger des fraglichen Zeitraums in mehreren Repliken überlieferter und damit als Opus Nobile bezeugter, seit über zweihundert Jahren fast einhellig mit jenem des Naukydes gleichgesetzt wird. – Die Statue ist lebensgroß. Da das Schamhaar kein dichtes Vließ bildet, sondern aus einzelnen Locken besteht, wird ein Jüngling im Übergang vom Knaben- zum Mannesalter gemeint sein. – Wie bei der *Statue des Eukles* trägt das linke Bein das Gewicht des Körpers und wird das rechte vor und zur Seite gesetzt. Doch ist der Stand noch weiter geöffnet und der Fuß des Spielbeins entschiedener nach außen gedreht. In der Gegenbewegung von Hüfte und Schultern äußert sich die Auseinandersetzung mit der polykletischen Ponderation (→ Polykleitos [I]). Das Motiv wird allerdings nicht im Sinne eines Chiasmus eingesetzt, sondern dient dazu, eine durch die Situation bestimmte Haltung und Bewegung zu kennzeichnen. – Polykletische Motive finden sich auch im Haar, wo sie ebenfalls ohne die kanonische innere Beziehung und Korrespondenz polykletischer Lockensysteme eingesetzt sind. – Der linke Arm hängt herab. Die Hand hält die Wurfscheibe. Der rechte Oberarm löst sich vom Körper. Der Unterarm ist fast bis zur Waagerechten angehoben. Die rechte Hand blieb nur bei einer Kopie im Vatikan erhalten. Aber auch dort fehlen die Finger, bis auf die Ansätze des vierten und fünften. Die Hand war demnach weder ausgestreckt noch geballt, sondern ihre Finger ohne Anspannung gebeugt. Einen Gegenstand hat sie offenbar nicht gehalten. – Die Neigung des Hauptes nach rechts ist wohl als Ausdruck innerer Sammlung zu verstehen. – Als einziger in mehreren Repliken überlieferter und damit als berühmtes Meisterwerk bezeugter Hermes-Typus, der den Jahrzehnten um die Wende vom 5. zum 4. Jh. v. Chr. zuzuweisen ist, wird der *Typus Lansdowne-Pitti* auf den von Plinius als eines der drei Hauptwerke des N. gen. *Hermes* zurückgeführt. Mit dem *Diskobolen* engst verwandt ist der in einer Replik vom Palatin bes. gut überlieferte Kopf, bei dem einzelne Motive fast wörtl. wiederkehren. – Die Zusammengehörigkeit von Kopf- und Körpertypus ist allerdings noch nicht mit letzter Sicherheit erwiesen, aber doch wahrscheinlich. Verbunden sind sie nur bei der Replik im Palazzo Pitti, wo ein Stück des Halses erg. ist und beide sich demnach nicht Bruch an Bruch aneinanderfügen, die Beschaffenheit des Marmors aber eng übereinstimmt. – Die Überlieferung des Rumpfes und mehr noch seine räuml. Beziehung zu dem an der linken Seite herabhängenden Mantel variiert stark. Die enge Beziehung zu polykletischen Werken ist dennoch in keinem Falle zu verkennen und tritt noch deutlicher hervor als bei dem *Antretenden Diskobolen.* Konsequenter als dort ist in Stand und Haltung der polykletische Chiasmus eingehalten, wenngleich – gemessen an dem Doryphoros – in einer fast spiegelbildl. Umkehrung. Somit dient bei dem *Hermes* das linke Bein als Standbein und wendet sich der Kopf nach links. Dennoch hängt – wie bei dem Doryphoros – der rechte Arm herab und hält die linke Hand, die bei dem Doryphoros die Lanze trägt, das Kerykeion. – Auch die Gliederung des Rumpfes bekundet mit seinem weit nach außen greifenden Rippenbogen eine engere Beziehung zu dem Doryphoros als der *Diskobol*, der somit jünger sein dürfte als der *Hermes*. – Das für den *Hermes Lansdowne-Pitti* bes. char. Motiv des von der linken Schulter herabhängenden, den linken Arm einhüllenden Mantels ist bereits in der Klassik, aber v.a. bei klassizist. Schöpfungen aufgegriffen worden und findet sich bes. häufig bei einer Serie von Bronzestatuetten, die in Stand und Haltung sich von dem Doryphoros oder dem Diskophoros des → Polykleitos (I) ableiten lassen. – Entsprechendes gilt für den sog. *Hermes von Troizen*, der mit der Rechten einen Widder am Horn ergreift und daher als Kopie des naukydeischen *Widderopferers* interpretiert wurde. – Auf denselben *Widderopferer* hat man auch die *Bronzestatuette eines Jünglings* (Malibu, J. Paul Getty Mus., Inv. Nr 58 AB.6.; A. Leibundgut, in: Beck/Bol, Polyklet, 1990, 659 s., Nr 196) bezogen, bei der der linke Arm ebenfalls in einen Mantel gehüllt war und die in der Rechten einen Widderkopf trägt. Auch hier sind die klassizist. Zitate polykletischer Werke nicht zu verkennen. – Ohne sie mit bestimmten, lit. bezeugten Werken des N. zu identifizieren, hat v.a. A. Linfert eine Reihe stilist. verwandter Werke an den *Antretenden Diskobolen* und den *Hermes Lansdowne-Pitti* angeschlossen. – Als Lehrer der Bildhauer → Alypos und → Polykleitos (III) nimmt N. (I) in der Nachf. des großen → Polykleitos (I) einen wichtigen Platz ein. Während er mit seinem *Hermes* noch in unmittelbarem Dialog zu → Polykleitos (I) steht, sprengt der *Antretende Diskobol*, sich nach außen öffnend, den polykletischen Chiasmus und weist auf → Lysippos (I) und dessen Schaber voraus. – *N. (II), Sohn des Mothon*: Der Vatername Mothon wird von Pausanias (2, 27, 7) bei der Beschr. des Heiligtums der Eileithyia in Argos gen., wo er N. als Meister einer *Bronzestatue der Hekate* erwähnt. Die *Hekate* dürfte, falls sie nicht zuvor an einem and. Ort stand, erst nach dem Kultbild geschaffen worden sein. Da jenes ein Werk des erst im 4. Jh. v. Chr. tätigen Bildhauers → Skopas (II) war, ist auch die Hekate in das 4. Jh. zu datieren. Mit dem im gleichen Zusammenhang gen. Bruder des N., Polykleitos, kann dann nicht der hochklass. Bildhauer (→ Polykleitos [I]), sondern nur ein jüngerer Träger dieses Namens (→ Polykleitos [II] oder [III]) gemeint sein. – Ebenfalls dem jüngeren N. wird man die von Pausanias (2, 17, 5) als Werk des N. bezeichnete *Goldelfenbeinstatue der Hebe* zuschreiben, welche bei Pausanias' Besuch allerdings nicht mehr vorhanden war, urspr. aber im Tempel der Hera von Argos stand. Da dieser Bau nach einem Brand im Jahre 423 v. Chr. erst um 400 v. Chr. voll. wurde, wird die *Statue der Hebe* wie jene der Eileithyia dem 4. Jh. v. Chr. angehören. – Aufgrund der Buchstabenformen in das fortgeschrittene 4. Jh. v. Chr. zu datieren und demnach wohl N. (II) zuzuschreiben ist ferner eine auf der Akropolis von Athen gefundene Basis, auf der mitgeteilt wird, daß N. Bürger von Argos war. – Zu einer *Bronzestatue der Erinna* von Lesbos gibt Tatian (orat., 52) N. als Meister an. Da als *Akme* der sonst kaum bek. Dichterin die 106./107. Olympiade (352 v. Chr.) überliefert wird, dürfte auch ihre Statue dem mittleren 4. Jh. v. Chr. angehören und damit dem jüngeren N. zuzuordnen sein. – Nachdem Linfert (1990) seine Identifizierung der sog. Zingarella (ehem. Paris, Louvre, heute Versailles) mit der Erinna des N. widerrufen hat, ist keines seiner Werke in Kopien nachweisbar. – Wie sein älterer Namensvetter und wohl auch Verwandter, viell. sogar Großvater N. (I), mit dem er auch über seinen ausdrückl. als Schüler von N. bez. Bruder Polykleitos in enger Beziehung stand, zählte auch N. (II) zu der Schule und Nachf. des großen → Polykleitos (I). ▭ ThB25, 1931. RE XVI. 2, 1935; EAA V, 1963; LAW, 1965; DA XII, 1996; DNP VIII, 2000. – *E. Q. Visconti*, Mus. Pio Clementino, III, R. 1790, 119 s.; *Overbeck*, SQ, 1868, Nrn 995–1001; *Brunn*, GGK, I, 1889, 195 s., § 279 s.; *Furtwängler*, Meisterwerke, 1893, 416 s., 424, 452, 504, 538; *A. Linfert*, Von Polyklet zu Lysipp, Diss. FiB. 1965, Gießen 1966, 21 ss.; *Arnold*, Polykletnachfolge, 1969 (JdI, ErgH, 25), 110 ss.; *A. Linfert*, in: *Beck/Bol*, Polyklet, 1990, 268 ss., 603 ss.; *P. C. Bol*, Der antretende Diskobol, Mainz 1996 (Liebieghaus-Monogr., 17).

P. C. Bol

Naukydes (II) cf. **Naukydes (I)**

Nauma cf. **Kyriakos (II)**

Nausistratos (Ναυσιστράτος), griech. Steinmetz, um 350 v. Chr. in Epidauros tätig. Nur bek. durch eine Bauurkunde aus Epidauros, nach der er an der Ausschmückung der *Tholos* im Asklepios-Heiligtum beteiligt war (IG, IV^2, 103). ▭ EAA III, 1960, 364. – *H. Lauter*, Zur gesellschaftl. Stellung des bildenden Künstlers in der griech. Klassik, Erlangen 1974 (Erlanger Forsch., Reihe A, Bd. 23), 35 ss.

R. V.

Nealkes (Νεάλκης), Maler der jüngeren sikyonischen Schule, um die M. des 3. Jh. v. Chr. tätig. Aus der von Plut. (Arat., 13, 1–3) bezeugten Freundschaft des N. mit Aratos, dem Befreier von Sikyon (251 v. Chr.), ergibt sich seine Lebenszeit und viell. auch seine Heimat. Die Schriftquellen beschreiben N. als „begabten und geschickten" (Plin., nat., 35, 142) Maler, dessen Themen Götter, Genreszenen und vielfigurige Schlachtszenen umfaßten. Fronto (ad Verum [1] Imp. [epist., 1, 1], ed. Van den Hout, 1988, p. 133: Overbeck, SQ, 1868, Nr 1726) deutet an, daß N. kein Maler „großer" (*magnifica*) Themen war. Seine Werke zeichnen sich durch die Verwendung emblematischer Darstellungen zur Andeutung von „Lokalkolorit" wie auch durch illusionistische Naturnähe unter Einsatz origineller Techniken aus. Überliefert sind von ihm: – 1.) eine *Aphrodite* (Plin., nat., 35, 142); – 2.) eine *Darstellung eines Mannes, der seine Pferde bändigt*, indem er mit der Zunge schnalzt; aufgrund dieses Motivs (vgl. Darst. in der hellenist. Skulptur: Pollitt, 1986, 114, Abb. 116) – erhielt das Bild den Namen „Poppyzon". Lt. Plin. (nat., 35, 103–104) gelang N. hier eine bes. naturalistische Darst. des Schaumes vor Pferdemäulern, indem er einen Schwamm gegen die Darst. drückte, eine Anekdote, die auch von Plutarch (de fort. Rom., 4, p. 99b) und Valerius Maximus (memor., 8, 11, ext. 7), allerdings ohne Nennung des Namens des Künstlers, überliefert wird. Ein solcher im Zorn geworfener Schwamm, der zufällig den gewünschten Effekt produziert, ist anekdotisch auch für → Protogenes (I) aus Rhodos (Plin., nat., 35, 103) sowie für → Apelles (I) (Dion Chr., 63, 4) bezeugt; – 3.) eine *Seeschlacht zwischen Ägyptern und Persern*, die, wie die Szene eines Esel, dem ein Krokodil auflauert, andeutet, auf dem Nil stattfindet (Plin., nat., 35, 142). Das Gem. ist ein frühes Beispiel für die in hellenist. Zeit beliebte Staffage exotischer Tiere für Genreszenen am Nil (Pollitt, 1986, 148); ähnl. Gruppen von Esel und Krokodil sind in mehreren Mosaiken überliefert (Rouveret, 1989, 334–336). Wie oft vermutet wurde, kann die Tiergruppe viell. als Anspielung auf einen hist. Hintergrund interpretiert werden, sofern der Esel in der Tat auf den Beinamen „Ochos" des Perserkönigs Artaxerxes III., der Ägypten persischer Herrschaft unterwarf, verweisen sollte. In diesem Fall könnte der Auftraggeber des Bildes, wohl Ptolemaios III. Euergetes (246–221 v. Chr.), in einer für Artaxerxes III. erfolglos verlaufenen Schlacht (wie der Nilschlacht von 346 v. Chr.) ein Sinnbild des eigenen Kampfes gegen Fremdherrschaft gesehen haben, insbesonders nach seiner eigenen siegreichen Kampagne gegen Syrien (246–241 v. Chr.); – 4.) eine Retuschierung eines älteren Bildes ist schließl. von Plut. (Arat., 13, 1–3) überliefert. Dieser berichtet, daß N. nach der Befreiung von Sikyon den Aratos darum bat, ein von → Melanthios geschaffenes Bild des Tyrannen Aristratos nicht zu zerstören. Aratos stimmte zu unter der Bedingung, daß das Portr. des Tyrannen getilgt würde, woraufhin N. die Darst. des Aristratos mit einer Palme übermalte, wobei er jedoch die Füße des Tyrannen vergaß. – Als Schüler des N. sind sein einstiger Farbenreiber, → Erigonos (Plin., nat., 35, 145) sowie seine Tochter → Anaxandra (Clem. Alex., strom., 4, 19, 124, 4, ed. Stählin, 1985) überliefert; → Pasias wird als Schüler des → Erigonos gen. (Plin., nat., 35, 145). Ob es sich bei dem von Plin. (nat., 35, 146) als Lehrer des → Xenon (I) von Sikyon bez. → Neokles um einen Schreibfehler für „Nealkes" handelt, ist ungewiß. ▭ ThB25, 1931. RE XVI, 1935; EAA V, 1963; KlP IV, 1979; DNP VIII, 2000. – *Overbeck*, SQ, 1868, Nrn 1759, 1907, 2103 s.; *Brunn*, GGK, II, 1889, 290 s.; *E. Hauler*, RM 19:1904, 317–321; *J. Six*, JdI 22:1907, 1–6; *Pfuhl*, MuZ, II, 1923, 812–815; *Reinach*, RecMilliet, 1921, 522–525; *Robertson*, Hist., 1975, 589; *Pollitt*, ArtHellAge, 1986, 148; *Hebert*, Schriftquellen, 1989, Nrn 243, 359, 363, 365, 500; *A. Rouveret*, Histoire et imaginaire de la peint. ancienne, R. 1989, 334–336; *Scheibler*, Malerei, 1994, 12, 99, 157, 159 s.; *C. Plinius Secundus d. Ä.*, Naturkunde, ed. und übersetzt, *R. König/G. Winkler*, Buch XXXV, Düsseldorf/Z. 1997, 262 s. A. Villing

Neandros (Νεάνδρος), griech. Töpfer, in der M. des 6. Jh. v. Chr. in Athen tätig. Er gehörte zu den Kleinmeistern. Seine Sign. befindet sich auf *zwei Rand-* und *drei Bandschalen.* Weiterhin listet Beazley (ABV, 1956, 168, Nrn 1 s.) zwei fragm. Signaturen auf, die aber auch → Sondros heißen könnten. Die Schalen besitzen alle ein tiefes Becken. Die *Randschale* in Paris (Louvre, Inv. Nr F 82; ABV, 1956, 167, Nr 1; Para, 1971, 70, Nr 2; Add², 1989, 47; CVA, Paris, Louvre 8, Taf. 78, 9 - Taf. 79, 2) ist sein frühestes Werk und dat. um 555 v. Chr. Das Innenmedaillon zeigt Herakles im Kampf mit dem Nemeischen Löwen. Seine Sign. befindet sich, wie auch auf der and. *Randschale* in Korinth (Mus., Inv. Nr P 722 [T 1481]; ABV, 1956, 167, Nr 2; Immerwahr, AttScr, 1990, 47, Nr 225, Taf. 12, Abb. 49 s.), auf den beiden Außenseiten. Auf den drei Bandschalen steht seine Sign. zw. den Figuren. Die Randschale in Korinth und die *Bandschale* in Boston (MFA, Inv. Nr 61.1073; Para, 1971, 69 s., Nr 1; Add², 47 s.; CVA, Boston, MFA 2, Taf. 98, 3–4; 99, 4) dat. um 550 v. Chr., die zwei *fragm. Bandschalen* in Priv.-Bes. um 545 v. Chr. Das Fragm. mit der Darst. eines Wagenlenkers mit Beifiguren in der Slg Blatter wurde von Rolf Blatter dem Amasis-Maler zugeschrieben (Blatter, 1989, 57, Abb. 1). Das Fragm. in der Slg Cahn (Inv. Nr HC 844; Kreuzer, 1992, 67 s., Nr 69 mit Abb.) zeigt das gleiche Thema und kann ebenfalls dem Amasis-Maler zugeschrieben werden (anders Kreuzer, op. cit., die das Fragm. dem Heidelberg-Maler zuschrieb). Die Schalen in Paris und Boston stammen hingegen von einem and. Vasenmaler, den man als *Neandros-Maler* bezeichnen könnte. ▭ ThB25, 1931. RE XVI. 2, 1935 (s.v. N. 2); EAA V, 1963. – ABV, 1956, 167 s.; Para, 1971, 69 s.; *R. Blatter*, AA 1971, 422–427; *M. Scheller*, MusHelv 38:1981, 220–227; *R. Blatter*, AW 20,4:1989, 57; *B. Kreuzer*, Frühe Zeichner. 1500–500 v. Chr. Ägypt., griech. und etrusk. Vasenfragm. der Slg H. A. Cahn, Basel, Waldkirch 1992 (K Freiburg, Archäolog. Slg der Univ.), 67 s., Nr 69 mit Abb. P. Heesen

Neapor, röm. Toreut (*corinthiarius*), in der Kaiserzeit in Rom tätig. Nur bek. durch eine Inschr. aus Rom (CIL, VI, 8757). ▭ *H. Gummerus*, Klio 14:1914, 156 ss., Nr 61; *Calabi Limentani*, Studi, 1958, 172, Nr 172. R. V.

Nearchos (I) (Νέαρχος), griech. Töpfer und schwarzfiguriger Vasenmaler, etwa 570 bis 550 v. Chr. in Athen tätig. N. sign. als Töpfer *drei Randschalen* (Civitavecchia/Rom; New York, Metrop. Mus.; und Bern, Priv.-Bes.), nachträgl. eingeritzt ist die Töpfer-Sign. auf einem Aryballos (New York, Metrop. Mus., Inv. Nr 26. 49; ABV, 1956, 83, Nr 4; G. M. A. Richter, AJA 36:1932, 272–275, Taf. 10 s.); daß er seine eig. Gefäße auch bemalte, wissen wir durch die Sign. auf *Kantharos-Fragm.* von der Athener Akropolis. Die wenigen Gefäße fanden sich überwiegend auf der Athener Akropolis (drei Kantharoi und ein Pinax), zwei Schalen gelangten nach Etrurien, eine Hydria ins Heraion von Samos. Seine Früh- und Meisterwerke sind zwei mon. *Kantharoi* (Athen, NM, Inv. Nrn Akr. 611 und 612; ABV, 1956, 82, Nr 1, p. 83, Nr 3; Graef/Langlotz, Taf. 36), Weihgaben für die Stadtgöttin Athena auf der Athener Akropolis, deren Figuren von mon. Gestalt, dabei aber reich differenziert sind; sie übertreffen mit ihrem Maß von etwa 50 cm bei weitem die durchschnittl. Größe von Trinkgefäßen und waren nur als Misch- oder Vorratsgefäße praktisch nutzbar. Von den drei späten Randschalen übl. Form, Beschriftung und Dekoration bildet die *Berner Schale* mit ihrer mytholog. Tondodekoration und der witzigen Charakterisierung der Figuren das Bindeglied zw. den eher durchschnittl. Schalen auf der einen und den Kantharoi oder einem Aryballos (der mittleren Phase) auf der and. Seite, auf dem der Maler wieder seine Fähigkeiten als Miniaturist demonstrieren kann. Von seiner Sorgfalt zeugen nicht nur in Braun aufgetragene Vor-Zchngn, sondern auch Vorritzungen für Figuren und Beischriften u. Signaturen. Eine Neuerung ist d. Zungenfries auf weißem Untergrund (Athen, NM, Inv. Nr Akr. 611); der Kantharos kann durchaus die Anregung für die Renaiss. dieser Technik am E. des 6. Jh. v. Chr. geliefert haben, denn er geriet erst nach mehr als einem halben Jh. auf der Akropolis beim Persersturm in Brand, stand also bis dahin offensichtl. immer dort. Ungewöhnl. ist die Umrandung des weißen Pferdes – das Weiß wurde wie übl. auf den Glanzton aufgetragen – durch eine breite schwarze Linie. Auf den *Kantharoi* von der Akropolis bleibt N. mit seiner Themenwahl im Rahmen des zeittyp. Spektrums; die Gigantomachie war zudem bes. passend für den Aufstellungsort, populär waren die Waffenübergabe durch Thetis an ihren Sohn Achill, die Anschirrung seines Gespannes sowie die Amazonomachie auf dem dritten *Kantharos* (Athen, NM, Inv. Nr Akr. 614; ABV, 1963, 83 M.; Graef/Langlotz, Taf. 41). Die Pferde des Gespanns sind jedoch nicht die der Ilias; auch hat Achill dort ein Dreigespann, keine Quadriga – Anregung waren viell. berühmte zeitgen. Pferde. – Wenig ernsthaft wirkt die miniaturist. Wiedergabe des Kampfes der Pygmäen gegen die Kraniche auf dem Rand der Aryballosmündung; die Pygmäen schlagen mit Keulen um sich, Beischriften bezeichnen die Schreie der Kraniche – die Szene ist wohl eine Umsetzung des homerischen Gleichnisses (Hom., Il., 3, 3–7), wonach die Trojaner lärmend wie die Kraniche aus den Toren ihrer Stadt zu den Achäern hinausstürmten. Eckpunkte der Dekoration sind die zwei großen Figuren Hermes und Perseus mit ihren typ. Attributen auf den Henkelaußenseiten und den Kommentaren „hier das ist Hermes" und „weiter ist hier der edle Perseus". Die beigeschriebenen Namen der drei masturbierenden, ekstatisch exponierten Satyrn der Henkelplatte lassen keinen Zweifel an ihrem Tun. – N.' Innovationen liegen auf dem Gebiet der Ikonogr.: Die Anschirrungsszene auf dem *Athener Kantharos* ist die früheste und im Bild unmittelbar mit der Waffenübergabe verknüpft. Atlas' erster Auftritt im Innenbild der *Berner Schale* läßt Herakles ausnahmsweise einmal geistreich erscheinen (B. de Griño/R. Olmos, LIMC III, 1986, 4, s.v. Atlas 2 m. Abb.). Bei allen Gemeinsamkeiten in der Darst. der Pygmäen und Kraniche mit → Klitias ist die Wahl des Augenblicks und der Charakterisierung der Kontrahenten jedoch seine eigene. Beischriften benennen die Figuren und dienen zuweilen auch der Kommentierung des Geschehens wie auf der *Berner Schale* oder dem Aryballos. Die Miniaturfiguren haben Persönlichkeit und Witz, seine mon. Protagonisten aus dem Mythos einen Ernst, der auf große Maler wie → Exekias vorausweist. Geraume Zeit später (530/520 v. Chr.) weihte ein Nearchos – wohl unser Maler – der Inschr. auf der Basis gemäß eine von → Antenor (II) geschaffene Kore auf die Athener Akropolis; die Monumentalität der Figur und die Vergabe des Auftrags an einen berühmten Künstler sind Demonstration des Wohlstandes und der Reputation des Töpfers in seiner Heimatstadt (Athen, Akropolis-Mus., Inv. Nr 681; Raubitschek, Dedications, 1949, 232 s., Nr 197 [Basis]; G. M. A. Richter, Korai, Lo. 1968, 68–70, Nr 110, Abb. 336–340; J. M. Hurwit, The Athenian acropolis, C. 1999, 62 s., 126 s. mit Abb. 101). Seine Söhne → Tleson (I) und → Ergoteles waren ebenfalls als Töpfer – spezialisiert auf Kleinmeisterschalen – erfolgreich. ▭ ThB25, 1931. RE XVI. 2, 1935 (s.v. N. 6); EAA V, 1963 (s.v. N.); LAW, 1965 (s.v. N. 2); KlP IV, 1972 (s.v. N. 3); DA XXXII, 1996 (s.v. vase-painters, N.); DNP VIII, 2000 (s.v. N. 1). – *R. Hampe*, AM 60/61:1935/36, 295, Nr 23; *Beazley*, Dev, 1951, 37 s.; ABV, 1956, 82 s.; *D. von Bothmer*, AJA 66:1962, 255 s., Nr 1, Taf. 65, 1–3 (Bandschale in New York, Metrop. Mus., Inv. Nr 61.11.2); *H. Jucker*, in: *U. Höckmann/A. Krug* (Ed.), Festschr. für Frank Brommer, Mainz 1977, 191–199, Taf. 53 s., 55, 3–4; *J. R. Mertens*, Attic white-ground. Its development on shapes other than lekythoi, N. Y./Lo. 1977, 27–30 (Kantharos in Athen, NM, Inv. Nr Akr. 611); *Immerwahr*, AttScr, 1991, 27, Taf. 5 (Beischriften Aryballos in New York); *B. Kreuzer*, Die attisch schwarzfigurige Keramik aus dem Heraion von Samos, Samos, XXII, Bonn 1998, 91, 137 Nr 79, Taf. 20. B. Kreuzer

Nearchos (II), Vater und Lehrer der Malerin → Aristarete, griech. Maler unbestimmter Zeit. Plinius (nat., 35, 141; Overbeck, SQ, 1868, Nr 2154) erw. *zwei Gemälde* des Meisters, eines mit *Aphrodite, Chariten und Eroten* und ein zweites mit dem über seine Raserei trauernden *Herakles*. An and. Stelle erw. Plinius (nat., 35, 147; Overbeck, SQ, 1868, Nr 2153) N. als Vater und Lehrer der Malerin → Aristarete. Da die ma. Texte des Plinius den Künstler sehr unterschiedl. benennen, könnte der Maler auch *Nikarchos* geheißen haben. ▭ ThB25, 1931. RE XVI. 2, 1935; EAA V, 1963). – *Brunn*, GGK, II, 1889, 300; *Pfuhl*, MuZ, II, 1923, 918. R. V.

Nearkos (Νέαρκος), Gemmenschneider unbestimmter Zeit. Sein Name findet sich auf den folgenden drei Gemmen: – 1.) *Karneol mit männl. Kopf* (Sulla?; ehem. Slg Pulszky); – 2.) *Amethyst mit bärtigem Männerkopf* (Demetrios III.?; ehem. Slg Pulszky); – 3.) *Karneol mit männl. Kopf* (Epikur?; Cades'scher Abdruck). Bei allen drei Gemmen muß deren Echtheit angezweifelt werden. Eine Klärung könnte nur durch eine Autopsie erfolgen. ▭ EAA V, 1963. – *Brunn*, GGK, II, 1889, 422 s. R. V.

Neb, ägypt. Goldschmied, in der 18. Dynastie (1550–1292 v. Chr.) in Ägypten tätig. Nur bek. von einer Stele seines Sohnes(?) → Itet, die in Abydos gefunden wurde. Da in Abydos Wallfahrer aus allen Teilen des Landes ihre Stelen aufstellten, läßt sich der Herkunftsort von N. nicht näher bestimmen. ▭ *P. Lacau*, Stèles du Nouvel Empire (CG), Le Caire 1926, 123, Nr 34076. S. L. Lippert

Nebanchimes(?), ägypt. Bildhauer, Mittleres Reich (20./19. Jh. v. Chr.). Belegt durch sein Siegel aus Kalkstein (London, Univ. College, Inv. Nr 11482). ▭ *G. T. Martin*, Egyptian administrative and priv.-name seals, Ox. 1971, 55, Nr 654, Taf. 19,30. F. Hoffmann

Nebba, ägypt. Obergoldschmied, im Neuen Reich (1550–1070/69 v. Chr.) in Hermopolis/Mittelägypten tätig. Er war im Tempel des Gottes Thot, des Herrn von Hermopolis, angestellt. ▭ *W. Helck*, Mat. zur Wirtschaftsgesch. des Neuen Reiches, I, Wb. 1961, 175. Y. Ott

Nebhepet, ägypt. Bauleiter, 21. Dynastie (1070/69–946/945 v. Chr.), in Theben-W tätig. Von ihm stammt eine Mumienauflage (Paris, Louvre, Inv. Nr E.13047), auf der N. v.a. Verwaltungstitel trägt. ▭ *A. Niwinski*, 21st dynasty coffins from Thebes, Mainz 1988, 164 s., Nr 333. F. Hoffmann

Nebiaut (Nebur; Nebwer), ägyptischer Bildhauer („Oberster der Bildhauer des Amun"), im frühen Neuen Reich (1550–1479 v. Chr.), in Theben(?) tätig. Bek. von einer Stele, die ihn zus. mit seiner Fam. darstellt. N. war offenbar an einem Tempel des Gottes Amun, sehr wahrsch. in Theben, angestellt. Sein Bruder → Nebwahib sowie seine Söhne → Ri und → Aacheperkaraseneb arbeiteten ebenfalls als Bildhauer. ▭ *P. A. A. Boeser*, Die Denkmäler des Neuen Reiches, III, D. H. 1913, 5, Nr 16, Taf. 11; *W. Helck*, Mat. zur Wirtschaftsgesch. des Neuen Reiches, I, Wb. 1961, 45; *F. Steinmann*, ZÄS 107:1980, 148. S. L. Lippert

Nebimen (I), Sohn des → Neferhat (II), ägypt. Bildhauer („Oberster der Bildhauer"), unter Thutmosis IV.-Amenophis III. (1397–1351/50 v. Chr.) in Theben tätig. N. ist bek. durch die Inschr. seines Grabes (Theban Tomb 181), das er zus. mit dem Bildhauer → Ipuki besaß. N. heiratete sehr wahrsch. dessen Witwe. Sein Vater → Neferhat (II) war ebenfalls Oberster der Bildhauer. N. war an der Ausgestaltung der Gräber von Thutmosis IV. und Amenophis III. beteiligt. ▭ LÄ I, 1975 (s.v. Bildhauer und Bildhauerei mit Anm. 38); LÄ III, 1980 (s.v. Künstler); PM III. 1, 1974, 286, Nr 181. S. L. Lippert

Nebimen (II) (Amenneb; Imenneb), ägypt. Goldschmied, Bildhauer, im Neuen Reich (1550–1070/69 v. Chr.) in Ägypten tätig. Nur bek. von einer Stele, die in Giza beim großen Sphinx gefunden wurde. Über N.s Tätigkeit ist nichts bek. ▭ *C. M. Zivie*, Giza au deuxième millénaire, Le Caire 1976, 222, Nr NE 75. S. L. Lippert

Nebmehi, Sohn des → Imeneminet (I), ägypt. Goldschmied, E. der 18. Dynastie (2. H. des 14. Jh. v. Chr.) im Raum Memphis/Unterägypten tätig. Belegt auf einem Relief aus dem Grab seines Vaters, das n. der Teti-Pyramide in Saqqara liegt. N. ist kniend und mit Opfergaben für seinen verstorbenen Vater beladen dargestellt. Er war in einer der für ihre wertvollen Gefäße und Schmuckstücke berühmten memphit. Wkstn beschäftigt. ▭ PM III. 2, 1978, 552 (d). – *A. Badawy*, Memphis als zweite Landeshauptstadt im Neuen Reich, Kairo 1948, 141 s.; *Y. J.-L. Gourlay*, BIFAO 79:1979, 93 m. Anm. 8; Kat. der Staatl. Slg Ägypt. Kunst, M. 1976, 111, Nr 76a; *B. Ockinga*, BACE 9:1998, 80 F, Taf. 15. C. von Pfeil

Nebnefer (I), Sohn des → Neferhetep (I), ägypt. Nekropolenhandwerker („Oberster der Nekropolenhandwerker"), unter Ramses II. (1279–1213 v. Chr.) in Theben-W/Oberägypten tätig. Er ist bek. aus seinem Grab in Deir el-Medineh (Theban Tomb 6), das er sich mit seinem Vater → Neferhetep (I) teilte. Darüber hinaus ist er belegt durch eine Stele, die sich heute in London im BM befindet (Inv. Nr 267). Dort sind noch weitere Künstler gen., nämlich → Maanechetef (III) und → Neferhetep (II), wobei letzterer wahrsch. der Sohn des N. war. Auf einigen weiteren Stelen ist er meist zus. mit seinem Vater erw. Darüber hinaus ist er durch eine Holzstatuette, aus mehreren theban. Graffiti sowie aus einem Ostrakon bek. N. und sein Vater waren in der kgl. Nekropole in Theben beschäftigt und lebten in der Arbeitersiedlung Deir el-Medineh. ⌑ PM I. 1, 1960, 14–15, Nr 6. – KRI III, 577 ss.; Hieroglyphic texts from Egyptian stelae etc. (K BM), IX, London 1970, 42–43, Nr 267, Taf. 37; *J. Černý*, A community of workmen at Thebes in the Ramesside period, Kairo 1973, 123 ss., 313. T. Schrottenbaum

Nebnefer (II), ägypt. Künstler („Oberster der Nekropolenhandwerker"), unter Siptah und Tauseret (1194/93–1186/85 v. Chr.) in Theben-W/Oberägypten tätig. Bek. durch einen Papyrus (Salt, BM 10055), in dem ein gewisser Imennecht seinen Vater N. erw. N. arbeitete in der kgl. Nekropole von Theben, wo ihm ein Trupp von Arbeitern unterstand, und lebte in der Arbeitersiedlung Deir el-Medineh. ⌑ KRI IV, 408,10; *J. Černý*, JEA 15:1929, 244, Taf. 42. T. Schrottenbaum

Nebnefer (III), ägypt. Künstler („Großer Künstler des Tempels"), A. der 20. Dynastie (1186/85–1070/69 v. Chr.) in Theben/Oberägypten tätig. Bek. aus einem Orakel-Papyrus (BM 10335), der unter Sethnacht bzw. Ramses III. verfaßt wurde. Der Papyrus handelt von einem Diebstahl, wobei der Dieb durch ein Orakel vor dem Gott Amun festgestellt werden soll. Diese Prozedur wird u.a. auch vor dem Amun von Bukenen in Gegenwart von mehreren Zeugen durchgeführt, unter denen N. gen. ist. Er war also vermutl. im Tempel des Amun in Bukenen, einem Bezirk in Theben, beschäftigt. Ob er nun in Wkstn, die dem Tempel angegliedert waren, Statuen herstellte, oder ob er an dem Tempel selbst beschäftigt war, muß offen bleiben. ⌑ *A. M. Blackman*, JEA 11:1925, 249 ss., Taf. 36,10; *W. Helck*, Mat. zur Wirtschaftsgesch. des Neuen Reiches, I, Wb. 1961, 58. T. Schrottenbaum

Nebnefer (IV), Sohn des → Heri (V), ägypt. Umrißzeichner („im Haus der Ewigkeit" [d.h. Grab], „Umrißzeichner am Ort der Wahrheit"), in der 20. Dynastie (1186/85–1070/69 v. Chr.) in Theben-W/Oberägypten tätig. Bek. durch zahlr. Ostraka und Graffiti, die in die Zeit Ramses III. bis Ramses XI. (1183/82–1070/1069 v. Chr.) dat. werden. Er war in der kgl. Nekropole in Theben-W beschäftigt, wo er die Grabwanddekorationen vorzeichnete, die anschließend reliefiert bzw. bemalt wurden. Er und seine beiden Söhne → Heri (VI) und → Pairusecher, die ebenfalls Umrißzeichner waren, lebten in der Arbeitersiedlung Deir el-Medineh. ⌑ *M. G. Daressy*, Ostraca (CG), Kairo 1901, 105; *E. S. Bogoslovsky*, ZÄS 107:1980, 102. T. Schrottenbaum

Nebnefer (V), Sohn des Imenemipet, ägypt. Künstler („Oberster der Nekropolenhandwerker"), unter Ramses IX. – Ramses X. (1107/1103–1070/1069 v. Chr.) in Theben-W/Oberägypten tätig. Bek. durch einen Papyrus (Turin 1932+1939), der in das 2. Reg.-Jahr Ramses' X. (1109/1105 v. Chr.) dat. wird. N. ist allerdings schon im 17. Reg.-Jahr unter Ramses IX. durch einige Ostraka belegt. Er stand in der kgl. Nekropole von Theben einem Arbeitertrupp vor und lebte in der Arbeitersiedlung Deir el-Medineh. ⌑ KRI VI, 686,6 (vs. 1:5); *J. Černý*, A community of workmen at Thebes in the Ramesside period, Kairo 1973, 123 ss., 310 mit Fn. 2 u. 3; *M. Gutgesell*, Die Dat. der Ostraka u. Papyri aus Deir el-Medineh und ihre ökonom. Interpretation, I. 1, Hildesheim 1983, 149. T. Schrottenbaum

Nebnefer (VI), ägypt. Nekropolenhandwerker („Oberster der Nekropolenhandwerker"), unter Amenemope (996/95–985/84 v. Chr.) in Theben-W/Oberägypten tätig. Bek. durch zwei, möglicherweise auch vier Graffiti aus Deir el-Medineh. Er war in der kgl. Nekropole von Theben tätig, wo er die künstler. Arbeiten leitete, und lebte in der Arbeitersiedlung Deir el-Medineh. ⌑ *J. Černý*, A community of workmen at Thebes in the Ramesside period, Kairo 1973, 123 ss., 312 mit Anm. 7 u. 9. T. Schrottenbaum

Nebnetjeru, ägypt. Umrißzeichner, unter Thutmosis III. (1479–1425 v. Chr.) in Gurob/Ägypten tätig. Bek. von einer Stele, die oben den König Thutmosis II. und unten N. jeweils in Anbetung vor den Göttern Herischef und Ptah darstellt. Die Stele, die allerdings nicht von besonders hoher künstler. Qualität ist, wurde viell. von N. selbst angefertigt. ⌑ *L. Loat*, Gurob, Lo. 1904, 8 u. Taf. 16, Nr 5; *E. W. Ware*, AJSL 43:1926/27, 204. S. L. Lippert

Nebpu, ägypt. Goldschmied, 12. Dynastie (1976–1794/93 v. Chr.) in Ägypten tätig. Nur bek. durch eine hieroglyph. Inschr. auf einem Skarabäus, der vermutl. als Siegel Verwendung fand. Es muß offen bleiben, wo N. tätig war. ⌑ *W. M. F. Petrie*, Scarabs and cylinders with names, Lo. 1917, Taf. 15 (AQ); *G. T. Martin*, Egyptian administrative and priv.-name seals, Ox. 1971, 55, Nr 657, Taf. 12, Nr 18; *W. A. Ward*, Index of Egyptian administrative and relig. titles of the Middle Kingdom, Beirut 1982, 99, Nr 824. T. Schrottenbaum

Nebra, Sohn des → Pai (I), Bruder des → Rahetep (III) und → Paraemheb (I), Vater des → Nechetimen (II), ägypt. „Umrißzeichner des Gottes Amun am Ort der Wahrheit", unter Pharao Ramses II. (19. Dynastie, 1279–1213 v. Chr.) in Deir el-Medineh/Oberägypten tätig. Bek. von Denkmälern seines Vaters sowie zahlr. eigenen Stelen, Statuetten und Opfertafeln, die z.T. zu seinem heute nicht mehr nachweisbaren Grab in Deir el-Medineh/Theben-W gehört haben dürften. Im Grab des Nebenmaat in Deir el-Medineh (Theban Tomb 219) hat er gewirkt. Er wird außerdem in einigen Graffiti und Ostraka gen., wie z. B. in einem Brief an seinen Bruder → Paraemheb (I). ▭ PM I. 2, 1964, 683, 727, 729. – KRI III, 647,8/16, 648,14, 653–659,10; KRI VII, 200,10–201,7; *W. Spiegelberg*, Ägypt. und andere Graffiti aus der theban. Nekropolis, He. 1921, Nr. 584, 849 s., 1045a, 1050; *C. Maystre*, La tombe de Nebenmât (Nr 219), Le Caire 1936, 26, Taf. 4; *N. de G. Davies/M. F. L. Macadam*, A corpus of inscribed Egyptian funerary cones, Ox. 1957, Nr 219; *W. Helck*, Mat. zur Wirtschaftsgesch. des Neuen Reiches, I, Wb. 1961, 47; Hieroglyphic texts from Egyptian stelae etc. (K BM), X, Lo. 1982, 34, Taf. 79, Nr 276, 2292.
C. von Pfeil

Nebseni (I), ägypt. Goldschmied („Vorsteher der Goldschmiede des Amun"), unter Thutmosis III. (1479–1425 v. Chr.) in Theben tätig. Bek. aus den Inschr. seines Grabes in Theben-W sowie von einem Grabkegel (kon. Inschr.-Ziegel). N. war zuständig für „alle Arbeiten in Silber, Gold, Kupfer und Bronze" des Amuntempels. ▭ *W. Helck*, Mat. zur Wirtschaftsgesch. des Neuen Reiches, I, Wb. 1961, 44.
S. L. Lippert

Nebseni (II), ägypt. Umrißzeichner, in der 18. Dynastie (1550–1292 v. Chr.) in Theben(?) tätig. N. war am „Goldhaus" beschäftigt, einer Tempel-Wkst., die wohl zum Tempel des Amun von Theben gehörte. Er ist bek. als Besitzer des Totenbuchpapyrus P. BM 9900. ▭ *E. Naville*, Das aegypt. Todtenbuch, B. 1886, Taf. 100.
S. L. Lippert

Nebtjeni, ägypt. Goldschmied („Oberster Goldschmied des Amun"), in der 18. Dynastie (um 1550–1292 v. Chr.) im theban. Raum/Oberägypten tätig. Nur bek. durch eine hieroglyph. Inschr. auf einer abyden. Stele, die sich heute im Mus. von Marseille (Nr 33) befindet. Auf der Stele ist neben N. der „Oberste Goldschmied" → Chensu (I) gen., bei dem es sich vermutl. um seinen Bruder handelt. ▭ *J. Lieblein*, Hieroglyph. Namen-Wörterbuch, L. 1871, 769, Nr 1983; *M. G. Maspero*, Cat. du Mus. Egyptien de Marseille, P. 1889, 21 s., Nr 33; *id.*, RecTrav 13:1890, 119 ss., Nr 33.
T. Schrottenbaum

Nebua, ägypt. Bauleiter („Vorsteher der Arbeiten des Month, des Herrn von Armant"), während des Neuen Reiches (1550–1070/69 v. Chr.) im Raum Armant/Oberägypten tätig. Nur belegt durch einen beschrifteten Grabkegel, dem zu entnehmen ist, daß sein Eigentümer die Bauarbeiten am Tempel des Gottes Month dirigierte. ▭ *N. de G. Davies/M. F. L. Macadam*, A corpus of inscribed Egyptian funerary cones, Ox. 1957, Nr 511; *W. Helck*, Mat. zur Wirtschaftsgesch. des Neuen Reiches, I, Wb. 1961, 161.
C. von Pfeil

Nebunenef, ägypt. Künstler („Vorsteher der Künstler"), in der 19. Dynastie (1292–1186/85 v. Chr.) in Theben/Oberägypten tätig. Er ist bek. durch sein Grab in Dra-abu'l-Nag'a/Theben-W (Theban Tomb 157). Dort wird berichtet, daß er im 1. Reg.-Jahr Ramses' II. (um 1279 v. Chr.) zum „ersten Propheten des Amun" und zum „Vorsteher der Künstler in Theben" ernannt wurde. Er stand offenbar den Künstlern der Wkstn des Tempels des Amun in Theben vor. ▭ PM I. 2, 1964, 266 ss., Nr 157. – LD Text III, 239, Nr 7; *J.-F. Champollion*, Mon. de l'Egypte et de la Nubie, I, P. 1844, 535, 851; *K. Sethe*, ZÄS 44:1907, 30 ss. (v.a. 33), Taf. 3,22.
T. Schrottenbaum

Nebur → **Nebiaut**

Nebwahib, ägypt. Bildhauer („Oberster der Bildhauer des Amun"), im frühen Neuen Reich (1550–1479 v. Chr.) in Theben(?) tätig. Bek. von der Stele seines Bruders → Nebiaut. Weitere auf der Stele dargestellte Verwandte waren ebenfalls Bildhauer, so seine Neffen → Ri und → Aacheperkaraseneb. ▭ *P. A. A. Boeser*, Die Denkmäler des Neuen Reiches, III, D. H. 1913, 5, Nr 16, Taf. 11; *W. Helck*, Mat. zur Wirtschaftsgesch. des Neuen Reiches, I, Wb. 1961, 45.
S. L. Lippert

Nebwer → **Nebiaut**

Nechebu → **Merptehanchmerira**

Nechemmut v.e. **Nechetemmut**

Nechet (I), ägypt. Goldschmied („Vorsteher der Goldschmiede"), z.Z. Sesostris' I. (1956–1911/10 v. Chr.) in Ägypten tätig. N., Vater des Umrißzeichners → Nechet (II) und Großvater des Umrißzeichners → Nechet (III), ist durch drei Stelen aus Abydos belegt, die von → Nechet (II) (Kairo, Ägypt. Mus., Inv. Nrn CG 20751, 20515) und → Nechet (III) (Kairo, Ägypt. Mus., Inv. Nr CG 20526) gestiftet wurden. 🕮 *H. O. Lange/ H. Schäfer*, Grab- und Denksteine des Mittleren Reichs (CG), B. 1908, Nrn 20515, 20526, 20751; *D. Franke*, Altägypt. Verwandtschaftsbezeichnungen im Mittleren Reich, Ha. 1983, 54 s.; *id.*, Personendaten aus dem Mittleren Reich, Wb. 1984, Nr 337. M. A. Stadler

Nechet (II), ägypt. Umrißzeichner, z.Z. Sesostris' I. (1956–1911/10 v. Chr.) in Ägypten tätig. N. ist auf einer Reihe von Stelen aus Abydos belegt, die zum einen er seinem Vater → Nechet (I) (Kairo, Ägypt. Mus., Inv. Nrn CG 20751, 20515), dem Vorsteher der Goldschmiede, und seinen Großeltern mütterlicherseits (Kairo, Ägypt. Mus., Inv. Nr CG 20263) stiftete, und die zum anderen von seinem Sohn → Nechet (III) seinem Großvater → Nechet (I) (Kairo, Ägypt. Mus., Inv. Nr CG 20526) gestiftet wurde. Neben dem Beruf des Umrißzeichners als Grabdekorateur in der neuen Residenz Amenemhets I. und Sesostris' I., Itj-taui, übte er das Amt eines Großen Vorlesepriesters aus. 🕮 *H. O. Lange/H. Schäfer*, Grab- und Denksteine des Mittleren Reichs (CG), B. 1908, Nrn 20263, 20515, 20526, 20751; *D. Franke*, Altägypt. Verwandtschaftsbezeichnungen im Mittleren Reich, Ha. 1983, 54 s.; *id.*, Personendaten aus dem Mittleren Reich, Wb. 1984, Nr. 338. M. A. Stadler

Nechet (III), ägypt. Umrißzeichner, z.Z. Sesostris' I. (1956–1911/10 v. Chr.) in Ägypten tätig. Sohn von → Nechet (II), Enkel von → Nechet (I), dem er die Stele (heute Kairo, Ägypt. Mus., Inv. Nr CG 20526) in Abydos stiftete, auf der er auch selber dargestellt ist. 🕮 *H. O. Lange/H. Schäfer*, Grab- und Denksteine des Mittleren Reichs (CG), B. 1908, Nr 20526; *D. Franke*, Altägypt. Verwandtschaftsbezeichnungen im Mittleren Reich, Ha. 1983, 54 s. M. A. Stadler

Nechet (IV), ägypt. Architekt, Bauleiter („Vorsteher der Arbeiten"), z.Z. Echnatons (1351–1334 v. Chr.) in Amarna/Ägypten tätig. N. war ferner Bürgermeister von Amarna und Wesir. Er ist durch sein Haus in Amarna (K.50.1) belegt. 🕮 PM IV, 1934, 206. M. A. Stadler

Nechetdjehuti v.e. **Djehutinechet**

Nechetemmut (I) (Nechemmut), ägypt. Oberster der Nekropolenarbeiter, Zeit Ramses III. (1183/82–1152/51 v. Chr.) in Deir el-Medineh/Ägypten tätig. N. ist durch eine Reihe von Graffiti und eine Stele belegt. Sein Titel weist ihn als den leitenden Künstler in der kgl. Nekropole in Theben-W aus. Vater von → Chensu (VI) und Großvater von → Nechetemmut (II). 🕮 *J. Černý*, A community of workmen at Thebes in the Ramesside period, Kairo 1973, 123–125, 305 s.; KRI V, 626 s.; KRI VII, 350. M. A. Stadler

Nechetemmut (II) (Nechemmut), ägypt. Oberster der Nekropolenarbeiter, Zeit Ramses IV. bis IX. (1152/51–1107/03 v. Chr.) in Deir el-Medineh/ Ägypten tätig. Der leitende Künstler in der kgl. Nekropole folgte in seinem Amt seinem Großvater → N. (I) und seinem Vater → Chensu (VI) nach. 🕮 *J. Černý*, A community of workmen at Thebes in the Ramesside period, Kairo 1973, 123–125, 307; *M. Gutgesell*, Die Dat. der Ostraka und Papyri aus Deir el-Medineh und ihre ökonom. Interpretation, I. 1, Hildesheim 1983, 134, Nr 24b. M. A. Stadler

Nechetemmut (III) (Nechemmut), ägypt. Umrißzeichner, z.Z. Ramses' IV. (1152/51–1145/44 v. Chr.) in Deir el-Medineh/Ägypten tätig. N. zeichnete die bildl. Darst. in den Gräbern der kgl. Nekropole vor, jedoch ist ihm kein Werk zuweisbar. Er ist lediglich auf einem Ostrakon und in zwei Graffiti namentl. und mit Titel sicher belegt. 🕮 *E. S. Bogoslovsky*, ZÄS 107:1980, 103; KRI VI, 108, 218 s. M. A. Stadler

Nechetemmut (IV) (Nechemmut), ägypt. Umrißzeichner, z.Z. Ramses' VII. (1134/32–1126/23 v. Chr.) in Deir el-Medineh tätig. Zunächst in die 20. Dynastie dat., wird nun das Graffito, in dem allein N. mit Name und Titel belegt ist, in die Zeit Ramses VII. gesetzt. Daher ist eine Identität mit → N. (III) nicht mehr auszuschließen. 🕮 *E. S. Bogoslovsky*, ZÄS 107:1980, 103; KRI VI, 1983, 434. M. A. Stadler

Nechetimen (I) (Nachtamun), Sohn des → Piai (II), ägypt. „Bildhauer am Ort der Wahrheit", „Bildhauer des Amun des Herrn der beiden Länder" [d.h. des Königs], unter Ramses II. (1279–1213 v. Chr.) in Theben-W/Oberägypten tätig. Bek. durch sein Grab in Deir el-Medineh/Theben-W (Theban Tomb 335). Er war, wie auch sein Vater → Piai (II), seine Brüder → Neferrenpet (III) und → Ipui (I) sowie sein Sohn → Mes (II) in der kgl. Nekropole in Theben-W beschäftigt, wo er die vorgezeichneten Darst. an den Grabwänden reliefierte, und lebte in der Arbeitersiedlung Deir el-Medineh. Neben seinem Grab, an dem er selbst mitgearbeitet haben dürfte, ist er belegt durch einige Kleinfunde, auf denen er namentl. erw. ist, wie eine Kartonnage, einen Uschebti, einen Uschebtikasten und einen Weihrauchtopf. Darüber hinaus ist er auch im Grab seines Bruders → Neferrenpet (III), im Grab des Bildhauers → Qen sowie auf einem Stelen-Fragm. seines Vaters → Piai (II) dargestellt. ▭ PM I. 1, 1960, 401 ss., Nr 335. – LD Text III, 292, Nr 105; KRI III, 668,2; 669,12–664; 679,12; *B. Bruyère*, Rapp. sur les fouilles de Deir el Médineh, 1924–1925, Le Caire 1926, 113–173; 1933–1934, Le Caire 1937, 138 ss., Abb. 64; *W. Helck*, Mat. zur Wirtschaftsgesch. des Neuen Reiches (CG), I, Wb. 1961, 46; *U. Luft*, Studia Aegyptiaca 3:1977, 82 ss.; *M. L. Bierbrier*, in: *R. J. Demarée/A. Egberts* (Ed.), Village voices, Leiden 1992, 1 ss., Abb. 1. T. Schrottenbaum

Nechetimen (II) (Nachtamun), Sohn des → Nebra, ägypt. „Umrißzeichner des Amun", unter Ramses II. (1279–1213 v. Chr.) in Theben-W/Oberägypten tätig. Er ist bek. durch einige Stelen, einen Brief, den sein Vater → Nebra an ihn schrieb, einige Uschebtis und Graffiti. Er arbeitete in der kgl. Nekropole in Theben-W und lebte in der Arbeitersiedlung Deir el-Medineh. ▭ PM I. 2, 1964, 729 (d). – KRI III, 654,10; *P. Pierret*, Recueil d'inscr. inédites du Mus. Egyptien du Louvre, II, P. 1878, 109 Nr 4194; *G. Roeder*, Aegypt. Inschr. aus den staatl. Mus. zu Berlin, II, L. 1924, 158 ss., Nr 20377; *B. Bruyère*, Mert Seger à Deir el Médineh, Le Caire 1930, 129, Abb. 66; *A. Erman*, Die Religion der Ägypter, B./L. 1934, Taf. 5; *M. Tosi/ A. Roccati*, Stele e altre epigrafi di Deir el Medina, Turin 1972, 92, 285; *E. S. Bogoslovsky*, ZÄS 107:1980, 103. T. Schrottenbaum

Nechetimen (III), ägypt. Künstler („Vorsteher der Künstler"), unter Ramses IV. (1152/51–1145/44 v. Chr.) in Ägypten tätig. Nur bek. durch eine hieroglyph. Fels-Inschr. aus dem Wadi Hammamat, die nach der Datumsangabe im 3. Reg.-Jahr Ramses IV. (1149/48 v. Chr.) angebracht worden war. Im Text der Stele sind die Teiln. einer Expedition in den Steinbruch aufgezählt, an der auch N. teilnahm. Wo er sonst arbeitete, muß offen bleiben. ▭ *J. Couyat/P. Montet*, Les inscr. hiéroglyphiques et hiératiques du Ouâdi Hammâmât, Le Caire 1912, 34 ss., Nr 12 (v.a. 38 Z. 7). T. Schrottenbaum

Nechetment, ägypt. Künstler, 1. H. des 2. Jh. v. Chr., in Theben tätig. Nur bek. aus einer demot. Liste mit Begräbnisplätzen. N. ist einer der aufgezählten Grabbesitzer. Sein Arbeitsbereich als Künstler läßt sich nicht feststellen. ▭ *C. A. R. Andrews*, Cat. of demotic papyri (K BM), IV, Lo. 1990, 73 P. BM 10612. S. L. Lippert

Nechetmenu (Nechtmin; Nachtmin), ägypt. Bauleiter („Vorsteher der Arbeiten"), späte 18. Dynastie (2. H. des 14. Jh. v. Chr.). N., Speichervorsteher, Priester und Generalissimus, entstammte viell. der weiteren Verwandtschaft des Königs Eje (1323–1319 v. Chr.) aus Achmim. N. leitete die Bestattung von dessen Vorgänger Tutanchamun (1333–1323 v. Chr.) und die Errichtung von Ejes Totentempel in Medinet Habu (Theben-W). Außerdem war er Bauleiter am Min-Tempel in Achmim. N. wurde offenbar von Eje zum Nachfolger designiert. Doch Haremhab (1319–1292 v. Chr.) übernahm die Macht, usurpierte den Totentempel und zerstörte Statuen des N. Hauptquellen sind die Stelen Berlin, Ägypt. Mus., Inv. Nr 2074, Paris, Louvre, Inv. Nr C. 55 und eine Stele im Tempel des Eje in Achmim. ▭ LÄ IV, 1982 (s.v. Nechtmin). – Urk. IV, 1515, 1 ss. (bes. 1522, 4 und 1538, 6; 2110, 10 ss.); *G. Roeder*, Aegypt. Inschr. aus den Staatl. Mus. zu Berlin, II, L. 1924, 122 ss.; *W. Helck*, Mat. zur Wirtschaftsgesch. des Neuen Reiches, I, Wb. 1961, 102; *K. P. Kuhlmann*, MDAIK 35:1979, 173 s.; 177; Taf. 52 b. F. Hoffmann

Nechetsebek (Nachtsobek), ägypt. Umrißzeichner, im Mittleren Reich (um 2119–1794/93 v. Chr.) in Ägypten tätig. Nur bek. durch die hieroglyph. Inschr. auf einer Stele, die in der n. Nekropole von Abydos gefunden wurde. Er war v.a. mit der Vorzeichnung der Grabdekorationen beschäftigt, die später eingemeißelt bzw. bemalt wurden. Sein Sohn → Neferiu, der neben N. auf der Stele gen. ist, war ebenfalls Umrißzeichner. ▭ *J. Lieblein*, Hieroglyph. Namen-Wörterbuch, L. 1871, 616, Nr 1545; *H. O. Lange/H. Schäfer*, Grab- und Denksteine des Mittleren Reichs (CG), II, B. 1908, 347, Nr 20720. T. Schrottenbaum

Nechtmin → Nechetmenu

Nedjem (I), ägypt. „Oberster der Bildhauer", 18. Dynastie (ca. 1550–1350 v. Chr.). Bek. durch eine Stele, die im Tempel des Gottes Seth in Ombos (bei Koptos) gefunden wurde. Die Stele hat N., der auch Amunpriester war, für → Anhetep gefertigt. ▭ *W. M. F. Petrie*, Naqada and Ballas, Lo. 1896, Taf. 78. F. Hoffmann

Nedjem (II), ägypt. Goldschmied des Amun, im Neuen Reich (1550–1070/69 v. Chr.) in Theben/ Oberägypten tätig. Nur bek. aus einem Scheingefäß aus Holz (Berlin, Ägypt. Mus., Inv. Nr 7229). Viell. ident. mit → N. (III). ▭ *G. Roeder*, Ägypt. Inschr. aus den Staatl. Mus. zu Berlin, II, L. 1924, 296 Nr 7229. Y. Ott

Nedjem (III), ägypt. Goldschmied des Amun, im Neuen Reich (1550–1070/69 v. Chr.) in Theben/Oberägypten tätig. Bek. durch ein Uschebti aus Holz (Berlin, Ägypt. Mus., Inv. Nr 4654). Außerdem wird er auf einem Grabkegel (Nr 467) erwähnt. Viell. ident. mit → N. (II). ▭ *G. Roeder*, Aegypt. Inschr. aus den Staatl. Mus. zu Berlin, II, L. 1924, 283 Nr 4654; *N. de G. Davies/M. F. L. Macadam*, A corpus of inscribed Egyptian funerary cones, Ox. 1957, Nr 467. Y. Ott

Nedjemib, ägypt. Künstler („Vorsteher der Metallarbeiter des kgl. Hofes"), während der 6. Dynastie (2347/2297–2216/2166 v. Chr.) in Unterägypten tätig. Belegt in der Beischrift zu einem Bildnis, das ihn zus. mit seiner Frau auf einem Türsturz zeigt. Dieser stammt aus seinem Mastaba-Grab E 14 in Saqqara, welches w. der Djoserpyramide liegt. ▭ PM III. 2, 1978, 611, E 14. – *A. Mariette*, Les mastabas de l'Ancien Empire, P. 1889, 417; *H. Junker*, Die gesellschaftl. Stellung der ägypt. Künstler im Alten Reich, W. 1959, 13; *L. Borchardt*, Denkmäler des Alten Reiches (CG), II, Kairo 1964, 162, Nr. 1732, Taf. 94. C. von Pfeil

Nedji, ägypt. Goldschmied, E. der 4. Dynastie/A. der 5. Dynastie (um 2504/2454 v. Chr.) in Saqqara/ Unterägypten tätig. Nur bek. durch einen längl. Holzbalken, der sich in einer eingehauenen Vertiefung in der w. Wand des Grabes von Achethetep (in der Nähe des Pyramidenkomplexes von Unas) befand. Dieser Balken diente wahrsch. als Grabplatte, auf dessen mittlerem Teil N. auf einem Stuhl sitzend abgebildet ist. Vor ihm befindet sich ein Tisch mit Opfergaben und rechts daneben eine Beigabenliste mit dem Verz. von Stoffen und anderen Opfern. N. war ein einfacher Goldarbeiter, der das Gold in Stangen zur weiteren Verwendung in die Schmieden brachte. ▭ PM III. 2, 1978, 638. – *A. Badawy*, Denkmäler aus Sakkarah, in: ASAE 40:1940, 495 ss., Abb 63 und Taf 46. Y. Ott

Nefer(i) (I), ägypt. Künstler („Unteraufseher der Künstlerschaft des Palastes") unter Phiops I. (um ca. 2300 v. Chr.). Er ist erw. in zwei Graffiti im Wadi Hammamat (Nr 103 und 107), wohin er an einer Steinbruchsexpedition teilnahm. Beide Texte stammen aus demselben Jahr. ▭ Urk. I, 93, 15; 95, 4; *J. Couyat/P. Montet*, Les inscr. hiéroglyphiques et hiératiques du Ouâdi Hammâmât, Le Caire 1912, 72, 75. F. Hoffmann

Nefer(i) (II), ägypt. Bildhauer, 12. Dynastie (20./ 19. Jh. v. Chr.). Er wird in einem Text seines Sohnes → Ibet (I) (Paris, Louvre, Inv. Nr C. 186) erw. Viell. dieselbe Person wird auf der Totenstele des → Djati (II) (Kairo, Ägypt. Mus., Inv. Nr CG 20031) gen. ▭ *H. O. Lange/H. Schäfer*, Grab- und Denksteine des Mittleren Reichs (CG), I, B. 1902, 41; *D. Franke*, Personendaten aus dem Mittleren Reich, Wb. 1984, 76, Nr 66. F. Hoffmann

Neferchaut, ägypt. Künstler („Vorsteher der Künstler"), in der 18. Dynastie (1550–1292 v. Chr.) tätig. Nur bek. durch eine Statuengruppe aus schwarzem Granit, die von seiner Tochter Ruiu gestiftet wurde und ihn mit seiner Frau Rennefer zeigt. ▭ *M. Cassirer*, A granite group of 18th dynasty, in: JEA 41:1955, 72 ss. Y. Ott

Neferchi, ägypt. Bildhauer, unter den Königen Sethos I. (1290–1279/78 v. Chr.) und Ramses II. (1279–1213 v. Chr.) in Theben/Oberägypten tätig. Nur bek. durch seine Darst. im Grab des Paser (Nr 106) in der Halle im unteren Bildfeld, das in Scheich Abd el-Gurna/Theben-W liegt. ▭ PM I. 1, 1960, 221 (6). – *J.-F. Champollion*, Mon. de l'Egypte et de la Nubie, P. 1844, 846. Y. Ott

Neferhat (I), ägypt. Architekt, Bauleiter („Oberster der Bauarbeiten des Totentempels in Abydos", „Oberster der Bauarbeiten des Totentempels des Pharaos", „Oberster der Bauarbeiten des Totentempels Thutmosis' IV.", „Vorsteher der Bauarbeiten des Totentempels des Pharaos in Abydos"), unter Pharao Thutmosis IV. (18. Dynastie, 1397–1388 v. Chr.) in Abydos/Oberägypten tätig. Belegt durch zwei Stelen, die aus seinem Grab auf dem N-Friedhof von Abydos stammen und sich heute im BM in London sowie im Ägypt. Mus. in Kairo befinden. Auf der einen ist seine gesamte Titulatur angegeben, auf der anderen ist er zus. mit seinem König beim Opfer an die Göttin Nut dargestellt. Wie aus den Quellen ersichtlich ist, pflegte N. engen Kontakt zu Thutmosis IV., welcher ihm die Oberaufsicht über Planung und Bau seines Totentempels in Abydos übertrug. ▭ PM V, 1937, 58. – Urk. IV, 1611,13–1613,5; *W. Helck*, Mat. zur Wirtschaftsgesch. des Neuen Reiches, II, Wb. 1961, 168. C. von Pfeil

Neferhat (II), Vater des → Nebimen (I) und vermutl. des → Hi (IV), ägypt. Bildhauer („Oberster der Bildhauer am geheimen Ort"), unter den Pharaonen Amenophis III. und IV. (18. Dynastie, 1388–1334 v. Chr.) im theban. Raum/Oberägypten tätig. Bek. aus dem Grab des → Ipuki und seines Sohnes → Nebimen (I) in Theben-W/Chocha (Theban Tomb 181), wo ihm von seinem Sohn Totenopfer dargebracht werden. ▭ PM I. 1, 1960,

286–289, Nr 181 (TT 181). – Urk. IV, 1854,13; *N. de G. Davies*, The tomb of two sculptors, N. Y. 1925, 16, 35 s., Taf. 17. C. von Pfeil

Neferhebef, ägypt. Goldschmied („Vorsteher der Goldschmiede des Amun"), 18. Dynastie (1550–1292 v. Chr.). N., der auch Priester war, ist nur belegt durch ein als Grabbeigabe dienendes Scheingefäß (Grenoble Inv. 2018). ⊏⊐ *G. Kueny/J. Yoyotte*, Grenoble, Mus. des Beaux-Arts, coll. égyptienne, P. 1979, 153, Nr 216. F. Hoffmann

Neferher (I), ägypt. Edelsteinarbeiter, unter Amenemhet III. (1853–1806/05 v. Chr.) in Serabit el-Chadim/Sinai tätig. Bek. von einer Stele aus dem 40. Jahr Amenemhets III., die die Mitgl. einer Expedition zur Gewinnung von kostbaren Steinen aufzählt. ⊏⊐ *J. Černý* (Ed.), The inscr. of Sinai, II, Lo. 1955, 111, Nr 106, Taf. 35. S. L. Lippert

Neferher (II), ägypt. Goldschmied („Vorsteher der Goldschmiede"), im Mittleren Reich (2119–1794/93 v. Chr.) in Ägypten tätig. Nur bek. von einer sarkophagförmigen Stele aus Abydos. Darauf ist auch ein Verwandter → Senuseret genannt. Der Herkunftsort der Fam. ist unbek., da in Abydos zahlr. Wallfahrer ihre Stelen hinterließen. ⊏⊐ *H. O. Lange/H. Schäfer*, Grab- und Denksteine des Mittleren Reiches (CG), II, B. 1908, 331, Nr 20704. S. L. Lippert

Neferher (III), ägypt. Goldschmied, unter Sethos I.-Ramses II. (1290–1213 v. Chr.) in Theben tätig. N. ist im Grab des Wesirs Paser (Theban Tomb 106) dargestellt. Der beigeschriebene Text gibt seine wörtl. Rede wieder, in der er um Urlaub für den Besuch des Amun-Festes bittet. ⊏⊐ PM I. 1, 1960, 221 (6). – *A. Erman*, ZÄS 31:1893, 64. S. L. Lippert

Neferher (IV), ägypt. Künstler, im Neuen Reich (1550–1070/69 v. Chr.) in Theben tätig. Nur bek. aus einem hierat. Ostrakon, das die Abwesenheit von Arbeitern an den Königsgräbern im Tal der Könige an bestimmten Tagen festhält. Auf welchem Gebiet N. künstler. tätig war, ist unbek. ⊏⊐ *J. Černý/A. H. Gardiner*, Hieratic ostraca, I, Ox. 1957, Taf. 65, Nr 1; *E. Endesfelder*, Die Arbeiter der theban. Nekropole im Neuen Reich, Diss. B. 1962, 39. S. L. Lippert

Neferherenpteh, ägypt. Künstler („Unteraufseher der Künstlerschaft"), unter Pepi I. (2335/2285–2285/2235 v. Chr.) im Wadi Hammamat/Oberägypten tätig. Bek. aus einem Graffito, das während einer Steinbruchsexpedition zur Ausstattung der Pyramide Pepis I. im 18. Reg.-Jahr dieses Pharao im Wadi Hammamat angebracht wurde. ⊏⊐ Urk. I, 95,7; *J. Couyat/P. Montet*, Les inscr. hiéroglyphiques et hiératiques du Ouâdi Hammâmât, Le Caire 1912, 72, Nr 103. S. L. Lippert

Neferhetep (I) (gen. „der Ältere"), ägypt. Künstler („Oberster der Nekropolenhandwerker am Ort der Wahrheit", „Oberster der Nekropolenhandwerker an der Stätte der Ewigkeit", „Oberster der Nekropolenhandwerker des Herrn der beiden Länder [d.h. des Königs] Haremhab"), unter den Pharaonen Haremhab (18. Dynastie, 1319–1292 v. Chr.) bis Ramses II. (19. Dynastie, 1279–1213 v. Chr.) in Deir el-Medineh/Oberägypten tätig. Bek. durch sein und seines Sohnes → Nebnefer (I) Grab in Deir el-Medineh/Theben-W (Theban Tomb 6) und durch Inschr. im Grab seines Enkels → N. (II) (Theban Tomb 216). Zu seinen Aufgaben zählte die Ltg der Arbeiten am Königsgrab des Haremhab (KV 57) im Tal der Könige. ⊏⊐ PM I. 1, 1960, 14 s. – KRI I, 380, 9–15; KRI III, 577. 4, 578. 15, 579. 11. 14. 16; *J. Černý*, A community of workmen at Thebes in the Ramesside period, Kairo 1973, 123; *H. Wild*, La tombe de Néfer-Hotep (I) et Neb-Néfer à Deir el Médîna (No 6), II, Kairo 1979, Taf. 1c, 4; *M. L. Bierbrier*, in: *R. J. Demaree/A. Egberts* (Ed.), Village Voices, Leiden 1992, 3. C. von Pfeil

Neferhetep (II) (gen. „der Jüngere"), Sohn des → Nebnefer (I), Enkel des → N. (I), ägypt. Künstler („Oberster der Nekropolenhandwerker am Ort der Wahrheit"), unter den Pharaonen Ramses II. (19. Dynastie, 1279–1213 v. Chr.) bis Sethos II. (19. Dynastie, 1200/1199–1194/93 v. Chr.) in Deir el-Medineh/Oberägypten tätig. Bek. durch sein Grab in Deir el-Medineh/Theben-W (Theban Tomb 216) sowie dort gefundene Graffiti. Seine Karriere ist gut dokumentiert: Er folgte im 38. Reg.-Jahr Ramses' II. seinem Vater in dessen Amt als „Oberster der Nekropolenhandwerker" nach und wurde im 5. Jahr Sethos' II. nach seinem gewaltsamen Tod durch den nicht rechtmäßigen Nachfolger → Paneb (II) ersetzt. ⊏⊐ PM I. 1, 1960, 312–315. – KRI III, 587.11–598.6; KRI IV, 177.15–179.10, 238.14–239.7, 409.15; KRI VII, 199.1-12; *M. L. Bierbrier*, The late New Kingdom in Egypt, Warminster 1975, 21; Hieroglyphic texts from Egyptian stelae etc. (K BM), X, Lo. 1982, 27, Nr 1516. C. von Pfeil

Neferhetep (III), ägypt. Künstler („Oberster der Nekropolenhandwerker"), während der 2. H. des 13. Jh. v. Chr. im Raum Abydos/Oberägypten tätig.

Belegt durch ein Ostrakon aus Schunet es-Sebib/ Abydos, auf welchem darüber berichtet wird, wie N. von einer Sklavin des Diebstahls bezichtigt wird, diesen Verdacht aber von sich weisen kann. Er war wahrsch. bei den Baumaßnahmen zur Erweiterung des Tempels Sethos' I. oder beim Bau des Gedächtnistempels Ramses' II. eingesetzt. ▭ LÄ V, 1984, Sp. 108 (s.v. Ramses II.). – *M. G. Daressy*, Ostraca (CG), Kairo 1901, 60 s., Nr 25237. C. von Pfeil

Neferhetep (IV), Sohn des → Merisechmet (I), ägypt. Umrißzeichner, Maler, während der 1. H. des 12. Jh. v. Chr. in Deir el-Medineh/Oberägypten tätig. Zus. mit Mutter und Geschwistern abgebildet auf einer Stele seines Vaters. Bek. durch ein Ostrakon, auf dem geschrieben steht, daß er den Sarg seines Vorgesetzten → Paneb (II) bemalte. Des weiteren belegt in einer Abwesenheitsliste der Künstler und Handwerker, die in der kgl. Nekropole in Theben-W tätig waren. ▭ KRI IV, 314.7/ 11, 330.10–331.6, 440.1–2 und 6–9; *J. Černý*, Ostraca Hiératiques (CG), I, Kairo 1935, 10, 22*, Nr 25521; *E. Endesfelder*, Die Arbeiter der theban. Nekropole im Neuen Reich, Diss. B. 1962, 38; *D. Valbelle*, „Les ouvriers de la tombe", Le Caire 1985, 183, Anm. 5, 6. C. von Pfeil

Neferihi, ägypt. Bildhauer, in der 6. Dynastie (2347/2297–2216/2166 v. Chr.) in Saqqara/ Unterägypten tätig. Nur bek. durch seine Darst. im Grab seines Herrn Raschepses. Vor dem Grabherrn, der in einer Halle sitzt und zu dessen Füßen sich N. befindet, erkennt man die Speisung der am Grab beteiligten Künstler. N. ist mit seinem Namen und Titel gen. und darf als Dank und Anerkennung für die Fertigung der Grabbilder neben seinem Herrn speisen. ▭ LD II, 61; *H. Junker*, Die gesellschaftl. Stellung der ägypt. Künstler im Alten Reich, W. 1959, 41. Y. Ott

Neferiu, Sohn des → Nechetsebek, ägypt. Umrißzeichner, im Mittleren Reich (um 2119–1794/93 v. Chr.) in Ägypten tätig. Nur bek. durch die hieroglyph. Inschr. auf einer Stele seines Vaters → Nechetsebek, die in der n. Nekropole von Abydos gefunden wurde. ▭ *J. Lieblein*, Hieroglyph. Namen-Wörterbuch, L. 1871, 616, Nr 1545; *H. O. Lange/H. Schäfer*, Grab- und Denksteine des Mittleren Reichs (CG), II, B. 1908, 347, Nr 20720. T. Schrottenbaum

Neferka (gen. Heni; gen. Pepianchheriib), Sohn des Sebekhetep und der Pecherneferet, ägypt. Umrißzeichner z.Z. Phiops' II. (ca. 2279/2229–2219/2169 v. Chr.). Bek. durch sein prächtiges Felsgrab (D2) in Meir. N. trug eine ungeheure Fülle von Titeln, bes. Priester- und Verwaltungstitel. Nach einer Inschr. in seinem Grab wurde er 100 Jahre alt. ▭ LÄ IV, 1982 (s.v. Meir). – Urk. I, 221 ss.; *A. M. Blackman*, The rock tombs of Meir, IV, Lo. 1924. F. Hoffmann

Nefermaat, vermutlich Sohn des Königs Snofru, ägypt. Bauleiter („Vorsteher aller Arbeiten des Königs"), E. der 3. bis A. der 4. Dynastie (ca. 2650–2550 v. Chr.). N., der viele hohe Ämter bekleidete, hat (z.T. zus. mit seinem Sohn → Hemiunu) die Pyramiden der Könige Huni, Snofru und Cheops errichtet. Die Cheopspyramide ist bekanntl. die größte ägypt. Pyramide. In der ausgedehnten und sehr sorgfältig ausgestalteten Grabanlage des N. und seiner Frau in Meidum (Nr 16) kommen viele später in der Grabdekoration übliche Szenen erstmals vor. Auch technolog. scheint N. innovativ gewesen zu sein: Der Vermerk in der Grabkapelle seiner Frau, er habe „seine Götter in einer unauslöschl. Schrift" gemacht, dürfte sich auf die Pastenreliefs in seinem Grab beziehen, bei denen Darst. und Texte in den Untergrund eingetieft und mit Farbpasten ausgefüllt worden sind. Diese Technik erfüllte aber doch nicht die Erwartungen und wurde bald wieder aufgegeben. Die Bestattungen von N. und seiner Frau wurden noch vor der endgültigen Versiegelung geplündert und schwer beschädigt. Heute befindet sich seine Grabkapelle im Ägypt. Mus. in Kairo, während Blöcke der Grabkapelle seiner Frau über die ganze Welt verstreut sind (die berühmten Gänse von Meidum z.B. jetzt auch im Ägypt. Mus. in Kairo). ▭ PM IV, 1934, 93 s.; LÄ IV, 1982 (s.v. Nefermaat; s.v. Neuerungen, technolog.). – Urk. I, 7, 11; *W. M. F. Petrie*, Medum, Lo. 1892, 14 ss., Taf. 16 ss. F. Hoffmann

Neferperet, ägypt. Bauleiter, unter Pharao Ahmose (18. Dynastie, 1550–1525 v. Chr.) in Unterägypten sowie in Theben/Oberägypten tätig. Belegt durch eine Fels-Inschr. in den Kalksteinbrüchen von Maasara bei Tura, die an die Eröffnung neuer Brüche im 22. Reg.-Jahr des Ahmose durch N. erinnert. Er war neben seiner Eigenschaft als Schatzmeister für die Ltg der Bauarbeiten am Atumtempel von Heliopolis, am Ptahtempel von Memphis sowie am theban. Amuntempel verantwortl. und organisierte die Erschließung und den Abbau des dafür erforderlichen Mat. ▭ PM IV, 1934, 74, Nr 6. – Urk. IV, 24 s.; *W. Helck*, Zur Verwaltung des Mittleren und Neuen Reiches, Leiden/Köln 1958, 344. C. von Pfeil

Neferrenpet (I) (gen. Qefia), ägypt. Goldschmied und Bildhauer, unter den Königen Thutmosis III. (1479–1425 v. Chr.) und Amenophis II. (1428–1397 v. Chr.) in Theben/O-Ägypten tätig. Nur bek. durch sein Grab Nr. 140 in Dra Abu el-Naga/ Theben-W. ▭ PM I. 1, 1960, 254 Nr 140. – *A. H. Gardiner/A. E. P. Weigall*, A topogr. cat. of the private tombs of Thebes, Lo. 1913, 28 s. Y. Ott

Neferrenpet (II), ägypt. Bildhauer, in der 19. Dynastie (1292–1186/85 v. Chr.) in Deir el-Medineh/ O-Ägypten tätig. Außer dem Namen seines Bruders Bakenmut ist von ihm nichts bek. ▭ *U. Luft*, Das Totenbuch des Neferrenpet (Grab Nr 336), in: StAeg 3:1977, 81 ss. Y. Ott

Neferrenpet (III), ägypt. Bildhauer, Sohn des → Piai (II), unter dem König Ramses II. (1279–1213 v. Chr.) in Deir el-Medineh/Oberägypten tätig. Er gehörte zur gehobenen Arbeiterklasse von Deir el-Medineh, auch seine Brüder → Nechetimen (I) und → Ipui (I) waren als Bildhauer tätig. Bek. durch ein Totenbuch (Sprüche, die dem Verstorbenen mit ins Grab gegeben wurden), das sich heute in Philadelphia (Univ. of Pennsylvania, Mus. of Art and Anthropology) befindet und in die 60er oder 70er Jahre des 13. Jh. v. Chr. zu datieren ist. Sein Grab Nr 336 befindet sich in Deir el-Medineh/Theben-W. ▭ PM I. 1, 1960, 404, Nr 366. – KRI III, 666, 10–669, 11, 671, 2 s., 679, 10; *B. Bruyère*, Rapp. sur les fouilles de Deir el Médineh, 1924–1925, Le Caire 1926, 91; *H. Ranke*, Egyptian coll., Univ. Mus. Bull. XV, Philadelphia 1950, 82 s.; *E. Endesfelder*, Die Arbeiter der theban. Nekropole im Neuen Reich, Diss. B. 1963, 34 s.; *U. Luft*, Das Totenbuch des Neferrenpet (Grab Nr 336), in: StAeg 3:1977, 81 ss. Y. Ott

Neferrenpet (IV), ägypt. Bildhauer, in der 19. Dynastie (1292–1186/85 v. Chr.) in Deir el-Medineh/ Oberägypten tätig. Nur erw. auf dem Libationsgefäß (Gefäß zum Darbringen von Flüssigkeiten) des Hernefer (aus Sandstein), das aus Theben stammt (heute London, BM, Inv. Nr 28). ▭ Hieroglyphic texts from Egyptian stelae etc. (K BM), IX, Lo. 1970, 39, Nr 28, Taf. 34. Y. Ott

Neferrenpet (V), ägypt. Umrißzeichner, unter Ramses IV.-IX. (1152/51–1107/03 v. Chr.) in Theben tätig. N. lebte in Deir el-Medineh. Wie die übrigen Handwerker und Künstler dort arbeitete er an den Gräbern des Tals der Könige. Als Umrißzeichner entwarf er die Reliefs und Malereien für die Grabwände. Daß er neben seiner offiziellen Tätigkeit auch priv. Aufträge annahm oder für Bekannte einen Freundschaftsdienst leistete, zeigt seine Sign. auf einer Wandmalerei im Grab des Imenpahapi in Theben-W (Theban Tomb 355). ▭ *B. Bruyère*, Rapp. sur les fouilles de Deir el-Médineh, 1927, Le Caire 1928, 117, Abb. 79; *E. S. Bogoslovsky*, ZÄS 107:1980, 103. S. L. Lippert

Neferseschempteh (I), ägypt. Obergoldschmied der späteren 5. Dynastie, also ca. frühes 24. Jh. v. Chr. Erh. ist sein Felsgrab in Saqqara, das zus. für ihn und einen Sechentiu angelegt worden ist. An vielen Stellen sind die kräftigen Farben der Grabausmalung gut erh. ▭ *A. M. Moussa/ F. Junge*, Two tombs of craftsmen, Mainz 1975. F. Hoffmann

Neferseschempteh (II), ägypt. Künstler („Vorsteher der Künstler"), 6. Dynastie (ca. 24./23. Jh. v. Chr.). Bek. durch sein vergleichsweise bescheidenes Grab in Saqqara. N., der auch Priester der Götter Ptah und Sokar war, wird also wohl im memphit. Raum tätig gewesen sein. ▭ PM III. 2, 1978, 453, Nr 16. – *A. Mariette*, Les Mastabas de l'Ancien Empire, P. 1889, 391 s., Nr E 4. F. Hoffmann

Nefertem, ägypt. Bildhauer, 12. Dynastie (20./ 19. Jh. v. Chr.), wohl im memphit. Raum tätig. Sein Titel und Name stehen auf der aus Saqqara stammenden Stele des Heku (Brooklyn, Brooklyn Mus., Inv. Nr 37.1347E), was man wohl als Sign. verstehen darf. ▭ *T. G. H. James*, Corpus of hieroglyphic inscr. (K), I, Brooklyn 1974, 56 s., Nr 133, Taf. 38. F. Hoffmann

Nehemauai, ägypt. Goldschmied und Bildhauer des Amun, unter dem König Thutmosis IV. (1397–1388 v. Chr.) in Theben/Oberägypten tätig. Nur bek. durch sein Grab Nr 165 in Dra Abu el-Naga/ Theben-W. ▭ PM I. 1, 1960, 277, Nr 165. – Urk. IV, 1606 s., 1607, 5 und 10; *A. H. Gardiner/ A. E. P. Weigall*, A topogr. cat. of the priv. tombs of Thebes, Lo. 1913, 30 s.; *N. de G. Davies*, Five Theban tombs, Lo. 1913, 40 s., Taf. 15. Y. Ott

Nehi, ägypt. Goldschmied, 2. Jt. v. Chr. N. hat an einer Steinbruchsexpedition in die O-Wüste teilgenommen und im Wadi Um ʿAwad ein Graffito hinterlassen. ▭ *F. W. Green*, PSBA 31:1909, Taf. 32, Nr 1. F. Hoffmann

Neikoboulos (Νεικόβουλος), griech. Architekt, in der röm. Kaiserzeit in Kleinasien tätig. Nur bek. durch eine Inschr. aus Belenören (heute in Iznik, Archäol. Mus.). ▭ *L. Robert*, REA 42:1940, 315, Nr 12; *S. Şahin*, Kat. der antiken Inschr. des Mus. von Iznik (Nikaia), II. 2, Bonn 1982, 35, Nr 1256; *M.-C. Hellmann*, ZPE 104:1994, 155, Nr 11; *Donderer*, Architekten, 1996, 158, Nr A 62. R. V.

Neikodemos, *Iulius* → **Nikon,** *Aelius*

Neikon d.J. → **Nikon,** *Aelius*

Neilodoros, vermeintl. röm. Mosaizist, im 2. Jh. n. Chr. in Santa Severa tätig. Der Name NEIΛODOROS (*sic*) (CIL, XI, 6370, 2) befindet sich auf einem *Mosaik* aus Santa Severa mit der Darst. von Nilufermotiven sowie zwei Faustkämpfern und einem Schiedsrichter. Neben dem linken Kämpfer steht der Name. Jedoch bezieht er sich wohl eher auf den Sportler als auf den Mosaizisten. ☐ EAA V, 1963. – *P. Gauckler*, MemSocAF 63:1902, 197, Anm. 1; *R. Engelmann*, ÖJh 6:1903, 55 ss, Abb. 26; *Toynbee*, Artists, 1951, 45; *Rumpf*, MuZ, 1953, 191; *P. A. Gianfrotta*, Castrum Novum, Forma Italiae, VII. 3, R. 1972, 50, Abb. 86–89; *Donderer*, Mosaizisten, 1989, 148 s., Nr C 32, Taf. 65, 1. R. V.

Neisos (Νείσος), angebl. griech. Gemmenschneider der Spätantike. Sein Name findet sich im Genitiv auf einem hellenist. *Intaglio aus Karneol* mit der *Darst. eines Herrschers* (Alexander der Große oder Seleukos Nikator?) mit den Attributen des Zeus zu seinen Füssen (heute St. Petersburg, Ermitage). Die Buchstabenform weist jedoch in die Spätantike. Es handelt sich hier also um einen späteren Besitzer dieser Gemme. ☐ RE XVI. 2, 1935; EAA V, 1963. – *A. Furtwängler*, JdI 4:1889, 67 ss.; *id.*, AG, I, 1900, Taf. 32, 11; II, 1900, 157 s. R. V.

Neokles (Νεοκλῆς), Lehrer des → Xenon (I), griech. Maler, wahrsch. in hellenist. Zeit tätig. Nur bek. durch eine Auflistung bei Plinius (nat., 35, 146; Overbeck, SQ, 1868, Nr 2106), nach der er der Lehrer des → Xenon (I) war. ☐ RE XVI. 2, 1935 (s.v. N. 8); EAA V, 1963. – *Brunn*, GGK, II, 1889, 196. R. V.

Nepos (Νέπως), möglicherweise griech. Steinschneider unbestimmter Zeit. Nur bek. durch eine Inschr. auf einem *Intaglio aus Karneol* mit der Darst. eines Jünglings mit Lyra (CIG, IV, 7225). ☐ EAA V, 1963. – *Brunn*, GGK, II, 1889, 423. R. V.

Nerius Quadratus, *M.*, röm. Goldschmied, wahrsch. im 1. Jh. n. Chr. in Rom tätig. Nur bek. durch seine Grab-Inschr. aus Rom (CIL, VI, 37469). ☐ EAA I, 1958 (s.v. Aurifex). R. V.

Nero → **Domitius Ahenobarbus,** *Lucius*

Nerusius Vincentius, röm. Goldschmied, im 3. Jh. n. Chr. in Grosseto tätig. Nur bek. durch seine Grab-Inschr. aus Grosseto (CIL, XI, 2619). ☐ EAA I, 1958 (s.v. Aurifex). R. V.

Neseus (I) (Νησεύς), von Thasos, Lehrer des Malers → Zeuxis (I), griech. Maler, in der 2. H. des 5. Jh. v. Chr. tätig. Lt. Plinius (nat., 35, 61; Overbeck, SQ, 1868, Nr 1647) war er der Lehrer des berühmten Malers → Zeuxis (I). ☐ ThB25, 1931. RE XVII. 1, 1936; EAA V, 1963. – *Brunn*, GGK, II, 1889, 54; *Pfuhl*, MuZ, II, 1923, 681, Paragraph 741. R. V.

Neseus (II), von Melite, griech. Bildhauer, am E. des 5. Jh. v. Chr. in Athen tätig. Nur bek. durch Abrechnungen der Arbeiten von 409/408 und 408/407 v. Chr. für das Erechtheion auf der Athener Akropolis (IG, I, 323; IG, I^2, 374), auf der mehrere Bildhauer (u.a. → Antiphanes [I]; → Diokles [I]; → Iasos; → Praxias [I]; → Straton [I]) aufgelistet sind, die an der Ausschmückung des Baus beteiligt waren. N. fertigte sowohl Modelle für die bronzene Ausschmückung der Deckenkassetten wie auch Bronzeschmuck selbst. ☐ RE XVII. 1, 1936; EAA V, 1963. – *Loewy*, IGB, 1885, 358, Nr 527; *J. M. Paton/G. P. Stevens/L. D. Caskey/ H. N. Fowler*, The Erechtheum, Ca., Mass. 1927, 396 s., Fragm. XVII, Spalte 2, Zeile 70. R. V.

Nesiotes (Νησιώτης; Νεσιότες), griech. Erzgießer, * viell. um 525 v. Chr., in der 1. H. des 5. Jh. v. Chr. in Athen tätig. Ob N. wie sein Kollege *Kritios*, mit dem er eng zusammenarbeitete, Athener war (Paus., 6, 3, 5), ist ungewiß (vgl. Lippold, GrPl, 1950, 106 mit Anm. 11). Die Existenz der beiden Bildhauer und ihr Wirken in Athen ist durch lit. wie epigraph. Quellen vielfach bezeugt (Overbeck, SQ, 1868; Raubitschek, 1949; Muller-Dufeu, SculptureSource, 2002), dennoch läßt sich ihre Lebens- und Schaffenszeit nur ungefähr erschließen. – Plinius nennt nat., 34, 49 *Kritios* und N. zus. mit den Bildhauern → Alkamenes (I) und → Hegias (I) Zeitgen. und Nacheiferer des → Pheidias (I), dessen *Akme* er in die 83. Olympiade (448–444 v. Chr.) setzt. Dieser späte Zeitabschnitt kann nach Analyse der Quellen, die sich alle auf zeitl. früher anzusetzende Werke der beiden Künstler beziehen, wenn überhaupt realistisch, nur die Endphase ihrer Schaffenszeit markieren. Den Höhepunkt ihres künstler. Wirkens verkörpert näml. unzweifelhaft die schon im Altertum hochberühmte *Gruppe der Tyrannenmörder* (s.u. *Nr 8*), deren Aufstellung auf der Athener Agora Marmor Parium, 1, 70 (FGrH, 239, A 54) zufolge für das Jahr 477/476 v. Chr. (Olympiade 75,4) belegt ist (vgl. auch Paus., 1, 8, 5; → Lukianos, Philops., 18). Sie war Symbol für die Befreiung Athens von den Tyrannen, einem auf das Jahr 514 v. Chr. zurückgehenden hist. Ereignis, und zugleich Ersatz für die 480 v. Chr. von Xerxes nach Persien verschleppte ältere Bronzegruppe des → Antenor (II) (Paus., ibid.). Die schnelle Ern. sowie die Überlieferung, Alexander d. Gr. oder einer seiner Nachf. habe die geraubte erste Gruppe wieder nach Athen bringen lassen, wo sie ab dem späten 4. bzw. Anf. des 3. Jh. v. Chr. neben der Ersatzgruppe des *Kritios* und N. zu bewundern gewesen sei, unterstreicht den Stellenwert, den die Statuen im Bewußtsein der Athener gehabt haben müssen. Gewiß hatte man mit der Fertigung keine unbek. Künstler betraut (vgl. auch Kleine, 1973, 133 mit Anm. 125). Gleichwohl ist über die Anfänge der beiden Bildhauer wenig bekannt. Das früheste mögliche und zugleich einzige Zeugnis, auf dem N. allein erscheint, stellt eine Weihung um 500 v. Chr. dar (*Nr 1*). *Kritios* kann zum ersten Mal zehn bis 15 Jahre später nachg. werden. Demnach war N. wohl der ältere der beiden Erzgießer. Sein Geburtsdatum setzt Raubitschek (1949, 516) um 525 v. Chr. an, dasjenige des *Kritios* um 510 v. Chr. In den gemeinsamen Sign. der beiden Erzgießer erscheint jener jedoch nie zuerst, weshalb man in *Kritios* den bedeutenderen der beiden Künstler vermutete (vgl. E. Homann-Wedeking, AM 60/61:1935/36, 212 ss.), den entwerfenden Meister, in N. hingegen „nur" den Bronzegießer (vgl. F. Brommer, MdI 3:1950, 80 ss., bes. 85 ss.; Brunnsåker, ²1971, 135 mit Anm. 2, 138 ss.; Kleine, 1973, 131 mit Anm. 116), was jedoch ebensowenig zu beweisen ist wie die Annahme, *Kritios* habe seine frühen Lehrjahre in der Wkst. des → Antenor (II) verbracht (Raubitschek, 1949, 516). – Die Dat. der erh. epigraph. Zeugnisse, ist – abgesehen von *Nr 8* – sehr umstritten, eine chronolog. verbindliche Ordnung daher nicht möglich. Keines der Werke des *Kritios* und N. ist im Orig. überliefert. Allein auf der Akropolis von Athen wurden sechs Basen gefunden, auf denen *Kritios* und N. gemeinsam und unter Verwendung des Verbs ἐποιεσάτεν, sofern erh., signierten (*Nrn 2–7*). – *Werke*: 1.) Weihung des Kitharöden Alkibios von der Athener Akropolis. Fragm. einer Statuenbasis aus pentelischem Marmor, die einst wohl die *Bronzestatue eines Kitharisten* trug (nach der Buchstabenform um 500 v. Chr.; Raubitschek, 1949, 89–91, Nr 84 [Abb.] mit Lit.; Brunnsåker, ²1971, 136 s.; Stewart, Sculpture, 1990, 251). Gewisse Zweifel, ob es sich bei dem allein stehenden Namen Νεσιότες, der ohne eine das Verb ἐποίεσεν umschreibende Form erscheint, wirklich um eine Künstler-Sign. handelt, sind auch heute nicht völlig verstummt; – 2.) Weihung des Waffenläufers Epicharinos von der Athener Akropolis. Fragm. einer niedrigen Basis aus pentelischem Marmor (IG, I³, 847 mit Lit.: um 475–465 v. Chr.[?]; Raubitschek, 1949, 124 s., Nr 120 [Abb.]). Pausanias nennt 1, 23, 9 die *Statue eines Waffenläufers* von *Kritios*. Auf der Oberseite der Basis befinden sich zwei Dübellöcher, von denen allerdings nicht auf die genaue Position der Statue geschlossen werden kann. Sie stand entweder auf dem linken, vorangestellten Fuß, so daß sie im Profil betrachtet werden konnte, oder auf dem rechten, vorangestellten Fuß, den Betrachter anblickend. Diese Statue wird immer wieder mit Darst. in and. Kunstgattungen in Verbindung gebracht (Münze von Kyzikos: G. F. Hill, Hist. Greek coins, Chicago 1966, 58 s.; Bronzestatuette eines *hoplitodromos*, nun in Tübingen: EAA IV, 1961, Abb. 485; Darst. auf einer attisch schwarzfigurigen Oinochoe, nun in London, BM, Inv. Nr B 628; Haspels, ABL, 1936, 120, Anm. 2); – 3.) Weihung des Ekphantos und Hegelochos an Athena Parthenos von der Athener Akropolis. Fragm. einer niedrigen Basis aus pentelischem Marmor, die eine stark bewegte Statue trug, wie aus dem Abstand der beiden Dübellöcher erschlossen werden kann. Lt. Raubitschek (1949, 128) könnte es sich um einen *Krieger* oder um eine *Athena* des frühen Promachos-Typs gehandelt haben. Die Basis wurde in röm. Zeit wiederverwendet (IG, I³, 850 mit Lit., um 475 v. Chr.; Raubitschek, 1949, 126–129, Nr 121 [Abb.]; Gauer, 1968, 123 s.); – 4.) Fragm. einer niedrigen Basis von der Athener Akropolis aus pentelischem Marmor (IG, I³, 851 mit Lit., um 470–460 v. Chr.[?]; Raubitschek, 1949, 129–130, Nr 122 [Abb.]; – 5.) Weihung des Aristokles. Drei Fragm. einer niedrigen Basis von der Athener Akropolis aus pentelischem Marmor. Nach dem Dübelloch auf Fragm. c zu schließen, trug die Basis eine eher größere *Bronzestatue*, viell. sogar eine *Gruppe bestehend aus Reiter und Pferd* (IG, I³, 849, um 470–460 v. Chr.[?]; Raubitschek, 1949, 130–132, Nr 123 [Abb.]); – 6.) Fragm. einer Rundbasis von der Athener Akropolis aus pentelischem Marmor. Position und Länge der Dübellöcher zeigen, daß die Füße der verlorenen *Bronzestatue* nahe beieinander standen. Lt. Raubitschek könnte es sich um eine *Statue der Athena* im neuen Strengen Stil gehandelt haben (IG, I³, 848, um 475–465 v. Chr.[?]; Raubitschek, 1949, 177 s., Nr 160 [Abb.]); – 7.) Fragm. einer Rundbasis von der Athener Akropolis aus pentelischem Marmor, die einst eine *Bronzestatue* trug (IG I³, 846 mit Lit., um 475–465 v. Chr.[?]; Raubitschek, 1949, 178 s., Nr 161, p. 418, Nr 161a; Kissas, 2000, 106 s., Nr 33, vgl. Anm. 318, vor 480 v. Chr.); – 8.) Das Hw. des *Kritios* und N. stellt jedoch die bereits erw. zweite *Tyrannenmördergruppe* dar, die im Jahre 477/76 v. Chr. in der sog. *orchestra* nahe dem Arestempels auf der Athener Agora aufgestellt worden war (grundlegend bearbeitet von S. Brunnsåker, [2]1971; Zusammenstellung der Quellen zu der Gruppe sowie die zusammenfassende Auswertung v. ibid., 33 ss.; R. E. Wycherley, Lit. and epigraphical testimonia. Agora, III, 1957, 93 ss., Nrn 256 ss.). Von der gemeinsamen Basis der beiden Statuen mit Weih-Inschr. ist nur wenig erhalten (B. D. Meritt, Hesperia 5:1936, 355 ss., Nr 1; A. E. Raubitschek, AJA 44:1940, 58, Anm. 2; id., 1949, 116, 482; Wycherley, op. cit., 1957, 97 s., Nr 280; Brunnsåker, [2]1971, 84 ss.; D. L. Page, Further Greek epigrams, C. 1981, 186 ss.). Es handelte sich um die Skulpt. eines Freundespaares, des älteren Aristogeiton und des jüngeren Harmodios, das im Jahre 514 v. Chr. während der Großen Panathenäen in Athen ein Messerattentat auf die Söhne des Peisistratos, Hippias und Hipparchos, ausübte und zugleich um eines der wenigen Mon. im 5. Jh. v. Chr., das Individuen verliehen wurde (vgl. Ioakimidou, 1997, 76, Anm. 11). Der exakte Tathergang bleibt widersprüchlich (vgl. Brunnsåker, [2]1971, 1 ss.; Krumeich, 1995, 300 mit Anm. 8). Jedenfalls wurde Hipparchos bei dem Anschlag getötet, Hippias konnte fliehen, die Tyrannis der Peisistratiden erst um 510 v. Chr. endgültig gestürzt (Krumeich, ibid., mit Anm. 10; zum primär persönl. Tatmotiv von Harmodios und Aristogeiton vgl. ibid., Anm. 14 ss.). Danach, also zw. 510 v. Chr. und vor 480 v. Chr., stellte man ihnen zu Ehren die erste Tyrannenmördergruppe des → Antenor (II) auf, nach deren Raub (s.o.) die zweite des *Kritios* und N. um 477/76 v. Chr. – Obgleich vom 5. Jh. v. Chr. an in der Lit. immer wieder erw., war das genaue Aussehen der Statuen nicht umfassend beschrieben worden, auch die Frage, ob die jeweilige Quelle die ältere oder die jüngere Gruppe behandelt, ist nicht in allen Fällen zweifelsfrei zu klären. Bereits im 19. Jh. war es C. Friederichs (AZ 17:1859, 65 ss.) gelungen, zwei kaiserzeitl. Marmorstatuen in Neapel (Mus. Archeol. Naz., Inv. Nrn 6009 und 6010; vgl. Stewart, Sculpture, 1990, Taf. 227, vgl. ibid., Taf. 228–231) mit den *Tyrannenmördern* zu identifizieren; erst 1937 konnte der Kopftypus des Älteren durch den Fund des Aristogeiton-Torsos am Fuße des kapitolin. Hügels in Rom, an den ein Kopf aus den Magazinen der Vatikan. Mus. exakt anpaßte, erkannt werden. Eine Reihe weiterer Repliken, die alle auf die berühmten Ehrenstatuen des *Kritios* und N. zurückgehen, schloß sich an (Replikenlisten u.a. bei Brunnsåker, [2]1971, 47 ss.; C. Reusser, Der Fidestempel auf dem Kapitol in Rom und seine Ausstattung, R. 1993 [BullCom, Suppl., 2], 117, Anm. 25; E. Paribeni, Bd'A 61:1976, 185 ss.; Z. Mari, RIA 6–7:1983/84, 120 ss.; Krumeich, 1995, 303, Anm. 28). Seither zählen die Fragen nach der Zuordnung der beiden Gestalten des Harmodios und Aristogeiton zueinander (wobei auch die versch. Darst. der Gruppe in and. Kunstgattungen, bes. auf Münzen und in der Vasenmalerei, eine Rolle spielten [vgl. Brunnsåker, [2]1971, 99–120]) sowie die Abhängigkeit der jüngeren Gruppe von der älteren des → Antenor (II) für die kunsthist. Beurteilung des *Kritios* und N. zu den vorrangig diskutierten Problemen. In jüngerer Zeit ist man der Beantwortung dieser Fragen durch die Funde orig. antiker Gipsabgüsse in Baiae/Golf von Neapel ein wenig nähergekommen (vgl. Richter, 1970; Landwehr, 1985, Landwehr, 1986, passim). Diese Gipse weisen ihrerseits eine große Genauigkeit mit den Kopien in Neapel auf, andererseits zeigen sie jedoch auch deutlich die Verschiedenheit der einzelnen röm. Marmorrepliken untereinander auf, was C. Landwehr (1986, 125) zu der treffenden Äußerung veranlaßte, daß es „die getreue Kopie" der orig. *Tyrannenmördergruppe* nicht gebe. – Was das Aussehen des jüngeren, von *Kritios* und N. geschaffenen Mon. betrifft, so kann heute mit einiger Sicherheit gesagt werden, daß es sich bei den beiden Statuen um die Darst. zweier Schulter an Schulter und sich im Ausfallschritt nach vorn bewegender Männer handelte, einen jüngeren unbärtigen (Harmodios, mit ungeschütztem Körper und weit emporgehobenem Messer ausholend) und einen älteren bärtigen (Aristogeiton, dessen linker Arm waagrecht nach vorn gestreckt und mit einem dekorativ herabhängenden Gewandteil versehen ist, während die Hand ders. Körperseite die Schwertscheide hält, die der rechten Seite, nach hinten gestreckt, eine weitere todbringende Waffe), am besten wiederum dok. durch die Neapler Marmorkopien (Schuchhardt, 1986, 107 ss.; detaillierte Zustands-Beschr. der beiden hadrian.-frühantoninisch. Kopien vgl. auch Krumeich, 1995, 300 mit Anm. 1–6). Als Mat. der jüngeren *Tyrannenmördergruppe* konnte – wie schon für die Gruppe des → Antenor (II) – Bronze konstatiert werden (vgl. Landwehr, 1985, 39; Schuchhardt, 1986, 107 s.). Was die Abhängigkeit der jüngeren von der älteren Gruppe angeht, so ist es kaum denkbar, daß es sich bei jener um eine Imitation der älteren Gruppe des → Antenor (II) handelte, was bereits Pausanias (1, 8, 5; vgl. Rumpf, 1964, 150 s.) zu bestätigen scheint, der als einziger antiker Schriftsteller beide Gruppen gesehen und auch erw. hat. Daß der Stil beider Gruppen versch. und ihrer Zeitstufe entsprechend geprägt sein mußte, unterstricht Pausanias, indem er die älteren Statuen als ἀρχαῖοι bezeichnete. Hingegen zeigt bes. das Baiae-Fragm. des *Aristogeiton* (Landwehr, 1985, Taf. 4) ein den neuen Idealen des Strengen Stils verhaftetes schwermütiges, vollbärtiges Gesicht mit abgesetztem Schnurrbart und insges. knappen, formelhaften Umrissen, festen Wangen, einer kurzen Nase und den typischen dicken Augenlidern. Das Gewand-Fragm. (Landwehr, 1985, Taf. 2–3) weist zwar noch das schöne, abgetreppte spätarchaische Faltenschema auf, die Komp. der Gruppe mit ihren weiten Ausfallschritten sprengt das archaische Standschema jedoch längst. Die hagere Sehnigkeit des älteren Aristogeiton (Landwehr, 1985, Taf. 8–10, a) steht bereits im Kontrast zu dem lebendigen Karnat des jüngeren Harmodios (Landwehr, 1985, Taf. 10–11). – Ein weiteres bedeutendes Werk der Frühklassik wird wegen der auffälligen Verwandtschaft mit dem Harmodios aus der *Tyrannenmördergruppe* (*Nr 8*) der Wkst. der beiden Bildhauer zugeschr., der kurz vor 480 v. Chr. entstandene sog. *Kritiosknabe*. Das unterlebensgroße Standbild zeigt – im Unterschied zu den archaischen Kouroi – bereits einen frühen Kontrapost, die Unterscheidung zw. belastetem Standbein und entlastetem Spielbein und dessen Auswirkung auf die übrige Körperhaltung. Ob der Knabe mit dem aufgerollten Haar und der gestrählten Kalotte wirkl. den beiden Bildhauern zugewiesen werden kann, bleibt fraglich, da er mit dem *Harmodios* ledigl. die zeittyp. Kompaktheit des Gesichts mit der Ausprägung der Einzelformen, also die gleiche Stilstufe, aufweist (Athen, Akropolis Mus., Inv. Nr 698; H. Schrader, Die archaischen Marmorbildwerke der Akropolis, Ffm. 1939, Nr 299, Taf. 120 ss.; Kleine, 1973, 129 s.; vgl. auch J. M. Hurwit, AJA 93:1989, 41–80). – *Kunsthist. Bewertung*: Die Erzgießer *Kritios* und N. gehören zu den wenigen großen mit Namen bek. Künstler des Strengen Stils in Attika. Ihre Bedeutung läßt sich schon an der Vielzahl der überlieferten epigraph. und lit. Quellen ablesen sowie an der Menge der überlieferten Kopien der *Tyrannenmördergruppe* (*Nr 8*), mit der sie eine in motivischer, stilist. und kompositor. Hinsicht bahnbrechende Neuerung schufen, die vielfachen Einfluß auf and. Kunstgattungen ausübte. Auch die Nennung von Schülern, ja einer ganzen Schulfolge des *Kritios*, die bis nach 400 v. Chr. Bestand gehabt haben soll, unterstreicht die Wichtigkeit, die schon Autoren der Antike den beiden Künstlern zukommen ließen (Paus., 6,4, 5; Plin., nat., 34, 85; vgl. Stewart, 1990, 252). Doch ebenso außerordentl. problemat. gestaltet sich bis heute in vielen Punkten die Annäherung an die Künstlerpersönlichkeiten selbst und an ihr eigtl. Kunstschaffen. → Lukianos (Rhetor praecept., 9; Overbeck, SQ, 1868, 453; Muller-Dufeu, 2002, Nr 557) bescheinigt ihnen einen altertüml., zwar kraftvollen, jedoch harten, knappen und von scharf umrissenen Konturen geprägten Stil mit sehnigen und schroffen Einzelformen, was durch den Fund der antiken Gipsabgüsse in Baiae in gewisser Weise bestätigt werden kann. ▭ ThB21, 1927 (s.v. Kritios); 25, 1931 (s.v. N.). RE XI. 2, 1922 (s.v. Kritios); XVII. 1, 1936 (s.v. N.); EAA IV, 1961 (s.v. Kritios e N.); LAW, 1965 (s.v. Kritios und N.); KlP III, 1969 (s.v. Kritios); LGPN, II. 2, 1994 (s.v. Κρίτιος [1]; Νησιώτης [2]); DA XVIII, 1996 (s.v. Kritios and N.); DNP VI, 1999 (s.v. Kritios). – IG, I³, 846–851; *Overbeck*, SQ, 1868, Nrn 443, 452–469, 900, Zeile 11; *Loewy*, IGB, 1885, Nrn 38–40; *Brunn*, GGK, I, 1889, 101–105; *Raubitschek*, Dedications, 1949, 89–91, Nr 84, 124 s., Nr 120, 126–129, Nr 121, 129 s., Nr 122, 130–132, Nr 123, 177 s., Nr 160, 178 s., Nr 161, pp. 513–517; *Lippold*, GrPl, 1950, 106–108, 150; *A. Rumpf*, in: *E. Homann-Wedeking* (Ed.), Festschr. Eugen von Mercklin, Waldsassen 1964, 131 ss.; *J. J. Pollitt*, The art of Greece, 1400–31 B. C. Sources and doc. Englewood Cliffs 1965, 55 s.; *H. Stuart-Jones*, Passages from ancient writers illustrative of the hist. of Greek sculpt., ed. *A. N. Oikonomedes*, 1966, 50–52; *W. Gauer*, Weihgeschenke aus den Perserkriegen, Tb. 1968 (IstMitt, Beih. 2), 53 s., 123 s.; *G. M. A. Richter*, AJA 74:1970, 296 s., Taf. 74; *Ridgway*, Severe Style, 1970, 12, 22, Anm. 15, p. 23 mit Anm. 19, pp. 33, 40, Nr 7, pp. 74, 77, 79–84, 89 ss., 96 mit Anm. 6, pp. 100, 102, 105, 107, 109, 124 s., Nr 5, Abb. 115–117; *S. Brunnsåker*, The tyrant-slayers of Kritios and N., Sth. ²1971 (mit Lit.); *J. Kleine*, Unters. zur Chronologie der att. Kunst von Peisistratos bis Themistokles, Tb. 1973 (IstMitt, Beih., 8), 129 ss.; *P. Suter*, Das Harmodiosmotiv, Diss. Basel 1975; *M. Weber*, AA 1983, 199 s.; *B. Fehr*, Die Tyrannentöter, Ffm. 1984; *C. Landwehr*, Die antiken Gipsabgüsse aus Baiae, B. 1985, 27–47, Nrn 1–8, Taf. 2–11; *B. S. Ridgway*, in: *C. G. Boulter* (Ed.), Greek art. Archaic into Classical, A symposium held at the Univ. of Cincinnati, April 2–3, 1982, Leiden 1985, 5 ss.; *W.-H. Schuchhardt/C. Landwehr*, JdI 101:1986, 85–126; *Stewart*, Sculpture, 1990, 5, 7, 13, 25, 28, 50, 133, ss., 166, 237 s., 251 s., 256, 324, Abb. 42 s., 219 s., 227–231; *C. Ioakimidou*, Die Statuenreihen griech. Poleis und Bünde aus spätarchaischer und klass. Zeit, Diss. He. 1995, M. 1997, 76, Anm. 11, p. 199, Anm. 70, p. 266; *R. Krumeich*, in: *K. Stemmer* (Ed.), Standorte – Kontext und Funktion antiker Skulpt. (K Abguß-Slg antiker Plastik des Seminars für Klass. Archäologie an der Freien Univ.), B. 1995, 300–304, passim (mit Lit.); *K. Kissas*, Die att. Statuen- und Stelenbasen archaischer Zeit, Bonn 2000; *Muller-Dufeu*, SculptureSources, 2002, 202 s., Nrn 541–548, pp. 204–207, Nrn 552–554, 556 s., pp. 210–213, Nrn 576–583, pp. 344 s., Nr 995, pp. 460 s., Nr 1332, pp. 848 s., Nr 2542. D. V.-G.

Nesmet, Sohn des Herpaaset, ägypt. Bildhauer oder Goldschmied, in der 1. H. des 3. Jh. n. Chr. in Philae/Oberägypten tätig. In einem Graffito des Bildhauers → Pachenem (I) aus dem Jahre 230/231 n. Chr. wird erw., daß dieser zus. mit seinem Bruder, dem Pterophoren (ein ägypt. Priestertitel) N., eine Götterstatue des Osiris vergoldet habe. Da jedoch für N. kein Künstlertitel angegeben wird, kann man nur vermuten, daß er wohl als Bildhauer (wie → Pachenem [I]) oder als Goldschmied gearbeitet hat. Möglich wäre jedoch auch, daß er ohne eigene künstler. Ausb. nur seinem Bruder assistiert hat. ▭ *F. L. Griffith*, Cat. of the demotic graffiti of the dodecaschoenus, Ox. 1937, 94, Nr Ph 317. S. L. Lippert

Nesmeterachem → Nisumeterachem

Nesnauchemenuiu, Sohn des Herbes, ägypt. Goldschmied, 1. H. 3. Jh. v. Chr. in Theben tätig. Nur bek. aus einer demot. Geldbezahlungsschrift, wo N. als s. Nachbar des verkauften Hauses gen. wird. ▭ *C. A. R. Andrews*, Cat. of demotic papyri (K BM), IV, Lo. 1990, 17 s., P. BM 10026. S. L. Lippert

Nespaherentahat, ägypt. Bauleiter im Tal der Könige (Theben-W) sowie Amunpriester, Schreiber und Schatzhausverwalter z.Z. der 21. Dynastie (1070/69–946/945 v. Chr.). Ein Sarg in Tartu und eine Mumienauflage in Wien gehörten wohl demselben N. ▭ *A. Niwinski*, 21st dynasty coffins from Thebes, Mainz 1988, 143, Nr 212, p. 176, Nr 408. F. Hoffmann

Nessos (Nessus), Sohn des Habron (wahrsch. des Malers → Habron), griech. Maler, wahrsch. in hellenist. Zeit tätig. Nur bek. durch eine Auflistung bei Plinius (nat., 35, 146; Overbeck, SQ, 1868, Nr 2155). ▭ ThB25, 1931. RE XVII. 1, 1936 (s.v. N. 5); EAA V, 1963 (s.v. N. 1). – *Brunn*, GGK, II, 1889, 201; *Pfuhl*, MuZ, II, 1923, 917. R. V.

Nestabos (Νέσταβος), spätantiker Steinmetz (τεχνίτης) in N-Syrien. Nur bek. aus einer 392 n. Chr. dat. Inschr. aus Arsin (Djebel el A'la). ▭ *J. Jarry*, Annales islamologiques 7:1967, 192 Nr 122. M. Dennert

Nestorinos cf. **Alexios (KLA II, Addendum)**

Netes(?) (Νήτης[?]; Onetes[?]; Ὀυνήτης), griech. Bildhauer klass. Zeit, in Erythrai/Ionien tätig. N. ist der von F. Bücheler angenommene Name (v. G. Kaibel [Ed.], Epigrammata Graeca ex lapidibus conlecta, B. 1878, 312, Nr 769) des Bildhauers, der auf einer Basis eines Weihgeschenks für die Athena Polias von Erythrai gen. ist. Die Inschr. (SGDI, 5693) ist durch zwei Abschriften des 19. Jh. überliefert, die Interpretation der Textstelle, die den Namen enthält, aber nicht eindeutig. L. Ross (1855) wollte aus metr. Gründen in N. den Namen Onetes erkennen. In der Tat ist dieser Name im Gegensatz zur singulären Form Netes in archaischer und klass. Zeit bek. (Hdt., 7, 214; IG, XII. 9, 245, B.67). Es handelt sich um die ion. Version des dor. Onatas. Eine Identifizierung des erythräischen mit dem bek. äginet. Bildhauer dieses Namens (→ Onatas [I]) hielt Ross jedoch nicht für gesichert. Seine Lesung („Onetes") wird mittlerweile allg. abgelehnt. Da der Name N. sonst unbek. ist, muß die Existenz eines Bildhauers mit diesem Namen allerdings fraglich bleiben. Die Dat. der erythräischen Inschr. in das 5. bzw. 4. Jh. v. Chr. beruht auf paläograph. Beobachtungen. ▭ EAA V, 1963. – *L. Ross*, Neue Jbb. für Philologie und Paedagogik 71:1855, 34 ss.; *Loewy*, IGB, 1885, 49, Nr 59; *U. von Wilamowitz-Moellendorff*, Nordion. Steine. AbhBerlin 1909/2, 28, Anm. 2; *H. Engelmann/R. Merkelbach*, Die Inschr. von Erythrai und Klazomenai, II, Bonn 1973, 363 s., Nr 210; *Hansen*, CEG, II, 1989, 265 s., Nr 857 (entspricht Nr 425 a), mit älterer Lit. J. Bauer

Netjeruser, ägypt. Bauleiter („Vorsteher aller Arbeiten des Königs"), unter Menkauher und Djedkara-Isesi (2414/2395–2367/2317 v. Chr.) in Dahschur/Unterägypten (?) tätig. Bek. durch sein Grab in Saqqara (Nr 78 [D 1; S 901]), für dessen Ausf. er vermutl. selbst verantwortl. war. Daneben war er wahrsch. an den Bauprojekten der beiden vorletzten Könige der 5. Dynastie in Dahschur beteiligt. ▭ PM III. 2, 1978, 485, Nr 78. – *A. Mariette*, Les mastabas de l'Ancien Empire, P. 1889, 164 ss. T. Schrottenbaum

Neuantos (Νεύαντος), griech. Münzstempelschneider, nach der M. des 4. Jh. v. Chr. in Kydonia/Kreta nachgewiesen. N. in Kydonia/Kreta (Forrer, 1906, 247; Imhoof-Blumer, 1908, 129, Nr 306, Taf. 8, 31) ist neben → Theodotos (II) in Klazomenai/Ionien der einzige Fall einer gesicherten Stempelschneider-Sign. auf antiken Münzen

der klass. Zeit. Den Beleg dafür liefert das handlungsspezifische Verbum ΕΠΟΙΕΙ, das allein in diesen beiden Fällen den Namen begleitet und als Künstler-Sign. identifiziert werden konnte (Rochette, 1831). – N. signiert *Didrachmen* von Kydonia (ca. 11,55 g) auf der Vorderseite mit der Sign. ΝΕΥΑΝΤΟΣ ΕΠΟΙΕΙ („Neuantos hat es gemacht"). Das qualitätvolle Bild zeigt den Kopf der Nymphe Diktynna in Profilansicht nach rechts. Sie trägt Halskette und Ohrgehänge. Das aufgerollte Haar ist mit Weinlaub und Weintrauben bekränzt. Die Künstler-Sign. findet sich zweizeilig hinter dem Kopf der Nymphe. Das Rückseitenbild zeigt den Stadtgründer Kydon, beischriftl. ΚΥΔΩΝ benannt, nackt, auf der Abschnittsleiste stehend. Er ist in Dreiviertelansicht nach links gewandt, einen Bogen spannend. Das Bild ist von einem Punktkreis umrahmt. Die wichtigsten publizierten Stücke der öff. Slgn sind bei Svoronos, 1890, 100, Nr 3, Taf. 9, 3, und Babelon, 1914, Nr 1743, aufgeführt (London, BM; Wroth, 1884, 9, Taf. 1, 8; Wien, Kunsthist. Slgn; Eckhel, 1793, 309; Berlin, Staatl. Mus., Münzkabinett; Friedländer/von Sallet, 1877, 157; Paris, BN, Cab. des Méd.; Mionnet, II, Nr 12; Suppl, IV, Taf. 9, 2; Babelon, 1914, Taf. 260, Nr 12; Slg Jameson, Nr 1320; Babelon, 1914, Taf. 260, Nr 13; Numismatic Fine Arts, Auktion XI, 8. 12. 1982, Nr 140 [ex Norman Davis Slg Nr 174]; vgl. Le Rider, 1966, 30, Nrn 190 s. [ders. Vorderseitenstempel]). Die stilist. Ähnlichkeit weiterer unsign. Prägungen von Kydonia mit den sign. Stücken lassen jedoch auf ein breiteres Betätigungsfeld des Künstlers schließen. ▭ ThB25, 1931. RE XVII. 1, 1936; EAA V, 1963. – *J. Eckhel*, Doctrina numorum veterum, II, W. 1793; *R. Rochette*, Lettres à Monsieur le Duc de Luynes sur les graveurs des monnaies grecques, P. 1831; *W. Wroth*, NumChron, 1884, 1 ss.; *Svoronos*, Crète, 1890; *L. Forrer*, Notes sur les sign. des graveurs sur les monnaies grecques, Br. 1906; *F. Imhoof-Blumer*, JIArchNum 11:1908, 1 ss.; *J. Friedländer/A. von Sallet*, Das Kgl. Münzkabinett, B. 1877; Coll. R. Jameson, P. 1913; *Babelon*, Traité, III, 1914; *G. Le Rider*, Monnaies Crétoises du Ve au Ier s. avant J.-C., P. 1966 (Et. crétoises, XV); *H. A. Troxell*, The Norman Davis coll., American Numismatic Society, N. Y. 1969.
S. Lavva

Ni, ägypt. Bildhauer („Vorsteher der Bildhauer"), in der 2.–3. Dynastie (2853/2803–2639/2589 v. Chr.) in Ägypten tätig. Bek. von zwei Opferbecken, die in der Nekropole von Giza gefunden wurden (heute in Kairo bzw. Berlin). Seine Enkel(?) → Hemra und → Heteppteh waren Aufseher der Bildhauer. Ein weiterer als Künstler tätiger Verwandter war der ebenfalls dort genannte → Hemu. ▭ PM III. 2, 1978, 437, Nr S2401. – *G. Roeder*, Ägypt. Inschr. aus den Kgl. Mus. zu Berlin, I, L. 1913, 64, Nr 7725; *D. Abou-Ghazi*, Denkmäler des Alten Reiches (CG), III, Kairo 1980, 37, Nr 57040.
S. L. Lippert

Nia, ägypt. Zeichner („Umrißzeichner des Amun"), im Neuen Reich (1550–1070/69 v. Chr.) in Ägypten tätig. Nur durch eine Stele aus Abydos bek., die außer N. noch weitere Fam.-Angehörige nennt. Wo N. lebte und arbeitete, ist unbek., denn in Abydos stellten Personen aus versch. Teilen Ägyptens ihre Stelen auf. ▭ *P. Lacau*, Stèles du Nouvel Empire (CG), Le Caire 1926, 185, Nr 34155, Taf. 56.
S. L. Lippert

Niai, ägypt. Umrißzeichner, in der 20. Dynastie (1186/85–1070/69 v. Chr.) in Memphis/Ägypten tätig. N. ist bek. von einer Stele, die ihn zus. mit seiner Fam. darstellt. Sein Vater → Iuti (II) sowie sein Sohn → Cher waren ebenfalls Umrißzeichner. ▭ *G. Roeder*, Ägypt. Inschr. aus den Staatl. Mus. zu Berlin, II, L. 1924, 194 u. 197, Nr 7269, A9 u. C2 s.
S. L. Lippert

Nianchpteh, ägypt. Bildhauer („Vorsteher der Bildhauer"), unter Pharao Isesi und/oder Pharao Unas (5. Dynastie, 2405/2355–2347/2297 v. Chr.) in Unterägypten tätig. Hat sich im Grab des Heteppteh (Ptehhetep) selbst dargestellt, wie er in einem Boot sitzend von einem Diener mit Speise und Trank versorgt wird. Dieses Mastaba-Grab gehört zum Komplex D 64 im Bezirk w. der Stufenpyramide von Saqqara. ▭ LÄ II, 1977, Sp. 950 m. Anm. 4 (s.v. Handwerker); III, 1980, Sp. 834 m. Anm. 8 (s.v. Künstler); PM III. 2, 1978, 601 (17) VII. – *A. Erman*, ZÄS 31:1893, 97 s.; *N. de G. Davies*, The mastaba of Ptahhetep and Akhethetep at Saqqareh, I, Lo. 1900, Taf. 21, 25; *A. Hermann*, MDAIK 6:1936, 155 s.; *W. Helck*, MDAIK 14:1956, 65, Fn. 7; *H. Junker*, Die gesellschaftl. Stellung der ägypt. Künstler im Alten Reich, W. 1959, 17.
C. von Pfeil

Nianchra, ägypt. Bauleiter („Vorsteher aller Arbeiten des Königs"), wohl 5. Dynastie (25./24. Jh. v. Chr.). Bek. durch sein Felsgrab in Giza. Nach den Inschr. darin hatte N. noch viele andere (besonders priesterl.) Ämter inne. ▭ PM III. 1, 1974, 234 s. – *S. Hassan*, Excavations at Gîza, IV, 1943, 151 ss.
F. Hoffmann

Nicadius, angebl. röm. Mosaizist des 2./3. Jh. n. Chr. aus Ras el-Gebel/Tunesien. Nur bek. durch seine Namensnennung auf einem *Mosaik* aus Ras el-Gebel (heute Tunis, MN du Bardo, Inv. Nr A 347). Ob hier jedoch wirklich der Name eines Mosaizisten vorliegt, wie z.B. von Donderer (1989) behauptet worden ist, muß stark bezweifelt werden. ▭ InvMos, II, 1910, 299, Nr 932; *Donderer*, Mosaizisten, 1989, 100, Nr A 75, Taf. 44, 1; *J. Gómez Pallarès*, ZPE 129:2000, 308. R. V.

Nicanor v.e. **Nikanor**

Nicentius, röm. Mosaizist, im 4. Jh. n. Chr. in Thuburbo Maius/Tunesien tätig. Nur bek. durch seine Sign. auf einem *Mosaik* aus Thuburbo Maius (heute Tunis, MN du Bardo, Inv. Nr A 370). ▭ InvMos, II, Suppl., 1915, 43 s., Nr 347 d; *R. Cagnat*, Inscr. latines d'Afrique, P. 1923, Nr 289; *M. A. Alexander*, Corpus des mosaïques de Tunisie, II. Thuburbo Maius 1, Tunis 1980, 49 s., Nr 40 B, Taf. 20; *Donderer*, Mosaizisten, 1989, 101, Nr A 76, Taf. 44, 2. R. V.

Nicolas? → Nikomachos (V)

Nicrinus, röm. Toreut, in der 2. H. des 1. Jh. n. Chr. wohl am Niederrhein (bei Nijmegen?) tätig. Nur bek. durch seine Sign. auf einer *Bronzekelle* oder einem *-sieb* aus Geldermalsen/Niederlande (heute Leiden, RM van Oudheden, Inv. Nr 1963/12.71). ▭ *P. Stuart*, OudhMeded 49:1968, 80, Nr 71, Taf. 7, 4; *M. Perse/R. Petrovszky*, AKorrBl 22:1992, 412, Nr B 5, p. 415, Nr 48; *R. Petrovszky*, Stud. zu röm. Bronzegefäßen mit Meisterstempeln, Buch am Erlbach 1993, 159, Nr N.09, p. 278, Nr N.09.01. R. V.

Nidintu-Anu, Sohn des Baumeisters → Lâbâši (II), Baumeister bzw. Architekt, zur Seleukidenzeit im 3. V. des 2. Jh. v. Chr. in Uruk/S-Babylonien tätig. N. erhält in der in akkad. Sprache verf. sog. Schenkungsurkunde (Harvard Semitic Mus., Inv. Nr 913.1.5 [7313]) zus. mit seinem älteren Bruder Riḫat-Anu von seinem Großonkel → Anu-mār(a)-ittannu (II) ein Haus und eine Sklavin, für die beide als Gegenleistung eine Geldsumme an → Anu-mār(a)-ittannu (II) zahlen (Wallenfels, 1998). Dat. ist diese Urkunde ins Jahr 124 der Seleukiden-Ära (entspricht dem Jahr 187 v. Chr.). In dem ins Jahr 146 der Seleukiden-Ära (entspricht 165 v. Chr.) datierenden Kaufvertrag (New York, J. Pierpont Morgan Library Coll., Inv. Nr 2166; Doty, 1977) eines Magazinbaus im Bereich des Irigal-Tempels in Uruk (Wallenfels, 1998, 49) erscheint N. als Zeuge; N. trägt die Berufsbezeichnung *itinnu* (v. hierzu → Lâbâši). Der Name des N. erscheint in der Schreibung ^{m}ni-din-tu$_4$-^{d}60 und bedeutet „Geschenk des (Gottes) An" (zum Namenstyp vgl. Stamm, 1986). ▭ *L. T. Doty*, Cuneiform archives from Hellenistic Uruk, Ann Arbor 1977, 39; *J. J. Stamm*, Die akkad. Namengebung, Da. 1986, 257; *R. Wallenfels*, Seleucid archival texts from the Harvard Semitic Mus., Groningen 1998 (Cuneiform Monographs, 12), 45–51, 173 s. (Kopie der Tafel). K. S. Schmidt

Nidintu-šarri, jüngerer Sohn des Riḫat-Anu (und somit Bruder des Baumeisters → Lâbâši [II]; Wallenfels, 1998, 42 erwägt, ob N. der Zweitname des → Lâbâši [II] war) und Enkel des → Lâbâši (I), Baumeister bzw. Architekt, zur Seleukidenzeit im 2. Jh. v. Chr. in Uruk/S-Babylonien tätig. Der Baumeister (akkad. *itinnu*, zu diesem Beruf vgl. → Lâbâši) erscheint in der in akkad. Sprache verf. Verkaufsurkunde (Harvard Semitic Mus., Inv. Nr 913.1.2 [7310]) mit dem Duplikat der Tafel (Clay, 1913, Nr 30), in den Zeilen 1, 13 und 17 als Verkäufer eines Magazinbaus im Hof des Inana/Ištar-Tores im Bezirk des Irigal(-Tempels) in Uruk (Wallenfels, 1998). Dat. ist diese Urkunde ins Jahr 109 der Seleukiden-Ära (entspricht 202 v. Chr.). Der Text trägt N.s Siegel (Wallenfels, 1998, 112 s., Abb. 70). Im Jahr 119 der Seleukiden-Ära (entspricht 192 v. Chr.) erscheint N. als Käufer von Land im Inana/Ištar-Tor-Bezirk von Uruk (Clay, 1913, Nr 32 mit Duplikat in New York, J. Pierpont Morgan library coll., Inv. Nr 2171), im Jahr 129 der Seleukiden-Ära (entspricht 182 v. Chr.) handelt er mit Land desselben Bezirks (Wallenfels, 1998, 24). Die Schreibung des Namens ist ^{m}NIG$_2$.SUM.MU-LUGAL, die Bedeutung „Geschenk des Königs". ▭ *A. T. Clay*, Legal doc. from Erech dated in the Seleucid era (312–65 B. C.), Babylonian records of the library of J. P. Morgan, II, N. Y. 1913; *R. Wallenfels*, Seleucid archival texts from the Harvard Semitic Mus., Groningen 1998 (Cuneiform Monographs, 12), 21–26, 112 s., 164 s. (Textkopie). K. S. Schmidt

Nigellio, röm. Toreut, in der 2. H. des 1. Jh. n. Chr. in Gallien tätig. Nur bek. durch seine Sign. auf den folgenden *acht Bronzekasserollen*: – 1.) aus Frankreich(?) (heute Lyon, MBA, Inv. Nr A 2129; S. Tassinari, Gallia 28:1970, 142, Nr 31, Taf. 8; Petrovszky, 1993, 278, Nr N.10.01); – 2.) aus Annemasse, Haute Savoie/Frankreich (heute Hamme, Mus.; CIL, XII, 5698, 8; R. Mowat, Marques de bronziers sur objets antiques trouvés ou apportés en France, Vienne 1884, 20, Nr 55; Petrovszky, 1993, 278, Nr N.10.02); – 3.) aus einem Hortfund von Chalain-d'Uzore/Frankreich (heute Montbrison, Mus. „La Diana", Inv. Nr 890.10.49; CIL, XIII. 3/2, 10027, 31; M. Feugère, Cahiers archéol. de la Loire 4–5:1984–1985, 35 ss., Nr 50, Abb. 2; Petrovszky, 1993, 279, Nr N.10.03); – 4.) aus der Doubs bei Sauniers/Frankreich (heute Chalon-sur-Saône, Priv.-Slg; Petrovszky, 1993, 279, Nr N.10.04); – 5.) aus der Saône/Frankreich (heute Chalon-sur-Saône, Mus. Denon, Inv. Nr CA 414; F. Baratte u.a., Vases antiques de métal au Mus. de Chalon-sur-Saône, Dijon 1984, 75 s., Nr 101, Taf. 36, 66; Petrovszky, 1993, 279, Nr N.10.05, Taf. 21); – 6.) in Oxford, Ashmolean Mus., Inv. Nr 1932/163 (Petrovszky, 1993, 279, Nr N.10.06); – 7.) in Oxford, Ashmolean Mus., Inv. Nr 1932/164 (H. Norling-Christensen, Aarbøger 1952 [1953], 170 s., Nr 24, Abb. 24; Petrovszky, 1993, 279, Nr N.10.07); – 8.) aus Ringe/Dänemark (heute Kopenhagen, NM, Inv. Nr 18895; CIL, XIII. 3/2, 10036, 54; E. Albrectsen, Fynske Jernaldergrave II. Aeldre romersk jernalder, Kph. 1956, 65 s., Nr 73, pp. 217, 270, Taf. 13a; Petrovszky, 1993, 279 s, Nr N.10.08, Taf. 21). ▭ *R. Petrovszky*, Stud. zu röm. Bronzegefäßen mit Meisterstempeln, Buch am Erlbach 1993, 159, Nr N.10, pp. 278–280, Nrn N.10.01–N.10.08, Taf. 21. R. V.

Niger, röm. Toreut, in der 2. H. des 1. Jh. n. Chr. in Italien tätig. Nur bek. durch seine Sign. auf einer *Bronzekasserolle* aus Szombathely/Ungarn (heute Berlin, Staatl. Mus., Antiken-Slg, Inv. Nr 10.160). ▭ *E. Pernice*, AA 1904, 20, Nr 10; *A. Radnóti*, Die röm. Bronzegefäße von Pannonien, Dissertationes Pannonicae, 2. Ser., 6, Bp./L. 1938, 48, Anm. 78–83, Taf. 17, 22a-b; 20, 3; *R. Petrovszky*, Stud. zu röm. Bronzegefäßen mit Meisterstempeln, Buch am Erlbach 1993, 159 s., Nr N.11, p. 280, Nr N.11.01, Taf. 41. R. V.

Nikandros (I) (Νίκανδρος), Münzstempelschneider, in der 1. H. des 4. Jh. v. Chr. in Thurioi/Lukanien tätig. Ein *Nomos* (Didrachmon) des für Thurioi char. Typs mit dem behelmten Kopf der Athena auf der Vorderseite und einem nach rechts stoßenden Stier auf der Rückseite trägt auf der Bodenlinie der Rückseite in kleinen Buchstaben die Künstler-Inschr. NIKANΔPO (Genitiv). In gleicher Weise signierten auch die beiden and. aus Thurioi bek. Stempelschneider, → [H]istor[os] und → Molossos. ▭ ThB25, 1931. RE XVII. 1, 1936 (s.v. N. 18); EAA V, 1963. – *L. Forrer*, Notes sur les sign. de graveurs sur les monnaies grecques, Br. 1906, 252–254. Th. Ganschow

Nikandros (II), griech. Gemmenschneider, im 3. Jh. v. Chr. tätig. Durch das Beiwort EΠOEI (*sic!*, „hat es gemacht") ist der Signierende eindeutig als Künstler zu identifizieren. Die Sign. findet sich auf einem *Hyazinth* (Baltimore, Walters AG) mit dem *Profilbildnis der ptolemäischen Königin Berenike II.* (246–222/221 v. Chr.), worauf die Frisur und das Diadem hinweisen. – Die auch stilist. in die 2. H. des 3. Jh. v. Chr. zu dat. Gemme zeigt ein Frauenbildnis, wie es für die Herrscherbildnisse auf Gemmen der Zeit typ. ist. ▭ ThB25, 1931. RE XVII. 1, 1936 (s.v. N. 17); EAA V, 1963. – *A. Furtwängler*, JdI 3:1888, 210, Taf. 8, 14; *id.*, AG, III, 1900, Taf. 32, 30; *Richter*, EngrGemsGe, 1968, 139 s., Abb. 531; *Zazoff*, AG, 1983, 206 mit Anm. 75. B. Lang

Nikandros (III), angebl. griech. Bildhauer des 2./1. Jh. v. Chr. Im Jahre 1873 entdeckten J.-A. Lebègue und P. Stamatakis bei einem Survey auf Delos einen von Philostratos von Askalon an Poseidon von Askalon gew. Rundaltar aus Marmor. Einen schlecht erh. Teil der Inschr. lasen sie als NIKANΔPOΣ E[...] ANΔ[...] (P. Stamatakis, Ἀθήναιον 2:1873, 133, Nr 9; J.-A. Lebègue, Recherches sur Délos, P. 1876, 166, Nr 21), was Loewy (IGB, 1885, 278, Nr 404) zu der Künstler-Sign. Νίκανδρος ἐ[ποίησεν] Ἄνδ[ριος] ergänzte. Während bereits A. Plassart (EADélos, XI, 1928, 287) die Lesung des Namens N. anzweifelte und statt dessen IKAMI[...] vorschlug, stellte Marcadé (1949, 152 ss.) bei einer erneuten Autopsie des Altars fest, daß dieser Teil der Inschr. komplett anders heißt, näml. Ὑικὰ μὴ θύειν μηδ[ὲ] αἴ[γ]εια. Es handelt sich bei diesen Linien also um Opfervorschriften. Eine Künstler-Sign. ist auf dem Altar nicht vorhanden. ▭ RE XVII. 1, 1936 (s.v. N. 16); EAA V, 1963 (s.v. N. 3). – *J. Marcadé*, BCH 73:1949, 152–157, Abb. 1, Taf. 2, 2. R. V.

Nikanor (I) (Νικάνωρ; Nicanor), aus Paros, griech. Maler, wahrsch. im 5. Jh. v. Chr. tätig. Lt. Plinius (nat., 35, 122; Overbeck, SQ, 1868, Nr 1072) gehörte zus. mit → Polygnotos (I) und → Arkesilaos (II) zu den ersten Enkaustikmalern. ▭ ThB25, 1931. RE XVII. 1, 1936 (s.v. N. 29); EAA V, 1963. – *Brunn*, GGK, II, 1889, 55; *Pfuhl*, MuZ, I, 1923, 503, Paragraph 542. R. V.

Nikanor (II), möglicherweise griech. Bildhauer, in Magnesia am Mäander tätig. Auf dem Rücken einer *männlichen Statue* aus Magnesia am Mäander (ehem. in der türk. Schule in Izmir) ist sein Name vermerkt (O. Kern, Die Inschr. von Magnesia am Maeander, B. 1900, Nr 347). Lt. Lippold (RE XVII. 1, 1936) könnte es sich hierbei um eine Künstler-Sign. handeln. ▭ RE XVII. 1, 1936 (s.v. N. 30). R. V.

Nikarchos cf. **Nearchos (II)**

Nikaupteh (I), ägypt. Künstler („Unteraufseher der Künstlerschaft") unter Pepi I. (6. Dynastie, 2335/2285–2285/2235 v. Chr.), vorwiegend in Unterägypten tätig. Er ist durch eine Inschr. einer Steinbruchexpedition im Wadi Hammamat/O-Wüste nachgewiesen. An dieser Expedition im 18. Reg.-Jahr des Pepi I., in dem der König erstmals sein Reg.-Jubiläum feierte, waren N.s Vater → Udja und seine Brüder → Chuienipteh (I), → Chuienipteh (II) und → Sanchpteh (I) beteiligt. Die Expedition war ausgesandt worden, um Bau-Mat. (Grauwacke) für die geplante Pyramide und den Totentempel des Königs bei Saqqara zu holen. ▭ *J. Couyat/P. Montet*, Les inscr. hiéroglyphiques et hiératiques du Ouâdi Hammâmât, Le Caire 1912, 71, Nr 101, p. 72, Nr 103, pp. 74 s., Nr 107. C. von Pfeil

Nikaupteh (II), ägypt. Architekt („Vorsteher der Bauarbeiter"), in der 12. Dynastie (1976–1794/93 v. Chr.) tätig. Bek. durch die Stele seines Vaters → Chuenbik (London, BM, Inv. Nr 584) und seine eigene (London, BM, Inv. Nr 560). ▭ *K. Piehl*, Inscr. hiéroglyphiques, III, L. 1903, 9, Taf. 11–12; Hieroglyphic texts from Egyptian stelae etc. (K BM), II, Lo. 1912, Taf. 14 (BM 584) und Taf. 35 (BM 560); *J. Lieblein*, Hieroglyph. Namen-Wörterbuch, Hildesheim/N. Y. 1979, Nr 281; *D. Franke*, Personendaten aus dem Mittleren Reich, Wb. 1984, 197, Nr 286. Y. Ott

Nikephoros cf. **Aur (elius)** Nikephoros

Nikephoros (I) (Νεικηφόρος), Sohn des Nikephoros, griech. Bildhauer, im 2.–3. Jh. n. Chr. tätig. Nur bek. durch seine Sign. auf einer Marmorbasis für eine *Ehrenstatue* aus Eleusinion (Kalyvia) b. Sparta (IG, V. 1, 567; Overbeck, SQ, 1868, Nr 2298; Loewy, IGB, 1885, 248, Nr 350). Er ist ident. mit → Aur(elios) Nikephoros. ▭ RE XVII. 1, 1936 (s.v. N. 5); EAA V, 1963 (s.v. N. 1). – *Brunn*, GGK, I, 1889, 421. R. V.

Nikephoros (II), angebl. griech. Steinschneider. Früher hatte man bisweilen auf den folgenden mit N. bez. drei Intaglios die Existenz eines Steinschneiders mit diesen Namen erkennen wollen: – 1.) *Intaglio aus Onyx mit Hermes*: ΝΙΚΗΦ; – 2.) *Intaglio mit Nike*: ΝΕΙΚΗΦΟΡΟΣ; – 3.) *Intaglio aus Sardonyx mit Mann*: ΝΕΙΚΗΦΟΠΟΥ. Bereits J. Sieveking wies in der RE (XVII. 1, 1936) mit Recht darauf hin, daß es sich bei diesen Namen um Besitzer der Gemmen handelt oder sich die Namen auf die Darst. beziehen. ▭ RE XVII. 1, 1936 (s.v. N. 6); EAA V, 1963. – *A. F. Gori*, Mus. Florentinum, II, Fi. 1731–1733, Taf. 15; *J. Tassie/R. E. Raspe*, A descriptive cat. of engraved gems, Lo. 1791, Nrn 2390, 7704; *Brunn*, GGK, II, 1889, 423. R. V.

Nikeratos (Νικήρατος; Niceratus), Sohn des → Euktemon, von Athen, griech. Bildhauer, etwa in der 1. H. des 2. Jh. v. Chr. in Kyzikos, Pergamon und auf Delos nachgewiesen. N. ist ein bezeichnendes Beispiel für die Tatsache, daß ein Künstler, wie viele antike Nachr. über ihn auch bek. sein mögen, erst Leben gewinnt, wenn wenigstens eines seiner Werke – auch als Kopie – kenntlich geworden ist wie im Fall des *Porträts Eumenes II.* von Nikeratos. Es ist dann möglich, ihm zumindest hypothet. auch noch das eine oder and. im Denkmälervorrat bek. Bildwerk auf dem Wege der stilist. Zuschr. zuzuweisen und eine Vorstellung von der Bedeutung zu erlangen, die er aufgrund der zahlr. Schriftquellen haben mußte. – Schriftquellen über N. sind sowohl eine Reihe von fünf Inschr. in Pergamon, Kyzikos und Delos als auch zwei Erw. bei Plinius, nat., 34, 80 und 88, und zwei weitere bei Tatian, apud Graecos, 52, p. 114 und 53, p. 115. Außerdem ein interessantes, wenn auch nicht leicht zu interpretierendes Dok., das Cyriacus von Ancona überliefert und das G. Appianus, Inscr. sacrosanctae vetustatis, 507, publ. hat. Insgesamt sind es nicht weniger als zehn verschiedenartige antike Zeugnisse, mehr als von den meisten and. antiken Künstlern bek. sind. – Bes. wichtig, weil datierbar, ist die Inschr. eines Statuensockels in Delos, in dem durch ein bes. Gedicht eine *Bronzestatue des Philetairos* hervorgehoben wird, der als Sieger über die Gallier geehrt wird. Der einzige pergamen. Fürst dieses Namens, der sich durch Kämpfe gegen die Gallier hervorgetan hat, ist der jüngere Bruder der beiden zu Königen aufgestiegenen Attaliden Eumenes II. und Attalos II. Sein Tod erfolgte frühestens 170 v. Chr., und er hatte wahrsch. im Kampf gegen Prusias den mit diesem verbündeten Gallierfürsten Ortiagon besiegt. – Plinius erw. nat., 34, 80 eine *Gruppe von Asklepios und Hygieia* des N. im Concordiatempel in Rom und nennt nat., 34, 88 eine *Statue des Alkibiades und seiner Mutter*, der er aber – im Gegensatz zu dem uns bek. Namen Deinomaches – den Namen Demarate gibt. Diese Skulpt. des N. konnten mit Ausnahme viell. der Gruppe im Concordiatempel (s.u.) trotz ausgedehnter Diskussion bisher genausowenig kenntlich gemacht werden wie die von Tatian, ibid., erw. *Statuen der Glaukippe und der Telesilla*. Deswegen bekommt die von Cyriacus von Ancona überlieferte Nachr., daß N. das *Bildnis des Königs Eumenes* geschaffen hat, entscheidende Bedeutung. Es gab nur einen einzigen König dieses Namens, Eumenes II. (197–160/59 v. Chr.). 1993 wurde durch den Vergleich mit dem Münzbild eines pergamen. Silbertetradrachmons in Paris (BN, Cab. des Méd.) ein bis dahin nicht benanntes Bronzeporträt aus der Villa der Pisonen in Herkulaneum (heute Neapel, Mus. Archeol. Naz.) als ein Bildnis des Königs Eumenes II. von Pergamon (197–160/59 v. Chr.) erkannt. Da es sich wegen des Alters des Dargestellten, der das 24. Jahr nicht überschritten zu haben scheint, und wegen der Komp. der Haare, die das Tragen eines Diadems voraussetzt, um den Regierungsantrittstypus handelt, der auf der wohl erst 172 v. Chr. geprägten Münze noch 25 Jahre später verwendet wurde, dürfte es sich um das offizielle Portr. des Königs gehandelt haben. Es ist auch in einigen nicht sehr qualitätvollen Wiederholungen oder Nachbildungen bekannt. Die Tatsache, daß man es mit der einzigen Porträtschöpfung zu tun hat, die den König Eumenes darstellt, legt die Kombination mit der Information nahe, daß N. der Schöpfer des *Porträts des Königs Eumenes* war. Demnach darf man in Form einer Arbeitshypothese das Bronzebildnis in Neapel als ein Werk des N. ansehen. – Bestätigt wird das durch die schlagende Stilverwandtschaft mit dem *Bildnis des sog. hellenist. Prinzen*, der eindrucksvollsten hellenist. Bronzestatue in Rom, Mus. Naz. Romano, Aula Ottagona der Diokletiansthermen, in der man ein *Standbild Attalos' II. von Pergamon* erkannt hat. Mit noch nicht 23 Jahren hatte er altersbedingt, trotz seiner kräftigen Männlichkeit, nur beginnenden Bartflaum. Die Statue des Prinzen, die – wie dieser selbst – nachweisl. kein Diadem trug, dürfte zu einer Zweifigurengruppe gehört haben, wie sie die Rückseite der Silbermünze Eumenes II. bietet. Hier stehen die Dioskuren nebeneinander als Vorbild der beiden Attaliden, die gemeinsam die Herrschaft ausübten, obwohl nur der König Eumenes, wie die Schriftquellen berichten (Polybios, 30, 2, 4–6), durch das Diadem ausgezeichnet war. Die Kombination aller verstreuten Informationen und ein stilist. Urteil führen zu dem Ergebnis, daß mit der im röm. Staatsschatz inventarisierten *Orig.-Statue des Prinzen Attalos* das Orig. einer Schöpfung des N. überliefert ist, die ein Urteil über die außerordentl. hohe Künstlerqualität dieses auch im Altertum berühmten Künstlers erlaubt. – Die Argumentationskette könnte trotz allem brüchig erscheinen, wenn die pergamen. Inschr. nicht bezeugten, daß N. ein am Hof von Pergamon bevorzugter Bildhauer bes. auch von Bildnisgruppen war. Wichtig ist dabei, daß er mehrfach Werke gemeinsam mit dem bedeutendsten pergamen. Hofbildhauer → Phyromachos (II) signierte, der als Schöpfer wenigstens des O-Frieses des Pergamonaltars gelten darf. Da N. in den gemeinsamen Sign. immer als erster erscheint, dürfte er der ältere gewesen sein. Das wird eindeutig auch durch die vergleichende Stilanalyse der Werke des N. und des → Phyromachos (II) erwiesen, die gleichwohl nicht wenig gemein haben. – Bei der Stilanalyse hat man von den Portr. der Attaliden auszugehen, die in der *Bronzestatue Attalos II.* auch die athlet. Formen eines männl. Körpers bieten. Diese lassen sich gut mit den nackten Männerkörpern am O-Fries des Pergamonaltares vergleichen, mit dem Klytios, dem Alkyoneus, mit Zeus und den Giganten, die er unmittelbar angreift und die versch. Körperansichten bieten. Man erkennt dabei eine sehr verwandte Stilisierung, die allerdings am Pergamonaltar um einen deutl. Grad akzentuiert und gegenüber dem Naturvorbild formalisiert erscheinen. Das ist deshalb bes. interessant, weil es einen typ. Gegensatz zw. N., der noch stärker von der Naturbeobachtung ausgeht, und → Phyromachos (II) deutlich werden läßt, der die Naturformen in Richtung auf eine bewußte Steigerung, d.h. in barocken Formen hochstilisiert. – Hat man diesen Formwandel erkannt, dann fällt es nicht schwer zu sehen, daß ein berühmtes, im Denkmälervorrat vorhandenes Denkmal, die *Palladionraub-Gruppe* vom Typus Sperlonga-Mattei-Massimo, dem Formenrepertoire des N. nahesteht. Der Körper ist zwar schlanker als der des athlet. *Prinzen Attalos II.*, aber in der Komp. der wenn auch bei der Drehung verschobenen Muskulatur gut vergleichbar. Eine evidente Stilübereinstimmung findet man bei einem Vergleich des nur in Sperlonga erh. Kopfes des Diomedes und – trotz seiner archaist. Formen – auch des Palladions. Es genügt, zunächst auf ein sehr char. Detail zu achten, die Formung des Mundes beim *Portr. des Eumenes* und bei der Göttin auf dem Palladion. Obwohl es sich um Figuren versch. Geschlechts handelt, erscheinen diese feingeschnittenen Formen auswechselbar. Völlig übereinstimmend mit dem *Bronzeportr. des Eumenes II.* sind auch der Gesichtsschnitt des Diomedes und die Formung der Haare, die beim Diomedes nur im Sinne des heroischen Ideals etwas länger sind als die militär. kurzen des Eumenes. Die Stilübereinstimmung springt ins Auge. Der Kopf des Diomedes ist dem *Bildnis des Eumenes* so nah verwandt, daß ein Pergamener, der die Figur des Diomedes sah, sich fragen mußte, ob die Ähnlichkeit zum König von Pergamon nicht beabsichtigt war. Diese ergab näml. einen guten Sinn. Pergamon führte seinen Namen auf die Bezeichnung Pergamos für die Burg von Ilion zurück. Nach der Überlieferung wurde die Urstadt von Pergamon, Teuthrania, durch den in der Generation nach Telephos aus Troja zugewanderten Sohn des Eroberers von Troja, Neoptolemos, und der Andromache, der Witwe des gefallenen Verteidigers von Troja, Hektor, mit Namen Pergamos nach eben diesem Namen in Pergamon umgewandelt (Paus., 1, 11, 1–2). Demnach mußte auch Pergamon – wie so viele and. Städte, die sich auf Troja zurückführten-, sein Palladion haben, das im übrigen in sehr ähnl. Form wie in Sperlonga auf den Münzen von Pergamon abgebildet ist. Der Haupttempel von Pergamon auf der Akropolis und wahrsch. auch der Große Altar waren dieser Pallas Athene geweiht. Alle diese Überlegungen führen unausweichl. zu der Frage, ob die *Palladionraub-Gruppe* nicht ein Werk des N. sein muß. Die dem Diomedes ähnlichste Figur der gesamten antiken Kunst ist der Heliosgegner am S-Fries des Pergamonaltares, so daß sich die weitere Frage aufdrängt, ob N. nicht wie sein Landsmann → Phyromachos (II) irgendwie am Entwurf des Großen Frieses mitgearbeitet haben könnte. Das führt viell. zu weit, deshalb sei hier abgebrochen. Deutl. ist jedenfalls, daß der Stil des N. einflußreich war. Erw. sei auch, daß im sog. Marmorsaal in Pergamon, an der Hauptstraße n. der Demeterterrasse, welcher wahrsch. das Diodoreion, ein Heroon für Diodoros Pasparos aus dem 2. V. des 1. Jh. v. Chr. war, eine Inschr. bezeugt, daß hier neben and. – sicher in Zweitaufstellung – auch ein Werk des N. ausgestellt worden war. Es könnte sich um die *Palladionraub-Gruppe* gehandelt haben, deren Aufstellung in einem Heroon sinnvoll wäre. – Es gibt noch ein weiteres in der antiken Lit. (Plin., nat., 34, 80) gerühmtes Werk des N., näml. die schon erw., später im Concordiatempel in Rom aufgestellte *Gruppe von Asklepios und Hygieia*, die möglicherweise in den Repliken der Hygieia im Palazzo Corsini in Rom und in Berlin, Staatl. Mus., Antiken-Slg, sowie des Asklepios in den Uffizien von Florenz überliefert ist. Diese Skulpt. zeigen eine gewisse stilist. Übereinstimmung mit den übrigen von N. bek. Werken, sie sind aber motiv. nicht zu vergleichen, weshalb es mit dieser Bemerkung genug sei. – Das Wichtigste, was man über die Leistung des N. aussagen kann, ist, daß er offenbar einen entscheidenden, nachvollziehbaren Einfluß auf das Werk des größten hellenist. Bildhauers → Phyromachos (II) gehabt hat, der mit ihm in Delos, Kyzikos und Pergamon zusammengearbeitet hat. ▭ ThB25, 1931. RE XVII. 1, 1936 (s.v. N. 4); EAA V, 1963; Suppl. II, 1994; Suppl. IV, 1996; LAW, 1965; KlP IV, 1972 (s.v. N. 2); LGPN II, 1994 (s.v. Νικήρατος 12); DNP VIII, 2000 (s.v. N. 3). – *Overbeck*, SQ, Nrn 917–920; *Loewy*, IGB, 1885, 92 s., Nr 118, 109 s., Nr 147; *A. Mahler*, JdI 20:1905, 26 ss.; *Marcadé*, Signatures, II, 1957, 79 ss.; *H. Lauter*, Zur gesellschaftl. Stellung des bild. Künstlers in der griech. Klassik, Erlangen 1974 (Erlanger Forsch., Reihe A, Bd 23), 19, Anm. 15; *M. Wörrle*, Die Inschr. auf dem Architravblock von der O-Wand des Marmorsaals, in: Altertümer von Pergamon, XV. 1, ed. *M. N. Filgis/ W. Radt*, B. 1986, 157–160, Taf. 34; *B. Andreae u.a.*, Phyromachos-Probleme, Mainz 1990 (RM, ErgH., 31), 61 s., Nrn 1., 2., 12., 13., 14., 15., 16., 17.; *B. Hintzen-Bohlen*, Herrscherrepräsentation im Hellenismus, Köln u.a. 1992, 167; *Moreno*, Scultura, 1994, 968 (s.v. Nicerato); *B. Andreae*, Schönheit des Realismus. Auftraggeber, Schöpfer, Betrachter hellenist. Plastik, Mainz 1998, 9–14, 102 s. B. Andreae

Nikeros (Νικέρως), von Theben, Sohn und Schüler des → Aristeides (I), Bruder des → Ariston (II), griech. Maler, um 350 v. Chr. tätig. Nur bek. durch eine Erw. bei Plinius (nat., 35, 111; Overbeck, SQ, 1868, Nr 1785). ▭ ThB25, 1931. RE XVII. 1, 1936 (s.v. N. 2); EAA V, 1963. – *Brunn*, GGK, II, 1889, 167; *Pfuhl*, MuZ, II, 1923, 748, Paragraph 816. R. V.

Nikesermos (Νικήσερμος), griech. Töpfer, am E. des 7. Jh. v. Chr. auf Chios tätig. Nur bek. durch seine Sign. auf *drei Fragmenten von Kelchen* aus Ton aus Emporio auf Chios (Chios, Mus.) ▭ EAA, Suppl., 1970 (1973). – *R. M. Cook/ A. G. Woodhead*, BSA 47:1952, 159 ss., Taf. 34 s.; *M. S. F. Hood/J. Boardman*, JHS 75:1955, Suppl. 22, Taf. 2 e; *L. H. Jeffery*, The local scripts of archaic Greece, Ox. 1961, 338, 343, Nr 42 e, p. 377, Taf. 65; *J. Boardman*, Excavations in Chios 1952–1955. Greek Emporio, Ath./Lo. 1967, 243 s., Nrn 614–616, Taf. 97 s.; *Boardman*, EGVP, 1998, 145; *R. Wachter*, Non-Attic Greek vase inscriptions, Ox. 2001, 211, Nr IOD 4. R. V.

Nikias (I) (Νικίας), griech. Töpfer, um 560/550 v. Chr. in Athen tätig. N. ist nur durch die Sign. Νικίας ἐποίεσεν auf einer frühen *panathenäischen Preisamphora* in New York (Metrop. Mus., Inv. Nr 1978.11.13) bekannt. ▭ Annual report of the Metrop. Mus., N. Y. 1977–78, 45; Metrop. Mus., N. Y., notable acquisitions, 1975–79, 14; *R. Garland*, Introducing new gods, Lo. 1991, Taf. 4; *J. Neils u.a.*, Goddess and polis. The Panathenaic festival in Ancient Athens, Pr. 1992, 42; *M. Bentz*, Panathenaische Preisamphoren, Basel 1998 (AntK, Beih., 18), Taf. 5. T. Mannack

Nikias (II), Sohn des Nikodemos, griech. Maler aus Athen, * um 370/360 v. Chr., † um 300 v. Chr. in Athen, tätig in Athen, Ephesos und Achaia. Daß N. der Sohn des Nikodemos war, belegt eine choreg. Weih-Inschr. von 320/319 v. Chr.; sein Geburtsdatum kann deshalb in dem Jahrzehnt zw. 370 und 360 v. Chr. angenommen werden, da ein Athener Bürger mindestens 40 Jahre alt sein mußte, um als Vertreter seiner Phyle einen Chor finanzieren zu dürfen. N. lernte bei → Antidotos (I), der wiederum ein Schüler des berühmten → Euphranor (I) gewesen ist. Er ist damit Mitgl. der renommierten att.-theban. Malerschule. Der Abschluß seiner Lehrzeit ist vermutl. zw. 350 und 345 v. Chr. anzusetzen. Wohl in seine frühe Schaffensphase fällt auch die Zusammenarbeit mit dem Bildhauer → Praxiteles (II); er bemalte dessen Skulpturen. → Praxiteles (II) hielt die von N. gefaßten Figuren für seine besten (Plin., nat., 35, 133; Overbeck, SQ, 1868, Nr 1824). – Es folgten Wanderjahre, die N. nach Tritaia/Achaia und Ephesos/Kleinasien führten. Während dieser Zeit schuf er v.a. Auftragsarbeiten. – Vor der von Plinius benannten künstler. *Akme* in der 112. Olympiade (332–329 v. Chr.; Plin., nat., 35, 133, Overbeck, SQ, 1868, Nr 1824) ist er nach Athen zurückgekehrt (ca. 340 v. Chr.), dort blieb er bis zu seinem Tode. Aus dieser Hauptschaffenszeit stammen die meisten seiner Werke, die den Themen nach überliefert sind. Er war offensichtl. in dieser Phase auch wirtschaftl. unabhängig, denn er konnte ein sehr hohes Gebot des Königs Ptolemaios I. (306–285 v. Chr. Basileus) für seine *Nekyia* ausschlagen und schenkte stattdessen das Bild seiner Heimatstadt. Für seine Wohlhabenheit und hohe gesellschaftl. Anerkennung spricht auch, daß er seine Phyle als Chorege 320/19 v. Chr. vertrat. – Sein Tod ist wahrsch. um die Jahrhundertwende zu datieren, wenn man davon ausgeht, daß Ptolemaios I. bereits König gewesen ist, als er sich um den Kauf der *Nekyia* bemühte (d.h. frühestens 306 v. Chr.). Ihm wurde ein feierliches, öff. Begräbnis zuteil, sein Grab lag an der Gräberstraße vom Dipylon zur Akademie. Die Grab-Inschr. feierte ihn als den größten Maler seiner Zeit (Paus., 1, 29, 15; Overbeck, SQ, 1868, Nr 1820). Ebenso hebt auch Plutarch N. als einen der bedeutendsten Maler Athens hervor (de glor. Ath., 2; Overbeck, SQ, 1868, Nr 1109). In seine Wanderjahre fallen zwei Auftragsarbeiten. Er schuf den *Gemäldeschmuck eines Grabmonumentes* für ein Ehepaar(?) bei Tritaia: Das eine Bild zeigte eine junge Frau in großer Schönheit auf einem Elfenbeinthron sitzend, neben ihr stehend die Dienerin, die den schattenspendenden Sonnenschirm hält. Auf dem and. Bild steht ein bartloser Mann mit purpurfarbenen Chiton und Chlamys bekleidet. Er wird von einem Diener begleitet, der zwei Wurfspieße trägt und den Hund an der Leine führt (Paus., 7, 22, 6; Overbeck, 1868, SQ, Nr 1821). – Aus Ephesos ist der *Schmuck eines Grabmales des Megabyzos*, des Tempelvorstehers des Artemision, überliefert (Plin., nat., 35, 132; Overbeck, SQ, 1868, Nr 1816, 5). – Nur noch eine Arbeit zu einer hist. Person erwähnen die Schriftquellen: Ein *Bild von Alexander dem Großen*, das sich über die Jahrhunderte großer Beliebtheit erfreute, da es schließl. in Rom in der Porticus des Pompeius ausgestellt wurde (Plin., nat., 35, 132; Overbeck, SQ, 1868, Nr 1816, 10). – Sein uns den Titeln nach bek. Œuvre umfaßt ansonsten mytholog. Darst., denen offensichtl. seine ganze Leidenschaft galt. Er äußerte sich vermutl. selbst zu der Bedeutung der richtigen Themenwahl in einer kunsttheoret. Abh., die unter Demetrios von Phaleron (Demetr., eloc., 76; Overbeck, SQ, 1868, Nr 1825) überliefert ist: „Es sei kein geringer Bestandteil der Malkunst, einen in angemessener Größe gewählten Gegenstand umzusetzen und dabei die Kunstgattung nicht in kleine Einheiten zu zergliedern... Er war nämlich der Auffassung, daß das Bildthema selbst Bestandteil der Malkunst sei, ebenso wie der Handlungsstoff der Dichter.“ – Sicher gehört zu den von ihm bevorzugten anspruchsvollen Megalographien die *Nekyia* nach Homer (Sq. VII, Anth. Pal., 9, 792; Overbeck, SQ, 1868, Nr 1818; Plin., nat., 35, 132; Overbeck, SQ, 1868, Nr 1815), die N. seiner Heimatstadt stiftete. – Das Bild des *Dionysos* hat Plinius selbst noch im Tempel der Concordia gesehen (nat., 35, 131; Overbeck, SQ, 1868, Nr 1816, 2). *Hyakinthos*, dargestellt in der Blüte seiner Jugend, wurde erst von Ptolemaios I. erworben, 30 v. Chr. dann von Octavian bei der Einnahme Alexandrias nach Rom verbracht, wo es Tiberius nach seinem Tod in den Tempel des Divus Augustus weihte (Paus., 3, 19, 4; Overbeck, SQ, 1868, Nr 1811). – Die Darst. der *Nemea*, auf oder über einem Löwen sitzend, d.h., man muß sie sich vermutl. als Ortspersonifikation vorstellen. Ihr gegenüber steht ein Greis, auf seinen Knotenstock gestützt, und über ihm hängt ein Votivbild von einem Zweigespann. Auch dieses Bild schätzte Augustus so sehr, daß er es in der Curia ausstellte (Plin., nat., 35, 27; Overbeck, SQ, 1868, Nr 1817; Plin., nat., 35, 131; Overbeck, SQ, 1868, Nr 1816, 1). – Plinius berichtet des weiteren von Bildern der *Danae* (nat., 35, 131; Overbeck, SQ, 1868, Nr 1816, 4), der *Io* (nat., 35, 132; Overbeck, SQ, 1868, Nr 1816, 8), der *Andromeda* (nat., 35, 132; Overbeck, SQ, 1868, Nr 1816, 9; evtl. Epigramm des Antiphilos von Byzanz, Anth. Pal., 16, 147;

Overbeck, SQ, 1868, Nr 1819) und viell. in zwei versch. Versionen der *Kalypso* (Plin., nat., 35, 131 s.; Overbeck, SQ, 1868, Nr 1816, 7 und 11). – Reiterschlachten, die eigtl. trad. zu den Themen der Megalographien gehören, sind für N. nicht explizit bekannt. – Es gibt nur wenige Quellen zu speziellen Maltechniken, die N. entwickelte oder benutzte. So ist das Bild der *Nemea* wohl enkaustisch, worauf das Epigramm und auch Plinius verweisen. Die deutl. Erw. spricht dafür, daß er hier keine der übl. Techniken gebrauchte. Außerdem entwickelte er eine Variante des gebrannten und mit Essig gelöschten Bleiweiß, das bes. geeignet für die Anlage der Schatten war (Plin., nat., 35, 131; Overbeck, SQ, 1868, Nr 1823). – Über das Kolorit seiner Bilder erfahren wir nur indirekt, daß es im Gegensatz zu dem seines Lehrers → Antidotos (I) und seines Zeitgen. → Athenion (I) stand, die *austerior colore* arbeiteten (Plin., nat., 35, 134; Overbeck, SQ, 1868, Nr 1975). – Von seinem Malstil wissen wir, daß er „Frauen mit größter Sorgfalt" malte. Das bedeutet zum einen, daß er eine Vorliebe für Frauen-Darst. hatte, aber auch ihre Schönheit ganz bes. überzeugend darstellen konnte. „Er achtete auf Licht und Schatten und sorgte vornehmlich dafür, daß seine Bilder plastisch wirkten" (Plin., nat., 35, 130 s.; Overbeck, SQ, 1868, Nr 1823). – Auch wenn kein Bild des N. selbst erh. ist, können über die schriftl. Quellen hinaus archäol. Zeugnisse die Werke des N. und die Besonderheiten seines Stiles illustrieren. – In der Forsch. wird zumeist kein direkter Bezug zw. der von N. angestrebten Plastizität und der bes. Qualität seiner Frauen-Darst. hergestellt. Auffällig ist aber bei der Betrachtung orig. Malerei des 4. Jh. v. Chr., daß bis in die Jahrhundertmitte hinein Frauenhaut nicht mit Licht und Schatten modelliert wurde. Eines der frühesten Beispiele ist der Amazonensarkophag aus Tarquinia, geschaffen von einer westgriech. Maler-Wkst. um die Jahrhundertmitte (Florenz, Mus. Archeol.). Hier kämpfen die braunen Griechen mit hellhäutigen Amazonen. Die Körper der Krieger sind in mehreren Abstufungen der Lokalfarbe von beleuchteten zu verschatteten Partien modelliert, während bei der Frauenhaut nur ein vorsichtiger Schattenstrich parallel zu den Körperkonturen gelegt wird. Das hauptsächl. Gestaltungsmittel für die weibl. Körper bleibt aber die Zchng, ganz in der Trad. des 5. Jh. v. Chr. Die Frauenhaut wird hier bei weitem nicht so raffiniert in ein Licht-Schattenverhältnis gesetzt wie and. Bereiche der Malerei. Diese Uneinheitlichkeit der Verwendung maler. Mittel ist typisch und läßt sich in allen Bereichen der griech. Originalmalerei (vgl. auch Gräber von Levkadia, Vergina oder Agios Athanassios) über das gesamte 4. Jh. v. Chr. beobachten. So ist es durchaus verständl., wenn für N. gerade diese bes. Sorgfalt in der Gestaltung der Frauen, insbesondere ihrer Haut, hervorgehoben würde. Ihm gelang es offensichtl. als erstem, auch Frauen in einer ähnl. maler. Weise darstellen zu können, wie es bisher nur bei den dunkelhäutigeren Männern gelungen war. In diesem Zusammenhang war ihm viell. auch die Entdeckung des leicht gelblich-rötlichen Bleiweißes gelungen, das bei Plinius speziell für die Darst. der Schatten erw. wird. – Bedenkt man, welche Wertschätzung den Gem. des N. in röm. Zeit entgegengebracht wurden, liegt es nahe, Reflexe dieser großen Vorbilder auch in der röm. Kunst zu suchen. – So ist das Thema der *Andromeda* in der Wandmalerei und Kleinkunst oft überliefert. – Wandbilder des dritten und vierten Stiles aus Pompeji (Casa dei Dioscuri, Casa dei Cinque Scheletri, Casa delle Regione VI, Casa del Principe di Montenegro, heute in Neapel, Mus. Archeol., Naz.) geben das gleiche Thema mit auffälligen Übereinstimmungen sogar in der Farbwahl wieder. – In der flav. Fassung aus dem Haus der Dioskuren sind die Figuren am ausdrucksvollsten durchgestaltet, ihre Körper stark modelliert. Perseus kommt als Retter im letzten Moment, um Andromeda vor dem Seeungeheuer Ketos zu retten. Er tötet das Ungeheuer, sein Kopf ist noch rechts im Vordergrund zu sehen. Andromeda steht von vorne gesehen auf dem Felsen, an den sie gekettet war, den Kopf leicht gesenkt, den linken Arm erhoben. Mit der rechten rafft sie ihr gelbes Gewand. Perseus kommt von rechts, einen Fuß auf den Felsen gestützt. Mit dem rechten Arm greift er ihren Arm, um ihr zu helfen, den linken versteckt er am Körper unter dem purpurfarbenen Mantel, da er in der Hand das abgeschlagene Medusenhaupt hält. Felsenformationen rahmen die zwei Figuren ein und bilden eine schmale Raumbühne, ohne daß der Bildraum selbst einen Eigenwert erhält. Das Bild wird von den Figuren her aufgebaut, die Landschaftselemente sind untergeordnet. Auf den and. Repliken sind die Körper flacher modelliert, die Figuren atmosphärisch in eine Lsch. eingebunden. Sie weichen aber nicht nur in der Malweise, sondern auch motiv. in Einzelheiten voneinander ab. – Sowohl die Komp. wie auch die Bewegungsmotive haben ihre Vorbilder im 4. Jh. v. Chr. Am Orig. muß man sich die zur Pose erstarrte Haltung des Perseus sicherl. belebter und auch überzeugender in der verkürzten Darst. seines rechten Armes vorstellen. Der fehlende Blickkontakt ist dagegen auch auf spätklass. Vasen zu finden. Ebenso entspricht die Wahl des dargestellten Momentes, d.h. nicht der Kampf, sondern der

Triumph danach spätklass. Bildentwürfen. Detaillierte Vergleiche z.B. des Gewandes der Andromeda mit spätklass. Vorbildern mahnen zu großer Vorsicht, nicht allzu viel Originales in den röm. Kopien wiedererkennen zu wollen: Die Drapierung ihres Gewandes ist im Stil klassizistisch. Die Inszenierung der farbintensiven Figuren vor den eher farbl. zurückhaltenden Landschaftselementen erzeugt eine starke plast. Wirkung, die durchaus die von Plinius überlieferte Char., „er legte großen Wert auf die Behandlung von Licht und Schatten und achtete mit äußerster Sorgfalt darauf, daß seine Darst. sich gut vom Hintergrund abhoben", wiedergibt. – Das Bild der *Io* von N. befand sich in der frühen Kaiserzeit auch in Rom, kann also durchaus häufig kopiert worden sein. Ein 2,30 m hohes Ädikulabild im Haus der Livia auf dem Palatin, das 30 v. Chr. entstanden ist, wird darauf zurückgeführt. Ebenso ein nur 0,72 m hohes flav. Bild im Macellum von Pompeji und zwei weitere schlecht erh. Repliken, ebenfalls aus Pompeji. Die von der Rache der Hera eingeholte Io sitzt auf einem Felsen und wird von Argos bewacht. Auf dem großen Bild im Haus der Livia tritt zusätzl. noch Hermes auf, um Io zu befreien. Die Szene spielt in einer weit angelegten Landschaft mit Heiligtum und Bäumen, in welche die Figuren locker hineingesetzt sind. In der flav. Replik füllen Io und Argos das Bildfeld, ledigl. ein Felsen bestimmt den Hintergrund. Io sitzt frontal und wendet sich zu Argos um, der sich leicht vorgebeugt auf den Felsen stützt, das Bein auf einen Felsvorsprung gesetzt. Der Typus des ausruhenden, stehenden Mannes und das Sitzmotiv der Io sind häufig auf Vasen des 4. Jh. v. Chr. anzutreffen, so daß zumindest in der Komp. und den Bewegungsmotiven Rückschlüsse auf das Werk des N. zu ziehen sind. In Details, der Gewanddrapierung oder der Farbgebung weichen die Repliken zu sehr voneinander ab, so daß hier keine weiteren Erkenntnisse für das Orig. gewonnen werden können. – Für das Werk der *Danae* sind evtl. noch Nachklänge in der pompejan. Wandmalerei zu beobachten, vier Darst. sind erh. (im Goldregen stehende Danae aus der Casa della Caccia Antica, gleicher Typ wie oben, aber mit sitzendem Zeus aus dem Haus des Gaius Rufus, im Turmgemach sitzende Danae neben Zeus aus der Casa della Regina Margherita und Danae mit dem kleinen Perseus wird von Fischern entdeckt aus der Regione V, 1, 18). Allerdings sind die vier Darst. so unterschiedl., daß der Vergleich keine ausreichenden Gemeinsamkeiten erkennen läßt, die auf eine verbindl. spätklass. Bildvorlage schließen läßt. – Im Gegensatz zu der sehr detailreichen Beschr. der *Nekyia* des → Polygnotos (I) bei Pausanias, lassen sich für N.' Version des Themas keine genaueren Kenntnisse gewinnen. Ledigl. der Beisatz, „er malte sie nach Homer" läßt den Schluß zu, daß sich im Zentrum des Bildes Odysseus und Teiresias befanden. Als illustrierender Vergleich wird gerne das Nekyia-Relief (Paris, Louvre, Inv. Nr 574) herangezogen: Odysseus lauscht den Worten des Teiresias, Odysseus steht in dem schon von Perseus oder Argos bek. Motiv mit aufgestütztem Fuß, leicht nach vornübergebeugt. Teresias, halb sitzend, halb an dem Fels lehnend, stützt sich auf seinen Stock. Da Odysseus in der gleichen Haltung auch auf Gemmen dargestellt ist, kann hier ein Vorbild des 4. Jh. v. Chr. durchaus vermutet werden. – Weitere Reflexe seines Werkes sind aber für uns nicht mehr faßbar. ▭ ThB25, 1931. RE XVII. 1, 1936 (s.v. N. 32); EAA V, 1963; LAW 1965; KlP IV, 1972 (s.v. N. 9); DA XXIII, 1996; DNP VIII, 2000 (s.v. N. 3). – *Overbeck*, SQ, 1868, Nrn 1109, 1294, 1726, 1810–1826; *W. Helbig*, Unters. über die Campan. Wandmalerei, L. 1873; *Brunn*, GGK, II, 1889, 134; *G. Rodenwald*, Die Komp. der pompejan. Wandgemälde, B. 1909; *W. Klein*, ÖJh 15:1912, 143 ss.; HBr, 57, 58, 177; *Pfuhl*, MuZ, 1923; *L. Curtius*, Die Wandmalerei Pompejis, L. 1929, 254 ss.; *A. Rumpf*, JdI 49:1934, 6 ss.; *G. E. Rizzo*, Le pitture della „Casa di Livia", Mon. della pitt. antica scoperti in Italia, III, R. 1936; *B. Neutsch*, Der Maler N. von Athen, Diss. Jena, Borna 1939; *Rumpf*, MuZ, 1953; *Lippold*, Gemäldekopien, 1951; *J. J. Pollitt*, The ancient view of Greek art, New Haven/N. Y. 1974; *B. Wesenberg*, in: *M. Schmidt* (Ed.), Kanon. Festschr. Ernst Berger, Basel 1988 (AntK, Beih., 15), 344 ss.; *B. Schmaltz*, JdI 104:1989, 259–281; *A. Rouveret*, Hist. et imaginaire de la peint. ancienne, R. 1989, 247 s., 267 s.; *Scheibler*, Malerei, 1994, 66 ss.; *U. Koch-Brinkmann*, Polychrome Bilder auf weißgrundigen Lekythen, M. 1999, 85 ss., Abb. Amazonensarkophag; *O. Gengler*, ZPE 130:2000, 143–146; *N. J. Koch*, Techne und Erfindung in der klass. Malerei, M. 2000, 100 ss.

U. Koch-Brinkmann

Nikias (III), Sohn des Hermokles, griech. Töpfer, um 400 v. Chr. in Athen tätig. N. ist durch eine Sign. ΝΙΚΙΑΣΕΡΜΟΚΛΕΟΥΣΑΝΑΦΛΥΣΤΙΟΣΕΠΟΙΕΣΕΝ auf der Fußaußenseite eines rotfigurigen *Glockenkraters* in London (BM, Inv. Nr 1898. 7-16. 6) bekannt. Da N. den Namen seines (ansonsten unbek.) Vaters und seiner Deme, Anaphlystos, angibt, ist es wahrsch., daß er ein freier Bürger Athens war. ▭ ThB25, 1931. RE XVII. 1, 1936 (s.v. N. 34); EAA V, 1963 (s.v. N. 1). – *W. Froehner*, Coll. d'antiquités du Comte

Michel Tyszkiewicz: vente aux enchères publiques par suite de décès, hôtel des commissaires-priseurs, 8, 9 et 10 juin 1898, P. 1898, 16, Nr 19; ARV², 1963, 1333, Nr 1; Para, 1971, 480; *W. Real*, Stud. zur Entwicklung der Vasenmalerei im ausgehenden 5. Jh. v. Chr., Münster 1973, 37–40; Add², 1989, 365; *W. D. E. Coulson u.a.* (Ed.), The archaeology of Athens and Attica under the democracy, Ox. 1994, 153, Abb. 2. T. Mannack

Nikias (IV), griech. Gemmenschneider hellenist. Zeit, dessen Sign. sich auf einem *Granat* mit dem *Porträt eines jungen Mannes* (Genf, Mus. d'Art et d'Hist.) findet, der auf Mithridates IV. gedeutet wurde. ▭ *M.-L. Vollenweider*, AntK 23:1980, 146 ss., Taf. 37, 6; *Zazoff*, AG, 1983, 207, Anm. 86. B. Lang

Nikias (V) (Νεικίας), Sklave des Dionysios, griech. Mosaizist, in der 2. H. des 2. Jh. n. Chr. in Tyndaris tätig. Nur bek. durch ein *Mosaik mit der Darst. zweier Athleten* aus den Thermen von Tyndaris (*in situ*). ▭ *L. Bernabo Brea/M. Cavalier*, Bd'A 50:1965, 208, Abb. 35; *D. von Boeselager*, Antike Mosaiken in Sizilien, R. 1983, 117 ss., Abb. 72; *Donderer*, Mosaizisten, 1989, 71, Nr A 28, Taf. 19, 2; *Dunbabin*, MGRW, 1999, 130 s., Anm. 3, Abb. 132, pp. 274 s., Anm. 32. R. V.

Nikippos (Νίκιππος), Sohn des Sotion, griech. Bildhauer, im 2. Jh. v. Chr. in Megalopolis tätig. Nur bek. durch seine Sign. auf einer Basis für eine *Statue* aus Megalopolis, die von Eumaridas, dem Sohn des Hippon, an Dionysos und Megalopolis gew. worden ist (IG, V. 2, 453; Muller-Dufeu, SculptureSource, 2002, 812 s., Nr 2423). ▭ RE XVII. 1, 1936 (s.v. N. 2); EAA V, 1963. R. V.

Niko[...] (Νικο[...]), möglicherweise griech. Bildhauer in unbestimmter Zeit. Nur bek. durch eine fragm. erhaltene Inschr. auf einer Marmorbasis aus Athen, aus der jedoch nicht ganz klar hervorgeht, ob es sich bei diesen Anfangsbuchstaben wirkl. um eine Künstler-Sign. handelt (CIG, I, 1036). ▭ EAA V, 1963. – *Loewy*, IGB, 1885, 285, Nr 419 a. R. V.

Nikodamos (Νικόδαμος), aus Mainalos/Arkadien, griech. Bildhauer, im späten 5. und frühen 4. Jh. v. Chr. v.a. in Olympia tätig, wohl der argiv.-sikyon. Bildhauerschule zugehörig. Seine Werke, insbesondere Athletenstatuen, sind nur durch Inschr. oder lit. Erwähnungen bek.: – 1.) in Olympia erh. ist die Basis (Marcadé, 1953, 84; W. Dittenberger/K. Purgold, Die Inschr. von Olympia, Olympia V, 1896, Nr 158; Herrmann, 1988, 157, Nr 57) für die mindestens lebensgroße und in starker Ausfallstellung dargestellte *Bronzestatue des Damoxenidas aus Mainalos*, Sieger im Faustkampf der Männer (in der 99. Olympiade: 384 v. Chr.?: Moretti, 1959, 117, Nr 393), welche auch von Pausanias (6, 6, 3) erw. wird; der Schr. nach stammt sie aus der 1. H. des 4. Jh. v. Chr.; – 2.) Pausanias (6, 6, 1) beschreibt ein weiteres Werk in Olympia, eine *Statue des Androsthenes*, Sohn des Lochaios, aus Mainalos, zweimal Sieger im Pankration der Männer; da Thukydides (5, 49, 1) den ersten Sieg des Androsthenes ins Jahr 420 v. Chr. dat., wurde die Statue wohl nach 416 geschaffen; – 3.) N. war auch der Schöpfer der *Statue des Antiochos aus Lepreon* in Olympia (Paus., 6, 3, 9), einmal Sieger im Pankration der Männer in Olympia (in der 95. Olympiade = 400 v. Chr. ?: Moretti, 1959, 112, Nr 360) und je zweimal in Isthmia und Nemea, welcher viell. mit dem arkad. Gesandten an Artaxerxes von 367 v. Chr. (Xen., Hell., 7, 1, 33) ident. ist; – 4.) in Delphi befand sich das *Weihgeschenk des Proxenos Hetairichos*, Sohn des Theron, aus Arkadien, dessen Kalksteinbasis erh. ist und der Schriftform nach um 390–370 v. Chr. dat. (Marcadé, 1953, 84; Syll. ³, 139). Ob einer oder mehrere der in versch. Abrechnungslisten in Delphi gen. Handwerker und Arbeiter namens N. mit dem Bildhauer N. ident. sind, ist höchst ungewiß (Marcadé, 1953, 84); – 5.) in Olympia schuf N. die *Statue des nackten Knaben Herakles*, welcher in einem einzigartigen ikonogr. Schema mit einem Pfeil auf den nemeischen Löwen schießt (W. Felten, LIMC V, 1990, 26, Nr 1906, s.v. Herakles); die Statue war ein Weihgeschenk des Hippotion, Sohn des Empedotimos, aus Tarent und befand sich auf der Altismauer (Paus., 5, 25, 7). Die Basis für den Löwen, der den Einlassungen nach schreitend dargestellt war, ist mit ihrer fast kompletten Weih-Inschr. an Zeus erh. (Kunze, 1958, 6); die Statue des Herakles befand sich wohl auf einer separaten Basis; – 6.) ein weiteres Werk war die *Statue der Athena mit Helm und Ägis*, ein Weihgeschenk der Eleer in Olympia (Paus., 5, 26, 6). ▭ ThB25, 1931. RE XVII. 1, 1936; EUA VI, 1958, 880; EAA V, 1963; EUA X, 1963, 522, 527. – *Overbeck*, SQ, 1868, Nrn 1026–1030; *Loewy*, IGB, 1885, 78, Nr 98; *Brunn*, GGK I, 1889, 287; *Picard*, Manuel, II, 1935, 656; *Marcadé*, Signatures, I, 1953, 84; *E. Kunze*, OlympBer VI, 1958, 6; *L. Moretti*, Olympionikai, R. 1957 (MemAccLinc, Ser. 8, Bd. VIII. 2, 1959), 107–109, Nrn 336, 342, p. 112, Nr 360, p. 117, Nr 393; *H.-V. Herrmann*, Nikephoros 1:1988, 154, Nr 30, pp. 156 s., Nrn 54, 57.
A. Villing

Nikodemos (I) (Νικόδημος), griech. Töpfer, um

360 v. Chr. in Athen tätig. N. ist nur durch eine einzige Sign., Νικόδημος ἐποίεσεν, auf einer *Panathenäischen Amphora* im J. Paul Getty Mus. in Malibu (Inv. Nr 93. AE. 55) bekannt. Stilist. gehört das Gefäß zu einer Gruppe von Preisvasen, die mit dem Namen des Charikleides, Archon im Jahre 363/362 v. Chr., beschriftet sind (z.B. Eretria, Mus., Inv. Nr 14813; Bentz, 1998, 170, Nr 4. 025, Taf. 110; Athen, NM, Inv. Nr 20048; Bentz, 1998, 170, Nr 4.026, Taf. 111). Der Auftrag für die Herstellung panathenäischer Preisamphoren wurde öff. ausgeschrieben, und es wird vermutet, daß N. das Gefäß als Probestück anfertigte, da auf seiner Amphora die Sign. die Stelle des Archontennamens einnimmt und es sich daher nicht um eine Preisvase handeln kann. ▭ Bulletin of the J. Paul Getty Trust 8:1994, 2, 15; GettyMusJ 22:1994, 62 s., Nr 8; *M. Bentz*, Panathenäische Preisamphoren, Basel 1998 (AntK, Beih., 18) 29, 170, Nr 4.024, Taf. 109. T. Mannack

Nikodemos (II), griech. Bildhauer, um 300 v. Chr. b. Athen tätig. Nur bek. durch seine Sign. auf einer Marmorbasis für eine *Statue* aus Omorphi Ekklesia b. Athen (IG, II/III^2, 4275; Loewy, IGB, 1885, 387, Nr 128a). ▭ RE XVII. 1, 1936 (s.v. N. 7); EAA V, 1963 (s.v. N. 1). – *Lippold*, GrPl, 1950, 304, Anm. 11. R. V.

Nikodemos, *Iulius* → **Nikon,** *Aelius*

Nikokles (Νεικόκλης), griech. Bildhauer, im 2. Jh. n. Chr. in Delphi tätig. Nur bek. durch seine Sign. auf dem Architrav des *Athener Schatzhauses* in Delphi. ▭ EAA V, 1963. – *M. G. Colin*, Inscr. du Trésor des Athéniens, in: *T. Homolle* (Ed.), FDelphes, III. 2, 1909–1913, 118–120, Nr 118; *Marcadé*, Signatures, I, 1953, 85. R. V.

Nikokrates (Νικοκράτης), Sohn des Nik[...], von Kolonos, griech. Toreut, im letzten Drittel des 4. Jh. v. Chr. in Athen tätig. In att. Inventarlisten und Schatzurkunden des 4. Jh. v. Chr. erwähnt. Lt. IG, II/III^2, B 216, soll N. um 330 v. Chr. den *Schmuck für die Kanephoren* angefertigt haben. Er gilt als Verfertiger von mehreren *silbernen und goldenen Hydrien* (IG, II/III^2, 1469, A 12 ss., dat. 320/319 v. Chr.; IG, II/III^2, 1480, A 8 ss., dat. 314/313 v. Chr.). Hervorzuheben sind fünf silberne, dem Asklepios gew. Hydrien sowie eine Hydria aus Gold, die zu Ehren der Artemis Brauronia (IG, II/III^2, 1492, A 22 ss., ebd. 17 ss.) geschaffen wurde. IG, II/III^2, 1474, B 14 ss., dat. 318/317 v. Chr., erw. einen *silbernen Pinax* und ein *goldenes Chernibeion*, welche der Athena Polias geweiht waren. N. gehört zu den wenigen Metallhandwerkern, die in den Inventarlisten des Parthenon genannt werden. Es wird vermutet, daß es sich bei ihm um denselben N. handelt, der um 330 v. Chr. zus. mit einem athen. und zwei korinth. Bürgern in Delphi die Rückgabe der Weihgeschenke des Kroisos erörterte (FDelphes, III. 4, 48, Nr 23 ss.). ▭ RE XVII. 1, 1936 (s.v. N. 30). – *Loewy*, IGB, 1885, 360, Nr 529 Anhang; *J. Kirchner*, Prospographia Attica, B. 1903, 138, Nr 10914; *D. Harris*, Hesperia 57:1988, 329 ss.; *M. Vickers/D. Gill*, Artful crafts, Ox. 1994, 56. M. Seifert

Nikolaos cf. **Kriton (IV)**

Nikom? → **Nikomachos (V)**

Nikomachos (I) (Νικόμαχος; Nicomachus), Sohn des Aristeides (der wahrscheinlichste Vatersname der diversen, aber ähnl. Namensbezeichnungen, die in den versch. Mss. des Plinius, Naturalis historia, überliefert worden sind), griech. Maler, um 370–320 v. Chr. in Griechenland tätig. Kein Werk des N. ist erhalten, aber Plinius (nat., 35, 108 und 145), unsere Hauptquelle über den Künstler, listet einige seiner Malereien auf: – 1.) *Apollon und Artemis*; – 2.) Malereien an einem dem Dichter Telestes gew. Mon., welches der Tyrann Aristratos von Sikyon errichten ließ; – 3.) *Göttermutter auf einem Löwen sitzend*; – 4.) *Nike, die eine Quadriga in die Höhe führt*; eine Malerei, die von dem *Imperator* Lucius Munatius Plancus auf das Kapitol in Rom gew. worden ist; – 5.) *Odysseus*, bei dem N. bescheinigt worden ist, daß er der erste gewesen sei, der den Helden mit einem Pilos gemalt habe; and. Quellen nennen → Apelles (I) den ersten, der Odysseus mit diesem Hut versehen habe; – 6.) der *Raub der Persephone*, ein Bild, das sich einst im Heiligtum der Minerva auf dem Kapitol über der Kap. der Iuventas befand; – 7.) *Satyrn, sich an Mänaden heranschleichend*; – 8.) *Skylla*, die sich im Friedenstempel in Rom befand; – 9.) *Tyndariden* (Dioskuren), ein Gem., das beim Tod des Künstlers noch nicht fertiggestellt worden und wie and. unfertige Werke berühmter Künstler wertvoller war, weil es nicht vollendet war. Eine and. Malerei wird in Pseudo-Plutarch περὶ ἀσκήσεως (RhM 27:1872, 536–538) erw.: ein *Portr. des makedon. Staatsmannes Antipater*, das N. in 40 Tagen vollendete. – Kürzlich schlug M. Andronikos vor, daß die Grabmalerei mit dem Raub der Persephone, die er in Vergina entdeckt hatte, von N. gemalt worden sei, und zwar wegen der Ähnlichkeit in der Komp. zu röm. Wandmalereien, Mosaiken und Sarkophagen, die die Malerei des N. auf dem Kapitol mit diesem Thema reflektierten. Diese Zuschr. bleibt unsicher ebenso wie diejenigen einiger Mon., von denen aufgrund ihrer Szenen behauptet wird, sie reflektierten and. seiner Gemälde. Neben einigen Szenen mit dem Raub der Persephone war ein and. guter Anwärter die Darst. einer fliegenden Nike auf den beiden Münzen des L. Plautius Plancus, dem Bruder des L. Munatius Plancus, der eine Malerei des N. mit diesem Thema auf das Kapitol gew. hatte und derartige auf mehreren Gemmen und dem Kameo des Rufo, die ein ident. Thema mit der gleichen Komp. besitzen. Sie zeigen alle eine inmitten der Pferde einer Quadriga fliegende Nike, die sie an den Zügeln führt, während sie mit der and. Hand einen Palmzweig hält. – N. ist unter den Vier-Farben-Malern seiner Generation aufgeführt und war berühmt für seine schnelle Arbeit. Es scheint, daß er Themen mit raschen Bewegungen liebte, die seinen lockeren Malstil ergänzten. Als einer der großen klass. Maler wird er u.a. zus. mit → Apelles (I), → Zeuxis (I), → Euphranor (I) und → Pausias genannt. Unter seinen Schülern befanden sich sein Sohn → Aristeides (II) (wiederum die wahrscheinlichste Lesung für diesen Namen), → Philoxenos (I) von Eretria und → Koroibos (III). ⊏⊐ ThB25, 1931. RE XVII. 1, 1936 (s.v. N. 22); DA XXIII, 1996; EAA, Suppl. IV, 1996. – *Vollenweider*, Steinschneidekunst, 1966, 28–30; *V. J. Bruno*, Form and color in Greek painting, N. Y. 1977, 61–66; *E. Thomas*, AA 1989, 219–226; *G. Walser*, in: *F. Eckstein* (Ed.), Θεωρία. Festschr. für Walter-Herwig Schuchhardt, Baden-Baden 1990, 217–219. J. H. Oakley

Nikomachos (II), griech. Töpfer und Koroplast, am E. des 6. Jh. v. Chr. tätig. Nur bek. durch seine Sign. auf einem *Obelisken* aus Ton, den er mit der Bez. Töpfer gefertigt hat und dem Herakles mit der Bitte gew. hat, daß dieser ihn unter den Menschen bek. machen sollte. ⊏⊐ *R. Arena*, Iscr. delle colonie achee, Mi. 1996, Nr 79; *Muller-Dufeu*, SculptureSource, 2002, 164 s., Nr 461. R. V.

Nikomachos (III), griech. Bildhauer, um 300 v. Chr. in Athen tätig. Bek. durch seine Sign. auf den folgenden drei Marmorbasen aus Athen: – 1.) Wiederverwendete Basis für eine *Statue*, die um 300 v. Chr. von Kleidemos aus dem Demos Plotheia gew. worden ist (IG, II/III², 3038; Loewy, IGB, 1885, 57 s., Nr 74; Muller-Dufeu, SculptureSource, 2002, 564 s., Nr 1665); – 2.) Basis von der Akropolis (IG, II/III², 4274); – 3.) Basis von der Akropolis für eine *Statuette der Syeris*, der Dienerin der Athenapriesterin Lysimache, die von Pausanias (1, 27, 4) als beim Erechtheion aufgestellt erw. wird (IG, II/III², 3464; Overbeck, SQ, 1868, Nr 1385; Loewy, IGB, 1885, 58 s., Nr 75; Muller-Dufeu, SculptureSource, 2002, 564 s., Nr 1664). E. Reisch (1919) wollte in einer Bronzestatuette aus Neviodonum/Moesien (Wien, HM; J. Bankó, ÖJh 19–20:1919, 296–298, Taf. 6) eine Nachbildung der Statuette der Syeris sehen, was jedoch reine Spekulation ist. ⊏⊐ ThB25, 1931. RE XVII. 1, 1936 (s.v. N. 23); EAA V, 1963. – *E. Reisch*, ÖJh 19–20:1919, 299–316. R. V.

Nikomachos (IV), griech. Bildhauer, im 2. Jh. n. Chr. in Hierapolis tätig. Nur bek. durch seine Sign. auf einer Basis für eine *Gewandstatue* aus Marmor (SEG, XLI, 1991, 415, Nr 1195). ⊏⊐ *G. Bejor*, Hierapolis. Scavi e ricerche, III. Le statue, R. 1991, 57–59, Nrn 28, 28 mit Abb. R. V.

Nikomachos (V), angebl. griech. Steinschneider der röm. Kaiserzeit. Bisweilen wollte man früher auf drei Gemmen mit der Inschr. NICOΛAC oder NIKOM einen Steinschneider N. erkennen, was jedoch ohne Begründung war. ⊏⊐ RE XVII. 1, 1936 (s.v. N. 24). – *Brunn*, GGK, II, 1889, 423 s. R. V.

Nikomenes (Νικομένης), aus Athen, griech. Bildhauer, im 3. V. des 3. Jh. v. Chr. in Epidauros tätig. Nur bek. durch seine Sign. auf der Basis für eine *Statue der Apia*, Tochter des argivischen Tyrannen Aristippos (IG, IV, 1111). Die *Statue* schuf er gemeinsam mit → Timostratos um 228–225 v. Chr. Sie stand auf einer Basis zus. mit den Statuen ihres Oheims Aristomachos, der die Tyrannis von Argos beseitigt hat, und einer weiteren unbek. Person, die von and. Künstlern geschaffen worden sind. Die Statuen waren von den Asinaeern im Heiligtum von Epidauros gew. worden. ⊏⊐ RE XVII. 1, 1936 (s.v. N. 3); EAA V, 1963. – *Loewy*, IGB, 1885, 387, Nr 131 a. R. V.

Nikon (I) (Νίκων), Sohn des Hiarokles, griech. Bildhauer (früh?)hellenist. Zeit, in Epidauros tätig. Seine Sign. bildet eine von vier Inschr. (IG, IV², 306 B) auf einer Statuenbasis im Asklepiosheiligtum von Epidauros. Sie hat die Form eines Schiffsvorderteils (*prora*). Das Anathem wird daher als Weihung nach einem siegreichen Seegefecht angesehen. Es bestand aus einer *unterlebensgroßen Bronzestatue*. Eine der weiteren Inschr. (IG, IV², 306 C) enthält die Sign. des Atheners → Kallikrates (V) (KLA II, Addendum). Beide Inschr. nennen aber weder das ausgef. Werk noch bieten sie Hinweise für eine Dat. von Basis bzw. Statue. Während von drei Inschr. (IG, IV², 306 A-C) die Dat. und das Verhältnis zueinander unklar sind, ist durch die offensichtl. jüngste Inschr. (IG, IV², 306

D) die Usurpation des Mon. durch den röm. Feldherrn L. Mummius nach der Eroberung Korinths im Jahr 146 v. Chr. gesichert. Überwiegend wird die urspr. Aufstellung in die Zeit um 300 v. Chr. datiert. Doch plädierte Fraenkel (IG, IV, 1180–1183) aufgrund der Verbindung des Mon. mit einem Seesieg für eine Errichtung nach 206 v. Chr. als Zeichen eines Sieges über den Spartaner Nabis. ▭ RE XVII. 1, 1936 (s.v. N. 19); EAA V, 1963. – *W. Peek*, Inschr. aus dem Asklepieion von Epidauros, AbhLeipzig 60/2:1969, 72 s., Nr 129, Taf. 24; *Schmidt*, Statuenbasen, 1995, 502 s., Nr X.1 (mit älterer Lit., aber fehlerhafter Lesung der Inschriften). J. Bauer

Nikon (II), griech. Goldschmied, um 200 v. Chr. in Unteritalien (Tarent?) tätig. Seine Sign. befindet sich auf einer Pyxis des *Schatzes von Tarent*, der um 200 v. Chr. dat. werden kann. ▭ RE XVII. 1, 1936 (s.v. N. 20). – *P. Wuilleumier*, Le trésor de Tarente, P. 1930, 9 ss.; *Strong*, Silver Plate, 1966, 104. F. Baratte

Nikon (III), Sohn des Sostrotios, vermeintl. Künstler des 4./3. Jh. v. Chr. Der Name steht an dritter Stelle einer Liste mit insgesamt 15 Personennamen, die eine in der Kirche des Hl. Georgios in Theben/Böotien vermauerte Inschr. überliefert (CIG, 1578 [Zeilen 5–15], 1676 [Zeile 1]; IG, VII, 2430). H. Brunn (1889) sah in dieser Inschr. aufgrund der Übereinstimmung von mehreren der 15 Namen mit Personen, die and. Quellen als Künstler überliefern (→ Andron [I], → Antigeneis, → Antiphaneis, → Aristogeiton, → Dexippos, → Hypatodoros, → Kaphisias, → Lysippos [IV], → Phettalos, → Theibadas, → Timon [I]), die Liste eines Künstlerkollegiums oder die gemeinschaftl. Sign. eines Werkes. Aufgrund fehlender Parallelen wurde dieser Deutung aber schon bald widersprochen. Zwei weitere Beobachtungen stützen die Zweifel an Brunns Interpretation: Die in der Liste aufgeführten Namen sind in Theben sehr gebräuchl., so daß hinter ihnen nicht notwendigerweise bek. Persönlichkeiten zu vermuten sind. Darüber hinaus legt die Kenntnis mehrerer derartiger Namenslisten eher deren Deutung als Rekrutenverzeichnisse nahe. ▭ ThB25, 1931 (s.v. Nikon Sostratios). RE XVII. 1, 1936 (s.v. N. 21); EAA V, 1963 (s.v. N. 3). – *Overbeck*, SQ, 1868, Nr 1568, 2; *Loewy*, IGB, 1885, 378 s., Nr 554; SGDI, 708; *Brunn*, GGK, I, 1889, 205; *E. Schwyzer*, Dialectorum Graecarum exempla epigraphica potiora, L. 1923, 238, Nr 469; *S. N. Koumanoudes*, Thebaike prosopographia, At. 1979, 153, Nr 1463. J. Bauer

Nikon, *Aelius* (Νείκων, Αἴλιος), Vater des berühmten Arztes Galenos, griech. Architekt, in der 1. H. des 2. Jh. n. Chr. in Pergamon tätig, † um 150 n. Chr. Nach Suid. (s.v. Galenos) und Tzetz. (hist. var., 12, 8 ss.) war der Vater des Galenos Architekt und Geometer aus Pergamon. Galenos selbst erzählt zwar einiges von seinem Vater betreffend seiner Erziehung, erw. den Beruf und den Namen seines Vaters jedoch nicht. Er bez. seinen Vater als gebildeten Mann, der sich in Geometrie, Arithmetik, Astronomie und Archit. gut auskannte und schon früh seinen Sohn unterrichtete (scripta minora, 2, 116), bevor er ihn ab dem 15. Jahr von Lehrern ausbilden ließ (scripta minora, 5, 41 ss.). N. starb, als Galen im 20. Lebensjahr stand, d.h. um 150 n. Chr. (scripta minora, 6, 756). N. weihte in Pergamon eine *Statuette eines Satyrs*, von der noch die Basis erh. ist (E. Fabricius/C. Schuchhardt, Kgl. Mus. zu Berlin. Altertümer von Pergamon. Die Inschr. von Pergamon, VIII. 2, ed. M. Fraenkel, B. 1895, 250 s., Nr 339) und ließ wahrsch. auch eine Inschr. fertigen, die geometr. Formen und den Kosmos pries (CIG, 3546; Fraenkel, op. cit., 244–247, Nr 333). ▭ ThB25, 1931 (s.v. Nikodemos). RE XVII. 1, 1936 (s.v. Nikon 18); EAA V, 1963 (s.v. Nikon 4); DNP VIII, 2000 (s.v. N. 4). – *H. Hepding*, AM 32:1907, 356 ss., Nr 115; *Donderer*, Architekten, 1996, 283 s., Nr C 1, Taf. 60. R. V.

Nikon Sostratios → Nikon (III)

Nikophanes (Νικοφάνης), griech. Maler, Schüler des → Pausias und somit der sikyon. Schule zugehörig, in der 2. H. des 4. Jh. v. Chr. tätig. In der Naturalis historia des Plinius wird N. sowohl unter den Pinselmalern (nat., 35, 111) als auch unter den Enkausten (nat., 35, 137) aufgeführt, wobei sich in der Char. seines Stils offenbar die unterschiedl. Bewertung, die seine Malerei in der Antike erfahren hat, widerspiegelt: Einigen gefalle an N. seine Präzision im Detail, die nur Künstler beurteilen könnten (*diligentia, quam intellegant soli artifices*, dazu vgl. Pollitt, 1974, 129 s.); andererseits sei er hart in der Farbgebung (*durus in coloribus*) und verwende viel Ocker (*sile multus*). Zwar male er so geschmackvoll und gefällig (*elegans et concinnus*), daß sich mit ihm nur wenige in der Feinheit (*venustas*) vergleichen ließen, an Erhabenheit und Gehalt seiner Kunst (*cothurnus et gravitas artis*) sei er aber → Zeuxis (I) und → Apelles (I) weit unterlegen. Umstritten ist, ob es sich bei dem von Plin., nat., 35, 137 erw. Sokrates um ein Bild des N., das den berühmten Philosophen zeigte, oder um einen Maler dieses Namens handelt, der viell. mit dem von Plin., nat., 36, 32 gen. Bildhauer ident. ist (vgl. → Sokrates [I-III]). Von dieser Frage hängt ab, ob die beiden im weiteren aufgeführten Werke – zum einen *Asklepios mit seinen Töchtern Hygieia, Aigle, Panakeia und Iaso* (vgl. B. Holtzmann, LIMC II, 1984, 866, s.v. Asklepios), zum and. der Faulenzer *Oknos*, Pfriemengras drehend, das ein Esel abnagt (*piger, qui apellatur Ocnos, spartum torquens, quod asellus arodit*), ein Sinnbild nutzloser Arbeit (vgl. W. Felten, LIMC VII, 1994, 24, s.v. Oknos 3), – N. oder Sokrates zuzuschreiben sind. – Neben → Aristeides (II) und → Pausias (Konjektur von J. Sillig anstelle des in den Hss. überlieferten Pausanias) hat N. in Polemons verlorener Schr. περὶ τῶν ἐν Σικυῶνι πινάκων, die Athenaios (deipn., 13, 567b) zit., Erw. als πορνογράφος gefunden, woraus man schließen kann, daß auf einem seiner Bilder in Sikyon eine *Hetäre* dargestellt war. Die Annahme, daß N. mit dem von Plutarch (de aud. poet., 3; mor., 18b) als Maler obszöner Szenen (ἀκολάστους ὁμιλίας γυναικῶν πρὸς ἄνδρας) gen. → Chairephanes (II) ident. sei, ist unbeweisbare Spekulation. ▭ ThB25, 1931. RE XVII. 1, 1936; EAA V, 1963; KlP IV, 1972; DNP VIII, 2000. – *Overbeck*, SQ, 1868, Nrn 1765–1767; *Brunn*, GGK, II, 1889, 104–106; *A. Reinach*, Rec. Milliet, P. 1921, Nrn 334–336; *Pfuhl*, MuZ, II, 1923, 733 s., §§ 799 s.; *M. H. Swindler*, Ancient painting, New Haven/N. Y. 1929, 273; *B. Schweitzer*, Xenokrates von Athen, Halle (Saale) 1932, 51 (*A. Rouveret*, Hist. et imaginaire de la peint. ancienne, R. 1989, 473); *Plutarco*, De audiendis poetis, ed. *E. Valgiglio*, T. 1973, 110 B 2; *J. J. Pollitt*, The ancient view of Greek art, New Haven/N. Y. 1974, 125, 129 s., 265; *Robertson*, Hist., 1975, 490; *C. Plinius Secundus d. Ä.*, Naturkunde, ed. und übersetzt, *R. König/G. Winkler*, Buch XXXV, M. 1978, 173; *A. Griffin*, Sikyon, Ox. 1982, 151; *Pline l'Ancien*, Hist. naturelle, übersetzt und kommentiert *J.-M. Croisille*, Livre XXXV, P. 1985, 221, § 111, Nr 1, p. 243 s., § 137, Nr 5; *A. Corso*, in: *Gaio Plinio Secondo*, Storia naturale, V. Mineralogia e storia dell'arte, ed. *G. B. Conte/G. Ranucci*, Libri 33–37, T. 1988, 415, § 111, Anm. 1, p. 449, § 137, Anm. 1, p. 907 s.; *Scheibler*, Malerei, 1994, 59, 104, Anm. 185, p. 173. L. Lehmann

Nikosthenes (I) (Νικοσθένης), griech. Töpfer und wahrsch. Vasenmaler, zw. 545 und 510 v. Chr. in Athen tätig. N. signierte *139 schwarzfigurige und 10 rotfigurige Gefäße*. Nur sehr selten findet sich neben seiner Sign. die Sign. eines anderen Künstlers. Auf einer schwarzfigurigen *Bandschale* (ehem. Berlin, Staatl. Mus., Antiken-Slg, Inv Nr F.1801; ABV, 159, Nr 4, p. 230, Nr 1; Hoppin, BlackFig, 1924, 180 s. mit Abb.) sehen wir auch die Sign. des → Anakles (I) und auf zwei rotfigurigen Gefäßen die Sign. des → Epiktetos (Bilingue *Augenschale* in Würzburg, Martin-von-Wagner Mus., Inv. Nr L 468; ARV², 1963, 45, Nr 105, p. 71, Nr 8; Cohen, Bilingual, 1978, Taf. 92, 3; 93, 1; 97, 2; und *Kantharos* in Odessa, Mus., Inv. Nr 26338; ARV², 1963, 77, Nr 87; Cohen, Bilingual, 1978, Taf. 93, 2). Die große Anzahl an sign. Vasen des N. ermöglichte V. Tosto (1997, 4 s.) eine eingehende Untersuchung, die zu sehr interessanten und überzeugenden Ergebnissen führte. N. töpferte und bemalte wahrsch. viele Gefäße selbst, weitere töpferte er und ließ sie von and. Malern verzieren, einige töpferte er und ließ sie von Vasenmalern dekorieren und mit seinem Namen signieren, einige Gefäße töpferten, bemalten und signierten and. aus seiner Wkst., und schließl. signierte N. selbst wohl sehr selten ein Gefäß, das ein and. hergestellt hat. Die Mehrzahl der von N. getöpferten Vasen sind von etrusk. (Bucchero-Amphora: Tosto, 1997, Nrn 1–27, Abb. 1–62, und Kyathos: Tosto, 1997, Nrn 128–133, Abb. 63–66) und in Italien heim. (chalkid. Schalen, die wahrsch. in S-Italien, in Reggio di Calabria entstanden: Houston, De Ménil Foundation, Inv. Nr 70–50-DJ; J.-A. Jordan, Attic black-figured eye-cups, Ann Arbor 1988, 322, 325 ss., Nr W 167, Taf. 118, Nr 1; Add², 1989, 401; Tosto, 1997, Nr 156, Abb. 86) Gefäßformen inspiriert, die er dann mit großem Erfolg nach Italien exportierte. Sein Hw. war die sog. *Nikosthen. Amphore*, die von der etrusk. Bucchero-Amphore abstammt. Att. Gefäßformen stellte N. im Verhältnis zu den aus Italien inspirierten Vasenformen seltener her. Bei vielen der att. Formen versuchte er auch eine persönl. Note einzubringen und veränderte die Standardformen (*Schalen, Halsamphoren, Volutenkratere, Oinochoen und eine Pyxis*). Sehr selten hingegen übernahm er schon gebräuchl. att. Formen (*Kleinmeisterschalen, Droopschalen [Typus A], Amphoren des Typus B, einer Olpe und Skyphoi des korinth. Typus*). Wenn N. seine von ihm getöpferten Vasen nicht selbst bemalte, arbeitete er insbes. mit fünf schwarzfigurigen Vasenmalern, mit → Lydos, dem BMN-Maler, dem Maler von Louvre F 117 und dem Maler von Villa Giulia 63613, und mit fünf rotfigurigen Vasenmalern, mit dem Maler vom Louvre F 125, → Oltos, → Epiktetos, dem *Nikosthenes-Maler* und einem unbenannten Maler zusammen; doch handelt es sich hierbei immer nur um sehr wenige Gefäße. Dank der Stud. von V. Tosto wurden u.a. noch folgende weitere allg. Erkenntnise über N. gewonnen: N.s Wkst. bestand wohl, wie es auch in and. Wkstn üblich war, immer aus 5–6 Personen, produzierte nicht mehr Vasen als and. Wkstn und sein Export nach Etrurien war nicht größer als der von and. att. Wkstn, zeichnete sich aber durch mehr an diesen Markt angepaßte Gefäßformen aus. ▭ ThB25, 1931. RE XVII. 1, 1936 (s.v. N. 3); EAA V, 1963 (s.v. N. 1); DNP VIII, 2000. – ARV², 1963, 12, 122 s., 1627, 1700; *H. Giroux*, RA 1966, 13–32; *R. Blatter*, AA 1970, 167–170; *M. Verzár*, AntK 16:1973, 45–56; *M. M. Eisman*, GettyMusJ 1:1974, 43 ss.; *M. A. Tiverios*, AEphem 1976, 44–57; *V. Tosto/A. van der Woude*, Construction and shape of the Nicosthenic neck-amphora, in: AGRP (Amsterdam), 1984, 160–163; *V. Tosto*, The black-figure pottery signed NIKOSTHENESEPOIESEN, Diss. Am. 1997; *id.*, The black-figure pottery signed NIKOSTHENESEPOIESEN, Am. 1999 (Allard Pierson Series 11). R. V.

Nikosthenes (II), griech. Maler, wahrsch. in hellenist. Zeit tätig. Lt. Plinius (nat., 35, 146; Overbeck, SQ, Nr 2114) war N. der Lehrer von → Theodoros (VI) von Samos und von → Stadios. ▭ ThB25, 1931. RE XVII. 1, 1936; EAA V, 1963. – *Brunn*, GGK, II, 1889, 285; *Pfuhl*, MuZ, II, 1923, 918. R. V.

Nikostratos → Nikokrates

Nikostratos (I) (Νικόστρατος), vermeintl. griech. Maler des 4. Jh. v. Chr. Lt. Aelian (var. hist., 14, 47; Overbeck, SQ, 1868, Nr 1673) erklärte ein Maler namens N. einem Mann, der an der Wiedergabe der Helena des Malers → Zeuxis (I) Kritik übte, daß er das Kunstwerk doch mit den Augen anschauen sollte. Da jedoch die gleiche Gesch. für den Maler → Nikomachos (I) überliefert ist und der Künstler N. ansonsten gänzl. unbek. ist, ist anzunehmen, daß hier eine Namensverwechslung mit → Nikomachos (I) vorliegt, diese Legende nur diesem zuzuschreiben ist und der Maler N. nicht existiert hat. ▭ ThB25, 1931. RE XVII. 1, 1936 (s.v. N. 29). R. V.

Nikostratos (II), griech. Koroplast, in der 1. H. des 2. Jh. und am A. des 1. Jh. v. Chr. in Myrina tätig. Nur bek. durch seine Sign. auf den folgenden fünf Typen von *Tonstatuetten*: – 1.) *Mädchen mit Mutter* (Athen, NM, Inv. Nr 4987, Kassab, 1988, 52, Nr 1, Abb. 132, 416); – 2.) *Tänzerin* (Dresden, Skulpt.-Slg, Inv. Nr ZV 742; Kassab, 1988, 52, Nr 2, Abb. 133, 417); – 3.) *Nymphengrotte* (Paris, Louvre, Inv. Nr Myr 206; Kassab, 1988, 52, Nr 3, Abb. 134, 418); – 4.) *Mädchen mit Pädagogen* (Paris, Cab. des Médailles; Kassab, 1988, 52, Nr 4, Abb. 135, 419); – 5.) *Schauspieler* (Berlin, Staatl. Mus., Antiken-Slg, Inv. Nr TC 7820; Kassab, 1988, 53, Nr 5, Abb. 136, 420). – Die Arbeiten des N. zeichnen sich im Vergleich zu vielen and. Werken aus Myrina durch ihre Feinheit und Bewegtheit sowie durch ihre Freude an Gruppenbildungen aus. ▭ *D. Kassab*, Statuettes en terre cuite de Myrina. Corpus des sign., lettres et signes, P. 1988, 52 s., Nrn 1–5, Abb. 132–135, 416–420. R. V.

Nikostratos (III) (Νεικόστρατος), griech. Steinmetz, in röm. Zeit in Pili bei Oricum tätig. Nur bek. durch seine Sign. auf einem *Felsrelief* in Pili bei Oricum mit der Darst. einer Aphrodite beim Waschen, umgeben von Eros mit einem Spiegel und einer Dienerin. Das Relief war von einer Preimigenia gew. worden. ▭ RE XVII. 1, 1936 (s.v. N. 31). – *C. Patsch*, Mitteilungen der Balkankommission 3:1904, 80 s., Abb. 60. R. V.

Nilos (I) (Νίλος), angebl. griech.-ägypt. Toreut des 1. Jh. n. Chr. Seine Existenz wird durch H. Sternberg-el Hotabi (1994, 80) bestritten. Die Identifizierung beruht auf der Lesung des Namens Νίλου auf einer Vignette der Mensa Isiaca bzw. Tabula Bembina (Turin, Mus. di Antichità, in claud. Zeit [41–54 n. Chr.] dat.) und der Gleichsetzung des Namens mit der ausführenden Künstlerpersönlichkeit (Scamuzzi, 1939, 22 s.; Leospo, 1978, 98). Bei der Mensa Isiaca handelt es sich um eine rechteckige Bronzeplatte mit Darst. von Opferritualen des Isis-Kultes, welche als Kultobjekt in einem Isis-Tempel, möglicherweise dem Iseum Campense auf dem Marsfeld in Rom, aufbewahrt worden sein soll. Das Iseum wurde unter Caligula 38 n. Chr. erbaut und unter Domitian 92 n. Chr. erweitert und ausgeschmückt. Nach H. Sternberg-el Hotabi (1994, 80) ist das Wort Νίλου auf einem Behälter einer Vignette angebracht, der höchstwahrsch. Nilwasser enthielt und als Requisit bei der Mysterieneinweihung diente. Νίλου würde somit das aus dem Nil stammende Wasser und nicht den Toreuten bezeichnen. ▭ *E. Scamuzzi*, La Mensa Isiaca del Regio Mus. di Antichità di Torino, R. 1939; *E. Leospo*, La mensa isiaca di Torino, Leiden 1978; *P. Derchain*, in: *G. Grimm* (Ed.), Das röm.-byzantin. Ägypten, Aegyptiaca Treverensia, II, Mainz 1983, 61 ss.; *H. Sternberg-el Hotabi*, Die Mensa Isiaca und die Isis-Aretalogien, CdE 69:1994, 54 ss. M. Seifert

Nilos (II), griech. Steinschneider, in der röm. Kaiserzeit tätig. Nur bek. durch seine Sign. auf einem *Intaglio* mit dem *Kopf eines bärtigen Mannes*. ▭ EAA V, 1963. – *J. J. Winckelmann*, Descr. des pierres gravées du feu baron de Stosch, Fi. 1760, 449, Nr 310; *Brunn*, GGK, II, 1889, 424. R. V.

Nilos (III) (Νίλος), spätantiker Steinmetz (μαρμαράρις), tätig in Hebron. Der Name N. findet sich in einer als Spolia in der Moschee beim Patriarchengrab in Hebron verbauten christl. Anrufungsinschrift. ▭ *M. L. Fischer*, Mediterranean language review 8:1994, 20–38. M. Dennert

Nilus, angebl. Name eines röm. Architekten. Beruht auf der falschen Lesung N...ιλου einer griech. Werkstück-Inschr. (IG, XIV, 2421, 1; IGRom, I, 529) auf der Unterseite der Säule des Antoninus Pius durch G. B. Piranesi (Campus Martius, Rom, 1762, 53) und D. A. Bracchi (Memorie degli antichi incisori, II, 1786, 270). Richtige Lesung durch De Fabris (Il piedistallo della colonna Antonina, R. 1846, 12, Taf. 4): [Αρισ]τεδου αρχιτεκτου. Es handelt sich um einen in den Steinbrüchen tätigen Architekten; unter seiner Aufsicht wurde der Inschr. zufolge die Säule im Jahr 9 der Reg. Trajans (105/106 n. Chr.) angefertigt. – Die 1703 gefundene und bald danach zur Piazza Montecitorio verbrachte Säule aus rotem Assuan-Granit wurde nach Beschädigung durch Brand 1764 zu versch. Bauzwecken verwendet; das Inschr.-Fragm. gelangte jedoch in den Vatikan (zunächst im Cortile della Pigna im Reliefsockel verbaut, jetzt im Cortile delle Corazze). ▭ ThB25, 1931. RE XVII. 1, 1936 (s.v. N. 2); EAA V, 1963 (s.v. N. 1). – *L. Bruzza*, AdI 42:1870, 131–133, Nr 22, p. 199, Nr 331, Taf. G, Abb. 3; *Brunn*, GGK, II, 1889, 251, s.v. Nilus; *L. Vogel*, The column of Antoninus Pius, C., Mass. 1973, 6, Abb. 2; *J. B. Ward-Perkins*, in: *P. Ducrey* (Ed.), Mélanges d'hist. ancienne et d'archéologie offerts à Paul Collart, Lausanne 1976, 347, Abb. 1, 2 (mit Anm. des Ed. wiederabgedruckt, in: *H. Dodge/B. Ward-Perkins*, Marble in Antiquity, Lo. 1992, 109, Abb. 100 s.); *Donderer*, Architekten, 1996, 90 s., Nr A 7, Taf. 2; *M. Maischberger*, Marmor in Rom, Wb. 1997, 113, 145–147. C. Leschke

Nipṭasan (pun. NPṬSN), Sohn des Schafot, punischer(?) Architekt, M. 2. Jh. v. Chr. tätig. Erw. im punischen Text einer punisch-numidischen Bilingue (heute Tunis, Mus. du Bardo, Inv. D 1127) aus Thugga (Dougga, Tunesien), derzufolge er zus. mit dem Architekten → Ḥanno einen von den Bürgern der Stadt 139/138 v. Chr. gestifteten *Tempel für den Kult zu Ehren des verstorbenen Königs Masinissa* erbaute. – Möglicherweise gehört die Inschr. zu dem nur in Resten erh. rechteckigen Kalksteinbau von ca. 6 x 14 m, der sich auf dem röm. Forum in Thugga unmittelbar w. neben dem Kapitol und damit in der Nähe des Fundortes der Inschr. (auf dem Platz der Windrose, Ph. Berger, CRAI 1904, 406 ss.) befindet; Keramik im Fundamentbereich und bauliche Merkmale weisen in das 2. Jh. v. Chr. Eine konkrete Vorstellung von dem antiken Bau, der noch im 2. Jh. n. Chr. die Ausrichtung des Kapitols beeinflußte, läßt sich nicht mehr gewinnen. ▭ EAA VI, 1965 (s.v. Punica, arte). – *J.-B. Chabot*, Journal asiatique 11:1918, 267–279; *J.-B. Chabot*, Rec. des inscr. libyques, P. 1940, 2–4, Nr. 2, Taf. I. 2 (mit Lit.); *H. Donner/W. Röllig*, Kanaanäische und aramäische Inschr., I-III, Wb. ²1966–69, Nr 101; *M. Ghaki*, in: *M. Khanoussi/L. Maurin* (Ed.), Dougga (Thugga). Et. épigraphiques, P. 1997, 28 ss.; *M. Khanoussi*, Dougga, Tunis ²1998, 32, Nr 14 mit Abb.; *C. Leschke*, Das Forum von Thugga (in Vorbereitung). C. Leschke

Nipteh, ägypt. Künstler („Unteraufseher der Metall-Kunsthandwerker"), unter Pharao Niuserre (5. Dynastie, 2445/2395–2414/2364 v. Chr.) im Raum Giza/Unterägypten tätig. Belegt im Mastaba-Grab (G 6020) des Iimeri auf dem Friedhof w. der Cheops-Pyramide in Giza, wo er neben seinem Künstlertitel auch den eines Totenpriesters trägt und als solcher zur Versorgung des Grabherrn mit Lebensmitteln beim Schlachten einer Gans dargestellt ist. Er war verantwortl. für die Auswahl des Mat., das anschl. unter seiner Kontrolle zur Fertigung von Schmuckgegenständen, Gefäßen und Statuetten verwendet wurde. ▭ PM III. 1, 1974, 171 (2) II-IV. – *H. Junker*, Giza, III, W./L. 1938, 72, Abb. 8a; *id.*, Die gesellschaftl. Stellung der ägypt. Künstler im Alten Reich, W. 1959, 68. C. von Pfeil

Nisumentju (Nisumonth), ägypt. Künstler („Vorsteher der Künstler"), in der 11. Dynastie (um 2119–1976 v. Chr.) in Ägypten tätig. Nur bek. durch eine kursive Hieroglyphen-Inschr., die unter Mentuhotep II. (2046–1995 v. Chr.) im Wadi Hammamat vermutl. von ihm selbst angebracht wurde. Er hat zeitweise dort gearbeitet, wo er urspr. herkam, muß allerdings offen bleiben. ▭ *J. Couyat/ P. Montet*, Les inscr. hiéroglyphiques et hiératiques du Ouâdi Hammâmât, Le Caire 1912, 54, Nr 55. T. Schrottenbaum

Nisumeterachem (Nesmeterachem), Sohn des Nisumeterpanachettut, ägypt. Schreiber, Ende 4. Jh. n. Chr. auf Philae. N. hat am sog. Hadrianstor auf Philae ein Graffito mit der Darst. des Gottes Mandulis mit einer hieroglyph. und demot. Beischrift hinterlassen. In letzterer datiert er sein Werk ins Jahr 394 n. Chr. Damit ist sein Graffito (Ph. 435) die jüngste exakt datierbare bildl. und in Hieroglyphen geschriebene Äußerung der paganen altägypt.

Kultur. 🕮 *F. L. Griffith*, Cat. of the demotic graffiti of the Dodecaschoenus, Ox. 1937, 126, Taf. 69.
F. Hoffmann

Nisumonth → **Nisumentju**

Nisuuseret, ägypt. Künstler („Unteraufseher der Künstler" und „Vorsteher von 10 Künstlern"), 5. Dynastie (25./24. Jh. v. Chr.). Bek. aus seinem Grab in Saqqara. 🕮 *A. Mariette*, Les mastabas de l'Ancien Empire, P. 1889, 443, Nr H1; *L. Borchardt*, Denkmäler des Alten Reiches (CG), II, Kairo 1964, 136, Nr 1688, 162, Nr 1733.
F. Hoffmann

Niþijo, vermutl. german. Toreut, um oder nach 200 n. Chr. im heutigen S-Norwegen tätig. Der Name erscheint in einer Hersteller-Inschr. (*niþijo tawide*) auf dem *Schildhandgriff* 2 aus dem dän. Moor von Illerup, wo zw. 1950 und 1985 eine große Menge an Waffen und persönl. Mat. ergraben wurde, darunter mehrere Gegenstände mit Runen-Inschr., die u.a. von ihren Runenformen her bedeutsam sind. Die s-norweg. Provenienz kann als erwiesen gelten. Wie bei allen Runen-Inschr. vom Typ „XY machte" ist nicht schlußgültig festzulegen, ob sich damit der Hersteller des Gegenstandes oder der Runenschreiber bezeichnete. 🕮 *T. Birkmann*, Von Ågedal bis Malt. Ergänzungsbände zum Reallexikon der German. Altertumskunde, Bd. 12, B./N. Y. 1995, 44–47, Tafel 4; *T. Andersson/J. Ilkjær/M. Stoklund*, Reallexikon der German. Altertumskunde 15, B./N. Y., 2000, 346–354 (s.v. Illerup Ådal).
Th. Birkmann

Noirenaeus, röm. Toreut, E. 1./1. H. 2. Jh. n. Chr. wohl in Niedergermanien tätig. Nur bek. durch seine Sign. auf einem *Bronzesteilwandbecken* (heute Frankfurt/Main, Archäol. Mus., Inv. Nr β 438). 🕮 *K. Deppert*, Röm. Bronzegeschirr im Mus. für Vor- und Frühgesch. zu Frankfurt am Main, Ffm. 1977, 34 mit Abb., p. 38; *R. Petrovszky*, Stud. zu röm. Bronzegefäßen mit Meisterstempeln, Buch am Erlbach 1993, 160, Nr N.12, p. 278, Nr N.12.01, Taf. 21, 41.
R. V.

Nolinius, röm. Toreut, in der 2. H. des 1. Jh. n. Chr. in Gallien tätig. Nur bek. durch seine Sign. auf einer *Bronzekasserolle* von einem Wasserfund aus dem Rhein bei Doorwerth, „Driel'sche Fähre", Gelderland/Niederlande (heute Leiden, RM van Oudheden, Inv. Nr e/1896/10. 3). 🕮 *J. H. Holwerda*, Een vondst uit den Rijn bij Doorwerth, OudhMeded, Suppl. 12, 1931, 23, Nr 20, Abb. 12; *R. Petrovszky*, Stud. zu röm. Bronzegefäßen mit Meisterstempeln, Buch am Erlbach 1993, 160, Nr N.13, p. 280 s., Nr N.13.01.
R. V.

Nonianus Romulus, angebl. röm. Bildhauer des 2. Jh. n. Chr. Sein Name befindet sich auf der Rückseite eines *Sarkophages* aus pentelischem Marmor von um 180 n. Chr. in Florenz (Gall. degli Uffizi, Inv. Nr 82; T. Hölscher, LIMC V, 1990, 485, Nr 74a, s.v. Homonoia/Concordia; S. de Angeli, LIMC VI, 1992, 643, Nr 39 m. Abb., s.v. Moirai; L. Faedo, LIMC VII, 1994, 1048, Nr 203, s.v. Mousa, Mousai/Musae). Es handelt sich hierbei jedoch nicht um eine Künstlersignatur. 🕮 RE XVII. 1, 1936; EAA V, 1963. – *G. A. Guattani*, Mon. antichi inediti, I, R. 1784, 44 ss., 57 s., Taf. 1–2; *H. Dütschke*, Antike Bildwerke in Oberitalien, III, L. 1878, 24–29, Nr 62; *Brunn*, GGK, I, 1889, 428; *Mansuelli*, ScultUff, I, 1958, 235 s., Nr 253, Abb. 253; *Koch/Sichtermann*, RömSark, 1982, 99 s.
R. V.

Nonienus Pudens, *Quintus*, röm. Toreut, im 1. Jh. n. Chr. wahrsch. in Köln tätig. Nur bek. durch seine Sign. auf der *Bronzescheide eines Schwertes mit der Wiedergabe des Jupiterblitzbündels* aus Straßburg (Straßburg, Mus. Archéol.). Die Ortsangabe zur Herstellung: AD ARA wird auf Ara Ubiorum (Köln) bezogen. 🕮 *G. Ulbert*, BayVgBl 36:1971, 47–49, Abb. 2, 2.
R. V.

Nonius Pr[...], röm. Zimmermann, im 3. Jh. n. Chr. in Centuripe tätig. Nur bek. durch seine Grab-Inschr. aus Centuripe (heute in Centuripe, MCiv.), nach der er im Alter von 22 Jahren durch eine umgekippte Säule erschlagen worden ist. Libertini (1949) wollte in der nur fragm. erh. Inschr. die Berufsbezeichnung Architekt ergänzen, wozu es aber gar keinen Platz auf der Inschr. gab. 🕮 *G. Libertini*, Siculorum gymnasium 2:1949, 94 s., Nr 2, Abb. 2; *J./L. Robert*, BullEp 1953, 211, Nr 279; *F. P. Rizzo*, La menzione del lavoro nelle epigrafi della Sicilia antica, Palermo 1993, 61, Nr 18; *Donderer*, Architekten, 1996, 290 s., Nr C 6, Taf. 59, 2.
R. V.

Nonnius, röm. Toreut, in der 2. H. des 1. Jh. n. Chr. in N-Italien oder Gallien tätig. Nur bek. durch seine Sign. auf einer *Bronzekasserolle* aus einem Grabfund von Großhöflein-Föllik, Burgenland/Österreich (heute Eisenstadt, Burgenländ. LM, Inv. Nr 16.667). 🕮 *A. Radnóti*, Die röm. Bronzegefäße von Pannonien, Dissertationes Pannonicae, 2. Ser., 6, Bp./L. 1938, 61, Anm. 15 s., Taf. 17, 23; 23, 7; *R. Petrovszky*, Stud. zu röm. Bronzegefäßen mit Meisterstempeln, Buch am Erlbach 1993, 160, Nr N.14, p. 281, Nr N.14.01, Taf. 41.
R. V.

Norbanus, röm. Toreut, E. 1. Jh. v. Chr./A. 1. Jh. n. Chr. in Italien tätig. Nur bek. durch seine Sign. auf den folgenden *drei Bronzekasserollen*: – 1.) von einem Wasserfund in Vrhnika (Nauportus)/Slowenien (heute Ljubljana, NM, Inv. Nr R 1879; A. Radnóti, Die röm. Bronzegefäße von Pannonien, Dissertationes Pannonicae, 2. Ser., 6, Bp./L. 1938, 32, Anm. 37, Taf. 15, 9; 17, 24; Petrovszky, 1993, 281, Nr N.15.01, Taf. 22, 41); – 2.) aus Surčin (Andautonia)/Serbien (heute Zagreb, Archäol. Mus.; CIL, XIII. 3/2, 10036 bei Nr 87; Petrovszky, 1993, 281, Nr N.15.02); – 3.) aus einem Brandgrab von Obřistvi, Melnik/Tschech. Republik (heute Prag, NM, Inv. Nr 63919; CIL, XIII. 3/2, 10036, 87; J. L. Pič, Die Urnengräber Böhmens, L. 1907, 122, 409, Taf. 57, 4; Petrovszky, 1993, 281 s., Nr N.15.03, Taf. 22). ▭ *R. Petrovszky*, Stud. zu röm. Bronzegefäßen mit Meisterstempeln, Buch am Erlbach 1993, 160, Nr N.15, pp. 281 s., Nrn N.15.01.–N.15.03, Taf. 22, 41. R. V.

Nounnos (Νουννος), Bildhauer aus Isaurien, in der mittleren röm. Kaiserzeit tätig. Nur bek. aus der Sign. eines isaurischen *Fassadengrabsteines* aus Küçük Öz (W. H. Buckler/W. M. Calder/C. W. M. Cox, JRS 14:1924, 69 s., Nr 100, Taf. 14; SEG, VI, Nr 532; E. Pfuhl/H. Möbius, Die ostgriech. Grabreliefs, II, Mainz 1979, Nr 1398). Der Stein zeigt in der zentralen Nische den verstorbenen Kavalleristen Julius Celer und seine Frau. ▭ EAA V, 1963. T. Lochman

Novios Plautios, pränestin. Toreut, im 3. Jh. v. Chr. Nur bek. durch seine Sign.: *NOVIOS PLAUTIOS MED ROMAI FECID* (CIL, I^2, 561) auf der berühmten sog. *Ficorinischen Cista*. Sie wurde 1738 in der großen Nekropole von Palestrina entdeckt, von dem Antiquar und Sammler Francesco de Ficorini erworben und von ihm dem Collegio Romano geschenkt (heute Rom, MN Etrusco di Villa Giulia, Inv. Nr 24787). Die um 330 v. Chr. entstandene *Ficorinische Ciste* ist die größte ihrer Art (Höhe mit Deckel 77 cm, Dm. 59 cm) und ist die einzige, die eine Künstler-Sign. trägt. Das Wort *ROMAI* bezieht sich wohl auf den Herstellungsort der Ciste, d.h. auf Rom. Die Ciste gehörte lt. ihrer Besitzer-Inschr. der Praenesterin Dindia Macolnia, die aus einer der angesehensten Familien von Praeneste stammte. Während auf dem Deckel eine Jagdszene dargestellt ist, zeigt der Gefäßkörper eine Szene aus der Argonautensage (G. Beckel, LIMC I, 1981, 739, Nr 5 m. Abb., s.v. Amykos; R. Blatter, LIMC II, 1984, 594, Nr 10 m. Abb., s.v. Argonautai; G. Colonna, ibid., 1065, Nr 179 m. Abb., s.v. Athena/Menerva; K. Schefold, LIMC III, 1986, 130, Nr 43, s.v. Boreadai; S. Kaempf-Dimitriadou, ibid., 139, Nr 85, s.v. Boreas; J. Neils, LIMC V, 1990, 631, Nr 9, s.v. Iason; L. Jones Roccos, LIMC VI, 1992, 320, Nr 5 m. Abb., s.v. Lynkeus I et Idas; E. Simon, ibid., 651 s., Nr 4 m. Abb., s.v. Mopsos I 4; ead., LIMC VIII, 1997, 1114, Nr 37 m. Abb., s.v. Silenoi 37 m. Abb.). Es handelt sich um die Episode von den Argonauten im Bebrykerland, bei der Amykos, der König der Bebryker, ihnen den Zugang zu einer Quelle verweigert und sie dagegen zum Faustkampf auffordert, in dem der Dioskur Polydeukes den Amykos besiegt und fesselt. Ähnliche Themen finden sich auch bei → Kydias und → Mikon (I). Wahrsch. schuf N. den Hauptfries mit der Argonautenszene und den dazugehörigen Ornamentbändern sowie die Dreifigurenreliefs der Attachen auf den Cistenfüßen, die Eros, Herakles und Iolaos wiedergeben (CP, II. 1, 1986, Nr K 31, 1–2, Taf. 38 a-b; S. J. Schwarz, LIMC V, 1990, 215, Nr 144, s.v. Herakles/Hercle 144; M. Pipili, ibid., 698, Nr 10 m. Abb., s.v. Iolaos/Vile). Die Jagdszene sowie die Deckelfiguren mit Dionysos, der von zwei Satyrn umgeben ist (M. Cristofani, LIMC III, 1986, 533, Nr 30 m. Abb., s.v. Dionysos/Fufluns) sind im Stil dagegen gröber und nachlässiger und stammen daher nicht von N. selbst. Sehr nahe im Stil ist dagegen noch ein Spiegel mit der eingeritzten Darst. von Apollon, Hermes und Herakles in Bologna (MCiv., Inv. Nr 1072; Gerhard, EtrSp, II, 1845, Taf. 131; Dohrn, 1972, 24, Taf. 27; CSE, Bologna, MCiv., I, R. 1981, 30–32, Nr 12, Taf. 12 a-d). ▭ RE XXI. 1, 1951 (s.v. Plautius 61); EAA V, 1963, Abb. 721 s. – *E. Braun*, Die Ficorinische Cista des Collegio Romano in treuen Nachbildungen herausgegeben und Herrn James Thomson in Clitheroe zugeeignet, L. 1848; *O. Jahn*, Die Ficorinische Cista. Eine archäolog. Abh., L. 1854; *E. Feihl*, Die Ficorinische Cista und Polygnot, Diss. Tübingen 1913; *A. Della Seta*, Mus. di Villa Giulia, R. 1918, 481 ss., Nr 24787; *G. A. Mansuelli*, StEtr 21:1950–1951, 401–406; *Helbig*[4], III, 1969, 840–848, Nr 2976 (mit Lit.); *T. Dohrn*, Die Ficorinische Ciste in der Villa Giulia in Rom, B. 1972, passim, Taf. 1–26; *O. Brendel*, Etruscan art, Harmondsworth 1978, 354 s., Abb. 275–277; *U. Fischer-Graf*, Spiegelwerkstätten in Vulci, B. 1989, 121–124; *Schefold/Jung*, SB, V, 1989, 28–30, Abb. 13; CP, I. 2, 1990, 211–226, Nr 68, Taf. 298–314 und Taf. L. R. V.

Nu, ägypt. Fürst, 1. Zwischenzeit (ca. 22./21. Jh. v. Chr.). Nach einer Inschr. im Grab seines Vaters Meri in el-Hargasa (bei Sohag) hat er für die Ausschmückung und Ausstattung von dessen Grab gesorgt. ⌧ Urk. I, 267, 8 ss.; *W. Schenkel*, Memphis - Herakleopolis - Theben, Wb. 1965, 39 s., Nr 28. F. Hoffmann

Nuada, Sohn des Oengus, alt-irischer Baumeister, aus Irland stammend, im 2. Jh. n. Chr. ebenda tätig. N. mit dem Beinamen Sálfada („Langferse"), wird durch die ma. irische Überlieferung die Errichtung der Festung Dún Ailinne zugeschr., die als Residenz der Regionalkönige von Leinster galt und auch als paganes Heiligtum diente. Das aus dem 11. Jh. stammende Namens-Verz. Coir Anmann (Stokes/Windisch, 1897) nennt als Initiator des Bauprojektes Dáire Barrach, den König von Leinster, und schildert, wie der als berühmter Festungsbaumeister apostrophierte N. während des Baus Hilfe durch den späteren König Eogan Már erhielt, der seitdem den Beinamen Mog Nuadat („Diener des Nuada") führte und dessen Reg.-Zeit als Herrscher über den s. Teil Irlands im 2. Jh. n. Chr. angesetzt wird. In Dún Ailinne, dem heutigen Knockaulin b. Old Kilcullen (Co. Kildare), wurden im Zuge archäol. Grabungen die Relikte einer eisenzeitl., ringförmigen Festungsanlage freigelegt, die aus Holz und Erde errichtet worden war (Wailes, 1990). Zum Fund-Mat. gehört eine ungewöhnl. große Menge an Tierknochen, die von Opferungen bzw. Kultmahlzeiten stammen dürften und damit auf den sakralen Charakter des Baukomplexes hinweisen (Crabtree, 1990). Die im Laufe der Jh. mehrfach umgestaltete Anlage erhielt in der dritten und gleichzeitig letzten Bauphase zw. dem 1. Jh. v. Chr. und dem 1./2. Jh. n. Chr. eine altertüml. anmutende „Henge"-Form. Die Historizität der Grundbestandteile der Überlieferung vorausgesetzt, könnte N. mit dieser umfassenden Neugestaltung bzw. Wiedererrichtung der Anlage in Verbindung gebracht werden, auch wenn die Involvierung des Dáire Barrach und des Eogan Már in den Bauprozeß als nachträgliches historisches Konstrukt zu betrachten ist (Grabowski, 1990, 34 s.). ⌧ *W. H. Stokes/E. Windisch* (Ed.), Irische Texte mit Übersetzungen und Wörterbuch, Ser. 3, H. 2, L. 1897, 302–305, Nr 40, s.v. Mog Nuadat; *B. Wailes*, Dún Ailinne: A summary excavation report, Emania 7:1990, 10–21; *P. Crabtree*, Subsistence and ritual: The faunal remains from Dún Ailinne, op. cit., 22–25; *K. Grabowski*, The historical overview of Dún Ailinne, op. cit., 32–36. K. Hornig

Nuadu → **Nuada**

Numisius, röm. Architekt, im 1. Jh. v. Chr. tätig. Von Cic., ad Q. fr., 2, 2, 1 im Jahr 56 v. Chr. als Urheber eines Bauplans (*forma Numisiana*) erw., vermutl. für das *Haus seines Bruders Quintus* (vgl. die folgenden Briefe 2, 3, 7; 4, 2; 5, 4). Möglicherweise ident. mit dem Architekten → Numisius, Publius in Herculaneum (Donderer, 1996). ⌧ ThB25, 1931. RE XVII. 2, 1937 (s.v. N. 1); KlP IV, 1972 (s.v. N. 1). – *Donderer*, Architekten, 1996, 56, Anm. 191, p. 239. C. Leschke

Numisius, *Publius*, Sohn des Publius, röm. Architekt augusteischer Zeit (27 v. Chr. – 14 n. Chr.). Gen. als *architectus* in zwei Inschr. (CIL, X, 1443, Neapel, Mus. Archeol. Naz., Inv. Nr 3742; X, 1446, verschollen; ILS 5637) vom *Theater in Herculaneum*, das der Duumvir L. Annius Mammianus Rufus in augusteischer Zeit stiftete. Möglicherweise mit dem bei Cic., ad Q. fr., 22, 2, 1 gen. → Numisius gleichzusetzen (Donderer, 1996). – Das im N der Stadt gelegene kleine Theater (ca. 1400 Zuschauer) wird durch Weih-Inschr. für Ap. Claudius Pulcher (Konsul 38 v. Chr.) und M. Nonius Balbus (Prätor und Prokonsul unter Augustus) sowie aufgrund der Mauerstruktur, der Ziegelstempel, des Stils der Kapitelle und der Stuckdekoration dat. (zum Theater zuletzt Pagano, 1993, 121–156, zur Dat.: 149 s.). Eine weitere, vor 32 v. Chr. dat. Bau-Inschr. nennt Ap. Claudius Pulcher (CIL, X, 1423), weswegen dieser gelegentl. als der Stifter angesehen und N. nur mit einer späteren Rest. in Verbindung gebracht wird. Für eine weitere Bauphase gibt es aber, von einigen Wandmalereien 4. Stils abgesehen, keine Belege; denkbar ist, daß Pulcher nur die Bühnenfront gestiftet hat. ⌧ ThB25, 1931. RE XVII. 2, 1937 (s.v. N. 4); EAA V, 1963. – *M. Fuchs*, Unters. zur Ausstattung röm. Theater in Italien und den Westprovinzen des Imperium Romanum, Mainz 1987, 26 ss.; *Müller*, Architekten, 1989, 182; *M. Pagano*, CronErcol 23:1993, 149 s.; *Donderer*, Architekten, 1996, 238–240, Nr A 127, Taf. 43, 2. C. Leschke

Nutnechet (Nutnacht), ägypt. Graveur („Oberster Graveur vom Haus des Amun"), in der 21. Dynastie (um 1070/69–946/945 v. Chr.) in Theben/Oberägypten tätig. Nur bek. durch fünf beschriftete Uschebtis. Der Titelzusatz „vom Haus des Amun" läßt vermuten, daß er im Karnak-Bezirk oder zumindest im theban. Raum beschäftigt war, wo das Hauptkultzentrum des Gottes lag. ⌧ *P. E. Newberry*, Funerary statuettes and model sarcophagi (CG), Kairo 1930–37, 281, Nrn 47956–47960. T. Schrottenbaum

Nympheros (Νυμφέρος), griech. Steinschneider oder Besitzer einer Gemme des 1. Jh. v. Chr. Nur bek. durch eine Inschr. auf einem *Intaglio aus Sardonyx* in Florenz (Mus. Archeol.) mit der *Darst.*

eines Kriegers. Es muß offen bleiben, ob es sich bei dem Namen im Genitiv um den Steinschneider oder den Besitzer der Gemme handelt. ◻ RE XVII. 2, 1937 (s.v. N. 29); EAA V, 1963. – *Brunn*, GGK, II, 1889, 424. R. V.

Nymphis (Νύμφις), griech. Koroplast, A. 2. Jh. v. Chr. in Myrina tätig. Nur bek. durch seine Sign. auf einer *Tonstatuette der Nike* (Paris, Louvre, Inv. Nr M 60; Mollard-Besques, II, 1963, 70, Nr M 60, Taf. 86 e, p. 208, Taf. 246 d; D. Kassab, Statuettes en terre cuite de Myrina. Corpus des sign., lettres et signes, P. 1988, 53, Nr 1, Abb. 137, 421). R. V.

Nymphodoros (Νυμφόδωρος), griech. Goldschmied, im 1./2. Jh. n. Chr. in Tripi auf Sizilien tätig. Nur bek. durch seine Grab-Inschr. aus Tripi. ◻ EAA I, 1958 (s.v. Aurifex). R. V.

O

Obed cf. **Salamanios (I)**

Obellius, *M.*, röm. Goldschmied, in der Kaiserzeit in Praeneste tätig. Nur bek. durch eine Inschr. aus Praeneste. 🕮 EAA I, 1958 (s.v. Aurifex). R. V.

Obellius Acastus, *M.*, röm. Goldschmied, im 1./2. Jh. n. Chr. in Rom tätig. Nur bek. durch seine Grab-Inschr. aus Rom (CIL, VI, 37780). 🕮 EAA I, 1958 (s.v. Aurifex). R. V.

Obeyshat, Sohn des Taymu, nabatäischer Bildhauer, im letzten Drittel des 1. Jh. v. Chr. in Seia/Syrien tätig. O. könnte der Vater der am selben Ort tätigen Bildhauer → Huru (II), → Kaddu und → Shudu sein und demnach eine Familientradition begründet haben. Sein Name erscheint auf einem *Fries des Tempels von Seia*, dessen Baubeginn ins Jahr 33/32 v. Chr. fällt. O. dürfte daher als Bildhauer in der ersten Bauphase dieses Tempels im letzten Drittel des 1. Jh. v. Chr. tätig gewesen sein. 🕮 EAA V, 1963 (s.v. Nabatea, Arte, O.). – RES, Nr 2128; *E. Littmann*, PPUAES, IV. A, 1914, 83 s.; *M. Dunand*, Le mus. de Soueïda, P. 1934, 73, Nr 157, Taf. 34, 157; *R. Wenning*, Die Nabatäer – Denkmäler und Gesch., Fribourg/Göttingen 1987, 34. D. Keller

Octavius Faustus, röm. Toreut, in der 1. H. des 1. Jh. n. Chr. in Italien tätig. Nur bek. durch seine Sign. auf den folgenden zwei *Bronzekasserollen*: – 1.) aus Pompeji (heute Pompeji, Deposito Archeol., Inv. Nr 12859; Petrovszky, 1993, 284, Nr O.04.01); – 2.) von einem Grabfund aus Stefankowice, Woj. Zamose/Polen (heute Horodlo, Slg M. Sulkowski; J. Wielowiejski, BerRGK 66:1985, 136, 214, 292, Nr 226, Abb. 5; Petrovszky, 1993, 284, Nr O.04.02, Taf. 22). 🕮 *R. Petrovszky*, Stud. zu röm. Bronzegefäßen mit Meisterstempeln, Buch am Erlbach 1993, 161, Nr O.04, p. 284, Nrn O.04.01 – O.04.02, Taf. 22. R. V.

Octavius Fructus, *Gaius*, Sohn des Gaius Octavius Eutychus, röm. Architekt des 1. Jh. n. Chr. Bek. durch zwei Grab-Inschr. aus Rom (CIL, VI. 5, 2455; heute verschollen; AE 1953, 57; Rom, Kapitolin. Mus.), in denen der mit 26 Jahren verstorbene O. F. als kaiserl. Architekt bez. wird. 🕮 *G. Q. Giglioli*, BullCom 73:1949/50, 34 s., Nr 2, Abb. 2–4; *T. Ritti*, MemAccLinc, Ser. 8, Bd. XXI. 4, 1977, 280 s., Nr 29, Taf. 3,2–3; *Donderer*, Architekten, 1996, 240–242, Nrn A 128–A 129 Taf. 45,1. C. Leschke

Oenias → Oinias

Ofellius, *Publius* (Ὀφέλλιος, Πόπλιος; auch Phileros gen.), Sohn des Publius, Architekt, evtl. röm. Herkunft, im 1. Jh. v. Chr. oder im 1. Jh. n. Chr. in Knidos tätig. Nur durch seinen in der Nekropole ö. der Stadt Knidos gefundenen Grabaltar mit griech. Inschr. als Architekt belegt. Ob sich diese Angabe nur auf den Beruf des O. bezieht oder ob dieser selbst die Planung seiner Grabanlage übernommen hatte, bleibt unklar. O. war wahrsch. in Knidos tätig, die röm. Prägung des Namens spricht jedoch für eine entsprechende Herkunft seiner Familie. 🕮 *W. Blümel*, Die Inschr. von Knidos, I. Inschr. griech. Städte aus Kleinasien, XLI, Bonn 1992, 199, Nr 412; *Donderer*, Architekten, 1996, 16, 62, 73, 160, Nr A 64, Taf. 21,2. B. Bollmann

Oga (Ὀγᾶ; Ὀγγᾶ), Bildhauer in Dura-Europos, tätig im 2. V. des 1. Jh. n. Chr. Nur belegt durch seine aramäische Sign. auf einem *Relief mit der Darstellung des Gottes Arsu* aus dem Tempel des Zeus Megistos in Dura-Europos (heute in New Haven, Yale Univ. AG, Inv. Nr 1938.5311). 🕮 EAA III, 1960 (s.v. Dura-Europos 3). – *S. B. Downey*, The stone and plaster sculpture. Excavation at Dura-Europos, Final Report III. 1. 2, Los Angeles 1977, 2, 53–55, Nr 42, Taf. 11 (mit Lit.); *P. Linant de Bellefonds*, LIMC II, 1984, 614, s.v. Arsu 2 m. Abb. M. Dennert

Oholiab, Sohn des Akisamach, jüd. Steinschneider, Kunstweber und Buntwirker, im 13. Jh. v. Chr. tätig. Lt. Moses (2. Mose, 35, 30 ss.) war O. als Mitarb. des → Bezalel an der Fertigung der *Bundeslade* beteiligt, die u.a. aus Akazienholz und Gold bestand. R. V.

Oikopheles (Οἰκοφήλες), griech. Vasenmaler und vermutl. Töpfer, in der 2. H. des 6. Jh. v. Chr. tätig. Durch ein Graffito auf einer kleinen schwarzfigurigen *Schüssel* auf hohem Fuß bekannt. Das Gefäß soll aus Peristeri in Attika stammen und befindet sich heute in Oxford (Ashmolean Mus.,

Inv. Nr G 243 [V 189]). Die Innenseite zeigt in der Bildmitte ein Gorgonenhaupt, um das sich ein Fries mit versch. Figurengruppen zieht: Auf eine Sphinx folgen Mänade und Satyr, Herakles mit einem Kentauren, den Abschluß bildet eine Jagdszene. Gefäßform sowie Art und Inhalt der Darst. und des Inschr.-Wortlautes sind in dieser Kombination bislang ohne Parallelen. In der Forsch. umstritten ist die Deutung des Wortes ἐποίεσεν in der Inschr. als Synonym für „getöpfert". Die hieraus resultierende Frage, ob es sich bei dem Signierenden um den Töpfer oder z.B. um den Inhaber der Wkst. handelt, bleibt ungeklärt. ▭ EAA V, 1963, 625, Abb. 780. – *Hoppin*, BlackFig, 1924, 298 s.; *J. D. Beazley*, BSA 32:1931/1932, 21 s.; ABV, 1956, 349; *B. Cohen*, MetrMusJ 26:1991, 49 ss.; *M. Vickers/D. Gill*, Artful crafts, Ox. 1994, 156 s. M. Seifert

Oinades (Οἰνάδης), aus dem Demos Sunion, griech. Bildhauer, um 350 v. Chr. in Athen tätig. Nur bek. durch seine Sign. auf einer Basis aus hymett. Marmor vom N-Abhang der Akropolis in Athen. ▭ EAA V, 1963. – *H. R. Immerwahr*, Hesperia 11:1942, 343 s., Nr 2, Abb. 3; *Picard*, Manuel, IV. 2, 1963, 931, Anm. 4, p. 1457. R. V.

Oinias (Oenias), griech. Maler unbek. Zeit. Lt. Plinius (nat., 35, 143; Overbeck, SQ, 1868, Nr 2154) fertigte er ein Familienbild. ▭ ThB25, 1931. RE XVII. 2, 1937; EAA V, 1963. – *Brunn*, GGK, II, 1889, 300; *Pfuhl*, MuZ, II, 1923, 918. R. V.

Oktavios Menodoros, griech. Toreut, in augusteischer Zeit tätig. Nur bek. durch seine Sign. auf einer *vergoldeten Silberkanne* mit der Darst. eines Opfers, das Künzl (1984) auf das Opfer des Apollon Smintheus-Priesters Chryses während des trojanischen Krieges deutet (K. Schefold, LIMC, III, 1986, 284, Nr 5 mit Abb., s.v. Chryses I). ▭ *E. Künzl*, JbMusMainz 31:1984, 365–384; *E. Thomas*, Signaturen Metall verarbeitender Künstler und Kunsthandwerker in der röm. Kaiserzeit, in: *C. C. Mattusch u.a.* (Ed.), From the parts to the whole, II. Acta of the 13th internat. bronze congr., held at Cambridge, Massachusetts, may 28 – june 1, 1996, Portsmouth, Rhode Island 2002 (Journal of Roman archaeol., Suppl., 39), 241 s. R. V.

Olbiades (Ὀλβιάδης), griech. Malerin unbek. Zeit. Nur bek. durch eine Auflistung von Malerinnen bei Plinius (nat., 35, 148; Overbeck, SQ, 1868, 2153), nach der sie Lehrerin des ansonsten unbek. Malers *Autobulos* war. ▭ ThB25, 1931. RE XVII. 2, 1937; EAA V, 1963 (s.v. O. 3). – *Brunn*, GGK, II, 1889, 300; *Pfuhl*, MuZ, II, 1923, 917 s. R. V.

Olibrius, röm. Toreut, in der röm. Kaiserzeit in Salona/Kroatien tätig. Nur bek. durch seine Grab-Inschr. aus Salona (heute Split, Archäol. Mus.; CIL, III, 9524, add. p. 2328[126]). ▭ *Calabi Limentani*, Studi, 1958, 170, Nr 144. R. V.

Olophon → Iophon

Oltos (Ὄλτος), griech. schwarzfiguriger und rotfiguriger Vasenmaler, um 525–500 v. Chr. in Athen tätig. Der in Athen sonst nicht bezeugte Name des bedeutenden Vasenmalers O. ist von *zwei sign. Schalen* bek., die beide von → Euxitheos getöpfert wurden (Berlin, Staatl. Mus., Antiken-Slg, Inv. Nr F 2264: ΟΛΤΟΣΕΓ[ΡΑΦ]ΣΕΝ; Tarquinia, MN di Tarquinia, Inv. Nr RC 6848: ΟΛΤΟΣ ΕΓΡΑΦΣΕΝ, „O. hat [es] gemalt"; ARV², 1963, 60, Nrn 64, 66). Da auf den über 160 bek. Werken des O. zahlr. Töpfer-Sign. erh. sind, läßt sich eine rege Zusammenarbeit mit mindestens sechs Töpfern verfolgen (häufig mit → Chelis, → Euxitheos, → Kachrylion und → Pamphaios); bei einigen wenigen Schalen ist zudem die Arbeitsteilung mit and. Vasenmalern belegt (Palermo, Mus. Archeol. Regionale, Inv. Nr V 652; ARV², 1963, 57, Nr 38; Neapel, Mus. Archeol. Naz., Inv. Nr 2615; ARV², 1963, 57, Nr 43 [*Chelis-Maler*]; Paris, BN, Cab. des Méd., Inv. Nr 335; ARV², 1963, 67, Nr 8 [*Thalia-Maler*]). Typisch für die Malweise des O., der v.a. Schalen, aber auch Amphora, Psykter, Stamnos, einige Skyphoi und Teller bemalt hat, sind seine breit angelegten, robust wirkenden Figuren, die in ihrer klaren Gestaltung höchst lebendig wirken. Bei den Schalen beschränkt sich O. meist auf einen knappen Zeichenstil, während er auf seinen größerformatigen Arbeiten mehr Details angibt. Die Entwicklung des Malers wird in drei Phasen unterteilt, von denen die frühen (etwa: 525–520/515 v. Chr.) und die mittleren Arbeiten (etwa: 520/515–510 v. Chr.) meist sorgfältig gestaltet sind, während das Spätwerk (etwa: 510–500 v. Chr.) nachlässiger ausgef. sein kann. Das Frühwerk des O. geht zeitl. mit den Arbeiten des *Andokides-Malers* zus., der von J. D. Beazley als sein Lehrer angesehen wurde; die schwarzfigurigen Arbeiten des O., die sich nur auf den Innenbildern seiner frühen Schalen finden, wurden stilist. mit dem *Antimenes-Maler* verglichen. Damit stellt O. eine Verbindung zw. den frühesten rotfigurigen Vasenmalern und der „Pioneer Group" mit → Euphronios und → Euthymides dar. Seit der mittleren Periode des O. finden sich auf seinen Bildern zunehmend Namenbeischriften und Lieblings-Inschr.

(v.a. MEMNON ΚΑΛΟΣ, „Memnon ist schön"), die in and. schlecht geschrieben sind und häufig Fehler enthalten. Aus dem reichen Œuvre des O. treten einige Vasen als bes. gelungene Werke heraus. Dazu zählen insbesondere ein *Stamnos* und *drei Nikosthen. Amphoren* aus dem Frühwerk des O., die alle von → Pamphaios getöpfert wurden, dessen Name bei O. stets als ΦΑΙΦΑΙΟΣ (ARV², 1963, 53, Nr 1) oder ΦΑΝΦΑΙΟΣ (ARV², 1963, 53, Nr 2; Add², 1989, 163) verschrieben wird. Bes. originell ist die Zusammenarbeit von → Pamphaios und O. bei dem wuchtigen *Stamnos* in London geraten, der zum ersten Mal in Athen die später kanon. Formgebung und Bemalung zeigt (London, BM, Inv. Nr E 437; ARV², 1963, 54, Nr 5; Boardman, 1975, Abb. 54): Auf der Vorderseite des Gefäßes besiegt Herakles einen fischschwänzigen und stierhörnigen Acheloos, dem er gerade ein Horn abbricht; das Thema wird von → Pamphaios mit plast. spitzen Hörnern beiderseits der von reichen Palmettenvoluten umgebenen Henkel aufgenommen. Die and. Seite des *Stamnos* zeigt mit Satyr und Mänade ein bei O. häufiges Sujet, das auch auf den *Nikosthen. Amphoren* des Frühwerks wiederkehrt (Isler, 1981, 228–244, Taf. 1–8). Alle drei Amphoren dieser Form sind mit figürl. Bildern auf dem schlanken Körper, dem gestreckten Hals und den bandförmigen Henkeln sowie Ornamenten (Palmetten und Lotusblüten) an der Mündung und in der Henkelzone reich bemalt. Eine *Amphora* im Louvre in Paris ist überwiegend Themen gewidmet, die mit dem Trojan. Krieg zu verbinden sind: Auf einer Seite des Gefäßkörpers verfolgt Menelaos nach der Eroberung Trojas drohend die flehend ihre Hände ausstreckende Helena, auf der and. hält ein als Mensch mit angesetztem Pferderumpf gebildeter Chiron den kleinen Achill auf seiner Hand; zu Achill passen auch die Nereiden der Halsbilder, weniger jedoch die Waffenläufer der Henkelbilder (Paris, Louvre, Inv. Nr G 3; ARV², 1963, 53, Nr 1). Auch auf der zweiten *Amphora* im Louvre sind die erot. Ringkämpfe von Satyr und Mänade am Vasenkörper sowie die ihre Sandalen anlegenden nackten Hetären am Hals themat. aufeinander abgestimmt, die Henkelbilder zeigen dagegen einen Jüngling als siegreichen Sportler (Paris, Louvre, Inv. Nr G 2; ARV², 1963, 52 s., Nr 4). Auf der *Amphora* in Zürich fügen sich Dionysos mit Satyrn auf den Hauptbildern und Satyrn auf den Henkeln gut zus., am Hals zeigt O. jedoch Jünglinge beim Braten von Opferfleisch (Leihgabe Zürich, Archäol. Slg der Univ.; Add², 1989, 163). Eine bedeutende *Bauchamphora* des Frühwerks wurde von → Euxitheos getöpfert (London, BM, Inv. Nr E 258; ARV², 1963, 54, Nr 4; Boardman, 1975, Abb. 57): O. nimmt auf ihr mit den detailreich gez. Figuren von Achill und Briseis, die je eine Gefäßseite einnehmen, eine Gestaltungsweise vorweg, die im frühen 5. Jh. v. Chr. bes. beliebt werden wird. – In der mittleren Periode des O. ist neben and. bedeutenden Werken – etwa einem Streit zw. Apollon und Herakles um die Hirschkuh der Artemis (*Amphora* in Wien, Univ., Inv. Nr 631a; ARV², 1963, 54, Nr 3) – v.a. eine über 50 cm Durchmesser aufweisende rotfigurige *Schale* in Tarquinia entstanden, die wiederum → Euxitheos getöpfert hat; eine etrusk. Weih-Inschr. weist sie als Weihegabe an die Dioskuren aus (Tarquinia, MN di Tarquinia, Inv. Nr RC 6848; ARV², 1963, 60, Nr 66; Simon/Hirmer, ²1981, Taf. 92–94). Auf dem einen Außenbild vollzieht Zeus inmitten einer Götterversammlung gemeinsam mit dem Mundschenk Ganymed eine Trankspende; die Götter sind von O. mit vielerlei Attributen versehen oder halten Blüten, was den spätarchaischen Reiz der detailfreudigen Darst. ausmacht. Die and. Seite der Schale nimmt ein mon. anmutendes Viergespann des Dionysos ein, das von drei Mänaden und Satyrn begleitet wird; im Innenbild ein sorgfältig gemalter rennender Krieger. – Zum Spätwerk des O. gehören zwei sehr qualitätvoll bemalte *Psyktere* (Kühlgefäße für Wein), die durch ihre bes. originellen Bilder und Beischriften auffallen. So hat O. auf einem *Psykter* in New York mit acht Figuren, die alle Namensbeischriften aufweisen, die früheste Palästraszene auf dieser Gefäßform gestaltet: Außer Trainern, einem Flötenspieler und der Bekränzung eines siegreichen Sportlers zeigt O. die Ausübung versch. Sportarten; die sportl. Betätigung eines Weitspringers erläutert O. mit der Aufschrift „er springt gerade" (New York, Metrop. Mus., Inv. Nr 10.210.18; ARV², 1963, 54, Nr 7; Drougou, 1975, Taf. 2). Auf dem zweiten *Psykter* führt O. sechs mit Rüstung, Helm, Schild und Lanzen Bewaffnete vor, die auf Delphinen reiten; die dem Bildfries angemessene Reihung ist durch die stets wechselnden großen Schildzeichen variiert. Vor jedem Delphinreiter steht die Inschr. „auf dem Delphin", die so eingefügt ist, als ob die Reiter singen würden. Vermutl. ist diese erste rotfigurige Darst. von Delphinreitern ähnl. wie entsprechende schwarzfigurige Bilder mit theaterhaften Vorführungen zu verbinden (New York, Metrop. Mus., Inv. Nr 1989.281.69; ARV², 1963, 1622, Nr 7bis; Simon/Hirmer, ²1981, Taf. 95). – Obwohl sich viele der bedeutendsten Bilder des O. auf and. Vasenformen finden, bilden variantenreiche Schalen die weit überwiegende Mehrzahl seines Werkes. In allen Phasen seines Schaffens hat O. *rotfigurige Bildfries-Schalen* bemalt, die sich bes. für mehrfigurige Mythenbilder eigneten (ARV², 1963, 58–60, Nrn 52–63, pp. 60–65, Nrn 64–114bis. ARV², 1963, 58, Nr 51 wird jetzt zu Recht → Euphronios zugeschr.); aus dem Alltagsleben sind passenderweise nur Symposion und Komasten sehr häufig (etwa ARV², 1963, 59, Nrn 54 s., 58, p. 61, Nr 73, p. 63, Nrn 92–95, p. 65, Nr 114bis). Zahlr. sind die Bilder mit Dionysos, der im Gigantenkampf (ARV², 1963, 63, Nr 88, p. 65, Nr 114) oder mit Satyrn, Mänaden und auch Mauleseln erscheint (etwa ARV², 1963, 59, Nrn 54 s., p. 64, Nrn 96, 101–105). Die bevorzugten myth. Helden sind Herakles und Achilleus: So kämpft Herakles etwa mit der Amazone (ARV², 1963, 62, Nr 85), Geryoneus (ARV², 1963, 62, Nr 84), der Hydra (ARV², 1963, 65, Nr 114), mit Kyknos (ARV², 1963, 63, Nr 87), dem Löwen von Nemea (ARV², 1963, 63, Nr 90), gegen Nessos (ARV², 1963, 63, Nr 91); auch die Apotheose ist bezeugt (ARV², 1963, 62, Nr 85). Achill wird zu Chiron gebracht (ARV², 1963, 61, Nr 76), sitzt mit Aias beim Brettspiel (ARV², 1963, 60, Nr 67), tötet Troilos (ARV², 1963, 61, Nr 68) oder wird von Priamos aufgesucht, der um den toten Hektor bittet (ARV², 1963, 61, Nr 74). Aus dem Trojan. Krieg begegnen etwa auch der Zweikampf von Diomedes und Aineas (ARV², 1963, 60, Nr 67) und der Kampf um Patroklos (ARV², 1963, 60, Nr 64). Seltener bleibt Theseus, der u.a. gegen den Minotauros und den Stier von Marathon kämpft (ARV², 1963, 58, Nr 53, p. 63, Nr 87), vereinzelt weitere Heroen wie Adrastos (ARV², 1963, 60, Nr 63), Kaineus (ARV², 1963, 59, Nr 57) und Odysseus (ARV², 1963, 62, Nr 83). – And. Bemalungsformen von Schalen sind dagegen auf bestimmte Phasen des O. beschränkt: So gehören die *bilinguen Augenschalen* (schwarzfigurige Innenbilder und rotfigurige Außenseiten: ARV², 1963, 54–56, Nrn 9–24) und die *rotfigurigen Augen-Palmetten-Schalen* (ARV², 1963, 57 s., Nrn 44–47) in das Frühwerk des O., *rotfigurige Augenschalen* in seine mittlere Zeit (ARV², 1963, 57, Nrn 38–41; Augen auf nur einer Seite: ARV², 1963, 57, Nrn 42 s.); in beiden Perioden entstehen auch einige *Schalen*, die nur mit einem *rotfigurigen Innenbild* bemalt sind (ARV², 1963, 66, Nrn 126–133). Auf den Außenseiten der Augenschalen bringt O. zw. den sehr eng beieinander liegenden Augen einige gegenständl. Motive (etwa Altar [ARV², 1963, 55, Nr 12], Flötenfutteral [ARV², 1963, 55, Nr 11]), v.a. aber figürl. Bilder, die ein ähnl. Repert. wie die schwarz- und rotfigurigen Innenbilder der Schalen aufweisen: Häufig sind versch. Sportler (etwa Diskus- und Speerwerfer, Weitspringer), Krieger, Tänzerinnen, nackte Hetären und Flötenbläserinnen; selten bleiben Götter, Heroen und Fabelwesen (Außenbilder: etwa Apollon auf Schwan [ARV², 1963, 58, Nr 45], Herakles und Pferd des Diomedes [ARV², 1963, 58, Nr 47]. – Innenbilder: Dionysos [ARV², 1963, 55, Nrn 11, 15], Poseidon [etwa ARV², 1963, 55, Nr 17], Kentaur [ARV², 1963, 55, Nr 22], Minotauros [etwa ARV², 1963, 55, Nr 21]). – Das Werk des O. zeichnet sich durch seine durchgehend hohe Qualität und manches Meisterwerk aus. In seiner Zeit hat er einige Nachahmer gefunden, jedoch keine Schule begründet (ARV², 1963, 67–69). Gesicherte Fundorte seines umfangreichen Œuvres sind v.a. Vulci, dann Cerveteri und Orvieto, aber auch Athen und Naukratis. ▭ ThB26, 1932. RE XVII. 2, 1937; EAA V, 1963; LAW, 1965; KlP IV, 1972; LGPN, II, 1994 (s.v. Ὄλτος); DA XXXII, 1996 (s.v. vase painters, § II: Oltos); DNP VIII, 2000. – *A. Bruhn*, O., Kph. 1943; ARV², 1963, 53–67; *B. Philippaki*, The Attic stamnos, Ox. 1967, 2–4; *Boardman*, ARFV, I, 1975, 56 s.; *S. Drougou*, Der att. Psykter, Würzburg 1975, 42 s., 67–69, 90 s.; *H. P. Isler*, MusHelv 38:1981, 228–244; *Simon/Hirmer*, Vasen, ²1981, 94–96; *T. Seki*, Unters. zum Verhältnis von Gefäßform und Malerei att. Schalen, B. 1986, passim; Add², 1989, 162–166; *Immerwahr*, AttScr, 1990, 60 s.; Euphronios der Maler (K Berlin, Staatl. Mus., Antiken-Slg), Mi. 1991, 190 s., Nr 36; *J. Harnecker*, O., Unters. zu Themenwahl und Stil eines frührotfigurigen Schalenmalers, Ffm. 1991; *M. Robertson*, The art of vase-painting in classical Athens, C. 1992, 17, 37–40, passim; *S. Klinger*, AA 1993, 183–200; *B. Kreuzer*, Die attisch schwarzfigurige Keramik aus dem Heraion von Samos. Samos, XXII, Bonn 1998, 95; *M. B. Moore*, Attic red-figured and white-ground pottery, Agora, XXX, 1998, passim. M. Steinhart

Olym[...] (ΟΛΥΜ[...]; ΟΛΥ[...]; Olympios [Jenkins, 1972]; kann aber auch erg. werden zu Olympos; Olympion; Olympiades; Olympichos, Olympiodoros etc. [Babelon, 1914; Regling, 1924]), griech. Stempelschneider, im 4. Jh. v. Chr. in Arkadien tätig. Seine Namensabkürzung ΟΛΥΜ[...] oder ΟΛΥ[...], als vollst. Name nicht belegt, erscheint auf den qualitätvollen *Stateren* (silberne Didrachmen zu ca. 12,50 g) des Arkad. Bundes (370–362 v. Chr.). Die Gleichsetzung mit dem gleichnamigen Gemmenschneider → Olympios (Furtwängler, 1900, 126) bleibt ungewiß. Auf der (unsign.) Vorderseite ist der mit Lorbeer geschmückte Kopf des Zeus Lykaios in Profilansicht nach links abgebildet. O. signierte das Rückseitenbild mit dem jugendl., gehörnten nackten Gott Pan nach links auf einem Felsen sitzend. Pan ist nach rechts gewandt und stützt sich mit der linken Hand auf ein Lagobolon. Zu seinen Füßen befindet sich eine Syrinx, daneben ist der abgekürzte Graveurname ΟΛΥΜ oder ΟΛΥ (BMC, Peloponnesus, Nr 48, Taf. 32, 10; Nr 49; Babelon, 1914, Nr 866, Taf. 224, 2; Nr 867; Regling, 1924, Taf. 32, 663: aus der Slg Montagu [Auktion Sotheby's, Lo. 1896, Nr 418]; Seltman, GrCoins, [2]1959, Taf. 35, 8; Schefold, 1960, 518; Käppeli, 1963, Nr F 84; Franke-Hirmer, GrMünze[2], 1972, Taf. 159, 512; Münzen aus der Slg eines Kunstfreundes, Auktion, Münzen und Med. AG, Basel, 28.5.1974, Nr 203; Boston, MFA, Inv. Nr 1260) zu erkennen. Im Feld links ist das Monogramm AP? zu sehen. Das Vorder- und Rückseitenbild der arkad. Bundesprägungen spiegeln die Kulte (Zeus Lykaios, Pan) der Gegend um die Neugründung und Hauptstadt des Bundes, Megalopolis, wider. Es handelt sich um hervorragende Schöpfungen der peloponnes. Münzkunst, die großplast. Vorbildern verpflichtet sind (der Zeuskopf auf der Vorderseite dem Zeus Brontaios des → Leochares (I) in Olympia; der Pan auf der Rückseite entspricht dem Heraklestyp von Kroton und läßt sich – wie dieser – auf Werke der Malerei zurückführen [Schefold, 1942]). ▭ ThB26, 1932. EAA V, 1963 (s.v. Oly-). – *Furtwängler*, AG, 1900; *Babelon*, Traité, III, 1914; *K. Regling*, Die antike Münze als Kunstwerk, B. 1924; *K. Schefold*, RM 1942, 254, Abb. 1; *id.*, Meisterwerke, 1960; *R. Käppeli*, Kunstwerke der Antike, Luzern 1963; *G. K. Jenkins*, Monnaies grecques, Fribourg 1972. S. Lavva

Olympias (Ὀλυμπιάς), griech. Maler unbek. Zeit. Lt. Plinius (nat., 35, 143; Overbeck, SQ, 1868, 2154) fertigte er ein *Familienbild*. ▭ ThB26, 1932. RE XVIII. 1, 1939 (s.v. Olympias 13). – *Brunn*, GGK, II, 1889, 300; *Pfuhl*, MuZ, II, 1923, 917 s. R. V.

Olympichos → Olym[...]

Olympiodoros (Ὀλυμπιόδωρος), Sohn des Kallon, aus Megalopolis, griech. Bildhauer, in hellenist. Zeit in Tegea tätig. Nur bek. durch seine Sign. auf einer Marmorbasis aus Tegea (IG, V. 2, 122; Muller-Dufeu, SculptureSource, 2002, 912 s., Nr 2733). R. V.

Olympiodoros (Stempelschneider) → Olym[...]

Olympion → Olym[...]

Olympios (Ὀλύμπιος), griech. Gemmenschneider, in der 1. H. des 4. Jh. v. Chr. tätig. Die Sign. ist überliefert auf einem *Karneol* (Berlin, Staatl. Mus., Antiken-Slg) mit dem *bogenspannenden Eros*. Zugeschr. wird ihm auch ein *Karneol-Fragm. mit Ganymed* (Berlin, Staatl. Mus., Antiken-Slg). Ungeklärt ist, ob O. ident. ist mit einem arkad. Münzstempelschneider um 370 v. Chr., der ΟΛΥ oder ΟΛΥΜ signierte (→ Olym[...]). Der Stein des O. ist geprägt von der Formgebung der klass. Kunst. ▭ ThB26, 1932. RE XVIII. 2, 1942; EAA V, 1963. – *A. Furtwängler*, JdI 3:1888, 119 ss., Taf. 3, 7; *id.*, AG, 1900, II, Taf. 14, 8; III, 126, 8; AGD, II, 1969, 74, Taf. 135, 157; *Zazoff*, AG, 1983, 140 s. B. Lang

Olympiosthenes (Ὀλυμπιοσθένης), griech. Bildhauer, am E. des 5. oder am A. des 4. Jh. v. Chr. tätig. Lt. Pausanias (9, 30, 1; Overbeck, SQ, 1868, Nr 878; Muller-Dufeu, SculptureSource, 2002, 458 s., Nr 1087) fertigte er zus. mit → Kephisodotos (I) und → Strongylion eine *Musengruppe* für das Heiligtum auf dem Helikon. ▭ ThB26, 1932. RE XVIII. 1, 1939; EAA V, 1963. R. V.

Olympos (I) (Ὄλυμπος), Bildhauer aus Sikyon(?), in der 1. H. des 4. Jh. v. Chr. für Olympia tätig. O. arbeitete die im Zeusheiligtum von Olympia aufgestellte *Bronzestatue* des siegreichen Pankratiasten *Xenophon*, Sohn des Menephylos, aus Aigion in Achaia (Paus., 6, 3, 13; Overbeck, SQ, 1868, Nr 1565), der wohl 380 v. Chr. (Olympiade 100) in Olympia siegte. ▭ ThB26, 1932. RE XVIII. 1, 1939 (s.v. O. 33); EAA V, 1963. – *L. Moretti*, Olympionikai, R. 1957 (MemAccLinc, Ser. 8, Bd. VIII. 2, 1959), Nr 400; *H.-V. Herrmann*, Nikephoros 1:1988, 154, Nr 36; *S. Lehmann*, Die Siegerbasen von Olympia, OlympForsch, XXXII (in Vorbereitung). St. Lehmann

Olympos (II), griech. Bildhauer, im 2./1. Jh. v. Chr. in Kalymnos tätig. O. signierte zus. mit dem Bildhauer → Aisopos (II) die folgenden zwei Marmorbasen aus Kalymnos: – 1.) Marmorbasis für eine *Statue des Aristopolis*, Sohn des Hierophon, die von seinem Verwandten Dikastophon und seinen Brüdern Hierophon und Gylippos gew. worden ist (Segre, 1944–1945, 162, Nr 137 A, Taf. 82); – 2.) Marmorbasis für eine *Statue der Aristokleas*, der Schwester des Aristopolis (Segre, 1944–1945, 161 s., Nr 136, Taf. 81). Möglicherweise signierte O. auch eine sehr fragm. Marmorbasis aus Kos, wie es Segre (1944–1945, 162, Nr 136*, Taf. 81: Kos, Mus., Inv. Nr EV.244) vorschlug. Nach der Form der Buchstaben auf den Basen wirkte er im 2./1. Jh. v. Chr. ▭ RE, Suppl. VIII, 1956 (s.v. O. 34); EAA V, 1963 (s.v. O. 2). – *M. Segre*, ASAtene 22–23:1944–1945, 161 s., Nrn 136, 136*, 137 A, Taf. 81 s. R. V.

Omphalion (Ὀμφαλίων), griech. Maler, Schüler des → Nikias (II), E. 4./A. 3. Jh. v. Chr. tätig. Bei der Beschr. Messenes erw. Pausanias (4, 31, 11 s.), daß die Bilder im rückwärtigen Teil des Messene-Tempels (κατὰ τοῦ ναοῦ τὸ ὄπισθεν), d.h. im hinteren Bereich der Cella oder im Opisthodom, von O. gemalt worden seien, einem Schüler des → Nikias (II), der nach einer vom Periegeten nicht namentl. gen. Quelle auch dessen Sklave und Geliebter gewesen sein soll. Auf den Bildern waren die *mythischen Ahnherren* der Stadt dargestellt. Die Anordnung der Personen ist unsicher: Nach einer Annahme von H. Brunn (1889), der sich D. Musti und M. Torelli (1991, 257 s.) anschließen, könnte die Komp. zweiteilig gewesen sein: auf der einen Seite Aphareus mit seinen Söhnen Idas und Lynkeus (C. Schwanzar, LIMC I, 1981, 878 s.v. Apharetidai 1), Nestor mit seinen Söhnen Thrasymedes und Antilochos (E. Lygouri-Tolia, LIMC VII, 1994, 1061, s.v. Nestor 3; L. Kahil, LIMC VIII, 1997, 18, s.v. Thrasymedes 1; A. Kossatz-Deissmann, LIMC I, 1981, 831, s.v. Antilochos I, 1) und im Zentrum Kresphontes (J. Frey-Brönnimann, LIMC VI, 1992, 132, s.v. Kresphontes I, 1), auf der and. Seite Leukippos, der Bruder des Aphareus (V. Lambrinoudakis, LIMC VIII, 1997, 775, s.v. Leukippos I), mit seinen Töchtern Hilaeira, Phoibe und Arsinoe (A. Hermary, LIMC III, 1986, 585, s.v. Dioskouroi 213) sowie der Sohn der letzteren, Asklepios, mit seinen Kindern Machaon und Podaleirios (I. Leventi, LIMC VIII, 1997, 778, s.v. Machaon). Meyer/Eckstein (1986) hingegen vermuten, daß alle vierzehn Figuren – jede auf einer gesonderten Holztafel – in sieben Paaren angeordnet waren. – Da Plinius (nat., 35, 133) die *Akme* des → Nikias (II) in die 112. Olympiade (332 v. Chr.) dat., kann man die Schaffenszeit seines Schülers vom späten 4. bis ins frühe 3. Jh. v. Chr. ansetzen. P. Themelis, der den im Zentrum des Asklepieions stehenden Peripteros aus der 1. H. des 2. Jh. v. Chr. als Messene-Tempel deutet, muß entweder eine fehlerhafte Angabe bei Plinius oder Pausanias annehmen (Themelis, 1994, 5, Anm. 9) oder davon ausgehen, daß die Bilder des O. auf transportablen Holztafeln gemalt und urspr. in einem and. Gebäude angebracht waren (Themelis, 1998, 19). Wenn man wie S. Müth-Herda (2000, 114–119) den Messene-Tempel im noch nicht ergrabenen Gebiet außerhalb des Asklepieions vermutet (vgl. auch Musti/Torelli, 1991, 255 s.), entfällt das Datierungsproblem. 🕮 ThB26, 1932. RE XVIII. 1, 1939 (s.v. O. 4); EAA V, 1963. – *Overbeck*, SQ, 1868, Nr 1826; *Brunn*, GGK, II, 1889, 112 s., 136; *Pfuhl*, MuZ, II, 1923, 754, § 825; *B. Neutsch*, Der Maler Nikias von Athen, L. 1940, 6, 12, 84; Παυσανίου Ἑλλάδος Περιήγησις, IV, Μεσσηνιακὰ καὶ Ἠλιακά, ed. *N. D. Papachatzes*, At. 1979, 126 s.; *O. Palagia*, Euphranor, Leiden 1980, 6, 68, 71; *Pausanias*, Reisen in Griechenland, ed. *E. Meyer/F. Eckstein*, Z./M. ³1986, 544, Anm. 118; *Pausania*, Guida della Grecia, Libro IV, Messenia, ed. *D. Musti/M. Torelli*, Mi. 1991, 257 s.; *Scheibler*, Malerei, 1994, Anm. 9, 246; *P. Themelis*, in: *K. A. Sheedy* (Ed.), Archaeology in the Peloponnese, Ox. 1994, 1–37, hier 5 mit Anm. 9; *id.*, Ancient Messene, site and mon., Marousi 1998, 19; *S. Müth-Herda*, Pausanias in Messene, Magisterarbeit Freie Univ. Berlin 2000, 131–135. L. Lehmann

Onaithos (Ὄναιθος), griech. Bildhauer, wahrsch. in der 2. H. des 5. Jh. v. Chr. in Olympia tätig. Lt. Pausanias (5, 23, 5; Overbeck, SQ, 1868, Nr 2081; I. Leventi/V. Machaira, LIMC VIII, 1997, 348, Nr 277, s.v. Zeus; Muller-Dufeu, Sculpture-Source, 2002, 846 s., Nr 2531) fertigte er zus. mit *Thylakos* (oder *Phylakos* oder *Psylakos*) und den Söhnen beider Künstler eine *Statue des Zeus* im Heiligtum des Zeus, die von den Megarern gew. worden ist. 🕮 ThB26, 1932. RE XVIII. 1, 1939; EAA V, 1963; VII, 1966 (s.v. Thylakos). – *Brunn*, GGK, I, 1889, 522. R. V.

Onasandros (Ὀνάσανδρος), Sohn des Onasandros, aus Xanthos, griech. Architekt, wohl im späten 2. oder 1. Jh. v. Chr. in Xanthos tätig. O. leitete die Versetzung eines älteren lykischen Grabpfeilers, wie eine griech. Inschr. auf dem Pfeiler belegt. Das heute an der NO-Ecke der lykischen Nekropole stehende Grab-Mon. mußte möglicherweise dem Neubau oder einer Erweiterung des Theaters weichen. O. hatte dabei die Aufgabe eines Ingenieurs, den mehrere Meter hohen Pfeiler niederzulegen, seine Einzelteile zu transportieren und am neuen Standort wieder aufzubauen. 🕮 *P. Demargne*, Fouilles de Xanthos, I, Les piliers funéraires, P. 1958, 107–111, Abb. 17, Taf. 46; *M.-C. Hellmann*, ZPE 104:1994, 157, Nr. 18; *Donderer*, Architekten, 1996, 16, 18, 40, 159 s., Nr A 63, Taf. 19,2. B. Bollmann

Onasias (Ὀνάσιας), griech. Maler, wahrsch. im 2. V. des 5. Jh. v. Chr. in Plataiai tätig. Lt. Pausanias (9, 4, 1 s.; Overbeck, SQ, 1868, Nr 1059) malte er ein *Gemälde* für den Pronaos im Tempel der Athena Areia in Plataiai, das den *ersten Feldzug des Adrastos und der Argiver gegen Theben* schilderte. Wahrsch. zeigte es neben dem Zweikampf zw. Eteokles und Polyneikes auch die über den Kampf trauernde Eurygeneia, die Pausanias an and. Stelle (9, 5, 11) nennt und sagt, daß sie auch von O. gemalt worden ist. Es handelte sich folglich wahrsch. um das gleiche Gemälde (B. von Freytag gen. Löringhoff, Das Giebelrelief von Telamon und seine Stellung innerhalb der Ikonogr. der Sieben gegen Theben, Mainz 1986 [RM, ErgH, 27], 56 s.; I. Krauskopf, LIMC IV, 1988, 28, Nr 6, s.v. Eteokles; ead., LIMC VII, 1994, 734, Nr 3, s.v. Septem). Gegenüber dieser Malerei befand sich das berühmte Gem. des → Polygnotos (I), das Odysseus nach der Vernichtung der Freier darstellte. Da der Tempel aus dem Beuteanteil für Plataiai aus der Schlacht von Marathon erbaut worden ist, ist es wahrsch., daß die Gem. noch im 2. V. des 5. Jh. v. Chr. entstanden sind. 🕮 ThB26, 1932. RE XVIII. 1, 1939; EAA V, 1963. – *Brunn*, GGK, II, 1889, 25; *Pfuhl*, MuZ, II, 1923, 640, Paragraph 694; *M. Tiverios*, AM 96:1981, 152–154; *G. L. Armantrout*, The Seven against Thebes in Greek art, Diss. Univ. Michigan 1990 (1991), 161 s., 251, Nr H 1; *D. Castriota*, Myth, ethos and actuality. Official art in fifth-cent. B. C. Athens, Madison 1992, 65–73. R. V.

Onasimedes (Ὀνασιμήδης), griech. Erzgießer, zu unbek. Zeit in Theben tätig. Lt. Pausanias (9, 12, 4; Overbeck, SQ, 1868, Nr 1580; Muller-Dufeu, SculptureSource, 2002, 646 s., Nr 1924) fertigte er *Bronzestatuen des Kadmos und des Dionysos* in Theben (C. Gasparri, LIMC III, 1986, 447, Nr 224, s.v. Dionysos). 🕮 ThB26, 1932 (s.v. Onasimedos). RE XVIII. 1, 1939; EAA V, 1963. – *Brunn*, GGK, I, 1889, 297. R. V.

Onasimos (Ὀνασιμος), aus Theben, griech. Bildhauer, in der 2. H. des 6. Jh. v. Chr. in Böotien tätig. Nur bek. durch seine Sign. auf einer Basis aus Bronze für eine Bronzestatuette aus dem Ptoion b. Theben (heute in Athen, NM, Inv. Nr 11391). 🕮 *J. Ducat*, Les kouroi du Ptoion. Le sanctuaire d'Apollon Ptoieus à l'époque archaïque, P. 1971, 201–203, Nr 124, Taf. 61; *Floren*, GrPl, 1987, 317, Anm. 57. R. V.

Onasiphon (Ὀνασιφῶν), Sohn des Kleionaios, aus Salamis/Zypern, griech. Bildhauer, um 200 v. Chr. in Rhodos tätig. Nur bek. durch seine Sign. auf einer Marmorbasis für eine Bronzestatue für ein Denkmal, das von dem Heliospriester Antisthenes, dem Sohn des Architimos, in Rhodos gew. worden ist (IG, XII. 1, 63; Muller-Dufeu, SculptureSource, 2002, 784 s., Nr 2319). 🕮 RE XVIII. 1, 1939 (s.v. Onasiphron); EAA V, 1963. – *Loewy*, IGB, 1885, 135, Nr 165; Lindos, II. 1, 1941, 53, Nr 52; *Lippold*, GrPl, 1950, 362, Anm. 6. R. V.

Onatas (I) (Ὀνάτας), Sohn des → Mikon (II), von Ägina, griech. Bildhauer, in der 1. H. des 5. Jh. v. Chr. für Athen, Olympia, Pergamon und Delphi tätig. – 1.) Sign. auf einer marmornen Pfeilerbasis von der Athener Akropolis, nach der Schr. aus dem Beginn des 5. Jh. v. Chr. (Raubitschek, 1949, Nr 236; Walter-Karydi, 1987, 22, Taf. 2A; Hansen, CEG, Nr 243). Att. Schr.; att. Form der Pfeilerbasis. Die Spuren auf der Basis weisen auf ein unterlebensgroßes Bronzepferd; da sich aber die Weih-Inschr. auf der Schmalseite des Pfeilers befindet, stand das Tier nicht allein, sondern mit Reiter: Timarchos, der im Epigramm als Stifter gen. wird, weihte offenbar der Athena ein *Reiterbildnis* von sich. – Auf einer zweiten Pfeilerbasis dieser Jahre von der Akropolis wurde versuchsweise O. als Bildhauername erg., weil die Schr. jener der Timarchosbasis gleicht (Raubitschek, 1949, Nr 257). – 2.) Sign. auf einer Kalkstein-Pfeilerbasis, 1963 in Olympia gefunden, gew. von Pythion, Sohn des Kephalos, aus Byzanz; der Schr. nach aus dem Beginn des 5. Jh. v. Chr. (Dörig, 1977, 30 [Raubitschek], Abb. 58–65; Walter-Karydi, 1987, 22, Taf. 3A; Jeffery, LSAG², 1990, 439, C). Die Basisform ist versch. von der att. (*Nr 1*) und die Schr. äginetisch; die Spuren auf der Basis könnten von einer kleinen Bronzefigur, viell. einem Vogel (Adler) stammen. – Der Name O. wurde auf einer marmornen Quaderbasis von Delphi erg. (Jeffery, LSAG², 112, Nr 11, Taf. 16: frühes 5. Jh. v. Chr.; Walter-Karydi, 1987, Taf. 3B). – 3.) Sign. auf einer Statuenbasis in Pergamon, nach der Schr. aus dem frühen 2. Jh. v. Chr. (E. Fabricius/C. Schuchhardt, Kgl. Mus. zu Berlin, Altertümer von Pergamon. Die Inschr. von Pergamon, VIII. 1, ed. M. Fraenkel, B. 1890, Nr 48). Der Vatersname schien Smikon zu lauten, doch Raubitschek (1949) erklärte einleuchtend das Sigma am Anfang als den letzten Buchstaben des fehlenden Bildhauernamens: [... Ὀνάτα]ς Μίκωνος Αἰγινήτης. Mit dieser Basis ist der *Apollon* des O. in Pergamon zu verbinden, den Pausanias (8, 42, 7) ein wunderbares Werk nennt, nicht nur wegen der Größe, sondern auch der Kunstfertigkeit (d.h. künstler. Qualität). Die Bronzestatue, die offenbar von Ägina nach Pergamon unter Attalos I. gebracht wurde, als dieser um 210 v. Chr. die Insel um 30 Talente erwarb und Bildwerke entführte (Polyb., 22, 8, 10; vgl. R. E. Allen, BSA 66:1971, 1 ss.), wird urspr. im äginet. Stadtheiligtum des Apollon gestanden haben. In Pergamon wurde sie mit der Basis versehen, auf der der Name des berühmten Bildhauers stand, und wieder einer Gottheit geweiht. Über die Gestalt dieses *Apollons* ist nichts überliefert.

Lippold (RE, XVIII. 1, 1939, 408 ss.) lehnte zu Recht die Vermutung ab, ein spätes äginet. Münzbild gehe auf die Statue zurück, die sich ja in dieser Zeit nicht mehr auf der Insel befand. Ein Epigramm des Antipatros von Thessaloniki, der sich um 10–8 v. Chr. in Pergamon aufhielt (Anth. Gr., 2, 14, 30 [Ant. Pal., 9, 238]; Overbeck, SQ, 1868, Nr 424; vgl. G. Schwarz, Die griech. Kunst des 5. und 4. Jh. im Spiegel der Anthologia Graeca, W. 1971, 10 ss.), rühmt das Werk, ohne Konkretes über sein Aussehen zu erwähnen. Auch über die Dat. ist nichts überliefert. Doch ist anzunehmen, daß das kolossale Werk ein Weihgeschenk der Ägineten an ihren Stadtgott war, dessen Kosten kaum nach 459 v. Chr. zu tragen gewesen wären, als die Insel sich im Krieg gegen Athen befand, der mit dem unter harten Bedingungen erzwungenen Beitritt Äginas zum Delisch-Attischen Seebund 456 v. Chr. endete. So wird die Statue vor 459 v. Chr. entstanden sein. – 4.) *Statue des Hermes als Widderträger*, Weihgeschenk der Arkaden von Pheneos in Olympia; der Gott war in Chiton und Chlamys gekleidet, trug einen Filzhut und hielt das Tier unter der Achsel (Paus., 5, 27, 8). Im Epigramm war als Mitarb. → Kalliteles oder → Kalynthos? gen., nach Pausanias ein Schüler oder Sohn des O.; also ein jüngerer Meister, der wohl sekundäre Aufgaben übernahm. Die Basis ist nicht erh., und die Entst.-Zeit der Statue Pausanias nicht zu entnehmen; wahrsch. ist sie in den Jahren des *floruit* des O. zu datieren. Der Bildtypus des widdertragenden Hermes, des Gottes der Hirten, ist peloponnes., bek. durch Bronzestatuetten des 6. und frühen 5. Jh. v. Chr. (E. Kunze, 109. BWPr, 1953, 6 ss.; H. Walter, Griech. Götter, M. 1971, 190 ss.; N. Himmelmann, Über Hirten-Genre in der antiken Kunst, Opladen 1980 (Abh. der Rhein.-Westfäl. Akad. der Wiss., 65, 71 ss.); die Varianten in Tracht und Haltung sind gering. O. hat offenbar am Bildtypus motiv. nichts geändert, sei es auf Wunsch der Auftraggeber, sei es aus eig. Festhalten an der peloponnes. Bildtradition. Was er durch die spezif. Formgebung daraus machte, bleibt unbek.: Weder böot. Terrakotten noch Kleinbronzen wie jene in der BN in Paris (Babelon/Blanchet, BiblNatBronzes, 1895, 313; Dörig, 1977, 16 ss., Taf. 20 s., 23 s., 30–32: zeitgen. Replik) geben eine Vorstellung dieser Statue. – 5.) *Kolossale Statue des Herakles*, Weihgeschenk der Thasier in Olympia. Statue und Basis waren aus Bronze, die Statue zehn Ellen hoch; Herakles hielt in der Rechten die Keule, in der Linken den Bogen (Paus., 5, 25, 12). Die Basis, die ö. vor dem Zeustempel stand, ist nicht erhalten. Daher bleibt offen, ob Herakles als ausschreitender Keulenschwinger oder als stehender Keulenträger dargestellt war; beide Bildtypen bestehen in der 1. H. des 5. Jh. v. Chr. nebeneinander. Die Statue wird vor 463 v. Chr. (Eroberung von Thasos durch die Athener) entstanden sein und nicht um 492–478 v. Chr., als Thasos den Persern unterworfen war; vor 492 v. Chr. war O. zu jung und unbek. für einen großen olymp. Auftrag. So ist ein Datum zw. 478–463 v. Chr. wahrsch. (anders J. Pouilloux, Rech. sur l'hist. et les cultes de Thasos, P. 1954 [Études Thasiennes, III], 18 s., 358 ss.: um 458–455 v. Chr.). – 6.) Das *Kultbild der sog. dunklen (Melaina) Demeter* in Phigalia (Paus., 8, 42, 1–13). In einer Höhle in der Nähe von Phigalia, wo nach der Lokalsage Demeter sich um die geraubte Persephone trauernd lange Zeit zurückgezogen hatte und dunkle Gewänder trug, gab es ein Heiligtum von ihr, und ein altes Holzbild stellte sie als eine auf Felsen sitzende, langgewandete Frauengestalt mit Pferdekopf und Mähne dar; Schlangen und and. Tiere wuchsen ihr aus dem Kopf. Sie hielt einen Delphin in der einen, eine Taube in der and. Hand. Den Beinamen habe sie aus der Gewandfarbe. Die Statue, deren Schöpfer Pausanias unbek. war, fiel einem Brand zum Opfer. Die Phigalier versäumten eine neue zu stiften und ließen auch die meisten der Feste und Opfer für Demeter ausfallen, worauf die Erde unfruchtbar wurde. Auf Anfrage in Delphi erfuhren sie, bald werde schlimmere Hungersnot ausbrechen, wenn sie der Göttin in der Höhle die alten Ehren nicht erweisen und mit Opfern sie gnädig stimmen würden. Daraufhin pflegten die Phigalier den Demeterkult mehr als früher und beauftragten O., um welchen Lohn auch immer, mit einer Demeterstatue. Das geschah, nach Pausanias, eine Generation (im Text wurde von G. Lippold und M. H. Rocha-Pereira γενεαῖς in γενεᾷ zu Recht umgeändert) nach dem Perserzug gegen Griechenland. Die Bronzestatue schuf O. nach einer Zchng oder Nachbildung des alten Holzbildes, v.a. aber, wie man Pausanias erzählt hätte, nach Traumgesichten; sie sei drei Generationen vor seiner Zeit durch einen von der Decke gefallenen Felsbrocken zerst. worden (Vierneisel-Schlörb, 1979, 13, Anm. 18; L. Beschi, LIMC IV, 1988, 849, s.v. Demeter 11). Über die Gestalt dieser Demeter ist nichts überliefert. Sicher war sie keine Kopie der alten Statue; auch in einem abseits gelegenen Heiligtum gab es kaum Vorschriften, an denen sich der Schöpfer des frühklass. Kultbildes halten mußte. Sie wird menschenköpfig gewesen sein, ihr Wesen allein in den düsteren Zügen eingefangen, in denen man in dieser Zeit eher die um ihre Tochter Trauernde als die alte Fruchtbarkeitsgöttin erkannte. Es bleibt offen, ob sie, wie das alte Kultbild, sitzend dargestellt war, und ob sie Attribute hielt. Die Bilder auf Münzen von Phigalia aus der Zeit der Julia Domna, die darauf bezogen wurden (Imhoof-Blumner/Gardner, NumCommPaus, 1887, 107, Taf. 5,15), können kaum die in diesen Jahren längst zerst. Statue wiedergeben. So ist die wohl bedeutendste Demeterstatue der frühen Klassik nicht faßbar. – 7.) Das *„obere" Tarentinerweihgeschenk* in Delphi (Paus., 10, 13, 10). Die Tarentiner stifteten eine Statuengruppe in Delphi, als Zehnten aus einem Sieg gegen die Peuketier; der als Mitarb. gen. → Kalliteles (s.o. bei *Nr 4*) hatte wohl einen sekundären Anteil am Werk. Von der Basis sind erh.: Bruchstücke mit Resten der linksläufigen Weih-Inschr. und einer zweiten rechtsläufigen gleichen Inhalts aus dem 4. Jh. v. Chr. (Bildhauer-Sign. bei beiden nicht vorhanden) sowie das Fundament auf der Mauer, die die Heilige Straße an der O-Seite säumte. Die Basis war rechteckig und offenbar dreistufig; die Standspuren der Bronzefiguren auf der obersten Stufe, die ca. 1,62 m breit und 7,75 m lang war, ergeben wenig für die Rekonstr. der Gruppe (P. Amandry, BCH 73:1949, 447 ss.). Die Basis (J. F. Bommelaer, Guide de Delphes. Le site, P. 1991, 163, Plan Taf. V, Nr 409) steht vor einer älteren, Nr 408, die früher dem Plataiai Dreifuß zugesprochen wurde und so für die Tarentinerweihung einen *terminus post quem* um 479 v. Chr. abgab; dieser aber entfiel, denn diese Basis wurde als die des Krotoniaten Dreifußes erkannt (A. Jacquemin/D. Laroche, BCH 114:1990, 307 ss.). Auch sonst gibt es kaum Anhaltspunkte zur Dat. des Tarentinerweihgeschenkes: Jeffery (LSAG², 1990, 281) setzt die Inschr. in die siebziger Jahre; der Sieg über die Peuketier, Anlaß der Weihung, erfolgte viell., aber nicht sicher, um 467 v. Chr. (T. J. Dunbabin, The Western Greeks, Ox. 1948, 149). So ist die Tarentinergruppe kaum genauer als um 480–460 v. Chr. zu datieren (vgl. A. Jacquemin, Offrandes monumentales à Delphes, Bibliothèque des Écoles françaises d'Athènes et de Rome 304:1999, Nr 455). – Dargestellt war eine Schlacht zu Fuß und zu Pferd zw. Tarentinern und Peuketiern; namentl. nennt Pausanias den König der Iapyger, Opis, der auf der Seite der Peuketier stand, sowie Taras und Phalanthos, Heroen Tarents, die ihrer Stadt im Kampf beistanden; Heroengestalten in dieser Rolle erscheinen häufig in Bildwerken der Zeit. Einen Delphin in der Nähe des Phalanthos erklärt Pausanias damit, daß ein Delphin den schiffbrüchigen Phalanthos einst ans Land gebracht habe. Es wurde mehrmals versucht, die Gruppe zu rekonstruieren; sicher ist nur, daß sie als Schlachtbild (Pausanias) aus bewegten Figuren bestand. Bewegt waren wohl auch die beiden Heroen, wenn Opis (εἴκασται τεθνεῶτι) ein Sterbender, Taras und Phalanthos (αὐτῷ κειμένῳ ἐφεστηκότες) dem Sterbenden noch zusetzende Figuren waren (zur Rekonstr.: Pausanias, descriptio graeciae, ed. H. Hitzig/H. Bluemner, III. 2, L. 1910, 712; A. Borbein, JdI 88:1973, 73 s.; Walter-Karydi, 1987, 26; D. Williams, AA 1989, 549; C. Ioakimidou, Die Statuenreihen griech. Städte und Bünde aus spätarchaischer und klass. Zeit, He. 1995, 200 ss., bes. 206–208; Jacquemin, op. cit., 192–194). – 8.) Das *Weihgeschenk des Hieron von Syrakus* in Olympia (Paus., 6, 12, 1; 8, 42, 8–10). Im Weihepigramm der Bronzegruppe heißt es, sie sei für zwei hipp. Siege und einen Rennsieg (468 v. Chr.) Hierons gelobt, von Hierons Sohn und Nachf. Deinomenes, der 466 v. Chr. an die Macht kam, aufgestellt worden: in den mittleren sechziger Jahren. Ein Viergespann mit Lenker stammt von O., je ein Knabe auf einem Rennpferd, die das Viergespann flankierten, von → Kalamis (I). So galt jedem der drei Siege Hierons ein Teil der Gruppe. Auf dem Wagen stand wohl Hieron selbst, während die ausdrückl. als Knaben bez. Reiter kaum ihn in versch. Altersstufen darstellten, eher die Art des Wettkampfes vorführten, in der er gesiegt hatte. Die Basis ist nicht erh.; der Beschr. des Pausanias zufolge war die Figurenanordnung symmetr. mit betonter Mitte, wo das Viergespann stand (zuletzt: R. Krumeich, Bildnisse griech. Herrscher und Staatsmänner im 5. Jh. v. Chr., M. 1997, 36 ss.). – 9.) Das *Achäerweihgeschenk* in Olympia. Der Achäerbund stiftete eine Statuengruppe homer. Themas (Il., 7, 161 ss.); nach Pausanias, 5, 25, 8–10 standen neun Helden mit Lanze und Schild und ihnen gegenüber, auf einer gesonderten Basis, Nestor, der ihre Namen in den Helm Agamemnons gelegt hatte; das Los würde entscheiden, wer von ihnen sich Hektor stellen würde, der zum Einzelkampf herausgefordert hatte. Nur Agamemnons Name war beigeschrieben; der Held mit einem Hahn als Schildzeichen war Idomeneus. Zu Pausanias' Zeit waren nur mehr acht der Kriegerstatuen vorhanden, denn jene des Odysseus hatte Nero nach Rom entführt. Die Basis ist erh., nahe dem Zeustempel (F. Eckstein, Anathemata, B. 1969, 27 ss., Abb. 3); ihren Maßen nach waren die Bronzefiguren überlebensgroß. Den früher angenommenen stratigraph. Zusammenhang mit dem Baubeginn des Zeustempels gibt es nach neuen Unters. nicht (P. Grunauer, OlymBer, X, 1981, 256 ss., bes. 280; Walter-Karydi, 1987, 28, Anm. 78); danach kann die Gruppe nicht dat. werden. Da O. im Epigramm der Sign. ein „Könner in Kunstfertigkeit" (σοφός) gen. wird, von dem schon viele Werke existieren, war er ein reifer Meister, als er die Gruppe schuf, was sie in die

Jahre um 470–455 v. Chr. setzt (zur Bezeichnung σοφός: C. Karusos, in: Epitymbion Christos Tsountas, At. 1941, 535 ss.; G. Pfohl (Ed.), Inschr. der Griechen. Grab-, Weih- und Ehren-Inschr., Da. 1972, 102 ss.; F. Maier, Der σοφός-Begriff, M. 1970; B. Snell, JHS 93:1973, 178 s.). Von der Gruppe geben Pausanias und die Basisform eine gewisse Vorstellung: Keine Handlung, sondern die Situation vor der Entscheidung war dargestellt, wie im Olympia O-Giebel und and. Bildwerken dieser Zeit, und die Basis ist zweiteilig; auf dem größeren segmentförmigen Teil standen die Helden, auf einem kreisförmigen, ihnen gegenüber, Nestor. Es gibt ältere segmentförmige Gruppenbasen, aber die für die Figurenanordnung überaus wichtige zweiteilige Form hat keine Vorläufer und war offenbar von O. ersonnen. Nestor wird den Helm mit den Losen vor sich gehalten haben, so daß dieser in den Raum zw. ihm und den Helden hineinreichte. Auf den Helm waren die Heldengestalten, regungslos stehend und doch voller Spannung, bezogen und über ihn miteinander verbunden. Die Möglichkeiten der kontrapost. Figur, Reflexion und Kommunikation darzustellen, hat O. in dieser Gruppe voll ausgeschöpft und dadurch das homer. Thema verwandelt und auf frühklass. Weise umgedeutet (zur Gruppe: A. Borbein, JdI 88:1973, 61 s.; Ioakimidou, op. cit., Nr 13, 82 ss., 213 ss.; E. Walter-Karydi, in: Kontrapost u. Gruppenbildung, in: D. Papenfuß/V. M. Strocka [Ed.], Gab es das griech. Wunder? Akten des 16. Fachsymposions der Alexander von Humboldt-Stiftung, FiB., 5.–9. April 1999, Mainz 2001, 71). – Die gen. Werke lassen die Schaffenszeit von O. bestimmen, unabhängig von der Nachr. (Paus., 8, 42, 8), er sei Zeitgen. von → Hegias (I) und → Hageladas (II). Die priv. Weihungen aus dem Beginn des 5. Jh. v. Chr (*Nrn 1–2*) waren Frühwerke; die großen Aufträge von Städten und Bünden – Götter- und Heroenstatuen (*Nrn 3–6*) und Gruppenanatheme (*Nrn 7–9*) – fallen in die siebziger, sechziger und fünfziger Jahre. Um etwa 495–450 v. Chr. war O. tätig. – O. war offenbar der bedeutendste äginet. Bildhauer seiner Zeit. Nach Pausanias (5, 25, 12) sei er, obwohl seine Werke die äginet. Art zeigen, keinesfalls geringer als die Daidaliden und die att. Meister. O. signierte stets als Äginete und im Epigramm der *Hierongruppe* (*Nr 8*) als einer, der auf Ägina auch seinen Wohnsitz hatte; ein Werk von ihm auf der Insel ist der kolossale *Apollon* (*Nr 3*). O. wurden auch die Giebel des Aphaiatempels zugeschr. (z.B. Klein, 1904, 367 s.; dagegen: Brunn, 1889, 94 s. und Dörig, 1977, 6). Nur für den Aphaia O-Giebel käme aber O. in Frage, und dafür spräche einiges: Vielfigurige Gruppen sind für ihn überliefert, und er zeigt sich im *Achäerweihgeschenk* (*Nr 9*) als ein herausragender Meister der Gruppenbildung; zudem ist der Aphaia O-Giebel, um 490/480 v. Chr. entstanden, so versch. vom nur ein Jahrzehnt älteren W-Giebel, daß er eine neue Epoche der Giebelplastik einleitet und von einem jungen, bahnbrechenden Meister stammen muß; als Frühwerk hätte dieser Giebel O.' Ruhm begründet und die Aufträge für die großen Gruppenanatheme hervorgebracht. Dennoch ist diese Zuschr. keineswegs sicher, ist doch O. nicht der einzige äginet. Bildhauer, für den Gruppen überliefert sind: So lange es kein sign. Werk gibt, das den persönl. Stil von O. zeigt, kann der Aphaia O-Giebel ihm nicht zugeschr. werden. Ebenso nicht and. Orig. dieser Zeit, die mit O. verbunden wurden, wie der Athenakopf, Paris, Louvre, Inv. Nr 3109 (E. Berger, in: LAW, 1965, 2131, s.v. O; K. Schefold, AntK 16:1973, 91), der von einem der Giebel des Artemistempels im Apollonheiligtum von Ägina stammt (E. Walter-Karydi, in: K. Hoffelner, Das Apollon-Heiligtum, Mainz 1999 [Alt-Ägina, I. 3], 112 s., Taf. 52, 6), der Wagenlenker von Delphi (Berger, op. cit., 2131; Schefold, op. cit., 91; v.e. → Glaukias) und der Bronzegott aus dem Meer beim Kap Artemision, Athen, NM, Inv. Nr Br 15161 (E. Homann-Wedeking, RM 55:1940, 200; Dörig, 1977, 7 s., Abb. 5, 26, 28). Solche Zuschr. überzeugen zwar nicht, aber ihre große Zahl und die Qualität der diesem Bildhauer zugesprochenen Werke bezeugt, daß in der Forsch. die Bedeutung von O. erkannt wird. Es folgen einige Beispiele von Zuschr., die sich auf die lit. überlieferten Werke beziehen: – Auf den *Apollon* (*Nr 3*) wurden ein Kolossalkopf der Slg Torlonia (F. Studniczka, RM 2:1887, 105, Anm. 47; Klein, 1904, 367 s.), der Kopf Townley (London, BM, Inv. Nr 208: Berger, op. cit., 2131; dagegen Vierneisel-Schlörb, 1979, 14, Anm. 27) sowie, in Zusammenhang mit der Sphinx aus dem Apollonheiligtum, einem äginet. Werk um 460 v. Chr., dessen Meister unbek. ist (Walter-Karydi, 1987, 80, Nr 52, Taf. 35, 38 ss.), der „Omphalos“-Apollon zurückgeführt (Lippold, GrPl, 1950, 102; Dörig, 1977, 7, 29, 12; Vierneisel-Schlörb, 1979, 10; dagegen: C. Karusos, ADelt 13:1930/31, 91; Ridgway, Severe style, 1970, 64). Der bärtige Kopf, Athen, Akropolis Mus., Inv. Nr 2344, den Dörig (1977, 18 ss., Abb. 25, 27, 29) als Kopie des *Hermes der Pheneaten* (*Nr 4*) ansprach, wurde mit guten Gründen auf eine Figur des phidiasischen Marathonweihgeschenkes zurückgeführt (G. Despinis, in: M. Lilimpake-Akamate [Ed.], Mneias charin. Tomos sti Mnimi Mairis Siganidou, Thessaloniki 1998, 47 ss., Taf. 1, 1. 2, 1. 3, 1. 4,1; id., JdI

116:2001, 103 ss., Abb. 1, 3, 5, 7: Miltiades; → Pheidias [I], dort *Nr 3*). Als Kopie des *Herakles* der Thasier (*Nr 5*) bezeichnete Dörig (1977) den Herakles Cherchel (10 ss., Taf. 9–11, 19, 22, 52; dagegen B. S. Ridgway, AJA 82:1978, 260; Vierneisel-Schlörb, 1979, 124, Anm. 50). Als Kopien der *Demeter Melaina* (*Nr 6*) wurden zwei röm. Gewandfiguren bez.: der Typus Korinth-„Mocenigo" (E. Homann-Wedeking, RM 55:1940, 208 ss., Abb. 7, Taf. 23; Vierneisel-Schlörb, 1979, 9 s. [Lit.]; dagegen: Helbig[4], 2204 [D. Willers]; Dörig, 1977, 9) und die „Aspasia" (Lippold, GrPl, 1950, 102, Taf. 32; dagegen Dörig, 1977, 8; Vierneisel-Schlörb, 1979, 9, Anm. 16). M. Denti erwog, ob der Marmorjüngling von Mozia Replik einer Figur des *Tarentinerweihgeschenkes* (*Nr 7*) sei (RA 1997, 107 ss., bes. 127 s.); als Kopie einer Figur dieser Gruppe bezeichnete J. Dörig einen röm. Kopf („Miltiades", Typus Niarchos-Messina, in: R. A. Stucky [Ed.], Eikones. Hans Jucker zum 60. Geburtstag, Bern 1980 [AntK, Beih., 12], 89, Anm. 8; dagegen: Vierneisel-Schlörb, 1979, 1 ss., Nr 1; W. Gauer, MüJb 3. Folge, 47:1996, 9 ss.). O. Deubner schrieb die Krieger von Riace dem *Achäerweihgeschenk* (*Nr 9*) zu (JdI 103:1988, 128 ss.; dagegen: A. Giuliano, Xenia 2:1981, 57; C. Rolley, in: Due Bronzi da Riaci, R. 1984 [Bd'A, ser. spec. III, vol. II], 328; Walter-Karydi, op. cit., 2001). Auf die *Nestorstatue* dieser Gruppe führte G. Hafner einen bärtigen Kopf im Mus. Chiaramonti zurück (in: F. Eckstein [Ed.] Theoria, Festschr. W.-H. Schuchhardt, BB. 1960, 79 ss., Abb. 1–3; dagegen: Helbig[4], 342 (W. Fuchs); Eckstein, op. cit., 1969, 112, Anm. 31; A. Borbein, JdI 88:1973, 61, Anm. 78), und als Kopien einzelner Figuren dieser Gruppe wurden der „Krieger Somzée" in Mariemont (Berger, op. cit.; Dörig, 1977, 21 ss., Abb. 33–37, 39 s., 40, 42, 51, 53), der Torso Torlonia 401 (Dörig, 1977, 26 s., Abb. 47, 49) und der „Poseidon" Borghese angesprochen (Dörig, 1977, 27 ss., Abb. 48, 50, 54, 56). W.-H. Schuchhardt (in: K. Schauenburg [Ed.], Charites. Festschr. Ernst Langlotz, Bonn 1957, 59 ss., Taf. 9) bezeichnete die Athena-Gigantengruppe aus Laurion (Athen, NM, Inv. Nr 229) als Kopie einer Bronzegruppe des O. (dagegen: U. Knigge, Bewegte Figuren der Großplastik im Strengen Stil, M. 1965, 60 s., K12). ▭ ThB26, 1932. RE XVIII. 1, 1939; EAA V, 1963; LAW, 1965; KlP IV, 1972; DA XXIII, 1996; DNP VII, 2000. – *Brunn*, GGK, I, 1889, 88 ss.; *Klein*, GGK, I, 1904, 347 ss.; *Raubitschek*, Dedications, 1949, 520 ss.; *Lippold*, GrPl, 1950, 98, 102; *J. Dörig*, O. of Aegina, Leiden 1977; *Vierneisel-Schlörb*, KatSkulptGlypt, II, 1979, 10 s.; *E. Walter-Karydi*, Die äginet. Bildhauerschule, Mainz 1987 (Alt-Ägina, II. 2), 19 ss.; *Stewart*, Sculpture, 1990, 21, 26, 44, 63, 94, 147 s., 169, 214, 252 s., 303; *C. Rolley*, La sculpt. grecque, P. 1994, 276, 291, 338, 350. E. Walter-Karydi

Onatas (II), griech. Gemmenschneider, in der 2. H. des 4. Jh. v. Chr. tätig. Die Sign., deren Lesung nicht gänzl. gesichert ist, findet sich auf einem *Chalcedon-Skarabäoid* (London, BM), der eine *halbnackte Nike* bei der Errichtung eines Tropaions zeigt, und ist auf der Tänie angebracht, die von einer Lanze herabflattert. Die subtile Reliefschichtung, die Modellierung des Karnats, wie auch die Komp. der sich harmon. in das Oval des Steines einfügenden Figur läßt die Figur zu den qualitätsvollsten Zeugnissen klass. Glyptik zählen. Auf Grund der stilist. wie ikonogr. Merkmale dürfte die Gemme im letzten Drittel des 4. Jh. v. Chr. entstanden sein, and. Dat.-Vorschläge setzen den Stein um 400 v. Chr. an (Zazoff, 1983). Das Errichten eines Siegesdenkmals gehört zu den gattungsübergreifend dargestellten Hauptmotiven der Nike-Ikonographie. ▭ ThB26, 1932. RE XVIII. 1, 1939; EAA V, 1963; DNP VIII, 2000. – *A. Furtwängler*, JdI 3:1888, 205, Taf. 3, 10; *id.*, AG, I, 1900, Taf. 13, 37; II, Taf. 65, 37; *Zazoff*, AG, 1983, 137 s. B. Lang

Onda cf. **Amitos (KLA II, Addendum)**

Onesas (Ὀνησᾶς), griech. Gemmenschneider, im 2. Jh. v. Chr. tätig. O. gehört zu den wenigen durch ihre Sign. namentl. bek. hellenist. Lithoglyphen. Erh. sind: – 1.) eine gelbe *Glaspaste mit einer leierspielenden Muse* (Florenz, Mus. Archeol.); – 2.) ein *Sard mit Athena*, Typus Lemnia (London, BM); – 3.) ein *Karneol mit Herakleskopf* (Florenz, Mus. Archeol.). – Die Muse und Athena sind themat. und stilist. typisch für die hochhellenist. Kunst, damit aber früher als der Herakleskopf anzusetzen, der plausibel an glypt. Erzeugnisse des 1. Jh. v. Chr. angeschlossen werden kann, auch erreichen sie nicht dessen künstler. Qualität. In dem Herakleskopf wird zu Recht das Bildnis eines hellenist. Königs vermutet (Vollenweider, 1974), viell. Ptolemaios XII. (80–51 v. Chr.). Qualitätsunterschiede und stilist. Abstand machen wahrsch., daß es einen hoch- und einen späthellenist. Gemmenschneider desselben Namens gab. ▭ ThB26, 1932. RE XVIII. 1, 1939; EAA V, 1963; KlP IV, 1972; DNP VIII, 2000. – *A. Furtwängler*, JdI 3:1888, 212; *id.*, AG, II, 1900, 168, III, 163, Taf. 34, 43; 35, 23 und 26; *M. L. Vollenweider*, Die Porträtgemmen der röm. Republik, Mainz 1974, 128, Anm. 37; *Zazoff*, AG, 1983, 203, mit Anm. 56, 206, mit Anm. 79. B. Lang

Onesimos (I) (Ὀνήσιμος), griech. Gemmenschneider, in der 2. H. des 6. Jh. v. Chr. vermutl. auf Euböa tätig. O. gehört neben → Syries zu den Meistern der „Inselsteine“, Gemmen orientalisierenden Stils des 7./6. Jh. v. Chr., die hauptsächl. auf den griech. Inseln gefunden wurden. Die Sign. des O. ist auf *drei grünen Steatit-Skarabäen* überliefert, die einen *ithyphall. Satyr mit Lyra* (Boston, MFA), einen *Bogenschützen* (Paris, BN, Cab. des Méd.) und eine *weidende Kuh mit Kalb* (Paris, ibid.) zeigen. Die Buchstabenform der Sign. weist auf Euböa als Tätigkeitsort. Zugeschr. werden O. eine *Replik des Bogenschützen* (Berlin, Staatl. Mus., Antiken-Slg), eine *Sphinx* (Paris, BN, Cab. des Méd.), eine Panther-Reh-Gruppe (London, BM) und ein stürzender Bulle (Paris, ibid.). Die mit einem Stichel gearbeiteten, für die Zeit thematisch char. Gemmenbilder zeichnen sich im Kontrast zum gleichzeitigen linearen Ritzstil durch eine plast. Körperauffassung mit weichen Übergängen aus, wie sie die qualitätvolleren archaischen griech. und phönik. Gemmen zu dieser Zeit bereits zeigen. ▭ ThB26, 1932. EAA V, 1963 (s.v. O. 2). – *J. Boardman*, Island Gems. A stud. of Greek seals in the geometric and early archaic periods, Lo. 1963, 80, Taf. 12, 337–339; *E. Walter-Karydi*, JbBerlMus 17:1975, 26 s.; *Zazoff*, AG, 1983, 83 s., mit Anm. 49. B. Lang

Onesimos (II) ([Ὀνήσ]ιμ[ο]ς; Sign. früher fälschlich als *Diotimos* [ThB9, 1913, 321] interpretiert), möglicherweise Sohn des Smikythos, griech. rotfiguriger Vasenmaler, um 505–485 v. Chr. in Athen tätig. Der nicht sehr häufige Name O. („der Nützliche“) steht als Maler-Sign. auf einer einzigen *rotfigurigen Schale* des Louvre (Inv. Nr G 105: [ΟΝΕΣ]ΙΜ[Ο]Σ Ε[Γ]ΡΑΦΣ[ΕΝ] auf Seite B; ARV², 1963, 324, Nr 60; p. 1645; Para, 1971, 359; Add², 1989, 215; Immerwahr, 1990, 85, Nr 507). Die heute weitgehend verblichene Sign. war in der 1. H. des 19. Jh. noch sicher zu lesen. Die Töpfer-Inschr. des → Euphronios und die *kalos-Namen* Erothemis und Lykos geben weitere Anhaltspunkte für die zeitl. Einordnung des Schalenmalers, die im übrigen nach stilist. Kriterien erfolgen muß. Zwar könnte der sprechende Name auf einen Sklaven hinweisen, der als begnadeter Zeichner in der Wkst. des → Euphronios die anspruchsvollsten Aufträge auszuführen hatte und sich erst spät einmal zu signieren getraute; aber ein O. hat zw. ca. 500 und vor 480 v. Chr. beachtliche Weihgeschenke als Gewinnanteil für Athene auf der Akropolis von Athen aufgestellt (Raubitschek, 1949, 246 ss., Nr 217; pp. 384 ss., Nrn 349–353, 357 s.). Es handelt sich um ein großes Basisprofil mit Einlassungen für eine bronzene Tierfigur sowie um nicht weniger als sieben Marmorbecken für Weihwasser (Perirrhanteria). In allen Inschr. wird als Vater des O. Smikythos genannt. Ein Smikythos kommt als Lieblingsname mehrfach auf Vasen des → Euphronios, → Oltos, → Phintias und → Euthymides vor (ARV², 1963, 1608), also um 520/510 v. Chr. Die Weihgeschenke werden von Raubitschek alle dem Perserschutt zugewiesen, darum vor 480 v. Chr. datiert. Die Basis Nr 217 (Athen, Akropolis-Mus., Inv. Nr 4184) trägt zusätzl. zur Weih-Inschr. des O. eine sekundäre Inschr. des Theodoros, des Sohnes des O., die nach ihrem Char. deutl. später ist als die urspr. Weihung, deren Buchstaben dem A. des 5. Jh. v. Chr. zugewiesen werden. Ein Datum der Theodoros-Inschr. nach 480 v. Chr. wird aber von Raubitschek ausgeschlossen. Die Ähnlichkeit der sieben Weihwasserbecken in Größe und Schriftform bringt ihn dazu, ihre Aufstellung aus ein und demselben Anlaß kurz vor 480 v. Chr. anzunehmen. Da das Formular der Beschriftung aber nicht einheitl. ist, halte ich versch. Weihungen für wahrscheinlicher. Jedenfalls muß O., Sohn des Smikythos, schon um 500 v. Chr. sich eines beträchtlichen wirtschaftl. Erfolges erfreut haben, der offenbar bis in die 480er Jahre anhielt. Daß der zieml. seltene Name mit dem bed. Vasenmaler ident. sein könnte, wird durch die Votive von Handwerkerkollegen nahegelegt, die sich auf der Athener Akropolis gefunden haben. Bes. die Töpfer → Mnesiades und → Andokides, → Nearchos (I), → Euphronios, → Peikon u.a. (Raubitschek, 1949, Nrn 178, 197, 224, 44, vgl. auch Nrn 48, 92, 184, 209, 220, 291) bedankten sich zw. 530 und 480 v. Chr. mit Statuen und Statuetten für ihr blühendes Geschäft bei Athene (vgl. I. Scheibler, MüJb 30:1979, 8 ss.). ▥ Das umfangreiche Werk des O. ist nach ersten Versuchen von P. Hartwig und A. Furtwängler v.a. durch J. D. Beazley aufgrund stilist. Verwandtschaft zusammengestellt worden. Zunächst schied er O. vom älteren *Panaitiosmaler* und der *Proto-Panaitios-Gruppe*. A. Furtwängler hatte schon die Identität von O. und *Panaitiosmaler* vorgeschlagen (FR, II, 1909, 134), aber dann (FR, II, 1909, 177 s.) den *Panaitiosmaler* wieder für den späten → Euphronios gehalten. Beazley unterschied den *Panaitiosmaler* immer von → Euphronios und sah in jenem den größten aller Schalenmaler, in O. zunächst dessen sanfteren Nachfolger. Noch in Attic red-figure vase-painters, Ox. 1942, 209 zögerte J. D. Beazley, die beiden gleichzusetzen, was er aber 1944 (Potter and painter in Ancient Athens, Proceedings of the Brit. Acad. 30:1944, 36) bereits für mögl. hielt, in ARV², 1963,

313 ss. dann entschieden tat. Dabei bezog er den *sog. Eleusis Painter* (ARV², 1963, 314, Nrn 1–7), die *Proto-Panaetian Group* (ARV², 1963, 315, Nrn 1–16) und den *Panaitios Painter* als frühere Phasen in das Gesamtwerk des O. (ARV², 1963, 318, Nrn 1–330, p. 137; Para, 1971, 358–361; Add², 1989, 214–217) ein und ließ Vasen in der Art des O. folgen (ARV², 1963, 330–332, Nrn 1–35; Para, 1971, 361; Add², 1989, 217). Die Gleichsetzung des *Panaitiosmalers* und des O. wurde lange bestritten (Pfuhl, 1923; Technau, 1931; Rumpf, 1932 und 1953; Richter, 1946; Arias, 1960; Paribeni, 1963; von Lücken, 1967; Schefold, 1967 und 1974), hat sich aber inzwischen durchgesetzt. Freilich sind nicht alle der mehr als 170 von Beazley zugeschr. Stücke in ihrer Zuweisung unanfechtbar. D. Williams (1993) hat einige frühe Schalen dem *Maler von London E 816* zugesprochen (ARV², 1963, 315, Nrn 5–7, *sog. Eleusis-Maler*, sowie ARV², 1963, 315, Nrn 1 s., near the *Eleusis Painter*). Ferner dürften ARV², 1963, 314, Nrn 1 s. als Frühwerke ausscheiden. ARV², 1963, 325, Nr 73bis und p. 329, Nr 132 gibt Williams dem *Antiphon-Maler*. Ferrari Pinney (AJA 85:1981, 154) schreibt ARV², 1963, 330, Nr 137 dem jungen *Berliner Maler* zu. Eine Reihe von Satyr-Darst. sind meines Erachtens dem O. abzuerkennen: ARV², 1963, 316, Nrn 6–7, p. 317, Nr 15, p. 320, Nr 10, p. 327, Nr 110, pp. 1645 s., Nr 9bis; Para, 1971, 359 s., Nr 9ter. Schon untereinander sehr versch., sind sie viel zu grobschlächtig für O., z.T. auch zu altertümlich. Satyrn des O. sind sehr viel zierlicher und kleinäugig, z.B. ARV², 1963, 320, Nr 11, p. 328, Nr 120, p. 329, Nr 135; Malibu, J. Paul Getty Mus., Inv. Nr 81.AE.214 u.a.; A. Kossatz-Deißmann, 1991; Freiburg im Breisgau, Priv.-Besitz; Strocka, 1998. Zweifelhaft ist mir die Zuschr. von Malibu, ibid., Inv. Nrn 86.AE.313 und 86.AE.607; Williams, 1991, 41 und Zürich, Archäol. Slg der Univ., Inv. Nr L 322; Schellenberg, 1998. Weitere neuerdings zu Unrecht O. zugeschr. Vasen sind aufgelistet bei Strocka, 1998, 88, Anm. 77. – Demgegenüber lassen sich seit Beazley mehr als ein Dutzend neu aufgetauchter rotfiguriger Schalen, drei weißgrundige Schalen sowie einige Fragm. and. Vasenformen O. zuweisen, darunter so bedeutende Werke wie die *Troja-Schale (Nr 5)*, die *Medea-Schale (Nr 3)* und die Freiburger *Satyr-Schale (Nr 6)*: – 1.) *Erichthonios-Schale*, Athen, NM, Inv. Nr Akropolis 433: J. D. Beazley, Attic red-figure vase-painters, Ox. 1942, 216, Nr 10 („manner of the *Panaitios Painter*"); nicht in ARV², 1963; Strocka, 1998, 84 mit Anm. 49, Nr 1; – 2.) *Iliupersis-Schale*, Berlin, Staatl. Mus., Antiken-Slg/Vatikan, Mus.: ARV², 1963, 19, Nrn 1 s.; D. Williams, JbBerlMus 18:1976, 18 ss.; – 3.) *Medea-Schale*, Malibu, J. Paul Getty Mus.: M. Ohly-Dumm, GettyMusJ 9:1981, 5 ss.; – 4.) Basel, Slg Cahn, Inv. Nr HC 599: Sparkes, 1985, 29 ss., Taf. 36; – 5.) *Troja-Schale*, Rom, MN Etrusco di Villa Giulia, ehem. Malibu, J. Paul Getty Mus.: J. Heurgon, in: GettyVases, IV, 1989, 181 ss.; Williams, 1991, 41 ss.; M. Martelli, ArchCl 43:1991, 613 ss.; M. Cristofani, Quaderni di archeologia etrusco-italica 25:1996, 55 ss.; A. M. Moretti Sgubini (Ed.), Euphronios epoiesen: un dono d'eccezione ad Ercole Cerite, R. 1999; – 6.) *Satyr-Schale*, Freiburg im Breisgau, Priv.-Besitz: Strocka, 1998; – 7.) Paris, Louvre, Inv. Nr G 109: Philippart, 1936, 34 ss., Nr 18, Taf. 16; A. Waiblinger, RA 1972, 233 ss., Abb. 1–4, 9; Mertens, 1977, 181, Nr 63, p. 184, Taf. 33, 2; Wehgartner, 1983, 16 s., 57, Nr 24, p. 81 s.; Strocka, 1998, 89; – 8.) *Schalen-Fragm.* aus dem Tumulus der Marathonkämpfer, Marathon, Mus., ohne Inv. Nr: Williams, 1991, 44, Abb. 5; – 9.) *Schalen-Fragm.*, Athen, 3. Ephorie: J. J. Maffre, RA 1972, 221 ss.; – 10.) Malibu, J. Paul Getty Mus., Inv. Nr 86.AE.285: Williams, 1991, 44, Abb. 4; CVA, J. Paul Getty Mus., Malibu, 8, 1998, Nr 43, Taf. 413 s. (M. B. Moore); – 11.) Malibu, ibid., Inv. Nr 86.AE.311: Williams, 1991, 47, Abb. 7 a und b; CVA, J. Paul Getty Mus., Malibu, 8, 1998, Nr 46, Taf. 417, 1 s. (M. B. Moore); – 12.) Malibu, ibid., Inv. Nr 86.AE.284, L. 90. AE. 62: CVA, J. Paul Getty Mus., Malibu, 8, 1998, Nr 44, Taf. 415, 416,3 (M. B. Moore); – 13.) Malibu, ibid., Inv. Nr 85.AE.465: CVA, J. Paul Getty Mus., Malibu, 8, 1998, Nr 45, Taf. 416,4; – 14.) Malibu, ibid., Inv. Nr 86.AE.312: CVA, J. Paul Getty Mus., Malibu, 8, 1998, Nr 47, Taf. 417,3 s. (M. B. Moore); – 15.) Malibu, ibid., Inv. Nrn 76.AE.131 und 81.AE.77: M. True, in: GettyVases, I, 1983, 76 ss. (*Briseis Painter*); Williams, 1993, 66 (Onesimos); – 16.) Basel, Slg Cahn, Inv. Nr HC 698: Handliste zur Ausst. Attische Meister-Zchngn, FiB. 1988, Nr 39; Strocka, 1998, 83, Anm. 42, pp. 85, 89, Abb. 37; – 17.) Basel, ibid., ohne Inv Nr: Strocka, 1998, 83, Anm. 42, p. 85, Abb. 38; – 18.) Basel, ibid., Inv. Nr HC 714: H. A. Cahn, Griech. Vasen-Fragm. der Slg Herbert A. Cahn, Basel, II. Die attisch-rotfigurigen Fragm. (K Kestner-Mus.), Hn. 1993, 12, Nr 187; – 19.) Basel, ibid., Inv. Nr HC 1693: H. A. Cahn, op. cit., 1993, 12, Nr 188; – 20.) *Europa-Schale*, London, BM Cat., Inv. Nr D 1: ARV², 1963, 429, Nr 20 (→ Duris); CVA, BM, 9, 1993, 18 s., Nr 4, Taf. 6 (D. Williams: Onesimos); – 21.) Innsbruck, Archäol. Inst., Fragm. II/12 (26. 27): Nachbaur, 1998. – Dazu kommen noch and. Vasenfor-

men: – 22.) *Deckel-Fragmente* (Inv. Nr 81.AE.214 u.a.), Malibu, J. Paul Getty Mus.: A. Kossatz-Deißmann, in: GettyVases, V, 1991, 138 s., Abb. 4 a-d; – 23.) *Alabastron-Fragm.*: Würzburg, Martin von Wagner-Mus., Inv. Nr HA 469: CVA, Würzburg, 2, 1981, 26, Taf. 17, 5 (F. Hölscher); – 24.) *Fragmente einer Phiale*, Pyrgi-Grabung: M. P. Baglione, in: AGRP (Copenhagen), 1988, 17 ss., Abb. 1 s. (→ Brygos); Williams, 1991, 44, 63, Anm. 32 (Onesimos). – Nicht völlig überzeugend wurden drei in Gravisca gefundene *Scherben* dem O. zugesprochen: Huber, 1999. – Für die Chronologie der Werke des O. geben die *Lieblingsnamen* einen gewissen Anhalt. Leagros, den → Euphronios als Maler oft preist (ARV^2, 1963, 1591), kommt nur selten vor und dann auf sehr frühen Werken (ARV^2, 1963, 315, Nr 4 [*Eleusis Painter*], p. 315, Nr 1 [*Proto-Panaitios-Gruppe*], p. 317, Nr 13). Früh sind auch die immerhin acht Nennungen des Athenodotos (ARV^2, 1963, 316, Nr 3, p. 317, Nr 10, p. 319, Nr 3, p. 320, Nr 14, p. 321, Nrn 20 s., p. 325, Nr 74, p. 328, Nr 112), der ein Altersgenosse des Leagros gewesen sein muß (ARV^2, 1963, 1567 s.). Das gleiche gilt für die *Bostoner Schale* mit dem Lob des Epidromos (ARV^2, 1963, 317, Nr 9). In diese Reihe kurz vor oder um 500 v. Chr. entstandener Schalen gehört auch das *Pariser Exemplar*, das die schönen Jünglinge Dorotheos, Kephisophon und Olympiodoros feiert (ARV^2, 1963, 316, Nr 4). Der herkömml. Ansatz von *Leagros kalos* in das Jahrzehnt 510–500 v. Chr. (seit Langlotz, 1920, 48 ss.) scheint mir trotz neuerer Bestreitungen nach wie vor richtig (Strocka, 1998, 82, Anm. 37; Schellenberg, 1998, 15). Fünfzehnmal und damit am häufigsten nennt O. den schönen Panaitios (ARV^2, 1963, 318, Nr 2, p. 320, Nr 12, p. 321, Nrn 22 s., p. 322, Nrn 28 und 37, p. 323, Nr 56, p. 325, Nrn 76 und 80, p. 327, Nr 94, p. 328, Nrn 111 und 113 s., p. 329, Nr 134; Para, 1971, 360 [Philadelphia, Univ. of Pennsylvania, Mus. of Art and Anthropology, Inv. Nr 64.261]). Diese mittlere Schaffensperiode, die sich über mehrere Jahre, wenn nicht ein Jahrzehnt erstreckt, entspricht dem Werk des früher so gen. *Panaitiosmalers*. Die 14 Schalen des O. mit *Lykos kalos* dürften z.T. gleichzeitig (ARV^2, 1963, 322, Nr 37 nennt Panaitios und Lykos nebeneinander), aber überwiegend später, jedoch im ersten Jahrzehnt des 5. Jh. entstanden sein (ARV^2, 1963, 320, Nrn 8 und 13, p. 322, Nr 37, p. 324, Nrn 60, 62 s., p. 328, Nrn 121 s., p. 329, Nrn 124 und 125bis; Para, 1971, 361, 501 [Philadelphia, ibid., Inv. Nr 64.507]; Basel, Slg Cahn, Inv. Nr HC 698; ibid., ohne Nr [s.o. *Nrn 16–17*]; Freiburg im Breisgau, Priv.-Besitz: Strocka, 1998). Auch hier ist die stilist. Spannweite beträchtlich. Der größere Teil der Lykos-Schalen gehört der Spätphase des O. an, wofür das namengebende Stück in Paris (ARV^2, 1963, 324, Nr 60) exemplarisch ist. Auf ihm wird auch Erothemis *kalos* gen., der noch zweimal (ARV^2, 1963, 322, Nr 29, p. 330, ohne Nr) allein vorkommt. Die einzige Nennung des schönen Aristarchos findet sich auf einer deutl. späten Schale (ARV^2, 1963, 325, Nr 73). Daß die Mehrzahl der Lykos-Nennungen zum Spätwerk des O. gehört, wird daran deutl., daß Lykos auch von jüngeren Zeitgen. des O. gefeiert wird: sechsmal vom *Antiphon-Maler*, dreimal auf Schalen in dessen Art, einmal vom *Briseis-Maler* sowie vom *Erzgießerei-Maler* sowie einigen anderen (Strocka, 1998, 83). Für die Chronologie wichtig ist eine stark fragmentierte *Schale* des O. (Williams, 1991, 44, Abb. 5), die frühestens seiner mittleren Periode angehört und vor 490 v. Chr. entstanden sein muß, weil sie dem Tumulus der Marathonkämpfer entstammt (*Nr 8*). – Wie sehr O. in der Wkst. des zum Töpfer gewordenen → Euphronios verankert ist, geht v.a. daraus hervor, daß er dessen elegante Schalen vom *Typus B* zu bemalen pflegt, von denen mehr als ein Dutzend die Töpfer-Sign. des → Euphronios tragen (ARV^2, 1963, 318, Nrn 1–2, p. 319, Nrn 4[?]-6, p. 320, Nr 8, p. 322, Nr 27, p. 324, Nr 60 [mit der einzigen Sign. des O.], p. 325, Nr 76, p. 330, Nrn 5–6[?]; Para, 1971, 360, Nr 93ter; Malibu, J. Paul Getty Mus., Inv. Nr 86.AE.711). Dazu gehören so frühe Stücke wie ARV^2, 1963, 318, Nr 1, p. 318, Nr 2 und so späte wie ARV^2, 1963, 324, Nr 60. Anscheinend hat O. von den letzten Jahren des 6. Jh. an bis in die frühen 480er Jahre in der Euphronios-Wkst. als maßgeblicher Zeichner gewirkt. Zweifellos lernte O. von → Euphronios das Zeichnen, so nahe stehen diesem seine frühesten Werke, z.B. ARV^2, 1963, 314, Nr 3, p. 315, Nr 4. Aber von Anfang an unterscheiden sich die Figuren des O. durch eine grazile Beweglichkeit. Ihre Glieder, v.a. die Arme, sind schlank, Finger und Zehen langgestreckt. Diese Zierlichkeit verlieren seine Gestalten auch in der späteren Routine nicht. Die Gesichter ähneln sich im Frühwerk durch eine längliche, abgerundete Nase, die zus. mit der Stirn fast eine Gerade bildet. Dies schließt nicht aus, daß er alten Männern kräftige Hakennasen geben kann. Die Mundspalte ist ein Häkchen, das Kinn spitz. Die Mandelaugen halten sich bis in die Spätzeit, wenn auch die Augensterne allmähl. nach vorn wandern. Bei ganz frühen Werken (ARV^2, 1963, 314, Nr 3, p. 316, Nr 3; Basel, Slg Cahn, Inv. Nr HC 599: Sparkes, 1985, 31, Taf. 36), macht er die Augen sehr groß und malt sogar Wimpern. Iris und Pupille zu unterscheiden, behält er wie → Euphronios im Ausnahmefall bei, sonst bilden sie einen schwarzen Punkt. Gewänder zeichnet er im Frühwerk äußerst minutiös mit engen Fältelungen und sorgfältig abgetreppten Säumen. Dickere Mäntel werden von feinen Chitonen deutl. unterschieden. Schon bei frühen Figuren bemüht er sich, die Gewänder um den Körper herumzulegen, auch hintere Säume sichtbar zu machen. O. ist außerordentl. detailverliebt, was Frisuren, Tierfelle, Möbel, Waffen und Geräte angeht, lenkt dadurch aber nicht von der ausdrucksvollen Handlung ab. Bei aller Dramatik behalten seine Figuren freilich etwas Traumtänzerisches. – Bei seinen frühen Prachtwerken mytholog. Inhalts wie der *Iliupersis-Schale* (*Nr 2*), der *Troja-Schale* (*Nr 5*), der weißgrundigen *Erichthonios-Schale* der Athener Akropolis (*Nr 1*) hält er sich noch an die spätarchaischen Darstellungskonventionen, wobei er in Kampfszenen auch mit Drehungen und Rückansichten experimentiert. Bei Sport- und Gelageszenen wendet er in sehr frühen Bildern (z.B. ARV², 1963, 317, Nr 9, p. 320, Nr 14), also schon um 500 v. Chr., gekonnt den Kontrapost an. Im Laufe der Jahre, noch im 1. Jahrzehnt des 5. Jahrhunderts, gelangt er zu einer gewissen Routine und Vereinfachung, ohne seine Feinheit und die manchmal geradezu humorvolle Treffsicherheit in der Beobachtung zu verlieren. Die Inskriptionen nackter Körper reduzieren sich, Gewänder erhalten weniger Falten und einfachere, aber weiterhin stark ondulierende Säume. Der zeitgemäße Zug zur Schwere und zur ernsten Miene lag O. nicht. Auch seine vereinfachten Figuren bleiben feingliedrig und elegant. – O. ist in seiner Themenwahl zunächst äußerst einfallsreich und vielfältig, spezialisiert sich aber zunehmend, wenn auch nicht ausschl. auf Symposion- und Palästraszenen. Dabei sind die repräsentativen mytholog. Themen gerade in der Frühzeit häufig mit ungewöhnl. Schalengrößen und -formen (z.B. *Typ C*) oder auch der weißgrundigen Technik verbunden, während die zahlr. Sport- und Gelageszenen oder and. Bilder aus dem Alltagsleben sich auf der Innen- bzw. Innen- und Außenseite der mittelgroßen eleganten Schalen des *Typs B* befinden. Daraus ist zu schließen, daß O. schon in ganz jungen Jahren damit betraut wurde, offizielle Bestellungen von Schalen als Kultgeschirr oder Weihgeschenke zu bemalen wie z.B. die *weißgrundigen Schalen* von der Athener Akropolis (*Nr 1*) oder aus dem Heiligtum von Eleusis (ARV², 1963, 314, Nr 3, p. 315, Nr 4) oder die *rotfigurige Riesenschale* (Durchmesser 46,5 cm; [*Nr 5*]), wohl aus dem Herakles-Heiligtum von Caere (Cerveteri). Deren vielfigurige Iliupersis-Szenen haben bereits einen Vorläufer in den sehr frühen *Schalen-Fragm.* (*Nr 2*). Ebenfalls aus Caere stammt die *Pariser Schale* (ARV², 1963, 318, Nr 1, Durchmesser immerhin 39 cm) mit den Theseustaten im Außenfries und dem einmaligen Innenbild mit Theseus vor Amphitrite und Athene auf dem Meeresgrund. Auch die weißgrundige Londoner *Europa-Schale* (*Nr 20*) und die weißgrundige Freiburger *Schale mit dem Satyr*, der einen Bock zum Opfer führt (*Nr 6*), schließl. die mit einem Durchmesser von ca. 53 cm gewaltigste *Schale*, deren in Malibu aufbewahrte Scherben (*Nr 3*) im Innenbild Medea und die Peliaden zu rekonstruieren erlauben, in den Außenfriesen Amazonenkämpfe – sie alle sind in den gewählten Themen und der exquisiten Ausf. sowie nach Technik oder Größe Ausnahmestücke auch im Vergleich mit and. Wkstn der gleichzeitigen attischen Vasenproduktion. Schon dem sehr jungen O. traute also → Euphronios die angemessene Ausf. der anspruchsvollsten Aufträge repräsentativer Schalen zu und anerkannte ihn damit als seinen künstler. Erben (mehrere dieser Schalen tragen die Töpfer-Sign. des → Euphronios). Es wäre also gut möglich, daß O. schon um 500 v. Chr. ein bedeutendes Weihgeschenk auf die Akropolis stiften konnte (s.o.). – In seiner frühen und mittleren Zeit bemalt er auch einige normale rotfigurige Schalen mit mytholog. Themen: Gigantenkampf mit Selenegespann (ARV², 1963, 319, Nr 3), Herakles- und Theseustaten (ARV², 1963, 316, Nr 8, p. 318, Nr 2, p. 319, Nrn 4 und 6; [*Nr 21*]) aber auch ungewöhnlichere (und von and. Malern ihm nachgeahmte) wie die Ermordung des Itys (*Nr 4*), den toten Aias (ARV², 1963, 319, Nr 4) und weitere trojanische Szenen: Achilleus und Troilos (ARV², 1963, 320, Nr 8), die Dolon-Gesch. und den sitzenden Agamemnon (ARV², 1963, 319, Nr 5). In seiner Spätzeit verzichtet er ganz auf Mythenbilder außer bei einem Sonderauftrag, der *Pariser weißgrundigen Schale*, Louvre, Inv. Nr G 109, mit der Ermordung der Ismene durch Tydeus (*Nr 7*). Dionysische Themen sind selten. Sie fehlen in der Frühzeit und im Spätwerk völlig. In der mittleren Periode beschränken sie sich auf einzelne Satyrn (ARV², 1963, 320, Nrn 12bis und 13, p. 328, Nr 110bis, p. 328, Nr 120 sowie die *Freiburger Schale*; [*Nr 6*]) oder Satyrn und Mänaden (ARV², 1963, 320, Nr 11, p. 329, Nr 135; Malibu, J. Paul Getty Mus., Inv. Nr 81.AE.214; [*Nr 22*]). – Von Anfang an bemalt O. Schalen auch mit Alltagsszenen von ein bis zwei Figuren in Innenbildern und mit mehreren Figurengruppen in Außenfriesen. Ein Themenschwerpunkt liegt beim Symposion und seinem Umkreis (Gelage, Hetären, Musiker, Komos), ein and. bei der Palästra, wobei die Symposionsbilder in der früheren Zeit leicht überwiegen, deutl. dagegen die Palästrabilder in der späteren Periode. Dazu kommen einzelne schöne Knaben (ARV^2, 1963, 315, Nr 1, p. 322, Nr 37, p. 329, Nr 128), Männer mit Stock und/oder Hund (ARV^2, 1963, 327, Nrn 101, 105 und 105bis, p. 330, Nr 136), Musiker (ARV^2, 1963, 327, Nr 98, p. 328, Nr 115), ein Fischerjunge mit Körben (ARV^2, 1963, 329, Nr 131), ein Mädchen vor dem Bad (ARV^2 329, Nr 130), ein Mann am Altar (ARV^2, 1963, 324, Nr 63). Mehrfigurig sind zwei Schulszenen (ARV^2, 1963, 326, Nr 93, p. 329, Nr 134). – Eine eigene Gruppe bilden in allen Perioden krieger. Figuren, meist Hoplitodromoi oder Bogenschützen (ARV^2, 1963, 317, Nrn 13 s., p. 320, Nr 14, p. 321, Nrn 15–18 und 21, p. 322, Nr 34, p. 323, Nrn 55–57 und 59, p. 328, Nr 112), eine and., v.a. in der Spätzeit, Knaben oder Männer neben oder auf Pferden (ARV^2, 1963, 324, Nr 60 s., 65 s., 68A und 69–72, p. 325, Nr 73). Auf ders. Schale können durchaus zwei versch. dieser Themen vorkommen. Da viele der Belege nur aus Fragm. bestehen, sind manche Deutungen unsicher und neue Kombinationen möglich. – O. hat fast nur Schalen bemalt. And. Gefäßformen kommen bisher sehr selten vor: *Kyathoi* (ARV^2, 1963, 329, Nrn 134 s., p. 330, Nr 136), ein *Teller* (ARV^2, 1963, 330, Nr 137), ein *Alabastron* (*Nr 23*), ein *Deckel* (*Nr 22*), eine *Phiale* (*Nr 24*). – Ob alle diese Stücke, v.a. die Routine-Schalen, wirkl. von seiner Hand sind, harrt noch genauer Untersuchung. Jedenfalls gibt es schon in Beazleys Liste eine ganze Anzahl hier meist nicht berücksichtigter Stücke „in der Art des Onesimos". Die offenbar sehr gefragten und wohl erschwinglichen kleineren Schalen mit Alltagsszenen wurden in der Euphronios-Wkst. sicherl. von jüngeren Kräften nachgeahmt und variiert, von denen sich einige Hände wie u.a. der *Antiphon-Maler* und der *Erzgießerei-Maler* zu eigenen Persönlichkeiten entwickelten. ▭ ThB26, 1932 (s.v. O.); v.e. ThB9, 1913 (s.v. Diotimos); ThB11, 1915 (s.v. Euphronios). RE XVIII. 1, 1939 (s.v. O.); EAA V, 1963, (s.v. O.; Panaitios, Pittore di); LAW, 1965 (s.v. O.); Kindlers Malerei Lexikon IV, 1967 (s.v. O.); KlP IV, 1972 (s.v. O.); *H. Bauer*, Die große Enz. der Malerei VI, FiB. 1978 (s.v. O.); DA XXXII, 1996 (s.v. vase painters, O.); DNP VIII, 2000 (s.v. O.); Metzler Lexikon Antike, 2000 (s.v. O.). – *Hartwig*, Meisterschalen, 1893, 503 ss.; *A. Furtwängler*, in: FR I, 1904, 110–112; II, 1909, 133 s.; *E. Buschor*, Griech. Vasenmalerei, M. 1913, 171 ss.; *G. Perrot*, in: *Perrot/Chipiez*, X, 1914, 411, 446, 455; *J. D. Beazley*, Attic red-figured vases in American mus., C., Mass. 1918, 82–89; *E. Langlotz*, Zur Zeitbestimmung der strengrotfigurigen Vasenmalerei und der gleichzeitigen Plastik, L. 1920, 93 ss.; *id.*, Griech. Vasenbilder, He. 1922, 10 s.; *Pfuhl*, MuZ, 1923, 448, 451 ss., 466; *J. D. Beazley*, Att. Vasenmaler des rotfigurigen Stils, Tb. 1925, 165 ss., 172 ss.; *id.*, VPol, 1928, 22 s.; *E. Langlotz*, Gnomon 1928, 326 ss.; *W. Technau*, RM 46:1931, 189 ss.; *E. Buschor*, in: FR III, 1932, 123; *Beazley*, CF, 1933, 33; *H. Philippart*, AntCl 5:1936, 30 ss.; *Richter/Hall*, 1936, 60 ss., Nr 39; *N. Plaoutine*, RA 10:1937, 27 ss.; *A. E. Raubitschek*, ÖJh 31:1939 (Beibl., 34 s.); *E. Buschor*, Griech. Vasen, M. 1940, 149 s.; *J. D. Beazley*, Attic red-figure vase-painters, Ox. 1942, 209 ss., 219 ss.; *id.*, Potter and painter in Ancient Athens, Proceedings of the Brit. Acad. 30:1944, 105, 118; *id.*, Hesperia, Suppl. 8:1949, 3 ss.; *Raubitschek*, Dedications, 1949, 246 ss., Nr 217, pp. 384 ss., Nrn 349–353, 357 s.; *Rumpf*, MuZ, 1953, 84 s.; *Caskey/Beazley*, II, 1954, 21 ss., Nrn 71–81; *G. M. A. Richter*, Attic red-figured vases. A survey², New Haven 1958, 76 ss.; *M. Robertson*, Griech. Malerei, Genf 1959, 106; *Arias/Hirmer*, TJGV, 1960, 72, 78, Nr 134, p. 149; *J. D. Beazley*, AJA 66:1962, 235 s.; *I. Scheibler*, MüJb 13:1962, 11, 18 ss., 23, 27; ARV^2, 1963, 313 ss.; *G. von Lücken*, in: *ibid./K. Zimmermann* (Ed.), Die griech. Vase, WissZRostock 1967, 485 ss.; *E. Vermeule*, AJA 71:1967, 311–314; *A.-B. Follmann*, Der Pan-Maler, Bonn 1968, 13 s., 16 s.; Para, 1971, 358 ss., 511; *J. J. Maffre*, RA 1972, 221 ss.; *K. Schauenburg*, RM 81:1974, 313 ss.; *Boardman*, ARFV, I, 1975, 133 s.; *M. Robertson*, MüJb 27:1975, 37; *Simon/Hirmer*, Vasen, 1976, 108, 116; *D. Williams*, JbBerlMus 18:1976, 9 ss.; *id.*, JHS 96:1976, 162 s.; *D. von Bothmer*, RLouvre 27:1977, 216; *D. Williams*, AntK 23:1980, 137 ss.; *M. Ohly-Dumm*, GettyMusJ 9:1981, 5 ss.; *D. Williams*, JbBerlMus 24:1982, 20 ss.; *I. Wehgartner*, Attische weißgrundige Keramik, Mainz 1983, 81 ss.; *R. Blatter*, AW 16:1985, 55 s.; *B.A. Sparkes*, in: *C. G. Boulter* (Ed.), Greek art. Archaic into Classical. Cincinnati Classical Studies, N. S. 5:1985, 18 ss.; *Immerwahr*, AttScr, 1990, 83 ss.; *A. Kossatz-Deissmann*, GettyVases, V, 1991, 138 s.; *A. M. Tamassia*, Arte Lombarda 98/99:1991, 175 ss.; *D. Williams*, GettyVases, V, 1991, 41 ss.; *M. Robertson*, The art of vase-painting in Classical Athens, C. 1992, 44 ss.; *D. Williams*, CVA, BM, 9, 1993, Nrn 1–6, 7–9; *M. J. Anderson*, JHS 115:1995, 130 ss.; *M. B. Moore*, CVA, The J. Paul Getty Mus., Malibu, 8, 1998, Nrn 43–47; *G. Nachbaur*, ÖJh 67:1998, 97 ss.; *S. Schellenberg*, Archäol. Slg der Univ. Zürich, 24, Z. 1998, 9–17; *V. M. Strocka*, ÖJh 67:1998, 63 ss.; *M. Halm-Tisserant*, in: *M.-C. Villanueva Puig u.a.* (Ed.),

Céramique et peint. grecques. Modes d'emploi, Actes du colloque internat., Ecole du Louvre, 26–28 avril 1995, P. 1999, 187–194; *K. Huber*, Gravisca 6. Le ceramiche attiche a figure rosse, Bari 1999, 59 s., Nrn 209, 210, 212. V. M. Strocka

Onesos (῞Ονησος), griech. Bronzeschmied, nach M. des 6. Jh. v. Chr. im ägäischen Raum(?) tätig. O. ist nur aus einer Weih-Inschr. an Apollon bek., die in Kameiros/Rhodos gefunden wurde (heute Rhodos, Mus.) und in der er sich selbst als χαλκοτύπος (Bronzeschmied) bezeichnet. Da es sich bei dem Weihgeschenk, auf dem die Inschr. angebracht ist, um ein schlicht gefertigtes *Miniaturwagenrad* handelt, dürfte O. mit seiner Tätigkeit keinen künstler. Anspruch verfolgt haben und ist daher wohl als schlichter Handwerker einzustufen. ▭ EAA, Suppl., 1970 (s.v. O.). – *J. D. Kondis*, ASAtene 28–29:1949–51, 347 s., Abb. 1; SEG, XII, 1955, Nr 364; *M. Guarducci*, Epigrafia Greca, I, R. 1967, 330 s., Nr 3; *Jeffery*, LSAG², 1990, 349, 415, Taf. 67,13. U. Huttner

Onetes (?) → Netes (?)

Onetorides (᾿Ονητορίδης), griech. Bildhauer, im 4. Jh. v. Chr. in Marathon tätig. Nur bek. durch seine Sign. auf einer Basis für eine Statue aus Marathon, die von Theogenes, Sohn des Gyles von Probalinthos, gew. worden ist (IG, II/III², 7296; Muller-Dufeu, SculptureSource, 2002, 566 s., Nr 1676). ▭ RE XVIII. 1, 1939 (s.v. O. 2); EAA V, 1963. – *G. Soteriades*, Prakt 1933, 43 s.; *G. Karo*, AA 1934, 148. R. V.

Ophelion (I) (᾿Ωφελίων), Maler unbestimmter, wahrsch. hellenist. Zeit. O. hat zwei anakyklischen Epigrammen des Nikodemos von Heraklea zufolge einen bocksfüßigen *Pan* (Anth. Gr., 6, 315) und eine weinende *Aerope* mit den Resten des Thyestes-Mahles und *Poine* (Anth. Gr., 6, 316; vgl. C. Lochin, LIMC VII, 1994, 423 s.v. Poine 12) gemalt. ▭ ThB26, 1932 (s.v. O.). RE XVIII. 1, 1939 (s.v. O. 5). – *Overbeck*, SQ, 1868, Nr 2138 s.; *Brunn*, GGK, II, 1889, 193; *Pfuhl*, MuZ, II, 1923, 819, § 895; *D. L. Page*, Further Greek epigrams, C. 1981, 542, 544. L. Lehmann

Ophelion (II), Sohn des Aristonidas, Bildhauer wohl des 1. Jh. v. Chr. Auf der Rückseite eines als Stütze dienenden Panzers neben einer röm. Marmorstatue (Paris, Louvre, Inv. Nr Ma 1251) ist die Inschr. ᾿Ωφελίων [᾿Α]ριστωνίδα (O., Sohn des Aristonidas) angebracht, die unter Vorbehalt als Künstler-Sign. gedeutet wird (vgl. Loewy, 1885; IG, XIV, 1277). Die aufrecht stehende, nackte, nur mit einer über die linke Schulter gelegten Chlamys bekleidete *männl. Statue* des 1. Jh. v. Chr., die bei Monte Porzio in der Nähe von Tusculum gefunden worden ist, trägt einen wahrsch. urspr. nicht zugehörigen Augustus-Kopf. Der Versuch, O. in eine rhodische Fam. einzuordnen, aus der ein älterer (um 340/330 v. Chr.; → Aristonidas [I]) und ein jüngerer Aristonidas (um 258 v. Chr.; → Aristonidas [II]) bek. sind (vgl. Lindos, II. 1, 1941, 43, Stemma 15), ist recht spekulativ. – Die Identität mit → O. (I) ist sehr unwahrscheinlich. ▭ ThB26, 1932 (s.v. O.). RE XVII. 1, 1939 (s.v. O. 4); EAA V, 1963 (s.v. O.). – *Overbeck*, SQ, 1868, Nr 2028; *Brunn*, GGK, I, 1889, 325 s.; *Loewy*, IGB, 1885, 289 s., Nr 432; *R. West*, Röm. Portr.-Plastik, I, M. 1933, 91 s.; *Lippold*, GrPl, 1950, 270, 383; *F. Muthmann*, Statuenstützen und dekoratives Beiwerk an griech. und röm. Bildwerken, He. 1951, 58; *Richter*, CriticalPeriods, 1951, 54; *H. Oehler*, Unters. zu den männl. röm. Mantelstatuen. Der Schulterbauschtypus, B. 1961, 62; *Charbonneaux*, SculptLouvre, 1963, 142; *H. G. Niemeier*, Studien zur statuar. Darst. der röm. Kaiser, B. 1968, 57, Anm. 488; *E. Buschor*, Das hellenist. Bildnis, M. ²1971, 53, 55, 57, 89, Nr 244; *F. Cancerini*, Stud. Miscellanei 20:1972, 31; *P. Zanker*, Stud. zu den Augustus-Portr., Göttingen 1973, 24 s.; *A.-K. Massner*, Bildnisangleichung, B. 1982, 11; *K. de Kersauson*, Mus. du Louvre, Cat. des portr. romains, P. 1986, 78 s. L. Lehmann

Ophellios → Ofellius, *Publius*

Oppius, röm. Toreut, zw. 40 und 60 n. Chr. in Kampanien tätig. Nur bek. durch seine Sign. auf den folgenden vier *Bronzeschnabeltassen*: – 1.) aus Luni/Italien (heute Luni, MN, Inv. Nr A 2129; Bolla, 1988; Petrovszky, 1993, 283, Nr O.03.01); – 2.) aus Italien (heute Mailand, MCiv Archeol., Inv. Nr A 433; Bolla, 1988, 2, Abb. 3; Petrovszky, 1993, 283 s., Nr O.03.02); – 3.) von einem Wasserfund aus der Waal bei Nijmegen/Niederlande (heute Nijmegen, Prov. Mus. Kam, Inv. Nr BE V 36p; CIL, XIII. 3/2, 10027, 32; A. Radnóti, Die röm. Bronzegefäße von Pannonien, Dissertationes Pannonicae, 2. Ser, 6, Bp/L. 1938, 32, Anm. 37, Taf. 15, 9; M. H. P. den Boesterd, The bronze vessels in the RM G. M. Kam at Nijmegen, Nijmegen 1956, 24, Nr 65, Taf. 3, 65–65 a; 13, 65 b; 18, 65 c; Bolla, 1988; Petrovszky, 1993, 284, Nr O.03.03, Taf. 22, 41); – 4.) aus Spanien (heute Tarragona, Mus. Arqueol. Prov.; CIL, II, 4966, 7; Petrovszky, 1993, 284, Nr O.03.04). ▭ *M. Bolla*, Un manico decorata da Fornovo S. Giovanni (Bergamo) e l'officina dei Trebelli (Ms.), in: *H. U. Nuber* (Ed.), 10. Internat. Tagung über antike Bronzen,

18.–22. Juli 1988 in Freiburg im Breisgau, FiB. 1988, 2, Anm. 11; *R. Petrovszky*, Stud. zu röm. Bronzegefäßen mit Meisterstempeln, Buch am Erlbach 1993, 161, Nr O.03, pp. 283 s., Nrn O.03.01–O.03.04, Taf. 22, 41. R. V.

Oppius Hermes, *Caius*, röm. Toreut, in der 2. H. des 1. Jh. n. Chr. in Italien tätig. Nur bek. durch seine Sign. auf den folgenden drei Bronzegefäßen: – 1.) *Kasserolle* aus Pompeji (heute Pompeji, Deposito Archeol., Inv. Nr 5498; A. Carandini, Alcune forme bronzee conservate a Pompei e nel MN di Napoli. L'instrumentum domesticum di Ercolano e Pompei, R. 1977, 166; Petrovszky, 1993, 282, Nr O.01.01); – 2.) *Badeschale* (heute Vatikan, Mus. [ehem. Rom., Mus. Kircher]; CIL, XV. 2/1, 7078; H. Willers, Neue Unters. über die röm. Bronzeindustrie von Capua und von Niedergermanien, Hn./L. 1907, 88, Nr 103; Petrovszky, 1993, 278, Nr O.01.02); – 3.) *Kasserolle* aus Răcătău, jud. Bacău/Rumänien (heute Bacău, Muz. judetean, Inv. Nr 7773; S. Sanie, Civilizaţia romană la est de Carpaţi şi romanitatea pe teritoriul Moldovei. Secolele II. i. e. n. – III. e. n., Iaşi 1981, Taf. 56, 2; Petrovszky, 1993, 282, Nr O.01.03). ▭ *R. Petrovszky*, Stud. zu röm. Bronzegefäßen mit Meisterstempeln, Buch am Erlbach 1993, 160, Nr O.01, p. 282, Nrn O.01.01–O.01.03, Taf. 22. R. V.

Oppius Priscus, *Publius*, röm. Toreut, zw. 40 und 70 n. Chr. in Kampanien tätig. Nur bek. durch seine Sign. auf den folgenden sieben *Bronzekasserollen*: – 1.) aus Pompeji (heute Pompeji, Deposito Archeol., Inv. Nr 2210; Petrovszky, 1993, 282, Nr O.02.01); – 2.) aus Pompeji (heute Pompeji, Deposito Archeol., Inv. Nr 18702; Petrovszky, 1993, 282, Nr O.02.02); – 3.) aus Pompeji (heute Pompeji, Deposito Archeol., Inv. Nr 8362; Petrovszky, 1993, 282 s., Nr O.02.03); – 4.) aus Pompeji (heute Neapel, Mus. Archeol. Naz.; CIL, X, 8071, 49; XIII. 3/2, 10027 bei Nr 32; Petrovszky, 1993, 279, Nr O.02.04); – 5.) aus Pitigliano, Grosseto/Italien (heute Berlin, Staatl. Mus., Antiken-Slg; CIL, XI, 6717, 7; H. Willers, Neue Unters. über die röm. Bronzeindustrie von Capua und von Niedergermanien, Hn./L. 1907, 88, Nr 105, Taf. 7, 14; Petrovszky, 1993, 283, Nr O.02.05); – 6.) aus dem Brandgrab Nr 1 von Bornitz, Landkreis Zeitz/Deutschland (heute Halle/Saale, LM, Inv. Nr HK 42:101 a-j; Petrovszky, 1993, 283, Nr O.02.06, Taf. 22); – 7.) aus Ungarn (heute Budapest, NM, Inv. Nr 54. 5. 45; A. Radnóti, Die röm. Bronzegefäße von Pannonien, Dissertationes Pannonicae, 2. Ser, 6, Bp./L. 1938, 51, Anm. 9, Taf. 17, 25; 21, 1; Petrovszky, 1993, 279, Nr O.02.07, Taf. 22, 41). ▭ *R. Petrovszky*, Stud. zu röm. Bronzegefäßen mit Meisterstempeln, Buch am Erlbach 1993, 161, Nr O.02, pp. 282 s., Nrn O.02.01–O.02.07, Taf. 22, 41. R. V.

Opponius Iustus, *Publius*, Sohn des Publius, aus Savaria (Szombathely, Ungarn) stammender röm. Militärarchitekt, im frühen 2. Jh. n. Chr. im heutigen Bonn tätig. Bek. durch zwei Inschr. auf einem von ihm gew. Votivaltar für Nemesis Deana (AE 1953, 34, Nr 93; AE 1960, 47, Nr 160) und einem Grabstein (CIL, VIII, 8082) für einen befreundeten Soldaten seiner Einheit, beide in Bonn gefunden (heute Bonn, Rheinisches LM). Q. war demnach Architekt der 22. Legion und gehörte offenbar zu jener Vexillation, die während der Dakerkriege am A. des 2. Jh. n. Chr. für kurze Zeit im damals leerstehenden Legionslager in Bonn stationiert war. ▭ RE XVIII, 1942. – *F. Oelmann*, BJb 149:1949, 334 s., Taf. 24, 1; *G. Bauchhenss*, CSIR Deutschland III. 1, Bonn 1978, 49 s., Nr 35 (Lit.), Taf. 35; *Donderer*, Architekten, 1996, 242–244, Nrn A 130-A 131, Taf. 45, 2 und 46, 1. C. Leschke

Oreibelos (Ὀρείβελος), griech. Töpfer, in der 1. H. des 5. Jh. v. Chr. in Athen tätig. O. ist nur durch eine Sign., Ὀρείβελος ἐποίεσεν, auf dem *Fragm. eines rotfigurigen Volutenkraters* von der Athener Akropolis (Akropolis-Mus., Inv. Nr 762) bekannt. Das Bruchstück ist von J. D. Beazley dem sog. *Deepdene-Maler* zugeschr. worden. ▭ ThB26, 1932. EAA V, 1963. – ARV^2, 1963, 499, Nr 17; *Graef/Langlotz*, II, 1933, Nr 762. T. Mannack

Orentes (Ὀρέντης), Mosaizist, in der 1. H. des 3. Jh. n. Chr. in Amisos/N-Türkei tätig. Nur bek. durch seine Sign. auf einem *Bodenmosaik* mit der Darst. des Achilleus, das auf dem Troman-Hügel nahe Samsun, dem antiken Amisos, entdeckt worden ist. Im zentralen Hauptbild des Mosaiks sind Achilleus und Thetis dargestellt. Sie sind in den Eckbildern umgeben von den Büsten der Vier Jahreszeiten. Die restl. freien Felder zw. den Eckbildern zeigen von Meerwesen getragene Nereiden. All diese Szenen sind von versch. geometr. Mustern umgeben. Die oberen Teile sind mit and. geometr. Motiven als die unteren verziert. Das zusätzl. unten angebrachte Feld zeigt eine Opferszene, die der Hauptszene in der Mitte gegenübersteht. Die Künstler-Inschr. befindet sich im Hauptbild mit Achilleus und Thetis. Die Inschr. lautet: ΟΡΕΝΤΗΣ ΕΨΗΦΟΘΕΤΗΣΑ (Ich, Orentes, habe dieses Mosaik hergestellt). Die Inschr. dokumentiert, daß ein Mosaizist namens O. dieses Mosaik geschaffen hat. Sein Name erinnert an den Fluß Orontes, und zus. mit diesen Darst. weist der Name auf die Bedeutung des Südostens hin. Im allg. kennen wir in diesem Gebiet keine Sign. auf Mosaiken. Es zeigt, daß hier ein auswärtiger Kunsthandwerker tätig war. Da sein Name nicht lit. überliefert ist, können über ihn keine weiteren Aussagen getroffen werden. Jedoch stammt der Name aus der s. Region. Auch Stil und Ikonogr. scheinen im Süden beheimatet gewesen zu sein. 🕮 *D. Şahin*, Amisos Mosaics, in: Second internat. congr. on Black Sea antiquities. Local populations of the Black Sea littoral and their relations with the Greek, Roman and Byz. worlds and Near Eastern civilisations (8th cent. BC – ca. AD 1000), Ankara, 2–9 september 2001 (im Druck); *ead.*, The Amisos mosaic and the cult of Achilles at the South Black-Sea coast, in: IXth internat. colloquium on antique and medieval mosaic research, Rome, 5–10 November 2001 (im Druck). D. Şahin

Orestes (Ὀρέστης), Sohn des Orestes, aus Pergamon, griech. Bildhauer, in der 1. H. des 2. Jh. v. Chr. in Pergamon tätig. Nur bek. durch seine Sign. am *Gigantenfries* des *Pergamonaltares*. Da die Inschr. keinem Abschnitt zugeordnet werden kann, bleibt die genaue Tätigkeit des O. am Fries leider unklar. 🕮 ThB26, 1932. RE XVIII. 1, 1939 (s.v. O. 15); EAA V, 1963. – *E. Fabricius/ C. Schuchhardt*, Altertümer von Pergamon. Die Inschr. von Pergamon, VIII. 1, ed. *M. Fränkel*, B. 1890, 58, Nr 75; *Muller-Dufeu*, SculptureSource, 2002, 860 s., Nr 2561. R. V.

Orestes, *M. Ulpius* → **Ulpius Orestes,** *M.*

Oros (Ὄρος), angebl. griech. Steinschneider unbek. Zeit. Nur bek. durch eine Inschr. auf einem *Kameo mit der Darst. einer Silenmaske*. Es wird jedoch angezweifelt, ob der Kameo überhaupt antik ist. 🕮 EAA V, 1963. – *Brunn*, GGK, II, 1889, 424. R. V.

Ortios → **Hortios (KLA II, Addendum)**

Ouanaxos, *Aurelios* (Αὐρήλιος Ουαναξος), Sohn des Manes, Bildhauer aus Phrygien, im Gebiet um Amorion (N-Phrygien) im 1. Drittel des 3. Jh. n. Chr. tätig. O. ist als Schöpfer einer noch unpubl., aus der Gegend von Emirdağ im Bereich der röm. Stadt Amorion stammenden *Votivstatuette* im Mus. von Afyon (Inv. Nr E. 1877) bezeugt, die einen nackten, neben einem Dreifuß stehenden Apollon mit Lorbeerzweig und Lyra wiedergibt und die wohl nur kurz nach 212 n. Chr. zu dat. ist (nur die Weih-Inschr. ist publiziert: T. Drew-Bear, GrRomByzSt 17:1976, 257–259, Nr 13, Taf. 9, 1); nach der Weih-Inschr. an der Plinthe dieser Statuette hat O. neben der *Apollon-Statuette* noch weitere Standbilder angefertigt und in einem eigens von ihm errichteten Schrein aufgestellt. Sicherl. derselbe Bildhauer ist aufgrund der Übereinstimmung des seltenen phryg. Namens und der Herkunftsgegend in einer Grab-Inschr. aus Kurduşak ö. von Amorion überliefert (J. G. C. Anderson, JHS 19:1899, 304, Nr 239), die O. zus. mit → Markos (I) als τεχνεῖται aufführt. T. Lochman

Oueros cf. **Flavius Verus**

Ovius, *C.*, röm. Toreut, im 3./2. Jh. v. Chr. tätig. Durch die Inschr. C. OVIO OVF[ENTIA] FECT. auf einer *bronzenen Medusenbüste* bek. (heute Rom, MN Romano; CIL, I, 51; CIL, I^2.2, 545; CIL, XI. 2, 6720, 20). Die Herkunft des O. ist unbek., als Heimatorte werden Praeneste oder Rom genannt. 🕮 RE XVIII. 2, 1942 (s.v. O. 2); EAA V, 1963. – Helbig[3], II, 1913, Nr 1760; *E. Paribeni*, Le terme di Diocleziano e il MN Romano[2], R. 1932, Nr 1101. M. Seifert

P

P[...] (Π[...]), griech. Münzstempelschneider, in der 2. H. des 5. Jh. v. Chr. in Terina tätig. Nur bek. durch seine Sign. auf versch. Vorderseiten von Nomoi aus Terina mit diversen Darst. der Nymphe Terina im Profil. ▭ *R. R. Holloway/G. K. Jenkins*, Terina, Bellinzona 1983, 51, Nr 47; 52, Nr 59; *H. A. Cahn u.a.*, Griech. Münzen aus Grossgriechenland und Sizilien, K Antikenmus. Basel und Slg. Ludwig, Basel 1988, 71, Nrn 240 s. mit Abb., Taf. 18 s. R. V.

Paachem (I), Sohn des Paachem, ägypt. Goldschmied („Oberster der Goldschmiede"), in ptolemäischer Zeit (332–30 v. Chr.) in Philae/Oberägypten tätig. P. ist nur durch ein heute verblaßtes demot. Tintengraffito vom Isis-Tempel auf Philae bek. ▭ *F. L. Griffith*, Cat. of the demotic graffiti of the Dodecaschoenus, Ox. 1937, 96, Nr Ph 327. S. L. Lippert

Paachem (II), Sohn des Asklepiades, Bildhauer, M. des 3. Jh. n. Chr. in Philae/Oberägypten tätig. P. ist bek. durch drei demot. Graffiti am Isis-Tempel von Philae. Eines davon, das auf das Jahr 268 n. Chr. dat. ist, berichtet, daß er die Götterbilder des Tempels jährlich geschaffen habe; gemeint ist sicherlich, daß die Reliefs an den Tempelwänden jährlich neu ausgemalt wurden. In einem anderen Graffito ist auch sein Bruder → Djedher (I) gen., der ebenso als Bildhauer am Isistempel arbeitete. ▭ *F. L. Griffith*, Cat. of the demotic graffiti of the Dodecaschoenus, Ox. 1937, 86, Nr Ph 269, 88, Nr Ph 273, 97, Nr Ph 330. S. L. Lippert

Paachem (III), Sohn des Pachenem, ägypt. Bildhauer („Oberster der Oberen"), M. des 3. Jh. n. Chr. in Philae/Oberägypten tätig. Bek. von einem Graffito am Isis-Tempel von Philae. Er führte sehr wahrsch. die große Inschr. (Ph 416) aus, die sich direkt darunter befindet – das längste bek. demot. Graffito überhaupt. Von seiner bildhauer. Tätigkeit ist jedoch nichts nachweisbar erh. ▭ *F. L. Griffith*, Cat. of the demotic graffiti of the Dodecaschoenus, Ox. 1937, 114 s., Nr Ph 415 und 416. S. L. Lippert

Paachem (IV), Sohn des Paschernit(?), ägypt. Goldschmied („Oberster der Goldschmiede"), in griech.-röm. Zeit (3. Jh. v. Chr.–3. Jh. n. Chr.) in Philae/Oberägypten tätig. P. ist nur bek. von einem demot. Graffito am Isis-Tempel von Philae. Der Name seines Vaters läßt sich nicht mit völliger Sicherheit lesen. ▭ *F. L. Griffith*, Cat. of the demotic graffiti of the Dodecaschoenus, Ox. 1937, 52, Nr Ph 51. S. L. Lippert

Pabak, ägypt. Umrißzeichner, während der Ramessidenzeit (19./20. Dynastie, 1292–1069 v. Chr.) in Deir el-Medineh/Oberägypten tätig. Belegt auf einer Stele aus dem Grab des Nekropolenhandwerkers Neferabu (Theban Tomb 5) in Deir el-Medineh/Theben-W. Er geleitet in einer Szene als einer der trauernden „neun Freunde" des Neferabu dessen Sarg im Rahmen des Begräbnisses zum Grab, in einer anderen Szene trägt er ein Bett mit Kopfstütze dorthin, das zur Grabausstattung gehört. ▭ PM I. 1, 1960, 14 (Theban Tomb 5). – Hieroglyphic texts from Egyptian stelae etc. (K BM), IX, Lo. 1970, 34 s., Taf. 30, Nr 150 und 1754. C. von Pfeil

Pabiat..., ägypt. Umrißzeichner, frühe 21. Dynastie (2. H. 11. Jh. v. Chr.), hat im Tal der Könige gearbeitet. Von P. stammt ein Graffito im theban. Bergland (Nr 1806), in dem sein Name nicht vollst. lesbar ist. ▭ *J. Černý/A. A. Sadek*, Graffiti de la montagne thébaine, III, Le Caire 1970, Taf. 30; IV, Le Caire 1970, 17; *E. S. Bogoslovsky*, ZÄS 107:1980, 99. F. Hoffmann

Pacatus, röm. Toreut, in der 2. H. des 1. Jh. n. Chr. in N-Italien oder Niedergermanien tätig. Nur bek. durch seine Sign. auf einer *Bronzekelle* und einem *Bronzesieb* aus einem Körpergrab von Lovosice, Litoměřice in der Tschech. Republik (heute Litoměřice, Mus., Inv. Nrn 880–884). ▭ *K. Motyková-Sneidrová*, Fontes Archaeologici Pragenses 2:1967, 28, Abb. 12, 1 s., Beil. 2, 9 s.; *R. Petrovszky*, Stud. zu röm. Bronzegefäßen mit Meisterstempeln, Buch am Erlbach 1993, 161, Nr P.01, pp. 284 s., Nrn P.01.01–P.01.02, Taf. 22. R. V.

Pacha, ägypt. Bauleiter („Vorsteher der Arbeiten"), unter dem König Echnaton (Amenophis IV.) (1351–1334 v. Chr.) in Tell el-Amarna/Mittelägypten tätig. Bek. aus seiner Stele, die er geweiht hat und die im Felsengrab des Ani Nr 23 von Tell el-Amarna gefunden wurde. Auf dieser betont P. ausdrückl., daß er seine Stele selbst hergestellt hat. 📖 *N. de G. Davies*, The rock tombs of El Amarna, V, in: ASE 17:1907, 9D Taf. XXI. Y. Ott

Pacharu → **Pacheri**

Pachenem (I) (Pachnum), Sohn des Herpaaset, ägypt. Bildhauer, 1. H. des 3. Jh. n. Chr. in Philae/Oberägypten tätig. Bek. aus drei demot. Graffiti am Isis-Tempel von Philae, die in die Jahre 227/228 bzw. 230/231 n. Chr. dat. sind. In einem davon wird berichtet, daß P. zus. mit seinem Bruder → Nesmet eine Götterfigur des Osiris vergoldet habe. Die Figur ist uns jedoch nicht erh. 📖 *F. L. Griffith*, Cat. of the demotic graffiti of the Dodecaschoenus, Ox. 1937, 68, Nr Ph 145, 78, Nr Ph 224, 94, Nr Ph 317. S. L. Lippert

Pachenem (II) (Pachnum), Sohn des Iiemhetep, ägypt. Bildhauer („Oberster der Oberen"), in griech.-röm. Zeit (3. Jh. v. Chr.-3. Jh. n. Chr.) in der Gegend von Philae/Oberägypten tätig. Bek. von einem demot. Graffito auf einem Granitfelsen auf der Insel Biggeh (Abaton). Da außer P. selbst auch seine Fam. gen. wird und der ganze Text einen funerären Char. besitzt, könnte es sich um seine Grab-Inschr. handeln, die viell. von ihm selbst ausgeführt wurde. 📖 *F. L. Griffith*, Cat. of the demotic graffiti of the Dodecaschoenus, Ox. 1937, 40, Nr Bija 1. S. L. Lippert

Pacheri (Pacharu), ägypt. (?) Künstler („Vorsteher der Künstler"), 19./20. Dynastie (1292–1070/69 v. Chr.) vermutl. im theban. Raum/Oberägypten tätig. P., übersetzt „der Syrer", ist bek. durch sein Grab im Asasif in Theben-W (Theban Tomb 244). Es muß offen bleiben, ob es sich bei P. tatsächl. um einen Ausländer aus Syrien oder um einen Ägypter handelt. Er arbeitete vermutl. in einer Nekropole oder Wkst., wo er die Arbeiten der Künstler beaufsichtigte, und wurde schließlich im theban. Raum begraben. 📖 PM I. 1, 1960, 332 s., Nr 244. – *A. H. Gardiner/A. E. P. Weigall*, A topogr. cat. of the priv. tombs of Thebes, Lo. 1913, 38 s., Nr 244. T. Schrottenbaum

Pachnum v.e. **Pachenem**

Paconius, röm. Architekt, im 1. Jh. v. Chr. tätig. Wandte beim Transport einer Kultbildbasis in Ephesos die dort bereits im 6. Jh. v. Chr. von den Architekten des älteren Artemisions für den Transport und Versatz schwerer Werkstücke praktizierte Methode an (→ Chersiphron und → Metagenes [I]). Dabei führte er Änderungen ein, die sein Projekt mißglücken ließen (→ Vitruvius, 10, 2, 13 s.). 📖 *Svenson-Evers*, Architekten, 1996, 89 ss., 483. W. Müller

Pacuvius, *Marcus*, * um 220 v. Chr. in Brundisium (heute Brindisi), † um 130 v. Chr. in Tarent, Neffe des Dichters Ennius, als Schriftsteller und Maler tätig. Plinius erw. nat., 35, ein *Gem.* des P. *im Herculestempel auf dem Rindermarkt in Rom*, nach Hieronymus hat er in Rom *„picturam exercuit"* (Hier., chron. A. abr., p. 142 ed. Helm). Über Stil und Inhalt des Bildes ist nichts bekannt. Entsprechend der bei Plinius angegebenen antiken Einschätzung war die schriftsteller. Tätigkeit wenigstens in der Zeit nach P. angesehener als die Malerei. Für Angehörige der röm. Oberschicht galt die Malkunst im Regelfall nicht als passende Beschäftigung (Plin., nat., 35, 20). In der antiken Lit. wird P., von dem noch die Titel von dreizehn Tragödien und mehr als vierhundert Text-Fragm. überliefert sind, häufig nur als Dichter rezipiert, etwa bei Gellius (Gell., 1, 24, 4) oder Martial (Mart., 11, 90, 6). 📖 ThB26, 1932. RE XVIII. 2, 1942 (s.v. P. 6); DNP IX, 2000. R. Gottschalk

Padiaschaichi, ägypt. Juwelier, 2. H. des 4. Jh.-1. H. des 3. Jh. v. Chr. in Theben/Oberägypten tätig. In zwei demot. Urkunden (P. dem. Straßburg 1 und P. dem. Philadelphia) wird P. jeweils als Nachbar des fragl. Grundstücks erw. P. war am Amun-Tempel angestellt. 📖 *H. de Meulenaere/J. Quaegebeur*, CdE 57:1982, 212. S. L. Lippert

Padiaset (Petese; Peteese), ägypt. Goldschmied, 2. Jh. n. Chr., in Philae/Ägypten tätig. P., Sohn des Paigesch, ist nur durch ein Graffito in Philae belegt. Die Dat. ist nicht gesichert. 📖 *F. L. Griffith*, Cat. of the demotic graffiti of the Dodecaschoenos, Ox. 1937, 89, Ph 285. M. A. Stadler

Padichensu, Sohn des Straton, ägypt. Juwelier, wohl in Theben. P.s Grab wird in einer demot. geschriebenen Teilungsurkunde des Jahres 175 v. Chr. aus Theben (Papyrus BM 10612) erw. Da keine zugehörige Mumie genannt wird, war P. entweder noch nicht bestattet oder sein Grab schon längst ausgeraubt. 📖 *C. A. R. Andrews*, Cat. of demotic papyri (K BM), IV, Lo. 1990, 73, 118. F. Hoffmann

Pa(u)dienher, Sohn des Pawahimen, ägypt. Architekt („Vorsteher der Bauarbeiter von Ober- und Unterägypten") z.Z. des Schabaka (715/713–700/698 v. Chr.) in Dendera. Nach dem Text der Stele Kairo, Ägypt. Mus., Inv. Nr JE 44665 wurde P.,

„der die Paläste des Königs an jeder Stelle baut", vom König befohlen, die Tempelbezirke mit Umfassungsmauern zu umgeben. Nach dem Stelentext wurde P. in Dendera geboren. ▭ *J. Leclant*, Enquêtes sur les sacerdoces et les sanctuaires égyptiens à l'époque dite „éthiopienne", Le Caire 1954, 31 ss., Taf. 7; *F. Daumas*, Dendara et le temple d'Hathor, Le Caire 1969, 4 s. F. Hoffmann

Padiherpara, ägypt. Juwelier, um 182 v. Chr., in Theben/Ägypten tätig. P. ist in zwei demot. Urkunden, den Verkauf und die Übergabe eines Hauses in Theben betreffend, als w. Nachbar dieses Hauses erwähnt. ▭ *C. A. R. Andrews*, Cat. of demotic papyri (K BM), IV, Lo. 1990, 38, 40.
M. A. Stadler

Padihersemataui (I), Sohn des Paheb, ägypt. „Oberster der Denkmäler"(?), in ptolemäischer Zeit (332–330 v. Chr.) in Philae/Oberägypten tätig. Nur bek. aus einem stark beschädigten demot. Graffito am Isis-Tempel von Philae. Übersetzung und Deutung des Titels sind nicht ganz sicher. Es könnte sich dabei um einen Verantwortlichen für die Tempelanlagen handeln. ▭ *F. L. Griffith*, Cat. of the demotic graffiti of the Dodecaschoenus, Ox. 1937, 81 s., Nr Ph 245. S. L. Lippert

Padihersemataui (II), Sohn des Padihersemataui, ägypt. Goldschmied („Oberster der Goldschmiede") und Bildhauer, in griech.-röm. Zeit (3. Jh. v. Chr.-3. Jh. n. Chr.) in Philae/Oberägypten tätig. Nur bek. von einem demot. Graffito am Isis-Tempel von Philae. ▭ *F. L. Griffith*, Cat. of the demotic graffiti of the Dodecaschoenus, Ox. 1937, 52, Nr Ph 50. S. L. Lippert

Padihersemataui (III), Sohn des Paschertaihet, ägypt. Bildhauer („Obergraveur"), in griech.-röm. Zeit (3. Jh. v. Chr.–3. Jh. n. Chr.) in Philae/Oberägypten tätig. Nur bek. von einem demot. Graffito am Isis-Tempel von Philae. ▭ *F. L. Griffith*, Cat. of the demotic graffiti of the Dodecaschoenus, Ox. 1937, 107 s., Nr Ph 390.
S. L. Lippert

Padihersemataui (IV), Sohn des Paachem, ägypt. Bildhauer („Obergraveur"), in griech.-röm. Zeit (3. Jh. v. Chr.–3. Jh. n. Chr.) in Philae/Oberägypten tätig. Nur bek. von einem demot. Graffito am Isis-Tempel von Philae. ▭ *F. L. Griffith*, Cat. of the demotic graffiti of the Dodecaschoenus, Ox. 1937, 108, Nr Ph 391. S. L. Lippert

Padiimen (I), ägypt. Künstler („Oberster der Nekropolenhandwerker"), 21. Dynastie (1070/1069–946/945 v. Chr.), Theben. Zus. mit seinem Kollegen → Imenmes (VII) war er bei der Bestattung des Hohenpriesters des Amun im 10. Jahr von Siamun in Deir el-Bahari anwesend, wie ein Graffito in der theban. Nekropole besagt. ▭ *J. Černý*, A community of workmen at Thebes in the Ramesside period, Kairo 1973, 123 s. F. Hoffmann

Padiimen (II), ägypt. Künstler („Vorsteher der Künstler des Amuntempels"), während der Dritten Zwischenzeit (aber vor der 25. Dynastie), also ca. 1070–714/712 v. Chr., viell. in Theben. P., der auch Priester des Amunre war, ist durch seine fein bemalte Totenstele aus Holz (London, BM, Inv. Nr 8484) bek. P.s Titel lassen vermuten, daß er in Theben lebte. ▭ PM I. 2, 1964, 809. – Hieroglyphic texts from Egyptian stelae etc. (K BM), XI, Lo. 1987, 9 s., Taf. 2 s. F. Hoffmann

Padiinheret (Petonuris), Sohn des Nebwab, ägypt. Bildhauer, viell. frühes 3. Jh. v. Chr. in Hawara (im Fajum). P., Bildhauer des Tempels des Sobekre, besaß in Hawara ein Haus, das in einer demot. Kaufurkunde aus der Zeit Ptolemaios' II. (285–246 v. Chr.) als bereits verkauft bez. wird. P. selbst hat vermutl. nicht sehr lange davor das weiterhin nach ihm benannte Haus besessen. ▭ *G. R. Hughes/ R. Jasnow*, Oriental Inst. Hawara Papyri, Chicago 1997, 27 ss., Nr 5. F. Hoffmann

Padimer, Sohn des Padipahut, ägypt. Bildhauer, 2. H. des 1. Jh. n. Chr. in Philae/Oberägypten tätig. Nur bek. aus einem demot. Tintengraffito am Isis-Tempel von Philae. Die wörtl. Übersetzung seines Titels („Götterhersteller") legt nahe, daß P. Statuen oder Reliefs von Gottheiten schuf. ▭ *F. L. Griffith*, Cat. of the demotic graffiti of the Dodecaschoenus, Ox. 1937, 96 s., Nr Ph 328.
S. L. Lippert

Padipahut (I) (Petephowt), ägypt. Bildhauer, 2. Jh. v. Chr., in Philae/Ägypten tätig. P., Sohn des Asgelipite, ist nur durch ein Graffito in Philae bek. Die Dat. ist nicht gesichert. ▭ *F. L. Griffith*, Cat. of the demotic graffiti of the Dodecaschoenos, Ox. 1937, 92, Ph 304. M. A. Stadler

Padipahut (II) (Petephowt), ägypt. Goldschmied, 3. Jh. n. Chr., in Philae/Ägypten tätig. In Philae sind einige hierat. und demot. Graffiti von ihm erh., von denen eines auf das Jahr 20 eines meroit. Königs Bauenqesch dat. ist. Er war im Isis-Tempel in Philae angestellt. ▭ *F. L. Griffith*, Cat. of the demotic graffiti of the Dodecaschoenos, Ox. 1937, 38, Girt. 1, 58, Ph 68, 76 s., Ph 212, 92, Ph 305, 95, Ph 325. M. A. Stadler

Padipahut (III), Sohn des Asklepiades, Bildhauer („Oberster der Oberen"), M. des 3. Jh. n. Chr. in Philae/Oberägypten tätig. P. ist bek. durch zwei Graffiti am Isis-Tempel von Philae, in denen er zus. mit seinen Brüdern → Djedher (I) und → Paachem (II) gen. wird. Sein Sohn → Asklepiades (VII) war ebenfalls als „Oberster der Oberen" am Tempel von Philae angestellt. ▭ *F. L. Griffith*, Cat. of the demotic graffiti of the Dodecaschoenus, Ox. 1937, 88, Nr Ph 273, 92, Nr Ph 304.
S. L. Lippert

Paendua, ägypt. Künstler („Vorsteher der Maurer im Schatzhaus des Herrn der beiden Länder"), unter den Königen Tutanchamun bis Haremhab (1333–1292 v. Chr.) in Unterägypten tätig. Bek. aus dem Grab des → Maia in Saqqara, in dem er auf einem Relief in der Gefolgschaft des Leichenzuges für den Verstorbenen unter den Angehörigen des Schatzhauses dargestellt ist. ▭ LD III, 242b; Urk. IV, 2166, 9; *W. Wreszinski*, Atlas zur Altägypt. Kultur-Gesch., I, L. 1923, 388. Y. Ott

Paenimen, ägypt. Zeichner des Amun, 18. Dynastie unter Thutmosis III (1479–1425 v. Chr.). P. ist nur von einem sehr schlecht erh. Stelenrest bek., der ledigl. seinen Namen und Titel nennt. ▭ *A. Mariette*, Cat. général. Mon. d'Abydos, P. 1880, Nr 1084; *W. Helck*, Mat. zur Wirtschaftsgesch. des Neuen Reiches, II, Wb. 1961, 47.
S. Hänsch

Paennebu, ägypt. Künstler, Zeit Ramses' II. (1279–1213 v. Chr.) in Deir el-Medineh. Bek. durch eine Quittung (Ostrakon Louvre 3263) über diverse Gegenstände, die P. einem Arbeiter in Deir el-Medineh verkauft hat. ▭ KRI III, 555,7–556,6. F. Hoffmann

Paenparai (Penpreî), ägypt. Künstler („Oberster der Nekropolenarbeiter"), Zeit Ramses' XI. (1103/1099 bis 1070/1069 v. Chr.) und danach, in Theben/Ägypten tätig. P. begann seine Karriere als einfacher Arbeiter und wurde wohl als Nachfolger des → Bakenmut (I) Oberster der Nekropolenarbeiter und damit ranghöchster Künstler in der kgl. Nekropole in Theben-W. ▭ *J. Černý*, A community of workmen at Thebes in the Ramesside period, Kairo 1973, 123, 125. M. A. Stadler

Pagem (Pkaimis), Sohn des Pascherdjehuti, ägypt. Künstler, wohl in Theben. P.s Grab wird in einer demot. geschriebenen Rechtsurkunde (Abstandsschrift) des Jahres 175 v. Chr. aus Theben (Papyrus BM 10615) erw. Da keine zugehörige Mumie gen. wird, war P. entweder noch nicht bestattet oder sein Grab schon längst ausgeraubt. ▭ *C. A. R. Andrews*, Cat. of demotic papyri (K BM), IV, Lo. 1990, 31 s., 117. F. Hoffmann

Pagerger, ägypt. Bildhauer, Neues Reich (1550 bis 1070/1069 v. Chr.). In der Inschr. einer Säulenbasis in Berlin ist P. als Bildhauer des Herren der beiden Länder erw. ▭ *G. Roeder*, Aegypt. Inschr. aus den Staatl. Mus. zu Berlin, II, L. 1924, 314, Nr 2286 A und B. M. A. Stadler

Pagus, röm. Gemmenschneider, in der Kaiserzeit in Rom tätig. Nur bek. durch seine Sign. auf einer Grab-Inschr. aus Rom (CIL, VI, 9437). ▭ EAA III, 1960 (s.v. Gemmarius). R. V.

Paheqamen → Benia

Paheqanefer, Sohn des → Heremsaf, ägypt. Priester unter Scheschonq I. (946/945–925/924 v. Chr.). P. scheint die Felsstele im Steinbruch vom Gebel es-Silsile (→ Heremsaf, → Iupet) geschaffen zu haben. Vermutl. ist nämlich seine Nennung am Ende der Inschr. als Sign. zu verstehen. ▭ *R. A. Caminos*, JEA 38:1952, 46 ss. (bes. 51).
F. Hoffmann

Paheri, ägypt. „Umrißzeichner des Amun", unter Amenophis I. und Thutmosis I. (1525–1492 v. Chr.) in El-Kab/Oberägypten tätig. P. ist mehrfach im Grab seines Großvaters mütterlicherseits, des Admirals Iahmes (Ahmosis), Sohn der Ibana, dargestellt. In einer Beischrift wird er als „Verantwortlicher für die Arbeiten an diesem Grab" bez. In dem Grab wird auch sein Cousin → Heriiri gen., der ebenfalls „Umrißzeichner des Amun" war. ▭ PM V, 1937, 182. – LD III, Taf. 12 d; Urk. IV, 128. S. L. Lippert

Paheripedjet, Sohn des Nebra und der Pasched, ägypt. Umrißzeichner, unter Ramses II. (1279–1213 v. Chr.) in Deir el-Medineh belegt. P. ist in einer Opferszene im Grab des Nebenmaat (Theban Tomb 219) vor seinen Eltern dargestellt. ▭ *C. Maystre*, La tombe de Nebenmât (Nr 219), Le Caire 1936, 16, Taf. IV, Szene 26; *E. S. Bogoslovsky*, ZÄS 107:1980, 99. F. Hoffmann

Paheter, ägypt. Juwelier („Oberster der Juweliere der Gottesverehrerin"), in der 25. Dynastie (746–655 v. Chr.) in Theben/Oberägypten tätig. Auf einem Bronzesockel für ein Kultbild des Amun, der sich im Kunsthandel befindet, wird P. als Weihender gen. ▭ *H. de Meulenaere/J. Quaegebeur*, CdE 57:1982, 211; *E. Graefe*, ÄA 37:1981, 69–70, 208–209, Nr P 11. S. L. Lippert

Pai (I), ägypt. „Umrißzeichner am Ort der Wahrheit" bzw. „Umrißzeichner des Amun von Karnak", 18./19., Dynastie, Haremhab-Ramses II. (1319–1213 v. Chr.). Bei P. handelt es sich um einen vielfach belegten Mann aus Deir el-Medineh, über dessen Fam.-Verhältnisse vieles bek. ist. Sein Vater war ein Mann namens Ipu und seine Mutter hieß Wadjet-Renpet. Mit seiner Frau Merit-Ra hatte er fünf Kinder. Die Söhne hießen → Nebra, → Rahetep (III) und → Paraemheb (I), die Töchter Baket-Ra-aat und Baket-Ra-scheret. Die Belege für P. finden sich auf seiner Stele London, BM, Inv. Nr 373, einer Stele seines Sohnes → Nebra, einer Türdicke, die sich heute ebenfalls im BM in London befindet, sowie auf der Stele eines gewissen Nekropolenarbeiters Neferabu (London, BM, Inv. Nr 150) und einer Statuette der Königin Achmes-Nefertari. Zudem wurden zwei Briefe an seine Söhne in Deir el-Medineh gefunden: ein Ostrakon, das einen Brief enthält, der sich an seinen Sohn → Rahetep (III) wendet und ein zweiter Brief an seinen Sohn → Paraemheb (I). Daneben existiert ein großes Uschebti von P., das ebenfalls in Deir el-Medineh entdeckt wurde und anhand stilist. Kriterien und seiner Inschr. eindeutig in die Gruppe der Deir el-Medineh-Uschebtis aus der 19. Dynastie zu dat. ist. Daß diese Familie tatsächl. in dieser Gegend lebte und arbeitete, beweisen zusätzl. einige Erwähnungen des Sohnes → Rahetep (III) in versch. Gräbern von Deir el-Medineh. So postuliert Endesfelder auch eine bek. Fam. von Malern und Vorzeichnern, die bis in die 12. Dynastie zurück zu verfolgen sei, was aber nicht zu verifizieren ist. Málek kommt aufgrund eines Briefes des Sohnes → Nebra aus der Zeit Ramses II. und einem Graffito (Theb. Graffito 817), das P.s Namen neben dem von Haremhab, Ramses I. und Sethos I. nennt, zu dem Schluß, daß die Lebenszeit von P. unter König Haremhab begann und unter Ramses II. endete. Entgegen der Meinung von Málek, der die Auffassung vertritt, es gäbe nur einen Umrißzeichner namens P., existieren weitere, darunter → P. (II), bei dem es sich um den Sohn von → Rahetep (III), also um einen Enkel von P. handelt. Dies wird anhand der jüngeren Publ. von Stücken aus dem BM in London deutlich. ▭ KRI I, 390 s.; KRI III, 532, 15–534, 5; 649, 14; 655, 11, 14; 657, 13 s.; *G. Roeder*, Ägypt. Inschr. aus den Staatl. Mus. zu Berlin II, L. 1913, 59, N 6908 B und 160, Nr 20377; J. Černý, Ostraca Hiératiques non littéraires, 3, Le Caire 1937, 11, Nr 234, Tf. 20; *N. de G. Davies/M. F. L. Macadam*, A corpus of inscribed Egyptian funerary cones, Ox. 1957, Nr 219; *W. Helck*, Mat. zur Wirtschaftsgesch. des Neuen Reichs II, Wb. 1961, 47; *E. Endesfelder*, Die Arbeiter der theban. Nekropole im Neuen Reich, Diss. B. 1962, 36 s.; Hieroglyphic texts from Egyptian stelae etc. (K BM), IX, Lo. 1970, 34 s., Nr 150, Taf 30 und 56 s., Nr 373, Taf 44; *J. Málek*, RdE 31:1979, 153 ss.; Hieroglyphic texts from Egyptian stelae etc. (K BM), X, Lo. 1982, 33 s., Nr 186, Taf 78; KRI I, translations, 321 s.; KRI I, comments, 285 s. S. Hänsch

Pai (II), ägypt. Umrißzeichner, 18./19. Dynastie, Haremhab-Ramses II. (1319–1213 v. Chr.). P. ist der Sohn von → Rahetep (III) und Taisennefret, der Tochter des Nekropolenarbeiters Neferrenpet, also ein Enkel von → P. (I). Auch hier ist die ägypt. Trad. zu erkennen, Kinder nach den Eltern oder Großeltern zu benennen. P. ist nur als einfacher Umrißzeichner auf Belegen seines Vaters → Rahetep (III) erw., wie z.B. auf der Stele London, BM, Inv. Nr 36861, und wird dort auch P. der Jüngere genannt. ▭ Hieroglyphic texts from Egyptian stelae etc. (K BM), X, Lo. 1982, 33 s., Nr 186, Tf. 78 und Tf. 80. S. Hänsch

Pai (III), ägypt. Umrißzeichner, in der 19. Dynastie (1292–1186/85 v. Chr.) in Theben tätig. Nur bek. durch eine Kalksteinstele aus der Arbeiterstadt Deir el-Medineh. ▭ *A. Erman*, Denksteine aus der theban. Gräberstadt, in: SPAW 49:1911, 1104; *M. Tosi/A. Roccati*, Stele e altre epigrafi di Deir el Medina, Turin 1972, Nr 50052. Y. Ott

Paianiies Aviza, Architekt des Hügelgrabes mit Tholos La Montagnola in Quinto Fiorentino (Florenz). Die Künstler-Sign. der archaischen Periode in Etrurien finden sich üblicherweise auf Gefäßen, höchst selten aber auf Werken der Ing.-Kunst oder der Archit. (vgl. → Kavie). Bei dem Grab La Montagnola handelt es sich um eine mon. Konstruktion, die ein hohes Maß an Erfahrung und Professionalität voraussetzt: Ein langer Gang mit seitl. Kammern und einer Tholos am Ende, bedeckt von einem großen, auf einem Tambour ruhenden Grabhügel. Die wenigen Reste der Ausstattung, welche die Grabschändungen überlebt haben (fein gearbeitete Objekte aus Gold, Elfenbein und Bein sowie Impasto-Gefäße) belegen den hohen soz. Rang der hier bestatteten Besitzer. Sie datieren in die 2. H. des 7. Jh. v. Chr. Der Typus des Grabes kommt auch an and. Stätten des n. Etrurien (z.B. in Vetulonia, Populonia, Cortona) während der „Orientalisierenden Phase" und auch in Quinto Fiorentino noch öfter vor und ist auf jeden Fall als Statussymbol zu verstehen. Aus diesem Kontext erklärt sich auch die Anbringung der Sign. des Architekten. – Zus. mit and. Inschr. ist sie in eine große Kalkplatte eingeritzt, die den rechten Türpfosten der rechts vom Mittelgang abgehenden Zelle bildet. Sie lautet: „xl zinake aviza paianiies" (TLE², 931 mit versch. Lesarten). Die Schr. ist linksläufig, die Buchstaben sind gelängt und wenig sorgfältig geschrieben, und das Ende des Textes überschneidet eine wahrsch. bereits vorhandene Ritz-Zchng eines Ebers. Die ersten beiden Zeichen sind schlecht lesbar, bei dem zweiten dürfte es sich aber um ein „l" handeln. „Zinake" ist die aktive Perfektform eines Verbs mit dem Stamm „zina-", das „machen" im techn. Sinn bedeutet (die Endung mit dem dumpfen Gutturallaut „-ke" ist ein Kennzeichen des n. Etrurien); „aviza" ist ein Vorname im Nominativ, das der Diminutiv- bzw. Koseform des „avi" entspricht; „paianiies" ist ein Fam.-Name im Nominativ. Die Übersetzung lautet demnach: „Aviza Paianiies hat gemacht." Die Diminutiv- bzw. Koseform „-za" tritt etwa zur selben Zeit wie in La Montagnola auch in Kombination mit dem Vornamen eines Künstlers auf, näml. bei *Larthuza* bzw. *Larth* (vgl. → Kulunie Larthuza). Von seiner Hand stammt ein Behälter, der als Weihrauchgefäß oder Öllampe diente und in Artimino gefunden wurde, einem etrusk. Ort am Arno, der nur etwa 15 km w. von Quinto Fiorentino entfernt lag. Da sich der Künstler in diesem Fall mit Vor- und mit Fam.-Namen nennt, läßt sich vermuten, daß die Handwerker in Etrurien im späten 7. Jh. v. Chr. allg. zu hohem Ansehen gelangt und im städt. Umfeld in eine soz. Mittelschicht aufgestiegen waren. ▭ *M. Pallottino*, StEtr 31:1963, 176 ss., Taf. 26. G. Camporeale

Paideas (Παιδέας), griech. Steinmetz, um 300 v. Chr. tätig. Nur bek. durch ein Graffiti aus dem Steinbruchgebiet des Ǧabal at-Takrūr in der Oase Siwa/Ägypten (W. Brashear, in: K. P. Kuhlmann, Das Ammoneion. Archäologie, Geschichte und Kultpraxis des Orakels von Siwa, Mainz 1988, 85–88, Abb. 17, 1, Taf. 42 b). R. V.

Paidenu v.e. **Hai**

Paideros (I) (Παιδέρως), griech. Vasenmaler, in der 2. H. des 6. Jh. v. Chr. in Athen tätig. P. ist nur durch seine Sign. auf einem schwarzfigurigen, fragm. erh. *Teller* von der Athener Agora mit dem Bild der Göttin Athena bek. (Agora Mus., Inv. Nr P 2325C; AP 1859A-B). Außer der Maler-Sign., ΠΑΙΔΕΡΟΣ ΕΓΡΑΦΣΕΝ, ist auch der Name des Töpfers des Tellers, → Sotes, erhalten. ▭ EAA V, 1963. - ABV, 1956, 348, 695; Add², 1989, 94; *Immerwahr*, AttScr, 1990, Taf. 14, 69. T. Mannack

Paideros (II) (Παιδέρως), griech. Koroplast, in der 2. H. des 1. Jh. n. Chr. in Myrina tätig. Nur bek. durch seine Sign. auf einer *Tonstatuette eines drapierten Jünglings* (Paris, BN, Cab. des Méd., Inv. Nr Froehner VI, 464; Kassab, 1988, 53, Nr 1, Abb. 139, 423). R. V.

Paidikos (Παίδικος), griech. Töpfer und Vasenmaler, im letzten V. des 6. Jh. v. Chr. in Athen tätig. Seine Töpfer-Sign. sowie das Verbum προσαγορεύω erscheinen auf einem *weißgrundigen Alabastron*, das einen Jüngling und eine Frau abbildet (Paris, Louvre, Inv. Nr CA 487; ARV², 1963, 102, Nr 1). Dieses zusätzl. Verbum taucht weiter auf einigen and. Alabastra und Schalen auf (J. D. Beazley, Att. Vasenmaler des rotfigurigen Stils, Tb. 1925, 35 s.; ARV², 1963, 103, Nrn 1–11). Möglicherweise stammen alle diese Gefäße aus der Wkst. des P. Von Beazley, op. cit., werden die versch. Vasenmaler als Schüler und Nachahmer des *Euergidesmalers* bezeichnet. Weiterhin taucht der Name P. auf Schalen auf (ARV², 1963, 102, Nrn 2–4, p. 102, Nrn 1–2). Die Maler-Sign. des P. (ΠΑΙΔΙΚΟΣ ΕΓΡΑΦΣΕΝ) erscheint auf einer Schale (Philadelphia, Kunsthandel; Add², 1989, 1700). ▭ ThB26, 1932. EAA V, 1963. J. Weinig

Paimiraihu, ägypt. Bildhauer, unter Siptah und Tawosret (1194/93–1186/85 v. Chr.) in Theben-W/Oberägypten tätig. Bek. von einer Stele (heute Wien, Kunsthist. Mus., Inv. Nr 158), auf der P. die vergöttlichte Königin Iahmes-Nefertiri anbetet, die Patronin der Arbeitersiedlung von Deir el-Medineh, wo P. sehr wahrsch. lebte und arbeitete. ▭ KRI IV, 440. S. L. Lippert

Paimred, ägypt. Künstler („Oberster Leiter der Künstler"), unter Pharao Amenophis I. (18. Dynastie, 1525–1504 v. Chr.) in der Gegend von Memphis/Unterägypten tätig. Nur belegt auf einer Kalksteinplatte wohl aus Memphis oder dessen Umgebung, die sich heute im Ägypt. Mus. Berlin (Inv. Nr 23673) befindet. Darauf ist eine 60 Geschlechterfolgen umfassende Ahnenreihe memphit. Priester dargestellt, zu welcher P. gehört. ▭ *L. Borchardt*, Die Mittel zur zeitl. Festlegung von Punkten der ägypt. Gesch. und ihre Anwendung, Kairo 1935, 96–112, bes. Blatt 2a, 99:3,2. C. von Pfeil

Painehesi, ägypt. Künstler („Oberster der Goldschmiede im Haus des Goldes [=Schatzhaus]"), während der 19. Dynastie (1292–1186/85 v. Chr.)

tätig. Belegt auf seiner Stele, deren Herkunft unbek. ist und die sich heute in London im BM befindet (Inv. Nr 141). Diese Stele gehört ihm zus. mit seinem Kollegen und (wahrsch.) Bruder → Paraemheb (II). Sie ist mit drei Bildregistern geschmückt, in welchen neben den Steleninhabern u.a. vier Goldschmiede dargestellt sind. Sie alle tragen die Beischrift „sein Bruder", wobei nicht klar ist, ob sich das Possessivpronomen auf beide Besitzer bezieht oder nur auf einen. Es scheint sich um eine Stele einer ganzen Fam. von Goldschmieden zu handeln. Den Titeln des P. ist zu entnehmen, daß er Götterstatuen aus Gold herstellte und solche aus anderem Mat. vergoldete. Als besondere Ausz. für seine gute Arbeit wurde ihm „Ehrengold", das sind breite Halsreifen aus mehreren R. linsenförmiger Goldperlen, vom König verliehen. ▭ Hieroglyphic texts from Egyptian stelae etc. (K BM), IX, Lo. 1970, 23 s., Taf. 19, Nr 141; *G. A. Gaballa*, JEA 1:1977, 126; *F. Steinmann*, ZÄS 107:1980, 153, 2.2.4.3.2. C. von Pfeil

Paionios (I) (Παιώνιος; Paeonius), von Ephesos, griech. Architekt, in der 2. H. des 5. Jh. v. Chr. in Ephesos tätig. Da → Vitruvius in der Vorrede zum 7. Buch schreibt, daß P. aus Ephesos und Demetrius (→ Demetrios [III]), ein Tempelsklave der Artemis, den Tempel der Artemis vollendeten, welchen → Chersiphron und → Metagenes (I) aus Knossos begonnen hatten (Vitr., 7, praef., 16), wurde früher angenommen, daß P. den archaischen Artemistempel von Ephesos vollendet hätte. W. Voigtländer (1975) und A. Rügler (1988) sind aber mit Recht der Meinung, daß dies nicht mögl. ist, denn P. soll nach → Vitruvius (ibid.) auch das Didymaion gebaut haben (zus. mit → Daphnis aus Milet). Der Baubeginn sowohl des archaischen als auch des hellenist. Didymaions liegt aber zeitl. weit von der Fertigstellung des archaischen Artemisions entfernt. Die jüngsten Simareliefs am archaischen Artemision sind näml. spätestens um 460 v. Chr. zu datieren (Muss, 1994). Der Beginn des archaischen Tempels von Didyma ist zunächst in lokalem Kalkstein auf Grund neuerer Unters. von P. Schneider (1996) noch in die 1. H. des 6. Jh. v. Chr. zu datieren. Bei der Dat. des Baubeginns des hellenist. Didymaions muß man jetzt zw. Tempel und Naiskos unterscheiden. Durch Stiftungs-Urk. für eine Markthalle in Milet weiß man, daß ab 299/298 v. Chr. Geld für die Ausschmückung des Hieron vermutl. des Apollontempels zur Verfügung stand. Es ist natürlich mögl., daß schon früher mit dem Tempelbau begonnen worden ist (Voigtländer, 1975). Die ältesten Bau-Urk., die besser datierbar sind, stammen ab dem Jahre 225/224 v. Chr. (Bau-Urk. 25 - Rehm, in: Wiegand u.a., 1958). – Für den Naiskos hat die Entdeckung einer Ritz-Zchng durch L. Haselberger (1991) auf der w. Sockelwand des Hofes neue Argumente für seine Dat. erbracht. Der dort eingeritzte Giebel kann als der des Naiskos interpretiert werden. Ein *terminus post quem* dafür ergibt sich aus der Dat. der Sockelwand. Wenn man mit F. Rumscheid (1994) mit der Schichtenzählung oberhalb der Pilasterbasen des Hofes beginnt, so könnte aus der durch Bau-Urk. Nr 25 um 225 v. Chr. datierten 13. Schicht schon um 270–145 v. Chr. oberhalb des Adytonsockels mit den Arbeiten begonnen worden sein. Die Ritz-Zchng könnte also frühestens um diese Zeit erstellt worden sein. Das Problem ist nur, daß die Ritz-Zchng des Giebels um 3 m breiter ist als der tatsächl. ausgeführte Giebel des Naiskos. Wie immer man auch diese Diskrepanz zu deuten versucht (Heilmeyer [1980]; Hoepfner [1984]; Haselberger [1991]), der eindeutige Zusammenhang von Adytonwand und Naiskos bezügl. der Dat. ist damit in Frage gestellt. Die Analyse des Baudekors durch M. Pfrommer (1987) bestätigt aber den oben nahegelegten Ansatz durch die Ritzzeichnung. Das Ergebnis ist, daß der Tempel um 300 v. Chr., der Naiskos wahrsch. danach begonnen wurde. P. kann aber auf keinen Fall den archaischen Artemistempel um 460 v. Chr. beendet und den hellenist. Tempel von Didyma um 300 v. Chr. begonnen haben. Mögl. ist aber, daß er den jüngeren Artemistempel beendet und dann den hellenist. Tempel von Didyma angefangen hat. Allerdings bedeutet dies eine Vermengung der Angaben, die → Vitruvius gibt. Nach Strabon (14, 1, 22) wurde mit dem Bau des Jüngeren Artemisions gleich nach dem Brand des älteren Artemisions begonnen. Die Dat. 356 v. Chr. mit dem Baubeginn ist nur mit der Mitt. des Schriftstellers Solinus aus severischer Zeit mögl., wonach Alexander d. Gr. am Tag des Brandes geboren worden sei (Solin., 184,3 [40,3], nach ed. Mommsen, 1864). Ein Hinweis auf die Voll. des Tempels ergibt sich durch die Nachr. des Plinius (nat., 16, 79), wonach Mucianus um 76 n. Chr. berichtet, daß die Türflügel aus Zedernholz im Tempel schon nahezu 400 Jahre alt wären, wonach der Tempel um 324 v. Chr. einigermaßen fertig gewesen sein müßte (Rügler [1988]; Rumscheid [1994]). Neben dem Tempel selbst wurde aber auch der Altar des Artemisions neu gebaut, der nach Strabon (14, 1, 23) voll mit Statuen des → Praxiteles (II) gewesen sein soll. Wenn → Praxiteles (II) um 320 v. Chr. starb, so hätte der Altar auch um diese Zeit fertig sein müssen. Bammer hat angenommen, daß der Tempel um 300 v. Chr. abgeschlossen gewesen sein könnte, später aus der Weiterführung techn. Details dieses Datum noch herangesetzt (Muss, Forsch. in Ephesos, XIII). Linfert (1976) datiert die jüngeren Skulpt. des Artemistempels zw. 330 und 300 v. Chr. Rügler (1988) die jüngsten (Trommel 1206) um 320/310 v. Chr. P. könnte also ohne weiteres gegen 300 v. Chr. von Ephesos nach Didyma gegangen sein, denn der Abschluß der Arbeiten am Artemision geht in etwa mit den inschr. bekundeten frühesten Tätigkeiten in Didyma zusammen. – Den ephesischen jüngeren Tempel der Artemis haben aber nicht P. und → Demetrios (III) begonnen, sondern *Cheirokrates* (Strab., 14, 1, 23) bzw. *Dinocrates* (Vitr., 2, praef. 2; v. → Deinokrates [II]), der Alexander den Athosplan vorgelegt hat (Strab., 14, 1, 23). Der Entwurf und die Maß- und Konstruktionsprinzipien können also nur von *Cheirokrates* stammen. P.s Tätigkeit wird sich also in erster Linie auf Details und Ausf. beschränkt haben. Auch für eine Erweiterung des archaischen Tempels um 395 v. Chr. (Strab., 14, 1, 22; Ael., Aristides, 23, 24, ed. Keil, II, 37 s.) kommt P. aus zeitl. Gründen nicht in Frage. Wie schon Krischen (1956) gezeigt hat, sind die Säulenproportionen des ephesischen Tempels jenen von Priene gleich, bei letzterem nur verkleinert. Zw. dem Artemision und dem Didymaion bestehen auch Ähnlichkeiten im Konzept: sowohl der hohe Stufenbau als auch der abgesenkte Hof. Daher steht auf jeden Fall fest, daß es unter den Architekten der drei Bauten Anlehnungen bzw. Übernahmen gab, soweit die Architekten nicht ohnehin ident. waren (Bammer, 1972). – Da am Didymaion sehr viel erst in hellenist. und röm. Zeit gebaut wurde (Pülz, 1989), ist der Anteil des P. am Didymaion nicht mehr im Detail eruierbar. Auf jeden Fall gehört er zu den wichtigsten Architekten der sog. *ionischen Renaissance* (Bammer, 1972; Pedersen [1994]).

▭ ThB26, 1932. RE XVIII. 2, 1942 (s.v. P. 9); EAA III, 1960 (s.v. Demetrios 2); V, 1963 (s.v. P. 2); LAW, 1965 (s.v. P. 2); KlP IV, 1972 (s.v. P. 2); DNP IX, 2000 (s.v. P. 2). – *F. Krischen*, Weltwunder der Baukunst in Babylonien und Jonien, Tb. 1956, 62 ss.; *T. Wiegand/A. Rehm/R. Harder*, Didyma, II, Die Inschr., B. 1958; *A. Bammer*, Die Archit. des jüngeren Artemision von Ephesos, Wb. 1972, 34 ss., 40 ss.; *W. Voigtländer*, Der jüngste Apollontempel von Didyma, Tb. 1975 (IstMitt, Beih., 4) 14 ss.; *A. Linfert*, Kunstzentren hellenist. Zeit, Wb. 1976, 16 ss.; *W.-D. Heilmeyer*, Gnomon 52:1980, 738 ss.; *W. Hoepfner*, AM 99:1984, 358; *M. Pfrommer*, IstMitt 37:1987, 145 ss.; *A. Rügler*, Die Columnae caealatae des jüngeren Artemisions von Ephesos, Tb. 1988 (IstMitt, Beih., 34) 16 ss.; *S. Pülz*, Unters. zur kaiserzeitl. Bauornamentik von Didyma, Tb. 1989 (IstMitt, Beih., 35); *L. Haselberger*, RA 1991, 101 ss.; *U. Muss*, Die Bauplastik des archaischen Artemisions von Ephesos, W. 1994, 69 ss.; *P. Pedersen*, The Ionian renaissance and some aspects of its origin within the field of archit. and planning, in: *J. Isager* (Ed.), Hecatomnid Caria and the Ionian Renaissance, Acts of the internat. symposion at the department of Greek and Roman stud., Odense Univ., 28–29 Nov. 1991, Odense 1994, 11 ss.; *F. Rumscheid*, Unters. zur kleinasiat. Bauornamentik des Hellenismus, Mainz 1994, 9 ss.; *P. Schneider*, IstMitt 46:1996, 147 ss.; *U. Muss*, Der Altar des Artemisions von Ephesos, in: *A. Bammer/U. Muss* (Ed.), Forsch. in Ephesos, XII. 2, W. 2001.

A. Bammer

Paionios (II), von Mende (Παιώνιος Μενδαῖος), griech. Bildhauer, in der 2. H. des 5. Jh. v. Chr. tätig. Bek. durch die Inschr. auf dem Siegesdenkmal der Messenier und Naupaktier in Olympia (Loewy, IGB, 1885, 39–42, Nr 49) und aus Pausanias (5, 10, 6 und 8; Overbeck, SQ, 1868, Nrn 851, 825), der als Heimatort des Künstlers die Stadt Mende in Thrakien angibt. Ob es sich dabei um die eretrische Kolonie Mende auf der Halbinsel Pallene der Chalkidike handelt, die in der Antike zu Thrakien gerechnet wurde, oder aber um die gleichnamige ionische Stadt in der Nähe von Ainos, dem heutigen Enez in O-Thrakien, wurde in der Forsch. kontrovers diskutiert. Über den Lebensweg des Künstlers ist nichts Näheres bekannt. Seine Tätigkeit läßt sich allein im panhellenischen Heiligtum von Olympia etwas konkreter fassen. Das einzige mit Sicherheit identifizierbare, weil signierte Werk ist die dort gefundene und für unsere Kenntnis der Entwicklung der griech. Plastik in der Zeit nach den Parthenonskulpturen äußerst wichtige *Marmorstatue einer Nike*, die auf einem dreiseitigen, rund 9 m hohen Pfeiler vor der O-Front des Zeustempels aufgestellt war (heute Olympia, Mus.; BrBr, 444–446; Goulaki-Voutira, 1992). Das Werk zeichnet sich durch hohes Können in der Behandlung von Körper und Gewand aus, v.a. aber durch eine bis dahin unerreichte Kühnheit in der Darst. des Fluges. Mit ausgebreiteten Flügeln, den von beiden Händen gehaltenen Mantel wie ein Segel gebläht und den abfallenden Boden, den ein zur Seite fliegender Adler als Luft oder Wolke kennzeichnet, nur leicht mit den Fußspitzen berührend, scheint die Siegesgöttin gleichsam schwerelos herabzuschweben. Ob das Motiv eine eigenständige Erfindung des P. ist oder auf eine ältere, uns nicht bek. Schöpfung bzw. Trad. zurückgeht, läßt sich beim derzeitigen Stand unseres Wissens nicht entscheiden. Nach Ausweis der Weih-Inschr. wurde die Statue dem Zeus Olympios von den Messeniern und Naupaktiern als Zehnter der Beute geweiht. Daß es sich dabei um den Sieg über die Spartaner im archidamischen Krieg (431–421 v. Chr.) handelt, geht nicht aus der Weih-Inschr. selbst, sondern aus dem Stil der Statue hervor. Dazu stimmt der Ber. des Pausanias (5, 26, 1), daß die Messenier die Kämpfe bei Sphakteria als Anlaß für die Weihung angaben. – In einem Zusatz zur Sign. der Statue führt P. seinen Sieg im Wettb. für die Akrotere des Zeustempels an. Nach Pausanias (5, 10, 4) waren dies vergoldete, also wohl aus Bronze zu denkende Niken. Erh. ist davon nichts. Auf eine Verwechslung mit diesem Auftrag beruht wahrsch. die unrichtige Angabe (Paus., 5, 10, 6; Overbeck, SQ, 1868, Nr 851), daß P. auch die Skulpturen des O-Giebels gefertigt habe. – Hypothet. ist die in der älteren Forsch. vertretene Annahme, daß das dem olymp. Pfeilerdenkmal ähnl. Messenier-Weihgeschenk in Delphi ein Werk des P. war. Um eine Wiedergewinnung der Künstlerpersönlichkeit des P. hat sich insbesondere C. Hofkes-Brukker (1967) bemüht. Die diesbezügl. Diskussion ist jedoch von der jüngeren Forsch. nicht weiter aufgenommen und fortgeführt worden. ▭ ThB26, 1932. RE XVIII. 2, 1942 (s.v. P. 8); EAA V, 1963 (s.v. P. 1) mit Lit; LAW, 1965 (s.v. P. 1); KlP IV, 1972 (s.v. P. 1); DA XXIII, 1996; DNP IX, 2000 (s.v. P. 1). – *Overbeck*, SQ, 1868, Nrn 825, 851 s.; *G. Oikonomou*, AEphem 1924, 27–40; *Lippold*, GrPl, 1950, 205; *C. Hofkes-Brukker*, BABesch 42:1967, 10–71; *W. Deonna*, La Niké de Paionios de Mendé et le triangle sacré des mon. figurés, Coll. Latomus 62, Br. 1968; *R. Vasič*, ŽivaAnt 19:1969, 63–67; *H.-V. Herrmann*, Olympia. Heiligtum und Wettkampfstätte, M. 1972; 159, 256, Anm. 631, Abb. 112, Taf. 69; *K. Herrmann*, JdI 87:1972, 232–257; *T. Hölscher*, JdI 89:1974, 70–111; *C. Hofkes-Brukker/A. Mallwitz*, Der Bassai-Fries, M. 1975; *A. Mallwitz/H.-V. Herrmann* (Ed.), Die Funde aus Olympia, At. 1980, 189–191, Nr 134; *A. Goulaki-Voutira*, LIMC VI, 1992, 862 s., Nr 137 m. Abb., s.v. Nike. A. Moustaka

Pairinefer → **Imennechet (I)**

Pairsecheru, ägypt. Graveur, 21. Dynastie (1070/1069 bis 946/945 v. Chr.), in Theben/Ägypten tätig. Von P. ist nur sein Sarg erh. (heute Madrid, Mus. Arqueol. Nac., Inv. Nr 18253). ▭ *A. Niwinski*, 21st dynasty coffins from Thebes, Mainz 1988, 155, Nr 280. M. A. Stadler

Pairusecher, ägypt. Umrißzeichner, Zeit Ramses' IV. und VI. (1152/1151–1134/1132 v. Chr.), in Theben/Ägypten tätig. Der Sohn des → Nebnefer (IV) und Bruder des → Heri (VI) war in der kgl. Nekropole in Theben-W aktiv und dort für die Vor-Zchngn der bildl. Darst. in den Königsgräbern zuständig. Von ihm sind Bildostraka erh. geblieben, deren Zchngn von seiner Hand stammen, seine Sign. in Hieroglyphen tragen und den Stil der Ramessidenzeit spiegeln. Ostrakon CG 25041 zeigt einen kahlgeschorenen Mann, der kniend die Hände zum Gebet erhoben hat, auf der Rückseite den Gott Chons, von zwei Hieroglyphenkolumnen gerahmt (hinter dem Gott der Beginn der Königstitulatur Ramses' IV.). Auf Ostrakon CG 25065 ist eine kniend betende Isis zu sehen, und auf Ostrakon CG 25092, das in der Publ. fälschlich dem → Nebnefer (IV) zugeschr. wird – die waagerechte Hieroglyphenzeile nennt eindeutig seinen Sohn P. – , die Zchng einer Kuh, die nach der senkrechten Hieroglyphenkolumne die Göttin Hathor verkörpert. Die Dat. ergibt sich aus dem Fundort der Ostraka im von Ramses VI. usurpierten Grab Ramses' V. und der oben erw. Königstitulatur Ramses' IV. ▭ *G. Daressy*, Ostraca (CG), Kairo 1901, Nr 25041, 25065, 25092.
M. A. Stadler

Paisen, ägypt. Künstler („Oberster der Nekropolenhandwerker"), Reg.-Jahr 8–17 unter Ramses XI. (1095/1091–1086/82 v. Chr.) in Theben-W/Oberägypten tätig. Er ist bek. durch ein Gewicht (Gardiner Nr 11), auf dem ein weiterer Nekropolenhandwerker → Panefer (I) gen. wird. P. lebte in der Arbeitersiedlung Deir el-Medineh und war in der kgl. Nekropole in Theben-W bei der Ausgestaltung der Gräber beschäftigt, wo er einem Arbeitstrupp vorstand. ▭ KRI VII, 397; *J. Černý*, A community of workmen at Thebes in the Rameside period, Kairo 1973, 123, 126, 312; *M. Gutgesell*, Die Dat. der Ostraka und Papyri aus Deir el-Medineh und ihre ökonom. Interpretation, I. 2, Hildesheim 1983, 384 s.; *B. G. Davies*, Who's who at Deir el-Medina, Leiden 1999, 174 (s.v. P. [IV]).
T. Schrottenbaum

Paitenemheb (I), ägypt. „Künstler des Königs", unter Pharao Amenophis IV. (Echnaton; 18. Dynastie, 1351–1334 v. Chr.) wahrsch. in Saqqara/Unterägypten tätig. Belegt durch sein Grab in Saqqara, dessen urspr. Lage nicht bek. ist und das heute im Mus. von Leiden zu besichtigen ist (AMT. 1–35 und AP. 52). Der Grabinhaber ist dort mit Frau und Mutter im Rahmen der für Gräber dieser Zeit übl. Darst. des tägl. und jenseitigen Lebens gezeigt. In der älteren Forschung wird P. auch mit dem späteren König Horemheb gleichgesetzt.

▭ PM III. 2, 1978, 709–711. – *R. Hari*, Horemheb et la reine Moutnedjemet, Genf 1964, 30 s.; *id.*, Rep. onomastique amarnien, Genf 1976, Nr. 82. C. von Pfeil

Paitenemheb (II), ägypt. Architekt, Leiter der Bauarbeiten in Achet-Iten (Amarna), unter Pharao Amenophis IV. (Echnaton; 18. Dynastie, 1351–1334 v. Chr.) in Amarna/Mittelägypten tätig. Belegt durch sein 1892 wiederentdecktes Felsgrab in Amarna (Nr 24), welches durch seinen unvoll. Zustand darauf schließen läßt, daß es gegen E. der Amarnazeit begonnen, wegen der Rückkehr des Königshofes nach Theben aber nicht mehr fertiggestellt wurde. Die heute nicht mehr erh. Inschr. am Eingang wurden nur aufgemalt, nicht eingemeißelt, und gaben Namen und Titel des P. wieder. Demnach plante, organisierte und überwachte er die Errichtung und Ausgestaltung der Bauwerke in der damaligen Hauptstadt Amarna. In der älteren Forsch. findet sich die Vermutung, daß P. gleichzusetzen sei mit dem nachamarnazeitl. bek. Paraemheb, der das Amt des Hohenpriesters in Heliopolis/Unterägypten ausübte. ▭ LÄ I, 1975, Sp. 654 m. Anm. 12 (s.v. Bauleiter); PM IV, 1934, 228, Nr. 24. – *N. de G. Davies*, The rock tombs of El Amarna, V, Lo. 1908, 15, Tomb 24, Taf. 13; *R. Hari*, Horemheb et la reine Moutnedjemet, Genf 1964, 31 s.; *id.*, Rep. onomastique amarnien, Genf 1976, Nr 83; *D. Raue*, Heliopolis und das Haus des Re, B. 1999, 184 m. Anm. 6. C. von Pfeil

Palion (Παλίων), aus Paros, griech. Bildhauer, um 460 v. Chr. auf Ikaria tätig. Nur bek. durch seine Sign. auf einer marmornen *Grabstele der Apollonie* aus dem Dorf Kataphygion auf Ikaria (Ikaria, Mus.), die von Koiranos und Eurymedes, Brüder der verstorbenen Apollonie, gestiftet worden ist. Sie zeigt zwei Männer und zwei Knaben, die sich einer Sitzenden, wohl der verstorbenen Apollonie, nähern, die auf ihrem Schoß ein Mädchen hält. P. gehört zu den sehr wenigen Bildhauern, die eine Grabstele sign. haben. ▭ EAA, Suppl., 1973. – *J./L. Robert*, REG 71:1958, 299, Nr 393; *Jeffery*, LSAG, 1961, 305, Nr 38, p. 306, Nr 54; *N. M. Kontoleon*, Aspects de la Grèce préclassique, P. 1970, 1–21, Abb. 2 B, Taf. 1, 2,1, 5, 10,2, 21,1; *H. Rühfel*, AntK 17:1974, 42–49, Taf. 9, 1; *H. Hiller*, Ionische Grabreliefs der ersten H. des 5. Jh. v. Chr., Tb. 1975 (IstMitt, Beih., 12) 78–86, 87 ss., 96, 113, 121 ss., 134 s., 140 ss., 143, 172–174, Nr K. 6, pp. 191, Taf. 16, 1–2; *H. Rühfel*, Das Kind in der griech. Kunst. Von der mykenischen Zeit bis zum Hellenismus, Mainz 1984, 88–92, Abb. 36; *Boardman*, GSCP, 1985, 75, Abb. 53; *C. Rolley*, La sculpt. Grecque, I. Des origines au milieu du Ve siècle, P. 1994, 358–360, Abb. 377. R. V.

Palladios (Παλλάδιος), griech. Bildhauer, im 4. Jh. n. Chr. in Aphrodisias tätig. Nur bek. durch seine Sign. auf einem Marmorblock aus den Hadrianischen Thermen von Aphrodisias. ▭ *K. T. Erim/J. Reynolds*, Sculptors of Aphrodisias in the inscr. of the city, in: *N. Başgelen/M. Lugal* (Ed.), Festschr. für Jale Inan, Istanbul 1991, 528 s., Nr 16, Taf. 204. R. V.

Palladios Abraam (Παλλάδιος Ἀβραάμ), Sohn des Heraklitos, aus Tilokbarîn/Tell ʼAqibrin, spätantiker Steinmetz (τεχνίτης), im 5. Jh. n. Chr. in N-Syrien tätig. Nur bek. durch die Sign. eines Bogenschlußsteines aus dem Kirchenkomplex von Qal'at Sim'an (Simeonskloster). ▭ *W. K. Prentice*, Greek and latin inscr. in Syria. Publications of the Princeton Univ. Archaeol. Expedition to Syria, III. B 6, Leiden 1922, 176 s., Nr 1161; IGLS, II, 1939, Nr 413. M. Dennert

Palonianos (Παλωνίανος), angebl. griech. Gemmenschneider unbek. Zeit. Nur bek. durch eine Inschr. auf einem schmucklosen *Intaglio aus Karneol*. Da die Inschr. jedoch im Genitiv steht, gibt es keine Begründung, in ihr eine Künstler-Sign. zu sehen. ▭ RE XVIII. 3, 1949; EAA V, 1963. – *Brunn*, GGK, II, 1889, 424. R. V.

Pameniu, ägypt. Oberbildhauer, unter dem König Ramses II. (1279–1213 v. Chr.) in Memphis/Unterägypten tätig. Bek. aus einem Graffito am ö. Ende der N-Wand der Umfassungsmauer der Pyramide des Königs Chephren. P. hat hier seine Unterschrift mit seinem Titel als Oberbildhauer und seinem Namen hinterlassen. ▭ *Ch. M. Zivie*, Giza au deuxième millénaire, in: BdE 70:1976, 212 ss. Y. Ott

Pamphaios (Παμφαῖος), griech. Töpfer, im letzten V. des 6. Jh. und im ersten Jahrzehnt des 5. Jh. v. Chr. in Athen tätig. Sein Name ist durch Sign. auf mindestens 45 Vasen erhalten. P. stellte hauptsächl. Schalen her; wir kennen von ihm als Gefäßform aber auch die Amphora, die Hydria und den Stamnos. Seine Schaffenszeit ist sehr lang. Sie kann in drei Phasen, Früh-, Haupt- und Spätzeit, unterteilt werden. Die Frühwerke des P. zeigen eine Abhängigkeit in der Formgebung von → Nikosthenes (I). P. stellte zu dieser Zeit sog. nikosthen. Bandhenkelamphoren und Schalen mit sog. *Fußtyp A 1* nach Bloesch (1940) und nach Beazley vom *Typus AZ* her, deren Füße schwer und deren Fußplatten dick sind. Wenn → Hischylos als erster die Veränderung des Schalenfußes von *A 1 (AZ)* zu *A 2 (AZ)* mit verringerter Standplatte durchführte, folgte P. ihm in der Machart nach. In der Hauptzeit des P. besitzen seine Schalen den sog. *Fußtyp B.* Der Fußwulst geht vollst. verloren, so daß die Kurve des Schalenumrisses vom Rand des Beckens bis zum Rand des Fußprofils ununterbrochen durchläuft. P. stattete nun seine Schalen mit einem relativ flachen Becken und nicht nur mit einem hohen, sondern auch mit einem schlanken und gestreckten Stiel aus. In seiner Spätzeit fertigte P. sog. Schalen mit reichprofiliertem Fuß. P. stellte zusätzl. Schalen des *Typus C* her, deren Fuß aus Fußplatten und Fußwülsten zusammengesetzt ist. Zwar bemalten → Oltos, → Epiktetos und der *Nikosthenes-Maler* einige Schalen des P., die meisten der von P. sign. Schalen wurden aber von unbek. Vasenmalern verziert. Als Besonderheit an Schalenformen des P. ist ein Schalentyp der sog. chalkidischen Schale zu nennen, die von Bloesch (1940) als „Schale mit ionischem Fuß" bezeichnet wird. Obwohl diese Schale in London (BM, Inv. Nr 93.11–15.5; Bloesch, 1940, 63, Nr B, 7, Taf. 19) nur fragmentar. erh. ist, findet sich die Sign. des P. am tongrundigen Profil. Die Schale hat einen kurzen und schweren Fuß mit einer schlichten und konkaven Wand. Der Töpfer → Python (I) fertigte eine weitere dieser sehr seltenen chalkidischen Schalen, die noch vollst. erh. ist und sich in London befindet (BM, Inv. Nr E 38; Bloesch, 1940, 28, Nr 13, Taf. 7, 4; ARV², 1963, 72, Nr 16, p. 1623; Para, 1971, 328; Add², 1989, 167). Der Fuß der Schale ist wesentl. kleiner als die Füße von and. attischen Schalen aus ders. Zeit und verhält sich zur Größe des Schalenbeckens wie 0,34 zu 1,00. Nachdem → Python (I) seine Karriere mit dieser Schale angefangen hatte, blieb er auch im folgenden seinen Schalen in den Proportionen zw. Fuß- und Schalengröße immer treu, die wesentl. kleiner waren und deren Verhältnis von 0,38 zu 1,00 war. Obwohl die Schalen des P., im allg. eine merkwürdige, aus dem Drudenfuß stammende Proportion von 0,38 zu 1,00 mit einer Abweichung von Plus/Minus zwei Prozent aufweisen, verhält sich eine Schale in London (BM, Inv. Nr E 37; Bloesch, 1940, 64, Nr 14, Taf. 17, 3; ARV², 1963, 72, Nr 17, p. 1623; Para, 1971, 328; Add², 1989, 167) in den Proportionen von 0,35 zu 1,00. Ein Studium zur Maßeinheit der Schalengröße (Seki, 1985, 99) macht klar, daß seit dem letzten V. des 6. Jh. v. Chr. die Töpfer ihre Schalengröße nach dem sog. pheidonischen oder dorischen Fuß (32,7 cm) und dem solonischen bzw. attischen Fuß (29,4 cm-29,5 cm) ausrichteten. Die Größe der Schalen des P. kann auch in diese zwei Gruppen eingeteilt werden. P. begann als ein Schüler des → Nikosthenes (I) und in seiner langen Laufbahn erreichte er die höchste Stelle eines Töpfers, näml. Besitzer einer Wkst. zu sein und mehrere Vasen mit seinem Namen zu versehen. Wenn man diese Tatsache berücksichtigt, ist es sehr wohl mögl., daß P. der Töpfer war, der das wahrsch. von → Endoios gefertigte Relief eines Töpfers in Athen (Akropolis Mus., Inv. Nr 1332; Brouskari, 1974; Kurtz, 1989) als Weihgeschenk stiftete. ▭ ThB26, 1932. RE XVIII. 3, 1949; EAA VI, 1965. – *Bloesch*, Formen, 1940, 15 s., Anm. 39, pp. 28 s., Anm. 61, pp. 32 s., Anm. 65, pp. 49 s., Anm. 83, pp. 56 s., 62 ss., 72 ss., 121 s., Anm. 189, pp. 128 s., 138 s., Anm. 219, Taf. 17,1–4, 18,1–4, 19,1–6; ABV, 1956, 235 ss., 324 s.; ARV², 1963, 127–132, 1627 s.; *M. S. Brouskari*, The Acropolis mus. A descriptive cat., At. 1974, 131 ss., Taf. 251; *H. R. Immerwahr*, AJA 88:1984, 341 ss.; *T. Seki*, Unters. zum Verhältnis von Gefäßform und Malerei attischer Schalen, B. 1985, 20 ss., 27 s., 32 s., 35 s., 37 s., Anm. 67, pp. 41 ss., 50 s., 54 s., 62 s., 99 s.; Add², 1989, 176 ss.; *D. C. Kurtz* (Ed.), Greek vases. Lectures by J. D. Beazley, Ox. 1989, 48 s., Taf. 27,1; 28. T. Seki

Pamphilos (I) (Πάμφιλος; Pamphilus), von Amphipolis, griech. Maler und Gelehrter der 1. H. des 4. Jh. v. Chr., tätig in Sikyon, Haupt der dortigen Malerschule. Seine Schaffenszeit ist nur ungefähr festlegbar durch Zeitangaben zum Lehrer → Eupompos einerseits, den Schülern → Pausias, → Melanthios und → Apelles (I) andererseits. Plinius (nat., 35, 76) nennt drei Werke: eine *Familiengruppe* (*cognatio*), eine *Schlachten-Darstellung* (*proelium ad Phliuntem ac victorias Athenensium*) und einen *Odysseus auf dem Floß* (*Ulixes in rate*). Das *Schlachtbild* dürfte sich auf die Ereignisse des Jahres 367 v. Chr. beziehen und nicht viel später in attischem Auftrag entstanden sein. Weniger sicher bezeugt sind die *schutzflehenden „Herakliden"* eines P., auf die Aristophanes (Pl., 385) anspielt. Aktuell war um 388 v. Chr. in Athen der Fall des wegen Unterschlagung verurteilten und hoch verschuldeten Feldherrn P. (vgl. Pl., 176), auf den auch die Verse 382–385 primär zu beziehen sind. Unterschiedl. sprechen jedoch die Scholien teils vom Werk eines attischen Malers P., das in der Stoa Poikile zu sehen war, teils von der Tragödie eines P., der in den Didaskalien aber nicht bezeugt wäre, schließl. vom Maler → Apollodoros (II) als dem Schöpfer der „Herakliden", denn P. sei jünger als Aristophanes gewesen. – P. gilt als wichtigster Repräsentant der sikyonischen Malerschule, die er berühmt machte. Neben seinen künstler. Leistungen werden die theoretischen hervorgehoben. Plinius nennt ihn den ersten umfassend gebildeten Maler, bewandert v.a. in Arithmetik und Geometrie, deren Kenntnis P. für den Malerberuf voraussetzte. Seine Autorität bewirkte zunächst in Sikyon, dann in ganz Griechenland, daß freie Knaben nun in Malerei auf Buchsbaumtafeln (*pictura in buxo*) unterrichtet wurden. Diese Kunst soll seitdem den ersten Rang unter den freien Künsten eingenommen haben (Plin., nat., 35, 76 s.). Bestätigend überliefert Aristoteles (pol., 1337 b), daß zu seiner Zeit zur Grundausbildung der Jugend neben Grammatik, Musik und Gymnastik auch die *graphike* gehörte. Um 360 v. Chr. reichte der Ruhm des P. bereits so weit, daß sich → Apelles (I), obwohl in Ephesos längst anerkannt, von P. nochmals weiterbilden ließ. Von → Apelles (I) wie von → Melanthios soll P. für einen wohl langjährigen Unterricht je ein Talent erh. haben (Plin., nat., 35, 76). Über das Aussehen der Gem. des P. ist nichts Sicheres mehr zu ermitteln; Begriffe wie *chrestographia* (Plut., Arat., 13) oder *ratio* (Plin., nat., 35, 123) weisen nur auf die allg. Vorzüge präziser Naturbeobachtung und durchdachter Gestaltung hin. Seine bevorzugte Technik war wohl die Temperamalerei, doch hat P. auch zur Entwicklung der Wachsmalerei bzw. Enkaustik beigetragen (Plin., nat., 35, 123). Seine Bilder waren später geschätzte Sammelobjekte der Ptolemäer (Plut., Arat., 12 s.). Über Inhalt und Umfang der von P. verf. Lehrschriften ist nichts bek., die Suda nennt ledigl. Titel: „Über die Malerei“, „Berühmte Maler“ und and. Themen. Auch wird er hier als *philosophos* und *philopragmatos* bezeichnet. Dies ließe sich mit Plinius' Angaben zur umfassenden Bildung des P. in Einklang bringen, doch wird für die Suda auch eine Vermengung zweier Personen gleichen Namens für mögl. gehalten. 🕮 ThB26, 1932. RE XVIII. 3, 1949; EAA V, 1963; DA XXIII, 1996; DNP IX, 2000 (s.v. P. 2). – *E. C. Keuls*, Plato and Greek painting, Leiden 1978, 139–150; *P. Moreno*, La pittura tra classicità ed ellenismo, in: *Bianchi-Bandinelli* (Ed.), Storia e civiltà dei Greci, 6, Mi. 1979, 484–87; *A. Griffin*, Sikyon, Ox. 1982, 148–49; *Reinach*, RecMilliet, 1985, 252–56. I. Scheibler

Pamphilos (II), griech. Steinschneider, um 50 v. Chr. tätig. Nur bek. durch seine Sign. auf einem *Intaglio aus Amethyst*, auf dem Achilleus dargestellt ist, der auf einem Felsen sitzt und die Lyra spielt, umgeben von Waffen (Paris, BN, Cab. des Méd., Inv. Nr 1815; A. Furtwängler, JdI 3:1888, 321, Taf. 10, 4; id., AG, 1900, I, Taf. 49, 18; II, 237; III, 358; Lippold, Gemmen, 1922, Taf. 40, 7; E. Babelon, Cab. des Méd. et antiquités, 1924, 77, Nr 1815; Vollenweider, Steinschneidekunst, 1966, 27, Taf. 16, 6–8; A. Kossatz-Deissmann, LIMC I, 1984, 197, Nr 915 m. Abb., s.v. Achilleus). Weitere Gemmen mit seinem Namen sind hingegen neuzeitl. Fälschungen. Besonders diese Darst. wurde oft abgeformt oder nachgebildet (Heres, 1973). 🕮 RE XVIII. 3, 1949 (s.v. P. 32); EAA V, 1963. – *Brunn*, GGK, II, 1889, 522 s.; *G. Heres*, Eirene 11:1973, 101–106. R. V.

Pamphilos (III), griech. Mosaizist, in Syrien im 3./4. Jh. n. Chr. tätig. P. signierte *zwei Mosaiken* mit „Pamphilos machte das Mosaik des Agroikos“ (Priv.-Besitz; Canivet/Darmon, 1989; A. Kossatz-Deißmann, LIMC VI, 1992, 363, Nr 3 m. Abb., s.v. Maron; Miho Mus.: K. Manchester, Miho Museum, Miho 1997, 146–150, Nr 69 mit Abb.). Beide Bildfelder zeigen jeweils in sehr ähnl. Weise die Entdeckung der schlafenden Ariadne durch Dionysos in Anwesenheit von Eros, Maron und Satyros. Mit Agroikos dürfte daher Dionysos gemeint sein. Der Stil der Mosaiken weist auf Syrien als Herstellungsort hin. 🕮 *P. Canivet/J.-P. Darmon*, MonPiot 69:1989, 1–10, Abb. 1 s. R. V.

Pan(krates) (Παν[κράτης]), vermeintl. griech. Bildhauer der 2. H. des 4. Jh. und der 1. H. des 3. Jh. v. Chr. in Delphi. Bisweilen wurde die abgekürzte Form ΠΑΝ auf der Basis der sog. Tänzerinnen- oder Akanthussäule von Delphi zu Παν(κράτης) erg. und als die Sign. eines Bildhauers dieses Namens angesehen. Wie jedoch auch and. gleichzeitige Inschr. dieses Namens in Delphi bezeugen, handelt es sich hier um einen Bauunternehmer und nicht um einen Künstler (s. dazu: Marcadé/Croissant, 1991). Bisweilen wurde die sog. Tänzerinnen- oder Akanthussäule auch dem Bildhauer → Chairestratos (II) zugeschr., was jedoch ebenso abzulehnen ist. 🕮 *J. Pouilloux*, FDelphes, II. 1,6, 1960, 60, 62, Anm. 1, Taf. 32, 2; *id./G. Roux*, Enigmes à Delphes, P. 1963, 123–149, Taf. 23–28; *C. Vatin*, CRAI 1983, 26; *J.-F. Bommelaer*, Guide de Delphes. Le site, P. 1991, 199 s., Nr 509; *J. Marcadé/F. Croissant*, Guide de Delphes. Le musée, P. 1991, 84–90, Abb. 46–48; *M. Maaß*, Das antike Delphi, Da. 1993, 202 s., Abb. 89; *J.-L. Martinez*, CRAI 1997, 38; *M. Donderer*, Boreas 23/24:2000/2001, 79, Anm. 42. R. V.

Panachetu (I), ägypt. Bildhauer (Graveur), 1. H. des 2. Jh. v. Chr. in Theben/Oberägypten tätig. Nur bek. aus einem demot. Dok., das die Aufteilung von Grabstellen betrifft. P. ist einer der gen. Grabbesitzer. 🕮 *C. A. R. Andrews*, Cat. of demotic papyri (K BM), IV, Lo. 1990, 73, Nr 30 (Papyrus, BM, Nr 10612). S. L. Lippert

Panachetu (II), Sohn des Pascherdjedher, ägypt. Goldschmied, in griech.-röm. Zeit (3. Jh. v. Chr.–3. Jh. n. Chr.) in Philae/Oberägypten tätig. Nur bek. von einem unvoll. demot. Graffito am Isis-Tempel von Philae. Der Name wurde von Griffith noch als Pananechetu gelesen. ▭ *F. L. Griffith*, Cat. of the demotic graffiti of the Dodecaschoenus, Ox. 1937, 89, Nr Ph 285. S. L. Lippert

Panainos (Πάναινος; Panaenus), griech. Maler, nach Plinius (nat., 35, 54 und 57; 36, 177, 7) und Pausanias (5, 11, 6, 11) der Bruder, nach Strabon (8, 3, 30, 25, p. 354 s.) der Neffe des → Pheidias (I). Damit war er auf jeden Fall Athener und – die Richtigkeit der ersten beiden Überlieferer vorausgesetzt – ein Sohn des Charmides. Die Nachr., er sei der Neffe des → Pheidias (I) gewesen, scheint wahrscheinlicher. Wohl irrtüml. erscheint P. bei Plutarch (de glor. Ath., 2; Overbeck, 1868, Nr 1109) als → Pleistainetos. P. war v.a. im mittleren Drittel des 5. Jh. v. Chr. in Olympia und Elis tätig. Lt. Plinius (nat., 35, 58; Overbeck, SQ, 1868, Nr 1098) wurde er im ersten Maler-Wettb. bei den Pyth. Spielen, der wahrsch. im 3. V. des 5. Jh. v. Chr. stattfand, von → Timagoras (II) besiegt. Die Lebensdaten des P. sind eng mit Zu- bzw. Abschreibung von Werken verknüpft. Die antiken Schriftquellen schreiben ihm unisono die *Bilder auf den Schranken* um das Goldelfenbeinbild des Zeus in Olympia zu (v.e. → Pheidias [I]). Deren Installation und Bemalung setzt den Einbau des Zeusbildes voraus, kann also erst nach 425 v. Chr. erfolgt sein (W. Schiering, Die Wkst. des Phidias, II. Die Wkst.-Funde, OlympForsch, XVIII, 1991, 2). Pausanias (5, 11, 6, 10) erw. P. als Maler der Marathonschlacht in der Stoa Poikile. Er wäre damit schon im 2. V. des 5. Jh. v. Chr. ein bedeutender Künstler gewesen. Dieser Überlieferung steht die aufgrund der Quellen für die Marathonschlacht angenommene Autorschaft des → Mikon (I) entgegen. Schließl. soll P. die *Innenseite des Schildes* der Goldelfenbeinstatue der Athena (vgl. Pausanias 6, 26, 2) in Elis bemalt haben, ein Werk des Bildhauers → Kolotes (I). Dieser ist als Schüler des → Pheidias (I) überliefert. Die Haupttätigkeit des P. fällt also in das mittlere Drittel des 5. Jh. v. Chr. (bestätigt durch Plin., nat., 35, 58, 1–6: vor der 90. Olympiade, d.h. vor 420 v. Chr.). Neben den schon gen. Bildern, den *Schranken* um das Zeusbild in Olympia und der *Innenseite des Schildes der Athena* in Elis, soll er ebendort im Athenatempel einen Wandputz verwendet haben, der unter Verwendung von Milch und Safran hergestellt wurde (Plin., nat., 36, 177, 7 s.). Allein von den Bildern im Zeustempel in Olympia sind sowohl Anbringungsort als auch Themen überliefert. Die Bilder schmückten neun mit Stuck überzogene 0,20 m starke Kalksteinplatten von 1,85–2 m Länge. Reste der Platten fand man bei den Ausgrabungen im Zeustempel (Dörpfeld, 1935, 235–239, 253, Beil. 20.a, 21.b, 22). Die Platten verschlossen innerhalb der inneren Säulenstellungen auf N- und S-Seite das zweite bis vierte Interkolumnium von O her. Weiterhin verlief zw. den zweiten Säulen quer durch die Cella eine von zwei Türen durchbrochene Schranke (H.-V. Herrmann, Olympia, M. 1972, Abb. 103). Auf diese Weise wurde ein überwiegend mit schwarzen Steinblöcken ausgelegter Raum vor dem Gold-Elfenbeinbild abgegrenzt. Ausdrückl. erw. Pausanias (5, 11, 2), die der Tür gegenüberliegenden Platten seien blaugrundig. Daher können die 9 von Pausanias aufgezählten Bilder nur auf die Innenseite dieser Platten gemalt gewesen sein. So präsentierte sich das Zeusbild oberhalb eines blauen Streifens ungestört von figürl. Darstellungen. Weiterhin bemerkt Pausanias, man könne nicht unmittelbar vor das Kultbild hintreten. Folglich muß die Höhe der Abgrenzung einen Blick über sie hinweg auf die gegenüberliegenden Platten ermöglicht haben, kann also 1,50 m nicht überschritten haben (Dörpfeld, op. cit., 253). Die Aufzählung der Bildthemen durch Pausanias weist eine klare Einteilung in Dreiergruppen auf: I. 1) Atlas, Himmel und Erde tragend, und Herakles, der hinzutritt, um die Last zu übernehmen; I. 2) Theseus und Peirithoos; I. 3) Hellas und Salamis, letztere mit einem Aphlaston; II. 4) Herakles im Kampf mit dem nemeischen Löwen; II. 5) der Frevel des Aias an Kassandra; II. 6) Hippodameia, die Tochtes des Oinomaos, mit ihrer Mutter (Sterope); III. 7) Herakles erlöst den noch gefesselten Prometheus; III. 8) Achill, der die sterbende Penthesilea emporhebt; III. 9) zwei Hesperiden bringen die Äpfel, deren Bewachung ihnen anvertraut war. Es handelt sich durchgehend um zweifigurige Bilder. I. 1 und III. 9 bilden eine erzählerische Einheit; so sind Anfang und Ende der Aufzählung miteinander verknüpft. Damit ist jedoch noch nicht die Positionierung der Bilder auf den Platten gesichert. Da Pausanias zunächst das Zeusbild (5, 11, 1, 1–2, 4) samt allen Thronseiten beschreibt, muß er das Bild einmal umrundet haben. Er kann also entweder auf der N- oder auf der S-Seite von der 5. Säule aus auf die Bilder geblickt haben. Bei einem Sehwinkel von 60 Grad überschaute er von der mittleren Platte der vorderen Quersperrung alle weiteren Platten bis zur Statuenbasis. Nicht einsehbar waren ihm die Bilder an der Brüstung, hinter der er stand, und das Bild auf der ihm zunächst liegenden ö. Eckplatte der Quersperrung. Nimmt man seine Position auf der S-Seite an, so sind auf der mittleren

Platte der O-Seite der Absperrung I. 1 Herakles/Atlas, auf der n. Platte I. 2 Theseus/Peirithoos, auf der ö. Platte der N-Seite I. 3 Hellas/Salamis, auf der mittleren n. Platte II. 4 Herakles/Löwe, auf der w. Platte II. 5 Kassandra/Aias anzuordnen. Nach einem Wechsel auf die and. Seite setzt die Aufzählung wieder von rechts her mit der w. Platte der S-Seite und II. 6 Hippodameia/Sterope ein. Es folgen dann: III. 7 Herakles/Prometheus, III. 8 Achill/Penthesilea. Und schließl. auf der s. Platte der O-Seite III. 9 die Hesperiden mit den Äpfeln. Steht Pausanias bei seiner Beschr. auf der N-Seite, liefe die Aufzählung andersherum. In jedem Fall aber kämen die III. 9 Hesperiden zus. mit I. 1 Herakles/Atlas auf eine Seite der Absperrung. Danach beschreibt dann Pausanias die ebenfalls von vorne sichtbare Verzierung der Thronlehne, den Fußschemel und die Verzierung an der Basisfront, geht also nicht mehr hinter das Bild. Weiterhin befänden sich die Herakles-Bilder stets prominent in der Mitte der jeweiligen Plattenreihe. Das mit den Bildern verküpfte Bildprogramm und seine Beziehung zu Zeus werden nach wie vor kontrovers diskutiert. ▭ ThB26, 1932. RE XVIII. 3, 1949; EAA V, 1963; LAW, 1965; KlP IV, 1972; DA XXIII, 1996; DNP IX, 2000. – *Overbeck*, SQ, 1868, Nrn 1094–1108; *A. Trendelenburg*, AA 1897, 25–29; *Pfuhl*, MuZ, II, 1923, 660 s.; *W. Dörpfeld*, Alt-Olympia, I. Unters. und Ausgrabungen zur Gesch. des ältesten Heiligtums von Olympia und der älteren griech. Kunst, B. 1935, 235 s., 247 s.; *A. Mallwitz*, Olympia und seine Bauten, Da. 1972, 230; *W. Völcker-Janssen*, Boreas 10:1987, 11–31; *Scheibler*, Malerei, 1994, 58 s., 71, 87 s.; *Pausania*, Guida della Grecia, V, ed. *G. Maddoli*, Mi. 1995, 240 s. W. Ehrhardt

Panaios (Παναῖος), angebl. griech. Steinschneider. Nur bek. durch die Inschr. ΠΑΝΑΙΟΥ ΑΦΡΟΔΙΤΗ auf einem *Intaglio* in der BN in Paris (Inv. Nr 1581; CIG, 7236; Chabouillet, BiblNat-Camées, 1858, 217 ss., Nr 1581), auf dem ein Satyr eine Nymphe oder wegen der Inschr. eher Aphrodite bedrängt. Wegen der Inschr. ist es wahrsch., daß der Satyr den Namen Panaios trug und somit hier keine Künstler-Sign. vorliegt (W. H. Roscher, ML III. 1, 1897–1902, 1481, s.v. Panaios). ▭ EAA V, 1963. – *Zazoff*, AG, 1983, 320, Anm. 92. R. V.

Pananechetu → Panachetu (II)

Pandeios (Πάνδειος), griech. Bildhauer, in der 1. H. des 4. Jh. v. Chr. in Tegea und Athen tätig. Lt. Theophrast (hist. plant., 9, 13, 4; Overbeck, SQ, 1868, Nr 1617; Muller-Dufeu, SculptureSource, 2002, 566 s., Nr 1671) war P. in Tegea tätig, als er durch das Verspeisen einer giftigen Frucht verrückt geworden ist. Wahrsch. ist er ident. mit dem gleichnamigen Bildhauer aus gleicher Zeit, der uns durch eine Sign. auf einer Basis aus pentelischem Marmor für eine *Statue der Philarete*, Tochter des Philochares, die von Apolexis, Sohn des Apolexis, auf der Athener Akropolis überliefert gew. worden ist (IG, II/III^2, 4024; Muller-Dufeu, SculptureSource, 2002, 566 s., Nr 1670). ▭ ThB26, 1932 (s.v. P. und Pandios). RE XVIII. 3, 1949 (s.v. Pandios); EAA V, 1963 (s.v. Pandios). – *Loewy*, IGB, 1885, 382, Nr 68 a. R. V.

Paneb (I), ägypt. Künstler („Oberster der Nekropolenarbeiter"), 18. Dynastie (1550 bis 1292 v. Chr.), in Theben/Ägypten tätig. Auf einer Opferstele im BM (Nr 490), die in die späte 18. Dynastie dat. wird, ist P. mit seinen drei Söhnen in Gebetshaltung dargestellt. Sein Titel weist ihn als ranghöchsten Künstler in der kgl. Nekropole in Theben-W aus. ▭ Hieroglyphic texts from Egyptian stelae etc. (K BM), V, Lo. 1914, 12, Taf. 42. M. A. Stadler

Paneb (II), ägypt. Künstler („Oberster der Nekropolenarbeiter"), Zeit Ramses' II. bis Ramses' III. (1279 bis 1152/1151 v. Chr.), in Theben/Ägypten tätig. P. begann seine Karriere als einfacher Arbeiter in der kgl. Nekropole, im Jahr 66 Ramses' II. (1214/1213 v. Chr.) ist er in dieser Funktion belegt. Nach dem Tode des Obersten der Nekropolenarbeiter → Neferhetep (II) wurde das Amt nicht wie üblich in dieser Fam. weitervererbt, sondern ging an den nicht verwandten und von → Neferhetep (II) geförderten P. Dies wurde als Unrecht seitens der Fam. des → Neferhetep (II) empfunden, die ein Dossier mit Vergehen des P. zusammenstellte, das dem Wesir vorgelegt werden sollte, um P. aus dem Amt des Obersten der Nekropolenarbeiter, der der ranghöchste Künstler in der kgl. Nekropole in Theben-W war, zu entfernen und zu bestrafen. P. wurde Diebstahl von kgl. Grabbeigaben und Grabraub, Unterschlagung und versuchter Mord an → Neferhetep (II) vorgeworfen. Es ist wahrsch., daß die Anklage erfolgreich war und P. entlassen wurde. Vermutl. ist er im Jahr 6 Ramses' III. (1177/1176 v. Chr.) getötet worden. Ob dies eine Hinrichtung war, kann jedoch nicht mit Sicherheit gesagt werden. ▭ *J. Černý*, JEA 15:1929, 243–258; *id.*, Ostraca hiératiques (CG), I, Le Caire 1935, 23, 45*, Taf. 30; *id.*, A community of workmen at Thebes in the Ramesside period, Kairo 1973, 123, 125, 301 s.; *M. L. Bierbrier*, The late New Kingdom in Egypt, Warminster 1975, 21–23; KRI IV, 302, 319, 408, 415, 435 s.; Hieroglyphic texts from Egyptian stelae etc. (K BM), X, Lo. 1982, 30 s., Nrn 272, 273, Taf. 70 s.; *D. Valbelle*, „Les ouvriers de la tombe", Le Caire 1985, 179–184. M. A. Stadler

Panedjem, ägypt. Bildhauer, 19. Dynastie (1292–1186/85 v. Chr.). P. hat eine kunstgeschichtl. etwa in die Zeit Sethos' I. (1290–1279/78 v. Chr.) datierte bescheidene Stele signiert, die in Dendera gefunden wurde. Er trägt auf ihr den Titel „Bildhauer des Min, des Herrn von Achmim". Achmim liegt ca. 100 km nordwestl. von Dendera. ▭ *G. Daressy*, ASAE 17:1917, 94; *W. Helck*, Mat. zur Wirtschaftsgesch. des Neuen Reiches, II, Wb. 1961, 172. F. Hoffmann

Panefer (I), Sohn des Merira (?), ägypt. Künstler („Oberster der Nekropolenhandwerker"), Ramses VII. bis Ramses XI. (1134/32–1070/69 v. Chr.) in Theben/Oberägypten tätig. Er ist bek. durch ein Gewicht (Gardiner Nr 11), auf dem → Paisen, ein weiterer Nekropolenhandwerker, gen. wird. Der Künstler ist wahrsch. ident. mit P., Sohn des Merira, der für das 2. Reg.-Jahr Ramses' VII. (1132/30 v. Chr.) und das 17. Reg.-Jahr Ramses' IX. (1108/04 v. Chr.) durch Papyri belegt ist. P. lebte in der Arbeitersiedlung Deir el-Medineh und war in der kgl. Nekropole in W-Theben bei der Ausgestaltung der Gräber beschäftigt, wo er einem Arbeitstrupp vorstand. ▭ KRI VI, 427, Zeile 7; KRI VII, 397; *G. Botti/T. E. Peet*, Il Giornale della Necropoli di Tebe, T. 1928, 19 (r. col. 1, Z. 10), Taf. 8; *J. Černý*, A community of workmen at Thebes in the Ramesside period, Kairo 1973, 123, 126, 312; *M. Gutgesell*, Die Dat. der Ostraka und Papyri aus Deir el-Medineh und ihre ökonom. Interpretation, I. 1, Hildesheim 1983, 141, 242; I. 2, 341 s., 384 s.; *B. G. Davies*, Who's who at Deir el-Medina, Leiden 1999, 232. T. Schrottenbaum

Panefer (II), ägypt. Künstler („Künstler ... des Hauses der Gottesverehrerin des Amun"), unter Ramses IX. (1125/21–1107/03 v. Chr.) in Theben/Oberägypten tätig. Er ist bek. durch einen Papyrus aus dem 17. Reg.-Jahr Ramses IX. (1108/04 v. Chr.), der sich heute im BM befindet (Papyrus BM 10053, r. col. 2, Z. 1). Der Papyrus handelt von Grabräubern, die einige Kupferobjekte aus dem „Tal der Königinnen" (Nekropole der Königinnen in W-Theben) entwendet haben und daraufhin ihrer Ämter enthoben wurden. P. ist in einer Liste derjenigen aufgezählt, denen einer der Diebe, nämlich Pentawer, das gestohlene Kupfer verkaufte. P. war vermutl. in einer Wkst. im Tempelbezirk des Amun (Karnak) beschäftigt. ▭ *T. E. Peet*, The great tomb-robberies of the twentieth Egyptian dynasty, Ox. 1930, 105, Nr BM 10053, Taf. 17. 2,1. T. Schrottenbaum

Pantias (Παντίας), Sohn und Schüler des → Sostratos (I) von Chios, griech. Bildhauer, um 380 v. Chr. tätig. Pausanias (6, 3, 11) nennt ihn als Schüler in siebter Generation in der Reihe der Schüler, die mit dem Sikyonier → Aristokles (III) beginnt. → Sostratos (I) ist entweder z.Z. der 90.–95. Olympiade tätig oder und auch noch, als sein Sohn P. bereits erwachsen ist. Dieser wird in die 100. Olympiade dat., war also um 380 v. Chr. tätig, und demnach dürfte → Philotimos (I) ein Zeitgen. des P. sein. Drei Basen mit Inschr. in Olympia benennen Athletenstatuen, die als seine Werke bez. sind: – 1.) *Statue des Nikostratos von Heraia aus Arkadien* (RE XVII. 1, 1936, 543, s.v. Nikostratos 10; Paus., 6, 3, 11), der im Ringkampf der Knaben gewonnen hatte und ein Sohn des Xenokleidos war; – 2.) eine *Statue des Aristeus aus Argos* (RE II. 1, 1895, 898, s.v. Aristeus 2 und Kirchner, RE, Suppl. I, 1903, 132), der um 420 v. Chr. Sieger im Wettlauf war; – 3.) die *Statue des Xenotimos aus Kos* (bei Paus., 6, 14, 12: Xenodikos), der Sieger im Faustkampf der Knaben war. Letztere Figur saß auf einem Pferd, auf dem sein Vater im Pferderennen gesiegt hatte. Die daneben stehende Statue des Vaters Xenombrotes war ein Werk des → Philotimos (I) aus Ägina. ▭ ThB26, 1932. RE XVIII. 3, 1949 (s.v. P. 2); Suppl. I, S. 132, s.v. Aristeus. – *H. Brunn*, Gesch. der griech. Künstler, St. 1857, 81 s.; *Overbeck*, SQ, 1868, 78, Nrn 413–415; *W. H. S. Jones* (Ed.), Pausanias – Description of Greece, Lo. 1959. U. W. Gottschall

Pantouleios (Παντουλήϊος; Aulos Pantouleios, Αὖλος Παντουλήϊος; Aulus Pantuleius), Sohn des Gaios, aus Ephesos, Bürger von Milet, Bildhauer, Zeitgen. Hadrians (→ Hadrianus), 2. H. 1. Jh. n. Chr./1. H. 2. Jh. n. Chr. tätig. Die verschollene Inschr. wurde von Cyriacus von Ancona bei der Kirche des Hl. Antonius in Athen „auf einer großen Marmorsäule" (nicht im Olympieion, cf. Mommsen [1868] und Bodnar [1960]) gesehen und aufgezeichnet. Sie nennt den Bildhauer P., der für die Stadt Milet offensichtl. eine der zahlr. – von mit Athen im panhellen. Synhedrion verbündeten Städten gestifteten – *Bronzestatuen Hadrians* (cf.. Paus., 1, 18, 6: „Kolonien") an der Peribolosmauer des Olympieions in Athen schuf (v. dazu Willers [1990] mit älterer Lit.). Diese wurden wohl nach der Einweihung des Olympieions 132 n. Chr. aufgestellt. Zuletzt interpretierte Donderer (1996) den ersten Beinamen des P., „Ephesios“, nicht als reines Ethnikon, sondern als *cognomen* im Rahmen der *tria nomina*, erkannte nur „Milesios“ als Herkunftsbezeichnung an und strich P. daher aus der Liste der ephesischen Bildhauer. ▭ ThB26, 1932. RE XVIII. 3, 1949 (s.v. P. 5); EAA IV, 1961 (s.v. Marmorarius); V, 1963 (s.v. Pantouleios, Aulos). – CIG, I, 339; IG, III, 480; IG II², 3300; *L. Stephani*, RhM 4:1846, 35 s.; *H. Brunn*, Gesch. der griech. Künstler, I, Braunschweig 1853, 556; *A. Mommsen*, Athenae christianae, L. 1868, 64 s., Nr 159; *Overbeck*, SQ, 1868, Nr 2280; *Loewy*, IGB, 1885, 254 s., Nr 357; *H. Wuilleumier*, Mémoires présentés par divers Savants à l'Académie des Inscriptions et Belles-Lettres 13:1933, 584; *P. Graindor*, Athènes sous Hadrien, Kairo 1934, 50, Anm. 2, p. 68 s.; *J. Marcadé*, BCH 73:1949, 148 s; *Richter*, CriticalPeriods, 1951, 55 s.; *Toynbee*, Artists, 1951, 24; *Calabi Limentani*, Studi, 1958, 165, Nr 110; *E. W. Bodnar*, Cyriacus of Ancona and Athens, in: Coll. Latomus 43, Br./Berchem 1960, bes. 165 s.; *D. Willers*, Hadrians panhellenisches Programm, Basel 1990 (AntK, Beih., 16), 50 ss., bes. 50, Anm. 240; *R. Tölle-Kastenbein*, Das Olympieion in Athen, Köln 1994, 160, Anm. 925; *M. Donderer*, ÖJh 65:1996, 102; *Muller-Dufeu*, SculptureSource, 2002, 962 s., Nr 2892. M. Aurenhammer

Papai (PPY), Sohn des Babai, numidischer Eisenhandwerker des 2. Jh. v. Chr. Erw. in einer numidisch-punischen Bilingue vom *Pfeilergrabmal* in Thugga (Dougga, Tunesien) neben einem weiteren Schmied sowie and. Handwerkern; → Aṭban. C. Leschke

Papias (I) (Παπίας), griech. Koroplast, in der 2. H. des 1. Jh. v. und in der 1. H. des 1. Jh. n. Chr. in Myrina tätig. P. gehörte zu den am meisten in der röm. Kaiserzeit produzierenden Koroplasten von Myrina. Sein Stil weist Ähnlichkeiten zu dem Koroplasten → Diphilos (III) auf. Möglicherweise arbeitete er zeitweise auch in seiner Wkst. Seine Produktion zeichnet sich durch eine größere Bandbreite an dargestellten Figuren aus: – 1.) *halbbekleidete, an eine Säule gelehnte Aphrodite* (Istanbul, Archäol. Mus., Inv. Nr M 2285; Kassab, 1988, 53, Nr 1, Abb. 140, 424); – 2.) *Knidische Aphrodite* (Aufbewahrungsort unbek.; Kassab, 1988, 54, Nr 2); – 3.) *Leda mit dem Schwan* (Aufbewahrungsort unbek.; Kassab, 1988, 55, Nr 3); – 4.) *Dionysos mit Eros und Panther* (Istanbul, Archäol. Mus., Inv. Nr M 2438, und Paris, Louvre, Inv. Nr Myrina 971; Kassab, 1988, 54, Nrn 4 a-b, Abb. 141 s., 425 s.); – 5.) *drapierte Frau* (Aufbewahrungsort unbek.; Kassab, 1988, 54, Nr 5); – 6.) *halbbekleideter, an einen Pfeiler gelehnter Jüngling* (Athen, NM, Inv. Nr 4831; Kassab, 1988, 54, Nr 6, Abb. 143). ▭ *E. Pottier/S. Reinach*, La nécropole de Myrina, P. 1888, 178 s., Nrn 73, 75; *D. Kassab*, Statuettes en terre cuite de Myrina. Corpus des sign., lettres et signes, P. 1988, 53 s., Nrn 1–6, Abb. 140–143, 424–426. R. V.

Papias (II), griech. Bildhauer aus Aphrodisias/(Karien?), in der 1. H. des 2. Jh. n. Chr. tätig. P. hat zus. mit → Aristeas (I) (dort fälschlicherweise 2. Jh. v. Chr.) *Kentaurenstatuen* aus dunkelgrauem Marmor geschaffen. Diese wurden 1736 im kleinen Pal. der Villa Hadriana bei Tivoli gefunden und befinden sich heute in Rom (Mus. Capitolino, Inv. Nrn 656 und 658). Die beiden *Statuen* mit der Künstler-Sign. auf der Plinthe (Loewy, IGB, 1885, 259 s., Nr 369) waren als spiegelbildl. Gegenstücke konzipiert, die sich gegenüberstanden. Ein Eros, der den Kentauren jeweils auf dem Rücken saß, ist bei beiden verloren. Repliken befinden sich heute in Paris (Louvre, Inv. Nr MA 562), Rom (Vatikan, Sala degli Animali, Inv. Nr 404; Rom, Pal. Doria Pamphilj) und Wien (Kunsthist. Mus., Inv. Nr I 97). Die übertriebene Torsion der Körper, die divergierende Bewegungsrichtung der Figuren sowie der gequälte Gesichtsausdruck beim bärtigen, älteren und die ausgelassene Freude beim jugendl., unbärtigen Kentauer, lassen Vorbilder im 2. Jh. v. Chr. vermuten. Eine Statue eines Satyrs (Rom, Mus. Capitolino, Inv. Nr. 657), die ebenfalls in der Villa Hadriana gefunden wurde, wird aufgrund ihres Stils den beiden Künstlern der *Kentaurenstatuen* zugeschrieben. ▭ ThB26, 1932. RE XVIII. 3, 1949 (s.v. P. 4); EAA VI, 1965. – *Overbeck*, SQ, 1868, Nr 2286; *Loewy*, IGB, 1885, 259 s., Nr 369; *Brunn*, GGK, I, 1889, 400 s., 414 s.; *Overbeck*, GGP, II, 1894, 467 s.; *Collignon*, HistSculpt, II, 1897, 677; *Stuart Jones*, SculptMusCap, 1912, 274, 277; *E. Buschor*, AJA 38:1934, 128–32; *Squarciapino*, Afrodisia, 1943, 16, 21, 32–34; *Lippold*, GrPl, 1950, 363; *Toynbee*, Artists, 1951, 30; *Helbig*⁴, II, 1966, 203 s., Nr 1398; *Kraus*, PKG II, 1967, 88, 247, Abb. 269; *Robertson*, Hist., I, 1975, 608; II, 738, Anm. 50; *J. Raeder*, Die statuar. Ausstattung der Villa Hadriana b. Tivoli, Ffm 1983, 236–238; *T. Sengelin*, LIMC VIII, 1997, 719, Nr 483 m. Abb. (s.v. Kentauroi et Kentaurides); *F. P. Arata*, BullCom 99:1998, 208 ss., Nrn 78 s., Abb. 66–71; *Ridgway*, HellSculpt, II, 2000, 282 s., Anm. 45. M. Wüstefeld

Papias (III), Sohn des Papias, Bildhauer (λατύπος), tätig in der 1. H. des 3. Jh. n. Chr. in Isaurien. Nur bek. durch die Sign. einer *Grabstatue* im Mus. von Karaman. ▭ M. Şahin, EpigrAnat 29:1997, 76–78, Nr 1, Taf. 1. M. Dennert

Papirius Felix, röm. Toreut, am E. des 1. Jh. v. Chr./am A. des 1. Jh. n. Chr. in Kampanien tätig. Nur bek. durch seine Sign. auf einer *Bronzekasserolle* aus einem Steinkistengrab von Zliv, Jicin/Tschech. Republik (heute Prag, NM, Inv. Nrn 62700–62744, 64288; CIL, XIII. 3/2, 10027, 88). ▭ *V. Schulz*, Památky Archaeol. 13:1885, 71 ss., Taf. 3, 11; *R. Petrovszky*, Stud. zu röm. Bronzegefäßen mit Meisterstempeln, Buch am Erlbach 1993, 162, Nr P.02, p. 285, Nr P.02.01, Taf. 22. R. V.

Papirius Lib[...], *Titus*, röm. Toreut, am E. des 1. Jh. v. Chr./am A. des 1. Jh. n. Chr. in Kampanien tätig. Nur bek. durch seine Sign. auf den folgenden drei *Bronzekasserollen*: – 1.) von einem Wasserfund aus dem Rhein in Mainz-Weisenau (heute Mainz, Mittelrhein. LM, Inv. Nr 3.II. 1904 [0,650]; CIL, XIII. 3/2, 10027, 33; L. Lindenschmit, W-dt. Zs. 23:1904, 367, Taf. 6, 10; Petrovszky, 1993, 286, Nr P.03.01, Taf. 23, 41); – 2.) aus Schwinkendorf, Landkreis Malchin/ Deutschland (heute Schwerin, Mus. für Ur- und Frühgesch., Inv. Nr E 1115; Petrovszky, 1993, 286, Nr P.03.02, Taf. 23); – 3.) vom Urnengrab Nr 91 von Tišice, Melnik/Tschech. Republik (heute Prag, NM, Inv. Nr 116971–116977; K. Motyková-Sneidrová, Památky Archaeol. 52:1961, 407, Abb. 1, 11, pp. 408, 410, Nr 9; Petrovszky, 1993, 286, Nr P.03.03, Taf. 23). ▭ *R. Petrovszky*, Stud. zu röm. Bronzegefäßen mit Meisterstempeln, Buch am Erlbach 1993, 162, Nr P.03, pp. 285 s., Nrn P.03.01–P.03.03, Taf. 23, 41. R. V.

Papirius Vitalis, röm. Maler, um 200 n. Chr. in Rom tätig. Nur bek. durch eine Grab-Inschr. aus Rom, die er seiner Frau zu Ehren gesetzt hat (heute im Vatikan, Gall. Lapidaria; CIL, VI, 9792). ▭ RE XVIII. 3, 1949 (s.v. Papius 77). – *A. Giuliano*, ArchClass 5:1953, 267, Nr 13, Taf. 117, 1; *Calabi Limentani*, Studi, 1958, 155, Nr 17. R. V.

Pappos Publius (Πάππος Πόπλιος), Steinmetz, der eine 335 n. Chr. dat. Bau-Inschr. der Stadtmauer von Stanitza Saporozhskaja (Halbinsel Taman/Ukraine) ausführte (v.e. → Eutychion). ▭ *Donderer*, Architekten, 1996, 129, Nr A 37. M. Dennert

Papylos (Πάπυλος; Papylus), griech. Marmorbildhauer, vermutl. in der 2. H. des 4. Jh. v. Chr. tätig. Sein Name ist nur aus der Erw. bei Plinius (nat., 36, 33 s.) bekannt. Dieser nennt ihn einen Schüler des → Praxiteles (II). Als sein Werk bezeichnet er eine *Statue des Zeus Xenios* (Juppiter Hospitalis), die sich in der Slg des Asinius befunden hat: „...*in his monumentis [Pollionis Asini] sunt ...Iuppiter hospitalis Papyli Praxiteles discipuli*...". – Zu Anfang bestanden bezügl. der frühen Dat. Zweifel, da zunächst angenommen wurde, der Künstler müsse ein Zeitgen. des Sammlers sein, es ist aber als wahrsch. anzunehmen, daß Asinius auch ältere Werke gesammelt hat. ▭ ThB26, 1932. RE XVIII. 3, 1949 (s.v. P. 2); EAA V, 1963. – *Overbeck*, SQ, 1868, Nr 1342; *H. Brunn*, Gesch. der griech. Künstler, I, St. 1857, 394. U. W. Gottschall

Paraemheb (I), ägypt. Umrißzeichner, 19. Dynastie unter Ramses II. (1279–1213 v. Chr.), Sohn von → Pai (I). Ebenfalls bek. sind die Brüder von P., → Nebra und → Rahetep (III). Es handelt sich hierbei also um eine ganze Künstler-Fam., von der aber außer den Namen und den Verwandtschaftsbeziehungen nichts bek. ist. Lediglich ein Brief des → Nebra an seinen Bruder P. zeugt von deren Verbindung. ▭ KRI VII, 200, 12; *E. Endesfelder*, Die Arbeiter der theban. Nekropole im Neuen Reich, Diss. B. 1962, 36; Hieroglyphic texts from Egyptian stelae etc. (K BM), IX, Lo. 1970, 33 s., Nr 186, Taf 78. S. Hänsch

Paraemheb (II), ägypt. Künstler („Oberster der Goldarbeiter" bzw. „Oberster der Goldarbeiter im Goldhaus"), 19. Dynastie (1292–1186/85 v. Chr.). P. stammt aus einer Fam., in der fast alle Männer Goldarbeiter waren. Die Stele Nr 141 im BM in London ist gleichzeitig seinem Bruder → Painehesi gewidmet. Ebenfalls gen. sind auf dieser Stele neben einigen Schwestern die Brüder → Imenrachau, → Chensuhetep, → Sutaa und → Ptehmes (III). Außerdem wird auf dieser Stele der Sohn → Ini (II) von P. erw., der wiederum Goldarbeiter im Goldhaus war. ▭ PM I. 2, 1964, 818. – Hieroglyphic texts from Egyptian stelae etc. (K BM), IX, Lo. 1970, 23 s., Nr 141, Taf 19; *E. Schott*, GM 29:1978, 132; *F. Steinmann*, ZÄS 107:1980, 153. S. Hänsch

Paraemheb (III), ägypt. Umrißzeichner, 19. Dynastie unter Ramses II. (1279–1213 v. Chr.). Bek. ist P. durch ein kleines Papyrus-Fragm. Hierbei handelt es sich um einen Brief seines Bruders → Chai (II). Beide waren in Deir el-Medineh tätig. ▭ KRI III, 542, 5–9. S. Hänsch

Parahetep → Rahetep (III)

Parahotep → Rahetep (III)

Paramessu, Sohn des Seti, ägypt. Bauleiter unter Haremhab (1319–1292 v. Chr.). P. hatte hohe Militär- und Verwaltungsämter (einschließl. Wesirat) inne. Sein Amtssitz war wohl in Heliopolis im Norden, doch hat P. Bauunternehmungen seines Königs für Amun in Theben geleitet. Zwei Statuen des P. sind in Theben gefunden worden. Haremhab scheint P. zum Thronfolger bestimmt zu haben, aber es ist nicht ganz sicher, ob P. wirklich mit Ramses I. (1292–1290 v. Chr.) ident. ist. 🕮 Urk. IV, 2175 s.; *W. Helck*, Zur Verwaltung des Mittleren und Neuen Reichs, Leiden/Köln 1958, 308 ss. F. Hoffmann

Paramonos (Παράμονος), Bildhauer aus Aphrodisias, zu Beginn des 3. Jh. n. Chr. in Aphrodisias tätig. Nur bek. durch eine Inschr. aus Aphrodisias, in der er neben zwei and. Bildhauern (→ Appianos und → Hortasios) als Stifter für eine jüd. Gemeinschaft gen. wird (Aphrodisias, Mus., Inv. Nr 76.1, Zeile 57). 🕮 *K. T. Erim/J. Reynolds*, Sculptors of Aphrodisias in the inscr. of the city, in: *N. Başgelen/M. Lugal* (Ed.), Festschr. für Jale Inan, Istanbul 1991, 535 s., Nr 22. R. V.

Parapatosus, röm. Bildhauer, im 4. Jh. n. Chr. in Africa tätig. Nur bek. durch seine Sign. auf einem Marmorblock. 🕮 EAA IV, 1961 (s.v. Marmorarius). – *Calabi Limentani*, Studi, 1958, 166, Nr 121. R. V.

Paray? (Saray?), ägypt. Goldschmied („Oberster der Goldschmiede"), in der 18. Dynastie (1550–1292 v. Chr.) vermutl. in Theben/Oberägypten tätig. P. ist auf einer Stele, die wahrsch. aus Theben stammt, beim Lotosopfer vor seinem Bruder, dem Goldschmied → Qenimen (II), dargestellt. 🕮 *G. Gaballa*, JEA 63:1977, 126; *P. A. A. Boeser*, Beschr. der Aegypt. Slg des Niederländ. Reichs-Mus. der Altertümer in Leiden, VI, D. H. 1913, 2, Nr 5 und Taf. 8. S. L. Lippert

Parelius → Perellos

Parennefer → Chensu (III)

Parennefer → Pasanesut

Parennefer (I), ägypt. Künstler, Bauleiter („Vorsteher aller Künstler des Königs", „Vorsteher aller Arbeiten des Königs im Haus [d.h. Tempel] des Aton"), unter Amenophis IV./Echnaton (1351–1334 v. Chr.) in Amarna/Mittelägypten und vermutl. auch Theben/Oberägypten tätig. Er ist bek. durch sein Felsgrab in Amarna (Nr 7), das nicht fertiggestellt wurde, sowie durch sein theban. Grab (Theban Tomb 188). Beide Gräber sind in dem für die Amarnazeit typ. Stil ausgef. Die zahlr. Titel des P. verraten, daß er in enger Verbindung zum Königshaus stand, und weisen ihn als hohen Beamten aus. Als solcher hat er auch Bauunternehmen und künstler. Tätigkeiten beaufsichtigt, u. a. im Tempel des Aton, womit der Tempel des Aton in Amarna oder in Theben gemeint sein wird. 🕮 PM I. 1, 1960, 293–295, Nr 188; PM IV, 1934, 219–221, Nr 7. – *N. de G. Davies*, The rock tombs of El Amarna, VI, Lo. 1908, 1–6, Taf. 2–10; *id.*, JEA 9:1923, 136–145, Taf. 22–28; *R. Hari*, Rep. onomastique amarnien, Genf 1976, Nr 100 (der Titel „artisan royal aux mains pures" ist als „kgl. Diener [*wb3*] mit reinen Händen" zu lesen). T. Schrottenbaum

Parennefer (II), Sohn des → Ipuia, ägypt. Künstler („Oberster der Künstler des Herrn der beiden Länder [d.h. des Königs]"), späte 18. Dynastie (um 1330–1290 v. Chr.) im memphit. Raum/Unterägypten tätig. Er ist bek. durch eine Stele seines Vaters → Ipuia, die in dessen Grabkammer in Saqqara (S 2730) gefunden wurde. Nach Gourlay übten P. und sein Bruder → Hi (III) denselben Beruf aus wie ihr Vater, also „Vorsteher der Künstler und Oberster Goldschmied". Sicher nachweisbar ist für P. der Titel des „Obersten Künstlers". Als solcher war er vermutl. in der Nekropole von Saqqara oder in einer Wkst. beschäftigt, wo er einem Arbeitstrupp bei den künstler. Arbeiten vorstand. 🕮 PM III. 2, 1978, 555. – *J. E. Quibell/A. G. K. Hayter*, Teti pyramid – north side, Kairo 1927, 35, Taf. 11, Nr 2; *Y. J.-L. Gourlay*, BIFAO 79:1979, 93 (er liest fälschlich Parernefer). T. Schrottenbaum

Parennefer (III), ägypt. Umrißzeichner, späte 18. Dynastie (um 1330–1290 v. Chr.) in Theben/Oberägypten tätig. Er ist bek. aus dem Grab seines Vaters → Mai (I) in Deir el-Medineh/Theben-W (Theban Tomb 338) und durch eine Stele aus dieser Gegend, die sich heute im Mus. Egizio von Turin befindet (Inv. Nr 50009). P. lebte in der Arbeitersiedlung Deir el-Medineh und arbeitete wie auch sein Vater in der kgl. Nekropole in Theben-W. 🕮 *M. Tosi*, La capelle di Maia^2, T. 1972, 18 (Stele Turin, Mus. Egizio, Inv. Nr 50009), 23 s., 29, 37; *M. Tosi/A. Roccati*, Stele e altre epigrafi di Deir el Medina, T. 1972, 41 s., 264, Nr 50009; *E. S. Bogoslovsky*, ZÄS 107:1980, 99. T. Schrottenbaum

Parernefer → Parennefer (II)

Parme... (Παρμε...), Münzstempelschneider, E. 5. Jh. v. Chr. in Syrakus/Sizilien tätig. Ledigl. ein Rückseitenstempel mit dem für syrakusaner *Tetradrachmen* char. Kopf der Arethusa ist mit der Sign. ΠΑΡΜΕ unterhalb des Halsabschnittes versehen. Die Vorderseite zeigt die seit → Sosion und → Eumenos geläufige galoppierende Quadriga, deren Wagenlenker von einer ihm entgegenfliegenden Nike bekränzt wird. Weitere unsignierte *Tetradrachmen* werden aus stilist. Gründen P. zugeschrieben (vgl. hierzu Forrer, 1906). ▭ ThB26, 1932. RE XVIII. 4, 1949; EAA V, 1963. – *L. Forrer*, Notes sur les sign. de graveurs sur les monnaies grecques, Br. 1906, 264–269; *H. A. Cahn u.a.*, Griech. Münzen aus Grossgriechenland und Sizilien (K Antiken-Mus. Basel und Slg Ludwig), Basel 1988, 134, Nr 472; Numismatica Ars Classica AG, Auktion 13, Zürich, 8. Oktober 1998, Nr 472. Th. Ganschow

Parmenion (Παρμενίων; auch Parmeniskos nach Pseudo-Kallisth. A und dem Papyros Cairo, Zen. III, 1928, Nr 59355, 102, 128), griech. Architekt, im frühen 3. Jh. v. Chr. in Alexandreia tätig. Begann kurz nach 290 v. Chr. im Auftrag Ptolemaios' I. Soter im Stadtteil Rhakotis mit dem Bau des *ersten Sarapis-Tempels* nach Einführung des Kultes in Ägypten (Pseudo-Kallisth., 1, 33, 5; Iulius Valerius, De rebus gestis Alexandri Macedonis, 1, 35). Auf diese älteste Anlage, von der nur wenige mit Kieselestrich ausgestattete Räume erh. sind, folgten unter Ptolemaios III. Euergetes (246–221 v. Chr.) durch Überbauung ein zweiter und in der röm. Kaiserzeit ein dritter Tempel (im Jahre 391 durch die Christen zerstört). Das früheste Kultbild des Sarapis in Alexandreia war wohl vom Typus des bärtigen, thronenden Zeus beeinflußt. In den antiken Schriftquellen wird es zu Unrecht P. zugeschrieben (→ Bryaxis). Nach Hier., chron. a. Abr. (ed. Schoene), 2, 1119 holte man es 286 v. Chr. aus Sinope am Schwarzen Meer nach Alexandria (v.e. Tac., hist., 4, 83 s.). Ausgrabungen von Botti (1896) und Rowe (1943, 1945). ▭ ThB26, 1932. RE XVIII. 4, 1949; EAA V, 1963 (s.v. Parmeniskos); DEAU IV, 1969; KlP IV, 1972 (s.v. P. 3). – *Brunn*, GGK, II, 1889, 373; *Zum Bau*: *A. Rowe*, Suppl. aux Ann. du Service des Antiquités de l'Egypte 2:1946, 1 ss., Abb. 1–4 und 51 ss., Taf. 1–2, 10; *M. Sabottka*, Das Serapeum in Alexandria, ungedruckte Diss., TU Berlin 1985 (grundlegende Unters. zur Archit. und Bau-Gesch. des Heiligtums); *G. Grimm*, Alexandria. Die erste Königsstadt der hellenist. Welt, Mainz 1998, 81–83. W. Müller

Parmeniskos cf. **Parmenion**

Parmenon (Παρμένων), griech. Architekt(?), etwa 6. Jh. v. Chr. Erbaute in Thasos einen Teil der *Stadtmauer*. Auf einem langen Block des SO-Abschnitts der Mauer steht: Παρμένων με ἐπο[ίησεν] (IG, XII. 8, 390). ▭ RE XVIII. 4, Nachtr. (s.v. P. 4). – *A. Conze*, Reisen auf den Inseln des Thrakischen Meeres, Hn. 1860, 12, Taf. IV. W. Müller

Parrhasios (Παρράσιος), griech. Maler, * möglicherweise in Ephesos, in der 2. H. des 5. Jh. v. Chr bis in den Beginn des 4. Jh. v. Chr. v.a. in Athen, aber auch für Korinth, Lindos und Rhodos tätig. Nach dem Epigramm eines seiner Bilder ist P. in Ephesos geboren und der Schüler seines Vaters → Euenor (II) (Plin., nat., 35, 67). Nach Quintilian (inst., 12, 10, 4) fiel seine Schaffenszeit in die Periode des Peloponnes. Krieges, ähnl. ordnet ihn Plinius der 95. Olympiade (400–397 v. Chr.) zus. mit seinem Kollegen und Kontrahenten → Zeuxis (I) zu, während Plinius für seinen Vater → Euenor (II) die 90. Olympiade (420–417 v. Chr.) als Orientierung nennt (Plin., nat., 35, 60 und 67). Dieser späten Dat. bei Plinius und Quintilian steht die Nachr. des Pausanias (1, 28, 2) gegenüber, wonach P. dem Toreuten → Mys (II) die *Entwürfe für den Schild der Athena Promachos* geliefert habe. Da die Entst.-Zeit der Promachos (vgl. → Pheidias [I], *Nr 4*) zw. 465 und 455 v. Chr. durch die Weih-Inschr. gesichert ist, entsteht ein gewisser Widerspruch in der Quellenlage. Identifiziert man allerdings den von der Akropolis inschriftl. bek. Bildhauer → Euenor (I) (Schaffenszeit zw. 490 und 475 v. Chr.) mit dem Vater des P., in der Annahme, daß er Bildhauer und Maler zugleich gewesen sei (vgl. → Mikon [I], → Polygnotos [I]), kann die Geburt des P. in die Zeit um 480 v. Chr. fallen. Dann allerdings wäre er in Athen geboren und könnte sich der Beiname *aus Ephesos* nur auf die Herkunft seiner Fam. beziehen und nicht auf seinen Geburtsort. – P. wirkte v.a. in Athen und gehörte zu den innovativen Künstlern in der 2. H. des 5. Jh. v. Chr. Er entwickelte fortschrittl. Maltechniken, welche die Mon.-Malerei zur Blüte brachten (Plin., nat., 35, 67). Eine wesentliche Rolle spielte bei dieser Entwicklung die Teilnahme an Wettb. zu einem vorgegebenen Thema. Das künstler. Konkurrenzdenken ist offensichtl. einer der bestimmenden Faktoren im Schaffen des P. Sein stärkster Konkurrent war der jüngere → Zeuxis (I). Von der intensiven Auseinandersetzung zeugen die überlieferten Epigramme und anekdot. Schilderungen der Wettkämpfe. So täuschte etwa → Zeuxis (I) mit gemalten Trauben vorbeifliegende

Vögel, P. aber mit einem gemalten Vorhang seinen Kollegen (Plin., nat., 35, 65). Er war sich seines Könnens wohl bewußt, seine stolze Selbstinszenierung zeigte sich auch in einem luxuriösen Lebensstil und arrogantem Auftreten. Aus Prunksucht kleidete er sich in Purpurgewänder, trug einen goldenen Kranz oder eine weiße Binde um das Haupt, dazu goldene Schuhe mit Schnallen und einem Stab, der mit goldenen Ranken umwunden war (Ath., deipn., 12, 543 c, f; Ael., var. hist., 9, 11). Er bezeichnete sich selbst als „Fürsten der Kunst" und führte seine Abstammung auf Apoll zurück (Plin., nat., 35, 71). – Zu seinem Jugendwerk gehören sicherl. die bereits angesprochenen *Entwürfe für den Schild der Athena Parthenos* mit der Darst. einer Kentauromachie, die der Toreut → Mys (II) umsetzte (Paus., 1, 28, 2), und die *Entwürfe für die Iliupersis*, ebenfalls von → Mys (II) für einen ziselierten Skyphos benutzt (Ath., deipn., 11, 728 B). – Er bevorzugte als Themen die Bildnisse von Göttern und Heroen, da sie als ideal und damit vorbildhaft galten (Quint., inst., 12, 10, 4). Von seinen Bildern sind nur die Titel überliefert, eine zeitl. Zuordnung ist nicht zu rekonstruieren: *Hermes*, der die Züge eines Selbstporträts haben soll (Them., or., 2, 29); *Dionysos*, Ergebnis eines Wettstreites in Korinth, den P. gewann (Polyb., 40, 7; Strab., 8, 381); *Herakles* für Lindos, gemalt nach einer Traumerscheinung (Plin., nat., 35, 71; Ath., deipn., 12, 543); ein weiteres Bild des *Herakles zus. mit Meleager und Perseus* für Rhodos, das trotz dreifachem Blitzschlag unversehrt blieb (Plin., nat., 35, 69); *Prometheus*, für dieses Bild soll P. einen Greis gekauft, gefesselt und gefoltert haben, um einen möglichst authent. Ausdruck zu erzielen (Sen., contr., 10, 5, 34); *Theseus* für Athen, er war rosengenährt im Gegensatz zum Theseus des → Euphranor (I), der sich von Rindfleisch ernährt hatte, dies ist wohl eine Anspielung auf die zarte Hautfarbe des Helden bei P. Dieses Bild kam mit Sulla 86 v. Chr. nach Rom und verbrannte dort 70 n. Chr. auf dem Kapitol (Plin., nat., 35, 69 und 129; Plut., Thes., 4; mor. 346B); *Telephos, Achilleus, Agamemnon und Odysseus* (Plin., nat., 35, 71), dabei handelt es sich viell. um das bei Plinius auch erw. Bild der *Heilung des Telephos*, wofür Achilleus mit seinem Schwert den Rost von der Lanzenspitze schabt (Plin., nat., 25, 42 und 34, 152); der *vorgeschützte Wahnsinn des Odysseus*, entstanden in einem Wettkampf mit → Euphranor (I) (Plut., mor., 4B). Bei Plinius wird nur das Werk des → Euphranor (I) genauer beschrieben, Odysseus spannt im Wahn einen Ochsen mit einem Pferd zus. an (Plin., nat., 35, 129). Der *Streit des Aias und des Odysseus um die Waffen Achills* entstand bei einem Agon mit → Timanthes (I) auf Samos (Plin., nat., 35, 72; Ael., var. hist., 18, 11; Ath., deipn., 12, 543); weiterhin *Kranker Philoktet, mit Tränen in den Augen*, Epigramm des Glaukos (Anth. Plan., 4, 111) sowie *Aineas und die Dioskuren* (Plin., nat., 35, 71). – Bes. hervorhebenswert findet Plinius das Charakterbild einer Personifikation, dem *Demos von Athen*, mit der Darst. der unterschiedl. und v.a. gegensätzl. Eigenschaften des Volkes: launisch, zornig, ungerecht, unbeständig, mild, barmherzig, erhaben und kleinmütig, kühn und feig (Plin., nat., 35, 69). – Zu idealisierten Darst. von Zeitgen. gehört das *Bildnis des Philiskos*, einem Dichter der Mittleren Komödie, zus. mit *Dionysos* und *Arete*. Da die Stücke des Philiskos vermutl. A. des 4. Jh. v. Chr. aufgeführt wurden, muß P. bis in das 4. Jh. v. Chr. hinein gewirkt haben. – Darüber hinaus werden bei Plinius noch folgende Bilder aufgezählt: *Nauarch im Panzer, zwei Sieger*, der eine im Wettkampf laufend, wobei man sah, wie er schwitzte, der and. seine Waffen ablegend, wobei man sah, wie er Atem holte (nat., 35, 71); der *Oberpriester der Kybele*, von Kaiser Tiberius bes. geliebt und für einen sehr hohen Preis erworben; eine *thrakische Amme mit einem Kind in den Armen*; ein *Priester mit einem bekränzten Knaben* (viell. ident. mit *Megabyzos*) (nat., 35, 70; Ptolemaios Chemos) und eine Anzahl von *kleinen erotischen Szenen* (nat., 35, 72). – Die Bilder des P. lassen sich nicht rekonstruieren, es gibt nur wenige Anhaltspunkte in der Vasenmalerei und Skulpt., die aber nur auf motiv. Vergleichen beruhen, wie z.B. Dreifiguren-Komp. auf Reliefs klass. Zeit. – Konkreter läßt sich dagegen sein Malstil fassen (Plin., nat., 35, 76 s.): Eine zentrale Rolle spielt dabei die *symmetria*. P. übernahm offensichtl. als erster die Regeln einer ausgewogenen Komp. und Proportion der Einzelteile eines Körpers zueinander, wie sie ja etwa auch aus der Plastik vom Kanon des → Polykleitos (I) bek. sind. – Bes. wird die Qualität seines Zeichenstiles hervorgehoben: „Der Kontur muß nämlich um sich selbst herumlaufen und so aufhören, daß er anderes erwarten läßt und hinter sich auch das zeigt, was er verbirgt". P. beherrschte die zeichner. Anlage und den plast. Aufbau einer Figur aus der Umrißlinie heraus perfekt. Diese Art der Zchng, die mit der Konturlinie Plastizität erzeugt, ist auch typ. für die weißgrundigen Lekythen der *R-Gruppe*, weshalb sie immer wieder zur Illustration des Werkes von P. herangezogen werden. Seine subtile Linienführung führte auch zum „sprechenden Ausdruck der Gesichter", dies ist sicherl. das bes. Merkmal vieler seiner Bilder gewesen, wie z.B. das des *Wahnsinn vortäuschenden Odysseus* oder der Darst. des *Demos*. Solche

Themen sind ohne eine virtuose Umsetzung des seelischen Zustandes in der Zchng gar nicht vorstellbar (Quint., inst., 12, 10, 4 s.). – Die Quellenlage ist bei der Einschätzung des P. im Umgang mit den Farben nicht eindeutig. Seine Farbgebung wird aber indirekt mit der Char. *unicolor* versehen (Fronto, Ver., 1, p. 124). Er arbeitete also mit einem eher trad. Kolorit. Vergleichen lassen sich auch hier wieder die Lekythen der sog. *Gruppe R*, die plast. Zchng wird mit einem flächigen Farbauftrag kombiniert, wobei die Farben im Kontrast zueinander wirkten. – P.' Leistung ist die virtuose Verwendung einer Plastizität illusionierenden Linie, aber noch nicht der modellierende Umgang mit der Farbe. ▭ ThB26, 1932. RE XVIII. 4, 1949 (s.v. Parrasios 3); EAA V, 1963; LAW, 1965; KlP IV, 1972 (s.v. Parr[h]asios); DA XXIV, 1996; DNP IX, 2000. – *Overbeck*, SQ, 1868, Nrn 1692–1730; *Brunn*, GGK, II, 1889, 97 ss.; *W. Klein*, Archäol.-epigraph. Mitt. aus Österreich-Ungarn 12:1888, 114 ss.; *Pfuhl*, MuZ, II, 1923, 689 ss.; *W. Lepik-Kopaczyńska*, P. z Efezu, Wratislava 1960; *B. Schweitzer*, Der bildende Künstler und der Begriff des Künstlerischen in der Antike, in: Zur Kunst der Antike. Ausgewählte Schriften. Zum siebzigsten Geburtstag von Bernhard Schweitzer, I, Tb. 1963, 11 ss.; *D. Metzler*, Portr. und Gesellschaft, Münster 1971, 59 s., 171; *F. Preisshofen*, Sokrates im Gespräch mit P. und Kleiton, in: *K. Döring* (Ed.), Studia Platonica für Hermann Gundert zu seinem 65. Geburtstag am 30. 4. 1974, Am. 1974, 21 ss.; *K. Gschwantler*, Zeuxis und P., Ein Beitr. zur antiken Künstler-Biogr., W. 1975; *P. Moreno*, Pitt. greca da Polignoto ad Apelle, Mi. 1987; *A. Rouveret*, Hist. et imaginaire de la peint. ancienne, R. 1989, 14 s., 34 ss.; *N. Hoesch*, Bilder apulischer Vasen und ihr Zeugniswert für die griech. Malerei, M. 1992, 44 ss., 192–197; *Scheibler*, Malerei, 1994; *S. Marschke*, Künstlerbildnisse und Selbstporträts. Stud. zu ihren Funktionen von der Antike bis zur Renaiss., Diss. Bonn, Weimar 1996, 60 s.; *A. Rouveret*, Profilo della pitt. parietale greca, in: *G. Pugliese Carratelli* (Ed.), I Greci in Occidente (K Pal. Grassi, Venedig), Mi. 1996, 99–108; *A. Baldassare/A. Rouveret*, Une hist. plurielle de la peint. grecque, in: *M.-C. Villanueva-Puig* (Ed.), Céramique et peint. grecques, modes d'emploi. Actes du colloque internat., P. 1999, 219–331; *R. Robert*, Apelle et Protogéne, une hist. linéaire de la peint. grecque, in: ibid., 1999, 233–243; *U. Koch-Brinkmann*, Polychrome Bilder auf weißgrundigen Lekythen, M. 1999, 27, 82, Abb. 78–94; *N. Koch*, Techne und Erfindung in der Klass. Malerei, M. 2000, 119–124, 147–150, 214–216, 229–232. U. Koch-Brinkmann

Partenos, zweifelhafter röm. Mosaizist aus dem 3. Jh. n. Chr. in Mérida. Nur bek. durch eine fragm. erhaltene Inschr. auf einem Mosaikboden aus opus tessellatum mit geometr. Ornamenten aus Mérida. Ob der letzte nur bruchstückhaft erhaltene Buchstabe der Inschr. nach der Namensnennung PARTENOS wirkl. ein F ist und auch noch zu *fecit* zu ergänzen ist und ja nur dann eine Künstler-Sign. zu fordern wäre, ist zweifelhaft, und wurde dementsprechend zuletzt von J. Gómez Pallarès (2000) abgelehnt, der in dem gen. Namen einen Auftraggeber sehen will. Donderer (1989) sprach sich hingegen für einen Mosaizisten aus, was wohl eher abzulehnen ist. ▭ *A. Blanco Freijeiro*, Mosaicos romanos de Mérida, Ma. 1978, 27, Nr 2, Taf. 2; *Donderer*, Mosaizisten, 1989, 101, Nr A 77, Taf. 45, 1; *J. Goméz Pallarès*, ZPE 129:2000, 308.

J. M. Blázquez

Parthenius, möglicherweise Toreut der röm. Kaiserzeit. Unsichere Zuschr. auf Grund einer Nennung bei Iuvenal (12, 43: *„ille nec argentum dubitat mittere, lances Parthenio factas cet.“* [Schol. Parthenius caelatoris nomen.]; Overbeck, SQ, 1868, Nr 2205). G. Lippold (in RE) weist auf die Leseart Silber(geschirr) hin und identifiziert ihn als den Freigelassenen Titus Claudius Parthenius (R. Hanslik, RE XVIII. 4, 1949, 1901 [s.v. P. 19]) ▭ ThB26, 1932. RE XVIII. 4, 1949 (s.v. Parthenios 22); EAA V, 1963. – *Brunn*, GGK, II, 1889, 277. M. Seifert

Parthenokles (Παρθενοκλῆς), Sohn des Ismenias (möglicherweise des Malers → Ismenias), griech. Bildhauer, in der 2. H. des 3. Jh. v. Chr. in Delos, Oropos und Tanagra tätig. Nur bek. durch die Sign. auf den folgenden drei Basen: – 1.) Marmorbasis unter den Trümmern der Propyläen aus Delos für eine *Statue von Phila II.*, Tochter des Seleukos I. Nikator und Gemahlin des Antigonos Gonatas, die von Demophanes auf Delos gew. worden ist. Die *Statue der Phila* ist wahrsch. vor ihrem Tod im Jahre 239 v. Chr. und nach der Aneignung von Delos durch Antigonos im Jahre 256 oder 246 v. Chr. errichtet worden (Delos, Inv. Nr E 59; T. Homolle, BCH 4:1880, 210–212, Nr 1; Loewy, IGB, 1885, 109, Nr 145; IG, XI. 4, 1098; Marcadé, 1957, 83 mit Abb., Taf. 38, 3; B. Hintzen-Bohlen, Herrscherpräsentation im Hellenismus. Unters. zu Weihgeschenken, Stiftungen und Ehren-Mon. in den mutterländischen Heiligtümern Delphi, Olympia, Delos und Dodona, Köln/Weimar/W. 1992, 228, Nr 18; Schmidt, Statuenbasen, 1995, 410 s., Nr V. 2; Muller-Dufeu, SculptureSource, 2002, 824 s., Nr 2449); – 2.) Kalksteinbasis aus Tanagra für eine Frauenstatue (IG, VII, 563; Marcadé, 1957, 84 mit Abb., Taf. 38, 4; Muller-Dufeu, SculptureSource, 2002, 824 s., Nr 2448); – 3.) Marmorplatte aus Oropos (B. Leonardos, AEphem 1925, 42, Nr 153; Marcadé, 1957, 83 s. mit Abb.; Muller-Dufeu, SculptureSource, 2002, 824 s., Nr 2450). ▭ RE XVIII. 3, 1949; EAA V, 1963. – *Marcadé*, Signatures, II, 1957, 83 s. R. V.

Paryxus, *[...]nius*, röm. Goldschmied, im 1. Jh. n. Chr. in Padua tätig. Nur bek. durch seine Grab-Inschr. aus Padua (CIL, V, 8834). ▭ EAA I, 1958 (s.v. Aurifex). R. V.

Pasanesut, gen. Parennefer, ägypt. „Umrißzeichner des Amun", unter Amenophis III. (1388–1351/50 v. Chr.) im theban. Raum/Oberägypten tätig. Er ist bek. aus dem theban. Grab der Bildhauer → Ipuki und → Nebimen (I) (Theban Tomb 181). Er ist dort in einer Wkst. beim Bemalen eines Gefäßes neben weiteren Künstlern dargestellt, die unterschiedl. Arbeiten ausführen. Vermutl. handelte es sich hierbei um eine Wkst., die einem Tempel des Amun angegliedert war. ▭ PM I. 1, 1960, 288, Nr 181 (6). – Urk. IV, 1855,7; *N. de G. Davies*, The tomb of two sculptors at Thebes, N. Y. 1925, 61, Taf. 11 s., 14. T. Schrottenbaum

Paschedu (I), ägypt. „Umrißzeichner im Haus des Sokar", „Umrißzeichner des Amun im Haus des Sokar", „Umrißzeichner des Amun", „Umrißzeichner am Ort der Wahrheit [= Deir el-Medineh]", „Umrißzeichner des Herrn der beiden Länder [= der ägypt. König] am Ort der Wahrheit", 19. Dynastie unter Sethos I. (1290–1279/78 v. Chr.). P. ist ein relativ gut bek. Künstler. Durch sein Grab in Theben mit der Nr 323 wissen wir sowohl über ihn als auch über seine Fam. Bescheid. Er war in Deir el-Medineh als Umrißzeichner in den kgl. Gräbern tätig und daneben vermutl. auch an seinem eigenen Grab. Im BM befindet sich ein Reliefbruchstück, das entweder von seinem oder dem Grab eines Sohnes oder Enkels stammt. Aus diesem und anderen Zeugnissen ist bek., daß er Sohn von → Imenemhat (VII) und einer Mutnofret war. Mit seiner Frau Nefertari hatte er vier Kinder, → Maanechetef (III), Irunefer, Imenmes und Mutemwia. Der Sohn → Maanechetef (III) nannte seinen Sohn → P. (II) nach dem Großvater. ▭ KRI I, 392, 12; 393, 2,5; 393, 12; 394, 1; 394, 8; 394, 12; 394, 15 s.; 395, 6 s.; 395, 10 s.; 395, 15 s.; *R. Engelbach*, A suppl. to the topogr. cat. of the private tombs of Thebes, Kairo 1924, 24, Nr 323; *B. Bruyère*, Rapp. sur les fouilles de Deir el Médineh, 1923–1924, Le Caire 1925, 80 ss.; Hieroglyphic texts from Egyptian stelae etc. (K BM), IX, Lo. 1970, 41, Nr 261, Taf 36; KRI I, translations, Ox. 1993, 323 ss. S. Hänsch

Paschedu (II), ägypt. Umrißzeichner, 19. Dynastie unter Ramses II. (1279–1213 v. Chr.). Bei P. handelt es sich um den Enkel von → P. (I). Im Gegensatz zu seinem Großvater trug P. nur den einfachen Titel Umrißzeichner. Während vom Großvater ein Grab überliefert ist, sind von P. nur Name und Titel bek. Jedoch kennen wir seinen Vater → Maanechetef (III) und seine Mutter Tent-Imentet durch den Stammbaum, der vom Großvater bek. ist. ▭ KRI III, 651,4. S. Hänsch

Paschedu (III), ägypt. Künstler (Vormann) („Diener am Ort der Wahrheit [= Deir el-Medineh]", „Diener der Wkst. des Amun in der s. Stadt [= Deir el-Medineh]"), 19. Dynastie unter Sethos I. (1290–1279/78 v. Chr.). Die Titel des P., Sohn des Menena, zeigen, daß es sich bei ihm um einen der Nekropolenarbeiter in Deir el-Medineh handelt, d.h., er war an der Dekoration der kgl. Gräber beteiligt. Dies zeigt auch sein Grab in Theben (Theban Tomb 3), an dem er selbst gearbeitet hat, sowie Grab Nr 326 in Theben, an dem er ebenfalls beteiligt war. Evtl. ident. mit → P. (VII). ▭ KRI I, 375–380,8; *R. Engelbach*, A suppl. to the topogr. cat. of the private tombs of Thebes, Kairo 1924, 26, Nr 326; KRI I, translations, 309–312; KRI I, comments, 270–280. S. Hänsch

Paschedu (IV), ägypt. Künstler („Oberster Handwerker"), 19. Dynastie unter Sethos I. (1290–1279/78 v. Chr.)–Ramses II. (1279–1213 v. Chr.). Aus dem Grab des P. in Theben mit der Nr 292 sind mehrere Stelen überliefert, aus denen seine Fam. zu rekonstruieren ist. Danach war sein Vater ein Mann namens Hehnehu. Verh. war P. mit Maechaiib, mit der er zahlr. Kinder hatte. Obwohl die Fam. des P. ausführl. nachw. ist, ist über das Leben und die Karriere des Grabinhabers nichts in seinem Grab zu finden. ▭ PM I. 1, 1960, 374 s. – *E. Endesfelder*, Die Arbeiter der theban. Nekropole im Neuen Reich, Diss. B. 1962, 41. S. Hänsch

Paschedu (V), ägypt. Künstler (Vormann), 19. Dynastie unter Ramses II. (1279–1213 v. Chr.). P., Sohn des Qaha, war wie viele seiner Namensgenossen in Deir el-Medineh bei der Dekoration der kgl. Gräber beteiligt. Aus seiner Grabkammer wird ersichtlich, daß er vermutl. erst relativ spät zum Vormann befördert wurde, da er dort nur den Titel eines Dieners am Platz der Wahrheit trägt. Weitere Informationen über seine Karriere sind nicht bek. Er taucht noch einmal in der Aufzählung von 31 Vormännern auf. ▭ *J. Černý*, A community of workmen at Thebes in the Ramesside period, Kairo 1973, 123 ss. S. Hänsch

Paschedu (VI), ägypt. Umrißzeichner, 19. Dynastie (1292–1186/85 v. Chr.). P. findet auf einer Stele des Neferabu Erwähnung, die auch → Pai (I) nennt. Bei einem der beiden handelt es sich um den Bruder von P., der jedoch ohne Titel aufgeführt wird. Der andere ist der Umrißzeichner → Pai (I). Über die Person des P. ist anderweitig nichts bek. ▭ Hieroglyphic texts from Egyptian stelae etc. (K BM), IX, Lo. 1970, 34 s., Nr 150, Taf 30.
S. Hänsch

Paschedu (VII), ägypt. Künstler („Vormann am Ort der Wahrheit [= Deir el-Medineh]"), 19. Dynastie unter Sethos I. (1290–1279/78 v. Chr.). Name und Titel des P. sind von einem Steinblock aus Medinet Habu bek. Dieser zeigt zwei Szenen, einmal eine stehende Frau, die einem sitzenden Mann zugewandt ist und das andere Mal ein sitzendes Paar, das ein stehender Mann anblickt. Da es sich lediglich um ein Bruchstück handelt, bringt dieser Steinblock keine weiteren Informationen über die Person des P. Es ist auch nicht auszuschließen, daß er ident. ist mit → P. (III). ▭ KRI VII, 32, 6–16.
S. Hänsch

Paschedu (VIII), ägypt. Steinarbeiter des Amun in Karnak, Neues Reich (1550–1070/69 v. Chr.). P. ist durch sein Grab in Theben mit der Nr 339 belegt. Er ist der Sohn des Hermes und der Tacharu. ▭ *W. Helck*, Mat. zur Wirtschafts-Gesch. des Neuen Reichs, I, Wb. 1961, 46. S. Hänsch

Paschedu (IX), ägypt. Goldarbeiter des Amun, Neues Reich (1550–1070/69 v. Chr.). Da es sich bei dem Beleg für P. nur um eine Inschr. auf einem Medaillon handelt, die lediglich Name und Titel nennt, ist nicht auszuschließen, daß er mit einem der anderen P. ident. ist. Erschwerend kommt hinzu, daß dieses Medaillon nicht näher zu dat. ist, weder aufgrund paläograph. noch archäolog. Indizien. ▭ *N. de G. Davies/M. F. L. Macadam*, A corpus of inscribed Egyptian funerary cones, Ox. 1957, Nr 462; *W. Helck*, Mat. zur Wirtschafts-Gesch. des Neuen Reichs, I, Wb. 1961, 45.
S. Hänsch

Pascherihi, Sohn des Hernefer, ägypt. Goldschmied, 1. Jh. v. Chr., wohl in Dendera. Bek. von der Grabstele für ihn und seine Frau. Die demot. beschriftete Stele stammt aus Dendera (Kairo, Ägypt. Mus., Inv. Nr CG 31108) und ist auf den 11. August 1 v. Chr. dat. ▭ *W. Spiegelberg*, Die demot. Inschr. (CG), L. 1904, 40, Taf. VIII [zieht den Titel fälschlich zum Vater]; *P. W. Pestman*, Chronologie égyptienne d'après les textes démotiques, Leiden 1967, 87. F. Hoffmann

Paschermen, Sohn des Pascherchenem, ägypt. Juwelier, 1. H des 2. Jh. v. Chr. in Theben/Oberägypten tätig. P. ist aus seiner demot. geschriebenen Eheurkunde (Papyrus dem., BN, Nr 236) bek. ▭ *H. de Meulenaere/J. Quaegebeur*, CdE 57:1982, 212; *G. Vittmann*, Enchoria 11:1982, 77–84.
S. L. Lippert

Paseas (Πασέας), griech. Vasenmaler, um 525 v. Chr. – um 510 v. Chr. in Athen tätig. P. arbeitete in der schwarz- und rotfigurigen Technik und dekorierte überwiegend Teller und Pinakes, daneben auch Schalen, ein Alabastron, einen Ständer, einen Kantharos und Lekythoi. Er trug den Notnamen *Cerberus-Maler* nach einem Bild auf einem *Teller* in Boston (MFA, Inv. Nr 01.8025; ARV², 1963, 163, Nr 6), bis J. Boardman seine Gefäße mit einem *signierten Pinax* von der Athener Akropolis (Athen, NM, Inv. Nr Akr. 2583; ABV, 1956, 352) in Verbindung brachte. Die Formulierung der Sign. [TO]N ΠΑΣΕΟ ΓΡΑΜΑΤΟΝ („eines der Bilder des P.") ist einzigartig. – Der Stil des P. ist einfach. Figuren sind sorgfältig gezeichnet und kräftig mit auffallend großen Köpfen. Sowohl auf schwarz- als auch auf rotfigurigen Bildern bildet das Haupthaar oft kleine plast. Locken. Augen sind schmal mit kräftig gerundeten Ober- und geraden Unterlidern. Der innere Augenwinkel sitzt dicht am Nasenbein. P. hat nicht selten zusätzl. zur Pupille auch die Iris angegeben. Beine sind bisweilen zu dünn (London, BM, Inv. Nr E 809; ARV², 1963, 164, Nr 14). Überhaupt wählte der Maler ungewöhnl. Proportionen für seine Figuren: Auf einem *Teller* in New Haven (Yale Univ. AG, Inv. Nr 1913.169; ARV², 1963, 163, Nr 4) ist Kassandra, und auf einem *Teller* im Louvre in Paris (Inv. Nr G 67; ARV², 1963, 163, Nr 7) ist der Minotauros auffallend klein. Gewänder sind häufig reich mit sorgfältig gezeichneten Ornamenten versehen. P. benutzte purpurne Deckfarbe auch auf rotfigurigen Vasen, z.B. für die Doppelflöte eines Satyrn (New Haven, Yale Univ. AG, Inv. Nr 170; ARV², 1963, 163, Nr 3). P. verzierte eine Gruppe von weißgrundigen *Weihepinakes* (Athen, NM, Inv. Nrn Akr. 2583–5, 2587–9, 2591) in der schwarzfigurigen Technik. Die Bilder sind mit zwei schwarzen Linien gerahmt. Der Untergrund ist hellbeige und ungewöhnl. dick und halbglänzend. Das Karnat ist gelegentl. durch Umriß-Zchng angegeben und in Deckweiß ausgeführt. Auf einem *rotfigurigen Pinax* ist die Haut der Frauen in einer erot. Szene mit Deckweiß gemalt, während die der Männer tongrundig belassen ist (Oxford, Ashmolean Mus., Inv. Nr 1984.131–132). Schwarzfigurig ist auch das Innenbild einer kürzl. bek. gewordenen *bilinguen Schale* mit der Sign. des Töpfers → Pamphaios (New York, Sotheby's Parke Burnett, 8.12.1995, Nr 65). P. war schreibfreudig. Ein *Teller* in Oxford (Ashmolean Mus., Inv. Nr 1879.175; ARV², 1963, 163, Nr 8), der mit einem skyth. Bogenschützen zu Pferd bemalt ist, preist Miltiades als καλός. Figuren sind häufig mit Namensbeischriften versehen. Eine unvollst. Inschr. auf einem *Teller* in Amsterdam (Allard Pierson Mus., Inv. Nr 2474; ARV², 1963, 163, Nr 9) benennt einen Athleten ['Επίδ]ρομος. Als *kalos-Name* erscheint Epidromos u.a. auf Gefäßen des *Kuß-Malers*, auf denen er mit dem Lob des Leagros verbunden ist (ARV², 1963, 177, Nr 3, p. 1577, Nr 15, p. 1578), und des → Onesimos (II) (ARV², 1963, 317, Nr 9, p. 1577). Ein Jüngling auf einem *Teller* in Boston heißt Dorotheos. Die Schönheit eines Dorotheos preisen Vasen, die → Onesimos (II) (Paris, BN, Cab. des Méd., Inv. Nr 523) und dem *Epeleios-Maler* (München, Staatl. Antiken-Slgn, Inv. Nr 2619A) zugeschrieben sind (ARV², 1963, 1575). Ein *Teller* aus dem Umkreis des P. ist vom Töpfer → Sokles (I) sign. (Paris, Louvre, Inv. Nr CA 2181; ARV², 1963, 164). – Die Verbreitung – soweit bek. – der dem P. zugeschr. Gefäße ist konventionell. Die große Mehrheit der Weihepinakes und ein Kantharos stammen von der Athener Akropolis, während die Teller mit bek. Herkunft in Chiusi gefunden wurden. Mytholog. Themen wählte P. u.a. für eine Serie von Pinakes von der Akropolis, die Athena entweder allein oder mit and. Figuren, z.B. im Kampf gegen die Giganten zeigen. Der besterhaltene *Pinax* (Athen, NM, Inv. Nr Akr. 2581) zeigt die Göttin bei einem Viergespann mit Iolaos und ihrem Schützling Herakles. Der Held erscheint allein auf einem Kantharos (Athen, NM, Inv. Nr Akr. 551; ARV², 1963, 163, Nr 12), mit Kerberos und Hermes auf dem Bostoner *Teller* (MFA, Inv. Nr 01.8025; ARV², 1963, 163, Nr 6) und mit Geryon auf einer *fragm. Schale* in Rom (MN di Villa Giulia) und Heidelberg (Univ., Inv. Nr 20; ARV², 1963, 163, Nr 10). Theseus bekämpft den Minotauros auf einem *Teller* im Louvre in Paris (Inv. Nr G 67; ARV², 1963, 163, Nr 7). Die *Ilioupersis* mag P.' Bild von Ajax und Kassandra beeinflußt haben (New Haven, Yale Univ. AG, Inv. Nr 1913. 169; ARV², 1963, 163, Nr 4), und die Io-Sage zierte einen jetzt verlorenen *Teller* (ARV², 1963, 163, Nr 5). Bilder aus der Welt des Alltags zeigen häufiger Athleten (z.B. London, BM, Inv. Nr E 138; ARV², 1963, 163, Nr 2) und Komoi (z.B. Berlin, Staatl. Mus., Antiken-Slg, Inv. Nr 1960.32). – Die Arbeiten des P. stehen Werken des → Psiax bes. nahe (ARV², 1963, 163). Daneben bestehen Ähnlichkeiten mit Bildern des *Andokides-Malers*, der rotfigurigen Pioniere, bes. des → Phintias, und des Schalenmalers → Oltos. ▭ EAA V, 1963; DA XXXII, 1996 (s.v. vase painters, II, P.). – *C. Roebuck*, AJA 43:1939, 467–473; *J. Boardman*, JHS 75:1955, 154 s.; ABV 1956, 352 s., 399 s.; ARV², 1963, 163 s., 1630; Para, 1971, 160, 174, 334; *id.*, ARFV, I, 1975, 18, 58, 213; *J. R. Mertens*, Attic white-ground, its development on shapes other than lekythoi, N. Y. 1977; *I. Wehgartner*, Att. weißgrundige Keramik, Mainz 1983; *J. Boardman*, ABFV, 1991, 103, 106; *C. M. Robertson*, The art of vase-painting in Classical Athens, C. 1992, 34, 51. T. Mannack

Paser (I), ägypt. Architekt, Bauleiter, Zeit Ramses' II. (1279 bis 1213 v. Chr.), in Ägypten tätig. P. war Vorsteher der Baumeister des „Herren der Beiden Länder" und Königsschreiber und ist durch seine Stele im BM (Nr 165) belegt, auf der er zus. mit seinem Bruder Tjenri gezeigt wird, in Anbetung des Osiris mit Isis, dahinter Hathor als Kuh, die aus dem W-Gebirge hervorkommt, und darunter sitzend mit seiner Frau Pepi beim Empfangen von Opfergaben seitens ihrer Verwandten. Die Texte, hauptsächl. eine Bitte um Totenopfer, geben außer den Titeln und Namen seiner Verwandten und der Götter keine Hinweise auf die Biogr. des P. Ferner ist seine Grabkapelle in Saqqara erh. ▭ Hieroglyphic texts from Egyptian stelae etc. (K BM), IX, Lo. 1970, 28 s., Taf. 24; *G. T. Martin*, The tomb-chapels of Paser and Racia at Saqqâra, Lo. 1985, 3–9, Taf. 2–13; KRI III, 278 s.; KRI VII, 129 s.; *K. A. Kitchen*, Ramesside Inscr., III, Translations, Ox. 2000, 198 s. M. A. Stadler

Paser (II), ägypt. Umrißzeichner (?), Zeit Ramses' II. bis Sethos' II. (1279 bis 1194/93 v. Chr.), in Deir el-Medineh/Ägypten tätig. In versch. Listen (eine Absenzenliste, ein Journal von Besuchen des Wesirs und Beamten, einer Liste von Krankmeldungen) ist P. namentl. und immer mit dem Titel „Schreiber" belegt. Im Papyrus Chester Beatty IX verso 3, 3–4, endet ein Spruch des Weihräucherns mit: „Gemacht vom Umrißzeichner des Amun am Ort der Wahrheit, dem Vorlesepriester des Amun an allen seinen Festen [...]". Der Name ist ausgelöscht worden, die Reste lassen aber an den Namen P. denken. Die Belege sind von Bogoslovsky alle auf eine Person bezogen worden, jedoch gibt es für diese Annahme keine Anhaltspunkte, weshalb zweifelhaft ist, ob P. wirklich ein Umrißzeichner war, der für die Vorzeichnung der bildl. Darst. in der kgl. Nekropole zuständig war. ▭ KRI III, 523; KRI IV, 157, 298, 315; *A. H.*

Gardiner, Hieratic papyri in the BM, III. 1, Lo. 1935, 101; *id.*, Hieratic papyri in the BM, III. 2, Lo. 1935, Taf. 58; *E. S. Bogoslovsky*, ZÄS 107:1980, 99. M. A. Stadler

Paser (III), ägypt. Umrißzeichner, z.Z. Ramses' IX. (1121–1107/1103 v. Chr.), in Deir el-Medineh/Ägypten tätig. Allein durch eine Liste von Mat.-Ausgaben belegt (Ostracon, London, BM, Inv. Nr 5672). ▭ KRI VI, 660; *J. Černý/A. H. Gardiner*, Hieratic Ostraca, I, Ox. 1957, Taf. 69.

M. A. Stadler

Pasiades (Πασίαδης), griech. Töpfer und Vasenmaler, im letzten V. des 6. Jh. v. Chr. in Athen tätig. Seine Sign. steht auf drei weißgrundigen Alabastra (ΠΑΣΙΑΔΕΣ ΕΠΟΙΕΣΕΝ: – 1.) London, BM, Inv. Nr B 668; Demangel, 1923, 86, Abb. 9; Pfuhl, MuZ, III, 1923, Abb. 355; ARV², 1963, 102, Nr 2; Boardman, ARFV, I, 1975, Abb. 107; – 2.) Athen, NM, Inv. Nr 15002; Demangel, 1923, 68–77, Abb. 1–5, Taf. 3; ARV², 1963, 102, Nr 3; – 3.) Paris, Louvre, Inv. Nr CA 1921: Demangel, 1923, 87 s., Abb. 10–12; ARV², 1963, 102, Nr. 4) sowie auf zwei Bruchstücken einer weißgrundigen Lekythos vom N-Abhang der Akropolis (ΠΑΣΙΑΔ[ΕΣ] ΕΓΡΑΦ[ΣΕΝ]) (Athen, Agora Mus., Inv. Nr NS AP 422 a-d: Pease, 1935, 291, Nr 169, Abb. 39; ARV², 1963, 102, Nr 1; Mertens, 1977, Taf. 39, 1). Nach Pease (1935) ist P. auf der auf ca. 510 v. Chr. zu datierenden weißgrundigen Lekythos erstmals als Maler bezeugt. Die Alabastra von London und Athen weisen figürl. Schmuck in Umrißzeichnung unter Verwendung leichter Polychromie auf weißem Grund auf, während das Alabastron im Louvre mit Palmetten bemalt ist, und nach R. Lullies (RE) dem Alabastron von Athen 2207 nahesteht (Demangel, 1923, 89, Abb. 13–15). Der Maler der Alabastra von London und Athen ist wohl der Schule des Euergides-Malers zugehörig, sonst aber nicht bek. (Beazley, 1925, 35 s., Nrn 1 und 2). Nach Beazley (1925, 36, Nr 3) steht das Alabastron im Louvre dem Ornament nach in der Nähe der beiden Alabastra von London und Athen. Weiter werden dem Maler der P.-Alabastra von London und Athen von H. E. Angermeier (Das Alabastron, Diss. Gießen 1936, 18 ss.) vier weitere Alabastra (New York, Metrop. Mus. of Art; London, BM; Boston, MFA [Slg Forman]; Tübingen, Univ.) zugeschr., während Beazley drei von diesen (New York, Metrop. Mus. of Art, Inv. Nr 41.162.81: ARV², 1963, 101, Nr 29; CVA, Gallatin, Taf. 27, 6 und 8; Boston, MFA, Inv. Nr 00.358 [Slg Forman]: Demangel, 1923, 85, Abb. 8; ARV², 1963, 101, Nr 30; Tübingen, Univ., Inv. Nr E 48: ARV², 1963, 100, Nr 28; CVA, Tübingen 5, Taf. 34, 4–10) der Gruppe des Paidikosalabastron zuweist. Nach R. Lullies (RE) ist Angermeiers Zuschr. (op. cit.) des vierten Alabastron (London, BM, Inv. Nr B 669) an den Maler der Pasiades-Alabastra stilist. nicht hinreichend begründet. Ebenfalls können nach R. Lullies die zwei Bruchstücke der von P. auf der schwarz glasierten Schulter signierten weißgrundigen Lekythos vom N-Abhang der Akropolis nicht mit Sicherheit diesem Maler zugeschr. werden (R. Lullies, in: RE; Pease, 1935, 291 s.). ▭ ThB26, 1932. RE XVIII. 4, 1949; LAW, 1965. – BCH 1921, 519, Abb. 9; *R. Demangel*, MonPiot 26:1923, 67–95; *J. D. Beazley*, Att. Vasenmaler des rotfigurigen Stils, Tb. 1925, 35 ss.; *M. Z. Pease*, Hesperia 4:1935, 291 s. (Agora Mus.); ARV², 1963, 20, 102; *J. R. Mertens*, Attic white-ground, its development on shapes other than Lekythoi, NY/Lo. 1977, 205, Taf. 39, 1 (Athen, Agora Mus.); p. 129, Nr 5 (Tübingen); Add², 1989, 172 (Gruppe des Paidikosalabastrons). J. Weinig

Pasias, Bruder des → Aiginetes, Schüler des → Erigonos, griech. Maler, wahrsch. um 200 v. Chr. tätig. Nur bek. durch eine Erw. bei Plinius (nat., 35, 145; Overbeck, SQ, 1868, 2105). ▭ ThB26, 1932. RE XVIII. 4, 1949 (s.v. P. 2). – *Brunn*, GGK, II, 1889, 292; *Pfuhl*, MuZ, II, 1923, 813, § 889.

R. V.

Pasikrates (Πασικράτης), Bildhauer aus Phrygien, um die Wende des 2. zum 3. Jh. n. Chr. im phryg. Hochland tätig. Nur bek. durch seine Sign. (Π. ἔργον ἔτευξεν) einer giebelverzierten *Inschriftenstele* aus Yazılı Kaya („Midas-Stadt") in Afyon (Mus.). Die üppigen Akrotere und die Buchstabenformen legen eine Dat. dieser *Stele* in das frühe 3. Jh. n. Chr. nahe. ▭ MAMA, VI, 1939, Nr 399, Taf. 70; *C. H. E. Haspels*, The highlands of Phrygia, Sites and mon., Pr. 1971, 300, Nr 14, Taf. 710; *M. J. Vermaseren*, Corpus Cultus Cybelae Attidisque, I, EPRO 50, 1987, 57, Nr 163, Taf. 27. T. Lochman

Pasion cf. **Pasiteles**

Pasiteles (Πασιτέλης), griech. Koroplast, Toreut, Bronzegießer, Bildhauer in Marmor und Goldelfenbein, „an den griech. Küsten Italiens geboren" (Magna Graecia), erhielt infolge der Lex Plautia Papiria des Jahres 89 v. Chr. das röm. Bürgerrecht (Plin., nat., 36, 40), tätig „z.Z. des Pompeius" (Plin., nat., 33, 130). Verf. einen Traktat in fünf Büchern über „berühmte Kunstwerke auf der ganzen Welt" (Plin., nat., 36, 39; Indices, 33),

Lehrer des → Stephanos (I), der als Schüler → Cossutius Menelaos, Marcus, hervorbrachte. Dank der Tatsache, daß P. Schüler gehabt hatte, konnte diese Bildhauerschule weiter bis z.Z. des Prinzipats des Augustus existieren. Darüber hinaus beeinflußte er auch die Produktion von röm. Silbergeschirr. Pausanias (5, 20, 1) erw. P. auch als Lehrer eines → Kolotes (III) aus Paros, bei dem es sich nicht um den gleichnam. Mitarb. des → Pheidias (I), → Kolotes (I), handelt, der aus Herakleia in Elis stammte. Bei dem von Pausanias gerühmten Werk des → Kolotes (III) aus Paros handelt es sich um einen Tisch, der für die Prämierung der Athleten in Olympia verwendet wurde und in der für P. typ. Goldelfenbeintechnik verziert war (Mingazzini, 1962, 293–305, Abb. 1–4: Rekonstr.-Zchng eines neoklass. Werks augusteischer Zeit; A. Linfert, RdA 12:1988, 33–41). Mit einer Konjektur der verderbten Stelle dieses Textes würde man annehmen, daß P. keinen Meister gehabt hat (Mingazzini, 1962, 293, Anm. 2). Einige der von P. angewandten Techniken lassen darauf schließen, daß der Künstler der Magna Graecia seine Ausb. entweder in Tarent erhielt, wo eine Goldschmiedeschule und eine langjährige Trad. der Ton-Produktion belegt sind, oder in Herakleia Lucania. In einer Wkst. von Herakleia Lucania, die von Tarent und Thurioi gegründet worden ist, wurden einzigartige Model für kleine Tonfiguren gefunden (Policoro, MN de Siritide), die wichtige Typen von Statuen der klass. Zeit und des Manierismus um 300 v. Chr. darstellen. Die vor dem Brand auf die Außenseite der Form eingeritzten Buchstaben folgen dem Tarentiner Alphabet und übermitteln Namen, unter denen sich mit *Pasion* auch ein Vertreter der Fam. befinden könnte, aus der später P. hervorging (B. Neutsch, Herakleiastudien, II, Hd. 1967, 163–165; P. Orlandini, in: G. Pugliese Carratelli [Ed.], Megale Hellas, Mi. 1983, 506, Abb. 579–585; Moreno, Scultura, I, 1994, 110–114, Abb. 134 s., 137–141, 143, 147). Diese Hypothese scheint die erw. Konjektur nicht zu stützen, derzufolge P. Autodidakt war; allerdings preist die biogr. Überlieferung bei Künstlern wie etwa → Lysippos (I) das Umfeld als wesentliche künstler. Voraussetzung für die Autonomie eines Künstlers. In den Modeln von Herakleia deutet die Vielfalt der wiedergegebenen Werke von → Praxiteles (II), → Lysippos (I) und and. Meistern bereits auf den eklekt. Geschmack hin, der von P. und seinen Schülern entwickelt werden sollte. Der Auftrag von Q. Roscius Gallus (H.-D. Blume, DNP X, 2001, 1136 s., s.v. Roscius, I, 4; P. Moreno, Il genio differente, Mi. 2002, 151–159, Abb. 314–341), eines hochgefeierten Schauspielers, bringt P. noch vor seiner Bekanntschaft mit Pompeius in Kontakt mit der Welt des Theaters und dem Kreis des Sulla, der Roscius in den Ritterstand erhoben hatte (Macr., sat., 3, 14; 13). Die Überlieferung, daß dieses wichtige Ereignis im Leben des Roscius durch den Dichter Archias beschrieben und durch P. illustriert worden sei, läßt auf eine direkte Zusammengehörigkeit von Epigramm und Plastik schließen, vorausgesetzt, daß Archias auf Widmungs-Inschr. oder Beschr. von Kunstwerken spezialisiert war. Darüber hinaus war er 93 v. Chr. Bürger von Herakleia Lucania geworden (bevor er wie P. aufgrund der Lex Plautia das röm. Bürgerrecht erhielt), was zur mögl. Herkunft des P. paßt. Im Urteil des Plinius (nat., 36, 40) steht die angebl. weitgespannte Produktion des P. im Widerspruch zur geringen Zahl der bek. Werke: Er soll zahlr. Werke geschaffen haben; es ist aber nicht namentlich bek., welche es waren. Diese Klage bezieht sich auf Varro, für Plinius die zentrale Quelle zu P., der offensichtl. den Themen der Kleinplastik keine Beachtung geschenkt hatte. Unter den vielgerühmten Werken aus Metall kennen wir aber eine techn. Maßnahme und zwei figürl. Darst.: einen Löwen und das Kinder-Portr. des Roscius. In Goldelfenbeintechnik hat sich ein Jupiter erh., während es sich bei den beiden gen. Marmor-Statuen im Jupiter-Tempel zu Rom um zwei weibl. Figuren gehandelt haben dürfte. Angebl. soll P. in Rom den Gebrauch des Silberspiegels eingeführt haben, der seither dem Bronzespiegel vorgezogen wurde (Plin., nat., 33, 130): dies sei zur Reg.-Zeit des Pompeius geschehen (*Magni Pompei aetate*), um das Ansehen des Staatsmannes in der Stadt zu vermehren (62–49 v. Chr.). Der Löwe wird in einer Anekdote gen., die am Ufer des Tiber am Rande des Marsfeldes spielt (Plin., nat., 36, 40): „Es geschah ihm, daß, während er einen Löwen modellierte, den er durch den Käfig in den Navalia beobachtete, wo die afrikan. Raubtiere standen, ein weibl. Panther aus einem anderen Käfig unter nicht wenig Gefahr für den gewissenhaften Künstler ausbrach." Cicero (div., 1, 79) überliefert das andere „Repoussé", das eine zeitgen. Persönlichkeit in einem erstaunl. Umfeld gezeigt habe: Als der zukünftige Schauspieler Roscius († 62 v. Chr.) „in der Wiege lag und in Solonio, einem Landgut des Agro Lanuvino, aufgezogen wurde, erblickte eines Nachts die das Licht entzündende Amme mit Entsetzen das gänzl. von einer Schlange umwundene schlafende Kind [...], und dies ist die Szene, die P. in Silber geschnitten und unser Archia in Versen beschrieben hat". Das Werk kehrt wieder in der Gruppe von Silberschalen, deren Boden mit einer Portr.-Büste versehen ist (L'argento dei Romani, ed. L. Pirzio Biroli Stefanelli, R. 1991, 68, 260, Nr 38, Abb. 44). Eine klare Vorstellung der von Cicero beschriebenen Szene vermittelt der getriebene Tondo auf dem Boden einer Schale aus Hildesheim (Berlin, Staatl. Mus., Antiken-Slg, Inv. Nr 3779,2; U. Gehrig, Hildesheimer Silberschatz aus dem Antiken-Mus., B. 1980, Taf. 3; S. Woodford, LIMC, IV, 1988, 830, Nr 1647, s.v. Herakles; G. Platz-Horster, in: Staatl. Mus. zu Berlin, Antiken-Slg und Pergamon-Mus., Mainz 1992, 296, Nr 162). Das Gefäß ist grob in die frühe Kaiserzeit zu datieren; das Metall jedoch stark abgenutzt. Die Darst. erinnert an die Episode aus der Kindheit des Herakles, da der Junge als wach (im Gegensatz zu dem von Cicero als schlafend überlieferten Roscius) und zwei Schlangen dargestellt sind; wie bei dem Werk des P. handelt es sich aber auch hier um ein Portr., da das Kind nicht nackt ist, wie in der Ikonogr. des Helden übl. (A. D. Trendall, LIMC I, 1981, 354–355, Nrn 8–16, s.v. Alkmene; S. Woodford, LIMC IV, 1988, 827 s., Nrn 1598–1646, s.v. Herakles), sondern eine Tunika mit Fibel auf der Schulter trägt und eine realist. Physiognomie aufweist. Da Roscius die Maske auf den Bühnen der Urbs Romana eingeführt hatte, ist es wahrsch., daß P. einen Anteil auch an dieser Neuerung hatte, zumal er aus der Magna Graecia stammte, wo die Maske im volkstüml. Schauspiel weit verbreitet war. Darüber hinaus spielte er durch seine Vielseitigkeit auf dem Gebiet der Plastik eine tragende Rolle für die Vermittlung der griech. Ikonogr. Wenn in dem erw. Plinius-Text (*natus hic in Graeca Italiae ora et civitate Romana donatus cum hiis oppidis Iovem fecit eboreum in Metelli aede*) eine Beziehung von Ursache und Wirkung zw. dem Erlangen des Bürgerrechts im Jahr 89 v. Chr. und der Ausf. der Jupiter-Figur in Goldelfenbeintechnik als Zeichen der Dankbarkeit angelegt sein sollte, hätten wir ein dat. Werk und gleichzeitig den Beweis gewonnen, daß P. schon vorher in der Magna Graecia künstler. tätig war. Die Statue befand sich im Tempel des Jupiter Stator, der von Q. Caecilius Metellus Macedonicus zw. 143 und 131 v. Chr. errichtet worden war (in der Porticus Metelli, später Octaviae, gelegen; A. Viscogliosi, LTUR III, 1996, 157–159, s.v. Iuppiter Stator, aedes ad Circum). Die Kultstatue des Tempels (F. Canciani, LIMC, VIII, 1997, 425, Nr 3, s.v. Zeus/Iuppiter) war von den Athenern → Polykles (III) und → Dionysios (VII), Söhnen des → Timarchides (I), ausgef. worden. Von diesem Tempel stammt wohl der *große Iuppiter*, der zus. mit and. Teilen eines Giebels auf der nahegelegenen Piazza Campitelli (nahe dem Marcellus-Theater) gefunden wurde, heute aufgestellt in der Centrale Montemartini (F. Canciani, LIMC VIII, 1997, 430, Nr 85 b, s.v. Zeus/Iuppiter). Er vertritt den Typus der kolossalen Bronzestatue, die als Werk des → Myron (I) vom Heraion in Samos nach Rom gebracht worden war: das rechte Bein als Standbein, das Szepter in der Linken, der Blitz in der gesenkten rechten Hand und den Umhang über der linken Schulter (M. Tiverios, LIMC VIII, 1997, 330 s., Nr 127, s.v. Zeus; F. Canciani, ibid. 426, 430, 433, Nrn 22, 80–85, 120, s.v. Zeus/Iuppiter). Diese Komp. begegnet in der vermutl. Kultstatue im älteren gleichnam. Tempel des Jupiter Stator am Forum Romanum (F. Coarelli, LTUR III, 1996, 155–157, s.v. Iuppiter Stator, aedes, fanum, templum), die auf einem Detail mit städt. Archit. des Reliefs vom Mon. der Haterii erscheint (heute Vatikan, Mus. Gregoriano Profano; F. Canciani, LIMC VIII, 1997, 425, Nr 4 b, s.v. Zeus/Iuppiter: and. Interpretation). Münzbilder mit Inschr. zeigen den Iuppiter Stator in der gleichen Haltung, aber völlig nackt sowie mit dem Szepter in der rechten und dem Blitz in der linken Hand (F. Canciani, LIMC VIII, 1997, 429, Nrn 63, 66, s.v. Zeus/Iuppiter). P.' großer Fleiß würde auch bestätigt durch die entsprechende Deutung eines P. (in den Codices alternativ zu → Praxiteles [II]) in der Beschr. der Marmor-Skulpt. im benachbarten Tempel der Juno Regina (Plin., nat., 36, 35): „die Göttin selbst schuf Dionysios, die and. Juno Polykles, die Venus am selben Ort Philiskos, die übrigen Statuen Pasiteles" (v. → Dionysios [VII], → Polykles [III], → Philiskos [II]). In diesen Zusammenhang paßt, daß → Dionysios (VII) der Mitarb. an der Kultstatue im Tempel des Iuppiter Stator war, für den P. seine *Goldelfenbein-Statue des Iuppiter* fertigte; → Polykles (III) und → Philiskos (II) waren hellenist. Bildhauer, wie auch alle and., die an der Ausschmückung des Jupiter-Stator-Tempels beteiligt waren: daher erscheint die Anwesenheit von → Praxiteles (II) in einer untergeordneten Funktion und ohne Hinweis auf bestimmte Werke weniger wahrsch. als die des P. (A. Corso/R. Mugellesi/G. Rosati [Ed.], Plinio, Storia naturale, V, Libri 33–37, T. 1988, 582 s., 909 s.; A. Viscogliosi, LTUR III, 1996, 128, s.v. Iuno Regina, aedes in Campo, ad Circum Flaminium). P.' künstler. Persönlichkeit nimmt konkrete archäol. Gestalt an durch die Identifizierung seiner Sign. auf einem Marmor-Fragm. im Mus. Romano in Verona (Donderer, 1988, 63–68; Moreno, Scultura, II, 1994, 740, Abb. 909), die einige Forscher allerdings auf → Praxiteles (II) beziehen (A. Corso, Prassitele, Fonti, I, R. 1988, 28, Nr 15). Der Bildhauer sign. wie ein Kopist auf einem Bronze-Modell: erh. sind ein Stück der Plinthe und der Baumstumpf, der die Marmor-Figur stützte, darauf ein Zipfel des Umhangs mit einem Bleigewicht für den Fall des Gewands. Man geht von einer männl. Figur aus, die den Umhang über der linken Schulter geschürzt und um den Unterarm geschlungen hat. Der Name des Bildhauers ist einer originellen Idee folgend um den Kreis geführt, der am Baumstumpf am Ansatz eines seitl. Asts ensteht. Das Verb steht im Imperfekt (ἐποίει), gemäß einer hellenist. Wendung, die noch von P.' Schülern verwendet wurde, in der röm. Kaiserzeit aber außer Gebrauch kam. P. fertigte unzählige Tonmodelle für Werke verschiedenster Technik und Größe (Plin., nat., 35, 156): „Varro lobt auch P., der sagte, daß die Plastik die Mutter der Toreutik wie auch des figürl. Bronzegusses und der Marmor-Skulpt. sei; und er, der alle diese Techniken vortreffl. beherrschte, fing nichts an, ohne es vorher in Ton modelliert zu haben." Hier werden die sog. *propoplasmata* angesprochen (Plin., nat., 35, 155), von Sammlern gesucht, wie im Zusammenhang mit P.' Zeitgen. → Arkesilaos (IV) überliefert ist. – *Zu P.' schriftsteller. Aktivitäten*: Man nimmt an, daß sein Traktat einer topograph. Gliederung folgte. Es gestaltet sich allerdings als schwierig, bestimmte geograph. Gebiete mit der Numerierung der Bücher in Einklang zu bringen: die vergleichenden Analysen einiger lat. Schriftsteller führten zu versch. Schlüssen über P.' Einteilung seines Mat., da er die geograph. Zusammenstellung der Mon. innerhalb der Kapitel durchgeführt haben dürfte, die versch. Herstellungstechniken gewidmet waren (P. Moreno, in: M. L. Gualandi [Ed.], Aparchai. Nuove ricerche e studi sulla Magna Graecia e la sicilia antica in onore di Paolo Enrico Arias, II, Pisa 1982, 575–578). Die fünf Bücher korrespondieren mit der von Plinius vorgenommenen Aufteilung in: Toreutik (*caelatura*; nat., 33, 155–157), figürl. Bronzeguß (*statuaria*; nat., 34, 5–141), Malerei (*pictura*; nat., 35, 15–149), Marmorbildhauerei (*sculptura*; nat., 36, 9–44) und Tonplastik (*plastice*; nat., 35, 151–158). Cicero (Verr., 2, 4, 134 s.) wählte 70 v. Chr. systemat. die Beispiele figürl. Kunst unter den Bronzegießern, den Malern und den Marmorbildhauern aus, indem er aus den zentralen Kap. von P.' Traktat schöpft. In gleicher Weise entnahm Propertius (3, 9, 7–10) um 22 v. Chr. die Namen für ein Künstler-Verz. aus den vier ersten Büchern des P., um die Vielfalt der Gattungen zu zeigen. In der Einschätzung der mod. Forsch. zur röm. Kunst erscheint P. je nach Standpunkt als maßgebl. für die Ausb. des röm. Geschmacks (F. Wickhoff, Die Wiener Genesis, W. 1895; Trad. ital. Arte romana, ed. C. Anti, Pd. 1947, 58, 66), als Förderer des Naturalismus im Gegensatz zum „hellenist. Barock" und zum Klassizismus (W. Klein, Vom antiken Rokoko, W. 1905, 171–173), als Vertreter der großgriech. Komponente in Rom im Gegensatz zu den athen., pergamen., rhod., syrakusan. und alexandrin. Tendenzen (E. Homann-Wedeking, EAA V, 1963, 984–985), als Anstifter der Verschmelzung von Naturalismus und Klassizismus in der augusteischen Skulpt. (D. Mustilli, in: V. Arangio-Ruiz [Ed.], Augustus. Stud. in occasione del bimillenario Augusteo, R. 1938, 311 s., 329) und schließl. als elitäre Künstlerpersönlichkeit (Fuchs, 1999, 79–81, 85–89). Da er von einer Art Beobachterstellung zw. dem ägäischen Becken und Rom ausging, war P. der erste, der den gewaltigen Transport von Kunstwerken in die Hauptstadt, teils als Kriegsbeute, teils im Zuge eines durch das Sammelwesen angeregten Kunsthandels wahrnahm: Das ungewöhnl. „Museum", entstanden durch das zufällige Zusammenkommen von unzähligen Epochen und Stilen, erlaubt es P., die griech. Kunst als Einheit von bewundernswerten Werken zu begreifen, wo alles, früher oder später, in der einen oder der and. Schule und in den verschiedensten Techniken und Proportionen unter den Augen aller realisiert und zum Kulturgut wurde, das frei war in der Nachahmung bzw. dem Wetteifern mit dem Vergangenen. P.' Werk zeichnet sich v.a. aus durch die hohe techn. Qualität, die Auswahl der Vorbilder und die harmon. Verschmelzung versch. Anregungen. Seine Kunsttheorie entspricht dem Eklektizismus, den Cornificius in der Ausb. des Redners (Rhet. Her., 4, 6, 9) tadelt, den Varro aber in der Sprache bevorzugt. Der Stil ist eine Frage der Moral: die att. Reinheit ist ein Zeichen eth. Logik. Die formalen Freiheiten sind dagegen Ausdruck der Laxheit. Das, was P. gesucht hat, ist die ausgewogene Position, die dem röm. Bürger entspricht. Varro macht sich seine enzyklopäd. Abh. zu eigen, die der Wiederherstellung des Wissens, der Sitten und des Staates, also der Weltanschauung von Caesar und Augustus dienen sollte. Neben der begriffl. Nähe beruft sich Varro auch auf P.' spezifische biogr. und hist. Lebensumstände, die ihn, passend zum Zeitgeist, zu einer Entdeckung der lokalen Werte führten (Robert, 1992, 440 s.): Als vielseitiges und auf jedem Gebiet hervorragendes Talent (*cum esset in omnibus his summus*) schafft P. eine Synthese des Formenschatzes der hellenist. Welt, benutzt aber als Fundament seiner fruchtbaren Schule nicht mehr die Malereien der sikyon. Künstler, sondern die Plastik aus Ton, die ein Erbe des großgriech. und ital. Kunstschaffens bilden. Mit P. beginnt die Gesch. der ital. Kunst.

📖 ThB26, 1932. RE XVIII. A, 1949 (s.v. P. 2); EAA V, 1963; Suppl., IV, 1996; DA XXIV, 1996;

DNP IX, 2000. – *G. Lippold*, Kopien und Umbildungen griech. Statuen, M. 1923, 34–44; *Ferri*, Plin., 1946 (Repr., ed. *M. Harari*, M. 2000), 15; *H. Jucker*, Vom Verhältnis der Römer zur Bildniskunst der Griechen, M. 1950; *G. Becatti*, Arte e gusto negli scrittori latini, Fi. 1951, 24, 59, 60, 73, 215, 292; *M. Borda*, La scuola di Pasitele, Bari 1953, 7–21; *H. Koch*, Vjesnik 56–59:1954–1957, 168–172; *P. Mingazzini*, AM 77:1962, 293; *J. J. Pollitt*, The ancient view of Greek art, New Haven/N. Y. 1974, 78 s., 353 s., 403–405; *P. Zanker*, Klassizist. Statuen, Mainz 1974, 49–70; *Robertson*, Hist., 1975, 600; *Pline l'Ancien*, Hist. naturelle, ed. *J. André/R. Bloch/A. Rouveret*, Livre XXXVI, P. 1981, 62, 166; *M. Fuchs*, RM 89:1982, 69–80; *P. Moreno*, in: *M. L. Gualandi* (Ed.), Aparchai. Nuove ricerche e stud. sulla Magna Graecia e la Sicilia antica in onore di Paolo Enrico Arias, II, Pisa 1982, 575–586; *Pline l'Ancien*, Hist. naturelle, übersetzt und kommentiert *J.-M. Croisille*, Livre XXXV, P. 1985, 103 s., 266; *E. Simon*, JdI 102:1987, 291–314; *M. Donderer*, ZPE 73:1988, 63–68; *A. Linfert*, RIA 12:1988, 38 s.; *A. Rouveret*, Hist. et imaginaire de la peint. ancienne, P. 1989, 459; *Stewart*, Sculpture, 1990, 21, 69, 230, 299 (Nr T. 145), 306 s. (Nrn T. 163–165); *Smith*, HellSculpt, 1991, 260; *R. Robert*, Rech. sur les modèles hellénistiques et l'art romain (du IIIe s. av. J.-C. à l'époque d'Auguste), Aix-en-Provence/Marseille 1992 (Diss.), 440 s.; *M. Fuchs*, In hoc etiam genere Graeciae nihil cedamos, Mainz 1999, 79–81, 85–88; *B. Andreae*, Skulpt. des Hellenismus, M. 2001, 18, 61, 214. P. Moreno

Pati... v.e. **Padi...**

Patrokles (I) (Πατροκλῆς; Patrocles; Patroclus; Patroklos), aus Sikyon, griech. Bildhauer, in der 2. H. des 5. Jh. v. Chr. und am A. des 4. Jh. v. Chr. tätig. Lt. Pausanias (10, 9, 10; Overbeck, SQ, 1868, Nr 979; Muller-Dufeu, SculptureSource, 2002, 406 s., Nr 1182, pp. 412 s., Nr 1182) fertigte er zus. mit Kanachos dem Jüngeren (→ Kanachos [II]) zehn der 28 *Bronzestatuen von Nauarchen* (Feldherrn) am *Weihgeschenk der Lakedaimonier*, das anläßl. des Sieges von Aigospotamoi im Jahre 405 v. Chr. im Apollonheiligtum in Delphi errichtet worden ist. An dieser mon. Anlage waren insges. neun Künstler beteiligt (→ Antiphanes [II], → Athenodoros [I], → Dameas [II], P., → Theokosmos, → Teisandros, → Alypos, → Pison und → Kanachos [II]), die zw. 405 und 403 v. Chr. 39 oder 40 Bronzestatuen von Göttern, vornehmen Bürgern Spartas, des Strategen Lysander mit seinem Seher Agias und seinem Steuermann Hermon, eines Herolden und von den Nauarchen der mit Sparta verbündeten Städte hergestellt haben (Loewy, IGB, 1885, 67–70, Nrn 86, 88 s.; W. Dittenberger/K. Purgold, Die Inschr. von Olympia, Olympia V, B. 1896, 275–278, Nr 159, pp. 279–282, Nr 161, pp. 651 s., Nr 635; C. Ioakimidou, Die Statuenreihen griech. Poleis und Bünde aus spätarchaischer und klass. Zeit, M. 1997, 281–306, Nr 21 [mit älterer Lit.]; R. Krummeich, Bildnisse griech. Herrscher und Staatsmänner im 5. Jh. v. Chr., M. 1997, 245 s., Nr S 3 [mit älterer Lit.]). Plinius (nat., 34, 50; Overbeck, SQ, 1868, Nr 983; Muller-Dufeu, SculptureSource, 2002, 406 s., Nr 1181) zählt ihn zus. mit den Künstlern → Naukydes (I), → Deinomenes (I) und → Kanachos (II) auf, die während der 95. Olympiade (400–397 v. Chr.) ihre künstler. Blüte erreicht haben. – Weiterhin listet ihn Plinius (nat., 34, 91; Overbeck, SQ, 1868, Nrn 986, 1577, 2072; Muller-Dufeu, SculptureSource, 2002, 406 s., Nr 1183, pp. 646 s., Nr 1920, pp. 824, Nr 2447, pp. 851, Nr 2545) unter den Erzgießern auf, die *Statuen von Athleten, Kriegern, Jägern und Opfernden* fertigten. Furtwängler (Meisterwerke, 1893, 500 und 506 s.) wies dem P. auch die *Bronzestatuen des Idolino* (Florenz, Mus. Archeol., Inv. Nr 143; BrBr, Taf. 274–277; Lippold, GrPl, 1950, 165, Anm. 3; C. Maderna-Lauter, Polyklet in Rom, in: H. Beck/P. C. Bol/M. Bückling, Polyklet [K Ffm., Liebieghaus, Mus. alter Plastik], Ffm./Mainz 1990, 361 s., Abb. 227) und den auf dem Helenenberg/Virunum gefundenen *Jüngling* in Wien (Kunsthist. Mus., Inv. Nr 1; BrBr, Taf. 325; Lippold, GrPl, 1950, 170, Anm. 9), den man mittlerweile als Renaissance-Arbeit erkannt hat, zu. Diese Zuschr. sind jedoch rein hypothetisch und daher abzulehnen. Ebenso bleiben seine Verwandschaftsbeziehungen zu and. Bildhauern seiner Zeit reine Spekulation. Die wenigen überlieferten schriftl. Zeugnisse, die P. erwähnen, sagen sehr wenig über seine möglichen Verwandtschaftsverhältnisse zu and. Künstlern seiner Zeit aus. Wahrsch. war P. der Vater und Lehrer des → Daidalos (II), von dem uns mehrere lit. und epigraph. Zeugnisse vorliegen, die ihn in diesem Vater-Sohn-Verhältnis ansprechen (– 1.) Paus., 6, 3, 4; Arnold, 1969, 11; Muller-Dufeu, SculptureSource, 2002, 408 s., Nr 1194; – 2.) Loewy, IGB, 1885, 69 s., Nr 89; W. Dittenberger/K. Purgold, Die Inschr. von Olympia, Olympia V, B. 1896, 651 s., Nr 635 mit Zchng; Marcadé, Signatures, I, 1953, 23 mit Zchng; Arnold, 1969, 11; Muller-Dufeu, SculptureSource, 2002, 408 s., Nr 1195; – 3.) Overbeck, SQ, 1868, Nr 988; Loewy, IGB, 1885, 68 s., Nr 88; Arnold, 1969, 11; Muller-Dufeu, SculptureSource, 2002, 408 s., Nr 1196; – 4.) W. Dittenberger/K. Purgold, Die Inschr. von Olympia, Olympia V, B.

1896, 279–282, Nr 161 mit Zchng; Marcadé, Signatures, I, 1953, 23 mit Zeichng; Arnold, 1969, 11; Muller-Dufeu, SculptureSource, 2002, 410 s., Nr 1200; – 5.) Marcadé, Signatures, I, 1953, 22 mit Abb.; R. Flacelière, FDelphes, III. 4, 1954, 262 s., Nr 202; Muller-Dufeu, SculptureSource, 2002, 410 s., Nr 1203). Auf einer Inschr. aus Olympia bezeichnet sich der Bildhauer → Naukydes (I) (Loewy, IGB, 1885, 67 s., Nr 86; W. Dittenberger/K. Purgold, Die Inschr. von Olympia, Olympia V, B. 1896, 275–278, Nr 159 mit Zchng; Muller-Dufeu, SculptureSource, 2002, 408 s., Nr 1192) als Sohn des P., der womöglich ident. mit unserem P. sein könnte, aber nicht sein muß. Wenn diese Verwandtschaftsbeziehung richtig ist, wären → Daidalos (II) und → Naukydes (I) Brüder und Söhne des P. Weiterhin ist nach Pausanias (2, 22, 7; Overbeck, SQ, 1868, Nr 995; Muller-Dufeu, SculptureSource, 2002, 406 s., Nr 1184) → Naukydes (I) je nach ma. Hs. Bruder eines Polykleitos oder Periklytos. Wahrscheinlicher ist, daß die Hss. recht haben, die als Namen den ansonsten unbek. → Periklytos überliefern, und unwahrscheinlicher ist, daß die Hss. recht hätten, die Polykleitos nennen, da hier wohl einfacherweise auf den berühmten Bildhauer → Polykleitos (I) angespielt wurde, weil man den richtigen Namen nicht genau kannte. Demzufolge wäre → Periklytos der Bruder des → Naukydes (I) und des → Daidalos (II). Dieser letzten Annahme entspräche auch, daß nach Pausanias (6, 6, 2; Overbeck, SQ, 1868, Nr 1004; Muller-Dufeu, SculptureSource, 2002, 418 s., Nr 1233) → Naukydes (I) der Lehrer eines Polykleitos wäre, der wohl in der Generationsfolge mit → Polykleitos (II) ident. wäre. Doch bei all diesen Überlegungen sind, wie gesehen werden konnte, sehr viele, meines Erachtens zu viele Spekulationen im Spiel. Weiterhin gibt es noch andere, nicht aufgeführte Vorschläge von möglichen Verwandtschaftsbeziehungen durch Wissenschaftler (siehe dazu Arnold, 1969, und Linfert, 1990). Daher glaube ich, daß es bis zu einem klärenden Neufund besser wäre, beim kleinsten gemeinsamen Nenner zu bleiben: P. hatte einen Sohn namens Daidalos, der sehr wahrsch. mit → Daidalos (II) ident. ist. ▭ ThB26, 1932. RE XVIII. 4, 1949 (s.v. P. 8); EAA V, 1963; DNP IX, 2000 (s.v. P. 6). – *Brunn*, GGK, I, 1889, 276 ss., 307; *Overbeck*, GGP[4], I, 1893, 404, 407, 410; *Klein*, GGK, I, 1904, 334; II, 1905, 328 ss.; *Lippold*, GrPl, 1950, 217, Anm. 2; *Arnold*, Polykletnachfolge, 1969, 10–15; *A. Linfert*, Die Schule des Polyklet, in: *H. Beck/P. C. Bol/M. Bückling*, Polyklet (K Ffm., Liebieghaus, Mus. alter Plastik), Ffm./Mainz 1990, 240–297; *Todisco*, Scultura, 1993, 46 s. R. V.

Patrokles (II), Sohn des Katillos, aus Kroton, griech. Bildhauer, wahrsch. in archaischer Zeit tätig. Lt. Pausanias (6, 19, 6; Overbeck, SQ, 1868, Nr 1041; Muller-Dufeu, SculptureSource, 2002, 164 s., Nr 462) fertigte er eine *Apollonstatue aus Buchsbaum mit vergoldetem Kopf*, die ein Weihgeschenk des epizephyrischen Lokri war und zu Pausanias' Zeiten im Schatzhaus der Sikyonier in Olympia aufbewahrt wurde. Die Zusammenstellung der Statue aus Holz und Vergoldung spricht für eine Datierung in die archaische Zeit. ▭ ThB26, 1932. RE XVIII. 4, 1949 (s.v. P. 7); EAA V, 1963; DNP IX, 2000 (s.v. P. 7). – *Brunn*, GGK, I, 1889, 278, 299; *Furtwängler*, Meisterwerke, 1893, 417; *Overbeck*, GGP[4], I, 1893, 412; *Lippold*, GrPl, 1950, 92, Anm. 10; *Floren*, GrPl, 1987, 428, Anm. 149. R. V.

Patroklos → Patrokles (I)

Patrophilos (I) (Πατρόφιλος), griech. Koroplast, tätig im 1. Jh. n. Chr. in Tarsos oder N-Syrien; nur bek. aus der Sign. einer *Statuette eines nackten Knaben* (London, BM, Inv. Nr 1920.2–17.1). Der bisher einzige bek. Name eines Koroplasten aus Tarsos. ▭ *L. Burn/R. Higgins*, Cat. of Greek terracottas in the BM, III, Lo. 2001, 289, Nr 2969, Taf. 157. M. Dennert

Patrophilos (II), Bildhauer, Bronzegießer, tätig in Konstantinopel in der 1. H. des 5. Jh. n. Chr. Der Name dieses Bronzegießers wird durch die Inschr.-Slg des Cyriacus von Ancona bezeugt, der in der M. des 15. Jh. die Sign. Πατρόφιλος πλάστης ἐποίησε an der bronzenen *Reiterstatue des Kaisers Justinian* in Konstantinopel sah. Bei diesem auch durch eine Zchng bek. Denkmal handelte es sich urspr. um eine Statue Theodosios II. (402–450 n. Chr.) auf dem Tauros, die Justinian 543 n. Chr. für seine Ehrensäule auf dem Augusteion wiederverwenden ließ. Die Statue war etwa dreifach lebensgroß und zeigte den sitzenden Kaiser im Militärkostüm zu Pferde, nach Osten gewendet, seine Rechte erhoben, in der Linken hielt er eine Kreuzsphaira. Die Verwendung der Berufsbezeichnung in der Sign. ist sonst im Altertum nicht üblich; die Bezeichnung πλάστης für einen Bronzebildner ist in spätantiken Epigrammen aus Konstantinopel jedoch mehrfach belegt (A. Cameron, Porphyrius the Charioteer, Ox. 1973, 84). Dies spricht dafür, daß P. das Pferd wirklich im 5. Jh. n. Chr. gegossen hat und daß es sich nicht um eine wiederverwendete kaiserzeitl. Statue handelt. Mit P. haben wir wohl den letzten namentl. bek. Bildhauer der Antike vor uns. ▭ *F. Di Benedetto*, in: *G. Paci/ S. Sconocchia* (Ed.), Ciriaco d'Ancona e la cultura antiquaria dell'Umanesimo, Reggio Emilia 1998, 152–154; SEG, XLVIII, 1998, Nr 898; *D. Feissel*, REG 113:2000, 600, Nr 820; *id.*, Antiquité Tardive 8:2000, 90, Nr 8. – *Zur Statue*: *C. Mango*, ArtB 41:1959, 351–356; *R. H. W. Stichel*, Die röm. Kaiserstatue am Ausgang der Antike, R. 1982, 105–112; *S. Sande*, Acta ad archaeologiam et artium historiam pertinentia Ser. alt. 6:1987, 91–111. *R. H. W. Stichel*, Zum Bronzekoloß Justinians I. vom Augusteion in Konstantinopel, in: Griech. und röm. Statuetten und Großbronzen, W. 1988, 130–136; *C. Mango*, Stud. on Constantinople, Aldershot 1993, X 1–8. XI 1–16; *R. H. W. Stichel*, Architectura 30:2000, 1–25. M. Dennert

Patura → Peter

Paulos (I) (Παῦλος), Sohn des Papias, Steinmetz (τεχνίτης) aus Isaurien, in der mittleren(?) Kaiserzeit tätig. Nur bek. durch einen nur als Fragm. erh. isaurischen *Fassadengrabstein* aus Dorla (M. Ramsay, JHS 24:1904, 279, Nr 15; G. Laminger-Pascher, Die kaiserzeitl. Inschriften Lykaoniens, I, Der Süden [DenkschriftenWien, 232: TAM, Erg. Bd., 15], W. 1992, Nr 420), den P. zus. mit seinem Kollegen → Tas gearbeitet und sign. hat. Viell. war P. der Vater der beiden Brüder → Gaios (V) und → Appatas, die beide als τεχνίτης und als Söhne eines P. auf einer Bau-Inschr. aus dem Zeusheiligtum im südisaurischen Astra überliefert sind. T. Lochman

Paulos (II), Maler in spätantiker Zeit. Name nur bek. aus einer christl. Grab-Inschr. des 5./6. Jh. n. Chr. aus Paradeisos am Nestos (antik Topeiros/W-Thrakien), in der er als Presbyter und Maler bez. wird; gemeint ist wohl eher ein Dekorationsmaler als ein Künstler. ▭ *I. Meimares/C. Mparkitzes*, Hellenikes epigraphes ysterorromaikon kai palaiochristianikon chronon apo te Thrake, Komotini 1994, 30 s., Nr 22. M. Dennert

Paulus (I), Sign. eines Steinmetzes auf einer 378 n. Chr. dat. Grab-Inschr. (ohne figürl. Darst.) aus Campomorto/Latium. ▭ CIL, XIV, 2210; *E. Diehl*, Inscriptiones Latinae Christianae Veteres, I, B. 1925, Nr 1145. M. Dennert

Paulus (II), spätantiker Stifter oder Künstler in Ravenna vor 396 n. Chr. P. wird mit → Euserius, → Satius und *Stephanus (II)* im Liber Pontificalis des Agnellus im Zusammenhang mit den Mosaiken und figürl. Stuckarbeiten an den Wänden der Basilica Ursiana, der Kathedrale von Ravenna (gew. vor 396 n. Chr.) genannt. Agnellus entnahm die Namen wahrsch. Inschriften. Aus dem Wortlaut (*exornaverunt, comptitaverunt, inciserunt, composuerunt*) ist nicht sicher zu schließen, ob es sich, wie meist angenommen, um die Künstler oder doch eher um die Stifter dieser Dekorationen handelt. ▭ *F. W. Deichmann*, Ravenna. Hauptstadt des spätantiken Abendlandes, I, Wb. 1969, 93; II. 1, Wb. 1974, 3.9; *C. Nauerth*, Agnellus von Ravenna. Unters. zur archäol. Methode des ravennatischen Chronisten, M. 1974, 72–75; *Agnellus von Ravenna*, Liber pontificalis, I, übersetzt und eingeleitet von *C. Nauerth*, FiB. 1996, 58, 136 s. M. Dennert

Paunesch → Imennechet (V)

Paur (Pawer), ägypt. „Umrißzeichner am Ort der Wahrheit" (d.h. in der kgl. Nekropole in Theben-W), unter Ramses IX. bis Ramses XI. (1125/21–1070/69 v. Chr.) in Theben/Oberägypten tätig. Er ist bek. durch ein hierat. Ostrakon (CGC 25649 und BM 5672, r. Z. 3, verso Z. 1) aus dem 14. Reg.-Jahr Ramses' IX. (1111/07 v. Chr.) sowie zwei Grafitti (Nrn 526, 1947), die in Theben gefunden wurden (Bogoslovskys Aufteilung auf zwei versch. Personen ist nicht nachvollziehbar). Auf dem Ostrakon wird von der Verteilung der Farben an die Umrißzeichner berichtet. Neben P. ist → Pentaweret (II) gen., der ebenfalls als Umrißzeichner tätig war. P. lebte in der Arbeitersiedlung Deir el-Medineh und arbeitete in der kgl. Nekropole in Theben-W. ▭ KRI VI, 660, Z. 6,11 s.; 670, Z. 5–9; *E. Endesfelder*, Die Arbeiter der theban. Nekropole im Neuen Reich, Diss. B. 1962, 37; *E. S. Bogoslovsky*, ZÄS 107:1980, 98; *M. Gutgesell*, Die Dat. der Ostraka und Papyri aus Deir el-Medineh und ihre ökonom. Interpretation, I. 1, Hildesheim 1983, 237 s.; *B. G. Davies*, Who's who at Deir el-Medina, Leiden 1999, 174 s. (s.v. Pawer [I]). T. Schrottenbaum

Pausanias (Παυσανίας), aus Apollonia, griech. Bildhauer und Erzgießer, wird in die 1. H. des 4. Jh. v. Chr. datiert. Die Inschr. auf einer 1870/87 gefundenen Basis nennt ihn als Mitarb. am *Weihgeschenk der Arkader in Delphi*. Aus der Weih-Inschr. gehen seine Werke, eine *Statue des Apollon* und eine der *Kallisto*, der Heroine Arkadiens, hervor, die vom Koinon der Arkader ins Heiligtum von Delphi gew. worden waren. Die Basis des Apollon ist in drei Teile zerbrochen, Delphi, Mus., Inv. Nrn 1813–1815; *Kallisto*: Delphi, Mus., Inv. Nrn 2633–2634. – Anhand der Einlaßspuren der beiden *Bronzestatuen* ist eine Rekonstr. ihrer urspr. Aufstellung möglich. Die überlebensgroße Figur des *Apollon* schritt weit nach rechts aus, was als schützende oder gebietende Haltung interpretiert werden kann. Im Freiraum zw. den Beinen des Apollon sind Einlaßspuren zu sehen, die auf die Gestalt eines Greifen schließen lassen. Die ehemals neben ihm stehende *Statue der Kallisto* war eine 2/3 lebensgroße Statue, die den linken Fuß vorangestellt hatte, welcher auch die Hauptlast der leicht ausschreitenden Figur trug, während der rückwärtige, rechte Fuß weniger belastet war. Die Bewegung der Kallisto in Richtung des Apollon rekonstruiert, kann als Suche nach Schutz interpretiert werden. Die Inschr. an der Basis lautet Καλλιστώ. Παυσανίας ἐποίησε Ἀπολλωνιάτας. Die Inschr. ist von Pausanias in Prosa umgesetzt worden; es ist die einzige bisher bekannte Quelle aus dem Altertum, die auch ein wichtiger Beitrag zur Perihegese Delphis ist. Sie lautet bei Paus., 10, 9, 5 s.: *„Die Künstler der Standbilder sind Pausanias aus Apollonia, der den Apollon und die Kallisto ... schuf"*. Am gesamten Weihgeschenk waren vier Künstler beteiligt. Diese Aufteilung der Arbeit läßt auf eine Beschleunigung der Fertigstellung schließen. Die Veranlassung der Weihung war der Sieg der Arkader über die Lakedaimonier (Dezember 370 v. Chr. – Februar 369 v. Chr.) und demzufolge ist die Fertigung des Weihgeschenks für die 1. H. 369 v. Chr. anzunehmen. ▭ ThB26, 1932. RE Suppl. IV, 1924, 1206; RE XVIII. 4, 1949 (s.v. P. 23). – *H. Brunn*, Gesch. der griech. Künstler, I, St. 1857, 283 ss.; *Overbeck*, SQ, 1868, Nr 993; *H. Bulle*, AM 31:1906, 483 ss.; *H. Pomtow*, ibid., 461 ss.; *E. Bourget*, FDelphes, III. 1, P. 1910, 4 ss. U. W. Gottschall

Pausias (Παυσίας), von Sikyon, Sohn des → Bryes, griech. Maler, tätig ca. 380–330 v. Chr., bedeutender Vertreter der sikyonischen Malerschule, zunächst Schüler seines Vaters, dann v.a. des → Pamphilos (I). P. schuf insbesondere kleine Tafelbilder, bevorzugte als Themen Knabenfiguren (*pueros*) und Blumenmotive. Als berühmt erw. Plinius (nat., 35, 124–126) das *Bild einer Kranzflechterin* (*stephanoplokos*, auch *stephanopolis*) und eine großformatige *Opfer-Darst. mit Stier* (*boum immolatio*). Anekdotisch ist die Überlieferung, P. habe als junger Mann die Kranzflechterin Glykeria, die *inventrix coronarum*, geliebt und porträtiert sowie im Wettstreit mit ihr seine Blumenkunst gefördert (Plin., nat., 35, 125; vgl. nat., 21, 4, mit Zeitangabe 380–377 v. Chr.). Falls Athenaios (deipn., 13, 567 B) nur irrtüml. von einem Pausanias spricht und eigtl. den Maler P. meint, wurde dieser zu den *pornographoi* gezählt. P. war jedenfalls kein Schlachtenmaler, so wenig wie → Euphranor (I) laszive Themen wählte (Fronto, ad verum, 1, 124). Eine Betätigung als Wandmaler scheint in die spätere Schaffenszeit zu gehören. Im Tempel von Thespiai renovierte P. wohl auf Veranlassung Alexanders d. Gr. die Gem. des → Polygnotos (I), war darin allerdings wenig erfolgreich, weil er nicht in seiner eigenen Manier (*suo genere*) arbeiten konnte (Plin., nat., 35, 123). In der zw. 360 und 320 v. Chr. errichteten Tholos von Epidauros sah Pausanias (2, 27, 3) einen „Eros mit Leier" und eine „Methe" (Personifikation der Trunkenheit) von der Hand des Pausias. Pausanias' Wortlaut läßt eher an Teile eines orig. Bildprogramms des Innenraums denken als an nachträgl. installierte Tafelbilder. Kaum anzunehmen sind Soffitten, was aus Plinius (nat., 35, 124), P. habe als erster getäfelte Decken (*lacunaria*) gemalt, erschlossen wurde. Plinius weist ferner auf ähnl. verzierte Deckengewölbe (*camarae*) des P. hin. Da ältere Beispiele bek. sind, kann P. nicht der „Erfinder" gemalter *lacunaria* gewesen sein, gewiß aber hat er sich im Gegensatz zu and. berühmten Malern in dieser Gattung hervorgetan. Seine Kunst wurde teils vom neuen Ausstattungsstil seiner Zeit getragen, teils hat er wohl diesen auch mitgeprägt. Plinius führt P. unter den enkaustisch arbeitenden Malern auf (nat., 35, 123). Das bevorzugte Kleinformat seiner Bilder dürfte von dieser mühsamen Technik herrühren. Um aber einen Beweis rascheren Arbeitens zu geben, soll P. ein Knabenbild, den *„Hemeresios"*, in einem Tag voll. haben. Seine Farbgebung diente illusionist. Effekten. So lobte Plinius (nat., 35, 126 s.) an dem Opferbild, P. habe den schwarzen Körper des Stieres so differenziert abschattiert, daß alle Körperwölbungen deutl. hervortraten; außerdem habe er das Tier von vorn dargestellt und trotzdem einen Eindruck von dessen Länge vermittelt. Zur „Methe" bemerkt Pausanias, daß man deren Gesicht durch das Glas der Trinkschale erkennen konnte. Mit seiner Meisterschaft in Farbauftrag und Figurenverkürzung repräsentierte P. offensichtl. ein fortgeschrittenes Stadium der spätklass. Malerei. Auch in der Motivwahl ging er neue Wege, große heroische Themen scheinen zu fehlen. Die mangelnde Anpassung an Älteres im Tempel von Thespiai hatte viell. nicht nur maltechn., sondern auch themat. Gründe. Einen ernsteren Stil griffen dagegen seine Schüler → Aristolaos (zugleich P.s Sohn) und → Nikophanes wieder auf (Plin., nat., 35, 137). Die Gem. des P. blieben auch in späterer Zeit begehrt. Von der *„Kranzflechterin"* soll L. Lucullus für zwei Talente eine Kopie erworben haben (Plin., nat., 35, 126). Die Opferszene mit Stier war zu Plinius' Zeit in Rom in der Halle des Pompeius zu sehen. Horaz bewertete die *tabellae* des P. als Beispiele hoher Kunst (sat., 2, 7, 95). ▭ ThB26, 1932. RE XVIII. 3, 1949; EAA V, 1963; DNP IX, 2000. – *P. Moreno*, La pittura tra classicità ed ellenismo, in: *R. Bianchi-Bandinelli* (Ed.), Storia e civiltà dei Greci, 6, Mi. 1979, 490–92; *Reinach*, RecMilliet, 1985, 256–62; *K. Tacke*, AW 20:1989, 24–35; *F. Liliberto*, HefteABern 14:1991, 19–26. I. Scheibler

Pausylypos (Παυσύλυπος), griechischer Silberschmied, in der M. des 4. Jh. n. Chr. in Thessaloniki tätig. P. sign. den *großen Teller* im Schatz von Kaiseraugst, der mit einem Achilleuszyklus geschmückt ist (Augst, Römermus., Inv. Nr 62.1; Cahn/Kaufmann-Heinimann, 1984). Mehrere and. Objekte des Schatzes, darunter sehr *einfache Becher* und eine *Schale ohne Dekor* (zur letzteren: Guggisberg, 2003; Lieb/Speidel, 2003), tragen ebenfalls seine Sign. in gestochenen Buchstaben, aber auch gestempelt. Die Stempelung wirft die Frage auf, welche Funktion P. innehatte. Handelte es sich bei ihm um einen Silberschmied, einen Besitzer einer bedeutenderen Wkst. oder um eine Art von Kontrolleur, der dafür zuständig war, die Silberproduktion in Thessaloniki zu überwachen? ▭ EAA V, 1963. – *H. A. Cahn/A. Kaufmann-Heinimann*, Der spätröm. Silberschatz von Kaiseraugst, Basel 1984; *A. Kaufmann-Heinimann*, JRS 12:1999, 340; *M. A. Guggisberg*, in: *id.*, Der spätröm. Silberschatz von Kaiseraugst. Die neuen Funde, Augst 2003 (Forsch. in Augst 34), 57–62, Nr 78, Abb. 27 s., Taf. 16 s.; *H. Lieb/M. A. Speidel*, in: *Guggisberg*, ibid., 2003, 173 s., Abb. 186. F. Baratte

Pauson (Παύσων), griech. Maler, viell. aus Athen, genaue Lebenszeit nicht bek., zw. der 1. H. des 5. Jh. v. Chr. und der 2. H. des 4. Jh. v. Chr. tätig. Einziger sicherer *terminus ante quem* für seine Lebenszeit sind die Erw. eines Malers namens P. in Aristoteles' Poetik (1448a, Zeile 6) und Politik (1340a, Zeile 36). Die an diesen Stellen gezogenen Vergleiche zu → Polygnotos (I) sind inhaltl. Art, sagen nichts über die chronolog. Relation zw. den beiden Malern aus. Daher kann P. innerhalb eines Zeitraumes von der 1. H. des 5. Jh. v. Chr., der Zeit des Strengen Stils, bis in die 2. H. des 4. Jh. v. Chr., also die Spätklassik, tätig gewesen sein. Die Identifikation des bei Aristophanes dreimal (Acharner [425 v. Chr.] Vers 853; Thesmophoriazusen [411 v. Chr.] Vers 949; Ploutos [388 v. Chr.] Vers 602) als Witzfigur aufgegriffenen Hungerleiders P. mit dem bei Aristoteles erw. Maler geht auf ein erst spätantik belegtes Scholion zu Aristophanes' Ploutos 602 zurück. Diese Identifikation ist jedoch nicht zu sichern. Einerseits erw. Aristophanes keinen Beruf, andererseits waren die gen. Quellen bek., so daß der Scholiast diese Verbindung allein aufgrund seiner Belesenheit herstellen konnte (vgl. auch die saubere Trennung bei G. Lippold, in: RE XVIII. 4, 1949, 2426). – Der Name P. ist keineswegs selten. Z. B. tritt in einer Komödie des Dichters Heniochos (M. des 4. Jh. v. Chr.) ein Philosoph gleichen Namens auf, der darüber reflektiert, warum ein Bohnengericht, nicht aber das Feuer den Bauch aufblähe. Die Stelle in Aristoteles' Poetik macht eine Aussage über den themat. Schwerpunkt des P.-Œuvres. Es werden dort drei Malereigattungen geschieden. Steht → Polygnotos (I) für heroische und epische Themen, so steht P. für karikierende und buffoneske, wie sie sowohl in der Komödie als auch in der Tragödie vorkommen. Der ansonsten unbek. Maler → Dionysios (I) aus Kolophon dient als Vertreter für realistische Darst. (vgl. Aristotele, Dell'arte poetica, ed. C. Gallavoti, Mi. 1974, 127). In entsprechendem Sinne ist auch die Gegenüberstellung von P. und → Polygnotos (I) in Aristoteles' Politik zu interpretieren: → Polygnotos (I) gibt edle (ἠθικός) Charaktere wieder, P. nicht. Daher taugen seine Bilder weniger als Anschauungsbeispiele für die junge Leute. Diese Wertung findet sich auch noch bei Themistius, einem Rhetor des 3. Jh. n. Chr. (Overbeck, 1868, Nr 1113). Explizit wird P. in den antiken Quellen (Overbeck, 1868, Nrn 1114 s.) die *Darst. eines sich wälzenden Pferdes* zugeschr., das, drehte man das Bild auf den Kopf, zu galoppieren schien. Auch wenn in diesem Kontext die techn. Kunstfertigkeit des P. thematisiert wird, erlaubt das gen. Sujet, ihn – so in Benselers Wörterbuch der griech. Eigennamen (1884, 1151) – als ῥυπαρογράφος zu bezeichnen. Diese erst bei Plinius (nat., 35, 37, 112) erw. Bildgattung wird v.a. durch alltägl. Sujets, z.B. Barbierstuben, Schusterwerkstätten, Esel, Gemüse, bestimmt (vgl. zu dieser Malgattung O. Jahn, Über Darst. des Handwerks und Handelsverkehrs, L. 1867, 265–269). Dazu paßte auch die bei Aristoteles anklingende karikierende Wiedergabe von menschl. Figuren. Derartige seit dem Strengen Stil vorkommende Darst. gab es auch während der Hochklassik und im 4. Jh. v. Chr. (vgl. N. Himmelmann, Realist. Themen in der griech. Kunst der archaischen und klass. Zeit, B. 1994 [JdI, ErgH., 28], 18). ▭ ThB26, 1932. RE XVIII. 4, 1949; EAA V, 1963; LAW, 1965; KlP IV, 1972. – *Overbeck*, SQ, 1868, Nrn 1110–1115; *Pfuhl*, MuZ, II,

1923, 699; *P. Moreno*, Pittura greca da Polignoto ad Apelle, Mi. 1987, 102 s. W. Ehrhardt

Pavo, *Lucius* → **Ceius,** *Lucius*

Pawer → **Paur**

Pedius, *Quintius*, Enkel des Konsuls und Triumphators Q. Pedius, röm. Maler, in augusteischer Zeit in Rom tätig. Nur bek. durch Plinius (nat., 35, 21; Overbeck, SQ, 1868, Nr 2387). Er war stumm und genoß auf Veranlassung eines Verwandten, des Redners Messalla, mit Erlaubnis des Augustus eine Ausb. zum Maler. Er verstarb jedoch schon als Knabe. ▭ ThB26, 1932. RE XIX. 1, 1937 (s.v. Pedius 7); EAA VI, 1965. – *Brunn*, GGK, II, 1889, 307; *Pfuhl*, MuZ, II, 1923, 830, Paragraph 908; *G. Becatti*, Arte e gusto negli scrittori latini, Fi. 1951, 36; *M. Borda*, La pittura romana, Mi. 1958, 187, 382. R. V.

Pehenpteh, ägypt. Zimmermann, Bildhauer, in der 2. bis 3. Dynastie (2853/2803–2639/2589 v. Chr.) in Saqqara/Unterägypten tätig. Nur bek. durch ein Gefäß aus Diorit, das bei der Stufenpyramide des Königs Djoser gefunden wurde und eine Aufschrift mit dem Namen des P. trägt. ▭ PM III. 2, 1978, 403 s. – *B. Gunn*, Inscr. from the step pyramide site, in: ASAE 28:1928, 165. Y. Ott

Pehernefer, ägypt. Bauleiter („Vorsteher aller Arbeiten des Königs"), unter den Königen Snofru und Cheops (2639/2589–2581/2531 v. Chr.) in Saqqara/Unterägypten tätig. Bek. aus seinem Grab im N. der Stufenpyramide des Königs Djoser in Saqqara. ▭ PM III. 2, 1978, 502. – *H. Junker*, Phrnfr, in: ZÄS 75:1967, 63 ss. Y. Ott

Peikon (Πείκον), griech. Töpfer, im 1. V. des 5. Jh. v. Chr. in Athen tätig. Nur bek. durch eine Weih-Inschr. auf einer Säulenschaftbasis aus pentelischem Marmor für eine *Bronzestatue*, die P. auf der Akropolis von Athen gestiftet hat (Athen, Epigraph. Mus., Inv. Nr 12750; Hansen, CEG, I, 1983, Nr 217; IG, I^{3}, 633). Wahrsch. handelte es sich um eine kleine Sitzstatue. ▭ *Raubitschek*, Dedications, 1949, 46 s., Nr 44; *I. Scheibler*, MüJb 30:1979, 11 s., Anm. 28, Abb. 4 a-b; *K. Kissas*, Die attischen Statuen- und Stelenbasen archaischer Zeit, At. 2000, 234 s., Nr B 188; *C. Wagner*, The potters and Athena. Dedications on the Athenian Acropolis, in: *G. R. Tsetskhladze/A.J.N.W. Prag/ A. M. Snodgrass*, Periplous. Papers on Classical art and archaeology presented to Sir John Boardman, Lo. 2000, 384. R. V.

Peiraikos (Piraeicus; Pireicus), griech. Maler, wahrsch. in hellenist. Zeit tätig. Lt. Plinius (nat., 35, 112; Overbeck, SQ, 1868, Nr 1963) und Properz (3, 9, 12; Overbeck, SQ, 1868, Nr 1964) malte P. nur *Genreszenen* wie Friseur- und Schusterstuben und bescheidene Bildmotive wie Esel und Speisen und erhielt daher auch den Namen ῥυπαρογράφος („Schmutzmaler"). Seine Bilder waren dennoch sehr gefragt und erzielten hohe Preise. Die Bildthemen lassen vermuten, daß P. in hellenist. Zeit tätig war. ▭ ThB26, 1932. RE XIX. 1, 1937; EAA VI, 1965. – *Brunn*, GGK, II, 1889, 259; *Pfuhl*, MuZ, II, 1923, 808, § 884, p. 811, § 887, p. 863, § 947; *R. Bianchi Bandinelli*, Storicità dell'arte classica, Fi. 1950, 189, 197. R. V.

Peirasos (Πείρασος), Sohn des Argos und Bruder des Phorbas, griech. Bildhauer, im 7. Jh. v. Chr. tätig. Lt. mehrerer antiker Autoren (Paus., 2, 17, 5; 8, 46, 3; Overbeck, SQ, 1868, Nrn 143, 146; Plut., mor., Fragm. 157 Sandbach bei Eus., praep. ev., 3, 8; Overbeck, SQ, 1868, Nr 144; Demetrios bei Clem. Alex., protr., 4, 47; Overbeck, SQ, 1868, Nr 145; vgl. A. Kossatz-Deissmann, LIMC IV, 1988, 662, Nr 4, s.v. Hera; Muller-Dufeu, SculptureSource, 2002, 40–43, Nrn 151–154) weihte und fertigte P. ein unterlebensgroßes *Xoanon* aus Birnbaumholz der sitzenden Hera für Tiryns. Es wurde dann nach der Eroberung von Tiryns durch die Argiver (um 465 v. Chr.) nach Argos gebracht und bildete dort das älteste Kultbild für das Hera-Heiligtum. ▭ ThB26, 1932. RE XIX. 1, 1937 (s.v. P. 1); EAA VI, 1965. – *Lippold*, GrPl, 1950, 25, Anm. 4; *Floren*, GrPl, 1987, 205, Anm. 2. R. V.

Peisias (Πεισίας), griech. Bildhauer unbek. Zeit. Nur bek. aus Pausanias 1, 3, 5, der ein *Xoanon für Zeus Bulaios* und eine *Statue des Apollon* als Werke des P. bezeichnet. ▭ ThB26, 1932. RE XIX. 1, 1937 (s.v. P. 3). – *Brunn*, Gesch. der griech. Künstler, St. 1857, 558; *Overbeck*, SQ, 1868, Nr 1932. U. W. Gottschall

Peisiboulos cf. **Phaneas**

Peithandros (Πείθανδρος), Bildhauer aus Athen, M. 3. Jh. v. Chr. auf Lindos tätig. Zwei Marmorbasen, die in Lindos aufgestellt und der Athena Lindia und dem Zeus Polieus gew. sind, tragen seinen Namen. Eine rechteckige Basis aus lartischem (blauem) Marmor zeigt Einlaßspuren, die zu einer ponderierten *Statue* gehören, deren rechter Fuß nur auf der Spitze aufstand, während der Abdruck des linken Fußes komplett erh. ist. Die

Inschr. benennt die Statue als *Aglouch[...]*, Priester der Athena Lindia und des Zeus Polieus, die von seinem Sohn Hagesikrates auf der gleichen Basis mit einer and. Statue aufgestellt war. – Von der zweiten Inschr. ist nur der Name des Künstlers erh. bzw. ein Rest, der sich zu dem Namen des Künstlers ergänzen läßt: [...]θανδρος 'Αθηναῖος. Diese Inschr. wurde von F. Hiller von Gaertringen zu 'Peithandros' erg., aber in das 1. Jh. v. Chr. dat. (F. Hiller von Gaertringen, RE, Suppl. V, 1931, p. 829, 38). ▭ RE XIX. 1, 1937; EAA VI, 1965. – *Overbeck*, SQ, 1868, Nr 2023; *Loewy*, IGB, 1885, 154, Nr 199; *Brunn*, GGK, I, 1889, 466; Lindos, II, 1941, 313 s., Nr 90, p. 323, Nr 98b.

U. W. Gottschall

Peithinos (Πειθινος), griech. rotfiguriger Vasenmaler, E. 6. Jh. v. Chr. in Athen tätig. Von P. sind ledigl. *zwei rotfigurige Schalen* bek., die beide sign. sind (*Fragm.* Basel, Slg Cahn, Inv. Nr 52: ΠΕΙΘΙΝ[ΟΣ] (rückläufig) [Ε]ΓΡΑΦΕ, „Peithinos hat (es) gemalt"; *Schale* Berlin, Staatl. Mus., Antiken-Slg, Inv. Nr F 2279 [aus Vulci]: ΠΕΙΘΙΝΟΣΕΓΡΑΦΣΕΝ; die Zuschr. zweier weiterer Schalen ist unsicher). Auf dem früher entstandenen *Basler Fragm.* ist ein Satyr mit Weingefäßen erhalten. Die um 500 v. Chr. geschaffene außergewöhnl. *Berliner Schale* zählt mit ihrem sorgfältigen und eleganten Malstil zu den bedeutendsten Werken der griech. Vasenmalerei; die Gewänder mit ihren vielen Zickzackfalten wurden stilist. mit → Phintias oder dem *Sosias-Maler* verglichen. P. gestaltet auf dieser Schale als einer der ersten rotfigurigen Vasenmaler großflächige Bilder, die Innen- und Außenwandung zu mehr als der Hälfte füllen; als betonende Rahmung des Innenbildes wie als Standleiste der Außenbilder verwendet P. einen linksläufigen Mäander. Im Innenbild umfaßt Peleus in einer raffinierten Gruppen-Komp. die Meeresgöttin Thetis, Schlangen und ein Löwe verweisen auf die Verwandlungskünste der Thetis; die danebenstehende „Lieblings-Inschr." ΑΘΕΝΟΔΟΤΟΣ ΚΑΛΟΣ („Athenodotos ist schön") ist auch von and. Vasenmalern der Zeit bekannt. Auf der einen Außenseite umwerben Jünglinge Knaben – zahlr. Schwämme, Salbölgefäße und Schabeisen deuten auf die Palästra –, auf der anderen Jünglinge in zurückhaltenderer Form Frauen. Unter den Henkeln lassen an Stelle der zuvor übl. trennenden Ornamente ein Hund und ein Hocker die beiden Außenbilder ineinander übergehen. Die Liebespaare sind mit unterschiedl. Altersstufen, verschiedenartigen Gesten und Liebesgeschenken oder auch dem unterschiedl. Stand der Werbung höchst variantenreich vorgeführt. Zahlr. Lieblings-Inschr. allg. Art (Ο ΠΑΙΣ ΚΑΛΟΣ, „Der Knabe ist schön", ΝΑΙΧΙ, „fürwahr") unterstreichen die erot. Stimmung der Bilder. Zur „Liebesthematik" der *Berliner Schale* paßt in besonderer Weise der in Athen sonst nicht bezeugte Name P. („der Überreder"). ▭ ThB26, 1932. RE XIX. 1, 1937; EAA VI, 1965; LGPN II, 1994 (s.v. Πειθινος). – ARV², 1963, 115 s.; *Boardman*, ARFV, I, 1975, 132, Abb. 214; *T. Seki*, Unters. zum Verhältnis von Gefäßform und Malerei attischer Schalen, B. 1985, 65; Add², 1989, 174; *M. Robertson*, The art of vase-painting in classical Athens, C. 1992, 40 s.; *E. D. Reeder* (Ed.), Pandora, Frauen im klass. Griechenland (K Antiken-Mus. Basel und Slg Ludwig), 1996, 341–343.

M. Steinhart

Penchenemu (Penchnum), Sohn des → Nechetimen (I), ägypt. Graveur(?), 19. Dynastie (1292–1186/85 v. Chr.) in Theben/Oberägypten tätig. Bek. aus dem Grab seines Vaters in Deir el-Medineh in Theben-W (Theban Tomb 335), wo er in Raum A und B neben weiteren Söhnen des → Nechetimen (I) dargestellt und gen. ist. Des weiteren ist er bek. aus dem Grab des Nebenmaat (Theban Tomb 219) sowie durch ein Stelen-Fragm., das in der Ruine des Hauses N. E. III in der Arbeitersiedlung Deir el-Medineh gefunden wurde. P. lebte in Deir el-Medineh und arbeitete in der kgl. Nekropole, wo er vermutl. die von den Umrißzeichnern vorgezeichneten Reliefs ausführte. ▭ KRI III, 745, Z. 2 s.; *B. Bruyère*, Rapp. sur les fouilles de Deir el-Médineh, 1924–1925, Le Caire 1926, 120 s., Abb. 82, pp. 130 s., Abb. 89, p. 167; 1927, Le Caire 1928, 77 s., Abb. 52; 1934–1935, Le Caire 1939, 202 s., 245, Nr 2; *C. Maystre*, La tombe de Nebenmât (Nr 219), Le Caire 1936, 12, Scène 13e, Taf. 2; *E. Endesfelder*, Die Arbeiter der theban. Nekropole im Neuen Reich, Diss. B. 1962, 43; *B. G. Davies*, Who's who at Deir el-Medina, Leiden 1999,182 s., chart 24 (s.v. Penkhnum [I]).

T. Schrottenbaum

Pendua (I), ägypt. Bauleiter („Vorsteher der Bauarbeiter im Schatzhaus der beiden Länder [d.h. Ägyptens]"), späte 18./frühe 19. Dynastie (um 1300–1250 v. Chr.) im memphit. Raum/Unterägypten tätig. Bek. aus dem Grab des „Vorstehers des Schatzhauses" → Maia in Saqqara. P. ist dort neben anderen Angestellten des → Maia abgebildet, die ebenfalls als Künstler im Schatzhaus tätig waren, nämlich → Hi (VII), → Meriumeriu (II), → Qebeh und → Weserhat (II). P. arbeitete also in den Wkstn des kgl. Schatzhauses bzw. im Auftrag das Schatzhauses an bestimmten Bauwerken. ▭ LD III, 242 (b); Urk IV, 2166, Z.

9; *G. Roeder*, Aegypt. Inschr. aus den Staatl. Mus. zu Berlin, II, L. 1924, 186, Nr 2088; *B. W. Helck*, Urk. der 18. Dynastie, Übersetzung, B. 1961, 426, Nr 845. T. Schrottenbaum

Pendua (II), ägypt. Künstler („Großer Künstler"), unter Sethos I. und Ramses II. (1290–1213 v. Chr.) in Theben/Oberägypten tätig. Er ist bek. durch eine Stele seines Bruders Imennechet, die sich heute im Mus. Egizio von Turin befindet (Inv.-Nr 149). Auf einer stelophoren Statue (heute Paris, Louvre, Inv.-Nr A.63), knieen P. und sein Vater nebeneinander und halten eine Stele vor sich, die mit einer hieroglyph. Inschr. versehen ist. P. gehörte einer Familie an, die in der Arbeitersiedlung Deir el-Medineh lebte und aus der zahlr. Künstler der kgl. Nekropole hervorgingen. So waren sein Vater → Didi und sein Bruder → Nachi ebenfalls als Künstler in Theben-W tätig. ▭ PM I. 2, 1964, 712. – KRI III, 712–714, Nr 269; *P. Pierret*, Recueil d'inscr. inédites du Mus. Egyptien du Louvre, II, P. 1878, 32 s., Nr A. 63; *J. Vandier*, Manuel d'archéol. égyptienne, III, P. 1958, 472, Taf. 160, Nr 5; *B. G. Davies*, Who's who at Deir el-Medina, Leiden 1999, 64 s., chart 8. T. Schrottenbaum

Peniati, ägypt. Bauleiter („Vorsteher der Arbeiten in Hermonthis [=Armant bei Luxor]", „Vorsteher der Arbeiten im Haus des Amun", „Vorsteher der Arbeiten Amenophis' I./Thutmosis' I./Thutmosis' II./der Hatschepsut/Thutmosis' III."), unter Amenophis I. bis Thutmosis III. (um 1525–1425 v. Chr.) im theban. Raum/Oberägypten tätig. Er ist bek. durch eine Schreibpalette (Paris, Louvre, Inv. Nr E 3232) des → Iahmes (II), „Diener des Vorstehers der Arbeiten von Armant, (nämlich) Peniati". → Iahmes (II) war also der Stellv. des P. und führte sogar dessen Namen als Zusatz zum eigenen. In diesem Zusammenhang wird P. auch in einigen hierat. Briefen erw., die an den Schreiber → Iahmes (II) „von Peniati" adressiert sind (Papyrus BM 10102, r. Zeilen 1 s., v. Adresse unter Zeile 7; 10103 v. Adresse), bzw. von diesem selbst verfaßt wurden (Papyrus Louvre 3230, Papyrus BM 10104, r. Zeile 1). Darüber hinaus wird P. in zwei hieroglyph. Inschr. erw., die im Wadi Schatt er-Rigale (in der W-Wüste zwischen Kom Ombo und Edfu, ca. 135 km s. von Luxor) angebracht wurden. Darin werden die Könige der frühen 18. Dynastie gen., unter denen P. tätig war. P. hat also vermutl. Expeditionen in den Sandsteinbruch Schatt er-Rigale unternommen, um Mat. für bestimmte Bauunternehmen zu beschaffen. Außerdem sind von P. Widmungen auf Steinen von Bauten der Hatschepsut, sog. Namenssteine, bek. Vermutl. handelt es sich hierbei um den Taltempel der Hatschepsut in Gurna/Theben, für dessen Ausf. er verantwortl. gewesen sein dürfte. In Armant (20 km s. von Luxor), wo er entsprechend einem Titel ebenfalls tätig war, könnte er die Arbeiten am Tempel des Gottes Month-Re geleitet haben, der unter Thutmosis III. errichtet wurde. Dieser Tempel ist heute nur noch in den Fundamenten erh. ▭ PM V, 1937, 207; LÄ IV, 1982 (s.v. Namensteine); LÄ VI, 1986 (s.v. Wadi Schatt er-Rigale mit Anm. 19). – Urk. IV, 51–53, Nr 18 s.; Hieroglyphic texts from Egyptian stelae etc. (K BM), V, Lo. 1914, 9, Taf. 27; *E. Peet*, JEA 12:1926, 70–74, Taf. 17; *S. R. K. Glanville*, JEA 14:1928, 294–312, Taf. 31 s., 34 s.; *W. Helck*, Zur Verwaltung des Mittleren und Neuen Reichs, Leiden/Köln 1958, 351 s.; *W. Spiegelberg*, ZÄS 55:1967, 84–86. T. Schrottenbaum

Penpreï → **Paenparai**

Pentahutnechet, ägypt. Künstler, unter dem König Ramses III. (1183/82–1152/51 v. Chr.) in Theben/Oberägypten tätig. Bek. aus dem Papyrus Nr 10403 im BM, in dem er angeklagt wird, den tragbaren Schrein des Oberpriesters des Amun Ramsesnacht beschädigt und ausgeraubt zu haben, ebenso wie die Schreine der Könige Ramses II. und Sethos I. ▭ KRI VI, 829, 1:9–10; *T. E. Peet*, The great tomb-robberies of the twentieth Egyptian dynasty, Ox. 1930, 171, Taf. 36, 1,9. Y. Ott

Pentaweret (I), ägypt. Bildhauer, unter Ramses II. (1279–1213 v. Chr.) in Nubien (?) tätig. Bek. durch eine Stele, die im Wadi es-Sebua in Nubien zus. mit einer Reihe Stelen des Setau, des Vizekönigs von Kusch, gefunden wurde. Auf der Stele des P. ist Setau allerdings nicht erw. Ob P. nur an einer Expedition nach Nubien teilnahm und urspr. in Ägypten arbeitete, oder ob er dauerhaft in Nubien beschäftigt war, muß offen bleiben. ▭ KRI III, 96, Zeilen 6–9, 126, Zeilen 8 s.; *A. Barsanti/ H. Gauthier*, ASAE 11:1911, 85 s., Nr 11. T. Schrottenbaum

Pentaweret (II), ägypt. „Umrißzeichner der Nekropole", unter Ramses IV. bis Ramses XI. (1152/51–1070/69 v. Chr.) in Theben/Oberägypten tätig. Der Name P. ist in ramessid. Zeit sehr häufig belegt. Mit seiner Berufsbezeichnung erscheint er in einem hierat. Ostrakon (Ostrakon Kairo, Ägypt. Mus., Inv. Nr CGC 25649, und Ostrakon London, BM, Inv. Nr 5672, r. Zeile 9), auf dem von der Ausgabe der Farben an die Umrißzeichner be-

richtet wird. Neben P. ist auf dem Ostrakon der Umrißzeichner → Paur gen. Des weiteren ist er mit seinem Titel belegt im „Testament der Naunachte" (Papyrus Oxford, Ashmolean Mus., Inv. Nr 1945.95, Dokument I, r. col. 1, Zeile 13), zwei Papyri in Turin im Mus. Egizio (Nr 1930/2050, v. col. 2, Zeile 1 und Nr 1881, r. col. 8, Zeile 1) und einem hierat. Graffito in der Nekropole von Deir el-Medineh. Die Fam. des P. lebte in der Arbeitersiedlung Deir el-Medineh, und neben P. waren sein Vater → Imennechet (IV), seine Brüder → Imenhetep (XII) und → Herischeri sowie sein Sohn → Imennechet (VI) ebenfalls als Künstler in der kgl. Nekropole in Theben-W beschäftigt. ▭ KRI VI, 426, Nr 1651, 660, Zeile 11, 700, Zeilen 9 s., Nr 1944; *E. Endesfelder*, Die Arbeiter der theban. Nekropole im Neuen Reich, Diss. B. 1962, 37; *E. S. Bogoslovsky*, ZÄS 107:1980, 100 (= Pentaweret 2 und 4); *M. Gutgesell*, Die Dat. der Ostraka und Papyri aus Deir el-Medineh und ihre ökonom. Interpretation, I. 1, Hildesheim 1983, 129 s., 134, 137, 237 s.; I. 2, Hildesheim 1983, 609; *B. G. Davies*, Who's who at Deir el-Medina, Leiden 1999, 105, 109–112, 249, chart 9 (s.v. P. [IV]).
T. Schrottenbaum

Pentaweret (III), Sohn des → Heri (V), ägypt. „Umrißzeichner der Nekropole", M. der 20. Dynastie (um 1100 v. Chr.) in Theben/Oberägypten tätig. Er ist bek. durch ein hierat. Graffito, auf dem neben P. sein Bruder → Hermenu gen. ist, der ebenfalls in der Arbeitersiedlung Deir el-Medineh lebte und als Künstler in der kgl. Nekropole in Theben-W beschäftigt war, wie auch seine Brüder → Nebnefer (IV) und Imennechet (vermutl. ist hier → Imennechet [V] gemeint, der zweimal heiratete und deshalb auch als Sohn des → Hai [III] bek. ist). ▭ KRI VI, 206, Nr 19; 207, Nr 259; *E. S. Bogoslovsky*, ZÄS 107:1980, 100; *B. G. Davies*, Who's who at Deir el-Medina, Leiden 1999, 169, chart 12 (s.v. P. [VI]). T. Schrottenbaum

Pepianchheriib → **Neferka**

Pepiseneb (I) (Senebpepi), ägypt. „Umrißzeichner des Hauses der Maati", in der 6. Dynastie (2347/2297–2216/2166 v. Chr.) in Deir el-Gebrawi/Mittelägypten tätig. Er arbeitete im Tempel der Göttin Maati, die die Provinzgöttin des 12. Oberägypt. Gaues war. Bek. ist er nur aus dem Grab des Djau (Nr 12) in Deir el-Gebrawi durch eine Inschr. auf der ö. Seite der N-Wand zwischen den beiden Darst. des Grabinhabers. ▭ PM IV, 1934, 245 (8). – *N. de G. Davies*, The rock tombs of Deir el-Gebrawi, II, in: ASE 12:1902, Taf. 10; *H. Junker*, Die gesellschaftl. Stellung der ägypt. Künstler im Alten Reich, W. 1959, 48. Y. Ott

Pepiseneb (II) (Senebpepi), ägypt. Umrißzeichner, in Achmim/Mittelägypten tätig. Nur bek. aus einer Inschr. aus dem Grab eines Provinzfürsten in Achmim, in der er ausdrückl. betont, daß er das Grab selbst ausgemalt hat. ▭ Urk. I, 264, 4 ss.
Y. Ott

Perdix cf. **Daidalos (I)**

Perellos (Perellus), griech. Bildhauer (Bronzegießer), M. 5. Jh. v. Chr. tätig. Er ist nur durch die Nennung seines Namens bei Plinius (nat., 34, 49) bekannt. Dieser erw. ihn unter den Künstlern, die in die Zeit der 90. Olympiade datiert werden, in der Epoche mit → Polykleitos (I), → Pythagoras (I) und → Skopas (II). In dieser Aufzählung wird ein bek. Name erwartet. Da die Namensschreibweise des Bildhauers aber nicht ganz geklärt ist, wurden diesbezügl. versch. Vorschläge (Perillus, Perilaos, Parelius, Pyrrhus etc.) gemacht, obgleich für keinen Namen eine endgültige Entscheidung getroffen wurde. ▭ RE XIX. 1, 1937; EAA VI, 1965. – *Brunn*, GGK, I, 1868, 299, 264; *Ferri*, Plin., 1946, 72. U. W. Gottschall

Perellus cf. **Erillos**

Perg[...] → **Pergamos**

Pergamos (Πέργ[...]), ergänzter Name eines griech. Gemmenschneiders oder -besitzers klass. Zeit, der wahrsch. im heutigen südruss. Raum tätig war. Die fragm. Inschr. findet sich auf einem verbrannten *Chalcedon-Skarabäoid* (St. Petersburg, Ermitage), gefunden in einem Grab in Kertsch. Er zeigt einen Jünglingskopf mit phrygischer Mütze, auf deren Lasche die Sign. eingraviert ist. Beifunde lassen auf eine Niederlegung des Grabes gegen E. des 4. Jh. v. Chr. schließen; der Chalcedon ist aus stilist. Gründen um 400 v. Chr. anzusetzen. Eine Glaspaste in Florenz (Mus. Archeol.) und einige Steine mit Jünglingsköpfen, die die Beischrift P. tragen, sind nicht antik. ▭ RE XIX. 1, 1937 (s.v. P. 4); EAA VI, 1961; DNP IX, 2000. – *A. Furtwängler*, JdI 3:1888, 134, 198, Taf. 8, 5; *S. Reinach*, Antiquités du Bosphore Cimmérien, P. 1892, 58, Taf. 16, 4; *Furtwängler*, AG, I, 1900, Taf. 13, 2; 40, 27; II, 1900, 63, 192 s.; *Boardman*, GGFR, 1970, 201, 290, Taf. 531; *Zazoff*, AG, 1983, 131 mit Anm. 26, p. 139 mit Anm. 56, Taf. 32, 9.
B. Lang

Perigenes (I) (Περιγένης), griech. Marmorbildhauer aus Athen, E. 3. Jh. v. Chr. in Rhodos tätig. Sein Name ist von einer Inschr. auf der Vorderseite einer Marmorbasis bek. Die Weih-Inschr. an Apollon Erethimos aus dem Heiligtum in der Nähe von Ialysos enthält auch den Namen des Weihenden, doch sind weder Bildhauer noch Weihender sonst bek. ▭ RE, Suppl. VIII, 1956 (s.v. P.); EAA VI, 1965 (s.v. P.). – Lindos, II. 1, 1941, 983 s., Nr 679; *Lippold*, GrPl, 1950, 339. U. W. Gottschall

Perigenes (II), griech. Bildhauer, um 130/120 v. Chr. auf Delos nachgewiesen. Zwei Inschr. aus der 2. H. des 2. Jh. v. Chr., die auf zwei rechteckigen Basen aus weißem Marmor 1907 bei den Ausgrabungen gefunden wurden, nennen P. als Bildhauer und geben Zopyros als seinen Vater und → Ammonios (II) als seinen Bruder an. Mit diesem Bruder hat er zwei *Bronzestatuen* geschaffen, von denen ledigl. die Basen mit den Inschr. erh. sind. Beide Statuen waren Apollon geweiht und Aufträge von auf Delos lebenden Athenern. Eine Basis (Delos, Inv. Nr E 25; Schmidt, 1995, 325, Nr IV. 1. 52) benennt in der Inschr. die Ehrung des Thrasippos, Sohn des Kallias, die Inschr. auf der and. (Delos, Inv. Nr E 36; Schmidt, 1995, 325 s., Nr IV. 1. 53, Abb. 54, 256) benennt die Ehrung des Kalliphon, Sohn des Sokrates. Beide bekleideten 124/123 v. Chr. das Amt des Agoranomen. Die Basen wurden im Mauerverbund späterer Bauwerke gefunden, nö. der Agora des Theophrast bzw. in der Mauer des Hypostylensaals. Die Einlaßspuren erlauben den Rückschluß auf *zwei lebensgroße Bronzestatuen*, deren Füße mit beiden Sohlen aufstanden. In den Ephebenlisten von 101 v. Chr. erscheint ebenfalls ein Ammonios, Sohn des Zopyros aus Milet, doch handelt es sich gegen die Annahme Loewys (1885) eher um einen jüngeren Verwandten. ▭ RE XIX. 1, 1937 (s.v. P.5); EAA VI, 1965. – *Loewy*, IGB, 1885, 186, Nr 257; *L. Brizard/P. Roussel*, BCH 32:1908, 419 s., Nrn 12 s.; Lindos, II. 2, 1941, 983 s.; *Marcadé*, Signatures, II, 1957, 16 ss., Taf. 28,3–4; *Schmidt*, Statuenbasen, 1995, 325 s. U. W. Gottschall

Perikleitos → Periklytos

Perikles → Aurelius Perikles, *Marcus*

Periklymenos (Περικλύμενος; Periklymenus), griech. Künstler unbek. Zeit. Der Erzgießer ist aus zwei Quellen in Plinius' Naturkunde bekannt. – Als Mitgl. der rhod. Schule, deren Tätigkeit nach Alexander d. Gr. begann und vor dem Beginn der röm. Kaiserzeit endete, wobei die größte Tätigkeit in den A. fällt, kann er in dieser Epoche tätig gewesen sein. Plinius (nat., 34, 91) beschreibt ihn als einen Künstler, der *Athleten, Bewaffnete, Jäger und Opfernde* darstellte (Overbeck, SQ, 1868, Nr 2040). – An einer and. Stelle berichtet Plinius (nat., 7, 34) vom Theater des Pompeius. Dieser hatte eine *weibliche Statue* aufgestellt. Diese Frau, Eutychis aus Tralles, war Mutter von 30 Kindern und wurde nach ihrem Tod von 20 noch lebenden bestattet. Ihre Statue ist als Werk des P. benannt (Overbeck, SQ, 1868, Nr 2042). – Als *terminus post quem non* gilt die Aufstellung im Theater durch Pompeius. ▭ ThB26, 1932. RE XIX. 1, 1937, 794 (s.v. P. 5). – *Brunn*, Gesch. der griech. Künstler, I, St. 1857, 473; *Overbeck*, SQ, 1868, Nrn 2040–2042; *M. Whittaker*, Tatian. Oratio ad Graecos and fragments, Ox. 1982, 35, Zeile 28.

U. W. Gottschall

Periklytos (Περίκλυτος; Perikleitos; Περίκλειτος), griech. Bildhauer der Polyklet-Nachf. (→ Polykleitos [I]), wohl vor 400 v. Chr. tätig. Innerhalb der erh. antiken Lit. wird P. ausschl. von Pausanias und auch von diesem nicht mehr als zweimal gen., wobei die eine Erw. (2, 22, 7) unsicher ist. Träfe sie zu, wäre P. der Bruder des → Naukydes (II), des Sohnes des Mothon. Seinen Namen geben an dieser Stelle allerdings nur wenige Hss., während bei den meisten der des Polyklet (→ Polykleitos [I]) erscheint. Zuverlässig ist dagegen wohl die Angabe (Paus., 5, 17, 4), daß P. der Lehrer des → Antiphanes (II) und ein Schüler von → Polykleitos (I) war. Da die Schaffenszeit seines Schülers sich über das 1. Drittel des 4. Jh. v. Chr. erstreckt, wird man P. selbst etwas früher ansetzen. Sein Lehrer wird somit am ehesten → Polykleitos (I) gewesen sein. ▭ ThB26, 1932. RE XIX. 1, 1937; EAA VI, 1965. – *Overbeck*, SQ, 1868, Nrn 985, 995; *Brunn*, GGK, I, 1889, 282; *Klein*, GGK, II, 1905, 331; *E. Bourguet*, BCH 26:1910, 414; *Picard*, Manuel, II, 1939, 645 s., 651; *A. Linfert*, Von Polyklet zu Lysipp, Diss. FiB. 1965, Gießen 1966, 3; *Arnold*, Polykletnachfolge, 1969, 6 s., 12 ss., 203.

P. C. Bol

Perilaos → Perellos

Perilaos (Περίλαος) oder **Perillos** (Πέριλλος), griech. Erzbildner, in der 1. H. des 6. Jh. v. Chr. in Akragas tätig. P. fertigte für den Tyrannen Phalaris von Akragas (570–554 v. Chr.) einen *ehernen Stier*, der im Rücken eine Öffnung hatte, durch die der Tyrann ungeliebte Personen hineinwerfen und dann durch ein unter dem Stierleib entzündetes Feuer zu Tode schmoren ließ. Das Todesgeschrei der Opfer soll angebl. durch einen installierten Mechanismus aus den Nüstern des Stieres als Gebrüll entwichen sein. P. wurde selbst zur Erprobung das erste Opfer (Diod., 32, 25). Lt. Diodor (13, 90; Overbeck, SQ, 1868, Nr 368; Muller-Dufeu, SculptureSource, 2002, 164 s., Nr 457) brachte Hamilkar die berühmtberüchtigte Skulptur nach der Eroberung Akragas' durch die Punier nach Karthago, die dann lt. Diodor (13, 90 und 32, 25) und Cic. (Verr., 4, 73; Muller-Dufeu, SculptureSource, 2002, 164 s., Nr 459) Cornelius Scipio nach der Einnahme von Karthago durch die Römer im Jahre 146 v. Chr. wieder nach Akragas zurückgab. Nach Timaios (FGrH, 566, F 28c, Schol. Pind., Pyth., 1, 185; Overbeck, SQ, 1868, Nr 367; Muller-Dufeu, SculptureSource, 2002, 162 s., Nr 456) hatte man den Stier des P. jedoch ins Wasser geworfen und an seiner Stelle in Akragas einen Bronzestier aufgestellt, der den Flußgott Gelas darstellen sollte (H. A. Cahn, LIMC IV, 1988, 178, Nr 17, s.v. Gelas). Gegen diese Behauptung des Timaios spricht sich Diodor (13, 90) aufs heftigste aus. ▭ ThB26, 1932. RE XIX. 1, 1937 (s.v. P. 9); EAA VI, 1965 (s.v. Perillos); DNP IX, 2000 (s.v. P. 3). – *Overbeck*, SQ, 1868, Nrn 364–369; *Brunn*, GGK, I, 1889, 54; *Lippold*, GrPl, 1950, 49, Anm. 11; *Floren*, GrPl, 1987, 426, Anm. 98.

R. V.

Perillos → Perilaos

Perillus → Perellos

Perissoteros, vermeintlicher Mosaizist in Itálica in der 2. H. des 2. Jh. oder 1. H. des 3. Jh. n. Chr. Nur bek. durch eine Inschr. auf einem 1896 in Itálica entdeckten fragm. Mosaik, das einen (geflügelten?) Mann in kurzem Mantel in Dreiviertelansicht nach links zeigt, der Zügel in seinen Händen hält. Dieses einzig erh. Fragm. (heute Sevilla, Mus. Arqueol.) mißt 64 x 54 cm und gehörte urspr. zu 51 an dieser Stelle gefundenen Fragm. Lt. Blanco (1978) dat. das Mosaik in das E. des 2. oder den A. des 3. Jh. n. Chr. Heute besteht die Inschr. nur noch aus zwei unvollst. Linien, von denen ein Buchstabe (s für c in DICIT) bei der Rest. verändert worden ist. Die Inschr. wurde von G. Vernet, dem O. Hirschfeld in den Ephem. Epig. folgt, mit Ergänzungen gelesen: PERISSOTERVS DICIT / QV[...]AL / EXS / AN / DER (Ergänzung: PERISSOTERVS QV[I]) DICIT[VR] ALEXANDER). A. Blanco (1978) sieht in PERISSOTERVS den Namen eines Mosaizisten, der viell. vom griech. Adjektiv περισσός (außergewöhnlich) kommt. Diese Lesung übernimmt auch M. Donderer (1989), der neben seinem Namen P. auch noch sein *agnomen* rekonstruiert und wie folgt ergänzt: QV(I) (ET) DICIT(VR) ALEXANDER (der auch Alexander genannt wird). Gegen die Lesung von Blanco habe ich mich bereits wie folgt ausgesprochen (Lancha, 1984, 46 s., Anm. 8): da *perissoterus* der Komparativ eines griech. Adjektivs *perissos* in der latinisierten Form ist, kann es sich hier nur um die Charakterisierung der im Bild dargestellten Person handeln. Nach dem Komparativ erwartet man natürlich einen Zusatz, der zu meiner folgenden Ergänzung führte: QV(AM) DICIT(VR) ALEXANDER (derjenige ist noch außergewöhnlicher als Alexander). Schließl. sieht J. Gomez Pallarès (1997) in *perissoterus* auch ein Adjektiv und erwägt zwei mögliche Übersetzungen: – 1.) derjenige ist noch außergewöhnlicher als Alexander; – 2.) Man fragt sich, wer noch außergewöhnlicher als Alexander ist? J. Gomez Pallarès stellt darauf die These auf, daß es sich bei diesem Alexander um Paris Alexander handelt und die Szene hier eine berühmte Episode aus seinem Leben illustriert: seine Begegnung mit Helene und daher wäre auch Eros in dieser Darst. zugegen. Dieses Mosaik würde sich dann in die hispanische Serie an Bildern der Ilias einreihen (cf. J. Lancha, Mosaïque et Culture dans l'Occident romain, Ier-IVe s., R. 1997, Nrn 73, 75, 83, 85, 89, 101). Diese Interpretation ist verführerisch, kann aber nur bestehen, wenn man wie folgt übersetzt: „Derjenige, den man Alexander nennt, ist außergewöhnlich". Wenn man aber dem Komparativ gerechter werden will, scheint es mir sinnvoller, eine and. Verbindung zw. Text und Bild zu sehen. Die dargestellte Person sieht auf den Grabungsphotos nicht wie ein Eros aus. Man möchte sogar bezweifeln, ob die Figur jemals Flügel besaß, weil an dieser Stelle zw. Flügeln und Figur eine Lücke vorhanden ist. Weiterhin trägt die Person Zügel. Man könnte somit auch an Hades denken, der Persephone entführt, und diese Entführung mit einer and. berühmten Entführung vergleichen, die von Paris Alexander und Helene. In beiden Interpretationen handelt es sich aber sicher nicht um einen Mosaizisten. Man sollte daher P. aus der Liste der Mosaizisten streichen. Die Inschr. des Mosaiks aus Itálica sollte man viel eher mit den inschr. verf. Bilderrätseln auf den Mosaikenfeldern des Hauses der Pferde von Karthago vergleichen. Es handelt sich bei unserer Inschr. also um einen Kommentar zur Darst. und nicht um die Sign. eines Künstlers. ▭ EAA VI, 1963. – *A. García y Bellido*, ArchEspA 28:1955, 10 s., Nr 12, Abb. 6; *A. Blanco Freijeiro*, Mosaicos romanos de Itálica, I, Ma. 1978, 31 s., Nr 7, Taf. 19; *J. Lancha*, MelCasaVelázquez 20:1984, 46 s., Abb. 1; *Donderer*, Mosaizisten, 1989, 101 s., Nr A 78, Taf. 45, 2; *J. Gomez Pallarès*, Edición y Comentario de las inscr. sobre mosaico de Hispania. Inscripciones no cristianas, R. 1997, 129 s.

J. Lancha

Perittas cf. **Xenaios (II)**

Perperna Phila[...], *Marcus*, Freigelassener eines Marcus Perperna, aus Rom, Elfenbeinpolierer (*politor eborarius*), im 1. Jh. n. Chr. tätig. Marcus Perperna Phila[...] ist aus seiner fragm. Grab-Inschr. bek., die ihm zus. mit einem weiteren Freigelassenen im Bereich der Porta Salaria in Rom gesetzt wurde. In dieser Inschr. wird er als *politor eborarius* bezeichnet. Als solcher war er wohl nicht mit der künstler. Verarbeitung des Elfenbeins befaßt, sondern eher mit dessen Glättung und Reinigung (vgl. Plin., nat., 9, 40). ▭ *Ruggiero*, Diz. epigr., II. 3, 1922 (s.v. Eborarii). – CIL, VI, 37374 a (AE 1905, Nr 207); *Calabi Limentani*, Studi, 1958, 187 (falsch als „M. Perpenna Pila..."); *Solin*, GPR, III, 1982, 1333. U. Huttner

Perrus, röm. Toreut, in der 2. H. des 1. Jh. n. Chr./ am A. des 2. Jh. n. Chr. in Gallien (?) tätig. Nur bek. durch seine Sign. auf einer *Bronzekasserolle* aus Saarburg/Deutschland (heute Trier, Prov. Mus., Inv. Nr 77 [?]; CIL, XIII. 3/2, 10027, 34). ▭ *R. Petrovszky*, Stud. zu röm. Bronzegefäßen mit Meisterstempeln, Buch am Erlbach 1993, 162, Nr P.04, p. 286, Nr P.04.01. R. V.

Persaios (Περσαῖος), griech. Bildhauer aus Athen, in der 1. H. des 3. Jh. v. Chr. tätig. Der Bildhauer ist aus einer Weih-Inschr. (IG, II, Add., 1402b.) auf einem Quader bek., der in der röm. Fundamentmauer des ö. Paraskenions des Dionysostheaters in Athen gefunden wurde. Die Inschr., die zuvor durch den Mauerverbund nicht sichtbar war, weist den Quader aus bläul. Marmor als Basis einer *Statue des Agonotheten Theophanes* aus. Dioskurides, der Sohn des Theophanes, hatte die Weihung der Statue an Dionysos Eleutheros vorgenommen. Als Künstler des Werkes gibt die Inschr. die Bildhauer P. und → Heortios an. Beide Namen sind sehr selten und nur in den 80er Jahren des 3. Jh. v. Chr. zu finden, in die auch die Schriftform dat. werden kann. Der Name des Agonotheten hat sich in zwei weiteren Weih-Inschr., einer vollständigen (IG, II, 1295) und einer fragm. Inschr. (IG, II, 1296), erhalten. Diese können über den Namen des Archon „Sosistratos", dessen Amtszeit zwar nicht genau festgelegt werden kann, aber wahrsch. für das Jahr 289/288 v. Chr. anzunehmen ist, dat. werden. ▭ ThB26, 1932. RE XIX. 1, 1937 (s.v. P. 2); EAA VI, 1965. – *F. Münzner*, AM 20:1895, 220 s.; *Lippold*, GrPl, 1950, 304. U. W. Gottschall

Persen, ägypt. Architekt, Bauleiter („Vorsteher aller Arbeiten des Königs"), 5. Dynastie (2504/ 2454–2347/2297 v. Chr.), in Ägypten tätig. P., der vermutl. in die frühe 5. Dynastie zu dat. ist, ist durch sein Mastabagrab bek. (Giza, West Field LG 20–21), das seine Titel überliefert: Neben dem Amt des Vorstehers aller Arbeiten des Königs führte er auch die Bezeichnungen Königsbekannter, Großer von Oberägypten, Verwalter der Priester und Schreiber der kgl. Dok. ▭ PM III. 1, 1974, 48. – LD II, 82. M. A. Stadler

Perseus (Περσεύς), griech. Maler, im 4. Jh. v. Chr. tätig. P. ist uns ledigl. als Schüler des → Apelles (I) überliefert, dem der berühmte Maler sein Buch über die Malerei gewidmet hat (Plin., nat., 35, 111; Overbeck, SQ, 1868, Nr 1901; Ferri, Plin., 1946, 183). ▭ ThB26, 1932. RE XIX. 1, 1937 (s.v. P. 8); EAA VI, 1965. – *Brunn*, GGK, II, 1889, 257; *Pfuhl*, MuZ, 1923, 736, § 803. R. V.

Pervincus, röm. Mosaizist, tätig E. 2. Jh. n. Chr. im heutigen Bad Vilbel/Deutschland. P. signierte ein polychromes *Mosaik* (7,06 x 4,78 m) in einer Thermenanlage in Bad Vilbel/Hessen (CIL, XIII, 7392; heute Darmstadt, Hess. LM) mit der Darst. eines figurenreichen Meeresthiasos um eine (weitgehend zerst.) Oceanus-Maske in der Bildmitte. Es gehört zu den bedeutendsten röm. Mosaiken in Deutschland und dat. stilist. wohl in das E. des 2. Jh. n. Chr. ▭ ThB26, 1932. EAA V, 1963 (s.v. musivarius). – *F. Behn*, Saalburg-Jb 9:1939, 1–3, Taf. 1–4; *K. Parlasca*, Die röm. Mosaiken in Deutschland, B. 1959 (Röm.-german. Forsch., 23), 93 s., Taf. 92, 6 und 93; *W. Belz*, Das Mosaik von Bad Vilbel, Bad Vilbel o. J. (um 1965); *D. Baatz/F.-R. Herrmann* (Ed.), Die Römer in Hessen, St. 1982, 175, 204 s., 241, 249, Abb. 140; *Donderer*, Mosaizisten, 1989, 102 s., Nr. A 79, Taf. 46; *H. Manderscheid*, in: *J.-P. Darmon/A. Rebourg* (Ed.), La mosaïque gréco-romaine, IVe Colloque internat. pour l'étude de la mosaïque antique, Trèves, 8–14 août 1984, P. 1994, 63, Taf. 26, 2; *N. Icard-Gianolio*, LIMC VIII. 1, 1997, 79, Nr 77a mit Abb. (s.v. Tritones); *H. A. Cahn*, ibid., 909 s., Nr 30 (s.v. Oceanus). C. Leschke

Pesesch, Sohn des → Sebekhetep (III), ägypt. Goldschmied, Edelsteinarbeiter, im Mittleren Reich (2119–1794/93 v. Chr.) in Abydos/Oberägypten tätig. Bek. aus seiner eigenen Stele aus Kalkstein (Kairo, Ägypt. Mus., Inv. Nr CG 20630), die in der n. Nekropole von Abydos aufgestellt war. ▭ *H. O. Lange/H. Schäfer*, Grab- und Denksteine des Mittleren Reiches (CG), II, B.

1908, 268, Nr 20630; *F. Steinmann*, Berufsgruppen des Neuen Reiches, in: ZÄS 107:1980, 149 s.; *W. A. Ward*, Index of Egyptian administrative and relig. titles of the Middle Kingdom, Beirut 1982, 96, Nr 801. Y. Ott

Pete... v.e. **Padi...**

Peteese → **Padiaset**

Peteh... v.e. **Pteh...**

Petephowt v.e. **Padipahut**

Peter (Patura), ägypt. Juwelier, in der 19. Dynastie (1292–1186/85 v. Chr.) in Ägypten tätig. Nur bek. durch ein Leder-Fragm., das sich heute im Louvre in Paris befindet (Fragm. C). Auf dem Fragm. sind einige Juweliere aufgeführt, neben P. → Bakenurner (II), → Chaiemipat (I) und → Menumes (II). Wo genau P. tätig war, läßt sich aus dem erh. Text nicht erschließen. ▭ *A. Gardiner*, Ramesside administrative doc., Lo. 1948, 62, C Zeile 3.
T. Schrottenbaum

Petese → **Padiaset**

Petesis (Πετῆσις), Sohn des Papos, griech. Bildhauer, in spätptolemäischer oder frühröm. Zeit in Ägypten tätig. Nur bek. durch seine Sign. auf einer kleinen *Statuette eines Ergeos*, die aus Dimeh im Fayum stammt und wohl überarbeitet worden ist (heute in Alexandria, Mus. Gréco-Romain; E. Breccia, Cat. général des antiquités égyptiennes du Mus. d'Alexandrie, I, 76, Nr 124). ▭ RE XIX. 1, 1937; EAA VI, 1965. – *P. Graindor*, Bustes et statues-portr. d'Egypte romaine, Le Caire o. J., 130 ss., Nr 67, Taf. 60. R. V.

Petonuris → **Padiinheret**

Petron[...], röm. Toreut, in der 2. H. des 1. Jh. n. Chr. in Italien oder Gallien tätig. Nur bek. durch seine Sign. auf einer *Bronzekasserolle* aus der Umgebung von Besançon (heute Besançon, Mus. mun.; CIL, XIII. 3/2, 10027, 52). ▭ *A. Vaissier*, Mém. de la Soc. d'Emulation du Doubs, Besançon 1882, 41, Taf. 14, a; *R. Petrovszky*, Stud. zu röm. Bronzegefäßen mit Meisterstempeln, Buch am Erlbach 1993, 162, Nr P.05, pp. 286 s., Nr P.05.01, Taf. 23. R. V.

Petros (Πέτρος), aus Naxos, griech. Bildhauer, in der Spätantike tätig. Nur bek. durch seine Sign. auf einer Marmortischplatte aus dem Gedenkbau für Moses auf dem Berg Nebo/Jordanien. ▭ *S. J. Saller*, The memorial of Moses on Mount Nebo, I, Jerusalem 1941, 269, Nr 18; II, Taf. 121 3 s.; *A. Acconici*, in: *M. Piccirillo/E. Alliata*, Mount Nebo. New archaeological excavations 1967–1997, Jerusalem 1998, 489 s.; *M. Donderer*, Boreas 23/24:2000/2001, 91, Anm. 192. R. V.

Ph... cf. **Philistion**

Ph[...]ni[...] cf. **Letodoros**

Phaiax (Φαίαξ), *Epistates* in Akragas. Leitete dort bald nach der Schlacht von Himera (480 v. Chr.) unter dem Tyrannen Theron (540/530–472 v. Chr.) und mit dem Einsatz karthag. Kriegsgefangener die Anlage eines ausgedehnten Kanalsystems (Diod., 11, 25, 3–4). Die von Diodor erwähnten ὑπόνομοι (Abzugskanäle), die man nach ihrem Urheber φαίακες bzw. φαιακοί nannte, waren nicht, wie zunächst angenommen wurde, Kloaken. Die meisten dieser Kanäle mündeten in ein an der tiefsten Stelle des Stadtgebietes angelegtes Staubecken (λίμνη). ▭ ThB26, 1932. RE XIX. 2, 1938 (s.v. P. 5); EAA VI, 1965; KlP IV, 1972 (s.v. P. 4). – *Brunn*, GGK, II, 1889, 251 s.; *Müller*, Architekten, 1989, 183, 195; *Svenson-Evers*, Architekten, 1996, 466. – *Zu den erh. Resten*: *J. Schubring*, Hist. Topographie von Akragas, L. 1870 (grundlegende Gesamtaufnahme); *W. Deecke*, Zs. der Dt. Geolog. Ges. 85:1933, 83 ss.; *J. de Waele*, Acragas Graeca, 1971, 52, 113. W. Müller

Phaidimos (Φαίδιμος), griech. Bildhauer, zw. 560 und 540 v. Chr. in Athen tätig. Nur bek. durch seine Sign. auf den folgenden drei Marmorbasen für Grabdenkmälern: – 1.) *Basisblock für Chairedemos* von 560/550 v. Chr. aus Attika (New York, Metrop. Mus., Inv. Nr 16.174.6; Jeffery, 1962, 118, Nr 2, Taf. 32 c; Richter, 1961, 24 s., Nr 34, Abb. 201, p. 156; Hansen, CEG, Nr 14; IG, I^3, 1196; Floren, 1987, 266, Anm. 15, p. 299, Anm. 2; Kissas, 2000, 43, Nr A 9; Muller-Dufeu, SculptureSource, 2002, 150 s., Nr 429); – 2.) *Vierstufenbasis für eine Kore* von um 550/540 v. Chr. aus Vurva/Attika (Athen, NM, Inv. Nr 81; Jeffery, 1962, 137, Nr 44; Hansen, CEG, Nr 18; IG, I^3, 1251; Kissas, 2000, 46 s., Nr A 13, Abb. 16 s.; Muller-Dufeu, SculptureSource, 2002, 150 s., Nr 430); – 3.) *Basis für Archias und seine Schwester Phile* von um 550 v. Chr. (IG, I^3, 1265; Muller-Dufeu, SculptureSource, 2002, 150 s., Nr 431). ▭ ThB26, 1932. RE XIX. 1, 1937 (Ph. 10); EAA VI, 1965; DNP

IX, 2000 (s.v. P. 6). – *Lippold*, GrPl, 1950, 38, Anm. 2; *G. M. A. Richter*, The archaic gravestones of Attica, Lo. 1961, 24 s., Nr 34, Abb. 201; *L. H. Jeffery*, BSA 57:1962, 118, Nr 2, Taf. 32 c, p. 137, Nr 44; *Floren*, GrPl, 1987, 266, 299; *K. Kissas*, Die att. Statuen- und Stelenbasen archaischer Zeit, Bonn 2000, 43, Nr A 9; pp. 46 s., Nr A 13, Abb. 16 s. R. V.

Phaidrias, griech. Töpfer, am A. des 5. Jh. v. Chr. in Athen tätig. Nur bek. durch seine Sign. auf einer *Schale*, die von → Duris bemalt worden ist (heute Malibu, J. Paul Getty Mus., Inv. Nr 87.AE.46; D. Williams, CVA, London, BM, 9, 1993, p. 32; Lesung durch Robert Guy). R. V.

Phalerion (Φαλήριον), griech. Maler unbek. Zeit. Nur bek. durch eine Auflistung bei Plinius (nat., 35, 143; Overbeck, SQ, 1868, Nr 2154), nach der er eine *Skylla* malte. ▭ ThB26, 1932. RE XIX. 2, 1938; EAA VI, 1965. – *Brunn*, GGK, II, 1889, 300. R. V.

Phaneas (Φανέας), Sohn des Kaikos, griech. Baumeister, in der 1. H. des 3. Jh. v. Chr. in Delos tätig. Ph. wird in den von den Verwaltern des Apollonheiligtums in Delos geführten Bauabrechnungen gen., deren Chronologie gesichert ist. Als Sohn eines Schreinereiunternehmers übt Ph. selbstverständl. den gleichen Beruf wie seine beiden Brüder, Antigonos und → Antikos, aus. Im Jahre 279 v. Chr. fertigt er zus. mit *Peisiboulos* von Paros einen Teil der hölzernen Kassettendecke des großen Apollontempels (IG, XI. 2, 161 A, 45; ID, 504 B, 6), an dem er zus. mit Antigonos auch die äußeren Türen herstellt und sich gleichzeitig mit der Decke des Eingangs des Porostempels beschäftigt (IG, XI. 2, 165, 13, 20, 24 s.). Er hat noch eine Ziegelmauer errichtet und eine Pechschicht auf den alten Hörneraltar gesetzt (IG, XI. 2, 162 A, 48). Aber in den Jahren 274 und 269 v. Chr. erscheint er als bezahlter Architekt des Heiligtums (IG, XI. 2, 199 C, 41; 203 A, 60). Dann im Jahre 250 v. Chr. wird er wieder für eine kleine Schreinereiarbeit bezahlt (IG, XI. 2, 287 A, 53). Während unsere Dok. über die Ausb. der griech. Architekten sehr lückenhaft ist, legt uns der Fall des Ph. nahe, daß diese oft ehemalige Unternehmer gewesen sein müssen, die geeignet waren, in jedem Moment den in der Fam. erlernten Beruf auf der Baustelle auszuüben. Aber man könnte versucht sein, Zweifel anzumelden, ob es sich wirkl. um die gleiche Person handelt, die mehrmals in den Abrechnungen von Delos erscheint. Wenn diese Zweifel für seinen Bruder Antigonos richtig sind, der wegen des verbreiteten Namens nicht mit Sicherheit mit dem Architekten Antigonos des Jahres 250 v. Chr. identifiziert werden kann, so trägt Ph. hingegen keinen verbreiteten Namen, und auf alle Fälle bleibt der Wunsch nach einer Unterscheidung zw. einem Architekten und einem Unternehmer eine relativ mod. Idee. Die Inschriften von Delos und Epidauros zeigen auch, daß man gern als Fam. in den Bauberufen tätig war. V.a. wenn es sich um einen bescheidenen öff. Architekten handelte, der einfach nur beauftragt war, Stelen aufzustellen oder Ausbesserungen oder die Abwicklung eines Baus zu überwachen, die von einem berühmteren Kollegen geplant war, benötigte der griech. Architekt weder eine große Allgemeinbildung noch eine tiefe intellektuelle Ausb., wie sie später → Vitruvius propagierte. ▭ ThB26, 1932. RE XIX. 2, 1938; EAA VI, 1965. – *M. Lacroix*, Revue de Philologie 38:1914, 306 ss.; *Svenson-Evers*, Architekten, 1996, 509 ss. M.-C. Hellmann

Phanias (Φανίας), Sohn des Phanias, griech. Bildhauer, im 3. V. des 2. Jh. v. Chr. in Rhodos und Lindos tätig. Nur bek. durch seine Sign. auf den folgenden zwei Marmorbasen: – 1.) Basis einer *Statue des Antipatros*, Sohn des Dionysios, die von Lysanias, Sohn des Parmeniskos, gestiftet und in Rhodos aufgestellt worden ist (Lindos, II. 1, 1941, 54, Nr 75; Muller-Dufeu, SculptureSource, 2002, 890 s., Nr 2658); – 2.) Basis von der Akropolis von Lindos (Lindos, ibid., 54, Nr 75, p. 522, Nr 237; Muller-Dufeu, SculptureSource, 2002, 890 s., Nr 2657). Bisweilen wurden die zwei Basen zwei versch. Bildhauern gleichen Namens zugeordnet. Die Basen scheinen jedoch gleichzeitig zu sein, und es gibt daher keinen Grund, zwei Bildhauer zu formulieren. ▭ RE XIX. 2, 1938 (s.v. P. 7 und P. 8); EAA VI, 1965. – *Lippold*, GrPl, 1950, 374, Anm. 14. R. V.

Phanis (Φᾶνις), Schüler des → Lysippos (I) (Plin., nat., 34, 80 s.; Overbeck, SQ, 1868, Nrn 1516, 1529), griech. Erzgießer, in der 2. H. des 3./1. H. des 2. Jh. v. Chr. tätig. Lt. Plinius (nat., 34, 81; Overbeck, SQ, 1868, Nr 1529) fertigte er eine *Bronzestatue einer Frau beim Opfer*. Diese Überlieferung führte früher bisweilen dazu, in dem genannten Werk das *Mädchen von Antium* (Rom, MN Romano, Inv. Nr 50170; BrBr 583 s.; H. von Steuben, in Helbig[4], III, 1969, 180–183, Nr 2270; L. de Lachenal, in: Giuliano, MusNazRom, I. 1, 1979, 186–192, Nr 121; Kunze, 1999, 47–53, Abb. 1) zu erkennen. Bei dieser Figur handelt es sich jedoch eindeutig um ein griech. Originalwerk und nicht um eine röm. Kopie aus Marmor, die mit einem griech. Bronzewerk verbunden werden könnte. ▭ ThB26, 1932. RE XIX. 2, 1938; EAA VI, 1965. – *Brunn*, GGK, I, 1889, 411; *C. Kunze*, RM 106:1999, 51, Anm. 34. R. V.

Pharax, aus Ephesos, griech. Bildhauer unbek. Zeit. → Vitruvius (3, praef. 2) nennt P. ohne Zeitangabe unter jenen Künstlern, denen es nicht an Eifer, Begabung oder Kunstfertigkeit, wohl aber – im Gegensatz zu den berühmten Künstlern – an hochrangigen, finanzkräftigen Auftraggebern mangelte und die deswegen in Vergessenheit gerieten. ▭ ThB26, 1932. – *H. Brunn*, Gesch. der griech. Künstler, I, Braunschweig 1853, 524; *Overbeck*, SQ, 1868, Nr 2053; *Muller-Dufeu*, SculptureSource, 2002, 630 s., Nr 1865.
M. Aurenhammer

Pharnakes (Φαρνάκης), griech. Gemmenschneider, in der frühen Kaiserzeit tätig. Auf mehreren Gemmen steht sein Name. Jedoch nur der *Karneol mit der Darst. eines Seepferdes* in Neapel (Mus. Archeol. Naz.) ist antik und der beigefügte Name kann als Sign. gelesen werden. Die übrigen Gemmen sind neuzeitlich, oder der Name auf den antiken Gemmen ist nicht als Sign., sondern als Besitzer-Inschr. aufzufassen. ▭ ThB26, 1932. RE XIX. 2, 1938 (s.v. Ph. 5); EAA VI, 1965. – *Brunn*, GGK, II, 1889, 390 s.; *A. Furtwängler*, JdI 4:1889, 65. R. V.

Phasis (Φᾶσις), griech. Maler unbek. Zeit. Lt. einem Epigramm des Cornelius Longinus (Anth. Gr., 2, 184; Anth. Pal., 16, 117; Anth. Plan., 4, 117; Overbeck, SQ, 1868, Nr 2157) malte er den Griechen *Kynegeiros* nach der Schlacht von Marathon. Auf seinem Gem. besaß dieser noch beide Hände, die er anschließend bei der Verfolgung der besiegten Perser verlor (Hdt., 6, 114). ▭ ThB26, 1932. RE XIX. 2, 1938 (s.v. Ph. 4); EAA VI, 1965. – *Brunn*, GGK, II, 1889, 202; *Pfuhl*, MuZ, II, 1923, 673, § 732. R. V.

Pheidias (I) (Φειδίας; Phidias), Sohn des Charmides, aus Athen. V.a. wegen seiner kolossalen Götterbilder aus Gold und Elfenbein berühmter Marmorbildhauer, Erzgießer, Toreut und Maler, * um 500 v. Chr., † um 432 v. Chr., für Athen, Delphi, Ephesos, Olympia, Pellene, Plataiai und Theben tätig. Von keinem antiken Künstler gibt es mehr lit. Zeugnisse (Overbeck, SQ, 1868, Nrn 618–807). Freilich sind die meisten recht allg. Art und rühmen seine Fähigkeit, Götterbilder glaubwürdig darzustellen (Diod., 12, 1; Overbeck, SQ, 1868, Nr 621; Strab., 8, p. 353; Overbeck, SQ, 1868, Nr 698; → Lukianos, somn., 8; Overbeck, SQ, 1868, Nr 699; → Lukianos, sacr., 11; Overbeck, SQ, 1868, Nr 701; → Lukianos, par., 2; Overbeck, SQ, 1868, Nr 703; Dion Chr., 74, p. 412; Overbeck, SQ, 1868, Nr 712; Him., ecl., 32, 10; Overbeck, SQ, 1868, Nr 714; Anth. Gr., 2, 208, 48; Overbeck, SQ, 1868, Nr 715; Plot., enn., 5, 8, p. 1002; Overbeck, SQ, 1868, Nr 716; Sen., contr., 10, 34; Overbeck, SQ, 1868, Nr 718; Quint., inst., 12, 10, 9; Overbeck, SQ, 1868, Nr 721; Polyb., 30, 15, 3; Overbeck, SQ, 1868, Nr 725; Plut., Aem., 28; Overbeck, SQ, 1868, Nr 726; Eust., Il., p. 145, 1, 13; Overbeck, SQ, 1868, Nr 728; Dion. Hal., Isokr., 3, p. 541 s.; Overbeck, SQ, 1868, Nr 795; Fronto, ad Verum, 1, p. 123; Overbeck, SQ, 1868, Nr 796), so die stehende *Athena Parthenos* (*Nr 9*) im Parthenon auf der Athener Akropolis (Overbeck, SQ, 1868, Nrn 645–691) und ganz bes. den sitzenden *Zeus* (*Nr 13*) in seinem Tempel zu Olympia (Overbeck, SQ, 1868, Nrn 692–754). Hervorgehoben werden einerseits des Ph. Meisterschaft in versch. Techniken und die überlegte Anwendung unterschiedl. Mat. (→ Platon [I], Hipp. mai., p. 290 B; Overbeck, SQ, 1868, Nr 653; Tzetz., hist. var., 8, 327; Overbeck, SQ, 1868, Nr 783; Sen., epist., 85; Overbeck, SQ, 1868, Nr 784; Philon von Alexandria, Π. μέθης, p. 370; Overbeck, SQ, 1868, Nr 785), andererseits die zeitaufwendige Sorgfalt und Voll. der Formen im einzelnen (Aristeid., or., 50, T. 3, p. 701; Overbeck, SQ, 1868, Nr 639; Them., or., 25, p. 374; Overbeck, SQ, 1868, Nr 676; Aristot., NE, 6, 7; Overbeck, SQ, 1868, Nr 786; Nikephoros Gregoras, Ἱστορία, 15, 2; Overbeck, SQ, 1868, Nr 790; → Platon (I), Hipp. mai., p. 290 A; Overbeck, SQ, 1868, Nr 791; Demetr., eloc., 14; Overbeck, SQ, 1868, Nr 794; Cic., ac2, 2, 47 und 146; Overbeck, SQ, 1868, Nr 797; Tzetz., hist. var., 8, 347; Overbeck, SQ, 1868, Nr 798; Orig., c. Cels., 8, 17; Overbeck, SQ, 1868, Nr 802; Suid., s.v. Ἀγαλματοποιοί; Overbeck, SQ, 1868, Nr 804; Greg. Naz., or., 34, p. 555 A; Overbeck, SQ, 1868, Nr 805; Cic., orat., 2, 5; Overbeck, SQ, 1868, Nr 806). Bei den Götterbildern, v.a. dem *Olympischen Zeus* (*Nr 13*), werden Würde und Erhabenheit, aber auch Anmut und Glanz gepriesen (Dion Chr., 49, p. 398; Overbeck, SQ, 1868, Nr 706; Dion Chr., 51, p. 400; Overbeck, SQ, 1868, Nr 707; Dion Chr., 53, p. 401; Overbeck, SQ, 1868, Nr 708; Dion Chr., 74, p. 412; Overbeck, SQ, 1868, Nr 712; Quint., inst., 12, 10, 9; Overbeck, SQ, 1868, Nr 721; Demetr., eloc., 14; Overbeck, SQ, 1868, Nr 794; Dion. Hal., Isokr., 3, p. 541 s.; Overbeck, SQ, 1868, Nr 795). Dessen Schönheit sei von unmittelbarer Wirkung (Anth. Gr., 2, 208, 48; Overbeck, SQ, 1868, Nr 715; Plot., enn., 5, 8, p. 1002; Overbeck, SQ, 1868, Nr 716; Cic., orat., 2, 8; Overbeck, SQ, 1868, Nr

717; Arr., Epict., 1, 6, 23; Overbeck, SQ, 1868, Nr 727; Cic., Brut., 64, 223; Overbeck, SQ, 1868, Nr 793; Demetr., eloc., 14; Overbeck, SQ, 1868, Nr 794), nicht von einem Vorbild abgeleitet, sondern durch bestimmte Homerverse (Hom., Il., 1, 527 ss.) inspiriert (Strab., 8, p. 353; Overbeck, SQ, 1868, Nr 698; Dion Chr., 12, 25, p. 383; Overbeck, SQ, 1868, Nr 705; Plut., Aem., 28; Overbeck, SQ, 1868, Nr 726; Eust., Il., p. 145; Overbeck, SQ, 1868, Nr 728; Val. Max., 3, 7, ext. 4; Overbeck, SQ, 1868, Nr 729; Macr., Sat., 5, 13, p. 23; Overbeck, SQ, 1868, Nr 730), Ergebnis der Einbildungskraft, ja göttl. Offenbarung (Him., ecl., 32, 10; Overbeck, SQ, 1868, Nr 714; Anth. Gr., 2, 208, 48; Overbeck, SQ, 1868, Nr 715; Plot., enn., 5, 8, p. 1002; Overbeck, SQ, 1868, Nr 716; Cic., orat., 2, 8; Overbeck, SQ, 1868, Nr 717; Sen., contr., 10, 34; Overbeck, SQ, 1868, Nr 718). Ph. wird öfters mit and. Bildhauern versch. Zeit und Spezialisierung in einem Atemzug genannt, mit → Kanachos (I), → Kalamis (I), → Myron (I), → Polykleitos (I), → Praxiteles (II) und → Lysippos (I) (→ Lukianos, somn., 8; Overbeck, SQ, 1868, Nr 606; Iuv., 8, 102; Overbeck, SQ, 1868, Nr 607; → Vitruvius, 3, praef., 2; Overbeck, SQ, 1868, Nr 609; Diod., Fragm. 1, 26; Overbeck, SQ, 1868, Nr 780; Plin., nat., 34, 54; Overbeck, SQ, 1868, Nr 782; Fronto, ad Verum, 1, p. 123; Overbeck, SQ, 1868, Nr 796; Cic., ac2, 2, 47 und 146; Overbeck, SQ, 1868, Nr 797), aber auch mit hervorragenden (späteren) Malern wie → Zeuxis (I), → Apelles (I) oder → Parrhasios (Diod., Fragm. 1, 26; Overbeck, SQ, 1868, Nr 780; Cic., ac2, 2, 47 und 146; Overbeck, SQ, 1868, Nr 797). Dies unterstreicht seine höchste Geltung durch die ganze Antike. Er hatte vermocht, was nicht einmal → Polykleitos (I) gelang, nämlich *„explevisse deorum auctoritatem“* (Quint., inst., 12, 10, 7; Overbeck, SQ, 1868, Nr 968). Keines seiner Götterbilder und übrigen Werke ist uns erh. geblieben. Nur aus wenigen sicheren und vielen umstrittenen röm. Marmorkopien und Nachbildungen der Kleinkunst läßt sich eine konkrete Vorstellung einzelner seiner Werke und ihres Stils wiedergewinnen. In den uns erh. *Parthenonskulpturen* mag man freilich Ph.' Einfluß spüren, wenn auch nicht exakt festlegen. Dieser nicht geringe Teil seiner Lebensleistung erschien aber den antiken Autoren mit Ausnahme des Plutarchos (Per., 12 s.; Overbeck, SQ, 1868, Nrn 624 s.) nicht erwähnenswert. – Die Nachr. über Ph.' Leben sind kärglich, die über sein tragisches Ende widersprüchlich. An der Basis des *Olympischen Zeus* (*Nr 13*) bezeichnete er sich selbst als Athener. Von seinem hier ebenfalls gen. Vater Charmides ist nichts weiter bekannt. Als sein Bruder wird einmal der Maler → Pleistainetos erw. (Plut., de glor. Ath., 2; Overbeck, SQ, 1868, Nr 1109), mehrfach der Maler → Panainos (Paus., 5, 11, 6; Overbeck, SQ, 1868, Nr 1095; Plin., nat., 35, 54 und 57 s.; Overbeck, SQ, 1868, Nrn 1096, 1098 s.; Plin., nat., 36, 177; Overbeck, SQ, 1868, Nr 1097), viell. dieselbe Person. Einmal wird → Panainos auch Neffe des Ph. gen. (Strab., 8, p. 354; Overbeck, SQ, 1868, Nr 1094), was kaum zutreffen kann, da er die Marathonschlacht in der Stoa Poikile gemalt hat, nach allg. Ansicht in den 460er Jahren (Paus., 5, 11, 6; Overbeck, SQ, 1868, Nr 1095; Plin., nat., 35, 57; Overbeck, SQ, 1868, Nr 1099). Auch Ph. soll anfängl. Maler gewesen sein und einen *Schild in Athen* (den der *Athena Parthenos? [Nr 9]*) bemalt haben (Plin., nat., 35, 54; Overbeck, SQ, 1868, Nr 623). Er stammte also wohl aus einer Malerfamilie. → Panainos war mit Ph. Auftragnehmer (συνεργολάβος: Strab., 8, p. 353; Overbeck, SQ, 1868, Nr 698) bei der Herstellung des *Olympischen Zeus* (*Nr 13*), zuständig für die farbige Fassung der Gewänder. V.a. bemalte er die *Schrankenplatten* (Paus., 5, 11, 5; Overbeck, SQ, 1868, Nr 696; Strab., 8, p. 353; Overbeck, SQ, 1868, Nr 698), ferner half er dem → Kolotes (I) bei der *Athena von Elis* (Plin., nat., 35, 54; Overbeck, SQ, 1868, Nr 1096; Plin., nat., 36, 177; Overbeck, SQ, 1868, Nr 1097). Seltsamerweise wird dem → Panainos dieselbe *Akme* gegeben wie Ph., nämlich die 83. Olympiade (448–445 v. Chr.: Plin., nat., 35, 54; Overbeck, SQ, 1868, Nr 1096). Bei Ph. fällt diese Zeitspanne, wie bei *Akme*-Angaben gewöhnlich, mit einem Hw. zusammen. Die 438 v. Chr. voll. (Schol. Aristoph., Pax, 605; Overbeck, SQ, 1868, Nrn 629 und 647; Wesenberg, 1985) *Athena Parthenos* (*Nr 9*) wurde wohl mit dem Parthenon 447 v. Chr. begonnen. Die *Akme*-Angabe für → Panainos scheint also von derjenigen seines Bruders abgeleitet. Die Lebenszeit des Ph. ist nur ungefähr zu bestimmen. Auf dem in den 440er Jahren entworfenen *Schild der Athena Parthenos* soll er sich in der Gestalt eines „kahlköpfigen Alten“ dargestellt haben (Plut., Per., 31; Overbeck, SQ, 1868, Nr 630). Auch wenn die Benennung als spätere Legende angesehen werden kann, muß richtig sein, daß er damals schon in reiferem Alter stand. Der *Athena Parthenos* gehen berühmte Werke voraus, die mit großer Wahrscheinlichkeit in die sechziger und fünfziger Jahre des 5. Jh. v. Chr. dat. werden können (*Nrn 4–8*). Daß einige Werke noch früher entstanden, ist wahrscheinlich (*Nrn 1–3*). Als seine Lehrer werden Heg(es)ias von Athen (→ Hegias [I]; Dion Chr., 55, 1, p. 282; Overbeck, SQ, 1868, Nr 455) und (H)ageladas von Argos (→ Hageladas [I]; Suid., s.v. Γελάδας; Overbeck, SQ, 1868,

Nr 398; Tzetz., hist. var., 7, 929; Overbeck, SQ, 1868, Nr 622; Tzetz., hist. var., 7, 325; Overbeck, SQ, 1868, Nr 399) genannt. Der erste war Zeitgen. des Kallon von Aigina (→ Kalon [I]; Overbeck, SQ, 1868, Nrn 417–420) sowie der Athener → Kritios und → Nesiotes (Overbeck, SQ, 1868, Nrn 457–462), deren Hw., die zweite Tyrannenmördergruppe auf der Athener Agora, 477/76 v. Chr. durch das Marmor Parium dat. ist. Kallon (→ Kalon [I]) aber galt als noch altertümlicher als → Kalamis (I) (Overbeck, SQ, 1868, Nrn 420, 601) und ist durch eine Sign. auf der Athener Akropolis gegen 500 v. Chr. bezeugt (Raubitschek, 1949, Nr 85). → Hageladas (I), dessen „*floruit*" bei Plinius (nat., 34, 49; Overbeck, SQ, 1868, Nr 397) um rund 80 Jahre verfehlt ist, falls nicht ein and. Künstler gleichen Namens in Frage kommt, schuf nach Pausanias Erzstatuen in Olympia, die auf 520, 516 und vor 507 v. Chr. datierbar sind (Overbeck, SQ, 1868, Nrn 389–391). Er galt auch als Lehrer des → Polykleitos (I). So ist es durchaus wahrsch., daß Ph. schon in den achtziger oder frühen siebziger Jahren bei → Hegias (I) in Athen die Bildhauerkunst und bei → Hageladas (I) in Argos den Bronzeguß erlernte. Er wäre dann um 500 v. Chr. geboren. – Von Argos aus mag er zu seinem ersten Werk in Pellene (*Nr 1*) gerufen worden sein. Nach dieser Probe seines Könnens wird Ph. sehr wohl schon in den 470er Jahren mit der Erstellung des Akroliths der *Athena Areia von Plataiai* (*Nr 2*) betraut worden sein. Den Staatsauftrag einer mit Athen verbündeten Polis zu erhalten, setzt allerdings eine einflußreiche Protektion des jungen Künstlers voraus. Da → Polygnotos (I) von Thasos am selben Projekt beschäftigt war und in der Gunst Kimons stand, könnte er ihn auf den jungen Ph. aufmerksam gemacht haben. Das gelungene Werk in Plataiai wird den Ausschlag gegeben haben, daß Kimon bald nach 469 v. Chr. Ph. berief, sein priv. *Marathon-Weihgeschenk in Delphi* (*Nr 3*) zu gestalten. Die vielfigurige Gruppe wird ihm solchen Ruhm eingetragen haben, daß er, wohl wiederum nicht ohne Empfehlung Kimons, den großen Auftrag der Polis Athen übernahm, das Kolossalstandbild der ehernen *Athena Promachos* (*Nr 4*) von der Mitte der sechziger Jahre an auszuführen. Dafür zog er jüngere Künstler wie → Parrhasios und → Mys (II) heran. Kimons Verbannung (462/61 v. Chr.) dürfte Ph. nicht geschadet haben. Er war bereits ein anerkannter Künstler und erhielt weitere öff. Aufträge: um 460 v. Chr. den *Apollon Parnopios* (*Nr 5*), bald danach den *Hermes Pronaos* im Apollonheiligtum von Theben (*Nr 6*), vor 450 v. Chr. die *Athena Lemnia* (*Nr 7*). Längst wird sich Perikles um Ph. bemüht haben. Das 447 v. Chr. beg. *Parthenon-Projekt* ließ er durch die Architekten → Iktinos und → Kallikrates (I) sowie durch Ph. wohl von langer Hand vorbereiten, so daß es trotz seiner unerhörten Ausmaße und Kosten die Zustimmung von Kommission, Bulē und Volksversammlung fand. Nach Plutarchos (Per., 13; Overbeck, SQ, 1868, Nr 625) zählte Ph. zum Freundeskreis des Perikles und war „Oberaufseher" aller Arbeiten am *Parthenon*. Man hat in dieser Funktion, an den polit. und organisator. Gegebenheiten vorbei, die Allzuständigkeit eines autonomen Künstlerfürsten gesehen, der das gesamte Skulpturenwerk im großen und ganzen entwarf und allenthalben korrigierend in die Ausf. eingriff (Schweitzer, 1938–40) oder dagegen die Selbständigkeit der einzelnen auftragnehmenden Künstler und die Unterschiedlichkeit der Gestaltungen betont (Himmelmann, 1977, 1980, 1988). Eine mittlere Linie wird der Realität wohl am ehesten gerecht (Borbein, 1989): Natürlich wurde das *Parthenon-Projekt* in Planung und Durchführung von demokrat. Gremien bestimmt und kontrolliert. Dies betraf aber nur das staatspolit. Konzept und die Finanzierung. Absprachen über künstler. Gestaltung und prakt. Arbeitsteilung waren sicher der Bau-Ltg vorbehalten. Die bei allen Divergenzen der Individualstile zunehmende Vereinheitlichung des Stil-Char. der „Parthenonkunst" von den Metopen über die Friese (W vor O, N und S) zu den Giebeln (O vor W) ist nicht nur als selbstläufiger Prozeß durch fünfzehn Jahre zu verstehen, sondern als Ergebnis grundsätzlicher Vereinbarungen im Hinblick auf techn. Standards (z.B. Reliefstärken) und inhaltl. Vorgaben (Themenverteilung) sowie als Wirkung von Muster-Zchngn (Friese), Modellen (Giebel) und stilist. Lösungen (z.B. von Details der *Aphrodite* [*Nr 8*] oder der *Athena Parthenos* [*Nr 9*]). Ph. wird hier keine diktatorische, aber eine maßgebl. Rolle gespielt haben. – Während der anderthalb Jahrzehnte zw. der Voll. der *Athena Lemnia* (*Nr 7*) und der *Athena Parthenos* war Ph. nicht nur mit der Konzeption und Ausführungsüberwachung der Bildwerke des *Parthenon* beschäftigt. Er schuf in dieser Zeit den *Anakreon* (*Nr 10*) wohl für einen aristokrat. gesonnenen Auftraggeber, was seine Unabhängigkeit von Perikles unterstreicht. Er nahm auch die Herausforderung an, sich dem Wettb. der Künstler der *Amazonengruppe* in Ephesos (*Nr 11*) zu stellen. Schließlich erhielt er wohl von staatl. Seite den Auftrag für die marmorne *Meterstatue* des Metroon an der Agora (*Nr 12*). Als sich gegen 440 v. Chr. der Ruhm der noch unvoll. *Parthenos* (*Nr 9*) zu verbreiten begann, wandten sich die leitenden Beamten der Polis von Elis an Athen, um eine zeitgemäße Lösung des verschleppten Statuenprojekts im Zeustempel von Olympia zu finden. Außenpolitisch war diese Anfrage für Perikles und Athen von hohem Interesse, und Ph. wird sich diesem ehrenvollen Auftrag umso lieber unterzogen haben, als er das Meisterwerk der *Parthenos* noch zu übertreffen hoffen konnte. Spätestens 438 v. Chr. zog er nach Olympia und überließ die Ausf. des Parthenon-W-Giebels anderen. In Olympia, wo seine persönl. Anwesenheit auch durch die wohl eigenhändige Besitzer-Inschr. auf dem berühmten Kännchen aus der Anschüttung der Ph.-Wkst. (Schiering, 1991) archäol. gesichert ist, schuf er nebenher zumindest den *Anadumenos* (*Nr 14*) als Erzstatue eines Olympiasiegers. In die 1. H. der 430er Jahre muß auch das goldelfenbeinerne Kultbild der *Aphrodite Urania* (Kap. II, *b*) gehören, das Ph. für den Aphroditetempel von Elis fertigte. Als sich Elis um 435 v. Chr. von Athen abwandte, war der *Zeus* (*Nr 13*) viell. schon vollendet. Jedenfalls wurde Ph.' Stellung in Olympia schwierig. Er dürfte nach Athen zurückgekehrt sein, von wo aus er den megarischen Künstler → Theokosmos bei der Ausf. einer Goldelfenbeinstatue des Zeus in Megara beriet, die durch den Ausbruch des Peloponnesischen Krieges (431 v. Chr.) unvoll. blieb (Paus., 1, 40,4; Overbeck, SQ, 1868, Nr 855). – Der Prozeß gegen Ph. wegen angebl. Unterschlagungen bei der Herstellung der *Athena Parthenos*, ein Kampfmittel der Opposition gegen Perikles, fand 432/31 v. Chr. statt (Lendle, 1955; Ameling, 1986; Stadter, 1989; Bauman, 1990). Ph. wurde anscheinend verurteilt und starb wohl im Gefängnis zu Athen, etwa siebzig Jahre alt. – Ph. galt schon dem Altertum als größter Universalkünstler der Klassik. Er begann seine Laufbahn im frühen Strengen Stil, doch sind uns die ersten Werke (*Nrn 1–3*) unbekannt. Mit der *Athena Promachos* (*Nr 4*), dem *Apollon Parnopios* (*Nr 5*) und dem *Hermes Pronaos* (*Nr 6*) führte er die attische Frühklassik zu mon. Höhepunkten, mit den Größe und Anmut verbindenden *Athena Lemnia* (*Nr 7*) und *Aphrodite* (*Nr 8*) an die Schwelle der Hochklassik. Diese ist mit den *Parthenonskulpturen* synonym, deren Mittelpunkt und Maßstab die goldelfenbeinerne *Athena Parthenos* (*Nr 9*) bildet. Mögen die fortschrittlichsten Züge an Friesen und Giebelfiguren jüngeren, von Ph. inspirierten Künstlern zu verdanken sein, er selbst bewies seine Schöpferkraft in unkonventionellen Erfindungen wie dem *Anakreon* (*Nr 10*), der *Amazone Sosikles* (*Nr 11*), der *Meter* (*Nr 12*) und dem *Anadumenos* (*Nr 14*). Ph. verband stets höchste Anschaulichkeit des Themas mit präziser Mannigfaltigkeit im Detail, eine vollreife Körperlichkeit und plast. Faltenfülle mit nachdenklicher Anmut im Ausdruck. An seinem letzten und größten Werk, dem *Zeus von Olympia* (*Nr 13*), besitzen zumindest die Niobidenfriese gesteigertes Pathos und unruhigen Faltenreichtum, was auf den Reichen Stil vorausweist und den alten Meister auf der Höhe seiner Zeit zeigt. 🏛 I.) *Werke in chronologischer Reihenfolge*: – 1.) *Athena von Pellene*: Bei der Beschr. Pellenes in Achaia nennt Pausanias (7, 27, 2; Overbeck, SQ, 1868, Nr 634) ein Frühwerk des Ph.: „Das Standbild (der Athena) ist aus Elfenbein und Gold. Pheidias soll es gemacht haben, noch bevor er die Bildwerke der Athena auf der Akropolis von Athen und in Plataiai schuf". Gemeint sind offensichtl. das Goldelfenbeinbild der *Athena Parthenos* (*Nr 9*), die sog. *Athena Promachos* (*Nr 4*) und der Akrolith der *Athena Areia* in Plataiai (*Nr 2*), die beide sicher vor der *Parthenos* entstanden. Da Pausanias nur die Meinung Einheimischer wiedergebe, hat man die Zuschr. als unglaubwürdig verworfen (Klein, 1883; Furtwängler, 1893; Harrison, 1996). Severische Münzen von Pellene zeigen freilich eine hochgewachsene Athena im Promachos-Schema mit vorgehaltenem Schild und erhobener Lanze. Das rechte Bein ist kontrapostisch zurückgestellt. Drei die senkrechten Peplosfalten überlagernde waagrechte Streifen weisen wohl kaum auf ein archaisierend „mehrfach gestuftes Gewand" (Linfert, 1982), sondern meinen eher altertümliche Gewandmuster (Becatti, 1951). Die Göttin scheint einen hochgeschobenen korinth. Helm zu tragen. Da sich archaische und frühklass. Züge verbinden, wäre eine Dat. im 1. V. des 5. Jh. v. Chr. naheliegend und ein Frühwerk des Ph. nicht auszuschließen, zumal wenn er auf der Peloponnes Lehrjahre verbracht hat. – 2.) *Athena Areia von Plataiai*: Nach der Schlacht von Plataiai (479 v. Chr.) errichteten die Plataier gemäß Plutarchos (Arist., 20; Overbeck, SQ, 1868, Nr 636) mit den ihnen von allen Griechen als Tapferkeitspreis zugesprochenen 80 Talenten das Heiligtum der Athena Areia. Pausanias, der den Anlaß mit Marathon verwechselt, beteuert glaubwürdig an zwei versch. Stellen (Paus., 7, 27, 2; Overbeck, SQ, 1868, Nr 634 und Paus., 9, 4, 1; Overbeck, SQ, 1868, Nr 635), daß Ph. das Kultbild geschaffen habe, das an Größe der *Ehernen Athena* auf der Akropolis, der sog. *Promachos*, „nur wenig nachstand", also kolossal war. Es sei aus vergoldetem Holz (ξόανον) gemacht, Gesicht, Hände und Füße aus pentel. Marmor. Von Tempel und Statue ist nichts erhalten. Wenn die *Athena Promachos* (*Nr 4*) wirkl. über 9 m hoch war, wird man für die *Athena Areia* wenigstens 7 m Höhe annehmen dürfen, wozu noch die Basishöhe kommt. Aus diesem Maß und den Gesamtkosten von 80 Talenten sind freilich keine sicheren Schlüsse auf Größe und Bautyp des Tempels zu ziehen (wie Jeppesen, 1968). Ph. konnte bei diesem vergleichsweise bescheidenen Projekt und der Akrolith-Technik Erfahrungen sammeln und sich so für spätere kolossale Goldelfenbeinbilder empfehlen. Eine Dat. erst nach dem sog. Kalliasfrieden von 448 v. Chr. (Becatti, 1951) ist abwegig, schon deshalb, weil Pausanias (9, 4, 1 s.; Overbeck, SQ, 1868, Nr 1059) im Pronaos des Tempels Wandmalereien des → Polygnotos (I) von Thasos und eines sonst unbek. → Onasias nennt. → Polygnotos (I) hat jedoch schon bald nach 469 v. Chr. die Lesche der Knidier in Delphi ausgemalt und war noch um 460 v. Chr. an der Ausschmückung der Stoa Poikile in Athen beteiligt. Den weniger bed. Auftrag in Plataiai kann er gleichzeitig oder sogar vorher erfüllt haben. Jedenfalls spricht nichts dagegen, daß die Plataier den Tempel als Siegesmal bald nach 479 v. Chr. begannen und folglich die Kultstatue wie die Malereien spätestens gegen 470 v. Chr. ausgef. wurde. – Mit Thiersch (1938) hat man die *Athena Areia* gelegentl. in der Athena Medici (v. unter *Nr 4*) erkennen wollen, zuletzt noch Höcker/Schneider (1993), obwohl man diese seit Furtwängler immer viel zu spät, näml. 445–440 v. Chr. datiert. Tatsächl. ist die Athena Medici ein strenges Werk mit pheidiasischen Zügen, das kurz vor 460 v. Chr. entstanden sein kann. Daß die erh. Kopien (Gesamthöhe ca. 3,20 m) Verkleinerungen sein müßten, wäre kein Widerspruch. Thiersch (1938) postulierte die Veranlassung von Kopien durch Kaiser Hadrian persönl., wofür es keinerlei Beleg gibt. Aus der Tatsache, daß einzelne Kopien der Athena Medici als Akrolithe gearbeitet bzw. gestückt sind (Despinis, 1975), ist noch nicht zwingend auf ein Orig. derselben Technik zu schließen, weil massive Marmorstatuen dieser Größe auch in der röm. Kaiserzeit aus Kostengründen selten sind. Linfert (1982) weist einen in hadrian. Zeit kopierten Athenatorso in Madrid der *Areia* zu, freilich nur aus sehr allg. Erwägungen. Die in keiner zweiten Kopie erhaltene bed. Erfindung dürfte wirklich attisch sein, paßt aber mit dem selbst für den Promachos-Typ zu steil hochgereckten Arm schwerlich zu einem lanzenschwingenden Kultbild. Die Haltung fordert ebensowenig eine aufgestützte Lanze, die Linfert nach einem (wohl mod.) Loch in der Plinthe zw. die Beine stellen will, was abwegig ist. Diese Athena könnte zu *Nr 3* gehören. – 3.) *Marathon-Weihgeschenk in Delphi*: Die einzige Quelle, die dieses vielfigurige Weihgeschenk erw. und Ph. zuschreibt, ist Pausanias (10, 10, 1; Overbeck, SQ, 1868, Nr 633). An Ort und Stelle, linkerhand am Eingang zum Heiligen Bezirk, haben sich nicht einmal Reste der Basis erh., so daß auch die Angabe des Pausanias: „unterhalb des Hölzernen Pferdes", eines Weihgeschenks von Argos, versch. ausgelegt wurde. An Figuren zählt Pausanias auf: Athena, Apollon, „von den Feldherrn" Miltiades, von den sog. (Phylen-)Heroen Erechtheus, Kekrops, Pandion, Leos, Antiochos, Aigeus, Akamas, dazu Kodros, Theseus und Phileus oder Phyleus (meist wohl richtig in Philaios verbessert). „Diese gehören nicht mehr zu den eponymen (Heroen)". Alle Figuren habe Ph. geschaffen, und die Inschr. bezeichne sie als den Zehnten von Marathon. Die 307/06 bzw. 224/23 v. Chr. hinzugefügten neuen Phylenheroen Antigonos, Demetrios und Ptolemaios unterscheidet Pausanias ausdrückl. vom Altbestand. – Die früher vieldiskutierte Alternative „Die Gruppe ist entweder ein Weihgeschenk aus dem Zehnten von Marathon, also bald nach 490 v. Chr., oder von Pheidias" (D. Kluwe, 1965; Kron, 1976) ist falsch gestellt. Vor der S-Seite des Athener Schatzhauses trug eine beschriftete, später veränderte Basis das offizielle Weihgeschenk Athens für Marathon in Delphi (Amandry, 1998). Da Miltiades sehr bald nach dieser Schlacht in einem polit. Prozeß verurteilt wurde und 488 v. Chr. im Gefängnis starb, konnte er selbst kein Weihgeschenk aus dem Zehnten seiner Beute errichten, wohl aber sein Sohn Kimon entweder auf dem Höhepunkt seiner Macht nach dem Sieg am Eurymedon (469–461/60 v. Chr.) oder nach der Rückkehr aus der Verbannung (457–450 v. Chr.). Nur so erklärt sich die unerhörte Herausstellung des Miltiades, die auch postum in einem offiziellen Mon. des attischen Staates undenkbar ist. Es gibt keinen Grund, eine Mitwirkung oder gar Erlaubnis Athens (Kron, 1976) bei einem priv. Votiv in Delphi anzunehmen, selbst wenn im 3. Jh. v. Chr. das inzwischen berühmte Mon. als Staatsweihung angesehen und durch die Erg. um weitere Statuen usurpiert worden ist. Nur mit Kimons Interesse läßt sich das Vorkommen des Philaios, des Stammvaters seines Geschlechts, erklären. Die Zufügung von Theseus und Kodros entspricht zwar durchaus der athen. Staatsräson, aber auch den polit. Auffassungen des Kimon. Theseus war der Staatsgründer und Sieger über die ersten Eindringlinge in Attika, die Amazonen. Seine Gebeine hatte Kimon aus Skyros nach Athen überführt. Durch großartige Persersiege war Kimon ein würdiger Nachf. sowohl seines Vaters als auch des Theseus. Und Kodros, von dem die ionische Kolonisation ausging, konnte das myth. Vorbild der attischen Führung im Seebund abgeben, zugleich als beispielhaft gelten durch seinen Opfertod in der Abwehr auswärtiger Feinde. Was die zehn Phylenheroen betrifft, die das von Kleisthenes neugeordnete Volk von Attika vertreten, ist A. Mommsens (1889) Entdeckung erhellend, daß Pausanias sie in ders. Reihenfolge aufzählt, in der die Phylen zur Schlachtordnung von Marathon ausgelost worden waren (Hdt., 6, 111, 1; 6, 113, 1). Umso schwerer ist erklärlich, daß in Delphi Oineus, Hippothoon und Aias fehlten. Undenkbar auch, daß sie durch Theseus, Kodros und Philaios verdrängt worden sein könnten (Mommsen, 1889; D. Kluwe, 1965), standen ihre drei Phylen doch auf dem siegreichen rechten Flügel. Da eine Textlücke bei Pausanias nicht vorzuliegen scheint, dürften die drei Figuren im Laufe der Zeit verlorengegangen, viell. durch die oben gen. neuen Phylenheroen ersetzt worden sein. – Eine Dat. des *Marathon-Weihgeschenks* in nachkimonische Zeit (Berger, 1958) wird allein schon durch die Einbeziehung des Miltiades und des Philaios ausgeschlossen. Ob Kimon die immerhin sechzehn Figuren umfassende Gruppe aus eig. Mitteln nach 469 oder nach 457 v. Chr. errichten ließ, ist schwer zu entscheiden. Für das spätere Datum (D. Kluwe, 1965; Kron, 1976; Giuliano, 1981) führt man Kimons Bemühungen um neue Geltung und die Wiederaufnahme des Perserkrieges an, aber auch Ph.' Biogr. oder, noch am bedenkenswertesten, die Tatsache, daß die benachbarten argivischen Weihgeschenke erst in den 450er Jahren einsetzen. Für das frühere Datum (Harrison, 1996) könnte sprechen, daß Kimon seine Geldmittel am leichtesten aus der gewaltigen Beute vom Eurymedon bezog und er sich damals am ehesten die Rehabilitation seines Vaters (auch in der Stoa Poikile!) sowie die indirekte Herausstellung seiner eig. Leistung, der eines Philaiden, erlauben konnte. Auf Ph. bezogen, dessen Biogr. ja erst rekonstr. werden muß, hieße die zweite Lösung, die ich bevorzuge, daß er bald nach 469 v. Chr., nach Fertigstellung der *Athena Areia* in Plataiai (*Nr 2*), von Kimon beauftragt wurde, die *delphische Gruppe* auszuführen. Dies wiederum könnte ihm als Mittdreißiger den Ruf und die Protektion eingebracht haben, daß er in Athen auch den Auftrag erhielt, ab Mitte der sechziger Jahre die große Staatsweihung auf der Akropolis, die *Eherne Athena* (*Nr 4*), zu gießen. Die *delphische Gruppe* war, wie die im Freien aufgestellten Weihgeschenke in der Regel, sicherl. aus Bronze, was Pausanias nicht eigens erwähnt. Es ist bisher nicht gelungen, röm. Marmorkopien nach einzelnen Figuren mit einiger Sicherheit nachzuweisen. Versch. Vorschläge (Petersen, 1900; Buschor, 1948; Berger, 1958; Hampe, 1971) sind widerlegt worden oder haben nur wenig Zustimmung gefunden (dagegen u.a. Strocka, 1967; Kron, 1976; Höcker/Schneider, 1993). Die mit großer Sicherheit vorgetragene Meinung, die Bronzefiguren A und B von Riace seien Teile der *pheidiasischen Gruppe* (Fuchs, 1982; Giuliano, 1981–83) überzeugt ebensowenig. Abgesehen von der erhebl. Schwierigkeit, die beiden Orig. mit dem immerhin aus Marmorkopien erschließbaren Stil der späteren Werke des Ph. in Einklang zu bringen, scheitert die Hypothese schon daran, daß Pausanias die *delphische Gruppe* um 170 n. Chr. noch *in situ* sah. Der letzte Raub klass. Orig.-Statuen aus griech. Heiligtümern, um Rom damit zu schmücken, fand unter Nero statt. Da Riace an der Schiffsroute von Griechenland nach Puteoli oder Ostia liegt, können die Heroen von Riace nicht später hier gestrandet sein. Der Vorschlag von G. Despinis (1998; 2001), die Kopf-Fragm. eines ehem. behelmten Strategen und einer Athena (Athen, Akropolis-Mus., Inv. Nrn 2344 und 2338) als mittelkaiserzeitl. Kopien des Miltiades und der Athena des *Marathon-Weihgeschenks* anzusehen, wird gestützt durch E. B. Harrisons Zufügung eines Apollonkopfes(?) gleichen Stils und Mat., der auf der Athener Agora gefunden wurde (Harrison, 2001). Die Zuschr. sind suggestiv, aber vorläufig noch sehr hypothetisch. Eher läßt sich der unter *Nr 2* erw. Athenatyp Madrid (Höhe ohne Kopf 1,86 m) mit dem *Marathon-Weihgeschenk* verbinden. Stilist. würde er in die frühen 460er Jahre gut passen. Der hochgereckte rechte Arm der Göttin, die am angewinkelten Arm den Schild (und die Lanze?) hielt, wäre damit zu erklären, daß sie den neben ihr stehenden Militiades bekränzte (Despinis, 2001). Neuerdings behauptet C. Vatin (1990), Basisblöcke des *Marathon-Weihgeschenkes* wiedergefunden und ihre mehrfach erneuerte Beschriftung gelesen zu haben. Er verdoppelt die Sensation, indem er auf den Basisblöcken s. des Athener Schatzhauses ebenfalls die zehn Phylenheroen samt Theseus, Athena und Miltiades rekonstr., und zwar als Erneuerung einer gleich nach 490 v. Chr. aufgestellten Gruppe durch Ph. – als unbegreifliche Dublette zum Weihgeschenk des Kimon am Eingang des Heiligtums. Solange die „Lesungen“ nicht eindeutig dokumentiert und glaubhaft nachg. werden, können die weitreichenden Hypothesen Vatins nur Verwirrung stiften. – 4.) *Athena Promachos auf der Athener Akropolis*: Der Beiname „Promachos“ wird erst spätantik überliefert (Schol. Demosth., or., gegen Androtion, 13, p. 597; Overbeck, SQ, 1868, Nr 642), sonst heißt die Statue immer „die Eherne“, auch „die Große“. Sie stand auf der Akropolis und war ein Weihgeschenk für den Sieg bei Marathon (Paus., 1, 28, 2; Overbeck, SQ,

1868, Nr 637; Schol. Demosth., or., gegen Androtion, 13, p. 597; Overbeck, SQ, 1868, Nr 642) oder die Perserkriege allg. (Demosth., or., de falsa legatione, p. 428; Overbeck, SQ, 1868, Nr 638; Schol. Aristeid., Παναθηναϊκός, 3, p. 320; Overbeck, SQ, 1868, Nr 640). Daß Ph. ihr Schöpfer war, überliefern Pausanias (1, 28, 2; Overbeck, SQ, 1868, Nr 637) und Ovid (Pont., 4, 1, 31; Overbeck, SQ, 1868, Nr 643). Im Scholion zu Aristeid., op. cit., wird sie → Praxiteles (II) zugeschr., was ebenso wie im Falle der Tyrannenmörder (Plin., nat., 34, 70; Overbeck, SQ, 1868, Nr 1286) nur bedeuten kann, daß → Praxiteles (II) sie im späteren 4. Jh. v. Chr. restauriert hat. Mit höchster Wahrscheinlichkeit kann man Fragm. einer sich über neun Jahre erstreckenden offiziellen Abrechnungsurkunde für eine bronzene Kolossalstatue auf die *Eherne Athena* beziehen (IG, I², 338; IG, I³, 435). Aus epigraph. Gründen läßt sich die Inschr. vor 450 v. Chr. datieren, so daß die *Eherne Athena* spätestens um 460 v. Chr., wohl eher bald nach 469 mit athen. Beutegeldern der Schlacht am Eurymedon beg. worden wäre. Pausanias (1, 28, 2; Overbeck, SQ, 1868, Nr 637) berichtet, daß auf ihrem Schild der Kampf der Lapithen gegen die Kentauren in einer Treibarbeit des → Mys (II) zu sehen war. Die Vorzeichnung dafür sowie für den übrigen Schmuck habe → Parrhasios, der Sohn des Euenor, geliefert. Die Schwierigkeit, daß Plinius (nat., 35, 61 und 64; Overbeck, SQ, 1868, Nrn 1647, 1649) die *Akme* des → Parrhasios wie diejenige des → Zeuxis (I), offenbar zu spät, ins Jahr 397 v. Chr. verlegt, hat meist dazu geführt, daß man den Schild als nachträgliche Arbeit ansah, als Jugendwerk des → Parrhasios, bisweilen schon um 440 v. Chr. (Furtwängler, 1893; Lippold, 1938; Bielefeld, 1938; Langlotz, 1948; Robertson, 1975). Nachdem Raubitschek (1939 und 1949) den durch drei Bildhauer-Sign. zw. 490 und 475 v. Chr. auf der Athener Akropolis nachw. → Euenor (II) als Vater des → Parrhasios vorgeschlagen hat, wäre das Problem gelöst, falls → Parrhasios vor 480 v. Chr. geb. wurde und als Zwanzigjähriger die Vorzeichnungen lieferte. Sein Ethnikon „Ephesios" ließe sich erklären, wenn der Vater in den schlechten Jahren nach dem Jonischen Aufstand von dort nach Athen ausgewandert wäre (zustimmend Gschwantler, 1975). – Vom Standort der *Ehernen Athena* w. der Terrasse des Alten Athenatempels, links des Prozessionswegs zum Parthenon und Poliastempel, aber genau gegenüber den Propyläen, haben sich die Zurichtungen des ca. 5,50 x 5,60 m großen Fundamentes sowie einzelne Blöcke der Basis(?) mit einer allerdings weitgehend zu ergänzenden Weih-Inschr. (Raubitschek, 1949, Nr 172; dagegen Dinsmoor, 1965) gefunden. Die Schätzungen der Statuenhöhe sind unterschiedlich: Michaelis (1877) vermutete für die Statue rund 7,50 m, für die Basis 1,50 m. Dinsmoor (1921) schlug 50 dorische Fuß (entsprechen 16,36 m) vor. Stevens (1936) postulierte für die Basis eine Höhe von 5 Fuß (ein Fuß zu 30,4 cm), die insgesamt 1,52 m entsprechen, für die Figur von 25 Fuß (7,62 m), zus. also über 9 m, immer noch genug, daß Lanzenspitze und Helmbusch, weil wohl vergoldet, den von Sunion kommenden Schiffsreisenden sichtbar waren (Paus., 1, 28, 2; Overbeck, SQ, 1868, Nr 637). Die Wahl eines Fußes von 30,4 cm erklärte er nicht. Wenn man vom pheidonischen Fuß (32,72 cm) ausgeht, der viell. für die *Parthenos* (*Nr 9*), sicher für den *Zeus* (*Nr 13*) gilt, ergäben 30 Fuß 9,82 m, sofern man die 30 Fuß des Niketas Choniates (ed. Bekker, pp. 738–740) als gute Überlieferung nimmt. – Die Vorstellungen über das Aussehen der sog. *Athena Promachos* sind sehr kontrovers. Da die Bronzefigur in den antiken Quellen nicht beschrieben wird, geben den einzigen Anhaltspunkt kaiserzeitl. Athener Münzen mit einer Ansicht der Akropolis von N (manchmal seitenverkehrt), wo zw. dem Alten Athenatempel (links) und den Propyläen (rechts) eine nach rechts gerichtete kolossale Athena steht. Mit Sicherheit erkennbar sind nur ihr Peplos mit langem Überfall, der (attische?) Helm und der vorgestreckte rechte Arm mit einem unklaren Gegenstand auf der Hand, den man für eine Nike oder (weniger wahrsch.) eine Eule gehalten hat, der aber auch eine Schale gewesen sein könnte. Auf einzelnen Exemplaren glaubt man auch Schild und Lanze zu erkennen, beide an die linke Seite der Statue gelehnt. Umstritten ist die Gleichsetzung mit einer angebl. 30 Fuß hohen Bronzeathena auf dem Konstantinsforum in Konstantinopel, die von versch. byz. Quellen erw. und sogar beschrieben wird und die 1203 ein Opfer des abergläubischen Pöbels wurde. Gen. werden das gegürtete Gewand, die Aigis, das in Richtung der ausgestreckten Rechten blickende Haupt, unter dessen Helm die reichen Haare und der freie Hals schön zu sehen waren. Die Linke habe ins Gewand gegriffen (den verlorenen Schild gehalten?). Diese in der früheren Lit. (u.a. Michaelis, 1877; Jenkins, 1947; Niemeyer, 1960) für sicher gehaltene Identifikation ist neuerdings, freilich mit nicht durchschlagenden Gründen angezweifelt worden (Linfert, 1982; Stichel, 1988; Linfert, 1989). Unbefriedigend, weil unbeweisbar und widersprüchl. bleiben Versuche, recht variable Athenen spätklass. Münzen (Schwabacher, 1946) oder die Göttin mit korinth. Helm als kaiserzeitl. Bronzestatuetten, auf Münzen und

Lampenreliefs auf die *Promachos* zu beziehen und den attischen Helm der *Parthenos* vorzubehalten (Pick, 1931; Pfuhl, 1932; Harrison, 1996). Dem ist mit Recht widersprochen worden (Niemeyer, 1960; Ritter, 1997). Einer von Furtwängler (1893) geäußerten, später von ihm wieder fallengelassenen Idee folgend, hat Linfert (1982) den Typus der Athena Medici als Abbild der *Promachos* ausführl. zu begründen versucht. Richtig ist, daß die Athena Medici wegen vieler kleiner und großer Kopien (Höhe ca. 3,20 m: ein Drittel der Orig.-Höhe?) ein berühmtes Werk war, das nach seiner Wiedergabe auf attischen Münzen und kaiserzeitl. lokalen Reliefs in Athen gestanden haben muß. Ihr kriegerischer Char. mit erhobenem Schild links und aufgestellter Lanze, mal in der Rechten (so die Replik Thessaloniki), mal in der Linken, würde zu einer *Promachos* passen. Die Anordnung dieser beiden Attribute wechselt auch bei den sehr ungenauen *Promachos*-Darst. auf den erw. kaiserzeitl. Münzen. Die pheidiasischen Züge in der Gesichtsbildung (Typ Carpegna) sowie der Peplosgestaltung sind jedenfalls unverkennbar. Eine Entst. in den 460er Jahren ist ohne weiteres denkbar, da die Gürtung und die Falten vor dem Standbein wesentl. starrer gebildet sind als bei der *Parthenos*, andererseits das Geriesel der Chitonfalten neuerdings einen unmittelbaren Vorläufer im Gewand des orig. Jünglings von Motye erh. hat, der kurz nach 480 v. Chr. geschaffen worden sein muß (N. Bode, AntK 36:1993, 103–110). Wenn man die berühmte Figur nicht für die *Lemnia* (*Nr 7*) halten will (so Harrison, 1988 und 1996), bleibt von den für Ph. bezeugten Athenen in Athen nur *„die Eherne*". – 5.) *Apollon Parnopios auf der Athener Akropolis*: Vor der O-Seite des Parthenon, also an prominentester Stelle, sah Pausanias (1, 24, 8; Overbeck, SQ, 1868, Nr 770) die Bronzestatue des *Apollon Parnopios*, der Aufstellung und Beinamen seiner Abwehr einer Heuschreckenplage verdankt. Signiert scheint er nicht (mehr) gewesen zu sein, denn Pausanias schreibt ihn Ph. nur unter Berufung auf die mündl. Überlieferung zu. Schon lange identifiziert man ihn aus stilist. Gründen mit dem Typus des *Kassler Apollon* (Curtius, 1908; Schrader, 1924; Schmidt, 1976; Gercke, 1991), der in nicht weniger als sechs maßgleichen Körperkopien (Höhe 2,00 m), davon zwei mit zugehörigen Köpfen, vierzehn weiteren Kopfkopien und vier Statuetten zahlr. überliefert ist, also sehr geschätzt wurde. Ferner kommt ders. Apollontypus auf hellenist. und kaiserzeitl. Münzen Athens sowie einer Gemme vor, die auch seine Attribute wiedergeben: In der angewinkelten Linken trug er senkrecht den Bogen und einen oder zwei Pfeile, was die erh. Linke der Kassler Replik bestätigt, in der halb gesenkten Rechten einen nach vorn gerichteten Lorbeerzweig. Die Ergänzungen mit einer großen Heuschrecke (Gercke, 1991) ist durch nichts belegt. Völlig nackt steht der Gott frontal auf dem linken Bein. Der rechte Fuß ist ein wenig vorgeschoben und tritt mit voller Sohle auf. Das Knie des Spielbeins schiebt sich dabei so stark vor, als wolle Apollon voranschreiten. Er verhält aber wie in tiefen Gedanken, indem er, darin der *Athena Lemnia* (*Nr 7*) vergleichbar, den Kopf zur Seite wendet und neigt, hier zur Linken, ohne aber den Blick auf das Attribut zu heften. Der Kopf zeigt mit den kompliziert frisierten langen Haaren und dem markanten Kinn, der Körper mit seinen sehr kräftigen Formen und der noch scharfen Gliederung, bes. an den Leisten, Kennzeichen des Strengen Stils. Man hat die Gesichtszüge nicht zu Unrecht der *Athena Parthenos* (*Nr 9*) ähnl. gefunden, die hierin allerdings nicht zuverlässig überliefert wird. Treffender ist der Vergleich mit der *Athena Lemnia* (vgl. Gercke, 1991, 110 s. mit 167 s.). Es ähneln sich die Gliederung des vollen Gesichtsovals und die sehr lebendige Gestaltung der Stirnlocken, wobei man den Unterschied zw. Jüngling und Mädchen und die etwas frühere Entstehungszeit des Apollon um 460 v. Chr. berücksichtigen muß. Den Typus Kassel wollte man aber auch Ph. absprechen und ihn mit dem auf der Athener Agora stehenden Apollon Alexikakos von Kalamis verbinden (Harrison, 1996; v. → Kalamis [I]). Da wir keine sichere Statue dieses Künstlers kennen, fehlt jede Beweismöglichkeit. – 6.) *Hermes in Theben*: Die einzige Erw. eines *Hermes* des Ph. findet sich bei Pausanias (9, 10, 2; Overbeck, SQ, 1868, Nr 766): „Zuerst stehen dort aus Marmor am Eingang (des Heiligtums des ismenischen Apollon in Theben) Athena und Hermes, Pronaoi ("die vor dem Eingang„) genannt; ihn soll Pheidias geschaffen haben, die Athena aber Skopas" (→ Skopas [II]). Der Standort Theben könnte an der Richtigkeit der Zuschr. zweifeln lassen, doch hat schon Liegle (1952) darauf aufmerksam gemacht, daß nach der Schlacht von Oinophyta (457 v. Chr.) auch Theben sich eine Zeitlang der Macht Athens beugen mußte. Dies begünstigte sicherl. Aufträge an attische Künstler. Unter den röm. Kopien gibt es nun einen frühklass. Hermes (Typus Ludovisi), der sehr berühmt gewesen sein muß, weil von ihm heute noch sechs Statuen, davon drei mit Kopf, sieben einzelne Köpfe sowie Gemmenbilder vorhanden sind. Der jugendl. Gott steht nackt mit zur Seite gesetztem rechten Bein frontal und läßt den reiche Falten werfenden Mantel über den gesenkten linken Arm gleiten. Die geschlossene Linke hielt ein abwärts gerichtetes Kerykeion. Der rechte Arm ist kontrapostisch stark angewinkelt, die Hand war in einem unterschiedl. gedeuteten Gestus (Karusu, 1961; Neumann, 1965) bis in Kopfhöhe erhoben. Auf dem krausen Haar des leicht gesenkten Kopfes sitzt ein versch. überlieferter Petasos (Bol, 1989). In Stand, Körperproportion und Gesichtsschnitt hat der *Hermes Ludovisi* seit langem an den *Kassler Apollon* (*Nr 5*) erinnert, in seinen üppigen Löckchen auch an die *Lemnia* (*Nr 7*). Zu Frisur und Faltenmotiven gibt es Parallelen auf dem Parthenosschild (cf. *Nr 9*). Trotz verbreiteter Skepsis ist er immer wieder für pheidiasisch gehalten worden (u.a. Buschor, 1948; Karusu, 1961; Inan, 1970 und 1975; Weber, 1976), wenn auch nie aufgrund gründl. Analyse. Die besten Kopien (Genua, Civ. Mus. di Archeol. Ligure; Side, Archäol. Mus.; Rom, Villa Albani; Frankfurt am Main, Liebieghaus) zeigen, daß er zeitl. zw. den *Kassler Apoll* und die *Athena Lemnia* einzuordnen ist, also zw. ca. 460 und ca. 455 v. Chr. S. Karusu vermutete in ihm eine Grabstatue des Hermes Psychopompos auf dem Staatsgrab der bei Koroneia (447 v. Chr.) Gefallenen; doch sind Grabstatuen im Athen des 5. Jh. v. Chr. nicht belegt. Durch die Replik Side und die Pariser Marcellus-Statue des → Kleomenes (IV) ist die Haltung der rechten Hand gesichert. Sie wurde entweder als Redegestus des Hermes Logios oder als Winken des Hermes Psychopompos gedeutet, was beides nicht befriedigt. Ich vermute bei wahrsch. gestreckten Fingern des Orig. einen schweigengebietenden Gestus, der für den *Hermes Pronaos* von Theben bes. gut passen würde. – 7.) *Athena Lemnia auf der Athener Akropolis*: Drei antike Autoren bezeichnen die *Lemnia* namentlich: Pausanias (1, 28, 2; Overbeck, SQ, 1868, Nr 758) nennt sie bei seinem Rundgang über die Athener Akropolis auf dem Rückweg, also von O kommend, ehe er die Propyläen erreicht. Sie stehe in der Nähe der Statue des Perikles und sei von den Werken des Ph. bes. sehenswert. „Lemnia" heiße sie nach den Weihenden, also den Lemniern. → Lukianos (im., 4 und 6; Overbeck, SQ, 1868, Nr 760) hält sie ebenfalls für das vorzüglichste Werk des Ph., das dieser auch sign. habe. Von vollkommener Schönheit seien der Umriß des Gesichts, die zarten Wangen und die gleichmäßige Nase. Ailios Aristeides (or., 50, p. 701; Overbeck, SQ, 1868, Nr 639) nennt in einem Atemzug drei hervorragende (nicht: bes. große, wie Harrison, 1996 meint) Athenastatuen in Athen: die Elfenbeinerne, also die *Parthenos*, die Eherne, näml. die *Promachos*, und die *Lemnia*, woraus nur Philologenpedanterie geschlossen hat, diese könne deswegen nicht aus Bronze gewesen sein (Lamer, 1924). Die Bezeichnung der *Promachos* als „ehern" ist alt und zur Unterscheidung von der and. kolossalen Staatsweihung, nicht der *Lemnia*, gewählt, die sicherl. aus Bronze war, was für statuar. Weihgeschenke die Regel ist. Das Mat. ist von Belang, weil Plinius (nat., 34, 54; Overbeck, SQ, 1868, Nr 759) eine bronzene Athena des Ph. erw., die so schön gewesen sei, daß sie den Beinamen „Forma", urspr. wohl „Charis", also „Schönheit" oder „Anmut", erhielt. Die Verknüpfung liegt nahe, ist aber auch abgelehnt worden. Der Einwand, eine Statue, die schon *Lemnia* heiße, könne keinen zweiten Beinamen gehabt haben (Lamer, 1924), ist nicht stichhaltig. Der Doryphoros des → Polykleitos (I) hieß auch „Kanon" und galt obendrein als Achilleus. Dem and. Einwand, die *Lemnia* sei nicht als ehern bezeugt, läßt sich entgegenhalten, daß gar keine and. Athena des Ph. überliefert ist, mit der man die „Forma" gleichsetzen könnte: Die *Athenen von Pellene* (*Nr 1*) und *Plataiai* (*Nr 2*) und die *Parthenos* (*Nr 9*) scheiden wegen ihrer and. Technik aus. Plinius (nat., 34, 54; Overbeck, SQ, 1868, Nr 765) trennt selbst von der „Forma" eine „andere Minerva" aus Erz von der Hand des Ph., die ein Paullus Aemilius (des 1. Jh. v. Chr.) nach Rom gebracht und bei dem Tempel der Fortuna *huiusce diei* aufgestellt habe (Kap. III, *d*). Die Athena des *Marathonischen Weihgeschenks* in Delphi (*Nr 3*) kommt als „Forma" oder „Charis" nicht in Betracht, weil sie so altertüml. gewesen sein dürfte wie die Madrider Athena (*Nrn 2* und *3*). Nur die *Lemnia* wird ausdrückl. als bes. sehenswert bez. (Paus., 1, 28, 2; Overbeck, SQ, 1868, Nr 758), allein ihre Gesichtszüge sind der Musterschönheit Pantheia würdig (→ Lukianos, im., 6; Overbeck, SQ, 1868, Nr 760). Entgegen einer formalist. Hyperkritik (Lamer, 1924) spricht also viel dafür, auch die Äußerungen des spätantiken Rhetors Himerios auf die *Lemnia* zu beziehen: „Nicht immer formte Pheidias einen Zeus, nicht immer mit Waffen goß er Athena in Erz, sondern ließ auch and. Göttern seine Kunst zukommen, und er schmückte die Jungfrau, indem er Röte über ihre Wangen fließen ließ, damit sich die Schönheit der Göttin statt des Helmes damit verhülle" (Him., or., 21, 4; Overbeck, SQ, 1868, Nr 761). Die roten Wangen wurden mehrfach (Lamer, 1924) entweder für rhetor. Schwulst gehalten oder für den Beweis einer bemalten Marmorstatue, weil die Röte der Bronzetechnik widerspreche. Dem ist aber nicht so, da der Kupferanteil der Bronze sehr wohl einen rötl. Schimmer hervorrufen kann, was Himerios poetisch gesteigert haben mag (vgl. Plin., nat., 34, 140; Kallistratos, Statuarum descriptiones, 6 und 11, 11 s.; Overbeck, SQ, 1868, Nrn 1464 und 1268). Ein kaiserzeitl. Statuenepigramm von Paphos (Overbeck, SQ, 1868, Nr 764, Linfert, 1982) bezieht sich auf eine Pallas ohne Schild und Nike (wie sie die *Parthenos*, viell. auch die *Promachos* tragen), von der noch gesagt wird, daß sie ihre Waffen nicht gebrauche und die „pheidiasische Charis" sei. Die Verknüpfung der drei Lemnia-Quellen mit den zuletzt genannten, die eine unbehelmte Athena von bes. Anmut nennen, gelingt nur über → Lukianos' Beschr. der bes. schönen Gesichtszüge der *Lemnia* und über die Hervorhebung der Wangen, die bei ihm zart, bei Himerios von Röte übergossen sind. Zwingend ist diese Verbindung nicht, aber naheliegend. Sie drängt sich sogar auf, wenn man einräumt, daß es nur einen statuar. Athenatyp kurz vor der M. des 5. Jh. v. Chr. in unserem Kopienvorrat gibt, der helmlos, unbestreitbar anmutig und von pheidiasischem Stil ist: die Furtwänglersche *Lemnia*. – Adolf Furtwängler hatte 1893 nach Vorarbeiten von Konrad Lange und Adam Flasch nachg., daß ein bindengeschmückter vermeintl. Jünglingskopf in Bologna einem Athenatypus mit übergegürtetem Peplos und schräg umgelegter Aigis zugehört, von dem sich zwei Repliken in Dresden, eine in Kassel befinden (Höhe mit Kopf 1,98 m). Der einen Dresdner Statue gehört auch ein Kopf-Fragm. des Bologneser Typus sicher zu (Protzmann, 1984). Zwei weitere Kopfrepliken bestätigen die Berühmtheit des Originals. Dieselbe helmlose Athena kommt auch auf sechs röm. Gemmen vor, die auf Brusthöhe der Göttin einen korinth. Helm zufügen. Nach Analogie gleichzeitiger Vasenbilder schloß Furtwängler, daß diese Athena, seine *Lemnia*, den Helm abgenommen habe und auf der gesenkten Rechten trage, mit der erhobenen Linken die Lanze fasse. Diese ist nach Ausweis der Kassler Kopie (Weber, 1991) vor dem linken Fuß aufgestützt. Der Kopf wendet sich nach rechts und ist gesenkt, als sei die Göttin in Gedanken versunken. Den in der Achse der Vorderansicht stehenden Betrachter beachtet sie jedenfalls nicht. In der Annahme, es habe im 5. Jh. v. Chr. keine „fremden" Weihungen auf der Akropolis gegeben (Furtwängler, 1893), behauptete man seit Loeschke (1882) allg., nach Lemnos ziehende Kleruchen seien die Stifter der *Lemnia*, und diese überreiche ihnen symbolisch ihren Helm (Kirsten, 1954). Chronolog. wurde die *Lemnia* mit einer nur indirekt zw. 451 und 447 v. Chr. erschlossenen, aber auch für unbeweisbar gehaltenen (Nesselhauf, 1933; Salomon, 1997) Kleruchendeduktion in Zusammenhang gebracht, was jedenfalls gut paßt zu Furtwänglers stilist. Nachweis, daß die *Lemnia* der *Parthenos* zeitl. nur wenig vorausgehe. Da die *Aphrodite* (*Nr 8*) stilist. der *Parthenos* (*Nr 9*) nähersteht und entwickelter ist als die im strengen Faltenfall noch der *Promachos* (*Nr 4*) verwandte *Athena Lemnia*, wird man diese in die M. der 450er Jahre datieren. Von der Kleruchentheorie hängt de Waeles (1979) Lesung einer verderbten Stelle bei Plinius' Aufzählung von Werken des Ph. ab (nat., 34, 54; Overbeck, SQ, 1868, Nr 641). Statt *cliduchus* (κλῃδοῦχος, d.h. Schlüsselträgerin, Priesterin) liest er *cleruchus* (κληροῦχος) als weiteren Beinamen der *Lemnia* (Kap. III, Nr *c*). Neuerdings will man den Helm als Demonstration der renommierten Waffenproduktion von Lemnos und die Statue damit als Weihung der verbündeten Lemnier attischer Herkunft verstehen (Steinhart, 2000). Wahrscheinlicher, weil allgemeinverständlicher, ist jedoch das Motiv des abgesetzten Helmes als Epiphaniegestus der Göttin wie auf vielen Vasenbildern der 1. H. des 5. Jh. v. Chr. aufzufassen (Kunisch, 1974). Sehr eigenwillig und keineswegs überzeugend ist H. Meyers (1997) Versuch, alles bisher über die *Lemnia* Ermittelte beiseite zu schieben und anhand eines provinziellen Reliefs des 4. V. des 5. Jh. v. Chr. die als Kopie sehr umstrittene Athena mit Kreuzbandägis aus Pergamon unter Vertauschung ihrer Armhaltung zur Lemnia zu machen. – 8.) *Aphrodite, später in Rom*: Nur Plinius (nat., 36, 15; Overbeck, SQ, 1868, Nr 767) erw. eine marmorne Aphrodite des Ph. unter den Kunstwerken der (Porticus) Octavia in Rom, indem er ihre „ausnehmende Schönheit" hervorhebt. Man hat in ihr gelegentl. die hier für die Statue der *Meter* (*Nr 12*) gehaltene sitzende sog. Olympias vermutet (Becatti, 1951 und 1969/70; Strocka, 1967). Eher in Frage kommt der Typus der sog. Kore Albani (Höhe 188,5 cm), der auf ein *opus nobile* zurückgeht, da er durch vier Statuenkopien, zwei Kopfrepliken und mehrere Varianten in Statuen und Reliefs des späten 5. Jh. v. Chr. und des 4. Jh. v. Chr. sowie in der Kaiserzeit bezeugt ist (Lauter-Maderna, 1994; Baumer, 1997). Mit seitwärts hinausgeschobenem rechten Fuß steht die jugendl. Frau frontal, hat den linken Arm (mit einer Schale in der Hand?) angewinkelt, den rechten (mit einem Myrtenzweig?) gesenkt. Der Kopf ist unmerkl. geneigt und leicht zur Standbeinseite gewendet. Die Göttin trägt einen faltenreichen fußlangen Chiton, der übergegürtet ist und die vollen, kontrapostisch verschobenen Brüste dezent abzeichnet. Ein Mantel von steifem Wollstoff legt sich so um den Chiton, daß das eine Ende, unter die linke Achsel geklemmt, mit einem dreieckigen Umschlag vorn herunterfällt, während das übrige Tuch bogenförmig um die rechte Hüfte und im Rücken wieder zur linken Schulter geführt ist, wo das and. Ende vorn als Faltenkaskade herabfällt. Das Haar ist bis auf die sehr buschigen, gleichzeitig straff nach hinten geführten Schläfenlocken völlig von einem Sakkos bedeckt. Mit den reichen Kontrasten schwer fallender und sich leicht kräuselnder Falten und den dynam. Übergängen zw. den durchaus noch gewahrten vier Hauptseiten steht diese mon. Figur am E. des Strengen Stils, zugleich am A. der Parthenonkunst, mithin um 450 v. Chr. Als ihren Schöpfer hat man → Alkamenes (I), → Kalamis (I), sogar → Polykleitos (I) erwogen, am häufigsten aber doch Ph., und mit Recht: Die stoffl. Kontraste hatte schon die *Athena Promachos* (*Nr 4*) ausgekostet, die kraftvollen Faltenkaskaden finden sich an der rechten Seite der *Athena Lemnia* (*Nr 7*), noch mehr an gleicher Stelle bei der *Athena Parthenos* (*Nr 9*, Kopie des Antiochos), abgeschwächt am Mantel der Sosikles-Amazone (v. unter *Nr 11*). Bei dieser weisen die radialen Mantelfalten der linken Seite zurück auf das gleiche Motiv an der rechten Seite der Aphrodite. Weiter entwickelt ist an der Amazone auch das reiche Geflecht in einer Richtung verlaufender Haarsträhnen. Für ein Werk des Ph. spricht ferner die Tatsache, daß die berühmte, uns in vielen Kopien und sogar in Orig.-Fragm. erh. Schöpfung seines Lieblingsschülers → Agorakritos, die Nemesis von Rhamnus (Overbeck, SQ, 1868, Nrn 834–843; Despinis, 1971), eine Wiederaufnahme dieses Typus darstellt. Nur die Armhaltung ist vertauscht, die Faltenführung kleinteiliger, nervöser, wie dies dem spätparthenonischen Stil entspricht. Zugunsten der Deutung unserer Figur wäre die Nachr. (Plin., nat., 36, 17; Overbeck, SQ, 1868, Nr 834) anzuführen, daß → Agorakritos (oder sogar Ph.) sie urspr. als Aphrodite geschaffen habe. Eine stilist. leicht verjüngte, klassizist. Variante unseres Typus wurde von B. Andreae im claudischen Grottentriklinium von Baiae gefunden (Andreae, 1991; Baumer, 1997), die ein Bildnis der Antonia minor trägt. Durch die Zufügung eines Eros auf dem linken Arm wird klar, daß die Kaiserin als Venus Genetrix gesehen werden sollte, wofür der Statuentypus bereitstand. „Ausnehmende Schönheit" wird man dem Marmor-Orig. der stehenden Aphrodite zubilligen, freilich nicht im Sinne der seit dem Parthenon-O-Giebel (Figur M) zunehmenden Entblößung erot. Reize, sondern im Bezug auf die vollkommene Gestaltung der selbstgewissen Würde der Liebesgöttin. Noch auf der Parthenon-N-Metope 25 ist diese vollst. bekleidet. – 9.) *Athena Parthenos im Parthenon*: Nur durch ein Philochoroszitat (Schol. Aristoph., Pax, 605; Overbeck, SQ, 1868, Nr 647) wird die Voll. des „goldenen Standbilds der Athena im großen Tempel", dem Parthenon, ins Jahr 438/37 v. Chr. datiert. Mit Beginn der Bauarbeiten am Parthenon im Jahr 447/46 v. Chr. (IG, I^2, 352, 6 s.) werden die ersten Maßnahmen zur Anfertigung des goldelfenbeinernen Kolosses getroffen worden sein. Das ikonogr. Konzept und Kalkulationen müssen schon vorher der Kommission, der Bulē und der Volksversammlung vorgelegen haben. Fragm. von fünf jährl. Rechenschafts-Ber. und dem Schluß-Ber. der Parthenonkommission haben sich erh. (IG, I^2, 359, 360, 356, 358, 355, 354; Donnay, 1967). Sie sind aber so lückenhaft, daß sich nur wenige sichere Einzelposten ergeben. Man kann erschließen, daß die Kosten der *Athena Parthenos* sich innerhalb von neun Jahren auf mehr als 700, viell. bis zu 1000 Talenten belaufen haben. Darin eingeschlossen sind die Kosten für das Gold, aus dem die abnehmbaren Gewandteile der Statue gefertigt waren und das als Goldreserve der Polis gedacht war. Es sollte alle vier Jahre nachgewogen werden. Philochoros nennt 44 Talente Gewicht (was nach der Parität eine Drachme Gold entspricht 14 Drachmen Silber also das Vierzehnfache kostete), während die Angaben von 40 Talenten (Thuk., 2, 13; Overbeck, SQ, 1868, Nr 655) und 50 Talenten (Diod., 12, 40; Overbeck, SQ, 1868, Nr 657) weniger glaubwürdig sind. Nur bei Philochoros wird Perikles als einer der Epistaten gen., vielfach dagegen Ph. als Schöpfer der Statue. Nach Plutarch (Per., 13; Overbeck, SQ, 1868, Nr 650) war sein Name auch auf der Stele (des Abschluß-Ber.?) verzeichnet. – Die Bezeichnung „Athena Parthenos" ist spät (Schol. Demosth., or., gegen Androtion, 13, p. 597; Overbeck, SQ, 1868, Nr 646). Da der Parthenon keinen Altar und keine eig. Priesterin besaß, hat man dem Goldelfenbeinbild meist (zuletzt Preißhofen, 1984) den Status eines Kultbildes abgesprochen und es für ein Weihgeschenk an Athena Polias gehalten. Es sei als Dank für die siegreich bestandenen Perserkriege anzusehen, der Tempel zugleich als Schatzhaus der Göttin und Depositum des Staatsschatzes. Demgegenüber hat neuerdings G. Nick durch die Slg zahlr. Indizien bewiesen, daß die *Athena Parthenos* tatsächl. als Kultbild gedacht war und verehrt wurde – als Ersatz der verlorenen Statue der Athena Promachos des Urparthenon (von 566 v. Chr.?) und als „Zweitkultbild" der Athena Polias mit gemeinsamem Altar (Nick, 2002). Die überbreite Basis diente wohl zur Ablage von Votiven und Opfergaben (Weber, 1993). – Plinius gibt die Höhe der Goldelfenbeinstatue mit 26 Ellen an, also 39 Fuß (nat., 36, 18; Overbeck, SQ, 1868, Nr 661). Wenn man annehmen darf, daß er den attisch-röm. Fuß (ca. 29,5 cm) meint, beträgt sie rund 11,50 m. In diesem Maß ist wahrsch. die Basishöhe enthalten (Stevens, 1955; Weber, 1993). Wenn man der Annahme folgt, daß Kultbildbasen im 5. Jh. v. Chr. (wie z.B. bei der Nemesis von Rhamnus) immer zwei Ellen hoch sind, was ca. 90 cm entspricht (Weber, 1993), entfallen auf die Figur 24 Ellen (d.h. ca. 10,60 m). Damit stimmen freilich die Proportionen der einzigen vollst. Replik der *Athena Parthenos*, der Varvakionstatuette, nicht überein: Hier beträgt die Höhe der Figur 94 cm, die der Basis 10,5 cm. Da diese Replik höchstwahrsch. auf ein Zwölftel verkleinert worden ist, genaue Maßhaltigkeit vorausgesetzt, kommt man mit der Statue auf 11,28 cm, mit der Basis auf 1,26 m Höhe, zus. auf 12,54 m. Wenn das Fußmaß der *Athena Parthenos* freilich dem dorisch-attischen pheidonischen Fuß von 32,72 cm entspricht, der für den Parthenon zwar umstritten ist, aber am Erechtheion und bei der *Zeusstatue* (*Nr 13*) in Olympia mit Sicherheit angewandt wurde, hat man es wieder mit and. Maßen zu tun: zwei Ellen für die Basis betrügen dann ca. 98 cm, 24 Ellen für die Statue 11,78 m, zus. 12,76 m. Selbst diese Höhe verträgt sich noch mit der Unterkante der Deckenbalken bei 13,09 m (Stevens, 1955). Die Basis hatte nach ihren Überresten eine Breite von 8,07 m und eine Tiefe von 4,10 m. In ihrer Mitte war ein hölzerner Mast (0,76 m x 0,45 m) verankert, der dem im übrigen hohlen Holzkern der Statue als Halt diente. Vor der Basis war im Mittelschiff der Cella, das gegenüber den Seitenschiffen um 4 cm abgesenkt ist, ein entsprechend flaches Becken (9,77 m x 9,82 m) abgeteilt, das, wie Pausanias (5, 11, 10; Overbeck, SQ, 1868, Nr 696) berichtet, Wasser zur Verdunstung enthielt, um die Luftfeuchtigkeit für Holz und Elfenbein möglichst konstant zu halten. Ein ästhet. Nebeneffekt war, den Betrachter in gebührendem und für die Wirkung optimalen Abstand zum Kolossalbild zu halten und dieses in der Wasserfläche sich spiegeln zu lassen. – Vom Orig. der *Athena Parthenos* hat sich nichts erhalten. Es ist wahrsch. im mittleren 5. Jh. n. Chr. in Flammen aufgegangen (Führer, 1892). W. B. Dinsmoors unfundierte Behauptung, dies sei schon um 165 v. Chr. geschehen und alle späteren Nachbildungen gingen auf eine hellenist. Wiederherstellung zurück (Dinsmoor, 1934), ist längst widerlegt worden (Goethert, 1934; Koch, 1935; Leipen, 1971). Nachbildungen der *Athena Parthenos* sind in der Kleinkunst und als statuar. Verkleinerungen zahlr. erh., freilich jeweils vom Zeitstil beeinflußt und in keinem Falle vollständig (Karanastassis, 1987; Nick, 2002). Von bes. Genauigkeit sind die Wiedergaben von Kopf und Helm auf dem Goldmedaillon aus dem Kul Oba-Tumulus bei Kertsch (4. Jh. v. Chr.) und auf der Aspasios-Gemme (wohl 2. H. 1. Jh. v. Chr.). Die besterhaltene statuar. Replik ist die Varvakionstatuette (Höhe 0,94 m, was 1/12 der orig. Höhe entspricht), 220/230 n. Chr. (nach Nick, 2002). Die Anordnung des Peplos wird am plastischsten wiedergegeben von der bisher unterschätzten, wohl auf 1/5 reduzierten Replik des neuattischen Bildhauers [An]tiochos (claudisch, → Antiochos [V]) der frühen Kaiserzeit. Zus. mit den unsystemat. Erw. in den Schriftquellen (Overbeck, SQ, 1868, Nrn 645–679; bes. Plin., nat., 36, 18; Overbeck, SQ, 1868, Nr 661, und Paus., 1, 24, 5–7; Overbeck, SQ, 1868, Nr 649) vermitteln diese Zeugnisse aus rund sechshundert Jahren ein zieml. lückenloses Bild der *Athena Parthenos*: Sie trägt einen auf der rechten Seite offenen Peplos mit übergegürtetem langen Überfall. Über dem von zwei lebendigen Schlangen gebildeten Gürtel bauschen sich, zu den Seiten anwachsend, die auf Brust und Rücken in lockerer Symmetrie gerafften Stoffbahnen und fallen glockenförmig in starkem Relief bis auf die Mitte der Oberschenkel. Das Standbein wird von schweren Röhrenfalten verdeckt, während das linke Spielbein mit dem seitwärts auf den Ballen gestellten Fuß sich deutl. abzeichnet. Eine vom Spielbeinknie ausgehende senkrechte Falte verstärkt dagegen den Eindruck der Frontalität. Die rechte Seite der Statue wird belebt durch die beiden ungefähr parallel verlaufenden S-Linien der Peplossäume. Eine leichte Biegung vom Boden bis zur Gürtung vermittelt die latente Dynamik der stehenden Göttin. Über Schultern und Brüste ist symmetr. die geschuppte Aigis gelegt, die in der Mitte von einem flachen, rundl. Gorgoneion (Floren, 1977) als Schließe zusammengehalten wird. Züngelnde Schlangen besetzen in regelmäßigen Abständen die Ränder der Aigis. Unter dem attischen Helm treten die Haare in reicher Fülle hervor: vor den Ohren als dichte Lockenbüschel, im Nacken als breite Zopfflechte und vor den Schultern jederseits in zwei geschlängelten Strähnen auf die Aigis fallend. Auf der rankenverzierten Helmkalotte sitzen drei bis auf den Rücken reichende Büsche, die in der Mitte von einer hockenden Sphinx, seitl. von springenden Flügelpferden getragen werden. Die hochgestellten Wangenklappen zeigen in Relief je einen aufgerichteten Flügelgreifen. Über den Stirnbügel, dessen Unterkante eine flache Spitze ausbildet, ragt eine Reihe kleiner Tierprotomen hervor, deren Zahl und Art nicht sicher überliefert sind, wahrsch. bis zu 13 Flügelpferd- und Hirschkuh-Protomen (Prag, 1984). Auf der linken Wangenklappe saß wohl die Eule (Dion Chr., 12, 6; Overbeck, SQ,

1868, Nr 677; Fink 1956; Leipen, 1971), zugleich eine Stütze der angelehnten Lanze. Die Göttin trägt reichen Schmuck: Ohrringe und eine mehrteilige Halskette, Schlangenreifen an Ober- und Unterarmen. Die am Orig. ca. 18 cm hohen Sohlen der Sandalen (an der Varvakionstatuette 1,5 cm hoch) haben an ihrer Außenseite Reliefs des Lapithen-Kentauren-Kampfes (Plin., nat., 36, 18; Overbeck, SQ, 1868, Nr 661), von dem keine sicheren Kopien nachweisbar sind. Außer mit Helm und Aigis ist die Göttin mit Schild und Lanze gewappnet. Sie greift aber nicht zu den Waffen. Vielmehr lehnt die Lanze am linken Oberarm, nur von einer Aigisschlange festgehalten. Den neben ihrer linken Seite auf einen eig. Schuh gesetzten Rundschild (Durchmesser ca. 4,80 m; Strocka, 1967) hält sie mit der gesenkten Linken. Der leicht geneigte Schild bildet mit seiner konkaven Innenseite eine Art Höhle für die Burgschlange, die sich in mehreren Windungen neben der Göttin erhebt und herauswendet. Innen ist der Schild mit der Schlacht der Olympier gegen die Giganten geschmückt, außen mit Reliefs des Kampfes der Athener gegen die Amazonen (s.u.). Der rechte Arm der Göttin ist angewinkelt und trägt auf der Handfläche eine vier Ellen (entsprechen sechs Fuß) hohe Nike (Paus., 1, 24, 7; Overbeck, SQ, 1868, Nr 649), die nur an der Varvakion-Kopie verläßl. überliefert ist. Sie schwebt wohl von der Hand der Göttin auf den Betrachter zu – bereit, ihn (die Athener) zu bekränzen. Die rechte Hand mit der Nike wird von einer mindestens 5,50 m hohen Säule mit eigentüml. Kapitell gestützt, das man als Vorläufer des korinth. Typs oder als Palmblatt-Kapitell gedeutet hat (Schweitzer, 1940; Wotschitzky, 1950; Leipen, 1971; Fehr, 1979; Mallwitz, 1981). Die von der Varvakionstatuette (und indirekt von einem attischen Weihrelief des 4. Jh. v. Chr., der Replik Patras [Weber, 1993] sowie Münzen) bezeugte Säule ist gelegentl. für eine Rest. oder Kopistenzutat gehalten worden (Schreiber, 1883; Richter, 1956; Nick, 2002), muß aber aus statischen sowie ästhet. Gründen dem Orig. zugehören. – Die reiche Kopienüberlieferung der Amazonomachie auf der Außenseite des Schildes ist verwirrend, insofern die nur fragm. erh. Schildkopien (Lenormant in Athen, NM, Inv. Nr 128; Strangford in London, BM, Inv. Nr 302; Vatikan, Mus. Chiaramonti, Inv. Nr 1738; Rom, Konservatorenpalast, Inv. Nr 916 und Boston, MFA; Patras, Mus.; Athen, Agora Mus., Inv. Nr T 3577 und Kyrene, Mus.) je eine Auswahl an Figuren treffen und dem Zeitstil folgen, während die bezügl. der Einzelfiguren maßgleich kopierenden Piräusreliefs (Piräus, Mus., mit weiteren Platten in Berlin, Staatl. Mus., Antiken-Slg, Inv. Nr SK 1842; Chicago, Art Inst., Inv. Nr 28. 257; Kopenhagen, Ny Carlsberg Glyptotek, Inv. Nr 2016; Rom, Villa Albani, Inv. Nr 20; Vatikan, Mus., und Priv.-Besitz) sowie ihre auf Relieffriesen (Athen, Agora Mus., Inv. Nr T 3577; Athen, Kerameikos Mus.) und Sarkophagen (Aphrodisias, Mus.; Ampurias, Mus.) weiterverwendeten Typen in Maßen und Motiven zwar verläßl. zu sein scheinen, aber nicht in ihrer jeweiligen Komp. und bei gewissen Attributen. Wegen bisher unaufhebbarer Widersprüche und Lücken der Überlieferung ist noch keine wirkl. befriedigende Rekonstr. der Schildamazonomachie vorgelegt worden, ist man sich noch nicht einmal über die Zahl der Figuren (zw. 27 und 31) einig. Jedenfalls kämpften die 70–80 cm hohen Gestalten auf einem teilw. durch Felsen angegebenen Gelände, das wahrsch. die Athener Akropolis und ihre Umgebung darstellt. Die Komp. kreist um das den Schildnabel bildende Gorgoneion, das ein Schlangenkranz umgibt: Auf der Höhe sammeln sich die Verteidiger, von beiden Seiten durch Amazonen bedrängt, seitl. des Gorgoneions sind die Kämpfe noch unentschieden, im unteren Bereich triumphieren die Athener. Daß es sich um die attische Amazonomachie handelt, wird allg. anerkannt, den einzelnen Figuren antike Namen beizulegen, ist ein oft gewagtes Spiel, aber völlig unbeweisbar. Die antike Überlieferung, Ph. habe sich und Perikles (nach Schweitzer, 1939, als Daidalos und Theseus) mit Portr.-Zügen dargestellt, ist überzeugend als spätere Legendenbildung nachg. worden (Preißhofen, 1974). Die Piräusreliefs müssen auf Gipsabgüsse zurückgehen, die wohl erstmals unter Kaiser Hadrian (117–138 n. Chr.) vom Schildrelief genommen wurden, sind also bes. authent. Wiedergaben von Ph.' Formensprache (Strocka, 1967). – Die Basis besaß an ihrer Vorderseite (nach Delivorrias, 1988, an drei Seiten) einen Fries mit der Erschaffung der Pandora in Anwesenheit von zwanzig Göttern (Plin., nat., 36, 18; Overbeck, SQ, 1868, Nr 661; Paus., 1, 24, 7; Overbeck, SQ, 1868, Nr 649). Als Kopien können nur das Basis-Fragm. der Berliner *Parthenos* von Pergamon (Berlin, Staatl. Mus., Antiken-Slg, Inv. Nr SK 24; Winter, 1908; Weber, 1993) und die Figurenauswahl der unvoll. Lenormantstatuette gelten. Weitere Zuweisungen (z.B. Reliefs in Rom, Korinth, Rhodos) sind entweder stilist. unmögl. oder unbeweisbar. Die Zuschr. zweier hochklass. Relief-Fragm. aus pentelischem Marmor (Delivorrias, 1988) läßt sich nicht vereinbaren mit Plinius' Ausdruck „*caelavit*", was auf Metallarbeit weist, noch weniger mit der Erw. von geraubten und wiedererstatteten Goldblechfragmenten „von der Basis“ im Schatz-Verz. des Parthenon (Donnay, 1968). – Wie die versch. Mat. der *Parthenos* verteilt waren, ist nur in großen Zügen klar. Die abnehmbaren Goldbleche beschränkten sich offensichtl. auf das Gewand. Der Mechanismus ihrer reversiblen Anbringung bleibt trotz versch. Hypothesen (Stevens, 1957) unbekannt. Der hölzerne Statuenkern muß die Gewandformen vollst. ausgebildet haben, weil sonst die Wiederanbringung und auch die Neubekleidung der Statue nach der Beraubung durch Lachares (295 v. Chr.) nicht mögl. gewesen wären (Paus., 1, 25, 6; Overbeck, SQ, 1868, Nr 685; Ath., deipn., 11, 405F; Overbeck, SQ, 1868, Nr 686; Plut., Is., 71; Overbeck, SQ, 1868, Nr 687). Die nachwägbaren Goldpartien schließen die Verwendung von Gold bzw. Vergoldung bei nicht abnehmbaren Teilen keineswegs aus. Die Schlangen der Aigis waren aus Gold (Schol. Aristoph., Pax, 605; Overbeck, SQ, 1868, Nr 629), wohl auch das Gewand der Nike und das Basisrelief (s.o.). Aus Elfenbeinfurnier bestanden die unbekleideten Körperteile sowie das Gorgoneion der Aigis (Paus., 1, 24, 7; Overbeck, SQ, 1868, Nr 649) und deren Schuppen (Schol. Aristoph., Pax, 605; Overbeck, SQ, 1868, Nr 629). Nach → Platon (I) (Hipp. mai., p. 290B; Overbeck, SQ, 1868, Nr 653) waren die Augensterne aus Stein. Die Sphinx auf dem Helm nennt Plinius (nat., 36, 19; Overbeck, SQ, 1868, Nr 661) ehern. Dies wird dann auch für den Helmschmuck insgesamt gelten, wohl auch für Lanze und Schlange. Nichts ist über das Mat. der Schildreliefs überliefert. Gewöhnl. nimmt man Treibarbeit in Gold oder Silber an. Dagegen sprechen die noch im 2. Jh. n. Chr. unbeschädigt erh. Formen der in den Piräusreliefs kopierten Figuren sowie ihre vom Grunde gelösten Glieder. Die Figuren dürften einzeln in Bronze gegossen und viell. vergoldet worden sein. In gleicher Art wird man sich auch die Geländeangaben vorstellen dürfen. Ob die Schildfläche insgesamt aus massiver Bronze bestand oder nur aus Bronzeblech über einem Holzkern, bleibt offen, ebenso die Technik der Gigantomachie an der Innenseite des Schildes: Ziselierung, Tauschierung oder gar Malerei auf Gipsgrund. – Die Häufung der Attribute, bes. am Helm, hat immer befremdet. Zurecht sah man darin einen hieratischen, ja archaischen Zug. Aber erst Fehr (1979) hat überzeugend nachg., daß die *Athena Parthenos* an das delische Kultbild des Apollon von *Tektaios* und → Angelion (wohl M. des 6. Jh. v. Chr.) anknüpft, den einzigen Goldkoloß, den es vor ihr gab. Wie dieser in der Linken seinen bedrohl. Bogen hielt, mit der Rechten aber die musizierenden Chariten als freundl. Gabe darbot, so hat die *Parthenos* links Schlange, Schild und Lanze zur Verteidigung gegen Frevler (Giganten) und Barbaren (Amazonen), rechts aber gewährt sie ihren Schützlingen Sieg. Wie zwei Greifen links und rechts am delischen Apollon hochsprangen, so schmücken zwei steigende Greifen die Wangenklappen Athenas. Die Greifen- bzw. Hirschprotomen am Helm sind ebenfalls vom delischen Geschwisterpaar Apollon und Artemis übernommen. Auch über Sphinx, Pegasos und Eule gebietet Athena. Fehr hat selbst die Säule unter der rechten Hand auf Delos bezogen, und zwar durch die Annahme eines Palmblattkapitells als Stilisierung der delischen Palme. Somit ist die Stadtgöttin Athens, wo seit 454 v. Chr. der vorher von Apollon auf Delos gehütete Bundesschatz verwahrt wird, den sie nun im Parthenon ebenso verkörpert wie beschützt, neben, wenn nicht vor Apollon zur Schutzgöttin des Seebundes geworden. – 10.) *Anakreon auf der Athener Akropolis*: Pausanias (1, 25, 1) sah auf der Akropolis von Athen ö. des Parthenons eine Statue des Dichters Anakreon von Teos (ca. 560–485 v. Chr.) „so dargestellt, wie wohl ein trunkener Mensch singen würde“. Den Namen des Künstlers nennt er nicht. Mit dieser Statue konnte schon R. Kekulé (1892) eine gut erh. Kopie in Kopenhagen, Ny Carlsberg Glyptotek, Inv. Nr 491 (Höhe 1,90 m), identifizieren, deren Benennung als Anakreon durch die beschriftete Büstenwiederholung ihres Kopfes in Rom, Mus. Nuovo Capitolino, Inv Nr 838 gesichert ist. Der spätarchaische Dichter von Trink- und Liebesliedern, der seine besten Jahre in Athen verbracht hat, steht mit weit zur Seite gestelltem rechten Spielbein nackt da, hat nur ein Mäntelchen um die Schultern gelegt und schlägt ein (verlorenes) Saiteninstrument: Lyra oder Barbiton. Das bärtige und bindengeschmückte Haupt ist leicht in den Nacken gelegt und zur rechten Seite gewendet. Der geöffnete Mund scheint zum Saitenspiel zu singen. Der Nachweis von neun Repliken (Voutiras, 1980) belegt die Berühmtheit des Werkes. A. Furtwängler (1893) begründete seine Zuschr. an Ph. mit Detailähnlichkeiten an der *Lemnia* und an Parthenonfiguren. Die große Verwandtschaft des sog. Kapaneus, dessen Zugehörigkeit zur Amazonomachie am Schild der *Athena Parthenos* man erst später erkannte, bestätigt ihn glänzend. Eine Dat. des Bronze-Orig. in die Zeit zw. 450 und 440 v. Chr. ist weitgehend anerkannt (Voutiras, 1980). Schwer nachzuvollziehen sind L. Alschers (1982) abstrakte Argumente, die (doch inhaltl. begründete) labile Ponderation sei erst um 400 v. Chr. denkbar. Ebensowenig fand B. S. Ridgways (1984 und 1998) Meinung Anklang, die Statue sei eine röm. Adaptation einer Kopie des Oinomaos vom Ostgiebel des olymp. Zeustempels. – Aktuelle Kontroversen (Zanker, 1995; Himmelmann, 1995) betreffen v.a. die Frage nach dem Auftraggeber und der mit der Statue verbundenen Wertvorstellung. Pausanias' Bemerkung (1, 25, 1), daß der Anakreon „in der Nähe" einer Statue von Perikles' Vater Xanthippos stehe, hat häufig zu der unbegründbaren Annahme verführt, die beiden bildeten eine Gruppe, seien befreundet gewesen und von Perikles priv. gew. worden. Bei der topogr. Aufzählung eindeutig selbständiger Denkmäler verwendet Pausanias diesen Ausdruck (πλησίον) oft, und die Unterstellung, Ph. habe (nach Kimon) nur für Perikles gearbeitet, ist grundlos. Zanker sieht in dem verhalten und „anständig" (Infibulation) singenden Dichter, dessen Trunkenheit nur „mit äußerster Zurückhaltung" angedeutet sei, eine Demonstration von Perikles' Bürgerideal. Schon Voutiras (1980), später Himmelmann (1995) haben aber geltend gemacht, die Infibulation gehöre zu den Kennzeichen des berufsmäßigen Sängers, die Haltung lasse nicht auf Trunkenheit, sondern einen Tanzschritt schließen, und Anakreon werde im mittleren 5. Jh. v. Chr. als Exponent der verfeinerten Adelskultur der guten alten Zeit verstanden. Darum sei die Statue wahrsch. eine aristokrat. Weihung mit antidemokratischer Tendenz. – 11.) *Amazone in Ephesos*: Plinius (nat., 34, 53; Overbeck, SQ, 1868, Nr 946) überliefert, daß Ph. sich an einem Wettb. beteiligt habe, bei dem fünf Künstler versch. Alters für das Heiligtum der Artemis von Ephesos je eine *Amazone* gestalten sollten. Die Konkurrenten durften selbst entscheiden, welche Statue die trefflichste (*probatissima*) sei, indem jeder nach dem eigenen Werk die andern reihte. So erhielt → Polykleitos (I) den ersten Preis, Ph. den zweiten, → Kresilas den dritten, ein sonst ungen. Kydon (v. hierzu → Kresilas) den vierten, → Phradmon den fünften. Über die Amazone des Ph. erfahren wir noch von demselben Plinius (nat., 34, 54), daß sie aus Bronze sei, was natürl. für die and. Amazonen als Weihgeschenke im Temenos der Artemis auch gilt, von → Lukianos (im., 4; Overbeck, SQ, 1868, Nr 768), daß sie sich auf ihren Speer stütze und die Gestaltung von Mund und Hals bes. schön sei. Plinius erw. noch (nat., 34, 75) die Verwundung der Amazone des → Kresilas. Mehr erfahren wir aus den Schriftquellen nicht. Demgegenüber steht eine reiche Kopienüberlieferung von drei statuar. Typen verwundeter Amazonen etwa gleicher Größe (Höhe knapp 1,90 m), aber sehr unterschiedl. Gestaltung (zuletzt R. Bol, 1998). Sie kommen alle unter den antiken Gipsabguß-Fragm. von Baiae (Landwehr, 1985) vor. Es handelt sich um die nach den Rufnamen wichtiger Kopien benannten Typen Sciarra (jetzt Kopenhagen, Ny Carlsberg Glyptotek, Inv. Nr 1658), Sosikles (Rom, Mus. Capitolino, Salone, Inv. Nr 33; → Sosikles) und Mattei (Vatikan, Galleria delle Statue, Inv. Nr 265). Daß in diesen drei Statuentypen die Amazonen des → Polykleitos (I), Ph. und → Kresilas zu fassen sind, liegt auf der Hand. Nur ist in der bisherigen Diskussion die Zuweisung der Typen Sciarra, Sosikles und Mattei ganz kontrovers gewesen. Gegen die Mehrheitsmeinung hat Renate Bol (1990 und 1998) ausführlich nachg., daß nur die Amazone Sciarra dem Kanon des → Polykleitos (I) entspricht. Für Martha Weber (1976), die auch diese Auffassung vertritt, muß die Amazone Sosikles die pheidiasische sein, weil nur sie sich auf einen Speer stütze. Denn ihre Rekonstr. der Amazone Mattei erg. anstelle eines Speers einen Bogen (Weber, 1976 und 1989). Leider vermag dieser Vorschlag nicht zu überzeugen: Der erforderl. Bogen ist viel zu groß. Die Replik Trier und die rehabilitierte verschollene Gemme Natter (Platz-Horster, 1990) zeigen, daß ein viel kleinerer Bogen an den Köcher geschnallt war und die Amazone Mattei sich ebenfalls auf einen Speer stützt, wenn auch in viel komplizierterer Weise als die Amazone Sosikles. Wegen dieses Motivs und auch der flüssigen Gewandwiedergabe ist meist die Amazone Mattei für diejenige des Ph. gehalten worden, nicht zuletzt, weil man oft den Typus Sosikles als die polykletische Amazone ansah (zuletzt von Steuben, 1993). Nun läßt sich aber nur die Sosikles-Amazone nach Frisur, Gesichtsschnitt, Tracht, Verhältnis von Körper und Gewand sowie nach der Situationsbezogenheit mit Werken des Ph. überzeugend vergleichen. Auf verwandte Einzelzüge bei Athena Medici (v. unter *Nr 4*) und *Athena Lemnia* (*Nr 7*) wurde schon hingewiesen (Weber, 1976, 1988). Schlagend ist der Vergleich mit der Todessprung-Amazone vom Parthenosschild in bezug auf die Haarfülle, die Stoffcharakterisierung und das völlig übereinstimmende Motiv der Entblößung der rechten Brust mit einer blutenden Wunde an ders. Stelle. Das Mantelmotiv kehrt wieder bei der kopfüber gestürzten Amazone. Schlechterdings unvereinbar mit → Polykleitos (I) sind die Kopfwendung zum Spielbein, die Überquerung des Körpers durch den linken Arm und die verinnerlichte Dramatik der Handlung. Die stilist. Nähe zur Schildamazonomachie begründet auch ein Datum in das Jahrzehnt zw. 450 und 440 v. Chr., was für alle drei Amazonentypen gelten muß. – Ein eig. Problem ist die Deutung der Gruppe; denn daß die fünf zeitgleichen und gleichgroßen Statuen zu einer einzigen Weihung gehören, liegt sehr nahe. Vermutl. waren sie auf einer geraden oder gekrümmten gemeinsamen Basis nebeneinander aufgereiht (Gauer, 1980). Allzu selbstverständlich sieht man in ihnen einen attischen Auftrag und Inhalt (Gauer, 1980 und 1992; Schmaltz, 1995), etwa in dem Sinne, daß die in Athen geschlagenen und nach Ephesos geflohenen Amazonen verschont wurden, was eine Bekräftigung des faktischen Friedens mit den Persern sei (Gauer, 1992). Denn die Amazonen sind keineswegs tödl. verwundet (so Schmaltz, 1995), weil der Typus Mattei nur am linken Schenkel verletzt ist und sich die Wunden der Amazonen Sciarra und Sosikles neben der rechten Brust befinden, während das Herz in aller Regel links sitzt. Ihre Plazierung ist mit Sicherheit ein künstler. Vorwand der Entblößung. – Gewiß ist allein die Aufstellung in Ephesos und der Zusammenhang der Amazonen mit dem Lokalmythos, wonach sie das Heiligtum gegr. haben, als sie auf der Flucht vor Herakles bei Artemis Asyl fanden. Es wäre sehr verständl., wenn die Priesterschaft des Artemisions nach dem E. der Perserkämpfe auf die Bedeutung des Asyls und die zw. O und W vermittelnde Lage ihres panhellenischen Heiligtums hinweisen wollte (so auch R. Bol, 1998 und T. Hölscher, 2000). – 12.) *Meter im Metroon zu Athen*: Nach Pausanias (1, 3, 5; Overbeck, SQ, 1868, Nr 832) und Arrianos (peripl. M. Eux., 9; Overbeck, SQ, 1868, Nr 833) hatte Ph. die Statue der Göttermuter im athen. Metroon geschaffen. Arrianos nennt sie angesichts der Göttin von Phasis Rhea, „denn sie hält ein Kymbalon (Schallbecken) in der Hand, hat Löwen unter dem Thron und sitzt wie die (Statue) des Pheidias im Metroon von Athen". Im Marmorbuch erw. Plinius (nat., 36, 17; Overbeck, SQ, 1868, Nr 831) nach der Nemesis von Rhamnus ein weiteres Werk des → Agorakritos im Heiligtum der Mater magna zu Athen. Daß es das Kultbild des Metroons an der Agora sei, wird von den einen (Walter, 1939; Despinis, 1971) angenommen, den and. (Rumpf, 1938; Langlotz, 1947) abgelehnt, da es so nicht bez. sei und es in Athen mehrere Meterheiligtümer gegeben habe. Einig ist man sich aber weitgehend darin, daß die Meter-Statue einem klass. Typus der sitzenden Kybele entsprechen müsse, der seit dem frühen 4. Jh. v. Chr. nachweisbar ist, Chiton und Mantel trägt und das Schallbecken mit der linken Hand von oben faßt (Naumann, 1983). In einer Version des 2. Jh. n. Chr. in Lebadeia sieht man eine zieml. getreue Wiedergabe der Meter und dat. das Orig. um 450/440 v. Chr. (Langlotz, 1947; Despinis, 1971). Diese Figur hat aber keineswegs die Qualität einer Erfindung des Ph. oder → Agorakritos und läßt auch den oder die Löwen vermissen. Bei den Darst. der Rhea/Meter/Kybele des 5. und früheren 4. Jh. v. Chr. kommt immer nur ein Löwe vor (Naumann, 1983). Dies gibt den entscheidenden Hinweis auf einen and. Typus einer sitzenden Göttin, den man seit E. Schmidt (1937) mit Recht für pheidiasisch gehalten und wegen seiner Verwandtschaft mit den sitzenden Göttinnen Artemis und Aphrodite im Parthenon-O-Fries gegen 440 v. Chr. dat. hat, die sog. Olympias alias Agrippina (Langlotz, 1952 und 1954; Calza, 1955; Becatti, 1969/70; Maderna-Lauter, 1990). Unter den zwölf bek. Repliken sind drei erh., zwei weitere aus der Villa Hadriana verschollen, die unter dem Klismos Reste eines gelagerten Löwen aufweisen, den man meist für einen Hund gehalten und bei der Replik Torlonia auch so erg. hat. Das Tier ist aber von solcher Größe, daß es selbst unter den ganz wenigen größeren Hunden ähnl. Stellung auf Grabreliefs des 4. Jh. v. Chr. keinen Vergleich hat. Außerdem ist der Schweif so lang und gleichbleibend dick, wie er nur zu einem Löwen paßt. Wenn die Mehrzahl der kaiserzeitl. Repliken den Löwen durch unterschiedl. Stützen der Sitzfläche des Klismos ersetzt, so erklärt sich das leicht aus dem Umstand, daß man den Figurentypus für Portr.-Statuen vornehmer Römerinnen verwendet hat. Wo der Löwe wiedergegeben wurde, ist eine Darst. der Mater magna anzunehmen oder, falls Portr.-Züge vorhanden waren, als Qualität der Sterblichen zu assoziieren. Die zwar stark verwitterte und ergänzte, aber vollständigste Replik mit einem Löwen, seit 1824 im Mus. Torlonia, stand als Zweitverwendung auf der Spina des Circus des Maxentius (Calza, 1976), ganz analog der Kybele des Circus Maximus. Ein Schallbecken weist freilich keine Replik dieses Statuentypus (mehr?) auf. Es war bei Portr.-Statuen überflüssig oder gar irreführend und kann bei Meterstatuen in Metall zugefügt gewesen, allfällige Marmorreste dürften von den Restauratoren entfernt worden sein. Immerhin fällt auf, daß bei der besten Replik (Rom, Mus. Torlonia) das Gewand auf der rechten Seite die Sitzfläche ganz ausfüllt, ja leicht darüber hinausgeht, auf der linken Seite mehrere Zentimeter Abstand von der Stuhlkante hält, so daß hier das Schallbecken aufgeruht haben mag, das von oben mit den Fingern der lässig über die Stuhllehne herabhängenden linken Hand gehalten sein konnte. – Als zugehörigen Kopftypus hat man seit E. Schmidt (1937) fast durchweg die sog. Sappho angenommen, die inzwischen in 19 Repliken sowie einigen Varianten vorliegt (Strocka, 1967; Scheibler, 1973; Himmelmann, 1979) und sich durch die Rechtsdrehung der Mehrzahl der Kopien, die angehobene linke Schulter und den Halsausschnitt einiger Exemplare empfiehlt. Dieser Kopf hat ebenfalls eindeutig pheidiasische Züge der Zeit um 440 v. Chr., weil, soweit vergleichbar, mit Repliken der *Athena Parthenos* und von Amazonen des Parthenosschildes verwandt. Man hat ihn gern wegen des kokett um die hochgenommene Haarfülle gewundenen Bandes und der Sinnlichkeit des Gesichtes Aphrodite gen., doch ist diese Haartracht ihr keineswegs vorbehalten. Außerdem war Rhea, die Tochter des Uranos und Mutter des Zeus, bes. schön. Ihre Haarpracht hebt Hesiod (theog., 625) hervor. – Delivorrias (1978) hat ein stark verwittertes Schulter-Fragm. der sitzenden „Olympias" von der Akropolis für das Orig. des Typus gehalten und als Aphrodite des → Kalamis (I), Weihgeschenk des Kallias, angesprochen. Dafür gibt es aber keinerlei Beweis. Auch die Bestimmung des Fragm. als Orig.-Arbeit des 5. Jh. v. Chr. hat Skepsis hervorgerufen (Ridgway, 1981; Maderna-Lauter, 1990). Die grobe Ausnehmung für einen Einsatzkopf spricht ebenfalls dagegen. Eine unbewußt klassizist. Sehweise nährt das allg. Vorurteil, nur die langgestreckte linke Seite der sitzenden Rhea/Meter sei die Ansichtsseite, die Statue folgl. als Kultbild in einer Cella unvorstellbar und deshalb im Freien aufgestellt gewesen. Tatsächlich hat die Figur wie jede Statue des mittleren 5. Jh. v. Chr. vier eigenständige Ansichtsseiten und ist auf einer angemessen hohen Basis auch in einer Cella denkbar. Freilich wissen wir nichts über die Beschaffenheit des Bezirks der Meter beim Alten Buleuterion von Athen. Da Kybele-Heiligtümer Kleinasiens gern im Freien liegen, kann dies auch für Athen und sein marmornes Kultbild der Meter gelten. – 13.) *Zeus in Olympia*: Der Ruhm der Goldelfenbeinstatue des Ph. im Zeustempel zu Olympia übertraf noch den der *Athena Parthenos* (Overbeck, SQ, 1868, Nrn 692–743). Nicht sie, sondern den *Zeus* zählte man zu den sieben Weltwundern. Ph. hatte sein Werk in scheinbarer Bescheidenheit am Fußschemel, also gut sichtbar, signiert. Auch diese Kolossalstatue war sowohl ein Kultbild als auch ein Anathem. Wegen seiner eindrucksvollen Erscheinung wurde der pheidiasische *Zeus* zum Andachtsbild, zum Inbegriff der Zeus-Religion, ja zur künstler. Offenbarung des göttl. Wesens (Dion Chr., 12). – Von seinem Aussehen können wir uns nur ein unzulängliches Bild machen. Pausanias (5, 11, 1–11; Overbeck, SQ, 1868, Nr 696) ist unsere einzige ausführl. Quelle, doch beschreibt er nicht die Gest. der Statue, sondern zählt nur die wichtigsten Attribute und die Schmuckteile des Throns auf. Obwohl der *Zeus von Olympia* offensichtl. die späteren Typen des thronenden Zeus nachhaltig beeinflußt hat (Vlitzos, 1999), sind im Unterschied zur *Athena Parthenos* (*Nr 9*) keine verkleinerten Kopien oder Relief-Darst. der ganzen Statue auf uns gekommen. Allein elische Münzen hadrian. Zeit geben in zwei Typen den Thron mit der Sitzstatue sowie das Zeushaupt im rechten Profil wieder (Schrader, 1941; Liegle, 1952; Franke, 1984; Vlitzos, 1999). Im einzelnen sind sie freilich unzureichend und nicht ohne Widersprüche. Lediglich Teile des figürl. Schmucks (Nike, Sphinx, Niobidenreliefs) scheinen nach Abgüssen wohl hadrian. Zeit kopiert worden zu sein (s.u.). – Obwohl Pausanias sich weigert, die Maße des *Zeus* anzugeben (Paus., 5, 11, 9), da sie hinter dem Eindruck weit zurückblieben, sind sie uns dank einiger Papyrus-Fragm. des sechsten Iambus des Kallimachos (Pfeiffer, 1941 und 1949) teilw. bekannt. Demnach hatte die Basis eine Breite von 20 Fuß, was sich nach ihren erh. Resten nur auf den pheidonischen Fuß von 32,72 cm beziehen kann, der wahrsch. auch für die *Athena Parthenos* verwendet wurde, also 6,544 m. Die Tiefe der Basis scheint sich auf 30 Fuß (d.h. 9,816 m) zu belaufen. Denselben Betrag gibt Kallimachos für die Höhe des Throns an. Mit diesen 30 Fuß (20 Ellen) dürfte die Oberkante der Thronlehne gemeint sein, ungerechnet die links und rechts des Zeushauptes auf der Lehne stehenden je drei Chariten und Horen, deren Höhe mit 6 Fuß (entsprechen 4 Ellen, d.h. 1,963 m) angegeben wird. Kallimachos sagt ausdrückl., der Gott habe den Thron noch um 5 Ellen überragt. Seine Höhe betrug also 25 Ellen zu 49,08 cm (d.h. 12,27 m). Rechnet man die von Kallimachos unberücksichtigte Basis hinzu, die von Dörpfeld (1892) mit 1,09 m rekonstr. wurde, kommt man auf eine Gesamthöhe von 13,36 m; gibt man der Basis – wie bei der *Parthenos* – nur zwei Ellen (98,16 cm) Höhe, erhält man immer noch 13,25 m, also 27 (d.h. 3 x 3 x 3) Ellen. Dieses Maß läßt sich leicht mit der erschlossenen Cella-Höhe von 14,33 m vereinbaren. Der sitzende *Zeus von Olympia* war also um eine Elle höher als die stehende *Athena Parthenos*. Der schon von Strabon (8, p. 353; Overbeck, SQ, 1868, Nr 698) geäußerte Tadel, der *Zeus* sei zu groß, da er, wenn er sich erhöbe, das Dach abdecken würde, verkennt die Absicht der Auftraggeber: Der *Zeus von Olympia* sollte die (auch deswegen frühere) *Athena Parthenos* übertreffen. – Ph. verwendete dieselbe Technik wie bei dieser: Auf einem hohlen Holzkern (→ Lukianos, gall., 24) war für das Karnat Elfenbeinfurnier angebracht. Als aus Gold(blech) bestehend erw. Pausanias das Gewand des Gottes und der Nike, die Sandalen sowie die Löwen der Fußbank. Aus Gold waren gewiß auch der Olivenkranz des *Zeus*, Kranz und Tänie der Nike sowie der Adler auf dem von Metalleinlagen verzierten (hölzernen?) Szepter. Die Münzen ergänzen unsere Vorstellung des frontal sitzenden Göttervaters um wichtige Einzelzüge. Ein nach Pausanias mit Figuren und Lilienblüten geschmückter Mantel bedeckte Unterkörper und Rücken und fiel mit einem Ende über die linke Schulter herab. Das linke Bein war leicht vorgestellt, das rechte etwas zurückgenommen. Der rechte Arm ruhte auf der Thronlehne, auf der Handfläche schwebte Nike, welche wie bei der *Parthenos* wohl auf den Betrachter zuflog, eine Binde in den Händen. *Zeus'* linker Arm war angewinkelt und stützte sich auf das mit der Figur etwa gleichhohe senkrechte Szepter, das neben dem Thron aufstand. Von der Nike haben sich wahrsch. röm. Marmorkopien erh. (Schrader, 1941). Die Glas-Fragm. und Formen für gläserne Gewandteile, die im planierten Schutt vor der Ph.-Wkst. gefunden wurden, lassen sich nach Schiering (1991) kaum mit der kleineren Nike verbinden, sie könnten aber viell. zu den Chariten oder Horen gehören, wenn sie nicht Reste späterer, in der Wkst. vorgenommener Arbeiten sind. Jedenfalls geben sie eine Vorstellung von der Pracht der Gewänder: Gläserne Partien ließen unterlegte figürliche und vegetabile Ornamente in Goldfolie durchschimmern. Außerdem haben sich gläserne Palmettenblätter wohl von Intarsien gefunden. – Als Mat. des Throns nennt Pausanias Gold, Steine, Ebenholz und Elfenbein. Das rechtwinklige Gerüst bestand wahrsch. aus Ebenholz, die vier zusätzl. Säulen unter der Sitzfläche aus Stein. Von Ebenholz waren anscheinend auch die vorderen Stützen der Armlehnen, zwei Sphingen, die jeweils einen thebanischen Jüngling zerfleischen, da die ephesische Kopie aus schwärzl. Grauwacke besteht (Eichler, 1936 und 1960). Die Chariten und Horen bestanden wohl wie die Nike aus Gold und Elfenbein sowie Glas. Entweder aus Elfenbein geschnitzt oder aus Gold getrieben waren die Niobidenreliefs, die an den Nebenseiten des Sitzes unter den Sphingen angebracht waren, wie Pausanias ausdrückl. sagt und eine attische Vase des frühen 4. Jh. v. Chr. bei einer Darst. des Zeusthrons andeutet (Shefton, 1982 und 1992). Sie zeigten, verteilt auf die zwei Friese, in freigestellten bewegten Einzelfiguren oder ruhigen Gruppen Apollon und Artemis, welche die Kinder der Niobe mit Pfeilschüssen töten. In versch. röm. Marmorfriesen und Fragm. sind die Relieffiguren der beiden Götter sowie von sieben Söhnen und (bisher nur) sechs Töchtern der Niobe kopiert, freilich in widersprüchlicher, bislang nicht endgültig geklärter Abfolge (zuletzt Vogelpohl, 1980; Bol, 1989; Höcker/Schneider, 1993). Vier tanzende Niken erw. Pausanias an den Beinen, je zwei weitere an den Füßen des Thrones. Da die Figuren am Thron teils gemalt, teils als Bildwerke ausgef. waren, wie er sagt, und da die Münzen glatte, vierkantige Thronbeine wiedergeben, dürften die tanzenden Niken (von → Panainos) gemalt gewesen sein, diejenigen an den gedrechselten Füßen viell. reliefiert. Oberhalb der Füße befanden sich auf allen vier Seiten Querstreben, an denen Reliefs oder eher: auf denen freiplast. Figuren befestigt waren: auf der Vorderseite rechts und links der Beine des Zeus je vier Knaben im sportl. Wettkampf, von denen freilich der achte zu Pausanias' Zeit fehlte, auf den übrigen drei Querstreben der gemeinsame Kampf von Herakles und Theseus gegen die Amazonen. Pausanias zählte „an die 29 Figuren", die sich also ungleich verteilten. Da der Thron wahrsch. breiter war als tief und in Analogie zur Vorderseite, könnten auf der Rückseite 13 Figuren, an den Nebenseiten je acht Figuren, d.h. vier Kampfpaare angeordnet gewesen sein. Die attische Amazonomachie war als Relief am Fußschemel, also in Augenhöhe angebracht. – An der Vorderseite der Basis befand sich ein Fries goldener Figuren. Die Geburt der Aphrodite im Beisein von Göttern war hier dargestellt, eingerahmt wie die eng verwandte Basis der *Athena Parthenos* (*Nr 9*) vom aufsteigenden Gespann des Helios und der ihr Pferd oder Maultier hinablenkenden Selene. Anders als in Athen zählt Pausanias hier die Götter auf: in der linken Hälfte Zeus, Hera, (Hephaistos,) Charis, Hermes, Hestia, Eros, in der rechten Hälfte an die aus dem Meer aufsteigende Aphrodite anschließend Peitho, Apollon, Artemis, Athena, Herakles, Amphitrite, Poseidon, jederseits also sieben Figuren außer den Gestirnsgöttern. – Das ikonolog. Programm ist dem der *Athena Parthenos* verwandt, nur auf den Göttervater und Himmelskönig bezogen, dessen Macht durch Thron und Szepter, die ihm gehorchenden Löwen und Adler sowie die Horen veranschaulicht wird, die das kosmische Gesetz der Jahreszeiten verkörpern. Auf Zeus als schicksalverfügenden und Hochmut bestrafenden Gott verweisen die Sphingen als Todesdämonen und die Niobidentötung. Seine Menschenfreundlichkeit bezeichnen die Chariten als Verkörperung von Eintracht und Freundschaft und die Niken als der von Zeus verliehene Sieg im Kriege (Amazonomachien) und im sportl. Wettkampf, bes. zu Olympia (Athleten). Aphrodites Wirken (Basis) entsprach ebenfalls dem Willen des Zeus. Auch die von → Panainos bemalten Schrankenplatten mit dreimal drei Zweiergruppen bezogen sich auf die Belohnung von Zeus wohlgefälligen Taten und die Bestrafung der ihre Grenzen überschreitenden Frevler (Völcker-Janssen, 1987). – Innerhalb dieser Schranken befand sich vor der Basis eine 6,50 x 6,50 m messende Vertiefung im Boden, gepflastert mit schwarzem eleusinischen Stein und umgeben von einer erhöhten Schwelle aus weißem pentelischen Marmor. Dies muß der von Pausanias (5, 11, 10) erw. Ölsee sein, der das vom Eingang her beleuchtete Bildwerk spiegelte. – Die früher umstrittene Dat. des *olympischen Zeus* gilt jetzt allg. als sicher: Er muß nach der *Athena Parthenos* entstanden sein, weil die erh. Wkst. des Ph. nicht vor 440 v. Chr. errichtet wurde (Mallwitz/Schiering, 1964; Schiering, 1991) und weil die Niobidenreliefs zwar an Typen der Parthenosschild-Amazonomachie anknüpfen, stilist. aber darüber hinausgehen. Der *Zeus* sollte die *Athena Parthenos* übertreffen und wird auch von Statius (silv., 2, 2, 65 s.; Overbeck, SQ, 1868, Nr 781) verklausuliert als Spätwerk bezeichnet. Dennoch ist die sich jetzt einbürgernde Dat. um oder nach 430 v. Chr. (Faulstich, 1997; Klauck/Bäbler, 2000) falsch, weil viel zu spät. Der Prozeß gegen Ph. von 432 v. Chr. und dessen wohl im selben Jahr erfolgter Tod schließen jedes spätere Datum aus. Einen *terminus ad quem* für die fortgeschrittene Arbeit bildet das Jahr 436 v. Chr., die 86. Olympiade, bei der Pantarkes, der Liebling des Ph., im Knabenringkampf siegte, weshalb der Künstler nach freilich späten Quellen (Overbeck, SQ, 1868, Nrn 740–743) Παντάρκης καλός in einen Finger des Zeus graviert haben soll. Entscheidend ist, daß ein panhellen. Bildprogramm mit der Herausstellung des Theseus und der attischen Amazonomachie sowie der Hervorhebung der Schlacht von Salamis und noch einmal des Theseus an den Schranken als Auftrag der Eleer nach 435 v. Chr. schwer vorstellbar wäre, als sie sich polit. von Athen abwandten und Ph. viell. Elis verlassen mußte. Umgekehrt braucht nicht erst die Voll. der *Athena Parthenos* 438 v. Chr. Bedingung für die Berufung des Ph. nach Olympia zu sein. Denkbar sind sehr wohl seit ca. 440 v. Chr. Absprachen und Entwürfe sowie konkrete Vorbereitungen (Wkst.-Bau, Mat.-Beschaffung), so daß eine Anfertigung des Zeuskolosses unter der verbürgten Mitwirkung von → Panainos und → Kolotes (I) innerhalb von drei bis vier Jahren vor 435 v. Chr. mögl. erscheint. – Über die späteren Schicksale der Statue ist nur Weniges bek.: Sie wurde durch → Damophon von Messene im frühen 2. Jh. v. Chr. rest. (Paus., 4, 31, 6; Overbeck, SQ, 1868, Nr 745). Kaiser Caligula wollte sie vergebl. nach Rom versetzen (Suet., Cal., 22; Overbeck, SQ, 1868, Nr 747; Dio Cass., 9, 28, 3; Overbeck, SQ, 1868, Nr 748; Ios., ant. Iud., 19, 1; Overbeck, SQ, 1868, Nr 749). Aufgrund eines 408 n. Chr. erlassenen Dekrets Theodosius' II., das die Entfernung heidn. Kultbilder befahl, wurde der *olympische Zeus* in den Palast des Lausos nach Konstantinopel verbracht (Kedrenos, Σύνοψις ἱστοριῶν, 1, 564 [ed. Bekker]; Overbeck, SQ, 1868, Nr 754; Vickers, 1992). Bei der Feuersbrunst von 475 n. Chr. ist der Palast mit allen seinen Kunstwerken zerst. worden (Kedrenos, ibid., 1, 616; Zonar., 3, 131 [ed. Büttner-Wolst]). – 14.) *Anadumenos in Olympia*: Pausanias (6, 4, 5; Overbeck, SQ, 1868, Nr 757) hebt eine (zweifellos bronzene) Siegerstatue eines Knaben in Olympia hervor, der sich die Tänie um den Kopf binde. „Obwohl wir nicht wissen, wessen Bildnis Pheidias da geschaffen hat", sei er doch der Erw. wert, „wegen des Kunstverstandes des Pheidias im Hinblick auf Standbilder". Eine Figur gleichen Motivs hatte Pausanias bereits unter den jugendl. Athleten auf dem vorderen Querriegel des Zeusthrons erw. (5, 11, 3; Overbeck, SQ, 1868, Nr 696): „Derjenige, der sich selbst den Kopf mit einer Binde umwickelt, soll dem Pantarkes ähnl. sehen; der elische Knabe Pantarkes soll der Liebling des Pheidias gewesen sein". Die angebl. Ähnlichkeit kann sich allein auf die gewiß nicht individualist. Gesichtszüge beziehen, die auch nur aus einiger Entfernung auszumachen waren, eine typ. Künstlerlegende also. Das Motiv erlaubt jedenfalls nicht, die Statue des *Anadumenos* für Pantarkes zu halten. Pausanias nennt jedenfalls später (6, 10, 6) eine Statue des Pantarkes für seinen Sieg im Knabenringkampf, den er bereits (5, 11, 3) in die 86. Olympiade (436 v. Chr.) dat. hatte, ohne das Motiv oder gar Ph. als Schöpfer zu erwähnen. Schon topographisch handelt es sich um zwei versch. Statuen. – Furtwängler (1893) glaubte, den von Pausanias so gerühmten *Anadumenos* in einer Statue des BM, London, Inv. Nr 501 aus der Slg Farnese wiederzuerkennen. Der athlet. Knabe oder eher Mellephebe (von nur 1,48 m Höhe, aber mit vollem Schamhaar) steht frontal auf seinem rechten Bein und hat das linke zur Seite gesetzt, ohne die Fußsohle zu heben. Der Kopf ist ein wenig nach rechts gedreht und kaum gesenkt, während die auf Schulterhöhe erhobenen Hände die Enden der bereits um den Kopf geknoteten Binde anheben. Erhalten ist nur der rechte Arm mit der vollständigen, senkrecht fallenden Tänie, während vom wesentl. stärker angewinkelten linken Arm nurmehr der Ansatz vorhanden ist. Furtwängler hob die Verwandtschaft mit dem *Anakreon* (*Nr 10*) und mit Figuren des *Parthenonfrieses* hervor, worin man ihm lange folgte (Schweitzer, 1940; Langlotz, 1947; Alscher, 1982). Seit V. H. Poulsen (1940) hält die neuere Forsch. freilich den Anadumenos Farnese für eine „neuattische“ Umbildung nach dem Vorbild des Diadumenos des → Polykleitos (I) (Himmelmann, 1967; Zanker, 1974; Hafner, 1979; Kreikenbom, 1990). Zweifellos hat die Figur gegen sich, daß sie eine flaue, eher hadrianische als antoninische Kopie ist und keine weiteren Repliken bek. sind. Es ist aber kaum nachzuvollziehen, daß der *Anadumenos* eine bewußte Rückstilisierung des mit 1,86 m auch sehr viel größeren, also erwachsenen polykletischen Diadumenos sei, der gewiß die stärker bewegte, kontrastreichere und stilist. fortgeschrittenere Figur ist. Zug für Zug hat der *Anadumenos* ein eigenes Gepräge. Wenn man die Annahme für nötig hält, daß die schlecht beurteilte Londoner Statue auf ein klassizist. Orig. des 1. Jh. v. Chr. zurückgehe, dann kann man doch eher ein hochklass. Orig. postulieren, das erstmals ein Motiv verwendet, welches später → Polykleitos (I) bewußt aufgriff, um mit seinem Diadumenos den *Anadumenos* des Ph. zu übertreffen. So haben jedenfalls die Römer geurteilt, die den Diadumenos so häufig kopieren ließen. Nur wenige Kenner hielten es lieber mit der schlichten Version des Pheidias. Viell. erklärt sich daraus das auffällige Lob des Kunsthistorikers Pausanias. Daß der Typus des *Anadumenos* erhebl. Ausstrahlung hatte, beweist die etrusk. Bronzestatuette des sog. Mars von Todi (spätes 5. Jh. v. Chr., Vatikan. Mus.), die ihn maßgleich wiederholt. – II.) *Ungesicherte Werke*: – a.) *Aphrodite Urania in Athen*: Pausanias berichtet beiläufig (1, 14, 7; Overbeck, SQ, 1868, Nr 691), daß sich in der Nähe des Hephaisteions in Athen ein Heiligtum der Aphrodite Urania befinde und daß der Kult, den bereits König Aigeus eingerichtet habe, urspr. aus Assyrien stamme, ehe er nach Paphos und Athen kam. Die Statue sei „aus parischem Marmor und ein Werk des Pheidias“. Das Heiligtum wird entweder mit einem Altar des 6./5. Jh. v. Chr. und einem sehr viel späteren Tempel gleichgesetzt, die 1981/82 an der NW-Ecke der Agora entdeckt worden sind (Shear, 1984) oder eher mit den Resten eines Heiligtums am N-Hang des Kolonos Agoraios, weil die Funde in einem zugehörigen Brunnen recht deutl. für einen Urania-Kult sprechen (Travlos, 1949; Osanna, 1993). Über die Statue ist aber nichts bekannt. Sie wurde entweder mit der *Aphrodite von Elis* (*b*) in unmittelbaren Zusammenhang gebracht oder Ph. abgeschrieben, indem man in ihr die Aphrodite Fréjus des → Kallimachos vermutete (Karusu, 1974) oder die Agrippina des Lateran von → Agorakritos (Harrison, 1982). A. Delivorrias möchte dagegen an Ph. festhalten und dessen Athener *Aphrodite Urania* in der um einen Eros ergänzten Aphrodite Doria Pamphilj erkennen, die er um 435 v. Chr. datiert. Die bisher vorgelegten Argumente für die Zuschr. dieses bed., zweifellos von den Parthenon-Giebelfiguren abgeleiteten Werkes reichen noch nicht aus. – b.) *Aphrodite Urania in Elis*: Pausanias (6, 25, 1; Overbeck, SQ, 1868, Nr 755) erw. in Elis einen Tempel der Aphrodite Urania. „Sie ist aus Elfenbein und Gold, ein Werk des Pheidias und steht mit dem einen Fuß auf einer Schildkröte“. Plutarchos erw. die Schildkröte der elischen Aphrodite zweimal (Plut., coniugalia praecepta, 32 [Plut., mor., 142 D]; Overbeck, SQ, 1868, Nr 756; Plut., Is., 75; Overbeck, SQ, 1868, Nr 665) als Ermahnung der Ehefrauen, ebenso häusl. und schweigsam zu sein. Tatsächlich dürfte die Schildkröte ein altes kosmisches Symbol der urspr. oriental. Aphrodite (Astarte) darstellen (Settis, 1966). B. Keil (1904) fand in einer byz. Hs. den Hinweis, daß die Augen der elischen Aphrodite aus schwarzem Stein gewesen seien. Man hat immer schon vermutet, daß Ph. sie während seines Aufenthaltes in Olympia geschaffen habe. Eine Vorstellung von ihrem Aussehen scheint die sog. Aphrodite Brazzà in Berlin (erh. Höhe 1,58 m, mit zu erg. Kopf ca. 1,90 m) zu bieten, bei der die Meinungen geteilt bleiben, ob es sich um ein Orig. des letzten Drittels des 5. Jh. v. Chr. handelt oder um eine sehr gute röm. Kopie. Der einzige Grund, diese Statue mit der *Urania von Elis* zu verbinden, ist die Schildkröte unter dem vorgesetzten linken Spielbein, nur wurde das Tier 1820 vollst. ergänzt. Es ist müßig, darüber zu spekulieren, ob der venezian. Bildhauer Reste einer antiken Schildkröte ersetzte, durch gelehrte Kenntnis auf das Attribut kam oder durch den Auftrag, eine „Prudenza“ aus dem Torso zu machen (Kekulé, 1894). Man kennt inzwischen eine ganze Anzahl von Aphroditestatuetten, die den linken Fuß auf eine Schildkröte setzen und sich mit dem linken Ellenbogen auf einen Pfeiler, eine Herme oder ein archaistisches Idol als altertüml. Verkörperungen der Urania (z.B. Paus., 1, 19, 2) stützen (Lichocka, 1983). Sie gehen durchweg auf einen späthellenist. Typus zurück und können höchstens motivisch von der pheidiasischen *Aphrodite Urania* abhängen. Obwohl ihre Attribute nicht gesichert sind, mag die Berliner Statue wegen ihres Standmotivs und des Stils unmittelbar von der *elischen Aphrodite* beeinflußt sein. Vor der Entdeckung einer vollständigeren Replik muß dies aber völlig offen bleiben. Man hat die Berliner Statue, obwohl sie aus pentelischem Marmor ist, mit der von Pausanias Ph. zugeschr. *Urania in Athen* (*a*) aus parischem Marmor identifiziert (Brommer, 1950). Es ist aber sehr fragl., ob man hier mit einer Wkst.-Wiederholung rechnen darf.

Hätte die athen. *Urania* ebenfalls den Fuß auf eine Schildkröte gesetzt, wäre sie wohl von Plutarchos eher zit. worden, als die sicher weniger bek. in Elis. Mit guten Gründen wurde die Aphrodite Brazzà ins frühe 4. Jh. v. Chr. dat. (Hofkes-Brukker, 1967; Croissant, 1971; id., 2001) und sollte aus der Diskussion um die *Urania* ausscheiden. – III.) *Unbekannte Werke*: Im Bronzebuch erw. Plinius (nat., 34, 54) vier Erzstatuen des Ph., von denen wir uns bislang keine Vorstellung machen können: – c.) *Cliduchus*: Nach der mit der *Athena Lemnia* (*Nr 7*) gleichzusetzenden „Minerva von außerordentlicher Schönheit" nennt Plinius eine oder einen *cliduchus* (κλειδοῦχος: Schlüsselhalter[in]), was aufgrund bildl. Darst. Priester(in) bedeuten muß. Die scharfsinnige Konjektur von J. de Waele (1979, v. unter *Nr 7*), hier κληροῦχος zu lesen und dies als Beinamen der unmittelbar davor gen. *Athena Lemnia* zu verstehen, wird in Frage gestellt durch die stilist. Dat. der *Lemnia* sowie den völlig hypothet. Char. der angenommenen Kleruchendeduktion als Anlaß der Stiftung der *Lemnia*. Recht unwahrsch. ist auch L. Urlichs (1857) Vermutung, mit der „Schlüsselbewahrerin" (so Athena bei Aristoph., Thesm., 1140) sei die *Promachos* (*Nr 4*) gemeint. Schließl. könnte man auch κλαδοῦχος (d.h. Zweigtragende[r]) konjizieren und darauf verweisen, daß die Nemesis von Rhamnus, die nach versch. Quellen (Overbeck, SQ, 1868, Nrn 836–840) von Ph. geschaffen, aber mit der Sign. des → Agorakritos versehen worden sein soll, einen Apfelzweig hielt. Es müßte sich freilich um eine and. Statue handeln, weil die Nemesis aus Marmor ist. Der *Apollon Parnopios* (*Nr 5*) könnte jedoch gemeint sein, der aus Bronze war und nach Münzen und Gemmen (Gercke, 1991) in der Rechten einen Lorbeerzweig hielt. – d.) *Bronzene Athena in Rom*: Außer der *Lemnia* (*Nr 7*) nennt Plinius an ders. Stelle (nat., 34, 54; Overbeck, SQ, 1868, Nr 765) „eine andere Minerva, die Paullus Aemilius beim Tempel der Fortuna *huiusce diei* weihte". Man hat vermutet, daß der Makedonensieger Aemilius Paullus sie 168 v. Chr. nach Rom bringen ließ. F. Coarelli (1981) machte jedoch darauf aufmerksam, daß die umgekehrte Namensstellung nur bei den Aemiliern des 1. Jh. v. Chr. vorkommt und der gen. Tempel (Rom, Largo Argentina, Tempel B) bald nach 101 v. Chr. von Q. Lutatius Catulus gew. worden ist. Es war also vor dem 1. Jh. v. Chr. nicht mögl., bei diesem Tempel eine aus Griechenland geraubte oder im Kunsthandel gekaufte Statue aufzustellen. Über ihr Aussehen ist nichts bekannt. 1982 hat A. Linfert eine alte These von L. Urlichs (1857) wiederaufgegriffen, diese Athena habe urspr. in Triteia/Achaia gestanden, weil Pausanias 7, 22, 9 mitteilt, daß „das alte Athenabild, wie die Tritaier sagen, nach Rom gebracht" wurde, während das „jetzige" aus Stein sei. Die Beziehung der einen Athena auf die and. ist ohne jeden Anhaltspunkt, sogar auszuschließen, da auch das alte Athenabild in Triteia aus Marmor gewesen sein wird, weil Kultbilder in aller Regel nicht aus Bronze waren. – e.) und – f.) *Zwei Mantelstatuen in Rom*: Plinius setzt seine Aufzählung fort, indem er *zwei Mantelstatuen* des Ph. nennt, die er wegen ihrer topogr. Nähe zur „anderen Minerva" (*d*) assoziiert. Sie waren aber nicht „bei" dem Tempel der Fortuna *huiusce diei* aufgestellt, sondern durch Catulus, den Tempelgründer, oder seinen gleichnamigen Sohn, der den Fortunatempel umgebaut zu haben scheint (Martin, 1987), im Tempel selbst untergebracht. Es werden schwerlich Götter- oder Heroenstatuen als „signa palliata" bez. worden sein, sondern bronzene Ehrenstatuen, von denen wir keinerlei Vorstellung haben. – g.) *Nackter Koloß in Rom*: Als letztes der Erzwerke des Ph. zählt Plinius einen „colossicon nudum" auf, ohne Auskunft zu geben, ob er sich am selben Ort wie – d.) bis f.) oder überhaupt in Rom befand. Das überlebensgroße Standbild läßt an ein Heroen- oder Götterbild denken, von dem es sonst keine Nachr. gibt. – IV.) *Zweifelhafte Zuschreibungen*: – h.) *Kleine Parthenos*: In der 30. Rede des spätantiken Rhetors Himerios heißt es: „Es schuf Pheidias vor der großen Parthenos eine kleine auf der Akropolis nach Anweisung des Perikles. Da dieses Gebilde die Kunst des Pheidias nicht wirklich wiedergeben konnte, hieß ihn Perikles, sich zwar weiterhin darum zu bemühen, was die (geringe) Größe eben hergebe, aber bei der großen die ganze Kraft seiner Kunst aufzubieten". Seit der ersten Veröff. dieses Textes im Jahre 1911 hat man immer wieder versucht, diese *kleine Parthenos* mit einem Werk des Ph. zu identifizieren. Frickenhaus (1913) und Lehmann-Haupt (1935) dachten an die *Lemnia* (*Nr 7*). Dem widersprechen aber klar die vielgerühmte Schönheit dieses Votivs und die Tatsache, daß nicht Perikles, sondern die Lemnier Stifter sind. Becatti (1951) wollte in ihr die ja gar nicht kleine Athena Medici (v. unter *Nr 4*) sehen, die er – viel zu spät – 447 v. Chr. datierte. Es dürfte müßig sein, eine weitere Athena als Standbild auf der Akropolis zu postulieren, etwa *Nr d*. Mir scheint auf der Hand zu liegen, daß Himerios das Modell der *Parthenos* oder eine erste plast. Ideenskizze meint, die Ph. in seinem Ergasterion „auf der Akropolis", näml. unter dem heutigen Akropolis-Mus., anfertigte, um die Kommission von seinem Konzept zu überzeugen. Ob ein solches Modell, das es gegeben haben muß und das nicht viel größer als z.B. die (es kopierende?) Varvakion-Statuette gewesen sein wird, also 1/12 oder 1/10 des späteren Orig., z.Z. des Himerios noch zu besichtigen war oder der Rhetor es nur für seine Anekdote erfand, wissen wir nicht. Gemeint ist damit, daß sich die Kunst des Ph. nicht in kleinformatigen, sondern in mon. Werken vollendete. – i.) *Athena auf Säule*: Der byz. Polyhistor Ioannes Tzetzes (1110–1185) überliefert (hist. var., 8, 353–369; Overbeck, SQ, 1868, Nr 772) die hübsche Anekdote, daß Ph. und → Alkamenes (I) gleichzeitig von den Athenern beauftragt wurden, je eine Athena auf einer hohen Säule anzufertigen. Solange die Figuren noch am Boden standen, wurde die Athena des → Alkamenes (I) sehr gelobt, während Ph. für die seine „Gefahr lief, gesteinigt zu werden". Als die Athenen aber aufgestellt worden waren, zeigte sich, daß Ph. die Verkürzungen berücksichtigt hatte und jetzt seine *Athena* wohlgefiel, die des → Alkamenes (I) aber lächerlich wirkte und nun er den Spott davontrug. Man muß annehmen, daß die Gesch. als Beispiel erfunden wurde, wie sehr die Künstler des 5. Jh. v. Chr. bereits mit dem Problem des Ausgleichs opt. Verkürzungen umzugehen verstanden. Schon immer ist aufgefallen, daß bei der *Athena Lemnia* (*Nr 7*) das Spielbeinknie sehr tief sitzt, also die Unterschenkel im Verhältnis zu den Oberschenkeln und dem Rumpf allzu kurz erscheinen. Wenn man Ph. hierin keinen „Fehler" nachweisen will, könnte man daraus auf eine relativ hohe Aufstellung des Anathems schließen. – j.) *Angelitos-Athena* (Athen, Akropolis-Mus., Inv. Nr 140): Im Perserschutt der Athener Akropolis fand sich eine ohne Plinthe und Kopf 77 cm hohe Marmorstatuette einer Athena in Chiton, Peplos und Aigis, die bereits Stand- und Spielbein deutl. unterscheidet und die Linke in die Hüfte stützt, während der rechte Arm entgegengesetzt gewinkelt ist, um wohl eine senkrechte Lanze zu halten. Diese sehr eigenwillige, dem frühen Strengen Stil zugehörige, mit Sicherheit vor 480 v. Chr. datierbare Figur hat A. E. Raubitschek (1939/40 und 1949) überzeugend mit einem Kapitell und einem Säulenschaft-Fragm. verbunden, dessen Weih-Inschr. Angelitos als Auftraggeber, Euenor (→ Euenor [I]) als Bildhauer nennt. Da für → Euenor (I) auch eine spätarchaische, konventionelle Kore inschr. belegt ist, erwog Raubitschek ansprechend, in der *Athenastatuette* das Werk eines jungen, fortschrittlichen Gesellen in Euenors Wkst. zu erkennen. Er schlug dafür den jungen Ph. vor, indem er auf dessen spätere Zusammenarbeit mit → Parrhasios, dem vermutl. Sohn desselben → Euenor (I), hinwies. Dies ist natürl. völlig unbeweisbar, aber keineswegs abwegig. A. Linfert (1982) hat die Verwandtschaft der Statuette mit der späteren Madrider Athena (v. unter den *Nrn 2* und *3*) hervorgehoben. Zeitlich wäre denkbar, daß Ph. mit 15–20 Jahren auch bei → Euenor (I) gelernt hat. Die breiten Zickzacksäume der rechten Seite tönen ein von Ph. sehr geschätztes Motiv an (cf. *Nrn 4, 7–9*). Trotzdem muß die Zuschr. bis auf weiteres als gänzl. ungesichert gelten. ▭ ThB26, 1932 (s.v. Phidias 1). RE XIX. 2, 1938 (s.v. Phidias 2); EAA III, 1960 (s.v. Fidia); Suppl. II, 1994 (s.v. Fidia); LAW, 1965, (s.v. Phidias); KlP IV, 1972 (s.v. Ph.); DA XXIV, 1996 (s.v. Ph.); DNP IX, 2000 (s.v. Ph.). – *Allgemein*: *Brunn*, GGK, I, 1889, 112–148; *A. Hekler*, Die Kunst des Phidias, St. 1924; *H. Schrader*, Phidias, Ffm. 1924; *Picard*, Manuel, II, 1939, 308–521; *B. Schweitzer*, JdI 55:1940, 170–241; *V. H. Poulsen*, From the coll. (Ny Carlsberg Glyptotek) 3:1942, 33–65; *E. Langlotz*, Phidiasprobleme, Ffm. 1947; *E. Buschor*, Phidias der Mensch, M. 1948; *G. Becatti*, Problemi fidiaci, Mi./Fi. 1951; *J. Liegle*, Der Zeus des Phidias, B. 1952; *P. E. Arias*, Problemi di scult. greca, Bo. 1965, 327 ss.; *B. Conticello u.a.*, Alla ricerca di Fidia, Pd. 1987; *C. Höcker/L. Schneider*, Phidias, Reinbek 1993; *E. B. Harrison*, Pheidias, in: *O. Palagia/J. J. Pollitt* (Ed.), Personal styles in Greek sculpt., New Haven, Conn. 1996 (Yale Classical Studies, 30), 16–65. – *Zum Prozeß des Pheidias*: FGrH, III. b, 1950, 134 s., Nr 328 (zu Philochoros, Fragm. 121); III. b, Suppl. I, 1954, 484–496, II, 391–401 (dazu: *R. Bloch*, Gnomon 31:1959, 495 ss.); *D. Kienast*, Gymnasium 60:1953, 210–229; *O. Lendle*, Hermes 83:1955, 284 ss.; *G. Donnay*, AntCl 37:1968, 19–39; *C. Triebel-Schubert*, AM 98:1983, 101–112; *W. Ameling*, Klio 68:1986, 63 ss.; *P. Stadter*, A commentary on Plutarch's Perikles, Chapel Hill 1989, 284–305; *R. A. Bauman*, Political trials in Ancient Greece, Lo. 1990, 37–42; *K. Raaflaub*, in: *L. Burckhardt/J. von Ungern-Sternberg* (Ed.), Große Prozesse im antiken Athen M. 2000, 96 ss. – *Pheidias und der Parthenon*: *B. Schweitzer*, JdI 53:1938, 1–89; 54:1939, 1–96; 55:1940, 170–241; *N. Himmelmann*, in: *id./A. Lippold* (Ed.) Bonner Festgabe Johann Baptist Straub, Bonn 1977 (BJb, Beih., 39) 67–90; *A. Wittenburg*, Griech. Baukommissionen des 5. und 4. Jh., M. 1978, 5–25, 40–44; *N. Himmelmann*, in: Stele. Tomos eis Mnemen Nikolau Kontoleontos, At. 1980, 161–171; *W. Ameling*, Historia 31:1985, 47 ss.; *N. Himmelmann*, in: *H. Büsing u.a.* (Ed.), Bathron. Festschr. Heinrich Drerup, Saarbrücken 1988, 213–224; *A. H. Borbein*, in: *H.-U. Cain u.a.* (Ed.). Festschr. Nikolaus Himmelmann, Mainz 1989, 99 ss.; *W. Hoepfner* (Ed.), Kult und Kultbauten auf der Akropolis. Internat. Symposion vom 7.–9. Juli

1995 in Berlin, B. 1997. – *Zu einzelnen Werken*: – 1.) *Athena von Pellene*: *W. Klein*, Archaeol.-epigraph. Mitt. aus Oesterreich-Ungarn 7:1883, 69 s.; *Furtwängler*, Meisterwerke, 1893, 57; *Becatti*, op. cit., 1951, 159; *H. G. Niemeyer*, Promachos, Waldsassen 1960, 72, Anm. 274; *A. Linfert*, AM 97:1982, 58; *Harrison*, op. cit., 1996, 65. – 2.) *Athena Areia von Plataiai*: *Furtwängler*, Meisterwerke, 1893, 57; *H. Thiersch*, Die Athena Areia des Phidias und der Torso Medici in Paris, Göttingen 1938 (NachAkGött, N. F. 2, 10), 211–257; *Becatti*, op. cit., 1951, 175 s.; *W. Gauer*, Weihgeschenke aus den Perserkriegen, Tb. 1968 (IstMitt, Beih., 2), 24 s., 31, 98 ss.; *K. Jeppesen*, Acta Jutlandica 40:3, 1968, 46–49; *Linfert*, op. cit., 1982, 71, 73; *D. Castriota*, Myth, ethos and actuality. Official art in fifth c. B. C., Madison, Wis. 1992, 63 ss.; *Höcker/Schneider*, op. cit., 1993, 50–57; *Harrison*, op. cit., 1996, 34–38. – 3.) *Marathon-Weihgeschenk in Delphi*: *E. Curtius*, Gesammelte Abh., II, B. 1894 (NachAkGött, 1861), 365 s.; *A. Mommsen*, Philologus, N. F. 1:1889, 458 ss.; *Furtwängler*, Meisterwerke, 1893, 55 ss.; *E. Petersen*, RM 15:1900, 142–151; *H. Pomptow*, Klio 8:1908, 73–102; *id.*, RE, Suppl. IV, 1924, 1214–1218, s.v. Delphoi; *G. Daux*, Pausanias à Delphes, P. 1936, 87 s.; *J. Bousquet*, BCH 66/67:1942/43, 132 ss.; *Buschor*, op. cit., 1948, 11 ss.; *Becatti*, op. cit., 1951, 144 ss.; *Liegle*, op. cit., 1952, 349–352; *E. Berger*, RM 65:1958, 23–32; *J. Pouilloux/G. Roux*, Enigmes à Delphes, P. 1963, 53; *D. Kluwe*, WissZJena 14:1965 (H. 1), 21–27; *V. M. Strocka*, JdI 82:1967, 110 ss.; *Gauer*, Weihgeschenke, op. cit., 1968, 25, 65–70; *id*, JdI 83:1968, 118 ss., 138 ss.; *E. Kluwe*, WissZRostock 17:1968 (H. 7/8), 677–683; *R. Hampe*, K der Slg antiker Kleinkunst des Archäol. Inst. der Univ. Heidelberg, II, Mainz 1971, 111–117, Nr 147; *A. E. Raubitschek*, in: Mélanges Georges Daux, P. 1974, 315 s.; *U. Kron*, Die zehn attischen Phylenheroen, B. 1976 (AM, Beih., 5) 215–227; *W. Gauer*, in: *F. Krinzinger u.a.* (Ed.), Forschungen und Funde. Festschr. Bernhard Neutsch, Inn. 1980, 129 s.; *A. Giuliano*, Xenia 2:1981, 55–60; *W. Fuchs*, in: *B. von Freytag gen. Löringhoff u.a.* (Ed.), Praestant interna. Festschr. Ulrich Hausmann, Tb. 1982, 34–40; *A. Giuliano*, Xenia 3:1982, 41–46; 5:1983, 5 s.; *id.*, in: Due Bronzi da Riace, R. 1984 (Bd'A, ser. spec. III, vol. II), 297–306; *O. Deubner*, JdI 103:1988, 148–150; *K. Stähler*, AM 106:1991, 191–199; *C. Vatin*, Mon. votifs de Delphes, R. 1991, 165–259; *E. R. Knauer*, AA 1992, 383–385; *Harrison*, op. cit., 1996, 23 ss.; *C. Ioakimidou*, Die Statuenreihen griech. Poleis und Bünde aus spätarchaischer und klass. Zeit, M. 1997, 66–77, 179–200; *R. Krumeich*, Bildnisse griech. Herrscher und Staatsmänner im 5. Jh. v. Chr., M. 1997, 93–102; *P. Amandry*, BCH 122:1998, 75–90; *G. Despinis*, in: *M. Lilimpake-Akamate* (Ed.), Mneias charin. Tomos sti Mnimi Mairis Siganidou, Thessaloniki 1998, 47–59; *id.*, JdI 116:2001, 103–123; *E. B. Harrison*, ibid., 123–127. – 4.) *Athena Promachos auf der Athener Akropolis*: – *Allgemein*: *A. Michaelis*, AM 2:1877, 87–95; *R. J. H. Jenkins*, JHS 67:1947, 31 ss.; *Langlotz*, op. cit., 1947, 73–76; *Becatti*, op. cit., 1951, 161–167; *Liegle*, op. cit., 1952, 339–345; *H. G. Niemeyer*, Promachos, Waldsassen 1960, 76–85; *Gauer*, Weihgeschenke, op. cit., 1968, 103–105; *E. Mathiopoulos*, Zur Typologie der Göttin Athena im 5. Jh. v. Chr., Bonn 1968, 7–12; *R. Tölle-Kastenbein*, Frühklass. Peplosfiguren. Originale, Mainz 1980, 58 s., 75; *Linfert*, op. cit., 1982, 66–71; *H. W. Stichel*, Boreas 11:1988, 155 ss.; *A. Linfert*, Boreas 12:1989, 137 ss.; *I. Kasper-Butz*, Die Göttin Athena im klass. Athen, Ffm. 1990, 178–180; *Höcker/Schneider*, op. cit., 1993, 58–60; *Harrison*, op. cit., 1996, 28–34. – *Basis und Gesamthöhe*: *W. B. Dinsmoor*, AJA 25:1921, 118–129; *G. P. Stevens*, Hesperia 5:1936, 491–499; *A. E. Raubitschek/G. P. Stevens*, Hesperia 15:1946, 107–114; *Raubitschek*, Dedications, 1949, 198 ss., Nr 172; *H. A. Thompson*, in: Charisterion Anastasios K. Orlandos, I, At. 1965, 314–323; *W. B. Dinsmoor*, op. cit., IV, 1967/68, 145–155. – *Abrechnungsurkunde*: IG, I^2, Nr 338; IG, I^3, 435; *W. B. Dinsmoor*, AJA 25:1921, 118–129; *B. D. Meritt*, Hesperia 5:1936, 362–380; *E. Schweigert*, Hesperia 7:1938, 264–268; *A. E. Raubitschek*, Hesperia 12:1943, 12–17; *C. Mattusch*, Greek bronze statuary, Ithaca/Lo. 1988, 169–172. – *Athena Promachos in der Kleinkunst*: *B. Pick*, AM 56:1931, 59–74; *E. Pfuhl*, AM 57:1932, 151–157; *J. P. Shear*, Hesperia 5:1936, 316 ss.; *W. Schwabacher*, Opuscula Archaeologica 4:1946, 36 ss.; *E. Mathiopoulos*, Zur Typologie der Göttin Athena im 5. Jh. v. Chr., Bonn 1968, 13–25. – *Schild des Parrhasios und Mys*: *E. Bielefeld*, Archäol. Vermutungen, Würzburg 1938, 8 ss.; *A. E. Raubitschek*, BSA 40:1939/40, 35; *id.*, Dedications, 1949, 496–498; *K. Gschwantler*, Zeuxis und Parrhasios, W. 1975, 68 s., 72 s. – *Athena Medici*: *K. Lange*, AZ 39:1881, 196 ss.; *Furtwängler*, Meisterwerke, 1893, 45–58; *W. Amelung*, ÖJh 11:1908, 169–211; *A. Frickenhaus*, JdI 28:1911, 353–362; *H. Thiersch*, Die Athena Areia des Phidias und der Torso Medici in Paris, Göttingen 1938 (NachAkGött, N. F. 2, 10), 211 ss.; *F. Chamoux*, BCH 68/69:1944/45, 206–239; *Langlotz*, op. cit., 1947, 69 ss.; *id.*, MM 1:1960, 164 ss.; *J. Despinis*, Akrolitha, At. 1975, 11 ss., 23 ss., 27 ss.; *M. Weber*, JdI 91:1976, 84 s.; *B. S. Ridgway*, Fifth c. styles in Greek sculpt., Pr. 1981, 169 s.; *Linfert*, op. cit., 1982, 66 ss.; *M. Aurenhammer*, in: Lebendige Altertumswissenschaft. Festschr. Hermann Vetters, W. 1985, 212–215; *P. Karanastassis*, AM 102:1987, 339–350, 411–416; *E. B. Harrison*, in: *M. Schmidt* (Ed.), Kanon. Festschr. Ernst Berger, Basel 1988 (AntK, Beih., 15), 101–107; *id*, op. cit., 1996, 54–58; *L. Musso*, Studi Miscellanei 29,2:1996, 115–139; *B. Lundgreen*, Analecta romana Instituti Danici 24:1997, 7–36. – 5.) *Apollon Parnopios auf der Athener Akropolis*: *L. Curtius*, Text zu BrBr, 601, p. 24 s., M. 1908; *Schrader*, op. cit., 1924, 82 ss.; *E. M. Schmidt*, Der Kassler Apollon und seine Repliken, APl V, B. 1966, passim; *Alscher*, op. cit., 1982, 65–71, 377 s.; *P. Gercke* (Ed.), Apollon und Athena. Klass. Götterstatuen in Abgüssen und Rekonstruktionen (K Kassel, SKS) 1991, 39 s., 91 ss., Kat. Nrn 1–31. – 6.) *Hermes in Theben*: *T. Schreiber*, Die antiken Bildwerke der Villa Ludovisi in Rom, L. 1880, Nr 94; *Furtwängler*, Meisterwerke, 1893, 86 ss.; *Paribeni*, MusNaz, 1953, 26 s., Nr 28; *S. Karusu*, AM 76:1961, 94–106; *G. Neumann*, Gesten und Gebärden in der griech. Kunst, B. 1965, 16; *E. A. Arslan*, Bd'A 51:1966, 133–148; *J. Inan*, AntK 13:1970, 26–32; *ead.*, Roman sculpt. in Side, Istanbul 1975, 32–40; *M. Weber*, JdI 41:1976, 83; *B. Palma*, in: *Giuliano* MusNazRom, I. 5, 1983, 177, Nr 75; *P. C. Bol*, in: *N. Başgelen/M. Lugal* (Ed.), Festschr. für Jale Inan, Istanbul 1989, 223 ss.; *A. A. Amadio*, in: *A. Giuliano* (Ed.), La coll. Boncampagni Ludovisi, R. 1992, 94–101, Nr 5; *R. M. Schneider*, in: *P. C. Bol* (Ed.), Forsch. zur Villa Albani. K der antiken Bildwerke, IV, B. 1994, 38–47. – 7.) *Athena Lemnia auf der Athener Akropolis*: *F. Preller*, AZ 4:1846, 264; *G. Loeschke*, in: Hist. Unters. Arnold Schaefer gewidmet, Bonn 1882, 43; *F. Studniczka*, Vermutungen zur griech. Kunst-Gesch., W. 1884, 5 ss.; *Furtwängler*, Meisterwerke, 1893, 4–43; *H. Lamer*, RE XII. 2, 1925, 1897–1927 (s.v. Lemnia); *H. Nesselhauf*, Unters. zur Gesch. der delisch-attischen Symmachie, N. F. 17:1933 (Klio, Beih., 30), 127, Anm. 3; *W. Müller*, Text zu BrBr, 793/4, M. 1943 (mit Lit. seit 1922); *Langlotz*, op. cit., 1947, 77 s.; *Becatti*, op. cit., 1951, 169 ss.; *Liegle*, op. cit., 1952, 365 ss.; *E. Kirsten*, in: *R. Lullies* (Ed.), Neue Beitr. zur klass. Altertumswissenschaft. Festschr. Bernhard Schweitzer, St. 1954, 166 ss.; *A. H. Borbein*, JdI 88:1973, 113 ss.; *N. Kunisch*, AM 89:1974, 85–104; *G. Gualandi*, Carrobbio 2:1976, 205–224; *F. Maggi*, PP 31:1976, 324–335; *J. Floren*, Stud. zur Typologie des Gorgoneion, Münster 1977, 140 ss.; *J. de Waele*, AA 1979, 27 ss.; *Ridgway*, op. cit., 1981, 170 s.; *Linfert*, op. cit., 1982, 59 ss.; *Alscher*, op. cit., 1982, 116 ss.; *K. J. Hartswick*, AJA 87:1983, 335–346; *B. S. Ridgway*, Roman copies of Greek sculpt., Ann Arbor 1984, 53; *O. Palagia*, AJA 91:1987, 81 ss.; *H. Protzmann*, Jb der SKS Dresden 16:1984 (1987) 7–22; *E. B. Harrison*, in: *M. Schmidt* (Ed.), Kanon. Festschr. Ernst Berger, Basel 1988, 101 ss.; *Kasper-Butz*, op. cit., 1990, 182 ss.; *Gercke*, op. cit., 1991, 40 ss., 152 ss., Kat. Nrn 32 ss. (darin 56 ss.: *M. Weber*, Die helmhaltende Athena Typ Lemnia); *B. S. Ridgway*, in: *J. Neils* (Ed.), Goddess and polis (K Hanover, New Hampshire u.a.), Hanover, N. H. 1992, 140 ss.; *Höcker/Schneider*, op. cit., 1993, 99–104; *Harrison*, op. cit., 1996, 52 ss.; *H. Meyer*, in: *G. Erath* (Ed.), Komos. Festschr. Thuri Lorenz, W. 1997, 111 ss.; *S. Ritter*, JdI 112:1997, 49 ss.; *N. Salomon*, Le cleruchie di Atene. Caratteri e funzione, Pisa 1997, 47 ss.; *E. Simon*, Die Götter der Griechen, M. 1998, 175 ss.; *M. Steinhart*, AA 2000, 377–385. – 8.) *Aphrodite, später in Rom*: *R. von Schneider*, JbKSWien 12:1891, 72 ss.; *Furtwängler*, Meisterwerke, 1893, 100; *R. Kekulé von Stradonitz*, Über Copien einer Frauenstatue aus der Zeit des Phidias (BWPr, 57), B. 1897, 26 s.; *H. Schrader*, ÖJh 14:1911, 42 ss.; *id.*, op. cit., 1924, 49 ss.; *Liegle*, op. cit., 1952, 362 s.; *Despinis*, op. cit., 1971, 61, 203; *A. Delivorrias*, LIMC II, 1984, 24, Nr 149, s.v. Aphrodite; *B. Andreae*, in: *E. Pozzi* (Ed.), Baia. Il ninfeo imperiale sommerso di Punta Epitaffio, N. 1983, 54 ss.; *C. Landwehr*, Die röm. Skulpt. von Caesarea Mauretaniae, I, B. 1993, 76 s., Nr 54; *C. Maderna-Lauter*, in: *P. C. Bol* (Ed.), Forsch. zur Villa Albani. K der antiken Bildwerke, IV, B. 1994, 205–222, Nr 460. – 9.) *Athena Parthenos auf der Akropolis*: – *Allgemein*: *F. Brommer*, Athena Parthenos, Bremen 1957; *N. Leipen*, Athena Parthenos, a reconstr., Tor. 1971; *F. Schiff*, AntK 16:1973, 4–43; *Ridgway*, op. cit., 1981, 161–167; *Alscher*, op. cit., 1982, 121 ss., 133 s., 161 s.; *N. Leipen*, in: *E. Berger* (Ed.), Parthenon-Kongreß Basel 1982, Mainz 1984, 177 ss.; *Höcker/Schneider*, op. cit., 1993, 62–82; *E. I. Faulstich*, Hellenist. Kultstatuen und ihre Vorbilder, Ffm. 1997, 43–53; *G. Nick*, Die Athena Parthenos. Stud. zum griech. Kultbild und seiner Rezeption, Mainz 2002 (AM, Beih., 19), 113 ss. – *Funktion*: *C. J. Herington*, Athena Parthenos and Athena Polias. A study in the religion of Periclean Athens, Manchester 1955; *F. Preißhofen*, in: *E. Berger* (Ed.), Parthenon-Kongreß Basel 1982, Mainz 1984, 15–18. – *Abrechnungen, Goldgewicht*: IG, I^2, 354–362; I^3, 453–460; *B. D. Meritt*, Athenian financial doc. of the fifth c., Ann

Arbor 1932, 30–41; *A. von Gerkan*, Wiss. Zs. der Ernst-Moritz-Arndt-Univ. Greifswald 5:1955–56, 55–58; *G. Donnay*, BCH 91:1967, 50–86; *id.*, ibid. 92:1968, 21–28; *S. Eddy*, AJA 81:1977, 107–111; *A. Wittenburg*, Griech. Baukommissionen des 5. und 4. Jh., M. 1978, 45–50; *B. Wesenberg*, AA 1985, 49 ss. – *Zu einzelnen Kopien*: *T. Schreiber*, AbhLeipzig 19:1883, 545–640; *H. Schrader*, AA 1932, 89 s.; *D. Kent Hill*, ArtB Baltimore 18:1936, 150 ss.; *W. H. Schuchhardt*, APl, II, B. 1963, 31–53; *R. Fleischer*, ÖJh 49:1968–71, 68–72 (Fälschung); *A. Prag*, JHS 92:1972, 96–114 (meist Fälschungen); 103:1983, 151 ss.; *id.*, in: *E. Berger* (Ed.), Parthenon-Kongreß Basel 1982, Mainz 1984, 182–187; *P. A. Gianfrotta*, Forma Italiae reg. VII, vol. III, Castrum Novum, R. 1972, 622–625; *V. Botta Morizio*, AnnBari 15:1972, 7 ss.; *B. Palma*, in: *Giuliano* MusNazRom I. 5, 1983, 172–175; *P. Karanastassis*, AM 102:1987, 323–329, 401–411; *C. Vermeule*, Journal of the MFA Boston 1:1989, 41–60; *M. Weber*, JdI 108:1993, 83–122; *Nick*, op. cit., 2002, 236 ss. – *Ikonographie*: *B. Fehr*, Hephaistos 1:1979, 71–91; 2:1980, 113–125; 3:1981, 55–93. – *Helm*: *R. Pagenstecher*, AM 33:1908, 113–134; *J. Fink*, AM 71:1956, 90–97 (Eule); *G. Hafner*, StädelJb 5:1975, 7–16 (Sphinx); *E. Berger*, in: *id.* (Ed.), Antike Kunstwerke aus der Slg Ludwig, III. Skulpturen, Mainz 1990, 95 ss. (Sphinx); *C. Vorster*, in: *G. Daltrop* (Ed.), Röm. Skulpt. des späten Hellenismus und der Kaiserzeit, II. 2 (K Vatikan. Museen. Mus. Gregoriano Profano ex Lateranense) Mainz 1993, 143 ss., Nr 63 (Sphinx). – *Säule*: *A. Wotschitzky*, ÖJh 38:1950, 110–134; *G. M. A. Richter*, in: Studi in onore di Aristide Calderini e Roberto Paribeni III, R. 1956, 147–153; *G. P. Stevens*, Hesperia 30:1961, 1 ss.; *A. Mallwitz*, OlympiaBer., X, B. 1981, 341 ss. – *Gorgoneia*: *J. Floren*, Studien zur Typologie des Gorgoneion, Münster 1977, 139–168. – *Schildinnenseite mit Gigantenkampf*: *A. von Salis*, JdI 55:1940, 90–169; *K. W. Arafat*, BSA 81:1986, 1–6. – *Schildaußenseite mit Amazonenkampf*: *E. B. Harrison*, Hesperia 35:1966, 107–133; *V. M. Strocka*, Piräusreliefs und Parthenosschild, Diss. Bochum 1967; *W. Gauer*, JdI 83:1968, 138 s.; *F. Preißhofen*, JdI 89:1974, 50–69; *E. Simon/T. Hölscher*, AM 91:1976, 115–148; *J. Floren*, Boreas 1:1978, 36–67; *T. Stephanidou-Tiveriou*, Neoattiká, At. 1979, 6–25, 113–138; *E. B. Harrison*, AJA 85:1981, 281–317 (Reliefs von Aphrodisias); *V. M. Strocka*, in: *E. Berger* (Ed.), Parthenon-Kongreß Basel 1982, Mainz 1984, 188–196; *W. Gauer*, in: *M. Schmidt* (Ed.), Kanon. Festschr. Ernst Berger, Basel 1988, 28–41; *H. Meyer*, AM 102:1987, 295 ss.; *T. Stephanidou-Tiveriou*, in: Ametos. Festschr. Manolis Andronikos, II, Thessaloniki 1986, 839–857; *D. Mauruschat*, Boreas 10:1987, 32–58; *D. Vivó i Codina*, in: *J. Massó y Pitor Sarda* (Ed.), Reunión sobre escult. romana en Hispania. Actas, Tarragona 1996, 213–222 (Relief von Ampurias). – *Basis mit Pandorafries*: *F. Winter*, JdI 22:1907, 55–70; *K. Lehmann-Hartleben*, ibid. 47:1932, 17–46; *W. B. Dinsmoor*, AJA 38:1934, 93–106; *F. W. Goethert*, JdI 49:1934, 157–161; *C. Praschniker*, ÖJh 39:1952, 7–12; *G. P. Stevens*, Hesperia 24:1955, 240–276; 26:1957, 350–361; *W. H. Schuchhardt*, in: Wandlungen. Festschr. Ernst Homann-Wedeking, Waldsassen 1975, 120–130; *A. Delivorrias*, in: Proceed. of the XIIth internat. congress of class. archaeology, Athens 1983, III, At. 1988, 53–64. – *Späteres Schicksal*: *J. Führer*, RM 7:1892, 158–165; *W. B. Dinsmoor*, AJA 38:1934, 93–106; *F. W. Goethert*, JdI 49:1934, 157–161; *H. Koch*, AA 1935, 388–394. – 10.) *Anakreon auf der Athener Akropolis*: *R. Kekulé*, JdI 7:1892, 119–126; *Furtwängler*, Meisterwerke, 1893, 92 ss.; *F. Poulsen*, From the coll. (Ny Carlsberg Glyptotek) 1:1931, 1–15; *V. H. Poulsen*, Les portr. grecs, Ny Carlsberg Glyptotek, Kph. 1954, 25 ss.; *G. Hafner*, JdI 71:1956, 1–28; *Richter*, Portraits, I, 1965, 75 ss.; *E. Voutiras*, Stud. zu Interpretation und Stil griech. Porträts des 5. und frühen 4. Jh. v. Chr., Bonn 1980, 77 ss.; *Alscher*, op. cit., 1982, 184–192; *B. S. Ridgway*, Roman copies of Greek sculpt., Ann Arbor 1984, 54 s.; *P. Zanker*, Die Maske des Sokrates, M. 1995, 29 ss. (v. hierzu: *N. Himmelmann*, BJb 195:1995, 654 s.); *B. S. Ridgway*, AJA 102:1998, 717–738. – 11.) *Amazone in Ephesos*: *A. Michaelis*, JdI 1:1886, 14 ss.; *Furtwängler*, Meisterwerke, 1893, 286 ss.; *M. Weber*, JdI 91:1976, 28–96; *ead.*, JdI 93:1978, 175 ss.; *T. Dohrn*, JdI 94:1979, 112–126 (mit Lit.); *W. Gauer*, in: *H. A. Cahn u.a.*, Tainia. Festschr. Roland Hampe, Mainz 1980, 201 ss.; *P. Devambez*, LIMC I. 1, 1981, 643 s., s.v. Amazones; *M. Weber*, JdI 99:1984, 75–126; *C. Landwehr*, Die antiken Gipsabgüsse aus Baiae, B. 1985, 60–76; *M. Weber*, in: *M. Schmidt* (Ed.), Kanon. Festschr. Ernst Berger, Basel 1988, 134 ss.; *ead.*, in: *N. Başgelen/M. Lugal* (Ed.), Festschr. für Jale Inan, Istanbul 1989, 31–37; *R. Bol*, in: *Beck/Bol*, Polyklet, 1990, 213–239; *G. Platz*, ibid., 574 ss., Nrn 95–98c, pp. 581 ss., Nrn 101a-b; *J. Floren*, in: *O. Brehm/S. Klie* (Ed.), Musikos Aner. Festschr. Max Wegner, Münster 1992, 119–141; *W. Gauer*, in: *H. Froning u.a.* (Ed.), Kotinos, Festschr. Erika Simon, Mainz 1992, 188–198; *Höcker/Schneider*, op. cit., 1993, 104–110; *H. von Steuben*, in: *H. Beck/P. C. Bol* (Ed.), Polykletforschungen, B. 1993, 73–102; *B. Schmaltz*, AA 1995, 335 ss.; *R. Bol*, Amazones volneratae, Mainz 1998; *J. Raeder*, Die antiken Skulpt. in Petworth House (W Sussex), Mainz 2000, 36 ss., Nr 2, pp. 48 ss., Nr 5; *T. Hölscher*, in: BCH, Suppl. 38:2000, 205–217. – 12.) *Meter im Metroon zu Athen*: *E. Schmidt*, in: Corolla. Festschr. Ludwig Curtius, St. 1937, 72 ss.; *Langlotz*, op. cit., 1947, 65 ss.; *A. Rumpf*, JdI 53:1938, 117; *O. Walter*, ÖJh 31:1939, 54 ss.; *Becatti*, op. cit., 1951, 201 ss.; *E. Langlotz*, in: Festschr. Andreas Rumpf, Krefeld 1952, 101 ss.; *id.*, Aphrodite in den Gärten, SBHeidelberg 1953/54; *R. Calza*, MemPontAcc 8:1955, 107 ss.; *V. M. Strocka*, JdI 82:1967, 110 ss.; *G. Becatti*, Studi Miscellanei 15:1969/70, 36 ss.; *Despinis*, op. cit., 1971, 111 ss., 203; *I. Scheibler*, AA 1973, 211 ss.; *R. Calza*, in: *G. Pisani Sartorio/C. Camardo* (Ed.), La Villa di Massenzio sulla Via Appia, R. 1976, 186, Nr 27; *A. Delivorrias*, AM 93:1978, 1 ss.; *Ridgway*, op. cit., 1981, 234 ss.; *F. Naumann*, Die Ikonogr. der Kybele in der phrygischen und der griech. Kunst, Tb. 1983 (IstMitt, Beih., 28) 159–169; *A. Delivorrias/ G. Berger-Doer/A. Kossatz-Deissmann*, LIMC II, 1984, 90 s., Nr 822, s.v. Aphrodite; *E. B. Harrison*, Hesperia 53:1984, 379–388; *J. Despinis*, in: Proceedings of the internat. congr. of class. archaeology Athens 1983, III, At. 1988, 69; *C. Maderna-Lauter*, in: *P. C. Bol* (Ed.), Forsch. zur Villa Albani. K der antiken Bildwerke, II, B. 1990, 204 ss., Nr 215, pp. 333 ss., Nr 242; *L. Koch*, Weibl. Sitzstatuen der Klassik und des Hellenismus und ihre kaiserzeitl. Rezeption, Münster/Ha. 1994, 15 ss., 183 ss., Nr 3; *O. Dally*, JdI 112:1997, 1 ss.; *C. Gasparri*, Prospettiva 100:2000, 3–8. – 13.) *Zeus von Olympia*: – *Allgemein*: *Brunn*, GGK, I, 1889, 119–125; *G. Loeschke*, in: Festschr. zum 50jährigen Jubiläum des Vereins von Alterthumsfreunden im Rheinlande, Bonn 1891, 16 ss.; *Furtwängler*, Meisterwerke, 1893, 58–69; *id.*, in: Mélanges André Perrot, P. 1909, 109–120; *F. Winter*, ÖJh 18:1915, 1–16; *H. Schrader*, JdI 56:1941, 1 ss.; *Liegle*, op. cit., 1952, passim; *G. M. A. Richter*, Hesperia 35:1966, 166–170; *J. Fink*, Der Thron des Zeus in Olympia, M. 1967; *H.-V. Herrmann*, Olympia, M. 1972, 146–157; *A. Mallwitz*, Olympia und seine Bauten, M. 1972, 228 ss.; *A. H. Borbein*, JdI 88:1973, 174 s.; *W. Gauer*, in: *F. Krinzinger u.a.* (Ed.), Festschr. Bernhard Neutsch, Inn. 1980, 133; *P. R. Franke*, AM 99:1984, 325 ss.; *Höcker/Schneider*, op. cit., 1993, 83–98; *E. I. Faulstich*, Hellenist. Kultstatuen und ihre Vorbilder, Ffm. 1997, 66–85; *S. Vlizos*, Der thronende Zeus, Rahden 1999, 5–21; *H.-J. Klauck/B. Bäbler*, Dion von Prusa, Olympische Rede, Da. 2000, 217–238. – *Maße*: *F. Adler*, AA 1891, 138; *W. Dörpfeld*, in: Olympia, II, 1892, 13 s.; *F. Forbat* bei *W. Dörpfeld*, Alt-Olympia, I, B. 1935, 233 ss.; *R. Pfeiffer*, JHS 61:1941, 1–5; *id.*, Callimachus, Ox. 1949, 188 ss.; *A. Mallwitz*, OlympForsch, V, 1964, 77 s. – *Technik und Werkstatt*: *A. Mallwitz/W. Schiering*, Die Wkst. des Ph. in Olympia, OlympForsch, V, 1964, 94 ss.; *W. Schiering*, Die Wkst. des Ph. in Olympia, OlympForsch, XVIII, 1991; *W. M. Gaugler/ P. Hamill*, AJA 93:1989, 251; *K. D. S. Lapatin*, AJA 101:1997, 663–682. – *Nike*: *H. Schrader*, JdI 56:1941, 9–71; *id.*, Forsch. und Fortschritte 18:1942, 72 ss.; *G. Heiderich*, Asklepios, Diss. FiB. 1966, 30 ss.; *K. Stähler*, Boreas 1:1978, 68–86; *R. Kabus-Preißhofen*, APl, XIX, 1988, 11–20; *W. Schiering*, OlympForsch, XVIII, 1991, 139–145. – *Sphingen*: *F. Eichler*, ÖJh 30:1936, 75–110; 45:1960, 5–22; *J. Fink*, Der Thron des Zeus in Olympia, M. 1967, 58 ss.; *B. S. Ridgway*, Roman copies of Greek sculpt., Ann Arbor 1984, 41; *M. Aurenhammer*, Die Skulpt. von Ephesos. Idealplastik, I, W. 1990, 178 ss. – *Niobidenreliefs*: *Furtwängler*, Meisterwerke, 1893, 68 s.; *J. Sieveking/E. Buschor*, MüJb 7:1912, 138 ss.; *G. Lippold*, RM 34:1919, 17 ss.; *E. Langlotz*, Die Antike 4:1928, 31–41; *H. Schrader*, JdI 47:1932, 151 ss.; *B. Schweitzer*, Die Niobidenfriese des 5. Jh., Leipziger Winckelmannsprogramm 1932; *id.*, JdI 55:1940, 211 ss.; *W. H. Schuchhardt*, MdI 1:1948, 95–137; *Becatti*, op. cit., 1951, 235 ss.; *O. Broneer*, Hesperia 24:1955, 129 ss.; *A. de Franciscis*, BollStoria dell'Arte del Magisterio di Salerno 3:1953, 24 ss.; *G. Hafner*, Ein Apollon-Kopf in Frankfurt und die Niobidengruppe des 5. Jh., BB. 1962, 33 ss.; *C. Clairmont*, AntK 6:1963, 23 ss.; *J. Fink*, op. cit., 1967, 50 s.; *G. V. Gentili*, Bd'A 54:1974, 101 ss.; *C. Vogelpohl*, JdI 95:1980, 197–226; *B. B. Shefton*, in: *D. C. Kurtz/B. Sparkes* (Ed.), The eye of Greece. Festschr. Martin Robertson, C. 1982, 149–181; *P. C. Bol*, in: *id.* (Ed.), Forsch. zur Villa Albani. K der Bildwerke, I, B. 1989, 30 ss.; *B. B. Shefton*, in: *H. Froning u.a.* (Ed.), Kotinos. Festschr. Erika Simon, Mainz 1992, 241–251. – *Schranken*: *W. Völcker-Janssen*, Boreas 10:1987, 11–31. – *Späteres Schicksal*: *Brunn*, GGK, I, 1889, 125; *M. Vickers*, in: *J. L. Fitton* (Ed.), Ivory in Greece and the Eastern Mediterranean from the Bronze Age to the Hellenistic Period, Lo. 1992 (BM Occasional Paper, 85), 217–225. – 14.) *Anadumenos in Olympia*: *Furtwängler*, Meisterwerke, 1893, 444 ss.; *B. Schweitzer*, JdI 55:1940, 194, 223; *V. H. Poulsen*, ActaArch 11:1940, 35 s.; *Langlotz*, op. cit., 1947, 79; *Becatti*, op. cit., 1951, 151 ss.; *Liegle*, op. cit., 1952, 459–

465; *F. Roncalli*, MemPontAcc 11,2:1973, 77–82; *P. Zanker*, Klassizist. Statuen, Mainz 1974, 13 ss.; *G. Hafner*, Tatort Antike, Dd./W. 1979, 221 ss.; *Alscher*, op. cit., 1982, 101 s.; *D. Kreikenbom*, Bildwerke nach Polyklet, B. 1990, 113, 140, 189. – a.) *Aphrodite Urania in Athen* und – b.) *Aphrodite Urania in Elis*: *R. Kekulé*, Über eine weibl. Gewandstatue aus der Wkst. des Phidias, B. 1894; *B. Keil*, AM 29:1904, 383 s.; *A. Frickenhaus*, JdI 28:1913, 363–369; *Schrader*, op. cit., 1924, 71 ss., 268 ss.; *Blümel*, KatSkulptBerlin, IV, 1931, 5 ss. (zu Nr K 5); *id.*, KlassSkulptBerlin, 1966, 91 s. (zu Nr 109); *Langlotz*, op. cit., 1947, 83 ss.; *F. Brommer*, MdI 3:1950, 82 ss.; *Becatti*, op. cit., 1951, 207 ss.; *S. Settis*, Chelone. Saggio sull'Afrodite Urania di Fidia, Pisa 1966; *C. Hofkes-Brukker*, BABesch 42:1967, 65 ss.; *F. Croissant*, BCH 95:1971, 65–107; *S. Karusu*, AM 89:1974, 165; *B. Lichocka*, EtTrav 13:1983, 221–238; *E. B. Harrison*, Stud. in Athenian archit., sculpt. and topography. Festschr. Homer A. Thompson, Pr. 1982 (Hesperia, Suppl, 20), 50; *ead.*, Hesperia 53:1984, 379–388; *T. L. Shear*, Hesperia 53:1984, 24–40; *A. Delivorrias*, MEFRA 103:1991, 138; *M. Osanna*, ASAtene 66/67, N. S. 48/49:1988/89 (1993), 73–95; *A. Delivorrias*, in: *E. Pöhlmann/W. Gauer* (Ed.), Griech. Klassik, Erlangen 1994, 263–273; *F. Croissant*, in: Agalma. Festschr. Georgios Despinis, Thessaloniki 2001, 195–203. – c.) *Cliduchus*: *L. Urlichs*, Chrestomathia Pliniana, B. 1857, 316. – d.) *Bronzene Athena in Rom*: *Urlichs*, ibid., 318; *Liegle*, op. cit., 1952, 348; *F. Coarelli u.a.*, L'Area sacra di Largo Argentina, I, R. 1981, 38 s.; *Linfert*, op. cit., 1982, 58. – e.) bis – g.) *Zwei Mantelstatuen und nackter Koloß in Rom*: *Liegle*, op. cit., 1952, 347 s.; *H. G. Martin*, Röm. Tempelkultbilder, R. 1987, 103 ss. – *h) Kleine Parthenos*: *H. Schenkl*, Hermes 46:1911, 421 s.; *A. Frickenhaus*, JdI 28:1913, 349 s., Anm. 2; *C. F. Lehmann-Haupt*, Klio 28:1935, 187 ss.; *Becatti*, op. cit., 1951, 181 ss.; *B. Lundgreen*, Analecta romana Instituti Danici 24:1997, 13 ss. – j.) *Angelitos-Athena*: *E. Langlotz*, in: *H. Schrader/E. Langlotz/W. H. Schuchhardt*, Die archaischen Marmorbilder der Akropolis, Ffm. 1939, 48 ss., Nr 5; *A. E. Raubitschek*, BSA 40:1939/40 (1943), 31 ss.; *id.*, Dedications, 1949, 26 ss., Nr 22; *R. Kastenbein-Tölle*, Frühklass. Peplosfiguren. Originale, Mainz 1980, 54 ss.; *Linfert*, op. cit., 1982, 71, 73; *A. Lindenlauf*, in: *W. Hoepfner* (Ed.), Kult und Kultbauten auf der Akropolis, B. 1997, 95 ss. V. M. Strocka

Pheidias (II), griech. Bildhauer, im frühen Hellenismus in Oropos tätig. Nur bek. durch seine Sign. auf einem Marmorblock aus dem Amphiareion von Oropos. Möglicherweise fertigte er die *Statue des Amphilochos*, Sohn des Amphiareion, weil ein Fragm. mit dieser Namensnennung auch zu unserem Marmorblock gehört haben könnte. ▭ RE XIX. 2, 1938 (s.v. Ph. 3); EAA VI, 1965 (s.v. Ph. 2). – *V. Leonardos*, AEphem 1919, 102, Abb. 4; *Lippold*, GrPl, 1950, 244, Anm. 3. R. V.

Pheidias (III), griech. Gemmenschneider hellenist. Zeit, der im 3. Jh. v. Chr. tätig war. Durch den Zusatz ἐποίει („hat es gemacht") ist die Sign. eindeutig der Künstlername. Sie erscheint auf einem *Hyazinth* in London (BM) mit einem *nackten Jüngling*, der sich eine Beinschiene befestigt. Das Motiv wie auch die wuchtige Muskelgestaltung und die bewegte, auf die Alexander-Ikonogr. verweisende Frisur machen die hellenist. Zeitstellung der Gemme deutlich. ▭ ThB26, 1932. RE XIX. 2, 1938 (s.v. Ph. 5); EAA VI, 1965. – *A. Furtwängler*, JdI 3:1888, 209, Taf. 8, 13; *Walters*, BMGems, 1926, 134, Nr 1179, Taf. 17; *Richter*, EngrGemsGE, 1968, 139 s., Abb. 531; *Zazoff*, AG, 1983, 206 mit Anm. 76, Taf. 53, 3. B. Lang

Pheidias (IV) cf. **Ammonios (IV)**

Pheidias (V), Sohn des Aphrodisios, griech. Bildhauer, zu unbestimmter Zeit in Leuktron tätig. Nur bek. durch seine Sign. auf einem Block aus schwarzem Schist aus Leuktron. ▭ EAA, Suppl., 1970. – *G. Daux*, BCH 83:1959, 640. R. V.

Pheidippos (I) (Φείδιππος), griech. Vasenmaler, um 525–515 v. Chr. in Athen tätig. Der Name des Ph., der ausschl. Schalen bemalt hat, ist von *zwei sign. Schalen* in London (BM, Inv. Nr E 6) und Paris (Louvre, Inv. Nr C 11223) bek.; der Name ist in Athen mehrfach bezeugt. Abgesehen von den Sign. findet sich an Inschr. im Werk des Ph. nur die preisende Nennung M[E]ΝΙΣ ΚΑ[ΛΟΣ], „Menis ist schön" (München, Staatl. Antiken-Slgn, Inv. Nr 2582). Mehrere der von Ph. bemalten Schalen sind von dem Töpfer → Hischylos sign., in dessen Wkst. Ph. demnach gearbeitet hat (ARV^2, 1963, 165, Nrn 2, 7, p. 166, Nr 11). Stilist. steht Ph. → Epiktetos nahe, für den ebenfalls eine Zusammenarbeit mit → Hischylos bezeugt ist. Erh. sind von Ph. 13 Schalen, davon sind 12 in dem von → Exekias entwickelten Schema der Augenschale bemalt: Ph. zeigt sowohl das Schema mit Nasenangabe (ARV^2, 1963, 165, Nrn 1, 7) als auch dasjenige nur mit Figuren zw. den Augen (ARV^2, 1963, 165, Nrn 2–6, 8–11, 7[?]). Wie in der Zeit des Ph. häufig, hat er die Außenseiten seiner Schalen rotfigurig, die Innenbilder mit ihren Einzelfiguren schwarzfigurig bemalt („*Bilingue Augenschalen*"); die Innenbilder zeigen Jünglinge und

Männer (meist als Komasten oder Sportler), doch auch die einzigen myth. Figuren im Werk des Ph.: Dionysos (New York, Metrop. Mus., Inv. Nr 41.162.8.; ARV^2, 1963, 165, Nr 6), einen Satyr (Rom, MN di Villa Giulia/Heidelberg, Univ., Inv. Nr 8; ARV^2, 1963, 165, Nr 7) und den Minotauros (München, Staatl. Antiken-Slgn, Inv. Nr 2583; ARV^2, 1963, 165, Nr 3). Da das große Augenpaar auf der Außenwandung der Schale der weiteren figürl. Bemalung nur wenig Platz läßt, sind von Ph. auch hier fast nur Einzelfiguren bezeugt; die Ausnahme bildet eine *Schale* in London mit mehreren Athleten, bei der das Augenpaar auf einer Außenseite nicht vorhanden ist (BM, Inv. Nr E 6; ARV^2, 1963, 166, Nr 11). Das bevorzugte rotfigurige Thema des Ph. bilden Athleten (Boxer, Diskuswerfer und häufig Waffenläufer) sowie – seltener – Krieger. Die Figuren des Ph. sind häufig von dicklicher Statur und wirken meist wenig elegant. Die Schalen mit bek. Fundort stammen alle aus Vulci. ▭ ThB26, 1932. RE XIX. 2, 1938; EAA VI, 1965 (s.v. Ph.); LGPN II, 1994 (s.v. Φείδιππος). – *W. Kraiker*, AM 55:1930, 167–180; ARV^2, 1963, 164–166; *Boardman*, ARFV, I, 1975, 59, Abb. 79 s.; *Cohen*, Bilingual, 1978, 438–464; *T. Seki*, Unters. zum Verhältnis von Gefäßform und Malerei attischer Schalen, B. 1985, 30, Nr 52; Add^2, 1989, 164–166; *M. Robertson*, The art of vase-painting in classical Athens, C. 1992, 38.
M. Steinhart

Pheidippos (II), aus Athen, griech. Bildhauer, um 300 v. Chr. in Chalkis tätig. Nur bek. durch seine Sign. auf den folgenden drei Marmorbasen aus Chalkis: 1.) Für eine *Statue des Akerates*, Sohn des Phaiax (IG, XII. 9, 942; Knoepfler, 1977, 306–308, 310–312, Abb. 3 s.; Muller-Dufeu, SculptureSource, 2002, 830 s., Nr 2473); – 2.) für eine *Statue* eines Sohns des Aischron (Chalkis, Mus., Inv. Nr 288; SEG, III, 1927, 139, Nr 764; Knoepfler, 1977, 309–312, Abb. 5 s.; Muller-Dufeu, SculptureSource, 2002, 830 s., Nr 2474); – 3.) für eine *Statue* eines Sohns des Phrynon (Knoepfler, 1977, 298–306, Abb. 1 s., pp. 311 s.; Muller-Dufeu, SculptureSource, 2002, 830 s., Nr 2475). ▭ RE XIX. 2, 1938 (s.v. Ph. 4). – *D. Knoepfler*, BCH 101:1977, 306–312, Abb. 1–6. R. V.

Pheidon, Sohn des Pheidokrates, aus Samos, griech. Bildhauer, in der 2. H. des 3. Jh. v. Chr. in Lindos und Rhodos tätig. Nur bek. durch die folgenden drei Sign. auf Marmorbasen: – 1.) Basis von um 242 v. Chr. von der Akropolis von Lindos, n. der Stoa, für eine ehem. lebensgroße *Bronzestatue des Polixenos*, Sohn des Aristokrates, Priester des Zeus Polieus, der Athena Lindia und der Artemis Kekoia (Lindos, II. 1, 1941, 52, Nr 29, pp. 327 s., Nr 101 mit Abb.; Schmidt, 1995, 243 s., Nr I.1.38); – 2.) Basis von um 242 v. Chr. von der Akropolis von Lindos, n. der Stoa, für eine ehem. lebensgroße *Bronzestatue des Aristokrates*, Priester der Athena Lindia, des Zeus Polieus und der Artemis Kekoia, die von Polyxenos, Sohn des Aristokrates, und Agoranax, Sohn des Athanodor, zu Ehren der Athena Lindia, des Zeus Polieus und der Artemis Kekoia gew. worden ist (Lindos, II. 1, 1941, 52, Nr 29, pp. 325–327, Nr 100 mit Abb.; Schmidt, 1995, 243, Nr I.1.37); – 3.) Basis für eine *Ehrenstatue aus Rhodos* (G. Konstantinopoulos, ADelt 18:1963, 5; id., REG 79:1966, 406, Nr 290). ▭ RE XIX. 2, 1938 (s.v. Ph. 5); EAA VI, 1965; Suppl. 1970. – *V. Leonardos*, AEphem 1919, 102, Abb. 4; *Lippold*, GrPl, 1950, 319, Anm. 2; *Schmidt*, Statuenbasen, 1995, 243 s., Nrn I. 1. 37 s. R. V.

Phellinas (Φελλίνας), Bildhauer aus Temenothyrai/Phrygien, im 2. V. des 3. Jh. n. Chr. in Dokimeion und in seiner w-phrygischen Heimatstadt tätig. Bek. von einem inschr. ins Jahr 232/233 n. Chr. datierten *Grabstein* aus Uşak/Temenothyrai (jetzt in Izmir, Archäol. Mus.), das er mit seinem Ethnikon Τημενοθυρε[ύ]ς signierte (E. Gibson, The „Christians for Christians" Inscr. of Phrygia [Harvard Theological Studies 32:1978], 108, Nr 36, Taf. 31; Waelkens, 1986, 197 s., Nr 488, Taf. 75). Dieser *Grabstein* gehört der Gattung der im röm. Phrygien weit verbreiteten Türstele an, wobei er in allen näheren Einzelheiten des Aufbaus dem dokimeischen Türsteintypus entspricht: In den bedeutenden Marmorbrüchen der zentralphryg. Stadt Dokimeion muß Ph. sein Handwerk erlernt haben, bevor er wieder in seine Heimatregion zurückgekehrt ist. Dabei ist Ph. dem dokimeischen Türsteintypus nach seiner Rückkehr treu geblieben; nur die zw. Tür und Gesims gefügte *tabula ansata*, welche die Grab-Inschr. trägt, stellt ein lokales, westphryg. Element dar. M. Waelkens' Versuch, den Fundort dieses Steines in die Gegend von Dokimeion „zurückzuverlegen" ist nicht nur haltlos und willkürl., sondern beraubt darüber hinaus den Stein um seine Bedeutung als wichtiges Zeugnis für das Phänomen der „wandernden" Bildhauer und für die überregionale Bedeutung, die die dokimeische Marmorbearbeitungsindustrie genoß. Der Stein wurde in der Lit. infolge einer unrichtigen Lesung durchweg ins Jahr 279 n. Chr. dat., er gehört aber – wie T. Drew-Bear richtigstellte (Chiron 10:1980, 639 mit Hinweis auf die Lesung von J. Keil und A. von Premerstein, 1908, die den *Grabstein* in besserem Erhaltungszustand haben studieren können) –, ins Jahr 232/233 n. Chr., was auch einwandfrei zur typolog. Entwicklung der dokimeischen Türsteinproduktion paßt. 📖 RE XIX. 2, 1938. – *T. Lochman*, Studien zu kaiserzeitl. Grab- und Votivreliefs aus Phrygien, Basel 2003, 142 s., Nr III 55. – *Zu den dokimeischen Türsteinen*: ibid. und *M. Waelkens*, Die kleinasiat. Türsteine, Mainz 1986, 188 ss.

T. Lochman

Phettalos (Φέτταλος), Sohn des Ismenios, angebl. griech. Bildhauer von um 450 v. Chr., der in Böotien tätig gewesen sei. T. wird in einer marmornen Inschr. mit vielen weiteren Personen aufgelistet, die man gelegentl. als Künstler ansah. Wahrsch. handelt es sich hier aber um eine Aufstellung von Kriegern (v. hierzu → Antigeneis). 📖 EAA VI, 1965. – *Loewy*, IGB, 1885, 378 s., Nr 554; *Brunn*, GGK I, 1889, 293. R. V.

Phi... cf. **Philistion**

Phidias v.e. **Pheidias**

Philagoras (Φιλαγόρας), Sohn des → Menyllos, aus Rhodos, griech. Bildhauer, im letzten Drittel des 2. Jh. v. Chr. in Rhodos tätig. Nur bek. durch seine Sign. auf einer Basis aus lartischem Marmor aus Rhodos für eine *Statue des Ariarathes VI. Epiphanes* (130–112 v. Chr.), König von Kappadokien, die zu Ehren des Königs und seines Sohns Philopator von Paramonos, Sohn des Kastorides, aus Tarsos, gestiftet worden ist (heute Rhodos, Mus., Epigraph. Inv. Nr 205; V. Kontorini, Inscr. inédites relatives à l'hist. et aux cultes de Rhodes au IIe et au Ier s. av. notre ère, I, Louvain-La-Neuve 1983, 19–23, Nr 1, Taf. 1; Muller-Dufeu, SculptureSource, 2002, 894 s., Nr 2676). R. V.

Philagros (Φίλαγρος), griech. Architekt, tätig 356/355–353/352 v. Chr. für das Telesterion im Demeter-Heiligtum von Eleusis. Name bek. durch die von ihm verf. Syngraphe IG, II², 1666 für den Bau eines Prostoon (Vorhalle) an der SO-Seite des Telesterion. Der Plan des P. (pseudodipterale Vorhalle mit 2:16 Säulen) wurde anscheinend bereits während der Fundamentierung aufgegeben (vgl. hierzu IG, II², 1670, 1671, 1673, 1675, 1679, 1680). Weiterbau nach geändertem Plan erst durch → Philon (IV) von Eleusis. 📖 ThB26, 1932. RE XIX. 2, 1938 (s.v. Ph. 4); EAA VI, 1965; DEAU IV, 1969. – *H. Lattermann*, Griech. Bau-Inschr., Straßburg 1908, 1 ss.; *F. Noack*, Eleusis, B./L. 1927, 113, 115, 308; *Müller*, Architekten, 1989, 189; *Svenson-Evers*, Architekten, 1996, 284 ss. (mit Hinweisen zur Rekonstr. und Lit.).

W. Müller

Philargur(us), röm. Maler, in der Kaiserzeit in Rom tätig. Nur bek. durch seine Grab-Inschr. aus Rom (ehem. Villa Borghese, jetzt im Mus. Archéol. in Besançon; CIL, VI, 9789). 📖 RE XIX. 2, 1938;. – *A. Giuliano*, ArchClass 5:1953, 266, Nr 10; *Calabi Limentani*, Studi, 1958, 154, Nr 14.

R. V.

Philathenaios (Φιλαθήναιος), Bildhauer in Athen, z.Z. des Kaisers Claudius (41–54 n. Chr.) für Olympia tätig. Einzige Nennung in einer Künstler-Sign. zus. mit → Hegias (III) auf einer Baumstammstütze der *Statue des Claudius* im Metroon von Olympia. Die auf der Vorderseite im oberen Bereich angebrachte Inschr., auf der Ph. an erster Stelle gen. wird, weist beide Bildhauer als Athener aus. Ihre Arbeit ist an der Statue, die Claudius als Iuppiter darstellt, nicht voneinander zu trennen, zumal sich noch ein Gehilfe oder Sklave namens Primos unter dem linken Fuß des Kaisers verewigt hat. Die *Statue des Claudius*, die zu dessen Lebzeiten für das unter Augustus zum Kaiserkulttempel umgewandelte Metroon geschaffen wurde, geht auf einen röm. frontalansichtigen Typus zurück. Für die Aufstellung an der s. Längswand des nach W geöffneten Metroon mußte die Statue jedoch auf Schrägansicht von links gearbeitet werden. Dies in opt. verträglicher Weise erreicht zu haben, ist mit das Verdienst des ansonsten wohl in einer neuatt. Wkst. in Athen tätigen Philathenaios. 📖 ThB26, 1932. RE XIX. 2, 1938; EAA VI, 1965. – *K. Hitzl*, Die kaiserzeitl. Statuenausstattung des Metroon, OlympForsch, XIX, 1991, 40, 83–85, Taf. 14 a. K. Hitzl

Phileas (I) (Φιλέας), Sohn des Phileas, griech. Bildhauer, im 2. Jh. v. Chr. tätig. Nur bek. durch seine Sign. auf einer Basis aus Hermione, die er zus. mit seinem Sohn oder Bruder → Zeuxippos fertigte (IG, IV, 745). 📖 ThB26, 1932. RE XIX. 2, 1938 (s.v. Ph. 8); EAA VI, 1965. – *Loewy*, IGB, 1885, 107, Nr 141; *Brunn*, GGK, I, 1889, 419; *Lippold*, GrPl, 1950, 351, Anm. 4. R. V.

[Phile]as (II), Sohn des → Zeuxippos, aus Megalopolis, griech. Bildhauer, im 2. Jh. v. Chr. in Tegea tätig. Nur bek. durch seine Sign. auf einer Basis für eine *Porträtstatue des Polias*, Sohnes des Theon, die von Tegea gestiftet worden ist (IG, V², 143; Muller-Dufeu, SculptureSource, 2002, 812 s., Nr 2422). Obwohl nur die letzten beiden Buchstaben ας seines Namens und die Bez. seines Vaters → Zeuxippos noch erh. geblieben sind, ergänzte Lippold (in RE) überzeugend seinen Namen zu

Phileas. Es ist durchaus wahrsch., daß dieser Zeuxippos, mit dem unser Ph. die Statue in Tegea signierte, ident. dem → Zeuxippos ist, der zus. mit seinem Vater oder Bruder des gleichen Namens Phileas (→ Ph. [I]) eine Statue in Hermione fertigte. ▭ RE XIX. 2, 1938 (s.v. Ph. 9). – *Lippold*, GrPl, 1950, 351, Anm. 4. R. V.

Philemo Agrippianus, aus Rom, Sklave des Kaisers Augustus, Geschirrwart des Kaiserhauses (zuständig für das *aes Corinthium*, also kein Toreut), in augusteischer Zeit (27 v. Chr. – 14 n. Chr.) tätig. Ph. A. ist aus einer handschriftl. überlieferten, ins Jahr 2 n. Chr. dat. Inschr. bek., in der er als *corinthiar(ius)* bez. wird. ▭ *Ruggiero*, Diz. epigr. II. 1, 1910 (s.v. Corinthiarius); EAA II, 1959 (s.v. Corinthiarius). – CIL, VI, 33768; *Calabi Limentani*, Studi, 1958, 173, Nr 173; *H. Chantraine*, Freigelassene und Sklaven im Dienst der röm. Kaiser, Wb. 1967, 296 s.; *Solin*, GPR, II, 1982, 739. U. Huttner

Philemon (I) (Φιλήμων), röm. Gemmenschneider, tätig in spätrepublikan. Zeit in Rom. Seine Sign. findet sich auf einem *Sardonyx* in Wien (Kunsthist. Mus.), der *Theseus* im Rückenakt zeigt. Der mit einer Keule bewaffnete Heros betrachtet am Ausgang des Labyrinths den getöteten Minotauros. Stilist. und handwerkl. steht der Stein den Arbeiten des in Rom tätigen → Anteros (II) nahe, wobei Ph. mit mehr kleinteiligen *a-globolo*-Effekten arbeitet. ▭ ThB26, 1932. RE XIX. 2, 1938 (s.v. Ph. 19); EAA VI, 1965 (s.v. Ph.). – *A. Furtwängler*, JdI 3:1888, Taf. 10, 5; *Zazoff*, AG, 1983, 287 s. mit Anm. 129. B. Lang

Philemon (II), Sohn des Heliodoros, aus Laodikeia am Lykos stammender möglicher Steinmetz (λατύπος) der röm. Kaiserzeit, in Limyra bezeugt. Ph. ist auf einer Inschr. über dem Totenbett in einem *Felsgrab* bei Limyra bezeugt (E. Petersen/F. von Luschan, Reisen im südwestlichen Kleinasien, Reisen in Lykien, Milyas und Kibyratis, II, W. 1889, 74, Nr 157); es ist nicht eindeutig zu entscheiden, ob es sich um die Sign. oder um eine Grab-Inschr. handelt. ▭ RE XIX. 2, 1938 (s.v. Ph. 18). T. Lochman

Philergos (Φίλεργος), griech. Bildhauer, in der 2. H. des 6. Jh. v. Chr. in Athen tätig. Auf einer Statuensäulenbasis, die auf der Athener Akropolis gefunden worden ist, signierte Ph. zus. mit → Endoios (heute Athen, Epigraph. Mus., Inv. Nr 6249; IG, I, 492; IG, I^3, 763; Raubitschek, Dedications, 1949, 12 s., Nr 7, Abb. 7; Kissas, 2000, 236, Nr B194; Muller-Dufeu, SculptureSource, 2002, 146 s., Nr 410). Wahrsch. war die Säulenbasis für ein Denkmal bestimmt, das aus *zwei Statuen* bestand. Ob die Kore vom Athener Akropolis Mus., Inv. Nrn 602 und 189, zu diesem Mon. gehört hat, wie Raubitschek (Dedications, 1949, 13) es als Möglichkeit vorschlug, muß offen bleiben. Des weiteren signierte Ph. die Marmorbasis für das *Grabmal des Samiers Leanax*, Sohn des Heragoras, die in Athen n. des Piräus-Tores in der Stadtmauer verbaut war und in das letzte V. des 6. Jh. v. Chr. dat. werden kann (heute Athen, 3. Ephorie, Inv. Nr M 662; IG, I^3, 1365; U. Knigge, AM 84:1969, 79 ss., Abb. 1, Taf. 36 s.; Viviers, 1992, 103 ss., Abb. 17 s., 22 s.; Kissas, 2000, 61 s., Nr A 28; Muller-Dufeu, SculptureSource, 2002, 146 s., Nr 412). Ein erst kürzl. entdecktes Grabrelief aus Marmor aus Akraiphia trägt die Sign. Φιλοῦργος ἐποίησεν (A. K. Andreiomenos, Prakt, 147:1992 [1995], 138; Muller-Dufeu, SculptureSource, 2002, 146 s., Nr 411). Wahrsch. handelt es sich hier jedoch, wie die Inschr. ja auch besagt, um einen Bildhauer namens *Philurgos* und nicht um Philergos. ▭ RE XIX. 2, 1938; EAA VI, 1965 (s.v. Philermos). – *Floren*, GrPl, 1989, 299, Anm. 17; *D. Viviers*, Rech. sur les ateliers de sculpteurs et la cité d'Athènes à l'époque archaïque. Endoios, Philergos, Aristoklès, Br. 1992 (Acad. roy. de Belgique, Mém. de la Cl. des BA), 47–49, 103 ss.; *K. Kissas*, Die attischen Statuen- und Stelenbasen archaischer Zeit, Bonn 2000, 61 s., Nr A 28, p. 236, Nr B 194. R. V.

Phileros → Ofellius, *Publius*

Phileros (I) (Φιλέρως), griech. Architekt, in späthellenist. Zeit oder in der frühen Kaiserzeit auf Knidos tätig. Nur bek. durch die griech. Inschr. auf dem Fragm. eines schlichten *Grabaltars* (heute Knidos, Grabungsdepot). ▭ *W. Blümel*, Die Inschr. von Knidos, I. Inschr. griech. Städte aus Kleinasien, XLI, Bonn 1992, 199, Nr 412; *Donderer*, Architekten, 1996, 160, Nr A 64, Taf. 21, 2. P. Knüvener

Phileros (II), röm. Toreut, am E. des 1. Jh. v. Chr./am A. des 1. Jh. n. Chr. in Kampanien tätig. Nur bek. durch seine Sign. auf einer Bronzekasserolle von einem Wasserfund von der „Arche" am Rhein/Mainz (heute Mainz, Mittelrhein. LM, Inv. Nr R 5946; CIL, XIII. 3/2, 10027, 35). ▭ *R. Petrovszky*, Stud. zu röm. Bronzegefäßen mit Meisterstempeln, Buch am Erlbach 1993, 162, Nr P.06, p. 287, Nr P.06.01, Taf. 23, 41. R. V.

Philesios (Φιλήσιος), griech. Bildhauer, aus Eretria, um 490 v. Chr. in Olympia tätig. Lt. Pausanias (5, 27, 9; Overbeck, SQ, 1868, Nr 442; Muller-Dufeu, SculptureSource, 2002, 200 s., Nr 536; pp. 226 s., Nr 638) fertigte P. einen Stier aus Bronze, der von den Bewohnern von Eretria in Olympia gestiftet worden ist. Die Basis für den monumentalen Bronzestier wurde neben dem Bronze-Fragm. eines Ohrs und rechten Horns des Stiers (Olympia, Mus. Inv. Br. 911–2; A. Furtwängler, Olympia IV, B. 1890, 12, Nr 4, Taf. 4, 4; C. Bol, Olymp-Forsch IX, 1978, 112, Nr 134, Taf. 24–26) in Olympia gefunden. Danach weihten die Bewohner von Eretria dem Zeus diese Statue (W. Dittenberger/K. Purgold, Die Inschr. von Olympia, Olympia V, B. 1896, Nr 248; Muller-Dufeu, Sculpture-Source, 2002, 226 s., Nr 639). ▭ ThB26, 1932 (hier irrtüml. Philesias). RE XIX. 2, 1938 (s.v. Ph. 3); EAA VI, 1965. – *Floren*, GrPl, 1987, 318, Anm. 5. R. V.

Philippos (Φίλιππος), griech. Gemmenschneider oder Besitzer einer Gemme unbek. Zeit. Nur bek. durch die Inschr. ΦΙΛΙΠΠΟΥ auf einem *Intaglio aus Sardonyx* in Florenz (Uffizien) mit der *Darst. einer Büste des bekränzten Herakles*. ▭ EAA VI, 1965. – *Brunn*, GGK, II, 1889, 425. R. V.

Philippus (I), röm. Mosaizist, im 1. Jh. n. Chr. in Italien tätig. Nur bek. durch die berühmte Fasten-Inschr. aus Antium (heute in Rom, Mus. Capitolini; CIL, X, 6638, C 14), in der er als *pavimen(tarius)* bez. wird. ▭ *E. Meinhardt*, in Helbig[4], II, 1966, 53–55, Nr 1209; *V. Santa Maria Scrinari/M. L. Morricone Matini*, Mosaici antichi in Italia. Regione prima: Antium, R. 1975, 7, 49; *G. M. de Rossi*, Bovillae, Forma Italiae, I. 15, Fi. 1979, 361; *Donderer*, Mosaizisten, 1989, 103, Nr A 80. R. V.

Philippus (II), Architekt(?). Der heute verschollene Grabstein des PHILIPPVS ARCHITECTVS MAXIMVS (CIL, XII, 2993), der nach einer Abschrift des 17. Jahrhunderts angebl. in der Nähe von Nîmes gefunden worden sein soll, wird in der epigraph. Forsch. zumeist als mod. Fälschung betrachtet. ▭ RE XIX. 2, 1938 (s.v. Ph. 42); EAA I, 1958 (s.v. architetto). – *Donderer*, Architekten, 1996, 300, Nr C 12. E. Wirbelauer

Philis... cf. **Philistion**

Philiscus, röm. Bildhauer, in der Kaiserzeit in Arles tätig. Nur bek. durch seine Sign. auf zwei Marmorkonsolen aus Arles (E. Espérandieu, Inscr. latines de la Gaule, P. 1928/29, Nr 115). ▭ EAA IV, 1961 (s.v. Marmorarius). – *Calabi Limentani*, Studi, 1958, 163, Nr 92. R. V.

Philiskos (I) (Φιλίσκος; Philiscus), griech. Maler, wahrsch. in hellenist. Zeit tätig. Nur bek. durch eine Erw. bei Plinius (nat., 35, 143; Overbeck, SQ, 1868, Nr 2154), nach der er ein *Bild einer Malerwerkstätte* schuf, in der ein Knabe Feuer anbläst (v.c. → Philiskos [II]). ▭ ThB26, 1932. RE XIX. 2, 1938 (s.v. Ph. 12); EAA VI, 1965 (s.v. Ph. 3). – *Pfuhl*, MuZ, II, 1923, 808, Paragraph 884. R. V.

Philiskos (II), aus Rhodos, griech. Bildhauer, um die M. des 2. Jh. v. Chr. tätig. Einer verderbten Textstelle bei Plinius (nat., 36, 34 ss.; Overbeck, SQ, 1868, Nr 2207) zufolge schuf Ph. eine Reihe von *Marmor-Skulpturen*, die bei der Porticus Octaviae *in circo Flaminio* in Rom aufgestellt waren. Im nahegelegenen Tempel des Apollo Sosianus befanden sich die ebenfalls von Ph. geschaffenen *Statuen des Apollo, seiner Mutter Latona, seiner Schwester Diana* und der *neun Musen*, ferner eine weitere *Statue des nackten Apollo* (vgl. neuerdings aber Schneider, 1999, 180 ss., der Ph. aufgrund einer überkritischen Lektüre der gen. Pliniusstelle nur den *bekleideten Apollo* zuschreibt. Diese Deutung stimmt meines Erachtens aber nicht mit dem Kontext überein, in dem alle Kunstwerke eine Künstlerzuweisung besitzen). Weiterhin stand im Tempel der Iuno Regina innerhalb der Porticus Octaviae eine *Venusstatue* des Philiskos. Dort stand auch neben and. berühmten Statuen eine Venusstatue, die ein Werk von einem Polycharmos (→ Polycharmos) war (A. Linfert, AM 84:1969, 158). Nach einer Konjektur hat man diesen Ph. mit dem gleichnamigen Sohn des → Polycharmos aus Rhodos gleichgesetzt, der durch eine Statuenbasis belegt ist, die von Ph. sign. war (T. Macridy, JdI 27:1912, 8 s., Abb. 2, Nr 3; Schede, 1920, 65 ss.; für die Inschr. vgl. IG, XII, Suppl., 383) und die von Antiphon, dem Sohn des Erymenides, zu Ehren der Are, der Tochter von Neon, im Heiligtum der Artemis Polo in Thasos gestiftet worden war (in Wirklichkeit dem Artemision: vgl. F. Salviat, BCH 83:1959, 380). Eine Inschr. aus Kamiros aus dem 3. Jh. v. Chr. (G. Jacoby, Clara Rhodos 6–7:1937, 400, Nr 28) nennt unter den ἱεροποιοί des Apollon einen Polyarchos, Sohn des Polycharmos, einen Mnasitimos (→ Mnasitimos [II] oder [III]), Sohn des → Aristonidas (I) und einen Ph., Sohn des Nikagoras. Viele von diesen Personen könnten mit in Rhodos tätigen Bildhauern identifiziert werden. Wenn man sich die fragm. Überlieferung anschaut, läßt sich eine auf der Insel tätige Bildhauer-Fam. ausmachen, in der die Namen zumindest vom 3.–1. Jh. v. Chr. von Generation zu Generation weitergegeben wurden (F. Hiller von Gaertringen,

GGA 1934, 199 s.; A. Linfert, AM 84:1969, 161). Da diese Namen verbreitet waren, muß man bei ihrer Bewertung sehr vorsichtig sein (v. C. Blinkenberg, in: Lindos II. 1, 1941, 438 s., Nr 172, wo auf einer Basis der 1. H. des 2. Jh. v. Chr. ein Ph., Sohn des Aristomedeus, und ein Polycharmos mit demselben Patronymikon gen. sind [falls es sich hier nicht um eine Verwechslung mit Astymedeus handelt, der im Jahr 166 v. Chr. Priester der Athena war]). Wir kennen mind. zwei and. Künstler namens Ph., die allerdings nicht als Bildhauer tätig waren: Einer von ihnen war Maler (→ Ph. [I]; RE XIX. 2, 1938 [s.v. Ph. 12]; EAA VI, 1965 [s.v. Ph. 3]), der zweite ist E. 2. Jh. v. Chr. als Architekt in Didyma belegt (→ Ph. [III], RE XIX. 2, 1938 [s.v. Ph. 13]; EAA VI, 1965 [s.v. Ph. 2]). Bis jetzt sind diese Angaben die einzigen über Ph., aufgrund derer eine partielle Rekonstr. seiner Tätigkeit unternommen wurde: Die Basis der *Are-Statue* läßt sich aus paläograph. Gründen und mit Blick auf den Kontext in die 1. H. des 1. Jh. v. Chr. datieren, viell. in die Zeit nach den Mithridat. Kriegen, deren Schäden Epie, die Tochter des Dionysios, im Heiligtum reparieren ließ (F. Salviat, BCH 83:1959, 362 ss.). Etwa zur gleichen Zeit wurde auch der sö. Teil des Umgangs wiederhergestellt, in dem eine Reihe von Statuenbasen aufgestellt waren, unter denen sich auch die Basis der *Are* befand. Vor der Basis der *Are* wurde auch der untere Teil einer faltenreichen Frauenstatue gefunden (T. Macridy, JdI 27:1912, 17 s., Taf. 4), in der man das Fragm. eines Werkes von Ph. sehen wollte. Die Zusammengehörigkeit der Skulpt. mit der Basis ist jedoch nicht erwiesen (Linfert, 1976, 125 s., auf pp. 185 s. schlägt Linfert eine Dat. ins 3. Jh. v. Chr. vor; vgl. aber D. Pinkwart, Gnomon 52:1980, 48). Darüber hinaus ist das Werk in Marmor aus Thasos gearbeitet (Schede, 1920, 68), einem für Künstler aus Rhodos untyp. Material. Es kann nicht ausgeschlossen werden, daß eine ältere Statue z.Z. der Restaurierung im Artemision aufgestellt worden ist, es sei denn, die Statue wäre von den Arbeitern, die an der Ausgrabung beteiligt waren, dort hingebracht worden, um der Entdeckung ein größeres Gewicht zu verleihen (Macridy sah näml. diese Statuen nicht mehr *in situ* in gefallener Lage, sondern schon aneinandergereiht vor ihren Basen aufgestellt; vgl. Linfert, 1976, 184). Das Problem ist bis heute nicht gelöst, da die bisher vorgeschlagene Dat. der Inschr. auf unsicheren Argumenten fußt (A.-J. Reinach, CRAI 1912, 226 s. und ebenso Schede, 1920, 67, betonen, daß ein Eurymenides, Sohn des Antiphon, auf einer Liste der θεωροί aus der Zeit um 100 v. Chr. oder wenig später vorkommt), unter denen die kontroverse Dat. der Statue in die ersten Jahrzehnte des 1. Jh. v. Chr. eine wichtige Rolle gespielt hat (so u.a. Schede, 1920, 68; R. Horn, Stehende weibl. Gewandstatuen in der hellenist. Plastik, M. 1931 [RM, ErgH, 2], 91; Bieber, HellSculpt², 1961, 130). Einige weitere, wenn auch vage Hinweise können aus der Entdeckung während der Grabungen im Tempel des Apollo Sosianus in Rom gewonnen werden. Bei dieser Entdeckung handelt es sich um einen weibl. Kopf und das qualitätvolle Fragm. eines Oberschenkels, der mit einem durchscheinenden Chiton und dem Saum eines Mantels bedeckt ist (La Rocca, 1984, Taf. 92 und 95,1). Beide Fragm. könnten in Anbetracht des Fundortes und der möglichen ikonogr. Gemeinsamkeiten mit den Musen des Ph. in Verbindung gebracht werden; zudem könnten die Fragm. anhand der stilist. Analyse in die 1. H. des 2. Jh. v. Chr. dat. werden (meines Erachtens kann man eine späte Dat. in das E. des 2. Jh. v. Chr., wie von Schneider, 1999, 188 s. vorgeschlagen, nicht akzeptieren). Sicher nicht zufällig wurde der Tempel des Apollo Medicus *in circo Flaminio* (der Vorgänger des Apollo-Sosianus-Tempels) während des Zensorenamtes von M. Fulvius Nobilior und M. Emilius Lepidus 179 v. Chr. erneuert, also unter zwei Magistraten, die durch die Einführung griech. Kunstwerke und die Einladung ihrer Künstler nach Rom entscheidende Impulse für die Hellenisierung der Stadt gaben. Der Zensor M. Emilius Lepidus weihte im selben Jahr auch die Tempel der Iuno Regina (der erst nach 146 v. Chr. in die Porticus Metelli, die Vorgängerin der Porticus Octaviae, eingefügt und wohl aus diesem Anlaß restauriert worden war) und der Diana *in circo Flaminio*. Im Jahr 177 v. Chr. gründete er in seiner Eigenschaft als „Triumvir coloniae deducundae" die Kolonie Luni. Der Tempel der Luna, die mit Diana identifizierte eponyme Gottheit der Kolonie Luni, zählt zu den ersten, wohl nicht nach der M. des 2. Jh. v. Chr. dort errichteten Gebäuden (M. P. Rossignani, in: L. Belloni [Ed.], Studia classica Iohanni Tarditi oblata, Mi. 1995, 1477 ss.). Die *columina* des Tempels besaßen figürl. Schmuck aus Ton (M. J. Strazzulla, in: G. Maetzke [Ed.], La coroplastica templare etrusca fra il IV e il II sec. a. C., Atti XVI Convegno di Studi Etruschi e Italici, Orbetello, 25–29 aprile 1988, Fi. 1992, 161 ss.): Im Zentrum stand Diana-Luna, zu ihren Seiten waren Apollo und Liber(?) zu sehen, ferner weibl. Figuren, bei denen es sich viell. um die neun Musen handelte. Sowohl die Fragm. aus dem Tempel des Apollo Sosianus in Rom als auch die Musen aus dem Luna-Tempel in Luni weisen eine enge ikonogr. Verwandtschaft mit einer Gruppe von Musen auf (Gruppe II von D. Pinkwart, 1965, der die folgenden früheren Vorschläge neu überprüft und eingearbeitet hat: Amelung, 1895; Watzinger, 1903; Schede, 1910; Sieveking, 1917; Lippold, 1918), die sich mit Hilfe des Reliefs des → Archelaos von Priene (KLA II, Addendum; seine Dat. ist umstritten: Schede, 1920, 69 ss.; D. Pinkwart, APl, IV, 1965, 55 ss., Taf. 28–35, setzen es in die Jahre 130–120 v. Chr.; Rigway, HellSculpt, I, 1990, 263, dat. es in das 1. Jh. v. Chr.; Lippold, 1918, 77 s., neuerdings Schneider, 1999, 183 und, auf den Beobachtungen über die Buchstabenform von P. Frazer und M. Guarducci aufbauend, in: Richter, Portraits, I, 1965, 54, in das E. 3./A. 2. Jh. v. Chr.) und der Basis von Halikarnassos in die Zeit um 120 v. Chr. datieren läßt (D. Pinkwart, APl, VI, 1967, 89 ss., Taf. 53–57). Diese Gruppe ist mit ihren eleganten und offenen Formen, ihren abwechslungsreichen Ponderierungen und ihren variantenreichen Faltengebungen am originellsten und innovativsten. Sie umfaßt die Musen Polyhymnia, die nachdenklich an einen Pfeiler gelehnt ist, Urania, die Muse des Tanzes, die auf einem Stein sitzt und deren Drehung des Körpers an die Tyche von Antiochia erinnert, die Muse mit Rotulus, die eine Hand auf einen Pfeiler gelegt hat, die Muse mit der kleinen Kithara, die an die sog. Große Herkulanerin bzw. die Klio in München erinnert. D. Pinkwart hat das Werk in die Jahre 160–150 v. Chr. dat. und einem Künstler aus Rhodos, möglicherweise Ph., zugeschr. (vgl. auch L. Faedo, LIMC VII, 1994, 1001 s., Nr 254, s.v. Mousa, Mousai). Leider führen die chronolog. Schwankung des Reliefs des → Archelaos (KLA II, Addendum) und die Schwierigkeit, eine sichere Dat. mit den Mitteln der Stilkritik festzumachen, dazu, daß nicht so sehr die Zusammenstellung der Figuren, aber die absolute von D. Pinkwart vorgeschlagene Chronologie in Frage gestellt wird. – Es bleiben die unbestreitbaren Synchronismen zw. der urbanistischen und der baulichen Tätigkeit des M. Emilius Lepidus, die die wahrscheinlichste Dat. für die im Tempel des Apollo Sosianus in Rom gefundenen Fragm. ergeben, sowie der möglichen Herstellung der Gruppe der Musen, die von D. Pinkwart rekonstruiert worden ist, obwohl uns das nicht dazu zwingt, die röm. Fragm. mit den auf dem Relief des → Archelaos (KLA II, Addendum) dargestellten Figuren zu identifizieren. Sie lassen aber evtl. die Hypothese zu, daß eine wichtige und bes. berühmte Musengruppe Kopien und ganze Serienproduktionen hervorgebracht hat (von den Musen der Gruppe II sind schon Kopien aus der hellenist. Zeit bek.), die für eine stetig wachsende und immer gebildetere Auftraggeberschaft im gesamten röm. Reich geschaffen worden sind. – Zusammenfassung: Vom 3.–1. Jh. v. Chr. ist auf Rhodos eine Künstler-Fam. belegt, in der die gleichen Namen von Generation zu Generation weitervererbt werden. Ein Ph., Sohn eines Polycharmos, führte in der 1. H. des 1. Jh. v. Chr. eine *Statue der Are* für das Artemision in Thasos aus. Ein Ph. schuf eine *Serie von Statuen* in Rom, die sich in den Tempeln des Apollo Sosianus und der Iuno Regina befanden, die von Plinius zus. mit einem Werk eines → Polycharmos erw. sind. Ihre Dat. ist unsicher. Zwei *Statuen-Fragm.* (ein Kopf und der Teil eines Oberschenkels), die möglicherweise von einer Musen-Darst. stammen, wurden im Tempel des Apollo Medicus (dem späteren Tempel des Apollo Sosianus) gefunden. Ihre Dat. scheint mit der Erneuerung dieses und des Tempels der Iuno Regina durch die Zensoren im Jahr 179 v. Chr. überein zu stimmen. Schließlich kann man mit Hilfe des Reliefs des → Archelaos von Priene (KLA II, Addendum), der Basis von Halikarnassos und den zahlr. rundplast. Kopien mit einer gewissen Wahrscheinlichkeit eine *Gruppe von Musen* rhodischer Prägung rekonstruieren, die etwa in der 1. H. des 2. Jh. v. Chr. zu dat. ist. Die Zusammenführung der Stelle bei Plinius und der von D. Pinkwart rekonstr. Skulpt.-Gruppe basiert auf schwachen, aber nicht völlig haltlosen Indizien, weil sie auch durch die Ikonogr. der Musen(?) bekräftig werden, die durch den Giebel vom Luna-Tempel in Luni aus dem 2. V. des 2. Jh. v. Chr. dat. werden. Wir haben es demnach mit zwei versch. Bildhauern des Namens Ph. zu tun: Der von Plinius erw. Meister (unser Ph.) schuf die *Musen* im Tempel des Apollo Sosianus in Rom, ein gleichnamiger und viell. späterer, aus der gleichen Fam. stammender Bildhauer (*Ph. [IV]*) stellte die *Statue der Are* in Thasos her. ▭ ThB26, 1932. RE, Suppl., V, 1931, 829, 3; RE XIX. 2, 1938, 2388 (s.v. Ph. 11); EAA VI, 1965 (s.v. Ph. 1); DA XXIV, 1996. – *Overbeck*, SQ, 1868, Nr 2207; *Brunn*, GGK, I, 1889, 468 s., 474; *W. Amelung*, Die Basis des Praxiteles aus Mantinea, M. 1895 (Archäol. Stud.), 44 ss., 77 ss.; *C. Watzinger*, Das Relief des Archelaos von Priene, B. 1903 (BWPr, 63); *Klein*, GGK, III, 1907, 36 ss.; *J. Sieveking*, RM 32:1917, 74 ss., 89; *G. Lippold*, RM 33:1918, 64 ss., 74 ss.; *M. Schede*, RM 35:1920, 65 ss.; *Lippold*, GrPl, 1950, 333 s., 383; *Bieber*, HellSculpt, [2]1961, 130; *D. Pinkwart*, Das Relief des Archelaos von Priene und die „Musen des Philiskos“, Kallmünz 1965; *Marcadé*, MusDélos, 1969, 195 s.; *A. Linfert*, Kunstzentren hellenist. Zeit, Wb. 1976, 100 s.; *J. André/R. Bloch/A. Rouveret*, Pline l'Ancien, Histoire naturelle. Livre XXXVI, P. 1981, 60, 159 s.; *E. La Rocca*, in: *N. Bonacasa/*

A. Di Vita (Ed.), Alessandria e il mondo ellenistico-romano, III, Studi in onore di Achille Adriani, R. 1984, 629 ss.; *Gaio Plinio Secondo*, Storia naturale, V. Mineralogia e storia dell'arte, ed. *A. Corso/ R. Mugellesi/G. Rosati*, Libri 33–37, T. 1988, 581 ss.; *Ridgway*, HellSculpt., I, 1990, 252 ss.; *Stewart*, Sculpture, 1990, 215, 297, 305, 318; *Moreno*, Scultura, 1994, 409 ss.; *C. Schneider*, Die Musengruppe von Milet, Mainz 1999, (Miles. Forsch., 1), 179 ss. E. La Rocca

Philiskos (III) (Φίλισκος), Sohn des Dionysios, griech. Architekt, 2./1. Jh. v. Chr. Seine Tätigkeit für den jüngeren *Apollon Philesios-Tempel* in Didyma b. Milet geht aus der Erw. seines Namens auf zwei Inschr.-Stelen hervor, die in die Zeit zw. 107 und 101/100 v. Chr. zu datieren sind (T. Wiegand/ A. Rehm/R. Harder [Ed.], Didyma, II. Die Inschr., B. 1958, 65, Nrn 45 s.). – Weitere Architekten, die am Apollon-Tempel in Didyma im 2. Jh. v. Chr. beschäftigt waren, v. → Demetrios (IX), *Kl[...]*, → Maiandrios sowie → Kratinos (III). ▭ ThB26, 1932. RE XIX. 2, 1938; Suppl. V, 1931 (s.v. M. 4); EAA VI, 1965 (s.v. P. 2); DEAU IV, 1969. – *F. Noack*, Eleusis, B./L. 1927, 308 (Anm. 139); *Müller*, Architekten, 1989, 188; *M.-C. Hellmann*, ZPE 104:1994, 170, Nr 63; *Donderer*, Architekten, 1996, 18, Anm. 28. W. Müller

Philiskos (IV) cf. **Philiskos (II)**

Philistides (Φιλιστίδης), Bildhauer aus Athen, 2. H. 4. Jh. v. Chr. Nur bek. aus der Künstler-Sign. auf einer Basis, die in den Ruinen von Pedasa gefunden worden war. Es könnte sich um einen Athener gehandelt haben, der beim Bau des Mausoleums nach Karien gerufen wurde (G. Foucart, BCH 14:1890, 375). ▭ RE XIX. 2, 1938 (s.v. Ph. 3). U. W. Gottschall

Philistion (ΦΙΛΙΣΤΙΩΝ), griech. Münzstempelschneider, um 300 v. Chr. in Hyele/Lukanien tätig. ΦΙΛΙΣΤΙΩΝΟΣ: Diese Sign. erscheint auf drei Vorderseiten der Didrachmen von Hyele (heute Velia/Lukanien) um 300 v. Chr. Sie steht immer im Genitiv. Darst.: Athenakopf nach links mit att. Helm, auf dessen Kalotte als Zier ein Viergespann und ein Greif appliziert sind; die Sign. auf dem Visier. Aufgrund der typolog. Trad. handelt es sich um eine Graveurs-Sign.; die drei Münzstempel heben sich jedoch qualitativ kaum von and. Stempeln Hyeles ab. Verwandte Initial-Sign. (Φ..., ΦΙ..., ΦΙΛΙΣ...) sind auf and. Münzen Hyeles, Terinas und Tarents anzutreffen, ohne immer sicher auf Graveure, zumal diesen Graveur, zu verweisen. Bei Φ... in Terina liegt der Gedanke an den Graveur → Phrygillos näher. In Tarent, wo die Sign. ΦΙΛΙΣ... zeitweise den Stadtnamen ersetzt, spricht eine starre Trad. von Magistrats-Sign. gegen eine Deutung als Graveurs-Signatur. ▭ ThB26, 1932. RE XIX. 2, 1938 (s.v. Ph. 5); EAA VI, 1965. – *A. von Sallet*, Die Künstlerinschriften auf griech. Münzen, B. 1871, 37 s.; *A. J. Evans*, NumChron 1889, 111, 118; *L. Forrer*, Notes sur les sign. de graveurs sur les monnaies grecques, Br. 1906, 307–357; *K. Regling*, Terina, B. 1906, 41–43, 70–79; *S. W. Grose*, NumChron 1917, 178–183; *R. T. Williams*, The coinage of Velia, Lo. 1992, 101–103; *W. Fischer-Bossert*, Chronologie der Didrachmenprägung von Tarent 510 – 280 v. Chr., B. 1999, 401, Anm. 33, p. 414, Anm. 43.
W. Fischer-Bossert

Philochares (Φιλοχάρης), griech. Maler, viell. im 4. Jh. v. Chr. tätig. Nach Plinius (nat., 35, 27 s.) ließ Augustus in der Curia Iulia zwei Bilder griech. Maler in die Wand einsetzen, eines des → Nikias (II), das Nemea, auf einem Löwen sitzend, zeigte, und ein and. des Ph., das zwei völlig unbek. Personen (*ignobilissimos*) abbildete: *Glaukion und seinen Sohn Aristippos*, über denen ein Adler, im Flug eine Schlange umfaßt haltend, dargestellt war (*supervolante aquila draconem complexa*; zu dem Motiv vgl. Schmidt, 1983, 61–71; Hölscher, 1989, 329). Plinius mißt der Kunst des Ph. außerordentliche Bedeutung bei (*immensa* [...] *potentia artis*): Dessen Gem. in der Curia habe sich dadurch ausgezeichnet, daß der erwachsene Sohn seinem greisen Vater trotz des Altersunterschiedes ähnl. gesehen habe ([...] *tabulae admiratio est puberem filium seni patri similem esse aetatis salva differentia*). Beide Bilder ließen sich im Sinne der augusteischen Bildersprache verstehen: das des → Nikias (II) als Allegorie für den Sieg über Antonius, das des Ph. als Sinnbild für das Vater-Sohn-Verhältnis von Caesar und Augustus (vgl. Hölscher, ibid.). – Die zeitl. Einordnung des Ph. in das 4. Jh. v. Chr. beruht auf der erstmals von Hemsterhuis (vgl. Brunn, 1889) aufgestellten und von Karousos (1960) mit neuen Argumenten vorgetragenen, von Lippold (GrPl, 1950) und L. Forti (EAA VI, 1965) jedoch bestrittenen und letztl. unbeweisbaren These, daß der von Plinius erw. Maler mit dem gleichnamigen Bruder des Redners Aischines (K. Fiehn, RE XIX. 2, 1938, 2433, s.v. Ph. 1) ident. sei, von dem Demosthenes (19, 237) in seiner 343 v. Chr. gegen Aischines gehaltenen Rede „Über die Truggesandtschaft" verächtl. sagt, er male nur Schmuckkästchen (ἀλαβαστοθήκας) und Handtrommeln (τύμπανα). Das Scholion zu dieser Demosthenes-Stelle (Schol. 455a in Demosth., 19, 237, ed. M. R. Dilts, 1986), dessen Beweiskraft allerdings von Lippold bezweifelt worden ist, reiht den Bruder des Aischines unter die berühmtesten Maler wie → Zeuxis (I), → Apelles (I) und → Euphranor (I) ein. ▭ ThB26, 1932. RE XIX. 2, 1938 (s.v. Ph. 3); EAA VI, 1965. – *Overbeck*, SQ, 1868, Nrn 1957–1959; *Brunn*, GGK, II, 1889, 173; *A. Reinach*, Rec. Milliet, P. 1921, Nrn 379–381; *Pfuhl*, MuZ, II, 1923, 766, § 838; *B. Neutsch*, Der Maler Nikias von Athen, L. 1940, 18; *G. Becatti*, Arte e gusto negli scrittori latini, Fi. 1951, 240; *C. Karousos*, in: *F. Eckstein* (Ed.), Theoria. Festschr. Walter-Herwig Schuchhardt, BB. 1960, 113–122; *Pape*, Kriegsbeute, 1975, 157; *C. Plinius Secundus d. Ä.*, Naturkunde, ed. und übersetzt *R. König/ G. Winkler*, Buch XXXV, M. 1978, 173; *O. Palagia*, Euphranor, Leiden 1980, 4, 8; *M. Schmidt*, Boreas 6:1983, 65, Anm. 15; *Pline l'Ancien*, Hist. naturelle, übersetzt und kommentiert *J.-M. Croisille*, Livre XXXV, P. 1985, 149, § 28, Nr 2; *P. Moreno*, Pitt. greca da Polignoto ad Apelle, Mi. 1987, 102 s.; *A. Corso*, in: *Gaio Plinio Secondo*, Storia naturalc, V. Mineralogia e storia dell'arte, ed. *G. B. Conte/G. Ranucci*, Libri 33–37, T. 1988, 325, § 28, Anm. 1, p. 898; *T. Hölscher*, in: *H.-U. Cain u.a.* (Ed.), Festschr. Nikolaus Himmelmann, Mainz 1989, 327–333; *A. Rouveret*, Hist. et imaginaire de la peint. ancienne, R. 1989, 492; *J. Isager*, Pliny on art and soc., Diss. Univ. Odcnsc 1991, 136; *M. Nowicka*, Le portr. dans la peint. antique, War. 1993, 123. L. Lehmann

Philodamus Bassus, *P.* (Ocratius), röm. Goldschmied, in der Kaiserzeit in Capri tätig. Nur bek. durch seine Grab-Inschr. aus Capri (CIL, X, 3976). ▭ EAA I, 1958 (s.v. Aurifex). R. V.

Philokalos (Φιλόκαλος), vermeintl. griech. Steinschneider. Auf zwei in ihrer Echtheit zweifelhaften *Intaglios* in Florenz (Uffizien) mit der *Darst. eines jugendl. Kopfes* mit Lorbeerkranz befindet sich dieser Name. Selbst wenn man die ohnehin vorhandenen Einwände auf Echtheit beseitigen könnte, wäre die Namensnennung im Genetiv immer noch nicht als Sign. zu deuten. ▭ EAA VI, 1965. – *Brunn*, GGK, II, 1889, 425. R. V.

Philokalus → Filocalus, *Furius Dionisius*

Philokles (I) (Φιλοκλῆς), aus Ägypten, griech. Maler, im 7. Jh. v. Chr. tätig. Lt. Plinius (nat., 35, 16; Overbeck, SQ, 1868, Nr 375) erfand P. zus. mit → Kleanthes von Korinth die Umrißzeichnung. Im Vergleich mit der Vasenmalerei müßte er dann am A. des 7. Jh. v. Chr. gearbeitet haben. ▭ ThB26, 1932. RE XIX. 2, 1938 (s.v. Ph. 9); EAA VI, 1965 (s.v. Ph. 1). – *Pfuhl*, MuZ, I, 1923, 497 ss.; *N. J. Koch*, De picturae initiis. Die Anfänge der griech. Malerei im 7. Jh. v. Chr., M. 1996, 23. R. V.

Philokles (II), griech. Architekt aus dem attischen Demos Acharnai, in der 2. H. 5. Jh. v. Chr. aktiv. Seine Tätigkeit als leitender Architekt der Bauarbeiten am *Erechtheion* auf der Athener Akropolis ist durch Baurechnungen von 409/408 v. Chr. nachg. (IG I^3, 474, 475). Vor der Wiederaufnahme der Arbeiten am Tempel führte P. eine Bestandsaufnahme durch. Mit ihm kann außerdem die Anfertigung *hölzerner Deckenkassetten* in Verbindung gebracht werden. Er war jedoch sicher nicht ident. mit dem entwerfenden Architekten. Sein Nachf. wurde → Archilochos aus Agryle (in den Baurechnungen erstmals erw. 408/407 v. Chr.). ▭ ThB26, 1932. RE XIX. 2, 1938 (s.v. P. 11); EAA VI, 1965 (s.v. P. 2); DEAU IV, 1969; KlP IV, 1972 (s.v. P. 5). – *Brunn*, GGK, II, 1889, 252; *W. B. Dinsmoor*, AJA 25:1921, 245 ss.; *J. M. Paton u.a.*, The Erechtheum, C., Mass. 1927, Inschr. Nr II 1–3, IX 21–23, XI col. III 6; *H. Lauter*, Zur gesellschaftl. Stellung des bild. Künstlers in der Griech. Klassik, Erlangen 1974, 20, Anm. 46; *Müller*, Architekten, 1989, 188; *Svenson-Evers*, Architekten, 1996, 273–278 (mit Lit.). W. Müller

Philokles (III), Sohn des Philokles, Enkel des Ischolaos, Architekt des 2./1. Jh. v. Chr. in Kilikien, nur durch zwei Weih-Inschr. aus Mopsuhestia bekannt. ▭ *G. Dagron/D. Feissel*, Inscr. de Cilicie, P. 1987, 131 s., Nr 83. M. Dennert

Philokles (IV), griech. Bildhauer, Sohn des Kallikrates, aus Megalopolis, für die genaue Dat. seines Schaffens fehlen ausreichende Anhaltspunkte. Von ihm ist eine Künstler-Sign. aus dem Asklepieion von Epidauros erhalten. Auf einer Statuenbasis weist die Inschr. auf eine *Statue der Laphanta* hin, aus der großen Fam. des Euanthes (IG^2, IV, 656). Sie war vom Demos der Megarer im 1. Jh. v. Chr. ins Asklepieion gew. worden. Die Inschr. ist nur fragm. erh., und die ebenfalls fragm. Sign. ist zu seinem Namen erg. worden. – Eine and. Inschr. in Epidauros nennt auch die Person der Laphanta und war eine Stiftung des Volkes von Megara, doch auch hier sind die Angaben für einen genaue Dat. nicht ausreichend. ▭ RE XIX. 1, 1937, (s.v. Ph. 10). – IG, IV, 1434; IG, IV^2, 656; IG, V. 2, p. xxxi 83; *Loewy*, IGB, 1885, 191, Nr 271a. U. W. Gottschall

Philomachos → Phyromachos (II)

Philomusus, röm. Goldschmied, in augusteischer Zeit in Rom tätig. Nur bek. durch seine Grab-Inschr. aus Rom (CIL, VI, 3928). ▭ EAA I, 1958 (s.v. Aurifex). R. V.

Philon (I) (Φίλων), griech. Bildhauer unbestimmter Zeit, in Siris tätig. Nur bek. durch seine Sign. auf einer Basis für eine Statue, die dem Asklepios gew. worden ist. ▭ RE XIX. 2, 1938 (s.v. Ph. 54); EAA VI, 1965 (s.v. Ph. 6). – *Loewy*, IGB, 1885, 378, Nr 553a. R. V.

Philon (II), Sohn des Houporion (oder Euporion), griech. Bildhauer, viell. Athener, im 5. Jh. v. Chr. in Athen tätig. Seine Sign. erscheint auf einem Perirrhanterion aus Marmor, von der Athener Akropolis stammend. ▭ *Raubitschek*, Dedications, 1949, 18, Anm. 12, 37 s., Anm. 381, p. 408; *Lippold*, GrPl, 1950, 82 (mit Lit.). D. V.-G.

Philon (III), griech. Erzgießer, in der 2. H. des 4. Jh. v. Chr. tätig. Plinius (nat., 34, 91; Overbeck, SQ, 1868, Nr 1603; Muller-Dufeu, SculptureSource, 2002, 660 s., Nr 1968) zählt ihn unter den Erzgießern auf, die *Statuen von Athleten, Krieger, Jägern und Opfernden* fertigten. Lt. Tatian (orat., 36, 16; Overbeck, SQ, 1868, Nr 1604; Muller-Dufeu, SculptureSource, 2002, 660 s., Nr 1969) schuf er ein *Bildnis des Hephaistion*, des Freundes Alexanders d. Gr. Dank dieses Hinweises können wir die Tätigkeit des Ph. in die 2. H. des 4. Jh. v. Chr. setzen. ▭ ThB26, 1932. RE XIX. 2, 1938 (s.v. Ph. 53); EAA VI, 1965 (s.v. Ph. 3). R. V.

Philon (IV), Sohn des Exekestides, aus Eleusis, griech. Architekt der 2. H. des 4. Jh. v. Chr., der die *Skeuothek* im Piräus baute und die *Vorhalle (Prostoon)* des eleusinischen Telesterions vollendete. Berühmt war Ph. in der Antike für seine *Skeuothek* im Piräus, ein zur Unterbringung von Segeln, Tauen und and. Schiffsgerät dienendes Arsenal der Marine, das in zahlr. Schriftquellen erw. wird (Strab., 9, 1, 15; Cic., De orat., 1, 14, 62; Val. Max., 8, 12, 2; Plin., nat., 7, 125; Plut., Sull., 14, 13; App., Mithr., 41). Daß dieser Bau noch lange nach seiner Zerstörung durch Sulla im Jahre 86 v. Chr. bek. blieb, könnte in der Fachschriftstellerei des Ph. eine Erklärung finden: Neben einem Werk über Symmetrien von Tempeln verfaßte der Architekt ein Buch über die *Skeuothek* (→ Vitruvius, 7, praef. 12; vgl. Poll., 10, 188). Sehr beredt soll Ph. seine Bauprojekte der Öffentlichkeit vorgestellt haben. (Val. Max., 8, 12, 2): In der rhetor. Fachliteratur dient er als Beispiel für einen eloquenten Techniten (Philod., 1, col. 9a, p. 192 s.; col. 47, p. 346 s., Sudhaus; Cic., De orat., 1, 14, 62). Wenn Ph. mit einem aus einer Abrechnungsurkunde des attischen Seewesens (IG, II^2, 1622, Zeile 694) bek., ebenfalls aus Eleusis stammenden Syntrierarchen gleichen Namens ident. ist, dürfte er recht vermögend gewesen sein. Viell. ist er auch der Stifter eines Weihgeschenks im Asklepiosheiligtum in Athen (IG, II^2, 1533, Zeile 95). Von dem Ruhm, den Ph. bei der Nachwelt besaß, zeugen Erw. auf einem ptolemäischen Schulpapyrus des 2. Jh. v. Chr. (H. Diels [Ed.], Laterculi Alexandrini, B. 1904, 8, col. 7, 17) und in dem auf Varros Hebdomades zurückgehenden Architekten-Kat. in der Mosella des Ausonius (Mos., 303). – Die zahlr. Rekonstruktionsversuche der *Skeuothek* (Dörpfeld, 1883; Choisy, 1884; Marstrand, 1922; Jeppesen, 1958 und 1961; Lorenzen, 1964; Linfert, 1981, Meyer-Christian, 1983, u.a.) basieren auf der 1882 im NO des Zea-Hafens gefundenen, vollst. erh. Syngraphe IG, II^2, 1668, einer von Ph. und → Euthydomos von Melite (vgl. Svenson-Evers, 1996, 316–319) verf. Baubeschreibung mit genauen Maßangaben und detaillierten Versatzvorschriften. Lokalisiert werden konnte die *Skeuothek* erst über 100 Jahre nach Auffindung dieser Inschr., als G. Steinhauer 1988 bei Notgrabungen am nw. Bogen des Zea-Hafenbeckens über den Resten eines frühklass. Wohnhauses Fundamente entdeckte, die er überzeugend dem in der Syngraphe beschriebenen Arsenal zuweisen konnte (vgl. Steinhauer, 1994): einem 400 Fuß (ca. 131 m; zum Fußmaß vgl. Steinhauer, 1994, 44, 46; Rottländer, 1997) langen und 55 Fuß (ca. 18 m) breiten (IG, II^2, 1668, Zeilen 6 s.), aus Kalksteinquadermauern (IG, II^2, 1668, Zeilen 16, 26–30) errichteten Hallenbau, dessen Innenraum von zwei Reihen aus 35 Säulen bzw. Pfeilern in drei Schiffe geteilt wurde (IG, II^2, 1668, Zeilen 10–14, 39–45). Die Grabung an den heutigen Straßen Kountouriotou, Ilas Merarchias und Ypsilantou hat einen Schnitt durch die drei Schiffe freigelegt. Ferner ist von den doppelflügligen Eingängen an den beiden Schmalseiten des Gebäudes (IG, II^2, 1668, Zeilen 22–26, 30–33, 60 s.) der nördliche ergraben worden. – Die in offenen Holzkästen untergebrachte Schiffstakelage wurde – vom Mittelgang sichtbar – in den Seitenschiffen gelagert, in die zu diesem Zweck Zwischenböden mit Regalen eingezogen waren (IG, II^2, 1668, Zeilen 65–92). Zur Beleuchtung des gepflasterten Innenraums (IG, II^2, 1668, Zeilen 61–63) dienten mit Bronzegittern versehene Fenster: auf jeder Schmalseite drei, auf jeder Langseite pro Interkolumnium der Innenstützen eins (IG, II^2, 1668, Zeile 35–38). Zusätzl. Öffnungen in den Mauerfugen sollten für ausreichende Belüftung sorgen (IG, II^2,

1668, Zeilen 92–94). Außen umlief ein Triglyphen-Metopen-Fries das Gebäude (IG, II², 1668, Zeilen 29 s.). Das Giebeldach (IG, II², 1668, Zeilen 38 s., 45–59) war mit korinthischen Ziegeln in Lehmbettung gedeckt (IG, II², 1668, Zeilen 58 s.). – Mit der Errichtung der *Skeuothek* wurde um 350 v. Chr. (vgl. Aischin., orat., 3, 25; IG, II², 505) begonnen. 339/38 v. Chr. wurden die Arbeiten wegen des Krieges gegen Philipp II. kurzzeitig unterbrochen (Philoch., Fragm. 56a, FGrH; Pseudo-Plutarchos, X orat., 841d, 852c). Die Fertigstellung kann man aufgrund einer Inschr. (IG, II², 1627 b, Zeilen 287–302; 1627 c, Zeilen 418–420), in der überschüssiges Bau-Mat. des Arsenals erw. wird, um 330 v. Chr. ansetzen. In unmittelbarer Nähe sowohl zur Agora als auch zur Hafenanlage mit den Schiffshäusern gelegen (IG, II², 1668, Zeilen 5 s.), war die *Skeuothek* nicht nur ein Nutzbau für die Unterbringung der Takelage von ca. 130 im Zuge des attischen Flottenausbauprogramms in den 50er bis 30er Jahren des 4. Jh. v. Chr. gebauten Schiffe (vgl. J. Mausbach, in: Linfert u.a., 1981, 57–60), sondern v.a. auch ein Repräsentationsbau, der Bürgern (vgl. IG, II², 1668, Zeilen 12 s.) wie Fremden gleichermaßen die maritime Stärke Athens vor Augen führen sollte (vgl. Hintzen-Bohlen, 1997, 102). Die Anlage des breiten Mittelgangs mit den großen Toren an den Schmalseiten bot zudem einen strategischen Vorteil: Im Falle großer Eile bei der Ausrüstung der Schiffe kam es zu keinem Durcheinander, da die Matrosen das Gebäude in einer Richtung durchlaufen konnten (vgl. Hoepfner, 1999, 217). Für and. steinerne Arsenalbauten wie die Lagerhalle am Kolonos Agoraios dürfte die *Skeuothek* als architekton. Vorbild gedient haben (vgl. Travlos, TopAth, 1971, 261; Pounder, 1983; Garland, 1987, 219 s.; Korres, 1992/98). → Vitruvius (7, praef. 17) überliefert Ph. als Architekten der *Vorhalle* vor dem Telesterion in Eleusis. Die Angabe des röm. Archit.-Schriftstellers führte in der älteren Forsch. zu der Annahme, daß das *Prostoon*, das schon in der M. des 4. Jh. v. Chr. unter der Ltg des Architekten → Philagros begonnen (vgl. sog. Prostoon-Inschr., IG, II², 1666), aber unvoll. in den Fundamenten liegengeblieben war, in den 30er Jahren des Jahrhunderts von Ph. neu konzipiert worden sei. Ein von K. Clinton 1971 publ. Inschr.-Fragm. (Erg. zu IG, II², 1673) hat jedoch gezeigt, daß in dieser Zeit *Athenodoros aus Melite* der Architekt der *Vorhalle* war, der den Bau bis zur Errichtung der Säulen ausführte (vgl. IG, II², 1671 [Fundament]; IG, II², 1670 [Krepis und Stylobat]; IG, II², 1673 [Säulentrommeln]; IG, II², 1675 [Verdübelung von Säulentrommeln]). Dann wurden die Arbeiten wahrsch. 329 v. Chr. erneut eingestellt (vgl. IG, II², 1672; Svenson-Evers, 1996, 298 s.; Clinton, 1971, 112 s.). Erst Ph. schloß das Bauvorhaben in der Zeit des Demetrios von Phaleron (317–307 v. Chr.) ab: Er vollendete die Säulenstellung (vgl. IG, II², 1679, 1680 [Kapitelle]), setzte das Gebälk auf und errichtete das gewaltige Giebeldach mit einer Tympanonhöhe von über 5 m. Die dorische Vorhalle, die aus zwölf Säulen an der Front und zwei Säulen an den Seiten gebildet war, steigerte mit ihren großen Maßen (Stylobat: 54,49 m x 11,55 m) die mon. Wirkung des Telesterions. In röm. Zeit wurde sie nach einem Kostobokenangriff (170/71 n. Chr.) wiederaufgebaut (vgl. Townsend, 1987). – Gelegentl. wird angenommen, daß Ph. als Unternehmer in Delphi tätig war, da in einer Rechnung der delphischen Schatzmeister aus dem Jahr 334/33 v. Chr. (CID, II, 79 A, col. 1, Zeilen 23–41) ein Ergolabos Ph. aus Athen gen. wird. Daß Ph. noch während der Arbeiten an der *Skeuothek* Aufträge für den geringen Lohn von drei Obolen am Tag in Delphi angenommen hat, ist allerdings sehr unwahrscheinlich (vgl. Svenson-Evers, 1996, 314, 510).

▭ ThB26, 1932 (s.v. Ph.). RE III. A. 1, 1927 (s.v. Skeuothek); XX. 1, 1941 (s.v. Ph. 55); EAA VI, 1965 (s.v. Ph. 2); KlP IV, 1979 (s.v. Ph. 14); DNP IX, 2000 (s.v. Ph. 6). – *E. Fabricius*, Hermes 17:1882, 551–594; *P. Foucart*, BCH 6:1882, 540–555; *T. W. Ludlow*, AJPh 3:1882, 317–328; *A. N. Meletopoulos*, 'Ανέκδοτος ἐπιγραφή. Ἡ σκευοθήκη τοῦ Φίλωνος, At. 1882; *W. Dörpfeld*, AM 8:1883, 147–164; *A. Choisy*, Et. épigraphiques sur l'archit. grecque, P. 1884, 1–42; *B. Keil*, Hermes 19:1884, 149–163; *D. Philios*, AEphem 1886, 186–214, 272; *L. Caskey*, AJA 9:1905, 146–156; *H. Lattermann*, Griech. Bau-Inschr., Straßburg 1908, 1–63; *V. Marstrand*, Arsenalet i Piraeus og Oldtidens Byggeregler, Kph. 1922; *F. Noack*, Eleusis, B. 1927, 112–139, 283–291, 308; *Ph. H. Davis*, AJA 34:1930, 1–19; *id.*, Some Eleusinian building inscr. of the Fourth c. B. C., Pr. 1931; *K. Kourouniotis/ J. Travlos*, ADelt 16:1935/36, 1–42; *R. Scranton*, Greek walls, C. 1941, 123–128; *W. B. Dinsmoor*, The archit. of Ancient Greece, Lo. u.a. ³1950, 233, 241 s.; *K. J. A. Bundgaard*, Mnesicles, A Greek architect at work, Kph. 1957, 100–132; *A. von Gerkan*, GGA 214:1960, 1–15; *R. L. Scranton*, Harvard Library Bulletin 14:1960, 159–182; *K. Jeppesen*, Paradeigmata, Århus 1958 (Nachträge dazu in: ActaArch 32:1961, 218–230); *G. E. Mylonas*, Eleusis and the Eleusinian mysteries, Pr. 1961, 133–135; *H. Riemann*, Gnomon 33:1961, 69–78; *E. Lorenzen*, The arsenal at Piraeus, Kph. 1964; *C. T. Panagos*, Le Pirée, At. 1968, 226–229;

K. Clinton, AEphem 1971, 81–136; *J. K. Davies*, Athenian propertied families 600–300 B. C., Ox. 1971, 555 s., Nr 14833; *H. Eiteljorg*, The Greek architect of the Fourth c. B. C., Diss. Pennsylvania 1973; *H. Lauter*, Zur gesellschaftl. Stellung des bild. Künstlers in der griech. Klassik, Erlangen 1974, 28 s.; *J. J. Coulton*, Greek architects at work, Lo. 1977, 25, 54, 57 s.; *A. Linfert u.a.*, Die Skeuothek des Ph. im Piräus, Köln 1981; *R. F. Townsend*, Athenian archit. activity in the second half of the 4th c. B. C., Diss. Univ. of North Carolina 1982, 143 ss., 261 ss.; *W. Meyer-Christian*, Das Arsenal des Architekten Ph. in Zea/Piräus. Rekonstruktion, Diss. Ka. 1983; *R. L. Pounder*, Hesperia 52:1983, 233–256; *W. Will*, Athen und Alexander, Unters. zur Gesch. der Stadt von 338–322 v. Chr., M. 1983, 88–96; *M. Untermann*, in: Bauplanung und Bautheorie der Antike, Diskussionen zur archäol. Bau-Forsch., IV, B. 1984, 81–86; *B. Wesenberg*, ibid., 41 s.; *H. Lauter*, Die Archit. des Hellenismus, Da. 1986, 125, 156; *R. Garland*, The Piraeus from the Fifth to the First c. B. C., Lo. 1987, 156–158, 219 s.; *R. F. Townsend*, Boreas 10:1987, 97–106; *Travlos*, TopAttika, 1988, 95, 343; *Müller*, Architekten, 1989, 74–76, 188 s.; *K.-V. von Eickstedt*, Beitr. zur Topogr. des Piräus, At. 1991, 78 s.; *J.A.K.E. de Waele*, BABesch 68:1993, 107–120; *G. Steinhauer*, in: *W. Hoepfner/E.-L. Schwandner* (Ed.), Haus und Stadt im Klass. Griechenland, M. ^{2}1994, 44–50; *H. Knell*, in: *W. Eder* (Ed.), Die athen. Demokratie im 4. Jh. v. Chr., St. 1995, 475–514, hier 476, 552 s.; *G. Steinhauer*, in: *H. Tzalas* (Ed.), Tropis IV, 4th internat. symposium on ship construction in antiquity, Athen 1991, At. 1996, 471–479; *Svenson-Evers*, Architekten, 1996, 301–315; *B. Hintzen-Bohlen*, Die Kulturpolitik des Eubulos und des Lykurg, B. 1997, 15–21, 102, 119; *R. C. A. Rottländer*, BABesch 72:1997, 105–114; *M.-C. Hellmann*, L'archit. grecque, P. 1998, 16–19; *J. W. Humphrey/J. P. Oleson/A. N. Sherwood*, Greek and Roman technology. A sourcebook. Annotated translations of Greek and Latin texts and doc., Lo./N. Y. 1998, 266–269; *M. Korres*, Horos 10–12:1992/98, 83–104, hier 100–104; *M.-C. Hellmann*, Choix d'inscr. archit. grecques, P. 1999, 44–52; *W. Hoepfner*, in: *id.* (Ed.), Gesch. des Wohnens, I, St. 1999, 217; *A. Jördens*, Klio 81:1999, 359–391; *L. Lehmann*, Architektones. Zur antiken Architektenüberlieferung (in Vorbereitung). L. Lehmann

Philon (V), griech. Metallring-Graveur, in hellenist. Zeit tätig. Seine Sign. erscheint auf einem heute verschollenen *Silberring* mit dem *Bildnis eines jungen Mannes* (ehem. Slg Tyszkiewicz). Ph. ist einer der wenigen Metallring-Graveure des Hellenismus, deren Namen wir kennen. ▭ ThB26, 1932. RE XX. 1, 1941 (s.v. Ph. 57); EAA VI, 1965 (s.v. Ph. 4). – *A. Furtwängler*, JdI 3:1888, 206, Taf. 8, 11; *id.*, AG, III, 1900, Taf. 33, 13; *Richter*, EngrGemsGE, 1968, 169, Abb. 680; *M.-L. Vollenweider*, Die Porträtgemmen der röm. Republik, Mainz 1972/1974, 60 s., 67, 141 ss., Taf. 99, 1 s.; *Zazoff*, AG, 1983, 208, Anm. 93, p. 289. B. Lang

Philon (VI), griech. Enkaustikmaler, um 300 v. Chr. tätig. Nur bek. durch ein Graffiti aus dem Steinbruchgebiet des Ǧabal at-Takrūr in der Oase Siwa/Ägypten (W. Brashear, in: K. P. Kuhlmann, Das Ammoneion. Archäologie, Geschichte und Kultpraxis des Orakels von Siwa, Mainz 1988, 85–88, Abb. 17, 2, Taf. 42 b). R. V.

Philon (VII), aus Herakleia, griech. Bildhauer, im 2. Jh. v. Chr. tätig. Nur bek. durch seine Sign. auf den folgenden zwei Marmorbasen: – 1.) aus lartischem Marmor aus Rhodos für eine *Statue des Rhodippos*, Sohn des Isodamos, die von seinen Söhnen Isodamos, Mykilios, Timasitheos, Arista[...], Timotheos und Eukles dem Zeus Polieus und der Athena Polias gew. worden ist (G. Pugliese Carratelli/M. Segre, ASAtene 30–32:1952–1954, 282 s., Nr 54, Abb. 48; Muller-Dufeu, SculptureSource, 2002, 728 s., Nr 2115); – 2.) aus Perge für eine *Statue*, die von Chimaros, Sohn des Melanthios, aus Magnesia am Mäander, der Artemis von Perge gew. worden ist (S. Şahin, Die Inschr. von Perge, Bonn 1999, Nr 5; Muller-Dufeu, SculptureSource, 2002, 728 s., Nr 2116). R. V.

Philon (VIII), aus Termessos, griech. Bildhauer, zu Beginn des 1. Jh. v. Chr. in Rhodos tätig. Nur bek. durch seine Sign. auf einer Basis aus Rhodos. ▭ RE, Suppl. VIII, 1956 (s.v. P. 62); EAA VI, 1965 (s.v. P. 5). – Lindos, II. 1, 1941, 56, Nr 89; *Lippold*, GrPl, 1950, 385, Anm. 5. R. V.

Philonides (Φιλωνίδης), griech. Bildhauer, um 300 v. Chr. für Olympia tätig. Nur bek. aus der Künstler-Sign. einer Inschr., die sich auf der Kalksteinbasis der *Siegerstatue des Eleers Telemachos*, Sohn des Telemachos, befindet (Paus., 6, 13, 11). Die Basis steht noch heute im Zeusheiligtum von Olympia. Die Einlaßspuren für die Bronzestatue lassen auf eine ruhig stehende und überlebensgroße Figur schließen. Immer wieder ist angenommen worden, daß die dreistufige Basis *in situ* gefunden wurde. Sie würde damit zu den ganz seltenen Statuenbasen gehören, die, wie etwa die

Zanes-Basen, an Ort und Stelle vorgefunden wurden. Die Aufstellung der Telemachosbasis ist allerdings hypothetisch, da die einzelnen Basisblöcke in der spätantiken Befestigungsmauer als Spolien verbaut gefunden wurden. Telemachos siegte wohl 292 v. Chr. (Olympiade 122) im Wagenrennen mit dem Viergespann. ▭ ThB26, 1932. RE XX. 1, 1941 (s.v. Ph. 8); EAA VI, 1965. – *W. Dittenberger/K. Purgold*, Die Inschr. von Olympia. Olympia, V, B. 1896, Nr 177; *L. Moretti*, Iscr. agonistiche greche, R. 1953, Nr 34; *id.*, Olympionikai, R. 1957 (MemAccLinc, Ser. 8, Bd. VIII. 2, 1959), Nr 531; *H.-V. Herrmann*, Nikephoros 1:1988, 167, Nr 129; *Schmidt*, Statuenbasen, 1995, 250, Nr I. 1. 49; *S. Lehmann*, Die Siegerbasen von Olympia, OlympForsch, XXXII (in Vorbereitung). St. Lehmann

Philotechnos (Φιλότεχνος), Sohn des Herodes, von Samos, griech. Bildhauer, in der 2. H. des 2. Jh. v. Chr. in Delos tätig. Nur bek. durch seine folgenden drei Sign.: – 1.) Marmorbasis von der SO-Ecke der S-Portikus von Delos für *Statuen des Antiochos IX. und seines Erziehers Krateros*, die von Sosistratos von Samos gestiftet worden ist. Die Basis nennt auch den Vater von Antiochos IX., näml. Antiochos VII. Sidetas (138–129 v. Chr.), dank dem die Dat. erfolgen kann (Delos, in situ, Inv. Nr E 217; T. Homolle, BCH 4:1880, 217 s., Nr 10; Loewy, 1885, 205 s., Nr 294; ID, 1547 s.; Marcadé, 1957, 87 mit Abb., Taf. 39, 1); – 2.) Rundbasis aus Marmor vom Heraion von Samos für eine *Statue des Cn. Domitius* aus Samos, der möglicherweise mit dem gleichnamigen Konsul von 122 v. Chr. oder mit einem Offizier unter dem Konsul M. Aquilius von 129 v. Chr. ident. ist (A. Kirchhoff, Monats-Ber. Akad. Berlin, 1859, 753, Nr 2; Loewy, 1885, 206 s., Nr 295; Marcadé, 1957, 87 s. mit Abb.); – 3.) Marmorbasis aus Tralleis für eine *Siegerstatue eines Läufers* (A. Kontoleon, BCH 10:1886, 326 s.; Marcadé, 1957, 88). ▭ ThB26, 1932. RE XX. 1, 1941; EAA VI, 1965. – *Loewy*, IGB, 1885, 205–207, Nrn 294 s.; *Lippold*, GrPl, 1950, 372, Anm. 14–16; *Marcadé*, Signatures, II, 1957, 87 s. R. V.

Philotimos (I) (Φιλότιμος), von Ägina, griech. Erzbildner, in der 2. H. des 5. Jh. v. Chr. in Olympia tätig. Pausanias zufolge, der den Künstler (6, 14, 12) ausdrückl. als Ägineten bez., schuf Ph. in Olympia die *Statue des Xenombrotos* von Kos, der als erster Koer Olympionike im Pferderennen wurde; Xenombrotos sei stehend dargestellt, daneben ein reitender Knabe, Xenodikos, Sieger im Knabenfaustkampf, ein Werk des → Pantias von Chios; die Namen beider Sieger seien im Epigramm der Gruppe genannt. Erh. sind (nicht *in situ*) Basisbruchstücke mit einem Epigramm, in dem – entgegen Pausanias – nur Xenombrotos und sein Sieg gerühmt und keine Bildhauernamen gen. werden (W. Dittenberger/K. Purgold, Die Inschr. von Olympia. Olympia V, B. 1896, Nr 170; L. Moretti, Iscrizioni agonistiche greche, R. 1953, Nr 30; J. Ebert, Griech. Epigramme auf Sieger an gymn. und hipp. Agonen, AbhLeipzig 63, 2:1972, Nr 49). Nach Lippold (in RE XX. 1, 1941 [s.v. Ph. 4]) findet sich auf der Basis die Spur eines linken Fußes und, auf einem viell. rückwärts anschließenden Block, die Spur eines Pferdehufes, die der Pausanias-Beschr. entsprechen, hingegen bezweifelt Ebert, op. cit., daß die Basis dieser Gruppe angehört. Da der Vater des Xenombrotos im Epigramm Xenodikos heißt, wird der Knabe Xenodikos des Xenombrotos Sohn sein. Der Schr. nach gehört das Epigramm frühestens in die Mitte des 4. Jh. v. Chr., doch die Siege fanden viel früher statt: L. Moretti zufolge (Olympionikai, R. 1957 [MemAccLinc, Ser. 8, Bd. VIII. 2, 1959], Nrn 340, 363) um 420 v. Chr. (Xenombrotos) und um 400 v. Chr. (Xenodikos). Viell. war die Xenodikos-Figur nachträgl. neben die des Xenombrotos aufgestellt und das Epigramm die Erneuerung eines älteren, das den Sieg des Xenombrotos allein rühmte. Doch ist auch der Stil des Epigramms nach Ebert, op. cit., in die 2. H. des 4. Jh. v. Chr. zu datieren, so daß es nicht die erneute Einmeißelung eines Epigramms des 5. Jh. v. Chr. sein kann. → Pantias war in der 2. H. des 5. Jh. v. Chr. tätig. Dieser Zeit wird Ph. ebenfalls angehören, da der Sieg des Xenombrotos einen *terminus post quem* bildet. Ph. ist der späteste uns namentl. bek. äginetische Bildhauer. ▭ ThB26, 1932. RE XX. 1, 1941 (s.v. Ph. 4); EAA VI, 1965 (s.v. Ph.). – *Brunn*, GGK, I, 1889, 69 (96); *Lippold*, GrPl, 1950, 98; *E. Walter-Karydi*, Die äginet. Bildhauerschule, Mainz 1987 (Alt-Ägina, II. 2), 46. E. Walter-Karydi

Philotimos (II), griech. Bildhauer, aus Thespiai, A. 4. Jh. v. Chr. in Athen tätig. Nur bek. durch seine fragmenthaft erh. Sign. [...]ΤΙΜΟΣ (IG, II, 1176), die von Kumanudis, Robert (RE) und Lippold (1950) zu Πολύτιμος (→ Polytimos [I]) oder Φιλότιμος und von Loewy (IGB, 1885, 81, Nr 102) und Guerrini (EAA) zu Διότιμος (→ Diotimos [II]) erg. wurde. Die Basis trug einst einen Dreifuß, der vom Künstler für ein Kollegium der Vertreter der zehn Phylen geschaffen worden ist. ▭ RE V. 1, 1903 (s.v. Diotimos 23); EAA III, 1960 (s.v. Diotimos 2). – *Lippold*, GrPl, 1950, 230, Anm. 5. R. V.

Philoumenos (Φιλούμενος), griech. Bildhauer unbek. Herkunft, im 2. Jh. n. Chr. tätig. Die Inschr. (Loewy, IGB, 1885, 266, Nr 381) findet sich an einer *Statue eines knienden Kriegers* in kurzem Chiton in Rom (Mus. Torlonia, Inv. Nr 279). Ein unsign. Gegenstück (keine Replik!) scheint schon früh verschollen. Beide Figuren wurden zum *Attalischen Weihgeschenk* (cf. → Isigonos, → Phyromachos (II), Stratonikos, → Antigonos) hinzugerechnet, sind dem Stil nach jedoch eher Schöpfungen der hadrianischen Zeit. ▭ ThB26, 1932. RE XX. 1, 1950 (s.v. Ph. 8); EAA VI, 1965. – *Overbeck*, SQ, 1868, Nr 2305; IG, XIV, 1265; *T. Schreiber*, Der Gallierkopf des Museums in Gize, L. 1896, 28. M. Wüstefeld

Philoxenos (I) (Φιλόξενος; Philoxenus), von Eretria, griech. Maler, Schüler des → Nikomachos (I), ca. im letzten V. des 4. Jh. v. Chr. für Makedonien tätig. Über Ph. informiert als einzige antike Quelle Plinius (nat., 35, 110). Er soll für den makedonischen König Kassander (353–298/97) eine Darst. der *Schlacht zw. Alexander und Dareios* gemalt haben. Wann und in welcher Schlacht Alexander und Dareios aufeinander trafen, ist hist. nicht eindeutig bestimmbar. Nur das Todesdatum des Dareios von 330 v. Chr. liefert einen *terminus post quem* für Ph. und sein Bild. Daher läßt sich seine Schaffenszeit nur allg. auf das letzte V. des 4. Jh. v. Chr. eingrenzen. Eine genauere Dat. der erw. Schlacht-Darst. ist nicht mögl., obwohl Kassander von Plinius ausdrückl. mit dem Königstitel belegt wird. Wie Stewart (1993) anhand von Parallelstellen bei Plinius zeigt, dient der Titel „König“ zur Kennzeichnung der Person, nicht zur chronolog. Fixierung eines Zeitabschnitts (Kassander führt den Titel offiziell ab 305 v. Chr.). Auch die Nachr., Ph. sei Schüler des Malers → Nikomachos (I), trägt zu keiner genaueren chronolog. Einordnung bei. Plinius (ibid.) erw. neben der von ihm als unübertroffen bewerteten Darst. der *Schlacht von Alexander mit Dareios* ein weiteres Werk: das *ausgelassen fröhliche Zusammentreffen dreier Silene*. Weder das eine noch das and. Bild ist erh. oder mit völliger Sicherheit in Kopien nachweisbar. Als Kennzeichen seiner Malweise erw. Plinius schließl. Ph.' Schnelligkeit (*celeritas*). Plinius verbindet damit den Einsatz techn. Mittel zur schnelleren Voll. der Malerei (*breviores picturae compendiarias*). Schnelligkeit und maltechn. Kniffe teilt Ph. mit seinem Lehrer → Nikomachos (I), fügt dessen Repert. jedoch weitere hinzu. In der Pliniusstelle wird nicht weiter spezifiziert, welche Kunstgriffe Ph. zugeschr. werden. *Celeritas* meint eine techn. Fähigkeit. Die Geschwindigkeit scheint innerhalb der Maler des 4. Jh. v. Chr. eine erstrebenswerte und dem Werk zugute kommende Qualität gewesen zu sein, wie die Bemerkung des → Apelles (I) über die Bilder des → Protogenes (I) belegt. Zwar steht bei der Kritik des → Apelles (I) die *cura* des → Protogenes (I) im Mittelpunkt. Doch zielt er damit auch auf die für → Protogenes (I) char. jahrelange Arbeit an einem Bild (vgl. auch V. L. Brüschweiler-Mooser, Ausgewählte Künstleranekdoten, Diss. Bern 1973, 41 ss.). Verständnisprobleme bereiten die techn. Mittel (*breviores picturae compendiarias*), die Ph. zur schnelleren Voll. einsetzte. Handelt es sich um eine schnellere Maltechnik oder Pinselführung, muß diese noch keinen Einfluß auf die Darst.-Form gehabt haben. Nur wenn sich die Schnelligkeit des Produktionsvorganges auf die formale Ausgestaltung des jeweiligen Bildes auswirkte, war sie ein Qualitätsmerkmal. Dies kann man allerdings mit einiger Wahrscheinlichkeit annehmen. Der Begriff *compendiaria* bezogen auf Malerei ist nur noch bei Petronius belegt (Satyrica, 2, 9, 3: *pictura quoque non alium exitum fecit, postquam Aegyptiorum audacia tam magnae artis compendiariam invenit*). An der gen. Stelle wird der negative Einfluß dieser aus Ägypten herkommenden Maltechnik auf die betreffenden Bildwerke betont (vgl. J. J. Pollitt, The ancient view of Greek art, New Haven 1974, 327–334). Der Begriff *compendiaria* ist hier aber nicht gänzl. aus dem Bereich der Rhetorik gelöst, da der Niedergang der Malerei mit dem vorher des langen und breiten beklagten Verfall der Rhetorik parallelisiert wird. Jedoch geht auch aus dieser Stelle nicht hervor, worin konkret die dazu eingesetzten Mittel bestanden und wie sie sich auswirkten. Schließl. müssen die bei Petronius kritisierten techn. Mittel und deren Auswirkung nicht mit denen übereinstimmen, die Plinius bei Ph. und seinen Werken lobend hervorhebt (Pfuhl, 1923, 763). Eine mögl. Interpretation dieses Begriffes liefert H. Fuhrmann (1931, 47–49) unter Berufung auf F. Winter: Bei den bilinguen Glossographen der Spätantike ist συντομία die griech. Übersetzung von *compendiaria*. Im Bereich der Rhetorik ist damit eine knappe konzise Redeweise gemeint, bei der innerhalb einer Phrase Worte ausfallen können, weil sie entweder schon gesagt wurden, oder aber der Hörer sie ergänzen kann. So führt Eustathius in seinem Homerkommentar (1, 268, 3) folgendes Beispiel an: Homer sage, der König sitze bei der Volksversammlung, verschweige aber, daß er beim Verlassen der Volksversammlung aufstehe. Allerdings kann Fuhrmann keine Quelle anführen, in der συντομία oder eine Ableitung auf die Darst. von optisch wahrnehmbaren Dingen bezogen wird. Der gegen Fuhrmanns Interpretation von *compendiaria* / συντομία als Abk. von Motiven durch Überlappung erhobene Einwand (Pfuhl, 1923, 764;

zuletzt Pollitt, op. cit., 331 und Anm. 3; Stewart, 1993, 148), dies sei schon in der korinthischen Vasenmalerei und seit dem 5. Jh. v. Chr. auch für die mon. Malerei belegt, ist nicht stichhaltig. Denn Plinius bezieht sich auf den bewußten Einsatz solcher und and. Mittel. Er betont ausdrückl., daß derartige Mittel schon → Nikomachos (I), der Lehrer des Ph., entwickelte, dieser sie jedoch um weitere bereicherte. Damit schließt er eine frühere Nutzung derartiger Möglichkeiten nicht aus, wie der Komparativ *breviores* ja ausdrückl. belegt. Es geht bei Ph. offensichtl. nicht um vereinzelte Überschneidungen zweier Motive, durch die dem jeweiligen Einzelmotiv eine zusätzl. Aussage verliehen wird: So werden z.B. schwerbewaffnete Einzelkämpfer erst durch Staffelung und Überschneidung auf der Chigi-Kanne zu Kämpfern in einer Phalanx, zu Phalangiten, werden einzeln laufende Pferde erst durch Überlappung zu Gespannpferden beim Wagenrennen. Die Darst. des Boutes von → Mikon (I), von dem nur Helm und Auge hinter einem Felsen hervorkamen, wurde sprichwörtlich (Overbeck, 1868, Nr 1085). Offensichtl. meinte man, → Mikon (I) habe sich mit dieser abgekürzten Wiedergabe der Figur des Heros die Arbeit an dem betreffenden Bild leicht gemacht (zuletzt E. Simon, LIMC III, 1986, 153, Nr 1, s.v. Boutes). Doch kann auch mit dieser Überschneidung eine bestimmte inhaltl. Aussage verknüpft gewesen sein. Im Unterschied zu den früheren Beispielen handelt es sich bei → Nikomachos (I) und Ph. jedoch um einen künstlerisch freien Einsatz von Überschneidung. Wenn extreme Überschneidungen und Verkürzungen in besonderem Maße das Werk des Ph. kennzeichnen, dann kann die mehrfach erfolgte Zuschr. der *Vorlage des* berühmten *Alexandermosaiks* aus der Casa del Fauno in Pompeji an Ph. große Wahrscheinlichkeit beanspruchen. Selbst wenn man berücksichtigt, daß sich kein and. Bild der großen Maler des 4. Jh. v. Chr. in einer Kopie erh. hat, sind Überschneidungen in dieser Schlacht-Darst. auffallend gehäuft benutzt worden, um das Getümmel der Kämpfer augenfällig zu machen (Fuhrmann, 1931, 98; Pfrommer, 1998 13 s. und Anm. 67). Wie extrem diese Überschneidungen auch noch einem mod. Betrachter erscheinen, wird an dem von hinten gesehenen Braunen deutl., der den Wagen des Großkönigs zum großen Teil verdeckt. An ihm vermißte zuletzt Andreae das vierte Bein so sehr, daß er darin einen Fehler des Kopisten sah (B. Andreae, Das Alexandermosaik aus Pompeji, Recklinghausen 1977, 10 s.; zu weiteren „mißverstandenen" Verkürzungen v. E. Pernice, RM 22:1907, 27–30; L. Curtius, Die Wandmalerei Pompejis, L. 1929, 324–328; Pfuhl, 1923, 759 s.; Fuhrmann, 1931, 99–101). Derartig extreme Verkürzungen waren eher schon der Vorlage eigen (Hölscher, 1973, 124–127). Für die Zuschr. der *Vorlage des Alexandermosaiks* an Ph. spricht weiter, daß die antiken Quellen die Darst. eines Gefechtes zw. Alexander und Dareios nur von ihm überliefern. Zwei weitere Schlacht-Gem. werden von der antiken Kunstschriftstellerei nur mit ganz allg. Titeln belegt: Das Bild des → Aristeides (II), Sohn und Schüler des → Nikomachos (I), damit Zeit- und Schulgenosse des Ph., wird unter dem allg. Titel „Perserschlacht" überliefert. Dargestellt waren dort hundert Kämpfer (Plin., nat., 35, 99). Auch das später im Templum Pacis in Rom ausgestellte Bild der ägypt. Malerin → Helene wird nur als Wiedergabe der Issos-Schlacht bezeichnet (Pfrommer, 1998, 17 s.). Für die Wirkungs-Gesch. des hinter dem Alexandermosaik stehenden Orig. hat man schon immer Nachklänge in and. Kunstgattungen anführen können (zuletzt Cohen, 1997, 51–82). Daher muß diese Darst. der unmittelbaren Konfrontation von Alexander und Dareios während einer Schlacht ein berühmtes griech. Bild gewesen sein. Zwar läßt sich die Autorschaft des Ph. nicht mit absoluter Sicherheit für das vom Alexandermosaik kopierte Orig. sichern. Doch muß jenes Orig. in die Schaffenszeit des Ph. datieren. Die auch noch im Mosaik treu bewahrte Farbskala des Schlachtbildes umfaßt nur vier Grundfarben – ein gerade für diese Epoche char. Merkmal (vgl. U. Koch-Brinkmann, Polychrome Bilder auf weißgrundigen Lekythen, M. 1999, 91, 98, 110). Antiquarische Details des Mosaiks, wie Gewandmuster, Pferdegeschirr, Waffentypen etc., können schon aus method. Gründen kaum zur Dat. des verlorenen Orig.-Bildes herangezogen werden. Auch wenn sie sich erst in später dat. Fundzusammenhängen real nachweisen lassen, läßt sich daraus kein absoluter *terminus post quem* für die Entst. des orig. Schlachtenbildes ableiten. Das Bild ist in jedem Fall der ältere archäol. Beleg für die betreffenden Antiquaria. Aufbauend auf der Zuweisung des hinter dem Alexandermosaik stehenden Orig. an Ph. hat M. Andronikos die breite Jagd-Darst. am „Philippsgrab" in Vergina als Frühwerk unseres Malers bezeichnet (Vergina. The royal tombs and the Ancient city, At. 1984, 117 s.). Trotz der auch von ihm erkannten Unterschiede in Räumlichkeit und perspektiv. Verkürzung sieht er schlagende Ähnlichkeiten in der Komp., der Farbpalette und v.a. zw. dem Alexander im Mosaik und dem jugendl. Reiter im Zentrum des Grabfrieses. Aber gerade im Kolorit ergeben sich zw. dem Alexandermosaik und dem Fries deutliche Unterschiede. Um Ph.' Hs. zu erkennen, ist man nach wie vor auf die oben behandelte Stelle bei Plinius verwiesen. Wenn *breviores picturae compendiaria* tatsächl. Überlappungen und Überschneidungen meint, dann finden sich im Fries in Vergina keine hinreichenden Indizien. Gerade die menschl. Figuren präsentieren sich hier überwiegend frei und vollständig. Diese Darstellungsweise findet sich auch an der Löwenjagdgruppe in der rechten Frieshälfte (Andronikos, ibid., 103, Abb. 59). Da Überlappungen und Überschneidungen nicht erst von Ph., sondern schon von seinem Lehrer → Nikomachos (I) entwickelt wurden, hilft es wenig, den Fries als ein Frühwerk des Ph. einzustufen. Daher läßt sich der Jagdfries des „Philippsgrabes" in Vergina nicht Ph. zuschreiben (vgl. Stewart, 1994, 148, Anm. 83; Cohen, 1997, 54). Ebenfalls nicht gesichert ist Fuhrmanns Zuweisung des Vorbildes eines hellenist. Jagdmosaiks aus Palermo an Ph. (1931, 228–270). Zutreffend hat zuletzt D. von Boeselager (Antike Mosaiken in Sizilien, R. 1983, 49–52) auf die Unterschiede zum Jagdfries von Vergina und zum Alexandermosaik in Pompeji hingewiesen. Motivisch mit dem Jagdfries übereinstimmende Körperhaltungen und -bewegungen im Palermitaner Mosaik lassen sich allg. auf das Repert. der Künstler des ausgehenden 4. Jh. v. Chr. zurückführen. ▭ ThB26, 1932. RE XX. 1, 1941 (s.v. Ph. 29); EAA VI, 1965; LAW, 1965 (s.v. Ph. [2] von Eretria); KlP IV, 1972 (s.v. Ph. 5); DA XXIV, 1996; DNP IX, 2000 (s.v. Ph. 5). – *Overbeck*, SQ, 1868, Nrn 1775, 1777; *Brunn*, GGK, II, 1889, 171; *Pfuhl*, MuZ, II, 1923, 756–765; *H. Fuhrmann*, Ph. von Eretria. Archäol. Unters. über zwei Alexandermosaike, Göttingen 1931; *Lippold*, Gemäldekopien, 1951, 105–110; *Rumpf*, MuZ, 1953, 149 s.; *T. Hölscher*, Griech. Historienbilder des 5. und 4. Jh. v. Chr., Würzburg 1973, 158–162; *P. Moreno*, Pitt. greca da Polignoto ad Apelle, Mi. 1987, 106 s., 125–128, 196; *A. Stewart*, Faces of power. Alexander's image and Hellenistic politics, Berkeley 1993, 130–150; *Scheibler*, Malerei, 1994, 59, 63, 70; *A. Cohen*, The Alexander Mosaic, C. 1997, 138–142; *M. Pfrommer*, Unters. zur Chronologie und Komp. des Alexandermosaiks auf antiquar. Grundlage, Mainz 1998, 13–19. W. Ehrhardt

Philoxenos (II), vermeintl. Architekt aus Athen, 1. H. 2. Jh. v. Chr. Ph., Sohn des Philoxenos aus Athen, wurde aufgrund einer Ehren-Inschr. von der Insel Peparethos zwar öfter für einen Architekten gehalten, ist jedoch mit Donderer (1996) als „Bauunternehmer" zu betrachten. ▭ ThB26, 1932. EAA VI, 1965. – *Donderer*, Architekten, 1996, 67 mit Anm. 240 s. E. Wirbelauer

Philoxenos (III), aus Athen, griech. Bildhauer, in augusteischer Zeit tätig. Nur bek. durch seine Sign. auf einem *Statuen-Fragment* aus Marmor, das in den Gärten des Palazzo Barberini in Rom gefunden worden ist. ▭ ThB26, 1932. RE XX. 1, 1940 (s.v. Ph. 30); EAA VI, 1965. – *P. Hartwig*, RM 16:1901, 360 ss. R. V.

Philoxenos (IV), Koroplast, tätig um 500–475 v. Chr. in Tarent. Ph. ist durch die eingeritzte Inschr. auf einer spätarchaischen Tonmatrize aus Tarent in Gestalt einer sitzenden Göttin bek. (Bari, Mus. Archeol. Provinciale, Inv. Nr 2548), die ihn als Besitzer der Matrize ausweist; die linksläufige Inschr., die im Lokalalphabet von Tarent abgefaßt ist, beginnt am Kopf der Sitzenden: ΦΙΛΟΞΕΝΟ EMI (des Ph. bin ich, d.h. gehöre ich). ▭ LGPN, III. A, 1997 (s.v. Φιλόξενος 88). – *P. Wuilleumier*, Tarente des origines à la conquête romaine, P. 1939, 394; *A. Landi*, Dialetti e interazione sociale in Magna Grecia, N. 1979, 295 s., Nr 179; *B. M. Kingsley*, Coroplastic workshops at Taras. Marked moulds of the Late Classical Period, GettyMusJ 9:1981, 42, Anm. 11; *Jeffery*, LSAG[2], 1990, 284, Nr 5; *F. Ferrandini Troisi*, Epigrafi „mobili" del Museo Archeologico di Bari, Bari 1992, 94 s., Nr 105. M. Steinhart

Philoxenos (V), griech. Architekt, in der 1. H. des 4. Jh. n. Chr. in Konstantinopel tätig. Unter Konstantin I. erbaute er eine *Zisterne* in Konstantinopel. Bei dieser handelt es sich wahrsch. um die berühmte noch heute zu besichtigende Zisterne der 1001 Säulen (Binbirfirek-Zisterne), die zw. dem Lausos-Pal. und dem Forum Constantini liegt. Sie ist 64 x 56,4 m. groß, hatte ein Fassungsvermögen von ca. 40000 cbm und besitzt 224 Säulen auf 16 mal 14 Reihen. ▭ RE IV. 1, 1900, 998, 41 ss. (s.v. Constantinopolis); RE XX. 1, 1940 (s.v. Ph. 14). – *W. Müller-Wiener*, Bildlexikon zur Topographie Istanbuls, Tübingen 1977, 280, Abb. 316 s. R. V.

Philurgos cf. **Philergos**

Phintias (Φιντίας), griech. rotfiguriger Vasenmaler und Töpfer, zw. 525 und 510 v. Chr. in Athen tätig. Ph. zählt zu den sog. Pionieren, den ersten Vasenmalern in rotfiguriger Technik. Als Vasenmaler signierte Ph. die folgenden acht rotfigurigen Vasen: – 1.) *Amphora* aus Tarquinia (Tarquinia, MN, Inv. Nr RC 6843; Arias/Hirmer, TJGV, 1960, Taf. 92–95; ARV[2], 1963, 23, Nr 2; Add[2], 1989, 155); – 2.) *Pelike* (Paris, Louvre, Inv. Nr C 10784; ARV[2], 1963, 23, Nr 3); – 3.) *Hydria* aus Vulci (London, BM, Inv. Nr E 159; CVA, London,

BM, 5, Taf. 70 (320), 1 und 72 (322), 1; ARV^2, 1963, 24, Nr 9; Add^2, 1989, 155); – 4.) *Schale* aus Vulci, die er zus. mit dem Töpfer → Deiniades sign. hat (München, Staatl. Antiken-Slgn, Inv. Nr 2590; ARV^2, 1963, 24, Nr 12; T. Seki, Unters. zum Verhältnis von Gefäßform und Malerei attischer Schalen, B. 1985, 31, Nr 55, Taf. 13, 1–3; Add^2, 1989, 155); – 5.) *Schale* aus Chiusi (Baltimore, Walters AG; CVA, Robinson coll., II, Taf. 2, 1 und 3, 2; ARV^2, 1963, 24 s., Nr 14; Add^2, 1989, 155); – 6.) *Schale* (heute Malibu, J. Paul Getty Mus., Inv. Nr 80. AE. 31 [ehem. Schweizer Privat-Slg]; ARV^2, 1963, 1620, Nr 12bis; Add^2, 1989, 155; Weiß, 1989, 83–94, Abb. 3 a-c); – 7.) *Schale* (Karlsruhe, Bad. LM, Inv. Nr 63/104; ARV^2, 1963, 1700, Nr 12ter; Add^2, 1989, 155; Weiß, 1989, 83–94, Abb. 1 a-i; CVA, Karlsruhe, III, Taf. 26 s.); – 8.) *Schale* (heute Heidelberg, Univ., Inv. Nr 70/13, New York, Metr. Mus., Inv. Nr 1983.524. 1a-b und Priv.-Bes.; Ars Antiqua, Auktion 5, Luzern 1964, 31 s., Nr 126, Taf. 32; Para, 1971, 323, Nr 13bis; Add^2, 1989, 155). Neben den von Ph. signierten Vasen konnten dem Vasenmaler mittlerweile etwa zehn weitere Gefässe zugeschrieben werden. In seinem Stil ist Ph. den Vasenmalern → Euphronios und → Euthymides am nächsten, erreicht aber in seinen akribisch detaillierten, in den Bewegungen starren und akadem. verhaltenenen Zchngn nicht die Frische und den Elan der beiden anderen Vasenmaler der reifarchaischen Zeit. Er benützt oft Relieflocken, malt die Wimpern, Muskeln, Fingernägel, Knöchel und Füße im Vergleich zu and. Vasenmalern sehr genau und ritzt bisweilen noch wie in der schwarzfigurigen Vasenmalerei die Konturen, insbesondere die Haarkonturen. Die wenigen von Ph. signierten oder ihm zugeschr. Vasen weisen eine auffällig große Variationsbreite an Themen auf: Trinkgelage (z.B. Nr 6 und ARV^2, 1963, 23 s., Nr 7 s. und 10), dionysische (z.B. Nrn 1, 3, 7), athletische (ARV^2, 1963, 23 s., Nrn 1 und 11), erotische (z.B. Nr 6) und mythologische (z.B. Nrn 1, 4, 7 und ARV^2, 1963, 23, Nrn 1 und 5 s.) Szenen. Neben Schalen hat Ph. auch Amphoren, ein Pelike, einen Volutenkrater, Kelchkratere, Hydrien und einen Psykter bemalt. Weiterhin signierte Ph. als Töpfer die folgenden drei Gefäße: – 1.) *Schale* aus Tanagra (Athen, NM, Inv. Nr 1628 [ehem. CC 1157]; CVA, Athen, II, Taf. 2 (24), 1 und 3 und 5; Bloesch, Formen, 1940, 61, Nr 1, Taf. 16, 2; ARV^2, 1963, 25, Nr 1; Add^2, 1989, 155); – 2.) *Aryballos in Form einer Muschel* aus Eleusis (Eleusis, Mus.; D. Philios, AEphem 1885, 174, Taf. 9, Abb. 10; ARV^2, 1963, 25, Nr 2); – 3.) *Aryballos in Form einer Muschel* aus Athen (Athen, NM, Akr. 873; Graef/Langlotz, II, 1931, Taf. 75, Nr 873; ARV^2, 1963, 25, Nr 3). Weiterhin konnte Hansjörg Bloesch dank der sehr großen Ähnlichkeit zu der Schale aus Tanagra auch noch die folgenden drei unsign. kleinen Schalen des Typus B dem Töpfer Ph. zuschreiben, die entweder vom Salting-Maler selbst oder aus seinem näheren Umkreis bemalt worden sind: – 4.) *Schale* (Würzburg, Martin von Wagner Mus., Inv. Nr L 477; Langlotz, KatWürzb, 1932, 93, Nr 477, Taf. 153; Bloesch, Formen, 1940, 61, Nr 2; ARV^2, 1963, 178); – 5.) *Schale* (Würzburg, Martin von Wagner Mus., Inv. Nr L 476; Langlotz, KatWürzb, 1932, 93, Nr 477, Taf. 153; Bloesch, Formen, 1940, 61, Nr 3; ARV^2, 1963, 178, Nr 2; Add^2, 1989, 185); – 6.) *Schale* aus Korinth (Berlin, Staatl. Mus., Antiken-Slg, Inv. Nr 4039; Bloesch, Formen, 1940, 61, Nr 4; ARV^2, 1963, 178, Nr 1; Add^2, 1989, 185). Die sehr unterschiedlichen Schreibweisen bei den Signaturen des Ph. bewegten Michael M. Eisman (1988) dazu, in Ph. einen Westgriechen zu sehen, was jedoch als einziges Argument nicht nachvollziehbar ist. ▭ ThB26, 1932. RE, Suppl. XIV, 1974 (s.v. Ph. 6); EAA VI, 1965; KlP IV, 1972 (s.v. Ph. 3); DNP IX, 2000 (s.v. Ph. 2). – ARV^2, 1963, 22–26, 1620, 1700; *M. M. Eismann*, AJA 92:1988, 236 s.; *C. Weiß*, GettyVases, IV, 1989, 83–94; *ead.*, CVA, Karlsruhe, Bad. LM, III, 1990, 58–61, Taf. 26 s. (mit neu hinzugekommenen Vasen-Zuschr. auf pp. 59 s.); *M. Robertson*, The art of vase painting in classical Athens, C. 1992, 20–35. R. V.

Phithadas (Φιθάδας), bötischer Töpfer, in der 1. H. des 6. Jh. v. Chr. in Böotien tätig. Nur bek. durch seine Sign. auf den folgenden zwei *bötischen Aryballoi*: – 1.) *Aryballos in Form einer Feldflasche* (ehem. Tyszkiewics Slg; L. Pollak, RM 12:1897, 105–111 mit Abb., F. Solmsen, RhM 53:1898, 137–143; Pfuhl, MuZ, I, 1923, 129, Anm. 126; Hoppin, BlackFig, 1924, 21; Raubitschek, 1966, 158, Nr 1; Wachter, 2001, 14 s., Nr BOI 5 A); – 2.) *Ringaryballos* (Wien, Kunsthist. Mus., Inv. Nr IV 1864; F. Eichler, Glotta 18:1929/1930, 1–4; Raubitschek, 1966, 158, Nr 2, Taf. 45, e-f; Wachter, 2001, 14 s., Nr BOI 5 B mit Abb.). Auch wenn auf dem Ringaryballos in Wien als Name nur Φιθ dasteht, ist es wahrsch., daß es sich hier ebenfalls um Ph. handelt und wohl eine „Kurz- und Koseform" seines Namens verwendet worden ist, wie es Raubitschek und Wachter gegen Eichlers Vermutung vorschlugen, der einen and. Töpfer als Ph. annahm. ▭ ThB26, 1932. RE XX. 1, 1941; EAA VI, 1965. – *I. K. Raubitschek*, Hesperia 35:1966, 158, Nrn 1–2, Taf. 45, e-f; *R. Wachter*, Non-Attic Greek vase inscriptions, Ox. 2001, 14 s., Nr BOI 5 A-B. R. V.

Phitodorus → **Pythodoros (V)**

Phoibos Nicomedeus (Φοῖβος Νικομηδεύς), griech. Bildhauer, im 2./3. Jh. n. Chr. in Tomis tätig. Nur bek. durch seine Sign. auf einem Mithrasrelief aus Sandstein aus Tomis (Konstanța, Archäol. Mus.; R. Vollkommer, LIMC VI, 1992, 601, Nr 159 m. Abb., p. 616, Nr 551, p. 619, Nr 661, s.v. Mithras). ⊏⊐ EAA, Suppl., 1973 (mit Abb. 613). – *J. M. Vermaseren*, Corpus Inscriptionum et Monumentorum Religionis Mithriacae, II, Leiden 1960, Nrn 2306 s., Abb. 638). R. V.

Phoinix (Φοῖνιξ), griech. Architekt, tätig in Ägypten 1. H. 3. Jh. v. Chr. Nach einer bei Plin., nat. 36, 67 überlieferten Mitt. aus einem Werk des Schriftstellers Kallixeinos von Rhodos über Alexandria leitete Ph. unter Ptolemaios II. Philadelphos (283/282–247/246 v. Chr.) den Transport eines Obelisken und dessen Aufstellung vor dem Arsinoeion in Alexandria. Der gegen E. der Spätzeit, unter Nektanebos I. (380–362 v. Chr.) oder Nektanebos II. (360–342 v. Chr.) ausgehauene Obelisk war 80 cubiti (ca. 35 m) hoch. Auf einem Kanal brachte man ihn vom Steinbruch zum Nil und dann flußabwärts nach Alexandria. Plinius beschreibt ausführl. die techn. Schwierigkeiten des Transports. Er ist sich jedoch im unklaren, ob der das Projekt leitende Architekt Ph. oder ein sonst unbek. Satyros (*Satyros [III]*) war. Diesen versuchte H. Brunn mit einem gleichnamigen hohen Beamten ders. Zeit zu identifizieren (hierzu vgl. auch Strab., 16, 769), der jedoch schwerlich als Architekt in Frage kommt. 11/12 n. Chr. ließ M. Magius Maximus, der röm. Statthalter in Ägypten, den Obelisken vom Arsinoeion auf die Agora versetzen (Plin., nat., 36, 68; v.e. 34, 148), nicht nach Rom, wie von L. Cantarelli (1906) u.a. nach ihm fälschl. angenommen. ⊏⊐ ThB26, 1932. RE XVII. 2, 1937, 1711 (s.v. Obeliskos); Suppl. VII, 1940 (s.v. Satyros 12a); XX. 1, 1941 (s.v. Ph. 13); EAA VI, 1965 (s.v. Satyros 2). – *L. Cantarelli*, MemLinc ser. 5. 12, 1906, 63; *Müller*, Architekten, 1989, 48 s. – *Zu Satyros*: *Brunn*, GGK, II, 1889, 254 s. RE, Suppl. VII, 1940 (s.v. Satyros 12a). W. Müller

Phokas (I) (Φώκας), möglicher griech. Steinschneider unbek. Zeit. Nur bek. durch diese Namensnennung auf einem *Intaglio aus Hyazinth* mit der *Darst. eines Athleten*. ⊏⊐ RE XX. 1, 1941 (s.v. Ph. 2); EAA VI, 1965. – *Brunn*, GGK, II, 1889, 393. R. V.

Phokas (II) (Φωκᾶς), Bildhauer des späten 3./frühen 4. Jh. n. Chr. aus dem griech. Osten des röm. Reiches. Nur bek. durch seine Sign. (Φωκᾶς ἐποίει) auf einer von zwei überlebensgroßen *Bronzestatuen* der himyarischen Könige Dhamar'alî Yuhabirr und Tha'rân aus an-Nakhla al-Hamrâ' (antik Yaqla') im Jemen. Gleichzeitig findet sich auf dieser Statue in südarab. Schr. die Sign. „Lahay'amm hat [sie] zusammengefügt" (→ Lahay'amm). Dies bezeugt den einmaligen Fall der Zusammenarbeit eines reisenden griech.-röm. Künstlers mit einem einheimischen Bronzegießer. ⊏⊐ *W. W. Müller*, Proceedings of the seminar for Arabian studies 9:1979, 79 s.; SEG, XXXI, 1981, Nr 1479; *K. Weidemann*, Könige aus dem Jemen, Zwei spätantike Bronzestatuen, Mainz 1983; Jemen, Kunst und Kultur im Land der Königin von Saba, W. 1998, 282, 385 s., Nrn 455–457. M. Dennert

Phradmon (Φράδμων), Bronzebildner aus Argos (Paus., 6, 8, 1), in der 2. H. des 5. Jh. v. Chr. tätig. Nach Plinius (nat., 34, 53) gehörte Ph. zu den am höchsten gepriesenen Künstlern seiner Zeit, und wird von ihm neben → Pheidias (I), → Polykleitos (I) und → Kresilas sowie Kydon (vgl. Kommentar b zu Overbeck, SQ, 1868, Nr 946) genannt. Diese hatten in einem Wettstreit die gegen 430 v. Chr. zu datierenden und im Heiligtum der ephesischen Artemis aufgestellten Bronzestatuen von *verwundeten Amazonen* geschaffen. Nur die Bildwerke des → Pheidias (I), → Polykleitos (I) und des → Kresilas sind in Kopien überliefert. Die früher dem Ph. zugewiesene Amazonenstatue in der Villa Doria Pamphilj in Rom muß nach neuerer Erkenntnis als Umbildung der Amazone des Typus Sciarra gelten, die im kanonischen Kontrapost dargestellt und deshalb am ehesten dem Œuvre des → Polykleitos (I) zuzuschreiben ist. Wie Plinius (nat., 34, 49) ebenfalls erw., lag der Höhepunkt der Schaffenszeit des Ph. in der 90. Olympiade (420–417 v. Chr.). Nach Pausanias (6, 8, 1) stammten von Ph. auch die *Siegerstatuen des Amertas*, die ihm in Olympia für den Sieg im Knabenringkampf und in Delphi für den Sieg im Ringkampf der Männer dediziert wurden. Eine Inschr. in Ostia nennt Ph. als Schöpfer einer *Statue der delphischen Pythia Charite*. Von einem weit umfangreicheren Werk berichtet ein Epigramm des Theodoridas (Anth. Gr., 9, 743). Es umfaßte *zwölf Bronze-Kühe*, die als Weihegeschenk aus der Beute eines Sieges über die Illyrer im Vorhof des Tempels der Athena Itonia in Thessalien aufgestellt waren. Falls das damit verbundene hist. Ereignis, wie vorgeschlagen, im Jahr 356 v. Chr. stattfand, muß die Gruppe von einem späteren Künstler des gleichen Namens geschaffen sein. ⊏⊐ ThB26, 1932. RE XX. 1, 1941; EAA VI, 1965; LAW, 1965; KlP IV, 1972; DNP IX, 2000. – *Overbeck*, SQ, 1868, Nrn 489, 946, 1015–

1018; *Brunn*, GGK, I, 1889, 286, 307; *A. Mahler*, Polyklet und seine Schule, At. 1902, 101 ss.; *F. Zevi*, Tre iscr. con firme di artisti greci, RendPontAcc 42:1969–70, 95–116; *R. Bol*, Amazones Volneratae. Unters. zu den ephesischen Amazonenstatuen, Mainz 1998, 5, 41, 47, Kat.-Nr I. 11, Taf. 18; *A. Corso*, NumAntCl 30:2001, 53–71. R. Bol

Phratres (Φρατρῆσ) und **Psenobastis** (Φσενοβάστις), Maler und Vergolder von Mumienmasken und Tempelinventar(?), tätig im Fayum/Ägypten in ptolemäischer Zeit (2. Jh. v. Chr.). Sie werden im Papyrus Vindob. Barbara, 58, gen., mit dem sie gegen eine Gebühr von den Steuerpächtern → Maron und *Marres* das Recht erhalten, im Gau Arsinoë als reisende Maler ihr Gewerbe auszuüben. ▭ *U. Horak*, Analecta Papyrologica 4:1992, 123 s.; *E. Doxiadis*, The mysterious Fayum portraits, Lo. 1995, 237; *U. Horak*, in: *W. Seipel* (Ed.), Bilder aus dem Wüstensand (K Kunsthist. Mus. Wien), W. 1998, 188, Nr 65; *ead.*, in: *K. Parlasca/H. Seemann* (Ed.), Augenblicke. Mumienporträts und ägypt. Grabkunst aus röm. Zeit, Ffm. 1999, 200, Nr 107; *ead.*, in: *S. Walker* (Ed.), Ancient faces. Mummy portr. from Roman Egypt, N. Y. 2000, 157, Nr 114; *H.-J. Drexhage*, in: *T. Mattern* (Ed.), Munus. Festschr. Hans Wiegartz, Münster 2000, 82 s.; *W. Clarysse*, in: *B. Palme* (Ed.), Wiener Papyri. Als Festgabe zum 60. Geburtstag von Hermann Harrauer (P. Harrauer), W. 2001, 67–70 (mit der korrekten Lesung des Papyrus); *H. Froschauer* (Ed.), Tod am Nil. Tod und Totenkult im antiken Ägypten, W. 2003, 26 s., 95, Nr 21. M. Dennert

Phrygillos (Φρύγιλλος), Gemmen- und Münzstempelschneider, letztes V. 5. Jh. v. Chr., tätig in Syrakus und Thurioi. - 1.) Gemmen mit Sign. ΦΡΥΓΙΛΛΟΣ, letztes V. 5. Jh. v. Chr.: – a.) Karneol, Skarabäoid(?), verschollen, Bild: 1,92 x 1,50 cm, einst Rom, Slg Francesco Vettori, dann Slg Blacas (bis ca. 1845 nachweisbar). Abgüsse sind u.a. in den Daktyliotheken von Dolce-Dehn, Tassie und Cades erh.; am besten ist der Abguß in der Daktyliothek Stosch von C. G. Reinhardt nach der unretuschierten, seit 1945 verschollenen Glaspaste Stoschs. Von einem Strichrand umgebene Darst. eines am Boden kauernden Eros in der Haltung des Astragalspielers, hinter ihm eine geöffnete Muschel; – b.) Chalcedon, wolkig, gebändert, Skarabäoid, Priv.-Besitz, 2,28 x 1,70 x 0,82 cm, Bild 2,18 x 1,65 cm. Von einem feinen Strichrand gerahmte Darst. des laufenden, zurückblickenden Herakles mit geschultertem Dreifuß und drohend erhobener Keule in archaisierendem Stil. – 2.) Münzen von Syrakus mit dem Kopf der Arethusa und Sign. ΦΡΥΓΙΛΛΟΣ oder ΦΡΥ, ca. 413–399 v. Chr.: – a.) ΦΡΥΓΙΛΛ/ΟΣ auf Tetradrachmen-Rückseiten unter dem Hals; – b.) ΦΡΥ bei Tetradrachmen-Vorderseiten auf der Stirnbinde, bei kleineren Nominalen teils auf der Stirnbinde, teils im Feld. Aus der stilist. Übereinstimmung ergibt sich, daß die Stempel mit ΦΡΥΓΙΛΛΟΣ und ΦΡΥ von gleicher Hand stammen (Tudeer, 1913). Überdies ist der Namensanfang Phry- selten. D. Raoul-Rochette (1845) hatte als erster die Identität des Gemmenschneiders *(Nr 1a)* mit dem syrakusanischen Münzstempelschneider vorgeschlagen. Die Frage wurde in der Folge unterschiedl. beantwortet, erst die 1981 bek. gewordene zweite Gemme *(Nr 1b)* schuf eine sichere Basis für ihre Beantwortung. Zwei Merkmale, die mit den Gemmen übereinstimmen und sich von gleichzeitigen syrakusanischen Münzen and. Meister deutl. unterscheiden, beweisen die Identität des Münzstempelschneiders mit dem Gemmenschneider: Die char. Profillinie mit vorspringender Nase und die Wiedergabe des Auges als Kugelsegment zw. einfachen Lidlinien. – 3.) Münzen von Thurioi mit Sign. ΦΡΥ, Φ und Vogel, gegen E. des Zeitraums zw. 443 und 425 (Jörgensen, 1906) bzw. 415/10 v. Chr. (Franke, 1972): Der Kopf der Athena mit olivenbekränztem Helm und Φ vor dem Kopf auf Statervorderseiten weist die oben als char. für Ph. beschriebenen Merkmale auf. Spätere Vorderseiten mit Skylla am Helm der Athena und Φ behalten zunächst bei kleinerem Auge die alte Dreiecksform des Gesichtes bei, zeigen dann ein klass. Profil (um 400 v. Chr.). Mit den frühen Vorderseiten verbundene Rückseiten tragen das Bild eines mit gesenktem Kopf schreitenden bzw. stoßenden Stieres und die Sign. ΦΡΥ oder Φ vor dem Schweifansatz des Stieres sowie einem Vogel unter ihm. Das unterschiedl. Motiv schließt einen „Handschriftvergleich" des Stieres mit den Gemmenbildern und den Profilköpfen der Münzen aus. Die Identifizierung des Φ der Vorderseiten mit Phrygillos zieht jedoch die Zuweisung der Rückseiten mit stoßendem Stier nach sich. – *Zugewiesene Werke*: Münze: Eine unsign. Stater-Vorderseite von Thurioi (Cahn, 1988, Nr 175); Gemme: Ein Karneol-Skarabäoid in Boston (MFA) mit Theseus, der die krommyonische Sau bezwingt (Zwierlein-Diehl, 1992). – Der Name φρύγιλλος, der Vogel φρυγίλος: Der Vogel φρυγίλος wird bei Aristophanes, Vögel, 762 s., als passende Verwandlung für einen Phryger genannt. Dies ist nicht mehr als ein Wortspiel, läßt nicht den Schluß zu, daß man den Vogel als „kleinen Phryger" auffaßte. Die Etymologie des Vogelnamens ist unklar, gegen die Gleichsetzung mit lat. *fringilla*, Fink, erheben sich sprachl. Bedenken. Es ist ungewiß, ob der Personenname „Phrygillos" von dem Vogelnamen oder von „Phryx", d.h. Phryger, abzuleiten ist. Auch im zweiten Fall läßt dies keinen Rückschluß auf die kleinasiat. Herkunft des Meisters zu (pro: Furtwängler, 1900, Dembski, 1981; contra: Tudeer, 1913). Sicher ist, daß Ph. den Vogel auf den Stateren von Thurioi als redendes Wappen gebraucht. Die Münzen sind der einzige Anhaltspunkt für das Aussehen des Vogels. Viell. ist es ein Kuhreiher (Benton, 1961), auch wenn die Aristophanesstelle nicht für die Deutung als Zugvogel in Anspruch genommen werden kann. – *Stil*: Ph. gehört zu den besten Gemmenschneidern einer Gruppe in der Nachfolge des → Dexamenos von Chios (Boardman, 1970). Er hat sein Handwerk von einem (insel?)ionischen Meister gelernt. Wo die Gemmen geschnitten wurden, läßt sich nicht sagen. Die Gemmen zeigen seine Vielseitigkeit in der Darst. des menschl. Körpers, von den kindl. Formen des Eros über die jünglingshaften des Theseus bis zu den muskulösen, in archaisierendem Stil übersteigerten des Herakles. Die detaillierte, mit sehr feinen Instrumenten geschnittene Wiedergabe von Flügeln und Haar des Eros, der Behaarung des Löwenfells und der Borsten der krommyonischen Sau erinnert an → Dexamenos. Der Eros ist einer der frühesten molligen Eroten, die in der att. Vasenmalerei ab etwa 410 v. Chr. vorkommen. Die Form seines Kopfes steht jedoch in hochklass. Tradition. Auch das Festhalten am rahmenden Strichrand zeigt rückwärts gewandte Züge. Das archaisiernde Motiv des Herakles entspricht dieser Neigung. Es ist abhängig von einem archaischen (Relief?-)Vorbild, das Herakles und den verfolgenden Apollon zeigte. Auch die fast noch frühklass. Profile der Arethusaköpfe mit den vorspringenden Nasen sind weniger fortschrittl. als gleichzeitige Stempel and. Meister (Tudeer, 1913). Erst bei den späteren Skylla-Helm-Köpfen von Thurioi kommen Profile mit klass., gerader Stirn-Nasenkontur vor. – Nicht haltbare Zuschreibungen von Münzstempeln: Verschiedene mit Φ bez. Münzstempel wurden in unterschiedl. Umfang dem Ph. zugeschrieben. Am weitesten ging Seltman (1949), der annahm, Ph. sei gegen 430 aus Athen in die 443 v. Chr. gegündete athen. Kolonie Thurioi gekommen, habe dann in Velia/Hyele, Terina, Leontinoi, Syrakus, wieder in Thurioi, in Pandosia, Herakleia, viell. in Sinope am Schwarzen Meer gearbeitet. Am meisten Befürworter fand die Zuweisung von Statervorderseiten Terinas mit dem Kopf der Nymphe an Ph.; Profil und Augenform der um 425–420 v. Chr. zu datierenden Köpfe sind jedoch fortschrittlicher als die der zeitl. späteren, sign. Stempel des Ph. in Syrakus. Eine Rückwärtsentwicklung von den Profilen in Terina zu jenen in Syrakus ist nicht vorstellbar, zumal in Thurioi das klass. Profil der Athena zu den spätesten Stempeln mit Φ gehört. Damit fällt auch die Zuweisung von Stater-Rückseiten von Terina mit der auf einem Diphros sitzenden Nike und Φ, ferner die von Rückseiten ohne Φ, auf denen die auf einer Hydria oder einem Cippus sitzende Nike ein Vögelchen hält, das als φρυγίλος gedeutet wurde (Regling, 1906). Nur die gen. Münzen von Syrakus und Thurioi stimmen stilist. so eng überein, daß sie der gleichen Hand zugewiesen werden können.

□□ ThB26, 1932 (s.v. Ph. 1 u. 2). EAA VI, 1965; LIMC III, 1986 (s.v. Eros, Nr 773). – *D. Raoul-Rochette*, Lettre à M. Schorn, P. 1845, 79–83, Titelblatt, Abb. 1; *J. J. Winckelmann*, Descr. des pierres gravées du feu Baron de Stosch, Fi. 1760, cl. 2, 731; Daktyliothek der Slg Stosch von C. G. Reinhardt, B. 1826, cl. 2, 731; *Furtwängler*, AG, 1900, I, Taf. 14,6; II, 67; III, 126, 141 s.; *C. Jörgensen*, On the earliest coins of Thurioi, in: Corolla Numismatica. Numismatic Essays in Honour of Barclay V. Head, Lo./N. Y./Tor. 1906, 166 ss., bes. 171–177, Taf. 9, 22–28; *A. Sambon*, ibid., 277–278, Taf. 14,1; *K. Regling*, Terina, 66. BWPr, B. 1906, 13–17, 41–44, 71–72; *L. Tudeer*, Die Tetradrachmenprägung von Syrakus in der Periode der signierenden Künstler, ZNum 30:1913, 35–40, 76–80, 146–150, 224–228, Taf. 2, 16–19. 29; *S. P. Noe*, The Thurian di-staters, ANSMusNotes 71:1935, 10–13, 39 s., Taf. 1, B2. B4; *G. E. Rizzo*, Monete greche della Sicilia, R. 1946, 205–208, Nrn 12–19, Taf. 43 und 45,5; *C. Seltman*, Masterpieces of Greek coinage, Ox. 1949, 16 s., 66–81; *S. Benton*, JHS 81:1961, 44–48, Taf. 2, 7; *C. M. Kraay*, SNG V, Lo. 1962/69, Ashmolean Mus. Oxford, I, Nrn 899–901, 903, 928, 929, Taf. 14, p. 15; II, Nr 1053, Taf. 17; *Richter*, EngrGemsGE, 1968, 18, 76; *Boardman*, GGFR, 1970, [2]2001, 200, 290, Taf. 529; *E. S. G. Robinson*, A cat. of the Calouste Gulbenkian coll. of Greek coins, I, Li. 1971, Nr 280; *Franke/Hirmer*, GrMünze[2], 1972, Taf. 37, 107R, Taf. 38, 108V, Taf. 86, 251; *R. R. Holloway*, Art and coinage in Magna Grecia, Bellinzona 1977, 67–71; *G. Dembski*, Phrygillos, NumZ 95:1981, 5–9, Taf. 1; *R. R. Holloway/G. K. Jenkins*, Terina, Bellinzona 1983, 18 s., 27 s., 49 s.; *Zazoff*, AG, 1983, 138, Abb. 41d, pp. 139 s., Anm. 60, p. 142, Taf. 32,10; *P. Zazoff/H. Zazoff*, Gemmensammler und Gemmenforscher. Von einer noblen Passion zur Wissenschaft, M. 1983, 91–92, Taf. 24,2; *Calciati*, CNS, II, 1986, 46 s., Nr 19; *H. A. Cahn u.a.*, Griech. Münzen aus Grossgriechenland und Sizilien (K Antiken-Mus. Basel und Slg Ludwig), Basel 1988, Nrn 174, 175, 239, 452, 461, 462; *E. Zwierlein-Diehl*, AntK 35:1992, 106–117, Taf. 22 s.; *D. Berges*, Die Tonsiegel aus dem karthagischen Tempelarchiv, in: *F. Rakob* (Ed.), Karthago, II, Mainz 1997, 47–48; *W. Fischer-Bossert*, Chronologie der Didrachmenprägung von Tarent, B./N. Y. 1999, 400; *H. A. Cahn*, Artiste ou magistrat, in: *M. Amandry/S. Hurter* (Ed.), Travaux de numismatique grecque offerts à Georges Le Rider, Lo. 1999, 103. E. Zwierlein-Diehl

Phrynon, Schüler des → Polykleitos (I), griech. Bildhauer, in der 2. H. des 5. Jh. v. Chr. tätig. Nur bek. durch eine Auflistung von Schülern des → Polykleitos (I) bei Plinius (nat., 34, 50; Overbeck, SQ, 1868, Nr 978; Muller-Dufeu, Sculpture-Source, 2002, 410 s., Nr 1205). ▭ ThB26, 1932. RE XX. 1, 1941 (s.v. Ph. 3); EAA VI, 1965. – *Brunn*, GGK, I, 1889, 276 s.; *Lippold*, GrPl, 1950, 216, Anm. 11. R. V.

Phrynos (I) (Φρυνος), griech. Töpfer, zw. ca. 560 und 545 v. Chr. in Athen tätig. Ph. gehört zu den sog. Kleinmeistern. Seine Sign. befindet sich auf den folgenden drei *Randschalen*: – 1.) London, BM, Inv. Nr 1867. 5-8. 962 (B 424; ABV, 1956, 168 s., Nr 3; Para, 1971, 70, Nr 3; Add^2, 1989, 48; CVA London, BM 2, Taf. 13, 2a-b); – 2.) Boston, MFA, Inv. Nr 03.855a-b (ABV, 1956, 168; Add^2, 1989, 48; CVA, Boston, MFA 2, Taf. 91, 5). – 3.) Torgiano, Mus. del Vino di Torgiano, Inv. Nr A 15 (A. Uncini, Mus. del Vino di Torgiano. Materiali archeologici, Pe. 1991, 86 s., Nr 67). Ph. signierte als Töpfer, und es bleibt unklar, ob er seine Schalen auch selbst bemalte. Der Maler der Londoner Schale (BM, Inv. Nr 1867. 5-8. 962) wurde Phrynos-Maler genannt, und es ist möglich, daß er auch die Schalen von Boston (MFA, Inv. Nr 03.855a-b) und von Torgiano (Mus. del Vino di Torgiano, Inv. Nr A 15) verziert hat, auch wenn die zu vergleichenden Darst. keinen endgültigen Beweis bieten können. Beazley wies auch noch die folgenden Vasen unter Vorbehalt dem *Phrynos-Maler* zu: – 1.) Randschale im Vatikan (Mus., Inv. Nr 16596 [317]; ABV, 1956, 169, Nr 4; Add^2, 1989, 48); – 2.) Randschale in Los Angeles (Slg Oldknow; von J. D. Beazley in: Para, 1971, 70 als wahrsch. dem *Phrynos-Maler* zuschreibbar klassifiziert; Add^2, 1989, 48); – 3.) und – 4.) zwei Fragm. von Kleinmeisterschalen in London (BM, Inv. Nrn 1948.8–15.13 und 1909.2–16.2; ABV, 1956, 168, Nrn 1 s.); – 5.) Knopfhenkelschale in Rom (MN die Villa Giulia, Inv. Nr 50586; Para, 1971, 71); – 6.) Amphora des *Typus B* in Würzburg (Martin-von-Wagner-Mus., Inv. Nr L 241; ABV, 1956, 169, Nr 5; Para, 1971, 70; Add^2, 1989, 48); – 7.) – 11.) fünf Amphoren der sog. Botkin Klasse mit Strahlenkranz auf der Lippe (ABV, 1956, 169, Nrn 1–4; Para, 1971, 71, Nr 4 bis; Add^2, 1989, 48). Zwei weitere Amphoren der Botkin Klasse weisen Ähnlichkeiten auf (Berlin, Staatl. Mus., Antiken-Slg, Inv. Nrn F 1713 und F 1714; ABV, 1956, 169, Nrn 5–6; Para, 1971, 70 s.; Add^2, 1989, 48). Brijder konnte dem *Phrynos-Maler* noch eine Bandschale in Amsterdam (Allard Pierson Mus., Inv. Nr 8192; CVA, Amsterdam, Allard Pierson Mus. 2, Taf. 100 s., 1–6) zuschreiben. Eine weitere Bandschale weist zur letzteren im Stil und dem dargestellten Thema große Ähnlichkeiten auf (vorläufige Publikation von J. Frel, Studia varia, R. 1994, 13–15). Die Londoner und die Amsterdamer Schale charakterisieren am besten den Miniaturstil des *Phrynos-Malers*: beide sind sehr fein im Detail und lebhaft im Stil. Die ausdrucksstarken mytholog. Darst. der Londoner Schale (Geburt der Athena und Herakles' Einführung in den Olymp) bezeugen die Originalität des Phrynos. Das Profil der Amsterdamer Schale entspricht fast genau der von → Archikles und → Glaukytes sign. Schale in München (Staatl. Antiken-Slg, Inv. Nr 2243; ABV, 1956, 160, Nr 2, p. 163, Nr 2; Para, 1971, 67, Nr 2; CVA, München 11, Taf. 2, 7 – 6, 3). Diese erstaunl. Ähnlichkeit unterstützt die von Haldenstein (1975) vorgebrachte Hypothese, daß die Töpfer → Archikles und → Glaukytes mit Ph. eng zus. gearbeitet haben. ▭ ThB 26, 1932. RE XX. 1, 1941 (s.v. Ph.); EAA VI, 1965 (s.v. Ph. 1). – ABV, 1956, 168 s.; *G. Dareggi*, RendPontAcc 42:1969/70, 63–71; Para, 1971, 70 s.; *J. T. Haldenstein*, Little master cups. Stud. in the 6th cent. Attic black-figure vase painting, Diss. Univ. Cincinnati, Ann Arbor 1975, 18–32; Add^2, 1989, 48; *H. A. G. Brijder*, in: *M. Gnade* (Ed.), Stips votiva. Papers presented to Conrad Michael Stibbe, Am. 1991, 21–30.
P. Heesen

Phrynos (II), griech. Bildhauer unbek. Zeit. Nur bek. durch seine Sign. auf einer kleinen Marmorbasis für eine *Bronzestatuette*, die in Lokris gefunden worden ist. ▭ EAA VI, 1965 (s.v. Ph. 2). – *Brunn*, GGK, I, 1889, 194. R. V.

Phunisulanus cf. **Aelius Funisulanus Tryphon,** *Publius*

Phylakos cf. **Onaithos**

Phyles (Φυλῆς), Sohn des Polygnotos, aus Halikarnassos, griech. Bildhauer und Bronzegießer hellenist. Zeit. Ph. wird zur rhodischen Bildhauerschule gezählt. Sein Name ist bisher nur aus Inschr. bekannt. 13 Inschr. nennen ihn mit Sicherheit, auf den übrigen sind die erh. Buchstaben leicht zu seinem Namen zu ergänzen bzw. bietet das Ethnikon oder der Name des Vaters die Möglichkeit dazu. Das Ethnikon nennt er fast immer. Nach epigraph. und prosopograph. Indizien sind die Inschr. in die Zeit um 250 v. Chr. bis um 200 v. Chr. zu datieren. Dank der Unters. hellenist. Statuenbasen durch I. Schmidt (1995) sind noch genauere Dat. der Einzelfälle möglich. Von seinen Werken sind folgende Basen und die jeweiligen Inschr. erhalten: – 1.) Die Weih-Inschr. auf der Rundbasis nennt eine *Statue des Agostrathos von Rhodos*, Sohn des Polyarathos, die anläßl. des Sieges über die ptolemäische Flotte bei Ephesos vom Koinon der Nesioten auf Delos errichtet worden war. Daher ist sie in die Zeit um 258–256 v. Chr. zu datieren (Delos, Inv. Nr E 138; Marcadé, II, 1957, 89, Taf. 39, 2; Schmidt, 1995, 411, Nr V. 3). – 2.) Die Basis einer *Statue der Herais*, die von ihrem Vater Philon aus Achaia auf Delos gew. worden war, wird als Werk des Ph. ins 3. Jh. v. Chr. datiert. Die Sign. ist nicht komplett erh., kann aber zu einer des Ph. erg. werden (Marcadé, II, 1957, 89 s.). – 3.) Eine rechteckige Basis auf Rhodos, die als Brunnentrog wiederverwendet wurde, zeigt die Inschr. nur noch in Resten, daher ist die Ehrung nicht bekannt. Die Einlaßspuren weisen auf eine *Statue*, die mit beiden Füßen aufstand (Marcadé, II, 1957, 96, Taf. 40, 4; Schmidt, 1995, 257 s., Nr I. 1. 62). – 4.) Die Inschr. auf einer großen Rundbasis (Rhodos, Archäol. Mus., Inv. Nr 4. 1845) benennt die Ehrung des Athenapriesters Teison, des Sohnes des Kallikles, dessen *Statue* auf die Akropolis von Lindos gew. worden war. Die Basis aus blauem Marmor war an der NW-Ecke der Akropolis von Lindos beim Athenatempel gefunden worden und wird von Blinkenberg (in: Lindos, II. 1, 1941, Nr 136) aufgrund des Priesternamens um 213 v. Chr. datiert. Die Einlaßspuren lassen auf eine wenig überlebensgroße *männliche Bronzestatue* schließen, deren Füße mit ganzer Sohle aufstanden (Lindos, II. 1, 1941, Nr 136; Marcadé, II, 1957, 95). – 5.) Auf einer Basis aus lartischem Marmor nennt die Inschr. eine Weihung des Damiurgen Chalkon, Sohn des Philokleus, und versch. Hieropoioi auf der Akropolis von Kamiros. Die Spuren auf der Oberseite sind Einlassungen für eine *Bronzestatue*. Die Dat. erfolgt um 241 v. Chr. (Marcadé, II, 1957, 91, Taf. 39). – 6.) Um 260/255 v. Chr. ist die profilierte Rundbasis (Kamiros, Inv. Nr 69) aus Marmor auf der unteren Terrasse in Kamiros zu datieren. Sie zeigt die Einlaßspur für eine *Statue*, eine Weihung des Hagesis, Sohn des Lykon, Damiurg und mehrerer Hieropoioi (Marcadé, II, 1957, 89 s.; Jacob-Felsch, 1969, 78; Schmidt, 1995, 270 s., Nr II. 4). – 7.) Eine *Statue des Athenapriesters Euphrantidas*, Sohn des Charidamos und Priester der Athena Lindia auf der Akropolis von Lindos, wird auf einer quadrat. Basis aus blauem Marmor gen., die um 236 v. Chr. zu datieren ist. Auf der Basis stand außerdem noch eine Statue des Kallikrates, des Sohnes des Euphrantides, die von → Mnasitimos (II) und Teleuson (→ Teleson [I] und Teleson [II]) von Rhodos geschaffen wurde (Lindos, II. 1, 1941, Nr 106 b; Marcadé, II, 1957, 99; Schmidt, 1995, 395, Nr IV. 2. 15). – 8.) Zwei Fragm. einer rechteckigen Basis aus lartischem Marmor, auf der Akropolis von Lindos in der Nähe des Athenatempels gefunden, zeigen eine Inschr. deren Anfang verloren ist; ledigl. die Stifter und der Bildhauer sind zu eruieren. Die Bildhauer-Inschr. ist aufgrund des erh. Ethnikons zu Ph. zu ergänzen (Marcadé, II, 1957, 97). – 9.) Eine *Bronzestatue des Polyeuktos*, Sohn des Melesippos aus Astypaleia, vom Demos errichtet, wird in einer ins 3. Jh. v. Chr. dat. Inschr. genannt (Marcadé, II, 1957, 89). – 10.) Eine weitere zu komplettierende Inschr. aus dem Kastell von Rhodos nennt nur die Sign. des Bildhauers. Sie wird in die 2. H. des 3. Jh. v. Chr. datiert (Marcadé, II, 1957, 95). – 11.) Ein Basis-Fragm., welches bereits 1894 bek. war, ebenfalls innerhalb des Kastells von Rhodos gefunden, benennt die *Siegerstatue eines Choregen*. Die Bildhauer-Sign. ist wegen des Ehrentitels höchstwahrsch. zu Ph. zu ergänzen ([...]Σ ΕΥΕΡΓΕΤΑΣ ΕΠ[ΟΙΗΣΕ]) und damit in die 2. H. des 3. Jh. v. Chr. zu datieren (Marcadé, II, 1957, 95). – 12.) Ein weiteres Werk ist auf der Quaderbasis aus Marmor auf der Akropolis von Kamiros (Inv. Nr 70) gen. und befindet sich w. des Apollontempels *in situ*. Die Einlaßspuren gehören zu einer lebensgroßen *männl. Bronzestatue* im Kontrapost, deren rechter Fuß mit ganzer Sohle aufstand. Es handelt sich um eine Stiftung des Damiurgen Theudippos, Sohn des Onasandros, Hieropoioi, Priester der Athena Polias und des Zeus Polieus, des Dionysos, des Apollon, der Aphrodite, des Asklepios, der Musen und des Sarapis. Dat. wird die Inschr. 221 v. Chr. (Marcadé, II, 1957, 93 mit zwei Abbildungen; Jacob-Felsch, 1969, 78; Schmidt, 1995, 262, Nr I. 2. 7) – 13.) Eine unprofilierte Quaderbasis aus lartischem Marmor – datiert um 215 v. Chr. – wurde 1902 auf der Akropolis von Lindos an der O-Ecke der Propyläen gefunden (heute Kopenhagen, Ny Carlsberg Glyptotek, ohne Inv. Nr) und zeigt Einlaßspuren für eine *weibliche Bronzestatue*, die ein bis zum Boden reichendes Gewand trug. Die Inschr. der Weihung an Athena Lindia und Herakles nennt als Stifter Astis, die Tochter des Mnaseas aus Sidon, Dionysios, den Sohn des Zenon, und Phila, die Tochter des Zenon, beide aus Aratos. Der Künstler ist Ph., der Sohn des Polygnotos aus Halikarnassos (Lindos, II. 1, 1941, Nr 132; Marcadé, II, 1957, 94; Jacob-Felsch, 1969, 77; Schmidt, 1995, 245, Nr I. 1. 42). – 14.) Eine profilierte Rundbasis aus lartischem Marmor auf der Akropolis in Lindos, zeigt zwei Fußleeren für eine lebensgroße *männliche Bronzestatue*, die auch mit den Sohlen beider Füße aufstand. Der Stifter ist Aristeus, Sohn des Thymandros, Priester der Athena Lindia und des Zeus Polieus. Zu datieren ist sie 238 v. Chr. (Lindos, II. 1, 1941, Nr 105; Marcadé, II, 1957, 91 s., Abb. 91; Jacob-Felsch, 1969, 78; Schmidt, 1995, 272 s., Nr II. 8). – 15.) Die zusammengesetzte Quaderbasis aus lartischem Marmor für Panaitios und seine Fam., die n. der Stoa auf Lindos gefunden wurde, zeigt nebeneinander mehrere Einlaßspuren für *sechs lebensgroße Bronzestatuen*, darunter ein Kind. Die Werkstücke waren untereinander durch Anathyrose und Klammern verbunden. Die Inschr. kann sinnvoll erg. werden zu [ΦΥΛΗΣ ΠΟΛΥ] ΓΝΩΤΟΥ [Α]ΛΙ[ΚΑΡ]ΝΑΣΣΕΥΣ Ε[ΥΕΡΓΕ]ΤΑΣ Ε[ΠΟ]ΙΗΣΕ und ist um 223 v. Chr. zu datieren (Lindos, II. 1, 1941, 362–365, 129; Marcadé, II, 1957, 92 s.). – 16.) Auf einer weiteren zusammengesetzten Quaderbasis von der N-Seite der großen Stoa auf der Akropolis von Lindos, die um 230 v. Chr. zu datieren ist, standen *zwei Statuen* nebeneinander. Die Inschr. ist in zwei Teile zerbrochen, aber vollständig. Die Geehrten waren Kleagoras, Sohn des Sosilas, Priester der Athena Lindia und des Zeus Polieus und der Artemis Kekoia, sowie Sosilas, der Sohn des Kleagoras, anläßl. ihrer Priesterschaft (Lindos, II. 1, 1941, Nr 111; Marcadé, II, 1957, 92; Schmidt, 1995, 369 s., Nr IV. 1, 123). – 17.) Die Inschr. auf einer weiteren Basis aus lartischem Marmor auf der Akropolis von Lindos n. der Stoa (ohne Inv. Nr) nennt Ph. und → Hieronymos aus Samothrake. Die Werke der beiden Bildhauer sind unterschiedl. zu datieren. Ph. arbeitete als Stiftung des Python, Sohn der Hierokritos, Priester der Athena Lindia und des Zeus Polieus eine *Bronze*, die mit beiden Füßen aufstand und zeitl. um 250 v. Chr. anzusetzen ist. Der zweite Teil wurde von → Hieronymos um 220 v. Chr. hinzugefügt (Lindos, II. 1, 1941, Nr 93 a; Marcadé, II, 1957, 98; Schmidt, 1995, 393, Nr IV. 2. 13). – 18.) Auf dem Mont Smith in Rhodos zeigt eine profilierte Quaderbasis die Einlaßsspuren für eine lebensgroße *Bronzestatue* im Kontrapost, mit rechtem Standbein. Der geehrte ist [..]mon, ein Sohn des Damodikos, die Stiftung wurde vom Demos von Priene vorgenommen aus Anlaß der Arete und Eunoia gegenüber dem Stifter. Der Name könnte zu Damon erg. werden und wird in die 2. H. des 3. Jh. v. Chr. datiert (Marcadé, II, 1995, 94 s., Abb., Taf. 40; Jacob-Felsch, 1969, 78; Schmidt, 1995, 268, Nr I. 2. 16). – 19.) Marcadé erw. noch die Inschr. auf einem Block auf der Akropolis von Lindos, der in der Kaiserzeit für eine and. Statue wiederverwendet wurde und an der Oberfläche noch Spuren der ehemaligen Einlassung zeigt. Die Reste einer Inschr. könnten ebenfalls auf ein Werk des Ph. hinweisen, trotz fehlender Angabe des Ethnikons oder des Vaters, und wären dann ebenfalls in die 2. H. des 3. Jh. v. Chr. zu datieren. Die Inschr. ist allerdings kaum erh., und auch der Stifter ist nicht festzustellen (Marcadé, II, 1957, 96). – 20.) Auf einem halbrunden Block aus lartischem Marmor, der auch auf der Akropolis von Lindos entdeckt wurde, ist eine Ehrung des Pamphilidas, Sohn des Telesarchos, Priester der Athena Lindia und des Zeus Polieus, gen., und die Sign. aus der 2. H. des 3. Jh. v. Chr. nennt Phyles. Die urspr. Gestaltung der Exedra wurde im 1. Jh. v. Chr. verändert, indem vom Bildhauer → Plutarchos, Sohn des Helidoros, weitere Statuen hinzugefügt wurden (Marcadé, II, 1957, 100, Abb.). – 21.) Marcadé (II, 1957, 97) nennt noch eine weitere Inschr. als Hinweis auf ein Werk des Ph., die im Heiligtum des Apollon Erethimios auf der Insel Rhodos gefunden wurde und aus zwei Fragm. zusammengesetzt werden kann. Vier Buchstaben sind erh. und ergeben möglicherweise die Reste einer Sign. ΦΥΛΗ. – Die ledigl. auf Rhodos gefundenen Inschr. lassen eine ausschl. Tätigkeit des Ph. für diesen Ort annehmen. Vermutl. erhielt er um 225 v. Chr. den Ehrentitel *Euergetas*, den er dann seiner Sign. hinzufügte, möglicherweise wie in *Nr 11* auch unter Weglassen des Ethnikons und des Namens des Vaters. ▭ ThB26, 1932. RE XX. 1, 1941; EAA VI, 1965. – *Brunn*, Gesch. der griech. Künstler, I, St. 1857, 462 s.; *Overbeck*, SQ, 1868, Nrn 2012–2015; *Loewy*, IGB, 1885, 142–144, Nrn 177–181; Lindos, II. 1, 1941; *Marcadé*, Signatures, II, 1957; *M. Jacob-Felsch*, Die Entwicklung griech. Statuenbasen und die Aufstellung der Statuen, Waldsassen 1969; *Schmidt*, Statuenbasen, 1995. U. W. Gottschall

Phylomachos → Phyromachos (II)

Phyromachos (I) (Φυρόμαχος), aus dem att. Demos Kephisia, griech. Bildhauer, in der 2. H. des 5. Jh. v. Chr. in Athen tätig. Nur bek. durch die Abrechnungen der Arbeiten des Jahres 407 v. Chr. am Erechtheion in Athen, nach denen er für 60 Drachmen am Fries einen Altar und die Figuren eines Epheben und eines Mannes, der ein Pferd führt, fertigte (IG, I, 323; I², 374; I³, 476; Overbeck, SQ, 1868, Nr 860; Loewy, IGB, 1885, 356 s., Nr 526; Muller-Dufeu, SculptureSource, 2002, 366 s., Nr 1053). ▭ RE XX. 1, 1941 (s.v. Ph. 1); EAA VI, 1965 (s.v. Ph. 3). – *J. M. Paton/G. P. Stevens/L. D. Caskey/H. N. Fowler*, The Erechtheum, Ca., Mass. 1927, 386 s., Fragm. XVII, Spalte 2, Zeilen 9 s., pp. 388 s.; Fragm. XVII, Zeilen 1 s., 9–11, 17–20; *Lippold*, GrPl, 1950, 193, Anm. 3.

R. V.

Phyromachos (II) (Φυρόμαχος; Philomachos; Φιλόμαχος; Phylomachos; Φυλόμαχος; Phyromacus; Pyromachos; Pyromacus), aus Athen, griech. Bildhauer, in der 1. H. des 2. Jh. v. Chr. in Athen und Pergamon tätig. Ph. zählte im Altertum zu den sieben bedeutendsten griech. Bildhauern. Bis zur Entdeckung seiner Sign. als Schöpfer des *Antisthenes-Bildnisses* in Ostia vor 30 Jahren war er jedoch kaum mehr als dem Namen nach bekannt. Die Erinnerung an seinen Ruhm war zwar wieder wach geworden, als 1903 in Abusir/Ägypten ein griech. Papyrus der Zeit um 100 v. Chr. gefunden wurde, die sog. Laterculi Alexandrini in Berlin (Staatl. Mus., Ägypt. Mus. und Papyrus-Slg). Hier wird Ph. neben den sechs bekanntesten klass. Bildhauern – den Götterbildnern → Pheidias (I), → Praxiteles (II) und → Skopas (II) und den Menschenbildnern → Myron (I), → Lysippos (I) und → Polykleitos (I) (in dieser Reihenfolge) – als siebenter ebenbürtig aufgeführt. Man muß ihn deshalb ungeachtet einer in sich widersprüchlichen Überlieferung als eine bestimmte, allg. bek. Künstlerpersönlichkeit ansehen und darf ihn nicht ohne weiteres mit irgendwelchen unberühmten Namensvettern verwechseln. – Wenn Ph. tatsächl. so berühmt war, wie der Papyrus sagt, gibt es auch keinen triftigen Grund, ihn nicht für den Schöpfer aller acht unter seinem Namen in versch. Quellen gen. Werke zu halten. Von diesen sind allerdings nur noch drei kenntl. zu machen, nämlich: – 1.) *Bildnis des Antisthenes* (Inschr. in Ostia; Zevi, 1969/70, 110 ss., Abb. 20); – 2.) *Asklepios* von Pergamon (Polyb. 32, 25; Diod., 31, 35) und – 3.) *Gigant* aus dem *sog. Kleinen Attalischen Weihgeschenk* (Plinius, nat., 34, 84). Die übrigen fünf Werke, drei inschr. überlieferte in: – 4.) Delos (Marcadé, Signatures, II, 1957, 82); – 5.) Kyzikos (Lauter, 1974, 19, Anm. 5); und – 6.) Pergamon (E. Fabricius/C. Schuchhardt, Kgl. Mus. zu Berlin. Altertümer von Pergamon. Die Inschr. von Pergamon, VIII. 1, ed. M. Fraenkel, B. 1890, 133) sowie die nur lit. erwähnten: – 7.) *Quadriga des Alkibiades* (Plin., nat., 34, 80) und – 8.) ein von Anaxagoras gew. *Priapos* (Anth. Gr., 16, 239 [Apollonidas von Smyrna]; W.-R. Megow, LIMC VIII, 1997, 1030, Nr. 3, s.v. Priapos) sind von großem hist. Interesse. Sie verweisen allesamt auf eine Schaffenszeit des Ph. in der 1. H. des 2. Jh. v. Chr., und drei Werke, näml. die *Nrn 4, 5* und *7* insbesondere auf seine Herkunft aus Athen und auf seine Zusammenarbeit mit → Nikeratos, Sohn des → Euktemon, aus Athen. Von den Werken *Nrn 1, 7* und *8* abgesehen, handelt es sich unzweifelhaft um Auftragsarbeiten für das pergamenische Königshaus, weshalb man Ph. auch als Hofkünstler von Pergamon bez. hat. – Widersprüchlich zu beurteilen ist eigtl. nur die Tatsache, daß Plinius, nat., 34, 51 Ph. als sechsten und letzten Namen einer Liste von fünf Bronzebildnern der 121. Olympiade (296/294 v. Chr.) anfügt, bevor er die schwer verständliche Mitteilung macht, daß daraufhin die *ars* aufgehört habe und erst in der 156. Olympiade (156–152 v. Chr.) wieder auflebte. Ein Ph. vom Beginn des 3. Jh. v. Chr. ist nicht näher bekannt. Will man nicht leichtfertig einen Irrtum des Plinius konstatieren, so bieten sich folgende Erklärungsmöglichkeiten an: Entweder nennt er einen heute nicht mehr bek. Künstler der Bildhauergeneration nach → Praxiteles (II), mit dessen Söhnen dieser Ph. in der gleichen Liste erscheint, oder Plinius wollte den berühmten Ph., der ausgerechnet in dem Zeitintervall zw. der 121. und der 156. Olympiade lebte, nicht einfach auslassen, da er ihn auch an and. Stellen (nat., 34, 80; 34, 84; 35, 146) zu erwähnen hatte. Er fügte ihn deshalb als letzten der Liste der berühmten frühhellenist. Künstler an, obwohl Ph. erst im hohen Hellenismus arbeitete. Die zweite Möglichkeit erscheint als die wahrscheinlichere, zumal sie mit der Methode des Verzettelns seines Wissens bei Plinius gut zu erklären wäre. – Die Pliniusnotiz nat., 34, 51 sollte deshalb keine Verwirrung stiften. Es bleibt vielmehr dabei, daß es nur einen berühmten Ph. gab, den auch die Liste der Laterculi Alexandrini meint. Der Papyrus nennt zunächst die Götterbildner und dann die Menschenbildner und unter diesen als den zeitl. jüngsten Phyromachos. Das ist merkwürdig, denn das wohl bekannteste Werk des Ph. war ein Götterbild, näml. die *bronzene Sitzstatue des Asklepios von Pergamon* (*Nr 2*), die Diod. 31, 35 – über Polyb. 32, 25 hinausgehend – schon im 1. Jh. v. Chr. ausdrückl. als περιβόβτον ἄγαλμα, hochberühmtes Bildwerk, bezeichnet. – Andererseits war Ph. auch der Schöpfer eines der bedeutendsten Philosophen-Portr. des Altertums, näml. des in zahlr. Kopien überlieferten *Bildnisses des Antisthenes*, das durch die eingangs erwähnte, erst 1968 gefundene Inschr. in Ostia als Werk des Ph. bez. wird. Die Wiss. lernte durch diese Nachr.

zum ersten Mal ein unzweifelhaftes Kunstwerk seines Stiles kennen, und ein lebendiger Forschungsprozeß begann. Der Rang dieses Bildnisses gibt dem impliziten Urteil der Papyrus-Liste recht, daß Ph. auch als Menschenbildner Hervorragendes geleistet hat. Da man feststellen muß, daß die sechs übrigen in der Liste aufgeführten Bildhauer auch nach heutigem Urteil die wichtigsten klass. Meister des 5. und des 4. Jh. v. Chr. sind, ist anzunehmen, daß man Ph. für den bedeutendsten Künstler hellenist. Zeit gehalten hat. – In einer von Plinius, nat., 35, 146 überlieferten, für die Schaffenszeit des Ph. grundlegenden Notiz wird er als Bronzebildner (*statuarius*) bez., welcher der Lehrer dreier Maler mit Namen Euthymides (→ Euthymedes), → Milon von Soloi und → Herakleides (IV) aus Makedonien war und deshalb auch selbst Maler und nicht nur Bronzebildner gewesen sein muß. Von seinen drei Malerschülern ist nur der letztgen. auch aus einer and. Pliniusnotiz bekannt. Nat., 35, 135, heißt es, Heraclides (→ Herakleides [IV]) habe erst Schiffe bemalt und sei nach der Gefangennahme des Königs Perseus, 168 v. Chr., nach Athen ausgewandert. Dort muß er dann bei Ph. in die Malerlehre gegangen sein, d.h. Ph. muß um 168 v. Chr. in Athen eine Wkst. besessen haben. Als Bildhauer schuf er dort, sicher nach 166 v. Chr., viell. auch erst nach 159/58 v. Chr. seinen Anteil an dem rund 120 Figuren umfassenden *Attalischen Weihgeschenk*. Als Maler ist er möglicherweise durch Nachklänge eines seiner Werke in den Reliefs röm. Schlachtsarkophage noch kenntl. zu machen. Pausanias (1, 4, 6) erw. aus Anlaß seiner Beschr. des *Attalischen Weihgeschenks* in Athen, daß es in Pergamon ein Gem. gleichen Inhalts gab. Ein derartiges pergamenisches Gem. hat als Vorlage der erw. röm. Sarkophagreliefs gedient, und die Übereinstimmungen zw. Weihgeschenk und Gem. ließen sich erklären, wenn man Ph. als die Mittelsperson zw. dem plast. und dem gemalten Denkmal voraussetzt. – Bei der Bestimmung des künstler. Stils des Ph. empfiehlt es sich, weder von dem *Kleinen Attalischen Weihgeschenk* (*Nr 3*) noch von dem in der Zuweisung lange Zeit umstrittenen *Bildnis des Antisthenes* (ca. 450/445–ca. 365 v. Chr.) auszugehen (*Nr 1*). Dieses Portr. wurde näml., bevor bek. war, daß es von Ph. stammt, von einigen Forschern noch der spätesten Lebenszeit des Athener Philosophen, d.h. den sechziger Jahren des 4. Jh. v. Chr., zugewiesen, und es wurde nach Bekanntwerden des Namens des Schöpfers versuchsweise → Ph. (I) von Kephisia zugeschr., der lt. Abrechnung drei Figuren für den 409 v. Chr. voll. Erechtheionfries geliefert hat. Auch wenn diese Meinung als überholt angesehen werden darf, sollte man den Versuch einer Stilbestimmung des Ph. nicht mit dem Problem der ungelösten Dat. des *Antisthenes-Porträts* belasten. Immerhin zeigt die frühere Stilbestimmung des *Antisthenes-Porträts*, daß Ph. bei seinen Arbeiten von klass. Vorbildern ausgeht. – Auch das erw. *Attalische Weihgeschenk* (*Nr 3*) kann nicht einfach als Ausgangspunkt dienen, weil es nicht von Ph. allein, sondern von drei weiteren Künstlern (→ Isigonos, → Stratonikos und → Antigonos) geschaffen wurde und zunächst der Anteil des Ph. an diesem großen Auftrag festgestellt werden müßte. – Einen sicheren Anhaltspunkt bietet vielmehr der schon erw., auch im Altertum bereits hochberühmte *Asklepios von Pergamon* des Ph. (*Nr 2*), von dem 1987 aufgrund der schlagenden, von einigen Kritikern wie zuletzt von D. Damaskos (1999) nicht genügend beachteten Übereinstimmung mit der Darst. auf pergamenischen Münzen eine Kopie des Kopfes in Syrakus identifiziert werden konnte. Nach Polyb. 32, 25 hatte Prusias II. von Bithynien bei einem letztl. mißglückten Feldzug nach Pergamon 156/155 v. Chr. das kolossale Bildwerk aus dem dortigen Nikephorion zu entführen versucht. Das Götterbild, das Diodor 31, 35 im 1. Jh. v. Chr. weitberühmt nannte, verblieb also weiterhin im Besitz von Pergamon. Der großartige, mit einem Lorbeerkranz geschmückte Kopf des Gottes wird auf pergamenischen Münzen der Zeit Attalos' III. (138–133 v. Chr.) und auch danach noch abgebildet. Diese Münzen beweisen nicht nur, daß das Bildwerk weiterhin in Pergamon verehrt wurde, sondern sie führen zu dem erw. kolossalen Marmorkopf aus dem Asklepieion in Syrakus (Syrakus, Mus. Archeol. Regionale „Paolo Orsi", Inv. Nr 63) weiter, der nach Ausweis der völligen Übereinstimmung der Profilansichten von Münze und Marmorkopf und von 20 Locken der rechten Hälfte des Kopfes eine sehr genaue Kopie des Kopfes des Asklepios von Ph. ist und den eigenwilligen Stil des Künstlers kennen lehrt. – Der Bildhauer, der offenbar die Forderungen der hellenist. Kunsttheorie erfüllen wollte, daß ein Kunstwerk wahr, schön und groß sein müsse, wählte sich spätklass. Vorbilder, deren Grundgestalt er als Garanten der Schönheit übernahm. Er individualisiert diese aber und verformt sie an der Oberfläche im Sinne von Naturnähe und Größe durch Steigerung oder Verknappung, durch ein plast. Schwellen der herausgetriebenen oder eingezogenen Flächen, die sich über dem Schädel spannen und einen deutlichen Gegensatz zu der aus dem Kopfumriß herausbrechenden Fülle von Haar und Bart bilden. – Wurden in klass. Zeit Kopfform und Haare als in sich geschlossener, ästhet. Körper gestaltet, so stellt sich die ungebärdige Lockenfülle der übereinander fallenden Haare beim Kopf des Ph. offensichtl. als etwas ganz anderes dar. Die Haare rahmen das Gesicht weniger, als daß sie es mit einer eigenwilligen Masse umgeben, welche den natürl. Fall der Haare wiedergeben soll. Die einzelnen Haarsträhnen bilden eindeutig eine Naturform nach, zeigen aber gleichwohl eine kunstvolle Ausgestaltung. Fast hat man den Eindruck, als ob der Bildhauer beim Entwurf des Kopfes in Ton vom glatten Schädel ausgegangen ist, sodann aus Tonrollen einzelne Locken geformt und mit dem Holzstäbchen gestrählt hat. Solche aus Ton vorgebildeten Lockensträhnen mit ihren Schlängelungen und Windungen klebte er dann in überlegter Komp. an den Schädel an, ebenso wie er die kürzeren Korkenzieherlocken als zweigeteilten Bart an Wangen und Kinn festdrückte, um schließl. auch den Schnurrbart mit seinen die Mundwinkel umschließenden Haarflocken über der Oberlippe zu befestigen. Der Eindruck soll natürlich sein, der Fall der Haare zufällig, die Form ist aber voller Kunst und sorgfältig komponiert. – Die Komp. der Haarfülle bedarf einer genauen Beschr., weil das Grundmuster bei den übrigen bek. Köpfen von der Hand des Ph., dem *Antisthenes* (*Nr 1*) und dem *Giganten* des *Kleinen Attalischen Weihgeschenks* (*Nr 3*) wiederkehrt und sich interessanterweise auch bei den Gigantenköpfen vom O-Fries des Pergamonaltares in nächstverwandter Form wiederfindet. Über der Stirnmitte springen die beiden hier in asymmetr. Weise aufwachsenden Locken auseinander. Das eine Lockenbüschel – beim *Asklepios-Kopf* (*Nr 2*) ist es das vom Beschauer aus rechte – wächst senkrecht nach oben und fällt in zwei gewellten Strähnen übereinander. Das and., breite, aber kürzere Lockenbüschel ist in fünf Strähnen gestrählt. Es wächst aus einem schrägen Scheitel waagrecht nach links und bildet wie ein Winzermesser eine Spitze, die am linken Stirnhöcker ansetzt. Hinter den sich auf diese Weise gabelnden Locken der Stirnmitte sprießt ein drittes Lockenbüschel senkrecht auf. Es ist im oberen Teil abgebrochen, stand aber urspr. steil nach oben und verschloß die Gabelung zw. den vorderen Lockenbüscheln. – Eine kompositionell vergleichbare, wenn auch durch Rechts-Links-Vertauschung und individuelle Schlängelungen veränderte Lockendreizahl begegnet auch bei den später noch genauer ins Auge zu fassenden Köpfen des von Ph. sign. *Antisthenes* (*Nr 1*) und des *Giganten* vom *Kleinen Attalischen Weihgeschenk* (*Nr 3*). Dieser darf deshalb als Teil des Beitrags des Ph. zu dem vielfigurigen Weihgeschenk angesehen werden, das nach Plinius, nat., 34, 84 von ihm sowie von den ansonsten unbek. Meistern Isigonus (→ Isigonos), Stratonicus (→ Stratonikos) und Antigonus (→ Antigonos) geschaffen wurde und nach Plut., Antonius 60 und Paus., 1, 25, 2 über dem Dionysostheater von Athen auf der Akropolis-S-Mauer aufgestellt war. – Nach diesem Vorausblick auf die beiden and., wenigstens in Kopien überlieferten Skulpt., als deren Schöpfer Ph. namhaft gemacht werden kann, ist zunächst die Formung der von solchen Haaren umgebenen glatten Teile des Gesichtes genauer zu betrachten. – Auch die Gesichtszüge werden den spätklass. Vorbildern gegenüber einer entschiedenen Veränderung unterworfen. Die Augen werden verkleinert und stärker eingetieft, die Lider scharf geschnitten und über den kugeligen Augäpfeln deutl. nach oben gebogen. Die Orbitalwülste schieben sich in den äußeren Augenwinkeln darüber, während der innere Augenwinkel bes. tief ausgehöhlt ist. Die Nasenwurzel ist breit, die Stirn höckerig herausgewölbt und im oberen Teil eingesenkt, die Schläfen ziehen sich ein, die Wangenknochen treten hervor. Bes. schwellend ist der volllippige Mund, der zu einem feinen Spalt geöffnet ist. – Während im *Kopf des Asklepios* (*Nr 2*) das Bild eines Gottes im besten Mannesalter mit üppigem Haupthaar und stark gekräuseltem, zweigeteilten Vollbart wiedergegeben ist, stellt das *Portr. des Philosophen Antisthenes* (*Nr 1*) einen alten, zahnlosen Mann mit faltigem Gesicht, langen Haaren und einem oval geschnittenen, fließenden Bart dar. Trotz dieser Unterschiede erkennt man einen ähnl. Stilwillen. Da die Gesichtszüge des *Antisthenes* im 2. Jh. v. Chr. wohl nicht mehr bek. waren, schuf Ph. unter Anlehnung an die Bildnisse derjenigen Philosophen, die sich in ihrem Denken auf die Anregung durch Antisthenes beriefen, näml. → Sokrates [II], → Platon [I], Epikur und Zenon, ein sehr lebendiges, aber auch kunstvolles Idealporträt, in dem Realismus und auf einer retrospektiven Konstruktion beruhende Größe der Form zu einem eindrucksvollen Werk verbunden sind. – Schließl. gilt es, das dritte noch bek. Werk des Ph. zu betrachten und das Problem des *Kleinen Attalischen Weihgeschenks* näher zu beleuchten. Aus diesem komplexen Problem kann hier nur der Anteil des Ph. herausgegriffen werden. Als gewiß ist die Tatsache festzuhalten, daß der Kopf des in einer einzigen Kopie in Neapel (Mus. Archeol. Naz.) überlieferten *Giganten* (*Nr 3*) eine so enge stilist. Übereinstimmung mit den Köpfen des *Antisthenes* (*Nr 1*) und des *Asklepios* (*Nr 2*) aufweist, daß man auch diese Figur als Schöpfung des Ph. ansehen muß. Damit wird zum ersten Mal nicht nur die Bildung eines Kopfes, sondern ein vollst. von Ph. gebildeter Körper vor Augen gestellt. Man erkennt sofort die Verwandtschaft zu der Körperbildung der nackten Giganten und auch des Zeus am Pergamonaltar, auch wenn eine gewisse manierist. Erstarrung der Linienführung beim *attalischen Giganten* (*Nr 3*) nicht zu übersehen ist. Das *Kleine Attalische Weihgeschenk* von der Athener Akropolis scheint das späteste Werk des Ph. zu sein. Man kann nun die Entwicklung seines Stiles vom *Porträt des Antisthenes* über den gegen 175 v. Chr. geschaffenen *Asklepios* bis zu dem *Giganten* verfolgen, der erst nach 166 v. Chr., möglicherweise erst nach dem Tode Eumenes II. im Jahr 160/59 v. Chr. geschaffen wurde. – Am einfachsten nachzuvollziehen ist diese Entwicklung bei einer vergleichenden Betrachtung der Komp. von Haupt- und Barthaaren der Köpfe in ihrer Gesamtheit. Das bei Betrachtung der Lockendreizahl über der Stirnmitte erfaßte Kompositionsprinzip, Locken der rechten und der linken Seite des Kopfes durch Asymmetrie voneinander abzusetzen und dabei doch kunstvoll aufeinander zu beziehen, kann einen Leitfaden abgeben. Man glaubt nachvollziehen zu können, wie der Meister nicht jede der beiden Seiten des jeweiligen Kopfes für sich mit den übereinander fallenden und untereinander hervorquellenden Locken gefüllt hat, sondern wie er erst eine willkürl. gewellte Locke auf der einen Seite angebracht hat und dann mit einer bewußt veränderten Locke der and. Seite darauf geantwortet hat. Verliefen die Lockensträhnen der einen Seite in kurzen Wellen, strählte er die entsprechende Locke der and. Seite in länger auslaufenden, weniger gekrümmten Wellen. So entstand eine sorgfältig komponierte Unordnung der wallenden Haare, die den Eindruck der Natürlichkeit erwecken soll, aber das Ergebnis eines bewußten künstler. Prozesses ist. Man kann im Vergleich der drei Köpfe des *Antisthenes* (*Nr 1*), des *Asklepios* (*Nr 2*) und des *Giganten* (*Nr 3*) die Entfaltung, Bereicherung und Übertreibung dieser Kompositionsweise verfolgen, mit der Ph. ein völlig neues, auch leidenschaftliche Expressionen ermöglichendes Prinzip in die Kunst hineingebracht, das man als barock bezeichnen kann. – Auffällig und erklärungsbedürftig ist nun, daß die beiden Gigantenköpfe vom O-Fries des Pergamonaltares aus der Zeit bald nach dem Galliersieg von 166 v. Chr., näml. der nach rechts gewandte Klytios und der isoliert gefundene Gigantenkopf sich geradezu sklavisch an dieses Kompositionsprinzip gehalten haben, das man in gleicher Weise auch bei den sicher von Ph. geschaffenen Köpfen beobachtet. – Wie ist das zu erklären? Die sporadischen Bildhauer-Sign. des Gigantenfrieses vom Großen Altar nennen Ph. nicht. Es wäre allerdings auch unwahrsch., daß Ph. selbst beim Meißeln der Figuren unmittelbar Hand angelegt hat. Seine Hs. ist jedoch allzu deutl. sichtbar und keinesfalls zu verkennen, wie die Nebeneinanderstellungen eines Abgusses des Syrakusaner Kopfes mit den Köpfen am Pergamonaltar sowie mit dem *Antisthenes-Porträt* (*Nr 1*) und dem *Giganten* des *Kleinen Attalischen Weihgeschenks* (*Nr 3*) ohne weiteres anschaulich machen. Da der kompositor. Entwurf des Pergamon-O-Frieses einen Künstler höchsten Rangs verrät, muß man es für unwahrsch. halten, daß er sich den Stil des ganzen bei einem and. ausleihen mußte. Wahrscheinlicher ist hingegen, daß die übereinstimmende Hs. auf den gleichen Künstler zurückschließen läßt, der die Komp. entworfen und den Stil maßgebl. bestimmt hat, in welchem seine Wkst. begabter, aber nicht unbedingt origineller Steinmetzen dieselbe auszuführen hatte. Dieser Stil erwies sich als neuartig und führend im 2. V. des 2. Jh. v. Chr., und er sollte eine auch tief in die Entwicklung der Renaiss. zum Barock der Neuzeit hineinreichende Wirkung entfalten. Der Weg, den diese Wirkung nahm, läßt sich im einzelnen am Rückgriff Michelangelos auf Werke wie den Torso vom Belvedere, die Gruppen des Laokoon (→ Hagesandros, → Athanodoros [II] und → Polydoros), des des Farnesischen Stieres (→ Apollonios [V]) u.a. aufzeigen, die ihrerseits nachweisl. unter dem Einfluß des pergamenischen Hochbarocks entstanden sind. Ph. erweist sich dadurch in ähnl. Maße als stilbildender Künstler wie die sechs in der gleichen Liste mit ihm angeführten klass. Meister. Nachdem in den letzten 30 Jahren im Anschluß an die Sign. des *Antisthenes-Bildnisses* (*Nr 1*) in Ostia Werk und Wirkung des Ph. besser kenntl. geworden sind, versteht man erst, was mit der Liste ausgesagt werden sollte, näml. daß es nicht nur überragende klass. Meister, sondern wenigstens auch einen hellenist. Meister des gleichen Ranges gab, Phyromachos. Dabei ist nicht entscheidend, ob man wirkl. beweisen kann, daß er der leitende Meister des Pergamonaltares war, da er auf jeden Fall der Schöpfer des Stiles war, der an diesem schon in der Antike (Lucius Ampelius, miracula mundi, 14) zu den Weltwundern gerechneten Mon. zum ersten Mal verwirklicht wurde und darüber hinaus über die von der Alkyoneusgruppe des Altares abhängige Laokoongruppe auch die Anregung zur Entfaltung des neuzeitl. Barock gegeben hat. ▭ ThB26, 1932 (s.v. Ph.). RE XX. 1, 1941 (s.v. Ph. 2); LAW, 1965 (s.v. Ph.); EAA VI, 1965 (s.v. Ph. 2); LGPN II, 1994 (s.v. Φυρόμαχος 5); DA XXIV, 1996; DNP IX, 2000 (s.v. Ph.). – *Overbeck*, SQ, 1868, Nrn 921, 1994, 1998–2001; *H. Diehls*, Laterculi Alexandrini aus einem Papyrus ptolemäischer Zeit,

AbhBerlin 1904, 3–16; *Marcadé*, Signatures, II, 1957, 102; *F. Zevi*, RendPontAcc 42:1969/70, 110 ss., Abb. 20; *H. Lauter*, Zur gesellschaftl. Stellung des bild. Künstlers in der griech. Klassik, Erlangen 1974 (Erlanger Forsch., Reihe A, Bd 23), 19, Anm. 15; *N. Himmelmann-Wildschütz*, Herrscher und Athlet. Die Bronzen vom Quirinal (K Bonn, Akad. Kunst-Mus.), Mi. 1989; *B. Andreae u.a.*, Ph.-Probleme, Mainz 1990 (RM, ErgH., 31); *B. Andreae*, Laokoon und die Kunst von Pergamon, Ffm. 1991; *id.*, RM 100:1993, 83–106; *R. von den Hoff*, Philosophen-Portr. des Früh- und Hochhellenismus, M. 1994, 136–150; *B. Andreae*, La testa barbata di stile pergameno del Museo di Siracusa, in: *G. Rizza* (Ed.), Atti della 5a riunione scientifica della Scuola di Perfezionamento in Archeologia Classica dell' Univ. di Catania. Sicilia e Anatolia dalla preistoria all'età ellenistica, Syrakus 26.- 29. nov. 1987, Catania 1996, 9–18; *id.*, Schönheit des Realismus. Auftraggeber, Schöpfer, Betrachter hellenist. Plastik, Mainz 1998, 97–101, 118–167; *D. Damaskos*, Unters. zu hellenist. Kultbildern, St. 1999, 132–136. B. Andreae

Phytokritos → Pythokritos

Pi, ägypt. „großer Künstler", 18. Dynastie (1550–1292 v. Chr.). Bek. von einem evtl. aus Theben stammenden Holz-Uschebti. ▭ *H. D. Schneider*, Shabtis, II, Leiden 1977, 43. S. Hänsch

Piai (I), ägypt. Bildhauer, 19. Dynastie unter Ramses II. (1279–1213 v. Chr.). P. ist als Sohn des Nefercha bekannt, der als Bildhauer des Ramses-Meriimen (=Ramses II.) tätig war. Belegt ist dies durch Graffitti, die er am Pronaos des Speos von Ibsamboul in Abu Simbel hinterließ. ▭ *G. Maspero*, ASAE 11:1911, 145 ss.; *G. Roeder*, ZÄS 50:1912, 76–78; *E. W. Ware*, AJSL 43:1926/27, 203, Nr 12; *W. Helck*, Mat. zur Wirtschaftsgesch. des Neuen Reichs, I, Wb. 1961, 46. S. Hänsch

Piai (II), ägypt. Bildhauer, 19. Dynastie unter Ramses II. (1279–1213 v. Chr.). P. ist durch das Totenbuch seines Sohnes → Neferrenpet (III) aus dessen Grab bek. Daher kennen wir auch seine Frau Neferetchau sowie die anderen Söhne → Nechetimen (I), → Ipui (I) und Chensu-Saef. Weitere Informationen über P. selbst sind nicht vorhanden. ▭ *U. Luft*, Studia Aegyptiaca 3:1978, 81 s. S. Hänsch

Piai (III), ägypt. „Bildhauer am Ort der Ewigkeit (=Deir el-Medineh)" bzw. „Bildhauer des Amun" bzw. „Bildhauer am Ort der Wahrheit (= Deir el-Medineh)", 19. Dynastie unter Sethos I. (1290–1279/78 v. Chr.). Da P. nur aus versch. Inschr. ohne weitere Fam.-Angaben bek. ist, ist es möglich, daß es sich bei ihm um den Enkel von → P. (II) handeln könnte. Weitere Informationen über ihn sind nicht bekannt. ▭ KRI I, 396, 3–397, 7; KRI VII, 34, 12–36, 10. S. Hänsch

Pii, ägypt. Künstler („Vorsteher der Handwerker"), Neues Reich (1550–1070/69 v. Chr.). Bek. durch ein Fayence-Uschebti, das sich jetzt in Berlin befindet. ▭ *G. Roeder*, Ägypt. Inschr. aus den Staatl. Mus. zu Berlin, II, L. 1913, 160, Nr 20377 B. S. Hänsch

Pilius Timo, *M.*, röm. Bildhauer, in der Kaiserzeit in Rom tätig. Nur bek. durch seine Grab-Inschr. aus Rom (CIL, VI, 37400). ▭ *Calabi Limentani*, Studi, 1958, 161, Nr 66. R. V.

Pinnios Restitutos, *Gaios* oder *Titos* (Πίννιος Ῥεστιτοῦτος, [...]ος), vermeintl. röm. Mosaizist, im späten 2./frühen 3. Jh. n. Chr. in Nea Paphos (heute Paphos/Zypern) tätig. Nur bek. durch die Inschr. auf einem *Mosaik*: [...]ΟΣ ΠΙΝΝΙΟΣ/ ΡΕΣΤΙΤΟΥΤΟΣ ΕΠΟΙΕΙ, die oberhalb einer Darst. des Orpheus mit den Tieren verläuft, das den Boden eines Raumes des *Hauses des Orpheus* in Nea Paphos schmückt. Die Inschr. ist in griech. verf., aber der Name ist lat., und seine drei Namensbestandteile deuten auf einen röm. Bürger. Auch wenn das Verb ἐποίει auf einen Mosaizisten verweisen könnte, der diesen Boden gemacht hat, ist es wahrscheinlicher, daß es auf eine Person anspielt, die den Auftrag zur Herstellung des Mosaiks gegeben hat, was heißen würde, daß Restitutos der Auftraggeber und wahrsch. der Besitzer des Hauses war. ▭ *D. Michaelides*, A new Orpheus mosaic in Cyprus, in: Acts of the internat. archaeol. symposium „Cyprus between the Orient and the Occident", Nicosia 1985, Nicosia 1986, 473–489, Taf. 53–56; *id.*, Cypriot mosaics, Nicosia ^{2}1992, 20 s., Taf. 6–6a; *W. A. Daszewski/D. Michaelides*, Guide to the Paphos mosaics, Nicosia 1988, 51, Taf. 38 s.; *W. A. Daszewski*, Figural mosaics from Paphos. Subjects, style and significance, in: *id./ D. Michaelides*, Mosaic floors in Cyprus, Ravenna 1988, 51 s., Abb. 22; *M. Sève*, BullEp 1988, 333, Nr 241; *Donderer*, Mosaizisten, 1989, 73, Nr A 31, Taf. 20; *I. J. Jesnick*, The image of Orpheus in Roman mosaic, Ox. 1997, 140, Nr 68, Abb. 141; *Dunbabin*, MGRW, 1999, 229. D. Michaelides

Pison (Πίσων), Schüler des → Amphion und Lehrer des → Damokritos (I), aus Kalauria, griech. Erzgießer, in der 2. H. des 5. Jh. v. Chr. in Delphi tätig. Lt. Pausanias (10, 9, 7 s.; Overbeck, SQ, 1868, Nr 979; Muller-Dufeu, Sculpture-Source, 2002, 212 s., Nr 586) fertigte er die *Statue des Agias*, des Sehers des spartanischen Strategen Lysanders, am *Lysanderanathem*, einem Weihgeschenk der Lakedaimonier im Apollonheiligtum in Delphi in Erinnerung an ihren Sieg in der Schlacht von Aigospotamoi im Jahre 405 v. Chr. An dieser mon. Anlage waren insgesamt neun Künstler (→ Antiphanes [II], → Athenodoros [I], → Dameas [II], P., → Theokosmos, → Teisandros, → Alypos, → Patrokles [I] und → Kanachos [II]) beteiligt, die zw. 405 und 403 v. Chr. 39 oder 40 Bronzestatuen von Göttern, vornehmen Bürgern Spartas, des Strategen Lysander mit seinem Seher Agias und seinem Steuermann Hermon, eines Herolden und von den Nauarchen der mit Sparta verbündeten Städte hergestellt haben. Die Anwesenheit eines Sehers bei einem solchen Staats-Mon. dokumentiert die Bedeutung der Seher auch noch in klass. Zeit in Griechenland. ▭ ThB27, 1933. RE XX. 2, 1950; EAA VI, 1965. – *Brunn*, GGK, I, 1889, 105 s.; *C. Ioakimidou*, Die Statuenreihen griech. Poleis und Bünde aus spätarchaischer und klass. Zeit, M. 1997, 281–306, Nr 21 (mit älterer Lit.); *R. Krummeich*, Bildnisse griech. Herrscher und Staatsmänner im 5. Jh. v. Chr., M. 1997, 245 s., Nr S 3 (mit älterer Lit.). R. V.

Piston (Πίστων), griech. Bildhauer, um 300 v. Chr. tätig. Lt. Plinius (nat., 34, 89; Overbeck, SQ, 1868, Nr 1607) fertigte er für ein Zweigespann des → Teisikrates die daraufstehende *Statue einer Frau* und *Statuen eines Ares* und *Hermes* im Concordiatempel in Rom. Maximilian Mayer (AA 1889, 41) sah in dem *Ares Ludovisi* (Rom, MN Romano, Inv. Nr 8602; P. Zanker, in: Helbig[4], III, 1969, 168–270, Nr 2345; E. Simon, LIMC II, 1984, 514, Nr 23, s.v. Ares/Mars; B. Palma, in: Giuliano, MusNazRom, I. 5, 1983, 115–121, Nr 51) den *Ares* des P. und Camillo Praschniker (ÖJh 21/22, 1922–1924, 216–218) in dem *sich ausruhenden Hermes aus Herculaneum* in Neapel (NM; BrBr 94; G. Siebert, LIMC V, 1990, 369, Nr 961 m. Abb., s.v. Hermes) den *Hermes* des P. Beide Vermutungen sind jedoch rein spekulativ und daher abzulehnen. Eine Basis von der Athener Akropolis für die *Statuen des Lysiphanes und seiner Mutter Sostrate* trägt ebenfalls die Sign. des P. (IG, II, 1401; II/III[2], 3850; Loewy, IGB, 1885, 86 s., Nr 107). Die Buchstabenform dat. die Basis ans E. des 4. oder an den A. des 3. Jh. v. Chr. ▭ ThB27, 1933. RE XX. 2, 1950; EAA VI, 1965. – *Lippold*, GrPl, 1950, 306, Anm. 18, p. 307, Anm. 1 s. R. V.

Pistoxenos (Πιστόξενος), griech. Töpfer, um 500 v. Chr. in Athen tätig. Seine Sign. steht auf den folgenden vier rotfigurigen Skyphoi: – 1.) London, BM, Inv. Nr E 139 (CVA, London, BM, Taf. 28 [221], 1a-d; ARV[2], 1963, 77, Nr 86; Add[2], 1989, 168; – 2.) Florenz, Mus. Archeol. (CVA, Firenze 2, Taf. 2 [377], 2; Beazley, CF, 1933, 9 zu Taf. 2, 2); – 3.) Brüssel, Mus. Royaux d'Art et d'Hist., Inv. Nr A 11 (ehem. Slg Somzée); Hoppin, Black-Fig, 1924, Abb. 473; CVA, Brüssel, Taf. 18, 2; ARV[2], 1963, 266, Nr 86; Add[2], 1989, 205); – 4.) Güstrow, Mus. (ehem. Schwerin, Staatl. Mus., Inv. Nr 708; Diepolder, 1936, 7 ss.; CVA, Schwerin 1, Taf. 24, 25; ARV[2], 1963, 862, Nr 30; Add[2], 1989, 298 s.). Außerdem wird seine Sign. bezeugt für die jetzt verschollene Schale, vermutet auf dem von → Epiktetos bemalten, einhenkligen Gefäß in Orvieto, Mus. Etrusco „Claudio Faina", Inv. Nr 148 (Hoppin, RedFig, II, 1919, 372, Nr 4). Für P. malten → Epiktetos (*Nr 2* und Orvieto; Beazley, 1925, 27, Nr 35), der Syriskos-Maler (*Nr 3*; Beazley, 1925, 160, Nr 21) und der Pistoxenos-Maler (*Nr 4*; Beazley, 1925, 259, Nr 1). Letzterem werden von Beazley (1925, 259 s.; Beazley, CF, 1933, zu Taf. D, 3) noch eine Reihe anderer Gefäße zugeschr., welche Diepolder (1936, 7 ss.) kaum zu Recht nach P. Hartwig (Meisterschalen, 1893, 376 ss., 438, Abb. 52), A. Furtwängler (FR, I, 1904, 284), u. a. jedoch für Jugendwerke des Penthesilea-Malers hält. ▭ ThB27, 1933. RE 40, 1950; EAA VI, 1965. – *J. D. Beazley*, Attische Vasenmaler des rotfigurigen Stils, Tb. 1925, 27, Nr 35 (*Nr 1*); p. 160, Nr 21 (*Nr 3*); p. 259, Nr 1 (*Nr 4*); *W. Kraiker*, JdI 44:1929, 180, Nr 38 (*Nr 1*), p. 181, Anm. 1 (*Nr 2*), p. 197, Nr 83 (Orvieto); *H. Diepolder*, Der Penthesilea-Maler, L. 1936, 7 ss. J. Weinig

Pituanius Clemens, *L.*, röm. Maler, im 2. Jh. n. Chr. in Rom tätig. Nur bek. durch seine Grab-Inschr. aus Rom (Rom, Mus. Capitolino). ▭ *F. Fornari*, NotSc 1916, 101, Nr 56; *A. Giuliano*, ArchClass 5:1953, 268, Nr 20, Taf. 117, 2; *Calabi Limentani*, Studi, 1958, 156, Nr 27. R. V.

Pkaimis → Pagem

Placuleius Ampliatus, *Caius*, Sohn eines Caius Placuleius, aus Rom oder Umgebung, möglicherweise Toreut (spezialisiert auf Metallgefäße), ca. 1.

Jh. n. Chr. tätig. P. A. ist in einer heute verschollenen Weih-Inschr. für Fortuna Primigenia aus Praeneste (Palestrina/Latium) belegt, die ihn ebenso wie seinen Bruder → Placuleius Iullianus, Caius, als *vascularius* tituliert. Der Begriff kann allerdings neben dem Hersteller auch den Händler mit (Metall-)Gefäßen bezeichnen. ▭ EAA VII, 1966 (s.v. Vascularius). – CIL, XIV, 2887; *H. Gummerus*, Klio 14:1915, 135–137, 183, Nr 157; *Calabi Limentani*, Studi, 1958, 172, Nr 163. U. Huttner

Placuleius Iullianus, *Caius*, Sohn eines Caius Placuleius, aus Rom oder Umgebung, möglicherweise Toreut (spezialisiert auf Metallgefäße), ca. 1. Jh. n. Chr. tätig. P. I. ist in einer heute verschollenen Weih-Inschr. für Fortuna Primigenia aus Praeneste (Palestrina/Latium) belegt, die ihn ebenso wie seinen Bruder → Placuleius Ampliatus, Caius, als *vascularius* tituliert. Der Begriff kann allerdings neben dem Hersteller auch den Händler mit (Metall-)Gefäßen bezeichnen. ▭ EAA VII, 1966 (s.v. Vascularius). – CIL, XIV, 2887; *H. Gummerus*, Klio 14:1915, 135–137, 183, Nr 157; *Calabi Limentani*, Studi, 1958, 172, Nr 163. U. Huttner

Platon (I) (Πλάτων), aus Athen, Sohn des Ariston und der Periktione, * 428/27 (bzw. 430/29), † 348/47 v. Chr., berühmter griech. Philosoph, angebl. auch als Maler tätig. In den vier wichtigsten Quellen zu P.s Leben wird kurz erw., daß sich der Philosoph in seiner Jugend mit Malerei beschäftigt habe (Apul., Plat., 1, 2; Diog. Laert., 3, 5; Olympiodorus, In Alcibiadem, 2, 51–52, p. 3, Westerink; Anonymus, Prolegomena, 3, 13–15, p. 7, Westerink; vgl. Schol. Lucan., 10, 180, p. 322, 8, Usener; Ioannes Saresberiensis, Policraticus, 7, 5, 644d, p. II 106, Webb). Diese Angabe ist wahrsch. von Biographen aus P.s Werken erschlossen worden. Neben einer Stelle im Timaios (68b-c), die von Olympiodor und dem Autor der Prolegomena als Beleg für die guten Kenntnisse P.s in der Malerei angeführt wird, dürften insbesondere Partien aus der Politeia für die Entst. der Anekdote förderl. gewesen sein (z.B. 377e; 501b-c; 596e; 598a-d; 601c; 605a-b; vgl. Swift Riginos, 1976, 50). Die Gesch. von P.s jugendl. Begeisterung für die Malerei eignete sich in zweierlei Hinsicht für Biographien des Philosophen. Zum einen konnte man mit ihr eine Parallele zum Leben des → Sokrates (II) ziehen, der nach der Überlieferung Bildhauer gewesen sein soll (Diog. Laert., 2, 19; Paus., 1, 22, 8; 9, 35, 7; Schol. Aristoph., Nub., 773; Suid., σ 829). Zum anderen stellte sie einen reizvollen Gegensatz zur ontolog. und epistemolog. Kunstkritik dar, die P. seine Dialogfigur → Sokrates (II) im zehnten Buch der Politeia entwerfen läßt (595a-608b): In ihrem Seinsgehalt bleibe mimetische Kunst (Dichtung, Bildhauerei, Malerei) hinter den Gegenständen, die sie nachahme, zurück und die Gegenstände wiederum hinter den ihnen zugrundeliegenden Ideen (595c-598b). Der Seinsverlust zeige sich insbesondere in der Zweidimensionalität und der den Betrachter täuschenden perspektiv. Verkürzung der Malerei. Kunstwerke seien ferner deshalb defizient, weil der Künstler kein Wissen über die Herstellung und die Funktionen der von ihm nachgebildeten Gegenstände zu besitzen gezwungen sei (598b-602b). Außerdem fördere die Rezeption von Kunst die unvernünftige Instanz in der Seele (602c-606d). – Die Bewertung von Kunst ist im Corpus Platonicum (Auflistung wichtiger Textstellen bei F. Adorno, EAA VI, 1965, 236) sehr unterschiedl. und vom Kontext abhängig (z.B. Politeia 2 und 3: tugendpädagog. Eignung von Kunst; Politeia 10: ontolog.-epistemolog. Wert von Kunst). Daß Platon in seiner Politeia keinen ästhet. Standpunkt einnimmt, macht ihn nicht zum „größten Kunstfeind, den Europa bisher hervorgebracht hat" (F. Nietzsche, Zur Genealogie der Moral 25, in: G. Colli/M. Montinari [Ed.], F. Nietzsche, Werke, Krit. Gesamtausgabe, VI. 2, B. 1968, 420), sondern findet in der eth. und staatsphilosoph. Fragestellung des Werkes seine Erklärung. ▭ ThB27, 1933 (s.v. P.). EAA VI, 1965 (s.v. Platone e Aristotele). – *Pfuhl*, MuZ, 1923, 700, § 764, p. 781, § 858; *P.-M. Schuhl*, P. et l'art de son temps, P. 1952; *B. Schweitzer*, P. und die bild. Kunst der Griechen, Tb. 1953; *E. Huber-Abrahamowicz*, Das Problem der Kunst bei P., Winterthur 1954 (veränderte Neuauflage Ebmatingen 1997); *E. Grassi*, Die Theorie des Schönen in der Antike, Köln 1962 (Neuausgabe 1980), 108–140, 248–264; *A. Swift Riginos*, Platonica, The anecdotes concerning the life and writings of Plato, Leiden 1976, 42 s., 50; *E. C. Keuls*, Plato and Greek painting, Leiden 1978; *A. Rouveret*, Hist. et imaginaire de la peint. ancienne, R. 1989, 24–59, 115–127; *M. Kardaun*, Der Mimesisbegriff in der griech. Antike, Am. u.a. 1993, 43–69; *A. Schmitt*, in: *W. Voßkamp* (Ed.), Klassik im Vergleich, St./Weimar 1993, 403–428; *W. A. P. Childs*, RA 1994, 33–56; *Scheibler*, Malerei, 1994, 39 s., 60, 72, 103, 105 s., 176; *H. Görgemanns*, P., He. 1994; *P. Murray*, Plato on poetry, C. 1996; *S. Halliwell*, in: *O. Höffe* (Ed.), P., Politeia, B. 1997, 313–332; *J. Timmermann*, in: *J. Nida-Rümelin/M. Betzler* (Ed.), Ästhetik und Kunstphilosophie, St. 1998, 631–640; *M. Hauskeller*, Was ist Kunst? Positionen der Ästhetik von P. bis Danto, M. ^{3}1999, 9–14; *W. Kersting*, P.s „Staat", Da. 1999, 304–

314; *S. Büttner*, Die Literaturtheorie bei P. und ihre anthropolog. Begründung, Tb./Basel 2000; *A. Schmitt*, Der Philosoph als Maler – Der Maler als Philosoph. Zur Relevanz der platon. Kunsttheorie, in: *G. Böhm* (Ed.), Homo pictor, M. 2001 (Colloquium Rauricum, 7), 32–54; *N. Blößner*, Kommentar zu P., Politeia VIII-X (in Vorbereitung).
L. Lehmann

Platon (II), griech. Gemmenschneider, in hadrianischer Zeit (117–138 n. Chr.) tätig. Sein Name findet sich auf den folgenden zwei Intaglios: – 1.) *Intaglio* mit der *Darst. eines Wagenlenkers auf einer Quadriga*. Nichts deutet hier jedoch auf eine Künstler-Sign. hin; – 2.) *Intaglio* mit der *Büste Alexanders des Großen* aus Georgien (Tiflis, Georgisches Mus.; Lordkipanidze, 1958; Zazoff, 1983). Hier handelt es sich sehr wohl um eine Künstler-Sign., und der Stil der Darst. wird von Lordkipanidze (1958) in hadrianische Zeit gesetzt. ▭ *Brunn*, GGK, II, 1889, 393; *M. N. Lordkipanidze*, Die Gemmen-Slg des Georgischen Mus., Tiflis 1958, Taf. 3, 14; *Zazoff*, AG, 1983, 321, Nr 102, Taf. 95, 6. R. V.

Plautius Lycon, *Marcus*, griech. Maler, im 3./2. Jh. v. Chr. in Ardea tätig. Lt. Plinius (nat., 35, 115 s.; Overbeck, SQ, 1868, Nr 2378) schmückte Lykon den Tempel der Iuno Regina in Ardea mit Malereien aus und erhielt als Lohn das röm. Bürgerrecht und den Namen Marcus Plautius Lycon. ▭ ThB23, 1929 (s.v. Lykon). RE XXI. 1, 1951 (s.v. Plautius 24 und 62); EAA VI, 1965 (s.v. Plautius, Marcus). – *Brunn*, GGK, II, 1889, 204; *Pfuhl*, MuZ, II, 1923, 825, § 902; *C. Cichorius*, RheinMus 76:1927, 325 ss.; *Toynbee*, Artists, 1951, 37.
R. V.

Plautius Menecrates, *M.*, griech. Maler, im 2. Jh. n. Chr. in Rom tätig. Nur bek. durch seine Grab-Inschr. aus Travertin aus Rom (ehem. Rom, Villa Campana; CIL, VI, 9790). ▭ RE XV. 1, 1931 (s.v. Menecrates 35); EAA IV, 1961 (s.v. Menekrates, M. Plautius). – *A. Giuliano*, ArchClass 5:1953, 266, Nr 11; *Toynbee*, Artists, 1951, 42.
R. V.

Pleistainetos (Πλειστaίνετος), vermeintl. griech. Maler, wahrsch. irrtüml. Namensform des → Panainos. Bei Plutarch (de glor. Ath., 2; Overbeck, SQ, 1868, Nr 1109) wird er als Bruder des → Pheidias (I) genannt. An and. Stellen spricht Plutarch jedoch immer von → Panainos. Es ist daher sehr wahrsch., daß P. mit → Panainos ident. ist. ▭ RE XXI. 1, 1951; EAA VI, 1965; DNP IX, 2000. – *R. Krummeich*, Bildnisse griech. Herrscher und Staatsmänner im 5. Jh. v. Chr., M. 1997, 234, Nr A 25. R. V.

Plinius Diogenes, *Marcus*, röm. Toreut, im 1. Drittel des 1. Jh. n. Chr. in Kampanien tätig. Nur bek. durch seine Sign. auf den folgenden sieben *Bronzekasserollen*: – 1.) aus Pompeji (heute Pompeji, Deposito Archeol., Inv. Nr 11144; Petrovszky, 1993, 287, Nr P. 07. 01); – 2.) aus Pompeji (heute Neapel, Mus. Archeol. Naz., Inv. Nr 73286; Petrovszky, 1993, 287, Nr P.07.02); – 3.) aus einem Hortfund von Rom, Pontin. Sümpfe (heute Vatican, Mus. Profano, Inv. Nr 5392; CIL, XV. 2/1, 7079b; Radnóti, 1937, 9, 11, 63 ss., Taf. 2, 2; 3, 2; 5, 1; Petrovszky, 1993, 287, Nr P.07.03, Taf. 41); – 4.) aus einem Hortfund von Rom, Pontin. Sümpfe (heute Vatican, Mus. Profano, Inv. Nr 5362; CIL, XV. 2/1, 7079a; Radnóti, 1937, 4, Nr 4, pp. 9 ss., Taf. 1, 2; 5, 3; Petrovszky, 1993, 287 s., Nr P.07.04, Taf. 41); – 5.) aus Naix, Dép. Meuse/Frankreich (heute Bar-Le-Duc, Mus.; CIL, XIII. 3/2, 10027, 36b; Petrovszky, 1993, 288, Nr P.07.05); – 6.) aus Mâcon, Dép. Saône-et-Loire/Frankreich (heute Dijon, Mus. Archéol.; Petrovszky, 1993, 288, Nr P.07.06); – 7.) aus dem Brandgrab Nr 6 von Bornitz, Landkreis Zeitz/Deutschland (heute Halle/Saale, LM, Inv. Nr HK 40:46a-z; W. A. von Brunn, Nachrichtenblätter der dt. Vorzeit 16:1940, 251 ss., Taf. 58 s.; Petrovszky, 1993, 288, Nr P.07.07, Taf. 23). ▭ *A. Radnóti*, Vasi di bronzo romani nel Mus. Profano del Vaticano, R. 1937, 4, Nr 4, pp. 9 ss., 63 ss., Taf. 1, 2; 2, 2; 3, 2; 5, 1 und 3; *R. Petrovszky*, Stud. zu röm. Bronzegefäßen mit Meisterstempeln, Buch am Erlbach 1993, 162, Nr P.07, pp.287 s., Nrn P.07.01–P.07.07, Taf. 23, 41. R. V.

Plinius Faustus, *Marcus*, röm. Toreut, zw. 30 und 70 n. Chr. in Kampanien tätig. Nur bek. durch seine Sign. auf den folgenden drei *Bronzekasserollen*: – 1.) aus Pompeji (heute Neapel, Mus. Archeol. Naz.; CIL, X, 8071, 52; XIII. 3/2, 10027 bei Nr 36; Petrovszky, 1993, 288 s., Nr P.08.01); – 2.) aus Pompeji (heute Neapel, Mus. Archeol. Naz.; CIL, X, 8071, 52; XIII. 3/2, 10027 bei Nr 36; Petrovszky, 1993, 289, Nr P.08.02); – 3.) in Bologna, MCiv Archeol. (ehem. Slg Palagii, Nr 1710; CIL, XI, 6717, 8; Petrovszky, 1993, 289, Nr P.08.03). ▭ *R. Petrovszky*, Stud. zu röm. Bronzegefäßen mit Meisterstempeln, Buch am Erlbach 1993, 162 s., Nr P.08, pp. 288 s., Nrn P.08.01–P.08.03. R. V.

Plotios Anteros, *Q.* → **Anteros (II)**

Plotius Clemens, *Lucius*, röm. Bildhauer der Kaiserzeit. Nur bek. durch eine Sign. auf einer im Frigidarium der großen N-Thermen von Hippo

Regius/Algerien gefundenen Plinthe einer überlebensgroßen *Minervastatue* aus lunensischem Marmor (heute Annaba, Mus.) aus dem späten 2. Jh. n. Chr. Die Sign. zeichnet ihn als Besitzer einer Werkstätte aus. ▭ RE XXI. 1, 1951 (s.v. Plotius); EAA II, 1959 (s.v. Clemens); VI, 1965 (s.v. Plotius). – *E. Marec*, Hippone la Royale, antique Hippo Regius, Algier 1954, 18, Abb. 6, p. 96; *J. Formigé*, RA 41:1953, 204–206, Abb. 1; *H. Manderscheid*, Die Skulpt.-Ausstattung der kaiserzeitl. Thermenanlagen, B. 1981, 121, Nr 466, Taf. 47.

Plotius Euphemion, *Quintus* (Κοίντος Πλώτιος Εὐφημίων), angebl. Architekt der röm. Kaiserzeit in Messene. Gen. in einer Inschr. (IG, V 1, 1460) auf dem Gesims über einer von zwei Wandnischen im kreisrunden Innenhof des Arkadischen Tores in Messene (und nicht des Lakonischen Tores, wie bei Loewy [1885] und Brunn [1889]). Es ist unklar, ob P. als Architekt oder als Stifter die *Nische* restaurierte oder ob sich die Inschr. auf eine Wiederherstellung des in der Nische aufgestellten Bildwerkes bezieht. Daß es sich bei Letzterem um die von Paus., 4, 33, 3 erw. Herme handelt, ist kaum wahrscheinlich. Zur Dat. sowohl der Inschr. (Habicht ohne Begründung: augusteisch) als auch des Tores (entweder zeitgleich mit der Stadtmauer und damit wahrsch. nach 369 v. Chr. oder ein vollst. Neubau anstelle eines älteren Tores, so E. Meyer, RE Suppl. XV, 1978, 141) finden sich nur vereinzelte Angaben. ▭ RE VI, 1909 (s.v. Euphemion); RE, Suppl. XV, 1978, 139. 141 (s.v. Messene); EAA III, 1960 (s.v. Euphemion). – *Loewy*, IGB, 1885, 294, Nr 443; *Brunn*, GGK, II, 1889, 239; *J.-P. Adam*, L'archit. militaire grecque, P. 1982, 90, 174 s., Abb. 58, Fotos 115, 208; *C. Habicht*, Pausanias und seine „Beschreibung Griechenlands", M. 1985, 59 s.; *N. Kaltsas*, Das antike Messene, At. 1989, Abb. 6–8; *P. G. Themelis*, Ancient Messene, Marousi 1998, 6 s. mit Abb. C. Leschke

Plutarchos (Πλούταρχος), Sohn des Heliodoros, von Apameia/Syrien, griech. Bildhauer, in der 1. H. des 1. Jh. v. Chr. in Rhodos und Lindos tätig. Bek. durch die folgenden Sign. auf Basen: – 1.) Basis aus lartischem Marmor von der Akropolis von Lindos von 91 v. Chr. für eine *Bronzestatue des Theodotos*, Sohn des Theodotos, die von Timokron und Aristokles den Göttern Zeus Polieus, Athena Lindias und Artemis Kekoia gew. worden ist (Lindos II. 1, 1941, 55, Nr 86; pp. 601 s., Nr 287 mit Abb.; Schmidt, 1995, 380, Nr IV.1.141; Muller-Dufeu, SculptureSource, 2002, 892 s., Nr 2665); – 2.) zwei Basen aus lartischem Marmor der Exedra des Pamphilidas Telesarchon von der Akropolis von Lindos, n. der Stoa, die zwar am E. des 3. Jh. v. Chr. errichtet (hier unter der Beteiligung des Bildhauers → Phyles), aber im 1. Jh. v. Chr. mit Statuen erneuert worden ist (Lindos II. 1, 1941, 55, Nr 86, pp. 367–375, Nr 131 b und d mit Abb.; Marcadé, Signatures, II, 1957, 100 mit Abb.; Schmidt, 1995, 478 s., Nr VIII.8, Abb. 134 s., 229; J. C. Eule, Hellenist. Bürgerinnen aus Kleinasien. Weibl. Gewandstatuen in ihrem antiken Kontext, Istanbul 2001, 209, Nr 83; Muller-Dufeu, SculptureSource, 2002, 890 s., Nrn 2661 s.); – 3.) Basis aus lartischem Marmor einer Exedra von der Akropolis von Lindos, nö. der Stoa, für eine *Statue*, die 82 v. Chr. *zu Ehren des Lysistratos*, Sohn des Moiragenes, Priester der Athena Lindia, des Zeus Polieus, der Artemis Kekoia und des Serapis, errichtet worden ist (Lindos II. 1, 1941, 55, Nr 86, pp. 461–470, Nr 197 d mit Abb.; Schmidt, 1995, 480 s., Nr VIII.10, Abb. 230; Muller-Dufeu, SculptureSource, 2002, 892 s., Nr 2666); – 4.) Basis aus Lindos von 69 v. Chr. (IG, XII. 1, 844; Loewy, IGB, 1885, 151–153, Nr 195; Lindos, II. 1, 1941, 55, Nr 86; Muller-Dufeu, SculptureSource, 2002, 892 s., Nr 2669); – 5.) Basis aus lartischem Marmor von der Akropolis von Lindos von 65 v. Chr. für eine *Bronzestatue des Nikotimos* (Lindos II. 1, 1941, 55, Nr 86, pp. 635–638, Nr 308 b; Muller-Dufeu, SculptureSource, 2002, 894 s., Nr 2670); – 6.) Basis aus Lindos (IG, XII. 1, 48; Loewy, IGB, 1885, 153, Nr 196; Lindos, II. 1., 1941, 55, Nr 86; Muller-Dufeu, SculptureSource, 2002, 892 s., Nr 2668); – 7.) Marmorbasis von der Akropolis von Rhodos (F. Hiller von Gaertringen, AM 21:1896, 41, Nr 8; Lindos, II. 1, 1941, 55, Nr 86); – 8.) Basis für eine *Statue zu Ehren der Philotera* aus dem Heiligtum des Apollon Erethimios von Rhodos (IG, XII. 2, 108; Loewy, IGB, 1885, 151, Nr 194; Lindos, II. 1, 1941, 55, Nr 86; Eule, ibid., 210, Nr 89; Muller-Dufeu, SculptureSource, 2002, 892 s., Nr 2667); – 9.) Basis aus dem Heiligtum des Apollon Erethimios von Rhodos (G. Jacopi, Clara Rhodos 2:1932, 105, Nr 2; Lindos, II. 1, 1941, 55, Nr 86); – 10.) Marmorbasis aus Rhodos für eine *Statue des Leon*, Sohn des Pausanias, die von seiner Fam. anläßl. seines Sieges im Rennen bei den Halieia von Rhodos den Göttern gestiftet worden ist (heute Rhodos, Mus., epigraph. Inv. Nr 1039; V. Kontorini, Inscr. inédites de Rhodes, II, At. 1989, 167–170, Nr 74, Taf. 42 b und 43; Muller-Dufeu, SculptureSource, 2002, 892 s., Nr 2664); – 11.) Marmorbasis von der O-Seite der Akropolis von Rhodos für eine *Ehrenstatue*, die von 79 Rhodiern und vier Ausländern gestiftet worden ist (heute Rhodos, Mus., epigraph. Inv. Nr 188; Kontorini, ibid., II, At. 1989, 32–46, Nr 2,

Taf. 2; Muller-Dufeu, SculptureSource, 2002, 892 s., Nr 2671). P. war offensichtl. einer der beliebtesten Bildhauer auf Rhodos in der 1. H. des 1. Jh. v. Chr. ▭ ThB27, 1933. RE XXI. 2, 1952, 1269 s. (s.v. P. 13); EAA VI, 1965 (s.v. Ploutarchos). – *Schmidt*, Statuenbasen, 1995, 380, Nr IV.1.141, pp. 478–481, Nrn VIII.8 und VIII.10.

R. V.

Polemon (Πολέμων), aus Alexandria, griech. Maler unbek. Zeit. Nur bek. durch eine Auflistung bei Plinius (nat., 35, 146; Overbeck, SQ, 1868, Nr 2143), wonach er den Tempel der Iuno Regina in Ardea mit *Malereien* ausschmückte. ▭ ThB27, 1933. RE XXI. 2, 1952 (s.v. P. 13); EAA VI, 1965 (s.v. Plautius, Marcus). – *Brunn*, GGK, II, 1889, 194; *Pfuhl*, MuZ, II, 1923, 828, § 906. R. V.

Polianthes (Πολιάνθης), Sohn des Sokrates, aus Kyrene, griech. Erzgießer, in der 2. H. des 2. Jh. v. Chr. in Melos und Delos tätig. Bek. durch seine Sign. auf den folgenden sieben Basen: – 1.) Marmorbasis aus der Nähe der Agora von Melos für eine *Bronzestatue der Roma*, die von dem Malier Damos gestiftet worden ist (IG, XII. 3, 1097; Overbeck, SQ, 1868, Nr 2294; R. Weil, AM 1:1876, 247, Nr 2; Ch. Tissot, BCH 2:1878, 522, Nr 3; SGDI, 4883; Loewy, IGB, 1868, 161 s., Nr 217; Marcadé, 1957, 105, Taf. 41, 3); – 2.) Marmorbasis aus Delos für eine *Statue des Numiderkönigs Manissa*, die von seinem Freund Hermon, Sohn des Solon, zw. 179 und 167 v. Chr. gestiftet worden ist (IG, XIV. 4, 1115; Homolle, 1879; Loewy, 1885, 160, Nr 212; Marcadé, 1957, 103, Taf. 42, 1; B. Hintzen-Bohlen, Herrscherpräsentation im Hellenismus. Unters. zu Weihgeschenken, Stiftungen und Ehren-Mon. in den mutterländischen Heiligtümern Delphi, Olympia, Delos und Dodona, Köln/Weimar/W. 1992, 231, Nr 46; Schmidt, 1995, 299, Nr IV. 1. 10); – 3.) Marmorbasis aus Delos, s. der Soteles-Exedra, für eine *Porträtstatue zu Ehren des Phokritos*, Vater des Demeas, und des Prexios, Sohn des Demeas, die im 1. V. des 2. Jh. v. Chr. von Demeas, Sohn des Phokritos, gew. worden ist (Delos, *in situ*, Inv. Nr E 178; IG, XIV. 4, 1183; Homolle, 1880, 212, Nr 2; Loewy, 1885, 160 s., Nr 213; Marcadé, 1957, 103, Taf. 41, 2; Schmidt, 1995, 296 s., Nr IV. 1. 7, Abb. 48, 210); – 4.) Marmorbasis aus Delos, s. der Soteles-Exedra, für eine *Porträtstatue zu Ehren des Demares*, Sohn des Eudemos, die um 166 v. Chr. von Eudemos, Sohn des Diaktorides, gew. worden ist (Delos, Inv. Nr E 175; IG, XIV. 4, 1185; Homolle, 1880, 212, Nr 3; Loewy, 1885, 161, Nr 214; Marcadé, 1957, 104, Taf. 42, 2; Schmidt, 1995, 300, Nr IV. 1. 12, Abb. 249); – 5.) Marmorbasis aus Delos, im S der Propyläen, für eine *Porträtstatue zu Ehren des Theaios*, die vom Demos von Delos und von den Brüdern und von einer Schwester des Geehrten gew. worden ist (Delos, Inv. Nr E 139; IG, XIV. 4, 1182; Homolle, 1880, 213, Nr 4; Loewy, 1885, 161, Nr 215; Marcadé, 1957, 103 s. mit Abb.; Schmidt, 1995, 298, Nr IV. 1. 9); – 6.) Marmorbasis aus Delos, ö. der N-Ecke der Philippsportikus, für eine *Porträtstatue zu Ehren der Aristokrateia*, Tochter des Lykomedes und Gemahlin des Charistios, die im 1. V. des 2. Jh. v. Chr. von Lykomedes, Sohn des Kritias, und Charistios, Sohn des Antigonos, gew. worden ist (Delos, *in situ*, Inv. Nr E 187; IG, XIV. 4, 1184; Homolle, 1880, 213, Nr 5; Loewy, 1885, 160 s., Nr 216; Marcadé, 1957, 103, Taf. 41, 1; Schmidt, 1995, 297 s., Nr IV. 1. 8, Abb. 49, 246); – 7.) Marmorbasis von der O-Seite der Philippsportikus von Delos für eine *Porträtstatue des Herakleidas*, Sohn des Aristion, von Tarent, die von seinen Brüdern und Kindern zw. 166 und 160 v. Chr. gew. worden ist (Delos, *in situ*, Inv. Nr E 229; G. Doublet, BCH 16:1892, 153, Nr 5; ID, Nr 1716; Marcadé, 1957, 104 s. mit Abb, Taf. 42, 3; Schmidt, 1995, 301 s., Nr IV. 1. 15, Abb. 51, 250). Folglich war P. auf den Inseln von Delos und Melos in der 1. H. des 2. Jh. v. Chr. tätig, wo er eine Reihe von Aufträgen erhielt, um Porträtstatuen herzustellen. ▭ ThB27, 1933. RE XXI. 2, 1952; EAA VI, 1965. – *T. Homolle*, BCH 3:1879, 469 s., Nr 1; 4:1880, 212 s., Nrn 2–5; *Loewy*, IGB, 1885, 160–162, Nrn 212–217; *Marcadé*, Signatures, II, 1957, 103–105; *Schmidt*, Statuenbasen, 1995, 296–299, Nrn IV.1.7–IV.1.10, p. 300, Nr IV.1.12, pp. 301 s., Nr IV.1.15. R. V.

Polion (Πόλιον), griech. Vasenmaler, um 420 v. Chr. in Athen tätig. 25 rotfigurige Vasen sind seiner Hand zugeschr. worden, von denen er einen *Volutenkrater* in New York (Metrop. Mus., 27. 112. 8; Richter/Hall, 1936, Taf. 153 s.) als Maler signierte. Obwohl er ein großes Spektrum von Gefäßformen bemalte, gab er Krateren, Oinochoen und Bauchlekythen den Vorzug. Auf seinen großen Gefäßen, insbesondere auf den zwei Volutenkrateren, ähnelt sein Stil dem des Vasenmalers → Polygnotos (II) und seiner Nachfolger. Auf dem New Yorker Krater ist die Götterszene durch große massige Figuren repräsentiert, die Apollon auf seinem Wagen begleiten, während sich Bilder mit mehreren Ebenen, die vom Stil frühklass. Wand- und Tafelmalerei beeinflußt worden sind, auf dem *Krater* aus Spina finden (heute Ferrara, Mus. Archeol. Naz. di Spina, Inv. Nr 3033 [T. 127]; Alfieri, Spina, 1958, Taf. 108–111). Die Szenen auf seinen kleineren Vasen sind unbedeutender und haben stilist. mehr mit den Arbeiten des → Aison, des *Schuwalow-Malers* und des *Eretria-Malers* gemeinsam, mit denen er an Oinochoen im gleichen Atelier arbeitete. – P. malte gern Musik- und Sportszenen. Kult und Ritual hatten einen markanten Einfluß auf eine Reihe seiner Bilder, wie z.B. auf seinen *Glockenkrater* in New York (Metrop. Mus., 25. 78. 66; Richter/Hall, 1936, Taf. 155), auf dem ein Flötenspieler und Männer wie alte Satyrn gekleidet sind, die Kitharai halten und als Sänger der Panathenäen bez. worden sind. In der Tat erscheinen Inschr. auf seinen Vasen viel häufiger als auf Gefäßen seiner Zeitgenossen. Myth. Szenen des P. weisen oft interessante Darst. auf. Z. B. schmückt eine Seite seines *Volutenkraters* in Spina die am meisten ausgearbeitete Szene von Thamyras Wettb. mit den Musen, während auf der and. Seite das Bild der Rückkehr des Hephaistos einzigartig den Moment zeigt, als der betrunkene Gott von der Kline gehoben wird, um den Weg zum Olymp anzutreten. Auch wenn P. mehrere interessante Vasen bemalte, war er kein bedeutender und einflußausübender Vasenmaler, und nur der unbedeutende *Heirmarmene-Maler* trat seine Nachf. an. ▭ ThB27, 1933. RE XXI. 2, 1952; EAA, VI, 1965; DA XXXII, 1996 (s.v. vase painters). – *G. M. A. Richter*, Attic red-figured vases. A survey, New Haven 1946, 144–146; ARV², 1963, 1171–1173, 1685; Para, 1971, 459; *W. Real*, Stud. zur Entwicklung der Vasenmalerei im ausgehenden 5. Jh. v. Chr., Münster 1973, 28–34; *A. Lezzi-Hafter*, Der Schuwalow-Maler, Mainz 1976, 8, 23, 95 s.; Add², 1989, 338 s.; *M. Robertson*, The art of vase-painting in Classical Athens, C. 1992, 245–247. J. H. Oakley

Pollias v.e. **Pollis**

Pollis (I) (Πόλλις), griech. Bildhauer unbek. Zeit. Lt. Plinius (nat., 34, 91; Overbeck, SQ, 1868, Nr 2096) gehörte P. zu den Erzbildnern, die *Statuen von Athleten, Kriegern, Jägern und Opfernden* fertigten. Völlig unsicher muß bleiben, ob P. ident. mit dem auf Inschr. von der Athener Akropolis überlieferten Πολ[...] (Πόλ[λις] oder Πολ[λίς] oder Πολ[λίας]), dem Vater des Töpfers → Euthymides (heute Athen, Epigraph. Mus., Inv. Nr 6264; IG, I³, 658; Hansen, CEG, Nr 209; Raubitschek, 1939, Beibl. 37 s., Abb. 7; id., 1949, 250 s., Nr 220; Kissas, 2000, 118 s., Nr B 47, Abb. 115; C. Wagner, The potters and Athena. Dedications on the Athenian Acropolis, in: G. R. Tsetskhladze/ A.J.N.W. Prag/A. M. Snodgrass, Periplous. Papers on Classical art and archaeology presented to Sir John Boardman, Lo. 2000, 387; Muller-Dufeu, SculptureSource, 2002, 142 s., Nr 397), und/oder [Πολλί]ας (heute Athen, Epigraph. Mus., Inv. Nrn 6279 und 6270; IG, I³, 661; Raubitschek, 1939, Beibl. 35, Nr 10, 1; id., 1949, 166–168, Nr 149 mit Abb.; Kissas, 2000, 128 s., Nr B 57; Muller-Dufeu, SculptureSource, 2002, 140 s., Nr 394) und/oder [Π]ολλίας (heute Athen, Epigraph. Mus., Inv. Nr 6265; IG, I³, 657; Raubitschek, 1949, 329 s., Nr 307 mit Abb.; Kissas, 2000, 134, Nr B 67; Muller-Dufeu, SculptureSource, 2002, 142 s., Nr 390) und/ oder mit dem von → Vitruvius (7, praef., 14) erw. Architekten gleichen Namens → P. (II) ident. ist. ▭ ThB27, 1933. RE XXI. 2, 1952 (s.v. P. 4); EAA VI, 1965 (s.v. P. 3). – *C. Robert*, JdI 30:1915, 241 s.; *S. Lauffer*, AM 62:1937, 106; *A. E. Raubitschek*, ÖJh 31:1939, Beibl. 35, Nr 10, 1, pp. 37 s., Abb. 7; *G. M. A. Richter*, Attic red-figured vases, a survey, New Haven 1946, 178, Nrn 141 s.; *Raubitschek*, Dedications, 1949, 166–168, Nr 149; pp. 250 s., Nr 220, pp. 329 s., Nr 307; *Lippold*, GrPl, 1950, 81, Anm. 20–23; *Floren*, GrPl, 1987, 300, Anm. 11 s.; *K. Kissas*, Die att. Statuen- und Stelenbasen archaischer Zeit, At. 2000, 118 s., Nr B 47, Abb. 115; pp. 128 s., Nr B 57, p. 134, Nr B 67. R. V.

Pollis (II), griech. Architekt, wahrsch. 4. Jh. v. Chr. Von → Vitruvius (7, praef., 14) unter den Künstlern zweiten Ranges aufgeführt, die zugleich *praecepta symmetriarum* verfaßten. Viell. ident. mit dem bei Plin., nat., 34, 91 unter mehreren Künstlern, die Figuren von Athleten, Bewaffneten, Jägern und Opfernden schufen, erw. Erzbildner Pollis (→ Pollis [I]). Eine Gleichsetzung dieses Künstlers mit dem durch Signaturen von der Athener Akropolis (IG², 504, 505) nachg. Pollias (→ P. [I], cf. RE XXI. 2, 1952, s.v. Pollias 1) ist unbegründet. ▭ ThB27, 1933. RE XXI. 2, 1952 (s.v. P. 4); EAA VI, 1965. – *Brunn*, GGK, II, 1889, 253; *Ferri*, Plin., 1946, 112. W. Müller

Polon (Πόλον), böotischer Töpfer, um 550 v. Chr. in Böotien tätig. Nur bek. durch seine Sign. auf den folgenden fünf *böotischen Gefäßen*: – 1.) *Aryballos-Fragm.* (Paris, Louvre, Inv. Nr L 4 [CA 70]; CVA, Louvre 6, Taf. 1 (385) 6; Raubitschek, 1966, 158, Nr 1; Ducat, 1966, 187; CVA, Louvre 17, Taf. 17, 2; Wachter, 2001, 15 s., Nr BOI 6 A); – 2.) *Stierkopfrhython* (Paris, Louvre, Inv. Nr CA 938; M. I. Maximova, Les vases plastiques dans l'antiquité, P. 1927, 108, Anm. 1; J. Boardman, The Cretan coll. in Oxford: The Dictaean cave and iron age Crete, Ox. 1961, 105, Anm. 5; Raubitschek, 1966, 158 s., Nr 2, Taf. 50, a-d; Ducat, 1966, 187, 189; CVA, Louvre 17, Taf. 16; Wachter, 2001, 15 s., Nr BOI 6 B mit Abb.); – 3.) *Gefäß in Form einer sich ringelnden Schlange* (Paris, Louvre, Inv. Nr CA 638; D. M. Robinson/

C. G. Harcum, A cat. of the Greek vases in the Royal Ontario Mus. of Archaeology, I, Tor. 1930, 40 s.; J. Boardman, JHS 1961, 55 s.; Raubitschek, 1966, 159 s., Nr 3, Taf. 51, c; Ducat, 1966, 186, Nr 3, p. 189; CVA, Louvre 17, Taf. 17, 1; Wachter, 2001, 15 s., Nr BOI 6 C); – 4.) *Gefäß in Form eines Phantasiekopfes* (Paris, Louvre, Inv. Nr CA 1634; Raubitschek, 1966, 160, Nr 4, Taf. 51, d-e; Ducat, 1966, 187–189; CVA, Louvre 17, Taf. 17, 3–5; Wachter, 2001, 15 s., Nr BOI 6 D); – 5.) *Gefäß in Form eines sitzenden Affen* (Boston, MFA, Inv. Nr 13. 115; A. Fairbanks, Cat. of Greek and Etruscan vases, I, early vases, preceding Athenian black-figured ware, MFA, Boston, C., Mass. 1928, 175 s., Nr 502, Taf. 49; Raubitschek, 1966, 160, Nr 5, Taf. 51, f-g; Ducat, 1966, 187, Nr 1, Taf. 24, 6; Wachter, 2001, 15 s., Nr BOI 6 E mit Abb.). Öfter wurden das eine oder and. Gefäß in seiner Echtheit angezweifelt. Jedoch haben Thermolumineszenz-Unters. ergeben, daß dem nicht so ist. P. zeichnet sich somit als phantasievoller Töpfer aus, der vor allem plast. Gefäße schuf. ▭ ThB27, 1933. – *I. K. Raubitschek*, Hesperia 35:1966, 158–160, Nrn 1–5, Taf. 50, a-d, 51, d-g; *J. Ducat*, Les vases plastiques rhodiens archaïques en terre cuite, P. 1966, 186–189; *R. Wachter*, Non-Attic Greek vase inscriptions, Ox. 2001, 15 s., Nr BOI 6 A-E. R. V.

Polyai[...] (Πολυαι[...]), griech. Münzstempelschneider, ca. 410–406 v. Chr. in Akragas/Sizilien tätig. Nur bek. durch ein in Akragas geprägtes Tetradrachmon, das auf der Rückseite zwei Adler zeigt. Auf dem Flügel des vorderen Adlers erscheint die Sign. ΠΟΛΥΑΙ[...] in winziger Schrift. Die Sign. war lange durch ein einziges von A. Sambon (RevNum 1914) publiziertes Exemplar bek. (damals Slg Mathey, ex Kat. Egger, Wien, 45, W. 1913, Nr 235; jetzt London, BM; SNG, Lloyd, Nr 819). Der Name wurde zuerst irrtüml. als ΠΟΛΥΚΡ[...] oder ΠΟΛΥΚΛ[...] ergänzt. Erst ein neues, im Katalog Leu, Zürich, 31, Z. 1966, Nr 94, publiziertes Exemplar erlaubte die richtige Lesung ΠΟΛΥΑΙ[...] (wohl Polyainos). Bis heute sind noch zwei weitere Exemplare dazugekommen. Der von P. sign. Adler-Stempel gehört ders. Tetradrachmenprägung des späten 5. Jh. v. Chr. an wie der von → Myr[...] signierte Quadriga-Stempel. Das Motiv mit den zwei Adlern ist eine großartige Neugestaltung des trad. Adlertypus der Stadt Akragas. P. ist aber nicht der Schöpfer dieser Neugestaltung, die schon auf den vorangehenden Skylla-Tetradrachmen auftritt. Der robuste Stil des P. läßt sich mit dem Stempel dieses anonymen Meisters nicht vergleichen. C. Seltman (1948) hat P. mehrere and. nicht sign. Adlerstempel für Tetra- und Dekadrachmen zugeschr., jedoch ohne dies genügend zu begründen. ▭ *L. Forrer*, Biographical dictionary of medallists, VIII, Lo. 1930, 142. – *J. H. Jonkees*, The Kimonian dekadrachms, Utrecht 1941, 70–72; *Ch. Seltman*, NumChron 1948, 1–10, Taf. 1–4; *K. Jenkins*, Coins of Greek Sicily, Lo. ²1976, 49. U. Westermark

Polyanthes → Polianthes

Polybios (Πολύβιος), griech. Architekt, vermutl. aus dem Gebiet der Kykladen stammend, im 1. oder 2. Jh. n. Chr. auf der Insel Syros tätig. Der Architekt P. ist nur durch die Inschr. seiner auf Syros gefundenen Grabstele (heute Hermoupolis, Archäol. Mus., Inv. Nr 832) überliefert, die ihm seine Frau Synerosa gesetzt hat. Die Nennung des Berufs anstelle des Vaternamens ist ungewöhnlich. Die alleinige Angabe von Namen und Beruf war offenbar zur Identifizierung des P. ausreichend, weil er entweder sehr bek. oder aber der einzige Architekt dieses Namens auf Syros war. Die Deutung der Berufsangabe als Ehrentitel für die Erbauung eines heiligen Gebäudes ist dagegen rein hypothetisch. Über die von P. ausgef. Bauwerke ist uns nichts überliefert. ▭ SEG, XLI, 700; *E. Mantzoulinou-Richards*, ZPE 87:1991, 35 s., Taf. 1 a; *M. Sève*, BullEp 105:1992, 449, Nr 85; *M.-C. Hellmann*, ZPE 104:1994, 168, Nr 52; *Donderer*, Architekten, 1996, 161, Nr A 65, Taf. 24,1. B. Bollmann

Polycharmos (Πολύχαρμος), Vater des Bildhauers *Philiskos IV* (v.e. → Philiskos [II]), aus Rhodos, griech. Bildhauer, in der 1. H. des 1. Jh. v. Chr. tätig. Lt. Plinius (nat., 36, 35; Overbeck, SQ, 1868, Nr 2099: *Venerem lavantem sesedaedalsas stantem Polycharmus [fecit]*; Muller-Dufeu, SculptureSource, 2002, 850 s., Nr 2549) fertigte er eine *Statue der Aphrodite*, die im Iuppitertempel des Metellus aufgestellt war (A. Delivorrias, LIMC II, 1984, 55, 58, s.v. Aphrodite). Linfert (1969) sah diese verderbte Stelle im Bamberger Codex jedoch als viel verderbter als and. Forscher an. Er veränderte *sesedaedalsas* zu *se sede alia* und wollte daher aus den zwei in der Textstelle interpretierten Aphroditestatuen, näml. der berühmten kauernden Statue der Aphrodite des → Doidalsas und einer stehenden Statue der Aphrodite des P., nur noch eine kauernde Aphroditestatue sehen, die dann folglich von P. geschaffen worden wäre, was hieße, daß die berühmte, in so vielen Repliken erh. Statue der Aphrodite nicht von → Doidalsas stammen würde, sondern von P. Die philolog. Konstruktion von Linfert entfernt sich jedoch so weit vom Text, daß man diese ablehnen muß und die kauernde Aphrodite wie üblicherweise dem → Doidalsas zuschreiben sollte. Daraus folgert aber auch zusätzl., daß die *Aphroditestatue* des P. im Gegensatz zur kauernden Aphroditestatue des → Doidalsas stehend war. Brinkerhoff (1978) wollte daraufhin, Reinach (1906) folgend, in der stehenden Statue des P. eine sandalenbindende Aphrodite erkennen, indem er wie Reinach den Zusatz *pede in uno* am E. der Textstelle hinzufügte. Doch auch diese Hypothese ist rein spekulativ und muß daher ebenso abgelehnt werden. ▭ ThB27, 1933. RE XXI. 2, 1952 (s.v. P. 7); EAA VI, 1965. – *Brunn*, GGK, I, 1889, 528; *S. Reinach*, Pro Alesia 1:1906, 70 s.; *W. Klein*, ÖJh 16:1913, 190; *S. Reinach*, MonPiot 27:1924, 127; *Lippold*, GrPl, 1950, 374, Anm. 11; *A. Linfert*, AM 84:1969, 158–164; *D. M. Brinkerhoff*, Hellenistic statues of Aphrodite, N. Y./Lo. 1978, 70–97. R. V.

Polycletus → Polykleitos (I)

Polyclitus → Polykleitos (I)

Polydeukes (Πολυδεύκης; Polydeuces), griech. Bildhauer, um 50 n. Chr. in Rom tätig. Lt. Plinius (nat., 36, 38; Overbeck, SQ, 1868, Nr 2300) fertigte er zus. mit → Hermolaos (I) Skulpt., die den Kaiserpalast auf dem Palatin in Rom schmückten. ▭ ThB27, 1933. RE XXI. 2, 1952 (s.v. P. 8); EAA VI, 1965. – *Brunn*, GGK, I, 1889, 475. R. V.

Polydoros (Πολύδωρος; Polydorus), Sohn des Polydoros, aus Rhodos, griech. Bildhauer, zw. 10 und 20 n. Chr. tätig. Neben → Athanodoros (II) und → Hagesandros der dritte der Kunstmeister, die nach Plin., nat., 36, 37 die *Laokoongruppe* (1506 auf dem Oppius-Hügel in Rom gefunden und seitdem im Vatikan, Belvedere, Inv. Nr 1059) aus dem Marmor gehauen haben. P. firmiert auch als dritter die zw. 14 und 19 n. Chr. gemeißelte Kopie der *Skyllagruppe* in Sperlonga, wo er auch seinen Vatersnamen *Polydoros* und den Herkunftsnamen *Rhodios* angibt. Da es sich bei den Werken, an denen P. mitgearbeitet hat, gewöhnl. um Kopien von Meisterwerken des 2. Jh. v. Chr. handelt, ist sein Anteil an den *Skulpturen von Sperlonga* und der *Laokoongruppe* nicht zu unterscheiden. ▭ RE XXI. 2, 1952 (s.v. P. 8); DA XIV, 1996 (s.v. Hagesandros, Polydoros and Athenodoros). – *B. Andreae*, Plinius und der Laokoon, 1986 (TrWPR, 8); *id./B. Conticello*, Skylla und Charybdis. Zur Skylla-Gruppe von Sperlonga, AbhMainz 1987, 14; *B. Andreae*, Skulpt. des Hellenismus, M. 2001, 121–131 und 188–194. B. Andreae

Polyeidos → Polyidos (I)

Polyeidos (Πολύειδος), aus Selymbria, griech. Dithyrambendichter und gelegentlicher Maler, um 400 v. Chr. tätig. Diodor (14, 46, 6) zählt P. zus. mit Philoxenos, Timotheos und Telestes zu den bedeutendsten Vertretern (οἱ ἐπισημότατοι διθυραμβοποιοί) des Neuen Dithyrambos (zum Neuen Dithyrambos vgl. B. Zimmermann, Dithyrambos. Gesch. einer Gattung, Göttingen 1992, 117 ss.) und setzt die *Akme* der vier Dichter im Jahr 398/97 v. Chr. an. Ferner berichtet er, daß sich P. auch mit Malerei und Musik beschäftigt habe (Π., ὃς καὶ ζωγραφικῆς καὶ μουσικῆς εἶχεν ἐμπειρίαν). – Zw. 399/98 und 380/79 v. Chr. hat P. in Athen mit einem Dithyrambos einen Sieg errungen (Marmor Parium, FGrH, 239, A 68). Sein musikal. Stil soll sich sehr von dem des Timotheos unterschieden haben (Pseudo-Plutarchos, De musica, 21, die gleiche Textstelle bei Plut., mor., 1138b). Daraus und aus der Überlieferung bei Athenaios (deipn., 8, 352b), daß ein Schüler des P. über den alten Timotheos gesiegt habe, wird bisweilen eine starke Konkurrenz zw. beiden Dichtern erschlossen. Zwei kretische Inschr. belegen, daß die Dithyramben des P. auch noch im 2. Jh. v. Chr. von einem Kitharöden vorgetragen wurden (Guarducci, IC, I, 1935, 66, Nr 11, p. 280 s., Nr 1). – Von den Dichtungen des P. ist nur wenig bekannt. In einem Dithyrambos soll er folgende ätiologische Verwandlungs-Gesch. erzählt haben: Perseus habe den Schafhirten Atlas, als dieser ihm den Weg habe versperren wollen, mit Hilfe des Gorgonenhauptes zu Stein, zum Atlasgebirge, erstarren lassen (Etym. m., 164, 20; Tzetz. zu Lykophr., Alex., 879, p. 284 s., Scheer; D. L. Page, Poetae Melici Graeci, Ox. 1962, Nr 837). In der Poetik des Aristoteles wird eine „Iphigenie" des wahrsch. mit dem Dithyrambendichter ident. Sophisten P. (Π. ὁ σοφίστης) erw., in der die Wiedererkennung (Anagnorismos) zw. Orestes und Iphigenie durch die Bemerkung des Orestes zustandegekommen sei, er werde nun wie seine Schwester geopfert (Aristot., poet., 16, 1455 a, 4 ss.; 17, 1455 b, 8 ss.). Es ist umstritten, ob es sich bei der „Iphigenie" um einen Dithyrambos oder eine Tragödie handelte. – Die gelegentl. geäußerte Vermutung, der bei Plinius (nat., 34, 91) gen. Bronzebildner namens Polyidus (→ Polyidos [II]) sei die gleiche Person wie der Dithyrambendichter, ist unwahrscheinlich. ▭ ThB27, 1933 (s.v. P.; s.v. Polyidos). RE XXI. 2, 1952 (s.v. Polyidos 9 und 13); EAA VI, 1965 (s.v. P. und Polyidos). – *Overbeck*, SQ, 1868, Nr 1977; *Brunn*, GGK, II, 1889, 85; *Pfuhl*, MuZ, II, 1923, 700, § 764, p.

781, § 858; *A. Pickard-Cambridge*, Dithyramb, tragedy and comedy, Ox. ²1962, 52, 56; *Aristoteles*, Περὶ ποιητικῆς, ed. *A. Gudeman*, B./L. 1934, 298 s.; *H. Schönewolf*, Der jungattische Dithyrambos, Diss. Gießen 1938, 32 s.; *B. Snell*, Glotta 44:1967, 25–32, hier 32, Anm. 1; *E. H. Borthwick*, Hermes 96:1968, 60–73, hier 61 s.; *Aristotle*, Poetics, ed. *D. W. Lucas*, Ox. 1968, 170 s.; *B. Snell*, TrGF I, 1971, 248 s., Nr 78; *Plutarco*, Della Musica, ed. *L. Gamberini*, Fi. 1979, 227, Anm. 11; *A. Barker*, Greek musical writings, I. The musician and his art, C. 1984, 227, Anm. 139; *A. Corso*, in: *Gaio Plinio Secondo*. Storia naturale, V. Mineralogia e storia dell'arte, ed. *G. B. Conte/G. Ranuccio*, Libri 33–37, T. 1988, 223, Anm. 10, p. 915; *D. F. Sutton*, Dithyrambographi Graeci, Hildesheim u.a. 1989, 81 s., Nr 37; *M. L. West*, Ancient Greek music, Ox. u.a. 1992, 372, 381. L. Lehmann

Polyeuktos (Πολύευκτος), griech. Bildhauer, in der 1. H. des 3. Jh. v. Chr. tätig. Der Name des P. als Schöpfer der *Statue des Demosthenes*, die auf Antrag von dessen Neffen Demochares unter dem Archon Gorgias 280 v. Chr. an der Agora in Athen aufgestellt wurde, begegnet nur in der unter dem Namen Plutarchs überlieferten, aber nicht von ihm verf. Biogr. der zehn Redner (Ps. Plutarch, 847A). Dort heißt es, die Bronzestatue stand neben dem Perischoinisma, einer umzäunten Stelle des Staatsmarktes und dem Zwölfgötteraltar am W-Rand desselben. Die Statue wird bei Ps. Plutarch, 847D, noch einmal erw., jedoch ohne Wiederholung des Künstlernamens. Dieser Künstler begegnet sonst nicht mehr, so daß seine Existenz überhaupt in Zweifel gezogen wurde. Dazu besteht aber kein Grund. Der Künstler war aber offenbar nicht berühmt, denn Paus., 1, 8, 2 erw. zwar die Statue, nicht aber den Künstler. Die Ortsangabe des Pausanias zw. der Ehrenstatue des Kallias und dem erst nach der Sullanischen Zerst. von Attika 86 v. Chr. in augusteischer Zeit auf die Agora versetzten Arestempel, widerspricht der Lokalisierung von Ps. Plutarch, 847A nicht. Die durch raffinierte Schlichtheit char. *Mantelstatue des Demosthenes* ist durch zwei maßgleiche Kopien im Vatikan, Inv. Nr 2255, und in der Ny Carlsberg Glyptotek in Kopenhagen, Inv. Nr 2782, eine Bronzestatuette in Priv.-Bes. sowie durch mehr als vierzig Repliken des Kopfes, durch Kleinbronzen, Gemmen, Silberembleme und Kontorniatmünzen bekannt. An der Statue war ein Epigramm angebracht, das den Gleichklang der griech. Worte γνώμη (Wille) und ῥώμη (Stärke) reflektierte: „Wäre gleich gewesen der Kraft Dein Wille, Demosthenes, / Niemals hätte der makedonische Ares Griechenland unterworfen." ▭ ThB27, 1933. EAA VI, 1965; DNP X, 2001 (s.v. P. 5). – *B. Andreae*, Skulpt. des Hellenismus, M. 2001, 74 s., Taf. 21. B. Andreae

Polygnos, *M. Domitius* → **Domitius Polygnos,** *Marcus*

Polygnotos (I) (Πολύγνωτος; Polygnotus), aus Thasos, griech. Maler, auch als Bronzebildhauer bezeugt (Plin., nat., 34, 85), von ca. 480 bis ca. 440 v. Chr. für Thasos, Athen, Plataiai und Delphi tätig. P. war einer der bedeutendsten Maler der Frühklassik. Nach einer thasischen Theoren-Inschr. von 444 v. Chr. war → Aglaophon (I) sein Vater und Lehrer (IG, XII. 8, 277, 44). Er lernte und wirkte zunächst auf Thasos, kam – viell. im Gefolge des Kimon, der 463 v. Chr. Thasos eroberte – nach Athen. Mit Kimon als Hauptauftraggeber und auch dessen Schwester Elpenike verband ihn während seiner gesamten Schaffenszeit bis ca. 440 v. Chr. eine enge Freundschaft (Plut., Kim., 4, 5 s.). Er erhielt das athen. Bürgerrecht für die *Ausmalung der Stoa Poikile* (Plut., Kim., 4, 5) und genoß für einen Künstler außergewöhnl. Privilegien auch in Delphi (Plin., nat., 35, 59). Seine bes. gesellschaftl. Bedeutung resultiert offensichtl. aus seinem Werk, er wird als Erfinder neuartiger großer Bildzyklen gefeiert (Plin., nat., 7, 205; → Platon [I], Ion, 532 E). Von seinen Bildern ist zwar nichts erh., aber Pausanias hat seine Hw. noch selbst gesehen und beschrieb sie ausführlich. – Für die Entst.-Zeit der *Ausmalung der Lesche der Knidier* in Delphi (Paus., 10, 25, 1–31, 12) gibt es leider keine Hinweise. Die Halle hatte eine Größe von ca. 10 x 20 m. Auf der einen Wand war die *Iliupersis*, der Untergang der Stadt Troja, und die *Abfahrt der siegreichen Griechen* dargestellt. Die griech. Helden brechen ihre Zelte ab, ihre Siegesstimmung und Freude über die Heimkehr wird konfrontiert mit der Verzweiflung und Trauer der überwältigten, versklavten Trojaner. Gezeigt werden nicht die Kämpfe der großen Helden, sondern die Situation 'danach'. Die ganze tragische Gesch. des langen Kampfes um Troja spiegelt sich in den kleinen Figurengruppen, die weitgehend aktionslos dargestellt sind. Pausanias benutzt hauptsächl. die Worte „sitzen" und „stehen". Pausanias liest aus den statischen Darst. unzählige Aspekte des Kampfes und der Schicksale der einzelnen Beteiligten heraus. Es war also sicherl. eine der ganz bes. Qualitäten der Malerei des P., daß die Betrachter 600 Jahre nach der Herstellung das ganze Ausmaß der Tragödie des Kampfes um Troja in den Gesichtern und der Haltung der Dargestellten erkennen konnten. P. ordnet die einzelnen Figuren in versch. räuml. Ebenen um ein Kerngeschehen herum. Wichtige räuml. Bezüge beschreibt Pausanias mit den Worten „neben", „hinter", „über", „unter". Eine Anzahl von über 140 Figuren läßt sich auf Grund der Beschreibungen rekonstruieren, sie waren in mindestens drei Registern übereinander angeordnet. Daraus läßt sich auch auf eine Wiedergabe der Figuren in halber Lebensgröße schließen, die sich teilweise überschneiden. Landschaftsangaben wie Bäume oder Felsen setzt der Künstler nur spärlich ein. Die einzelnen Figurengruppen erzählen nur zu einem Teil die eigtl. Handlung, P. baut die eth. und moral. Bezüge der dargestellten Situation durch Hinzufügen weiterer myth. Personen aus. Diese bes. Vorgehensweise in der Charakterisierung großer Persönlichkeiten wird auch von Aristoteles hervorgehoben (pol., 1450a, 25–29). Die Erzählung wird im Detail vertieft: Die Einzelheiten der Trachten werden akribisch wiedergegeben, die unterschiedl. psycholog. Stimmungen der Helden lassen sich an ihren Gesichtern ablesen: Schmerz, Trauer, Überraschung, Verzweiflung, Angst. – Die and. Wand der Lesche zeigte die *Nekyia des Odysseus*. Der Held besucht die Unterwelt, um den Schatten des Sehers Teiresias zu befragen. Um diese zentrale Gruppe ordnet P. die Seelen der toten Helden der griech. Mythen, entweder teilnahmslos verharrend oder gefangen in der endlosen Bewältigung der ihnen zugedachten Strafen. Der Ort wird angezeigt durch das Wasser des Acheron und den Nachen des Charon, der zum schilfbewachsenen Ufer übersetzt. Die *Nekyia* ist wahrsch. die früheste uns bekannte, vermutl. durch lit. Quellen beeinflußte Darst. der Unterwelt. P. hat aber durch den Aufbau inhaltlicher Bezüge zw. Personen und Personengruppen einen eig. epischen Zyklus gestaltet. – Die detaillierten Beschr. des Pausanias haben Künstler und Wissenschaftler seit dem 18. Jh. zu Rekonstruktionsversuchen herausgefordert. So z.B. die künstler. Interpretationen des Comte Anne Claude Philippe de Caylus (Mém. sur la peint. à l'encaustique, P. 1755) oder Franz Riepenhausen (Gemaehlde des Polygnotos in der Lesche zu Delphi nach der Beschreibung des Pausanias gezeichnet, Göttingen 1805). Den bisher bedeutendsten wiss. Versuch unternahm C. Robert (1898/99). Zum Vergleich wurden Werke des *Niobiden-Malers* (M. des 5. Jh. v. Chr.) herangezogen, da sich auf den von ihm bemalten Vasen (z.B. dem Niobidenkrater im Louvre, Paris, Inv. Nr. MNC 511 [G 341]; ARV^2, 1963, 601, Nr 22) ähnl. Gestaltungsmittel beobachten lassen: Griech. Heroen verharren in abwartender Haltung, einzeln oder als Gruppen in mehreren Ebenen über das Bildfeld verteilt, z.T. von Geländelinien überschnitten. Einzelne Bildelemente, wie z.B. die Darst. des Acheron durch Wasser und Schilf mit dem Nachen des Charon, werden seit der M. des 5. Jh. v. Chr. zum beliebten Thema auf weißgrundigen Lekythen. Die Unterweltsbilder auf apulischen Vasen des 4. Jh. v. Chr. orientieren sich sicherl. noch an dem Vorbild P.', von genauen Kopien kann jedoch nicht gesprochen werden. – Die Beschr. der Werke des P. durch Pausanias liefert Hinweise auf maltechn. Ausdrucksmittel. So erscheinen die Fische im Wasser oder auch Schatten Verstorbener nur schemenhaft, eine Gestaltungsweise, die vergleichbar ist mit dem Hinweis des Plinius auf P.' Fertigkeit bei der Darst. durchscheinender Frauengewänder (Plin., nat., 35, 58). Ob man sich – wie immer wieder gefordert – eine Lasurtechnik vorstellen muß oder eine raffinierte Kombination von Zchng und Farbfläche, welche die Wirkung eines durchscheinenden Gewandes erzeugt, wie wir sie z.B. bei den Frauenfiguren auf Lekythen des Achilleusmalers beobachten können, bleibt offen. – Plinius betont, daß P. die Entwicklung der Malerei förderte, weil er den Gesichtern sprechenden Ausdruck verlieh. – Weitere Gemälde schuf P. für die *Stoa Poikile* in Athen (Erbauungszeit um 457 v. Chr.). Er führte diese Auftragsarbeit zus. mit seinem Kollegen → Mikon (I) aus, aber im Gegensatz zu ihm ohne Bezahlung. Dargestellt waren für Athen wichtige hist. und mytholog. Schlachten in versch. Phasen: Der *Beginn des Kampfes der Athener gegen die Spartaner*, dann der *Kampf der Athener mit Theseus gegen die Amazonen*, wobei sich der Sieg über die Amazonen schon abzeichnete (vermutl. von → Mikon [I]). Im Zentrum des Bildprogrammes stand die *Versammlung der siegreichen Griechen und die gefangenen Trojanerinnen mit der gefesselten Kassandra*. Als letztes der *Kampf der Athener gegen die Perser bei Marathon*, die Schlacht war auf ihrem Höhepunkt dargestellt, als der Ausgang noch ungewiß schien. Welche Themen von P. gestaltet wurden, ist leider nicht überliefert. Pausanias spricht allg. von Gem., Plinius dagegen von Ausmalungen der Wände (Paus., 1, 15; Plin., nat., 35, 59). Es läßt sich also nicht mit Bestimmtheit entscheiden, ob es sich um Tafelbilder oder Wandmalereien handelt. – Die Experimente mit enkaustischer Malerei, die für P. überliefert sind, lassen sich nicht mit den Gem. der *Stoa Poikile* in Verbindung bringen (Plin., nat., 35, 122). Das Bild mit der Darst. eines *schildtragenden Mannes*, später ausgestellt in der Porticus des Pompeius in Rom, war sicherl. ein Tafelbild. – Hauptsächl. schuf P. aber anspruchsvolle Bildprogramme im Auftrag Athens für öff. Räume, die *Leukippidenhochzeit* für das Dioskurenheiligtum, *Szenen aus der Theseussage* für das Theseion, *homerische Episoden* in der Pinakothek der Propyläen. Für den Tempel der Athena in Plataiai entstand um 460 v. Chr. das Bild mit dem *Freiermord des Odysseus.* ▭ ThB27, 1933. RE XXI. 2, 1952; EAA V, 1963; LAW, 1965 (s.v. Polygnot); KlP IV, 1972; DA XXV, 1996; DNP X, 2001. – *Overbeck*, SQ, 1868, Nrn 1042–1079; *Brunn*, GGK, II, 1889, 14 ss.; *C. Robert*, Die Nekyia des Polygnot, Halle 1892 (Hallisches Winckelmannsprogramm, 16); *id.*, Die Iliupersis des Polygnot, Halle 1893 (Hallisches Winckelmannsprogramm, 17); *E. Feihl*, Die Ficoronische Ciste und Polygnot, Diss. Tb. 1913; *Pfuhl*, MuZ, II, 1923, 635 ss.; *E. Loewy*, Polygnot, W. 1929; *C. A. Chrestou*, AEphem, 1957, 168–226; *E. Simon*, AJA 67:1963, 43–62; *M. Robertson*, JWCI 28:1965, 316–317; *P. Moreno*, Pitt. greca da Polignoto ad Apelle, Mi. 1987; *B. Cohen*, Paragone. Sculpt. versus Painting, Kaineus and the Kleophrades painter, in: *Moon* (Ed.), AGAI 1983, 171–192; *R. B. Kebric*, The paintings in the Cnidian Lesche at Delphi and their hist. context, Leiden 1983 (Mnemosyne. Supplementa, 80); *M. D. Stansbury-O'Donnell*, Polygnotos' „Iliupersis". A new reconstruction, AJA 93:1989, 203–215, Abb.; 94:1990, 213–235; *N. Hoesch*, Bilder apulischer Vasen und ihr Zeugniswert für die griech. Malerei, M. 1992, passim; *Scheibler*, Malerei, 1994, 51 ss., 58 ss.; *A. Rouveret*, Profilo della pitt. parietale greca, in: *G. Pugliese Carratelli* (Ed.), I Greci in Occidente (K Pal. Grassi, Venedig), Mi. 1996, 99–108; *F. Felten*, LIMC VIII, 1997, 871–878, s.v. Nekyia; *A. Baldassare/A. Rouveret*, Une hist. plurielle de la peint. grecque, in: *M.-C. Villanueva-Puig* (Ed.), Céramique et peinture grecques, modes d'emploi. Actes du colloque internat., P. 1999, 219–232; *U. Koch-Brinkmann*, Polychrome Bilder auf weißgrundigen Lekythen, M. 1999, 68 ss., 81 ss.; *N. Koch*, Techne und Erfindung in der Klass. Malerei, M. 2000, passim, bes. 44 ss., 133 ss., 218 ss. U. Koch-Brinkmann

Polygnotos (II), griech. Vasenmaler, im 3. V. des 5. Jh. v. Chr. in Athen tätig. Nicht zu verwechseln mit dem von J. D. Beazley so benannten *Polygnotos II* (s.u.). Bek. von fünf sign. Vasen: – 1.) *Stamnos* in Brüssel (Mus. Royaux de l'Art et d'Hist., Inv. Nr A 134; ARV^2, 1963, 1027, Nr 1; Add^2, 1989, 317; Matheson, 1995, 31 s., Taf. 19, p. 345, Nr P 1); – 2.) *Stamnos* in London (BM, Inv. Nrn 98.7–16.5; ARV^2, 1963, 1027, Nr 2, p. 1678; Add^2, 1989, 317; Matheson, 1995, 52 s., Taf. 38, p. 346, Nr P 2); – 3.) *Pelike* in Syrakus (Mus. Archeol. Regionale, Inv. Nr 23507; ARV^2, 1963, 1032, Nr 53; Add^2, 1989, 317; Matheson, 1995, 22, Taf. 13, p. 358, Nr P 58); – 4.) *Amphora* in Moskau (A. S. Puschkin Staats-Mus. der Bildenden Künste, Inv. Nr 73; ARV^2, 1963, 1030, Nr 34; Add^2, 1989, 317; Matheson, 1995, 29 s., Taf. 17 s., p. 354, Nr P 39); – 5.) *Fragm. eines Kraters* in Reggio Calabria (MN; ARV^2, 1963, 1029, Nr 28bis; Matheson, 1995, 352, Nr P 31). – P. war einer von drei attischen Vasenmalern, die Vasen mit ΠΟΛΥΓΝΟΤΟΣ ΕΓΡΑΨΕΝ signierten; die beiden and. Vasenmaler sind durch die Notnamen bek., die J. D. Beazley ihnen gegeben hat: der *Lewis-Maler* (auch bek. als *Polygnotos II*) und der *Nausikaa-Maler.* P. war ein Maler, der v.a. große Gefäße wie Kratere, Amphoren, Stamnoi, Peliken und Hydrien bemalte; es sind weder Schalen noch Lekythen von ihm erhalten. Von P. sind insgesamt etwa 75 Vasen bekannt. – Nach Beazley entstammt der Künstler der Schule des *Niobiden-Malers*, eines frühklass. Vasenmalers, der seinerseits von den mon. Wandmalereien des berühmten Malers → P. (I) beeinflußt worden ist und nach dem sich der Vasenmaler P. wahrsch. genannt hat. Die Anwendung von unebenen Grundlinien (z.B. *Pelike* in Paris, Louvre, Inv. Nr G 375; ARV^2, 1963, 1032, Nr 54; Add^2, 1989, 318; Matheson, 1995, 10, Taf. 1, p. 359, Nr P 59 sowie die bereits oben gen. *Pelike* in Syrakus [*Nr 3*]) und die Art der Anordnung der Figuren in versch. Ebenen innerhalb des Bildrahmens (z.B. *Stamnos* in Brüssel [*Nr 1*]) bringen seine Vasen in eine Beziehung zu der von Pausanias beschriebenen Disposition der Figuren in den Malereien des → P. (I) von Thasos in der Lesche der Knidier (Paus., 10, 25–31). Ähnlichkeiten im Stil und in der Themenauswahl verbinden die Vasen des P. mit denen des *Niobiden-Malers* und seiner Werkstatt. In den frühen Vasen untersteht die Draperie des P. in ihrem Stil dem Einfluß des *Niobiden-Malers* (z.B. *Kelchkrater* in Durham, N. C., Duke Univ. Mus. of Art, Inv. Nr 1964.27; Para, 1971, 442; Matheson, 1995, 13, Taf. 4, p. 353, Nr P 33), danach gerät sie unter den Einfluß des Parthenon-Frieses (z.B. *Stamnos* in Florenz, Mus. Archeol. Etrusco, Inv. Nr 75748; ARV^2, 1963, 1028, Nr 8; Add^2, 1989, 317; Matheson, 1995, 44 s., Taf. 32, p. 347, Nr P 7), später wendet sie sich breiteren, einfacheren Formen zu (z.B. *Glockenkrater* in Ferrara, Mus. Naz. Archeol. di Spina, Inv. Nr 3089 [T. 411]; ARV^2, 1963, 1029, Nr 21; Add^2, 1989, 317; Matheson, 1995, 67, Taf. 51, p. 351, Taf. 51) und endet in einem Stil, der auf einer Vielzahl von feinen Linien basiert, um die Falten anzugeben (z.B. *Lutrophore* in Toronto, Royal Ontario Mus., Inv. Nr 929.22.3 [635]; ARV^2, 1963, 1031, Nr 51; Add^2, 1989, 317; Matheson, 1995, 72, Taf. 56, p. 358, Nr P 56). – P. war das produktivste Mitgl. einer großen Wkst. von Vasenmalern, von deren Produktion im ganzen nahezu 700 Vasen überlebten. Von Beazley wurde die Wkst. nach P. benannt, dessen Stil diese Vasen beherrschten, sowie folgende Vasenmaler dieser Wkst. zugeordnet: der *Christie-Maler*, der *Coghill-Maler*, der *Curti-Maler*, der *Dinos-Maler*, der *Epimedes-Maler*, der *Guglielmi-Maler*, der *Hektor-Maler*, der *Kleophon-Maler*, der *Lykaon-Maler*, der *Midas-Maler*, der *Pantoxena-Maler* sowie der *Peleus-Maler* (der eine Untergruppe mit dem *Hektor-Maler* und dem *Coghill-Maler* bildet). Weiterhin gehören der Wkst. Künstler an, die Vasen in der Art all dieser Maler bemalten, so die *Gruppe von Bologna PU 289*, die *Gruppe von Brüssel A 3096* sowie etliche im polygnotischen Stil arbeitende Vasenmaler, die eine große Vasengruppe bemalten, deren Bilder nicht einzelnen Händen zugeschr. sind. Darunter zeigen der *Coghill-*, *Lykaon-* und *Hektor-Maler* wie auch einige Werke des *Peleus-Malers* größte Ähnlichkeiten zum *Niobiden-Maler* und sind damit zeitgleich mit der frühen Phase des Polygnotos. Die späten Maler in dieser Wkst. (der *Kleophon-* und der *Dinos-Maler*) erreichen fast das E. des 5. Jahrhunderts. – P. war zeitgleich und in Stil und Thematik beeinflußt von den Parthenon-Metopen (z.B. der *Stamnos* in London, BM, Inv. Nr 98.7–16.5 und die S-Metope XXIV mit Herakles und dem Kentauren; Matheson, 1995, 54, Taf. 40) und -Friesen (z.B. der *Stamnos* in Oxford, Ashmolean Mus., Inv. Nr 1916. 68; ARV^2, 1963, 1028, Nr 6; Add^2, 1989, 317; Matheson, 1995, 40, Taf. 29 und der N-Fries XLI mit den Dioskuren auf Pferderücken; Matheson, 1995, 41, Taf. 30). Sein Einfluß war auf einige Mitgl. der Schule stärker, insbes. auf den *Peleus-Maler* (*Krater* aus Spina in Ferrara, Mus. Archeol. Naz., Inv. Nr 2893 [T. 617]; ARV^2, 1963, 1038, Nr 1, p. 1679; Add^2, 1989, 319; Matheson, 1995, 112, Taf. 91, p. 436, Nr PE 1) und auf den *Kleophon-Maler* (*Krater* aus Spina in Ferrara, Mus. Archeol. Naz., Inv. Nr 44894 [T. 57 C VP]; ARV^2, 1963, 1143, 1, p. 1684; Add^2, 1989, 334; Matheson, 1995, 142, Taf. 125, p. 406, Nr KL 1). Sonst war er relativ konservativ in seinem Stil. P. und seine Wkst., darin bes. der *Christie-Maler*, beeinflußten v.a. die erste Generation der Vasenmaler, die im unteritalisch-rotfigurigen Stil arbeiteten, insbes. den *Pisticci-Maler* und die frühe lukanische Schule. – Die Themen, die P. darstellte, schließen u.a. ein: Mythen und Helden (Amazonomachien, Achilleus und Penthesileia, Theseus und die Amazonen, Theseus' Verführung der Helena, Theseus und den Minotauros, die Dioskuren, Herakles und Kentaur, Lapithen und Kentauren, Kaineus und Kentauren, Perseus und Medusa, den Tod des Orpheus, den feuerbringenden Prometheus), den Trojanischen Krieg (Peleus und Thetis, Achilleus und Troilos, den zurückgezogenen Achilleus, die Nereiden mit den Waffen des Achilleus, die Rache des Hektor, Achilleus über Patroklos' Tod trauernd, den Untergang Trojas [Ajax und Kassandra, Helena und Menelaos]), den Thebanischen Sagenkreis (Tod des Laios, Ödipus und die Sphinx), Götter (Dionysos, die Geburt der Aphrodite, Aphrodite und Phaon, Apollon und Tityos, Zeus, eine Frau verfolgend, Eos in der Biga, Eos und Kephalos, Eos und Tithonos, die Sendung des Triptolemos) sowie Alltagsszenen (Kriegers Abschied, Opfer, Symposion, Komos, erotische Szenen, Hochzeit, Kitharode, Jüngling eine Frau verfolgend, Athleten, Reiter, tanzende und sich tummelnde Mädchen). Die dem Achilleus Waffen bringenden Nereiden, die Rache des Hektor und der trauernde Achilleus auf dem *fragm. Kelchkrater* in Wien (Univ., Inv. Nr 505; ARV^2, 1963, 1030, Nr 33; Add^2, 1989, 317; Matheson, 1995, 79, Taf. 62, p. 354, Nr P 38) wurden mit der Achilleus-Trilogie des Aischylos in Verbindung gebracht, die die Myrmidonen, Nereiden und Phryger (auch als „Rache des Hektor" bez.) beinhalten. Der Tod des Laios (*Glockenkrater-Fragm.* in Adria, MCiv., Inv. Nr Bc 104; ARV^2, 1963, 1029, Nr 19; Add^2, 1989, 317; Matheson, 1995, 60, Taf. 45, p. 350, Nr P 21) kommt viell. vom Laios des Sophokles. Amazonen und Kämpfe sind die am meisten dargestellten Szenen. Viele gleichartige Szenen wurden von Malern der polygnotischen Gruppe dargestellt, neben and. Themen mehrere Szenen, die von der griech. Tragödie und von Satyrspielen stammen.

⌧ ThB27, 1933. RE XXI. 2, 1952 (s.v. P. 2–4); LAW 1965 (s.v. Polygnot [1]); EAA V, 1963; KlP IV, 1972; DA XXV, 1996; DNP X, 2001. – *J. D. Beazley*, Attic red-figured vases in Amer. Mus., C., Mass. 1916, 171; ARV^2, 1963, 1027–1033, 1678 s., 1707; Para, 1971, 442; Add^2, 1989, 154 s.; *S. B. Matheson*, Polygnotos. An Iliupersis scene at the Getty Mus., in: GettyVases, III, 1986, 101–114; *ead.*, P. and vase painting in Classical Athens, Madison/Wisconsin, 1995. – *Zur polygnotischen Gruppe* s.: ARV^2, 1963, 1033–1064, 1679 s.; Para, 1971, 442–446; Add^2, 1989, 155–158.

S. B. Matheson

Polyidos → Polyeidos

Polyidos (I) (Πολύϊδος), griech. Architekt, in der 2. H. des 4. Jh. v. Chr. Ohne Werkangabe als Architekt erw. in einem Verz. der Ptolemäerzeit, das die Namen bed. Maler, Bildhauer, Architekten und Mechaniker nennt (Laterculi Alexandrini, 7, 11). Wahrsch. ident. mit einem gleichnamigen Poliorketiker aus Thessalien, der im Dienst Philipps II. von Makedonien bei der Belagerung von Byzanz 340/339 v. Chr. Kriegsmaschinen konstruierte (→ Vitruvius, 10, 13, 3) und eine Schrift *de machinationibus* verfaßte (→ Vitruvius, 7, praef. 14). Seine Schüler Diades und Charias waren als Kriegsingenieure an den Feldzügen Alexanders d. Gr. beteiligt (Ath. Mech. bei C. Wescher, Poliorcétique des Grecs, P. 1867, 10). ▭ RE XXI. 2, 1952 (s.v. P. 6); KlP IV, 1972 (s.v. P. 4). – *Svenson-Evers*, Architekten, 1996, 92 (mit Anm. 93). W. Müller

Polyidos (II), griech. Erzgießer unbek. Zeit. Plinius (nat., 34, 91; Overbeck, SQ, 1868, Nr 2096) listet ihn unter den Erzbildnern auf, die *Statuen von Athleten, Kriegern, Jägern und Opfernden* fertigten. Es ist unwahrsch., daß er mit dem Maler → Polyeidos ident. ist. ▭ ThB27, 1933. RE XXI. 2, 1952 (s.v. P. 13); EAA VI, 1965. – *Brunn*, GGK, I, 1889, 475. R. V.

Polykleitos (I) (Πολύκλειτος; Polycletus; Polyclitus), griech. Bronzebildner, * um 480 v. Chr. wohl in Argos, † wohl gegen E. des 5. Jh. v. Chr., Schaffensperiode zw. etwa 450 v. Chr. bis ins vorletzte Jahrzehnt des 5. Jh. v. Chr., in Argos, Olympia, Ephesos und Athen tätig. Die Forsch. zu P.' Werk haben im letzten Jahrzehnt des 20. Jh. eine neue Intensität erfahren. Dies ist bes. dem *spiritus rector* Peter C. Bol zu verdanken, dem es gemeinsam mit Detlev Kreikenbom gelang, in Frankfurt im Zusammenhang mit der ersten, einem griech. Bildhauer gewidmeten großen Ausst. die Voraussetzungen für einen fruchtbaren wiss. Gedankenaustausch zu schaffen und die umfassende Dokumentation souverän zu koordinieren. – I.) *Biographische Angaben*: Über die Lebenszeit des P. sind keine genauen Daten überliefert. Seine Söhne werden von → Platon (I) im Protagoras (328 c) als Altersgenossen der Söhne des Perikles vorgestellt. Aufgrund dieser Angabe ist man geneigt, die Haupttätigkeit des P. wie die des Perikles ins 3. V. des 5. Jh. v. Chr. zu setzen. Diese Annahme wird durch einige weitere Anhaltspunkte gestützt, v.a. auf die Nachr., daß P., → Pheidias (I), → Kresilas und → Phradmon in einem Wettb. je eine *Amazone* (cf. *Nr 9*) dargestellt haben. Die Schriftquellen bringen die Lebenszeit dieser vier Künstler in ein gegenseitiges Verhältnis, das mit der Zeitangabe des → Platon (I) übereinstimmt. Ein weiteres Werk des P., das *Bildnis des Artemon*, des Ingenieurs des Perikles, weist in die gleiche Zeit. Daher hat man sich mit Recht gewundert, daß Plinius die *Akme*, die Blütezeit des P., erst in die Olympiade 90 (d.h. in die Jahre 420–417 v. Chr.) angesetzt hat. Als Begründung dafür wurde das (erst nach dem Brand des alten Tempels im Jahre 423 v. Chr. geschaffene) *Kultbild der Hera* (*Nr 8*) von Argos angeführt. Wie dem auch sei, die Plinius-Angabe vermag die and., in das 3. V. des 5. Jh. v. Chr. weisenden Zeitangaben nicht zu entkräften, um so mehr dieser Schriftsteller an der gleichen Stelle auch → Myron (I) und → Pythagoras (I) zu spät datiert. – Die frühesten zeitl. Anhaltspunkte für P.' Tätigkeit liefern jene *Standbilder*, die P. für Sieger in sportl. Wettkämpfen geschaffen hat. Aufgrund einiger Siegerlisten-Papyri kennen wir meist das Datum der Siege. Da aber diese Statuen nachweisl. oft erst einige Jahre später aufgestellt worden sind, ergibt das Datum des Sieges immer nur einen *terminus post quem*. Somit beweisen also die Siegesdaten des Kyniskos (464/460 oder nach 448 v. Chr.), des Pythokles und Aristion (452 v. Chr.) noch nicht, daß P. schon vor der Jahrhundertmitte gearbeitet hat. Die in diesen Fällen noch erh. Basen und Inschr. zeigen deutl. die Problematik dieser Daten. Bei der *Statue des Kyniskos* soll zwar der Char. der Inschr. in das 2. V. des 5. Jh. v. Chr. weisen, die Standspuren legen jedoch ein Standmotiv nahe, das vor dem 3. V. des 5. Jh. nicht denkbar ist. Bei der *Statue des Pythokles* weist die Inschr. erst in das E. des 5. Jh. v. Chr., beim *Aristion* sogar erst ins frühere 4. Jahrhundert. Wer also hier die Siegesdaten als unmittelbaren Anlaß für die Aufstellung der Statuen aufrecht erh. will, muß annehmen, daß die Inschr. schon bald nach der Aufstellung erneuert worden sind. – Das E. der Tätigkeit des P. läßt sich noch schwerer festlegen, im besonderen deshalb, weil es einen nur wenig jüngeren gleichnamigen Bildhauer gegeben haben muß (→ P. [II]), der in der Überlieferung von dem bek. P. nicht immer deutl. unterschieden wurde. So kann denn beispielsweise der *Zeus Philios* in Megalopolis aus hist. Gründen nicht vor 367 v. Chr. geschaffen worden sein. Das zeitl. Verhältnis dieser beiden Bildhauer läßt sich aufgrund folgender Anhaltspunkte ungefähr festlegen: – 1.) Pausanias scheidet (6, 6, 2 anläßl. der Erw. der *Statue des Agenor*) von dem „bek." P., der das *Kultbild der Hera* (*Nr 8*) geschaffen hat, einen zweiten Bildhauer desselben Namens und nennt ihn Schüler des → Naukydes (I). – 2.) Ders. Schriftsteller bez. an einer and. Stelle (wenn wir der Hauptüberlieferung der Hss. folgen) Naukydes als Bruder eines Polyklet (Paus., 2, 22, 7). – 3.) Naukydes und → Daidalos (II) führen in ihren Basis-Inschr. Patrokles (→ Patrokles [I]) als ihren Vater an (was im Falle von → Daidalos (II) auch durch Pausanias bezeugt wird). – *Version A*: Ist → Naukydes (I) Bruder von → P. (II) gewesen, dann war → Patrokles (I) auch Vater von → Daidalos (II) und →

P. (II). Ist aber → Naukydes (I) Bruder von → Daidalos (II) und → P. (II) gewesen, dann muß P. mindestens eine Generation früher angesetzt werden, und der Schüler des → Naukydes (I) war entweder → P. (II) (als jüngerer Bruder) oder ein → P. (III). – *Version B*: → Patrokles (I) als Vater von P., ist nur dann mögl., wenn wir – neben Patrokles von Kroton (→ Patrokles [II]), der nicht in diese Fam.- und Schülerverhältnisse eingebunden ist -, die Existenz weiterer zweier Personen namens Patrokles annehmen (cf. → Patrokles [I]); denn von Patrokles wird ebenfalls durch Pausanias überliefert, daß er am spartan. Weihgeschenk für den Sieg von Aigos Potamoi vom Jahre 405 v. Chr. gearbeitet hat; ein solcher Patrokles kann aber dann unmögl. mit dem Vater von P. ident. sein. Die Existenz eines zweiten Patrokles ist indessen durch die Schriftquellen nicht bezeugt und auch nicht notwendig, wenn wir der *Version B* folgen: Betrachten wir näml. → Patrokles (I) als Vater von → P. (II), → Naukydes (I) und → Daidalos (II), so kann → Patrokles (I) sehr wohl noch nach 405 v. Chr. (Schlacht von Aigos Potamoi) gearbeitet haben. Auch die aus den überlieferten Werken des → Naukydes (I) und → Daidalos (II) zu beachtenden zeitl. Anhaltspunkte lassen sich ohne weiteres mit einem noch am E. des 5. Jh. v. Chr. tätigen Vater zur Deckung bringen. – In welchem Verhältnis bei dieser zweiten, also wahrscheinlicheren Version → Patrokles (I) und P. standen, läßt sich aufgrund der gen. Prämissen nicht mit Bestimmtheit angeben. Furtwängler (1893, 417) hat vorgeschlagen, → Patrokles (I) als jüngeren Bruder von P. zu bezeichnen; wahrsch. bleibt aber die Annahme, P. sei der Vater von → Patrokles (I) gewesen. – Folgende vorgeschlagene Generationsabfolge läßt sich auch mit den hist. Anhaltspunkten der Werke dieser Meister zu einer befriedigenden Deckung bringen.: Unser P. habe demnach von 450 bis 420 v. Chr. gearbeitet und erscheine als Vater von → Patrokles (I), der von 420 bis 390 v. Chr. tätig gewesen ist. → Patrokles (I) ist Vater von → Naukydes (I), → Daidalos (II) und → P. (II). Ist diese Generationsabfolge richtig, können wir → P. (II) kaum vor 410 v. Chr. tätig erwarten, was für die Aufteilung der mit dem Namen P. verbundenen Werke zu beachten bleibt. – Der bek., ältere P. wird sowohl als Argiver wie auch als Sikyonier bezeichnet. Für die sikyon. Herkunftsangabe besitzen wir zwei Zeugnisse: ein direktes (Plin., nat., 34, 55) und ein indirektes. Alle übrigen Schriftquellen sprechen von P. als von einem Argiver, was aller Wahrscheinlichkeit nach der Wirklichkeit entspricht. Schon → Platon (I) bezeichnete P. in seinem Protagoras (311 c) als Argiver. Auch für Pausanias läßt sich indirekt nachweisen, daß er beide Künstler namens P. als Argiver betrachtete (Paus., 6, 6, 2). Dazu kommt die allerdings erneuerte Inschr. des *Pythokles* von P., wo das Ethnikon *Argeios* ausdrückl. beigeschrieben ist. Die Übersiedlung der polykletischen Schule nach Sikyon dürfte in der Generation des → Daidalos (II) vor sich gegangen sein, da für diesen, den Bruder des → Naukydes (I) und des jüngeren → P. (II), die sikyonische Herkunft schon inschr. und auch von Pausanias bezeugt wird. – Die Angabe, Hageladas sei Lehrer des P. gewesen, ist wie bei → Myron (I) und → Pheidias (I) eine unhaltbare Kombination der kaiserzeitl. Schriftsteller, da Hageladas und P. durch mehr als eine Generation voneinander getrennt sein müssen (cf. → Hageladas [I]). – II.) *Überlieferte Werke*: Kein einziges Werk des P. ist uns im Orig. erh. geblieben. Es ist aber der archäol. Kombination gelungen, einige Werke dieses Meisters innerhalb der kaiserzeitl. Kopien wieder nachzuweisen. Die antike Kopie ist kein Abguß in unserem heutigen Sinn. Sie ist eine mehr oder weniger genaue Übertragung und meist auch eine Umsetzung von Bronze in Marmor. Bewußte und unbewußte Abweichungen vom Vorbild sind häufig. Mehrere auf dasselbe Vorbild zurückgehende Kopien werden untereinander als Repliken bezeichnet. Die Rekonstr. des Vorbildes muß meistens auf einer Reihe von kleinen Bausteinen aufbauen, deren Tragfähigkeit und Aussagekraft nicht immer deutl. überschaubar sind. Einige Forscher lassen nur eine relativ kleine Anzahl von tatsächlichen Kopien gelten, d.h. von Wiederholungen, die auf ein bestimmtes griech. Orig. zurückgehen, während sie bei einem Großteil der sog. röm. Idealplastik nur eine lockere „konzeptuelle" Verbindung zu allg. Formvorstellungen der klass. griech. Plastik erkennen möchten (dazu jetzt allg. C. Landwehr, JdI 113:1998, 139–194; siehe auch unten, u.a. zum sog. *Diskophoros* [*Nr 5*]). – A.) *Jünglinge*: Das nackte männl. Standbild war das Hauptthema des Polyklet. – 1.) *Doryphoros*: Der von Plinius (nat., 34, 55) und Cicero (Brut., 86, 296; orat., 2, 5) als Werk des P. bez. *Doryphoros*, der „Speerträger", ist das nicht nur am längsten, sondern auch am besten überlieferte Werk des Meisters. Die Motivbezeichnung hat diese Identifizierung ermöglicht. Das entscheidende Attribut des Speeres (δόρυ) ist zwar an keiner Replik erh., es läßt sich jedoch aufgrund der (dieses Werk kopierenden) Zeugnisse der Flächenkunst noch mit Sicherheit erschließen. Die vollständigsten Kopien dieses Statuentypus befinden sich in Minneapolis (The Minneapolis Inst. of Art), Neapel (Mus. Archeol. Naz.), Florenz (Uffizien) und Vatikan,

(Braccio Nuovo, Inv. Nr 123 [2215]). Danach läßt sich das äußere Erscheinungsbild der Statue zieml. vollständig rekonstruieren, nur die Länge des Speeres bleibt ungewiß. Ein heroischer Jüngling steht vor uns, selbstbewußt und zugleich bescheiden. Als einziges Attribut trägt er den Speer und auch diesen nicht aktionsbereit. Die Last des Körpers ruht fast ganz auf dem rechten Bein; das linke ist zurückgenommen, es tritt nur mit der Zehenspitze auf. Dieser neue, freie Stand wirkt sich nun in allen Gliedern in strenger kontrapostischer Gesetzmäßigkeit aus. Der Kopf blickt nicht mehr wie bei den archaischen Vorläufern geradeaus; er ist zur rechten Schulter gewendet und geneigt. Der Belastung des rechten Beines entspricht die Belastung des linken Armes, dem entlasteten Spielbein der frei herabhängende rechte Arm. – Von den fünf fast vollst. erh. Kopien gibt nur die Statue in Minneapolis (The Minneapolis Inst. of Art) eine befriedigende Vorstellung (Berger/Müller-Huber/Thommen, 1992; Beih., 202 s., Abb. 255–258). – Ein Marmortorso in Berlin (Staatl. Mus., Antiken-Slg, Inv. Nr SK 1789, ehem. Slg Pourtalès: Berger/Müller-Huber/Thommen, 1992; Beih., 206 s., Abb. 263–266) hebt sich ebenfalls von den übrigen Kopien ab. Die Übergänge der Detailformen sind im Unterschied zur Bronze etwas flüssiger und malerischer wiedergegeben. Eine Besonderheit des Torsos in Berlin ist ferner die Wiedergabe der Äderung, bes. deutl. an den Armen, jedoch im Unterschied zu allen übrigen Torsi auch am Bauch. Von besonderer Meisterschaft ist der Basalt-Torso in Florenz (Uffizien; Berger/Müller-Huber/Thommen, 1992; Beih., 215, Abb. 283). Der dunkle Stein kommt dem Eindruck des Bronzevorbildes nahe. Die bei einer Bronze möglichen feinsten Modellierungen lassen sich allerdings in diesem harten Stein nicht in gleicher Differenzierung wiedergeben. – Es ist wichtig, sich anhand solcher Kopien den Aufbau eines polykletischen Körpers einzuprägen: die Artikulierung des Brustkorbes dominiert. Die horizontalen Bauchmuskeln sind nicht waagerecht geführt, sondern der Schräge des Brustkorbes angeglichen, dem auch die schrägen Bauchmuskeln eingeschrieben sind. Auf der Höhe des Bauchnabels fehlt die Horizontalfurche, die bei attischen Werken meist vorhanden ist. Die Schlüsselbeine sind fast waagerecht geführt und die Halsnicker der Wendung des Kopfes entsprechend stark herausgearbeitet. Auf der Rückseite fällt v.a. die starke Einziehung der Rückenmuskeln im Kreuz auf; die Abgrenzung zum Gesäß hin ist akzentuiert; die seitl. Höhlungen an den Glutäen sind bes. betont. Innerhalb der zahlr. erh. Kopfrepliken gibt es nur wenige Beispiele, die mehr als nur die allg. Anlage des Vorbildes wiedergeben. Der Kopf einer Bronzeherme aus Herculaneum in Neapel (Mus. Archeol. Naz.: Berger/Müller-Huber/Thommen, 1992; Beih., 220 s., Abb. 289–292) und der Kopf aus Basalt in St. Petersburg (Ermitage, Inv. Nr A. 292: Berger/Müller-Huber/Thommen, 1992; Beih., 214, Abb. 279–282) ragen hervor. Schon die Wahl des Mat. steht dem Vorbild nahe. Die Übereinstimmung der beiden Kopien geht erstaunl. weit. Gewisse Unterschiede sind erst gegen den Hinterkopf wahrzunehmen, wo die Bronzekopie kleinteiliger und reicher ist. Bei beiden Kopien ist die karge Grundstruktur in ihrer ganzen metallischen Schärfe wiedergegeben, bei der Basaltkopie ist die Oberflächenmodellierung weniger reichhaltig, dafür sind die Übergänge weniger hart. Der Umriß der Wangen, die Führung der Augenlider und des Mundes stehen in einem festen und klaren Zusammenhang. Das Haar schmiegt sich dicht an die Schädelkalotte an, es ist schichtweise geordnet und zu kleinen Haarbüscheln zusammengefaßt. Die Anlage ist von großer Klarheit, zugleich aber von erstaunlicher Vielfältigkeit. In München ist der überaus wertvolle Versuch unternommen worden, den Torso Pourtalès (s.o.) und den Bronzekopf in Neapel (s.o.) zu einer Einheit zusammenzufassen. Eine Rekonstr. mit Hilfe der beiden Basalt-Elemente, die wohl von demselben Kopie-Exemplar stammen, wäre wohl noch überzeugender (vgl. Berger/Müller-Huber/Thommen, 1992; Beih., 217, Abb. 285). – Es ist von vornherein klar und wird von Plutarch bestätigt, daß die Bezeichnung *Doryphoros* nur ein Behelfsname ist. Der Jüngling kann keinen Athleten des Alltags dargestellt haben. Er trägt einen Speer und nicht den kurzen Wurfspieß der Palästra. Auch das überlebensgroße Format wäre mit einer Siegerstatue unvereinbar. Nach Plinius (nat., 34, 18) bezeichneten die Römer die Statuen nackter Speerträger als *effigies Achilleae*. Im Hinblick darauf wird man die Achillesdeutung auch für das Urbild des *Doryphoros* postulieren dürfen. Ja, wir können sagen: erst unter diesem Blickpunkt gewinnt das Motiv die volle Überzeugungskraft. Die Zuschr. des *Achilleus Doryphoros* an P. ist aufgrund der mit dem Rufnamen verbundenen Motivangabe erfolgt. Die Beweisführung erscheint für sich genommen nicht ganz schlüssig. Den Ruhm des Werkes bezeugt zwar die große Anzahl der Kopien, doch ist beispielsweise auch für → Kresilas ein *Doryphoros* überliefert. Der Beweis wird nun aber durch den Umstand erbracht, daß ein weiterer Statuentypus, der aus stilist. Gründen offensichtl. vom gleichen Meister geschaffen sein muß, mit einem ebenfalls motiv. überlieferten Werk, näml. dem *Diadumenos*

(*Nr 2*) des P., zur Deckung gebracht werden kann. Diese Koinzidenz kann kein Zufall sein; die Identifizierung beider Werke wird dadurch gesichert. – 2.) *Diadumenos*: Wie beim *Doryphoros* (*Nr 1*) lassen sich auch beim *Diadumenos* die Bestandteile der Statue aus den vorhandenen Kopien fast vollst. rekonstruieren. Bei der späthellenist., zieml. frei gehaltenen Kopie aus Delos im NM in Athen (Berger/Müller-Huber/Thommen, 1992; Beih., 226 s., Abb. 305–308) fehlen außer Kleinigkeiten nur die beiden Hände. Bei einer ausgezeichneten Kopie in Madrid ist auch noch die linke Hand fast vollst. erhalten. Das Handgelenk der Rechten überliefert die Replik in London (BM; Berger/Müller-Huber/Thommen, 1992; Beih., 228 s., Abb. 309–312). Kopf, Arme und Unterbeine eines weiteren, sehr sorgfältig gearbeiteten Exemplares befinden sich in New York (Metrop. Mus.). – Dargestellt ist ein Jüngling, der sich die Siegerbinde um den Kopf legt. Er ist im Begriff, den Knoten am Hinterkopf festzuziehen. Bis auf das Bandstück zw. Hinterkopf und Hand wird das Motiv der Statue in der Zusammenschau aller Kopien lückenlos überliefert. Der stilist. und motiv. Zusammenhang mit dem *Doryphoros* (*Nr 1*) ist offensichtlich. Selbst die Armhaltung entspricht dem Sinne nach dem kontrapostischen Aufbau des *Doryphoros*. Abweichende Nuancen fallen nur dem aufmerksamen Betrachter auf: der Kopf ist etwas stärker gewendet und leicht vornüber geneigt, die Ferse des Spielbeines ist stärker zum Standbein hin gekehrt. Damit erhält die Ponderation einen labileren Schwung, der Rhythmus wird reichhaltiger, d.h. wir haben eine jüngere Schöpfung des gleichen Meisters vor uns. Die Aussagekraft der einzelnen Kopien ist wiederum sehr unterschiedlich. Die bisher ins Auge gefaßten vollst. Repliken sind in der Qualität alle zieml. mittelmäßig. Wie beim *Doryphoros* (*Nr 1*) sind die besten Kopien innerhalb der isolierten Torsi und Köpfe zu finden. An der Spitze der Reihe steht ein Torso in Basel (Antiken-Mus. und Slg Ludwig, Inv. Nr Kä 225; Berger/Müller-Huber/Thommen, 1992; Beih., 230 s., Abb. 313–316). In der reichhaltigen Modellierung und in der straffen und zugleich elastischen Artikulierung des Inkarnates erinnert er an den Doryphoros-Torso aus der Slg Pourtalès (Berlin, Staatl. Mus., Antiken-Slg, Inv. Nr SK 1789). Von bes. Qualität ist das Kopf-Fragm. im Mus. Barracco in Rom. Der größte Teil des Gesichtes ist zwar zerst., jedoch zeigt die außerordentl. schöne und reichhaltige Wiedergabe des Haares, welch großer Meister hier am Werk war und wie sehr die Köpfe der vollständiger erh. Statuenkopien hinter dem Vorbild zurückbleiben. Auch die schönen Kopfrepliken in Dresden (SKSlgn, Skulpt.-Slg, Inv. Nr Hm 71) und Kassel (SKSlgn, Antiken-Slg, Inv. Nr Sk 27), sind nicht von der gleichen Sorgfalt, obwohl die bes. Einfühlungsgabe dieser Kopisten noch deutl. bleibt. Auch bei diesem Jüngling kann es sich nicht um einen sterbl. Athleten handeln. Zwar bleiben die Proportionen etwas hinter denen des *Doryphoros* zurück (1,90 m gegenüber 2,10 m) doch wird das menschl. Maß noch deutl. überschritten. Der Kopist der anfangs erw. Statue aus Delos (Athen, NM) brachte an deren Stütze noch einen Köcher an, d.h. ein Attribut, mit dem Apollon oft charakterisiert wird. Das Diadumenos-Motiv der Statue erscheint zwar zunächst für das Erscheinungsbild eines Gottes überraschend, doch ist es gerade für Apollon ausdrückl. bezeugt (Paus., 1, 8, 4). G. Hafner hat die Deutung als Theseus vorgeschlagen und den Köcher der delischen Kopie als Ortshinweis erklärt. Das Siegermotiv könnte in diesem Fall den myth. Gründer der delischen Spiele charakterisieren. Dieser an sich sehr verlockende Ausweg ist aber bei einer weiteren 'Kopie' in Portugal, an deren Stütze Köcher und Bogen wiederkehren, nicht mehr ohne weiteres möglich. Man sollte darum an der Apollon-Deutung für den Statuentypus festhalten. Der Gott ist hier als Inbegriff des Sieges und als Vorbild der Jugend gestaltet. Nur unter diesem Aspekt wird die selbstgefällige und fast theatralisch wirkende Haltung einleuchtend. Es ist erstaunlich, mit welch kleinen Nuancen der Meister verstanden hat, eine völlig neue Göttervision heraufzubeschwören. – Während in der Forsch. kein Zweifel an der Zuweisung der beiden Hauptwerke – *Doryphoros* und *Diadumenos* – an P. besteht, werden and. weniger leicht zu sichernde Identifizierungen von einzelnen Wissenschaftlern bestritten. Nicht als originalorientierte Kopien, sondern als „Konzeptfiguren" röm. Prägung, die sich nur an trad. Bildmuster anlehnen (dazu oben mit Hinweis auf Christa Landwehr) werden von einigen Forschern insbesondere der sog. *Diskophoros* und der *Hermes* (*Nr 4*) aufgefaßt. Gegenüber einer solchen „Minimalversion" des Œuvre des P. wird im folgenden die von der Mehrheit der Forschungen anerkannte weitergefaßte Auswahl diskutiert. – Innerhalb des Bestandes röm. Kopien bzw. Statuen lassen sich noch zwei weitere Typen, die das durch den *Doryphoros* (*Nr 1*) und den *Diadumenos* (*Nr 2*) vertretene Standmotiv aufweisen, mit großer Wahrscheinlichkeit auf eigenständige Schöpfungen des P. zurückführen. Der eine, besser überlieferte Typus gibt *Herakles* (*Nr 3*), der and. *Hermes* (*Nr 4*) wieder. Statuen dieser beiden werden – allerdings ohne nähere Motivangabe – durch die Schriftquellen (Plinius und Cicero) für P. ausdrückl. bezeugt, so daß auch diese Identifizierungen einen gewissen äußerl. Rückhalt haben. – 3.) *Herakles*: Das Motiv des ersten Statuentypus ist am vollständigsten in einer röm. Statuette aus dem Mus. Barracco in Rom (Inv. Nr 109) überliefert. Nur die beiden Unterschenkel mit den Füßen und ein Teil des rechten Armes fehlen. Zwei motiv. Charakteristika lassen die Eigenständigkeit des Typus und seine Abweichungen vom *Doryphoros* (*Nr 1*) deutl. erkennen: der Körper ist massiger und gedrungener gestaltet. Der linke Arm ist rückwärts eingestützt und zwar so, daß der Handrücken auf dem linken Glutäus aufliegt. Der Oberarm wird dadurch von der Schulterpartie noch stärker als beim *Doryphoros* isoliert. Der rechte, größtenteils verlorene Arm war vorgenommen und nach Maßgabe des Puntello auf der rechten Brust wohl nach oben zurückgewinkelt. Der kontrapostische Aufbau ist ganz allg. stärker als beim *Doryphoros* akzentuiert, was auf eine spätere Entst. hinweist. Die Rhythmisierung des Umrisses vertritt beinahe schon die Stufe des *Diadumenos* (*Nr 2*). – Der Zusammenhang von Kopf und Körper ist nur bei dieser und einer weiteren, weniger qualitätvollen Statuetten-Replik im Vatikan (Gall. dei Candelabri, Inv. Nr VI 31) sicher überliefert. Der Kopf einer dritten, ganz bes. vorzüglichen Statuette befindet sich im Thorvaldsen-Mus. in Kopenhagen (Inv. Nr H 1434 [50]). Mit Hilfe dieser Statuetten konnten die Hauptelemente der Statue auch unter den Kopien im orig. Maßstab nachgewiesen werden, die uns noch eine genauere Vorstellung vom Vorbild geben. Die wichtigsten Zeugnisse sind: ein Torso in der Ny-Carlsberg Glyptotek in Kopenhagen (Inv. Nr 475) und einer im Thermen-Mus. in Rom (Inv. Nr 106164). Unter den isoliert gefundenen Köpfen sind ein Bronzekopf in Neapel (Mus. Archeol. Naz., Inv. Nr 6164) und ein Kopf im Konservatorenpalast in Rom (Inv. Nr 1877) bes. hervorzuheben. Ein weiterer Kopf im Thermen-Mus. in Rom könnte nach der Fundlage zu dem eben erw. Torso desselben Mus. gehören, obwohl er nicht Bruch auf Bruch auf den Körper paßt. In einem wesentl. Punkt unterscheiden sich die originalgroßen Kopien von den Statuetten-Repliken: Der rechte Arm ist nicht vorgezogen, sondern am Körper entlang nach unten geführt (nach Ausweis der Puntelli an der rechten Flanke). Man sollte hierin – im Gegensatz zur herrschenden Meinung – dem Sachverhalt der Statuetten folgen: ein vorgestreckter rechter Arm entspricht jedenfalls dem zurückgenommenen linken Arm besser, er wird auf Grund des *Chiasmus* geradezu gefordert. Das für die Deutung entscheidende Attribut der rechten Hand ist bei keiner Replik erh. und schwer zu bestimmen, solange über die urspr. Haltung dieses Armes keine präzise Angabe gemacht werden kann. Das Problem hängt auch mit der Interpretation einer Cicero-Stelle (De orat., 2, 16, 70) zus., die sich auf zwei versch. *Herakles-Statuen* des P. zu beziehen scheint (*Herakles mit Hydra* und *Herakles mit Löwenfell?*). Auch der Zusammenhang der diesbezüglichen Erw. bei Plinius kann versch. beurteilt werden. Im Hinblick auf die Zitate dieses Statuentypus in der Flächenkunst bleibt aber die Deutung auf Herakles gesichert. Die Haltung des Mannes hat etwas Selbstherrliches und Herausforderndes, was mit der Darst. eines sterblichen Athleten nicht vereinbar ist, zu dem Gebaren jenes Helden aber vorzügl. paßt. Auch das Körperideal geht über das normale Erscheinungsbild des polykletischen Jünglings hinaus, es ist gedrungener und massiger – eben echt herakleisch. Es kommt dazu, daß einige der isolierten Kopfrepliken eine Symposiastenbinde tragen – eine Kopistenzutat, die wohl die Herakles-Deutung noch bes. dokumentieren sollte. – 4.) *Hermes*: Der zweite vom *Doryphoros* (*Nr 1*) abhängige, aber eigenständige Statuentypus läßt sich weniger vollst. und präzise erfassen. Nur vom Kopf sind genaue und maßgetreue Kopien einwandfrei nachgewiesen. Das beste Exemplar des Typus befindet sich in Boston (MFA, Inv. Nr 98.641); ein Kopf im Pal. Valentini in Rom und einer in Priv.-Besitz (Rom, Dt. Archäol. Inst., Negativ Nrn 41.848–41.850) kommen hinzu. Eine vierte Kopfreplik in St. Petersburg (Ermitage, Inv. Nr A. 239) hat nur statist. Wert, sie ist jedoch wichtig, weil sie noch die Vorkehrung für Kopfflügel erkennen läßt, d.h. der Kopist hat den Kopf seiner Statue dadurch auch äußerl. als Hermes zu charakterisieren versucht. Die Brücke zum Typus des Körpers kann eine Statue im Boboli-Garten in Florenz schlagen, deren wohl zugehöriger Kopf ebenfalls eine Replik des Bostoner-Kopfes ist. Einige and. Kopistenzutaten (Chlamys, Dionysos-Kind?) und der fassadenhafte Formenvortrag erschweren aber eine sichere Beurteilung dieser Statue sehr. Immerhin bildet sie ein wichtiges Verbindungsglied zu einer hervorragenden Kleinbronze aus Annecy, im Petit Pal. in Paris (Inv. Nr DUT. 1), deren Armhaltung, Standmotiv und Kopftypus (soweit die Verkleinerung ein Urteil überhaupt zuläßt) weitgehend übereinstimmen. *Hermes Logios* ist hier in seiner typ. Gebärde dargestellt: die Rechte wie zum Gespräch erhoben und mit dem Kerykeion in der gesenkten Linken. Aufgrund der Haltung dieses rechten Armes, d.h. des nach vorne, nahe an die rechte Brust zurückgewinkelten Unterarmes, hat man einen Torso aus Gortyn mit diesem Statuentypus in Verbindung bringen wollen. Eine klare Entscheidung ist aufgrund der unzureichenden Veröff. dieses Torsos schwer möglich. Ein verschollener(?) Torso in Rom (Dt. Archäol. Inst., Negativ Nr 58. 638) zeigt an der gleichen Stelle einen Puntello und auch eine ähnl. Haltung des linken Armes, doch scheint die Schulter stärker angezogen, und die Körperformen wirken etwas schwerfälliger, mehr dem Herakles-Ideal angenähert. Der von Furtwängler (1893) auf unseren Typus bezogene Torso Somzée in Mariemont (Mus. Roy. de Mariemont) ist der Bronzestatuette in der Gebärde nächstverwandt, in den Körperformen jedoch unpolykletisch. Hingegen könnten ein ausgezeichneter, fälschlicherweise als Replik des *Doryphoros* (*Nr 1*) bez. Torso im Pal. Mattei in Rom (Matz/Duhn, Nr 1005; EA, 2066) sowie eine Statue in Karlsruhe (Bad. LM, Inv. Nr B 2302; EA, 3375–3377) hierher gehören. Die Anlage der Schultern und der oberen Brustpartie weichen vom *Doryphoros* ab und erinnern im Zusammenhang der reicheren Modellierung und stärkeren Kurvierung an die Bronzestatuette von Annecy (Paris, Petit Pal., Inv. Nr DUT. 1). – 5.) *Sog. Diskophoros*: Ein weiterer Statuentypus läßt sich aufgrund überaus zahlr., auf dasselbe Vorbild zurückgehender Kopien-Elemente erschließen und als dem *Doryphoros* (*Nr 1*) vorausgehendes Werk desselben Meisters erkennen. Der char. Unterschied zu allen bisher betrachteten Werken liegt in der Beinstellung. Die Beine sind zwar bei keiner Replik vollst. überliefert, die Stellung der Füße ist jedoch gesichert durch eine Statue im Vatikan (Gall. delle Statue, Inv. Nr 392). Hier ist das rechte Standbein fast ganz, vom linken wenigstens der Fuß und der Ansatz des Oberschenkels antik. Daraus ergibt sich, daß dieser Jüngling mit beiden Füßen fest aufstand, daß also das Spielbein (anders als bei allen übrigen Werken des P.) nicht zurückgenommen war, sondern auch mit der Ferse den Boden berührte. Der Zusammenhang von Kopf und Körper ist bei keiner Replik direkt überliefert. Immerhin haben Restauratoren des 19. Jh. zweimal unabhängig den gleichen Kopftypus mit dem gleichen Körpertypus verbunden (Statue: Vatikan, Gall. delle Statue, Inv Nr 251, und Statue in USA, Wellesley, Mass., Coll. of the Wellesley College Mus., Inv. Nr 1904. 1), so daß die Zusammengehörigkeit der beiden Typen geradezu als gesichert gelten kann. Der Kopf des Vorbildes war danach ebenfalls zur Standbeinseite gewendet und wohl etwas stärker als beim *Doryphoros* (*Nr 1*) nach vorne und zur Seite geneigt. Für die urspr. Armhaltung gibt die röm. Replik der Slg Torlonia die vollständigste Überlieferung: nur die rechte Hand mit dem Diskus sind nach Angaben von C. Blümel ergänzt. Die Statue zeigt den linken Arm am Körper entlang nach unten geführt, den rechten im Ellenbogen etwas angewinkelt und den Unterarm leicht nach vorne angehoben. Diese Replik soll nun nach der allg. Meinung auch die Deutung auf einen Diskophoren erhärten. Der Diskus in der Linken ist zwar erg., doch soll die urspr. Bruchstelle eine solche Erg. nahelegen. Diese Folgerung wird aber durch die and. Kopien nicht gestützt, sogar in Frage gestellt. Auch die meisterhaft gearbeitete Statuette im Louvre, die trotz der viell. etwas engeren Fußstellung in unmittelbarer Abhängigkeit von demselben Vorbild steht, kann das Deutungsproblem nicht beantworten: die Rechte hielt hier eine Schale. Viell. hilft aber ein oft kopierter Heraklestypus weiter, der bis jetzt zwar nur in sehr mittelmäßigen Kopien erfaßbar, dem *sog. Diskophoros* aber nächstverwandt ist. Eine noch kaum beachtete Statuette in der BN in Paris (Inv. Nr 54) vertritt diese Seitenlinie der Körpertradition (wenn auch schon mit gewissen jüngeren Reminiszenzen in der Bildung des Kopfes versehen) am besten. Dargestellt ist Herakles, wie er in der einen Hand die Hesperidenäpfel trägt, in der and. vermutl. die Keule hielt. Es kommt dazu, daß zahlr. und zwar eindeutige Kopfrepliken des sog. *Diskophoros* vom röm. Kopisten durch die Symposiastenbinde ausdrückl. als Herakles char. worden sind. Die schöne, wenn auch am Hinterkopf sehr ungenaue Wiederholung in Berlin (Staatl. Mus., Antiken-Slg, Inv. Nr K 146) zeigt allerdings den gleichen Kopftypus durch die beigefügten Flügel als Hermes umgedeutet. Die Eigenart dieses Statuentypus bleibt offensichtlich. Der kontrapostische Aufbau wird durch das auch mit der Ferse auftretende Spielbein – der „*nudus talo incessens*" des Plinius nimmt viell. darauf Bezug – noch herber akzentuiert, weshalb man vermutl. diese Schöpfung zeitl. noch vor den *Doryphoros* (*Nr 1*) ansetzen muß. Den bisher betrachteten Jünglingen gegenüber ist hier der Körper auf einer etwas jugendlicheren Stufe erfaßt, was ein Torso aus der ehemaligen Slg Somzée (Kreikenbom, 1990, 148, Nr I. 17, Taf. 31b) noch bes. schön veranschaulichen kann. Dadurch, daß das Spielbein mit ganzer Sohle aufruht, erhält die Gestalt etwas Schwerfälliges, Mühsames. In die gleiche Richtung weisen der etwas stärker als sonst geneigte Kopf und die Anspannung der Stirnmuskulatur. Eine fast schwermütig wirkende Grundstimmung, die von mehreren Repliken noch über Gebühr herausgestellt wird, macht den bes. Reichtum und die große Anziehungskraft dieses Werkes aus; sie wird selbst durch den Spiegel der Kopien (hervorgehoben seien die schönen Köpfe in Kopenhagen und Zürich) noch in ergreifender Unmittelbarkeit sichtbar. Zu einer and. – radikalen – Beurteilung gelangt mit einigen and. Forschern C. Landwehr (JdI 113:1998, bes. 139 und 162 [Konzeptfiguren]), die aus der Replikenrezension folgern möchte, daß es für diese Figur keinen einheitl. Typus und damit auch kein griech. Vorbild gegeben habe. – B.) *Knaben*: Die bisher betrachteten Jünglingsbilder folgen weitgehend dem gleichen Grundschema: rechtes Standbein und Kopfwendung zur Standbeinseite. Die Unterschiede im kontrapostischen Aufbau sind gering, doch entscheidend, weil sie ganz auf die zu Grunde liegende mytholog. Situation des jeweiligen Themas abgestimmt sind. Aus diesem Grund bleibt jede polykletische Schöpfung ein eigenständiges Werk. Dies beweisen in unerwartet neuer Weise seine Knabenstatuen, bei denen das Grundprinzip des *Doryphoros* (*Nr 1*) bedeutsam – eben dem neuen Thema gemäß – abgewandelt ist. – 6.) *Der sog. Westmacottsche Ephebe*: Von den in der Forsch. mit P. verbundenen Statuentypen ist der sog. *Westmacottsche Ephebe* in den zahlreichsten Wiederholungen überliefert. Allerdings wird auch dieses Werk dem P. von manchen Wissenschaftlern abgesprochen (vgl. Linfert, 1993, 141 ss.). In Ermangelung einer sicheren Deutung wird der Statuentypus nach der vollständigsten Kopie im BM in London (Inv. Nr 1754) benannt, die aus der ehem. Slg Westmacott stammt. Nur der rechte erhobene Arm fehlt bei dieser Replik. Das übrige ist im wesentlichen antik; die Zugehörigkeit der linken Hand ist wohl zu Unrecht in Frage gestellt worden. Dargestellt ist ein Knabe in einem sehr bewegten Standmotiv. Im Gegensatz zu den bisher betrachteten Statuen ist das linke Bein als Standbein gewählt. Das Spielbein schwingt ungewöhnl. weit aus. Ein weiterer, entscheidender Unterschied fällt auf: der Kopf ist zur Spielbeinseite geneigt und gewendet. Damit wird ein von Grund verschiedener kontrapostischer Aufbau begründet und dem andersartigen Wesen und Tun des Knaben nutzbar gemacht. Der erhobene Arm der Spielbeinseite ist nur bei der flüchtig gearbeiteten Replik im Mus. Barracco in Rom erh. geblieben, und auch hier nur bis zum Handgelenk. Der fast waagrecht vom Körper seitl. abstehende Arm ist im Ellenbogen zurückgewinkelt, und zwar so, daß die Hand (oder deren Attribut) zieml. nahe an die rechte Schläfe des Kopfes zu liegen kam. Aus diesem Grund sind an einigen Repliken im Stirnhaar über der rechten Schläfe noch „Puntelli“ (Replik aus Castel Gandolfo, Kopf Branteghem) oder unausgearbeitete Partien (Köpfe in Dresden, SKSlgn, Skulpt.-Slg, Inv. Nr Hm 85; Kassel, SKSlgn, Antiken-Slg, Inv. Nr Sk 87, und im Vatikan [ehem. Lateran]) sichtbar. An der Schulter der ausgezeichneten Körperreplik in Baltimore (Walters AG) ist an der vorderen Seite der erhobenen Schulter der Ansatz einer Stütze erh. geblieben, die ebenfalls zur Sicherung des exponierten Unterarmes gedient haben muß. Aufgrund dieses Sachverhaltes und gewisser Zeugnisse, die dasselbe Statuenmotiv zitieren (vgl. z.B. das Sarkophag-Relief im Vatikan) nimmt man seit M. Collignon (Gesch. der griech. Plastik, I, Straßburg 1897, 528) fast allg. an, daß der Knabe im Begriff ist, sich einen Kranz auf den Kopf zu setzen. Vom Kranz selbst ist aber an keiner der zahlr. Kopfrepliken eine Spur erh. geblieben. Er kann also nicht auf dem Kopf aufliegend dargestellt gewesen sein, und die Rekonstr. der Statue in Dresden ist in diesem Punkt nicht zu modifizieren. Auch die Rekonstr. von Stettin befriedigt nicht, weil bei ihr die Hand nicht nach der Maßgabe der Knickung der Replik im Mus. Barracco in Rom nach unten abgewinkelt erscheint. Sollte der Knabe, wie man neuerdings vorgeschlagen hat, nicht mit dem Kranz in der Hand erg. werden können, so wäre ein Hinweis auf die *Astragalizontes*, die Knöchelspieler, näherliegend, als auf den *Apoxyomenos*. Die Erg. mit einem zum Wurf bereitgehaltenen Knöchel könnte bei einem entsprechenden Pendant die ausgeprägte und abgezirkelte Bewegung des Armes und des geneigten Kopfes begreifl. erscheinen lassen, während die erhobene Strigilis eine zwar auch sonst bezeugte, aber hier geziert erscheinende Pose bliebe. Auch die Identifizierung mit dem *Kyniskos*, einem Knaben, der entweder vor 459 oder nach 449 v. Chr. im Faustkampf gesiegt hat (s.o.), läßt sich kaum wahrscheinlich machen, obschon die Standspuren der erh. Basis in Olympia sich mit der Fußstellung unseres Knaben zur Deckung bringen ließen. Eine Identifizierung ist jedenfalls dann nicht mögl., wenn die Epigraphiker die Inschr. der Basis mit Recht ins 2. V. des 5. Jh. v. Chr. setzen. Die Statue ist näml. sowohl in der Rhythmisierung im Ganzen als auch z.B. in der Darst. des Haares offensichtl. jünger; sie hat mindestens die Stufe des *Doryphoros* (*Nr 1*) erreicht. – Der zur Standbeinseite gewandte Kopf des *Doryphoros* entspricht dem Lebensgefühl des heroischen Mannes. Das schlichtere Gebaren des Knaben verlangte von vornherein eine and., schlichtere Komposition. Dieses feine Empfinden für das Angemessene der jeweiligen Altersstufe ist bis in das letzte Detail zu spüren: Das Haar ist weniger sorgsam gegliedert, es fällt in kürzeren und unregelmäßigen Strähnen. Der Umriß der Wangen und die Modellierung der Lippen sind weniger energiegeladen, der Körper ist zarter, das Inkarnat knapper wiedergegeben. – 7.) *Der sog. Dresdner Knabe*: Der Typus einer sehr verwandten Knabenstatue wird am besten und vollständigsten durch eine Kopie in Dresden (SKSlgn, Skulpt.-Slg, Inv. Nr Hm 88) überliefert. Während einzelne Forscher hier ein epigonales Werk eines Nachahmers (vgl. Borbein, 1996, 79, Anm. 72) erkennen möchten, lassen sich gute Gründe geltend machen, um auch diese Schöpfung mit P. selbst zu verbinden. Da die rechte Hand und der linke Unterarm fehlen, ist auch hier eine sichere Benennung aufgrund eines erkennbaren Motivs nicht möglich. Der Knabe blickt wie der *Westmacottsche Ephebe* (*Nr 6*) zur Spielbeinseite, allerdings in einer spiegelbildl. entsprechenden Ausgangsposition. Die Ferse des Spielbeines ist einen Grad weniger angehoben und dementsprechend ist auch der Kopf weniger stark gewendet und geneigt. Die Ponderation erhält dadurch einen labileren Akzent, der gestaute Kraftstrom kommt nicht zur ausgewogenen Entladung. Einige Grabreliefs kopieren diesen Statuentypus spiegelbildl. mit einer Strigilis in der Hand. Viell. darf das Urbild mit dem gleichen Attribut erg. werden und mit dem von Plinius (nat., 34, 55) überlieferten *Apoxyomenos* identifiziert werden. Das Knabendasein wird auch hier weniger durch das Attribut als durch die Art der Haltung charakterisiert. Im Vergleich mit dem *Westmacottschen Knaben* (*Nr 6*) sind die Körperformen auf einer reiferen Stufe erfaßt. Das Knochengerüst, insbesondere der Brustkorb, zeichnet sich schon dominierender ab. Etwas überspitzt kann man sagen, daß anstelle der knabenhaften Unbekümmertheit, der kindl. Eigenwilligkeit ein neuer Ernst, ein Anflug nachdenklicher Schicksalserfahrung getreten ist. Vom Körper des *Dresdner Knaben* gibt es nur wenige präzise Repliken. Hervorgehoben sei ein schöner Torso im Thermen-Mus. in Rom (Inv. Nr 653). Bei einigen weiteren bis jetzt als Repliken bez. Torsi (z.B. Limni; Rom, Thermen-Mus., Inv. Nr 52400; St. Petersburg, Ermitage) handelt es sich wohl um eine etwas jüngere, viell. auch eigenständige Schöpfung, die, außer motiv. Abweichungen in der Armhaltung und Schulterpartie, auch eine etwas jugendlichere Altersstufe zu vertreten scheint (Pendant zum *Westmacottschen Epheben*?). Eine weitere, vom *Dresdner Knaben* abhängige(?) Schöpfung kann kaum mehr als Werk des P. angesprochen werden, näml. der in vielen Repliken überlieferte *Pan* (vgl. C. Vorster, Torsorepliken des Leidener Pan, in: Beck/Bol, 1993, 193–219). Schon der Unterschied im Format – die meisten Repliken sind nur 2/3 lebensgroß – verrät eine neue, weniger kanonisch bestimmte Grundhaltung. Die motiv. Eigenständigkeit zeigt sich v.a. in der stärkeren Wendung und Neigung des Kopfes und der and. Schulter- und Armhaltung. Die Linke trug die Syrinx, die Rechte schulterte(?) das Pedum (die and. Haltung dieses Attributes wirkt bei der Kopie in Leiden, Rijks-Mus., geziert). Die tierische Seite des Gottes kommt äußerl. nur durch die Tierohren und -hörner zum Ausdruck. Im übrigen wird sie durch die labile Haltung, insbesondere durch die gefühlsbetonte Kopfwendung charakterisiert. Die kontrapostischen Akzente sind stärker als bei allen bisher betrachteten polykletischen Werken verschliffen, und die Körperformen fließen weicher als beim *Westmacottschen Epheben* und der ersten Variante des *Dresdner Knaben* ineinander über. Die strukturgliedernden Zäsuren sind auf ein Minimum beschränkt. Der Brustkorbrand ist nicht mehr bes. abgehoben. Die Modellierung der Vorderseite erschöpft sich beinahe in der Angabe der seitl. Einbuchtungen unter dem Rippenrand. Diese Anzeichen einer noch jugendl. Altersstufe stehen in einem seltsamen Kontrast zur seelischen Grundhaltung, die in ihrer Kompliziertheit eigtl. über das Knabendasein hinaus führt: Auch von dieser Seite scheint also die polykletische Geschlossenheit gesprengt. – C.) *Frauen*: Verhältnismäßig klein ist die Zahl der Frauenstatuen Polyklets. In den Schriftquellen werden u.a. folgende mit dem Namen des P. verbunden: Das *Kultbild der Hera von Argos*, eine *Amazone von Ephesos*, zwei *Kanephoren*, die Verres sich unrechtmäßig angeeignet hatte; eine *Hekate von Argos*, eine *Aphrodite* als Stütze eines Dreifußes für Amyklai, *Leto und Artemis* – auf dem Berg Lykone(?) mit *Apollon* zus. gruppiert. Nicht alle diese Werke können mit dem bek. P. verbunden werden: die *Aphrodite von Amyklai* ist für den spartanischen Sieg von Aigos Potamoi vom Jahre 405 v. Chr. gew. worden. An dem weit bedeutenderen Denkmal dieser Schlacht in Delphi hat sich P. nach der Überlieferung nicht mehr selbst beteiligt, und so wird man auch das nach Amyklai gew. Werk dem jüngeren Namensvetter (→ P. [II]) zuschreiben müssen. Für die *Hekate* und die *Apollinische Trias* besitzen wir keine sicheren Anhaltspunkte, so daß eine Zuweisung an P. oder → P. (II) prinzipiell mögl. bleibt. Die *Statuen der Leto* und *Artemis* waren nach Pausanias allerdings in Marmor gearbeitet, was für eine Zuweisung an → P. (II) spricht, denn der bek. P. wird betont als Bronzebildner vorgestellt. – 8.) *Kultbild der Hera*: Man hat auch versucht, das *Goldelfenbeinbild der Hera* dem jüngeren → P. (II) zuzuweisen. Aus den Schriftquellen geht aber wohl doch hervor, daß nur der bek. P. dafür in Frage kommt. Denn nur bei diesem können die bes. Lobesbezeugungen, die dieses Werk durch die antiken Autoren erh. hat, und die betonte Gegenüberstellung mit den großen Kultbildern des → Pheidias (I) begründet sein. Leider können wir aber nicht mehr genau angeben, wann der 423 v. Chr. abgebrannte Tempel von Argos wieder aufgebaut war – wann also mit der Aufstellung des Kultbildes begonnen werden konnte. Allzu weit möchte man das Datum nicht hinausschieben, da P. als Zeitgen. des Perikles und → Pheidias (I) im Jahre 420 v. Chr. schon sehr betagt gewesen sein muß. Sichere Kopien dieses Kultbildes sind noch nicht nachgewiesen. Über das Aussehen der Statue geben die Beschr. der antiken Autoren (v.a. Pausanias) und Münzbilder eine gewisse Vorstellung: Die Statue war kleiner als die Kolosse des → Pheidias (I). Die sitzende Hera hatte einen Granatapfel und ein (von einem Kuckuck bekröntes) Zepter in den Händen. Auf dem Diadem waren die Chariten und Horen dargestellt. Der Vorschlag von C. Waldstein (The Argive Heraeum, I, C. 1902, 162), einen Kopf in London (BM, Inv. Nr 1792) auf dieses Kultbild zu beziehen, ist nicht restlos überzeugend; er ist jedoch unter den vielen Versuchen, den Kopf in Kopie nachzuweisen, noch der glaubwürdigste. – Viell. ist der erh. Unterkörper einer überlebensgroßen Figur (im Mus. von Fréjus als Tutela bez.) eine verkleinerte Kopie des Kultbildes von Argos. Eine Sitzstatue in Boston (MFA, Inv. Nr 03.749; Beck/Bol/Bückling, 1990, 254 256, Abb. 114, 117) zeigt den Typus in einer reicheren Formulierung. Ders. Hera-Typus ist wohl auch auf einem Weihrelief im Mus. von Argos zitiert (vgl. Lorenz, 1993, 12, Anm. 33). – 9.) *Amazone*: Über die mit den klass. Amazonenstatuen verbundenen vielfältigen Probleme v. R. Bol (1998). Auch P. ist als Schöpfer einer berühmten Amazone hervorgetreten. Die schriftl. Überlieferung spricht von einem Wettb. des P., → Pheidias (I), → Kresilas und → Phradmon, die für das Artemision von Ephesos je eine Statue geschaffen haben sollen. Den ersten Preis soll P. erh. haben, den zweiten → Pheidias (I), den dritten → Kresilas und den vierten → Phradmon. Es ist schwer zu entscheiden, wie weit diese Überlieferung den Tatsachen entspricht und wie weit sie anekdot. Züge enthält. Tatsache bleibt aber, daß sich drei (viell. sogar vier) nach Typen unterscheidbare Amazonen-Statuen in Kopien erh. haben, die in den Proportionen, im Thema sowie in der allg. zeitl. Stufe miteinander übereinstimmen. Die Grundzüge (die viell. in den Wettbewerbsbestimmungen festgelegt waren) sind nach Ausweis der Statuentypen folgende: die Amazone ist verwundet, stehend und mit einem Chiton bekleidet. – Der Typus Mattei läßt sich mit Sicherheit für P. ausschließen. Der Aufbau der Statue wird ganz vom dramat. Vorgang her bestimmt. Die Amazone, am linken Oberschenkel getroffen, hält sich an ihrem Speer aufrecht. Es ist keine kontrapostisch klar überschaubare Lösung angestrebt, wie sie P. in allen bek. Werken gesucht und erreicht hat. Die Zuweisung dieses Amazonentypus an → Pheidias (I) ist allg. anerkannt und erhält insofern auch eine äußerl. Beglaubigung, als Lukian (im., 4) gerade für die Amazone des → Pheidias (I) das Speermotiv bes. hervorhebt. Das Attribut des Speeres wird allerdings auch für einen der beiden and. Amazonentypen bezeugt, doch steht bei diesem das Speermotiv nicht so zentral im Vordergrund und die übrige Auffassung ist von → Pheidias (I) sehr verschieden. – Somit bleibt die Wahl zw. dem Amazonentypus Sciarra und dem des Sosikles (benannt nach dem Kopisten → Sosikles, auch als kapitolinischer Typus bezeichnet). Eine Entscheidung ist schwierig. Beide Typen zeigen schon äußerl. eine gewisse Verwandtschaft durch das polykletische „Standmotiv“. Auch der kontrapostische Aufbau beider Statuen läßt sich innerhalb der besprochenen polykletischen Werke ganz ähnl. nachweisen. Bei der Sosikles-Amazone ist alles auf die Verwundung bezogen. Sie hebt mit der linken Hand das Gewand von der verletzten Brust weg und stützt sich mit der Rechten ermattet auf den Speer. Der Blick ist zur gleichen Seite gewendet und geneigt. Die Handlung ist betont realistisch und ganz unpathetisch geschildert. Anders bei dem Typus Sciarra: Hier stützt sich die Amazone auf einen Pfeiler. Schon dadurch wird der Vorgang aus dem unmittelbaren Zusammenhang des Kampfes losgelöst – in eine eigenwilligere Atmosphäre gezwungen. Der rechte, über den Kopf gelegte Arm nimmt auf die Wunde der rechten Seite keinen Bezug. Im Gegensatz zur Sosikles-Amazone sind hier auch die Anordnung und Stilisierung des Gewandes ganz dem Rhythmus des Körpers untergeordnet. Die formale und inhaltl. Gewalt ist von einer erschütternden Eindringlichkeit. Ist es ein Zufall, daß wir beim *Apollon-Diadumenos* (*Nr 2*) und dem *Achilleus-Doryphoros* (*Nr 1*) eine ähnl., bis zur äußersten Konsequenz durchgeführte Verschmelzung der formalen und inhaltl. Bezüge festgestellt haben? Man darf wohl Furtwängler (1893) folgen, der in dem *Typus Sciarra* den polykletischen Beitr. vermutete: eine Beurteilung, die E. Berger schon im LAW (1965) vertrat und die heute u.a. auch von R. Bol und A. H. Borbein bevorzugt wird. Zugegebenermaßen hätte das Problem allein von den Köpfen aus betrachtet auch anders entschieden werden können. Der Kopftypus des → Sosikles überragt auch den *Typus Sciarra* in seiner situationsgebundenen „Porträthaftigkeit". Doch entscheidet dies noch nichts über die Meisterfrage, und man darf in diesem Zusammenhang wohl daran erinnern, daß → Kresilas ein vorzüglicher Porträtist gewesen sein muß, da ihm der Auftrag für das Perikles-Bildnis anvertraut wurde. – *Zusammenfassung – Wertung – Kanon*: Zusammenfassend können wir feststellen, daß uns für die Biogr. des → P. und die Identifizierung seiner Werke nur wenige äußerl. Anhaltspunkte zur Verfügung stehen. Genaue Angaben über die Lebenszeit konnten den Schriftquellen nicht entnommen werden. Es war auch nicht möglich, Beginn und E. seiner Wirksamkeit genau abzugrenzen. Es ist ebenfalls nicht gelungen, auch nur *eine* der polykletischen Siegerstatuen, von denen die Daten des Sieges und/oder die Basen mit den Inschr. noch erh. sind, innerhalb des Kopistenbestandes mit Sicherheit zu identifizieren. Es ist dies auch nicht verwunderlich, da es von vornherein nicht sehr wahrsch. ist, daß Kopien von Werken, die an hist. mehr oder weniger farblose Einzelpersonen geknüpft bleiben, in der Römerzeit noch gefragt waren. Unsere Übersicht zeigt, daß sich die kaiserzeitl. Kopistentätigkeit auch bei P. auf die Werke konzentriert hat, bei denen ein neuer aktueller Zusammenhang sichtbar gemacht, eine „mythologische Brücke" geschlagen werden konnte. So sind es denn v.a. die myth. Gestalten des P., die innerhalb der Kopien wieder nachgewiesen werden konnten: ein *Achill (Doryphoros)* (*Nr 1*), ein *Apollon (Diadumenos)* (*Nr 2*); mit großer Wahrscheinlichkeit eine *Amazone* (*Nr 9*), ein *Hermes* (*Nr 4*), eine, viell. sogar zwei *Herakles-Statuen* (*cf. Nr 3*). Einige weitere Statuentypen, deren mytholog. Gehalt nicht mehr präzise zu erfassen ist, lassen sich nach unserer Auffassung aufgrund stilist. Indizien anschließen, wenngleich für diese die direkte Verbindung mit Schöpfungen des P. in der Forsch. nicht einhellig anerkannt wird: der *sog. Diskophor* (*Nr 5*), der *sog. Dresdner* (*Nr 7*) und der *sog. Westmacottsche Knabe* (*Nr 6*). Bei diesen Werken lassen sich gewisse, z.T. zieml. vage Kombinationen mit polykletischen Werken vermuten, die auch in den Schriftquellen nur unter dem Motivnamen geführt werden: näml. mit dem *nudus talo incessens*, dem *destringens se* und den *astragalizontes*. Vom *Kultbild der Hera von Argos* (*Nr 8*) und den *Kanephoren* konnten keine sicheren Kopien ermittelt werden. Wir bleiben bei diesen Werken auf die kurzen Beschr. und Angaben der Schriftquellen angewiesen. Unerwähnt blieb auch das *Bildnis des Artemon*. Auch auf die *Hekate*, *Apollon-Leto-Artemis-Gruppe* und den *Zeus Meilichios* (nach 417 v. Chr.) wurde hier nicht näher eingegangen, da (jedenfalls bei den letzten beiden Schöpfungen) eine Zuweisung an den jüngeren → P. (II) wahrsch. ist. – Für keines der in Kopien nachg. Werke des P. wird durch die Schriftquellen ein genaues Datum überliefert. Es bleibt aber aufgrund stilist. Erwägungen möglich, eine relative Chronologie aufzustellen. Dem *Doryphoros* (*Nr 1*) gegenüber ließ sich der *Diadumenos* (*Nr 2*) deutl. als jüngere Schöpfung erkennen. Aufgrund subtiler Detailvergleiche lassen sich die and. Statuen, von einer Ausnahme abgesehen, zw. diesen beiden Fixpunkten einordnen. Der *Hermes* (*Nr 4*) kann nur wenig jünger als der *Doryphoros* (*Nr 1*) sein; der „zweite" *Herakles* (cf. *Nr 3*) nur wenig älter als der *Diadumenos* (*Nr 2*). Die beiden *Knabenstatuen* (*Nrn 6* und *7*) nehmen die Mitte ein. Die *Amazone* (*Nr 9*) möchte man so spät als mögl. datieren – jedoch kaum über 430 v. Chr., es sei denn, man halte am überlieferten Wettb. nicht fest. Der *sog. Diskophor* (*Nr 5*) liegt dem *Doryphoros* (*Nr 1*) schon aufgrund des Standmotivs voraus. Der Vergleich des Kopfes zeigt jedoch, daß es sich nur um wenige Jahre handeln kann. Für den *Doryphoros* (*Nr 1*) nimmt man aufgrund äußerl. datierter Mon. (z.B. die Parthenon-Skulpt.) fast allg. eine Dat. um oder kurz vor 440 v. Chr. an. Für die Entwicklung bis zum *Diadumenos* (*Nr 2*) sind etwa 30 Jahre notwendig. Wir kommen von dieser Seite her also auf eine Arbeitszeit von etwa 450–420 v. Chr., was mit unseren biogr. Erwägungen übereinstimmt. Nach unten wird man den Zeitraum noch etwas erweitern dürfen, da der Wiederaufbau des Tempels von Argos nach dem Brand von 423 v. Chr. wohl längere Zeit in Anspruch genommen hat. Am bedeutendsten und umfangreichsten peloponnesischen Denkmal im ausgehenden 5. Jh. v. Chr., am delphischen Weihgeschenk der Spartaner für den Sieg von Aigos Potamoi vom Jahre 405, war P. nach der Überlieferung nicht mehr selbst, sondern schon seine Schüler beteiligt. Wir werden also kaum fehlgehen, wenn wir das E. seiner Arbeitszeit und damit die Grenzscheide zu den Werken des jüngeren → P. (II) ins vorletzte Jahrzehnt des 5. Jh. v. Chr. setzen. – Eine Wertung der künstler. Eigenart und der kunsthist. Bedeutung des P. kann von einigen wichtigen Äußerungen der antiken Autoren ausgehen. Plinius (nat., 34, 56) nennt als eine Eigentümlichkeit des P. die „Erfindung" von Statuen, die auf *einem* Bein stehen (*proprium eius est uno crure ut insisterent signa excogitasse*). Was mit diesem Ausspruch gemeint ist, läßt sich nach Kenntnis seiner Werke besser verstehen. Auf einem Bein stehende Einzelstatuen sind von vornherein im 5. Jh. v. Chr. nur schwer vorstellbar, können jedenfalls als Eigentümlichkeit eines Meisters nicht bez. werden. Der Ausspruch darf also nicht wörtl. ausgelegt werden. Hingegen ist bei allen betrachteten polykletischen Statuen (vom *sog. Diskophoros* [*Nr 5*] – dem *nudus talo incessens*[?] – abgesehen) das Spielbein so stark entlastet, daß es nur mit der Zehenspitze den Boden berührt. Auf dieses Charakteristikum müssen die Worte des Plinius bezogen sein. Dieses Standmotiv ist oft als Schrittmotiv mißverstanden worden; es kann aber nicht handlungsmäßig erklärt werden. Es ist eine allgemeinere – man kann sagen: eine Formel, welche die Impulse des menschl. Körpers am ausgewogensten zur Entfaltung bringen kann, – bei der sich Ruhe und Bewegung in klass. Harmonie die Waage halten. Der polykletischen Aufbau einer Statue stellt eine künstler. Lösung dar, welche die physiolog. Gesetzmäßigkeit transzendierend ein „Urbild" durchscheinen läßt. Auf diese Lösung beziehen sich, bewußt oder unbewußt, alle klass. Standbilder der Folgezeit. – P. hat seine Gestaltungsprinzipien auch theoretisch in einer Schr. mit dem Titel *Kanon* erläutert. Nach den erh. Fragm. dieser Schr. waren für P. zwei Gesichtspunkte ausschlaggebend: 1. das Proportionsverhältnis der einzelnen Körperglieder zueinander und zum Ganzen und 2. die vom Messzirkel nicht mehr faßbare Nuance, d.h. die Irrationalität des schöpfer. Augenblickes. Während der erste Gesichtspunkt weitgehend auf empirischer Grundlage basiert, bezieht der zweite (bislang nicht genügend beachtete) Gesichtspunkt bei der künstler. Gestaltung auch das Unberechenbare ein. Man ist überrascht, von einem Künstler des 5. Jh. v. Chr. einen solchen Grenzbegriff schon bewußt formuliert zu finden. Und nur von hier aus können wir verstehen, daß → Lysippos (I) mit seinem andersartigen Kanon gerade den *Doryphoros* (*Nr 1*) – den Kanon des Polyklet – als seinen Lehrmeister bezeichnen konnte. – Die Statuen des P. werden von Varro (Plin., nat., 34, 56) als vierschrötig breit (*quadrata*) und gleichförmig (*et paene ad „unum" exemplum*) bezeichnet. Beide Äußerungen basieren auf richtigen Beobachtungen. Sowohl gegenüber den vorausgehenden wie auch gegenüber den nachfolgenden Statuen wirken die polykletischen Schöpfungen breit und massig, und zwar aus folgenden Gründen: Bei den Werken des Strengen Stils im früheren 5. Jh. v. Chr. ist die Hüfte im Verhältnis zur Schulter schmaler; bei den Werken des 4. Jh. v. Chr. (man vgl. z.B. den Schaber des → Lysippos [I]) sind die Beine im Verhältnis zum Körper länger und der Kopf kleiner. – Auch die von Varro hervorgehobene Gleichförmigkeit der polykletischen Werke ist auffallend. P. konzipiert seine Statuen fast immer nach dem gleichen Grundprinzip, ohne jedoch in schablonenhafte Wiederholungen zu verfallen. Wer sich die *Statuen des Achill (Doryphoros)* (*Nr 1*), *Apollon (Diadumenos)* (*Nr 2*), *Herakles* (*Nr 3*) und *Hermes* (*Nr 4*) nochmals vergegenwärtigt, muß erkennen, wie die verschiedensten Gehalte durch kleinste Nuancen zu einer höchst eigenständigen Ausdrucksgewalt verdichtet worden sind. Dieser Meister hat nicht unbedingt an seinem Grundschema – an dieser heroisch gestimmten Urformel festgehalten. Für die Darst. der αἰδώς der Knaben ist er z.B. ganz bewußt vom Aufbau des Kanon abgewichen. Seine stark vom Intellekt her bestimmte künstler. Einbildungskraft schloß Echtheit der Empfindung ein. Selbst in der eigenwilligsten Ausprägung des Kanon bei seiner *Amazone* (*Nr 9*) bleibt P. frei von jedem Klassizismus. – Eine mehr auf den Gehalt der polykletischen Werke zielende Charakterisierung gibt Quintilian (inst., 12, 10, 7), wenn er sagt, P. hätte der menschl. Gestalt eine über die Wirklichkeit hinausführende Weihe (*decor*) verliehen, jedoch die Würde und das Ansehen der Götter nicht ganz adäquat erfaßt (*non explevisse deorum auctoritatem*); er hätte sogar die Darst. des fortgeschrittenen Alters vermieden und nichts über glatte Wangen hinaus gewagt. – Es ist eine allg. Tendenz der Griechen, den Menschen zu vergöttlichen und die Götter zu vermenschlichen. Immerhin können wir sagen, daß P. hierin bes. weit gegangen ist und die Angleichung der beiden Bereiche bes. konsequent, oft sogar fast gewaltsam vollzogen hat. Nur aus diesem Grund konnte z.B. die urspr. Deutung des *Doryphoros* (*Nr 1*) und *Diadumenos* (*Nr 2*) so lange verborgen bleiben. Daß P. nichts über glatte Wangen hinaus gewagt habe, können wir auch (jedenfalls soweit sich der Denkmälerbestand überblicken läßt) bestätigen. Diese Feststellung besagt aber keineswegs, daß dieser Meister immer den gleichen Jünglingstypus gestaltet hätte. Im Gegenteil, es gab wohl keinen and. antiken Bildhauer sonst, der in der Abstufung der Lebensalter vom Knaben bis zum reifen Jüngling einer solchen Variationsbreite und -fülle fähig war wie Polyklet. ▭ ThB27, 1933. RE XXI. 2, 1952 (s.v. P. 10); EAA VI, 1965 (s.v. Policleto); LAW, 1965 (s.v. Polyklet); KlP IV, 1972 (s.v. P. 5); DA XXV, 1996 (s.v. P.); DNP X, 2001. – *Schriftquellen*: *Overbeck*, SQ, 1868, Nrn 929–977; *Muller-Dufeu*, SculptureSource, 2002, 393–405, Nrn 1138–1180. – *Allgemein*: *Furtwängler*, Meisterwerke, 1893, 413–509; *C. Anti*, MonAnt 26:1920, 501 ss.; *R. Bianchi Bandinelli*, Policleto, Fi. 1938 (Quad. per lo studio dell'archeologia, 1) mit Abb. der wichtigsten Kopien; *Lippold*, GrPl, 1950, 162 ss.; *P. Zanker*, Klassizist. Statuen, Mainz 1974; *H. Beck/P. C. Bol/M. Bückling* (Ed.), Polyklet (K Ffm., Liebieghaus, Mus. alter Plastik), Ffm./Mainz 1990; *D. Kreikenbom*, Bildwerke nach Polyklet, B. 1990; *E. Berger/ B. Müller-Huber/L. Thommen*, Der Entwurf des Künstlers. Bildhauerkanon in der Antike und Neuzeit (K Antiken-Mus. Basel und Slg Ludwig), Basel 1992; *H. Beck/P. C. Bol* (Ed.), Polyklet-Forsch., B. 1993. – *Deutung allgemein*: Vgl. die Kontroverse zw. *E. Löwy* und *F. Hauser*, in: ÖJh 8:1905, 42, 269; 9:1906, 270; 10:1907, 329; 12:1909, 100 ss. – *Zum Kanon des Polyklet*: *D. Schulz*, Hermes 83:1955, 200 ss.; *W. Gauer*, Gab es einen athlet. Kanon? Für und Wider zweier Buchstaben: Neue Überlegungen zum Kanon des Polyklet. Kwartalnik historii kultury materialnej, 1998 (1/2). – *Zu den einzelnen Werken*: – A.) *Jünglinge*: – 1.) *Doryphoros*: *Zanker*, op. cit., 1974, 7–11, Taf. 5–7; *Berger/Müller-Huber/Thommen*, op. cit., 1992, 32 s., 40 s., 104–117; Beih., 200–223; *A. Stewart*, BJb 196:1996, 754–756 (Rezension zu *Berger/ Müller-Huber/Thommen*, op. cit., 1992); *E. Berger*, Zum Kanon des Polyklet, in: *Beck/Bol/Bückling*, op. cit., 1990, 156–184; *Kreikenbom*, op. cit., 1990, 59–94, 163–180, Taf. 104–209; *id.*, in: *Beck/Bol*, op. cit., 1993, 103–116, 334–337; *H. von Steuben*, StädelJb 15:1995, 7–18; *A. H. Borbein*, YaleClSt 30:1996, 66–90, Taf.; *B. Wesenberg*, JdI 112:1997, 59–75; 2000 years +. An exhib. of art 2000 to 7000 years old (K Alan Safani Gallery), New York 1999: Abb. eines polykletischen Torso, der als *Diskophoros* angesprochen wird, aber wahrsch. eine Replik des *Doryphoros* wiedergibt; *J. M. Hurwit*, The Doryphoros: Looking backward, in: *W. G. Moon* (Ed.), P., the Doryphoros and trad., Madison 1995 (Wisconsin stud. in Classics), 3–18; *R. Tobin*, The pose of the Doryphoros, in: ibid., 52–64; *H. Meyer*, A Roman masterpiece: The Minneapolis Doryphoros, in: ibid., 65–115. – 2.) *Diadumenos*: *Zanker*, op. cit., 1974, 11–17, Taf. 8–15; *Berger/Müller-Huber/Thommen*, op. cit., 1992, 118–123; Beih., 224–237; *Kreikenbom*, op. cit., 1990, 109–140, 188–203, Taf. 247–348. – 3.) *Herakles*: *Zanker*, op. cit., 1974, 11–17, Taf. 8–15; *Berger/ Müller-Huber/Thommen*, op. cit., 1992, 160–167; Beih., 290–298; *Kreikenbom*, op. cit., 1990, 95–108, 181–187. – 4.) *Hermes*: *Zanker*, op. cit., 1974, 5–7, Taf. 1 ss.; *Berger/Müller-Huber/Thommen*, op. cit., 1992, 154–158; Beih., 272–289; *Kreikenbom*, op. cit., 1990, 45–57; *J. Floren*, Der Hermes des Polyklet, in: *H. Beck/P. C. Bol*, op. cit., 1993, 57–72; *R. Stupperich*, Cahiers de Mariemont 23:1992, 7–21. – 5.) *Sog. Diskophoros*: *Zanker*, op. cit., 1974, 4–6, Taf. 1–4; *Berger/Müller-Huber/Thommen*, op. cit., 1992, 148–153; Beih., 262–271; *Kreikenbom*, op. cit., 1990, 21–44; *P. C. Bol*, Diskophoros, in: *Beck/id./Bückling*, op. cit., 1990, 111–117; *E. Berger*, Antike Kunstwerke aus der Slg Ludwig, III. Skulpt., Mainz 1990, 117–138, Nr 228: Replikenliste: Beilagen 14–16, Rekonstr. und Deutung; *F. Rebecchi*, Echi della classicità a Rimini: la copia del Doriforo di Policleto, Bo. 1993 (Univ. degli stud. di Bologna, Quad. della scuola di specializzazione in archeologia, 1), 149–160. – B.) *Knaben*: *Zanker*, op. cit., 1974, 19–27, Taf. 21–29. – *Zum sog. Westmacottschen Epheben und sog. Dresdner Knaben*: *Berger/Müller-Huber/Thommen*, op. cit., 1992, 168–182; Beih. 299–325; *P. Liverani*, Il Doriforo del Braccio Nuovo e l'Efebo tipo Westmacott Castel Gandolfo. Nota sul restauro, in: *Beck/Bol*, op. cit., 1993, 9–39, 135–140; *A. Linfert*, Aus Anlaß neuer Repliken des Westmacottschen und des Dresdner Knaben, in: ibid., 141–192; *Berger*, op. cit., 1990, 139–154, Nr 229 (*Dresdner Knabe*). – 6.) *Sog. Westmacottscher Ephebe*: *Zanker*, op. cit., 1974, 19–24, Taf. 21–26; *Berger*, op. cit., 1990, 139–154, Nr 229; *Berger/Müller-Huber/Thommen*, 1992, 173–182; Beih. 314–325. – 7.) *Sog. Dresdner Knabe*: *Zanker*, op. cit., 1974, 19–27, Taf. 27 s.; Beih. 299 s., 302–313; *Berger*, op. cit., 1990, 139–154, Nr 229; *Berger/Müller-Huber/Thommen*, 1992, 168–172; Beih. 300–305; *A. H. Borbein*, YaleClSt 30:1996, 79, Anm. 72. – C.) *Frauen*: – 8.) *Kultbild der Hera*: *P. C. Bol*, in: *Beck/Bol/ Bückling*, op. cit., 1990, 254–256, Abb. 113–117, sowie den überlebensgroßen Unterkörper im Mus. von Fréjus; *T. Lorenz*, StädelJb 14:1993, 7–18. – 9.) *Amazone*: *H. von Steuben*, Der Kanon des Polyklet, Tb. 1973, 56–68; *R. Bol*, in: *Beck/Bol/ Bückling*, op. cit., 1990, 213–239; *Berger/Müller-Huber/Thommen*, op. cit., 1992, 126 s.; Beih. 246 s.; *H. von Steuben*, Die Amazone des Polyklet, in: *Beck/Bol*, op. cit., 1993, 73–102; *R. Bol*, Amazones volneratae, Mainz 1998; *H. H. Wimmer*, NumAntCl 28:1999, 145–165; *T. Hölscher*, Die Amazonen von Ephesos: Ein Mon. der Selbstbehauptung, in: *P. Linant de Bellefonds* (Ed.), ἀγαθὸς δαίμων. Mythes et cultes. Et. d'iconographie en l'honneur de Lilly Kahil, P. 2000 (BCH, Suppl., 38), 205–218.

E. Berger

Polykleitos (II) und **Polykleitos (III)**, argivische Bildhauer der Nachf. von → P. (I) und wohl auch dessen Nachkommen. Daß es mehr als nur einen Bildhauer namens P. gegeben hat, bekundet Pausanias (6, 6, 2), der zu der *Siegerstatue des Agenor* ausdrückl. mitteilt, P., aber nicht der Meister der *Hera von Argos*, habe sie geschaffen. Daß wenigstens drei Bildhauer klass. Zeit den Namen P. führten, ergibt sich aus chronolog. Erwägungen. Einerseits setzt das Schaffen des → P. (I) bereits um 460 v. Chr. ein, während andererseits die jüngsten mit dem Namen des P. verbundenen Skulpt. frühestens dem 3. V. des 4. Jh. v. Chr. angehören. – Im Gegensatz zu → P. (I), der von Plinius ausdrückl. als Sikyonier bez. wird, waren seine Nachf. Argiver. – Problemat. ist die Zuweisung der in der antiken Lit. als Werke des P. ausgewiesenen Schöpfungen an die versch. Träger dieses Namens. Als strittig gilt v.a. die Zuordnung der von mehreren Forschern als Schöpfung des → P. (I) angesprochenen *Hera von Argos*. Der zugehörige Tempel war nach dem Brand des Vorgängers im Jahre 423 v. Chr. allerdings erst um die Jahrhundertwende so weit gediehen, daß er ein Kultbild aufnehmen konnte, ein Zeitpunkt, zu dem der um 490–80 v. Chr. geborene → P. (I) kaum mehr tätig gewesen sein kann. Auch stilist. ist die *Hera von Argos* mit → P. (I) nicht zu verbinden. – Die in der antiken Lit. mehrfach beschriebene (vgl. v.a. Paus., 2, 17, 4–5) aus Gold und Elfenbein gefertigte Statue trug eine Krone, auf welcher Chariten und Horen dargestellt waren, und in der einen Hand einen Granatapfel, in der and. ein Zepter, auf dem urspr. ein Kuckuck gesessen haben soll. Außer auf argivischen Münzen erscheint das Kultbild auf einem klass. Weiherelief in Argos, auf dem außer dem Granatapfel und dem Zepter zu erkennen ist, daß Hera in einen Chiton gekleidet war und darüber einen über die Beine gelegten Mantel trug, der, im Rücken hochgenommen, von der linken Schulter nach vorn herabfiel. Von den Beinen war das linke etwas vor, das rechte etwas zurückgesetzt. Auf dasselbe Vorbild geht offenbar eine Sitzstaue in Boston (MFA, E. P. Warren Coll., Francis Barlett Donation of 1900, Inv. Nr 03. 749; Replik hierzu ehem. Wilton House) zurück. Als Kopie nach der *Hera von Argos* gilt ferner ein Kopf in London (BM, Inv. Nr 1792) mit einem Diadem, über der Mitte der Stirn gescheiteltem Haar und an den Schläfen lang herabwallenden, eingedrehten Locken, bei welchem die Stilisierung der Strähnen allerdings eher an ein gegen die M. des 5. Jh. v. Chr. entstandenes Vorbild denken läßt. – Im Faltenstil steht der Torso in Boston Fragmenten der Bauplastik des Heraions von Argos nahe, dessen bildner. Schmuck demnach wohl ebenfalls unter der Aufsicht und viell. sogar in der Wkst. von P. (II) entstanden sein mag. Wie das Kultbild selbst steht sie unter dem Einfluß der attischen Plastik des reichen Stils, von der sie sich dennoch durch eine größere Schärfe und deutlichere Abgrenzung der einzelnen Partien abhebt. – P. (II) ist vermutl. auch das Sitzbild des *Zeus Meilichios* zuzuweisen, das Pausanias (2, 20, 1) in Argos erw. und das aus hist. Gründen der Zeit um die Wende vom 5. zum 4. Jh. v. Chr. angehören dürfte. Münzbilder geben von der Skulpt. nur eine schwache Vorstellung. Rundplast. Wiederholungen konnten bislang noch nicht nachg. werden. – Ebenfalls noch dem reichen Stil gehört das um 390–380 v. Chr. geschaffene Vorbild der *Aphrodite von Epidauros* an, das mit großer Wahrscheinlichkeit mit der *Aphrodite in Amyklai* gleichzusetzen ist, bei der ihrerseits hist. Gründe für einen *terminus post quem* von 405 v. Chr. sprechen. – In Aufbau und Haltung scheint sich die Figur den Gesetzen des polykletischen Kontraposts zu unterwerfen, der aber im Gegensatz zu dem chiastischen Gegenspiel von Ruhe und Bewegung hier zur Darst. einer wenn auch verhaltenen Aktion eingesetzt wird. – Möglicherweise galt dies auch für die *Statue des Fünfkämpfers Pythokles*, die Pausanias (6, 7, 10) als Werk des P. erwähnt. Sein Sieg fiel wohl in die 82. Olympiade (452 v. Chr.). Aufgrund des Char. der Inschr. und des Typus der Basis, die sich in Olympia erh. hat, ist die Statue jedoch nicht vor dem ausgehenden 5. Jh. v. Chr. errichtet worden. Die Inschr. wurde im 1. Jh. n. Chr. erneuert. In Rom kam eine weitere Basis zu Tage, die ebenfalls die Weih-Inschr. des Pythokles samt Künstler-Sign. trägt. Da auf der Basis in Olympia mehrfache Verankerungslöcher erscheinen, ist davon auszugehen, daß die orig. *Pythoklesstatue* zu irgendeinem Zeitpunkt nach Rom verschleppt wurde und man in Olympia auf den frei gewordenen Sockel eine and. Statue setzte. – Allerdings stimmen die Vergußlöcher auf der Basis in Rom mit keiner der Verankerungen auf der olympischen Basis überein. Die Frage, welche der versch. Einlaßspuren auf der Basis in Olympia der polykletischen Statue zuzurechnen sind, ist in der Forsch. unterschiedl. beantwortet worden. Mit größter Wahrscheinlichkeit sind der polykletischen *Pythoklesstatue* jedoch zwei Bettungen zuzuweisen, von denen die größere, oblonge zu einem mit ganzer Sohle auftretenden rechten Fuß gehörte, während eine sehr viel kleinere, kreisförmige auf einem nur mit Ballen und Zehen auftretenden linken Fuß schließen läßt. Dies ergäbe ein Standmotiv, das zwar an den Doryphoros oder den Diadumenos erinnert (→ P. [I]), aber mit dem weiter zurückgesetzten Spielbein v.a. in der Polyklet-Nachf. gebräuchlichen, z.B. dem Ephesier des → Teisandros oder dem Lysander des → Dameas (II) vom Lysander-Mon. in Delphi entspricht. – Als weitere Athletenstatue des P. (II) käme das *Siegesanathem des Antipatros* in Frage (Paus., 6, 2, 6), der vermutl. in der 98. Olympiade (388 v. Chr.) den Faustkampf der Knaben für sich entschied. –

Problemat. ist der mehrfach geäußerte Vorschlag, das Vorbild der *Hera Borghese* mit P. (II) zu verbinden. Zwar sind beim Kopf Ähnlichkeiten mit der *Aphrodite von Epidauros* nicht zu verkennen, doch tritt die *Hera Borghese* entschiedener auf. Es fehlt ihr der labile Stand und die verhaltene Bewegung der *Aphrodite*. – Da P. (II) mehrfach Götterbilder geschaffen hat, waren ihm möglicherweise auch die aus weißem Stein gemeißelten *Statuen von Apollon, Leto und Artemis* auf dem Berg Lykone im Grenzgebiet von Argos nach Tegea hin zu verdanken, zu denen Pausanias (2, 24, 5) den Namen des P. allerdings nur mit Vorbehalt nennt und zu denen uns weitere Erkenntnisse zur Erscheinung und zur Entst.-Zeit fehlen. – Wenn P. (II) der Meister des Goldelfenbeinbildes der *Hera von Argos* war, geht Pausanias' (6, 6, 2) entschiedener Aussage zufolge die *Siegerstatue des Agenor*, der vermutl. in der 105. Olympiade (360 v. Chr.) im Faustkampf der Knaben siegte, auf einen weiteren Homonymen, also auf P. (III) zurück. Dieser dürfte mit jenem P. gleichzusetzen sein, den Pausanias (2, 22, 7) als Meister einer *Hekate-Statue* in Argos zus. mit Naukydes, dem Sohne des Mothon (→ Naukydes [II]), nennt und den meisten Hss. zufolge (and. nennen hier Perikleitos oder Periklytos; → Periklytos) als dessen Bruder bezeichnet. – P. (III) ist aus chronolog. Gründen auch eine *Statue für den Athleten Timokles* zuzuordnen. Denn deren in Theben erh. Basis mit der Sign. des P. trug ebenfalls eine *Statue des Athleten Korveidas*, ein Werk des → Lysippos (I). Da Korveidas der Inschr. zufolge in Delphi das Pankration der Knaben gewonnen hatte, eine Disziplin, die dort erstmals 346 v. Chr. ausgetragen wurde, für welches Datum jedoch ein and. Sieger überliefert ist, kann er frühestens 342 v. Chr. erfolgreich gewesen sein. Andrerseits muß seine Statue vor der Zerst. Thebens im Jahre 335 v. Chr. gestiftet worden sein. Das auf diese Weise für die *Statue des Korveidas* erschlossene Datum gilt auch für die zus. mit dieser errichteten *Timokles-Statue* des P. (III). Etwa in der M. zw. diesem Datum und der Schaffung der *Statue der Hera von Argos* des P. (II) liegen die dem Sieg des Agenor wohl nur wenig vorausgehenden Erfolge mehrerer Athleten, für die Pausanias P. als Meister ihrer Siegesanatheme nennt. Vermutl. in der 102. Olympiade (372 v. Chr.) gewannen Thersilochos von Kerkyra (Paus., 6, 13, 6) den Faustkampf und Xenokles von Mainalos (Paus., 6, 9, 2) den Ringkampf der Knaben. In der 103. Olympiade (368 v. Chr.) könnte dagegen Aristion von Epidauros (Paus., 6, 13, 6) den Faustkampf der Männer für sich entschieden haben. Von den *Statuen des Aristion* und des *Xenokles* blieben in Olympia die Basen erhalten. Bei beiden ist aus der Form und Anbringung der Vergußlöcher auf den Oberseiten zu schließen, daß das linke Bein als Standbein das Gewicht des Körpers trug, wobei sich der linke Fuß nur etwas nach außen richtete, während der rechte Fuß nur wenig nach vorn, aber entschiedener zur Seite gesetzt und nach außen gedreht war. Da bei der *Timoklesstatue* die Füße zwar weniger nach außen gedreht waren, aber ebenfalls mit ganzer Sohle auftraten und auch hier das rechte Bein als Spielbein nur wenig vor, aber weit zur Seite gesetzt war, darf man für alle drei Statuen P. (III) als Meister vermuten. – Träfe Plinius' (34, 64) Nachr. zu, daß P. eine *Statue des Hephaistion*, des Freundes Alexanders d. Gr., geschaffen habe, eine Skulpt., die nach Plinius' eig. Meinung auf → Lysippos (I) zurückging, wäre dies frühestens 340 v. Chr. entstanden und somit ebenfalls P. (III) zu verdanken. – Während P. (II) sich offenbar mit dem von → P. (I) entwickelten *uno crure insistere* auseinandersetzte, stand P. (III), nach den Standspuren der ihm zuzuordnenden Athletenstatuen zu urteilen, eher in einer über den Mercure Richelieu und den Hermes Pitti bis zu dem Antretenden Diskobolen des → Naukydes (I) zurückzuverfolgenden Tradition. – Viell. war P. (III) auch Architekt. Jedenfalls nennt Pausanias (2, 27, 5) den Namen des P. bei der Beschr. des Theaters von Epidauros mit dem Zusatz, daß auch die *Tholos* auf ihn zurückgehe. Entgegen seiner übl. Zurückhaltung läßt er sich dabei sogar zu dem Lob hinreißen, daß niemand mit P. an Ebenmaß und Schönheit in Wettb. treten könne. Für die *Tholos* wird heute eine von 360–320 v. Chr. reichende Bauzeit vermutet. Wenn man nicht einen reinen Architekten namens P. (v. → P. [IV]) postuliert, sondern hinter dem Erbauer der *Tholos* einen der Bildhauer dieses Namens sehen möchte, käme der Dat. wegen nur P. (III) in Frage, als dessen eigenhändige Arbeit dann auch das bek. Musterkapitell zu gelten hätte. Das Theater von Epidauros wird allerdings erst im frühen 3. Jh. v. Chr. entstanden sein, ein Datum, das über die Lebenszeit von P. (III) hinausgeht, entgegen Pausanias' Aussage aber auch ausschließt, es dem Architekten der *Tholos* zuzuschreiben. ▭ ThB27, 1933. RE XXI. 2, 1952 (P. 11 und P. 12; der Architekt ebd. P. 15); EAA VI, 1965 (s.v. P. 2–4); DNP X, 2001 (s.v. P. 2). – *Brunn*, GGK, I, 1889, 25 ss.; *Overbeck*, SQ, 1868, Nrn 932–939, 941–943, 947–951; *R. Bianchi Bandinelli*, Policleto, 1938, Anm. 16 s., 19, 28 s.; *Picard*, Manuel, III. 1, 1948, 314 ss.; *A. Linfert*, Von Polyklet zu Lysipp, Diss. FiB. 1965, Gießen 1966, 6 ss., 21 ss.; *D. Arnold*, Die Polykletnachfolge, B. 1969 (JdI, ErgH. 25), 6, 8 s., 13, 15 ss., 38, 44,

151 ss., 162 s., 176 ss., 223, 236, 268 s., 274; *A. Linfert*, in: *Beck/Bol*, Polyklet, 1990, 241 ss., 254–266, 290. P. C. Bol

Polykleitos (III) cf. **Polykleitos (II)**

Polykleitos (IV), griech. Architekt, im 4. Jh. v. Chr. in Epidauros tätig. Pausanias (2, 27, 5) überliefert P. als Architekten der *Tholos* und des *Theaters* von Epidauros. Mit dem Hinweis, daß hinsichtl. Harmonie und Schönheit des Theaters kein and. Architekt mit P. wetteifern konnte, impliziert Pausanias, den Architekten P. mit dem gleichnamigen Erzgießer des 5. Jh. v. Chr., → P. (I), gleichzusetzen. Da sowohl die *Tholos* wie auch das *Theater* erst im 4. Jh. v. Chr. entstanden sind, ist diese Identifizierung nicht möglich. Pausanias selbst nennt an and. Stelle (6, 6, 2) einen jüngeren Polyklet, der ein Schüler eines Naukydes war und dessen Tätigkeit in die Zeit der Wende vom 5. zum 4. Jh. v. Chr. fällt. In Anbetracht der großen Zeitspanne, die zw. dem Bau der *Tholos* (beg. um 370/60 v. Chr.) und des *Theaters* (E. 4. Jh. v. Chr.) liegt, kommt jedoch auch der jüngere Polykleitos als Architekt beider Bauten nicht in Betracht (dagegen Riethmüller, 1996, 90 s.). Mehrere Möglichkeiten könnten aus diesem Dilemma herausführen: – a) *Tholos* und *Theater* wurden von einem dritten Polykleitos errichtet, der viell. mit dem Bildhauer gleichzusetzen ist, der zus. mit → Lysippos (I) zw. 342 und 335 v. Chr. ein *Statuenpaar* in Theben angefertigt hatte (IG, VII, 2532). In diesem Falle wäre wohl anzunehmen, daß P. nicht als alleiniger Architekt an der *Tholos* tätig war, sondern viell. deren Endbauphase begleitet hatte. In der Tat geht aus den Abrechnungsurkunden (IG, IV^2, 103) hervor, daß um 345 v. Chr. mit einer neuen Bauorganisation zu rechnen ist (Seiler, 1986, 84). – b) *Tholos* und *Theater* wurden von zwei versch. Architekten gebaut, wobei – wenn am Namen P. festgehalten wird – ein P. für die *Tholos*, ein weiterer für das *Theater* zuständig gewesen wären. – c) Die Nennung des P. als Architekten von *Tholos* und *Theater* beruht auf einem Irrtum des Pausanias, was heißen würde, daß wir weder den Architekten des einen noch den des and. Bauwerks kennen (Roux, 1961, 186 s.; Svenson-Evers, 1996, 419). – Die offizielle Bezeichnung des von Pausanias *Tholos* gen. Rundbaues lautet *Thymele*, wie die Abrechnungsurkunden IG, IV^2, 103 bestätigen. Leider sind diese Urkunden nicht vollst. erh., sie geben jedoch einen guten Überblick über die Bautätigkeiten vom Baubeginn an bis zu den Arbeiten am Sekos. Zur Dat. herangezogen wird die markante Bleipreiserhöhung im 19. Baujahr, die von einigen Forschern mit der Schlacht von Mantineia 362 v. Chr. (Keil, 1895, 83; Riethmüller, 1996, 90), von and. mit dem Ausbruch des athen. Bundesgenossenkriegs 357 v. Chr. (H. Bauer, Korinthische Kapitelle des 4. und 3. Jh. v. Chr. [AM, Beih., 3], B. 1973, 106 ss.) oder der Finanzreform des Eubulos von 349 (Seiler, 1986, 81 ss.) erklärt wurde. Nimmt man für den Asklepios-Tempel des → Theodotos (I) ein allerdings ebenfalls umstrittenes Datum um 370 v. Chr. an, so wird der Baubeginn der *Tholos* wohl erst nach der Voll. des Tempels anzusetzen sein. Nach dem Abbruch der Abrechnungsurkunden war das Dach der *Tholos* noch nicht fertiggestellt. Die stilist. Auswertung der Dachornamentik weist auf eine Ausf. um 330/20 v. Chr. Die Bautätigkeit hatte sich demnach fast 50 Jahre lang hingezogen. Architektennamen sind in den Urkunden keine überliefert, die lange Bauzeit schließt nicht aus, daß an dem Bau mehrere Architekten beteiligt waren. Der Durchmesser des Stylobates ist mit 20,44 m um ca. 1/3 größer als jener der Tholos in Delphi. 26 dorische Säulen umgeben die Cella (Sekos); bei dem darüber liegenden Gebälk sind v.a. die mit Eierphialen verzierten Metopen und die mit Ranken und Löwenkopfwasserspeiern verzierte Sima hervorzuheben. Das kegelförmige Dach wurde mit einem pflanzl. Akroter bekrönt. Am meisten Wert legte der Architekt aber auf die Gestaltung des Innenraumes, der durch einen Kreis von 14 korinthischen Säulen unterteilt wurde. Die Wahl versch. Gesteinsarten rief ein lebendiges Spiel unterschiedl. gefärbter Partien hervor, das im mit rautenförmigen Platten aus schwarzem, argivischen Gestein und weißem, pentelischen Marmor ausgelegten Boden des zentralen Raumes seinen Höhepunkt erfuhr. Die Wände waren nach Pausanias (2, 27, 3) mit kostbaren Gem. des → Pausias bemalt, darunter ein Eros mit Pfeil und Bogen und Methe mit durchsichtiger, gläserner Schale. – Im Zentrum des Cellabodens befand sich eine Öffnung, die Zugang zu unterirdischen, labyrinthartigen Gängen bot. Die Funktion dieser Gänge hängt wohl eng mit der Deutung des ganzen Baus zusammen. Von den zahlr. Deutungsvorschlägen (Quellhaus, Odeion, Wohnort der hl. Schlangen, Sitz der numinosen Kraft des Heilgottes) überzeugt am ehesten die Erklärung als fiktives Heroengrab des Asklepios, an welchem Blut- und Eierspenden (vgl. die Eierphialen an den Metopen) für den schlangengestaltigen Gott dargebracht wurden (Robert, 1939, 153 ss.; Roux, 1961, 190; Riethmüller, 1996, 91 ss.). – Das demselben Architekten zugeschr. *Theater* gehört zweifellos zu den eindrucksvollsten Bauwerken seiner Art in Griechenland und zeichnet sich dazu durch ungewöhnl. gute akustische Verhältnisse aus. Die kreisrunde Orchestra ist mit einem Steinkreis von

19,55 m Durchmesser eingefaßt, in dessen Zentrum ein Kalksteinblock als Messpunkt für die Bauarbeiten gedient hatte. Das etwas mehr als halbrunde, in den N-Hang des Kynortion eingeschmiegte Koilon ist im unteren Teil in zwölf Keile mit je 32 Sitzreihen eingeteilt, wobei die mittlere Treppe exakt in der Mittelachse des *Theaters* verläuft. Die wahrsch. in einer späteren Bauphase (1. H. des 2. Jh. v. Chr.) angefügte *summa cavea* verfügt über 20 Sitzreihen, die in 22 Keile unterteilt sind. Insgesamt konnten so an die 12300 Zuschauer die Spektakel verfolgen. Vom urspr. Bühnenhaus blieb nicht viel erh., die noch sichtbaren Mauern gehören größtenteils einer spätantiken Erneuerung an. Das Proskenion dagegen mit den beiden vorspringenden Flügeln, der archit. Gestaltung durch ionische Halbsäulen und den Einfalzungen für hölzerne Pinakes ist der urspr. Bauphase zuzurechnen. In die Parodoi führten seitl. Tore mit ionischem Gebälk, das jeweils schmälere der beiden Doppeltore bot Zugang zu den Proskenionrampen. – Die Dat. des Theaters kann nicht mit dem unsicheren Zeugnis über dessen Architekten verbunden werden. Die urspr. Dat. gegen 330 v. Chr. wurde nach Auswertung der archit. Einzelheiten von Gerkan und Müller-Wiener (1961) zugunsten eines Datums um 300 v. Chr. revidiert. Die hellenist. Erweiterung des Koilons dürfte bereits im urspr. Plan vorgesehen gewesen sein, wie Käppel (1989) anhand des als Grundfigur des Gesamtentwurfes maßgebenden Pentogramms zu zeigen versucht hat. ▭ ThB27, 1933. RE XXI. 2, 1952 (s.v. P. 15); EAA VI, 1965 (s.v. P. 3); DNP X, 2001 (s.v. P. 3). – *B. Keil*, AM 20:1895, 20–115; *F. Robert*, Thymèle, P. 1939; *A. von Gerkan/W. Müller-Wiener*, Das Theater von Epidauros, St. 1961; *G. Roux*, L'archit. de l'Argolide aux IVe et IIIe siècles av. J.-C., P. 1961, 131–200; *A. Burford*, The Greek temple builders at Epidauros, Liverpool 1969; *F. Seiler*, Die griech. Tholos, Mainz 1986, 72–89; *H. Büsing*, AM 102:1987, 225–258; *L. Käppel*, JdI 104:1989, 83–106; *J. W. Riethmüller*, Nikephoros 9:1996, 71–109; *Svenson-Evers*, Architekten, 1996, 415–428. K. Reber

Polykleitos (V), griech. Gemmenschneider, in der frühen Kaiserzeit wahrsch. in Rom tätig. Seine Sign. findet sich auf einer *Glaspaste* (Berlin, Staatl. Mus., Antiken-Slg) nach einem seit dem 18. Jh. verschollenen Karneol. Der Stein trägt die Darst. des *Palladionraubes*, eines berühmten und weitverbreiteten Motivs der augusteischen Glyptik, und lehnt sich in Ausf. und Stil an die Fassung des Themas durch → Dioskurides (IV) an. And. Gemmen mit der Sign. des P. sind neuzeitl. Ursprungs. ▭ ThB27, 1933. RE XXI. 2, 1952 (s.v. P. 16). – *A. Furtwängler*, JdI 3:1888, 314, Taf. 8, 28; *Richter*, EngrGemsRom, 1971, 147, Abb. 688; *Zazoff*, AG, 1983, 320 mit Anm. 93. B. Lang

Polykleitos (VI), in der Appendix Planudea überlieferter Name eines Malers unbestimmter Zeit, wahrsch. Verschreibung für Polygnotos (→ Polygnotos [I]). Basierend auf einer These seines Schülers E. Katterfeld leitete E. Pfuhl (1923, 780, § 857) aus drei Schriftquellen einen Maler des 4. Jh. v. Chr. namens P. von Thasos ab, wofür es jedoch keinen Grund gibt: – 1.) In einem Epigramm der Appendix Planudea (Anth. Gr., 16, 150), das man entweder nach einer Konjektur der Aldina Pollianos oder in Analogie zu Anth. Gr., 16, 30, Tullius Geminus (vgl. Aubreton/Buffière, 1980, 137) zuweist, wird P. ein Gem. zugeschr., das die um ihr Leben flehende *Polyxena* gezeigt haben soll, wie sie in zerrissenem Kleid ihre Scham mit der Hand verdeckt. Da das Werk in Vers 3 mit der *Hera* des Künstlers verglichen wird, liegt die Annahme nahe, daß der Dichter (vgl. O. Touchefeu-Meynier, LIMC VII, 1994, 433, s.v. Polyxene 25) oder ein Bearbeiter des Gedichtes (vgl. Herrmann, 1958) den Maler mit dem klass. Bildhauer → P. (I) aus Argos verwechselt hat. Viell. ist in dem Epigramm das bek., wohl von → Polygnotos (I) geschaffene *Polyxena-Gemälde* in der Athener Pinakothek gemeint (Paus., 1, 22, 6). Das künstler. Spiel mit der Nacktheit der Polyxena und der pathet. Ausdruck ihrer Augen, in denen sich der gesamte Trojanische Krieg gespiegelt haben soll, lassen aber, sofern diese Merkmale nicht auf den Stil des Epigramms zurückzuführen sind, ebenso an ein hellenist. Bild denken (vgl. z.B. das bei Paus., 10, 25, 10 überlieferte Polyxena-Gem. in Pergamon). – 2.) In einem and., unter dem Namen des Tullius Geminus erh. Epigramm der Appendix Planudea (Anth. Gr., 16, 30), demzufolge P. von Thasos der Schöpfer eines *Salmoneus* gewesen sein soll, scheint der Künstlername, den bereits H. de Groot zu Polygnotos konjizierte, verschrieben überliefert zu sein. Ebensowenig wie für das Epigramm auf das Polyxena-Gem. läßt sich entscheiden, ob der Dichter auf ein reales Bild, z.B. das Hadesgemälde des → Polygnotos (I) in Delphi, das allerdings nicht Salmoneus, sondern nur dessen Tochter Tyro zeigte (Paus., 10, 29, 7), verweist oder ein fiktives Werk beschreibt (vgl. E. Simon, LIMC VII, 1994, 654, s.v. Salmoneus 5). – 3.) Die von Aelian erzählte Künstleranekdote, derzufolge von *zwei Werken* des P. – das eine nach den Regeln der Kunst, das and. nach dem Geschmack der Menge gefertigt – nur das erste den Betrachtern gefiel, ist am ehesten auf den berühmten Bildhauer aus Argos, → P. (I), zu beziehen (vgl. N. Kaiser, Schriftquellen zu Polyklet, in: H. Beck/ P. C. Bol/M. Bückling, Polyklet [K Ffm., Liebieghaus, Mus. alter Plastik], Ffm./Mainz 1990, 77, Nr 97). ▭ ThB27, 1933. RE XXI. 2, 1952 (s.v. P. 14); EAA VI, 1965 (s.v. P. 2); Enc. Virgiliana IV, 1988 (s.v. Salmoneo). – *Overbeck*, SQ, 1868, Nrn 977, 1061, 1064; *Brunn*, GGK, II, 1889, 18 s.; *A. Reinach*, Rec. Milliet, P. 1921, Nrn 122, 127; *Pfuhl*, MuZ, II, 1923, 659, § 715, p. 780, § 857; *L. Herrmann*, AntCl 27:1958, 94; *R. Aubreton/ F. Buffière* (Ed.), Anthologie Grecque, Deuxième Partie, Anthologie de Planude, XIII, P. 1980, 236 s., *ad* Anth. Gr., 16, 30, p. 271 *ad* Anth. Gr., 16, 150. L. Lehmann

Polykles (I) (Πολυκλῆς), griech. Bildhauer aus Argos, um 370 v. Chr. in Hermione/Argolis tätig. P. schuf in Hermione – zus. mit dem ebenfalls aus Argos stammenden → Androkydes (I) – eine *Votivstatue für Demeter*, wie die als Spolie verbaute Basis-Inschr. (Jameson, 1953, 150, Nr 3; Marcadé, 1957, 106); obwohl der Text eindeutig ist, wird die Statue in der Forsch. meist einem Polykleitos aus Argos (→ Polykleitos [II] und [III]) zugerechnet, z.B. EAA I, 1958, s.v. Androkydes [2]) bezeugt, die ihres Schriftstils wegen in die 1. H. des 4. Jh. v. Chr. dat. werden kann. Die Identifikation des P. mit dem gleichnamigen Erzbildner der berühmten Künstlerliste (Plin., nat., 34, 50), dessen *Akme* in die 121. Olympiade (372–369/68 v. Chr.) fiel, liegt von daher nahe, zumal letzterer jedenfalls nicht aus dem damaligen Zentrum der griech. Kunst gekommen zu sein scheint. Plinius unterscheidet näml. an der erw. Stelle einen gleichnamigen Künstler späterer Zeit durch die zusätzl. Herkunftsangabe „aus Athen“ (*Athenaeus*). Das macht Verwandtschaft des P. mit späteren Trägern des Namens aus der weitverzweigten attischen Bildhauer-Fam. (→ Polykles [II]) des 2. Jh. v. Chr., einmal ganz abgesehen von der Überlieferungslücke von über 150 Jahren, nicht eben wahrscheinlicher. Gleichwohl ist sie nicht auszuschließen – die Berufskontinuität in der Praxiteles-Fam. (→ Praxiteles [I]) läßt sich trotz ähnl. großer Unterbrechung mit einiger Plausibilität sogar über nahezu 400 Jahre verfolgen – und wird auch oft angenommen (etwa von Lippold [1950], der auch Verwandtschaft mit der Fam. des → Kephisodotos [I] für mögl. hält). Da es keine weiteren Informationen zu P. gibt, sind Zuweisungen einiger undatierter, unter dem Künstlernamen P. überlieferter Werke spekulativ – möglich, aber unbeweisbar, da es weitere Träger dieses Namens aus späterer Zeit gibt, die als Urheber in Frage kommen. In Betracht gezogen werden folgende Statuen: – 1.) *Alkibiades* (Dion Chr., 37, 40; Marcadé, 1957, glaubt ihn in einem *Strategenkopf* aus New York, Metrop. Mus. [EA 4735 ss.] erkennen zu können); – 2.) *Hermaphroditus* (Plin., nat., 34, 80, in seiner Aufzählung zw. zwei Künstlern des 4. Jh. v. Chr. gen.; Zuweisung an P. u.a. bei Kieseritzky, 1882) – allerdings läßt sich keiner der versch. erh. Hermaphroditentypen überzeugend bereits in diese Zeit datieren sowie – 3.) eine nur inschr. (Loewy, IGB, 1885, 317 s., Nr 486; IG, XIV, 1202; heute verschollen) überlieferte *Statue* in Rom, die – infolge divergierender Lesarten – entweder als Darst. des → Dipoinos (so zuerst Georg Kaibel, in IG, XIV, 1202) oder aber des myth. Makedonenkönigs Koinos (so erstmals Georg Lippold, RE XXI. 2, 1952 [s.v. P. 8]) gedeutet wird. Mit Ausnahme des Alkibiades, der aus polit. Gründen ganz gut ins 4. Jh. v. Chr. paßt – allerdings auch etwa in das Pergamon des 2. Jh. v. Chr. – werden diese Werke heute zumeist → P. (II) oder v.a. → P. (III) zugewiesen. ▭ ThB27, 1933. RE XXI. 2, 1952 (s.v. P. 8); EAA VI, 1965 (s.v. P. 1); KlP IV, 1972 (s.v. P. 2); DNP X, 2001 (s.v. P. 2). – *Overbeck*, SQ, 1868, Nrn 1138, 1145; *G. Kieseritzky*, Annali dell'Istituto di corrispondenza archeol. 54:1882, 245 ss.; *Brunn*, GGK, I, 1889, 191, 374 ss.; *Overbeck*, GGP[4], II, 1894, 10, 429; *P. Hermann*, ML I. 2, 1886–1890, 2321 ss. (s.v. Hermaphroditos); *Lippold*, GrPl, 1950, 225; *M. Jameson*, Hesperia 22:1953, 150, Nr 3; *Marcadé*, Signatures, II, 1957, 106 s.; *F. Coarelli*, Studi Miscellanei 15:1969/70, 75 ss. (entspricht: *F. Coarelli*, Revixit ars, R. 1996, 264 ss.); *H. G. Martin*, Röm. Tempelkultbilder, R. 1987, 61; *G. I. Despinis*, AM 110:1995, 360 ss.; *R. Krumeich*, Bildnisse griech. Herrscher und Staatsmänner im 5. Jh. v. Chr., M. 1997, 136, 229. C. Müller

Polykles (II), Sohn eines Polykles, griech. Bildhauer aus Athen, E. 3./A. 2. Jh. v. Chr. tätig. 210/ 09 v. Chr. wird P. von den Ätolern durch ein Proxeniedekret geehrt (IG, IX. 1, 29, 17 mit Addenda 82). Falls → P. (I) nicht, der Lücke von gut 150 Jahren und anzunehmender Herkunft aus Argos zum Trotz, als sein Urahn anzusehen ist – wofür es außer dem Namen keinerlei Anhaltspunkt gibt – ist P. (bzw. sein Vater) wohl das erste greifbare Mitgl. der prominenten att. Bildhauer-Fam., die im 2. Jh. v. Chr. in Rom und vielerorts in Griechenland tätig war, ihren eigtl. Standort aber in Athen hatte. Mitglieder dieser Fam. (→ Dionysios [VII], P., → P. [III], → P. [IV], → Timarchides [I], → Timarchides [II], → Timokles [I]) begründeten vermutl. einen neuen Klassizismus in der plast. Kunst und gehörten zu den ersten griech. Künstlern, die von röm. Auftraggebern für wichtige Projekte engagiert wurden und sich dazu auch längere Zeit in Rom aufhielten. Das Fam.-Stemma ist überaus verwickelt. Es existieren zahlr. Zeugnisse, die kaum in eine widerspruchsfreie Ordnung zu bringen sind. Neben lit. Zeugnissen zu Lebensdaten und Werken finden sich Basis-Inschr. von – in der Regel nicht erh. – *Statuen*; ferner Inschr. und Münzlegenden, die biogr. Aufschluß bieten können, wenn sie denn wirkl. auf die Künstler dieses Namens zu beziehen sind (eine Zusammenstellung aller Quellen bietet Queyrel, 1991, 448 ss.). Das WV wird zudem durch hypothet. Zuschr. gefundener Statuen(reste) von seiten moderner Archäol. erweitert. Kompliziert wird die Sachlage ferner dadurch, daß einige Inschr. erg. werden müssen bzw. zentrale Passagen der lit. Quellen in der Überlieferung in versch., miteinander unvereinbaren Lesarten erh. sind. Dementsprechend wird in der Forsch. der Fam.-Stammbaum sehr versch. rekonstruiert und bis heute kontrovers diskutiert. Im wesentlichen liegen drei versch. Lösungen vor: – 1.) von Moreno (1994, 809, Anm. 832) und Queyrel (1991, 461), in Wiederaufnahme von Kirchner (PA II, 1903, Nr 11992) sowie Habicht (1982, 179); – 2.) von Becatti (1940, 18) modifiziert durch Coarelli (1969, 332; 1969/70, 258 ss.; 1970/71, 251); – 3.) von Marcadé (1957, 131), Stewart (1979, 44) und, erg. um einen weiteren Polykles – als Bruder von → Timokles (I) und → Timarchides (I) –, Despinis (1995, 362). Strittig sind dabei v.a. drei Punkte: – a.) Wieviele Träger des (Künstler-) Namens P. es gab. – b.) Ob → Timokles (I) Bruder von → Timarchides (I) (so Marcadé, 1957; Stewart, 1979; Queyrel, 1991; Despinis, 1995) oder von → Timarchides (II) (so Becatti, 1940; Coarelli, 1969 und 1969/70; Martin, 1987) war. – c.) Lesartenabhängig sind → P. (III) und → Dionysios (VII) – oder aber nur der letztere – Söhne des → Timarchides (I). Aus den verwickelten Verwandtschaftsverhältnissen, mehrmaliger Namensgleichheit und fehlenden Datierungsanhalten bei nur lit. überlieferten Statuen resultieren zwangsläufig Zuweisungsprobleme, was die jeweiligen WV betrifft. Nur in einigen wenigen Fällen gibt es wenigstens einen klaren *terminus post quem*, bisweilen lassen sich mehr oder weniger plausible Verknüpfungen mit hist. Ereignissen oder biogr. Daten herstellen. Entsprechend sind die meisten Werkzuweisungen an einen bestimmten Träger des jeweiligen Namens problemat. und nur mit Vorsicht oder ganz hypothet. zu treffen. P. selbst kommt vorrangig als Erschaffer der *Siegerstatue des Amyntas* in Olympia in Frage. Amyntas stammte aus Eresos auf Lesbos (Paus., 6, 4, 5 stützt sich gewiß auf die Basis-Inschr.; bisweilen findet sich in der Lit., u.a. bei Queyrel [1991] die abweichende, falsche Lesart Ephesos) und gewann in Olympia den Pankration der Knaben. Ein *terminus post quem* ist durch die Einführung dieser Disziplin in der 145. Olympiade (200–197 v. Chr.) gesichert, die exakte Dat. in die Olympiade 156 (entspricht 156 v. Chr.) bei Moretti (L. Moretti, Olympionikai, R. 1957 [MemAccLinc, Ser. 8, Bd. VIII. 2, 1959], Nr 632) ist aber ohne weitere Grundlage. Die Inschr. bez. P. ferner als Schüler des – anderweitig nicht bek. – Atheners → Stadieus. Das Schülerverhältnis bei einem Nichtfamilienmitglied spricht gegen Urheberschaft von → P. (III), der doch wohl bei seinem berühmten Bildhauervater → Timarchides (I) in die Lehre gegangen sein dürfte (anders Martin, 1987, der diesen Umstand durch die Abwesenheit des in Rom tätigen Vaters erklären will). Somit ist das Werk plausibler P. zuzuweisen, dessen Vater uns jedenfalls nicht als Bildhauer bek. ist. ▭ ThB27, 1933. RE XXI. 2, 1952 (s.v. P. 9); EAA VI, 1965 (s.v. P. 2); KlP IV, 1972 (s.v. P. 3); DNP 10, 2001 (s.v. P. 3). – *Overbeck*, SQ, 1868, Nr 2208; *J. Overbeck*, Gesch. der griech. Plastik, II, L. 4 1894, 439, Anm. 2, p. 442; PA II, 1903, 215, Nr 11992; *G. Becatti*, RIA 7:1940, 16 ss.; *Marcadé*, Signatures, II, 1957, 131; *F. Coarelli*, Darch 2:1969, 331 s.; *id.*, Studi Miscellanei 15:1969/70, 81 ss. (entspricht: *id.*, Revixit ars, R. 1996, 258 ss.); *A. Stewart*, Attika. Studies in Athenian sculpture of the Hellenistic age, Lo. 1979, 42 ss.; *C. Habicht*, AM 97:1982, 172, 174 ss. (entspricht: *id.*, Athen in hellenist. Zeit, M. 1994, 60 ss., 356); *H. G. Martin*, Röm. Tempelkultbilder, R. 1987, 57 ss.; *Stewart*, Sculpture, 1990, 220 s., 230, 304 s.; *F. Queyrel*, BCH 115:1991, 452 s., 458 s.; *Moreno*, Scultura, II, 1994, 521 s., 524; *G. I. Despinis*, AM 110:1995, 356, 358 s.

C. Müller

Polykles (III), griech. Bildhauer, im 2. Jh. v. Chr. in Rom (und Athen?) tätig. Plinius (nat., 34, 52) führt P. an erster Stelle unter den Künstlern, die ihm zufolge nach langen Jahren des Verfalls die Kunst wiederbelebten, und setzt seine *Akme* in die 156. Olympiade, also die Jahre 156/153 v. Chr. Vermutl. weist die Legende einer athen. Münzprägung P. um 150 v. Chr. als Münzmeister aus. Seine Tätigkeit in Rom, zeitgleich bzw. zus. mit seinem Bruder → Dionysios (VII), gehört wohl in die beginnende 2. H. des 2. Jh. v. Chr. und in den Zusammenhang umfangreicher Baumaßnahmen der Censoren nach 146 v. Chr. Gemäß Coarellis Lesart der betreffenden Pliniuspassage (Plin., nat., 36, 35) ist nicht nur das *Kultbild des Iuppiter Stator* im gleichnamigen Tempel ein Gemeinschaftswerk der beiden, über das sich mangels Quellen nichts weiter aussagen läßt, sondern auch die *Iuno Regina* des nahegelegenen Tempels auf dem Kapitol. Auf einer kaiserzeitl. Münze und einer Bronzestatuette des 1. Jh. n. Chr. in Wien (Kunsthist. Mus., Inv. Nr VI 338) lassen sich lt. Moreno (1994) Standmotiv und Haltung der Statue erschließen. Demnach war die *Iuno Regina* eine mütterl. Figur von strenger Majestät nach Art des → Kephisodotos (I), die einen weiten dorischen Peplos mit doppeltem Gürtel trug und für die frontale Ansicht konzipiert war. Trotz vereinzelter Bedenken wird ein Akrolith-Kopf unbek. Fundorts aus Rom (früher Slg Albani, heute Mus. Capitolino, Inv. Nr 253; H. von Steuben, in: Helbig[4], II, 1966, 90, Nr 1235; A. Delivorrias, LIMC II, 1984, 107 s., Nr 1068 m. Abb., s.v. Aphrodite; E. La Rocca, LIMC V, 1990, 823, Nr 40, s.v. Iuno) überwiegend als einzig erh. Bestandteil des Originalkultbilds betrachtet (ausführl. dazu v. → Dionysios [VII]). Nach herkömml. Lesart war P. hingegen nur für eine weitere *(Iuno-)Statue* in diesem Tempel verantwortl., über die sonst nichts bek. ist. Hauptstreitpunkt in bezug auf das Œuvre des P. ist aber, ob und in welcher erh. Kopie sein anscheinend bedeutendstes und bekanntestes Werk, der von Plinius erw. *Hermaphrodit* (Plin., nat., 34, 80: *Polycles Hermaphroditum nobilem fecit*) zu erkennen ist. Heute wird er überwiegend mit dem sog. *schlafenden Hermaphrodit* identifiziert. Dieser Typus – für Pollitt (1986) „die berühmteste und rätselhafteste der hellenist. Exoten" – ist in mehreren Repliken fast ident. Größe erhalten. Das Bronze-Orig. ist wohl am besten in einer *Kopie* in Rom (MN Romano, Inv. Nr 1087; H. von Steuben, In: Helbig[4], III, 1969, 151 s., Nr 2243) faßbar. Die vorrangig auf Rückansicht berechnete Statue zeigt den *nackten Hermaphroditen* auf dem Bauch liegend, halb auf die Seite gedreht, im Schlaf. Die vorwiegend mit weibl. Formen versehene Gestalt überrascht den umschreitenden Betrachter in Vorderansicht unvermutet mit ihrem erigierten Glied. Der Kopf verschmilzt, wie die ganze Figur, auf raffiniert-kunstvolle Weise männl. und weibl. Elemente miteinander und verfügt über eine der aufwendigsten Frisuren, die aus der antiken Kunst erh. sind. Die komplexe, dabei aber harmonische Komp. der Figur mit ihrer zentrifugalen Struktur und ihrem doppel-S-förmigen Schwung (Söldner, 1986), steht in der Trad. praxitelischer und lysippeischer Vorbilder, zeigt aber typisch hellenist. Formauffassung (Moreno, 1994). Frühere Dat. als das 2. Jh. v. Chr. werden heute zwar nicht mehr vertreten, die Zuweisung dieses Werks an P. wird allerdings verschiedentl. bezweifelt. Hauptsächliche, schon früh vorgeschlagene Alternative ist ein stehender, nackter Typus, der sog. *Berliner Hermaphrodit* (Berlin, Staatl. Mus., Antiken-Slg, Inv. Nr SK 193; A. Ajootian, LIMC V, 1990, 271, Nr 5 m. Abb., s.v. Hermaphroditos). Ferner wurde ein, nur durch ein Inventarverzeichnis in Athen bezeugter *Hermaphrodit*, der in einem dortigen Gymnasium aufgestellt gewesen sein muß, versuchsweise mit dem Werk des P. in Verbindung gebracht. Ein Rest des Orig. einer *Heraklesstatue* des P. in Rom (Cic., Att., 6, 1, 17) ist wohl in dem kolossalen, *jugendl. Kopf* (Rom, Mus. Nuovo dei Conservatori, Inv. Nr 2381; H. von Steuben, in: Helbig[4], II, 1966, 493 s., Nr 1710; O. Palagia, LIMC IV, 1988, 789, Nr 1307 m. Abb., s.v. Herakles) zu erkennen, der 1930 am W-Abhang des Kapitols gefunden wurde. Die *Statue* war demnach aus pentelischem Marmor und von etwa doppelter Lebensgröße. Größe, Qualität des Mat. und Akrolithtechnik sprechen für ein (spät)hellenist. Werk aus der M. des 2. Jh. v. Chr. Typus wie Einzelzüge (z.B. das kurze, hochgestrichene Haar und das relativ kleine Kinn) verraten skopasischen und praxitelischen Einfluß. Die stilist. Ähnlichkeit mit dem, ganz in der Nähe gefundenen, mutmaßl. Kopf der Iuno Regina ist für Coarelli unverkennbar (ebenso Martin, 1987; anders dagegen Reusser, 1993). Er sieht, angesichts von Fundort und Aufstellungskontext, im Herakles eine (weitere) Auftragsarbeit für Metellus Macedonicus. Auch die – allerdings viel spätere – Wiedergabe eines jugendl. Herakleskopfes auf Münzen eines Metellers soll diese Annahme stützen. Shackleton Bailey (D. R. Shackleton Bailey, Cicero's letters to Atticus, III, C. 1968, 249 s.) und ihm folgend Reusser (1993) hingegen wollen die Aufstellung der Statue, aufgrund des Textzusammenhangs bei Cicero, mit einem der Triumphe des Scipio Aemilianus Africanus verbinden und entsprechend um das Jahr 146 oder 132 v. Chr. datieren. Eine nur inschr. (Loewy, IGB, 1885, 317 s., Nr 486 bzw. IG, XIV, 1202, heute verschollen) überlieferte *Statue* in Rom wird, infolge sehr divergierender Lesarten und Ergänzungsvorschläge, im Allg. als Darst. des → Dipoinos (so zuerst G. Kaibel, in: IG, XIV, 1202) oder aber des myth. Makedonenkönigs Koinos (so erstmals Georg Lippold, RE XXI. 2, 1952 [s.v. P. 8]) gedeutet. Eine weitere Variante bringt Coarelli; seine Erg. der Inschr. läßt offen, wer dargestellt ist. Das ermöglicht ihm, das Werk, auch aufgrund seines Fundorts, in den großen Zusammenhang der Auftragsarbeiten der Polyklessippe (→ Polykles [II]) in Rom einzuordnen (vgl. v.a. → Timarchides [I]) und in ihm ein Indiz für ein weiteres Götterbild in der Porticus Metelli zu sehen. Ebenfalls in Rom hat P. *Musen* aus Bronze geschaffen, offenbar also eine Gruppe

(Varro, Menipp., 203; Ps'. Name im Text erst durch Konjektur hergestellt); über dieses Werk ist weiter nichts bekannt. Inschr. als Arbeit des P. ausgewiesen ist schließl. noch in Olympia die *Siegerstatue des Amyntas* aus Eresos auf Lesbos, die aber wohl eher → P. (II: ausführl. dort) zuzuschreiben ist. Zwar dat. Moretti (L. Moretti, Olympionikai, R. 1957 [MemAccLinc, Ser. 8, Bd. VIII. 2, 1959], Nr 632) dieses Werk exakt in die Olympiade 156, also 156/153 v. Chr., doch ist tatsächl. – durch die Einf. dieser Disziplin in der 145. Olympiade (200–197 v. Chr.) – nur ein *terminus post quem* wirkl. gesichert. Einige Statuen sind also nicht eindeutig einem bestimmten Träger des Namens P. zuweisbar. Zwar wird man die in Rom entstandenen – und auch die and. in Rom befindlichen? – Werke auf jeden Fall ein und demselben Künstler P. zuschreiben wollen, aber daraus folgt keineswegs, wie ja gerade das Beispiel seines Bruders → Dionysios (VII) zeigt, daß derselbe nicht auch in Griechenland tätig gewesen ist. ▭ ThB27, 1933. RE XXI. 2, 1952 (s.v. P. 9; P. 10); EAA VI, 1965 (s.v. P. 2); KlP IV, 1972 (s.v. P. 4). – *Overbeck*, SQ, 1868, Nrn 1146, 2206 s., 2209; *Brunn*, GGK, I, 1889, 191, 328, 374 ss., 391 s.; *J. Overbeck*, Gesch. der griech. Plastik, II, L. [4]1894, 428 ss., 439, Anm. 2; *G. Becatti*, RIA 7:1940, 16 ss.; *Lippold*, GrPl, 1950, 366 s.; *Marcadé*, Signatures, II, 1957, 107 s., 131; *L. Laurenzi*, EAA III, 1960, 422 s., s.v. Dipoinos; *F. Coarelli*, Darch 2:1969, 331 s., 334 s.; *id.*, Studi Miscellanei 15:1969/70, 81 ss. (entspricht: *id.*, Revixit ars, R. 1996, 258 ss., 277, Abb. 108 ss.); *id.*, RendPontAcc 44:1970/71, 99 ss. (entspricht: *id.*, Revixit ars, R. 1996, 363 s., 367); *Pape*, Kriegsbeute, 1975, 183, 186 s.; *D. Clay*, Hesperia 46:1977, 259 ss.; *E. La Rocca*, BollMC 23:1977, 16 ss., Abb. 2, 3; *A. Stewart*, Attika. Studies in Athenian sculpt. of the Hellenistic age, Lo. 1979, 42 ss., 108; *Pollitt*, ArtHellAge, 1986, 149, 162, 173 s., 313, Anm. 12, Abb. 160; *M. Söldner*, Unters. zu liegenden Eroten in der hellenist. und röm. Kunst, Ffm. u.a. 1986, 74, 165, 176, 197 s., 421 s., Anm. 275; *H. G. Martin*, Röm. Tempelkultbilder, R. 1987, 57 ss., 153; *A. Ajootian*, LIMC V, 1990, 270 ss. (s.v. Hermaphroditos); *F. Coarelli*, La cultura figurativa, in: *A. Momigliano/A. Schiavone* (Ed.), Storia di Roma, II. 1, T. 1990, 631 ss. (entspricht: *id.*, Revixit ars, R. 1996, 57, 67 ss., 77 s.); *C. Habicht*, Chiron 21:1991, 7; *F. Queyrel*, BCH 115:1991, 449 ss., 458 ss.; *M. Flashar*, Apollo Kitharodos, Köln u.a. 1992, 140 s.; *C. Reusser*, Der Fidestempel auf dem Kapitol in Rom, R. 1993, 46, 48, 105 ss.; *Moreno*, Scultura, II, 1994, 522 ss., 536 ss., Abb. 643 s., 646–655; *G. I. Despinis*, AM 110:1995, 356 ss., Taf. 72 ss.; *F. Coarelli*, Revixit ars, R. 1996; *id.*, Il Campo Marzio, R. 1997, 231 s., 444, 490, 531.

C. Müller

Polykles (IV), griech. Bildhauer der 2. H. des 2. Jh. v. Chr., Bruder(?) von → Timarchides (II) und → Timokles (I). Ein weiteres Mitgl. der attischen Bildhauer-Fam. des → P. (II) namens P. hat jüngst Despinis (1995) wahrsch. zu machen versucht. Zwei Fragm. einer Statuenbasis im Tempel der Athena Kranaia bei Elateia, die Reste einer Künstler-Sign. (IG, IX. 1, 141: Πολυκλῆς Τιμ [...]) tragen und bisher als Beleg für eine weitere, nicht näher bestimmbare *Statue* eines der schon anderweitig bek. Träger dieses Namens, → P. (II) oder v.a. → P. (III), angesehen wurden (so erstmals Loewy, IGB, 1885, und noch Martin, 1987), weist Despinis (1995) näml. der Kultbildbasis der Göttin zu. Demnach wäre P. einer der Söhne des → P. (II), die in den Quellen (Paus., 10, 34, 8) kollektiv als Erschaffer des *Athena-Kultbilds* bez. werden. Pausanias erw. diese Polyklessöhne insgesamt dreimal, nennt allerdings nur einmal auch Namen (Paus., 10, 34, 6: → Timarchides (II) und → Timokles (I) als Erschaffer der *Kultstatue des Asklepios* in Elateia) – und dort ist P. nicht darunter. Künstlersignaturen an Kultbildern sind zwar ungewöhnl., kommen aber gelegentlich vor. Läßt sich Despinis' (1995) Zuordnung der vor Ort gefundenen Basis-Fragm. aufrechterhalten, müßte also ein Versehen oder eine Nachlässigkeit des Pausanias bzw. in der Überlieferung seines Textes vorliegen. Despinis' Lösung, der aus and. Gründen auch V. Campbell Goodlet (1989) zuneigt, hätte wohl Konsequenzen für die Frage der Urheberschaft der and. Werke, die unter dem Künstlernamen P. überliefert sind. ▭ ThB27, 1933. RE XXI. 2, 1952 (s.v. P. 10); EAA VI, 1965 (s.v. P. 2); KlP IV, 1972 (s.v. P. 4); DNP 10, 2001 (s.v. P. 3). – *Loewy*, IGB, 1885, 393 s., Nr 241 a; *P. Paris*, BEFAR 60:1892, 121 ss.; *H. G. Martin*, Röm. Tempelkultbilder, R. 1987, 60; *V. Campbell Goodlett*, Collaboration in Greek sculpt., Diss. N. Y., Ann Arbor 1989, 185 ss.; *G. I. Despinis*, AM 110:1995, 350 ss.

C. Müller

Polykles (V), griech. Maler unbestimmter Zeit. Lt. → Vitruvius (3, praef. 2; Overbeck, SQ, 1868, Nr 1773) gehört P. zu den Malern, die trotz ihres Könnens keine Beachtung gefunden haben. ▭ ThB27, 1933. RE XXI. 2, 1952 (s.v. P. 11); EAA VI, 1965 (s.v. P. 3). – *Brunn*, GGK, II, 1889, 285; *Pfuhl*, MuZ, II, 1923, 918. R. V.

Polyklet → Polykleitos (I)

Polykrates (Πολυκράτης), griech. Erzgießer, im 4. Jh. v. Chr. tätig. Plinius (nat., 34, 91; Overbeck, SQ, 1868, Nr 2096; Muller-Dufeu, SculptureSource, 2002, 552 s., Nr 1623) listet ihn unter den Erzbildnern auf, die *Statuen von Athleten, Kriegern, Jägern und Opfernden* fertigten. Wahrsch. ist er ident. mit dem Künstler, dessen Sign. uns durch eine Basis aus Marmor überliefert ist, die sich ehem. in der Villa Mattei in Rom befand und die eine *Statue des Athener Strategen Timotheos*, Sohn des Konon, dem Sieger von 375 v. Chr. bei Kerkyra, trug (IG, XIV, 1149; Loewy, IGB, 1885, 315, Nr 482; Richter, Portraits, II, 1965, 160; R. Krummeich, Bildnisse griech. Herrscher und Staatsmänner im 5. Jh. v. Chr., M. 1997, 209, Anm. 18; IGUR, 1494; Muller-Dufeu, SculptureSource, 2002, 586 s., Nr 1748). Es muß offen bleiben, ob auf dieser Basis einst die Bronzestatue des Timotheos aufgestellt war, die neben den Ehrenstatuen seines Vaters Konon und des Euagoras vor der Stoa des Zeus Eleutherios in Athen stand. Fraglich ist außerdem, ob auch eine überlebensgroße *Bronzestatue der Athena*, wie eine Inschr. (IPE, I^2, 1916, 62 s., Nr 82; Treister, 2002) auf einer Marmorbasis aus Chersonesos Taurica auf der Krim belegt, von demselben P. geschaffen worden ist oder ob dieser P. ein and. namensgleicher lokaler Erzgießer aus der gleichen Zeit war, wie es Calder III (1971, 326) annimmt. ▭ ThB27, 1933. RE XXI. 2, 1952 (s.v. P. 10); EAA VI, 1965. – *Brunn*, GGK, I, 1889, 398; *Lippold*, GrPl, 1950, 244, Anm. 14 s.; *W. M. Calder III*, AJA 75:1971, 326, Nr 1; *M. Y. Treister*, Large-scale bronzes in the North Pontic area, in: *C. C. Mattusch u.a.* (Ed.), From the parts to the whole, II. Acta of the 13th internat. bronze congr., held at Cambridge, Massachusetts, may 28 – june 1, 1996, Portsmouth, Rhode Island 2002 (Journal of Roman archaeology, Suppl. 39), 163 s., Nr type 1a, Abb. 2b, 2, pp. 168 s., Abb. 4, 5. R. V.

[Poly]medes ([Πολυ]μέδες), griech. Bildhauer, um 590/580 v. Chr. in Delphi tätig. Nur bek. durch seine fragmenthaft erh. Sign. [...]μέδες ἐποίϜε hαργεῖος auf der Basis für die berühmte sog. Statuengruppe des „*Kleobis und Biton*“ aus dem Heiligtum des Apollon aus Delphi (Delphi, Mus., Inv. Nrn 1524. 4672 [„Kleobis“] und 467. 980 [„Biton“]; P. E. Arias, LIMC III, 1986, 120, Nr 10 m. Abb., s.v. Kleobis und Biton; A. Hermary, ibid., 572 s., Nr 56, s.v. Dioskouroi), die wohl mit Recht zu Polymedes erg. worden ist. Weiterhin argumentierte Claude Vatin erstmals im Jahre 1977 dafür, daß durch seine Überprüfung der Inschr. auf der Basis nicht mehr zu lesen sei „sie haben ihre Mutter geführt“. Diese ehem. Lesung brachte man früher mit einer Stelle bei Herodot (1, 31) in Verbindung. In dieser hieß es, daß die Argiver Bilder von Kleobis und Biton in Delphi gew. hatten. Nach der Sage hatten die beiden Brüder den Wagen ihrer Mutter anstatt der nicht vorhandenen Stiere bei einem Herafest selbst gezogen. Diese fromme Tat veranlaßte ihre Mutter in ihrer Funktion als Herapriesterin von Argos zu Hera für ihre beiden Kinder einen Wunsch auszusprechen. Sie bat Hera, ihren Kindern das erdenklich Schönste zu geben, was die Göttin auch tat. Hera gab ihnen umgehend nach dem Opfer, als sie schliefen, einen sanften Tod. Claude Vatin las nun „sie haben *Anakes* geführt“. Die Wendung *Anakes* bezieht sich jedoch auf die Dioskuren, und es ist daher wahrsch., daß die zwei dargestellten Männer die Dioskuren und nicht Kleobis und Biton wiedergeben. Während die stufenartige Perllockenfrisur und die einfache Formung der Augen noch an die dädalische Kunst der 2. H. des 7. Jh. v. Chr erinnern, weisen die stark modellierten und angewinkelten Arme und die insgesamt volumenhafte Gestaltung des muskulösen Körpers bereits auf die Jahre zw. 590 und 580 v. Chr. ▭ ThB27, 1933. RE XXI. 2, 1952 (s.v. P. 9); EAA VI, 1965. – *T. Homolle*, FDelphes, IV. 1, 1909, 5–18, Taf. 1 s.; *E. Buschor*, Frühgriech. Jünglinge, M. 1950, 35–40, Abb. 39–42; *Lippold*, GrPl, 1950, 25; *C. Vatin*, Etudes Delphiques, BCH, Suppl. IV, P. 1977, 13–22, Abb. 1–7; *id.*, BCH 106:1982, 509–525, Abb. 5; *P. Faure*, AntCl 54:1985, 56–65, Taf. 1–6; *Floren*, GrPl, 1987, 205 s., Taf. 16, 1; *Jeffery*, LSAG², 1990, 154 s., 168, Nr 4, Taf. 26; *Stewart*, Sculpture, 1990, 112, Abb. 56–58; *M. Donderer*, ÖJh 65:1996, 89, Anm. 2. R. V.

Polymnestos (I) (Πολύμνηστος), griech. Bildhauer, im 4. Jh. v. Chr. in Olympia und Athen tätig. Bek. durch drei Sign. auf den folgenden Marmorbasen: – 1.) Basis für eine *Athletenstatue* aus Olympia, die um 40 v. Chr. für den Athleten Thaliarchos wiederverwendet worden ist (Loewy, IGB, 1885, 56, Nr 72; Muller-Dufeu, SculptureSource, 2002, 562 s., Nr 1655); – 2.) Basis von der Akropolis von Athen, die er zus. mit → Kenchramos sign. hat (Overbeck, SQ, 1868, Nr 1375; Loewy, IGB, 1885, 55 s., Nr 70; IG, II/III², 4271; Muller-Dufeu, SculptureSource, 2002, 562 s., Nr 1654); – 3.) Basis von der Akropolis von Athen, die er zus. mit → Kenchramos sign. hat (Loewy, IGB, 1885, 56, Nr 71; IG, II/III², 4335; Muller-Dufeu, SculptureSource, 2002, 562 s., Nr 1653). ▭ ThB27, 1933. RE XXI. 2, 1952 (s.v. P. 1); EAA VI, 1965 (s.v. P. 1). – *Brunn*, GGK, I, 1889, 400; *Lippold*, GrPl, 1950, 226, Anm. 11. R. V.

Polymnestos (II), griech. Bildhauer, im 2. Jh. v. Chr. in Pergamon tätig. Nur bek. durch seine Sign. auf einer Marmorbasis aus Pergamon, die durch die Schr.-Form ins 2. Jh. v. Chr. dat. werden kann (E. Fabricius/C. Schuchhardt, Pergamon VIII. 1, 1890, 74, Nr 144; Muller-Dufeu, SculptureSource, 2002, 860 s., Nr 2567). Die Basis trug eine *Bronzestatue.* ▭ RE XXI. 2, 1952; EAA VI, 1965. R. V.

Polyneikes (Πολυνείκης), aus Aphrodisias, griech. Bildhauer, im 3. Jh. n. Chr. tätig. Bek. durch seine Sign. auf den folgenden drei Werken: – 1.) Basis für eine *Statuette* aus der Nähe von Priene (heute Berlin, Staatl. Mus., Antiken-Slg; F. Hiller von Gaertringen, Inschr. von Priene, B. 1906, 145, Nr 214 mit Abb.); – 2.) *Fragm. einer Tabula Iliaca* aus Rom (verschollen, IG, XIV, 1257; Loewy, IGB, 1885, 261, Nr 371; C. L. Visconti, BullCom 14:1886, 321, Nr 17, Taf. 11, 17; Squarciapino, Afrodisia, 1943, 17, Nr 34, Taf. A, c); – 3.) Basis aus Marmor aus dem Theater von Aphrodisias für eine *Marmorstatue eines Athleten,* von dem noch die Füße mit Sandalen erh. sind (heute Aphrodisias, Mus., Inv. Nr 70. 509). – Nichts spricht gegen eine Zuschr. aller drei Werke an Polyneikes. Obwohl die *Tabula Iliaca* nur noch durch ein winziges Fragm. bek. war, datierte man P. deswegen aber in die frühe Kaiserzeit. Grund war wohl, daß die meisten besser erh. und datierbaren Tabulae Iliacae in die frühe Kaiserzeit gehören. Doch gibt es auch weitaus später hergestellte Tabulae Iliacae. Die erst kürzl. gefundene Basis aus Aphrodisias kann jedoch klar in die M. des 3. Jh. n. Chr. gesetzt werden, und daher muß P. wohl im 3. Jh. n. Chr. tätig gewesen sein. ▭ ThB27, 1933. RE XXI. 2, 1952 (s.v. P. 2); EAA VI, 1965. – *K. T. Erim/ J. Reynolds,* Sculptors of Aphrodisias in the inscr. of the city, in: *N. Başgelen/M. Lugal* (Ed.), Festschr. für Jale Inan, Istanbul 1991, 524 s., Nr 8, Taf. 202. R. V.

Polynikos (Πολύνικος), aus Theben, griech. Erzgießer, im 4. Jh. v. Chr. tätig. Nur bek. durch seine Sign. auf einer Basis aus schwarzem Stein aus Atalante für unterlebensgroße *Statuen des Dionysos und Apollon,* die er zus. mit → Stroton fertigte und die von Theopompos gew. worden sind (IG, IX. 1, 280; Muller-Dufeu, SculptureSource, 2002, 648 s., Nr 1926). ▭ RE XXI. 2, 1952 (s.v. P. 2); EAA VI, 1965. – *E. Loewy,* AEphem 1885, 199 s.; *Lippold,* GrPl, 1950, 248, Anm. 7. R. V.

Polypous (Πολυπους), vermeintl. griech. Töpfer des 6. Jh. v. Chr. J. D. Beazley ergänzte auf einem Randschalenfragm. aus Naukratis (heute Oxford, Ashmolean Mus., Inv. Nr G 1000; Beazley, 1950; ABV, 1956, 170) die Inschr. ΛΥΠΟΣ zwar richtig zu [ΠΟ]ΛΥΠΟΣ, wollte aber weiterhin rechts nach der Darst. eines Vielfüßlers die Inschr. ΚΑΛΟΣ oder ΕΠΟΙΕΣΕ hinzufügen und damit in [ΠΟ]ΛΥΠΟΣ einen schönen Jüngling oder eine Künstler-Sign. erkennen. Die Anbringung der Inschr. auf dem Rand der Schale spricht jedoch gegen eine Sign., weil diese gewöhnl. in der Henkelzone, oder in wenigen Ausnahmefällen unter den Henkeln, angebracht wurden. Kalos-Inschr. wären an dieser Stelle ebenso ungewöhnlich. Auch wenn Beazley zurecht darauf hinweist, daß and. Personennamen von Seewesen abgeleitet werden können, scheint dies für unseren Namen unwahrsch. zu sein. Die Inschr. bezieht sich viel eher direkt auf den dargestellten Vierfüßler. Eine vergleichbare Anbringung einer die Darst. beschreibenden Inschr. findet sich z.B. neben einer Sphinx auf einer and. attischen Vase, wo ΣΦΙΝΞ zu lesen ist (Bandschale des → Glaukytes in München, Antiken-Slg, Inv. Nr 2243; CVA, München 11, Taf. 2, 7 – 6, 3). ▭ EAA V, 1963. – *J. D. Beazley,* AJA 54:1950, 311, Nr 4, Abb. 1; ABV, 1956, 170. P. Heesen

Polypsogos (Πολύπσογος), griech. Töpfer, im 2. V. des 6. Jh. v. Chr. in Böotien tätig. Erst seit kurzer Zeit kennen wir P., dessen mit Sicherheit gelesene aufgemalte Sign. sich auf einer Seite eines schwarzfigurigen Kantharos befindet, der nach einem kurzen Aufenthalt in einer frz. Priv.-Slg vom Pariser Louvre im Jahre 1999 erworben worden ist (Paris, Louvre, Inv. Nr MNE 1173). P. ist zus. mit → Gamedes und → Polon der dritte uns bek. Töpfer archaischer böotischer Vasen, die in schwarzfiguriger Technik bemalt worden sind. Nach einer üblichen Weise hat P. wie folgt signiert: ΠΟΛΥΠΣΟΓΟΣ Μ'ΕΠΟΕΣΕ (P. hat mich gemacht). Diese Sign. ist wie bei der des → Gamedes auf der Oinochoe im Pariser Louvre (Inv. Nr MNB 501) im unteren Bereich der Darst. eingefügt. Die Szene zeigt vier Komasten, von denen einer den Doppelaulos spielt. Auf der and. Seite des Gefäßes sind weitere drei Komasten wiedergegeben. Der Kantharos besitzt einen niedrigen Fuß. Zw. Fuß und Körper erhebt sich ein wulstförmiger Ring. Der Kantharos ist in seiner Morphologie harmonisch und spiegelt einen sehr verbreiteten Typus in der böotischen Keramik des 2. V. des 6. Jh. v. Chr. wider. P. gehört damit zu den führenden Töpfern dieser Landschaft und viell. kann man ihm nach einer genaueren Unters. von gleichzeitigen Kantharoi nach ihren Profilen und Proportionen auch unsign. Exemplare zuschreiben. P. weist auf einen Spitznamen hin, der – je nachdem ob man dem Wort einen aktiven oder passiven Sinn gibt – soviel wie „der Verleumder" oder „der Verleumdete" bedeutet. Kilinski II und Maffre (1999) haben diesen Kantharos mit einem in der British School of Archaeology in Athen (Inv. Nr A 349; Kilinski II/Maffre, 1999, 12, Abb. 6 s.) verglichen und vorgeschlagen die Verzierung auf beiden Vasen einem gleichen Maler zuzuschreiben, den sie *Polypsogos-Maler* genannt haben (Kilinski II/ Maffre, ibid., 32). Wie im Falle von → Gamedes und dem *Gamedes-Maler* kann man sich auch hier fragen, ob der Maler und der Töpfer nicht ein und dieselbe Person sind und ob das verwendete Verb in der Sign. (ποιεῖν) nicht zugleich auf die Kunst des Töpfers und des Malers hinweist. Auch in diesem Fall ist diese These möglich, aber nicht sicher. ▭ *J.-J. Maffre*, Deux canthares béotiens à figures noires dans une collection privée, in: Ἐπέτηρις τῆς Ἑταιρείας Βοιωτικῶν Μελετῶν, Β'α' (Β' διεθνές συνέδριο Βοιωτικῶν Μελετῶν – – Λιβαδεία, 6—10 Σεπτεμβρίου 1992, At. 1995 (1996), 259–262, 267–269; *K. Kilinski II/J.-J. Maffre*, MonPiot 77:1999, 7–11, 20–32. J.-J. Maffre

Polystefanus, vermeintl. röm. Mosaizist der 1. H. des 4. Jh. n. Chr. in Ellés. Nur bek. durch die Inschr.: *Polystefanus rationis est Archeus* auf einem *Mosaik* mit einer *Darst. der Venus* bekränzt von zwei Kentaurinnen aus Ellés/Tunesien (heute in Tunis, MN du Bardo). Donderer (1989) legte überzeugend dar, daß es sich hier wohl eher um den Namen eines Rennpferdes handelt, wie die Bedeutung der Namen aus dem Griech. suggerieren. Zudem kennen wir diesen Namen auch als Pferdenamen durch ein Mosaik aus Gerona (→ Cecilianus). ▭ EAA VII, 1966 (s.v. Terentius). – *G. C. Picard*, MEFRA 58:1941–46, 43 ss, Abb. 1 s., 7 s.; *Dunbabin*, Mosaics, 1978, 102, 156, 261, Taf. 152; *M. Ennaifer*, MEFRA 95:1983, 827 s., Abb. 9; *Donderer*, Mosaizisten, 1989, 149 s., Nr C 33, Taf. 64. R. V.

Polystratos (Πολύστρατος), aus Ambrakia, griech. Bildhauer, um 550 v. Chr. tätig. Lt. Tatian (orat., 35, 18; Overbeck, SQ, 1868, Nr 339) fertigte er eine *Statue des Tyrannen Phalaris von Akragas*, der im Jahre 548 v. Chr. starb. ▭ ThB27, 1933. RE XXI. 2, 1952 (s.v. P. 9); EAA VI, 1965. – *Brunn*, GGK, I, 1889, 54; *Floren*, GrPl, 1987, 199, Anm. 90. R. V.

Polytimos (I) (Πολύτιμος), griech. Bildhauer, aus Thespiai, A. 4. Jh. v. Chr. in Athen tätig. Nur bek. durch seine fragmenthaft erh. Sign. [...]ΤΙΜΟΣ (IG, II, 1176), die von Kumanudis, Robert (RE) und Lippold zu Πολύτιμος oder Φιλότιμος (→ Philotimos [II]) und von Loewy (IGB, 1885, 81, Nr 102) und Guerrini (EAA) zu Διότιμος (→ Diotimos [II]) erg. wurde. Die Basis trug einst einen Dreifuß, der vom Künstler für ein Kollegium der Vertreter der zehn Phylen geschaffen worden ist. ▭ ThB27, 1933. RE V. 1, 1903 (s.v. Diotimos 23); EAA III, 1960 (s.v. Diotimos 2). – *Lippold*, GrPl, 1950, 230, Anm. 5. R. V.

Polytimos (II), griech. Bildhauer, Stifter oder Dargestellter einer *Statue* aus der M. des 3. Jh. n. Chr. in Rom. Nur bek. durch seine Namensnennung auf einer Marmorbasis für eine *Jägerstatue* aus Rom (jetzt Rom, Musei Capitolini, Inv. Nr 645 [ehem. Inv. Nr Salone 27]; CIL, VI, 29801; H. von Steuben, in: Helbig[4], I, 1966, 194 s., Nr 1388; Langlotz, 1960, 17 ss., Taf. 9; Linfert, 1968, 424, Anm. 4, Nr 1; L. Jones Roccos, LIMC VII, 1994, 336, Nr 64 a m. Abb., s.v. Perseus). Der Jäger mit Porträtzügen aus gallienischer Zeit hält einen Hasen in der erhobenen Rechten und einen Speer in der gesenkten Linken. Da sein Name nur mit der Beifügung LIB(ertus) und ohne weiteren Text auf der Plinthe versehen ist, bleibt unklar, ob es sich hier um den Künstler, den Stifter der Statue oder den Dargestellten handelt. Die Statue wird zus. mit and. Statuen als Repliken oder Varianten auf eine griech. Orig.-Statue des 2. V. des 5. Jh. v. Chr. zurückgeführt (Listen bei: Langlotz, 1960, 17 ss.; id., 1963, 20–24; Linfert, 1968, 424, Anm. 4; Jones Roccos, ibid., 336, Nr 64, s.v. Perseus), die möglicherweise den triumphierenden Perseus mit dem Medusenhaupt in der erhobenen Rechten und dem Sichelschwert in der gesenkten Linken zeigte und die nach Meinung einiger Forscher (z.B. Langlotz) von → Pythagoras (I) geschaffen worden ist. Die Zuschr. an → Pythagoras (I) bleibt jedoch reine Spekulation und muß daher abgelehnt werden. ▭ ThB27, 1933. RE XXI. 2, 1952; EAA VI, 1965 (s.v. Polytimos). – *Brunn*, GGK, I, 1889, 614; *Stuart Jones*, SculptMusCap, 1912, 292, Nr 27, Taf. 71; *G. Bovini*, MonAnt 39:1943, 256 s., Taf. 3; *Lippold*, GrPl, 1950, 131, Anm. 2; *Calabi Limentani*, Studi, 1958, 161, Nr 62; *E. Langlotz*, Der triumphierende Perseus, in: Arbeitsgemeinschaft für Forsch. des Landes Nordrhein-Westfalen, Heft 69, Köln/Opladen 1960, 17 ss.; *id.*, RM 70:1963, 20–23; *W. Fuchs*, AA 1966, 76–86, Abb. 3, 5–7; *A. Linfert*, AA 1968, 424–426; *C. Rolley*, La sculpt. grecque, I. Des origines au milieu du Ve siècle, P. 1994, 336–338, Abb. 347. R. V.

Polytimos (III), vermeintl. griech. Steinschneider. Auf einem Intaglio mit der Darst. des Herakles ist als Beischr. Polytimos vermerkt, was jedoch nicht als Künstler-Sign. zu interpretieren ist. ▭ RE XXI. 2, 1952 (s.v. P. 3). – *Brunn*, GGK, II, 1889, 427. R. V.

Polyxen[...] (Πολυξεν[...], griech. Bildhauer, um 300 v. Chr. in Tanagra tätig. Nur bek. durch seine Sign. auf einer Basis aus schwarzem Stein für eine *Statue des Eubolos*, die von seinem Vater Mnason, Sohn des Eubolos, in Tanagra gew. worden ist (IG, VII, 528; Muller-Dufeu, SculptureSource, 2002, 796 s., Nr 2363). ▭ ThB27, 1933. RE XXI. 2, 1952; EAA VI, 1965. – *Loewy*, IGB, 1885, 111, Nr 149. R. V.

Pompeia Helena, röm. Goldschmiedin, in der Kaiserzeit in Rom tätig. Nur bek. durch ihre Grab-Inschr. aus Rom (CIL, VI, 4430) ▭ EAA I, 1958 (s.v. Aurifex). R. V.

Pompeius, röm. Toreut, im 1. Drittel des 1. Jh. n. Chr. in N-Italien tätig. Nur bek. durch seine Sign. auf den folgenden vier *Bronzekasserollen*: – 1.) aus Pacciano bei Florenz (heute Florenz, Mus. Archeol., CIL, XI, 6717, 9; Petrovszky, 1993, 289, Nr P.09.01); – 2.) in Rom, Mus. dei Conservatori (Petrovszky, 1993, 289, Nr P.09.02); – 3.) aus Andance/Frankreich (heute Lyon, Mus. de la civilisation gallo-rom., Inv. Nr Br. 136; S. Boucher/S. Tassinari, Bronzes antiques du mus. de la civilisation gallo-rom. à Lyon, Lyon 1976, 115, Nr 130 mit Abb.; Petrovszky, 1993, 289, Nr P.09.03); – 4.) von einem Wasserfund von Vrhnika (Nauportus)/Slowenien (heute Ljubljana, NM, Inv. Nr R 1878; CIL, III, Suppl. 12031, 13; A. Radnóti, Die röm. Bronzegefäße von Pannonien, Bp./L. 1938, 28 s., Anm. 17–21, Taf. 2, 6; 15, 2; 17, 26; Petrovszky, 1993, 289, Nr P.09.04, Taf. 24, 41). ▭ *R. Petrovszky*, Stud. zu röm. Bronzegefäßen mit Meisterstempeln, Buch am Erlbach 1993, 162, Nr P.09, p. 289, Nrn P.09.01–P.09.04, Taf. 24, 41. R. V.

Pompeius, *Quintus*, röm. Bildhauer, in augusteischer Zeit in Eleusis tätig. Nur bek. durch seine Sign. auf einer Basis aus Eleusis für eine *Statue des Aion*. Möglicherweise fertigte er sie zus. mit seinen Brüdern *Aulus* und *Sextus*, die ebenfalls aufgeführt worden sind. ▭ RE XXI. 2, 1952 (s.v. P. 148). R. V.

Pompeius, *Sextus*, röm. Architekt, im 1. Jh. v. Chr. und im frühen 1. Jh. n. Chr. möglicherweise in Latium und Campanien tätig. Bek. durch eine von Pirro Ligorio überlieferte Grab-Inschr., die aufgrund der korrekten Angabe der Konsuln des Jahres 12 n. Chr. als echt anzusehen ist. P., in der Inschr. als Vater des Grabinhabers gen., war ein Freigelassener. Da er statt seines Sklavennamens die Berufsbezeichnung als *cognomen* trägt, könnte dies ein Hinweis darauf sein, daß er schon als Sklave als Architekt tätig war. Der Fundort der Inschr. an der Via Appia und die Nennung des bei Baiae gelegenen Bauli könnten auch für P. auf eine Tätigkeit in dieser Gegend hindeuten. ▭ CIL, VI. 5, 3048* ; *C. Promis*, Gli architetti e l'archit. presso i Romani, Mem. della R. Accad. delle Scienze di Torino, Scienze Morali, Storiche e Filologiche, 2. Ser., 27:1873, 109 s., Nr 24; *Donderer*, Architekten, 1996, 22 s., 244 s., Nr A 132. B. Bollmann

Pompeius Fructus, *Cn.*, röm. Goldschmied, im 1. Jh. n. Chr. in Rom tätig. Nur bek. durch seine Grab-Inschr. aus Rom (CIL, VI, 37781) ▭ EAA I, 1958 (s.v. Aurifex). R. V.

Pompeius Iucundus, *Cn.*, röm. Goldschmied, im 1. Jh. n. Chr. in Rom tätig. Nur bek. durch seine Grab-Inschr. aus Rom (CIL, VI, 37781) ▭ EAA I, 1958 (s.v. Aurifex). R. V.

Pomponius, röm. Toreut, im 1. Drittel des 1. Jh. n. Chr. in Kampanien tätig. Nur bek. durch seine Sign. auf einer *Bronzekasserolle* aus Colchester (Camulodunum)/England (heute London, BM, Inv. Nr PRB 1870. 4-2. 184). ▭ *J. H. Pollexfen*, Archaeologia: or, miscellaneous tracts relating to antiquity 39:1863, 509, Taf. 24, 2; *R. A. Smith*, A guide to the antiquities of Roman Britain in the dep. of British and mediaeval antiquities, Lo. 1922, 85, Abb. 108; *R. Petrovszky*, Stud. zu röm. Bronzegefäßen mit Meisterstempeln, Buch am Erlbach 1993, 163, Nr P.10, p. 290, Nr P.10.01, Taf. 24. R. V.

Pomponius, *Gaius*, röm. Erzgießer, in der 2. H. des 3. oder im 2. Jh. v. Chr. tätig. Nur bek. durch seine Sign. auf dem Bronzemantel einer *Iuppiter-Statuette*, die wahrsch. aus der Gegend von Volsinii (Orvieto) stammt (heute in Rom, MN; CIL, I, 52; XI, 6720). ▭ RE XXI. 2, 1952 (s.v. Pomponius 109); EAA VI, 1965 (s.v. Pomponius, Caius). R. V.

Pomponius Heracon, *Gaius*, röm. Schiffshandwerker und -ingenieur, im 2. oder 3. Jh. n. Chr. in Rom oder Umgebung tätig. P. H. ist nur durch seine von seinen Eltern gesetzte Grab-Inschr. bek., die in Rom in der Nekropole vor der Porta Salaria zutage kam. Er hatte sich in seinen nur 25 Lebensjahren offenbar vom Handwerker zum Schiffskonstrukteur hochgearbeitet. In der Inschr. wird er als Architekt bezeichnet. Nach der auf dem Grabstein eingeritzten Darst. eines Schiffes war er als *architectus navalis* tätig, vermutl. in einer priv. Schiffswerft an den Tiberufern Roms, da eine Tätigkeit in einer staatl. Werft wahrsch. in der Inschr. gen. worden wäre. ▭ CIL, VI, 33833 (ILS, 7735); *M. C. Bottigelli*, Epigraphica 4:1942, 144 s.; *P. A. Gianfrotta*, in: *S. Panciera* (Ed.), La coll. epigrafica dei Mus. Capitolini, R. 1987, 290 s., Nr 263, Taf. 17, 4; *Donderer*, Architekten, 1996, 46, 61, 72, 246 s., Nr A 133, Taf. 46, 2. B. Bollmann

Pomponius Zosimos (Πομπώνιος Ζώσιμος), Sohn des Eutyches, aus Arykanda, griech. Architekt, wohl im früheren 2. Jh. n. Chr. in Arykanda tätig. Durch die Inschr. seines Grabbaus in der Nekropole ö. der Stadt ist überliefert, daß P. die „Kunst, Steinbauten zu errichten", beherrschte. Diese Formulierung umschreibt seinen Beruf als Architekt. Als solcher war er offenbar für ein *Heiligtum in Arykanda* tätig. Daß P. einen Tempel für Athena baute, läßt sich der Inschr. jedoch nicht entnehmen, sondern nur seine Verehrung für Athena als Göttin der Handwerker. Nicht auszuschließen ist, daß P. auch städt. Bauaufgaben in Arykanda ausführte. Zumindest genoß er großes Ansehen in der Stadt, die er mit Spenden förderte, und wurde dafür vom Ältestenrat geehrt. Zu seinen ansonsten unbek. Werken zählt außerdem sein eigenes *Grabmal*, von dem eine genaue Beschreibung fehlt. ▭ CIG, III, 1151, Nr 4316 h; SEG, XLI, 1341; *W. Peek*, Griech. Vers-Inschr., I, B. 1955, 174 s., Nr 687; *S. Şahin*, EpigrAnat 17:1991, 119 ss., Nr 3, Taf. 17; *R. Merkelbach*, EpigrAnat 18:1991, 74, Nr 3; *S. Şahin*, Die Inschr. von Arykanda, Bonn 1994, 101 s., Nr 108 (neue Lesung; ältere Lit.), p. 119 ss., Taf. 18; *S. Follet*, BullEp 108:1995, 434, Nr 27; *Donderer*, Architekten, 1996, 50, Anm. 160, p. 161 s., Nr A 66, Taf. 24, 2. B. Bollmann

Pontios (I) (Πόντιος), neuattischer Bildhauer in frühaugusteischer Zeit tätig. Bek. durch die griech. Inschr. auf einem *Rhyton* aus pentelischem Marmor, das 1875 auf dem Esquilin in der vormaligen Villa Caserta gefunden wurde (heute Rom, Konservatoren-Pal., Inv. Nr 1101). Das *Rhyton* ruht auf einem Sockel aus fleischigen Blättern und läuft vorn in einer Chimäre mit Stierkopf und -hufen, Bockshörnern sowie lappig-stilisierten Pferdemähne aus. Das im unteren Bereich kannelierte Horn fällt an der trichterförmigen Öffnung über und ist dort mit einem eierstabähnl. Kymation verziert. Zw. Kanneluren und Überfall befindet sich eine breite glattbelassene Fläche, auf der in Reliefform drei Mänaden auf dem Weg zu einem Altar dargestellt sind. Die Künstler-Sign. befindet sich unterhalb des Stierkopfes. Das *Rhyton* diente wohl als Springbrunnen, ein Kanal für ein Rohr von der Plinthe an mündet unterhalb des Chimärenkopfes in die Blätter. Das Horn ist z.T. ausgehöhlt und war viell. bepflanzt (Stuart Jones, 1926, 170). P., den Hauser (1889, 3) als bes. gewandt unter den neuattischen Künstlern hervorhebt, wird von Fuchs (1966, 396) als Eklektiker bez., der das oft als Kultgerät benutzte *Rhyton* (urspr. persisch-achämenidischer Herkunft) mit einem Chimärenkörper verbunden hat, wie er z.B. an Kapitellen der inneren Propyläen von Eleusis vorkommt. Die Mänaden könnten aus einem Zyklus des → Kallimachos (E. 5. Jh. v. Chr.) entnommen worden sein. Vorbild für das *Rhyton* könnten aber auch Werke der griech. Toreutik gewesen sein (G. Lippold, in RE XXII. 2, 1953, 30 [s.v. P. 2]). Es ist erg. worden (Teile der Flügel und Beine sowie Ohren und Hörner), was aber mittlerweile wieder rückgängig gemacht wurde. Ein ähnl. Rhyton, aber stärker beschädigt, befindet sich im MN Romano in Rom (Inv. Nr 124132). ▭ ThB27, 1933. RE XXII. 2, 1953 (s.v. P. 2); EAA VI, 1965. – *F. Hauser*, Die neuattischen Reliefs, St. 1889, 3, 8, 187, Abb. 25, 28 s.; *Stuart Jones*, SculptPalCons, 1926, 169 s., Nr 25, Taf. 58; *W. Fuchs*, Die Vorbilder der neuatt. Reliefs, B. 1959 (JdI, Ergh., 29), 74, 76, 147, Taf. 15 c, 16 a-b; *id.*, in: Helbig[4], II, 1966, 395 s., Nr 1594; *H.-U. Cain/O. Dräger*, in: Das Wrack. Der antike Schiffsfund von Mahdia (K Rhein. LM Bonn), II, Köln 1994, 818 s., Abb. 14; *L. A. Touchette*, The dancing mainad reliefs, Lo. 1995, 43 s., 83, Nr 53, Taf. 37 a (hier ohne Erg. abgebildet). P. Knüvener

Pontios (II) (Pontius) griech. Architekt, 13/12 v. Chr. in Alexandria/Ägypten tätig. Sein Name erscheint in einer Inschr. (sowohl lat. und griech.) auf einem bronzenen *Obeliskenfuß* in Form einer Krabbe (noch ein weiterer erh., heute in New York, Metrop. Mus.), aus der hervorgeht, daß P. im Jahre 18 des Augustus für den Statthalter Barbarus die Aufstellung des *Obelisken* als Architekt leitete. Mit einem weiteren Obelisken (den sog. „Nadeln der Kleopatra") bildete er ein Paar und stand bis 1879 *in situ* (heute New York, Central Park, der and. seit 1877 am n. Themseufer in London), den meerseitigen Eingang des Kaisertempels flankierend. Die beiden aus Rosengranit bestehenden Obelisken stammen aus Heliopolis und wurden dort von dem Pharao Thutmosis III. (1504–1450 v. Chr.) errichtet. Die These (Alföldy, 1990, 48), daß die beiden Obelisken mit dem auf der and.(!) Tempelseite (der S-Seite) befindl. Gallus-Obelisken (30 v. Chr. errichtet) ein Horologium gebildet haben, das für das von E. Buchner (1983, 494 ss.) postulierte Horologium Augusti vorbildhaft gewesen sein soll, ist haltlos, da Schütz (1990, 433 ss.) Buchners Argumentation (auf die sich Alföldy stützt) mit guten Gründen widerlegt hat. Trotzdem geht Grimm (1996, 73, Anm. 57 und 1998, 159) von einer Sonnenuhr aus, während Pfrommer (1999, 137) sie mit dem Hinweis, diese sei für die Anlage des Kaisareions zu groß, ablehnt. Empereur (1998) geht nicht auf diese Diskussion ein. Donderer (1996, 164) bezweifelt, daß die Inschr. auf Grund ihrer Lage gut lesbar war. ▭ ThB27, 1933 (s.v. P. 2). RE I. 2, 1893, 1385 (s.v. Alexandria); XXII. 1, 1953 (s.v. P. 3); EAA I, 1958, 211 (s.v. Alexandria); VI, 1965 (s.v. P. 2). – *E. Buchner*, Die Sonnenuhr des Augustus, Mainz 1982, 80, Nachtrag Taf. 2; *id.*, Gymnasion 90:1983, 495 ss., Taf. 1 a-b; *G. Alföldy*, Der Obelisk auf dem Petersplatz in Rom, SBHeidelberg 1990, 48, 52, 63 ss.; *M. Schütz*, Gymnasion 97:1990, 432 ss.; *M. Hellmann*, ZPE 104:1994, 159, Nr 25; *Donderer*, Architekten, 1996, 163–165, Nr A 67, Taf. 25; *G. Grimm*, in: *K. Hamma* (Ed.), Alexandria and Alexandrianism. Papers delivered at a symposium organized by the J. Paul Getty Mus. and the Getty Center for the hist. of art and the humanities and held at the mus., 1993, 1996, 66 ss., 73, Anm. 57; *J. Y. Empereur*, Alexandrie redécouverte, P. 1998, 117 ss., Abb. 118; *G. Grimm*, Alexandria, Mainz 1998, 159 s.; *M. Pfrommer*, Alexandria im Schatten der Pyramiden, Mainz 1999, 136 s., 147, Anm. 194.; *R. Vollkommer*, Sternstunden der Archäologie, M. 2000, 125 s. P. Knüvener

Popl[...] (Ποπλ[...]), griech. Koroplast, am A. des 1. Jh. n. Chr. in Myrina tätig. Nur bek. durch seine Sign. auf einer Tonstatuette einer drapierten Frau (Paris, Louvre, Inv. Nrn Myrina 1030 und M 89; Mollard-Besques, II, 1963, 93, Nrn Myrina 1030 und M 89, Taf. 110 c, p. 208, Taf. 247 c-d; Kassab, 1988, 55, Nr 1, Abb. 144, 427). R. V.

Porinos (auch als Pormos überliefert), mutmaßl. griech. Architekt, im letzten V. des 6. Jh. v. Chr. in Athen tätig. Nur bek. durch die Erw. des → Vitruvius (7, praef. 15), nach der die Architekten Antistates, → Kallaischros, → Antimachides und P. für Peisistratos die *Grundmauern des Olympieions* in Athen bauten. Wie Tölle-Kastenbein (1994, 140) überzeugend darlegte, wurde der Tempel aber erst nach dem Tod des Peisistratos von seinem Sohn Hippias um um 515 v. Chr. beg. und mit dessen Tod um 510 v. Chr. eingestellt. Offensichtl. gedieh der als dorischer Dipteros geplante und in den Abmessungen den Tempel des Polykrates auf Samos fast erreichende Bau nicht über die Fundamente und einige Säulentrommeln hinaus (Tölle-Kastenbein, 1994, 140), was → Vitruvius richtig feststellt. Es geht aus seinem Ber. aber nicht hervor, ob die Architekten zus. oder nacheinander tätig waren, wenngleich Tölle-Kastenbein (1994, 140) für das erstere plädiert, da der Bau ihrer Meinung nach in großer Eile beg. wurde. Insbesondere in letzter Zeit wurde die Existenz des P. wieder mehrfach bezweifelt (Tölle-Kastenbein, 1994, 140; Svenson-Evers, 1996, 151 ss.), während Gruben (1986, 231) noch von vier Architekten ausgegangen ist. Als Begründung werden mögl. Übersetzungsfehler einer griech. Quelle seitens des → Vitruvius angeführt, bei der sich πώρινον auf die Beschaffenheit der Fundamente, näml. aus Poros bestehend, beziehe. Weiterhin sei der Name P. in Griechenland sonst nicht bekannt. Bei den Architekten handelt es sich um die einzigen namentl. überlieferten archaischer Zeit in Athen bzw. des griech. Mutterlandes (Tölle-Kastenbein, 1994, 140). ▭ ThB27, 1933. RE XXII. 1, 1953; Suppl. XIII, 1973, 131 (s.v. Athenai VII, das Gebiet am Ilissos: Olympieion); EAA VI, 1965. – *T. Reinach*, REG 3:1890, 200 s.; *G. Welter*, AM 47:1922, 61 ss.; *Gruben*, Tempel[4], 1986, 230 ss.; *R. Tölle-Kastenbein*, Das Olympieion in Athen, Köln u.a. 1994, 139 ss.; *Svenson-Evers*, Architekten, 1996, 151 ss. P. Knüvener

Poron (Πόρων), Sohn des Appelion, griech. Bildhauer, im 2./1. Jh. v. Chr. in Epidauros tätig. Nur bek. durch seine Sign. auf einer Basis aus Epidauros. ▭ ThB27, 1933. EAA VI, 1965. – *Loewy*, IGB, 1885, 189, Nr 265. R. V.

Poseinos (Πόσεινος), Sohn des Demetrios, aus Mytilene, griech. Bildhauer, im 2. Jh. v. Chr. in Erythrai tätig. Nur bek. durch seine Sign. auf einer Marmorbasis aus Erythrai. ▭ ThB27, 1933. EAA VI, 1965. – *Loewy*, IGB, 1885, 162, Nr 219; *H. Engelmann/R. Merkelbach*, Die Inschr. von Erythrai, I, Bonn 1972, 151, Nr 56, Taf. 15; *Muller-Dufeu*, SculptureSource, 2002, 774 s., Nr 2276. R. V.

Posidonius (Ποσειδώνιος), aus Ephesos, Erzgießer und Ziseleur in Silber, in der 1. H. des 1. Jh. v. Chr. tätig. Plinius nennt P. zweimal: einmal (nat., 34, 91; Overbeck, SQ, 1868, Nr 2096; Muller-Dufeu, SculptureSource, 2002, 850 s., Nr 2545) unter den Toreuten, die *Athleten, Bewaffnete, Jäger* und *Opfernde* schufen, und ibid. und nat., 33, 156 (Overbeck, SQ, 1868, Nr 2167, 15; Muller-Dufeu, ibid., 930 s., Nr 2797bis) auch als ausgezeichneten Ziseleur in Silber, hier als Zeitgen. des Pompeius. ▭ ThB27, 1933. – *H. Brunn*, Gesch. der griech. Künstler, I, Braunschweig 1853, 527; II, St. 1859, 410. M. Aurenhammer

Possis, griech. Bildhauer, im 1. Jh. v. Chr. tätig. Lt. Plinius (nat., 35, 155) fertigte er Äpfel, Trauben und Fische so realistisch, daß man sie nicht von echten unterscheiden konnte. ▭ ThB27, 1933. RE XXII. 1, 1953; EAA VI, 1965. – *Toynbee*, Artists, 1951, 21. R. V.

Postumius Lucius, *Quintus*, viell. röm. Mosaizist (?), im 1. Jh. v. Chr. in Italien tätig. Nur bek. durch seine Grab-Inschr. aus Brescia (CIL, V, 4508), in der er als *tesserarius* bez. wird. Wie Donderer (1989) überzeugend argumentierte, kann diese Berufs-Bez. sowohl einen militär. Dienstgrad als auch einen Verfertiger von Spielsteinen und einen Mosaizisten meinen. ▭ *P. Tozzi*, Storia padana antica, Mi. 1972, 138; *Donderer*, Mosaizisten, 1989, 119 s., Nr B 5. R. V.

Postumius Pollio, *Gaius*, röm. Architekt, in der augusteischen Zeit in Latium tätig. Durch zwei heute verschollene Inschr. aus Terracina und Formia als Architekt überliefert. Für eine Verbindung zu Vitruv (→ Vitruvius), über die aufgrund des Beinamens wiederholt spekuliert wurde, gibt es keine Hinweise. P. ist wahrsch. ident. mit dem gleichnamigen Patron des Libertus → Cocceius Auctus, L., der in augusteischer Zeit als Architekt des sog. Augustus-Tempels in Puteoli/heute Pozzuoli tätig war. → Cocceius Auctus, L., hat vermutl. von P. seine Ausb. erhalten. Mit den beiden Inschr. signierte P. zwei von ihm ausgef. Bauten. Er kann als Architekt des später in der Kathedrale verbauten *sog. Großen Tempels* am Forum des antiken Tarracina gelten, da die Inschrift ehem. in der Rückwand der Kirche, wo noch antike Baureste vorhanden sind, vermauert war. Der augusteische Tempel wird als *Kapitol* oder *Roma-Augustus-Tempel* gedeutet. Die Inschr. des P. in Formia befand sich auf einem nicht genauer bez. *Architekturblock*, der ehem. in einem (Stadt-)Tor verbaut war. Ob es sich dabei um den urspr. Anbringungsort oder eine sekundäre Verwendung handelt, ist jedoch unbekannt. ▭ EAA I, 1958 (s.v. architetto); VI, 1965. – CIL, X, 6126, 6339 (ILS, 7731); *P. Gros*, in: *R. Martin* (Ed.), Architecture et société. De l'archaïsme grec à la fin de la république romaine, Actes du Colloque internat., Rom 1980, P./R. 1983, 436 s.; *H. Hänlein-Schäfer*, Veneratio Augusti, Rom 1985, 95 s., 135 ss., Nr A 6; *Donderer*, Architekten, 1996, 29, 59, 209, 247 s., Nrn A 134, 135. B. Bollmann

Pothaios (Ποθαίος), griech. Architekt. Erbaute kurz nach der Schlacht von Himera (480 v. Chr.) zus. mit → Antiphilos (I) und *Megakles (I)* in der Altis von Olympia das *Schatzhaus der Syrakusaner* (Paus., 6, 19, 7), gestiftet im 1. V. des 5. Jh. v. Chr. durch Gelon von Syrakus. Wegen der darin aufbewahrten Weihgeschenke (ein großer Zeus; drei Leinenpanzer aus der Karthager-Beute der Schlacht von Himera) erhielt das Gebäude bei Pausanias die irreführende Bezeichnung „Schatzhaus der Karthager". Nach der Unters. von A. Mallwitz (1961, 1972) sind ihm das *Fundament II* der Schatzhaus-Terrasse sowie an and. Stellen Olympias verbaute *Architekturglieder* zuzuweisen. Aus den erh. Resten läßt sich ein schmaler dorischer Antentempel mit zwei Frontsäulen, einem sog. sizilischen Dach (d.h. keine Skulpt. in den Giebelfeldern), einem den gesamten Bau umziehenden Fries und einem darüber folgenden Geison mit Mutuli auf der Unterseite rekonstruieren. Damit sind die von der älteren Forsch. (W. Dörpfeld, C. Weickert u.a.) vertretenen und in die 2. H. des 6. Jh. v. Chr. verlegten Zuweisungen hinfällig geworden. Bei den als Urheber des Baues Genannten dürfte es sich, obwohl Pausanias sich dazu nicht äußert, eher um die Architekten als um die Stifter handeln, zumal er das Schatzhaus ausdrückl. als deren τέχνη (künstler. Werk) bez. Offenbar führten sie – wie die Architekten des Schatzhauses der Epidamnier in Olympia (→ Pyrrhos [I]) – das Projekt vom Entwurf bis zum E. der Bauarbeiten als Teamwork (oder nacheinander?) in eigener Regie aus. ▭ ThB1, 1907 (s.v. Antiphilos); ThB24, 1930 (s.v. Megakles); ThB27, 1933. RE I. 2, 1894 (s.v. Antiphilos 5); XV. 1, 1931 (s.v. Megakles 10); XXII. 1, 1953; EAA I, 1958 (s.v. Antiphilos 1); IV, 1961 (s.v. Megakles 1); VI, 1965. – *Brunn*, GGK, II, 1889, 328, 339; *Müller*, Architekten, 1989, 191; *Svenson-Evers*, Architekten, 1996, 363–372 (mit Lit.). – *Zum Bau*: *A. Mallwitz*, in: OlympForsch, I, 1944, 83 ss.; *id.*, in: OlympBer, VII, 1961, 29–55; *id.*, Olympia und seine Bauten, M. 1972, 169, Abb. 129 (Rekonstr.); *K. Herrmann*, Beobachtungen zur Schatzhaus-Archit. Olympias, in: *U. Jantzen* (Ed.), Neue Forsch. in griech. Heiligtümern, Tb. 1976, 321 ss. W. Müller

Pramenis (Πραμῆνις), graeco-ägypt. Bildhauer, im 1. Jh. n. Chr. in Tesenouphis tätig. Nur bek. durch seine Sign. auf einer *Sitzstatuette* aus Basalt. ▭ EAA VI, 1965. – *P. Graindor*, Bustes et statues-portraits d'Egypte romaine, Kairo o. J., 132, Nr 68, Taf. 61 a. R. V.

Pratakon (Πρατακῶν), Sohn des Pratakon, griech. Architekt, in der 2. H. des 1. Jh. v. Chr. in Olympia tätig. Nur bek. durch eine Inschr. aus Olympia (heute in Olympia, Archäol. Mus., Inv. Nr 565), in der eine größere Anzahl von Personen mit ihren Funktionen für das Heiligtum aufgezählt werden. Dabei wurde die Berufsbezeichnung Architekt oft dem vorher erscheinenden Namen Ammonios (→ Ammonios [III]) zugeordnet. Wie aber Donderer (1996) richtig bemerkt hat, stand die zur jeweiligen Person zugehörige Funktion jeweils vor dem und nicht nach dem Namen. Damit ist jedoch klar, daß die Bez. Architekt auf P. zu beziehen ist. ▭ ThB1, 1907 (s.v. Ammonios 3). RE, Suppl. I, 1930 (s.v. Ammonios 22a); EAA I, 1958 (s.v. Ammonios 3). – *W. Dittenberger/K. Purgold*, Die Inschr. von Olympia, Olympia V, B. 1896, 143 ss., Nr 62; *Donderer*, Architekten, 1996, 166–168, Nr A 69, Taf. 26,2. R. V.

Praxias (I) (Πραξίας), Metöke aus dem attischen Demos Melite, möglicherweise Großvater von → P. (II), Steinmetz oder Bildhauer, gegen E. des 5. Jh. v. Chr. in Athen tätig. P. arbeitete am *Fries des Erechtheion* ein *Pferd*, zusätzl. dahinter den *Pferde- oder Gespannführer*, der dem Tier einen seitl. Hieb versetzt. Der Lohn betrug 120 Drachmen – der übl. Satz für zwei Figuren (vgl. R. H. Randall, Jr., The Erechtheum workmen, AJA 57:1953, 207 ss.). Eine sichere Zuordnung zu den erh. Fries-Fragm. ist nicht mögl., Bruchstücke von Gespannen kommen aber vor. – Möglicherweise führte P. an einer weiteren Friesplatte *drei Figuren* aus, einen Epheben, einen zweiten schreibenden und einen dritten dahinter. Hierfür scheint der Lohn 200 Drachmen gewesen zu sein. Beide Arbeiten sind in dem Abschnitt der Abrechnungsurkunde aufgeführt, der sich auf das Jahr 408/07 v. Chr. bezieht. – Ob die Arbeit am Erechtheion an den Beginn oder das E. seiner berufl. Tätigkeit fällt, bleibt ungewiß. Sicherl. aber kann P. wegen der Zeitdifferenz nicht mit → P. (II) od. → P. (III) ident. sein, wegen der Namens- und Berufsübereinstimmung bleibt die Zugehörigkeit zu ders. Fam. aber denkbar. ▭ ThB27, 1933. RE XXII. 2, 1954; EAA VI, 1965 (s.v. P. 2). – IG, I², 374, Zeilen 163 ss., 378 s.; *A. F. von Quast*, Das Erechtheion zu Athen, B. 1840, 130 ss., 147; *Overbeck*, SQ, 1868, Nr 860; *Loewy*, IGB, 1885, 356 ss., Nrn 526 s.; *Brunn*, GGK, I, 1889, 248 ss.; *C. Robert*, Hermes 25:1890, 431 s.; *O. Jahn/A. Michaelis*, Arx Athenarum a Pausania descripta, Bonn 1901, 111; *L. Pallat*, AJA 16:1912, 189 s.; *G. Ph. Stevens*, The Erechtheum, C., Mass. 1927, 414 ss.; *Picard*, Manuel, II, 1939, 759 s.; *Marcadé*, Signatures, II, 1957, 109; *P. N. Boulter*, APl, X, 1970, 21 ss. M. Flashar

Praxias (II), Sohn eines Lysimachos, aus dem attischen Demos Ankyle, viell. Schüler des → Kalamis (II) (v. hierzu → P. [III]), Bildhauer, im 2. V. des 4. Jh. v. Chr. in Athen, bei Oropos und viell. auf Delos tätig. Drei Arbeiten sind anzuführen: – 1.) Das möglicherweise früheste Zeugnis ist die Sign. auf einer Basis pentelischen Marmors, gefunden am NW-Abhang der Athener Akropolis. Trotz verderbten Zeilenanfangs scheint am E. der Inschr. P. als Sohn eines Lysimachos aus dem Demos Ankyle gen. zu sein, der ein *Standbild* wohl *der Aphrodite* (an sie ist die Weihung der insgesamt 24 gewählten und bekränzten Stifter aus dem Demos Halai gerichtet) anfertigte. Drei der Stifter begegnen möglicherweise in and. Inschr. um 368 v. Chr. Daraus eine präzise Dat. zu gewinnen, wäre – auch angesichts prosopograph. Unsicherheiten – zu gewagt, aber ein Indiz ist gegeben (vgl. E. Reisch, ÖJh 9:1906, 204 s.). – 2.) P. ist, erneut als Sohn des Lysimachos, in einer Weihung im Amphiareion bei Oropos aufgeführt. Hier schuf er eine *Porträtstatue eines Atheners Neoptolemos*, Sohn des Stratokles, gew. vom Sohne des Geehrten, Charias. Ein mit dem Dedikant Gleichnamiger war 338/37 v. Chr. Trierarch. Wegen der Austauschung des Demotikons gegen das Ethnikon des P. in der Inschr. vermutet man einen Wechsel der polit. Verhältnisse zw. Oropos und Athen als zeitgesch. Hintergrund (vgl. auch E. Preuner, AM 28:1903, 345 s.; H.-U. Cain/O. Dräger, in: G. Hellenkemper Salies u.a. [Ed.], Das Wrack. Der antike Schiffsfund von Mahdia, II [K Bonn, Rhein. LM], Köln 1994, 826, Anm. 21); wahrsch. Dat. der Arbeit: um 360 v. Chr. – 3.) Die dritte Quelle bleibt in der Zuweisung ungewiß, da der identifizierende Vatersname des P. fehlt. Auf einer rechteckigen, profilierten Marmorbasis nahe am Apollontempel von Delos stand die *Statue einer Artemis*, gew. von Archippe von Mykonos, Tochter des Sostratos und Gattin des Ikarios. Einige mögl. Nachfahren der Stifter-Fam. sind bis ins 3. Jh. v. Chr. hinein belegt. Die delische Inschr. gehört aber in die beginnende 2. H. des 4. Jh. v. Chr., weswegen durchaus auch eine Identifikation mit → P. (III) in Frage kommt. ▭ ThB27, 1933 (s.v. P. 3). RE XXII. 2, 1954; EAA VI, 1965 (s.v. P. 3). – *Zu Nr 1*: Athen, Epigraph. Mus., Inv. Nr 8705; IG, II/III², 2820; *Loewy*, IGB, 1885, 101 s., Nr 127; *Lippold*, GrPl, 1950, 243, Anm. 4; *Marcadé*, Signatures, II, 1957, 110; *Picard*, Manuel, IV. 2, 1963, 937 mit Anm. 1, Taf. 43, 2. – *Zu Nr 2*: IG, VII, 430; *Loewy*, IGB, 1885, 102 s., Nr 127a; *E. Preuner*, Hermes 57:1922, 87 s.; *Lippold*, GrPl, 1950, 243, Anm. 5; *Marcadé*, Signatures, II, 1957, 110 s., Taf. 43, 3; *Picard*, Manuel, IV. 2, 1963, 937 mit Anm. 2; *J. K. Davies*, Athenian propertied families 600–300 B. C., Ox. 1971, 569 s., Nr 15339; *V. C. Petrakos*, Οἱ ἐπιγραφὲς τοῦ Ὠρωποῦ, At. 1997, Nr 341. – *Zu Nr 3*: Delos, Inv. Nr E 346; ID, Nr 52;

Loewy, IGB, 1885, 109, Nr 146; *T. Homolle*, BCH 15:1891, 108 s.; *Lippold*, GrPl, 1950, 243, Anm. 6; *Marcadé*, Signatures, II, 1957, 113, Taf. 43, 5; *Picard*, Manuel, IV. 2, 1963, 940 s. mit Anm. 2 s.
M. Flashar

Praxias (III), Sohn des → P. (II)(?), aus Athen, angebl. Schüler eines Kalamis, Bildhauer, im 3. V. des 4. Jh. v. Chr. in Delphi und Thasos aktiv. Die Lehrerschaft eines Kalamis wird bezeugt durch Paus. 10, 19, 3 s. Da es sich nicht um den berühmten Meister des Strengen Stils → Kalamis (I) handeln kann, wurde dessen vermuteter Enkel → Kalamis (II) vorgeschlagen, auf dessen Aktivität zu Beginn des 4. Jh. v. Chr. Indizien zu weisen scheinen. Aber auch für diese Verbindung bedurfte es eines unplausibel frühen Ansatzes von P., den die Meister-Forsch. zu liefern gleichwohl bereitstand. Hilfestellung versprach die Beschr. des jüngeren Apollontempels in Delphi bei Pausanias. P. sei während der andauernden Arbeiten an den Giebeln verstorben, heißt es dort, → Androsthenes habe das Begonnene fortgesetzt. Eine Früh-Dat. von P. ließ sich fordern, indem die Giebel-Skulpt. nicht wie übl. ans E. der Bautätigkeit, sondern deren Beginn gesetzt und deren Aufnahme bereits für die ersten Jahre nach der Zerst. des Vorgängers (373/72 v. Chr.) angenommen wurde. – Ebenso scheint die mehrheitl. geäußerte Interpretation der Pausanias-Stelle, P. habe die *Skulpturen des O-Giebels*, → Androsthenes diejenigen der W-Seite gefertigt (Nachweise: Flashar, 1992, 63, Anm. 380; die These zuletzt z.B. bei E. Paul, AKL III, 1992, s.v. Androsthenes; F. Croissant, EAA, Suppl. 4, 1996, s.v. P. 3; R. Neudecker, DNP X, 2001), abwegig. P. hätte dann der Nachwelt den Gefallen getan, auch exakt nach Voll. der O-Seite verstorben zu sein. – Durch die erh. Bauabrechnungen ergibt sich vielmehr eine Dat. der Arbeiten an den Giebeln in die Jahre 335 bis 327 v. Chr. Zudem weist der Stil der inzwischen in den Magazinen von Delphi identifizierten Fragm. der Giebel-Skulpt. eindeutig in das späte 4. Jh. v. Chr. Wenn also die Nachr. über P.' Mitarb. am jüngeren Apollontempel in Delphi im Kern als authent. erachtet wird, kann seine Aktivität hier nur in die 2. H. des 4. Jh. v. Chr. fallen. – Durch diesen Ansatz verbietet sich die Schüler-Lehrer-Verbindung des P. mit → Kalamis (II). Überhaupt wäre das Œuvre des → Kalamis (II), das ja zu nicht unwesentl. Teilen auf eben dieser Konstruktion beruht, noch einmal „gegen den Strich" zu lesen und dabei mit A. Furtwängler (Zu Pythagoras und Kalamis, SB der Kgl. Bayer. Akad. der Wiss., Phil.-philolog. Kl., 1907, 160 ss.) zu überprüfen, ob sich hinter dem vermeintl. Enkel des unbestrittenen → Kalamis (I) nicht ein Phantom verbirgt. – Eine and., vorderhand nicht entscheidbare Option ist, ob nicht → P. (I) ein Schüler von → Kalamis (I) gewesen sein könnte und diese Beziehung somit den Hintergrund für eine Fehlinformation des Pausanias abgibt. Denkbar bleibt, daß → P. (II) Enkel von → P. (I) gewesen ist. – Der Versuch, Klarheit in die Abfolge der Fam.-Mitgl. zu bringen, fußt also erstens auf der durch die Spät-Dat. von P. nahegelegten Trennung von → P. (II) – letzterer könnte, dann wären in der Inf. des Pausanias Vater und Sohn verwechselt, natürl. Schüler von → Kalamis (II) gewesen sein, wenn dieser existiert hat. – Zweitens nennt eine 1944/45 auf der Agora von Thasos gefundene Basis-Inschr. einen P., Sohn des P., als Künstler der *Ehrenstatue für einen einheimischen Theoren Theopompos*, der bei den pythischen Spielen im Zweigespannrennen gesiegt hat. Die Inschr. wird übereinstimmend nach 350 v. Chr. datiert. Sie beweist im übrigen endgültig, bezieht man sie nicht auf einen weiteren, bislang unbek. Bildhauer *P. (IV)* aus Athen, daß → P. (II) und P. nicht ident. sein können, da die Vatersnamen differieren. – Die Tätigkeit von P. fällt demnach in das 3. V. des 4. Jh. v. Chr. ▭ *Zu Delphi*: ThB27, 1933 (s.v. P. 2). RE XXII. 2, 1954 (s.v. P. 2); EAA VI, 1965; EAA, Suppl. 4, 1996; DNP X, 2001 (s.v. P.). – *Overbeck*, SQ, 1868, Nr 857; *Brunn*, GGK, I, 1889, 247 s.; *Picard*, Manuel, III. 1, 1948, 150 s.; IV. 2, 1963, 932–940; *E. Pochmarski*, Das Bild des Dionysos in der Rundplastik der klass. Zeit Griechenlands, W. 1974, 15 s.; *F. Croissant*, in: Archaische und klass. griech. Plastik, Akten des Internat. Kolloquiums Athen 1985, Mainz 1986, II, 187 ss.; *M. Flashar*, Apollon Kitharodos, Statuarische Typen des musischen Apollon, Köln u.a. 1992, 62 s. – *Zu Thasos*: SEG, XVIII, 1962, 131 s., Nr 359; EAA VI, 1965 (s.v. P. 4); BCH 68/69, 1944/45, 443; *R. Martin*, in: Mélanges Charles Picard, II, P. 1949, 705 ss.; *J. Pouilloux*, Etudes Thasiennes, III, P. 1954, 227 Taf. XX, 10; *Marcadé*, Signatures, II, 1957, 112 s., Taf. XLIII, 4; *Picard*, Manuel, IV. 2, P. 1963, 938 s.
M. Flashar

Praxias (IV) cf. **Praxias (III)**

Praxiteles (I) (Πραξιτέλης), Vater des → Kephisodotos (I); Großvater des → P. (II), griech. Bildhauer, in der 2. H. des 5. Jh. v. Chr. tätig. Immer noch sehr umstritten bleibt, ob P. überhaupt ein Bildhauer war und wenn, welche Werke ihm tatsächl. zugeschr. werden können. Möglicherweise schuf er und nicht → P. (II) den *Wagenlenker auf einer Quadriga* des → Kalamis (II), die von Plinius (nat., 34, 71; Overbeck, SQ, 1868,

Nr 525) erw. wird. Weiterhin wird P. bisweilen die *Gruppe der Demeter* (L. Beschi, LIMC IV, 1988, 879, Nr 415, s.v. Demeter), *Kore und des Iakchos* (E. Pochmarski, Das Bild des Dionysos in der Rundplastik der klass. Zeit Griechenlands, W. 1986, 8–9; C. Gasparri, LIMC III, 1986, 468, Nr 532, s.v. Dionysos; E. Simon, LIMC V, 1990, 612, Nr 2, s.v. Iakchos) in einem Demeterheiligtum (ident. mit dem Iakcheion?) in Eleusis zugeordnet, weil die Künstler-Sign. lt. Pausanias (1, 2, 4; Overbeck, SQ, 1868, Nr 1195) in attischem Alphabet verf. war und dieses seit etwa 403 v. Chr. vom ionischen ersetzt worden ist und daher nur P. und nicht → P. (II) in Frage käme. A. Furtwängler (Meisterwerke, 1893, 137) und W. Klein (Praxiteles, L. 1898, 24 ss.) wollen in P. auch den Fertiger der *Statuen der Rhea und der Hera Teleia* im Heratempel von Plataiai (Paus., 9, 2, 7; Overbeck, SQ, 1868, Nr 1213; A. Schachter, Cults of Boeotia, Lo. 1981 [BICS, Suppl. 38], 242–250; A. Kossatz-Deissmann, LIMC IV, 1988, 663, Nr 17, s.v. Hera; E. D. Serbeti, LIMC VI, 1992, 146, Nr 34, s.v. Kronos) erkennen, weil dieser Tempel im Jahre 427 v. Chr. zerst. und sofort wieder errichtet worden sei. Ob jedoch auch gleich die Kultstatuen entstanden sind, wie dann angenommen werden muß, kann nicht gesagt werden. Viell. schuf P. die *zwölf Taten des Herakles* als Giebelfiguren oder Metopen am Heraklestempel von Theben, die uns ledigl. durch Paus. (9, 11, 6; Overbeck, SQ, 1868, Nr 1285; J. Boardman, LIMC V, 1990, 7, Nr 1710, s.v. Herakles) überliefert sind ▭ ThB27, 1933. RE XXII. 2, 1954 (s.v. P. 4); EAA VI, 1965 (s.v. P. 2). – *Lippold*, GrPl, 1950, 223. R. V.

Praxiteles (II), griech. Bildhauer aus Athen, * um ca. 390 v. Chr. oder etwas früher, † um ca. 320 v. Chr., familiäre Beziehung zu → Kephisodotos (I) unklar, Vater von → Kephisodotos (II) und Timarchos (I), zw. ca. 370 und ca. 320 v. Chr. in Griechenland und Kleinasien tätig. Aufgrund der Namengebung des Sohnes des P. (→ Kephisodotos [II]), hat man in → Kephisodotos (I) den Vater des P. vermutet. Mit dieser Annahme läßt sich jedoch schwerlich die Nachr. vereinen, daß der Stratege Phokion in 1. Ehe eine Schwester des Kephisodotos geheiratet habe (Plut., Phok., 19). Denn geht man von einer ungefähren Gleichaltrigkeit Phokions (geb. 402/01 v. Chr.) und Kephisodots (→ Kephisodotos [I]) aus, wäre bei einer Vaterschaft von → Kephisodotos (I) mit einer Geburt des P. nicht vor 370 v. Chr. zu rechnen. Ein Geburtsdatum um 370 v. Chr. kollidiert aber mit dem von Plinius für P. überlieferten *Akme*-Datum (nat., 34, 50: 104. Olympiade: 364–61 v. Chr.), während es sich mit dem *Akme*-Datum seiner Söhne (lt. Plin., nat., 34, 51 die 121. Olympiade: 296–93 v. Chr.) gut in Einklang bringen ließe. Da die plinianischen Daten eine widerspruchsfreie Lösung nicht erkennen lassen – vom *Akme*-Datum seines vermeintl. Vaters (Plin., nat. 34, 50: 102. Olympiade: 372–69 v. Chr.) ist das seinige nicht weit genug und von dem seiner Söhne zu weit entfernt –, würde man gerne bei der Festlegung seiner Schaffenszeit and. Hinweisen folgen. Der Versuch, seine Lebensdaten durch Söhne oder Enkel näher einzugrenzen, hilft ebenfalls nicht weiter. Als Anhaltspunkt für das Sterbedatum des P. gelten Liturgieleistungen seines Sohnes → Kephisodotos (II) in den 20er Jahren des 4. Jh. v. Chr., zu denen er nach Antritt der Erbschaft seines Vaters befähigt gewesen sein soll. Aber entgegen anderslautenden Vermutungen (Lauter, 1980) ist es so sicher nicht, daß dieser Kephisodotos aus ders. Fam. stammt (Müller, 1988; V. C. Goodlett, Collaboration in Greek sculpt., Diss. N. Y. 1989, 175 s.). Die Schwierigkeiten beruhen darauf, daß in der Praxiteles-Fam. gängige Namen in unterschiedl. Demen aufgeführt werden. Läßt man folgl. den reichen Kephisodotos nicht als Sohn des Künstlers gelten, entfielen die Indizien für das Ende der Lebenszeit des P. (Lauter, 1980, 528). Auch die Angabe, daß P. in der dritten Generation nach → Alkamenes (I) tätig gewesen sei (Paus., 8, 9, 1), steckt nur einen ungenauen zeitl. Rahmen ab; denn auch die Zeitstellung des → Alkamenes (I) ist keine feste Größe. Nur grobe Anhaltspunkte liefern schließl. Ereignisse im Leben der thespischen Hetäre Phryne, zu der P. den Anekdoten nach eine lebhafte Beziehung unterhielt. Sie wollte sich, zu Geld gekommen, wohl 316 v. Chr., als Kassander den Entschluß faßte, die Mauern von Theben wiederaufzubauen, an diesem Unternehmen finanziell beteiligen (Ath., deipn., 13, 591D). Der Zeitpunkt dieser Absichtserklärung wohl gegen Ende ihres Lebens läßt sich durchaus mit der Vorstellung in Verbindung bringen, daß Phryne 371 v. Chr. als Kind nach Athen gekommen ist, nachdem Thespiai zerst. worden war. Folglich könnte ab 360/50 v. Chr. mit der Beziehung zu P. gerechnet werden (anders Corso, 1988, 224 s., Anm. 904; id., 1997, 128). – P. hat, den antiken Quellen zufolge, in Bronze gearbeitet (Plin., nat., 34, 69), soll aber in Marmor noch erfolgreicher gewesen sein (ibid. und 36, 20; vgl. auch Diod., 26, 1, 1; Cic., div., 2, 48). Davon kann der *Hermes mit Dionysos-Kind* von Olympia (Paus., 5, 17, 3) einen gewissen Eindruck vermitteln; denn gerade die marmorgerechte Konzeption des Werkes ist ein starkes Argument für die oft bestrittene Urheberschaft des P. (zusammenfassend: Corso, 1996). Die frei erhobenen Arme, sowohl beim *Hermes* wie beim *Dionysos-Kind*, kennzeichnen die techn. Meisterschaft des Marmorbildners. Auch das über der Baumstütze hängende Gewand ist in seiner bravourösen Machart erst dann richtig einzuschätzen, wenn man berücksichtigt, wie überflüssig die Stoffmassen eigtl. sind. Der Steg zw. *Hermes* und Baumstamm wurde als ein griech. Originalen fremdes Hilfmittel mit den Gewohnheiten von Kopisten-Wkstn in Verbindung gebracht, aber gerade sein Ausnahme-Char. könnte als nachdrücklicher Hinweis auf die bes. Kühnheit des Entwurfs aufgefaßt werden; denn das Gewicht liegt über dem Spielbein, das in seiner angewinkelten Haltung zum Tragen von Lasten ebenso wenig geeignet ist wie der nur gering belastbare linke Oberarm. Dieser extrem fragile Bau erhält durch den an einem neuralg. Punkt angebrachten Steg eine notwendige Verstärkung. In jedem Fall hat diese Strebe nichts zu tun mit den übl., bei röm. Kopien zur Anwendung kommenden Stützen, von denen die Statue ansonsten auch völlig frei ist. – Auch die nicht geglättete Rückseite der Figur schien unvereinbar mit den an ein Orig. des 4. Jh. v. Chr. gestellten Erwartungen (C. Blümel, Griech. Bildhauerarbeit, B./L. 1927 [JdI, ErgH., 11], 37 ss.). Die primären Aufstellungsbedingungen, viell. vor einer Wand, mögen die ökonom. Arbeitsweise veranlaßt haben; jedenfalls weist der Umstand, daß die urspr. Basis durch eine neue ersetzt wurde (Corso, 1996, 141), darauf hin, daß die Figur ihren Aufstellungsort gewechselt hat und erst sekundär in den Heratempel gelangt ist. – Bei diesem Werk kontrastiert die Politur des Marmors mit den zur Aufnahme der Bemalung rauh belassenen Partien. Aus den Quellen erfahren wir (Plin., nat., 35, 133), daß P. offenbar auf die Bemalung seiner Werke großen Wert gelegt hat. Nicht nur scheint er selbst die enkaustische Malweise techn. vorangetrieben zu haben (ibid., 35, 122), v.a. konnte er → Nikias (II), den größten athen. Maler der damaligen Zeit, für die Bemalung seiner Werke gewinnen. Beim *Hermes* dürfte die Gewandpartie gerade deshalb so üppig ausgefallen sein, weil hier die Farbe ihre volle Wirkung entfalten konnte. – Den Schriftquellen zufolge hat P. ausschl. Götterbilder, mytholog. Wesen und Personifikationen erschaffen (Lat. Al., 7, 3–9; Ath., deipn., 13, 590). Im Widerspruch dazu Schol. Theokr., eid., 5, 105 [ed. Wendel]). Daß er offenbar auch als Menschenbildner (ἀνδριαντοποιός) tätig war, bezeugen Inschriften. So haben zwei Basen von der Athener Agora Priv.-Bildnisse getragen, näml. die eine die *Statue der Kleiokrateia*, der Frau des Spudias (M. Miles, The City Eleusinion, Agora XXXI, Pr. 1998, 188, Nr 7; Ajootian, 1996, 96), eine and. die *Statue der Archippe*, der Tochter des Kleogenes (Miles, op. cit., 1998, 189, Nr 10). Beide Inschr. dürften der 2. H. des 4. Jh. v. Chr. angehören, obwohl man die Weihung der *Kleiokrateia* gewöhnl. mit einer Rede des Demosthenes verbindet (gegen Spudias), die zu dessen Jugendschriften zählt (R. Rühling, Hermes 71:1936, 441 ss.: vor 359 v. Chr.). Weitere Sign. des P. kennen wir aus Delos (M. Kreeb, Unters. zur figürl. Ausstattung delischer Priv.-Häuser, Chicago 1988, 38 s., 205 s.) und Olbia (Marcadé, Signatures, II, 1957, 115). Viell. läßt sich auch die Grab-Skulpt. eines *Kriegers mit Pferd* diesen „Menschenbildern" anschließen (Paus., 1, 2, 3). Nicht zu entscheiden ist die Frage, ob das ebenfalls von P. gefertigte vergoldete Bild der *Phryne* in Delphi (Alketas, Fragm. 405, 1 [FGrH, IIIb] bei Ath., deipn., 13, 591B; Paus., 10, 15, 1; Dion Chr., 37, 28; Ael., var. hist., 9, 32; Plut., mor., 401D, 753F; Diog. Laert., 6, 60) wirkl. ein Menschenbild war und nicht vielmehr eine Aphrodite-Statue wiedergab; denn auch in der *Knidischen Aphrodite* hat der zeitgen. Betrachter wohl Phryne gesehen (Ath., deipn., 13, 590 ss.). Bei der delphischen, wahrsch. teilw. entblößten weibl. Statue, die von der Hetäre selbst gestiftet worden war (Alketas [op. cit.] erw. die Weih-Inschr., die neben dem Namen des Vaters und der Herkunftsbezeichnung den Hetärennamen im Nominativ enthielt), wird eine Unterscheidung zw. der schönen sterbl. Frau und der Göttin kaum mögl. gewesen sein, was viell. sogar intendiert war. Eine Wiedergabe der vergoldeten delphischen Statue in der Townley-Aphrodite sehen zu wollen, ist reine Spekulation (Corso, 1997, 135 ss.). Ein marmornes *Phryne-Bild* des P. wird von Pausanias (9, 27, 5) und indirekt auch von Plutarch (mor., 753F) nicht zuletzt auch für Thespiai, den Ort der berühmten *Eros-Statue* des P., überliefert. Zu einer Gleichsetzung mit einer ebendort aufgestellten praxitelischen *Aphrodite* konnte es in diesem Fall nicht kommen, weil Pausanias deutl. zw. beiden Bildern unterscheidet und man nach den übl. für weibl. Priv.-Bildnisse geltenden Regeln vermuten darf, daß das *Phryne-Bild* bekleidet war. Ein Brief der Phryne an P. (Alkiphr., 4, 1), in dem sie stolz von der Aufstellung ihres Bildes zw. Statuen der *Aphrodite* und des *Eros* spricht, suggeriert, daß die drei Statuen eine *Gruppe* bildeten (Corso, 1997, 132). Zwei Figuren dieser Gruppe, näml. *Phryne* und *Aphrodite*, soll ein thespisches Münzbild wiedergeben, das nebeneinander eine große und eine kleine Figur abbildet (Corso, 1997–98, 69). Eine Identifizierung der Aphrodite der Münzbilder mit der Aphrodite Arles (Corso, 1997–98, 70) setzt sich hinsichtl. der

Kopfwendung und der Armhaltung über die Aussage des in Kopien überlieferten großplast. Typus hinweg, und die Verbindung des angebl. *Phryne-Bildes* mit dem Kopftypus Athen-Civitavecchia, der zu Unrecht mit dem Typus Arles/Aspremont-Lynden vermischt wird (Corso, 1997, 134; id., 1997–98, 70; richtig getrennt von Lauter, 1988), entbehrt jeder Grundlage (Picard, Manuel, III. 2, 1948, 482; im Anschluß daran: Lauter, 1988). – P. ist einer der wenigen Künstler der Antike, von dessen Schaffen wir uns eine konkretere Vorstellung machen können. Unter den röm. Kopien lassen sich wenigstens drei Typen, wenn nicht sogar vier, einigermaßen plausibel mit seinen lit. überlieferten Werken verbinden: der *Sauroktonos*, die *Aphrodite von Knidos*, der *Einschenkende* und der *Ausruhende Satyr*. Die vier gen. Werke zeigen zahlr. Beziehungen untereinander, so daß die oft erfolglose oder wenig überzeugende Suche nach Gemeinsamkeiten innerhalb eines Künstler-Œuvres als Basis für weitere Zuschr. im Fall von P. keineswegs aussichtslos ist. Wenn die hier angenommene Verbindung des *Hermes von Olympia* mit seiner Person das Richtige trifft, dann hätte man einen der seltenen Glücksfälle, daß neben Kopien auch das Orig. eines antiken Künstlers in wesentl. Teilen erh. wäre. Insgesamt gesehen sind also die Voraussetzungen, um sich dieser Künstlerpersönlichkeit zu nähern, nicht schlecht, sofern man sich nicht gegen alle Wahrscheinlichkeit dieser Grundlagen beraubt, indem man sowohl den *Einschenkenden Satyr* wie auch den *Sauroktonos* als Kreationen der späthellenist. bzw. röm. Zeit verdächtigt (Ajootian, 1996, 112 s., 122). – Mit P. wird oft noch ein weiteres Orig.-Werk in Zusammenhang gebracht: Für Mantinea schuf er eine Dreiergruppe, bestehend aus *Leto, Apollon und Artemis* (Paus., 1, 44, 2), doch hat sich von diesem Bildwerk nichts erhalten. Erh. geblieben sind ledigl. drei Verkleidungsplatten der Basis mit *Musen-Darstellungen* und einer Illustration des *Wettstreits zwischen Marsyas und Apoll*. Da diese Reliefs aber nur an untergeordneter Stelle angebracht waren, stellt sich die Frage, inwiefern der Meister überhaupt an deren Ausf. beteiligt war. – Die Überlegung, ob eine an der Tripodenstraße in Athen gefundene *Dreifußbasis* (Rizzo, 1932, Taf. 45–47) mit P. verbunden werden kann, wird heute als müßig angesehen; denn die Reliefs der Basis dürften schwerl. vom Künstler selbst ausgef. worden sein. Die *Basis* erhielte jedoch eine nicht unerhebl. biogr. Bedeutung, wenn auf sie ein in der Nähe gefundenes Epigramm des 2. Jh. v. Chr. bezogen werden könnte, das einen P. als Agonotheten nennt und ihn damit als einen der Klasse der Reichen zugehörigen Bürger ausweist (O. Benndorf, ÖJh 2:1899, 255 ss.). Das Relief zeigt so unverfälscht die Stileigentümlichkeiten der Zeit, in der P. und seine Söhne (→ Kephisodotos [II], → Timarchos [I]) tätig waren, daß man sicher sein darf, ein Orig. der späten Klassik bzw. des Frühhellenismus zu besitzen (anders Jung, 1986). Die Reputation des Werks folgt auch aus der Tatsache, daß es in röm. Zeit kopiert worden ist (Berger, 1983). Insofern ist die Möglichkeit, es doch mit P. in Zusammenhang zu bringen, nicht ganz von der Hand zu weisen. Dabei ist natürl. nicht auszuschließen, daß spätere Zeiten viell. Personen gleichen Namens verwechselt und aus einem Mißverständnis heraus den berühmten Künstler mit dem Agonotheten gleichgesetzt haben. – Die den *Einschenkenden Satyr* (Replikenliste: Gercke, 1968, 1 ss.) betreffende Schriftquelle (Paus., 1, 20, 1) hat viele unterschiedl. Auslegungen erfahren, die sogar schon zu Zweifeln an der Autorschaft des P. geführt haben (A. H. Borbein, JdI 88:1973, 196). Ein Einschub bei Pausanias trägt die Schuld daran, daß der Zusammenhang zw. der Erw. des *Tripodensatyrs*, auf den P. so stolz gewesen sein soll, und der später folgenden Beschr. eines *Satyr-Pais*, des Mundschenken einer Dionysos-Statue des → Thymilos, unklar ist. Die Identität von *Tripodensatyrn* und *Satyr-Pais* wird durch folgende Überlegungen nahegelegt. Die Darst. von jungen Mundschenken auf Reliefs des 4. Jh. v. Chr. (Ajootian, 1992; BCH 117:1993, 425, Abb. 21) zeigt, daß die „Rolle" eines Satyr-Pais vom *Einschenkenden Satyrn* des P. kaum treffender hätte wiedergegeben werden können, sowohl was die Tätigkeit als auch was die Größe und seine Hinwendung zur Seite betrifft, die das Bildwerk als Teil einer Gruppe kennzeichnet, und schließl. seine vornehme, fast menschl. Erscheinung, die in der Anwesenheit des Gottes eine Erklärung fände. Hinzu kommen Übereinstimmungen mit dem *Hermes von Olympia*, die auf den gleichen Künstler schließen lassen. Berücksichtigt man den ähnl. hoch erhobenen Arm, die char. Form des Schädels und den stark nach rechts und links schwingenden Körperbau, dann versteht man die Bedenken nicht, den *Einschenkenden Satyr* als ein Werk des P. gelten zu lassen und die Identität von *Tripodensatyrn* und *Satyr-Pais* anzuerkennen (Vierneisel-Schlörb, KatSkulptGlypt, II, 1979, 361). Von zwei praxitelischen Satyrn an der Tripodenstraße wird man schwerlich ausgehen wollen (obwohl auch diese Möglichkeit schon erwogen worden ist [Gercke, 1968, 82]); denn Athenaios (deipn., 13, 591B) spricht von „*d e m Tripodensatyrn*". Ein zweiter scheint ihm also nicht bek. gewesen zu sein, und eine Verwechslung war offenbar nicht möglich (Corso, 1988, 225, Anm. 910). – Erst die Beziehung zum *Hermes* eröffnet die Möglichkeit, den *Einschenkenden Satyr* für ein Marmorwerk zu halten, womit sich zugleich eine Erklärung für den Umstand böte, warum P. auf den *Tripodensatyr* so stolz gewesen ist. Er stellte näml. technisch ein Meisterwerk dar: Ohne jegliches Hilfsmittel in Form einer Stütze dürfte der *Satyr* nur auf seinen eig. Beinen gestanden haben. Den Arm hatte er ähnl. wie der *Hermes* frei erhoben. Vorstellbar ist, daß der Krug in der Rechten und das Gefäß in der Linken aus Bronze waren. Solche den Illusionismus steigernden Zutaten aus anderem Mat. hat auch der *Hermes von Olympia* gehabt, in dessen linker Hand man ein bronzenes Kerykeion ergänzen darf. Für ein Marmorwerk des *Einschenkenden Satyrs* spricht, daß sich bei einigen Kopien die Ferse des Spielbeinfußes nicht vom Boden löst. Es könnte sich dahinter ein Zug des Orig. verbergen, der das Bemühen des Künstlers verrät, der Figur eine bessere Standfestigkeit zu geben. Von einem Bronzevorbild auszugehen, ist überhaupt das Resultat eines Mißverständnisses der gerade hier oftmals ostentativ eingesetzten Stützen und Stege (vgl. die Replik in Palermo: Gercke, 1968, 4 s. [St. 5]). – Der *Satyr-Pais* war Teil einer Gruppe. Ob die zugehörigen Statuen, der Dionysos und der Eros des → Thymilos, gleichzeitig mit ihm entstanden sind, ist unbekannt. Nicht auszuschließen ist, daß P. den *Satyr* später hinzugefügt hat, so wie er das mit einem *Wagenlenker* auch bei einem Werk des Kalamis (→ Kalamis [II]; Plin., nat., 34, 71) gemacht hat. Sollte P. die Gruppe des → Thymilos in der Tat durch einen *Pais* erg. haben, erfuhr das Ensemble eine nicht unwesentl. Veränderung: Die Gruppe wurde vom reinen Zustandsbild in ein Handlungsbild überführt. Dieser Zug ist für P.' Verständnis des Götterbildes charakteristisch. In einem bis dahin unbek. Maße sind seine Bildwerke verlebendigt und auf diese Weise der menschl. Sphäre angepaßt, ohne allerdings darin aufzugehen. – Vom *Einschenkenden Satyrn* läßt sich zum *Hermes Typus Andros-Farnese* (Replikenliste: E. Boehringer, in: id., [Ed.], Greifswalder Antiken. Gedächtnisgabe für Erich Pernice, B. 1961, 117–128; Replik in Elis: AAA 1:1968, 133, Abb. 6) überleiten, einem Werk, das mit P. stilist. verbunden wurde, ohne daß wir neben dem olympischen von einem weiteren praxitelischen *Hermes* eine Nachr. hätten. Die Voraussetzungen für eine Zuweisung sind dennoch nicht schlecht. Vom Körperaufbau her wirkt die Statue wie eine seitenverkehrte Fassung des *Einschenkenden Satyrs*. Auch der Gesichtsausdruck hat immer schon an P. denken lassen, zumal er sich deutl. von sonstigen Hermes-Köpfen des 4. Jh. v. Chr. unterscheidet. Sein Aufbau läßt sich in der gerade bei der Londoner Kopie zu beobachtenden detailierten Durchstrukturierung des Gesichts gut als Vorstufe des *Olympischen Hermes* begreifen. Das Bildwerk wirkte hauptsächl. durch seine Gewandwiedergabe, die allerdings nur von einer röm. Porträt-Statue, heute in Sydney (C. Maderna-Lauter, Juppiter, Diomedes und Merkur als Vorbilder für röm. Bildnisstatuen, He. 1988, Taf. 32,2), vollst. überliefert wird. Da auch die vatikanische Replik an der Wade des Spielbeins einen Ausbruch besitzt (SkulptVatKat, II, 1998, Nr 53, Taf. 22–29), darf man davon ausgehen, daß auch hier das Gewand, von dem ein prominenter Teil auf Schulter und linker Brust ruht und um den Unterarm geschlungen ist, einst bis zur Spielbeinwade herunterführte. Die gesamte linke Flanke der Figur erhielt so durch das Gewand einen starken kompositor. Abschluß, der möglicherweise auch statisch bedingt war. Das Gewand gab näml. dem linken Arm und dem Spielbein einen natürl. Halt. Verrät sich daran die rein als Marmorwerk konzipierte Schöpfung, die ohne jede Stütze auskommen konnte, dann liegt der Gedanke an P. als Urheber auch unter techn. Aspekt nicht fern. Daß die rechte Brustwarze der vatikanischen Statue „bronzemäßig" gebildet ist, sollte indes angesichts der Überarbeitungen, die diese Figur erfahren hat, nicht so schwer wiegen. – Man hat aufgrund der Replik von Andros wegen des dort von einer Schlange umwundenen Baumstamms an eine Deutung als *Hermes Psychopompos* gedacht (Karusu, 1969). Es mag sein, daß der Bildfindung in der Antike solche Werte beigemessen wurden; jedenfalls unterscheidet sich dieser *Hermes* von anderen ders. Zeit, nicht zuletzt auch vom *Hermes in Olympia*, durch eine and. Stimmung. Schon die Drapierung seines Gewandes ist außergewöhnl., weil sie vom bek. Schulterbauschtypus, der für einen *Hermes enagonios* passend wäre, abweicht. – Vom *Hermes Andros-Farnese* führt über die Haltung seines eingestützten Arms und das brustverdeckende Gewand ein direkter Weg zum *Ausruhenden Satyrn*. Dieser verdankt seine Benennung einem Gem. des → Protogenes (I) mit einer ebenfalls aufgestützten Satyrfigur, die als ausruhend beschrieben wird. Da vom *Ausruhenden Satyrn* des P. so viele Repliken überliefert sind wie von keinem and. antiken Werk (Replikenliste: Gercke, 1968, 22 ss.; Spinola, 1990; Bol, 1990, 300, Anm. 1; E. Bartman, Ancient sculpt. copies in miniature, Leiden 1992, 87 ss.), hat er gute Aussichten, mit dem *satyrus nobilis* oder, wie die Griechen sagten, dem περιβόητος, d.h. dem „berühmten", identifiziert zu werden, den Plinius in einem Atemzug mit einem Dionysos und der Personifikation der Trunkenheit nennt und der aus Bronze gewesen sein soll (nat., 34, 69). Es spricht nicht gegen die Identifizierung als *Periboetos*, wenn hier – anders als beim *Einschenkenden Satyrn* – ein formales Eingehen auf Gruppenpartner, d.h. auf die and. beiden von Plinius gen. Figuren, den Dionysos und die „Trunkenheit", nicht anschaulich wird. Entweder war es ein völlig autonomes Kunstwerk, das nur zufällig in einer Reihe mit themat. verwandten Figuren gen. wird, oder aber die einzelnen Glieder der Gruppe besaßen hinreichend autonomen Charakter, daß sie aus dem Gruppenzusammenhang gelöst und auszugsweise kopiert und verbreitet werden konnten. – Gerade im Unterschied zu dem wohlerzogenen, festlichen *Satyrn* von der Tripodenstraße in Athen ist dieser hier von frecherer Art, die mit der gespielten Lässigkeit eine seltsame Verbindung eingeht. An dieser Figur signalisiert alles Entspannung: der auf dem Baum ruhende Arm, die wohl untätig herabhängende Hand (Zuweilen erg. man, wohl angeregt durch den Ausruhenden Satyr des → Protogenes [I], Flöten, die jedoch von keiner Replik überliefert werden: Vierneisel-Schlörb, KatSkulptGlypt, II, 1979, 356), die leger in die Taille gestützte Hand, der geziert oder gelangweilt zurückgestellte Spielbeinfuß. Überraschenderweise wird der von vorne nahezu entblößte Körper, von hinten fast vollst. vom Fell verdeckt. Dieser Gegensatz kann kein Zufall sein; die Figur stellt ihre Nacktheit ungeniert zur Schau: Die linke Hand schiebt das Fell zurück, so daß der Blick ostentativ auf den Körper gelenkt wird (ThB27, 1933, 356). – Das Bildwerk ist in der Tat bronzemäßig konzipiert; denn der Körper hängt zur Seite über, eine Haltung, die im Falle eines orig. Marmorwerks ohne Zuhilfenahme von Stützen und Stegen nicht hätte aufgefangen werden können. Allein die Tatsache, daß der Spielbein- und Standbeinfuß auf einer Linie stehen, verlangte zusätzliches stabilisierendes Beiwerk, weil auf den Spielbeinfuß kein lastendes Gewicht abgeleitet werden kann. Interessant ist, daß die Baumstütze – denn eine solche müssen wir bereits für das Orig. voraussetzen – von den Kopisten nicht mitkopiert worden ist. Die Kopisten behandeln die Stütze so, als wäre sie ein von ihnen eingeführtes Hilfsmittel. Daß die Stütze nicht als Bestandteil des Orig. angesehen wurde, mag viell. auch darin begründet sein, daß sie wahrsch. im Orig. aus Stein war und schon dadurch ein Gegensatz zu der in Bronze gegossenen Statue bestand. Auch der stark variierende Abstand zw. Stütze vom Körper (Vierneisel-Schlörb, KatSkulptGlypt, II, 1979, 353 ss.; C. Vorster, in: G. Daltrop/H. Oehler [Ed.], Vatikan. Museen, Kat. der Skulpt., II. 1, Mainz 1993, Nrn 20–22), der sich bei den röm. Kopien beobachten läßt und der mal eine stärker aufgerichtete, mal stärker aufgestützte Körperhaltung zur Folge hat, findet darin eine Erklärung, daß die Kopistenateliers offenbar über keinen Abguß der Stütze des Orig. verfügten. – Wie so oft bei P. kommt dem „Gewand" auch bei diesem Bildwerk eine dominante Rolle zu. Das um den Körper geführte Fell rundet diesen nach der einen Seite hin ab, nach der and. setzt die durch den herabhängenden Pantherkopf gebildete Senkrechte einen augenfälligen Akzent. Offenbar hat der Künstler die Wirkung des sich darbietenden Tierkopfes gesucht. Berücksichtigt man, daß das Orig. aus Bronze war, dürften wesentliche Reize des Bildwerks gerade vom Tierfell ausgegangen sein; denn seine haarige Oberfläche ließ sich in Kaltarbeit überaus fein und wirklichkeitsnah gestalten. – Wenn hier zu Recht von der Identität von *Tripodensatyr* und *Satyr-Pais* und von der Konzeption dieser Figur als Marmorwerk ausgegangen wird, dann wäre die Gleichsetzung des *Einschenkenden Satyrs* mit dem sicherl. bronzenen *Periboetos* hinfällig. Zu dieser Gleichsetzung hatte man sich zuweilen durch den Schluß verleiten lassen, daß die persönl. Vorliebe des P. für den *Einschenkenden Satyr* und die öff. Hochschätzung des *Periboetos* auf ein und dieselbe Figur bezogen werden müßten (Klein, GGK, II, 1905, 251; Gercke, 1968, 77 s.). – Der *Ausruhende Satyr* teilt zweifellos viele Gemeinsamkeiten mit der Kompositionsweise des *Sauroktonos* (Replikenliste: E. Simon, LIMC II, 1984, 378, s.v. Apollon/Apollo; Bol, 1989, 188 ss., Nr 58): Die hochgenommene Schulter, die ausgestellte Hüfte und die hintereinandergesetzten Füße findet man bei beiden Figuren in verwandter Ausprägung. Das Motiv, das Plinius (nat., 34, 70) beschreibt, hat der Künstler verblüffend nah an der Wirklichkeit entwickelt, so daß alle Vorgänge natürl. und ungezwungen erscheinen. Das vorsichtige Anschleichen des kleinen *Apoll* drückt sich in den auf einer Linie hintereinander gestellten Füßen aus. Die allmähl. Annäherung an den Baum, unbemerkt von dem kleinen flinken Lebewesen und fast erstarrt in der Langsamkeit der Bewegung, äußert sich in dem vorgelehnten Oberkörper. Unter Zuhilfenahme der Münzen und der verkleinerten Bronzereplik in der Villa Albani (Bol, 1989, Nr 58, Taf. 106 s.) kommt man zu einer Rekonstr. des rechten Arms. Dieser war danach fast geziert erhoben, bereit, mit der tödl. Waffe blitzschnell auf das Opfer einzustechen, der Flucht des Tieres zuvorkommend. Der hier wiedergegebene, aus den geschilderten

Umständen resultierende Zustand einer angespannten Unbeweglichkeit impliziert ein Energiepotential, das sich im nächsten Augenblick blitzschnell entladen wird. Mit der Darst. dieser lauernden Wartestellung, des Verharrens der Gottheit, wird gleichzeitig der unmittelbar folgende Moment, die vom Motiv vorgegebene, zwangsläufig zu erwartende Bewegung innerhalb des Handlungsablaufes, vorbereitet. Der angehaltene Vorgang und die Zuständlichkeit des Bildes fallen zus., und sicherl. war es diese Koinzidenz, die die Idee der Bildfindung entstehen ließ. Gleichzeitig weist das Bild auf einen kommenden aktionsreichen Moment voraus, den man erwartet, der aber nicht dargestellt ist, so daß ein hohes Maß an mimetischer Vergegenwärtigung erzielt wird. Man darf vermuten, daß wie beim *Ausruhenden Satyrn* der Baumstamm, an den sich der Gott lehnte, aus Stein war, so daß von der wohl bronzenen Eidechse eine starke illusionist. Wirkung ausgegangen sein dürfte. Die Kombination unterschiedlicher Mat. leistete unzweifelhaft einen wichtigen Beitrag zur Steigerung der Wirklichkeitsnähe des Bildes. – Die Bedeutung der Handlung ist nicht geklärt. Die Münzen, die die Figur wiedergeben (Rizzo, 1932, Taf. 62,1 s.), stammen aus Thrakien, aus Philippopolis und Nikopolis. Viell. gab es hier eine lokale Legende diesen Inhalts. Ob man das Orig. mit dieser Gegend in Verbindung bringen darf, ist ebenso ungewiß wie die Frage, ob das Bild eher als Votiv oder als Kultbild fungiert hat. Es scheint wichtig, daß der Gott hier in seinem kindl. Tun gezeigt wird. Es ist keine hehre Darst. des Überirdischen, sondern eine menschl. vertraute Situation, die man aber nicht mit bloßem Genre verwechseln sollte. – Vom Typus des *Sauroktonos* existiert ein zahlenmäßig unbedeutender Überlieferungsstrang, dessen Eigenheit darin besteht, daß man den kindl. Körper mit Flügeln versehen, also eine Umdeutung zu Eros vorgenommen hat (A. Hermary, LIMC III, 1986, 863, Nr 80 m. Abb., s.v. Eros). Die Anregung dazu ist wohl vom Pfeil in der Hand ausgegangen. Mehr als eine Erfindung der Kopistenateliers wird man hinter dieser Variante nicht vermuten dürfen. – Versucht man, die bisher betrachteten Werke des P. chronolog. in eine Reihe zu bringen, dürfte am Anfang der Entwicklung der *Sauroktonos* stehen (A. Linfert, in: Bol, 1994, 359). Diese Auffassung steht allerdings im Widerspruch zur *communis opinio*, die in diesem Werk meist eine reifere Stilstufe kurz vor der M. des 4. Jh. v. Chr. verwirklicht sieht. So unmögl. es auch ist, für die ausgefallene Körperhaltung Parallelen beizubringen, zeigen die Kopfrepliken um so klarer die Eigenschaften einer früheren Stilphase: Die Züge sind nicht so konsequent um einen Mittelpunkt versammelt; sie sind noch von jener weiträumigen Aufteilung der Gesichtsdetails bestimmt, die für das frühe 4. Jh. v. Chr. typ. und in ganz verwandter Weise auch bei der Eirene des → Kephisodotos (I) vorhanden ist. Aus dem kurvigen Kontur der Statue oder der raumgreifenden Gebärde darf man keinen Hinweis auf eine spätere Entst. ableiten; denn was den Kontur anbelangt, so findet er sich bereits bei den Werken der Polykletschule vorbereitet, beispielsweise beim Narkissos (→ Polykleitos [I]), und was die Armhaltung betrifft, so ist sie auch der Leda (→ Timotheos [I]) oder auch dem kleinen Plutosknaben auf dem Arm der Eirene (→ Kephisodotos [I]) eigen. Die Gegenbewegungen der einzelnen Körperabschnitte entbehren zwar nicht einer gewissen Geschmeidigkeit, doch haben sie auch etwas Additives in der Art, wie die Teile aneinandergesetzt sind. Vergleicht man den Bau der Figur mit dem des *Einschenkenden Satyrs*, wirkt dessen Körper um eine Achse versammelt. Daß gerade darin ein innovativer Zug zu erkennen ist, macht auch die Abrundung seines Körpers sinnfällig, die mit der bereits hervorgehobenen Konzentration der Gesichtszüge Hand in Hand geht. Noch stärker empfindet man beim *Ausruhenden Satyrn* die Tendenz zur Abrundung, die durch die Führung des Fells eine sinnfälllige Akzentuierung erfährt. Daß in ihm ein Werk der späteren Schaffensperiode greifbar wird, zeigt auch die veränderte Proportionierung. Der Abstand zw. Kopf und Brust ist gering geworden, während die Strecke vom Boden bis zur Brust sehr lang wirkt. Diese Neuerungen führen jetzt zu einer Verschleifung der beim *Sauroktonos* noch klar getrennten Körperteile. – Die immer wieder betonten Ähnlichkeiten zw. dem *Ausruhenden Satyrn* und dem *Hermes von Olympia* in der Gesichtsbildung sind Resultat einer wohl annähernd gleichzeitigen Entstehung. Der sich hochwindende Körper des *Hermes*, wesentl. bestimmt von dem sich vorwölbenden Bauch und der Rückenkrümmung, steht bereits dem Apoxyomenos des → Lysippos (I) nahe, so daß man für den *Hermes* ein Datum um 330 v. Chr. aussprechen kann. Seine fortgeschrittene Zeitstellung wird auch im Vergleich mit dem *Hermes Typus Andros-Farnese* deutlich. Wie der *Einschenkende Satyr*, so ist auch der *Hermes Andros-Farnese* flacher gebaut und kann an eine Stilstufe angeschlossen werden, die beispielsweise durch das Urkundenrelief von 355/54 v. Chr. vertreten wird (M. Meyer, Die griech. Urkundenreliefs, B. 1989 [AM, Beih., 13], 285, Nr A69, Taf. 22,2) und ähnl. vor- und zurückschwingende Körper kennt. Auch die Haar-Darst. führt den *Einschenkenden*

Satyr und den *Hermes Andros-Farnese* zusammen. Obwohl die Haare des *Einschenkenden Satyrs* offenbar einem and. Typus folgen – es handelt sich um langgezogene, züngelnde Strähnen, beim *Hermes* dagegen um Kringellocken – sind sie in ihrer Anlage und v.a. in den kürzeren aufspringenden Partien durchaus miteinander verwandt. Die Einzellocke ist klar konturiert und läßt sich gut verfolgen. Aber auch dort, wo die Locke direkt auf der Haut aufliegt, kommt es zu ähnl. Bildungen. – Im Zusammenhang mit dem *Sauroktonos* gen. Werke wie die Eirene (→ Kephisodotos [I]) und die Leda (→ Timotheos [I]) sind auch für die Festlegung des Geburtsdatums des P. Orientierungshilfen; denn sie zeigen, daß – gleichgültig, ob man nun die Eirene um 370 oder 360 v. Chr. dat. (H. Jung, JdI 91:1976, 97 ss.) – P. in jedem Fall um 390 v. Chr. oder noch früher geb. worden sein muß und demnach um 370 v. Chr. mit Schöpfungen wie dem *Sauroktonos* neben → Kephisodotos (I) tätig gewesen sein kann. – Das viell. berühmteste Bildwerk der griech. Kunst, so jedenfalls nach der Auffassung Plinius' d. Ä. (nat., 36, 20–22), hat P. für die Stadt Knidos geschaffen. Mit der *Knidischen Aphrodite* wurde in die großplast. Kunst erstmals das völlig unbekleidete Bild der Göttin eingeführt. Es ist nicht leicht, von diesem Werke eine Vorstellung zu gewinnen, denn die röm. Nachbildungen mit ihrer oft nur fragm. Erhaltung und den Ungenauigkeiten und Abänderungen sind gerade in diesem Fall wenig zuverlässig. Die schlechte Überlieferungslage mag darauf zurückgeführt werden, daß das Werk nicht abgeformt werden durfte (ThB27, 1933, 358; Pfrommer, 1980, 175). Man hat sich darauf geeinigt, eine Replik im Vatikan für eine einigermaßen getreue Wiedergabe des Vorbilds zu halten (Steuben, 1989; anders Pfrommer, 1980, und Corso, 1988, 137 s.), doch bleibt die Vorstellung, die man anhand dieser Figur entwickeln kann, sicherl. weit hinter der Wirkung, die das Orig. gehabt haben muß, zurück. Über den Werkstoff bestehen keine Unklarheiten, denn die Statue war aus Marmor (nach Lukian., am., 13: parischer, nach Lukian., Iupp. trag., 10: pentelischer) und dürfte ihren Reiz zum größten Teil gerade diesem Umstand verdankt haben. Hinsichtl. der Statik ist es ein Meisterwerk. Vase und Gewand bilden eine unauffällige Stütze, die höchst fragil wirkt; denn das Spielbein befindet sich just auf dieser Seite, und das Gewicht kann nur durch den zerbrechl. Arm abgefangen werden. Doch das Bildwerk ruht in sich, so daß der Schwerpunkt mit der Körperachse zusammenfällt. Auf diese Weise erreicht der Künstler ein ausgewogenes Stehen, ohne nach auffälligen Hilfsmitteln greifen zu müssen. Daß natürl. die Kopisten gerade hier wieder einen Steg anbrachten, liegt in der Logik ihres Vorgehens (anders Corso, 1990, 66; id., 1996, 139). – Es versteht sich von selbst, daß Haare und Einzelheiten des Gesichts bemalt waren. Der Körper trug wahrsch. keine Farbe; denn den Eindruck von Haut evozierte urspr. der Marmor in seiner diaphanen Wirkung, von der die kalte Oberfläche der röm. Kopie keine rechte Vorstellung zuläßt. Wie ein von P. behandelter Stein ausgesehen hat, lehrt uns der *Hermes von Olympia*. Der Glanz dieser Figur ist gleichsam Resultat des mit duftenden Essenzen gesalbten göttl. Körpers. – Die Statue der *Aphrodite von Knidos* stand antiken Nachr. zufolge in einem kleinen Tempel. Um über die Art ihrer Aufstellung innerhalb dieses Tempels, die Höhe der Basis und die Lichtverhältnisse Näheres zu erfahren, sind wir ganz auf die Beschr. angewiesen, die uns die antiken Schriftquellen von der Figur liefern und deren Interpretation kontrovers ist. – Die Aussagen der beiden Hauptschriftquellen (Plin., nat., 36, 20–22; Lukian., am., 11–13) decken sich dahingehend, daß die Statue in der Mitte des Tempels gestanden hat und von allen Seiten betrachtet werden konnte (Steuben, 1989). Eine solche Beschr. läßt sofort an einen Rundtempel denken (anders A. H. Borbein, JdI 88:1973, 189 s.). In der Tat hat man in Knidos einen Rundtempel gefunden, der jedoch erst in die hellenist. Zeit dat. wird (A. Bankel, AA 1997, 51 ss.). Folglich kann dieser Tempel nicht für die Aphrodite in Anspruch genommen werden oder seine Dat. ist falsch. Die Probleme sind vorerst als nicht gelöst zu betrachten. Daß um die Figur herum hinreichend Platz gewesen sein muß, bestätigt auch der Wortlaut des Plinius „*aedicula ... tota aperitur*", was nicht unbedingt mit einem cellalosen, offenstehenden Monopteros gleichzusetzen ist. „*Tota aperitur*" kann auch mit „vollständig zugänglich" übersetzt werden, was andeuten würde, daß es innerhalb des Tempels keine abgetrennten Zonen gab. – Die Statue stand sicherl. auf einem niedrigen Podest; denn es scheint zw. der Statue und dem Publikum ein gewisses freizügiges Verkehren mögl. gewesen zu sein: Bei Pseudo-Lukian versucht ein begeisterter Besucher die Figur zu küssen „indem er den Hals so viel emporreckte, als er vermochte", und auf einen anderen hat sie so stark erotisch gewirkt, daß von den Folgen seiner Lust ein Fleck am Oberschenkel geblieben ist. Es gehört also zur Inszenierung der Statue unbedingt auch die Vorstellung menschl. Nähe hinzu. Offenbar haben wir es hier nicht mit einem unnahbaren, hieratischen, sondern mit einem auf sehr natürl. Weise gegenwärtigen Bild zu tun. Daß das Bild äußerst realist. gewirkt haben muß, zeigt nicht zuletzt auch der Umstand, daß man an Phryne (s.o.) als Modell gedacht hat. Man muß annehmen, daß es zw. Betrachter und Figur keine äußeren Barrieren gegeben hat. Zu einer gewissen Einschränkung dieses freizügigen Umgangs wird allerdings die Größe des Bildwerks geführt haben, das, ausgehend von der vatikan. Replik, ohne Plinthe fast genau 2 m mißt. – Man darf vermuten, daß die Göttin der geöffneten Tür gegenüberstand und in erster Linie ihre Vorderseite beleuchtet wurde. Die Rückseite lag also wohl im Halbdunkel, es sei denn, man ließ sich, wie die Reisegesellschaft bei Lukian, von der Tempelwärterin auch die zweite Tür öffnen. Dann näml. fiel auch auf diese Seite das volle Licht und schuf die Voraussetzung dafür, die Göttin, wie es bei Plinius heißt, „*undique*" also „von allen Seiten" zu sehen. Aus diesem Grund hatte der Tempel, worauf Lukian ausdrückl. hinweist, zwei Türen. – Das ins Licht getauchte Aphroditebild muß die Menschen magisch in seinen Bann gezogen haben. Jede Marmorstatue des P. hätte diese Wirkung freisetzen können, aber bei dieser Figur kam noch etwas ganz Besonderes hinzu: Die Menschen sahen näml. etwas Ungeheuerliches; sie sahen die Göttin der Liebe, mit dem Bade beschäftigt, nackt. Was kein menschl. Auge sehen durfte, was man nicht sehen konnte, sah der Besucher von Knidos, und er wurde durch die Art der Aufstellung dazu ermuntert, die Göttin in ihrer vollen Präsenz zu erfahren. Es wurde also bei diesem Bildwerk mit Gegensätzen, die sich ausschließen, dem eigtl. Unsichtbaren auf der einen und der totalen Einblicknahme auf der and. Seite, auf hohem Niveau gespielt. – Nicht nur die Übergröße zieht zw. Schein und Sein eine Grenze, sondern auch der Stein, der gerade vermöge seiner mimetischen Kräfte deutl. macht, daß die Verlebendigung letztl. nicht stattfindet. Wenn man auf das Kommunikationsangebot des Bildes eingeht, wenn man der Meinung sein könnte, daß Aphrodite tatsächl. und wohlriechend soeben dem Bade entsteige, wenn man förml. die Wohlgerüche einzuatmen meint, dann ist die reale Erfahrung des Steines am größten. – Eine weitere moral. Barriere schafft die völlig ungestörte und souveräne Handlung der Göttin, die auf den Betrachter nicht im mindesten eingeht: göttl. und menschl. Sphäre schließen sich aus. Daß man aber die Grenze zw. beiden Bereichen sinnlich e r f ä h r t, eben das ist ein bes. Kennzeichen dieser Skulptur. Die Erfahrung des Menschlichen, des Schrankenlosen hilft, das Göttliche um so eindringlicher zu spüren. – Der Körper der *Aphrodite von Knidos* läßt sich kaum mit einer der bisher betrachteten männl. Figuren vergleichen. Der Oberkörper ist, gemessen an der sich mächtig rundenden Hüftpartie, sehr schmal. Hinzu kommt die leichte Einziehung in Bauchhöhe, die mit dem engen Kniestand zusammengeht und αἰδώς verdeutlichen soll. Grundsätzl. kommt der *Sauroktonos* der *Aphrodite* vom Aufbau her nahe, denn auch er hat die char. Einziehung am Bauch und eine leichte Neigung des Oberkörpers nach vorn. Aber während sich die Bewegung beim *Sauroktonos* in der Fläche entfaltet, entwickelt die *Aphrodite* Volumen. – Die chronolog. Einordnung der *Knidierin* kann sich auf keine äußeren Daten stützen. Man hat angenommen, daß sich die *Akme*-Angabe des Plinius auf die berühmteste Figur beziehen müsse (ThB27, 1933, 354), doch scheint eine Dat. noch in die 60er Jahre zu früh, weil ein gewisser Abstand zum *Sauroktonos* gewahrt bleiben muß. Ebenso ist ein Abstand zum *Hermes von Olympia* vorauszusetzen, der sich ungehindert nach oben schraubt und sich steiler aufrichtet. Es ist im übrigen völlig offen, an welches Bildwerk sich das *Akme*-Datum anschließt. Weil es im „Metallbuch" des Plinius erw. wird, hat man es auch schon auf den *Sauroktonos* beziehen wollen (A. Linfert, in: Bol, 1994, 359). – Die nackte *Knidische Aphrodite* hat eine Vorgängerin in der *Aphrodite von Arles*. Der Typus ist selten überliefert (Replikenliste: A. Delivorrias, LIMC II, 1984, 63, Nrn 526 m. Abb. – 528 m. Abb., s.v. Aphrodite), wobei sich der Kopf nur ein einziges Mal erh. hat. Hinsichtl. der Zeitstellung und auch der Zuschr. ist aber gerade der Kopf von großer Bedeutung. Die Ordnung der Haare und die Lage der Bänder entsprechen – von gewissen Übereinstimmungen mit dem *Sauroktonos* (Lauter, 1988, 28, Anm. 43) abgesehen – weitgehend der Frisur und dem Kopfschmuck der *Knidischen Aphrodite*. Die Haare besitzen jedoch einen linearen Verlauf, lassen sich im einzelnen genau verfolgen, während die der *Knidierin* diffuser und dichter erscheinen. Die Statuen stimmen auch in dem trachtmotiv. Detail des Oberarmschmucks überein (Pfrommer, 1980, 177 s.; E. Kelperi, Der Schmuck der nackten und halbnackten Aphrodite, Ffm. 1997). Gegenüber der *Knidierin* zeigt das Gesicht der *Aphrodite von Arles* beruhigtere Züge, die noch nichts von der Zuspitzung der Stirn erkennen lassen. Sie geht also der *Knidischen Aphrodite* zeitl. voraus. Zu Recht ist die *Aphrodite von Arles* mit der Eirene des → Kephisodotos (I) verglichen worden, mit der sie in der Haltung von Kopf und Spielbein und der Betonung der Standbeinhüfte übereinstimmt. Natürlich läßt sich dieser Vergleich nur relativ abstrakt durchführen, weil die unterschiedl. Gewänder einer direkten Gegenüberstellung im Wege stehen. Die Göttin bleibt ähnl. frontal aufgebaut und unterscheidet sich darin maßgebl. von dem *Einschenkenden Satyrn*, der mit der Bewegung des um den Kopf geführten Armes und der leichten Drehung im Oberkörper stärker um eine Achse versammelt ist. Eirene (→ Kephisodotos [I]) und die *Aphrodite von Arles* dürften zeitl. nicht weit voneinander entfernt entstanden sein. Wen die Zuweisung des Werkes an P. nicht überzeugt, der kommt nicht umhin, die Schöpfung dennoch für ein Produkt der 1. H. des 4. Jh. v. Chr. zu halten. (Abwegig sind Versuche einer späthellenist. Dat. [Ridgway, 1976]). – Gegenüber der *Aphrodite von Knidos* wirkt die *Aphrodite von Arles* flächig gebaut. Das Verhältnis von breitem Becken und kleinem Oberkörper dürfte bei beiden Statuen ungefähr dasselbe sein. Daß die Brust der *Aphrodite von Arles* in Paris zierlicher gebildet sei, wird gerne behauptet und mit mod. Umarbeitungen in Zusammenhang gebracht (F. Benoit, GBA 17:1937, 68) aber auch die Statue in Rom zeigt keine wesentl. anderen Körperformen. Die Abarbeitungstheorie ist nach Bekanntwerden eines unmittelbar nach der Auffindung hergestellten Gipsabgusses aufgekommen. Dieser soll angebl. die bessere Überlieferung darstellen, doch hat der Gips so viele Veränderungen erfahren, daß man ihn für die Beurteilung besser außer acht läßt (Michon, 1913). – Die *Aphrodite von Arles* hielt nach Ausweis einer Gemme (Vollenweider, Steinschneidekunst, 1966, Taf. 8,2; A. Delivorrias, LIMC II, 1984, 64, Nr 531 m. Abb., s.v. Aphrodite) vermutl. in der Linken eine Schwertscheide und in der Rechten ein Schwertband. Die Haltung des rechten Arms, die von der Replik in Rom überliefert wird und aufgrund der inzwischen abgearbeiteten Stütze auch bei der Pariser Statue vorausgesetzt werden darf (Michon, 1913, 33, Abb. 3; Benoit, op. cit., 68), widerspricht dem nicht (anders Corso, 1990, 69). Geht man davon aus, daß das Band aus Bronze gefertigt war, muß es auf den Körpern nicht unbedingt Spuren hinterlassen haben. Daß auch bei den Kopien „artfremde" Mat. eingesetzt worden sind, zeigt die Einlassung im Reif für eine 'echte' Gemme (Kelperi, op. cit., 21, Taf. 10). Wir gehen wohl nicht fehl in der Annahme, diese „Polychromie" schon für das Orig. vorauszusetzen. – Im Anschluß an frühere Überlegungen (ThB27, 1933, 359) hat man in letzter Zeit vorgeschlagen, in der *Aphrodite von Arles* statt der *Koischen* die *Thespische* zu sehen (Corso, 1990, 56–82; id., 1997–98, 70). Diejenige von Kos dagegen hat man mit einer Statue des Louvre, der Aphrodite Richelieu (Todisco, Scultura, 1993, Taf. 109), verbunden (Corso, 1988, 31 und 91). Letztere trägt näml. die Sign. eines P., wodurch sich bereits Visconti veranlaßt sah, hinter der Aphrodite Richelieu die *Koische Aphrodite* zu vermuten. Da nicht einzusehen ist, warum diese völlig grundlose Identifizierung heute wieder aufgegriffen wird, kommt der trad. Verbindung der *Aphrodite von Arles* mit der „keuscheren" *Koischen* (Klein 1898, 296 s.) in jedem Fall mehr Wahrscheinlichkeit zu (Plin., nat., 36, 20; Cic., orat., 2, 5 [vorausgesetzt, es ist hier nicht die Aphrodite Anadyomene des → Apelles (I) gemeint]), auch wenn sich zw. dem Kopf der *Aphrodite von Arles* und einem Münzbild des 2. Jh. v. Chr. von Kos (BMC, Caria, Taf. 45,6; M. Bieber, ZfN 34:1924, 315 ss.) keine Gemeinsamkeiten ergeben. Ein Datum unmittelbar nach der Neugründung von Kos 366 v. Chr würde nicht zuletzt auch den stilist. Zusammenhängen mit der Eirene des → Kephisodotos (I) gerecht. – Zurückzuweisen ist allerdings die Meinung, daß P. die Statue bis zur Voll. der *Knidischen* auf Lager gehalten habe (Lauter, 1980, 530). Der Künstler soll den Koern näml. die *nackte Aphrodite* angeboten haben, doch hätten sich diese für eine ihnen ebenfalls zur Wahl gestellte, weniger nackte („*specie velata*") entschlossen (Plin., nat., 36, 20). Es mag vorgekommen sein, daß eine Statue nicht gefiel, man sie deshalb zurückwies und den Künstler zur vorübergehenden Lagerung zwang. Gerade die Statue der *Aphrodite von Arles* aber läßt vermuten, daß Bildwerke nicht beliebig zum Einsatz kommen konnten; bei ihr fordert schon das ausgefallene Motiv, wenn es denn richtig erschlossen ist, einen ganz bestimmten Aufstellungsort. Ebenso war die *Knidische Aphrodite* an die spezielle Aufstellungssituation inmitten eines Rundtempels gebunden; denn keine and. Aufstellungsart hätte ein Zusammenwirken von Archit. und Bildidee garantiert. Aus diesem Grund sollte man bei den Griechen eher von reiner Auftragskunst ausgehen als von dem mod. Gedanken eines fertigen, zur Disposition des Kunden stehenden Lagerbestandes (Th. Lorenz, Nikephoros 4:1991, 189; Müller, 1988). Der Wahrheitsgehalt der Gesch. von der Wahl der Koer, die die *nackte Aphrodite* verschmäht haben sollen, ist demnach zweifelhaft, und die Anekdote spiegelt wohl nur die Rivalität wider, die seit eh und je zw. den beiden Städten bestand. Da Arbeiten auf Vorrat auszuschließen sind, darf auch der intuitiv als Phryne bez. (Picard, Manuel, III. 2, 1948, 482), viell. orig. Kopf in Athen, von dem eine Kopie in Civitavecchia existiert, nicht als praxitelische Zweitedition des *Typus Arles/Aspremont-Lynden* bewertet werden (so Lauter, 1988). Er kann schon deshalb keine Aufschlüsse über die Wkst-Gewohnheiten des P. geben, weil er nachpraxitelisch einzuordnen ist (s.u.). – Neben den identifizierten Werken des P. gibt es einige, die hochberühmt waren und deshalb in der Lit. gleich mehrfach gen. werden (wie z.B. das vergoldete *Bild der Phryne* in Delphi), die aber bis heute im Kopienvorrat nicht eindeutig nachgewiesen sind. V.a. beim *Eros von Thespiai* wundert das sehr; denn er war fast so legendär wie die *Knidische Aphrodite* (Strab., 9, 410; Plin., nat., 36, 22; Paus., 9, 27, 3; Anth. Gr., 6, 260; 16, 203–206 [16, 204 soll nach Ath., deipn., 13, 591A auf P. selbst zurückgehen]). Das einzige Werk, das mit dem berühmten *Eros* des P. verbunden werden könnte, ist der *Eros im Typus Centocelle*. Auch er ist denkbar schlecht überliefert (Replikenliste: A. Hermary, LIMC III, 1986, 862, Nr. 79 m. Abb., s.v. Eros; Comstock/ Vermeule, StBrBoston, 1988, 32 s., Nr 20; I. Trianti, in: L. I. Marangou [Ed.], Ancient art from the coll. of St. S. Niarchos, At. 1995, 180 ss., Nr 29); man könnte deshalb vermuten, daß die Herstellung von Abgüssen verboten und ein Kopieren nur mit and. Hilfsmitteln mögl. war. Doch befremdet diese Erklärung, wenn man berücksichtigt, daß die Statue in Rom stand und bis zu ihrer Zerst. wohl unter Titus (Dio Cass., 66, 24) den Ateliers gut zugängl. gewesen sein muß. Soweit der Typus rekonstruierbar ist, erweist er sich als eine so originelle Schöpfung mit dem für P. typ. kurvigen Rhythmus, daß man kaum umhin kann, ihn diesem Künstler zuzuschreiben (Corso, 1997–98, 72 s.). Die Frisur mit den auf die Schultern fallenden Locken dürfte einen besonderen Reiz gehabt haben. Über der niedrigen Stirn sind die Haare in einem Knoten zusammengefaßt. Der Kopf hat eine dem *Hermes Andros-Farnese* entsprechende Neigung, der Körper eine Grazilität und Gelöstheit, die die antike Begeisterung für dieses Bildwerk verständl. macht. Unklar ist, mit welchen Attributen die Figur urspr. versehen war; die Replik vom Kapitol (M. Cima di Puolo, BullCom 95:1993, 250 ss.) erg. man mit einer gesenkten Fackel in der Rechten. Da ein Epigramm (Anth. Gr., 16, 204) davon spricht, daß Eros den Liebeszauber nicht mehr durch abgeschossene Pfeile, sondern durch Blicke errege, hat man für den *Thespischen Eros* auch schon ein waffenloses Bild gefordert (G. Schwarz, Die griech. Kunst des 5. und 4. Jh. v. Chr. im Spiegel der Anthologia Graeca, W. 1971, 71). Sein vermeintl. Bronzecharakter wurde oft als Hinderungsgrund angesehen, den *Eros im Typus Centocelle* mit dem sicherl. aus Marmor gefertigten *Eros von Thespiai* zu identifizieren. Es ist aber nicht zulässig, allein aus der Arbeitsweise der Kopisten und der Verwendung von Stegen auf ein Bronze-Orig. zu schließen. Welche Mittel P. angewandt hat, um eine Figur dieser Art in Marmor zu realisieren, muß allerdings aufgrund des Erhaltungszustandes der Kopien offenbleiben. – Aufgrund der schlechten Überlieferungslage ist es schwierig, den Eros zeitl. einzuordnen (Vierneisel-Schlörb, KatSkulptGlypt, II, 1979, 278, 280, Anm. 12). Immerhin läßt sich sagen, daß zum *Sauroktonos* keine stilist. Verbindungen bestehen. Die Brust sitzt beim *Eros* sehr viel höher, und der Körper wirkt runder. Auch zu Werken der mittleren Schaffenszeit sind keine Beziehungen zu erkennen. So würde man die Figur gerne der reifen Phase zuweisen, in der das Hin und Her der Bewegung nachläßt und einer strafferen Versammlung der Gliedmaßen um die Achse weicht. Die aus diesem Datierungsvorschlag resultierende chronolog. Diskrepanz zur Zeitstellung des *Einschenkenden Satyrs* braucht nicht zu beunruhigen; denn es wäre naiv, wenn man der Gesch. von der Wahl Phrynes zw. den beiden Lieblingswerken des P. allzuviel Glaubwürdigkeit zubilligte (anders Corso, 1988, 146). Auch bei einem späten Ansatz des praxitelischen *Eros* geriete man nicht in Konflikt mit der Überlieferung (Paus., 9, 27, 3), die von einer nachträgl. Aufstellung des lysippischen Eros am gleichen Ort weiß (→ Lysippos [I]). – Wegen seiner sentimentalen Gesichtsbildung ist der bisher in Hermenform überlieferte Kopftypus Vatikan-Albani (zuletzt zum Typus: SkulptVatKat, I. 2, 1994, Nr 410, Taf. 649; Replikenliste: G. Daltrop/H. Oehler [Ed.], Vatikan. Museen, Kat. der Skulpt., II. 1, 1993, 60, Nr 24) für ein praxitelisches Werk gehalten worden. Der kindl. Kopf, dessen Haltung von den Repliken merkwürdig uneinheitl. wiedergegeben wird, weist Ansätze von Hörnern über den Schläfen auf. Weil der elische Dionysos als Stiergott verehrt wurde (Plut., mor., 299B, 364E) und für Elis ein praxitelisches *Dionysos-Bild* überliefert ist (Paus., 6, 26, 1), ist eine Kombination von Schriftquellen und Kopftypus naheliegend. Eine hadrianische Münze (Imhoof-Blumer/Gardner, NumCommPaus, 1887, 74, Abb.; Corso, 1988, Umschlag-Abb.) liefert viell. eine Vorstellung von der ganzen Gestalt, die durchaus praxitelischen Rhythmus und eine unverkennbare Verwandtschaft mit dem *Einschenkenden Satyrn* aufweist. Der Versuch, den Kopftypus mit einem praxitelischen *Iakchos-Bild* aus einer Gruppe mit Demeter und Kore zu verbinden (s.u.), ist wegen der kurzen Haare wenig überzeugend. Aber auch die Dionysos-Deutung ist nicht unproblemat., denn der Wulstkranz, den einige Repliken aufweisen, ist dionysischer Ikonogr. sonst fremd. – Die hier aufgeführten Werke, die sich dem Künstler mit einer gewissen Wahrscheinlichkeit zuweisen lassen, verteilen sich etwa auf die Jahre 370–330 v. Chr. Am Ende dürfte als eines der reifsten Werke die Gruppe von Mantineia mit der

Darst. der *Apollinischen Trias* gestanden haben. Eine zeitl. Beurteilung ist nur noch über die Basisfiguren mögl. (A. Queyrel, LIMC VI, 1992, 669, Nr. 106, s.v. Mousa, Mousai), deren hochaufwachsende Musengestalten erst nach dem Urkundenrelief von 329/28 v. Chr. (M. Meyer, Die griech. Urkundenreliefs, B. 1989 [AM, Beih., 31], 296, Nr A107, Taf. 32,2) denkbar sind. Läßt man P.' Kunst in den 20er Jahren enden, gerät man allerdings in Konflikt mit einigen Werken, die unverkennbar praxitelische Eigenschaften zeigen, aber chronolog. den gesteckten Rahmen überschreiten. – An erster Stelle verdient eine bedeutende Schöpfung des ausgehenden 4. Jh. v. Chr. Erw., die in mehreren Kopien überliefert ist (Replikenliste: Nagele, 1984; Schröder, 1986) und die nach dem Aufstellungsort im Athener Lykeion *Apollon Lykeios* gen. wird. Von diesem Bild existieren eine Beschr. von Lukian (Anach., 7) und Wiedergaben auf Silbermünzen Neuen Stils (H. Herzog, Unters. zur Darst. von Statuen auf Athener Silbermünzen des Neuen Stils, Ha. 1996, 107 ss.). Da das Lykeion unter Lykurg ausgestaltet worden ist, dat. man das Standbild in die Zeit nach 336/35 v. Chr., was mit der These einer authent. praxitelischen Schöpfung vereinbar wäre (Schröder, 1986, 174). Motivisch läßt sich dieses Götterbild unmittelbar an den *Hermes von Olympia* anschließen. Es kommt ihm auch in den Proportionen sehr nahe, ist in der Körperwiedergabe aber dennoch nicht mit diesem unmittelbar vergleichbar. Partien wie der gekrümmte Rücken oder der vorgewölbte Bauch sind nicht so biegsam gebildet wie beim *Hermes*, sitzen unvermittelter aufeinander. Da diese Art des Körperaufbaus sonst bei keiner praxitelischen Figur eine Entsprechung findet, kann der *Apollon Lykeios* nicht etwa die Haltung des *Olympischen Hermes* auf einer früheren Stufe vertreten. Es ist aber gut mögl., daß er die Werke des P. hinter sich läßt und in der Nachf. eine plausible Einordnung erfährt. Man wird jedoch nicht so weit gehen und die Erfindung des Typus der hellenist. Zeit zuweisen wollen (Nagele, 1984). Dagegen spricht entschieden, daß man das Gesicht, das unter den praxitelischen Werken keine Parallele findet, gut an Werke des ausgehenden 4. Jh. v. Chr., etwa die Themis von Rhamnus (zuletzt P. Themelis, in: O. Palagia/W. Coulson [Ed.], Regional schools in Hellenistic sculpture, Proc. of an internat. conference, At. 1996, Ox. 1998, 55 s.), anschließen kann. Der *Apollon Lykeios* ist deshalb zu Recht mit Künstlern in Zusammenhang gebracht worden, deren Schaffensperiode am E. des 4. Jh. v. Chr. liegt (G. Dontas, in: H.-U. Cain u.a. [Ed.], Beitr. zur Ikonogr. und Hermeneutik, Festschr. Nikolaus Himmelmann, Mainz 1989 [BJb, Beih., 47], 143 ss.) – Für die Beurteilung des *Apollon Lykeios* wird ein Werk wichtig, das lit. mit P. verbunden ist (Paus., 1, 23, 7): die *Artemis Brauronia*, die auf der Athener Akropolis ein Heiligtum hatte. Vor kurzem konnte ein kolossaler Kopf von der Akropolis als Teil des Orig. identifiziert werden (Despinis, 1994). Dieser Kopf zeigt eine große stilist. Nähe zum *Apollon Lykeios*. So eng er sich an diesen anschließt, so fremd steht er neben Werken, die mit guten Gründen dem P. zugewiesen werden können. Der Ausdruck des Gesichts hat nichts Schmachtendes, wirkt eher finster. Deshalb soll hier der Vorschlag gemacht werden, sowohl den *Apollon Lykeios* wie den Kopf der *Artemis Brauronia* mit der Wkst. seiner Söhne in Verbindung zu bringen. Theoretisch wäre zwar auch der Enkel als Schöpfer denkbar, der seine bildhauer. Tätigkeit bei den hier für den Großvater zugrundegelegten Lebensdaten durchaus schon im letzten Jahrzehnt aufgenommen haben könnte, von dessen Arbeitsweise man sich aber wegen des Fehlens gesicherter Werke keine Vorstellung machen kann. – Lange Zeit wurde die *Artemis von Gabii* (Übersicht über die Repliken: Ajootian, 1996, 125, Anm. 171) als *Artemis Brauronia* identifiziert, da das Motiv des Mantelanlegens mit den Gewandweihungen in Verbindung gebracht wurde, die uns epigraph. für den Kult dieser Göttin überliefert sind. Da in dem kolossalen Kopf der Akropolis jetzt die *Artemis Brauronia* wiedererkannt worden ist, sind die Argumente für die bisherige Identifizierung, die Kombination von Bildmotiv und brauronischen Riten, hinfällig. Das mit der *Artemis von Gabii* verbundene Datum 345 v. Chr. mußte ohnehin schon vor der Entdeckung des Orig. aufgegeben werden, da nachgewiesen wurde, daß dieses Datum auf die *Brauronia* in Brauron, nicht aber auf das Bild der Akropolis zu beziehen ist (T. Linders, Stud. in the treasure records of Artemis Brauronia found in Athens, Acta Inst. Ath. Regnis Sueciae 19, Sth. 1972, 70 ss.). Aber auch nach Wegfall dieser Identifizierungsmöglichkeit hat die *Artemis von Gabii* noch ein Anrecht darauf, als praxitelisches Werk diskutiert zu werden; denn die Handlung entspricht der Vorliebe des P., Figuren bei der Verrichtung alltägl. Vorgänge wiederzugeben. Auch techn. Überlegungen lassen eine Verbindung mit dem Marmorkünstler nicht abwegig erscheinen. Das Werk ist näml. als Marmorarbeit konzipiert, d.h. die Arme sind über natürl. Stege mit dem Körper verbunden, und auch für den Unterschenkel bildet das herabfallende Gewand eine natürl. Stütze. Aber es gibt doch zu denken, daß der kurvige Aufbau, den alle praxitelischen Figuren erkennen lassen, bei diesem Bild nicht greifbar ist. Weder kommt es zu der char. Schrägstellung der Schultern, noch stößt das Knie nach vorn in den Raum. Wieweit demgegenüber einer Äußerlichkeit, näml. dem Motiv der Arme, Bedeutung zukommt, hängt ganz davon ab, wie man die Übereinstimmung mit einer nur kleinformatig überlieferten Aphroditefigur werten will. Man hat näml. hinter dieser Schöpfung, von der die *Bronzestatuette Pourtalès* einen maßgebl. Eindruck vermittelt, die *Pselioumene* des P. vermutet (Plin., nat., 34, 70; Besques, 1983). – Nicht nur bei dem kolossalen Kopf der *Artemis Brauronia* von der Akropolis, sondern auch bei einem and. mit P. verbundenen Typus weist der Stil über das Lebensende des Künstlers hinaus. Es handelt sich um eine laufende Artemis, in der man aufgrund von Münzbildern die *Artemis von Antikyra* (Paus., 10, 37, 1) hat erkennen wollen (Fleischer, 1971). Der Typus ist seltsam uneinheitl., mal mit vorgesetztem rechten, mal mit vorgesetztem linken Bein überliefert. Auch ist er bisher nur in Statuettenformat nachgewiesen, obwohl die *Artemis von Antikyra* überlebensgroß gewesen ist. Zuweilen sind die Statuetten mit den von Pausanias erw. Attributen, einem Hund (Replik Mahdia: St. Lehmann, in: Das Wrack. Der antike Schiffsfund von Mahdia [K Rhein. LM Bonn], Köln 1994, 357 ss.) und einer Fackel, versehen. Daß diese, abweichend von Pausanias' Beschr., in der Linken getragen wird (Beispiele im Mus. von Volos: E. Mithropoulou, ADelt [Beih., 48], At. 1992, 326 ss.), während die Rechte ins Gewand greift, ist nicht ausschlaggebend; denn Pausanias mag rechts und links verwechselt haben. Da der Typus sich aufgrund seiner Proportionen und seines Faltenstils eher mit Werken der Zeit um 300 v. Chr. zusammenschließt, kann man auch ihn, wie man das schon früher allein aufgrund der speziellen Wortwahl des Pausanias vermutet hatte, eher mit P.' Söhnen verbinden. Entweder wird also die *Artemis von Antikyra* des P. in dem Typus nicht greifbar, oder aber die Identifizierung stimmt, aber nicht die Zuweisung des Bildwerks an den großen P. – Bei diesen Unwägbarkeiten ist es völlig aussichtslos, in das Œuvre solche Werke aufzunehmen, die zwar lit. erw. werden, aber nicht durch eine Mehrzahl von Repliken als berühmt ausgewiesen sind. Den *Eros von Thespiai* beispielsweise wollte man schon in einem Typus wiedererkennen, der nur von zwei schlecht überlieferten Kopien im Louvre und in Parma repräsentiert wird (Rizzo, 1932, Taf. 27–29; A. Hermary, LIMC III, 1986, 862, Nr 78 m. Abb., s.v. Eros]). Auch den *Eros von Parion* (Plin., nat., 36, 22) kann dieser Typus nicht wiedergeben; denn er stimmt nicht mit den Darst. auf den lokalen Münzen überein (vgl. Corso, 1988, 94). Aufgrund der Beschr. bei Kallistrat (Stat., 3) hat man jetzt eine weitere Eros-Schöpfung des P. hinter dem Typus vermutet (Pfrommer, 1980): Zu klein ist jedoch die Basis, um eine solche Zuschr. zu tragen. – Sobald äußere Argumente für eine Verbindung mit P. fehlen, ist es aufgrund des Stils allein sehr fragwürdig, Zuweisungen vorzunehmen. Das betrifft v.a. Versuche, Gewandfiguren in das Œuvre aufzunehmen. Die einzige bekleidete Statue, die bisher mit gewissem Recht P. zugewiesen wurde, ist die *Artemis im Typus Dresden*. Sie ist mit der lit. überlieferten Artemis der Dreigöttergruppe von Megara (Paus., 1, 44, 2) verbunden worden, wobei sich dieser Vorschlag im wesentlichen auf ein Münzbild gründet (Imhoof-Blumer/Gardner, NumCommPaus,1887, 7, Taf. A, 10, p. 154, Taf, FF 2). Wenn man den Zeugniswert des Münzbildes in Zweifel zieht (Vierneisel-Schlörb, KatSkulptGlypt, II, 1979, 297), bleibt nur die stilist. Argumentation, die sich auf allg. Eindrücke, etwa auf den praxitelischen Rhythmus und auf das Verhältnis zur Eirene des → Kephisodotos (I) beschränkt. Zusammenhänge mit dem letztgen. Werk sind in der Tat nicht zu leugnen, und grundsätzl. vergleichbar ist auch der *Einschenkende Satyr*. Der erhobene rechte Arm erinnert an die Armhaltung der *Aphrodite von Arles*, das Gesicht der Kopie in Dresden an den *Sauroktonos*. Die Aussichten, hier eine authent. Schöpfung des P. zu fassen, sind folgl. nicht schlecht. Es dürfte sich dann jedoch um ein Frühwerk handeln, was man mit dem Hinweis auf das Urkundenrelief von 362/61 v. Chr. (M. Meyer, Die griech. Urkundenreliefs, B. 1998 [AM, Beih., 13], 282, Nr A58, Taf. 17,2) immer schon gesehen hat. Der letztl. auf Amelung zurückgehende Vorschlag, das Urbild der *Artemis im Typus Dresden* nach Ephesos zu verlegen (Amelung, 1895, 22 s.), und der Versuch, statt dessen den *Typus Vatikan-Berlin* für die Statue in Megara zu reklamieren (Vierneisel-Schlörb, KatSkulptGlypt, II, 1979, 297; M. Fuchs, In hoc etiam genere Graeciae nihil cedamus, Mainz 1999, 14 ss.), stößt auf die Schwierigkeit, daß der *Typus Vatikan-Berlin* weder hervorstechende originelle Züge noch typ. praxitelische Eigenheiten zu erkennen gibt. – Ist die *Artemis im Typus Dresden* mit guten Gründen der Frühphase seines Schaffens zugewiesen worden, liefert die Musenbasis von Mantinea die einzige Grundlage für die Zuschr. späterer Gewandfiguren. So erklären sich Versuche, die *Athena Typus Arezzo*, die *Herkulanerinnen* oder den *Sardanapal* in das Œuvre des P. aufzunehmen. Von diesen Werken haben allein die *Herkulanerinnen* (M. Bieber, Ancient Copies, N. Y. 1977, 148 ss.) eine gewisse

Aussicht, mit dem Spätstil des P. zusammenzugehen, zumal die Komp. der *Großen Herkulanerin* in den Umrissen dem Rhythmus des *Hermes von Olympia* gleicht. Erklärt man die *Herkulanerinnen* für praxitelisch, ist es völlig ausgeschlossen, die *Athena von Arezzo* (zuletzt zum Typus: I. E. Altripp, AA 1996, 83 ss.) oder den *Sardanapal* (E. Pochmarski, ÖJh 50:1972–75, 41 ss.; Dionysos. Die Locken lang, ein halbes Weib, [K Mus. für Abgüsse Klass. Bildwerke München], 1997/98, St. Ottilien 1997, Taf. 14–17) demselben Künstler zuzuschreiben. Sicherlich erhält der *Sardanapal* seinen Platz jenseits der Lebenszeit des P.: Der begradigte Umriß, von der übl. kurvigen Gestaltung der praxitelischen Körper weit entfernt, leitet schon zu den Stilformen des frühen Hellenismus über. – *Eleusinische Gruppen* sind für P. gleich zwei überliefert. Eine, über die nichts weiter bek. ist, stand in Rom (Plin., nat., 36, 23, wohl versehentl. liest man anstatt Kora Flora [ThB27, 1933, 361]), die and., die aus Standbildern der *Demeter, der Persephone und des Iakchos* bestand, nahe beim Pompeion in Athen. Der Umstand, daß die Inschr. an der Athener Gruppe, wie Pausanias ausdrückl. vermerkt (1, 2, 4), in attischen Buchstaben abgefaßt war, hat dazu geführt, sie einem älteren, voreuklidischen P. (→ Praxiteles [I]) zuzuweisen. Heute setzt man sich gewöhnl. über diese Angabe hinweg und versucht, einen Zugang zu der Athener Gruppe (vgl. auch Cic., Verr., 4, 60, 135) über Weihreliefs zu finden, die zumindest ein einheitl. Korebild überliefern (A. Peschlow-Bindokat, JdI 87:1972, 60 ss.). Dem liegt natürl. die nicht unumstrittene Prämisse zugrunde, daß Kultbilder in der Gattung der Votive rezipiert wurden (L. Baumer, Vorbilder und Vorlagen, Acta Bernensia 12:1997). Eine weitere Schwierigkeit besteht darin, daß die Weihreliefs, wenn überhaupt, eher die Götter von Eleusis und nicht die von Athen abbilden. Möglicherweise waren die ikonogr. Vorgaben aber so bindend, daß das Aussehen von Korebildern weitgehend festgelegt war, so daß selbst einem P. nur ein kleiner Spielraum blieb, die Gruppe nach eig. Vorstellungen zu gestalten. Mit and. Worten: Es hat wahrsch. mehrere Gruppen von Demeter und Kore gegeben, ohne daß diese sich grundlegend unterschieden. Der einzige Weg, um die praxitelische Gruppe aus dieser Überlieferung herauszufiltern, wäre der Nachweis typ. praxitelischer Gestaltungsmittel. Wenn Demeter und Kore der Weihreliefs auch nur entfernt erlauben, sich von den großplast. Modellen eine Vorstellung zu machen, sind die *Herkulanerinnen* aus ikonogr. Gründen sicherl. nicht mit den eleusin. Gottheiten zu identifizieren. Allein der Typus der *Florentiner Kore* (G. Güntner, LIMC VIII, 1997, 958, Nr 11 m. Abb., s.v. Persephone), von dem es eine Reihe von Kopien gibt, erfüllt die ikonogr. Voraussetzungen, so daß sie als eine ernsthafte Kandidatin für die gesuchte praxitelische Bildschöpfung in Frage käme. Das Vorkommen ähnl. Korefiguren auf panathenäischen Vasen dat. die Erfindung um 360 v. Chr. (N. Eschbach, Statuen auf panathenäischen Preisamphoren des 4. Jh. v. Chr., Mainz 1986, 78 s.). So früh kann man die *Florentiner Kore* aber nicht einordnen, denn plausible Zusammenhänge mit der *Aphrodite Arles* sind nicht erkennbar. Die *Florentiner Kore* hat auch mit den *Herkulanerinnen* keine auffällige Gemeinsamkeit. Hingegen tendiert sie eindeutig zur Stilstufe des *Sardanapal*, mit dem sie auch in vielen Details übereinstimmt. Damit wird für die *Florentiner Kore* ein Datum erst um die Jahrhundertwende wahrscheinlich. Sie kann also weder für die Weihreliefs, die früher entstanden sind, das Vorbild abgegeben haben, noch von P.' Hand sein. – Man könnte sich fragen, ob im Kopftypus des sog. *Eubuleus* (Replikenliste: E. B. Harrison, Hesperia 29:1960, 382, Anm. 57 a; G. Schwarz, GettyMusJ 2:1975, 72 ss.) ein weiteres Glied dieser Gruppe, näml. *Iakchos*, erkannt werden kann. Unmöglich wäre es nicht, daß die jugendl. eleusin. Gottheiten Iakchos und Eubuleus nicht unterschieden wurden und daher austauschbar gewesen sind; jene beschriftete, kopflose Herme im Vatikan (H. von Steuben, Helbig^4, I, 1963, 59, Nr 75) könnte, obwohl sie als „*Eubouleus Praxitelous*" bez. ist, in Wirklichkeit eine Kopie des Iakchos der Athener Gruppe getragen haben. Der Kopftypus, den man bisher mit der Herme verbunden hat, weist ähnl. bewegte Gesichtszüge wie der *Hermes von Olympia* auf, so daß die Zuschr. von daher begreifl. ist. Es sind jedoch auch Unterschiede festzustellen: Der Kopf des *Eubuleus*, der viell. sogar im Orig. vorliegt (aus dem Plutonion von Eleusis: Schwarz, 1980, Taf. 86, 2), ist zwar im Gesicht bewegt, doch läßt die Anordnung der Details im Gesichtsfeld in Verbindung mit der starken Ausdehnung des Untergesichts in Länge und Breite keine unmittelbaren Zusammenhänge zum *Hermes* erkennen. Auch der naheliegende Vergleich mit dem *Ausruhenden Satyrn* deckt sowohl in der Gesichtsgestaltung wie in der Anordnung der Haare deutl. Unterschiede auf. Die Haare sind nicht wie beim *Satyrn* in Strähnen und Locken gelegt, sondern wirken sowohl auf dem Oberkopf als auch in den herabhängenden Partien wie eine amorphe Masse. Im gesamten 4. Jh. v. Chr. gibt es keine vergleichbare Haargestaltung, so daß sich wahrsch. auch hier am ehesten eine frühhellenist. Dat. empfehlen würde. Der

Eubuleus-Kopf ist stilist. somit ähnl. einzuschätzen wie der oft mit der Stilphase des *Hermes von Olympia* fälschl. zusammengebrachte *Kopf Aberdeen* (Todisco, Scultura, 1993, Taf. 128), der ebenfalls als Anwärter auf das frühe 3. Jh. v. Chr. zu gelten hat. – Den *Kopftypus Athen/Civitavecchia*, den man, wenn er denn zu Recht als Orig. bez. worden ist (Lauter, 1988), gerade in seiner Athener Ausprägung ernst zu nehmen hätte, kann man nicht mit der *Knidischen Aphrodite* zusammensehen. Allein das Verhältnis der Haare zum Gesicht ist ein ganz anderes: Bei der *Knidia* ordnen sich die Haare dem Kopfumriß unter, bei dem *Typus Athen* verselbständigen sie sich und tragen mehr auf, womit sie viell. der Bildung des *Sardanapal* näherrücken. Weniger geschlossen wirkt auch das Gesicht. So wäre es angeraten, diese orig. nachpraxitelische Schöpfung mit jenem kolossalen Kopf der *Brauronia* zu vergleichen, für den wir ebenfalls eine nachpraxitelische Entst. erwogen hatten. Auch bei diesem Vergleich erweist sich der *Typus Athen/Civitavecchia* als einer weiterentwickelten Stilstufe zugehörig. – Mit dem Kopf der *Brauronia* ist noch ein and. Werk verbunden, das mit P. zusammengebracht wurde, näml. die *Tänzerinnensäule von Delphi* (cf. → Chairestratos [II], → Leochares [I]). Die Beziehung zu P. wurde in jüngster Zeit über eine Inschr. hergestellt, die den Namen des Künstlers tragen soll und in das Jahr 375 v. Chr. dat. wurde (Corso, 1988, 15 ss.). Solange diese Inschr. nicht so veröff. wird, daß die Existenz einer Künstler-Sign. allg. nachvollzogen werden kann, muß man vom stilist. Habitus der Tänzerinnen ausgehen, und dieser ist unmögl. mit der 1. H. des 4. Jh. v. Chr. zu vereinbaren. Einen *terminus post quem* liefert ein in der Basis verbauter Block des argiv. Unternehmers → Pan(krates), dessen Aktivität erst seit den 40er Jahren belegt ist (BCH 107:1983, 206). Der Stil verlangt jedoch einen noch späteren Zeitansatz. Die Ähnlichkeit im Körperrhythmus zur weibl. Gestalt des späten Grabreliefs des Hieron aus Rhamnus (H. Möbius, Die Ornamente der griech. Grabstelen, M. ^{2}1968, 112; CAT 2. 480; J. Bergemann, AM 112:1997, 269 ss.) läßt eine Dat. der Tänzerinnen im ausgehenden 4. Jh. v. Chr. diskutabel erscheinen; somit käme eine Autorschaft des P. nicht mehr in Betracht. – Von den übrigen Bildwerken, die die schriftl. Überlieferung bereithält, ist nichts bekannt. So bleiben ohne Anschauung die *Catagusa* (Plin., nat., 34, 69), die *traurige Matrone*, der bei Plinius (nat., 34, 70) die lachende Hetäre gegenübergestellt wird, die *Stephanusa* und eine *Opora* (Plin., nat., 34, 70), die *Tychebilder* in Megara und Rom (Effenberger, 1971; A. Celani, Opere d'arte greche nella Roma di Augusto, Na. 1988, 79 s.), die *Rhea von Plataiai* (Hafner, 1988) oder die *Hera Teleia* ebendort (Paus., 9, 2, 7) sowie die Werke von Mantineia (*Hera zw. Athena und Hebe* [Paus., 8, 9, 3] und eine *apollinische Trias* [Paus., 8, 9, 1]). Verwechslungen mit and. Künstlern gleichen Namens sind in diesen Fällen nicht ausgeschlossen. – Die Kunst des P. ist hauptsächl. auf das griech. Mutterland konzentriert. Hervorzuheben ist die auffällige Häufung seiner Werke in Megara (*Satyr* [Paus., 1, 43, 5], *zwölf Götter* für den Tempel der Artemis Soteira [Paus., 1, 40, 3], *Gruppe der Apollinischen Trias* [Paus., 1, 44, 2], *Tyche* [Paus., 1, 43, 6], *Peitho* und *Paregoros* [Paus., 1, 43, 6]). Eine Beurteilung, ob die Münz-Darst. des *Sauroktonos*, der *Eros von Parion* an der Propontis und die *Basis von Olbia* darauf hindeuten, daß sich P. in jungen Jahren in Thrakien und am Schwarzen Meer aufgehalten hat, muß angesichts der Dürftigkeit der Nachr. unbeantwortet bleiben. Werke wie die *Knidische* und die *Koische Aphrodite* lassen auf einen Aufenthalt in Kleinasien schließen. Darauf könnte dann auch die Nachr. Strabons bezogen werden (14, 23, 641B), daß P. am *Altar der Artemis von Ephesos* mitgearbeitet habe. Die wenigen Skulpt.-Reste aber sind zu unbedeutend (EAA, Suppl. V, 1997, 461, Abb. 618; U. Muss, JbKSWien 80:1984, 7 ss.), als daß sie seine Hs. erkennen ließen. P. ist zwar von → Vitruvius (7, 13) auch mit dem *Mausoleum von Halikarnassos* verbunden worden (→ Skopas [II]), doch widerspricht diese Inf. den and. Quellen, die von einer Mitwirkung des P. nichts wissen. Als weiteres kleinasiatisches Werk wird auch noch eine *Aphrodite* in Alexandreia/Karien gen. (Steph. Byz., s.v. Alexandreia). – In bezug auf eine *Niobidengruppe* war das antike Urteil, ob nun P. oder → Skopas (II) sie gemacht habe, schwankend. Für die unter der Bezeichnung *„Florentiner Niobiden"* bek. Gruppe (W. Geominy, LIMC VI, 1992, 918 s., Nr 23 m. Abb., s.v. Niobidai) läßt sich zwar eine Dat. ins 4. Jh. v. Chr. vertreten, doch vermißt man typ. praxitelische Kennzeichen. Die Gesichter jener Werke, die man einigermaßen verläßl. mit seiner Person verbindet, zeigen als Ausdruck innerer Gelassenheit eine and. sanfte Stimmung (vgl. Diod., 26, 1, 1) und haben nicht die leidenden Züge, die hier der Mythos fordert. Dennoch kann man nicht sicher ausschließen, daß auch P. in der Lage war, seine Werke, wenn es das Thema verlangte, mit pathetischeren Formen auszustatten. – P. gilt allg. als einer der größten Bildhauer des Altertums und wird stets in einem Atemzug mit and. großen Bildhauern genannt. Varro (bei Gell., 13, 16) meinte, daß jeder Gebildete ihn kennen müsse. ▭ ThB27, 1933. RE XXII. 2, 1954 (s.v. P. 5); LAW, 1965 (s.v. P.); EAA VI, 1965 (s.v. Prassitele); Suppl. IV, 1996 (s.v. Prassitele); KlP IV, 1972 (s.v. P.); DA XXV, 1996 (s.v. P.). – *W. Amelung*, Die Basis des P. aus Mantinea, M. 1895; *W. Klein*, P., L. 1898; *E. Michon*, La Vénus d'Arles et sa rest. par Girardon, MonPiot 21:1913, 13 ss.; *G. E. Rizzo*, Prassitele, Mi. 1932; *P. Gercke*, Satyrn des P., Diss. Ha. 1966, Ha. 1968; *S. Karusu*, Der Hermes von Andros und seine Gefährtin, AM 84:1969, 143 ss.; *A. Effenberger*, Die drei Tychestatuen des Praxiteles – ein neues archäol. Märchen, Klio 53:1971, 125 ss.; *R. Fleischer*, Artemisstatuette aus dem Hanghaus II in Ephesos, ÖJh 49:1971 (Beih., 2), 172 ss.; *F. Parise Badoni*, Una replica del 'Dioniso Tauro' di Prassitele, Prospettiva 1:1975, 45 s.; *B. Sismondo Ridgway*, The Aphrodite of Arles, AJA 80:1976, 147 ss.; *H. Lauter*, Zur wirtschaftl. Position der Praxiteles-Fam. im spätklass. Athen, AA 1980, 525 ss.; *M. Pfrommer*, Ein Eros des P., AA 1980, 532 ss.; *G. Schwarz*, Triptolemos – Alexander, in: *F. Krinzinger/O. Brinna* (Ed.), Forsch. und Funde, Festschr. Bernhard Neutsch, Inn. 1980, 449 ss.; *E. Berger*, Dreiseitiges Relief mit Dionysos und Niken, AntK 26:1983, 114 ss.; *S. Besques*, Une Aphrodite au collier de Myrina signée par Ménophilos, AntK 26:1983, 22 ss.; *M. Nagele*, Zum Typus des Apollon Lykeios, ÖJh 55:1984, 77 ss.; *E. Pochmarski*, Nochmals zum Typus Sardanapal, ibid., 53 ss.; *M. Pfrommer*, Venus Colonna, IstMitt 35:1985, 173 ss.; *A. Corso*, Prassitele il Vecchio, NumAntCl 15:1986, 81; *H. Jung*, Die Reliefbasis Athen, NM 1463. Spätklass. oder neuattisch?, MarbWPr 1986, 3 ss.; *E. J. Milleker*, The Statue of Apollo Lykeios in Athens, Diss. N. Y. 1986; *S. Schröder*, Der Apollon Lykeios und die attische Ephebie des 4. Jh., AM 101:1986, 167 ss.; *A. Corso*, Prassitele. Fonti epigrafiche e letterarie. Vita e opere, I, R. 1988; *G. Hafner*, Die Rhea des P., AA 1988, 63 ss.; *H. Lauter*, Der praxitelische Kopf Athen NM 1762, in: APl, XIX, 1988, 21 ss.; *H. M. Müller*, P. und Kephisodot der Jüngere, Zwei griech. Bildhauer aus hohen Gesellschaftsschichten?, Klio 70:1988, 346 ss.; *P. C. Bol*, Forsch. zur Villa Albani, K der antiken Bildwerke, I, II und IV, B. 1989, 1990 und 1994; *P. Gerlach*, Ein 'Antinous' des Guglielmo della Porta?, StädelJb N. F. 12:1989, 151–178; *H. von Steuben u.a.*, Belauschte oder unbelauschte Göttin? Zum Motiv der knidischen Aphrodite, IstMitt, 39:1989, 535 ss.; *A. Corso*, Prassitele: Fonti epigrafiche e letterarie. Vita e opere, II, R. 1990; *G. Spinola*, Una nuova replica della testa del satiro anapauomenos, Bd'A 5–6: 1990, 187 ss.; *A. Ajootian*, P.' pouring Satyr, AJA 96:1992, 358; *G. Despinis*, Neues zu einem alten Fund, AM 109:1994, 173 ss.; *Ch. M. Havelock*, The Aphrodite of Knidos and her Successors, Ann Arbor 1995; *A. Ajootian*, P., in: *O. Palagia/J. J. Pollitt* (Ed.), Personal styles in Greek sculpt., C., Mass. u.a. 1996; *A. Corso*, The Hermes of P., NumAntCl 25:1996, 131 ss.; *id.*, The mon. of Phryne at Delphi, ibid. 26:1997, 123 ss.; *id.*, The Cnidian Aphrodite, in: *I. Jenkins/G. B. Waywell*, Sculptors and Sculpture of Caria and the Dodecanese, C. 1997, 91 ss.; *id.*, Love as suffering: The Eros of Thespiae of P., BICS 42:1997–98, 63 ss.; *id.*, A short note about a recent statement on P., RIA 22:1998, 36 s.; *id.*, Praxitelean Dionysi, Eulimene 1:2000, 2 ss.; *id.*, Praxiteles and the Parian marble, in: *D. Schilardi/M. Korres* (Ed.), Paria lithos: latomeia, marmaro kai ergasteria glytikes tes Paru, praktika 1 Diethnus Synedriu Archaiologias Paru kai Kykladon Paroikia, Paros 2–5 Oktobriu 1997: Paria lithos: Parian quarries, marble and workshops of sculpt., Proc. of the First Internat. Conference on the archaeology of Paros and Cyclades, 2–5 october 1997, At. 2000, 227 ss.; *M. Koller*, Alte und neue Überlegungen zur Rekonstr. der praxitelischen Kultbasis aus Mantinea, in: *B. Asamer u.a.*, Temenos. Festgabe für Florens Felten und Stefan Hiller, Wien 2002, 83 ss.

W. Geominy

Praxiteles (III), griech. Bildhauer, in der 1. H. des 3. Jh. v. Chr. tätig. Lt. Diogenes Laertios (5, 2, 14 und 52) ließ Theophrast in seinem Testament, als er im Jahre 287 v. Chr. verstarb, verlautbaren, daß P. noch die *Statue des Nikomachos*, Sohn des Aristoteles, beenden solle, für die er bereits den Lohn erh. hatte. Weiterhin hat P. möglicherweise einen *Krater* geschaffen, der bei Theokrit (eid., 5, 104 s.) gen. wird und der lt. dessen Scholion von P. gearbeitet worden, der z.Z. des Königs Demetrios gelebt hat und dann auf P. zu beziehen ist. ▭ ThB27, 1933. RE XXII. 2, 1954 (s.v. P. 6); EAA VI, 1965. – *Lippold*, GrPl, 1950, 301.

R. V.

Praxiteles (IV), griech. Bildhauer, in der 1. H. des 2. Jh. v. Chr. in Pergamon tätig. Gemäß zweier Inschr. war P. an der Herstellung von *Denkmälern der Attaliden* im Heiligtum der Athena Polias in Pergamon unter Eumenes II. (197–159 v. Chr.) beteiligt. ▭ ThB27, 1933. RE XXII. 2, 1954 (s.v. P. 8); EAA VI, 1965. – *Loewy*, IGB, 1885, 113–122, Nr 154, insbes. p. 115; *E. Fabricius/C. Schuchhardt*, Kgl. Mus. zu Berlin. Altertümer von Pergamon. Die Inschr. von Pergamon, VIII. 1, ed. *M. Fränkel*, B. 1890, 71–73, Nrn 137 und 141.

R. V.

Praxiteles (V), griech. Bildhauer, im 1. Jh. v./1. Jh. n. Chr. in Athen tätig. Bek. durch die folgenden drei Marmorbasen aus Athen: – 1.) Basis aus pentelischem Marmor von der Athener Akropolis für eine *Statue des C. Aelius Gallus*, Präfekt von Ägypten 26/24 v. Chr. (Loewy, IGB, 1885, 228 s., Nr 319; IG II/III², 4117; Muller-Dufeu, SculptureSource, 2002, 920 s., Nr 2765); – 2.) Basis aus pentelischem Marmor vom Abhang der Athener Akropolis für eine *Statue des Cn. Acerronius Proculus* als Prokonsul (Konsul 37 n. Chr.; Loewy, IGB, 1885, 228, Nr 318; IG, II-III², 4181; Muller-Dufeu, SculptureSource, 2002, 920 s., Nr 2766); – 3.) Basis für eine *Statue* aus Lamia (Athen, NM, Inv. Nr 697; IG, IX², 1320; Muller-Dufeu, SculptureSource, 2002, 920 s., Nr 2768). – Möglicherweise fertigte P. auch eine weitere *Statue* aus Athen, und zwar *für Lysanias*, Sohn des Nikomedes, aus Xipete (E. Pottier, BCH 2:1878, 418, Nr 7; Loewy, IGB, 1885, 173, Nr 236; IG, II-III², 3886). ▭ ThB27, 1933. RE XXI. 2, 1952 (s.v. P. 7); EAA VI, 1965. R. V.

Praxiteles (VI), Sohn des Menophantos, aus Amorion/Phrygien, Architekt, wohl im 1. Jh. n. Chr. in Dorylaion tätig. Eine Inschr., nahe Dorylaion wohl im antiken Flußbett des Porsuk gefunden, nennt P. als Architekten einer *Brücke*. Die Inschr. war wahrsch. in der Nähe der Brücke aufgestellt gewesen und bezeugte Ps. Ingenieurleistung, für die er offenbar das in der Inschr. gen. Bürgerrecht der Stadt Dorylaion als Ehrung erh. hat. Zu dem Bauwerk gehörte viell. ein w. vom Fundort der Inschr. freigelegter steinerner Brückenbogen, über den nichts weiter bek. ist. ▭ *F. K. Dörner*, Wiener Jahreshefte 32:1940 (Beih., 124 s., Nr 7, Abb. 44); *J. Sünskes*, EpigrAnat 2:1983, 101, Anm. 11; *A. Schulz/E. Winter*, in: Mysische Studien, Bonn 1990, 40, Anm. 67; *M.-C. Hellmann*, ZPE 104:1994, 156, Nr 15; *Donderer*, Architekten, 1996, 27 s., 67, 165, Nr A 68, Taf. 26, 1.
B. Bollmann

Praxiteles (VII), griech. Bildhauer, im 3. Jh. n. Chr. tätig. Nur bek. durch die Sign. auf der Marmorbasis aus Crest (dép. de la Drôme) einer *Büste des Dichters Eibykos* (Loewy, IGB, 1885, 318 s., Nr 488). ▭ ThB27, 1933 (s.v. P. 6). – *Brunn*, GGK, I, 1889, 343 s. R. V.

Praxon (Πράξον), Sohn des Timanax, griech. Bildhauer, in hellenist. Zeit tätig. Nur bek. durch seine Sign. auf einer Marmorbasis aus Rhodos (heute Rhodos, Mus.; G. Pugliese Carratelli/M. Segre, ASAtene 30–32:1952–1954, 273, Nr 26; Muller-Dufeu, SculptureSource, 2002, 770 s., Nr 2267). R. V.

Prehetep → Rahetep (III)

Prehotep → Rahetep (III)

Prempurus (Πρεμπουροῦς), Sohn des Prempurus, Enkel des Paoraus, vermutl. ägypt. Herkunft, Architekt, im 1. Jh. n. Chr. in Ägypten tätig. Von P. stammt eine Fels-Inschr. im Steinbruch des zw. Edfu und Kom Ombo gelegenen Gebel es-Silsile in Oberägypten, in der er sich als Architekt des Gottes Ammon bezeichnet. Nach Angabe des Vaternamens war er kein Sklave, sondern stand als Architekt im Dienst eines Ammon-Heiligtums. Im Rahmen dieser Tätigkeit war er wahrsch. auch für die Beschaffung von Baumaterial verantwortl. und hielt sich zu diesem Zweck in dem Steinbruch auf. ▭ CIG, III, 4856; *A. Bernand*, De Thèbes à Syène, P. 1989, 87, Nr 107, Taf. 50; *M.-C. Hellmann*, ZPE 104:1994, 161, Nr 34; *Donderer*, Architekten, 1996, 48 s., 168 s., Nr A 70.
B. Bollmann

Priapos (Πρίαπος), griech. Töpfer, zw. ca. 550 und 530 v. Chr. in Athen tätig. Seine Sign. befindet sich auf einem plastischen *Aryballos in Form eines Phallos* (Boston, MFA, Inv. Nr 13.105; ABV, 1956, 170, Nr 1, MeddelelsGlyptKøb 33:1976, 97, Abb. 29 s.; Add², 1989, 48) und auf vier Fragm. in Athen (NM, Inv. Nr Akr. 833; ABV, 1956, 170, Nr 2), Mykonos (Archäol. Mus.; ABV, 1956, 170, Nr 3), Florenz (Mus. Archeol.; ABV, 1956, 170, Nr 4) und London (BM; ABV, 1956, 170, Nr 5; Para, 1971, 71). Die Fragmente stammen von einer Oinochoe und zwei Skyphoi. Die Londoner Fragmente (BM: ABV, 1956, 170, Nr 5; Para, 1971, 71) wurden fälschlicherweise in eine Bandschale (BM, Inv. Nr B 395) eingesetzt, gehörten aber wohl auch zu einem Skyphos. Auf dem Aryballos ist eine homoerotische Szene wiedergegeben, bei der ein Mann in der sog. „up-and-down" Bewegung einem Jüngling gegenübersteht. Der Miniaturstil der sehr kleinen Darst. weist darauf hin, daß der Maler wahrsch. zu den sog. Kleinmeistern gehört hat. ▭ ThB27, 1933. RE XXII. 2, 1954 (s.v. P. 2); EAA VI, 1965. – ABV, 1956, 170, Nrn 1–5; Para, 1971, 71; Add², 1989, 48. P. Heesen

Primigenius, Sklave des Hybridas, röm. Maler, in der Kaiserzeit in Alba Fucens tätig. Nur bek. durch seine Grab-Inschr. aus Alba Fucens (CIL, IX, 4013). ▭ RE XXII. 2, 1954 (s.v. P. 5); EAA VI, 1965 (s.v. Pictor). – *Calabi Limentani*, Studi, 1958, 156, Nr 30. R. V.

Priscus (I), röm. Toreut, in der Kaiserzeit tätig. Überliefert durch ein Graffito *Priscus caelator campano gemmario Fel.* aus einer Villa an der Via dell'Abondanza in Pompeji (I, 7, 22). ▭ RE XXIII. 1, 1957 (s.v. P. 47). – *M. della Corte*, NSc 1912, 69, Nr 14. M. Seifert

Priscus (II), Sohn des Toutus, aus Autricum (Chartres), röm. Bildhauer, in der Kaiserzeit tätig. Nur bek. durch seine Sign. aus Aquae Sulis/Bath. ▭ *S. Lysons*, Reliquiae Romano-Britannicae, II, Lo. 1813, Taf. 2; *Toynbee*, Artists, 1951, 26, Anm. 7. R. V.

Priscus (III), spätantiker Maler in Rom. Bek. nur aus seiner Grab-Inschr. des 4. Jh. n. Chr., wiederverwendet in San Lorenzo fuori le mura in Rom. Die doppeldeutige Berufsangabe *pictor* auf diesem einfachen Grabstein meint eher einen Dekorationsmaler als einen Künstler. ▭ RE XXIII. 1, 1957 (s.v. P. 46). – CIL, VI, 9791; Inscriptiones Christianae Urbis Romae NS VII, R. 1980, Nr 17987. M. Dennert

Probinus → Provinus

Proclus → Aelius Harpokration, *Publius*

Proclus Maternus, röm. Toreut, in der 1. H. des 3. Jh. n. Chr. tätig. Nur bek. durch seine Sign. auf einem *Stirnband aus versilberter Bronze* für eine Paraderüstung eines Pferdes aus Straubing (Straubing, Gäuboden-Mus., Inv. Nr 1950/16). Die aufwendige Treibarbeit stellt Mars (G. Bauchhenss, LIMC II, 1984, 565, Nr 478h m. Abb., s.v. Ares/ Mars), auf einem Giganten stehend (F. Vian, LIMC IV, 1988, 248, Nr 571 m. Abb., s.v. Gigantes), die zwei Kastoren (F. Gury, LIMC III, 1986, 617, Nr 53, s.v. Dioskouroi/Castores), zwei Victorien, Schlangen und einen Adler dar. ▭ *Calabi Limentani*, Studi, 1958, 170, Nr 147; *R. MacMullen*, AJA 64:1960, 38 s., Nrn 77; *J. Kleim/H. Klumbach*, Der röm. Schatzfund von Straubing, M. [2]1976, 25–31; *J. Garbsch*, Röm. Paraderüstungen, M. 1978 (K Nürnberg, German. NM und München, Prähist. Staats-Slg), 49, Nr B 16, Taf. 4. R. V.

Prodoros, griech. Erzbildner, im 3./2. Jh. v. Chr. tätig. Nur bek. durch eine Erw. bei Plinius (nat., 34, 85; Overbeck, SQ, 1868, Nr 2093), nach der er zwar tüchtig war, aber sich durch kein Werk besonders ausgezeichnet hat. Demnach war P. u.a. ein Zeitgen. von → Ariston (IX), → Eunikos, → Kantharos und → Lesbokles. ▭ ThB27, 1933. R. V.

Proiectus, röm. Bildhauer, um 438 n. Chr. in Trogir/Kroatien tätig. Die Trad. der Bildhauerei im mittleren Abschnitt der adriat. O-Küste ist sehr alt und eng verbunden mit der hohen Qualität des Steins, die in diesem Teil der dalmatin. Küste im Überfluß vorhanden ist. Wie im Fall der berühmten Steinbrüche von Brač war auch der Stein aus der Umgebung von Trogir, genauer gesagt von den Hügeln über dem Dorf Seget, berühmt für seine Qualität. Diese Tatsache wird durch die antiken Quellen bestätigt, daß Trogir, das zunächst griech. und dann röm. und in der Nähe von Salona lag, lt. Plinius (nat., 3, 141) „berühmt für seinen Marmor" (*Tragurium marmore notum*) war. Auch wenn es sich nicht um Marmor, sondern um einen Kalkstein höchster Qualität handelt, bestätigt die Bemerkung von Plinius, daß Tragurium für seinen Stein berühmt war. In diesem Umfeld können wir die Entwicklung der Künstler, die in Stein arbeiteten, einbetten. Der direkte Beweis für die Arbeit solcher Wkstn in Trogir spiegelt eine Inschr. wider, die im Jahre 1900 während der Nivellierungsarbeiten zw. der Apsis der Hl. Täufer-Kirche (damals ein Benediktinerkloster) und dem Rathaus entdeckt worden ist. Es handelt sich um das Relief der Vorderseite eines spätantiken Sarkophages (aus lokalem Kalkstein, 205 x 73 x 11 cm), der als Deckel eines viel jüngeren Sarkophages wiederverwendet worden ist. Lt. der Inschr. wurde in diesem *Sarkophag* am 4. Juni 438 n. Chr. z.Z. des 16. Konsulats von Theodosius II. und des Faustus der Leichnam der Maximilla bestattet, und der Sarkophag wurde durch den Gemahl der Verstorbenen, Arpacianus, von dem Bildhauer Proiectus gekauft: DEP(OSITIO).MAXIMILLAE D(IE).II. NON(AS) IVN(IAS) / CONS(ULIBUS).D(OMINIS) N(OSTRIS) THEODOSIO XVI. ET FAV[S] / TO, V(IRIS) C(LARI)SS(IMIS). CONPARAVIT IPSVM / SEPVLC(RUM) VIR EIVS ARPACIANVS / A PROIECTO LAPID(ARIO). Die Dat. wird durch die epigraph.-paläograph. Charakteristika der Inschr. bestätigt. Sicherl. arbeiteten zahlr. Bildhauer in diesen lokalen spätantiken Wkstn, aber bis jetzt kennen wir nur den Namen des P. ▭ EAA IV, 1961 (s.v. Marmorarius). – CIL, III, 14929; *A. Silobrčić*, Iscrizioni inedite, s.v. Tragurium (Trogir), Bullettino di Archeol. e Storia Dalmata 23:1900, 163 ss.; *N. Cambi*, Trogir u antici, Mogućnosti 10–11:1980, 960; *M. Ivanišević*, Trogir u povijesnim izvorima od 438. do 1097. godine, Mogućnosti 10–11:1980, 965. A. Rendić-Miočević

Proklees (Προκλῆς), griech. Töpfer, im 3. V. des 6. Jh. v. Chr. in Athen tätig. Seine Sign. steht mit geritzten Buchstaben am unteren Rand eines in Form eines Mädchenkopfes gefertigten Salb-

gefäßes aus Tanagra (Berlin, Staatl. Mus., Antiken-Slg, Inv. Nr F 2202: ARV², 1963, 1533; GGK, FührerBerlin, 1968, Taf. 88, Add², 1989, 386). Die Unterseite des Fußes weist das schwarzfigurige Bild eines Jünglings mit Panther auf, die Henkel des Gefäßes sind in Schlangenform gestaltet. Datiert wird das 11,5 cm hohe Gefäß nach dem Stil des Kopfes und des schwarzfigurigen Bildes in das ausgehende 6. Jh. v. Chr. ▭ ThB27, 1933. RE XXIII. 1, 1957 (s.v. Prokles 18); EAA VI, 1965 (s.v. Prokles). – *E. Buschor*, MüJb 11:1919, 9 s.; *Pfuhl*, MuZ, I, 1923, 291; *Hoppin*, BlackFig, 1924, 318 s., Abb. 319; *J. D. Beazley*, JHS 49:1929, 42, 46, 49, 75; GGK, FührerBerlin, 1968, 122, Taf. 88.
J. Weinig

Prokles (Προκλῆς), Stempelschneider in Naxos/ Sizilien und Katane gegen E. des 5. Jh. v. Chr. In Katane signiert P. mit vollem Namen einen Tetradrachmenstempel mit dem Apollonkopf, während in der Münzprägung der Nachbarstadt Naxos eine ganze Reihe von signierten Stempeln überliefert ist: Didrachmen, Hemidrachmen und Litren. Die originellste Schöpfung ist sein naxischer Didrachmenstempel mit dem von vorne gesehenen Satyr, der auf zwei Treppenstufen kniet. Auf der vorderen Stufe steht die volle Signatur. Weitere Werke sind mit Π signiert, der Buchstabe erscheint auf oder unter dem Hals der Vorderseitenköpfe. Die Hs. des P. ist von subtiler Eleganz, das Relief meist flach, jedoch bezeugt der oben gen. Didrachmenstempel eine Tendenz räumlicher Wirkung. ▭ ThB27, 1933. EAA VI, 1965 (s.v. P. 2). – *Naxos*: *H. A. Cahn*, Die Münzen der sizilischen Stadt Naxos, Basel 1944, 61–69, K-Nrn 107 (Vorderseite), 108 (Rückseite), 122 (Vorderseite), 134–137 (Vorderseite), unsigniert: K-Nr 107 (Rückseite); *Rizzo*, MGS, 1946, Taf. 28,28 (Rückseite); *Franke-Hirmer*, GrMünze², 1972, Taf. 4,11 (Rückseite). – *Katane*: *H. A. Cahn*, Die Münzen der sizilischen Stadt Naxos, Basel 1944, 61, Anm. 5; *Rizzo*, MGS, 1946, Taf. 14,16 (Vorderseite).
H. A. Cahn

Proklos (I) (Πρόκλος), griech. Bildhauer, in der 2. H. des 2. Jh. n. Chr. tätig. Nur bek. durch seine Sign. Πρόκλος ἠργάσετο auf einem marmornen, lokal gefertigten *Girlandensarkophag* mit Dachdeckel aus der Umgebung von Antiochia (heute Antakya, Mus., Inv. Nr 8472). Der Sarkophag ist neben den die Girlanden tragenden Eroten und den Bukranien in den Ecken weiterhin mit Büsten von Perseus, Medusa und Hermes geschmückt. Eine Künstler-Sign. auf einem Sarkophag ist äußerst selten. ▭ RE XXIII. 1, 1957 (s.v. P. 5); EAA VI, 1965 (s.v. P. 2). – *V. Chapot*, BCH 26:1902, 162, Abb. 1; *F. Cumont*, Et. syriennes, P. 1917, 219 s.; *A. Giuliano*, Il commercio dei sarcofagi attici, R. 1962, 50, Nr 280; *N. Himmelmann*, Sarkophage in Antakya, AbhMainz 1970, 560 s., Taf. 6 s; *Koch/ Sichtermann*, RömSark, 1982, 435, Anm. 1, p. 473, Anm. 42, p. 568, Anm. 88, Abb. 577.
R. V.

Proklos (II), griech. Herkunft, wohl Mosaizist, im 3. Jh. n. Chr. in Ostia tätig. Auf *zwei Mosaiken* aus Ostia (bei Caserma dei vigili) findet sich sein Name, einmal in Griechisch ΠΡΟΚΛΟΣ ΕΠΟΙΗΣΕΝ und einmal in Lateinisch [PRO]CLVS FECIT MCSI. Wahrsch. waren die kleinen Räume, in denen die Mosaiken gefundenen wurden, Tavernen. Während das Mosaik mit griech. Inschr. schmucklos ist, ist bei dem and. ein Krater dargestellt. Donderer (1989) sprach sich gegen frühere Zuschr. an einen Mosaizisten aus, weil das eine Mosaik schmucklos sei und das and. mit der lat. Inschr. von ihm im Zusatz als M(ILES) C(OHORTIS) S(VA) I(MPENSA) aufgeschlüsselt wird und damit P. sich als Stifter ausgibt. Dennoch ist in der griech. Version klar eine Sign. zu erkennen, und selbst wenn man bei dem Mosaik mit der lat. Inschr. eine Stiftung herauslesen will, widerspricht dies nicht, daß P. Mosaizist gewesen sein kann. Auch die Schmucklosigkeit des einen Mosaiks spricht nicht dagegen. Viell. gerade wegen dieser Einfachheit hat P. explizit ἐποίησεν hinzugefügt und zudem stolz auf seine griech. Herkunft hingewiesen. ▭ EAA VI, 1965 (s.v. P. 1). – *G. Becatti*, Ostia, IV, 1961, 63, Nrn 78 s., Taf. 192 s.; *Donderer*, Mosaizisten, 1989, 150 s., Nr C 34, Taf. 65,2, 66.
R. V.

Proklos (III), griech. Mosaizist, im 2. V. des 3. Jh. n. Chr. in Plovdiv/Bulgarien tätig. Nur bek. durch seine Sign. auf einem Mosaik mit der Wiedergabe einer Menorah aus der Synagoge von Plovdiv. ▭ *C. Koranda*, Kairos 30/31:1988/ 1989, 218 ss., Abb. 4; *Donderer*, Mosaizisten, 1989, 37; *E. Kesjakova*, Archaeologija. Organ na Archeologičeskija institut i muzej pri Bălgarskata akademija na naukite 31:1989, 20 ss., Abb. 4–7, 9; *id.*, in: J.-P. Darmon/A. Rebourg, La mosaïque gréco-romaine, IV, IVe colloque international pour l'étude de la mosaïque antique, Trier 1984, P. 1994, 168, Taf. 88, 90; *M. Donderer*, Boreas 23/ 24:2000/2001, 91, Anm. 195.
R. V.

Proklos (IV), Architekt des 5. Jh. n. Chr. im Ostreich. Nur erw. bei Zacharias Rhetor, Vita Petri Iberi (ed. R. Rabe, 1895) p. 26 als Bruder des Epitromos Sophronios und des Mönchs Theodotos. ▭ PLRE II, 1980, s.v. P. (3).
M. Dennert

Proklos (V) → **Aelius Harpokration**, *Publius*

Prokopios cf. **Libanios**

Pronos (Πρῶνος), griech. Bildhauer, im 6. Jh. v. Chr. in Thessalien tätig. Nur bek. durch seine Sign.: Πρόνος ἐργάζατο (IG, IX. 2, 1027) auf einer Marmorbasis für eine Statue, die in Thessalien gefunden und dem Apollon Parnopios gew. worden ist (heute Larissa, Archäol. Mus.). ▭ EAA VI, 1965. – *Lippold*, GrPl, 1950, 117, Anm. 2.
R. V.

Prosthasius, röm. Mosaizist, im 3. Jh. n. Chr. in Avenches tätig. Nur bek. durch seine Sign. auf einem heute zerst. *Mosaik* mit einer *Okeanosmaske* aus Avenches (CIL, XIII, 5122). ▭ ThB27, 1933. RE XXIII. 1, 1957 (s.v. Prostatius); EAA VI, 1965. – InvMos, I. 1, 1909, 154 s., Nr 1390; *V. von Gonzenbach*, Die röm. Mosaiken der Schweiz, Basel 1961, 40, 81; *Donderer*, Mosaizisten, 1989, 103 s., Nr A 81. R. V.

Protarchos (Πρώταρχος), griechischer Gemmenschneider, im 3./2. Jh. v. Chr. tätig. Nur bek. durch seine Sign. auf zwei Kameen: – 1.) *Kameo aus Sardonyx* mit der Darst. eines auf einem Löwen reitenden Eros mit Kithara in Florenz (Mus. Archeol., Inv. Nr 14439; Furtwängler, AG, 1900, Taf. 57, 1; Richter, 1968, Nr 593, Abb. 593; Lippold, Gemmen, 1922, Taf. 29, 8; Zazoff, 1983, Anm. 89, Taf. 54, 6; A. Hermary/H. Cassimatis/R. Vollkommer, LIMC III, 1986, 875, Nr 261, s.v. Eros); – 2.) *Kameo aus Sardonyx* mit der Darst. einer Aphrodite mit Eros in Boston (MFA, Inv. Nr 27. 750; Furtwängler, AG, III, 1900, 447 s., Abb. 230; Richter, 1968, 150, Nr 592, Abb. 592; Zazoff, 1983, 207, Anm. 88, Taf. 54, 5; A. Delivorrias, LIMC II, 1984, 26, Nr 165 m. Abb., p. 119, Nr 1230, s.v. Aphrodite). Die Dat. der Kameen ist umstritten und liegt je nach Autor im 3., 2. oder 1. Jh. v. Chr. Das 1. Jh. v. Chr. ist wegen des Stils jedoch auszuschließen. ▭ ThB27, 1933. RE XXIII. 1, 1957; EAA VI, 1965; KlP IV, 1972; DNP X, 2001 (s.v. 5). – *Brunn*, GGK, II, 1889, 356 s.; *Richter*, EngrGemsGE, 1968, 150, Nrn 592 s. mit Abb.; *Zazoff*, AG, 1983, 207 s. R. V.

[Proth]ymos ([Πρόθ]υμος), griech. Erzgießer, um 500 Jh. v. Chr. in Athen tätig. Nur bek. durch seine Sign. auf einer Basis aus pentelischem Marmor von der Athener Akropolis (heute Athen, Epigraph. Mus., Inv. Nrn 6275 und 6429; IG, I^3, 632; Muller-Dufeu, SculptureSource, 2002, 216 s., Nr 606). ▭ *Raubitschek*, Dedications, 1949, 297–299, Nr 278 mit Abb; *Floren*, GrPl, 1987, 300, Anm. 19; *K. Kissas*, Die attischen Statuen- und Stelenbasen archaischer Zeit, Bonn 2000, 156 s., Nr B 94. R. V.

Protogenes (I) (Πρωτογένης), aus Kaunos, griech. Maler und Bildhauer (Plin., nat., 34, 91; 35, 106), ca. im letzten Drittel des 4. Jh. v. Chr. und am A. des 3. Jh. v. Chr. auf Rhodos tätig. P. wird (ibid., 35, 101) als Zeitgen. des Malers → Aristeides (II) von Theben, dieser wiederum als Zeitgen. des → Apelles (I) bezeichnet. Als Schaffenshöhepunkt des letzteren nennt Plinius die Zeit 332–329 v. Chr. Daher kann man auch P.' Tätigkeit in das letzte Drittel des 4. Jh. v. Chr. und an den A. des 3. Jh. v. Chr. datieren. Eine Reihe von Anekdoten verbürgt nicht nur eine zeitl., sondern auch eine künstler. Verbindung zu → Apelles (I). Möglicherweise gehen diese nicht nur auf den Kunstschriftsteller Duris von Samos zurück, sondern unmittelbar auf Äußerungen des → Apelles (I) (J. J. Pollitt, The ancient view of Greek art, New Haven 1974, 340 s., 391 s.). P.' Wkst. befand sich auf Rhodos. Ein erst jüngst in Kaunos entdecktes *Weihgeschenk* ist eine Stiftung des Protogenes. Die erh. Epigramme zu den jeweiligen Bronze-Skulpt. liefern weitere biogr. Angaben (Isik/Marek, 1997, 65–73). Die Gruppe enthielt Statuen des P. als Stifter, seines Vaters Oulias, seiner Mutter Euanthis, Tochter des Melanthos, seiner beiden Freunde [Ky]dias (ibid., 55), Sohn des Lydias, und Lydias, Sohn des Artemes (ibid., 60 s.). Wenn der Großvater Melanthos (→ Melanthios) mit dem gleichnamigen Maler aus Sikyon und Lehrer des → Apelles (I) ident. ist, dann ist die Verbindung zw. letzterem und P. noch enger. Die in den Anekdoten berichtete Auseinandersetzung des → Apelles (I) mit dem Werk des P. erhielte so eine biogr. wahrscheinliche Grundlage. → Apelles (I) habe sich in einen künstler.-techn. Wettstreit mit P. begeben, bei dem es darum ging, wer die dünnere Linie ziehen könnte (ibid., 35, 81–83). Diese bewunderte leere, nur von den Linien beider Maler durchzogene Bildtafel ging bei einem Brand des Augustushauses auf dem Palatin verloren. Auch habe → Apelles (I) P. zu einer guten Bezahlung seiner Bilder verholfen (Plin., nat., 35, 88). P. habe bis zu seinem 50. Lebensjahr seinen Lebensunterhalt nur als Maler von Nebenmotiven (*parergia*) verdient (ibid., 35, 101 s.). Diese Anekdote erinnert an eine ähnl. Überlieferung zu → Lysippos (I), der zunächst Handwerker (*faber aerarius*) gewesen sei. – Folgende Werke werden von den antiken Quellen dem Œuvre des P. zugeschr.: Der Gründungsheros *Ialysos* der gleichnamigen rhodischen Stadt (Overbeck, SQ, 1868, Nrn 1918, 1923) war zus. mit einem abgehetzten Hund wohl als Jäger dargestellt (V. Machaira, LIMC V, 1990, 614, s.v. Ialysos 1). Sein *ausruhender Satyr* (Overbeck, SQ, 1868, Nrn 1924–1926) lehnte sich an eine Stele, auf der urspr. ein Rebhuhn saß. P. tilgte jedoch diesen Vogel, weil er mehr Beachtung fand als das Hauptmotiv, der Satyr. Ein weiteres Bild rhodischer Lokalheroen stellte *Kydippe und Tlepolemos* dar (Plin., nat., 35, 106; L. Kahil, LIMC VIII, 1997, 41, s.v. Kydippe 1; A. Mantis, ibid., 766, s.v. Tlepolemos 1). Man hat zutreffend dieses Bild und das des *Ialysos* zu einem Zyklus rhodischer Lokalheroen zusammengefaßt. Ein weiteres Bild stellte die Heroen *Hammonias und Paralos* dar. Es befand sich in den Athener Propyläen (Plin., nat., 35, 101). Auch wenn Hammonias und Paralos als Namen athen. Staatsschiffe belegt sind, handelt es sich um ein Figurenbild (P. Müller, LIMC IV, 1988, 411 s., s.v. Hammonias 1; A. Johnston, LIMC VIII, 1997, 941, 942, s. v. Paralos 4). Denn wie Plinius (ibid.) berichtet, habe man in diesem Bild auch Nausikaa erkannt. Dies war jedoch nur mögl., wenn eine Frau, in diesem Fall Nausikaa, und ein Mann mit Pilos, der als Odysseus gedeutet werden konnte, dargestellt waren. Es muß sich also keineswegs um eine Verkörperung der athen. Staatsschiffe handeln (Pfuhl, 1923, 767), auch wenn im Bild kleinformatige Kriegsschiffe vorkamen. Auf Salamis wurde eine Weihestatue der Salamis entdeckt (E. Manakidou, LIMC VII, 1994, 652, s.v. Salamis 3), die sicherl. die Heroine und nicht das gleichnamige Staatsschiff wiedergab. Da ein Temenos des Heros Paralos im Piräus bezeugt ist (U. Kron, Die zehn attischen Phylenheroen, B. 1976 [AM, Beih., 5], 175), kann es sich beim Bild des P. auch um eine Votivgabe handeln. Pausanias (1, 3, 5) erw. im Bouleuterion der Athener Agora *Bilder der Thesmotheten*, die von P. stammten. Sicherlich handelt es sich nicht um Bilder der gewählten Beamten. Vielmehr müssen hier Personen dargestellt gewesen sein, die für die Polis bedeutend genug waren, um die Wände des Bouleuterions zu schmücken. Weiterhin werden P. *Porträts* zugeschr.: des sinnenden Tragödiendichters *Philiskos*, des *Antigonos*, der *Mutter des Aristoteles* (Plin., nat., 35, 106). In einem weiteren Bild waren *Alexander und Pan* zusammengebracht (ibid.). Aufgrund der Verknüpfung mit Pan ist Alexander wahrsch. in der Ikonogr. des von seinem Trabanten begleiteten Dionysos wiedergegeben (Pfuhl, 1923, 767). Neben diesen Bildern werden P. summarisch *Skulpturen von Athleten, Kriegern, Jägern, Opfernden* zugeschr. (Plin., nat., 34, 91). Vergleicht man das Œuvre des P. mit dem des → Apelles (I), fällt die geringe Anzahl an Bildern großer Götter – z.B. Aphrodite, Artemis, Tyche – und von Darst. myth. Geschehen auf. Die Anekdote der Konkurrenz zw. dem Hauptmotiv seines *ausruhenden Satyrs* und dem Nebenmotiv, dem effektvoll und gekonnt dargestellten *Rebhuhn* scheint ebenfalls auf das Übergewicht derartiger Einzelmotive in seinem Œuvre hinzudeuten. Dem korrespondiert das antike Kunsturteil, das dem P. zwar eine sorgfältige und akrib. Technik (*diligentia* entspricht ἀκρίβεια, *subtilitas* entspricht λεπτότης) zuweist, ihm jedoch χάρις abspricht (Pollitt, op. cit., 190, Nr 3, p. 298, Nr 5, p. 357, Nr 9, pp. 387, 444). Wenn mit „Charis“ sowohl die Begabung des Malers als auch die Wirkung des Bildes gemeint ist, dann müssen die Bilder des P. deswegen keineswegs unrealist. gewirkt haben. Noch in Petronius' Satyricon (83; vgl. Pollitt, op. cit., 130, Nr 17) wird die Naturnähe der Skizzen des P. gelobt (vgl. als illustrierendes Beispiel die skizzenhafte Zeichentechnik der Malereien in: M. Andronikos, Vergina, II. The 'Tomb of Persephone', At. 1994, 110 s.). Auch P.' Bemühen, im Bild des *Ialysos* den Schaum vor dem Mund des Jagdhundes wirklichkeitsgetreu wiederzugeben (Plin., nat., 35, 103), unterstreicht die Naturnähe seiner Bilder. Doch scheint eine gewisse Detailverliebtheit nicht nur eine lange Produktionszeit – für den *Ialysos* nach viermaliger Übermalung sieben Jahre (Overbeck, 1868, Nrn 1915, 1921) – verursacht, sondern auch die Gesamtwirkung der Darst. beeinträchtigt zu haben. ▭ ThB27, 1933. RE XXIII. 1, 1957; EAA VI, 1965; LAW, 1965; KlP IV, 1972; DA XXV, 1996; DNP X, 2001. – *Overbeck*, SQ, 1868, Nrn 1907–1936; *Pfuhl*, MuZ, II, 1923, 766 ss.; *P. Moreno*, Pitt. greca da Polignoto ad Apelle, Mi. 1987, 154 s.; 158, 164 s., 164; *C. Isik/C. Marek*, Das Mon. des Protogenes in Kaunos, Bonn 1997, 65–73. W. Ehrhardt

Protogenes (II), Sohn des Karpos, aus Paros, griech. Bildhauer, im 1. Jh. v. Chr. in Minoa auf Amorgos tätig. Nur bek. durch seine Sign. auf einer Basis für eine Statue aus Minoa auf Amorgos, die durch die Schr.-Form ins 1. Jh. v. Chr. zu dat. ist (IG, XII. 5, 160; XII. 7, 278; Muller-Dufeu, SculptureSource, 2002, 904 s., Nr 2708). ▭ RE XXIII. 1, 1957 (s.v. P. 10); EAA VI, 1965 (s.v. P. 2). – *O. Rubensohn*, JdI 50:1935, 53, Nr 3; *Lippold*, GrPl, 1950, 382, Anm. 3. R. V.

Protogenes (III), griech. Toreut, in augusteischer Zeit tätig. Nur bek. durch seine Grab-Inschr. aus Rom. ▭ *Toynbee*, Artists, 1951, 51, Anm. 9. R. V.

Protogenes (IV), griech. Goldschmied, im 2. Jh. n. Chr. in Rom tätig. Nur bek. durch seine Grab-Inschr. aus Rom (CIL, VI, 920). ▭ EAA I, 1958 (s.v. Aurifex). R. V.

Protogenes (V), Steinmetz (τεχνίτης), tätig im 3. Jh. n. Chr. in Syrien. Nur bek. durch die Sign. eines 287/88 n. Chr. dat. Türsturzes, wiederverwendet als Spolie in Joueikhat bei Arados. ▭ IGLS, VII, 1970, Nr 4042. M. Dennert

Protomachos (Πρωτόμαχος), aus Halikarnassos, griech. Maler, in der 2. H. des 3. Jh. v. Chr. in Lindos tätig. Nur bek. durch seine Sign. auf einer Basis aus lartischem Marmor aus dem Athenaheiligtum von Lindos für eine Statue, die vom Bildhauer → Timokles (II) aus Knidos hergestellt und von P. bemalt worden ist (IG, IX. 1, 537; Loewy, IGB, 1885, 195, Nr 277; Muller-Dufeu, SculptureSource, 2002, 778 s., Nr 2291). ▭ RE XXIII. 1, 1957 (s.v. P. 5); EAA VI, 1965. – Lindos, II. 1, 1941, 53, Nr 36, p. 360, Nr 126. R. V.

Protos (Πρῶτος), aus Lykaonien, griech. Bildhauer, um 100 v. Chr. tätig. Nur bek. durch seine Sign. auf den vier folgenden Basen: – 1.) Basis aus dem Athenaheiligtum aus Lindos von 103 v. Chr. für eine *Priesterstatue* (IG, XII. 1, 818; Loewy, IGB, 1885, 154, Nr 198; Lindos, II. 1, 1941, 55, Nr 78; Muller-Dufeu, SculptureSource, 2002, 872 s., Nr 2601); – 2.) Basis aus dem Athenaheiligtum aus Lindos von um 100 v. Chr. für eine *Statue zu Ehren des Damostratos*, Sohn des Damokratinos, Priester der Athena Lindia und des Apollon Pythios, die von Aineas, Sohn des Agetor, Vorsteher der Hierothyten, und seinem Kollegium gestiftet worden ist (Lindos, II. 1, 1941, 55, Nr 78, pp. 574–576, Nr 270; Schmidt, Statuenbasen, 1995, 379 s., Nr IV. 1. 140; Muller-Dufeu, SculptureSource, 2002, 872 s., Nr 2602); – 3.) Basis aus dem Athenaheiligtum aus Lindos von 95 v. Chr. für eine *lebensgroße Bronzestatue*, die von Aristonomos, Sohn des Kallisthenes, Priester der Athena Lindia, des Zeus Polieus, der Artemis Kekoia und des Helios, gestiftet worden ist (Lindos, II. 1, 1941, 55, Nr 78; Lindos, II. 2, 1941, 597, Nr 283; Schmidt, Statuenbasen, 1995, 278, Nr II. 16; Muller-Dufeu, SculptureSource, 2002, 872 s., Nr 2603); – 4.) Basis aus Halmyros (IG, IX. 2, 115; Muller-Dufeu, SculptureSource, 2002, 872 s., Nr 2604). ▭ RE XXIII. 1, 1957 (s.v. P. 2); EAA VI, 1965. R. V.

Protys (Πρῶτυς), griech. Bildhauer, in der 1. H. des 2. Jh. n. Chr. in Oberägypten tätig. Nur bek. durch seine Sign. auf einem *Marmorsockel* unbek. Funktion mit der Darst. von *vier weibl. Figuren und einem Kind* in Turin (Mus. di Antichità), nach der er zugleich der Vorsteher einer Wkst. war. ▭ RE XXIII. 1, 1957; EAA VI, 1965. – *Overbeck*, SQ, 1868, Nr 2303; *Loewy*, IGB, 1885, 257, Nr 363; *Muller-Dufeu*, SculptureSource, 2002, 966 s., Nr 2909. R. V.

Provinus (Probinus), Bischof von Grado/N-Italien (569–571 n. Chr.). Das Monogramm des Bischofs P. findet sich auf einer Marmorbalustrade im Baptisterium neben der Basilika S. Eufemia zu Grado. Dabei handelt es sich selbstverständl. nicht um eine Künstlersignatur. ▭ *P. L. Zovatto*, Epigraphica 10:1948, 59–61; *G. Bovini*, Grado paleocristiana, Bo. 1973, 124–127. U. Huttner

Prytanis (Πρύτανις), griech. Bildhauer, in hellenist. Zeit tätig. Nur bek. durch seine Sign. auf einer Marmorbasis aus der Umgebung des Tempels von Apollon Erethimios von Ialysos (heute Rhodos, Mus.; SEG, XXXIX:1989, 226, Nr 720; Muller-Dufeu, SculptureSource, 2002, 770 s., Nr 2268). R. V.

Psemtjeksanit (Psametichsineith), Sohn des Inimennaifnebu und der Nitemhat, ägypt. Bauleiter z.Z. des Amasis (570–526 v. Chr.) in Sais. Nach den Inschr. seiner Statue (Philadelphia, Univ. of Pennsylvania, Mus. of Art and Anthropology, Inv. Nr 42–9–1) stand P. in einem besonderen Vertrauensverhältnis zum König Amasis, der sich gegen Apries erhoben hatte. Amasis bestimmte P., die Arbeiten des Königs in Sais auszuführen. Ob der auf den Kanopenkrügen on Paris (Louvre, Inv. Nrn 792–795) erw. „General" P., dessen Mutter denselben seltenen Namen Nitemhat trägt, mit dem Bauleiter P. identisch ist, muß vorerst offenbleiben. ▭ *H. Ranke*, MDAIK 12:1943, 107 ss.; *E. Otto*, Die biograph. Inschr. der ägypt. Spätzeit, Leiden 1954, 166 ss., Nr 28. F. Hoffmann

Psenobastis cf. **Phratres**

Psiax (ΦΣΙΑΧΣ), griech. Vasenmaler, im letzten V. des 6. Jh. v. Chr. in Athen tätig. Der Bilinguenmaler P., ein Maler der Übergangszeit von der schwarzfigurigen zur rotfigurigen Technik, war wahrsch. ein Schüler des in schwarzfiguriger Technik arbeitenden *Amasis-Malers* (v.e. → Amasis). J. D. Beazley bezeichnete ihn als „Bruder" des *Antimenes-Malers*. P. signierte als Vasenmaler *zwei rotfigurige Alabastren*, die von → Hilinos getöpfert worden sind (Karlsruhe, Bad. LM, Inv. Nr 242; Odessa, Archäol. Mus., Inv. Nr 26602). Bevor Gisela Richter (1934) sein Werk zusammenstellte, waren einige der Vasen des P. dem *Menon-Maler* zugeschr., der nach dem Töpfer → Menon (I) der rotfigurigen Amphora in Philadelphia (Univ. of Pennsylvania, Mus. of Art and Anthropology, Inv. Nr 5349) benannt worden ist. Mehrere Gefäße mit Malereien des P. tragen die Töpfer-Sign. des → Andokides; zusätzl. zur *Halsamphora* mit schwarzgefirnißtem Bauch in London (BM, Inv. Nr 1980.11-29. 1) und zur *bilinguen Amphora* in Madrid (Mus. Arqueol. Nac., Inv. Nr 11008) führte P. auch die innovative schwarzfigurige auf weißem Grund gemalte Miniatur-Zchng auf der Seite B auf dem Rand der frührotfigurigen *Amphora* des *Andokides-Malers* in New York (Metrop. Mus., Inv. Nr 63. 11. 6) aus. Folgl. war P. im Atelier des → Andokides beschäftigt, als die rotfigurige Technik erfunden worden ist. Seine Anwendung der Six-Technik und die Bemalung von Kyathoi deuten darauf hin, daß P. auch für den Töpfer → Nikosthenes (I) gearbeitet hat. Der junge → Epiktetos imitierte Psiax. P. war sicherl. der Lehrer der *Pioniere* → Euphronios und → Phintias. Fast 60 Vasen können P. zugeschrieben werden. Während er verschiedenartige Gefäße bemalte, eignete sich seine verfeinerte Zeichenkunst bes. für kleinere Vasen wie Schalen, Aryballoi und Teller. P. bevorzugte die schwarzfigurige Technik und verband sie sowohl mit Korallrot (St. Petersburg, Ermitage) als auch mit weißem Grund. Seine weißgrundigen Lekythoi bereiteten den Weg für den *Sappho-Maler* und den *Diosphos-Maler*. Die rotfigurige Malerei des P. zeichnet sich durch sein Interesse an menschl. Anatomie und komplexer Raumeinteilung aus (New York, Metrop. Mus., Inv. Nr 14. 146. 1). Bisweilen ritzte er anatom. Details (Athen, Agora-Mus., Inv. Nr P 14805; Agora XXX, 1998, 83-85, 343, Nr 1575, Taf. 149) und wendete auch die ansonsten unüblichen Ritzungen für Inschr. (München, Staatl. Antiken-Slgn, Inv. Nr 2302) oder für Details auf dem schwarzen Grund an. P. benutzte auch Weiß für lineare Details und fügte Gegenstände in hervorgehobenem Tonrelief mit ehem. Vergoldung zu (Malibu, J. Paul Getty Mus., Inv. Nr 86. AE. 278). Neue Zuschr. unterstreichen die ikonogr. Vorlieben des P. für dionysische (Centre Island, Priv.-Slg) und herakleische Themen (Princeton, Univ. Mus., Inv. Nr 97-469; Record of the Art Mus., Princeton Univ., 57:1998, 201; Harvard, Univ. Mus., Inv. Nr 1998. 97; Basel, Slg Cahn, Inv. Nr HC 1432). Seine skythischen Bogenschützen, Reiter in thrakischer Tracht und Zecher in der Art des Anakreon spiegeln das zeitgen. att. Interesse an exotischer Kleidung wider. Die Vasenmalerei des P. ist char. für das spätarchaische Athen sowohl was die Themenauswahl als auch die Experimentierfreudigkeit mit den versch. Techniken betrifft. ▭ ThB24, 1930 (s.v. Menon); ThB27, 1933. EAA IV, 1961 (s.v. Menon, Pittore di); VI, 1965; RE, Suppl. XI, 1968; DA XXXII, 1996 (s.v. vase painters, II, P.). – *J. D. Beazley*, JHS 47:1927, 91 s.; *H. R. W. Smith*, New aspects of the Menon Painter, Berkeley 1929; *G. M. A. Richter*, AJA 38:1934, 547-554, Abb. 1-10, Taf. 38; ABV, 1956, 292-295, 692; *Arias/Hirmer*, TJGV, 1960, 304 s., Taf. 66-68, XIX-XX; ARV², 1963, 6-8, 1617 s.; Para, 1971, 127 s., 321; *Boardman*, ABFH, 1974, 106, 178, 190, Abb. 168-171; *D. Calipolitis Feytmans*, Les plats attiques à figures noires, P. 1974, 224-228, 259, 372, Nrn 1-4, p. 377, Nr 5, Taf. 72, 1-4 ; 73, 5; *D. C. Kurtz*, Athenian white lekythoi, Ox. 1975, 9-12, 117 s., Taf. 1, 2 und 3 a-c; 2, 1; *Boardman*, ARFV, I, 1975, 17 s., Abb. 11-15; *J. R. Mertens*, Attic white ground, N. Y. 1977, 35-40, Nrn D 1-7, p. 85, Taf. 3, 1-4; 4, 1; *Cohen*, Bilingual, 1978, 194-239, 276-287, Taf. 21, 3; 22, 2 und 4; 24, 3 und 5; 25, 2; 37-41; 42, 2 s.; 43, 1 s.; 44, 1-3; 56, 1-4; 57, 1 s.; *J. R. Mertens*, AntK 22:1979, 22-37, Taf. 9-13; *B. Jeske/C. Stein*, HefteABern 8:1982, 5-20; *Beazley*, Dev², 1986, 69, 72 s., Taf. 81, 2-4; 82, 1-3; 83, 1; *D. C. Kurtz/J. Boardman*, GettyVases, III, 1986, 37-47, Abb. 2 a-b, 3, 7, 9; Add², 1989, 76 s., 150 s.; *B. Kreuzer*, Frühe Zeichner, 1500-500 v. Chr., B. 1992 (K Freiburg im Breisgau, Archäol. Slg), 84 s., Nr 88; *M. Robertson*, The art of vase-painting in Classical Athens, Ca. 1992, 9, 12 s., Abb. 8, pp. 14-17, 34, Abb. 26, pp. 42, 51; CVA, Kiel, II, 1993, 57, Taf. 37, 5; *M. B. Moore*, Attic red-figured and white-ground pottery, Agora XXX, 1997, 83-85, 343, Nr 1575, Taf. 149, 1575 (Inv. Nr P 14805). B. Cohen

Psoieas (Πσοιεας), griech. Töpfer, um 550 v. Chr. in Athen tätig. Nur bek. durch seine Sign. auf einem schwarzfigurigen *Schalen-Fragment* mit der Darst. eines Reiters aus Naukratis (heute London, BM, Inv. Nr B 600, 40). ▭ ThB27, 1933. EAA VI, 1965. – *J. D. Beazley/H. G. G. Payne*, JHS 49:1929, 268, Nr 49, Taf. 17, 29; ABV, 1956, 62. R. V.

[Ps]oleas, griech. Töpfer, um 560 v. Chr. in Athen tätig. Nur bek. durch seine Sign. [...]ΟΛΕΑΣ auf einem schwarzfigurigen *Schalen-Fragment* von der Athener Agora (heute Athen, Agora-Mus., Inv. Nr P 10203). Beazley (1954) ergänzte den Namen zu ΠΣΟΛΕΑΣ, C. J. Ruijgh (in Brijder, 1983, 142) zu ΒΟΛΕΑΣ (d.h. Bouleas), einem damals viel geläufigeren Namen. ▭ *B. F. Vanderpool*, Hesperia 15:1946, 131, Nr 19, Taf. 22, 4; *J. D. Beazley*, AJA 58:1954, 187; ABV, 1956, 62; *Brijder*, Siana, I, 1983, 24, 142, 246, Nr 120, Taf. 26, f; *M. B. Moore/M. Z. Pease Philippides*, Attic black-figured pottery, Agora XXIII, 1986, 312, Nr 1802, Taf. 116; Add², 1989, 17. R. V.

Psylakos cf. **Onaithos**

Ptah... v.e. **Pteh...**

Ptahhotep → **Heteppteh**

Ptahmose v.e. **Ptehmes**

Pteh, ägypt. Bildhauer, unter dem König Amenemhet III. (1853–1806/05 v. Chr.) in Abydos/Oberägypten tätig. Bek. aus einer Stele (Paris, Louvre, Inv. Nr C. 6) mit der Nennung vieler Goldschmiede, auf der er oben erw. wird. ▭ *A. Gayet*, Mus. du Louvre, stèles de la XIIe dynastie, P. 1886, Nr C. 6, Taf. 10; *W. A. Ward*, Index of Egyptian administrative and relig. titles of the Middle Kingdom, Beirut 1982, 181, Nr 1561. Y. Ott

Pteh..., gen. Kesu, ägypt. Künstler („Vorsteher der Bildhauer") des Mittleren Reiches (1976–1794/93 v. Chr.). P. wird neben vielen anderen Personen (unter ihnen auch → Gemni) auf einer Grabstele aus Abydos abgebildet und durch eine Beischrift identifiziert. ▭ *H. O. Lange/H. Schäfer*, Grab- und Denksteine des Mittleren Reichs (CG), II, B. 1908, 122 i), Nr 20520; *W. K. Simpson*, The terrace of the Great God at Abydos, New Haven/Philadelphia 1974, Taf. 50, ANOC 32.1; *P. Vernus*, Le surnom au Moyen Empire, R. 1986, 25, Nr 106. F. Hoffmann

Ptehaa, ägypt. Architekt („Vorsteher der Bildhauer"), M. der 12. Dynastie (1914–1853/52 v. Chr.) in Abydos/Oberägypten tätig. Bek. aus seiner eigenen Stele aus Kalkstein (Kairo, Ägypt. Mus., Inv. Nr CG 20523) und der seines Enkels → Ptehmaau (Kairo, Ägypt. Mus., Inv. Nr CG 20241) aus Abydos. Auf beiden Stelen wird sein Sohn → Wer (II) erw., der ebenfalls Künstler gewesen ist. ▭ *H. O. Lange/H. Schäfer*, Grab- und Denksteine des Mittleren Reiches (CG), II, B. 1908, 123, Nr 20523; *D. Franke*, Personendaten aus dem Mittleren Reich, Wb. 1984, 155, Nr 210. Y. Ott

Ptehemheb (I), ägypt. Bauleiter des Amun („Vorsteher der Arbeiter"), unter dem König Thutmosis IV. (1397–1388 v. Chr.) in Theben/Oberägypten tätig. Er war der urspr. Besitzer des Grabes Nr 77 in Scheich Abd el-Qurna/Theben-W, das später von → Rai (I) wiederverwendet wurde. ▭ PM I. 1, 1960, 150 s. – *W. Helck*, Mat. zur Wirtschafts-Gesch. des Neuen Reiches, I, Wb. 1961, 45. Y. Ott

Ptehemheb (II), ägypt. Goldschmied („Oberster der Goldschmiede"), in der 19. Dynastie (1292–1186/85 v. Chr.) in Unterägypten tätig. Bek. durch zwei Blöcke eines Türpfostens, der beim Jeremias-Kloster in Saqqara gefunden wurde. Auf diesen ist er zus. mit → Imenemheb (IV) erwähnt. ▭ PM III. 2, 1978, 669. – *M. E. Châban*, Le puits du général Ankh-uah-ab-rê-si-nit à Saqqarah, in: ASAE 17:1917, 181 s. Y. Ott

Ptehemsaef, ägypt. Bauleiter, unter Pharao Sesostris I. (1956–1911/10 v. Chr.) in Assiut/Mittelägypten tätig. Bek. durch eine Künstler-„Sign." im Grab des Gaufürsten Djefaihapi in Assiut (Grab 1 von Siut), welche ihn als den Erbauer dieses Komplexes ausweist. Derartige Sign. finden sich im Alten Ägypten im Gegensatz z.B. zum antiken Griechenland äußerst selten. ▭ LÄ III, 1980, Sp. 834 m. Anm. 15 (s.v. Künstler); LÄ V, 1984, Sp. 938 m. Anm. 2 (s.v. Signaturen). – Urk. VII, 66, 21. C. von Pfeil

Ptehemwia, ägypt. Umrißzeichner, in der 19. Dynastie (1292–1186/85 v. Chr.) in Ägypten tätig. ▭ *E. W. Ware*, AJSL 43:1926/27. Y. Ott

Ptehhetep (I), Sohn des Ini, ägypt. Edelsteinarbeiter, 12. Dynastie, 19. Jh. v. Chr. Unter Amenemes III. (1853–1806/05 v. Chr.) war er zus. mit → Chenticheti in die Steinbrüche der w. nub. Wüste geschickt worden, um ein bestimmtes Gestein zu holen. Eine von ihm und seinem Kollegen errichtete bescheidene Stele (Kairo, Ägypt. Mus., Inv. Nr JE 59484) berichtet davon. ▭ *R. Engelbach*, ASAE 33:1933, 73, Taf. 3.4. F. Hoffmann

Ptehhetep (II), ägypt. Oberjuwelier in Memphis. Bek. von der Stele in Bologna, MCiv, Inv. Nr 1945. Die Dat. ist unsicher. ▭ *G. Kminek-Szedlo*, Mus. Civico di Bologna: Cat. di antichità egizie, T. 1895, 214 s.; *H. de Meulenaere/J. Quaegebeur*, CdE 57:1982, 210. F. Hoffmann

Ptehhetep (III), ägypt. Juwelier viell. des 1. Jt. v. Chr. in Memphis. P. ist von den Inschr. einer Würfelhockerstatue in Leiden (RM van Oudheden, Inv. Nr D 60) bek., deren Echtheit jedoch umstritten ist. ▭ *P. A. A. Boeser*, Beschr. der Aegypt. Slg des Niederländ. Reichs-Mus. der Altertümer in Leiden, VII, Leiden 1915, 4 u. Taf. 13; *H. de Meulenaere/J. Quaegebeur*, CdE 57:1982, 210; *R. Schulz*, Die Entwicklung und Bedeutung des kuboiden Statuentypus, Bd. 2, Hildesheim 1992, 581. F. Hoffmann

Ptehkau, ägypt. Architekt („Vorsteher der Bauarbeiter"), in der 12. Dynastie (1976–1794/93 v. Chr.) in Saqqara/Unterägypten tätig. Bek. aus seiner Stele, die er zus. mit dem Oberbaumeister Nechetheru und dessen Fam. besitzt (London, BM, Inv Nr. 205). ▭ Hieroglyphic texts from Egyptian stelae etc. (K BM), II, Lo. 1912, Taf. 35. Y. Ott

Ptehku, Sohn des → Udja, ägypt. Oberster der Künstler, unter dem König Pepi I. (2335/2885–2285/2235 v. Chr.) im Wadi Hammamat/Mittelägypten tätig. Bek. aus einer Namensliste im Wadi Hammamat, in dem die Gesteinsarten Granit und Grauwacke abgebaut wurden. Auf dieser Liste sind viele Künstler aus einer Fam. erw., die z.Z. des Königs Pepi I. in den Steinbrüchen gearbeitet haben. ▭ LD II, 115b; *J. Couyat/P. Montet*, Les inscr. hiéroglyphiques et hiératiques du Ouâdi Hammâmât, in: MIFAO 34:1912, 71, Nr 101.
Y. Ott

Ptehmaau, ägypt. Künstler („Vorsteher der Bauarbeiter"), Mittleres Reich (1976–1794/93 v. Chr.). Bek. durch seine in das Jahr 2 eines ungenannten Königs dat. und unvoll. gebliebene Grabstele aus Abydos (Kairo, Ägypt. Mus., Inv. Nr CG 20241), auf der auch der Baumeister → Wer (II) (viell. sein Vater) vorkommt. ▭ *H. O. Lange/H. Schäfer*, Grab- und Denksteine des Mittleren Reichs (CG), I, B. 1902, 263 s.; *D. Franke*, Personendaten aus dem Mittleren Reich, Wb. 1984, 155, Nr 210.
F. Hoffmann

Ptehmai, ägypt. Goldschmied („Oberster der Goldschmiede im Haus [d.h. Tempel] des Aton"), unter Amenophis IV./Echnaton (1388–1351/50 v. Chr.) in Tell el-Amarna/Mittelägypten oder Theben/Oberägypten tätig. Bek. durch sein Grab bei Nazlet Kafr Batran in Giza, das seit 1873 zerst. ist, bis auf einige Blöcke, die sich heute im Mus. von Kairo befinden. Offenbar arbeitete er in einer Wkst., die einem Tempel des Gottes Aton in Tell el-Amarna oder Theben angegliedert war. ▭ PM III. 1, 1974, 303. – *R. Hari*, Rep. onomastique amarnien, Genf 1976, Nr 119. T. Schrottenbaum

Ptehmes (I) (Ptahmose), ägypt. Architekt, Bauleiter („Vorsteher der Arbeiten"), z.Z. Amenophis' III. (1388 bis 1351/50 v. Chr.), in Ägypten tätig. Obwohl P. v.a. Wesir war und damit das höchste Amt in Ägypten nach dem König bekleidete, sind keine näheren Angaben zu seinem Leben möglich, weil er nur mit Titel und Namen auf einer Stele und einer Elle überliefert ist. ▭ LÄ I, 1975, Sp. 654 mit Anm. 6 (s.v. Bauleiter). – Urk. IV, 1515–1539; *R. Lepsius*, Die alt-ägypt. Elle und ihre Eintheilung, B. 1865, Taf. III c; *A. Varille*, BIFAO 30:1931, 497–507; *W. Helck*, Urkunden der 18. Dynastie, B. 1961, 136–140. M. A. Stadler

Ptehmes (II) (Ptahmose), ägypt. Oberbildhauer, 18. Dynastie (1550 bis 1292 v. Chr.) oder früher, in Memphis/Ägypten tätig. Von P. ist nur eine Ohrenstele erh., die ihn in Gebetshaltung zeigt und von der nicht gesagt werden kann, ob P. sie selber hergestellt hat. ▭ *W. M. F. Petrie*, Memphis I, Lo. 1909, Taf. 9 (Nr 49), 13. M. A. Stadler

Ptehmes (III) (Ptahmose), ägypt. Goldschmied, 19. Dynastie (1282 bis 1186/85 v. Chr.), in Ägypten tätig. P. ist auf einer Stele unbek. Herkunft mit seinen Brüdern dargest., von denen zwei ebenfalls Goldschmiede waren: → Paraemheb (II) und → Painehesi. ▭ Hieroglyphic texts from Egyptian stelae etc. (K BM), IX, Lo. 1970, 23 s., Nr 141, Taf. 19; *G. A. Gaballa*, JEA 63:1977, 126.
M. A. Stadler

Ptehmes (IV) (Ptahmose), ägypt. Künstler („Oberster der Lapislazulihersteller"), 19. Dynastie (1292 bis 1186/85 v. Chr.), in Theben/Ägypten tätig. P. ist nur durch sein Totenbuch, das in Krakau aufbewahrt wird, belegt, aufgrund dessen die Dat. und die Provenienz vermutet wurden. ▭ *U. Luft*, ZÄS 104:1977, 46–75. M. A. Stadler

Ptehmi, ägypt. Künstler („Vorsteher der Künstlerschaft des Herrn der beiden Länder [d.h. des Königs]", „Vorsteher der Künstlerschaft des Guten Gottes [d.h. des Königs]"), 18./19. Dynastie (1550–1186/85 v. Chr.) im memphit. Raum/Unterägypten (?) tätig. Er ist bek. durch eine hieroglyph. Inschr. auf einem Senet-Spiel (altägypt. Brettspiel). Der Fundort des Spiels ist leider unbek., aber aufgrund der Inschr. ist es in den Grabkontext einzuordnen. Da im Text „um ein schönes Begräbnis im W. von Memphis" gebeten wird, vermutet Pusch, daß P. dort oder in der Umgebung begraben wurde. Viell. war er dann auch im memphit. Raum als Künstler tätig. Er beaufsichtigte die Künstler einer Wkst. oder auch die Arbeiten in einer Nekropole. ▭ *E. B. Pusch*, Das Senet-Brettspiel im Alten Ägypten, I, Meisenheim 1979, 281–284, Nr 47, Taf. 73. T. Schrottenbaum

Ptehwasch (Waschpteh), ägypt. Oberbaumeister, Bauleiter („Vorsteher aller Arbeiten des Königs"), unter dem König Neferirkare (2483/2433–2463/2413 v. Chr.) in Unterägypten tätig. Sein Grab liegt im Pyramidenfriedhof des Königs Sahure. Er erkrankte in der Reg.-Zeit des Königs Neferirkare in dessen Gegenwart und starb bald darauf. Auf Befehl des Königs wurde in seinem Grab eine Inschr. angebracht, in der der König persönl. zu Gott Re um die Gesundheit seines Oberbaumeisters betet. ▭ LÄ V, 1984 Anm. 237 (s.v. Ptahwasch); PM III. 2, 1978, 456, Nr 24 (D38). – Urk. I, 40–45.
Y. Ott

Ptehwer, ägypt. Edelsteinkünstler, während der Zeit vom Mittleren Reich bis zur 18. Dynastie (2119–1292 v. Chr.) im Südwesten des Sinai tätig. Belegt in einer Felsinschr. in Maghara/Sinai, in der P. und seine Expeditionskollegen Schutzgottheiten anrufen und Opferformeln an sie richten. Die Dat. der Inschr. ist leider nur anhand paläograph. Details möglich, weshalb eine genauere zeitl. Festlegung derzeit unmöglich ist. Maghara bezeichnet eine Gruppe von Türkisbergwerken unweit von dem bekannteren Ort Serabit el-Chadim, in denen bereits ab dem und verstärkt im Alten Reich Türkis abgebaut wurde. V.a. in den Wintermonaten zogen Expeditionen in diese Gegend, um das Mat. zu brechen, das zuvor von den Künstlern, die es bearbeiteten, auf seine Qualität hin überprüft werden mußte. Darüber hinaus ist er belegt auf einer Stele, die sich heute im Ägypt. Mus. in Kairo befindet (Inv. Nr CG 20731a) und aufgrund stilist. Details in das Mittlere Reich (2119–1794/93 v. Chr.) dat. wird. ▭ LÄ III, 1980, Sp. 1135–1137 (s.v. Maghara); LÄ V, 1984, Sp. 948 s. (s.v. Sinai); PM VII, 1952, 343. – *H. O. Lange/H. Schäfer*, Grab- und Denksteine des Mittleren Reiches (CG), II, B. 1908, 29, Nr 20731a; *J. Černý* (Ed.), The inscr. of Sinai, II, Lo. 1955, 72, Nr 36; *W. A. Ward*, Index of Egyptian administrative and relig. titles of the Middle Kingdom, Beirut 1982, 96, Nr 801. C. von Pfeil

Ptehweser, ägypt. Künstler („Vorsteher der Metallschmiede des Königsschmucks"), während der 5. Dynastie (ca. 2450–2300 v. Chr.) in Unterägypten tätig. Belegt durch seine Mastaba im Gebiet n. der Stufenpyramide von Saqqara. Sein Name und seine Titel sind auf der Scheintür des Grabes zu finden. Er ist ausgewiesen als besondere Vertrauensperson des Königs, da er für die Qualität und Fertigung des kgl. Schmuckes und der Insignien Sorge zu tragen hat. ▭ PM III. 2, 1978, 456, Nr 25 [C 3]. – *A. Mariette*, Les mastabas de l'Ancien Empire, P. 1889, 115–117 (C 3); *R. Drenkhahn*, Die Handwerker und ihre Tätigkeiten im Alten Ägypten, Wb. 1976, 50 c. C. von Pfeil

Pteras (Πτέρας), myth. griech. Architekt. Lt. Pausanias (10, 5, 9–13) Erbauer des zweiten Tempels von Delphi. Urspr. ist Pteras viell. eine alte Epiklese von Apollon. Daher könnte diese Benennung für den zweiten Tempel von Delphi stammen (Aristot., Fragm. 3, p. 25, R: πτερῖνος ναός). Da der genaue Sinn der Wortbedeutung verlorengegangen ist, hat man versch. Etymologien vorgeschlagen, darunter den des Tempels des Pteras, der ansonsten unbekannt ist. Die and. von Pausanias vorgeschlagenen Etymologien lauten: Tempel der Federn (πτερά und des Wachses, der von Bienen erbaut worden ist) oder Tempel des Farnkrauts (πτερίς). Der zweite Tempel wurde nach dem Lorbeertempel und vor dem Bronze- und Steintempel errichtet. Der Bau könnte der Tempel der Hyperboräer sein, von dem wir wissen, daß er rund, ähnl. wie ein Bienenkorb, war. Pteras war auch das Eponym der kret. Stadt Aptera (Paus., 10, 5, 10). ▭ ThB27, 1933. RE XXIII. 2, 1959; EAA VI, 1965. – *H. Hitzig/H. Blümner*, Pausaniae Greciae descriptio, III, L. 1910, 640; *C. Rolley*, Monuments figurés. Les statuettes de bronze, FDelphes, V. 2, 1969, 131–146. H. Tréziny

Ptolichos (I) (Πτόλιχος), Sohn des → Synnoon, von Ägina, griech. Erzbildner, in der 1. H. des 5. Jh. v. Chr. für Olympia und möglicherweise Ägina tätig. Pausanias (6, 9, 1) zufolge war der Äginete P. Sohn und Schüler des → Synnoon, der seinerseits Schüler des Sikyoniers → Aristokles (III) gewesen war. Diese Schulfolge, auch wenn nicht an erh. Werken dieser Meister nachzuvollziehen, bezeugt die Verflechtung der äginetischen Bildhauerschule mit der sikyonischen. – *Zwei Siegerstatuen* des P., beide in Olympia, werden genannt. Jene des Ägineten *Theognetos* (Paus., 6, 9, 1), der im Knabenringkampf siegte (L. Moretti, Olympionikai, R. 1957 [MemAccLinc, Ser. 8, Bd. VIII. 2, 1959], Nr 217: um 476 v. Chr.?; J. Ebert, Griech. Epigramme auf Sieger an gymn. und hipp. Agonen [AbhLeipzig 63, 2:1972], Nr 12: um 464 v. Chr.?), hielt einen Pinienzapfen und einen Granatapfel, war also keine bewegte Gestalt, sondern ein stehender Jüngling. Pausanias wußte die Attribute der Figur nicht zu deuten; wohl wiesen sie auf Theognetos' frühere Siege in den isthmischen (Pinienzapfen) und pythischen (Granatapfel) Wettkämpfen hin (Moretti, op. cit.; zum Granatapfel vgl. N. Himmelmann, Studien zum Ilissosrelief, M. 1956, 36, Anm. 54). Pindar (Pyth., 8, 36) nennt Theognetos als Olympioniken im Ringkampf und Onkel mütterlicherseits vom Ägineten Aristomenes, dessen Sieg in Delphi (446 v. Chr.) die Ode Pyth., 8 feierte. An einem unter dem Namen des Simonides überlieferten Epigramm emendierte Schneidewin aufgrund von Pausanias und Pindar das metrisch unmögliche „Theokritos" in Theognetos und gewann damit das Epigramm der Siegerstatue (Simon, Fragm. 111D); das Fehlen der Heimatangabe des Siegers legt nahe, das Epigramm beziehe sich auf eine in Ägina aufgestellte Statue, wohl eine Replik der olympischen (Ebert, op. cit.). – Als zweites Werk des P. nennt Pausanias (6, 10, 9) die *Statue des Epikradios* von Mantinea, der 484 v. Chr. im Knabenfaustkampf siegte (Moretti, op. cit., Nr 193), ohne auf ihre Haltung einzugehen. – P. gehört also zu den äginetischen Erzbildnern der 1. H. des 5. Jh. v. Chr., die Athletenstatuen schufen. Sein persönl. Stil ist unbekannt. ▭ ThB27, 1933. RE XXIII. 2, 1959; EAA VI, 1966. – *Brunn*, GGK, I, 1889, 59 (81); *E. Walter-Karydi*, Die äginet. Bildhauerschule, Mainz 1987 (Alt-Ägina, II. 2), 45 s. E. Walter-Karydi

Ptolichos (II), aus Korkyra, Schüler des → Kritios, griech. Erzgießer, um 450 v. Chr. tätig. Nur bek. durch die Erw. bei Pausanias (6, 3, 5; Overbeck, SQ, 1868, Nr 463), nach der er ein Schüler des → Kritios und Lehrer des → Amphion gewesen war. ▭ ThB27, 1933 (s.v. P. II). RE XXIII. 2, 1959 (s.v. P. 2); EAA VI, 1965 (s.v. P. 2). – *Brunn*, GGK, I, 1889, 105; *Lippold*, GrPl, 1950, 175. R. V.

Pu, ägypt. Oberbaumeister des Thutmosis I., 18. Dynastie (1550–1292 v. Chr.). Bek. ist P. von einer Stele, die gleichzeitig seinem Sohn Nebi gewidmet ist. Die heute in Dresden befindl. Stele berichtet im oberen Abschnitt v.a. über Nebi und seine Geschwister Nebnefer, Merit und Tarennu sowie die Tochter von Tarennu namens Tjainetpet. Der untere Abschnitt des Stelentextes, der keine näheren Angaben über die Personen, sondern nur gängiges Formular bringt, erwähnt den verstorbenen Vater P. ▭ Urk. IV, 129,2; *G. Ebers*, ZÄS 19:1881, 67. S. Hänsch

Publicius Fortunatus, *Publius*, röm. Bildhauer in der M. des 2. Jh. n. Chr. in Spanien tätig. Bek. nur aus seinem in Córdoba gefundenen Grabstein (heute Madrid, Mus. Arch. Nac. Inv. Nr 58/27/1), der ihn als Freigelassenen der Provincia Baetica ausweist, der als *marmorarius signuarius* tätig war. Eine vergleichbare Berufsbezeichnung für einen Bildhauer findet sich sonst nur noch bei dem Bildhauer → Aprilis, Maetius in Rom („*artifex signarius*": I. Di Stefano Manzella (Ed.), Le iscrizioni dei cristiani in Vaticano, Vatikan 1997, 333). ▭ *J. Vives*, Inscripciones latinas de la España romana I, Barcelona 1971, Nr 5723; CIL II^2/7, B. 1995, Nr 7,301. M. Dennert

Publius, röm. Maler, in der 2. H. des 1. Jh. n. Chr. tätig. Martial (1, 109) machte sich über diesen Zeitgen. lustig, weil er so in seinen Hund verliebt war, daß er ihn malte, um ihn auch nach seinem Tode noch sehen zu können. ▭ ThB27, 1933. RE XXIII. 2, 1959, 1936 (s.v. P. 1); EAA VI, 1965 (s.v. P. 2). – *Brunn*, GGK, II, 1889, 209; *Pfuhl*, MuZ, II, 1923, 831, Paragraph 910. R. V.

Pudes, röm. Toreut, in der 2. H. des 1. Jh. n. Chr. in Gallien tätig. Nur bek. durch seine Sign. auf einer *Bronzekasserolle* von einem Wasserfund aus der Sienne bei Urville, Dép. Manche/Frankreich (heute Manches, Mus. Coutances; CIL, XIII. 3/2, 10027, 38). ▭ *L. Delisle*, RA 1874, 62; *R. Petrovszky*, Stud. zu röm. Bronzegefäßen mit Meisterstempeln, Buch am Erlbach 1993, 163, Nr P.12, p. 290, Nr P.12.01. R. V.

Pudeus, *Quintus* → **Nonienus Pudens**, *Quintus*

Pyrgoteles (I) (Πυργοτέλης), griech. Steinschneider, im späten 4. Jh. v. Chr. tätig. Lt. Plinius (nat., 7, 125) erlaubte Alexander d. Gr. nur P., sein Portr. zu schneiden (nur → Apelles [I], es zu malen und → Lysippos [I], es zu meißeln), und daß nur seine wirkl. Erscheinung und durch P. auf einem σμάραγδος, der nicht notwendigerweise unserem Smaragd entspricht, dargestellt werden solle. Dies sollte eine einheitl. Wiedergabe des Portr. in allen Künsten garantieren (Apuleius, Florida, 7). Lt. Plinius war P. der beste Künstler auf seinem Gebiet. – Keines seiner Kunstwerke ist erhalten. Ein *Intaglio aus Saphir*, der einen Götterkopf zeigt und die Inschr. ΠΥ trägt, wurde von M. L. Vollenweider mit P. verbunden. ▭ ThB27, 1933. RE XXIV. 1, 1963 (s.v. P. 3); EAA VI, 1965; LAW 1965; DNP X, 2001. – *J. Boardman*, Engraved gems. The Ionides coll., Lo. 1968, Nr 15 (kein Amethyst); *A. Stewart*, Faces of power, Berkeley 1993, 35 s., Beispiele auf pp. 361 s. und 414. J. Boardman

Pyrgoteles (II) ([Πυρ]γοτέλης), Sohn des Zoes, aus Zypern(?), Schiffsbaumeister unter Ptolemaios' II. Philadelphos (285–246 v. Chr.). Lt. einer Inschr. aus dem Aphrodite-Heiligtum im zypriotischen Paphos ehrte ein König Ptolemaios den [Pyr]goteles, Sohn des Zoes, weil er ihm zwei riesige Schiffe, einen *Dreißigruderer* und einen *Zwanzigruderer*, gebaut habe. Nach Ath., deipn., 5, 203 d, hatte Ptolemaios II. Philadelphos (285–246) für den Bau dieser bis dahin größten Schiffe überhaupt gesorgt. ▭ RE XXIV, 1963 (s.v. P. 2); vgl. RE VI. A. 2, 1937, 2378 (s.v. Triakontere); Prosopographia Ptolemaica VI, 1968, Nr 15269. – *H. von Hesberg*, JdI 96:1981, 112, Anm. 268; *F. Maier/V. Karageorghis*, Paphos. Hist. and archaeology, Nikosia 1984, 242, Abb. 221; *W. Völcker-Janssen*, Kunst und Ges. an den Höfen Alexanders d. Gr. und seiner Nachf., M. 1993, 175 s. mit Anm. 193, 200; *M.-C. Hellmann*, ZPE 104:1994, 159, Nr 24; *M. Donderer*, Architekten, 1996, 18 mit Anm. 24, 65 und Taf. 66,1. E. Wirbelauer

Pyrgoteles (III), griech. Architekt, um 99 v. Chr. in Lindos tätig. Nur bek. durch seine Namensnennung auf einer Inschr. auf einer Marmorstele im Athena Lindia Heiligtum von Lindos, nach der P. auf Beschluß der Lindier die Kosten für diese Stele anweisen soll (Syll³, II, 725). ▭ ThB27, 1933. RE XXIV, 1963 (s.v. P. 1); EAA VI, 1965 (s.v. P. 2). – *E. Dyggve*, Lindos, III, B./Kph. 1960, 130.
R. V.

Pyrhos (Πύρος), Sohn des Agasileos, euböischer Töpfer, in der 1. H. des 7. Jh. v. Chr. tätig. Nur bek. durch seine Sign. auf einem *Spitzaryballos* (Boston, MFA, Inv. Nr 98. 900), der einen lokalen Stil aufweist, der protokorinth. Gefäße imitiert. Nach Wachter (2001, 172) verweist die Inschr. wohl auf eine euböische Kolonie im Westen. ▭ ThB27, 1933. EAA VI, 1965. – *F. B. Tarbell/ C. D. Buck*, RA 1902, 41–46 mit Abb.; *K. Friis Johansen*, Les vases sicyoniens, Kph. 1923, 171, Abb. 113; *A. Fairbanks*, Cat. of Greek and Etruscan vases, I, early vases, preceding Athenian blackfigured ware, MFA, Boston, C., Mass. 1928, 147 s., Nr 393, Taf. 41; *M. Burzachechi*, ArchClass 13:1961, 113–118; *Jeffery*, LSAG, 1961, 83 s., 88, Nr 22, Taf. 6; *Lorber*, Inschriften, 1979, 13, Nr 10; *R. Wachter*, Non-Attic Greek vase inscr., Ox. 2001, 171 s., Nr EUC 3. R. V.

Pyrilampos (I) (Πυρίλαμπος; Πυρίλαμπες; Πυρίλαμπης), aus Messene, griech. Bildhauer, um die M. des 4. Jh. v. Chr. für Olympia tätig. Von P. sind drei im Zeusheiligtum von Olympia aufgestellte *Bronzestatuen siegreicher Athleten* bekannt: – 1.) *Pyrilampes aus Ephesos*, der wohl 356 v. Chr. (Olympiade 106) im Langlauf (Dolichos) siegte (Paus., 6, 3, 13; Overbeck, SQ, 1868, Nr 1565); – 2.) *Xenon, Sohn des Kalliteles*, von Lepreon/Triphylien. Er siegte wohl 360 v. Chr. (Olympiade 105) im Stadionlauf der Knaben (Paus., 6, 15, 1; Overbeck, SQ, 1868, Nr 1566); – 3.) *Asamon, Sohn des Hipparchos*, aus Elis, der wohl 340 v. Chr. (Olympiade 110) in Olympia im Faustkampf siegte (Paus., 6, 16, 5; Overbeck, SQ, 1868, Nr 1567). Die Statuenbasis ist in dem seit den 70er Jahren des 20. Jh. ausgegrabenen Spolienhaus im unteren Teil einer Außenmauer gefunden worden und befindet sich noch *in situ*. – Die Schaffenszeit des P. in Olympia liegt um die M. des 4. Jh. v. Chr. – In Olympia gibt es eine Statuenbasis, die ebenfalls die Künstler-Sign. eines Messeniers P. (*Pyrilampos [II]*) trägt. Dittenberger/Purgold (1896) datieren allerdings die Inschr. den Buchstabenformen nach in das 2. Jh. v. Christus. Z. Z. ist offen, ob es sich um denselben Bildhauer handeln könnte. Der zeitl. Abstand läßt eher an zwei durch Namen und Heimatstadt verbundene Künstler aus unterschiedl. Zeiten denken. ▭ ThB27, 1933 (s.v. Pyrilampes). RE XXIV, 1963 (s.v. P. 2); EAA VI, 1965 (s.v. P.); DNP X, 2001 (s.v. P.). – *L. Moretti*, Olympionikai, R. 1957 (MemAccLinc, Ser. 8, Bd. VIII. 2, 1959), Nrn 431, 452. – *Zur Datierung*: *L. Moretti*, Nuovo supplemento del catalogo degli Olympionikai, R. 1987 (Miscellanea Greca e Romana, XII. Studi pubbl. dall'Ist. Ital. per la storia antica, fasc. XXXIX), 70 ss.; *H.-V. Herrmann*, Nikephoros 1:1988, 154, Nr 37; p. 170, Nr 150, p. 172, Nr 166. – *Zum Neufund der Asamon-Basis*: *G. Touchais*, BCH 107:1983, 767 s., Abb. 43; *W. Dittenberger/K. Purgold*, Die Inschr. von Olympia. Olympia, V, B. 1896, Nr 400; *S. Lehmann*, Die Siegerbasen von Olympia, OlympForsch, XXXII (in Vorbereitung).
St. Lehmann

Pyrilampos (II) cf. **Pyrilampos (I)**

Pyromachos → **Phyromachos (II)**

Pyromacus → **Phyromachos (II)**

Pyr[rhias?] → **Pyrrhos (II)**

Pyrrhos v.e. **Pyrhos**

Pyrrhos (I) (Πύρρος), griech. Architekt, wahrsch. 2. H. 6. Jh. v. Chr. Erb. zus. mit seinen Söhnen *Lakrates* und *Hermon (II)* in der Altis von Olympia das *Schatzhaus der Epidamnier* (Paus., 6, 19, 8). Obwohl es sich aus dem Text des Pausanias nicht sicher ableiten läßt, sind die drei Genannten aus versch. Gründen nicht als Stifter, sondern eher als Architekten des Gebäudes anzusehen. Offenbar nahmen sie – wie die Architekten des Schatzhauses der Syrakusaner in Olympia (→ Pothaios) – Entwurf und Bau-Ausf. in eigene Regie. Die Zuweisung des Epidamnier-Schatzhauses an eines der Fundamente auf der Schatzhaus-Terrasse ist noch nicht endgültig geklärt. Nachdem man früher die Fundamente V und dann IV dafür herangezogen hatte, wies ihm A. Mallwitz (1961) das Fundament III zu. Für die Dat. stehen nur die Angaben des Pausanias zur Verfügung: In dem Thesauros soll als Weihgeschenk eine von dem spartan. Holzbildhauer → Theokles und seinem Vater → Hegylos (2. H. 6. Jh. v. Chr.) geschnitzte Figurengruppe mit dem Hesperiden-Abenteuer des Herakles gestanden haben (Paus., 5, 17, 2; 6, 19,8). ▭ ThB16, 1923 (s.v. Hermon); ThB22, 1928, (s.v. Lakrates); ThB27, 1933 (s.v. P.). RE VIII. 1, 1912 (s.v. Hermon); RE XI. 1, 1924 (s.v. Lakrates); RE XXIV,

1963 (s.v. P. 17); EAA IV, 1961 (s.v. Hermon 1 und Lakrates); EAA VI, 1965 (s.v. P. 2). – *Brunn*, GGK, II, 1889, 242, 326, 360; *Müller*, Architekten, 1989, 191; *Svenson-Evers*, Architekten, 1996, 363 s., 369 ss. (mit Lit.). – *Zum Bau*: *A. Mallwitz*, in: OlympBer, VII, 1961, 29 ss. W. Müller

Pyr[rhos?] (II) oder **Pyr[rhias?]**, griech. Töpfer, Vasenmaler oder schöner Jüngling (καλός) von um 540 v. Chr. in Athen. Nur die ersten Buchstaben seines Namens ΠΥΡ[...] sind durch ein im 2. Weltkrieg verlorengegangenes Fragm. einer Randschale überliefert. And. Fragm. dieses Gefäßes werden noch in München (Staatl. Antiken-Slg, Inv. Nr 9421; CVA, München 10, Taf. 24) aufbewahrt. Die zu ΠΥΡ[ΡΟΣ] oder ΠΥΡ[ΡΙΑΣ] zu ergänzenden Buchstaben können den Namen eines Töpfers, Vasenmalers oder schönen Jünglings wiedergeben (ABV, 1956, 673). Die Fragm. der and. Schalenseite tragen die Inschr. ΑΝΔΡΙΑΣΚΑΛΙΣΤΟΣ (ABV, 1956, 664, Nr 1, s.v. Andrias). Den Namen Andrias finden wir auf einem Randschalen-Fragm. im Vatikan (Mus. Gregoriano Etrusco, Inv. Nr 35308 [ehem. Neapel, Slg Astarita]; E. Gàbrici, MonAnt 22:1913, 485, 494, Abb. 186 b; M. Iozzo, La Coll. Astarita nel Mus. Gregoriano Etrusco, II. 1. Ceramica attica a figure nere, Vatikan 2002, 146 s., Nr 196). Hinter beiden Namens-Inschr. vermutete Beazley die gleiche Handschrift (ABV, 1956, 664, Nr 2, s.v. Andrias). Die Münchner Schale mit der Darst. einer einfachen Sirene auf der Lippe kann um 540 v. Chr. dat. werden. ▭ EAA VI, 1965 (s.v. Pyrhos). – *J. D. Beazley*, AJA 45:1941, 594, Abb. 2, pp. 596 ss.; ABV, 1956, 664, s.v. Andrias 1, p. 673, s.v. Pyrrhos? (oder Pyrrhias?); CVA, München 10, 42, Taf. 24. P. Heesen

Pyrrhos (III), griech. Bronzebildhauer, aus Athen, in der 2. H. des 5. Jh. v. Chr. in Athen tätig. Das einzige Zeugnis der Tätigkeit des P. ist eine runde Basis (hinteres Drittel abgeschnitten) aus pentelischem Marmor von der Athener Akropolis. Sie steht in der Nähe eines Altars außen vor der s. Ecksäule der O-Fassade der Propyläen. Lt. Inschr. trug sie eine von P. geschaffene *Statue*, die von den Athenern der (in Athen spätestens seit dem 6. Jh. v. Chr. verehrten) Athena Hygieia gew. worden war. Nach den Einlassungsspuren zu urteilen setzte die wohl etwas überlebensgroße bronzene Statue das rechte Standbein mit dem Fuß voll auf, der seitl. zurückgesetzte und nach außen gedrehte linke Fuß berührte wohl nur mit dem Ballen den Boden, so daß die Figur in einem 'polykletischen' Schrittmuster stand (auch die Form der Basis erinnert an polykletische Basen: vgl. Arnold, 1969; Jakob-Felsch, 1969). Eine weitere kleine, runde Ausarbeitung in der Basis, die wohl antik ist, diente wohl zur Befestigung eines Speeres(?), den die Figur einst in der linken Hand hielt. Aus ihrer Ähnlichkeit mit der Basis der Weihung des Kallias, Sohn des Didymaios, die vom athen. Bildhauer → Mikon (I) geschaffen sein mag, schloß Raubitschek (1949) auf eine gemeinsame Werkstatt. – Es ist wahrsch., daß die Statue die *Athena Hygieia* selbst darstellte und mit der von Pausanias (1, 23, 4) erw. Darst. einer Athena Hygieia auf der Akropolis ident. ist. Auch Plinius (nat., 34, 80) führt eine Athena Hygieia als ein Werk des P. auf (unklare Formulierung: „Hygia [et] Minerva"). Plutarch (Per., 13, 12) berichtet, daß es sich um eine Weihung des Perikles handelt, dem Athena Hygieia im Traum erschien und verriet, wie er einen bei den Bauarbeiten zu den Propylaia verletzten Sklaven heilen könne. Diese Anekdote (in leicht veränderter Form auch bei Plin., nat., 22, 44), steht im Widerspruch zu der in der Weih-Inschr. überlieferten Information, die Athener hätten die Statue geweiht. Es kann nicht ausgeschlossen werden, daß Perikles den urspr. Auftrag für eine Statue gab, welche erst nach seinem Tod (429 v. Chr.) im Namen des athen. Volkes gew. wurde; doch scheint es eher wahrsch., daß es sich bei der Periklesepisode um eine spätere Legende handelt und daß es sich bei der Statue um ein vom Volk nach dem E. der Pest (430/429 v. Chr.) errichtetes Dankvotiv handelt. Die Art der Weih-Inschr. legt auf jeden Fall eine Dat. um 430–420 v. Chr. nahe. Auch der Aufstellungsort (wohl der urspr.) läßt vermuten, daß die Statue erst nach dem Bau der Propyläen entstanden ist. – Es wurde öfters versucht, die Statue mit einer der uns bek. Athenatypen in Verbindung zu bringen. In Analogie zu einer der epidaurischen Athena Hygieia gew. röm. Athenastatuette wurde die Statue als bewegt laufend und bewaffnet rekonstr., was jedoch allein schon deswegen abzulehnen ist, weil der Typ wohl kaum vor dem späten 4. Jh. v. Chr. existierte (vgl. Petersen, 1886; Levi, 1971). Des weiteren wurden eine weniger bewegte Neuinterpretion des Promachos Typs (Robertson, 1996, basierend auf der – gleichermaßen rein hypothetischen – Annahme eines archaischen Athena Hygieia Kultbildes im archaischen Promachos Typus) sowie das Urbild der Athena Louvre-Cherchel (Picard, 1935 – die Schlange als Verbindung mit Asklepios) vorgeschlagen. Auch versch. Darst. der Göttin mit rechtem Standbein und Speer in der linken Hand, wie z.B. die Typen der „Athena Ince" (Beschi, 1988 – attischer Typ, auf Votivreliefs auch mit Asklepios dargestellt) sowie der Athena Lemnia (Michaelis, 1876 – dagegen z.B. Wolters, 1891) oder (Farnese-)Hope (Studniczka, 1899; Corso, 2000 – dagegen z.B. Wolters, 1891; Preyß, 1912; Despinis, 1971) wurden in diesem Zusammenhang genannt. Da keiner dieser Vorschläge jedoch bisher durch substantielle Argumente (wie z.B. eine klare Übereinstimmung der Fußstellung mit der Fußbettung der Basis) gestützt werden konnte, muß die Frage der Aussehens der Athena Hygieia des P. bis auf weiteres als ungeklärt gelten. ▭ ThB27, 1933. RE XXIV, 1963 (s.v. P. 18); EAA VI, 1965; DNP X, 2001. – *Overbeck*, SQ, 1868, 904–906; *A. Michaelis*, AM 1:1876, 284–294; *R. Bohn*, AM 5:1880, 331–334; *Loewy*, IGB, 1885, 44–47, Nrn 53 s.; *E. Petersen*, AM 11:1886, 309–321; *Brunn*, GGK, I, 1889, 264 s.; *P. Wolters*, AM 16:1891, 153–165; *F. Studniczka*, AA 14:1899, 134 s.; *id.*, Kalamis. Abh. d. phil.-hist. Kl. d. Kgl.-Sächs. Ges. d. Wiss. Leipzig, 25. 4:1907, 56 s.; *A. Preyß*, JdI 27:1912, 122 s.; *Picard*, Manuel, II, 1939, 547–551; *Raubitschek*, Dedications, 1949, 185–188, Nr 166, p. 523; *Lippold*, GrPl, 1950, 189; *M. Jacob-Felsch*, Die Entwicklung griech. Statuenbasen und die Aufstellung der Statuen, Waldsassen 1969, 50 s.; *P. Levi*, Pausanias, Guide to Greece, I, Lo. 1971, 65 s., Anm. 134; *G. Despinis*, Symboli sti meleti tu ergu tu Agorakritu, At. 1971, 153; *L. Beschi*, in: 12th internat. congr. of Classical Archaeology, IV, At. 1988, 446, mit Anm. 30; *B. S. Ridgway*, in: *J. Neils* (Ed.), Goddess and polis (K Hanover, New Hampshire, u.a.), Hanover, New Hampshire 1992, 137.; *N. Robertson*, in: *J. Neils* (Ed.), Worshipping Athena, Madison 1996, 47 s.; *A. Corso*, in: *D. Schilardi/M. Korres* (Ed.), Paria lithos: latomeia, marmaro kai ergasteria glytikes tes Paru, praktika 1 Diethnus Synedriu Archaiologias Paru kai Kykladon Paroikia, Paros 2–5 Oktobriu 1997: Paria lithos: Parian quarries, marble and workshops of sculpt., Proc. of the First Internat. Conference on the archaeology of Paros and Cyclades, 2–5 october 1997, At. 2000, 232 s., Anm. 38. A. Villing

Pyrrhos (IV), aus Theben, griech. Bildhauer, um die M. des 2. Jh. v. Chr. in Delphi tätig. Nur bek. durch seine Sign. auf einer Kalksteinbasis aus Delphi (ö. des Altars von Chios und des Monuments der Tarentiner; heute in Athen, Epigraph. Mus., Inv. Nr 2092) für ein Ehrendekret der böot. Liga. H. Pomtow (Klio 15:1918, 54, Nrn 75 s.) las in der fragm. Inschr. hingegen den Künstlernamen [Κρ]άτερος (→ Krateros [II]), was jedoch nach erneuter Autopsie von Marcadé unmöglich erscheint. Dieser fand nur die Buchstaben [...]ρος vor und ergänzte sie plausibel zu [Πύ]ρρος. ▭ EAA VI, 1965 (s.v. P. 4). – *Marcadé*, Signatures, I, 1953, 90, Taf. 16, 2. R. V.

Pyrrhus → Perellos

Pythagoras (I) (Πυθαγόρας), griech. Bronzebildhauer, aus Samos, dann in Rhegion; tätig im 5. Jh. v. Chr. *Akme* nach Plinius (nat., 34, 49) Olympiade 90: 420 v. Chr. Nach Pausanias (6, 4, 4) stammt P. aus Rhegion und war Schüler des → Klearchos aus Rhegion, welcher Schüler des → Eucheiros (I) aus Korinth war, der seinerseits in der Schule der Spartaner → Syagras und → Chartas gelernt hatte. Nach Plinius (nat., 34, 60) war der Neffe → Sostratos (II) Schüler des P. von Rhegion. – *P. von Samos*: Bei Plinius (nat., 34, 60) *initio pictor*, dann Bronzebildner. Bei Diog. Laert., 8, 46 angeführt. Da kein Denkmal identifiziert ist, bleibt offen, ob es sich um eine Person handelt, die – aus Samos stammend – aus polit. Gründen in Rhegion ansässig wurde, wie in der Forsch. meist angenommen. Kein Werk ist erhalten. Einziges direktes Zeugnis ist in Olympia die sign. Basis der *Siegerstatue des Euthymos* nach dessen 3. Sieg 472 v. Chr. (W. Dittenberger/K. Purgold, Die Inschr. von Olympia. Olympia, V, 1896, Nr 144). Die dort beschriebenen Einlaßspuren für eine quadrat. Platte mit Seitenlänge von 40 cm lassen nicht erkennen, aus welchem Mat. das Standbild bestand (Loewy, IGB, 1885, Nr 23). Auf einer fragmentierten und wiederverwendeten Basis in Olympia (Dittenberger-Purgold, op. cit., Nr 145) ist nur ein unvollst. Name: ΘΑΓΟΡ erh., der nicht zu P. erg. werden muß. – Die Kunsturteile bei Diog. Laert., 8, 46 s. und Plinius, nat., 34, 59 betreffen die Oberflächengestaltung des Körpers wie Sehnen und Adern und das Haar *diligentius*, die nicht zur Identifizierung eines Werkes geführt haben. – Trotz zahlr. stilist. Unters. ist bisher kein Werk in Kopien erkennbar und keines in Nachklängen zu sichern. Die Diskrepanz von den zahlr. schr. überlieferten Werken des P. zu deren Identifizierung unter den Kopien bleiben bisher im Bereich der Spekulation. – Möglicherweise spiegelt dieser negative Befund eine Realität. Wenn antike Abgüsse, als Voraussetzung für Kopien, nicht überall und viell. nur in Athen gefertigt werden konnten, wie die Funde in Baiae (C. Landwehr, Die antiken Gipsabgüsse aus Baiae, B. 1985) wahrsch. machen, sind keine röm. Kopien nach Werken des P. zu erwarten, für den keine Arbeiten in Athen überliefert werden. Die Liste der in Schriftquellen angeführten Werke umfaßt 19 Arbeiten: – *A.) Sechs Siegerstatuen in Olympia*: *I. datierte*: – 1.) *Läufer Astylos* von Kroton, Siege 488, 484 und 480 v. Chr. (Paus., 6, 13, 1; Plin., nat., 34, 59); – 2.) *Faustkämpfer Eythymos* von Lokroi/Epizephir, Siege 484, 476 und 472

v. Chr. (Paus., 6, 6, 4–6); – 3.) *Hoplitenläufer Mnaseas* von Kyrene, Sieg 456 v. Chr. (Paus., 7, 3, 7); – 4.) *Ringer Leontiskos* aus Messene/Sizilien, Siege 456 und 452 v. Chr. (Paus., 6, 7, 10). – *II. Undatierte*: – 5.) *Knaben-Faustkämpfer Protolaos* aus Mantinea (Paus., 6, 6, 1); – 6.) *Läufer Dromeus* aus Stymphalos/Arkadien, zweimaliger Sieger (Paus., 6, 7, 10). – *B.) Eine Siegerstatue in Delphi*: – 7.) *Pankratiast* (Plin., nat., 34, 59) besser, d.h. damit implizit späteres Werk als die *Statue für Leontiskos*. – *C.) Ein Siegeranathem in Kyrene*: – 8.) *Viergespann für Kratisthenes*, Sohn des Mnaseas mit Sieger und Nike (Paus., 6, 18, 1). – *D.) Vier mythologische Darstellungen*: – 9.) *Eteokles und Polyneikes* (Tat., orat., 54); – 10.) *Perseus* (Dion. Chr., 37, 10); – 11.) *Europa auf dem Stier* (Varro, ling., 5, 31; Cic., Verr., 4, 60, 135; Tat., orat., 53; I. Romeo/E. Chiara Portale, Gortina, III. Le Scult., R. 1998, 143, Nr 34, Taf. 13. [„römisch"]); – 12.) In Rom beim Fortunatempel Huiusque Die: *Sieben nackte und ein Greis, signa* (Standbilder oder Gemälde?). Dazu kommen sieben weitere Werke, die Plinius (nat., 34, 59) anführt: – 13.) In Olympia eine *Siegerstatue des Wettläufers Astylos*; – 14.) ein *Libyer*; – 15.) ein *Knabe*, der eine Tafel hält; – 16.) ein *Nackter*, Äpfel tragend; – 17.) In Syrakus ein *Hinkender* mit Geschwür; – 18.) ein *Apollo* mit Sagittis zu durchbohrender Schlange; – 19.) in Theben ein *Kitharoede*. ▭ ThB27, 1933. EAA VI, 1965 (s.v. P.); LAW, 1965 (s.v. P. 2); KlP IV, 1972 (s.v. P. 8); DA XXV, 1996; DNP X, 2001 (s.v. P. 4). – *Overbeck*, SQ, 1868, Nrn 333, 489–507, 1040; *H. Lechat*, P. de Rhégion, Lyon/ P. 1905; *L. Moretti*, Olimpionikai, R. 1957 (MemAccLinc, ser. 8, Bd. VIII. 2, 1959); *A. De Franciscis*, Klearchos 2:1960, 5–10; *E. Langlotz*, Der triumphierende Perseus, Köln 1960; *C. Hoffkes-Brukker*, BABesch 39:1964, 107–114; *J. J. Pollit*, The art of Greece, New Jersey 1965, 56–59, 65; *A. Linfert*, AA, 1966, 495 s.; *S. Lagona*, Pitagora di Reggio, CroAStorArt 6:1967, 7–77; *L. Moretti*, Klio 52:1970, 295 ss.; *id.*, Miscellanea Greca e Romana, XII (Stud. pubbl. dall'Ist. Ital. per la storia antica, fasc. XXXIX), 1987, 67 ss.; *H. V. Herrmann*, Nikephoros 1:1988, 151 ss. (Liste nach Paus., 6, 1–18); *C. Vatin*, Boreas 14/15:1991/92, 33 ss., 40 s., 42 (Wagenlenker-Inschr. neu gelesen: P. von Rhegion). M. Weber

Pythagoras (II), aus Paros, griech. Maler unbestimmter Zeit. Lt. Pausanias (9, 35, 7) befand sich von ihm ein *Gemälde der bekleideten Chariten* in Pergamon. ▭ ThB27, 1933. RE XXI. 2, 1952 (s.v. P. 13); EAA VI, 1965. – *Brunn*, GGK, I, 1889, 116; *M. Fraenkel*, JdI 6:1891, 54. R. V.

Pytheas (I) (Πυθέας), aus Bura in Achaia, griech. Maler, wahrsch. im 3. Jh. v. Chr. in Pergamon tätig. Lt. Stephanos von Byzanz (s.v. Βοῦρα; Overbeck, SQ, 1868, Nr 2109) schuf er eine Wandmalerei, die einen Elefanten wiedergab und in Pergamon aufgestellt worden ist. ▭ ThB27, 1933. RE XXIV, 1963 (s.v. P. 12); EAA VI, 1965 (s.v. P. 1). – *Brunn*, GGK, II, 1889, 197; *Pfuhl*, MuZ, II, 1923, 614, Paragraph 663, pp. 815 s., Paragraph 891. R. V.

Pytheas (II), von Argos, griech. Bildhauer, am E. des 2. Jh. und/oder in der 1. H. des 1. Jh. v. Chr. tätig. Nur bek. durch seine Sign. auf einer Marmorbasis vom Heiligtum der Athena in Troja für eine Statue des Redners → Metrodoros (I) von Skepsis, Sohn des Themistagoras, der wahrsch. ident. mit dem Redner und Philosophen am Hofe des Mithradates VII Eupator (120–63 v. Chr.) ist. ▭ RE XXIV, 1963 (s.v. P. 11); EAA VI, 1965 (s.v. P. 2). – *H. Schliemann*, Trojan. Alterthümer, L. 1874, 264 s.; *id.*, Ilios, Lo. 1880, 707 s.; *Loewy*, IGB, 1885, 189, Nr 264; *W. Dörpfeld*, Troja und Ilion, II, Ath. 1902, 469, Nr 50; *Lippold*, GrPl, 1950, 365, Anm. 4; *P. Frisch*, Die Inschr. von Ilion, Bonn 1975, Nr 61; *Muller-Dufeu*, SculptureSource, 2002, 808 s., Nr 2408. R. V.

Pytheas (III) (Pythias), griech. Toreut und Silberschmied, vermutl. im 1. Jh. v. Chr. tätig. Überliefert durch eine Textstelle bei Plinius (nat., 33, 156 s.; Overbeck, SQ, 1868, Nr 2167), der berichtet, daß P. 10000 Denare für eine Silberarbeit von zwei Unzen, ein *Emblema mit der Darst. des Palladionraubes durch Odysseus und Diomedes*, erh. haben soll. P. zeichnete außerdem für eine Reihe von (vermutl.) *Genrebildern für Trinkgefäße* verantwortlich (Plin., nat., 33, 157: *fecit idem et cocos magiriscia apellatos parvolis potoriis, e quibus ne exemplaria quidem liceret exprimere, tam opportuna iniuriae subtilitas erat*). ▭ ThB27, 1933. RE XXIV, 1963 (s.v. P. 13); EAA VI, 1965. – *Brunn*, GGK, II, 1889, 278. M. Seifert

Pytheos (Πύθεος; Pytheus; Pythis), * ca. 390 v. Chr., † im letzten V. des 4. Jh. v. Chr., einer der bedeutendsten und vielseitigsten griech. Architekten, der auch Bildhauer war, M. 4. Jh. v. Chr. im w. Kleinasien, in Halikarnassos, in Priene und vermutl. in Labraunda tätig. Sein Hw., das *Mausoleum von Halikarnassos*, wird schon bald nach 300 v. Chr. in den ersten Listen der sieben Weltwunder aufgeführt. In diesem Zusammenhang folgen zahlr. Erwähnungen. Sehr ausführl. Diskussion aller Quellen, darunter → Vitruvius, Strabon und Plinius d. Ä., bei H. Riemann, RE XXIV,

1963, 371–513 (s.v. P.). Das zweite Hw. von P. ist der *Athena-Tempel in Priene* in ionischer Ordnung, in der Neuzeit berühmt geworden durch die lobende Nennung bei Vitruv (7, praef. 12; 1, 1, 12). P. hat die in der pythagoräischen Phil. wurzelnde Lehre von den Proportionen und von den Beziehungen der Teile eines Werkes untereinander zu einer Ordnungslehre der ionischen Archit. ausgebaut. Die dorische Ordnung lehnte er für Tempelbauten ab (Vitr., 4, 3, 1). P. hat den Architekten in hoher Selbsteinschätzung als Verwirklicher gesellschaftl. Belange angesehen (Vitr., 1, 1, 4). – *Leben und Wirken*: Maussollos, der Kleinkönig von Karien, starb 352 v. Chr., als sein Grabmal, das später als *Mausoleum von Halikarnassos* in die Gesch. der antiken Archit. eingehen sollte, noch unfertig war. Nach Größe und Qualität des Baus muß dieses vor 360 v. Chr. beg. worden sein. Da der Entwurf einen Meister auf der Höhe seines Könnens bezeugt, kann P. kaum später als um 390 v. Chr. zur Welt gekommen sein. Es ist mit Sicherheit anzunehmen, daß er sich vor dem Entwurf des Mausoleums mit and. Werken bewährt hatte. – P. muß das Nereiden-Mon. in Xanthos gekannt haben, das nach stilist. Aussage des reichen Skulpt.-Schmucks A. des 4. Jh. v. Chr. gebaut wurde. Die Gemeinsamkeiten als Grabtempel in Form eines Peripteros auf hohem Sockel sind unübersehbar (Weickert, ThB27, 1933, 484). Die turmartige Gestalt beider Mon. ist lykische Trad., und allg. ionisch-kleinasiatisch der reiche Friesschmuck und ein Gebälk ohne Fries. Das Nereiden-Mon. zeigt aber im Gegensatz zum *Mausoleum von Halikarnassos* auch attische Details wie vom Erechtheion beeinflußte Kapitelle. Ort und Zeit der Ausb. des P. können nicht bestimmt werden. – Maussollos verlegte seine Hauptstadt von Mylasa nach Halikarnassos (Diod., 15, 90, 3) bald nach dem Reg.-Antritt um 377 v. Chr. Dort wird P. viele Jahre tätig gewesen sein. Frühzeitig hat Maussollos vermutl. das Heiligtum in Labraunda ausgebaut, um sich das Wohlwollen von Zeus zu sichern (zuletzt Hellström, 1996, 134). Der dortige *Zeus-Tempel* trägt die Hs. von P., der demnach gleichzeitig in Halikarnassos und Labraunda arbeitete. – Die Gründung des neuen Priene erfolgte M. des 4. Jh. v. Chr., eindeutig vor dem Besuch Alexanders d. Großen. P. muß dort viele Jahre gearbeitet haben. Späteres Wirken ist nicht bekannt. – *Werke*: Das *Mausoleum von Halikarnassos*, das für die Römer Namensgeber für den Typus großer, gebauter Grabmäler wurde, ist nach Vitruv (7, praef. 12) ein gemeinsames Werk von P. und → Satyros (I), die darüber ein Buch herausgegeben haben. Sie sind bei Vitruv im Zusammenhang mit and. berühmten Architekten gen., die über ihre Werke geschrieben haben. Die Arbeit des → Satyros (I), der kaum mit einem Bronzebildner gleichen Namens aus Paros ident. ist (für und wider bei Svenson-Evers, 1996, 127–131), kann nicht als eig. Anteil definiert werden (vergebl. Versuch auf stilist. Grundlage von Drerup, 1954, 1 ss.). – Nach den sehr erfolgreichen Ausgrabungen und Unters. von C. Newton mit mon., dem Gegenstand angemessener Publ. (1862) folgen v.a. theoret. Rekonstr. (alle bei Riemann, op. cit., 383–422), von denen die von F. Krischen (1923) viele Jahrzehnte als wegweisend galt. Erst die neuen Arbeiten am Ort (heute Bodrum) unter Ltg von K. Jeppesen brachten weitere Bauglieder ans Licht und zwangen zu neuen, von ihm selbst mehrfach rev. Überlegungen. Um die Ser. von Bildwerken unterschiedl. Größe am Bau unterzubringen, machte B. Waywell (1978) den Vorschlag, einen gestaffelten Sockel mit Vorsprüngen für die Aufstellung von Statuen anzunehmen. Jeppesen übernahm diesen Vorschlag. Solche gestaffelten und mit Statuen geschmückte Sockel sind jedoch nirgends als Nachwirkung feststellbar. Zudem widersprechen sie der Struktur dieses Bauteils, das gerade durch seine Masse und Geschlossenheit wirken sollte. – Nach Plinius (nat., 36, 30) beträgt die Gesamthöhe 140 Fuß (ca. 42 m). Die rechteckige Baugrube am Ort läßt sich ausgezeichnet mit der Angabe von Plinius, der Umfang des Mon. betrage 440 Fuß, kombinieren. Das Mausoleum war im Sinn eines Hekatompedos 100 Fuß breit. Der genaue Wert beträgt 99 1/2 Fuß. Die komprimierte und nicht leicht verständl. Beschr. bei Plinius bezieht sich v.a. auf das Pteron (eigens mit *circumitum* erläutert), weil dort die berühmten Bildhauer gearbeitet haben, deren Werke das Weltwunder ausmachten. Es handelt sich um eine Skulpt.-Galerie in den Säulenhallen der Lang- und Schmalseiten. Plinius sagt, daß das Mon. von 36 (äußeren) Säulen umgeben sei. And. Maße beziehen sich auf die Cella, an deren Wänden Statuen aufgestellt waren. Sie seien 25 Ellen (37 1/2 Fuß) hoch und 63 Fuß lang. Dieser Wert kann kein Schreibfehler sein, da die Zahl als Wort ausgeschrieben ist. Schon W. B. Dinsmoor (1908, 141 ss.) hat gesehen, daß sechs Joche zu 10 1/2 Fuß diesem Wert von 63 Fuß entsprechen. Das Joch von 10 1/2 Fuß hatte nach Detailmaßen (Eierstäbe, Zahnschnitt, Löwenköpfe) auch F. Krischen (1956, 79–84) für richtig gehalten. Es ist das Grundmaß für das Raster im Säulengeschoß. Außen an den Langseiten hat das Mon. zehn Joche (elf Säulen). Wenn die Langseiten der Cella acht Joche betragen würde, würde der Bau ein normaler Peripteros sein. Da aber die Cella nur sechs

Joche lang ist, bleiben für die Tiefe an den Schmalseiten je zwei Joche. Deshalb muß der Bau ein Dipteros mit doppelter Säulenhalle gewesen sein (Hoepfner, 1996, 98 ss.; id., 2002 ss.). Das entspricht zwei Skulpt.-Reihen, die auf einem niedrigen Sockel im äußeren Pteron und weiter zurückliegend an der Wand der Cella auf einem höheren Sockel aus blauem Kalkstein (Jeppesen, 1998, 182 ss.) aufgestellt waren. Die größeren Statuen, zu denen der sog. Maussollos im BM in London gehört, standen an der Wand. Und weil sie weiter entfernt waren, erschienen sie für den Betrachter mit den etwas kleineren Statuen der vorderen Reihe gleich groß zu sein. Dargestellt waren die Verwandten und Vorfahren des Königs, der seinen Stammbaum vermutl. auf Dareios I. zurückführte. Das zweite große Thema des Skulpt.-Schmucks ist die Apotheose des Königs. Die etwas überlebensgroßen Köpfe von Apollon und Hermes (London, BM) legen nahe, daß am Dachrand auf der ö. Hauptseite die zwölf olympischen Götter dargestellt waren, in deren Kreis sich Maussollos und Artemisia aufnehmen ließen (Darst. im Modell bei Hoepfner, 2002, 417 ss. mit Abb. Das Mausoleum muß schon vor und v.a. nach seiner Fertigstellung um 350 v. Chr. eine große Wirkung auf Kunst und Baukunst in allen Bereichen Bereichen der griech. Kultur ausgeübt haben. Weitere am Mon. beteiligte Künstler waren → Leochares (I), der wenig später für die Makedonen arbeitete und → Skopas (II), der später in Epidauros und Ephesos tätig war. – P. Pedersen und K. Jeppesen haben die gewaltigen Ausmaße der Mausoleum-Terrasse erschlossen, auf der vermutl. bei Festspielen zu Ehren des Toten auch Wagenrennen stattfanden. Das hohe Prestige dieser Sportart zeigt sich im entsprechenden Relieffries, der wegen der gut erh. Farben nach Hoepfner in der Grabkammer seinen Platz hatte. – Vom Propylon aus war das Grabmal in Schrägansicht zu sehen. Es war als Skenographia (→ Vitruvius, 1, 2, 2) komponiert (Hoepfner, 1996, 111 s.). Das *Mausoleum* lag an der Hauptstraße genau im Zentrum der neuen Stadt, vermutl. neben der Agora (Hoepfner/Schwandner 1986, 188) und sollte das Heroon des Oikisten (Stadtgründers) darstellen. Stadtanlage und Mausoleum mit 200 m großer Terrasse sind vermutl. gemeinsam entworfen und nach der Stadtgründung ins Werk gesetzt worden. – Der von → Vitruvius (1, 1, 4) gelobte *Athena-Tempel in Priene*, ein ionischer Peripteros, wurde von Archäologen und Architekten der Londoner „Ges. der Dilettanti" in drei Expeditionen freigelegt und publiziert. Die 1896 bis 1898 von C. Humann, T. Wiegand und H. Schrader ausgef. Ausgrabungen galten der ganzen Stadt Priene und nur zum geringen Teil dem Tempel. 1965 richtete eine türk. Firma mehrere Säulen auf, ohne Zusammenhänge und Einzelheiten zu berücksichtigen. Dann begann O. Bauer (1969, 117 ss.) mit der Anfertigung eines genauen Steinplans. Er entdeckte ein Eckkapitell und schloß aus dem Fehlen von Marmorziegeln, daß der Tempel ein Dach aus Tonziegeln hatte. Fragm. weibl. Gewandstatuen wies er dem Altar zu. Er korrigierte A. von Gerkans (1924) Rekonstr. des Altars (falscher Aufbau und falsche Dat. im Pergamon-Mus. Berlin) und erkannte in Reliefplatten die Deckelsteine der Kassetten des Tempels. J. C. Carter (1983) publ. die Skulpt. von Tempel und Altar im BM in London und stellte eine Verwandtschaft der gen. Reliefplatten, auf denen u.a. eine Gigantomachie dargestellt ist, mit den entsprechenden Reliefs am Mausoleum fest (XIII. Internat. Kongr. für Klass. Archäologie Berlin 1988, B. 1990, 129–136). Er legte neue, überzeugende Rekonstr.-Vorschläge für den Altar vor. Dieser muß entgegen der Darst. bei von Gerkan (1924) als Zentrum der Kulthandlungen zus. mit dem Tempel entworfen und mit diesem im 4. Jh. v. Chr. beg. worden sein. – W. Koenigs setzte von 1977 bis 1982 die Arbeiten am *Athena-Tempel* fort und zeichnete alle Bauteile am Ort und in den Mus. von London (BM) und Berlin (Staatl. Mus., Antiken-Slg). Nivellements ergaben, daß der Bau eine geringe Kurvatur und die Säulen eine schwache Entasis besaßen (Koenigs, 1983, 134–176). Der Tempel war, wie schon früher vermutet, ein Hekatompedos, wenngleich die Cella nach Koenigs mit 29,554 m den Wert von 100 Fuß (1 Fuß entspricht 29,44 cm) um 6 Daktyloi (11 cm) überschreitet. Die Säulenhöhe betrug 10 untere Durchmesser oder 12,93 m, das Joch einheitl. 12 Fuß oder 3,533 m, wobei die quadrat. Plinthen unter den kleinasiatisch-ionischen Basen mit je 6 Fuß (ausgef. zuzügl. 8 mm, um die entsprechenden Fugen der Stylobatplatten zu überdecken) die Einheit eines Entwurfsrasters darstellen. Das ion. Hauptkyma über dem Architrav bestand nach Koenigs aus 21 Einheiten je Joch, der Zahnschnitt aus 14 Einheiten mit einem Verhältnis von 2:3 für Lücke und Zahn und das kleine Geisonkyma aus 24 Einheiten. – Nach den neuen Unters. kann die bei Vitruv überlieferte Urheberschaft von P. für *Mausoleum* und *Athena-Tempel* eindeutig bestätigt werden. Diesen Bauten ist wegen techn., formaler und struktureller Ähnlichkeit der *Zeus-Tempel in Labraunda* anzuschließen (Hellström/Thieme, 1982, 45–56). Die Bauten des P. sind Rasterbauten ionischer Ordnung mit sehr schlanken Säulen, niedrigem Gebälk ohne Fries und ungewöhnl. großen, dem Joch entsprechenden Kassettenfeldern, die wie falsche Gewölbe gebaut sind. Bei allen drei Bauten verhält sich der untere Durchmesser zur Gebälkhöhe wie 5:8 und die Säulenhöhe zur Gebälkhöhe wie 80:5 (Hoepfner, 1996, 111–114). – Daß P. ein Meister der Proportionierung und damit der Abstimmung von Bauteilen ist, zeigen bes. seine ionischen Kapitelle. Sie sind nach seiner neuen Grundformel 1:2:3 für Höhe, Tiefe und Breite der Volute gebaut (Hoepfner, 1996, 100 mit neuen Zahlen). – F. Hiller von Gaertringen (Inschr. von Priene, B. 1906, XI) hat überzeugend in P. auch den Stadtbaumeister von Priene gesehen, da die Stadtanlage ein „einheitliches Kunstwerk" darstellt, von dem der Tempel ein „organischer Bestandteil" ist. Diese Vermutung ist von G. Kleiner wiederholt worden (RE, Suppl. IX, 1962, 1193). Inzwischen ist das Gesamtkunstwerk Priene mit einem verästelten Proportionsgeflecht noch viel deutlicher geworden (Hoepfner/Schwandner, ^{2}1994, 310–312). So sind die Insulae nach dem Verhältnis 3:4 angelegt, unbestreitbar die Agora mit 2:3 (Hoepfner, 1999, 341–344) und der Tempel, gemessen an den Mittelpunkten der Ecksäulen, mit 1:2. Das entspricht nicht zufällig Oktave, Quinte und Quarte in der Musik und den Analogien der Tetraktys, dem Erkennungszeichen der Pythagoräer. Die Verknüpfung von Einzelteilen mit Übergeordnetem (Induktion) zeigt sich eindeutig an der Lage des Tempels. Seine s. Ecksäulen stehen genau an den Ecken einer Insula, die man sich rasterartig in der Flucht der übrigen Insulae an dieser Stelle denken kann. Eindeutig ist der Tempel mit 10 Jochen zu 12 Fuß auf die Insulabreite von 120 Fuß abgestimmt und umgekehrt. Vitruv war an Fragen des Städtebaus nicht interessiert. Er nennt nicht einmal → Hippodamos von Milet, den Vater des griech. Städtebaus, und so auch von P. nur Einzelbauwerke. Dennoch hat W. Koenigs mehrfach die Theorie von P. als Städtebauer zurückgewiesen, ebenso Svenson-Evers (1996, 124–125). – In einem Jh. der Wiss. und der Verwissenschaftlichung hat P. anknüpfend an alte kleinasiatisch-ionische Trad. (Dipteros, frieslose Gebälke, schlanke, relativ weit stehende Säulen, horizontal kannelierte Basen) der ionischen Ordnung zeitgemäße Regeln gegeben: klare Rasterung, knappe Formensprache, ein vom Stadtplan ausgehendes Netzwerk von Proportionen. So erklärt sich der bei → Vitruvius (1, 1, 12) für P. überlieferte Anspruch, daß ein Architekt in allen Zweigen der Kunst und Wiss. mehr leisten solle als die, die einzelne Gebiete durch ihren Fleiß und ihre Taten zu höchstem Glanz gebracht hätten. → Vitruvius hat die Schr. von P. wie die meisten mod. Interpreten mißverstanden, wie seine Kritik 1, 1, 13 beweist. P. hat zwar nach Plinius die *Quadriga* auf dem Mausoleum als Bildhauer „gemacht", aber er meint natürl. nicht, daß der Architekt fähig sein solle, *alle* Berufe wirkl. auszuüben. Die geforderte Vielseitigkeit des Architekten spielt zu allen Zeiten bei der Ausb. eine Rolle, da zum Entwerfen architekton. Hüllen in jedem Fall die Kenntnis der Inhalte und der Nutzungen nötig ist. Das gilt für den Städteplaner P. noch weitergehend, denn er mußte wie schon → Hippodamos von Milet ein hohes Theoriebewußtsein besitzen, um Ziele der Polis und der gesellschaftl. Entwicklung zu definieren. Das äußert sich bes. im Typenhaus der Stadt, ein Hofhaus auf schmalem Grundstück (Hoepfner/Schwandner, 1986, 169–187). – P. war schon zu Lebzeiten berühmt und einflußreich. Der Typus des aufwendigen Turmgrabes verbreitete sich ebenso schnell (Belevi bei Ephesos um 290 v. Chr.; Hoepfner, AA 1993, 111–123) wie sein ionisches Kapitell, das tausendfach bis in die Spätantike nachgeahmt wurde. Im 19. Jh. wurden die Bauten von P. nach den ersten Veröff. der Unters. am Ort als Vorbild gewürdigt. So hat sich K. F. Schinkel beim Entwurf des Alten Mus. in Berlin weitgehend an die Säulen des *Athena-Tempels* in Priene gehalten (Hoepfner, Bauwelt 72:1981, 338–346).

ThB27, 1933. RE XXIV, 1963 (mit älterer Lit.); EAA VI, 1965; LAW, 1965; KlP IV, 1972; DA XXV, 1996; DNP X, 2001. – *R. Chandler/N. Revett/W. Pars*, Ionian antiquities, I, Lo. 1769, Kapitel II, Taf. II, III; *C. T. Newton*, A hist. of discoveries at Halicarnassus, Cnidus and Branchidae, Lo. 1862; *T. Wiegand/H. Schrader*, Priene. Ergebnisse und Unters. in den Jahren 1895–1898, B. 1904; *W. B. Dinsmoor*, AJA 12:1908, 3–29, 141–171; *F. Krischen*, BJb 128:1923, 1–19; *A. von Gerkan*, BJb 129:1924, 15–35; *H. Drerup*, JdI 69:1954, 1–31; *F. Krischen*, Weltwunder der Baukunst in Babylonien und Jonien, Tb. 1956, 69–86, 96–103; *O. Bauer*, IstMitt 18:1968, 212–220; *id.*, BJb 169:1969, 117 ss.; *K. Jeppesen*, AJA 77:1973, 336 ss.; *id.*, AJA 79:1975, 67 ss.; *id.*, IstMitt 26:1976, 47 ss.; *G. B. Waywell*, The freestanding sculpt. of the mausoleum at Halicarnassos, Lo. 1978; *O. Bingöl*, Das ionische Normalkapitell in hellenist. und röm. Zeit in Kleinasien, Tb. 1980, 54–55; *F. Hojlund/K. Aaris-Sorensen*, The maussolleion at Halikarnassos, I. The sacrificial deposit, Aarhus 1981; *P. Hellström/T. Thieme*, Labraunda, I. 3. The temple of Zeus, Sth. 1982; *J. C. Carter*, The sculpt. of the sanctuary of the Athena Polias at Priene, Lo. 1983; *W. Koenigs*, IstMitt 33:1983, 134 ss.; *B. Wesenberg*, Beiträge zur Rekonstr. griech. Archit. nach lit. Quellen, B. 1983, 68–94; *J. C. Carter*, in: *N. Bonasca/A.*

di Vita (Ed.), Alessandria e il mondo ellenistico-romano. Stud. on onore di Achille Adriani, R. 1984, 748–764; *W. Hoepfner/E.-L. Schwandner*, Haus und Stadt im Klass. Griechenland, M. 1986, 141–186, 254–257; M. ²1994, 188–225, 310–312; *K. Jeppesen/A. Lutrell*, The maussolleion of Halikarnassos, II. The written sources, Aarhus 1986; *K. Jeppesen*, in: *T. Linders* (Ed.), Archit. and soc. in hecatomnid Caria, Proceedings of the Symposion Uppsala 1987, Uppsala 1989, 15–22; *J. C. Carter*, in: Akten des XIII. Internat. Kongr. für Klass. Archäologie Berlin 1988, B. 1990, 129–136; *P. Hellström*, RA 1991, 297–308; *P. Pedersen*, The maussolleion of Halikarnassos, III. The maussolleion terrace and accessory structures, Aarhus 1991; *K. Jeppesen*, JdI 107:1992, 59–102; *J. Isager* (Ed.), Hecatomnid Caria and the Ionian renaissance, Odense 1994 (Halicarnassian Studies, I); *P. Hellström*, Relig. and power in the ancient Greek world. Proceedings of the Uppsala symposium 1993, Acta Universitatis Upsaliensis, Uppsala 1996, 133–138; *W. Hoepfner*, AA 1996, 95–114; *Svenson-Evers*, Architekten, 1996, 116–151; *M. Margineanu*, BCH 121:1997, 216 227; *K. Jeppesen*, Proceedings of the Danish Inst. at Athens 2:1998, 161–229; *W. Hoepfner* (Ed.), Gesch. des Wohnens, I, St. 1999, 338–354; *id./A. Kose*, Bauordnung und Weltwunder, in: Die griech. Klassik. Idee oder Wirklichkeit (K Berlin, Staatl. Mus., Antiken-Slg), Mainz 2002, 399–432.

W. Hoepfner

Pytheus → Pytheos

Pythias → Pytheas (III)

Pythias, griech. Erzgießer, um 156/153 v. Chr. tätig. Lt. Plinius (nat., 34, 52; Overbeck, SQ, 1868, Nr 2206) zählte er zus. mit → Pythokles zu den Künstlern, die während der 156. Olympiade (156–153 v. Chr.) der Kunst zu neuen Wegen verhalfen. ▭ ThB27, 1933. RE XXIV, 1963 (s.v. P. 2); EAA VI, 1965. - *Brunn*, GGK, I, 1889, 535. R. V.

Pythis → Pytheos

Pythis (I) (Πῦθις), griech. Bildhauer, E. 6. Jh. v. Chr. tätig. P. ist durch zwei griech. Weih-Inschr. auf Statuenbasen von der Akropolis in Athen bek. (Raubitschek, Dedications, 1949, 15 s., Nr 10, pp. 98 s., Nr 90). Eine einfache, niedrige und rechteckige Basis trug eine jetzt verlorene *Bronzestatue* und eine aufwendige kannelierte Säulenbasis mit kelchförmigem Kapitell, mit einem Mäander auf dem Abakus und einem umgedrehten Anthemion bemalt, vermutl. das Fragm. einer marmornen *Athenastatue* (Athen, Akropolis-Mus., Inv. Nr 136). Das Helm-Fragm. (ebd., Inv. Nr 4345) ist wohl der Athena zugehörig. Auf der Säulenbasis ist neben der Sign. des P. eine Weih-Inschr. des Epiteles von and. Hand graviert, viell. ein Indikator, daß die Statue zwar in Athen gew., nicht unbedingt aber dort geschaffen worden ist. Der Name des P. deutet auf einen ionischen Ursprung des Künstlers, eine Zuweisung, die auch in der Wahl von Mat. der Basis und Skulpt. (Inselmarmor) sowie dem Stil der *Athenastatue* unterstützt wird. Epiteles erscheint auch als einer der Weihenden aus einer Gruppe von mindestens fünf, die die *Bronzestatue*, sign. von P., auf die Akropolis gew. haben. ▭ EAA VI, 1965. - IG³, 680 und 762; *E. Langlotz*, Die archaischen Marmorbildwerke der Akropolis. Die Koren, Ffm. 1939, Nr 271; *G. M. A. Richter*, Korai, Lo. 1968, 83, Nr 132, Abb. 429 s.; *Brouskari*, CatAcr, 1974, 38 s., 54, 97, 102; *H. G. Niemeyer*, Promachos, Waldsassen 1960, 66 s., 69. C. Wagner

Pythis (II), Sohn des Antiochos, griech. Mosaizist, im 1. Jh. v. Chr. in La Mas Foulc/Frankreich tätig. Nur bek. durch seine Sign. auf einem *Mosaik mit der Darst. eines Labyrinths* aus La Mas Foulc/Frankreich (heute Nîmes, Mus. Archéol.). ▭ ThB27, 1933. EAA VI, 1965 (s.v. P. 3). - InvMos, I, 1909, 76 s., Nr 341 mit Abb.; *E. Espérandieu*, Les mosaïques romaines de Nîmes, Nîmes 1935, 145 ss. mit Abb.; *J. Bord*, Mazes and labyrinths of the world, Lo. 1976, 73, Abb. 113; *W. A. Daszewski*, La mosaïque de Thésée, Nea Paphos, II, Wa. 1977, 31, 41 s., 55, 57, 63, 97, 108, Nr 17, pp. 130 ss., Taf. 44, b, 60, c; *H. Kern*, Labyrinthe, M. 1982, 129, Nr 147 mit Abb.; *Donderer*, Mosaizisten, 1989, 75 s., Nr A 34, Taf. 21, 2. R. V.

Pythocritus → Pythokritos

Pythodikos, griech. Erzbildner unbek. Zeit. Nur bek. durch eine Erw. bei Plinius (nat., 34, 85; Overbeck, SQ, 1868, 2093), nach der er zwar tüchtig gewesen sei, sich aber durch kein Werk besonders ausgezeichnet habe. ▭ ThB27, 1933. RE XXIV, 1963; EAA VI, 1965. - *Brunn*, GGK, I, 1889, 526. R. V.

Pythodoros (I) (Πυθόδωρος), griech. Stempelschneider, nach der M. des 4. Jh. v. Chr. in Aptera/Kreta und Polyrhenion/Kreta tätig. In Aptera signiert P. die *Staterprägung* (Didrachmon des äginetischen Münzfußes mit ca. 11,50 g; Babelon, 1914, Nr 1740, mit Auflistung der bek. Stücke aus den Münzkabinetten von Paris, BN, Cab. des Méd.,

London, BM, und Berlin, Staatl. Mus., Münzkabinett; vgl. auch BMC, 1886, Taf. 2, Nr 3). Das Vorderseitenbild dieser Prägung zeigt den Kopf der Artemis Apteraia in Profilansicht nach rechts. Die Göttin trägt Ohrringe, Halskette und als Kopfschmuck im aufgerollten Haar eine Stephane. In der bogigen Zeile vor dem Kopf ist mit kleinen Buchstaben die Sign. des Graveurs als Abkürzung ΠΥΘ[ΟΔΩΡΟΣ] zu erkennen. Das Rückseitenbild zeigt den stehenden Stadtgründer Apteros oder Pteras (vgl. Pausanias, 10, 5, 9 und 10) mit Lanze und Schild, die rechte Hand erhoben und einen vor ihm stehenden heiligen Baum grüßend. Die Aufschrift ΠΤΟΛΙΟΙΚΟΣ (manchmal auch ΠΤΟΛΙΟΙΤΟΣ) verläuft rechts im Feld von oben nach unten. Die Existenz desselben Namens in sich zueinander ergänzenden Abkürzungsformen auf Hemidrachmenprägungen von Polyrhenium (BMC, 1886, 66, Nr 1, Taf. 16, Nr 11: ΠΥΘΟΔ[ΩΡΟΥ]; Babelon, 1914, Nr 1776 und Nr 2 (nicht abgebildet); die Nr 1775: [ΠΥΘΟ]ΔΩΡΟΣ ermöglichte dessen Rekonstr. und Interpretation als Künstler-Sign., v. dazu Wroth, 1884). Das Vorkommen desselben Namens auf unterschiedl. Stadtprägungen spricht für eine Deutung als Künstler-Sign., da die Münzbeamten an einen Ort gebunden waren. Auch waren die Stempelschneider in der Antike, wie auch die Künstler in allen Zeiten, gezwungen zu reisen, Angebot und Nachfrage des Marktes berücksichtigend. Bei den von P. sign. Hemidrachmen von Polyrhenium handelt es sich um Überprägungen argiv. Münzen. Sie zeigen auf der Vorderseite einen weibl. Kopf (Artemis oder Diktynna) in Profilansicht nach links mit aufgerolltem Haar, Halskette und Ohrgehänge. Das Rückseitenbild zeigt einen Stierkopf mit geschmückten Hörnern von vorn, in vertieftem Feld. P. dürfte ein Zeitgen. des Stempelschneiders → Neuantos zu Kydonia gewesen sein, doch bleibt ungewiß, ob ein Meister-Schüler-Verhältnis bestand. Auf enge Kontakte weisen jedenfalls die stilist. Ähnlichkeiten der beiden Schöpfungen hin. ▭ ThB27, 1933. EAA VI, 1965 (s.v. P. 2). – *W. Wroth*, NumChron, 1884, 1 ss.; BMC, Crete and the Aegean Islands, 1886; *L. Forrer*, Notes sur les sign. des graveurs sur les monnaies grecques, Br. 1906; *F. Imhoof-Blumer*, JIArchNum 11:1908, 1 ss.; *Babelon*, Traité, III, 1914; *Svoronos*, Crète, 1890; *G. Le Rider*, Monnaies Crétoises du Ve au Ier s. avant J.-C., P. 1966 (Et. crétoises, XV).

S. Lavva

Pythodoros (II) (Πυθόδωρος), aus Theben/Boiotien, griech. Bildhauer unbek. Zeit. P. fertigte nach Pausanias (9, 34, 3; Overbeck, SQ, 1868, Nr 485) für den Tempel der Hera in Koroneia/Boiotien ein *Kultbild* der Göttin mit Sirenen auf der Hand. Die Angabe des Pausanias, das Bildwerk sei ἀρχαῖον erlaubt keine Datierung. ▭ ThB27, 1933 (s.v. P. 1). RE XXIV, 1963 (s.v. P. 18); EAA VI, 1965 (s.v. P. 1). – *H. Brunn*, Gesch. der griech. Künstler, I, St. 1853, 112; *E. Kunze*, AM 57:1932, 132; *Lippold*, GrPl, 1950, 85; *Floren*, GrPl, 1987, 315, Anm. 43. N. Franken

Pythodoros (III), Sohn des Koroplasten → Menophilos (IV), griech. Koroplast, im 2. V. des 1. Jh. n. Chr. in Myrina/Kleinasien tätig. P. gehörte zu den am meisten in der röm. Kaiserzeit produzierenden Koroplasten von Myrina. Auf einigen seiner Sign. bez. er sich als Sohn des Menophilos. Durch die stilist. Einbindung seiner Werke in das 2. V. des 1. Jh. n. Chr. muß er folgl. ein Sohn des ebenfalls bek. Koroplasten → Menophilos (IV) gewesen sein. Die Produktion des P. zeichnet sich durch eine größere Bandbreite an dargestellten Figuren aus: – 1.) *Eros-Harpokrates* (Athen, NM, Inv. Nr 4925, und Paris, Louvre, Inv. Nr Myr 429; Kassab, 1988, 55, Nrn 1 a-b, Abb. 145 s., 428 s.); – 2.) *Apollon von Grynnion* (Paris, Louvre, Inv. Nr Myr 274, und zwei mit unbek. Aufenthaltsort; Kassab, 1988, 55, Nrn 4 a-c, Abb. 147–149, 430); – 3.) *Kitharaspielender Apollon* (Kunsthandel; Pottier/Reinach, 1888, 79, Nr 76; Kassab, 1988, 55, Nr 5); – 4.) *Aphrodite Anadyomene mit Eros* (Wien, Kunsthist. Mus., Inv. Nr V 1569; Kassab, 1988, 56, Nr 6, Abb. 150, 431); – 5.) *Aphrodite auf Delphin* (Leyden, Rijks-Mus., Inv. Nr S 444; P. G. Leyenaar-Plaisier, Les terres cuites grecques et romaines. Cat. de la coll. du Mus. Nat. des Antiquités à Leiden, Leiden 1979, 254, Nr 673, Taf. 94; Paris, Louvre, Inv. Nrn Myr 430 und 459; Mollard-Besques, II, 1963, 208, Nrn Myr 430 und 459, Taf. 248, c; Kassab, 1988, 56, Nrn 7 a-b, Abb. 151, 432 s.); – 6.) *Eros mit Spiegel* (Athen, NM, Inv. Nr 4993 und Paris, Louvre, Inv. Nr Myrina 835; Kassab, 1988, 56, Nrn 8 a-b, Abb. 152, 434); – 7.) *Ephebe in Gewand* (Leyden, Rijks-Mus., Inv. Nr Inv. Nr LKA 995; P. G. Leyenaar-Plaisier, Les terres cuites grecques et romaines. Cat. de la coll. du Mus. Nat. des Antiquités à Leiden, Leiden 1979, 279, Nr 726, Taf. 105; Kassab, 1988, 56, Nr 9, Abb. 153, 435); – 8.) *Nackter Ephebe* (Frankreich, Priv.-Bes.; Kassab, 1988, 56, Nr 10, Abb. 154, 436). – Neben diesen bek. Typen besitzen wir eine Reihe von Fragm. weiterer Statuetten, die wahrsch. das Spektrum an Variationen noch erweiterten (Kassab, 1988, 55, Nrn 2 s.; p. 57, Nrn 11–14, Abb. 437–439). ▭ *E. Pottier/S. Reinach*,

La nécropole de Myrina, P. 1888, 179, Nrn 76–79, 84 s.; *D. Kassab*, Statuettes en terre cuite de Myrina. Corpus des sign., lettres et signes, P. 1988, 55–57, Nrn 1–14, Abb. 145–154, 428–439. R. V.

Pythodoros (IV) cf. **Artemon (I)**

Pythodoros (V) (Πυθόδωρος; Pythodorus; Phitodorus), griech. Bildhauer unbek. Herkunft und Zeit, in Rom tätig. Plinius (nat., 36, 38; Overbeck, SQ, 1868, Nr 2300) zählt ihn zus. mit *Pythodoros (IV)* zu den Bildhauern, deren Werke in den röm. Kaiserpalästen auf dem Palatin standen (v.e. → Artemon [I]). Eine zeitl. Festlegung ist aus dieser Angabe nicht abzuleiten. Ein Werk in diesen Palästen schuf P. gemeinsam mit → Krateros (III). ▭ ThB27, 1933 (s.v. P. 2). RE XXIV. 1, 1963 (s.v. P. 19); EAA VI, 1965. – *Overbeck*, SQ, 1868, Nr 2300; *H. Brunn*, Gesch. der griech. Künstler, I, St. 1853, 475, 528. N. Franken

Pythokles (Πυθοκλῆς), griech. Erzgießer, um 156/153 v. Chr. tätig. Lt. Plinius (nat., 34, 52; Overbeck, SQ, 1868, Nr 2206) zählte er zus. mit → Pythias zu den Künstlern, die während der 156. Olympiade (156–153 v. Chr.) der Kunst zu neuen Wegen verhalfen. ▭ ThB27, 1933. RE XXIV, 1963 (s.v. P. 12); EAA VI, 1965. – *Brunn*, GGK, I, 1889, 535. R. V.

Pythokritos (Πυθόκριτος; Phytokritos; Pythocritus), Sohn des → Timocharis, Vater des → Simias, aus Rhodos, griech. Bildhauer, in der 1. H. des 2. Jh. v. Chr. für Olympia tätig. Eine *Bronzestatue des Epitherses*, Sohn des Metrodoros, aus Erythrai, ist im Zeusheiligtum von Olympia überliefert (Paus., 6, 15, 6). Dieser siegte wohl 184 und 180 v. Chr. (Olympiaden 149 und 150) im Faustkampf. – Eine weitere *Statue* des berühmten, zweifachen Periodoniken wurde von der Heimatstadt gestiftet und ist daher keine olympische Siegerstatue im strengen Sinne, weil nur der Olympionike selbst das Recht hatte, sie in der Altis von Olympia aufzustellen. Die Statuenbasis mit der Sieger-Inschr. und der Künstler-Sign. ist in Olympia ans Licht gekommen. Ihre Maße sowie die runde Einlaßspur für den Fuß der *Bronzestatue des Epitherses* im vorderen Teil der Basis sprechen für eine stark bewegte, auf einem Bein stehende Figur; sie ist im überlebensgroßen Format und im Kampf zu rekonstruieren. – Weiterhin ist von P. ein mon. *Relief* von 5,50 m Höhe und 4,76 m Länge erhalten. Es wurde in eine Felswand am Fuße der Akropolis von Lindos gehauen und ist Teil einer Exedra. Dargestellt sind ein Schiffsheck und Teile eines Mittelschiffs. Der hochgezogene Steven mit Seitenruder, Riemenkasten und Kommandantensitz sind im Hochrelief gearbeitet. Eine im Flachrelief dargestellte Aphrodite mit wehendem Gewand scheint das Schiff zu steuern. Auf dem Deck sind Zurichtungsspuren für die Aufstellung einer *Ehrenstatue* erhalten. Es handelte sich wohl um die des *Hegesandros*, Sohn des Mikon. Die Inschr. mit der Künstler-Sign. des P. befindet sich am Riemenkasten. Der dargestellte Schiffstyp weist allg. in den Hellenismus und die Inschr. und Nennung des P. datieren das Werk um 180 v. Christus. – Darüber hinaus haben sich auf Lindos Teile dreier Statuenbasen gefunden, die von der Akropolis stammen. Alle drei Inschr. nennen P. als Bildhauer. Sie trugen *Ehrenstatuen* von Priestern der Athena Lindia, des Zeus Polieus, der Artemis Kekoia und des Dionysos. Alle drei wurden jeweils von den Söhnen gestiftet und können in die Zeit zw. 200 und 160 v. Chr. datiert werden. Eine weitere Marmorbasis für eine *Ehrenstatue des verstorbenen Strategen Teisias* aus Kedreai trägt seine Sign. (W. Blümel, Die Inschr. der rhodischen Peraia, Bonn 1991, 132–134, Nr 553). Diese Inschr. kann in das 1. V. des 2. Jh. v. Chr. dat. werden. ▭ ThB27, 1933. RE, Suppl. 5, 1931 (s.v. P.); EAA VI, 1965 (s.v. P.). – *W. Dittenberger/K. Purgold*, Die Inschr. von Olympia. Olympia, V, B. 1896, Nr 186; Lindos, II. 1, 1941, Nrn 150, 199, 203; *L. Moretti*, Iscr. agonistiche greche, R. 1953, Nr 46; *id.*, Olympionikai, R. 1957 (MemAccLinc, Ser. 8, Bd. VIII. 2, 1959), Nrn 610, 612; *L. Basch*, Le musée imaginaire de la marine antique, At. 1987, 367 ss.; *H.-V. Herrmann*, Nikephoros 1:1988, 171, Nr 156; *S. von Thüngen*, Die frei stehende griech. Exedra, Mainz 1994, 136 s., Nr 116; *Schmidt*, Statuenbasen, 1995, 251, Nr I. 1. 52, p. 371, Nr IV. 1. 127, p. 376, Nr IV. 1. 134, p. 399, Nr IV. 2. 21; *S. Lehmann*, Mytholog. Prachtreliefs, Bamberg 1996, 84 ss.; *I. Pekáry*, Repertorium der hellenist. und röm. Schiffs-Darst., Münster 1999 (Boreas, Beih., 8), 126, Kat.-Nr GR-63; *S. Lehmann*, Die Siegerbasen von Olympia, OlympForsch, XXXII (in Vorbereitung). St. Lehmann

Python (I) (Πύθον), griech. Töpfer, im frühen 5. Jh. v. Chr. in Athen tätig. P. signierte *vier rotfigurige Schalen*, die vermutl. früheste befindet sich in London (BM, Inv. Nr E 38; Bloesch, 1940, 28, Nr 13, Taf. 7, 4; ARV², 1963, 72, Nr 16, p. 1623; Para, 1971, 328; Add², 1989, 167). Sie trägt nicht nur die Sign. des P., Πύθον ἐποίεσεν, sondern ist auch vom Maler → Epiktetos gezeichnet. Das Gefäß hat einen massiven „ionischen Fuß“ ohne Stiel und ein ungewöhnl. tiefes Becken. Kräftige, gedrungene Formen und tiefe Schalenbecken sind auch für die von P. für → Duris gefertigten Schalen kennzeichnend. Auf drei von → Duris sign.

Schalen (Wien, Kunsthist. Mus., Inv. Nr IV 3694: ARV^2, 427, Nr 3; Wien, ibid., Inv. Nr IV 3695: ARV^2, 429, Nr 26; Paris, Louvre, Inv. Nr G 121: ARV^2, 434, Nr 87) erscheint der Name des P. ohne Verb auf der Außenseite des Fußes. Aufgrund der char. Form der inschr. gesicherten Gefäße haben Bloesch (1940) und Beazley (ARV^2, 1963) dem P. beinahe vierzig weitere von → Duris bemalte Schalen zugewiesen. Offenbar bestand zw. P. und → Duris ein ähnl. enges Arbeitsverhältnis wie zw. → Hieron (I) und → Makron. Nur der Stil der Bemalung gibt Aufschluß über die zeitl. Einordnung Pythons. ▭ ThB27, 1933 (s.v. P. 2). EAA VI, 1965; LAW, 1965 (s.v. P. 2). – *Bloesch*, Formen, 1940, 28, 96–101 mit Taf. 7, 4; ARV^2, 1963, 1554, Nrn 1–4; *I. Scheibler*, Griech. Töpferkunst, Herstellung, Handel und Gebrauch der antiken Tongefäße, M. 1983, 114; *C. M. Robertson*, The art of vase-painting in classical Athens, C. 1992, 88; *D. Buitron-Oliver*, Douris, Mainz 1995, 56–58.

T. Mannack

Python (II), paestanischer Vasenmaler, um 350–325 v. Chr. wohl in Paestum tätig. Seine Identifikation beruht auf zwei sign. Vasen (dem *Alkmene-Krater* in London [s.u.] und der *Halsamphora mit der Geburt der Helena*: Paestum, Mus. Archeol. Naz., Inv. Nr 21370; RVP, 1987, Nr 2/240, Taf. 89). Annähernd 150 and. Vasen wurden ihm aus stilist. Gründen zugeschrieben. Bei den von ihm bemalten Vasen handelt es sich hauptsächl. um Halsamphoren und Glockenkratere, er verzierte aber auch eine Reihe and. Gefäße wie Kelchkratere, Hydrien, Schalen und eine Bauchlekythos. Eine Anz. and. weniger bedeutender Vasen mag ebenfalls von ihm bemalt worden sein, doch erlaubt deren minimale Dekoration keine Zuschreibung. – Zus. mit seinem nur wenig älteren Zeitgen. Asteas (→ Assteas) war P. eine dominierende Persönlichkeit in der wichtigsten Wkst. der paestanischen Vasenmalerei in der M. und im 3. V. des 4. Jh. v. Chr. In stilist. Hinsicht könnte er als dessen jüngerer Bruder betrachtet werden. Beide Maler sind nicht immer leicht voneinander zu unterscheiden. Im allg. hat P. eine schwerfälligere, ja sogar unbeholfenere Hand, bes. in seinen größeren Komp., und seine Szenen können gar überfüllt wirken. In gewisser Weise ist sein eher routiniertes Werk jedoch das attraktivere. Dieses beinhaltet eine große Serie von Glockenkrateren mit zwei- und einfigurigen Komp., von denen viele Dionysos und/oder Schauspieler darstellen. Seine ausführlicheren Komp. sind jedoch von bes. Bedeutung. Unter diesen befindet sich v.a. der *große Glockenkrater* in London (BM, Inv. Nr F 149, Höhe: 0,56 m; Trendall, PP, 1936, 56, Taf. 15; Trendall, PPSuppl, 1952, Nr 146; Trendall, SIVP, 1966, Farb-Taf. D; A. D. Trendall, LIMC I, 1981, 554, Nr 5 mit Lit. und p. 736, Nr 2 mit Abb., s.v. Amphitryon; RVP, 1987, Nr 2/239, Taf. 88) mit Alkmene, auf einem Altar sitzend und von einem Scheiterhaufen umgeben, den Antenor und Amphitryon mit Fackeln in Brand setzen. Sie wendet sich flehend an Zeus, der sich links auf einer höheren Ebene befindet. Er hatte zwei Blitze hinuntergeschleudert und läßt nun zwei Wolken folgen, die als Mädchen mit Hydrien dargestellt sind, aus denen Wasser vom Himmel hinabfließt. Der Bogen in Rot und Weiß über ihr scheint einen Regenbogen und die Punkte darin Regen zu symbolisieren. Die Kleidung ist aufwendig gemustert und mit viel hinzugefügtem Gelb-Weiß und Purpurrot bereichert. And. komplexe mytholog. Themen beinhalten z.B. die Geburt der Helena aus dem Ei, Kadmos und der Drache, Orestes in Delphi, den Tod des Archemoros, den Raub des Ganymed sowie Oineus mit Agrios. Bei all diesen scheint es sich um Darst. aus Tragödien zu handeln, bes. aus jenen des Euripides (wie dies auch bei ähnl. Stücken des Asteas [→ Assteas] der Fall ist). Ein Interesse an Komödien und in geringem Ausmaß auch an Satyrspielen wird auf and. Teilen seines Werkes gezeigt. – Die Komödienszenen finden sich häufiger auf seinen bedeutenderen großen Vasen: So zeigt z.B. ein *Glockenkrater* im Vatikan (Inv. Nr AD 1 [17370]; RVP, 1987, Nr 2/245, Taf. 92) drei Jünglinge bei einem Gelage. Im Zentrum ist ein Ständer für das Kottabosspiel dargestellt, und der junge Mann rechts dreht seine Schale, um ihn mit den restl. Tropfen seines Weines zu treffen. Ein Mädchen auf der linken Seite sorgt für die Musik, während auf dem Boden ein zweifellos betrunkener Papposilen schläft. Über der Szene und als Dekoration des Symposionraumes zu verstehen, hängen drei Komödienmasken, ein Sklave, ein Mädchen und ein alter Mann mit rötl. Gesichtsfarbe. Zwei and. solcher Vasen sind in Fragm. bek., eines von ihnen aus dem Wrack der „Colossus", dem Schiff, das Lord Hamiltons erste Slg nach Britannien brachte. And. Vasen zeigen Komödienschauspieler, nur eine einzige davon jedoch eine Komödienszene. Der Maler stellt die Gestalten gewöhnl. außerhalb des Theaters dar und oft in Begleitung des Dionysos, um anzuzeigen, daß hier ein dionysisches Fest stattfindet; ein Thema, das treffend für Vasen ist, die ihre Funktion im Funeralbereich haben und auf ein glückliches Leben nach dem Tod anspielen sollen. ▭ ThB27, 1933 (s.v. P. 1). – RVP, 1987, 136–172 (mit älterer Lit.); *Trendall*, RFSIS, 1989, 202 s.

R. Green

Q

Qaha, ägypt. Künstler („Oberster der Nekropolenhandwerker"), z.Z. Ramses' II. (1279–1213 v. Chr.) in Theben/Ägypten tätig. Der Name des Q. ist durch eine Reihe von Inschr. auf versch. Objekten (u.a. auf Stelen, Basen von Statuen, Ostraka und einem Uschebti-Kasten) erh. geblieben und durch sein Grab (Theban Tomb 360) belegt. Die von seinem Sohn gew. Statuette in Turin (Mus. Egizio, Inv. Nr 3047) soll seine Züge zeigen. Als Oberster der Nekropolenarbeiter war er der leitende Künstler in der kgl. Nekropole in Theben-W. Er begründete eine Dynastie von Obersten der Nekropolenhandwerker: Sein Sohn → Inhercha (I), sein Enkel → Hai (II) und sein Urenkel → Inhercha (II) bekleideten dasselbe Amt. ▭ KRI III, 598–609; KRI V, 625, 4; KRI VII, 199; *J. Černý*, A community of workmen at Thebes in the Ramesside period, Kairo 1973, 125, 293–296; Hieroglyphic texts from Egyptian stelae etc. (K BM), IX, Lo. 1970, 46 s., Nr 144, Taf. 39; X, Lo. 1982, 27 s., Nr 291, Taf. 65. M. A. Stadler

Qar (I), ägypt. Künstler („Unteraufseher der Künstler"), unter Pepi I. (2335/2285–2285/2235 v. Chr.) im Wadi Hammamat/Mittelägypten tätig. Bek. aus einem Graffito im Steinbruchgebiet des Wadi Hammamat, das aus dem 18. Jahr Pepis I. stammt. Außer Q. werden noch der Expeditionsleiter → Tjetji (I) und weitere Expeditionsteilnehmer gen.: → Merptehanchmerira, → Chuienher, → Chuienipteh (I), → Nefer(i) (I), → Metjensu und → Tjetji (II). Da der Name Q. zu dieser Zeit recht häufig ist, kann nicht mit Sicherheit festgestellt werden, ob Q. mit → Q. (II) ident. ist. ▭ *J. Couyat/P. Montet*, Les inscr. hiéroglyphiques et hiératiques du ouâdi hammâmât, Le Caire 1912, 74 ss., Nr 107; Urk. I, 93, Nr 11. S. L. Lippert

Qar (II), ägypt. Künstler („Unteraufseher der Künstlerschaft des Palastes"), unter Pepi I. (2335/2285–2285/2235 v. Chr.) im Wadi Hammamat/Mittelägypten tätig. Q. ist bek. aus einem Graffito im Steinbruchgebiet des Wadi Hammamat, in dem auch sein Vater → Schepsespteh (VIII) und sein Bruder → Impi (mit dem gleichen Titel) gen. werden. Ob Q. mit → Q. (I) ident. ist, läßt sich nicht sicher sagen. ▭ *J. Couyat/P. Montet*, Les inscr. hiéroglyphiques et hiératiques du ouâdi hammâmât, Le Caire 1912, 64, Nr 85.

S. L. Lippert

Qatus (Fattus; Kantus), Sohn des → Sinimmar, byz. oder babylon. (?) Bildhauer, vermutl. aus Babylonien (heute S-Irak) stammend, im 5. Jh. n. Chr. in Taq-e Bostan/NW-Iran tätig. Q. ist erst in der nachsasanidischen arab.-pers. Lit. als Bildhauer der großen *Steinskulptur eines schwer gerüsteten Reiters* im Großen Iwan von Taq-e Bostan b. Kermanshah/NW-Iran namentl. überliefert (Justi, 1896–1904; Sarre/Herzfeld, 1910; Schwarz, 1921; Gropp, 1982). Diese ca. 4 m hohe, weitgehend freiplast. ausgeführte und parallel zur Rückwand der reliefgeschmückten Felskammer stehende Fig. ist noch weitgehend erh. (von Gall, 1990). Den ma. Quellen zufolge soll es sich bei dem vielbewunderten, damals offensichtl. noch farbigen Bildwerk um Shibdiz (Shebdiz, Shibdaz), das legendärc Leibpferd des Sasaniden-Herrschers Hosrow II. (590 und 591–628 n. Chr.), handeln, was sich allerdings mit der Urheberschaft Q.' zeitl. nicht korrelieren ließe. Die mod. Forsch. diskutierte lange die Benennung der Herrscherfigur entweder als Peroz (459–484 n. Chr.) oder als Hosrow II., wobei die Frage zugunsten von Peroz geklärt zu sein scheint (von Gall, 1990, 38; vgl. Seipel, 2000). Die demzufolge im 5. Jh. n. Chr. anzusetzende Dat. des Werkes spräche für die Historizität der Künstler-Zuschreibung. In der Überlieferung findet sich zudem die Bez. des Künstlers (wie auch schon die seines Vaters) als Byzantiner, wobei an der Skulpt. durchaus stilist. und ikonogr. Bezüge zur byz. Kunst beobachtet worden sind (Mackintosh, 1978; Harper, 1999, 316), daneben auch solche zur Kunst von Hatra (Gropp, 1982). Q. wird durch die ma. Überlieferung außer dieser Reiterstatue auch ein Felsrelief in Bisutun b. Kermanshah/NW-Iran zugeschr., auf dem er sich selbst mit Flügeln versehen, dargestellt habe (Schwarz, 1921, 488). Abgesehen davon, daß in der sasanid. Kunst Flügelgestalten generell anders zu deuten sind, scheinen in die Beschr. dieses Mon. offenbar Schilderungen anderer Felsreliefs, etwa des Felsreliefs Nr 3 von Shapur I. (241–272 n. Chr.) in Bishapur b. Shiraz/SW-Iran, eingeflossen zu sein, weshalb sich die hierzu überlieferten Angaben kaum verifizieren lassen. 🕮 *F. Justi*, Gesch. Irans von den ältesten Zeiten bis zum Ausgang der Sasaniden, in: *W. Geiger/E. Kuhn* (Ed.), Grundriß der iran. Philologie, II, Straßburg 1896–1904, 527; *F. Sarre/E. Herzfeld*, Iran. Felsreliefs, B. 1910, 204 s.; *P. Schwarz*, Iran im MA nach den arab. Geographen, L. 1921, 482–489; *M. C. Mackintosh*, Taq-i Bustan and byz. art, Iranica Antiqua 13:1978, 173–177; *G. Gropp*, Die Stellung des Künstlers im vorislam. Iran, in: *A. J. Gail* (Ed.), Künstler und Wkst. in den oriental. Ges., Graz 1982, 6; *H. v. Gall*, Das Reiterkampfbild in der iranischen und iran. beeinflußten Kunst parthischer und sasanidischer Zeit, B. 1990, 38–47, Taf. 15 s.; *P. O. Harper*, Geographical location and significant imagery: Taq-i Bostan, in: *M. Alram/D. E. Klimburg-Salter* (Ed.), Coins, art, and chronology. Essays on the pre-Islamic hist. of the Indo-Iranian borderlands, W. 1999, 315–319; *W. Seipel*, 7000 Jahre pers. Kunst, Mi./W. 2000, 269 mit Anm. 15 s. K. Hornig

Qebeh, ägypt. Künstler, späte 18./frühe 19. Dynastie (um 1300–1250 v. Chr.) im memphit. Raum/ Unterägypten tätig. Bek. aus dem Grab des „Vorstehers des Schatzhauses" → Maia in Saqqara. Q. ist dort neben anderen Angestellten des → Maia abgebildet, die ebenfalls als Künstler im Schatzhaus tätig waren, nämlich → Hi (VII), → Meriumeriu (II), → Pendua (I) und → Weserhat (II). Q. arbeitete also in den Wkst. des kgl. Schatzhauses. 🕮 LD III, 242 (b); Urk. IV, 2166, Z. 7; *W. Helck*, Urkunden der 18. Dynastie, B. 1961, 426, Nr 845. T. Schrottenbaum

Qefia → Neferrenpet (I)

Qemawer, ägypt. Umrißzeichner, in der späten 21. oder 22. Dynastie (1. V. des 1. Jt. v. Chr.) in Theben-W/Oberägypten tätig. Q. ist nur von einem Graffito auf der theban. Westseite bek. Er lebte in Deir el-Medineh und arbeitete an den Pharaonengräbern im Tal der Könige. 🕮 *J. Černý/A. A. Sadek*, Graffiti de la montagne thébaine, IV. 2, Le Caire 1971, 129, Nr 2871; *E. S. Bogoslovsky*, ZÄS 107:1980, 106. S. L. Lippert

Qen, Sohn des → Tjanefer, ägypt. „Umrißzeichner des Amun" und „Bildhauer des Amun in Karnak", „Bildhauer des Amun am Ort der Wahrheit [d.h. in der kgl. Nekropole in Theben-W]"), unter Ramses II. (1279–1213 v. Chr.) in Theben/Oberägypten tätig. Bek. durch sein Grab in Deir el-Medineh/ Theben-W (Theban Tomb 4). Außerdem war er viell. der Inhaber eines weiteren Grabes in Deir el-Medineh (Theban Tomb 337), das in späterer Zeit usurpiert wurde. Im Grab seines Arbeitskollegen → Nechetimen (I) (Theban Tomb 335) wird er ebenfalls erw., so wie auch dieser in seinem Grab erw. wird. Darüber hinaus ist Q. belegt durch einen Opfertisch, eine Säulenbasis, eine Kalksteinplastik mit neun sitzenden Nilgänsen, einen Türsturz, ein Pyramidion, zwei Uschebtis und ein Fragm. eines Uschebti-Kastens, zwei Ostraka, zehn Stelen und vier Stelenfragm. Aus den zahlr. Denkmälern geht hervor, daß sein Sohn → Hi (X) ebenfalls als Künstler in der kgl. Nekropole tätig war. Q. war aber offenbar urspr. aus Karnak und hat wohl zunächst auch dort gearbeitet, nämlich im Tempelbezirk des Gottes Amun. Später war er dann als Bildhauer in der kgl. Nekropole beschäftigt. Als Umrißzeichner und Bildhauer hatte er eine umfassende Aufgabe: er zeichnete die Reliefs an den Tempel- bzw. Grabwänden oder Stelen vor und reliefierte sie anschließend. Üblicherweise übte ein ägypt. Künstler nur eine dieser beiden Tätigkeiten aus. 🕮 PM I. 1, 1960, 11 s., Nr 4, 402, Nr 7. – KRI III, 670, Zeile 11, 675, Zeile 11–689, Zeile 6; KRI VII, 20, Zeilen 2–204, Zeile 16; *B. Bruyère*, Rapp. sur les fouilles de Deir el-Médineh, 1924–1925, Le Caire 1926, 179–182; *E. Endesfelder*, Die Arbeiter der theban. Nekropole im Neuen Reich, Diss. B. 1962, 43; *M. Tosi/A. Rocatti*, Stele e altre epigrafi di Deir el Medina, T. 1972, 110–112, Nr 50074; *J. Černý*, A community of workmen at Thebes in the Ramesside period, Kairo 1973, 46, Nr 18; *J. J. Clère*, RdE 27:1975, 70–77, Taf. 4; Hieroglyphic texts from Egyptian stelae etc. (K BM), X, Lo. 1982, 37, Nr 8493 und 815, Taf. 84 s.; *D. Valbelle*, Les ouvriers de la tombe, Le Caire 1985, 112, Nr 1, 168, Nr 7, 174, 230, Nr 9, 235, 302, Nr 1 und 2; *B. G. Davies*, Who's who at Deir el-Medina, Leiden 1999, 176–178, 303, chart 13, 14 (s.v. Q. [II]). T. Schrottenbaum

Qenamun v.e. **Qenimen**

Qenimen (I) (Qenamun), ägypt. Bauleiter („Vorsteher aller Arbeiten"), unter Amenophis II. (1428–1397 v. Chr.) in Theben/Oberägypten tätig. Q., bek. aus den Inschr. seines Grabes in Theben-W (Theban Tomb 93), trug zahlr. hohe Verwaltungsstitel. Daß er darüber hinaus auch für kgl. Bauprojekte verantwortlich war, geht jedoch nur aus den Beschriftungen einiger seiner Uschebtis hervor. 🕮 LÄ I, 1975 (s. v. Bauleiter mit Anm. 8). – Urk. IV, 1385 ss., v. a. 1403,20. S. L. Lippert

Qenimen (II) (Qenamun), ägypt. Goldschmied („Oberster der Goldschmiede"), in der 18. Dynastie (1550–1292 v. Chr.) in Theben(?)/Oberägypten tätig. Q. ist auf einer möglicherweise aus Theben stammenden Stele im 2. Register dargestellt, wie er von seinem Bruder, dem Obersten der Goldschmiede → Paray?, einen Strauß mit Lotosblüten überreicht bekommt. Eine Person gleichen Namens mit dem Titel „Vorsteher der Goldschmiede und Künstler des Amun" wird von Helck (1961) erw., seine Quellenangaben sind jedoch nicht zu verifizieren (das von ihm gen. Grab Theban Tomb 59 gehört einem „Ersten Propheten der Mut" namens Qen). 🕮 PM I. 1, 1960, 120. – *P. A. A. Boeser*, Beschr. der Aegypt. Slg des Niederländ. Reichs-Mus. der Altertümer in Leiden, VI, D. H. 1913, 2 Nr 5 und Taf. 8; *W. Helck*, Mat. zur Wirtschafts-Gesch. des Neuen Reiches, I, Wb. 1961, 44; *G. Gaballa*, JEA 63:1977, 126. S. L. Lippert

Qenimen (III) (Qenamun), ägypt. Bildhauer („Oberster der Graveure des Amun"), in der 19. Dynastie (1292–1186/85 v. Chr.) in Abydos/Oberägypten tätig. Q. ist bek. von einer nur als Bruchstück erh. Stele, die im Bereich des Osiris-Tempels von Abydos gefunden wurde. Sie zeigt ihn in Anbetung vor dem Gott Re-Harachte. Aus der Beischrift geht hervor, daß die Stele von Q. selbst angefertigt wurde. Der Titel wurde von Petrie (1902) noch falsch als „Standartenträger" gelesen, die Beischrift selbst als Filiationsangabe gedeutet. 🕮 *W. M. Flinders Petrie*, Abydos I, Lo. 1902, 45 und Taf. 66; *W. Helck*, Mat. zur Wirtschafts-Gesch. des Neuen Reiches, I, Wb. 1961, 46. S. L. Lippert

Qenna, Sohn des → Hernefer, ägypt. Künstler („Oberster der Nekropolenhandwerker"), viell. unter König Ramses XI. (1103/1099–1070/69 v. Chr.) in Theben/Oberägypten tätig. Bek. als einer der 31 Oberhandwerker aus dem Arbeiterdorf Deir el-Medineh in Theben-W, in dem die Leute wohnten, die am Bau der kgl. Gräber beteiligt waren. 🕮 *J. Černý*, A community of workmen at Thebes in the Ramesside Period, Kairo 1973, 123 ss. Y. Ott

Quattenus, röm. Toreut, in der 2. H. des 1. Jh. n. Chr. in Gallien tätig. Nur bek. durch seine Sign. auf einer *Bronzekasserolle* aus Herringfleet-Estate, Suffolk/England (heute Norwich, Mus., Inv. Nr 69. 96/3). 🕮 *H. J. Eggers*, JbMusMainz 13:1966 (1968), 106, Nr 43, Abb. 59, 43; *R. Petrovszky*, Stud. zu röm. Bronzegefäßen mit Meisterstempeln, Buch am Erlbach 1993, 163, Nr Q.01, pp. 290 s., Nr Q.01.01, Taf. 24. R. V.

Q[uinctius] → Quintus (III)

Quintus (I) → Kointos

Quintus (II), röm. Architekt, in der Kaiserzeit in Großbritannien tätig. Nur bek. durch seine Weih-Inschr. für einen Altar der Minerva aus Carrawburgh/Schottland (heute Chesters, Mus.). Bisweilen wurde die an Q. anschließende Berufsbezeichnung *architectus* auch als Eigenname interpretiert, was jedoch keinen Sinn ergibt. 🕮 *R. G. Collingwood/R. P. Wright*, The Roman inscr. of Britain, I, Ox. 1965, 491, Nr 1542; *G. de la Bédoyère*, The buildings of Roman Britain, Lo. 1991, 14; *E. Evans*, Britannia 25:1994, 146; *Donderer*, Architekten, 1996, 248 s., Nr A 136, Taf. 47, 1. R. V.

Q[uintus] (III) oder **Q[uinctius]**, röm. Erzgießer, zw. 40 und 110 n. Chr. in Carnuntum/Österreich tätig. Nur bek. durch seine abgekürzte Sign. Q[uintus oder Quinctius?] T[iti?] F[ilii?] R[ufus?] unter einer *weibl. Bronzebüste* aus Carnuntum, bei der er sich des weiteren als Soldat der Legio XV Apollinaris bez. (heute in Bad Deutsch-Altenburg, Mus. Carnuntinum). 🕮 *M. Grünewald*, FuBerÖ 18:1979, 77–80, Abb. 1 s.; *T. Sarnowski*, Germania 63:1985, 538; *O. Stoll*, Die Skulpt.-Ausstattung röm. Militäranlagen an Rhein und Donau, I, St. Katharinen 1992, 86; *M. Donderer*, Boreas 23/24:2000/2001, 89, Anm. 164. R. V.

Quintus architectus → Quintus (II)

Quirillus, röm. Münzwardein, im 4. Jh. n. Chr. tätig. Nur bek. durch Stempel auf Goldbarren. Früher glaubte man in Q. einen Münzstempelschneider erkennen zu können, es handelt sich aber um einen Münzwardein. 🕮 ThB27, 1933. R. V.

Qusaijju, Sohn des Chann'el, nabatäischer Bildhauer, im 1. Jh. n. Chr. in Kanatha/Syrien tätig. Q. signierte in nabatäischer Schr. auf einem *Altar* aus Kanatha. Dieser ist mit Reliefs eines Stiers und drei Stierköpfen verziert und darf als einziges erh. Werk des Künstlers gelten. Stilist. läßt er sich bestens in die Kunst des Hauran zur späthellenist. und frühröm. Zeit eingliedern. 🕮 EAA V, 1963 (s.v. Nabatea, Arte, Ousayu). – RES, Nrn 53, 806, 1474; *C. Clermont-Ganneau*, Rec. d'archéol. orientale, II, P. 1898, 108–116; *R. E. Brünnow*/A. von Domaszewski, Die Provincia Arabia, III, Straßburg 1909, 208 s.; *Hackl*, Nabatäer, 2003, Nr E.003.01. D. Keller

R

Ra, ägypt. Künstler („Vorsteher der Künstlerschaft in Ober- und Unterägypten"), Bauleiter („Vorsteher der Arbeiten Ober- und Unterägyptens"), 18. Dynastie (1550–1292 v. Chr.). Bek. durch einen zur Grabausstattung gehörenden Modellsarg mit Bahre und Statuette. Nach den Inschr. hatte R. neben mehreren Hoftiteln auch noch Ämter in der Schatzhausverwaltung inne. 📖 *P. E. Newberry*, Funerary statuettes and model sarcophagi (CG), Kairo 1930–37, 369 ss., Nr 48483, Taf. 29 s.

F. Hoffmann

Rabbu, Sohn des Hulayfu, nabatäischer Bildhauer, im 2./3. Jh. n. Chr. in Hebran/Syrien tätig. R. ist in einer nabatäischen Weih-Inschr. als Bildhauer überliefert. Das zu dieser Inschr. gehörige, von ihm geschaffene Werk war ein *Adlerrelief*, von dem nur noch die Klauen erh. sind. R. war möglicherweise der Sohn von → Hulayfu (I), der in Bosra/Syrien ebenfalls für ein Adlervotivrelief verantwortl. zeichnete. 📖 EAA V, 1963 (s.v. Nabatea, Arte, R.). – *M. Dunand*, Le mus. de Soueïda, P. 1934, 95 s., Nr 196, Taf. 28, 196; *J. T. Milik*, Syria 34:1958, 236; *F. Vattioni*, in: *C. Sarnelli Cerqua* (Ed.), Stud. arabo-islamici in onore di Roberto Rubinacci nel suo settantesimo compleanno, II, N. 1985, 768; *R. Wenning*, Die Nabatäer – Denkmäler und Gesch., Fribourg/Göttingen 1987, 39.

D. Keller

Rabirius, röm. Entwerfer und Architekt, in der 2. H. des 1. Jh. n. Chr. in Rom tätig. Die Namen von ausführenden Entwerfern, die man mit Recht mit mon. Bauprogrammen des kaiserl. Rom verbinden kann, sind so selten, daß man eine derartige Person, wenn man sie überhaupt in einem antiken Text auffindet, schnell in der wiss. Lit. zu einem ganz besonderen Schöpfer hochstilisiert. R. ist nur zweimal in Quellen erw., genauer in zwei Epigrammen des Martial. Im ersten Epigramm (7, 75) wird er explizit als Entwerfer und Ausführender des *Kaiserpalastes des Domitian* auf dem Palatin genannt; er wird in seiner *pietas* gelobt, einerseits im Hinblick auf die uranischen Götter und den Kaiser, andererseits auch auf seine Gewandtheit (*mira arte*). Das zweite Epigramm (10, 71) richtet sich an ihn nach dem Tod seiner Eltern und offeriert ihm den Text für ein metrisches Epitaph; auch wenn dies zunächst ohne Verbindung zu der Aktivität des Architekten zu sein scheint, enthüllt dieser Schritt des Martial die von R. erreichte angesehene hohe Position in der Gesellschaft: der höfische Dichter hätte nicht in dieser Weise gegenüber einem erst jüngst in den Stand eines Freigelassenen Erhobenen reagiert, selbst wenn dieser durch einen lukrativen Beruf reich geworden wäre. In der Tat ist die *gens Rabiria* seit dem E. der Republik bezeugt: wir wissen von einem C. Rabirius Postumus, Mitgl. einer bed. Gesellschaft von Geschäftemachern und Bankiers für Ägypten, der im Jahre 63 v. Chr. von Cicero verteidigt worden ist; wir kennen auch einen epischen Dichter aus augusteischer Zeit mit Namen C. Rabirius (Ov., Pont., 4, 16, 5). Ohne irgendeine Art von direkter Verbindung mit unserem Architekten herstellen zu wollen, dessen Prosopographie nicht nachzuvollziehen ist, und im Bewußtsein, daß diese beiden Personen sechs bis acht Generationen von ihm getrennt gelernt haben, bemerkt man dennoch, daß der Rückgriff auf ein einziges *nomen*, um ihn zu bezeichnen, und zudem auf ein *nomen*, das berühmte Titelträger im 1. Jh. v. Chr. besaßen, ihn mit großer Sicherheit als einen *ingenuus* definiert und viell. sogar als Mitgl. einer der höheren *ordines* der röm. Gesellschaft. Man darf nicht vergessen, daß zu dieser Zeit die Betreuung der öff. Gebäude durch die höchsten Stände – durch die Senatoren und Ritter – garantiert worden ist, mit denen die Entwerfer, Architekten und Ingenieure direkt in Beziehung standen. Dies steht also im Gegensatz zu dem, was man bisweilen versucht hat, zu behaupten. R. gehörte sicherl. nicht der *familia Caesaris* an, die aus Sklaven und Freigelassenen bestand, deren Präsenz in allen offiziellen Maßnahmen bezeugt ist. Als *magister* der *Domus Augustana* des Palatin, wie es *Severus (I)* z.Z. der *Domus Aurea* war (Tac., ann., 15, 42, 1), war R. – zumindest zeitweise in seiner Karriere – ein kaiserl. „Beamter" von hohem Rang, der seinen Platz in der guten Gesellschaft innehatte. Seine Tätigkeit und sein Ruf scheint Domitian überlebt zu haben, wenn man von der Dat. des Epigramms 10, 71, ausgeht, daß nach der Ermordung des Kaisers im Jahre 96 n. Chr. anzusetzen ist. Diese Aspekte führten bei mehreren Historikern der röm. Archit. dazu, dem R. die Realisierung einer großen Anzahl von Bauwerken zuzuordnen. Als Verantwortlicher der

Aufbauarbeiten nach dem großen Brand des Jahres 80 n. Chr. hätte er die Erbauung oder Wiederherstellung der wichtigsten Gebäude des Marsfeldes (agonales Stadion, Odeion, *Saepta Julia*, *Porticus Divorum*, Tempel der *Minerva Chalcidica*, der *Isis*, des *Sarapis*, des Pantheons) geleitet, und seine Tätigkeit hätte sich bis in die Reg.-Zeit des Nerva und den A. der Reg.-Zeit des Trajan hingezogen. Diese Vermutungen stützen sich ledigl. auf formale und dekorative Verwandtschaften, die zw. den Überresten dieser Monumente aufgestellt worden sind. Es ist aber vergebl., Bauten zu benennen, die neben dem *Kaiserpalast* und viell. noch der *Villa von Castel Gondolfo* irgendeine ernsthafte Chance haben, seine Werke zu sein. Der sehr lückenhafte Zustand unserer Dok. und die Vielfalt öff. Bauten, die im Laufe dieser Jahrzehnte entstanden sind, muß uns dazu führen, die Existenz zahlr. Baumeister zu postulieren, von denen wir überhaupt nichts wissen. Da sein Name nicht direkt mit den übrigen Bauwerken in Verbindung zu bringen war, hat man seine „Sign." in der Bauornamentik gesucht: die zwei kleinen Kreise oder „Lünetten" zw. dem Zahnschnitt des marmornen Gesimses während der letzten 15 Jahre des 1. Jh. n. Chr., die mit Recht als eine der Besonderheiten der domitianischen Ära gelten, wurden von G. Lugli (1938) und and. als ein persönl. Kennzeichen erachtet, das R. auf seinen Werken hinterlassen hätte, deren Erbauung er geleitet hat. Wie and. Entwerfer und insbesondere Mosaizisten, die in der Tat bisweilen in ihre Werke onomastische Bilderrätsel gesetzt haben, hätte R. auf diese Weise einen Weg gefunden, um seine Realisierungen zu signieren. Diese Hypothese ist ausgeklügelt, beinhaltet aber viele Schwierigkeiten: auch wenn man nicht sagen würde, daß es unmögl. ist, die beiden in Frage stehenden Kreise als ein plast. Anagramm seines Namens zu deuten, außer man wollte sich in gefährl. akrobat. Verrenkungen begeben, wird man zunächst bemerken, daß das Motiv, das von unten aus gesehen auf der Spitze eines oft gigantischen Baus angebracht, nicht sichtbar ist und im Schatten des eingezogenen Teils des Gesimses liegt, wie vieles andere zu einer Reihe von Fantasien des flavischen Dekors gehört; man findet dieses Motiv auf vielen Gebälken in Rom und Ostia, und es wird in severischer Zeit wieder aufgenommen. Schließl. und v.a. gehört diese Art von Detail nicht in den Aufgabenbereich eines entwerfenden Architekten; wenn dieses Motiv eine Sign. wäre, gehörte es vielmehr einer Wkst. von Steinmetzen oder Ziseleuren an, die auf diese Weise ihr „Markenzeichen" in einer Raffiniertheit hinterlassen wollten, die in keiner Weise die Syntax beeinträchtigt hätte. Es bleibt dennoch, wenn man die Kühnheit der techn. Lösungen, die für die Bekleidung mehrerer Säale des Palastes angewandt worden sind, und die Beherrschung der Kuppelkonstruktionen beurteilt, die dieser Bau bezeugt, daß R. sicherl. einer der innovativsten Künstler in der Befreiung von Formen war, die durch die Perfektionierung des *opus caementicium* begünstigt worden ist. L. Crema hatte nicht unrecht, wenn er in ihm einen der Entwerfer, die von den Musen geküßt waren, erkannte, die neue Wege in der röm. Architektur eröffneten und sogar teilnahmen an jener Übertreibung, die dem dichter. Genre zu eigen ist; das Epigramm, in dem Martial (8, 36) die Größe der kaiserl. *Domus* verherrlicht, bezeugt die tiefe Bewunderung, die durch seine Bauweise für dieses wunderbare Werk hervorgerufen worden ist. ⌧ ThB27, 1933. *Ruggiero*, Diz. Epigr., I, 1895, 645; RE I. A. 1, 1914 (s.v. R. 3); EAA I, 1958, 575 (s.v. Architetto); VI, 1965; DA XXV, 1996. – *G. Lugli*, Atti del Convegno Naz. di Storia dell'Archit. 3:1938, 95–102; *R. E. Paribeni*, RAL 7:1943, 127 s.; *G. Wathagin Cantano*, La *Domus Augustana*. Personalità e problemi dell'archit. Flavia, To. 1966; *W. L. MacDonald*, The archit. of the Roman Empire. I. An introductory stud., N. Y./Lo. 1982, 127–129; *J. C. Anderson jr.*, AJA 89:1985, 499 s.; *W. K. Jones*, The emperor Domitian, Lo./N. Y. 1992, 79–98, insb. 94; *Donderer*, Architekten, 1996, 31, 54; *J. C. Anderson*, Roman archit. and soc., Baltimore/Lo. 1997, 55–95. P. Gros

Ragonius Erotianus, *Publius*, aus Ostia, Maler, in der röm. Kaiserzeit tätig. R. ist aus seiner Grab-Inschr. bek., die ihm seine Kollegen aus der Malergilde (*collegae pingentes*) in Ostia setzten. ⌧ EAA VI, 1965 (s.v. Pictor). - CIL, XIV, Suppl., 4699; *Calabi Limentani*, Studi, 1958, 156, Nr 28; *R. Meiggs*, Roman Ostia, Ox. ^{2}1973, 312; *C. Pavolini*, La vita quotidiana a Ostia, R./Bari 1986, 136. U. Huttner

Rahetep (I), ägypt. Bauleiter („Vorsteher der Bauarbeiten"), unter dem König Snofru (2639/2589–2604/2554 v. Chr.) tätig. Er war als Sohn des Königs Huni oder des Snofru ein hoher Beamter der frühen 4. Dynastie und als Expeditionsleiter tätig. Weltbek. sind die beiden lebensgroßen Statuen von ihm und seiner Frau Nofret, die in seiner Ziegelmastaba in Meidum/Unterägypten gefunden wurden und sich heute im Ägypt. Mus. von Kairo befinden. Auf den Fußsockeln sind sein Name und seine Titel aufgemalt. ⌧ LÄ V, 1984 (s.v. Rahotep); PM IV, 1934, 90 s. – *W. S. Smith*, A history of Egyptian sculpt. and paint. in the Old Kingdom, Boston 1946, 21 ss. und Taf. 6c. Y. Ott

Rahetep (II), ägypt. Architekt („Vorsteher der Bauarbeiter") und Schnitzer des Königsschmuckes, in der 5. Dynastie (2504/2454–2347/2297 v. Chr.) in Saqqara/Unterägypten tätig. Nur bek. aus einer Inschr. auf dem Türsturz seiner Mastaba C12 in Saqqara mit seinem Namen und seinen Titeln. ▭ PM III. 2, 1978, 690 C12. – *H. Junker*, Die gesellschaftl. Stellung der ägypt. Künstler im Alten Reich, W. 1959, 13; *A. Mariette*, Les Mastabas de l'Ancien Empire, Hildesheim/N. Y. 1976, 135; *R. Drenkhahn*, Die Handwerker und ihre Tätigkeiten im Alten Ägypten, in: ÄA 31:1976, 50, Nr d, 4. Y. Ott

Rahetep (III) (Parahetep; Parahotep; Prehetep; Prehotep; Rahotep), ägypt. Umrißzeichner des Amun, unter den Königen Sethos I. bis Ramses II. (1290–1213 v. Chr.) in Deir el-Medineh/Oberägypten tätig. Er war Sohn des Umrißzeichners → Pai (I), Bruder der Umrißzeichner → Nebra und → Paraemheb (I) und Vater der Umrißzeichner → Ipu (I) und → Pai (II). R. wohnte in der Arbeitersiedlung Deir el-Medineh und war beteiligt an der Ausmalung der Beamtengräber des Neferabet, Sennedjem, Qen, Imennechet und des Nechetimen. Diese Gräber stammen alle aus der ersten H. der Reg.-Zeit des Königs Ramses II. (um 1279–1270 v. Chr.). In den Jahren 36 (1235 v. Chr.) und 40 (1239 v. Chr.) des Königs Ramses II. wird sein Name auf versch. Ostraka erw., die in Deir el-Medineh gef. wurden. Er ist häufig belegt u. a. durch einen Brief von ihm an den Schreiber Qenherchepeschef, bei dem er sich über zu viel Arbeit und zu wenig Verpflegung beklagt. Außerdem ist er auf der Basis einer Statue der Königin Ahmes-Nefertari inschriftl. genannt. Bek. ist er auch durch einen Opfertisch seines Vaters → Pai (I) (Turin, Mus. Egizio, Inv. Nr 22029) und der Türdicke aus Kalkstein aus dessen Grab (London, BM, Inv. Nr 186). ▭ LÄ II, 1977, Sp. 619 (s. v. Gleichnis). – KRI I, 391, 10; KRI III, 533, 534 s., 551–553, 647, 14, 649 s., 657, 16; KRI VII, 195; *B. Bruyère*, Rapp. sur les fouilles de Deir el-Medineh, 1924–1925, Le Caire 1926, 139; 1927, Le Caire 1928, 64; *J. Černý*, Rép. onomastique de Deir el-Médineh, in: DIFAO 12:1949, 49, 51 ss..; *B. Bruyère*, La tombe No. 1 de Sennedjem à Deir el-Médineh, in: MIFAO 88: 1959, 10; *E. Endesfelder*, Die Arbeiter der theban. Nekropole im Neuen Reich, Diss. Berlin 1962, 34 s.; *J. J. Janssen*, Commodity prices from the Ramessid Period, Leiden 1975, 53; Hieroglyphic texts from Egyptian stelae etc. (K BM), X, Lo. 1982, 33, Nr. 186, 34 s., Nr 36861, Taf. 78, 80. Y. Ott

Rahetep (IV), ägypt. Umrißzeichner, unter dem König Ramses II. (1279–1213 v. Chr.) tätig. Nur bek. von einer Kalksteinscherbe (Ostrakon), auf der erw. wird, daß er für die Fertigung einer bemalten Grabstatuette bezahlt worden ist. ▭ KRI III, 552, 4. Y. Ott

Rahetep (V), ägypt. Bauleiter („Vorsteher der Bauarbeiten") und Leiter der Handwerker, unter dem König Ramses II. (1279–1213 v. Chr.) in Memphis/Unterägypten tätig. Bek. durch eine Inschr. auf seiner Stele und viell. auch ident. mit dem Besitzer der Stele 1138 aus Abydos, der denselben Namen und Titel trägt. ▭ *H. Brugsch*, Thesaurus inscriptionum Aegyptiacarum, Altägypt. Inschr., V, Graz 1968, 950 (Nr 16). Y. Ott

Rahetep (VI), ägypt. Umrißzeichner, E. der 19. bis A. der 20. Dynastie (1194–1183 v. Chr.) tätig. Nur bek. durch eine auf beiden Seiten beschriebene Kalksteinscherbe (Ostrakon), auf der sein Name und sein Titel erw. sind. ▭ *J. Černý*, Ostraca hiératiques non littéraires, 1, in: DIFAO 3:1935, 14, Taf 42, Nr 49 v. 1. Y. Ott

Rahotep → Rahetep (III)

Rai (I) (Ri), ägypt. Künstler („Vorsteher der Bildhauer des Herrn der Beiden Länder [= des Königs von Ägypten]"), z.Z. des späteren Neuen Reiches (14.–11. Jh. v. Chr.) in Theben. R. hat das unter Thutmosis IV. (1397–1388 v. Chr.) angelegte Grab in Theben (Theban Tomb 77) für sich usurpiert. ▭ PM I. 1, 1960, 150 s. F. Hoffmann

Rai (II), ägypt. Künstler („Vorsteher der Bauarbeiter"), z.Z. Sethos' I. (1290–1279/78 v. Chr.) tätig. R. wird in einer Holzabrechnung der Palastverwaltung erw. (Papyrus Paris, BN, 209 r. 2. 19). ▭ KRI I, 264,5; *W. Spiegelberg*, Rechnungen aus der Zeit Setis I. (ca. 1350 v. Chr.) mit anderen Rechnungen des Neuen Reiches, Straßburg 1896, 20. F. Hoffmann

Raia, ägypt. Künstler („Oberster der Arbeiten des Min, des Herrn von Achmim"), späte 18. Dynastie (2. H. des 14. Jh. v. Chr.). Von R. ist ein Uschebti aus Abydos bek. (Kairo, Ägypt. Mus., Inv. Nr CG 47638). Es ist schon erwogen worden, R. mit dem in einer z.T. zerst. Inschr. in der Felskapelle des Königs Eje (1323–1319 v. Chr.) in Achmim gen. „Vorsteher der Arbeit im Haus des Min" zu identifizieren, dessen Name nicht erh. ist. ▭ LD Text II, 164; *P. E. Newberry*, Funerary statuettes and model sarcophagi (CG), Kairo 1930–37, 186; *W. Helck*, Mat. zur Wirtschafts-Gesch. des Neuen Reiches, II, Wb. 1961, 172. F. Hoffmann

Raka → **Rek**

Rama, ägypt. Bauleiter („Vorsteher der Arbeiten in Karnak") und Herr der Künstler, unter dem König Ramses II. (1279–1213 v. Chr.) in Theben/Oberägypten tätig. Er war am Bau des großen Amuntempels von Karnak beteiligt. Auf der Statue des Rai aus hartem Kalkstein, die im Cachette-Hof im N des siebten Pylons des Amuntempels von Karnak (Versteck von mehr als tausend im Boden vergrabenen Statuen, die einmal im Tempelhof aufgestellt waren) wird er erw. Außerdem wurde seine eigene Statuette aus grauem Granit in der Cachette gefunden. ▭ *M. G. Legrain*, Statues et statuettes de roi et de particuliers, II (CG), Le Caire 1906, 49 s., Taf 47, Nr 42185. Y. Ott

Ramessunechet (I), ägypt. Bauleiter, unter Ramses IV. (1183/82–1152/51 v. Chr.) im Wadi Hammamat/Mittelägypten tätig. R. ist bek. durch eine Stele, die anläßlich einer Steinbruchsexpedition im Jahr 3 des Ramses IV. im Wadi Hammamat errichtet wurde. Er wird an der Spitze einer langen Liste von Personen gen., welche die Aufgabe hatten, geeignete Steinblöcke für die Ausstattung von Tempeln mit Statuen in das Niltal zu schaffen. Es ist nicht sicher, ob es sich bei → R. (II) um die gleiche Person handelt. ▭ *J. H. Breasted*, Ancient records of Egypt, I, N. Y. 1906, 225, Paragraph 466; *J. Couyat/P. Montet*, Les inscr. hiéroglyphiques et hiératiques du ouâdi hammâmât, Le Caire 1912, 74 ss., Nr 107. S. L. Lippert

Ramessunechet (II), Sohn des Seba, ägypt. Bauleiter („Vorsteher der Arbeiten im Hause des Amun in Theben"), in der 20. Dynastie (1186/85–1070/69 v. Chr.) in Theben/Oberägypten tätig. Bek. von einem Graffito, das sein Sohn, der Heeresschreiber Heri, in Sehel hinterlassen hat. In der Inschr. wird um Opfer und Gebete für den (wohl bereits verstorbenen) Vater gebete. Nach Helck (1961) war R. am Totentempel Ramses III. in Medinet Habu (Theben-W) beschäftigt. Ob er mit → R. (I) ident. ist, läßt sich nicht sicher feststellen. ▭ *J. de Morgan u.a.*, Cat. des monuments et inscr. de l'Egypte antique, I. 1, W. 1894, 93, Nr 130=103, Nr 54; *W. Helck*, Mat. zur Wirtschafts-Gesch. des Neuen Reiches, I, Wb. 1961, 113. S. L. Lippert

Ramesu (I) (Ramose; Ramosis), ägypt. Architekt, Bauleiter („Vorsteher der Arbeiten an den großen Mon."), z.Z. Amenophis' III. und Echnatons (1388 bis 1334 v. Chr.), in Ägypten tätig. Obwohl durch sein Grab (Theban Tomb 55), den Torso einer Statue, einen Grabkegel und zwei Graffiti namentl. belegt, ist über sein Leben nur bek., was aus seinen Titeln hervorgeht, die ihn als Architekten, Bauleiter und schließl. als Wesir, im höchsten ägypt. Amt nach dem König, ausweisen. ▭ LÄ I, 1975, Sp. 654 mit Anm. 6 (s. v. Bauleiter); PM I. 1, 1960, 105–111. – Urk. IV, 1776–1792; *W. Helck*, Urkunden der 18. Dynastie, B. 1961, 252–259; *N. de G. Davies*, The tomb of the vizier Ramose, Lo. 1941. M. A. Stadler

Ramesu (II) (Ramose; Ramosis), ägypt. Architekt, Bauleiter („Vorsteher der Arbeiten"), z.Z. Haremhabs bis Ramses' I. (1319 bis 1290 v. Chr.), in Theben/Ägypten tätig. R. ist lediglich durch sein unfertiges Grab (Theban Tomb 166) überliefert, in dem die von ihm geleiteten Projekte bzw. seine Tätigkeitsbereiche aufgeführt sind. Bislang wurde R. in die 20. Dynastie dat. (1186/85 bis 1070/69 v. Chr.), was aber aufgrund stilist. Erwägungen bezüglich der Dekoration seines Grabes, die in die Nachamarnazeit zu setzen ist, und dessen Lage auf die Zeit Haremhab bis mind. Ramses I. korrigiert werden muß, wobei R. auch noch unter Sethos I. (1290 bis 1279/78 v. Chr.) gewirkt haben könnte. Damit sind die in seinem Grab aufgelisteten und für uns identifizierbaren Bauprojekte als von ihm geleitete Vorhaben deutbar: R. war sowohl an Ausbesserungen und Rest. der Nachamarnazeit an älteren Bauwerken als auch an Neubauten, wie einem Teil oder der Gesamtheit des zweiten Pylons und am Baubeginn der Hypostylen-Halle des Amun-Tempels in Karnak beteiligt. Ferner ist seine Arbeit am Speos des Haremhab in Gebel es-Silsile als nicht gesicherte Hypothese vorgeschlagen worden, indem R. mit → Mes (I) ident. sein könnte. ▭ *A. H. Gardiner/A. E. Weigall*, A top. cat. of the priv. tombs of Thebes, Lo. 1913, 30 s.; *W. Helck*, Mat. zur Wirtschafts-Gesch. des Neuen Reiches, I, Wb. 1961, 36; *E. Hofmann/K.-J. Seyfried*, MDAIK 51:1995, 23–56. M. A. Stadler

Ramesu (III) (Ramose; Ramosis), ägypt. Architekt, Bauleiter („Vorsteher der Arbeiten"), 20. Dynastie (1186/85 bis 1070/69 v. Chr.), in Theben/Ägypten tätig. Von R. ist die heute kopflose Schreiberstatue im Ägypt. Mus. in Kairo erh., deren Inschr. zu entnehmen ist, daß er Oberschatzmeister des Amun und dessen Vorsteher der Arbeiten war, was ihn als Mitgl. des Amun-Tempels in Karnak ausweist. Eine Identität mit → R. (II) ist möglich, aber nicht beweisbar. ▭ *L. Borchardt*, Statuen und Statuetten von Königen und Privatleuten (CG), IV, B. 1934, Nr 1221; *W. Helck*, Mat. zur Wirtschafts-Gesch. des Neuen Reiches, I, Wb. 1961, 45. M. A. Stadler

Ramose v.e. **Ramesu**

Ramosis v.e. **Ramesu**

Ranazu, etrusk. Töpfer, der im 7. Jh. v. Chr. eine *Oinochoe* (*qutun*) aus buccheroidem Impasto gefertigt hat, gefunden in Narce auf faliskischem Gebiet in der *Grube 2* des ersten Gräberfeldes s. von Pizzo Piede. Das zum Zeitpunkt der Grabung (im vorletzten Jahrzehnt des 19. Jh.) bereits geplünderte Grab enthielt subgeometr. Keramik aus lokaler Herstellung und importierte protokorinth. Salbgefäße. Die Oinochoe wurde früher aufgrund ihres Kleeblatt-Ausgusses, des kegelstumpfförmigen Halses mit konkavem Profil, der ausgeprägten Schultern, des birnenförmigen Körpers, des scheibenförm. Fußes und des Bandhenkels als irdene Kopie eines der aus dem Nahen Osten (wohl Syrien oder Zypern) importierten Silbergefäße angesehen, wie sie häufig in den sog. „Fürstengräbern" der etrusk. Zentren (Regolini-Galassi von Caere, del Duce von Vetulonia) oder der etrusk. beeinflußten Stätten (Barberini und Bernardini in Praeneste, Grab 928 von Pontecagnano) des 2. oder 3. V. des 7. Jh. v. Chr. vorkommen. Es scheint jedoch überzeugender, das Gefäß einer Gruppe subgeometr. lokaler Oinochoen aus Ton vom E. des 8./A. 7. Jh. v. Chr. zuzuordnen (CVA, Tarquinia III, Taf. 2439), die zwar einige formale Analogien mit den nahöstl. Metallgefäßen aufweisen, diese aber nicht zu kopieren scheinen. Bei der Oinochoe von Narce dürfte es sich daher um das Produkt einer lokalen Wkst. handeln, das nicht vor dem 3. Jahrzehnt des 7. Jh. v. Chr. zu datieren ist. – Die Sign. des Künstlers ist Teil einer auf den Hals des Gefäßes gravierten Inschr., die auch dessen Besitzer nennt: „... ranazu zinace" (TLE^2, 28; auf dem Körper befindet sich eine weitere, weniger deutl. Inschrift). Ihre Übersetzung bereitet keine Schwierigkeiten: „ranazu" ist viell. ein männl. Eigenname, der seit archaischer Zeit als Fam.-Name verwendet wurde. Dies dürfte auch hier der Fall sein. Der Künstlername würde auf der Oinochoe dann ebenso wie ihr dort ebenfalls gen. Besitzer (Lemausna) nur mit seinem Fam.-Namen angesprochen. „Zinace" ist die aktive Perfektform eines Verbs mit dem Stamm „zina-", das „machen" im materiellen Sinn bedeutet. Die Übersetzung lautet demnach: „Ranazu hat gemacht." Die Deutung von R. als Eigen- oder aber als Fam.-Name führt zu versch. Schlüssen auf die soz. Herkunft des Künstlers. Im ersten Fall würde er der Unterschicht angehören, im zweiten Fall dagegen der gentilen Mittelschicht. – Da die Kanne weder in der Form noch im Dekor (Zickzackband und Girlande am Halsansatz) Besonderheiten aufweist, läßt sich annehmen, daß ihr Auftraggeber sich mit der Anbringung der Künstler-Sign. selbst aufwerten wollte. Dafür spricht auch die zusätzl. Nennung des Auftraggebers in ders. Inschr., die von einer and. Inschr. auf dem Gefäß versch. ist. ▭ *F. Barnabei/G. F. Gamurrini*, MonAnt 4:1894, col. 281 s., 322 ss., 465; *M. Cristofani*, BSR 56:1988, 14 und 22.

G. Camporeale

Rapilius Serapio, *Marcus*, aus Rom, fertigte *Augen* für Statuen, im 1./2. Jh. n. Chr. tätig. R. S. ist nur aus einer in Rom entdeckten Grab-Inschr. bek. (heute in Florenz). Darin heißt es, daß er in der Gegend des sog. „Marmoraltars" (Lage unsicher) Statuen Augen einsetzte (*ab ara marmor(ea) oculos reposuit statuis*). Er wirkte somit als *oculariarius*. ▭ EAA V, 1963 (s.v. Ocularius); ThLL, IX. 2, fasc. III, 1973 (s.v. ocularius). – CIL, VI, 9403 (ILS 7713); *G. Becatti*, Arte e gusto negli scrittori latini, Fi. 1951, 451, Nr 333; *Calabi Limentani*, Studi, 1958, 173, Nr 176; *Solin*, GPR, I, 1982, 378.

U. Huttner

Rawer (I), ägypt. Künstler („Aufseher aller Arbeiten des Königs"), während des Alten Reiches (2707/2657–2216/2166 v. Chr.) in Unterägypten tätig. Seine Titel und sein Name sind auf der Scheintür seines Grabes erh., das als große Steinmastaba gestaltet ist. Die Mastaba (LG 94) liegt w. der Pyramide der Königin Chentkaus im Zentrum des Pyramidenplateaus von Giza. R. trug Sorge für den Bau und die Ausschmückung eines kgl. Grabkomplexes im Gebiet Giza, Abusir oder Saqqara. Da im Grab des R. keine Kartusche mit einem Königsnamen gefunden wurde, kann nicht gesagt werden, unter welchem König und in welcher Nekropole er arbeitete. In der Fachwelt herrscht bisher keine Einigkeit über die Dat. des Grabes (Reisner datiert in die späte 4. bis 5., Baer in die 6. Dynastie). ▭ PM III. 1, 1974, 242. – *S. Hassan*, Excavations at Giza, V, Kairo 1944, 293–97.

C. von Pfeil

Rawer (II), ägypt. Bauaufseher („Unteraufseher der Bauleute"), unter Niuserre oder später (2445/2395–2414/2364 v. Chr.) in Ägypten tätig. R. ist in der Mastaba des Iymery (G 6020) beim Rindertreiben dargestellt. Welcher Art seine Verbindung zum Grabinhaber war und weshalb er bei einer für seinen Beruf untyp. Tätigkeit dargestellt wurde, ist unklar. ▭ PM III. 1, 1974, 170 ss. – LD II, Taf. 54.

S. L. Lippert

Raweser, ägypt. Bauleiter („Vorsteher der Arbeiten des Königs aus allen harten und festen Steinen"), in der 19. Dynastie (1292–1186/85 v. Chr.) in Ägypten tätig. Bek. durch seine Grabstatuette

(Uschebti) aus Kalkstein, die in Abydos gefunden wurde (Kairo, Ägypt. Mus., Inv. Nr CG 47243). ▭ *P. E. Newberry*, Funerary statuettes and model sarcophagi (CG), Kairo 1930–37, 114, Nr 47243.
Y. Ott

Rechimen, ägypt. Künstler („Hersteller von blauer Fritte des Amun"), Neues Reich (1550–1070/69 v. Chr.), in Theben tätig. Bek. von seiner aus blauer Fritte hergestellten Votivstele (Edinburgh, NM of Scotland, Inv. Nr 1956.153 [andere Nr: 449]). ▭ PM I. 2, 1964, 803. – *U. Luft*, ZÄS 104:1977, 48. F. Hoffmann

Rechmira (Rechmire), ägypt. Bauleiter und Aufseher der Künstlerschaft, unter Thutmosis III. (1479–1425 v. Chr.) bis Amenophis II. (1428–1397 v. Chr.) in Oberägypten tätig. R., der den Titel eines Wesirs und Bürgermeisters von Theben trug, war außerdem für zahlr. kgl. Bauprojekte zuständig. Sein reich mit Malereien ausgestaltetes Grab in Scheich Abd el-Qurna (Theban Tomb 100) auf der theban. W-Seite ist eines der bedeutendsten seiner Zeit. Auf einigen Ostraka (beschriftete Kalksteinscherben) ist er als Bauleiter des Djeser-achet, des Tempels Thutmosis' III. in Deir el-Bahri, gen. Von diesem einst imposanten Bauwerk sind heute, nachdem es in der 20. Dynastie durch Steinräuber und später durch mehrere Felsstürze beschädigt wurde, nur noch geringe Reste vorhanden. ▭ LÄ I, 1975, 654 (s.v. Bauleiter), 1022–1023 (s.v. Deir el-Bahri III); LÄ V, 1984, 180–182 (s.v. Rechmire). – *P. E. Newberry*, The life of Rekhmara, Lo. 1900; *N. de G. Davies*, The tomb of Rekh-mi-Reᶜ at Thebes, N. Y. 1943; *W. C. Hayes*, JEA 46:1960, 43 ss.; *D. Arnold*, Die Tempel Ägyptens, Augsburg 1996, 139–140.
S. L. Lippert

Redienipteh, ägypt. „Umrißzeichner im Schatzhaus", im Mittleren Reich (2199–1794/93 v. Chr.) tätig. Nur bek. aus der bemalten Kalksteinstele eines Sesostris, die sich in Abydos/Oberägypten befunden hat. Auf dieser sind Speisetischszenen dargestellt, z.B. die Opferung vor dem Verstorbenen, Tanz- und Musikszenen. ▭ *M. C. Boreux*, Les pseudo-stèles C. 16, C. 17 et C. 18 du Mus. du Louvre, in: BIFAO 30:1930, 45 s., Taf 2. Y. Ott

Rek (Raka), Sohn des Iahmes, ägypt. Goldschmied („Vorsteher der Künstlerschaft des Herrn der Beiden Länder [d.h. des Königs]", „Vorsteher der Künstlerschaft des Horustempels von Miam [=Aniba]", „Vorsteher der Goldschmiede"), zeitgleich mit Setua, dem Vizekönig von Kusch, also unter Ramses II. (1279–1213 v. Chr.) in Aniba/Nubien tätig. Bek. durch zahlr. Funde, die aus seinem Grab in Aniba (SA. 31) stammen, das er sich mit seinem Sohn → Bakenurner (I) teilte. Aus dem Grab stammen einige Kleinfunde wie Uschebtis und ein Herzskarabäus, der R. als Goldschmied ausweist. Ein vermutl. aus Aniba stammender Kalksteinnaos, der sich heute in London im BM befindet (Inv. Nr 476), wurde R. von seinem Sohn geweiht. Darüber hinaus ist er im Felsheiligtum Qasr Ibrim des Vizekönigs von Kusch in Ellesije erw. sowie durch einige Graffiti ebd. belegt. Vermutl. stand er in Aniba den Künstler-Wkstn vor, die dem Horustempel angegliedert waren. ▭ KRI III, 104, Zeile 8, 126, Zeilen 10–129; *M. Dewachter*, BIFAO:1971, 91–93; Hieroglyphic texts from Egyptian stelae etc. (K BM), X, Lo. 1982, 25, Nr 476, Taf. 58–60. T. Schrottenbaum

Renefanch, ägypt. Bildhauer, im Mittleren Reich (2119–1794/93 v. Chr.) in Ägypten tätig. Bek. durch die hieroglyph. Inschr. auf einer Stele des Tjaunechti, die aus der n. Nekropole von Abydos stammt. Auf der Stele wird ein weiterer Künstler, der Umrißzeichner → Meriibra, gen., der wie R. als Tjaunechtis geliebter Freund bez. wird. Da im Mittleren Reich jeder darum bemüht war, eine Stele in Abydos aufzustellen, läßt sich nichts über die Herkunft bzw. den Arbeitsplatz des R. aussagen. ▭ *H. O. Lange/H. Schäfer*, Grab- und Denksteine des Mittleren Reichs (CG), II, B. 1908, 54–56, Nr 20457. T. Schrottenbaum

Renefseneb (I), ägypt. Goldschmied, im Mittleren Reich (2119–1794/93 v. Chr.) in Ägypten tätig. R. erscheint auf einer Stele des Gutsvorstehers Sebekemsaf, die in Abydos gefunden wurde. Ob er mit ihm verwandt oder befreundet war, geht aus der knappen Inschr. nicht hervor. Da nach Abydos zahlr. Pilger aus ganz Ägypten kamen, läßt sich nicht erkennen, ob R. dort oder anderswo lebte und arbeitete. ▭ *H. O. Lange/H. Schäfer*, Grab- und Denksteine des Mittleren Reiches (CG), II, B. 1908, 144 g (Nr 20536). S. L. Lippert

Renefseneb (II), ägypt. Bildhauer, im Mittleren Reich (2119–1794/93 v. Chr.) in Ägypten tätig. R. ist auf einer Stele aus Abydos abgebildet, der Name des Stelenbesitzers ist nicht erh. Bemerkenswerterweise ist sein Name dort falsch als „Rensenebef" geschrieben. Außer R. sind noch weitere Bildhauer dargestellt, viell. allesamt Kollegen des Steleninhabers: → Ibet (II), → Imeni (II), → Daischutef und → Anchu (II). ▭ *H. O. Lange/H. Schäfer*, Grab- und Denksteine des Mittleren Reiches (CG), II, B. 1908, 349 b (Nr 20722).
S. L. Lippert

Renu, ägypt. „Künstler des Anubis", 11. Dynastie (2119–1976 v. Chr.). Bek. von seiner Totenstele, auf der er mit Frau und Kindern abgebildet ist. Die Stele befindet sich jetzt in der Slg des Herzogs von Devonshire in Chatsworth, Chatsworth House. ▭ *G. B. Deakin*, Transactions of the Hunter Archaeol. Soc. 10:1971, 65 ss.; *H. G. Fischer*, Egyptian titles of the Middle Kingdom, N. Y. 1985, 22, Nr 960a. F. Hoffmann

Restutus, wohl aus Karthago, nicht als Künstler belegt, 5./6. Jh. n. Chr. R. ist nur in einer schlecht überlieferten spätantiken Inschr. aus Karthago belegt. Sein Name steht dort im Genitiv (RESTUTI). Das lat. Verb *depingere* (*depinxit*, d.h. „er/sie/es hat gemalt/abgebildet") im selben Kontext kann nicht bedeuten, daß R. als Maler wirkte. ▭ EAA VI, 1965 (s.v. Pictor; fehlerhaft). – CIL, VIII, 25358; *Calabi Limentani*, Studi, 1958, 158, Nrn 47 und 187 (dort falsch als Restitutus und zu Unrecht als Maler gedeutet). U. Huttner

Rhoikos (Ῥοῖκος), Sohn des Philes, griech. Architekt aus Samos, in der 2. H. 6. Jh. v. Chr. in Samos tätig. Nach Hdt., 3, 60, 4 ist Rh. der erste Architekt des größten Tempels in ganz Hellas, von dem er, Herodot, Kenntnis hat. Abgesehen von einer Erw. bei Bischof Eustathios von Thessalonike, der ad Dion. (533) die Herodotstelle einfach zitiert, wird Rh. erw. bei Plinius (nat., 36, 90) als einer der Architekten des *lemnischen (sic) Labyrinths* und bei Diogenes Laertius als Sohn des Theodoros. Pausanias (8, 14, 3 und 9, 41, 1) bez. Rh. – zus. mit → Theodoros (I) – als den Erfinder des Erzgusses und 10, 38, 5 als den Schöpfer der *Nyx-Statue* in Ephesos, während Diodoros Siculus (1, 98) Rh. als den Vater von → Telekles und → Theodoros (I) überliefert. Neben diesen Erw. des Rh. aus Samos taucht der Name – er bedeutet der Gekrümmte, Bucklige, O-beinige – bereits in der Mythologie auf als Name eines Kentauren, als Gefährte des Theseus, als Rh. von Knidos, der die Gunst einer Baumnymphe erwirbt, und als König von Amathus. Alle diese Namenskollegen sind deutl. von dem samischen Architekten zu unterscheiden. Dagegen wurde die Weih-Inschr. eines Rh. auf einer dreifachen Schale aus Naukratis ebenfalls mit dem herodoteischen Meister in Verbindung gebracht (Flinders Petrie, 1888), was aber wegen der divergierenden Dat. nicht überzeugt. – Rh. spielt in der Archit.-Gesch. von Samos zweifelsohne eine herausragende Rolle. Sein Name wird bei den späteren Schriftstellern allerdings fast ausnahmslos zus. mit → Theodoros (I) erw. – mit offensichtlichen Verwechslungen und sich widersprechenden Informationen. Alle Versuche, diese Überlieferungen zu entwirren und die Leistungen der beiden Männer klarzustellen, wurden auf eine neue Basis gestellt mit den Ausgrabungen von E. Buschor im Heraion von Samos. Buschor ist es gelungen, zu dem bek. Dipteros mit der heute noch aufrecht stehenden Säule einen Vorgängerbau aufzudecken und aus den wenigen erh. Resten ein Bild von diesem ersten Mon.-Bau der griech. Archit. zu umreißen. Obwohl er zunächst Rh. und → Theodoros (I) als die gemeinsamen Schöpfer dieses Pionierbaues bezeichnete, spricht er in seiner weiteren Abhandlung „der Kürze wegen" (AM 55:1930, 51) aber nurmehr von Rh. (Rhoikostempel), behandelt ihn aber auch als den Urheber der Erweiterung des Temenos (Rhoikosplan) und schließl. als den prägenden Geist einer ganzen Epoche (Rhoikoszeit). Entgegen diesen griffigen Benennungen, die sich die Fachwelt inzwischen angeeignet hat, ist aber darauf hinzuweisen, daß Rh. von Herodot eindeutig als der erste Architekt (ἀρχιτέκτων πρῶτος) des größten Tempels bez. wird und nicht als der Architekt des ersten Tempels. Rh. kann deshalb schwerl. mit den wahrhaft mon. Planungen der 1. H. des 6. Jh. in Verbindung gebracht werden und wird in den neueren Abhandlungen – im Gegensatz zu Buschor – auch ohne Einschränkung als der Architekt des *zweiten Dipteros* angesehen (Furtwängler, 1984; Svenson-Evers, 1996; Kienast, 1998). Seine wirkl. Leistung läßt sich damit allerdings nicht mehr so eindeutig darstellen wie bisher. – Der *erste Dipteros* im Heraion von Samos ist im 2. V. des 6. Jh. v. Chr. entstanden. Es handelt sich um den ersten Steinbau im Heraion von Samos, der sich auszeichnet durch beträchtl. Dimensionen – sein Grundriß mißt 52,5 x 105 m – sowie durch eine erstaunl. Qualität im Detail. Zu erwähnen sind v.a. die auf der Drehscheibe gefertigten Säulenbasen und Kapitellechinoi, deren Herstellungstechnik bereits von Plinius (nat., 36, 90) überliefert wurde (Johannes, 1937; Hendrich, 1998). Der Tempel wurde gegen M. des 6. Jh. v. Chr. voll., war aber wegen mangelnder Fundamentierung bald baufällig und mußte wieder abgetragen werden (Kienast, 1998). Der Nachfolgerbau – bek. als *Polykratischer Tempel* – wurde rund 40 m nach W in stabileres Baugelände verschoben. Sein Grundriß entsprach im Wesentlichen dem seines Vorgängers, seine Front und Rückseite wurden jedoch mit einer tripteralen Säulenstellung bereichert. Mit Ausmaßen von rund 55 x 110 m sollte er tatsächl. der größte Tempel in ganz Hellas werden. Dieser Tempel wurde jedoch nie ganz fertiggestellt. Die Tatsache, daß sein Fundament gravierende Konstruktionsunterschiede aufweist, die nur durch das Wirken von mehreren Architekten zu erklären sind, und v.a. auch die Tatsache, daß sich die Bauzeit des Projektes hinzog und beim Besuch von Herodot auf der Insel bereits zwei Generationen dauerte, wäre eine hinreichende Begründung für das Nennen und Hervorheben eines ersten Architekten, der eben für die Planung und den Beginn der Bauarbeiten verantwortl. zeichnet, näml. Rh., Sohn des Philes von Samos. Die oft bemühte Erklärung, daß Herodot mit dem Adjektiv πρῶτος keine rangmäßige, sondern eine zeitl. Folge andeuten wollte, daß demnach auch mit dem ersten Architekten der Architekt des ersten Tempels gemeint sei, wäre dann inhaltslos: Rh. wäre auf diese Weise sowohl zeitl. als auch rangmäßig der erste Architekt des größten Tempels, von dem Herodot wußte – des in den 30er Jahren des 6. Jh. v. Chr. begonnenen *zweiten Dipteros* im Heraion von Samos. – Akzeptiert man diese Interpretation, wäre Rh. der Mann, der den ersten baufälligen Tempel abgetragen und die Errichtung des Neubaus organisieren mußte. Welche große Herausforderung dieses Unterfangen darstellte, wird schnell deutl., wenn man sich die Dimensionen der beiden Bauten vor Augen hält. Das vorhandene Baumaterial mußte möglichst schonend abgetragen und möglichst sinnvoll in den Neubau integriert werden. V.a. aber mußten aus den Erfahrungen mit dem ersten Tempel Konsequenzen hinsichtl. der Fundamentierung gezogen werden. Der Befund zeigt, daß Rh. dazu einen Graben von rund 4,5 m Breite und 1 m Tiefe ausheben und mit Meersand auffüllen ließ, in der Absicht, einen stabilen und homogenen Unterbau zu schaffen, auf dem dann das eigtl. Fundament errichtet wurde, versehen mit zusätzl. stabilisierenden Sonderkonstruktionen (Reuther, 1957; Kienast, 1998). Der Oberbau wurde mit dem vorhandenen Mat. – brauner Poros – errichtet, das zu diesem Zweck umgearbeitet werden mußte. Für die äußere Peristase wurde dagegen zum ersten Mal im Baugeschehen im Heraion Marmor verwendet. Hervorzuheben ist nicht nur dieses Mat., sondern v.a. auch die Gestaltung der Basen und der überaus reiche und anspruchsvolle Schmuck der Kapitelle dieser Säulen (Gruben, 1959; Hellner, 1995). Der samische Heratempel wurde zwar nicht der prächtigste unter den ionischen Dipteroi, Rh. hat aber trotz der schwierigen Vorgaben einen eindrucksvollen Bau errichtet. Im Gegensatz zum Vorgängerbau konnte sein Tempel jedoch nie voll. werden – einerseits aus polit.-ökonom., andererseits aber auch aus stat.-konstruktiven Gründen. Wie beim ersten Dipteros wurde auch dem Bau des Rh. letztl. der schwache Untergrund zum Verhängnis. ▭ ThB28, 1934. RE I. A. 1, 1914. – *W. M. Flinders Petrie*, Naukratis, II, Lo. 1888, Taf. 7,1 und 21, 778; *Brunn*, GGK, I, 1889, 23 ss.; *G. Perrot/C. Chipiez*, Hist. de l'art dans l'antiquité. La Grèce archaïque, VIII, P. 1903, 289; *E. Buschor*, AM 55:1930, 49 ss.; *H. Johannes*, AM 62:1937, 13 ss.; *O. Reuther*, Der Heratempel von Samos, B. 1957; *G. Gruben*, Die Kapitelle des Heratempels auf Samos, Diss. M. 1960; *R. Tölle-Kastenbein*, Herodot und Samos, Bochum 1976, 55; *A. Furtwängler*, AM 99:1984, 97 ss.; *N. Hellner*, Architectura 25:1995, 121 ss.; *Svenson-Evers*, Architekten, 1996, 7 ss.; *C. Hendrich*, Die Basen und Kapitelle des sog. Rhoikostempels, des ersten Dipteros von Samos, Diss. M. 1998; *J. Kienast*, AM 113:1998, 111 ss. H. J. Kienast

Rhopos (Ῥόπ[ος]), griech. Bildhauer, im 2. Jh. n. Chr.(?) in Mérida (Emerita Augusta) tätig. Nur bek. durch eine Inschr. auf einem Teil des Gesimses des Theaters von Mérida, das zur architekton. Ausgestaltung trajanischer Zeit gehört. Neben den drei ersten Buchstaben des Namens hat sich eine Datumsangabe erh.: XI K(ALENDAS) AUG(USTAS). Da jedoch die Angabe der Konsuln fehlt, könnte sie auch in die augusteische Gründungszeit dat. werden (zum Theater: W. Trillmich, Colonia Augusta Emerita, Die Hauptstadt von Lusitanien, in: W. Trillmich/P. Zanker (Ed.), Stadtbild und Ideologie, M. 1990, 304 ss.). ▭ EAA VI, 1965. – *A. García y Bellido*, ArchEspA 28:1955, 8, Nr 8. M. Wüstefeld

Ri v.e. **Rai**

Ri, ägypt. Bildhauer („Oberster der Bildhauer des Amun"), in der 18. Dynastie (um 1550–1292 v. Chr.) im theban. Raum/Oberägypten tätig. Nur bek. durch eine Kalksteinstele, die sein Bruder → Aacheperkaraseneb für seinen Vater → Nebiaut errichtet hat. Da R. als Bildhauer des Gottes Amun bez. wird, dessen Hauptkultort in Theben lag, liegt die Vermutung nahe, daß er in Theben oder näherer Umgebung tätig war. ▭ *P. A. A. Boeser*, Die Denkmäler des Neuen Reiches, III, D. H. 1913, 5, Nr 16, Taf. 11; *F. Steinmann*, ZÄS 107:1980, 148. T. Schrottenbaum

Ricantus, röm. Toreut, in der 2. H. des 1. Jh./ in der 1. H. des 2. Jh. n. Chr. wohl in Niedergermanien tätig. Nur bek. durch seine Sign. auf einer *Bronzekelle* von einem Brandgrab von Klein-Zerbst, Landkreis Köthen/Deutschland (heute Köthen, Mus., Inv. Nr 39,69). ▭ *J. Kunow*, Der röm. Import in der Germania libera bis zu den Markomannenkriegen. Stud. zu Bronze- und Glasgefäßen, in: Göttinger Schr. zur Vor- und

Frühgesch. 21, Neumünster 1983, 124; *R. Petrovszky*, Stud. zu röm. Bronzegefäßen mit Meisterstempeln, Buch am Erlbach 1993, 164, Nr R.01, p. 291, Nr R.01.01. R. V.

Riccus, viell. röm. Toreut, in der Kaiserzeit tätig. Nur bek. durch die folgende Inschr.: ...RICCI M (CIL, XIII, 10036, 40) auf einem Schwert aus Schleswig aus dem 3. Jh. n. Chr. Ramsay MacMullen (1960, 37, Nr 56) möchte diese Inschr. als Riccus manu auflösen und also dem Riccus die Herstellung zuschreiben. Er schließt aber auch nicht aus, das ...riccus nur der letzte Teil des richtigen Namens war. Weiterhin möchte MacMullen auch ein zusätzl. Schwert aus Schleswig (Inschr. ...RICVS; CIL, XIII, 10036, 42; R. MacMullen, AJA 64:1960, 37, Nr 57) und viell. sogar ein Bronzegefäß aus Dänemark (Inschr.: RICVS oder PICVS oder PICVS F(ecit) oder DICVS; CIL, XIII, 10036, 55; R. MacMullen, AJA 64:1960, 37, Nr 57) und einen Bronzehenkel aus Bourges (Inschr.: ATR...CVS; CIL, XIII, 10027, 9; R. MacMullen, AJA 64:1960, 37, Nr 57) dem gleichen R. zuordnen. Das Ganze bleibt rein spekulativ und sollte abgelehnt werden. ▭ *R. MacMullen*, AJA 64:1960, 37, Nrn 56 s. R. V.

Rimma, röm. Toreut, am E. des 1. Jh./in der 1. H. des 2. Jh. n. Chr. in Niedergermanien tätig. Nur bek. durch seine Sign. auf einer *Bronzekelle* von einem Brandgrab von Velatice, Brno-Venkov/Slowak. Republik (heute Brno, Moravské Muz., Inv. Nr c). ▭ *J. Tejral*, Památky Archeol. 58:1967, 109, 129, Nr 13, Abb. 11/7; *R. Petrovszky*, Stud. zu röm. Bronzegefäßen mit Meisterstempeln, Buch am Erlbach 1993, 164, Nr R.02, p. 291, Nr R.02.01. R. V.

Robilius Flaccus, *T.*, röm. Toreut, im 1. Jh. n. Chr. in Kampanien tätig. Nur bek. durch seine Sign. auf den folgenden zwei *Bronzekasserollen*: – 1.) aus Pompeji (heute Neapel, Mus. Archeol. Naz., Inv. Nr 124900; S. Tassinari, La vaisselle de bronze romaine et provinciale au Mus. des Antiquités Nat., Gallia, Suppl. XXIX, P. 1975, 27, Nr 3; Petrovszky, 1993, 291, Nr R.03.01); – 2.) in Rouen, Mus. Dép. des Antiquités (S. Tassinari, La vaisselle de bronze romaine et provinciale au Mus. des Antiquités Nat., Gallia, Suppl. XXIX, P. 1975, 27, Nr 3; Petrovszky, 1993, 291, Nr R.03.02). ▭ *R. Petrovszky*, Stud. zu röm. Bronzegefäßen mit Meisterstempeln, Buch am Erlbach 1993, 164, Nr R.03, p. 291, Nrn R.03.01–R.03.02. R. V.

Robilius Sitius, *Tiberius*, röm. Toreut, in der 1. H. des 1. Jh. n. Chr. in Kampanien tätig. Nur bek. durch seine Sign. auf den folgenden fünf *Bronzekasserollen*: – 1.) aus der Insula 12, Regio VI in Pompeji (heute Neapel, Mus. Archeol. Naz.; CIL, XIII. 3/2, bei Nr 10036, 72; S. Tassinari, La vaisselle de bronze romaine et provinciale au Mus. des Antiquités Nat., Gallia, Suppl. XXIX, P. 1975, 27, Nr 3; Petrovszky, 1993, 291, Nr R. 04. 01); – 2.) aus einem Wasserfund in der Saône an der Brücke von Beauregard/Frankreich (heute St. Germain-en-Laye; Mus. des Antiquités Nat., Inv. Nr 77514; S. Tassinari, La vaisselle de bronze romaine et provinciale au Mus. des Antiquités Nat., Gallia, Suppl. XXIX, P. 1975, 27, Nr 3, Taf. 1, 3; 40, 1; Petrovszky, 1993, 292, Nr R.04.02, Taf. 41); – 3.) aus einem Körpergrab von Hagenow/Deutschland (heute Schwerin, Mus. für Ur- und Frühgesch., Inv. Nr 813; CIL, III. 2, 6017, 13; XIII. 3/2, 10036, 72; R. Beltz, Die vorgesch. Altertümer des Großherzogtums Mecklenburg-Schwerin, Schwerin 1910, 328, Nr 8, Taf. 59, 84; Petrovszky, 1993, 292, Nr R.04.03, Taf. 24); – 4.) aus Komárom(-Szöny)/Ungarn (heute Budapest, NM, Inv. Nr 65/1913,3; A. Radnóti, Die röm. Bronzegefäße von Pannonien, Bp./L. 1938, 57, Anm. 63, Taf. 15, 5; Petrovszky, 1993, 292, Nr R. 04.04, Taf. 24, 41); – 5.) aus einem Grab von Lysec, Teplice/Tschech. Republik (heute Prag, NM; CIL, III. 2, 6017, 12; XIII. 3/2, 10036, 85; H. Schmidt, Nachrichten über Dt. Altertumsfunde 13:1902, 89 ss., Abb. 2; Petrovszky, 1993, 292, Nr R.04.05). Letztere sign. er zus. mit dem ansonsten unbekannten *C. Atilius Hanno*. ▭ *R. Petrovszky*, Stud. zu röm. Bronzegefäßen mit Meisterstempeln, Buch am Erlbach 1993, 164, Nr R.04, pp. 291–293, Nrn R.04.01 – R.04.05, Taf. 24, 41. R. V.

Romanos → Aurelius Romanus

Romulianus, röm. Erzgießer, in der 2. H. des 2. Jh. n. Chr. tätig. Nur bek. durch seine Sign. auf einer Bronzebasis für eine *Statuette* aus dem Iuppiter Dolichenus Heiligtum aus Brigetio/Ószöny (heute in Budapest, Ungarisches NM), die von einem Publius Aelius Verus, einem Centurio der Legio I Adiutrix Pia Fidelis, gew. worden ist. Diese Legion war im 2. Jh. n. Chr. in Brigetio stationiert. Durch den Beinamen der Legion kann die Arbeit in die 2. H. des 2. Jh. n. Chr. eingegrenzt werden. ▭ RE, Suppl. VIII, 1956 (s.v. R. 3); EAA VI, 1965. – *F. Lang*, Das Dolichenum von Brigetio, in: Laurae Aquincenses, II, Bp. 1941, 175 s., Taf. 36, 1–2; *A. H. Kan*, Juppiter Dolichenus, Slg der Inschr. und Bildwerke, II, Leiden 1943, 69, Nr 81; *P. Merlat*, Repert. des inscr. et mon.

figurés du culte de Jupiter Dolichenus, P. 1951, Nr 97; *Calabi Limentani*, Studi, 1958, 170, Nr 146; *M. Hörig/E. Schwertheim*, Corpus Cultus Iovis Dolicheni, EPRO CVI, Leiden 1987, 163 s., Nr 253, Taf. 49. R. V.

Romulus (Flavius Romul[us?] Vest[alis?]), Steinschneider, tätig im frühen 5. Jh. n. Chr. im W-Reich, wohl in Rom oder Ravenna. Signierte (FL ROMVL VEST FECIT) einen ungewöhnl. großen, querovalen *Sardonyx-Intaglio* (Br 11,8 cm), heute in Sankt Petersburg, Ermitage. Der Stein stellt wahrsch. die Investitur Valentinianus III. durch Honorius (ca. 420/21 n. Chr.) dar. Nach Größe und Darst. zählt das Intaglio zu den Staatsstücken; es war möglicherweise für eine Fibel oder ein Enkolpion bestimmt. Durch die Ausnutzung der Farbigkeit eines dreilagigen Sardonyx wird hier in Intagliotechnik ein sonst üblicherweise bei Kameen eingesetzter Effekt imitiert. Dies läßt sich auch bei einigen weitern frühbyz. Großgemmen nachweisen (z.B. Rom und Byzanz, Schatzkammerstücke aus bayr. Slgn, M. 1998, Nrn 19 s.), die jedoch stilist. anders sind. Der Stil ist schematisch linear, mit flacher Ausb. der Figuren. Es handelt sich um die einzige sign. spätantike Gemme überhaupt, woraus man viell. auf die gehobene Stellung des Gemmenschneiders schließen könnte. Daher ist auch schon die Auflösung von VEST als *vestiarius*, also ein kaiserl. Hofbeamter, vorgeschlagen worden. ROMUL ließe sich alternativ auch als Romulianus auflösen. ▭ Oxford Dictionary of Byzantium I, 1991 (s.v. artists). – *Furtwängler*, AG, III, 1900, 365; *F. Drexel*, Germania 14:1930, 38 s., *R. Delbrueck*, Spätantike Kaiserportraits, B./L. 1933, 211–214, Taf. 111, 1; *M. Guarducci*, La capsella eburnea di Samagher, Triest 1978, 108–11, Abb. 44; *J. Engemann*, RAC XI, 1981, 295 s., Abb. 12, s.v. Glyptik; *Zazoff*, AG, 1983, 323, 377, Taf. 96, 7. M. Dennert

Rouphos (I) (Ῥοῦφος; Rufus), röm. Kameenschneider, tätig in Rom in spätrepublikan. Zeit. R. signierte mit dem Zusatz ἐποίει („hat es gemacht") einen *Kameo* mit einer *Nike*, die inmitten eines Viergespanns, die Pferde an den Zügeln haltend, emporschwebt. Die Darst. wurde auf Gemmen und Münzen wiederholt und geht möglicherweise auf ein berühmtes Gem. des → Nikomachos (I) aus dem späten 4. Jh. v. Chr. zurück, von dem Plinius berichtet (nat., 35, 108). ▭ ThB29, 1935 (s.v. Rufus). – *A. Furtwängler*, JdI 3:1888, Taf. 10, Nr 24; *Vollenweider*, Steinschneidekunst, 1966, 28 ss., Taf. 19, 1–2; *Richter*, EngrGemsRom, 1971, Nr 689; *Zazoff*, AG, 1983, 289 mit Anm. 139. B. Lang

Rouphos (II), Bildhauer (λατύπος) aus Phrygien, im späteren 2. Jh. n. Chr. in der Gegend der westphryg. Stadt Akmonia tätig. Nur bek. aus der Sign. einer unpubl. *Votivstele*, die T. Drew-Bear 1971 bei Cinogulları, vier Kilometer n. von Ahat (Akmonia) photographiert hat. Die kleine *Stele* zeigt im Giebelfeld ein Augenpaar und auf dem kurzen Schaft eine Schlange; vermutl. hat R. die Stele im Zusammenhang eines (bei Bildhauern oft verbreiteten) Augenleidens an den Heilgott Asklepios geweiht. T. Lochman

Rouphos (III), aus Tarsos, Toreut, etwa M. des 2. bis frühes 3. Jh. n. Chr. tätig. Ein sonst nicht näher bek. R. aus Tarsos nennt sich inschr. als Hersteller einer bronzenen *Strigilis*, die in einem Wagengrab bei Vajta/Ungarn gefunden wurde. Ein weiterer Strigilishersteller aus Tarsos ist → Theodoros (XIII). ▭ *I. Bilkei*, Alba Regia 17:1979, 33 s. Nr 32; *E. B. Bónis*, in: Akten des XIII. Internat. Kongresses für Klass. Archäologie Berlin 1988, Mainz 1990, 609; SEG, XL, 920; Bull-Ep 1991, 153; *G. Tagliamonte*, Gli strigili iscritti da Praeneste, in: *M. Cristofani* (Ed.), Miscella nea etrusco-italica, I, 1993 (Quad. di Archeologia Etrusco-Italica 22), 185–202, hier: 187, Anm. 22; *M. Steinhart/E. Wirbelauer*, Chiron 30:2000, 261, Anm. 22. E. Wirbelauer

Ruaben, ägypt. Oberbildhauer, Zeit des Ninuter (28. Jh. v. Chr.), wohl im memphit. Raum tätig. R. ist durch sein riesiges Mastabagrab in Saqqara (S 2302) bek., in dessen mehr als 20 unterird. Kammern sich Siegelabrollungen mit dem Namen des Ninuter und Steingefäße mit R.s Namen und Titeln gefunden haben. ▭ PM III. 2, 1978, 404, 437; LÄ V, 1984, 397 s. – *J. E. Quibell*, Excavations at Saqqara (1912–1914). Archaic Mastabas, Kairo 1923, 29 s., Taf. 17 u. 30; *B. Gunn*, ASAE 28:1928, 166. F. Hoffmann

Rubr(ius), *[...]ci M.*, röm. Toreut, im 1. Jh. n. Chr. wohl in Italien tätig. Nur bek. durch seine Sign. auf einer *Bronzekasserolle* aus Rom(?) (CIL, XV. 2/1, 7080). ▭ *H. Willers*, Die röm. Bronzeeimer von Hemmoor. Nebst einem Anhange über die röm. Silberbarren aus Dierstorf, Hn./L. 1901, 217, Nr 123; *R. Petrovszky*, Stud. zu röm. Bronzegefäßen mit Meisterstempeln, Buch am Erlbach 1993, 164, Nr R. 05, p. 293, Nr R. 05. 01. R. V.

Rufinos (I) (Ῥουφῖνος), spätantiker Architekt aus Antiochia, der 402–407 n. Chr. in Gaza (Palästina) die kreuzförmige Kirche an der Stelle des Marneion, des alten Hauptheiligtums der Stadt, nach

einem angebl. von der Kaiserin Eudoxia gesandten Plan erbaute. Erw. nur bei Markus Diakonus, Vita Porphyrii 78, p. 62 (ed. H. Grégoire/M.-A. Kugener, P. 1930). ▭ PLRE II, 1980 (s.v. R. 4).
M. Dennert

Rufinos (II), Architekt in Mopsuhestia/Kilikien, * 480 n. Chr. ebenda, tritt 550 n. Chr. als Zeuge vor der dortigen Synode auf (Acta Conciliorum Oecumenicorum, IV. 1, pp. 120. 127). ▭ PLRE III, 1992 (s.v. R. 5). M. Dennert

Rufinus, röm. Toreut, in flavischer Zeit in N-Italien oder Gallien tätig. Nur bek. durch seine Sign. auf den folgenden fünf Bronzegefäßen: – 1.) *Badeschale* aus Murviel, Dép. Hérault/Frankreich (Petrovszky, 1993, 293, Nr R.06.01); – 2.) *Kasserolle* aus Nijmegen/Niederlande (heute Leiden, RM van Oudheden, Inv. Nr e1925/12,2; M. H. P. den Boestard, The bronze vessels in the RM G. M. Kam at Nijmegen, Nijmegen 1956, 9, Nr 22, Anm.; Petrovszky, 1993, 294, Nr R.06.02); – 3.) *Kasserolle* aus dem Rhein (heute Nijmegen, Prov. Mus. Kam, Inv. Nr XXIa. 1; den Boestard, ibid., 7, Nr 15, Taf. 1, 15 bis 15a; 18, 15b; Petrovszky, 1993, 294, Nr R. 06. 03, Taf. 24, 42); – 4.) *Badeschale* aus einem Grab von Ossero, Istrien/Kroatien (heute Ossero, Mus.; A. Ritter von Klodič, Mitt. der Zentral-Komm. 11:1885, III, Abb. 8; Petrovszky, 1993, 294, Nr R. 06. 04, Taf. 24); – 5.) *Badeschale* aus Sisak (Siscia)/Kroatien (heute Zagreb, Arheoloski Muz.; A. Radnóti, Die röm. Bronzegefäße von Pannonien, Bp./L. 1938, 64 s., Anm. 15, Taf. 16, 6; 17, 28; Petrovszky, 1993, 294, Nr R.06.05, Taf. 24, 42). ▭ *R. Petrovszky*, Stud. zu röm. Bronzegefäßen mit Meisterstempeln, Buch am Erlbach 1993, 164 s., Nr R.06, pp. 293 s., Nrn R.06.01–R.06.05, Taf. 24, 42.
R. V.

Rufio, lt. einer Stelle bei Cicero (fam., 7, 20, 1) möglicherweise röm. Architekt des 1. Jh. v. Chr. ▭ *Donderer*, Architekten, 1996, 56, Anm. 191.
R. V.

Rufius, *C.*, etrusko-röm. Koroplast, im 1. Jh. v. Chr. tätig. Nur bek. durch seine Sign. auf einer *Tonstatuette des sitzenden Hades* aus Compresso im MN Archeol. von Perugia (EAA VI, 1965, 1036, Abb. 1137; I. Krauskopf, LIMC IV, 1988, 397, Nr 25, s.v. Hades/Aita, Calu). ▭ EAA VI, 1965. – *I. B. Passeri*, Di un simulacro argillaceo rappresentante un Dio Lare, Pe. 1774; *G. B. Vermiglioli*, Antiche inscr. di Perugia, Pe. 1833–1834, Taf. 8; *Brunn*, GGK, I, 1889, 534; *L. Pernice*, Statuetta di Ercole da Sinalunga, in: Scritti in onore di Bartolomeo Nogara: raccolti in occasione del LXX anno, Città del Vaticano 1937, 365 ss., 372, Nr 1; *F. Messerschmidt*, RM 57:1942, 206 s., Abb. 32.
R. V.

Rufius, *D.*, röm. Bildhauer, während der Kaiserzeit in Rom tätig. Nur bek. durch seine Grab-Inschr. aus Rom (CIL, VI, 9102). ▭ EAA IV, 1961 (s.v. Marmorarius). R. V.

Rufos → Aurelius Rufus

Rufus (I) → Rouphos (I)

Rufus (II), röm. Maler, im 1. Jh. n. Chr. in Rom tätig. Nur bek. durch ein Epigramm des Lucillius (Anth. Pal., 11, 223), nach dem R. mit dem Anwalt Phaedrus gewettet habe, wer schneller und zudem genauer in seiner Arbeit ist. Phaedrus hatte aber bereits einen mögl. Vertrag fertig, während R. immer noch beim Anrichten der Farbe war. ▭ ThB29, 1935. RE I. A. 1, 1914 (s.v. R. 19). – *Brunn*, GGK, II, 1889, 209; *Pfuhl*, MuZ, II, 1923, 831, Paragraph 910. R. V.

Ruma, nabatäischer Steinmetz, im 2. V. des 1. Jh. n. Chr. in Hegra/Saudi-Arabien tätig. R. wird in zwei nabatäischen Inschr. an *Grabfassaden* in Hegra als verantwortl. Steinmetz genannt. Beide Gräber sind inschr. ins 40. Reg.-Jahr des nabatäischen Königs Aretas IV., also ins Jahr 31/32 n. Chr. datiert. Bei beiden Fassaden handelt es sich um den in Hegra übl. Typ des Treppengrabes. Da R. in beiden Inschr. zus. mit → Abd'obodat als ausführender Künstler signierte, darf er zu dessen Steinmetzschule gezählt werden. Da diese zwei Gräber auch die ersten beiden von → Abd'obodat signierten sind, kann R. als einer der früheren Vertreter dieser Schule angesprochen werden. ▭ EAA V, 1963 (s.v. Nabatea, Arte, R.). – CIS, II, Nrn 209 s.; *J. Jaussen/R. Savignac*, Mission archéol. en Arabie, I, P. 1909, Nrn 3, 36; *J.-C. Balty*, in: Archit. et soc., Actes du colloque internat., Rome 2–4 décembre 1980, Coll. de l'école française de Rome, 66, P./R. 1983, 308–313; *A. Schmidt-Colinet*, Berytus 31:1983, 97, Abb. 13 s.; *id.*, Stud. in the hist. and archaeology of Jordan, 3, Amman 1987, 143; *Z. T. Fiema*, JNES 46:1987, 51 s.; *J. McKenzie*, The archit. of Petra, Ox. 1990, 14–31; *J. F. Healey*, The Nabatean tomb inscr. of Mada'in Salih, Ox. 1993, 86–94, 226–231, Nrn H 3, H 36; *Hackl*, Nabatäer, 2003, Nr Q. 047. 08. D. Keller

Rusticelius Felix Afer, *C.*, röm. Koroplast, in der Kaiserzeit tätig. Nur bek. durch seine Grab-Inschr. aus Rieti, nach der er Hersteller von Tonpuppen war (CIL, VI. 2, 9895). ᗝ ThB29, 1935. RE I. A. 1, 1914 (s.v. Rusticelius 3). – *Calabi Limentani*, Studi, 1958, 168, Nr 131. R. V.

Rusticus, röm. Architekt, in der 2. H. des 2. Jh. n. Chr. in Rom tätig. Nur bek. durch eine Grabstele aus Rom, die R. seiner Tochter Aulia Laodike gesetzt hat (heute Vatikan, Vatikan. Mus., Inv. Nr 9337; CIL, VI, 8725). ᗝ RE I. A. 1, 1914 (s.v. R. 6). – *Amelung*, SkulpturenVatMus, I, 1903, 795 s., Nr 707 E, Taf. 85; *Calabi Limentani*, Studi, 1958, 174, Nr 179; *D. Boschung*, Antike Grabaltäre aus den Nekropolen Roms, Bern 1987, 88, Nr 333; *D. E. E. Kleiner*, Roman imperial funerary altars with portraits, R. 1987, 234 s., Nr 98, Taf. 55, 3 s.; *Donderer*, Architekten, 1996, 249 s., Taf. 47, 2. R. V.

Rutil[...], röm. Toreut, im 1. Jh. n. Chr. in Italien tätig. Nur bek. durch seine Sign. auf einer *Bronzekasserolle* aus Rom (?)(CIL, XV. 2/1, 7071). ᗝ *H. Willers*, Die röm. Bronzeeimer von Hemmoor. Nebst einem Anhange über die röm. Silberbarren aus Dierstorf, Hn./L. 1901, 217, Nr 124; *R. Petrovszky*, Stud. zu röm. Bronzegefäßen mit Meisterstempeln, Buch am Erlbach 1993, 165, Nr R.07, p. 294, Nr R.07.01. R. V.

Rutilius Syntrophus, *P.*, röm. Bildhauer, in der Kaiserzeit tätig. Nur bek. durch eine Weih-Inschr. aus Gades (CIL, II, 1724). ᗝ EAA IV, 1961 (s.v. Marmorarius). – *Calabi Limentani*, Studi, 1958, 163, Nr 88. R. V.

S

Saakonas cf. **Mariades**

Sabinianus, röm. Toreut, in der 2. H. des 1. Jh. n. Chr. in Gallien tätig. Nur bek. durch seine Sign. auf einer *Bronzekasserolle* aus Matfen, Northumberland/England (heute Newcastle upon Tyne, Mus. of Antiquities). 🕮 *R. P. Wright*, JRS 59:1969, 238, Nr 19, Anm. 25, 28, Taf. 19, 3; *R. Petrovszky*, Stud. zu röm. Bronzegefäßen mit Meisterstempeln, Buch am Erlbach 1993, 165, Nr S. 01, pp. 294 s., Nr S. 01. 01, Taf. 42. R. V.

Sabinianus Senurianus, *pictor musivarius* (Entwerfer von Mosaiken) und *tessellarius* (Mosaizist), am E. des 5. Jh. n. Chr. in Vlisippara bei Enfidaville/Tunesien tätig. In den Thermen einer privaten röm. Villa, die z.Z. der Vandalen restauriert worden ist, hat dieser mittelmäßige Kunsthandwerker zwei kleine Mosaikbilder signiert, die er restauriert hat. Auf einem sieht man einen Phallos im Profil und einen kleinen Hahn neben der Inschr.: *[S]abinianus / Senurianus / pingit et / pa<v>imentav<i>t / Bene lava / re*; er hat folgl. zugleich die Funktionen als *pictor musivarius* (Entwerfer des Mosaiks) und als *tessellarius* (Mosaizist) ausgeübt, was für Werke von Qualität nicht der Fall gewesen wäre. Auf dem and. Mosaik rühmt er sich, daß er ein Portr. als Büste ohne Maler-Wettb. realisiert hat: *si / ne picto / re Sabiniani e manus.* Seine Zchng ist sehr ungeschickt. 🕮 EAA VI, 1965. – *L. Foucher*, Karthago 9:1958, 133–135, Taf. 1–2; AE 1961, 202; *S. Germain*, Les mosaïques de Timgad, P. 1969, 22; *P. Romanelli*, Topografia e archeologia del Africa romana, T. 1970, 326; *H. Lavagne*, Hist. de la mosaïque, in: Annuaire de l'Ecole Pratique des Hautes Et., IVe section 1977/78, 441; *Dunbabin*, Mosaics, 1978, 28; *L. Foucher*, RA 1979, 191; *Ph. Bruneau*, RA 1984, 263; *C. Balmelle/J. P. Darmon*, L'artisan mosaïste dans l'antiquité tardive, in: *X. Barral i Altet* (Ed.), Artistes, artisans et production artistique au Moyen Age, colloque internat, Univ. de Rennes II – Haute Bretagne, 2–6 mai 1983, P. 1986, 244, 246, Abb. 6; *Donderer*, Mosaizisten, 1989, 104 s., Nr A 82, Taf. 47. L. Foucher

Sabinus cf. **Flavius Iustinianus**

Sabinus (I) (Σαβεῖνος), griech. Toreut, in augusteischer Zeit tätig. Nur bek. durch die Sign. Σαβεῖνος jeweils auf *zwei silbernen Skyphoi* aus dem Silberfund von Boscoreale. Die Gefäße werden als Xenia gedeutet. W. Schuhmacher (1979) schlägt für die Bildseiten eine Interpretation als Jahreszeiten-Darst. vor. Der erste Becher (Paris, Louvre, Inv. Nr Bj. 1913) zeigt auf seiner einen Seite mittig eine mit ihren Flügeln schlagende Gans und einen mit den Hinterbeinen an einem Lagobolon aufgehängten toten Hasen. Links befindet sich eine Reuse, rechts ein Hirtenstab neben der Inschr., daran anschließend Vögel auf einem Vorsprung, darunter ein Korb mit herausquellenden Trauben (Herbst). Auf der and. Seite ist in der M. ein kampfbereiter Eber, flankiert links von drei Rüben, rechts von Hausrat dargestellt (Winter). Der zweite Becher (Paris, Louvre, Inv. Nr Bj. 1914) zeigt auf der einen Seite ein kauerndes Kaninchen inmitten von zwei Körben, Pilzen, Früchten und Vögeln (Frühling). Auf der and. Seite ist ein liegendes Schwein, darüber eine Fruchtschale, rechts Hausrat, sowie ein dreifüßiger Topf mit der Sign. Σαβεῖνος zu erkennen (Sommer). 🕮 ThB29, 1935. EAA VI, 1965 (s.v. Sabeinos). – *H. de Villefosse*, Le trésor de Boscoreale, MonPiot 5:1899, 81 ss., Nrn 15 s., Taf. 15 s.; *Toynbee*, Artists, 1951, 52; *W. Schumacher*, RM 86:1979, 249 ss., Taf. 58 s.; *F. Baratte*, Silbergeschirr. Kultur und Luxus in der röm. Gesellschaft, TrWPr 15:1997, Mainz 1998, 9, Taf. 2, 1. M. Seifert

Sabinus (II), Geschirrwart des Lucius Domitius Philogenes (zuständig für dessen *aes Corinthium*, kein Toreut!), augusteische Zeit (27 v. Chr. – 14 n. Chr.), in Rom bestattet. S. ist bek. durch seine Grab-Inschr. (aus einem Columbarium), die ihm im Bereich der Porta Praenestina in Rom von Lucius Domitius Philogenes gesetzt wurde. In dieser Inschr. wird er als *corinthiarius* des Domitius bezeichnet. 🕮 *Ruggiero*, Diz. epigr., II. 2, 1910, 1210 (s.v. Corinthiarius); EAA II, 1959 (s.v. Corinthiarius). – CIL, VI, 5900; *H. Gummerus*, Klio 14:1915, 161, Nr 42; *Calabi Limentani*, Studi, 1958, 172, Nr 171; *Solin*, GPR, I, 1982, 160.

U. Huttner

Sabinus (III), Maler der röm. Kaiserzeit in Ägypten. Nur bek. durch eine kurze griech. Grab-Inschr. aus Hawara im Fayum (IGRom, I, 1123; heute Kairo, Ägypt. Mus.), derzufolge er mit 26 Jahren verstarb. ▭ *E. Miller*, Journal des savants 1879, 486, Nr 18; *F. Preisigke*, Sammelbuch griech. Urkunden aus Ägypten, I, Straßburg 1915, Nr 682; *Calabi Limentani*, Studi, 1958, 158, Nr 49; *E. Bernand*, Rec. des inscr. grecques du Fayoum, I, Leiden 1975, 97 s., Nr 40, Taf. 28. C. Leschke

Sabinus, *Flavius* cf. **Flavius Iustinianus**

Sacr[...], röm. Toreut, in der 2. H. des 1. Jh. n. Chr. wohl in N-Italien tätig. Nur bek. durch seine Sign. auf den folgenden drei Bronzegefäßen: – 1.) *Kelle* aus dem Brandgrab Nr 2 von Hagenow/ Deutschland (heute Schwerin, Mus. für Ur- und Früh-Gesch., Inv. Nr E 1131; CIL, XIII. 3/2, 10036, 73; R. Beltz, Die vor-gesch. Altertümer des Großherzogtums Mecklenburg-Schwerin, Schwerin 1910, 328, Nr 8; Petrovszky, 1993, 295, Nr S. 02. 01, Taf. 25); – 2.) und 3.) *Sieb und Kelle* aus einem Körpergrab aus Szölösgyörök, Kommune Smogy/Ungarn (heute Kaposvár, Rippl-Rónai Múz., Inv. Nr R. 80. 1. 5 und R. 80. 1. 6; L. Horváth, Das Grab von Szölösgyörök. Röm. Bronzeindustrie in Pannonien, III, Székesfehérvár 1982, 9, 26, Abb. 7; Petrovszky, 1993, 295, Nrn S.02.02–S.02.03, Taf. 25, 42). ▭ *R. Petrovszky*, Stud. zu röm. Bronzegefäßen mit Meisterstempeln, Buch am Erlbach 1993, 165, Nr S.02, p. 295, Nrn S.02.01–S.02.03, Taf. 25, 42. R. V.

Safinius Pollio, *Titus*, Sohn des Titus, röm. Architekt, in spätrepublikan. Zeit in S. Maria Capua Vetere tätig. Nur bek. durch eine Inschr. auf einem *Bodenmosaik* eines Hauses von S. Maria Capua Vetere, in der er als Architekt für das Gebäude gen. wird, das er im Auftrag des Besitzers Publius Confuleius Sabbio errichtet hat. ▭ *M. Pagano/ J. Rougetet*, MEFRA 99:1987, 756 ss., Abb. 8; *Donderer*, Architekten, 1996, 251, Nr A 138, Taf. 48. R. V.

Sagus, röm. Toreut, in der 2. H. des 1. Jh. n. Chr. in Gallien tätig. Nur bek. durch seine Sign. auf einer Bronzekasserolle aus Caernarvon (Segontium), Caernarvonshire/England (heute Caernarvon, Segontium Mus.). ▭ *R. P. Wright*, Archaeologia Aeliana 47:1969, 5, Nr 5, Abb. 1, 5; *R. Petrovszky*, Stud. zu röm. Bronzegefäßen mit Meisterstempeln, Buch am Erlbach 1993, 165, Nr S.03, pp. 295 s., Nr S.03.01, Taf. 25, 42. R. V.

Sahura (Sahure), ägypt. König (25. Jh. v. Chr.) der 5. Dynastie. Der Oberarzt Nianchsechmet überliefert in einer Inschr. auf der sog. Scheintür seines Grabes, daß S. im Königspalast und „neben dem König selbst" Künstler an einer Doppelscheintür für das Grab des Arztes arbeiten ließ und die Arbeiten „täglich" inspizierte. Diese Nachricht darüber, daß der König sich persönlich um Arbeiten, die einem Privatmann zugute kommen, kümmert, ist außergewöhnlich. Die erh. Scheintür überragt die Qualität des übrigen Grabes jedenfalls deutlich. ▭ Urk. I, 38 s.; *J. H. Breasted*, Ancient records of Egypt, I, N. Y. 1906, § 237 ss. F. Hoffmann

Saiempeteref, ägypt. „Obergoldschmied des Tempels Sethos I." und „Obergoldschmied des Herrn der beiden Länder", 19. Dynastie unter Sethos I. (1290–1279/78 v. Chr.). S. scheint ein bedeutenderer Beamter gewesen zu sein, da er eine eigene Grabkapelle in Abydos besaß. Derartige Bauwerke konnten sich nur wohlhabende und in der Gunst des Königs stehende Personen leisten. Durch diese Kapelle sind wir über ihn und seine Frau Neschajat informiert. Ein Reliefblock aus dieser Kapelle befindet sich heute im Kairoer Ägypt. Mus. ▭ PM III. 2, 1978, Part 2, 716; PM V, 1937, 100. – KRI I, 346, 7–349, 10; *W. Helck*, Mat. zur Wirtschafts-Gesch. des Neuen Reichs, I, Wb. 1961, 168; *Y. J.-L. Gourlay*, BIFAO 79:1979, 93; *A. Badawy*, Memphis als zweite Landeshauptstadt im Neuen Reich, Kairo 1948, 141 s. S. Hänsch

Saii, ägypt. Obergoldschmied des Totentempels von Sethos I., unter dem König Sethos I. (1290–1279/78 v. Chr.) in Theben-W/Oberägypten tätig, arbeitete dort für den kgl. Totentempel. ▭ *W. Helck*, Mat. zur Wirtschafts-Gesch. des Neuen Reiches, I, Wb. 1961, 103. Y. Ott

Saimen, ägypt. Bauleiter, in der 19. Dynastie (1292–1186/85 v. Chr.) in Heliopolis/Unterägypten tätig. Auf einem Totenbuchpapyrus in Tübingen (Slg des Ägyptologischen Inst. der Eberhard-Karls-Univ., Mus. Schloß Hohentübingen) ist S. als „Bauleiter im Haus der Königin im Tempel des Re" in Heliopolis gen. ▭ *W. Helck*, Mat. zur Wirtschafts-Gesch. des Neuen Reiches, I, Wb. 1961, 128; *E. Brunner-Traut/H. Brunner*, Die ägypt. Slg der Univ. Tübingen, Mainz 1981, 289–292, P 2003. S. L. Lippert

Saimeni, ägypt. Künstler („Vorsteher der Künstler der Wüste"), unter Sesostris III. (1872–1853/52 v. Chr.) in Hatnub/Mittelägypten tätig. S. ist bek. von einem Graffito im Alabastersteinbruch von Hatnub, das ihn sitzend vor einem Opfertisch darstellt. Unter seinem Stuhl sind vier Hunde abgebildet. Es ist wahrsch., daß S. diese Ritz-Zchng selbst ausgeführt hat. ▭ *R. Anthes*, UGAÄ 9:1964, 17, Taf. 8 (Inschr. XIII). S. L. Lippert

Saiset, ägypt. Goldschmied des Amun, im Neuen Reich (1550–1070/69 v. Chr.) tätig. Bek. durch seine Statue, die ihn mit einer Stele in seinen Händen zeigt. Auf dieser dem Betrachter zugewandten Stele befindet sich eine Inschr. mit einem Gebet an den Sonnengott Re und dem Namen und Titel von S. ▭ *G. Roeder*, Aegypt. Inschr. aus den Staatl. Mus. zu Berlin, II, L. 1924, 51 Nr 2314. Y. Ott

Sakonides (Σακωνίδης), griech. Vasenmaler, zw. 550 und 530 v. Chr. in Athen tätig. In Attika nur bek. Name durch die Sign. dieses Malers: ΣΑΚΟΝΙΔΕΣ ΕΓΡΑΦΣΕΝ, die auf Vasen mit versch. Stilen steht, die ledigl. durch die Anwesenheit der Sign. miteinander verbunden sind. Er arbeitete mit versch. Töpfern: → Eucheiros (II), Sohn des → Ergotimos, → Tlempolemos, → Kaylos, → Hischylos. Er sign. selbst eine Schale mit einer Lippe ohne *epoiesen* des Töpfers, was außergewöhnl. für diese Serie ist (München, Staatl. Antiken-Slg, Inv. Nr 2165; ABV, 1956, 171, Nr 1; Rumpf, 1937, Taf. 28 c-d; Boardman, ABFV, 1974, Abb. 115). Auf der Lippe einer Bandschale (Bukarest, Mus.; Para, 1971, 72; Add², 1989, 49) ist der Name ΣΑΚΟΝΙΔΕΣ in schwarz aufgetragen und nicht von der Formel εγραπσεν (hat gemalt) begleitet: haben wir hier einen and. Künstler vor uns, der sich seines Namens bedienen wollte? A. Rumpf (1937) identifizierte ihn mit → Lydos. Dieser Vorschlag wurde von der späteren Forsch. abgelehnt. S. wurde in den Wkst. der Kleinen Meister der zweiten Generation ausgebildet und benützt die Methode der genauen und kleinen Details, die für diese Wkst. typisch sind. Er spezialisierte sich auf Lippenschalen, die über den ganzen Mittelmeerraum (insb. Etrurien) verbreitet waren. Er schmückte auch eine gewisse Anzahl von Bandschalen und seltener Schalen des Typus A sowie eine Pyxide mit nikosthenischer Form. Man wollte in diesem Stil, der weniger fein und genau war, eine Art von Dekadenz sehen, jedoch sind diese Charakteristika vielmehr einer Veränderung des Geschmacks und malerischen Tendenzen der Zeit unterworfen. Er schmückte im allgemeinen seine Lippenschalen auf beiden Seiten mit einer weibl. Büste im Profil, ein Schema, das auch von seinen Zeitgenossen → Hermogenes (I) und → Phrynos (I) angewandt worden ist. Mit großer Meisterhaftigkeit verbindet S. die feine Konturlinie des Gesichts mit prononciertem Kinn mit einer Ritzung, die den Umriß der Kleidung und der Haare markiert. Dieses Schema wiederholt sich in leichten Varianten: lange Haare auf den Schultern, die durch ein Band zusammengehalten werden, und bisweilen über den Nacken fallen, eine Kette und ein Anhänger. Rotpurpurne Striche auf dem Band und der Kleidung dienen dazu, die aufgeweckten und lebendigen Gesichter in Szene zu setzen. Es handelt sich wahrsch. um Darst. von Hetären, ein selbstsprechendes Bild für das lustvolle Ambiente des att. Symposions, zu dem bisweilen noch die Inschr. auf den Vasen zusätzl. einladen. Es ist schwierig, den klaren und genauen Stil des S. auf der Bandschale in Tarent zu erkennen, die überquillt von Figuren und Pseudo-Inschr. in einem schlecht definierten myth. oder aristokrat. Kontext: ein König oder eine männl. Gottheit thront, Nike oder Iris stehen, Männer tragen Lanzen und Frauen, die sich um einen jugendl. Reiter gruppieren, usw. (ABV, 1956, 171; Para, 1971, 71; Add², 48). Die nikosthenische Pyxis in Paris (Louvre, Inv. Nr F 150) wiederholt diese Konzentration an Figuren: Initiation von jungen att. Männern und Reitern in einem Milieu von Kriegern und Erwachsener (ABV, 1956, 172; Rumpf, 1937, Taf. 12 a; EAA VI, 1965, 1071, Abb. 1181). In seine letzte Schaffensphase gehört eine Augenschale des Typus A in Cambridge (Fitzwilliam Mus., Inv. Nr GR 38.1864; ABV, 1956, 172; Add², 49; Rumpf, 1937, Taf. 17 e), die zwei Varianten des Kampfes zw. Herakles und dem Nemeischen Löwen zeigt, und unter den Henkeln ein myth. Raum, der von zwei Hirschen, die unter hohen Bäumen kriechen, beschützt wird. S. zeigt seinen besten Stil in einfachen Verzierungen von Lippenschalen und in den Miniaturen. Er scheint ein Unbehagen bei großen Vasen und komplexen Szenen verspürt zu haben. ▭ ThB29, 1935. EAA VI, 1965. – *J. D. Beazley*, JHS 52:1932, 200; *A. Rumpf*, Sakonides, L. 1937; ABV, 1956, 170–172, 688; Para, 1971, 71; *M. Sguaitamati*, in: *H. Bloesch*, Greek vases from the Hirschmann coll., Z. 1982, 97, Nr 14; Add², 1989, 48 s. R. Olmos Romera

Salamanios (I) und **Obed** (Σαλαμάνιος und Ὀβέδ), byz. Mosaizisten, in den ersten Dekaden des 6. Jh. n. Chr. im Uyun-Musa-Tal des Berges Nebo tätig. Die zwei Namen sind Bestandteil einer griech. Inschr. in einer Akanthusvolute auf der W-Seite der großen Bordüre, die das Hauptfeld im Schiff der unteren Kirche des Kaianos im Uyun-Musa-Tal (Berg Nebo) umgibt. „Herr, nimm die Stiftung des Archidiakon Obed und des Salamanios an. Die Mosaizisten machten dieses selbst." Diese Inschr. kann frei folgendermaßen interpretiert werden: „... Obed und Salamanios, die Mosaizisten, die dies fertigten". Die Kirche wurde vom Studium Biblicum Franciscanum, Jerusalem, ausgegraben. – Die zwei Mosaizisten schmückten das erhöhte Altarquadrat mit einem Flechtwerk von Blumen, die in einem Band von ineinander verschlungenen Kreisen eingeschlossen sind. Eine rechteckige griech. Inschr. wurde nahe der Chorschranke hinzugefügt. Eine zweite Inschr. in palästinischem Aramäisch wurde auf der O-Seite beigefügt. – Das Mosaik im Schiff, das mit einer großen Bordüre von Akanthusranken verziert ist, die ihrerseits einzelne Tiere und Inschr. beherbergen, wurde in zwei Felder unterteilt. Das ö. Feld mit ineinander verschlungen Kreisen umgab ein Mittelmedaillon mit dem Namen des Bischofs Kyros von Madaba, der zu Beginn des 6. Jh. n. Chr. sein Amt ausübte. In den vier Voluten des w. Feldes waren Figuren eingeschrieben: ein Weinleser, Weintrauben mit einer Sichel schneidend, ein Transporteur von Weintrauben auf dem Rücken eines Esels, ein Hund, nach einem Tier schnappend sowie ein Hirte mit einer Ziege. – In techn. Hinsicht kann festgestellt werden, daß die drei dargestellten menschl. Gesichter im Schiff keine Tesserae-Fragm. aufweisen, die auf Schattierungseffekte hinzielen, eine Darstellungsweise, die in späteren Mosaiken angewandt worden ist. Archäol. wie stilist. zeigt dieses Mosaik Parallelen zu dem Bodenmosaik der unteren Kap. des Priesters Johannes in Khirbat al-Mukhayyat auf dem s.ö. Gipfel des Berges Nebo, wo die gleichen Szenen mit minimalen Unterschieden wiederholt werden. Stilist. reihen sich die *zwei Bodenmosaiken* in jene vor den von der innovativen Entwicklung des 2. V. des 6. Jh. n. Chr. ergriffenen Werke der Madaba-Region ein. Hiervon stellt das Bodenmosaik des Diakonikonbaptisteriums im Memorial des Moses das erste zu datierende Werk dar.

▭ *M. Piccirillo/E. Alliata*, Mount Nebo. New archaeol. excavations 1967–1997, Jerusalem 1998, 310–319 (Inschr. auf p. 453). Fr. M. Piccirillo

Salamanios (II), byz. Mosaizist, um 578 n. Chr. in Madaba tätig. Der Mosaizist hat seinen Namen am E. der griech. Inschr. hinzugefügt, die das Mittelmedaillon im Schiff der Apostelkirche in Madaba mit der Darst. der Thalassa (der Personifikation des Meeres) umgibt: „Herr und Gott, der Du den Himmel und die Erde geschaffen hast, gib Leben dem Anastasios, dem Thomas und der Theodora. (Dies ist das Werk) des Salamanios, des Mosaizisten" („... Σαλαμανίου ψηφ[οθέτου]"). Die Dat. des *Mosaiks* war im Presbyterium der Kirche in einer Inschr. angebracht, die 1902 von Fr. Giuseppe Manfredi, dem Gemeindepfarrer der kath. Gemeinde von Madaba, kopiert worden ist: „Zur Zeit des allerfrömmsten und allerheiligsten Bischofs Sergius wurde die heilige Stätte der Apostel fertiggestellt, am 12. des Jahres 473" (der Prov. Arabien, d.h. im Jahre 578 n. Chr.). Nach dem dat. Werk zu urteilen, war S. eine talentierte Persönlichkeit unter den Mosaizisten von Madaba der letzten Dekaden des 6. Jh. n. Chr. Heute ist nur noch der Hauptteil der Kirche gut erhalten. 1968 wurde die Kirche im Auftrag des Dt. Archäol. Inst. von U. Lux vollst. ausgegraben und zw. 1995 und 1998 von Studenten der Madaba Schule für Mosaik-Rest. restauriert und mit einem Schutzdach versehen. – Das dekorative Programm des Mosaiks der dreischiffigen Basilika mit einer Länge von 23,50 m und 15,30 m Breite gruppiert sich um das Mittelmedaillon mit der Darst. der Thalassa. Diese ist als Thetis wiedergegeben, in Gestalt einer Frau mit Steuerruder als Standarte, die zw. springenden Fischen und Seeungeheuern aus den Wellen hervortritt. Das Medaillon mit einem Durchmesser von 2,20 m überlagert ein Gitter, welches das übrige Schiff bedeckt und das mit systemat. Wiederholung paarweise sich gegenüberstehende Vögel mit langen Schwänzen aufweist. Das Motiv wird über das ganze Mosaik durch die Einfügung von Blumen, Früchten und Blättern belebt. Der „Teppich" wird umrahmt von einer belebten Akanthusbordüre. Obwohl die S-Seite verlorengegangen ist, sind die and. drei Seiten sehr gut erh., einschl. der Eckvoluten, die mit von Blattwerk verzierten Masken mit weit geöffneten Augen und betonten Augenbrauen in Schwarz verziert sind, das bis zur Nase herab fortgesetzt wird. Die Akanthusvoluten – fünfzehn auf den Längsseiten und sieben auf den Kurzseiten – sind mit Tieren geschmückt. Auf jeder Seite ist ein Knabe in jeder Mittelvolute in ein Spiel vertieft. Auf der W-Seite entwickelt sich die Szene in zwei Voluten: der Knabe steht in einem einfachen vierrädrigen Wagen, der von zwei Vögeln gezogen wird. Er hält die Zügel in der linken und eine Peitsche in der rechten Hand mit einer die Vögel zum Rennen antreibenden Geste. Es handelt sich hier um ein klass. Motiv, das schon auf dem Mosaik mit der „Kleinen Jagd" in der Villa bei Piazza Armerina/Sizilien gefunden worden ist. – Geometr. Motive schmücken die zwei Flügel und die Felder zw. den Säulen. In die gleiche Zeit ist ein Bodenmosaik in der Kap. auf der NO-Seite der Kirche zu datieren, auch wenn die Qualität des Mosaiks schwächer ausfällt. Eine Stufe teilt die Kap. in zwei Bereiche unterschiedl. Niveaus. Der W-Teil ist mit vier Fruchtbäumen in den Ecken geschmückt, die zur Mitte des Raumes ausgerichtet sind. Drei Tierpaare und eine *tabula ansata* mit einer griech. Inschr. erscheinen zw. den Bäumen. Ein Blumengitter mit Bäumen und Früchten schmückt den ö. Bereich. ▭ EAA VI, 1965. – *U. Lux*, ZDPV 84:1968, 113 ss., Taf. 20 ss.; *P.-L. Gatier*, IGLS, XXI, P. 1986, Nr 142a; *Donderer*, Mosaizisten, 1989, 76 s., Nr A 35, Taf. 22; *M. Piccirillo*, The mosaics of Jordan, Amman 1993, 96–107; *H. A. Cahn*, LIMC VIII, 1997, 1199, Nr 11 m. Abb. (s.v. Thalassa); *A. Michel*, Les églises d'époque byz. et umayyade de Jordanie, Turnhout 2001, 328. Fr. M. Piccirillo

Salax (Σάλαχς), griech. Töpfer, um 520 v. Chr. in Athen tätig. S. ist nur durch eine Töpfer-Sign., ΣΑΛΑΧΣ ΕΠΟΙΕΣΕΝ, auf einem *schwarzfigurigen Teller* von der Athener Agora (Agora Mus., Inv. Nr P 1386) bekannt. Eine zweite Inschr. bezeichnet einen Eumares als καλός. ▭ EAA VI, 1965. – ABV, 1956, 351; *Immerwahr*, AttScr, 1990, Taf. 23, 97. T. Mannack

Sallustius Aiax, *Caius*, Freigelassener des C. Sallustius Crispus (des Adoptivsohns des Geschichtsschreibers), aus Rom, Maler, in der frühen röm. Kaiserzeit tätig. Der Name des C. Sallustius Aiax ist aus einer nahe der Porta Salaria in Rom gefundenen Grab-Inschr. bek., in der er als *pictor* tituliert und als Eigentümer des Grab-Mon. gekennzeichnet wird. ▭ RE I. A. 2, 1920 (s.v. Sallustius 11; zum Patron); EAA VI, 1965 (s.v. Pictor). – CIL, VI, 33427; *A. Giuliano*, ArchCl 5:1953, 267 s., Nr 17; *Calabi Limentani*, Studi, 1958, 155, Nr 22; *Solin*, GPR, I, 1982, 456. U. Huttner

Salpion (Σαλπίων), aus Athen, griech. Bildhauer, in der M. des 1. Jh. v. Chr. tätig. Nur bek. durch seine Sign. auf einem neuatt. *Marmorkrater* aus Formia *mit der Darst. der Überbringung des Dionysosbabys* durch Hermes an eine Nymphe von Nyssa (Neapel, Mus. Archeol. Naz., Inv. Nr 6673; IG, XIV, 1260; BrBr 345; C. Gasparri, LIMC III, 1986, 552, Nr 146 m. Abb., s.v. Dionysos/Bacchus; G. Siebert, LIMC V, 1990, 320, Nr 376, s.v. Hermes; U. W. Gottschall, LIMC VIII, 1997, 904, Nr 9, s.v. Nysa I, Nysai). Durch die eklektische Zusammenstellung versch. Themen in spätklass. angehauchtem Figurenstil hat S. ein neues Werk geschaffen. ▭ ThB29, 1935. RE I. A. 2, 1920; EAA VI, 1965. – *Loewy*, IGB, 1885, 239, Nr 338; *W. Fuchs*, Die Vorbilder der neuatt. Reliefs, B. 1959 (JdI, Ergh., 20), 140 s., 168 s., Taf. 27 a, 29 a-b; *D. Grassinger*, Röm. Marmorkratere, Mainz 1991, 175–177, Nr 19, Text-Abb. 21, Abb. 22–25. R. V.

Salvius, *Lucius Antonius*, vermeintl. röm. Gemmenschneider. Der auf einem *Karneol mit der Darst. eines Poseidons* genannte S. ist wohl der Besitzer, aber sicherl. nicht der Steinschneider der Gemme (heute Berlin, Staatl. Mus., Antiken-Slg). ▭ ThB29, 1935. R. V.

Samentju, ägypt. Künstler („Vorsteher der Arbeit im ganzen Land"), 2. H. des 20. Jh. v. Chr. Bek. durch seine Grabstele (London, BM, Inv. Nr 145 [828]), auf der S. kurz seinen Lebenslauf angibt. Demnach verbrachte er unter Amenemes I. (1976–1947 v. Chr.) seine Jugend, erlangte unter Sesostris I. (1956–1911/10 v. Chr.) ein Schreiberamt und nach und nach weitere Verwaltungstitel, u.a. auch den eines „Leiters der Arbeiten im ganzen Land". Im dritten Reg.-Jahr von Amenemes II. (1914–1879/76 v. Chr.) ist er gestorben; in dieses Jahr ist die Stele dat. ▭ *J. H. Breasted*, Ancient records of Egypt, I, N. Y. 1906, § 594 ss.; Hieroglyphic texts from Egyptian stelae etc. (K BM), II, Lo. 1912, 8, Taf. 21; *W. A. Ward*, Index of Egyptian administrative and relig. titles of the Middle Kingdom, Beirut 1982, 51, Nr 402. F. Hoffmann

Samicius Serenus, *Quintus*, röm. Architekt, im 2. Jh. n. Chr. in Durostorum bei Silistra tätig. Nur bek. durch eine Weih-Inschr. für ein *Mithrasrelief* aus Durostorum bei Silistra (heute in Constanţa, Muz. de istorie naţ. şi arheologie, Inv. Nr 1481), nach der er als Architekt für die in Durostorum stationierte Legio XI Claudia arbeitete. ▭ *I. I. Russu*, Anuarul Institutului de Studii Clasice, Univ. Regele Ferdinand I din Cluj 2:1933–35, 213 ss., Nr 3, Abb. 3; *M. J. Vermaseren*, Corpus inscriptionum et monumentorum religionis Mithriacae, II, D. H. 1960, 367, Nrn 2313, 2314, Abb. 642; *Donderer*, Architekten, 1996, 251 s., Nr A 139, Taf. 49, 1. R. V.

Samolas (Σαμόλας), griech. Erzgießer, in der 1. H. des 4. Jh. v. Chr. in Delphi tätig. S. fertigte die *Statuen des Azan und des Triphylos* für das *Weihgeschenk der Tegeaten* anläßl. des Sieges über die Lakedaimonier im Jahre 369/368 v. Chr. (Paus., 10, 9, 6; Overbeck, SQ, 1868, Nr 993; Muller-Dufeu, SculptureSource, 2002, 416, Nr 1222). Die Kalksteinbasen sind noch in Delphi (Inv. Nr 2781; Muller-Dufeu, ibid., 416, Nr 1228) erhalten. ▭ ThB29, 1935. RE I. A. 2, 1920 (s.v. S. 2); EAA VI, 1965. – *T. Homolle*, BCH 21:1897, 281; *E. Bourguet*, FDelphes, III. 1, 1910, 9, Nrn 9 s.; *Marcadé*, Signatures, I, 1953, 92 mit Abb., Taf. 16, 3. R. V.

Samus cf. **Severus (II)**

Samut (I), ägypt. Bildhauer, im Mittleren Reich (2119–1794/93 v. Chr.) im memphit. Raum/ Unterägypten tätig. Bek. durch eine hieroglyph. Inschr. auf einer Stele des Nechet, die in der n. Nekropole von Abydos gefunden wurde. Der Fundort sagt leider nichts über den Wohnort bzw. Arbeitsplatz des S. aus, da im Mittleren Reich jeder darauf bedacht war, eine Stele oder Statue in der abyden. Nekropole aufzustellen, wo das Grab des Totengottes Osiris lokalisiert wurde. Als Bildhauer hat S. Statuen oder Reliefs angefertigt. Ob er die Stele des Nechen herstellte, muß allerdings offen bleiben. ▭ *H. O. Lange/H. Schäfer*, Grab- und Denksteine des Mittleren Reichs (CG), I. 1, B. 1902, 321, Nr 20309. T. Schrottenbaum

Samut (II), ägypt. „Goldschmied des Amun", im Neuen Reich (1550–1070/69 v. Chr.) in Theben/ Oberägypten (?) tätig. Bek. durch die hieroglyph. Inschr. auf einer stelophoren Statue. Vermutl. arbeitete er in einer Wkst., die einem Tempel des Amun angegliedert war, viell. in Theben, wo im Neuen Reich der Hauptkultort dieses Gottes lag. ▭ *G. Roeder*, Aegypt. Inschr. aus den Staatl. Mus. zu Berlin, II, L. 1924, 51, Nr 2312; *W. Helck*, Mat. zur Wirtschafts-Gesch. des Neuen Reiches, I, Wb. 1961, 45. T. Schrottenbaum

Samut (III), ägypt. „Goldschmied des Amun", „Künstler des Amun", im Neuen Reich (1550–1070/69 v. Chr.) vermutl. im theban. Raum/ Oberägypten tätig. Angeblich bek. durch eine Stele des → Maa, die sich heute in Paris (Louvre, Inv. Nr C 83) befindet. Auf der Stele ist nach Pierret darüber hinaus auch → Hat (II) gen., der Sohn des → Maa, der wie sein Vater und S. Goldschmied des Amun gewesen sein soll. ▭ *P. Pierret*, Recueil d'inscr. inédites du Mus. Egyptien du Louvre, P. 1874, 51, Nr C 83; *W. Helck*, Mat. zur Wirtschafts-Gesch. des Neuen Reiches, I, Wb. 1961, 44. T. Schrottenbaum

Samut (IV), Sohn des Menta, ägypt. Bauleiter („Vorsteher der Arbeiten des Amun-Ra in Karnak"), unter Tuthmosis III. (1479–1425 v. Chr.) in Theben/Oberägypten tätig. Er ist bek. durch sein Grab in Dra-abu'l-Nag'a in Theben-W (Theban Tomb 142). Er stand, wie sein Titel besagt, den Bauarbeiten im Tempelbezirk des Amun-Ra in Karnak vor, wo unter Tuthmosis III. zahlr. Umbauten im bereits bestehenden Tempel vorgenommen (z.B. Einbau des Annalensaales ins Innere des Tempels, Umbau des Hofs zwischen dem 5. und 6. Pylon) und neue Bauten errichtet wurden (z.B. der 7. Pylon). ▭ PM I. 1, 1960, 255, Nr 142. – *A. H. Gardiner/A. E. P. Weigall*, A topogr. cat. of the priv. tombs of Thebes, Lo. 1913, 28 s., Nr 142; *W. Helck*, Mat. zur Wirtschafts-Gesch. des Neuen Reiches, I, Wb. 1961, 45. T. Schrottenbaum

Samut (V), ägypt. „Umrißzeichner des Herrn der beiden Länder [d.h. des Königs] an allen Denkmälern des Amun in Karnak"), unter Ramses II. (1279–1213 v. Chr.) in Theben/Oberägypten tätig. Bek. aus dem Grab seines Sohnes → Imenuahsu (II) in Scheich Abd el-Gurna in Theben-W (Theban Tomb 111). Dort wird S. bez. als der, „der den Namen des Guten Gottes (d.h. des Königs) im Ramesseum im Amuntempel auf der W-Seite von Theben schreibt". Er war demnach für die Ausschmückung des Totentempels Ramses II. (Ramesseum) verantwortl., in dem er die Vor-Zchngn anfertigte. Er hat vermutl. auch in Karnak auf der Ostseite des Nils gearbeitet, wo der große Tempel des Gottes Amun steht, der unter Ramses II. einige Um- bzw. Neubauten erfuhr. So wurde z.B. der große Hypostylensaal in dieser Zeit vor den Tempel gebaut. Da S. seinem Titel nach „an allen Denkmälern des Amun in Karnak" arbeitete, hat er viell. auch bei der Ausgestaltung dieses Bauprojektes mitgewirkt. ▭ PM I. 1, 1960, 229, Nr 111. – *A. H. Gardiner*, JEA 24:1938, 161, Nr (10); *W. Helck*, Mat. zur Wirtschafts-Gesch. des Neuen Reiches, I, Wb. 1961, 103, Nr 22. T. Schrottenbaum

Sanchnipteh, ägypt. Bildhauer („Oberster der Obersten"), unter Amenemhet III. (1853–1806/05 v. Chr.) in Ägypten tätig. Bek. durch eine Stele des Ptehanch, die nicht mehr vollst. erh. ist. Die Stele wurde im 20. Reg.-Jahr Amenemhets III. (1833 v. Chr.) im Sinai in Serabit el-Chadim am alten Aufweg zum Hathor-Tempel aufgestellt. Auf der W-Seite der Stele sind in 12 horizontalen Inschr.-Zeilen neben S. versch. Personen mit ihren Berufstiteln gen. Offenbar nahm S. an einer Expedition in den Sinai teil. In Ägypten war es übl., Statuen oder Archit.-Elemente im Steinbruch schon weitestgehend auszuarbeiten, so daß nicht nur Steinmetzen, sondern auch Bildhauer an den Expeditionen beteiligt waren. Wo S. urspr. tätig war, muß offenbleiben. ▭ PM VII, 1952, 349, Nr 100. – *J. Černý* (Ed.), The inscr. of Sinai, I, Lo. 1952, Taf. 31, 92, Nr 100; II, Lo. 1955, 105 s. T. Schrottenbaum

Sanchpteh (I), ägypt. Künstler („Unteraufseher der Künstlerschaft des Großen Hauses [d.h. des Palastes] des Merira [d.h. Pepis I.]"), unter Pepi I.

(2335/2285–2285/2235 v. Chr.) vermutl. in Memphis/Unterägypten tätig. Bek. durch eine hieroglyph. Inschr., die unter Pepi I. im Wadi Hammamat angebracht wurde. Er ist dort neben seinem Vater → Udja und seinen Brüdern → Chuienipteh (I), → Nikaupteh (I) und → Chuienipteh (II) gen., die ebenfalls als Künstler tätig waren. In einer weiteren Inschr. im Wadi Hammamat, die sich explizit auf eine Steinbruchsexpedition im 18. Reg.-Jahr Pepis I. (2317/2267 v. Chr.) bezieht, wird er neben weiteren „Unteraufsehern der Künstlerschaft" gen., nämlich → Nefer(i) (I), → Chuienipteh (I), → Chuienher und → Neferherenpteh. Wenn S. nicht an Steinbruchsexpeditionen teilnahm, hat er vermutl. in Memphis gearbeitet, wo der damalige König residierte. ▭ Urk. I, 95, 8; *J. Couyat/ P. Montet*, Les inscr. hiéroglyphiques et hiératiques du Ouâdi Hammâmât, Le Caire 1912, 71, Nr 101, 72, Nr 103. T. Schrottenbaum

Sanchpteh (II), ägypt. Künstler, Bauleiter („Vorsteher der Künstlerschaft", „Vorsteher aller Arbeiten des Königs"), unter Sesostris I. (1976–1911/10 v. Chr.) vermutl. im memphit. Raum/Unterägypten tätig. Er ist bek. durch eine Fels-Inschr., die im Wadi Hammamat angebracht wurde. Die Inschr. ist unter Verwendung einiger hierat. Zeichen v.a. in Hieroglyphen geschrieben. Es wird über eine Steinbruchsexpedition berichtet, die im 38. Reg.-Jahr Sesostris' I. (1938 v. Chr.) stattfand, wobei die Arbeiten im 3. Monat der Achet-Jahreszeit am 27. Tag aufgenommen wurden. Nach der Datumsangabe folgt eine hierarch. Auflistung der Expeditionsteilnehmer, unter denen S. als „Vorsteher aller Arbeiten" gen. wird. Er koordinierte offenbar alle techn. und künstler. Arbeiten im Steinbruch. Des weiteren informiert uns die Inschr. über das Ergebnis der Arbeiten. Es wurden insgesamt 60 Sphingen und 150 Statuen hergestellt. Abschließend wird eine Liste der verteilten Rationen an die Arbeiter angefügt. S. wird vermutl. im memphit. Raum gearbeitet haben, wo auch die Residenz des Königs lag. ▭ *G. Goyon*, Nouvelles inscr. rupestres du Wadi Hammamat, P. 1957, 17–20, 81–85, Nr 61, Taf. 23 s.; *W. A. Ward*, Index of Egyptian administrative and relig. titles of the Middle Kingdom, Beirut 1982, 51, Nr 401.
T. Schrottenbaum

Sanct[...], röm. Silberschmied, in der 1. H. des 4. Jh. n. Chr. tätig. Nur bek. durch seine Sign. auf einer *Decennalienplatte des Kaisers Constans* des Silberschatzes von Kaiseraugst/Schweiz. Die Dat. kann durch das zehnjährige Regierungsjubiläum des Constans festgelegt werden, das zw. dem 25. Dezember 342 und dem 24. Dezember 343 n. Chr. lag. ▭ *A. Kaufmann-Heinimann*, in: *M. A. Guggisberg* (Ed.), Der spätröm. Silberschatz von Kaiseraugst. Die neuen Funde, Augst 2003 (Forsch. in Augst 34), 117–170, Nr 59 a. b, Abb. 95–118, Taf. 42- 52; *H. Lieb/M. A. Speidel*, in: *Guggisberg*, ibid., 2003, 178–180, Nr 59 a. b, Abb. 194 s.
R. V.

Sa...neb(?), Sohn der Nutmes, ägypt. Edelsteinarbeiter, unter Amenemes III. (1853–1806/05 v. Chr.) im Sinai belegt. Der nicht sicher lesbare Name des S. befindet sich auf einer ins 6. Reg.-Jahr Amenemes' III. dat. Stele in Serabit el-Chadim im Sinai, wo Türkis abgebaut wurde. ▭ *J. Černý* (Ed.), The inscr. of Sinai, II, Lo. 1955, 98 Nr 90, Taf. 26. F. Hoffmann

Sanet, ägypt. Umrißzeichner, während des Mittleren Reiches (2119–1794/93 v.Chr.) tätig. Nur belegt durch einen Siegelstein, der seinen Titel sowie seinen Namen mit dem Zusatz „Herr einer schönen Versorgtheit" trägt. In dieser Bezeichnung äußert sich der Wunsch des Besitzers, nach dem Tode eine gute Versorgung mit Speisen und Gebeten zu erhalten. Das Siegel ist von unbek. Herkunft (heute London, BM, Inv. Nr 30519). ▭ *G. T. Martin*, Egyptian administrative and priv.-name seals, Ox. 1971, 101, Nr 1300, Taf. 19 (11); *W. A. Ward*, Index of Egyptian administrative and relig. titles of the Middle Kingdom, Beirut 1982, 166, Nr 1444.
C. von Pfeil

Sangus, röm. Toreut, in der 2. H. des 1. Jh. n. Chr./ 1. H. des 2. Jh. n. Chr. in Gallien tätig. Nur bek. durch seine Sign. auf einem *Bronzesieb* aus Bucklersbury, London (heute London, Guildhall AG, Inv. Nr Kat. 110, Nr 92). ▭ *R. P. Wright*, Archaeologia Aeliana 47:1969, 5, Nr 6, Abb. 1, 6; *R. Petrovszky*, Stud. zu röm. Bronzegefäßen mit Meisterstempeln, Buch am Erlbach 1993, 165, Nr S. 04, p. 296, Nr S. 04. 01, Taf. 42. R. V.

Sannion (Σαννίων), aus Paros, griech. Bildhauer, im 4. Jh. v. Chr. in Epidauros tätig. Zus. mit → Kommoidion stellte K. *Modelle der Bauornamentik für die Tholos von Epidauros* her (IG, IV, 103, Zeilen 96, 101, 104, 136, 140). ▭ EAA VI, 1965.
R. V.

Šāpik, Sohn des Baumeisters → Anu-aḫ(a)-ušabši, Baumeister, zur Seleukidenzeit im 2. Jh. v. Chr. in Uruk/S-Babylonien tätig. Š. ist in der die Tempelpfründe der Baumeister (*itinnūtu* → Lâbâši) betreffenden, in akkad. Sprache verf. Urkunde (Harvard Semitic Mus., Inv. Nr 913. 1. 4 [7312], Zeilen 4 s.; Wallenfels, 1998, 39) und dem Duplikat dieser

Tafel (Clay, 1912, Nr 98; McEwan, 1981; Funk, 1984) aus Uruk erwähnt. Diese Urkunde dat. ins Jahr 122 der Seleukiden-Ära (entspricht dem Jahr 189 v. Chr.). Š.s Beruf ist Baumeister (v. Zeile 5; zu diesem Beruf vgl. → Lâbâši; Wallenfels, 1998, 145); weder Š. noch sein Vater → Anu-aḫ(a)-ušabši sind bisher aus and. Urkunden bek. (Wallenfels, 1998, 43). Die Schreibung des Namens ist ᵐDUB-ki (zur Namensform v. Tallqvist, 1918). ▭ *A. T. Clay*, Babylonian business transactions of the first millennium B. C., Babylonian records of the library of J. P. Morgan, I, N. Y. 1912; *K. Tallqvist*, Assyrian personal names, Helsingfors 1918, 215; *G. J. P. McEwan*, Priest and temple in Hellenistic Babylonia, in: *B. Kienast u.a.* (Ed.), Freiburger Altoriental. Stud., IV, Wb. 1981, 49; *B. Funk*, Uruk zur Seleukidenzeit, Schriften zur Gesch. und Kultur des Alten Orients, XVI, B. 1984, 234–239 (Textbearbeitung); *R. Wallenfels*, Seleucid archival texts from the Harvard Semitic Mus., Groningen 1998 (Cuneiform Monographs, 12), 39–44 (Textbearbeitung und Kommentar), 170 s. (Kopie der Tafel), 145. K. S. Schmidt

Saptah (I), ägypt. Künstler („Vorsteher der Goldarbeiter"), Mittleres Reich (2119–1794/93 v. Chr.). Nur bek. durch einen Skarabäus. Evtl. ident. mit → S. (II). ▭ *G. T. Martin*, Egyptian administrative and private-name seals, Ox. 1971, 100, Nr 1286; *W. A. Ward*, Index of Egyptian administrative and relig. titles of the Middle Kingdom, Beirut 1982, Nr 230. S. Hänsch

Saptah (II), ägypt. Bildhauer („Vorsteher der Bildhauer"), Mittleres Reich (2119–1794/93 v. Chr.). Nur durch zwei Skarabäen bek. Evtl. ident. mit → S. (I). ▭ *G. T. Martin*, Egyptian administrative and private-name seals, Ox. 1971, Nr 1287 und Nr 1288; *W. A. Ward*, Index of Egyptian administrative and relig. titles of the Middle Kingdom, Beirut 1982, Nr 407. S. Hänsch

Sara, Sohn des Chentichetiemhat, Stiefsohn des → Djehuti (I), ägypt. Bildhauer, im Mittleren Reich (2119–1794/93 v. Chr.) in Ägypten tätig. S. ist bek. von einer Stele, die n. von Abydos entdeckt wurde und sich heute im Ashmolean Mus. in Ox. befindet. Die komplizierten Fam.-Verhältnisse (es werden für S. zwei versch. Väter gen.) lassen sich am leichtesten dadurch erklären, daß man eine zweite Heirat der Mutter Hetepu annimmt. Auf derselben Stele erscheinen auch die beiden Bildhauer → Djehuti (I), Stiefvater von S., und → Sebekhetep (I), Bruder von S. ▭ *A. N. Dakin*, JEA 24:1938, 190 ss. S. L. Lippert

Saray? → Paray?

Sarerut, ägyptischer Künstler („Vorsteher der Goldschmiede"), Mittleres Reich (2119–1794/93 v. Chr.). Belegt ist S. nur durch eine Erwähnung auf dem Grabstein des → Imeni (III), der den gleichen Titel trägt. Es scheint keine verwandtschaftl. Beziehung zwischen den beiden zu bestehen. ▭ *H. O. Lange/H. Schäfer*, Grab- und Denksteine des Mittleren Reichs, Theil II, B. 1928, 234, Nr 20594. S. Hänsch

Sargeas (M. Σαργήας), griech. Bildhauer, im 2. Jh. n. Chr. in Mérida (Emerita Augusta) tätig. Sein Name erscheint auf einer Inschr. am Rand eines Teiles des Gesimses des Theaters von Mérida. Das Gesims wird aufgrund seines Dekors in trajan. Zeit datiert. ▭ EAA VII, 1966. – *A. García y Bellido*, ArchEspA 28:1955, 8, Nr 5. M. Wüstefeld

Sarpedon (Σαρπεδῶν), griech. Bildhauer, um 250 v. Chr. in Delos tätig. Nur bek. durch eine Abrechnung aus Delos, nach der er unter dem Archon Sosisthenes im Jahre 250 v. Chr. eine *Holzstatue des Dionysos* für das Dionysosfest für 25 Drachmen fertigte. ▭ ThB29, 1935. RE II. A. 1, 1921 (s.v. S. 5); EAA VI, 1965. – *Loewy*, IGB, 1885, 360, Nr 530. R. V.

Sarro, röm. Toreut, in der 2. H. des 1. Jh. n. Chr. in Niedergermanien tätig. Nur bek. durch seine Sign. auf einem *Bronzesieb* aus dem Grab Nr 8 aus Nijmegen-W, Gelderland/Niederlande (heute Nijmegen, Prov. Mus. Kam). ▭ *R. Petrovszky*, Stud. zu röm. Bronzegefäßen mit Meisterstempeln, Buch am Erlbach 1993, 165, Nr S. 05, p. 296, Nr S. 06. 01, Taf. 25, 42. R. V.

Sasa → Meh (II)

Sasebek (Sisobek), ägypt. Umrißzeichner, im Mittleren Reich (2119–1794/93 v. Chr.) in Ägypten tätig. S. erscheint auf zwei Stelen aus Abydos (heute in Kairo, Ägypt. Mus. bzw. in London, BM). Seine Beziehung zu den jeweiligen Besitzern ist jedoch in keinem Fall klar. Auf der Stele des Seneferu scheint er beinahe gleichberechtigt gen. zu sein, während er auf der des Senebsuema als Vorlesepriester fungiert. Ob S. aus Abydos selbst stammte, läßt sich ebenfalls nicht feststellen, da dorthin Wallfahrer aus ganz Ägypten zogen. ▭ *H. O. Lange/H. Schäfer*, Grab- und Denksteine des Mittleren Reiches (CG), II, B. 1908, 75 (Nr 20479 a); *W. K. Simpson*, The terrace of the great god at Abydos, New Haven/Philadelphia 1974, 19, Nr ANOC 25. 1, Taf. 38; *D. Franke*, Personendaten aus dem Mittleren Reich, Wb. 1984, 328, Nr 544. S. L. Lippert

Satius, spätantiker Künstler oder Stifter vor 396 n. Chr. in Ravenna. S. wird mit → Euserius, → Paulus (II) und *Stephanus (II)* im Liber Pontificalis des Agnellus im Zusammenhang der Mosaiken und figürlichen Stuckarbeiten an den Wänden der Basilica Ursiana, der Kathedrale von Ravenna (geweiht vor 396 n. Chr.) genannt. Agnellus entnahm die Namen wahrscheinlich Inschriften. Aus dem Wortlaut (*exornaverunt, comptitaverunt, inciserunt, composuerunt*), ist nicht sicher zu schließen, ob es sich, wie meist angenommen, um die Künstler oder doch um die Stifter dieser Dekorationen handelt. S. ist auch als Fehllesung für Statius oder Eustachius interpretiert worden. ▭ ThB18, 1925 (s.v. Janus). – Lit. cf. → Paulus (II). M. Dennert

Satju (I), ägypt. Hohepriester des Ptah und Oberster Leiter der Handwerker, 6. Dynastie (2322–2191 v. Chr.). Belegt ist S. durch eine sitzende Statuengruppe, die ihn zus. mit seiner Frau (deren Name zerst. ist) zeigt. Der Fund einer vollst. erh. Opferschale mit seinem Namen und Titel in Saqqara legt die Vermutung nahe, daß S. entweder dort gelebt und gearbeitet hat oder nur dort begraben wurde. Fraglich ist, ob es sich bei S. tatsächl. um einen Künstler oder um den Leiter der Handwerker im wörtl. Sinne handelt. Da der Gott Ptah neben seiner Funktion als Schöpfergott auch der Schutzgott der Handwerker war, ist anzunehmen, daß der Titel „Oberster Leiter der Handwerker" im übertragenen Sinne zu verstehen ist. ▭ LÄ II, 1977, 1258 (s.v. Hoherpriester von Memphis). – *L. Borchardt*, Statuen und Statuetten von Königen und Privatleuten (CG), I, B. 1911, Nr 190; *L. Borchardt*, Denkmäler des Alten Reiches (CG), I, B. 1937, Nr 1300. S. Hänsch

Satju (II), ägypt. Prinz und Bauleiter, Altes Reich, 5. oder 6. Dynastie (2479–2191 v. Chr.). Bek. ist S. von seiner Mastaba aus Saqqara, die Mariette als D 46 zählt. Diese Mastaba ist vollkommen aus Stein, während die meisten Mastabas aus Lehmziegeln gebaut sind. In diesem Grab fanden sich zwei Stelen, auf denen auch Name und Titel von S. geschrieben waren. ▭ LÄ I, 1975, 654, mit Anm. 2; LÄ VII, 1992, 48. S. Hänsch

Saturneinos (Σατουρνεῖνος; Saturninus), röm. Kameenschneider der tiberischen Zeit (14–31 n. Chr.), tätig in Rom. S. signierte im Genetiv einen *Achat-Onyx Kameo* (Paris, BN, Cab. des Méd.) mit dem Portr. einer Angehörigen des röm. Kaiserhauses, für die eine Benennung auf Antonia oder Livilla (E. Zwierlein-Diehl, KölnJbVFrühGesch 17:1980, 28) vorgeschlagen wurde. Stilist. und handwerkl. steht diese Arbeit dem Kameo des → Epitynchanos (I) nahe. Beide Künstler werden plausibel dem Umkreis der kaiserl. Gemmenwerkstätte zugeordnet, deren Vorsteher (*praepositus*) wohl → Dioskurides (IV) war. ▭ ThB29, 1935. RE II. A1, 1921 (s.v. S. 18); EAA VII, 1966 (s.v. S. 1). – *A. Furtwängler*, JdI 3:1888, 318, Taf. 11; *id.*, AG, III, 1900, 320, 358; *Vollenweider*, Steinschneidekunst, 1966, 75 mit Anm. 61, Taf. 85, 1–2, 85, 4; *Richter*, EngrGemsRom, 1971, 147, Nr 690; *Zazoff*, AG, 1983, 316 mit Anm. 59, 91; *W.-R. Megow*, Kameen von Augustus bis Alexander Severus, B. 1987, 35 s. B. Lang

Saturninus (I) und **Saturninus (II),** röm. Toreuten, in der 2. H. des 1. Jh. n. Chr./A. des 2. Jh. n. Chr. in Gallien und/oder Niedergermanien tätig. Nur bek. durch die Sign. auf den folgenden drei Bronzegefäßen: – 1.) *Kasserolle* aus der Gegend zw. Duisburg und Asberg/Deutschland (heute Bonn, Rhein. LM, Inv. Nr 39,1062; W. Hagen, BJb 146:1941, 220, Taf. 26, 1; Petrovszky, 1993, 296, Nr S.06.01); – 2.) *Sieb- oder Kellengriff* aus Dambach, Kreis Ansbach/Deutschland (heute München, Archäol. Staats-Slg, Inv. Nr 1986,2630; Petrovszky, 1993, 296, Nr S.06.02, Taf. 25, 42); – 3.) *Sieb* aus dem Brunnen Nr 7 im Lagerdorf von Rainau-Buch/Deutschland (heute Aalen, Limes-Mus., Inv. Nr R 80,485; D. Planck/W. Beck, Der Limes in SW-Deutschland, St. [2]1987, 138, Abb. 117; Petrovszky, 1993, 296 s., Nr S.06.03). Wahrsch. handelt es sich hier, wie Petrovszky (166) bereits äußerte, um zwei Toreuten des gleichen Namens. ▭ *R. Petrovszky*, Stud. zu röm. Bronzegefäßen mit Meisterstempeln, Buch am Erlbach 1993, 165 s., Nr S. 06, pp. 296 s., Nrn S. 06. 01 – S. 06. 03, Taf. 25, 42. D. Planck. R. V.

Saturninus (III), nicht Bildhauer eines Marmorgefäßes (so fälschl. Calabi Limentani, Studi, 1958, 166, Nr 114; ead., EAA IV, 1961, 875, s.v. marmorarius), sondern Besitzer eines Töpferateliers im spätantiken Nordafrika. Bek. bisher nur durch einen sign. (SATURNINUS EX OF[F]ICIN[A]) *Lagynos* mit Applikendekor (Zirkusszenen?), gefunden in Thelepte. ▭ EAA. Atlante delle forme ceramiche, I, R. 1981, 177, Taf. 89, 2. – *H. Carton*, Note sur un vase chrétien à reliefs figurés, trouvé a Thélepte (Tunisie), CRAI 1909, 597–605. M. Dennert

Satyreios (Σατυρήιος), griech. Gemmenschneider, im 3. Jh. v. Chr. tätig. Nach einem Epigramm des Diodoros (Anth. Pal., 2, 776) fertigte er einen *Intaglio aus Bergkristall* mit der Darst. der Königin Arsinoë. ▭ ThB29, 1935. EAA VI, 1965. – *Brunn*, GGK, II, 1889, 321. R. V.

Satyriskos (Σατυρίσκος; Saturiscus), griech. Bildhauer, in der severischen Zeit (193–235 n. Chr.) in Djemila tätig. Nur bek. durch seine Sign. auf einem Weihaltar aus Djemila. ▭ *M. J. Carcopino*, Lybica 2:1954, 419 ss.; *C. Picard*, RA 1955, 79–81. R. V.

Satyros (I) (Σάτυρος; Satyrus), Sohn des Isotimos, aus Paros, griech. Bildhauer und viell. auch Architekt, um die M. des 4. Jh. v. Chr. in Griechenland und Kleinasien tätig. Die wichtigsten Informationen zu seinem Namen in Hinsicht auf sein Patronymikon und seine Herkunft stammen von einer Statuenbasis aus Delphi (heute Delphi, Mus., Inv. Nr 631), die einst lebensgroße *Porträtstatuen des Idrieus und der Ada* aus Bronze trug. Idrieus und Ada regierten zw. 351 und 344 v. Chr. gemeinsam als Satrapen über Karien und waren sowohl Sohn und Tochter des Hekatomnos als auch jüngerer Bruder und jüngere Schwester des Maussollos und der Artemisia. Diese Basis, die eine Weihung der Milesier an Apollon Pythios war, wurde wahrsch. zw. 346 (dem E. des Dritten Hl. Krieges) und 344 v. Chr. (dem Tod des Idrieus) aufgestellt. Die frühere Lebens-Gesch. des S. ist unbekannt. Es ist aber mögl., daß er an dem Bauprogramm in Epidauros beteiligt war, wenn sich die vier Hinweise auf einen Satyros in IG, IV², 1, 118, B 61–62 (die Inschr. gilt als Ber. zur Planung und Ausf. des Inkubationsgebäudes von um 370 bis 365 v. Chr.) auf unseren Künstler beziehen. Ein möglicher Beleg dafür, daß auch sein Sohn als Bildhauer in der nächsten Generation arbeitete, mag durch eine and. Basis für eine *Porträtstatue des Phokäers Xanthippos* belegt sein, die um 301 v. Chr. zu dat. ist, und von → Lykos, Sohn des Satyros, sign. worden ist (heute in Delphi, Inschriftendepot beim Mus., Inv. Nrn 3683 und 3725). And. sehen in → Lykos jedoch den Sohn des → Satyros (II). Einen Hinweis auf das Aussehen der verlorengegangenen *Statuen des Idrieus und der Ada* auf der Basis von Delphi mögen die durch Inschr. gesicherten kleinformatigen Darst. dieser Herrscher auf einem Relief aus Tegea (heute in London, BM) geben. Auf diesem Relief wird Ada in einer ähnl. Haltung, Kleidung und Gestik gezeigt wie die sog. „Artemisia" vom Mausoleum in Halikarnassos im BM in London. Sie trägt einen ionischen Chiton und Himation, ihr Haar ist in einer Kopfbedeckung und vorn in einer dreistufigen Lockenreihe zusammengefaßt. Die beiden Vorderarme sind in Beter- oder Bittgeste erhoben. Der Idrieus auf dem Relief aus Tegea hat sein Gewicht wie die sog. „Maussollos"-Statue gelagert, aber er trägt einen enger anliegenden Chiton und schweren Himation und sein Haar nicht in Schulterlänge. Da die Ada- und Idrieusfigur auf dem Tegea Relief ein Bild des Zeus von Labraunda aus der Nähe von Mylasa in Karien flankieren, wurde von Hellström (1997) vorgeschlagen, daß sie Dreier-Gruppen von Bronzeporträtstatuen der herrschenden karischen Paare mit Zeus wiedergeben, die einst in den Endnischen der Speiseräume oder *Andrones* aufgestellt waren, welche von Maussollos und Idrieus um 355–345 v. Chr. in Labraunda erb. worden sind. – Wegen der Verbindung der delphischen Basis des S. mit Porträtstatuen der regierenden Hekatomnidendynastie von Karien wurde allg. angenommen (wenn auch nicht bewiesen), daß es sich bei dem von → Vitruvius (7, praef., 12 s.) in seiner Abh. über das Mausoleum von Halikarnassos als Partner des → Pytheos gen. S. um denselben Künstler handelt. Ob S. jedoch als Co-Architekt zus. mit → Pytheos das Grab-Mon. errichtete oder für die Skulpt.-Ausstattung und P. für die Archit. verantwortl. zeichnete (wie es später beim Tempel der Athena Polias in Priene war; Vitr. 1, 1, 12 und 15; 7, praef., 12) wird kontrovers diskutiert. In beiden Fällen mußte S. seine Tätigkeit mit den Arbeiten des → Skopas (II), → Bryaxis, → Leochares (I) und → Timotheos (I) abstimmen, die lt. Plinius (nat., 36, 30) mit der Statuenausstattung des Mausoleums betraut waren. Es wurde auch spekuliert, ob S. die überlebensgroßen männl. und weibl. Porträtstatuen der Hekatomnidendynastie fertigte, von denen wenigstens zehn weitere Statuen in Fragm. neben dem „Maussollos" und der „Artemisia" erhalten sind. Urspr. kann es 36 solcher Porträtstatuen am Mausoleum gegeben haben, wenn sie zw. den ionischen Säulen des Pteron gestanden haben. Ein weiteres weibl. Hekatomnidenporträt kann in dem Kopf mit Haube aus Priene im BM überlebt haben, das Carter (1983) als Ada identifiziert hat. Und mehrere and. solcher Statuen, die meisten aus Bronze, einige aber auch aus Marmor, sind durch Statuenbasen aus Kleinasien bezeugt: Statuen des Hekatomnos und des Maussollos in Kaunos und Mylasa; Statuen des Maussollos, der Artemisia und viell. auch des Idrieus in Erythrai; und eine bronzene Artemisia aus Rhodos, die eine Personifikation der Insel verbrennt (Vitr., 2, 8, 15). Es gibt keinen genauen Hinweis, daß S. der Bildhauer dieser öff. Porträts war, aber sie verweisen auf den künstler. Hintergrund, auf den die Porträts von Delphi zurückgreifen. Es gibt ebenfalls keinen Grund anzunehmen, daß S. der Bildhauer des Sarkophages der Trauernden Frauen von Sidon (heute in Istanbul, Archäol. Mus.) von um 360/358 v. Chr. war, auch wenn er von seinen Arbeiten beeinflußt worden sein kann, wenn man die versch. zw. den Säulen stehenden Frauen beurteilt, die in der Stellung und in der Kleidung der „Artemisia" vom Mausoleum nahestehen. – Der von Plinius (nat., 36, 67 s.) erw. → S. (III), der z.Z. des Ptolemaios II. einen Obelisken nach Alexandria transportiert hat, ist wegen chronolog. Unstimmigkeiten kaum mit unserem Künstler gleichzusetzen. ▭ EAA VII, 1966; DNP XI, 2001 (s.v. S. 3). – *Marcadé*, Signatures, I, 1953, Nr 65 (v.e. → Lykos, Sohn des S.), Nr 93 (S., Sohn des Isotimos); *H. Drerup*, JdI 69:1954, 1–31; *J. C. Carter*, The sanctuary of Athena Polias at Priene, Lo. 1983, 271–276, Nr 85; *R. Fleischer*, Der Klagefrauensarkophag aus Sidon, Tb. 1983; *K. Jeppesen*, JdI 107:1992, 100 s.; *G. B. Waywell*, in: *O. Palagia/W. Coulson*, Sculpt. from Arcadia and Laconia. Proceedings of an internat. conference held at the Amer. School of Classical Stud. at Athens, April 10–14, 1992, Ox. 1993, 79–86; *A. C. Gunter*, Labraunda: Swedish excavations and researches, II. 5. Marble sculpt., Sth. 1995, 19–21; *Svenson-Evers*, Architekten, 1996, 116–150; *G. B. Waywell*, in: *I. Jenkins/G. B. Waywell*, Sculptors and sculpt. of Caria and the Dodecanese, Lo. 1997, 60–67; *P. Hellström*, in: *ibid.*, 109–113; *B. S. Ridgway*, Fourth cent. styles in Greek sculpt., Lo. 1997, 122 s., 249 s. G. B. Waywell

Satyros (II), Sohn des Apollo[doros], griech. Bildhauer, um 300 v. Chr. tätig. Nur bek. durch die anhand ihrer Buchstabenform dat. Inschr. auf einer in Larisa gefundenen Statuenbasis. Vom Patronymikon des Künstlers sind nur die Buchstaben ΑΠΟΛΛΟ erhalten. Gemäß Lippold (1950) könnte S. der Vater von → Lykos sein, welcher auf einer Statuenbasis erw. wird, viele and. Autoren sehen jedoch eher eine Verbindung zu → S. (I). ▭ ThB29, 1935. RE II. A, 1923 (s.v. S. 11); EAA VII, 1966 (s.v. S. 4). – IG, IX. 2, Nr 1346; *Loewy*, IGB, 1885, 388 s., Nr 142a (Nachträge); *Lippold*, GrPl, 1950, 305, Anm. 13. G. B. Waywell

Satyros (III) cf. **Phoinix**

Satyros (IV), griech. Bildhauer aus Antiocheia, im frühen 1. Jh. v. Chr. tätig. Sein Name erscheint auf der Basis für eine *Porträtstatue* von der Akropolis von Rhodos, die er zus. mit *Epicharmos (II)*, Sohn des → Epicharmos (I), fertigte. ▭ ThB29, 1935 (s.v. S. 2). RE, Suppl. VIII (s.v. S. 10a); EAA VII, 1966 (s.v. S. 5). – *G. Jacopi*, Clara Rhodos, II. 1, 1932, 206, Nr 40; *L. Laurenzi*, Ritratti Greci, Fi. 1941, 52; *V. C. Goodlett*, AJA 95:1991, 676.
G. B. Waywell

Sauras cf. **Batrachos**

Saurias (Σαυρίας), von Samos, wohl im 7. Jh. v. Chr. tätig. S., einer der frühesten griech. Maler, wird nur von dem christl. Philosophen und Apologeten Athenagoras (leg., 17, 2, p. 53 Marcovish) in einem mit Plin., nat., 35, 15 s. (dazu Schaus, 1988, 111–116; Koch, 1996, 23–27; E. Walter-Karydi, Gnomon 72:2000, 345) vergleichbaren Exkurs über die Entst. der Malerei erwähnt. Demzufolge soll S. den Schattenriß (σκιαγραφία, zu dieser Bedeutung des Wortes vgl. Philostr., v. Ap., 1, 2; 2, 28; Rouveret, 1989, 21) erfunden haben, indem er den Schatten eines Pferdes in der Sonne umschrieb (σκιαγραφίας [...] εὑρεθείσης ὑπὸ Σαυρίου ἵππον ἐν ἡλίῳ περιγράψαντος). Auch Plinius gibt als erste Entwicklungsstufe der Malerei (*prima pictura*) den Schattenriß (*umbra hominis lineis circumducta*) an, doch nennt er als dessen Erfinder → Philokles (I) aus Ägypten und → Kleanthes aus Korinth. In einem ptolemäischen Schulpapyrus, den sog. Laterculi Alexandrini (H. Diels [Ed.], Laterculi Alexandrini, Abh. der kgl. preuss. Akad. der Wiss., B. 1904, 6 col. 6, 14–18; Reinach, 1921, Nr 82), findet sich an einer textl. leider sehr verderbten Stelle der Name eines weiteren Künstlers, → Semon (I) von Athen, der ebenfalls den Schattenriß erfunden haben soll, indem er den Umriß eines Pferdes ([τύ]πος ἵππου) malte. – Da S. bei Athenagoras zu den frühesten griech. Malern gerechnet wird – zeitl. noch vor → Kraton von Sikyon –, sollte man den Künstler – wenn man ihn nicht gar wie Dilthey (1878) für fiktiv halten will (dagegen Pfuhl, 1923, 502; G. Lippold, RE II. A. 1, 1921, 261) – in früharchaische Zeit datieren (vgl. Scheibler, 1994, 59). Wenig Wahrscheinlichkeit besitzt hingegen die These Lippolds (ibid.), S. habe im 5. Jh. v. Chr. als Zeitgen. des → Agatharchos (I) von Samos und wohl auch noch des → Apollodoros (II) von Athen nicht den Schattenriß, sondern die Schattenmalerei erfunden, sei aber von Athenagoras, der das Wort σκιαγραφία mißverstanden habe, in die Anfangszeit der griech. Malerei gesetzt worden. ▭ ThB29, 1935. RE II. A. 1, 1921; EAA VII, 1966. – *Overbeck*, SQ, 1868, Nr 381; *J. F. K. Dilthey*, Archäol.-epigraph. Mitt. aus Österreich 2:1878, 54; *Brunn*, GGK, II, 1889, 4; *A. Reinach*, Rec. Milliet, P. 1921, 64–67, Nr 61; *Pfuhl*, MuZ, I, 1923, 497, § 536, p. 502, § 541; *M. Swindler*, Ancient painting, Lo. 1929, 137; *J. J. Pollitt*, The ancient view of Greek art, New Haven/N. Y. 1974, 219; *M. Torelli*, in: Studi in onore di Filippo Magi. Nuovi quad. dell'Istituto di Archeologia dell'Univ. di Perugia, I, Pe. 1979, 305–312; *G. P. Schaus*, JHS 108:1988, 111, Anm. 45; *A. Rouveret*, Hist. et imaginaire de la peint. ancienne, R. 1989, 17; *Scheibler*, Malerei, 1994,

58 s.; *N. J. Koch*, De picturae initiis, M. 1996, 16, Anm. 2. L. Lehmann

Sawadjit cf. **Iuseneb (II)**

Saxa[...], röm. Toreut, in der 2. H. des 1. Jh. n. Chr./A. des 2. Jh. n. Chr. wohl in Niedergermanien tätig. Nur bek. durch seine Sign. auf einem *Bronzesieb* aus Nijmegen, Gelderland/Niederlande (heute Leiden, RM van Oudheden, Inv. Nr III 134, MW 2). ▭ *R. Petrovszky*, Stud. zu röm. Bronzegefäßen mit Meisterstempeln, Buch am Erlbach 1993, 166, Nr S.07, p. 297, Nr S.07.01. R. V.

Scaurianus (Σκαυριανός), röm. Statthalter der Provinz Asia, um die M. des 3. Jh. n. Chr. in Ephesos tätig. Zwei Inschr. aus Ephesos belegen das Wirken des S., der selbst nicht aus Ephesos stammte, als *procurator Augusti* der Provinz Asia in der Stadt. In seiner Funktion als Amtsträger war er für Bau- oder Instandsetzungsarbeiten an der *Stadtmauer von Ephesos* verantwortl., die wohl im Zusammenhang mit der Bedrohung durch die Goteneinfälle in Kleinasien um die M. des 3. Jh. n. Chr. entstanden. Für seine Verdienste wurde er von den leitenden Bauhandwerkern geehrt. Daß S. „eigenhändig", wie die Ehren-Inschr. besagt, an der Planung und Ausf. des Baus als Architekt beteiligt war, ist eher unwahrsch., auch wenn hochgestellte Persönlichkeiten und selbst Kaiser immer wieder als Architekten dilettierten, und daher als metaphorische Umschreibung anzusehen. ▭ *J. Keil*, ÖJh 30:1937 (Beiblatt, 204 s., Nr 10, Abb. 65); *C. Börker/R. Merkelbach*, Die Inschr. von Ephesos, II, Bonn 1979, 169, Nr 452 (Lit.); *D. Knibbe/H. Engelmann*, ÖJh 55:1984, 140 s.; *W. Eck*, Mitt. Leichtweiss-Inst. für Wasserbau der Techn. Univ. Braunschweig 103:1989, 191, 202, Anm. 43; *Donderer*, Architekten, 1996, 73 s., 169 s., 252 s., Nr A 71, 140, Taf. 27; *W. Eck*, Journal of Roman Archaeology 10:1997, 401, 404, Anm. 8. B. Bollmann

Schafot (SPT), Sohn des Balal, numid. Eisenhandwerker des 2. Jh. v. Chr. Erw. in einer numid.-pun. Bilingue vom *Pfeilergrabmal* in Thugga (Dougga, Tunesien) neben einem weiteren Schmied sowie and. Handwerkern; → Aṭban. C. Leschke

Schedef, ägypt. „Künstler und Totenpriester", E. der 5. Dynastie (um 2400–2297 v. Chr.) in Giza/ Unterägypten tätig. Er ist bek. aus der Mastaba Seschemnefers III. (G 5170), die sich w. der Pyramide des Cheops in Giza befindet. Er war neben seiner künstler. Tätigkeit offenbar auch als Totenpriester beschäftigt. Wahrsch. war er bei der Errichtung des Grabes Seschemnefers beteiligt. ▭ PM III. 1, 1974, 153 s., Nr G 5170. – *H. Junker*, Giza, III, W./L. 1938, 208; *id.*, Die gesellschaftl. Stellung der ägypt. Künstler im Alten Reich, W. 1959, 66. T. Schrottenbaum

Schedenwahsu(?), ägypt. Goldschmied, wohl 20. Dynastie (12./11. Jh. v. Chr.). H. hat zus. mit dem Goldschmied → Herseanch dem Gott Osiris einen kleinen Naos aus Ton in Abydos gestiftet, auf dem beide auch abgebildet sind (Kairo, Ägypt. Mus., Inv. Nr CG 70041). ▭ *G. Roeder*, Naos (CG), L. 1914, 135 ss. F. Hoffmann

Schedu, ägypt. Künstler („Aufseher der Künstlerschaft"), im Mittleren Reich (2119–1794/93 v. Chr.) in Ägypten tätig. S. ist der Besitzer einer Stele, die in Abydos gefunden wurde (heute in Kairo, Ägypt. Mus., Inv. Nr CG 20108). Außer ihm sind darauf auch seine Frau und seine drei Söhne abgebildet. Ob S. in Abydos ortsansässig war, ist nicht sicher, da dorthin Pilger aus ganz Ägypten zogen. ▭ *H. O. Lange/H. Schäfer*, Grab- und Denksteine des Mittleren Reiches (CG), I, B. 1902, 131 (Nr 20108). S. L. Lippert

Schen, Sohn des Itsen, ägypt. Bildhauer, unter Sesostris I. (1956–1911/10 v. Chr.) in Itj-taui/ Mittelägypten und Abydos/Oberägypten tätig. S. ist bek. durch eine Stele (heute im Los Angeles County Mus., Inv. Nr A 51411. 50–876), auf der er davon berichtet, daß er zunächst als Bildhauer in Itj-taui, der Hauptstadt der 12. Dynastie, beschäftigt war, bevor er nach Abydos beordert und dort zum Aufseher der Bildhauer befördert wurde. Ob der S. mit dem gleichen Titel, der weiter unten auf der Stele dargestellt ist, die gleiche Person oder ein Verwandter gleichen Namens ist, bleibt unsicher. ▭ *R. O. Faulkner*, JEA 38:1952, 3–5, Taf. 1. S. L. Lippert

Schepmen, Sohn des Kernedja(?), ägypt. Juwelier, 3./2. Jh. v. Chr. in Oberägypten tätig. Auf einem Ostrakon (heute London, BM, Inv. Nr O. dem. BM 26352) ist eine demot. Streitverzichtserklärung des S. erh. ▭ *H. de Meulenaere/J. Quaegebeur*, CdE 57:1982, 213. S. L. Lippert

Schepsespteh (I), Großvater(?) des → S. (IV), Vater(?) des Sabu, gen. Ibebi, ägypt. Hohepriester des Ptah und Oberaufseher der Handwerker, Leiter der Fayence- und Glashütte. Unter den Pharaonen Mykerinos bis Niuserre (4. Dynastie, 2539/2489–2414/2364 v. Chr.) in Unterägypten tätig. Belegt durch seine Mastaba (C 1 bzw. fälschlich H 14), die in Saqqara n. der Stufenpyramide liegt. Seinen

Titeln auf der Scheintür dieses Grabes ist zu entnehmen, daß er die Fertigung von Schmuckstücken aus Glas und Fayence in einer ihm unterstellten Wkst. anleitete und beaufsichtigte. ◻ LÄ II, 1977, Sp. 1258 (s.v. Hoherpriester von Memphis); PM III. 2, 1978, 464, Nr 48. – *A. Mariette*, Les mastabas de l'Ancien Empire, P. 1889, 110–14 (C 1), 453 s. (H 14); *H. Junker*, Die gesellschaftl. Stellung der ägypt. Künstler im Alten Reich, W. 1959, 13. C. von Pfeil

Schepsespteh (II), Goldschmied, Totenpriester, während der 5. Dynastie (ca. 2450–2300 v. Chr.) in Unterägypten tätig. Belegt in der Mastaba des → Duaenra w. der Stufenpyramide in Saqqara. Er ist dargestellt in einer Reihe von Männern, die dem Grabherrn Opfer darbringen, u.a. der Bildhauer und Totenpriester → Weha. Seine Titel zeugen von einer doppelten Funktion: Der Grabherr übertrug ihm als einem bes. geschätzten Künstler das Amt eines Totenpriesters an seinem Grab und stiftete ihm dafür auch ein Grundstück. ◻ PM III. 2, 1978, 608 [D 61]. – *A. Mariette*, Les mastabas de l'Ancien Empire, P. 1889, 350 (D 61); *H. Junker*, Die gesellschaftl. Stellung der ägypt. Künstler im Alten Reich, W. 1959, 67. C. von Pfeil

Schepsespteh (III), ägypt. Unteraufseher der Holzschnitzer und Juwelier des Königsschmucks; während der späten 5. bis in die 6. Dynastie (ca. 2400–2300 v. Chr.) in Unterägypten tätig. Belegt durch einen Block und eine Scheintür, die auf dem Friedhof der hl. Paviane im N. von Saqqara gefunden wurden. Die rechte Hälfte zeigt seinen Kollegen → Isebu mit dessen Frau; die linke Hälfte der Tür wurde von S. dekoriert und zeigt ihn mit seiner Gattin. ◻ *G. T. Martin*, The tomb of Hetepka, Lo. 1979, 23 s., Nr 27, Taf. 24. C. von Pfeil

Schepsespteh (IV), Enkel (?) des → S. (I), Sohn des Sabu, gen. Ibebi, Vater des → S. (V) und → (VI), ägypt. Hoherpriester des Ptah und Oberaufseher der Handwerker, unter den Pharaonen Teti bis Pepi I. (6. Dynastie, 2347/2297–2285/2235 v. Chr.) in Unterägypten tätig. Belegt durch seine Mastaba (E 2), die mit der seines Vaters (E 1) einen Komplex (Doppelmastaba) bildet und n. der Stufenpyramide von Saqqara liegt. Den Inschr. an der Fassade des Grabes sind Name und Titel des S. zu entnehmen. ◻ LÄ II, 1977, Sp. 1258 (s.v. Hoherpriester von Memphis); PM III. 2, 1978, 460, Nr 38. – *A. Mariette*, Les mastabas de l'Ancien Empire, P. 1889, 373–88 (E 2). C. von Pfeil

Schepsespteh (V), Enkel des Sabu, gen. Ibebi, Sohn des → S. (IV), Bruder des → S. (VI) und des Sabu, ägypt. Unteraufseher der Künstlerschaft, in der 1. H. der 6. Dynastie (ca. 2350/2300–2200 v. Chr.) in Unterägypten tätig. Nur belegt in der Mastaba seines Vaters (E 2), die n. der Stufenpyramide von Saqqara liegt. Er erscheint zus. mit seinen Brüdern, u.a. → S. (VI) und Sabu, im Trauerzug zu Ehren seines Vaters. ◻ PM III. 2, 1978, 460 s. – *A. Mariette*, Les mastabas de l'Ancien Empire, P. 1889, 385 (E 2). C. von Pfeil

Schepsespteh (VI), Enkel des Sabu, gen. Ibebi, Sohn des → S. (IV), Bruder des → S. (V) und des Sabu, ägypt. Unteraufseher der Künstlerschaft, in der 1. H. der 6. Dynastie (ca. 2350/2300–2200 v. Chr.) in Unterägypten tätig. Nur belegt in der Mastaba seines Vaters (E 2), die n. der Stufenpyramide von Saqqara liegt. Er erscheint zus. mit seinen Brüdern, u.a. → S. (V) und Sabu, im Trauerzug zu Ehren seines Vaters. ◻ PM III. 2, 1978, 460 s. – *A. Mariette*, Les mastabas de l'Ancien Empire, P. 1889, 385 (E 2). C. von Pfeil

Schepsespteh (VII), ägypt. Hoherpriester des Ptah und Oberaufseher der Künstler, während der 6. Dynastie (2347/2297–2216/2166 v. Chr.) in Unterägypten tätig. Belegt durch seine Mastaba (C 9) im Gebiet n. der Stufenpyramide von Saqqara. Auf dem Architrav des Eingangs zu diesem Grab finden sich Name und Titel des S. Weiterhin sind zwei Sitzstatuen von ihm bek., deren Köpfe verloren sind. Die Statuen haben wohl urspr. im Grab gestanden (heute Ägypt. Mus. in Kairo, Inv. Nrn 93 und 368). In der älteren wissenschaftl. Lit. findet sich als Dat. für das Grab noch die mittlere 5. Dynastie (ca. 2450–2400 v. Chr.). ◻ LÄ II, 1977, Sp. 1258 (s.v. Hoherpriester von Memphis); PM III. 2, 1978, 464 s., Nr 50 (C 9). – *A. Mariette*, Les mastabas de l'Ancien Empire, P. 1889, 129 s. (C 9); *L. Borchardt*, Statuen und Statuetten von Königen und Priv.-Leuten (CG), I, B. 1911, 73, Nr 93, Bl. 21, 193 s., Nr 368. C. von Pfeil

Schepsespteh (VIII), Vater des → Impi (KLA II, Addendum) und des → Qar (II), ägypt. Künstler („Unteraufseher der Künstlerschaft"), unter Pharao Pepi I. (2335/2285–2285/2235 v. Chr.) im Wadi Hammamat/O-Wüste tätig. Nur belegt in einer Namensliste, die auch seine Söhne nennt, in einem Graffito aus dem Wadi Hammamat (Nr 85). ◻ *J. Couyat/P. Montet*, Les inscr. hiéroglyphiques et hiératiques du Ouâdi Hammâmât, Le Caire 1912, 64, Nr 85. C. von Pfeil

Schepsespteh (IX), ägypt. Unteraufseher der Bildhauer, während des Alten Reiches (2707/2657–2216/2166 v. Chr.) tätig. Nur belegt im Grab eines S., in dem er zus. mit seinem Kollegen → Waschka an einer hölzernen (?) Statue arbeitet. Leider lassen sich in der Lit. keine Hinweise zur Lage und Dat. des Grabes und damit der Wirkungszeit des S. finden. ▭ *H. Junker*, Die gesellschaftl. Stellung der ägypt. Künstler im Alten Reich, W. 1959, 9. C. von Pfeil

Schepsipupteh, ägypt. Unteraufseher der Bildhauer am kgl. Hof, in der frühen 6. Dynastie (2347/2297–ca. 2235 v. Chr.) im Raum Unterägypten tätig. Belegt im Mastaba-Grab des Udjahateti (Neferseschempteh) in Saqqara nahe der Tetipyramide. In der dortigen Kultkammer ist er zu sehen in der Gruppe der Opferträger, wie er sich mit einem Rinderschenkel in der Hand auf den Grabinhaber zu bewegt. Er war sehr wahrsch. der Hauptkünstler des Grabes und trug für die besonderen Sachverstand erfordernden Feinarbeiten an den Reliefs Sorge. ▭ PM III. 2, 1978, 515. – *J. Capart*, Une rue de tombeaux à Saqqarah, II, Br. 1907, Taf. 99; *H. Junker*, Die gesellschaftl. Stellung der ägypt. Künstler im Alten Reich, W. 1959, 58.
C. von Pfeil

Scher, ägypt. Künstler, 21. Dynastie (1070/69–946/945 v. Chr.). Belegt durch zwei wenig qualitätvolle Uschebtis aus Fayence (Kairo, Ägypt. Mus., Inv. Nrn CG 47266 und 47267). S. war auch (einfacher) Priester. ▭ *P. E. Newberry*, Funerary statuettes and model sarcophagi (CG), Kairo 1930–37, 122 s. F. Hoffmann

Scheschi, ägypt. Künstler („Unteraufseher der Handwerker des Königs"), 6. Dynastie unter Pepi I. (2310–2260 v. Chr.). Bek. ist S. von einem Graffito aus dem Wadi Hammamat. Er ist der Sohn des → Idu, der den gleichen Titel trägt. ▭ *J. Couyat/P. Montet*, Les inscr. hiéroglyphiques et hiératiques du Ouâdi Hammâmât, Kairo 1912, Nr 34.
S. Hänsch

Scopas v.e. **Skopas**

Se, Sohn des → Ia (I), ägypt. Graveur („Oberster der Künstler im Goldhaus [d.h. Tempel] des Ptah", „Oberster der Graveure des Herrn der beiden Länder [d.h. des Königs]"), unter Haremhab/frühe 19. Dynastie (um 1300–1250 v. Chr.) in Memphis/Unterägypten tätig. Bek. durch eine rechteckige Kalksteinstele aus Abydos, die er sich mit dem Schreiber Sementaui teilte. Im oberen Register ist in der Mitte Osiris in einem Schrein dargestellt, der im Gegensatz zu den übrigen Abb. nahezu hochplastisch herausgearbeitet ist. S. war als Graveur im Tempelbezirk des Ptah beschäftigt, wo er Reliefs nach den Vor-Zchngn der Umrißzeichner anfertigte, beispielsweise an Tempelwänden oder an kleineren Objekten, die in den Tempel-Wkstn hergestellt wurden. Ob S. die Stele selbst angefertigt hat, muß offenbleiben. ▭ PM V, 1937, 76. – *G. A. Gaballa*, MDAIK 35:1979, 75–80 mit Abb. 1 und 2, Taf. 16 a. T. Schrottenbaum

Sebek (Sobek), ägypt. Goldschmied („Gildenvorsteher der Goldschmiede"), im Mittleren Reich (2119–1794/93 v. Chr.) in Ägypten tätig. S. erscheint, neben zahlr. anderen Personen, auf der Stele des Iuferseneb. Fundort und genaue Dat. dieser Stele (heute Kairo, Ägypt. Mus.) sind unbek. Ebenso unklar ist, in welchem Verhältnis S. zum Besitzer der Stele stand. ▭ *H. O. Lange/H. Schäfer*, Grab- und Denksteine des Mittleren Reiches (CG), I, B. 1902, 44 (Nr 20035).
S. L. Lippert

Sebekaa (Sobekaa), gen. Aai, ägypt. Künstler („Aufseher der Künstlerschaft"), in der 11. Dynastie (2119–1976 v. Chr.) in Ägypten tätig. S. ist der Besitzer einer reliefierten Stele (heute London, BM). Der Herkunftsort des Stückes ist unbek., doch deuten die Namen der Dargestellten, in denen die Gottesnamen Sobek und Hemen erscheinen, auf Gebelein bzw. Moalla als Ursprungsort der Fam. S. trägt noch einige weitere Titel, darunter priesterliche. Auf welchem Gebiet er künstler. tätig war, bleibt offen. ▭ Hieroglyphic texts from Egyptian stelae etc. (K BM), I, Lo. 1911, 17, Taf. 54. S. L. Lippert

Sebekemhat (I), ägypt. Bildhauer, unter Pharao Pepi II. (6. Dynastie, 2335/2285–2285/2235 v. Chr.) in Meir/Mittelägypten tätig. Bek. von einem Wand-Gem. im Felsgrab des Pepianch (mit „schönem Namen" Henikem). S. wird dort inmitten anderer Künstler bei der Arbeit gezeigt: Als Gehilfe des Oberbildhauers → Itju bearbeitet er eine Sitzstatue, die Pepianch darstellt und zur Ausstattung seines Grabes bestimmt ist. ▭ LÄ IV, 1982, Sp. 15 m. Anm. 23 (s.v. Meir); PM IV, 1934, 247, A2. – *A. M. Blackman*, The rock tombs of Meir, V, Lo. 1953, 20 s., Taf. 18, 28; *H. Junker*, Die gesellschaftl. Stellung der ägypt. Künstler im Alten Reich, W. 1959, 91. C. von Pfeil

Sebekemhat (II), ägypt. Werkstattvorsteher, während der 1. Zwischenzeit (2170/2120–2025/2020 v. Chr.) in Hatnub/Mittelägypten tätig. Belegt in einem Graffito in Hatnub, in welchem er berichtet, daß er zus. mit dem Schreiber der Palastwache, Ahanacht, Kalzitalabaster begutachtet und brechen läßt. Zu seinen Aufgaben gehörte u.a. die sorgfältige Auswahl des richtigen Mat., das von seinen Mitarbeitern dann zu Statuen, Stelen, Gefäßen usw. verarbeitet wurde. Wegen seiner hochqualitätvollen Kalzitalabastervorkommen wurde das 18 Kilometer südöstl. von Amarna gelegene Hatnub schon mind. ab dem Alten Reich (ca. 2700 v. Chr.) als Steinbruch genutzt. ▭ LÄ II, 1977, Sp. 1043–45 (s.v. Hatnub); LÄ III, 1980, Sp. 835 m. Anm. 26 (s.v. Künstler). C. von Pfeil

Sebekhetep (I), ägypt. Bildhauer, 12. Dynastie (1976 bis 1794/93 v. Chr.), in Ägypten tätig. Namentl. auf der Stele seines Bruders, des Bildhauers → Sara (Oxford, Ashmolean Mus., Inv. Nr E. 3921 aus der Gegend von Er-Reqaqnah), erw. und beim Opfer an seinen Stiefvater, den Bildhauer → Djehuti (I), dargestellt. Die Rückseite der Stele ist einer Scheintür ähnlich, weshalb das Stück einen Ausnahmefall darstellt, dessen Erschaffer aber nicht mehr festgestellt werden kann. ▭ *A. N. Dakin*, JEA 24:1938, 190–197, Taf. 12, 13. M. A. Stadler

Sebekhetep (II), ägypt. Bildhauer, 12. Dynastie (1976 bis 1794/93 v. Chr.), in Ägypten tätig. Als Vater des Bildhauers → Ibet (II) ist S. auf einer Stele aus Abydos sitzend abgebildet. ▭ *H. O. Lange/H. Schäfer*, Grab- und Denksteine des Mittleren Reichs (CG), II, B. 1908, Nr 20722; *D. Franke*, Personendaten aus dem Mittleren Reich, Wb. 1984, 76, Nr 67. M. A. Stadler

Sebekhetep (III), ägypt. Goldschmied, Mittleres Reich (2219 bis 1794/93 v. Chr.), in Ägypten tätig. S. ist nur als Vater des Schmuckhandwerkers und Goldschmiedes → Pesesch auf der steinernen Einfassung einer kleinen Tür des letzteren aus Abydos belegt. ▭ *H. O. Lange/H. Schäfer*, Grab- und Denksteine des Mittleren Reichs (CG), II, B. 1908, Nr 20630. M. A. Stadler

Sebekhetep (IV), ägypt. Goldschmied, Mittleres Reich (2219 bis 1794/93 v. Chr.), in Ägypten tätig. S. ist nur durch seine Stele aus Abydos namentl. bek. ▭ *H. O. Lange/H. Schäfer*, Grab- und Denksteine des Mittleren Reichs (CG), II, B. 1908, Nr 20271. M. A. Stadler

Sebekhetep (V), ägypt. Architekt, Bauleiter („Vorsteher der Arbeiten"), z.Z. Thutmosis' IV. (1397 bis 1388 v. Chr.), im Fayum/Ägypten tätig. S. ist neben seinem Grab durch zwei ihn darstellende Statuen bek., nach deren Inschr. er neben hochrangigen Verwaltungstiteln (Vorsteher der Marschen, Vorsteher der Rinder, Vorsteher der Scheunen, Vorsteher des Schatzhauses, Vorsteher der Propheten des Sobek und Bürgermeister des Fayum) auch den Titel eines Vorstehers der Arbeiten trägt. Seinen Ämtern zufolge war er vor allem im Fayum tätig, sein Grab (Theban Tomb 63) jedoch ist in Theben zu finden. ▭ PM I. 1, 1960, 125–129. – Urk. IV, 1586–1588; *W. Helck*, Mat. zur Wirtschafts-Gesch. des Neuen Reiches, I, Wb. 1961, 965; *id.*, Urkunden der 18. Dynastie, Übersetzung zu den Heften 17–22, B. 1961, 165 s. M. A. Stadler

Sebekmesu (Sobekmose; Sebekmose; Sobkmose), ägypt. Bauleiter („Vorsteher der Bauarbeiten in Oberägypten und in Luxor", „Vorsteher aller Handwerker des Königs"), unter dem König Amenophis III. (1388–1351/50 v. Chr.) in Theben/Oberägypten tätig. Er leitete die Bauarbeiten am Amuntempel von Luxor. Sein Grab befindet sich in Rizeikat bei Assuan. ▭ LÄ V, 1984 (s.v. Sobekmose); PM V, 1937, 161 s. – Urk. IV, 1889, 10–11. 19; *W. Hayes*, The burial chamber of the treasurer Sobk-mose from er-Rezeikat, N. Y. 1939. Y. Ott

Sebekmose → Sebekmesu

Sebeknefer? → Senebnefer

Sebekur (Sobekur; Sobekwer), ägypt. Umrißzeichner („Vorsteher des Verwaltungsbezirks der Umrißzeichner"), im Mittleren Reich (2119–1794/93 v. Chr.) in Ägypten tätig. Nur bek. durch eine bemalte Sandsteinstatue, die in der n. Nekropole von Abydos gefunden wurde. Aus dem Fundort lassen sich keine Schlüsse auf den Beschäftigungsort des Künstlers ziehen, da im Mittleren Reich jeder darauf bedacht war, eine Stele oder Statue in der Nekropole von Abydos aufzustellen, wo das Grab des Totengottes Osiris lokalisiert wurde. Der Titel des S. weist darauf hin, daß er nicht selbst Vor-Zchngn für Reliefs oder Statuen anfertigte, sondern vielmehr mit Verwaltungsangelegenheiten einer Truppe von Umrißzeichnern betraut war. ▭ *L. Borchardt*, Statuen und Statuetten von Königen und Privatleuten (CG), II, B. 1925, 60 s., Nr 476, Taf. 79; *W. A. Ward*, Index of Egyptian administrative and relig. titles of the Middle Kingdom, Beirut 1982, 20, Nr 117. T. Schrottenbaum

Sechemra (auch Sechemanchra), ägypt. Maler der Bibliothek der Gottesbücher, im Alten Reich (2682–2145 v. Chr.) in Ägypten tätig. S. wird nur in der Mastaba des wohlbekannten Wesirs Ti erw. ▭ *G. Steindorff*, Das Grab des Ti, Veröff. der Ernst von Sieglin-Expedition in Ägypten, II, L. 1913, Tf 46; *H. Junker*, Die gesellschaftl. Stellung der ägypt. Künstler im Alten Reich, W. 1959, 59 s. und 64. S. Hänsch

Secundinus cf. **Launio**

Secundus, röm. Bildhauer, in der Kaiserzeit in Salona tätig. Nur bek. durch seine Grab-Inschr. aus Salona (CIL, III, 8834). ▭ EAA IV, 1961 (s.v. Marmorarius). R. V.

Sedaug (Sedaweg), ägypt. Oberbildhauer, M. 5. bis 6. Dynastie (ca. 24.–23. Jh. v. Chr.). Bek. durch sein nicht gut erh. Grab in der Nekropole von Giza (G 1012). Da anzunehmen ist, daß S. als Oberbildhauer auch die Ausgestaltung seines eigenen Grabes leitete, liegt damit zugleich ein Zeugnis für sein Schaffen vor. Seine Figuren zeichnen sich durch besondere Schlankheit aus, die Szenenanordnungen weichen vom Üblichen ab und belegen die Selbständigkeit von S.s Entwurf. Die Ausf. ist allerdings nicht erstklassig. Unter den Titeln des S. sind auch solche, die ihn als Priester im Totenkult für → Sahura (25. Jh. v. Chr.) zeigen. ▭ PM III. 1, 1974, 52 s. – *H. Junker*, Giza, IX, W. 1950, 107 ss.; *H. Junker*, Die gesellschaftl. Stellung der ägypt. Künstler im Alten Reich, W. 1959, 73 s. F. Hoffmann

Segulius Alexsa, *D.*, röm. Goldschmied, im 1. Jh. v. Chr. tätig. Nur bek. durch eine Inschr. aus Sabina (CIL, IX, 4797). ▭ EAA I, 1958 (s.v. Aurifex). R. V.

Sehetepib, ägypt. Umrißzeichner („Befehlshaber der Umrißzeichner"), im Mittleren Reich (2119–1794/93 v. Chr.) tätig. Bek. durch seine Stele aus Kalkstein (Kairo, Ägypt. Mus., Inv. Nr CG 20309), die in der n. Nekropole von Abydos/Oberägypten gefunden wurde. Auf dieser werden auch sein Vater → Iibref (I) und sein Sohn → Iufeniersen erw. Auf der Stele seines Sohnes → Iuefeniersen (Kairo, Ägypt. Mus., Inv. Nr CG 20039), die ebenfalls aus der n. Nekropole von Abydos/Oberägypten stammt, wird sein Name in der vierten Zeile oben rechts genannt. ▭ *H. O. Lange/H. Schäfer*, Grab- und Denksteine des Mittleren Reiches (CG), II, B. 1908, Nr 20039 und Nr 20309; *W. K. Simpson*, The terrace of the Great God in Abydos: The Offering Chapels of Dynasty 12 and 13, New Haven/Philadelphia 1974, Taf. 21; *W. A. Ward*, Index of Egyptian administrative and relig. titles of the Middle Kingdom, Beirut 1982, 20 Nr 117; *D. Franke*, Personendaten aus dem Mittleren Reich, Wb. 1984, 401 Nr 687. Y. Ott

Sekeremheb, Sohn des Nebneferu, ägypt. „Oberster der Künstler(schaft)", E. der 11./A. der 12. Dynastie (20. Jh. v. Chr.), wohl im memphit. Raum. Belegt auf der Ahnentafel Berlin, Staatl. Mus., Ägypt. Mus., Inv. Nr 23673, vom E. der 22. Dynastie (ca. 735 v. Chr.), auf der der Hohepriester des Ptah Anchefensechmet seine angebl. Abstammung über 60 Generationen zurück angibt. Demnach waren mehrere seiner Vorfahren ebenfalls Hohepriester des Ptah. Hist. sind sie aber nicht zu belegen. Auch der Titel des S. scheint bisher aus zeitgen. Quellen nicht bek. zu sein, was bedeuten könnte, daß Titel und Person des S. fiktiv sind. ▭ PM III. 2, 1978, 751. – *L. Borchardt*, Die Mittel zur zeitl. Festlegung von Punkten der ägypt. Gesch. und ihre Anwendung, Kairo 1935, 96 ss., Blatt 2; *J. v. Beckerath*, Chronologie des pharaon. Ägypten, Mainz 1997, 29 s. F. Hoffmann

Sekundinos (Σεκουνδῖνος), spätantiker Steinmetz (τεχνίτης), tätig in N-Syrien. Bek. nur durch die Inschr. einer Fels-Doppelgrabkammer in Mougr Ramdân bei Riha, eine davon 386 n. Chr. datiert. ▭ IGLS, II, 1939, Nr 689–690. M. Dennert

Seleucus cf. **Anthus (III)**

Sele[ukos] (I) (Σέλε[υκος]), griech. Bildhauer, im 3. Jh. v. Chr.(?) für Olympia tätig. Der Teil einer Statuenbasis in Olympia trägt Reste einer Inschr. mit der als S. zu ergänzenden Künstlersignatur. S. ist nicht weiter bekannt. Dittenberger/Purgold (1896) setzen die Inschr. in das 3. Jh. v. Christus. ▭ *W. Dittenberger/K. Purgold*, Die Inschr. von Olympia. Olympia, V, B. 1896, Nr 183. St. Lehmann

Sele[ukos] (II), röm. Mosaizist(?), im 1. Jh. v. Chr. in Las Herrerias, Mazarrón/Spanien tätig. Nur bek. durch eine Inschr. auf einem *Mosaik mit Rautenmuster* aus Las Herrerias, Mazarrón (heute in Murcia, Mus. Arqueol. Prov.). Es bleibt unklar, ob hier die Sign. eines Mosaizisten vorliegt. ▭ ThB30, 1936. – *S. Ramallo Asensio*, Pyrenae 15/16:1979/80, 306 ss., Nr 10; *J. M. Blázquez*, Mosaicos romanos de Sevilla, Granada, Cadiz y Murcia, Ma. 1982, 67, Nr 63, Taf. 24; *J. Lancha*, MelCasa-Velázquez 20:1984, 48 ss., Abb. 3; *S. F. Ramallo Asensio*, Mosaicos romanos de Carthago Nova (Hispania Citerior), Murcia 1985, 79 ss., Nr 67, Abb. 13, Taf. 36; *Donderer*, Mosaizisten, 1989, 151 s., Nr C 35, Taf. 67, 1. R. V.

Seleukos (III), griech. Stukkateur oder Wandmaler, in frühaugusteischer Zeit in Rom tätig. Nur bek. durch seine in griech. Sprache verewigte Sign. ΣΕΛΕΥΚΟΣ ΕΠΟΕΙ auf einer *Stuckwand* mit Wandmalereien mit Darst. von u.a. Liebespaaren im roten *Cubiculum D* der Casa della Farnesina in Rom (heute Rom, MN Romano; Inv. Nr 1188, D 1), die um 20 v. Chr. zu datieren ist. S. zählt damit zu den ganz wenigen Wanddekorateuren, die wir aus röm. Zeit und dazu noch mit einem Werk fassen können. Die Inschr. zeugt von seiner ö. griech. Herkunft, der Name könnte auf Syrien verweisen. Die Sign. unterstreicht auch die Tätigkeit griech. Künstler bei der Ausschmückung von röm. Gebäuden in Italien. ▭ ThB30, 1936. RE, Suppl. VIII, 1956 (s.v. S. 44a); EAA VII, 1966. – *Pfuhl*, MuZ, II, 1923, 801 ss., § 875, 879; *B. Andreae*, in: Helbig[4], III, 1969, 448, Nr 2482; *I. Bragantini/M. de Vos*, Mus. Naz. Romano. Le Pitture, II. 1. Le decorazioni della villa romana della Farnesina, R. 1982, 22 s., Abb. 1; pp. 189–191, Inv. 1188, D 1, Taf. 83–93. R. V.

Seleukos (IV), aus Kibyra, griech. Bildhauer, im 2. Jh. n. Chr. in Palaiapolis/Phrygien tätig. Nur bek. durch seine Sign. auf einem *Marmorrelief* aus Palaiapolis/Phrygien. ▭ RE II. A. 1, 1921 (s.v. S. 41); EAA VII, 1966 (s.v. S. 1). – *M. W. Ramsay*, AJA 4:1888, 19 s., Nr 4. R. V.

Seleukos (V), angebl. griech. Steinschneider. Versch. Gemmen tragen den Namen von S. Während es sich bei den Darst. einer Satyrmaske um neuzeitl. Gemmen handelt (v. hierzu Furtwängler, 1888), sind die Wiedergaben des *Philoktet* auf *zwei Intaglios* im BM in London (Walters, 1926) zwar antik, die Inschr. ihrerseits wiederum modern. ▭ ThB30, 1936. EAA VII, 1966 (s.v. S. 2). – *A. Furtwängler*, JdI 3:1888, 135 s., Taf. 3, 17; *Walters*, BMGems, 1926, 112, Nr 963, Taf. 14, p. 171, Nr 1571, Taf. 21. R. V.

Selius, röm. Mosaizist, E. 4./A. 5. Jh. n. Chr. in Timgad/Algerien tätig. Nur bek. durch eine Sign. auf einem Bodenmosaik in *opus tessellatum* aus einem Haus in Timgad, das Diana und Aktaion (jetzt Timgad, Mus., Inv. Nr 70; L. Guimond, LIMC I, 1981, 465, Nr 117 c, s.v. Aktaion) darstellt. Die Qualität dieses Mosaiks ist jedoch so viel besser gegenüber allen and. Mosaiken in Timgad, so daß man in S. keinen lokalen Künstler vermutet. – Die zweizeilige Inschr. ist oben in der M. der Darstellung plaziert: SELIV / S PG. Frühere Forscher schlugen die Lesung SELIVS P(IN)G(EBAT) mit dem Imperfekt des Verbs *pingere* vor. Jüngere Schr. schlugen das Präsens und die Lesung SELIVS P(IN)G(IT) vor, eine Form, die auch auf and. Mosaiken von N-Afrika anzutreffen ist. Die Benutzung des Verbs *pingere* läßt jedoch offen, ob S. nur die Vor-Zchngn des Mosaiks lieferte oder ob er für alle Arbeitsschritte verantwortl. war. ▭ EAA V, 1963 (s.v. Musivarius). – AE 1904, Nr 146; *P. Gauckler*, MemSocAF 63:1904, 195, Nr 19; *A. Ballu*, Guide illustré de Timgad, P. [2]1910, 136, Abb. 46; InvMos, III, 1911, Nr 133; *L. Foucher*, Karthago 9:1958, 134; *S. Germain*, Les mosaïques de Timgad, P. 1969, 19–23, Nr 17, Taf. 7 s.; *Dunbabin*, Mosaics, 1978, 28, 275, Nr 2, Taf. 13; *Ph. Bruneau*, RA 1984, 265, Nr 7; *C. Balmelle/J.-P. Darmon*, L'artisan-mosaïste dans l'Antiquité tardive. Réflexions à partir des signatures, in: *X. Barral I Altet* (Ed.), Artistes, artisans et production artistique au Moyen Age, I, P. 1986, 244; *Donderer*, Mosaizisten, 1989, 27, 42, 48, 107, Nr A 84; *Dunbabin*, MGRW, 1999, 286, Anm. 29. Z. Welch

Sellia Epyre, röm. Goldschmiedin, im 2./3. Jh. n. Chr. in Rom tätig. Nur bek. durch ihre Grab-Inschr. aus Rom (CIL, VI, 9214). ▭ EAA I, 1958 (s.v. Aurifex). R. V.

Semerkai, ägypt. Umrißzeichner, 4. Dynastie um die Zeit von Chephren (2547–2521 v. Chr.). S. hat bei der Grabdekoration des Nebemachet, der ein Sohn des Chephren war, mitgewirkt (Sign. vorh.). Chephren ist einer der Könige, die die Pyramiden bei Giza bauen ließen. ▭ LÄ III, 1980, 834 mit Anm. 15 (s. v. Künstler); LÄ V, 1984, 938, mit Anm. 2 (s.v. Sign.). – *E. W. Ware*, AJSL 43:1926/27, Nr 30; *A. Hermann*, MDAIK 6:1936, 150 ss.; *H. Junker*, Die gesellschaftl. Stellung der ägypt. Künstler im Alten Reich, W. 1959, 17. S. Hänsch

Semon (I) (Σήμων), Maler aus Athen, genaue Zeitstellung unbekannt, wohl 7./6. Jh. v. Chr. S. wird in einer als Papyrus überlieferten alexandrin. Künstlerliste des 2. Jh. v. Chr. (Laterculi Alexandrini, col. 6, 14, ed. H. Diels, AbhBerlin 1904, Phil.-hist. Kl. 2, 6) als Erfinder der Malerei genannt. Von ihm wird die Künstleranekdote erwähnt, er habe die Umrißmalerei (σκιαγραφία) erfunden, indem er den Schatten eines Pferdes umschrieb. Ähnliches berichtet Athenag., leg. 17, 3 im 2. Jh. n. Chr. jedoch für einen gewissen → Saurias von Samos. Durch diese eine legendenhafte Erwähnung ist seine Historizität nicht gesichert. ▭ ThB30, 1936. RE II. A. 2, 1923. – *G. Loeschke*, AA 1913, 63; *Pfuhl*, MuZ, I, 1923, 497, 500; *B. Hebert*, Tyche 1:1986, 128. M. Dennert

Semon (II), griech. Steinschneider oder Besitzer einer Gemme von um 520/510 v. Chr. Nur bek. durch die Namensnennung ΣΗΜΟΝΟΣ auf einem *Skarabäus aus dunkelblauem Achat* aus Troja mit der Wiedergabe einer sich an einem Brunnen mit Löwenkopfspeier waschenden *nackten Frau*, die zunächst mit beiden Händen Wasser in einem Krug auffängt (Berlin, Staatl. Mus., Antiken-Slg, Inv. Nr FG 159; Furtwängler, 1888; Furtwängler, AG, I, 1900, Taf. 8, 28; III, 1900, 183, Abb. 124; Lippold, Gemmen, 1922, Taf. 63, 4; Boardman, 1968, 94 s., Nr 249, Taf. 16; AGD, II, 1969, 51 s., Nr 88, Taf. 20, 23). Aus der Inschr. ist nicht klar zu erkennen, ob es sich hier um den Steinschneider oder den Besitzer des Skarabäus handelt. Der gleichen Künstlerhand schrieb Boardman noch weitere Gemmen zu (Boardman, 1968, 94–96, Nrn 250–258, Taf. 16 s.). Da S. nicht unbedingt der Steinschneider sein muß, nannte Boardman den Steinschneider *Semon-Meister*. ▭ ThB30, 1936. RE II. A. 2, 1923; EAA VII, 1966 (s.v. S.). – *A. Furtwängler*, JdI 3:1888, 116 ss., Taf. 3, 6; *Brunn*, GGK, II, 1889, 430; *Boardman*, AGGems, 1968, 94–96, Nrn 249–258, Taf. 16 s.; AGD, II, 1969, 51 s., Nr 88, Taf. 20, 23. R. V.

Sempronius, griech. Mosaizist, im 3. Jh. n. Chr. in Alexandria tätig. Nur bek. durch seine Sign. auf einem heute zerst. *Mosaik* mit der *Büste des Dionysos* aus Alexandria (CIL, III, 6614). ▭ *L. Neroutsos*, Athenaion 2:1873, 411 s.; *id.*, Ancienne Alexandria, Alexandria 1888, 2; *Adriani*, Rep, Serie C I/II, 1966, 102; *Donderer*, Mosaizisten, 1989, 107 s., Nr A 85. R. V.

Sempronius Cephalius, *L.*, röm. Goldschmied, in der Kaiserzeit in Rom tätig. Nur bek. durch seine Grab-Inschr. aus Rom (CIL, VI, 9208). ▭ EAA I, 1958 (s.v. Aurifex). R. V.

Sempronius Valens, röm. Militärarchitekt, um 134 n. Chr. in Troesmis/Rumänien tätig. Nur bek. durch eine militär. Entlassungs-Inschr. aus Troesmis (heute in Paris, BN; CIL, III, 6178). ▭ *Donderer*, Architekten, 1996, 254, Nr A 141. R. V.

Senaa, ägypt. Goldschmied, unter dem König Amenemhet III. (1853–1806/05 v. Chr.) in Abydos/Oberägypten tätig. Bek. aus einer Stele (Paris, Louvre, Inv. Nr C. 6) mit der Nennung vieler Goldschmiede, auf der er im zweiten untersten Bildstreifen links erw. wird. ▭ *A. Gayet*, Mus. du Louvre, stèles de la XIIe dynastie, P. 1886, Nr C. 6, Taf. 10; *W. A. Ward*, Index of Egyptian administrative and relig. titles of the Middle Kingdom, Beirut 1982, 99, Nr 824. Y. Ott

Senaaenib, ägypt. Edelsteinarbeiter, unter König Amenemhet III. (1853–1806/05 v. Chr.) in Serābīt el-Khādim/Sinai tätig. Er war ein Teilnehmer einer Expedition in den Sinai. Bek. ist er durch die Namensliste auf der s. Längsseite der Stele des Saneferet, die im Tempel von Serābīt el-Khādim aufgestellt ist. Hier ist er in Zeile 16 links mit seinem Namen und Titel erw. ▭ *R. Weill*, Rec. des inscr. égyptiennes du Sinai, P. 1904, 75; *W. F. Petrie*, Researches in Sinai, Lo. 1906, Abb. 117; *J. Černý* (Ed.), The inscr. of Sinai, I, Lo. 1952, Nr 112, Taf 37; II, Lo. 1955, 115, S16. Y. Ott

Seneb (I), ägypt. Goldschmied, z.Z. Amenemhets III. und IV. (1853 bis 1798/97 v. Chr.), in Ägypten tätig. Sohn des Goldschmiedes → Iimeru. Auf der Stele in Paris, Louvre, Inv. Nr C 6, und auf einem Steintäfelchen aus dem Sinai ist S. namentlich erw., was auf seine Teilnahme an einer Expedition dorthin hinweist. ▭ *A. Gayet*, Mus. du Louvre, stèles de la XIIe dynastie, P. 1886, Taf. 10; *J. Černý* (Ed.), The inscr. of Sinai, I, Lo. 1952, Taf. 12; *D. Franke*, Personendaten aus dem Mittleren Reich, Wb. 1984, 376, Nr 637. M. A. Stadler

Seneb (II), ägypt. Künstler („Vorsteher der Bildhauer"), Mittleres Reich (2219 bis 1794/93 v. Chr.), in Ägypten tätig. S. ist auf einer rechteckigen Stele mit Hohlkehle kniend dargestellt und mit Titel und Namen bez. ▭ *H. O. Lange/H. Schäfer*, Grab- und Denksteine des Mittleren Reiches (CG), I, B. 1902, Nr 20075. M. A. Stadler

Seneb (III), ägypt. Bildhauer, Mittleres Reich (2219 bis 1794/93 v. Chr.), in Ägypten tätig. Wie → Anchtifi (II) ist S. auf einer quaderförmigen Stele aus Abydos mit Name und Titel erw. Da der Bezug beider zu den zwei auf der Stele erw. Fam., für deren Angehörige sie angefertigt wurde, nicht spezifiziert wird, ist vermutet worden, daß S. diese zus. mit → Anchtifi (II) hergestellt hat. Auf ihrer Vorderseite ist ein Mann vor einem reich beladenen Opfertisch sitzend dargestellt. ▭ *Ph. Miller*, JEA 23:1937, 1–6. M. A. Stadler

Senebau → **Seneberau**

Senebef, ägypt. Bildhauer, Mittleres Reich (2219 bis 1794/93 v. Chr.), in Ägypten tätig. Auf der Stele des Umrißzeichners → Senefer (I) dargestellt und erw. ▭ *H. O. Lange/H. Schäfer*, Grab- und Denksteine des Mittleren Reiches (CG), II, B. 1908, Nr 20715. M. A. Stadler

Senebefeni, ägypt. Bildhauer, Mittleres Reich (2219 bis 1794/93 v. Chr.), in Ägypten tätig. Auf der Rückseite eines steinernen Fackelschreines aus Dahschur für den Oberbildhauer → Seschenu ist S. erw. und abgebildet. ▭ *A. Fakhry*, The mon. of Sneferu at Dahschur II. 2, Kairo 1961, 68.
M. A. Stadler

Seneberau (Senebau), Sohn des Renseneb, ägypt. Umrißzeichner, Mittleres Reich (1976–1794/93 v. Chr.). Hat die als Scheintür gestaltete Grabstele (Leiden, Rijks.-Mus., Inv. Nr V 75) des Sängers und Harfenspielers Neferhetep sign. Eine andere Grabstele (Leiden, Rijks-Mus., Inv. Nr V 68), auf der auch Neferhetep erscheint, wird S. aus stilist. Gründen zugeschr. ▭ *G. Steindorff*, ZÄS 32:1894, 123 ss. (mit falscher Filiation).
F. Hoffmann

Senebnefer (Sebeknefer?), ägypt. Umrißzeichner der 20. Dynastie (12. Jh. v. Chr.) in Deir el-Medineh. Nur belegt in einer Liste von Umrißzeichnern (Ostrakon Gardiner 14 v. 2. 6). Dabei ist sein Name unvollst. geschrieben und möglicherweise alternativ zu Sebeknefer zu ergänzen. ▭ KRI VI, 262,16; *E. S. Bogoslovsky*, ZÄS 107:1980, 106.
F. Hoffmann

Senebpepi v.e. **Pepiseneb**

Senebtifi (I), ägypt. Umrißzeichner („Vorsteher der Umrißzeichner"), E. des Mittleren Reiches (1976–1794/93 v. Chr.). S. wird nur auf einer Stele des Sena-ib erw., weitere Belege sind nicht vorhanden. Allerdings findet auf dieser Stele auch seine Mutter Iitib Erwähnung. ▭ *J. Capart*, PSBA 29:1907; *W. A. Ward*, Index of Egyptian administrative and relig. titles of the Middle Kingdom, Beirut 1982, Nr 359a.
S. Hänsch

Senebtifi (II), ägypt. Bildhauer („Vorsteher der Bildhauer"), 13. Dynastie (1794/93–1648/45 v. Chr.). Bei S. handelt es sich um den Sohn des → Herunefer, der den gleichen Titel trägt. Über seine Person läßt sich allerdings nichts sagen, da sein Name und Titel nur von der Inschr. auf einem kleinen Skarabäus bek. sind und darüber hinaus von der kurzen Erwähnung, die sich auf einer Stele im Louvre befindet. ▭ *P. Pierret*, Rec. d'inscr. inédites du Mus. Egyptien du Louvre, II, Hildesheim u.a. 1978, 23, C 39; *G. T. Martin*, Egyptian administrative and priv.-name seals, principally of the Middle Kingdom and Second Intermediate Period, Ox. 1971, Nr 1592; *W. A. Ward*, Index of Egyptian administrative and relig. titles of the Middle Kingdom, Beirut 1982, Nr 407; *D. Franke*, Personendaten aus dem Mittleren Reich, Wb. 1984, 393, Nr 671.
S. Hänsch

Senedjemib (I), gen. Inti, ägypt. Architekt („Vorsteher aller Arbeiten des Königs") unter Isesi (2405/2355–2367/2317 v. Chr.) in Ägypten tätig. S. war Wesir unter Isesi und darüber hinaus als Architekt für diesen König tätig. Bek. ist er durch die Inschr. seiner Mastaba in Giza, wo u.a. zwei Briefe des Königs an ihn wiedergegeben werden, in denen sich der Herrscher lobend über seine Tätigkeit äußert. Der erste Brief bezieht sich auf die BauZchng für ein Heiligtum, die S. angefertigt hat, der zweite auf die Zusendung des Planes für eine Palasthalle mit dem Namen „Lotus des Isesi". Sehr wahrsch. war S. oder viell. sein Sohn → S. (II), der ihm im Amt nachfolgte, auch der Architekt von Isesis Pyramide in Dahschur. ▭ PM III. 1, 1974, 85 ss., Nr G 2370, 229, Nr LG 10; LÄ I, 1975 (s.v. Bauleiter mit Anm. 1); LÄ III, 1980 (s.v. Königsbrief m. Anm. 2); LÄ IV, 1982 (s.v. Pyramiden, AR m. Anm. 223). – Urk. I, 59 ss.; *E. Schott*, Fragen an die altägypt. Lit., Wb. 1977, 459–460; *E. Eichler*, StAltägKult 18:1991, 142–149.
S. L. Lippert

Senedjemib (II), gen. Mehi, Sohn des → S. (I), ägypt. Architekt („Vorsteher aller Arbeiten des Königs") unter Isesi (2405/2355–2367/2317 v. Chr.) in Ägypten tätig. S. folgte seinem Vater → S. (I) als Wesir und Architekt des Isesi nach. Er war auch für die Anlage und Ausstattung der Mastaba seines Vaters zuständig. Bek. ist er auch aus den Inschr. seiner eigenen Mastaba in Giza. Er oder sein Vater war wohl der verantwortl. Architekt für die Pyramide des Isesi in Dahschur. ▭ PM III. 1, 1974, 87 ss., Nr G 2378; LÄ I, 1975 (s.v. Bauleiter m. Anm. 1). – Urk. I, 63 ss., 67 ss.
S. L. Lippert

Senefanch, ägypt. Baumeister wohl der 4./5. Dynastie (ca. 26.–25. Jh. v. Chr.). S. wird in dem von seinem Sohn → Kaiemheset angelegten Familiengrab in Saqqara erw. Weitere Söhne: → Hetepka, → Kaipunesu(t) und → Memi. ▭ PM III. 2, 1978, 499. – Urk. I, 206, 10; *J. E. Quibell/A. G. K. Hayter*, Excavations at Saqqara. Teti pyramid, north side, Kairo 1927, 16 ss.
F. Hoffmann

Senefer (I), ägypt. Umrißzeichner, E. der 12./13. Dynastie (1798/97–1750 v. Chr.). S. ist uns von mehreren Stelen aus Abydos bek., u.a. von einer seines Bruders → Iuseneb (II), die allerdings immer nur seinen Namen, nie weitere Informationen erw. Auf diesen werden auch seine Frau Hetepet und seine Söhne Chaikaurau und Inepunechet gen. ▭ *H. O. Lange/H. Schäfer*, Grab- und Denksteine des Mittleren Reichs (CG), II, B. 1908, 341 s.,

Nr 20715 a, d, f; *A.-M. El Rabi'i*, CdE 52:1977, 15; *D. Franke*, Personendaten aus dem Mittleren Reich, Wb. 1984, 398, Nr 680. S. Hänsch

Senefer (II), ägypt. Künstler („Vorsteher aller Arbeiten des Königshauses"), Bauleiter in Heliopolis (Ägypten) und Koptos (Ägypten) sowie Domänenvorsteher des Amun, 18. Dynastie unter Hatschepsut und Thutmosis III. (1479–1425 v. Chr.). Überliefert ist eine Statue von ihm, die ihn am Boden kniend zeigt und auf der sein Titel „Vorsteher aller Arbeiten des Königshauses" zu lesen ist. Noch viel wichtiger aber ist, daß uns sein Grab in Theben bek. ist. Dort findet sich auch eine Biogr., durch die wir erfahren, daß sein Vater Verwalter der Weinberge an der Ostgrenze des Deltas war und seine Mutter ein königl. Harimsmädchen. ▭ Urk. IV, 528, 530, 1 ss.; *L. Borchardt*, Statuen und Statuetten von Königen und Priv.-Leuten (CG), II, B. 1925, 103, Nr 556; *W. Helck*, Zur Verwaltung des Mittleren und Neuen Reiches, Leiden-Köln 1958, 348 ss. S. Hänsch

Seneferu (I) (Snofru), ägypt. Bildhauer, Mittleres Reich (2119–1794/93 v. Chr.). S. ist nicht ident. mit dem gleichnamigen König aus dessen Grab in Dahschur, woher allerdings der Beleg für diesen Künstler stammt. Er wird auf dem Fragm. eines Statuenpodestes erw. Inhaber dieser Statue war ein Puwahptah, der im Kult der Cha'-Pyramide des Königs Snofru tätig war. ▭ *A. Fakhry*, The mon. of Sneferu at Dahshur, II. 2, Kairo 1961; *W. A. Ward*, Index of Egyptian administrative and relig. titles of the Middle Kingdom, Beirut 1982, Nr 1561. S. Hänsch

Seneferu (II) (Snofru), ägypt. Bildhauer, 12. Dynastie (1976–1794/93 v. Chr.). S. ist nur auf einer Stele des Majordomus Chentichetiaun erw., die in Theben gefunden wurde, was nicht zwangsläufig darauf schließen läßt, daß auch S. dort gelebt oder gearbeitet hat. ▭ *S. Bosticco*, Mus. archeol. di Firenze. Le stele egiziane dall' antico al nuove regno, R. 1959, Nr 37; *W. A. Ward*, Index of Egyptian administrative and relig. titles of the Middle Kingdom, Beirut 1982, Nr 1561. S. Hänsch

Senena (I), Sohn des Senseneb, ägypt. Goldschmied („Oberster der Goldschmiede des Amun"), unter Amenophis II. (1428–1397 v. Chr.) in Theben/Oberägypten tätig. S. ist bek. aus den Inschr. seines Grabes in Theben-W (Theban Tomb 169). Aus seinem Titel geht hervor, daß er für einen Tempel des Gottes Amun arbeitete. ▭ PM I. 1, 1960, 278 s., Nr 169. – *W. Helck*, Mat. zur Wirtschafts-Gesch. des Neuen Reiches, I, Wb. 1961, 44. S. L. Lippert

Senena (II) (Senna), ägypt. Architekt („Vorsteher der Bauleute"), im Neuen Reich (1550–1070/69 v. Chr.) in Theben/Oberägypten tätig. S. ist nur von einem Grabkegel (kon. Inschr.-Ziegel) seines Sohnes → Imenhetep (XV) bek., der ebenfalls Architekt war. ▭ *N. de G. Davies/M. F. L. Macadam*, A corpus of inscribed Egyptian funerary cones, Ox. 1957, Nr 185. S. L. Lippert

Senenmut, Sohn des Ramose und der Hatnofret, einer Fam. einfacher Herkunft aus Erment/Ägypten, kgl. Architekt und Bauleiter, um etwa 1479 v. Chr. bis um etwa 1458 v. Chr. in Ägypten (Assuan, Erment, Gebel es-Silsile, Ischeru, Theben und auf dem Sinai) tätig. In seiner Jugend wohl Soldat, begann er seine Beamtenlaufbahn möglicherweise noch unter Thutmosis II. (ca. 1492–1479 v. Chr.) im kgl. Schatz und als Oberdomänenvorsteher von dessen Gemahlin Hatschepsut, obwohl er namentl. nur auf Denkmälern aus der Zeit Hatschepsuts belegt ist. Zu Beginn der Regentschaft Hatschepsuts (ca. 1479–1458 v. Chr.) für ihren unmündigen Stiefsohn Thutmosis III. (ca. 1479–1425 v. Chr.) wird er Oberdomänenvorsteher und Amme ihrer Tochter Neferure. Gleichzeitig ernannte sie ihn zum „Obersten Mund ihres Hauses", ein neugeschaffenes Amt mit weitreichenden Funktionen in der Staatsverwaltung. Nach der Thronbesteigung Hatschepsuts (zw. Jahr zwei und sieben nach der Zählung Thutmosis' III.) führt er als weitere Haupttitel unter insgesamt über 80 Titeln den eines Oberdomänenvorstehers des Amun und des Königs (Thutmosis III.), eines kgl. Bauleiters und Erziehers der jetzt als Gottesgemahlin bezeichneten Neferure. – S. hat wahrsch. ein gewaltsames Ende gefunden. Hierfür sprechen Namenstilgungen und Ausmeißelungen seiner Bildnisse auf vielen seiner Denkmäler sowie sein zweites unvoll., zugeschüttetes Grab (Theban Tomb 253). Zeitpunkt für seinen Sturz kann infolge von intakten Kartuschen der Hatschepsut auf fünf seiner Statuen bei gleichzeitiger Tilgung seines Namens und der Ausmeißelung seiner Bildnisse in seinem zweiten Grab sowie des Fehlens seiner Bildnisse hinter vier Türen zweier Kap. im Totentempel der Hatschepsut in Theben-W (Deir el-Bahari) nur vor dem E. der Hatschepsut gesucht werden. Die Motive für diesen Sturz könnten in einer allzu großen Mächtigkeit des S. oder in einer Parteinahme für den jüngeren Koregenten Thutmosis III., wie es seine späten Denkmäler bezeugen, liegen. Sollte jedoch, wie einige Ägyptologen annehmen, die Verfolgung Hatschepsuts durch Thutmosis III. erst in dessen 42. Jahr begonnen haben, könnte auch Thutmosis III. für den Sturz des S. in Frage kommen. – Obwohl nicht Inhaber höchster Ämter, zeichnet sich S. gegenüber and. nichtkönigl. Personen durch die große Zahl seiner Denkmäler sowie der ihm gewährten kgl. Privilegien aus, aufgrund dessen man wohl mit Recht eine enge persönl. Bindung zu Haschepsut vermutet hat. Hierzu zählen sein erstes Grab (Theban Tomb 71), ausgestattet mit einer kgl. Scheintür und einem mit dem zweiten Sarkophag der Hatschepsut fast ident. Granitsarkophag sowie sein zweites Grab, ein Korridorgrab ähnl. dem zweiten Grab der Hatschepsut, dessen letzte Kammer unter dem Totentempel (Deir al-Bahari) der Hatschepsut in Theben-W liegt, ausgestattet mit einer kgl. Scheintür, Texten aus dem Totenbuch und einer für ein Priv.-Grab einmaligen astronom. Decke, die sich erst in der Ramessidenzeit in kgl. Gräbern findet. Ferner 25 Grab- und Tempelstatuen, ein Gedächtnisschrein in Gebel es-Silsile, Graffiti aus Assuan und dem Sinai, eine Stiftungsstele, Selbst-Darst. hinter geöffneten Türflügeln von über 70 Kap. und das Puntrelief aus dem neunten Jahr (Thutmosis III.) in Deir al-Bahari sowie zahlr. Ostraka, Namenssteine, Grabziegel und -kegel und weitere Kleinfunde. – Unter den 23 Tempelstatuen finden sich Statuentypen, die erstmals unter S. auftreten: Sitz-, Standstatuen und Würfelhocker mit Neferure, Kniestatuen mit einem Sistrum oder Naos, mit einer Schlangengöttin oder einem Vermessungsstrick kombiniert. Das Symbol der in einem Ka-Zeichen ruhenden, mit einer Sonnenscheibe gekrönten Schlange bei den Statuen mit Schlangengöttin findet sich gleichfalls auf Wandfriesen in Theben-W. Früher als kryptograph. Schreibung des Thronnamens der Hatschepsut gedeutet, ist aber eher an eine Darst. der Göttin Renenutet bzw. Hathor sowie der vor dem Statueninhaber niedergelegten Opferspeisen zu denken. – Auf dreien seiner Statuen finden sich zwei weitere Symbole, ebenfalls früher als Thron- und Horusname der Hatschepsut gedeutet, die sich eher als verschlüsselte Darst. von kgl. Schutzsymbolen deuten lassen. Die mit diesen Symbolen verbundene Beischrift: „Diese Figuren, ich machte sie aus eigenem Antrieb. Nicht fand man es in den Schriften der Vorfahren“ legen wegen ihrer in der ägypt. Kunst außergewöhnl. Äußerung den Schluß nahe, in S. den Schöpfer aller dieser Symbole und Statuentypen – wegen der Häufigkeit der Kniefigur unter Hatschepsut auch im kgl. Bereich – zu vermuten. Eine bildhauer. Tätigkeit ist wegen fehlender Handwerkertitel auszuschließen. S. ist als kgl. Bauleiter am Karnaktempel, Luxortempel, Monthtempel von Erment, Muttempel von Ischeru und Tempel von Deir el-Bahari bezeugt. Für den Karnaktempel ist auf einem Graffito aus Assuan das Brechen der frühen Obelisken der Hatschepsut belegt. Unter Hatschepsut errichtete Bauten im Karnak-, Luxor- und in unmittelbarer Nähe des Muttempels zeigen das bek., von S. auf seinen Statuen verwendete Schlangensymbol als Wandfries. Für den Tempel von Deir el-Bahari wird ihm nicht nur die techn., sondern auch die archit. und künstler. Ltg zugeschrieben. Zahlr. Bauostraka sowie unter dem Aufweg und Taltempel verbaute Namenssteine nennen allerdings weitere Beamte, wobei der Titel eines Bauleiters in Theben-W auf S. beschränkt ist. Die an über 60 Stellen hinter geöffneten Türflügeln angebrachten Bildnisse des S., die häufige Verwendung des von ihm „erfundenen“ Schlangensymbols als Wandfries bezeugen seine herausragende Stellung. – Damit wäre S. eine der am besten faßbaren Künstlerpersönlichkeiten des Alten Ägyptens. Ihm ist es zuzuschreiben, aus dem Einterrassenbau des Mentuhotep die großartige *Terrassenanlage von Deir el-Bahari* geschaffen zu haben. Er ist der Erste, der unter Einbeziehung der Skulpt. eine enge Beziehung von Bauwerk und Rundbild geschaffen hat und durch den Gedanken der Sphinxallee das archit. Bild in die Landschaft eingefügt hat.

▭ LÄ V, 1984. – *W. M. Müller*, Egyptological researches, Washington 1906; *H. E. Winlock*, BMetrMus 18:December 1923, Section II, 31 s.; *H. E. Winlock*, BMetrMus 19:December 1924, Section II, 20; *H. E. Winlock*, BMetrMus 21:March 1926, Section II, 12 ss.; *T. G. Allen*, AJSL 44:1927–29, 49–54; *H. Hall*, JEA 14:1928, 1–2; *E. Meyer*, Gesch. des Altertums, II, Abt. 1, St. ^{2}1928, 110–120; *H. E. Winlock*, BMetrMus 23:February 1928, Section II, 24–58; *H. E. Winlock*, BMetrMus 23:December 1928, Section II, 25; *H. E. Winlock*, BMetrMus 24:November 1929, Section II, 3; *H. E. Winlock*, BMetrMus 27:March 1932, Section II, 16 s., 20 s.; *A. Lansing/A. W. Hayes*, BMetrMus 32:January 1937, Section II, 3–39; *E. Drioton*, ASAE 38:1938, 239–246; *W. Helck*, Der Einfluß der Militärführer in der 18. ägypt. Dynastie, Unters. zur Gesch. und Altertumskunde Ägyptens 14, L. 1939, 52 s.; *W. C. Hayes*, Ostraka and name stones from the tomb of Sen-Mut at Thebes, N. Y. 1942; *id.*, JEA 36:1950, 19–23; *J. A. Wilson*, The burden of Egypt, Chicago 1951, 166–177; *P. Barguet*, CdE 28:1953, 23–7; *J. Vandier*, Manuel d'archéologie égyptienne, II-III, P. 1955–1958; *W. C. Hayes*, MDAIK 15:1957, 78–90; *id.*, The scepter of Egypt, C. 1959, 106–13; *W. Helck*, Zur Verwaltung des Mittleren und Neuen Reiches, Leiden 1958, 356–363, 473–478; *id.*, ZÄS 85:1960, 23–34; *R. A. Caminos/T. G. H. James*, Gebel es-Silsilah, I, Lo. 1963, 53 ss., Taf. 7, 33–34, 40–44; *M. Marciniak*, BIFAO 63:1965, 201–207;

B. V. Bothmer, Brooklyn Mus. annual 8:1966–67, 60–3; *C. Nims*, ZÄS 93:1966, 97–100; *B. Lesko-Switalski*, JARCE 6:1967, 113–118; *D. B. Redford*, Hist. and chronology of the Eighteenth Dynasty of Egypt, Tor. 1967, 50–87; *A. Schulman*, JARCE 8:1968–70, 29–48; *B. V. Bothmer*, Brooklyn Mus. annual 11:1969–70, 124–143; *M. Dewachter*, BIFAO 71:1972, 87–96; *H. Jaquet-Gordon*, BIFAO 71:1972, 139–150; *J. Berlandini-Grenier*, BIFAO 76:1976, 111–132; *E. Wente/C. Van Siclen*, A chronology of the New Kingdom, Stud. in ancient Oriental civilization (Chicago) 39:1976, 217–261; *W. Helck*, GM 24:1977, 35–40; *M. Marciniak*, BIFAO 78:1978, 165–170; *S. Ratié*, La reine Hatchepsout, Leiden 1978; *L. McNaught*, JEA 65:1979, 163 s.; *W. Seipel*, III. Acts of the 1st ICE, B. 1979, 581 s.; *E. Graefe*, GM 38:1980, 45–51; *E. Brovarsky*, Egypts golden age, Boston 1982, 240, 308 (Nr 319); *C. Meyer*, S. – Eine prosopograph. Unters., Ha. 1982 (Hamburger ägyptolog. Stud., 2); *J. Romer*, People of the Nile, N. Y. 1982, 157 ss.; *R. Hari*, JEA 70:1984,141–144; *E. Wente*, JNES 43:1984, 47–54; *C. Van Siclen*, Varia Aegyptiaca 2:1986, 151–154; *P. F. Dorman*, The mon. of Senenmut, Lo. 1988; *id.*, The tombs of S., N. Y. 1991 (Publ. of the Metrop. Mus. of Art, Egyptian Expedition, 24); *A. Grimm/S. Schoske*, Hatschepsut. Königin Ägyptens, M. 1999 (Schr. der Ägypt. Slg, 8), 49–50, 55. C. Meyer

Senetjer, ägypt. Handwerksmeister, unter Pharao Amenophis III. (18. Dynastie, 1388–1351/50 v. Chr.) im theban. Raum/Oberägypten tätig. Bek. aus dem Grab seines Sohnes → Ipuki und des → Nebimen (I) in Theben-W/Chocha (Theban Tomb 181). Er und seine Gattin werden dort an der Ostwand der Vorhalle von → Ipuki mit Opfergaben und Gebeten versorgt. Den beigeschriebenen Titeln ist zu entnehmen, daß S. Handwerksmeister in einer Kapelle der Hatschepsut gewesen war, deren Lage leider unbek. ist. ▭ PM I. 1, 1960, 288 (7) II. – Urk. IV, 1854, 16; *N. de G. Davies*, The tomb of two sculptors, N. Y. 1925, 16, Taf. 5; *F. Kampp*, Die theban. Nekropole, I, Mainz 1996, 467–69. C. von Pfeil

Seni, ägypt. Bauleiter („Vorsteher der Arbeiten") in Karnak und Vizekönig in Nubien, frühe 18. Dynastie (ca. 1550–1425 v. Chr.). Die Ämterlaufbahn des S. ist durch mehrere Inschr. gut zu verfolgen. Demnach begann sie unter Ahmose (1550–1525 v. Chr.). Unter Amenophis I. (1525–1504 v. Chr.) war S. Scheunenvorsteher des Amun und wohl zugleich Bürgermeister von Theben. Während dieser Zeit war er auch Bauleiter in Karnak. Thutmosis I. (1504–1492 v. Chr.) beförderte S. zum „Königssohn von Kusch" (= Vizekönig von Nubien). Dieses Amt hatte S. auch unter Thutmosis II. (1492–1479 v. Chr.) noch inne, scheint aber mit dem Reg.-Antritt der Hatschepsut (1479/73–1458/57 v. Chr.) in Ungnade gefallen zu sein. ▭ *W. Helck*, Zur Verwaltung des Mittleren und Neuen Reichs, Leiden/Köln 1958, 419 s. F. Hoffmann

Senna → Senena (II)

Sennius Bell[...], *Caius*, röm. Toreut, in der 2. H. des 1. Jh. n. Chr. wohl in N-Italien tätig. Nur bek. durch seine Sign. auf einer *Bronzebadeschale* aus der Umgebung von Locarno(?)/Schweiz (heute Locarno, MC Visconti). ▭ *R. Petrovszky*, Stud. zu röm. Bronzegefäßen mit Meisterstempeln, Buch am Erlbach 1993, 166, Nr S.08, p. 297, Nr S.08.01. R. V.

Sennius Felix, *Titus* **→ Sextius Felix,** *Titus*

Senpteh, ägypt. Oberster der Künstler, während des Mittleren Reiches (2119–1794/93 v. Chr.) tätig. Nur belegt auf der Stele des → Chenemhetep, die in der n. Nekropole von Abydos gefunden wurde. ▭ PM V, 1937, 266. – *H. O. Lange/H. Schäfer*, Grab- und Denksteine des Mittleren Reiches (CG), I, B. 1902, 314 e, Nr 20300e; *W. A. Ward*, Index of Egyptian administrative and relig. titles of the Middle Kingdom, Beirut 1982, 38, Nr 282. C. von Pfeil

Senuseret (Sesostris), ägypt. Oberbildhauer, Mittleres Reich (1976–1794/93 v. Chr.). Abgebildet auf der Grabstele Kairo, Ägypt. Mus., Inv. Nr CG 20431, zus. mit vielen anderen Familienangehörigen, unter denen sich noch zwei Künstler befinden, deren Namen aber nur z.T. lesbar sind, näml. der Oberbildhauer → Wahmen[...] und der Bildhauer („Oberster der Oberen") *Userse[...]*. Vermutl. derselbe Mann erscheint auf dem Denkstein Kairo, Ägypt. Mus., Inv. Nr CG 20704, wo auch der Name seiner Mutter Sathathor genannt wird. ▭ *H. O. Lange/H. Schäfer*, Grab- und Denksteine des Mittleren Reichs (CG), II, B. 1908, 29 (q10) und 331 (e); IV, B. 1902, Taf. 31 und 53; *W. A. Ward*, Index of Egyptian administrative and relig. titles of the Middle Kingdom, Beirut 1982, 52, Nr 407. F. Hoffmann

Senuseretanch, ägypt. Bildhauer, Architekt, Hoherpriester des Ptah, wohl z.Z. Sesostris' I. (1956–1911/10 v. Chr.). Bek. durch sein reiches Grab in der Nähe der Pyramide Sesostris' I. in Lischt. ▭ PM IV, 1934, 85. – *A. Lansing*, The bull. of the Metrop. Mus. New York 28:1933, Teil 2, 4–38. F. Hoffmann

Seos (Σέος), spätantiker Steinmetz (τεχνίτης), tätig in S-Syrien. Bek. nur aus der Sign. einer Grab-Inschr. aus Lubbein/Hauran, heute im Mus. von Soueida. ▭ *J.-M. Dentzer/J. Dentzer-Feydy*, Le djebel al-Arab. Hist. et patrimoine au Mus. de Suweida, P. 1991, 145 Nr 9,07. M. Dennert

Sepi, ägypt. Leiter der Arbeiten in El Berscheh, unter den Pharaonen Amenemhet II. bis Sesostris III. (12. Dynastie, 1914–1853/52 v. Chr.) in Mittelägypten tätig. Belegt im Grab des Gaufürsten Djehutihetep in El Berscheh, das für seine bes. schönen Wandmalereien bek. ist. S. ist dargestellt in einer Szene, die den Transport einer Kolossalstatue zeigt; er begleitet den Statuenzug als „Leiter der Arbeiten an dieser Statue", wie der Inschr. zu entnehmen ist. ▭ LÄ I, 1975, Sp. 712 (s.v. El-Berscheh); LÄ III, 1980, Sp. 834, m. Anm. 15 (s.v. Künstler). – Urk. VII, 50, 10 s.; *P. E. Newberry*, El Bersheh, I, Lo. 1893, 3, 17, 43, Taf. 13. C. von Pfeil

Septicius, röm. Silberschmied, während der Regierungszeit des Domitian (81–96 n. Chr.) in Rom tätig. Martial (4, 88, 3; 8, 71, 6) erw. S. mit einer gewissen Verachtung zweimal. Seine Werke zählten zu den in dieser Zeit am meisten geschätzten. ▭ RE II. A. 2, 1923 (s.v. S. 3). F. Baratte

Septicius Salvius, *A.*, röm. Goldschmied, im 1. Jh. n. Chr. in Rom tätig. Nur bek. durch seine Grab-Inschr. aus Rom (CIL, VI, 9212). ▭ EAA I, 1958 (s.v. Aurifex). R. V.

Septimius Lic[...], *Marcus*, röm. Toreut, um die Zeitenwende in N-Italien tätig. Nur bek. durch die Sign. auf den folgenden drei *Bronzeschöpfkellen*: – 1.) aus dem Rhein bei Mainz-Weisenau (heute Mainz, Mittelrhein. LM, Inv. Nr 5. V. 1904 [O,654]; CIL, XIII, 3/2, 10027, 40; L. Lindenschmit, W-dt. Zs. 23:1904, 367, Taf. 6, 7; Petrovszky, 1993, 296, Nr S.09.01, Taf. 26, 42); – 2.) aus Ljubljana (Emona)/Slowenien (heute Ljubljana, NM, Inv. Nr R 2238; Petrovszky, 1993, 297, Nr S.09.02); – 3.) aus Sisak (Siscia)/Kroatien (V. Hoffiller, ÖJh 11:1908, 126 s., Abb. 81; A. Radnóti, Die röm. Bronzegefäße von Pannonien, Bp./L. 1938, 101, Anm. 25, Taf. 8, 42; 17, 29; 28, 6; Petrovszky, 1993, 297, Nr S.09.03, Taf. 26, 42). ▭ *R. Petrovszky*, Stud. zu röm. Bronzegefäßen mit Meisterstempeln, Buch am Erlbach 1993, 166, Nr S.09, p. 297, Nrn S.09.01–S.09.03, Taf. 26, 42. R. V.

Serambos (Σήραμβος), von Ägina, griech. Erzbildner, im frühen 5. Jh. v. Chr. tätig. Bek. nur durch Pausanias, der ihn einmal erw. (6, 10, 9), als Ägineten bez., und die *Statue des Agiadas* von Elis in Olympia, der im Faustkampf der Knaben siegte, als sein Werk nennt. Die Namen der Olympioniken in dieser Kampfart sind ab 480 v. Chr. bek., und Agiadas findet sich nicht unter ihnen, so daß das späteste mögl. Datum seines Sieges die Olympiade von 484 v. Chr. sein wird (L. Moretti, Olympionikai, R. 1957 [MemAccLinc, Ser. 8, Bd. VIII. 2, 1959], Nr 183). Mit der Statue verband H. Röhl zwei beschriftete Basisbruchstücke, was zurückgewiesen wurde (W. Dittenberger/K. Purgold, Die Inschr. von Olympia. Olympia, V, B. 1896, Nr 150; Moretti, op. cit., Nr 166); nur J. Ebert (Griech. Epigramme auf Sieger an gymn. und hipp. Agonen [AbhLeipzig 63, 2:1972], 86 s., Nr 23) hält die Zuschr. nicht für ausgeschlossen. Auf jeden Fall gehört die Inschr. den Buchstabenformen nach in die 1. H. des 5. Jh. v. Chr., was zum angenommenen Datum des Werkes in den Jahren um 480 v. Chr. passen würde. Die Inschr. verlief an mindestens zwei Rändern der Oberseite der Basis entlang; erh. ist nur eine Fußspur, was keine Schlüsse auf die Haltung der Figur zuläßt. ▭ ThB30, 1936. RE II. A. 2, 1923 (s.v. S. 2); EAA VII, 1966. – *Brunn*, GGK, I, 1889, 69 (96); *E. Walter-Karydi*, Die äginet. Bildhauerschule, Mainz 1987 (Alt-Ägina, II. 2), 45. E. Walter-Karydi

Serapa, röm. Goldschmiedin, im 1. Jh. n. Chr. in Rom tätig. Nur bek. durch ihre Grab-Inschr. aus Rom (CIL, VI, 8741). ▭ EAA I, 1958 (s.v. Aurifex). R. V.

Serapion (Σεραπίων), Maler unbek., viell. ägypt. Herkunft, wohl in der 1. H. des 1. Jh. v. Chr. in Rom tätig. Plinius (nat., 35, 113) erw. S. im Gegensatz zu → Peiraikos als Maler bes. großer Bilder, von denen eines, das auf dem Forum an den Tabernae Veteres aufgestellt war, nach der Angabe Varros von solcher Größe gewesen sei, daß es sogar die Balkone der Verkaufsläden verdeckt habe (*Maeiana, inquit Varro, omnia operiebat Serapionis tabula sub Veteribus*). Als *terminus ante quem* für die Entst. dieses Gem. kann man das Jahr 54 v. Chr. angeben, in dem die Tabernae Veteres für den Bau der Basilica Iulia abgerissen wurden. S. habe, so führt Plinius fort, als Theatermaler vorzügl. gearbeitet, Menschen aber – ganz anders als → Dionysios (VI) – nicht darstellen können (*hic* [sc. S.] *scaenas optime pinxit, sed hominem pingere non potuit*). Aus dieser Bemerkung des röm. Enzyklopädisten darf man wohl schließen, daß die Bilder des S. vorwiegend Landschaft und Archit. zeigten. ⊏⊐ ThB30, 1936. RE II. A. 2, 1923 (s.v. S. 8); EAA VII, 1966. – *Overbeck*, SQ, 1868, Nr 2381; *Brunn*, GGK, II, 205; *Pfuhl*, MuZ, 1923, 828, § 906, pp. 884 s., § 971, p. 889, § 975, p. 897, § 983; *M. Swindler*, Ancient painting, New Haven/Lo. 1929, 307; *G. Becatti*, Arte e gusto negli scrittori latini, Fi. 1951, 69, 176; *J.-M. Croisille*, RevPhil 42:1968, 102; *J. J. Pollitt*, The ancient view of Greek art, New Haven/N. Y. 1974, 268 s.; *C. Plinius Secundus d. Ä.*, Naturkunde, ed. und übersetzt *R. König/G. Winkler*, Buch XXXV, M. 1978, 226; *M. Torelli*, Typology and structure of Roman hist. reliefs, Ann Arbor 1982, 121; *Pline l'Ancien*, Hist. naturelle, übersetzt und kommentiert *J.-M. Croisille*, Livre XXXV, P. 1985, 222, § 113, Nr 4; *Gaio Plinio Secondo*, Storia naturale, V. Mineralogia e storia dell'arte, ed. *G. B. Conte/ G. Ranucci*, Libri 33–37, T. 1988, 417, § 113, Anm. 1, p. 919; *A. Rouveret*, Hist. et imaginaire de la peint. ancienne, R. 1989, 218, Anm. 142, p. 491; *J. Isager*, Pliny on art and soc, Diss. Univ. Odense 1991, 131; *Scheibler*, Malerei, 1994, 152; *N. J. Koch*, Techne und Erfindung in der Klass. Malerei, M. 2000, 90, 107. L. Lehmann

Sergios v.e. **Sergis**

Sergis (I) cf. **Amitos (KLA II, Addendum)**

Sergis (II) (Σέργις), spätantiker Steinmetz (τεχνίτης), tätig in Syrien. Bek. nur durch die Sign. eines 530 n. Chr. dat. Türsturzes aus Liftâya (bei Homs). ⊏⊐ IGLS, V, 1959, Nr 2644. M. Dennert

Serimen, ägypt. Bauleiter z.Z. der 21. Dynastie (1070/69–946/945 v. Chr.) in Theben. S., der nicht nur versch. Priester- und Verwaltungsämter auf sich vereinte, war auch General. Außerdem war er „Vorsteher der Arbeit aller großen Denkmäler von Amun, Mut und Chons". ⊏⊐ *A. Niwinski*, 21st dynasty coffins from Thebes, Mainz 1988, 111, Nr 41. F. Hoffmann

Sermo, röm. Gefäßhersteller, in der röm. Kaiserzeit in Benevent tätig. Nur bek. durch seine Grab-Inschr. aus Benevent (CIL, IX, 1720). ⊏⊐ *Calabi Limentani*, Studi, 1958, 172, Nr 166. R. V.

Seschathetep (Seschathotep), ägypt. Architekt, Bauleiter („Vorsteher aller Arbeiten des Königs"), 5. Dynastie (2504/2454 bis 2347/2297 v. Chr.), in Ägypten tätig. S., dessen Mastabagrab in Giza zu finden ist, war eine hochrangige Persönlichkeit seiner Zeit, wohl der frühen 5. Dynastie. Obwohl er sich „leiblicher Sohn des Königs" nennen durfte, ist eine direkte Abstammung vom König eher unwahrsch., eine mittelbare Verwandtschaft wird eher zutreffen. ⊏⊐ LÄ VI, 1986, Sp. 913, Anm. 9 (s.v. Ut-Priester). – *H. Junker*, Giza, II, W./L. 1934, 172–195. M. A. Stadler

Seschemnefer, ägypt. Bauleiter („Vorsteher aller Bauarbeiten") des Königs, unter dem König Niuserre (2445/2395–2414/2364 v. Chr.) in Saqqara/ Unterägypten tätig. Nur bek. aus seiner Steinmastaba (Grabform aus der prädynast. Zeit und dem Alten Reich, rechteckiger Oberbau mit leicht schrägen Wänden) im w. Gräberfeld von Gizeh (G 5080). ⊏⊐ PM III. 1, 1974, 146 s. – *H. Junker*, Grabungen auf dem Friedhof des Alten Reiches bei den Pyramiden von Giza, III: Die Mastabas der vorgeschrittenen V. Dynastie auf dem Westfriedhof, W./L. 1938, 9, Nr 2. Y. Ott

Seschenu, ägypt. Vorsteher der Bildhauer, gegen E. der 12. oder während der 13. Dynastie (ca. 1850–1650 v. Chr.) in Unterägypten tätig. Belegt durch seinen Schrein aus Kalkstein, der im Bereich des s. Pyramidenkomplexes des Snofru in Dahschur gefunden wurde. Der Schrein stellt aufgrund seiner Beschriftung, dem Ritualtext der Fackel, ein besonderes Mon. dar. Bebildert ist er u.a. mit der typ. Speisetischszene sowie einer Reihe von Verwandten, die Opfergaben herbeitragen, z.B. dem Bildhauer → Senebefeni, der eine Gans bringt. S. findet sich auch in einer Gruppe von Personen auf einer Stele von unbek. Herkunft, die für den Bildhauer → Kemes angefertigt wurde und die sich heute im BM in London befindet (Inv. Nr 844). Es ist nicht klar, ob es sich bei S. und diesen Personen um Fam.-Angehörige des → Kemes handelt. ⊏⊐ Hieroglyphic texts from Egyptian stelae etc. (K BM), V, Lo. 1914, Taf. 13, Nr 323 (844); *A. Fakhry*, The mon. of Sneferu at Dahshur, II. 2, Kairo 1961, 63–69, Taf. 68 s.; *W. A. Ward*, Index of Egyptian administrative and relig. titles of the Middle Kingdom, Beirut 1982, 52, Nr 407; *D. Franke*, Personendaten aus dem Mittleren Reich, Wb. 1984, 408, Nr 701. C. von Pfeil

Sescheschen, ägypt. Maler, unter Pharao Pepi II. (6. Dynastie, 2335/2285–2285/2235 v. Chr.) in Meir/Mittelägypten tätig. Belegt im Felsgrab des Pepianch (mit „schönem Namen" Henenikem) in Meir. Die an den Grabwänden angebrachten Handwerker- und Künstlerszenen berichten von den verschiedensten Arbeiten im und am Grab. S. ist hier beim Bemalen eines hohen schlanken Gefäßes, einer Hes-Vase, dargestellt. ⊏⊐ PM IV, 1934, 247, A2. – *A. M. Blackman*, The rock tombs of Meir, V, Lo. 1953, 28, Taf. 18 s.; *H. Junker*,

Die gesellschaftl. Stellung der ägypt. Künstler im Alten Reich, W. 1959, 28. C. von Pfeil

Seschseschet → **Idut**

Sesi → **Anchemaher**

Sesostris → **Senuseret**

Setech, ägypt. (?) Siegelmacher, in der 11. Dynastie (2119–1976 v. Chr.) in Gaza (?) tätig. Nur bek. durch einen Skarabäus aus einem Grab in Tell-el-'Ajjūl nahe Gaza (Grab Nr 424), heute im Palestine Archaeol. Mus. (Inv.-Nr 35. 3773). Vermutl. handelt es sich bei S. um einen Ägypter (der Name ist im Alten Ägypten jedenfalls belegt), der im Ausland tätig war und schließl. dort begraben wurde. ▭ *G. T. Martin*, Egyptian administrative and priv.-name seals, Ox. 1971, 127 s., Nr 1665, Taf. 2. 10; *W. A. Ward*, Index of Egyptian administrative and relig. titles of the Middle Kingdom, Beirut 1982, 138, Nr 1186 a. T. Schrottenbaum

Setechi (Seti), ägypt. „Umrißzeichner des Amun", in der 19. Dynastie (1292–1186/85 v. Chr.) in Theben/Oberägypten tätig. Er ist bek. durch eine kleine (20 cm hohe) Kalksteinstele, die in Theben gefunden wurde (heute London, BM, Inv. Nr 217). Die Stele ist nicht bes. qualitätvoll gearbeitet, vielmehr sind die Darst. und Texte nur grob eingeritzt. Der Text ist darüber hinaus nicht durchgehend in Hieroglyphen geschrieben, sondern unter Verwendung einiger hierat. Schriftzeichen verfaßt. Unter dem Bildfeld werden in einer Inschr.-Zeile neben S. Neberneheh und → Seth-Mesu, zwei weitere Umrißzeichner, erw. ▭ Hieroglyphic texts from Egyptian stelae etc. (K BM), IX, Lo. 1970, 60, Nr 217, Taf. 46. T. Schrottenbaum

Setechnechet, ägypt. Künstler, unter den Pharaonen Ramses III. bis IX. (1183/82–1107/03 v. Chr.) im theban. Raum/Oberägypten tätig. Er war als Künstler am Totentempel Ramses' III. in Medinet Habu/Theben-W beschäftigt. Belegt in den sog. Grabräuberpapyri Amherst und Leopold II, welche von einer gerichtl. Untersuchung im 16. Reg.-Jahr Ramses' IX. (1110/06 v. Chr.) berichten. S. gehörte demzufolge zu einer Gruppe von acht Künstlern und Handwerkern der kgl. Nekropole in Theben-W, die ab dem 13. Reg.-Jahr Ramses' IX. jahrelang systemat. Gräber plünderten. Die Papyri nennen sogar die betroffenen Gräber, explizit u.a. das des Sebekemsaf II., eines Königs der 17. Dynastie (1645–1550 v. Chr.), und seiner Gemahlin, das ohne Rücksichtnahme auf Zerstörung seiner Schätze beraubt wurde. ▭ LÄ II, 1977, Sp. 862–64 (s.v. Grabräuberprozeß). – KRI VI, 483, 486, 489 s. (1. 16, 3. 10, 4. 12), 493. 16; *E. Peet*, The great tomb robberies of the 20th Egyptian dynasty, Ox. 1930, Taf. 7 (1. 7); *W. Helck*, Mat. zur Wirtschaftsgesch. des Neuen Reiches, I, Wb. 1961, 46. C. von Pfeil

Seth-Mesu, ägypt. Umrißzeichner („Vorsteher der Umrißzeichner am Platz der Wahrheit"), 19. Dynastie unter Ramses II. (1279–1213 v. Chr.). Nur erw. auf der Stele des Umrißzeichners des Amun, Seth, die aus Theben stammt (heute London, BM, Inv. Nr 217). ▭ *E. S. Bogoslovsky*, ZÄS 107:1980, 106. S. Hänsch

Seti → **Setechi**

Sever[...], röm. Toreut, in der 2. H. des 1. Jh. n. Chr. in Italien tätig. Nur bek. durch seine Sign. auf einer *Bronzebadeschale* von einem Hortfund aus dem Rhein bei Neupotz, Landkreis Germersheim/Deutschland (heute Rheinzabern, Mus., Inv. Nr 81/25-II10). ▭ *R. Petrovszky*, Stud. zu röm. Bronzegefäßen mit Meisterstempeln, Buch am Erlbach 1993, 167, Nr S.15, pp. 302 s., Nr S.15.01, Taf. 27. R. V.

Severus (I) cf. **Rabirius**

Severus (II) und **Samus** (oder eher **[...]samus**), kelt. Steinmetze und Bildhauer, in neronischer Zeit (nach 59 n. Chr. oder nach 66 n. Chr.) in Mogontiacum (Mainz) tätig. Nur bek. durch ihre Sign. auf der *Großen Mainzer Iuppitersäule*. Die Sign. befindet sich auf dem Gesims des unteren Sockels über dem Relief mit Minerva und Fortuna auf der rechten Seite. Sie lautet: [...]SAMVS ET SEVERVS VENICARI F(ILII) SCVLPSERVNT. – Die linke Ecke der Platte fehlte schon bei der Auffindung 1905. Daher ist nicht zu klären, ob vor dem erh. Teil der einzeiligen Inschr. einige Buchstaben des Namens fehlen. Geht man von Vollständigkeit aus, würde die stark asymmetr. Anordnung auf dem Gesims irritieren, wenn man sie nicht wie Quilling (1918) als „künstlerische Einteilung" ansieht. Ich neige eher zu der Annahme, daß der erste Name unvollst. ist. Das Fragm. mit dem Namensteil SAMVS ist seit den Bombardierungen des Zweiten WK ebenfalls verloren. Auch die Durchsicht aller Mainzer Steindenkmäler durch W. Boppert und den Verf. bei der Neuaufstellung 1980/1981 blieb ohne Erfolg und macht eine Kontrolle unmöglich. Der Vatersname „Venicarus" ist eindeutig kelt. Herkunft (vgl. A. Holder, Alt-celtischer Sprachschatz, III, L. 1907, 169). Das kelt. Wort „Samos" bedeutet „Sommer" (vgl. Holder, ibid., II, L. 1904,

1347), die Namensform „Samus“ ist allerdings nur ein einziges Mal als Stiftername einer Mercurius-Weihung des 3. Jh. n. Chr. (CIL, XIII, 11692) belegt. Das Verbum „sculpserunt“ spricht dafür, daß beide nur in Stein arbeiteten. Das würde bedeuten, daß die überlebensgroße Iuppiter-Statue aus vergoldeter Bronze, die die Säule bekrönte, kaum ihr Werk ist. – Im Allgemeinen wird die Singularität ihrer Mainzer Arbeit betont. Dabei wird allerdings übersehen, daß bereits H. Kähler (Die röm. Kapitelle des Rheingebiets, B. 1939, 25, Nrn C 3, 29, Taf. 2) durch stilist. Vergleiche zwei Fragm. eines ähnl. großen Säulen- und eines Pilasterkapitells ders. Wkst. zugeordnet hat. Die Stücke (vgl. H. G. Frenz, CSIR, Deutschland, II. 7: Bauplastik und Porträts aus Mainz und Umgebung, Mainz 1992, 75, Nrn 36–37, Taf. 29) deuten auf Reste eines Antentempels. Der Fundort lag offenbar im zivilen Bereich des Vicus von Weisenau. Die beiden Bildhauer waren also beide Male in den zivilen Vici außerhalb der Mainzer Hauptsiedlung tätig. Die Ergebnisse einer Analyse des von ihnen verwendeten Steinmaterials macht zudem deutl., daß [...]samus und Severus eine von den militär. Brüchen an der oberen Mosel unabhängige Bezugsquelle für bildhauer. Werksteine kannten und nutzten. – Trotz mancher Versuche, die Bildhauer der *Großen Iuppitersäule* mit früheren in Mainz tätigen Wkstn in Verbindung zu bringen, hat sich heute die Auffassung durchgesetzt, daß [...]samus und Severus von außen kommend und unabhängig von and. eine neue Stilrichtung in Mainz einführten, ohne daß sie im Sinne einer Schul-Trad. in Mainz Nachfolger gefunden hätten. Ihr Werk ist aber für die folgende flav. Zeit richtungweisend für die and. Mainzer Werkstätten. ▭ RE I. A. 2, 1920 (s.v. Samus 1). – *Zur Inschrift*: *K. Körber*, Westdeutsches Korrespondenzblatt 24:1905, 101 s.; *id.*, Mainzer Zeitschrift 1:1906, 57, 91, Nrn 6–8, b, Abb. 7; *E. Maass*, ÖJh 10:1907, 107 s. („samus“ irrig für griech. angesehen); CIL, XIII, 11806 b; *F. Quilling*, Die Juppitersäule des Samus und Severus, L. 1918, 77; Dess., ILS, III. 2, Nr 9235; Espérandieu, Recueil, VII, Nr 5887; *G. Behrens*, Mainzer Zeitschrift 48/49:1953–1953, 85; *H. U. Instinsky*, JbMusMainz 6:1959, 129 mit Anm. 6. – *Zur Säule insgesamt*: *G. Bauchhenß*, CSIR, Deutschland, II. 2: Die Große Iuppitersäule aus Mainz, Mainz 1984 (mit ausführl. Lit). H. G. Frenz

Severus (III), röm. Bildhauer, in der Kaiserzeit in Saint-Béat tätig. Nur bek. durch eine Inschr. aus Saint-Béat (AE 1949, 116). ▭ EAA IV, 1961 (s.v. Marmorarius). R. V.

Severus Alexander → Aurelius Severus Alexander, *Marcus*

Sevius Lupus, *Gaius*, aus Aeminium (Coimbra)/ Lusitanien, röm. Architekt wohl des späten 1. oder 2. Jh. n. Chr., wahrsch. Erbauer des *Leuchtturms* vom heutigen La Coruña im NW Spaniens. S. nennt sich *architectus* in einer Weih-Inschr. an Mars Augustus, die ca. 10 m vom Leuchtturm Torre de Hércules entfernt in den Felsen gemeißelt wurde (CIL, II, 2559 [ILS, 7728]; *in situ*). – Der röm. *Leuchtturm*, auf einer in den Atlantik ragenden Halbinsel etwa 2 km n. der Küstenstadt La Coruña gelegen, hat sich als einziger aller antiken Leuchttürme im Kern bis fast zur vollen Höhe von über 33 m erhalten. Der antike Bau wurde 1791 für eine Wiederbenutzung als Leuchtturm modernisiert und mit einer äußeren Schale aus Granitquadern vollst. ummantelt. Ein in Relief gegebener, um den Turm sich hochwindender Steinstreifen zeichnet eine vor dem Umbau an der Außenwand sichtbare Rampenspur nach. Umstritten ist, ob diese einst eine Außenrampe darstellte (Hutter, 1973), oder ob die Rampe und damit der ganze Turm von einer heute nicht mehr erh. eigtl. Außenmauer umgeben war (Hauschild, 1976). Ältere Zchngn dokumentieren Reste eines kuppelartigen Turmdaches wohl für den Feuerraum. – Für die Dat. des Architekten S. und des *Leuchtturms* geben ledigl. die Buchstabenform der Weih-Inschr. und Keramikfunde des 1. und 2. Jh. n. Chr. vage Anhaltspunkte. ▭ ThB23, 1929 (s.v. Lupus). RE XIII. 2, 1927 (s.v. Lupus 11); EAA IV, 1961 (s.v. Lupus Sevius). – *F. Tettamancy y Gastón*, La torre de Hércules, La Coruña 1920; *S. Hutter*, Der röm. Leuchtturm von La Coruña, Mainz 1973 (Madrider Beitr., 3); *T. Hauschild*, MM 17:1976, 238–257; *P. Le Roux*, Miscellanea Greca e Romana 15:1990, 133–145, Taf. 1; *G. Pereira Menaut*, Corpus de inscripcións romanas de Galicia, I, Santiago 1991, 27 s., Nr 2, Abb.; *T. Hauschild*, in: *W. Trillmich u.a.* (Ed.), Hispania Antiqua, Mainz 1993, 300, Taf. 71; *Donderer*, Architekten, 1996, 254 s., Nr A 142, Taf. 50, 1. C. Leschke

Sex. Caec(...), röm. Gefäßhersteller, in der Kaiserzeit in Cagliari tätig. Nur bek. durch seine Grab-Inschr. aus Cagliari (CIL, X, 7611). ▭ *Calabi Limentani*, Studi, 1958, 172, Nr 167. R. V.

Sextianos (Σεξτιάνος), griech. Gemmenschneider, in der röm. Kaiserzeit tätig. Nur bek. durch seine Sign. auf einem *Intaglio aus Karneol mit der Darst. eines Apollonkopfes.* ▭ EAA VII, 1966. – *Brunn*, GGK, II, 1889, 431. R. V.

Sextilios (Σεξτείλιος), röm. Architekt, Konstrukteur, tätig in Kleinasien im 1./2. Jh. n. Chr. Bek. durch seine Sign. auf einer in Perge/Pamphylien gefundenen marmornen *Sonnenuhr*. Nach → Vitruvius 1, 3, 1 wurde der Uhrenbau als eines der Teilgebiete der Archit. angesehen, die Konstrukteure von Horologien zählten demnach zu den Architekten, wie auch aus dieser Sign. hervorgeht. ⊏⊐ *M. Donderer*, Epigraphica 60:1998, 182, Nr B 4; *id.*, Archeologia Veneta 21/22:1998/99, 63–64; SEG, XLVIII, 1998, Nr 1401; *S. Şahin*, Die Inschr. von Perge, I, Bonn 1999, Nr 279. M. Dennert

Sextilius Clemens, röm. Bildhauer, in der Kaiserzeit in Pozzuoli tätig. Nur bek. durch seine Sign. auf einer Basis für eine *Statue* aus Pozzuoli (CIL, X, 1896). ⊏⊐ EAA IV, 1961 (s.v. Marmorarius). – *Calabi Limentani*, Studi, 1958, 162, Nr 80. R. V.

Sextius Eraton, *A.* → **Eraton,** *Aulus Sextus*

Sex(tius) Felix, *T(itus)*, aus Puteoli, röm. Mosaizist, im 3. Jh. n. Chr. in Lillebonne/Frankreich tätig. Nur bek. durch seine Sign. auf einem *Mosaik mit der Darst. von Apollon und Daphne* (G. Bauchhenss, LIMC I, 1984, 456, Nr 594, s.v. Apollon/Apollo; O. Palagia, LIMC III, 1986, 346, Nr 19 m. Abb., s.v. Daphne) und *Jagdszenen* aus Lillebonne (heute Rouen, Mus. Départemental des Antiquités de la Seine-Maritime; CIL, XIII, 3225). Früher wollte man in den restaurierten Buchstaben seines Namens Sennius statt Sextius lesen. Sennius ist jedoch ein rein keltischer Name und daher unwahrsch. für einen aus Puteoli stammenden Künstler. Hingegen kennen wir mehrere Bewohner von Puteoli mit Namen Sextius. S. fertigte das Mosaik mit seinem Schüler → Amor, der explizit als solcher ebenfalls auf dem Mosaik gen. ist. ⊏⊐ ThB30, 1936 (s.v. Sennius). EAA VII, 1966 (s.v. Sennius). – *E. Babelon*, GazArch 10:1885, 99 ss., Taf. 13 s.; InvMos, I, 1909, 80 s., Nr 1051 mit Abb.; *A. Blanchet*, Et. sur la décoration des édifices de la Gaule romaine, P. 1913, 6 ss., 129, Taf. 7; *id.*, La mosaïque, P. 1928, 85, Taf. 8; *J. P. Darmon*, La mosaïque de Lillebonne, Mus. des Antiquités, Rouen, Rouen 1976; *id.*, Gallia 36:1978, 65 ss.; *id.*, La mosaïque de Lillebonne, aujourd'hui, in: Centenaire de l'Abbé Cochet, in: Actes du coll. internat. d'archéologie, Rouen 1975, Rouen 1978, 235 ss., Taf. 1–14; *Donderer*, Mosaizisten, 1989, 108–111, Nr A 86, Taf. 50; RecMosGaule, II. 5, 1994, 90 ss., Nr 855, Taf. 67–89; *R. Ling*, Ancient mosaics, Lo. 1998, 131 s., Abb. 93; *Dunbabin*, MGRW, 1999, 274 s.; *M. Donderer*, Boreas 23/24:2000/2001, 82, Anm. 83. R. V.

Sextus Eraton, *A.* → **Eraton,** *Aulus Sextus*

Sha'adallahi, Sohn des A'ala, nabatäischer Bildhauer, im Wadi Mukatteb/Ägypten tätig. S. wird auf *zwei Statuetten*, die in der Nähe des Wadi Mukatteb (Tal der Inschr.) auf dem Sinai gefunden wurden, in den darauf befindl. nabatäischen Inschr. als deren Urheber genannt. Da nur die Künstler-Sign., nicht aber die dazugehörigen Werke publ. sind, läßt sich nichts zu den beiden Bildwerken aussagen. ⊏⊐ EAA V, 1963 (s.v. Nabatea, Arte, Sh.). – CIS, II, Nrn 890, 914. D. Keller

Sha'du, nabatäischer Künstler, im 1. Jh. n. Chr. in Hegra/Saudi-Arabien tätig. S. ist nur aus zwei nabatäischen Graffiti in Hegra bek., worin er als Künstler bez. wird. Es wäre mögl., daß er an der Ausgestaltung von Grabfassaden beteiligt war. ⊏⊐ EAA V, 1963 (s.v. Nabatea, Arte, Sh.). – CIS, II, Nrn 231, 253; *J. Jaussen/R. Savignac*, Mission archéol. en Arabie, I, P. 1909, Nr 141. D. Keller

Shalmur' (oder Shalmud'), spätes 1. Jh. v. Chr.-M. 1. Jh. n. Chr. in Petra/Jordanien tätig. S. ist in einer Künstler-Sign. überliefert, die sich auf dem unteren mit Akanthusblättern versehenen Teil eines nabatäischen *Kapitells* befindet, welches dem sog. floralen Typ zugewiesen werden kann, der eine lokale späthellenist.-frühröm. Umsetzung des korinth. Kapitells darstellt. Das Kapitell dürfte auf Grund von Parallelen aus Petra zw. dem späten 1. Jh. v. Chr. und der M. des 1. Jh. n. Chr. entstanden sein. Sein genauer Fundort in Petra ist ebensowenig bek. wie der Bau, zu dem es urspr. gehört hatte. ⊏⊐ *Z. T. Fiema/R. N. Jones*, AAJ 30:1986, 329–331. D. Keller

Shila (Shyl'; Šīlā), Bildhauer aus Syrien, tätig im 2. Jh. n. Chr. Die Namensnennung von Sh. findet sich als Künstler-Inschr. unter einem der zwei vorhandenen *Reliefs* aus einer Grotte („Pognon's cave") der Anlage von Sumatar Harabassi. Der Wortlaut der Inschr. besagt, daß Sh., Sohn des Shila, besagtes Relief gefertigt habe. Das Stück, das von dem Stifter Wā'el gew. wurde, zeigt zwei ganzfigurige männl. Gestalten, die zwei Brüder wiederum mit dem jeweiligen Namen Wā'el darstellen. Offenbar war dieser Name vor der röm. Einnahme von Edessa im Jahre 165 n. Chr. sehr beliebt. Desgleichen der Name Sh., der sich weiterhin in zwei Inschr. der zentralen Anhöhe (Nr X) von Sumatar Harabassi findet, die den Genannten bzw. seinen Sohn Mâlê als Stifter von Götter- und Ehrenbildern ausweisen. Mag jener Stifter auch den gleichen Namen tragen, ist er doch nicht mit dem Bildhauer zu verwechseln. – Sumatar Harabassi ist ca. 100 km sö. von Edessa (heute Urfa in der Türkei), nahe der syr. Grenze gelegen. Der gen. Komplex besteht aus mehreren, auf Anhöhen gelegenen Baustrukturen, in denen wohl die einstigen Tempelanlagen für versch. Planeten zu sehen sind, sowie den dazugehörigen Grotten. Die Anlage wurde zw. 1901 und 1905 von H. Pognon erforscht. – Sumatar Harabassi entstand um die M. des 2. Jh. n. Chr., wie zwei Inschr. belegen, die das Datum 13. Adar 476 der seleukid. Zeitrechnung (164/65 n. Chr.) nennen. Durch diese Inschr., die überdies die frühesten datierbaren syr. Inschr. sind, wird auch die bildhauer. Tätigkeit von Sh. datiert. ▭ EAA VII, 1966. – *H. Pognon*, Inscr. sémitiques de la Syrie, de la Mésopotamie et de la région de Mossoul, P. 1907, 28, Nr 5; *J. B. Segal*, AnatSt 3:1953, 103 s. A. Backe

Shudu, Sohn des → Obeyshat, nabatäischer Bildhauer, spätes 1. Jh. v. Chr./frühes 1. Jh. n. Chr. in Seia/Syrien tätig. Die Künstler-Sign. von S. ist aus zwei nabatäischen Inschr. bekannt. Die eine stammt von einem Statuensockel, die zweite von einem *Relief*. Beide Werke sind nicht erh. Es ist nicht gesichert, ob sich beide Inschr. auf ein und denselben Künstler beziehen oder ob es sich um zwei versch. handelt, da in der ersten Inschr. der Name des Vaters nicht gen. ist. Ebenfalls ist nicht gesichert, ob sein Vater der am gleichen Ort tätige Bildhauer → Obeyshat war, was S. zu einem Bruder der Bildhauer → Huru (II) und → Kaddu machen würde und seine Schaffenszeit um die Zeitenwende ansetzen ließe. ▭ EAA V, 1963 (s.v. Nabatea, Arte, Sh.). – CIS, II, Nr 166; RES, Nr 835; *R. Wenning*, Die Nabatäer – Denkmäler und Gesch., Fribourg/Göttingen 1987, 38. D. Keller

Sicinius Priamus, *L.*, röm. Goldschmied, im 1. Jh. n. Chr. in Rom tätig. Nur bek. durch seine Grab-Inschr. aus Rom (CIL, V, 1982). ▭ EAA I, 1958 (s.v. Aurifex). R. V.

Siggiricus, Metallarbeiter, im 6. (oder 7.) Jh. n. Chr. wohl in Burgund tätig. Der Name des Herstellers ist in einer Inschr. SIGGIRICVS FECIT auf einer *Schnalle* aus Gondorf/Kreis Mayen-Koblenz überliefert, die zw. 1878 und 1890 unter nicht näher geklärten Umständen (wohl in einem Grab) gefunden wurde. Auf der Vorderseite der rechteckigen Schnalle ist neben der Inschr. und Punzstempeln ein Ensemble aus Personen und Tieren in Ritz-Zchng eingraviert, das in einer Deutung von J. Werner (1977) in drei Szenen aufgelöst wurde: Daniel in der Löwengrube, Ausspeiung des Jonas sowie einen Kampf zw. Krokodil und Schlange. – Form und Verzierungsweise der Schnalle legen die Herkunft aus Burgund nahe. Der Name S. ist offenbar german. Herkunft (vgl. z.B. → Achvinus). – Die Schnalle bildet einen Hohlkörper, der geöffnet werden kann und, wie Vergleichsfunde zeigen, als Behälter für Reliquien u.ä. anzusprechen ist. Möglicherweise war der Besitzer ein Kleriker, der aus Burgund an den Rhein gekommen ist. ▭ *J. Werner*, Die Ausgrabungen von St. Ulrich und Afra in Augsburg 1961–1968, Münchener Beitr. zur Vor- und Früh-Gesch. 23:1977, bes. 337 ss.; *U. Meininghaus*, Reliquiarschnalle, in: *J. Engemann/C. B. Rüger* (Ed.), Spätantike und frühes Mittelalter. Ausgewählte Denkmäler im Rheinischen LM Bonn (K Köln 1991), 236–240; *K. Düwel*, Runische und lateinische Epigraphik, in: *K. Düwel* (Ed.), Runische Schriftkultur in kontinental-skandinavischen und -angelsächsischen Wechselbeziehungen, B./N. Y. 1994, 229–308, 279 s. R. Gottschalk

Sika... (ΣΙΚΑ...), griech. Münzstempelschneider, am E. des 5. oder A. des 4. Jh. v. Chr. in Kamarina tätig. Nur bek. durch seine in den Anfangsbuchstaben erh. Sign. neben dem Kopf eines jugendl. menschengestaltigen Flußgottes mit Hörnern auf der Vorderseite von einem kleinen *Hemilitriontypus* aus Silber aus Kamarina. Auf der Rückseite ist ein Aphlaston abgebildet. Der Name läßt sich wahrsch. zu Sika(s) oder Sika(nos) ergänzen. ▭ *C. Boehringer*, NumAntClass 14:1985, 85–91, Taf 1, 1–4, Taf. 3, 1. R. V.

Sikanos (Σικανός), griech. Töpfer, um 500 v. Chr. in Athen tätig. S. ist nur durch eine Sign., ΣΙΚΑΝΟΣ ΕΠΟΙΕΣΕΝ, auf einem in Vulci gefundenen *Teller* bek., der sich ehem. in der Slg des Prinzen Canino befand und heute verschollen ist. Das rotfigurige Bild zeigt Artemis und wurde von Beazley dem Umkreis des Vasenmalers → Oltos zugewiesen. S. war vermutl. ein Spitzname, der auf die Herkunft des Töpfers aus Sizilien anspielt. Demnach war S. entweder ein Metöke oder ein Sklave. – Aufgrund stilist. Überlegungen hat man S. mehrere unsign. Vasen zugesprochen, diese Zuschr. werden aber neuerdings von Sparkes (2000) bezweifelt. ▭ ThB31, 1937. RE II. A. 2, 1923 (s.v. S. 2); EAA VII, 1966. – *O. Rossbach*, RM 3:1888, 61–68, Taf. 1; ARV^2, 1963, 68, Nr 13; Add^2, 1989, 166; *B. Sparkes*, in: *G. Tsetskhladze u.a.*, (Ed.), Periplous. Papers on classical art and archaeology presented to Sir John Boardman, Lo. 2000, 321, Abb. 1. T. Mannack

Sikelos (Σίκελος), griech. Vasenmaler, vor 500 v. Chr. in Athen tätig. Überliefert durch die Sign. ΣΙΚΕΛΟΣ ΕΓΡΑΦΣΕΝ auf einer schwarzfigurigen *panathenäischen Preisamphora*, die in Tarent gefunden worden ist (heute Neapel, Mus. Archeol. Naz, Inv. Nr 112848). Die Bildfelder zeigen auf der einen Gefäßseite Athena zw. zwei Säulen mit der Beischr. ΤΟΝ ΑΘΕΝΕΘΕΝ ΑΘΛΟΝ, auf der and. Seite eine Ringergruppe, gerahmt von einem Trainer und einem weiteren Athleten. Weitere Zuschr., u.a. von zwei Fragm. att. Preisamphoren (Athen, Akropolismus., Inv. Nrn 1051 und 1053) sind zu finden bei ABV, 403, und J. Brandt, 1978, 8. ▭ ThB31, 1937. RE II. A. 2, 1923; EAA VII, 1966. – *K. Peters*, Stud. zu den Panathenäischen Preisamphoren, B. 1942, 47 ss.; *J. Brandt*, Acta ad archaeologiam et artium historiam pertinentia 8:1978, 8, Nr 75 s., Taf. 10. M. Seifert

Sikon (Σίκων), aus Zypern, griech. Bildhauer, im 6. Jh. v. Chr. tätig. Nur bek. durch seine Sign. auf der Basis für eine *Kalksteinstatue des Herakles* aus Naukratis, die von einem Aristion gew. worden ist. ▭ RE, Suppl. VIII, 1956 (s.v. S. 2); EAA VII, 1966. – *D. G. Hogarth*, BSA 5:1898/99, 32; *H. Prinz*, Die Funde aus Naukratis, L. 1908, 108, 118; *F. H. Marshall*, The coll. of ancient Greek inscr. in the BM, IV. 2, Lo. 1916, 210, Nr 1081; *Lippold*, GrPl, 1950, 67, Anm. 15; *Floren*, GrPl, 1987, 414, Anm. 3; *M. Donderer*, ÖJh 65:1996, 89, Anm. 2. R. V.

Sikonos → Simmias

Silanion (Σιλανίων), griech. Bronzebildhauer, nach Pausanias (6, 4, 5) aus Athen, zw. 350 und 320 v. Chr. tätig: *Akme* nach Plinius (nat., 34, 51) in der Olympiade 113 (328–325 v. Chr.). Plinius (ibid.) bez. → Zeuxiades als seinen Schüler. → Vitruvius (7, praef. 14) führt Schriften zur Proportion an, und Schriftquellen ein Œuvre, das ausschl. myth. sowie reale Bildnisse umfaßt. Wenn ein Standort angegeben wird, ist dieser Athen. Siegerstatuen werden für Olympia genannt. Dazu kommen als materielle Zeugnisse in der archäol. Lit. faktisch unpubl., nur angeführte signierte Basen in Kleinasien. – *Werkverzeichnis*: – *I.) Mythologische Figuren*: – 1.) *Theseus* in Athen (Plut., Thes., 4); – 2.) *Sterbende Iokaste* (Plut., aud. poet., 3, 30; quaest. conv., 6, 2); – 3.) *Achilleus* (Plin., nat., 34, 82). – *II.) Bildnisse*: – *A.) Historische Personen*: – 4.) *Sappho* in Syrakus, später in Rom (Cic., Verr., 4, 57, 125; Tat., orat., 52, 114); – 5.) *Korinna* (Diog. Laert., 3, 25; A. Reinach, RA 32:1898, 161 s.). – *B.) Zeitgenössische Personen*: – 6.) *Platon* (Diog. Laert., 3, 25); – 7.) *Apollodoros* (Plin., nat., 34, 81). – *Drei Siegerstatuen in Olympia*: – 8.) *Satyros* (Paus., 6, 4, 5); – 9.) *Telestas* (Paus., 6, 14, 4); – 10.) *Damaretas* (Paus., 6, 14, 11). – *III. Unbestimmbare Werke*: – 11.) in Milet (T. Wiegand, AA 1904, 5, ohne Abb.); – 12.) in Ephesos (J. Keil, ÖJh 15:1912 [Beiblatt, 208], ohne Abb.); – 13.) in Pergamon aus Oreos/Euboia (E. Fabricius/C. Schuchhardt, Kgl. Mus. zu Berlin. Altertümer von Pergamon. Die Inschr. von Pergamon, VIII. 1, ed. M. Fraenkel, B. 1890, Nr 50: 11 cm lang, auf der Basis). – Von schriftl. überlieferten zehn Werken ist mit Sicherheit nur der Kopftypus der leicht überlebensgroßen *Platonfigur* (*Nr 6*) seit 1884 durch die beschriftete Herme in Berlin identifiziert. Unter den zahlr. Repliken wird der Kopf in Holkham Hall in der Forsch. unter Verkennung seiner neuzeitl. Veränderungen, die erstmals T. Lorenz (1996) dok. hat, zu Unrecht öfters als eine Zweitfassung angesprochen und diesem vermeintlich stilist. ähnliche Repliken zugeordnet. Den Typus des zugehörigen Körpers, doch einem and. Kopftypus, überliefert mit der Inschr. ..ΛΑΤΟ seitl. auf dessen Blocksitz ein nur noch im Abguß erh. Sitzbild im Statuettenformat. Bis vor kurzem galt dieser Körpertypus, den A. Hekler (Prakt 9:1934, 80 ss., Taf. 1, 2) mit dem Abguß einer verkleinerten Kopfreplik in Athen (NM, Inv. Nr 3727; gute Abb. in: AA 1934, 260, Abb. 7, 8.; Richter, 1965, Nr 21, Abb. 957–959) kombiniert hatte, als zuverlässige Kopie. Der Freiburger Althistoriker Christian Mann stellte im Rahmen einer Seminarübung im Wintersemester 1991/92 in der Skulpturhalle in Basel vor, daß die dort als Zweitabguß befindl. Statuette, die den Mantel nur auf ihrer rechten Schulter trägt, nicht mit den Halsausschnitten der *Platonköpfe* sowie mit dem Kopf, der dem Archäologen Hekler noch unbek. Statuettenreplik in Korinth (Richter, 1965, 164 ss., Nr 22, Abb. 951–953) und der erst 1992 publ. Bronzebüste in Kassel (M. Weber, RM 98:1991, 218, Taf. 52, 2–4) vereinbar ist, welcher der Mantel gleichmäßig auf beiden Schultern aufliegt bzw. deren Halsabschnitt im Nacken bestimmt. Der sachl. Widerspruch von Statuettenüberlieferung und dem Befund an den Köpfen verliert seine Bedeutung, wenn man die Statuettenfassung unter Hinweis auf and. Statuetten nach berühmten Bildnissen wie den sog. Anthistenes und den Pittakos (G. Dontas, Eikones, At. 1960, Taf. 27, 1, 2) als eigengesetzl. Gattung versteht, deren Denkmäler auf Grund ihrer erkennbaren inhaltl. Veränderungen in Bezug auf die großplast. durch Repliken gesicherte Ikonogr. nicht im Sinne Lippolds (Kopien, 1923) als Kopien verstanden werden dürfen, sondern als Derivate. Der Kopf der Pittakos beschrifteten Statuette z.B. orientiert sich an der Sokrates-Ikonographie. So trägt die wie die Menanderbasis in Eretria (Richter, 1965, 225, Abb. 1521) auf einer Nebenseite beschriftete *Platonstatuette* keinen Platonkopf und verändert eine großplast. Marmorkopie. Diese kopflos erh., wenig überlebensgroße Sitzfigur in Paris (Louvre, Inv. Nr MA 79; Dontas, op. cit., Taf. 17) war vormals zu Unrecht mit dem Kopf des Demosthenes verbunden worden. Bei dieser neuzeitl. Klitterung stimmten nur Maßstab und Kopfwendung zusammen. Sieht man ab von den neuzeitl. erg. und falsch gerichteten beiden Armen, die der noch ablesbaren Kopfwendung zu seinen Linken widersprechen, sowie dem nach vorn und seitwärts erg. rechten Fuß mit Unterschenkel im Gewand, dem ausgebuchteten Gewand an der linken Schulter (nach Autopsie), erweisen sich beide Werke im Habitus, in der somatisch betonten Alterswiedergabe und mit dem alterstypischen motorisch engen Stand der Füße nahe am Körper ikonogr. verwandt, wobei sich die Statuette mit dem straff zurückgelehnten Oberkörper und der Mantelführung auf ihrer rechten Rückseite von der Marmorfigur unterscheidet. Die hier vorgeschlagene Hochdatierung der Sitzfigur im Louvre gegenüber der Lehrmeinung stützt sich auf den Stilvergleich mit den nur ca. 40 cm hohen Figuren des bosporanischen Urkundenreliefs in Athen (NM, Inv. Nr 1471; IG, II^2, 212) von 347/46 v. Chr., deren massige Gestalten in schweren Gewändern sich an der *Platonfigur* orientiert haben können, die am ehesten nach dessen Tod geschaffen sein dürfte. Beide Tragweisen des Mantels, wie sie Statue und Statuette zeigen, finden sich hier wie auch im späten 4. Jh. v. Chr. auf den späten att. Grabreliefs. Da die Kopfüberlieferung ein bis zum Haaransatz im Nacken hochgeschobenes Gewand des Platon die Rekonstr. als Sitzbild fordert, widersprechen die überlieferten Fassungen der Köpfe der These von K. Vierneisel (Antike Porträts. Zum Gedächtnis von Helga von Heintze, ed. H. von Steuben, Höhnesee 1999, 15 ss.) als einem stehenden Platon. Eine Dat. zu Lebzeiten des Philosophen ist unwahrscheinlicher als eine Aufstellung des Sitzbildes in der Akad. nach dem Tod seines Gründers. Da S. den Philosophen nicht als Hochbetagten schildert, könnte die Fassung auf Platon z.Z. der Akad.-Gründung bezogen sein. – Die prägnante Wiedergabe eines körperl. Zustandes verbindet die *Platonfigur* mit der Nachr. über die Fassung der *sterbenden Iokaste* (*Nr 2*) bei Plutarch (aud. poet., 3, 30; quaest. conv., 5, 1, 2, 643 E), deren Todesblässe der Künstler durch eine bes. Metallmischung wiedergegeben habe. – Unsicherer ist die Kopienüberlieferung der *Sapphostatue* (*Nr 4*) und noch fraglicher die der *Korinna* (*Nr 5*), die beide ausführl. B. Vierneisel-Schlörb (KatSkulptGlypt, II, 1979, 113 ss.) diskutiert. Keine Kopie, aber ein Reflex der Korinna-Ikonogr. scheint in dem Grabrelief aus Thespiai in Athen (NM, Inv. Nr 817; G. Rodenwaldt, JdI 28:1913, 333 s.) erh., auf dem der Sitzenden statt des übl. Wollkorbes eine Kiste mit zwei Schriftrollen darauf zugeordnet ist. Wenn man den Kopf des *Apollodoros* (*Nr 7*) mit E. Schmidt (1934, 195 ss., Abb. 6, 9) in dem Portr. in Neapel erkennt, kann man über die stilist. Verwandtschaft in dem gerade lebensgroßen Bronzekopf in Athen (NM, Inv. Nr 6439, aus Olympia) als einziges fragmentiertes Orig. den Kopf des *Satyros aus Elis* (*Nr 8*) von S. annehmen (Schmidt, 1934, 193, Abb. 1, 5, 7, 8; P. C. Bol, OlympForsch, IX, 1978, Nr 159). ▭ ThB31, 1937. RE III. A. 1, 1927 (s.v. S. 12); Suppl. VIII, 1956, 705 s. (s.v. Satyros); LAW, 1965; EAA VII, 1966; KlP V, 1975; DA XXVIII, 1996; DNP XI, 2001. – *Overbeck*, SQ, 1868, Nrn 1350–1363; *E. Schmidt*, JdI 47:1932, 239 ss.; 49:1934, 180 ss.; *Lippold*, GrPl, 1950, 272–274; *Richter*, Portraits, II, 1965, 164 ss.; *Vierneisel-Schlörb*, KatSkulptGlypt, II, 1979, 413 ss.; *T. Lorenz*, in: *F. Blakolmer* (Ed.), Fremde Zeiten II. Festschr. Jürgen Borchardt zum 60. Geburtstag, W. 1996, 71. M. Weber

Silanos (I) (Σιλανός) und **Straton (II),** Magistrate für die Münzprägung in Akragas/Sizilien, gegen E. des 5. Jh. v. Chr. tätig. Die Personennamen, die auf griech. Münzen auftreten, sind nicht immer eindeutig. Manchmal ist es schwierig festzustellen, ob es sich um signierende Stempelschneider oder um Münzbeamte handelt. Die Namen Silanos und Straton, die auf Münzen von Akragas aus den letzten Jahrzehnten des 5. Jh. v. Chr. vorkommen, sind ausnahmsweise als Künstler erw. worden, aber sonst seit dem 18. Jh. als Magistrate anerkannt. – Der Name Silanos kommt auf Tetradrachmen (Adlerseite) und Goldmünzen (Adlerseite) vor, Straton auf einem Adlerstempel (Tetradrachmon) und einem Didrachmon. Beide sind nur durch akragantin. Münzen bekannt. – In Akragas gibt es auch auf einem viel früheren Didrachmon von ca. 495 v. Chr. den Namen Exakestos, der auch als Magistrat zu beurteilen ist. ▭ *Head*, HN^2, 1911, 121 s.; *M. Hirmer*, Griech. Münzen Siziliens, L. 1940 und 1952, Nrn 42–43; *J. H. Jonkees*, The Kimonian dekadrachms, Utrecht 1941, 70, Anm. 7; *H. A. Cahn u.a.*, Griech. Münzen aus Grossgriechenland und Sizilien (K Antiken-Mus. Basel und Slg Ludwig), Basel 1988, Nrn 261 s.

U. Westermark

Silanos (II), byz. Mosaizist, im 6. Jh. n. Chr. in Al-Quwaysmah (einem Vorort von Amman) tätig. Der Name des Mosaizisten ist teilw. in den letzten Zeilen einer griech. Inschr. auf einer *tabula* zw. zwei Adlern erh., die sich im Bereich vor dem Altar der Kirche des Hl. Kyriakos befindet: [Σ]ιλανοῦ ψη[φοθέτου]. Das dreischiffige Gotteshaus liegt auf dem Gipfel des Hügels ö. der Ruinen des Dorfes von Al-Quwaysmah und wurde 1982 nur partiell ausgegraben. Die Figuren des *Bodenmosaiks* haben stark unter der Bilderstürmerei gelitten. Daher sind nur einige wenige Details erkennbar. Aus techn. Sicht scheint das Mosaik in ärml. Weise in der 1. H. des 6. Jh. n. Chr. ausgef. worden zu sein. Der halbkreisförmige Bereich der Apsis ö. des Altars ist umgeben von einem Flechtband und geschmückt mit zwei Vögeln, die einem Kantharos auf einer Basis gegenüberstehen, sowie der Inschr., die vor dem Altar plaziert ist. Das Schiff war in zwei Felder unterteilt. Eine Akanthusbordüre umrahmt das ö. Feld, das in den Eckvoluten mit Blattwerk verzierte Masken aufweist. Die Figuren in den Voluten sind zerstört. Einige sind jedoch noch erkennbar. Auf der O-Seite greift ein Jäger einen Löwen mit einem Speer an, in einer dritten Volute ist eine Ente hinzugefügt. Auf der N-Seite lehnt ein Hirte auf seinen Hirtenstab, gefolgt von seiner Herde, einem auf einem Felsen sitzenden Flötenspieler und einem Hund, der eine Bestie angreift. Auf der S-Seite steht ein Jäger vor einem wilden Tier, zwei Tiere rennen, und ein Schaf ergänzt die Szene. – Das Innere des Hauptfeldes ist ausgefüllt mit einem orthogonalen Muster von sich kreuzenden Spindeln, die wiederum Kreuze erzeugen. Eine griech. Inschr. in einer *tabula ansata* ist auf der O-Seite und eine zweizeilige Inschr. auf der W-Seite des Feldes hinzugefügt. Verschlungene Kreuze schmücken den N-Flügel der Kirche, der im darauffolgenden Jh. vom Schiff abgetrennt und für ein unterirdisches Grab verwendet worden ist. ▭ EAA VI, 1965 (s.v. Salamanios). – *M. Piccirillo*, Liber Annuus 34:1984, 329–340; *P.-L. Gatier*, IGLS, XXI, P. 1986, Nr 54a; *Donderer*, Mosaizisten, 1989, 77 s., Nr A 36, Taf. 24, 1; *M. Piccirillo*, The mosaics of Jordan, Amman 1993, 268; *A. Michel*, Les églises d'époque byz. et umayyade de Jordanie, Turnhout 2001, 293 s.
Fr. M. Piccirillo

Sillax (Σίλλαξ), aus Rhegion, griech. Maler, um 500 v. Chr. in Phlius tätig. Lt. Polemon (Ath., deipn., 5, 210 a-b; Overbeck, SQ, 1868, Nr 617) schmückte er die Polemarchen-Halle von Phlius in der Argolis mit Malereien aus. Die Erwähnungen gehen auf Epicharmos (Fragm. 163) und Simonides (Fragm. 194) zurück, was eine Dat. der Malereien vor 468 v. Chr. ergibt. ▭ ThB31, 1937. RE III. A. 1, 1927; EAA VII, 1966. – *Brunn*, GGK, II, 1889, 39; *Pfuhl*, MuZ, I, 1923, 499, Paragraph 538. R. V.

Silvanus, röm. Toreut, in der 2. H. des 1. Jh. n. Chr. in Gallien tätig. Nur bek. durch die Sign. auf den folgenden zwei *Bronzekasserollen*: – 1.) aus Grenzach „Burgacker", Landkreis Waldshut/Deutschland (heute Freiburg i. Br., Mus. für Ur- und Frühgesch.; M. Martin, in: Lörrach und das rechtsrhein. Vorland von Basel. Führer zu vor- und frühgesch. Denkmälern, 47, Mainz 1981, 78 s., Anm. 25, Abb. 7; Petrovszky, 1993, 298, Nr S.10.01, Taf. 26); – 2.) aus Heddernheim/Deutschland (heute Wiesbaden, Mus., Inv. Nr 6637; CIL, XIII. 3/2, 10027, 41; Petrovszky, 1993, 298, Nr S.10.02, Taf. 26, 42). ▭ *R. Petrovszky*, Stud. zu röm. Bronzegefäßen mit Meisterstempeln, Buch am Erlbach 1993, 166, Nr S.10, p. 298, Nrn S.10.01–S.10.02, Taf. 26, 42. R. V.

Silvanus, *C.*, röm. Maler, in der 1. H. des 3. Jh. n. Chr. in Spanien tätig. Nur bek. durch seine Sign. an den *Wandmalereien im Grab des Postumius* in Carmona, Prov. Sevilla/Spanien. Die Malereien zeigen neben geometr. und vegetabilen Motiven Darst. von Vögeln und Delphinen. ▭ ThB31, 1937. EAA VII, 1966. – *G. E. Bonsor*, The archaeol. sketch-book of the Roman necropolis at Carmona, N. Y. 1931, 114; *A. García y Bellido*, AEsp 28:1955, 11, Nr 10, Abb. 4; *Calabi Limentani*, Studi, 1958, 157, Nr 40 bis. R. V.

Silvinus, röm. Toreut, in neronischer Zeit (54–68 n. Chr.) in Gallien tätig. Nur bek. durch seine Sign. auf einer *Bronzekasserolle* aus einer Grube w. der *via principalis* von Valkenburg/Niederlande (heute Leiden, RM van Oudheden, Inv. Nr VI 6033). ▭ *H. Norling-Christensen*, Aarbøeger 1952 [1953], 170 s., 180, 191, 194, Tabelle Nr 19, Abb. 13 s.; *R. Petrovszky*, Stud. zu röm. Bronzegefäßen mit Meisterstempeln, Buch am Erlbach 1993, 166, Nr S.11, p. 298, Nr S.11.01.
R. V.

Simalos (Σίμαλος), griech. Bildhauer, in der 1. H. des 3. Jh. v. Chr. tätig. Bek. durch seine Sign. auf den folgenden fünf Basen: – 1.) Kalksteinbasis aus Delphi für eine *Statue des Philinos*, Sohn des Philinos, von Megara (Delphi, Inschr.-Depot, Inv. Nr 3836; Marcadé, 1953, 94, Taf. 17, 2); – 2.) Kalksteinbasis aus Delphi (Athen, Epigraph. Mus., Inv. Nr 1692; Marcadé, 1953, 94, Taf. 17,

3); – 3.) Marmorbasis vom Amphiareion aus Oropos für eine *Statue*, die Amphiaraos gew. worden ist (Oropos, *in situ*; IG, VII, 238; Loewy, IGB, 1885, 113, Nr 153 a; Marcadé, 1953, 94 mit Abb., Taf. 17, 4); – 4.) Marmorbasis vom Amphiareion aus Oropos (Oropos, Mus.; IG, VII, 382; Loewy, IGB, 1885, 113, Nr 153 b; Marcadé, 1953, 95 mit Abb.); – 5.) Marmorbasis aus Ptoon (IG, VII, 4159; M. Holleaux, BCH 14:1890, 6, Nr 6; Marcadé, 1953, 95). Demnach lag der Arbeitsbereich des Künstlers in Delphi und in Böotien. ▭ ThB31, 1937. RE III. A. 1, 1927; EAA VII, 1966. – *Lippold*, GrPl, 1950, 316, Anm. 6; *Marcadé*, Signatures, I, 1953, 94 s. R. V.

Simias (Σιμίας), Sohn des Bildhauers → Pythokritos, aus Rhodos, griech. Bildhauer, um 140 v. Chr. in Kedreai/Karien tätig. Nur bek. durch seine Sign. auf einer Basis aus Marmor aus Kedreai für eine *Bronzestatue*, die von κοινόν der Dioskuriasten gestiftet worden ist (SGDI, III. 1, 4270; Muller-Dufeu, SculptureSource, 2002, 744 s., Nr 2164). ▭ RE III. A. 1, 1927 (s.v. S. 3); EAA VII, 1966. – *C. Diehl/A. Cousin*, BCH 10:1886, 424–426, Nr 2; *F. Hiller von Gaertringen*, JdI 9:1894, 40 s.; *H. van Gelder*, Mnemosyne 24:1896, 192, Nr 13; Lindos, II. 1, 1941, 54, Nr 70; *Lippold*, GrPl, 1950, 374, Anm. 12; *W. Blümel*, Die Inschr. der rhodischen Peraia. Inschr. griech. Städte aus Kleinasien, 38, Bonn 1991, 136, Nr 556. R. V.

Simin... (Σιμιν...), griech. Münzstempelschneider um 400 v. Chr. in Messana/Sizilien. Seine Sign. erscheint nur auf der Vorderseite einer *Tetradrachme* des für Messana geläufigen Typs. Dargestellt ist die Nymphe Messana in einer Maultierbiga, der Nike mit Kranz und Kerykeion entgegenfliegt. Der Schriftzug ΣΙΜΙΝ ist in winzigen Buchstaben auf der Abschnittslinie zu lesen. Die Rückseite zeigt einen springenden Hasen über einem Adler mit einer Schlange in den Fängen. ▭ *Franke/Hirmer*, GrMünze^2, 1972, Taf. 19, Nr 59; *H. A. Cahn u.a.*, Griech. Münzen aus Grossgriechenland und Sizilien (K Antiken-Mus. Basel und Slg Ludwig), Basel 1988, 109, Nr 368; Numismatica Ars Classica AG, Auktion 13, Zürich, 8. Oktober 1998, Nr 368 (mit älterer Lit.). Th. Ganschow

Simmias (Σιμμίας), Sohn des mögl. Bildhauers → Eupalamos (II), griech. Bildhauer, im 6. Jh. v. Chr. tätig. Nach einem Brief des Polemon an Diphilos (Fragm. 73; Zenob., 5, 13; Overbeck, SQ, 1868, Nr 346; Muller-Dufeu, SculptureSource, 2002, 140 s., Nr 392) fertigte er eine *Statue des Dionysos Morychos* aus einer Art Bimsstein (φελλάτας) vor einem Tempel in Sizilien. Zur Weinlese rieb man das Dionysosgesicht mit Most ein, und daher sei das Gesicht schwarz geworden, was dem Dionysos den Namen Μόρυχος („der Schwarze") eingebracht habe. Clemens Alexandrinus (protr., 4, 47, 7; Overbeck, SQ, 1868, Nr 347; Muller-Dufeu, SculptureSource, 2002, 140 s., Nr 393), der ebenfalls diesen Brief des Polemon zitiert, benennt den Künstler jedoch irrtüml. als *Sikonos*. ▭ ThB31, 1937. RE III. A. 1, 1927 (s.v. S. 7); EAA VII, 1966. – *Brunn*, GGK, I, 1889, 96; *Lippold*, GrPl, 1950, 91, Anm. 21; *Floren*, GrPl, 1987, 427, Anm. 127. R. V.

Simon (Σίμων), von Ägina, griech. Erzbildner, in der 1. H. des 5. Jh. v. Chr. tätig. Nach Pausanias (5, 27, 1–2 und 7) schuf der Äginete S. zus. mit dem Argiver → Dionysios (II) das *Weihgeschenk des Phormis* in Olympia: Phormis von Mainalon in Arkadien wurde in Sizilien unter den Tyrannen von Syrakus, Gelon (485–478 v. Chr) und Hieron (478–467 v. Chr.), durch seine Kriegstaten berühmt und so reich, daß er diese Bronzegruppe in Olympia und and. in Delphi stiftete (Pausanias erw. aber in der Beschr. des Heiligtums in Delphi kein Weihgeschenk des Phormis). In der olymp. Gruppe war ein Pferd mit daneben stehendem Lenker von S. und ein Gegenstück dazu von → Dionysios (II); auf der Flanke des Dionysios-Pferdes stand die Phormis-Weihinschrift. Unklar scheint im Pausaniastext, daß in diesen Weihgeschenken Phormis dreimal im Kampf gegen Gegner dargestellt sei, in der Inschr. er als der Kämpfende, der (sonst unbek.) Syrakusaner Lykortas als der Stifter gen. sei, der die drei Gruppen vermutl. aus Freundschaft zu Phormis gestiftet habe; sie seien aber von den Griechen ebenfalls als Phormis-Weihungen bez. worden. – Es ist anzunehmen, daß die Pferde mit Lenkern und die Kämpferpaare zu einer Gruppe gehörten, und Pausanias die Lykortas-Inschr. irgendwie mißverstanden hat. Die Pluralform ἔργα bezieht sich offenbar auf die vielen Figuren der Gruppe. Phormis ist nur aus Pausanias bek. (Zum *Phormis-Weihgeschenk*: F. Eckstein, Anathemata, B. 1969, 43 ss., 100; T. Hölscher, Griech. Historienbilder des 5. und 4. Jh. v. Chr., Würzburg 1973, 88 ss.; A. Borbein, JdI 88:1973, 74 ss.; Vierneisel-Schlörb, KatSkulpt-Glypt, II, 1979, 3 s.; C. Ioakimidou, Die Statuenreihen griech. Städte und Bünde aus spätarchaischer und klass. Zeit, Heidelberg 1995, 385). – Die Basis des Weihgeschenkes hat F. Eckstein identifiziert; sein Rekonstruktionsvorschlag, daß die nicht erh. obere Stufe in der Mitte und an beiden Enden bis zur vorderen rückwärtigen Außenkante risalitartig vorgezogen sei, hält einer Nachprüfung nicht stand (vgl. Walter-Karydi, 1987, 40, Abb. 42), ebenso nicht die damit zusammenhängende Anordnung der Figuren. Die Basis ist als ein längl. Rechteck zu rekonstruieren; offenbar waren die drei Kämpferpaare parallel zur Basislangseite angeordnet; an den Ecken standen die Lenker und Pferde, zur Mitte hingewendet. Trifft es zu, daß in den Kämpferpaaren Phormis dreimal erscheint, jeweils mit einem and. Gegner, dann bildete das Werk ein Gegenstück zu den Zyklen dieser Jahre, etwa von Herakles oder Theseus, in denen die Helden auf einem Gefäß oder gar auf ders. Gefäßseite bzw. auf den Metopen eines Baus in versch. Taten dargestellt sind. – Den einzigen Anhaltspunkt zur Dat. des *Phormis-Weihgeschenkes* liefert die Reg.-Zeit von Gelon und Hieron (485–467 v. Chr.); es ist nicht einmal auszuschließen, daß Phormis erst nach Hierons Tod (467 v. Chr.) die Gruppe gestiftet hat. Diese kann also kaum genauer als ins 2. V. des 5. Jh. v. Chr. dat. werden. Daher läßt sich auch ihr zeitl. Verhältnis zum *Weihgeschenk des Mikythos*, einer Statuengruppe, an der → Dionysios (II) beteiligt war, nicht bestimmen; Mikythos stiftete die Gruppe in Olympia nach seiner Rückkehr von Rhegion (467 v. Chr.). – Plinius (nat., 34, 90) berichtet, ein Erzbildner S. habe einen Hund und einen Bogenschützen geschaffen; A. Furtwängler erkannte, daß die Figuren eine Gruppe bildeten, meinte aber, das Thema passe nicht in die Zeit des Ägineten S. (Der Dornauszieher und der Knabe mit der Gans. Entwurf einer Gesch. der Genrebildnerei bei den Griechen, B. 1876, 38; J. Sieveking [Ed.], Kleine Schr. von Adolf Furtwängler, I, M. 1912, 84, Anm. 2). Dem widersprach zu Recht Lippold; ein Gemmenbild um 470 v. Chr. (London, BM; Walter-Karydi, 1987, Abb. 49) zeigt eine der formalen Möglichkeiten dieser Zeit, eine Gruppe dieses Themas zu gestalten. – Mit dem äginet. Erzbildner offenbar ident. ist der bei Diogenes Laertios (2, 13, 123) gen. Σίμων ἀνδριαντοποιός. – S. war über seine Heimat hinaus bek. und in Olympia mit Aufträgen betraut. Sein persönl. Stil bleibt unbekannt. So ist es müßig, nach Werken von ihm unter röm. Kopien, wie einem behelmten Kopf in München (Glyptothek; Vierneisel-Schlörb, op. cit., Nr 1), zu suchen. – Bruchstücke spätarchaischer marmorner Kriegerfiguren aus Olympia wurden dem *Phormis-Weihgeschenk* zugesprochen, doch hat bereits G. Treu (Die Bildwerke von Olympia in Stein und Thon. Olympia, III, 1894–1897, 31 ss.) dies zurückgewiesen. ▭ ThB31, 1937. RE III. A. 1, 1927 (s.v. S. 12); EAA VII, 1966, 315 (s.v. S. 2). – *Brunn*, GGK, I, 1889, 61 (84); *Klein*, GGK, I, 1904, 347; *Lippold*, GrPl, 1950, 98, 103 s.; *E. Walter-Karydi*, Die äginet. Bildhauerschule, Mainz 1987 (Alt-Ägina II. 2), 39 ss.

E. Walter-Karydi

Simonides (Σιμωνίδης), griech. Maler, viell. in der 2. H. des 5. Jh. v. Chr. tätig. Wird nur von Plinius (nat., 35, 143) im alphabet. geordneten Kat. der *primis proximi*, der Maler zweiten Ranges (nat., 35, 138 ss.), unter der Angabe, er habe *Agatharchos* und *Mnemosyne* gemalt, erw. (*Simonides Agatharchum et Mnemosynen [pinxit]*). Auf der Annahme, daß mit Agatharchos der berühmte Theatermaler → Agatharchos (I), der in perikleischer Zeit die perspektiv. Bühnenmalerei erfunden haben soll, gemeint sei, beruht die zeitl. Einordnung des S. in die 2. H. des 5. Jh. v. Chr. (vgl. Moreno, EAA VII, 1966; Metzler, 1971). Eine zeitl. Einordnung des Künstlers in spätklass. oder hellenist. Zeit ist aber nicht ausgeschlossen (vgl. Nowicka, 1993). Obwohl der Pliniustext offenläßt, ob *Agatharchos* und *Mnemosyne* in einem oder in zwei versch. Bildern dargestellt waren (vgl. Robertson, 1975), nimmt man in der Regel an, daß ein Gem. das Portr. des Agatharchos, ein anderes die allegor. Figur der Mnemosyne zeigte. Nach der Vermutung Morenos könnte die Mutter der Musen wie auf einer um 450 v. Chr. entstandenen attisch-rotfigurigen Lekythos aus Gela (Syrakus, Mus. Arch, Inv. Nr 20542; ARV², 1963, 624, Nr 75; O. E. Ghiandoni, LIMC VI, 1992, s.v. Mnemosyne 1 m. Abb.) stehend und mit einer geöffneten Buchrolle in den Händen dargestellt gewesen sein. ▭ ThB31, 1937. RE III. A. 1, 1927, s.v. S. 10; EAA VII, 1966. – *Overbeck*, SQ, 1868, Nr 2154; *Brunn*, GGK, II, 1889, 202; *Ferri*, Plin., 1946, 203; *D. Metzler*, Portr. und Ges., Münster 1971, 284, Anm. 1; *Robertson*, Hist., 1975, 588; *C. Plinius Secundus d. Ä.*, Naturkunde, ed. und übersetzt *R. König/G. Winkler*, M. 1978, 246 s.; *Pline l'Ancien*, Hist. naturelle, übersetzt und kommentiert *J.-M. Croisille*, Livre XXXV, P. 1985, 250, § 143, Nr 5; *A. Corso*, in: *Gaio Plinio Secondo*, Storia naturale, V. Mineralogia e storia dell'arte, ed. *G. B. Conte/G. Ranucci*, Libri 33–37, T. 1988, 459, § 143, Anm. 4, p. 920; *M. Nowicka*, Le portr. dans la peint. antique, Wa 1993, 105, Anm. 252.

L. Lehmann

Simos (I) (Σῖμος), griech. Toreut, vermutl. aus Böotien stammend, wohl im letzten V. des 6. Jh. v. Chr. tätig. Der Name S. erscheint zus. mit der griech. Formulierung μ'ἐποίζεισε (hat mich gemacht) als eingeritzte Sign. auf einer als Diskos oder Solos (M. Lavrencic/G. Doblhofer/M. Mauritsch, Diskos, W./Köln 1991, 118) zu bez., bronzenen Wurfscheibe unbek. Provenienz (Wildung,

1996). Die Dat. in das letzte V. des 6. Jh. v. Chr. und die Bestimmung als böot. basieren auf epigraph. Kriterien. Für einen Gebrauch der Wurfscheibe als Sportgerät sprechen Gestaltungsmerkmale, die Inschr. dagegen deutet auf eine Funktion der Wurfscheibe als Weihgeschenk hin, wofür Vergleichsstücke aus Bronze und and. Werkstoffen (J. Jüthner/F. Brein, Die athlet. Leibesübungen der Griechen, Österr. Akad. der Wiss., Phil.-hist. Kl. 249, 2, W. 1968, 233–242; O. Tzachou-Alexandri [Ed.], Mind and body. Athletic contests in ancient Greece, At. 1989, 226 s., Nr 117 mit Abb.; I. Thörner/W. Pöhling, Die Macht der Schr., Duisburg 2001, 37) angeführt werden können. Als Erklärung für diesen Sachverhalt wurde vorgeschlagen, daß hier Bronzegießer und Athlet ident. gewesen seien. ▭ *D. Wildung* (Ed.), Faszination der Antike – The George Ortiz coll., B. 1996, Nr 128 mit Abb. K. Hornig

Simos (II), Sohn des Themistokrates, aus Salamis/Zypern, griech. Bildhauer, in der 2. H. des 3. Jh. v. Chr. auf Rhodos und Thera tätig. S. schuf in Rhodos die von dem Athener Smikythos gew. *Statue des Hippomachos*, Sohn des Stratippos (IG, XII. 1, 70, 2), und in Thera die von den Söhnen des Theanor, Kartinikos und Anthes gestiftete *Bronzestatue des Dionysos* (IG, XII. 3, 419), welche urspr. im dortigen Heiligtum des Gottes gestanden haben dürfte. Von beiden Werken sind nur die marmornen Basen erhalten. Die zuletzt gen. befindet sich heute im Pariser Louvre. ▭ ThB31, 1937. RE III. A. 1, 1927 (s.v. S. 6); EAA VII, 1966. – *H. Brunn*, Gesch. der griech. Künstler, I, St. 1853, 467 s.; *Overbeck*, SQ, 1868, Nr 2019 s.; *Loewy*, IGB, 1885, 134 s., Nr 163 s.; *F. Hiller von Gaertringen* (Ed.), Thera, III, B. 1904, 109. N. Franken

Simos (III), Sohn des Harpalos, aus Olynth, griech. Bildhauer, 2. Jh. v. Chr., auf Rhodos und Tinos tätig. S. ist durch drei Sign. auf Statuenbasen bezeugt: – 1.) *Statue des Kallistratos*, Sohn des Nikostratos, auf Rhodos (IG, XII. 1, 75, 2) und die *Statuen des Aristandrides*, Sohn des Aristonymos, *und seines Sohnes Aristandridas* auf Tinos (IG, XII. 3, 41 s.). ▭ ThB31, 1937. RE III. A. 1, 1927 (s.v. S. 7); *C. Albizzati*, in: Encyclopedia Italiana XXXI, 1936, 810; EAA VII, 1966. – *Ferri*, Plin., 1946, 203. N. Franken

Simos (IV), griech. Maler, wahrsch. in hellenist. Zeit tätig. Plinius (nat., 35, 143; Overbeck, SQ, 1868, Nr 2021) überliefert uns vier seiner Gem.: – 1.) *Ruhender Jüngling*; – 2.) *Walkerwerkstätte*; – 3.) *Fest der Minerva feiernder Mann* und – 4.) eine hervorragende *Nemesis*. ▭ ThB31, 1937. RE III. A. 1, 1927 (s.v. S. 8); EAA VII, 1966 (s.v. S. 1). – *Brunn*, GGK, II, 1889, 193; *Pfuhl*, MuZ, II, 1923, 808, § 884, p. 819, § 895. R. V.

Sindlis (Σίνδλις), Sohn des Masnanisbos, aus Termessos/Pisidien, griech. Vergolder, im 2. Jh. n. Chr. in Termessos tätig. Nur bek. durch seine Sign. auf der Basis aus Termessos für eine Marmorstatue des Zeus Solymeus. ▭ EAA VII, 1966. – *E. Petersen*, in: *K. Lanckoronski* (Ed.), Städte Pamphyliens und Pisidiens, II, W. 1892, Nr 78; *J. Marcadé*, BCH 73:1949, 149, Anm. 3. R. V.

Sinimmar, Vater des Bildhauers → Qatus, byz. oder babylon. Baumeister, aus Babylonien (heute S-Irak) stammend, frühes 5. Jh. n. Chr., in der Gegend von Hira/Irak tätig. Der seinem akkad. Namen nach (Haupt, 1907; Würsch, 1998, 267) aus Babylonien (heute S-Irak) stammende, jedoch vgl. → Qatus als Byzantiner bez. S. ist erst in der nachsasanid. arab.-pers. Lit. namentl. überliefert (Justi, 1896; Rothstein, 1898; Sarre/Herzfeld, 1910; Massignon, 1910, 36 s.; Musil, 1927, 104 s., Anm. 59). Dem Baumeister wird durch die Überlieferung die Errichtung des Palastes „al-Hawarnaq“ (Massignon, 1978; Würsch 1998) zugeschr. Dieser erhob sich auf einer Anhöhe ö. von dem bei an-Najaf im S-Irak liegenden (al-)Hira, der Hauptstadt der früharab. Lachmiden-Dynastie. Als Auftraggeber gilt der im ersten V. des 5. Jh. n. Chr. als Vasall der Sasaniden-Herrscher in (al-)Hira reg. Lachmide an-Nu'man I. (Th. Leisten, in: DNP VI, 1999, 1041 s., s.v. Lachmiden). Einer Wanderlegende zufolge (Würsch, 1998, 267–271) soll S. nach Vollendung des Bauwerks von an-Nu'man I. umgebracht worden sein. Im „al-Hawarnaq“ verbrachte unter der Ägide an-Nu'mans I. der spätere Sasaniden-Herrscher Bahram V. Gur (Οὐαραράνης) (Reg.-Zeit 420–438 n. Chr.) seine Jugendzeit. Der Palast, der von früharab. Schriftstellern zu den 30 Weltwundern gezählt wurde (Würsch, 1998, 261), ist möglicherweise mit dem ebenfalls in der ma. Überlieferung im Zusammenhang mit (al-)Hira erwähnten, als „Zaura'“ bez. Bauwerk (Schwarz, 1909) identisch. Für dieses wird als Auftraggeber allerdings der erst im 6. Jh. n. Chr. reg. an-Nu'man ibn Mundhir genannt. Da jedoch an-Nu'man Eigenname mehrerer Lachmiden ist (vgl. oben), sind hier Verwechslungen in der Überlieferung nicht ausgeschlossen. Von dem im Grundriß rechteckigen, überwölbten und eventuell mit Türmen ausgestatteten Ziegelbau (voneinander abweichende Skizzen der unausgegrabenen Anlage bei Meißner, 1901, 19 und Musil, 1927, 106, Abb. 34; Photogr. des Ruinengeländes bei Massignon, 1910, Taf. 37) sind heute nur noch geringe Mauerreste erhalten. ▭ *F. Justi*, Geschichte Irans von den ältesten Zeiten bis zum Ausgang der Sasaniden, in: *W. Geiger/E. Kuhn*, Grundriß der Iran. Philologie II, Straßburg 1896–1904, 527; *G. Rothstein*, Die Dynastie der Lahmiden in Hira, Halle 1898, 15 s.; *B. Meißner*, Von Babylon nach den Ruinen von Hira und Huarnaq, L. 1901, 18 s.; *R. Basset*, Revue Africaine 260:1906, 22 s.; *P. Haupt*, Orientalist. Lit.-Ztg. 10:1907, 334; *P. Schwarz*, Die Abbasiden-Residenz Samarra, L. 1909, 38–40; *F. Sarre/E. Herzfeld*, Iran. Felsreliefs, B. 1910, 204; *L. Massignon*, Mém. de l'Inst. Français d'Archéol. orientale 28:1910, 28 s., 36 s.; *id.*, op. cit. 31:1912, 136; *A. Musil*, The Middle Euphrates, N. Y. 1927, 104–106; *L. Massignon*, in: The Encyclopaedia of Islam IV, Leiden 1978, 1133 (s.v. al-Khawarnak); *R. Würsch*, Wiener Zs. zur Kunde des Morgenlandes 88:1998, 261–279. K. Hornig

Sisobek → Sasebek

Sittius, viell. Maler, vor 79 n. Chr. in Pompeji tätig. Ein heute völlig verblichenes gemaltes *Ladenschild* am Eingang eines *hospitium* (Pompeji, VII, 1, 44 s.: L. Eschebach [Ed.], Gebäude-Verz. und Stadtplan der antiken Stadt Pompeji, Köln/Weimar/W. 1993, 251 s. mit weiterer Lit.) zeigte einen von einer gelben Schlange umwundenen roten Elefanten, neben dem ein Pygmäe als Elefantenführer stand. Oberhalb des Tieres war in einer kleinen *tabula ansata* „SITTIVS RESTITVIT ELEPANTV" zu lesen (CIL, IV, 806); der zweite Teil der Inschr. (CIL, IV, 807) wies auf die Bequemlichkeiten des Gasthauses hin. Allg. wird S. als Besitzer des *hospitium* „ad Elephantum" angesehen, der entweder die Renovierung des gesamten Gasthauses oder nur des *Ladenschildes* in Auftrag gab (Kruschwitz, 1999, 238, Anm. 26), doch läßt der Wortlaut der Inschr. auch zwei and. Deutungen zu: S. als Handwerker, der die nötigen Arbeiten ausgef. hat, oder S. als Maler, der das Wirtshausschild erneuert hat (H. Sievers, Beitr. zur Wirtschafts-Gesch. Pompejis, Diss. Ha. 1936, 37). ▭ Pompei. Pitture e mosaici, VI, R. 1996, 462; *P. Kruschwitz*, Gymnasium 106:1999, 238 s., Text 4. Th. Ganschow

Skelmis (Σκέλμις), vermeintl. griech. Bildhauer archaischer Zeit. Lt. Kallimachos (Fragm. 105) war das erste Kultbild der Hera von Samos noch kein Σκέλμιον ἔργον. Hieraus folgerte bereits das Scholion zu Pausanias (7, 4, 4), daß es sich bei der zweiten Kultstatue der Hera um ein Werk des S. gehandelt hat. Wahrsch. bezieht sich der Wortlaut aber auf ein Werk aus Metall, um es von dem frühesten Kultbild aus Holz zu scheiden, und nicht auf den Künstler. Dies würde auch der übrigen Überlieferung entsprechen, nach der die zweite Statue der Hera ein Werk des Bildhauers → Smilis war (A. Kossatz-Deißmann, LIMC IV, 1988, 662, Nr 10, s.v. Hera) ▭ RE III. A. 1, 1927; EAA VII, 1966. – *D. Ohly*, AM 68:1953, 43. R. V.

Skopas (I) (Σκόπας; Scopas), griech. Bildhauer des 5. Jh. v. Chr., der nach Plinius (nat., 34, 49) in der 90. Olympiade, also 420 v. Chr., seine Blütezeit hatte. Möglicherweise Vater des → Aristandros (I) von Paros und Großvater von → S. (II). Da Plinius S. zus. mit → Polykleitos (I), → Phradmon, → Myron (I) und → Pythagoras (I) im 34. Buch nennt, darf man annehmen, daß S. vorrangig in Bronze arbeitete. Die bei Pausanias (6, 25, 1) als Werk eines S. gen. *Bronzestatue* der auf einem Ziegenbock reitenden *Aphrodite Pandemos* in Elis könnte deshalb ein Werk des S. sein, da für → S. (II) ansonsten nur Marmorwerke überliefert sind. Die auf elischen Münzen des 2.–3. Jh. n. Chr. abgebildete Statue (BMC, Peloponnesus, 75, Nr 156, Taf. 16,4; A. Delivorrias u.a., LIMC II, 1984, 100, s.v. Aphrodite 976 mit Text-Abb.) steht einer Dat. ins 5. Jh. v. Chr. nicht entgegen. Das Bildschema wird in Werken der Kleinkunst vielfach wiederholt (Delivorrias u.a., op. cit., 99, s.v. Aphrodite 955 ss.), ohne daß eine engere oder gar replikenmäßige Verbindung zur *Aphrodite* des S. nachzuweisen wäre. ▭ *P. Mingazzini*, RIA 18:1971, 82 s.; *B. S. Ridgway*, Fourth c. styles in Greek sculpt., Lo. 1997, 251 s. C. Vorster

Skopas (II), aus Paros, griech. Bildhauer und Architekt, möglicherweise Enkel des → S. (I) und Sohn des → Aristandros (I). Die Lebensdaten dürften nach den wenigen chronolog. Anhaltspunkten zw. 385/75 v. Chr. und 330/20 v. Chr. liegen. In den 50er Jahren des 4. Jh. v. Chr. muß S. bereits ein bek. Bildhauer gewesen sein, denn er bekam den Auftrag, zus. mit and. führenden Künstlern den Bildschmuck für das *Grabmal des karischen Königs Maussollos* und dessen Schwester Artemisia in Halikarnassos auszuführen (Plin., nat., 36, 30–31; → Vitruvius, 7, praef. 12 s.). Für den Neubau des 356 v. Chr. abgebrannten Artemistempels in Ephesos fertigte S. eine *reliefierte Säulentrommel* (Plin., nat., 36, 95). In den 40er Jahren des 4. Jh. leitete er als Architekt den *Neubau* des 395 v. Chr. abgebrannten *Tempels der Athena Alea* in Tegea (Paus., 8, 45, 4). Eine *Artemis Eukleia* (Paus., 9, 17, 1) und eine *Athena Pronaia* (Paus., 9, 10, 2) des S. in Theben müssen vor 335 v. Chr., dem Zerstörungsdatum der Stadt, aufgestellt worden sein. Es findet sich kein sicherer Hinweis auf Werke des S., die nach 335 v. Chr. entstanden sind, man kann aber nicht ausschließen, daß S. bis gegen 320 v. Chr. tätig war. – Da weder sign. Werke noch and. epigraph. Zeugnisse erh. sind, basiert die Beurteilung der Künstlerpersönlichkeit und die Zuweisung einzelner Werke an S. auf den Schriftquellen (Overbeck, SQ, 1868, Nrn 1149–1189; H. Stuart Jones, Select passages from ancient writers illustrative of the hist. of Greek sculpt., Chicago 1966, 166 ss.; Stewart, 1977, 127 ss.; J. J. Pollitt, The art of ancient Greece. Sources and doc., C. 1993 [Repr.], 94 ss.). Allerdings stellt sich hier die Schwierigkeit, daß die Schriftquellen die versch. Bildhauer dieses Namens nicht unterscheiden, so daß erst weitere Angaben zu Ort und/oder Entst.-Zeit eines Werkes die Verbindung mit S. rechtfertigen. – Nach den Schriftquellen war S. ein ἀγαλματοποιός (Schol. Lukian., Lex. 12; Laterculi Alexandrini, 7, 3–5; Stewart, 1977, 134 s., Nrn 43, 48), d.h. er fertigte überwiegend Götterbilder, seien es nun Kult- oder Votivstatuen. Die bei Strabon, Plinius und Pausanias aufgeführten Bildwerke (Arias, 1952, 61 ss.; Stewart, 1977, 127 ss., Nrn 3–40) bestätigen diese Aussage: Abgesehen von Bau-Skulpt. schuf S. ausschl. Statuen von Göttern und Heroen; es sind keine Portr.-Statuen oder Athletenbilder von seiner Hand überliefert. Als Mat. verwendete S. bevorzugt oder sogar ausnahmslos Marmor. Allein die bei Pausanias (6, 25, 1) als Werk eines S. aufgeführte *Aphrodite Pandemos* in Elis war ein Bronzewerk. Allerdings könnte es sich hierbei auch um eine Arbeit des → S. (I) handeln, der von Plinius (nat., 34, 49) unter den Bronzegießern aufgezählt wird. – Goldelfenbeinbilder sind für S. nicht belegt. Insgesamt nennen die Schriftquellen nicht sehr viele Werke des S., ungleich weniger als etwa für → Praxiteles (II) oder → Lysippos (I). Der Ruhm des S. dürfte demnach zu einem nicht geringen Teil auf seinen umfangreichen Arbeiten im Bereich der Bau-Skulpt. und der Archit. beruhen. – S. war mit seiner Wkst. an zahlr., weit auseinanderliegenden Orten in Griechenland und Kleinasien beschäftigt. Auf dem griech. Festland sind Statuen in Attika, Böotien und auf der Peloponnes überliefert, namentl. in Athen (*Erinyen*), Rhamnus (*Apollon*), Megara (*Eros, Himeros und Pothos*) und Theben (*Artemis Eukleia, Athena Pronaia*), sowie in Argos (*Hekate*), Gortys (*Asklepios und Hygieia*), Sikyon (*Herakles*), Tegea (*Kultbilder des Asklepios und der Hygieia*) und evtl. auch in Elis (*Aphrodite Pandemos*). In Tegea hatte er zudem die Bau-Ltg für den *Neubau des Athena Alea-Tempels* inne, was fraglos einen längeren Aufenthalt vor Ort erforderte. In N-Griechenland schuf S. eine *Kultbildgruppe* für das Heiligtum auf Samothrake (*Aphrodite mit Pothos*), in Kleinasien, außer dem *Skulpturenschmuck* für das *Mausoleum von Halikarnassos* und den *Artemistempel von Ephesos*, Standbilder in Chryse (*Apollon Smintheus*), Ephesos (*Leto, Ortygia mit Apollon und Artemis*) und Knidos (*Athena, Dionysos*). Bei den in Rom aufgestellten Werken des S., die Plinius (nat., 36, 25–28) nennt (*Aphrodite, sitzender Ares, Kanephoren, Hestia* mitsamt *lampteras, Seethiasos, Gruppe der Niobe und ihrer Kinder, blitzhaltender Eros, Ianus pater*) ist nicht immer sicher, ob es sich um Werke des S. oder des späthellenist. Bildhauers → S. (III) handelt. – Eine zeitl. Abfolge zw. den einzelnen Aufenthaltsorten läßt sich nur für die Arbeiten in Halikarnassos, Ephesos und Tegea erschließen. Die Mitarb. am *Mausoleum von Halikarnassos* ist durch die Todesdaten des Maussollos (353 v. Chr.) und der Artemisia (351 v. Chr.) sowie durch die Angabe bei Plinius (nat., 36, 31), daß die dort engagierten Künstler auch nach dem Tod der Artemisia eine gewisse Zeit bis zur Voll. des Bauwerks weiterarbeiteten, in die 50er und frühen 40er Jahre des 4. Jh. v. Chr. datiert. Das *Artemision* von Ephesos war dagegen noch in den 30er Jahren des 4. Jh. v. Chr. in Bau. Man darf folgern, daß S. nach Abschluß der Arbeiten am *Mausoleum* mit seiner Wkst. für vergleichsweise kurze Zeit nach Ephesos ging und anschließend – möglicherweise über Samothrake – nach Tegea gelangte. Diskutiert wird in der Forsch. auch die Abfolge Halikarnassos, Tegea, Ephesos (R. Stupperich, Gnomon 52:1980, 283). – Zur Eigenart des Œuvres geben die Schriftquellen nur wenige Informationen. Wie im 4. Jh. v. Chr. nicht ungewöhnl., spielten Statuengruppen eine gewichtige Rolle. Zu nennen sind hier die *Gruppen von Eros, Himeros und Pothos* in Megara (Paus., 1, 43, 6), von *Aphrodite und Pothos* in Samothrake (Plin., nat., 36, 25), von *Asklepios und Hygieia* in Gortys (Paus., 8, 28, 1) sowie von *Leto und Ortygia mit den göttl. Zwillingen* in Ephesos (Strab., 14, 640). Die *Gruppe der Aphrodite auf dem Ziegenbock* (s.o.) und der vielfigurige *Seethiasos*, der z.Z. des Plinius in Rom aufgestellt war (nat., 36, 26), sind wegen der Unsicherheit der Zuschr. nur eingeschränkt anzuführen. Werke von S. konnten auch mit älteren oder gleichzeitigen Standbildern and. Künstler gruppiert werden. So schuf S. in Athen unter Verwendung einer älteren Statue eine *Dreifigurengruppe der Erinyen* (Paus., 1, 28, 6; Stewart, 1977, 129 s., Nrn 22–25; von Mingazzini, 1971, 82 → S. [I] zugewiesen), und in Tegea waren seine *Statuen des Asklepios und der Hygieia* beidseitig eines altertüml. Athenabildes aufgestellt (Paus., 8, 47, 1). In Megara standen die *dreifältigen Liebesgötter* mit den von → Praxiteles (II) geschaffenen Standbildern der Peitho und Paregoros wohl nicht nur in einem räuml., sondern auch in einem unmittelbaren inhaltl. Zusammenhang (Paus., 1, 43, 6). Die Art der Personifikationen, die letztl. Potenzen der in dem Tempel durch ein altertüml. Kultbild vertretenen Aphrodite darstellten, könnte darauf hinweisen, daß die Gruppierung von vornherein geplant war, S. und → Praxiteles (II) also gleichzeitig an diesem Auftrag tätig waren. – Die enge Verbindung zu → Praxiteles (II) ist die wesentlichste Aussage der Schriftquellen zu S. und seinem Werk. Gemeinsam werden die Künstler in der Kaiserzeit als berühmte alte Meister und herausragende ἀγαλματοποιοί gen. (Mart., 4, 39, 1; Priap., 10, 2–3; Laterculi Alexandrini, 7, 3–5; Stewart, 1977, 134 s., Nrn 42, 46, 48), die beide in ihren Marmorwerken unübertroffen waren (Cic., div., 1, 13; 2, 21; Sidon., carm., 23, 503; Stewart, 1977, 134 s., Nrn 44, 47). Nach Plinius konkurrierte der Ruhm des S. mit dem des → Praxiteles (II), und die Venus des ersteren soll noch die hochberühmte Knidierin an Schönheit übertroffen haben (nat., 36, 25 s.). In mehreren Fällen ist Plinius bzw. seine Quelle unsicher, welchem der beiden Künstler ein Werk zuzuschreiben sei (nat., 36, 28). Eine derart enge Verknüpfung zweier Künstler und ihres Œuvres ist in der antiken Lit. ganz singulär. Dieser Umstand sowie die Feststellung, daß S. in keinem Fall mit → Polykleitos (I) und dessen Schule oder mit → Lysippos (I) zus. gen. oder gar verwechselt wird, deuten darauf hin, daß der Parier S. nicht nur ein Zeitgen. des → Praxiteles (II) war, sondern daß seine Werke auch in Formgebung und Technik denen des attischen Meisters verwandt gewesen sein müssen. – Der Weg von den Schriftquellen zu den archäol. nachweisbaren Werken ist bei S. schwierig und method. umstritten. Eine zentrale Rolle nehmen dabei die Skulpt.-Reste jener Bauten ein, für die eine Mitarb. des S. belegt ist. – Nach Plinius (nat., 36, 30–31) und → Vitruvius (7, praef., 12 s.) fertigte S. zus. mit vier bis sechs weiteren Künstlern, unter denen sich namhafte Bildhauer wie → Bryaxis, → Leochares (I) und → Timotheos (I) befanden, den *Bildschmuck* für das *Mausoleum von Halikarnassos* (K. Jeppesen, JdI 107:1992, 78 ss.; Ridgway, 1997, 112 ss.; Rolley, 1999, 307 ss.). Der von Plinius gleich zweifach verwendete Begriff *caelare*, der im Zusammenhang mit Marmorarbeiten gänzl. ungewöhnl. ist und deshalb wörtl. genommen werden sollte, bez. S. als Bildhauer der figürl. Reliefs. Von diesen hat sich nur der *Amazonenfries* in nennenswertem Umfang erh. (W. Schiering, JdI 90:1975, 121 ss.; B. F. Cook, in: T. Linders [Ed.], Archit. and soc. in hecatomnid Caria. Proceedings of the Uppsala symposium 1987, Uppsala 1989, 31 ss.). Die Arbeiten waren nach Plinius und → Vitruvius so aufgeteilt, daß jeder der gen. Bildhauer für eine Seite des Bauwerks die Verantwortung übernahm. Trotz der expliziten Angabe, daß S. den *Bildschmuck der Ostseite* ausführte, ist die Zuweisung einzelner Reliefplatten an S. in der Forsch. durchweg umstritten, da deren Fundlage aufgrund sekundärer Verschleppung wenig aussagekräftig ist. Die stilist. Beurteilung basiert wiederum auf kaiserzeitl. Kopien versch. spätklass. Werke, die ihrerseits nicht sicher zugeschr. sind. Die Gefahr des Zirkelschlusses liegt hier nahe, und in der Forsch. der letzten 100 Jahre wurde auch nahezu jede der erh. Platten des *Amazonenfrieses* mit jedem der bei Plinius gen. Künstler verbunden (B. Wesenberg, in: K. Zimmermann [Ed.], Der Stilbegriff in den Altertums-Wiss., Rostock 1993, 167 ss.; G. B. Waywell, 1997, 60 s.). Aus der überlieferten Mitarb. des S. am *Mausoleum von Halikarnassos* läßt sich deshalb nur schließen, daß der Künstler in den 50er Jahren des 4. Jh. v. Chr. eine große Bildhauer-Wkst. leitete, die überwiegend im Bereich der Bauplastik tätig war. – Ebensowenig lassen sich aus dem erh. *Bildschmuck des Artemisions von Ephesos* (A. Rügler, Die Columnae Caelatae des Jüngeren Artemisions von Ephesos, Tb. 1988 [IstMitt, Suppl., 34]) weiterführende Erkenntnisse für das Werk des S. gewinnen. Nach Plinius (nat., 36, 95) fertigte S. *eine* von 36 reliefierten *Säulentrommeln*. Schon die Wahrscheinlichkeit erlaubt es nicht, die einzige in nennenswertem Umfang erh. Trommel (London, BM, Inv. Nr 1206: Rolley, 1999, 276, Abb. 280 s.) ohne weitere Begründung mit der des S. zu identifizieren, zumal sich bereits an dieser Trommel unterschiedl. Bildhauerhände nachweisen lassen. – Seit der Aufdeckung des Tempels von Tegea (C. Dugas/J. Berchmans/M. Clemmensen, Le sanctuaire d'Alea Athéna à Tégée au IVe siècle, P. 1924; N. J. Norman, AJA 88:1984, 169 ss.) und seiner äußerst fragmentierten Skulpturenreste gelten diese als die beste Grundlage zur Erforschung des Bildhauers und seines Œuvres. Allerdings nennt Pausanias (8, 45, 4) S. ausschl. als Architekten und – durch eine längere Passage getrennt – als Bildhauer der im Tempel aufgestellten *Marmorstatuen des Asklepios und der Hygieia* (Paus., 8, 47, 1; Norman, 1986). In Verbindung mit der Bau-Skulpt. wird der Name des S. nicht erwähnt. Ob und wie weit er an Ausf. und Entwurf der Giebelskulpt., Akrotere und Metopen beteiligt war, läßt sich somit den antiken Quellen nicht entnehmen. Parallelen, etwa durch den gut dokumentierten Tempelbau von Epidauros (N. Yalouris, APl, XXI, 1992), zeigen, daß eine Trennung von Bauplanung und Skulpturenschmuck übl. war, und daß letzterer auf mehrere, selbständig arbeitende Bildhauer verteilt wurde (Waywell, 1997, 61 s.). Unter diesen könnten sich allerdings Mitarb. des S. befunden haben, die mit ihm aus Kleinasien nach Tegea gekommen waren. Einen Hinweis hierfür bietet ein in Tegea gefundenes Weihrelief an Ada, Idrieus und Zeus Statios (London, BM, Inv. Nr 1914. 7-14. 1: G. B. Waywell, in: O. Palagia/W. Coulson (Ed.), Sculpt. from Arcadia and Laconia. Proceedings of an internat. conference held at the American School of Classical Stud. at Athens, 1992, Ox. 1993, 79 ss.), bei dem es sich um das Votiv eines karischen Bildhauers handeln dürfte. Die Fragm. der Bau-Skulpt. (Stewart, 1977, 5 ss., Taf. 1 ss.), deren Zugehörigkeit zum Tempel nicht in allen Fällen unumstritten ist (Marcadé, 1986), zeigen eine eher grobe Ausf. und große stilist. Differenzen. Meist werden die formalen Eigenheiten einiger männl. Köpfe als maßgebl. für den individuellen Stil des S. angesehen (Stewart, 1977, 3; Rolley, 1999, 268 ss.). Char. Kennzeichen sind die kubische Form mit niedriger Stirn und flachem Kieferbogen sowie die tiefliegenden Augen unter stark verquollenem Orbital, welches das Oberlid teilweise überlagert. Ob diese Eigenheiten als Stil einer Wkst., einer Landschaft oder als individueller Stil des S. gelten müssen, ist aber bislang nicht hinreichend geklärt. Ähnl. Formen finden sich auch bei zeitl. und räuml. entfernten Denkmälern, etwa bei der späteren Bau-Skulpt. von Samothrake (P. W. Lehmann/D. Spittle, Samothrace, V, The Temenos, Pr. 1982, 170 ss., 230 ss.; B. Holtzmann, La sculpt. de Thasos. Corpus des reliefs, I, At. 1994 [1995], Nrn 18–23) oder bei attischen Grabreliefs, wie z.B. der Ilissos-Stele (Athen, NM, Inv. Nr 869: Rolley, 1999, 278, Abb. 283), was gegen eine allzu enge Verbindung mit einem einzelnen Meister spricht. Zudem warnt die lit. Überlieferung davor, den Stil der pathet. Tegea-Köpfe mit der persönl. Hs. des S. gleichzusetzen, denn nach übereinstimmender Aussage der Schriftquellen müssen die Werke des S. eine gewisse Verwandtschaft zu denen des → Praxiteles (II) besessen haben, und diese lassen eine vergleichbare Betonung pathet. Züge vermissen. Allerdings gibt es unter den Fragm. der Giebel-Skulpt. auch einzelne, die der praxitelischen Formensprache näher stehen, wie etwa der Frauenkopf Tegea 61 (Stewart, 1977, Nr 4, Taf. 4). Wenn S. an dem Bildschmuck des Tempels überhaupt irgendeinen – und sei es auch nur mittelbaren – Anteil hatte, könnte dieser in Übereinstimmung mit den Schriftquellen an solchen Fragm. zu finden sein. – Läßt sich der Stil des S. somit weder aus den erh. Platten der *Mausoleumsfriese von Halikarnassos* noch aus den Fragm. der *Tegea-Skulpturen* mit hinreichender Eindeutigkeit bestimmen, bleibt zur Identifikation seiner Werke im kaiserzeitl. Kopienbestand nur der Weg über die Schriftquellen, wo mögl. in Verbindung mit der numismat. Überlieferung. Recht gut ist der Typus des Apollon Rhamnusios dokumentiert, der seit augusteischer Zeit zus. mit einer Leto des → Kephisodotos (II) und einer Artemis des → Timotheos (I) in Rom im Apollonheiligtum auf dem Palatin aufgestellt war (E. Simon, LIMC II, 1984, 376, s.v. Apollon/Apollo 47; M. Flashar, Apollon Kitharodos, Köln u.a. 1992, 40 ss.). Die Statue wird von Properz (2, 31, 5 und 15) beschrieben, ist auf Münzen abgebildet (Simon, op. cit., 1984, 400 s., s.v. Apollon/Apollo 232, 236) und läßt sich durch die Wiedergabe auf einer frühkaiserzeitl. Reliefbasis (Sorrent, Mus. Coreale: L. J. Roccos, AJA 93:1989, 571 ss.) sowie durch rundplast. Wiederholungen (Flashar, op. cit., 1992, 43 ss.) typolog. fassen. Allerdings ist der Statuentypus zu konventionell, um hieraus weiterführende Erkenntnisse zum Stil des S. abzuleiten. Von der orig. Statue haben sich möglicherweise *Fragmente* erh. (Rom, Mus. Palatino, Inv. Nr 35749: EAA, Suppl. V, 1997, 315, Abb. 410, s.v. S.; M. A. Tomei, Museo Palatino, Mi. 1997, Nrn 26 s.), unter denen v.a. das *Kopf-Fragment* einen Eindruck von der Hs. des Bildhauers vermitteln kann. Weiterhin glaubte man, von dem *Kultbild der Hygieia* im Athena-Tempel von Tegea, ein *Fragment* der orig. Statue gefunden zu haben (weibl. Torso, Tripolis, Mus., Inv. Nr 1635: Delivorrias/Linfert, 1983; I. Levendi, in: Palagia/Coulsen, op. cit., 119 ss., Abb. 2., mit and. Dat. und Zuweisung an → S. [III]), doch sprechen stilist. und ikonogr. Gründe gegen diese Annahme (Marcadé, 1986, 323 s.). – Zu den bei Pausanias gen. Statuen des S., die auf Münzen abgebildet sind, wird mitunter die auf einem Ziegenbock reitende *Aphrodite Pandemos* (Paus., 6, 25, 1; BMC, Peloponnesus, 75, Nr 156, Taf. 16,4; zu den Unsicherheiten der Zuschr. an S. [s. o.]) gerechnet. Im Falle des *Apollon Smintheus* in Chryse (Strab., 13, 604) gibt das archaist. Kultbild, das hellenist. und kaiserzeitl. Münzen zeigen, wohl kaum die Statue des S. wieder (W. Lambrinudakis, LIMC II, 1984, 231 s., s.v. Apollon 378; Flashar, op. cit., 46 ss.). Über ein vereinzeltes, spätes Münzbild wird schließl. auch der von Pausanias (2, 10, 1) erw. *Herakles* in Sikyon mit dem Herakles des Typus Genzano bzw. Hope identifiziert (Stewart, 1977, 90 ss., 139 s., Taf. 30–31, 52). Ausgangspunkt dieser Zuweisung ist einerseits die stilist. Übereinstimmung der Heraklesherme aus Genzano (London, BM, Inv. Nr 1731: O. Palagia,

LIMC IV, 1988, 784, s.v. Herakles 1174) mit einigen Köpfen der *Tegea-Skulpturen*, andererseits die typolog. Übereinstimmung der Statue Hope (Los Angeles, County Mus. of Art, derzeit als Leihgabe in Malibu, Getty Mus.: O. Palagia, LIMC IV, 1988, 747, Nr 319, s.v. Herakles; P. Kranz, RM 96:1989, 393 ss., Taf. 103 ss.) sowohl mit der Genzano-Herme als auch mit der erw. sikyonischen Münze des 3. Jh. n. Chr. (Imhoof-Blumer/Gardner, NumCommPaus, 1887, 30, Nr 7, Taf. H, 11). Der Kopftypus Genzano, von dem zahlr. Repliken in versch. Varianten mit und ohne Pappelkranz vorliegen (zur Überlieferung v. Geominy, 1984, 465 s., Anm. 680), ist aber auch mit der Statue des Herakles Lansdowne (Malibu, Getty Mus., Inv. Nr 70. AA. 109: O. Palagia, LIMC IV, 1988, 761 s., s.v. Herakles 659; Todisco, 1993, Taf. 201) verbunden, die folgl. ebenfalls mit dem Herakles des S. identifiziert wird. Beide Statuen sind als Werke des 4. Jh. v. Chr. umstritten und werden in der jüngeren Forsch. als klassizist. Neuschöpfungen der Kaiserzeit angesprochen (Lattimore, 1975; Palagia, 1984; Kranz, op. cit.). Eine zuverlässige Aussage zum Œuvre des S. läßt sich durch sie nicht gewinnen. – Von S. sind gleich *zwei Statuen des Pothos*, einer erosähnl. Personifikation des sehnsüchtigen Liebesverlangens, überliefert; *eine in Verbund mit Eros und Himeros* im Tempel der Aphrodite Praxis in Megara (Paus., 1, 43, 6), eine *andere in Gruppierung mit Aphrodite* in Samothrake (Plin., nat., 36, 25). Keine der gen. Statuen ist auf Münzen abgebildet. Die Identifikation eines in zahlr. Wiederholungen überlieferten Statuentypus (Stewart, 1977, 108 ss., 144 ss. [Replikenliste]; Ridgway, 1997, 253 s.) mit dem *Pothos* des S. beruht folgl. in erster Linie auf ikonogr. Anhaltspunkten: die knabenhafte Figur, die sich mit erhobenem linken Arm und aufwärts blickendem Kopf zur linken Seite lehnt, wird in zahlr. Wiederholungen von einer Gans, dem hl. Tier der Aphrodite, begleitet. Zudem erscheint sie auf Gemmen geflügelt (J. Bažant, LIMC VII, 1994, 503, s.v. Pothos [I], 25) und tritt in der kaiserzeitl. Sarkophagkunst vielfach als Begleitfigur sehnsüchtig liebender Frauen, also als Pothos, auf (z.B. Hippolytos-Sarkophag, Rom, MN Romano, Inv. Nr 112444: H. Sichtermann/G. Koch, Griech. Mythen auf röm. Sarkophagen, Tb. 1975, 36, Nr 30, Taf. 66). Der Kopf des *Pothos* stimmt in Gesichts- und Augenform sowie in der Haarbildung eng mit dem Kopf-Fragm. des Apollo Rhamnusius überein; vergleichbar ist auch ein weibl. Kopf von den *tegeatischen Giebel-Skulpturen* (Stewart, 1977, Nr 4, Taf. 4). Die eigentüml. Haltung und die ungewöhnl. körperferne Drapierung des faltenreichen Mantels über dem erhobenen linken Oberarm könnten auf einen urspr. Gruppenzusammenhang des Orig. hinweisen. Die Figur führt in der ausgeprägten Achsenverschiebung des Rumpfes, dem übergeschlagenen Bein und dem über den Körper greifenden Arm die Gestaltungsweise praxitelischer Gestalten wie des Sauroktonos oder des ausruhenden Satyrn weiter. Der Statuentypus steht demnach sowohl mit der monumentalen als auch mit der lit. Überlieferung so weit in Einklang, daß eine Zuweisung an S. gerechtfertigt scheint. Stilist. Übereinstimmungen mit attischen Grabstatuen (z.B. Dallas, MFA: C. C. Vermeule, Greek and Roman sculpt. in America, Berkeley 1981, 114, Nr 85) sprechen für eine Entst. im letzten V. des 4. Jh. v. Chr., also in der Spätzeit des Skopas. – In mehreren Schriftquellen (Anth. Pal., 9, 774; Anth. Plan., 60; Kallistrat, Statuarum descriptiones, II), von denen die ausführlichste bereits dem 4. Jh. n. Chr. angehört (S. Altekamp, Boreas 11:1988, 77 ss.), wird die *Marmorstatue einer rasenden Mänade* beschrieben, die mit aufgelösten Haaren in heftiger Bewegung dargestellt war und eine tote Ziege trug. Funktion und Aufstellungsort der Figur sind nicht bekannt. In der archäol. Forsch. wird – trotz anfänglicher Gegenstimmen – eine Mänadenstatue in Dresden (SKSlgn, Skulpt.-Slg, Inv. Nr ZV 1941: Ridgway, 1997, 255 s., Taf. 61; Rolley, 1999, 272 ss., Abb. 276) als verkleinerte Wiederholung des skopasischen Werkes angesehen. Allerdings trug die Mänade in Dresden keine Ziege, sondern hielt in der linken erhobenen Hand ein Tympanon, wie die Anstückung des linken Armes und die Verwendung des Typus in der Reliefkunst erkennen lassen (T. Lorenz, BABesch 43:1968, 52 ss.; vgl. den Trapezophor Athen, NM, Inv. Nr 2703: K. Rhomiopoulou, Nat. Archaeol. Museum. Coll. of Roman sculpt. [K Athen], At. 1997, 77 s., Kat. Nr 130). Die für eine Zuschr. notwendige Übereinstimmung der lit. mit der monumentalen Überlieferung ist hier also nicht gegeben. Darüber hinaus zeigt die Dresdner Mänade beträchtliche stilist. Unterschiede gegenüber motiv. verwandten Figuren des *Amazonenfrieses* von Halikarnassos, so daß die Frage, ob die Statuette überhaupt ein Vorbild des 4. Jh. v. Chr. wiedergibt (Mingazzini, 1971), weiterhin als berechtigt angesehen werden muß. – Nicht minder problemat. ist der Nachweis von Werken des S., die sich z.Z. des Plinius in Rom befanden, da hier eine Entscheidung, ob es sich um Werke von S. oder → S. (III) handelt, meistens nicht zu treffen ist. Eine *Aphrodite* im Marstempel (Plin., nat., 36, 26) wird wegen des von Plinius gezogenen Vergleiches mit der knidischen Aphrodite des → Praxiteles (II) häufig als Schöpfung des klass. Meisters angesehen. Die Verbindung mit dem Typus der Aphrodite Capua (A. Delivorrias u.a., LIMC II, 1984, 71 ss., s.v. Aphrodite 627–642; H. Knell, Die Aphrodite von Capua und ihre Repliken, APl, XXII, 1993, 127, Abb. 10–11) erscheint – je nach Beurteilung des skopasischen Œuvres und der Lebenszeit des Künstlers – möglich, läßt sich aber nicht hinreichend begründen. Völlig hypothet. ist die Identifizierung des kolossalen *Ares* (Plin., nat., 36, 26) mit dem Typus des Ares Ludovisi (Rom, MN Romano, Inv. Nr 8602: Giuliano, MusNazRom, I. 5, 1983, 115 ss., Nr. 51; Rolley, 1999, 282 s., Abb. 289). Abgesehen davon, daß die übereinstimmend lebensgroßen Wiederholungen des Typus (E. Simon, LIMC II, 1984, 514, s.v. Ares/Mars 23) gegen ein kolossales Vorbild sprechen, läßt sich der Ares stilist. weder mit 'praxitelischen' Werken wie dem Pothos noch mit solchen der 'tegeatischen' Richtung wie dem Herakles Typus Genzano oder dem Meleager, stilist. in Einklang bringen. Die Nähe zu → Lysippos (I) wurde mehrfach konstatiert, kann aber nicht dazu dienen, eine Zuschr. des Typus an S. wahrscheinlicher zu machen. Bei dem von Plinius (nat., 36, 26) bestaunten, vielfigurigen *Seethiasos* im Tempel des Cn. Domitius am Circus Flaminius muß gänzl. offen bleiben, ob es sich um ein Werk des klass. Künstlers handelte. Das Sujet war gerade in der späthellenist. Plastik außerordentl. beliebt, und Statuen wie den Triton in Berlin (Pergamon-Mus., Inv. Nr SK 286: Stewart, 1977, 99 ss., Taf. 43 a, c) oder die Nereide in Ostia (Mus. Ostiense, Inv. Nr 183: ibid., Taf. 43 b, d; Rolley, 1999, 281, Abb. 288), die in der archäol. Lit. mehrfach mit dem *Seethiasos* des S. in Verbindung gebracht wurden, wird man heute kaum noch als Orig.-Arbeiten des 4. Jh. v. Chr. oder als Kopien nach solchen ansprechen. – Bleiben noch die Werke, bei denen Plinius im Zweifel ist, ob → Praxiteles (II) oder S. der Künstler sei. Von einem *Ianus Pater* (nat., 36, 28) und einem *blitzhaltenden Eros* (nat., 36, 28) hat sich keine Spur erh., während eine *Gruppe der Niobe und ihrer Kinder* (nat., 36, 28) mehrfach in kaiserzeitl. Kopien überliefert ist (Geominy, 1984; Rolley, 1999, 277 ss.). Die Frage, ob der Gruppe ein spätklass. oder späthellenist. (H. Weber, JdI 75:1960, 112 ss.) Vorbild zugrunde liegt, wird in der Forsch. unterschiedl. beantwortet. – Ein *Meleager* des S. ist in den Schriftquellen nicht bezeugt. Die Zuweisung der in zahlr. Wiederholungen und Varianten überlieferten Statue (Stewart, 1977, 104 ss., 151, 170; Rolley, 1999, 274, Abb. 277) an S. basiert allein auf themat. und stilist. Übereinstimmungen mit den *Tegea-Skulpturen*, sie kann deshalb schon aus method. Gründen nicht als gesichert gelten. Zu and. Werken der 'tegeatischen' Richtung, wie dem Herakles Genzano-Lansdowne-Hope, besteht keine engere Verwandtschaft. Eher ist der *Pothos* mit seinen gelängten Proportionen und der raffinierten Verschränkung der Tiefenebenen dem *Meleager* vergleichbar. Für eine Zuschr. an denselben Meister reicht das allerdings nicht aus, und es muß letztl. offen bleiben, ob der vom Hellenismus bis in die späte Kaiserzeit vielfach variierte und in unterschiedl. Funktionen verwendete Statuentypus des Meleagers auf ein Werk des S. zurückgeht. – Die Künstlerpersönlichkeit des S. läßt sich trotz seiner offenkundigen Berühmtheit nur vage fassen. Fest steht, daß er eine bedeutende Wkst. leitete, die in der Lage war, auch große Aufträge im Bereich der Bau-Skulpt. auszuführen. Mit Ausnahme des Apollon Rhamnusius ist keines der in der Lit. gen. rundplast. Werke des S. sicher in kaiserzeitl. Kopien nachgewiesen. Nicht abschließend geklärt ist die Frage, ob der pathet. Stil der *tegeatischen Giebel-Skulpturen* den persönl. Stil des S. widerspiegelt, oder ob dieser eher – in Analogie zu den Schriftquellen – in Werken der praxitelischen Richtung wie dem *Pothos* zu suchen ist. Nach unserer bisherigen Kenntnis der spätklass. Plastik kann man nicht annehmen, daß diese äußerst gegensätzl. Stilrichtungen in dem Werk eines Meisters vereinigt waren.

□ ThB31, 1937 (s.v. S. 1). RE III. A. 1, 1927 (s.v. S. 1); LAW, 1965 (s.v. S.); EAA VII, 1966 (s.v. S. 1); Suppl., V, 1997 (s.v. S.); KlP V, 1975; DA XXVIII, 1996. – *P. E. Arias*, S., R. 1952; *A. Linfert*, Von Polyklet zu Lysipp, Diss. FiB. 1965, Gießen 1966; *P. Mingazzini*, RIA 18:1971, 69 ss.; *S. Lattimore*, GettyMusJ 2:1975, 17 ss.; *A. Stewart*, S. of Paros, Park Ridge, New Jersey 1977; *S. Howard*, The Lansdowne Herakles, Malibu ²1978; *F. Chamoux*, REG 92:1979, 15 ss.; *R. Kabus-Preißhofen*, La scult. greca del IV sec., in: *R. Bianchi Bandinelli* (Ed.), Storia e civiltà dei Greci, VI, Mi. 1979, 386 ss.; *A. Stewart*, Skopas in Malibu (K Malibu, J. Paul Getty Mus.), Malibu 1982; *A. Delivorrias/A. Linfert*, BCH 107:1983, 277 ss.; *W. Geominy*, Die Florentiner Niobiden, Diss. Bonn 1984; *O. Palagia*, OxfJA 3:1984, 107 ss.; *J. Marcadé*, BCH 110:1986, 317 ss.; *N. J. Norman*, AJA 90:1986, 425 ss.; *S. Lattimore*, ibid. 91:1987, 411 ss.; *Ridgway*, HellSculpt, I, 1990, 82 ss.; *Todisco*, Scultura, 1993, 79 ss.; *B. S. Ridgway*, Fourth c. styles in Greek sculpt. Lo. 1997, 251 ss.; *G. B. Waywell*, in: *I. Jenkins/id.* (Ed.), Sculptors and sculpt. of Caria and the Dodecanese, Lo. 1997, 60 ss.; *C. Rolley*, La sculpt. grecque, II, P. 1999, 268 ss.

C. Vorster

Skopas (III), griech. Bildhauer, möglicherweise aus der gleichen parischen Bildhauer-Fam. wie → S. (I) und → S. (II), nach der allg. angenommenen Kombination der epigraph. Zeugnisse im späteren 2. und frühen 1. Jh. v. Chr. tätig (zur Genealogie: LGPN, I, 1987, 408 s.v. Σκόπας, Πάρος), wohl im späteren 2. und frühen 1. Jh. v. Chr. tätig. Ein *Scopas minor* wird auf einem in Rom gefundenen Basisblock inschriftl. als Künstler einer *Statue des Hercules Olivarius* gen. (CIL, VI, 33936; Stewart, 1977, 135, Nr 49; O. Palagia, LIMC IV, 1988, 779, s.v. Herakles 1065). Nach ihrer Form und Größe und den erh. Einlaßspuren trug die Basis eine überlebensgroße *Marmorstatue des gelagerten Herakles*. Eine Verbindung mit dem in zahlr. Varianten überlieferten, gelagerten Herakles des Typus Museo Chiaramonti 733 (H. Scharmer, Der gelagerte Herakles, B. 1971 [BWPr, 124] 11, Nr 1, Abb. 2; M. Bonanno Aravantinos, Studi Miscellanei 28:1984–85, 157 ss., bes. 158 s.; O. Palagia, LIMC IV, 1988, 778, s.v. Herakles 1039) ist möglich. Die Inschr., wohl des 3. Jh. n. Chr., gehört stilist. zu einer Gruppe gleichartiger Inschr., mit denen Werke berühmter Künstler in der späteren Kaiserzeit 'nachsigniert' wurden. Dies berechtigt zu der Annahme, daß S., der durch den Zusatz *minor* betont von dem klass. Meister gleichen Namens (→ S. [II]) abgegrenzt wird, ein bek. Bildhauer war. – Delische Inschr. überliefern einen S. als Vater des Bildhauers → Aristandros (III) aus Paros, der nach 88 v. Chr. wohl in röm. Auftrag Statuen auf Delos reparierte (Stewart, 1977, 135, Nrn 50–52; Marcadé, 1957). Unter der plausiblen, aber nicht bewiesenen Voraussetzung, daß der hier als S. (III) angeführte *Scopas minor* mit dem Vater des → Aristandros (III) ident. ist, läßt sich seine Schaffenszeit auf das spätere 2. und frühe 1. Jh. v. Chr. eingrenzen. Es ist durchaus denkbar, daß auch S. wie sein Sohn in röm. Auftrag oder sogar in Rom arbeitete und daß der *Hercules Olivarius* in die Reihe der späthellenist. röm. Kultbilder gehörte (zum Tempel des Hercules Olivarius v. LTUR, III, 1996, 19 s., s.v. Hercules Olivarius). – Die Frage, welche der in Rom aufgestellten Werke des S., die Plinius aufzählt, möglicherweise auf den späthellenist. Bildhauer S. zurückgehen, ist in der Forsch. umstritten (Coarelli, 1968; 1970–71; Mingazzini, 1971; Ridgway, 1997, 275 s., Anm. 47). Die große Gruppe des *Seethiasos* fände in der Vielfalt und Größe, wie sie Plinius' Beschreibung (nat., 36, 26) zu entnehmen ist, unter späthellenist. Werken am ehesten ihren Platz. Für eine Verbindung des skopasischen *Seethiasos* mit den Reliefs der sog. Domitius-Ara fehlt angesichts der Häufigkeit des Sujets im späten Hellenismus allerdings jede Grundlage. Weiterhin sind die beidseitig einer Hestia aufgestellten *lampteras* (Plin., nat., 36, 25), falls es sich, wie meist angenommen, um große Marmorkandelaber handelt (Pape, Kriegsbeute, 1975, 168, Nr 2), nur als Werk eines späthellenist. Bildhauers zu verstehen. Bei der Zuschr. von in Griechenland aufgestellten Werken an S. ist allerdings Zurückhaltung angebracht. Die Identität eines weibl. Torsos in Tripolis (Tripolis, Mus., Inv. Nr 1635: A. Delivorrias/A. Linfert, BCH 107:1983, 277 ss.; Levendi, 1993, 119 ss., Abb. 2) mit der Hygieia-Statue des S. im Athena-Tempel von Tegea ist schon aus ikonogr. Gründen zweifelhaft (J. Marcadé, BCH 110:1986, 317 ss.), eine Zuschr. an S. kann deshalb auch bei einer späthellenist. Dat. des Fragm. nicht überzeugen. – S. gehörte nach den epigraph. Zeugnissen zu dem Kreis späthellenist. griech. Bildhauer, die im späteren 2. und am Beginn des 1. Jh. v. Chr. für röm. Auftraggeber oder sogar in Rom tätig waren. Von seinen Werken läßt sich allenfalls der gelagerte *Hercules Olivarius* typolog. fassen. ꟷ ThB31, 1937 (s.v. S. 2). RE III. A. 1, 1927, 578 s. (s.v. S. 2); EAA VII, 1966 (s.v. S. 2). – *O. Rubensohn*, JdI 50:1935, 51; *P. Mingazzini*, Arti Figurative 2:1946, 137 ss.; *P. E. Arias*, S., R. 1952, 92 s., Nrn 34–36; *Marcadé*, Signatures, II, 1957, Nr 23; *F. Coarelli*, DArch 2:1968, 325 ss.; 4–5:1970–71, 253 s., 258, 273 s.; *P. Mingazzini*, RIA 18:1971, 79 ss.; *A. Stewart*, S. of Paros, Park Ridge, New Jersey 1977; *I. Levendi*, in: *O. Palagia/W. Coulson* (Ed.), Sculpt. from Arcadia and Laconia. Proceedings of an internat. conference held at the American School of Classical Stud. at Athens, 1992, Ox. 1993, 119 ss.; *B. S. Ridgway*, Fourth c. styles in Greek sculpt., Lo. 1997, 252, 275 s., Anm. 47.

C. Vorster

Skopas (IV), griech. Steinschneider, um die M. des 1. Jh. v. Chr. tätig. Nur bek. durch seine Sign. auf einem *Intaglio aus Hyazinth* mit der *Büste eines Jünglings* (Leipzig, Antiken-Mus. der Univ.). Alle übrigen Intaglios mit einer angebl. Sign. des S. sind neuzeitlich. ꟷ ThB31, 1937. RE II. A. 2, 1923 (s.v. S. 3); EAA VII, 1966 (s.v. S. 3); KlP V, 1975; DNP XI, 2001. – *Brunn*, GGK, II, 1889, 394; *A. Furtwängler*, JdI 8:1893, 185 s., Taf. 2, 2; *id.*, AG, 1900, Taf. 33, 8; 50, 13; *Vollenweider*, Steinschneidekunst, 1966, 26 s., Taf. 15,1 und 3; *Richter*, EngrGemsGE, 1968, 168, Nr 676 mit Abb.; *M.-L. Vollenweider*, Die Porträtgemmen der röm. Republik, Mainz 1974, 87–89, Taf. 59, 4–6; *Zazoff*, AG, 1983, 285, Anm. 109, Taf. 79, 9.

R. V.

Skylax (Σκύλαξ), griech. Gemmen- und wahrsch. auch Kammeenschneider, in der Reg.-Zeit des Kaisers Claudius (41–54 n. Chr.) in Rom tätig. S. signierte einen *Amethyst* mit dem *Bildnis des Kaisers Claudius*, der aus dem südruss. Pantikapaion stammt (St. Petersburg, Ermitage). Die antike Entst. weiterer mit S. signierter Gemmen ist zweifelhaft. Durch das Kaiser-Portr. ist gewiß, daß S. für den röm. Kaiserhof gearbeitet hat. Für die Reg.-Zeit des Claudius, in der der röm. Kameenschnitt seinen qualitativen Höhepunkt erfährt, sind namentl. kaum Steinschneider überliefert, so daß S. hier als einer der wenigen gesicherten Künstler gelten darf. Die Verbindungen des Petersburger *Amethyst* zum New Yorker *Augustus-Kameo* sind so eng, daß dieser dem S. zugeschr. werden muß. ▭ ThB31, 1937. RE III. A. 1, 1927; EAA VII, 1966; DNP XI, 2001 (s.v. S. 2). – *Vollenweider*, Steinschneidekunst, 1966, 79 mit Anm. 78, Taf. 92, 2, 92, 4–5; *Richter*, EngrGemsRom, 1971, 147 s., Abb. 691–693; *Zazoff*, AG, 1983, 321 mit Anm. 99, Taf. 95, 3; *W.-R. Megow*, Kameen von Augustus bis Alexander Severus, B. 1987, 54 s.

B. Lang

Skyllis (Σκύλλις), griech. Bildhauer, in der 1. H. des 6. Jh. v. Chr.(?) tätig. S. wurde immer in allen Quellen, die wir kennen, zus. mit → Dipoinos genannt. S. trägt einen interessanten Namen, der für eine Frau in der Anthologia Graeca (7, 475) und in der Form *Skylliès* (Hdt., 8, 8) oder Skyllis (Paus., 10, 19, 1) für einen berühmten Taucher aus Skione z.Z. des 2. Medischen Krieges bezeugt ist. Was unseren Bildhauer betrifft, war dieser Name wahrsch. wie bei seinem „Bruder" → Dipoinos und and. legendären Künstlern nicht durch Zufall gewählt worden: Skyllion bez. einen Berg in Kreta, der Heimat der beiden Brüder, aber man kennt auch lt. Hesychius den Namen σκυλλίς in dem gleichen Sinn wie κληματίς, der soviel wie „Ranke, trockenes Holz" bedeutet, was eine mögl. Anspielung auf das Lieblingsmaterial des Bildhauers sein kann. Die Berichte über die Ausbreitung der Skulptur, die man dädalisch nennt, von Kreta aus erhält neues Interesse seit der Entdeckung einer Grabkore mit einer Höhe von 2,30 m auf der Insel Santorin, die aus Marmor von Naxos in einem Stil, der kretischen Werken der 2. H. des 7. Jh. v. Chr. nahesteht, gefertigt worden ist. Diese außergewöhnl. Statue wird demnächst durch Ch. Sigalas veröffentlicht werden. ▭ ThB9, 1913 (s.v. Dipoinos); ThB31, 1937. RE III. A. 1, 1927; EAA VII, 1966. – *Overbeck*, SQ, 1868, Nrn 321, 323–327; *E. D. Francis/ M. Vickers*, AJA 88:1984, 68 s. A. Hermary

Skyllos → **Sphyllos**

Skymnos (Σκύμνος; Scymnus), griech. Bildhauer, um 450 v. Chr. tätig. Nach Plin., nat., 34, 85 war er ein Schüler des → Kritios und war für die Gleichmäßigkeit seiner Leistung bek., jedoch machte er nicht durch ein bes. Werk auf sich aufmerksam (Overbeck, SQ, 1868, Nr 469; Muller-Dufeu, SculptureSource, 2002, 848 s., Nr 2542). ▭ ThB31, 1937. RE III. A. I, 1927; EAA VII, 1966. – *Lippold*, GrPl, 1950, 160. D. V.-G.

Skythes (Σκύθες), griech. Vasenmaler, zw. 520 und 500 v. Chr. in Athen tätig. Die Sign. ΣΚΥΘΕΣ ΕΓΡΑΦΣΕΝ ist uns auf zwei schwarzfigurigen Tafeln von der Athener Akropolis (Athen, Akropolis-Mus.; ABV, 1956, 352; Add², 1989, 95; P. Demargne, LIMC, II, 1984, 974, s.v. Athena 175 m. Abb.) und auf mindestens fünf rotfigurigen Schalen (von denen eine die Variante ΣΚΥΦΕΣ aufweist) überliefert. Sein Name scheint wie bei and. Töpfern und Vasenmalern, wie z.B. → Syriskos, → Lydos und → Mys (I) auf seine ethn. Herkunft zu verweisen: viell. war er ein Sklave. In einem Fall, und zwar auf einer schwarzfigurigen Tafel von der Athener Akropolis, wird sein Name mit dem vorangestellten Artikel ΗΟ ΣΚΥΘΕΣ („der Skythe") versehen, was zugleich seine ethn. Herkunft und sein bewußtes Auftreten als Künstler betont (Athen, Akropolis-Mus., Inv. Nr Akr. 2557; ABV, 1956, 353, Nr 1). Auf einer and. Tafel von der Athener Akropolis erscheint sein Name als Weihender (Athen, Akropolis-Mus., Inv. Nr Akr. 2556; ABV, 1956, 353). Große Experten wie J. D. Beazley zeigen sich zögerlich bei der Möglichkeit, den schwarzfigurigen Maler mit seinem namens- und zeitgleichen rotfigurigen Maler gleichzusetzen (ARV², 1963, 82). Die Verschiedenheit ihrer Stile unterstützt vielmehr den Unterschied als die Zusammengehörigkeit der beiden Künstler. Während die Weihtafeln (von denen zwei die Einführung des Herakles in den Olymp in Begleitung der Athena auf dem Wagen zeigen) einem Thema mit trad. und genauen Normen unterworfen sind, sind die rotfigurigen Schalen viel freier und innovativer. S. gehört der ersten Generation von auf Schalen spezialisierten Malern mit einem Klientel in Athen und im ganzen Mittelmeerraum, insbes. in Etrurien, an. Mehrere Schalen des S. betonen die Schönheit des jugendl. Atheners Epilykos (ΕΠΙΛΥΚΟΣ ΚΑΛΟΣ) (Paris, Louvre, Inv. Nrn G 10, S 1355, CA 2997 und CA 1527; Rom, MN di Villa Giulia, Inv. Nr 20760; Paris, Louvre, Inv. Nrn G 76, G 12 und F 129; Boston, MFA, Inv. Nr 10. 201, usw.; cf. ARV², 1963, 83–85). Wissenschaftler vom A. des 20. Jh. schrieben diese Vasen einem hypothet. Maler *Epilykos* zu, die man heute zweifelsfrei dem S. zuschreibt. Sie stützten sich insbes. auf eine fragm. Inschr. in dem Innenmedaillon von der Schale im Pariser Louvre, Inv. Nr G 10, die aus dem schönen Epilykos den Vasenmaler machen würde: [ΕΓΡΑΦ]ΣΕΝ. Die Forsch. verherrlichte den Maler als einen gefeierten jugendl. Athener. S. wandte die rotfigurige Technik bei Schalen und Stützen von Trinkgefäßen an und dekorierte noch drei bilingue Schalen mit einer deutlichen Besonderheit: im Gegensatz zur Norm verwendete er im Innenbild die rotfigurige Technik (eine einzige Figur) und auf den Außenbildern die schwarzfigurige Technik mit intensivem Rot (auch hier handelt es sich jeweils um eine isolierte einzelne Figur auf jeder Seite) (Cohen, 1978, Taf. 126–128). Das ungewöhnl. intensive Rot verbindet diese Schalen mit den Stücken des → Exekias, der wahrsch. diese Technik um 540/535 v. Chr. eingeführt hat. S. hält diese Anwendung noch für die rotfigurigen Personen aufrecht, versehen mit einer feinen Ritzung zur Hervorhebung des Haares gegenüber dem schwarzen Hintergrund, was typ. für die ersten rotfigurigen Maler ist. Er benutzt die schwarze Silhouette, um anekdot. Details hervorzuheben, wie dem sich in der Nähe eines Busches niederkauernden Hasen, der die wilde Felslandschaft des Skyron mit Leben erfüllt (Schale aus Cerveteri in Rom, MN die Villa Giulia, Inv. Nr 20760; Boardman, ARFV, I, 1975, Abb. 90, 1) oder wie die Weintrauben fressende Füchsin, die als Schildzeichen auf dem Schild im Innenbild der Schale in Cambridge (Fitzwilliam Mus., Inv. Nr 70) fungiert, die von dem Epheben Krates gew. worden ist (ARV^2, 1963, 85, Nr 23; CVA, Cambridge, Taf. 25, 1). Ein and. charakterist. Zug seines Stiles besteht darin, anhand von Ritzungen eine Locke an der Stirn junger Männer sowie große, in Purpur gemalte Kränze zu betonen, die die im Profil gezeigten Köpfe von einer guten Anzahl von Personen schmückt und deren Ende gewöhnl. über das Bildfeld herausragt (cf. Boardman, ARFV, I, 1975, Abb. 89–91). Wie die and. ersten rotfigurigen Maler versucht er, den Körper in Bewegung darzustellen. Bei den jungen Männern zeigt er gewöhnl. kräftige Brustkörper und mit verdünntem Strich die Muskeln des Abdomen, in der Art, daß die Anordnung der Muskeln für den Betrachter in Frontalansicht gezeigt ist, auch wenn der Bauch im Profil oder in Dreiviertelansicht wiedergegeben ist (Schale in Rom, MN die Villa Giulia, Inv. Nr 20760; Boardman, ARFV, I, 1975, Abb. 90, 2; EAA, VII, 1966, 371, Abb. 466). Bei einigen seiner Figuren sind die Beine in einer unwahrsch. Weise gedreht, denn die Beine, der Kopf und die Arme sind im Profil gezeigt und vereinen sich mit einem Körper, der in Vorderansicht oder seltener in Dreiviertelansicht dargestellt ist. Obwohl wir es hier mit einem typ. Zug der Zeit zu tun haben, versetzt S. seinen Figuren eine einzigartige Bewegung und Lebendigkeit. Er ist damit beschäftigt, die schwankende und flüchtige Bewegung zu fixieren, wie in den Gaukeleiszenen eines Banketts: in einem Innenmedaillon einer bilinguen Schale hält der Ephebe in schwierigem Gleichgewicht eine Spitzamphora auf seinem erhobenen Bein (Paris, Louvre, Inv. Nr F 129; ARV^2, 1963, 84, Nr 20; Cohen, 1978, Taf. 127). Der Maler zeigt uns auf dieser Vase nicht nur die Schönheit des nackten Jünglings, sondern auch die Grenzen der Bewegungsmöglichkeiten; diese außergewöhnl. Fähigkeiten des Tänzers waren Gegenstand von Lobhymnen und Überschwenglichkeiten beim Bankett. Diese Anekdote erlaubt uns, die Möglichkeiten des Körperausdrucks zu beobachten. Sein Kollege → Epiktetos zählt zu den zeitgen. Malern, die ähnl. Motive benutzen (der Komast oder die Hetäre, die ihre Trinkschale drehen lassen), um ein subtileres und raffinierteres Gleichgewicht zu finden. Der Ausdruck gewisser Gesichter dient dazu, die Lebendigkeit der Figuren zu betonen (Boardman, ARFV, 1975, Abb. 89 und 90, 1). Die bewußt gemalten Disproportionen werden bei den wenig späteren Malern, wie dem *Hegesibulos-Maler*, noch offensichtlicher: die berühmte Schale aus New York mit dem erwachsenen Mann, der von einem Hund begleitet wird (Boardman, ARFV, 1975, Abb. 126), entwickelt die kom. Linie des S. noch weiter. Die Betonung der Gesichter – ein Mittel, um eine Bewegung aufzuwerten oder einen Impuls oder eine Emotion sichtbar werden zu lassen – verrät den außergewöhnl. Drang in der griech. Kunst, Typen zu definieren. Diese Intentionen stimmen nicht immer mit unserer mod. Ansicht über griech. Schönheit überein. J. D. Beazley bezeichnet mit der ihm eigenen Subtilität, daß S. „purporsely paints men worse than they are". S. malt die Menschen nicht schlechter und nicht besser, sondern lebendiger: er liebt ihre Kraft und ihre expressive Spontaneität. Bei S. zeigt sich dabei ein Hang zur Welt des Grotesken und eine gewisse Neigung zur Karikatur. Man wollte die Besonderheit seines Stils damit erklären, daß man seine Ursprünge als Ausländer betonte, die ihm erlaubt hätten, einen and. Blick auf das Leben in Athen zu werfen. Folgl. spiegelt der Rückgriff auf Groteskes seine Wurzeln in einer and. Trad. wider. Es wäre nicht ungewöhnl., daß S., der das festl. Ambiente, ja sogar das maßlose att. Bankett verläßt, auf den Schalen der Zecher die Dimensionen seltsamer Gesten zu betonen versucht, um auch humorist. Augenblicke rücksichtsvoll zu behandeln. Die Gesichter in Vorderansicht werden als gewöhnlicher Ausdruck der Abwechslung gedeutet. S. bedient sich bisweilen dieser Vorderansicht, um betrunkene Satyrn darzustellen, wie z.B. in einem Innenmedaillon einer Schale des *Typus C* in Sydney (Nicholson Mus., ARV[2], 1963, 84, Nr 18ter), in dem seine komische Büste mit bärtigem Gesicht abgebildet ist, das gerade den Blick aus einem Krug verlassen hat und nun Ratlosigkeit und Erstaunen ausdrückt. Der Hang zum Humor, den wir bei S. entdecken, scheint unserer heutigen Wertschätzung fern zu sein. Dieser Hang verrät den Willen des Malers, sich der lebhaften Stimmung des Symposions zu nähern, bei dem sich das Ungewöhnliche und das Unerwartete immer ereignen kann. Auf dieser Stufe knüpft S. an eine frühere Trad. an und rivalisiert mit seinen Zeitgenossen wie → Epiktetos, indem er übertreibt und diesen Hang bis an seine Grenzen führt. Im Innenmedaillon einer bilinguen Schale in Palermo (Mus. Archeol. Reg., Inv. Nr V 651; ARV[2], 1963, 85, Nr 21; Cohen, 1978, Taf. 127, 1) mißhandelt ein Satyr eine Amphora, die er hält, als handle es sich um eine Frau. Diese Szenerie konnte nur gewagte Kommentare der Zecher hervorrufen. S. wählt das unerwartete und seltsamste Motiv, das dieses Medaillon einzigartig macht und seinen gesteigerten komischen Charakter zur Schau stellt. Wie auch and. Maler seiner Generation zeigt S. Themen, die den jungen att. Adligen am Herzen liegen: v.a. Palästra- und Symposionszenen und in geringerem Umfang gewisse mytholog. Themen, insbes. dionys., als geweihte Metapher des menschl. Symposions, oder solche Szenen, die individuelle Abenteuer eines Helden feiern: Herakles und Theseus, beide Vorbilder der att. Jugend, insbes. wiederum als Helden der Palästra. Das Innenmedaillon faßt in der Regel das Thema zusammen, das auf den beiden Außenseiten ausgebreitet wird, und zeigt eine einzige Figur in Bewegung. Die Symposionszenen stehen dem → Epiktetos bes. nahe: auf zwei Innenmedaillons vollbringt ein junger Komast eine flüchtige Bewegung beim Spiel d. Barbitons (Paris, Louvre, Inv. Nr S 1335; Rom, MN di Villa Giulia, Inv. Nr 20760; Boardman, ARFV, 1975, Abb. 90, 2; EAA, VII, 1966, 371, Abb. 466); and. junge Männer füllen halbniedergekniet ihre Schalen zu beiden Seiten eines Kraters, während sie sich mit lebhaften Gesten austauschen (Paris, Louvre, Inv. Nrn G 12 und G 76). Satyrn und Mänaden nehmen häufig am Mahl von Sterblichen teil. Die Schale der Villa Giulia in Rom (ARV[2], 1963, 83, Nr 14; Boardman ARFV, 1975, Abb. 90, 1) ist auf beiden Außenseiten mit den Taten des Theseus verziert: der Kampf mit der Krommyonischen Sau und mit Skiron. Auf drei Vasen könnte der mit Waffen laufende Ephebe auf einen Initiationsritus anspielen, der sich auf die Hoplitodromie der Erwachsenen bezieht. Im Innenmedaillon der Schale vom Pariser Louvre (Inv. Nr CA 1527; ARV[2], 1963, 83, Nr 12; Boardman, ARFV, 1975, Abb. 91) reflektiert der in Form eines „X" gezeigte Körper die harmon. Disposition der Waffen im gleichen Feld: Schild, horizontale Lanze und bewegter Helm. Wir besitzen hier eines der schönsten archaischen Beispiele in der Anpassung einer Figur in einem runden Rahmen. Der sog. Pedieus-Maler (so benannt nach einer Kalos-Inschr. mit diesem Namen) zeigt wahrsch. eine fortgeschrittenere Phase nach S. (ARV[2], 1963, 85 s.; Para, 1971, 330). Die Züge sind flüchtiger, aber der lebendige und voller Humor steckende Stil ist noch vorhanden. Die Themen und gewisse stilist. Züge wiederholen sich. Gewisse Szenen werden wegen der Anzahl und der Anordnung der Figuren komplexer. Das Innenmedaillon der dem Epilykos gew. Schale in Paris (Louvre, Inv. Nr G 13; ARV[2], 1963, 86, Nr α; Boardman, ARFV, 1975, Abb. 92) mit einer Hetäre, die die Lyra spielt, und mit einem Symposiasten, der sie umarmt und an ihrer Seite geht, verrät eine Auseinandersetzung mit der dritten Dimension: das Gesicht des jungen Mannes ist in Vorderansicht gedreht und leitet durch diese Schräge eine räuml. Tiefe und eine kommunikative Ebene mit dem Betrachter ein. S. ist ein einzigartiger Künstler, der an persönl. Nuancen reich ist, die dank der Originalität seiner Motive die Vorstellungen der Athener z.Z. des Kleisthenes beleuchten. ▭ ThB31, 1937. RE III. A. 1 (s.v. S. 2); EAA VII, 1966; LGPN, II, 1994. – *E. Pottier*, MonPiot 9:1903, 135–178; *G. E. Rizzo*, MonPiot 20:1913, 101–153; *E. Buschor*, JdI 30:1915, 36–40; ABV, 1956, 352; ARV[2], 1963, 82–86, 1624; Para, 1971, 329 s.; *Boardman*, ARFV, 1975, 59 s., Abb. 88–92; *Cohen*, Bilingual, 1978, 513–515, Taf. 126–128; Add[2], 1989, 95, 169 s.; *M. Robertson*, The art of vase-painting in Classical Athens, C. 1992, 38, Abb. 29. R. Olmos Romera

Smikros (Σμίκρος), attischer Vasenmaler, zw. 520 und 500 v. Chr. in Athen tätig. Im Kreis der sog. Pioniere kam der Freund und Schüler des → Euphronios für lange Zeit in den schlechten Ruf eines „kümmerlichen Nachahmers" (so J. D. Beazley, in: Attische Vasenmaler des rotfigurigen Stils, Tb. 1925, 62) oder „nicht sonderlich begabt" (Rumpf, MuZ, 1953, 75) zu sein. Damals waren nur zwei sign. Vasen bek., der schlecht erh. *Stamnos* in London (BM, Kat. Nr E 438; ARV², 1963, 20, Nr 3) aus Todi und der Brüsseler *Stamnos* aus der Slg Campana (Mus. Royaux d'Art et d'Hist., Inv. Nr A 717; ARV², 1963, 20, Nr 1), an die J. D. Beazley in der ersten Auflage von Attic red-figure vase-painters, Ox. 1942, den *Campana Stamnos* in Paris (Louvre, Kat. Nr G 43; ARV², 1963, 20, Nr 2), *zwei Peliken* (St. Petersburg, Ermitage, Inv. Nr 616 [Kat. Nr St. 1527], ARV², 1963, 21, Nr 4; und Paris, Louvre, Kat. Nr G 65; ARV², 1963, 21, Nr 5) sowie einen *Psykter* in Paris (Louvre, Kat. Nr G 58; ARV², 1963, 21, Nr 6) anreihte. In ARV², 1963 behielt er dieselbe Reihenfolge der sechs Vasen, erwog aber im Anhang die Möglichkeit, daß ein Fragm. der Slg Bareiss (jetzt Malibu, J. Paul Getty Mus., Inv. Nr 86. AE. 212) anscheinend auch von S. bemalt wurde. Eine dritte Sign. von S. als Maler befindet sich auf der fragmentierten *Halsamphore* in Berlin (Staatl. Mus., Antiken-Slg), die von A. Greifenhagen 1966 für Berlin gekauft wurde, zu der 1975 und 1987 noch anpassende Fragm. kamen (vgl. Euphronios [K Berlin], 1991, 254 s.), eine Vasenform, die schon → Euphronios mehrmals für einzelne Figuren mit Vorliebe benutzte. Vor einigen Jahren ist es Richard T. Neer gelungen, eine fragmentierte Sign. auf einer Vase im Louvre (Inv. Nr Cp 11071; ARV², 1963, 15, Nr 10) mit S. zu verbinden und nicht – wie bisher üblich – mit → Euphronios, da der Rest des Namens auf ΡΟΣ endet. – Nachahmung oder Anlehnung an einen der größten Vasenmaler aller Zeiten ist keine Schande, sondern bezeugt eher eine Affinität, die mal stärker mal schwächer ist, und fast voraussetzt, daß zw. beiden, → Euphronios und S., eine Freundschaft bestand, die den älteren → Euphronios veranlaßte, einen der dargestellten Zecher auf dem Münchener Symposion als S. zu bezeichnen (München, Staatl. Antiken-Slgn; ARV², 1963, 1619, Nr 3 bis; Para, 1971, 322). Dies wiederum hat S. ermutigt, auf seinem *Stamnos* in Brüssel (Mus. Royaux d'Art et d'Hist., Inv. Nr A 717) seine Version eines Gelages zu malen, auf der dann die Hauptfigur auf der Vorderseite – S. benannt – ein Selbst-Portr. wurde. Die Freundschaft zw. beiden Malern führte auch zu einer Zusammenarbeit: die Komasten auf dem Hals des *Volutenkraters* in Arezzo (Mus. Archeol. Statale „Gaio Cilnio Mecenate", Inv. Nr 1465; ARV², 15, Nr 6) hat → Euphronios S. überlassen, was P. Mingazzini in Spigolature vascolari (ASAtene 45–46:1967–1968, 327–353) als erster erkannte. – Von den neu aufgetauchten Vasen sind v.a. *zwei Psyktere* wichtig. Der in Malibu (J. Paul Getty Mus., Inv. Nr 82. AE. 53; J. Frel, Euphronios and his Fellows, in: W. G. Moon [Ed.], AGAI, 1983, 10; Euphronios [K Paris], 1990, Nr 60, 234–237; Euphronios [K Berlin], 1991, 250–253) ist ein Frühwerk, beeinflußt vom Berliner Kelchkrater des → Euphronios (Berlin, Staatl. Mus., Antiken-Slg, Kat. Nr F 2180; ARV², 1963, 13, Nr 1) und, für die Rücken-Darst. eines der Jünglinge, auch vom fragm. Kelchkrater des → Euphronios in Paris (Louvre, Kat. Nr G 103; ARV², 1963, 14, Nr 2; Para, 1971, 332; Add², 1989, 152; Euphronios [K Paris], 1990, 60–66). Der and. *Psykter*, von J. Robert Guy S. zugeschr., ist jetzt in New York (Metrop. Mus., Inv. Nr 1996. 250, Geschenk von Thomas A. und Colette Spears; Metrop. Mus. Bull. N. S. 55: Nov. 1997, 12): hier ist das Euphronische Vorbild für seine Reiter das Innenbild der sign. Schale in München (Antiken-Slgn, Inv. Nr 2620; ARV², 1963, 16 und 1619, Nr 17; Add², 1989, 153; Euphronios [K Paris], 1990, 182–187, Nr 41). S. liebt Inschr., und auf beiden Psykteren trägt jeder Jüngling einen Namen. Auf dem in Malibu sind es zwei Athleten und vier Freundespaare, von denen das dritte uns → Euphronios und Leagros vorstellt. Die Kavalkade in New York ist bes. gelungen, denn das Gefäß kann von allen Seiten ein Bild vermitteln, selbst wenn es, mit Wein gefüllt im Krater, der das kühlende Wasser enthält, wie ein Schiff vom Wasser getragen wird. Von den Namen auf dem New Yorker Psykter sind nur zwei klar lesbar: ein Philokydes und ein Aristomachos. Alle fünf reitenden Jünglinge tragen einen thrakischen kurzen Mantel und einen Petasos auf dem Kopf – genau wie der Reiter des Innenbildes auf der sign. Schale des → Euphronios und → Kachrylion in München – und halten Lanzen. Die Pferde sind gut differenziert und etwas unruhig. Manche der unvollst. Namen mögen die der Pferde sein. Der Maßstab der Reiter ist kleiner als der der Jünglinge in Malibu und erlaubte dem Maler nicht, die Gesichter zu individualisieren: Keiner hat Wimpern, im Gegensatz zu dem Psykter in Malibu, wo → Euphronios und Leagros durch sie hervorgehoben werden; ein Merkmal, mit dem → Euphronios, wohl als erster, in der Vasenmalerei die Hauptfiguren auszeichnete. – Zu diesen neuen Vasen des S. kommt auch noch eine *fragm. Pelike* in amer. Priv.-Besitz, auf der er das Motiv des gebückten Knaben vom Berliner Kelchkrater (Euphronios [K Paris], 1990, 57) des → Euphronios wiederholt, wo auf der Rückseite Hippomedon in Rückenansicht sich auf seinen Stab und auf den Kopf des kleinen Jungen stützt, der Tranion heißt. Er bemüht sich, einen Dorn oder Splitter zu entfernen. Ders. Knabe kommt noch einmal bei → Euphronios auf seiner Halspelike in Rom vor (MN di Villa Giulia; ARV², 1963, 16, Nr 12): diesmal hilft er seinem Herrn, die Sandalen zuzuschnüren (Euphronios [K Paris], 1990, 153). Ferner ist noch hinzuzufügen eine bisher unveröff. *Pelike* im Louvre (Inv. Nr Cp 10785) mit Komasten, die stark an die Komasten auf dem Volutenkrater des → Euphronios (Arezzo, Mus. Archeol. Statale „Gaio Cilnio Mecenate", Inv. Nr 1465; ARV², 1963, 15, Nr 6) erinnern, die, wie oben erwähnt, von P. Mingazzini als Beitr. des S. erkannt wurden. Der merkwürdige T-Mäander unter dem Bild der Hauptseite erscheint auch auf dem Kelchkrater des Kleophrades-Malers in Tarquinia (MN di Tarquinia, Inv. Nr RC 4196; ARV², 1963, 185, Nr 35), über dem Bild seiner Hydria in Rom (MN di Villa Giulia, Inv. Nr 50398: ARV², 1963, 188, Nr 69) und auf der fragmentierten Halsamphora, die Berlin 1970 erworben hat (A. Greifenhagen, in: SBHeidelberg, 1972, 4, 13–21, Taf. 1–6), wie auch auf dem Stamnos des Triptolemos-Malers in Basel (ARV², 1963, 361, Nr 7; Add², 1989, 422). Diese *Pelike* des S. im Louvre ist ein Spätwerk – da die Form nicht mehr auf die Halspeliken des → Euphronios zurückgeht, ist viell. zu vermuten, daß er gegen E. des 6. Jh. v. Chr. sich dem Töpfer des → Euthymides näherte. In diesem Zusammenhang sollte erw. werden, daß die beiden Hydrien, die Beazley dem → Euphronios zuschrieb (Dresden, Staatl. Kunst-Slgn, Skulpturen-Slg, Inv. Nr ZV 925; ARV², 1963, 16, Nr 13) und die dort erw. Fragm. (Louvre, Inv. Nr Cp 11051) viell. von → Euthymides bemalt sind, da sie stark übereinstimmen mit seiner sign. Kalpis in Bonn (Akad. Kunst-Mus. der Univ., Inv. Nr 70; ARV², 1963, 28, Nr 12). – Ein Blick auf die καλός-Inschriften des S. gibt uns als Hauptname Antias: auf den beiden sign. *Stamnoi* (Brüssel, Mus. Royaux d'Art et d'Hist., Inv. Nr A 717 und London, BM, Kat. Nr E 438; ARV², 1963, 20, Nrn 1 und 3) wie auch auf der sign. *Halsamphore* im Louvre (Inv. Nr Cp 11071; ARV², 1963, 15, Nr 10) – dort noch dem → Euphronios zugeschrieben. Sonst kommt der Name auch vor auf der *Hydria* in Dresden (Staatl. Kunst-Slgn, Skulpt.-Slg, Inv. Nr ZV 925; ARV², 1963, 16, Nr 13, unter → Euphronios lt. Beazley, aber urspr. von P. Hermann 1892 als Werk des → Euthymides erkannt). Die Fragm. einer *Halsamphore* in Heidelberg (Antiken-Mus. und Abguß-Slg des Archäol. Inst. der Univ., Inv. Nr B4; ARV², 1963, 16, Nr 16), schon in Att. Vasenmaler des rotfigurigen Stils, Tb. 1925, 60, Nr 6 von J. D. Beazley unter → Euphronios, müssen aber jetzt ausscheiden, da sie nicht vom Diskoswerfer im Louvre zu trennen sind, der, wie oben gesagt, von S. sign. ist. Dasselbe trifft zu für das Fragm. New York, Metrop. Mus, Inv. Nr 1983. 524. 2 (Euphronios [K Paris], 1990, 148, Nr 24). Ich bin geneigt, für das Fragm. mit dem Flötenspieler in München (Staatl. Antiken-Slgn, Inv. Nr 8952, Euphronios [K Paris], 1990, 21, Nr 21) auf die urspr. Zuweisung von Martha Ohly-Dumm 1974 an S. zu erinnern, die auf Grund der neuen Unterlagen viel für sich hat. – Die Darst. des S. sind hauptsächl. seiner Umwelt entnommen, und, seit Beazley in Para (1971, 323, oben) die Peliken in St. Petersburg (Ermitage, Inv. Nr 616 [Kat. Nr St. 1527]; ARV², 1963, 21, Nr 4) und im Louvre, Kat. Nr G 65 (ibid., Nr 5) gestrichen hat, bleibt, abgesehen von den Thiasoi des Dionysos und seinem Gefolge, was die heroische Mythologie betrifft, nur der schlecht erh. sign. Stamnos in London (BM, Kat. Nr E 438; ARV², 1963, 20, Nr 3). Der Kampf auf der Vorderseite zw. Ajax und Hektor, in den Athena eingreift, scheint auf der Rückseite fortgesetzt zu sein. Hier ist Athena in der Mitte durch einen gefallenen Helden ersetzt, der zurückgeht auf die gefallene Amazone auf der Vorderseite des Arezzo Kraters von → Euphronios (ARV², 1963, 13, Nr 16) und damit auch für die Reihenfolge der Werke des S. einen stichhaltigen Prüfstein bildet. Für Dionysos und sein Gefolge entwickelte S. ein bes. Interesse. Sehr gelungen ist sein jetzt gereinigter *Stamnos* (Louvre, Kat. Nr G 43; ARV², 20, Nr 2; Euphronios [K Paris], 1990, 238–254) mit je drei Figuren auf jeder Seite: Dionysos mit Kantharos zw. zwei Mänaden auf der Hauptseite und eine dritte Mänade zw. Satyrn auf der Rückseite, für den der Kelchkrater des → Euphronios, sign. vom Töpfer → Euxitheos im Louvre (Kat. Nr G 33; ARV², 1963, 14, Nr 4, und, mit mehr anpassenden Fragm., Euphronios [K Paris], 1990, 108–112, Nr 11) sein Vorbild war. Auf dem sich nach oben ausbreitenden Kelchkrater konnte → Euphronios neun Figuren unterbringen, fünf auf der Vorderseite und vier auf der Rückseite; die beiden Bilder sind voneinander durch Palmetten über den Henkeln getrennt, wie auch auf dem *Stamnos* des S. Gleichzeitig mit beiden ist ebenfalls ein fragm. Stamnos des → Euphronios (Paris, Louvre, Inv. Nr Cp 11070; ARV², 1963, 13, Nr 7; Euphronios [K Paris], 1990, 126 s., Nr 15). Für einen eifrigen Nachahmer wie S. spielt der Unterschied der Gefäßformen keine Rolle; er konzentriert sich auf einzelne Figuren, die er dann in neuen Komp. zusammenstellt, wie z.B. die Satyrn, Mänaden und Dionysos des → Euphronios auf einer Schale des Louvre (Kat. Nr G 34; Euphronios [K Paris], 1990, 208, Nr 51), von der sein flötenspielender Satyr der Berliner Halsamphore (Euphronios [K Berlin], 1991, 254 s., Nr 61) abstammt, dem S. den Namen Terpaulos gibt. Vor seinem Körper liest man, von oben nach unten gehend, eine lange Reihe von Buchstaben, die viell.

die Noten der Melodie wiedergeben. Die Maler-Sign. des S. auf der and. Seite, mit dem tanzenden Satyr als Peltast, macht das Bild zur Vorderseite. – Die Reinigung der Vasen, ihre Erg. durch neue Fragm. und das Auftauchen neuer Stücke hat das Bild des S. immerhin erhebl. zu seinen Gunsten erweitert. Ohne Zweifel bleibt er nach wie vor in unserer Einschätzung einige Stufen unter dem Niveau der wirkl. Großen seiner Zeit, denen J. D. Beazley den Titel *Pionier* gab – → Euphronios, → Phintias, und → Euthymides. Dabei fragt man sich, ob unsere heute so übliche Kritik der weniger Begabten und weniger bahnbrechenden unter den Künstlern ihrer Generation schon in ihrer Zeit geübt wurde und ob sich die Töpfer darum kümmerten, wenn sie die bemalten Vasen dem kaufenden Publikum oder Zwischenhändlern zeigten. ▭ ThB31, 1937. D. von Bothmer

Smilis (Σμῖλις), Sohn des Eukleides, von Ägina, griech. Bildhauer der Frühzeit, nur lit. bekannt, soll in Samos, Elis, Olympia und Argos tätig gewesen sein. Die meisten Nachr. gibt es über das *Kultbild der Hera* im Heraion von Samos. Nach Paus. (7, 4, 4 und 7) schuf es der Äginete S., ein Zeitgen. des → Daidalos (I); vgl. auch Olympichos (bei Clem. Alex., protr., 4, p. 41 [ed. Pottier]) und Athenagoras (Leg. pro Christ., 14, p. 61 [ed. Dechair]). Nach Aethlios (ibid., p. 40) war das Kultbild früher ein Brett und wurde unter Prokles (Anführer der ionischen Kolonie auf Samos) auf Menschenform gebracht; der Name des Bildhauers, der dies tat, wird nicht genannt. Auf das alte „ungeschnitzte" Kultbild beziehen sich offenbar Verse des Kallimachos (R. Pfeiffer, SBMünchen 1934, 10, 18; id., Callimachus, I, Ox. 1949, 104 s., Fragm. 100, Aetia IV). Datum und Gestalt der *Hera* von S. sind weder aus diesen Nachr. noch aus samisch-kaiserzeitl. Münzbildern zu gewinnen (zum Kultbild: E. Buschor, AM 55:1930, 4 s.; D. Ohly, AM 68:1953, 34 ss.; W. H. Gross, RE IX. A. 2, 1967, 2142 [s.v. Xoanon]; R. Fleischer, Artemis von Ephesos und verwandte Kultstatuen aus Anatolien und Syrien, Leiden 1973, 202 ss.; H. Kyrieleis, Führer durch das Heraion von Samos, At. 1981, 14 ss., Abb. 5 links, 64; I. Romano, Early Greek cult images, Ann Arbor 1987, 250 ss.; A. Donohue, Xoana and the origin of Greek sculpt., Atlanta 1988, 46 ss., 127, 134 ss., 195 s.). Sicher ist nur, daß es ein *Kultbild der Hera* von S. gegeben hat. Es war wohl nicht aus Holz, wie das alte brettartige, sondern aus Bronze, und nicht ident. mit dem ersten menschenförmigen, „unter Proklos" entstandenen Kultbild. Das Werk ist wohl in Zusammenhang zu setzen mit der Plinius-Nachr. (nat., 36, 90), S. sei Mitarb. der samischen Meister des mittleren 6. Jh. v. Chr., → Rhoikos und → Theodoros (I); S. wird ihr Mitarb. gewesen sein, doch nicht als Architekt auf Lemnos, wie Plinius angibt, sondern als der Bildhauer, der das Kultbild im Rhoikostempel schuf (so Buschor, op. cit.; Lippold [1950]; E. Walter-Karydi, Die äginet. Bildhauerschule, Mainz 1987; H. Walter, Das Heraion von Samos, [3]St. 1990, 129; W. Held, IstMitt 45:1995, 14). Damit verringert sich der zeitl. Abstand zw. S. und dem ältesten sicher dat. äginet. Meister → Kalon (I), der im späten 6. Jh. v. Chr. tätig war. Viell. lernte S. bei → Rhoikos und → Theodoros (I) die neue Erzgußtechnik, als deren „Erfinder" sie in der lit. Überlieferung gelten, führte diese Technik in seine Heimatinsel ein und trug so zur Blüte der äginet. Erzbildnerschule bei. – Nach Athenagoras, op. cit., war das *Kultbild der Hera* im argivischen Heraion ebenfalls ein Werk des S. Darüber ist sonst nichts bekannt. In Olympia schuf S., Pausanias (5, 17, 1, 3) zufolge, *thronende Heroenstatuen* (ob es sich um zwei oder drei Figuren handelte, bleibt offen), die offenbar Goldelfenbeinwerke waren. Das gibt Anlaß zur Vermutung, daß, wenn das Kultbild im hocharchaischen Aphaiatempel (E.-L. Schwandner, Der ältere Porostempel der Aphaia auf Ägina, B. 1985 [Denkmäler antiker Archit., 16], 128 s.: um 570 v. Chr.) aus Elfenbein war, wie G. Gruben (AM 80:1965, 202) und D. Williams (AA 1982, 64 s.) aufgrund des in der Aphaia Bau-Inschr. erw. Elfenbeins vermuteten, dieses ein Werk des S. sein könnte, dessen Ruhm dem Bildhauer die Aufträge für die Kultbilder in Argos und Samos und für die Horen in Olympia verschaffte. – Pausanias stellt S. in abwertenden Gegensatz zum weit gereisten und berühmten → Daidalos (I), den er als Athener bez., auch wenn er einräumen muß, daß S. in Samos und Elis Aufträge erhielt (Paus., 7, 4, 1 und 7). Zählt man das Kultbild in Argos hinzu, so wird deutl., daß S. ein namhafter Bildhauer war. Offenbar war er im früheren und mittleren 6. Jh. v. Chr. tätig und hat in Bronze und in Elfenbein gearbeitet. Doch über Vermutungen kommt man kaum hinaus. ▭ ThB31, 1937. RE III. A. 1, 1927; EAA VII, 1966 (s.v. Skelmis). – *Brunn*, GGK, I, 1889, 20 ss. (26 ss.); *Furtwängler*, Meisterwerke, 1893, 720 ss.; *Klein*, GGK, I, 1904, 82, 134, 197, 343; *Lippold*, GrPl, 1950, 34; *Floren*, GrPl, 1987, 309; *Stewart*, Sculpture, 1990, 104 s., 241 s.; *C. Rolley*, La sculpture grecque, I, P. 1994, 276.

E. Walter-Karydi

Snofru → Seneferu (I)

Sobek → Sebek

Sobekaa → Sebekaa

Sobekur → **Sebekur**

Sobekwer → **Sebekur**

Sobkmose → **Sebekmesu**

Soel cf. **Elias (II)**

Sogenes (Σωγένης), Sohn des Sokrates, aus Paros, griech. Bildhauer, im 1. Jh. v. Chr. tätig. Nur bek. durch seine Sign. auf einer Marmorstütze in Form eines Panzers im Mus. Lapidario in Modena, die er zus. mit dem Bildhauer → Xenon (II), Sohn des Xenon, aus Paros, sign. hat (IG, XIV, 2287; H. Dütschke, Antike Bildwerke in Oberitalien, V, L. 1882, 346 s., Nr 843). □ ThB31, 1937. RE III. A. 1, 1927 (s.v. S. 3); IX. A. 2, 1967 (s.v. Xenon 18); EAA VII, 1966 (s.v. S., s.v. Xenon 2). – *Loewy*, IGB, 1885, 342 s., Nr 514; *O. Rubensohn*, JdI 50:1935, 54 s., Nrn 7 s., Abb. 5; *Richter*, CriticalPeriods, 1951, 54. R. V.

Soïdas cf. **Menaichmos (I)**

Sokles (I) (Σοκλῆς), griech. Töpfer, M. des 6. Jh. v. Chr. in Athen tätig. Von S. sind drei Bandschalen, zwei Rand- oder Lippenschalen, eine sog. Gordionschale (ein mit den Siana-Schalen verwandter Schalentypus) sowie ein vermutl. ebenfalls zu einer Bandschale gehöriges Fragm. mit der Inschr. ΣΟΚΛΕΣΕΠΟΙΕΣΕΝ erhalten. Ein *Fragment* in Florenz (Mus. Arch., ABV, 1956, 187 oben) mit ΚΛΕΣΕΠΟΙΕ... (Innenbild: Reiter) ist nach D. von Bothmer ebenfalls auf S. zu beziehen, da die Unterseite des Schalenfußes dieselben konzentrischen Kreise aufweist wie die *Lippenschale* in Malibu (J. Paul Getty Mus., Inv. Nr S. 80. AE. 60, ehem. Slg Bareiss 90; D. von Bothmer, Greek vases. Molly and Walter Bareiss Coll., Malibu 1983, checklist p. 74, Nr 87). Im Anschluß an eine *Schale* in Schweizer Priv.-Bes. (Para, 1971, 72, Nr 2) hat Beazley die *Gordionschale* in Madrid (MN Arqueol.; ABV, 1956, 172, Nr 1; Para, 1971, 72, Nr 3) und auch den unsign. *Kantharos* in Berlin (Staatl. Mus., Antiken-Slg, Inv. Nr F 1737; Para, 1971, 72, Nr 1) einem eigenständigen *Sokles-Maler* zugeschr., wobei er es offen läßt, ob Töpfer und Maler die gleiche Person sind. Der *Kantharos* unterscheidet sich jedenfalls in der Vasenform und der Bildwahl (Achill nimmt Abschied von Thetis, Herakles bekämpft die Kentauren) deutl. von den übrigen Werken des Töpfers S. Ob eine S.-Sign. auf einem frührotfigurigen *Teller* aus dem Umkreis des → Paseas (ARV^{2}, 1963, 164) auf den Töpfer S. zu beziehen ist und überhaupt orig. ist, läßt Beazley offen (vgl. Blatter, 1968, 5, Anm. 14). Die *Bandschalen* des S. scheinen mit Ausnahme der Sign. und der Henkelpalmetten unverziert gewesen zu sein (Exemplare in Oxford, Ashmolean Mus.; Tarent, MN Archeol.; Berlin, Staatl. Mus., Antiken-Slg), während die *Gordionschale* in Madrid (MN Arqueol.) im Innenbild Herakles und den nemeischen Löwen, die *Lippenschale* in Malibu (J. Paul Getty Mus., Inv. Nr S. 80. AE. 60) im Innenbild einen geflügelten Jüngling und die *Lippenschale* in Schweizer Priv.-Bes. einen Knaben mit seinem Liebhaber zeigen. Die Sign. des S. ist im Gegensatz etwa zu jener des → Xenokles (I) überaus sorgfältig. Sicher war die Wkst. des S. fruchtbarer, als es die Zahl der erh. sign. Werke vermuten läßt. □ ThB31, 1937. RE III. A. 1, 1927; EAA VII. – *J. D. Beazley*, JHS 52:1932, 186, 191, 202; ABV, 1956, 172 s.; *R. Blatter*, AA 1968, 5. Para, 1971, 72; Add^{2}, 1989, 49.
R. Blatter

Sokles (II), Architekt im *Heraion* von Argos im 4./3. Jh. v. Chr. Mindestens zehn gestempelte Ziegel aus dem argiv. *Heraion* belegen uns, daß der „Architekt S." dort im 4./3. Jh. v. Chr. gewirkt hat. Welche Gebäude er errichtete und inwieweit er auf ihre Ausgestaltung Einfluß nahm, ist nicht auszumachen. □ ThB31, 1937. EAA VII, 1966. – *M.-C. Hellmann*, ZPE 104:1994, 152, Nr 2.
E. Wirbelauer

Soklos (Σῶκλος), aus Alopeke, griech. Bildhauer, in der 2. H. des 5. Jh. v. Chr. in Athen tätig. Nur bek. durch eine Bauabrechnung von 408/407 v. Chr. für das Erechtheion auf der Athener Akropolis (IG, I, 323; IG, I^{2}, 374), nach der er für 60 Drachmen am *Fries* einen *Mann, der einen Zügel hielt*, fertigte. □ ThB31, 1937. RE III. A. 1, 1927; EAA VII, 1966. – *Loewy*, IGB, 1885, 356 s., Nr 526; *J. M. Paton/G. P. Stevens/L. D. Caskey/H. N. Fowler*, The Erechtheum, Ca., Mass. 1927, 388 s., Fragm. XVII, Spalte 1, Zeilen 15 s.; *Lippold*, GrPl, 1950, 193, Anm. 3. R. V.

Sokrates (I) (Σωκράτης), griech. Bildhauer, aus Theben, im 2. V. des 5. Jh. v. Chr. tätig. Lt. Pausanias (9, 25, 3; Overbeck, SQ, 1868, Nr 478; Muller-Dufeu, SculptureSource, 2002, 218 s., Nr 609) fertigte S. mit → Aristomedes aus Theben aus pentelischen Marmor das *Kultbild der Meter Dindymene*, die von dem berühmten Dichter Pindar in das seinem Haus nahegelegene Heiligtum bei Theben gew. worden ist (Schol. Pind., Pyth., 3, 137 a und b; Muller-Dufeu, SculptureSource, 2002, 218 s., Nr 610). Der aus Theben stammende und dort schaffende S. ist jedoch nicht, wie öfters angenommen worden ist, ident. mit dem berühmten

Philosophen und Bildhauer → S. (II). ▭ ThB31, 1937. RE III. A. 1, 1927 (s.v. S. 9); EAA VII, 1966 (s.v. S. 1). – *Lippold*, GrPl, 1950, 112. R. V.

Sokrates (II), von Athen, Sohn des → Sophroniskos, Philosoph, Steinmetz, * um 470 v. Chr., † März 399 v. Chr. (hingerichtet durch Schierlingsbecher) in Athen. Als Sohn des Steinmetzen → Sophroniskos war der Philosoph S. auch handwerkl. ausgebildet. Am Eingang der Akropolis von Athen soll eine von ihm geschaffene *Gruppe bekleideter Chariten* gestanden haben (vgl. Diog. Laert., 2, 19; Paus., 1, 22, 8; 9, 35, 7; Suid., s.v. Σωκράτης). In Anbetracht der Bedeutung des S. als Philosoph steht seine kunsthandwerkl. Tätigkeit in den antiken Quellen wie auch in mod. Biogr. sehr stark im Hintergrund. ▭ ThB31, 1937. RE III. A. 1, 1927 (s.v. S.); MLAA 1997 (s.v. S.). – *E. M. Kaufmann*, S., M. 2000, bes. 32.
S. Ackermann/R. Gottschalk

Sokrates (III), angebl. griech. Maler, im 4. Jh. v. Chr. tätig. Die Existenz des S. hängt von einer sehr schwierigen Textstelle bei Plinius (nat., 35, 137; Overbeck, SQ, 1868, Nr 1765) ab. Je nachdem, wie man den Inhalt auflöst, gab es wirkl. einen Maler namens S., der dann ein Schüler des → Pausias war und die folgenden beiden Kunstwerke schuf: – 1.) *Asklepios mit seinen Töchtern Hygieia, Aigle, Panakeia und Iaso* (F. Croissant, LIMC V, 1990, 568, Nr 238, s.v. Hygieia); – 2.) *Oknos*, der das Seil herstellt, das der Esel anknabbert (W. Felten, LIMC VII, 1994, 34, Nr 3, s.v. Oknos). Die and. Auflösung des Textes wäre, daß der vorher genannte → Nikophanes, der ein Schüler des → Pausias war, drei Gem. herstellte, näml. das des *Sokrates* und die beiden oben aufgezählten Bilder. Ein definitives Urteil in dieser Sache ist schwierig und sollte vorsichtshalber nicht gefällt werden. Alle bisher angemeldeten Zweifel unterliegen einer zu großen Subjektivität. ▭ ThB31, 1937. RE III. A. 1, 1927 (s.v. S. 8); EAA VII, 1966 (s.v. S. 2); DNP XI, 2001. – *Brunn*, GGK, 1889, I, 112, 271, II, 105; *Pfuhl*, MuZ, II, 1923, 733 s., Paragraphen 799 s. R. V.

Sol Catusius, röm. Toreut, am E. des 1. Jh. n. Chr. in Niedergermanien tätig. Nur bek. durch die Sign. auf den folgenden drei Bronzegefäßen: – 1.) *Schöpfkelle* aus Letter bei Hannover (heute Hannover, LM, Inv. Nr 18. 867; A. Oxé, Germania 9:1925, 39 s. mit Abb.; Petrovszky, 1993, 298 s., Nr S.12.01); – 2.) und – 3.) *Schöpfkelle und Sieb* aus einem Brandgrab aus Apensen, Landkreis Stade/Deutschland (heute Stade, Kreisheimat-Mus., Inv. Nr 1570a und b; W. Wegewitz, Mannus 21:1929, 151, Nr 2, Abb. 9, 10e; Petrovszky, 1993, 299, Nrn S.12.02–S.12.03). ▭ *R. Petrovszky*, Stud. zu röm. Bronzegefäßen mit Meisterstempeln, Buch am Erlbach 1993, 166 s., Nr S.12, pp. 298 s., Nrn S.12.01–S.12.03. R. V.

Solon (I) (Σόλων), aus Myrina, griech. Bildhauer, im 2. Jh. v. Chr. tätig. Bek. durch seine Sign. auf einer Marmorbasis für eine *Statue des Aristomenes*, die von seinen Eltern und Geschwistern in Telos gestiftet worden ist (IG, XII. 3, 43; Muller-Dufeu, SculptureSource, 2002, 772 s., Nr 2275). F. Hiller von Gaertringen (1896) wollte des weiteren auf einer Basis für mehrere Statuen in Rhodos ebenfalls die Sign. des S. erkennen, obwohl nur das Ethnikon erh. geblieben ist (IG, XII. 1, 105; Lindos, II. 1, 1941, 53, Nr 55). Es handelt sich hier folgl. um eine Annahme, die mit größter Skepsis betrachtet werden sollte. ▭ ThB31, 1937. RE III. A. 1, 1927 (s.v. S. 4); EAA VII, 1966. – *F. Hiller von Gaertringen*, AM 21:1896, 60; *Lippold*, GrPl, 1950, 371, Anm. 9–11. R. V.

Solon (II), röm. Gemmenschneider, tätig in Rom gegen E. des 1. Jh. v. Chr. Seine Sign. ist auf einem berühmten *Chalcedon* mit dem Haupt der Medusa, der *„Medusa Strozzi"*, überliefert. Das stilist. Erscheinungsbild der Medusa wie auch die Verwendung versch. Buchstabenformen für das Sigma machen die spätrepublikan./frühkaiserzeitl. Zeitstellung der Schaffensperiode des S. deutlich. Dessen Arbeiten, die auf einem künstler. Niveau mit denen des → Dioskurides (IV) zu nennen sind, gehören zu den hervorragendsten Zeugnissen augusteischer und generell der röm. Steinschneidekunst. Seine Sign. findet sich noch auf einem *Nicolo* mit der Darst. des *Herakles* (Neapel, Mus. Archeol. Naz.), einer violetten *Glaspaste* nach einer Gemme mit der *Büste der Diana* oder einer *Nymphe* (Berlin, Staatl. Mus., Antiken-Slg) und einem *Abdruck nach einer Gemme* mit der Darst. des *Palladionraubes durch Diomedes*, von der weder Mat. noch Aufbewahrungsort bek. sind. – Die Manier des S. ist verwandt mit der des → Dioskurides (IV) und der des → Hyllos und zeigt in der Ruhe der Flächen und der kalligraph. Behandlung der Details die typ. Stilzüge der augusteischen Glyptik. ▭ ThB30, 1937. RE III. A. 1, 1927 (s.v. S. 5); EAA VI, 1966; DNP XI, 2001 (s.v. S. 3). – *A. Furtwängler*, JdI 3:1888, 121 ss., 308 ss., Taf. 11, 9; *Vollenweider*, Steinschneidekunst, 1966, 44 ss. mit Anm. 4, 47 ss., 50 mit Anm. 20; *Richter*, EngrGemsRom, 1971, 148 ss.; *Zazoff*, AG, 1983, 319 s. mit Anm. 85–90. B. Lang

Somis (Σῶμις), griech. Bronzebildner unbestimmter Zeit, für Olympia tätig. S. fertigte die im Zeusheiligtum von Olympia aufgestellte *Bronzestatue des Prokles von Andros*, Sohn des Lykastidas (Paus., 6, 14, 13; Overbeck, SQ, 1868, Nr 2078). Er siegte im Ringkampf der Knaben. Das Siegesdatum läßt sich nicht verifizieren. Der Agon gehört in Olympia seit 632 v. Chr. (Olympiade 37) zum Wettkampfprogramm. ▭ ThB31, 1937. RE III. A. 1, 1927. – *L. Moretti*, Olympionikai, R. 1957 (MemAccLinc, Ser. 8, Bd. VIII. 2, 1959), Nr 976; *H.-V. Herrmann*, Nikephoros 1:1988, 169, Nr 146; *S. Lehmann*, Die Siegerbasen von Olympia, OlympForsch, XXXII (in Vorbereitung).
St. Lehmann

Sondros (Σονδρος), griech. Töpfer, zw. ca. 565 und 550 v. Chr. in Athen tätig. Er gehört zu den sog. Kleinmeistern. Seine Sign. war vor kurzem nur durch einige Fragm. von Kleinmeisterschalen, meistens des Typus Gordionschale, bekannt. Nur auf zwei Fragm. ist ein Teil der figürl. Darst. erhalten, namentl. am Rand eines Innenmedaillons. Kürzlich wurde nun eine fast vollst. Schale des S. mit einer Sphinx im Innenmedaillon in Gordion gefunden (Gordion, Inv. Nr SF 96–269; eine Publikation von K. de Vries befindet sich in Vorbereitung). Diese Schale ist bes. interessant, weil sie eine bisher in der Lit. nicht erkannte Klasse vertritt. Die Form entspricht der einer kanonischen Randschale, der abgesetzte Rand ist konkav und nicht konvex wie bei den Gordionschalen. Die schwarze Bemalung am Rand ist hingegen wie bei den Gordionschalen üblich. Diese Klasse von Randschalen mit schwarzem Rand gehörte wahrsch. einer kurzen Experimentierphase an. Die Schalenform hat sich dann aber nicht durchgesetzt. Eine zweite Schale, die bestimmt auch der neuen Klasse angehört, aber bisher fälschlicherweise als Gordionschale bez. worden ist, befindet sich in Madrid (Mus. Arqueol., Inv. Nr 10947; ABV, 1956, 172, Nr 1; CVA, Madrid 1, Taf. 1, 1 a-c) und wurde von dem Töpfer → Sokles (I) geschaffen. In den Sign. von S. ist sein Name von dem Verb durch einen Doppelpunkt getrennt. Die Sigma seines Namens können drei- (ABV, 1956, 173, Nrn 1–3 und 5; Add², 1989, 49) oder viergliedrig (ABV, 1956, 173, Nrn 6 s. und die neue Schale von Gordion) geschrieben werden; die Palmette ist rund und vierblättrig. Unter dem Fuß der Schale aus Gordion sind Kreise aufgemalt. Die Ränder der Medaillons bestehen aus Kreisen, Punkt- oder Zungenreihen. ▭ ThB31, 1937. RE III. A. 1, 1927; EAA VII, 1966. – *M. Robertson*, JHS 71:1951, 143–149; ABV, 1956, 173, Nrn 1–7; Add², 1989, 49.
P. Heesen

Sonikos (Σώνικος), Sohn des Anaxion, aus Aitolien, griech. Bildhauer, im letzten Drittel des 3. Jh. v. Chr. in Delphi tätig. Nur bek. durch seine Sign. auf einem Stylobat eines Anathems, das zu Ehren des Aitolers Charixenos, Sohn des Kydrion, dem Apollon von den Aitolern im Apollonheiligtum von Delphi gestiftet worden ist (IG², IX, 181; Sylloge³, 515 B). ▭ RE III. A. 1, 1927 (s.v. S. 3); EAA VII, 1966. – *E. Bourguet*, Les ruines de Delphes, P. 1914, 164 ss., Abb. 54–56; *M. P. Nilsson*, BCH 49:1925, 143 ss., 148 mit Abb.; *P. Amandry*, BCH 68/69:1944/1945, 439, Abb. 13; *Lippold*, GrPl, 1950, 340, Anm. 9; *Marcadé*, Signatures, I, 1953, 97 mit Abb., Taf. 18, 1; *J.-F. Bommelaer/D. Laroche*, Guide de Delphes. Le site, P. 1991, 235 s.; *Schmidt*, Statuenbasen, 1995, 532 s., Nr XV. 1, Abb. 193, 233. R. V.

Sopatros (I) (Σώπατρος), Sohn des Menekrates, aus Theben, griech. Bildhauer, um 200 v. Chr. in Delphi tätig. Von S. stammen die *Statue eines Sohnes des Kritolaos* aus Ätolien und eine *Statue* b. der Halle der Athener, deren Basen erh. sind. S. ist nicht zu verwechseln mit seinem homonymen und ebenfalls als Bildhauer tätigen Neffen → S. (IV), der zus. mit seinem Vater → Menekrates (III) Bildwerke schuf. ▭ ThB31, 1937. RE III. A. 1, 1927 (s.v. S. 15); EAA VII, 1966, (s.v. S. 2). – *Loewy*, IGB, 1885, 112, Nr 151; *H. Pomtow*, Delphica, II, L. 1909, 98; Sylloge³, I, 1915, 597; *Marcadé*, Signatures, I, 1953, 98–100, Taf. 18, 2–4 (mit älterer Lit.).
N. Franken

Sopatros (II), Sohn des Theodoros, aus Demetrias, griech. Bildhauer, A. des 2. Jh. v. Chr. in Delphi tätig. S. schuf außer der vor 189 v. Chr. errichteten *Statue der* Eileithyiapriesterin *Pasichon* vermutl. auch die um 175 v. Chr. gestiftete *Bildnisstatue des Philokrates* sowie eine weitere *Statue*. Von allen drei Werken sind nur die Kalksteinbasen erhalten. ▭ ThB31, 1937. RE III. A. 1, 1927 (s.v. S. 14); EAA VII, 1966, (s.v. S. 1). – *T. Homolle*, BCH 23:1899, 386; *H. Pomtow*, Delphica, II, L. 1909, 96,6; *id.*, Klio 15:1915, 53, Nr 74; Sylloge³, I, 1915, 597; *Marcadé*, Signatures, I, 1953, 101, Taf. 19,1–3 (mit älterer Lit.); *Schmidt*, Statuenbasen, 1995, 230 s.
N. Franken

Sopatros (III), Sohn des Archias, aus Soloi/Kilikien, griech. Bildhauer, um 100 v. Chr. auf Delos tätig. S. fertigte nach dem Zeugnis der erh. Basis unter dem Epimeleten Aropos (nicht Asopos), d.h. wohl um 91/90 v. Chr., eine *Statue für die Kompetaliasten*. S. ist möglicherweise verwandt mit → Sosipatros von Soloi. ▭ ThB31, 1937. RE III. A. 1, 1927 (s.v. S. 16); EAA VII,

1966, 405 (s.v. S. 4). – *A. Jouguet*, BCH 23:1899, 66 s.; *P. Roussel*, BCH 32:1908, 315 s., Nr 97, p. 412; *id.*, Delos. Colonie athénienne, P. 1916, 288; *Marcadé*, Signatures, II, 1957, 123. N. Franken

Sopatros (IV), Sohn des → Menekrates (III), aus Theben, griech. Bildhauer, in der 2. H. des 2. Jh. v. Chr. in Delphi tätig. S. wurden *zwei Werke* zugeschr., an denen er mit seinem Vater gearbeitet hat und von denen sich die Basen erh. haben: – 1.) Basis aus schwarzem Kalkstein, aus dem Gymnasium; – 2.) Basis aus grauem Kalkstein für die *Reiterstatue des M. Minucius Rufus* aus Anlaß des Triumphs über die Gallier im Jahre 106 v. Chr. Zuletzt wurde dem S. von Moreno (1995) noch die Kopie einer lysippischen *Hundestatue* zugewiesen (→ Lysippos [I]). S. war ein Neffe des homonymen → S. (I). ▭ RE III. A. 1, 1927 (s.v. S. 15); EAA VII, 1966, 405 (s.v. S. 3). – *P. Perdrizet*, BCH 20:1896, 483. *T. Homolle*, BCH 24:1900, 81; *H. Pomtow*, Delphica, II, L. 1909, 90, 94 s.; *A. J. Reinach*, BCH 34:1910, 306, 329; Sylloge[3], I, 1915, 597A, 710B; *G. Daux*, Delphes au IIe et au Ier siècle depuis l'abaissement de l'Etolie jusqu'à la paix romaine 191–31 av. J.-C., P. 1936, 597, Nr 2; *id.*, BCH 68/69:1944/45, 113; *Marcadé*, Signatures, I, 1953, 83; *P. Moreno*, Statue di cagna ferita, in: *id.* (Ed.), Lisippo, l'arte e la fortuna (K Ausst. Rom, Pal. delle Espos.) Mi. 1995, 175, Nr 4. 22. 2 (mit Abb.); *Schmidt*, Statuenbasen, 1995, 391 s. N. Franken

Sophilos (I) (Σώφιλος; Σοφιλος; Σοφιλλος[?]), griech. Töpfer und Vasenmaler, ca. 590 bis 570 v. Chr. in Athen tätig. S. ist der erste der athen. Maler des 6. Jh. v. Chr., der sich mit seinen Sign. als Töpfer und Maler namentl. präsentiert. Als Töpfer zeichnet er (lakon. Vorbildern folgenden) für den ersten att. *Volutenkrater* und den frühesten *Lebes Gamikos* verantwortl., dessen Hochzeitszug die Einheit von Funktion und Bemalung unterstreicht. Als Maler trägt er nicht nur die Sign. in Rot auf den Tongrund auf, sondern sorgt mit verschwenderischen Beischr. für ein klares Verständnis seiner (teils neu geschaffenen) Bilder; der rote Farbauftrag und die großen Buchstaben zeugen von korinth. Einfluß, zahlr. Unregelmäßigkeiten bzw. Verschreibungen aber vom unsicheren Umgang mit der Schreibkunst. – Dem Zeitstil folgend, füllt er die Mehrzahl der Friese auf seinen Gefäßen mit Tieren, denen er der sorglosen Ausf. nach wenig Aufmerksamkeit schenkt; hier dominiert die Routine. Sein Interesse gilt den myth. Themen im Hauptfries, deren Protagonisten aufwendiger gestaltet und häufig durch Beischr. identifiziert werden. Seine Kreation sind die göttl. Gäste auf dem Weg zur Feier der Hochzeit von Peleus und Thetis, die S. als Schmuck der Hauptfriese zweier *Dinoi* wählte (Bakir, 1981, Taf. 1–5); ein weiterer Ausschnitt ist auf einem *Kolonnettenkrater-Fragm.* von der Athener Agora erh., das S. selbst oder seiner Wkst. zugeschr. wird (Bakir, 1981, Taf. 83); eine weitere Darst. mit schreitendem Gespann ist erh. auf einem *Dinos(?)-Fragm.* aus Smyrna (Tuna-Nörling, 2002, Nr 43), einmal fährt das Brautpaar Menelaos und Helena, gefolgt von den Dioskuren, auf dem Wagen (Bakir, 1981, Taf. 40); je zweimal sind auch die Leichenspiele für Patroklos und der Ringkampf von Herakles und Nereus Thema (Bakir, 1981, Taf. 6; Tuna-Nörling, 2002, Nr 42 bzw. Bakir, 1981, Taf. 18, 64, Abb. 126). Die Meisterschaft des Malers zeigt sich in der Komp. des Kampfes zw. Herakles und den Kentauren auf einem *Louterion* aus der Tholos von Menidi (Bakir, 1981, Taf. 9 s.) mit den in die Tiefe gestaffelten Figuren, die sterben, zusammenbrechen oder noch aufrecht kämpfen. Neben diesen Ausschnitten aus dem genuin griech. Mythenschatz prägen auf einem fragm. erh., formal altertüml. *Kotylenkrater* von der Athener Akropolis Figuren aus der athen. Vorzeit das Bild, erkennbar an der inschriftl. benannten Pandrosos und einem alten Mann, wohl ihrem Vater, dem athen. Urkönig Kekrops (Bakir, 1981, A. 17, Taf. 35 s.). Auch Figuren aus dem Umfeld der Götter interessieren S.; so sind die Satyrn und Mänaden auf *Dinos-Fragm.* aus Lindos (oder *Krater-Fragm.*; Bakir, 1981, Taf. 35) und im Kunsthandel (Greek and Etruscan art of the archaic period, Atlantis Antiquities New York, N. Y. 1988, 55) Vorläufer bald überaus beliebter Bilder. – Wie seine Zeitgen. ist auch er in hohem Maße der korinth. Malerei verpflichtet; dies belegen die Gestaltung der Tiere in den vielfach verwendeten Tierfriesen und die rote Umriß-Zchng für Frauen, deren weiße Haut direkt auf den Tongrund aufgetragen wurde. In der Gestaltung seiner Hauptfriese zeigt sich S., ebenfalls seinen Zeitgen. gleich, als innovativer Maler, der die Raummöglichkeiten der unterschiedl. Gefäßformen konsequent nutzt und vorzugsweise mit Personal aus den Epen um Troja füllt. Auch bei ihm ist wie bei seinen Kollegen keine buchstabengetreue Umsetzung der epischen Vorlagen (in der uns erh. Form) lesbar; die Unterschiede liegen sicher nicht in der Unkenntnis begründet, sondern mögen durch Anpassung an zeitrelevante Vorgänge oder Variation der oral tradierten Mythen entstanden sein. S.' Rolle als stilist. durchschnittlicher, aber in Themenwahl und Beschriftung besonders innovativer Maler hat sich in den letzten Jahren relativiert. Beischriften und Sign. sind in großem Umfang auch für → Klitias oder neuerdings den Töpfer des *KX-Malers* (dessen Name in der Sign. nicht erh. ist) belegt, der wie S. neue Themen, darunter auch athen., in sein Spektrum aufnimmt (Kreuzer, 1998, 55–57). Auch S. schafft Gefäße auf Bestellung, wie mit guten, aber unterschiedl. Gründen für den *Dinos* aus Pharsalos und das *Louterion* aus Menidi vorgebracht wurde (Jeffery, 1982; de la Genière, 1995). Einzigartig ist hingegen seine mehrmalige Verwendung der eig. ikonogr. Neuschöpfungen; dies gilt für die zwei Varianten der Hochzeitszüge wie die Leichenspiele für Patroklos. Als Töpfer konzentriert er sich auf die Herstellung großer Gefäße; seine Vorliebe gilt Amphoren und Dinoi, aber auch Lutrophoren, wie die jüngst publ. Funde aus dem Nymphenheiligtum am S-Abhang der Athener Akropolis zeigen (Papadopoulou-Kanellopoulou, 1997). Die Mehrzahl seiner Gefäße bleibt in Athen und Attika. Vergleichsweise hoch ist die Konzentration der Gefäße im n.-ionischen Gebiet (in Phokaia, Pitane und Smyrna in Nekropolen und Siedlungen); im s. Bereich hingegen beschränken sich die Funde auf drei Stücke im Heraion von Samos und ein eigenhändiges Dinos- oder Krater-Fragm. aus Lindos. Weitere Gefäße sind verstreut von Apollonia Pontika im Schwarzmeergebiet, von Sukas an der Levante über Naukratis im Nildelta und Kreta bis in den fernen Westen nach Massalia (fragm. *Dinos-Ständer*; F. Villard, in: M. Bats [Ed.], Marseille grecque et la Gaule. Actes du colloque internat. d'hist. et d'archéologie et du 5e congr. archéol. de Gaule Méridionale, Marseille 1990, Aix-en-Provence 1992 [Et. Massaliètes, 3], 165, Abb. 1).

▭ ThB31, 1937. RE III. A. 1, 1927 (s.v. S. 2); LAW, 1965; EAA VII, 1966; KlP V, 1975 (s.v. S. 2); DA XXXII, 1996 (s.v. vase-painters, S.); DNP XI, 2001 (s.v. S. 1). – *Y. Béquignon*, MonPiot 33:1933, 1–24; *S. Papaspyridi Karouzou*, AM 62:1937, 110–35; ABV, 1956, 37–42; Para, 1971, 18 s.; *G. Bakir*, S.. Ein Beitr. zu seinem Stil, Mainz 1981 (Keramik-Forsch., 4); *D. Williams*, in: GettyVases, I, 1983, 9–34; *L. H. Jeffery*, in: Akten des 6. Internat. Kongr. für griech. und lat. Epigraphik, Athen 1982, At. 1984, 53; *D. von Bothmer*, in: *M. A. Del Chiaro* (Ed.), Corinthiaca. Stud. in honor of Darrell A. Amyx, Columbia 1986, 107–116; *A. Lioutas*, Att. schwarzfigurige Lekanai und Lekanides, Würzburg 1987, 28 s., Nrn Le 35–37; *Immerwahr*, AttScr, 1990, 21 s.; *A. B. Brownlee*, in: *J. B. Carter/S. P. Morris* (Ed.), The Ages of Homer. A tribute to Emily Townsend Vermeule, Austin 1995, 363–372; *J. de la Genière*, MonPiot 74:1995, 35–43; *Y. Tuna-Nörling*, Att. Keramik aus Klazomenai, Saarbrücken 1996, 53, Nr 176, Taf. 19 (Fragmente eines Lekanis-Deckels); *C. Papadopoulou-Kanellopoulou*, Iero tes Nymphes. Melanomorphes Loutrophoroi, At. 1997, 87–91, Nrn 170–179, Taf. 33–35; *N. H. Ramage*, in: The Corinthian, Attic and Lakonian pottery from Sardis, Sardis, X, C., Mass./Lo. 1997, 79 s., Nrn Att 36 s., Taf. 27 (von S. nahestehenden Malern zwei Dinos-Fragm.) und Nr Att 1, Taf. 24 (Amphora, Art des S.); *A. J. Paul*, Fragm. of antiquity (K Fogg Art Museum), C., Mass./Lo. 1997, 23, Nr 1, p. 46, Abb. 1 A-E (Inv. Nr 1995. 18. 23: Dinos-Fragmente mit Tierfries); *B. Kreuzer*, Die attisch schwarzfigurige Keramik aus dem Heraion von Samos, Samos, XXII, Bonn 1998, 113, Nr 10, Taf. 4, pp. 151 s., Nr 127 Taf. 28, p. 152, Nr 131, Taf. 29; *Y. Tuna-Nörling*, in: Asia Minor Studien 44, Bonn 2002, 8, 10 s. (Neufunde aus Smyrna).

B. Kreuzer

Sophilos (II) (Σώφιλος), Mosaizist, tätig im ptolemäischen Ägypten, aller Wahrscheinlichkeit nach in Alexandria gegen E. des 3. oder in der 1. H. des 2. Jh. v. Chr. Seine Sign. ΣΩΦΙΛΟΣ ΕΠΟΙΕΙ fand man neben einer figürl. Darst. auf dem zentralen Teil (Höhe 0,85 m; Breite 0,86 m) eines großen *Mosaiks* (Höhe 2,77 m; Breite 2,61 m), das 1918 in Tell Timai (das antike Thmuis im Delta am Mendesischen Nilarm, sö. von Alexandria) gefunden wurde. – 1924 kam das Mosaik in das Griech.-Röm. Mus. in Alexandria (Inv. Nr 21739). Der archäol. Zusammenhang des Fundes ist unbekannt. Eine auf 200 v. Chr. oder geringfügig spätere Dat. des Mosaiks basiert auf stilist., ikonogr., epigraph. und techn. Überlegungen. – Das Verbum ποιεῖν, das in der Inschr. benutzt wurde, ist die geläufigste Form des Signierens von Mosaiken. Inhaltl. beschreibt ποιεῖν normalerweise den gesamten Arbeitsvorgang, d.h., die Vorbereitung des Entwurfs und die Zusammensetzung der Steine im Mosaik. In unserem Fall ist zu vermuten, daß die figürl. Darst. nach dem Vorbild eines verlorengegangenen Gem. gearbeitet wurde. Noch eine and. gleichartige, aber realistischere und etwas jüngere Darst. ohne Künstler-Sign. wurde 1923 in demselben Ort gefunden und ist heute im Griech.-Röm. Mus. in Alexandria (Inv. Nr 21736) aufbewahrt. – Der Name S. ist – abgesehen vom Mosaik aus Tell Timai – unter den Mosaizisten nicht bek.; er erscheint jedoch manchmal als Künstlername im att. Bereich. – Ein in Tessellatum-Technik gearbeiteter geometr. Rahmen – Zinnenornament; Doppelhakenkreuzmäander mit Quadraten und mit perspektiv. Wirkung; gedrängtes mehrfarbiges Schloßband mit geradem Inneren – faßt ein quadrat. Innenfeld ein. Auf hellem Hintergrund ist eine in Vermiculatum-Technik gearbeitete mehrfarbige

Darst. einer Frau in militär. Tracht mit einem silbernen, durch Goldeinlagen verzierten Panzer und einem Schultermantel. Sie ist mit Ohrringen und einer Halskette geschmückt und hält einen Mastbaum mit einer langen Binde. Auf dem Kopf trägt sie eine Schiffskrone in Gestalt eines Schiffsbugs, der mit versch. Attributen – Kranz, Kerykeion, Füllhorn, Augen, Seetieren – verziert wurde. Hinter ihrem Rücken steht ein großer Schild. – Diese Darst. wurde längere Zeit als Personifikation der Stadt Alexandria als „Herrin der See" interpretiert. Nach einer sehr detaillierten ikonogr. Analyse dieser und eines gleichartigen zweiten Mosaikbildes sowie durch den Vergleich mit rundplast. Bildnissen hat sich ergeben, daß es sich um eine Darst. der Königin Berenike II. handelt. Als Thea Synnaos personifiziert sie die ptolemäische Seemacht, militär. Überlegenheit und auch den Wohlstand und Überfluß des Nillandes, der durch diese Dynastie garantiert wurde. ▭ ThB31, 1937. Enc. Ital., II, 1929 (s.v. Alexandria); EAA VII, 1966. – *E. Breccia*, Le Musée Gréco-Romain au cours des années 1925–1931, Bergamo 1932, 65, Taf. A; *M. I. Rostovtzeff*, Social and economic hist. of the hellenistic world, I, Ox. 1941, 254, Taf. 35; *F. Bilabel/ E. Kießling*, in: *H.-A. Rupprecht* (Ed.), Sammelbuch griech. Urkunden aus Ägypten, V, He. 1955, 229, Nr 8270; *B. R. Brown*, Ptolemaic paint. and mosaics and the Alexandrian style, C., Mass. 1957, 67 ss.; *W. A. Daszewski*, Corpus of mosaics from Egypt, I, Mainz 1985, 142 ss., Nr 38 (Lit.); *Donderer*, Mosaizisten, 1989, 79 (Lit.).

W. A. Daszewski

Sophokles (Σοφοκλῆς), griech. Bildhauer, im 4. Jh. v. Chr. für Olympia tätig. Seine Künstler-Sign. ist auf drei Statuenbasen in Olympia überliefert. Da in den Nennungen jeweils das Ethnikon fehlt, stammt S., in Analogie zu and. Beispielen in Olympia, möglicherweise aus Elis. Der Basenblock Dittenberger/Purgold, 1896, Nrn 229/230 hatte noch einen Oberstein, auf dem die Statue stand. Daher kann nur das Format der Basis auf ein *Standbild einer menschlichen Figur* hinweisen. Aus den Maßen und der Zurichtung der zwei weiteren Basenteile (Dittenberger/Purgold, 1896, Nrn 639/640) ergibt sich, daß sie Fragm. von mehrteilig zusammengesetzten Basen für *Pferdefiguren oder Reiterstatuen* sind. – Nach den Buchstabenformen der Künstlersignaturen datieren Dittenberger/Purgold die Schaffenszeit des S. in das 4. Jh. v. Chr. Unsicher ist, ob er mit dem bei Plinius (nat., 34, 51) erw. S. ident. ist. Falls ja, wäre er ein Zeitgen. des → Lysippos (I). ▭ ThB31, 1937. RE III. A. 1, 1927 (s.v. S. 7); EAA VII, 1966. – *F. Adler*, Die Baudenkmäler von Olympia. Olympia, II. 2. 2, B. 1896, 155 ss., Taf. 94, Nr 9; *W. Dittenberger/ K. Purgold*, Die Inschr. von Olympia. Olympia, V, B. 1896, Nrn 229/230, 639/640. St. Lehmann

Sophron (Σώφρων), griech. Bildhauer aus Sunion, tätig im 1. Jh. n. Chr. Der Name S. findet sich auf einer marmornen Basis, die als Spolie zw. Propyläen und Parthenon in Athen gefunden wurde. Auf dieser Basis stand die (heute nicht mehr erh.) *Statue des Klados aus Marathon*, die von Stratonike, Großmutter des Klados und Priesterin der Athena Polias, auf der Athener Akropolis gew. worden war (Loewy, IGB, 1885, 233, Nr 326). – In einer Inschr. aus Sunion findet sich der Name des S. zus. mit den Künstlern → Sosikles und → Sosibios, so daß man hier von Zeitgen., viell. auch von einer Bildhauer-Fam. ausgehen kann. ▭ ThB31, 1937. RE III. A. 1, 1927 (s.v. S. 2); EAA VII, 1966. – *Overbeck*, SQ, 1868, Nr 2252; *Brunn*, GGK, I, 1889, 555; *O. Jahn/A. Michaelis*, Arx Athenarum a Pausania descripta, Bonn 1901, 118, Nr 153; PA, 13194. A. Backe

Sophroniskos (Σωφρονίσκος), griech. Steinmetz (λιθουργός), Vater des Philosophen → Sokrates (II), Gatte der Phainarete, wohl in der 1. H. des 5. Jh. v. Chr. in Athen tätig. Nähere Angaben zu seiner Berufsausübung sind nicht bekannt. ▭ ThB31, 1937. RE III. A. 1, 1927; EAA VII, 1966 (mit Lit.); KlP V, 1975; DNP XI, 2001. – PA, 13424. D. V.-G.

Sopolis, griech. Portr.-Maler, in der 1. H. des 1. Jh. v. Chr. wohl in Rom tätig. Die einzig unzweifelhafte Überlieferung des Namens S. für einen Maler findet sich bei Plinius (nat., 35, 148; Overbeck, SQ, 1868, Nr 2380). S. und → Dionysios (IX) werden als die in der Jugend des M. Terentius Varro (116–27 v. Chr.) berühmtesten *imaginum pictores* angesprochen, deren Gem. die Galerien füllten. Nach Plinius (nat., 35, 147) standen jedoch die beiden Maler ihrer in Rom und Neapel wirkenden Zeitgen. → Iaia sowohl in der Schnelligkeit der Ausf. als auch in der Kunstfertigkeit nach, was sich in den deutl. höheren Preisen niederschlug, die die Malerin für ihre *imagines mulierum* erzielte. – Unsicher ist ein Verweis auf S. durch Cicero (Att., 4, 20 [18], 4; Overbeck, SQ, 1868, Nr 2382). Folgt man den neueren Texteditionen in ihrer Lesung der fragl. Stelle als *<e/de/in> Sopolidis pictoribus* (anstatt *solidis pectoribus*), würde Cicero im Jahr 54 v. Chr. einen der „Maler des S." erwähnen: S. hätte demnach eine Wkst. begründet, die er selbst noch um die Jh.-Mitte leitete. Der von Cicero angeführte Freigelassene Antiochus Gabinius wäre dann, in Anbetracht der zeitl. Distanz zum Höhepunkt des Schaffens des S., dessen Schüler oder ein jüngerer Mitarb. gewesen. ▭ ThB31, 1937. RE III. A. 1, 1927 (s.v. S. 3); EAA VII, 1966. – *L. Urlichs*, Die Malerei in Rom vor Caesar's Dictatur, Würzburg 1876, 22; *Brunn*, GGK, II, 1889, 204 s.; *Pfuhl*, MuZ, II, 1923, 838 s.; *Ferri*, Plin., 1946, 207; *G. Becatti*, Arte e gusto negli scrittori latini, Fi. 1951, 24; *L.-A. Constans*, Cicéron. Correspondance, III, P. 1960, 256; *D. R. Shackleton Bailey*, Cicero's letters to Atticus II, C. 1965, 223; *Pollitt*, RomeSources, 1966, 87; *K. Jex-Blake/ E. Sellers*, The elder Pliny's chapters on the hist. of art, Chicago [2]1968, 171; *Pline l'ancien*, Hist. naturelle, übersetzt und kommentiert *J.-M. Croisille*, Livre XXXV, P. 1985, 257 s.; *M. Nowicka*, Le portr. dans la peint. antique, War. 1993, 128; *C. Plinius Secundus d. Ä.*, Naturkunde, ed. und übersetzt *R. König/G. Winkler*, Buch XXXV, Da. [2]1997, 267, 335. F. Stilp

Sosias (I) (Σωσίας), attischer Töpfer und viell. auch Vasenmaler, um 510/500 v. Chr. in Athen tätig. Von ihm sind mit Sicherheit zwei sign. Werke bekannt. Auf beiden ist die Sign. gemalt und mit dem Verb ἐποίεσεν verbunden. Das eine, ein Meisterwerk, ist die berühmte *Kylix* (*Parade Cup*) aus Vulci (Berlin, Staatl. Mus., Antiken-Slg, Inv. Nr 2278). Auf ihrem Innenbild ist Achilleus, der die Wunde seines Freundes Patroklos verbindet, dargestellt und auf den Außenseiten eine festl. Götterversammlung, an der Herakles teilnimmt. Das and. Gefäß ist ein kleiner *Untersatz des Sosias-Typus*, ebenfalls in Berlin (Staatl. Mus., Antiken-Slg, Inv. Nr. 2315), auf dessen horizontaler Bildfläche ein hockender Satyr wiedergegeben ist. Obwohl das zweite Stück nur spärl. verziert ist, weist es Elemente auf, aufgrund derer beide Werke einer Hand, wahrsch. der des S. selbst, zugewiesen werden können. Diese Zuschr. wird noch durch ein Fragm. von einer weiteren *Kylix* (*Parade Cup*; Oxford, Ashmolean Mus., Inv. Nr 1966. 721) bestätigt, die von ders. Hand wie die beiden o. g. Gefäße bemalt zu sein scheint. Auf ihrem Innenbild ist ein Teil der Sign. des Vasenmalers erhalten. Ihr Erhaltungszustand läßt erkennen, daß der Name kurz war und wahrsch. auf ...ΑΣ endete. Leider sind von diesem bed. Vasenmaler nur wenige Werke erhalten. Außer diesen drei Gefäßen wird demselben Vasenmaler auch ein fragm. erh. *Kantharos* von der Akropolis (heute Athen, NM, Inv. Nr Akr. 556) zugeschrieben. – In der Malerei des S. kommen zum ersten Mal einige fortschrittl. Elemente vor, wie z.B. die Wiedergabe des menschl. Auges im Profil und am Bildrand wahrsch. die Darst. der Selene – ein Vorläufer des bek. pheidias. Motivs mit Helios und Selene? – mit der Gestalt eines Frauenkopfes, der auf der Mondscheibe erscheint. Die Linienführung ist sorgfältig und sicher, der Maler liebte Details, wagte schwierige Haltungen und hatte eine Vorliebe für vielfigurige Kompositionen. Er wendet die Polychromie durch den Gebrauch von violettem, weißem und reliefiertem goldüberzogenen Ton an. Er kleidete seine Gestalten reich und füllte ihre Oberflächen gewöhnl. mit Faltengruppen. Seine Komp. zeichnen sich weniger durch Lebendigkeit und Kraft aus, als durch Feinheit und Anmut, wobei er einer der ersten war, der die Empfindung von Schmerz, Unruhe und Sorge wiedergab. Er gehörte zur Gruppe der sog. *Pioniere*, von der er ein jüngeres Mitgl. war. Insbesondere gehörte er zu dem Kreis des → Euthymides und → Phintias, die zus. mit einigen and. ihre Namen auf ihre Gefäße schrieben. Sein Malstil hat viele Ähnlichkeiten mit dem des → Euphronios, des → Peithinos und v.a. des → Euthymides, der viell. auch sein Lehrer war und mit dem er wahrsch. auch zus. in ders. Wkst. arbeitete. Bezeichnend ist auch die Tatsache, daß die Inschr. auf ihren Werken Ähnlichkeiten aufweisen. Viell. wurden sie von einem Gebildeteren in der Wkst. geschrieben. Die *Kylix* in Berlin, deren flaches Schalenbecken gewissermaßen unorganisch mit einem flachen Ständer verbunden ist, zeigt Ähnlichkeiten mit Kylikes des Töpfers → Kleophrades. ▭ ThB31, 1937. LAW, 1965 EAA VII, 1966; KlP V, 1975. – *Bloesch*, Formen, 1940, 55 s.; ARV[2], 1963, 21 s., 1620, 1698; Para, 1971, 323, 505; *Boardman*, ARFV, I, 1975, 36; *M. A. Tiverios*, AEphem 1977, 1–11 (schreibt das Fragm. in Oxford, Inv. Nr 1966. 721 dem *Sosias-Maler* zu, ders. Ansicht ist auch M. Ohly-Dumm); *M. Ohly-Dumm*, S. und Euthymides, in: *H. A. G. Brijder* (Ed.), Ancient Greek and related pottery. Proceedings of the internat. vase symposium in Amsterdam, 12 – 15 April 1984, Amsterdam 1984, 165–172 (schreibt die Kylix des S. in Berlin → Euthymides zu, den sie mit dem *Kleophrades-Maler* identifiziert, den fragm. Kantharos von der Akropolis hält sie dagegen für ein Frühwerk des → Duris. Letzteres nimmt auch Robertson, 1992, an); Add[2], 1989, 154, 388; *Immerwahr*, AttScr, 1990, 66, 71 s. mit Anm. 38 und 75; *M. Robertson*, The art of vase-painting in classical Athens, C. 1992, 58 s. (hält die Kylix in Berlin für ein Frühwerk des *Kleophrades-Malers*. Es wäre für die Beziehungen von S. und → Euthymides sicher von Bedeutung, wenn man nachweisen könnte, daß die eingeritzte

Inschr. ΕΥΘΥΜΕΔΕΣ ΕΠΟΙΕΣΕΝ der Oinochoe in New York, Metrop. Mus., Inv. Nr 1981.11.9, eines Gefäßes, das man auch mit dem Stil des Sosias-Malers in Verbindung gebracht hat, wirklich echt ist, s. Robertson, op. cit., 59 s. und 302, Anm. 109 [Bibliogr.]); *I. Wehgartner*, Der Satyr des Sosias. Überlegungen zum „standlet" des S. in Berlin, in: *J. H. Oakley u.a.* (Ed.), Athenian potters and painters. The conference proceedings, Ox. 1997, 203–212. M. A. Tiverios

Sosias (II), griech. Gemmenscheider klass. Zeit, tätig wahrsch. in Syrakus/Sizilien. Seine Sign. findet sich auf einem *Achat-Skarabäoid* mit dem *Kopf einer Frau* (Neapel, Mus. Archeol. Naz.). Ders. Künstler hat wahrsch. auch Münzstempel geschnitten, da sich die Sign. ΣΟΣΙΑΣ auch auf syrakusan. Münzen des letzten V. des 5. Jh. v. Chr. findet. Ein stilist. Vergleich mit den Portr.-Köpfen des → Dexamenos macht die zeitgleiche Stellung der beiden Künstler deutlich. Dem S. zuzuschreiben ist möglicherweise ein *Achat-Skarabäoid* (London, BM), ebenfalls mit *Kopf einer Frau.* ▭ EAA VII, 1966. – *G. M. A. Richter*, AJA 61:1957, 263 ss., Taf. 80, 1; *L. H. Jeffery*, The local scripts of Archaic Greece, Ox. 1961, 325; *E. Diehl*, JbBerlMus 17:1967, 47 s.; *Boardman*, GGFR, 1970, 197, 288, Taf. 480; *O. Neverov*, Dexamenos Chiosskij i ego masterskaja, StP./Le. 1973, 55; *Zazoff*, AG, 137 ss. mit Anm. 51. B. Lang

Sosias (III), griech. Münzstempelschneider, dessen Sign. ΣΟΣΙΑΣ sich auf hochklass. Münzen von Syrakus/Sizilien findet. S. ist wahrsch. ident. mit dem Gemmenschneider → S. (II). ▭ *Zazoff*, AG, 1983, 137 mit Anm. 51 s. B. Lang

Sosibios (Σωσίβιος), aus Athen, griech. Bildhauer, in der M. des 1. Jh. v. Chr. tätig. Nur bek. durch seine Sign. auf einem *neuatt. Volutenkrater* aus Marmor aus Rom (heute Paris, Louvre, Inv. Nr MA 442 [MR 947]; BrBr 60). Auf dem Gefäßkörper ist ein Fries mit Hermes (G. Siebert, LIMC V, 1990, 355, Nr 822, s.v. Hermes), Artemis (L. Kahil, LIMC II, 1984, 701, Nr 1036 m. Abb., s.v. Artemis), einer Kitharödin, einem Diaulosbläser (E. Simon, LIMC VIII, 1997, 1119, Nr 105 a m. Abb., s.v. Silenoi), drei tanzenden Mänaden und einem Waffentänzer gezeigt. S. kombiniert hier versch. Themen sowie archaist. und klassizist. Stil- und Formensprache und führt alles zu einem neuen Ganzen zusammen. ▭ ThB31, 1937. RE III. A. 1, 1927 (s.v. S. 7); EAA VII, 1966. – *Loewy*, IGB, 1885, 240, Nr 340; *Brunn*, GGK, I, 1889, 393, 398; *Richter*, CriticalPeriods, 1951, 51; *W. Fuchs*, Die Vorbilder der neuatt. Reliefs, B. 1959 (JdI, Ergh., 20), 140 s., 168 s., Taf. 27 a, 29 a-b; *D. Grassinger*, Röm. Marmorkratere, Mainz 1991, 183–185, Nr 25, Text-Abb. 7, 24 s., Abb. 16–21. R. V.

Sosigenes (Σωσιγένης), Sohn des Eukrates, griech. Bildhauer unbek. Zeit. Nur bek. durch seine Sign. auf einer Basis aus Kyzikos. ▭ ThB31, 1937. RE III. A. 1, 1927 (s.v. S. 9); EAA VII, 1966. – *Loewy*, IGB, 1885, 197, Nr 281; *Brunn*, GGK, I, 1889, 393, 607. R. V.

Sosikles (Σωσικλῆς), griech. Bildhauer, in der M. des 2. Jh. n. Chr. tätig. Nur bek. durch die beiden folgenden Signaturen: – 1.) auf der Plinthe einer *Marmorstatue* aus Tusculum (Loewy, IGB, 1885, 291, Anhang zu Nr 434); – 2.) auf der Stütze einer *Marmorstatue der verwundeten Amazone* des nach dieser Sign. benannten *Typus Sosikles*, deren Orig. wahrsch. von → Polykleitos (I), → Pheidias (I) oder → Kresilas geschaffen worden ist (Rom, Kapitolin. Mus., Inv. Nr Salone 651 [Salone 33]; Loewy, IGB, 1885, 290 s., Nr 434; Stuart Jones, SkulptMusCap, 1912, 296 s., Nr 33, Taf. 72; BrBr 349; Lippold, GrPl, 1950, 171, Taf. 61, 1; H. von Steuben, in: Helbig[4], II, 1966, 197–199, Nr 1393; id., Der Kanon des Polyklet. Doryphoros und Amazone, Tb. 1973, 56 ss., Taf. 40–43; R. Bol, Amazones Volneratae. Unters. zu den Ephesischen Amazonen, Mainz 1998, 1, Anm. 2; pp. 6, 9, 25 s., 49–51, 53, Taf. 52 s., 80, 81, a, 135, f). Die Amazone unterstreicht die Kunstfertigkeit des S., der zu den führenden Kopisten in der M. des 2. Jh. n. Chr. gehört haben muß. ▭ ThB31, 1937. RE III. A. 1, 1927; EAA VII, 1966. – *Brunn*, GGK, I, 1889, 612; *Lippold*, GrPl, 1950, 171, Anm. 6, Taf. 61, 1. R. V.

Sosimenes (Σωσιμένης), Sohn des Sosimenes, griech. Bildhauer, im 3./2. Jh. v. Chr. in Larisa tätig. Nur bek. durch seine Sign. auf einer Marmorplinthe aus Larisa für eine *Statue*, die von Simieus und von Eukratides, Sohn des Herakleides von Tralleis, für Apollon Kerdoos gew. worden ist (IG, IX. 2, 637; Muller-Dufeu, SculptureSource, 2002, 788 s., Nr 2330). ▭ ThB31, 1937. RE III. A. 1, 1927 (s.v. S. 1); EAA VII, 1966. – *Loewy*, IGB, 1885, 195, Nr 278; *A. Wilhelm*, ÖJh 2:1899, 239, Nr 48; *Lippold*, GrPl, 1950, 351, Anm. 18. R. V.

Sosimos (ΣΟΣΙΜ[ΟΣ]), griech. Töpfer, im letzten V. des 6. Jh. v. Chr. in Athen tätig. Nur bek. durch seine Sign. auf – 1.) *Phialen-Fragm.* aus Eleusis (heute Eleusis, Mus.; ABV, 1956, 350). Möglicherweise fertigte er, wie Luschey (1939) wegen des ähnl. Stils mit der Phiale aus Eleusis erkannte, auch die folgenden zwei Fragm. von der Athener Akropolis: – 2.) *Phialen-Fragm.* (heute Athen, NM, Inv. Nr 1156; Graef/Langlotz, II, Taf. 86; ABV, 1956, 309); – 3.) *Schalen-Fragm.* (heute Athen, NM, Inv. Nr 1078; Graef/Langlotz, II, Taf. 84; ABV, 1956, 350). ▭ EAA VII, 1966. – *H. Luschey*, Die Phiale, Bleicherode 1939, 108 s., 151 ss.; ABV, 1956, 350. R. V.

Sosion (Σωσιων), Münzstempelschneider in Syrakus/Sizilien, um 415 v. Chr. (in der älteren Lit. früher angesetzt). Stilist. steht S. zus. mit → Eumenos am Beginn der Reihe der signierenden Künstler von Syrakus. Beide Künstler signierten in gleicher Weise auf dem Stirnband (*Ampyx*) der Arethusa, deren Kopf üblicherweise die Rückseite der Syrakusaner *Tetradrachmen* des 5. Jh. v. Chr. einnimmt. Die unsignierten Vorderseiten zeigen erstmals in der Münzprägung von Syrakus eine galoppierende Quadriga; der Wagenlenker wird von einer ihm entgegenfliegenden Nike bekränzt. ▭ RE III. A. 1, 1927; EAA VII, 1966. – *L. Forrer*, Notes sur les sign. de graveurs sur les monnaies grecques, Br. 1906, 302–304; *H. A. Cahn u.a.*, Griech. Münzen aus Grossgriechenland und Sizilien (K Antiken-Mus. Basel und Slg Ludwig), Basel 1988, 129, Nr 455; Numismatica Ars Classica AG, Auktion 13, Zürich, 8. Oktober 1998, Nr 455. Th. Ganschow

Sosipatros (Σωσίπατρος), aus Soloi, griech. Bildhauer, im 2. Jh. v. Chr. in Lindos und Rhodos tätig. Nur bek. durch seine Sign. auf den folgenden zwei Marmorbasen: – 1.) Basis für eine *Porträtstatue* aus Lindos, die er zus. mit dem Bildhauer → Zenon (I) signierte (Loewy, IGB, 1885, 149, Nr 190; IG, XII. 1, 862; Lindos, II. 1, 1941, 54, Nr 71; Muller-Dufeu, SculptureSource, 2002, 734 s., Nr 2130); – 2.) Basis aus Rhodos für eine *Porträtstatue* des Herakleitos, die von seinem Sohn Diophantos den Göttern gew. worden ist. Die Statue signierte S. zus. mit dem Bildhauer → Zenon (I) (G. Jacopi, Clara Rhodos 2:1932, 196, Nr 24; Lindos, II. 1, 1941, 54, Nr 71; Muller-Dufeu, SculptureSource, 2002, 734 s., Nr 2131). S. ist möglicherweise verwandt mit dem Bildhauer → Sopatros (III). ▭ ThB31, 1937. RE III. A. 1, 1927 (s.v. S. 5); EAA VII, 1966. – *Lippold*, GrPl, 1950, 377, Anm. 15. R. V.

Sosis (I) (Σῶσις), griech. Gemmenschneider späthellenist. Zeit, tätig in Alexandreia/Ägypten. S. signierte eine rechteckige, verhältnismäßig große *Chalcedon-Platte* (ehem. Priv.-Besitz, Leipzig) mit der Darst. des *Herakles*, der im Begriff ist, einen Kentauren niederzustrecken. Damit ist der Chalcedon eines der wenigen Zeugnisse antiker Steinschneidekunst, dessen alexandrin. Provenienz gesichert ist. Die Größe schließt eine Verwendung als Ringstein aus und rückt den Stein in den Kreis der repräsentativen hellenist. Edelsteinarbeiten, deren Herstellung in Alexandreia am Hofe der Ptolemäer ihren Ursprung hatte. Die Auffächerung der Figuren in die Fläche verweist auf den Reliefstil des frühen 3. Jh. v. Chr., die flache Schichtung des Reliefs aber, wie auch die kalligraph. Behandlung der Löwentatzen und des Pferdeschweifs, machen eine Dat. des Stückes in das 1. Jh. v. Chr. wahrscheinlich. ▭ ThB31, 1937. RE III. A. 1, 1927 (s.v. S. 2); EAA VI, 1966 (s.v. S. 2). – *Furtwängler*, AG, 1900, Taf. 65, 11; *Richter*, EngrGemsGE, 1968, 139, Abb. 529; *Zazoff*, AG, 1983, 207 mit Anm. 83, Taf. 53, 9. B. Lang

Sosis (II), griech. Bildhauer, in der 2. H. des 3. Jh. v. Chr. in Böotien tätig. Nur bek. durch die folgenden drei Sign. auf Marmorbasen: – 1.) Basis aus Helikon für eine *Statue des Hippokritos*, Sohn des Pedageneias, von seiner Schwester Lousis, Tochter des Pedageneias, den Göttern gestiftet (IG, VII, 1832; Loewy, IGB, 1885, 111 s., Nr 150; Muller-Dufeu, SculptureSource, 2002, 796 s., Nr 2361); – 2.) Basis aus dem Amphiareion in Oropos (IG, VII, 432; Muller-Dufeu, SculptureSource, 2002, 796 s., Nr 2360); – 3.) Basis aus Oropos (V. Petrakos, Oi Epigraphes tou Oropou, At. 1997, Nr 414; Muller-Dufeu, SculptureSource, 2002, 796 s., Nr 2362). ▭ ThB31, 1937. RE III. A. 1, 1927 (s.v. S. 1); EAA VII, 1966. – *Lippold*, GrPl, 1950, 340, Anm. 7. R. V.

Sositheos (Σωσίθεος), aus Athen, griech. Bildhauer, um 314 v. Chr. in Eleusis tätig. Nur bek. durch seine Sign. auf einer Marmorbasis aus Eleusis für eine *Statue des Demetrios von Phaleron*, die von den Garnisonen von Eleusis, Panakton und Phyle der Demeter und Kore gestiftet worden sind (IG, II, 1217; IG II/III^2, 2971; Muller-Dufeu, SculptureSource, 2002, 836 s., Nr 2496). ▭ ThB31, 1937. RE III. A. 1, 1927 (s.v. S. 5); EAA VII, 1966. – *Loewy*, IGB, 1885, 83–85, Nr 104; *Lippold*, GrPl, 1950, 274, Anm. 11. R. V.

Sosokles (CΩCOKΛ[..] oder Sosos), röm. Gemmenschneider oder -besitzer augusteischer Zeit, dessen Name fragm. auf einem *Chalcedon* mit dem *Kopf der Medusa* in London (BM) erscheint. ▭ ThB31, 1937 (s.v. Sosos). RE III. A. 1, 1927; EAA VI, 1966 (s.v. Sosos 2). – *A. Furtwängler*,

JdI 3:1888, 214 s., Taf. 8, 18; *Vollenweider*, Steinschneidekunst, 1966, 28 mit Anm. 12, Taf. 18, 1 und 3; *Richter*, EngrGemsRom, 1971, 149, Nr 699.
B. Lang

Sosos → **Sosokles**

Sosos (Σῶσος), griech. Mosaikkünstler der 2. H. des 3. oder 1. H. des 2. Jh. v. Chr., tätig in Pergamon/Mysien. S., der einzige lit. überlieferte Mosaizist, war nach Plinius (nat., 36, 184) der berühmteste Künstler in seinem Fach und „legte in Pergamon den ungefegten Raum (*asarotos oikos*) aus, den man so nennt, weil er die Essenabfälle auf den Böden und was man sonst wegzukehren pflegt, aus kleinen und verschiedenfarbigen Mosaiksteinchen (so) nachgebildet hatte, als ob man sie liegengelassen hätte. Bemerkenswert ist dort eine Taube, die trinkt und das Wasser mit dem Schatten ihres Kopfes verdunkelt; andere sonnen sich, während sie sich auf dem Rand des Gefäßes putzen". Der urspr. Kontext der nicht im Orig. erh. Werke ist unbekannt. Erh. haben sich im Detail erheblich variierende, hellenist. und röm. Nachklänge, die S. als Meister einer hochentwickelten Tesseratechnik erweisen. Da keine Wiederholung beide Bildthemen (Tauben und ungefegter Raum) gemeinsam überliefert, ist es unwahrsch., daß die Orig. ein Ensemble bildeten. – Beim *asarotos oikos* handelt es sich um ein Trompe l'œil mit einer Fülle von täuschend echt wiedergegebenen, auf dem Boden verstreuten frischen Speiseresten (u.a. Knochen, Fischgerippe, Hummerscheren, Austern- und Muschelschalen, Schneckengehäuse, Nüsse, Früchte). Schlagschatten und an den Abfällen knabbernde Mäuse erhöhen die Illusion von Wirklichkeit. Als Schmuck eines Bankettraumes schafft die innovative Schöpfung des S. eine Atmosphäre des sorglosen Genusses und symbolisiert Wohlstand und Überfluß. – Die Wiederholungen des Taubenmosaiks differieren in der Vogelzahl, der Gefäßform und der Chromatik. Als qualitätvollstes Beispiel gilt das Mosaik aus der Villa Hadriana. S. greift auf ein seit dem 4. Jh. v. Chr. bek. Motiv zurück, das er mit illusionist. Effekten nach Art der Malerei neu gestaltet (Gefieder, Spiegelung des Taubenkopfes im Wasser). Das Bild der auf einem kostbaren Gefäß ungestört agierenden Tauben evoziert eine Atmosphäre der Idylle und Ruhe, denn in der antiken Lit. werden Tauben als furchtsam und friedfertig charakterisiert. Der Szene könnte deshalb ein abstrakter Sinngehalt (Zeichen ungestörten Friedens) zugrunde liegen. ▭ ThB31, 1937. EAA VII, 1966; KlP V 1975; DA XXIX, 1996; DNP XI, 2001. – *H. Herter*, GrazBeitr 5:1976, 123 ss.; *H. Meyer*, AA 1977, 104 ss.; *E. M. Moormann*, in: *X. Dupré Raventos/J. A. Remolà* (Ed.), Sordes urbis. La eliminación de residuos en la ciudad romana. Actas de la reunión de Roma (15–16 de Novembre de 1996), R. 2000, 75 ss. – *Zum asarotos oikos*: *Dunbabin*, Mosaics, 1978, 266, Oudna Nr 3. 260. El Djem Nr 22; *M. Donderer*, Die Chronologie der röm. Mosaiken in Venetien und Istrien bis zur Zeit der Antonine, B. 1986, 42 s., Nr Aquileia 61, Taf. 14,1, 15,1; *K. Werner*, Mosaiken aus Rom. Polychrome Mosaikpavimente und Emblemata aus Rom und Umgebung, Würzburg 1994, 120 s., K 46. – *Taubenmosaik*: *D. Salzmann*, AA 1993, 397 s., Abb. 12 (Pergamon); *Werner*, op. cit., 1994, 101 ss., K 42 (Villa Hadriana); *A. Tammisto*, Birds in Mosaics, R. 1997, 376 ss., Kat.-Nrn DM 1–7, Taf. 31–34 (Villa Hadriana, Delos, Pompeji, Capua, Rabat, Ostia, Prima Porta). D. Salzmann

Sostratos (I) (Σώστρατος), griech. Bronzebildhauer aus Chios, um die M. oder in der 2. H. des 5. Jh. v. Chr. wohl hauptsächl. auf der Peloponnes tätig. S. war Vater und Lehrer des Bildhauers → Pantias aus Chios, der in der Schulfolge des → Aristokles (III) von Sikyon die 7. Stelle einnahm (Paus., 6, 3, 11; 9, 3), so daß S. also die 6. Stelle innehatte. → Pantias muß im letzten V. des 5. Jh. v. Chr. tätig gewesen sein, da er wohl nach 420 v. Chr. eine *Statue des Aristeus von Argos* schuf, dessen Vater Cheimon im Jahr 448 v. Chr. Sieger im Ringkampf war (Goodlett, 1989, 82 s.). Lt. Polybios (4, 78, 3–5) schuf S. zus. mit *Hekatodoros* (v. → Hypatodoros) die *Bronzestatue der Athena* in Alipheira/Arkadien, die berühmt war für ihre Größe, Technik und Schönheit. *Hekatodoros* ist sonst nicht belegt, und es wird gemeinhin angenommen, daß es sich um eine Verschreibung des Namens → Hypatodoros handelt, der bei Paus. (8, 26, 7) als (allerdings alleiniger) Schöpfer der Statue überliefert und auch von and. Werken her bek. ist. Falls die Verbindung einer außerhalb des Tempels gefundenen Plattform mit Resten einer zur Aufnahme einer großen Statue geeigneten Basis mit der in den Quellen gen. Statue korrekt ist, stand diese (als Votivstatue?) im Heiligtum auf der Akropolis möglicherweise im Freien. Die Reste der Künstler-Sign. (SEG XXV, 1971, Nr 450) scheinen entgegen der Angabe des Polybios nur einen einzigen Bildhauer zu nennen und legen eine Dat. ins spätere 5. (oder 4.?) Jh. v. Chr. nahe (der örtl. Kult geht bis ins 6. Jh., der Tempel ins frühe 5. Jh. v. Chr. zurück). Als *terminus ante quem* dient wohl auf jeden Fall 371 v. Chr., der Zeitpunkt der Eingliederung von Alipheira in den Synoikismos von Megalopolis. ▭ ThB31, 1937 (s.v. S. 2). RE IX. 1, 1914 (s.v. Hypatodoros 2); III. A. 1,

1927 (s.v. S. 8); EAA VII, 1966, 416 (s.v. S. 2). – *Overbeck*, SQ, 1868, Nrn 414, 1573; *Brunn*, GGK, I, 1889, 81; *C. Robert*, Hermes 35:1900, 179 s., 193 s.; *Klein*, GGK, I, 1904, 400; *Picard*, Manuel, II, 1939, 662; *Ferri*, Plin., 1946, 75, 85; *Lippold*, GrPl, 1950, 126, 176, 207; *V. G. Goodlett*, Collaboration in Greek sculpt.: the literary and epigraphical Evidence, Diss. N. Y., Ann Arbor, 1989 (UMI), 79–87. A. Villing

Sostratos (II), Sohn der Schwester des frühklass. Erzgießers → Pythagoras (I) von Rhegion und dessen Schüler, aus Rhegion, griech. Bildhauer, im 5. Jh. v. Chr. tätig. Er ist nur durch eine Notiz bei Plinius (nat., 34, 60; Overbeck, SQ, 1868, Nr 1040) bek., von manchen (Robert, 1900; Klein, 1904; Lippold, 1950) mit → S. (I) identifiziert, aber wohl kaum mit diesem ident. (M. Zuffa, EAA VII, 1966; M. Bieber, ThB 31, 1937). Bisweilen wurden Werke, die einer Schulfolge des → Pythagoras (I) zugeschr. werden könnten, mit S. verbunden (vgl. EUA VI, 1958, 805); dies bleibt jedoch rein spekulativ. ▭ ThB31, 1937. RE III. A. 1, 1927 (s.v. S. 8); EAA VII, 1966; EUA VI, 1958, 805. – *Brunn*, GGK, I, 1889, 299; *C. Robert*, Hermes 35:1900, 193 s.; *Klein*, GGK, I, 1904, 400; *Picard*, Manuel, II, 1939, 124, 663; *Ferri*, Plin., 1946, 75, 85; *Lippold*, GrPl, 1950, 126, 176. A. Villing

Sostratos (III), griech. Bildhauer aus Athen, Sohn des Malers und Bildhauers → Euphranor (I), in der 2. H. des 4. Jh. v. Chr., etwa gleichzeitig mit → Lysippos (I) um die Olympiade 113, also 328/5 v. Chr. (Plin., nat., 34, 51) in Athen tätig. Daß er attischer Bürger war, wird gemeinhin aus der Tatsache geschlossen, daß er nicht mit seiner Herkunftsangabe signierte (vgl. auch die Nennung eines Sostratos, Sohn des Euphranor – eines Enkels des S.? – in einer Inschr. der Phyle Oineis von ca. 260 v. Chr.: B. D. Meritt/J. S. Traill, Agora XV, At. 1974, Nr 83). Er fertigte eine *Statue* im Dionysostheater von Athen, deren heute verlorene Basis mit der Inschr. Σώστρατος Εὐφράνορος ἐποίησεν (IG, II^2, 4279) in die 2. H. des 4. Jh. v. Chr. dat. wird. Eine weitere Statuenbasis aus ders. Zeit und mit einer ident. lautenden Künstler-Sign. wurde auf der Athener Agora (Agora Mus., Inv. Nr I 7354, vgl. Palagia, 1980) gefunden; Abarbeitungen zeigen, daß sie einst eine *Bronzestatue* trug. Möglicherweise mit → S. (IV) identisch. ▭ ThB31, 1937. RE III. A. 1, 1927 (s.v. S. 9); EAA VII, 1966 (s.v. S. 3). – *Overbeck*, SQ, 1868, Nrn 1390, 1601; *Loewy*, IGB, 1885, 85, Nr 105; *Brunn*, GGK, I, 1889, 421; *Ferri*, Plin., 1946, 75; *O. Palagia*, Euphranor, Leiden 1980, 5, Nrn 30, 32 s. A. Villing

Sostratos (IV), griech. Bildhauer, im 3. Jh. v. Chr. in Attika tätig. Er schuf die *Ehrenstatue des Atheners Kallias*, Sohn des (Lysim)achides, die von den Amphiktyonen im Piräus aufgestellt wurde und deren Basis aus hymettischem Marmor z. T. erh. ist. Falls die Inschr. noch aus dem frühen 3. Jh. v. Chr. stammen sollte, wäre eine Identität mit → S. (III), Sohn des → Euphranor (I), wahrsch., obwohl die Inschr. den Vater nicht nennt. ▭ ThB31, 1937. RE III. A. 1, 1927 (s.v. S. 10). – *Loewy*, IGB, 1885, 85 s., Nr 106; *O. Palagia*, Euphranor, Leiden 1980, 5, Nr 31. A. Villing

Sostratos (V), Sohn des → Dexiphanes, griech. Architekt aus Knidos/Karien, tätig in der 1. H. des 3. Jh. v. Chr. Aus wohlhabender, traditionell an Archit. interessierter Familie. Lebte in Alexandria. Besaß als Freund des ptolemäischen Königshauses großen Einfluß (Strab., 17, 791). Ehrendekrete von Delos (s.u.) berichten, daß er Fremde aus versch. Gegenden der griech. Welt bei sich aufnahm. Nach den epigraph. und lit. Zeugnissen war S. ein eigenständiger und weithin bek. Architekt, der durch sein Schaffen über die hellenist. Zeit hinaus weiterwirkte. Die für ihn in Delphi (FDelphes, III. 1, 1929, Nrn 298, 299) und Delos (IG, XI. 4, Nrn 563, 1038, 1130, 1190) von griech. Gemeinden errichteten Ehrendekrete bezeugen ihn als Architekten und Stifter zahlr. Profanbauten, aber auch als diplomat. Vermittler. Ob S. als Unterhändler für Ptolemaios II. Philadelphos bei dem siegreichen Antigonos von Makedonien günstige Friedensbedingungen erwirkte, ist nach der Überlieferung (Sext. Emp., adversus grammaticos, 276) unsicher, wenn auch nicht unmöglich. T. L. Shear Jr. (1978) sieht in S. ausschl. einen Stifter und Wohltäter. – *Hauptwerk*: *Leuchtturm* auf einem Felsenriff vor der O-Spitze der kleinen gleichnamigen Insel Pharos (jetzt Halbinsel) am Eingang des Großen Hafens von Alexandria, nach seinem Standort benannt (Quellenbelege in: H. Thiersch, Pharos, L./B. 1909; RE XIX. 2, 1938, 1867). Als höchster Turm der Alten Welt (Gesamthöhe: ca. 135 m) eines der Sieben Weltwunder und Vorbild für spätere antike Leuchtturmbauten. Erb. ca. 297–279 v. Chr. unter den Königen Ptolemaios I. Soter und Ptolemaios II. Philadelphos; Bau-Mat.: „weißer Stein" (Kalkstein oder Marmor), Tür- und Fensterrahmen aus Granit von Assuan; Baukosten: 800 Talente (entspricht 20800 kg Silber). An seiner S-Seite befand sich einst eine große Inschr. (Plin., nat., 36, 83). Mit ihr weihte S. den Turm den θεοὶ Σωτῆρες (d.h. Ptolemaios I.

Soter und seiner Gemahlin Berenike) zum Wohl aller Seefahrer. An der in mehreren Versionen überlieferten und in den meisten Hss. nachträgl. eingefügten Inschr. ist außergewöhnl., daß hier S. an Stelle der Herrscher als Weihender auftritt. Dies hängt offenbar mit seiner hohen Stellung zus. und läßt den Schluß zu, daß er viell. neben dem König an der Stiftung beteiligt war. Von Lukian (hist. conscr., 62) stammt die Anekdote, S. habe die Inschr. durch eine Putzschicht verdeckt und darüber eine and. mit dem Namen Ptolemaios' II. angebracht. Als später der Putz abbröckelte, sei der Name des S. wieder zum Vorschein gekommen. Wichtig für die Rekonstr. sind neben den spärl. antiken Schriftquellen und den schematisierten Darst. des Pharos auf alexandrinischen Münzen der röm. Kaiserzeit und auf einem Intaglio (um 100 n. Chr., Wien, Kunsthist. Mus.) v.a. die Ber. (häufig mit Maßangaben) arab. Reisender und Gelehrter des MA (bes. Jusuf Ibn aš-Šaiḫ aus Andalusien, der 1165/1166 die noch vorh. Reste vermaß und zeichnete). Modell im Meeres-Mus. von Alexandria. Nach der Rekonstr. von H. Thiersch (1909) und M. Asin Palacios/M. L. Otero (1933) bestand der Pharos aus mehreren abgestuften Geschossen. Er stand auf einem ca. 340 m langen terrassenförmigen Unterbau (Höhe ca. 14 m) mit starken Wellenbrechern an den Luvseiten und Wehrtürmen an den Ecken. Auf diesem erhob sich ein sich nach oben leicht verjüngender Bauteil von quadrat. Grundriß (Höhe ca. 71 m). Darauf folgte ein sich ebenfalls nach oben verjüngender oktogonaler Teil (Höhe ca. 34 m) und über diesen ein zylindrischer (Höhe ca. 9 m), der die Blink- und Leuchtanlage enthielt und von einer Laterne in Form einer kleinen Tholos mit Kegeldach abgeschlossen wurde. Dieses wurde von einer Kolossalfigur (Zeus Soter oder Poseidon) bekrönt. Im Inneren zuunterst eine große Zisterne, darüber ein in der Mittelachse nach oben führender Schacht, an dessen Peripherie zahlr. kleine Kammern lagen. Zugang durch eine breite Rampe im untersten Geschoß. Im oktogonalen und zylindr. Teil führten zwei Treppen empor. Die Beleuchtung erfolgte durch offene Feuer. Lit. Quellen erwähnen für die spätere Zeit Reflektoren (Parabolspiegel aus Metall?) zur Verstärkung des Lichtscheins. Um 500 n. Chr. Ausbesserungsarbeiten am Unterbau durch den byz. Architekten → Ammonios (VI), später weitere Wiederherstellungsarbeiten bzw. Umbauten. Mehrere Erdbeben (zw. 8. und 14. Jh.) brachten den Pharos zum Einsturz. Zw. 1477 und 1480 ließ der Mamelucken-Sultan Kait Bey auf der Trümmerstätte das nach ihm benannte Fort errichten (1882 durch die Engländer z.T. zerst.). Die seit 1995 durch frz. Archäologen unter Jean-Yves Empereur durchgeführten Forsch. zum antiken Alexandria erbrachten bisher keine neuen Ergebnisse zur Archit. des Pharos. – *Weitere Werke*: In Knidos eine wegen ihrer bes. Anlage berühmte *pensilis ambulatio* (Plin., nat., 36, 83; Lukian., am. 11), offenbar eine mehrgeschossige Wandelhalle mit begehbarem Dach, im Typ den „Hängenden Gärten" vergleichbar. In Delphi ist S. als Architekt und Stifter versch. Gebäude durch Ehrendekrete von ca. 285 und 272 v. Chr. (s.o.) nachgewiesen. In Ägypten legte S. nahe Memphis Kanäle zur Ableitung des Nils an, so daß die Stadt ohne Belagerung eingenommen werden konnte (Lukian., Hipp., 2). ▭ ThB31, 1937. RE, Suppl. VII, 1940 (s.v. S. 11a); EAA VII, 1966 (s.v. S. 4); DEAU VI, 1969; KlP V, 1975. – *Brunn*, GGK, II, 1889, 255 s.; *P. Perdrizet*, REA 1:1889, 261–272; *P. Roussel*, BCH 31:1907, 340–345 (Ehrendekret des Bundes der Nesioten); *M. L. Clarke*, Architectural Hist. 6:1983, 9 ss.; *T. L. Shear Jr.*, Hesperia, Suppl. XVII, 1978, 23 s.; *M. Lauter*, Die Archit. des Hellenismus, Da. 1986, 29; *Müller*, Architekten, 1989, 96, 204–296, Abb. 158. – *Pharos*: *H. Thiersch*, Pharos, L./B. 1909; RE XII. 2, 1925, 2151 s.; XIX, 1938, 1868 s.; *M. Asin Palacios/M. L. Otero*, Al Andalus 1:1933, 241 ss.; *W. Ekschmitt*, Die Sieben Weltwunder, Mainz [8]1991; LdK V, 1993 (s.v. Pharos); *J.-Y. Empereur*, Le Phare, P. 1998; *G. Grimm*, Alexandria, Mainz 1998, 43–45; *M. Pfrommer*, Alexandria, Mainz 1999, 11–14. – *Halle in Knidos*: *Lauter*, op. cit., 1986, 123, Taf. 4a. W. Müller

Sostratos (VI), röm. Gemmen- und Kameenschneider der frühen Kaiserzeit, dessen Œuvre stark umstritten ist. Die Sign. erscheint auf einem *Karneol* mit einer *stiertötenden Nike*, dessen antike Entst. immer wieder angezweifelt wurde. Die Sign. ist auch angebracht auf einem *Kameo* in Neapel (Mus. Archeol. Naz.), der eine *geflügelte Nike* auf einer Biga zeigt, und einem verschollenen *Kameo-Fragm.* mit *Eroten*, die einen von Panthern gezogenen Wagen führen, die ebenfalls angezweifelt wurden. Ledigl. ein *Fragm.* mit den Buchstaben ΣΟΣ in Paris (BN, Cab. des Méd.) bleibt in der Diskussion. ▭ ThB31, 1937. RE III. A. 1, 1927 (s.v. S. 12); EAA VI, 1966, Abb. 512 (s.v. Sostratus); DNP XI, 2001 (s.v. S. 4). – *A. Furtwängler*, JdI 4:1889, 69, Taf. 11, 8; *G. Sangiorgi*, RM 48:1933, 290, Abb. 1, Taf. 49, 3; *Zazoff*, AG, 1983, 291 mit Anm. 140 s. B. Lang

Sotadas (Σοτάδας), griech. Bildhauer, aus Thespiai, in der 1. H. des 5. Jh. v. Chr. in Delphi tätig. Mehrere Basen aus Delphi tragen seine Signatur. Sie können dem Mon. der Hermionäer (Muller-Dufeu, SculptureSource, 2002, 440–443, Nrn 1292

s.) und der Megarer (Muller-Dufeu, Sculpture-Source, 2002, 442 s., Nr 1294) zugeordnet werden. Da die Klammerung auf einer Basis für das Mon. der Hermionäer fast ident. zu der für die Basis für den berühmten Wagenlenker des Polyzalos von Gela ist und dieser auch in der Nähe gefunden worden ist, hat man bisweilen S. als den Fertiger der Wagenlenkerstatue angesehen, was jedoch reine Spekulation bleibt. ▭ ThB31, 1937. RE III. A. 1, 1937 (s.v. S. 9); EAA VII, 1966. – *Lippold*, GrPl, 1950, 112. R. V.

Sotades (Σοτάδες), griech. Töpfer, im 2. V. des 5. Jh. v. Chr. in Athen tätig. Neun Vasen besitzen seine Sign. mit ἐποίησεν oder ἐποίε. Auf diesen Gefäßen weist die Sign. immer wieder die gleiche Struktur auf, in der ersten Linie den Namen des S. und in der zweiten Linie das Verb. Mit Ausnahme von zwei Schalen und einem Kantharos, auf denen die Inschr. aufgemalt ist, wurde die Sign. geritzt. Von den sign. Werken ausgehend hat man weitere Vasen dem S. oder seiner Wkst. zugewiesen. Der Töpfer S. arbeitete insbesondere mit einem Vasenmaler zus., dessen Name wir nicht kennen, der aber *Sotades-Maler* gen. wird und sich durch seine außergewöhnl. Bildthemen auszeichnet. Ebenso mit dieser Wkst. hat wahrsch. → Hegesibulos zusammengearbeitet. Seine Sign. mit ἐποίησεν befindet sich auf einer Schale (Brüssel, Mus. d'Art et d'Histoire, Inv. Nr A 891; ARV[2], 1963, 771, Nr 2; L. Burn, AntK 28:1985, Taf. 31; Add[2], 1989, 287), die in ihrer Form und Technik den Werken des S. sehr nahesteht. And. Vasenmaler wie der *Maler von Florenz 3968*, der *Hippacontist-Painter*, *Maler von Karlsruhe*, *Deckel-Maler* und *Marley-Maler*, schmücken bisweilen in der rotfigurigen Technik Rhyta und Schalen des S. Die Vasen des S. zeichnen sich durch eine große Anzahl an plast. Gefäßen wie auch an bes. originellen Formen und Techniken aus. Seine *Rhyta* und *Phialen*, die in der Regel zu kult. Zwecken benützt worden sind, sind von urspr. oriental. Metallgefäßen beeinflußt worden. Die aus der Form gewonnenen Teile der *Rhyta* können versch. Themen zeigen: Köpfe von Widder, Maulesel, Wildschein oder Hund. Einige der Exemplare mit Widderkopf (z.B. Baltimore, Walters AG, Inv. Nr 48. 2050; ARV[2], 1963, 705, Nr 15; Add[2], 1989, 286; Hoffmann, 1997, Abb. 32–34) greifen auf Modelle zurück, die bereits am A. des 5. Jh. v. Chr. von der *Frühen Widder Klasse* verwendet worden sind, während and., die später zu dat. sind, denen der *Klasse des Brygos* nahestehen. Die Typen mit dem Kopf eines Wildschweins oder Panthers wie auch die *plastischen Gefäße* mit komplexeren Themen wie der Sphinx, dem Krokodil, das einen Afrikaner verschlingt, dem Pygmäen, der einen Kranich hält, der auf einem Pferd reitenden Amazone oder dem ein Dromedar führenden Perser scheinen Erfindungen der Wkst. des S. zu sein. Der einzige von S. gefertigte *Kantharos*, der auch von ihm sign. worden ist (ehem. Golluchow, Slg Czartorysky Nr 76, Beazley, VPol, 1928, Taf. 15 s.), gehört dem *Typus D* an, einer sehr seltenen Form, von der wir nur ein halbes Dutzend Exemplare kennen, die zw. 480 und 420 v. Chr. hergestellt worden sind. Die gerillte Außenfläche der *Phialen* und *Mastoi*, die eine typisch achämenid. Technik bei den Metallgefäßen widerspiegelt, ist ebenfalls char. für die Wkst. des S. Auf den vier erh. Exemplaren mit dieser Technik hat der Töpfer dem Spiel mit dem Reliefcharakter auch noch die Farbkomponente hinzugefügt. Jede Rille ist mit einer and. Farbe verziert, die durch den Brand erreicht wurde: der schwarze Firnis, das Deckweiß und das Korallrot (oder intensive Rot). Diese Farbkombinationen finden sich auch auf zwei Schüsseln, die auf der Athener Agora gefunden und bisweilen der Wkst. des S. zugeschr. worden sind (Athen, Agora-Mus., Inv. Nrn P 16753 und P 2319; B.A. Sparkes/ L. Talcott, Agora XII, 1970, 241, Nrn 67 s., Taf. 4). Neben der gerillten äußeren Wandung und der Verwendung von Korallrot und schwarzem Firnis für die Ausschmückung der Gefäße besitzen diese beiden Stücke auch Knopfhenkel (*wishbone* oder *merrythought handles*). Diese Art von Henkel ist sehr selten in der att. Keramik und wurde in der M. des 6. Jh. v. Chr. wahrsch. durch den *C-Maler* oder → Ergotimos eingeführt und durch S. und seine Wkst. wiederaufgenommen. Letztere stellen zwei Schalenformen mit diesen Henkeln her: – 1.) *fußlose (stemless) Schalen*; – 2.) *Schalen mit hohem dünnen Fuß*. Einige dieser *Schalen* (London, BM, Inv Nrn D5-D7; ARV[2], 1963, 763, Nrn 1–3; Para, 1971, 415; L. Burn, AntK 28:1985, Taf. 23, 1–2; 24, 1–4; 27; Add[2], 1989, 286) zeichnen sich durch die neue Verwendung von Deckweiß aus, das die ganze Schaleninnenseite bedeckt. Diese Technik, bei der die figürliche Szene durch einen dünnen schwarzen Strich oder einfach durch ein schwarzgefirnißtes Band am Rand begrenzt werden kann, wird von nun an für die weißgrundigen Schalen eine übl. Arbeitsweise. Parallel zu diesen Vasen stellt die Wkst. auch eine Reihe von *fußlosen Schalen* mit den trad., allg. üblichen Henkeln her. Bisweilen wird Korallrot wie bei den *Phialen* und *Mastoi* verwendet wie auch die Kombination von Deckweiß und Korallrot. Beide Anwendungen sind typ. für die Wkst. des S. Ein and. Element, das wahrsch. aus der Arbeit des Töpfers hervorgeht,

ist das Auftauchen eines geritzten vegetabilen Dekors im Medaillon von einigen Schalen. Weiterhin kennen wir unter den seltenen, von S. hergestellten Formen einen großen *Astragal*, der vom *Sotades-Maler* mit einer Szene geschmückt worden ist, deren Bedeutung immer noch umstritten ist (London, BM, Inv. Nr E 804; ARV², 1963, 765, Nr 20; Add², 1989, 286; Hoffmann, 1997, Abb. 60–63). Neben der Herstellung von *Rhyta* und der Verwendung einer gerillten Außenfläche für die *Phialen* und die *Mastoi*, zeigen auch die Themenwahl auf einigen plast. Gefäßen wie das von einem Perser gezogene Dromedar oder das einen Afrikaner verschlingende Krokodil oriental. Einfluß. Diese Verbindung scheint sich in der bes. Verteilung der Gefäße dieser Wkst. zu bestätigen. Bisher wissen wir nur von wenigen Gefäßen, die nach Etrurien exportiert worden sind, was für die rotfigurige att. Keramik dieser Zeit ungewöhnl. ist. Hingegen stammen eine bedeutende Anzahl von Vasen von der Ägäis (Rhodos und Ägina), von dem ö. Mittelmeerraum (Ägypten und Zypern), vom Schwarzen Meer (S-Rußland), aber auch von weit entfernten Gebieten wie dem Sudan und Persien. Aus Griechenland (Attika und Böotien), S-Italien und Sizilien kommen ebenfalls Vasen dieser Werkstätte. Die bes. Wertschätzung der *Rhyta* aus dieser Wkst. in S-Italien führten auch dort bis zum E. des 4. Jh. v. Chr. zur Herstellung von Rhyta, die von den Modeln des S. abgeleitet werden können. ▭ RE III. A. 1, 1927 (s.v. S. 4); EAA VII, 1966. – *H. Hoffmann*, Attic red-figured rhyta, Mainz 1962, 19 ss.; ARV², 1963, 763 ss.; *H. Hoffmann*, Tarentine rhyta, Mainz 1966, 105 ss.; Para, 1971, 415; *J. R. Mertens*, Attic white-ground. Its development on shapes other than lekythoi, Lo. 1977, 145 ss., 172 ss.; Add², 1989, 286–287; *H. Hoffmann*, S., symbols of immortality on Greek vases, Ox. 1997.
A. Tsingarida

Sotas (Σώτας), griech. Bildhauer, tätig gegen E. des 1. Jh. n. Chr. Der Name S. findet sich auf einer Rundbasis aus pentelischem Marmor, die in Eleusis gefunden wurde und urspr. die (heute nicht mehr erh.) *Statue der Priesterin Flavia Laodamia* trug. Von der Weih-Inschr. ist die darunter befindl. Künstlernennung durch kleinere Buchstaben abgesetzt (A. Skias, AEphem 3:1894, 181, Nr 22). ▭ ThB31, 1937. RE III. A. 1, 1927 (s.v. S. 2); EAA VII, 1966. A. Backe

Soter ([Σω]τή[ρ]), evtl. ägypt. Herkunft, Architekt, im frühen 1. Jh. n. Chr. in Mittelägypten tätig. In einer Weih-Inschr. von 11 n. Chr. im Wadi Semna/Ägypten läßt sich der Name des S. neben dem seines Kollegen → Mersis ergänzen, da beide auch in einer Inschr. aus dem Wadi Hammamat zus. gen. sind. Die erste Inschr. bezeichnet sie als Architekten eines nicht weiter bek. *Bauwerkes für Pan*. Ob S. als Architekt auch in den Steinbrüchen der Gegend tätig war, ist unklar, da weitere Hinweise auf ihn fehlen und nicht bek. ist, ob mehrere Architekten gleichzeitig die Arbeiten in den Steinbrüchen leiteten. ▭ *Donderer*, Architekten, 1996, 36, 155 s., Nr A 60, Taf. 22. B. Bollmann

Soterichus, röm. Gefäßhersteller, in der Kaiserzeit tätig. Nur bek. durch seine Grab-Inschr. aus Colognola bei Verona (CIL, V, 3428). ▭ *Calabi Limentani*, Studi, 1958, 172, Nr 168. R. V.

Soteros (Σώτηρος), aus Chaironeia, griech. Erzbildner, in der Kaiserzeit tätig. Nur bek. durch seine Grab-Inschr. aus Aidepsos (IG, XII. 9, 1241; EpGr, 1878, Nr 269). ▭ RE III. A. 1, 1927 (s.v. S. 2); EAA VII, 1966. R. V.

Sotes (Σώτης), griech. Töpfer, in der 2. H. des 6. Jh. v. Chr. in Athen tätig. S. ist nur durch eine Sign. auf einem schwarzfigurigen, fragm. erh. *Teller* von der Athener Agora bek. (Agora Mus., Inv. Nrn P 2325C, AP 1859A-B). Außer der Töpfer-Sign., ΣΟΤΕΣ ΜΕ Π[ΟΙ] [Ε]ΣΕΝ, ist auch der Name des Malers des Tellers, → Paideros (I), erhalten. ▭ ABV, 1956, 348, 695; Add², 1989, 94; *Immerwahr*, AttScr, 1990, Taf. 14, 69.
T. Mannack

Soton (Σώτων), Sohn des Polyouchos, griech. Bildhauer, im 2./1. Jh. v. Chr. in Phistyon/Ätolien tätig. Nur bek. durch seine Sign. auf einer Basis für eine *Statue* aus dem Heiligtum der syrischen Aphrodite aus Phistyon (IG, IX. 1, 418). ▭ ThB31, 1937. RE III. A. 1, 1927; EAA VII, 1966. – *Loewy*, IGB, 1885, 195, Nr 276. R. V.

Spatalos (Σπάταλος), ein im 4. Jh. n. Chr. in Paphos/Zypern tätiger Mosaizist. Seine Sign. CΠΑΤΑ[ΛΟ]C ΚΑΜΕ ΤΕΥΞΑC (Spatalos, der auch mich erschaffen hat) findet sich im unteren Teil einer figürl. Darst. auf einem *Mosaik*, das 1996 während der Einrichtung des archäol. Parks im antiken Nea Paphos gefunden wurde. Diese Darst. ist eingerahmt von einem schwarzen Hakenkreuzmäander mit einfachem Rücklauf, einem dunkelgrauen Band, einem Band aus getreppten Dreiecken in Bordeauxrot auf weißem Grund, einem weißen Band und schließl. einem schwarzen. – Auf einem nahezu quadrat. Feld ist eine aufrechtstehende Frau in Dreiviertelansicht abgebildet. Kaum den Fluten entstiegen, schüttelt sie mit ihren Händen ihr langes Haar aus. Ihre Füße stehen schon auf festem Boden. Hinter den Beinen lassen wellenförmige blau-graue Linien die Wasseroberfläche erahnen. Die Frau trägt einen goldenen Armreif am Handgelenk, einen and. am Arm und einen am Fußknöchel. Es handelt sich hier um eine Darst. der Aphrodite Anadyomene. Mit ihrem eher lose herabhängenden und abgewinkelten linken Arm hält sie mit der Hand die Haare weit vom Körper weg. Ihre Haltung paßt nicht zum gängigen Schema auf Mosaiken, sondern erinnert vielmehr an bestimmte Bronzestatuetten aus dem ö. Teil des Röm. Reiches, die die Göttin mit herabgesenktem linkem Arm und mit der rechten erhobenen Hand ein Bändchen schwingend darstellen. – Die Inschr., auf weißem Grund mit kleinen schwarzen *tessellae* gezeichnet, gibt uns den Namen eines Mosaizisten an, der in dieser Sign. darüber hinaus sehr deutl. unterstreicht, in diesem Ort noch and. Mosaiken geschaffen zu haben. S. ist bisher nicht unter den antiken Mosaizisten vertreten, aber der Name als solcher ist in der kaiserzeitl. Epoche gut bek., v.a. in Kleinasien und in Ägypten. Die Schreibweise bestimmter Buchstaben der Sign. findet ihre engsten Parallelen in Antiocheia und v.a. auf Zypern. Sowohl durch seinen Namen als auch durch seine Kunst, einschl. der Ikonogr. der Göttin, ist S. in dem ö. Mittelmeerraum verankert. – Um sein Werk zu beschreiben, benutzt er das Verb τεύχειν, was bis zum heutigen Zeitpunkt einmalig in der Mosaikkunst ist, was aber häufig in and. Bereichen (z.B. in der Kleinkunst und Archit.) zu finden ist. Im Fall der Inschr. von Paphos ist die transitive Form gemeint, zu der das Objekt zu ergänzen ist. Der Schwerpunkt der Bedeutung liegt auf der künstler. Handarbeit. S. hat nicht nur die Steine zusammengesetzt, sondern auch den Entwurf vorbereitet. ◻ *W. A. Daszewski*, Spatalos et la déesse de l'amour, in: *P. Linant de Bellefonds* (Ed.), ἀγαθὸς δαίμων. Mythes et cultes. Et. d'iconogr. en l'honneur de Lilly Kahil, At. 2000 (BCH, Suppl., 38), 111–115. – *Generell zu den Sign. der Mosaizisten*: *Donderer*, Mosaizisten, 1989. W. A. Daszewski

Sphyllos (σφύλλος), griech. Bildhauer, E. des 7. Jh./1. V. des 6. Jh. v. Chr. in Castiglione tätig. Nur bek. durch seine Sign. auf einer *Kalksteingruppe eines Kriegers auf Pferd*. An den Seiten des Reliefs befinden sich vollplast. Protomen eines Stiers und einer Sphinx. Lt. Inschr. handelt es sich bei diesem Krieger um Pyrrinos (Πύρρινος), dem Sohn des Pytikkas. Die Skulpt. wurde im Februar 1999 in einer Nekropole von Castiglione gefunden. ◻ *G. Di Stefano*, Il Mus. Archeol. Ibleo di Ragusa, Na. 2001, 57 s., 67 s., Abb. 77–79. R. V.

[S]piklos ([Σ]πίκλος), griech. Silberschmied, in der 1. H. des 4. Jh. n. Chr. in Nikomedeia tätig. Nur bek. durch seine Sign. auf einer *Silberschale* des Silberschatzes von Kaiseraugst/ Schweiz. ◻ *M. A. Guggisberg*, in: *id.* (Ed.), Der spätröm. Silberschatz von Kaiseraugst. Die neuen Funde, Augst 2003 (Forsch. in Augst 34), 66–68, Nr 81, Abb. 33 s., Taf. 22 s.; *H. Lieb/M. A. Speidel*, in: *Guggisberg*, ibid., 2003, 175, Nr 81, Abb. 189. R. V.

Spintharos (Σπίνθαρος), griech. Architekt aus Korinth, seit ca. 366 v. Chr. bis spätestens zum Beginn des 3. Heiligen Krieges (356 v. Chr.) als Architekt des spätklass. *Apollon-Tempels VI* in Delphi tätig (Paus., 10, 5, 13). Zuzuweisen sind ihm Entwurf, Fundament, Unterbau und Aufstellung der Säulen. Forts. der Arbeiten bis zur Voll. des Tempels um 320 v. Chr. unter den Architekten → Xenodoros und → Agathon (III). – Der Bau war ein mit ion. Details bereicherter dorischer Peripteros mit 6:15 Säulen, Pronaos und Opisthodom *in antis*. Fundament und Krepis bestanden aus graublauem Kalkstein vom Parnassos (Hagios Elias), der Oberbau aus korinthischem Poros, das korinthische Dach mit den Simen, die ionische Cella-Säulen und wahrsch. auch das zugehörige Gebälk aus Marmor. Im Rahmen der frz. Ausgrabungen im Apollon-Heiligtum (seit 1892) Freilegung der stark verwüsteten Ruine des Tempels. Wieder aufgerichtet: einzelne Frontsäulen der S- und O-Seite sowie ein Teil der SO-Ecke. ◻ ThB31, 1937. RE III. A. 2, 1929 (s.v. S. 2); Suppl. V, 1931, 127 s. (s.v. Delphoi); EAA VII, 1966; DEAU VI, 1969. – *Brunn*, GGK, II, 1889, 256 (hier S. irrtüml. auf den spätarchaischen Apollon-Tempel V bezogen); *Müller*, Architekten, 1989, 206 s., Abb. 35; *Svenson-Evers*, Architekten, 1996, 330–337 (mit Lit.). – *Zum Bau*: FDelphes, II, 1921, 113–115; *W. B. Dinsmoor*, The archit. of Ancient Greece, Lo. 1950, 217; *Gruben*, Tempel, ^{4}1986, 76–80, Abb. 62–67. W. Müller

Spudias (Σπουδίας), aus Athen, griech. Bildhauer, im 4. Jh. v. Chr. in Epidauros tätig. Nur bek. durch seine Sign. auf einer Basis aus dem Heiligtum des Asklepios in Epidauros für eine *Bronzestatue*, die von Damaratos, Sohn des Asterinos, dem Asklepios gew. worden ist (IG, IV, 1208; IV^{2}, 261; Muller-Dufeu, SculptureSource, 2002, 812 s., Nr 2419). ◻ ThB31, 1937. RE III. A. 2, 1929; EAA VII, 1966. – *P. Kavvadias*, AEphem 3:1884, 28 s., Nr 74; *Loewy*, IGB, 1885, 388, Nr 135 d. R. V.

Spurius Mesor, *M(arcus)*, vermeintl. röm. Mosaizist des 1. Jh. v./n. Chr. in Pompeji. Nur bek. durch seine Namensnennung auf einem Estrichboden aus Pompeji VII, 3, 29 (CIL, X, 879). Die tria nomina spricht eher für den Hausbesitzer als für einen Mosaizisten. ▭ *H. Heydemann*, AZ 3:1871, 65; *G. Fiorelli*, Descrizione di Pompei, Na. 1875, 207; *M. della Corte*, Case ed abitanti di Pompei³, Na. 1965, 148 s., Nr 260 s.; *P. Castrén*, Ordo Populusque Pompeianus, R. 1975, 224, Nr 386; *Donderer*, Mosaizisten, 1989, 111 s., Nr A 87, Taf. 51, 1. R. V.

Stadieus (Σταδιεύς), aus Athen, Lehrer des Bildhauers → Polykles (II), griech. Bildhauer, in der 2. H. des 3. und in der 1. H. des 2. Jh. v. Chr. tätig. Nur bek. durch die Erw. des Pausanias (6, 4, 5; Overbeck, SQ, 1868, Nr 2208), daß S. der Lehrer des → Polykles (II) war, der in diesem Zusammenhang als Fertiger der *Statue des Amyntas von Eresos* beschrieben worden ist. ▭ ThB31, 1937. RE III. A. 2, 1929 (s.v. S. 1); EAA VII, 1966 (s.v. S. 2). – *Lippold*, GrPl, 1950, 349, Anm. 7. R. V.

Stadios, griech. Maler, im 3./2. Jh. v. Chr. tätig. Lt. Plinius (nat., 35, 146; Overbeck, SQ, 1868, Nr 2114) waren S. und → Theodoros (VI) Schüler des → Nikosthenes (II). ▭ ThB31, 1937. RE III. A. 2, 1929; EAA VII, 1966. – *Brunn*, GGK, II, 1889, 285; *Pfuhl*, MuZ, II, 1923, 918. R. V.

Staglius Aprod[...], röm. Toreut, in augusteischer Zeit in Aqulileia/N-Italien tätig. Nur bek. durch seine Sign. auf einer *Schöpfkelle* oder einem *Sieb* aus Bronze aus Cuzdrioara, Cluj/Rumänien (heute Cluj-Napoca, Muz. Transilvaniei, Inv. Nr I. 10437a). ▭ *R. Petrovszky*, Stud. zu röm. Bronzegefäßen mit Meisterstempeln, Buch am Erlbach 1993, 167, Nr S.14, p. 302, Nr S.14.01, Taf. 26, 42. R. V.

Staglius Philoca(lus?), röm. Toreut, in augusteischer Zeit in Aquileia/N-Italien tätig. Nur bek. durch die Sign. auf den folgenden 12 Bronzegefäßen: – 1.) *Kasserolle* aus der Laibach bei Vrhnika (Nauportus)/Slowenien (heute Ljubljana, NM, Inv. Nr R 1876; A. Radnóti, Die röm. Bronzegefäße von Pannonien, Bp./L. 1938, 38, Anm. 78 s., Taf. 2, 9; 17, 3 c; Petrovszky, 1993, 299, Nr S. 13. 01, Taf. 26, 42); – 2.) und 3.) *Schöpfkelle und Sieb* aus dem Brandgrab A von Goeblingen-Nospelt „Scheierheck"/Luxemburg (heute Luxemburg, Mus. de l'Etat; W. G. Thill, Hémecht 19:1967, 90 s., Nrn A 35 s., Taf. 1, 9 s.; 7, 2 s.; Petrovszky, 1993, 299 s., Nrn S.13.02–S.13.03); – 4.) *Sieb* aus dem Brandgrab B von Goeblingen-Nospelt „Scheierheck"/Luxemburg (heute Luxemburg, Mus. de l'Etat, Inv. Nr 1966–76/B 40; W. G. Thill, Hémecht 19:1967, 91, Nr B 40, Taf. 1, 8; 4, 4; Petrovszky, 1993, 300, Nr S.13.04); – 5.) *Schöpfkelle* aus der Saône bei Epervaus (Saint-Marcel)/Frankreich (heute Chalon-sur-Saône, Mus. Denon, Inv. Nr 81. 19. 2; H. G. de Semainville, Gallia 41:1983, 411 s., Abb. 18; F. Baratte u.a., Vases antiques de métal au Mus. de Chalon-sur-Saône, Dijon 1984, 76 s., Nr 102, Taf. 36, 66; Petrovszky, 1993, 300, Nr S.13.05, Taf. 26); – 6.) und 7.) *Sieb und Schöpfkelle* aus der Brandschicht des „Offizierskasinos" von Haltern/Deutschland (heute Haltern, Röm.-German. Mus., Inv. Nr 06. 600; G. Kropatschek, Mitt. der Altertums-Komm. Westfalen 5:1909, 342, Nrn 15a und b, Abb. 5a, Taf. 34, 2; 35, 3 und 5–7; Petrovszky, 1993, 300 s., Nrn S.13.06–S.13.07); – 8.) und 9.) *Sieb und Schöpfkelle* aus der Brandschicht des „Offizierskasinos" von Haltern/Deutschland (heute Haltern, Röm.-German. Mus., Inv. Nr 07. 600; G. Kropatschek, Mitt. der Altertums-Komm. Westfalen 5:1909, 343, Nrn 15c und d, Abb. 5b, Taf. 34, 3 s.; 35, 2 und 4; Petrovszky, 1993, 301, Nrn S.13.08–S.13.09); – 10.) *Sieb* aus Pompeji (heute Neapel, Mus. Archeol. Naz., Inv. Nr 77610; F. Baratte u.a., Vases antiques de métal au Mus. de Chalon-sur-Saône, Dijon 1984, 77, Nr 102; Petrovszky, 1993, 301, Nr S.13.10); – 11.) und 12.) *Schöpfkelle und Sieb* aus dem Brandgrab III von Dobřichov-Pičhora, Kolín/Tschech. Republik (heute Prag, NM, Inv. Nr IV. 53. 337; CIL, XIII. 3/2, 10036, 89; V. Sakař, Fontes Archeologici Pragenses 14:1970, 8, Abb. 3, 13 s.; Petrovszky, 1993, 301 s., Nrn S.13.11–S.13.12, Taf. 26). Die Gefäße des S. wurden, wie die Fundorte in Italien, Tschechien, Slowenien, Frankreich, Luxemburg und Deutschland zeigen, weit vertrieben. Auffällig ist, daß er v.a. Schöpfkellen und Siebe in Paaren herstellte und verkaufte. ▭ *R. Petrovszky*, Stud. zu röm. Bronzegefäßen mit Meisterstempeln, Buch am Erlbach 1993, 167, Nr S. 13, pp. 299–302, Nrn S.13.01–S.13.12, Taf. 26, 42. R. V.

Stallius, *C.* und *M.*, röm. Architekten und Brüder, Söhne des C. Stallius, in der 1. H. des 1. Jh. v. Chr. in Athen tätig. Lt. einer Marmorbasis aus Athen (IG, III, 541; II/III², 3426; OGIS, I, 354) stifteten C. und M. St. sowie → Melanippos (II) eine *Statue für Ariobarzanes II. Philopator* von Kappadokien (65–52 v. Chr.), dem sie den Auftrag für den *Wiederaufbau des perikleischen Odeions* in Athen verdankten, das während der Eroberung Athens durch Sulla 86 v. Chr. zerst. worden war.

⊏⊐ ThB31, 1937. RE III. A. 2, 1929 (s.v. St. 1 und 2); EAA VII, 1966 (s.v. Stallius). – *Brunn*, GGK, II, 1889, 256; *J. Hatzfeld*, Les trafiquants italiens dans l'orient hellénique, P. 1919, 76, Anm. 3; *W. Judeich*, Topographie von Athen, M. ²1931, 97, 306; *Müller*, Architekten, 1989, 207 s.; *Donderer*, Architekten, 1996, 33, 35 s. R. V.

Stallius, *M.* cf. **Stallius,** *C.*

Stasias (Στασίας), aus Argos, griech. Bildhauer, in der 1. H. des 3. Jh. v. Chr. in Kameiros tätig. Nur bek. durch seine Sign. auf einer Basis aus Kameiros für eine *Statue*, die von Agathokles, einem Priester der Athena, um 276 v. Chr. gew. worden ist. ⊏⊐ EAA VII, 1966. – *M. Segre/G. Pugliese Carratelli*, ASAtene 27–29:1949–1951, 205, Nr 54 mit Abb. R. V.

Stasikrates → Deinokrates (II)

Statilius Myro, *T.*, Bruder des Legionstribunen Statilius Dionysius, röm. Bühnenmaler, am A. des 3. Jh. n. Chr. in Rom tätig. Nur bek. durch eine Inschr. aus Rom, die der Plautilla gew. war (CIL, VI, 1074). ⊏⊐ RE XVI. 1, 1933 (s.v. Myron 14); EAA V, 1963. R. V.

Statios (Στατίος), vermeintl. griech. Töpfer des 4./3. Jh. v. Chr. Auf einem Gnathia-Kantharos aus der Basilicata/S-Italien (heute London, BM, Inv. Nr F 594; CVA, London, BM, I, IV D c, Taf. 4, 16) wurde dieser Name von einem neuzeitl. Fälscher eingeritzt. ⊏⊐ ThB31, 1937 (s.v. Statius). RE III. A. 2, 1929; EAA VII, 1966 (s.v. S. 2). – *Brunn*, GGK, II, 1889, 501. R. V.

Statius → Satius

Statius → Statios

Staurachios Ezbontinos und **Euremios** (Σταυράκιος Ἐζβοντῖνος und Εὐρεμῆος), byz. Mosaizisten, um 750 n. Chr. in Umm al-Rasas tätig. Die zwei Mosaizisten fügten ihre Namen zum Datum und den Namen der Stifter der Kirche des Hl. Stephanos hinzu, die 1986 in Umm al-Rasas, 30 km sö. von Madaba, ausgegraben worden ist, dessen Stätte mit Kastron Mefaa identifiziert werden konnte. Die Inschr. zu beiden Seiten des Altars ist Teil eines oberen Bodenmosaiks, das nur im Bereich des Altarraumes gefunden worden ist. Die Inschr. besagt, daß das Mosaik z.Z. des Bischofs Job von Madaba im Jahre 650 der Prov. Arabien (d.h. im Jahre 756 n. Chr.) von den Mosaizisten S. E., Sohn des Zada, und dessen Kollegen E. gefertigt worden ist (Μνήσθιτη Κ[υρίε] τοῦ δοῦλου σου Σταυρακήου τοῦ ψιφωθέτου Ἐζβοντίνου ἰοῦ τοῦ Ζαδα καὶ Εὐρεμήου ἑτέρου αὐτοῦ). S. E. (aus Esbounta-Esbous, der Stadt n. von Madaba) ist der erste Mosaizist in der Region, dessen Herkunft bek. ist. Daher dürfen er und E. nicht mit den anonymen Mosaizisten verwechselt werden, die für die reiche dekorative Ausschmückung des Hauptteils der Kirche mit der Darst. der Städte von Palästina, Jordanien und Ägypten verantwortl. zeichneten. – Das Programm des Heiligtums in Form eines Gammas ist in zwei unterschiedl. Komp. unterteilt, die von einem Flechtband umgeben sind: das Mosaik im Bereich der Apsis mit dem Altar und das quadrat. Feld gegenüber dem s. Gottesdienstraum. – Der halbkreisförmige Bereich hinter dem Altar ist mit einem *polychromen Mosaik* geschmückt, das mit dem Namen eines bes. Stifters, Maria, ö. des Altars beginnt, während der Bereich vor dem Altar ein Muster von sich überschneidenden Kreisen aufweist. Die zwei Felder sind durch die griech. Inschr. und den Altar getrennt. Das *Quadrat* vor dem s. Gottesdienstraum, das von einem Flechtband umgeben ist, ist mit einem Medaillon mit in sich verschlungenen Kreisen und einem Kreuz aus Blumen unter Hinzufügung von zwei sich überschneidenden Kreisen und zwei Gefäßen in den Ecken des Quadrates geschmückt. – Das *obere Mosaik* der Kirche des Hl. Stephanos steht in techn. Hinsicht sowohl dem Mosaikfeld nahe, das z.Z. des Bischofs Job im Jahre 762 in der Kap. des Theotokos im Wadi Ayn al-Kanisah auf dem Berg Nebo entstanden ist, wie auch dem neuen Mosaikboden der Kirche der Jungfrau Maria in Madaba, der – aus der Zeit des Bischofs Theophanes stammend – in das Jahr 767 n. Chr. dat. werden kann. Die drei Komp. sind die letzten dat. Werke einer langen Mosaiktradition in Jordanien. ⊏⊐ *Donderer*, Mosaizisten, 1989, 79, Nr A 38, Taf. 24, 2; *M. Piccirillo*, The mosaics of Jordan, Amman 1993, 220, 238 s.; *id./E. Alliata*, Umm al-Rasas Mayfa'ah I. Gli scavi del complesso di Santo Stefano, Jerusalem 1994, 242 s., Nr 1b; *A. Michel*, Les églises d'époque byz. et umayyade de Jordanie, Turnhout 2001, 392. Fr. M. Piccirillo

Stephanios cf. **Symeos**

Stephanos (I) (Στέφανος), griech. Bildhauer, in der 2. H. des 1. Jh. v. Chr. in Rom tätig. Sein Name ist uns in einer einzigen Sign., auf der Statuenstütze einer marmornen *Jünglingsstatue*, erhalten. Die Sign. lautet Στέφανος Πασιτέλους μαθητὴς ἐπόει. Der Künstler weist hier ausdrückl. auf seinen Lehrmeister → Pasiteles hin. Eine im Aufbau vergleichbare Künstler-Sign. findet sich noch an der sog. Orest-Elektra-Gruppe im Thermen-Mus. in Rom. Hier bez. sich der Bildhauer Menelaos (→ Cossutius Menelaos, Marcus) als Schüler des St. (Loewy, 1885; Amadio 1993). Allem Anschein nach war der inschr. Hinweis auf den Lehrmeister ein Phänomen der pasitelischen Bildhauerschule, da sich eine konventionelle griech. Bildhauer-Inschr. aus einer prosaischen Formel zusammensetzt, in der man den Künstlernamen, ein Patronymikon, das Ethnikon und das Verb ποιεῖν lesen kann. In der S.-Sign. findet sich zudem die seltene Verbform ἐπόει, eine Schreibweise des Imperfekt, die in Bildhauer-Inschr. nur selten vorkommt und von Donderer (1988, 65 mit Anm. 13–15) als attische Gepflogenheit bez. wird. Möglicherweise eine Evokation auf Athen, dem Zentrum der griech. Bildhauerkunst in klass. Zeit. Schließl. zitieren auch die eklekt. Statuen der Pasitelesschule in vielen Details die *Opera Nobilia* der frühklass. Kunst. Nach Zanker (1974, 51) gibt die Inschr. keinen Aufschluß darüber, ob die Skulpt. des St. eine eigenständige eklekt. Erfindung des Künstlers ist oder ob sie ledigl. eine Kopie eines frühklass. Werkes darstellt. Jedoch lassen sich Künstler-Sign. an Marmorstatuen im 2. und 1. Jh. v. Chr. ledigl. an Neuschöpfungen oder statuarischen Unikaten nachweisen. Das Verb ποιεῖν meint demnach nicht nur das handwerkl. Herstellen einer Marmorstatue, sondern impliziert in den Schaffensprozeß den Sinngehalt von Kreieren, Komponieren, Erfinden. – Etym. läßt sich „Stephanos" mit „Kranz" übersetzen. In der Antike galten Kränze als Ehrenbezeugung für Sieger in Kriegen, aber auch in sportl. und künstler. Wettkämpfen. Unklar ist, ob es sich bei dem Namen St. um das tatsächliche Praenomen oder nur um ein in der Antike allseits bek. Cognomen des Künstlers handelte. Sollte es das Cognomen des Bildhauers sein, so stellt sich die Frage, ob er diesen ehrenvollen Beinamen als Meisterschüler des → Pasiteles in einem Künstlerwettstreit erhielt. – Die Lebenszeit des Bildhauers → Pasiteles ist durch literarische Quellen sehr gut bezeugt (Plin., nat., 35, 156; 36, 39–41). Da er ein Zeitgenosse des Pompejus war, wird man den Höhepunkt seines Schaffens um die Mitte des 1. Jh. v. Chr. ansetzen dürfen (Koch, 1954–57). Sein Schüler S. muß daher in der Zeit des sog. zweiten Triumvirats gelebt und gearbeitet haben. Plinius (nat., 36, 33) berichtet, daß Asinius Pollio die Appiaden des St. besaß. Wahrsch. handelte es sich bei den Appiaden um statuar. Darst. von Wassernymphen, die an einem Brunnen auf dem Caesarforum vor dem Tempel der Venus Genetrix standen. Vermutl. hatte Asinius Pollio Kopien oder Nachbildungen dieser Nymphenstatuen, gefertigt vom Bildhauer St., in seinem Garten aufgestellt (Wernicke, in RE, 1895, 238; Ov., ars, 1, 82; 3, 452). – Die unterlebensgroße Marmorfigur des St. wurde 1769 gefunden und befindet sich heute in der Slg Villa Albani in Rom (Inv.-Nr 906; Linfert, 1989). Angaben über den Fundort sind bisher nicht bekannt. Die Statue hat nur wenige neuzeitl. Erg., so daß das urspr. Erscheinungsbild durch die Restauratoren nicht wesentl. verändert wurde. Dargestellt ist ein stehender, nackter Jüngling mit schlanken Gliedmaßen, aber auffallend breiten Schultern. Er steht auf dem linken Bein, das rechte Bein ist leicht zur Seite gestellt. Sein rechter Arm führt seitl. am Körper herab, der linke war rechtwinklig angehoben. Vermutl. hielt der Jüngling einen Gegenstand, auf den sein Blick gerichtet war. Trotz der Erg. an der oberen Kopfpartie lassen geringe Marmorreste in den Haaren eine Binde erkennen. Aufgrund dieser Haarbinde wird das Werk des St. als Athlet interpretiert. Eine konkrete Deutung des Motivs sowie eine inhaltl. Rekonstruktion der Darst. gibt es bisher nicht. Schräg hinter dem Standbein steht eine als säulenartiger Baumstamm gestaltete Statuenstütze. Sie hat drei große, tropfenförmige Astansätze auf der Rückseite sowie eine geglättete Fläche mit der Sign. auf der Vorderseite. Als Landschaftselement verleiht die Baumstammstütze der Figur einen dekorativen Rahmen. Sie dient vorrangig als Stabilisator und Inschr.-Träger, läßt sich aber weder inhaltl. noch attributiv interpretieren. – Trotz einer eig. röm. Formauffassung zit. der Bildhauer St. in seiner Statue den Char. und Zeitstil diverser klass. Vorbilder. Zahlr. Repliken und Umbildungen beweisen, daß sich der Typus des sog. Stephanosathleten in der röm. Kaiserzeit großer Beliebtheit erfreute. Anhand der lit. Quellen sowie der großen Anzahl an Kopien der Jünglingsfigur wird deutl., daß der Bildhauer St. im 1. Jh. v. Chr. eine bek. Künstlerpersönlichkeit gewesen sein muß. ▭ ThB31, 1937. RE II. 1, 1895, s.v. Appias; EAA VII, 1966; DA XXIX, 1996. – IG, XIV, 1261; *Loewy*, IGB, 1885, 262, Nr 374; *Brunn*, GGK, I, 1889, 415, Nr 374; *F. Muthmann*, Statuenstützen und dekoratives Beiwerk an griech. und röm. Bildwerken, He. 1951; *M. Borda*, La Scuola di Pasitele, Bari 1953, 22 ss.; *H. Koch*, Eine Vermutung über den Künstler Pasiteles, Vjes Dal, 56–59, 1954–57, 169 ss.; *Ridgway*, Severe Style, 1970, 135, Abb. 174; *R. Wünsche*, Der Jüngling vom Magdalensberg, in: *J. A. Schmoll gen. Eisenwerth* (Ed.), Festschr. Luitpold Dussler, M. 1972, 60 ss.; *P. Zanker*, in: Helbig[4], IV, 1972, Nr 3236; *P. Zanker*, Klassizist. Statuen, Mainz 1974, 49 ss.; *E. Simon*, JdI 102:1987, 291 ss.; *M. Donderer*, ZPE 73:1988, 63 ss.; *A. Linfert*, in: *P. C.*

Bol (Ed.), Forsch. zur Villa Albani, I, B. 1989, 89 ss., Nr 20; *A. A. Amadio*, in: *A. Giuliano* (Ed.), La coll. Boncompagni Ludovisi. Algardi, Bernini e la fortuna dell'antico (K Rom, Palazzo Ruspoli), Ve. 1993, 176 ss., Nr 21; *Moreno*, Scultura, II, 1994, 745 ss.; *M. Fuchs*, In hoc etiam genere Graeciae nihil cedamus, M. 1999, 62, 73 ss., 79.

H. Weinstock

Stephanos (II) (Στέφανος) aus Aila (Eilath/Aqaba), Sohn des Martyrios, Diakon und Architekt/Baumeister (τέκτων), in der M. des 6. Jh. n. Chr. auf dem Sinai tätig. Sein Name und Beruf finden sich zus. mit den Namen seiner Kinder Nonna (deren Grabstein möglicherweise in Beersheba gefunden wurde) und Georg in einer Anrufungs-Inschr. auf einem der Holzbalken des Dachstuhls der *Kirche des Katharinenklosters* auf dem Sinai (dat. zw. 548 und 565 n. Chr.). Der prominente Platz dieser Inschr. – auf den weiteren Balken findet sich die Stiftungs-Inschr. des Kaisers Justinian und der bereits verstorbenen Kaiserin Theodora – spricht dafür, in ihm den Architekten der Kirche zu sehen, nicht nur den Zimmermann des Dachstuhles (so Kretikakou [1990] und Feissel [2000]). ▭ *V. Beneševič*, Byzantion 1:1924, 151 s.; *I. Ševčenko*, DOP 20:1966, 257, 262, Nr 3; *G. H. Forsyth*, ibid. 22:1968, 9, 15; *G. H. Forsyth/K. Weitzmann*, The monastery of Saint Catherine at Mount Sinai. The church and fortress of Justinian, Ann Arbor 1973; *K. Weitzmann*, in: *J. Galey* (Ed.), Das Katherinenkloster auf dem Sinai, St./Z. 1979, 57, 82 s., 188, Anm. 8; *E. G. Dauterman Maguire*, The capitals and other granite cavings at Justinian's church on Mount Sinai, Diss. Harvard 1986, 9–11, 406 ss.; *P. Grossmann*, in: *K. A. Manafis* (Ed.), Sinai, Treasures of the monastery of Saint Catherine, At. 1990, 34–36; *K. I. Kretikakou*, in: *I. Aslanes* (Ed.), Poikila, At. 1990, 389 s.; *M. Sartre*, IGLS, XXI, P. 1993, 190; *D. Feissel*, Antiquité tardive 8:2000, 87, Anm. 59, p. 100 mit Anm. 149.

M. Dennert

Stephanos (III), byz. Mosaizist, in der Spätantike in Beit Idis/N-Jordanien tätig. Mit dem Namen des Mosaizisten endet – wie in and. Inschr. – die lange Weih-Inschr., die in der Kirche von Beit Idis, einem Dorf sw. der Stadt Irbid in N-Jordanien, gefunden worden ist: „Oh Herr, habe Erbarmen mit Kaium und Elias, dem Mönch, und Stephanos, dem Mosaizisten" (Κ[υρί]ε βοήθι Καιουμοῦ καὶ Ἠλία μοναχοῦ καὶ Στεφανοῦ ψιφαριοῦ). – Gewöhnl. wird in den Inschr. von Jordanien der Terminus ψηφωθέτης benutzt, hier jedoch zum erstem Mal ψιφαρίος. Mit Ausnahme dieser Inschr. und zweier weiterer noch unpubl. Inschr. ist nichts von den Bodenmosaiken der Kirche bekannt. ▭ EAA V, 1963 (s.v. musivarius); VI, 1965 (s.v. Salamanios). – *U. Lux*, ZDPV 84:1968, 113 ss., Taf. 20 ss.; *Donderer*, Mosaizisten, 1989, 76 s., Nr A 35, Taf. 22; *M. Piccirillo*, The mosaics of Jordan, Amman 1993, 96–107.

Fr. M. Piccirillo

Stephanos (IV), Bauunternehmer (ἐργολάβος), tätig im späten 6. Jh. n. Chr. in Kilikien. Der Name ist nur bezeugt durch die 590 n. Chr. dat. Bau-Inschr. einer Marienkirche, heute in der Çemkale/b. Kadirli als Spolie verbaut, die ihn als Unternehmer im Dienste der Gemeinde Sipha nennt. ▭ *G. Dagron/D. Feissel*, Inscr. de Cilicie, P. 1987, 192 s., Nr 113; *F. Hild/H. Hellenkemper*, Tabula Imperii Byzantini, V. Kilikien und Isaurien, W. 1990, 412 s.

M. Dennert

Stephanus (I), röm. Goldschmied, in tiberischer Zeit (14–37 n. Chr.) in Rom tätig. Nur bek. durch seine Grab-Inschr. aus Rom (CIL, VI, 3951). ▭ EAA I, 1958 (s.v. Aurifex).

R. V.

Stephanus (II) cf. **Euserius**

Stephanus (II) cf. **Paulus (II)**

Sthennis (Σθέννις), Sohn des Herodoros, aus Olynth, Bildhauer/Erzgießer, im späteren 4. und frühen 3. Jh. v. Chr. tätig. Lt. Schriftquellen und Inschr. war S. der Vater des Bildhauers → Herodoros (I) aus Olynth (von manchen auch mit → Herodotos (II) aus Olynth gleichgesetzt – vgl. Loewy, IGB, 1885, 370, Nr 541) und auch selbst gebürtig aus Olynth (Paus., 6, 16, 8; 17, 5). Jedoch erwarb er wohl nach der Zerst. Olynths im Jahre 348 v. Chr. das athen. Bürgerrecht (Deme Diomeia). Inschr. attestieren ihn als Vater des Bildhauers → Kalliades (II) aus Athen (Weih-Inschr. um 240 v. Chr.: Marcadé, Signatures, I, 1953, 46; SEG, XL, 1990, 665; XLV, 1995, 1066), und viell. kann man in ihm auch den Vater (Habicht 1992–98: Urgroßvater) des Bildhauers → Herodoros (I) (zwei Künstler-Inschr. auf Basen im Amphiareion von Oropos: SEG, XV, 1958, 289; IG, VII, 315: Loewy, IGB, 1885, 90, Nr 112a) und den Großvater des um 248/47 im Athener Asklepieion belegten S. (SEG, XLI, 1991, 97) vermuten (vgl. auch weitere Künstler-Inschr. von Bildhauern namens Herodoros in Theben: M. Holleaux, BCH 16:1892, und Athen: IG, II^2, 3890, 1. Jh. v. Chr.). Sein geogr. Schaffenskreis war weit gesteckt und er scheint lange aktiv gewesen zu sein: Plinius (nat., 34, 51) setzt seine *Akme*, gleichzeitig mit der des → Lysippos (I), in die 113. Olympiade (328 v. Chr.) und eine Inschr. attestiert, daß er – wohl um 287–281 v. Chr. – noch für Lysimachos tätig war. Es wird daher auch oft vermutet, daß seine *Akme* von Plinius wohl etwas zu hoch angesetzt wird. – Unter seinen zahlr. Werken, die uns nur durch Schriftquellen und Inschr. bek. sind, finden sich vor allem Sieger- und Portr.-Statuen im Auftrag attischer Fam. oder makedonischer Könige, von denen mehrere später nach Rom gebracht wurden. – 1.) Plin. (nat., 34, 90) zählt unter die Werke des S. *Statuen von Ceres, Jupiter* und *Minerva* (also Demeter, Zeus und Athena), die im Tempel der Concordia in Rom aufbewahrt wurden. Ob es sich dabei um eine urspr. Gruppe oder eine spätere Zusammenstellung handelt, ist unklar. – 2.) Des weiteren schreibt Plin. (nat., 34, 90) dem S. *weinende, anbetende* und *opfernde Frauen* (*flentes matronae, adorantes sacrificantesque*), die als Grab- bzw. Ehrenstatuen wohl Priv.-Portr. waren und char. Themen der spätklass.-attischen Skulpt. darstellen. S. stellt sich damit in einen Kreis mit → Praxiteles (II), von dem ebenfalls weinende Matronen überliefert sind, → Euphranor (I), der ebenfalls Anbetende schuf und der lysippischen Schule, welcher Darst. von Opfernden zugeschr. werden. Erh. sind Darst. solcher Themen z.B. auf dem sidonischen Klagefrauensarkophag sowie auf attischen Grabstelen und in Form von weibl. Gewandstatuen (vgl. Collignon, HistSculpt, II, 1897, 351, 380 s.; O. Palagia, Euphranor, Leiden 1980, 43 s.). – 3.) Die mit Künstler-Inschr. des S. versehene Basis eines *Porträts* des ansonsten unbek. *Philosophen Dion* von Ephesos befand sich einst in der Villa Mattei in Rom, wo sie im 17. Jh. von Suarez und Spon als Teil einer Gruppe von sechs ähnl. Künstler-Inschr. beschrieben wurde. Bei der Inschr., wie viell. auch bei dem Werk, auf das sie sich bezieht, handelt es sich wohl um eine röm. Kopie (IG, XIV, 1149; Loewy, IGB, 1885, 315, Nr 481; H. Brunn, RhM N. F. 8:1853, 235 s.; E. Reisch, ÖJh 9:1906, 251 s.; Richter, Portraits, II, 1965, 244; IGUR, IV, 1990, 1491). – 4.) S. schuf auch ein *Bildnis des Autolykos*, des myth. und als Gott verehrten Oikisten (Gründers) von Sinope, welches später von Lukullus nach seiner Eroberung von Sinope in Beschlag genommen wurde (Plut., Luc., 23; Strab., 12, 3, 11 [546]; App., Mithr., 371 s. [83]; vgl. O. Touchefeu, LIMC III, 1986, 56, Nr 1, s.v. Autolykos II). – 5.) Zus. mit dem Athener(?) Bildhauer → Leochares (I), dessen *Akme* lt. Plinius in die 102. Olympiade (372–369 v. Chr.) fiel, schuf S. vor der W-Front des Parthenon auf der Athener Akropolis die *Familiengruppe (syngenikon) des Pasikles aus Potamos und des Pandaites aus Potamos* (IG, II^2, 3829), welche aus wenigstens fünf Porträtfiguren bestand. Die aus mehreren Marmorblöcken (hymettisch und parisch) bestehende Basis mit der Weih-Inschr. ist teilw. erh.; sie nennt S. als Schöpfer der *Statue der Lysippe*, Schwester des Alkisthenes und Frau des Pandaites aus Prospalta, und des *Myron*, Sohn des Pasikles, aus Potamos. Da von Pandaites bek. ist, daß er 333/332 v. Chr. als ephebischer Lochagos fungierte, kann sein Geburtsdatum auf ca. 351 v. Chr. festgelegt werden. Unter Einbeziehung der bek. Schaffensdaten des → Leochares (I) und des S. scheint damit eine Dat. der Gruppe in das Jahrzehnt 330–320 v. Chr. wahrscheinlich. Aufgrund nur geringer Verankerungsspuren in der Basis ist vermutet worden, daß die Statuen entweder aus Marmor waren oder daß bronzene Statuen in eine zusätzl. gemeinsame Bronzeplatte eingelassen waren; beides erscheint jedoch wenig wahrsch., so daß das urspr. Vorhandensein einer weiteren Lage Marmorblöcke, auf welcher Bronzestatuen eingelassen waren, in Betracht gezogen werden sollte. Später wurde die Basis für ein Mon. röm. Kaiser aus der Fam. des Augustus und Trajan wiederverwendet (A. Michaelis, AM 1:1876, 297 s.; Loewy, IGB, 1885, 63–65, Nr 83; O. Jahn/A. Michaelis, Arx Athenarum a Pausanis descripta, Bonn, 1901, Taf. 38, 14; J. Davies, Athenian propertied families, Ox. 1971, 24 s., Nr 643; A. Borbein, JdI 1973, 88, Anm. 226; B. Rose, Dynastic commemoration and imperial portraiture in the Julio-Claudian period, C. 1997, 138, Nr 68). – 6.) In Olympia sind von S. die *Siegerstatuen des Pyttalos*, Sohn des Lampis, sowie des *Choirilos* überliefert; beide stammten aus Elis und waren Sieger im Knaben-Faustkampf (Paus., 6, 16, 8; 17, 5). Der Sieg des Pyttalos fiel wohl in die 115. (320 v. Chr.), der des Choirilos in die 116. Olympiade (316 v. Chr.; H.-V. Herrmann, Nikephoros 1:1988, 173, Nr 174; p. 175, Nr 189: L. Moretti, Olympionikai, R. 1957 [MemAccLinc, Ser. 8, Bd. VIII. 2, 1959], 128 Nr 476, p. 129, Nr 480). – 7.) Wohl das letzte von S. bezeugte Werk ist das *Porträt der Hadeia*, Frau des Autodikos und Schwiegertochter des thrakischen Königs Lysimachos, welches von diesem mit Sicherheit nach 304 v. Chr., wohl zw. 288/287–281, im Amphiareion von Oropos errichtet wurde (IG, VII, 279; Loewy, IGB, 1885, 83, Nr 103a; C. Löhr, AM 108:1993, 189 s.; B. C. Petrakos, Οι επιγραφές τού Ορωπού, At. 1997, 383). – 8.) Eine Basis aus pentelischem Marmor, die lt. Inschr. einst eine von S. geweihte *Statue* trug, hat sich im Heiligtum (Theater) des Dionysos erh.; sie bez. S. als Bürger der Deme Deiomeia (IG, II. 2, 4902; Loewy, IGB, 1885, 370,

Nr 541; A. Stewart, Attika, Lo. 1979, 108). – Wenig erfolgreich waren bisher Versuche, röm. Werke als Kopien von Arbeiten des S. zu identifizieren. So schlägt z.B. Schefold S. als Schöpfer der *Statuen der drei großen tragischen Dichter Aischylos, Sophokles und Euripides*, welche von Lykurg im Dionysostheater aufgestellt wurden und uns viell. in Kopien überliefert sind, sowie auch der *Statue des Aischines* vor (K. Schefold, Die Bildnisse der antiken Dichter, Redner und Denker, Basel 1997, 49, 180–184). Todisco vermutet hingegen, daß der *Herakles Hope* oder der *Jüngling von Antikythera*, falls sie nicht noch zum Spätwerk des → Euphranor (I) zählen, einem seiner Schüler – wie eben z.B. S. – zugeschr. werden könnten (Todisco, 1993, 102). ▭ ThB32, 1938. RE III. A. 2, 1929; EAA VII, 1966; DA XXIX, 1996, DNP XI, 2001. – *Overbeck*, SQ, 1868, Nrn 1343–1349; *Brunn*, GGK, I, 1889, 387, 389, 391, 425, 430; *Lippold*, GrPl, 1950, 303; *Picard*, Manuel, IV, 1954, 994–998; *J. Davies*, Athenian propertied families, Ox. 1971, 23 s.; *A. Corso/R. Mugellesi/G. Rosati*, Gaio Plinio Secondo, Storia naturale, V, Mineralogia e storia dell'arte, Libri 33–37, T. 1988, 221, Anm. 90, 1; *Hebert*, Schriftquellen, 1989, Nrn 249, 274, 289, 351, 432, 438; *Todisco*, Scultura, 1993, 44 s., 103 s., 107, 134; *A. Celani*, Opere d'arte greche nella Roma di Augusto, N. 1998, 130, mit Anm. 650; *C. Habicht*, Horos 10–12:1992–98, 21–26.
A. Villing

Stibeon ([Στ?]ιβέον), griech. Bildhauer, in der 1. H. des 5. Jh. v. Chr. in Athen tätig. Nur bek. aus der fragm. erh. Inschr. von der Athener Akropolis. ▭ CEG, Nr 223; IG, I^3, 655, b-c (mit Lit.); *Raubitschek*, Dedications, 1949, 243 s., Nr 212 mit Abb.; *K. Kissas*, Die att. Statuen- und Stelenbasen archaischer Zeit, Bonn 2000, 115 s., Nr B 44.
D. V.-G.

Stomios (Στόμιος), griech. Bildhauer, zu Beginn des 5. Jh. v. Chr. für Olympia tätig. S. arbeitete die im Zeusheiligtum von Olympia aufgestellte *Bronzestatue des Siegers Hieronymos* von der Insel Andros. Dieser siegte wohl 492 v. Chr. (Olympiade 72) im Pentathlon (Paus., 6, 14, 13; Overbeck, SQ, 1868, Nr 488a). ▭ ThB32, 1938. RE IV. A. 1, 1931; EAA VII, 1966. – *L. Moretti*, Olympionikai, R. 1957 (MemAccLinc, Ser. 8, Bd. VIII. 2, 1959), Nr 173; *H.-V. Herrmann*, Nikephoros 1:1988, 169, Nr 145; *S. Lehmann*, Die Siegerbasen von Olympia, OlympForsch, XXXII (in Vorbereitung).
St. Lehmann

Strabax (I) (Στράβαξ), griech. Erzgießer, in der 1. H. des 4. Jh. v. Chr. in Athen tätig. Nur bek. durch seine Sign. auf einer Basis aus hymettischem Marmor von der Athener Akropolis für eine lebensgroße *Bronzestatue des Samippos von Elis*, Sohn des Molossos, die vom Areopag gestiftet worden ist (IG, II/III^2, 3827, Loewy, IGB, 1885, 52 s., Nr 65). ▭ ThB32, 1938. RE IV. A. 1, 1931; EAA VII, 1966. – *Lippold*, GrPl, 1950, 244, Anm. 16.
R. V.

Strabax (II), griech. Erzgießer, im 1. Jh. v. Chr. in Athen tätig. Nur bek. durch seine Sign. auf einer Basis aus hymettischem Marmor für eine lebensgroße *Bronzestatue des Oiniades*, Sohn des Euarchos, von der Athener Akropolis (IG, II, 1474; III, 791; Loewy, IGB, 1885, 170 s., Nr 231). ▭ ThB32, 1938. RE IV. A. 1, 1931; EAA VII, 1966.
R. V.

Stratios (Στράτιος), Sohn des Sarpedon, griech. Bildhauer, im 3./2. Jh. v. Chr. in Delos tätig. Nur bek. durch seine Sign. auf zwei Basen aus Delos für *Statuen des Demeas* und *der Nikokleia*. ▭ ThB32, 1938. EAA VII, 1966. – *T. Homolle*, BCH 5:1881, 465 s., Nrn 5 s.; *Loewy*, IGB, 1885, 158, Nr 206 s.
R. V.

Straton (I) (Στράτων), griech. Bildhauer, in der 2. H. des 5. Jh. v. Chr. in Athen tätig. Nur bek. durch eine Bauabrechnung von 408/407 v. Chr. für das Erechtheion auf der Athener Akropolis (IG, I, 323; IG, I^2, 374), auf der mehrere Bildhauer (u.a. → Antiphanes [I]; → Diokles [I]; → Iasos; → Mikon (III); → Praxias [I]) aufgelistet sind, die an der Ausschmückung des Baus beteiligt waren. ▭ ThB32, 1938. EAA VII, 1966. – *Loewy*, IGB, 1885, 358, Nr 527; *J. M. Paton/G. P. Stevens/L. D. Caskey/ H. N. Fowler*, The Erechtheum, Ca., Mass. 1927, 400 s., Fragm. XXIII, Zeile 9.
R. V.

Straton (II) cf. **Silanos (I)**

Straton (III), Sohn des Bildhauers → Xenophilos, griech. Bildhauer und Erzgießer, in den letzten drei Jahrzehnten des 2. und den ersten beiden Jahrzehnten des 1. Jh. v. Chr. in Argos, Epidauros, Sikyon, Korinth und Delphi tätig. Lt. Pausanias (2, 23, 4; Overbeck, SQ, 1868, Nr 1587; F. Croissant, LIMC, V, 1990, 568, Nr 235, s.v. Hygieia; Muller-Dufeu, SculptureSource, 2002, 914 s., Nr 2743) befanden sich im bedeutendsten Asklepiosheiligtum in Argos die *Kultstatue* aus Marmor *des sitzenden Asklepios* und der *stehenden Hygieia* sowie *Sitzstatuen* des S. und seines Vaters →

Xenophilos, die alle vier von den beiden Künstlern geschaffen worden sind. Kaiserzeitl. Münzen von Argos geben viell. die Kultgruppe des Asklepios und der Hygieia wieder (Imhoof-Blumer/Gardner, NumCommPaus, 1887, 40 s., Taf. K, 57 s.). Möglicherweise stammt der in der Panagiakirche in Merbaka bei Tirynth wiederverwendete Kalkstein von der Basis aus Argos (Overbeck, SQ, 1868, Nr 1586; Loewy, IGB, 1885, 187 s., Nr 261; IG, IV, 657; Marcadé, 1953, 110 mit Abb.; Muller-Dufeu, SculptureSource, 2002, 914 s., Nr 2744). Weiterhin signierten Sohn und Vater gemeinsam die folgenden Basen: – 1.) Marmorbasis einer Exedra aus der Umgebung von Kleonai (M. Collignon, BCH 4:1880, 46; J. Schmidt, AM 6:1881, 355, Nr 55; Loewy, IGB, 1885, 188, Nr 262; IG, IV, 489; Marcadé, 1953, 111); – 2.) Kalksteinbasis vom Apollonheiligtum in Delphi für eine *Statue des Asklepios-Priesters Nikomedes*, die von Lykinos, Sohn des Aristodamos, und von Antipatros, Sohn des Diokles, aus Athen am A. des 1. Jh. v. Chr. gew. worden ist (Delphi, Inschriftendepot, Inv. Nr 3523; H. Pomtow, Klio 15:1918, 54, Nr 77; Marcadé, 1953, 110 mit Abb., Taf. 21, 2; Schmidt, Statuenbasen, 1995, 367, Nr IV. 1. 119; Muller-Dufeu, SculptureSource, 2002, 916 s., Nr 2750); – 3.) Kalksteinbasis einer Exedra in Epidauros für eine *Statue*, die von Aristokles, Sohn des Sosikrates aus Epidauros, dem Apollon und Asklepios gew. worden ist (Epidauros, im S. des Tempelareals, Inv. Nr 501; P. Kavvadias, Fouilles d'Epidaure, At. 1891, Nr 253; IG, IV, 1248; IG, IV^2.1, 231; Marcadé, 1953, 110 mit Abb., Taf. 22, 1; Muller-Dufeu, SculptureSource, 2002, 916 s., Nr 2749); – 4.) Kalksteinbasis von der Agora in Korinth (Korinth, *in situ*, Inv. Nrn 1228 und 1564; O. Broneer, AJA 37:1933, 569; Marcadé, 1953, 111, Taf. 21, 3; J. H. Kent, Corinth, VIII. 3, 1966, 15 s., Nr 47; Muller-Dufeu, SculptureSource, 2002, 916 s., Nr 2747); – 5.) Fragm. einer Steinbasis aus Sikyon für eine *Statue des Thrason*, Sohn des Kriton, die von Aristomachos, Sohn des Agathis, dem Asklepios gew. worden ist (Sikyon, Mus.; Loewy, ibid., 190, Nr 270; CIG, 1110; IG, IV, 430 s.; A. K. Orlandos, Hellenika 10:1937–8, 15–17; Marcadé, 1953, 111 mit Abb., Taf. 22, 3); – 6.) Kalksteinbasis aus Messene für eine *Statue* (Athen, Epigraph. Mus., Inv. Nr 8455; P. Themelis, Prakt 1997 [1999], 89, Nr 5; SEG, XLVII, 1997, Nr 393). Die beträchtl. Anzahl sowie die Größe der Basen zeugen von der Bedeutung, die die beiden Künstler zu ihrer Zeit genossen haben müssen. Des weiteren signierte S. allein eine Basis aus Argos für eine *Statue* (P. Charneux, BCH 81:1957, 684 s., Nr 3, Abb. 1). ▭ ThB32, 1938 (s.v. S. 2); ThB36, 1947 (s.v. Xenophilos). RE IV. A. 1, 1931 (s.v. S. 21); RE IX. A. 2, 1967 (s.v. Xenophilos 8); EAA VII, 1966 (s.v. S. 2; s.v. Xenophilos). – *Marcadé*, Signatures, I, 1953, 110 s. R. V.

Straton (IV) (Στράτων), Sohn des Artemon, Bildhauer aus Phrygien, um die M. des 2. Jh. n. Chr. in den Wkstn bei Dokimeion/Zentralphrygien tätig. Schöpfer zweier kleiner Statuen im Mus. von Afyon aus dem Hortfund vom Çavdarlı Höyük/Zentralphrygien, in dem im fortgeschrittenen 3. Jh. n. Chr. rund siebzig Votivstatuetten und -reliefs aus einem benachbarten Apollonheiligtum vergraben wurden. Die eine Statuette, *ein stehender Apoll mit Lorbeerzweig und Dreifuß*, trägt die Sign. des S.; die and., die einen *sitzenden Apoll mit Lyra* wiedergibt, ist gemäß der Inschr. von S. „mit eigenen Händen angefertigt und aufgestellt worden". Beide Apollonstatuen sind in die M. des 2. Jh. n. Chr. zu datieren und ragen innerhalb des Hortfundes von Çavdarlı und der sonstigen in den dokimeischen Marmor-Wkstn während der 2. H. des 2. Jh. und der 1. H. des 3. Jh. n. Chr. sehr zahlr. gearbeiteten Statuetten durch sorgfältige feine Oberflächenbearbeitung und den Verzicht auf den Einsatz des Bohrers heraus. T. Lochman

Stratonides (Στρατωνίδης), griech. Bildhauer, in der 2. H. des 4. Jh. v. Chr. in Athen tätig. Nur bek. durch seine Sign. auf den folgenden drei Basen: – 1.) Basis für eine *Asklepiosstatue* aus dem Asklepieion an der Athener Akropolis, die von Kichesippos, Sohn des Dionysios, an Asklepios gew. worden ist (Loewy, IGB, 1885, 56 s., Nr 73; IG, II, 1455; II/III^2, 4373; Muller-Dufeu, SculptureSource, 2002, 566 s., Nr 1672); – 2.) Basis-Fragm. für eine *Statue* von der Athener Akropolis (IG, II, 1533; II/III^2, 4907; Muller-Dufeu, SculptureSource, 2002, 566 s., Nr 1673); – 3.) Marmorbasis für eine lebensgroße *Bronzestatue des Apollon Iatros* aus Olbia, die von Leokrates gew. worden ist (jetzt noch im Grabungshaus von Parutino?, Inv. Nr o/62 3659; Levi, 1965; Robert/Robert, 1967; Knipovich/Levi, 1968; Calder III, 1971; Treister, 1988 und 2002; Muller-Dufeu, SculptureSource, 2002, 566 s., Nr 1674). – Leokrates, Sohn des Polymedon, war ein bek. Bürger von Olbia im 4. Jh. v. Chr., der auch weitere Stiftungen veranlaßte (Calder III, 1971, 325 s., Anm. 11). Offen muß noch die insbes. von Calder III (1971) und Treister (2002) diskutierte Frage bleiben, ob betreffend der Statue in Olbia der Athener Bildhauer sein Werk in Athen fertigte und nach Olbia transportieren ließ oder ob er sie direkt in Olbia schuf. Treister (1988, 154–156) konnte jedoch schon mit Recht darauf hinweisen, daß in Städten der Nordschwarzmeerküste Abfallprodukte von dort an Ort und Stelle hergestellten Bronze-Skulpt. gefunden worden sind, die zumindest zeigen, daß ein schöpferischer Aufenthalt des S. technisch mögl. gewesen wäre. ▭ ThB32, 1938. RE IV. A. 1, 1931; EAA VII, 1966. – *Lippold*, GrPl, 1950, 244, Anm. 5; *E. I. Levi*, Vestnik drevnej istorii 92:1965, 86–95; *J. Robert/L. Robert*, REG 80:1967, 514, Nr 397; *T. N. Knipovich/E. I. Levi* (Ed.), Inscr. Olbiae (1917–1965), Leningrad 1968, 62 s., Nr 65, Taf. 32; *W. M. Calder III*, AJA 75:1971, 325–329; *M. Y. Treister*, Bronze statuary in the antique towns of North Pontic area, in: *K. Gschwantler/A. Bernhard-Walcher*, Griech. und röm. Statuetten und Großbronzen. Akten der 9. internat. Tagung über antike Bronzen. Wien, 21.–25. April 1986, W. 1988, 154–157; *M. Y. Treister*, Large-scale bronzes in the North Pontic area, in: *C. C. Mattusch/A. Brauer/S. E. Knudsen* (Ed.), From the parts to the whole, II, Acta of the 13th internat. bronze congr., held at Cambridge, Massachusetts, may 28 – june 1, 1996, Portsmouth, Rhode Island 2002 (Journal of Roman archaeol., suppl. 39), 163 s., Nr type 1 b, Abb. 2a, p. 167, Anm. 30. R. V.

Stratonikos (Στρατόνικος), von Kyzikos, griech. Bildhauer und Toreut, im 2. Jh. v. Chr. tätig. Nach Plinius (nat., 34, 84; Overbeck, SQ, 1868, Nr 1994; Muller-Dufeu, SculptureSource, 2002, 708 s., Nr 2032) schuf er zus. mit → Phyromachos (II), → Isigonos und → Antigonos die *Darst. der Kämpfe zw. Attalos und Eumenes und den Kelten.* An zwei weiteren Stellen wird er als Hersteller von *Philosophen-Porträts* (Plin., nat., 34, 90; Overbeck, SQ, 1868, Nr 2002; Muller-Dufeu, SculptureSource, 2002, 714 s., Nr 2058) und als Toreut (Plin., 33, 156; Athen., 11, 782 B; Overbeck, SQ, 1868, Nr 2168; Muller-Dufeu, SculptureSource, 2002, 940 s., Nr 2822) genannt. In einer letzten Pliniusstelle (nat., 34, 85; Overbeck, SQ, 1868, Nr 2002; Muller-Dufeu, SculptureSource, 2002, 714 s., Nr 2059) wird bedauert, daß S. zwar berühmt war, aber keines seiner Hw. die Zeit überdauert hätte. ▭ ThB32, 1938. RE IV. A. 1, 1931 (s.v. S. 4); EAA VII, 1966; DA XVI, 1996. – *Lippold*, GrPl, 1950, 320, Anm. 1–3. R. V.

Strombichos (Στρόμβιχος), aus Athen, griech. Bildhauer, in der 2. H. des 6. Jh. v. Chr. in Oropos tätig. Nur bek. durch seine Sign. auf einer *Herme* aus der Orchestra des Theaters des Amphiareion von Oropos (IG, VII, 3500). ▭ ThB32, 1938. RE IV. A. 1, 1931 (S. 3); EAA VII, 1966. – *Lippold*, GrPl, 1950, 76, Nr 18. R. V.

Strongylion (Στρογγυλίων), griech. Bronzebildner unbek. Herkunft, um 415 v. Chr. mit einem Werk in Athen nachweisbar, wohl noch bis in das 4. Jh. v. Chr. hinein auch für and. Orte tätig. Eine Inschr. auf der Athener Akropolis (IG, I², Nr 535) nennt weder Ethnikon noch Patronymikon des S.; diese fehlen ebenso in den lit. Erwähnungen. Viell. lebte S. als Metöke in Athen. Seine Schaffenszeit reichte wahrsch. noch in das 4. Jh. v. Chr. hinein; aus einer Angabe bei Paus. (9, 30, 1) ist eine Zusammenarbeit mit → Kephisodotos (I) erschlossen worden, die gleichwohl nicht als gesichert angesehen werden kann. An ders. Stelle lobt Pausanias S. v.a. als Tierplastiker. – S.s spektakulärste Schöpfung dürfte das *Trojanische Pferd* gewesen sein, das sich auf der Athener Akropolis zw. Propyläen und Parthenon, wahrsch. im Heiligtum der Artemis Brauronia, befand und zu dessen teilw. erh. Basis die gen. Inschr. gehört. Auftraggeber war der sonst als Stifter nicht nachg. Athener Chairedemos, Sohn des Euangelos, aus Koile. Das bronzene Bildwerk besaß mindestens doppelte Lebensgröße. Dübellöcher und Abschürfungen an der Außenseite der Basisblöcke deuten auf eine Anbringung von Rädern. Zapflöcher in der Standfläche geben zu erkennen, daß das Pferd im Paßgang wiedergegeben war, was dem Bildwerk einen altertüml. Char. verliehen haben wird. Die Annahme eines absichtsvollen Archaisierens, das aufgrund des Gegenstandes ohnehin nicht verwundert, gewinnt dadurch noch an Wahrscheinlichkeit, daß Pausanias (1, 23, 7–8) das Pferd des S. gemeinsam mit dem von → Epeios geschaffenen „Urbild" nennt. – Durch seinen prominenten Standort, sein auffälliges Format wie auch sein in der Rundplastik seltenes Sujet zog das Werk des S. zwangsläufig die Aufmerksamkeit auf sich. Eine spezifisch attische Thematisierung gewährleisteten Heroen, die lt. Pausanias aus dem vermutl. kastenförmig gestalteten Rücken des Pferdes herausschauten; es handelte sich ausschl. um Athener (Menestheus und die Söhne des Theseus) sowie den aus Salamis stammenden Teukros, wobei zu bedenken ist, daß Salamis ein von Athen verwaltetes abhängiges Gebiet war. – Das Pferd des S. war ein polit. hochaktuelles Denkmal. Von Aristoph. (av., 1128) und Scholion erw. und so (kurz) vor 414 v. Chr. dat., ist es in Parallele zu sehen zu Eur., Tr.: Auf dem Hintergrund der „Sizilischen Expedition" bildete es ein Bekenntnis zugunsten der damals heftig diskutierten, von Eur. abgelehnten athen. Expansionspolitik und darf als eine entsprechende Auftragsarbeit verstanden werden. – Als weiteres Werk des S. nennt Pausanias (1, 40, 2–3) ein *Kultbild der Artemis Soteira* in einem alten Heiligtum in Megara (Wiederholung der Statue in Pagai). Der Beiname soll von einem legendenhaften Ereignis der Perserkriege herrühren, das die Statuensetzung veranlaßt habe. Der Bezug erscheint schon aus chronolog. Gründen wenig glaubhaft. Dagegen dürfte es sich tatsächl. um eine Arbeit des S. gehandelt haben, da Pausanias den Künstlernamen mit Sicherheit zu nennen weiß. Offenkundig hatte er die zugehörige Inschr. gelesen, während er bei weiteren, angebl. von → Praxiteles (II) stammenden Statuen im selben Heiligtum auf anderweitige Informationen angewiesen war. Ob Münzen aus Megara und Pagai eine typolog. verbindliche Überlieferung markieren, ist nicht zu entscheiden. – Als Spätwerke des S. dürfen wahrsch. die *drei Musen* eingestuft werden, die auf dem Helikon Teil einer Gruppe mit Arbeiten des → Kephisodotos (I) und → Olympiosthenes waren (Paus., 9, 30, 1). Die beiden letzteren führten viell. einen von S. nicht mehr voll. Auftrag fort. – Ob S. in der Überlieferung mit Recht einige Kleinbronzen zugesprochen wurden, erscheint zweifelhaft: eine Amazone, die Nero auf Reisen mit sich geführt haben soll (Plin., nat., 34, 82) und ein Knabe im Besitz des Caesarmörders Brutus (Plin., nat., 34, 32; Mart., epigr., 2, 77, 3–4; 9, 51, 1 ss.; 14, 171). – Die gelegentl. vorgenommene Zuweisung eines bronzenen, vom Areiopag auf die Athener Akropolis gestifteten Stiers an S. beruht ledigl. auf der Kombination, daß Paus. (1, 24, 2) diesen nicht weit vom *Trojanischen Pferd* nennt und in and. Kontext (9, 30, 1) S. allg. als Meister für Rinder-Darst. klassifiziert. Der Athener Stier wird auch bei Hesych., s.v. Βοῦς ἐν πόλει, erwähnt. ▭ ThB32, 1938. RE IV. A 1, 1931; LAW, 1965; EAA VII, 1966; KlP V, 1975; LIMC III, 1986 (s.v. Equus Troianus 27); DA XXIV, 1996; DNP XI, 2001. – *Raubitschek*, Dedications, 1949, Nr 176; *Lippold*, GrPl, 1950, 189; *W. Hamdorf*, in: Stele. Tomos eis mnemen Nikolaou Kontoleontos, At. 1980, 231 ss.; *Todisco*, Scultura, 1993, 42.

D. Kreikenbom

Stroton (Στρότον), aus Theben, griech. Erzgießer, im 4. Jh. v. Chr. tätig. Nur bek. durch seine Sign. auf einer Basis aus schwarzem Stein aus Atalante für unterlebensgroße *Statuen des Dionysos und Apollon*, die er zus. mit → Polynikos fertigte und die von Theopompos gew. worden ist (IG, IX. 1, 280). ▭ RE IV. A. 1, 1931; EAA VII, 1966. – *E. Loewy*, AEphem 1885, 199 s.; *Lippold*, GrPl, 1950, 248, Anm. 7.

R. V.

Studius, röm. Wandmaler, in augusteischer Zeit (31 v.-14 n. Chr.) in Italien tätig. S. ist nur bek. durch eine Erw. bei Plinius (nat., 35, 116 s.; Overbeck, SQ, 1868, Nr 2384). Sein Name ist nicht ganz sicher: einige Mss. enthalten die alternative Lesung *Ludius*. Er gilt als erster, der eine Art Landschaftsmalerei mit Landhäusern, Säulenhallen (Häfen?) und Gartenanlagen, Hainen, Wäldern, Hügeln, Fischteichen, Kanälen, Flüssen, Küsten und ähnl. hervorgebracht hat, die auch unterschiedlichste Staffagenfiguren aufwies – Menschen, die gehen, segeln, auf Eseln reiten oder Wagen fahren, fischen, Vögel fangen, jagen oder mit Weinlesen beschäftigt sind. Darunter waren humorvolle oder genau beobachtete kleine Episoden: Plinius spricht von Männern, die Frauen auf ihren Schultern tragen. S. schmückte auch offene Terrassen mit Malereien von Küstenstädten, „bei denen er attraktive Effekte mit minimalen Kosten erheischte“. Es gibt kontroverse Ansichten bei der Interpretation, welche Art von Malereien Plinius meinte, aber es ist sehr wahrsch., daß er wohl solche Landschaften vor Augen hatte, wie man sie in zwei Gebäuden in Rom antrifft: im sog. Haus der Livia auf dem Palatin und in der Villa, die unter dem Grundstück der Villa Farnesina gefunden worden ist. Diese Darst. entstanden um 30 bzw. um 20 v. Chr. und weisen viele Merkmale auf, die von Plinius beschrieben worden sind: Küsten, Villen und Säulenhallen, Spaziergänger, Eselreiter, Fischer und halbhumorvolle Details (wie eine Figur auf einer Leiter, die einen Tempel bemalt, und einen Reisenden, der von einem Hund vertrieben wird). Der skizzenhafte Stil dieser Landschaften würde erklären, warum sie als billig in der Herstellung beschrieben worden sind. Derartige Malereien wurden nicht in augusteischer Zeit erfunden, aber sie stammen aus der Trad., Landschaften zu malen, die einfache Leute zeigten, die sich über 40 oder 50 Jahre lang entfaltete. S. erfand dieses Genre nicht, aber er mag sehr wohl der Künstler gewesen sein, der es zur Blüte führte und daher untrennbar mit dieser Malerei verbunden worden ist. ▭ ThB23, 1929. RE XIII. 2, 1927 (s.v. Ludius); EAA IV, 1961 (s.v. Ludius). – *K. Jex-Blake/E. Sellers*, The Elder Pliny's chapters on the hist. of art, Lo. 1896, 147–149; *M. I. Rostovtzeff*, RM 26:1911, 140–145; *P. Grimal*, Les jardins romains à la fin de la république et aux premiers s. de l'Empire, P. 1943, 100–102; *Pollitt*, RomeSources, 1966, 115 s. ; *R. Ling*, JRS 67:1977, 1–16.

R. Ling

Styppax (Στύππαξ), aus Zypern, griech. Erzgießer, im 3. V. des 5. Jh. v. Chr. in Athen tätig. Lt. Plinius (nat., 34, 81; Overbeck, SQ, 1868, Nr 868; Muller-Dufeu, SculptureSource, 2002, 370 s., Nr 1068) war er ein Sklave des Perikles und fertigte die *Bronzestatue eines Knaben*, der dabei war,

Eingeweide an einem Spieß über einem Feuer zum Opfer zu braten und gleichzeitig zu blasen, um das Feuer anzufachen. Lt. Plutarch (Per., 13, 5; Overbeck, SQ, 1868, Nr 869; Muller-Dufeu, Sculpture-Source, 2002, 372 s., Nr 1070) ist S. bei der Aufstellung der Athena Hygieia heruntergefallen. Die Athena Hygieia stammt jedoch nicht aus der Zeit des Perikles, und die Legende ist sehr zweifelhaft. Fraglich bleibt auch, ob er ident. mit dem gleichnamigen Mechaniker ist, der die *Hippaphesis* im Hippodrom in Olympia machte (Laterculi Alexandrini). ▭ ThB32, 1938. RE IV. A. 1, 1931; EAA VII, 1966; DNP XI, 2001. – *Brunn*, GGK, I, 1889, 265; *M. Mayer*, JdI 8:1893, 218–229; *A. von Salis*, AM 31:1906, 352–358; *Lippold*, GrPl, 1950, 176, Anm. 13–16. R. V.

Succiricus → **Suggiricus**

Su(em)auiimen, ägypt. Künstler „Vorsteher der Künstler(?) vom Haus des Amun", viell. 21. Dynastie (11./10. Jh. v. Chr.), in Theben tätig. Sein Sohn → Imenmes (VI) hat das Grab 70 in Theben-W usurpiert. ▭ PM I. 1, 1960, 139, Nr 70. – *A. H. Gardiner/A. E. P. Weigall*, A topogr. cat. of the priv. tombs of Thebes, Lo. 1913, 22 s., Nr 70. F. Hoffmann

Suf → **Mentsuf**

Suggiricus (Succiricus), spätantiker Toreut, im 6. Jh. n. Chr. tätig. Nur bek. durch seine Sign. auf einer *Bronzegürtelschnalle* aus Gondorf b. Koblenz mit der *Darst. des Daniel in der Löwengrube.* ▭ EAA VII, 1966. – *A. Andernach*, BJb 140–141:1936, 460, Taf. 15, 1. R. V.

Suleius Sulinus, Sohn des Brucetus, röm. Bildhauer, im 2. Jh. n. Chr. tätig. Nur bek. durch seine Weihung eines *Altars* in Bath (heute Bath, Mus.; CIL, VII, 37). Dem Namen nach war er ein einheimischer Künstler. ▭ RE IV. A. 1, 1931 (s.v. Sulinus); EAA VII, 1966 (s.v. Sulinus). – *Toynbee*, Artists, 1951, 26; *Calabi Limentani*, Studi, 1958, 164, Nr 100. R. V.

Sulpicius Eros, *L.*, röm. Maler, in der Kaiserzeit bei Trevi tätig. Nur bek. durch seine Grab-Inschr. aus der Umgebung von Trevi (CIL, XI, 5009). ▭ EAA VI, 1965 (s.v. pictor). – *Calabi Limentani*, Studi, 1958, 156, Nr 35. R. V.

Sut (I), ägypt. Künstler („Untervorsteher der Handwerker des Pharao"), 6. Dynastie unter Pepi I. (2254–2194 v. Chr.). Belegt als Sohn des → Idu (I oder II?) in einem Graffito aus dem Wadi Hammamat. ▭ *J. Couyat/P. Montet*, Les inscr. hiéroglyphiques et hiératiques du Ouâdi Hammâmât, Le Caire 1912, 64, Nr 34. S. Hänsch

Sut (II), äygpt. Künstler („Unteraufseher der Handwerker des Pharao"), 6. Dynastie unter Pepi I (2254–2194 v. Chr.). Bek. von einem Graffito aus dem Wadi Hammamat, in dem er als Sohn des Unteraufsehers der Handwerker → Schepsespteh (VIII) gen. wird. ▭ *J. Couyat/P. Montet*, Les inscr. hiéroglyphiques et hiératiques du Ouâdi Hammâmât, Le Caire 1912, 64, Nr 85. S. Hänsch

Sutaa, ägypt. Goldschmied der 19. Dynastie (1292–1186/85 v. Chr.). S. kommt auf der Totenstele (London, BM, Inv. Nr 141) der beiden Goldschmiede → Paraemheb (II) und → Painehesi vor (S. wird als „Bruder" eines der beiden bezeichnet). Dort sitzt er zus. mit vielen Verwandten, von denen die meisten männl. ebenfalls Goldschmiede waren. ▭ Hieroglyphic texts from Egyptian stelae etc. (K BM), IX, Lo. 1970, 23 s., Taf. 19; *G. A. Gaballa*, JEA 63:1977, 126. F. Hoffmann

Suti, ägypt. Bauleiter („Vorsteher der Arbeiten des Amun"), unter Amenophis III. (1388–1351/50 v. Chr.) in Theben/Oberägypten tätig. Zus. mit seinem Zwillingsbruder → Her (I) leitete S. die Arbeiten am Tempel von Luxor. Drei Phasen lassen sich dabei unterscheiden: Erst wurde der hintere Tempelbereich mit dem Barkensanktuar errichtet, dann der Hof mit umgebenden Säulenreihen und zuletzt die Kolonnade aus vierzehn Säulen mit Papyrusdolden-Kapitellen. Letztere erlangte ihre Vollendung jedoch erst unter Tutanchamun (1333–1323 v. Chr.) und Haremhab (1319–1292 v. Chr.). Von seiner Tätigkeit berichten die Inschr. auf einer Stele, die ihm und seinem Bruder errichtet wurde. Die Abb. darauf wurden später ausgehackt, wahrsch. weil die beiden Brüder in Ungnade fielen. Eine weitere Stele des Brüderpaares ist ebenfalls absichtl. so schwer beschädigt worden, daß sich nicht einmal mehr die Inschr. lesen lassen. ▭ LÄ III, 1980 (s.v. Luxor mit Anm. 5). – Urk. IV, 1943 ss., Nr 732. S. L. Lippert

Syadras → **Syagras**

Syagras (Συάγρας; Syadras; Συάδρας), aus Sparta, griech. Bildhauer, in der 1. H. des 6. Jh. v. Chr. tätig. Nur bek. durch eine Erw. bei Pausanias (6, 4, 4; Overbeck, SQ, 1868, Nrn 333 und 490), nach der er neben → Chartas der Lehrer von → Eucheiros (I) war. ▭ ThB32, 1938. EAA VII, 1966. – *Lippold*, GrPl, 1950, 32, Anm. 13; *Floren*, GrPl, 1987, 215 s., Anm. 14. R. V.

Symenos (I) (Σύμενος), griech. Bildhauer, im 4. Jh. v. Chr. in Athen tätig. Plinius (nat., 34, 91; Overbeck, SQ, 1868, Nr 2096; Muller-Dufeu, SculptureSource, 2002, 568 s., Nr 1681) listet ihn unter den Erzbildnern auf, die *Statuen von Athleten, Kriegern, Jägern und Opfernden* fertigten. Wahrsch. ist er ident. mit dem Künstler, dessen Sign. uns durch eine Basis aus pentelischem Marmor für eine von Hippolochides, Sohn des Thrasimedes aus Lusia, gew. *Statue* von der Athener Akropolis überliefert ist (IG, II/III², 4898; Loewy, IGB, 1885, 65, Nr 84; Muller-Dufeu, SculptureSource, 2002, 568 s., Nr 1682). Da → Demetrios (I) von Alopeke auch eine Stiftung des Hippolochides für die Athener Akropolis fertigte und weiterhin auf einer Basis für Statuen des Kephisodotos von Aithalia und seinem Sohn neben der Sign. des → Demetrios (I) noch fragm. die Sign. [...]ος erh. ist (IG, II/III², 3838), wollte man letztere zu einer Sign. des S. erg. und in ihm einen Schüler des → Demetrios (I) sehen, was aber rein hypothet. ist. Die Gleichsetzung von S. mit einem gleichnamigen Bildhauer, der in Lindos tätig war, ist wegen der zeitl. Distanz der von ihnen geschaffenen Statuen abzulehnen (v. dazu → S. [II]). ▭ ThB32, 1938. RE IV. A. 1, 1931; EAA VII, 1966. – *Lippold*, GrPl, 1950, 260; *V. Zinserling*, Zur Dat. des Demetrios von Alopeke, in: *K. Zimmermann* (Ed.), Festschr. Gottfried von Lücken, WissZRostock 17:1968, 830 s. R. V.

Symenos (II), Sohn des Damostratos, griech. Bildhauer, in hellenist. Zeit in Lindos tätig. Nur bek. durch seine Sign. auf einer Basis aus Kalkstein aus Lindos für eine lebensgroße *Bronzestatue*, die von Euphranor, seinem Sohn Damagetos und seinen Enkeln der Athena Lindia gew. worden ist (heute Kopenhagen, NM). Bisweilen wurde er mit → S. (I) gleichgesetzt, was aber wegen der Schriftform abzulehnen ist, weil sie zeitl. später als die mögl. Schaffensperiode des → S. (I) anzusetzen ist. ▭ ThB32, 1938. RE IV. A. 1, 1931; EAA VII, 1966. – Lindos, II. 1, 1941, 51, Nr 2, pp. 231–234, Nr 41 mit Abb.; *V. Zinserling*, Zur Dat. des Demetrios von Alopeke, in: *K. Zimmermann* (Ed.), Festschr. Gottfried von Lücken, WissZRostock 17:1968, 830 s.; *Muller-Dufeu*, SculptureSource, 2002, 568 s., Nr 1683. R. V.

Symeon cf. **Leontios (II)**

Symeones (I) (Συμεώνες), spätantiker Steinmetz (τεχνίτης) in N-Syrien. Bek. nur durch eine 496 n. Chr. dat. Bau-Inschr. aus Brād, die ihn mit → Kosmas nennt. ▭ IGLS, II, 1939, Nr 372. M. Dennert

Symeones (II), spätantiker Steinmetz (λιθοξόος) in Syrien. Bek. nur durch die Sign. eines 543 n. Chr. dat. Türsturzes aus Halban/Apamene, der ihn zus. mit *Johannes (III)* nennt. ▭ IGLS, IV, 1955, Nr 1889; L. Robert, Hellenika XI-XII, P. 1960, 34. M. Dennert

Symeos (Σύμεος), Sohn des Abasafra(?), und **Stephanios** (Στεφάνιος), Sohn des Sergios, spätantike Steinmetze (τεχνῖται) in Syrien. Nur bek. durch die Inschr. eines 539/40 n. Chr. dat. Türsturzes in Borg el-Qâi (bei Homs). ▭ IGLS, V, 1959, Nr 2098. M. Dennert

Symones (Συμόνης), spätantiker Steinmetz (τεχνίτης), tätig in N-Syrien. Bek. nur aus der Bau-Inschr. auf dem Türsturz eines Hauses in Dar Kita, dat. 451/52 n. Chr. ▭ IGLS, II, 1939, Nr 540. M. Dennert

Symphoros, viell. röm. Mosaizist(?), in der 1. H. des 1. Jh. n. Chr. in Rom tätig. Nur bek. durch seine Grab-Inschr. aus Rom (CIL, VI, 8663), in der er als *tesserarius* bez. wird, was in diesem Kontext Mosaizist oder Hersteller von Spielsteinen bedeuten kann. ▭ *Donderer*, Mosaizisten, 1989, 120, Nr B 6. R. V.

Syneros, *L. Atin* → **Atinas Syneros,** *Lucius*

Syneros, *L. Atinius* → **Atinas Syneros,** *Lucius*

Syneros, *Ti.*, röm. Maler, in der frühen Kaiserzeit in Rom tätig. Nur bek. durch seine Grab-Inschr. aus dem Columbarium der Freigelassenen der Livia in Rom (CIL, VI, 3972). ▭ *Calabi Limentani*, Studi, 1958, 153, Nr 2; *Solin*, GPR, I, 1982, 148. R. V.

Synnoon (Συννοῶν), von Ägina, griech. Bildhauer, nach Pausanias (6, 9, 1) war er Vater und Lehrer von → Ptolichos (I) und Schüler des Sikyoniers → Aristokles (III), der Bruder des → Kanachos (I) war, tätig zu Beginn des 5. Jh. v. Chr. Die Schulfolge, auch wenn sie nicht durch erh. Werke der o. g. Meister nachvollzogen werden kann, bezeugt die Verflechtung der äginet. Bildhauerschule mit der sikyonischen. – Die Lebenszeit des S. kann durch den Sohn → Ptolichos (I) und den Lehrer → Aristokles (III) bestimmt werden. ▭ ThB32, 1938. RE IV. A. 2, 1932; EAA VII, 1966. – *Brunn*, GGK, I, 1889, 81; *Lippold*, GrPl, 1950, 98; *E. Walter-Karydi*, Die äginet. Bildhauerschule, Mainz 1987 (Alt-Ägina, II. 2), 45 s.

E. Walter-Karydi

Syries (Συρίης), griech. Gemmenschneider spätarchaischer Zeit, der E. des 6. Jh. v. Chr. vermutl. auf Euboia tätig war. Durch den Zusatz ἐποίησε („hat es gemacht") ist er eindeutig als Künstler ausgewiesen. S. signierte einen blaßgrünen *Steatit-Skarabäoid* in London (BM); die Rückseite trägt einen *Satyrkopf*, die Vorderseite einen *Kitharöden* im Chiton mit Kranz. Stilist. und handwerkl. steht S. → Onesimos (I) nahe, dem er an Qualität nicht nachsteht. ▭ ThB32, 1938. RE IV. A. 2, 1932; EAA VI, 1966; DNP XI, 2001. – *A. Furtwängler*, JdI 3:1888, 195, Taf. 8, 1; *J. Boardman*, AGGems, 1968, 116, Nr 352.

B. Lang

Syriskos (Συρισκος), griech. Töpfer und rotfiguriger Vasenmaler, um 480/70 v. Chr. in Athen tätig. S. ist von einer Töpfer-Sign. (*Astragal* Rom, MN di Villa Giulia, Inv. Nr 866; ARV², 1963, 264, Nr 67: ΣΥΡΙΣΚΟΣ ΕΠΟΙΕΣΕΝ, „S. hat [es] gemacht") und einer Maler-Sign. auf einem *Kelchkrater* bek. (Malibu, J. Paul Getty Mus., Inv. Nr 92. AE. 6: ΣΥΡΙΣΚΟΣ ΕΓΡΑΦΣΕΝ); der Name („Kleiner Syrer") ist im Athen des 5. Jh. v. Chr. sonst nicht bezeugt. Anhand des *Kraters* konnte gezeigt werden, daß S. mit dem *Kopenhagener Maler* gleichzusetzen ist. Möglicherweise gilt dies auch für einen Töpfer, der als Pistoxenos S. sign. hat (Para, 1971, 353, Nr 1). S. gehört zu einer Reihe von stilist. sehr ähnl. Malern (*Syriskos-Gruppe*), deren Werkeinteilung noch nicht völlig geklärt ist. Der um 480/70 v. Chr. tätige S. bemalte in rotfiguriger Technik v.a. Stamnoi, die den weitaus größten Teil seines etwa 30 Vasen umfassenden Werkes ausmachen, ferner Amphoren, Kratere und Hydrien; in seinem kraftvollen und klaren Stil hat S. etliche sehr bedeutende Werke gestaltet. Dazu gehören die Ermordung des Athener Tyrannen Hipparchos durch Harmodios und Aristogeiton, eines der wenigen hist. Bilder in der Vasenmalerei (ARV², 1963, 256, Nr 5; Boardman, 1975, Abb. 199), aber auch zwei etwa 47 cm hohe *Spitzamphoren* mit Kentaurenkämpfen im Schulterfries; ihre großformatigen Hauptfriese zeigen Herakles mit Athena, Hesperiden und Flußgöttern im Hesperidengarten (Priv.-Bes. Deutschland), bzw. Achill mit Thetis sowie Theseus bei Amphitrite (Priv.-Bes. Schweiz). Theseus und Herakles sind auch sonst das bevorzugte Mythenthema des S.: So kämpft Theseus gegen den Minotauros, Prokrustes und den Stier von Marathon (ARV², 1963, 257, Nr 11, p. 257, Nr 9), Herakles streitet mit Apollon um den Dreifuß und ringt mit Antaios (ARV², 1963, 256, Nr 4, p. 257, Nr 15). Aus and. Sagenkreisen bevorzugt S. Orest bei der Tötung des Aigisthos (ARV², 1963, 257, Nrn 6, 7) und Medea (ARV², 1963, 257, Nr 8, p. 258, Nr 26). Von den Göttern erscheint einige Male Dionysos (so ARV², 1963, 256, Nr 2), einmal Zeus im Gigantenkampf (ARV², 1963, 258, Nr 25). Häufig bringt S. Alltagsszenen, etwa Frauen bei häusl. Arbeiten (ARV², 1963, 258, Nr 18), Sportbilder (so ARV², 1963, 257, Nr 6, p. 258, Nr 23), Symposien (so ARV², 1963, 258, Nr 22) oder einen originellen Amphorenkauf (ARV², 1963, 258, Nr 18). Gesicherte Hauptfundorte der von S. bemalten Gefäße sind Athen und Vulci. ▭ ThB32, 1938. RE IV. A. 2, 1932; EAA VI, 1965; LGPN II, 1994 (s.v. Συρισκος); DNP XI, 2001. – ARV², 1963, 256–259; *B. Philippaki*, The attic Stamnos, Ox. 1967, 63–70; *C. Isler-Kerenyi*, Lieblinge der Meermädchen, Z. 1977; Add², 1989, 204; *M. Robertson*, The art of vase-painting in classical Athens, C. 1992, 135–142; *E. Simon* (Ed.), Mythen und Menschen, Mainz 1997, 104–111 (C. Weiß); 116–119 (I. Wehgartner).

M. Steinhart

T

T cf. **Technon**

Ta, ägypt. „Bauleiter bei der Erneuerung des Maat-Tempels", Architekt („Vorsteher aller Arbeiten im Horizont der Ewigkeit und im Haus der Trauer"), unter König Ramses II. (1279–1213 v. Chr.) in Theben/Oberägypten tätig. Er inspizierte als Vorsteher der Arbeiten die Nekropole. Außerdem ist er durch eine Vielzahl von Graffiti bek., die er in den Gräbern der theban. Nekropole hinterlassen hat. Er wird lt. einer Inschr. an der W-Seite einer kleinen Kapelle beauftragt, den Maat-Tempel zu erneuern, um einen Festplatz und ein prächtiges Schatzhaus zu schaffen. Die älteste Erw. des T. findet sich in einem Inspektionsgraffito in Theben-W aus dem 16., 18. und 21. Reg.-Jahr von Ramses II. ▭ *W. Spiegelberg*, Ägypt. und andere Graffiti aus der theban. Nekropolis, Heidelberg 1921, 13, Nr 99, p. 23, Nr 245 und p. 44, Nr 508; *B. Bruyère*, Mert Seger à Deir el Médineh, in: MIFAO 58:1930, 18, Nr 1111; *A. Varille*, Karnak I, in: FIFAO 19:1943, 24 ss. Y. Ott

Taitle → **Daidalos (I)**

Talaos, griech. Töpfer, in der 1. H. des 5. Jh. v. Chr. in Athen tätig. Nur bek. durch seine Sign. auf einer *rotfigurigen Pyxis* (Baltimore, Slg Prof. D. M. Robinson). ▭ ThB32, 1938. RE IV. A. 1, 1932 (s.v. T. 2). – *Hoppin*, RedFig, II, 1919, 448 mit Abb. R. V.

Talas (Ταλας), Sohn des Potteis(?), Bildhauer (τεχνίτης) aus Kilikien, in der fortgeschrittenen(?) Kaiserzeit tätig. T. ist nur ein einziges Mal bezeugt; eine aus dem Felsen herausgearbeitete *Grabfassade* mit spärlichem figürl. Schmuck in der Nähe von Ahatköy bei Germanicopolis im Rauhen Kilikien (G. E. Bean/T. B. Mitford, Journeys in Rough Cilicia 1964–1968 [DenkschriftenWien, 102: TAM, Erg. Bd., 3], W. 1970, Nr 224, Abb. 173) trägt seine Signatur. T. Lochman

Taleides, griech. Töpfer, zw. ca. 550 und 530 v. Chr. in Athen tätig. Seine Sign. befindet sich v.a. auf *Schalen* (auf einer *Siana-Schale* und *acht Kleinmeisterschalen*, darunter auch die von Beazley selbst nicht gesehene *Randschale* in Brüssel, Slg. Theodor; Heesen, 1996, 127–129), aber auch auf einer *Amphora*, *Oinochoe*, *Lekythos* und *Lutrophore*. Zumindest die meisten, wenn nicht viell. alle Vasen wurden von dem *Taleides-Maler* dekoriert, der auch eine Lekythos für den Töpfer → Amasis und zwei Hydrien für den Töpfer → Timagoras (I) bemalte. Weiterhin wurden dem *Taleides-Maler* auch and. Vasen ohne Töpfer-Sign. zugeschr.: außer den von Beazley (ABV, 1956, 174–176; Para, 1971, 72–74; Add², 1989, 49) bereits aufgelisteten Vasen handelt es sich um eine Hydria (Boston, MFA, Inv. Nr 68. 105; CVA, Boston, MFA 2, Taf. 73), eine Lekythos des → Amasis (Malibu, J. Paul Getty Mus., Inv. Nr 76. AE. 48; Legakis, 1983, 73–76, Taf. 19 s.) und möglicherweise auch um zwei Randschalen (Berkeley, Phoebe Apperson Hearst Mus. of Anthropology [ehem. Lowie Mus.], Inv. Nr 8. 358; CVA, Berkeley 1, Taf. 15, 1 a-d; Rhodos, Archäol. Mus., Inv. Nr 12216; G. Jacopi, Clara Rhodos 4:1931–1932, 78 s., 82, Abb. 62). Wegen der gleichen Form zu einer Siana-Schale in Tarent (Mus. Archeol. Naz., Inv. Nr 112570; Bd'A 46:1961, 280 s., Abb. 15 s.) hat Brijder vier weitere Siana-Schalen dem Werk des Töpfers T. hinzugefügt (Brijder, 2002). Sie bilden die neue „Klasse der T. Siana-Schalen", die zw. 555 und 545 v. Chr. dat. werden können. Die Außenseiten dieser Schalen sind ident. zu einer von → Exekias sign. Siana-Schale bemalt (Athen, NM, Inv. Nr 1104; CVA, Athen, NM 3, Taf. 30, 1–4), die zw. 560 und 555 v. Chr., spätestens aber zw. 555 und 550 v. Chr. zu datieren ist. Brijder (2002) wie auch H. Mommsen (im Druck) haben erkannt, daß diese Schale eigtl. nichts mit dem berühmten → Exekias zu tun hat. Die „Exekias"-Siana-Schale ist aber von der gleichen Hand bemalt wie fünf von → Exekias sign. Randschalen, die zw. ca. 555 und 550 v. Chr. zu datieren sind. Auf Grund von Ähnlichkeiten (z.B. in der Schr. und der Wiedergabe des gleichen Palmettentypus) mit den Schalen von → Exekias kann man wohl vorsichtigerweise annehmen, daß T. und der *Taleides-Maler* viell. ihre Laufbahn in der Wkst. des → Exekias um 550 v. Chr. beg. haben. Auch zwei Schalen des Töpfers → Tlempolemos (Randschale in Berlin, Staatl. Mus, Antiken-Slg, Inv. Nr F 1763; Hoppin, BlackFig, 1924, 364; Bandschale, ehem. Slg Hirschmann; Greek vases from the Hirschmann coll., Sotheby's, London, 9. Dezember 1993,

Nr 29 mit Abb.) zeigen starke Übereinstimmungen im Malstil mit dem *Taleides-Maler*. Der Stil des *Taleides-Malers* ist nicht sehr konsistent. Sein frühes Werk besteht meist aus Schalen von geringer Qualität mit wenig Originalität. Die Themen beschränken sich auf einfache Tierszenen auf den Außenseiten. Eine Ausnahme bildet die Schale in der Slg Theodor, die auch ein Innenmedaillon aufweist. Die Zusammenarbeit mit den Töpfern → Timagoras (I) und → Amasis kommt erst später zustande. Clark (1981, 38) wies bereits darauf hin, daß der *Taleides-Maler* „a workshop companion" des *Amasis-Malers* war. Auch Legakis (1983, 75 s.) deutet in seiner Publ. über die Lekythos in Malibu darauf hin, daß anhand vieler Ähnlichkeiten T. und der *Taleides-Maler* viel von → Amasis und dem *Amasis-Maler* gelernt haben. Die späteren Schalen in Berkeley (Phoebe Apperson Hearst Mus. of Anthropology, Inv. Nr 8. 358; CVA, Berkeley 1, Taf. 15, 1 a-d) und in Rhodos (Archäol. Mus., Inv. Nr 12216; G. Jacopi, Clara Rhodos 4:1932, 82, Abb. 62) zeigen in der Ausf. wie auch in der Themenwahl (Theseus und Minotauros, die auch auf vier and. Vasen vorkommen) viele Übereinstimmungen mit den größeren Vasen. Der von Isler (1994) angesetzten späten Dat. für den *Taleides-Maler*, den Isler auf eine spätere Dat. des → Amasis stützen will, muß hier anhand der vorhandenen frühen Schalen des *Taleides-Malers* widersprochen werden, die er viell. in Zusammenarbeit mit einem Töpfer namens → Exekias geschaffen hat. Isler beruft sich auch fälschlicherweise auf Legakis (1983), der die Schaffenszeit des *Taleides-Malers*, nicht, wie Isler meint, um 540 v. Chr anfangen läßt, sondern hiermit auf den Beginn der Zusammenarbeit mit dem Töpfer → Amasis bezieht. Die Sign. des T. sind klarer auf den großen Vasen als auf den Schalen. Auf den Schalen besteht die Sign. meistens aus zwei Worten. Eine Schale im Vatikan (Vatikan. Mus., Inv. Nr 39546; F. Buranelli, La racc. Giacinto Guglielmi, I. La ceramica, Vatikan 1997, 125 s., Nr 42) besitzt hingegen keine Trennung, und zwei Schalen im Vatikan (Vatikan. Mus., Inv. Nr 321; Albizzati, Taf. 35) und in Chicago (Slg Speyer; MuM, Oktober 1963, Nr 100) haben eine Trennung am falschen Platz. ▭ ThB32, 1938. RE IV. A. 2, 1932; EAA VII, 1966. – ABV, 1956, 174–176, 688; Para, 1971, 72–74; *J. T. Haldenstein*, Little master cups. Stud. in the 6th c. Attic black-figure vase paint., Diss. Univ. Cincinnati, Ann Arbor 1975, 106–108; *A. J. Clark*, MetrMusJ 15:1981, 35–51; *B. Legakis*, AntK 26:1983, 73–76; *H. P. Isler*, JdI 109:1994, 93–114; *P. Heesen*, The J. L. Theodor coll. of Attic black-figure vases, Am. 1996, 127–129; *H. A. G. Brijder*, in: *A. Clark/J. Gaunt* (Ed.), Essays in honor of Dietrich v. Bothmer, N. Y. 2002; *H. Mommsen*, Beobachtungen zu den Exekias-Sign., in Grapheín: écriture et image dans la céramique attique (im Druck). P. Heesen

Talestas (Ταλέστης), wahrsch. Sohn des Bildhauers → Artemidoros und Bruder der Bildhauer → Charmolas und → Menodotos (II), griech. Bildhauer, in der 2. H. des 2. Jh. v. Chr. in Halikarnassos tätig. Nur bek. durch seine Sign. auf einer Basis für mindestens zwei *Statuen* aus Halikarnassos (heute London, BM; G. Hirschfeld, Ancient Greek inscr. in the BM, II, Ox. 1883, Nr 900). ▭ ThB32, 1938. RE IV. A. 1, 1931; EAA VII, 1966 (s.v. Talestes). – *C. T. Newton*, A hist. of discoveries at Halicarnassus, Cnidus and Branchidae, II. 2, Lo. 1863, 112, 699 s., Nr 9, Taf. 88; *Overbeck*, SQ, 1868, Nr 2056; *Loewy*, IGB, 1885, 215, Nr 299; *Lippold*, GrPl, 1950, 378, Anm. 14; *Muller-Dufeu*, SculptureSource, 2002, 732 s., Nr 2122. R. V.

Talius, röm. Toreut, im letzten V. des 1. Jh. n. Chr. in Gallien tätig. Nur bek. durch die Sign. auf den folgenden fünf *Bronzekasserollen*: – 1.) aus Clifton, Westmoreland/England (ehem. Somerleyton Hall, Slg Leathes; H. J. Eggers, JbMusMainz 13:1966 [1968], 108, Nr 58 a; Petrovszky, 1993, 303, Nr T.01.01); – 2.) aus einem Hortfund von Tîrgu-Secuies, Covasna/Rumänien (heute Wien, Kunsthist. Mus., Inv. Nr VI 1674; CIL, III, 1640, 4; XIII. 3/2, bei Nr 10036, 75; A. Mutz, Die Kunst des Metalldrehens bei den Römern, Basel/St. 1972, 56, Abb. 100–102, p. 57, Abb. 103; Petrovszky, 1993, 303, Nr T.01.02, Taf. 27); – 3.) aus einem Körpergrab von Żegocino (Segenthin), Koszalin/Polen (heute Berlin, Staatl. Mus., Antiken-Slg, Inv. Nr 3765; CIL, XIII. 3/2, 10036, 75; D. von Kleist, Die urgesch. Funde des Kreises Schlawe, Ha. 1955, 17, 35, Nr 768, Taf. 26; Petrovszky, 1993, 300, Nr T.01.03, Taf. 27, 42); – 4.) aus Salerno (J. Wielowiejski, BerRGK 66:1985, 212; Petrovszky, 1993, 304, Nr T.01.04); – 5.) aus dem Kastell von Burladingen – Hausen/Deutschland (heute Stuttgart, Württemberg. LM, Inv. Nr R. 26,14; J. Heiligmann, Der Alb-Limes. Forsch. und Ber. zur Vor- und Früh-Gesch. in Baden-Württemberg, 35, St. 1990, 208, List 5, Nr 16, p. 275, Taf. 79, 7; Petrovszky, 1993, 304, Nr T.01.05, Taf. 27, 42). ▭ *R. Petrovszky*, Stud. zu röm. Bronzegefäßen mit Meisterstempeln, Buch am Erlbach 1993, 167, Nr T.01, pp. 303 s., Nrn T.01.01–T.01.05, Taf. 27, 42. R. V.

Talos cf. **Daidalos (I)**

Talos cf. **Kalos**

Taloueis (Ταλουεις), Bildhauer, tätig im 3. Jh. n. Chr.(?) in Isaurien. Nur bek. aus der Sign. auf einem Relief-Fragm. aus Yalıhüyük, das ihn zus. mit seinem Bruder *Toutris* (Τουτρις) als Bildhauer (λατύπος) nennt. ▭ M. Şahin, EpigrAnat 29:1997, 80 s., Nr 6, Taf. 4. M. Dennert

Ṭamôn (TMN), numid. Bauhandwerker des 2. Jh. v. Chr. Erw. in einer numid.-pun. Bilingue vom *Pfeilergrabmal* in Thugga (Dougga, Tunesien) als einer von drei Gehilfen eines am Grabbau tätigen Steinmetzen; → Aṭban. C. Leschke

Tanelos (Τάνηλος), griech. Architekt, im 4./5. Jh. n. Chr. in Souweida tätig. Nur bek. durch seine Sign. auf einem *Architrav* aus Souweida (heute Paris, Louvre; A. Dain, Inscr. grecques du Mus. du Louvre. Les textes inédits, P. 1933, 91 s., Nr 83; SEG, VII, 1934, Nr 972). ▭ EAA VII, 1966. – *M. Dunand*, Syria 7:1926, 331, Taf. 65, 1. R. V.

Tara → **Terach**

Tarasis Porindeus (Ταράσις Πορινδεύς), Sohn des Maneos, Bildhauer (λατύπος) aus Isaurien, in Astra/S-Isaurien tätig. Er und seine Bildhauerkollegen → Zezis Porindeus, Sohn des Pas, und → Loukios (I), Sohn des Leonas, sind uns durch die Inschr. in Tamaşalık (SEG, XVII, Nr 672) als Schöpfer einer verlorengegangenen *Zeusstatue* für das Heiligtum von Astra überliefert. T. Lochman

Tarchesios → **Tarchesius**

Tarchesius, angebl. Architekt. Mehrere Hrsg. von → Vitruvius erkannten in *de architectura*, 4, 3, 1 in den Namen von T. einen griech. Architekten, Gegner der dorischen Ordnung. Gewisse Wörterbücher und Lexika der Antike besitzen folgl. einen kleinen Eintrag unter diesen Namen, auch wenn sie nichtsdestoweniger feststellten, daß diese Person ansonsten unbek. war und es mögl. sei, daß er ident. mit → Argelius war, einem Architekten, der bei → Vitruvius (7, praef. 12) als Anhänger der ionischen oder korinthischen Strömung gen. wird. In der Tat bevorzugen die jüngsten Hrsg. von → Vitruvius die Erklärung, die von Valentin Rose in der alten Leipziger Teubner-Ed. von 1867 gegeben wird: der Name T. muß eine Verwechslung durch die schlechte Verbindung in der Lesung von *negavit Arcesius* (→ Vitruvius, 4, 3, 1) sein. Es ist also angemessen, von dem Phantom T. auf Arkesios (→ Argelius) zu verweisen, wie es Ernst Fabricius tat (RE IV. A. 2, 1932). ▭ ThB32, 1938. RE II. 1, 1895 (s.v. Arkesios); IV. A. 2, 1932; EAA VII, 1966 (s.v. Tarchesios); v.e. KLA I, 2001 (s.v. Argelius). – *Vitruv*, Zehn Bücher über Archit., übersetzt und mit Anm. versehen von *C. Fensterbusch*, Da. 1964; rev. ed. [5]1991, 547, Anm. 220; *Vitruve*, De l'archit., IV, übersetzt und kommentiert von *P. Gros*, P. 1992, 80, 118; *Vitruve*, De l'archit., VII, übersetzt und kommentiert von *B. Liou/M. Zuinghedau/M.-T. Cam*, P. 1995, 68. M.-C. Hellmann

Tas (Τας), Sohn des Kottolis, Bildhauer (τεχνίτης) aus Isaurien, in der mittleren(?) Kaiserzeit tätig. Nur bek. durch einen ledigl. als Fragm. erh. *Fassadengrabstein* aus Dorla (M. Ramsay, JHS 24:1904, 279, Nr 15; MAMA, VIII, 1962, Nr 152; G. Laminger-Pascher, Die kaiserzeitl. Inschr. Lykaoniens, I, Der Süden [Denkschriften-Wien, 232: TAM, Erg. Bd., 15], W. 1992, Nr 420), den T. zus. mit seinem Kollegen → Paulos (I) gearbeitet und sign. hat. T. Lochman

Tasgillus, röm. Toreut, in der 2. H. des 1. Jh. n. Chr. in Gallien (?) tätig. Nur bek. durch seine Sign. auf einer *Bronzekasserolle* aus Rheinzabern, Landkreis Germersheim/Deutschland (heute Karlsruhe, Bad. LM, Inv. Nr 1284; CIL, XIII. 3/2, 10027, 43). ▭ *H. Willers*, Die röm. Bronzeeimer von Hemmoor. Nebst einem Anhange über die röm. Silberbarren aus Dierstorf, Hn./L. 1901, 219, Nr 160; *R. Petrovszky*, Stud. zu röm. Bronzegefäßen mit Meisterstempeln, Buch am Erlbach 1993, 167, Nr T.02, p. 304, Nr T.02.01, Taf. 27, 42. R. V.

Tatianos (Τατίανος), griech. Bildhauer, im 2./3. Jh. n. Chr. in Palästina tätig. Nur bek. durch seine Sign. auf einer Basis aus Palästina. ▭ EAA IV, 1961 (s.v. Marmorarius); VII, 1966. – *Ch. Picard*, REL 31:1953, 349. R. V.

Tatianos Katoaneites, *Aurelios* (Τατιανὸς Κατοανείτης, Αὐρήλιος), Bildhauer aus Phrygien, um die M. des 3. Jh. n. Chr. in der nw.-phrygischen Tembris-Hochebene tätig. Nur bek. aus der Sign. auf einem Grabstein-Fragm. aus Arslanlar (MAMA, VI, 1939, Nr 275, jetzt wohl verschollen), das die untere Partie einer *Stele* darstellt, die T. ca. um 250 n. Chr. gemeißelt hat. Erh. haben sich der untere Teil der *Stele* mit dem Rest der Inschr. und zwei Bildfeldern: Das obere Feld zeigt einen Wollkorb, ein Diptychon (darin die Sign.) sowie einen Geldbeutel, das untere ein Ochsenpaar. Links und rechts erkennt man noch Reste von Rebranken. Der unbeholfene Reliefstil sowie der Aufbau, der rudimentär an die in der Tembrisebene im späten 2. Jh. und frühen 3. Jh. n. Chr. sehr beliebten Naiskosstelen erinnert, weist die *Grabstele* des T. in die Spätzeit der lokalen Grabsteinproduktion, die gegen E. des 3. Jh. n. Chr. vollständig zum Erliegen kam. „Katoaneites" bezieht sich mit größter Wahrscheinlichkeit auf eine anderweitig nicht bezeugte phryg. Ortschaft. T. Lochman

Tau → Tauro...

Taurinus, röm. Toreut, in der 2. H. des 1. Jh. n. Chr. in Niedergermanien tätig. Nur bek. durch seine Sign. auf einer *Schöpfkelle* und einem *Sieb* aus Bronze aus dem Urnengrab Nr 21 von Diersheim, Landkreis Kehl/Deutschland (heute Karlsruhe, Bad. LM, Inv. Nr C 11420 d). ▭ *R. Nierhaus*, Röm.-German. Forsch. 28:1966, 109, Anm. 200, pp. 244 s., Taf. 8, 21d; *R. Petrovszky*, Stud. zu röm. Bronzegefäßen mit Meisterstempeln, Buch am Erlbach 1993, 167, Nr T.03, p. 304, Nrn T.03.01–T.03.02, Taf. 27, 42. R. V.

Tauriskos (I) (Ταυρίσκος; Tauriscus), Bruder des → Apollonios (V), griech. Bildhauer aus Tralleis/Karien, im 2. Jh. v. Chr. tätig. T. wird von Plinius, nat., 36, 33 als der Schöpfer von *Hermeroten* in der öff. Slg des Asinius Pollio in Rom gen. und ausdrückl. von dem gleichnamigen Toreuten (→ T. [II]) abgesetzt, ebenso wie man ihn auch von dem bei Plin., nat., 35, 144 erw. gleichnamigen Maler (→ T. [III]) absetzen muß. Eine Vorstellung der *Hermeroten* kann man leider nicht gewinnen. T. wird aber im folgenden Paragraphen nat., 36, 34 noch einmal als Bruder des → Apollonios (V) erw., mit dem gemeinsam er das aus Rhodos nach Rom und ebenfalls in die Slg Pollios gebrachte Marmor-Orig. der *Dirke-Gruppe* geschaffen hat. Bek. ist diese Gruppe durch die claudische, um die Figur der *Antiope* erweiterte Kopie aus den Caracallathermen in Rom (sog. *Farnesischer Stier*; jetzt in Neapel, Mus. Archeol. Naz., Inv. Nr 6002; B. Andreae, Schönheit des Realismus, Mainz 1998, Abb. pp. 195–199) und aus zahlr. Nachbildungen in Malerei, Mosaik und Kleinkunst (vgl. F. Heger, LIMC III, 1986, 637–644). Am bedeutendsten ist die Darst. im Panzerrelief einer *Statue des Marcus Antonius* in Naxos, die in eine *Augustusstatue* umgeformt wurde (Andreae, ibid., 196, Abb. oben). Hier ist die wohl von Marcus Antonius 42 v. Chr. dem Caesarmörder Cassius Longinus nach dessen kurzfristiger Eroberung von Rhodos abgenommene Marmorgruppe mit den von Plinius nat., 36, 34 erw. vier Gestalten „Zethos und Amphion sowie auch Dirke und der Stier" in der orig. Hauptansicht von links vorn wiedergegegeben. Der jeweilige Anteil von T. und → Apollonios (V) an dem Werk ist wegen des einheitl. Kopistenstils der Gruppe in Neapel nicht mehr zu unterscheiden. – Die beiden Brüder hatten nach Plinius (ibid.) einen Streit über ihre Abstammung ausgelöst, indem sie erklärten, „offensichtlich wäre Menekrates ihr Vater, *Artemidoros* sei nur ihr natürlicher". Da man von diesen Persönlichkeiten keine sicheren Nachr. hat, entgeht uns viell. die Pointe des Streites. Dieser könnte sich allerdings darauf beziehen, daß Menekrates der Lehrer der beiden Bildhauer war und sie erzogen hat, während *Artemidoros* sie nur gezeugt hatte (vgl. → Menekrates [II]). Allerdings gibt es auch einen rhodischen Bildhauer mit Namen → Artemidoros (V. C. Goodlet, AJA 95:1991, 677). Der Name eines Menekrates begegnet aber sowohl unter den Steinmetz-Sign. des Pergamonaltares an der Frontseite des Südrisalits (E. Fabricius/C. Schuchhardt, Kgl. Mus. zu Berlin, Altertümer von Pergamon. Die Inschr. von Pergamon, VIII. 1, ed. M. Fraenkel, B. 1890, Nr 70; → Menekrates [II]) als auch in der Mosella des Ausonius, Vers 307–309, allerdings als der eines Architekten (→ Menekrates [IV]). Da die zw. 165 und 159 v. Chr. datierte *Dirke-Gruppe* dem Pergamonaltar gleichzeitig ist, käme als der offensichtliche Vater von → Apollonios (V) und T. auch der Vater des → Menekrates (II) vom Pergamonaltar in Frage, der ebenfalls *Menekrates* hieß, aber der älteren Generation angehörte. Er könnte seinen Sohn und die beiden Bildhauer aus Tralleis, einer Stadt auf dem Staatsgebiet von Pergamon, aber nur dann angeleitet haben, wenn er auch selbst Bildhauer war, was ungewiß ist. Zu irgendeiner Sicherheit in dieser Frage können nur neue Funde führen. ▭ ThB32, 1938. RE V. A. 1, 1934 (s.v. T. 3); LAW, 1965 (s.v. T.); EAA VII, 1966; KlP V, 1975 (s.v. T. 2); DNP XII/1, 2002 (s.v. T. 2). – *B. Andreae*, Skulpt. des Hellenismus, M. 2001, 160–163. B. Andreae

Tauriskos (II), von Kyzikos, griech. Toreut, vermutl. in hellenist. Zeit tätig. Erw. bei Plinius (nat., 33, 156 und 36, 33; Overbeck, SQ, 1868, Nr 2167). In letzterer Textstelle ausdrückl. von dem Bildhauer → T. (I) von Tralleis unterschieden. Über seine Arbeiten ist nichts bekannt. ▭ ThB32, 1938. RE V. A. 1, 1934 (s.v. T. 4); EAA VII, 1966 (s.v. T. 2). – *Brunn*, GGK, II, 1889, 279. M. Seifert

Tauriskos (III), griech. Maler unbest. Zeit. Nur bek. durch die Auflistung zweitrangiger Maler bei Plinius (nat., 35, 144; Overbeck, SQ, 1868, Nr 2039). Der Schriftsteller überliefert uns die folgenden Darst. von fünf seiner Gem.: – 1.) *Diskobol*; – 2.) *Klytaimestra* (Y. Morizot, LIMC VI, 1992, 79,

Nr 49, s.v. Klytaimestra); – 3.) *Pan* (J. Boardman, LIMC VIII, 1997, 930, Nr 146, s.v. Pan); – 4.) *Polyneikes* (I. Krauskopf, LIMC, IV, 1988, 28, Nr 1, s.v. Eteokles); – 5.) *Kapaneus* (I. Krauskopf, LIMC V, 1990, 953, Nr 3, s.v. Kapaneus). Bei 4.) und 5.) wurde des öfteren auch angenommen, daß sie sich beide auf einem Gem. befunden haben. Jedoch hat Ingrid Krauskopf (LIMC, IV, 1988, 28) mit Recht darauf hingewiesen, daß die Formulierung des Plinius *Polynicen regnum repetentem et Capanea* nicht zu einem großen Bild von der Schlacht vor Theben paßt, wo beide gemeinsam als Gegner des Eteokles erscheinen könnten, sondern eher auf den Streit zw. Polyneikes und Eteokles, aber wohl auch nicht auf die finale berühmte Brudermordszene. ▭ ThB32, 1938. RE V. A. 1, 1934; EAA VII, 1966; DNP XII/1, 2002 (s.v. T. 4). R. V.

Tauro... (Ταυρο...), Münzstempelschneider aus Rhodos, E. 5./A. 4. Jh. v. Chr. tätig. Seine Unterschrift, TAY oder TAYPO, erscheint auf einem der frühen Vorderseiten- und Rückseitenstempel der Tetradrachmenemission rhodischen Gewichtes, die wohl gleichzeitig mit den ΣΥΝ-Münzen geprägt wurde. Wie auf den symmachischen Prägungen ist die Rose des Tauro-Stempels in einem runden Incusum statt in dem übl. Quadratum Incusum eingraviert. T. muß ein lokaler Künstler gewesen sein, der nicht sehr erfahren zu sein schien. Sein Stil ist etwas steif und ungeschickt. ▭ *D. Bérend*, Les tétradrachmes de Rhodes de la première période, SchwNR 51:1972, 11–12 und 30, Nrn 20–23, Taf. 2; *R. Ashton*, A revised arrangement for the earliest coinage of Rhodes, in: *M. J. Price* (Ed.), Essays in honour of Robert Carson and Kenneth Jenkins, Lo. 1993, 11; *D. Bérend*, Rhodes encore, RevNum 1995, 251–255. C. Arnold-Biucchi

Taymu, nabatäischer Architekt und Bildhauer, im 1. Jh. n. Chr. in Iram/Jordanien tätig. T. ist in zwei nabatäischen Inschr. in der Nähe des nabatäischen Tempels von Iram überliefert, worin er einmal als Architekt und das and. Mal als Bildhauer bez. ist. Es ist allerdings nicht sicher, ob es sich dabei wirkl. um eine Person handelt oder ob es zwei versch. Künstler sind. T. dürfte beim Bau des Tempels von Iram im 1. Jh. n. Chr. mitgewirkt oder in einer dortigen Tempel-Wkst. gearbeitet haben. ▭ EAA V, 1963 (s.v. Nabatea, Arte, T.). – *R. Savignac*, RBi 42:1933, 415 s., 418, Nrn 5, 9. D. Keller

Technon (Τέχνων), aus Sidon, griech. Bildhauer, in der 1. H. des 3. Jh. v. Chr. in Lindos, Kamiros, Peraia und Nisyros tätig. Bek. durch seine Sign. auf den folgenden vier Basen: – 1.) Basis aus lartischem Marmor von der Akropolis von Lindos für eine ehem. *lebensgroße Bronzestatue*, die um 277 v. Chr. von Alexinikos, Sohn des Nikias, gew. worden ist, der ein Priester der Athena Lindia und des Zeus Polieus war (Lindos, II. 1, 1941, 51, Nr 13, pp. 291 s., Nr 74 mit Abb.; Schmidt, Statuenbasen, 1995, 240, Nr I. 1. 32; Muller-Dufeu, SculptureSource, 2002, 768 s., Nr 2259); – 2.) Basis aus Kamiros für eine *Statue des Aristokrates*, der um 267 v. Chr. Damiurg war (G. Jacopi, Clara Rhodos 6–7:1934–1935, 426 s., Nr 45 mit Abb.; Lindos, II. 1, 1941, 51, Nr 13; M. Segre/G. Pugliese Carratelli, ASAtene 27–29:1949–1951, 178 s., Nr 18; Muller-Dufeu, SculptureSource, 2002, 768 s., Nr 2261); – 3.) Basis aus Loryma für eine *Statue des Apollonpriesters Hagemon*, Sohn des Damatrios, die von Moschion von Kyrene gew. worden ist (N./M. D. Chaviara, AEphem 1911, 55 s., Nr 25; Lindos, II. 1, 1941, 51, Nr 13; W. Blümel, Die Inschriften der rhodischen Peraia, Bonn 1991, 8, Nr 8; Muller-Dufeu, SculptureSource, 2002, 768 s., Nr 2260); – 4.) Basis aus Kalkstein aus Nisyros für eine *Bronzestatue des Peisios*, Sieger bei den Dionysischen Spielen (W. Peek, Inschr. von den dorischen Inseln, AbhLeipzig, LXII, B. 1969, 27 s., Nr 63; Muller-Dufeu, SculptureSource, 2002, 768 s., Nr 2262). ▭ RE V. A. 1, 1934; EAA VII, 1966. R. V.

Teimeas [Mourmateanos] (Τειμέας [Μουρματεανός]), Sohn des Zelas, Vater des → Zelas, Bildhauer (λατύπος) aus Phrygien, im ausgehenden 2. Jh. n. Chr. in der nordwestphryg. Tembris-Hochebene tätig. Führender Bildhauer einer vermutl. in der Nähe der Marmorbrüche von Altıntaş angesiedelten Bildhauer-Wkst., die auf Grab- und Votivreliefs spezialisiert war und im fortgeschrittenen 2. und frühen 3. Jh. n. Chr. eine ungewöhnl. hohe Anzahl von Marmorreliefs von stilist. zwar provinzieller, aber höchst eigenständiger Qualität hervorgebracht hat (v.e. Kommentar zu → Zelas). *Vier* solcher *Stelen* weisen Sign. (oder Reste davon) eines T. auf, bei dem es sich aller Voraussicht nach stets um den gleichen Bildhauer handelt: – 1.) *Stockwerkstele* in Istanbul (Archäol. Mus.) mit Büstenpaar und der dreigestaltigen Hekate, um 180 n. Chr., signiert: Τειμέας Μουρματεανός (Pfuhl/Möbius, II, Nr 2089); – 2.) Unterteil einer *Nischenstele* mit stehender Frauenfigur, signiert: Τειμέας ἐπόησεν (MAMA, X, 1993, Nr 115); – 3.) *Türsteinfragment* aus Alibey, um 190 n. Chr., signiert: [...]ας καὶ [...]ας λατύ[π]οι also vermutl. T. und sein Sohn → Zelas (MAMA, X, 1993, Nr 95); – 4.) Verschollene *Grabstele* mit stehendem Paar, wohl um 200 n. Chr., einst in Kütahya, sign.: Τειμέας Ζηλᾶ ἐποίει (Loewy, IGB, 1885, 271, Nr 387). – Daneben taucht der Name T. als Vatersname des Bildhauers → Zelas auf einer *Türstele* in Ankara auf, die → Zelas zus. mit seinem Arbeitskollegen → Alexandros Attapinis sign. hat. Da letztere *Stele* rund 20 Jahre jünger ist als die *Stele* in Istanbul (*Nr 1*), die T. allein und mit der Herkunftsbezeichnung „Murmateanos" (die sich wohl auf eine anderweitig nicht belegte lokale Ortschaft bezieht) gearbeitet hat, und da ferner die gemeinsam sign. *Stele* (*Nr 3*) zeitl. zw. diesen beiden liegt, erscheint die Annahme, daß es sich bei T. M. und dem Vater des → Zelas um ein und denselben Bildhauer handelt, und damit auch das Vater-Sohn-Verhältnis zw. T. und → Zelas als zieml. gesichert (so schon Waelkens, 1986, 92). Setzt man schließl. voraus, daß T., Sohn des Zelas, auf der verschollenen *Stele* in Kütahya (*Nr 4*) mit unserem T. ident. ist, so hieße nicht nur sein Sohn, sondern auch bereits sein Vater Zelas, wobei der letztere bisher nicht als Bildhauer bezeugt ist. – T.s Stil weist mit den rundl. Kopf- und Gesichtsformen, mit dem haubenartig von der Kalotte abgehobenen Kopfhaar und der schnurartigen Faltenführung dieselben Züge auf, die auch das Œuvre seines Sohnes und im allgemeineren Sinne auch die der ganzen Wkst. bestimmten, so daß eine strikte stilist. Zuweisung unsign. Werke an die beiden Bildhauer kaum mögl. ist, zumal Vater und Sohn einzelne Stelen auch gemeinsam ausgeführt haben dürften, wie die Doppel-Sign. auf *Nr 3* nahelegt. Dennoch weist M. Waelkens (v. MAMA, X, Index auf p. 197, Nr 12, s.v. Teimeas of Mourmate) dem T. mindestens 20 weitere Werke zu, die er aufgrund von Übereinstimmungen von einzelnen und zum Teil rein formalen Details zu einem Œuvre verknüpft sehen will. Stilist. gesehen ist aber diese Gruppe derart unhomogen, daß sie als Werkgruppe eines und desselben Künstlers nicht akzeptiert werden kann. ▭ ThB33, 1939 (s.v. Timeas 2) und irrtüml. auch ThB32, 1938 (s.v. Teimias). RE VI. A. 1, 1936 (s.v. Timeas 4); EAA VII, 1966 (s.v. Teimeas). – *M. Waelkens*, Die kleinasiat. Türsteine, Mainz 1986, 90, 92; *id.*, in: MAMA, X, 1993, xxix s. mit Anm. 19; *T. Lochman*, Studien zu kaiserzeitl. Grab- und Votivreliefs aus Phrygien, Basel 2003, 99 ss. T. Lochman

Teimias cf. **Teimeas (Mourmateanos)**

Teisagoras → **Tisagoras**

[T]eisamenos (Τεισάμενος), vermeintl. griech. Bildhauer vom A. des 5. Jh. v. Chr. Loewy (IGB, 1885, 35, Nr 44; Muller-Dufeu, SculptureSource, 2002, 220 s., Nr 619) ergänzte in einer nur fragm. erh. Inschr. aus Krekuli am Kithairon (jetzt Theben, Mus., Inv. Nr 202) die Inschr. εισάμενος zu Τεισάμενος. W. Dittenberger (IG, VII, 1670) wies jedoch mit Recht darauf hin, daß hier einfach εισάμενος (Weihung) gemeint ist und somit keine Künstler-Sign. vorliegt. ▭ RE V. A. 1, 1934 (s.v. T. 17); EAA VII, 1966. R. V.

Teisandros (Τείσανδρος, so die Sign.; Tisandros [Τίσανδρος], so Pausanias), griech. Bildhauer der Polyklet-Nachf., um 400 v. Chr. tätig. T. wird von Pausanias (10, 9, 7) zus. mit and. Bildhauern der Polykletschule als einer der Künstler gen., die an dem für den Sieg Lysanders bei Aigospotamoi (406 v. Chr.) gestifteten *Weihgeschenk* in Delphi beteiligt waren. In der zweiten Reihe standen dort die Statuen der Nauarchen, der Verbündeten, von welchen T. Pausanias zufolge die Chioten Kephisokles, Hermophantos und Hikesios, die Rhodier Timarchos und Diagoras, den Knidier Theodamos, den Ephesier Kimmerios und den Milesier Aiantides sowie wohl auch (der Text ist hier unvollst. überliefert und daher etwas unklar) den Lakedaimonier Arakos, den Böoter Erianthes und Astykrates von der Mimas-Halbinsel schuf. Erh. sind die Basisblöcke für die *Statuen des Ephesiers* und des *Milesiers* mit den Vergußlöchern für die Füße und der Sign. des Künstlers. Nach den Standspuren zu schließen, war bei der *Statue des Ephesiers* das rechte Bein das Standbein, während bei dem Milesier das linke Bein diese Funktion übernahm. Bei beiden Statuen trat das Spielbein sehr weit, weiter als bei dem Doryphoros oder dem Diadumenos des → Polykleitos (I) zurück. Ein ähnl. Standmotiv bekunden jedoch die Basen der auf → Polykleitos (II) zurückzuführenden Statue des Lysander vom selben Weihgeschenk oder von der Statue des Arkas des → Daidalos (II) von dem nach 370/69 nach Delphi gestifteten Anathem der Tegeaten. Diesen allerdings sehr spärl. Zeugnissen zufolge war T. engstens den Bildhauern der 2. Generation der Polyklet-Nachf. verpflichtet. ▭ ThB33, 1939. RE V. A. 1, 1934 (s.v. T. 6); EAA VII, 1966. – *Overbeck*, SQ, 1868, Nr 979; *Brunn*, GGK, I, 1889, 267 s.; *H. Pomtow*, AM 31:1906, 492 ss.; *H. Bulle*, AM 31:1906, 535 ss.; *G. Karo*, BCH 33:1909, 994 ss.; *Picard*, Manuel, II. 1, 1939, 55, 57 s.; *Lippold*, GrPl, 1950, 217; *Marcadé*, Signatures, I, 1953, 104; *Arnold*, Polykletnachfolge, 1969, 33, 45. P. C. Bol

Teisias (Τεισίας), aus Athen, bötischer Töpfer, im späten 6. Jh. v. Chr. in der Gegend von Tanagra tätig. T. kam offensichtl. aus Athen (einige seiner Sign. beinhalten das Epitheton Ἀθηναῖος).

Er stellte zunächst überwiegend schwarzgefirnißte *Schalen und Kantharoi* in der Gegend von Tanagra her. Ob dieser T. ident. mit einem Teisias (möglicherweise einem Vasenmaler oder Töpfer) ist, der auf einem attischen *Lippenschalen-Fragm.* erscheint, ist unsicher. Die Buchstaben seiner Sign. sind sauber und in einheitl. Größe gesetzt, manchmal befinden sie sich über den Henkelzonen seiner Vasen. Seine frühesten uns bek. Gefäße umfassen *eine Kotyle, Skyphoi und einen Kantharos*, die nicht so verfeinert sind wie seine späteren hochwertigen Kantharoi. Es scheint, daß die *zwei fußlosen Schalen*, die in ihrer Formgestaltung nicht böotisch sind, ihm aus seiner Athener Zeit geläufig waren und daß der *Kantharos*, dem die Feinheit seiner späteren Beispiele fehlt, ein Produkt seines Akkulturationsprozesses zum böotischen Geschmack ausdrückt. Seine ausführlichen Sign. weichen im Buchstabieren sowie im Inhalt ab, und diese Tatsache scheint die Unterschiedlichkeit des Designs und der Vasenformauswahl zw. früheren und späteren Gefäßen zu unterstreichen. Die Sign. auf seinen früheren Werken, die auch das Epitheton Ἀθηναῖος aufweisen, besitzen die in Attika übliche Schreibweise ἐποίεσεν, einschl. des attischen Alpha, und sind häufig wie in Attika. Die Sign. auf seinen späteren Vasen, die immer von links nach rechts geschrieben sind, tragen kein Epitheton, beinhalten gelegentl. das böotische Alpha und schließen das finale *Nu* und gelegentl. das *Iota* im Verbum wie bei and. archaischen böotischen Töpfer-Sign. aus. Wenigstens einmal fügte T. ein Paar von modellierten Tonsatyrköpfen auf einem Henkelpaar an. Die Kombination von keramischer mit koroplast. Arbeit deutet auf die Gegend von Tanagra hin, wo diese Arbeitsweise gut bezeugt ist. Die Region von Tanagra als wahrsch. Herstellungsort wird auch durch die bek. Fundorte der Vasen des T. unterstrichen. Von seinen 15 uns bek. Vasen kennen wir von 13 Gefäßen den Fundort; sie stammen alle aus der Gegend von Tanagra. ▭ *J. D. Beazley*, AJA 39:1935, 475; *K. Kilinski*, Hesperia 61:1992, 253–263. K. Kilinski II

Teisias (Bildhauer) → **Tisias**

Teisikrates (Τεισικράτης; Tisicrates), Vater des → Thoinias, Erzgießer aus Sikyon, tätig in frühhellenist. Zeit (spätes 4./frühes 3. Jh. v. Chr.). Nach Plin., nat., 34, 67 Schüler des → Euthykrates (I), doch stand sein Stil dem des → Lysippos (I) näher. Er schuf das *Porträt des Demetrios Poliorketes*, das durch eine Marmorkopie aus der Villa der Pisonen bei Herculaneum in Neapel (Mus. Archeol. Naz., Inv. Nr 6149) bek. ist. Aufgrund der engen Stilverwandtschaft zu diesem Bildnis konnte dem T. auch der berühmte *Bronzeknabe* in Berlin (Staatl. Mus., Antiken-Slg, Inv. Nr Sk 2) zugewiesen werden, so daß man eine deutlichere Vorstellung seines Stiles gewinnen kann. ▭ ThB33, 1939 (s.v. Tisikrates). RE V. A. 1, 1934; EAA VI, 1966; DNP XII. 1, 2002. – *G. Zimmer* (Ed.), Der Betende Knabe, Orig. und Experiment (K Berlin, Staatl. Mus., Antiken-Slg), B. 1997; *B. Andreae*, Skulpt. des Hellenismus, M. 2001, 59 s. B. Andreae

Tektaios cf. **Angelion**

Telekles (Τηλεκλῆς), griech. Statuenbildner, im frühen 6. Jh. v. Chr. auf Samos tätig. Lt. Herodot (3, 41) Vater des → Theodoros (I) von Samos (ebenso Paus., 8, 14, 8; 10, 38, 6 und Tzetz., hist. var., 7, 213), während Diodor (1, 98, 5) ihn als Sohn des → Rhoikos und Bruder des → Theodoros (I) bezeichnet. Überlegungen zur Chronologie der Architekten → Theodoros (I) und → Rhoikos legen nahe, Herodot, der ältesten Quelle, den Vorzug zu geben und T.s Tätigkeit in den ersten Jahrzehnten des 6. Jh. v. Chr. anzusetzen. Über das Werk des T. berichtet nur Diodor (1, 98, 5–9; vgl. Athenagoras, suppl., 17, 4): T. schuf gemeinsam mit → Theodoros (I) die *Statue des Apollon Pythios* für die Samier, angebl. eine Jünglingsfigur in Schrittstellung mit seitl. an den Körper gelegten Armen. Die Statue war aus zwei Hälften zusammengefügt, von denen T. die eine auf Samos, → Theodoros (I) die and. aber in Ephesos gefertigt hatte. Dies wurde ermöglicht durch die Anwendung des ägypt. Kanons, der die menschl. Figur in 21 Teile und ein Viertel einteilt. T. und → Theodoros (I) hätten dieses Verfahren während eines Ägyptenaufenthalts gelernt. – Der Ausdruck ξόανον verrät nicht das Mat. der Statue. Möglicherweise reflektiert die Zusammensetzung aus zwei Hälften die beim Bronzehohlguß größerer Figuren übliche Herstellung in mehreren Teilen (Bol, 1985; Kyrieleis, 1990). Die ungewöhnl. Vertikalteilung des Apoll könnte darauf hindeuten, daß die Anekdote durch eine Doppel-Sign. (T. auf dem einen, → Theodoros (I) auf dem and. Bein) angeregt wurde (Stewart, 1990). Wenn T. auch in Marmor arbeitete, gehen viell. einige der auf Samos erh. Statuen des früheren 6. Jh. v. Chr. auf ihn zurück; sie vermitteln jedenfalls einen Eindruck der samischen Kuroi dieser Zeit (Freyer-Schauenburg, 1974). ▭ ThB32, 1938. RE V. A. 1, 1934; EAA VII, 1966. – *Overbeck*, SQ, 1868, Nrn 275, 277, 279 s., 285, 311; *Brunn*, GGK, I, 1889, 23–28; II, 1889, 257, 262; *B. Freyer-Schauenburg*, Samos, XI, Bonn 1974; *A. E. Furtwängler*, AM 99:1984, 100 s.; *P. Bol*, Antike

Bronzetechnik, M. 1985, 118; *A. A. Donohue*, Xoana and the origins of Greek sculpt., Atlanta 1988, 72 s.; *H. Kyrieleis*, in: *M. True* (Ed.), Small bronze sculpt. from the ancient world, Papers delivered at a symposium organized by the departments of Antiquities and Antiquities Conservation and held at the J. Paul Getty Mus., March 16–19, 1989, Malibu 1990, 15–30; *Stewart*, Sculpture, 1990, 245.
S. Ebbinghaus

Telephanes (I) (Τελεφάνης), griech. Maler aus Sikyon, A. 6. Jh. v. Chr. tätig. Plinius (nat., 35, 15 s.; Overbeck, SQ, 1868, Nr 375) erw. T. im Zusammenhang mit den Anfängen der Malerei: Die urspr. Form der einfachen Umrißmalerei sei von → Aridikes aus Korinth und T. weiterentwickelt worden, indem sie die Binnen-Zchng einführten, ohne allerdings versch. Farben zu verwenden. Zur Unterscheidung der Figuren wurden diese mit Namensbeischriften versehen. Diese Technik erinnert an schwarzfigurige Vasen des frühen 6. Jh. v. Chr. Eine fragm. erh. Inschr. auf einer marmornen, wohl einst bemalten *Pinax* von der Athener Akropolis (Raubitschek, Dedications, 1949, 414 s., Nr 385) beinhaltet die Worte „[Τε]λεφά[νες ἐ]ποίε". Die Buchstabenform legt eine Dat. in die 1. H. des 6. Jh. v. Chr. nahe; der von Plinius gen. T. könnte daher durchaus mit dem Künstler ident. sein, der die *Marmorpinax* von der Akropolis sign. hat. ▭ ThB32, 1938. RE V. A. 1, 1934 (s.v. T. 3); EAA VII, 1966. – *Floren*, GrPl, 1987, 415, Anm. 1; *N. J. Koch*, De picturae initiis, M. 1996, 23.
Th. Ganschow

Telephanes (II), griech. Bildhauer, in der 1. H. des 5. Jh. v. Chr. in Thessalien und Persien tätig. Lt. Plinius (nat., 34, 68; Overbeck, SQ, 1868, Nr 1039; Muller-Dufeu, SculptureSource, 2002, 440 s., Nr 1291) würden seine Kunstwerke denen des → Polykleitos (I), → Myron (I) und → Pythagoras (I) in nichts nachstehen, hätten aber nicht die gleiche Geltung erreicht wie die der genannten berühmten Bildhauer, weil er auch für die Feinde der Griechen, die pers. Könige Dareios (521–485 v. Chr.) und Xerxes (485–465 v. Chr.), gearbeitet hatte. In Thessalien waren daher seine Werke auch versteckt, Plinius listete dennoch von ihm die folgenden Statuen auf: – 1.) *Statue der Larisa*; – 2.) *Statue des Pentathleten Spintharos*; – 3.) *Statue eines Apollon*. Dank seiner Begabung und der Wertschätzung seiner Kunst bei den persischen Königen scheint es nicht unwahrsch., daß T. zu denjenigen griech. Künstlern zählte, die die griech. inspirierten Kunstwerke in Persepolis anregten. ▭ ThB32, 1938. EAA VI, 1965. – *Brunn*, GGK, I, 1889, 211 s., 298; *Klein*, GGK, I, 1904, 178, 199; *Picard*, Manuel, I, 1935, 194.
R. V.

Teles(?) (Τελες oder Τελεσ[...]), griech. Töpfer, in der M. des 6. Jh. v. Chr. in Athen tätig. T. gehört zu den sog. Kleinmeistern. Nur bek. durch eine verschollene Schale mit Sign. unter den beiden Henkeln (ehem. Athen, NM, Inv. Nr 2466; ABV, 1956, 177 s.). Der Name ist nicht ganz sicher, weil zw. ΤΕΛΕΣ und ΕΠΟΙΕΣΕ die Buchstaben nicht klar lesbar waren. Es ist auch Telesias oder Telesaias vorgeschlagen worden, aber die undeutl. Buchstaben könnten auch ein MY gewesen sein. Wegen der Anbringung der Sign. unter den Henkeln ist es wahrsch., daß es sich hier um eine Bandschale handelt. ▭ ThB32, 1938 (s.v. Telesaias). RE V. A. 1, 1934 (s.v. Teleseias); EAA VII, 1966 (s.v. Teles). – ABV, 1956, 177 s.
P. Heesen

Telesaias → Teles?

Telesarchides (Τελεσαρχίδης), griech. Bildhauer, wohl in hellenist. Zeit in Athen tätig. Lt. Eustathios (zu Hom., Il., 24, 334; Overbeck, SQ, 1868, Nr 2069; Wycherley, 1957, 108, Nr 314; Muller-Dufeu, SculptureSource, 2002, 824 s., Nr 2444) und Photios (s.v. Ἑρμῆς τρικέφαλος; Wycherley, 1957, 108, Nr 316; Muller-Dufeu, SculptureSource, 2002, 788 s., Nr 2445) fertigte T. eine *Herme mit vier Gesichtern*, die im Athener Kerameikos aufgestellt war. ▭ ThB32, 1938. RE V. A. 1, 1934; EAA VII, 1966. – *Brunn*, GGK, I, 1889, 558; *E. Wycherley*, Agora III, 1957, 108, Nrn 314, 316.
R. V.

Teleseias → Teles?

Telesias (Τελεσίας), griech. Bildhauer aus Athen, nachweisl. auf Tenos tätig, 1. H. 3. Jh. v. Chr. Nach einer bei Clemens Alexandrinus überlieferten Notiz von Philochoros schuf T. eine neun Ellen hohe *Kultbildgruppe des Poseidon und der Amphitrite* für Tenos (Overbeck, SQ, 1868, Nr 1371), über deren Aussehen nichts bek. ist. Picard vermutete die Figurengruppe ohne Angabe von Gründen im *Poseidon* und in der *Aphrodite von Melos* (C. Picard, La sculpt. antique, II, P. 1926, 152). Wahrscheinlicher ist jedoch die Identifikation mehrerer Marmor-Fragm. aus Kionia auf Tenos mit der lit. überlieferten Gruppe, v.a. auch, da die rekonstruierte Höhe der Statuen aus Kionia mit der Maßangabe von Philochoros übereinstimmt (F. Queyrel, in: R. Etienne/J.-P. Braun, Ténos, I, P. 1986, 273–278, Taf. 129–131). Seit der von Roussel und Hatzfeld (BCH 34:1910, 391,

Nr 31) vorgeschlagenen Textkorrektur von „Τελεσίου" in „Τελεσίνου" wird T. häufig mit → Telesinos gleichgesetzt (so auch RE V. A. 1, 1934 und quasi durchgehend in der frz. Lit.). Für diese Interpretation sprechen bes. zwei Gründe: Zum einen schuf → Telesinos eine *Statue der Königin Stratonike*, der 281 v. Chr. verstorbenen Gattin des Seleukos I. Nikator; die *Kultbildgruppe* des T. auf Tenos muß vor dem Todesjahr des Philochoros, wohl 262/61 v. Chr., vermutl. also bald nach der delischen Statue entstanden sein. Außerdem stammen beide Künstler aus Athen. ▭ ThB32, 1938. RE V. A. 1, 1934 (s.v. Telesinos 2); EAA VII, 1966 (s.v. T., v.e. Telesinos). – *S. Kaempf-Dimitriadou*, LIMC I, 1981, 726, Nr 20 (s.v. Amphitrite); *E. Simon*, LIMC VII, 1994, 451, Nr 20 (s.v. Poseidon). Th. Ganschow

Telesias (Töpfer) → Teles?

Telesinos (Τελεσῖνος; Teletimos), griech. Bildhauer aus Athen, A. 3. Jh. v. Chr. nachweisl. auf Delos tätig, möglicherweise auch in Smyrna. Nach einem Ehrendekret der Delier schuf *Teletimos* (*sic*) auf eig. Kosten *zwei Statuen*, eine des *Asklepios* und eine der *Königin Stratonike*, der 281 v. Chr. verstorbenen Gattin des Seleukos I. Nikator und Tochter des Demetrios Poliorketes; außerdem besserte er unentgeltl. alle beschädigten Statuen im delischen Heiligtum aus (T. Homolle, BCH 12:1888, 419–424; IG, XI. 4, 514). Der Fund einer Inschriftenbasis auf Delos mit den Worten „ΤΕΛΕΣΙΝΟΣ ΑΘΗΝΑΙΟΣ ΕΠΟΙΗΣΕ", deren Ausfertigung eine Dat. in das beginnende 3. Jh. v. Chr. nahelegt, eröffnet die Möglichkeit, daß es sich bei beiden Künstlern um dieselbe Person handelt und daß der in dem Ehrendekret erw. Teletimos in T. zu korrigieren ist (P. Roussel/J. Hatzfeld, BCH 34:1910, 391, Nr 31). Ein weiteres Fragm. ders. Inschr. nennt den oder die Weihenden und den Namen der Figur, die urspr. auf der Basis aufgestellt war; die lückenhafte Erhaltung des Inschr.-Fragm. erlaubt jedoch ledigl. Vermutungen, denkbar wäre eine Statue der Eleer zu Ehren des Königs Pyrrhos (IG, XI. 4, 1201; Marcadé, Signatures, II, 1957, 124 s., Taf. 47, 2). Eine weitere, in Smyrna gefundene Inschriftenbasis trägt die Worte „ΤΕΛΕϹΙΝΟϹ ΕΠΟΕΙ" (N. Kontoleon, AM 12:1887, 250, Nr 11): Möglicherweise handelt es sich hier um den von Delos bek. Künstler. Zur Gleichsetzung von Telesias mit T. vgl. → Telesias. ▭ ThB32, 1938. RE V. A. 1, 1934 (s.v. T. 2); EAA VII, 1966. – *B. Hintzen-Bohlen*, Herrscherrepräsentation im Hellenismus, Köln/Weimar 1992, 225, Nr III 3. 6; *Schmidt*, Statuenbasen, 1995, 410, Nr V. 1. Th. Ganschow

Teleson (I) und **Teleson (II)** (Τελέσων; Teleuson), griech. Bildhauer aus Rhodos, in der 2. H. des 3. Jh. v. Chr. tätig. T. ist ein Name von Bildhauern in Rhodos, der in der Fam. eines Bildhauers → Mnasitimos (III), eines Sohnes des → Aristonidas (II) (Plin., nat., 35, 146), wenigstens zweimal begegnet. Erstens als Sohn des älteren → Mnasitimos (II) zw. 244 und 215 v. Chr. und zweitens als Enkel dieses T. und Sohn des jüngeren → Mnasitimos (IV) um 210 v. Chr. Alle diese Erzgießer sind nur von Inschr. auf Sockeln bronzener *Ehrenstatuen* in Lindos bek. und scheinen nur lokale Bedeutung gehabt zu haben. ▭ ThB32, 1938. RE V. A. 1, 1934 (s.v. T.); EAA VII, 1966 (s.v. T. 1, T. 2). – *V. C. Goodlet*, AJA 95:1991, 675. B. Andreae

Teleson (III), Sohn des Antigenes, griech. Bildhauer, im 2. Jh. v. Chr. tätig. T. ist durch eine Bildhauer-Inschr. in Lindos (Lindos, II. 1, 1941, Nr 47) bek., wo ausgesagt wird, daß ein gewisser Kleutimos ihn adoptiert hat. Es ist deshalb unwahrsch., daß er aus Rhodos stammt und so gut wie sicher, daß er nicht zur Fam. der and. Bildhauer namens T. (→ T. [I] und T. [II]) gehörte. ▭ ThB32, 1938 (s.v. T. 2). RE V. A. 1, 1934 (s.v. T.); EAA VII, 1966. B. Andreae

Telestas (Τελέστας), griech. Erzgießer, in der 1. H. des 6. Jh. v. Chr. in Olympia tätig. Lt. Pausanias (5, 23, 7; Overbeck, SQ, 1868, Nr 1588a; Muller-Dufeu, SculptureSource, 2002, 154 s., Nr 437) fertigte er zus. mit seinem Bruder → Ariston (I) eine 18 Fuß hohe bronzene *Kolossalstatue des Zeus* in Olympia. Wahrsch. ist er ident. mit dem auf einer lakonischen Bronzehydria in Mainz (Univ.) signierenden gleichnamigen Künstler (Neugebauer, 1938; Hafner, 1957; Maddoli, 1992; SEG, XLIII, 1992, 14, Nr 335). ▭ ThB32, 1938. RE V. A. 1, 1934 (s.v. T. 2); EAA VII, 1966. – *Brunn*, GGK, I, 1889, 115; *K. A. Neugebauer*, AA 1938, 329–338, Abb. 1–3; *Lippold*, GrPl, 1950, 32, Anm. 15; *G. Hafner*, Die Hydria des Telestas, in: *K. Schauenburg* (Ed.), Charites. Festschr. Ernst Langlotz, Bonn 1957, 119–126, Taf. 16 und 17, 3; *Floren*, GrPl, 1987, 216, Anm. 16; *G. Maddoli*, PP 264:1992, 256–262. R. V.

Teletimos → Telesinos

Teleuson v.e. **Teleson**

Teleutagores (Τελευταγόρης), griech. Bildhauer, im 6. Jh. v. Chr. in Smyrna tätig. Nur bek. durch seine Sign. zus. mit [...]thos und *Kalomandros* auf einer Kalksteinstele aus Smyrna (SEG, XXXVIII, 1988, 366, Nr 1225). ▭ *R. Meriç/J. Nollé*, Chiron 18:1988, 225–232 mit Abb. R. V.

Tenatius Primio, röm. Toreut, im 1. Jh. n. Chr. in Verona tätig. Nur bek. durch seine Grab-Inschr. aus Verona (Epigraphica 7:1945, 35 ss.). ▭ EAA II, 1959 (s.v. Caelator). R. V.

Tenine Tuthines, vermeintl. etrusk. Erzgießer von um 80 v. Chr. Auf der berühmten Bronzestatue des Avle Metle (Aulus Metelius oder Metellus), dem sog. *Arringatore*, die wahrsch. von der Witwe Aulesi Clensi gestiftet und in Pila bei Perugia im Gebiet des Trasimenischen Sees gefunden worden ist (heute Florenz, Archäolog. Mus., Inv. Nr 3), befindet sich am unteren hinteren Togazaum der Figur eine noch immer in ihrer Deutung nicht ganz geklärte etruskische Inschrift (TLE², 651; Colonna, 1990, 220, Abb. 1; id., 1991, 102, Abb. 1). Bisweilen wollte man in den letzten drei Worten der Inschr.: *tenine tuθines χisvlics* die Künstler-Sign. eines gewissen Tenine Tuthines erkennen. Zuletzt vermutete man in *tuθines* vielmehr den Namen eines bisher nicht lokalisierten Ortes, wo die Statue hergestellt worden ist (so Cristofani, I Bronzi, 1985, und Pallottino, 1992) oder den Herkunftsort der dargestellten Person (so G. Colonna, RStorAnt 6–7:1976–1977, 61 ss.). Auch die Dat. war immer sehr umstritten und variierte zw. dem 3. und 1. Jh. v. Chr. Die von dem *Arringatore* getragene *toga praetexta* scheint jedoch klar darauf hinzuweisen, daß Avle Metle das röm. Bürgerrecht besaß, daß die nichtröm. Einwohner Italiens erst 89 v. Chr. erhalten haben. Somit muß die Statue nach 89 v. Chr., wahrsch. um 80 v. Chr. entstanden sein (Dohrn, 1968; Fittschen, 1970; Cristofani, I Bronzi, 1985). ▭ ThB32, 1938. EAA I, 1958 (s.v. Arringatore). – *T. Dohrn*, Der Arringatore. Bronzestatue im Mus. Archeol. von Florenz, B. 1968, passim, Taf. 1–21; *K. Fittschen*, RM 77:1970, 177–184, Taf. 74, 1 und 75, 1 und 76, 1; *O. Brendel*, Etruscan art, Harmondsworth 1978, 430–432; *M. Cristofani*, Prospettiva 17:1979, 4 ss.; *id.*, in: *id.* (Ed.), Civiltà degli etruschi, Mi. 1985, 394 s., Nr 19. 1 mit Abb.; *id.*, I Bronzi degli Etruschi, Novara 1985, Abb. auf pp. 242–244, p. 300, Nr 129; *G. Colonna*, Il posto dell'Arringatore nell'arte etrusca di età ellenistica, in: *H. Heres/M. Kunze*, Die Welt der Etrusker, Intern. Koll., 24.–26. Oktober 1988 in Berlin, B. 1990, 219–226, Abb. 1, Taf. 38 und 39, 1–3; *id.*, StEtr 56:1989–1990 (1991), 99–119, Abb. 1, Taf. 19 s.; 21, b; 23, 24, a; 25, a; 26, a; *M. Pallottino*, Die Etrusker und Europa (K Berlin, Staatl. Mus., Antiken-Slg), Mi. 1992, 155, Nr 240 mit Abb.; *C. Zaccagnino*, in: *M. Torelli*, Gli Etruschi (K Venedig, Pal. Grassi), Mi. 2001, 631, Nr 306 mit Abb. R. V.

Terach (Asar; Tara; Thara(n); Thare; Therros), Sohn des Nahor (I.) und der Jaska/Jiska, obermesopotam. oder hurritischer(?) Kunsthandwerker, in der 1. H. des 2. Jahrtausends v. Chr., aus Ur (entweder im NO-Irak oder der s. Zentral-Türkei) stammend, in Har(r)an (entweder in der s. Zentral-Türkei oder der w. anschließenden Hatay-Region) tätig. Der v.a. als Vater Abrams (II.)/Abrahams (Habramos) bek. T. ist aus dem AT (1. Mose, 11, 24–28, 31 s.; Josua, 24, 2; 1. Chronika, 1, 26) sowie Josephos bzw. Flavius Josephus (Iudaikè archaiologìa, 1, 148–152 und 252 und 289) bekannt. Außerdem berichten von ihm pseudoepigraph. Schr. zum AT (u.a. Spelunca Thesaurorum, 25, 6 und 15 s. und 18 s.; 26, 1 s. und 16 s.; 52, 5; Liber Jubilorum, 11, 10–15; 12, 1–31; 34, 20), ein Genesis-Kommentar aus Qumran (Nr. 4Q252, Kolumne 2), Midrasch Genesis Rabba bzw. Bereschit Rabba (38, 12 s.), Pseudo-Philon von Alexandria bzw. Pseudo-Philo Judaeus (Antiquitates Biblicae, 4, 14 s.), das NT (Lukas, 3, 34) sowie der Koran (Suren, 6, 75; 19, 43–49), in dem T. unter dem Namen Asar erscheint. Die bezüglich seines kunsthandwerklichen Schaffens detaillierteste Quelle ist der erste Teil der urspr. auf Aramäisch und/oder Hebräisch abgefaßten, später ins Griechische übersetzten, jedoch nur auf Slawisch erhaltenen pseudoepigraph. Schrift Apokalypse Abrahams, deren Endfassung zwischen 70 und 100/150 n. Chr. dat. wird (Philonenko-Sayar/Philonenko, 1982; Rubinkiewicz/Lunt, 1983; Himmelfarb, 1998; Lehnardt, 1999; Oegema, 2001). Als Eltern des T. werden Nahor (I.) und Jaska/Jiska überliefert (Liber Jubilorum, 11, 9). Sein Bruder hieß Har(r)an (I.) (Apokalypse Abrahams, 6, 6 s.). Bezügl. seiner Gattin(nen) liegen voneinander abweichende Überlieferungen vor. So wird im Liber Jubilorum (11, 14) Edna, die Tochter einer mit Abram (I.) verheirateten Schwester Nahors (I.) genannt. Nach der Spelunca Thesaurorum (28, 16 s.) ehelichte T. nacheinander Jauna, die Mutter Abrams (II.)/Abrahams, und Naharjath, die Mutter Saras (Sárras). Im Babylonischen Talmud (Baba Bathra, 91 a) wird Amathlaj, die Tochter Karnebos, als Mutter Abrams (II.)/Abrahams aufgeführt. T. hatte außer Abram (II.)/Abraham noch zwei weitere Söhne, Nahor (II.) (Nachores) und Har(r)an (II.) (Aránes). Die zeitliche Einordnung dieser Gestalten ist umstritten, die meisten Datierungsvorschläge beziehen sich auf die 1. H. des 2. Jt. v. Chr., nach der Apokalypse Abrahams ist die 2. H. des 16. Jh. v. Chr. anzunehmen (Hornig, 2004, Anm. 25, 27). Als Heimatort der Sippe wird Ur in Chaldäa angegeben, wobei es sich kaum um das namhafte Ur/Tall al-Muqayyar (S-

Irak) gehandelt haben kann. Eher dürfte hiermit entweder ein gleichnamiger, in den Keilschrift-Texten aus Ebla erwähnter Ort am Oberlauf des Euphrat-Nebenflusses Balichas/Nahr al-Balih gemeint sein, der viell. mit dem urspr. Urhai/Orróe genannten Edessa/(Şanlı)Urfa (s. Zentral-Türkei) zu identifizieren ist, oder aber der als überregionales Kultzentrum des Gottes Chaldi bekannte Ort Musasir (Egeria, Itinerarium, 20, 12), der an dem Tigris-Nebenfluß Großer Zab, ca. 20 km n. von Rowanduz (NO-Irak) an der Stelle des heutigen Mudjesir vermutet wird (Hornig, 2004, Anm. 28 s.). Vor allem das AT (1. Mose, 11, 31 s.), Flavius Josephus (op. cit.) und der Liber Jubilorum (12, 15) berichten von der nach dem Tod des T.-Sohnes Har(r)an (II.) erfolgten Auswanderung des T. in Begleitung seiner Familie von Ur nach dem Ort Har(r)an/Charrán, wo T. später starb. Als dieser galt mindestens seit der Spätantike das 40 km sö. von Edessa/(Şanlı)Urfa liegende Harranu/Kuzina/Kárrai/Carrhae/Altınbaşak Şanlı (Hornig, 2004, Anm. 30). Nach christlicher Überlieferung soll sich dort das Grab des T. befunden haben (T. M. Green, The city of the moon god, Leiden et al. 1992, 11). Den Angaben der offenbar auf älteren Quellen basierenden Apokalypse Abrahams zufolge müßte es jedoch der heutzutage ebenfalls diesen Namen führende Ort am W-Rand des N-syrischen Kalkstein-Massivs, sö. von Imma/Yeni Şehir (Hatay-Region) gewesen sein (Hornig, 2004, Anm. 31–35). In Har(r)an war T. mit der Produktion von Götter-Statuen und -Statuetten aus jeweils unterschiedlichen, offensichtl. nach ihrem semantischen Gehalt ausgewählten Werkstoffen befaßt. Es dürfte sich dabei zumeist um bemalte und mit Applikationen versehene Holzskulpturen gehandelt haben, wobei die Angaben zu Metallsorten auf die jeweiligen Blechbeschläge der Figuren zu beziehen sind. In Werkstoff-Auswahl und Machart entsprechen sie den aus dem hethitisch-hurritisch-nordsyrischen Raum überlieferten Kultbildern. An namentl. bezeichneten Figuren, die dem Text zufolge sicher oder wahrsch. von T.s Hand stammen, werden u.a. ein als *Baal Zaphon* zu identifizierender Gott aus Stein, ein *(Vegetations)-Gott* aus Holz sowie ein *Gott* aus Eisen erwähnt. Ein dem Kronos/Saturn gleichgesetzter Gott aus Gold und ein (Mond?-)Gott aus Silber scheinen hingegen von *Nahor* (II.) gefertigt worden zu sein (Hornig, 2004, Anm. 26). Zu den Aufgaben des anfangs noch im Familienbetrieb mitwirkenden Abram (II.)/Abraham gehörte die Anfertigung der Holzrohlinge sowie der Verkauf von transportablen Stücken aus der Produktion an Durchreisende. Lt. weit verbreiteter Überlieferung brach er später aus weltanschaulichen Gründen mit seiner Fam. bzw. dieser Profession (vgl. auch Josua, 24, 2). ▭ *B. Philonenko-Sayar/M. Philonenko*, Die Apokalypse Abrahams, in: *W. Kümmel u.a.* (Ed.), Jüd. Schr. aus hellenist.-röm. Zeit 5,5, Gütersloh 1982, 413–460 (Übersetzung); *M. Himmelfarb*, in: Religion in Geschichte und Gegenwart I, 1998, 78 (s.v. Abrahamschriften [1.]); *A. Lehnardt*, Bibliographie zu den Jüd. Schr. aus hellenist.-röm. Zeit, in: *H. Lichtenberger u.a.* (Ed.), Jüd. Schr. aus hellenist.-röm. Zeit, 6,2, Gütersloh 1999, 419–421 (Bibliographie); *G. S. Oegema*, Apokalypsen, in: op. cit., 6,1, Gütersloh 2001, 116–130 (Einführung); *K. Hornig*, in: *E. Olshausen/H. Sonnabend* (Ed.), Trojaner sind wir gewesen. Migrationen in der antiken Welt. 8. Internationales Kolloquium zur Historischen Geographie des Altertums, St. 2004 (im Druck). K. Hornig

Terent[...], röm. Silberschmied, in der 1. H. des 4. Jh. n. Chr. in Serdica tätig. Nur bek. durch seine Sign. auf einer *Silberschale* des Silberschatzes von Kaiseraugst/Schweiz. ▭ *M. A. Guggisberg*, in: *id.* (Ed.), Der spätröm. Silberschatz von Kaiseraugst. Die neuen Funde, Augst 2003 (Forsch. in Augst 34), 63–65, Abb. 31 s., Taf. 20 s.; *H. Lieb/M. A. Speidel*, in: *Guggisberg*, ibid., 2003, 174 s., Nr 80, Abb. 188. R. V.

Ter(entius?), röm. Mosaizist, im 4. Jh. n. Chr. in Bignor tätig. Nur bek. durch seine Sign. auf einem *Mosaik mit einer Darst. von Fischen und Früchten* aus Bignor/Sussex (CIL, VII, 16). ▭ EAA VII, 1966 (s.v. Terentius). – *T. Morgan*, Romano-British mosaic pavements, Lo. 1886, 203 s., Nr 2, Taf. nach der Seite 206; *M. Rule*, Floor mosaics in Roman Britain, Lo. 1974, 22 s., Abb.; *P. Johnson*, Romano-British mosaics, Aylesbury 1982, 33, Taf. 25; *N. A. Cookson*, Romano-British mosaics, Ox. 1984, 111 s., Nr 5, Taf. 37; *Donderer*, Mosaizisten, 1989, 111 s., Nr A 87, Taf. 51, 1; *S. S. Frere/R. S. O. Tomlin*, in: RIB, II. 4, 1992, 91, Nr 2448. 11; *M. Donderer*, Boreas 23/24:2000/2001, 82, Anm. 84. R. V.

Terpsikles (Τερψικλῆς), griech. Bildhauer, A. des 6. Jh. v. Chr. in Didyma tätig. Nur bek. durch seine Sign. auf einer Kalksteinbasis für eine *Statue* aus dem Heiligtum von Didyma, die am A. des 6. Jh. v. Chr. von den Söhnen des Anaximandros gew. worden ist und sich heute in London befindet (BM, Inv. Nr 931; Overbeck, SQ, 1868, Nr 363; Loewy, IGB, 1885, 4, Nr 2; G. Hirschfeld, The coll. of Ancient Greek inscr. in the BM, IV. 1, Ox. 1893, Nr 931; Pryce, BMSculpture, I. 1, 1928, 105 s.; T. Wiegand, Didyma, II, B. 1958, 3, Nr

2, Abb. 2; Muller-Dufeu, SculptureSource, 2002, 160 s., Nr 449). Ob diese Basis eine Sitzstatue oder Kore trug, muß reine Spekulation bleiben. Da in diese Zeit in Didyma noch fünf weitere stilist. ähnl. Skulpt. (Tuchelt, 1970, 67 s., Nr K 36, Taf. 35, 1, p. 68, Nr K 36bis, Taf. 35, 2–4, pp. 74–76, Nr K 43, Taf. 40, 1–2, 41, 1, 3 s., pp. 93 s., Nr K 66, Taf. 63, 1 s., 65, 1, 66, 1, 67, 1, pp. 94 s., Nr K 67, Taf. 65, 2, 66, 2, 68, 1) fallen, fragt sich Tuchelt (1970, 187), ob diese von einem einzigen Künstler gefertigt worden sind, der dann ein Zeitgen. des T. oder gar T. selbst gewesen sein könnte. Diese Überlegung bleibt jedoch sehr hypothet. und sollte daher bis auf weiteres abgelehnt werden. ▭ ThB32, 1938. RE V. A. 1, 1934 (s.v. T. 2); EAA VII, 1966. – *C. T. Newton*, A hist. of discoveries at Halicarnassus, Cnidus and Branchidae, II. 2, Lo. 1863, 781, Nrn 67 s., Taf. 97; *Lippold*, GrPl, 1950, 52 s.; *K. Tuchelt*, Die archaischen Skulpt. von Didyma. Beiträge zur frühgriech. Plastik in Kleinasien, in: IstForsch 27:1970, 32, 34, 121, 187, 210 s.; *Floren*, GrPl, 1987, 373, Anm. 2; *K. Karakasi*, Archaische Koren, M. 2001, 41, 48 s. R. V.

Tertios (Τερτίος), aus Aizanoi/NW-Phrygien) stammender Bildhauer, am E. des 1. Jh. n. Chr. im phryg.-lyd. Grenzgebiet tätig. Nur bek. aus einem *Grabstelenfragment* im Mus. von Uşak (TAM, V. 1, 1981, 13), das seine Sign. mit der Herkunftsbezeichnung Ἐζηανείτης enthält, die sich vermutl. auf Aizanoi bezieht. Die aus Aktaş stammende *Stele* weist zwei seitl. Pilaster und einen dazwischen liegenden Kranz mit Frauengesicht auf, darüber ist sie gebrochen. Die *Stele* wurde von einem gewissen Amerimnos für seine Frau Oinanthe bestellt und ist inschr. ins Jahr 94/95 n. Chr. datiert. T. Lochman

Teti (I), ägypt. Vorsteher der Bildhauer, Altes Reich (2682–2191 v. Chr.). Neben seiner Tätigkeit als Vorsteher der Bildhauer war T. auch ein Beamter des Königsschmucks und Totenpriester. Bek. ist er aus einer Mastaba des Alten Reiches, die bei Mariette als D 61 gezählt wird. ▭ *H. Junker*, Die gesellschaftl. Stellung der ägypt. Künstler im Alten Reich, W. 1959, 67; *A. Mariette*, Les mastabas de l'ancien empire, Hildesheim/N. Y. 1976, 350. S. Hänsch

Teti (II), ägypt. Steinschneider, 12. Dynastie unter Amenemhet III. (1853–1806/05 v. Chr.). Bek. ist T. von der Stele des Saneferet, eines hohen Beamten, der eine Expedition in den Sinai unternahm, um für König Amenemhet wertvolle Steine zu beschaffen (der Sinai ist eines der wichtigen Steinbruchgebiete für Edelsteine). Die Stele berichtet von dieser Expedition und führt eine Liste der Teilnehmer auf, unter denen auch T. gen. wird. ▭ *J. Černý* (Ed.), The inscr. of Sinai, II, Lo. 1955, 113 s., Nr 112. S. Hänsch

Teti (III), ägypt. Künstler („Vorsteher aller Arbeiten des Amun"), 18. Dynastie (1550–1292 v. Chr.). In seiner Funktion als Handwerksvorsteher des Amun war T. am Bau des Hathorheiligtums von Deir el-Bahari beteiligt. Bek. ist dies von einer Votivstatue von T. Des weiteren ist das Bruchstück einer hockenden Statue aus Qurna überliefert, das Inschriftenreste der obligator. Opferformel sowie Namen und Titel von T. nennt. ▭ *E. Naville*, The XIth dynasty. Temple at Deir el-Bahari, III, Lo. 1913, Taf. VIII; *L. Borchardt*, Statuen und Statuetten von Königen und Priv.-Leuten, IV, B. 1934, Nr 1108. S. Hänsch

Tetiemra (I), ägypt. Goldschmied, im Mittleren Reich (2119–1794/93 v. Chr.) in der Gegend von Theben/Oberägypten tätig. T. hinterließ eine Sitzfigur aus grauschwarzem Granit, die ihn in Schreiberhaltung mit gekreuzten Beinen darstellt. Die Inschr. gibt an, daß er für den Gott Amun tätig war. Helck (1961) scheint die Statue in das frühe Neue Reich zu dat. ▭ *G. Legrain*, Statues et statuettes de rois et de particuliers (CG), I, Le Caire 1906, 25, Nr 42042; *W. Helck*, Mat. zur Wirtschafts-Gesch. des Neuen Reiches, I, Wb. 1961, 45.
S. L. Lippert

Tetiemra (II), ägypt. Architekt, unter Hatschepsut (1479/73–1458/57 v. Chr.) in Theben/Oberägypten tätig. Bek. ist T. durch Namenssteine der Königin Hatschepsut, auf denen als hierat. Vermerke Namen und Titel von Beamten gen. werden, die an ihrem Totentempel in Deir el-Bahri (Theben-W) tätig waren. Nach Helck (1961) war T. neben seiner Beteiligung am Bau dieses Tempels auch für den Transport des ersten Obeliskenpaares der Königin verantwortlich. ▭ *W. C. Hayes*, Ostraka and name stones from the tomb of Sen-Mut (No. 71) at Thebes, N. Y. 1942, 46; *W. Helck*, Zur Verwaltung des Mittleren und Neuen Reiches, Leiden/Köln 1958, 362 m. Anm. 4. S. L. Lippert

Teukros (I) (Τεῦκρος; Teucer), griech. Graveur und Toreut, in augusteischer Zeit tätig. Plinius bez. ihn als einen der größten Graveure der augusteischen Zeit (nat., 33, 157) und nennt ihn *crustarius*, d.h., er fertigte *Reliefs*, die die Außenwände von Metallgefäßen schmückten. ▭ ThB32, 1938. RE V. A. 1, 1934 (s.v. T. 6). B. Lang

Teukros (II), röm. Gemmenschneider, gegen E. des 1. Jh. v. Chr. in Rom tätig. T. signierte im Genetiv eine klassizist. *Amethyst-Gemme* mit *Herakles und einer Nymphe* in Florenz (Mus. Archeol.). Seine Arbeit ist aufgrund von handwerkl. und stilist. Details in den Umkreis der Steinschneider → Philemon (I) und → Anteros (II) einzuordnen. And. mit T. signierte Stücke sind vermutl. neuzeitlich. ꟷ ThB32, 1938. RE V. A. 1, 1934; EAA VI, 1966. – *A. Furtwängler*, JdI 3:1888, 323, Taf. 10, 3; *Vollenweider*, Steinschneidekunst, 1966, 43 mit Anm. 36; *Richter*, EngrGemsRom, 1971, Nr 705; *Zazoff*, AG, 1983, 288 mit Anm. 131, Taf. 81, 6. B. Lang

Thales (I) (Θαλῆς), griech. Maler, vor 300 v. Chr. tätig. Nur bek. durch die Nennung gleichnamiger Personen bei Diogenes Laertios (1, 38; Overbeck, SQ, 1868, Nr 1770). Da Diogenes Laertios sich bei diesem Maler auf Duris von Samos, Περὶ Ζωγράφων (FGrH, 2A, 147, Fragm. 31) bezieht, dessen Werk vor 300 erschienen ist, muß Th. vor dieser Zeit tätig gewesen sein. Diogenes Laertios scheidet ihn explizit von einem gleichnamigen Maler aus Sikyon, dennoch wurde immer wieder eine Differenzierung von zwei Malern in Zweifel gezogen. Doch sollte man, solange keine stichhaltigen Argumente vorliegen, auch weiterhin Diogenes Laertios' Unterscheidung akzeptieren und von einem Th. (I) und → Th. (II) sprechen. ꟷ ThB32, 1938. RE V. A. 1, 1934 (s.v. Th. 6); EAA VII, 1966. – *Brunn*, GGK, II, 1889, 107; *Pfuhl*, MuZ, II, 1923, 727, § 793, p. 730, § 795, p. 734, § 800. R. V.

Thales (II), aus Sikyon, griech. Maler unbek. Zeit. Wie → Th. (I) nur bek. durch die Nennung gleichnamiger Personen bei Diogenes Laertios (1, 38; Overbeck, SQ, 1868, Nr 1770). Da Diogenes Laertios Th. (II) jedoch explizit von dem gleichnamigen Maler → Th. (I) unterscheidet, sollte diese Differenzierung von zwei Malern auch in Zukunft trotz angemeldeter Zweifel beibehalten werden, weil bisher keine stichhaltigen Argumente für eine einzige Künstlerpersönlichkeit vorgebracht worden sind. ꟷ ThB32, 1938. RE V. A. 1, 1934 (s.v. Th. 6) EAA VII, 1966. – *Brunn*, GGK, II, 1889, 107; *Pfuhl*, MuZ, II, 1923, 727, § 793, p. 730, § 795, p. 734, § 800. R. V.

Thaliarchos (Θαλίαρχος), Sohn des Theogenes, aus Argos, griech. Bildhauer, um 290/280 v. Chr. in Delphi tätig. Nur bek. durch seine Sign. auf einer Kalksteinbasis aus Delphi für eine Statue. ꟷ EAA VII, 1966. – *Marcadé*, Signatures, I, P. 1953, 105 mit Abb., Taf. 21, 1; *Muller-Dufeu*, SculptureSource, 2002, 732 s., Nr 2122. R. V.

Thalius cf. **Triccus**

Thallus, *Publius Cornelius* → **Cornelius Thallus,** *Publius*

Thamyros (Θαμύρος; Thamyras; Θαμύρας), angebl. griech. Gemmenschneider. Fünf Gemmen tragen diesen Namen. Vier Gemmen sind jedoch modern: – 1.) *Intaglio aus Karneol* mit der *Darst. einer Sphinx* im BM in London (Inv. Nr 602; ehem. in der Slg des Barons von Albrecht in Wien, dann in den Slgn von Josef Barth, Tommaso Benedetti, Duc de Blacas; Ph. von Stosch, Gemmae antiquae caelatae scalptorum nominibus insignitae, Am. 1724, Taf. 69; Furtwängler, AG, I, 1900, Taf. 10, 58; II, 54; Walters, BMGems, 1926, 72 s., Nr 602, Taf. 10; Boardman, GGFR, 1970, 207, Abb. 603, pp. 293, 413, Nr 284; Zwierlein-Diehl, 1989, 427 s., Taf. 68, 2); – 2.) *Kameo* mit der *Darst. eines sitzenden Kindes* in der Slg Beverley im Alnwick Castle; Lippold, Gemmen, 1922, Taf. 152, 6; Vollenweider, Steinschneidekunst, 1966, 37, Anm. 69, Taf. 28, 3 s.; Zwierlein-Diehl, 1989, 428 s., Taf. 68, 4; – 3.) *Intaglio aus Sard* mit der *Darst. eines Kriegers neben einem Pferd*, ehem. in der Slg des Fürsten Carl I. von Isenburg (1766–1820), Zwierlein-Diehl, 1989, 429, Taf. 68, 5; – 4.) *Intaglio aus Jaspis* (London, BM, Inv. Nr 1355; Walters, BMGems, 1926, 153, Nr 1355; Vollenweider, Steinschneidekunst, 1966, 37, Anm. 70, Taf. 28, 5; Zwierlein-Diehl, 1989, 428). Nur die fünfte aus *Glaspaste* an einem Reliquiar mit einem Span von der Krippe Christi in der Wiener Schatzkammer, die zwar ihrerseits auch aus dem 18. Jh. stammt, geht nachweisl. auf ein Orig. aus augusteischer Zeit zurück (Zwierlein-Diehl, 1989, 425–427, Taf. 67, 3). Sie zeigt eine *Nereide, auf einem Hippokampen reitend*. Mit einer Hand hält sie einen Schild mit Ägis und Gorgoneion als Verzierung. Wenn diese Inschr. überhaupt antik sind, werden sie wohl den Besitzer und nicht einen Künstler meinen. ꟷ ThB32, 1938. RE V. A. 1, 1934; DNP XII/1, 2002. – *Brunn*, GGK, II, 1889, 400–402; *E. Zwierlein-Diehl*, Thamyras-Gemmen, in: *H.-U. Cain/H. Gabelmann/D. Salzmann* (Ed.), Festschr. für Nikolaus Himmelmann, Mainz 1989, 425–431. R. V.

Thare → **Terach**

Thargelius → **Tarchesius**

Tharrymachos (Θαρρυμάχος), griech. Bildhauer oder Maler, im 6. Jh. v. Chr. auf Thera tätig. Nur bek. durch seine Sign. aus Thera für ein Bild des

Praxias (IG, XII. 3, 763; Muller-Dufeu, SculptureSource, 2002, 134 s., Nr 377). Es geht aus der Inschr. jedoch nicht hervor, ob es sich hier um ein gemaltes oder gemeißeltes Bild handelt. R. V.

Thebadas → **Theibadas**

Thebades (Θεβάδες), Sohn eines Kyr(?)nos, vermutl. aus Böotien, griech. Bildhauer, am E. des 6. Jh. v. Chr. in Athen tätig. Nur bek. durch eine metrische Weih-Inschr. (IG, I³, 647) auf einem Pfeiler mit Cavetto Kapitell aus grauem, wahrsch. attischem Marmor auf der Akropolis in Athen, gew. von Lyson der Athena. Es ist vorgeschlagen worden, daß *zwei Fragm. von Koren* der Basis zugehören (Athen, Akropolis-Mus., Inv. Nrn 612 und 464). ▭ ThB32, 1938. RE V. A. 2, 1934; EAA VII, 1966. – *F. Hiller von Gaertringen*, Hist. griech. Epigramme, Bonn 1926, 20, Nr 48; *E. Langlotz*, Die archaischen Marmorbildwerke der Akropolis, Die Koren, Ffm. 1939, 85, Nr 39, Taf. 106; *P. Friedländer*, Epigrammata. Greek inscr. in verse, from the beginnings to the Persian wars, Lo./Berkeley 1948, Nr 14; *Raubitschek*, Dedications, 1949, 308 ss., Nr 290; *G. Pfohl*, Inschr. der Griechen, Darmstadt 1972, 115; *Brouskari*, CatAcr, 1974, 31 s.; *Floren*, GrPl, 1987, 315, Anm. 35; *K. Kissas*, Die att. Statuen- und Stelenbasen archaischer Zeit, Bonn 2000, 141 ss., Nr B 79, Abb. 158–161. C. Wagner

Thebanius, vermeintl. röm. Mosaizist vom A. des 3.(?) Jh. n. Chr. Ein Bodenmosaik in *opus tessellatum* aus einer röm. Villa in El-Aerg/Tunesien trägt die Inschr. THEBANII (CIL, VIII, 22887). Die Inschr. wurde anfängl. als die Sign. eines Mosaizisten namens THEBANIVS oder THEBANVS interpretiert. Eine and. Lesung schlug THEBANIVS K(ARTHAGINIENSIS) vor und wollte damit eine Herkunft des Th. aus Karthago nahelegen. Diese Ansichten sind jedoch nicht mehr haltbar, nachdem A. Beschaouch (1985) überzeugend die Möglichkeit zurückgewiesen hat, diese Inschr. stelle die Sign. eines Mosaizisten dar. Er wies nach, daß sich die Inschr. THEBANII auf eine lokale Gladiatorenvereinigung bezieht, die eine Untergruppe der bek. nordafrikan. Vereinigung der *Telegenii* bildete. ▭ EAA V, 1963 (s.v. Musivarius); VII, 1966 (s.v. Thebanus). – *P. Gauckler*, BAParis 1901, 144, Nr 75; *id.*, MemSocAF 63:1904, 196, Nr 22; InvMos, II, 1910, 37 s., Nr 89; *Dunbabin*, Mosaics, 1978, 27, Anm. 57; *A. M. Beschaouch*, CRAI 1985, 453–475; *Donderer*, Mosaizisten, 1989, 34 ss., 46, 112 s., Nr A 88; *J. Gómez Pallarès*, ZPE 129:2000, 308. Z. Welch

Thebanius K[arthaginiensis] → **Thebanius**

Thebanus → **Thebanius**

Theibadas (Θειβάδας), angebl. griech. Bildhauer von um 450 v. Chr., der in Böotien tätig gewesen sei. Th. wird in einer marmornen Inschr. mit vielen weiteren Personen aufgelistet, die man gelegentl. als Künstler ansah. Wahrsch. handelt es sich hier aber um eine Aufstellung von Kriegern (siehe dazu → Antigeneis). ▭ ThB32, 1938 (s.v. Thebadas). EAA IV, 1961 (s.v. T.). – *Loewy*, IGB, 1885, 378 s., Nr 554; *Brunn*, GGK I, 1889, 293. R. V.

Themistagoras (Θεμισταγόρας), Sohn des Meniskos, aus Alexandreia, griech. Bildhauer, im 2. V. des 3. Jh. v. Chr. in Herakleia am Latmos tätig. Nur bek. durch seine Sign. auf einer *Sonnenuhr* aus Marmor aus Herakleia am Latmos (heute Paris, Louvre, Inv. Nr Ma 2820), die von Apollonios dem König Ptolemaios II. wohl zw. 277 und 262 v. Chr. (dem Besetzungsdatum von Herakleia am Latmos durch Ptolemaios II.) gew. worden ist. ▭ EAA VII, 1966. – *Loewy*, IGB, 1885, 298, Kommentar zu Nr 450; *H. Diels*, Antike Technik, L./B. 1920, 176–178; *J. Marcadé*, BCH 23:1949, 149, Anm. 5; *S. L. Gibbs*, Greek and Roman sundials, New Haven/Lo. 1976, 31, 35, 62 s., 268 s., Nr 3049 G; *M. Hamiaux*, Mus. du Louvre. Les sculpt. grecques, II. La période hellénistique (IIIᵉ-Iᵉʳ siècles avant J.-C.), P. 1998, 202 s., Nr 218 mit Abb.; *M. Donderer*, Bildhauer in und aus Alexandria, in: *K. Geus/K. Zimmermann*, Punica – Libyca – Ptolemaica. Festschr. für Werner Huß, zum 65. Geburtstag dargebracht von Schülern, Freunden und Kollegen, Studia Phoenicia 16, Orientalia Lovaniensia Analecta 104, Leuven 2001, 175, Nr 1. R. V.

Themistokles (Θεμιστοκλῆς), Sohn des Xenokrates, griech. Bildhauer, in hellenist. Zeit tätig. Nur bek. durch seine Sign. auf einer Marmorbasis aus Samos für eine *Statue*, die der Hera gew. worden ist. ▭ ThB32, 1938. RE V. A. 2, 1934 (s.v. Th. 11); EAA VII, 1966. – *E. Fabricius*, AM 9:1884, 254; *Loewy*, IGB, 1885, 207, Nr 394; *E. Buschor*, AM 55:1930, 96; *Muller-Dufeu*, SculptureSource, 2002, 900 s., Nr 2696. R. V.

Theo → **Theon (I)**

Theodoros → **Theon (I)**

Theodoros (I) (Θεόδωρος; Theodorus), von Samos, Sohn des → Telekles, griech. Architekt, Statuenbildner und Toreut, in der 1. H. des 6. Jh. v. Chr. an der kleinasiat. Küste und in Sparta tätig. Hdt., 1, 51, schreibt Th. einen vom Lyderkönig Kroisos in Delphi gew. *silbernen Krater* zu. Dieses Gefäß hätte Th. somit vor dem konventionell auf 547 v. Chr. dat. Untergang des lydischen Reichs geschaffen. Ebenfalls in das 2. V. des 6. Jh. v. Chr. führt die spätere Notiz des Diog. Laert., 2, 103, daß man beim Bau des Fundaments des Artemisions von Ephesos den Rat des Th. hinzugezogen habe. Hdt., 3, 41, nennt auch das *Siegel des Polykrates* ein Werk des Th., Sohn des → Telekles. Diese Überlieferung bietet jedoch nur einen *terminus ante quem*, da Polykrates das Siegel schon vor Beginn seiner Tyrannis oder gar als Erbstück erh. haben könnte. Daß die Schaffenszeit von Th. weit über die M. des 6. Jh. v. Chr. hinausging, scheint durch folgende Überlegungen ausgeschlossen: Hdt., 3, 60, kennt → Rhoikos als den ersten Baumeister des Heratempels auf Samos, also wohl des von ihm gesehenen zweiten Dipteros. Th. erwähnt er in diesem Zusammenhang nicht. Die durch → Vitruvius (7, praef. 12) auch für Th. überlieferte Tätigkeit als Architekt eines *samischen Heratempels* muß sich somit auf den Vorgängerbau beziehen, der ungefähr zw. 575 und 550 v. Chr. errichtet wurde. → Rhoikos wäre also später anzusetzen als Th., und die von Diod., 1, 98, 5, und Diog. Laert., 2, 103, vertretene Meinung, er wäre dessen Vater gewesen, erscheint unglaubwürdig. Man hat versucht, einen Sohn des → Rhoikos als Bildhauer und Toreuten von einem Architekten Th., Sohn des Telekles, abzuspalten (Overbeck, 1868; Bieber, in: ThB, 1938), was sich aber mit den chronolog. Anhaltspunkten der Quellen kaum vereinbaren läßt (Brunn, 1889). Die Tatsache, daß zwei versch. Namen mit dem Bau eines nicht näher bestimmten *Heratempels* im archaischen Samos verknüpft waren, hat offenbar zur Annahme enger Zusammenarbeit und schließl. auch eines Verwandtschaftsverhältnisses zw. Th. und → Rhoikos geführt; dabei lag für den durch Herodot als „ersten" Architekten bez. → Rhoikos die Vaterrolle nahe, → Telekles wurde zum Bruder (Diod., 1, 98, 5). – Die enge Zusammengehörigkeit von Th. und → Rhoikos in späteren Quellen hat wohl auch bewirkt, daß dem Architekten → Rhoikos Leistungen auf dem Gebiet des Bronzegusses und der Statuenbildnerei zugeschr. wurden. Umgekehrt tritt Th. bei Herodot und → Platon [I] (Ion, 533a) zunächst nur als Toreut und Statuenbildner in Erscheinung, so daß man geneigt sein könnte, ihm eine Karriere als Architekt abzusprechen (Tölle-Kastenbein, 1976; Goodlett, 1989). Es ist jedoch auffällig, daß Th. bei seinen Unternehmungen als Architekt meist allein gen. wird. → Vitruvius (7, praef., 12) erwähnt ihn als Autor eines Buches über den Heratempel *„quae est Sami dorica"* (alternative Lesart der Vitruvstelle: Granger, 1924). Als Verfasser einer solchen Schr. kommt nur der Architekt selbst in Frage. Da sich die Aktivität von Th. aus chronolog. Gründen auf den ersten Dipteros beziehen muß, hätte er somit den frühesten Riesentempel Griechenlands entworfen (zum sog. Rhoikostempel: Buschor, 1930; Johannes, 1937; Gruben, 1986; Kienast, 1998). Unklar bleibt, weshalb das ionische Bauwerk an dieser Stelle als dorisch bez. wird. Plinius, nat., 36, 90 (vgl. nat., 34, 83), nennt Th. zus. mit → Rhoikos und → Smilis als die einheimischen Erbauer eines *Labyrinths auf Lemnos* (*sic!*) mit 150 Säulen, deren Einzelteile in der Wkst. so ausbalanciert hingen, daß sie von einem Knaben gedreht gedrechselt werden konnten. Mit dem lemnischen „Labyrinth" ist offenbar einer der beiden Riesentempel auf Samos gemeint, die in der Tat beide gedrechselte Säulenteile aufweisen. Die Kapitelle, Basen und Säulentrommeln waren aber in der Wkst. nicht aufgehängt, sondern wurden auf einer großen Scheibe gedreht (Hellner, 1995; Hendrich, 1997). In der mon. Archit. ist das Verfahren zuerst am ersten Dipteros nachweisbar. Eine zweite Pliniusstelle (nat., 7, 198), die Th. die Erfindung des Dreheisens (*tornus*) zuschreibt, könnte also zumindest insofern eine Berechtigung haben, daß Th. zwar nicht das Drechseln an sich erfand, diese aus der Holzverarbeitung stammende Technik aber als erster systemat. in Stein angewandt hätte. Plinius (ibid.) hält ihn außerdem für den Erfinder von Winkelmaß (*norma*), Setzwaage (*libella*) und Schlüssel oder Treibkloben (*clavis*). Winkelmaß und Setzwaage sind schon für den Bau der frühesten griech. Steintempel aus Ägypten übernommen worden. In jedem Fall aber sind es die Instrumente eines Baumeisters, die bei der Konstruktion eines Tempels kolossalen Ausmaßes von bes. Bedeutung gewesen sein müssen. Erfahrung als Architekt wird ebenfalls durch die Bemerkung des Diog. Laert. (2, 103) vorausgesetzt, daß Th. beim Tempelbau von Ephesos den Rat gegeben habe, bei der Fundamentierung im sumpfigen Gelände Holzkohle zu verwenden (vgl. Hesych. Milesios, de viris ill., 36, Flach). Auch nach dem Fund einer Aschenschicht unter dem archaischen Artemision von Ephesos kann bezweifelt werden, ob die Äußerung des Diogenes Laertius (2, 103; ähnl. Plin., nat., 36, 95) tatsächl. eine ältere griech. Praxis widerspiegelt (Bammer/Muss, 1996; Svenson-Evers, 1996); in Samos konnte diese Art der Fundamentierung bisher jedenfalls nicht nachgewiesen werden (Kienast, 1991). Hier hat sich jedoch möglicherweise eine Erinnerung an Probleme mit unsicherem Baugrund erh., die auf Samos dramat. Ausmaße annahmen: Wie inzwischen gezeigt werden konnte, wies der erste Dipteros aufgrund unzureichender Fundamentierung bereits kurz nach seiner Voll. derartige Schäden auf, daß er vollst. abgetragen und durch den Neubau des zweiten Dipteros ersetzt wurde (Kienast, 1998). Damit geriet dann wohl auch Th. als Architekt weitgehend in Vergessenheit. – Als einziges weiteres Zeugnis berichtet Pausanias (3, 12, 10), daß Th. auf der Agora von Sparta die sog. *Skias* errichtet haben solle, wo noch zu seiner Zeit die Volksversammlungen stattfanden. Das Gebäude ist noch nicht identifiziert. Man hat an einen Rundbau gedacht, denn *skias* (wörtl. „Schattendach") und der einen Rundbau bezeichnende Begriff *tholos* konnten synonym gebraucht werden (vgl. Etym. M., s.v. skias). Andererseits könnte der Name unabhängig vom Grundriß die schattenspendende Funktion eines Gebäudes bez. haben, das groß genug war, um die spartan. Volksversammlung aufzunehmen. Dann hätte man Th. als Spezialisten für Bauten kolossaler Größe nach Sparta geholt (Stibbe, 1989 und 1996). Aus dem Zusatz des Pausanias, daß Th. der erste gewesen sei, der Eisen geschmolzen und daraus Bildwerke geschaffen habe, auf die Verwendung dieses Materials an der *Skias* zu schließen (EAA, 1966), erscheint anachronistisch. Jedenfalls sprechen die für das frühere 6. Jh. v. Chr. belegten engen Beziehungen zw. Samos und Sparta für die Glaubwürdigkeit von Th.' lakonischem Zwischenspiel. – Der Toreut und Statuenbildner Th. ist bisher nur aus Schriftquellen bekannt. Da es sich bei Herodot um eine relativ gut informierte Quelle handelt, wird man ungern die gesamte Überlieferung als Erfindung abtun. Der von Herodot in Delphi gesehene, 600 Amphoren fassende *Silberkrater* war jedoch offensichtl. nicht signiert (1, 51), und Th. schon für Herodot und deutlicher noch für → Platon [I] (Ion, 533a) ein → Daidalos (I) gleichwertiger, fast in die myth. Sphäre gehobener Künstler. → Platon [I] nennt Th. einen Statuenbildner. Diese Tätigkeit und das Werken in Metall werden in der Behauptung des Pausanias verknüpft, daß Th. und → Rhoikos die ersten waren, die Bronze gossen und Statuen daraus schufen (Paus., 8, 14, 8). Auch in Paus., 9, 41, 1, und 10, 38, 6, wird den beiden Samiern die Erfindung des Bronzegusses zugeschr., und ders. Sachverhalt liegt wahrsch. Paus., 3, 12, 10, zugrunde, wo wohl irrtüml. von Eisen die Rede ist. Der Bronzeguß war z.Z. des Th. schon lange bekannt; entsprechend formuliert Paus., 10, 38, 6, Th. und → Rhoikos wären die ersten gewesen, Bronze „besonders sorgfältig" zu schmelzen. Die Neuartigkeit der Leistung der Samier lag offenbar in der Herstellung von *Bronzestatuen*. Pausanias kannte keine erh. Bronzewerke des Th., möglicherweise liefert aber Diod., 1, 98, 5–9 (auf die Aigyptiaka des Hekataios von Abdera zurückgehend), weitere Informationen. Er berichtet, daß Th. und → Telekles für die Samier eine *Statue des Apollon Pythios* schufen (mit dem delphischen Kultbild verwechselt bei Athenag., suppl., 17, 4), indem → Telekles in Samos und Th. in Ephesos je eine Seite des Körpers fertigten. Die beiden Hälften paßten perfekt zusammen, weil sie dem ägypt. Kanon folgten, der den menschl. Körper in 21 Teile und zusätzl. ein Viertel (den vierten Teil einer Elle) einteilt. Ägypt. Arbeitstechniken waren in Samos im früheren 6. Jh. v. Chr. durchaus bekannt; bei Diodor scheint jedoch der sog. zweite ägypt. Kanon zus. mit einer mißverstandenen Vorstellung der seit dem 4. Jh. v. Chr. in Ägypten verwendeten Bildhauermodelle eine ältere Anekdote zu erklären. Diese Anekdote hat man mit dem Bronzehohlguß in Verbindung gebracht, einem Verfahren, das in Griechenland spätestens um die M. des 6. Jh. v. Chr. für die Herstellung großer Bronzestatuen benutzt wurde; dabei wurden die Statuen in der Regel aus versch. Teilen aufgebaut. Funde aus Samos belegen sowohl den fortschrittl. Entwicklungsstand der lokalen Bronze-Wkstn als auch enge Kontakte mit Ägypten, die die zur Anwendung des Hohlgusses in der Großplastik nötigen Kenntnisse vermittelt haben könnten (Bol, 1985; Mattusch, 1988; Kyrieleis, 1990). Der angebl. im Kuros-Schema, d.h. in Schrittstellung mit an den Körper gelegten Armen dargestellte *Apollon* wäre aber vertikal und nicht, wie zu erwarten, horizontal unterteilt gewesen. Viell. knüpfte die von Diodor überlieferte Gesch. an eine Doppel-Sign. an: Da Statuen des 6. Jh. v. Chr. häufig am Oberschenkel beschriftet waren, könnten Th. und → Telekles eine gemeinsam geschaffene Statue jeweils auf einem Bein signiert haben (Stewart, 1990). Sollte Th. tatsächl. einen Beitrag zur Herstellung hohlgegossener Bronzestatuen geleistet haben, ließe sich die schon aus chronolog. Gründen zweifelhafte Bemerkung des Plinius (nat., 35, 152; vgl. Athenagoras, suppl., 17, 3), daß Th. das Modellieren in Ton (*plastice*) erfunden habe, auf die Modellierung des Gußkerns beziehen. – Lt. Plinius (nat., 34, 83) soll Th. ein *Selbstporträt aus Bronze* gegossen haben, das eine Feile und die Miniatur-Darst. eines Viergespanns in den Händen hielt. Dessen angebl. erstaunliche Ähnlichkeit ist in jedem Fall als späterer Zusatz zu werten. Problemat. ist auch das Attribut in Form eines Viergespanns von so geringer Größe, daß es mitsamt dem Lenker von den Flügeln einer Fliege bedeckt wurde. Hier liegt wohl eine Verwechselung mit einem Werk des → Myrmekides oder → Kallikrates (IV) vor. Man hat dieses wundersame Objekt aber auch pragmat. als Skarabäus gedeutet und mit der Herodotstelle (3, 41; vgl. Paus., 8, 14, 8, und Tzetz., hist. var., 7, 210–215) in Verbindung bringen wollen, die Th. das goldgefaßte *Smaragdsiegel des Polykrates* zuschreibt (Kritik bei Furtwängler, 1900). Th. hätte also auch harte Steine geschnitten, wie es von einem Toreuten durchaus zu erwarten wäre. Viell. wurde das legendäre *Siegel des Tyrannen* aber auch erst in den Augen der Nachwelt zu einem Werk des berühmtesten samischen Künstlers. Deutlich als ein Mißverständnis erweist sich Th.' angebl. Urheberschaft der goldenen Weinrebe im Schlafgemach der Perserkönige (Him., or., 31, 11, Colonna: Phot., bibl., 243, 375 a-b): Aus Athenaios' Zitat (12, 514e-f) der Alexandergeschichte des Charis von Mytilene geht eindeutig hervor, daß nicht der edelsteinbesetzte Weinstock ein Werk des Th. war, sondern ein *goldener Krater* nahebei. Dieser *Goldkrater* ist möglicherweise nichts anderes als eine Anspielung auf den *silbernen* des Kroisos. Er könnte aber tatsächl. von Th. geschaffen worden sein, wenn er ebenso wie der Weinstock ein Geschenk des Lyders Pythios an den König Dareios gewesen wäre (vgl. Hdt., 7, 27). – Die Quellen entwerfen für Th. das Bild eines ungewöhnl. vielseitigen Mannes. Zumindest auf dem Gebiet der Archit. fügen sich die Einzelüberlieferungen in einen überzeugenden Zusammenhang. Entwurf und Ausf. des ersten ionischen Dipteros stellten eine enorme schöpfer. und organisator. Leistung dar, deren Beitr. zur griech. Mon.-Archit. nicht zu hoch eingeschätzt werden kann. Auch der Toreut und Bronzebildner Th. ist hist. plausibel, war doch die Entwicklung des Bronzegusses auf Samos eng mit der Produktion großer Kessel und der sie schmückenden Protomen verbunden. Die Kenntnis in Ägypten oder dem Orient praktizierter Techniken konnten einem ostgriech. Künstler leicht den Ruf eines Erfinders verleihen, und wenn Th. auf mehr als einem Gebiet tätig war, so ist das nicht zuletzt damit zu erklären, daß es beispielsweise für den Beruf des Architekten im Griechenland des früheren 6. Jh. v. Chr. noch keine Trad. gab. Die Berühmtheit von Th. könnte aber leicht dazu verführt haben, ihm verschiedenste Leistungen zuzuschreiben. Eine klare Unterscheidung zw. Tatsache und Legende ist nicht möglich. Der archaische Th. ist jedoch eindeutig von einem mögl. Maler gleichen Namens und gleicher Herkunft zu scheiden (→ Theodoros [VI]). ⊏⊐ ThB32, 1938. – RE V. A. 2, 1934; EUA VI, 1958, 862–864, 868–869; LAW, 1965; EAA VII, 1966; KlP V, 1975 (s.v. Th.); DA XXVI, 1996 (s.v. Rhoikos and Th.); DNP XII. 1, 2002. – *Overbeck*, SQ, 1868, Nrn 225, 261 s., 274–287, 292 s., 311; *Brunn*, GGK, I, 1889, 23–28; II, 1889, 218, 256–263, 319 s.; *A. Furtwängler*, AG, III, 1900, 81 s.; *Klein*, GGK, I, 1904, 131–133, 143, 196–200; *F. Granger*, ClR 38:1924, 112; *Jacobsthal*, OrnGrV, 1927, 102–104; *K. Kluge*, JdI 44:1929, 4 s., 28 s.; *E. Buschor*, AM 55:1930, 49–51, 72–91; *H. Johannes*, AM 62:1937, 13–37; *V. Zinserling*, ActaAntHung 15:1967, 290–294; *R. Tölle-Kastenbein*, Herodot und Samos, Bochum 1976, 53–61; *A. E. Furtwängler*, AM 99:1984, 97–103; *B. Wesenberg*, in: Bauplanung und Bautheorie der Antike, DiskAB 4, B. 1984, 39–48; *P. C. Bol*, Antike Bronzetechnik, M. 1985, 118; *R. V. Schoder*, Theodoros of Samos: an ancient Greek artistic genius, in: *J. Reedy* (Ed.), Apophoreta. Latin and Greek studies in honor of Grace L. Beede, Chicago 1985, 247–257; *Gruben*, Tempel[4], 1986, 331–335; *Floren*, GrPl, 1987, 358 s.; *C. C. Mattusch*, Greek bronze statuary, Ithaca 1988, 46–50, 83 s., 104 s., 107, 120, 213–215; *V. C. Goodlett*, Collaboration in Greek sculpture: The literary and epigraphical evidence, Diss. New York University, 1989, 54–58, 63; *ead.*, AJA 93:1989, 254; *C. M. Stibbe*, BABesch 64:1989, 71; *H. Kyrieleis*, in: *M. True* (Ed.), Small bronze sculpt. from the ancient world. Papers delivered at a symposium organized by the departments of Antiquities and Antiquities Conservation and held at the J. Paul Getty Mus., March 16–19, 1989, Malibu 1990, 15–30; *Pollitt*, GreeceSources[2], 1990, 27–29, 181 s., 207 s., 215, 233; *Stewart*, Sculpture, 1990, 39, 64, 244–246; *H. Kienast*, DiskAB 5, Mainz 1991, 123–127; *D. Haynes*, The technique of Greek bronze statuary, Mainz 1992, 48 s., 54 s., 58; *N. Hellner*, Architectura 1995, 121–127; *A. Bammer/U. Muss*, Das Artemision von Ephesos, Mainz 1996, 47 s.; *Svenson-Evers*, Architekten, 1996, 7–49, 482, 490, 494, 497, 517 s. (mit weiterer Lit.); *C. M. Stibbe*, Das andere Sparta, Mainz 1996, 23, 129, 238 s.; *C. Hendrich*, Die Basen und Kapitelle des ersten Dipteros von Samos, Diss. M. 1997; *H. Kienast*, AM 113:1998, 111–131. S. Ebbinghaus

Theodoros (II), Töpfer aus Böotien, im späten 6. Jh. v. Chr. in Böotien tätig. Seine Sign. erscheint nur auf einem bek. böotischen *schwarzgefirnißten Kantharos*; dieses Gefäß versinnbildlicht dennoch ein einmaliges Beispiel von mit größter Sorgfalt ausgef. kreativer Formgebung. Es handelt sich um einen vierhenkligen Schalenkantharos. Seine Form kombiniert die Form einer Kylix mit fast horizontalen Henkeln mit dem Typus des Kantharos mit hoher Wandung und vertikalen Henkeln, die → Teisias herstellte. Die Ausf. kann mit ostgriech. multiplen Bechern und chiotischen Kelchen verbunden werden, jedoch besteht durch die Diskrepanz in der Chronologie zw. ägäischen und böotischen Vasen eine Schwierigkeit. Ein einfacherer Ansporn, der viell. im Atelier selbst bei der Auseinandersetzung mit zwei übereinandergestülpten Formen hervorgerufen worden ist, mag Th. auch inspiriert haben, dieses ungewöhnl. Gefäß zu formen. Der Töpfer brachte seine Sign. ΘΕΟΔΟΡΟΣ ΕΠΟΕΣΕ in der gleichen Art wie die Sign. des → Teisias an: sauber aufgebaut und gleichmäßig im Raum verteilt setzte er die Buchstaben über die umgebördelte Ecke des Bechers. – Th. und → Teisias waren offensichtl. in der gleichen Wkst. tätig, die, wegen der Herkunft der Vasen des → Teisias, wahrsch. in der Gegend von Tanagra lag. Kantharoi waren im archaischen Böotien bes. beliebt, hunderte von ihnen, insbes. schwarzgefirnißte Beispiele, wurden den Toten in die Gräber gelegt. In der att. Ikonogr. des späten 6. Jh. v. Chr. war diese böot. Gefäßform mit Dionysos und Herakles assoziert, die beide sehr mit Böotien verbunden waren. Ob wegen soz. oder relig. Vorstellung war der Kantharos in Böotien sehr beliebt. Die singuläre Ausf. des Th., die bemerkenswert unterschiedl. zu den böot. Kantharoi ist, mag sehr wohl den Töpfer dazu bewegt haben, seinen Stolz über die Fertigung auszudrücken, indem er das einzigartige Gefäß signierte. ▭ *K. Kilinski*, Hesperia 61:1992, 253–263; *id.*, AJA 86:1982, 272. K. Kilinski II

Theodoros (III), aus Phokaia, griech. Architekt, vermutl. im 5./4. Jh. v. Chr. in Delphi tätig. Die wenigen Hinweise zu Name, Herkunft und Werk des Th. überliefert als einzige Schriftquelle → Vitruvius (7, praef. 12), der in der Aufzählung griech. Architekten und Theoretiker, die Abh. über berühmte Bauwerke veröff. haben, *Theodorus Phocaeus* als Verf. einer Schr. *de tholo qui est Delphis* erwähnt. Alle weiteren über diese Angaben hinausgehenden Überlegungen zur Bedeutung und Persönlichkeit des Th. beruhen auf mehr oder weniger begründeten Mutmaßungen und Schlußfolgerungen. – Als hinreichend gesicherte oder wahrscheinliche Eckdaten seiner *vita* und seines Schaffens können folgende gelten: – 1.) Die Herkunft aus der äolisch-ionischen Stadt Phokaia, die durch das Ethnikon *Phocaeus* (griech. Φωκαεύς, Φωκαιεύς) bewiesen ist (Svenson-Evers, Architekten, 1996, 321), hingegen trifft die griech. Rückübersetzung des lat. Begriffs zu Φωκεύς, der Bezeichnung der mittelgriech. Landschaft Phokis (Bousquet, 1993, 288), nicht zu. – 2.) Die Tätigkeit als Architekt und Architekturtheoretiker. → Vitruvius führt Th. ebenbürtig neben so berühmten griech. Architekten wie → Iktinos und → Karpion, → Philon (IV) von Eleusis und → Pytheos auf, rechnet Th. also offenbar ebenfalls zu den führenden Architekten Griechenlands. Der hohe Rang wird auch indirekt dadurch bestätigt, daß → Vitruvius in einem späteren Abschnitt (7, praef. 14) ausdrückl. viel weniger berühmte (*minus nobiles multi*) Architekten anschließt. – 3.) Die Schaffenszeit wahrsch. in der klass. bis spätklass. Periode. Der Zeitraum erschließt sich aus dem Quellenzusammenhang, wo die gen. Architekten grob nach ihren Lebensdaten geordnet aufgezählt sind und Th. nach → Iktinos und vor → Philon (IV) eingereiht ist, d.h. theoret. zw. dem späten 5. und der M. des 4. Jh. v. Chr. Ausnahmsweise erscheint → Pytheos jedoch vor → Iktinos, so daß die Chronologie wohl nicht zu eng zu nehmen ist, aber die archaische Zeit ausschließt. – 4.) Der oder die *tholus* in Delphi ist das von Th. beschriebene und demnach auch von ihm entworfene Bauwerk. Ausgehend von der Schaffenszeit des Th. im 5./4. Jh. v. Chr. und voraussetzend, daß *tholus* einen Rundbau bez., kann das gen. Bauwerk höchstwahrsch. mit der spätklass. *Tholos* im Heiligtum der Athena Pronaia in der Marmaria vor dem Orakelheiligtum von Delphi identifiziert werden. Die originäre wie vollkommene Konzeption und die hohe Präzision der Ausf. des Marmorbaus räumen der Tholos und ihrem geistigen Schöpfer einen herausragenden Rang ein. Ob Th. das Bauwerk als Architekt auch selbst ausführte, ist aus der Quelle nicht ohne weiteres zu erschließen. – 5.) Die von Th. verf. Schr. über die Tholos läßt sich allg. jener Gattung von Sachbüchern zuordnen, in denen Architekten den Entwurf und die Planung bedeutender Gebäude beschreiben (B. Wesenberg, in: Bauplanung und Bautheorie der Antike, Ber. über ein Kolloquium veranstaltet vom Archit.-Referat des Dt. Archäol. Inst. in Berlin, 16. – 18. Nov. 1983, B. 1983 [Diskussionen zur archäol. Bau-Forsch., IV], 39–48). Der nähere Inhalt und die Zielsetzung der Schr. bleiben allerdings unbekannt. Inwieweit darin die Entwurfsprinzipien und die dem Bauwerk zugrundeliegende Kreisgeometrie, Maßangaben und Proportionen beschrieben waren oder auch Anleitungen für Bauleute und Materialangaben, ob darüber hinausgehend sogar theoret. Grundzüge und Vorschriften der Tholosbaukunst mit beabsichtigt waren, entzieht sich zunächst unserer Kenntnis. – *Zur Tholos in Delphi – Entwurf und Innovation*: Der in der griech. Archit.

generell selten auftretende Rundbautypus war in der Form eines Quaderbaus und mit dorischer Säulenperistasis nach einem experimenthaften archaischen Vorläufer (sog. Alte Tholos in Delphi) in der Zeit um 400 v. Chr. ein architekton. Novum, das Anlaß zu grundlegenden Entwurfsüberlegungen gegeben haben muß. In versch. Unters. hat man versucht, sich den originären Gedanken und der schöpferischen Leistung des Th. anzunähern (Bousquet, 1993; Hoepfner, 2000). Auf der Grundlage der sorgfältigen Bauaufnahme des erh. Bauwerks (Charbonneaux/Gottlob, 1925) sind anhand von metrolog. und mathemat. Analysen versch. mutmaßliche Entwurfstheorien aufgezeigt worden. Als grundlegende Entwurfsfigur scheint das Pentagon die Kreisgeometrie der Tholos bestimmt zu haben. Auf einer Folge von stetig ineinander versetzten Fünfecken basieren z.B. die Position der 20 dorischen Säulen der äußeren Peristasis, die Hauptdimensionen des Stufenbaus und der Cella, die Lage der mit den Außensäulen korrespondierenden, zehn geplanten korinthischen Innensäulen, wobei die zehnte Säule durch die Lage in der Türachse entfällt. Bei der Planung der Detailmaße von Bauteilen scheint auch das Zahlenverhältnis 22/7 eine Rolle gespielt zu haben, das das Verhältnis von Umfangmaßen in Bezug zum Durchmesser regelt und der irrationalen Zahl π nahe kommt. Es ist nicht ganz auszuschließen, daß mathemat.-geometr. Entwurfsüberlegungen dieser Art unter dem gedankl. Einfluß von Philosophen und Mathematikern, v.a. aus pythagoreischen Kreisen entwickelt worden sind, denen das Fünfeck und Zahlenverhältnisse viel bedeuteten. Ferner ist aus dem Verständnis einer speziell dem Rundbau angemessenen Dimensionierung der architekton. Gliederungen, insbesondere der dorischen Säulenordnung, der dorischen Gebälke der Peristasis und des Cellabaus, die Auffassung von eigenen Proportionen ausgebildet worden, die sich in der Bevorzugung bes. schlanker und leichter Verhältnisse von den kanonischen Maßen des Tempelbaus abheben (Seiler, 1986, 56 ss.). Die im Verhältnis zum Durchmesser übermäßig gelängten dorischen Säulen der Peristasis sind hierfür ein bezeichnendes Beispiel. Vermutl. ist diese grundlegende Neudefinition der Ordnungsverhältnisse für die Tholos von Th. bestimmt und in seinem Werk beschrieben worden. Ebenso wie auf der architekturtheoret. Ebene neue Entwurfsaufgaben zu bewältigen waren, forderten die formale Eigengesetzlichkeit des Rundbaus und seine Rarität zu einer neuen ästhet. Auseinandersetzung mit der Tholosarchitektur heraus. Ein Hauptthema stellt die Dachkonstruktion und das System der marmornen Dacheindeckung dar, deren Rekonstr. versch., im Ergebnis voneinander abweichende Studien gewidmet sind (Roux, 1952, 466 ss.; Kirk, 1968, 211 ss.; Laroche, 1992, 208–214; Hoepfner, 2000, 103–106). Die Konstruktion des Tholosdaches bedingte die Anfertigung von Spezialziegeln und zwei Rankensimen, die zus. mit mindestens sechs auf dem Dachrand verteilten Akroterfiguren und einem auf der Spitze einen überaus reichen Dachschmuck bildeten. Korinthische Säulen gliederten zum ersten Mal in einem tempelähnl. Gebäude einen Innenraum, schwarze und weiße Marmorsorten bereicherten die Innenausgestaltung, die Metopen der Außenordnung und des Cellabaus trugen figürl. Reliefs. Der außergewöhnl. große materielle und gestalter. Aufwand für dieses Gebäude ist bemerkenswert. Inwieweit Th. als der entwerfende Architekt auch für diese innovativen Formen der Ausgestaltung verantwortl. war, bleibt allerdings offen. Insofern läßt sich die schöpferische Gesamtleistung des Th. für die Tholos nur schwer einschätzen, seine Bedeutung als einer der großen Architekturtheoretiker Griechenlands war immerhin bis in die Kaiserzeit hinein gegenwärtig.

ThB32, 1938. RE V. A. 2, 1934 (s.v. Th. 193); EAA VII, 1966. – *H. Pomtow*, Klio 12:1912, 282 ss.; *J. Charbonneaux/K. Gottlob*, FDelphes, II. 4, 1925; *P. Amandry/J. Bousquet*, BCH 64/65:1940/41, 121 ss.; *G. Roux*, BCH 76:1952, 442–483; *F. Kirk*, Marmortag paa Tholos i Delphi, in: Festschr. Tilegnet Mogens Koch, Kph. 1968, 211 ss.; *F. Seiler*, Die griech. Tholos, Mainz 1986, 56–71; *G. Roux*, CRAI 1988, 290–309; *D. Laroche*, in: *J.-F. Bommelaer* (Ed.), Delphes, Centenaire de la „Grande Fouille" réalisée par l'Ecole Française d'Athènes, Actes du Colloque Strasbourg 1991, Leiden/N. Y. u.a. 1992, 207–223; *J. Bousquet*, BCH 117:1993, 285–313; *Svenson-Evers*, Architekten, 1996, 320–329; *W. Hoepfner*, AA 2000, 99–107.

F. Seiler

Theodoros (IV), griech. Bildhauer aus Athen, E. 4. Jh. v. Chr. tätig. Der sonst unbek. Bildhauer fertigte *zwei Statuen eines Familiendenkmals* mit lykischer und griech. Inschr., deren Postamente für eine Stifterliste für den Bau des Theaters von Tlos unter Antoninus Pius (138–161 n. Chr.) wiederverwendet wurden.

ThB32, 1938. RE V. A. 2, 1934 (s.v. Th. 197); EAA VII, 1966 (s.v. Th. 3). – *O. Benndorf*, Anzeiger der Akad. Wien, phil.-hist. Klasse, 1892, 70; *id.*, Mélanges Georges Perrot, P. 1902, 1, Anm. 1; *Lippold*, GrPl, 1950, 304.

P. R. Franke

Theodoros (V), aus Athen, griech. Maler, wahrsch. im 3. Jh. v. Chr. tätig. Nur bek. durch Diogenes

Laertios (2, 104; Overbeck, SQ, 1868, Nr 2149), der ihn in seine Liste gleichnamiger Personen aufnahm. Da Diogenes sich auf Menodotos (wohl von Perinth) beruft, der vor 218 v. Chr. gewirkt hat, muß Th. vor diesem Zeitpunkt tätig gewesen sein. ▭ ThB32, 1938. RE V. A. 2, 1934 (s.v. Th. 202); EAA VII, 1966 (s.v. Th. 6). – *Brunn*, GGK, II, 1889, 285; *Pfuhl*, MuZ, II, 1923, 918. R. V.

Theodoros (VI), aus Samos, griech. Maler, im 3./ 2. Jh. v. Chr. tätig. Lt. Plinius (nat., 35, 146; Overbeck, SQ, 1868, Nr 2114) waren Th. und → Stadios Schüler des → Nikosthenes (II). Unser Th. ist allein schon wegen seiner Dat. eindeutig von dem Architekten → Th. (I) zu scheiden. ▭ ThB32, 1938. RE V. A. 2, 1934 (s.v. Th. 200); EAA VII, 1966 (s.v. Th. 5). – *Brunn*, GGK, II, 1889, 285; *Pfuhl*, MuZ, II, 1923, 918. R. V.

Theodoros (VII), griech. Architekt, um 250 v. Chr. in Arsinoë/Fayum tätig. Bek. durch viele Papyri, in denen er meist als Nachf. des Architekten → Kleon (IV) gen. wird. Wie dieser war er zuständig für den Gau Arsinoë. ▭ ThB32, 1938. RE V. A. 2, 1934 (s.v. Th. 194); Suppl. IV, 1924 (s.v. Kleon); EAA VII, 1966 (s.v. Th. 4), mit Lit. R. V.

Theodoros (VIII), griech. Maler, spätestens A. des 2. Jh. v. Chr. tätig. Diogenes Laertios (2, 104; Overbeck, SQ, 1868, Nr 2149) zählt ihn unter den gleichnamigen Künstlern auf. Da Diogenes sich auf Polemon beruft, der am Anfang des 2. Jh. v. Chr. gewirkt hat, muß Th. vor diesem Zeitpunkt tätig gewesen sein. ▭ ThB32, 1938. RE V. A. 2, 1934 (s.v. Th. 201); EAA VII, 1966 (s.v. Th. 7). – *Brunn*, GGK, II, 1889, 285; *Pfuhl*, MuZ, II, 1923, 918. R. V.

Theodoros (IX), aus Ephesos, griech. Maler, spätestens im 1. Jh. v. Chr. tätig. Lt. Diogenes Laertios (2, 104; Overbeck, SQ, 1868, Nr 2149) gehört Th. zu den Künstlern, von denen es mehrere gleichen Namens gab. Da Diogenes Laertios sich auf Περὶ γραφικῆς des Theophanes (von Mytilene?) bezieht, der im 1. Jh. v. Chr. gewirkt hat, muß Th. spätestens in diesem Jh. tätig gewesen sein. ▭ ThB32, 1938. RE V. A. 2, 1934 (s.v. Th. 203); EAA VII, 1966. – *Brunn*, GGK, II, 1889, 285; *Pfuhl*, MuZ, II, 1923, 918. R. V.

Theodoros (X), Sohn des Poros, aus Argos, griech. Bildhauer, im 1. Jh. v. Chr. in Epidauros und Hermione tätig. Nur bek. durch die zwei folgenden Sign. auf Statuenbasen: – 1.) Marmorbasis aus Hermione für eine *Porträtstatue des Nikis*, Sohn des Andronidas, die von der Stadt Hermione der Demeter, dem Klymenos und der Kore gew. worden ist (IG, IV, 687; Overbeck, SQ, 1868, Nr 1584; Loewy, IGB, 1885, 188, Nr 263; Lippold, GrPl, 1950, 380, Anm. 1; Muller-Dufeu, SculptureSource, 2002, 804 s., Nr 2390); – 2.) Kalksteinbasis aus Epidauros (jetzt Epidauros, Mus., Inv. Nr 25; Loewy, IGB, 1885, 190, Nr 268; Muller-Dufeu, SculptureSource, 2002, 804 s., Nr 2391). Zunächst wollte man auf der letzteren Basis Θύσανδρος Π[...] ἐποίησε (so z.B. P. Kavvadias, AEphem 1883, 29, Nr 8 und Loewy, ibid.) oder Θ[ύσα(?)ν]δρος Π[...] ἐποί[η]σε (M. Fränkel, IG, IV, 1482) lesen und einen Künstler namens Thysandros erkennen (v. hierzu → Ethelandros). F. Hiller von Gärtringen (IG, IV², 699) plädierte dann im Jahre 1929 für [Ἐ]θ[έλ]ανδρος Π[...] ἐποίησε und identifizierte damit einen Bildhauer namens → Ethelandros. Diese Interpretation wurde dann auch in den später zusätzl. erfolgten Lexikonartikeln in der RE, Suppl. VIII, 1956 (s.v. Ethelandros) und in der EAA III, 1960 (s.v. Ethelandros) sowie von mir in KLA I, 2001 (s.v. Ethelandros) in Unkenntnis der von J. Marcadé (1949) angebrachten Korrektur übernommen. Nach erneuter Autopsie las Marcadé überzeugend Θεόδωρος Πόρου ἐποίεισε und konnte damit die Inschr. unserem Th. zuordnen. ▭ ThB32, 1938. RE V. A. 2, 1934 (s.v. Th. 201); EAA VII, 1966 (s.v. Th. 7). – *Marcadé*, BCH 73:1949, 133–135. R. V.

Theodoros (XI), griech. Bildhauer, in augusteischer Zeit wahrsch. in Rom tätig. Die folgenden fünf Steinreliefs, die zu der Serie der *Tabulae Iliacae* gehören, tragen seinen Namen: – 1.) Rom, Mus. Capitolino, Sala delle Colombe, Inv. Nr 316 (Stuart Jones, SculptMusCap, 1912, 165–172, Nr 83, Taf. 41; Sadurska, 1964, 24–37, Nr 1, Taf. 1; E. Simon, in: Helbig⁴, II, 1966, 116–119, Nr 1266). – 2.) New York, Metrop. Mus., Inv. Nr 24. 97. 11 (Sadurska, 1964, 37–40, Nr 2, Taf. 2 s.). – 3.) Paris, BN, Cab. des Méd., Inv. Nr 3318 (Sadurska, 1964, 40–43, Nr 3, Taf. 4). – 4.) Rom, Mus. Capitolino, Sala delle Colombe, Inv. Nr 344 (Stuart Jones, op. cit., 172–175, Nr 83a, Taf. 44; Sadurska, 1964, 43–46, Nr 4, Taf. 5–7; Simon, op. cit., 125 s., Nr 1274). – 5.) Rom, Mus. Capitolino, Sala delle Colombe (Stuart Jones, op. cit., 175 s., Nr 83b, Taf. 43; Sadurska, 1964, 46 s., Nr 5, Taf. 8; Simon, op. cit., 125 s., Nr 1274). Immer noch ist in der Wissenschaft der Beruf des Th. umstritten. Man wollte in ihm entweder einen alexandrin. Grammatiker erkennen, der ein Gedächtnisbild schuf, um die homer. Epen besser in Erinnerung zu behalten, oder einen hellenist. Maler, der diese Bilderfolge fertigte und der möglicherweise mit einem der gleichnamigen Künstler (→ Th. [VI, VIII, IX] ident. war, oder einen Bildhauer, der diese Reliefs herstellte (siehe dazu Sadurska, 1964, 9 s.; Simon, op. cit., 118 s.). Wie Sadurska (1964, 10 s.) jedoch überzeugend nachwies, ist der Stil der fünf Reliefs so ähnl. und zudem gänzl. unterschiedl. zu and. noch existierenden Tabula Iliaca-Reliefs, daß wir davon ausgehen können, daß hier die Sign. des Bildhauers Th. vorliegt. Mindestens zwei weitere Tabula Iliaca-Reliefs zeichnen sich ebenfalls durch den gleichen Stil aus und sollten auch Th. zugeschr. werden: – 6.) Ehem. Slg Ch. A. Thierry (Sadurska, 1964, 51 s., Nr 7, Taf. 10). – 7.) Paris, BN, Cab. des Méd., Inv. Nr 3321 (Sadurska, 1964, 52–55, Nr 8, Taf. 10). Schwieriger liegt der Fall bei der sog. Tabula Iliaca „Sarti“, die verschollen und nur durch eine Zchng überliefert ist (Sadurska, 1964, 47–51, Nr 6, Taf. 9). Zwar ist sie im ikonogr. Aufbau den vorhergenannten Reliefs zuzuordnen, und Sadurska (1964, 10 s.) will auch das „Sarti“-Relief deshalb Th. zuschr., weil die and. Tabula Iliaca-Reliefs unterschiedl. Ikonographien aufweisen, dennoch sollte hier Vorsicht geboten sein und Ikonographie nicht mit Stil verwechselt werden. Da die Reliefs, sofern sie eine Provenienz besitzen, aus Rom (Nrn 4., 5.) oder deren näherer Umgebung (Nrn 1., 3., 6.) stammen, ist es wahrsch., daß Th. in Rom arbeitete. ▭ RE V. A. 2, 1934 (s.v. Th. 199); EAA VII, 1966 (s.v. Th. 10). – *A. Sadurska*, Les tables iliaques, War. 1964, passim. R. V.

Theodoros (XII) (Th. der Jüngere), Münzstempelschneider, am A. des 2. Jh. n. Chr. in Kleinasien tätig. Der einzige namentl. bek. Münzstempelschneider der röm. Kaiserzeit signierte unter Traianus nach 102 n. Chr. auf der Vorderseite der ca. 27 mm großen *Bronzemünzen* von Tripolis/Lydien mit ΘΕΟΔΩΡΟϹ • Β • ΕΧΑΡΑ[ΞΕΝ]: „Theodoros der Jüngere (Zweite) hat mich graviert/eingeschnitten“ eine Büste der Göttin Artemis. Die wohl auch von ihm geschnittene Rückseite der Münzen zeigt den Kaiser vor einem Siegesdenkmal mit dakischem Gefangenen oder Ares mit Speer und Tropaion, dazu den Namen des Herrschers mit dem seit November 97 bzw. Herbst 102 n. Chr. geführten Titeln Germanicus und Dacicus. ▭ BMC, Lydia, 1901, 373, Nrn 56–59, Taf. 40,7 und 40,8; SNG, Deutschland, Slg H. von Aulock, 1963, Nr 3318; 1968, Nr 8295. P. R. Franke

Theodoros (XIII), aus Tarsos, Toreut, im 2. Jh. n. Chr. tätig. Ein sonst nicht näher bek. Th. aus Tarsos ist inschr. auf zwei bronzenen *Strigilen* belegt, von denen sich die eine in der Umgebung von Pergamon, die and. bei Grabungen im Römerlager von Buciumi/N-Dakien fanden. Ein weiterer Strigilishersteller aus Tarsos ist → Rouphos (III). ▭ *C. Schuchhardt*, AM 24:1899, 201; *N. Gudea/ V. Lucacel*, Das Römerlager von Buciumi. Beitr. zur Unters. des Limes der Dacia Porolissensis, Cluj 1972, 82 s., Nr 1 und Abb. 112; BullEp 1976, Nr 494; *M. Steinhart/E. Wirbelauer*, Chiron 30:2000, 261, Anm. 22. E. Wirbelauer

Theodoros (XIV), aus Theben, griech. Bildhauer unbestimmter Zeit, spätestens im 3. Jh. n. Chr. tätig. Lt. Diogenes Laertios (2, 103; Overbeck, SQ, 1868, Nr 1579; Muller-Dufeu, SculptureSource, 2002, 646 s., Nr 1923) zählt Th. zu den Künstlern mit gleichen Namen. Da Diogenes im 3. Jh. n. Chr. lebte, muß Th. spätestens zu dieser Zeit tätig gewesen sein. ▭ ThB32, 1938. RE V. A. 2, 1934 (s.v. Th. 196); EAA VII, 1966 (s.v. Th. 11). – *Brunn*, GGK, I, 1889, 297. R. V.

Theodoros (XV), Name eines Steinmetzes des 6. Jh. n. Chr. auf einem Block des Kuppelgesimses der Hagia Sophia in Konstantinopel. ▭ *L. E. Butler*, The nave cornices of Hagia Sophia in Istanbul, Diss. Univ. of Pennsylvania 1989, 165. M. Dennert

Theodoros (XVI), byz. Architekt des 6. Jh. n. Chr., tätig im Ṭur'Abdin/O-Türkei. Nach einer syr. Quelle des 9. Jh. n. Chr., die auf Älteres zurückgreift, sandte der Kaiser Anastasios 512 n. Chr. die beiden Architekten T. und *Theodosios (II)*, „Söhne der Shufnay“, zus. mit zahlr. Werkleuten aus Konstantinopel nach Ṭur'Abdin zur Erbauung der *Kirche des Klosters Mar Gabriel* (Deir el'Umar) bei Kartmin (Qartmin). In späten, nicht vertrauenswürdigen syr. Quellen wird ihnen die Erbauung zahlr. weiterer Kirchen im Ṭur'Abdin zugeschrieben. – Der Name der Architekten ist griech., das Matronym jedoch syrisch. So könnte man vermuten, daß Architekten einer lokalen Bauschule zur weiteren Ausb. nach Konstantinopel gingen und von dort zum Bau einer Kirche in ihre Heimat zurückgesandt wurden. Auffällig ist jedoch dann ihr griech. Name, aber v.a., daß der von ihnen errichtete, noch heute bestehende Bau in Mar Gabriel keinerlei Einflüsse der byz. Archit. erkennen läßt, sondern ganz in der Trad. n-mesopotam. Bauten steht. Die Nennung zweier Architekten für einen Bau ist im 6. Jh. n. Chr. häufiger, so sind etwa als Erbauer der justinianischen Hagia Sophia in Konstantinopel → Anthemios von Tralleis und → Isidoros (IV) bezeugt. ▭ *G. Bell/ M. Mundell Mango*, The churches and monasteries of the Ṭur'Abdin, Lo. 1982, 6–10, 31–35, 137–139; *A. Palmer*, Monk and mason on the Tigris frontier. The early hist. of Ṭur'Abdin, C. 1990, 113–148; bes. 121–123. M. Dennert

Theodoros (XVII), Architekt und Ingenieur (μηχανικός), im 2. V. des 6. Jh. n. Chr. tätig. Nach Cyrill von Skythopolis, Vita Sabae, 73 sandte Kaiser Justinian ihn 531 n. Chr. von Konstantinopel zur Voll. der *Neuen Marienkirche*, der sog. *Nea* (gew. 543 n. Chr.), nach Jerusalem. Hauptstädt. Einflüsse lassen sich in der Mauertechnik der noch erh. Substruktionen des Baues nachweisen (zur Kirche ohne Nennung des Architekten v. Prok., aed., 5, 6; zum Beruf des μηχανικός v. → Theodoros (XX) und → Viktorinos). Wahrsch. ident. mit dem bei Prok., Pers., 2, 13, 26 im Zusammenhang von Festungsbauarbeiten bei der Belagerung von Dara in N-Mesopotamien durch den Sasanidenkönig Chosroes I. (540 n. Chr.) gen. Theodoros. ▭ RE V. A. 2, 1934 (s.v. Th. 100); PLRE III. B, 1992 (s.v. Th. 13). – *N. Avigad*, in: *Y. Tsafrir* (Ed.), Ancient churches revealed, Jerusalem 1993, 128–135; *J. Patrich*, Sabas. Leader of Palestinian monasticism, Wa. 1995, 318; *N. Avigad*, Antiquité tardive 8:2000, 149–164; *D. Feissel*, ibid. 87, Anm. 60, p. 99. M. Dennert

Theodoros (XVIII), angebl. in Konstantinopel tätig als Schnitzer, Zimmermann und Baumeister in der Zeit des Kaisers Justinian (527–565 n. Chr.). Nur bek. durch seine Vita bei Johannes von Ephesos, hist. beat., 57 (Patrologia Orientalis, 19 [1925] 200–206, ed. Brooks). War urspr. *cubicularius et castrensis* am kaiserl. Hof, bevor er sein Amt aufgab und als Handwerker zugunsten der Armen tätig wurde. Dies dürfte ein hagiographischer Topos sein. Zählt auf Grund seiner Mildtätigkeit und seines Lebenswandels zu den monophysitischen Heiligen. ▭ Oxford Dict. of Byzantium, I, 1991 (s.v. artists); PLRE, III. B, 1992 (s.v. Th. 3). M. Dennert

Theodoros (XIX), Sohn des Oulpianos, Mosaizist, tätig im späten 6. Jh. n. Chr. Bek. aus der 573/74 n. Chr. dat. Stiftungs-Inschr. des *Mosaikbodens* des Baptisteriums der Kirche von Jiye/Jiyyhé (30 km s. von Beirut/Libanon). Der Text nennt ihn „μουσωτοῦ παξαμᾶ", was versuchsweise als „Spezialist für Glasmosaiken" übersetzt worden ist. ▭ *G. Conteneau*, Syria 1:1920, 295–305; *L. Robert*, RevPhil, 3. Ser. 32:1958, 48 s.; *Donderer*, Mosaizisten, 1989, 19, Anm. 30, pp. 65 s., Nr A 18; *P. Donceel-Vôute*, Les pavements des églises byz. de Syrie et du Liban, Louvain-la-Neuve 1989, 354–359. 470. M. Dennert

Theodoros (XX), Baumeister/Architekt(?), im 6. Jh. n. Chr. in Thrakien tätig. Nach Prok., aed., 4, 8, 24 war er im Zuge des justinianischen Bauprogramms verantwortl. für die Errichtung des *Kastells Episkopeia* in Thrakien. Die hier verwendete Formulierung βασιλεῖ τὴν ὑπουργίαν findet sich bei Prok., aed., 1, 1, 24 so auch für → Anthemios von Tralleis und → Isidoros (IV) von Milet, die Architekten der Sophienkirche in Konstantinopel, woraus D. Feissel ableitete, daß auch Th. hier als Architekt gemeint sei, wie überhaupt ὑπουργέω im spätantiken Gebrauch nur noch für Bauhandwerker verwendet worden sei. Prokopios erw. in aed. insgesamt fünf Ingenieur-Architekten (neben den bereits gen. → Chryses, → Johannes [I] aus Konstantinopel und → Isidoros [V] von Milet), immer als μηχανικός oder μηχανοποιός, daß er den Begriff hier nicht verwendet, ist auffällig. Th. wird darüber hinaus bei Prokopios als *silentiarius* bez., was ihn als Beamten am kaiserl. Hof ausweist; er ist möglicherweise ident. mit einem 553 n. Chr. belegten gleichnamigen *silentiarius* und *decurio sacri palatii* (PLRE, III. B, 1992 [s.v. Th. 20]). Es ist nicht auszuschließen, daß er als Beamter nur die Verantwortung für die Baumaßnahmen trug, nicht aber selbst der ausführende Architekt war. ▭ RE V. A. 2, 1934 (s.v. Th. 107). – *D. Feissel*, Bull. de la soc. nat. des antiquaires de France 1988, 139 s.; *id.*, Antiquité tardive 8:2000, 87. M. Dennert

Theodoros d. Jüngere → Theodoros (XII)

Theodosios (I) (Θεοδόσιος), griech. Bildhauer, um 126/125 v. Chr. auf Delos tätig. Nur bek. durch seine Sign. auf einer Basis aus der Portikus des Philipp auf Delos für eine *Statue des Epigenes*, Sohn des Dios, aus dem attischen Demos Melite, Statthalter von Delos, die er zus. mit → Boethos (III) sign. hat (ID, 1703; Muller-Dufeu, SculptureSource, 2002, 902 s., Nr 2703). ▭ ThB32, 1938. – *Lippold*, GrPl, 1950, 367; *A. Rumpf*, ÖJh 39:1952, 87 s.; *Marcadé*, Signatures, II, 1957, 32 s., Taf. 30, 5; *Stewart*, Sculpture, 1990, 305 s.; *A. Linfert*, Boethoi, in: Das Wrack. Der antike Schiffsfund von Mahdia (K Rhein. LM Bonn), II, Köln, 1994, 833–836. R. V.

Theodosios (II) cf. **Theodoros (XVI)**

Theodotos → Theon (I)

Theodotos (I) (Θεό[δοτος]; Theodotus; Theo[doros]; Theo[n]; Theo[philos]; Theo[timos]), griech. Architekt, im 4. Jh. v. Chr. in Epidauros tätig. Als Architekt des *Asklepios-Tempels* von Epidauros wird Th. in der Bau-Inschr. IG, IV², 102 mehrfach erwähnt. Über seine Herkunft und sein Leben ist sonst nichts bek.; die Annahme, er hätte sein Handwerk in den korinthischen Bauhütten erlernt (Burford, 1969, 142), läßt sich nicht erhärten. Die zeitl. Bestimmung seiner Schaffensperiode hängt mit der nicht unumstrittenen Dat. des *Asklepios-Tempels* zus., den er nicht nur ausgef., sondern wohl auch entworfen hatte. Die Erw. eines bei den epidaurischen Festspielen neu eingeführten, musischen Agons bei Platon (Ion, 530; → Platon [I]) verband Keil (1895) mit der Einweihung des neuen Tempels und schlug deshalb eine Dat. vor 394 v. Chr. vor, die Crome (1951) durch stilist. Beobachtungen an den Giebel-Skulpt. zu bestärken glaubte. Gounaropoulos (1983) dagegen argumentierte mit der Darst. des von → Thrasymedes geschaffenen, chryselephantinen Kultbildes auf epidaurischen Münzprägungen um 350 v. Chr. für eine Errichtung des Tempels zw. 361 und 353 v. Chr. Gegen diese tiefe Dat. spricht der von Cicero (nat. deor., 3, 83) erw. Raub des goldenen Bartes der Asklepios-Statue durch Dionysios von Syrakus, demzufolge der Tempel bereits vor 367 v. Chr., dem Todesjahr des Dionysios, fertig gewesen sein muß (Yalouris, 1992, 83). Die vermutete Identifizierung des in der Bau-Inschr. erw. → Timotheos (I) (A I 36, B I 90), der die Akrotere der einen Giebelseite und die Typoi (die wahrsch. als Modelle für die Giebel-Skulpt. zu erklären sind) angefertigt hatte, mit dem gleichnamigen Bildhauer am Mausoleum von Halikarnassos gibt bestenfalls einen Anhaltspunkt für eine ungefähre Dat. vor der Jh.-Mitte. Stilist. Gemeinsamkeiten zw. den Skulpt. der beiden Bauten sind jedoch nicht zu beobachten, es könnte sich demnach auch um zwei versch. Bildhauer gehandelt haben (Yalouris, 1992, 83). Auch die Annahme, daß der von → Vitruvius 7, praef. 12 erw. Verfasser einer archit.-theoret. Schr. zur Tholos in Delphi nicht Theodoros sondern Theodotos hieß und mit dem Baumeister des *Asklepios-Tempels* ident. gewesen sei, konnte sich, trotz enger stilist. Verwandschaft der Rankensimen beider Bauten, nicht durchsetzen. Die Mehrheit der Forscher hält mittlerweile ein auf stilist. Analysen der Giebel- und Akroterfiguren beruhendes Datum zw. 380 und 370 v. Chr. für wahrscheinlich. Th. wäre demnach vorwiegend in der 1. H. des 4. Jh. v. Chr. tätig gewesen. Gegen E. der Bauzeit könnte er an einem and. Projekt weit weg von Epidauros gearbeitet haben, da für einen Boten zu ihm ein relativ hoher Lohn von neun Drachmen ausbezahlt wurde (B III 297). – Anhand des erh., 13,2 x 24,45 m großen Fundamentes kann der *Asklepios-Tempel* als gedrungener, dorischer Peripteros mit 6 x 11 Säulen rekonstr. werden. Die 11,32 m lange und 5,65 m breite Cella besitzt einen 3,5 m tiefen Pronaos mit zwei Säulen *in antis*, aber keinen Opisthodom. Die O-Halle vor dem Pronaos weist eine Tiefe von zwei Jochen auf, die W-Halle dagegen ist nur ein Joch tief. Diese Betonung der Frontseite findet sich ähnl. in dem jüngeren Zeus-Tempel von Nemea wieder. Im Innern der Cella ist eine der Wand vorgelagerte Säulenstellung anzunehmen, von der sich jedoch nichts erh. hat. Eine Schranke sonderte die im hinteren Teil gelegene Kultbildbasis ab. An der S-Wand befand sich ein in den Boden eingetiefter Tresor. – Das Bau-Mat. ist vorwiegend lokaler und korinthischer Kalkstein, nur die Sima und der Skulpt.-Schmuck bestanden aus pentelischem Marmor. Die erh. Reste der Giebelfiguren zeigen im O den Fall von Troia, im W den Kampf der Griechen gegen die Amazonen. Unter den Akroterfiguren konnten Niken, Auren und wahrsch. die Gruppe von Apollon und Koronis ausfindig gemacht werden (Yalouris, 1992, 17 ss.). – Der Bau-Inschr. zufolge dauerte die Errichtungszeit des Tempels 4 1/2 Jahre, wobei Th. für seine Tätigkeit den Betrag von 350 bzw. 353 Drachmen pro Jahr erhielt (IG, IV², 102; A I 9, 31, 54, 104; B I 110). Eine Nachzahlung von 70 Drachmen (B I 112) ist wohl kaum als Ausgleich für den in den Schaltjahren zu niedrig ausbezahlten Lohn zu verstehen, sondern eher auf eine unvorhergesehene Verlängerung der Bauzeit, die demnach 4 1/2 Jahre, acht Monate und zehn Tage gedauert hatte. – Der unvollst. erh. Name Theo[..] in Zeile B I 97 gab zu Spekulationen Anlaß, Th. hätte auch als Bildhauer gearbeitet und die Akrotere des and. Giebels hergestellt. Als Erg. dieses Namens kämen aber ebenso gut Theo(doros), Theo(philos), Theo(n) oder Theo(timos) in Frage (Svenson-Evers, 1996, 411; → Theon [I]). Ebenso hypothet. bleibt die Urheberschaft des Th. für die eine der beiden Giebelgruppen (die and. wurde von → Hektoridas ausgef.). Der Name des Bildhauers ist zwar nicht erh. (Zeile 98 s.), als Bürge stellte sich jedoch ders. Theoxenidas zur Verfügung, der bereits die Bürgschaft für den Akroterbildhauer Theo[...] übernommen hatte. ▭ ThB32, 1938. RE V. A. 2, 1934 (s.v. Th. 55); EAA VII, 1966 (s.v. Th. 1); DNP XII. 1, 2002 (s.v. Th. 1). – *B. Keil*, AM 20:1895, 75–79; *J. F. Crome*, Die Skulpt. des Asklepios-Tempels von Epidauros, B. 1951; *G. Roux*, L'archit. de l'Argolide aux IVe et IIIe siècles avant J.-C., P. 1961, 84–130; *A. Burford*, The Greek temple builders at Epidauros, Liverpool 1969; *B. Vierneisel-Schlörb*, Festschr. G. Kleiner, Tb. 1976, 61–93; *L. Gounaropoulos*, Die Baurechnungen des Asklepios-Tempels in Epidau-

ros, Diss. Wien 1983; *N. Yalouris*, Die Skulpt. des Asklepios-Tempels in Epidauros, APl, XXI, M. 1992; *Svenson-Evers*, Architekten, 1996, 406–414.
K. Reber

Theodotos (II) (Θεόδοτος), griech. Stempelschneider, wirkte um 370–350 v. Chr. in Klazomenai/Ionien. Seine Sign. ist die früheste uns bek. eines Stempelschneiders in Ostionien und zugleich die expliziteste: der Künstler signierte mit ΘΕΟΔΟΤΟΣ ΕΠΟΕΙ [sic] am Bildrand eines leicht nach rechts gewendeten, vorderansichtigen Apollonkopfes auf Vs.-Stempel von klazomenischen Tetradrachmen. Th. wirkte unter den Münzbeamten Pytheos Herak[....] und Mandronax, schuf wohl auch unter letzterem Vs.-Stempel (unsign.) für die zeitgleiche Drachmen- und Hemidrachmen-Emission. Während die von ihm geschnittenen, für Klazomenai char. Rückseiten-Stempel mit dem vorwärtsblickenden Schwan nicht sicher zu fassen sind, zeichnen sich seine letztl. in syrakusanischer Bild-Trad. entworfenen Apollonköpfe durch zurückhaltendes Haarvolumen, kompakte Dimensionen, eckige Gesichtskonturen und eine differenzierte Reliefbehandlung aus. Die Kopfstempel unterscheiden sich von denen seiner klazomenischen Kollegen durch die für Th.' Entwürfe typische, sensitiv wirkende, subtil geschnittene und harmonisch in das Gesicht eingebettete Mundpartie. ▭ ThB32, 1938. RE, Suppl. VII, 1940 (s.v. Th. 56); EAA VII, 1966 (s.v. Th. 2). – BMC, Ionia, Nr 19; *Babelon*, Traité, II. 2, 1910, Nrn 1147 s., 1993 s., Taf. 155, 22 s.; *R. Jameson*, RevNum 10:1906, 249 ss., Taf. 10; *K. Regling*, Phygela, Klazomenai, Amphipolis, ZfN 33:1923, 46 ss., Taf. 2, 13; *id.*, Die antike Münze als Kunstwerk, B. 1924, Nr 774; *A. Baldwin Brett*, Mus. of Fine Arts, Boston. Cat. of Greek Coins, N. Y. 1955, Nrn 1856 (Tetradrachme), 1853–1855 (Hemidrachmen); *P. R. Franke/M. Hirmer*, Die griech. Münze, M. 1964, Nr 608, Taf. 181; *S. Hurter*, SchwNR 45:1966, 26 ss.; *J. A. Dengate*, The coinage of Clazomenai, Diss. Pennsylvania, 1967; *Kraay*, ArClCoins, 1976, 258, Taf. 54, Nr 929; *H. A. Cahn*, in: *F. Panvini Rosati* (Ed.), La moneta greca e romana, R. 2000, 35 und Taf. II. I,6.
A. Furtwängler

Theodotos (III), Sohn des Nikias, aus Paros, griech. Maler, im 4. Jh. v. Chr. in Arkesine auf Amorgos tätig. Lt. einem Dekret auf einem Inschriftenstein aus Arkesine auf Amorgos (IG, XII. 7, 10) war Th. mit der Ausschmückung (κόσμος) des *Kultbildes der Hera* beauftragt. Er erhielt 50 Drachmen für die Umkosten und 100 Drachmen für die Ausführung am Kunstwerk. Der niedrige Betrag für die künstler. Tätigkeit spricht dafür, wie bereits Loewy (1885) überzeugend dargelegt hat, daß Th. weder die Statue gefertigt noch sie mit wertvollen Materialien geschmückt, sondern sie wohl mit Farbe bemalt hat. ▭ EAA VII, 1966 (s.v. Th. 2). – *Loewy*, IGB, 1885, 360 s., Nr 531.
R. V.

Theodotos (IV), griech. Maler, am E. des 3. Jh. v. Chr. in Rom tätig. Lt. Naevius (Tunicularia; Overbeck, SQ, 1868, Nr 2379; O. Vessberg, Stud. zur Kunst-Gesch. der röm. Republik, Harrassowitz 1941, 36, Nr. 143; CRF³, 99–102) malte Th. für das Fest der *Compitalia* tanzende Laren auf *Altäre* in Rom. Er gehört damit zu den ersten in Rom tätigen griech. Künstler, die uns mit Namen überliefert sind. ▭ ThB33, 1939. RE V. A. 2, 1934 (s.v. Th. 54); EAA VII, 1966 (s.v. Th. 4). – *Brunn*, GGK, II, 1889, 303; *Pfuhl*, MuZ, II, 1923, 899 s., § 987, p. 906, § 994; *T. Fröhlich*, Lararien- und Fassadenbilder in den Vesuvstädten, in: RM, ErgH 32, Mainz 1991, 91, Anm. 490, p. 123, Anm. 704.
R. V.

Theodotos (V), griech. Koroplast, in der 1. H. des 1. Jh. v. Chr. in Myrina tätig. Nur bek. durch seine Sign. auf den drei folgenden Typen von Tonstatuetten: – 1.) *Psyche* (Berlin, Staatl. Mus., Antiken-Slg, Inv. Nr TC 8631; J. Raeder, Priene. Funde aus einer griech. Stadt [K Berlin, Staatl. Mus., Antiken-Mus.], B. 1984, 37, Nr 41, p. 72, Abb. 10 c; Kassab, 1988, 45, Nr 1, Abb. 98, 380); – 2.) *Ephebe im Gewand* (Paris, Louvre, Inv. Nrn 1313 und 1313bis [D 830]; Mollard-Besques, II, 1963, 124, Nr D 830, Taf. 152 d und f; Kassab, 1988, 45, Nr 2, Abb. 99, 381); – 3.) Unbek. Darst. (Berlin, Staatl. Mus., Antiken-Slg, Inv. Nr TC 8644; T. Wiegand/H. Schrader, Priene. Ergebnisse der Ausgrabungen und Unters. in den Jahren 1895–1898, B. 1904, 365, Abb. 458; Kassab, 1988, 45, Nr 3, Abb. 382). ▭ *D. Kassab*, Statuettes en terre cuite de Myrina. Corpus des sign., lettres et signes, P. 1988, 45, Nrn 1–3, Abb. 98 s., 380–382. R. V.

Theodoulos (I) (Θεόδουλος), vermeintl. röm. Mosaizist am E. des 5./A. des 6. Jh. n. Chr. in Sousse/Tunesien. Der Name erscheint im Genitiv (Θεοδούλου) am oberen Ende eines *Mosaiks* mit paradiesischem Thema aus Sousse (dem antiken Hadrumetum) vom späten 5. zum frühen 6. Jh. n. Chr. Das Paviment zeigt im Zentrum einen Krater, von dem in Spiralen getriebene Weinreben entspringen. Dazwischen tummeln sich viele Vögel. Gleich hinter dem Krater steht ein Palmbaum. Die Inschr. verursacht Interpretationsprobleme und wurde verschiedenartig als Künstler-

Sign., Besitzer-Inschr. oder Name einer and. Person oder eines Verstorbenen angesehen. Der prominente Anbringungsplatz der Inschr., insbesondere in der vertikalen Mitte des Mosaiks direkt über dem Palmbaum, lassen vermuten, daß Th. nicht der Name des Künstlers, sondern der eines and. Mannes ist, welcher durch dieses Mosaik geehrt werden sollte, das über einer Zisterne plaziert war. Das Paradiesbild einschl. eines symbolträchtigen „Lebensbaumes" und die Ähnlichkeit des Mosaiks zu Grabmosaiken des 5. und 6. Jh. n. Chr. aus Nordafrika scheinen darauf hinzudeuten, daß Th. nicht mehr lebte, als das Mosaik entstand. Weiterhin war er wahrsch. Christ oder Jude, da der Name „Diener Gottes" bedeutet, was viell. auch als ein beigefügter Titel des zu Verehrenden zu verstehen ist und dann nicht unbedingt seinen richtigen Namen wiedergibt. ▭ EAA VII, 1966 (s.v. Th.). - CIL, VIII, 23011a; *E. Gouvet*, BAParis, 1903, CXXXVIII ss.; *L. Foucher*, Mus. de Sousse, Tunis 1951, 14 s., Nr 8; *D. Parrish*, Antiquités africaines 16:1980, 229 ss., Abb. 1; *id.*, Season mosaics of Roman North Africa, R. 1984, 254 ss., Nr 75, Taf. 101 b; *Donderer*, Mosaizisten, 1989, 116, Nr B 1, Taf. 53; *J. Gómez Pallarès*, ZPE 129:2000, 308. D. Parrish

Theodoulos (II), Mönch und Architekt aus Isaurien, Bruder des → Gelasios, zus. mit diesem Erbauer der *Bäckerei*, des *Hospitals* und der *Theotokos-Kirche* des Großen Lawra-Klosters (Mar Saba) bei Jerusalem (494–501 n. Chr.). ▭ *C. Mango*, Isaurian builders, in: *P. Wirth* (Ed.), Polychronion. Festschr. Franz Dölger zum 75. Geburtstag, He. 1966, 358–365; *J. Patrich*, Sabas. Leader of Palestinian monasticism, Wa. 1995, 63. M. Dennert

Theognotos (Θεόγνωτος), griech. Bildhauer, im 3. Jh. v. Chr. in Rhodos tätig. Nur bek. durch seine Sign. auf einer Marmorbasis aus Rhodos für eine *Bronzestatue des Antipatros*, Sohn des Aristombrotos, die von seinen Brüdern Aristophilos, Pasikrates und Eucharinos den Göttern gew. worden ist und die Th. zus. mit → Ariston (V) fertigte (IG, XII. 1, 112; Muller-Dufeu, SculptureSource, 2002, 774 s., Nr 2281). ▭ EAA VII, 1966. – *G. Pugliese Carratelli*, PP 1:1946, 138, Nr 1; *id./ M. Segre*, ASAtene 30–32:1952–1954, 281, Nr 51a mit Abb. R. V.

Theogonos (Θεόγονος), griech. Koroplast, im 1. Jh. v. Chr. in Myrina tätig. Nur bek. durch seine Sign. auf den zwei folgenden Typen von Tonstatuetten: – 1.) *Eros mit Weintrauben und Hund* (Paris, Cabinet des Médailles, Inv. Nr Froehner VI, 508; Kassab, 1988, 45, Nr 1, Abb. 96, 378); – 2.) *Ephebe im Gewand* (Istanbul, Archäol. Mus., Inv. Nr M 2726; Kassab, 1988, 45, Nr 2, Abb. 379). ▭ *D. Kassab*, Statuettes en terre cuite de Myrina. Corpus des sign., lettres et signes, P. 1988, 45, Nrn 1–2, Abb. 96 s., 378 s. R. V.

Theokles (Θεοκλῆς), Sohn des → Hegylos, aus Sparta, Schüler des → Dipoinos und des → Skyllis, griech. Holzschnitzer, um 550 v. Chr. tätig. Lt. Pausanias (6, 19, 8; Overbeck, SQ, 1868, Nr 328; Muller-Dufeu, SculptureSource, 2002, 136 s., Nr 382) sign. er zus. mit seinem Vater → Hegylos eine *Gruppe aus Zedernholz* mit Herakles, dem das Himmelsgewölbe tragenden Atlas und dem Apfelbaum der Hesperiden mit der Schlange. Z. Z. des Pausanias war das Kunstwerk im Schatzhaus der Epidamnier in Olympia aufbewahrt. Im Heraion standen weiterhin *fünf Hesperiden*, die nur von Th. sign. waren, aber sicherl. zur gleichen Gruppe gehörten (Paus., 5, 17, 2; Overbeck, SQ, 1868, Nr 329; Muller-Dufeu, SculptureSource, 2002, 136 s., Nr 383). Es ist daher wahrsch., daß Th. der bedeutendere der beiden Holzschnitzer gewesen war (J. Arcier, LIMC III, 1986, 5, Nr 6, s.v. Atlas; J. Boardman, LIMC V, 1990, 102, Nr 2689, s.v. Herakles; I. McPhee, LIMC V, 1990, 402, Nr 64, s.v. Hesperides). ▭ ThB33, 1939. RE VII. 2, 1912; EAA III, 1960; DNP XII/1, 2002. – *Floren*, GrPl, 1987, 215, Anm. 4; *K. D. S. Lapatin*, Chryselephantine statuary in the ancient mediterranean world, Ox. 2001, 44. R. V.

Theokosmos (Θεόκοσμος), Vater des Bildhauers → Kallikles (I), aus Megara, griech. Bildhauer, in der 2. H. des 5. Jh. v. Chr. in Megara und Delphi tätig. Nach Pausanias (1, 40, 4; Overbeck, SQ, 1868, Nr 855; Muller-Dufeu, Sculpture-Source, 2002, 366 s., Nr 1051) fing Th. nur kurz vor dem Beginn des Peloponnesischen Krieges im Jahre 431 v. Chr. damit an, die *Zeusstatue* für das Olympieion in Megara zu fertigen (M. Tiverios, LIMC VIII, 1997, 327, Nr 90, s.v. Zeus). Das führte dazu, daß das bereits geschaffene Gesicht aus Gold und Elfenbein wegen nun um sich greifenden Geldmangels in eine Skulpt. aus Ton und Gips eingefügt werden mußte, anstatt in eine Plastik aus wertvolleren Materialien. Angebl. konnte man später noch hinter dem Tempel Holzteile des Th. bewundern, die zur Verkleidung von Gold und Elfenbein für die urspr. Fassung der Statue hergestellt worden sind. Der *Zeus* saß auf einem Thron, der mit Horen und Moiren gekrönt war. Sein Aussehen mag Verwandtschaft zum Zeus von Olympia des → Pheidias (I) gehabt haben, weil → Pheidias (I) durch Pausanias (1, 40, 4; Overbeck, SQ, 1868,

Nr 855; Muller-Dufeu, SculptureSource, 2002, 366 s., Nr 1051) auch als Mitarb. an der Statue des Th. bezeugt ist. Wahrsch. geben auch megarische Münzen aus dem 2. Jh. n. Chr. diese Kultstatue wieder (Imhoof-Blumer/Gardner, NumCommPaus, 1887, 4 s., Nr 3, Taf. A, 3; BMC, Attica, 1888, 122, Nr 46, Taf. 22, 1; Lacroix, Reproductions, 1949, 265 s., Taf. 22, 10; S. Kremydi-Sicilianou, LIMC, VIII, 1997, 366, Nr 500, s.v. Zeus). Danach zeigte die Statue einen thronenden Zeus mit bis zu den Hüften herabgefallenem Himation, der den Oberkörper frei läßt, der in der erhobenen Linken ein Szepter und in der vorgestreckten Rechten eine Nike hielt. Lt. Pausanias (10, 9, 7 s.; Overbeck, SQ, 1868, Nr 979; Muller-Dufeu, SculptureSource, 2002, 412 s., Nr 1182) fertigte er die *Statue des Hermon*, des Steuermannes des spartanischen Strategen Lysanders, im *Lysanderanathem*, einem Weihgeschenk der Lakedaimonier im Apollonheiligtum in Delphi in Erinnerung an ihren Sieg in der Schlacht von Aigospotamoi im Jahre 405 v. Chr. An dieser mon. Anlage waren insges. neun Künstler (→ Antiphanes [II], → Athenodoros [I], → Dameas [II], → Pison, Th., → Teisandros, → Alypos, → Patrokles [I] und → Kanachos [II]) beteiligt, die zw. 405 und 403 v. Chr. 39 oder 40 Bronzestatuen von Göttern, vornehmen Bürgern Spartas, des Strategen Lysanders mit seinem Seher Agias und seinem Steuermann Hermon, eines Herolden und von den Nauarchen der mit Sparta verbündeten Städte hergestellt haben. Demnach war Th. in der 2. H. des 5. Jh. v. Chr. in Griechenland tätig und muß anhand seiner Aufträge zu den anerkannten Bildhauern seiner Zeit gezählt haben. Lt. Pausanias (6, 7, 1; Overbeck, SQ, 1868, Nr 1035; Muller-Dufeu, SculptureSource, 2002, 432 s., Nr 1266) war er der Vater des Bildhauers → Kallikles (I). ▭ ThB33, 1939. RE V. A. 2, 1934; EAA VII, 1966; DNP XII/1, 2002. – *Brunn*, GGK, I, 1889, 245 s.; *Lippold*, GrPl, 1950, 203, Anm. 13, p. 204, Anm. 1–2; *C. Ioakimidou*, Die Statuenreihen griech. Poleis und Bünde aus spätarchaischer und klass. Zeit, M. 1997, 281–306, Nr 21 (mit älterer Lit.); *R. Krummeich*, Bildnisse griech. Herrscher und Staatsmänner im 5. Jh. v. Chr., M. 1997, 245 s., Nr S 3 (mit älterer Lit.); *K. D. S. Lapatin*, Chryselephantine statuary in the Ancient Mediterranean world, Ox. 2001, 20, 72 s., 96, 121, 132, 134. R. V.

Theokydes (I) (Θεόκυδες), aus Akraiphia, griech. Bildhauer, in der 2. H. des 6. Jh. v. Chr. in Ptoion tätig. Nur bek. durch seine Sign. auf einer Basis für eine *Statue* aus Ptoion. ▭ *J. Ducat*, Les kouroi du Ptoion. Le sanctuaire d'Apollon Ptoieus à l'époque archaïque, P. 1971, 379–384, Nr 233, Taf. 128; *Floren*, GrPl, I, 1987, 315, Anm. 28. R. V.

Theokydes (II), griech. Architekt(?) unbek. Zeit. Erw. bei → Vitruvius (7, praef., 14) unter den Künstlern zweiten Ranges, die zugleich *praecepta symmetriarum* verfaßten. ▭ RE V. A. 2, 1934; EAA VII, 1966. – *Brunn*, GGK II, 1889, 253; *S. Ferri*, Vitruvio, R. 1960, 253. W. Müller

Theomnestos (I) (Θεόμνηστος; Theomnestor; Theomnestus), Sohn des Theotinos, aus Sardes, griech. Bronzebildner, im 4. Jh. v. Chr.(?) für Olympia tätig. Th. arbeitete die im Zeusheiligtum von Olympia aufgestellte *Bronzestatue des Ageles (Angeles?) von Chios*, Sieger im Faustkampf der Knaben (Paus., 6, 15, 2; Overbeck, SQ, 1868, Nr 2046). Das Datum seines Erfolges in Olympia läßt sich nicht bestimmen. Plinius (nat., 34, 91) nennt einen *Theomnestor*, der Bronzestatuen von Athleten, Kriegern, Jägern und Opfernden fertigte. Es kann sich allerdings auch um einen and. Künstler gleichen Namens handeln. ▭ ThB33,1939 (s.v. Th.). RE V. A. 2, 1934 (s.v. Th. 14); EAA VII, 1966 (s.v. Th.). – *L. Moretti*, Olympionikai, R. 1957 (MemAccLinc, Ser. 8, Bd. VIII. 2, 1959), Nrn 955 s.; *H.-V. Herrmann*, Nikephoros 1:1988, 170, Nr 154; *S. Lehmann*, Die Siegerbasen von Olympia, OlympForsch, XXXII (in Vorbereitung). St. Lehmann

Theomnestos (II), griech. Maler, um 300 v. Chr. tätig. Lt. Plinius (nat., 35, 107; Overbeck, SQ, 1868, Nr 1979) zahlte der Tyrann Mnason von Elatea für jedes Gem. mit der Darst. eines Helden die beachtl. Summe von je 20 Minen. Th. war ein Zeitgen. des → Protogenes (I) und demzufolge um 300 v. Chr. tätig. ▭ ThB33, 1939. RE V. A. 2, 1934 (s.v. Th. 15); EAA VII, 1966 (s.v. Th. 2). – *Brunn*, GGK, II, 1889, 172; *Pfuhl*, MuZ, II, 1923, 766, § 838. R. V.

Theon cf. **Theodotos (I)**

Theon (I) (Θέων), angebl. griech. Bildhauer, der 1. H. des 4. Jh. v. Chr. in Epidauros tätig war. Nach einer Bau-Inschr. aus Epidauros fertigte ein ΘΕΟ[...] für 2240 Drachmen die *Akrotere des O-Giebels* des Asklepiostempels von Epidauros (IG, IV, 1484, Zeile 97). Ob die Anfangsbuchsstaben jedoch wirkl. zu Theon oder zu einem and. Namen, wie z.B. Theodoros (so z.B. Svenson-Evers, 1996), Theodotos (so z.B. C. A. Neugebauer, JdI 41:1926, 88–90; Crome, 1951), Theophilos (so z.B. Svenson-Evers, 1996) oder Theotimos (so z.B. P. Kavvadias, AEphem 1886, 162; id., Fouilles d'Epidaure, I, At. 1893, 83 ss.) zu ergänzen sind, muß offenbleiben, auch wenn immer wieder die Lesung Theon vorgeschlagen wird (so z.B. von

R. Vallois, BCH 36:1912, 229; M. Fränkel in IG, IV, 1484). Am meisten spräche noch für Theodotos, weil dieser zumindest auch als Architekt (→ Theodotos [I]) am Bau bek. ist. Die Akrotere, die noch teilweise erh. sind, helfen leider in der Lösung der Frage nicht weiter. Sowohl die Zuordnung der Akroter-Skulpt. an O- und W-Giebel als auch deren Deutung ist zumindest teilweise sehr umstritten. Folgende Akroterfiguren gehörten nach geläufiger Meinung dem O-Giebel an und stellten dar: – 1.) Hauptakroter: Eine *nach vorn fliegende Nike* (jetzt in Athen, NM, Inv. Nr 162; A. Goulaki-Voutira, LIMC, VI, 1992, 864, Nr 145 m. Abb., s.v. Nike; Yalouris, 1992, 19, Nr 2, Taf. 2 [dort jedoch als ein Eckakroter angesehen]); – 2.) und – 3.) Eckakrotere: Die *Aurai* (jetzt in Athen, NM, Inv. Nrn 156 und 157; F. Canciani, LIMC III, 1986, 53, Nr 16 a m. Abb. und b, s.v. Aurai; Yalouris, 1992, 31–33, Nrn 26 s., Taf. 27–31 [dort Eckakrotere des W-Giebels) oder die *Nereiden* (N. Icard-Gianolio/ A.-V. Szabados, LIMC VI, 1992, 819, Nr 484, s.v. Nereides). Yalouris (1992) setzt nun jedoch folgende Akroterfiguren in den O-Giebel: – 1.) Hauptakroter: *Entführungsgruppe* mit erh. männl. und verlorengegangener weibl. Figur (jetzt Athen, NM, Inv. Nr 4723; Yalouris, 1992, 17–19, Nr 1, Taf. 1 s.); – 2.) und – 3.) Eckakrotere: *Zwei Niken* (jetzt Athen, NM, Inv. Nrn 162 und 4761; Yalouris, 1992, 19 s., Nrn 2 s., Taf. 3–6). – Eine wirkl. Lösung zu all diesen Fragen scheint aussichtslos zu sein. ▭ ThB33, 1939. RE V. A. 2, 1934 (s.v. Th. 21); EAA VII, 1966. – *Lippold*, GrPl, 1950, 220, Taf. 79, 1; *Picard*, Manuel, III, 1948, 325, 330, 332, 337; *F. Crome*, Die Sculpt. des Asklepiostempels von Epidauros, B. 1951, 27–30, Taf. 11; *A. Burford*, The Greek temple builders at Epidauros, Liverpool 1969, 136, 144, 155; *N. Yalouris*, Die Skulpt. des Asklepiostempels in Epidauros, in: APl 21, M. 1992, 67–69; *Svenson-Evers*, Architekten, 1996, 411 s., Nr T 8. R. V.

Theon (II), von Samos, griech. Maler der 2. H. des 4. Jh. v. Chr. Quintilian (inst., 12, 10, 6) zählt Th. neben → Protogenes (I), Pamphilus (→ Pamphilos [I]), Melanthius (→ Melanthios), Antiphilus (→ Antiphilos [III]), → Apelles (I) und → Euphranor (I) zu den bedeutenden Malern der Zeit von Philipp II. bis zu den Nachfolgern Alexanders des Großen. Th. s bes. Fähigkeit (*virtus*) habe darin bestanden, mit seinen Bildern die Phantasie des Betrachters anzuregen (*concipiendis visionibus, quas* φαντασίας *vocant*; vgl. Trendelenburg, 1910; Six, 1917; Austin, 1948; Rouveret, 1989; zu φαντασία: Quint., inst., 6, 2, 29; 8, 3, 88; 10, 7, 15; Pseudo-Longin, περὶ ὕψους, 15, 1; G. Watson, ANRW, II, 36, 7 [1994] 4774–4780; vgl. ferner Sen., suas., 2, 14; Dion. Hal., comp., 22; Plut., mor., 759c). Zu diesem Urteil Quintilians paßt die Beschr., die Aelian (var. hist., 2, 44) von einem *Gemälde* des Th. gibt, das einen *in den Kampf ausrückenden Hopliten* (ὁπλίτης ἐκβοηθῶν) – wahrsch. in Lebensgröße – zeigte. Der Maler habe, auf die Darst. weiterer Personen verzichtend, allein durch die kämpfer. Mimik und Gestik der einen Figur des Kriegers seine Bildaussage (τὴν τῆς εἰκόνος ἀπαίτησιν) erreicht: Der Schwerbewaffnete habe mit seiner ganzen Körperhaltung (δι' ὅλου τοῦ σχήματος) den Eindruck vermittelt, daß er keinen seiner Feinde schonen werde. Um die Wirkung noch zu steigern, – so erzählt Aelian weiter – habe der Künstler vor der Enthüllung seines Bildes einen Trompeter daneben zum Kampf blasen lassen. – Zwei weitere Werktitel des Th., *Der Wahnsinn des Orestes* (*Orestis insania*; vgl. Y. Morizot, LIMC VI, 1992, 76, Nr 23b, s.v. Klytaimestra) und *Der Kitharöde Thamyras* (*Thamyras citharoedus*; vgl. A. Nercessian, LIMC VII, 1994, 903, Nr 12, s.v. Thamyris/Thamyras), werden von Plinius (nat., 35, 144) überliefert, der den Künstler unter den *primis proximi* (nat., 35, 138), den Malern zweiten Ranges, aufführt. Wie der „ὁπλίτης ἐκβοηθῶν" scheinen auch diese Bilder auf eine Hauptfigur konzentriert gewesen zu sein. Aus Plutarch (aud. poet., 3; mor., 18a) ist ein *Gemälde* des Th. bek., auf dem der *Muttermord des Orestes* (ἡ Ὀρέστου μητροκτονία; vgl. Y. Morizot, LIMC VI, 1992, 76, Nr 23b, s.v. Klytaimestra) dargestellt war und das viell. mit der *Orestis insania* zu einem Bilderzyklus gehörte. – Von Brunn (1889) stammt die oft akzeptierte These (vgl. z.B. Courby, 1922; Pfuhl, 1923, Moreno, 1987), daß die Künstler Th. und → Theoros ident. seien. Diese Vermutung stützt sich darauf, daß Plin. (nat., 35, 144) für → Theoros – wie Plutarch für Th. – den Muttermord des Orestes (*ab Oreste matrem et Aegisthum interfici*; vgl. R. M. Gais, LIMC I, 1981, 375, Nr 26, s.v. Aigisthos, und Y. Morizot, LIMC VI, 1992, 76, Nr 23a, s.v. Klytaimestra) als Bildthema überliefert (vgl. → Theoros). ▭ ThB33, 1939. RE V. A. 1, 1934 (s.v. Th. 22); EAA VII, 1966; KlP V, 1975 (s.v. Th. 8); LIMC VI, 1992, 72–81, hier 76, Nrn 23 a-b (s.v. Klytaimestra). – *Overbeck*, SQ, 1868, Nrn 1946–1949; *Brunn*, GGK, II, 1889, 252; *A. Trendelenburg*, Phantasiai, BWPr 70, B. 1910, 1–5; *J. Six*, RM 32:1917, 172–199; *A. Reinach*, Rec. Milliet, I, P. 1921, 386–389, Nrn 515–517; *J. Courby*, Les vases grecs à reliefs, P. 1922, 324; *Pfuhl*, MuZ, II, 1923, 773–775, §§ 848–850; *M. H. Swindler*, Ancient painting, Lo. 1929, 277; *C. M. Dawson*, Romano-Campanian mythological landscape painting, New Haven 1944, 156; *Quintiliani* institutionis oratoriae, ed. *R. G. Austin*, liber XII, Ox. 1948, 145; *G. Becatti*, Arte e gusto negli scrittori latini, Fi. 1951, 182, 184 s.; *J. J. Pollitt*, The ancient view of art, New Haven/N. Y. 1974, 25, 62, 82, 201, 205, 214; *Robertson*, Hist., I, 1975, 496 s.; *C. Plinius Secundus d. Ä.*, Naturkunde, ed. und übersetzt *R. König/G. Winkler*, Buch XXXV, M. 1978, 247 s.; *Quintilien*, Institution oratoire, VII, ed. *J. Cousin*, Livre XII, P. 1980, 212 s.; *Pline l'Ancien*, Hist. naturelle, übersetzt und kommentiert *J.-M. Croisille*, Livre XXXV, P. 1985, 251 s.; *P. Moreno*, La pittura greca, Mi. 1987, 162–164; *A. Corso*, in: *Gaio Plinio Secondo*, Storia naturale, V. Mineralogia e storia dell'arte, ed. *G. B. Conte/ G. Ranucci*, Libri 33–37, T. 1988, 925; *A. Rouveret*, Hist. et imaginaire de la peint. ancienne, R. 1989, 432, 448 s.; *Scheibler*, Malerei, 1994, 59, 77, 123, 191, Anm. 128. L. Lehmann

Theon (III), Sohn des Theon, griech. Bildhauer, zu Beginn des 2. Jh. v. Chr. in Delos tätig. Nur bek. durch seine Sign. auf einer runden Marmorbasis aus Delos (im SO der Philippsportikus) für eine lebensgroße *Bronzestatue des Charistios*, die von seinem Sohn Antigonos gestiftet worden ist (Delos, Inv. Nr E 290; IG, XI. 4, 1180; Muller-Dufeu, SculptureSource, 2002, 758 s., Nr 2218). ▭ ThB33, 1939. RE V. A. 2, 1934 (s.v. Th. 19); EAA VII, 1966 (s.v. Th. 4). – *T. Homolle*, BCH 5:1881, 465, Nr 4; *Loewy*, IGB, 1885, 159, Nr 209; *Klein*, GGK, III, 1907, 23, Anm. 1; *Lippold*, GrPl, 1950, 340; *Marcadé*, Signatures, II, 1957, 126 mit Abb., Taf. 47, 1; *Schmidt*, Statuenbasen, 1995, 413, Nr V. 6, Abb. 81 s., 277. R. V.

Theon (IV), aus Antiocheia/Kilikien, griech. Bildhauer, im 2. Jh. v. Chr. auf Rhodos tätig. Vater des Bildhauers → Hephaistodoros (KLA II, Addendum). Bek. durch seine Sign. auf den folgenden Basen: – 1.) Basis aus lartischem Marmor von der Akropolis von Lindos für eine *Bronzestatue*, die um 180–170 v. Chr. von Hemeros, Sohn des Pausanias, von Euphranor und von Andron, Sohn des Heragoras, von Alexandros, Sohn des Aristomachos, von Kleinos, Sohn des Nikias, von Hagesianax, Sohn des Telesikrates, von Philiskos, Sohn des Aristomedes, von Polycharmos, Sohn des Aristomedes, und von Timokrates, Sohn des Agenax, zu Ehren ihrer Kollegen Hemeros und Aristonymos, Sohn des Dexiboulos, der Athena Lindia und dem Zeus Polieus gew. worden ist (Lindos, II. 1, 1941, 54, Nr 63, pp. 437–440, Nr 172 mit Abb.; Stampolidis, 1984, 125, Anm. 101; Moreno, 1994, 605, 817, Anm. 969; Muller-Dufeu, SculptureSource, 2002, 756 s., Nr 2210); – 2.) Basis aus lartischem Marmor aus der Nähe von Lindos für eine *Statue des Deinokles*, Sohn des Philippos, Sieger im Knabenfaustkampf bei den rhod. Halieia und Athenaia, die um 180–170 v. Chr. der Athena Lindia und dem Zeus Polieus gew. worden ist (IG, XII. 1, 842; Loewy, 1885, 146 s., Nr 186; Lindos, II. 1, 1941, 54, Nr 63; Stampolidis, 1984, 125, Anm. 101; Muller-Dufeu, SculptureSource, 2002, 756 s., Nr 2209); – 3.) Basis aus lartischem Marmor von um 170–160 v. Chr. von der Akropolis von Lindos, sign. zus. mit → Demetrios (VIII) (Lindos, II. 1, 1941, 54, Nr 63, pp. 477 s., Nr 205 mit Abb.; Stampolidis, 1984, 125, Anm. 101; Muller-Dufeu, SculptureSource, 2002, 756 s., Nr 2211); – 4.) Basis aus Rhodos für eine *Statue des Timokrates*, die um 160 v. Chr. von vielen Zeitgen. den Göttern gew. worden ist (IG, XII. 1, 42; Loewy, 1885, 146, Nr 185; Lindos, II. 1, 1941, 54, Nr 63; Stampolidis, 1984, 125, Anm. 103 a; Muller-Dufeu, SculptureSource, 2002, 756 s., Nr 2213); – 5.) Basis aus Rhodos für eine *Statue des Komon*, Sohn des Akestor, Sieger im Knabenringkampf an den Pythien und rhodischen Halieia (IG, XII. 1, 73a; Loewy, 1885, 145 s., Nr 184; Lindos, II. 1, 1941, 54, Nr 63; Stampolidis, 1984, 125, Anm. 102 b; Muller-Dufeu, SculptureSource, 2002, 756 s., Nr 2214); – 6.) Mit Altar und Ziegenböcken auf einer Seite verzierte Basis aus lartischem Marmor von 148 v. Chr. vom Eingang zur Akropolis in Lindos (Lindos, II. 1, 1941, 54, Nr 63, pp. 502–506, Nr 224 mit Abb.; Schmidt, 1995, 377, Nr IV. 1. 136, Abb. 71; Muller-Dufeu, SculptureSource, 2002, 758 s., Nr 2215); – 7.) Basis für eine *Pferdestatue* aus Marmor aus Alexandria, sign. zus. mit → Demetrios (VIII) (CIG, III, 4684 e; Loewy, 1885, 147, Nr 187; Stampolidis, 1984, 125, Anm. 104; Muller-Dufeu, SculptureSource, 2002, 756 s., Nr 2212; Donderer, 2001, 169–174, Nr 2); – 8.) Basis aus Massari (IG, XII. 1, 842); – 9.) Basis aus Kaunos für eine *Statue*, die von Jason, Sohn des Jason von Karpasyanda, von Menestratos, Sohn des Glaukos von Pasanda, von Apollodoros, Sohn des Demetrios von Karpasyanda, und von Attalos, Sohn des Apollonios von Keisera, den Göttern gew. worden ist (P. Roos, OpAth 8:1968, 165, Nr 15; L. Robert, REG 82:1969, 515; Stampolidis, 1984, 125, Anm. 105; Muller-Dufeu, SculptureSource, 2002, 754 s., Nr 2208); – 10.) *Friesplatte A 8* eines Altars aus Knidos, an dem auch and. Bildhauer mitgearbeitet haben, von denen aber nur noch die Sign. des → Zenodotos (II) erh. ist. (Stampolidis, 1984, 125, Anm. 98; W. Blümel, Die Inschr. von Knidos, Bonn 1992, 109 s., Nr 168; C. Bruns-Özgan, JdI 110:1995, 243 s., Abb. 4; B. S. Ridgway, Hellenistic Sculpture, II, Madison 2000, 87–89; Muller-

Dufeu, SculptureSource, 2002, 754 s., Nr 2207); – 11.) Basis aus Marmor aus Knidos für eine *Statue des Klearchos*, Sohn des Anaxidoros, die von Timoxenos, Sohn des Aristokles, und von Lyka, Tochter des Anaxippidas und Enkelin des Klearchos, dem Apollon Karneios gew. worden ist (Stampolidis, 1984, 125, Anm. 106 b; W. Blümel, op. cit., 107 s., Nr 165; Muller-Dufeu, SculptureSource, 2002, 754 s., Nr 2206); – 12.) Basis aus Kaunos (Stampolidis, 1984, 125, Anm. 106 c). – Zus. mit → Demetrios (VIII) gehörte T. einem Kollegium von Wohltätern auf Rhodos an (IG, XII. 1, 127, 1 und 67 s.; Muller-Dufeu, SculptureSource, 2002, 758 s., Nr 2216). Schließl. ist uns T. durch seine eig. Grab-Inschr. überliefert (IG, XII. 1, 381; Muller-Dufeu, SculptureSource, 2002, 758 s., Nr 2217). ▭ ThB33, 1939. RE V. A. 2, 1934 (s.v. Th. 20); EAA VII, 1966 (s.v. Th. 5). – *Loewy*, IGB, 1885, 145–147, Nrn 184–187; *Lippold*, GrPl, 1950, 377; *N. C. Stampolidis*, AA 1984, 113–127; *Moreno*, Scultura, II, 1994, 605, 638, 817, Anm. 969; *Schmidt*, Statuenbasen, 1995, 377, Nr IV. 1. 136, Abb. 71; *M. Donderer*, Bildhauer in und aus Alexandria, in: *K. Geus/K. Zimmermann*, Punica – Libyca – Ptolemaica. Festschr. für Werner Huß, zum 65. Geburtstag dargebracht von Schülern, Freunden und Kollegen, Studia Phoenicia 16, Orientalia Lovaniensia Analecta 104, Leuven 2001, 169–174. R. V.

Theon (V), möglicherweise griech. Maler unbestimmter Zeit. Bisweilen wurde bei der Auflistung von Malern bei → Vitruvius (3, praef. 2; Overbeck, SQ, 1868, Nr 1773) die merkwürdige Stelle *mitheo magnis* zu *Theo Magnes* aufgelöst und damit ein *Theon von Magnesia* gewonnen. Ob diese Interpretation jedoch wirkl. richtig ist, bleibe dahingestellt. ▭ ThB33, 1939 (s.v. Theon). RE V. A. 2, 1934 (s.v. Th. 23); EAA VII, 1966 (s.v. Th. 3). – *Pfuhl*, MuZ, II, 1923, 918. R. V.

Theophilos → **Theon (I)**

Theophilos cf. **Theodotos (I)**

Theophilos (I) (Θεόφιλος) bzw. Theuphilos (Θεύφιλος), Maler aus Alexandria, um 250 v. Chr. Unter den Papyri aus dem Archiv des Zenon, der z. Z. des Ptolemaios Philadelphos der einflußreiche Sekretär des Apollonios, des Bezirkskommandeurs (Dioiketes) im Fayum, war, haben sich zwei Eingaben ὑπομνήματα des Malers Th. erh., die die Ausmalung im Wohnhaus des Beamten (Hypodioiketes) Diotimos (vgl. auch P. Cair. Zen. II 59193) betreffen. In der einen Eingabe (P. Cair. Zen. III 59445) macht Th. einen Kostenvoranschlag für folgende Arbeiten: erstens in der Vorhalle (προστάς) *vier Wandzonen* zu malen – eine marmorimitierende Orthostatenzone (ὑποστύλιον φλεβοπεριμέτριον), darüber eine Zone aus vegetabilen Motiven (θωρακεῖον ὀροβοειδές), ferner eine bunt bemalte Zone (θρᾶνος ποικίλος) und als oberen Abschluß ein Kymation ([κυ]μάτιον περιπόρφυρον) (vgl. Andreou, 1988, 16) – , zweitens im Siebenklinenraum die *Deckenmalerei* entsprechend dem vorgelegten Entwurf (παράδειγμα) auszuführen, den Untersockel zu gestalten und ein lesbisches Kymation zu malen und drittens auch in den beiden Fünfklinenräumen die *Kymatien* anzufertigen. Th. berechnet dafür insgesamt 53 Drachmen: 30 Drachmen Lohn und 23 Drachmen Materialkosten. Nach Fertigstellung dieser Arbeiten bewirbt sich der Maler in einer and. Eingabe (P. S. I. IV 407) um einen Auftrag für einige *Tafelbilder* (πίνακες) und fügt die Bitte an, daß ihm, falls er den Auftrag nicht erhalte, Reisegeld gezahlt werde, damit er zurück zu seinen Brüdern nach Alexandria fahren könne. Aus einer Rechnung über Malmaterialien, in der μίλτος aus Sinope, Schwarz, Leim und Wachs aufgeführt werden (P. Cair. Zen. IV 59767), geht hervor, daß Th. auch enkaustisch gearbeitet hat, wofür ihm offensichtl. eine θερμαστρίς geliefert worden ist (P. Cair. Zen. IV 59782 a 61). Der Name des Malers erscheint in zwei Varianten: In seinen eig. Eingaben nennt sich der Künstler Θεύφιλος, in den and. Dok. heißt er Θεόφιλος. ▭ RE V. A. 2, 1934 (s.v. Th. 21); EAA VII, 1966 (s.v. Th.). – Papiri greci e latini, IV, Fi. 1917, Nr 407 (P. S. I.); *C. C. Edgar*, CG, Zenon Papyri, Kairo 1928 (Nachdruck Hildesheim/N. Y. 1971), III 59445, IV 59767, 59782 a 61 (P. Cair. Zen.); *W. Schubert*, Die Antike 8:1932, 126 ss.; *N. Lewis*, AJA 37:1933, 397–399; *E. Vanderborght*, CdE 17:1942, 117–122; *C. Préaux*, Les Grecs en Egypte d'après les archives de Zénon, Br. 1947, 42 ss.; *W. Peremans/E. van't Dack*, Prosopographia Ptolemaica, VI, Studia Hellenistica 17, Löwen 1968, 278, Nr 17092; *M. Nowicka*, La maison privée dans l'Egypte ptolémaïque, War. 1969, 44; *J. Hengstl* (Ed.), Griech. Papyri aus Ägypten, M. 1978, 256 s., Nr 104; *M. Nowicka*, CdE 53:1978, 150–157; *G. Husson*, Oikia. Le vocabulaire de la maison privée en Egypte d'après les papyrus grecs, P. 1983, 302 ss.; *M. Nowicka*, in: *N. Bonacasa/A. di Vita* (Ed.), Alessandria e il mondo ellenistico-romano, Stud. in onore di Achille Adriani, R. 1984, 256–259; *A. Andreou*, Griech. Wanddekorationen, Diss. Mainz 1988, 15 s.; *J. Raeder*, Gymnasium 95:1988, 362 ss.; *A. Rouveret*, Hist. et imaginaire de la peint. ancienne, R. 1989, 190, Anm. 69; *Scheibler*, Malerei, 1994, 75 ss., 164; *M. Pfrommer*, Alexandria, Im Schatten der Pyramiden, Mainz 1999, 117 ss. L. Lehmann

Theophilos (II), griech. Bildhauer, im 1. Jh. v. Chr. in Amorgos tätig. Nur bek. durch seine Sign. auf einer Baumstammstütze für eine *Statue* aus Marmor von Amorgos (IG, XII. 7, 279). ▭ ThB33, 1939. RE V. A. 2, 1934 (s.v. Th. 19); EAA VII, 1966 (s.v. Th. 2). – *L. Pollack*, AM 21:1896, 200. R. V.

Theophilos (III), griech. Bildhauer, in der frühen röm. Kaiserzeit in Epidauros tätig. Nur bek. durch seine Sign. auf einer Basis für eine *Statue des Pythokles*, Priester des Asklepios, die von seinem Sohn Dionysios dem Asklepios in Epidauros gew. worden ist (IG, IV^2, 440). ▭ ThB33, 1939. RE V. A. 2, 1934 (s.v. Th. 20); EAA VII, 1966 (s.v. Th. 2). – *P. Kavvadias*, Fouilles d'Epidaure, I, Ath. 1893, 43, Nr 34. R. V.

Theopompos, *Marcus Aurelius* (Θεόπομπος, Μᾶρκος Αὐρήλιος), griech. Maler, Erzgießer und Bildhauer, im 3. Jh. n. Chr. in Termessos tätig. Lt. seiner Grab-Inschr. auf einem Sarkophag aus Termessos gewann er einen Malerwettbewerb (Lanckoronski, 1892, 217, Nr 154; SEG, VI, 634 d; Heberdey, 1923, 169, Nr 521; Donderer, 1996, 331, 333). Da eine weitere Inschr. auf einer Basis zu einem monumentalen Marmorfuß aus Knidos ebenfalls einen Th. als Sieger in dem Malerwettbewerb preist, ist es sehr wahrsch., daß es sich um den gleichen Künstler handelt (Lanckoronski, 1892, 220, Nr 179, Abb. 28; SEG, VI, 634 e; L. Malten, JdI 27:1912, 238, Nr 1; Heberdey, 1923, 205; id., TAM III. 1, 1941, 21 s., Nr 33; Donderer, 1996, 330–333, Abb. 1). Lt. der zweiten Inschr. war Th. auch Erzgießer und Bildhauer. ▭ RE V. A. 2, 1934 (s.v. Th. 11). – *C. Lanckoronski*, Städte Pamphiliens und Pisidiens, II, W. 1892, 77, 217, Nr 154, p. 220, Nr 179, Abb. 28; *R. Heberdey*, in: Anatolian studies presented to Sir W. M. Ramsay, Manchester 1923, 169, Nr 521, p. 238; *M. Donderer*, Zeugnisse Kleinasiens für Agone in den Bildenden Künsten, in: Fremde Zeiten, I, Festschr. Jürgen Borchhardt, W. 1996, 330–333. R. V.

Theopropos (Θεόπροπος), von Ägina, griech. Bildhauer, im früheren 5. Jh. v. Chr. in Delphi und viell. auch in Olympia tätig. Pausanias (10, 9, 3) zufolge schuf der Äginete Th. einen *Bronzestier* in Delphi, der gleich am Eingang des Heiligtums stand und von den Korkyräern gew. war; der Anlaß war ein überaus üppiger Fischfang, zu dem sie durch einen wundersamen Stier gekommen waren; aus dem Zehnten des Gewinns weihten sie einen Stier in Olympia und den von Th. in Delphi. Beide Stiftungen erw. Pausanias nochmals (5, 27, 9) ohne Bildhauernamen; so bleibt offen, ob das Weihgeschenk in Olympia, dessen Basis nicht gefunden wurde, auch ein Werk des Th. war. Ein Basisquaderbruchstück mit Th.' Sign. in Delphi (Inv. Nr 1198; Marcadé, Signatures, I, 1953, 106) schrieb T. Homolle dem Korkyräerstier zu (BCH 21:1897, 275 s.; übereinstimmend: H. Bulle/T. Wiegand, BCH 22:1898, 328 ss.). Dessen Basis befindet sich am Eingang des Heiligtums, auf der N-Seite der Heiligen Straße; die Stierfigur war überlebensgroß. P. Amandry (BCH 74:1950, 10 ss.) hat die Zuweisung des Bruchstückes Inv. Nr 1198 an diese Basis bestritten, ebenso wie J.-F. Bommelaer (BCH 108:1984, 853 ss.: neue Basis-Rekonstr.; id., Guide de Delphes, P. 1991, 103 s., Nr 104, Abb. 34). Das Bruchstück 1198 wurde auch dem Platäer-Stier zugesprochen (C. Vatin, BCH 105:1981, 450 ss.). Schließl. stellten A. Jacquemin und D. Laroche fest (BCH 112:1988, 235 ss.), daß das Bruchstück (ibid., Abb. 6, 10, Anm. 14 s.), das sie mit einem weiteren (Inv. Nr 224) zusammenführten, nicht zur Basis des Korkyräerstieres gehört; nach den Spuren der Füße auf der Oberseite (ibid., Abb. 8) stand darauf eine etwa 6 m hohe Menschenfigur, in der sie das *Weihgeschenk der Griechen* nach dem Sieg bei Salamis erkannten: nach Herodot (8, 121) war dieses ein zwölf Ellen hohes Standbild (ἀνδριάς) mit einem Schiffsschnabel in der Hand, das Pausanias zufolge (10, 14, 5) Apollon darstellte. Jacquemin und Laroche ergänzten einleuchtend den Stifternamen in der Inschr. als „Hellanes" (dorischer Dialekt); v.e. A. Jacquemin, Offrandes mon. à Delphes (BEFAR 304:1999, Nrn 122 [Stier der Korkyräer], 309 [Apollon-Statue]). Das Werk stand ö. des Tempels (Bommelaer, op. cit., 1991, 169, Nr 410b). Der kurz nach 480 v. Chr. entstandene Apollon des Th. hatte, den Spuren auf der Basis nach, eine frühkontrapostische Haltung: das linke Bein als Standbein, das leicht vorgesetzte rechte als Spielbein; der Abstand zw. ihnen war gering, ähnl. wie beim leicht früheren sog. Kritiosknaben (Athen, Akropolis-Mus., Inv., Nr 698; → Nesiotes) oder der etwa gleichzeitigen Kleinbronze eines Bärtigen aus Olympia (H.-V. Herrmann/A. Mallwitz [Ed.], Die Funde aus Olympia, At. 1980, 159, Taf. 100 [W. Fuchs]; Walter-Karydi, 1987, Abb. 145 s.). – Der Versuch C. Vatins, Th. eine zehnfigurige, nach dem Marathonsieg gew. Statuengruppe zuzuschreiben (Mon. votifs de Delphes, R. 1991, 194, Nr 5, p. 196, Nr 3, p. 205, Nr 2, pp. 207

ss., 225), überzeugte nicht (vgl. P. Gauthier u.a., REG 107:1994, 531 ss.). – Th. bekam im panhellen. Heiligtum von Delphi Aufträge, und zwar für große, offizielle Weihgeschenke: den *Korkyräerstier* und v.a. den *Apollon*, der eine panhellenische Danksagung an den Gott war. Offensichtl. war Th. ein berühmter Erzbildner; der Kreis der Themen, die für ihn überliefert sind, wird durch den *Apollon* erweitert. Sein persönl. Stil bleibt unbekannt. ▭ ThB33, 1939. RE V. A. 2, 1934 (s.v. Th. 3); EAA VII, 1966. – *Brunn*, GGK, I, 1889, 69 (96); *Lippold*, GrPl, 1950, 98; *E. Walter-Karydi*, Die äginet. Bildhauerschule, Mainz 1987 (Alt-Ägina, II. 2), 44 s. E. Walter-Karydi

Theoros (Θεωρός), griech. Maler, um 300 v. Chr. tätig. Lt. Plinius (nat., 35, 144; Overbeck, SQ, 1868, Nr 1946) fertigte er die folgenden *Gemälde*: – 1.) *Ein Mann, der sich salbt*; – 2.) *Orestes, der Klytaimestra und Aigisthos tötet* (R. M. Gais, LIMC I, 1981, 375, Nr 26, s.v. Aigisthos; Y. Morizot, LIMC VI, 1992, 76, Nr 23 a, s.v. Klytaimestra); – 3.) *Episoden aus dem Trojanischen Krieg*, die sich in den Portiken des Philippus in Rom befunden haben; – 4.) *Kassandra* im Concordiatempel in Rom (Pape, Kriegsbeute, 1975, 155, Nr 3; H. Wrede, JdI, 102:1987, 380; O. Paoletti, LIMC VII, 1994, 957, Nr 1, s.v. Kassandra I); – 5.) *Leontion*, die die Geliebte des Epikurs war; – 6.) *König Demetrios*. – Bisweilen wurde er mit dem Maler → Theon (II) von Samos gleichgesetzt, was aber nicht nachzuvollziehen ist. ▭ ThB33, 1939. – RE V. A. 2, 1934 (s.v. Th. 2). – *Pfuhl*, MuZ, II, 1923, 773 s., Paragraph 848. R. V.

Theorretos (Θεόρρητος), griech. Bildhauer, in der 1. H. des 2. Jh. v. Chr. in Pergamon tätig. Lt. einer Sign. gehörte er zu den Künstlern, die den großen Fries des Pergamonaltars (nach 180 oder 165–156 v. Chr.) arbeiteten. Da am S-Risalit des Pergamonaltars die Künstler-Inschr. an der Treppenseite nicht auf der Fußleiste des Frieses, sondern auf dem Kymation des Gesimsblockes stand, der zudem eine sicher zuzuweisende Versatzmarke trägt, sind die zugehörigen Friesplatten bzw. erh. -fragmente, die der Künstler ausführte, gesichert. Umstritten ist allerdings, ob an der s. Treppenwange ein oder zwei Künstler signierten, da der Abstand zum vermutl. Ende der Inschr. auf dem Eckgesims (mit [ἐπό]ησεν, hat es gemacht) drei Platten mit ca. 2,70 m betragen haben könnte. Thimme (1946) nahm zwei Bildhauer-Sign. hier an und gründete die errechnete Anzahl von mindestens 40 Bildhauern, die am Fries arbeiteten, auf dieser Annahme. Die längere Stirnseite des Risalits signierten zwei Bildhauer zus., so daß – bedingt durch die fehlenden Gesimsblöcke und hypothet. Rekonstruktion dieses Abschnitts – nur Th. für diesen Abschnitt allein verantwortl. sein dürfte. Ein zuzuweisendes weiteres Inschr.-Fragm. vom Kymation des Deckgesimses könnte einen Hinweis auf die pergamenische Herkunft des Künstlers geben. ▭ ThB33, 1939. RE V. A. 2, 1934; EAA VII, 1966. – *H. Winnefeld*, Pergamon, III. 2, 1910, 26; *E. Fabricius/C. Schuchhardt*, Pergamon, VIII. 1, 1890, 60, Nrn 82–84; *D. Thimme*, AJA 50:1946, 348. M. Kunze

Theotimos → **Theon (I)**

Theotimos cf. **Theodotos (I)**

Theotimos cf. **Zoilos (IV)**

Theoxenos (Θεόξενος), aus Theben, griech. Bildhauer, am E. des 4. Jh. v. Chr. in Athen tätig. Nur bek. durch seine Sign. auf einer Basis aus Athen für *Statuen des Physteus*, Sohn des Demopeithides, aus Acharnai, *und der Peisikrateia*, Tochter des Lachon, aus Acharnai, die von ihrem Sohn Demopeithides der Demeter und Kore gew. worden sind. ▭ RE, Suppl. VIII, 1956 (s.v. Th. 5); EAA VII, 1966. – *C. Leslie Shear*, ILN, 9. Juli 1938, 58; *C. Picard*, RA 1938, 93; *id.*, REG 52:1939, 150; *Lippold*, GrPl, 1950, 304, Anm. 12; *B. D. Meritt*, Hesperia 26:1957, 203–206, Nr 51, Abb. 2 s., Taf. 51; *Muller-Dufeu*, SculptureSource, 2002, 646 s., Nr 1922. R. V.

Theozotos (Θεοζότος), griech. Töpfer, um 550 v. Chr. in Athen tätig. Nur bek. durch seine Sign. auf einem *schwarzfigurigen Kyathos* aus Vulci, auf dem ein Hirte mit Hilfe von zwei Hunden eine fünfzehnköpfige Ziegenherde antreibt (heute Paris, Louvre, Inv. Nr F 69). ▭ ThB33, 1939. RE V. A. 2, 1934; EAA VII, 1966. – *Hoppin*, Black-Fig, 1924, 352 s. mit Abb.; ABV, 1956, 349; Add^2, 1989, 95. R. V.

Therikles (Θηρικλῆς), aus Korinth, griech. Töpfer, um 400 v. Chr. in Athen tätig. Lt. Athenaios (deipn., 11, 470e-472e) war er ein Zeitgen. des Komödiendichters Aristophanes. Er fertigte so beachtete Schalen, daß diese auch in Metall und Holz imitiert worden sind und noch Jahrhunderte später nach ihm benannt *Therikleia* hießen. Die genaue Form ist jedoch unklar, lt. Athenaios besaßen sie kurze Henkel und ein tiefes Becken. ▭ ThB33, 1939. RE V. A. 2, 1934 (s.v. Th. 2); EAA VII, 1966; DNP XII/1, 2002. – *Pfuhl*, MuZ, I,

1923, 410, Paragraph 438; *A. Blair Brownlee*, Antimenean dinoi, in: *J. Oakley u.a.* (Ed.), Athenian potters and painters, Ox. 1997, 517. R. V.

Therimachos (Θηρίμαχος), griech. Maler unbek. Zeit. Nur bek. durch zwei Erw. bei Plinius (nat., 34, 78; 34, 50; Overbeck, SQ, 1868, Nrn 1937, 1941). Auch wenn er zus. mit → Aëtion (I) gen. wird, muß offenbleiben, ob er zur gleichen Zeit wie dieser (im 4. Jh. v. Chr.) oder zu einem and. Zeitpunkt tätig war. ▭ ThB33, 1939. RE V. A. 2, 1934 (s.v. Th. 2); EAA VII, 1966. – *Pfuhl*, MuZ, II, 1923, 771, Paragraph 846. R. V.

Therinos (Θηρινός), möglicherweise griech. Töpfer, im 6. Jh. v. Chr. in Ionien tätig. Nur bek. durch eine Inschr. auf einem vierhenkligen *Gefäß mit Deckel* aus Myrina (Paris, Louvre, Inv. Nr Myr 575). ▭ ThB33, 1939. – *E. Pottier/S. Reinach*, La nécropole de Myrina, P. 1887, 230 s., Nr 2, Abb. 34; *Hoppin*, BlackFig, 1924, 354 s. mit Abb. R. V.

Theron (Θήρων), aus Boiotien, griech. Bildhauer, in der 2. H. des 3. Jh. v. Chr. u.a. für Olympia tätig. Th. arbeitete die im Zeusheiligtum von Olympia aufgestellte *Bronzestatue des Gorgos*, Sohn des Eukletos, aus Messene (Paus., 6, 14, 11; Overbeck, SQ, 1868, Nr 1576). Dieser siegte wohl 232 v. Chr. (Olympiade 137) in Olympia im Pentathlon. (Zu Gorgos als erfolgreicher Athlet und Staatsmann v. Polyb., 7, 10, 2 ss.). – Ein weiteres Werk des Th. gelangte 210 v. Chr. von Aigina nach Pergamon und wurde unter Eumenes III. im Athenerbezirk aufgestellt. Die erh. Basis weist parallele und eng beieinanderliegende Standspuren auf, die auf eine einst ruhig stehende Bronzefigur hindeuten. ▭ ThB33, 1939. RE V. A. 2, 1934 (s.v. Th. 3); EAA VII, 1966. – *E. Fabricius/C. Schuchhardt*, Die Inschr. von Pergamon, Pergamon, VIII. 1, 1890, Nr 49; *L. Moretti*, Olympionikai, R. 1957 (MemAccLinc, Ser. 8, Bd. VIII. 2, 1959), Nr 573; *H.-V. Herrmann*, Nikephoros 1:1988, 169, Nr 137; *S. Lehmann*, Die Siegerbasen von Olympia, OlympForsch, XXXII (in Vorbereitung). St. Lehmann

Therros → Terach

Thesi → Tjesi

Theudoros (Θεύδωρος), aus Parion, griech. Bildhauer, in der 2. H. des 3. Jh. v. Chr. in Lindos, Rhodos und Knidos tätig. Nur bek. durch seine Sign. auf den folgenden vier Marmorbasen: – 1.) aus Lindos von um 230 v. Chr. (Lindos, II. 1, 1941, 349 s., Nr 113 mit Abb.; Muller-Dufeu, SculptureSource, 2002, 720 s., Nr 2079); – 2.) aus Lindos von um 230 v. Chr. für eine *Statue*, die von Nikolaos der Athena Lindia gew. worden ist (Lindos, II. 1, 1941, 350, Nr 114; Muller-Dufeu, SculptureSource, 2002, 720 s., Nr 2080); – 3.) aus Rhodos von um 245/230 v. Chr. für eine *Statue des Timarchos*, Sohn des Antagoras (heute Rhodos, Mus., Inv. Nr 1252; G. Konstantinopoulos, ADelt 18:1963 [1965], 3 s., Nr 3, Taf. 1, c, und 2, b; Muller-Dufeu, SculptureSource, 2002, 720 s., Nr 2081); – 4.) aus dem unteren Theater von Knidos für ein *größeres Denkmal*, das Statuen des Hermophantos und zweier seiner Söhne trug und von dem dritten Sohn gew. worden ist (heute London, BM, Inv. Nr 1859. 12–26. 777; C. T. Newton, Discoveries at Halicarnassus, Cnidus and Branchidae, II. 2, Lo. 1862, 447, 752, Nr 34, Taf. 91; Loewy, IGB, 1885, 136, Nr 166; W. Blümel, Die Inschr. von Knidos, Bonn 1992, 69, Nr 111; Muller-Dufeu, SculptureSource, 2002, 720 s., Nr 2082). Eine der beiden Statuen der Söhne fertigte Th., die and. → Timocharis, dessen Schaffenszeit in die 2. H. des 3. Jh. v. Chr. zu setzen ist und uns weiterhin die zeitl. Eingrenzung des Th. ermöglicht. ▭ ThB33, 1939. RE VI. A. 1, 1936; EAA VII, 1966. R. V.

Theuphilos → Theophilos (I)

Thoas (Θόας), aus Side, griech. Erzgießer, um 170 v. Chr. in Lindos tätig. Nur bek. durch seine Sign. auf einer Basis aus lartischem Marmor von der Akropolis aus Lindos für eine *Porträtstatue* zu Ehren des Aktaion, Sohn des Ex[akestos], die vom Demos von Lindos der Athena Lindia und dem Zeus Polieus gew. worden ist. ▭ ThB33, 1939. RE VI. A. 1, 1936 (s.v. T. 10); EAA VII, 1966. – Lindos, II. 1, 1941, 54, Nr 65, pp. 453–455, Nr 189 mit Abb.; *Lippold*, GrPl, 1950, 361, Anm. 8; *Schmidt*, Statuenbasen, 1995, 375, Nr IV. 1. 132; *Muller-Dufeu*, SculptureSource, 2002, 730 s., Nr 2121. R. V.

Thoinias (Θοινίας), Sohn des Bildhauers → Teisikrates und Bruder des Malers → Arkesilaos (III), aus Sikyon, griech. Bildhauer, zw. 240 und 185/180 v. Chr. in Sikyon, Delos, Oropos und Tanagra tätig. Bek. durch die folgenden Sign.: – 1.) Kalksteinbasis aus Sikyon für eine *Statue von Philipp V. von Makedonien*, die zw. 221 und 216 v. Chr. gefertigt worden ist (heute Sikyon, Mus., IG, IV, 427; M. L. Earle, ClRev 6:1892, 133; Marcadé, 1957, 129 s. mit Abb.; Muller-Dufeu, SculptureSource, 2002, 802 s., Nr 2383); – 2.) Kalksteinbasis aus

Sikyon für eine *Statue des vielfachen Siegers Kallistratos*, Sohn des Philothales, die wohl um 185/180 v. Chr. entstanden ist (W. J. McMurtry, AJA 5:1889, 283 s.; IG, IV, 428; Marcadé, 1957, 129 mit Abb., Taf. 47, 6; Muller-Dufeu, Sculpture-Source, 2002, 804 s., Nr 2387); – 3.) Marmorbasis von der S-Portikus von Delos für eine *Statue einer Frau* (Delos, *in situ*, Inv. Nr E 211; Th. Homolle, RA 1884, 215 s.; Loewy, IGB, 1885, 97, Nr 122; IG, XI. 4, 1088; Marcadé, 1957, 128 mit Abb., Taf. 46, 2; Schmidt, 1995, 294, Nr IV. 1. 3, Abb. 243; Muller-Dufeu, SculptureSource, 2002, 804 s., Nr 2388); – 4.) Marmorbasis aus dem Amphiareion von Oropos für eine *Statue des Dichters Herakleitos von Halikarnassos*, die um 240 v. Chr. von seinem Bruder Diogenes, Sohn des Asklepiades, dem Amphiaraos gew. worden ist (Oropos, beim Mus.; IG, VII, 431; B. Leonardos, AEphem 1889, 2, Nr 25; Marcadé, 1957, 128 mit Abb., Taf. 47, 3; Sève, 1991; Muller-Dufeu, SculptureSource, 2002, 802 s., Nr 2382); – 5.) Marmorbasis aus dem Amphiareion von Oropos für eine *Reiterstatue für Q. Brutus Q. f.*, die im 3. V. des 3. Jh. v. Chr. vom Demos von Oropos dem Amphiaraos gew. worden ist (W. Dörpfeld, Praktika 1884, Taf. E, i; B. J. Leonardos, AEphem 3:1885, 105, Nr 7; Loewy, IGB, 1885, 97 s., Nr 122a; IG, VII, 384; Marcadé, 1957, 128 s. mit Abb., Taf. 47, 4; H. B. Siedentopf, Das hellenist. Reiterdenkmal, Waldsassen 1968, 16, 130, Nr II. 133; Schmidt, 1995, 407 s., Nr IV. 2. 34, Abb. 77, 214; J. Bergemann, Röm. Reiterstatuen, Mainz 1990, 150, Nr E 100; Muller-Dufeu, SculptureSource, 2002, 802 s., Nr 2384); – 6.) Marmorbasis aus der Nähe des großen Eingangstores von Tanagra für eine *Statue* (P. Stamatakis, AEphem 1883, 157–162; Loewy, IGB, 1885, 96 s., Nr 121; IG, VII, 521; Marcadé, 1957, 129 mit Abb., Taf. 47, 5; Muller-Dufeu, SculptureSource, 2002, 802 s., Nr 2385); – 7.) Basis aus Marmor aus Pergamon für *Statuen des Dionysos und Attalos I.*, König von Pergamon (H. Müller, Chiron 19:1989, 499–553; Muller-Dufeu, SculptureSource, 2002, 802 s., Nr 2386). Sein Wirkungskreis war demnach in der 2. H. des 3. Jh. v. Chr. in Griechenland. ▭ ThB33, 1939. RE VI. A. 1, 1936; EAA VII, 1966. – *Lippold*, GrPl, 1950, 339, Anm. 10–15; *Marcadé*, Signatures, II, 1957, 128–130; *Schmidt*, Statuenbasen, 1995, 294, Nr IV. 1. 3, Abb. 243, pp. 407 s., Nr IV. 2. 34, Abb. 77, 214; *M. Sève*, REG 104:1991, 232–235. R. V.

Th'oma cf. **Elāhšamš**

Thomas (I) cf. **Kyriakos (II)**

Thomas (II) cf. **Baracheos (KLA II, Addendum)**

Thoutmose v.e. **Djehutimes**

Thoutmosis v.e. **Djehutimes**

Thrason → Ason

Thrason (I) (Θράσων), griech. Bildhauer, wohl in hellenist. Zeit tätig. Lt. Strabon (14, 1, 23, p. 641; Overbeck, SQ, 1868, Nr 1609; Muller-Dufeu, SculptureSource, 2002, 662 s., Nr 1974) schuf Th. in der Nähe des Artemisions von Ephesos einen *Brunnen*, *Statuen der Penelope* (C. Hausmann, LIMC IV, 1988, 293, Nr 17, s.v. Penelope) *und Eurykleia* (O. Touchefeu, LIMC IV, 1988, 101, Nr 1, s.v. Eurykleia; H. Hiller, AA 1972, 65) und ein *Hekateion* für einen kleinen Tempel (H. Sarian, LIMC VI, 1992, 997, Nr 103, s.v. Hekate). Plinius (nat., 34, 91; Overbeck, SQ, 1868, Nr 1608; Muller-Dufeu, SculptureSource, 2002, 662 s., Nr 1973) zählt ihn unter den Erzgießern auf, die *Statuen von Athleten, Kriegern, Jägern und Opfernden* fertigten. ▭ ThB33, 1939. RE VI. A. 1, 1936 (s.v. Th. 6); EAA VII, 1966 (s.v. Th. 2). – *Brunn*, GGK, I, 1889, 421. R. V.

Thrason (II), aus Pellene, griech. Bildhauer, im 2. Jh. n. Chr. in Buthroton (heute Butrint) tätig. Nur bek. durch eine Inschr. aus Buthroton für ein *Denkmal*, das von dem Priester der Aphrodite, Flavius Athenagoras, gestiftet worden ist (heute verschollen, ehem. in Venedig, Mus. Nani Biagi; IG, II, 1823) ▭ ThB33, 1939. RE VI. A. 1, 1936 (s.v. Th. 7); EAA VII, 1966 (s.v. Th. 3). – *Overbeck*, SQ, 1868, Nr 2299; *Loewy*, IGB, 1885, 278 s., Nr 406; *Brunn*, GGK, I, 1889, 604; *S. Reinach*, RA 1901, 82–93; *Muller-Dufeu*, SculptureSource, 2002, 966 s., Nr 2908. R. V.

Thrasymedes (Θρασυμήδης), griech. Bildhauer, Sohn des Arignotos aus Paros, in der 1. H. des 4. Jh. v. Chr. tätig. Pausanias (2, 27, 2) zufolge schuf Th. das *Goldelfenbein-Kultbild des Asklepios* im Tempel dieses Gottes in Epidauros. Da der Bildhauer in den Rechnungs-Inschr. des zw. 380 und 370 v. Chr. errichteten Tempels erw. wird, kann angenommen werden, daß er die Statue noch während oder kurz nach der Erbauung des Gebäudes fertigte. Seine Sign. erscheint auch auf dem Sockel einer sonst verlorenen skulpturalen Weihung (IG, IV^2, 198), die ein Charmantidas zu Ehren von Apollon und Asklepios in der Nähe des Stadions von Epidauros stiftete. – Das goldelfenbeinerne Kultbild des Asklepios ist zwar nicht erh., G. Roux hat jedoch versch. Fragm. „en pierre noir d'Argos" als Teile der Verzierung von dessen Sockel identifiziert (Roux, 1961, Abb. 36).

Darüber hinaus wurde die Statue von Pausanias beschrieben und auf mehreren Münzen aus Epidauros dargestellt. Der Überlieferung Pausanias' zufolge war der Gott als Sitzender auf einem Thron dargestellt. In der einen Hand hielt er einen Stab, die and. Hand hielt er über den Kopf einer Schlange, an seine rechte Seite lehnte sich ein Hund. Der Thron war mit Reliefs verziert, auf denen die Taten der argivischen Helden Bellerophon und Perseus dargestellt waren, der erste im Kampf mit der Chimaira und der zweite mit dem abgetrennten Haupt der Medusa. Auch der Hinweis bei Cicero (nat. deor., 8, 83), der Tyrann Dionysios von Syrakus habe den goldenen Bart des Asklepios entfernt, könnte sich auf diese Skulpt. beziehen. Allerdings hat G. Lippold (in RE VI. A. 1, 1936) zu Recht vermutet, daß Cicero den *Asklepios von Epidauros* mit einem Bildnis in Syrakus verwechselt haben könnte (vgl. auch Ath., deipn., 693e, wo vom Raub eines goldenen Opfertisches aus dem Asklepios-Tempel in Syrakus durch Dionysios die Rede ist). – Neben seiner Beschr. der Asklepios-Figur in Epidauros erwähnt Pausanias auch, daß das Bildnis halb so groß wie die hadrianische Statue des Zeus im Olympieion in Athen war. An and. Stelle (1, 18, 6) bemerkt er, daß die Statue in Athen zu den größten ihm bek. Bildwerken zählte, nennt aber keine Maße. Eine genauere Vorstellung von der Größe der Figur in Epidauros vermitteln die Abmessungen der Cella des Asklepios-Tempels: Der Abstand zw. den inneren Säulen betrug 4 m, die Innenhöhe ca. 6 m. Indem er diese Dimensionen in Rechnung stellte und die Größe der erh. Fragm. von Kolossal-Statuen berücksichtigte, gelangte E. Reisch 1893 zu dem Schluß, daß der Asklepios ohne Sockel ca. 3,5–4,5 m hoch gewesen sein muß, also etwa zwei- bis dreifache Lebensgröße aufwies. – Pausanias' Beschr. des Asklepios wird im wesentlichen durch die Darst. auf den Münzen bestätigt. Die beiden frühesten Prägungen stammen aus der M. des 4. Jh. v. Chr. bzw. aus dem A. des 3. Jh. v. Chr. (Krause, 1972, Abb. 14–34; Richter, 1970, Abb. 781; Lacroix, 1949, Abb. 26, 12). Eine spätere röm. Serie wurde vom Prinzipat des → Hadrianus bis in die Zeit Caracallas geprägt (Krause, 1972, Abb. 35–46; Richter, 1970, Abb. 781; Lacroix, 1949, Abb. 26,12). Auf diesen Münzen ist der Gott ebenfalls mit dem Stab in der linken und einer großen zusammengerollten Schlange unter der rechten Hand dargestellt, und auch der von Pausanias erw. Hund lehnt an der linken Seite seines Throns. Die Münzen zeigen darüber hinaus weitere von dem Schriftsteller nicht beschriebene Details: Asklepios trug ein Himation, das seine Beine bedeckte. Während er sein linkes Bein nach vorne ausstreckte, zog er das rechte unter den Thron zurück. Sein Oberkörper war unbekleidet, auf seiner linken Schulter lag eines der Enden des Himations. – Die Münzbilder lassen vermuten, daß die *Asklepios-Statue* den von → Pheidias (I) geschaffenenen Zeus aus Goldelfenbein in Olympia rezipierte. Beide Figuren thronten auf einem aufwendig verzierten Sessel, beide hielten ein Szepter in der linken Hand, und beide wiesen eine ähnl. Draperie auf. G. Roux' Zuweisung von Fragm. aus dunklem Stein zur Dekoration des Asklepios-Sockels liefert ein weiteres Argument für den Bezug zu → Pheidias (I), da dieser Pausanias zufolge (5, 11, 2) Ebenholz für den Thronsitz verwendet hatte. Überdies soll er auch den Boden vor der Skulpt., auf dem ein Becken für Olivenöl stand, aus dunklem Stein gelegt haben (5, 11, 5). Diese Anleihen bei → Pheidias (I) machen begreiflich, warum der *Asklepios* von Athenagoras (Legatio pro Christianis, 17, 4, ed. B. Pouderon, P. 1972, Zeile 32 ss.), einer späten und oft unzuverlässigen Quelle, dem berühmten attischen Bildhauer zugeschr. wird. Viele Forscher empfinden Th. als Klassizisten, der sich am Klass. Stil des 5. Jh. v. Chr. orientierte und die dramat. Gesten vermied, die sich in den griech. Skulpt. der 370er Jahre durchzusetzen beginnen. – Aus der Rechnungs-Inschr. des Asklepios-Tempels (IG, IV^2, 102) geht hervor, daß Th. auch für die Ausschmückung des Bereichs in der Cella verantwortl. war, in dem seine Statue aufgestellt wurde. Zeilen 45–47 der Inschr. führen eine Zahlung von 9800 Drachmen auf, die er für die Ausf. der Decke und einer Tür erhielt. Ferner wurde er für eine Arbeit „zw. den Säulen" entlohnt, bei der es sich wahrsch. um eine vergitterte Abschrankung vor der Statue handelte, die den Innenraum zw. den beiden zentralen Säulen durchzog. Daraus läßt sich schließen, daß Th. nicht nur als Bildhauer, sondern auch als gewandter Handwerker und Dekorateur tätig war, dessen Spezialität die Arbeit mit Gold und Elfenbein war. Im Hinblick auf diese unternehmerische Komponente ist möglicherweise auch eine weitere Abrechnung aus Epidauros von Belang (IG, IV^2.1, 118: SEG XV, 208; erg. durch ein Fragm., publ. in: Mitsos, 1967), in der ihm ein kleiner Betrag für das Werkzeug eines Metallarbeiters gezahlt wird (ἄκμων, wahrsch. ein Amboß). Da diese Inschr. aber nicht in Zusammenhang mit der Konstruktion des Asklepios-Tempels steht, hat M. Mitsos (1967) in seiner Analyse des Textes Zweifel daran geäußert, daß der als scheinbar unbedeutender Hersteller von Werkzeugen erw. Th. mit dem Schöpfer des Kultbildes aus Goldelfenbein ident. sei. – Aus der Beschr. Pausanias' und den Darst. der *Asklepios-Statue* auf den Münzen läßt sich schließen, daß eine genaue Kopie des von Th. geschaffenenen Kultbildes, auch in reduzierter Form, nicht erh. ist. Einige Werke werden jedoch als freie Umbildungen der Skulpt. angesehen, die ein Bild von der erhabenen Wirkung des Orig. vermitteln. Dies gilt für zwei im Bereich des Tempels von Epidauros gefundene Reliefs (Athen, NM, Inv. Nrn 173 s.; vgl. Richter, 1970, Abb. 761 s.; Picard, 1948, Abb. 119 s.), die bereits 1895 von H. Lechat und später auch von M. Bieber (ThB33, 1939) in diesem Zusammenhang angeführt wurden. Ob diese um 370 v. Chr. dat. Reliefs eine Votiv- oder eine architekton. Funktion hatten, ist unklar. Das erste von ihnen (Athen, NM, Inv. Nr 173) zeigt Asklepios auf dem Thron, gekleidet in ein Himation und mit würdevoll erhobener linker Hand. Bei dem zweiten (Athen, NM, Inv. Nr 174), in exakt demselben Format gearbeiteten Relief fehlt die Oberfläche. Obwohl die Darst. meist als Asklepios identifiziert wird, könnte sie sich aber auch auf Apollon beziehen. Unter den freistehenden Skulpt. aus der Zeit der röm. Kaiserzeit gilt ein Typus als enger Nachf. des von Th. geschaffenen Kultbildes, der am besten durch zwei Statuen in Kopenhagen (Ny Carlsberg Glyptothek, Inv. Nrn 1425 und 1683, die erste fragm. und die zweite stark rest.; vgl. Krause, 1972, Abb. 1–11; Todisco, 1993, Taf. 78) sowie durch verwandte Typen in Kyrene und Cherchel (Holtzmann, 1984, 871, Nrn 46–47 mit Abb.) vertreten wird. Wohl, weil die Wirkung der Asklepios-Figur anhand der kleinformatigen Münzbilder und der entfernten Nachklänge in der späteren Skulpt. nur schwer nachvollziehbar ist, illustrieren jedoch die meisten Führer und allg. Abhandlungen über Epidauros das Werk durch einen Stich von 1893, in dem Alphonse Defrasse den Asklepios im „Pheidiasischen Stil“ wiedererstehen läßt. ▭ ThB33, 1939. RE VI. A. 1, 1936; EAA VII, 1966. – *E. Reisch*, in: Eranos Vindobonensis, W. 1893, 7 s.; *A. Defrase/H. Lechat*, Epidaure, P. 1895, 80–94; *Picard*, Manuel, III. 1, 1948, 214–222; *Lacroix*, Reproductions, 1949; *Poulsen*, CatNyCarlsbergGlypt, 1951, 86–89, Nrn 90, 93; *G. Roux*, L'archit. de l'argolide aux IVe et IIIe s. avant J. C., P. 1961, 119–123; *S. Karuzu*, Ethnikon Archaiologikon Mouseion. Sylloge Glypton, At. 1967, 102; *M. Mitsos*, AEphem 1967, 1–7; *A. Burford*, The Greek temple builders at Epidauros, Liverpool 1969, 59–61; *Richter*, Sculpt, ^{4}1970, 219 s.; *B. Krause*, AA 1972, 240–257; *R. Tomlinson*, Epidauros, Austin 1983, 54–60; *B. Holtzmann*, LIMC II, 1984, 871 s., Nrn 44–47, s.v. Asklepios; *Todisco*, Scultura, 1993, 58; *Stewart*, Sculpture, 1990, 273 s. J. J. Pollitt

Thrax (Θράξ), griech. Töpfer, in der M. des 6. Jh. v. Chr. in Athen tätig. Th. gehörte zu den sog. Kleinmeistern. Nur. bek. durch eine Bandschale in Tarent (Mus. Archeol. Naz., Inv. Nr I. G. 6222; ABV, 1956, 178; Para, 1971, 74; CVA, Tarent 3, Taf. 32, 1–2). Die auf der Bandschale gezeigte Szene mit einem Viergespann und einem Hopliten könnte viell. ein Apobatenrennen darstellen, die während der Panathenäischen Festspiele stattfanden. Dieses Thema findet sich in sehr ähnl. Darst.-Weise auf Vasen des → Hermogenes (I), auf denen wir mittlerweile 10 solcher Wiedergaben kennen. Während die Viergespanne auf den Schalen des → Hermogenes (I) nach links gehen, geht das Gespann auf der Schale des Th. nach rechts. Bei der Sign. ist der Name des Töpfers wie auch auf den Schalen des → Hermogenes (I) und auf einer Schale des → Hischylos (New York, MMA, Inv. Nr 29. 131. 6; CVA, New York 2, Taf. 14, 22 a-c) von dem Verbum durch die Darst. getrennt. Der Figurenstil auf der Bandschale des Th. ist detailliert, aber nicht so genau gezeichnet wie auf den Schalen des → Hermogenes (I). ▭ ThB33, 1939. EAA VII, 1966. – ABV, 1956, 178; Para, 1971, 74. – *Für den Fundkontext dieser Schale*: *L. Masiello* (Ed.), Cat. del MN Archeologico di Taranto, I. 3. Atleti e guerrieri. Trad. aristocratiche a Taranto tra VI e V sec. A. C., Tarent 1994, 256 s. P. Heesen

Thutmes v.e. **Djehutimes**

Thychicus → **Tychicus**

Thylakos cf. **Onaithos**

Thymilos (Θύμιλος), griech. Erzgießer unbek. Zeit, in Athen tätig. Lt. Pausanias (1, 20, 2; Overbeck, SQ, 1868, Nr 1224; C. Gasparri, LIMC III, 1986, 469, Nr 547, s.v. Dionysos; A. Hermary/H. Cassimatis/R. Vollkommer, ibid., 922, Nr 863, s.v. Eros; Muller-Dufeu, SculptureSource, 2002, 490 s., Nr 1416) fertigte er einen *stehenden Eros und Dionysos* für den Dionysostempel an der Tripodenstraße in Athen. ▭ ThB33, 1939. RE VI. A. 1, 1936 (s.v. Th. 10); EAA VII, 1966. – *Brunn*, GGK, I, 1889, 399; *H. G. Evelyn-White*, JHS 29:1909, 251–263; *Lippold*, GrPl, 1950, 243, Anm. 2.
R. V.

Thypheitides (Θυφειτίδης), griech. Töpfer, in der M. des 6. Jh. v. Chr. in Athen tätig. Er gehörte zu den sog. Kleinmeistern. Nur bek. durch eine Sign. unter einem Henkelpaar, das durch einen

neuzeitl. Restaurator fälschlicherweise in eine rotfigurige Schale (London, BM, Inv. Nr E 4) eingefügt war, nun aber wieder getrennt als Fragm. aufbewahrt wird (Beazley, 1932, 193, Abb. 17). ▭ ThB33, 1939. EAA VII, 1966. – *J. D. Beazley*, JHS 52:1932, 193 s., Abb. 17; ABV, 1956, 178.
P. Heesen

Thysandros → Ethelandros

Thysandros → Theodoros (X)

Ti, Sohn des Sekeremsaef, ägypt. Künstler („Großer Leiter der Künstler"), unter dem König Haremhab (1319–1292 v. Chr.) tätig. Bek. durch eine weiße Kalksteinplatte, die vermutl. aus dem memphit. Raum stammt und als Grab- oder Tempelwand gedient haben könnte. Hier werden 60 Männer mit Namen und Titel dargestellt, v.a. Priester, zus. mit der jeweiligen Reg.-Zeit eines Königs. T. wird in der Zeile 2,8 erw. Es handelt sich um eine Ahnenreihe, die von der 11. bis zur 22. Dynastie reicht und eine Zeit von etwa 1200 Jahren umfaßt. ▭ *L. Borchardt*, Die Mittel zur zeitl. Festlegung von Punkten der ägypt. Gesch. und ihre Anwendung, Kairo 1935, 96 ss., v.a. Blatt 2a.
Y. Ott

Timagoras (I) (Τιμαγόρα[ς]), griech. Töpfer, um 540 v. Chr. in Athen tätig. T. ist nur durch zwei Sign., Τιμαγόρα ἐποίεσεν, auf zwei in Etrurien gefundenen *Hydrien* im Louvre (Inv. Nrn F 38, F 39) bekannt. Die Sign. sind auf beiden Gefäßen am linken Rand des Bildfeldes mit Tonfarbe gemalt. Die Schreibung „Timagora" hat zu Vermutungen geführt, daß es ein Frauenname sei, aber ein fehlendes Schluß-Sigma ist auch von and. auf „-as" endenden Namen bekannt. Als einziger Vasenmaler preist der *Maler der Hydria F 38* die Schönheit eines Andokides. Der Stil der Bilder weist beide Gefäße als Werke eines Malers aus, dem Beazley den Notnamen *Taleides-Maler* gab, nach der Sign. des Töpfers → Taleides, der offenbar in der gleichen Wkst. arbeitete. ▭ ThB33, 1939. LGPN, II, 1994 (s.v. Τιμαγόρας). – ABV, 1956, 174, Nrn 5, 7, p. 664; Para, 1971, 72; Add², 1989, 49.
T. Mannack / C. Wagner

Timagoras (II), aus Chalkis, griech. Maler, in der 2. H. des 5. Jh. v. Chr. tätig. Lt. Plinius (nat., 35, 58; Overbeck, SQ, 1868, Nr 1098) besiegte er → Panainos im ersten Maler-Wettb. bei den Pyth. Spielen, der wahrsch. im 3. V. des 5. Jh. v. Chr. stattfand. ▭ ThB33, 1939. RE VI. A. 1, 1936 (s.v. T. 6); EAA VII, 1966 (s.v. T. 1); DNP XII. 1, 2002 (s.v. T. 1). – *Brunn*, GGK, II, 1889, 33; *Pfuhl*, MuZ, II, 1923, 640, § 694, p. 662, § 720; *M. Donderer*, Zeugnisse Kleinasiens für Agone in den Bildenden Künsten, in: Fremde Zeiten, I, Festschr. Jürgen Borchhardt, W. 1996, 333; *N. J. Koch*, Techné und Erfindung in der klass. Malerei, M. 2000, 229.
R. V.

Timagoras (III) (Τιμαγόρας), Sohn des → Aristonidas (I), aus Rhodos, griech. Bildhauer, in der 1. H. des 3. Jh. v. Chr. in Rhodos und Kamiros tätig. Bek. durch seine Sign. auf den folgenden vier Basen: – 1.) Marmorbasis aus Rhodos für eine Weihung der Prytanen an alle Götter (heute Rhodos, Mus.; G. Jacopi, Clara Rhodos 2:1932, 200, Nr 32 mit Abb.; Muller-Dufeu, SculptureSource, 2002, 764 s., Nr 2240); – 2.) Basis aus lartischem Marmor aus Kamiros (G. Jacopi, Clara Rhodos 6/7:1932/1933, 439, Nr 59 mit Abb.; Muller-Dufeu, SculptureSource, 2002, 764 s., Nr 2239); – 3.) Basis aus lartischem Marmor aus Kamiros für eine *Statue des Philokrates*, Sohn des Sositimos, Sieger im Knabenringkampf an den Pythien und Isthmien (G. Jacopi, Clara Rhodos 6/7:1932/1933, 436 s., Nr 55 mit Abb.); – 4.) Basis aus lartischem Marmor aus Kamiros mit einer Hieropen- und Priester-Liste (heute Rhodos, Mus., Inv. Nr 48; M. Segre/ I. Pugliese Carratelli, ASAtene 27–29:1949–1951, 186, Nr 30; Muller-Dufeu, SculptureSource, 2002, 764 s., Nr 2241). Des weiteren wird T. auf einer Inschr. aus Kamiros als *Damiurgos* aufgeführt (G. Jacopi, Clara Rhodos 6/7:1932/1933, 404 s., Nr 31 mit Abb.). ▭ ThB33, 1939. RE VI. A. 1, 1936 (s.v. T. 7); EAA VII, 1966 (s.v. T. 4).
R. V.

Timagoras (IV), Sohn des → Mnasitimos (II), aus Rhodos, griech. Bildhauer, um 275 v. Chr. in Lindos tätig. Nur bek. durch seine Sign. auf einer Basis aus lartischem Marmor von der Akropolis von Lindos für eine ehem. lebensgroße *Bronzestatue*, die von dem Athena Lindia-Priester Nikomachos gew. worden ist. Der Name T. begegnet wie der des Teleson (→ T. [I] und T. [II]) als der eines Bildhauers in der Fam. des → Mnasitimos (II). ▭ ThB33, 1939. RE VI. A. 1, 1936 (s.v. T. 8); EAA VII, 1966 (s.v. T. 3). – Lindos, II. 1, 1941, 51, Nr 14, pp. 43 s., Nr 75 mit Abb.; *Lippold*, GrPl, 1950, 323; *Schmidt*, Statuenbasen, 1995, 240 s., Nr I. 1. 33; *Muller-Dufeu*, SculptureSource, 2002, 764 s., Nr 2243.
B. Andreae

Timagoros, griech. Bildhauer oder Steinmetz, im 2. oder 1. Jh. v. Chr. in Epidauros tätig. Nur bek. durch seine Sign. auf einer Kalksteinbasis aus Epidauros, in der er als λιθοκόπος bez. wird. ▭ EAA VII, 1966. – *J. Marcadé*, BCH 73:1949, 146–150, Abb. 9.
R. V.

Timainetos (Τιμαίνετος), griech. Maler, zu unbek. Zeit in Athen tätig. Lt. Pausanias (1, 22, 7; Overbeck, SQ, 1868, Nr 2156) war von T. die Darst. eines *Ringers* in der Pinakothek der Propyläen von Athen zu sehen. ▭ ThB33, 1939. RE VI. A. 1, 1936; EAA VII, 1966. – *Brunn*, GGK, II, 1889, 202; *Pfuhl*, MuZ, II, 1923, 918. R. V.

Timanthes (I) (Τιμάνθης), griech. Maler, stammte von der Insel Kythnos (Quint., inst., 2, 13, 12), auf der auch der spätere Maler → Kydias geboren wurde, wird bei Plinius (nat., 35, 64) als Zeitgen. von → Androkydes (II), → Eupompos, → Parrhasios und → Zeuxis (I) genannt. Auch wenn er deswegen nicht mit diesen gleichaltrig gewesen sein muß, fällt seine Schaffenszeit in die Jahrzehnte um 400 v. Chr. Aufgrund des schon erw. Pliniuszitats läßt sich T. nicht der sikyonischen Malerschule eingliedern. Zu einer solchen Zuordnung reicht auch nicht seine Darst. eines *Athleten* (Plin., nat., 30, 74) aus, auch wenn dieses Sujet für die sikyonische Kunstschule char. gewesen sein mag (Pfuhl, 1923, 696). Von seinen Werken wird am häufigsten die Darst. der *Opferung der Iphigenie in Aulis* (L. Kahil, LIMC V, 1990, 710, s.v. Iphigeneia 4) in der antiken Kunstkritik erwähnt. Die knappen beschreibenden Bemerkungen zu diesem Bild (Overbeck, 1868, Nrn 1734–1739) erlauben jedoch nicht, einen Nachklang in den erh. antiken Artefakten sicher nachzuweisen. Denn das Lob der subtilen Kennzeichnung emotionaler Bewegtheit der beistehenden Helden überwiegt die konkrete beschreibende Erzählung der wiedergegebenen Szene. Man erfährt allein, daß die dem Tode gew. Iphigenie am Altar steht. Daneben hat T. den Priester Kalchas, der als Zeichen äußersten Schmerzes das Opfer vollziehen soll, den Vater Agamemnon, der Kopf und Gesicht unter dem Mantel verbirgt, den Onkel Menelaos sowie Odysseus dargestellt. Da diese Helden wegen der eindrucksvollen emotionalen Mimik angeführt werden, läßt sich nicht ausschließen, daß noch weitere Personen in dieser Opferszene auftraten. Man hat v.a. zwei Wiedergaben des *Iphigenie-Opfers* zum T.-Bild in Beziehung gebracht: das vespasianische Mittelbild aus der Casa del Poeta tragico in Pompeji (C. Pugliese Carrattelli [Ed.], Pompei. Pitture e Mosaici, IV, R. 1993, 552 s., Abb. 47 s.; Kahil, op. cit., 719, Nr 38) und den marmornen Rundaltar des Kleomenes aus der 2. H. des 1. Jh. v. Chr. (H. Froning, Marmor-Schmuckreliefs mit griech. Mythen im 1. Jh. v. Chr., Mainz 1981, 132–140, Taf. 48 s., Abb. 8; Kahil, op. cit., 720, Nr 42). Beide Darst. geben unterschiedl. Phasen der Opferung wieder. Das pompejan. Mittelbild zeigt die von einem älteren bärtigen und einem jugendl. Heros in waagerechte Lage gehobene Iphigenie. Rechts steht mit gezücktem Schwert Kalchas am Altar. Iphigenie teilt ihre Position mit der am Grab des Achill geopferten Polyxena auf einem spätarchaischen kleinasiat. Sarkophag (N. Sevinç, in: Studia Troica 6:1996, 255–258, Abb. 9–10b; vgl. Kahil, op. cit., 709, Nr 2). Offensichtl. steht im Ablauf des Opfers die Schächtung der Iphigenie kurz bevor, wie entsprechende Darst. von emporgehobenen Stieren zeigen (N. Himmelmann, Tieropfer in der griech. Kunst, Opladen 1997 [Nordrhein-Westfälische Akad. der Wiss., 349], 22–26; K. W. Berger, Tieropfer auf griech. Vasen, Diss. Würzburg 1998, 26–38). Die Ara zeigt den Moment, in dem Kalchas Iphigenie eine Stirnlocke abschneidet. Dieser Ritus, bei dem die Unversehrtheit des Opfers aufgehoben wird, erfolgt vor der eigtl. Tötung (W. Burkert, Homo necans, B. 1972, 12; F. T. van Straten, Hiera Kala. Images of animal sacrifice in Archaic and Classical Greece, Leiden 1995, 43 s.). Damit ist der Opfervorgang im pompejan. Mittelbild weiter fortgeschritten, da die Schächtung Iphigenies unmittelbar bevorsteht. Auf dem Altar wird erst das einleitende Voropfer vollzogen. Dem Wandbild lassen sich keine weiteren motiv. entsprechenden oder ähnl. Darst. zugesellen. Der Augenblick des Voropfers auf der Kleomenes-Ara wird dagegen in sieben weiteren Artefakten aus unterschiedl. Kunstgattungen wiedergegeben. Jedoch variieren die der Gruppe Kalchas-Iphigenie beigesellten Figuren (Kahil, op. cit., 720 s., Nrn 40 s., 43–47). Auch die Gruppe Iphigenie-Kalchas folgt keinem einheitl. Typus. Beide Darst. des Iphigenieopfers lassen sich mit den knappen Bemerkungen der einschlägigen Pliniusstelle verknüpfen: die Charakterisierung der Iphigenie als aufrecht stehend könnte auf die Szene der Kleomenes-Ara, die futurische Partizipform *peritura* dagegen auf die unmittelbar bevorstehende Schächtung hinweisen. Zweifelsohne ist die bevorstehende Schächtung des Mädchens eher als Auslöser heftigster Emotionen bei den umstehenden Helden zu begreifen als das Voropfer. Zugleich ist dies ja auch der Augenblick der Wende, in dem das Schwert des Kalchas die von Artemis substituierte Hirschkuh schlachten wird. Zudem läßt sich bisher keine klass. Darst. des Haareabschneidens als Voropfer nachweisen. Doch reichen diese Argumente nicht aus, um das kompositor. unbefriedigende pompejan. Wandbild als Replik des T.-Bildes anzuerkennen (L. Curtius, Die Wandmalerei Pompejis, L. 1929, 291 s.). Neben dem oben schon erw. *Bild eines Heros*, das sich im Templum Pacis in Rom befand, wird als weiteres Werk des T. eine kleinformatige Bildtafel mit der Darst. eines *liegenden Kyklopen* überliefert (Plin., nat. 35, 74). Trotz des kleinen Formats wird die Körpergröße des Riesen durch den Satyrn deutl., der mit seinem Thyrsos den Daumen des Kyklopen ausmißt. Keine sichere Vorstellung läßt sich von T.' *Aiasbild* gewinnen (Plin., nat., 35, 72). Es stellte den Helden während des Schiedsspruches über die Waffen des Achill dar. T. übertraf mit diesem in Samos befindl. Werk seinen Zeitgen. → Parrhasios. Ebensowenig läßt in den erh. antiken Artefakten ein Nachklang des in spätantiken Quellen (Overbeck, SQ, Nrn 1740 s.) T. zugeschr. Bildes mit der *Tötung des Palamedes* in Ephesos finden. T. wird zu den Malern gerechnet, deren Palette aus vier Farben zusammengesetzt war (Cic., Brut., 70, 8; J. J. Pollitt, The ancient view of Greek art, New Haven 1974, 110, Anm. 1, 143, 375, 397). T.' hervorstechende Qualität lag im Appell an die Phantasie des Betrachters. In seinem *Iphigenie-Bild* drückt er in der Gestalt des Agamemnon die äußerste Form des Schmerzes gerade dadurch aus, daß er sie nicht explizit darstellt. T. überläßt es dem Einfühlungsvermögen des Betrachters, sich Agamenons Grimasse unter dem über den Kopf gezogenen Mantel einzubilden (vgl. Pollitt, op. cit., 384, 386 s.). Dabei ist das Verhüllen von Kopf und Gesicht als Zeichen der Trauer ein konventionelles, auf Vasen des 5. Jh. v. Chr. mehrfach belegbares Motiv. T. verleiht ihm jedoch eine and. Qualität, indem er es als Extrem einer Klimax einbindet. Diese setzt mit der Trauer- und Schmerzmimik der umstehenden Helden ein und endet mit dem verhüllten, eben nicht mehr darstellbaren Gesichtsausdruck des Agamemnon. Es ist das *ingenium* des Malers, die Phantasie des Betrachters zu stimulieren. ▭ ThB33, 1939. RE VI. A. 1, 1936; EAA VII, 1966; DA XXX, 1996. – *Overbeck*, SQ, Nrn 1734–1744; *Brunn*, GGK, II, 1889, 301; *Pfuhl*, MuZ, II, 1923, 696 ss.; *Rumpf*, MuZ, 1953, 120; *P. Moreno*, Pitt. greca da Polignoto ad Apelle, Mi. 1987, 92, 94 s.; *A. Rouveret*, Hist. et imaginaire de la peint. ancienne, R. 1989, 394; *Scheibler*, Malerei, 1994, 67 s., 118, 171.

W. Ehrhardt

Timanthes (II), griech. Maler, um die M. des 3. Jh. v. Chr. tätig. T. wird von Plutarch (Arat., 32, 6) als Autor eines Bildes der *Vertreibung der Aitoler* aus der Stadt Pellene durch Arat genannt. Dieses Ereignis fällt in das Jahr 241/40 v. Chr. Daher ist T. von seinem Namensvetter → T. (I) zu unterscheiden. Zu dem Bild, das vermittels seiner Komp. (J. J. Pollitt, The ancient view of Greek art, New Haven 1974, 160, 163) diesen Sieg Arats, ein hist. Ereignis, sehr lebendig dargestellt haben soll, macht die angeführte Stelle keine weiteren konkreten Angaben. Ein Begleiter Arats auf seiner Ägyptenreise hieß ebenfalls Timanthes. Doch muß dieser nicht mit dem Maler ident. sein (G. Lippold, in: RE VI. A. 1, 1936, 1231). ▭ ThB33, 1939. RE VI. A. 1, 1936; EAA VII, 1966. – *Overbeck*, SQ, 1868, Nr 2105; *Brunn*, GGK, II, 1889, 290; *Pfuhl*, MuZ, II, 1923, 813 s. W. Ehrhardt

Timanthides, griech. Bildhauer, im 2. Jh. n. Chr. tätig. Nur bek. durch seine Sign. auf einer verschollenenen Marmorbasis für eine *Statue des Apollon mit Kithara* in Madrid (Mus. del Prado, Inv. Nr 155 E [ehem. Slg Farnese, Rom]; EA 1526; W. Lambrinudakis, LIMC II, 1984, 213, Nr 232, s.v. Apollon; E. Simon, LIMC II, 1984, 388, Nr 72 d m. Abb., s.v. Apollon/Apollo), die uns dank eines Stichs von Luigi Vaccari aus dem Jahr 1584 überliefert worden ist, der seinerseits von Giovanni Battista de Cavalieri auf einem Stich von 1594 (Lippold, 1925, 161, Abb. 2) übernommen worden ist. ▭ ThB33, 1939. – *G. Lippold*, JdI 40:1925, 161–166, Abb. 1 s.; *A. Blanco*, Cat. de la escultura. Mus. del Prado, Ma. 1957, 92, Nr 155 E, Taf. 74. R. V.

Timarchides (I) (Τιμαρχίδης), griech. Bildhauer und Erzgießer, um die M. des 2. Jh. v. Chr. in Athen (und Rom?) tätig. Hauptwerk des T. ist wohl die nicht erh. *Marmorstatue des Apollon*, „der die Kithara hält" (*qui citharam tenet*). Sie stand in Rom im Tempel des Apollo Medicus (später Apollo Sosianus) nahe der Porticus Octaviae (Plin., nat., 36, 35). Becatti (1940) glaubt auf einem topogr. ausdeutbaren *Relief des Trajansbogens* von Benevent eine Darst. des Orig. ausmachen zu können. Demnach wäre der sog. *Apollon Kyrene* in London (BM, Inv. Nr 1380; W. Lambrinudakis, LIMC II, 1984, 211 s., Nr 222 m. Abb., s.v. Apollon) als getreueste Wiedergabe des oft kopierten, überlebensgroßen Urbilds anzusehen (Auflistung und Diskussion der Repliken bei Becatti [1940], Martin [1987], Flashar [1992]). Apollon ist nackt dargestellt, nur ein Hüftmantel bedeckt Teile des Körpers; hinten endet er hochgezogen im Schulterbausch, vorne fällt er über die Oberschenkel herab und läßt so Oberkörper und Scham frei. Der ruhig stehende Gott – das linke Spielbein ist etwas vorgesetzt und erhöht – hat den rechten Arm erhoben und über den nach links gewandten Kopf gelegt; der linke hält die Kithara, die auf einem Baumstamm aufliegt. Die Komp. der Figur ist der des praxitelischen Apollon Lykeios (→ Praxiteles [II]) eng verwandt oder jedenfalls durch diesen formal angeregt. Beibehalten wurde der frontal ausgerichtete, ruhige Stand, – weitgehend – Armhaltung und Beinstellung sowie die leichte Wendung der Figur nach links hin zu ihrem Attribut. Allerdings gibt es neue Elemente, v.a. das aktionale Vorstoßen der Figur in den Raum, so daß von einer eigtl. Abhängigkeit nicht gesprochen werden kann. Dieser Apollon ist in der griech. Kunst der einzige großplast. Kitharode im Hüftmantelschema und, ausweisl. der früh einsetzenden und andauernden Rezeption, der bedeutendste hellenist. Apollontypus überhaupt (Flashar [1992]; krit. Sicht der künstler. Qualität des Werks bei Pollitt [1986]). Auf Becatti (1940) aufbauend, versucht Coarelli Entstehungszeit und – kontext genauer zu bestimmen. Er verbindet hist. Ber. über die Übersiedlung griech. Künstler im Gefolge röm. Feldherrn und Proconsuln (die zum Beweis angeführten Quellenstellen Liv., 39, 22, 1 s. und Plut., Aem., 6, 5 bieten aber nur vage Hinweise in diese Richtung) mit seiner Interpretation einer Liviusstelle (40, 51, 4 ss.), wonach 179 v. Chr. der Tempel des Apollo Medicus restauriert oder neu erb. worden sei. Aus dieser „coincidenza perfetta" folgert er, T. sei damals in Rom gewesen und habe dort im Auftrag des Censors M. Fulvius Nobilior seine *Apollonstatue* als Kultbild für diesen Tempel geschaffen. Ein vermutl. vor Ort gemachter Fund schien diese These zu stützen. Die – wie beim Apoll von Kyrene – char. abgeknickte rechte Hand aus Marmor hält La Rocca (1977) für einen Teil der *Orig.-Statue* des Timarchides. Ihrer kolossalen Ausmaße wegen schien sie die Deutung als *Kultstandbild* zu erhärten, ebenso wie die, so Martin (1987), nachweisbare Verwendung kaiserzeitl. Repliken dieses Typus' als Kultbild in Bulla Regia und Kyrene. Von dieser Annahme ausgehend (die z.B. noch 1987 Martin teilt), schreibt Coarelli (1996) T. weitere *Statuen* in Rom und Italien als Auftragsarbeiten seiner adligen röm. Gönner zu, so die Terrakottafiguren, die sich einst im Giebel eines Tempels der 177 v. Chr. gegr. röm. Kolonie Luna (heute Luni) befanden und vor Ort gefunden wurden. Grundlage dafür sind ihm stilist. Beobachtungen (u.a. frappierende Ähnlichkeit einer Giebelfigur mit dem Apollon vom Typus Kyrene) in Kombination mit dem Sachverhalt, daß die mutmaßl. Auftraggeber seiner Arbeiten in Rom maßgebl. an der Koloniegründung beteiligt waren. Die an gleicher Stelle gefundene kolossale linke Hand (Luni, Antiquarium, Inv. Nr KA 470) ordnet er einem *Kultbild* wohl der Diana zu, in dem ebenfalls ein Werk des T. zu erkennen sei, dem er auch eine weitere *Dianastatue* in Rom zurechnen will (Coarelli, 1970). Strittiger noch als diese äußerst hypothet. Werkzuschreibungen ist die von Coarelli aufgebrachte Lesart einer zentralen Quellenstelle bei Plinius (nat., 36, 35), die T. auch noch zum Erschaffer eines *Kultbilds für Juno Regina* in ihrem Tempel in der Porticus Metelli machen würde, wenige Jahrzehnte, bevor seine Söhne → Dionysios (VII) und → Polykles (III: ausführl. zu dieser Frage v. dort) gemeinsam für denselben Tempel erneut eine *Statue* (als Ersatz für das beim Brand 158 v. Chr. zerst. Kultbild?) dieser Göttin schufen. Dies füge sich insofern gut ins Bild, als der betreffende Tempel im selben Jahr 179 v. Chr., in dem der Apollotempel renoviert wurde, gew. wurde. In diesem Falle wäre offen, ob der erh. kolossale *weibl. Akrolithkopf* (früher Slg Albani, heute Rom, Mus. Capitolini, Inv. Nr 253; H. von Steuben, in: Helbig[4], II, 1966, 90, Nr 1235; A. Delivorrias, LIMC II, 1984, 107 s., Nr 1068 m. Abb., s.v. Aphrodite; E. La Rocca, LIMC V, 1990, 823, Nr 40, s.v. Iuno) – falls tatsächl. zum Originalkultbild der Juno Regina gehörig – eher der älteren Statue des T. oder der jüngeren zuzuweisen ist. Coarellis Vermutungen sind über Person und Œuvre des T. hinaus von Tragweite; ergäben sie doch die recht frühe und ausgedehnte Tätigkeit eines bedeutenden griech. Bildhauers im Dienste hochrangiger röm. Auftraggeber und in Rom selbst – eine Tätigkeit zudem, die womögl. die weitere Entwicklung der röm. Kunst beeinflußte. Gegen buchstäbl. alle Bestandteile der bisher vorgetragenen Deutung sind aber schwerwiegende Einwände erhoben worden. Zunächst gibt es keine wirkl. Grundlage dafür, um 179 v. Chr. Aufenthalt und Tätigkeit des T. in Rom anzunehmen. Nicht einmal eine damalige Rest. oder Neuerrichtung des Tempels geht aus der angeführten, problemat. Liviusstelle (40, 51, 6; der Passus ist korrupt und nur eine Lesart geht einigermaßen in Coarellis Richtung) klar hervor, geschweige denn die Aufstellung eines neuen Kultbilds. Auch stilist. wird eine solche Frühdatierung zunehmend für unwahrscheinl. erachtet. Der ganze Typus ist, mit seiner offenen Komp., dem Standmotiv und Figurenaufbau, Werken wie etwa der Aphrodite von Melos (→ Alexandros [II]) verwandt und wohl erst dem 3. V. des 2. Jh. v. Chr. zuzuordnen. Zu diesem Resultat kommt Flashar (1992) auch auf Grundlage der Kopienüberlieferung. Er datiert den Typus Kyrene – und entsprechend auch das Orig. – etwas vor den Apollon von Tralleis (um 120 v. Chr.), da dieser von jenem abhängt. Eine Tätigkeit des T. in Rom schon um 179 v. Chr. läßt sich außerdem nach überwiegender Forschungsmeinung mit den biogr. Daten des T. schwer vereinbaren. Zu dieser Zeit wäre er für einen so bedeutenden Auftrag wohl viel zu jung gewesen. Mehrere Inschr. und eine Münzlegende bezeugen, Identität mit dem Künstler dieses Namens vorausgesetzt, um die M. des 2. Jh. v. Chr. und bis wahrsch. 148/47 v. Chr. jedenfalls, die Anwesenheit des T. in Athen. Damit würde sich seine – mindestens vorübergehende – Übersiedlung nach Rom, etwa im Gefolge des Metellus 146 v. Chr., vereinbaren lassen, dann sicherl. zus. mit seinen Söhnen → Dionysios (VII) und → Polykles (III). Freil. gibt es – sowenig wie für das Jahr 179 v. Chr. – keine Notwendigkeit, überhaupt einen Aufenthalt des T. in Rom anzunehmen. Der *Apoll* des T. könnte, wie Tausende and. Statuen auch, erst später nach Rom verbracht worden sein. Denn in der Überlieferung gibt es keinen zwingenden positiven Anhalt dafür, in T.s Statue das Kultbild des Apollotempels zu erkennen. Zu Plinius' Zeit war sie das jedenfalls nicht (nicht mehr?). Diese Funktion kam seit augusteischer Zeit einer Holzstatue aus Seleucia zu. Das oben erw., fraglos einem Kultbild zugehörige kolossale Hand-Fragm. läßt auf eine Statuenhöhe von nahezu 5,5 m schließen. Alle Kopien des Apollon Kyrene, die nahezu maßgleich sind, bleiben aber – trotz Überlebensgröße – weit hinter solchen Dimensionen zurück und lassen somit auch für das Urbild keine Kolossalität erwarten. Das Fragm. wird daher inzwischen eher einer weibl. (Kult-)Statue des nahegelegenen Bellonatempels zugerechnet (Reusser, 1993). Die Ikonogr. des weitgehend entkleideten musischen Apollon paßt überdies kaum zur trad. Bestimmung von Tempel und Kult eines Apollo Medicus. Sogar Basis und Ausgangspunkt der ganzen Diskussion, Becattis Gleichsetzung des Timarchides-Apollon mit dem Typus Kyrene, ist wieder fragl. geworden, da sie gegen die übl. Lesart topogr. Reliefs verstößt. V.a. die daran geknüpften, weitreichenden Vermutungen Coarellis, die Martin (1987) teilt, hingen damit völlig in der Luft. Selbst Coarelli (1988) möchte neuerdings in der Darst. von Benevent eher den – nur lit. überlieferten – Apollo Caelispex identifizieren, dessen Tempel am Portus Tiberinus stand. Die Suche nach dem *Apollon* des T. müßte damit wieder von vorne beginnen. Laut Simon (1984) könnte es sich um einen langgewandeten Kitharodos gehandelt haben, der viell. – wie auf dem Relief des → Archelaos von Priene (London, BM, Inv. Nr 2191; W. Lambrinudakis, LIMC II, 1984, 299, Nr 972, s.v. Apollon; J. C. Balty, LIMC II, 1984, 581, Nr 1, s.v. Arete I) – zugleich als Musagetes aufgefaßt wurde. Dazu würde ihres Erachtens der Aufstellungskontext passen, war doch Plinius zufolge am selben Ort die Musengruppe des → Philiskos (II) aufgestellt. Eine fragm., aber textlich eindeutig ergänzbare Inschr., die auf der Athener Agora gefunden wurde und zu einer Art Inventarverzeichnis gehörte (D. Clay, Hesperia 46:1977, 259 ss., Taf. 62) weist T. um das Jahr 150 v. Chr. vermutl. als Erschaffer einer *Parthenosstatue* aus (dieser Vermutung gegenüber kritisch Queyrel, 1991, da in diesem Fall – entgegen der übl. Praxis – der Name des Erschaffers der Erw. der Werks nachgestellt wäre). Dabei dürfte es sich freil. kaum um eine Nachbildung der Athena Parthenos, sondern eher um das Standbild eines jungen Mädchens (so zuletzt Despinis, 1995) gehandelt haben. Sicher bezeugt sind schließl. für T. (oder auch → T. [II]) – wie für eine ganze Gruppe and. Künstler auch – *Statuen von Athleten, Bewaffneten, Jägern und Opfernden* (Liste bei Plin., nat., 34, 91), die Plinius aber nicht näher beschreibt und die bisher auch nicht in erh. Werken wiedererkannt wurden. ▭ ThB33, 1939. RE VI. A. 1, 1936 (s.v. T. 4); EAA VII, 1966; KlP V, 1975 (s.v. T. 2); DNP XII. 1, 2002 (s.v. T. 1). – *Overbeck*, SQ, 1868, Nrn 2207, 2213; *Brunn*, GGK, I, 1889, 328, 374 ss., 391 s.; *Overbeck*, GGP[4], II, 1894, 428, 430, 439, Anm. 2; *G. Becatti*, BullCom 63:1935, 111 ss.; *id.*, RIA 7:1940, 16 ss., 33 ss.; *Lippold*, GrPl, 1950, 366; *Marcadé*, Signatures, II, 1957, 131; *F. Coarelli*, Darch 2:1969, 331 ss.; *id.*, Studi Miscellanei 15:1969/70, 81 ss., Taf. 18–24 (entspricht: *id.*, Revixit ars, R. 1996, 258 ss., 267, 277 s., Abb. 108 ss.); *id.*, La cultura figurativa, in: 1990, 631 ss. (entspricht: *id.*, Revixit ars, R. 1996, 67, 71); *id.*, Darch 4/5:1970/71, 250 ss., Abb. 1–19; *Pape*, Kriegsbeute, 1975, 144 s., 187, Anm. 5; *E. La Rocca*, BollMC 23:1977, 16 ss., Abb. 2, 3; *A. Stewart*, Attika. Studies in Athenian sculpt. of the Hellenistic age, Lo. 1979, 42 ss.; *E. Simon*, TrWPr 1/2:1979/80, 8 A. 93, Taf. 5, 2; *C. Habicht*, AM 97:1982, 172, 174 ss. (entspricht: *id.*, Athen in hellenist. Zeit, M. 1994, 60 ss., 356); *E. Simon*, LIMC II, 1984, 366 s., s.v. Apollon/Apollo; *Pollitt*, ArtHellAge, 1986, 162, 169, 173 s., 313, Anm. 12, Abb. 182; *H. G. Martin*, Röm. Tempelkultbilder, R. 1987, 57 ss., 151, 207 ss., Abb. 9–21, Kat. Nrn 1–3, Taf. 1–7; *F. Coarelli*, Il Foro Boario, R. 1988, 156 ss.; *H. Gabelmann*, BJb 189:1989, 614; *V. Campbell Goodlett*, Collaboration in Greek sculpt.: The literary and epigraphic evidence, N. Y. 1989, 185 ss.; *E. La Rocca*, Linguaggio artistico e ideologia politica a Roma in età repubblicana, in: *G. Pugliese Carratelli* (Ed.), Roma e l'Italia: Radices Imperii, Mi. 1990, 427 s.; *Stewart*, Sculpture, 1990, 220 s., 230, 304 s.; *F. Queyrel*, BCH 115:1991, 453 ss., 459 ss.; *M. Flashar*, Apollo Kitharodos, Köln u.a. 1992, 125 ss., bes. 140 ss.; *C. Reusser*, Der Fidestempel auf dem Kapitol in Rom, R. 1993, 25, A. 2; *F. Coarelli*, s.v. Apollo Caelispex, in: LTUR I, 1993, 49; *Moreno*, Scultura, II, 1994, 522 ss.,

535 s., 541 s., 545; *G. I. Despinis*, AM 110:1995, 357 ss.; *F. Coarelli*, Revixit ars, R. 1996.
C. Müller

Timarchides (II), griech. Bildhauer, 2. H. 2. Jh. v. Chr., tätig in Athen, auf der Peloponnes und auf Delos T. schuf mehrere Werke zus. mit seinem Bruder → Timokles (I) auf der Peloponnes: *Kultbilder des bärtigen Asklepios* (Paus., 10, 34, 6) und der *Athena Kranaia* bei Elateia (Paus., 10, 34, 8) sowie die *Siegerstatue des Agesarchos* in Olympia (Paus., 6, 12, 9). Alle Statuen werden in die frühe 2. H. des 2. Jh. v. Chr. datiert. Doch nur für die letztgenannte, die einem in Olympia und bei and. Spielen erfolgreichen Faustkämpfer errichtet wurde, ist zumindest ein klarer *terminus post quem* gegeben. Wie aus einem inhaltl. Detail der von Pausanias zitierten Basis-Inschr. hervorgeht, muß sie nach 146 v. Chr. entstanden sein (Paus., 6, 12, 9; L. Moretti, Olympionikai, R. 1957, Nr 649, datiert sie ohne weiteren Grund exakt, näml. in die 165. Olympiade, also 120/117 v. Chr.). Allein von der *Athena Kranaia* scheint überhaupt eine nähere Vorstellung möglich. Bei den Ausgrabungen in ihrem Heiligtum 1883/84 wurden – wenn auch sehr spärliche – Reste des marmornen *Kultbilds* gefunden. Es war demnach aus parischem Marmor und, wie so oft in jener Zeit und bei Künstlern der Polyklessippe (→ Polykles [II]), in Akrolithtechnik gearbeitet. Der genaue Typus sowie selbst die Bewegungsrichtung muß in jedem Fall offen bleiben; Paris (1892) deutete zwar eine ganzfigurige Athena-Darst. auf elischen Münzen als Wiedergabe des Kultbilds, doch diese sind Despinis (1995) zufolge vor jenes zu datieren. Athena war wohl in doppelter Lebensgröße, mit gegürtetem att. Peplos bekleidet und in lebhafter Vorwärtsbewegung dargestellt, wie aus Gewand-Fragm. zu folgern ist. Folgl. können T. und sein Bruder nicht die Gesamtkonzeption der Athena Parthenos imitiert haben, obwohl ihr Kultbild eine Kopie von deren Schild trug, wie Pausanias berichtet (Paus., 10, 34, 8). Pollitt (1986) nimmt letzteres als Indiz für seine These, die Fam. des Polykles (→ Polykles III und IV) habe maßgebl. das bald florierende Geschäft des Statuenkopierens mitbegründet. Doch eher dürfte die *Athena Kranaia* unter neuen inhaltl. Vorgaben ikonographische Elemente versch. phidiasischer Vorbilder kombiniert haben. T. und sein Bruder waren also Klassizisten und in gewissem Sinne Eklektizisten, jedoch solche, die selbstbewußt und schöpferisch mit ihren klass. Vorlagen umgingen. Auch das einzige erh. Werk des T. war eine Gemeinschaftsarbeit. Zus. mit seinem Onkel → Dionysios (VII) (alles weitere v. dort) schuf er auf Delos die *Porträtstatue des Sklavenhändlers Ofellius Ferus*. Schließl. sind T.s alleiniger Urheberschaft noch einige Werke zuzuschreiben, die nur inschr. bezeugt sind und viell. erst aus dem beginnenden 1. Jh. v. Chr. stammen: im Dionysostheater zu Athen – aufgrund der Breite der Basis – wohl eine *Statuengruppe* (IG, II², 4309; noch von G. Lippold, RE VI. A. 1, 1936, zu Unrecht ins 1. Jh. n. Chr. datiert und als Zeugnis für einen weiteren Künstler des Namens T. angesehen) und auf der angrenzenden Akropolis eine Statue (IG, II², 4302). Mit Ausnahme des *Ofellius Ferus* (an T.) und des *Apollo* (wohl an → T. [I]; Pollit, 1986, z.B. aber schwankt selbst hierin) sind prinzipiell alle Zuweisungen von Statuen zw. → T. (I) und T. strittig, die allein geschaffenen ebenso wie die zus. mit → Timokles (I) entstandenen Werke. Denn ersterer wird mittlerweile zunehmend erst in die 2. H. des 2. Jh. v. Chr. datiert, in der auch T. aktiv war (v. → Polykles [II] für das Familienstemma), der wiederum innerhalb der 2. H. des 2. Jh. v. Chr. oft, zus. mit der *Ofellius-Statue*, stärker an das Ende des Jahrhunderts gerückt wird. → Timokles (I) aber war Bruder eines T. und Sohn eines Polykles, was sich vom Stemma her sowohl mit → T. (I) als auch mit T. vereinbaren läßt.

ThB33, 1939 (s.v. T. 2–3). RE VI. A. 1, 1936 (s.v. T. [5]-T. [6]); EAA VII, 1966; KlP V, 1975 (s.v. T. [3]); DNP 12. 1, 2002 (s.v. T. 1). – *Overbeck*, SQ, 1868, Nrn 2210–2212; *T. Homolle*, BCH 5:1881, 390 ss., Taf. 12; *Brunn*, GGK, I, 1889, 375 ss., 392; *P. Paris*, BEFAR 60:1892, 121 ss.; *Overbeck*, GGP⁴, II, 1894, 429 s., 439, Anm. 2; *G. Becatti*, RIA 7:1940, 17 ss.; *Lippold*, GrPl, 1950, 365 s.; *Marcadé*, Signatures, II, 1957, 41 s., 131 s.; *F. Coarelli*, Darch 2:1969, 331 s.; *id.*, Studi Miscellanei 15:1969/70, 81 ss. (entspricht: *id.*, Revixit ars, R. 1996, 258 ss., 267 s.); *A. Stewart*, Attika. Studies in Athenian sculpt. of the Hellenistic age, Lo. 1979, 43 s.; *C. Habicht*, AM 97:1982, 178 ss. (entspricht: *id.*, Athen in hellenist. Zeit, M. 1994, 60 ss., 356); *P. Zanker*, in: Les „bourgeoisies“ municipales italiennes aux IIᵉ et Iᵉʳ siècles av. J.-C., coll. Centre Jean Bérard, Institut français de Naples, 7–10 décembre 1981, P. 1983, 252 ss.; *Pollitt*, ArtHellAge, 1986, 174, 313, Anm. 12; *H. G. Martin*, Röm. Tempelkultbilder, R. 1987, 57 ss.; *F. Coarelli*, La cultura figurativa, in: Storia di Roma, II. 1, T. 1990, 631 ss. (entspricht: *id.*, Revixit ars, R. 1996, 67); *F. Queyrel*, BCH 115:1991, 389 ss., 454 ss., 459 ss.; *M. Flashar*, Apollo Kitharodos, Köln u.a. 1992, 140 ss.; *Moreno*, Scultura, II, 1994, 536, 541 ss., 550 ss.; *G. I. Despinis*, AM 110:1995, 349 ss., 355 s., 360 ss.; *F. Coarelli*, Revixit ars, R. 1996.
C. Müller

Timarchos (I) (Τίμαρχος; Timarchus), griech. Bildhauer aus Athen, E. 4./A. 3. Jh. v. Chr. tätig. T., der jüngere Sohn des → Praxiteles (II), wird nur im Zusammenhang mit seinem älteren Bruder → Kephisodotos (II) als dessen offenbar gleichberechtigter Mitarb. erw. (Werke und Lit. v. → Kephisodotos [II]). Einen bestimmten Anteil des einen oder des and. Künstlers an dem gemeinsamen Werk kann man nicht ausmachen. ꝏ ThB33, 1939. RE VI. A. 1, 1936 (s.v. T. 12); EAA VII, 1966. B. Andreae

Timarchos (II), griech. Bildhauer hellenist. Zeit aus Rhodos, hat eine Statuenbasis der Zeit 50–30 v. Chr. in Lindos signiert (Lindos, II. 1, 1941, Nr 357). ꝏ ThB33, 1939. RE VI. A. 1, 1936 (s.v. T. 13); EAA VII, 1966 (s.v. T. 3). B. Andreae

Timarchos (III), aus dem attischen Demos Eresidai, griech. Bildhauer, am E. des 2. Jh. v. Chr. in Athen tätig. Nur bek. durch seine Sign. auf einer Basis für ein *Porträt des Theoxenides*, das er zus. mit *Kephisodotos (IV)* fertigte (IG, II-III^{2}, 3876; Muller-Dufeu, SculptureSource, 2002, 538 s., Nr 1573). Lt. Inschr. war Theoxenides ihr Oheim und T. und *Kephisodotos (IV)* wahrsch. Brüder. ꝏ ThB33, 1939. EAA VII, 1966 (s.v. T. 2). – *Overbeck*, SQ, 1868, Nr 1334; *Loewy*, IGB, 1885, 369, Nr 540; *Brunn*, GGK, I, 1889, 392. R. V.

Timarete, Tochter des Malers → Mikon (V), griech. Malerin unbestimmter, wahrsch. hellenist. Zeit. Lt. Plinius (nat., 35, 147; Overbeck, SQ, 1868, Nr 2153) malte sie ein altertümliches *Bild der Artemis von Ephesos*. Da ihr Vater → Mikon (V) an and. Stelle bei Plinius (nat., 35, 59) klar von dem im 5. Jh. v. Chr. tätigen Maler → Mikon (I) geschieden und als *Micon minor* bez. wird, ist es wahrsch., daß ihr Vater nach dem 5. Jh. v. Chr. tätig war und sie damit wie die ebenfalls mit T. an gleicher Stelle von Plinius (nat. 35, 147; Overbeck, SQ, 1868, Nr 2153) gen. Malerinnen (→ Aristarete, → Eirene, → Kalypso) in die hellenist. Zeit zu setzen ist. Sie hat dann viell. ihre *Artemis* archaisierend gemalt. ꝏ ThB33, 1939. RE VI. A. 1, 1936; EAA VII, 1966. – *Brunn*, GGK, II, 1889, 202; *Pfuhl*, MuZ, 1923, 503, § 542; II, 534, § 573. R. V.

Timeas (I) (Τιμέας), Sohn des Dameas, aus Herakleia, griech. Bildhauer, in der 2. H. des 3. Jh. v. Chr. in Delos tätig. Nur bek. durch seine Sign. auf einer Marmorbasis vom NO des Hl. Sees von Delos für eine *Statue* (Athen, Epigraph. Mus., Inv. Nr A 1566; IG, XI. 4, 1213; C. Picard, CRAI 1911, 866, Nr 1; Muller-Dufeu, SculptureSource, 2002, 728 s., Nr 2114). ꝏ ThB33, 1939 (s.v. T. 1). RE VI. A. 1, 1936 (s.v. T. 3); EAA VII, 1966. – *Lippold*, GrPl, 1950, 343, Anm. 5; *Marcadé*, Signatures, II, 1957, 133 mit Abb. R. V.

Timeas (II) cf. **Teimeas (Mourmateanos)**

Timenor (Τιμένωρ), griech. Töpfer, im letzten V. des 6. Jh. v. Chr. in Athen tätig. T. ist nur durch eine Sign. auf einer fragm. schwarzfigurigen *Schale* bek. (Paris, Louvre, Inv. Nr CA 1778). Die Töpfer-Sign. ist auf der tongrundigen Fußaußenseite aufgetragen. ꝏ ThB33, 1939. – *Bloesch*, Formen, 1940, 17; *J. D. Beazley/ H. Payne*, JHS 49:1929, 268 (unter Nr 48); ABV, 1956, 201, 689; Add^{2}, 1989, 54.
C. Wagner / T. Mannack

Timocharis (Θιμόχαρις), aus Eleutherna/Kreta, griech. Bildhauer, in der 2. H. des 3. Jh. v. Chr. in Knidos, Rhodos, Lindos, Karpathos, Astypaleia und Sidon tätig. T. ist uns durch viele Sign. bek.: – 1.) Marmorbasis aus Rhodos für eine *Statue des Nauarchen Xenophantos*, Sohn des Agestratos, die wahrsch. nach 219/218 v. Chr. von den Eratideioi und seinem Sohn gew. worden ist (IG, XII. 1, 40; Overbeck, SQ, 1868, Nr 2002; Loewy, IGB, 1885, 138, Nr 170; Lindos, II. 1, 1941, 53, Nr 35; Muller-Dufeu, SculptureSource, 2002, 736 s., Nr 2134); – 2.) Marmorbasis aus Rhodos für die *Bronzestatuen des Phylarchen von Ialysos, Herakleitos*, Sohn des Pausanias, die von seinem Sohn Apollodotos gew. worden ist, *und des Apollodotos* selbst, die wiederum von seinem Sohn Herakleitos gew. worden ist (A. Maiuri, Nuove silloge epigrafica di Rodi e Cos, Fi. 1925, 29, Nr 19; Lindos, II. 1, 1941, 53, Nr 35; Muller-Dufeu, SculptureSource, 2002, 736 s., Nr 2142); – 3.) Marmorbasis aus Rhodos (IG, XII. 1, 124; Loewy, IGB, 1885, 140, Nr 173; Lindos, II. 1, 1941, 53, Nr 35); – 4.) Marmorbasis von der Akropolis von Lindos von um 243 v. Chr. für eine *Statue des Nikosidamos*, Sohn des Megakles, eines Priesters der Athena Lindia und des Zeus Polieus (IG, XII. 1, 812; Overbeck, SQ, 1868, Nr 2006; Loewy, IGB, 1885, 140, Nr 172; Lindos, II. 1, 1941, 53, Nr 35; Muller-Dufeu, SculptureSource, 2002, 734 s., Nr 2133); – 5.) Marmorbasis von der Akropolis von Lindos für eine *Statue eines Priesters der Athena Lindia und des Zeus Polieus* (IG, XII. 1, 813; Loewy, IGB, 1885, 139 s., Nr 171; Lindos, II. 1, 1941, 53, Nr 35; Muller-Dufeu, SculptureSource, 2002, 736 s., Nr 2136); – 6.) Marmorbasis von um 225 v. Chr. von der Akropolis von Lindos für eine *Bronzesta-*

tue (Lindos, II. 1, 1941, 357 s., Nr 123 mit Abb.; Muller-Dufeu, SculptureSource, 2002, 736 s., Nr 2139); – 7.) Marmorbasis von um 225 v. Chr. von der Akropolis von Lindos (Lindos, II. 1, 1941, 358 s., Nr 124 mit Abb.; Muller-Dufeu, Sculpture-Source, 2002, 736 s., Nr 2140); – 8.) Marmorbasis von um 225 v. Chr. von der Akropolis von Lindos für eine *Bronzestatue* (Lindos, II. 1, 1941, 359, Nr 125 mit Abb.; Muller-Dufeu, SculptureSource, 2002, 736 s., Nr 2141); – 9.) Marmorbasis aus Karpathos für eine *Statue eines Priester des Asklepios und des Dionysos* (IG, XII. 1, 996; Loewy, IGB, 1885, 138, Nr 169; Lindos, II. 1, 1941, 53, Nr 35; Muller-Dufeu, SculptureSource, 2002, 736 s., Nr 2137); – 10.) Basis aus Astypalaia für eine *Statue*, die von Archimenides, Sohn des Arithmios, dem Asklepios gew. worden ist (IG, XII. 3, 186; Overbeck, SQ, 1868, Nr 2135; Loewy, IGB, 1885, 138, Nr 168; Muller-Dufeu, SculptureSource, 2002, 736 s., Nr 2135); – 11.) Marmorbasis aus dem unteren Theater von Knidos für ein größeres *Denkmal*, das Statuen des Hermophantos und zweier seiner Söhne trug und von dem dritten Sohn gew. worden ist. Eine der beiden Statuen der Söhne fertigte T., die and. → Theudoros (C. T. Newton, Discoveries at Halicarnassus, Cnidus and Branchiade, II. 2, Lo. 1862, 447, 752, Nr 34, Taf. 91; Loewy, IGB, 1885, 136, Nr 166; W. Blümel, Die Inschr. von Knidos, Bonn 1992, 69, Nr 111; Muller-Dufeu, SculptureSource, 2002, 720 s., Nr 2082); – 12.) Granitbasis aus Sidon für eine *Statue des Diotimos*, Sohn des Dionysios, die von den Sidoniern anläßl. seines Sieges im Wagenrennen bei den Nemeischen Spielen gew. worden ist (Loewy, IGB, 1885, 136–138, Nr 167). Die über viele Städte Kleinasiens und auf Rhodos verteilten Werke zeugen von seiner damaligen Beliebtheit als Künstler. Sein Sohn → Pythokritos und sein Enkel → Simias waren ebenfalls Bildhauer, die als Rhodier signierten. ⊏⊐ ThB33, 1939. RE VI. A. 1, 1936 (s.v. T. 2); EAA VII, 1966. – *Brunn*, GGK, I, 1889, 460; *Klein*, GGK, III, 1907, 225; *Lippold*, GrPl, 1950, 340; 343, Anm. 9–10. R. V.

Timodamos (I) (Τιμόδαμος), Sohn des Timodamos, von Ambrakia, griech. Bildhauer, im 2. oder 1. Jh. v. Chr. in Leukas tätig. Nur bek. durch seine Sign. auf einer Basis für eine Weihung des Agathokles, Sohn des Agathokles, an Herakles Alkides (IG, IX. 1, 537; Loewy, IGB, 1885, 195, Nr 277; Muller-Dufeu, SculptureSource, 2002, 650 s., Nr 1932). ⊏⊐ ThB33, 1939. RE VI. A. 1, 1936; EAA VII, 1966. – *E. Preuner*, AM 27:1902, 354. R. V.

Timodamos (II), Sohn des Demetrios, von Athen, griech. Bildhauer, in der 1. H. des 1. Jh. v. Chr. in Epidauros tätig. Nur bek. durch seine Sign. auf den folgenden zwei Marmorbasen aus Epidauros: – 1.) Basis einer *halbkreisförmigen Exedra mit mehreren Statuen* in der Nähe der Tholos, die er zus. mit → Dion (I) fertigte (IG, IV^{2}, 232; Marcadé, 1949, 143, Nr 1, Abb. 7); – 2.) Basis aus der Nähe des Asklepiostempels (IG, IV^{2}, 630; Marcadé, 1949, 144, Nr 2, Abb. 8). ⊏⊐ EAA VII, 1966. – *J. Marcadé*, BCH 73:1949, 143–145; *S. von Thüngen*, Die frei stehende griech. Exedra, Mainz 1994, 85–87, Nr 48, Taf. 34 s., Beilage 21. R. V.

Timodemos (Τιμόδεμος), griech. Bildhauer, in der 2. H. des 5. Jh. v. Chr. in Athen tätig. Nur bek. durch seine Sign. auf einer Basis von der Athener Akropolis für *zwei Nikestatuen aus Gold*, die er zus. mit → Deinokrates (I) und einem and. Künstler fertigte, dessen Namen nur fragm. erh. ist (...ατιδης; IG, I^{2}, 369; A. Goulaki-Voutira, LIMC VI, 1992, 862, Nr 133, s.v. Nike). Die Statuen wurden zus. mit and. während der att. Krise im Peloponnesischen Krieg von 407/406 v. Chr. eingeschmolzen, um Münzen daraus zu schlagen. ⊏⊐ RE Suppl. VIII, 1956; EAA VII, 1966. – *A. M. Woodward*, AEphem 1937, 159–163, Nr 3; *E. Schweigert*, Hesperia 9:1940, 309; *D. Burr Thompson*, Hesperia 13:1944, 173 s., 206; *Lippold*, GrPl, 1950, 192. R. V.

Timokles (I) (Τιμοκλῆς), athen. Bildhauer, in der 2. H. des 2. Jh. v. Chr. auf der Peloponnes tätig Alle uns bek. Werke des T. – die *Kultbilder der Athena Kranaia* bei und des *Asklepios* in Elateia sowie die *Siegerstatue des Faustkämpfers Agesarchos* in Olympia – sind Gemeinschaftswerke, die er zus. mit seinem Bruder → Timarchides (II) schuf (nähere Angaben v. dort). Anders als für seinen Bruder ist für T. kein allein gearbeitetes Werk bekannt. Daraus ist aber nicht notwendig auf seine geringere Bedeutung zu schließen, denn gewiß ist er derjenige T., den die Nachwelt zu den Bildhauern der 156. Olympiade zählt, die um das Jahr 156/153 v. Chr. die Kunst wiederbelebten (Plin., nat., 34, 52). ⊏⊐ ThB33, 1939. RE VI. A. 1, 1936 (s.v. T. 9); EAA VII, 1966 (s.v. T. 2). – *Overbeck*, SQ, 1868, Nrn 2206, 2210–2212; *id.*, GGP^{4}, II, 1894, 428, 430, 439, Anm. 1 s., 442; *Brunn*, GGK, I, 1889, 374 ss., 392; *P. Paris*, BEFAR 60:1892, 121 ss.; *Lippold*, GrPl, 1950, 365 s.; *H. G. Martin*, Röm. Tempelkultbilder, R. 1987, 58 ss.; *F. Queyrel*, BCH 115:1991, 456 s., 460 ss.; *Moreno*, Scultura, II, 1994, 541 s.; *G. I. Despinis*, AM 110:1995, 349 ss., 355 s., 361 ss. C. Müller

Timokles (II), aus Knidos, griech. Bildhauer, in der 2. H. des 3. Jh. v. Chr. in Lindos tätig. Nur bek. durch seine Sign. auf einer Basis aus lartischem Marmor aus dem Athenaheiligtum von Lindos für eine Statue, die von → Protomachos mit Wachsfarben bemalt worden ist (IG, IX. 1, 537; Loewy, IGB, 1885, 195, Nr 277; Muller-Dufeu, SculptureSource, 2002, 778 s., Nr 2291). ▭ ThB33, 1939. RE VI. A. 1, 1936 (s.v. T. 10); EAA VII, 1966 (s.v. T. 1). – Lindos, II. 1, 1941, 53, Nr 36, p. 360, Nr 126; *J. Marcadé*, BCH 73:1949, 149, Anm. 2.
R. V.

Timokrates (Τιμοκράτης), aus Athen, griech. Bildhauer, im 1. Jh. n. Chr. in Athen tätig. Nur bek. durch seine Sign. auf einer Marmorbasis für eine Statue aus der Nähe der Attalos-Stoa in Athen (IG, III, 424; II/III², 4310; Overbeck, SQ, 1868, Nr 2253; Loewy, IGB, 1885, 233, Nr 327; Muller-Dufeu, SculptureSource, 2002, 958 s., Nr 2880). ▭ ThB33, 1939. RE VI. A. 1, 1936 (s.v. T. 17); EAA VII, 1966.
R. V.

Timomachos (Τιμόμαχος), von Byzanz, griech. Maler des 3. oder 1. Jh. v. Chr. Nach Plinius (nat., 35, 136) malte T. z. Z. Caesars folgende Bilder: – 1.) *Aias*, der nach der Tötung der Herden seinen Selbstmord plant (O. Touchefeu, LIMC I, 1981, 328, s.v. Aias I, 97; vgl. Philostr., v. Ap., 2, 22; Anth. Gr., 16, 83); – 2.) *Medea* vor dem Kindermord im seelischen Konflikt zw. wilder Rache und der Liebe zu ihren Kindern (M. Schmidt, LIMC VI, 1992, s.v. Medeia 7; vgl. Anth. Gr., 16, 135, 136 [Epigr. Bab. 53, Speyer], 137 [Epigr. Bab. 54, Speyer], 138–140, 141 [?], 142 [?], 143; Plin., nat., 35, 145; Plut., aud. poet., 3; Plut., mor., 18a; → Lukianos, dom., 31 [?]; Aetna 595 Goodyear [?]); – 3 a.) *Orestes* und – b.) *Iphigenie auf Tauris*, die wohl zu *einem* Gem. gehörten (L. Kahil u.a., LIMC V, 1990, 716, s.v. Iphigeneia 30; vgl. Anth. Gr. 16, 128); – 4.) *Lekythion*, den Gymnastiklehrer (*agilitatis exercitator*); – 5.) ein *Gruppenbild* einer vornehmen Fam. (*cognatio nobilium*); – 6.) *zwei Palliati* im Gespräch, von denen der eine steht, der and. sitzt und – 7.) eine *Gorgo*, die Plinius als bes. gelungen hervorhebt. – Den *Aias* (*Nr 1*) und die *Medea* (*Nr 2*) kaufte Caesar für den Venus-Genetrix-Tempel in Rom (Plin., nat., 7, 126; 35, 26; 35, 136; vgl. Ov., trist., 2, 525 s.). Gelegentl. wird vermutet, daß Plinius nur aus dieser Nachr. die Lebenszeit des T. erschlossen habe, der Künstler in Wirklichkeit aber in der 1. H. des 3. Jh. v. Chr. tätig gewesen sei. Die Annahme, daß der *Aias* und die *Medea*, die Cic., Verr., 4, 60, 135 unter älteren Kunstwerken nennt, mit den Arbeiten des T. ident. seien, ist zu unsicher, als daß sie die umstrittene Datierungsfrage lösen könnte (für 3. Jh. v. Chr.: vgl. Neutsch, 1938, 180, Anm. 5; Schefold, 1952, 199; De Caro, 1991, 115; für 1. Jh. v. Chr.: vgl. Pfuhl, 1923, Lippold, 1951, Rumpf, 1953, Robertson, 1975, Ling, 1991, Fuchs, 1999). Auch die Vermutung von H. Diels (Laterculi Alexandrini, Abh. der kgl. preuss. Akad. der Wiss., B. 1904, 6), daß T. im Maler-Kat. der Laterculi Alexandrini (ptolemäischer Schulpapyrus des 2. Jh. v. Chr.) erw. worden sei, ist wegen des schlechten Erhaltungszustandes des Papyrus zu spekulativ. – Eine recht gute Kopie des *Medea-Gemäldes* des T. (so z.B. Simon 1993, 273) oder zumindest Nachklänge (so Fuchs, 1999, 76, Anm. 43) daran werden in dem Wandbild der stehenden Medea aus Herculaneum (Neapel, Mus. Archeol. Naz., Inv. Nr 8976; vgl. auch Neapel, Mus. Archeol. Naz., Inv. Nr 8977; dazu: M. Schmidt, LIMC VI, 1992, 388, s.v. Medeia 10 und 11 mit Abb.) vermutet (anders Lippold, RE VI. A. 1, 1936, 1294, der den Typus der sitzenden Medea auf T. zurückführt; vgl. dazu Neutsch, 1938, 176 ss.). Ferner wird das *Iphigenie-Bild* aus der Casa del Citarista (Neapel, Mus. Archeol. Naz., Inv. Nr 9111; P. Linant de Bellefonds, LIMC V, 1990, 722, s.v. Iphigeneia 59 mit Abb.) mit T. in Verbindung gebracht (cf. *Nr 3 b*). ▭ ThB33, 1939. RE VI. A. 1, 1936 (s.v. T. 5); EAA VII, 1966; DA XXX, 1996. – *Overbeck*, SQ, 1868, Nrn 2119–2137; *Brunn*, GGK, II, 1889, 185–191, 200; *A. Reinach*, Rec. Milliet, P. 1921; *Pfuhl*, MuZ, II, 1923, 820–824, §§ 896–901; *M. H. Swindler*, Ancient painting, New Haven u.a. 1929, 311–313; *Lippold*, Gemäldekopien, 1951; *K. Schefold*, Pompejanische Wandmalerei, Basel 1952, 199, Taf. 50a; *B. Neutsch*, RM 53:1938, 175–188; *G. Becatti*, Arte e gusto negli scrittori latini, Fi. 1951, 29, 68, 278; *Rumpf*, MuZ, I, 1953, 118, 167 s.; *E. Simon*, Gymnasium 61:1954, 216–221; *Robertson*, Hist., 1975, 442 s., 589 s.; *C. Plinius Secundus d. Ä.*, Naturkunde, ed. und übersetzt *R. König/G. Winkler*, Buch XXXV, M. 1978, 238 s.; *V. Zinserling-Paul*, Klio 61:1979, 435 s.; *J.-M. Croisille*, Poésie et art figuré de Néron aux Flaviens, I, Br. 1982, 44–46; *Pline l'Ancien*, Hist. naturelle, übersetzt und kommentiert *J.-M. Croisille*, Livre XXXV, P. 1985, 251 s.; *A. Corso*, in: *Gaio Plinio Secondo*, Storia naturale, V. Mineralogia e storia dell'arte, ed. *G. B. Conte/G. Ranucci*, Libri 33–37, T. 1988, 445 s., § 136, p. 926; *R. Ling*, Roman painting, C. 1991, 128, 135; *E. Simon*, in: *G. C. Irelli u.a.* (Ed.), La peint. de Pompéi, I, To. 1991/P. 1993, 273; *S. De Caro*, ibid., II, 114 s.;

Scheibler, Malerei, 1994, 20; *M. Fuchs*, In hoc etiam genere Graeciae nihil cedamus, Mainz 1999, 76 s. L. Lehmann

Timon (I) (Τίμων), Sohn des Philippos, aus Theben, angebl. griech. Bildhauer von um 450 v. Chr., der in Böotien tätig gewesen sei. T. wird in einer marmornen Inschr. mit vielen weiteren Personen aufgelistet, die man gelegentl. als Künstler ansah. Wahrsch. handelt es sich hier aber um eine Aufstellung von Kriegern (siehe dazu → Antigeneis). ▭ RE VI. A. 2, 1937 (s.v. T. 15); EAA VII, 1966. – *Loewy*, IGB, 1885, 378 s., Nr 554; *Brunn*, GGK I, 1889, 293. R. V.

Timon (II), griech. Erzgießer, viell. im 2. Jh. v. Chr. tätig. Plinius (nat., 34, 91; Overbeck, SQ, 1868, Nrn 1577, 2072; Muller-Dufeu, SculptureSource, 2002, 646 s., Nr 1920, pp. 824 s., Nr 2447) zählt ihn unter den Erzgießern auf, die *Statuen von Athleten, Kriegern, Jägern und Opfernden* fertigten. Möglicherweise schuf er auch eine *Statue des Euthyphron*, Sohn des Theopompos (Overbeck, SQ, 1868, Nr 2071; Loewy, IGB, 1885, 172, Nr 234; IG, II/III^2, 3857; Muller-Dufeu, SculptureSource, 2002, 824 s., Nr 2446), deren Basis in der Athener Agora gefunden worden ist. ▭ ThB33, 1939. RE VI. A. 2, 1937 (s.v. T. 15); EAA VII, 1966 (s.v. T.). – *Brunn*, GGK, I, 1889, 296. R. V.

Timon (III), angebl. griech. Maler, in archaischer Zeit in Itanos/Kreta tätig. Auf einer nur fragm. erh. *Marmor-Skulptur* aus Itanos (heute Cambridge, Fitzwilliam Mus.) mit den Resten einer nicht gesicherten Darst. (Schiff?, Fisch?) und mit einem eingeritzten Delphin ist nur noch der folgende Teil der Sign. zu lesen: [..]μων? ἔγραφε με (IGA, 1882, 474; SGDI, Nr 5057), das bisweilen zu T., aber auch zu → Kimon (I) erg. worden ist. Wegen der nur fragm. Erhaltung bleibt jedoch jede Lesung rein hypothetisch. ▭ RE VI. A. 2, 1937 (s.v. T. 16). – *Michaelis*, AncM, 1882, 248, Nr 13. R. V.

Timonidas (Τιμονίδας), Sohn des Bias, griech. Vasenmaler, um 580/570 v. Chr. in Korinth tätig. Bek. durch seine Sign. auf den folgenden zwei korinthischen schwarzfigurigen Werken: – 1.) *Pinax* aus dem Heiligtum von Penteskouphia bei Korinth (Berlin, Staatl. Mus., Antiken-Slg, Inv. Nr F 846; Hoppin, 1924, 14; Payne, 1931, 104; Lorber, 1979, 38, Nr 41, Abb. 28, Taf. 10; Amyx, 1988, I, 201, Nr 2, p. 320; II, 564, Nr 28, p. 597, Nr Gr. 11, p. 606, Nr 8, p. 608, Nr 40; III, Taf. 84:2; Boardman, 1998, Abb. 409, 5; Wachter, 2001, 129 s., Nr Cop 18). Auf der einen Seite steht ein Jäger mit seinem Hund und auf der anderen ein Mann mit langem Stab (Poseidon mit Dreizack?) neben einem Töpferofen; – 2.) *Flasche* aus Kleonai (Athen, NM, Inv. Nr 277; Weicker, 1905; Hoppin, 1924, 12 s.; Payne, 1931, 163, Nr 14, Kat. Nr 1072, Taf. 34, 5; Lorber, 1979, 37 s., Nr 40, Taf. 10; Amyx, 1988, I, 201, Nr 1, p. 320; II, 563 s., Nr 27; III, Taf. 84:1; Boardman, 1998, Abb. 375; Wachter, 2001, 55–57, Nr Cor 27). Auf der Flasche ist Achilles (A. Kossatz-Deissmann, LIMC I, 1981, 76 s., Nr 251, s.v. Achilleus) gezeigt, der der Polyxena und dem Troilos am Brunnen auflauert, im Hintergrund steht ganz links ihr Vater Priamos (J. Neils, LIMC VII, 1994, 511, Nr 28 m. Abb., s.v. Priamos). T. ist neben → Chares (I) und → Milonidas der einzige korinthische Vasenmaler, der uns namentl. durch seine Sign. überliefert ist. ▭ ThB33, 1939. RE Suppl. VIII, 1956; EAA VII, 1966; DNP XII/1, 2002. – *G. Weicker*, AM 30:1905, 199–206, Taf. 8; *Hoppin*, BlackFig, 1924, 12–14; *H. Payne*, Necrocorinthia, Oxf. 1931, 110, 163, Nr 14, Kat. Nr 1072, Taf. 34, 5; *Lorber*, Inschriften, 1979, 37 s., Nrn 40 s., Abb. 28, Taf. 10; *Amyx*, CVP, 1988, I, 201, Nrn 1–2, p. 320; II, 383 s., 563 s., Nr 27 s., p. 597, Nr Gr. 11, p. 606, Nr 8, p. 608, Nr 40; III, Taf. 84:1 s.; *Boardman*, EGVP, 1998, 180, 185, Abb. 375 und 409, 5; *R. Wachter*, Non-Attic Greek vase inscriptions, Oxf. 2001, 55–57, Nr Cor 27, p. 129 s., Nr Cop 18. R. V.

Timostratos (Τιμόστρατος), aus dem att. Demos Phyla, griech. Bildhauer, in der 2. H. des 3. Jh. v. Chr. in Athen und Epidauros tätig. Seine Sign. fand sich auf einer Basis beim Diogeneion in Athen (IG, II/III^2, 4278; Overbeck, SQ, 1868, Nr 1391; Loewy, IGB, 1885, 103 s., Nr 131; Muller-Dufeu, SculptureSource, 2002, 566 s., Nr 1668). Des weiteren sign. er zus. mit → Nikomenes eine Basis für eine *Statue der Apia*, Tochter des argivischen Tyrannen Aristippos (IG, IV, 1111; IV^2, 621; Loewy, IGB, 1885, 387, Nr 131a). Sie entstand um 228–225 v. Chr. und befand sich auf einer Basis zus. mit den Statuen des Aristomachos, dem Oheim der Apia, der die Tyrannis von Argos beseitigt hat, und einer weiteren unbek. Person, die von and. Künstlern geschaffen worden sind. Diese Statuengruppe war von den Asinaeern im Heiligtum von Epidauros geweiht worden. ▭ ThB33, 1939. RE VI. A. 2, 1937 (s.v. T. 3); EAA VII, 1966. – *Lippold*, GrPl, 1950, 339, Anm. 1. R. V.

Timotheos (I) (Τιμόθεος; Timotheus), griech. Bildhauer, in der 1. H. des 4. Jh. v. Chr. in der Argolis und in Karien tätig. Die Eckdaten für T.s Werdegang liefern seine Erw. in den Rechnungs-Inschr. des *Asklepios-Tempels* von Epidauros (IG

IV^2.1, 102, Zeilen 36 s., 90–92, um 380 v. Chr.) und der Hinweis bei Plinius (nat., 36, 31), er habe die *Skulpturen an der S-Seite des Mausoleums von Halikarnassos* geschaffen. Dieses Gebäude, Grabmal des karischen Dynasten Maussolos, wurde um 365 v. Chr. unter der Ltg von dessen Architekt → Pytheos von Priene und des Hofbildhauers → Satyros (I) von Paros begonnen. Den vier Bildhauern → Skopas (II), → Bryaxis, → Leochares (I) und T. wurde wahrsch. jeweils die Ausschmückung der O.-, N.-, W.- und S.-Fassade übertragen. → Vitruvius (7, praef. 12) nennt jedoch → Praxiteles (II) an letzter Stelle und bemerkt, daß „einige noch T. hinzufügen". Dieser Widerspruch hat zu der Vermutung geführt, daß T. während der Arbeiten starb oder sich aus Altersgründen zurückzog und → Praxiteles (II) den Auftrag übernahm. Da das Mausoleum zu den Sieben Weltwundern zählte und → Praxiteles (II) der berühmteste Bildhauer seines Jahrhunderts war, ist es jedoch gut möglich, daß die hellenist. Geschichtsschreiber T.s vergleichsweise unbedeutenden Namen durch den des → Praxiteles (II) ersetzten. Nachdem Maussolos 353 v. Chr. verstorben war, ließ seine Witwe Artemisia den Bau fortführen. Durch ihren zwei Jahre später ebenfalls erfolgten Tod kamen die Arbeiten jedoch zum Erliegen, die Künstler gingen auseinander. – In Epidauros wurden T. eine Gruppe von *typoi* und die *Akroterien* über einem der Giebel übertragen, für die er 900 bzw. 2240 äginetische Drachmen erhielt. Obwohl die genaue Bedeutung des Begriffs *typoi* in diesem Zusammenhang umstritten ist, lassen die griech. Gepflogenheiten der Zeit darauf schließen, daß es sich bei dem gesamten plast. Programm wohl nicht um Voll-Skulpt., sondern um gemeißelte oder gegossene Reliefs handelte. Jedoch gibt es keinen weiteren Hinweis darauf, daß die Metopen des Tempels, wie bei den dor. Gebäuden auf der Peloponnes sonst üblich, gemeißelt worden wären. Auch besaß er keinen durchlaufenden Fries. Darüber hinaus können 900 äginetische Drachmen nicht in einem glatten Verhältnis von 7:10 in attische Drachmen umgerechnet werden, wie es bei der Summe möglich ist, die für die Skulpt. des Tempels aus pentel. Marmor gezahlt wurde. Aus diesem Grund lassen sich Marmor-Reliefs ausschließen. – Manche Forscher weisen T. die Reliefs des Thrones oder des Sockels der kolossalen Kultstatue des Asklepios zu, den → Thrasymedes, Sohn des Arignotos von Paros, schuf. Pausanias (2, 27, 2) überliefert, daß auf dem Thron Szenen mit Bellerophon und der Chimaira sowie Perseus mit dem Haupt der Medusa dargestellt waren, erwähnt aber weder ihren genauen Anbringungsort noch ihr Material. Als Teile des Sockels gelten Fragm. aus dunklem Kalkstein, die an die blauen Eleusinischen Stützen des Erechtheion-Frieses erinnern und eine ähnl. Komp. aus appliziertem weißem Marmor aufwiesen. Eine and. Möglichkeit wäre getriebenes Metall wie auf den Sockeln der großen von → Pheidias (I) geschaffenen Kultstatuen der Athena Parthenos und des Zeus von Olympia. Wenn mit den *typoi* tatsächl. Reliefs an einer Kultstatue gemeint wären, wäre es jedoch seltsam, daß sie mitten unter den Ausgaben für den Tempelbau (ἐργαστήριον) erscheinen und daß Statue, Thron und Sockel nirgends sonst in der Inschr. erw. sind. Warum sollte, wenn die Zahlungen für diese Stücke andernorts aufgeführt waren, der Posten für die Reliefs unter denen für das ἐργαστήριον genannt werden? Auch der Vorschlag in der älteren Lit., bei den *typoi* handele es sich um Reliefs für das ἐργαστήριον selbst, vermag nicht zu überzeugen, da Marmor-Reliefs, wie erw., ausgeschlossen werden können und eine solche Verzierung zudem für ein reines Zweckgebäude unangemessen gewesen wäre. Das Problem bleibt weiterhin ungelöst. – T.s Lohn von 2240 äginetischen Drachmen (3200 attische Drachmen bei einem Wechselkurs von 7:10) für vier Figuren weist darauf hin, daß dieser Aufgabe ein wesentl. höheres Ansehen zugemessen wurde als dem Auftrag für die Giebel, deren etwa 22 Figuren insgesamt nur 3010 äginetische (bzw. 4300 attische) Drachmen kosteten. Die Inschr. zieht sich in Zickzacklinien von einem Ende des Tempels zum and., ohne Anfang und Ende zu akzentuieren. N. Yalouris (1992) weist in seiner maßgebl. Unters. über die Skulpt. des Asklepieions T. die w. Akrotere zu. Dagegen spricht allerdings, daß griech. Tempel üblicherweise von W nach O errichtet wurden und daß in der Aufzählung zuerst ein „Flügel" eines Giebels dem Bildhauer → Hektoridas zugewiesen und anschl. T. die Akrotere über dem „anderen Giebel" zugewiesen werden. Darüber hinaus sind die an → Hektoridas für diesen „Flügel" gezahlten 1610 äginetischen Drachmen beträchtl. mehr als die 1400 Drachmen, die er später für den Rest ders. Komp. erhielt. N. Yalouris (1992) zufolge paßt die ungleiche Einteilung des Werks zu den stilist. Unterschieden, die er im ö. Giebel beobachtet, dessen zwei „Flügel" demnach von unterschiedl. Händen zu versch. Zeitpunkten gearbeitet worden wären. Allerdings ist die zentrale Dreiergruppe des w. Giebels, bestehend aus Achilles, einer reitenden Penthesilea und einem verwundeten Griechen, aus einem einzigen Marmorblock gehauen. Falls die Bauleitung einen der Bereiche als höherwertig erachtet haben sollte, hätte sie eine unregelmäßige

Aufteilung des Projekts vornehmen müssen. Es stellt sich die Frage, warum dies hätte geschehen sollen. Möglicherweise wollten die Aufftraggeber die Fertigkeiten des ihnen noch unbek. → Hektoridas zunächst prüfen. Oder er erhielt nicht allen Marmor auf einmal, oder seine Abnehmer konnten die Summe von 3010 Drachmen nicht in einer Summe aufbringen. Auch dieses Rätsel wird sich kaum mehr lösen lassen. – Aus alldem geht aber hervor, daß T. wohl die *Akrotere des O-Giebels* lieferte. Wenn man der Rekonstr. von N. Yalouris (1992) folgt (nur die w. Akrotere wurden *in situ* gefunden, sonst ist nur noch die Provenienz der Nike in Athen, NM, Inv. Nr 162, sicher nachgewiesen), setzten sie sich aus zwei Niken und einer zentralen zweifigurigen Gruppe zusammen. Bei dieser, bestehend aus einem Mann, der eine Frau bedrängt, könnte es sich um den Raub von Koronis, der Mutter des Asklepios, durch Apoll gehandelt haben. Der Stil dieser Statuen ist als manierierte Version des Reichen Stils des späten 5. Jh. v. Chr. zu bezeichnen und erinnert an die Nike-Balustrade vom Athena-Nike-Tempel auf der Akropolis von Athen sowie an die Giebel und Metopen des Heraions in Argos. – Während die eine der Niken stark beschädigt ist, hat sich der Torso der zweiten (Athen, NM, Inv. Nr 162) recht gut erhalten. Ihr kindl. Körper ist in ein hauchdünnes Gewand gehüllt, das nicht verbirgt, wie wenig ausgeprägt die Körperformen noch sind. Es weht so heftig um die Nike herum und hat sich um ihren Flügel verfangen, als ob sie das Fliegen soeben erst gelernt hätte oder in einer Windböe landete. Während → Paionios (II) sich bereits vierzig Jahre vorher dafür gerühmt hatte, seine kühne Darst. der überlebensgroßen Nike für die Messenier und Naupaktier in Olympia aus einem einzigen Marmorblock gearbeitet zu haben, hatte T. offenbar keinerlei Bedenken, den letzten Teil des Flügels über dem verschlungenen Gewand aus einem separaten Stück Stein anzufügen (verloren). – Die zentrale Gruppe (Athen, NM, Inv. Nr 4723) besteht aus einem jungen bartlosen Mann, der vom Betrachter aus gesehen nach rechts ausschreitet, den linken Arm ausgestreckt, auf dem rechten Unterarm die abwehrende Hand einer Frau. Da im Zusammenhang mit Asklepios selbst keine derartige Szene überliefert ist, scheint hier die Vorgeschichte seiner Zeugung durch Apollo und Koronis dargestellt zu sein. Apollos Gesichtszüge weisen keinen besonderen Ausdruck auf, und sein jugendl. Körper ist durch die geringe Modellierung einzelner Muskeln geradezu untertrieben dargestellt (möglicherweise um anzudeuten, daß auch er der Pubertät erst kürzl. entwachsen ist). Das Gewand umspielt in raffinierter Weise seinen Körper, indem es nach hinten wegweht und sich um sein im Vorwärtsschreiten angewinkeltes rechtes Bein legt. Die fein differenzierten Gewandfalten bilden einen starken Kontrast zu der glatten und weichen Haut. Stilist. erinnern sie an die Figuren von der Nike-Balustrade des Athena-Nike-Tempels, die dem sog. „Meister B" zugeschr. werden, besonders an die Nike mit Opferstier (Athen, Akropolis-Mus, Inv. Nr 972). Dazu paßt, daß der „Meister B" bisweilen mit → Paionios (II) identifiziert als Lehrer T.s angesehen wird. Einige der Skulpt. des O-Giebels des Asklepios-Tempels in Epidauros, der die Zerstörung von Troja darstellt, lassen sich stilist. den gen. Akroteren an die Seite stellen. Da die Inschr. an dieser Stelle eine Lücke aufweist, gelten sie ebenfalls als Werke T.s. Das gleiche gilt für eine freistehende, noch wenig weibl. Figur eines Mädchens aus dem Heiligtum (Athen, NM, Inv. Nr 299), das an den Akroter mit Nike (Athen, NM, Inv. Nr 162) erinnert. Sie trägt sowohl Chiton als auch Himation und ist im Moment des Aufwärtsschreitens festgehalten. Durch die Schlange, die sich auf dem Felsen unter ihrem erhobenen linken Fuß schlängelt, läßt sie sich als Hygieia identifizieren. Allerdings hat sich keine vergleichbare Darst. erhalten, und auch die Bedeutung ihrer Gestik ist unklar: War sie im Begriff, die Schlange von einer Patera oder einem Teller in ihrer gesenken Linken aus zu füttern, oder bot sie ihr eine heilige Büchse oder Schachtel? Die linke Brust des Mädchens ist entblößt, und durch ihr hauchzartes Gewand erscheint auch der übrige Körper wie nackt. Zw. ihren Beinen hat der Bildhauer den Stoff auf einen durchscheinenden Film reduziert, der an einigen Stellen nur wenige Millimeter dick ist. Dieses virtuose Glanzstück der Bildhauerkunst läßt sich an drei der vier Skulpt.-Gruppen des Asklepios-Tempels beobachten. Obwohl der Faltenwurf des Umhangs der Figur an den von T.s Apollo erinnert, findet sich das umgekehrte V der Chiton-Falten an ihrer rechten Brust sowohl bei der weibl. Kämpfenden (wahrsch. Kassandra) vom O-Giebel als auch bei dem w. Akroter mit der reitenden Aura, die von Theo[dotos / doros] (s. → Theon [I]) geschaffen wurde. – In Halikarnassos finden sich vergleichsweise wenige Hinweise auf das Wirken T.s. Wenn man Plinius (nat., 36, 31) folgt, war der Bildhauer dort für die *s. Seite des Mausoleums* verantwortlich. Er könnte die Skulpt. geschaffen oder in ihrer Entst. überwacht haben, die auf den Stufen des Podiums standen (lebensgroße Schlachten-Darst., überlebensgroße Portr. und kolossale Jagd- und Opfergruppen), ferner den Amazonenfries über dem Podium, die kolossalen Bildnisse zw. den Säulen der Kolonnade, die Kassetten-Reliefs der Kolonnade und die Löwen, die sein Gesims bekrönten (der Kentaurenfries, der den Sockel der Quadriga umgab, wurde wohl vom selben Bildhauer geschaffen wie diese Skulpt. selbst, näml. von dem Architekten → Pytheos von Priene). – Fünf größere Teile von Skulpt. wurden *in situ* auf der S-Seite des Mausoleums gefunden: ein Fragm. einer kolossalen weibl. Statue, das untere Stück einer bekleideten Standfigur, zwei männl. Köpfe und der Kopf eines Persers (London, BM, Inv. Nrn 1053, 1049, 1056, 1055, 1057; vgl. Waywell, 1978, Nrn 32, 44, 46 s., 49). Diese Stücke sind stark beschädigt, stilist. untereinander heterogen und weisen keine klaren Bezüge zu den Skulpt. von Epidauros auf. Auch die übrigen freistehenden Marmor-Statuen oder die des Amazonenfrieses erinnern nur entfernt an T.s Werk in Epidauros. Daraus lassen sich versch. Schlüsse ziehen: Entweder irrt sich Plinius (und Vitruv hat recht), oder T. hatte nur geringen bzw. keinen Einfluß auf die Ausarbeitung der Details, oder sein Stil hatte sich in der Zeit zw. den beiden Aufträgen komplett verändert. – Propertius, → Vitruvius, Plinius und Pausanias schreiben T. noch versch. and. Werke zu, die alle verloren sind, näml. eine *Artemis aus Marmor*, die sich später in Rom befand, einen *Hippolytos-Asklepios* in Troizen und *bronzene „Athleten, Krieger, Jäger und Opfernde“* (bzw. eine Auswahl aus dieser Aufzählung). → Vitruvius (2, 8, 11) zufolge stritten die Kunstkenner über die Zuschr. eines kolossalen akrolythischen Ares in Halikarnassos an T. oder an → Leochares (I). Diese Aussage erlaubt gleichermaßen, auf ein Lehrer-Schüler-Verhältnis der beiden zu schließen, wie auch darauf, daß die Statue von keinem dieser Bildhauer geschaffen wurde. – Die Artemis-Statue wurde im Jahr 28 v. Chr. auf Befehl von Kaiser Augustus im Tempel des Apollo Palatinus in Rom aufgestellt, Seite an Seite mit einem Apollon von Rhamnus, den → Skopas (II) geschaffen hatte, und einer Leto von → Kephisodotos (II). Bei dieser Gelegenheit wurde der Kopf der Artemis durch C. Avianus Euander (→ Euandros [III]) restauriert. In reduzierter Form wird diese Gruppe auf einem stark beschädigten Marmorsockel in Sorrent (Mus. Correale) wiedergegeben (der kürzlich von L. J. Roccos, 1989, unternommene Versuch, diese Verbindung zu widerlegen, vermag nicht zu überzeugen). Die Artemis (L. Kahil, LIMC II, 1984, 657, Nr 450, s.v. Artemis), eine schlanke Figur im typ. Gewand einer Athener „Parthenos“ des 4. Jh. v. Chr., nämlich in ungegürtetem Chiton mit Kreuzbändern, steht am äußeren Rand der linken Seite und wendet sich nach rechts. Ihre Beine sind überkreuzt, ihre rechte Hand ruht auf der Hüfte, auf ihrem Rücken trägt sie einen Köcher und in der linken Hand eine lange Fackel. Kopien dieser Statue sind nicht erhalten. Ihre Zuschr. an T. in der neueren Forsch. stützen sich auf den sog. „Pastoret strategos“ (entfernt dem Priamos vom O-Giebel in Epidauros verwandt), die Athena vom Typus Rospigliosi (entfernt der Artemis verwandt), einen jugendl. Asklepios (bzw. Hippolytos?), der am besten durch zwei Kopien in Venedig (Mus. Archeol.) und Argos (Archäol. Mus.) vertreten wird, und schließl. auf den überzeugendsten Vergleich mit einer unterlebensgroßen Gruppe von *Leda und dem Schwan*. – Obwohl die letzgenannte Gruppe von keinem antiken Autor erw. wird, ist sie durch zahlr. Kopien bekannt, u.a. die in Rom (Mus. Capitolini, Inv. Nr 302; ebd., Villa Albani, Inv. Nr 185; ebd., Villa Borghese, Galeria CVIIC), Malibu (J. Paul Getty Mus., Inv. Nr 70. AA. 110) und Madrid (Prado, Inv. Nr 9E). Die früheste Version scheint eine Statuette des 2. Jh. v. Chr. aus Pergamon zu repräsentieren (Berlin, Staatl. Mus., Antiken-Slg, Inv. Nr 40). Sie erinnert deutl. an die *Akrotere von Epidauros* und an die *Hygieia* und geht wohl auf ein Vorbild der Jahre um 360 v. Chr. zurück. Die im späten 19. Jh. erfolgte Zuschr. an T. wird durch den kürzlich aufgefundenen Apollon von Epidauros (Athen, NM, Inv. Nr 4723) unterstützt, da beide Statuen u.a. die char. Modellierung des Umhangs aufweisen, der über dem ausgestellten Knie nach hinten weht und in einer Faltenkaskade zw. den Beinen endet. Ledas kühn ausgestreckter linker Arm und ihr Umhang haben zu der Vermutung geführt, daß es sich bei dem Orig. um eine Bronzefigur handelte. Die virtuose Technik, in der die Marmorfiguren in Epidauros gearbeitet sind, spricht jedoch dagegen. – Die dramat. und offenkundig erotische Komp. der Gruppe, die eine genaue Kenntnis der Mythologie verrät und in dem Betrachter die Vorstellung des darüberschwebenden Adlers erweckt, erscheint geradezu hellenistisch. Tatsächl. war es in der urspr. Fassung des Mythos (Kypria, Fragm. 10, PEG) Nemesis, der sich Zeus in der dargestellten Gestalt näherte. In der überlieferten griech. Lit. nimmt Leda diese Rolle nur bei Euripides (Hel., 16–21) ein. Demnach erwartete entweder der Künstler vom Betrachter die Kenntnis der entlegeneren Version der Sage, oder die nicht mit Inschr. versehenen Kopien des Werks zeigen die Nemesis als Opfer des Zeus. Gegen Letzteres sprechen allerdings sowohl die frühe (seit ca. 400) als auch die spätere ikonogr. Überlieferung. In beiden Fällen kommen sowohl Felsen als auch eine Fußbank und damit Chiffren für einen Innen- wie für einen Außenraum vor. Diese Kombination ist befremdlich, da die Szene sich den Quellen nach in einem Außenraum abspielen müßte: Ihnen zufolge fand Ledas Stelldichein mit dem Schwan an den Ufern des Eurotas vor Sparta statt, das der Nemesis dagegen in Rhamnous. In den röm. Wandmalereien, von denen einige eindeutig auf diese Gruppe zurückgehen, wird die Szene nach innen verlegt, indem manchmal sogar ein Bett oder ein Thron mit Fußbank hinzugefügt werden, niemals aber werden beide Ortsangaben miteinander vermischt. – T. gelang eine Überbrückung der Kluft zw. den Schülern des → Pheidias (I) und ihren Zeitgen., insbesondere → Paionios (II) und den späten klass. Meistern wie → Praxiteles (II), → Skopas (II), → Leochares (I) und → Lysippos (I). Beim derzeitigen Kenntnisstand stand er dem Erstgenannten am nächsten. Andererseits legt jedoch der Disput über die Zuschr. eines Werkes an T. oder an → Leochares (I) die Vermutung nahe, daß er seinen Stil nach der Tätigkeit in Epidauros deutlich weiterentwickelte. Die offenkundige Erotik seiner *Leda* verweist bereits auf die hellenist. Kunst. ▭ ThB33, 1939. EAA VII, 1966; DA XXX, 1996. – *Overbeck*, SQ, 1868, Nrn 1160, 1177 s., 1307, 1328 ss.; *Lippold*, GrPl, 1950, 219 ss., 230; *B. Schlörb*, Timotheos, B. 1965 (JdI, ErgH, 22); *A. Burford*, The Greek temple builders at Epidaurus, Liverpool 1969; *A. Rieche*, APl XVII, 1973, 21 ss., Abb. 10 ss.; *J. J. Pollitt*, The ancient view of Greek art, New Haven/ N. Y. 1974, 272 ss.; *G. B. Waywell*, The freestanding sculpt. of the mausoleum at Halicarnassus in the BM, Lo. 1978; *C. C. Vermeule*, in: Alessandria e il mondo ellenistico-romano, Studi in onore di Achille Adriani, III, R. 1984, 783 ss.; *P. Zanker*, The power of images in the age of Augustus, Ann Arbor 1988, 240 s., Abb. 186; *L. J. Roccos*, AJA 93:1989, 571 ss.; *Stewart*, Sculpture, 1990, 170 ss., 273 s., Abb. 455 ss., 524 ss.; *W. Posch*, AA 1991, 69 ss.; *N. Yalouris*, APl XXI, 1992; *Todisco*, Scultura, 1993, 58 ss., Abb. 79 ss., 137, 167; *B. S. Ridgway*, Fourth c. styles in Greek sculpt., Madison 1997, 36 ss.; 244 ss., Taf. 26 ss. A. Stewart

Timotheos (II), Sohn des Timotheos, aus Paros, griech. Bildhauer, im 2. Jh. v. Chr. in Aphraton auf Kreta tätig. Nur bek. durch seine gemeinsame Sign. mit seinem Sohn *Timotheos* (III) auf einem Altar aus Marmor aus Aphraton auf Kreta. ▭ EAA VII, 1966 (s.v. T. 2 und T. 3). R. V.

Timotheos (III) cf. **Timotheos (II)**

Timotheos (IV) (Τιμόθεος), spätantiker Steinmetz (λιθοξόος), tätig im 5. Jh. n. Chr. in W-Kleinasien. Bek. nur aus der Bau-Inschr. auf einem Tür- oder Fenstersturz einer Kirche in Gülbahçe bei Klazomenai/Ionien. ▭ *J. Keil*, ÖJh 15:1912, Beibl. 74, Nr 12; *H. Gregoire*, Rec. des inscr. grecques chrétiennes d'Asie Mineure, P. 1922, Nr 93bis; *K. Michel*, in: Forsch. zur Kirchen-Gesch. und zur christl. Kunst. Festschr. J. Ficker, L. 1931, 190, 196, Taf. 12, 22/3; *L. Robert*, Hellenika XI-XII, P. 1960, 33 s.; *H. Engelmann/R. Merkelbach*, Die Inschr. von Erythrai und Klazomenai, II, Bonn 1973, Nr 535. M. Dennert

Tisagoras (Τισαγόρας, Τεισαγόρας), griech. Bildhauer, in hellenist. Zeit tätig. Lt. Pausanias (10, 18, 6; Overbeck, SQ, 1868, Nr 2082; Muller-Dufeu, SculptureSource, 2002, 846 s., Nr 2533) fertigte T. eine *Gruppe des Herakles mit der Hydra aus Eisen*, die er in Delphi weihte und die dort beim Apollontempel stand (W. Felten, LIMC V, 1990, 40, Nr 2057, s.v. Herakles). T. reiht sich hiermit in die Künstler hellenist. Zeit aus Rhodos wie etwa → Alkon und → Aristonidas (II) ein, die Skulpt. aus Eisen schufen. Darauf beruht auch die rein spekulative Annahme, daß T., dessen Namen sich häufig in Rhodos findet, aus Rhodos stamme. Pausanias ordnete die Gruppe des T. in Delphi als Wunder ein, weil er dessen schwierige Arbeit in Eisen sehr schätzte. ▭ ThB33, 1939. RE VI. A. 2, 1937; EAA VII, 1966. – *Brunn*, GGK, I, 1889, 522; *G. Daux*, Pausanias à Delphes, P. 1936, 20, 50 s., 164 s. R. V.

Tisandros → **Teisandros**

Tisias, griech. Bildhauer unbek. Zeit. Plinius (nat., 34, 91; Overbeck, SQ, 1868, Nr 2096; Ferri, Plin., 1946, 112) zählt ihn unter den Erzgießern auf, die *Statuen von Athleten, Kriegern, Jägern und Opfernden* fertigten. ▭ ThB33, 1939. RE V. A. 1, 1934 (s.v. Teisias 7); EAA VII, 1966. – *Brunn*, GGK, I, 1889, 527. R. V.

Tisicrates → **Teisikrates**

Tita (Titus), Wandmaler unbek. Herkunft, im 3. Jh. n. Chr. im Tarimbecken/W-China nachgewiesen. T. ist namentl. überliefert durch eine in einer Prakrit-Variante (mittelindisch) in Karoshti-Schr. abgefaßten Inschr. auf einem Wandmalereifries aus dem 3. Jh. n. Chr. (Stein, 1921, 516–523; Rhie, 1999, 378–380). Dieser bildet das zweituntersteReg. der polychromen, fig. Wanddekoration in der Rotunde des nur noch in seinem unteren Teil erh., buddhist. Stupaschreins Nr M V in Alt-Miran/W-China (Sinkiang). Diese im O der Takla-Makan-Wüste an der S-Route der Seidenstraße gelegene, ca. 12 km von Neu-Miran entfernte Ruinenstätte ist bislang nicht sicher identifiziert, markiert jedoch einen offensichtl. bedeutenden Ort des

Shanshan-Königreiches (Rhie, 1999, 371 s.). Der Stupaschrein wurde durch Aurel Stein im Jahre 1907 freigelegt, doch gingen größere Partien der Wanddekoration in der Folgezeit verloren und sind heute nur noch aufgrund der damals angefertigten Photogr. zu beurteilen. Der Fries zeigt Episoden aus der Vishvantara-Erzählung, darunter auch die, in der der Prinz Vishvantara (der zukünftige Buddha) seinen Elefanten verschenkt. Am Hinterkörper des weiß wiedergegebenen Tieres (Stein, 1921, 519 s., Abb. 136 s.; Rhie, 1999, 379, Abb. 5. 35) ist links neben der Schabrackenecke die dreizeilige Inschr. aufgetragen, die den Namen und die Entlohnung des Künstlers vermerkt (Stein, 1921, 519, 529–531, Abb. 144). Der Name T. ist nicht indisch, aber möglicherweise indisiert (Bussagli, 1963, 21). Da die Wandmalerei Alt-Mirans graeco-indische und klass. mediterrane sowie pers. Stil- bzw. Bildelemente aufweist, wird als Herkunftsregion des Künstlers der hellenisierte Nahe Osten vermutet. Der vielzitierte Vorschlag Aurel Steins (Stein, 1921, 530 s.), in diesem einen röm. Titus zu sehen, ist jedoch umstritten (Boardman, 1994, 150, 335, Anm. 258). ▭ *A. Stein*, Serindia, I, Ox. 1921, 512–531; *M. Bussagli*, Die Malerei in Zentralasien, Genf 1963, 18–29; *J. Boardman*, Diffusion of Classical art in antiquity, Lo. 1994; *M. M. Rhie*, Early Buddhist art of China and Central Asia, I, Hb. der Orientalistik, IV. 12, Leiden/Boston/Köln 1999, 370–385, 391 s. K. Hornig

Titidius Labeo, röm. Maler, in der 1. H. des 1. Jh. n. Chr. tätig. Nur bek. durch eine Erw. bei Plinius (nat., 35, 20; Overbeck, SQ, 1868, Nr 2386). Als er im Jahre 79 n. Chr. schrieb, sagt Plinius, daß er vor kurzem im hohen Alter verstorben ist. Nichts über sein Werk ist überliefert, außer daß er Miniaturen malte. Der Hauptgrund für seine Nennung im Ber. des Plinius über röm. Maler ist nicht die Bedeutung seiner Arbeit, sondern weil er bemerkenswerte öff. Ämter innehatte, insbesondere war er Praetor und Prokonsul der Prov. Gallia Narbonnensis (S-Frankreich). Es mag sich bei ihm um den gleichen Titidius Labeo gehandelt haben, dessen Frau nach Tacitus (ann., 2, 85) aus Rom wegen unsittlichen Verhaltens im Jahre 19 n. Chr. verbannt worden ist. ▭ ThB33, 1939. RE VI. A. 2, 1937; EAA VII, 1966 (s.v. Titidius). – *Overbeck*, SQ, 1868, Nr 2386; *K. Jex Blake/E. Sellars*, The Elder Pliny's chapters on the hist. of art, Lo. 1896, 89; *Toynbee*, Artists, 1951, 37; *Pollitt*, RomeSources, 1966, 156. R. Ling

Titius Gemellus (Τίτιος Γέμελλος), angebl. griech. Bildhauer der röm. Kaiserzeit. Nur bek. durch eine Inschr. auf einer *Büste* aus Marseille (heute Paris, Louvre). ▭ EAA VII, 1966. – *Brunn*, GGK, I, 1889, 429; *Calabi Limentani*, Studi, 1958, 188. R. V.

Titius Optatus, *L.*, röm. Goldschmied, in flavischer Zeit in Capua tätig. Nur bek. durch seine Grab-Inschr. aus Capua (CIL, X, 3978). ▭ EAA I, 1958 (s.v. Aurifex). R. V.

Titos (I) (Τ[ίτος]), Bruder des → Gaios (III), Bildhauer aus Lystra/Lykaonien, in der röm. Kaiserzeit tätig. Sein Name ist uns zus. mit demjenigen seines Bruders aus einer singulären *Statuenbasis* aus Zosta (Lystra/Lykaonien) her bek. (G. Radet/P. Paris, BCH 10:1886, 511, Nr 27; G. Laminger-Pascher, Die kaiserzeitl. Inschriften Lykaoniens, I, Der Süden [DenkschriftenWien, 232: TAM, Erg. Bd., 15], W. 1992, Nr 48). Werke haben sich jedoch keine erhalten. ▭ RE VI. A. 2, 1937 (s.v. T. 2); EAA VII, 1966 (s.v. T.). T. Lochman

Titos (II), Sohn des → Diomedes (I), Steinmetz (τεχνίτης) aus Kilikien, in der fortgeschrittenen röm. Kaiserzeit tätig. T. signierte zus. mit seinem Vater → Diomedes (I) einen *Grabaltar* im Mus. von Alanya (Lit. v. → Diomedes [I]). T. Lochman

Titus → Tita

Tjai, ägypt. Umrißzeichner, unter dem König Semenchkare (1337–1333 v. Chr.) tätig. Nur bek. aus einem Graffito im Grab des Pairi in Theben-W (Nr 139), in dem T. mit Namen und Titel erw. ist. Dat. ist es auf das dritte Reg.-Jahr des dritten Überschwemmungsmonats am zehnten Tag des Semenchkara. Es enthält ein Gebet an den Gott Amun in hierat. Schrift. ▭ Urk. IV, 2024, 19; *A. H. Gardiner*, JEA 14:1928, 10 ss. Y. Ott

Tjaia, ägypt. Künstler („Vorsteher aller Künstler des Amun"), im Mittleren Reich (2119–1794/93 v. Chr.) tätig. Nur bek. aus einem Bruchstück einer Sitzstatue aus schwarzem Granit, auf deren Rückenpfeiler der Name und Titel des T. erh. sind (Kairo, Ägypt. Mus., Inv. Nr CG 952). ▭ *L. Borchardt*, Statuen und Statuetten von Königen und Priv.-Leuten (CG), III, B. 1930, 2, Nr 952. Y. Ott

Tjanefer, ägypt. Graveur („Graveur des Amun im Inneren des Hauses [d.h. des Tempels]"), unter Ramses II. (1279/1213 v. Chr.) in Theben/Oberägypten tätig. Bek. aus dem Grab seines Sohnes → Qen in Deir el-Medineh/Theben-W (Theban Tomb 4) sowie durch eine Stele des → Qen (Turin, Mus. Egizio, Inv. Nr 50074). Offenbar arbeitete er nicht in der kgl. Nekropole in Theben-W, sondern in Karnak auf der O-Seite des Nils, im Tempelbezirk des Gottes Amun. Dafür spricht auch, daß sein Sohn → Qen urspr. aus Karnak stammte. T. hat vermutl. an der Ausf. der neuen Tempelreliefs mitgearbeitet, die im Zuge der Bauprojekte Ramses' II. im Tempelbezirk durchgeführt wurden. ▭ PM I. 1, 1960, 11 s., Nr 4. – KRI III, 685 s., Nr 10, 838, Nr 309; *B. Bruyère*, Rapp. sur les fouilles de Deir el-Médineh, 1924–1925, Le Caire 1926, 181; *J. Černý*, Rép. onomastique de Deir el-Médineh, Le Caire 1949, 45; *E. Endesfelder*, Die Arbeiter der theban. Nekropole im Neuen Reich, Diss. B. 1962, 43; *B. G. Davies*, Who's who at Deir el-Medina, Leiden 1999, 177 Anm. 12, chart 13 (s.v. T. [I]). T. Schrottenbaum

Tjata, ägypt. Künstler („Vorsteher aller Künstler des Amun"), in der 19. Dynastie (1292–1186/85 v. Chr.) in Theben/Oberägypten tätig. Bek. durch ein Statuen-Fragm., das sich heute in Paris befindet (Louvre, Inv. Nr A. 100), und durch einen Grabkegel (kon. Tonziegel, der über dem Grabeingang ins Mauerwerk eingelassen wurde). Vermutl. war er in Theben beschäftigt, denn die Grabkegel fanden v.a. in den theban. Gräbern Verwendung. Außerdem beaufsichtigte er alle Künstler des Gottes Amun, dessen Hauptkultort in Theben lag. ▭ *P. Pierret*, Recueil d'inscr. inédites du Mus. Egyptien du Louvre, I, P. 1874, 31 s., Nr A. 100; *N. de G. Davies/M. F. L. Macadam*, A corpus of inscribed Egyptian funerary cones, Ox. 1957, Nr 106; *W. Helck*, Mat. zur Wirtschafts-Gesch. des Neuen Reiches, I, Wb. 1961, 46. T. Schrottenbaum

Tjenena, ägypt. Goldschmied, während des Mittleren Reiches (2119–1794/93 v. Chr.) tätig. Nur belegt durch eine hieroglyph. Weih-Inschr. auf einer Kupferstatuette von unbek. Herkunft, die seinen Bruder Hapu darstellt und welche er ihm zum Gedenken stiftete. Sehr wahrsch. hat T. die Statuette selbst hergestellt. ▭ *H. R. H. Hall*, JEA 1:1914, 219; *W. A. Ward*, Index of Egyptian administrative and relig. titles of the Middle Kingdom, Beirut 1982, 99, Nr 824. C. von Pfeil

Tjeni, ägypt. Künstler, im Mittleren Reich (2119–1794/93 v. Chr.) tätig. Erw. auf der Stele des Senuanch vom n. Abhang der mittleren Nekropole von Abydos/Oberägypten. ▭ *H. O. Lange/H. Schäfer*, Grab- und Denksteine des Mittleren Reiches (CG), II, B. 1908, Nr 20171, e1; *W. A. Ward*, Index of Egyptian administrative and relig. titles of the Middle Kingdom, Beirut 1982, 115, Nr 959. Y. Ott

Tjenischepes, ägypt. Künstler, im Mittleren Reich (2119–1794/93 v. Chr.) tätig. Erw. auf der Stele des Senuanch vom n. Abhang der mittleren Nekropole von Abydos/Oberägypten. ▭ *H. O. Lange/H. Schäfer*, Grab- und Denksteine des Mittleren Reiches (CG), II, B. 1908, Nr 20171, e1; *W. A. Ward*, Index of Egyptian administrative and relig. titles of the Middle Kingdom, Beirut 1982, 115, Nr 959. Y. Ott

Tjesi (Thesi), ägypt. Vorsteher der Künstler, 5. bis 6. Dynastie (2504/2454 bis 2216/2166 v. Chr.), in Ägypten tätig. T. ist nur durch eine Inschr. auf einem Stein „eigentümlicher Form" (Sethe), durch die auch sein Mastabagrab identifiziert wird, als Vertrauter des Königs und Vorsteher der Künstler überliefert. Das Grab weist auf eine Dat. in das sehr späte Alte Reich. ▭ PM III. 1, 1974, 117. – Urk. I, 152; *H. Junker*, Giza, IX, W. 1950, 52 s. M. A. Stadler

Tjetji (I), ägypt. Architekt, Bauleiter („Vorsteher der Bauarbeiter" bzw. „Vorsteher der Bauarbeiter der Pyramide"), z.Z. Phiops' I. (2335/2285 bis 2285/2235 v. Chr.), in Ägypten tätig. T. ist vermutlich der Baumeister der Pyramide Phiops' I. gewesen und hat in dieser Funktion eine Steinbruchexpedition in das Wadi Hammamat geleitet, um das dafür notwendige Mat. heranschaffen zu lassen. ▭ Urk. I, 93, 95; *J. Couyat/P. Montet*, Les inscr. hiéroglyphiques et hiératiques du Ouâdi Hammâmât, Le Caire 1912, 74 s., Nr 107; *H. Schäfer*, ZÄS 40:1902, 75–77. M. A. Stadler

Tjetji (II), ägypt. Unteraufseher der Künstler, z.Z. Phiops' I. (2335/2285 bis 2285/2235 v. Chr.), in Ägypten tätig. Er ist als Mitgl. der Steinbruchexpedition unter Phiops I. belegt, die von → T. (I) geleitet wurde. ▭ Urk. I, 93, 95; *J. Couyat/P. Montet*, Les inscr. hiéroglyphiques et hiératiques du Ouâdi Hammâmât, Le Caire 1912, 74 s., Nr 107. M. A. Stadler

Tjuneri, ägypt. Bauleiter („Vorsteher der Arbeiten an allen Denkmälern des Herrn der Beiden Länder [d.h. des Königs]"), in der 19. Dynastie (1292–1186/85 v. Chr.) im memphit. Raum/Unterägypten tätig. Er ist bek. durch das Bruchstück einer Statue aus braunem Sandstein, das in Saqqara gefunden wurde. Er beaufsichtigte kgl. Bauprojekte, vermutl. im memphit. Raum, wo er sich auch begraben ließ. Genauere Angaben lassen sich aus dem Bruchstück nicht erschließen. ▭ *L. Borchardt*, Statuen und Statuetten von Königen und Priv.-Leuten (CG), IV, B. 1934, 58 s., Nr 1105. T. Schrottenbaum

Tlempolemos (Τλενπόλεμος), griech. Töpfer, in der M. des 6. Jh. v. Chr. in Athen tätig. Er gehörte zu den sog. Kleinmeistern. T. sign. *zwei Randschalen* in Berlin (Staatl. Mus., Antiken-Slg, Inv. Nrn F. 1763 und V. I. 3152; ABV, 1956, Nrn 1 s.; Hoppin, BlackFig, 1924, 364, Nr 1 mit Abb., und p. 320, Nr 1 mit Abb.; Add², 1989, 50) und eine *Bandschale* in der ehem. Slg Hirschmann (Greek Vases from the Hirschman coll., Sotheby's, London, 9. Dezember 1993, Lo. 1993, Nr 29). Die Berliner Schalen wurden in Vulci gefunden und sind sich in ihrer Form äußerst ähnlich. Berlin, Staatl. Mus., Antiken-Slg, Inv. Nr V. I. 3152, ist mit Frauenköpfen von dem Vasenmaler → Sakonides geschmückt worden, der diese Schale auch als Maler sign. hat. Die starke Ähnlichkeit der Palmetten auf der Randschale in Berlin, Staatl. Mus., Antiken-Slg, Inv. Nr F 1763 mit der Bandschale in der ehem. Slg Hirschmann läßt darauf schließen, daß beide Schalen von demselben Vasenmaler dekoriert worden sind. Der Stil dieses Malers ähnelt sehr dem des *Taleides-Malers*, insbes. wenn man unsere Schalen mit den Randschalen des *Taleides-Malers* in Leipzig (Antiken-Mus. der Univ., Inv. Nr 51; ABV, 175, Nr 16; Add², 1989; CVA, Leipzig 2, Taf. 30, 1–2) und im Vatikan (Vatikan. Mus., Inv. Nr 39546; F. Buranelli, La rac. Giacinto Guglielmi, I. La ceramica, Vatikan 1997, 125 s., Nr 42) vergleicht. Alle Sign. des T. sind in kleinen, klaren Buchstaben zentral in der Henkelzone geschrieben worden. Abgesehen von einem Schreibfehler „iota" statt „sigma" auf der Bandschale, ist die Sign. auf Berlin, Staatl. Mus., Inv. Nr F 1763 nur von den beiden and. Schalen wegen der Worttrennung durch Doppelpunkte und der Bez. ΤΛΕΝΠΟΛΕΜΕ:ΚΝΥΝΥΟΝ auf einer Seite unterschiedlich. ▭ ThB33, 1939. RE VI. A. 2, 1937 (s.v. Tlenpolemos); EAA VII, 1966 (s.v. Tlenpolemos). – ABV, 1956, 171, Nr 13, p. 178, Nr 1–2; ARV², 1963, 1611, 1699; Para, 1971, 74.

P. Heesen

Tlepolemos cf. **Cornelius Tlepolemus**

Tleson (I) (Τλέσον), Sohn des → Nearchos (I), Bruder des → Ergoteles, griech. Töpfer, in der M. des 6. Jh. v. Chr. in Athen tätig. Er gehörte zu den sog. Kleinmeistern. Seine Sign. findet sich auf *88 Randschalen* und *fünf Bandschalen*. Wie sein Bruder → Ergoteles sign. T. seine Schalen immer mit dem Patronym, als Sohn des → Nearchos (I), der selbst auch als Töpfer Vasen signierte. Mit Ausnahme einer Randschale in London (BM, Inv. Nr B 420; CVA, London, BM 2, Taf. 14, 5) und zweier außergewöhnl. Schalen in Heidelberg (Univ., Inv. Nrn 81/10 und 91/1; Publ. von H. Gropengiesser in Vorbereitung) sind alle von T. sign. Schalen von demselben Maler, dem *Tleson-Maler*, dekoriert worden. Weiterhin kann man auch 85 unsign. Schalen dem Tleson-Maler zuschreiben. Die Zuschr. an den Tleson-Maler von einer Pyxis in Athen (NM, Inv. Nr 502; ABV, 1956, 181, Nr 49; Add², 1989, 50) ist hingegen unsicher. Die Sign. des T. auf einer von → Oltos bemalten rotfigurigen Schale (ARV², 1963, 66, Nr 127) kann jedoch nicht von unserem T. stammen. Es ist nicht klar, ob der *Tleson-Maler* und der Töpfer T. ein und dieselbe Person waren. Da die Sign. und die Palmetten auf einer Schale von T.s Bruder → Ergoteles in Berlin (Staatl. Mus., Antiken-Slg, Inv. Nr F 1758; Hoppin, BlackFig, 1924, 80) auch deutl. Charakteristika des *Tleson-Malers* zeigen, könnte der *Tleson-Maler* auch als Vasenmaler im festen Dienstverhältnis mit der Wkst. der beiden Brüder gewesen sein (vgl. dazu Boardman, ABFH, 1974, 60; Immerwahr, AttScr, 1990, 53). Von dem *Tleson-Maler* sind keine Schalen bek., die sowohl mit Innen- als auch Außenbildern geschmückt sind. Ein Innenmedaillon gibt es bei 28 Schalen. Auf ca. 50 Schalen beschränkt sich eine kleine Szene auf die Lippe, meistens handelt es sich dabei um ein oder zwei Tiere. Auf mindestens 70 and. Schalen besteht die Dekoration nur aus einer Inschr. (Sign. oder Begrüßung) zw. den Henkelpalmetten. Darin erweist der Tleson-Maler sich als ein wahrer Kleinmeister: Die Inschr. bilden einen integralen Bestandteil in der Konzeption der Kleinmeisterschale, bes. bei den Randschalen. Die Inschr. sind gut zentriert und auf einer Linie mit sorgfältig geschriebenen Buchstaben in der gleichen Größe. Die Worte sind nie voneinander getrennt. Schreibfehler sind sehr selten (dazu Heesen, 1996, 142, Anm. 5). Öfters bestehen die Trinksprüche auf den Schalen des Tleson-Malers wie auch auf and. Kleinmeisterschalen aus den einfachen Formeln XAIPEKAIPIEI bzw. XAIPEKAIPIEIEY. In Einzelfällen fügt er die Anrede ΣΥ hinzu, zuweilen ist sie gefolgt von „...EYTOI" (dazu Para, 1971, 75; CVA, Amsterdam 2, 49 s.; die Inv. Nr des Florenzer Fragm. mit EYTOI ist 95109; zusätzl. eine Randschale in der Slg Steinhardt, New York, Inv. Nr A. 1997. 13: mit Mänade und Esel, von T. getöpfert und mit Inschr.

vom Tleson-Maler, die Figuren aber möglicherweise vom Kentauren-Maler bemalt [Publikation von P. Heesen in Vorbereitung]). Die Palmetten des Tleson-Malers sind sehr charakteristisch: meistens bestehen sie aus 9 bis 11 zusammengedrängten und abgerundeten Blättern um ein rotes Herz auf kräftigen Voluten. In der Themenwahl verzeichnet der Tleson-Maler eine große Vorliebe für Tiere, die öfters für sich allein dastehen. Nur ab und zu sind Menschen dargestellt, wie ein Jäger (Orion?) in einem Innenmedaillon in London (BM, Inv. Nr B 421; ABV, 1956, 181, Nr 1; Add², 1989, 50; CVA, London, BM 2, Taf. 11, 2), Eris in einem Innenmedaillon in Berlin (Staatl. Mus., Antiken-Slg, Inv. Nr F 1775; K. Schefold, Gods and heroes in late Archaic Greek art, C. 1992, 203, fig. 246; H. Giroux, LIMC III, 1986, 847, Nr 1 m. Abb., s.v. Eris), Theseus und Minotauros in einem Innenmedaillon in Toledo (Mus. of Art, Inv. Nr 58. 70; Para, 1971, 75, Nr 1 bis; Add², 1989, 50; CVA, Toledo 1, Taf. 35, 1; S. Woodford, LIMC VI, 1992, 575, Nr 9 m. Abb., s.v. Minotauros). Wenn man die Satyrn auf den Außenseiten einer Schale in London (BM, Inv. Nr B 410; ABV, 1956, 181, Nr 3; Add², 1989, 50; CVA, London, BM 2, Taf. 14, 6; E. Simon, LIMC VIII, 1997, 1121, Nr 116 m. Abb., s.v. Silenoi) nicht als menschl. Figuren betrachtet, so wäre nur zweimal eine menschl. Figur auf den Außenseiten einer Randschale dargestellt: Herakles mit dem Nemeischen Löwen auf der verschollenen Schale aus dem röm. Kunsthandel Basseggio (ABV, 1956, 181; AdI, 1859, Taf. C 1; W. Felten, LIMC V, 1990, 25, Nr 1893, s.v. Herakles 1893) und Europa auf dem Stier auf der einen und Triton auf der and. Seite einer Randschale in der Slg Steinhardt (New York, Inv. Nr A. 1998. 05; Publikation von P. Heesen in Vorbereitung). Der Stil des Tleson-Malers ist bes. fein und detailreich und ist durch eine lebhafte Farbtönung gekennzeichnet (z.B. die Kleidung der Eris auf der Schale in Berlin, Staatl. Mus., Antiken-Slg, Inv. Nr F 1775). Die Flügel der Tiere besitzen des öfteren ein schmales weißes, geritztes Band zw. roten Bändern mit dahinter folgender weißer Punktreihe (z.B. Basel, Slg Cahn, Inv. Nr HC 1419 [ehem. im Kunsthandel in Philadelphia], Para, 1971, 75; B. Kreuzer, Frühe Zeichner. 1500–500 v. Chr. Ägypt., griech. und etrusk. Vasen-Fragm. der Slg H. A. Cahn, Basel, K Archäol. Slg der Univ. Freiburg i. Br., Waldkirch 1992, 66, Nr 67 mit Abb.). Vierfüßer besitzen des öfteren nelkenförmige weiße Flecken (z.B. New York, Slg Callimanopoulos [ehem. Northampton, Castle Ashby]; ABV, 1956, 179, Nr 3; Add², 1989, 50; CVA, Castle Ashby, Taf. 26, 2–3); Hirschgeweihe sind durch zwei lange, nach innen gebogene Linien mit kurzen Abzweigungen gekennzeichnet (z.B. Karlsruhe, Bad. LM, Inv. Nr 65/43 [ehem. New York, Kunsthandel]; ABV, 1956, 179, Nr 22; Add², 1989, 50; CVA, Taf. 23, 1–5). Die Randschalen des T. besitzen einen charakterist. stark abgesetzten Rand, der leicht nach außen geneigt ist. Die frühesten Schalen haben ein tiefes Becken, wie z.B. eine Randschale in einer Schweizer Priv.-Slg (MuM, Sonderliste G, November 1964, Nr 81 mit Abb.) und zwei Bandschalen in Neapel (Mus. Filangieri, Inv. Nr 1722; Prospettiva 48:1987, 52) und Chianciano Terme (MCiv. Archeol. delle Acque; G. Paolucci, MCiv. Archeol. delle Acque, Siena 1997, 115, Abb. 101). Einen interessanten Fall stellen zwei in einem Grab gefundene Schalen in Berlin (Staatl. Mus., Antiken-Slg, Inv. Nrn F 1760 und F 1759; Hoppin, BlackFig, 1924, 367 und 366; ABV, 1956, 180, Nrn 26 und 27; Add², 1989, 50) dar. Sie sind offensichtl. der gleichen Schaffensphase, ja womögl. der gleichen Herstellungsserie zuzuordnen. Trotzdem stimmen die Randprofile nicht ganz überein: Der Rand der Schale mit den Hähnen (Berlin, Staatl. Mus., Antiken-Slg, Inv. Nr F 1760) neigt mehr nach außen und wirkt dadurch etwas größer als die Schale mit den Hennen (Berlin, Staatl. Mus., Antiken-Slg, Inv. Nr F 1759), wobei hier viell. gleichzeitig eine subtile Korrespondenz zw. dem Thema (große Hähne, kleine Hennen) und der Form erzielt werden sollte. Die frühesten Schalen des T. datieren zw. 560 und 550 v. Chr. und die spätesten zw. 550 und 540 v. Chr. ▭ ThB33, 1939. RE VI. A. 2, 1937 (s.v. T. 2); EAA VII, 1966. – ABV, 1956, 178–183; Para, 1971, 74–76; *J. T. Haldenstein*, Little master cups. Stud. in 6th cent. Attic black-figure vase painting, Diss. Univ. Cincinnati, Ann Arbor 1975, 70–80; CVA, München 10, 23–30; München 11, 16–18; *P. Heesen*, The J. L. Theodor coll. of Attic black-figure vases, Am. 1996, 140–142; CVA, Amsterdam 2, 49 s.; *B. Fellmann*, in: *M. Bentz* (Red.), Vasenforschung und Corpus Vasorum Antiquorum. Standortbestimmung und Perspektiven. Beihefte zum CVA, Bd I, M. 2002, 111–121.

P. Heesen

[Tl]eson (II), griech. Bildhauer, im 6. Jh. v. Chr. auf Sikinos tätig. Nur bek. durch seine gemeinsame Sign. mit → Eunos auf einer Basis für das *Grab des Antidotos und seiner Söhne* auf der Insel Sikinos. ▭ RE, Suppl. VIII (s.v. Eunos 3); EAA III, 1960 (s.v. Eunos). – *Floren*, GrPl, 1987, 181, Anm. 12. R. V.

Toblandus(?), *Cnaeus*, röm. Toreut, in der 2. H. des 1. Jh. n. Chr. tätig. Nur bek. durch seine Sign.

auf einer *Bronzekasserolle* aus Bonn (heute Bonn, Rhein. LM, Inv. Nr 19827/8). ▭ *H. Norling-Christensen*, Aarbøger 1952 [1953], 170 s., Nr 16, Abb. 21; *R. Petrovszky*, Stud. zu röm. Bronzegefäßen mit Meisterstempeln, Buch am Erlbach 1993, 176, Nr Z.12, p. 325, Nr Z.12. R. V.

Toron (I) (Tόρων), Sohn des Apellion, aus Argos, griech. Erzgießer, in der 1. H. des 3. Jh. v. Chr. in Troizen tätig. Nur bek. durch seine Sign. auf einer Kalksteinbasis aus Troizen für eine *Statue der Demostheneia*, die von ihren Eltern zu Ehren des Asklepios und der Hygieia gew. worden ist. Diese Statue fertigte er mit → Akestor, dem Sohn des Aischron (IG, IV, 772; Muller-Dufeu, SculptureSource, 2002, 804 s., Nr 2393). Die drei in Epidauros gefundenen Basen mit der Sign. eines T. können hingegen nicht T. (I) zugeschr. werden, wie es des öfteren getan worden ist, weil sie viel später, nämlich ins ausgehende 2. und frühe 1. Jh. v. Chr., zu dat. sind. Sie sind daher eher das Werk eines gleichnamigen Bildhauers → T. (II). ▭ ThB33, 1939. RE VI. A. 2, 1937; EAA VII, 1966. R. V.

Toron (II), griech. Erzgießer, in der 2. H. des 2. Jh. und am A. des 1. Jh. v. Chr. in Epidauros tätig. Nur bek. durch seine Sign. auf den folgenden drei Basen aus Epidauros: – 1.) Basis aus dem 2. Jh. v. Chr. (IG, IV, 1481; IV², 698; Loewy, IGB, 1885, 189, Nr 265; Muller-Dufeu, SculptureSource, 2002, 806 s., Nr 2395); – 2.) Basis für eine *Bronzestatue der Nikareta*, die von ihrer Mutter und ihren Bruder für Apollon und Artemis am A. des 1. Jh. v. Chr. gew. worden ist (IG, IV, 1145; IV², 228; Muller-Dufeu, SculptureSource, 2002, 646 s., Nr 2394); – 3.) Basis aus Epidauros vom E. des 2. Jh. v. Chr. (J. Marcadé, BCH 73:1949, 155). Die drei Basen mit der Sign. eines T. können hingegen nicht dem in der 2. H. des 3. Jh. v. Chr. tätigen → T. (I) zugeschr. werden, wie es des öfteren getan worden ist, weil sie viel später, näml. ins ausgehende 2. und frühe 1. Jh. v. Chr., zu dat. sind. ▭ ThB33, 1939. RE VI. A. 2, 1937; EAA VII, 1966. R. V.

Tous (Τους), Sohn des Tetes, Bildhauer aus Isaurien, im 2./3. Jh. n. Chr. tätig. Nur bek. dank eines in Yunt/S-Isaurien gefundenen Fragm. einer *Aschenurne* mit der Darst. der in der Inschr. gen. verstorbenen Frau inmitten ihrer vier Brüder, die den Stein gestiftet haben (G. E. Bean/T. B. Mitford, Journeys in Rough Cilicia 1964–1968 [DenkschriftenWien, 102: TAM, Erg. Bd., 3], W. 1970, Nr 115, Abb. 97). T. Lochman

Toutris cf. **Taloueis**

Travius Argentillinus, röm. Goldschmied, im 1. Jh. n. Chr. tätig. Nur bek. durch seine Grab-Inschr. aus Ameria/Umbrien (CIL, XI, 4402). ▭ EAA I, 1958 (s.v. Aurifex). R. V.

Trebellius, *Cnaeus*, röm. Toreut, im 1. Drittel des 1. Jh. n. Chr. in Mittelitalien tätig. Nur bek. durch die Sign. auf den folgenden drei *Bronzegefäßen*: – 1.) aus Pompeji (heute Pompeji, Deposito Archeologico, Inv. Nr 6 418 A937; Petrovszky, 1993, 305, Nr T.05.02); – 2.) aus der Saône bei der Furt Jean-de-Saône bei Montbellet, Dép. Ain/Frankreich (heute Chalon-sur-Saône, Mus. Denon, Inv. Nr 73. 1. 25; F. Baratte u.a., Vases antiques de métal au mus. de Chalon-sur-Saône, Dijon 1984, 60, 66 s., Nr 84, Taf. 30, 65; Petrovszky, 1993, 305, Nr T.05.03, Taf. 27); – 3.) aus der Saône bei Thorey, St. Germain-du-Plain/Frankreich (heute Chalon-sur-Saône, Mus. Denon, Inv. Nr 68. 2. 1; Baratte, op. cit., 77, Nr 104, p. 82, Taf. 36; Petrovszky, 1993, 305 s., Nr T.05.04, Taf. 28). Nicht ganz sicher ist, ob eine Kasserolle aus Herculaneum auch diesem T. oder einem and. Trebellius zuzuschreiben ist (heute Neapel, Mus. Archeol. Naz., Inv. Nr 11796; Petrovszky, 1993, 305, Nr T.05.01). ▭ *R. Petrovszky*, Stud. zu röm. Bronzegefäßen mit Meisterstempeln, Buch am Erlbach 1993, 168, Nr T. 05, pp. 305 s., Nrn T.05.01–T.05.04, Taf. 27 s. R. V.

Trebellius Crescens, *Cnaeus*, röm. Toreut, in der 1. H. des 1. Jh. n. Chr. in Mittelitalien tätig. Nur bek. durch die Sign. auf den folgenden elf Bronzegefäßen: – 1.) *Kasserolle* aus Pompeji (?) (heute Neapel, Mus. Archeol. Naz., Inv. Nr 73177; Bolla, 1988, App. II/9; Petrovszky, 1993, 306, Nr T. 06. 01); – 2.) *Schnabeltasse* (heute Madrid, Mus. Arquel. Nac., Inv. Nr 9837; Bolla, 1988, App. II/5, Abb. 6; Petrovszky, 1993, 306, Nr T. 06. 02); – 3.) *Schnabeltasse* (heute Madrid, Mus. Arquel. Nac., Inv. Nr 9838; Bolla, 1988, Appendice II/4, Abb. 5; Petrovszky, 1993, 306, Nr T. 06. 03); – 4.) *Kasserolle* aus Rom (?) (heute Paris, Louvre, Inv. Nr Br 3040; CIL, XV. 2/1, 7082; A. de Ridder, Les bronzes antiques du Louvre, II. Les instruments, P. 1915, 139, Nr 3040, Taf. 107; Bolla, 1988, App. II/6, Abb. 9; Petrovszky, 1993, 306, Nr T. 06. 04); – 5.) *Schnabeltasse* (ehem. Lyon, Mus. de la civilisation gallo-romaine; CIL, XIII. 3/2, 10027, 46a; XV. 2/1, bei Nr 7082; Bolla, 1988, App. II/3; Petrovszky, 1993, 306, Nr T.06.05); – 6.) *Kasserolle* aus der Waal bei Nijmegen, Gelderland/Niederlande (heute Leiden, RM van Oudheden; CIL, XIII. 3/2, 10027, 46b; Bolla, 1988, App. II/8, Abb. 8; Petrovszky, 1993, 307, Nr T.06.06); –

7.) *Kasserolle* aus dem Rhein bei Karlsruhe – Leopoldshafen (heute Karlsruhe, Bad. LM, Inv. Nr 68/60; H. U. Nuber, Antike Bronzen aus Baden-Württemberg. Schr. des Limes-Mus. Aalen, 40, Aalen 1988, 10, 31, 81, Abb. 102, p. 116; Petrovszky, 1993, 307, Nr T.06.07, Taf. 28, 42); – 8.) *Kasserolle* aus Sisak (Siscia)/Kroatien (heute Zagreb, Arheoloski muz.; A. Radnóti, Die röm. Bronzegefäße von Pannonien, Bp./L. 1938, 45, Anm. 50, Taf. 17, 31 a-b; Bolla, 1988, App. II/7; Petrovszky, 1993, 307, Nr T.06.08, Taf. 42); – 9.) *Kasserolle* aus Kleinasien (heute Köln, Röm.-German. Mus., Inv. Nr KL 609; Bolla, 1988, App. II/10; Petrovszky, 1993, 307, Nr T.06.09); – 10.) *Schnabeltasse* aus Fornovo S. Giovanni/Italien (heute Bergamo, MCiv Archeol., Inv. Nr 2909; Bolla, 1988, 1 ss., Anm. 1, App. II/1, Abb. 1 s.; Petrovszky, 1993, 307, Nr T.06.10, Taf. 28); – 11.) *Schnabeltasse* aus Monteu da Po (heute Cherasco [?], MCiv „G. B. Adriani"; Bolla, 1988, App. II/2; Petrovszky, 1993, 307, Nr T.06.11). Von unserem Toreuten stammen auffällig viele Schnabeltassen, eine Gattung, die sonst selten sign. worden ist. ▭ *M. Bolla*, Un manico decorata da Fornovo S. Giovanni (Bergamo) e l'officina dei Trebelli (Ms.), in: *H. U. Nuber* (ed.), 10. Internat. Tagung über antike Bronzen, 18.–22. Juli 1988 in Freiburg im Breisgau, FiB. 1988, App. II/1–10, Abb. 1 s., 5 s., 8–9; *R. Petrovszky*, Stud. zu röm. Bronzegefäßen mit Meisterstempeln, Buch am Erlbach 1993, 168, Nr T.06, pp. 306 s., Nrn T.06.01–T.06.11, Taf. 28, 42.
R. V.

Trebbellius Niger, röm. Toreut, im 2. V. des 1. Jh. n. Chr. in Mittelitalien tätig. Nur bek. durch seine Sign. auf einer *Bronzekasserolle* aus Sisak (Siscia)/Kroatien (heute Zagreb, Arheoloski muz., Inv Nr R 5696). ▭ *M. Bolla*, Un manico decorata da Fornovo S. Giovanni (Bergamo) e l'officina dei Trebelli (Ms.), in: *H. U. Nuber* (Ed.), 10. Internat. Tagung über antike Bronzen, 18.–22. Juli 1988 in Freiburg im Breisgau, FiB. 1988, App. IV/1, Abb. 11; *R. Petrovszky*, Stud. zu röm. Bronzegefäßen mit Meisterstempeln, Buch am Erlbach 1993, 168, Nr T.07, pp. 307 s., Nr T.07.01. R. V.

Trebellius Romanus, *Cnaeus*, röm. Toreut, in der 1. H. des 1. Jh. n. Chr. in Mittelitalien oder Kampanien tätig. Nur bek. durch die Sign. auf den folgenden zehn *Bronzekasserollen*: – 1.) aus Pompeji (heute Pompeji, Deposito Archeol., Inv. Nr 8705; Bolla, 1988, App. III/7; Petrovszky, 1993, 308, Nr T.08.01); – 2.) aus Pompeji (heute Pompeji, Deposito Archeol., Inv. Nr 6418; Petrovszky, 1993, 308, Nr T.08.02); – 3.) aus Pompeji (heute Pompeji, Deposito Archeol., Inv. Nr 12440; Bolla, 1988, App. III/2; Petrovszky, 1993, 308, Nr T.08.03); – 4.) aus Pompeji (heute Pompeji, Deposito Archeol., Inv. Nr 102886 [A 953]; Bolla, 1988, App. III/3; Petrovszky, 1993, 308, Nr T.08.04); – 5.) aus den Pontin. Sümpfen von Rom (Vatikan, Mus., Inv. Nr 5393; CIL, XV. 2/1, 7083; A. Radnóti, Vasi di bronzo romani nel Mus. Profano del Vaticano, R. 1937, 4, Nr 5, pp. 13 ss., Nr 5, Taf. 1, 1; 5, 2, 4; Bolla, 1988, App. III/5; Petrovszky, 1993, 308, Nr T.08.05, Taf. 42); – 6.) aus einem Körpergrab von Hoby/Dänemark (heute Kopenhagen, NM, Inv. Nr C 17947; K. Friis-Johansen, Nordiske Fortidsminder 2:1923, 140 s., 161 s., Abb. 17 s.; Bolla, 1988, App. III/8; Petrovszky, 1993, 309, Nr T.08.06, Taf. 28); – 7.) aus dem Rhein in Mainz-Weisenau („Laubenheimer Grund") (heute Mainz, Mittelrhein. LM, Inv. Nr 5626; CIL, XIII. 3/2, 10027, 47; H. Willers, Neue Unters. über die röm. Bronzeindustrie von Capua und von Niedergermanien, Hn./L. 1907, 74, 89, Nr 138, Taf. 6, 3; Bolla, 1988, App. III/1; Petrovszky, 1993, 307, Nr T.08.07, Taf. 28, 42); – 8.) aus Pannonien (heute Budapest, NM, Inv. Nr 10. 1951. 78; A. Radnóti, Die röm. Bronzegefäße von Pannonien, Bp./L. 1938, 44 s., Taf. 3, 11; 17, 32; 19, 2–2a; Bolla, 1988, App. III/6; Petrovszky, 1993, 309 s., Nr T.08.08, Taf. 28, 42); – 9.) aus einem Urnengrab (Nr 2/1943) von Nymburk/Tschech. Republik (heute Nymburk, Mus.; K. Motyková-Sneidrová, Fontes Archeologici Pragenses 6:1963, 40, Taf. 14, 9; Bolla, 1988, App. III/9; Petrovszky, 1993, 310, Nr T.08.09, Taf. 29); – 10.) aus einer Vesuvstadt (heute Neapel, Mus. Archeol. Naz., Inv. Nr 111536; Bolla, 1988, App. III/4; Petrovszky, 1993, 310, Nr T.08.10). ▭ *M. Bolla*, Un manico decorata da Fornovo S. Giovanni (Bergamo) e l'officina dei Trebelli (Ms.), in: *H. U. Nuber* (ed.), 10. Internat. Tagung über antike Bronzen, 18.–22. Juli 1988 in Freiburg im Breisgau, FiB. 1988, App. III/1–8; *R. Petrovszky*, Stud. zu röm. Bronzegefäßen mit Meisterstempeln, Buch am Erlbach 1993, 169, Nr T.08, pp. 308–310, Nrn T.08.01–T.08.10, Taf. 28 s., 42. R. V.

Trebemis (Τρεβεμις), Sohn des Demetrios, Bildhauer (τεχνίτης) aus Lykaonien, in der mittleren(?) Kaiserzeit tätig. Nur bek. aus der Sign. auf einer Basis für eine *Aschenurne* mit figürl. Verzierung aus Akviran/Lykaonien (MAMA, VIII, 1962, Nr 78, Taf. 4; G. Laminger-Pascher, Die kaiserzeitl. Inschr. Lykaoniens, I, Der Süden [DenkschriftenWien, 173: TAM, Erg. Bd. 11], W. 1984, Nr 268). Die Vorderseite zeigt neben der Grab-Inschr. drei Phialen, eine Girlande und drei Dreiergruppen mit insgesamt drei Frauen- und sechs Männerfiguren. T. Lochman

Triccus, mögl. Namen eines röm. Toreuten, der in der 2. H. des 2. Jh. n. Chr. in Obergermanien(?) tätig war. Die nur in den Abkürzungen THALETRCC THALET(T?)RCC existierende Sign. kann noch nicht gesichert aufgelöst werden. Am ehesten sollte man sie in *Thalius et Triccus* auflösen, wenngleich auch *Thalius Triccus* nicht ganz auszuschließen ist, aber wegen des wohl klaren *et* unwahrsch. erscheint. Im ersteren Fall würde es sich folgl. um die Sign. zweier Meister, im zweiten Fall um die Sign. eines Meisters handeln. Egal wie man die Abbreviatur auch lesen will, bleibt zusätzl. auch noch die Möglichkeit, daß unser T. mit → Triccus, T. ident. ist, der zur gleichen Zeit in derselben Region gearbeitet hat und zudem auch noch Bronzebecken fertigte. Der Meister *Thalius* könnte weiterhin auch noch ident. mit dem zus. mit → Triccus, T. signierenden und nur in Abkürzung bek. Toreuten *I. T.* sein. Bisher kennen wir von unserem T. die folgenden sechs *Bronzebecken*: – 1.) aus einem Frauengrab aus Tirlemon-Avendoren/Belgien (J. Mertens, AntCl 21:1952, 54, Nr 6, pp. 55 s., Abb. 2, 6, Abb. 7, Taf. 5, 3; 6, 2; Petrovszky, 1993, 327 s., Nr Z. 15. 01, Taf. 33); – 2.) aus Pfaffenhofen an der Ilm (Pons Aeni)/Deutschland (heute München, Archäolog. Staats-Slg, Inv. Nr 1972/303; J. Garbsch, BayVgBl 41:1976, 90, Taf. 4, 2; Petrovszky, 1993, 328, Nr Z.15.02, Taf. 33, 43); – 3.) – 5.) von einem Hortfund am Römerbad in Weißenburg/Deutschland (heute Weißenburg, Römer-Mus., Inv. Nrn 1981/4420 – 1981/4422; H.-J. Kellner/G. Zahlhaas, Der röm. Schatzfund von Weißenburg, M./Z. 1983, 38, Nrn 56–58, Abb. 28; Petrovszky, 1993, 328, Nrn Z.15.03–Z.15.05, Taf. 33, 43); – 6.) aus Barnstorf, Landkreis Diepholz/Deutschland (heute Hannover, LM, Inv. Nr 18140; Petrovszky, 1993, 329, Nr Z.15.06, Taf. 34, 43). ▭ *R. Petrovszky*, Stud. zu röm. Bronzegefäßen mit Meisterstempeln, Buch am Erlbach 1993, 176 s., Nr Z.15, pp. 327–329, Nrn Z.15.01–Z.15.06, Taf. 33 s., 43, Karte 6. R. V.

Triccus, *T.*, röm. Toreut, in der 2. H. des 2. Jh. n. Chr. in Obergermanien(?) tätig. Nur bek. durch die Sign. auf den folgenden sechs Bronzegefäßen: – 1.) *Pfanne* aus Reims (heute Reims, Mus. St-Denis; CIL, XIII. 3/2, 10027, 45 a; M. Maxe-Werly, BantFr 1883, 274 s., Abb.; Petrovzky, 1993, 326, Nr Z.14.01, Taf. 32); – 2.) *Eimer* aus der Brandgrube Nr 834 von Møllegårdsmarken, Gudme Sn./Dänemark (heute Odense, Fyns Stifts-Mus., Inv. Nr 10.464; E. Albrectsen, Fynske Jernaldergrave. III. Yngre romersk jernalder. Fynske Studier 7, Odense Bys Museer, Odense 1968, 116 s., Grab 834, p. 292, Taf. 10 c; Petrovszky, 1993, 326, Nr Z.14.02); – 3.) *Becken* aus der Umgebung von Mannheim (heute Mannheim, Reiss-Mus., Inv. Nr Di 169; CIL, XIII. 3/2, 10027, 45 b; Petrovszky, 1993, 326, Nr Z.14.03); – 4.) *Becken* aus dem Urnengrab 1 von Naunheim, Landkreis Wetzlar/Deutschland (heute Darmstadt, LM, Inv. Nr A 1862:2,11; CIL, XIII. 3/2, 10027, 45c; H. Willers, Neue Unters. über die röm. Bronzeindustrie von Capua und von Niedergermanien, Hn./L. 1907, 64 ss., Abb. 38; Petrovszky, 1993, 326 s., Nr Z.14.04, Taf. 32, 43); – 5.) und 6.) *zwei Becken* aus dem Rhein bei Neupotz, Landkreis Germersheim/Deutschland (heute Rheinzabern, Mus., Inv. Nr 80/40-II/3 und 80/40-I/12; Petrovszky, 1993, 327, Nrn Z.14.05–Z.14.06, Taf. 33, 43). T. signierte diese Gefäße zus. mit einem and. Meister, der uns ledigl. durch die zwei abgekürzten Buchstaben *I. T.* überliefert ist. Es könnte sein, daß unser T. mit einem Toreuten ident. ist, dessen abgekürzte Sign. wahrsch. auch als Triccus aufzuschlüsseln ist und der uns bisher ausschließl. durch die Herstellung von Bronzebecken bek. ist (s. dazu → Triccus). Wenn dies der Fall wäre, dann könnte weiterhin der Meister *I. T.* mit dem zus. mit Triccus signierenden Toreuten *Thalius* ident. sein (v. dazu → Triccus). ▭ *R. Petrovszky*, Stud. zu röm. Bronzegefäßen mit Meisterstempeln, Buch am Erlbach 1993, 176, Nr Z. 14, pp. 326 s., Nrn Z. 14. 01 – Z. 14. 06, Taf. 43, Karte 6. R. V.

Trifer, röm. Koroplast unbek. Zeit. Nur bek. durch seine Sign. auf einer kleinen *Tonplastik* aus Pozzuoli (CIL, X, 3022). ▭ EAA VII, 1966. – *Calabi Limentani*, Studi, 1958, 162, Nr 81. R. V.

Trito[...], griech. Bildhauer aus Böotien, in der 1. H. des 5. Jh. v. Chr. in Delphi tätig. Nur bek. durch seine fragm. Sign. auf einer Marmorbasis für eine Statue aus Delphi. ▭ *Marcadé*, Signatures, I, 1957, 108. R. V.

Troilos (Τροΐλος), aus Antiocheia, griech. Bildhauer, in der 2. H. des 2. Jh. und in der 1. H. des 1. Jh. v. Chr. in Rhodos und Lindos tätig. Nur bek. durch seine Sign. auf den folgenden drei Basen: – 1.) Basis aus der Nähe des Dionysostempels in Rhodos (G. Pugliese Carratelli, PP 5:1950, 79); – 2.) Basis von der Akropolis von Lindos für eine *Statue*, die nach 107 v. Chr. gefertigt worden ist (Lindos, II. 1, 1941, 56, Nr 93; Lindos, II. 2, 1941, pp. 620 s., Nr 299a; Muller-Dufeu, SculptureSource, 2002, 874 s., Nr 2607); – 3.) Basis von der Akropolis von Lindos für eine *Statue*, die vor 74 v. Chr. gefertigt worden ist (Lindos, II. 1, 1941, 56, Nr 93; Lindos, II. 2, 1941, pp. 621–623,

Nr 299b mit Abb.; Muller-Dufeu, SculptureSource, 2002, 874 s., Nr 2607). ▭ RE VII. A. 1, 1939 (s.v. T. 8); EAA VII, 1966. – *Lippold*, GrPl, 1950, 377 s., Anm. 24. R. V.

Trophimos S[e]irakleanos (Τρόφιμος Σ[ε]ιρακλεανός), Bildhauer aus Phrygien, im frühen 3. Jh. n. Chr. in der nw.-phrygischen Tembris-Hochebene tätig. T. S. ist uns von zwei in einem Zeitraum von ungefähr 210 bis 220 n. Chr. entstandenen und von ihm sign. *Grabstelen* bek.: Die ältere (sign. T. Σιρακλεανός), eine *Bogenfeldstele* eines Paares, befand sich einst in Pınarbaşı (Appia) und ist jetzt wohl verschollen (M. Waelkens, in: MAMA, X, 1993, Nr 147, Taf. 16); die jüngere (sign. T. Σειρακλεανός), eine *Nischenstele* mit drei stehenden Gestalten, deren Dat. in die Zeit um 220 n. Chr. dank den Modefrisuren der Frauen fixiert werden kann, befindet sich in Charlottesville, Bayly Art Mus. of the Univ. of Virgina (Lochman, 2003, 103, Nr II 187, Taf. 11, Abb. 41). Der flächige und ornamentalisierende Stil ist typisch für das nordwestphryg. Tembristal. Die jüngere *Stele* ist gegenüber der älteren noch stilisierter in den Formen und zeigt, welch große stilist. Veränderungen Bildhauer aus dieser Region im Laufe ihrer Entwicklung durchmachen konnten. „Sirakleanos" bezieht sich zweifellos auf eine anderweitig nicht belegte phryg. Ortschaft. ▭ *T. Lochman*, Studien zu kaiserzeitl. Grab- und Votivreliefs aus Phrygien, Basel 2003, 103. T. Lochman

Trophonios → Agamedes und Trophonios

Trophymus, röm. Ringmacher, im 1. Jh. n. Chr. in Ameria/Umbrien tätig. Nur bek. durch seine Grab-Inschr. aus Ameria (CIL, XI, 4420). ▭ EAA I, 1958 (s.v. Anularius). R. V.

Tryphon (I) (Τρύφων), griech. Poliorket aus Alexandria, in hellenist. Zeit tätig. Lebte nach → Vitruvius (10, 16, 10) in Apollonia (unklar bleibt, welches Apollonia gemeint ist). T. bewahrte bei einer Belagerung die Stadt vor der Einnahme, indem er feindl. Minen durch Gegenminen vernichtete. Einzelheiten des hierfür angelegten unterird. Stollensystems bei → Vitruvius (loc. cit.). Die Unterminierungstechnik übernahmen die griech. Poliorketiker von den Phoinikern. ▭ ThB33, 1939. RE VII. A. 1, 1939 (s.v. T. 31); EAA VII, 1966 (s.v. T. 1); DEAU VI, 1969. – *Brunn*, GGK, II, 1889, 263; *J. Krohmayer/G. Veith*, Heerwesen und Kriegführung der Griechen und Römer, M. 1928 (Hb. der Altertumswiss. IV 3, 2), 70, 216. W. Müller

Tryphon (II), röm. Gemmen- und Kameenschneider, tätig im 1. Jh. v. Chr. T. ist bek. aus einem Epigramm (Anth. Gr., 9, 544), das einen indischen Beryll mit der im Rückenakt gelagerten Nymphe Galene beschreibt. Eine Sign. τ ist auf einem *Kameo* in Boston (MFA) überliefert, der die *Hochzeit von Eros und Psyche* zeigt und seit dem 16. Jh. bek. ist. Ob lit. und materielle Überlieferung auf ein und denselben Künstler zu beziehen sind, ist ungewiß. ▭ ThB33, 1939. RE VII. A. 1, 1939 (s.v. T. 32); EAA VI, 1966. – *A. Furtwängler*, JdI 3:1888, Taf. 11, 5; *id.*, JdI 4:1889, 58; *Richter*, EngrGemsRom, 1971, 150, Nr 706; *Zazoff*, AG, 1983, 289 mit Anm. 139. B. Lang

Tryphon (III), Architekt des 5. Jh. n. Chr., bek. nur als Adressat eines Briefes des Mönches Nilus, ep., 1, 197. ▭ PLRE II, 1980 (s.v. T. 2). M. Dennert

Tullius Famulus, *Marcus*, Freigelassener eines M. Tullius, aus Bononia (heute Bologna), Färber (*colorator*), im 2. Jh. n. Chr. tätig. M. Tullius Famulus ist aus der von ihm selbst gesetzten und in Bologna entdeckten Grab-Inschr. bekannt. Darin wird er als *colorator* tituliert. Es gibt kein Indiz dafür, daß dieser *terminus* auch einen Kunstmaler kennzeichnen könnte. ▭ *Ruggiero*, Diz. epigr. II. 1, 1900, 464 (s.v. Colorator). – *H. Blümner*, Technologie und Terminologie der Gewerbe und Künste bei Griechen und Römern, L./B. 1912, 228, Anm. 15 (zur Berufsbezeichnung); *G. A. Mansuelli*, Epigraphica 3:1941, 96; AE, 1945, Nr 52; *Calabi Limentani*, Studi, 1958, 157, Nr 38. U. Huttner

Tullius Secundus, *M.*, röm. Ringmacher, im 1. Jh. n. Chr. tätig. Nur bek. durch seine Grab-Inschr. aus Brindisi (NSc 1892, 124). ▭ EAA I, 1958 (s.v. Anularius). R. V.

Tunennechebchensu (Tunennnechebchons), ägyptischer Graveur, in der 19./20. Dynastie (1292–1070/69 v. Chr.) vermutl. in Theben/Oberägypten tätig. Bek. durch eine Kalksteinstele, die sich heute in London, BM, Inv. Nr 700, befindet. Auf der Stele, deren Herkunft leider unbek. ist, ist T. zus. mit seiner Frau opfernd vor dem Totengott Osiris dargestellt. Da T. in dem hieroglyph. Text auch als „Wab-Priester des Amun" bez. wird, liegt die Vermutung nahe, daß er in Theben tätig war, wo in ramessid. Zeit der Hauptkultort des Gottes Amun lag. Als Graveur hat er vorgezeichnete Reliefs angefertigt, vermutl. Arbeiten, die im Tempelbezirk auszuführen waren, wie z. B. die Reliefs an den Tempelwänden. ▭ Hieroglyphic texts from Egyptian stelae etc. (K BM), XII, Lo. 1993, 22, Nr 700, Taf. 70 s. T. Schrottenbaum

Turpilius, röm. Maler, in der 1. H. des 1. Jh. n Chr. tätig. T. ist nur bek. durch eine Erw. bei Plinius (nat., 35, 20; Overbeck, SQ, 1868, Nr 2385), in der er als Zeitgen. bez. (*nostrae aetatis*) wird. Wie and. Maler, die in diesem Abschnitt von Plinius gen. werden, wird T. als Beispiel eines Römers aufgeführt, der der Oberschicht angehört hat und der die Malerei als keine erniedrigende Tätigkeit empfand. Er gehörte dem Ritterstand an (der zweithöchsten Klasse in der röm. Gesellschaft) und kam aus dem Gebiet von Venedig. Von seinen Malereien hebt Plinius „herrliche Werke, die heute in Verona erhalten sind" hervor. Eine Besonderheit war, daß er mit der linken Hand malte, „was von keinem Künstler vorher erwähnt worden ist". ▭ ThB33, 1939. RE VII. A. 2, 1948 (s.v. T. 12); EAA VII, 1966. – *K. Jex-Blake/E. Sellers*, The Elder Pliny's chapters on the history of art, Lo. 1896, 89; *Toynbee*, Artists, 1951, 37 s.; *Pollitt*, RomeSources, 1966, 155 s. R. Ling

Turranius Suavis, *Quintus*, röm. Toreut, im 1. Jh. n. Chr. in Aquileia/N-Italien tätig. Nur bek. durch die Sign. auf den folgenden zwei *Bronzeschöpfkellen*: – 1.) aus Amiens, Dép. Somme/ Frankreich (heute London, BM, Inv. Nr 245; CIL, XIII. 3/2, 10027, 201; Walters, BMBronzes, 1899, 322, Nr 245, Abb. 76; Petrovszky, 1993, 310, Nr T.09.01, Taf. 29); – 2.) aus Groblje (bei St. Jernej)/Slowenien (heute Ljubljana, NM, Inv. Nr R 1748; CIL, III, Suppl., 12031, 1; D. Breščak, Situla 22:1982, 22, 53, Nr 104, Taf. 10 und 20; Petrovszky, 1993, 310, Nr T.09.02, Taf. 29). ▭ *R. Petrovszky*, Stud. zu röm. Bronzegefäßen mit Meisterstempeln, Buch am Erlbach 1993, 169, Nr T.09, p. 310, Nrn T.09.01–T.09.02, Taf. 29. R. V.

Turranius Successus, *Quintus*, aus Rom, Toreut, in der späteren röm. Kaiserzeit tätig. T. ist auf dem Grabstein seines Freigelassenen [Q. Tur]ranius Mercurius in Salona/Dalmatien bezeugt. In der Inschr. wird er als TO[RE]UTICESIS(?) AB UR[BE] bezeichnet. ▭ CIL, III, 8839; *Calabi Limentani*, Studi, 1958, 170, Nr 145; *G. Alföldy/A. Mócsy*, Bevölkerung und Ges. der röm. Provinz Dalmatien, Bp. 1965, 114 mit Anm. 147, p. 116 mit Anm. 174. U. Huttner

Tutilius Rufus, *Lucius*, röm. Architekt der Kaiserzeit, tätig in Dyrrhachion/Durres (Albanien). Nur bek. durch ein Graffito auf einem Ziegel der Thermen von Dyrrhachion. ▭ *L./F. Miraj*, Iliria 21:1991, 256, 271, Nr 5, Abb. 7; AE 1994, Nr 1566; *M. Donderer*, Archeologia Veneta 21/ 22:1998/99, 62; AE 1998, Nr 1223. M. Dennert

Tutu, ägypt. Künstler („Vorsteher aller Handwerker des Herrn der beiden Länder [d.h. der ägypt. König]" und „Vorsteher aller Arbeiten seiner Majestät"), 18. Dynastie unter Echnaton (1550–1292 v. Chr.). Bei T. handelt es sich um eine höherstehende Persönlichkeit. Neben seinen Künstlertiteln trug er noch eine Vielzahl anderer hoher Titel. Zudem ist er nicht nur durch eine Stele (London, BM, Inv. Nr 211) bek., sondern auch durch einige schriftl. Belege überliefert. V.a. wurde aber auch sein Grab in Tell el-Amarna gefunden, das mit der Nr 8 gezählt wird. Aus diesem Grab stammt auch die Liste seiner Titel. ▭ PM IV, 1934, 221 s. – Urk. IV, 2017, 16 und 2017, 17; *E. Peet/ C. L. Wooley*, The City of Akhenaton, I, Lo. 1923, Taf. LXIV, 39; II, Lo. 1933, Taf. LVIII, 51; III, Lo. 1951, Taf. XCI, Abb. 185, 186, 187 und 189; *R. Hari*, Rep. onomastique amarnien, Genf 1976, Nr 312. S. Hänsch

Tutuia, ägypt. „Goldschmied des Herrn der beiden Länder (d.h. der ägypt. König)", Neues Reich (1550–1070/69 v. Chr.). T. ist auf einer Opferstele erw., die ledigl. seinen Namen und Titel innerhalb des Opferformulars nennt. ▭ *G. Roeder*, Aegypt. Inschr. aus den Staatl. Mus. zu Berlin, II, L. 1924, 145, Nr 7279. S. Hänsch

Tychicus (Thychicus), röm. Architekt, in domitianischer Zeit in Rom tätig. Nur bek. durch seine Grab-Inschr. aus Rom (heute Vatikan, Vatikan. Mus., Inv. Nr 7483; CIL, VI, 8726). ▭ RE VII. A. 2, 1948 (s.v. T. 1). – *O. Hirschfeld*, Klio 2:1902, 52, Anm. 6; *G. Boulvert*, Les esclaves et les affranchis impériaux sous le Haut-Empire romain, II, P. 1964, 508, Anm. 296; *P. R. C. Weaver*, JRS 54:1964, 125, Anm. 63; *H. Chantraine*, Freigelassene und Sklaven im Dienst der röm. Kaiser, Wb. 1967, 309, Nr 106; *Donderer*, Architekten, 1996, 256, Nr A 143, Taf. 49, 2. R. V.

Tychios (I) (Τυχίος), myth. griech. Toreut. Lt. Homer (Il., 7, 220), Plinius (nat., 7, 56 und 196) und Ovid (fast., 3, 824) fertigte T. den *Schild des Aias* (O. Weinreich, in: Roscher, ML, V, 1916–1924, 1381, s.v. Tychios). ▭ RE VII. A. 2, 1948.

R. V.

Tychios (II), griech. Töpfer, in der 2. H. des 5. Jh. v. Chr. in Athen tätig. T. ist nur durch seine Sign., Τυχίο[ς] ἐποίεσ[ε]ν, auf der Lippe einer in Tarquinia gefundenen *schwarzfigurigen Hydria* bek., die heute in Triest (Mus. Storia ed Arte, Inv. Nr S 405) aufbewahrt wird. ▭ ThB33, 1939. – ABV, 1956, 350, 695; Add², 1989, 95.

T. Mannack

U

Udainu, nabatäischer Architekt, in der 2. H. des 1. Jh. n. Chr. im Hauran/Syrien tätig. U. nennt sich in einer nabatäischen Inschr. auf einem *Altar*, den er dem nabatäischen Hauptgott Dusares im 5. Reg.-Jahr des Nabatäerkönigs Rabbel II., also im Jahr 74/75 n. Chr., gew. hat, Architekt. Es kann nicht gesagt werden, an welchen Bauten U. beteiligt und in welcher Stadt er tätig war, denn der Fundort dieses Altars ist unbekannt. Allerdings weisen sowohl der Basalt als Mat. dieses Altars als auch sein Aufbewahrungsort im Mus. von Suweida auf den Hauran hin. 📖 EAA V, 1963 (s.v. Nabatea, Arte, U.). – *J. T. Milik*, Syria 35:1958, 231–235, Taf. 20 a; *Hackl*, Nabatäer, 2003, Nr F.-.01. D. Keller

Udja, ägypt. Künstler („Vorsteher der Künstlerschaft des Großen Hauses [d.h. des Palastes]"), unter Pepi I. (2335/2285–2285/2235 v. Chr.) vermutl. in Memphis/Unterägypten tätig. Bek. durch eine hieroglyph. Inschr., die unter Pepi I. im Wadi Hammamat angebracht wurde. U., der wohl die Künstler des kgl. Palastes in Memphis beaufsichtigte, begleitete eine Expedition in den Steinbruch, wo er ebenfalls eine leitende Funktion ausgeübt haben wird. In der Inschr. sind darüber hinaus vier seiner Söhne, → Chuienipteh (I), → Sanchpteh (I), → Nikaupteh (I) und → Chuienipteh (II) gen., die alle als „Unteraufseher der Künstlerschaft" tätig waren. 📖 *J. Couyat/P. Montet*, Les inscr. hiéroglyphiques et hiératiques du Ouâdi Hammâmât, Le Caire 1912, 71, Nr 101.
T. Schrottenbaum

Ulpius Dionysius, *M.*, röm. Goldschmied, in trajanischer Zeit (98–117 n. Chr.) in Rom tätig. Nur bek. durch seine Grab-Inschr. aus Rom (CIL, VI, 8737). 📖 EAA I, 1958 (s.v. Aurifex); *Solin*, GPR, I, 1982, 304. R. V.

Ulpius Eufrates, *Marcus*, röm. Toreut, in der 1. H. des 2. Jh. n. Chr. in Rom tätig. Nur bek. durch seine Sign. auf einem *Bronzesieb* von einem Hortfund aus Dervent bei Constanţa/Rumänien (heute Constanţa, NM, Inv. Nr 20. 303). Neben seiner Sign. fügte er hinzu: FECIT IN CIRCO FLAMINIO (am Flaminius-Zirkus gefertigt). Damit besitzen wir hier den außergewöhnl. Hinweis des genauen Herstellungsortes in Rom. 📖 *M. Bucovală*, Pontica 5:1972, 121–136, Nr 3, Abb. 5–9; *R. Noll*, Das Inv. des Dolichenusheiligtums von Mauer an der Url (Noricum), W. 1980, 82, Beilage 9; *R. Petrovszky*, Studien zu röm. Bronzegefäßen mit Meisterstempeln, Buch am Erlbach 1993, 180, Nr SG.12, pp. 342 s., Nr SG.12; *E. Thomas*, Signaturen Metall verarbeitender Künstler und Kunsthandwerker in der röm. Kaiserzeit, in: *C. C. Mattusch/A. Brauer/S. E. Knudsen* (Ed.), From the parts to the whole, II, Acta of the 13th internat. bronze congr., held at Cambridge, Massachusetts, may 28-june 1, 1996, Journal of Roman archaeology, suppl. 39, Portsmouth, Rhode Island 2002, 244. R. V.

Ulpius Flavos, *Marcus*, röm. Militärarchitekt, tätig vor 137 n. Chr. Auf einem in Rom gefundenen *Votivaltar* mit Entlassungslisten von *Equites Singulares Augusti* als Architekt aufgeführt (CIL, VI, 31145; heute Rom, Mus. Naz. Romano). Der Altar ist durch die Angabe der Konsuln auf das Jahr 137 n. Chr. datiert. 📖 *M. P. Speidel*, Die Denkmäler der Kaiserreiter, Bonn 1994, 43 s., Nr 9, Abb.; *Donderer*, Architekten, 1996, 257, Nr A 144.
C. Leschke

Ulpius Orestes, *M.*, griech. Bildhauer, um 100 n. Chr. in Rom tätig. Nur bek. durch seine Sign.: M V[LPIVS] ORE[S]TES auf dem l. Vorderhuf eines geopferten Stieres auf einem *Relief mit der Darst. eines extispicium* (Eingeweideschau) vor dem Tempel des Jupiter Maximus auf dem Kapitol. Das Relief stammt vom ö. Halbkreis des Trajansforums in Rom und bezieht sich auf die Vorbereitungen eines Kriegszuges von Trajan (heute Paris, Louvre, Inv. Nr Ma 978; CIL, VI, 29800). 📖 EAA V, 1963 (s.v. Orestes, M. Ulpius). – *E. Michon*, MonPiot 17:1909, 216 ss., Nr VIII, Abb. 11; *M. Pallottino*, BullCom 66:1938, 55; *Toynbee*, Artists, 1951, 26, Anm. 4; *Calabi Limentani*, Studi, 1958, 161, Nr 61; *Charbonneaux*, SculptLouvre, 1963, 135 s., Nr 978 mit Abb.; *G. M. Koeppel*, BJb 185:1985, 204–212, Nr 50, Abb. 35 s., bes. p. 205, Nr 2. R. V.

Unennefer (Wenennefer), ägypt. „Umrißzeichner des Amun am Ort der Wahrheit", unter Ramses III. (1183/82–1152/51 v. Chr.) in Theben/Oberägypten tätig. Er ist bek. aus dem Grab seines Vaters → Hai (III) in Deir el-Medineh/Theben-W (Theban Tomb 267). Er war wie sein Vater und seine Brüder →

Imennechet (V) und → Imenua in der kgl. Nekropole in Theben-W beschäftigt. Er gehörte einer Künstler-Fam. an, die schon seit mehreren Generationen in der Arbeitersiedlung Deir el-Medineh lebte und einige Nekropolenhandwerker hervorgebracht hat. ▭ KRI V, 632, Z. 9; *D. Valbelle*, La tombe de Hai à Deir el-Médineh (Nr 267), Le Caire 1975, 11 s. mit Taf. 6; 24, I, E. 32, 29, II, G. 4-5, 38 Anm. 2, Taf. 17; *E. S. Bogoslovsky*, ZÄS 107:1980, 98; *B. G. Davies*, Who's who at Deir el-Medina, Leiden 1999, 68, 102, chart 8 (s.v. Wennefer [VI]). T. Schrottenbaum

Urbanus, röm. Toreut, im 1. V. des 1. Jh. n. Chr. in Aquileia/N-Italien tätig. Nur bek. durch seine Sign. auf einer *Bronzekasserolle* aus Haltern (Annaberg)/ Deutschland (heute Berlin, Staatl. Mus., Antiken-Slg, Inv. Nr 2842; CIL, XIII. 3/2, 10036, 8). ▭ *H. Willers*, Neue Unters. über die röm. Bronzeindustrie von Capua und von Niedergermanien, Hn./L. 1907, 89, Nr 125, Taf. 6, 6; *R. Petrovszky*, Studien zu röm. Bronzegefäßen mit Meisterstempeln, Buch am Erlbach 1993, 169, Nr U.01, p. 311, Nr U.01.01. R. V.

User → Userimen

User (I), ägypt. Aufseher der Künstler, unter dem König Sesostris I. (1956–1911/10 v. Chr.) im Wadi el-Hudi/Oberägypten tätig. Er arbeitete in den Amethyststeinbrüchen in der ö. Wüste von Oberägypten. Erw. ist er auf einem schwarzen Granitstein mit zehn Textzeilen, der in diesem Tal gefunden wurde. ▭ *A. Fakhry*, The inscr. of the Amethyst quarries at Wadi el Hudi, Kairo 1952, 32 s., Nr 13; *W. A. Ward*, Index of Egyptian administrative and relig. titles of the Middle Kingdom, Beirut 1982, 118, Nr 996. Y. Ott

User (II), ägypt. Künstler („Vorsteher der Stein- und Goldarbeiter"), in der 12. Dynastie (1976–1794/93 v. Chr.) tätig. Nur bek. aus seiner Statue, die in Knossos auf Kreta im Palast gefunden wurde. Der Handel mit ägypt. Statuen wird als Zeichen der ägypt. Machtausdehnung oder als Weihungen von Priv.-Personen gedeutet. ▭ LÄ V, 1984, 1261 mit Anm. 4 (s.v. Statuen im Ausland). – *A. Evans*, The palace of Minos at Knossos, I, Lo. 1921, 286. Y. Ott

Useramun → Userimen

Userhat v.e. **Weserhat**

Userhat → Hatiai (III)

Userhet v.e. **Weserhat**

Userimen (Useramun; Amunweser; Imenuser), gen. User, Sohn des Iahmes, gen. Aamatju, ägypt. Bauleiter, in der 18. Dynastie (1550–1292 v. Chr.) in Theben/Oberägypten tätig. Bei dem von Helck (1958) gen. U. handelt es sich sehr wahrsch. um den Wesir User bzw. Imenuser, der unter Hatschepsut und Thutmosis III. (1479–1425 v. Chr.) im Amt war. U. gehören die beiden Gräber Theban Tomb 61 und 131 in Theben-W, beide sind jedoch nicht publiziert. ▭ PM I. 1, 1960, 123, Nr 61, p. 245, Nr 131; LÄ I, 1975 (s.v. Bauleiter mit Anm. 6). – *W. Helck*, Zur Verwaltung des Mittleren und Neuen Reiches, Leiden/Köln 1958, 290 ss.; *E. Hornung*, NAWG 5:1961, 115 ss. S. L. Lippert

Usienius Primulus, *P.*, röm. Vasenhersteller, in der Kaiserzeit in Narbonne tätig. Nur bek. durch seine Grab-Inschr. aus Narbonne (CIL, XII, 4519). ▭ *Calabi Limentani*, Studi, 1958, 172, Nr 169. R. V.

Usirwer, Sohn des Her (Hor), ägypt. Juwelier („Oberster der Juweliere des Hauses [d.h. Tempels] des Amun"), ptolemäische Zeit (um 300 v. Chr.) in Theben/Oberägypten tätig. Bek. durch eine bunt bemalte Stele in Turin (ohne Inv.-Nr), die in Theben gefunden wurde. Vermutl. war er in Karnak in den Wkstn des Tempelbezirks des Gottes Amun beschäftigt. ▭ *P. Munro*, Die spätägypt. Totenstelen, Glückstadt 1973, 237, Taf. 18, Abb. 62; *M. L. Bierbrier/H. de Meulenaere/J. Quaegebeur*, CdE 57:1982, 112. T. Schrottenbaum

Utte(di)us Hermias, *L.*, röm. Gemmenschneider, im 1. Jh. n. Chr. in Rom tätig. Nur bek. durch seine Grab-Inschr. aus Rom (CIL, VI, 9436). ▭ EAA III, 1960 (s.v. Gemmarius). – *Solin*, GPR, I, 1982, 338. R. V.

V

Valens (Οὐάμλες), griech. Koroplast, im 3. Jh. n. Chr. in Thessaloniki tätig. Nur bek. durch seine Sign. auf einer *Tonstatuette* der Aphrodite von Knidos (Thessaloniki, Archäol. Mus.; S. Korti-Konti, Ἡ κοροπλαστικὴ τἔσ Θεσσαλονίκης, Thessaloniki 1994, 146, Nr 199 mit Abb.; SEG, XLVI, 1996, 232, Nr 826). R. V.

Valentinianus (Flavius Valentinianus; Kaiser Valentinianus [I.]), * 321 n. Chr. in Cibalae (Pannonien), † 375 n. Chr. in Brigetio (Illyricum), röm. Kaiser 364–375 n. Chr., als Maler und Bildhauer tätig. Die *epitome de Caesaribus* ebenso wie Ammian rühmen Kaiser V. nach, daß er ganz reizend gemalt und modelliert habe (epitome de Caesaribus, 45, 7; Amm., 30, 9, 4; vgl. Overbeck, SQ, 1868, Nrn 2315 s.; sie benutzen nicht nur erklärlicherweise diesselben Verben, sondern auch zur näheren Charakterisierung dasselbe Adjektiv [*venustus*]). Die Angaben sind einander so ähnl., daß man viell. vermuten darf, daß der spätere Ammian diese Information dem früheren Autor der *epitome de Caesaribus* entnommen hat. Bei Ammian steht diese Aussage etwas in Kontrast zum Eindruck, den die Schilderung von Taten und Verhalten des vorrangig durch soldatische Tugenden glänzenden Kaisers ansonsten vermittelt. Sie paßt aber gut zu Ammians Bemühen, V.s *paideia* jedenfalls zu der seines Sohnes Valens in positivem Gegensatz erscheinen zu lassen, und zeigt, daß röm. Geschichtsschreiber musische Fähigkeiten der Kaiser noch im 4. Jh. n. Chr. erwähnenswert fanden und positiv beurteilten. ▭ RE II. 7, 1948 (s.v. V. 1); EAA VII, 1966 (s.v. Valentiniano I); KlP V, 1975 (s.v. V. 1); DNP XII. 1, 2002 (s.v. V. 1). – *Overbeck*, SQ, 1868, Nrn 2315 s.; *L. Friedländer*, Darstellungen aus der Sittengeschichte Roms in der Zeit von August bis zum Ausgang der Antonine, L. [9]1920, 108; *J. Matthews*, The Roman Empire of Ammianus, Ox. 1989, 237 s.; *A. Brandt*, Moralische Werte in den *Res gestae* des Ammianus Marcellinus, Göttingen 1999, 41, 62. C. Müller

Valerianus, röm. Mosaizist, in der 1. H. des 4. Jh. n. Chr. in El Olivar del Centeno/Spanien tätig. Bek. durch eine zweizeilige Inschr. im oberen rechten Eck eines *Mosaiks* mit der Darst. eines *bacchischen Gefolges*, das im Jahre 1990 in einer Villa in einem Ort namens El Olivar del Centeno gefunden worden ist (heute Cáceres, Archäol. Mus.). J. Gómez Pallarès (1997) dat. das Mosaik ins 2. oder 3. Jh. n. Chr., die Entdeckerin, T. Petrovna Kuznetsova (1997), und ich selbst in die 1. H. des 4. Jh. n. Chr. Die zwei Linien sind unvollst., und vier versch. Ergänzungen sind bis jetzt vorgeschlagen worden: – 1.) durch die Entdeckerin: [R]ESCI[A] SELENVS / [EX] OFICINA VALERIANI; – 2.) durch J. Gómez Pallarès: [T]ABESCI[T] SELENVS / [EX] OF[FI]CINA. VALERIANI; – 3.) durch T. Petrovna Kuznetsova: RESCI SELENVS / [EX] OF[FI]CINA. VALERIANI; – 4.) durch mich: [ARIADNA] M RESCI[T] SELENVS / [EX] OF[FI]CINA. VALERIANI. Die Entdeckerin sieht in RESCIA einen weibl. Namen und zwar den einer Mänade, unter deren Zügen sich die Besitzerin der Villa verbirgt. Gómez Pallarès stellt hier das Verb [T]ABESCI[T] her, das er auf Silenus bezieht und soviel bedeutet wie: „dabei sein zu leiden", Petrovna Kuznetsova (1997) stellt den Imperativ von dem Verb *rescire* her und bezieht es auf Silenus, den sie als einen Mosaizisten aus der Wkst. des Valerianus ansieht. Mit Vorsicht und in Anbetracht der Darst., zu der die Inschr. in enger Beziehung steht, möchte ich persönl. folgende Hypothese vorschlagen: Silenus kann nur ein Silen sein und nicht der Name eines Mosaizisten, das Verb *rescire* ist hier am wahrscheinlichsten in der 3. Person des Indikativs (*rescit*) zu sehen; in Anbetracht der Fehlstelle beim Buchstaben T erwartet man folgl. einen Zusatz in Form eines direkten Objektivs: „Silen entdeckt jemanden". Des weiteren ist ein Buchstabe nur teilweise vor dem Verb erhalten: A RESCI[T] bezieht sich auf SILENVS: „der Silen hat Durst", was mit dem traditionellen Bild dieser Person einhergehen würde, der hier wegen seiner Trunkenheit steht und nicht auf seinem Esel sitzt. M könnte der letzte Buchstabe des fehlenden Objektivs zu RESCIT sein. Wegen der atypischen Ausstattung der Mänade, die dem Betrachter frontal vor dem Wagen von Bacchus und links von dem Silen gegenübersteht (sie trägt eine *bulla*, einen auf der Brust geknoteten Schleier, und ein Perlendiadem), scheint es nicht unmögl., in ihr in Wirklichkeit Ariadne zu erkennen, wie es Kuznetsova vorschlug, die durch einen Silen in Naxos entdeckt und durch Bacchus auf seinem Wagen fortgeführt worden ist. Ariadne wäre folgl. hier durch ihren Namen bezeichnet, und die erste Zeile würde die Darst., wie es auch auf and. Mosaiken der Spätantike vorkommt, kommentieren: „Silen entdeckt Ariadne“. Ein and. Beispiel für solch eine Kommentierung wäre das Mosaik von Santisteban del Puerto, das in die 2. H. des 4. Jh. n. Chr. datiert (J. Lancha, Mosaïque et culture dans l'Occident romain, Ier-IVe s., R. 1997, Nr 81). In der zweiten Linie folgt dann in der in Spanien des 4. Jh. n. Chr. üblichen Weise die Sign. EX OFFICINA „Werk der Wkst. des“ (vgl. dazu Gómez Pallarès, 1997, Nr BA 10: ANNIPONI in Mérida [→ Anniponus], Nr BA 11: DEXTERVS in Badajoz [→ Dexter], Nr TO 1: MAS[CVLI]NVS in Carranque [→ Mas(culi)nus], Nr TO 3: IV[LIVS] PRV[DENS] in Carranque [→ Iul(ius) Pru(dens)]. Der Mosaizist V. ist ansonsten auf der iberischen Halbinsel unbek., aber sein Name ist sowohl in Spanien wie auch außerhalb bek. wie Gómez Pallarès anmerkt. ▭ *M. C. García-Hoz Rosales u.a.*, La villa romana del „Olivar del Centeno“ (Millanes de la Mata, Cáceres), in: I Jornadas de Prehistoria en Extremadura (1986–1990), Extremadura Arqueologica, II, Mérida/Cáceres 1991, 387–402; *J. Gómez Pallarès*, Edición y Comentario de las inscr. sobre mosaico de Hispania. Inscripciones no cristianas, R. 1997, 78–80, Taf. 24 a und b; *T. Petrovna Kuznetsova*, Los mosaicos com motivos báquicos da Peninsula Ibérica, Diss. Univ. Lissabon 1997, 74–85, Nr 11, Taf. 14 s., 45; *M. C. García-Hoz Rosales*, Los mosaicos de la villa romana del „Olivar del Centeno“ (Millanes de la Mata, Cáceres), un repertorio bajo-imperial, in: *J. Lancha* (Ed.), Actas del Coloquio internat. de Lyon, 1993, Anas 11–12:1998–1999, 131–138, Taf. 1 s.; *ead.*, A propos de la mosaïque dionysiaque d'El Olivar del Centeno (Millanes de la Mata, Cáceres), Anas 13:2000, 125–131, Taf. 1 s.

J. Lancha

Valerius (I), röm. Architekt aus Ostia. Schuf um die M. des 1. Jh. v. Chr. die *Bedachung eines Theaters* in Rom, in dem ein gewisser Libo (vermutl. L. Scribonius Libo, Freund von Pompejus, Cicero und Varro, 34 v. Chr. Konsul, später Ädil) Spiele veranstaltete (Plin., nat., 36, 102). Da Plinius bemerkt, daß diese Dachkonstruktion früher entstand als die des Diribitoriums des Agrippa auf dem Marsfeld, muß es sich um das erste durch die lit. Überlieferung nachg. überdachte Theater Roms gehandelt haben. ▭ ThB34, 1940. RE VIII. A. 1, 1955 (s.v. Valerius Ostiensis); EAA VII, 1966; DEAU VI, 1969. – *Brunn*, GGK, II, 1889, 263; *Ferri*, Plin., 1946, 266; *F. Zevi*, Hellenismus in Mittelitalien (AbhGöttingen, Philolog.-Hist. Kl., F. 3, Nr 97), 1976, Tl. I, 62 s. W. Müller

Valerius (II) (Οὐαλαίριος), griech. Koroplast, im 2. Jh. n. Chr. in Thessaloniki tätig. Nur bek. durch seine Sign. auf einer *Tonstatuette der Aphrodite* aus der O-Nekropole von Thessaloniki (Thessaloniki, Archäol. Mus.; S. Korti-Konti, Ἡ κοροπλαστική τῆς Θεσσαλονίκης, Thessaloniki 1994, 104 s., Nr 49 mit Abb.; SEG, XLVI, 1996, 231, Nr 821).

R. V.

Valerius (III), angebl. röm. Mosaizist im spätantiken Cabra. Nur bek. durch die Inschr.: VALERIVS PERFECIT auf einem *Mosaik* aus Cabra/Spanien (CIL, II, 1624). Wahrsch. handelt es sich hier, wie bereits Donderer (1989) vorschlug, aber eher um den Stifter als um einen Mosaizisten. ▭ RE VII. A. 2, 1948 (s.v. V. 2). – *P. Gauckler*, MemSocAF 63:1902, 196, Nr 23; *A. García y Bellido*, AEsp 28:1955, 11, Nr 13; *J. Lancha*, MelCasaVelázquez 20:1984, 46; *Donderer*, Mosaizisten, 1989, 153 s., Nr C 38. R. V.

Valerius, *L.*, röm. Toreut, in der 1. H. des 1. Jh. n. Chr. tätig. Nur bek. durch seine Sign. auf dem silberverkleideten *Handschutz eines Schwertes* aus Rheingönheim-Ludwigshafen am Rhein (CIL, XIII, 10026, 17). ▭ *R. MacMullen*, AJA 64:1960, 38, Nr 74; *G. Ulbert*, BayVgBl 36:1971, 46–48, Abb. 2, 1. R. V.

Valerius Amandus, röm. Architekt, um 208 n. Chr. tätig. Nur bek. durch eine Inschr. aus der Umgebung von Iversheim (Landkreis Euskirchen), nach der er als Soldat der Legio I Minervia einen Kalkbrennofen erbaute. ▭ *Donderer*, Architekten, 1996, 258 s., Nr A 145, Taf. 50, 2. R. V.

Valerius [Anemption?], *Caius*, Freigelassener und Schüler des → Valerius Zephyrus(?), Caius, aus Tucci/Südspanien, † in Corduba (heute Cordoba), Toreut/Ziseleur, wohl im 2. Jh. n. Chr. tätig. Caius Valerius [Anemption?] ist durch seine handschriftl. und in mehreren Versionen tradierte Grab-Inschr. bek., die ihm sein Meister → Valerius Zephyrus(?), Caius, setzte. Darin wird er als *caelator anaglyptarius* bezeichnet. ▭ *Ruggiero*, Diz. epigr. I, 1895, 463 (s.v. Anaglyptarius); EAA II, 1959 (s.v. Caelatura). – CIL, II, 2243 (dort noch C. Valerius Diophanes) ersetzt durch CIL, II^2 / 7, 347; *A. García y Bellido*, AEsp 28:1955, 17; *Calabi Limentani*, Studi, 1958, 169, Nr 138; *J. M. Blázquez*, Economía de la Hispania Romana, Bilbao 1978, 503.

U. Huttner

Valerius Antiochus, *L.* cf. **Cossutius Don[...],** *Marcus*

Valerius Artemas, *Marcus*, röm. Architekt, in der Kaiserzeit tätig. Nur bek. durch eine heute verschollene Grab-Inschr. aus Interamna (CIL, XI, 6243). ▭ *Donderer*, Architekten, 1996, 261, Nr A 147. R. V.

Valerius Diophanes, *C.* → **Valerius [Anemption?],** *Caius*

Valerius Eros, *Caius*, röm. Toreut, im 1. Jh. n. Chr. in Italien tätig. Nur bek. durch seine Sign. auf den folgenden zwei *Bronzekasserollen*: – 1.) aus Pompeji (heute Neapel, Mus. Archeol. Naz.; Petrovszky, 1993, 311, Nr V.01.01); – 2.) heute Heerlen (Thermen-Mus., Inv. Nr 10991, Petrovszky, 1993, 311, Nr V.01.02). ▭ *R. Petrovszky*, Studien zu röm. Bronzegefäßen mit Meisterstempeln, Buch am Erlbach 1993, 169, Nr V.01, p. 311, Nrn V.01.01–V.01.02. R. V.

Valerius Flaccus, *P.*, röm. Goldschmied, in der Kaiserzeit in Rom tätig. Nur bek. durch seine Grab-Inschr. aus Rom (CIL, VI, 33835). ▭ EAA I, 1958 (s.v. Aurifex). R. V.

Valerius Paternus, röm. Architekt des späten 2. Jh. n. Chr. in Deutschland. Als Architekt auf einem von ihm und Aelius Macer gestifteten Votivstein für Neptun erw., der 1876 wenig oberhalb der röm. Neckarbrücke von Heidelberg in der Flußmitte gefunden wurde (CIL, XIII, 6403; heute Heidelberg, Kurpfälz. Mus.). Lt. Inschr. stiftete er zudem einen Tempel und eine Statue; sie ist offenbar jene zum Inschriftenstein gehörige Neptunstatue, von der sich 1877 die Plinthe mit einem Fuß-Fragm. unweit der Fundstelle der Inschr. fand. Wegen des Fundortes sowie der Weihung an den Gott der Gewässer wird meist ein Neptunheiligtum auf dem Mittelpfeiler der *Neckarbrücke* angenommen, deren Architekt V. P. dann vermutl. war, zumal das Inschriftenformular als auch der dendrochronolog. Befund der Brücke gleichermaßen in das E. des 2. Jh. n. Chr. zu weisen scheinen. – Von der 260 m langen Brücke haben sich im wesentlichen nur die Eichenpfahlroste für sieben rekonstruierbare Steinpfeiler sowie die steinernen Widerlager auf beiden Uferseiten erh.; sie besaß einen Oberbau aus hölzernen Sprengwerkbögen mit einer – von Pfeilermitte zu Pfeilermitte gerechneten – regelmäßigen Weite von jeweils 34,50 m. ▭ *E. Wagner*, Fundstätten und Funde aus vorgesch., röm. und alamannisch-fränkischer Zeit im Großherzogtum Baden, II, Tb. 1911, 286 s., Abb. 240; *E. Espérandieu*, Rec. général des bas-reliefs, statues et bustes de la Germanie romaine, P./Br. 1931, 286, Nr 439 (mit Abb.); *B. Heukemes*, in: *Ph. Filtzinger u.a.* (Ed.), Die Römer in Baden-Württemberg, St. [3]1986, 310, 319 s.; *V. Galliazzo*, I ponti romani, II, Treviso 1994, 268, Nr 544; *Donderer*, Architekten, 1996, 262 s., Nr A 148, Taf. 51, 2; *R. Ludwig*, Kelten, Kastelle, Kurfürsten. Archäologie am unteren Neckar (K Heidelberg, Kurpfälz. Mus.), St. 1997, 65–67 (mit Abb.). C. Leschke

Valerius Seius, *Quintus*, aus Vienne, Militärarchitekt des 1. Jh. n. Chr. Gen. auf seinem in Carnuntum gefundenen Grabstein (AE 1929, 213; heute Bad Deutsch-Altenburg, Mus. Carnuntinum) als Soldat und Architekt der dort bis in trajanisch-hadrianische Zeit stationierten *Legio XV Apollinaris*. Er verstarb im Alter von 40 Jahren und nach neun Dienstjahren. ▭ *E. Vorbeck*, Mus. Carnuntinum, Bad Deutsch-Altenburg, W. o. J., 103, Nr 102; *J. Bortlik*, in: Der röm. Limes in Österreich, XVI, W./L. 1926, 36 s., Nr 31, Abb. 14; *E. Swoboda*, Carnuntum, Graz/Köln [4]1964, 46, Taf. 4, 2; *Donderer*, Architekten, 1996, 263 s., Nr A 149, Taf. 52. C. Leschke

Valerius Valentinus, *Decimus*, mögl. röm. Mosaizist der Kaiserzeit. Nur bek. durch seine Grab-Inschr. aus der Nähe von Vaison-la-Romaine (heute Avignon, Mus. Calvet; CIL, XII, 1385). Auf der Inschr. wird er abgekürzt wohl als *tess(erarius)* bezeichnet. Der gleichen Abkürzung begegnen wir auf einem Mosaik aus Bad Kreuznach, wo wir sie mit Sicherheit als die Berufsbezeichnung des Mosaizisten → Victorinus auffassen können. ▭ EAA V, 1963. – *C. Balmelle/J. P. Darmon*, L'artisan-mosaïste dans l'Antiquité tardive: réflexions à partir des signatures, in: Artistes, artisans et productions artistique au Moyen Age, I, Rennes 1986, 237, Anm. 32; *Donderer*, Mosaizisten, 1989, 121, Nr B 7, Taf. 54, 2. R. V.

Valerius Zephyrus(?), *Caius* (Valerius Zenodorus[?], Caius), aus Corduba (heute Cordoba), Toreut/Ziseleur, wohl im 2. Jh. n. Chr. tätig. C. Valerius Zephyrus (Zenodorus?) ist durch eine handschriftl. und in mehreren Versionen tradierte Grab-Inschr. bek., die er seinem Schüler (*alumnus*) → Valerius [Anemption?], Caius, in Corduba setzte. Dieser wird in der Inschr. als *caelator anaglyptarius* bezeichnet. ▭ *Ruggiero*, Diz. epigr. I, 1895, 463 (s.v. Anaglyptarius); EAA II, 1959 (s.v. Caelatura). – CIL, II, 2243; II^2 / 7,347; *A. García y Bellido*, AEsp 28:1955, 17; *Calabi Limentani*, Studi, 1958, 169, Nr 138; *J. M. Blázquez*, Economía de la Hispania Romana, Bilbao 1978, 503. U. Huttner

Var[...] Opt[...], *Caius*, röm. Toreut, in der 2. H. des 1. Jh. n. Chr. in Italien tätig. Nur bek. durch seine Sign. auf einer *Bronzekasserolle* von einem Hortfund aus dem Tiber bei Ostia. ▭ *R. Petrovszky*, Studien zu röm. Bronzegefäßen mit Meisterstempeln, Buch am Erlbach 1993, 169, Nr V.03, p. 311, Nr V.03.01, Taf. 29, 42. R. V.

Varam[...], röm. Toreut, in der 1. H. des 1. Jh. n. Chr. in N-Italien tätig. Nur bek. durch seine Sign. auf einer *Bronzekelle* aus einem Grab aus Slonowice (Schlönwitz)/Polen (heute Berlin, Staatl. Mus., Mus. für Vor- und Früh-Gesch., Inv. Nr II 3502; CIL, XIII. 3/2, 10036, 8). ▭ *H. J. Eggers*, Baltische Stud. 42:1940, 12, 15, 23, Nr 41, Taf. 1; *R. Petrovszky*, Studien zu röm. Bronzegefäßen mit Meisterstempeln, Buch am Erlbach 1993, 169, Nr V.02, p. 311, Nr U.02.01, Taf. 42. R. V.

Varius (Οὐάριος), griech. Koroplast, um 40 n. Chr. in Myrina tätig. Nur bek. durch seine Sign. auf einer *Tonstatuette der Venus Genetrix* (Paris, Louvre, Inv. Nr Myr 27; Mollard-Besques, II, 1963, 15, Nr Myr 27, Taf. 13 b, p. 208, Taf. 247 b; D. Kassab, Statuettes en terre cuite de Myrina. Corpus des sign., lettres et signes, P. 1988, 53, Nr 1, Abb. 138, 422). R. V.

Varronius Rufinus, *Lucius*, angebl. röm. Architekt, in der frühen Kaiserzeit in Berytus/Beirut tätig. Nur bek. durch eine Inschr. auf einem verschollenen Gebälk (CIL, III, 6041), nach der er das Gebäude, zu dem dieser Block gehörte, errichten ließ. Es handelt sich hier jedoch nicht um eine Stifter-Inschr., sondern um eine Sign., und die dem Lucius Varronius Rufinus beigefügte Berufs-Bez. *geometra* kann auch nicht als Architekt, sondern muß als Feldmesser übersetzt werden. ▭ *Calabi Limentani*, Studi, 1958, 177, Nr 212; *Donderer*, Architekten, 1996, 300–302, Nr C 13. R. V.

Vassedo, röm. Toreut, in der 2. H. des 1. Jh. n. Chr./am A. des 2. Jh. n. Chr. in Niedergermanien (?) tätig. Nur bek. durch seine Sign. auf einer *Kelle* und auf einem *Sieb* aus Bronze aus dem Körpergrab 1/1915 aus Munkehöjgard, Tillitse Sn./Dänemark (heute Kopenhagen, NM, Inv. Nr IC 16573–78 und 4/15). ▭ *C. Blinkenberg*, Aarbøger 3:1915, 169 mit Abb.; *R. Petrovszky*, Studien zu röm. Bronzegefäßen mit Meisterstempeln, Buch am Erlbach 1993, 170, Nr V.04, pp. 311 s., Nrn V.04.01–V.04.02. R. V.

Vedennius Moderatus, *Gaius*, aus Antium, Militärarchitekt in Rom, 2. H. 1. Jh. n. Chr. Die Inschr. auf seinem Grabaltar domitianischer Zeit aus Rom (CIL, VI, 2725 entspricht 37189 [ILS 2034]; heute Rom, Vatikan. Mus.) nennt ausführl. seine Militärlaufbahn. Nach zehnjährigem Dienst in der *legio XVI Gallica* und achtjährigem Dienst in der 9. Prätorianerkohorte wurde er, zunächst ehrenvoll entlassen, vom Kaiser als Architekt der *kaiserl. Rüstkammer* der Castra Praetoria in Rom wiedereinberufen, wo er 23 Jahre lang tätig war. Die Darst. eines Arbeitsinstrumentes (Winkel) und eines Katapultes auf je einer Nebenseite der Ara zeigen, daß er wahrsch. v.a. für die Konstruktion von Kriegsmaschinen zuständig war. ▭ RE II. 1, 1895 (s.v. Armamentarium); XII. 2, 1925 (s.v. Legio). – *Amelung*, SkulpturenVatMus, I, 1903, 257 s., Nr 128, Taf. 26; Helbig[4], I, 1963, 275 ss., Nr 363; *D. Baatz*, RM 87:1980, 287, 291, 296 s., Taf. 90, 2; *G. Zimmer*, Röm. Berufs-Darst., B. 1982, 205 s., Nr 151, Abb.; *D. Boschung*, Antike Grabaltäre aus den Nekropolen Roms, Bern 1987, 64, Nr I 81, p. 96, Nr 628; *M. Stadler*, in: SkulptVatKat, I. 3, 1995, 70, Taf. 811; *Donderer*, Architekten, 1996, 264–266, Nr A 150, Taf. 53. C. Leschke

Veianius Vitellianus, *Sextus*, angebl. Architekt der röm. Kaiserzeit. Gen. auf einem angebl. in Rom gefundenen Grabstein, den er für sich und seine Gattin Veiania Claudilla errichtete. Die heute verschollene Inschr. ist in CIL, VI. 5, 2931* als Fälschung betrachtet, hingegen von Donderer (1996) für echt erklärt worden. ▭ *Donderer*, Architekten, 1996, 266 s., Nr 151. C. Leschke

Veland → **Wieland**

Velent → **Wieland**

Velthur, etrusk. Töpfer, der eine *Bucchero-Amphora* gefertigt hat, gefunden in einem Kammergrab der vejischen Nekropole von Monte Acuto (heute in Rom, MN di Villa Giulia). Das Objekt wurde neben and. Gefäßen aus lokaler Herstellung (Impasti und Buccheri) und Importvasen gefunden, darunter auch die „Chigi-Kanne", die ein Hauptwerk der spät-protokorinth. Keramik ist. – Die Form der Amphora zeigt eine Zwischenstufe zw. der Spiralform der Impasto-Waren aus der 2. H. des 8. Jh. v. Chr. und derjenigen der hochentwickelten Buccheri aus der 1. H. des 6. Jh. v. Chr. Der Typus unseres Exemplars mit gelängtem und engem Hals, birnenförmigem

Körper, scheibenförmigem Fuß sowie Bandhenkel (*Typ Rasmussen 1d*) entspricht der Bucchero-Produktion der s.-etrusk. Zentren in den letzten Jahrzehnten des 7. Jh. v. Chr. Der Keramiker könnte in Veji gearbeitet haben, dem Fundort des Gefäßes. – Die Künstler-Sign. ist nur eine von mehreren in die Amphora eingeritzten Inschr. (zwei euböische Alphabete; Bezeichnung des Gefäßes als Geschenk; Name des Eigentümers; Buchstabenfolgen ungeklärten Inhalts), wahrsch. die am leichtesten verständliche von ihnen: „velthur zinace..." (TLE², 49). „Velthur" ist ein männl. Name, der v.a. als Vorname vorkommt; „zinace" ist die aktive Vergangenheitsform eines Verbs mit dem Stamm „zina-", das „machen" im techn. Sinn bedeutet. Die Übersetzung lautet demnach: „Velthur hat gemacht". Die Nennung des Künstlers mit seinem Vornamen spricht dafür, daß er keinen Fam.-Namen und insofern auch keinen höheren soz. Rang innehatte. Seine Sign. dürfte die versch. anderen Angaben auf der Amphora ergänzen, die dort wohl auf Wunsch des Käufers angebracht wurden. An den übrigen Inschr., bes. an den scheinbar keinen Sinn ergebenden Buchstabenfolgen, lassen sich immerhin Beobachtungen machen: Sie folgen ohne Unterbrechung dem auf dem Hals der Amphora eingravierten Alphabet, schließen sich vorn und hinten dem Alphabet an, das in den Bauch geritzt ist, und setzen auch die Künstler-Sign. fort. Wenn man annimmt, daß sie rein dekorativen Char. haben, muß man sich die Frage stellen, warum sie dann an einer bestimmten Stelle eine Unterbrechung aufweisen. Anders gesagt: Es ist denkbar, daß die Buchstaben einen verborgenen Sinn enthalten. Im Zusammenhang mit der bes. Fähigkeit des Alphabets, Botschaften zu vermitteln, könnte man an magische Sprüche denken. Es wird kein Zufall sein, daß versch. etrusk. Alphabete sich stets auf die ersten Buchstaben beschränken, die für die Andeutung des magischen Inhalts völlig genügen. ▭ *M. Pandolfini/A. L. Prosdocimi*, Alfabetari e insegnamento della scrittura in Etruria e nell'Italia antica, Fi. 1990, 24 ss., Taf. V-VI.

G. Camporeale

Veranius, röm. Steinmetz, in der Kaiserzeit an der Pont-du-Gard bei Nîmes tätig. Nur bek. durch eine Inschr. auf einem Steinblock von der Pont-du-Gard bei Nîmes (CIL, XII, 2980). Wie Donderer (1996) darlegte, wird es sich bei dieser einfachen Namensnennung um einen Steinmetz und keinen Architekten oder Stifter gehandelt haben. ▭ *O. Stübinger*, Die röm. Wasserleitungen von Nîmes und Arles, Zs. für Archit., Beih. 3, 1909, 298; *E. Espérandieu*, Le Pont du Gard, P. ²1934, 48; *Donderer*, Architekten, 1996, 302 s., Nr C 14. R. V.

Verecundus, röm. Töpfer, in trajanischer Zeit (98–117 n. Chr.) tätig. Nur bek. durch seine Sign. auf einem *Gefäß* im Mus. in Aquincum/Ungarn. ▭ ThB34, 1940. – *L. Nagy*, Az óbudai cella trichora, Bd. 1931, 62 mit Abb. R. V.

Vestinus, röm. Toreut, in der 2. H. des 1. Jh. n. Chr. wohl am Niederrhein (bei Nijmegen?) tätig. Nur bek. durch seine Sign. auf einer *Bronzekelle* aus der Waal in Nijmegen, Gelderland/Niederlande (heute Nijmegen, Prov. Mus. Kam, Inv. Nr XXIa 20; CIL, XIII. 3/2, 10027, 48). ▭ *M. H. P. den Boesterd*, The bronze vessels in the RM G. M. Kam at Nijmegen, Nijmegen 1956, 18, Nr 48, Taf. 3, 48–48a; 18, 48b; *M. Perse/R. Petrovszky*, AKorrBl 22:1992, 412, Nr B 6, p. 415, Nr 44; *R. Petrovszky*, Studien zu röm. Bronzegefäßen mit Meisterstempeln, Buch am Erlbach 1993, 170, Nr V.05, p. 312, Nr V.05.01, Taf. 29, 42. R. V.

Vettenius Anteros, *Lucius*, Freigelassener eines Lucius Vettenius, Fertiger von *Bronzestatuen*, 1. Jh. n. Chr., bestattet in Rom. Nur durch seine Grab-Inschr. (heute in Ravenna) bek., die aus einem röm. Columbarium stammt. In dieser Inschr. wird er als *aerarius stat(uarius)* bezeichnet. ▭ EAA I, 1958 (s.v. Aerarius; dort falsch Vetterius). – CIL, VI, 9137 (ILS 7684); *Calabi Limentani*, Studi, 1958, 167, Nr 124; *Solin*, GPR, I, 1982, 20; *A. Buonopane*, ZPE 120:1998, 293. U. Huttner

Vetterius → **Vettenius Anteros,** *Lucius*

Vettius, *Titus*, Sohn des Quintus, röm. Architekt, im 3. V. des 1. Jh. v. Chr. in Grumento tätig. Nur bek. durch eine Bau-Inschr. aus Grumento, aus der hervorgeht, daß er z.Z. der Konsuln Aulus Hirtius und Gaius Vibius Pansa (d.h. im Jahre 43 v. Chr.) beauftragt war, dort eine Säulenhalle zu errichten (CIL, X, 8093). ▭ EAA VII, 1966 (s.v. Vettius). – *G. Fiorelli*, NSc 1877, 130; *Donderer*, Architekten, 1996, 268 s., Nr A 152. R. V.

Vettius Capitolinus, *C.*, röm. Maler, im 1. Jh. v. Chr. in Rom tätig. Nur bek. durch seine Grab-Inschr. aus Rom (heute Rom, MN Romano, Inv. Nr 51622; CIL, VI, 6182). ▭ EAA VI, 1965 (s.v. pictor). – *A. Giuliano*, ArchClass 5:1953, 265, Nr 4, Taf. 115, 2; *Calabi Limentani*, Studi, 1958, 153, Nr 5. R. V.

Vettius Gratus, *Gaius*, Sohn des Gaius, röm. Architekt, im 2.–3. Jh. n. Chr. tätig. Nur bek. durch seine Grab-Inschr. aus Misenum, nach der er Architekt der dort stationierten kaiserl. Flotte war (CIL, X, 3392). ▭ *M. C. Bottigelli*, Epigraphica 4:1942, 152; *Donderer*, Architekten, 1996, 269 s., Nr A 153. R. V.

Vettius Nymphius, *L.*, röm. Goldschmied, im 1. Jh. n. Chr. in Rom tätig. Nur bek. durch seine Grab-Inschr. aus Rom (CIL, VI, 9204). ▭ EAA I, 1958 (s.v. Aurifex); *Solin*, GPR, II, 1982, 958. R. V.

Vibius Philippus, pränestinischer Metallarbeiter, im 3. V. des 3. Jh. v. Chr. tätig. Nur bek. durch seine Sign. (CIL, XIV, 4098) auf einem gravierten *Bronzespiegel* des 3. V. des 3. Jh. v. Chr. (Rom, MN di Villa Giulia, Inv. Nr 24898, H 27,5 cm). Nähere Fundumstände sind nicht bek., doch wird die Herkunft aus Praeneste als gesichert angenommen. Das Stück wurde 1866/1867 von A. Castellani erworben. Es ist das einzige sign. Werk dieses Künstlers; es sind keine weiteren Zuweisungen an ihn bek., obwohl es kaum sign. Spiegel aus dieser Zeit gibt. Außen ringsum laufendes Voluten-Palmettenband; in der Mitte dionysische und mit Beischr. versehene Darst. des tanzenden Marsyas (Marsuas) mit Bart, Tierohren und Efeukranz in bemerkenswerter Dreiviertelansicht, der mit dem Fuß aufstampft und einen Wedel oder Eselsschweif schwingt. Rechts jugendl. Pansfigur (*Painiscos*) mit Bocksfüßen, Schwanz und erigiertem Phallus. Links großer, girlandengeschmückter Volutenkrater auf rechteckiger Basis. Inschr. zw. Basis und Standbein des Marsyas: VIBIS • PILIPUS • CAILAVIT (Vibius Philippus caelavit). Anhand der Namensform wurde für den Künstler sowohl oskische als auch griech. Herkunft angenommen. Auch die Form cailavit taucht hier zum ersten Mal in einer Künstler-Sign. auf. ▭ EAA VII, 1966. – Mon. inediti pubbl. dell'Ist. Archeologico 9:1869–73, Taf. 29,2; *Gerhard*, EtrSp, V, 1897, 54, Taf. 45; *G. A. Mansuelli*, Athenaeum 42:1964, 133 ss.; *T. Dohrn*, in: Helbig[4], III, 1969, 622, Nr 2681; *F. Coarelli*, in: Roma medio repubblicana. Aspetti culturali di Roma e del Lazio nei secoli IV e III a. C., R. 1973, 290–292, Nr 428, Abb. 22; *R. Wachter*, Altlat. Inschriften. Sprachl. und epigraph. Unters. zu den Dokumenten bis etwa 150 v. Chr., Bern u.a. 1987, 143–145, Paragraph 59; *A. Weis*, LIMC VI, 1992, 368, Nr 5 m. Abb., s.v. Marsyas I; *J. Boardman*, LIMC VIII, 1997, 939, Nr 283, s.v. Pan. K. Geppert

Vibius Rufus, *G.*, vermeintl. röm. Bildhauer. Nur bek. durch seine Namensnennung auf einer *Karyatide* aus dem Augustusforum aus Rom. Bei seiner Auffindung dachte man zunächst an eine Künstler-Signatur. Wie jedoch bereits Gisela Richter (1951) mit Recht bemerkte, fehlt im Anschluß an den Namen das Verb *fecit*. Es ist daher sehr unwahrscheinl., daß es sich hier um einen Bildhauer handelt. ▭ EAA IV, 1961 (s.v. Marmorarius). – *Richter*, CriticalPeriods, 1951, 57. R. V.

Vicentia, röm. Goldschmiedin, im 3./4. Jh. n. Chr. in Rom tätig. Nur bek. durch ihre Grab-Inschr. aus Rom (CIL, VI, 9213). ▭ EAA I, 1958 (s.v. Aurifex). R. V.

Victor, röm. Toreut, in der 2. H. des 1. Jh. n. Chr. in N-Italien(?) tätig. Nur bek. durch seine Sign. auf einer *Kelle* und auf einem Sieb aus Bronze aus Herculaneum (heute Neapel, Mus. Archeol. Naz.; CIL, X, 8071, 57a [: 6037, 64] und 57 b). ▭ *H. Willers*, Neue Unters. über die röm. Bronzeindustrie von Capua und von Niedergermanien, Hn./L. 1907, 83, 89, Nrn 122 s., Abb. 50; *R. Petrovszky*, Studien zu röm. Bronzegefäßen mit Meisterstempeln, Buch am Erlbach 1993, 170, Nr V.06, pp. 312 s., Nrn V.06.01–V.06.02, Taf. 29, Abb. 14. R. V.

Victorianus cf. **Alumnius Thamaritensis**

Victorinus → Viktorinos

Victorinus, röm. Mosaizist, in der 1. H. des 3. Jh. n. Chr. in Bad Kreuznach tätig. Nur bek. durch seine Sign. auf einem *Mosaik mit der Darst. einer Okeanosmaske und Meereslandschaft*. ▭ EAA, Suppl., 1973 (s.v. Victorinus). – *B. Stümpel*, MainzZ 63/64:1968/69, 196 s., Abb. 22, Taf. 55 s.; *D. Ellmers*, JbMusMainz 16:1969, 79 ss., Abb. 4, Taf. 16, 1; *B. Andreae*, Röm. Kunst, FiB. 1973, 291, 312, Abb. 146; *Donderer*, Mosaizisten, 1989, 113 s., Nr A 89, Taf. 52. R. V.

Vidromagius(?), röm. Toreut, in der 2. H. des 1. Jh. n. Chr./am A. des 2. Jh. n. Chr. in Gallien/N-Italien tätig. Nur bek. durch seine Sign. auf einer einer *Bronzekasserolle* aus Trier (heute Trier, Provinzial-Mus., Inv. Nr ST 2074). ▭ *A. Radnóti*, Trierer Zs. 32:1969, 211 ss., Abb. 1; *R. Petrovszky*, Studien zu röm. Bronzegefäßen mit Meisterstempeln, Buch am Erlbach 1993, 170, Nr V. 08, p. 314, Nr V. 08. 01. R. V.

Vigellius Chilo, röm. Gefäßhersteller, in der Kaiserzeit in Rom tätig. Nur bek. durch seine Grab-Inschr. aus Rom (CIL, VI, 9957). ▭ *Calabi Limentani*, Studi, 1958, 171, Nr 156; *Solin*, GPR, II, 1982, 856. R. V.

Viktorinos (Βικτωρῖνος; Victorinus), Architekt und Festungsbaumeister(?), tätig in der M. des 6. Jh. n. Chr. auf dem Balkan und in Griechenland. V.

wird in sechs griech. Inschr. aus Byllis/Albanien und Isthmia neben dem Kaiser Justinian als Erbauer von Festungsanlagen gepriesen, der in Moesien, Scytia, Illyrien und Thrakien tätig gewesen sei. Er war danach verantwortl. für den Bau der *Stadtmauer von Byllis* und der *Festung von Isthmia*. Byllis wird unter den zahlr. bei Prok., aed. 4 aufgezählten Baumaßnahmen des Justinian auf dem Balkan nicht gen., die Neubefestigung des Isthmos von Korinth beschreibt Prok., aed. 4, 2, 27 s. Der Beruf des V. wird in keiner der Inschr. ausdrückl. gen., das in den Inschr. geäußerte Lob des V. als treuer und untertäniger Diener des Kaisers, seine Verdienste und Anstrengungen (πόνοι) könnten auch auf einen mit diesen Bautätigkeiten beauftragten höheren Beamten hinweisen. Einzig das einmal gebrauchte Verb ὑπουργέω scheint ihn als Architekten zu erkennen zu geben, nach D. Feissel wurde es im spätantiken Gebrauch nur noch für Bauhandwerker verwendet. Prok., aed. 1, 1, 24 beschreibt mit ähnl. Formulierungen wie die Inschr. das Verhältnis des Kaisers zu → Anthemios von Tralleis und → Isidoros (IV) von Milet d.Ä., den Architekten der Sophienkirche in Konstantinopel. Bei Prok., aed. und auch inschr. ist im 6. Jh. n. Chr. für Ingenieur-Architekten und auch Festungsbaumeister μηχανικός oder μηχανοποιός, als Berufsbezeichnung häufiger belegt, daß sie hier nicht erscheint, ist auffällig (vgl. auch → Theodoros [XX]). Es ist daher nicht auszuschließen, daß er als Beamter doch nur die Verantwortung für die Baumaßnahmen trug, nicht aber selbst der ausführende Architekt war. Alle weitergehenden Überlegungen zu seinem Rang, seiner militärischen oder zivilen Stellung, sind reine Hypothese, die Inschr. sagen darüber nichts aus. ▭ RE VIII. A. 2, 1958 (s.v. Th. 10). – *C. Praschniker*, ÖJh 21/22:1922–24, Beibl. 194 s.; *N. Bees*, Die griech.-christl. Inschr. der Peloponnes, I, At. 1941, 1–9, Nrn 1–2; *A. Groag*, Die Reichsbeamten von Achaia in spätröm. Zeit, Bp. 1946, 79 s.; *M. Guarducci*, Epigrafia greca, IV, R. 1978, 326–330; *D. Feissel*, Travaux et Memoirs. Centre de rech. d'hist. et civilisation de Byzance 9:1985, 279–281, Nrn 16–17; *id.*, Bull. de la soc. nat. des antiquaires de France 1988, 136–146; *id.*, Antiquité tardive 8:2000, 87, 92 s., Nrn 17–22; *Donderer*, Architekten, 1996, 115–120, Nrn A 24–29; *T. E. Gregory*, Isthmia, V. The Hexamilion and the fortress, Princeton 1993, 12–14; *id.*, Antiquité tardive 8:2000, 112 s. M. Dennert

Vindobilo, röm. Toreut, in der 2. H. des 1. Jh. n. Chr. wahrsch. in Italien tätig. Bek. durch seine Sign. auf den folgenden vier Bronzegefäßen: – 1.) – 2.) *Kelle und Sieb* aus einem Körpergrab von Troelstrup, Törring Sn./Dänemark (heute Kopenhagen, NM, Inv. Nr IC 19583-IC 19584; H. Norling-Christensen, ActaArch 11:1940, 221 s., Taf.; Petrovszky, 1993, 313, Nrn V.07.01–V.07.02); – 3.) *Sieb* aus Schwechat bei Wien (heute Bad Deutsch-Altenburg, Mus. Carnuntinum, Inv. Nr BV. 188; CIL, III, 6017, 10; A. Radnóti, Die röm. Bronzegefäße von Pannonien, Bp./L. 1938, 73, Anm. 25 s., Taf. 16, 10; 17, 33; Petrovszky, 1993, 313 s., Nr V. 07. 03, Taf. 29, 42); – 4.) *Kelle* aus einem Körpergrab aus Mistelbach-Siechenhaus/Österreich (H. Mitscha-Märheim, Jb. für Landeskunde von Niederösterreich 23:1930, 9, Taf. 4, 3–3a; Petrovszky, 1993, 314, Nr V.07.04, Taf. 29, 42). ▭ *R. Petrovszky*, Studien zu röm. Bronzegefäßen mit Meisterstempeln, Buch am Erlbach 1993, 170, Nr V.05, pp. 313 s., Nrn V.07.01–V.07.04, Taf. 29, 42. R. V.

Virinius, röm. Steinmetz, in der Kaiserzeit in Sevilla tätig. Nur bek. durch eine Inschr. auf einer Säulenplinthe aus Sevilla (CIL, II, 1251). Wie Donderer (1996) darlegte, wird es sich bei dieser einfachen Namensnennung um einen Steinmetz handeln. ▭ *J. Vives*, Inscr. latinas de la España romana, I, Ba. 1971, 249, Nr 2116; *Donderer*, Architekten, 1996, 303, Anm. 685. R. V.

Vitruv cf. **Vitruvius**

Vitruvius (Vitruvius [...]io; Vitruvius Misenus; Vitruvius Pollio), * nach der M. der 80er Jahre des 1. Jh. v. Chr, † im vorletzten Jahrzehnt des 1. Jh. v. Chr., röm. Baumeister und Archit.-Schriftsteller. Wahrsch. ist er mit jenem V. ident., den M. Cetius Faventius in einer unter dem Titel *de diversis fabricis architectonicae* zu Beginn des 4. Jh. n. Chr. verf. Schr. mit dem Cognomen *Pollio* nennt. Zwar blieb V. als Architekt eher erfolglos, doch erreichte er als Archit.-Schriftsteller mit seinem Werk *de architectura. decem libri* einen ganz ungewöhnl. Nachruhm (vgl. die zahlr. Vitruvausgaben bei B. Ebhardt, 1918 und S. Schuler, 1999), der ihn posthum zum Nestor von Archit.-Theorie werden ließ (Kruft, [2]1986; v.e. H. Knell, DNP I, 1996, 1018 ss., s.v. Archit.-Theorie). Zu seiner Person wurde bisweilen vermutet, er sei mit einem in and. Quellen gen. Mamurra ident., der wie V. im Heer Caesars als *praefectum fabrum* gedient hatte (P. Thielscher, RE IX. A. 1, 1961, 427 ss., s.v. V.). Allerdings haben sich solche Hypothesen nicht ausreichend begründen lassen, zumal für Plinius, wie aus nat., 36, 48 und 35, 36 hervorgeht, V. und Mamurra zwei versch. Personen waren. Deutlichere Nachr. und Hinweise zu V.' Lebenslauf und berufl. Werdegang sind am ehesten seinen Büchern zu entnehmen. Hiernach konnten oben gen. ungefähre Lebensdaten erschlossen werden. Da er sich 6, praef. 4 ausdrückl. bei seinen Eltern dafür bedankt, daß sie ihm Schulunterricht und eine gute Ausb. ermöglicht hatten, scheint dies für die soz. Schicht, zu der seine Fam. gehörte, keine Selbstverständlichkeit gewesen zu sein. Allerdings sah er sich nicht in der Lage, jeden Inhalt und jeden Begriff aus dem Griech. in die lat. Sprache zu übersetzen (O. Lendle, Vitruv als Übersetzer aus dem Griechischen, in: C. W. Müller [Ed.], Zum Umgang mit fremden Sprachen in der griech.-röm. Antike. Kolloquium der Fachrichtungen Klass. Philologie der Univ. Leipzig und Saarbrücken, Saarbrücken 1989, St. 1992, 189 ss.). Unbeschadet solcher Schwierigkeiten ist die Tatsache, daß sein eher kleinbürgerl. Elternhaus ihn die griech. Sprache erlernen ließ, durchaus aufschlußreich: Anscheinend gehörte die Fam. zu jener gesellschaftl. Schicht, die angesichts bestimmter, seit der Zeit des fortgeschrittenen Hellenismus in Mittelitalien zunehmend spürbar gewordener Hellenisierungstendenzen (P. Zanker [Ed.], Hellenismus in Mittelitalien, Göttingen 1976) verstanden hatte, daß hellenist. Kultur für Rom zu einem maßgebl. Faktor zukünftiger Entwicklungen werden könnte. Zu den Vertretern einer solchen Richtung zählten wohl auch V.' eigtl. Lehrer, zu denen viell. → Hermodoros gehört haben könnte (P. Gros, MEFRA 85:1973, 137 ss.), obwohl eine solche Annahme hypothet. bleibt (Wesenberg, 1983, 171 s.). – Daß es V. zu keiner Zeit über den Zuschnitt bescheidener Lebensverhältnisse hinausgebracht hatte, erläutert er selbst. Dem entspricht, daß er sich zuerst als *praefectum fabrum* im Heer Caesars verdingte und nach dessen Ermordung im Jahr 44 v. Chr. unter dem Nachf. und Adoptivsohn Caesars weiterhin bei der Truppe diente. Zu seinen Aufgaben gehörten – wie er 1, praef. 2 betont – die Instandsetzung und der Bau von Kriegsgerät, insbesondere Ballisten. Durch die Teilnahme an Kriegszügen könnte er die Gelegenheit gehabt haben, and. Länder kennenzulernen. Viell. geht auf einen solchen Auslandsaufenthalt auch seine bildhafte Beschr. (2, 8, 11–15) der Lage von Halikarnassos zurück (K. Jeppesen, Anadolu 22:1981–1982, 85 ss.). Ob er allerdings darüber hinaus Griechenland zu Studienzwecken bereiste oder sogar in Athen studiert hatte (Thielscher, op. cit., 455), bleibt ungewiß. Dagegen ist deutl., wie wichtig ihm ein ausführl. Literaturstudium gewesen ist. Wie er im Vorwort zum 7. Buch betont, kannte er zahlr. Schr., insbesondere solche, die Architekten geschrieben hatten. Sie dienten ihm nicht nur als Quelle seiner Material-Slg und Anregung für seine Arbeit, sondern waren zugleich Vorbild und Maßstab eig. Arbeit. Als jüngste Schr. nennt er 7, praef. 14 die im Jahr 34/33 v. Chr. in neun Büchern herausgegebenen *disciplinae* des Terentius Varro. – Zu solchen theoret. Vorarbeiten und seiner langjährigen Praxis als Poliorketiker im röm. Heer kamen Erfahrungen aus Ingenieurtätigkeiten hinzu. Wahrsch. hatte er am *Ausbau des Systems für die Wasserversorgung Roms*, das unter der Ltg Agrippas ausgebaut wurde, mitgewirkt. Daß er sich hierfür bes. Kompetenz zuschrieb, unterstreicht sein 8, 6, 1–2 betonter Hinweis, nach dem er eine Methode entwickelt hatte, mit der die Verteilung des Wassers nach bestimmten Bedarfskategorien erfolgen konnte (Frontin., aqu., 1, 25; A. T. Hodge, AJA 100:1996, 261 ss.). Dagegen hatte er als Architekt außer einer in Fanum errichteten *Basilika* (B. Ohr, BJb 175:1975, 113 ss.), kaum etwas vorzuweisen. Zumindest nennt er keine weiteren, von ihm selbst entworfenen Gebäude. Seine Erfolglosigkeit schreibt er 3, praef. 3 eig. Bescheidenheit und Zurückhaltung zu. – Umso wichtiger wurde für ihn die Pensionierung und eine ihm damit zugeteilte Rente. Sie versetzte ihn in die Lage, für den Rest seines Lebens frei von materiellen Sorgen ganz der Arbeit an den Schr. über die Archit. nachzugehen. Dankbar weist er im Vorwort zum ersten Buch darauf hin, daß er diese Rente vom Princeps erh. habe. Obwohl er sich selbst 2, praef. 4 als alt und krank bez. und 5, praef. 1 betont, über Archit. könne man nicht so flüssig und spannend wie über Gesch. schreiben, sowie 1, 1, 18 entschuldigend auf seine mangelhafte Ausdrucksfähigkeit hinweist, sieht er sich als Rentner in der Lage, seine Bücher zu schreiben und sie dem Princeps zu widmen. Ob er freilich der Fam. des Princeps wirkl. so nahe stand, wie es die Widmung und deren Begründung vermuten lassen könnten, bleibt zweifelhaft. Manche krit. bis polemischen Äußerungen V.' zu Kunstrichtungen und Bauwerken seiner Zeit lassen sogar eher das Gegenteil vermuten (H. Knell, IstMitt 39:1989, 281 ss.). Deshalb muß es kein Zufall gewesen sein, daß den Büchern entgegen V.' Erwartungen vorerst kein erkennbarer Erfolg beschieden war. Trotzdem blieb mit ihnen ein für spätere Zeiten unschätzbares Quellenkompendium zur antiken Archit. und ihrer Gesch. erhalten. Als das Alterswerk eines in der Praxis seiner Zeit wenig gefragten, jedoch viell. gerade deshalb umso mehr an grundsätzlicheren und theoret. Fragen zur Archit. interessierten Architekten gehören diese Bücher zu den wichtigsten Überlieferungen zur Gesch. antiker Architektur. – Zu einer zeitl. Einordnung des V. und seiner Bücher sind v.a. seinen Schr. Hinweise zu entnehmen, die einen zeitl. Rahmen abstecken. Daß V. den Princeps in der an ihn gerichteten Widmung nicht als Augustus, sondern mit dem von dessen Adoptivvater übernommenen Namen als Caesar anspricht, muß nicht bedeuten, daß deshalb eine Dat. vor dem Jahr 27 v. Chr., in dem die Ehrenbezeichnung Augustus verliehen wurde, naheliegend wäre (Sontheimer, 1908, 116), zumal auch Horaz in einem im Jahr 14 v. Chr. an Augustus gerichteten Brief den Princeps als Caesar bez. hat (Hor., epist., 2, 1, 4). Als wichtige Datierungshinweise könnte auf Bauten hingewiesen werden, die V. als Anschauungsmaterial zit. hat und die deshalb z.Z. der Niederschrift zu besichtigen gewesen sein müssen. Dies betrifft die 3, 2, 5 ausdrückl. gen. Porticus Metelli, die im Jahr 33 v. Chr. durch die Porticus Octavia ersetzt wurde und den 3, 3, 5 erw. Cerestempel, der im Jahr 31 v. Chr. einem Brand zum Opfer fiel (Knell, ^{2}1991, 1 s.). Aus dem Widmungstext geht hervor, daß die Bücher bereits einige Zeit fertig waren, als sie dem Princeps übergeben wurden. Dabei betont Vitruv ausdrückl., er habe mit der Herausgabe der Bücher gewartet, bis es die Zeitumstände dem Princeps erlaubt hätten, sich selbst um öff. Bauten in Rom zu kümmern. Wahrsch. spielt V. damit auf jene Friedenszeit an, die nach der im Jahr 31 v. Chr. bei Actium gewonnenen Schlacht und dem anschließend vom Princeps verkündeten Ende des Bürgerkriegs einsetzte, um schließl. in das im Jahr 17 v. Chr. feierl. ausgerufene Goldene Zeitalter einzumünden. – Nicht ohne selbstbewußten Stolz und wahrsch. zutreffend stellt V. 4, praef. 1 fest, noch kein Autor vor ihm habe ähnlich ausführl. über sämtl. Aufgaben der Archit. geschrieben. Deshalb befaßt er sich nicht nur mit der Planung von Städten und deren Befestigung sowie dem Entwurf von Gebäuden und bautechn. Themen, einschl. einer breit angelegten Materialkunde. Darüber hinaus werden Aufgaben des Wasserbaus erläutert, Geometrie und Konstruktion von Sonnenuhren (E. Buchner, Die Sonnenuhr des Augustus, Mainz 1982, 19 ss.) besprochen und Themen des Maschinenbaus, zu dem V. nicht zuletzt die Instandhaltung und Neuentwicklung von Kriegsgerät zählt, vorgestellt. Außerdem gehören Wassermühlen (D. Baatz, Ber. des Saalburg-Mus. 48:1995, 5 ss.) und sogar Taxameter (O. Lendle, Vitruvs Meilenzähler, in: W. Görler [Ed.], Pratum Saraviense. Festgabe für Peter Steinmetz, St. 1990, 75 ss.), aber auch Orgeln zu diesem Themenbereich. Dieses vielfältige und sorgfältig dargestellte Aufgabenspektrum ist auf 89 Kapitel verteilt, die in zehn Büchern zusammengefaßt sind. Zusätzl. wurden den Büchern Vorreden beigefügt, die weniger dazu dienten, in die jeweiligen Themen der Bücher einzuführen, sondern v.a. allgemeinere, tendenziöse Themen anzusprechen (A. Schramm, Die Vorreden in Vitruvs de architectura, Berliner Philolog. Wochen-Schr. 1932, 860 ss.; Knell, ^{2}1991, 10 ss.). – Anscheinend war V. klar, daß es kaum vermittelbar sei, das keineswegs homogene Spektrum der Themen, die er unter einem sehr weit ausgreifenden Dachbegriff der Archit. zusammengestellt hatte, als eine in sich ausgewogene Einheit darzustellen. Dies unterstreicht die zäsurhafte Formulierung, mit der er 7, 14, 3 lapidar feststellte, er habe jetzt einen Punkt erreicht, mit dem die Erläuterungen zu Entwurf und Ausf. von Gebäuden abgeschlossen seien. Darüber hinaus konzentrieren sich die weiteren Kapitel auf techn. Fragen und ingenieurwiss. Probleme, die nach V.' Konzept jedoch gleichfalls zum Gesamtgebiet der Archit. gehören (E. Romano, Archit. e ingegneria, in: A. Ricci [Ed.], Civilità dei Romani. Un linguaggio comune, Mi. 1993, 127 ss.). Dies betrifft das Gebiet der Poliorketik ebenso, wie spezifischere Probleme des Wasserbaus und leitet darüber hinaus zum Bau von Sonnenuhren mit den hierfür erforderl. komplizierten geometr. und komplexen astronom. Berechnungen über. – Trotzdem geht es V. hauptsächl. um Planung, Entwurf und Ausf. von einzelnen Bauwerken oder auch ganzer Städte. Deshalb konzentrieren sich die Erläuterungen seiner Ideale und seiner Lehre v.a. auf die ersten sieben Bücher, deren Inhalt nicht zuletzt das erst sehr viel später einsetzende Interesse an V.' Archit.-Traktat als Grundlage neuzeitl. Archit.-Theorie galt. Hierzu gehört auch das 1, 1, 1–18 vorgelegte Ausb.-Konzept, mit dem verbindl. Maßstäbe für vorbildliches Bauen und das Gesamtgebiet der Archit. dargestellt und begründet worden sind. Ausgangspunkt ist ein gegenseitig bedingter Zusammenhang von theoret. Grundlagen (*ratiocinatio*) und prakt. Anwendung (*fabrica*), deren Erwerb ein langes und intensives Studium voraussetze. Die Bandbreite des Studiums und das Fächerspektrum werden im 1. Kapitel des 1. Buchs ausführl. beschrieben. Zu diesem Fächerkanon gehören Mathematik mit Geometrie, Schreibgewandheit und geschichtl. Kenntnisse, sowie Darst. und Zeichnen, aber auch Philosophie, Musiktheorie, Medizin, Rechtskunde und Astronomie. Dieser Fächer-Kat. entspricht einem enzyklopäd. Bildungsanspruch, der für V.' Vorstellung vom Rang der Archit. konstitutiv ist. Zugleich wird die Ausb. auf Anforderungen zugeschnitten, die der Leistungsfähigkeit und dem Berufsbild eines in allen Belangen tätigen und deshalb umfassend kompetenten Architekten entsprechen. Dabei stellt V. 1, 1, 15 klar, daß entgegen einer von → Pytheos vertretenen Auffassung von einem Architekten kein in jedem einzelnen Fach vertieftes Spezialwissen erwartet werden könne, wie dies für Fachleute, die auf bestimmte Berufe spezialisiert seien, gelte. Statt dessen habe ein Architekt über grundsätzl. Kenntnisse und ein Verständnis breiterer Zusammenhänge zu verfügen, so daß er zwar die versch. Fächer und deren Inhalte kennt, jedoch deren prakt. Anwendung nicht selbst zur Ausf. bringe. Dies entspricht einem Berufsbild, das den Architekten als einen konzeptionell arbeitenden Vordenker und Generalisten versteht, der sich auf entwerferische, bautechn. und funktionale sowie ästhet. Zusammenhänge, aus denen jedes Bauwerk erst seine wirkl. Gestalt gewinnt, konzentriert. Insoweit ist das für die Ausb. und deren Fächerkanon vorgegebene Konzept in direkter Rückkoppelung zu einer Vorstellung entwickelt worden, die V.' hohem Architektenideal und Archit.-Bild entspricht. Um dies nicht nur beschreibend zu propagieren, sondern zugleich tiefer zu begründen, wird 1, 1, 12 auf eine Analogie zum menschl. Körper verwiesen, an dessen Naturgesetzlichkeit nicht zu zweifeln sei. Dabei entspräche die Vielfalt der Fächer, die ihren eigtl. Sinn erst in einem Gesamtzusammenhang der Ausb. erfahren könnten, den *a priori* gegebenen Bedingungen eines menschl. Körpers, dessen Gestalt sich erst aus dem Zusammenhang seiner Glieder ergibt. – In einem nächsten Schritt werden 1, 2 bestimmte Grundbegriffe definiert, aus denen sich für Vitruv Eigenart und Qualität von Archit. ergeben. Hierzu gehören v.a. richtig entwickelte Proportionen (*ordinatio*) und eine grundlegende Konzeption (*dispositio*), die in Grundriß (*ichnographia*), Aufriß (*orthographia*) und perspektiv. oder isometr. Ansicht (*scaenographia*) dargestellt wird. Eine Gesamtharmonie (*eurythmia*) kann erreicht werden, wenn konsequent aufeinander bezogene Verhältnisse (*symmetria*) auf der Grundlage eines Moduls entwickelt worden sind. Außerdem gehören die Angemessenheit von Aufwand und Form (*decor*) sowie die Berechnung und Einhaltung sachgerechter Kosten (*distributio*) zu V.' Anforderungskatalog. Als unverzichtbare Kategorien stehen v.a. Symmetrie (H. Knell, Symmetrie in der Antike. Form, Begriff und Bedeutung, in: B. Krimmel [Ed.], Symmetrie in Kunst, Natur und Wiss., I, [K Mathildenhöhe], Da. 1986, 157 ss.) und Eurythmie, sowie Decor im Mittelpunkt der vitruvschen Entwurfslehre. – Bevor dies am Beispiel einzelner Bauaufgaben exemplarisch vorgestellt wird, werden die Gesamtgebiete der Archit. in drei Themenbereiche aufgeteilt. Hiernach kommt zu dem ersten Teilgebiet, der Ausf. von Gebäuden (*aedificatio*), der Bau von Sonnenuhren (*gnomonice*) als zweites Teilgebiet und die Konstruktion von Maschinen (*machinatio*) als drittes Teilgebiet hinzu. Für V. und ein Verständnis des Umfangs seiner Bücher sind v.a. die beiden Teilgebiete, die zur Archit. im engeren Sinne hinzukommen, also der Bau von Sonnenuhren und die Konstruktion von Maschinen aufschlußreich: letzteres ist für V., der in seinem aktiven Berufsleben hauptsächl. als Poliorketiker tätig war, ein naheliegendes Arbeitsgebiet gewesen und konnte deshalb problemlos der Tätigkeit eines Architekten zugerechnet werden. Weniger direkt erschließt sich der Bau von Sonnenuhren als ein Arbeitsfeld, das dem Berufsbild eines Architekten zugeordnet werden müßte. Schließl. hatte Vitruv 1, 1, 17 ausdrückl. betont, die Archit. nehme zwar einen absoluten Spitzenrang innerhalb einer Skala von Wiss. und Künsten ein, doch könnten Architekten, wenn sie die Mathematik über das hinaus, was für sie als Architekten nötig sei, erlernt hätten, diesen Beruf verlassen und sogar die noch höhere Stufe eines Mathematikers erreichen, der in der Lage sei, Sonnenuhren zu konzipieren und auszuführen. Es mag sein, daß dieses Thema aus der Sicht des V. trotzdem für einen Architekten interessant sein konnte, weil eine Sonnenuhr – wie im Fall der Sonnenuhr des Augustus auf dem Marsfeld Roms (Buchner, op. cit., 19 ss.) – gegebenenfalls auch als wichtiger Bestandteil einer Stadt und damit als Thema des Städtebaus zu verstehen war. Damit gehören Sonnenuhren – wie auch Plinius (nat., 36, 72 s.) ausdrückl. bestätigt – zur Aufgabe von Architekten. – Daß jedoch das erste Teilgebiet der Archit. und damit die Ausf. von Bauwerken für V. im Mittelpunkt seiner Interessen steht, ergibt sich bereits aus dem unterschiedl. Umfang, mit dem die drei Teilgebiete innerhalb der Bücher dargestellt werden. Außerdem wird die Ausf. von Gebäuden nochmals unterteilt und deutlicher differenziert. Dem entsprechend wird die Errichtung von Stadtmauern vom Gebäudebau getrennt und bei letzterem nochmals zw. öff. und priv. Bauten unterschieden. Zu den öff. Bauwerken, deren Abh. den größten Raum einnimmt, gehören einerseits Tempel und Heiligtümer und zum and. Anlagen und Bauten allg. Nutzens, wie Häfen und Marktplätze mit Basilika, sowie weiteren Funktionsbauten, aber auch Theater, Thermen, Säulenhallen und anderes mehr. – Noch bevor auf diese Bauaufgaben näher eingegangen wird, gilt V.' besonderes Interesse einer ausführl. dargestellten Materialkunde, die den größten Teil des 2. Buchs füllt. Noch heute zählen die 2, 3–10 erläuterten Hinweise über Herkunft, Eigenart und sachgerechte Verwendung der versch. Bau-Mat. zu den aufschlußreichsten Quellen antiker Archit.-Gesch. (W.

Poppe, Vitruvs Quellen zum zweiten Buch „de architectura", Diss. Kiel 1909). Für V. selbst und seine Grundüberzeugungen zu Rang und Bedeutung von Archit. ist darüber hinaus seine 2, 1 beschriebene These zur Entst. der Archit. bes. wichtig. Hiernach bestätigt die Evolutions-Gesch. der Menschheit, daß der Archit. als Gattung *a priori* eine führende Rolle zukam und deshalb auch weiterhin zukommt. Urspr. hätten die ersten Menschen vereinzelt und in zufällig angetroffenen Höhlen gelebt. Erst nach der Entdeckung des Feuers sei man häufiger am wärmenden Platz zusammengekommen und schließl. seßhaft geworden. Hierbei seien die ersten Laubhütten entstanden. Allmähl. habe man gelernt, die anfangs eher provisor. Unterkünfte zu verbessern, bewußter zu planen und schließl. auch schöner herzurichten und auszustatten. Damit wären Voraussetzungen dafür geschaffen worden, daß erste Siedlungen entstehen konnten und sich Leben in einer gesitteten Gesellschaft entwickelte. Für V. ist deshalb klar, daß es einen ursächl. Zusammenhang zw. dem Entstehen des Bauens und damit der Grundlage von Archit. zum einen und der Entwicklung von Ges., Kultur und Wiss. zum and. gibt. Daraus folgt, daß die Archit. gleichsam als Mutter aller Künste und Urquelle jeder Kultur zu verstehen sei. Dies schließt mit ein, daß deren führende Bedeutung nichts Geringerem als einer nahezu naturgesetzl. verbrieften Gewißheit entspricht. – Auf der Grundlage solcher Prämissen ist es nicht mehr schwer, für Archit., die diesen Namen wirkl. verdient, einen Anspruch zu erheben, der kaum noch zu überbieten wäre. Folgl. kommt V. mit seinem 3. Buch sehr selbstbewußt zu seinem eigtl. Thema, dem einwandfreien Entwurf beispielhafter Gebäude. Dabei gilt das erste Thema dem Tempelbau, der 3, 1 – 4, 9 in seinen versch. Bauformen, Typen und Ordnungssystemen besprochen und erklärt wird. Entsprechend V.' Idealen beginnt er 3, 1, 1 dieses Thema mit einem nachdrückl. Hinweis auf die herausragende Bedeutung von Symmetrie, die für ihn zu einer unverrückbar gültigen Kategorie vorbildhafter Archit. geworden ist. Um die Gültigkeit dieser zum Prinzip erhobenen Entwurfsmethode nochmals zu legitimieren, verweist er erneut auf eine Analogie zur menschl. Gestalt und erläutert 3, 1, 2–4 am Beispiel seiner berühmten Proportionsfigur (H. von Steuben, Der Kanon des Polyklet, Tb. 1973, 68 ss.; F. Zöllner, Vitruvs Proportionsfigur, Worms 1987) die eindeutig benennbaren Verhältnisse, in denen die Glieder eines idealen Körpers zueinander stehen. Als Sinn und Vorbild der Vollkommenheit wird ihm dieses Paradigma zum Entwurfsmaßstab schlechthin. Zugleich verbindet dies V. mit dem Hinweis auf allg. gängige Maßsysteme und erläutert 3, 1, 5–8 diesen Zusammenhang durch den Fuß als Normgröße und den Finger als kleinster Einheit (H. Knell, Vitruvs metrolog. System, in: Diskussionen zur archäol. Bau-Forsch., IV, B. 1984, 33 ss.). Allerdings interessieren V. nicht so sehr diese pragmat. bis banalen Selbstverständlichkeiten, sondern ein hiermit in Zusammenhang gebrachter Exkurs über die Vollkommenen Zahlen. Mit angestrengter Argumentation versucht er 3, 1, 8 den Nachweis dafür zu erbringen, daß die Werte des beim Bauen übl. anthropomorphen Maßsystems mit der etwas eigenwillig zurechtgebogenen Zahl 16 als Superlativ einer in tieferer Gesetzlichkeit begründeten Vollkommenen Zahl in direkter Verbindung stehen. – Aufschlußreich für V.' Quellen und Bezugsgrößen sind nicht zuletzt die Abschnitte, in denen 3, 2 die Tempeltypen vorgestellt und erläutert werden. Dabei nennt V. – soweit ihm dies mögl. und angebracht erscheint – konkrete Beispiele, durch die sich der Leser ein Bild von diesen Typen machen kann. Einerseits ist dies aus heutiger Sicht eine nahezu unschätzbare Fundgrube, in der über eine beträchtl. Anzahl antiker Bauten informiert wird und zugleich ein Kompendium, das Grundformen bestimmter Tempeltypen authent. erklärt. Andererseits fällt jedoch auf, daß V. ausgerechnet für den bedeutendsten der griech. Tempeltypen, den auch als Peripteros bez. Ringhallentempel, kein wirkl. zutreffendes Anschauungs.-Mat. nennt und anscheinend auf kein sichtbares Beispiel hinweisen kann. Statt dessen behilft er sich 3, 2, 5 mit etwas umständl., indirekten Erklärungsversuchen, die kaum anschaul. sind. Dies läßt Zweifel an der bisweilen geäußerten Auffassung aufkommen, V. habe Studienreisen in Griechenland durchgeführt und viell. sogar in Athen studiert. Bestätigt werden solche Zweifel nicht zuletzt durch V.' Äußerungen zum Olympieion in Athen, das er 3, 2, 8 sachl. unzutreffend als Hypaethros bez. (W. Hoepfner, RM 104:1997, 291 ss.). Wahrsch. hatte sich V. bei seinen Studien mehr an Schr., die Architekten über ihre Bauten abgefaßt hatten, als an den Bauwerken selbst orientiert. Daß V. von solchen Schr. Gebrauch gemacht hatte, ist von ihm selbst mehrfach bezeugt. Dies könnte auch für den renommiertesten griech. Tempeltypus, den Peripteros gelten, den er 3, 2, 5 im Prinzip richtig erklärt, wobei er für dessen Ringhallenflanke als Normgröße eine Anzahl von elf Säulen nennt. Wahrsch. bezog er sich dabei auf eine Typenvariante, die hauptsächl. in spät- und nachklass. Zeit weiter verbreitet war (H. Knell, JdI 98:1983, 203 ss.). Einer solchen Typenvariante entspricht auch der Athenatempel, den → Pytheos, auf dessen Schriften V. 1, 1, 12 ausdrückl. hinweist, als ein Musterbeispiel eines Peripteros in ionischer Ordnung in Priene erb. hatte (G. Gruben, Griech. Tempel und Heiligtümer, M. 2001, 416). – Anschl. werden 3, 3 in einem nächsten Kapitel die sog. Tempelarten erklärt. V. nennt hierzu fünf Möglichkeiten, für deren Kennzeichen das jeweilige Verhältnis von Säulendurchmesser zu Interkolumnium, also der Abstand zw. zwei Säulen maßgebl. ist. Da hierbei der Säulendurchmesser stets als Ausgangswert und damit als Größe 1 dient, können diese Tempelarten auf Zahlenwerte reduziert charakterisiert werden. Hiernach erhält der Pyknostylos den Wert 1 1/2, der Systylos den Wert 2, der Diastylos den Wert 3 und der Araeostylos einen beliebig höheren und deshalb nicht mehr gen. Wert. Nach V. taugen alle gen. Tempelarten nicht allzuviel, weil bei ihnen entweder die Säulen so dicht beieinander stehen, daß man nur noch unbequem den Zwischenraum durchschreiten könne oder aber ein so großer Säulenabstand gilt, daß Gefahr bestehe, die Gebälke würden brechen. In diesem Zusammenhang fällt zum einen auf, daß V. zu den versch. Tempelarten konkrete Beispiele als Anschauungs-Mat. nennt und sich bei den eher negativ beurteilten Tempelarten auf sehr prominente Bauten der frühen augusteischen Principatszeit bezieht. Hierzu gehören der Tempel des Divus Iulius auf dem Forum Romanum und der Apollontempel auf dem Palatin in Rom. Für V. sind dies weniger gut gelungene Bauten, von deren Bauweise er sich – soweit dies das Thema seiner Tempelarten betrifft – ausdrückl. distanziert. Daß er damit Architekturen der Unvollkommenheit bezichtigt, die zu den für den Princeps aus and. Gründen herausragend wichtigen Exponenten seiner Erneuerung Roms zählten, scheint Vitruv weniger berührt zu haben. Für ihn sind es bestimmte ästhet. und formalist. Kriterien, die für seine Urteile ausschlaggebend bleiben. Dabei fällt jedoch auf, daß die Gründe, die für eine negative Einschätzung bestimmter Tempelarten gen. werden, nur unter der Voraussetzung zutreffend sein können, daß der Kritik die Vorstellung bestimmter Größenordnungen von solchen Tempeln zugrunde gelegen hat. Zumindest bliebe z.B. die Ablehnung eines Pyknostylos unverständl., wenn dabei an einen entsprechend proportionierten Tempel von mon. Größe gedacht wäre. Berechtigt könnten die von V. vorgebrachten Monita nur dann sein, wenn ihm ein Entwurfsmodell vor Augen stand, das von absoluten Formaten ausging, die sich objektiv mit den von ihm gen. Mängeln in Übereinstimmung bringen ließen. Unabhängig davon bot dies V. 3, 3, 6–7 die Gelegenheit, auf ein von ihm bes. protegiertes Archit.-Ideal hinzuweisen, das der große → Hermogenes (III) entwickelt habe. Dies betrifft den als Eustylos bez. Tempelentwurf, bei dem sich das Interkolumnium auf einen Wert von 2 1/4 bezieht und für dessen Säulenhöhe ein Wert von 9 1/2 Säulendurchmessern gilt. V.' Vorbild und Kronzeuge → Hermogenes (III) soll nach 3, 3, 8 den Bau des Dionysos-Tempels in Teos in solchen Verhältnissen gebaut haben. Außerdem schreibt ihm V. 3, 2, 6 die Erfindung des Pseudodipteros zu. Da jedoch beim Dionysos-Tempel in Teos die eustylen Verhältnisse nicht zur Anwendung gekommen sind (D. M. Uz, The temple of Dionysos in Teos, in: W. Hoepfner/E. L. Schwandner [Ed.], Hermogenes und die hochhellenist. Architektur. Internat. Kolloquium Berlin 1988, B. 1990, 51 ss.), müßte V. das Vorbild für sein Ideal aus and., unbek. gebliebener Quelle bezogen haben. – Dagegen lassen sich die Ergebnisse seiner eig. Entwurfsempfehlung deutlicher nachzeichnen. Da er die Archit. ionischer Ordnung bes. protegiert, erläutert er zuerst die Entwurfsprinzipien für einen ionischen Tempel, für die Proportionsregeln und Symmetrie den Schlüssel zum Erfolg bereitstellen. Deshalb stehen Proportionsangaben im Mittelpunkt seiner Entwurfsbeschreibung. Dabei geht V. – wie bereits bei der Charakterisierung der Tempelarten – vom Säulendurchmesser aus, der für ihn der Modul ist, an dem sich Maßangaben für and. Bauglieder orientieren. Darüber hinaus werden bisweilen Angaben, die von diesem Ausgangsmaß abgeleitet sind, als Zwischengröße benutzt, von der in einem weiteren Schritt and. Maße abgeleitet werden. Im Ergebnis kann dies zu einem verschachtelt anmutenden Entwurfsvorgang führen, der komplizierter zu sein scheint, als er in Wirklichkeit ist. Hinzu kommt V.' etwas sperrig formulierende Ausdrucksweise, die es dem Leser nicht gerade leicht macht, den Text und seine Konsequenzen unmittelbar zu verstehen. Dies wäre eher mögl., wenn man sich die Mühe machte, die Angaben zu einem solchen Entwurf so zu koordinieren, daß sie ausnahmslos direkt auf ihre gemeinsame Ausgangsgröße bezogen sind. Auf diese Weise ergibt sich für den gesamten Aufbau eines Tempelentwurfs eine Zahlenkolonne, die die Proportionsabfolge und zugleich das Symmetriesystem zu V.' ionischem Tempelentwurf entschlüsselt (Wesenberg, 1983, 109 ss.; Knell, [2]1991, 103 ss.). – V. beläßt es nicht bei diesem eher akad. entwickelten Entwurf, sondern schlägt in Anlehnung an griech. Archit. differenzierende Abweichungen von der rechnerisch ermittelten und eher schemat. verhärteten Norm vor. Hierzu gehören die 3, 4, 5 ausdrückl. gen. Kurvatur und die 3, 5, 3 erläuterte Säulenneigung, sowie 3, 3, 13 empfohlene Korrekturen, um perspektiv. Verkürzungen optisch auszugleichen (H. Büsing, Opt. Korrekturen. Vitruvs Empfehlungen verglichen mit der attischen Archit. des 5. Jh. v. Chr., in: Knell/Wesenberg [Ed.], 1984, 27 ss.; H. J. Kienast, AM 117:2002, 53 ss.). Ein bes. Problem bleibt das ionische Kapitell, das 3, 5, 5–8 ausführlicher als and. Bauglieder beschrieben und erklärt wird. Trotzdem konnte die äußerst komplizierte Volutenkonstruktion kaum eindeutig rekonstr. werden (W. Hoepfner, AM 83:1968, 213 ss.; Wesenberg, 1983, 128 ss.; H. Büsing, JdI 102:1987, 305 ss.). Daß dies für Nutzer, die nur auf den Text angewiesen blieben, problemat. sein könnte, scheint bereits V. bemerkt zu haben. Deshalb nennt er 3, 5, 8 eine Zchng, die er zum besseren Verständnis des Textes hinzugefügt habe. Obwohl diese Zchng nicht überliefert ist, galt dem ionischen Volutenkapitell des V. stets ein bes., baugeschichtl. Interesse. Darüber hinaus konnte der Versuch unternommen werden, V.' Entwurf zum ionischen Tempel deutlicher darzustellen. Dies gelingt, wenn der kleinste Nennwert der Proportionsreihe dieses Entwurfs mit dem kleinsten Teilwert des antiken Fußmaßes, auf dessen Bedeutung für einen Entwurf V. bereits 3, 1, 5–8 hingewiesen hat, gleichgesetzt wird. Im Ergebnis führt dies zu grundsätzl. praktikablen Maßangaben, wie sie im Bauhandwerk geläufig waren (Wesenberg, 1983, 158 ss.; Knell, ^{2}1991, 90 ss.). Daß sich V. bei seinen Entwurfsrichtlinien an griech. hellenist. Idealen orientierte, war seit geraumer Zeit bek. (Schlikker, 1940; H. Riemann, AA 1952, 1 ss.), doch weisen neuere Unters. deutl. darauf hin, daß V. ein konkreteres hellenist. Muster bek. war (B. Wesenberg, Vitruvs griech. Tempel, in: Knell/Wesenberg [Ed.], 1984, 65 ss.). Hierauf aufbauend hat V. nicht nur ein Beispiel für einen Tempelentwurf ionischer Ordnung vorgelegt, sondern zugleich mit diesem Modell eine Methode aufgezeigt, die die Richtung für die Erläuterung weiterer Bauaufgaben bestimmte. Dies betrifft zuerst die korinthische und die dorische Ordnung. Zur korinthischen Ordnung genügt V. die 4, 1, 1–2 erklärte Form des Kapitells, da die übrigen Teile dieser Ordnung den Regeln der ionischen Ordnung folgen. Darüber hinaus hält es Vitruv 4, 1, 2 für mögl., korinthische Säulen mit einem Tempel zu kombinieren, dessen übrige Teile und Glieder den Regeln der dorischen Ordnung folgen. Da von einer solchen Ordnungsmixtur in antiker Archit. jedoch kaum Gebrauch gemacht wurde (eine Ausnahme überliefert der Forumstempel in Paestum: F. Krauss/R. Herbig, Der korinthisch-dorische Tempel am Forum von Paestum, B. 1939; D. Theodorescou, Le forum et le temple dorique-corinthien de Paestum, in: Geertman, 1989, 114 ss.), blieb dieser Vorschlag eine eigentüml. Sonderlösung. – Die bes. Form des korinthischen Kapitells gab V. 4, 1, 3–10 Anlaß, nach dessen Herkunft zu fragen und diese Frage zugleich auf die beiden and. Ordnungen zu übertragen. Einerseits wird dies mit einer Evolutions-Gesch. der Archit. verbunden. Andererseits werden myth. Heroen und Legenden, auf die auch die Namen der versch. Säulenordnungen zurückgingen, gen., um bestimmte Formcharaktere zu begründen. Hiernach wäre die dorische Ordnung mit ihren stämmigeren Säulen auf den Heros Doros zurückzuführen und eigne sich insbesondere für Tempel, die männl. Gottheiten gewidmet sind. Dagegen eigne sich die ionische Ordnung mit ihren schlankeren Säulen und einem Kapitell, dessen Voluten an die Locken einer Frauenfrisur erinnern, v.a. für Tempel, die für weibl. Gottheiten errichtet werden. Tempel dieser Art seien insbesondere in Landschaften heimisch, in denen die nach dem Heros Ion benannten Stämme der Ioner lebten. Korinthische Säulen, die ihren Namen von der Stadt Korinth, in der diese Kapitellform entstanden sei, erh. habe, sollten bei Tempeln verwendet werden, in denen mädchenhafte Göttinnen verehrt würden. Die Kapitellform gehe auf eine Anregung zurück, die von einem von Akanthuszweigen umwachsenen Korb auf dem Grab eines jungen Mädchens ausgegangen sei. Wahrsch. waren für V. nicht nur die Legenden als solche wichtig, um die Herkunft der versch. Säulenordnungen zu erklären, sondern kaum weniger ihre damit verständl. gewordenen formalen Eigenschaften. Sie gaben ihm Gelegenheit, die Gestalt eines Tempels mit dort verehrten Gottheiten differenziert und im Sinne einer lehrbar gewordenen Archit.-Ikonogr. zu begründen. – Darüber hinaus wird die Entstehungs-Gesch. der Ordnungsformen thematisiert. Sowohl für die ionische als auch für die dorische Ordnung geht V. 4, 2, 2–6 davon aus, daß ihre wichtigsten Glieder auf eine ältere Holzkonstruktion zurückgingen, die durch den Steinbau ersetzt worden sei. Sowohl der ionische Zahnschnitt als auch das dorische Triglyphon (B. Wesenberg, Vitruvs Vorstellung von der Entst. des dorischen Triglyphenfrieses, in: K. Braun [Ed.], Stud. zur Klass. Archäologie. Festschr. Friedrich Hiller, Saarbrücken 1986, 143 ss.) wären hiernach zu einer verfestigten Form geronnene Reste einer längst überflüssig gewordenen Holzkonstruktion (Zu den versch. Ansätzen, die Entst. des Triglyphenfrieses zu erklären: N. Weickenmeier, Theorienbildung zur Genese des Triglyphons, Diss. Da. 1985). – Obwohl V. 4, 3, 1 ausdrückl. darauf hinweist, daß es so bedeutende Baumeister wie → Pytheos und → Hermogenes (III) wegen des im Triglyphon angelegten und prinzipiell unlösbaren Eckkonflikts abgelehnt hatten, Tempel in dorischer Ordnung zu bauen, berücksichtigt er ihn in seiner Entwurfslehre. Dabei behilft er sich mit einem Trick und schiebt den Eckkonflikt zur Seite, in dem er 4, 3, 5 eine Teilmetope einfügt, die den sonst störenden Restbetrag im Fries auflöst. Deshalb kann er Entwurfsregeln für einen Tempel, ohne auf den leidigen Eckkonflikt eingehen zu müssen, vorlegen (H. Knell, Die Hermogenes-Anekdote und das Ende des dorischen Ringhallentempels, in: Knell/Wesenberg, 1984, 41 ss.). Dabei zeigt sich, daß dem Entwurf für einen dorischen Tempel ein gleichartiges Modell zu Grunde liegt, das bereits den Rahmen des Entwurfs für einen ionischen Tempel abgesteckt hatte. Anscheinend betreffen solche Entwürfe nur die Fassade der Giebelfront, während der Baukörper als Entwurfsthema weitgehend unberücksichtigt bleibt. Zwar könnte man aus allgemeineren Angaben den Grundriß für die Tempelcella oder auch den Gesamtgrundriß eines solchen Tempels rekonstruieren, doch bliebe dies für die Entwürfe der vor den Baukörper gestellten Fassaden ohne bes. Bedeutung. Dagegen ist es erstaunl. und bes. bemerkenswert, daß Fassaden dorischer und ionischer Tempel, wenn ihre Teile in praktikable Maße und damit in einen grundsätzl. realisierbaren Zustand übertragen werden, zu nahezu wörtl. gleichen Formaten führen und deshalb ohne bes. Konsequenzen für den Gesamtentwurf eines solchen Tempels gegeneinander ausgetauscht werden könnten. Da nach V. korinthische Säulen sowohl in einen dorischen als auch in einen ionischen Tempel eingefügt werden, ohne daß dadurch dessen sonstiges Entwurfsgefüge beeinflußt ist, müßte auch eine Tempelfassade korinthischer Ordnung in ein solches Baukastensystem passen (Wesenberg, in: Knell/Wesenberg, 1984, 73 ss.). Anscheinend handelt es sich bei V.' Tempelentwurf um ein Konzept mit gegeneinander austauschbaren Versatzstücken. – Daß dies nicht nur für Entwürfe nach dem Vorbild hellenist. Archit. gilt, zeigt die Darst., mit der V. 4, 7 den tuskanischen Tempel erklärt. Zwar wird zum einen mit dieser Bauaufgabe die italische Komponente innerhalb des Traktats thematisiert, doch geht es wohl nicht weniger um den Hinweis, daß der Plan für einen solchen Tempel nach V.' Lehrmeinung mit der gleichen Methode entwickelt werden kann, die bereits zu den an griech. Archit. angelehnten Tempelmodellen geführt hat (H. Knell, RM 90:1983, 91 ss.). Ohne dies bes. betonen zu müssen, nobilitiert er damit zugleich eine italisch einheimische und ihrer Art nach eher rustikale Bauweise, indem er für diese Tempelform einen Entwurf vorstellt, für dessen Ausf. ein Mauerwerk in der Qualität griech. Steinmetzarbeit vorausgesetzt werden müßte (F. Hueber, Gestaltungsfeinheiten und Quadertechnik in Bauten der frühen Kaiserzeit, in: Geertman, 1989, 217 ss.). Auf diese Weise rückte V. den tuskanischen Tempel als den wichtigsten Repräsentanten alter italischer Trad. in einen qualitativen und kulturellen Zusammenhang, der diese Bauaufgabe mit der fraglos vorbildhaften, griech. Archit. auf eine Stufe stellte, ohne daß deshalb die hohe Priorität der griech. Archit. innerhalb V.' Werteskala in Frage gestellt sein müßte. – Mit den Tempelentwürfen waren nahezu normativ gültige Regeln aufgestellt, die auch bei and. Bauaufgaben zur Anwendung kamen. Dies betrifft sowohl die im 5. Buch besprochenen öff. Bauten als auch das im 6. Buch ausführl. dargestellte priv. Wohnhaus. Dabei sind sowohl die von V. deutlicher diskutierten Bauaufgaben als auch die von ihm übergangenen oder eher nachlässig wahrgenommenen Themen für seine eig. Wertvorstellungen und die von ihm mit seinen Büchern verfolgten Ziele, aber auch für einen von ihm vorrangig angesprochenen Adressatenkreis aufschlußreich. Anscheinend denkt V. bei seinen Lesern nicht an Personen, die sich für zeitgen. so aktuelle Themen wie Amphitheater oder den in großen Gebäuden untergebrachten Massenwohnungsbau interessierten. Zumindest gehören beide Bauaufgaben nicht zu jenen Themen, mit denen sich V. eingehender auseinandergesetzt hat. Bei öff. Profanbauten konzentriert sich V. 5, 1, 1–3 zuerst auf das Forum, nennt die Proportion seiner Platzfläche und beschreibt den Rahmen mit seinen zweigeschossigen Hallen. Dabei ist ihm bes. wichtig, daß auf einen gedehnten Abstand der Säulen geachtet wird, damit das Publikum beim Zuschauen der Gladiatorenkämpfe nicht behindert wäre. Mit den Gladiatorenkämpfen kann V. eigtl. nur die nach altitalischem Brauch gepflegten *munera* meinen, durch die im Ritus des Totenkults eines Verstorbenen unter Berufung auf seine *virtus* in der Öffenlichkeit des Forums einer Stadt ehrenvoll gedacht wurde (A. Hönle/A. Henze, Röm. Amphitheater und Stadien, Z. 1981, 13 ss.). Zwar hatten sich die Gladiatorenkämpfe im Laufe der Zeit aus ihrer urspr. Trad. gelöst und zur derben Volksbelustigung gewandelt, für die als bes. Stätten Amphitheater angelegt wurden, doch ignoriert V. dieses Thema und dachte bei den gen. Gladiatorenkämpfen nicht an den plebejischen Zeitvertreib eines johlenden Pöbels. – Interessanter könnten für V. Mitgl. jener Bevölkerungschichten gewesen sein, die es im Zeitalter eines breiter wirksam gewordenen wirtschaftl. Aufschwungs zu Erfolg und Wohlstand gebracht hatten. Nicht zuletzt gehörten hierzu Kaufleute, die in einem über die Mittelmeerwelt ausgedehnten Handel gute Geschäfte machten. Anscheinend entstand dabei auch ein Bedarf nach Gebäuden, die für die Pflege gesellschaftl. Beziehungen und die Abwicklung von Handelsverträgen oder entsprechende Verhandlungen den geeigneten Rahmen zur Verfügung stellten. Mit der hierfür entwickelten Marktbasilika entstand ein neuer Bautypus (G. Fuchs, BJb 161:1961, 39 ss.), der sich bald verbreitet hatte. Deshalb erstaunt es nicht, daß sich V. mit diesem Thema auseinandersetzte. Dies umso mehr, als die *Basilika in Fanum* an der adriat. Küste von ihm selbst entworfen wurde und dies das einzige nennenswerte Gebäude gewesen ist, das er als Architekt vorzuweisen hatte. Da hiervon bisher keinerlei Reste gefunden wurden, bleibt man auf V.' 5, 1, 6–10 nicht ohne Selbstlob verf. Beschr. dieser *Basilika* angewiesen (K. F. Ohr, BJb 175:1975, 113 ss.). Zusätzl. äußert sich V. 5, 1, 4–6 zur Gestalt und bestimmten Entwurfsprinzipien für eine Normalbasilika, der er ihren Platz am Forum einer Stadt zuordnet. Dort soll sie gegenüber vom Jupitertempel stehen und so angelegt sein, daß sie mit ihrer Langseite, in dessen Mitte der Haupteingang liegt, die Schmalseite des Forums begrenzt. Im Inneren gliedern ein breites Mittelschiff und schmalere, zweigeschossige Seitenschiffe den Raum der Basilika. Daraus folgt, daß der Basilikagrundriß der Struktur des Forumsplans grundsätzl. entspricht. Dies zeigt, daß V. nicht nur Regeln für isoliert bleibende Einzelbauten vorgelegt hat, sondern ein Entwurfskonzept entwickelte, in dem urbanist. Zusammenhänge oder Abhängigkeiten nicht unberücksichtigt bleiben. Darüber hinaus überträgt V. auf den Basilikaentwurf bestimmte Proportionsregeln und Symmetriesysteme, deren Gültigkeit er bereits beim Tempelbau demonstriert hatte. Deshalb können der Entwurf und bestimmte von V. eingeräumte Varianten soweit konkretisiert werden, daß sie wie beim Tempelentwurf in ihrer grundsätzlichen Praktikabilität verständl. werden (H. Knell, RM 92:1985, 171 ss.). Dies unterstreicht, daß V. nicht nur von allg. und deshalb unverbindl. bleibenden Entwurfsempfehlungen ausgegangen ist, sondern seinen Texten konkretere Entwurfsangaben zugrunde lagen. Darüber hinaus könnte eine method. und systemat. Gleichartigkeit der Entwurfsprinzipien und deren Anwendung geeignet gewesen sein, eine Gleichrangigkeit der versch. Bauaufgaben zu suggerieren. Darüber hinaus zeigt die Darst. der Basilika, daß sich V. zeitgen. aktuelleren Bauaufgaben keineswegs verschlossen hat, soweit sie sich formal und inhaltl. mit V.' Ansprüchen an Archit. und bestimmten, gesellschaftl. Wertvorstellungen verbinden ließen. – Noch ausgeprägter gilt dies für das latinische Theater, mit dem sich V. 5, 3, 1–7 ausführl. befaßt hat und das er durch einen nachvollziehbar erläuterten Idealentwurf honorierte (P. Gros, RA 1994, 57 ss.). Zugleich verweist er 5, 8 auf das Theater der Griechen und erklärt hierfür eine geometr. Grundform, die einem Beispiel wie dem Theater in Priene durchaus entsprechen könnte (A. von Gerkan, Das Theater von Priene, M./L. 1921, 116 ss.). Dabei betont er das bes. Verhältnis von Auditorium zu Orchestra und Skene, durch das sich das griech. vom latinischen Theater unterscheide. Mit diesem Theater, zu dem es zu V.' Zeit noch kaum Anschauungs-Mat. gegeben hat (H. P. Isler, Vitruvs Regeln und die erh. Theaterbauten, in: Geertman, 1989, 141 ss.; F. B. Sear, AJA 94:1990, 249 ss.), wird eine der jüngsten Bauaufgaben thematisiert, die der sonst eher retrospektiven Sicht des V. einen zeitgen. aktuellen Anstrich gibt. Wahrsch. konnte er sich diesem Thema nicht entziehen, nachdem mit dem 55 v. Chr. von Pompeius gestifteten, ersten steinernen Theater in Rom ein mon. Beispiel stand, das V. 5, 9, 1 auch nennt. Da dessen Typus den typolog. Angaben des V. zu einem solchen Theater grundsätzl. entspricht, könnte es durchaus die Anregung für V.' Beschr. gegeben haben. Daß ihm die Auseinandersetzung mit diesem Thema bes. wichtig gewesen ist, belegt bereits der Umfang, den er im Rahmen seiner Bücher hierfür ausfüllt. Außer dem Tempelbau ist kein zweites Thema innerhalb dieser Schriften ähnl. ausführlich besprochen worden. Dabei geht es zusätzl. zu den Fragen, die Entwurf und Ausf. eines solchen Bauwerks betreffen, um Probleme der Akustik (E. Pöhlmann, Vitruvs Schalltheorie und das antike Theater, in: id. [Ed.], Beitr. zur antiken und neueren Musik-Gesch., Ffm. u.a. 1988, 145 ss.). V. begnügt sich nicht mit praktikablen Fragen zur Schallverbesserung (J. G. Landels, GaR 14:1967, 80 ss.), sondern greift grundsätzlichere Themen der Musiktheorie auf. Dies betrifft v.a. die 5, 4 angesprochene Harmonielehre des Aristoxenos, von deren Intervallsystemaik er sich Anregungen für eine Übertragung der Harmonie von Klängen auf eine Harmonie der Archit. und den Theaterbau zu erhoffen scheint. Um keine falschen Erwartungen aufkommen zu lassen, betont er 5, 4, 1 jedoch ausdrückl., die Harmonielehre des Aristoxenos sei ein schwer durchschaubares Kapitel, so daß unklar bleibt, weshalb er sich nur in allg. und unverbindl. bleibender Form hierauf bezieht. Dies gilt auch für die 5, 5 zur akust. Verbesserung vorgeschlagenen Schallgefäße und das hierzu 5, 5, 8 zit. Beispiel in Korinth (P. Thielscher, Die Schallgefäße des antiken Theaters, in: H. Kusch [Ed.], Festschr. Franz Dornseiff, L. 1953, 334 ss.). Dagegen sind die Angaben zum eigtl. Theaterentwurf besser verständl. (Knell, RM 92:1985, 179 ss.). Auch hierbei ergeben die zu Symmetrie und Proportionen gen. Verhältnisse einen Entwurf, dessen Werte sich in praktikable Maßangaben übersetzen lassen. Dies gilt v.a. für die komplizierteren Elemente einer geschoßartigen Säulen-Archit., wie sie der Skene-Wand vorgeblendet sind. Erneut sind die Entwurfsprinzipien den Regeln für einen Tempelentwurf entlehnt und variierenden Verhältnissen angepaßt. Einem solchen Systementwurf entspricht, daß er sich stufenweise vergrößern ließ und deshalb für Theater von unterschiedl. Format verwendet werden konnte. Ein Blick auf röm. Theater zeigt, daß sie in ihren versch. Dimensionen den stufenweise vergrößerbaren Varianten des vitruvschen Theaterentwurfs durchaus vergleichbar sein könnten (Knell, [2]1991, 138 ss.). – Offensichtl. hat V. aus dem Spektrum öff. Profanbauten nur zu Basilika und latinischem Theater genauere Entwurfsvorschläge aufgezeigt. Zwar erw. er 5, 1 auch Schatzhäuser und Kerker sowie 5, 2 das Rathaus und 5, 10 die Thermen oder 5, 12 Häfen mit Wasserbauten, doch komplettieren solche Hinweise eher sein Themenarsenal und gehören nicht zum Kreis jener Bauaufgaben, deren Bedeutung durch deutlicher beschriebene Entwurfsrichtlinien bes. betont worden wären. Für V. ist über bereits gen. Beispiele hinaus nur noch eine Bauaufgabe so aktuell und wichtig, daß er damit verbundene Entwurfsfragen ausführlicher erklärt. Dies betrifft den priv. genutzten Wohnungsbau, der für V. so wichtig war, daß das gesamte 6. Buch diesem Thema vorbehalten blieb. Allerdings geht es V. hierbei nicht um die großformatigen Gebäudeblöcke für den Massenwohnungsbau, sondern einzig um das Atriumhaus. Zwar weist er 2, 8, 17 auf den mehrgeschossigen Wohnungsbau hin und hält ihn für die Unterbringung des städt. Proletariats auch für nützl., doch ist dies für V. kein Anlaß, sich hiermit soweit auseinanderzusetzen, daß er auch nur andeutungsweise zu Entwurfsvorschlägen gekommen wäre. Dagegen äußert er sich umso engagierter zum Atriumhaus, das er nicht nur für einen bes. wichtigen Gebäudetypus hält, sondern das zugleich auch ein ideolog. motiviertes Kernelement seiner Lehre und Archit.-Auffassung ist. Dabei verzichtet er nicht auf das durchgängig wichtig gebliebene Entwurfsmuster und schlägt vor, ein Atriumhaus nach den überkommenen und vorbildl. Regeln von Proportion und Symmetrie zu entwerfen (Knell, RM 92:1985, 191 ss.). Deshalb werden die Typenvarianten definiert, deren Grundrißorganisation beschrieben, die Bandbreite der Gebäudegrößen gen. und ein Modul eingeführt, der die für einen Entwurf maßgebl. Symmetrien und Proportionen entwickeln läßt. Im Ergebnis führt dies zu einer ganzen Palette von Entwürfen für Atriumhäuser, die wie zum Abruf und je nach Bedarf zur Verfügung stehen könnten (Knell, [2]1991, 148 ss.). Dies zeigt, daß V. das Atriumhaus zu jenen herausragenden Bauaufgaben zählt, die ein mit Symmetrie und deren Regeln begründeter Entwurf in den Rang wirklicher Archit. rückt. – Darüber hinaus bezieht V. deutl. Position zu Funktion und Bedeutung eines Atriumhauses und betont, es eigne sich nur für Personen, deren gesellschaftl. Rang es entspricht, daß sie Besucher zu bes. Anlässen und wichtigeren Gesprächen empfangen. Deshalb sind Besitzer von Atriumhäusern Mitgl. jener gehobenen Schicht der röm. Gesellschaft, zu deren Aufgaben es gehört, Entscheidungen herbeizuführen, die für Staat und Ges. von Belang sind (F. Coarelli, La casa dell'aristocrazia romana secondo Vitruvio, in: Geertman, 1989, 178 ss.). Solchen Voraussetzungen beim Bau von Wohnhäusern Rechnung zu tragen, entspräche den von V. 1, 2, 5–7 beschriebenen Kriterien für einwandfreien *decor*. Zusätzl. veranlaßt dieser ideolog. begründete Funktionszusammenhang von Haustyp und Bewohner V. zu der 6, 7, 1 betonten Aussage, bei den Häusern der Griechen gäbe es keine Atrien, weil sie von den Griechen nicht gebraucht würden. Wahrsch. ist damit gemeint, Atrien seien für Griechen überflüssig, weil sie nicht zu den maßgebl. Entscheidungsträgern der röm. Gesellschaft zählen. Dies zeigt, daß V. hier weniger als Architekt, sondern v.a. als selbstbewußter Römer spricht. – Weitere Passagen unterstreichen, daß ihm die Bedeutung der imperialen Macht Roms, als deren Teilhaber er sich verstehen kann, nicht nur allg. oder beiläufig bewußt ist. V.a. seine Klimalehre (H. Knell, RM 100:1993, 383 ss.), mit der 6, 1, 3–10 in die Wohnhausthematik eingeleitet wird, ist hierfür ein Exempel bes. Art. Dabei geht es nicht nur um das 6, 1, 1–2 erläuterte pragmat. Problem, nach dem beim Bau von Wohnhäusern klimat. Bedingungen zu berücksichtigen sind, sondern v.a. um grundsätzlichere Fragen und deren hochkarätigen Bedeutungszusammenhang. Für V. ist dies Anlaß und zugleich Gelegenheit, nach unterschiedl. Klimaarten wie sie in versch. Ländern und Gegenden vorkommen, zu fragen und deren Auswirkung auf die dort lebenden Völker zu diskutieren. Dabei stellt er 6, 1, 9 fest, unausgewogenes Klima bringe Menschentypen mit unausgewogenen Fähigkeiten,

Charakteren und Eignungen hervor. Deutl. könne man dies an den zwar körperl. starken und deshalb auch mutigen, jedoch geistig eher schwerfälligen Völkern des kälteren Nordens zum einen und den körperl. leichteren und deshalb in jeder Hinsicht flinkeren, also auch intelligenten, jedoch zugleich eher feigen und hinterhältigen Völkern des Südens zum and. erkennen. Dagegen habe es Italien der Gunst der Natur und damit dem Willen der Götter zu danken, daß es in einer klimat. ausgeglichenen Gegend liege und dort deshalb ein Menschentyp entstehen konnte, der über die denkbar besten körperl., geistigen und charakterl. Eigenschaften verfüge. V. zieht daraus 6, 1, 11 den für ihn naheliegenden Schluß, es entspräche einer naturgegebenen Bedingung und göttl. Vorherbestimmung, daß das röm. Volk die ganze Welt beherrsche. Für dessen Führungspersönlichkeiten und Amtsträger bieten Atriumhäuser einen angemessenen Rahmen und die geignete Wohnform. Wahrsch. sind deshalb ein Entwurfsaufwand und eine Eigenart des Entwurfs angemessen, durch die sich ergibt, daß das italische Atriumhaus zur ausgewählten und damit nobilitierten Reihe wirkl. bedeutender Bauaufgaben, die vom Tempelbau angeführt und exemplar. Beispielen des öff. Profanbaus bereichert werden, gehört. Damit steht das Atriumhaus und mit ihm zugleich eine betont dargestellte italische Komponente gemeinsam mit einigen and. Bauaufgaben innerhalb einer Bedeutungshierarchie und Werteskala von Archit. obenan. – Wie in einem Anhang sind im 7. Buch Fragen zur Gebäudeausstattung und Wanddekoration besprochen. Die Texte informieren 7, 1–4 über Herstellung und Verwendung von Marmorstuck und Wandputz, von Estrich, Kalk und Stuck, sowie 7, 1, 6–14 über Marmorsorten und Herkunft oder Eigenschaft von Farben. In einem eig. Kapitel äußert sich V. 7, 5 über die Wandmalerei. Dabei fällt auf, in welcher Form und Schärfe er 7, 5, 3–4 gegenüber der gegenwärtigen Wanddekoration Position bezieht und sie in Bausch und Bogen ablehnt (Knell, IstMitt 39:1989, 285 ss.). Für ihn sind die neueren Darstellungsarten, die sich weit von seinem Ideal, das sich an realen Archit.-Prospekten orientierte (W. Ehrhardt, KölnJbVFrühGesch 24:1991, 27 ss.), entfernt hatten, abwegige Unzumutbarkeiten. Dabei beharrt er auf Dekorationen, wie sie dem 2. Stil der pompejanischen Wandmalerei entsprechen und die in V.' Jugend und Ausbildungszeit mod. gewesen sind. Dagegen bez. er die Anhänger des z.Z. der Niederschrift seiner Bücher mod. gewordenen Stils mit seinen entmaterialisierten und verspielteren Formen als geistesverwirrte Narren ohne Bildung und Verstand. Wahrsch. hatte er dabei nicht bemerkt, daß er hiermit eine Dekoration anprangerte, die der Ausstattung von Räumen im Haus des Princeps auf dem Palatin entsprach (G. Carettoni, Das Haus des Augustus auf dem Palatin, Mainz 1983, 18 ss.). Daß er mit seiner Ablehnung zeitgen. Wanddekoration kein Gehör gefunden hatte, belegen viele Beispiele der Gattung. Offensichtl. war dies nicht das einzige Thema, zu dem sich, wie seine 2, 8, 9 formulierte Skepsis gegenüber dem mod. gewordenen Backstein zeigt, V. gegenüber neueren Entwicklungen zurückhaltend bis ablehnend verhalten hat. Allerdings bedeutet dies nicht, daß er sich ausschl. an Idealen der Vergangenheit orientiert und deshalb aktuellere Themen übergangen oder grundsätzl. abgelehnt hätte. Zumindest zeigen seine differenzierten Ausf. zum Entwurf öff. Profanbauten, daß er durchaus darum bemüht sein konnte, Anschluß an gegenwärtigere Aktualität zu halten. Deshalb kann es V. nicht nur darum gegangen sein, Bedingungen für vorbildhafte Archit. auf der Grundlage trad. Überlieferungen ohne Blick auf bestimmte, in seiner eig. Zeit aktueller gewordene Baufaufgaben festzuschreiben. Insoweit sind die Bücher des V. keineswegs nur eine Traktatsliteratur, mit der die Gesch. der europ. Archit.-Theorie begründet wurde und auch nicht nur ein breit angelegtes, vielfältig informierendes Kompendium zur Archit. der Antike oder ein entsprechendes Lehrbuch, sondern ebenso ein Spiegel jener Epoche, die im Sog versch., v.a. von hellenist. Kultur geprägter Einflüsse mit ständigem Bezug zu eig. Vergangenheit und legitimierender Trad. beim Aufbruch in die neue Zeit des augusteischen Principats die Alte Welt verändert hatte. ▭ ThB34, 1940. RE IX. A. 1, 1961; LAW, 1965 (s.v. Vitruv); EAA VII, 1966 (s.v. Vitruvio); KlP V, 1975 (s.v. V. 2); DA XXXII, 1996; DNP XII. 2, 2003. – *L. Sontheimer*, V. und seine Zeit, Tb. 1908; *B. Ebhardt*, Die zehn Bücher der Archit. des Vitruv und ihre Hrsg., B. 1918 (repr. Ossining, N. Y. 1962); *M. Schanz/C. Hosius*, Gesch. der röm. Lit., II, M. 1935 (HdA VIII. 2), 386 s.; *F. W. Schlikker*, Hellenist. Vorstellungen von der Schönheit des Bauwerks nach V., B. 1940; *M. Fuhrmann*, Das systemat. Lehrbuch, Göttingen 1960, 78 ss.; *Vitruv*, Zehn Bücher über Archit., übersetzt und mit Anm. versehen von *C. Fensterbusch*, Da. 1964 (Soweit dem Text Hinweise auf die Bücher unmittelbar beigegeben sind, werden sie entsprechend dieser zweisprachigen Ausgabe zit.; rev. ed. [2]1976, [4]1987, [5]1991); *H. Plommer*, V. and later Roman building manuals, C. 1973; *G. Germann*, Einf. in die Gesch. der Archit.-Theorie, Da. 1980, 10 s.; *B. Wesenberg*, Beitr. zur Rekonstr. griech. Archit. nach lit. Quellen, B. 1983 (AM, Beih., 9), 109 ss.;

H. Knell/B. Wesenberg (Ed.), Vitruv Kolloquium des Dt. Archäologen-Verbandes e. V., Darmstadt 1982, Da. 1984; *H.-W. Kruft*, Gesch. der Archit.-Theorie von den Anfängen bis zur Gegenwart, M. [1]1985, [2]1986, 20 ss.; *H. A. Geertman u.a.* (Ed.), Munus non ingratum. Proceedings of the internat. symposium on Vitruvius' De Architectura and the Hellenistic and Republican archit., Leiden 1987, Leiden 1989; *H. Knell*, Vitruvs Archit.-Theorie. Versuch einer Interpretation, rev. ed. Da. [2]1991; *S. Schuler*, Vitruv im Mittelalter. Die Rezeption von „De architectura" von der Antike bis in die frühe Neuzeit, Köln u.a. 1999. H. Knell

Vitruvius Cerdo, *Lucius*, röm. Architekt, Erbauer des *Arco dei Gavi* in Verona, A. 1. Jh. n. Chr. (spätaugusteisch/tiberisch) tätig. Zwei gleichlautende Inschr. auf beiden Innenseiten des Durchganges des *Gavier-Bogens* nennen den Namen des Architekten: „L VITRVVIVS L L CERDO ARCHITECTVS" (CIL, V, 3464). Die Angabe *„Luci libertus"*, Freigelassener des Lucius, gibt Anlaß zu der Vermutung, daß V. C. urspr. ein Sklave des berühmten → Vitruvius war, dessen Praenomen und Cognomen nicht sicher bek. sind. Diese Hypothese wird durch die Dat. des Bogens aufgrund seiner Ornamentik in das 2. oder 3. Jahrzehnt des 1. Jh. n. Chr. (Tosi, 1983, 79 s.) unterstützt. Möglicherweise ist er auch mit dem gleichnamigen Militärarchitekten ident., der nach → Vitruvius (1, praef. 2) zus. mit *Aurelius, M.*, → Cornelius, Cn., und → Minidius, P., in augusteischer Zeit für die Konstr. der Kriegsmaschinen im röm. Reich verantwortl. war. ▭ RE IX. A. 1, 1961 (s.v. Vitruvius, Spalte 420). – *G. Tosi*, L'arco dei Gavi, R. 1983; *Donderer*, Architekten, 1996, 270 s., Nr A 154, Taf. 54 s. Th. Ganschow

Vitruvius Misenus cf. **Vitruvius**

Vitruvius Pollio cf. **Vitruvius**

Vitte[di]us Hermias, *L.* → **Utte[di]us Hermias,** *L.*

Völundr → **Wieland**

Volca → **Vulca**

Volumnius → **Volusius Lacinus**

Volusius Lacinus, röm. Architekt, im 3. Jh. n. Chr. tätig. Nur bek. durch seine Grab-Inschr. aus Asolo (CIL, V, 2095). Die nur fragm. Inschr. läßt nicht ausschließen, daß er viell. auch *Volumnius* hieß. ▭ RE IX. A. 1, 1961 (s.v. Volumnius 19). – *E. Buchi*, in: Il Veneto nell'età romana, I, Vr. 1987, 165; *Donderer*, Architekten, 1996, 272 s., Nr A 156. R. V.

Vulca (Volca), nach der röm. Überlieferung ein etrusk. Terrakottaplastiker aus Veji, der gegen E. des 6. Jh. v. Chr. tätig war. Unter Berufung auf Varro berichtet Plinius (nat., 35, 157), daß V. von Tarquinius Priscus aus Veji nach Rom herbeigerufen und mit der Anfertigung des *Kultbildes des Jupiter Capitolinus* beauftragt worden sei. Der Name V. und die Angabe, daß er aus Veji stamme, finden sich allerdings in keiner einzigen Plinius-Hs., sondern gehen auf eine Emendation zurück, die zwar plausibel, nichtsdestotrotz aber sekundär ist. – Die *Jupiter-Statue* sei ebenso wie die Quadriga auf dem Giebel des Jupitertempels und eine *Hercules-Statue* aus Ton gebrannt worden. Während diese eben deshalb als *„Hercules fictilis"* (Mart., 14, 178) bez. Figur gleichfalls von V. geschaffen worden sein soll, bleibt der Plinius-Ber. hinsichtl. des Schöpfers der *Quadriga* unklar. An and. Stellen aber heißt es, auch die *Quadriga* sei das Werk etrusk. Künstler (Plin., nat., 28, 16) aus Veji (Plut., Publ., 13; Fest., p. 340). Daß sie während des Brandes, statt zu schrumpfen, gewaltig an Größe zunahm (Plut., op. cit..), wurde zu den günstigen Vorzeichen gezählt, die den Bau des allerdings nicht unter Tarquinius Priscus, sondern unter Tarquinius Superbus oder sogar erst nach dessen Sturz fertiggestellten Jupiter-Tempels (Dion. Hal., ant., 3, 69; 4, 61; Liv., 1, 38, 7; 1, 55, 1) begleiteten. Schließl. erinnert der Name V. eher an den für Brenntechnik und handwerkl. Meisterschaft zuständigen röm. Gott Volcanus/Vulcanus als an irgendeine belegte etrusk. Namensform. – Trotz dieser Unstimmigkeiten und Unsicherheiten ist es sehr gut mögl., daß um die Wende vom 6. zum 5. Jh. v. Chr. ein oder mehrere Künstler aus Etrurien, viell. sogar gerade aus Veji, herangezogen wurden, um die Bauplastik wichtiger Tempel in Rom zu schaffen. Immerhin sind in Veji, Cerveteri/Pyrgi, Satricum und Rom selbst (S. Omobono; Sommella Mura/Arata, 1990) mon. Archit.-Terrakotten bek. geworden, die auf hochspezialisierte Terrakotta-Wkstn in der 2. H. des 6. Jh. und im frühen 5. Jh. v. Chr. schließen lassen. ▭ ThB34, 1940 (s.v. Volca). RE IX. A. 1, 1961; EAA VII, 1966; KlP V, 1975; LIMC VIII. 1, 1997, 470 (s.v. Zeus/Iupiter, Appendix: La Triada Capitolina). – *G. Colonna*, Il maestro dell'Ercole e della Minerva, OpRom 16:1987, 7–41 (Terrakotta-Wkst. von Veji); *A. Sommella Mura/F. P. Arata*, in: *M. Cristofani* (Ed.), La Grande Roma dei Tarquini (K Pal. delle Esposizioni), R. 1990, 115–129 und

Taf. IX (S. Omobono); *S. Ritter*, Hercules in der röm. Kunst, He. 1995, 20–22 (Hercules fictilis/S. Omobono); *W. Kuhoff*, „La Grande Roma dei Tarquini“: Die früheste Expansion des röm. Staates im Widerstreit zw. lit. Überlieferung und hist. Wahrscheinlichkeit, Au. 1995, Anm. 41, 43; *G. Colonna* (Ed.), L'altorilievo di Pyrgi, R. 1996 (Cerveteri/Pyrgi). C. Weber-Lehmann

W

Wadji, ägypt. Umrißzeichner. Er hat selbst signiert. 🕮 *E. W. Ware*, AJSL 43:1926/27.

Y. Ott

Wadjrenput, ägypt. Bauleiter („Oberdomänenverwalter des Königs"), unter Hatschepsut (und Tuthmosis III.?) (um 1479/73–1425 v. Chr.) in Ägypten tätig. Er ist bek. durch einen hierat. Brief des Bauleiters → Iahmes (II), von dem allerdings nur noch die Grußformel erh. ist (Papyrus, London, BM, Inv. Nr 10104 r.). Weit wichtiger ist eine hieroglyph. Inschr. in den Steinbrüchen des Ǧebel Hammam (15 km s. von Kom Ombo), aus der hervorgeht, daß W. dort Sandstein gebrochen hat. Glanville nimmt an, daß das Mat. für das Tor, das unter Hatschepsut im großen Tempel von Kom Ombo errichtet wurde, aus eben diesem Steinbruch stammen könnte. W. könnte durchaus für ein derartiges Bauunternehmen verantwortl. gewesen sein. Daneben sind von W. Widmungen auf einigen Steinen von Bauten der Hatschepsut (sog. Namensteine) bekannt. Diese wurden in der Nähe des Grabes seines Vorgängers Senmut (Theban Tomb 71) in Theben gefunden, wo wahrsch. auch das Grab des W. zu lokalisieren ist. 🕮 LÄ IV, 1982 (s.v. Namensteine). – Urk. IV, 394 s., Nr 123; *S. R. K. Glanville*, JEA 14:1928, 307–309, Taf. 34 s.; *W. C. Hayes*, Ostraka and name stones from the tomb of Sen-Mut (No. 71) at Thebes, N. Y. 1942, 45 mit Anm. 171; *W. Helck*, Zur Verwaltung des Mittleren und Neuen Reichs, Leiden/Köln 1958, 364 s.

T. Schrottenbaum

Wahballahi (I), Vater des → Abd'obodat, nabatäischer Steinmetz, spätes 1. Jh. v. Chr./frühes 1. Jh. n. Chr. in Hegra/Saudi-Arabien tätig. W. wird in einer nabatäischen Inschr. an einer *Grabfassade* in Hegra als ausführender Steinmetz genannt. Dieses Grab ist auf Grund seiner Inschr. im 9. Reg.-Jahr des nabatäischen Königs Aretas IV., also im Jahr 1 v. Chr./1 n. Chr. entstanden. W. ist der Vater von → Abd'obodat, dessen Steinmetzschule er und sein Bruder → Abdharetat in einer ersten Generation wohl begründeten. Die Grabfassade des W. ist die älteste inschr. datierte in Hegra. Sie entspricht dem Typus des sog. Zinnengrabes, welches der zweithäufigste Fassadentyp in Hegra ist. 🕮 EAA V, 1963 (s.v. Nabatea, Arte, W. [1]). – CIS, II, Nr 198; *J. Jaussen/R. Savignac*, Mission archéol. en Arabie, I, P. 1909, Nrn 16, 58, 119; *J.-C. Balty*, in: Archit. et soc., Actes du colloque internat., Rome, 2–4 décembre 1980, Coll. de l'école française de Rome, 66, P./R. 1983, 308–313; *A. Schmidt-Colinet*, Berytus 31:1983, 95–97, Abb. 1; *id.*, Stud. in the hist. and archaeology of Jordan, 3, Amman 1987, 143 s.; *Z. T. Fiema*, JNES 46:1987, 51–53; *J. McKenzie*, The archit. of Petra, Ox. 1990, 14–31; *J. F. Healey*, The Nabataean tomb inscr. of Mada'in Salih, Ox. 1993, 154–162, Nr H 16; *Hackl*, Nabatäer, 2003, Nr Q. 047. 02.

D. Keller

Wahballahi (II), Sohn des Zaidan, nabatäischer Stukkateur, in Petra/Jordanien tätig. W. ist in einer nabatäischen Inschr. aus Petra am Aufgang zu einem der hl. Opferplätze überliefert. Er tritt uns dort als Stifter einer kleinen Kultnische mit zwei *Baityloi*, typ. nabatäischen Götterstelen, entgegen und nennt sich „Gipser", was als Stukkateur interpretiert werden darf. Er dürfte Stuckdekorationen hergestellt haben, wie sie aus nabatäischen Tempeln und Priv.-Häusern in Petra seit dem späten 1. Jh. v. Chr. bek. sind. 🕮 EAA V, 1963 (s.v. Nabatea, Arte, W. [2]). – RES, Nrn 1088, 1436; *G. Dalman*, Neue Petra-Forsch., Palästin. Forsch. zur Archäologie und Topogr., II, L. 1912, 46, 96–98, Nr 85; *F. Vattioni*, in: *C. Sarnelli Cerqua* (Ed.), Stud. arabo-islamici in onore di Roberto Rubinacci nel suo settantesimo compleanno, II, N. 1985, 771; *Hackl*, Nabatäer, 2003, Nr N. 060. 38. 01.

D. Keller

Wahballahi (III), Sohn des Abd'amanu, aus Phainon/Jordanien oder Phaina/Syrien, nabatäischer Architekt oder Bildhauer, im 1. Jh. n. Chr. in Iram/Jordanien tätig. Auf W. lassen sich wohl ein griech.-nabatäisches Dipinto auf dem Wandverputz im Tempel von Iram, zwei nabatäische Inschr. aus der Nähe dieses Tempels und ein thamudäisches Graffito in der Gegend von Iram beziehen. Aus dem zweisprachigen Dipinto erfahren wir am meisten über ihn, denn dort werden auch der Name seines Vaters und seine Herkunft genannt. Die Heimatstadt von W. ist entweder mit Phaina in der Trachonitis/S-Syrien oder mit Phainon/Fenan an der O.-Seite des Wadi Araba/Jordanien zu lokalisieren. Außerdem bez. er sich darin als Architekt und gibt an, auch unter dem Namen seines

Vaters, Abd'amanu, bek. gewesen zu sein. Daher läßt sich eine der beiden nabatäischen Inschr., worin ein Abd'amanu als Architekt bez. wird, wohl ebenfalls mit W. in Verbindung bringen. Auch das thamudäische Graffito mit der Nennung eines Abd'amanu könnte auf W. bezogen werden. In der zweiten nabatäischen Inschr. tritt uns W. dann aber als Bildhauer entgegen. Unklar bleibt, ob sich wirkl. alle Inschr. auf ein und denselben Künstler zurückführen lassen, mögl. ist es aber allemal. W. dürfte demnach am Bau des nabatäischen Tempels von Iram mitgewirkt oder aber in einer dort anzunehmenden Tempel-Wkst. gearbeitet haben. Der Bau dieses Tempels läßt sich ins späte 1. Jh. v. Chr. bis frühe 1. Jh. n. Chr. dat., ein größerer Umbau erfolgte im späten 1. oder frühen 2. Jh. n. Chr. Daher läßt sich die Schaffenszeit von W. zw. diesen Eckdaten ansiedeln. ▭ EAA V, 1963 (s.v. Nabatea, Arte, W. [3]). – SEG, VIII, 1937, Nr 348; *R. Savignac*, RBi 42:1933, 415 s., 418, Nrn 5, 9; 44:1935, 263–265, Nr 1, Abb. 19; *G. L. Harding/ E. Littmann*, Some Thamudic inscr. from the Hashemite Kingdom of Jordan, Leiden 1952, Nr 57A; *J. T. Milik*, AAJ 21:1976, 145, Anm. 5; *M. Sartre*, Inscr. de la Jordanie, IV. Pétra et la Nabatène méridional du Wadi al-Hasa au Golfe d'Aqaba centrale, P. 1993, 176–178, Nr 141; *Hackl*, Nabatäer, 2003, Nr O. 019. 04. D. Keller

Wahbu, Sohn des Afsa, nabatäischer Steinmetz, im 2. V. des 1. Jh. n. Chr. in Hegra/Saudi-Arabien tätig. W. signierte als ausführender Steinmetz am E. einer nabatäischen Inschr. auf einer *Grabfassade* in Hegra. Inschr. ist dieses Grab ins 36. Reg.-Jahr des nabatäischen Königs Aretas IV., also ins Jahr 27/28 n. Chr., datiert. Neben W. signierten auf derselben Fassade auch noch → Aftah und → Huru (I) als weitere zuständige Künstler. W. gehört demnach zur Steinmetzschule des → Aftah. Das von ihm sign. Grab gehört zum in Hegra üblichsten Typus des Treppengrabes. ▭ EAA V, 1963 (s.v. Nabatea, Arte, W.). – CIS, II, Nr 207; *J. Jaussen/R. Savignac*, Mission archéol. en Arabie, I, P. 1909, Nr 7; *J.-C. Balty*, in: Archit. et soc., actes du colloque internat., Rome, 2–4 décembre 1080, Coll. de l'école française de Rome, 66, P./R. 1983, 308–313; *A. Schmidt-Colinet*, Berytus 31:1983, 96 s., Abb. 4; *id.*, Stud. in the hist. and archaeology of Jordan, 3, Amman 1987, 143; *Z. T. Fiema*, JNES 46:1987, 51 s.; *J. McKenzie*, The archit. of Petra, Ox. 1990, 14–31; *J. F. Healey*, The Nabataean tomb inscr. of Mada'in Salih, Ox. 1993, 110–114, Nr H 7. D. Keller

Wahibre, ägypt. Künstler („Vorsteher aller Arbeiten des Königs"), 26. Dynastie (664–525 v. Chr.). Bek. ist W. von zwei Statuenbruchstücken. Es handelt sich in beiden Fällen um kniende Naophore, d.h., der Statueninhaber trägt einen Altar mit einer Götterfigur vor seinem Körper. In diesem Fall befindet sich in dem Altar eine Figur des Totengottes Osiris. Beide Statuen sind oberhalb des Unterkörpers abgebrochen, so daß jeweils um die 70 cm erh. sind. Die noch erh. Inschr. nennen den Namen und Titel des W. sowie die Namen der Eltern, die jedoch zu sehr zerst. sind, um sie zu entziffern. Aufgrund der Inschr.-Reste der sog. saït. Formel sind diese Statuenreste in die 26. Dynastie zu datieren (Herrschaft der Saïten). Die Herkunft des Stückes, das bei Borchardt unter der Nr 677 geführt wird, ist unbek., die des Stückes mit der Nr 679 wird mit Qoddaba angegeben. ▭ *H. Gauthier*, ASAE 22:1922, 92; *L. Borchardt*, Statuen und Statuetten von Königen und Priv.-Leuten, III, B. 130, 22 ss., Nr 677 und 679. S. Hänsch

Wahka, Sohn des Antiuinechet, ägypt. Architekt („Vorsteher der Bauarbeiter"), im Mittleren Reich (2119–1794/93 v. Chr.) in Ägypten tätig. Bek. durch eine Kalksteinstele, die in der n. Nekropole von Abydos gefunden wurde. Dieser Fundort sagt jedoch nichts über den Wohnort oder Arbeitsplatz des W. aus. ▭ *H. O. Lange/H. Schäfer*, Grab- und Denksteine des Mittleren Reichs (CG), I, B. 1902, 227, Nr 20200. T. Schrottenbaum

Wahmen[...], ägypt. Vorsteher der Bildhauer, während des Mittleren Reiches (2119–1794/93 v. Chr.) im Raum Abydos/Oberägypten tätig. Nur belegt mit Titel und Namen auf einer Stele, die im n. Areal von Abydos gefunden wurde und sich heute im Ägypt. Mus. Kairo befindet. ▭ *H. O. Lange/H. Schäfer*, Grab- und Denksteine des Mittleren Reiches (CG), II, B. 1908, 29, Nr 20431q,7. C. von Pfeil

Warsakan (WRSKN), numidischer Bauhandwerker des 2. Jh. v. Chr. Erw. in einer numidisch-punischen Bilingue vom *Pfeilergrabmal* in Thugga (Dougga, Tunesien) als einer von drei Gehilfen eines am Grabbau tätigen Steinmetzen; → Atban. C. Leschke

Waschka, ägypt. Bildhauer („Unteraufseher der Bildhauer"), im Alten Reich (2707/2657–2170/2120 v. Chr.) in Ägypten tätig. W. ist im Grab eines Schepsespteh dargestellt, wie er zus. mit seinem Kollegen → Schepsespteh (IX) an einer hölzernen(?) Statue arbeitet. Aus Junkers Angaben läßt sich nicht entnehmen, wo das Grab liegt bzw. wie es genau zu dat. ist. ▭ *H. Junker*, Die gesellschaftl. Stellung der ägypt. Künstler im Alten Reich, W. 1959, 9. S. L. Lippert

Waschpteh → Ptehwasch

Wech, ägypt. Schmuckhandwerker, 12. bis 13. Dynastie (1976–1648/45 v. Chr.), in Ägypten tätig. W. ist nur auf der Stele des Bildhauers → Kemes (BM 323) erw., von dem er ein Schwager zu sein scheint. ▭ Hieroglyphic texts from Egyptian stelae etc. (K BM), V, Lo. 1914, Taf. 13.

M. A. Stadler

Wechekleides → Echekleides

Weha, ägypt. Bildhauer, Totenpriester, während der 5. Dynastie (ca. 2450–2300 v. Chr.) in Unterägypten tätig. Belegt in der Mastaba des → Duaenra w. der Stufenpyramide in Saqqara. Er ist dargestellt in einer Reihe von Männern, die dem Grabherrn Opfer darbringen, u.a. auch der Goldschmied und Totenpriester → Schepsespteh (II). Seine Titel zeugen von einer doppelten Funktion: Der Grabherr übertrug ihm als einem besonders geschätzten Künstler das Amt eines Totenpriesters an seinem Grab und stiftete ihm dafür auch ein Grundstück. ▭ PM III. 2, 1978, 608 [D 61]. – *A. Mariette*, Les mastabas de l'Ancien Empire, P. 1889, 350 (D 61); *H. Junker*, Die gesellschaftl. Stellung der ägypt. Künstler im Alten Reich, W. 1959, 67.

C. von Pfeil

Wehau, ägypt. Steinmetz, unter Pharao Amenemhet III. (1853–1806/05 v. Chr.) auf dem Sinai tätig. Belegt auf einer von Saneferet für den Hathortempel gestifteten Stele aus Serabit el-Chadim im Südwesten des Sinai. Auf einer der Seitenflächen dieser Stele ist eine Liste von Teilnehmern an einer der unter Amenemhet III. durchgeführten Expeditionen angebracht, zu denen W. zählte. Bereits ab dem Alten Reich wurden Expeditionen nach dem südwestl. Sinai gesandt, um die dortigen Türkisvorkommen abzubauen. ▭ LÄ V, 1984, Sp. 866 (s.v. Serabit el-Chadim); PM VII, 1952, 355. – *J. Černý* (Ed.), The inscr. of Sinai, II, Lo. 1955, 115, Nr 112.

C. von Pfeil

Weland → Wieland

Wenennefer → Unennefer

Wepemneferet, ägypt. Architekt, Altes Reich (2707/2657 bis 2216/2166 v. Chr.), in Ägypten tätig. Neben seiner Tätigkeit als Priester der Seschat erfüllte W. unter dem Titel „kgl. Schreibermeister" auch die Funktion eines Architekten und Bauleiters. Er ist durch eine rechteckige, farbig gefaßte Stele in Berkeley belegt, auf der er vor einem Opfertisch sitzend dargestellt ist. ▭ LÄ I, 1975, Sp. 654 mit Anm. 2. (s.v. Bauleiter); LÄ IV, 1982, Sp. 1085 mit Anm. 16 (s.v. Priester); LÄ V, 1984, Sp. 886 mit Anm. 27 (s.v. Seschat). – *H. F. Lutz*, Egyptian tomb steles and offering stones etc., L. 1927, Taf. 1.

M. A. Stadler

Wer (I), ägypt. Bildhauer („Oberster der Oberen"), unter Amenemhet III. (1853–1806/05 v. Chr.) in Serabit el-Chadim/Sinai tätig. W. wird in einer langen Liste von Personen gen., die sich auf einer vierseitig beschrifteten Stele im Hathor-Tempel von Serabit el-Chadim befindet. Die Stele ist in das Jahr 4, sehr wahrsch. von Amenemhet III., datiert. ▭ *J. Černý* (Ed.), The inscr. of Sinai, II, Lo. 1955, 94 (Nr 85) Z. 19, Taf. 23.

S. L. Lippert

Wer (II), ägypt. Architekt („Aufseher der Bauleute"), in der 12. Dynastie (1976–1794/93 v. Chr.) in Ägypten tätig. W. erscheint auf zwei Stelen, die in Abydos gefunden wurden, doch wird sein Titel nur auf einer der beiden (Kairo, Ägypt. Mus., Inv. Nr CG 20241) gen. Möglicherweise ist W. der Vater des Stelenbesitzers, des Architekten → Ptehmaau. Der Name seines Vaters wird nicht ausdrückl. erw., doch ist aufgrund des Namens seiner Mutter anzunehmen, daß er der Sohn des Architekten → Ptehaa ist, auf dessen Stele (Kairo, Ägypt. Mus., Inv. Nr CG 20523) er ebenfalls vorkommt. Ob W. und seine Familie aus Abydos stammten oder, wie viele andere auch, als Pilger von auswärts dorthin kamen, ist unsicher. ▭ *H. O. Lange/H. Schäfer*, Grab- und Denksteine des Mittleren Reiches (CG), I, B. 1902, 263 (Nr 20241) und II, B. 1908, 123 (Nr 20523); *D. Franke*, Personendaten aus dem Mittleren Reich, Wb. 1984, 115, Nr 210.

S. L. Lippert

Werchemem, ägypt. Vorsteher der Bildhauer, im Mittleren Reich (2119–1794/93 v. Chr.) tätig. Nur bek. aus seiner Kalksteinstele vom n. Abhang der mittleren Nekropole von Abydos/Oberägypten. ▭ *H. O. Lange/H. Schäfer*, Grab- und Denksteine des Mittleren Reiches (CG), II, B. 1908, 121, Nr 20520 g.

Y. Ott

Weremnutseneferu? (Werseneferuemnut?), „schöner" Name eines ägypt. Umrißzeichners z.Z. von Amenemes III. (1853–1806/05 v. Chr.). Wird auf einer Grabstele (Mus. Westreenianum 46/92) vom 27. Jahr des Amenemes III. aus Abydos zus. mit Familienangehörigen erwähnt. Viell. ist W. ident. mit dem dort an prominenter Stelle gen. Heremsaf. ▭ *E. W. Ware*, AJSL 43:1926/27, 198 u. 206; *F. J. E. Boddens Hosang*, De Egypt. verzameling von Baron van Westreenen, D. H. 1989, 88 s.

F. Hoffmann

Weserhat (I) (Userhat; Userhet), ägypt. Umrißzeichner, z.Z. Thutmosis' IV. (1397–1388 v. Chr.), in Ägypten tätig. In einer Bankettszene im Grab Amenheteps (Theban Tomb 75) ist W. abgebildet und mit Titel und Namen bezeichnet. Weil er Umrißzeichner „des Amun" war, wird er wohl in Theben als Angehöriger des Amunstempels tätig gewesen sein. ▭ *N. de G. Davies*, The tomb of two officials of Thutmosis the Fourth (Nrn 75 and 90), Lo. 1923, 8, Taf. 6. M. A. Stadler

Weserhat (II) (Userhat; Userhet), ägypt. Architekt, Bauleiter, z.Z. Tutanchamuns (1333 bis 1323 v. Chr.) wohl in Theben/Ägypten tätig. Als Angehöriger der Schatzhausverwaltung erscheint W., der seinem Titel nach die Bauleitung für die Königsgräber innehatte und wohl für die Herstellung der Tempel-Inschr. zuständig war, im Grab des Architekten, Bauleiters und Schatzhausvorstehers → Maia in Saqqara als Priester bei einer Libationshandlung. ▭ LD III, 242 b; Urk. IV, 2166, 5; *W. Helck*, Urkunden der 18. Dynastie, B. 1961, 426, Anm. 1. M. A. Stadler

Weserhat (III) → Hatiai (III)

Weserhat (IV) (Userhat; Userhet), ägypt. Umrißzeichner, z.Z. Ramses' II. (1279 bis 1213 v. Chr.) in Ägypten tätig. Von W. ist eine unvoll. Stele erhalten, die W. beim Opfer vor der Statue des Königs und vor Ptah zeigt. ▭ *J. J. Clère*, Kêmi 11:1950, 40 s., Nr 4. M. A. Stadler

Weserhat (V) (Userhat; Userhet), ägypt. Umrißzeichner, 18. Dynastie (1550 bis 1292 v. Chr.), in Ägypten tätig. Von W. ist nur ein Uschebti der späten 18. Dynastie erh., der seinen Titel und Namen enthält. Viell. ist er mit → W. (II) identisch. ▭ *P. E. Newberry*, Funerary statuettes and model sarcophagi (CG), Kairo 1930–1937, Nr 47733. M. A. Stadler

Weseriner, ägypt. Vorsteher der Bildhauer und Zimmermann der Bildhauer im Palast, Mittleres Reich (2119–1794/93 v. Chr.). Überliefert ist ein Graffito aus dem Shatt er-Rigāl, in dem neben seinen Künstlertiteln noch der Titel Wab-Priester und Anführer in Hatnub genannt werden. Bei Hatnub handelt es sich um Alabaster-Steinbrüche, also eine Verbindung zu seiner Aufgabe als Vorsteher der Bildhauer. Das Graffito nennt auch den Namen seines Vaters Initef. Dies ist der einzige Beleg für W. ▭ *H. E. Winlock*, The rise and fall of the Middle Kingdom in Thebes, N. Y. 1947, Taf. 39 A, 66; *W. A. Ward*, Index of Egyptian administrative and relig. titles of the Middle Kingdom, Beirut 1982, Nrn 407 und 818. S. Hänsch

Weserkafanch (Anchuserkaf), ägypt. Bauleiter („Vorsteher aller Arbeiten des Königs"), unter Sahure bis Niuserre (2496/46–2414/2364 v. Chr.) im Nildelta/Unterägypten tätig. Bek. durch sein Grab in Abusir, das sich vor dem Totentempel des Niuserre befindet, aber wohl etwas früher erbaut wurde als die Grabanlage des Königs. Die Mastaba weist keinerlei Spuren einer Ausschmückung auf, aber in den Kulträumen der Frau des W. fand man eine Granitstatuengruppe des Ehepaars und eine Kalksteinstatue des W. mit einer hieroglyph. Inschr. auf dem Sockel und den Seitenflächen des Rückenpfeilers (Liebighaus Frankfurt, Inv. Nr 1629). Die Inschr. besteht aus fünf Kolumnen, in denen insgesamt 35 Rang- und Amtstitel des W. gen. werden. Daraus geht hervor, daß W. ein hoher Beamter am Königshof war, der als „Vorsteher der beiden Deltahälften" v.a. mit der Verwaltung des Nildeltas betraut war. Ebenso wichtig ist seine Funktion als Bauleiter, denn da er für sämtliche Erträge des Deltas und für das Schatzhaus verantwortlich war, spielte er auch eine entscheidende Rolle für die Durchführung der kgl. Bauprojekte. Diese Tätigkeit dürfte sich jedoch v.a. auf die Verwaltung beschränkt haben. ▭ LÄ II, 1977, 1237 mit Anm. 1 (s.v. Hofrang); LÄ IV, 1982, 1085 mit Anm. 17 (s.v. Priester, Priesterorganisation, Priestertitel); LÄ V, 1984, 879 (s.v. Seret); PM III. 1, 1974, 344. – *L. Borchardt*, Das Grabdenkmal des Königs Ne-User-Re, L. 1907 (Ausgrabungen der Dt. Orient-Ges. in Abusir 1902–1904), 25–28, Abb. 10, 109–116 (v.a. 113, Abb. 91); *E. Bayer-Niemeier*, Skulpt., Malerei, Papyri und Särge, Melsungen 1993 (Wissenschaftl. Kataloge Liebighaus, Mus. Alter Plastik), 80–90, Nr 22 (Inv. Nr 1629). T. Schrottenbaum

Weserwer, Sohn des Senchensu (?), ägypt. Bildhauer, in der 12. Dynastie (1976–1794/93 v. Chr.) in Ägypten tätig. Bek. durch eine Kalksteinstele, die sich heute im BM befindet (Inv. Nr 129), deren Herkunft aber leider unbek. ist. Es muß demnach offen bleiben, wo er tätig war. Als Bildhauer hat er entweder an der Ausstattung von Gräbern (d.h. an Reliefs) oder bei der Statuen- bzw. Stelenherstellung mitgewirkt. ▭ Hieroglyphic texts from Egyptian stelae etc. (K BM), II, Ox. 1912, 7, Nr 129, Taf. 15; *W. A. Ward*, Index of Egyptian administrative and relig. titles of the Middle Kingdom, Beirut 1982, 181, Nr 1561. T. Schrottenbaum

Wesi, ägypt. Juwelier („Aufseher der Schmuckherstellung seiner Majestät"), unter Amenophis III. (1388–1351/50 v. Chr.) in Memphis/Unterägypten tätig. W. ist im Grab des → Meriumeriu (I) dargestellt, wie er vor dem Verstorbenen Weihrauch verbrennt und eine Wasserspende ausgießt. Die entsprechende Reliefplatte befindet sich heute in Leiden. ▭ *H. de Meulenaere/J. Quaegebeur*, CdE 57:1982, 210; *P. A. A. Boeser*, Beschr. der Aegypt. Slg des Niederländ. Reichs-Mus. der Altertümer in Leiden, IV, D. H. 1911, 5 Nr. 2, Taf. 13.

S. L. Lippert

Weta, ägypt. Lederarbeiter, Altes Reich (2682–2191 v. Chr.). Bei W. handelt es sich um einen vergleichsweise gut bek. Mann. Aus Giza ist sein Steinsarkophag überliefert, durch den wir über ihn und seine Titel informiert sind. Jedoch ist bereits die Dat. dieses Sarges, und somit auch die der Lebenszeit des W., unsicher. Lange wurde eine Dat. auf die 4. Dynastie unter Mykerinos als gesichert angenommen, da W. auf seinem Sarg als Beamter der Pyramide „Menkaura-netjeri" dieses Königs gen. wird. Allerdings handelt es sich hierbei nur um einen Terminus post quem, der nicht ausschließt, daß W. auch um einiges später gelebt haben kann. Da auch anhand von stilist. und paläograph. Merkmalen keine nähere Eingrenzung zu treffen ist, muss die genaue Dat. bis auf weiteres offen bleiben. Bek. ist durch diesen Sarkophag, daß er versch. Titel der Lederverarbeiter trug. Des weiteren scheint er hoch in der Gunst des Königs gestanden zu haben, da dieser ihn direkt beauftragte und ihn bei seiner Arbeit beobachten wollte. Für die Ägyptologie kommt dem Sarkophag des W. eine besondere Bedeutung zu, da es Junker (1957) anhand diesem gelang, eine bis dahin unbek. Hieroglyphe zu identifizieren. ▭ LÄ III, 1980, 833 (s.v. Künstler), 958 (s.v. Leder, -arbeiter, -bearbeitung). – *H. Junker*, W. und das Lederkunsthandwerk im Alten Reich, Österreich. Akad. der Wiss., phil.-hist. Kl., Sitzungsbericht, 231. Bd, 1. Abh., W. 1957; *R. Drenkhahn*, ÄA 31:1976, 7–17.

S. Hänsch

Wieland (ma.: Veland; Velent; Völundr; Weland o.ä.), aus dem heutigen Seeland/Dänemark stammender nordgerman. Kunst- und Waffenschmied, in der 2. H. des 5. Jh. n. Chr. im Gebiet des heutigen Jütland tätig. Der in der ma. Überlieferung unter oben gen. Namen firmierende W. (R. Simek, in: Lexikon des MA IX, 1998, 80 s.) ist als Hauptfigur eines in Bild- und Schriftquellen vorliegenden Erzählstoffes bekannt. Als Eigenname ist Weland durch einen fries. Runen-Solidus bereits für das 6. Jh. n. Chr. epigraph. belegt (Nedoma, 1988, 35 ss.). Die ältesten, der Erzählung sicher zuzuordnenden Bildzeugnisse sind zwei den Stoff zwangsläufig selektiv wiedergebende Werke, näml. das mit Reliefszenen und Inschr. versehene, unter der Bezeichnung „Frank's Casket" oder *Kästchen von Auzon* bek. angelsächs. Walknochen-Kästchen (London, BM, Inv. Nr M & ME 1867. 1-20. 1; Florenz, MN del Bargello) aus der Zeit um 700 n. Chr. (Hauck/Krause/Beck, 1973; Osborn, 1991) sowie der gotländische Bildstein *Ardre VIII* (Stockholm, Statens Historiska Mus.) aus dem 8. – 9. Jh. n. Chr. (Roesdahl, 1992; Althaus, 1993, passim). Übereinstimmendes Bildthema bei beiden Werken ist der als dramat. Höhepunkt im Leben des W. überlieferte Rachemord an zwei Königssöhnen. In textl. Form ist der Erzählstoff entweder separat oder im Rahmen des Erzählzyklus zu Dietrich von Bern überliefert. Auf das trag. Schicksal des Schmiedes wird bereits in dem angelsächs. Lied „Deor's Lament" (Strophen 1 s.; Entst.-Zeit zw. 700 und 1000 n. Chr.) angespielt. Am ausführlichsten wird die Lebens-Gesch. des W. in der isländ. „Völundarkvida" („Völund-Lied"), einem der ältesten Lieder der „Älteren Edda" (von See u.a., 2000), sowie in den altnord. (13./14. Jh.) und den altschwed. Versionen (15./16. Jh.) der „Thidreks (Dietrich von Bern)-Saga" dargestellt. Bezügl. der Nähe zu einer Ursprungsfassung der W.-Erzählung wird inzwischen verstärkt die Einschätzung vertreten (Ritter, 1982; 1989, 399 ss.; Schmoeckel, 1995; Ritter, 1999; Hornig, 2001; W. Mackwitz, Die Nibelungen, Bremen 2002), daß als maßgebl. Textzeugnis nicht, wie bislang angenommen, die altnord., „Membrane" gen. Version der „Thidreks-Saga" (Unger, 1853; Kramarz-Bein, 2002), sondern die altschwed., „Svava" oder „Dietrichs-Chronik" gen. Version (Hyltén-Cavallius, 1850 – 1854; Ritter, 1989) zu betrachten ist. Sie wird in ihrer Substanz auf eine im rhein.-westfäl. Raum anzusiedelnde Hofchronik für die 2. H. des 5. Jh. und die 1. H. des 6. Jh. n. Chr. zurückgeführt. In ihrem Mittelpunkt steht die Figur Dietrichs von Bern, der als ein Lokalkönig (ca. 470–ca. 540 n. Chr.) aus dem im Mittelalter „civitas Verona" gen. Bonn (E. Ennen, in: Reallexikon der Germanischen Altertumskunde III, B./N. Y. 1978, 232, s.v. Bonn) identifiziert wird (Schmoeckel, 1995, 29–34, 96–98, 202, 206). Zu seinen Waffengefährten gehörte der mit ihm gleichaltrige Sohn des W. namens Wideke. Insbesondere über diese Beziehung gewinnt auch der Abschnitt über das Leben des W. („Svava", Kapitel 55–78) einen entsprechenden Historizitätsgrad. Dabei sind in die W.-Erzählung vermutl. durch lat. Textversionen oder mündl. tradierte Volkserzählungen zusätzl. Elemente aus dem Sagenkomplex um den griech. Künstler → Daidalos (I) eingeflossen. Gemeinsamkeiten zw. diesem und W. bestehen in dem ihnen zuerkannten Rang als unübertroffene Künstler und Erfinder ihrer Zeit – speziell in ihrer Befähigung zur Anfertigung lebensnaher Bildnisse – sowie in ihrem Fluchtschicksal. So kann die W. zugeschr. Anfertigung von Kunstflügeln zu Fluchtzwecken („Svava“, Kapitel 74 s.) als Übernahme aus dem Daidalos-Erzählstoff gewertet werden (W. Behringer – C. Ott-Koptschalijski, Der Traum vom Fliegen, Ffm. 1991, 162–165, 191–194), möglicherweise auch die Idee des Labyrinths, das in den oben gen. Texten nicht vorkommt, dessen Abbild jedoch in ma. nord. Hss. als „Völundarhus“ („Völundshaus“) apostrophiert wird (Simek, op. cit., 81, mit Lit.; M. Kern/A. Ebenbauer, Lex. der antiken Gestalten in den dt. Texten des MA, B./N. Y. 2003, 197 s., s.v. Daedalus). Abgesehen von diesen Motiven verweist der Stoff der W.-Erzählung in seiner Mehrheit auf die späte Völkerwanderungs- und frühe Merowinger-Zeit. Hierfür sprechen zunächst die oben gen. frühen Bildzeugnisse, die den Erzählstoff mindestens in seinen wesentl. Zügen als bek. voraussetzen. Am deutlichsten erkennbar ist die Zeitstellung bei der „Svava“ mit ihren vorkarolingischen Toponymen, dem überwiegend paganen und prämonetären Kulturhintergrund sowie insbesondere mit der dort reflektierten Sachkultur (v. unten) und den rechtl. Verhältnissen. Was letztere betrifft, so wird bezügl. des Ber. zur Gefangensetzung und Rache des W. („Svava“, Kapitel 70 s.) gewöhnl. auf eine in der „Vita Sancti Severini“ (VIII, 3 s.) des Eugippius (Abfassungszeit 511 n. Chr.) überlieferte Episode aus der Zeit zw. 469/470 und 476 n. Chr. (T. Nüsslein, Eugippus. Vita Sancti Severini, St. 1995, 146) als Vorbild verwiesen. Hier hatten zwangsverpflichtete Goldschmiede vermutl. german. Herkunft ihre Freilassung per Geiselnahme durchgesetzt. Bei Annahme des oben gen. ungefähren Geburtsjahres Dietrichs bzw. Widekes hätte sich diese Episode allerdings etwa gleichzeitig oder sogar später als die Gefangensetzung des W. abgespielt. Die beiden Vorfälle lassen sich daher eher als Reflexe eines zeittypischen latenten Konfliktverhältnisses werten, das zw. den auf ihrem Freien-Status insistierenden Schmieden einerseits (nach german. Recht: W. Menghin, Die Langobarden. Archäologie und Gesch., St. 1995, 27 s.; nach kelt. Recht: H. Birkhan, Die Kelten, Versuch einer Gesamt-Darst. ihrer Kultur, W. 1997, 607 s., 990 s., 1011 s.) und den an der Verfügungsgewalt über sie interessierten Herrschern andererseits erwachsen war. Was den Lebensverlauf des W. betrifft, so liefert nur die Thidreks-Saga biogr. Angaben zur Jugend und Lehrzeit („Svava“, Kapitel 55–59). Hiernach wuchs W. in Seeland auf dem Landsitz seines Vaters Wade, eines kgl. Abkömmlings, auf. Als Lehrling verbrachte er zunächst einige Jahre bei dem als berühmt bez. Schmied Mymmer/Mime, dessen Wirkstätte im heutigen Minsleben bei Wernigerode im Harz vermutet wird (Schmoeckel, 1995, 213). Anschließend lernte W. bei zwei ebenfalls berühmten, namentl. jedoch nicht gen. zwergenhaften Waffen- und Kunstschmieden in Ballova, dem heutigen Balve im Hönnetal/Nordrhein-Westfalen. Nach dem Mord an seinen Lehrmeistern floh er mit Hilfe eines selbstgefertigten Einbaums und gelangte so als Flüchtling (der „Völundarkvida“ zufolge als ein von daheim Entführter) an den Hof König Nidungs in Thiodi, dem heutigen Thyodde in der Landschaft Thy in W-Jütland (Ritter, 1999, 184–186). Hier arbeitete er anfangs als Bediensteter, dann als Waffen- und Kunstschmied („Svava“, Kapitel 59–73). Lt. Überlieferung entstanden zunächst das als Identifikationshilfe gedachte lebensnahe Bildnis des kgl. Gefolgsmannes Rygger/Regin, dann W. eigenes, für einen Schmiede-Wettb. hergestelltes, legendäres Stahlschwert „Mymming“/„Mimung“ sowie dessen weniger qualitätvolle, für den König bestimmte Kopie. W. wurde jedoch von Nidung verbannt und nach seiner heiml. Rückkehr (der „Völundarkvida“ zufolge bereits zu Beginn seines Aufenthalts) zur Bestrafung an den Beinen gelähmt, womit zugleich die Fortsetzung des Schmiededienstes am Ort erzwungen werden konnte. Aus Rache hierfür ermordete W. die jungen Söhne des Königs und fertigte aus ihren Körperbestandteilen versch. Gegenstände an, so u.a. Trinkgefäße aus den Schädelkalotten. Für seinen mit der Königstochter gezeugten Sohn Wideke stellte er eine Rüstung her. Zuletzt soll W. mit Hilfe seines Bruders Egil die oben erw. Kunstflügel konstruiert haben, mit deren Hilfe er von Jütland geflohen und nach Seeland heimgekehrt sei. An seinem Heimatort dürfte W. in der Anfangszeit mit der Komplettierung bzw. Neuanfertigung jener Rüstungs-Ausstattung beschäftigt gewesen sein, die der zwölfjährige Wideke bei seinem Aufbruch zus. mit dem legendären Schwert trug. Ob von W. auch der in diesem Zusammenhang erw., mit Elefanten-Elfenbein beschlagene Sattel Widekes stammt, muß offenbleiben. Neben den gen. Objekten werden W. durch and. Überlieferungen davon abweichende bzw. zusätzl. Werke zugeschrieben. Hierzu gehören *Schmuckstücke* aus Metall und Humanmaterie („Völundarkvida“, Strophen 6, 24), *Pokale* („Vita Merlini“, Vers 235 des Geoffrey of Monmouth/Galfredus Monumutensis, Abfassungszeit ca. 1150 n. Chr.) sowie Beowulfs *Panzer* („Beowulf“, Vers 455; Entst.-Zeit zw. 650 und 800 n. Chr.). Ein Werk des W. zu sein, wurde im Laufe der Zeit zur sprichwörtl. Bezeichnung für bes.

kostbare, raffinierte und aufwendige kunsthandwerkl. Produkte. Der in der „Svava" aufgezählte Bestand an Werken des W. ist trotz spärl. deskriptiver Angaben für die Gewinnung von Indizien zur hist. Einordnung auf phänomenolog. Ebene verwertbar. Geradezu als zeitl. Indikator darf der dort beschriebene *Einbaum* („Svava", Kapitel 59) gelten, der in seiner Konstruktion und Zweckbestimmung für eine fingierte Flußbestattung vor dem Hintergrund der Baumsarg-Gräber des 5./6. Jh. n. Chr. verständl. wird (Hornig, 2001). Das lebensgroße und täuschend echt wirkende Rygger/Regin-Bildnis („Svava", Kapitel 63; vgl. Kapitel 383 s.) kann in seiner Idee auf die durch Bekleidung und Bemalung lebensnah gestalteten röm. Wachsporträt-Statuen (J. von Schlosser, Tote Blicke, W. 1910 s., Repr. B. 1993, 16–26; H. Drerup, RM 87:1980, 81–129) zurückgeführt werden. Direkt in das Früh-MA verweist wiederum die auch andernorts überlieferte (u.a. G. Strohmaier, Al-Biruni. In den Gärten der Wiss., L. [3]2002, 203 s., 271) und von der mod. Forsch. experimentell überprüfte Stahlrezeptur (Ritter, 1982, 18–20; Nedoma, 1988, 235–239) für das Schwert „Mymming"/„Mimung" („Svava", Kapitel 64 s.). Was die edelmetallverzierten Schädelbecher, aus Menschenknochen verfertigten Messerschäfte und edelmetallverzierten Flöten betrifft („Svava", Kapitel 72), so sind Schädelbecher gerade für das Früh-MA sowohl im paganen, als auch im christl. Umfeld keineswegs ungewöhnl. (K. Hornig, Skyllis 3:2000[2], 139 mit Anm. 38–43). Menschl. Langknochen wurden seit frühester Zeit vereinzelt als Werkzeuge oder Werkzeugteile benutzt (ibid., 139 mit Anm. 58–61); eine Flöte aus Menschenknochen ist immerhin für das 13. Jh. in Tübingen archäol. belegt (M. Kokabi u.a.., Knochenarbeit, St. 1994, 136 s., Abb. 10). Die in der „Svava" gen. Flöten dürften in ihrer Art einer mit Edelmetall-Manschetten versehenen Knochenflöte der röm. Kaiserzeit aus dem Rheinland (L. Wamser u.a., Die Römer zw. Alpen und Nordmeer [K Rosenheim], Mainz 2000, 433, Kat.-Nr 241c) nahegekommen sein. Zur Rüstung Widekes („Svava", Kapitel 74, 78, 165, 185) gehörten ein Helm mit einer applizierten goldfarbenen Schlange sowie ein Schild mit rotem Abzeichen auf weißem Fond. Der Helm läßt sich zeitl. am ehesten einordnen zw. einem mit einer plast. Scheitel-Schlange verzierten röm. Masken-Helm des 3. Jh. n. Chr. aus Vechten/Niederlande (M. Junkelmann, Reiter wie Statuen aus Erz, Mainz 1996, 35 s. mit Abb. 67 s., p. 95, Kat.-Nr O 107) und den mit Scheitel-Schlangen besetzten Prunk-Helmen der Vendelzeit (6.–8. Jh. n. Chr.) aus N- und NW-Europa (K. Böhner, JbMusMainz 41:1994, 534, Abb. 38, p. 538, Abb. 42, pp. 542 s.). In Bezug auf Schilde mit roten Abzeichen auf weißem Fond ist zunächst zu bemerken, daß solche im 4./5. Jh. n. Chr. als Kennzeichen von Einheiten der o- und w-röm. Heeresverbände keine Seltenheit sind (Ill. der „Notitia Dignitatum"; Abfassungszeit in den zwanziger Jahren des 5. Jh. n. Chr.: A. Wieczorek/P. Périn, Das Gold der Barbarenfürsten [K Mannheim, Reiss-Mus.], St. 2001, 27–31, Abb.). In Widekes Fall könnte die Fondfarbe des Schildes in Jütland Tradition gewesen sein und damit auf seine Abstammung mütterlicherseits verweisen, da für die Kimbern als einzige Völkerschaft des nw. Barbaricums weiße Schilde als Kennzeichen lit. überliefert sind, und zwar bereits für die Zeit um 101 v. Chr. (Plut., Mar., 25, 10; Abfassungszeit zw. 100 und 120 n. Chr.). Widekes Schild trug als – vermutl. aufgemalte – Abzeichen in Rot angegebene Schmiedewerkzeuge und Granatsteine, wobei die auf seinen Vater verweisenden Schmiedewerkzeuge neuzeitl. Ber. zufolge auch das Wappenzeichen des nach W. benannten Ortes Willands Herred in Blekinge/S-Schweden waren, der als Gründung Widekes gilt (Raßmann, 1863, 260). Für die auf die kgl. Abkunft seiner Mutter verweisenden Granatsteine läßt sich ein iustinianisch (527–565 n. Chr.) oder auch früher zu datierender, ebenfalls weißgefärbter lederner Schildbezug mit aufgemaltem Edelsteinbesatz (K.-P. Goethert, in: M. Junkelmann, op. cit., 115 s. mit Abb. 192–194; Wamser, op. cit., 309, Abb. 275) als Parallele anführen. Für die Beschläge aus Elefanten-Elfenbein an Widekes Sattel ist auf Beschläge wohl des gleichen Mat. aus dem german. Fürstengrab (ca. 170/180 n. Chr.) von Musov/Tschechien zu verweisen (Wamser, op. cit., 370, Kat.-Nr i, 2–3; Wieczorek/Périn, op. cit., 92, Kat.-Nr 1.4.7.4). Es kann somit beobachtet werden, daß auch für diejenigen in der „Svava" überlieferten Werke des W., deren Zeitstellung sich nicht präzisieren läßt, das zugrundeliegende Ideengut bzw. entsprechendes Kulturgut mit Modellcharakter bereits seit der Antike vorhanden ist. Von daher spricht wenig gegen ihre faktische Umsetzung in der späten Völkerwanderungs- bzw. frühen Merowinger-Zeit. Ihre durch das lit. Fortleben bedingte Isolierung von diesem Kulturkontext verlieh den Werken in einigen Fällen den Nimbus der Exzeptionalität, der dann im weiteren Überlieferungsprozeß durch teilweise märchenhafte Ausschmückungen gesteigert wurde. Dies betrifft insbesondere den *Einbaum*, dessen spezielle Funktion für eine pagane und daher obsolet gewordene Bestattungsform von späteren christl. Dichtern offensichtl. nicht mehr verstanden worden ist. Hinsichtl. der berufl. Charakterisierung bzw. der Tätigkeit des W. als Schmied ist auffallend, daß in der W.-Erzählung gerade die schmiedetechn. Auftragsarbeiten nur eine geringe Rolle spielen. Im Vordergrund stehen vielmehr die von W. aus eig. Antrieb gefertigten Objekte, darunter auch jene, für die keine oder nur geringe Mengen Metall verarbeitet wurde und die daher von handwerkl. Vielseitigkeit und Einfallsreichtum zeugen. Ein derartiges Maß an Fähigkeiten bot sich gerade in einer Epoche waffen- und juweliertechn. Spitzenleistungen (damaszierte Schwertklingen, Goldfiligranschmuck etc.) als Memorationsstoff an. Somit darf auch von daher von einer vergleichsweise detaillierten Ursprungsfassung der W.-Erzählung bereits im 6. Jh. n. Chr. ausgegangen werden. 🕮 Lexikon des MA, IX, M./Z. 1998. – *G. O. Hyltén-Cavallius*, Sagan om Didrik af Bern, Sth. 1850–1854; *C. R. Unger*, Saga Didriks konungs af Bern, Christiania 1853; *A. Raßmann*, Die Sagen von den Wölsungen und Niflungen, den Wilcinen und König Thidrek von Bern, Hn. 1863; *K. Hauck/W. Krause/H. Beck*, in: Reallexikon der Germanischen Altertumskunde, I, B./N. Y. 1973, 514–523 mit Taf. 41–45, s.v. Auzon, das Bilder- und Runenkästchen; *H. Ritter(-Schaumburg)*, Dietrich von Bern. König zu Bonn, M./B. 1982; *R. Nedoma*, Die bildl. und schriftl. Denkmäler der Wielandsage, Göppingen 1988; *H. Ritter (-Schaumburg)*, Die Didriks-Chronik oder die Svava, St. Goar 1989; *M. Osborn*, in: Lexikon des MA, V, M./Z. 1991, 1035 s., s.v. Kästchen von Auzon; *E. Roesdahl*, Wikinger, Waräger, Normannen (K Berlin, Altes Museum), Mainz 1992, 2 mit Abb., p. 228, Kat. 1; *S. Althaus*, Die Gotländ. Bildsteine: Ein Programm, Göppingen 1993; *R. Schmoeckel*, Dt. Sagenhelden und die hist. Wirklichkeit, Hildesheim u.a. 1995; *H. Ritter (-Schaumburg)*, Der Schmied Weland, Hildesheim u.a. 1999; *K. von See u.a.*, Kommentar zu den Liedern der Edda, III, He. 2000, 77–265; *K. Hornig*, Skyllis 4:2001 (1), 42–51; *S. Kramarz-Bein*, Die Thidreks saga im Kontext der altnorweg. Literatur, Tb./Basel 2002. K. Hornig

Wigeric, Metallhandwerker, E. 6. oder A. 7. Jh. n. Chr. viell. im Rheinland tätig. W. nennt sich selbst in der lat. Inschr. auf der Rückseite einer kostbaren *Bügelfibel* aus Wittislingen/Kr. Dillingen an der Donau. Die Vorderseite der Fibel ist mit Almandinzelleinlagen und Goldauflagen reich verziert. Die Inschr. lautet in Übersetzung (Düwel, 1997, 497): „Uffila lebe glückselig in Gott – unsträflich – vom Tode ergriffen – denn solange ich leben durfte, bin ich sehr gläubig gewesen – ruhe in Gott – Wigeric machte“. – Möglicherweise durfte sich W. auf dieser äußerst qualitätvollen Gewandnadel, die zu den herausragenden Metallarbeiten des frühen Mittelalters zählt, nennen, weil er selbst in der Ges. ungewöhnl. hoch angesehen war. Die Fibel wurde als „Altstück“ wohl erst mindestens eine Generation nach der Herstellung einer alamannischen „Fürstin“ als Totenausstattung mit ins Grab gegeben. 🕮 *J. Werner*, Das alamannische Fürstengrab von Wittislingen, Münchener Beitr. zur Vor- und Früh-Gesch. 2:1950, bes. 65 ss.; *H. Roth*, Kunst und Handwerk im frühen MA, St. 1986, bes. 124; *K. Düwel*, Frühe Schriftkultur bei den Barbaren, in: Die Alamannen (K Stuttgart, Archäol. LM), ed. *K. Fuchs*, St. 1997, 491 ss.; *K. Düwel*, Runische und lateinische Epigraphik, in: *K. Düwel* (Ed.), Runische Schriftkultur in kontinental-skandinavischen und -angelsächsischen Wechselbeziehungen, B./N. Y. 1994, 274 s. R. Gottschalk

X

Ξ → Xeno...

Xanthias (Ξανθίας), aus Athen, griech. Bildhauer, in der 2. H. des 4. Jh. v. Chr. in Athen tätig. Nur bek. durch seine Sign. auf einer Basis für eine *Bronzestatue*, die er zus. mit → Ariston (III) gefertigt hat und die von Epikleides, Sohn des Archestratos, aus dem att. Demos Acharnai gew. worden ist (IG, II/III², 3833; Muller-Dufeu, SculptureSource, 2002, 566 s., Nr 1677). ▭ EAA VII, 1966. – *P. Foucart*, BCH 14:1890, 515 ss.; *Lippold*, GrPl, 1950, 244, Anm. 17. R. V.

Xenaios (I) (Ξεναῖος), Sohn des Arthmonides, griech. Bildhauer, A. 5. Jh. v. Chr. in Athen tätig. Nur bek. durch eine Sign. auf einer niedrigen, rechteckigen Basis aus hymettischem Marmor auf der Akropolis von Athen, die urspr. von Pyrion und einer Gruppe von Weihenden der Athena gew. war (heute Athen, Epigraph. Mus., Inv. Nr 6268). Die verlorene *Statue* war vermutl. aus Bronze. ▭ EAA VI, 1966; RE IX. A. 2; 1967. – IG³, 622; *Raubitschek*, Dedications, 1949, 85 s., Nr 80; *Floren*, GrPl, 1987, 300, Anm. 20; *K. Kissas*, Die attischen Statuen- und Stelenbasen archaischer Zeit, Bonn 2000, 267, Nr C 48, Abb. 347. C. Wagner

Xenaios (II), griech. Architekt, tätig um 300 v. Chr. als Leiter des *Mauerbaus* bei der durch König Seleukos I. Nikator von Syrien veranlaßten Gründung von Antiochia am Orontes (Io. Mal., chron., ed. Bonn, 200). Weitere von Seleukos für die Stadtgründung ernannte Bauvorsteher waren Attaios, *Perittas*, Anaxikrates und Asklepiodoros (Tzetz., hist. var., 7, 117). Nicht alle von diesen dürften Architekten gewesen sein. ▭ ThB26, 1932 (s.v. Perittas). EAA VII, 1966. – *Brunn*, GGK, I, 1889, 265; *Müller*, Architekten, 1989, 209, 211. W. Müller

Xeno... (Ξενο...), rhodischer Münzstempelschneider, A. 4. Jh. v. Chr. tätig. Nachf. des weniger geschickten → Tauro.... Er signiert ΞENO oder Ξ in winzigen Buchstaben auf der Rückseite versch. Tetradrachmenemissionen unten links oder rechts zw. dem Blattstiel und der Rose. Dieser Lokalkünstler schuf einen stilist. Prototyp für die Rose, dem dann im ganzen 4. Jh. v. Chr. gefolgt wird. ▭ ThB36, 1947. EAA VII, 1966. – *D. Bérend*, Les tétradrachmes de Rhodes de la première période, SchwNR 51:1972, Nrn 23 ss., 32–36, pp. 30–31, 34; *R. Ashton*, A revised arrangement for the earliest coinage of Rhodes, in: *M. J. Price* (Ed.), Essays in honour of Robert Carson and Kenneth Jenkins, Lo. 1993, 9–15; *D. Bérend*, Rhodes encore, RevNum 1995, 251–55.
C. Arnold-Biucchi

Xenodochos (Ξενόδοχος), Sohn des Philippos, Bildhauer(?) aus Phrygien, in der fortgeschrittenen Kaiserzeit in der Tembris-Hochebene (NW-Phrygien) tätig. Sein Name ist auf einem verschollenen *Votivplättchen* aus Doğanlar am n. Rand der Tembris-Hochebene erw. (G. Perrot, Exploration archéol. de la Galatie et de la Bithynie, d'une partie de la Mysie, de la Phrygie, de la Cappadoce et du Pont, P. 1872, 121, Nr 85). Ob es sich um einen Bildhauer handelt, ist allerdings nicht zu beweisen. T. Lochman

Xenodoros (Ξενόδωρος), griech. Architekt, um M. 4. Jh. v. Chr. in Delphi tätig. In den Baurechnungen der Jahre 353–343 v. Chr. als leitender Architekt beim Bau des dortigen spätklass. *Apollon-Tempels* (VI) nachg. (CID, II, 1989, Nrn 31, 34). Als Hyparchitekton („Unterarchitekt") war ihm → Kallinos unterstellt. Die Tätigkeit des X. wurde, hauptsächlich bedingt durch den 3. Hl. Krieg, von 351–344 v. Chr. unterbrochen. Bei seinem Tod während des Archontats des Kleon folgte ihm der Architekt → Agathon (III). ▭ RE IV. 2, 1901 (s.v. Delphoi), Suppl. I, 1903 (s.v. Agathon 16), Suppl. V, 1931 (s.v. Delphoi); EUA VI, 1958 (s.v. Greco settentrionali e greco pontici-centri); EAA VII, 1966; DEAU VI, 1969. – *G. Daux*, Chronologie delphique, P. 1943, 13; *Müller*, Architekten, 1989, 206 s.; *Svenson-Evers*, Architekten, 1996, 338–344 (mit Lit.). – *Zum Bau*: FDelphes, II, 1921, 2 ss.; *Gruben*, Tempel⁴, 1986, 76–80, Abb. 62–67.
W. Müller

Xenofonta cf. **Xenophon (IV)**

Xenoklees (Ξενοκλέες), griech. Bildhauer, in der 2. H. des 4. Jh. v. Chr. in Athen tätig. Nur bek. durch seine Sign. auf einer Basis aus pentel. Marmor für eine Statue von der Athener Akropolis, die in der frühen Kaiserzeit vom Rat Athens z.Z. des

Gaius Ambibios Balbos nochmals umgeschrieben worden ist (Overbeck, SQ, 1868, Nr 2254; Loewy, IGB, 1885, 54 s., Nr 67; IG, II/III[2], 4269; Muller-Dufeu, SculptureSource, 2002, 958 s., Nr 2881). ▭ ThB36, 1947. RE IX. A. 2, 1967 (s.v. Xenokles 16); EAA VII, 1966 (s.v. Xenokles 4). – *Lippold*, GrPl, 1950, 244, Anm. 4. R. V.

Xenokles (I) (Ξενοκλῆς), griech. Töpfer und wahrsch. auch Vasenmaler, M. des 6. Jh. v. Chr. in Athen tätig. Im 6. Jh. v. Chr. haben viele Töpfer v.a. von Schalen ihre Arbeiten signiert. Zu den fruchtbarsten gehörte der Töpfer X., von welchem über 38 sign. Werke bek. sind. X. war so bek., daß auch and. sich seiner Sign. bedienten wie etwa auf einer Schale, die sich im Basler Kunsthandel befand (Innenbild: Sirene; Cahn, 1967), oder vermutl. auch auf einer *Oinochoe* in Athen zus. mit dem Vasenmaler → Kleisophos (Athen, NM, Inv. Nr 1045; ABV, 1956, 186). Wir kennen heute mehrere Schalen ohne figürl. Darst. sowie v.a. Randschalen mit den verschiedensten Themen, wie sie speziell von den sog. Kleinmeistern benutzt wurden (Tiere wie Hähne, Hennen, Schwäne, Rehe, Mischwesen wie Sirenen und Sphingen, Kentauren, Hahnenmädchen, Hippalektryonen sowie versch. griech. Gottheiten wie Zeus, Poseidon, Dionysos, Hermes, Flügelgottheiten und Flügelpferde). Wie weit X. mit dem *Xenokles-Maler* ident. ist, konnte bis heute nicht eindeutig geklärt werden. Die Wahrscheinlichkeit ist jedoch groß, weil die Mehrzahl der von X. sign. Schalen vom gleichen Vasenmaler verziert worden ist. X. hat jedoch nur als Töpfer sign. (ἐποίεσεν), nie als Vasenmaler (ἔγραφσεν). Da der *Xenokles-Maler* stilist. und themat. von Vasenmalern der ersten Jahrhunderthälfte abhängig ist (*C-Maler*, respektive *Adelph-Maler* nach H. A. G. Brijder, Tyrrhenische Amphoren), ist er etwas älter als der ebenfalls sehr fruchtbare *Tleson-Maler* (v.e. → Tleson). Am Anfang seiner Tätigkeit stehen kleine Schalen, wie wir sie in zwei fragmentierten Exemplaren in Baltimore, Walters AG (Innenbild: Panther) und in Berner Priv.-Bes. (Innenbild: Hahnenmädchen) besitzen (Amyx, 1962, Taf. 58, 2; Blatter, 1981, Taf. 11, 3–4). Das Rund des Innenbildes ist hier nur durch Linien begrenzt, während bei and. von X. sign. Schalen ein schwarz-rot alternierendes Zungenmuster den Kreis umgibt. Einheitl. ist der Schriftcharakter der X.-Signaturen. Wiederholt hat man auf die hastige, geradezu flüchtige Gestaltung der Buchstaben im Vergleich zu and. Töpfer-Sign. (etwa bei → Tleson [I] oder → Sokles [I]) hingewiesen. Die einheitl. Gestaltung der Sign.: ΧΣΕΝΟΚΛΕΣ ΕΠΟΙΕΣΕΝ mit den Henkelpalmetten wie auch die sinnlosen Inschr. auf den Kleinmeisterschalen haben auch eine Schmuckfunktion wie etwa auf einer *Bandschale* aus Vulci in München (Staatl. Antiken-Slg; ABV, 1956, 186, Nr 8; CVA, München 11, 1989, Taf. 1, 6–10, Beil. 1,2). Nach den erh. Werken, die sich auf Rand- oder Lippenschalen sowie Bandschalen beschränken, gehörte die X.-Wkst. zweifellos zu den aktivsten des 6. Jh. v. Chr. und hat v.a. auch den etrusk. Markt beliefert. Viell. ist der auf einer Weih-Inschr. von der Akropolis gen. X., Sohn des Sosineos, mit dem Töpfer X. ident., wie A. E. Raubitschek vermutete (vgl. D. C. Kurtz [Ed.], Greek vases, lectures by J. D. Beazley, Ox. 1989, 113, Anm. 103). ▭ ThB36, 1947. RE IX. A. 2, 1967 (s.v. X. 15). EAA VII, 1966. – *J. D. Beazley*, JHS 52:1932, 173, 176, 178, 191, 197; ABV, 1956, 184–186, 688; *D. A. Amyx*, AJA 66:1962, 229 ss.; *H. A. Cahn*, Münzen und Medaillen AG, Basel 34:1967, 64 s. (zu Nr 130); *R. Blatter*, AA 1968, 2 ss.; Para, 1971, 76 s., 523; *R. Blatter*, AntK 24:1981, 68 ss.; *id.*, AW 1988, 57; Add[2], 1989, 51; *P. Heesen*, The J. L. Theodor Coll. of Attic black-figure vases, Am. 1996 (Allard Pierson ser., 10), 124 s. (Anm. 5: zwei unveröff. Fragm. in Malibu, Inv. Nrn 76. AE. 53,1–2 und 82. AE. 40. 52). – *Zu den Buchstabenformen der Sign.*: *B. Fellmann* im Text von CVA, München 11, 1989, 12 (mit Lit.); *Immerwahr*, AttScr, 1990, 53 s.; KatSchale, 1990, 35, 92, 157. – *Zur Möglichkeit unsign. Werke der X.-Wkst.*: *K. Braun*, K der Antiken-Slg des Inst. für Klass. Archäologie des Saarlandes, Saarbrücken 1998 (zu Nr 25). R. Blatter

Xenokles (II), aus dem att. Demos Cholargos, griech. Architekt, in der 2. H. des 5. Jh. v. Chr. in Eleusis tätig. Lt. Plutarch (Per., 13, 4; Svenson-Evers, 1996, 158, Nr T 2, p. 237, Nr T 1) vollendete X. mit der Errichtung des *Daches mit dem Opaion* das Telesterion im Demeterheiligtum von Eleusis, das nach einem Plan des → Iktinos zunächst durch → Koroibos (II) und dann durch → Metagenes (II) entstand. ▭ ThB36, 1947. EAA VII, 1966 (s.v. X. 3). – *Brunn*, GGK, II, 1889, 248; *Svenson-Evers*, Architekten, 1996, 158, 173, 175, 178, 237 ss., 258, Anm. 20, pp. 493 s., 506, 514. R. V.

Xenokles (III), aus Eleusis, griech. Bildhauer, in der 2. H. des 5. Jh. v. Chr. in Athen tätig. Nur bek. durch seine Sign. auf einer Basis für eine Statue von der Athener Akropolis (Loewy, IGB, 1885, 48, Nr 57). ▭ EAA VII, 1966 (s.v. X. 2). R. V.

Xenokles (IV) cf. **Xenoklees**

Xenokrates (Ξενοκράτης), möglicherweise Sohn des → Ergophilos, griech. Bildhauer und Kunstschriftsteller, in der 1. H. des 3. Jh. v. Chr. tätig. X. erhielt seine künstler. Ausb. in Sikyon bei → Euthykrates (I) oder dessen Schüler → Teisikrates, Bildhauern in der Nachf. des → Lysippos (I) (Plin., nat., 34, 83; weitere lit. Erw. des X. bei Diog. Laert., 4, 15; vgl. auch 7, 188). Der Name X. ist in einer Reihe von Künstler-Sign. überliefert, bei denen aber nicht klar ist, ob sie sich alle auf denselben Bildhauer beziehen. Von zwei Statuenbasen aus Oropos mit der Sign. des X. (Loewy, IGB, 1885, 105 s., Nrn 135a-b; IG, VII. 2, Nrn 332, 336) gibt die eine Athen als Heimat des Künstlers an. Auf eine im Heiligtum der Athena Kraneia bei Elateia gefundene Inschr., die von X., dem Sohn des Ergophilos (Loewy, 1885, 388, Nr 135c; IG, IX. 1, Nr 131) spricht, stützt sich die Vermutung, daß der aus delphischen Künstler-Sign. bek. Bildhauer → Ergophilos der Vater des X. war (Marcadé, Signatures, I, 1953, 32 s.). Ferner hat sich der Name X. auf einem *Deckplatten-Fragment* (Loewy, 1885, 115 s., Nr 154k; E. Fabricius/C. Schuchhardt, Kgl. Mus. zu Berlin. Altertümer von Pergamon. Die Inschr. von Pergamon, VIII. 1, ed. M. Fraenkel, B. 1890, 72 s., Nr 138) eines im Athena-Heiligtum von Pergamon aufgestellten Langbathrons erh., das neben Werken and. berühmter Meister (z.B. → Myron [I], → Praxiteles [III]) aus der Kunst-Slg der Attaliden auch eine von X. geschaffene *Statue* trug. Da ein weiteres *Platten-Fragment* mit dem Ethnikon 'Αθη]ναῖος anpaßt (Loewy, 1885, 115 s., Nr 154l: Fabricius/Schuchhardt, ibid., 71, Nr 135), liegt die Identität mit dem in Oropos nachg. Bildhauer nahe. Aus der Inschr. auf dem wahrsch. erst in die Reg.-Zeit Eumenes' II. (197–159 v. Chr.) zu datierenden Bathron läßt sich nicht ableiten, daß X. im Alter für das pergamenische Herrscherhaus gearbeitet hat. Der Versuch Morenos (Scultura, I, 1994, 259 s., Abb. 332 s., 380), X. das Bildnis des Philetairos (Neapel, Mus. Archeol. Naz., Inv. Nr 6148) zuzuweisen, ist daher abzulehnen. – Als Kunstschriftsteller hat X. über Bildhauerei (*de toreutice*, Autorenindex zu Plin., nat., 34) und Malerei (*de pictura*, Plin., nat., 35, 68) geschrieben. Seine Schriften wurden wahrsch. von → Antigonos überarbeitet und erweitert. Aus Kunsturteilen bei Plinius, Varro und Quintilian (Zusammenstellung der Textstellen bei Schweitzer, 1932, 47–52; Rouveret, 1989, 469–474) haben die sog. Quellen-Forsch. des 19. Jahrhunderts und ihre Nachf. die ästhet. Bewertungskriterien des X. zu rekonstruieren versucht: 1. συμμετρία (vgl. Pollitt, 1974, 160 ss.), 2. ῥυθμός (vgl. Pollitt, ibid., 133 ss.), 3. ἀκρίβεια (vgl. Pollitt, ibid., 117 ss.), 4. Lösung optischer Probleme bei der Raumwirkung von Skulpt. und der Perspektive in der Malerei. Zwar muß man die Ergebnisse der Quellen-Forsch. für jede einzelne Textstelle kritisch prüfen (vgl. A. Rumpf, RE IX. A. 2, 1967, 1532; Hebert, 1989, 170), der Versuch von G. Sprigath (2000), die Existenz antiker Kunstgeschichtsschreibung gänzl. zu negieren und das kunsthist. Werk des X. als Fiktion dt. Altertumswissenschaftler zu erklären, überzeugt aber nicht. – X. versteht die Kunstgesch. als eine Entwicklung, in der die Kunst durch die Neuerungen einzelner großer Meister vervollkommnet wird. Daß dieser Entwicklungsgedanke nicht, wie B. Schweitzer (1932) annahm, auf Demokrit zurückzuführen ist, hat R. Kassel (1983) gezeigt. Den Höhepunkt der künstler. Entwicklung erreichten nach X. Künstler der sikyonischen Schule: → Lysippos (I) in der Bildhauerei und → Apelles (I) in der Malerei. Neben das System des X. tritt im 2. Jh. v. Chr. die klassizist. Kunsttheorie, die weniger Gestaltungskriterien des bild. Künstlers wie συμμετρία, ῥυθμός und ἀκρίβεια als eth.-abstrakte Betrachterkriterien wie *pulchritudo*, *decor* und *maiestas* zur Beurteilung der Kunst heranzieht und das Entwicklungsschema insofern aufbricht, als daß einzelne Künstler der Vergangenheit als vorbildl. angesehen werden. ▭ ThB36, 1947. EAA VII, 1966; RE IX. A. 2, 1967 (s.v. X. 10); KlP V, 1975 (s.v. X. 6); DA XXIII, 1996. – *F. Münzer*, Hermes 30:1895, 499–547; *E. Sellers/K. Jex-Blake*, The Elder Pliny's chapters on the hist. of art, Lo. 1896 (Nachdruck Chicago 1968/1977), XVI-XXXVI; *F. Münzer*, Beitr. zur Quellenkritik der Natur-Gesch. des Plinius, B. 1897; *A. Kalkmann*, Die Quellen der Kunst-Gesch. des Plinius, B. 1898; *B. Schweitzer*, X. von Athen, Halle (Saale) 1932; *H. Jucker*, Vom Verhältnis der Römer zur bild. Kunst der Griechen, Ffm. 1950, 118–126; *Pline l'Ancien*, Hist. naturelle, ed. *H. Le Bonniec/H. Gallet de Santerre*, Livre XXXIV, P. 1953, 43–48; *R. Carpenter*, AJA 58:1954, 1–12, hier 4 ss.; *C. Picard*, RA 1957, 81 s.; *E. Pernice/W. H. Gross*, in: *U. Hausmann* (Ed.), Allg. Grundlagen der Archäologie, M. 1969, 494–496; *F. Preisshofen/P. Zanker*, Darch 1:1970/71, 100–119, hier 103; *J. J. Pollitt*, The ancient view of art, New Haven/N. Y. 1974, 74–77; *F. Preisshofen*, in: Le classicisme à Rome aux I[ers] siècles avant et après J.-C., Entretiens sur l'antiquité classique. Fond. Hardt pour l'Et. de l'Antiquité Classique, 25, Genf 1979, 263–282, hier 265 s.; *R. Kassel*, ZPE 51:1983, 1–12, hier 4, Anm. 16; *W. Radt*, Pergamon, Köln 1988, 313; *Hebert*, Schriftquellen, 1989, 109, Nr Q 231, p. 171 s., Nr Q 332; *A. Rouveret*, Hist. et imaginaire de la peint. ancienne, R.

1989, 436–440; *C. Neumeister*, in: *H. Beck/P. C. Bol/M. Bückling* (Ed.), Polyklet (K Ffm., Liebieghaus, Mus. alter Plastik), Ffm./Mainz 1990, 428–449, hier 435 s.; *J. Isager*, Pliny on art and soc., Diss. Univ. Oldense 1991, 102; *Moreno*, Scultura, I, 1994, 259–262; *Scheibler*, Malerei, 1994, 38 s.; *N. J. Koch*, De picturae initiis, M. 1996, 20 s.; *Svenson-Evers*, Architekten, 1996, 476–478; *Antigone de Caryste*, Fragments, ed. *T. Dorandi*, P. 1999, LXXXIII-CXX; *M. Fuchs*, In hoc etiam genere Graeciae nihil cedamus, Mainz 1999, 77 s., 84 s.; *N. J. Koch*, Techne und Erfindung in der klass. Malerei, Eine terminolog. Unters., M. 2000, 123–127; *G. Sprigath*, in: *M. Baumbach* (Ed.), Tradita et Inventa, Beitr. zur Rezeption der Antike, He. 2000, 407–428. L. Lehmann

Xenokritos cf. **Eubios**

Xenon (I) (Ξένων, Xenon), aus Sikyon, griech. Maler, wahrsch. in hellenist. Zeit tätig. Plinius (nat., 35, 146; Overbeck, SQ, 1868, Nr 2106) erw. ihn bei einer Auflistung von nicht unbek. Malern und bez. ihn als Schüler eines ansonsten unbek. → Neokles. ▭ EAA VII, 1966 (s.v. X. 1). – *Brunn*, GGK, II, 1889, 196; *Pfuhl*, MuZ, II, 1923, 730, Paragraph 795, p. 734, Paragraph 800. R. V.

Xenon (II), Sohn des Xenon, aus Paros, griech. Bildhauer, im 1. Jh. v. Chr. tätig. Nur bek. durch seine Sign. auf einer Marmorstütze in Form eines Panzers im Mus. Lapidario in Modena, die er zus. mit dem Bildhauer → Sogenes, Sohn des Sokrates, sign. hat (IG, XIV, 2287; H. Dütschke, Antike Bildwerke in Oberitalien, V, L. 1882, 346 s., Nr 843; Muller-Dufeu, SculptureSource, 2002, 902 s., Nr 2705). ▭ ThB31, 1937 (s.v. Sogenes). RE III. A. 1, 1927 (s.v. Sogenes 3); IX. A. 2, 1967 (s.v. X. 18); EAA VII, 1966 (s.v. Sogenes, s.v. X. 2). – *Loewy*, IGB, 1885, 342 s., Nr 514; *O. Rubensohn*, JdI 50:1935, 54 s., Nrn 7 s., Abb. 5; *Richter*, CriticalPeriods, 1951, 54. R. V.

Xenon (III), griech. Bildhauer, in hellenist. Zeit tätig. Nur bek. durch seine Sign. auf einer Basis aus Melitaia für eine *Statue*, die von Sophron, Sohn des Lysandros, gestiftet worden ist. X. fertigte diese zus. mit dem ansonsten unbek. *Aristomedes, Sohn des Hephaistion* (T. Spyropoulos, ADelt 25B:1970, 241, Taf. 211 a; Muller-Dufeu, SculptureSource, 2002, 924 s., Nr 2780). R. V.

Xenophantos (I) (Ξενόφαντος), attischer Töpfer, im frühen 4. Jh. v. Chr. möglicherweise in Pantikapaion (heute Kertsch/ö. Krim) tätig. Seine Sign. kommt auf *zwei Bauchlekythen* vor und ist mit dem Verb ἐποίησεν (bzw. ἐποίεσε) verbunden. Die beiden Gefäße sind vorwiegend mit einer reliefierten Verzierung geschmückt, die hauptsächl. aus Matrizen gewonnen, aber auch von Hand geformt sind, wobei die rotfigurige Bemalung nur gering oder gar nicht vorhanden ist. Für die Reliefverzierung wurden sehr wahrsch. dieselben Matrizen verwendet. Die *Lekythen* wurden im antiken Pantikapaion (heute Kertsch) gefunden und befinden sich heute in St. Petersburg, Ermitage, Inv. Nrn II 1837. 2 (St. 1790 und 107) und 108 i. Die erste mit einer Höhe von 0,385 m ist die größte erh. attische Bauchlekythos. Dargestellt ist eine persische Jagd, an der den Inschr. nach zeitgen. eponyme Perser teilnehmen, wie z.B. Dareios, der Sohn Artaxerxes II., Nachfolger auf dem Thron, und Kyros d. J. sowie der syrische Satrap Abrokomas. Die zweite Lekythos ist viel kleiner und zeigt ebenfalls eine Jagd, ohne daß jedoch die Gestalten durch Inschr. zu identifizieren sind. Auf beiden Gefäßen ist der Name des X. mit dem Adjektiv 'Αθηναῖος versehen, ein Hinweis darauf, daß sie weit entfernt von Athen, wahrsch. in Pantikapaion, viell. aus attischem Ton hergestellt wurden. – Es handelt sich um einen wagemutigen Töpfer mit Phantasie, und es ist bedauerlich, daß so wenige Werke von ihm erh. sind. Er versuchte, der attischen Keramik einen neuen Impuls zu geben, indem er reliefierte und rotfigurige Verzierung kombinierte und v.a. bemüht war, reliefierte Metallgefäße nachzuahmen. Es ist fast sicher, daß X. die Formen, die er verwendete, von solchen Gefäßen abformte. Aber auch die sehr wenigen vorhandenen Beispiele rotfiguriger Verzierung zeigen eine bemerkenswerte Qualität, wobei ihr Zeichenstil den Werken der auf den *Meidias-Maler* folgenden Maler und v.a. den frühen Werken des *Meleager-Malers* nahesteht. Aufgrund der Reliefs und den sehr wenigen gemalten Gestalten der *großen Lekythos* wurden seiner Wkst. auch einige and. Werke zugeschr., *Bauchlekythen* und ein *Chous*, sowohl reliefiert als auch rotfigurig (nicht sicher); einige von diesen müssen in Athen selbst hergestellt worden sein. Es ist nicht sicher, ob X. auch der Schöpfer (ποιητής) war, der die Verzierung all dieser Gefäße gefertigt (ἐποίησεν) hat. Dies ist recht wahrsch., es sei denn, daß sich das Verb ἐποίησεν hier auf die Eigenschaft des Wkst.-Besitzers bezieht. Die reliefierten und gemalten Gestalten wurden sorgfältig und detailliert wiedergegeben; die Komp. sind durch Ausschmückung und Kohärenz gekennzeichnet. Auf dem oberen Teil der Darst. befindet sich ein reliefiertes Schmuckband, während sich die reliefierten Gestalten auch durch eine bemerkenswerte Polychromie mit der Verwendung von weißer, blauer, brauner und goldener Farbe hervorheben. Der Beginn der Wkst.-Tätigkeit ist an das E. des 5. Jh. v. Chr. zu setzen und das E. in das Jahrzehnt 370–360 v. Chr. Werke aus dieser Wkst., in deren Inschr. auch das ionische Alphabet verwendet wurde, wurden – abgesehen von Pantikapaion – in Attika, Varna, Canosa und viell. in Basilikata gefunden. ▭ ThB36, 1947. EAA VII, 1966; KlP V, 1975. – *A. Peredolskaja*, Trudy Otdela 1:1945, 47 ss., 56 ss.; ARV², 1963, 1407; *E. Zervoudaki*, AM 83:1968, 26 s., bes. 49 s., 57; Para, 1971, 488; *Boardman*, ARFV, II, 1989, 169; *M. Robertson*, The art of vase-painting in classical Athens, C. 1992, 268, 288, 295; *M. Tiverios*, Die von X. Athenaios sign. große Lekythos aus Pantikapaion: Alte Freunde neu betrachtet, in: *J. H. Oakley u.a.* (Ed.), Athenian potters and painters. The conference proceedings, Ox. 1997, 269 ss., bes. 275 ss.; *M. C. Miller*, Art, myth and reality: Xenophantos' lekythos re-examined, in: *E. Csapo/M. C. Miller* (Ed.), Poetry, theory, praxis. Essays in honour of William J. Slater, Ox. 2003, 19 ss. M. A. Tiverios

Xenophantos (II), Sohn des Chares, griech. Steinmetz, in der 1. H. des 2. Jh. n. Chr. in Athen tätig. Nur bek. durch eine Inschr. auf einer Marmorbasis für eine *Statue des Kaisers Hadrian* (117–138 n. Chr.; → Hadrianus), die von den Thasiern unter dem Priester Klaudios Attikos im Olympieion von Athen gew. worden ist (IG, III. 1, 476). X. wird darauf als τεχνίτης bez. und daß er für die Aufstellung der Statue verantwortl. war. Demnach ist es eher wahrsch., daß X. nicht der Bildhauer war, der die Statue fertigte, sondern ein Steinmetz, der für den Aufbau in Athen von den Thasiern beauftragt worden ist. ▭ ThB36, 1947. EAA VII, 1966. – *Overbeck*, SQ, 1868, Nr 2296; *Loewy*, IGB, 1885, 304 s., Nr 468; *Brunn*, GGK, I, 1889, 566; *C. Dunant/J. Pouilloux*, Rech. sur l'hist. et les cultes de Thasos, II. De 196 avant J.-C. jusqu'à la fin de l'antiquité, P. 1958 (Et. Thasiennes, V), 152; *C. Rolley/F. Salviati*, BCH 87:1963, 548 ss., 577, Nr 7; *Muller-Dufeu*, SculptureSource, 2002, 966 s., Nr 2905. R. V.

Xenophilos (Ξενόφιλος), Vater des → Straton (III), aus Argos, griech. Bildhauer und Erzgießer, in den letzten drei Jahrzehnten des 2. und den ersten beiden Jahrzehnten des 1. Jh. v. Chr. in Argos, Epidauros, Sikyon, Korinth und Delphi tätig. X. signierte zunächst um 125 v. Chr. allein die zwei folgenden Kalksteinbasen aus Epidauros: – 1.) Basis für eine *Statue des Patrokleidas*, Sohn des Astylaidas, aus Epidauros, die von Damokles und Astylaidas, Söhne des Thiokleidas, dem Apollon und Asklepios gew. worden ist (heute in Epidauros, Mus., Inv. Nr 11; IG, IV, 1148; IG, IV².1, 234, Marcadé, 1953, 109 mit Abb.; Muller-Dufeu, SculptureSource, 2002, 916 s., Nr 2748); – 2.) Basis vom SO der Tholos (Marcadé, BCH 73:1949, 141, Nr 5; id., 1953, 109, Taf. 22, 2; Muller-Dufeu, SculptureSource, 2002, 914 s., Nr 2745). Weiterhin befanden sich lt. Pausanias (2, 23, 4; Overbeck, SQ, 1868, Nr 1587; F. Croissant, LIMC, V, 1990, 568, Nr 235, s.v. Hygieia; Muller-Dufeu, SculptureSource, 2002, 914 s., Nr 2743) im bedeutendsten Asklepiosheiligtum in Argos die *Kultstatue* aus Marmor *des sitzenden Asklepios und der stehenden Hygieia* sowie Sitzstatuen des X. und seines Sohnes → Straton (III), die alle vier von beiden Künstlern geschaffen worden sind. Kaiserzeitl. Münzen von Argos geben viell. die Kultgruppe des Asklepios und der Hygieia wieder (Imhoof-Blumer/Gardner, NumCommPaus, 1887, 40 s., Taf. K, 57 s.). Möglichweise stammt der in der Panagiakirche in Merbaka bei Tirynth wiederverwendete Kalkstein von der Basis aus Argos (Overbeck, SQ, 1868, Nr 1586; Loewy, IGB, 1885, 187 s., Nr 261; IG, IV, 657; Marcadé, 1953, 110 mit Abb.). Weiterhin signierten X. und sein Sohn → Straton (III) gemeinsam die folgenden Basen: – 1.) Marmorbasis einer Exedra aus der Umgebung von Kleonai (M. Collignon, BCH 4:1880, 46; J. Schmidt, AM 6:1881, 355, Nr 55; Loewy, IGB, 1885, 188, Nr 262; IG, IV, 489; Marcadé, 1953, 111); – 2.) Kalksteinbasis vom Apollonheiligtum in Delphi für eine *Statue des Asklepios-Priesters Nikomedes*, die von Lykinos, Sohn des Aristodamos, und von Antipatros, Sohn des Diokles, aus Athen, am A. des 1. Jh. v. Chr. gew. worden ist (Delphi, Inschriftendepot, Inv. Nr 3523; H. Pomtow, Klio 15:1918, 54, Nr 77; Marcadé, 1953, 110 mit Abb., Taf. 21, 2; Schmidt, Statuenbasen, 1995, 367, Nr IV. 1. 119; Muller-Dufeu, SculptureSource, 2002, 916 s., Nr 2750); – 3.) Kalksteinbasis einer Exedra in Epidauros für eine *Statue*, die von Aristokles, Sohn des Sosikrates aus Epidauros, dem Apollon und Asklepios gew. worden ist (Epidauros, im S. des Tempelareals, Inv. Nr 501; P. Kavvadias, Fouilles d'Epidaure, At. 1891, Nr 253; IG, IV, 1248; IG, IV².1, 231; Marcadé, 1953, 110 mit Abb., Taf. 22, 1; Muller-Dufeu, SculptureSource, 2002, 916 s., Nr 2749); – 4.) Kalksteinbasis von der Agora in Korinth (Korinth, *in situ*, Inv. Nrn 1228, 1564; O. Broneer, AJA 37:1933, 569; Marcadé, 1953, 111, Taf. 21, 3; J. H. Kent, Corinth, VIII. 3, 1966, 15 s., Nr 47; Muller-Dufeu, SculptureSource, 2002, 916 s., Nr 2747); – 5.) Fragm. einer Steinbasis aus Sikyon für eine *Statue des Thrason*, Sohn des

Kriton, die von Aristomachos, Sohn des Agathis, dem Asklepios gew. worden ist (Sikyon, Mus.; Loewy, IGB, 1885, 190, Nr 270; CIG, 1110; IG, IV, 430 s.; A. K. Orlandos, Hellenika 10:1937–1938, 15–17; Marcadé, 1953, 111 mit Abb., Taf. 22, 3; Muller-Dufeu, SculptureSource, 2002, 916 s., Nr 2746); – 6.) Kalksteinbasis für eine *Statue* aus Messene (heute Athen, Epigraph. Mus., Inv. Nr 8455; P. Themelis, Prakt 1997 (1999), 89, Nr 5; SEG, XLVII, 1997, Nr 393). Die beträchtl. Anzahl sowie die Größe der Basen zeugen von der Bedeutung, die die beiden Künstler zu ihrer Zeit genossen haben müssen. ▭ ThB32, 1938 (s.v. Straton 2); ThB36, 1947. RE IV. A. 1, 1931 (s.v. Straton 21); RE IX. A. 2, 1967 (s.v. X. 8); EAA VII, 1966 (s.v. Straton 2, s.v. X.). – *Marcadé*, Signatures, I, 1953, 109–111. R. V.

Xenophon (I) (Ξενοφῶν), griech. Architekt aus dem att. Demos Perithoidai, in Athen wahrsch. vor der M. des 4. Jh. v. Chr. tätig. Verf. einer *Syngraphe* für die Herstellung von Basen geweihter Dreifüße am Kynosarges-Gymnasion in Athen (IG, II^2, 1665). Rekonstr. durch W. Dörpfeld (1906). ▭ *M. Holleaux*, AM 31:1906, 134; *W. Dörpfeld*, ibid., 144 ss., Abb. 1; *Svenson-Evers*, Architekten, 1996, 281–283 (mit Lit.). W. Müller

Xenophon (II), aus Athen, griech. Bildhauer, im 4. Jh. v. Chr. in Megalopolis und in Theben tätig. Lt. Pausanias (8, 30, 10; Overbeck, SQ, 1868, Nr 1140; Muller-Dufeu, SculptureSource, 2002, 456 s., Nr 1317) fertigte er zus. mit → Kephisodotos (I) die *Gruppe von Zeus, Megalopolis und Artemis Soter* aus pentel. Marmor im Tempel des Zeus Soter in Megalopolis (L. Kahil, LIMC II, 1984, 702, Nr 1049, s.v. Artemis; V. Machaira, LIMC VI, 1992, 402, Nr 1, s.v. Megalopolis; I. Leventi, LIMC VIII, 1997, 343, Nr 235, s.v. Zeus). Inwieweit einige in Megalopolis geprägte Münzen aus der röm. Kaiserzeit die Statuen des Zeus (Imhoof-Blumer/Gardner, NumCommPaus, 1887, 103, Nr 1, Taf. 5, 1; BMC, Peloponnesus, 189, Nr 17, Taf. 35, 14; S. Kremydi-Sicilianou, LIMC VIII, 1997, 367, Nr 527 m. Abb., s.v. Zeus) und der Aphrodite (Imhoof-Blumer/Gardner, NumCommPaus, 1887, 104, Taf. 5, 2) wiedergeben, bleibt äußerst fraglich (s. dazu, Lacroix, Reproductions, 1949, 299 s.). Zus. mit → Kallistonikos aus Theben fertigte X. die *akrolithe Kultstatue der Tyche mit dem Plutosknaben* in Theben, wobei X. das Gesicht und die Arme der Personifikation sowie den sie in den Armen tragenden Plutosknaben und → Kallistonikos den Rest der Skulptur fertigte (Paus., 9, 16, 2; Overbeck, SQ, 1868, Nr 1142; K. Clinton, LIMC VII, 1994, 418, Nr 21, s.v. Ploutos; C. Vlassopoulou, LIMC VII, 1994, 915, Nr 15, s.v. Thebe; L. Villard, LIMC VIII, 1997, 118, Nr 11, s.v. Tyche; Muller-Dufeu, SculptureSource, 2002, 456 s., Nr 1320). ▭ ThB36, 1947. RE IX. A. 2, 1967 (s.v. X. 14); EAA VII, 1966 (s.v. X. 1). – *C. Picard*, CRAI 1941, 204–206, 216–220; *Lippold*, GrPl, 1950, 225, Anm. 4, p. 230, Anm. 6. R. V.

Xenophon (III), aus Paros, griech. Bildhauer unbek. Zeit. Nur bek. durch die Auflistung gleichnamiger Künstler bei Diogenes Laertios (2, 59; Overbeck, SQ, 1868, Nr 1144; Muller-Dufeu, SculptureSource, 2002, 458 s., Nr 1325). ▭ ThB36, 1947 (s.v. X. [1]). RE IX. A. 2, 1967 (s.v. X. 15); EAA VII, 1966 (s.v. X. 2). – *Brunn*, GGK, I, 1889, 271; *F. Hauser*, ÖJh 6:1903, 103, Anm. 22. R. V.

Xenophon (IV) (Xenofonta), vermeintl. röm. Mosaizist am E. des 4./A. des 5. Jh. n. Chr. in Sbeitla/Tunesien. Dieser Name erscheint in der ungewöhnl. Schreibweise XENOFONT(A), begleitet von dem Titel *autor* (*sic*) auf einem *Mosaik* des späten 4./frühen 5. Jh. n. Chr. aus Sbeitla/Tunesien, dem antiken Sufetula. Das Mosaik zeigt die Portr.-Büste einer bärtigen, kahlköpfigen Figur mit gerunzelter Stirn, die nach oben starrt. Anschließende Felder illustrieren die vier Jahreszeiten (in Form von stehenden Jünglingen), und eine and., jetzt verlorene Figurenbüste bildete ein Gegenstück zu Xenophon. Beinahe mit Sicherheit stellt das erh. Portr. nicht den Mosaizisten dar, und die ihn begleitende Inschr. ist keine Künstler-Sign., weil der Begriff *auctor* ein ungewöhnl. Titel für Mosaizisten ist, die ansonsten ihre Werke mit Titeln wie *tessellarius* oder *pavimentarius* signierten oder ihrem Namen ein Verb oder einen Ausdruck wie *fecit*, *pinxit*, *tessellavit* oder *ex officina* hinzufügten. Es wäre auch höchst ungewöhnl. für einen solchen Künstler, daß er sein eig. Antlitz auf einem Mosaikboden abgebildet hätte. Vielmehr könnte der Name Xenofonta und das ihn begleitende Wort *autor* am besten als eine spätröm. und spezifisch n.-afrikan. Referenz an den klass.-griech. Xenophon verstanden werden, dessen Werke in der Spätantike noch viel gelesen worden sind und als ein Vorbild für aristokrat. Lebensweise einschl. der Fähigkeit zu Reiten, zu Jagen und ein Landgut zu bewirtschaften gedient haben. In diesen Themen galt der Autor als Autorität. ▭ *A. Schulten*, AA 1911, 251, Abb. 4; *M. Yacoub*, Le Mus. du Bardo, Tunis 1970, 96, Nr 399; *D. Parrish*, The mosaic of X. and the Seasons from Sbeitla (Tunisia), in: Mosaïque. Rec. d'hommages à Henri Stern, P. 1983, 297 ss., Taf.

194–198; *Donderer*, Mosaizisten, 1989, 154, Nr C 39, Taf. 68. D. Parrish

Xenotimos (Ξενότιμος), griech. Töpfer, um 430/420 v. Chr. in Athen tätig. Nur bek. durch seine Sign. auf einer *fußlosen Schale* aus Sorrent (heute Boston, MFA, Inv. Nr 99. 539; Caskey/Beazley, III, 1963, 69, Nr 163, Taf. 99) mit Darst. des Peirithoos (E. Manakidou, LIMC VII, 1994, 237, Nr 70 m. Abb., s.v. Peirithoos) im Innenbild und der Geburt der Leda (L. Kahil, LIMC VI, 1992, 234, Nr 28 m. Abb., s.v. Leda) auf den Außenbildern, der Zeus, Tyndareos (L. Kahil, LIMC VIII, 1997, 146, Nr 1 m. Abb., s.v. Tyndareos), Klytaimestra (Y. Morizot, LIMC VI, 1992, 73, Nr 2, s.v. Klytaimestra) auf der einen und Kleopatra (L. Kahil, LIMC VI, 1992, 67, Nr 1 m. Abb., s.v. Kleopatra III), Phylonoe (L. Kahil, LIMC VII, 1994, 408, Nr 2, s.v. Phylonoe I) und eine weitere weibl. Figur (L. Kahil, LIMC VIII, 1997, 29, Nr 4, s.v. Timandra) auf der and. Außenseite beiwohnen. ▭ ThB36, 1947. RE IX. A. 2, 1967; EAA VII, 1966. – ARV², 1963, 1142, Nr 1; Add², 1989, 334. R. V.

Y

Yarhai (I) (yrḥy; Yarhay; Iarhai; Ἰαραῖος), Bildhauer in Dura-Europos, tätig im 2. V. des 1. Jh. n. Chr. Nur belegt durch seine griech. Sign. Ἰαραῖος auf einem 31/32 n. Chr. dat. *Relief* mit Darst. des Zeus Kyrios/Baalshamin aus dem Tempel des Zeus Kyrios in Dura-Europos (heute New Haven, Yale Univ. AG, Inv. Nr 1935. 45). 🕮 Excavations at Dura-Europos, Preliminary report VII/VIII, New Haven 1939, 292–302, 307–309, Taf. 37; *A. Perkins*, The art of Dura-Europos, Ox. 1973, 76 s., Taf. 30; *S. B. Downey*, The stone and plaster sculpt., Excavation at Dura-Europos, Final report, III, 1, 2, L. A. 1977, 2, 31–34, Nr 10, Taf. 4; *P. Collart*, LIMC III, 1986, 75, s.v. Baalshamin 1 m. Abb.. M. Dennert

Yarhai (II), Bildhauer in Palmyra, tätig im 3. Jh. n. Chr. Nur bek. durch eine aramäische Inschr. auf einem 213 n. Chr. dat. *Kalksteinrelief* mit Darst. der reitenden Götter Arsû und Azizos aus Palmyra. 🕮 EAA V, 1963 (s.v. Palmira, Arte Nr 5). – CIS, II, Nr 3974; Rép. d'épigraphie sémitique, I, P. 1905, Nr 286; *J.-B. Chabot*, Choix d'inscr. de Palmyre, P. 1922, 68 s., Taf. 22; Excavations at Dura-Europos, preliminary report VII/VIII, New Haven 1939, 309; *J. Teixidor*, The Pantheon of Palmyra, Leiden 1979, 69 s., Taf. 21,1; *P. Linant de Bellefonds*, LIMC III, 1986, s.v. Azizos 2 mit Abb. M. Dennert

Yôḥannan (I) (yḥnn), spätantiker Architekt, tätig in der Mitte des 5. Jh. n. Chr. in N-Syrien. Erbaute das *Baptisterium* der Ostkirche von Dêḥes/Djebel Barisha, in deren syr. Türsturz-Inschr. er gen. wird. 🕮 Publications of the Amer. archaeol. expedition to Syria in 1899–1900, IV, Semitic inscr., ed. *E. Littmann*, N. Y. 1905, Nr 8; *H. C. Butler*, Early churches in Syria, Pr. 1929, 153, 257; *G. Tchalenko*, Eglises syriennes à bêma, P. 1990, 138. M. Dennert

Yôḥannan (II), spätantiker Architekt, tätig im späten 5. Jh. n. Chr. in N-Syrien. Bek. durch die 578/79 n. Chr. dat. syr. Bau-Inschr. eines Hauses in Dêr Sim'ân/Telanissos. 🕮 Syria. Publications of the Princeton univ. archaeol. expedition to Syria, IV B. Syriac inscr., ed. *E. Littmann*, Leiden 1934, 25, Nr 27. M. Dennert

Yôḥannan (III), Sohn des Marona, spätantiker Architekt(?), tätig in N-Syrien. Nur in einer syr. Inschr. aus einer Kirche in Khirbit Hasan gen.; die Lesung der Berufsbezeichnung ist jedoch nicht völlig gesichert. 🕮 Publications of the Amer. Archaeol. expedition to Syria in 1899–1900, IV. Semitic inscr., ed. *E. Littmann*, N. Y. 1905, Nr 7; *H. C. Butler*, Early churches in Syria, Pr. 1929, 257; Syria. Publications of the Princeton univ. archaeol. expedition to Syria, IV B. Syriac inscr., ed. *E. Littmann*, Leiden 1934, 63 s. M. Dennert

Z

Zaidelos, nabatäischer Bildhauer, in der 1. H. des 1. Jh. n. Chr. in Seia/Syrien tätig. An'am ist in einer nabatäischen Inschr. auf einem Statuensockel in Form eines Altars aus Seia im s. Syrien als Künstler überliefert, der ins 33. Reg.-Jahr des Tetrarchen Philipp, also 29/30 n. Chr. dat. ist. Von der Statue ist nichts erhalten. In einem griech. Zusatz zu der Inschr. auf diesem Sockel wird Z., ein Tempeldiener, als weiterer Bildhauer genannt. ⊂⊃ RES, Nr 2117; *E. Littmann*, Florilegium M. de Vogüé, P. 1909, 375–390; *id.*, PPUAES, IV. A, 1914, 78–81; *Hackl*, Nabatäer, 2003, Nr E.004.06.
D. Keller

Zaybu, Sohn des Abd'obodat, nabatäischer Steinmetz oder Bildhauer, (2. H.?) 1. Jh. n. Chr. in Hegra/Saudi-Arabien tätig. Z. ist ledigl. in einem nabatäischen Graffito in Hegra als Künstler überliefert. Falls er der Sohn des in ders. Nabatäerstadt tätigen Steinmetzen → Abd'obodat war, so ist anzunehmen, daß auch Z. an Grabfassaden gearbeitet hat. Demnach wäre er in die 2. H. des 1. Jh. n. Chr. zu datieren. Von seinen Werken ist allerdings nichts bekannt. ⊂⊃ EAA V, 1963 (s.v. Nabatea, Arte, Z.). – *J. Jaussen/R. Savignac*, Mission archéol. en Arabie, I, P. 1909, Nr 71.
D. Keller

Zaydu, Sohn des Hani'u, nabatäischer Bildhauer, im 1. Jh. n. Chr. in Iram/Jordanien tätig. Z. wird in einer nabatäischen Inschr. als derjenige erw., der den darüber angebrachten *Baitylos*, das typ. nabatäische Götterbild in Form eines rechteckigen Blocks auf einem Sockel, gemacht hat. Es befindet sich oberhalb des nabatäischen Tempels von Iram bei einem Quellheiligtum. ⊂⊃ *R. Savignac*, RBi 43:1934, 575 s., 585 s., Nr 18, Abb. 3, 18, Abb. 8.
D. Keller

Zazai (ZZY), numidischer Bauhandwerker des 2. Jh. v. Chr. Erw. in einer numidisch-punischen Bilingue vom *Pfeilergrabmal* in Thugga (Dougga, Tunesien) als einer von drei Gehilfen eines am Grabbau tätigen Steinmetzen; → Atban.
C. Leschke

Zelas (Ζηλᾶς), Sohn des → Teimeas [Mourmateanos], Bildhauer (λατύπος) aus Phrygien, der während einer ungewöhnl. langen Schaffensperiode von ca. 180 bis 220 n. Chr. in der nordwestphryg. Tembris-Hochebene tätig war. Z. war zus. mit seinem Vater → Teimas [Mourmateanos] die führende Kraft in der wichtigsten Bildhauer-Wkst. der Tembris-Hochebene, einer Region, die im 2. und 3. Jh. n. Chr. eine ungewöhnl. hohe Anzahl von Grab- und Votivreliefs hervorgebracht hat. Der flache, reduzierende, gleichzeitig aber ornamentfreudige Stil stellt ein bezeichnendes Char. dieser Region dar. → Teimeas [Mourmateanos'] und Z.s Wkst. dürfte in der Gegend der Marmorbrüche von Altıntaş gelegen haben. Viell. handelte es sich um einen größeren Fam.-Betrieb, in dem neben Z. und seinem Vater auch noch and. Fam.-Angehörige mitgearbeitet haben dürften. Zahlr. weitere Bildhauer dieser Wkst. sind uns durch ihre Sign. namentl. bek.: → Alexandros Attapinis, → Epitynchanos (II), → Helios und → Trophimos S[e]irakleanos. Die meisten sign. Werke verzeichnet dabei Z. mit insgesamt sechs überlieferten Grabstelen: – 1.) *Büstenstele* in Ankara, Freiluftdepot bei den Thermen, um 220 n. Chr. (Pfuhl/Möbius, II, Nr 2161, Waelkens, 1986, 92, Taf. 34) signiert: Ζηλᾶς λατύπος; – 2.) *Türstele* in Ankara, Archäol. Mus., Inv. Nr 8962), um 180 n. Chr. (Waelkens, 1986, Nr 228), signiert: Ζηλᾶς Τειμέου καὶ Ἀλέξανδρος Ἀττάπινις λατύποι; – 3.) fragmentierte *Votivstele* an Zeus Bennios aus Appia (T. Drew-Bear, GrRomByzSt 17:1976, 254 s., Nr 11, Taf. 8,3) signiert: Ζηλᾶς καὶ Ἐπιτύγχανος λατύποι; – 4.) Fragm. einer *Nischenstele* im Kunsthandel mit der Darst. eines stehenden Knaben, um 210 n. Chr., mit Sign.-Rest: [...]ας λατύπ[ος] – also vermutl. Werk des Z. (Lochman, 2003, 99 ss., Nr II 202, Taf. 13, Abb. 44; v.e. Kommentar zu → Alexandros Attapinis); – 5.) Fragm. einer *Türstele* aus Alibey, um 190 n. Chr., signiert: [...]ας καὶ [...]ας λατύ[π]οι – also vermutl. von Z. und seinem Vater → Teimeas [Mourmateanos]. – Stilist. Merkmale des Z. sind die rundl. Gesichts- und Kopfformen mit stark gewölbter Haarkappe und dünnem Barthaar, die dick umrandeten längl. Augen sowie die plump wirkenden Körper mit dicken, kurzen Beinen. Unter diesen stilist. Gesichtspunkten läßt sich eine homogen wirkende Gruppe vereinen, die über den Kunsthandel in diverse Slgn verstreut wurde und urspr. wohl einem gemeinsamen Fundkomplex entstammte: Oberteil einer *Türstele* mit Büstenpaar in der Malcove Coll. in Toronto (S. D. Campbell

[Ed.], The Malcove Coll., Tor. 1985, 21 s., Nr 17); *Zeus-Votivbüste* (BCH 107:1983, 527, Abb. 1); Oberteil einer *Grabstele* eines Mannes (ibid., 540, Abb. 14); *Türstele* mit Büstenpaar in Raleigh/NC (Lochman, 2003, Nr II 92, Taf. 8, Abb. 29); *Knabenfigur* von der gleichen *Stele* wie *Nr 4*, in Malibu (GettyMusJ 12:1984, 78); *Türstele* mit Büstenpaar in einer Istanbuler Priv.-Slg (Waelkens, 1986, Nr 233) sowie eine *Grabstele* mit der dreigestaltigen Hekate und Büstenpaar in Avignon (T. Lochman, Revue du Louvre 1990, Nr 6, 455 s., Abb. 1). – Von besonderer Bedeutung ist die *Stele* in Raleigh, da deren Tür-Darst. mit jener auf der von Z. und → Alexandros Attapinis gemeinsam sign. *Stele* in Ankara (*Nr 2*) fast ident. ist und da deren Büsten von der gleichen Hand stammen, wie der *Knabe* aus dem Fragment im Kunsthandel (*Nr 4*), an dem sich der Rest von Z.s Sign. erh. hat. Dadurch verbinden sich nicht nur zwei sign. Werke des Z., sondern es schließen sich auch die auf stilist. Grundlage dem Z. zugewiesenen Stelen zu einer Werkgruppe zusammen. ▭ ThB36, 1947 (s.v. Zelas; dort zu Unrecht als Vater des Bildhauers → Teimeas angegeben). EAA VII, 1966; RE, Suppl. XIV, 1974. – *M. Waelkens*, Die kleinasiat. Türsteine, Mainz 1986; *id.*, in: MAMA, X, 1993, Index auf p. 197,12, s.v. Zelas; *T. Lochman*, Studien zu kaiserzeitl. Grab- und Votivreliefs aus Phrygien, Basel 2003. T. Lochman

Zenas (I) (Ζηνᾶς), Sohn des Alexandros, griech. Bildhauer, in der 1. H. des 2. Jh. n. Chr. tätig. Nur bek. durch seine Sign. am Sockel einer *Büste eines Mannes* aus lunensischem Marmor, die z.Z. des Hadrian (117–138 n. Chr.; → Hadrianus) entstanden ist (heute Rom, Kapitolin. Mus., Stanza del Fauno, Inv. Nr 579 [früher Stanza dei Filosofi, Nr 66]; Overbeck, SQ, 1868, Nr 2307 a; Loewy, IGB, 1885, 268 s., Nr 383 a; IG, XIV, 1241; Stuart Jones, SculptMusCap, 1912, 245, Nr 66, Taf. 57; H. von Heintze, in: Helbig[4], II, 1966, 215, Nr 1408; Muller-Dufeu, SculptureSource, 2002, 968 s., Nr 2914). Der auffallend gefühlvoll und weich modellierte Kopf in allerhöchster Meisterschaft der Ausf. spricht dafür, daß Z. aus der aphrodisischen Schule kommt. Sein Stil unterscheidet sich dennoch klar von dem bei einer weiteren Büste, die ebenfalls von einem Z. (→ Zenas [II]) sign. worden ist. ▭ ThB36, 1947. RE, Suppl. XIV, 1974 (s.v. Z. 5); EAA VII, 1966 (s.v. Z. α); DNP XII/2, 2003. – *Squarciapino*, Afrodisia, 1943, 17, 21, 28, Taf. 3; *Richter*, CriticalPeriods, 1951, 54, Abb. 115; *H. Jucker*, RM 68:1961, 103, Nr 1, Taf. 32, 2. R. V.

Zenas (II), Sohn des Zenas, möglicherweise des → Zenas (I), griech. Bildhauer, in der 1. H. des 2. Jh. n. Chr. tätig. Nur bek. durch seine Sign. am Sockel einer *Büste eines Mannes* aus lunensischem Marmor, die z.Z. des Hadrian (117–138 n. Chr.; → Hadrianus) entstanden ist (heute Rom, Kapitolin. Mus., Stanza del Fauno, Inv. Nr 459 [früher Stanza degli Imperatori, Nr 49]; Overbeck, SQ, 1868, Nr 2307 b; Loewy, IGB, 1885, 268 s., Nr 383 b; IG, XIV, 1242; Stuart Jones, SculptMusCap, 1912, 202, Nr 49, Taf. 46; H. von Heintze, in: Helbig[4], II, 1966, 212, Nr 1405; Muller-Dufeu, SculptureSource, 2002, 968 s., Nr 2915). Wie die *Büste* des → Z. (I) besitzt diese Büste die gleichen elegant und geschmeidig modellierten Formen der aphrodisischen Schule, scheidet sich im Detail jedoch klar von der ersteren. Wir haben es daher mit zwei Künstlern aus Aphrodisias mit gleichen Namen zu tun, wobei Z. (II) möglicherweise der Sohn des → Z. (I) sein könnte. ▭ ThB36, 1947. RE, Suppl. XIV, 1974 (s.v. Z. 6); EAA VII, 1966 (s.v. Z. β); DNP XII/2, 2003. – *Squarciapino*, Afrodisia, 1943, 28 s., Taf. 2; *Richter*, CriticalPeriods, 1951, 54, Abb. 114; *H. Jucker*, RM 68:1961, 103, Nr 2, Taf. 32, 1. R. V.

Zenas (III) cf. **Aurelius [...]nus,** *Marcus*

Zenion (Ζηνίων), Sohn des Zenion, griech. Bildhauer, in der 1. H. des 2. Jh. n. Chr. in Kyrene tätig. Nur bek. durch seine Sign. auf einer Marmorbasis einer 2,28 m hohen Marmorstatue des Zeus Aigiochos aus dem sog. Capitolium an der Agora von Kyrene (Kyrene, Mus., Inv. Nr 14. 131 [ehem. Bengasi, Mus.]; I. Leventi, LIMC VIII, 1997, 339, Nr 195 b, s.v. Zeus; F. Canciani, ibid., 432, Nr 117 b m. Abb., s.v. Zeus/Iuppiter; A. Costantini, ibid., 462, Nr 438 a, s.v. Zeus/Iuppiter; S. Vierck, ibid., 513, Nr 10 m. Abb., s.v. Aigis). Die Statue zeigt einen stehenden, bis auf eine über der linken Schulter herabfallenden Ägis nackten Zeus mit rechtem Standbein, linkem zurückgesetzten Spielbein, vorgestreckter rechter Hand und erhobener linker Hand, die ein Szepter umfaßt (EAA VII, 1966, 1248, Abb. 1384). Zu seinen Füßen steht ein Adler. Die Statue geht auf ein hellenistisches Vorbild zurück. ▭ ThB36, 1947. EAA VII, 1966; RE Supppl. XIV, 1974. – *E. Ghislanzoni*, Notizario archeol. del Ministero delle Colonie 2:1916, 195 ss., Taf. 3 s.; *L. Mariani*, ibid. 3:1922, 1–18, Abb. 1 s.; *P. E. Arias*, RIA 9:1942, 98 ss.; *Squarciapino*, Afrodisia, 1943, 35–37, Taf. 9; *F. Chamoux*, BCH 70:1946, 67–77, Taf. 4; *id.*, BCH 71:1947, 371 ss.; *Lippold*, GrPl, 1950, 232, Anm. 2; *Richter*, CriticalPeriods, 1951, 47; *Paribeni*, ScultCirene, 1959, 78 ss., Nr 185, Taf. 106; *C. Landwehr*, in: *B. Andreae et al.*, Phyromachos-Probleme, RM Erg.-Heft 31:1990, 105, Nr 1, Taf. 56 s. R. V.

Zenobios (I) (Ζηνόβιος), Architekt der 1. H. des 4. Jh. n. Chr. Nach Theophanes, chron., 1, 33, 11 (A. M. 5828 entspricht A. D. 335/36) Architekt der *konstantinischen Grabeskirche* in Jerusalem, im gleichen Satz wird ein Presbyter Eustathios aus Konstantinopel (vgl. → Eustathios [I]) erwähnt. Nicht gen. wird Z. bei Hieronymus, chron. A. abr., p. 233n (A. D. 336; danach Prosper von Aquitanien, chron. [1045, ed. T. Mommsen, PGH. AA IX, p. 452: PL, 51, 576C]), der jedoch → Eustathios (I) als Verantwortlichen für den Bau eines Martyriums in Jerusalem nennt, was häufig so interpretiert worden ist, dieser sei Architekt gewesen, ohne daß dies aus dem Wortlaut zu belegen ist. Es handelt sich bei Hieronymus aber wahrsch. um das Mißverständnis einer älteren Quelle, die möglicherweise genauer bei Theophanes überliefert ist. Die Zuverlässigkeit der Quelle in Bezug auf den Namen bleibt unklar, nennt doch Eusebios (vita Const., 3, 29–40) nur den Kaiser selbst und den Bischof Makarios in Verbindung mit dem Bau der Kirche. ▭ RE X. A, 1972 (s.v. Z. 4). – *A. Heisenberg*, Grabeskirche und Apostelkirche, I, L. 1908, 199; *C. Mango*, The art of the Byz. Empire 312–1453, sources and doc., Englewood Cliffs 1972, 14 mit Anm. 37; *F. W. Deichmann*, ByzZ 82:1989, 221–224. M. Dennert

Zenobios (II), spätantiker Steinmetz (τεχνίτης) in N-Syrien, bek. nur duch zwei Inschr. aus Brād. ▭ *J. Jarry*, Annales Islamologiques 7:1967, 169, Nr 59; *id.*, Annales Islamologiques 9:1970, 190 s., Nr 7. M. Dennert

Zenodoros (Ζηνόδωρος), griech. Erzgießer, in neronischer Zeit in Gallien und Rom tätig. Nach Plinius (nat., 34, 45 ss.) war Z. ein berühmter Erzgießer und Toreut, der sich zunächst durch seine *Kopie zweier Gefäße* des → Kalamis (II) auszeichnete und dann durch eine mon. *Bronzestatue des Merkur* für die Averner in Gallien bek. wurde, die er, als L. Duvius Avitus in Aquitanien *legatus pro praetore* war, d.h. um 54 n. Chr., in zehn Jahren fertigte und dafür einen Lohn einschließl. Materialkosten von 40 Millionen Sesterzen erhielt (Plin., nat., 34, 45 ss.; Overbeck, SQ, 1868, Nr 2273; Muller-Dufeu, SculptureSource, 2002, 960 s., Nr 2887). Die Statue stand wahrsch. im Merkurheiligtum auf dem Gipfel des Puy-de-Dôme, das zwischen 1872 und 1878 ausgegraben worden ist (A. Mallay, Mém. de l'Acad. des sciences, belles-lettres et arts de Clermont-Ferrand 17:1875, 17 ss.). Der genaue Standort ist unbekannt, sein Aussehen umstritten. Mowat, Pray Bober (1945–47, 21 ss.) und Boucher (1984, 103 ss.) nahmen ein Standbild an. Letztere wollte in mehreren Statuetten, insbesondere einer Bronzestatue im Pariser Louvre (Inv. Nr 183), eine verkleinerte Reproduktion des Kolosses des Z. erkennen und führte als Hauptargument die häufigen nur in Gallien vorkommenden Wiederholungen auf, die nur von einer solchen berühmten Statue herrühren könnten. Diese Statuetten zeigen einen stehenden nackten Merkur mit Beutel in der Rechten und Caduceus in der Linken und Flügeln auf dem Kopf. Leibundgut (1984) weist hingegen mit Recht darauf hin, daß auch die and. renommierten Kolossalstatuen kaum in der Kunst aufgenommen worden sind, und will, wie viele andere vor ihr, lieber einen sitzenden Merkur mit Beutel und Caduceus in den Händen postulieren, wie er u.a. auf einem Altar aus Horn (heute Leiden, RM; Leibundgut, 1984, 274 ss., Abb. 17, 19) zu sehen ist, der dem Mercurius Avernus gew. ist. Z. hätte sich demnach bei dem sitzenden Merkur von der Kultstatue des Iuppiter Capitolinus und sitzenden Herrscherstatuen inspirieren lassen, und damit hätten die Averner ihren obersten Gott dem der Römer gegenüberstellen und gleichzeitig ihrer Treue zu den Kaisern Ausdruck verleihen können, die im Merkurheiligtum vielfach Ehrerweisungen erh. haben. Z. erlangte auf alle Fälle so viel Ruhm durch die Herstellung der Merkurstatue, daß er von Nero (→ Domitius Ahenobarbus, Lucius) nach Rom gerufen worden ist (Plin., nat., 34, 45 ss.; Overbeck, SQ, 1868, Nr 2273; Muller-Dufeu, SculptureSource, 2002, 960 s., Nr 2887), um eine monumentale, sicherl. *vergoldete Bronzestatue des Sol* zu schaffen, die mit einer Höhe von 29,50–40 m noch vor dem Koloß von Rhodos die größte Statue des Altertums war. Plinius (nat., 34, 45 ss.) berichtet, daß er beim Besuch der Wkst. sowohl das aus Ton hergestellte Modell der Statue als auch ein Modell des Innengerüstes des Kolosses sah. Nach Plinius kannte selbst Z. nicht mehr die alte Bronzegußtechnik; er verherrlichte ihn als den letzten großen Erzgießer. Die Statue wurde für das Vestibül des nach dem Brand von Rom im Jahre 64 n. Chr. gebauten Kaiserpalastes, der berühmten Domus Aurea, errichtet. Ob sie jedoch vor Neros (→ Domitius Ahenobarbus, Lucius) Tod beendet war, ist ungewiß, weil Sueton (Nero, 31; Overbeck, SQ, 1868, Nr 2274; Muller-Dufeu, SculptureSource, 2002, 960 s., Nr 2888) als einzige Quelle für den Standort in diesem Punkt unklar ist. 75 n. Chr. wurde der Koloß auf alle Fälle zur Via Sacra gebracht und von Vespasian dem Sol gew. (Dio Cass., 65, 15, 1). Schließlich ließ → Hadrianus ihn unter Anleitung von Decrianus mit Hilfe von 24 Elefanten vor das Kolosseum bringen, und dort blieb er bis in die Spätantike. Die Basis dieses letzten Standortes (17,60 x 14,75 m) ist noch erh. (Lega, 1989–1990, 339 ss., Abb. 1–3, 6–15). Der Koloß zeigte wahrsch., wie Bronzemünzen des Alexander Severus (BMC, Emp VI, 128–129, Nrn 156–158, Taf. 6; Bergmann, 1994, 10 s., Taf. 2, 2) und Gordians III. (F. Gnecchi, I medaglioni romani, II, Mi. 1912, 89, Nrn 22 s., Taf. 104, 5 s.; Bergmann, 1994, 10 s., Taf. 2, 1) und ein Intaglio aus Amethyst in den Berliner Antiken-Slg (Furtwängler, Beschreibung, 1896, 123, Nr 2665, Taf. 24; Bergmann, 1994, 11, Taf. 2, 3) belegen könnten, den nackten Sol mit Strahlenkranz, die Linke auf einen Pilaster gestützt und in der Rechten ein Steuerruder, das auf einem Globus ruht (Rekonstruktions-Zchng bei Bergmann, 1994, 26, Abb. 10). Das zunächst für den Koloß seltsam wirkende Attribut des Steuerruders verband Bergmann überzeugend mit Fortuna und der Ausstrahlung des Kaisers als Lenker des Staates und seiner Bürger. Z.' Statue besaß noch die Gesichtszüge des Nero (→ Domitius Ahenobarbus, Lucius) die wohl schon unter Vespasian (Dio Cass., 65, 15, 1), spätestens aber unter → Hadrianus (SHA, Hadr., 19, 13; Overbeck, SQ, 1868, Nr 2275; Muller-Dufeu, SculptureSource, 2002, 960 s., Nr 2886) getilgt worden sind. Commodus ließ sein eigenes Portr. anbringen und dem Koloß einen Löwen und anstatt des Pilasters eine Keule ohne Veränderung der Armhaltung hinzufügen (Dio Cass., 73, 22, 3), die später wieder entfernt worden sind (SHA, Comm., 17, 9–10; Overbeck, SQ, 1868, Nr 2276† ; Muller-Dufeu, SculptureSource, 2002, 960 s., Nr 2890) und die Plastik wieder die Gestalt des Sol bekam. Das Aussehen des Kolosses unter Commodus reflektiert wahrsch. ein Bronzemedaillon dieses Kaisers aus dem Jahre 192 n. Chr. (J. Aymard, REL 14:1936, 359 ss.; Bergmann, 1994, 12, Taf. 2, 4 s.). Der Koloß war die größte und zugleich die letzte Monumentalstatue aus Bronze, die in der Antike geschaffen worden ist. Ihr letzter Aufstellungsort verlieh auch dem daneben liegenden Amphitheater den Namen Kolosseum. Erst im 19 Jh. wagte man es wieder, derartige Kolossalstatuen aus Erz zu schaffen, wie die von Ludwig Schwanthaler entworfene und zw. 1844 und 1850 gegossene Bavaria in München, die jedoch mit einer Höhe von 20,5 m trotz des Stolzes der damaligen Hersteller nicht mit den großartigen Schöpfungen der Antike konkurrieren konnte. ▭ ThB36, 1947. EAA VII, 1966; RE X. A, 1972 (s.v. Z. 2); DNP 12/2, 2003 (s.v. Z. 4). – *F. Préchac*, Le colosse de Néron: son attitude et ses vicissitudes d'après les textes et les monnaies, P. 1920; *J. Gagé*, MEFRA 45, 1928, 106–122; *S. Ferri*, Il numen Augusti di Avallon e la probabile attività di Zenodoro nelle Gallie, R. 1933; *Ph. Pray Bober*, Marsyas 4:1945–1947, 199 ss.; *P. Howell*, Athenaeum 46:1968, 292–299; *A. Leibundgut*, JdI 99:1984, 275–284; *J. Frel*, RAE 38:1987, 301–314; *C. Lega*, BullCom 93:1989–90, 339–378; *G. Bauchhenß*, Mitt. Archäol. Gesellschaft Steiermark 3–4:1989–1990, 83–93; *M. Bergmann*, Der Koloß Neros, die Domus Aurea und der Mentalitätswandel im Rom der frühen Kaiserzeit, Mainz 1994 (TrWPr 13), 7–17; *S. Carey*, Apollo 2000, 20–31. R. V.

Zenodotos (I) (Ζηνόδοτος), Vater des → Menippos (I), von Chios, griech. Bildhauer, in der 2. H. des 3. Jh. v. Chr. in Knidos tätig. Nur bek. durch seine Sign. auf einer Marmortafel aus dem unteren Theater von Knidos für eine Statue des Sosibios, Sohn des Dioskurides von Alexandria, eines hohen Beamten am Hof des Ptolemaios IV. Philopator (222–204 v. Chr.), die er zus. mit seinem Sohn → Menippos (I) signiert hat (heute London, BM, Inv. Nr 1859. 12–26. 775; C. T. Newton, Discoveries at Halicarnassus, Cnidus and Branchidae, II. 2, Lo. 1862, 770, Nr 75, Taf. 95; Overbeck, SQ, 1868, Nr 2058; Loewy, IGB, 1885, 133, Nr 160; W. Blümel, Die Inschr. von Knidos, Bonn 1992, 69 s., Nr 112; Muller-Dufeu, SculptureSource, 2002, 776 s., Nr 2284). ▭ ThB36, 1947. EAA VII, 1966; RE X. A, 1972 (s.v. Z. 10); DNP XII/2, 2003 (s.v. Z. 6). – *Lippold*, GrPl, 1950, 340 s. R. V.

Zenodotos (II), Sohn des → Menippos (I), von Chios, griech. Bildhauer, in der 1. H. des 2. Jh. v. Chr. in Knidos tätig. Nur bek. durch seine Sign. auf den folgenden Werken: – 1.) Basis aus Knidos für eine *Statue des Dion*, Sohn des Xenophon, die von Damatria, Tochter des Eirenaios, der Artemis Zakytotrophos gew. worden ist (heute London, BM, Inv. Nr 1859. 12–26. 726; C. T. Newton, A hist. of discoveries at Halicarnassus, Cnidus. and Branchidae, Lo. 1863, 745 s., Nr 28, Taf. 90; Overbeck, SQ, 1868, Nr 2059; Loewy, IGB, 1885, 133 s., Nr 161; W. Blümel, Die Inschr. von Knidos, Bonn 1992, 110 s., Nr 171; Muller-Dufeu, SculptureSource, 2002, 776 s., Nr 2286); – 2.) Basis aus Marmor aus Knidos für eine *Statue*, die von Hagias, Sohn des Hestieios, der Athena Nikephoros und der Hestia Boulaia gew. worden ist (heute London, BM, Inv. Nr 1859.12–26. 787; Newton, op. cit., 771–773, Nr 79; Overbeck, SQ, 1868, Nr 2060; Loewy, IGB, 1885, 133 s., Nr 162; Blümel, op. cit., 113 s., Nr 177; Muller-Dufeu, SculptureSource, 2002, 754 s., Nr 2287); –

3.) Basis aus Marmor aus Knidos für eine *Statue*, die von drei Personen dem Apollon Karneios gew. worden ist (Blümel, op. cit., 107, Nr 164; Muller-Dufeu, SculptureSource, 2002, 776 s., Nr 2285); – 4.) Basis aus Marmor aus Knidos, die von Epinikidas, Sohn des Kallippos, von Euther-ses, Sohn des Damogenes, und von Nikomachos, Sohn des Nikasikles, der Agathe Tyche gew. worden ist (I. C. Love, AJA 77:1973, 418, Taf. 74, Abb. 9; Blümel, op. cit., 118 s., Nr 187; Muller-Dufeu, SculptureSource, 2002, 776 s., Nr 2288); – 5.) *Friesplatte A 8* aus Marmor eines Altars aus Knidos, an dem auch and. Bildhauer mitgearbeitet haben, von denen aber sonst nur noch die Sign. des → Theon (IV) erh. geblieben ist (N. C. Stampolidis, AA 1984, 125, Anm. 98; C. Bruns-Özgan, JdI 110:1995, 243 s., Abb. 4; Blümel, op. cit., 109 s., Nr 168; Ridgway, 2000; Muller-Dufeu, Sculpture-Source, 2002, 754 s., Nr 2207). ▭ ThB36, 1947. EAA VII, 1966 (s.v. Z. 1); RE X. A, 1972 (s.v. Z. 10); DNP XII/2, 2003 (s.v. Z. 6). – *Lippold*, GrPl, 1950, 361; *B. S. Ridgway*, Hellenistic sculpt., II, Madison 2000, 87–89. R. V.

Zenon (I) (Ζήνων), von Soloi, griech. Bildhauer, im 2. Jh. v. Chr. in Lindos und Rhodos tätig. Nur bek. durch seine Sign. auf den folgenden zwei Marmorbasen: – 1.) Marmorbasis für eine *Porträtstatue* aus Lindos, die er zus. mit dem Bildhauer → Sosipatros signierte (Loewy, IGB, 1885, 149, Nr 190; IG, XII. 1, 862; Lindos, II. 1, 1941, 54, Nr 71; Muller-Dufeu, SculptureSource, 2002, 734 s., Nr 2130); – 2.) Marmorbasis aus Rhodos für eine *Porträtstatue des Herakleitos*, die von seinem Sohn Diophantos den Göttern gew. worden ist. Die Statue fertigte er zus. mit dem Bildhauer → Sosipatros (G. Jacopi, Clara Rhodos 2:1932, 196, Nr 24; Lindos, II. 1, 1941, 54, Nr 71; Muller-Dufeu, SculptureSource, 2002, 734 s., Nr 2131). ▭ ThB31, 1937 (s.v. Sosipatros). RE III. A. 1, 1927 (s.v. Z. 22); EAA VII, 1966 (s.v. Z. 2); DNP 12/2, 2003 (s.v. Z. 11). – *Lippold*, GrPl, 1950, 377, Anm. 15. R. V.

Zenon (II), von Amisos, griech. Bildhauer, um 100 v. Chr. in Rhodos tätig. Nur bek. durch seine Sign. auf einer Basis aus lartischem Marmor vom Gymnasium von Rhodos für eine *Porträtstatue des Gorgon*, Sohn des Timokles, die von Lysistratos und Pantakles, Söhnen des Theopompos, gew. worden ist (heute Rhodos, Archäol. Mus.; Muller-Dufeu, SculptureSource, 2002, 718 s., Nr 2076). ▭ EAA VII, 1966; RE X. A, 1972 (s.v. Z. 21); DNP 12/2, 2003 (s.v. Z. 11). – *T. Reinach*, REG 16:1904, 185; *G. Jacopi*, Clara Rhodos 2:1932, 194, Nr 22 mit Abb.; Lindos, II. 1, 1941, 53, Nr 50; *Lippold*, GrPl, 1950, 377, Anm. 6; *Schmidt*, Statuenbasen, 1995, 408 s., Nr IV. 2. R. V.

Zenon (III), Sohn des Attinas, aus Aphrodisias, griech. Bildhauer, in der 1. H. des 2. Jh. n. Chr. tätig. Nur bek. durch seine Sign. auf dem linken Oberschenkel einer *Sitzstatue eines Dichters* (Marcellus, Moschion oder Menander/Vergil?) im MN Romano in Rom (Inv. Nr 8641) aus der Villa Ludovisi in Rom (IG, XIV, 1243; Overbeck, SQ, 1868, Nr 2288; Loewy, IGB, 1885, 258, Nr 365; Helbig[4], III, 1969, 289, Nr 2362; EAA VII, 1966, 1250, Abb. 1387; B. Palma, in: Giuliano, MusNaz-Rom, I,5, 1983, 29–32, Nr 14 mit Abb.; Muller-Dufeu, SculptureSource, 2002, 964 s., Nr 2899). ▭ ThB36, 1947. EAA VII, 1966 (s.v. Z. 2); RE X. A, 1972 (s.v. Z. 21); DNP XII/2, 2003 (s.v. Z. 11). – *Amelung*, SkulpturenVatMus, I, 1903, 158 ss., Nr 135, Taf. 21; *Squarciapino*, Afrodisia, 1943, 15, 17, 37, Taf. A, e, und Taf. 4; *Richter*, Critical-Periods, 1951, 54; *ead.*, Portraits, II, 243, Nr 3, Abb. 1668. R. V.

Zenon (IV), *Flavius* (Ζήνων, Φλαούιος), griech. Bildhauer, aus Aphrodisias/Karien, im späten 2./frühen 3. oder 4. Jh. n. Chr. in Aphrodisias und Rom tätig. Sein Name ist uns durch fünf Inschr. auf Statuenplinthen aus Rom (Squarciapino, 1943) und zwei Inschr. aus Aphrodisias überliefert (Erim/Reynolds, 1991). Während er in Aphrodisias mit ἀρχιερεὺς καὶ κόμης signierte, zeichnete er in Rom mit ἀρχιερεὺς καὶ διασημό(τατος). Die von Z. sign. *Skulpturen* aus Rom wurden in fragm. Zustand im Jahre 1886 an der Via delle Sette Sale auf dem Esquilin entdeckt. Die Statuen zeigen *Herakles* und einen jungen *Satyrn*, der das Dionysosbaby trägt. Beide Statuen befinden sich jetzt in der Ny Carlsberg Glyptotek in Kopenhagen (*Herakles*: Inv. Nr 621; Squarciapino, 1943, 41, Taf. 12 b; Moltesen, 1990, 139, Abb. 6–8; Hannestad, 1994, 112, Abb. 75; Kiilerich/Torp, 1994, 310, Taf. 58, 1; Moltesen, 2000, 116 s., Taf. 86–88 b; *Satyr mit Dionysos*: Inv. Nr 521; Squarciapino, 1943, 41 s., Taf. 12 a; Moltesen, 1990, 139, Abb. 1, 3, 9 s.; Hannestad, 1994, 112, Abb. 73; Kiilerich/Torp, 1994, 310, Taf. 56, 1; Moltesen, 2000, 112–114, Abb. 3 s., Taf. 69 c, 70–73) Die Statuen lagen in einem Versteck, dessen Inhalt als Baumaterial wiederverwendet worden ist und Fragm. einer Gruppe von mindestens sieben gleichgroßen Statuen enthielt, die von Z. und zwei weiteren aphrodisischen Bildhauern sign. worden sind, näml. → Chryseros, Flavius und → Andronikos (III-IV), Flavius (I-II). Die Statuen wurden aus Marmor von Carrara gefertigt, was darauf hindeutet, daß sie in Italien, wahrsch. in Rom, geschaffen worden sind. Die von Z. aufgeführten Titulaturen weisen darauf hin, daß er in seiner Heimatstadt einen sehr hohen Rang innehatte. In Aphrodisias stiftete Z. auf eigene Kosten eine Statue für sein Land, dessen Aufstellung von seinen Kindern auf Wunsch in seinem Testament ausgef. worden ist. Sein Titel als Hohepriester bezieht sich wahrsch. auf den Kaiserkult (Roueché/Erim, 1982). Mehrere Skulpt. aus Aphrodisias besitzen den gleichen Stil wie die Statuen in Kopenhagen. Die Dat. der Skulpt. ist stark umstritten. Während ihr Stil ins späte 2./frühe 3. Jh. n. Chr. weist, kommt sein Titel διασημό(τατος) nur im 4. Jh. n. Chr. vor. Die Schlußfolgerung wäre, daß entweder die Statuen im 4. Jh. n. Chr. in einem eklektischen Stil gefertigt oder die Statuen wiederverwendet und mit neuen Inschr. auf den Plinthen versehen worden sind. ▭ ThB36, 1947. RE X. A, 1972 (s.v. Z. 27); EAA VII, 1966 (s.v. Zenon, Flavius); DNP XII/2, 2002 (s.v. Z. 11). – *Squarciapino*, Afrodisia, 1943, 14, Nrn 16–20, Taf. A, a; pp. 41 s., Taf. G, a und 12, a-b; *C. Roueché/K. Erim*, BSR 50:1982, 102–115; *M. Moltesen*, in: Aphrodisias papers, Recent work on archit. and sculpt., Journal of Roman Archaeologie, Suppl. 1:1990, 134–146; *K. T. Erim/ J. Reynolds*, Sculptors of Aphrodisias in the inscr. of the city, in: N. Başgelen/M. Lugal [Ed.], Festschr. für Jale Inan, Istanbul 1991, 527 s., Nr 15; *N. Hannestad*, Trad. in Late Antiquity. Conservation - modernization - production, Aarhus 1994, 110–116, Abb. 73, 75; *B. Kiilerich/H. Torp*, IstMitt 44:1994, 307–316, Taf. 56, 1; 58, 1; *M. Moltesen*, The Esquiline group, Aphrodisian statues in the Ny Carlsberg Glyptotek, APl 27, 2000, 111–129, Taf. 69–88. M. Moltesen

Zenon (V) (Ζήνων), Sohn des Theodoros, Architekt, um 140–170 n. Chr. in Aspendos/Pamphylien tätig. Bek. durch Inschr. des Theaters von Aspendos. Der als Architekt des *Theaters und weiterer Gebäude der Stadt* gen. Z. wurde aufgrund einer Geldspende und materieller Zuwendungen an die Allgemeinheit vom Rat und Volk von Aspendos geehrt und sein Name so dauerhaft mit dem Theater verbunden. Das nach der Inschr. (CIL, III, 231) mit der Widmung οἶκος τῶν Σεβαστῶν zw. 161 und 169 n. Chr. eingeweihte Bauwerk ist eines der am besten erh. antiken Theater. Es nutzt, obwohl es röm. ist, den Hang eines Hügels für die Cavea aus. Die Fassade des noch in voller Höhe aufrechtstehenden Bühnenhauses war durch zweigeschossige Ädikulen und einen verkröpften Giebel in der M. gegliedert und reich mit Baudekor geschmückt. Die Ornamentsyntax ist kleinasiatisch. An der Außenfassade des Bühnenhauses ist eine Reihe der Fensternischen mit Syrischen Bögen bekrönt, die im Typus eines aufgeknickten Architravs motivisch als rhythmische Travée verbunden sind. ▭ ThB36, 1947. EAA I, 1958 (s.v. architetto); VII, 1966 (s.v. Z. 3); RE X. A, 1972 (s.v. Z. 23); KlP V, 1979 (s.v. Z. 17); DNP XII/ 2, 2002 (s.v. Z. 16). – *Zum Theater von Aspendos*: EAA I, 1958, Abb. 917 (s.v. Aspendos); EAA Suppl., 1970 (1973) s.v. teatro); EUA XIV, 1966, 181; PECS, 1976, (s.v. Aspendos); *K. Brodersen* (Ed.), Antike Stätten am Mittelmeer. Metzler-Lex., St./Weimar 1999 (s.v. Aspendos), Abb. p. 478. – CIG, III, 4342 d, 1161 s., Nr 4342 d, d², d³; *Brunn*, GGK, II, 1889, 265; *A. L. Frothingham*, The Archit. Record 25:1909, 183 s.; *Toynbee*, Artists, 1951, 13; *M. Gallina*, in: *D. de Bernardi Ferrero* (Ed.), Teatri classici in Asia Minore, IV, R. 1974, 232 s., Nrn 27 s.; *A. Burford*, Künstler und Handwerker in Griechenland und Rom, Mainz 1985, 103, 256 s., Taf. 73; *Müller*, Architekten, 1989, 211; *M.-C. Hellmann*, ZPE 104:1994, 157, Nr 19; *Donderer*, Architekten, 1996, 50, 67, 130 s., Nr A 38., p. 301, Anm. 677. – *Zum Theater von Aspendos*: *F. Noack*, Die Baukunst des Altertums, B. s.a., 106 s., Taf. 142; *C. Texier*, Descr. de l'Asie Mineure faite par ordre du gouvernement français, de 1833 à 1837, III, P. 1849, 218 s., 241 ss., Taf. 232–241; *K. Lanckoronski u.a.*, Städte Pamphyliens und Pisidiens, I. Pamphylien, Prag u.a. 1890, 91, 102 ss., 179, Nrn 64b-g, Abb. 74, 81–93, Taf. 20–27; *J. Durm*, Die Baukunst der Römer, St. ²1905, 654, Abb. 730; *E. R. Fiechter*, Die bau-gesch. Entwicklung des antiken Theaters, M. 1914, 95, 123 ss., Abb. 91 s.; *M. Bieber*, Die Denkmäler zum Theaterwesen im Altertum, B./L. 1920, 68 ss., Nr 19, Abb. 73 s., Taf. 36–39; *H. Bulle*, Unters. an Griechischen Theatern, M. 1928, 267 s.; *A. W. Pickard-Cambridge*, The theatre of Dionysus in Athens, Ox. 1946, 254, Anm. 1, Abb. 131; *W. B. Dinsmoor*, The archit. of ancient Greece, Lo. u.a., 1950, 310 s.; *L. Crema*, L'archit. romana. Enc. Classica, XII, T. 1959, 417, Abb. 514–516; *M. Bieber*, The hist. of the Greek and Roman Theater, Pr. ²1961, 208 s., Abb. 700–706; *A. Frova*, L'arte di Roma e del mondo romano, T. 1961, 783 s., 790 s., Abb. 668, 671 s., 679; *A. Neppi Modona*, Gli edifici teatrali greci e romani, Fi. 1961, 166 s., Abb. 77, Taf. 18b; *D. S. A. Robertson*, A handbook of Greek and Roman archit., C. ²1964, 276 ss., Abb. 116 s.; *D. De Bernardi Ferrero*, Teatri classici in Asia Minore, III, R. 1970, 161 ss., Abb. 172–200, Taf. 31–35; *W. D. Heilmeyer*, Korinth. Normalkapitelle, He. 1970 (RM, ErgH., 16), 105; *M. Lyttelton*, Baroque archit. in Classical antiquity, N. Y. 1974, 263 s., 269, 270 s., Taf. 184–186; *J. B. Ward-Perkins*, Archit. der Römer, St. 1975, Abb. 322; *V. M. Strocka*, Das Markttor von Milet, B. 1981 (BWPr, 128), 12 mit Anm. 29, pp. 29, 40, Abb. 70; *J. B. Ward-Perkins*, Roman Imperial archit., Harmondsworth 1981, 260 s., 291 s., 302, Abb. 197; *E. Frézouls*, in: ANRW, II, 12. 1, B./N. Y. 1982, 397 s., 405, 407 s., Abb. 29, Taf. 14, 2–15, 2; *D. B. Small*, AJA 87:1983, 61, Nr 16; *H. Stierlin*, Kleinasiat. Griechenland, St./Z. 1986, 158 ss., Abb. 129–132; *E. Akurgal*, Griech. und röm. Kunst in der Türkei, M. 1987, 131 s., Taf. 211–213; *K. Tancke*, Figuralkassetten griech. und röm. Steindecken, Ffm. u.a. 1989, 68, bes. 110 ss., 118, 146, 302 ss., Kat.-Nr 46, Taf. 74, 1–75, 3; *E. Akurgal*, Ancient civilizations and ruins of Turkey, Istanbul u.a. [7]1990, 334 s., Nr 15, Abb. 100 s.; *T. Kraus*, Das röm. Weltreich. Propyläen Kunst-Gesch., Ffm./B. 1990, 92, 176 s., Nr 64, Text-Abb. 16, Abb. 64; *G. E. Bean*, Kleinasien, II. Die türk. Südküste von Antalya bis Alanya, St. [5]1991, 61 ss., Taf. 9, 10 unten; *H. P. Isler*, in: *P. Ciancio Rosetto/G. Pisani Sartorio*, Teatri greci e romani, III, R. 1994, 393 s. mit Abb. p. 395; *P. Gros*, L'archit. romaine du début du IIIe s. av. J.-C. à la fin du Haut-Empire, I, P. 1996, 302 s., Abb. 362 s.; *L. Vandeput*, The archit. decoration in Roman Asia Minor. Sagalassos. A case stud., Leuven 1997, 35, 92, 96, 117, 112 s., 125 s., 147, 162, Taf. 77, 1–2; *B. Andreae*, Die röm. Kunst, FiB. 1999, 567, Abb. 841–843; *H. von Heintze*, in: Belser Stil-Gesch., I. Altertum. Die röm. Antike, St. 1999, 229, Abb. 219; *E. Raming*, Bogen und Gebälk. Unters. zum Syrischen Bogen und verwandten Erscheinungsformen in der antiken Archit., Diss. FiB. 1999 (unpubl.), 116 s., 186, Nrn 18, pp. 262, 329, Kat.-Nr II/ A 10, Taf. 83a, 84a. E. Raming

Zenon (VI), Sohn des Alexandros, aus Aphrodisias, griech. Bildhauer, im 2. Jh. n. Chr. in Lyttos/ Kreta tätig. Nur bek. durch seine Sign. auf einer Marmorbasis für eine *männl. Sitzstatue* aus Lyttos/ Kreta. ▭ ThB36, 1947 (s.v. Z. 2). RE III. A. 1, 1927 (s.v. Z. 22); EAA VII, 1966 (s.v. Z. 2); DNP 12/2, 2003 (s.v. Z. 11). – *Loewy*, IGB, 1885, 259, Nr 366; *A. Maiuri*, Ausonia 6:1911, 24 s.; *Squarciapino*, Afrodisia, 1943, 13, 21, 27; *Richter*, CriticalPeriods, 1951, 54. R. V.

Zenon (VII), aus Aphrodisias, griech. Bildhauer, im 2. Jh. n. Chr. tätig. Nur bek. durch seine Sign. auf einer Herme im Vatikan (Mus. Braccio Nuovo; Amelung, SkulpturenVatMus, I, 1903, 158 ss., Nr 135, Taf. 21). Offen muß bleiben, ob Z. viell. ident. mit → Z. (III) ist. ▭ ThB36, 1947 (s.v. Z. 3). RE III. A. 1, 1927 (s.v. Z. 24); EAA VII, 1966 (s.v. Z. 4); DNP 12/2, 2003 (s.v. Z. 11). R. V.

Zethos (Ζῆθος), Sohn des Polyarchos, griech. Vergolder und viell. Bildhauer, im 3. Jh. v. Chr. in Delphi tätig. Nur bek. durch seine Sign. Ζῆθος Πολυάρχου ἐχρύσωσε auf einer ionischen Säulentrommel aus Marmor, die von einem Säulenmonument stammt, das hinter dem Altar von Chios im Apollonheiligtum in Delphi aufgestellt war. Demnach war Z. Vergolder und möglicherweise Bildhauer der Säule, wie es Marcadé (1953) in Betracht zog. ▭ *Marcadé*, Signatures, I, 1953, 112 mit Abb.; *Muller-Dufeu*, SculptureSource, 2002, 796 s., Nr 2359. R. V.

Zeuxiades (Ζευξιάδης), griech. Bildhauer und Erzgießer, in der 2. H. des 4. Jh. v. Chr. tätig. Lt. Plinius (nat., 34, 51; Overbeck, SQ, 1868, Nr 1350; Muller-Dufeu, SculptureSource, 2002, 546 s., Nr 1602) war Z. ein Schüler des Bildhauers → Silanion. Möglicherweise ist eine heute verschollene Statuenbasis auf Z. zu beziehen. Im 17. Jh. befand sich diese in der Villa Mattei in Rom und wurde von J. Spon (Misc. eruditae antiquitatis, Lyon 1685, 138; IG, XIV, 1149, 3; Loewy, IGB, 1885, 316, Nr 483; Richter, Portraits, II, 1965, 210 s.; IGUR, 1493; Muller-Dufeu, SculptureSource, 2002, 586 s., Nr 1748) wie folgt publiziert: Ὑπερίδης ῥήτωρ / Τευσιάλης ἐποίει. Seit der Veröff. von E. Q. Visconti (Iconogr. grecque, P. 1811, 272) nimmt man aber an, daß sich Jakob Spon in der Lesung geirrt hat und in der Künstler-Sign. Z. erkennen sollte ([Ζ]ευ[ξ]ιά[δ]ης). F. Poulsen (MonPiot 21:1913, 47 ss.) ging noch einen Schritt weiter und wollte in einer Doppelherme im Mus. Vivenel in Compiègne die dargestellten Bildnisse auf den Rhetor Hypereides und die von ihm verteidigte Phryne beziehen (Poulsen, op. cit., 48 s., Abb. 2 s., Taf. 3) und somit ein verlorenes Werk des Z. zurückgewinnen. Seine Deutung bleibt jedoch sehr umstritten. So wollte z.B. E. Schmidt (AA 1935, 377 ss.) in den beiden wiedergegebenen Personen Aristippos und seine Tochter Arete erkennen. ▭ ThB36, 1947. RE X. A, 1972; EAA VII, 1966; DNP XII/2, 2003. – *Lippold*, GrPl, 1950, 303, Anm. 3–6. R. V.

Zeuxippos (Ζεύξιππος), Sohn oder Bruder des → Bildhauers Phileas (I) und wahrsch. Vater des Bildhauers → Phileas (II), griech. Bildhauer, im 3. Jh. v. Chr. tätig. Nur bek. durch seine folgenden zwei Sign. auf Basen: – 1.) Basis aus Hermione, die er zus. mit seinem Vater oder Bruder → Phileas (I) fertigte (IG, IV, 745; Overbeck, SQ, 1868, Nr 1585; Loewy, IGB, 1885, 107, Nr 141; Muller-Dufeu, SculptureSource, 2002, 812 s., Nr

2421); – 2.) Basis aus Tegea für eine *Porträtstatue des Polias*, Sohnes des Theon, die er zus. mit seinem Sohn → Phileas (II) schuf (IG, V², 143; Muller-Dufeu, SculptureSource, 2002, 812 s., Nr 2422). ▭ ThB36, 1947. RE XIX. 2, 1938 (s.v. Z. 9); EAA VII, 1966. – *Brunn*, GGK, I, 1889, 419; *Lippold*, GrPl, 1950, 351, Anm. 4. R. V.

Zeuxis (I) (Ζεῦξις), aus Herakleia, griech. Maler und Tonbildner, zw. ca. 430 v. Chr. und ca. 390 v. Chr. für Athen, Olympia, Pella, Ephesos, Kroton und Agrigent tätig. Bei seinem Herkunftsort handelt es sich mit großer Wahrscheinlichkeit um das lukanische Herakleia in Unteritalien, da → Demophilos (II) von Himera auf Sizilien als sein Lehrer gen. wird und Z. sein Leben lang enge Beziehungen zu Unteritalien unterhalten hat. Die Frage nach seiner Lebenszeit ist mit seiner Herkunft unmittelbar verbunden. Plinius (nat., 35, 61) nennt die 95. Olympiade (397 v. Chr.) für den Höhepunkt seiner Schaffenszeit und spricht sich gegen eine Dat. in die 89. Olympiade (424–421 v. Chr.) aus. Die Auswertung and. Quellen widerlegt diese Zeitangabe: Bei der Aufführung der Acharner des Aristophanes 425 v. Chr muß Z. schon in Athen gelebt haben, da eines seiner bekanntesten Werke dort erw. wird (Aristoph., Ach., 989). Auch Quintilian (inst., 12, 10, 4) kommt zu dem Ergebnis, daß Z. während der Peleponnesischen Kriege gewirkt hat. Die Ausmalungen des Palastes von König Archelaos von Makedonien, der von 413–399 v. Chr. regiert hat, belegen diese Dat. ebenfalls. Da Herakleia erst 433 v. Chr. von Tarent gegr. wurde, ist Z. also sicherl. nicht dort geboren, sondern gehört wahrsch. zu den Kolonisten. Z. hat also schon in den 20er Jahren des 5. Jh. v. Chr. in Athen gewirkt und bis in das erste Jahrzehnt des 4. Jh. v. Chr. gearbeitet. Er gehört wie sein etwas älterer Kollege → Parrhasios, gegen den er immer wieder in Wettkämpfen antrat, zu den führenden Künstlern der Klassik (→ Platon [I], Prot., 318 b; Xen., mem., 1, 4, 3). Mit → Parrhasios verband ihn auch seine Vorliebe für prunkvolle Gewänder und die äußerst selbstbewußte Einschätzung seines Werkes: So kleidete er sich in golddurchwirkte Gewänder und soll einige seiner Bilder verschenkt haben, da sie unbezahlbar wären (Plin., nat., 35, 62). Für seine Bilder wurden große Summen bezahlt, und er ließ sich offensichtl. auch nur für hohen Lohn zu Auftragsarbeiten verdingen (Ael., var. hist., 4, 12). – Neben → Demophilos (II) von Sizilien hat ihn wohl auch der Athener → Apollodoros (II) in der Malerei unterwiesen (Plin., nat., 35, 62). Die Erwähnungen in den sokrat. Dialogen bei → Platon (I) und Xenophon lassen darauf schließen, daß Z. der führenden Athener Künstlerszene angehörte, wie auch → Apollodoros (II), → Agatharchos (I) und → Parrhasios. – Für Athen hat Z. das Bild eines *rosenbekränzten Eros* im Tempel der Aphrodite am Ilissos und das Bild der *Kentaurenfamilie* gearbeitet. → Lukianos beschreibt dieses Bild sehr ausführl., so daß wir heute noch eine genauere Vorstellung gewinnen können (→ Lukianos, Zeux., 3 ss.). Er sah aber das Bild nicht selbst, sondern nur eine Kopie im Hause eines Athener Künstlers, da das Orig. als Kriegsbeute Sullas bei einem Schiffsunglück im Meer untergegangen war: Auf grüner Wiese hat die Kentaurin den Pferdeleib ausgestreckt und stützt sich auf Ellbogen und Vorderbein, ein Junges nährt sie am Euter, das and. an der menschl. Brust. Über ihr erscheint der Kentaur, er ist bis zur Mitte des Pferdeleibes von einem Hügel verdeckt. Er hält in der Rechten ein Löwenjunges hoch, um die Kleinen zu erschrecken. Der alte Kentaur ist zottig, er lacht und blickt wild. Im Gegensatz zu ihm ist die Kentaurin als schöne Frau dargestellt, der menschl. Oberkörper geht in den Leib eines edlen Pferdes über. → Lukianos charakterisiert Z. als einen Maler, der ausgefallene Bildideen sucht, um sie mit vollendeter Kunstfertigkeit umzusetzen. Hier ist es die Doppelgestaltigkeit der Kentaurin, deren Schönheit er steigert, indem er sie in einen Gegensatz zu dem wilden Kentauren setzt. – Z. wirkte in versch. griech. Städten: In Olympia stellte er Bilder aus, die mit einem Vorhang geschützt waren, in welchen sein Name in goldenen Lettern eingewebt war. In Pella schmückte er den Palast des Königs Archelaos mit Malereien aus. Er schenkte dem König auch das Bild eines *Pan* (Plin., nat., 35, 62). König Archelaos bemühte sich, mit dem polit. und wirtschaftl. Aufschwung Makedoniens auch Kunst und Kultur am Hof zu etablieren. So arbeitete nicht nur Z., sondern z.B. auch Euripides ein paar Jahre an seinem Hof. – Z. übernahm auch in Ephesos Auftragsarbeiten. Leider kennen wir keines der Themen, die er für die Bilder an diesen Orten wählte. – Für sein berühmtestes Werk, das Bild der *Helena*, das er für Kroton schuf, suchte er sich angebl. die schönsten Jungfrauen der Stadt als Modelle und kombinierte jeweils die Ansichten der vollkommensten Körperteile zu einer einzigen Frauengestalt (Dion. Hal., de imit., 6, 31, 417; Cic., inv., 2, 1, 1 ss.; Plin., nat., 35, 64). – Er schenkte den Bewohnern von Agrigent eine *Alkmene* (Plin., nat., 35, 62). – Er schuf eine *Penelope*, in der er ihr Wesen gemalt zu haben scheint (Plin., nat., 35, 63). – Weitere Themen seiner Bilder sind: Ein thronender von Göttern umgebener *Zeus* und *Herakles*, der als kleines Kind vor seiner erschrockenen Mutter Alkmene und Amphitryon die Schlangen würgt (Plin., nat., 35, 63 s.). – Versch. Genrebilder sind im Zusammenhang mit Anekdoten überliefert: Ein *Athlet* und ein *altes Weib*, und ein *Knabe mit Trauben*, wobei die Trauben so täuschend echt aussahen, daß die Vögel nach ihnen pickten. Das erzürnte Z., die Trauben habe er besser gemalt als den Knaben, denn wäre er auch vollendet dargestellt, hätten sich die Tauben vor ihm fürchten müssen (Plin., nat., 35, 66). Als eine Variante dieses Themas erscheint der überlieferte Wettstreit mit → Parrhasios: Während Z. Weintrauben malte, auf welche die Vögel zuflogen, gestaltete → Parrhasios einen Vorhang. Als Z. ihn zurückziehen wollte, da er das eigtl. Bild dahinter erwartete, mußte er sich geschlagen geben (Plin., nat., 35, 65). – Z. versuchte in allen seinen Bildern, den Betrachter zu täuschen. Er suchte nach Gestaltungsmitteln, um die Wirkung möglichst zu steigern. Die *Skiagraphia*, die Schattenmalerei, hatte er von seinem Lehrer → Apollodoros (II) gelernt, er verbesserte sie, indem er die Angabe der Schatten durch die Angabe des Lichtes ergänzte. Er stellte also den Bildgegenstand in seinen beleuchteten und verschatteten Bereichen dar (Quint., inst., 12, 10, 4; Plut., de glor. Ath., 2; Lukian., Zeux., 6). Um diese Wirkung zu erreichen, wurden auf die Lokalfarbe eines Gegenstandes in den beleuchteten Partien hellere Farbschichten aufgetragen, in den verschatteten Partien entsprechend mehrere dunklere. Die *Skiagraphia* war eine revolutionäre, aber auch sehr umstrittene Neuerung in der Malerei: → Platon (I) benutzt die *Skiagraphia* als Sinnbild für den vorsätzlichen Betrug am Betrachter (leg., 663 b-c; Theait., 208 e). Aristoteles erscheinen die Bilder des Z. zu spielerisch, seine Themen im Gegensatz zur eindringlichen Bildwirkung zu unwichtig, er spricht vom fehlenden *Ethos* (poet., 1450 a). – Auch wenn die Bilder des Z. nicht erh. sind, können wir doch eine genauere Vorstellung von den Möglichkeiten dieser *Skiagraphia* gewinnen: Die großen Lekythoi aus Athen (Berlin, Staatl. Mus., Antiken-Slg und Madrid, Mus. Arqueol.) geben erste Versuche wieder, durch Schattierung männl. Körper und Gewänder zu modellieren. Ein breiter Pinselstrich in einem abgedunkelten Ton der Hautfarbe folgt dem Kontur der Arme und Beine. Darüber liegt in einem noch dunkleren Braunton eine leichte Schraffur. Die verschatteten Täler der Gewandfalten sind in einem dunkleren Ton der Lokalfarbe ausgemalt. Die Plastizität jeder einzelnen Figur wird aber nur für sich durch Schatten modelliert, es gibt keinen einheitl. Lichteinfall im gesamten Bild. Die Modellierung beschränkt sich auch auf einzelne Bildbereiche. Der Amazonen-Sarkophag aus Tarquinia (Florenz, Mus. Archeol.) zeigt insofern schon einen fortschrittlicheren Umgang mit Licht und Schatten bei der Darst. männl. Körper, da erhabene Bereiche mit einem helleren Farbton angelegt wurden. Die Werke des Z. haben wir uns vermutl. auf einer Entwicklungsstufe zw. diesen Mon. vorzustellen. – Sowohl Plinius als auch Quintilian heben hervor, daß Z. eigenwillige Proportionen suchte, da er die Köpfe und Gliedmaßen zu groß darstellte (Plin., nat., 35, 64; Quint., inst., 12, 10, 5). Er studierte aber sehr gründlich Details und stellte sie genau dar, wofür auch die Anekdoten, die sich um das Bild der *Helena* ranken, sprechen (Plin., nat., 35, 64). ▭ ThB36, 1947. LAW, 1965; EAA VII, 1966 (s.v. Zeusi); RE, Suppl. XV, 1978; KlP V, 1975 (s.v. Z. 3); DA XXXIII, 1996; DNP XII. 2, 2002 (s.v. Z. 1). – *Overbeck*, SQ, 1868, Nrn 1647–1691; *Brunn*, GGK, II, 1889, 75; *Reinach*, RecMilliet, 1921, 181 ss.; *Pfuhl*, MuZ, II, 1923, 681–689; *W. Kraiker*, Kentaurenbild des Z., B. 1950 (BWPr, 106); *Rumpf*, MuZ, 1953, 126 ss.; *W. Lepik-Kopaczyńska*, Z. aus Heraklea, R. 1961 (Sonderdruck aus Helikon, 1), 379–426; *K. Gschwantler*, Z. und Parrhasios. Ein Beitr. zur antiken Künstler-Biogr., W. 1975; *W. Ameling*, EpigrAnat 9:1987, 76; *P. Moreno*, Pitt. greca da Polignoto ad Apelle, Mi. 1987, 85–97; *A. Rouveret*, Hist. et imaginaire de la peint. ancienne, R. 1989, 129 ss., 157 ss.; *N. Hoesch*, Bilder apulischer Vasen und ihr Zeugniswert für die griech. Malerei, M. 1992, 160 ss.; *Scheibler*, Malerei, 1994, 60 s., 73, 121, 179 s; *A. Rouveret*, Profilo della pitt. parietale greca, in: *G. Pugliese Carratelli* (Ed.), I Greci in Occidente (K Pal. Grassi, Venedig), Mi. 1996, 102 s.; *U. Koch-Brinkmann*, Polychrome Bilder auf weißgrundigen Lekythen, M. 1999, 76 ss., 85 ss., 105 ss., Abb. 133–156; *N. Koch*, Techne und Erfindung in der klass. Malerei, M. 2000, 147–150, 218–223, 229–232, 241–243.

U. Koch-Brinkmann

Zeuxis (II), griech. Bildhauer, in der 2. H. des 2. Jh. v. Chr. tätig. Nur bek. durch seine Sign. einer *Marmorstatue des* sitzenden Philosophen *Karneades* aus Rom (heute in New York, Metrop. Mus., Inv. Nr 09. 221. 4), die um 100 v. Chr. zu dat. ist. ▭ ThB36, 1947. RE X. A, 1972; EAA VII, 1966. – *K. Schefold*, Die Bildnisse der antiken Dichter, Redner und Denker, Basel 1943, 146, 213, Abb. 1, 3; *Richter*, CriticalPeriods, 1951, 45, 49, Abb. 98; *ead.*, MetrMusSculpt, 1954, 190 s., Nr 190, Taf. 133; *Bieber*, SculptHell^2, 1961, 163, Abb. 694 s.; *Richter*, Portraits, II, 1965, 251, Abb. 1680.

R. V.

Zeuxis (III), griech. Goldschmied, im 1. Jh. n. Chr. in Rom tätig. Nur bek. durch seine Grab-Inschr. aus Rom (CIL, VI, 3927). ⌧ EAA I, 1958 (s.v. Aurifex). R. V.

Zezis Porindeus (Ζῆζις Πορινδεύς), Sohn des Pas, Steinmetz aus Isaurien, wohl 2. Jh. n. Chr., sowohl als Bildhauer als auch als Baumeister in Astra/S-Isaurien tätig. Bek. aus zwei Inschr. aus Tamaşalık: Die eine (D. Hereward, JHS 78:1958, 73 s., Nr 69, Abb. 21; SEG, XVII, 672) weist ihn zus. mit → Tarasis Porindeus, Sohn des Maneos, und → Loukios (I) aus Astra, Sohn des Leonas, als Schöpfer (λατύπος) einer *Zeusstatue* für den Zeustempel von Astra aus, die and. (G. E. Bean/T. B. Mitford, Journeys in Rough Cilicia 1964–1968 [DenkschriftenWien, 102: TAM, Erg. Bd., 3], W. 1970, Nr 129, Abb. 111) als Erbauer (τεχνίτης) und Mitstifter einer Umfassungsmauer für das gleiche Heiligtum zus. mit den Brüdern → Appatas und → Gaios (V). Ein weiterer bezeugter Bildhauer gleicher Herkunft ist neben seinem Kollegen → Tarasis Porindeus auch → Appas Porindeus. ⌧ RE X. A, 1972 (s.v. Zexis [*sic!*], v.e. Korrektur ibid., Spalte 861). T. Lochman

Zimer (ZMR), Sohn des Ataban, des Sohnes des Jopamitih, des Sohnes des Pilau, numidischer Steinmetz des 2. Jh. v. Chr. Erw. in einer numidisch-punischen Bilingue vom *Pfeilergrabmal* in Thugga (Dougga, Tunesien) neben zwei weiteren Steinmetzen sowie and. Handwerkern; → Aṭban. C. Leschke

Zoeios Mixilaos (Ζώειος Μιξίλαος), griech. Bildhauer, in hellenist. Zeit auf Lesbos tätig. Nur bek. durch seine Sign. auf einer Basis aus Lesbos für eine *Statue der Athena* (G. Labarre, Les cités de Lesbos aux époques hellénistique et impériale, Diss. Univ. Lyon 2, Lyon 1996, suppl., Nr 19; Muller-Dufeu, SculptureSource, 2002, 658 s., Nr 1960). R. V.

Zoilianus, Bildhauer(?) aus dem röm. Dakien, in der 1. H. des 3. Jh. n. Chr. in Napoca (heute Cluj-Napoca) tätig. Mitgl. der Asianer aus Napoca im Jahr 235 n. Chr. Auf dem Rahmen einer Inschr., die die Mitgl. des o. g. Vereins aufzählt, erscheinen die Worte: ZOILIANUS SCRIPSIT. Es ist mögl., daß Z. ein *lapidarius* war. ⌧ CIL, III, 870; *M. Bărbulescu*, Interferenţe spirituale în Dacia romană, Cluj-Napoca, 1984, 39, 60 s. M. Bărbulescu

Zoilos (I) (Ζωΐλος), griech. Münzstempelschneider, um 175 v. Chr. in Makedonien tätig. Unbek. in der Glyptik, erscheint der Name Z. im Genitiv und ganz ausgeschrieben (Ζοιλοῦ) auf drei Tetradrachmenstempel im Namen des Königs Perseus von Makedonien. Die Qualität der Gravur als auch seine Anbringung unter dem Nacken des Königs haben mehrere Wissenschaftler dazu bewegt, in ihr den Namen eines Künstlers zu sehen. Andere haben in ihr einen Hinweis auf einen Münzmeister gesehen, viell. den Vorsteher einer Werkstätte, ja sogar den Oberaufseher aller Prägungen der Könige von Makedonien. Seit langem hat man festgestellt, daß auf vielen Rückseitenstempeln von Münzen von Philipp V. und Perseus die Buchstaben ΖΩ (oder ΖΟ?) sowie Monogramme stehen. Man hat daher allgemein angenommen, wenn man die Unterschiede im Stil dieser Stempel berücksichtigt, daß dieses Monogramm nicht einen Münzstempelschneider, sondern einen Verantwortlichen für die Herstellung der Münzen nennt. Dennoch kann man sich fragen, ob es sich hier immer um die gleiche Person handelt. Z. ist ein geläufiger Name und es ist außerdem nicht sicher, daß das Monogramm ΖΩ oder ΖΟ zwingend zu Z. ergänzt werden muß. Es ist auf alle Fälle unwahrsch., sich vorzustellen, wie es einige taten, daß dieser Z. gleichzeitig der Münzstempelschneider und der Verantwortl. für die Herstellung der Münzen gewesen sein könnte, weil es sich hier um zwei ganz unterschiedliche Berufzweige handelt. Signaturen von Münzstempelschneidern sind auf griech. Münzen selten und außerhalb von Großgriechenland am E. des 5. und am A. des 4. Jh. v. Chr. extrem selten. In hellenist. Zeit kennt man nur einen and. Fall von einem Namen auf der rechten Seite unterhalb des Halsrandes (ein gewisser ΜΗΝΟΔ[ΟΤΟΣ ?] auf einigen späten Prägungen des Lysimachos von der Propontis). Wegen des außergewöhnl. Char. dieser Sign. (in allen Buchstaben und unter dem Nacken) ist es wahrsch., daß Z. wohl der Münzstempelschneider dieser Prägungen gewesen ist, die an den Anfang der Münzprägung des Perseus zu setzen sind und zudem ein Bild des Königs wiedergeben, das in Wirklichkeit den Zügen von Philipp V. ähnlicher als denen seines Sohnes ist. ⌧ ThB36, 1947. RE X. A, 1972 (s.v. Z. 6). – *Brunn*, GGK, II, 1889, 294 und 431; *A. J. Reinach*, JIArchNum, 15:1913, 129; *A. Mamroth*, ZfN 38:1928, 1–28; *H. Gaebler*, Die antiken Münzen von Makedonia und Paionia, B. 1935, 195; *E. T. Newell*, Royal Greek portrait coins, N. Y. 1937, 31; *J. Babelon*, Le portrait dans l'Antiquité d'après les monnaies, P. 1950, 71 s.; *P. R. Franke*, JNG 8:1957, 40 s.; *M. J. Price*, Coins of the Macedonians, Lo. 1974,

29; *M.-L. Vollenweider*, AntK 23:1980, 148–150; *F. de Callataÿ*, RA 1995, 35–37. F. de Callataÿ

Zoilos (II), Sohn des Zoilos, griech. Bildhauer, zw. 172 und 146 v. Chr. auf Delos tätig. Nur bek. durch seine Sign. auf einer Marmorbasis aus Delos, s. des Apollontempels, für eine ehem. lebensgroße *Porträtstatue aus Bronze des Dionysios*, Sohn des Timonax, von Mylasa, die von den Bewohnern Theras gestiftet worden ist (IG, XII. 4, 1131; OGIS, 136; Muller-Dufeu, SculptureSource, 2002, 782 s., Nr 2307). Da Dionysios ein hoher Beamter unter Ptolemaios VI. Philometor und der Kleopatra II. war, muß die Statue zw. 172 und 146 v. Chr. geschaffen worden sein. ▭ EAA VII, 1966 (s.v. Z. 1); RE X. A, 1972 (s.v. Z. 7); DNP 12/2, 2003 (s.v. Z. 2). – *T. Homolle*, BCH 2:1878, 398, Nr 4; *Lippold*, GrPl, 1950, 352; *Marcadé*, Signatures, II, 1957, 137 mit Abb., Taf. 48, 3; *Schmidt*, Statuenbasen, 1995, 299 s., Nr IV. 1. 11, Abb. 248. R. V.

Zoilos (III), angebl. griech. Bildhauer, um 150 v. Chr. auf Chalkis tätig. Nur bek. durch seine Sign. Ζω[... ἐποί]ησεν auf einer Basis aus Chalkis (IG, XII. 9, 910; Muller-Dufeu, SculptureSource, 2002, 782 s., Nr 2306), deren Name Lippold (1950) zu Zoilos ergänzte und ihn als Großvater des → Zoilos (V) annahm, was von Marcadé, Paolo Moreno (in EAA) und Walter Gross (in RE) mit Recht angezweifelt worden ist. ▭ RE X. A, 1972 (s.v. Z. 9); EAA VII, 1966 (s.v. Zo...). – *A. Joubin/ A. Wilhelm*, BCH 16:1892, 90 ss., Nr 1; *A. Wilhelm*, ÖJh 10:1908, 30; *Lippold*, GrPl, 1950, 367; *Marcadé*, Signatures, II, 1957, 136, Taf. 48, 2. R. V.

Zoilos (IV), aus Argos, griech. Bildhauer, E. 2./A. 1. Jh. v. Chr. auf Tenos tätig. Nur bek. durch seine Sign. auf einer großen Marmorbasis von der SO-Ecke des Großen Poseidon- und Amphitrite-Altars von Tinos für eine *Statue der Kallio*, der Gattin des Priesters Theodaisios, die er zus. mit *Theotimos* aus Athen fertigte (heute Tenos, Mus.; IG, XII. 5, 925; Muller-Dufeu, SculptureSource, 2002, 808 s., Nr 2407). ▭ RE V. A. 2 (s.v. Theotimos 3); X. A, 1972 (s.v. Z. 16); EAA VII, 1966 (s.v. Theotimos, Z. 2); DNP XII/2, 2003. – *H. Demoulin*, BCH 26:1902, 417, Nr 3, p. 419, Nr 10; *P. Graindor*, Musée Belge 10:1906, 345 s., Nr 10; *Lippold*, GrPl, 1950, 367; *Marcadé*, Signatures, II, 1957, 127, 138, Taf. 46, 1. R. V.

Zoilos (V), Sohn des Demostratos und wahrsch. Bruder des Bildhauers → Demostratos (I), griech. Bildhauer, um 99/98 v. Chr. auf Delos tätig. Nur bek. durch seine Sign. auf einer Marmorbasis aus dem S der Agora der Kompetaliasten aus Delos für eine *Statue* (heute Delos, vor dem Mus., Inv. Nr E 567; ID, 2499; Muller-Dufeu, SculptureSource, 2002, 926 s., Nr 2786). ▭ RE X. A, 1972 (s.v. Z. 8); EAA VII, 1966 (s.v. Z. 3); DNP 12/2, 2003 (s.v. Z. 2). – *F. Durrbach/A. Jardé*, BCH 29:1905, 222, Nr 79; *Lippold*, GrPl, 1950, 367; *Marcadé*, Signatures, II, 1957, 135, Taf. 48, 1; *Schmidt*, Statuenbasen, 1995, 358 s., Nr IV. 1. 105, Abb. 63, 268. R. V.

Zoilus Agrippianus, Sklave des Kaisers Augustus (Reg.-Zeit: 27 v. Chr. – 14 n. Chr.), aus Rom, Geschirrwart des Kaiserhauses (zuständig für das *aes Corinthium*; kein Toreut!), in augusteischer Zeit tätig. Z. A. ist in zwei Inschr. belegt, von denen die eine handschriftl. überliefert ist und in das Jahr 2 n. Chr. dat. werden kann (→ Philemo Agrippianus), die and. der Gattin des Zoilus, Callityche, gilt. In beiden Inschr. wird er als *corinthiar(ius)* bezeichnet. ▭ *Ruggiero*, Diz. epigr. II. 1, 1910, 1210 (s.v. Corinthiarius); EAA II, 1959 (s.v. Corinthiarius). – CIL, VI, 8756, 33768 (vgl. 4445); *Calabi Limentani*, Studi, 1958, 173, Nr 173; *H. Chantraine*, Freigelassene und Sklaven im Dienst der röm. Kaiser, Wb. 1964, 296 s.; *Solin*, GPR, II, 1982, 817. U. Huttner

Zopyros, griech. Goldschmied, der z. Z. des Pompeius des Großen (um die M. des 1. Jh. v. Chr.) tätig war. Lt. Plinius (nat., 33, 156; Overbeck, SQ, 1868, Nr 2167; F. Canciani, LIMC II, 1984, 112, Nr 388, s.v. Athena/Minerva) war er als Sammler berühmt. Er hat zwei Skyphoi gefertigt, die einen Schätzwert von 1200000 Sesterzen besaßen und eine Darst. des Urteils über Orestes auf dem Areopag in Athen zeigten. Man hat bisweilen geglaubt, ein Echo dieser Skyphoi in der Darst. eines Kantharos des 1. Jh. n. Chr. zu finden, der im 18. Jh. in Antium entdeckt worden ist (heute Rom, Pal. Corsini, Inv. Nr 671; E. Simon, LIMC I, 1981, 485, Nr 3 m. Abb., s.v. Aletes; F. Canciani, LIMC II, 1984, 1102, Nr 389, s.v. Athena/Minerva; H. Sarian, LIMC III, 1986, 835, Nr 75 m. Abb., s.v. Erinys; ead., LIMC VII, 1994, 75, Nr 64 m. Abb., s.v. Orestes). Man sieht in der Tat auf dem Kantharos aus Antium Athena die ihr Votum in die Urne in Anwesenheit des Orestes, seiner Gefährten und der Eumeniden wirft. ▭ ThB36, 1947. RE X. A, 1972 (s.v. Z. 19); EAA VII, 1966. – *G. Hafner*, Iudicium Orestis, 113. BWPr, 1958. F. Baratte

Zosimos (I) (Ζωσῖμος), Mosaikkünstler aus Samosata am Euphrat, in der 1. H. des 3. Jh. n. Chr. in Zeugma tätig. Z. ist nur bek. durch seine Sign.

(ZΩCIMOC CAMOCATEYC EΠOIEI) auf einem polychromen *Tesseramosaik* einer röm. Villa in Zeugma (heute Belkis), 256 n. Chr. zerst. durch die Sasaniden. Das große Bildfeld zeigt einen alten, bärtigen und einen jungen, bartlosen Seekentauren, die die nackte, in einer Muschel thronende Venus über das durch farbige Streifen angedeutete Meer tragen, in dem ein Delphin schwimmt; zwei Eroten bekränzen die Göttin. Gerahmt wird das Bild von einem Fries mit jagenden Eroten. Die Darst. der von Meerwesen getragenen Venus Marina folgt einem im späten 2./frühen 3. Jh. n. Chr. aufgekommenen, bis in die Spätantike auf Mosaiken wiederkehrenden Bildschema, das eine Welt des Glücks und der Lebensfreude evoziert. Beim Mosaik des Z. werden die sonst anonymen Seekentauren durch eine singuläre Inschr. als Tritonen bez. und benannt: ONOMATA TPITΩNΩN AΦPOC BYΘOC. *Aphros* (Schaum) und *Bythos* (Tiefe) personifizieren Eigenschaften des Meeres, gelten zudem als Vater (*Aphros*) und Gemahl (*Bythos*) der Aphrodite (Chron. Pasch., 36; Georg Kedren., 28). ▭ *N. Başgelen/R. Ergeç*, Belkis/Zeugma, Halfeti, Rumskale, A last look at hist., Istanbul 2000, 44 (Abb.); *M.Önal*, Arkeoloji ve Sanat 98:2000, 33, Abb. 7. – *Zu Aphros*: Migne, PG, 92, 147; 121,55. – *Zum Bildthema*: *J. Lassus*, in: La Mosaïque Gréco-Romaine, Paris, 29 août – 3 septembre 1963, P. 1965, 175 s.; *Dunbabin*, Mosaics, 1978, 154 s. D. Salzmann

Zosimos (II), griech. Silberschmied, in der 1. H. des 4. Jh. n. Chr. in Thessaloniki tätig. Nur bek. durch seine Sign. auf einer *Silberschale* des Silberschatzes von Kaiseraugst/Schweiz. ▭ *M. A. Guggisberg*, in: *id.* (Ed.), Der spätröm. Silberschatz von Kaiseraugst. Die neuen Funde, Augst 2003 (Forsch. in Augst 34), 60–62, Nr 79, Abb. 29 s., Taf. 18 s.; *H. Lieb/M. A. Speidel*, ibid., 2003, 174, Nr 79, Abb. 187. R. V.

Zotikos (I) (Ζωτικός), aus Dokimeion stammender Steinmetz (τεχνίτης), in der mittleren Kaiserzeit in Ikonion tätig. Nur bek. aus einer Inschr. aus Ikonion (CIG, III, 3995b; L. Robert, Hellenica 10:1955, 60; id., JSav 1962, 42, Anm. 13), in der Z. zus. mit → Auxanon (I) als Δοκιμεῖς τεχνεῖται einer Baumeistergilde gen. wird. T. Lochman

Zot(ikos) (II), griech. Steinmetz, in der Spätantike in Pella/Jordanien tätig. Nur bek. durch seine Sign. auf einer profilierten Marmorplatte aus Pella/Jordanien, die wohl als *sacra mensa* gedient hat. ▭ *R. H. Smith/L. P. Day*, Pella of the Decapolis, II, Wooster 1989, 137, Taf. 35; *M. Donderer*, Boreas 23/24:2000/2001, 79, Anm. 41. R. V.

A–K

Abuccus, röm. Toreut, in der 2. H. des 1. Jh. n. Chr. in Gallien tätig. Nur bek. durch seine Sign. auf einer *Bronzekasserolle* aus Llanberis/Caernarvonshire (heute Bangor, Mus. of Welsh Antiquities). ꟷ *E. Davies*, Archaeologia Cambrensis 98/1:1944, 129 ss. mit Abb.; *H. J. Eggers*, JbMusMainz 13:1966 (1968), 104, Nr 21, Abb. 27/1; *R. P. Wright*, JRS 59:1969, 238, Nr 16, Anm. 22; *R. Petrovszky*, Stud. zu röm. Bronzegefäßen mit Meisterstempeln, Buch am Erlbach 1993, 141, Nr A.01, p. 188, Nr A.01.01, Taf. 5, 39. R. V.

Aca, röm. Toreut, in der 2. H. des 1. Jh. n. Chr. in Gallien tätig. Nur bek. durch seine Sign. auf einer *Bronzekasserolle* aus Rikenbach, Zürich (heute Brunnen, Privatbesitz; CIL, XIII. 3/2, 10027, 60). ꟷ *F. Keller*, Antiquar. Ges. Zürich 15/3:1864, 80, 157, Taf. 4, 10; *R. Petrovszky*, Stud. zu röm. Bronzegefäßen mit Meisterstempeln, Buch am Erlbach 1993, 141, Nr A.02, p. 188, Nr A.02.01, Taf. 5. R. V.

Accius Euanthus, *Caius*, röm. Toreut, im 1. Jh. n. Chr. in Italien tätig. Nur bek. durch seine Sign. auf den folgenden fünf Bronzegefäßen aus Pompeji: 1.) *Sieb* von der Casa dei Capitelli Figurati (heute Neapel, Mus. Archeol. Naz.; CIL, X, 8071, 24b; Willers, 1901, 216, Nr 67; id., 1907, 72, 83, 87, Nr 78, Abb. 41/4; Petrovszky, 1993, 188, Nr A. 03. 01, Taf. 5); – 2.) *Kelle* (heute Neapel, Mus. Archeol. Naz.; CIL, X, 8071, 24a; Willers, 1901, 216, Nr 66; id., 1907, 87, Nr 77; Petrovszky, 1993, 188 s., Nr A. 03. 02, Taf. 5); – 3.) *Sieb* (heute Pompeji, Deposito Archeol., Inv. Nr 6469 B; Petrovszky, 1993, 189, Nr A. 03. 03); – 4.) *Sieb* (heute Pompeji, Deposito Archeol., Inv. Nr 2233; Petrovszky, 1993, 189, Nr A. 03. 04); – 5.) *Kasserolle* (heute Neapel, Mus. Archeol. Naz.; Petrovszky, 1993, 189, Nr A. 03. 05). ꟷ *H. Willers*, Die röm. Bronzeeimer von Hemmoor. Nebst einem Anhange über die röm. Silberbarren aus Dierstorf, Hn./L. 1901, 216, Nrn 66 s.; *id.*, Neue Unters. über die röm. Bronzeindustrie von Capua und von Niedergermanien, Hn./L. 1907, 72, 83, 87, Nrn 77 s., Abb. 41/4; *R. Petrovszky*, Stud. zu röm. Bronzegefäßen mit Meisterstempeln, Buch am Erlbach 1993, 141, Nr A.03, pp. 188 s., Nrn A.03.01–A.03.05, Taf. 5. R. V.

Accius Secundus, *Caius*, röm. Toreut, in der 2. H. des 1. Jh. n. Chr. in Italien tätig. Nur bek. durch seine Sign. auf den folgenden zwei Bronzekasserollen aus Pompeji: 1.) *Kasserolle* (heute Neapel, Mus. Archeol. Naz., Inv. Nr 73181; CIL, X, 8071, 25a; Willers, 1901, 216, Nr 68; id., 1907, 87, Nr 79; Petrovszky, 1993, 189, Nr A. 04. 01); – 2.) *Kasserolle* (heute Neapel, Mus. Archeol. Naz.; CIL, X, 8071, 25b; Willers, 1901, 216, Nr 69; id., 1907, 87, Nr 80; Petrovszky, 1993, 188 s., Nr A. 04. 02). ꟷ *H. Willers*, Die röm. Bronzeeimer von Hemmoor. Nebst einem Anhange über die röm. Silberbarren aus Dierstorf, Hn./L. 1901, 216, Nrn 68 s.; *id.*, Neue Unters. über die röm. Bronzeindustrie von Capua und von Niedergermanien, Hn./L. 1907, 87, Nrn 79 s.; *R. Petrovszky*, Stud. zu röm. Bronzegefäßen mit Meisterstempeln, Buch am Erlbach 1993, 141, Nr A.04, p. 189, Nrn A.03.01 s. R. V.

Adraxius, röm. Toreut, im letzten V. des 1. Jh. n. Chr. wohl am Niederrhein (bei Nijmegen?) tätig. Nur bek. durch seine Sign. auf den folgenden zwei Bronzeobjekten aus De Waal auf der Insel Texel/Niederlande: – 1.) *Kelle* (CIL, XIII. 3/2, 10027, 2; Willers, 1907, 91, Nr 211, Abb. 40; Petrovszky, 1993, 189 s., Nr A. 05. 01, Taf. 5); – 2.) *Sieb* (CIL, XIII. 3/2, 10027, 2; Willers, 1907, 91, Nr 212, Abb. 40; Petrovszky, 1993, 190, Nr A. 05. 02, Taf. 5). ꟷ *H. Willers*, Neue Unters. über die röm. Bronzeindustrie von Capua und von Niedergermanien, Hn./L. 1907, 68, 84, 91, Nrn 211 s., Abb. 40; *M. Perse/R. Petrovszky*, AKorrBl 22:1992, 409, Abb. 8; p. 412, Nr A 1, p. 414, Nr 4; *R. Petrovszky*, Stud. zu röm. Bronzegefäßen mit Meisterstempeln, Buch am Erlbach 1993, 141, Nr A.05, pp. 189 s., Nrn A.05.01 s., Taf. 5. R. V.

Africanus, röm. Toreut, im 1. Jh. n. Chr. in Italien oder Gallien tätig. Nur bek. durch seine Sign. auf den folgenden zwei *Bronzeschüsseln*: – 1.) aus Luton/Kent (heute London, BM, Inv. Nr 94.8–3.58; H. Wickham, Archaeologia Cantiana 9:1874, 175, Abb. 3; J. W. Brailsford, Guide to the antiquities of Romain Britain, Lo. 1951, 38, Nr 1, Abb. 18/1; Petrovszky, 1993, 190, Nr A.06.01, Taf. 5); – 2.) aus Ahtial/Rußland (V. V. Kropotkin, Arheologija SSSR 27:1970, 21, 85 s., Nr 734, p. 221, Taf. 61, 7; Petrovszky, 1993, 190 s., Nr A.06.02, Taf. 5).

□ *R. Petrovszky*, Stud. zu röm. Bronzegefäßen mit Meisterstempeln, Buch am Erlbach 1993, 142, Nr A.06, pp. 190 s., Nrn A.06.01 s., Taf. 5. R. V.

Agathokles (VI), griech. Bildhauer, in der Kaiserzeit tätig. Nur bek. durch seine Sign. auf einem *Weihaltar* (Sofia, Archäol. NM, Inv. Nr 2174; CIL, III, Suppl., 144123; IGBulg, II, 1968, 34 s., Nr 503). □ *M. Donderer*, Boreas 23/24:2000/2001, 78, Anm. 35. R. V.

Agatus, röm. Toreut, in flavischer Zeit in Italien tätig. Nur bek. durch seine Sign. auf einer *Bronzekelle* aus Sopron/Ungarn (heute Sopron, Ferenc-Liszt-Mus., Inv. Nr 50. 235. 1). □ *A. Radnóti*, Die röm. Bronzegefäße von Pannonien, Bp./L. 1938, 75, Taf. 17, 36; 24, 5; *R. Petrovszky*, Stud. zu röm. Bronzegefäßen mit Meisterstempeln, Buch am Erlbach 1993, 142, Nr A.07, p. 191, Nrn A.07.01 s., Taf. 6, 39. R. V.

Agorix, röm. Toreut, in der 2. H. des 1. Jh. n. Chr. wohl am Niederrhein (bei Nijmegen?) tätig. Nur bek. durch seine Sign. auf den folgenden zwei Bronzegefäßen: – 1.) *Sieb* von einem Hortfund aus Doorweth/Niederlande (heute Leiden, RM van Oudheden, Inv. Nr e1895/10. 13; CIL, XIII. 3/2, 10027, 3; H. Willers, Neue Unters. über die röm. Bronzeindustrie von Capua und von Niedergermanien, Hn./L. 1907, 84, 91, Nr 213, Abb. 51; Perse/Petrovszky, 1992, 412, Nr B 1; Petrovszky, 1993, 191, Nr A. 08. 01, Taf. 6); – 2.) *Kasserolle* aus Dalheim/Luxemburg (Perse/Petrovszky, 1992, 415, Nr 43; Petrovzky, 1993, 191, Nr A. 08. 02). □ *M. Perse/R. Petrovszky*, AKorrBl 22:1992, 412, Nr B 1; p. 415, Nr 43; *R. Petrovszky*, Stud. zu röm. Bronzegefäßen mit Meisterstempeln, Buch am Erlbach 1993, 142, Nr A.08, p. 191, Nrn A.08.01 s., Taf. 6. R. V.

Akosilas (Ἀκοσίλας), Sohn des Glokias, aus Eleutherna, griech. Bildhauer, im 4. Jh. v. Chr. tätig. Nur bek. durch ein Graffiti aus dem Steinbruchgebiet des Ǧabal at-Takrūr in der Oase Siwa/Ägypten (W. Brashear, in: K. P. Kuhlmann, Das Ammoneion. Archäologie, Geschichte und Kultpraxis des Orakels von Siwa, Mainz 1988, 87 s., Abb. 17, 6, Taf. 42 c; Muller-Dufeu, Sculpture-Source, 2002, 660 s., Nr 1965). R. V.

Albanus, röm. Toreut, in der 2. H. des 1. Jh. n. Chr. in Gallien tätig. Nur bek. durch seine Sign. auf einer *Bronzekasserolle* aus Broxtowe/Nottinghamshire (heute Nottingham, Univ. Mus.). □ *H. J. Eggers*, JbMusMainz, 13:1966 (1968), 110, Nr 87, Abb. 64/88, 65/87; *R. Petrovszky*, Stud. zu röm. Bronzegefäßen mit Meisterstempeln, Buch am Erlbach 1993, 142, Nr A.09, pp. 191 s., Nr A.09.01, Taf. 6. R. V.

Albinus, röm. Toreut, in der 2. H. des 1. Jh. n. Chr. in Gallien tätig. Nur bek. durch seine Sign. auf einer *Bronzekasserolle* aus Parutino/Nikolaevskaia (heute Odessa, Staatl. Archäol. Mus., Inv. Nr A 43659). □ *V. V. Kropotkin*, Arheologija SSSR 27:1970, 25, Nr 61, p. 97, Nr 842, Taf. 62, 5 und 7; *R. Petrovszky*, Stud. zu röm. Bronzegefäßen mit Meisterstempeln, Buch am Erlbach 1993, 142, Nr A.10, p. 192, Nr A.10.01. R. V.

Alcominus, röm. Toreut, in der 2. H. des 1. Jh. n. Chr. in Gallien tätig. Nur bek. durch seine Sign. auf einer *Bronzekasserolle* aus Baden (Aquae Helveticae), Kanton Aargau/Schweiz (heute Baden, HM Landvogtei Schloß Baden). □ *Chr./Cl. Holliger*, Jahresberichte der Gesellschaft Pro Vindonissa 1988/1989, 64, Nr 7, Taf. 1; *R. Petrovszky*, Stud. zu röm. Bronzegefäßen mit Meisterstempeln, Buch am Erlbach 1993, 145, Nr A.26, p. 211, Nr A.26.01, Taf. 9, 39. R. V.

Alexandros (XI), griech. Koroplast, im 2. Jh. n. Chr. in Thessaloniki tätig. Nur bek. durch seine Sign. auf *zwei Tonstatuetten eines Komödienspielers* aus der O-Nekropole von Thessaloniki (Thessaloniki, Archäol. Mus.; P. Petsas, Makedonika 7:1966/1967, 298 mit Abb.; S. Korti-Konti, Ἡ κοροπλαστικὴ τε͂σ Θεσσαλονίκης, Thessaloniki 1994, 116 s., Nr 95 s. mit Abb.; SEG, XLVI, 1996, 231, Nr 823 s.). R. V.

Alexios (Ἀλεξ<ί>ειος), Sohn des Heliodoros, und **Nestorinos** (Νεστωρῖνος), Sohn des A., spätantike Steinmetze (τεχνῖται) in Syrien. Bek. nur durch die Sign. eines Türsturzes in Ṣôran/Apamene. □ IGLS, IV, 1955, Nr 1850. M. Dennert

Alpicus, röm. Toreut, im letzten V. des 1. Jh. n. Chr. in Gallien tätig. Nur bek. durch seine Sign. auf den folgenden drei *Bronzekasserollen*: – 1.) aus Compiègne/Frankreich (E. Woillez, Répert. Archéol. du dép. de l'Oise, P. 1862, 127; CIL, XIII. 3/2, 10027, 10; Petrovszky, 1993, 192, Nr A. 11. 01); – 2.) aus Malton, Yorkshire/England (heute Malton, Roman Malton Mus.; J. C. Mc Peake/C. N. Moore, Britannia 9:1978, 133, Nr 4; Petrovszky, 1993, 192, Nr A. 11. 02); – 3.) aus Schwarzerden/Deutschland (heute Trier, Prov. Mus., Inv. Nr 32. 183; P. Steiner, Trierer Zs. 8:1933, 116 ss., Abb. 1–3; Petrovszky, 1993, 192, Nr A.11.03, Taf. 6). □ *R. Petrovszky*, Stud. zu röm. Bronzegefäßen mit Meisterstempeln, Buch am Erlbach 1993, 142, Nr A.11, p. 192, Nrn A.11.01–A.11.03, Taf. 6. R. V.

Amitos, Sergis (I) und **Onda** (Ἀμίτος; syr.: Sergis, griech.: Σέργιος; Ὄνδα), spätantike Mosaizisten, tätig in Syrien. Bek. durch eine 500 n. Chr. dat. griech. Inschr. des *Fußbodenmosaiks* der Johanneskirche von Qum Hartaïne b. Hama, heute im Mus. von Ma'aret en-Noma'an. Danach war A. der Meister und S. und O. seine Gehilfen. Möglicherweise haben A. und S. noch an and. Stelle im Boden ihre Sign. in syr. Schr. hinterlassen. An and. Stelle des Bodens signierte → Mara. 📖 *J. Balty*, Mosaïques antiques de Syrie, Br. 1977, 130–133; *P. Donceel-Voûte*, Les pavements des églises byz. de Syrie et du Liban, Louvain-la-Neuve 1989, 193–202, bes. 196 s., 470. M. Dennert

Amoenus, röm. Toreut, in der 2. H. des 1. Jh. n. Chr. in N-Italien (?) tätig. Nur bek. durch seine Sign. auf einer *Bronzekelle* aus einem Brandgrab von Speyer (heute Speyer, HM der Pfalz, Inv. Nr 3375). 📖 *R. Petrovszky*, Stud. zu röm. Bronzegefäßen mit Meisterstempeln, Buch am Erlbach 1993, 142 s., Nr A.12, p. 192, Nr A.12.01, Taf. 6, 39. R. V.

Amurius, röm. Toreut, in der 2. H. des 1. Jh. n. Chr. in Italien tätig. Nur bek. durch seine Sign. auf einer *Bronzebadeschale* aus Italien (heute Arezzo, Mus. Archeol. „Mecenate"; CIL, XI, 6717, 1). 📖 *R. Petrovszky*, Stud. zu röm. Bronzegefäßen mit Meisterstempeln, Buch am Erlbach 1993, 143, Nr A.13, pp. 192 s., Nr A.13.01. R. V.

Ana (III) ('n'), Baumeister, tätig in der M. des 2. Jh. n. Chr. in der Osrhoene/O-Türkei. Nur bek. aus einer syr. Inschr. aus Sumatar. 📖 *H. J. W. Drijvers/J. F. Healey*, The old Syriac inscr. of Edessa and Osrhoene, Leiden 1999, 117, Nr As 39, Taf. 28. M. Dennert

Andrias (Ἀνδρίας), griech. Töpfer, tätig im 3. V. des 7. Jh. v. Chr. Nur bek. durch seine Sign. eines in der Nekropole von Sellada auf Thera gefundenen kleinen *Tonmodells eines Antenhauses*. 📖 *N. Zapheiropoulos*, Prakt 1982, 269 ss., Abb. 98–100; *Jeffery*, LSAG², 1990, 470A; *T. Schattner*, Griech. Archit.-Modelle, B. 1990, 89, Nr 46, pp. 213–217, Taf. 24 (mit Lit.); *R. Wachter*, Non-Attic greek vase inscr., Ox. 2001, 209, Nr DOI 1 (mit Lit.). M. Dennert

Annis cf. **Isidoros (VI)** (KLA II, Addendum)

Annius Acceranus, röm. Toreut, in der 2. H. des 1. Jh. n. Chr. in Italien tätig. Nur bek. durch seine Sign. auf einer *Bronzekasserolle* aus Frankreich (CIL, XIII. 3/2, 10027, 4). 📖 *R. Mowat*, Marques de bronziers sur objets antiques trouvés ou apportés en France, Vienne 1884, 2, Nr 1; *R. Petrovszky*, Stud. zu röm. Bronzegefäßen mit Meisterstempeln, Buch am Erlbach 1993, 143, Nr A.14, p. 193, Nr A.14.01. R. V.

Ansius Diodorus, *Lucius*, röm. Toreut, in der 2. H. des 1. Jh. n. Chr. in Kampanien tätig. *Neunzehn Bronzekasserollen und -badeschalen* tragen seine Signatur. Die Objekte weisen eine weite Verbreitung aus. Sie wurden in Italien, Frankreich, England, in den Niederlanden, in Dänemark, Deutschland, Schweiz, Ungarn, Kroatien, Rumänien und Rußland gefunden. 📖 *R. Petrovszky*, Stud. zu röm. Bronzegefäßen mit Meisterstempeln, Buch am Erlbach 1993, 143, Nr A.16, pp. 196–199, Nrn A.16.01–A.16.19, Taf. 6 s., 39, Karte 2. R. V.

Ansius Epaphroditus, *Lucius*, röm. Toreut, in der 2. H. des 1. Jh. n. Chr. in Kampanien tätig. *Vierzig Bronzekasserollen und -schalen* tragen seine Signatur. Damit ist er nach Cipius Polybius, P. (→ Cipius [KLA II, Addendum]), der zweitgrößte Hersteller von Bronzegefäßen überhaupt, der uns durch seine Sign. überliefert ist. Die Objekte weisen eine sehr weite Verbreitung aus. Sie wurden in Italien, Frankreich, England, Luxemburg, in den Niederlanden, in Dänemark, Schweden, Deutschland, Schweiz, Ungarn, Kroatien, in der Slowak. Republik, in Rußland und wahrsch. in der Türkei gefunden. 📖 *A. Radnóti*, Fundberichte Hessen 8:1968, 38–61, Nrn 1–34; *J. Kunow*, BJb 185:1985, 215 ss.; *R. Petrovszky*, Stud. zu röm. Bronzegefäßen mit Meisterstempeln, Buch am Erlbach 1993, 143 s., Nr A.17, pp. 200–208, Nrn A.17.01–A.17.40, Taf. 7 s., 39, Karte 3. R. V.

Ansius Phoebus, *Lucius*, röm. Toreut, in der 2. H. des 1. Jh. n. Chr. in Capua/Kampanien tätig. Nur bek. durch seine Sign. auf einer *Bronzebadeschale* aus Pompeji (heute Neapel, Mus. Archeol. Naz., Inv. Nr Sangiorgio 1263; CIL, X, 8071, 31). 📖 *H. Willers*, Die röm. Bronzeeimer von Hemmoor. Nebst einem Anhange über die röm. Silberbarren aus Dierstorf, Hn./L. 1901, 216, Nr 65; *R. Petrovszky*, Stud. zu röm. Bronzegefäßen mit Meisterstempeln, Buch am Erlbach 1993, 144, Nr A.18, p. 208, Nr A.18.01. R. V.

Anthus (IV), röm. Toreut, in der 2. H. des 1. Jh. n. Chr. in Gallien tätig. Nur bek. durch seine Sign. auf den folgenden *fünf Bronzekasserollen*: – 1.) aus Langres/Frankreich (heute Langres, Mus. Saint-Didier; CIL, XIII. 3/2, 10027, 7; R. Mowat, Marques de bronziers sur objets antiques trouvés ou apportés en France, Vienne 1884, 12, Nr 29; Petrovszky, 1993, 208, Nr A. 19. 01); – 2.) aus der Saône (heute Chalon-sur-Saône, Mus. Denon; Petrovszky, 1993, 208, Nr A. 19. 02); – 3.) aus einem Brandgrab von Storegarden, Ottravad Sn./ Schweden (heute Stockholm, Schwedisches HM, Inv. Nr 29. 223; Petrovszky, 1993, 208 s., Nr A. 19. 03); – 4.) aus einem Grab von Obermendig/Deutschland (heute Bonn, Rhein. LM, Inv. Nr 30. 743h; Petrovszky, 1993, 209, Nr A. 19. 04, Taf. 8, 39); – 5.) aus Natters, Tirol/Österreich (heute Innsbruck, Tiroler LM, Inv. Nr 7. 222; CIL, XIII, 6017, 7; K. Völkl, ÖJh 40:1953, 7 ss., Nr 2, Abb. 3; Petrovszky, 1993, 209, Nr A. 19. 05, Taf. 8). ▭ *R. Petrovszky*, Stud. zu röm. Bronzegefäßen mit Meisterstempeln, Buch am Erlbach 1993, 144, Nr A.19, pp. 208 s., Nrn A.19.01–A.19.05, Taf. 8, 39. R. V.

Antoninos (II) (Ἀντονεῖνος), Sohn des Antiochos, aus Alexandria, griech. Bildhauer, in der 2. H. des 2. Jh. n. Chr. in Gerasa tätig. Nur bek. durch seine Sign. auf den folgenden zwei Marmorbasen aus Gerasa: – 1.) für eine *Statue des Apollon oder einer Muse* aus der N-Halle der Ostbäder (Th. Weber, AAJ 34:1990, 352; SEG, XL, 1990, 438, Nr 1392; Donderer, 2001, 178, Nr 6; Friedland, 2003); – 2.) heute vermauert im Zentralmarkt von Gerasa (Donderer, 2001, 182 s., Nr 7; Friedland, 2003, 441). A. zählt zu den ganz wenigen kaiserzeitl. Bildhauern, die wir namentl. als im Nahen Osten tätige Künstler kennen. ▭ *M. Donderer*, Bildhauer in und aus Alexandria, in: *K. Geus/ K. Zimmermann*: Punica-Libyca-Ptolemaica: Festschr. für Werner Huß, zum 65. Geburtstag dargebracht von Schülern, Freunden und Kollegen, Leuven 2001 (Orientalia Lovaniensia Analecta 104, Studia Phoenicia 14), 167–183; *E. A. Friedland*, AJA 107:2003, 414 s., 417, Abb. 3, pp. 428, 439–442, Nr 3. R. V.

Antoninos (III), spätantiker Steinmetz (λιθοξόος) in Syrien. Bek. nur durch eine Sign. aus el Mesrefe/Apamene. ▭ IGLS, IV, 1955, Nr 1902; *L. Robert*, Hellenika, XI-XII, P. 1960, 34. M. Dennert

Apatorios (Ἀπατόριος), aus Kilikien, griech. Münzstempelschneider, im 1. V. des 4. Jh. v. Chr. in Soloi und Issos tätig, nicht mit dem späteren karischen Maler → Apaturios des 1. Jh. v. Chr. zu verwechseln. Bis jetzt nur durch drei signierte Stempel der zwei benannten Städte bekannt. Der Name A. erscheint in winziger Schr. auf der Vorderseite eines Silber-Staters aus Issos links neben dem stehenden Apollon (Babelon, Traité II. 2, Nr 1372; Newell, 1914, 14–16, Taf. III, 1) und auf der Vorderseite zweier Silber-Statere aus Soloi vor dem Athenakopf nach rechts (Lorber, 1990, Nrn 172 [Levante, 1993, Nr 175, Inv. Nr 1990/597] und 173). Auf dem Pariser Exemplar erscheint nicht nur der Name ΑΠΑΤΟΡΙΟϹ, sondern auch das höchst ungewöhnl. Verb ΕΓΛΥΨΕΝ, das sonst auf Gemmen oder auf and. Objekten unbek. ist (viell. auf Stateren von Aspendos vorkommt [→ Menetos]; normal ist ΕΠΟΙΕΣΕΝ oder ΕΓΡΑΨΕΝ auf Vasen). Dies beweist, daß A. ein Künstlername war und nicht nur ein Epitheton des Gottes Apollon, wie Newell (1914), der nur die Statere von Issos kannte, vorschlug. Die Athenaköpfe sind von sehr feinem Stil. Am E. des 5. Jh. v. Chr. sind Beziehungen zw. Kilikien und Sizilien nachgewiesen, und die sizilische und unteritalische Gewohnheit, Münzen zu signieren, wurde in Kilikien wohl in wenigen Fällen nachgeahmt. Der Name A. ist eine seltenere Variante des ionischen Apaturios, die in Kilikien z.B. auf einer Inschr. des 2.–3. Jh. n. Chr. bezeugt ist (SEG, XX, 88). ▭ *E. T Newell*, A Cilician find, NumChron 1914, pp. 14–16; *C. Lorber*, Numismatic Fine Arts XXV, L. A. 1990, Nrn 172 s.; *O. Masson*, Légendes monétaires grecques, II. Sign. d'artistes sur des monnaies de Cilicie, Kadmos 31:1992, 6–9; *E. Levante*, SNG, France 2, Cilicie, 1993, Nr 175. C. Arnold-Biucchi

Apollinaris (Ἀπολλινάρις), röm. Mosaizist, tätig auf Kreta im 2. Jh. n. Chr. Nur bek. aus der Sign. eines *Mosaiks* aus Knossos (heute Heraklion, Arch. Mus.) mit der Darst. des Triumphs des Poseidon und Meerwesen. ▭ EAA I, 1958. – *J. M. Cook*, JHS 72:1952, 108, Taf. 7,3; *G. Asemakopoulou-Atzaka*, Hellenika 26:1973, 225 s., Nr 16; *S. Hood/D. Smyth*, Archaeol. survey of the Knossos area, Lo. 1981, 41, Nr 91; *I. F. Sanders*, Roman Crete, Warminster 1982, 53; *Donderer*, Mosaizisten, 1989, 55, Nr A 5, Taf. 5; *N. Icard-Gianolio*, LIMC VIII, 1997, 97, Nr 68, s.v. Tritones; *R. Sweetman*, Actes du VIII ème colloque internat. pour l'étude de la mosaïque antique et médiévale, I, Lausanne 1997, Lausanne 2001, 252, Abb. 8. M. Dennert

Apollous (Ἀπολλοῦς), griech. Koroplast, am A. des 3. Jh. n. Chr. in Thessaloniki tätig. Nur bek. durch seine Sign. auf den folgenden zwei *Tonstatuetten*: – 1.) *Aphrodite mit der Gans* aus der O-Nekropole von Thessaloniki (Thessaloniki, Archäol. Mus.; S. Korti-Konti, Ἡ κοροπλαστικὴ τῆς Θεσσαλονίκης, Thessaloniki 1994, 118 s., Nr 107 mit Abb.; SEG, XLVI, 1996, 232, Nr 825); – 2.) *Aphrodite von Knidos* aus Thessaloniki (verloren; C. Avezou/C. Picard, Mélanges d'Archéologie et d'Histoire 32:1912, 284 s.; SEG, XLVI, 1996, 232, unter Nr 825). R. V.

Appius Fuscus, *Caius*, röm. Toreut, in der 2. H. des 1. Jh. n. Chr. in Gallien tätig. Nur bek. durch seine Sign. auf einer *Bronzebadeschale* aus Wiesbaden (heute Wiesbaden, Mus., Inv. Nr 15. 166; CIL, XIII. 3/2, 10027, 8). ▭ *A. Mutz*, Die Kunst des Metalldrehens bei den Römern, Basel/St. 1972, 26 s., Bild 24–27; *R. Petrovszky*, Stud. zu röm. Bronzegefäßen mit Meisterstempeln, Buch am Erlbach 1993, 144, Nr A.20, p. 209, Nr A.20.01, Taf. 8, 39. R. V.

Arbitus, röm. Toreut, in der 2. H. des 1. Jh. n. Chr. in Gallien(?) tätig. Nur bek. durch seine Sign. auf einer *Bronzekasserolle* aus Eclepens, Kanton Vaud/Schweiz (heute Lausanne, Mus., Inv. Nr 24. 662). ▭ *R. Petrovszky*, Stud. zu röm. Bronzegefäßen mit Meisterstempeln, Buch am Erlbach 1993, 144, Nr A.21, p. 209, Nr A.21.01. R. V.

Archelaos (Ἀρχέλαος), Sohn des Apollonios, aus Priene, griech. Bildhauer, im 2. Jh. v. Chr. tätig. Nur bek. durch seine Sign. auf einem Marmorrelief von der Via Appia bei Bovillae in den Albaner Bergen mit der Darst. der Apotheose des Homer (heute London, BM, Inv. Nr 2191; IG, XIV, 1295; Overbeck, SQ, 1868, Nr 2285; Loewy, IGB, 1885, 207 ss., Nr 297; I. Leventi/V. Machaira, LIMC VIII, 1997, 347, Nr 256, s.v. Zeus; Muller-Dufeu, SculptureSource, 2002, 728 s., Nr 2110). Das berühmte Relief ist in vier Register geteilt. Im unteren Fries knien vor dem thronenden Homer seine „beiden Kinder", die Odyssee (E. Lygouri-Tolia, LIMC VI, 1992, 943, Nr 1, s.v. Odysseia) und die Ilias (E. Lygouri-Tolia, LIMC V, 1990, 648, Nr 1, s.v. Ilias). Homer wird von hinten von Oikoumene (die bewohnte Welt; F. Canciani, LIMC VII, 1994, 16, Nr 1, s.v. Oikoumene) und Chronos (die Zeit; M. Bendala Galán, LIMC III, 1986, 277, Nr 1 m. Abb., s.v. Chronos) bekränzt, vor ihm steht mit einem Krug und einer Schale zum Opfer vor dem Altar Mythos (E. Lygouri-Tolia, LIMC VI, 1992, 697, Nr 1 m. Abb., s.v. Mythos). Auf der anderen Seite des Altars opfert dem Homer die Historia (E. Lygouri-Tolia, LIMC V, 1990, 476, Nr 1 m. Abb.). Historia wird begleitet von Poiesis (E. Lygouri-Tolia, LIMC VII, 1994, 421, Nr 1, s.v. Poiesis), von Tragodia (A. Kossatz-Deißmann, LIMC VIII, 1997, 49, Nr 5, s.v. Tragodia) und von Komodia (A. Kossatz-Deißmann, LIMC VI, 1992, 93, Nr 7, s.v. Komodia). Rechts davon wendet sich, in Gestalt eines kleinen Kindes, Physis (die Natur; R. Hošek, LIMC VII, 1994, 409, Nr 1, s.v. Physis) einer Gruppe von vier weiteren Personifikationen zu, in der vorderen Reihe stehen Sophia (die Weisheit; M. Xagorari, LIMC VII, 1994, 798, Nr 1, s.v. Sophia) und Pistis (das Vertrauen; M. Caccamo Caltabiano, LIMC VII, 1994, 412 s., Nr 2 m. Abb., s.v. Pistis), in der hinteren Reihe Arete (die Tugend; J. Ch. Balty, LIMC II, 1984, 581 s., Nr 1 m. Abb., s.v. Arete I) und Mneme (das Gedächtnis; O. E. Ghiandoni, LIMC VI, 1992, 628, Nr 1, s.v. Mneme). Über diesem unteren Fries erhebt sich ein Berg, wohl der Musenberg Helikon, der aus drei Zonen besteht. In der unteren Zone öffnet sich rechts eine Höhle, in der Apollon (W. Lambrinudakis, LIMC II, 1984, 299, Nr 972, s.v. Apollon) und eine Muse stehen. Rechts davon steht ein siegreicher Dichter auf einem Podest, hinter dem sich ein Dreifuß erhebt. Links von der Höhle und in der zweiten Zone folgen die weiteren Musen (L. Faedo, LIMC VII, 1994, 1004, Nr 266 m. Abb., s.v. Mousa, Mousai). Ganz oben auf der Spitze des Berges sitzt Zeus und wendet sich zu der auf einem etwas niedriger gelegenen Felsen stehenden Mnemosyne um (O. E. Ghiandoni, LIMC VI, 1992, 629, Nr 2, s.v. Mnemosyne). Die außergewöhnl. Qualität des Reliefs zeichnet A. als einen sehr guten Bildhauer des 2. Jh. v. Chr. aus. Die genaue zeitl. Einordnung ist jedoch noch sehr umstritten. Nach epigraph. Erwägungen (z.B. das länger gestreckte Rho oder das Alpha mit gerader Querhaste, s. dazu Schneider, 1999, 183) würde das Relief in das 1. V. des 2. Jh. v. Chr. datieren. Stilist. Vergleiche, die jedoch durch die Ungenauigkeit in der Dat. der Parallelen für diesen Zeitraum äußerst schwierig sind, schwanken vom 1. V. bis zum 3. V. des 2. Jh. v. Chr. Eine endgültige Entscheidung kann daher eigentl. noch nicht getroffen werden. ▭ ThB2, 1908. RE II. 1, 1895 (s.v. A. 39); EAA I, 1958 (mit Abb. 728). – *D. Pinkwart*, Das Relief des Archelaos von Priene und die „Musen des Philiskos", Kallmünz 1965; *ead.*, APl, IV, B. 1965, 55–65, Taf. 28–35; *E. Voutiras*, Egnatia 1:1989, 131–168, Abb. 1 ss.; *C. Schneider*, Die Musengruppe von Milet, Milesische Forsch., I, Mainz 1999, 183–187, Nr 3; *M. Donderer*, Boreas 23/24:2000/2001, 83, Anm. 91 s.; *B. Andreae*, Skulptur des Hellenismus, M. 2001, 176 s., Nr 168, Taf. 168; *B. S. Ridgway*, Hellenistic Sculpture, III, The Styles of ca. 100–31 B. C., Madison 2002, 117 s., 134 s., Anm. 9, Taf. 41. R. V.

Archestratos (Ἀρχέστρατος), aus Athen, griech.

Bildhauer, im 3. Jh. v. Chr. in Kastabos tätig. Nur bek. durch seine Sign. auf den folgenden zwei Basen: – 1.) Basis für eine *Statue*, die von dem ehem. Priester Rhodokles, Sohn des Aristandros, der Athena Polias und dem Zeus Polieus gew. worden ist (IG, XII. 1, 62; Muller-Dufeu, SculptureSource, 2002, 830 s., Nr 2471); – 2.) Basis aus der SW-Ecke der Tempelterrasse des Heiligtums der Hemithea in Kastabos (G. E. Bean, in: J. M. Cook/ W. H. Plommer, The sanctuary at Hemithea at Kastabos, Ca. 1966, 59, Nr 3 mit Abb.; W. Blümel, Die Inschr. der rhodischen Peraia, Bonn 1991, 115, Nr 453; Muller-Dufeu, SculptureSource, 2002, 830 s., Nr 2472). R. V.

Asklapiadas (Ἀσκλαπιάδας), aus Chios, griech. Bildhauer, im 3./2. Jh. v. Chr. tätig. Nur bek. durch seine Sign. auf einer Basis aus Rhodos (G. Pugliese Carratelli, ASAtene 64/65:1986/1987 [1991] 272–264, Nr 6; SEG, XLI, 1991, 222, Nr 649; V. Kontorini/L. Migeotte, BCH 119:1995, 621–628; SEG, XLV, 1995, 278 s., Nr 1070; Muller-Dufeu, SculptureSource, 2002, 770 s., Nrn 2269–2270: beide Nummern beschreiben dieselbe Basis!). R. V.

Asklepiades (IX), röm. Bildhauer, in der Kaiserzeit tätig. Nur bek. durch seine Sign. auf einem Kalksteinaltar aus Osijek (CIL, III, 15141), der von Titus Hortensius Frequens dem Iuppiter Optimus Maximus gew. worden ist. ▭ *H. Liebl*, ÖJh 3:1900, Beiblatt 97 s., Nr 1, Abb. 17; *M. Donderer*, Boreas 23/24:2000/2001, 83, Anm. 96. R. V.

Aspa, röm. Toreut, in der 2. H. des 1. Jh. n. Chr. in Gallien tätig. Nur bek. durch seine Sign. auf den folgenden vier Bronzegefäßen: – 1.) *Griffschale* aus einem Grab von Vervoz-Clavier, Liège/Belgien (heute Liège, Mus. Curtius, Inv. Nr I 05/67; G. Faider-Feytmans, Les bronzes romains de Belgique, Mainz 1979, 176, Nr 360, Taf. 138 s.; Petrovszky, 1993, 210, Nr A.22.01); – 2.) *Griffschale* (heute Paris, Louvre; Petrovszky, 1993, 210, Nr A. 22. 02); – 3.) *Kanne* aus der Rhône bei Lyon (heute Marseille, Mus. Borély, Inv. Nr 2344; Petrovszky, 1993, 210, Nr A. 22. 03); – 4.) *Kanne* aus dem Grab 1/1925 von Lubieszcewo (Lübsow)/ Polen (ehem. Stettin, Mus., Inv. Nr PS 88; H. J. Eggers, Baltische Stud. 42:1940, 13, 15, c, 23, Nr 32 b, Abb. 8; Petrovszky, 1993, 210, Nr A.22.04, Taf. 39). ▭ *R. Petrovszky*, Stud. zu röm. Bronzegefäßen mit Meisterstempeln, Buch am Erlbach 1993, 145, Nr A.22, p. 210, Nrn A.22.01–A.22.04, Taf. 39. R. V.

Ateimetos (Ἀτείμητος), griech. Bildhauer, in der frühen Kaiserzeit tätig. Nur bek. durch seine Sign. am Sockel eines auf einem Felsen sitzenden Apollons mit erhobener Rechten auf dem Kopf und mit Pfeil und Bogen in der gesenkten Linken auf kaiserzeitl. thessalischen Bronzemünzen (SEG, XL, 1990, Nr 1727; XLII, 1992, Nr 1829). Danach fertigte A. die Apollonstatue, die auf diesen Prägungen dargestellt worden ist. ▭ *A. Moustaka*, Kulte und Mythen auf thessalischen Münzen, Würzburg 1983, 37 s., 114, Nr 85, Taf. 13; *E. Thomas*, Atimetos oder Demetrios – ein neronischer oder späthellenistischer Erzbildner?, in: *K. Gschwantler/A. Bernhard-Walcher*, Griech. und röm. Statuetten und Großbronzen. Akten der 9. internat. Tagung über antike Bronzen. Wien, 21.–25. April 1986, W. 1988, 314–317, Abb. 1–4; *F. Burrer*, Münzprägung und Gesch. des Thessalischen Bundes in der röm. Kaiserzeit bis auf Hadrian, 31 v. Chr.-138 n. Chr., Saarbrücken 1993, 46, 88, Taf. 12; *M. Donderer*, Boreas 23/24:2000/2001, 89, Anm. 173. R. V.

Athenogenes (Ἀθηνογένης), Sohn des Aristomenes, griech. Bildhauer, am E. des 3. und am A. des 2. Jh. v. Chr. in Epidauros tätig. Nur bek. durch Sign. auf den folgenden Basen für *Porträtstatuen*: – 1.) Basis aus Epidauros, die A. zus. mit → Labreas signiert hat (IG, IV, 1112; IG, IV ^{2}, 208; Muller-Dufeu, SculptureSource, 2002, 806 s., Nr 2396); – 2.) Basis aus Epidauros, die A. zus. mit → Labreas signiert hat (IG, IV, 1113; IG, IV ^{2}, 243; Muller-Dufeu, SculptureSource, 2002, 806 s., Nr 2397); – 3.) Basis aus Epidauros, die A. zus. mit → Labreas signiert hat (IG, IV, 1131; IG, IV ^{2}, 221; IG, IV, 1480; IG, IV^{2}, 697; Muller-Dufeu, SculptureSource, 2002, 806 s., Nr 2399); – 4.) Basis aus Epidauros, die von Kallimachos, Sohn des Kleisthenes, von Nikoteles, Sohn des Kleisthenes, von Kleisthenes und Kleitaro dem Apollon, Asklepios und der Hygieia gew. worden ist und die A. zus. mit → Labreas signiert hat (IG, IV, 1114; IG, IV^{2}, 205; Muller-Dufeu, SculptureSource, 2002, 806 s., Nr 2400); – 5.) Basis aus Epidauros für eine *Statue des Thiasos*, Sohn des Aristodamos aus Epidauros, die von der Stadt Epidauros gew. worden ist und die A. zus. mit → Labreas signiert hat (IG, IV, 1472; IG, IV^{2}, 688; IG, IV, 1479; IG, IV^{2}, 696; Muller-Dufeu, SculptureSource, 2002, 806 s., Nr 2399); – 6.) Basis aus Argos, die A. zus. mit → Labreas signiert hat (P. Charneux, BCH 109:1985, 383, Anm. 40; Muller-Dufeu, SculptureSource, 2002, 808 s., Nr 2403); – 7.) Basis aus Dodona für eine *Statue des Krison*, Sohn des Sabyrtios, die vom Koinon der Bullionen gew. worden ist (S. I. Dakaris, Prakt 1965 (1967), 58–62, Taf. 83 a und 84 b; Muller-Dufeu, SculptureSource, 2002, 808 s., Nr 2404); – 8.) Basis aus Dodona für eine *Statue des Menelaos*, Sohn des Krison, die vom Koinon der Epiroten gew. worden ist (Dakaris, op. cit., 1965, 62–64, Taf. 83 b; Muller-Dufeu, SculptureSource, 2002, 808 s., Nr 2405). R. V.

Atricus, röm. Toreut, in der 2. H. des 1. Jh. n. Chr. in Gallien tätig. Nur bek. durch seine Sign. auf einer *Bronzekasserolle* aus der Umgebung von Bourges/Frankreich (heute Bourges, Mus.; CIL, XIII. 3/ 2, 10027, 9). ꟷ *H. Willers*, Neue Unters. über die röm. Bronzeindustrie von Capua und Niedergermanien, Hn./L. 1907, 81, 91, Nr 200, Taf. 8, 16; *R. Petrovszky*, Stud. zu röm. Bronzegefäßen mit Meisterstempeln, Buch am Erlbach 1993, 145, Nr A. 23, p. 210, Nr A. 23. 01. R. V.

Augus, röm. Toreut, in der 2. H. des 1. Jh. n. Chr. und/oder in der 1. H. des 2. Jh. n. Chr. tätig. Nur bek. durch seine Sign. auf einem *Bronzetopf*. ꟷ *R. Petrovszky*, Stud. zu röm. Bronzegefäßen mit Meisterstempeln, Buch am Erlbach 1993, 145, Nr A.24, pp. 210 s., Nr A.24.01, Taf. 9, 39. R. V.

Aurus, röm. Silberschmied oder Besitzer einer Silberplatte, in der 1. H. des 4. Jh. n. Chr. tätig. Nur bek. durch die gepunzte abgekürzte Inschr. *AVRS* auf einer großen *Silberplatte* des Silberschatzes von Kaiseraugst/Schweiz. Die wahrscheinlichste Auflösung dieser Abkürzung ist Aurus. Unklar bleibt jedoch, ob es sich hier um einen Silberschmied handelt, der das Gefäß hergestellt hat, oder um den Besitzer der Silberplatte. ꟷ *A. Kaufmann-Heinimann*, in: *M. A. Guggisberg* (Ed.), Der spätröm. Silberschatz von Kaiseraugst. Die neuen Funde, Augst 2003 (Forsch. in Augst 34), 111–115, Nr 85, Abb. 89–91, Taf. 39–41; *H. Lieb/M. A. Speidel*, in: *Guggisberg*, ibid., 2003, 176–178, Nr 85, Abb. 193; *J. Szidat*, in: *Guggisberg*, ibid., 2003, 232. R. V.

Axtucus, röm. Toreut, um 100 n. Chr. in Niedergermanien (?) tätig. Nur bek. durch seine Sign. auf einer *Bronzekelle* aus dem Gräberfeld von Putensen, Landkreis Harburg/Deutschland. ꟷ *W. Wegewitz*, Das langobard. Brandgräberfeld von Putensen, Kreis Harburg, in: *C. Schuchhardt* (Ed.), Die Urnenfriedhöfe in Niedersachsen, X, Hildesheim 1972, 40, 74 s., Nr B 280, pp. 227, 229, Taf. 25, 171; *R. Petrovszky*, Stud. zu röm. Bronzegefäßen mit Meisterstempeln, Buch am Erlbach 1993, 145, Nr A.25, p. 211, Nr A.25.01, Taf. 9, 39. R. V.

Baebius Diom(edes?), röm. Toreut, in der 1. H. des 1. Jh. n. Chr. in N-Italien(?) tätig. Nur bek. durch seine Sign. auf einer *Bronzekasserolle* aus Pompeji (heute Neapel, Mus. Archeol. Naz.). ꟷ *R. Petrovszky*, Stud. zu röm. Bronzegefäßen mit Meisterstempeln, Buch am Erlbach 1993, 145, Nr B.01, p. 211, Nr B.01.01. R. V.

Bar Maha (br' mh'), Baumeister, tätig in der M. des 2. Jh. n. Chr. in der Osrhoene/O-Türkei. Nur bek. aus einer syr. Inschr. aus Sumatar. ꟷ *H. J. W. Drijvers/J. F. Healey*, The old Syriac inscr. of Edessa and Osrhoene, Leiden 1999, 102, Nr As 34, Taf. 24. M. Dennert

Baracheos (Βαραχέος) und **Thomas (II)** (Θωμᾶς), spätantike Steinmetze (τεχνῖται) in Syrien. Bek. nur durch griech. Sign. auf dem Deckel eines *Heiligen-Sarkophages* in Krâd ad-Dâsiniya b. Homs. ꟷ IGLS, V, 1959, Nr 2143. M. Dennert

Belcile[sus], Künstler, wahrsch. Baumeister und Architekt, tätig in der 1. H. des 1. Jh. n. Chr. in Spanien. Der Name ist nur bek. aus der Inschr. eines Mosaiks aus Uclés/Segobriga: BELCILE[SUS A]RTIFEX A FUNDAME[NTIS]. Die Berufsbezeichnung *artifex* für einen Mosaizisten ist sonst nicht belegt, und auch die Formulierung *a fundamentis* könnte nahelegen, daß es sich hier eher um einen Baumeister handelt, der dann ungewöhnlicherweise in der Mosaik-Inschr. gen. wäre. Der Name ist die latinisierte Form eines indigenen iberischen Namens. ꟷ EAA II, 1959. – *J. Gómez Pallarès*, Epigraphica 53:1991, 63 s., Nr 2, Abb. 2; *id.*, Edición y comentario de las inscripciones sobre mosaico de Hispania. Inscripciones no cristianas, R. 1997, 88–90, Nr CU 1, Abb. 27 (mit Lit.). M. Dennert

Bricc[...] oder Brigg[...], röm. Toreut, in der 2. H. des 1. Jh. n. Chr. und/oder am A. des 2. Jh. n. Chr. in N-Italien oder Niedergermanien tätig. Nur bek. durch seine Sign. auf einer *Bronzekelle* aus dem Urnengrab (Fundplatz 11) von Hamburg-Marmstorf. ꟷ *W. Wegewitz*, Nachrichtenblätter der dt. Vorzeit 18:1942, 170, Taf. 44, 3; *R. Petrovszky*, Stud. zu röm. Bronzegefäßen mit Meisterstempeln, Buch am Erlbach 1993, 145 s., Nr B.03, p. 212, Nr B.03.01. R. V.

Brigg[...] → **Bricc[...]** (KLA II, Addendum)

Brisac[...], röm. Toreut, um 100 n. Chr. in Niedergermanien (?) tätig. Nur bek. durch seine Sign. auf einem *Bronzesieb* aus dem sarmatischen Kurgan Nr 4 von Olăneşti/Rußland (heute Kischinjew, Inst. für Gesch. der Akad.). ꟷ *V. V. Kropotkin*, Arheologija SSSR 27:1970, 25, Nr 69, p.

98, Nr 851, p. 233, Taf. 67, 11; *R. Petrovszky*, Stud. zu röm. Bronzegefäßen mit Meisterstempeln, Buch am Erlbach 1993, 146, Nr B.04, p. 212, Nr B.04.01. R. V.

Buccio[nius] [H?]omulus, *Caius*, röm. Toreut, im 1. Drittel des 1. Jh. n. Chr. in Italien tätig. Nur bek. durch seine Sign. auf einer *Bronzekasserolle* aus einem Brandgrab von Lysá nad Labem, Nymburk/Tschech. Republik (heute Prag, NM, Inv. Nr 40859–40862). ▭ *R. Petrovszky*, Stud. zu röm. Bronzegefäßen mit Meisterstempeln, Buch am Erlbach 1993, 146, Nr B.05, p. 212, Nr B.05.01. R. V.

C[...] Anthus, *Cnaeus*, oder **Cleanthus,** *Cnaeus*, röm. Toreut, in der 1. H. des 1. Jh. n. Chr. in Italien tätig. Nur bek. durch seine Sign. auf den folgenden drei *Bronzekasserollen*: – 1.) aus Pompeji (heute Pompeji, Deposito Archeol., Inv. Nr 12342; Petrovszky, 1993, 255, Nr C. 34. 01); – 2.) aus Pompeji (heute Pompeji, Deposito Archeol., Inv. Nr 7143; Petrovszky, 1993, 2551, Nr C. 34. 02); – 3.) aus dem Brandgrab Nr 3 von Čatalka, Stara Zagora/Bulgarien (heute Stara Zagora, HM, Inv. Nr 1418; B.A. Raev, BerRGK 58:1978, 618, Anm. 75, p. 636, Nr 16, Taf. 38, 2; Petrovszky, 1993, 255, Nr C. 34. 03). ▭ *R. Petrovszky*, Stud. zu röm. Bronzegefäßen mit Meisterstempeln, Buch am Erlbach 1993, 151, Nr C.34, p. 255, Nrn C.34.01 – C.34.03. R. V.

Caecilius Celsus, *Publius*, röm. Toreut, in der 2. H. des 1. Jh. n. Chr. in Italien tätig. Nur bek. durch seine Sign. auf einer *Bronzekasserolle* aus Bad Deutsch-Altenburg (Carnuntum) / Österreich (heute Mainz, Röm.-German. Zentral-Mus., Inv. Nr 0. 36268). ▭ *R. Petrovszky*, Stud. zu röm. Bronzegefäßen mit Meisterstempeln, Buch am Erlbach 1993, 146, Nr C.01, pp. 212 s., Nr C.01.01, Taf. 9, 39. R. V.

Cambaro, röm. Toreut, in der 2. H. des 1. Jh. n. Chr. in N-Italien oder Niedergermanien tätig. Nur bek. durch seine Sign. auf den folgenden Bronzegefäßen: – 1.) und 2.) *Kelle* und *Sieb* aus dem Körpergrab 2 von Marwedel, Landkreis Dannenberg/Deutschland (heute Hannover, LM, Inv. Nrn 105:47 und 106:47; G. Körner, Lüneburger Blätter 3:1952, 42 ss., Abb. 3, 2 s., Taf. 6, 5; Petrovszky, 1993, 213, Nrn C.02.01–C.02.02, Taf. 9); – 3.) *Griff einer Kelle/eines Siebs* (beide ineinanderverschmolzen, Kelle und/oder Sieb des C.?) aus Abrahám, Galanta/Slowak. Republik (heute Nitra, Inst. der Slowak. Akad. der Wissenschaften, Inv. Nr 473/67; T. Kolník, Römerzeitl. Gräberfelder in der Slowakei, Teil I, Archaeologia Slovaca Fontes 14, Bratislava 1980, 79, Nr Ia2, Taf. 67, 25; Petrovszky, 1993, 213, Nr C.02.03, Taf. 9); – 4.) *Sieb* aus der Brandgrube (?) Nr 1 von Gledzianówek, Leczyca/Polen (heute Łódź, Archäol.-Ethnograph. Mus., Inv. Nr II/1934/116; E. Kaszewska, Prace e Materialy 24:1977, 66, 141, Taf. 2, 5; Petrovszky, 1993, 214, Nr C.02.04, Taf. 9). ▭ *R. Petrovszky*, Stud. zu röm. Bronzegefäßen mit Meisterstempeln, Buch am Erlbach 1993, 146, Nr C.02, pp. 213 s., Nrn C.02.01–C.02.04, Taf. 9. R. V.

Camminius, röm. Toreut, um 100 n. Chr. in Niedergermanien (?) tätig. Nur bek. durch seine Sign. auf den folgenden zwei Bronzegefäßen: – 1.) und 2.) *Kelle und Sieb* aus der Waal bei Nijmegen, Gelderland/Niederlande (heute Nijmegen, Prov. Mus. Kam, Inv. Nrn XXIa. 21 und e 1907/12. 1; M. H. P. den Boesterd, The bronze vessels in the RM G. M. Kam at Nijmegen, Nijmegen 1956, 20 s., Nr 55, Taf. 18, 55; Petrovszky, 1993, 214, Nrn C.03.01–C.03.02, Taf. 39). ▭ *R. Petrovszky*, Stud. zu röm. Bronzegefäßen mit Meisterstempeln, Buch am Erlbach 1993, 146, Nr C.03, p. 214, Nrn C.03.01–C.03.02, Taf. 39. R. V.

Cammo, röm. Toreut, in der 2. H. des 1. Jh. n. Chr. in Gallien(?) tätig. Nur bek. durch seine Sign. auf einer *Bronzekasserolle* aus Bijlandse Waard/Lobith, Gelderland/Niederlande (heute Nijmegen, Prov. Mus. Kam, Inv. Nr 5. 1963. 4). ▭ *R. Petrovszky*, Stud. zu röm. Bronzegefäßen mit Meisterstempeln, Buch am Erlbach 1993, 147, Nr C.05, p. 215, Nr C.05.01. R. V.

Candidus, röm. Toreut, im letzten V. des 1. Jh. n. Chr. in Gallien tätig. Nur bek. durch seine Sign. auf den folgenden vier *Bronzekasserollen*: – 1.) aus Charlieu, Dép. Isère/Frankreich (heute Paris, Slg Berard; F. Baratte u.a., Vases antiques de métal au mus. de Chalon-sur-Saône, Dijon 1984, 76, Nr 100; Petrovszky, 1993, 214, Nr C.04.01); – 2.) aus der Saône bei Chalon-sur-Saône/Frankreich (heute Chalon-sur-Saône, Mus. Denon, Inv. Nr CA 412; CIL, XIII. 3/2, 10027, 13; Baratte, ibid., 75, Nr 100, Taf. 35, 66 s.; Petrovszky, 1993, 214, Nr C.04.02, Taf. 10); – 3.) aus dem O-Vicus von Watercrook, Cumbria/Großbritannien (heute Kendall, Barough Mus.; Petrovszky, 1993, 214, Nr C.04.03, Taf. 10); – 4.) aus Stockstadt/Deutschland (F. Drexel, Das Kastell Stockstadt, Oberrätische Limes, Abt. B, 33:1914, 53, Nr 14, Taf. 7, 54; Petrovszky, 1993, 215, Nr C.04.04). ▭ *R. Petrovszky*, Stud. zu röm. Bronzegefäßen mit Meisterstempeln, Buch am Erlbach 1993, 146, Nr C.04, pp. 214 s., Nrn C.04.01–C.04.04, Taf. 10. R. V.

Caratus, röm. Toreut, im letzten V. des 1. Jh. n. Chr. in Gallien tätig. Nur bek. durch seine Sign. auf den folgenden vier *Bronzekasserollen*: – 1.) aus einem Gewässer bei Tattershall, Lincolnshire/England (Petrovszky, 1993, 215, Nr C.06.01); – 2.) aus Mamer, Tossenberg/Luxemburg, sign. zus. mit *MB Vitalis* (J. Metzler, Hémecht 25:1973, 498, Nr 20, Taf. 11, 20; Petrovszky, 1993, 215, Nr C.06.02, Taf. 10, 39); – 3.) aus Sigmaringen/Deutschland (ehem. Sigmaringen, Fürstl. Hohenzollern Mus.; CIL, III, 12031, 12; Petrovszky, 1993, 215, Nr C.06.03); – 4.) aus einem Hortfund aus Aszár, Kom. Komáron/Ungarn (heute Budapest, NM, Inv. Nr 128/1898,3; CIL, III, Suppl., 12031, 11; A. Radnóti, Die röm. Bronzegefäße von Pannonien, Dissertationes Pannonicae, 2. Ser, 6, Bp/L. 1938, 54, Anm. 34–38, Taf. 22, 5; 27, 10; Petrovszky, 1993, 215 s., Nr C.06.04, Taf. 10, 39). ▭ *R. Petrovszky*, Stud. zu röm. Bronzegefäßen mit Meisterstempeln, Buch am Erlbach 1993, 147, Nr C.06, pp. 213 s., Nrn C.06.01–C.06.04, Taf. 10, 39. R. V.

Carugenus, röm. Toreut, in der 2. H. des 1. Jh. n. Chr. in Gallien (?) tätig. Nur bek. durch seine Sign. auf den folgenden fünf *Bronzekasserollen*: – 1.) – 3.) aus einem Hortfund aus Doortwerth, „Driel'sche Fähre", Gelderland/Niederlande (heute Leiden, RM van Oudheden, Inv. Nrn e 1896/10.4, e 1896/10.5 und e 1896/10.10; CIL, XIII. 3/2, 10027, 14 a-c; J. H. Holwerda, OudhMeded, Suppl. 12:1931, 21, Nrn 13–15, Ab. 12, 22 s. und 27; Petrovszky, 1993, 216, Nrn C.07.01–C.07.03, Taf. 10, 39); – 4.) von der „Oude Oostdijk" auf der Insel Goeree, Zuid-Holland/Niederlande (heute Middelburg, Mus.; Petrovszky, 1993, 217, Nr C.07.04); – 5.) aus Sremska Mitrovica (Sirmium)/Serbien (heute Budapest, NM, Inv. Nr 79.1901.1; A. Radnóti, Die röm. Bronzegefäße von Pannonien, Dissertationes Pannonicae, 2. Ser, 6, Bp/L. 1938, 52, Anm. 13 s., Taf. 17, 11; 22, 1 a-b; Petrovszky, 1993, 217, Nr C.07.05, Taf. 10, 39). ▭ *R. Petrovszky*, Stud. zu röm. Bronzegefäßen mit Meisterstempeln, Buch am Erlbach 1993, 147, Nr C.07, pp. 216 s., Nrn C.07.01–C.07.05, Taf. 10, 39. R. V.

Casatus, röm. Toreut, in der 2. H. des 1. Jh. n. Chr. in Niedergermanien/N-Italien (?) tätig. Nur bek. durch seine Sign. auf den folgenden *zwei Bronzegefäßen*: – 1.) und 2.) aus einem Brandgrab von Sausenheim (Grünstadt), Landkreis Dürkheim an der Weinstraße/Deutschland (heute Speyer, HM der Pfalz, Inv. Nrn 1875/A und B; CIL, XIII. 3/2, 10027, 15; H. Willers, Neue Untersuchungen über die röm. Bronzeindustrie von Capua und von Niedergermanien, Hn./L. 1907, 84, 91, Nrn 215 s., Abb. 51; Petrovszky, 1993, 217, Nrn C.08.01–C.08.02, Taf. 10, 40). ▭ *R. Petrovszky*, Stud. zu röm. Bronzegefäßen mit Meisterstempeln, Buch am Erlbach 1993, 147, Nr C.08, p. 217, Nrn C.08.01–C.08.02, Taf. 10, 40. R. V.

Cassius Ambrosius, *Lucius*, röm. Toreut, im 1. Drittel des 2. Jh. n. Chr. in Rom tätig. Nur bek. durch seine Sign. auf einem *Bronzesieb* aus einem Hortfund von Mauer an der Url (Wien, KHM, Inv. Nr M. 30). ▭ *R. Noll*, Das Inventar des Dolichenusheiligtums von Mauer an der Url (Noricum), W. 1980, 80–82, Taf. 28–30; *R. Petrovszky*, Studien zu röm. Bronzegefäßen mit Meisterstempeln, Buch am Erlbach 1993, 107 s., 147, Nr C.09, pp. 217 s., Nr C.09.01, Abb. 15, Taf. 40; *E. Thomas*, Signaturen Metall verarbeitender Künstler und Kunsthandwerker in der röm. Kaiserzeit, in: *C. C. Mattusch/A. Brauer/S. E. Knudsen* (Ed.), From the parts to the whole, II, Acta of the 13th internat. bronze congr., held at Cambridge, Massachusetts, may 28-june 1, 1996, Journal of Roman archaeology, suppl. 39, Portsmouth, Rhode Island 2002, 244. R. V.

Catu[...], röm. Toreut, am E. des 1. Jh. n. Chr. in Gallien tätig. Nur bek. durch seine Sign. auf einer *Bronzebadeschale* aus einem Grab von Ptuj (Poetovio)/Slowenien (heute Ptuj, Pokrajinski muz., Inv. Nr 2079). ▭ *A. Radnóti*, Die röm. Bronzegefäße von Pannonien, Dissertationes Pannonicae, 2. Ser, 6, Bp/L. 1938, 65, Anm. 20–27, Taf. 17, 2; *R. Petrovszky*, Stud. zu röm. Bronzegefäßen mit Meisterstempeln, Buch am Erlbach 1993, 147, Nr C.10, p. 218, Nr C.10.01, Taf. 10, 40. R. V.

Celsinus, röm. Toreut, im letzten Drittel des 1. Jh. n. Chr. in Gallien tätig. Nur bek. durch seine Sign. auf den folgenden vier *Bronzekasserollen*: – 1.) in der Slg Bernard, Paris (S. Tassinari, La vaisselle de bronze romaine et provinciale au Mus. des Antiquités Nat., Gallia, Suppl. XXIX, P. 1975, 31, Nr 15 mit Anm.; Petrovszky, 1993, 218, Nr C.11.01); – 2.) Wasserfund am Zusammenfluß von Saône und der Doubs/Frankreich (heute St. Germain-en-Laye, Mus. des Antiquités Nat., Inv. Nr 34. 102; CIL, XIII. 3/2, 10027, 16 und 63; A. Mutz, Die Kunst des Metalldrehens bei den Römern, Basel/St. 1972, 60 s., Abb. 112–116; Tassinari, op. cit., 30, Nr 15 mit Anm., Taf. 4, 15; 40, 5; Petrovszky, 1993, 218 s., Nr C.11.02, Taf. 10, 40); – 3.) aus East Lothian/Großbritannien (heute Edinburgh, NM of Antiquities, Inv. Nr FT 38; R. P. Wright, Archaeologia Aeliana 47:1969, 5, Nr 4, Anm. 9, Abb. 1, 4; Petrovszky, 1993, 219, Nr

C.11.03, Taf. 40); – 4.) aus Gullarfve, Väte Sn./ Schweden (heute Stockholm, Schwed. HM, Inv. Nr 10–204; O. Almgren/B. Nerman, Die ältere Eisenzeit, Sth. 1923, 41, Abb. 271, Taf. 17; Petrovszky, 1993, 219, Nr C.11.04, Taf. 10). ▭ *R. Petrovszky*, Stud. zu röm. Bronzegefäßen mit Meisterstempeln, Buch am Erlbach 1993, 148, Nr C.11, pp. 218 s., Nrn C.11.01–C.11.04, Taf. 10, 40. R. V.

Cer[...], röm. Toreut, in der 2. H. des 1. Jh. n. Chr. tätig. Nur bek. durch seine Sign. auf einer *Bronzekasserolle* aus einer Villa in Forest-St. Julien/ Frankreich (heute Pressy-Vendeuvre, Slg Pastor Tournier; CIL, XII, 5698, 4). ▭ *R. Petrovszky*, Stud. zu röm. Bronzegefäßen mit Meisterstempeln, Buch am Erlbach 1993, 148, Nr C.12, p. 219, Nr C.12.01. R. V.

Chresimos cf. **Isidoros (VI)** (KLA II, Addendum)

Cina[...], röm. Toreut, in der 2. H. des 1. Jh. n. Chr. in Italien (?) tätig. Nur bek. durch seine Sign. auf einer *Bronzekasserolle* aus Grobnik bei Triest/Slowenien (heute Zagreb, Arheoloski muz.). ▭ *H. Willers*, Neue Unters. über die röm. Bronzeindustrie von Capua und Niedergermanien, Hn./ L. 1907, 90, Nr 170, Taf. 7, 12; *R. Petrovszky*, Stud. zu röm. Bronzegefäßen mit Meisterstempeln, Buch am Erlbach 1993, 148, Nr C.13, p. 218, Nr C.13.01. R. V.

Cintusmus (II), röm. Toreut, in der 2. H. des 1. Jh. n. Chr. in Italien tätig. Nur bek. durch seine Sign. auf den folgenden *drei Bronzekasserollen*: – 1.) aus Pompeji oder Herculaneum (heute Pompeji, Deposito Archeol., Inv. Nr 2012/3; Petrovszky, 1993, 220, Nr C.14.01); – 2.) aus Pompeji oder Herculaneum (heute Pompeji, Deposito Archeol.; Petrovszky, 1993, 220, Nr C.14.02); – 3.) aus Pompeji (heute Pompeji, Deposito Archeol., Inv. Nr 2410; Petrovszky, 1993, 220, Nr C.14.03). ▭ *R. Petrovszky*, Stud. zu röm. Bronzegefäßen mit Meisterstempeln, Buch am Erlbach 1993, 148, Nr C.14, pp. 219 s., Nrn C.14.01–C.14.03. R. V.

Cipius, röm. Toreut, im 1. Jh. n. Chr. in Italien tätig. Sicher nur bek. durch seine Sign. auf den folgenden drei Bronzegefäßen: – 1.) *Kasserolle* (heute Palermo, Mus. Biscari, Inv. Nr 227; Massari/Castoldi, 1985, 34, Nr a; Petrovszky, 1993, 220, Nr C.15–24/1); – 2.) *Kasserolle* aus Pompeji (heute Pompeji, Deposito Archeol., Inv. Nr 10. 601; Massari/Castoldi, 1985, 34, Nr b; Petrovszky, 1993, 220, Nr C.15–24/2); – 3.) *Badeschale* aus Pompeji oder Herculaneum (heute Neapel, Mus. Archeol. Naz., Inv. Nr I. G. 73377; Massari/Castoldi, 1985, 34, Nr c; Petrovszky, 1993, 220, Nr C.15–24/3). Möglicherweise ist er ident. mit *Cipius, Publius* oder → Cipius Am[...] oder → Cipius Au[...] und/oder → Cipius Auc[...] und/oder → Cipius Aug[...] und/oder → Cipius A[.]c[...] oder → Cipius Hilarus, Cnaeus oder → Cipius Hymnus, Publius oder → Cipius Isocrysus, Publius oder → Cipius Nicomachus, Publius oder → Cipius Pamphilus, Publius oder → Cipius Polybius, Publius oder → Cipius Princeps, Publius oder → Cipius Saturinus, Publius oder → Cipius Tantalus, Lucius (alle in KLA II, Addendum). ▭ *G. Massari/M. Castoldi*, Archaeologia dell'Italia Settentrionale 1:1985, 34, Nrn a-c; *R. Petrovszky*, Stud. zu röm. Bronzegefäßen mit Meisterstempeln, Buch am Erlbach 1993, 220, Nrn C.15.–24/1–3. R. V.

Cipius, *Publius* cf. **Cipius** (KLA II, Addendum)

Cipius A[.]c[...], röm. Toreut, im 2. Drittel des 1. Jh. n. Chr. in Kampanien tätig. Sicher nur bek. durch seine Sign. auf einer *Bronzekasserolle* aus Pompeji (heute Pompeji, Deposito Archeol., Inv. Nr 11695). A[.]C[...] mag dabei als Auctus oder Augustalis aufgeschlüsselt werden. Möglicherweise ist er ident. mit → Cipius (KLA II, Addendum) und/oder → Cipius Auc[...] (KLA II, Addendum) und/oder → Cipius Aug[...] (KLA II, Addendum). ▭ *R. Petrovszky*, Stud. zu röm. Bronzegefäßen mit Meisterstempeln, Buch am Erlbach 1993, 148, Nr C 16, p. 221, Nr C.16.03. R. V.

Cipius Am[...], röm. Toreut, in der 2. H. des 1. Jh. n. Chr. in Kampanien tätig. Sicher nur bek. durch seine Sign. auf einer *Bronzekasserolle* aus Pompeji oder Herculaneum (heute Neapel, Mus. Archeol. Naz.). Möglicherweise ist er ident. mit → Cipius (KLA II, Addendum). ▭ *G. Massari/M. Castoldi*, Archaeologia dell'Italia Settentrionale 1:1985, 34, Nr. 1; *R. Petrovszky*, Stud. zu röm. Bronzegefäßen mit Meisterstempeln, Buch am Erlbach 1993, 148, Nr C.15, p. 220, Nr C.15.01. R. V.

Cipius Au[...], röm. Toreut, im 2. Drittel des 1. Jh. n. Chr. in Kampanien tätig. Sicher nur bek. durch seine Sign. auf einer *Bronzekasserolle* aus Pompeji (heute Pompeji, Deposito Archeol., Inv. Nr 11695). AU[...] mag dabei als Auctus oder Augustalis aufgeschlüsselt werden. Möglicherweise ist er ident. mit → Cipius (KLA II, Addendum) und/oder → Cipius Auc[...] (KLA II, Addendum) und/oder → Cipius Aug[...] (KLA II, Addendum) und/oder → Cipius A[.]c[...] (KLA II, Addendum). ▭ *G. Massari/M. Castoldi*, Archaeologia dell'Italia Settentrionale 1:1985, 34, Nr. 2/2; *R. Petrovszky*, Stud. zu röm. Bronzegefäßen mit Meisterstempeln, Buch am Erlbach 1993, 148, Nr C.16, p. 221, Nr C.16.02. R. V.

Cipius Auc[...], röm. Toreut, im 2. Drittel des 1. Jh. n. Chr. in Kampanien tätig. Sicher nur bek. durch seine Sign. auf einer *Bronzekasserolle* aus Pompeji (heute Pompeji, Deposito Archeol., Inv. Nr 3993). AUC[...] mag dabei als Auctus oder Augustalis aufgeschlüsselt werden. Möglicherweise ist er ident. mit → Cipius (KLA II, Addendum) und/oder → Cipius Au[...] (KLA II, Addendum) und/oder → Cipius Aug[...] (KLA II, Addendum) und/oder → Cipius A[.]c[...] (KLA II, Addendum). ▭ *G. Massari/M. Castoldi*, Archaeologia dell'Italia Settentrionale 1:1985, 34, Nr. 2/1; *R. Petrovszky*, Stud. zu röm. Bronzegefäßen mit Meisterstempeln, Buch am Erlbach 1993, 148, Nr C.16, p. 221, Nr C.16.01. R. V.

Cipius Aug[...], röm. Toreut, im 2. Drittel des 1. Jh. n. Chr. in Kampanien tätig. Sicher nur bek. durch seine Sign. auf einer *Bronzekasserolle* aus Silchester (Calleva Atrebatum), Hantshire/ England (heute Reading, Mus., Inv. Nr 03.751–752). AUG[...] mag dabei als Augustalis aufgeschlüsselt werden. Möglicherweise ist er ident. mit → Cipius (KLA II, Addendum) und/oder → Cipius Au[...] (KLA II, Addendum) und/oder → Cipius Auc[...] (KLA II, Addendum) und/oder → Cipius A[.]c[...] (KLA II, Addendum). ▭ *G. C. Boon*, Silchester. The Roman town of Calleva, Lo. 1974, 47, Abb. 35, 1; *R. Petrovszky*, Stud. zu röm. Bronzegefäßen mit Meisterstempeln, Buch am Erlbach 1993, 148, Nr C.16, p. 221, Nr C.16.04, Taf. 11. R. V.

Cipius Hilarus, *Cnaeus*, röm. Toreut, in der 2. H. des 1. Jh. n. Chr. in Kampanien tätig. Sicher nur bek. durch seine Sign. auf den folgenden acht Bronzegefäßen: – 1.) *Badeschale* aus Pompeji (heute Pompeji, Deposito Archeol., Inv. Nr 1188; Massari/Castoldi, 1985, 35, Nr 3/7; Petrovszky, 1993, 221, Nr C.17.01); – 2.) *Badeschale* aus Pompeji (heute Pompeji, Deposito Archeol., Inv. Nr 10. 768; Petrovszky, 1993, 221 s., Nr C.17.02); – 3.) *Kasserolle* aus Pompeji oder Herculaneum (heute Neapel, Mus. Archeol. Naz.; Massari/Castoldi, 1985, 34, Nr 3/2; Petrovszky, 1993, 222, Nr C.17.03); – 4.) *Badeschale* aus Pompeji (heute Neapel, Mus. Archeol. Naz.; CIL, X, 8071, 34c; Massari/Castoldi, 1985, 35, Nr 3/6; Petrovszky, 1993, 221, Nr C.17.04); – 5.) *Badeschale* aus Herculaneum (CIL, X, 8071, 34b; Massari/Castoldi, 1985, 35, Nr 3/5; Petrovszky, 1993, 222, Nr C.17.05); – 6.) *Badeschale* aus Herculaneum (CIL, X, 8071, 34a ident. mit 6305, 7; Massari/Castoldi, 1985, 35, Nr 3/4; Petrovszky, 1993, 222, Nr C.17.06); – 7.) *Kasserolle* (heute London, BM; Massari/Castoldi, 1985, 34, Nr 3/3; Petrovszky, 1993, 221, Nr C.17.07); – 8.) *Kasserolle* aus Pompeji (heute Pompeji, Deposito Archeol., Inv. Nr 7165; Massari/Castoldi, 1985, 43, Nr d2; Petrovszky, 1993, 222, Nr C.17.08). Möglicherweise ist er ident. mit → Cipius (KLA II, Addendum). ▭ *G. Massari/M. Castoldi*, Archaeologia dell'Italia Settentrionale 1:1985, 34 s., Nrn 3/2–3/7, p. 43, Nr d2; *R. Petrovszky*, Stud. zu röm. Bronzegefäßen mit Meisterstempeln, Buch am Erlbach 1993, 148, Nr C.17, pp. 221 s., Nrn C.17.01–C.17.08. R. V.

Cipius Hymnus, *Publius*, röm. Toreut, in der 2. H. des 1. Jh. n. Chr. in Kampanien tätig. Sicher nur bek. durch seine Sign. auf den folgenden drei Bronzegefäßen: – 1.) *Badeschale* aus Pompeji (heute Neapel, Mus. Archeol. Naz., Inv. Nr I. G. 69870; Massari/Castoldi, 1985, 35, Nr 7/3; Petrovszky, 1993, 222 s., Nr C.18.01); – 2.) aus Pompeji (heute Neapel, Mus. Archeol. Naz., Inv. Nr 73245; CIL, X, 8071, 35; Massari/Castoldi, 1985, 35, Nr 7/1; Petrovszky, 1993, 223, Nr C.18.02); – 3.) *Kasserolle* aus Pompeji (heute Neapel, Mus. Archeol. Naz., Inv. Nr I. G. 109723; CIL, X, 8071, 35; Massari/Castoldi, 1985, 35, Nr 7/2; Petrovszky, 1993, 222, Nr C.18.03). Möglicherweise ist er ident. mit → Cipius (KLA II, Addendum). ▭ *G. Massari/M. Castoldi*, Archaeologia dell'Italia Settentrionale 1:1985, 35, Nrn 7/1–7/3; *R. Petrovszky*, Stud. zu röm. Bronzegefäßen mit Meisterstempeln, Buch am Erlbach 1993, 149, Nr C.18, pp. 222 s., Nrn C.18.01–C.18.03. R. V.

Cipius Isocrysus, *Publius*, röm. Toreut, in der 2. H. des 1. Jh. n. Chr. in Kampanien tätig. Sicher nur bek. durch seine Sign. auf den folgenden sechs *Bronzekasserollen*: – 1.) aus Pompeji (heute Neapel, Mus. Archeol. Naz., Inv. Nr Bronzi min. Sangiorgio 4791; Massari/Castoldi, 1985, 36, Nr 8/5; Petrovszky, 1993, 223, Nr C.19.01); – 2.) aus Pompeji (heute Pompeji, Deposito Archeol., Inv. Nr 1126; Massari/Castoldi, 1985, 35, Nr 8/2; Petrovszky, 1993, 223, Nr C.19.02); – 3.) aus Pompeji (heute Pompeji, Deposito Archeol., Inv. Nr 1719; Petrovszky, 1993, 223, Nr C.19.03); – 4.) aus Pompeji (heute Pompeji, Deposito Archeol., Inv. Nr 13446; Massari/Castoldi, 1985, 35, Nr 8/1; Petrovszky, 1993, 223 s., Nr C.19.04); – 5.)

aus Lobith, de Bijland/Niederlande (heute Leiden, RM van Oudheden, Inv. Nr e 1930/12,2; Massari/Castoldi, 1985, 36, Nr 8/4; Petrovszky, 1993, 224, Nr C.19.05); – 6.) aus Sisak (Siscia)/Kroatien (heute Zagreb, Arheoloski Muz.; H. Willers, Neue Unters. über die röm. Bronzeindustrie von Capua und Niedergermanien, Hn./L. 1907, 86, Nr 42, Anm. 1, Taf. 7, 11; Massari/Castoldi, 1985, 36, Nr 8/3; Petrovszky, 1993, 224, Nr C.19.06, Taf. 40). Möglicherweise ist er ident. mit → Cipius (KLA II, Addendum). ▭ *G. Massari/M. Castoldi*, Archaeologia dell'Italia Settentrionale 1:1985, 35 s., Nrn 8/1–8/5; *R. Petrovszky*, Stud. zu röm. Bronzegefäßen mit Meisterstempeln, Buch am Erlbach 1993, 149, Nr C.19, pp. 223 s., Nrn C.19.01–C.19.06, Taf. 40. R. V.

Cipius Nicomachus, *Publius*, röm. Toreut, in der 1. H. des 1. Jh. n. Chr. in Kampanien tätig. Sicher nur bek. durch seine Sign. auf den folgenden sieben *Bronzekasserollen*: – 1.) aus Pompeji (heute Neapel, Mus. Archeol. Naz., Inv. Nr I. G. 116227; Massari/Castoldi, 1985, 36, Nr 9/5; Petrovszky, 1993, 224, Nr C.20.01); – 2.) aus Herculaneum (heute Brüssel, Mus. du Ravestein, Inv. Nr 1134; CIL, X. 2, 8072, 13; Massari/Castoldi, 1985, 36, Nr 9/1; Petrovszky, 1993, 224, Nr C.20.02); – 3.) aus Glyn Dyfrdwy, Denbighshire/Großbritannien (heute Cardiff, NM of Wales, Inv. Nr 41.112.2; E. Davies, The prehistoric and Roman remains of Denbighshire, Cardiff 1929, 369 ss., Nr 2, Abb. 129–131; Massari/Castoldi, 1985, 36, Nr 9/2; Petrovszky, 1993, 225, Nr C.20.03, Taf. 11); – 4.) aus Vrhnika (Nauportus)/Slowenien (heute Graz, Joanneum, Inv. Nr 6390; CIL, III, 6017, 9; X. 2, bei Nr 8072, 12; W. Schmid, Joanneum 6:1943, 25 s., Abb. 27–29, Taf. 6; D. Breščak, Situla 22:1982, 12, 40, Nr 4, Taf. 1, 4; Massari/Castoldi, 1985, 36, Nr 9/3; Petrovszky, 1993, 225, Nr C.20.04, Taf. 11); – 5.) aus der Brandgrube Nr 63 von Tišice, Mělník/Tschech. Republik (heute Prag, NM, Inv. Nr 11. 6826–34; K. Motyková-Sneidrová, Památky Archaeologici 54:1963, 368, Nr 63/1–2, pp. 404 s., 434 s., Abb. 19/8, 38/12; Massari/Castoldi, 1985, 36, Nr 9/4; Petrovszky, 1993, 225, Nr C.20.05, Taf. 11); – 6.) aus Herculaneum oder Pompeji (heute Neapel, Mus. Archeol. Naz.; Massari/Castoldi, 1985, 35, Nr 5; Petrovszky, 1993, 226, Nr C.20.06); – 7.) aus Pompeji (heute Pompeji, Deposito Archeol., Inv. Nr 7284; Massari/Castoldi, 1985, 43, Nr d1; Petrovszky, 1993, 226, Nr C.20.07). Bei den letzten beiden Gefäßen ist von C. nur noch der Anfangsbuchstabe erh., so daß es sich auch um einen and. Künstler mit ähnl. Namen handeln könnte. Möglicherweise ist er ident. mit → Cipius (KLA II, Addendum). ▭ *G. Massari/M. Castoldi*, Archaeologia dell'Italia Settentrionale 1:1985, 35 s., Nrn 5 und 9/1–9/5, p. 43, Nr d1; *R. Petrovszky*, Stud. zu röm. Bronzegefäßen mit Meisterstempeln, Buch am Erlbach 1993, 149, Nr C.20, pp. 224–226, Nrn C.20.01–C.20.07, Taf. 11. R. V.

Cipius Pamphilus, *Publius*, röm. Toreut, in der 1. H. des 1. Jh. n. Chr. in Kampanien tätig. Sicher nur bek. durch seine Sign. auf den folgenden zwei *Bronzekasserollen*: – 1.) aus Sisak (Siscia)/Kroatien (heute Zagreb, Arheoloski Muz.; Massari/Castoldi, 1985, 35, Nr 4; Petrovszky, 1993, 226, Nr C.21.01, Taf. 40); – 2.) aus dem Rhein bei Kastel/Deutschland (heute Mainz, Mittelrhein. LM, Inv. Nr R 5625; CIL, XIII. 3/2, 10027, 54; L. Lindenschmit, Westdt. Zeitschr. 20:1901, 357, Taf. 19/16; Massari/Castoldi, 1985, 43, Nr 14/1; Petrovszky, 1993, 226, Nr C.21.02, Taf. 11). Möglicherweise ist er ident. mit → Cipius (KLA II, Addendum). ▭ *G. Massari/M. Castoldi*, Archaeologia dell'Italia Settentrionale 1:1985, 35, Nrn 4, p. 43, Nr 14/1; *R. Petrovszky*, Stud. zu röm. Bronzegefäßen mit Meisterstempeln, Buch am Erlbach 1993, 149, Nr C.21, p. 226, Nrn C.21.01–C.21.02, Taf. 11, 40. R. V.

Cipius Polybius, *Publius*, röm. Toreut, im 1. Jh. n. Chr. in Kampanien tätig. Knapp über 100 *Bronzekasserollen und -badeschalen* tragen seine Signatur. Damit ist er der größte Hersteller von Bronzegefäßen überhaupt, der uns durch seine Sign. überliefert ist. Die Objekte weisen eine sehr weite Verbreitung aus. Sie wurden in Italien, Frankreich, England, in den Niederlanden, in Dänemark, Schweden, Deutschland, Schweiz, Österreich, in der Tschech. Republik, in Ungarn, Kroatien, Serbien, Bulgarien, Rumänien, Polen, Rußland und in der Ukraine gefunden. Möglicherweise ist er ident. mit → Cipius (KLA II, Addendum). ▭ *J. Kunow*, BJb 185:1985, 215 ss.; *G. Massari/M. Castoldi*, Archaeologia dell'Italia Settentrionale 1:1985, 19 ss.; *R. Petrovszky*, Stud. zu röm. Bronzegefäßen mit Meisterstempeln, Buch am Erlbach 1993, 149 s., Nr C.22, pp. 226–250, Nrn C.22.01–C.22.102, Taf. 11–16, 40, Karte 4. R. V.

Cipius Princeps, *Publius*, röm. Toreut, in der 1. H. des 1. Jh. n. Chr. in Kampanien tätig. Sicher nur bek. durch seine Sign. auf einer *Bronzekasserolle* (heute St. Germain-en-Laye, Mus. des Antiquités Nat., Inv. Nr 25. 844; CIL, XIII. 3/2, 10027, 18). Möglicherweise ist er ident. mit → Cipius (KLA II, Addendum). ▭ *S. Tassinari*, La vaisselle de bronze romaine et provinciale au Mus. des Antiquités Nat., Gallia, Suppl. XXIX, P. 1975, 27, Nr 4, Taf. 2/4, 40/2; *G. Massari/M. Castoldi*, Archaeologia dell'Italia Settentrionale 1:1985, 43, Nr 14/2; *R. Petrovszky*, Stud. zu röm. Bronzegefäßen mit Meisterstempeln, Buch am Erlbach 1993, 150, Nr C.23, p. 250, Nr C.23.01, Taf. 40. R. V.

Cipius Saturinus, *Publius*, röm. Toreut, im 1. Jh. n. Chr. in Kampanien tätig. Sicher nur bek. durch seine Sign. auf den folgenden drei *Bronzekasserollen*: – 1.) aus Pompeji oder Herculaneum (heute Neapel, Mus. Archeol. Naz.; Petrovszky, 1993, 250, Nr C.24.01); – 2.) aus Pompeji oder Herculaneum (heute Neapel, Mus. Archeol. Naz.; Massari/Castoldi, 1985, 43, Nr 15/4; Petrovszky, 1993, 251, Nr C.24.02); – 3.) aus Pompeji (heute Neapel, Mus. Archeol. Naz., Inv. Nr I. G. 73254; CIL, X, 8071, 37; Massari/Castoldi, 1985, 43, Nr 15/2; Petrovszky, 1993, 251, Nr C.24.03). Möglicherweise ist er ident. mit → Cipius (KLA II, Addendum). 🕮 *G. Massari/M. Castoldi*, Archaeologia dell'Italia Settentrionale 1:1985, 43, Nrn 15/2 und 15/4; *R. Petrovszky*, Stud. zu röm. Bronzegefäßen mit Meisterstempeln, Buch am Erlbach 1993, 150, Nr C.24, pp. 250 s., Nrn C.24.01–C.24.03. R. V.

Cipius Tantalus, *Lucius*, röm. Toreut, in der 1. H. des 1. Jh. n. Chr. in Kampanien tätig. Sicher nur bek. durch seine Sign. auf den folgenden drei *Bronzekasserollen*: – 1.) aus Pompeji (heute Neapel, Mus. Archeol. Naz., Inv. Nr I.G. 73162; Massari/Castoldi, 1985, 35, Nr 6/2; Petrovszky, 1993, 251, Nr C.25.01); – 2.) aus Dijon (heute Périgueux, Mus. Espérandieu; CIL, XIII. 3/2, 10027, 19; Massari/Castoldi, 1985, 35, Nr 6/1; Petrovszky, 1993, 251, Nr C.25.02); – 3.) aus der Loire zw. Mauves und Nantes (heute Nantes, Mus. Dép. d'Archéol.; G. Aubin, Gallia 41:1983, 321, Abb. 25; Petrovszky, 1993, 251, Nr C.25.03). Möglicherweise ist er ident. mit → Cipius (KLA II, Addendum). 🕮 *G. Massari/M. Castoldi*, Archaeologia dell'Italia Settentrionale 1:1985, 35, Nrn 6/1 – 6/2; *R. Petrovszky*, Stud. zu röm. Bronzegefäßen mit Meisterstempeln, Buch am Erlbach 1993, 150, Nr C.25, p. 251, Nrn C.25.01–C.25.03. R. V.

Cleanthus, *Cnaeus* → **C[...] Anthus,** *Cnaeus* (KLA II, Addendum)

Cocceius, röm. Toreut, um die Zeitenwende in Kampanien tätig. Nur bek. durch seine Sign. auf einer *Bronzekasserolle* aus Buitrón, Provinz Huelva/Spanien (heute London, BM). 🕮 *S. R. Pattison*, Archaeologia London 43:1871, 558 s., Taf. 39; *Walters*, BMBronzes, 1899, 322, Nr 2462; *R. Petrovszky*, Stud. zu röm. Bronzegefäßen mit Meisterstempeln, Buch am Erlbach 1993, 150, Nr C.26, p. 251, Nr C.26.01, Taf. 15. R. V.

Commodus, röm. Toreut, um die Zeitenwende in Kampanien tätig. Nur bek. durch seine Sign. auf einer *Bronzekasserolle* (ehem. Slg Charvet, Paris; CIL, XIII. 3/2, 10027, 20). 🕮 *R. Mowat*, Marques de bronziers sur objets antiques trouvés ou apportés en France, Vienne 1884, 14, Nr 38; *R. Petrovszky*, Stud. zu röm. Bronzegefäßen mit Meisterstempeln, Buch am Erlbach 1993, 150, Nr C.27, p. 252, Nr C.27.01. R. V.

Compiturius Cinna, *Lucius*, röm. Toreut, in neronischer Zeit in Oberitalien tätig. Nur bek. durch seine Sign. auf den folgenden vier Bronzegefäßen: – 1.) und 2.) *Kelle und Sieb* aus einem Brandgrab aus Ohnist'any, Hradec Králové/Tschech. Republik (heute Prag, NM; H. J. Eggers, Der röm. Import im Freien Germanien, Ha. 1951, 140, Nr 1719; Petrovszky, 1993, 252, Nr C.28.01–C.28.02); – 3.) und 4.) *Kelle und Sieb* aus einem Körpergrab aus Řepov, Mladá Boleslav/Tschech. Republik (heute Prag, NM, Inv. Nrn 52977 ss.; J. Schranil, Die Vorgesch. Böhmens und Mährens, B./L. 1928, 258, Taf. 54, 3–3b; Petrovszky, 1993, 252 s., Nrn C.28.03–C.28.04, Taf. 15). 🕮 *R. Petrovszky*, Stud. zu röm. Bronzegefäßen mit Meisterstempeln, Buch am Erlbach 1993, 150 s., Nr C.28, pp. 252 s., Nrn C.28.01–C.28.04, Taf. 15. R. V.

Congallus oder Convallus, röm. Toreut, in der 2. H. des 1. Jh. n. Chr. in Gallien (?) tätig. Nur bek. durch seine Sign. auf den folgenden zwei *Bronzekasserollen* aus einem Hügelgrab aus Gallowflat, Renfrewshire (CIL, VII, 1294a). 🕮 *R. Petrovszky*, Stud. zu röm. Bronzegefäßen mit Meisterstempeln, Buch am Erlbach 1993, 151, Nr C.29, p. 253, Nrn C.29.01–C.29.02. R. V.

Conp[...], röm. Toreut, in der 2. H. des 1. Jh. n. Chr. tätig. Nur bek. durch seine Sign. auf einer *Bronzekasserolle* aus einem Hortfund aus Ribchester/England (heute London, BM). 🕮 *J. C. McPeake/C. N. Moore*, Britannia 9:1978, 334, Nr 18; *R. Petrovszky*, Stud. zu röm. Bronzegefäßen mit Meisterstempeln, Buch am Erlbach 1993, 151, Nr C.30, p. 253, Nr C.30.01. R. V.

Convallus → **Congallus** (KLA II, Addendum)

Cornelius (II), röm. Toreut, in frühaugusteischer Zeit in Italien tätig. Nur bek. durch seine Sign. auf den folgenden zwei *Bronzepfannen*: – 1.) aus Italien (heute Bonn, Akad. KM; Petrovszky, 1993, 253 s., Nr C.31.01); – 2.) aus einem Grab aus Markkleeberg-Gautzsch bei Leipzig (heute Berlin, Mus. für Vor- und Frühgesch., ehem. Leipzig, Mus. für Völkerkunde, Inv. Nr Ug 14659; Petrovszky, 1993, 254, Nr C.31.03, Taf. 16). ▭ *R. Petrovszky*, Stud. zu röm. Bronzegefäßen mit Meisterstempeln, Buch am Erlbach 1993, 151, Nr C.31, pp. 253 s., Nrn C.31.01–C.31.02, Taf. 16. R. V.

Cornelius Hermes, röm. Toreut, im 1. Jh. n. Chr. tätig. Nur bek. durch seine Sign. auf einer *Bronzekasserolle* aus Pompeji (heute Neapel, Mus. Archeol. Naz.). ▭ *R. Petrovszky*, Stud. zu röm. Bronzegefäßen mit Meisterstempeln, Buch am Erlbach 1993, 151, Nr C.32, p. 254, Nr C.32.01. R. V.

Cuganus, röm. Toreut, in der 2. H. des 1. Jh. n. Chr. wohl in Niedergermanien tätig. Nur bek. durch seine Sign. auf einer *Bronzekelle und einem -sieb* aus Bargteheide, Landkreis Stormarn/Deutschland. ▭ *M. Perse/R. Petrovszky*, AKorrBl 22:1992, 412, Nr B 4, p. 416, Nr 63; *R. Petrovszky*, Stud. zu röm. Bronzegefäßen mit Meisterstempeln, Buch am Erlbach 1993, 151, Nr C.33, p. 254, Nrn C.33.01–C.33.02. R. V.

Cyriades, Architekt und Ingenieur, tätig in der 2. H. des 4. Jh. n. Chr. in Rom. Erw. bei Q. Aurelius Symmachus (rel., 25, 26 und epist., 5, 76) als „vir clarissimus, comes et mechanicus" bzw. „mechanicae professor", der 382–387 n. Chr. zus. mit → Auxentius am Bau einer Brücke, wohl der *Pons Theodosii*, und einer Basilika, wohl *St. Paul vor den Mauern*, beteiligt war. Der einzige Beleg, daß anscheinend auch Männer des Senatorenstandes in dem hochgeachteten Beruf des Ingenieur-Architekten tätig waren (Donderer, Architekten, 1996, 73 s.). ▭ RE XII. 1, 1924 (s.v. Kyriades 2); EAA IV, 1961 (s.v. Kyriades); PLRE I, 1971. – *A. Chastagnol*, La préfecture urbaine à Rome sous le bas-empire, P. 1960, 350–353; *D. Vera*, Studia et Documenta Historiae Iuris 44:1978, 45–94; *id.*, Commento storico alle Relationes di Quinto Aurelio Simmaco, Pisa 1981, 184–198; *P. Rivolta Tiberga*, Commento storico al libro V dell'Epistolario di Q. Aurelio Simmaco, Pisa 1992, 26 s., 190 s.; *S. Cuomo*, Pappus of Alexandria and the mathematics of Late Antiquity, C. 2000, 17 s. M. Dennert

Damas (Δάμας), spätantiker Steinmetz (τεχνίτης), tätig in N-Syrien. Bek. nur durch die 378 n. Chr. dat. Bau-Inschr. eines Tores in Kôkanâya. ▭ IGLS, II, 1939, Nr 595. M. Dennert

Dardu (drdw), Bildhauer, tätig in der Osrhoene/O-Türkei im 3. Jh. n. Chr. Bek. nur aus den syr. Inschr. zweier von ihm gearbeiteter *Felsgrabreliefs* in Kara Köprü n. von Urfa. ▭ *H. J. W. Drijvers/J. F. Healey*, The old Syriac inscr. of Edessa and Osrhoene, Leiden 1999, 69–71, Nrn As 13–As 14, Taf. 10–11. M. Dennert

Decatusus, *Tiberius*, röm. Toreut, in der 2. H. des 1. Jh. n. Chr. in Oberitalien(?) tätig. Nur bek. durch seine Sign. auf einer *Bronzekelle* aus der Saône bei Boyer, Dépt. Saône-et-Loire/Frankreich (heute Tournus, Mus. de Tournus). ▭ *J.-B. Devauges*, Gallia 32:1974, 446, Abb. 36; *R. Petrovszky*, Stud. zu röm. Bronzegefäßen mit Meisterstempeln, Buch am Erlbach 1993, 151 s., Nr D.01, p. 255, Nr D.01.01, Taf. 16. R. V.

Delokles (Δηλοκλῆς), griech. Bildhauer, in frühhellenist. Zeit in Alexandria in Ägypten tätig. Nur bek. durch seine Sign. auf einer Basis aus Marmor für eine *Statue* aus Alexandria. ▭ *A. J. B. Wace*, Bull. of the Fac. of Arts (Farouk I Univ. Cairo) 2:1944, 21 ss., Nr 2 mit Abb.; *P. M. Fraser*, OpAth 7:1967, 36, Anm. 58, p. 42, Taf. 3, Abb. 6; *E. Kießling*, Sammelbuch griech. Urkunden aus Ägypten, VIII. 2, Wiesbaden 1967, 130, Nr 9863; *W. Peremans/E. van't Dack*, Prosopographia Ptolemaica, VI, Leuven 1968, 276, Nr 17075; *M. Donderer*, Bildhauer in und aus Alexandria, in: *K. Geus/K. Zimmermann*, Punica-Libyca-Ptolemaica: Festschr. für Werner Huß, zum 65. Geburtstag dargebracht von Schülern, Freunden und Kollegen, Leuven 2001 (Orientalia Lovaniensia Analecta 104, Studia Phoenicia 14), 169, Nr 1. R. V.

Demas (ΔΗΜΑΣ), Steinschneider, zw. 230 und 163 v. Chr. tätig. Signierte mit ΔΗΜΑΣ ΕΠΟΙΕ eine seit 1970 verschollene *Smaragdgemme* (40 x 24 mm) mit dem Portr. eines kappadok. Königs, wie bes. der Vergleich mit einem bisher uniquen Tetradrachmon aus dem Schatzfund von Kotyora/Ordu (Türkei) sowie auch Drachmen, Oboloi und Bronzemünzen zeigt, deren Zuweisung an Ariarathes III. (ca. 230–220 v. Chr.) oder Ariarathes IV. (220–163 v. Chr.) jedoch umstritten ist. ▭ Münchner Münzhandlung K. Kress, K 150, 1970, Nr 6 (Abb. nach Nr 3180); *H. Seyrig*, Syria 49:1972, 115 s., Abb. 14 (irrig Ariarathes VI.); *H. von Gall*, Die Kopfbedeckungen des med. Ornats in achämenid. und hellenist. Zeit, in: Akten des XIII. Internat. Kongr. für Klass. Archäologie Berlin 1988, B. 1990, 320 ss., Taf. 45,3; *M. Arslan*, A unique tetradrachm of Ariarathes, king of Cappadocia, ibid., 230 ss., Abb. 1; *id.*, Ordu (Kotyora) 1970 Tetradrahmi Definesi. Anadolu Medeniyetleri Müzesi 1977 Yılı Konferans Yillığı, Ankara 1998, 5 ss., Abb., Taf. 1,10; *id.*, Sinop Müzesi'ndeki Ordu Definesi'nden Cappadocia Kralı IV. Ariarathes'in Ünik Tetradrahmisi. XII. Türk Tarih Kongresi'enden ayrıbasım 1999, 143 ss., Taf. 33,1; *id./C. Lightfoot*, Greek coin hoards in Turkey, Ankara 1999, Taf. 68,968; *M. Arslan*, Kapadokya Kralı 6. Ariarathes'in tiaralı ünik bir drahmisi. Anadolu Medeniyetleri Müzesi 1999 Yıllığı, Ankara 2000, 116 ss., Abb. S. 128, 1–7. P. R. Franke

Demetrios (XXII) cf. **Diognetos (III)** (KLA II, Addendum)

Diognetos (III), griech. Bildhauer, aus Tegea, in hellenist. Zeit in Kaphyai tätig. Nur bek. durch seine Sign. zus. mit *Demetrios (XXII)* auf einer Basis für eine Statue aus Kaphyai. ⊏⊐ *T. G. Spyropoulos*, ADelt 37:1982, B, 115 s.; *Muller-Dufeu*, SculptureSource, 2002, 814 s., Nr 2426. R. V.

Dionysios (XIX), Sohn des Anaxipolis, griech. Bildhauer, am E. des 3. Jh. v. Chr. in Erythrai tätig. Nur bek. durch seine Sign. auf einer Marmorbasis aus Erythrai (SEG, XXXVII, 1987, Nr 928; Muller-Dufeu, SculptureSource, 2002, 724 s., Nr 2093). R. V.

Dioratus, röm. Toreut, in frühflav. Zeit in Gallien tätig. Nur bek. durch seine Sign. auf den folgenden zwei *Bronzekasserollen*: – 1.) aus dem Saône-Tal/Frankreich (heute St. Germain-en-Laye, Mus. des Antiquités Nat., Inv. Nr 79132; S. Tassinari, La vaisselle de bronze romaine et provinciale au Mus. des Antiquités Nat., Gallia, Suppl. XXIX, P. 1975, 31, Nr 16, Taf. 5, 16; 40, 7; Petrovszky, 1993, 255, Nr D.02.01, Taf. 40); – 2.) aus Doorwerth, „Driel'sche Fähre“, Gelderland/Niederlande (heute Leiden, RM van Oudheden, Inv. Nr 95/10. 9; CIL, XIII. 3/2, 10027, 21; J. H. Holwerda, OudhMeded, Suppl. 12, 1931, 21, Nr 18, Abb. 12, 33; Petrovszky, 1993, 255 s., Nr D.02.02, Taf. 40). ⊏⊐ *R. Petrovszky*, Stud. zu röm. Bronzegefäßen mit Meisterstempeln, Buch am Erlbach 1993, 152, Nr D.02, pp. 255 s., Nrn D.02.01–D.02.02, Taf. 40. R. V.

Disaucus, röm. Toreut, in der 2. H. des 1. Jh. n. Chr. in Niedergermanien (?) tätig. Nur bek. durch seine Sign. auf einem *Bronzesieb* aus einem Körpergrab von Nørre Broby/Dänemark (heute Kopenhagen, NM, Inv. Nr 5230; CIL, XIII. 3/2, 10036, 51). ⊏⊐ *H. Willers*, Neue Unters. über die röm. Bronzeindustrie von Capua und Niedergermanien, Hn./L. 1907, 91, Nr 210, Abb. 50; *R. Petrovszky*, Stud. zu röm. Bronzegefäßen mit Meisterstempeln, Buch am Erlbach 1993, 152, Nr D.03, p. 256, Nr D.03.01, Taf. 16. R. V.

Domnos (Δόμνος), spätantiker Steinmetz (τεχνίτης), tätig in N-Syrien. Bek. nur durch die 431 n. Chr. dat. Bau-Inschr. auf dem Türsturz eines Hauses in Kôkanâya. ⊏⊐ IGLS, II, 1939, Nr 597. M. Dennert

Dorion cf. **Leon (I)**

Dorion cf. **Melas (II)**

Doros (Δῶρος), Gemmenschneider (δακτυλοκοιλογλύφος) aus Sardis/Lydien, wohl 2. Jh. n. Chr. Nur bek. aus seiner in Philadelpheia (Alaşehir) gefundenen Grabstele mit Inschr. (heute verloren). Danach war er Sohn des Marion und der Lakaina und starb im Alter von 18 Jahren. Für diese Form der Berufsbezeichnung an Stelle des geläufigen δακτυλιογλύφος der einzige Beleg (Liddell/Scott, 1996, s.v. δακτυλοκοιλογλύφος). Von bes. Interesse ist jedoch die Darst. der Grabstele; sie ist das einzige bildl. Zeugnis für das Werkzeug eines antiken Steinschneiders und zeigt den Bogen, mit dem der Steinbohrer zum Rotieren gebracht wird. ⊏⊐ *A. E. Kontoleon*, AM 15:1890, 333 s., Nr 2; *Furtwängler*, AG, III, 1900, 399, Abb. 206; IGRom, IV, 1924, Nr 1648; *Boardman*, GGFR, 1970, 380 s., Abb. 314; *E. Zwierlein-Diehl*, Die antiken Gemmen des kunsthist. Mus. in Wien, I, M. 1973, 18, Abb. d-e; *Zazoff*, AG, 1983, 400 s.; *R. Merkelbach/J. Stauber*, Steinepigramme aus dem griech. Osten, I, St./L. 1998, 482, Nr 04/24/09. M. Dennert

Draccius, röm. Toreut, im 3. V. des 1. Jh. n. Chr. in Gallien tätig. Nur bek. durch seine Sign. auf den folgenden sieben *Bronzekasserollen*: – 1.) aus der Saône in La Truchère, Dépt. Saône-et-Loire/Frankreich (heute Tournus, Mus. Greuze; S. Tassinari, La vaisselle de bronze romaine et provinciale au Mus. des Antiquités Nat., Gallia, Suppl. XXIX, P. 1975, 29 s., Nr 13, p. 32, Nr 19; Petrovszky, 1993, 256 s., Nr D.04.01); – 2.) aus Décines-Charpieu/Lyon (heute Lyon, MBA, Inv. Nr Br 140 [E 202]; CIL, XII, 5698, 5; S. Boucher/

S. Tassinari, Bronzes antiques du mus. de la civilisation gallo-rom. à Lyon, Lyon 1976, 119, Nr 134 mit Abb.; Petrovszky, 1993, 257, Nr D.04.02); – 3.) (heute Mâcon, Priv.-Slg; CIL, XIII. 3/2, 10027, 22c; Petrovszky, 1993, 257, Nr D.04.03); – 4.) aus Corseul/Lyon (heute Rennes, MBA, Inv. Nr 794. 1. 338; CIL, XIII. 3/2, 10027, 22b; J.-Y. Veillard, Cat. des objets d'archéologie armoricaine (préhist., protohist. et époque gallo-romaine) de la coll. du président de Robien, Rennes 1972, 27 ss., Nr 14 mit Abb.); – 5.) aus Dijon (?) (heute Reims, Mus. St.-Denis; CIL, XIII. 3/2, 694, 22d; Th. Habert, La poterie antique parlante, P. 1893, 168, Nr 1565b, Taf. 31/Z; Petrovszky, 1993, 257, Nr D.04.05, Taf. 16); – 6.) aus Villeurbane bei Lyon (heute St. Germain-en-Laye, Mus. des Antiquities Nat., Inv. Nr 13. 690; CIL, XIII. 3/2, 10027, 22; S. Tassinari, La vaisselle de bronze romaine et provinciale au Mus. des Antiquités Nat., Gallia, Suppl. XXIX, P. 1975, 29 s., Nr 13, Taf. 13, 40/4; Petrovszky, 1993, 258, Nr D.04.06, Taf. 16, 40); – 7.) aus einem Hortfund aus Prestwich Carr, Northumberland/England (heute Newcastle upon Tyne, Mus. of Antiquities, Inv. Nr 1890.II.3–9; H. J. Eggers, JbMusMainz 13:1966 (1968), 86 s., 108, Nr 65a, Abb. 23a; Petrovszky, 1993, 258, Nr D.04.07, Taf. 16). ▭ *R. Petrovszky*, Stud. zu röm. Bronzegefäßen mit Meisterstempeln, Buch am Erlbach 1993, 152, Nr D.04, pp. 256–258, Nrn D.04.01–D.04.07, Taf. 16, 40, Karte 5. R. V.

Dromas (Δρομάς), griech. Ringgraveur, E. 2./A. 1. Jh. v. Chr. tätig. Einziges Zeugnis: ein *Goldring* unbek. Herkunft mit eingesetzter Silberplakette, die die qualitätvolle Büste eines Mannes im Himation nach links mit ausgeprägt veristischer Physiognomie und kurzem Vollbart zeigt; unter dem Halsabschnitt die Sign. ΔΡΟΜΑΣ ΕΠΟΙΕΙ. ▭ *B. Gerring*, Sphragides. Die gravierten Fingerringe des Hellenismus, Ox. 2000, 106, 175, Nr XVII 22, Abb. 138. D. Salzmann

Eisas (Εισᾶς), aus Thessaloniki, vermutl. spätröm. Silberschmied (*argentarius* oder *vascularius*), tätig in der M. des 4. Jh. n. Chr. Bek. durch eine gepunzte Inschr. und einen runden Stempel auf einer sonst undekorierten *Schale* aus dem Silberschatz von Kaiseraugst/Schweiz. Die genaue Stellung der Personen, die in den sich auf Herstellung oder Gewichtsprüfung beziehenden Inschr. und Stempeln auf spätantiken Silberobjekten gen. werden, ist nicht klar. Zu fragen ist, ob es sich um Beamte oder Wkst.-Vorsteher in den kaiserl. Münz-Wkstn handelt, wo die Silberarbeiten hergestellt wurden, oder um ausführende Handwerker. ▭ *A. Kaufmann-Heinimann*, Journal of Roman Archaeology 12:1999, 338 s., Nr 108, Abb. 7; *M. A. Guggisberg*, in: *id.*, Der spätröm. Silberschatz von Kaiseraugst. Die neuen Funde, Augst 2003 (Forsch. in Augst 34), 51–53, Nr 76, Abb. 23 s., Taf. 12 s.; *H. Lieb/M. A. Speidel*, in: *Guggisberg*, ibid., 2003, 172, Nr 76, Abb. 184, p. 181 s. M. Dennert

Elpidephoros Moschion (Ἐλπιδηφόρος Μοσχίων), Sohn des Agathias, Architekt und Konstrukteur, tätig in Kleinasien in der mittleren Kaiserzeit. Bek. durch seine Sign. auf einer in Milet gefundenen marmornen *Sonnenuhr* (jetzt in Berlin, Staatl. Mus., Antiken-Mus., Inv. Nr Sk 1593). Nach → Vitruvius, 1, 3, 1 wurde der Uhrenbau als eines der Teilgebiete der Archit. angesehen, die Konstrukteure von Horologien zählten demnach zu den Architekten, wie auch aus dieser Sign. hervorgeht. ▭ *M. Donderer*, Epigraphica 60:1998, 181 s., Nr B 2; *id.*, Archeologia Veneta 21/22:1998/99, 64; *P. Herrmann*, Die Inschr. von Milet, Milet VI. 2, B. 1998, 118, Nr 909. M. Dennert

Epagatos (Ἐπάγατος), griech. Bildhauer, im 6. Jh. v. Chr. auf Thera tätig. Nur bek. durch seine Sign. auf einer Basis aus Thera für eine *Statue des Baron* (IG, XII. 3, 764; Muller-Dufeu, Sculpture-Source, 2002, 134 s., Nr 378). R. V.

Epaphras (Ἐπαφρᾶς), griech. Koroplast, tätig am E. des 2. Jh. v. Chr. in Zypern. Bek. nur durch die Sign. einer *Statuette der Aphrodite mit Eros* (Nikosia, Mus., Inv. Nr D 48): Ἐπαφρᾶς Θεοποιὸς ἐποί[ει]. Θεοποιὸς ist hier wohl im Sinne von „Koroplast, der Götterstatuetten fabriziert" oder allgemeiner als „Fabrikant von Ex-Votos" zu verstehen. ▭ *I. Michaelidou-Nicolaou*, BCH 106:1982, 505–507. M. Dennert

Epiche (Ἐπίχε), griech. Töpfer, tätig in Boiotien in der M. des 6. Jh. v. Chr. Nur bek. durch seine Sign. auf einer hochfüßigen *Schale* in Athen (Kanellopoulos Mus., Inv. Nr 941). Danach war E. der oder einer der Töpfer der großen Wkst. der sog. boiot. Vogel-Schalen; nur dieses eine Stück trägt eine Signatur. Sign. sind bei boiot. Töpfern des 6. Jh. v. Chr. sonst jedoch reichlich belegt (Wachter, 2001, 9–17). ▭ *J.-J. Maffre*, BCH 99:1975, 415 s., 420–425, Abb. 2; *M. Brouskari*, The Paul and Alexandra Canellopoulos Mus., At. 1985, 50 (Abb.); *R. Wachter*, Non-attic Greek vase inscr., Ox. 2001, 11 s., Nr BOI 3, pp.228, 252–253. M. Dennert

Epidedos (Ἐπίδηδος), griech. Koroplast, in der frühen Kaiserzeit (1. H. 1. Jh. n. Chr.?) in NW-Kleinasien tätig. Bek. bisher nur durch die Sign. einer *Aphroditestatuette mit Eros*, gefunden in Olbia (heute London, BM, Inv. Nr 1907.5-20.70), die aus stilist. Gründen NW-Kleinasien zugeschr. wird. Eine ident. Statuette mit Sign. des *Molas* in Paris, Louvre (Mollard-Besques, III, 1971–72, Nr D 250, Taf. 52c). ▭ *L. Burn/R. Higgins*, Cat. of Greek Terracottas in the BM, III, Lo. 2001, 173, Nr 2494, Taf. 82. M. Dennert

Epidius (?), röm. Toreut, im 1. Drittel des 1. Jh. n. Chr. in N-Italien tätig. Nur bek. durch seine Sign. auf einer *Bronzekelle* aus einem Körpergrab von Hagenow (heute Schwerin, Mus. für Ur- und Frühgesch., Inv. Nr 814; CIL, XIII. 3/2, 10036, 70). ▭ *H. Willers*, Neue Unters. über die röm. Bronzeindustrie von Capua und Niedergermanien, Hn./L. 1907, 82, 89, Nr 126, Abb. 48; *R. Petrovszky*, Stud. zu röm. Bronzegefäßen mit Meisterstempeln, Buch am Erlbach 1993, 152, Nr E.01, p. 258, Nr E.02.01, Taf. 16. R. V.

Epidius Euaristus, *Marcus*, röm. Toreut, im 1. Jh. n. Chr. in Italien tätig. Nur bek. durch seine Sign. auf einer *Bronzekasserolle* aus der Umgebung Roms (heute Rom, Slg Latini; CIL, XIII. 3/2, 10036, 8; XV. 2/1, 7075). ▭ *H. Willers*, Neue Unters. über die röm. Bronzeindustrie von Capua und Niedergermanien, Hn./L. 1907, 89, Nr 124; *R. Petrovszky*, Stud. zu röm. Bronzegefäßen mit Meisterstempeln, Buch am Erlbach 1993, 152, Nr E.01, p. 258, Nr E.01.01. R. V.

Epikrates (V), Sohn des Zopyros, griech. Bildhauer, in hellenist. Zeit tätig. Nur bek. durch seine Sign. auf einer Kalksteinbasis aus Erythrai (heute Erythrai, Mus.; H. Engelmann/R. Merkelbach, Die Inschr. von Erythrai, I. 1, Bonn 1972, 151, Nr 55; Muller-Dufeu, SculptureSource, 2002, 724 s., Nr 2092). R. V.

[E]pilus Romanus, röm. Toreut, um die Zeitenwende in Italien tätig. Nur bek. durch seine Sign. auf einer *Bronzekasserolle* aus dem Körpergrab Nr 3 von Straky, Nymburk/Tschech. Republik (heute Prag, NM, Inv. Nr 55709 ss.; CIL, XIII. 3/2, 10036, 86). ▭ *J. Schranil*, Die Vorgesch. Böhmens und Mährens, B./L. 1928, 257, Taf. 54, 10; *R. Petrovszky*, Stud. zu röm. Bronzegefäßen mit Meisterstempeln, Buch am Erlbach 1993, 152, Nr E.03, pp. 258 s., Nr E.03.01, Taf. 16. R. V.

Euethios (Εὐήθιος), griech. Silberschmied, in der 1. H. des 4. Jh. n. Chr. in Thessaloniki tätig. Nur bek. durch die Sign. auf einer großen *Silberschale* des Silberschatzes von Kaiseraugst/Schweiz. ▭ *A. Kaufmann-Heinimann*, in: *M. A. Guggisberg* (Ed.), Der spätröm. Silberschatz von Kaiseraugst. Die neuen Funde, Augst 2003 (Forsch. in Augst 34), 54–56, Nr 77, Abb. 25 s., Taf. 14 s.; *H. Lieb/M. A. Speidel*, in: *Guggisberg*, ibid., 2003, 173, Nr 77, Abb. 185. R. V.

Euporos (III), Sohn des Alexander, griech. Bildhauer und Steinmetz (λιθοξόος) der röm. Kaiserzeit (2. Jh. n. Chr.?), bek. nur durch die Inschr. einer Nische bei der Pangrotte am Parnes/Attika, die ihn als Stifter und wohl auch Bildhauer eines *Reliefs* ausweist. ▭ LGPN II, 1994 (s.v. E. 12). – IG II^2, Nr 4837; *W. Peek*, AM 67:1942, 63, Nr 108; *L. Robert*, Hellenika, XI-XII, P. 1960, 34. M. Dennert

Euremios → Staurachios Ezbontinos

Eusebios (Εὐσέβιος), spätantiker Steinmetz (τεχνίτης), tätig in N-Syrien. Bek. nur durch eine Bau-Inschr. aus Dar Kita. Nach Butler (1929) wahrsch. ident. mit → Eusebis (I) (KLA II, Addendum). ▭ *H. C. Butler*, Early churches in Syria, Pr. 1929, 255; IGLS, II, 1939, Nr 544. M. Dennert

Eusebis (I) (Εὐσέβις), spätantiker Steinmetz (τεχνίτης), tätig in N-Syrien. Bek. nur duch die 384 n. Chr. dat. Bau-Inschr. eines Hauses in Babisqa. Nach Butler (1929) wahrsch. ident. mit → Eusebios (KLA II, Addendum). ▭ *H. C. Butler*, Early churches in Syria, Pr. 1929, 255; IGLS, II, 1939, Nr 555. M. Dennert

Eusebis (II), spätantiker Steinmetz (τεχνίτης), tätig in N-Syrien. Bek. nur durch die 500 n. Chr. dat. Bau-Inschr. eines Turmes in Zerzita. ▭ IGLS, II, 1939, Nr 458. M. Dennert

Eustachius → Satius

Fabius Dioc[...], *Quintus*, röm. Toreut, in der 1. H. des 1. Jh. n. Chr. in Kampanien (?) tätig. Nur bek. durch seine Sign. auf einem *Bronzeeimer* aus der Mèves bei Nevers/Frankreich (heute Lyon, Mus. de la civilisation gallo-romaine, Inv. Nr Br. 154–155; CIL, XIII. 3/2, 10027, 23). ▭ *S. Boucher/S. Tassinari*, Bronzes antiques du mus. de la civilisation gallo-rom. à Lyon, Lyon 1976, 127 s., Taf.; *R. Petrovszky*, Stud. zu röm. Bronzegefäßen mit Meisterstempeln, Buch am Erlbach 1993, 153, Nr F.01, p. 259, Nr F.01.01. R. V.

Fabius Nymphodotus, *Spurius*, röm. Toreut, in der 2. H. des 1. Jh. n. Chr. tätig. Nur bek. durch seine Sign. auf einer *Bronzebadeschale* (heute Frankfurt, Mus. für Vor- und Frühgesch., Inv. Nr β 437). ▭ *K. Deppert*, Röm. Bronzegeschirr im Mus. für Vor- und Frühgesch. zu Frankfurt am Main, Ffm 1977, 28 mit Abb., p. 29; *R. Petrovszky*, Stud. zu röm. Bronzegefäßen mit Meisterstempeln, Buch am Erlbach 1993, 153, Nr F.02, pp. 259 s., Nr F.02.01, Taf. 17, 40. R. V.

Fabius Secundus, *Quintus*, röm. Toreut, im 2. Drittel des 1. Jh. n. Chr. in Kampanien tätig. Nur bek. durch seine Sign. auf den folgenden vier *Bronzekasserollen*: – 1.) aus Pompeji (heute Pompeji, Deposito Archeol., Inv. Nr 1869; Petrovszky, 1993, 260, Nr F.03.01); – 2.) aus Pompeji (heute Pompeji, Deposito Archeol., Inv. Nr 18710; Petrovszky, 1993, 260, Nr F.03.02); – 3.) aus Pompeji (heute Pompeji, Deposito Archeol., Inv. Nr 4956; H. Norling-Christensen, Aarbøger 1952 [1953], 170 s., Taf. 13; Petrovszky, 1993, 260, Nr F.03.03); – 4.) vom Magdalensberg/Österreich (heute Magdalensberg, Repräsentationshaus; M. Deimel, Die Bronzekleinfunde vom Magdalensberg, Archäol. Forsch. zu den Grabungen auf dem Magdalensberg, IX, Klagenfurt 1987, 43, 153, Nr 25, 1, Taf. 25, 1; Petrovszky, 1993, 260, Nr F.03.04, Taf. 17). ▭ *R. Petrovszky*, Stud. zu röm. Bronzegefäßen mit Meisterstempeln, Buch am Erlbach 1993, 153, Nr F.03, p. 260, Nrn F.03.01–F.03.04, Taf. 17. R. V.

Florus, röm. Toreut, im 3. Drittel des 1. Jh. n. Chr. in Gallien tätig. Nur bek. durch seine Sign. auf den folgenden zwei *Bronzekasserollen*: – 1.) aus der Saône in Alleriot bei Chalon/Frankreich (heute Chalon-sur-Saône, Mus. Denon, Inv. Nr 73.3.1; F. Baratte u.a., Vases antiques de métal au mus. de Chalon-sur-Saône, Dijon 1984, 71, Nr 92, Taf. 33, 66; Petrovszky, 1993, 260, Nr F.04.01, Taf. 17); – 2.) aus der Witham in Fiskerton, Lincolnshire/England (heute Sheffield, Weston Park Mus.; J. B. Whitwell, Hist. of Lincolnshire, II, Roman Lincolnshire, Lincoln 1970, 13 s. mit Abb.; Petrovszky, 1993, 260 s., Nr F.04.02, Taf. 17). ▭ *R. Petrovszky*, Stud. zu röm. Bronzegefäßen mit Meisterstempeln, Buch am Erlbach 1993, 153, Nr F.04, pp. 260 s., Nrn F.04.01–F.04.02, Taf. 17. R. V.

Fuscus (II), Sohn des Longinos, Bruder des → Longinos, Bildhauer (λατύπος), tätig im 3. Jh. n. Chr.(?) in Isaurien. Nur bek. aus der Sign. einer *Ostothek* aus Sobran (Bağyurdu b. Bozkır; heute Konya, Mus., Inv. Nr 1970. 38. 213), die ihn mit seinem Bruder → Longinos nennt. ▭ *M. Şahin*, EpigrAnat 29:1997, 78 s., Nr 3, Taf. 2–3. M. Dennert

Gabinius Acutus, *Marcus*, röm. Toreut, in der 2. H. des 1. Jh. n. Chr. in Kampanien tätig. Nur bek. durch seine Sign. auf den folgenden sechs *Bronzekasserollen*: – 1.) aus Pompeji (heute Neapel, Mus. Archeol. Naz.; Petrovszky, 1993, 261, Nr G.01.01); – 2.) aus Pompeji (heute Neapel, Mus. Archeol. Naz., Inv. Nr 73150; CIL, X, 8071, 39b; Petrovszky, 1993, 261, Nr G.01.02); – 3.) aus Pompeji (heute Neapel, Mus. Archeol. Naz., Inv. Nr 73199; Petrovszky, 1993, 261, Nr G.01.03); – 4.) aus Pompeji (heute Neapel, Mus. Archeol. Naz., Inv. Nr 118778; CIL, X, 8071, 39a; Petrovszky, 1993, 260, Nr F.03.04, Taf. 17); – 5.) aus Pompeji (heute Neapel, Mus. Archeol. Naz., Inv. Nr 73388; CIL, X, 8071, 39a; Petrovszky, 1993, 261, Nr G.01.05); – 6.) aus Italien (heute St. Germain-en-Laye, Mus. des Antiquités Nat., Inv. Nr 19470; CIL, XIII. 3/2, 10027, 1; S. Tassinari, La vaisselle de bronze romaine et provinciale au Mus. des Antiquités Nat., Gallia, Suppl. XXIX, P. 1975, 28 s., Nr 10, Taf. 3, 10; 40, 3; Petrovszky, 1993, 261, Nr G.01.06, Taf. 40). ▭ *R. Petrovszky*, Stud. zu röm. Bronzegefäßen mit Meisterstempeln, Buch am Erlbach 1993, 153, Nr G.01, p. 261, Nrn G.01.01–G.01.06, Taf. 40. R. V.

Gabnes (Γαβνῆς), spätantiker Steinmetz und Bildhauer (λαοξόος) in S-Syrien, fertigte und stiftete einen *Altar* in il-Ghawâghib/Hauran. ▭ *W. H. Waddington*, Inscr. grecques et latines de la Syrie, P. 1870, 554, Nr 2413n; *L. Robert*, Hellenika, XI-XII, P. 1960, 37. M. Dennert

Gemellianus, röm. Toreut, im 2. Jh. n. Chr. in der Schweiz tätig. Nur bek. durch seine Sign. auf *Bronzebeschlägen für Theken*, deren Verbreitung nicht nur im ganzen Alpengebiet, sondern auch bis in die Provinzen von Germania Inferior, Belgica, Noricum und Pannonien und bis nach Aquileia und Thamusida/Marokko reicht (s. dazu die Verbreitungskarten bei Berger, 1995, 128 s., Abb. 5 s.). ▭ *L. Berger*, Die Thekenbeschläge des Gemellianus von Aquae Helveticae und verwandte Beschläge, in: *H. W. Doppler*, Handel und Handwerk im röm. Baden, Baden 1983, 13–42; *L. Berger*, Thekenbeschläge aus Aventicum, in: Arculiana. Festschr. Hans Bögli, Avenches 1995, 123–133, Abb. 4 und 10; *E. Thomas*, Signaturen Metall verarbeitender Künstler und Kunsthandwerker in der röm. Kaiserzeit, in: *C. C. Mattusch/A. Brauer/S. E. Knudsen* (Ed.), From the parts to the whole, II, Acta of the 13th internat. bronze congr., held at

Cambridge, Massachusetts, may 28-june 1, 1996, Journal of Roman archaeology, suppl. 39, Portsmouth, Rhode Island 2002, 245 s. R. V.

Gemellus, röm. Toreut, im 1. Jh. n. Chr. in N-Italien (?) tätig. Nur bek. durch seine Sign. auf einer *Bronzekelle* aus Pompeji (heute Pompeji, Deposito Archeol., Inv. Nr 4016). ▭ *R. Petrovszky*, Stud. zu röm. Bronzegefäßen mit Meisterstempeln, Buch am Erlbach 1993, 154, Nr G.02, p. 262, Nr G.02.01. R. V.

Gicicatus, röm. Toreut, in der 2. H. des 1. Jh. n. Chr. in Italien(?) tätig. Nur bek. durch seine Sign. auf *zwei Bronzekasserollen* aus einem Grab von Vellinge, Bederslev Sn./Dänemark (heute Kopenhagen, NM, Inv. Nrn IC 47 C.128–129; CIL, XIII. 3/2, 10036, 52a-b). ▭ *E. Albrectsen*, Fynske Jernaldergrave. Gravpladsen på Møllegårdsmarken ved Broholm. Fynske Studier 9. Odense Bys Museer, Odense 1971, 19, Nr 8, pp. 216, 270, Taf. 17 d-e, Abb. 56 c-d; *R. Petrovszky*, Stud. zu röm. Bronzegefäßen mit Meisterstempeln, Buch am Erlbach 1993, 154, Nr G.03, p. 262, Nrn G.03.01–G.03.02. R. V.

Glykon (IV) (Γλύκων), Sohn des Alkimos, aus Dokimeion/Phrygien, Bildhauer, im frühen 2. Jh. n. Chr. tätig. Seine Sign. ist auf den Basen zweier Statuen erh., die 1994/1995 im Nymphäum von Sagalassos/Pisidien zum Vorschein gekommen sind (M. Waelkens/J. Poblome, Sagalassos IV, Acta Archaeologica Lovaniensia Monographiae 9, 1997, 373, 376, Abb. 9–10). Von der einen *Statue* hat sich nur die Basis mit den Füßen, einem *scrinium* und dem Rest der Stütze erh., die and. – eine *Asklepiosstatue* – ist bis auf den Kopf und rechten Unterarm vollst. erh. (jetzt im Mus. von Burdur, Inv. Nr 531. 152. 95, bislang unpubliziert). T. Lochman

Gratinus, röm. Toreut, in der 2. H. des 1. Jh. n. Chr. in Gallien (?) tätig. Nur bek. durch seine Sign. auf den folgenden zwei *Bronzekasserollen*: – 1.) aus Brugg (heute Brugg, Vindonissa-Mus., Inv. Nr 36:587; Chr. und C. Holliger, Jahresberichte der Gesellschaft Pro Vindonissa 1984 [1985], 54, Nr 19, Taf. 2; Petrovszky, 1993, 263, Nr G.04.01, Taf. 17, 40); – 2.) aus Ungarn (heute Budapest, NM, Inv. Nr 71/1879; A. Radnóti, Die röm. Bronzegefäße von Pannonien, Dissertationes Pannonicae, 2. Ser, 6, Bp/L. 1938, 58, Anm. 72, Taf. 17, 20; 22, 4; Petrovszky, 1993, 263, Nr G.04.02, Taf. 17, 41). ▭ *R. Petrovszky*, Stud. zu röm. Bronzegefäßen mit Meisterstempeln, Buch am Erlbach 1993, 154, Nr G.04, p. 263, Nrn G.04.01–G.04.02, Taf. 17, 40 s. R. V.

Hagiradaz, vermutl. german. Holzschnitzer, wohl im 4. Jh. n. Chr. auf der dän. Insel Seeland tätig. Der Name erscheint in einer Hersteller-Inschr. (hagiradaz : tawide) auf einem im Jahre 1947 beim Torfstechen in Garbølle (Kirchspiel Stenmagle) entdeckten Holzkästchen (Eibenholz, mit einem aufschiebbaren Deckel, doch leer). Wie bei allen Runen-Inschr. vom Typ „XY machte“ ist nicht schlußgültig festzulegen, ob sich damit der Hersteller des Gegenstandes oder der Runenschreiber bezeichnete. Zw. den beiden Wörtern der Inschr. befindet sich wohl ein Trennzeichen aus fünf übereinanderstehenden Punkten (so Moltke, 1985; Stoklund, 1997), unwahrscheinlicher erscheint deren Interpretation als i-Rune (so Krause, Düwel, dann allerdings eindeutig auf die Inschr. zu beziehen „Hagiradaz machte [die Runen] hinein [in das Holz]“). ▭ *W. Krause*, Die Runeninschriften im älteren Futhark, Göttingen 1965, Nr 30; *K. Düwel*, Runenkunde, St. [3]2001; *E. Moltke*, Runes and their origin. Denmark and elsewhere, Kph. 1985; *M. Stoklund*, Reallexikon der German. Altertumskunde 10, B./N. Y., 1997, 434 s. (s.v. Garbølle). Th. Birkmann

Hanno, röm. Toreut, in der 1. H. des 1. Jh. n. Chr. in Kampanien tätig. Bek. durch seine Sign. auf den folgenden zwei *Bronzekasserollen*: – 1.) aus Italien (heute Bologna, MCiv Archeol.; CIL, XI, 6717, 4; G. Meconcelli Notarianni, Il MCiv Archeol. di Bologna, Bologna 1982, 208 mit Abb.; Petrovszky, 1993, 263, Nr H.01.01); – 2.) aus Italien (heute Bologna, MCiv Archeol.; CIL, XI, 6717, 4; Petrovszky, 1993, 263, Nr H.01.02). Möglicherweise ist er ident. mit *C. Atilius Hanno*, der zus. mit → Robilius Sitius, Tiberius eine Bronzekasserolle fertigte. ▭ *R. Petrovszky*, Stud. zu röm. Bronzegefäßen mit Meisterstempeln, Buch am Erlbach 1993, 154, Nr H.01, p. 263, Nrn H.01.01–H.01.02. R. V.

Ḥaššay (ḥšy), Bildhauer, tätig im frühen 1. Jh. n. Chr. in der Osrhoene/O-Türkei. Nur bek. durch eine im Jahre 6 n. Chr. datierte syr. Inschr. aus Birecik (Birta). ▭ *H. J. W. Drijvers/J. F. Healey*, The old Syriac inscr. of Edessa and Osrhoene, Leiden 1999, 140–144, Nr As 55, Taf. 40. M. Dennert

Helvius, *Sextus*, röm. Toreut, in der 1. H. des 1. Jh. n. Chr. in N-Italien (Aquileia?) tätig. Nur bek. durch seine Sign. auf den folgenden zwei *Bronzekasserollen*: – 1.) aus Pompeji (heute Pompeji, Deposito Archeol., Inv. Nr 12610; H. Drescher, Zeichen unbek. Bedeutung auf Kasserollen der älteren röm. Kaiserzeit, in: J. Jankuhn (Ed.), Neue Ausgrabungen und Forsch. in Niedersachsen, II, Hildesheim 1965, 186, Abb. 2, 6; Petrovszky, 1993, 263 s., Nr H.03.01); – 2.) aus Frankreich (?) (heute Mâcon, Privat-Slg; L. Armand-Calliat, Le chalonnais gallo-romain, Chalon-sur-Saône 1937, 79 s.; Petrovszky, 1993, 264 s., Nr H.03.02). ▭ *R. Petrovszky*, Stud. zu röm. Bronzegefäßen mit Meisterstempeln, Buch am Erlbach 1993, 154 s., Nr H.03, pp. 263 s., Nrn H.03.01–H.03.02. R. V.

Helvius Cat[...], *Lucius*, röm. Toreut, um die Zeitenwende in Italien tätig. Nur bek. durch seine Sign. auf einer *Bronzekelle* (heute Berlin, Staatl. Mus., Antiken-Slg). ▭ *K. Vierneisel (Ed.)*, Römisches im Antikenmus (K Staatl. Mus.), B. 1978, 134 s., Abb. 122; *R. Petrovszky*, Stud. zu röm. Bronzegefäßen mit Meisterstempeln, Buch am Erlbach 1993, 154, Nr H.02, p. 263, Nr H.02.01, Taf. 17. R. V.

Hephaistodoros, aus Antiochia, Sohn des Bildhauers → Theon (IV), griech. Bildhauer, im 2. Jh. v. Chr. in Antiochia am Pyramos in Kilikien tätig. Nur bek. durch seine Sign. auf einer Basis aus Antiochia am Pyramos in Kilikien für eine *Statue zu Ehren des Aphrodisios*, Sohn des Mainos, die von Antiochia von Pyramos gestiftet worden ist. ▭ RE, Suppl. V, 1931. – *R. Mouterde*, Syria 2:1921, 213; *id.*, Syria 3:1922, 170; *Lippold*, GrPl, 1950, 385, Anm. 6; *N. C. Stampolidis*, AA 1984, 125, Anm. 100. R. V.

Herennius, *Marcus*, röm. Toreut, um die Zeitenwende in N-Italien (Aquileia?) tätig. Nur bek. durch seine Sign. auf den folgenden zwei *Bronzekasserollen*: – 1.) (heute Nijmegen, Prov. Mus. Kam, Inv. Nr BE V 13; M. H. P. den Boesterd, The bronze vessels in the RM G. M. Kam at Nijmegen, Nijmegen 1956, 2 s., Nr 5, Taf. 1, 5–5a; 18, 5 b; Petrovszky, 1993, 264, Nr H.04.01, Taf. 17, 41); – 2.) aus dem Brandgrab Nr 25/25 von Třebusice, Kladno/Tschech. Republik (heute Prag, NM, Inv. Nrn 51958–51965; V. Sakař, Roman Imports in Bohemia, Fontes Archaeologici Pragenses, Prag 1970, 47, Taf. 9, 3; Abb. 18, 7; Petrovszky, 1993, 264, Nr H.04.02, Taf. 17). ▭ *R. Petrovszky*, Stud. zu röm. Bronzegefäßen mit Meisterstempeln, Buch am Erlbach 1993, 155, Nr H.04, p. 264, Nrn H.04.01–H.04.02, Taf. 17, 41. R. V.

Hermon (III), griech. Enkaustikmaler, um 300 v. Chr. tätig. Nur bek. durch ein Graffiti aus dem Steinbruchgebiet des Ǧabal at-Takrūr in der Oase Siwa/Ägypten (W. Brashear, in: K. P. Kuhlmann, Das Ammoneion. Archäologie, Geschichte und Kultpraxis des Orakels von Siwa, Mainz 1988, 85–88, Abb. 17, 2, Taf. 42 b). R. V.

Hippolytus, röm. Mosaizist, tätig in Spanien im 4. Jh. n. Chr. Nur bek. durch die Sign. ANNIORUM HIPPOLYTVS TESSELAV[IT] auf einem *Mosaikboden* im Frigidarium der Thermenanlage einer Villa suburbana in Complutum (heute Alcalá de Henares). Die Sign. findet sich in einer *Tabula ansata* am Rande eines Feldes mit der Darst. fischender Eroten, umgeben von einem größeren geometr. Dekor. ▭ *J. Gómez Pallarès*, Edición y comentario de las inscripciones sobre mosaico de Hispania, Inscripciones no cristianas, R. 1997, 104–106, Nr M 1, Abb. 35a-b. M. Dennert

Hortios (Ὅρτιος), griech. Bildhauer, im 6. Jh. v. Chr. in Samos tätig. Nur bek. durch seine Sign. auf einer Kalksteinbasis aus Samos. ▭ *G. Dunst*, AM 87:1972, 113, Taf. 49, 1; *Floren*, GrPl, 1987, 340, Anm. 1. R. V.

Iakobos (Ἰάκοβος), spätantiker Steinmetz (τεχνίτης), tätig in N-Syrien. Bek. nur durch die 453 n. Chr. dat. Bau-Inschr. eines Hauses in Fidre. ▭ IGLS, II, 1939, Nr 434. M. Dennert

Ianos (Ἰανός), spätantiker Steinmetz (λιθοξόος) in Syrien. Bek. nur durch die Sign. eines 540/541 n. Chr. dat. Türsturzes aus Tamak/Apamene. ▭ *M. von Oppenheim/H. Lucas*, ByzZ 14:1905, 29, Nr 19; IGLS, IV, 1955, Nr 1957; *L. Robert*, Hellenika, XI-XII, P. 1960, 34. M. Dennert

Ianuaris, röm. Toreut, in der 2. H. des 1. Jh. n. Chr. in Lyon tätig. Nur bek. durch seine Sign. auf den folgenden zehn *Bronzekasserollen*: – 1.) aus Agde/Frankreich (heute Paris, BN, Inv. Nr 1427; CIL, XII, 5698, 6; Tassinari, 1970, 127 s., Taf. 1, 1; Petrovszky, 1993, 264 s., Nr I.01.01); – 2.) aus einem Brunnen von Autun/Frankreich (heute Autun, Mus. Rolin, Inv. Nr 132; CIL, XIII. 3/2, 10027, 26 a; Tassinari, 1970, 130, Nr 6, Taf. 2, 6; P. Lebel/St. Boucher, Bronzes figurés antiques, Autun 1975, 82 s., Nr 137 mit Abb.; Petrovszky, 1993, 265, Nr I.01.02); – 3.) aus einem Brunnen von Chassenay bei Arnay-le-Duc, Dépt. Côte-d'Or/Frankreich (heute Amiens, Mus. de Picardie, Inv. Nr 3057.298.55; CIL, XIII. 3/2, 10027, 26 b; Tassinari, 1970, 161, Anm. 39; Petrovszky, 1993, 265, Nr I.01.03); – 4.) aus Rouen (heute Rouen, Mus. Dépt. des Antiquités, Inv. Nr 18249; CIL, XIII. 3/2, 10027, 26 c; Tassinari, 1970, 138, Nr 25, Taf. 6, 25; Petrovszky, 1993, 265, Nr I.01.04); – 5.) aus der Villa de la Mosaïque von

Brotonne bei Rouen (heute Rouen, Mus. Dépt. des Antiquités; CIL, XIII. 3/2, 10027, 26 d; Tassinari, 1970, 139, Nr 26, Taf. 6, 26; Petrovszky, 1993, 265 s., Nr I.01.05); – 6.) aus der Cher in Vierzon, Dépt. Cher/Frankreich (heute Vierzon, Mus. Municipal; Tassinari, 1970, 142, Nr 30, Taf. 8, 30; Petrovszky, 1993, 266, Nr I.01.06, Taf. 18); – 7.) aus Xanten (heute Xanten, Regional-Mus., Inv. Nr Fd. Nr C 10.814; A. Rieche/H. J. Schalles, Colonia Ulpia Traiana, Arbeit, Handwerk und Berufe in der röm. Stadt, Köln 1987, 30 mit Abb.; Petrovszky, 1993, 266, Nr I.01.07); – 8.) aus Le Buy, Kanton Waadtland/Schweiz (heute Lausanne, Mus. cantonal d'archéol. et d'hist.; CIL, XIII. 3/2, 10027, 26 e; Tassinari, 1970, 161, Anm. 38; J. A. Manfrini, Bronzes romains de Suisse, Kat. zum V[e] coll. intern. sur les bronzes antiques, Lausanne 1978, 23, Nr 23 mit Abb.; Petrovszky, 1993, 266, Nr I.01.08); – 9.) aus Vidy-Lausanne (heute Vidy, Mus. romain, Inv. Nr 2813; Tassinari, 1970, 161, Anm. 40; A. Leibundgut, Die röm. Bronzen der Schweiz, III, Westschweiz, Bern und Wallis, Mainz 1980, 132, Nr 179, Taf. 162; Petrovszky, 1993, 266, Nr I.01.09); – 10.) aus Bad Wimpfen (heute Stuttgart, Landesdenkmalamt, Inv. Nr WLM R84 Wi2832; Tassinari, 1970, 142, Nr 30, Taf. 8, 30; H. U. Nuber, Antike Bronzen aus Baden-Württemberg, Schr. des Limes-Mus. Aalen, XL, Aalen 1988, 10, 31, 81; Petrovszky, 1993, 266, Nr I.01.10). ▭ *S. Tassinari*, Gallia 28:1970, 127 s., 130, Nr 6, pp. 138 s., Nrn 25 s., p. 142, Nr 30, p. 161, Anm. 38 s., 40, Taf. 1, 1; 2, 6; 6, 25; *R. Petrovszky*, Stud. zu röm. Bronzegefäßen mit Meisterstempeln, Buch am Erlbach 1993, 155, Nr I.01, pp. 264–266, Nrn I.01.01–I.01.10, Taf. 18, Karte 5. R. V.

Illiomarus, röm. Toreut, um die M. des 1. Jh. n. Chr. in N-Italien/Niedergermanien (?) tätig. Nur bek. durch seine Sign. auf einem *Bronzesieb* aus dem Körpergrab Nr 3 von Zohor, Bratislavavidiek/Slowen. Republik (heute Bratislava, Slowak. NM). ▭ *L. Kraskovská*, Roman bronze vessels from Slovakia, BAR, Intern. ser., suppl. 44, Ox. 1978, 13, Grab 3/4, p. 28, Taf. 10, 4–6; *R. Petrovszky*, Stud. zu röm. Bronzegefäßen mit Meisterstempeln, Buch am Erlbach 1993, 155, Nr I.02, pp. 266 s., Nr I.02.01. R. V.

Isidoros (VI), Annis (Ἄννις) und **Chresimos** (Χρήσιμος), spätantike Steinmetze (τεχνῖται) in N-Syrien. Nur bek. durch eine 325 n. Chr. dat. Sign. auf einem Türsturz aus Maʿaret en-Nomaʿan. ▭ IGLS, IV, 1955, Nr 1545. M. Dennert

Iuleus, röm. Toreut, in der 2. H. des 1. Jh./1. H. des 2. Jh. n. Chr. in Gallien (?) tätig. Nur bek. durch seine Sign. auf einer *Bronzekasserolle* aus Brundon, Suffolk/England (heute Bury St. Edmunds, Bury St. Edmunds AG). ▭ *J. C. Mc Peake/C. N. Moore*, Britannia 9:1978, 334, Nr 27; *R. Petrovszky*, Stud. zu röm. Bronzegefäßen mit Meisterstempeln, Buch am Erlbach 1993, 155, Nr I.03, p. 267, Nr I.03.01. R. V.

Iulius Apolaustus, *L.*, röm. Goldschmied der Kaiserzeit, tätig in Spanien. Nur bek. durch seine Grab-Inschr. aus Valencia, die ihn als *argentarius vascularius* nennt. ▭ CIL, II, Nr 3749; *A. García y Bellido*, ArchEspA 28:1955, 17, Nr 26. M. Dennert

Iulius Dio[...], *Gaius*, röm. Toreut, in der 2. H. des 1. Jh./1. H. des 2. Jh. n. Chr. in Kampanien (?) tätig. Nur bek. durch seine Sign. auf den folgenden zwei *Bronzekasserollen*: – 1.) aus einem Körpergrab von Simris/Schweden (heute Lund, Univ. HM, Inv. Nr 1972:2; B. Stjernquist, Roman objects from the equipment of a Scandinavian warrior of the second cent. A. D., Scripta Minora, 1977–1978, V, Lund 1978, 20, 23, Nr 1, 40 ss., Abb. 14 s., 25; Petrovszky, 1993, 267, Nr I.04.01); – 2.) aus einem Grab von Alsódabas/Ungarn (heute Budapest, Ungar. NM, Inv. Nr 68/1895,8; A. Radnóti, Die röm. Bronzegefäße von Pannonien, Dissertationes Pannonicae, 2. Ser, 6, Bp/L. 1938, 52 s., Anm. 19–24, Taf. 17, 21; 23, 1; Petrovszky, 1993, 265, Nr I.04.02, Taf. 18, 41). ▭ *R. Petrovszky*, Stud. zu röm. Bronzegefäßen mit Meisterstempeln, Buch am Erlbach 1993, 155, Nr I.04, p. 267, Nrn I.04.01–I.04.02, Taf. 18, 41. R. V.

Johannes (III) → Symeones (II)

Johannes (IV), spätantiker Steinmetz (λιθοξόος) in Syrien. Bek. nur durch die Sign. eines dekorierten Türsturzes aus Kerratin (Tarutia)/Apamene. ▭ IGLS, IV, 1955, Nr 1619; *L. Robert*, Hellenika, XI-XII, P. 1960, 34. M. Dennert

Kalikles (Καλικλές; Kallikles), griech. Töpfer, tätig in Athen um 560 v. Chr. Nur bek. durch die Sign. einer fragmentierten *panathenäischen Preisamphora* (Genf, Slg Chamay). Sie gehört mit zu den ältesten Preisamphoren; der Maler ist derselbe wie der einer Preisamphora in Halle (Bentz/Eschbach, 1998, Nr 6. 002). ▭ *J. Frel*, Studia Varia, R. 1994, 25; *M. Bentz*, Panathenäische Preisamphoren, Basel 1998, 28, 123, Nr 6. 006; *M. B. Moore*, MetrMusJ 34:1999, 47 s., Abb. 15 s.; *J. Chamay*, in: *M. Bentz/N. Eschbach* (Ed.),

Panathenaïka, Symposion zu den Panathenäischen Preisamphoren, Rauischholzhausen 1998, Mainz 2001, 7–9, Taf. 1. M. Dennert

Kallikles (V) cf. **Kalikles** (KLA II, Addendum)

Kallikrates (V), aus Athen, griech. Bildhauer (früh?)hellenist. Zeit, in Epidauros tätig. Eine von insgesamt vier Inschr. auf einer Statuenbasis in Form eines Schiffsbugs im Asklepiosheiligtum von Epidauros enthält die Sign. des K. (IG, IV ^{2}, 306 C). In dieser Inschr. wird ein Priester Aristophilos und ein Sekretär Damok[les] erwähnt. Unter den and. Inschr. auf dieser Basis findet sich die Sign. eines weiteren Bildhauers (IG, IV ^{2}, 306 B; → Nikon [I], Sohn des Hiarokles). Was die beiden Künstler schufen, in welcher Zeit sie arbeiteten und in welchem Verhältnis ihre Werke zueinander standen, geht aus den Inschr. nicht hervor. Gesichert ist durch die offensichtl. jüngste Inschr. (IG, IV ^{2}, 306 D) ledigl. die Usurpation des Mon. durch den röm. Feldherrn L. Mummius nach 146 v. Chr. Überwiegend wird die urspr. Aufstellung in die Zeit um 300 v. Chr. datiert. Doch plädierte Fraenkel (IG, IV, 1180–1183) aufgrund der Verbindung des Mon. mit einem Seesieg für eine Errichtung nach 206 v. Chr. als Zeichen eines Sieges über den Spartaner Nabis. Über das Verhältnis dieses K. zu den and. Künstlern dieses Namens, die in Epidauros tätig waren (→ K. [II], → K. [III]), lassen sich keine Angaben machen. ▭ RE X. 2, 1919 (s.v. K. 15). – *W. Peek*, Inschr. aus dem Asklepieion von Epidauros, AbhLeipzig 60/2:1969, 72 s., Nr 129, Taf. 24; *Schmidt*, Statuenbasen, 1995, 502 s., Nr X. 1 (mit älterer Lit., aber fehlerhafter Lesung der Inschriften). J. Bauer

Kallippos (II) (Κάλλιππος), aus Synnada, Bildhauer aus Phrygien, in der 1. H. des 2. Jh. n. Chr. in den Marmor-Wkstn bei Dokimeion tätig. Nur bek. durch die Doppel-Sign. auf einer *Hera-Statue* aus Aspendos im Mus. von Antalya (Inv. Nr A 97; E. Atalay, Weibliche Gewandstatuen des 2. Jahrhunderts n. Chr. aus ephesischen Werkstätten [DenkschriftenWien 206], W. 1989, 69 s., Nr 6, Abb. 12), die K. zus. mit seinem Kollegen → Moschos gearbeitet hat. T. Lochman

Kephisodotos (IV) → Timarchos (III)

Kesarios (Κεσάριος), Mosaizist, tätig im späten 4. Jh. n. Chr. im Libanon. Bek. durch die 389/90 n. Chr. dat. Mosaik-Inschr. eines *Kirchenfußbodens* in Zahrani/s. von Sidon. ▭ *H. Stern*, Carch 15:1965, 31–33; *P. Donceel-Vôute*, Les pavements des églises byz. de Syrie et du Liban, Louvain-la-Neuve 1989, 424–439, bes. 429, 470. M. Dennert

Kosmas (II), Mosaizist(?) oder Architekt(?) im spätantiken N-Syrien. Der Name erscheint in der syr. Mosaik-Inschr. eines *Kirchenfußbodens* des frühen 5. Jh. n. Chr. in Qubbet es Shih. K. war danach wahrsch. Mönch und Künstler. Die Übersetzung des syr. Textes ist nicht völlig eindeutig, es kann sowohl ein Architekt wie auch ein and. Künstler, in diesem Fall wegen des Anbringungsortes wohl am ehesten ein Mosaizist, gemeint sein. ▭ *M. Piccirillo*, RACrist 57:1981, 118–120. M. Dennert

Kosme (Κόσμε), byz. Mosaizist, in der Spätantike in Jordanien tätig. Nur bek. durch seine Sign. auf einem *Bodenmosaik* mit der Darst. eines Kraters aus dem Kloster von Hagios Lot in Deir Ain Abata/Jordanien. ▭ *S. N. Chlouveraki/K. D. Politis*, The monastery of Agios Lot, Deir Ain Abata, Jordan, in Ευπωπαικό Κέντρο Βυζαντινών και Μεταβυζαντινών Μνημείων, Δελτίο, Newsletter 2:2001, 57, Abb. 15. (Mitt. von Fr. M. Picirillo). R. V.

Kyriades → Cyriades (KLA II, Addendum)